國憲學/제1권

國 憲 學

姜 京 根

法 文 社

Staats- und Verfassungslehre Band 1.

Staatsrechtswissenschaft

KANG kyungkeun

2021
Bobmun Sa
Paju Bookcity, Korea

『國憲學』 序文

1.

본서는 국가법*Staatsrecht* · 헌법*Verfassungssrecht* · 법*Recht*의 규범과학*normative Wissenschaft*의 총체인 '國憲學'*Staats-und Verfassungslehre* 3冊의 제1권 『國憲學』, 제2권 『憲法學』, 제3권 『國法學』 중 제1권이다. '국헌학'은 국가법의 규범학인 '국가법학'*Staatsrechtswischenschaft*, 헌법의 규범학인 '헌법학'*Verfassungswischenschaft*, 법의 규범학인 '국법학'*Rechtswissenschaft*의 통일적 총체론의 규범학이다(스기하라 야스오杉原泰雄, 『憲法と國家論』(有斐閣 2006); 시오츠 토오루塩津 徹, 『現代ドイツ憲法史』(成文堂 2003年); Hans Kelsen, *General Theory of Law and State*, tr. A. Wedberg(Harvard University Press, 1949), p.20, 178 참조.). '국헌학' 제1권 『國憲學』은 국가의 규범인 '국가법', 인권 · 권력의 규범인 '헌법', '법'의 규범인 '국법'의 규범학으로서 법리론*Rechtslehre-Jurisprudenz*(법리본질론, 법리존재론, 법리실체론의 법학원론*Juristische Grundlehre*), 헌법론*Verfassungslehre*(헌법규범론, 헌법정신론, 헌법질서론의 헌법원론*Juristische Veerfassungslehre*), 국헌론*Staatsrechtslehre*(일반국가론(국가본질론), 헌법국가론(국가당위론), 대한민국론(국가실체론)의 국가원론*Juristische Staatslehre*)으로 구성되는 '국헌규범학'이다. '국헌학' 제2권 『憲法學』은 인권론(일반기본권, 자유기본권, 사회기본권), 권력론(입법권력론, 행정권력론, 사법권력론), 소송론(헌법재판권, 규범통제권, 헌법소원권)의 '헌법규범학'이며, '국헌학' 제3권 『國法學』은 국법론(국법법리론, 공법법리론, 사법법리론), 法規論(법률법규론, 공법법규론, 사법법규론), 법제론(공법법제론, 사법법제론, 소송법제론)의 '국법규범학'이다. '國憲學'*Staats-und Verfassungslehre*은 '국가 · 헌법 · 국법'의 규범학체계인 '국가법학 · 헌법학 · 국법학'의 일반법학*Allgemeine Rechtslehre als juristische Strukturtheorie*이다(에른스트-볼프강 뵈켄회르데*Ernst-Wolfgang Böckenförde*, 김효전 옮김, '국법과 국법학의 특질' 「경희법학」(제35권제1호 2000년, 245~262면; Der Staat als sittlicher Staat, 1978, SS.12~17). 본서 『國憲學』*Staatsrechtswischenschaft*은 '국헌학'을 법리론, 헌법론, 국헌론으로 구성한 국헌학총론의 규범학원론*Juristische Grundlehre* 교과서*Lehrebuch*이다. '법리론'*Rechtslehre-Jurisprudenz*은 법론*Rechtslehre* · 법해석론*Jurisprudenz*의 일반법학인 법리의 본질론 · 존재론 · 실체론(Rudolf Stammler, *Wesen des Rechtes und der Rechtswissenschaft*, in., Rechtsphilosophische Abhandrungen und Vorträge, Bd. Ⅰ,1925의 번역서 韓泰淵, 『법과 법학의 본질』(朝鮮工業文化社出判部, 文化新書, 1950. 1.30.)/(법문사, 영인본 2020), 77면), '헌법론'은 헌법규범론 · 헌법정신론 · 헌법질서론, '국헌론'은 국헌의 본질인 일반국가론 · 당위인 헌법국가론 · 실체인 대한민국론으로 구성하였다. 제1권 '국헌학' 총론에 이은 제2권 『憲法學』*Verfassungswischenschaft*은 법리론의 헌법적 규범학이며 제3권 『國法學』*Rechtswissenschaft*은 법리론의 국법적 규범학으로서 '국헌학' 각론이라고 할 것이다.

2.

국헌학 · 헌법학 · 국법학의 공통 관념은 국가이다. 국가는 인간의 사유에 존재하는 표상의 통일체로서 존재하는 것이 아니며(Georg Jellinek, Allgemeine Staatslehre, 1914, S.177 ff. 김효전 역, 『일반국가학』(태화출판사 1980년 166면)), 개인과 별개로 존재하는 실체도 아니며, 공동체 구성원의 참여에 의하여 이루어지는 규범적 정치통일체로서, 다수의 인간을 위한 현실에서의 행위와 작용의 통일체이다(Herman Heller, Staatslehre, 1934, S.88 f., 228 ff.). 헤겔의 국가와 같이, 교양이 형성된 국민에 매개되는 普遍態이며 국민주권의 본래적 구체화이며 국민의 자기의식의 방식과 교양형성에 의존하여, 국민은 정신적 존재자로서 국가와 동일시되는 국가의 정신이 된다. 국가의 정신을 규범적으로 형성하는 국헌과 헌법과 국법은 헌법전*Verfassungurkunde*을 정점으로 권력을 행사하는 국가기관(Klaus Stern, Das Staatsrecht der Bundesrepublik Deutschland, Bd, 1, 1977, § Ⅰ Ⅱ, S.6~8), 국가와 시민 및 사회의 관계를 실체법과 절차법, 공법과 사법 등의 규범영역으로 기술하는 것이다(에른스트-볼프강 뵈켄회르데*Ernst-Wolfgang Böckenförde*, 국법과 국법학의 특질). '국헌학'의 헌법적 국가라 해도, '짐은 곧 국가'인 군주주권의 국가에 대한 근대국가적 대응에서, '국민이 곧 국가'인 국민주권국가로 향하는 프랑스, '朕

이 국가의 기관'인 법인국가의 입헌군주국으로 대응한 독일 등에서와 달리, 구한말 대한제국은 왕조국가에서 벗어나려 했으되 서구 근세의 유기체국가론 내지 '짐은 국가의 머리'라 하는 입헌군주제에 자족했다. '국헌학'에서 국가적 헌법론의 국가는 사회로부터 독자성을 갖고 헌법과 병립한 사회초월적 존재이나(포르스토프 *Ernst Forsthoff*), 헌법적 국가론은 헌법의 존재를 떠난 추상적 국가이념 등을 헌법학에 수렴한다(헤벌레 *Peter Haberle*의 *Staatslehre als Verfassungslehre*). 국가적 헌법론은 국가 목적은 헌법에 선행하여 존재하며(1990년 독일 국법학자대회 '기본법제정 40년후-입헌국가에 있어서의 국가목적'이란 테마에 제출된 보고서), 헌법적 국가론이 국가를 헌법에 내향화하며 국가목적을 헌법해석으로 치환시키는 헌법실증주의*Verfassungspositivismus*라 비판한다. 반면, 헌법적 국가론은 국가는 헌법과 독자성을 갖지만 헌법과 별개의 추상적 통일체가 아니라 헌법의 규범적 조직체이며, 국가 목적은 독자적 이념이 아니라 헌법내재적이라는 헌법애국주의의 관점에서 국가애국주의를 헌법정신에 우선 시켰던 과거 독일을 성찰하면서, 독일기본법에 의거하는 기본권보장과 민주주의 등의 구체적 규범성을 정치사회의 기본원칙으로 정립한다. 저자는 국가애국주의와 헌법애국주의를 동가치적 국헌의 원칙으로 보았다.

3.

저자는『國憲學』에서 국가와 헌법과 국법을 규범실증적 준거의 틀에 의하여 국헌적 정신의 총체적 체계로서 인식하고자 하였다. 돌이켜 보니, 그간 저자는 1985년부터 2021년의 37년간 정교수로서 강의 · 연구를 하고, 국무위원급 헌법기관인 중앙선거관리위원회 제14대 상임위원을 2009년부터 2012년의 3년간 봉직 후 2021년에 숭실대 정년을 마쳐 3월 1일부터 명예교수로서 본서를 통하여 '국헌학자'의 길을 걸을 수 있게 됨에 감사를 드린다. 법과대학에 입학하여 법학박사학위를 받기까지의 1973년부터 1984년(28세)의 11년, 1984년의 시간강사 1년 등 근 50년의 기간 법학자로서 대한민국 헌정의 반세기를 가늠하면서 살아왔고 이제 국가와 헌법과 법의 규범학인 '국헌학'을 상재하여 국헌학자로서의 자기이론적 삶을 마칠 수 있기를 기원한다.

2021.9.1.

友齋 姜京根 識 京

차 례

제 2 편 憲 法 論

제3편 國憲論

제1장 一般國家論 (647 - 748)

찾아보기

『國憲學』 綱要

1.

‘國憲’은 국가와 헌법의 정신이다. 국가는 국헌의 현실태이며 헌법은 국헌의 규범태이다. 국헌은 국가의 자연적 의사인 國是와 달리 국가의 헌법적 의사로서 헌법을 제정하는 국민의 법정신이다. 國憲은 국민 정신과 국가 의사의 규범적 표상으로서 헌법을 정점으로 하는 국법의 총체적 규범질서 속에서 존재한다. 國憲은 넓은 의미에서는 국가영역규준(國法・國是・國策・大憲・法憲・憲法・憲章・大典・規律・法・律・法律・法令・法典・規範・典範・法規・法制・制定法・六法・公法・私法・刑法・民法・軍法・軍律・命令・禁令・訓令・法學 등)과 사회영역규칙(‘지키지 않으면 안 되는 것’에 관련한 規矩準縄・金科玉條・鑄型(맞춤)・規定・決定(지킴)・枠・戒め・綱紀・法度・法網・戒律・鐵則・心得・誡・風紀・秩序・綱領・不文律・定律・党紀・約束・契約・約定・禁止・政・政治・政綱・政策 등)을 포괄한다(https://renso-ruigo.com/word/%E5%9B%BD%E6%86%B2 日本語シソーラス 連想類語辭典). 본서 『國憲學』의 국헌 역시 국가와 헌법의 정신을 핵심으로 하면서 그 규범 영역에서는 공법・사법 및 실체법・절차법 등의 실정법규범에 내포되면서 법리와 법해석 등으로 파급된 외연의 실정법체계로서의 국가의 헌법과 법을 顯現하였다. 국헌의 서술 방식도 오늘날 법이 특히 근대의 산물인 점에서, 主軸시대 고전기 고희랍・로마와 근대 대륙・영미의 법이 로고스나 이성의 顯現으로 볼 때의 그 logos적 이성에 입각하였다. 대륙 독일의 질풍노도의 계몽주의를 이끌며 근대인의 정신을 이성과 과학*Vernunft und Wissenschaft*으로 崇仰한(Mephistopheles(Mephisto)는 이를 경멸한다(Faust 1851)) Faust(Eine Tragödie erster Teil 1808/ Der Tragödie zweiter Teil)의 괴테(Johann Wolfgang von Goethe 1749.8.28.~1832.3.22.)는 요한복음서*Johannesevangeliums* 번역에서*(John 1.1 EU)*, logos를 말・단어*Wort*, 뜻・의미*Sinn* 그리고 (생각의)힘*Kraft*, (사안의)행동*Tat*이라 하였다. 『國憲學』 역시 국가와 헌법의 정신을 법이 갖는 말・의미・힘・행동의 logos적 이성을 규범적으로 천착하면서 이를 구체화 하여 서술하였다. 본서 국헌학은 역사적 문화과학으로서의 규범학인 것이다.

2.

‘국가・헌법・국법’의 일반법학*Allgemeine Rechtslehre als juristische Strukturtheorie*인 ‘국헌학’ 전 3권에서 본서 제1권 『國憲學』은 국헌학총론으로서 ‘국가’와 ‘헌법’과 ‘법’의 규범과학의 통일적 총체의 법리론이다. 국가의 규범인 ‘국가법’, 인권・권력의 규범인 ‘헌법’, ‘법’의 규범인 ‘국법’의 총강으로서 ‘국가법학・헌법학・국법학’을 법리론, 헌법론, 국헌론으로 구성한 ‘국헌학’ 제1권이 본서이다. ‘국헌학’ 제2권은 헌법의 규범학인 『憲法學』이며 제3권은 특히 법리론의 국헌적 규범학인 『國法學』이다. ‘국헌학’의 핵심은 국가와 헌법과 법의 법리론을 핵심으로 한다. 국헌학 총론 교과서인 본서 『國憲學』은 제1편 ‘법리론’을 법론*Rechtslehre*과 법해석론*Jurisprudenz*의 일반법학으로 인식하여 그 법리의 본질론・존재론・실체론을 법학원론*Juristische Grundlehre*으로서 구성하였다. 제2편 ‘헌법론’은 헌법의 규범론, 정신론, 질서론의 헌법원론*Juristische Veerfassungslehre*으로서 구성하였다. 제3편 ‘국헌론’은 국가법론으로서 국가의 본질인 일반국가론, 당위인 헌법국가론, 실체인 대한민국론의 국가원론*Juristische Staatslehre*으로서 구성하였다. 『國憲學』은 국가・헌법・법의 법리・법해석으로 존재하는 ‘국헌학’의 통일적 총체의 규범적 헌법학 내지 헌법적 국법학의 총론적 규범 영역의 교과로서 그 綱要에 대해서 법대 강의에서는 헌법학은 ‘헌법’ 강좌의 총론 강의, 국법학은 법론과 법해석론*Jurisprudenz*의 일반법학을 ‘법학개론’, ‘법철학’, ‘법제사’ 등 강좌의 강의, 국가법학의 '국가', '대한민국' 등은 '헌법', '국가론' 또는 현상학, 형이상학의 '국가론' 강좌의 강의에서 다룬다.

3.

『國憲學』 제1편 法理論(제1장 法理本質論, 제2장 法理實體論, 제3장 法理存在論), 제2편 憲法論(제1장 憲法規範論, 제2장 憲法精神論, 제3장 憲法秩序論), 제3편 國憲論(제1장 一般國家論, 제2장 憲法國家論, 제3장 大韓民國論)을 장, 절, Ⅰ. [一] 1. 1.1 1.1.1 순으로 본다. 제1편 법리론 제1장 法理本質論-법규범론 제1절 법규범-공동체규범 Ⅰ. 질서규범성(공동체의 규범적 질서, 공동체의 사회적 질서, 공동체의 국가적 질서), Ⅱ. 법칙규범성(규범법칙과 자연법칙, 규범법칙의 법칙규범성, 규범상태의 법칙규범성), Ⅲ. 당위규범성(법의 당위규범성과 강제규범성, 법의 당위규범성과 실효규범성, 법의 당위규범성과 보편규범성) 제2절 법규범-강제규범 Ⅰ. 법의 강제규범성(법의 규범적 강제력, 법의 강제규범성과 실정법규범의 강제력, 실정법규범의 강제력과 헌법), Ⅱ. 법의 實效규범성(법의 실효규범성의 의의, 법의 실효규범성의 구조, 법의 실효규범성과 공법(헌법・행정법)), Ⅲ. 법의 재판규범성(실체법규범-공법(헌법・행정법)의 재판규범성, 실체법규범-私法의 재판규범성, 절차법규범-소송법의 재판규범성) 제3절 법규범-실정법규범 Ⅰ. 성문법과 불문법(法源과 규범체계, 성문법과 실정법 규범체계, 불문법-관습법・판례법・조리) Ⅱ. 공법・사법/실체법・절차법/국제법・국내법, Ⅲ. 실정법규범의 적용과 해석 제2장 法理存在論-법관념론 제1절 법의 보편규준성 Ⅰ. 법의 보편성(법의 이성법적・윤리법적 보편성, 법의 세계사적 보편성, 법목적으로서의 법정의), Ⅱ. 법의 규준성(법의 보편적 질서성, 법의 보편적 규준성과 전 지구적 사유공동체, 법의 판별성), Ⅲ. 법의 기율성(기율적 규준으로서의 법, 법의 기율적 규준성과 동양 고대법, 법의 기율적 규준성과 이슬람법) 제2절 법의 法系法理性 Ⅰ. 한국법의 체계적 특성, Ⅱ. 대륙법계의 체계적 특성, Ⅲ. 영미법계의 체계적 특성 제3절 법의 법리법학성 Ⅰ. 법학 제3장 法理實體論-법체계론 제1절 권리실체론 Ⅰ. 권리관계론(권리의무론, 권리양태론, 권리행사론), Ⅱ. 권리주체론(권리능력론, 권리주체성, 법인과 권리주체), Ⅲ. 권리객체론(권리의 객체, 물권, 채권) 제2절 행위실체론 Ⅰ. 법률행위론(법률행위의 법률관계, 법률행위와 의사표시, 법률관계의 변동), Ⅱ. 행위양태론(법률행위의 무효・취소・대리, 행위관계론-권리주체의 행위관계, 행위근거론-주소・거소), Ⅲ. 법률존속론(법률행위의 부관, 법률행위의 기간, 법률행위의 시효) 제3절 법제실체론 Ⅰ. 공법실체론(공법의 실체법과 절차법, 형사법(형법・형사소송법)의 실체법과 절차법, 현대법 실체론), Ⅱ. 사법실체론(사법의 실체법-민법, 사법의 실체법-상법, 사법의 절차법-민사소송법・민사집행법), Ⅲ. 현대법 실체론-'국헌학' 제3권 『國法學』 收錄 제2편 헌법론 제1장 憲法規範論 제1절 헌법 Ⅰ. 헌법과 입헌주의(헌법의 본질, 대한민국헌법, 입헌주의헌법), Ⅱ. 헌법의 제정과 개정(헌법제정과 헌법제정권력, 헌법개정과 헌법개정권력, 대한민국헌법의 개정 연혁), Ⅲ. 헌법의 해석(헌법해석, 법률의 헌법합치적 해석, 헌법합치적 해석과 변형결정) 제2절 헌법사 Ⅰ. 근세국가와 근대국가의 헌법(조선말・일제강점기 국헌-洪範14條・大韓國國制, 대한민국임시정부 헌법, 대한민국과 법통 계승), Ⅱ. 제헌헌법 제정과 대한민국 건국(제헌헌법의 성립, 대한민국의 건국과 국가수립, 대한민국 건국・제헌헌법의 헌정사적 의의), Ⅲ. 민주공화국의 대한민국헌법사(제1,2,3,4,5,6공화국헌법, 제7공화국의 헌정) 제3절 국가 Ⅰ. 국가의 헌법원리와 국가정통성(국가의 헌법원리, 국가의 형식과 형태, 대한민국), Ⅱ. 대한민국의 국민・영토와 통일국가(국민, 영토, 국민・영토의 통일국가), Ⅲ. 대한민국의 국제관계와 평화국가(헌법질서와 국제법, 국제관계에서의 국가, 국제관계에서의 평화국가) 제2장 憲法精神論 제1절 대한민국의 헌법정신 Ⅰ. 국가정통성과 헌법정체성의 헌법정신, Ⅱ. 대한민국의 국가정통성과 헌법정체성(민주공화국의 국가정통성, 민주공화국의 국가정통성의 계속성, 대한민국의 헌법정체성-자유민주주의・시장경제질서・입헌법치주의), Ⅲ. 통일한국의 국가정통성과 헌법정체성(통일한국의 통일헌법, 통일한국의 국가정통성友敵의 승전보, 통일한국의 헌법정체성) 제2절 민주공화국의 국가정통성 Ⅰ. 민주공화국의 국체성(입헌공화정의 정체성, 국민주권주의 헌법원리, 입헌공화정과 민주주의), Ⅱ. 민주공화국과 대의민주정(입헌공화정과 대의정, 대의정과 자유위임, 대의정과 국민투표), Ⅲ. 민주공화국의 헌법정신(민주공화국의 국헌질서

(입헌법치주의)와 정치질서(자유민주주의), 민주공화국의 경제질서-시장경제질서, 한국헌법의 자본주의 경제질서), 제3절 입헌공화정의 헌법정체성 Ⅰ. 입헌법치주의의 헌법이념(입헌법치주의의 의의, 입헌국가의 법치주의, 사회적 법치국가의 법치주의), Ⅱ. 법치주의의 형식원리-일반법 · 신뢰법 · 비례법원칙(일반법원칙, 법효력현재성 원칙, 신뢰법원칙), Ⅲ. 법치주의의 실체적 절차원리-적법절차(적법절차의 의의와 헌법적 근거, 적법절차의 적용과 국민의 권리, 한국헌법의 적법절차 규정) 제2장 憲法秩序論 제1절 민주공화국의 권력제도 Ⅰ. 권력분립주의의 헌법제도(헌법질서론의 헌법제도, 권력분립주의 헌법원리, 권력분립과 기관쟁의 · 기관소송 · 권한쟁의), Ⅱ. 정부형태의 헌법제도(정부형태, 한국헌법의 정부형태, 제6공화국 현행헌법의 대통령중심제), Ⅲ. 공직의 헌법제도(공직의 기본권-공무담임권, 공직의 제도보장, 군사의 헌법제도-문민통제) 제2절 입헌공화정의 정치제도 Ⅰ. 선거 · 대표의 헌법제도(자유민주정의 선거제도, 선거관리 · 선거운동 · 선거쟁송, 대표의 헌법제도), Ⅱ. 정당 · 정치자금의 헌법제도(정당의 헌법제도, 정당의 자유와 존속의 보호, 정치자금의 헌법제도), Ⅲ. 사회의 헌법제도(사회제도의 헌법적 보장, 청원권, 사회제도의 제도적 보장) 제3절 국가 · 사회의 헌정제도 Ⅰ. 지방자치의 헌법제도(지방자치의 본질, 한국헌법의 지방자치, 지방교육자치), Ⅱ. 지방자치단체(국가와 지방자치단체, 지방자치단체의 기관, 지방자치단체의 권한), Ⅲ. 평화국가의 헌법제도(국제관계에서의 평화국가, 국제관계에서의 외교관계, 국제관계에서의 외교관계와 국제기구), 제3편 一般國家論 제1절 국가의 관념과 고전중근세국가 Ⅰ. 국가의 관념(국가 관념의 국헌적 의의, 국가 관념의 한국 근세적 의의, 국가 관념의 근대국민국가적 의의), Ⅱ. 고전국가인 도시국과 공화국(고희랍 도시국-시민의 정치공동체, 로마 공화국-만민의 국가공동체, 중세의 봉건적 신정국가), Ⅲ. 근세적 국가 관념(토마스 홉스 Leviathan의 근세국가, 존 로크 통치론의 자유와 공화정, 근세국가에서 본 중세국가) 제2절 근대국민국가와 입헌주의 Ⅰ. 근대국가의 국가 관념(근대와 근대국가, 근대국가의 규범화, 근대국가의 형상화), Ⅱ. 국민국가의 국가 관념(사회계약의 국민국가, 국민공동체의 국민국가, 이념공동체의 국민국가), Ⅲ. 근 · 현대국민국가와 입헌주의국헌(근 · 현대국민국가의 입헌주의국헌, 근대국민국가의 입헌주의국헌의 권리) 제3절 일반국가로서의 헌법국가 Ⅰ. 헌법국가의 국헌(헌법국가의 성립, 헌법국가의 헌법과 국가, 근현대 헌법국가의 입헌주의 헌법학), Ⅱ. 헌법국가의 국헌-국가정통성과 헌법정체성(국가정통성-민주공화국, 헌법정체성-자유민주주의시장경제질서 · 입헌법치주의, 국헌으로서의 단일공화국), Ⅲ. 평화통일의 헌법국가(통일국가, 통일국가의 방식과 규범, 평화국가) 제2장 憲法國家論 제1절 대한제국, 임시정부의 헌법국가 Ⅰ. 대한제국의 국헌-洪範14條 · 大韓國國制 · 總督制令, Ⅱ. 대한민국임시정부의 국헌(대한민국임시정부 헌법, 대한민국과 법통 계승, 대한민국과 일제 단절), Ⅲ. 대한민국의 국헌과 국기 · 국가(국가상징, 국기 – 태극기, 국가 – 애국가) 제2절 대한민국, 건국의 헌법국가 Ⅰ. 제헌헌법 제정과 대한민국 건국(광복 · 미군정청과 대한민국 건국의 기반, 대한민국의 제헌헌법 성립, 대한민국 건국과 정부 수립), Ⅱ. 대한민국 건국 · 제헌헌법의 헌정사적 의의, Ⅲ. 제1공화국의 국헌 제3절 대한민국, 근대의 헌법국가(Ⅰ. 제2공화국 국헌-제3차헌법개정 · 제2공화국헌법 · 제4차헌법개정, Ⅱ. 제3, 4공화국의 국헌-제3 · 제4 · 제5공화국헌법, 제5차 · 제6차헌법개정, Ⅲ. 제6공화국의 국헌-제9차개정헌법 · 제6공화국헌법) 제3장 大韓民國論 제1절 대한민국-근대국민국가의 좌절과 극복 Ⅰ. 조선의 국가결정력 상실(구한말 대한제국의 시대 인식, 일본의 明治維新(메이지유신)과 외견적 근세국가, 조선의 일본식 근대화와 국민국가의 좌절), Ⅱ. 조선의 쇠망과 일제강점(조선의 쇠망과 병탄, 한일합병의 체약 과정, 일제 법제의 조선 강점), Ⅲ. 조선의 식민지배와 국권회복(일제의 식민지배, 조선의 항일독립운동, 조선 독립과 국가 건설) 제2절 대한민국-근대국민국가의 건국과 형성 Ⅰ. 대한민국의 건국(광복과 국가건설, 북한의 건국방해, 대한민국 건국과 정부수립), Ⅱ. 국민공동체 형성과 국민국가(농지개혁과 국민공동체, 6 · 25동란과 국민공동체, 6 · 25동란전쟁과 이념공동체), Ⅲ. 사회 · 경제공동체 형성과 근대국가(해방 · 전쟁과 근대국가, 산업화와 근대국가, 사회 · 문화적 근대국가와 국민정신) 제3절 대한민국-근대국민국가의 헌법국가성 Ⅰ. 대한민국의 국헌-국가정통성과 헌법정체성(대한민국의 민주공화국의 국가정통성, 대한민국의 국체 · 정체로서의 국가정통성, 대한민국의 헌법정체성), Ⅱ. 대한민국의 국헌-시장경제질서의 헌법정체성, Ⅲ. 대한민국의 국헌-법치국가의 헌법정체성

제 1 편

法理論

Jurisprudenz / Rechtslehre

제 1 장

法理本質論 – 법규범론

제1절 법규범 – 공동체규범

Ⅰ. 질서규범성

[一] 공동체의 규범적 질서

1. 규범적 질서로서의 법

1.1 규범적 질서로서의 법의 의의

법은 공동체의 규범적 질서이다. 규범적 질서로서의 법은 의사소통공동체의 사회에서 자생적으로 만들어져 선험적 규범의 질서로서 존재하는 '법'(law(英), droit(佛), Recht(獨), legge(伊), jus(羅) 등)과 이 선험적 규범의 질서에 국가의 규범적 강제력이 부여된 '법률'(laws(英), loi(佛), Gesetz(獨), diritto(伊), lex(羅) 등)로서 존재하는 질서규범이다. 질서규범으로서의 법은 국가사회의 생활관계에서 구성원들이 따라야 할 명령・약속 등을 法典 체계로 규정한 국가의 법규・사회의 준칙으로서, 공동체에서 창설・존속되는 법규범이 된다.

규범적 질서로서의 법과 함무라비법전 함무라비법전(*Code of Hammurabi*, c.1754BC 제정, c. 는 circa(sə́ : rkə)의 약자로, 연도와 함께 그 앞에 쓰이는 約, …頃 의 뜻)은 고대 중근동 아카드*Akkad* 왕조의 함무라비왕(King Hammurabi 재위 c.1792~1750BC)이 메소포타미아*Mesopotamia* 수메르*Sumer*인의 바빌론세계에서 主神 마르둑*Marduk*의 신판神判 신수神授法을 설형법(楔形法 *Cuneiform law* 쐐기문자법전)의 법전으로 편찬한 동해同害보복형의 Talio 형법, 특히 가족관계 68조법의 사법 그리고 국헌법 등의 총 282조 바빌론법이다.1) 바빌론세계의 인류 최초의 법전인 우르남무법전(*Ur-Nammu's code* c.2100~2050BC) 이후(문헌상 첫 수메르법인 우르카기나법전 *Code of Urukagina*이 2380~2360BC에 편찬되었다 하나 발견된 text는 없다), 에쉬눈나법(*Laws of Eshnunna* c.1930BC), 이신왕(King of Isin)의 리핕이쉬탈법전(*Codex of Lipit-Ishtar of Isin* c.1870BC~c.1860BC)에 이어 함무라비법전이 우르남무법전 후 350년 뒤에 편찬되면서 히타이트법(*Hittite laws* c.1650~1100BC), 아시리안법전(*Assyria laws* c.1354~1318BC *Code of the Assura* c.1075BC) 등이 제정되었다.■

■ 함무라비[c.1810BC~750BC 바빌로니아 제1차 바빌론왕국(1894BC~) 제6대왕] 왕의 바빌로니아는 티그리스, 유프라테스강 유역 메소포타미아에서 BC2350년경 키시Kish 왕조 사르곤의 수메르 정복으로 인류 최초의 통일왕조 아카드의 사르곤 대왕(Akkadian Šarru-ˀ-kinu, Sargon of Akkad, Sargon the Great ?~2215BC. 재위c.2334~2279BC)을 중심으로 이루어진 국가이다. 함무라비왕의 家系는 구약 창세기 아담*Adam*・이브*Eve*의 세 아들 카인*Cain* 아벨*Abel* 셋*Seth*으로 올라간다. Genesis 4:25에서 아담 8대손 라멕 Lamech(*Genesis* 5:25)이 노아noah를 낳고(*Genesis* 4:29), 노아는 셈Shem 함Ham 야벳Japheth을 낳고(*Genesis* 10:1-2), 대홍수 후 함은 구스Cush, 미스라임Mizraim(당시 Egypt 애굽의 히브리어), 붓Phut(당시 Libya의 히브리어), 가나안Canaan(*Genesis* 10:6)을 낳고, 가나안은 시돈Sidon 헷Hittites, 여부스족Jebusites, 아모리족Amorites 등 11명을 낳는다. 아모리족은 BC14세기 중엽에 만들고 애굽에서 발견된 土版 '아마르나 서신'*Amarna Letters*에 언급된 Philistine에서 유래하여 블레셋으로 불린 팔레스타인*Palestine*족

이다. 아모리족은 BC2300년경 메소포타미아의 '비옥한 초승달'*Fertile Crescent* 지역으로 이주, 수메르 우르*Ur* 제3왕조를 붕괴시켜 바빌론 통치자가 된다. 함무라비왕 등 아모리족의 바빌론통치는 BC1590년경에 같은 가나안 후손 헷족의 침입, BC1천년경 아람족*Arameans*의 정복으로 막을 내린다. 메소포타미아 수메르인의 규범의 원천인 숭배신 '마르둑'은 태양신 우투의 황소*bull calf of the sun god Utu*로 형상화된 신이다. 이는 동방 오리엔트를 거쳐 고희랍 그리스 세계의 Zeus 등의 주신과 로마 최고의 신 Jupiter 등의 고대적 규범인 신화적 세계에 비견된다. 고대의 '신'은 인류적 규범의 원초적 형태인 것으로 생각된다.

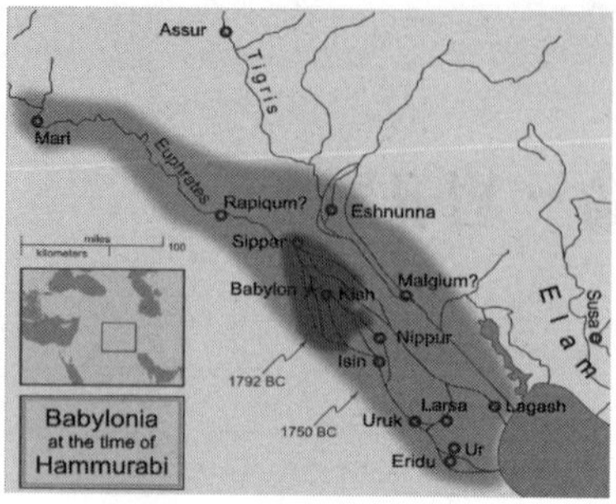

함무라비 시대의 바빌론왕국

함무라비법전

1.2 규범적 질서로서의 법과 고대법

규범적 질서로서의 법은 중근동中近東 고대법에서 법률의 모음인 법전으로서 인식되는 규범이다. 이는 인류 최초의 '우르남무' 법전 및 그에 이은 '함무라비' 법전 등의 수메르 바빌론법에서 시작하면서 유대의 종교법, 오리엔트*Orient* · 中近西에게海 등을 거쳐서 고희랍 세계에 logos법으로 흡수되고 로마 十二表법(Twelve Tables of Roman law(450BC)) 등의 법제에 이어져, 고대법 규범질서의 전형이 된다.

中近東 고대법(ancient legal codes) · **BC/AD** 중근동 사회의 종교 · 지혜 등이 통합된 중근동 고대법은 '올바른 믿음'*orthodox*, 믿음에 기한 '올바른 실천'*orthopraxis*의 총체적 신앙의 법이며 윤리 · 의례 등을 포괄하는 총체적 규범의 질서이다. 특히 유대교를 기반으로 한 그리스도교와 이슬람교 등의 종교적 교리 등이 개별 법전마다에 포섭되어 그 고유한 시대적 · 정치적 고유성을 갖는다. 유대법은 하나님 야훼와 유대인의 관계법으로서, 왕정시대에는 성전 · 제사를 중심으로 한 나라 운영의 祭儀的 전통과 사법체제로 기능한 통치질서였고, 제2聖殿시대는 亡國의 충격으로 인해 배타적 종교와 법 전통에 몰입되었다. 중근동 고대법에서의 '예수 그리스도' Jeshua Christ는 그 탄생(*Dionysius Exiguus Easter table*, c.525 부활제板)[2] 前 · BC(Before Christ 紀元前, 主前)/後 · AD(Anno Domini, *nostri Jesu Christi, in the year of our Lord* 紀元後)를 기준으로 하는 역법(예를 들어 기원전 1세기는 기원전 100년부터 기원전 1년까지)의 근원이 된다. 법규범의 관점에서 로마법과 함께 서양법의 중심을 이루는 교회법은 그리스도교의 예수가 도학자로서 사물을 판별한 내용들을 dogma로서 규정한 것이다. 동양적 규범의 기저를 흐르는 불교의 부처는 천문학으로서 세계를 밝히는 내용들을 法語로서 드러낸다. 그리스도교에서 '예수'의 敬拜語경배어는 '主 나사렛 예수그리스도' 'Jehoshua Nazareth Jesus Christ'이다. 主는 救世主 Jeshua/Jehoshua[Jehoshua 여호수아 히브리 어 Jeshua는 Jahveh(야훼, 구원을 뜻하는 Yeshayáhu의 헤브라이식 이름)+hoshea 救世의 합성어이다], 나사렛Nazareth(나신 곳) 예수(Jesus(dʒiːzəs) c.6/4BC Bethlehem~c.30AD Jerusalem, 고희랍어 Ἰησους 라틴어 Iesus, Iesous) 그리스도[Christ, Christus는 '기름부음*anointment* 받으신' 메시아(유대왕, 제사장의 고희랍어 Χριστός, 히브리어 משיח 마쉬아흐)의 뜻이다. '기름부음'은 사물 · 사람(머리 또는 몸)에 기름을 바르거나 붓는 도유塗油로 여호와 하나님의 거룩하신 뜻 · 섭리를 수행할 사역자로 부름받음(민 4:3-4; 18:8)에 의하여 구약시대의 제사장(레 4:16), 선지자(왕상 19:16), 왕(삼상 9:16) 등으로 세움을 받음의 뜻이다].

1.3 규범적 질서로서의 법과 서양법

법을 규범적 질서로서 인식하는 중근동 고대법, 오리엔트의 종교적 봉건적 계율의 법문화, 이오니아*Ionia*의 자연 철학, 고희랍의 헬레니즘 등은 '主軸주축시대' 서양법의 고전*Classic*을 이룬다. 서양법은 규범적 질서로서의 법을 핵심으로 하는 고전적 법개념을 그 본질로서 갖는다. 고희랍 아테네의 플라톤*Platon*이 현세의 근원인 이데아*Idea*의 세계를 상정한 것은 사실과 구분되는 규범의 법세계의 원류이며, 이후, 근세의 사상가 장 보댕*Jean Bodin*, 알투지우스*Althusius*, 그로티우스*Grotius* 등은 법을 사실에서 분리시킴으로써 법의 규범으로서의 본질을 확인하였다. 법의 규범성은 이마누엘 칸트에 의하여, 규범의 세계에서의 법은 神律的이거나 자연률의 질서를 초월하는 現存者로서의 인간의 이성에서 선험적으로*a priori*

추구하는 인간본성의 자연법*jus naturale* 질서에서 성찰하는 선험론적*transcendental Transzendental* 법원칙으로서 인식할 수 있게 된다.

主軸시대 '주축시대'*Achsenzeit, Axial age*는 칼 야스퍼스(Karl Jaspers 1883.2.23.~1969.2.26.), *Vom Ursprung und Ziel der Geschichte*, München: Piper, 1949)의 역사의 결정적 轉機*critical juncture*인 '古典'과 '근대'의 大分岐*Great Divergence*를 말한다.[3] 야스퍼스는 르네상스 이탈리아 초기 휴머니스트 페트라르크(*Francesco Petrarca, Petrarch* 1304.7.20~1374.7.19.)가 로마 원로원 고관・학자 키케로의 서한에서 중세암흑기*Dark Ages*, 르네상스*Renaissance* 관념을 착안하면서 고안한 고대*Ancient*, 중세*Middle Ages*, 근대*Modern* 등 서유럽사 3시대*tripartite periodization*를 전제로, 주축시대에서 고전 classic은 BC8~3세기의 메소포타미아 문명기 이후 그리스・로마*Greco-Roman*에 이르러 그 고유한 정체성으로 보편적 종교・철학을 이뤄낸 문명기이며, 근대 modern는 이성에 기초하는 합리주의의 시기라 하였다.

오리엔트・아세아 오리엔트*Orient, Oriens*(해 뜨는 곳) 東方은 BC3000년경 메소포타미아의 아시리아, 페르시아의 통일 이후 알렉산드로스 대왕의 동방원정으로 헬레니즘 문화권, 7세기 사라센 제국 지배로 이슬람 문화권이 된다(로마에서 '빛은 동방으로부터'의 동방은 그리스 지역을 가리킨다). 西方은 옥시덴트*Occident, occidence*(해 지는 곳)이다.[4] 고대 중근동 바빌로니아 아카드*Akkad* 왕조 기준으로 '해가 뜨는 동쪽 땅' āşū이 Asia이고 '해가 지는 서쪽 땅' erēbu이 Europe이다.■ 마테오 리치(*Matteo Ricci* 1552.10.6~1610.5.11.)는 Asia를 '亞細亞'로 번안한다. 어원상으로 보면 조선朝鮮, 아수, 아사달阿斯達은 '해 뜨는 동쪽 땅'이다.[5]

■ 헤카타이오스*Hecataios*의 2300년 전 고지도의 OCEAN 중앙 위 Europe, 아래 왼쪽 Libya, 오른쪽 Asia 등 외에, India, Arabia는 있어도 중국 표시는 없다. BC54년 로마 시리아 총독 마르쿠스 리키니우스 크라수스(*Marcus Licinius Crassus c.115~53BC*) 장군은 동방 진군에서 파르티아에 패배, 사망한다. 이때 로마군은 쿠샤나, 중국에 패배하여 포로가 된다. 투석기, 노포弩砲 등을 전수하고 중국에 정착하며 지내며 이후 로마 상인들의 귀향 권유를 거절하고 계속 거주하였다 한다.

2. 人倫的 질서로서의 법

2.1 자유의 질서로서의 법

법은 공동체 구성원들의 자유의 질서이다. 법은 공동체에서의 개인의 자유를 규범적으로 보장하여 그에게 규범적 권력을 줌으로써 정치권력을 장악한 군왕・집단 등에 의한 노예적 구속으로부터 벗어날 수 있게 하는 의미에서의 인륜적 자유를 보장하는 규범적 질서이다.

2.2 통치의 질서로서의 법

법은 통치의 질서이다. 법은 인간의 이성에서 선험적으로 인식하는 자연법의 질서에 근원을 두는 선험론적 법원칙으로서의 규범적 질서이지만, 통치의 질서로서의 법은, 선험적으로 인식하기 어려운 국가에 의하여 보장되는 객관적 규범질서의 영역이기에, 이를 '사회계약'으로서의 법이 통치의 질서로서의 법으로서 사실상태에서 통치의 규범상태를 가져오는 것으로 본다. 칸트에 의하면 자연상태에서의 법은 사법, 사권이며 이것이 규범상태에 이를 때 비로소 시민사회에서의 국가의 법인 공법, 공권이 되어서 통치의 질서를 이룰 수 있는 것으로 보았다.

2.3 정의의 질서로서의 법

법은 공동체 구성원들이 국가・사회의 생활관계에서 국가의 법규・사회의 준칙으로서 따르도록 함으로써 공동체를 창설・유지・존속하기 위한 규범적 질서로서의 계율이 타당성을 갖도록 하는 정의의 질서이다. 그 점에서 함무라비 법전 등에서 명시한 동해보복同害報復을 정한 '탈리오법'lex talionism (Law of Retaliation)은, 단순히 복수復讐의 응보를 넘어, 법을 '각자의 몫에 상응한다', '하늘이 무너져도 정의는 실현되어야 한다' 하는 정의의 질서로서 본 인류의 법 관념이다. 절대자와 약속한 정의의 질서를 공동체에서 행하여질 것을 규정한 인류의 법이 탈리오 법이다.

정의의 질서와 탈리오 법 「함무라비법전」 제196법 'If a man destroy the eye of another man, they shall destroy his eye. If one break a man's bone, they shall break his bone', 모세율법(*Mosaic Law Mosaic Covenant*)■ 레위기(Leviticus 유대인이 지켜야 할 예배, 의식, 율법 등을 기록하여 이들 규칙을 시행한 레위인의 기록) 제24장 제19~20절 '사람이 만일 이웃에 상해를 입혔다면 그가 행한 대로 그에게 행할 것이니, 상처에는 상처로, 눈에는 눈으로, 이는 이로 갚을 지니라. 남에게 상해를 입힌 그대로 그에게 그렇게 할 것이니'

■ 모세오경(*Law of Moses Torah(9~5세기BC)*은 舊約 제1책*BOOK* 토라(*Torah, Torath複數*) 창세기*Genesis* 출애굽기*Exodus* 레위기*Leviticus* 민수기*Numbers* 신명기*Deuteronomy* 등, 메소포타미아문명의 수메르 문화에 연원을 둔 일신교의 유대교율법이다. 동해보복은 하나님과 인간이 창조상태의 죄 없는 관계를 회복시키기 위하여 행하는 그 관계를 단절시킨 죄 값의 회복이며, 죄의 삯은 에덴의 약속에 따라 죄를 범한 자가 죽어야 하는, 죽음이었고, 그것은 초월적 창조주의 정의의 실현이다.

3. 司法的 질서로서의 법

3.1 합리적 심판의 사법적 질서

사법적 질서로서의 법은 규범의 질서로서의 법을 판단하고 선언하는 심판의 질서이다. 규범의 질서는 인간의 主知的 사유인 로고스*logos*적 가치의 고희랍, 로마에서 기원하는 서구 문명의 근원으로서, 神政 중세사회에서는 이를 지상의 질서와 천상의 질서의 이원성에서 신적 심판의 질서라 하였으나, 근대시민사회에서는 인간 이성의 합리적 과학적 심판의 질서가 된다.

3.2 주지적 심판의 사법적 질서

사법적 질서는 고희랍, 로마에 기원하는 인간의 主知的 심판으로서, 이는 神政 중세사회의 신의 심판의 질서를 넘어 근대 시민사회의 인간의 이성적 질서에 이어진다. 아폴로 신전의 '너 자신을 알라(Gnothi seauton, 소크라테스의 말로 알려짐)', '그러면 하늘과 신들을 알게 될 것이다' 하는 하늘과 신은 헬레니즘적 사유의 중심에 서 있는 인간의 지적 사유에 의한 logos적 司法의 질서를 말한다. 소크라테스*Socrates*는 피타고라스*Pythagoras*의 이오니아 자연철학과 달리 '동굴에서 벗어나 햇빛을 보는 사람이 철학자'라 한 플라톤*Plato*, 아리스토텔레스*Aristotle*와 함께 보편성의 주지적 질서를 이끌었다.

고대*ancient***의 古典***antiquity, classic* 고전기 고희랍 이오니아(Ionia 소아시아 서해안중부 고희랍 식민지 밀레투스 등 12개 도시국가연맹) 밀레투스(*Miletus, Μίλητος* 아나톨리아 西岸, 현 터키)는 BC8세기 해외무역으로 BC7세기 동지중해·흑해 연안 70여 곳 식민시를 지닌 부국이었다. 이오니아 자연철학은 탈레스(물이 자연의 근원), 아낙시만드로스(공기), 아낙시메네스(무한자), 헤라클레이토스 등 밀레투스학파로서, 인간의 형상을 지닌 신들의 세계 창조라 하는 헤시오도스 식 우주생성론을 거부하면서 BC9세기 데모크리토스(원자)에 이어지고, BC479년 페르시아전쟁을 치루며 델로스 동맹으로 고대그리스에 철학을 전하면서 '따지기 좋아하는 희랍인'이라는 말을 나오게 한다. 소크라테스(Socrates, *ˈsɒkrəti:z; Σωκράτης(sɔ:krátɛ:s), Sōkrátēs* 470/469~399BC)도 피타고라스(Pythagoras c.580~490BC)■ 등의 과학철학자들(소피스트)에게서 배웠지만, 이오니아 자연철학과 달리 '동굴에서 벗어나 햇빛을 보는 사람이 철학자'라 한 플라톤(Plato, *pleɪtoʊ; Πλάτων Plátōn(plá:tɔn)* in 428/427 or 424/423~348/347BC)의 보편성의 고전기 문명을 이끌었다.

■ 피타고라스는 BC6세기 초 에게 해*Aegean Sea* 크레타 섬*Creta I.*에 둘러싸인 동지중해 사모스 섬*Samos I.* 출신 이오니아 철학자이다. '피타고라스 정리'인 직사각형 빗변을 한 변으로 하는 정사각형 넓이는 다른 두 변을 각각 한 변으로 하는 정사각형 넓이의 합과 같다로 잘 알려져 있다. 스스로 '지혜를 사랑하는 사람'이라 하였고 피타고라스 자체가 '아폴론의 대변자'란 뜻이기에 아폴로 신전 여사제 피티아*Pythia*는 그가 모든 시대 모든 사람에 유용한 아들일 것이라 했다. 밀레투스에서 수학자 탈레스(*Thales of Miletus c.624~546BC*)에 사사, 이집트에서 23년간 멤피스 사제에게 기하, 천문학을 배우고, 지구를 우주의 중심이라 한 아리스토텔레스와 달리 행성들은 태양에서 나와 태양 주위를 돌고 있다 했다. 고희랍 식민시 크로토나*Crotona*에 설립한 학교의 졸업생이 고대 의학 창시자 히포크라테스(*Hippokratēs c.460~377BC*)이다.

3.3 중립적 심판의 사법적 질서

법은 델포이(Delphoi, Delphi 아폴로 신전)의 神判 법질서 수호자(Titaness of divine law and order) 테미스*Themis* 여신상의 좌칭우검左秤右劍과 같이 전통, 법률, 정의의 수호자로서의 '칼', 죄와 벌 및 정의와 부정의를 재는 '저울'天秤로 법과 질서를 상징한다. 중세 신정국가의 신성재판*ordeal* 같이 고대법의 신판을 잇는 관념으로서, '사법적 기능을 행하는 점술'도 존재하지만, 근대 시민사회에 이르러 법은 司法에 의하여 正義의 질서가 실현되도록 중립적이고 독립한 사법의 심판자를 요구하는 사법적 질서이다.

[二] 공동체의 사회적 질서

1. 사회의 자생적 질서로서의 법

1.1 사람 있는 곳에 사회 있고, 사회 있는 곳에 법 있다

법은 사회의 자생적 질서로 존재한다. 자생적 질서는 사회에서 받아들여져 준칙으로 형성되는 규범적 질서이다. 자생적 질서로서의 법은 고희랍 고전기*Classic* 인간의 인륜적 보편성에 기반한 '주축시대'에서 개인의 이성적 보편성을 갖는 규범으로 질적 전환을 하여 형성되었다. 고전기 주축시대를 규정지은 고희랍 아테네의 소크라테스 · 플라톤 · 아리스토텔레스 등은 '사회 있는 곳에 법이 있다' 하여 법을 사회의 자생적 질서로서의 규범으로서 인식하였다. 주축시대의 아리스토텔레스는 사회적 질서로서의 법을 '인간은 날 때부터 정치적 동물이다'*zōion politikon*, '사람 있는 곳에 사회 있고, 사회 있는 곳에 법 있다*Ubi Societas, ibi ius*', '인간 있는 곳에 법 있다', '사회 있는 곳에 가치 있다', '가치와 함께 할 때 연대 있다', '연대 있는 곳에 법이 있다'로 논증하였다.

'사회 있는 곳에 법 있다' Aristotle(384~322BC) '정치'*Politics*의 'Ubi societas, ibi ius'*(where there is a society, there is law)*, 인간은 사회적 동물*Man is by nature a political animal* 및 '니코마커스윤리학'의 '사회 있는 곳에 가치 있고, 가치와 함께 할 때 연대 있고, 연대 있는 곳에 법 있다. Ubi homo, ibi societas. Ubi societas, ibi ius. Ergo: ubi homo, ibi ius*(Where the human being is, there is a society. Where there is a society, there is law. Therefore: where the human being is, there is law)*' 하는[6] 법관념■ 등이 스토아학파에 이어 로마의 법에 이르러 왔음을 가리켜, 키케로*(Marcus Tullius Cicero* 106~43BC)는 고전기 축의 시대를 법에 있어서의 '황금의 강'이라 했다.[7]

■ Nicomachean Ethics 8.9: Ubi est societas, ibi est bonorum coummunio. Ubi est bonorum communio, ibi est Amicitia.Ubi est Amicitia, ibi est Jus(Where there is society, there is a fellowship of values. Where there is a fellowship of values(also "and of duties" may be added), there is solidarity. Where there is solidarity, there is law) 하인리히 폰 코체지Baron Heinrich von Cocceji 1644~1719(하이델베르크대 교수)에 의하면 ubi societas, ibi et ius 등이 처음으로 언급된 문헌은 요아킴 마틴 우버하르트Joachim Martin Unverfärth, De Paedia Iurisprudentiae, 1675, chapter 22.5(p.687)이라고 한다.[8]

1.2 종교 · 도덕규범과 사회의 자생적 질서로서의 법

사회의 자생적 질서로 존재하는 법의 연원은 종교규범 내지 도덕규범에서 찾는다. 서구에서 종교규범으로는 유대의 율법, 예수의 복음, 이슬람의 코란 등이며, 도덕규범으로는 고전기 고희랍에서 정돈된 로고스 등이다. 동양에서는 부처의 다르마, 힌두교의 요가 등의 종교규범과 공자의 儒. 노자의 道 등에서와 같은 天帝 · 禮道 등이 도덕규범의 대강을 이룬다. 불교의 국가 인식은 만인금수의 세상을 통솔 · 지배하는 인간의 分別識이 만든 虛妄分別相으로 흐르지 않도록 하는 것이어야 하는 것으로, 華嚴 세계의 一卽一切, 一切卽一, 一中一切에서 모든 내용이 一이며 동시에 一切이다. 국토라는 자연, 살고 있는 모든 사람들의 나라가 국가인 것이다.[9]

主軸시대 중국, 인도의 법 중국에서는 공자(孔子*Confucius* 552~479BC)의 儒, 노자(Lao-Tse c.604~531BC)의 道 등으로 형성된 도덕규범은 중국의 첫 형법*(Tang Code(624~637)Tang Dynasty)* 등 전통 중국법에 영향을 준다. 인도에서의 종교규범인 우파니샤드*Upanishads* 힌두교, 싯타르타釋迦 *Siddhartha Gautama* 붓다*Buddha*의 불교 등은 아쇼카 불교법전*(Edicts of Ashoka of Buddhist Law(269~236BC))*, 마누법전*(Law of Manu(c.200BC))*, 젠투법전*Gentoo Code*, 브레혼법*Brehon Law* 등에서 발견된다. 불교 등의 종교규범은 영혼, 윤회전생 등의 인간과 세계에 대한 관념에 의하여 특히 동양에서의 자생적 질서로서의 사회적 규범으로서의 법의 형성에 영향을 준다.■

■ 공자[孔子Kǒngzǐ, 孔夫子Kǒngfūzǐ, Confucius kən'fju : ʃəs 551.9.28.-479BC], 名은 丘 子는 중니仲尼. 春秋시대 魯, 齊의 사람, 노나라 추읍(陬邑 現 산둥성 취푸曲阜), 니구산尼丘山에서 父 숙량흘叔梁紇, 母 안징재顔徵在 사이에서 태어남. 仁義禮智 經世의 儒家를 이룬다. 『論語』는 제1편 學而학이 16句 이하 爲政위정 24, 八佾팔일 26, 里仁리인 26, 公冶長공야장 27, 雍也옹야 28, 述而술이 37, 泰伯태백 21, 子罕자한 30, 鄕黨향당 18, 先進선진 25, 顔淵안연 24, 子路자로 30, 憲問헌문 47, 衛靈公위령공 41, 季氏계씨 14, 陽貨양화 26, 微子미자 11, 子張자장 25, 堯曰요왈 3 등의 20편으로 구성된다.[10] 논어는 공자의 언설을 들은 제자들이 기록한 대화체의 경전임은 서구의 고전기 그리스에서 아테네의 플라톤이 소크라테스의 논전을 기록한 Dialogue대화의 그것과 같다. 석가모니(釋迦牟尼 Śākyamuni, c.624~c.544BC.싯다르타(성) 고타마(이름), 고타마 붓다 Gautama Buddha). 天上天下 唯我獨尊 三界皆苦 我當安之(자신이 존귀하니 자기 스스로에 의해서만 세상의 고통을 다스릴 수 있다).

1.3 인륜적 보편성과 사회의 자생적 질서로서의 법

主軸시대는 인간의 인륜적 보편성이 세계를 질적으로 전환한 시기이다. 고대의 고전*Antiquity*문명의 축의 시대는 인간의 보편적 가치를 제창한 기원전 사상가들에게서 연원을 둔 중근동 오리엔트의 예지叡智와 종교, 고대그리스古希臘 고전기에 제창된 인류의 로고스적 보편성 등의 가치로 형성되는 규범적 질서를 사회의 자생적 질서로서의 법으로 인식하게 하였다. 인간의 인륜적 보편성의 질적 전환은 "내가 어디에서 왔고 무엇을 하고, 어디로 갔는가?" 하는 물음에서 인간의 보편적 가치를 발견하여 이를 규범적 질서로 존재하도록 하였다는 의미이다. 서구의 중세 신정국가의 인간의 목적은 '하나님께 영광돌리기'였으며, 동양의 고다마 싯달다는 '붓다' 즉 인간은 '깨어남'의 목적을 위해서 존재하며, '달마'는 인간의 깨어남을 '알게 하는' 현상인 의식을 고도로 정화하는 이론·실천의 총칭이라 하였다. 근대라는 축의 시대에서의 이 물음은 근대과학으로서의 물리학을 규정짓는 목적이 되고 있다. 근대국가의 과학주의는 바로 우리는 무엇이며 어디에서 왔고, 무엇을 하고, 어디로 가는가 하는 인간의 목적을 발견하는 것이다.

주축시대 중근동, 고희랍의 법 고전 고희랍, 아테네*Classical Attic* 규범질서는 중근동 가나안*Canaan*(현 西팔레스타인), 엘리야(Elijah 헤브라이 선지자), 이사야(Isaiah(aɪ'zeɪ.ə) BC8C 유다 선지자),■ 예레미야Jeremiah■■ 등의 유대교*Judaism*, 차라투스트라(Zarathustra 오리엔트 선지자 c.630~c.553BC)의 조로아스터교(*Zoroastrianism* 拜火敎 Azerbaijan은 '신성한 불의 나라' *The Land of the Holy Fire*의 뜻),■■■ 호메로스(Homer c.BC10C Iliad, Odyssey 작자) 시가, 헤라클리토스*Heraclitus* 소피즘*sophism*, 타키투데스*Thucydides* 역사, 아르키메데스*Archimedes* 수학, 소크라테스·플라톤·아리스토텔레스 등은 중세 기독교신앙*Christianity*, 르네상스적 세속에 지대한 영향을 미쳤다.11) 그 같은 사상과 함께 형성된 규범이 드라코니아헌법(Draconian constitution BC7C), 고틴법전(Gortyn code BC5C), 샤리아 이슬람법(Sharia or Islamic Law(c.570)), 하라카*Halakha* 유대법(Jewish religious law) 등이다.

■ BC8세기 이사야(야훼는 '구원한다'의 뜻)는 유다 왕국의 왕족으로서 BC759년경부터 아시리아가 예루살렘을 향해 쳐 들어올 때까지 60년간 4대왕에 걸쳐 예언을 했다. 이사야는 신약의 초석을 놓은 구약의 완성자이다. 그는 구세주 메시아의 새 시대를 예견했다(이사야 5:8). "그러므로 주께서 친히 징조를 너희에게 주실 것이라 보라 처녀가 잉태하여 아들을 낳을 것이요 그의 이름을 임마누엘이라 하리라"(이사야 7:14).

■■ '눈물의 선지자' 예레미야*Jeremiah*는 BC625년경 유다왕국 말기의 요시아왕(Josiah 유다 제16대왕 640-609BC) 때 유다 민족이 우상숭배로 비참한 최후를 맞이하리라는 점을 하나님의 계시를 통해 거듭 경고한다. 바빌론에 의해 유다 왕국이 멸망되며 예루살렘도 붕괴될 것이라 했다. 하나님과 맺은 계약에 충실하라 한 선지자였다. 하지만 망국으로 그는 이집트에 끌려간다. 그는 흐느낀다. "사람들이 악을 행하기에는 지각이 있으나 선을 행하기에는 무지하도다."(예레미야 4:22), "어찌하면 내 머리는 물이 되고 내 눈은 눈물의 근원이 될꼬"(9장). 선지자는 앞일을 점지해 주는 미리*pre* 말하는 자*phetes*의 예언자라기보다는 합리와 정의에 입각한 바른 소리를 신앙의 힘으로 담대히 말할 수 있는 시대의 통찰력을 가진 사람 즉 다른 이를 위해*pro* 말하는 자의 뜻이다.

■■■ zoroaster(前 660~583 영어식 이름 차라투스투라)교 유일신 '아후라 마즈다'는 '지혜를 가진 주님'이라는 광명의 신으로 그 상징인 불의 拜火敎로 불린다. 조로아스터교는 회개 메시아의 재림, 심판, 천당, 지옥, 부활 등의 교리를 갖는다. 이는 중근동 종교의 특징이기도 하다. 고희랍 신화의 페르세포네*Persephone*는 생성과 번식의 여신, 제우스와 데메테르의 딸로, 명부(冥府)의 왕 하데스가 유괴하여 아내로 삼아 반년씩 지상과 명부를 드나들었다. 디오니소스*Dionysos* 숭배도 같은 맥락이다.

2. 사회의 선험적 질서로서의 법

2.1 의사소통공동체의 선험성에서 존재하는 법

법은 '의사소통공동체의 선험성'(Apriori der Kommunikationsgemeinschaft)에서 그 존재적 당위성을 갖는다. 규범적 질서로서의 법이 인간의 공동체에서 타당하게 실현되는 것은, 그 같은 규범이 사람들의 개인적 결단이나 당위적 윤리형이상학을 전제로 규정된 것이기 보다는, 그 공동체에서 생활하는 사람들이 사회를 이루어 살아가는 현상 자체를 자생적 질서로서 받아들였기 때문이다. 고희랍 아테네에서 '때'를 나타내는 의미로 '시각'*καιρός*(카이로스)과 '시간'*χρόνος*(크로노스)이 있다. '크로노스'*Chronos*의 시간은 과거에서 미래로 흐르는 연속적 시간으로서 로마의 베르길리우스*Publius Vergilius Maro*에 의해 '마치 낫처럼 스스로에게 되돌아오는 시간', 오비디우스*Publius Naso Ovidius*에 의해 '사물을 남김없이 먹어 치우는' 시간으로서 인간의 제어 밖의 상태이다. 이에 대해서, 기회 또는 특별한 시간을 의미하는 카이로스*Kairos*의 시간은 인간의 주관적인 시간으로서 왼손에는 저울, 오른손에는 칼을 들고 있다. 의사소통공동체는 현존하는 규범질서의 법 존재 이전부터 사회구성원의 공동체의 생활양식으로 존재해 온 시간이며, 사회적 실체를 갖고 법률관계를 형성·존속시키는 등(헌재 2005.12.22. 2003헌가5), 국민일반의 가치관·법감정에서 수긍케 하는 사회문화적 시각의 상태이다(헌재 2019.2.28. 2017헌가33).

의사소통공동체의 선험성과 법규범 법규정이 의사소통공동체의 선험성에 의거하는 자생적 질서로부터 그 규범으로서의 존재를 갖고 있음을 보여 주는 판례로, 父姓주의('子는 父의 姓과 本을 따른다')는 우리나라에서는 규범으로서 존재 이전부터 사회구성원의 생활양식으로 존재해 온 사회문화적 현상이었고 자연스러운 생활양식으로 받아들이고 있다(오늘날에도 종친회, 종중 같이 父의 성을 기준으로 한 집단적 혈연주체가 사회적 실체를 갖고 법률관계를 형성·존속한다)(헌재 2005.12.22. 2003헌가5), 입법자가 우리의 전통문화와 사상, 분묘에 대하여 가지는 국민 일반의 가치관·법감정 등 여러 요소를 고려하여 분묘발굴행위에 5년 이하의 징역형으로만 처하도록 규정한 형법 제160조는 수긍할 만한 합리적 이유가 있다(예로부터 우리 민족은 조상숭배사상의 영향으로 좋은 장소를 찾아 조상의 분묘를 설치하고 그곳을 조상의 시신이나 유골뿐 아니라 영혼이 자리 잡고 있는 경건한 곳으로 생각하였고, 보통사람들도 이를 존엄한 장소로서 존중해야 하며 함부로 훼손하여서는 아니 된다는 관념의 형성, 범죄예방을 위한 형사정책적 측면 등)(헌재 2019.2.28. 2017헌가33).

2.2 의사소통공동체의 선험성과 규범상태로서의 법

의사소통공동체의 선험성은 사람들 사이에서 생활관계를 맺는 인간의 이성적 의사 결정이야말로 당위를 실재로 현실화하여 존속시키는 토대이며 규범적 규율의 원천이 되는 것이라 한다. 이때의 법은, 사비니(Friedrich Carl von Savigny 1779~1861)가 '법률은 언어에 의하여 형체가 주어지고 절대적 힘을 갖춘 실정법' 개념과는 다른 관점에서, 규범으로서의 '법' 자체에 대하여 의사소통공동체가 갖는 선험성의 관념이다. 이때 법의 본질은 법에 국한하지 않고 인문, 역사, 철학, 과학, 경제, 예술 등 다양한 영역에서 다각적으로 인식되는 인간의 인륜적 기능을 갖는다.

규범상태로서의 법의 존재 법, 도덕, 관습 등 국가법규와 사회준칙 등을 개인행동의 상호작용의 결과로 인간들 사이에서 자생적으로 형성되는 비공식적 행동규칙이라 하든지,[12] 파스칼 같이 "정의의 본질을 입법자의 권위 또는 군주의 편의 또는 현행의 습관이라고도 하는데, 최후의 것이 가장 확실하다. 이성에만 따른다면 본래부터 옳은 것은 하나도 없다. 모든 것은 때와 더불어 흔들린다. 습관은 그것이 받아들여지고 있다는 그 이유만으로 바로 공정이 된다."[13] 하든지, 법, 정치, 경제 등 사회제도를 기능적 사회체계로 인식하는 '선험적 실용'*Transzendentalpragmatik, Transcendental-Pragmatic*의 관점에서 법이 의사소통공동체의 선험성에서 현실화된다 해도 법의 규범상태로서의 존재성은 변하지 않는다.

2.3 의사소통공동체의 선험성과 인간주체성으로서의 법

동양의 중국 춘추春秋시대에 이르러 '예'禮는 인간사회의 일반적 규범으로 총칭되었고, '도'道 역시 사람들이 따라서 다니는 '길'이라는 뜻이었으나 도덕이라는 추상적 관념으로 쓰였다. 특히 그 중심에 선 유가儒家의 삼강오상三綱五常은 사회의 도덕규범이기는 하지만 그 근본은 孔子가 사람이 동물을 분간되도록 한 신의의 원칙으로서의 근본규범이다. 다만, 이들 관념의 바닥에는, 아테네 도시국*polis*의 사회생활규범이 인간의 주체성과 분리되지 않는 것과는 달리 천天, 상제上帝 등 천상의 권위에 기반한 것이어서, 국가·사회에서의 인간주체성을 자각한 것은 아니었다.[14]

3. 사회의 진화적 질서로서의 법

3.1 포스트휴먼 시대의 인공지능과 법

포스트휴먼 시대의 인공지능*AI*(Artificial Intelligence)이라는 '기계'에 대한 법의 관계성은, 컴퓨터에 인간과 같은 추론, 연상 기능을 갖게 하여 스스로 시행착오를 거쳐 답을 낼 수 있는 '생각하는 컴퓨터'가 '인간은 생각하는 갈대'라는 공통점에 기하여 의사소통공동체에서의 규범 영역에 포섭될 수 있는가의 발견에 있다. 생물이 생물인 所以 컴퓨터와의 기본적 차이는 자기조직화가 가능하다는 점이다. 물질은

제1편 제2편 제3편 法理論

아무리 고도화해도 판단 즉 안다는 것=의식한다에 대응할 수는 없다. 인공지능의 컴퓨터와 인간의 유사성 발견에는 인간의 두뇌, 마음의 구조, 생명의 근원에 대한 우리의 인식적 오성이 있어야 한다. 기계라는 것은 일정한 목적을 달성하기 위한 수단이다. 기계는 이를 직접 작동하는 인간의 힘과는 다른 작동방식을 갖거나, 그를 위해 만들어진 여러 부분들의 결합 혹은 최소한 한 부분의 원동장치와 그 작동을 위해 결부된 조합체이다.[15] 컴퓨터 프로그램 인공지능은, 인간이 '이마고 데이'*imago Dei* 신의 형상을 본뜬 정치적 동물이며, 단백질로 만들어진 바이오시스템이며, 목적을 위해서 만들어 진 시스템이라는 인식으로부터 독자적 인격주체성이 법주체로 발견되는 것이어야 한다. 인공지능이 인간의 도덕주체성을 본뜬 정치적 기계로 인지되도록 합성*synthetic*지능화되면, 포스트 휴먼*post-human* 시대[16] AI의 법은 로봇이나 인공의 지능적 존재에 특유한 로봇윤리*roboethics*규범으로 존재할 수 있게 된다. 인공지능은 질서를 창출하는 뇌의 기본 프로그램을 체계화하여 스페인어 컴퓨터 Ordenador와 같이 혼돈에서 질서를 창출할 수 있게 한다. 인공지능 AI의 법은 인공적 도덕주체*artificial moral agents(AMAs)*의 인간적 도덕적 행태*moral behavior of humans*의 한도에서 사회질서, 국가규범으로 존재할 수 있다.

인공지능 AI와 법 인간인지능력을 포괄하는 AI의 보편적 인공지능*artificial genera lintelligence*은 DeepBlue의 체스■, AlphaGo의 바둑■■ 등에서 보인다.■■■ 웹www 창시자 버너스 리*(Timothy John Berners-Lee 1955.6.8.~)*가 극찬한, 알파고의 父 데미스 허사비스*(Demis Hassabis 1976.7.27~)*의 '기억과 상상이 뇌의 같은 부위에서 형성되기에, 사고로 뇌 해마가 손상돼 기억상실에 빠진 환자는 가상의 사건을 상상하지 못한다' 하며 인간의 뇌는 시냅스가 반응하느냐 않느냐 즉 컴퓨터 스위치와 같이 켜지느냐 마느냐에 따라 작동하는 시스템이고, 뇌에는 100조 개가 넘는 스위치가 있으니, 뇌를 만드는 일은 기술의 문제라기보다 규모의 문제이며, 암호해독전문가 앨런 튜링이 기계가 인간처럼 행동할 수 있는지를 평가하는 튜링테스트는, 심사자가 기계와 사람의 대화를 듣고 어느 쪽이 인간인지 가려내지 못하면 통과한 것으로 간주하고 2014년 런던왕립학회에서 최초로 통과되면서,[17] 포스트 휴먼■■■ 시대의 법은 열린다. 인간의 뇌의 약 1000억 개 신경세포 뉴런*neuron* 각각은 약 100조 개 시냅스*Synapse*인 신경세포 연결체로 이어져서, 뉴런은 시냅스를 통해 화학적 신호를 주고받으며 정보를 처리·저장한다. 반면, 컴퓨터프로세서는 1945년 수학자 요한 폰 노이만이 설계한 폰 노이만*Von Neumann* 아키텍쳐를 기반으로 구동된다. 이는 기억 장치(메모리), 중앙처리장치(CPU), 입출력장치(IO) 등 3단계구조로 정보를 처리하는 칩(CPU)과 저장하는 칩(메모리)이 나뉘어 순차적으로 정보 처리를 하니 속도가 느려진다. IBM은 뉴런과 시냅스*synapse* 구조를 모방해 만든 인간 두뇌와 같은 원리로 동작하는 뉴로시냅틱*neurosynaptic* 방식 컴퓨터 프로세서 '트루 노스'*True North*는 54억 개의 트랜지스터를 사용해 약 100만 개의 '디지털 뉴런', 2억5600만 개의 디지털 시냅스를 만들고 16개, 64개, 256개, 1024개 순으로 연결해 인간의 뇌 성능에 도전한다.

■ '인간처럼 생각하는 기계'를 인공지능이라 한 마빈 민스키 논문(Marvin Lee Minsky 1927.8.9.-2016.1.24.)등 4인, 1956년 여름 발표, '튜링상' 받음')의 첫 모델 IBM 슈퍼컴퓨터 '왓슨'Waston(IBM 초대회장 Thomas John Watson 1874~1956 이름 차용)의 체스 computer program 'DeepBlue'(IBM 상징색)가 1997년 세계 체스 챔피언 게리 카스파로(Garry Kasparov 1963-)의 첫 대국에서 이기고, 2011.2.16. ABC TV 퀴즈 쇼 Jeopardy!(NBC 방영 시작(1964.3.30.)) 챔피언을 꺾는다.

■■ 바둑(圍碁, 圍棋, 棋, 碁, BADUK, GO, WEICHI)은 가로 42.5cm, 세로 45.5cm 盤床에 바둑알 흑돌 181개, 백돌 180개로 가로 세로 19줄 판 361개 칸의 복잡계 게임으로 집과 捨石의 합이 많으면 이긴다. 구글에서 개발을 이끈 커즈와일(Raymond Kurzweil 1948.2.12.~)의 빅데이터 처리 슈퍼컴퓨터 시스템 신경망*neural networks Deepmind*의 인공두뇌 AlphaGo와 유럽챔피온 Fan Hui의 첫 바둑 공식대전*2015.10., 5-0勝* https://deepmind.com/research/alphago/ 후, '*AlphaGo' (DeepMind A.I. Computer Program)* 대 '이세돌'*Lee Sedol(1983~ 9단)*의 5번기*2016.3.9.~15.*, 태극기와 구글·딥마인드 'Union Jack'을 게양한 대결에서 AlphaGo는 제1국 186수 백불계승(기권승)에 이어 제5국까지 4승이었으나, 제4국은 이 9단의 180수 백 불계승으로 알파고를 상대로 승리한 인류 유일의 프로기사가 된다.

■■■ 인공지능 핵심기술은 기계학습*Machine Learning*, 전문가 시스템*Expert System*, 퍼지 이론*Fuzzy Theory*, 유전 알고리즘*Genetic Algorithm*, BDI 아키텍처*Architecture*등으로(『혁신적 서비스산업을 주도하는 인공지능(AI) 기술동향 및 시장 전망』(2017년 529쪽)), 인공지능이 매우 복잡한 패턴(형태·무늬)의 이해단계까지 발전해 사람처럼 말하고 생각하고 감정까지 느껴 인류와 협업하면서 인류의 육체적·지적 능력의 생물학적 한계를 뛰어넘는 시점인 특이점*Singularity* 후 '포스트 휴먼'이 된다.

3.2 로봇공학 4법칙, 5윤리, 7교시

인공지능 기계 로봇이 인공지능이 있다 해도 도덕에 따를 능력이 없는 기계이기에 감응능력이 없어 전통적 법적용 관념에 따르기 어려워, 인간의 도덕적 인격과 밀접하게 연관·발전되어 온 형벌책임의 규범제도적 성격을 잃게 할 수 있다.[18] 반면, 애시모프 등의 로봇공학 법칙*Laws of Robotics*은 인공지능 등으로 로봇에 허용되고 지켜져야 할 법*laws*, 규칙*rules*, 원리*principles* 등의 法의 星座*legal constellation*나 민사책임 또는 형사처벌 등의 법적 책무*legal liability* 등을 정리하도록 한다.

로봇공학 4법칙, 5윤리, 7교시 로봇공학 3법칙*Three Laws of Robotic* 1. A robot■ may not injure a human being or, through inaction, allow a human being to come to harm. 로봇은 사람을 해치거나 무작동으로 해를 끼침은 용인되지 않는다/ 2. A robot must obey the orders given it by human beings except where such orders would conflict with the First Law. 로봇은 제1법칙과 상충하지 않는 한 사람이 내린 명령을 따라야 한다/ 3. A robot must protect its own existence as long as such protection does not conflict with the First or Second Laws. 로봇은 제1법칙이나 제2법칙과 상충하지 않는 한 자신의 존재를 보호해야 한다/ 제0법칙*The Zeroth Law* A robot may not injure humanity, or, by inaction, allow humanity to come to harm. 로봇은 인류를 해치거나 무작동으로 해를 끼침은 용인되지 않는다(애시모프■■ *'Foundation and Earth'*)./ 윤리 5원칙(로봇 설계, 제작, 사용자들이 따라야 할)*five ethical principles*■■■/ 상급 7敎示*seven high-level messages*■■■■(영국 EPSRC *Engineering and Physical Sciences Research Council, AHRC Arts and Humanities Research Council, 2011; Vincent C. Müller, Legal vs. ethical obligations - a comment on the EPSRC's principles for robotics, 2017*).

■ 로봇'Robot'이라는 말을 처음으로 쓰기 시작한 체코 Czech의 카렐 차펙(Karel Capek 1890.1.9.~1938.12.25.)은 R.U.R(Rossum's Universal Robots, 1920)에서 Oxford English Dictionary: robot n2을 참조, 체코 어 robota의 본래의 의미인 봉건 노역corvée, 농노 노동serf labor, 단조롭고 고된 일drudgery을 행하는 기계로서 이를 사용하여 왔다. 이 같은 의미의 로봇에 대해서는 카메론(James Francis Cameron 1954.1.16.~)의 The Terminator(1984) 시리즈로 일반인들에게 많이 알려져 왔다.

■■ 아이작 애시모프(*Isaac Asimov* c.1920.1.2.~1992.4.6. 러시아 출생, Boston대 교수)는 Foundation, Galactic Empire, the Robot 등 시리즈에서 로봇, 우주공간, 미래 등을 그렸다. *'Three Laws of Robotics'*는 1942년 시작된 'Runaround'가 소재인 'I, Robot'(1950), *'Foundation and Earth'*에서 언급되어 2011년 픽션의 지침이 되었다.

■■■ 윤리 5원칙 1. Robots should not be designed solely or primarily to kill or harm humans.…/ 4. Robots are artifacts: they should not be designed to exploit vulnerable users by evoking an emotional response or dependency. It should always be possible to tell a robot from a human.

■■■■ 상급 7교시 1. We believe robots have the potential to provide immense positive impact to society. …/ 2. Bad practice hurts us all.…/ 5. To understand the context and consequences of our research, we should work with experts from other disciplines, including: social sciences, law, philosophy and the arts.

3.3 과학기술과 법

생명의 근원과 물질의 구성을 발견하려는 인간의 창조적 활동인 과학은 20세기 數物化生(수학·물리학·화학·생물학)에서 21세기 나노(NT: 極미세 Nano Technology)·정보전자(IT: Information Technology)·생명과학(BT: Bio Technology) 등의 과학기술에 의하여 인간의 기본권적 가치로서 과학기술연구자의 학문의 자유, 정신적 재산권 등의 전제를 이루는 인간의 존엄성 등을 실현해 나아간다. 막스 베버의 합리적 지배는 근대과학을 통하여 얻게 된 인간의 이성적 각성에서 시작한다.[19] 생명과학에 관련하여 생명체의 DNA 구조를 밝힌 왓슨*James Watson*은 그 실체*hardware*는 이해할 수 있지만 작동시스템*operating system*에 대해서는 어떠한 실마리도 갖지 못함을 말했다. 과학의 역사는 신의 영역을 인간의 영역으로 확인하여 인간의 이성적 세계관 및 이에 기반하는 천부인권의 자연법적 믿음을 확장하는 관계성을 갖는다.

[三] 공동체의 국가적 질서

1. 국가의 현상성과 국헌성

국가(國家 State·Nation·Country, Staat(獨), État(佛), Stato(伊))는 공동체 안전과 개인적 자유를 존재이유(raison d'Être)로 하는 인륜적 문명체인 現象的 관념이다. 국가의 國憲的 관념은 그 존재이유인 공동체 안전과 개인적 자유를 공동체*Gemeinschaft* 국가이성(reason of state, raison d'État, Staatsräson, ragione di stato)인 헌법을 최고규범으로 하는 법질서의 주권적 규범력으로 보장하는 규범통일체인 동시에, 공동체 영역과 영민領民을 국제적으로 독립하여 행사할 수 있는 주권적 강제력으로 지배하는 정치통일체*body politic*이다(The state is a political and geopolitical entity; the nation is a cultural and/or ethnic entity).[20] 국가가 규범적으로 갖는 헌법적 관념은 주권·국민·영토를 존립조건으로 성립하는(헌재 1989.4.17. 88헌마3 참조) 정치적 통일체이자(헌재 2015.4.30. 2014헌마621 참조) 국민공동체로 통합되는 규범적 인격체인 것이다(헌재 2000.8.31. 97헌가12 참조).

2. 국가의 합법성과 정당성

국가는 공동체 안전과 인륜적 자유의 국가이성을 규범적 물리력의 독점적(Monopol legitimer physischer Gewaltsamkeit) 권위*Autorität*로 실현하는 합법적 지배(Herrschaft durch Legalität einer Satzung, 전통적 지배*traditionelle Herrschaft*, 카리스마적 지배*charismatische Herrschaft*가 아니다)의 규범공동체이면서 법규범

과 국가권력에 정당성Legitimitätsgründe을 부여하는 유일한 원천으로서 기능하는 정치통일체이다(Maximilian Carl Emil Max Weber (1864.4.21.~1920.6.14.), Politik als Beruf, In: Geistige Arbeit als Beruf, Vier Vorträge vor dem Freistudentischen Bund. Zweiter Vortrag. München, 1919. (Digitalisat und Volltext im Deutschen Textarchiv)제2강(1919.1.28.) (제1강은 1917.11.7. 직업으로서의 과학Wissenschaft als Beruf)). 국가는 규범과 권력의 관계에서, 의회에 대해서는 옳은recht 법Recht을 제정하여야 할 정당성Rechtlichkeit, 정부에는 법을 올바로rechtlich 집행하여야 한다는 의미의 합법성Gesetzlichkeit, 그 법에 대해서 사법적으로gerichtlich 옳게 판단하여야 할 법원의 공정성Gerechtigkeit 등의 규범적 책무를 법에 부여하는 것이다.

3. 국가와 법의 규범학

3.1 국가와 법의 규범학의 성립

국가 관념의 규범적 정의에 의하여 법규범과 도덕규범은 준별되고, 국가는 규범적 권력 즉 정당한 물리력을 배경으로 창출될 수 있는 실정법규범인 법규범을 생성하여, 도덕규범 등에 반하는 행위에는 물리력이 발동되지 않지만, 법규범에 반하거나 분쟁의 법규범적 판단에 따르지 아니하면 물리력을 행사함으로써, 국가와 법의 규범학을 성립케 한다. 특히 합법성Gesetzlichkeit은 도덕적moralisch 인륜Sitte이나 윤리 · 도덕Sitten(Metaphysik der sitten 칸트의 '윤리형이상학' 또는 '도덕형이상학') 등에 가장 대비되는 특성을 갖는다. 국가는 규범공동체적 관념에 의하여 당위적 존재가 되어 규범적 질서로서의 법을 규정한다. 공동체 규범은 국가가 규정하는 규범적 정당성에 의하여 국가 법규범으로 존재하게 된다. 국가 법규범은 공동체의 최고규범인 헌법을 정점으로 하는 강제규범의 단계적 규범질서이며, 특히 국가의 입법기관인 국회가 제정한 실정법질서로서 존재하게 된다. 국가는 폭력을 권위, 강제를 동의, 필연을 자유의 규범질서로 전환하면서,[21] 인륜적 자유를 실현할 수 있게 한다. 국가는 규범적 지식(Verstand, understanding (悟性, 안다, 깨닫다))의 소산이지 현상적 믿음believing의 주술이 아니게 되는 것이다.

3.2 국가와 법의 규범학의 성격

국헌학 연구의 피할 수 없는 과제가 국가의 이해이다. 국가는 미완의 과제이면서 국헌학의 사고과정에서 잊지 않고 우리 앞에 놓여 있는 '모호한 덩어리'이다. 국가의 인식은 그로써 해명하고자 하는 공동체적 과제를 바라보는 視點에 따라서 달라진다.[22] 이는 국가가 그 본질상 다면적 특성을 지니고 있음을 말해 준다. 그중에서도 국가의 규범적 이해는 국가의 규범적 인식형태[23] 등으로서 나타난다.[24] 국가의 기본법인 헌법과의 관계에서 국가의 본질의 선인식을 갖는 헌법적 국가론이 일반(보편)헌법학과 개별(특수)헌법학이듯이,[25] 국헌론 역시 일반국헌론과 특수(개별)국헌론으로 분류할 수 있다. 특히 국헌론의 핵심을 이루는 국가에 대해서 일반국가Der Staat는 Allgemeine Staatslehre라는 국법학으로 전개되어, 개별국가의 특수헌법학을 중심으로 전개되는 특수국가론 Besonderen Staatslehre과 구별되고 있다.[26] 오늘날 국가로부터 자유로운 자율적인 사회는 존재하지 아니 하며 오히려 국가의 목표 설정에서 나오는 사회에 대한 개입과 그 규제가 통상적이면서 동시에 국가 역시 사회의 자기조직의 한 양태로서 인식된다. 국가와 사회의 이 같은 관계에서 법은 국가와 법의 규범학의 성격이 존재하게 된다.

3.3 국가와 법의 규범학의 내용－'국헌학'

본서는 『국헌학』 서문에도 언급하였듯이, 국가법Staatsrecht · 헌법Verfassungsrecht · 법Recht의 규범과학normative Wissenschaft의 총체인 '國憲學'Staats-und Verfassungslehre 3冊의 제1권 『國憲學』, 제2권 『憲法學』, 제3권 『國法學』 중 제1권이다. '국헌학'은 국가법의 규범학인 '국가법학'Staatsrechtswischenschaft, 헌법의 규범학인 '헌법학'

Verfassungswischenschaft, 법의 규범학인 '국법학'*Rechtswissenschaft*의 통일적 총체론의 규범학이다(스기하라 야스오杉原泰雄, 『憲法と國家論』(有斐閣 2006); 시오츠 토오루塩津 徹, 『現代ドイツ憲法史』(成文堂 2003年); Hans Kelsen, *General Theory of Law and State*, tr. A. Wedberg(Harvard University Press, 1949), p.20, 178 참조.). '국헌학' 제1권 『國憲學』은 국가의 규범인 '국가법', 인권 · 권력의 규범인 '헌법', '법'의 규범인 '국법'의 규범학으로서 법리론*Rechtslehre – Jurisprudenz*(법리본질론, 법리존재론, 법리실체론의 법학원론*Juristische Grundlehre*), 헌법론*Verfassungslehre*(헌법규범론, 헌법정신론, 헌법질서론의 헌법원론*Juristische Veerfassungslehre*), 국헌론*Staatsrechtslehre*(일반국가론(국가본질론), 헌법국가론(국가당위론), 대한민국론(국가실체론)의 국가원론*Juristische Staatslehre*)으로 구성되는 '국헌규범학'이다. '국헌학' 제2권 『憲法學』은 인권론(일반기본권, 자유기본권, 사회기본권), 권력론(입법권력론, 행정권력론, 사법권력론), 소송론(헌법재판권, 규범통제권, 헌법소원권)의 '헌법규범학'이며, '국헌학' 제3권 『國法學』은 국법론(국법법리론, 공법법리론, 사법법리론), 法規係(법률법규론, 공법법규론, 사법법규론), 법제론(공법법제론, 사법법제론, 소송법제론)의 '국법규범학'이다. '國憲學'*Staats – und Verfassungslehre*은 '국가 · 헌법 · 국법'의 규범학체계인 '국가법학 · 헌법학 · 국법학'의 일반법학*Allgemeine Rechtslehre als juristische Strukturtheorie*이다(에른스트-볼프강 뵈켄회르데*Ernst-Wolfgang Böckenförde*, 김효전 옮김, '국법과 국법학의 특질' 「경희법학」(제35권제1호 2000년, 245~262면; Der Staat als sittlicher Staat, 1978, SS.12~17.). 본서 『國憲學』*Staatsrechtswischenschaft*은 '국헌학'을 법리론, 헌법론, 국헌론으로 구성한 국헌학총론의 규범학원론*Juristische Grundlehre* 교과서*Lehrebuch*이다. '법리론'*Rechtslehre – Jurisprudenz*은 법론*Rechtslehre*과 법해석론*Jurisprudenz*의 일반법학인 법리의 본질론 · 존재론 · 실체론(Rudolf Stammler, *Wesen des Rechtes und der Rechtswissenschaft*, in., Rechtsphilosophische Abhandrungen und Vorträge, Bd. Ⅰ,1925의 번역서 韓泰淵, 『법과 법학의 본질』(朝鮮工業文化社出判部, 文化新書, 1950.1.30.)/(법문사, 영인본 2020), 77면.), '헌법론'은 헌법규범론 · 헌법정신론 · 헌법질서론, '국헌론'은 국헌의 본질인 일반국가론 · 당위인 헌법국가론 · 실체인 대한민국론으로 구성하였다. 제1권 '국헌학' 총론에 이은 제2권 『憲法學』*Verfassungswischenschaft*은 법리론의 헌법적 규범학이며 제3권 『國法學』*Rechtswissenschaft*은 법리론의 국법적 규범학으로서 '국헌학' 각론이다.

Ⅱ. 법칙규범성

[一] 규범법칙과 자연법칙

1. 규범법칙 – 규범의 법칙성

국가는 공동체의 사물을 자연의 상태에서 인간의 법칙으로 전환시키는 문명적 현상이다. 오늘날 존재하는 국가의 현상·형태인 근대국가는 의사소통공동체에서의 구성원들이 갖는 규범으로서의 법의 법칙성을 규범법칙과 자연법칙으로 준별하여, 규범의 법칙성에서 법 관념의 법칙성을 인식하고 있다. 규범법칙과 자연법칙은 인간의 선험적*a priori* 관념으로서의 이성*Vernunft*과 오성*Verstand, understanding*능력에 의하여 규범·當爲로부터 사실·존재를 준별할 수 있다는 칸트의 선험론적*transzendental* 관념철학에 의한다. 법은 규범법칙의 질서로서, 공동체에서 국가규칙*rules*·사회준칙*disciplines* 등으로 존재하는 규범에 대하여 당위의 법칙성을 부여받는 법칙규범인 것이다. 법이 규범으로서 갖는 법칙성은 당위*sollen* 즉 '하여야 한다'*ought to be* 함을 지시하는*vorschreiben* '당위의 법칙'*Gesetz des Sollens*이다. 규범법칙의 원점에 이성의 자율적 도덕법칙인 당위의 독자성이 존재한다. 당위는 목적률의 관계에서 '그렇게 되어야 한다'는 願望이다. 당위는 '반드시 그렇게 될 것이다' 하는, 인과율에 지배받는 자연법칙에 내포된 귀납적 '필연'의 관념이 아니다. '법규'·'법원칙'*Gesetz und Verordnungen*은 당위규범인 규범법칙으로서 '규범서술적'*normdeskriptiv*이나 '법명제'*Rechtssatz*는 당위규범인 법규범을 설명하는 '규범표현적'*normexpressiv* 사실이다.

십계명과 규범법칙 십계명(十誡命 *Decalogues Ten Commandments*)은 BC1300년경 시나이 산*Mount Sinai, Mount Horeb*에서 하나님이 이스라엘자손들*Israelites*에 내린 모세계율Moses Commandments(모세는 이집트 왕족으로서 당시의 규범률을 익히 알고 있었으리라 추정되며 그 점에서 10계명 정리가 가능하였을 것이다)이다. 즉 십계명은 공동체 규범법칙의 준거체계이다(出埃及記출애급기 Exodus 20:1-17; 申命記 Deuteronomy 유대율법을 재차 설교한 모세의 기록 5:4-21 등에서 언급되었다). 십계명 6番律 'thou shalt not murder(or kill)'을 '너희는 살인하지 말지어다'The imperative is against unlawful killing resulting in bloodguilt. The New Testament is in agreement that murder is a grave moral evil, and maintains the Old Testament view of bloodguilt. 하면, 보통으로는 규범법칙으로서 금지계율이 된다. 반면, '너희는 살인하지 않으리라'로 인식하면, 너희는 "언젠가는 살인을 하지 않게 될 것이다" 하는 '예언'의 의지에 내포된 귀납적 필연으로서의 자연법칙의 관념이 된다. 동일한 규정이라도 이를 규범법칙으로 보느냐 초월적 법칙으로 보느냐가 다르다.

2. 자연법칙 – 자연의 법칙성

자연법칙은 사실·현상에 존재*to be, sein*하는 사실을 그대로 기술하는*describe, beschreiben* 인과율의 '필연의 법칙'*Gesetz des Müßens*이다. 자연의 법칙성은 세계와 우주를 증명을 통해 알려고 하는 과학*science*에 의하여 알게 되는 과학적 지식이다. 과학적 지식은 근대의 과학주의로 증명된 의식의 작용으로서 '안다'고 하는 것 즉 인간의 '앎'이다. 과학주의적 증명인 정의*definition*적 진실(법, 수학 등), 논리적 연역('1X0=0'의 증명, 법, 기하학 등), 실험적 증명('순수한 물은 1기압에서 섭씨100도에 끓는다', 함의 증명인 물리학, 과학 등), 관찰적 증명('지구가 태양을 365일에 한 번씩 돈다', 함의 증명인, 천문학, 경제학 등), 증거적 증명*evidential proof*(지질학, 법의학, 범죄학 등) 등의 증거 방법을 복합적으로 사용하여 얻어진 명제들이 자연의 법칙이다. 자연의 법칙성은 '해는 동쪽에서 떠서 서쪽으로 진다' 등으로, 세상에서 어김없이 일어나는 사실*what happens; was faktisch geschieht*을 원인과 결과라 하는 인과因果의 연관 속에서 사실의 연속으로 증명되는 내포귀납*implicative induction*의 필연의 법칙이다. 자연법칙에서는 무엇이 사실상 일어나지 않았다면 그 자연법칙은 이미 존재하지 않게 된다. 반면 규범의 법칙성인 당위법칙의 당위는 '무엇이 행하여져야 한다'*what ought to happen* 즉 '그렇게 될 것이다'*was geschehen soll* 함을 규정하여*prescribe* 명하는*vorschreiben* 법칙이다. 규범법칙은 당위의 願望으로서 이를 遵守하지 않거나 못한다 해도 존재하기에 따르지 아니할 가능성이 예상된다. 법은 자연의 법칙성으로 얻어진 지식을 과학주의에 의하는 규범의 법칙성에 의하여 인간의 행위의 법칙으로서 전환하게 되는 당위의 법칙인 것이다.

법학과 당위의 규범법칙 법학은 존재*Sein*와 구분되는 당위*Sollen*의 규범법칙의 가치판단*Gegensatzes von Sein und Sollen*의 과학이다. 반면, 사회과학은 가치판단이 아니라 事象의 인과관계 또는 목적·수단의 적합성을 추구하는 막스 베버의 가치로부터의 자유*Wertfreiheit*의 과학법칙성에 기반한다. 한스 켈젠은 자연법*Naturgesetz*으로부터도 구분되는 규범*Norm*으로서의 당위와 사실로서의 존재인 sollen과 sein을 분명하게 구분하여 법규범의 당위법칙성에 순수법학적 기반을 주었다. 반면, 칼 슈미트는 공동체의 구체적 질서형성은 규범적 思惟의 규범주의에 사실의 사유인 결정주의가 함께 하는 것으로 보았다.

Hans Kelsen(1881.10.11.~1973.4.19.), *Hauptprobleme der Staatsrechtslehre entwickelt aus der Lehre vom Rechtssatze*, Mohr, 1911; Carl Schmitt(1888.7.11.-1985.4.7.), *Über die drei Arten des rechtswissenschaftlichen Denkens*, 1934[On the Three Types of Juristic Thought, Joseph Bendersky, trans. (Praegar, 2004)]./ Karl Emil Maximilian Max Weber(1864.4.21.-1920.6.14.), *Die protestantische Ethik und der Geist des Kapitalismus*(The Protestant Ethics and the Spirit of Capitalism), 1905; Max Weber, *Die protestantische Ethik und der Geist des Kapitalismus*, In: Archiv für Sozialwissenschaft und Sozialpolitik, 20, 1904, S. 1-54 und 21, 1905.

3. 자연법칙과 규범법칙의 규범성

3.1 전근대적 자연세계의 현상성

우주에 생명체가 탄생한 이래의 자연은 신화와 외경의 대상이었다. 자연을 존재적 사실의 事象으로 보는 자연세계의 現象性에서는 물 자체의 인식인 자연의 법칙성은 발견되지 못한다. 생명은 자연의 법칙성에서 나온다. 생체를 생명체가 되게 하는 것은 '관계성'이다. '살아 있다'는 것의 관건은 '관계'에 있다. 세포 속에서 분자를 빼내어 시험관에 넣으면 분산된 운동이 돼 버리나 세포 속에서는 질서 있는 운동이 된다. 생명체 속에서 질서 있는 운동이 되는 것은 '관계성' 때문이다. 생명체라는 것은 개체와 전체가 교묘하게 조화되어 있다. 아토미즘이 아니고 개체와 전체와의 관계, 개개의 세포가 제각기 자율하면서 전체를 형성하며, 낱낱의 세포, 낱낱의 기관이 서로 피드백하면서 조화를 나타내고 있기 때문에 '살아 있는' 것이다. 자연세계의 현상성은 살아있는 자연의 현상인 것이다.

우주와 생명체와 인류 太初*the beginning*의 밀도·온도의 특이점*singularity*, 빅뱅*big bang* 始點*130억 년 전*,■ 지구*10만km2* 탄생*46억 년 전*, 인류의 진화*3만 년 전*·출현*2만 년 전*·homo sapiens-旧人-原人-猿人-人間(30만 년 전 유럽 네안데르탈인은 현생 인류 호모 사피엔스가 아프리카에서 유럽대륙에 건너온 때인 3만 년 전 돌연 멸종)에 이른다.■■ 지구의 역사를 1년, 46억 년 전 지구 탄생을 1월 1일이라 하면, 40억 년 전 最古 화석 2.17., 35억 년 전 최고의 생물화석 3.27., 2억 5천~6천 년 전의 공룡 번성과 절멸은 12.11.~26., 2만 년 전 인류 출현은 12.31. 오후 8시 12분 등이다. 인간의 일생 80년도 0.548 秒에 지나지 않는다. 우주의 실상은 물질의 궁극적 실상인 분자, 분자에서 원자, 원자에서 200여 개의 소립자, 소립자에서 6개의 쿼크이며, 빅뱅론에 의하면 쿼크 뒤에는 고도의 에너지가 있고 이 에너지는 일할 능력을 말하며 이 한 점의 능력이 빅뱅을 통해서 1백50억 년 동안 모든 것을 만들어 냈다.

■ 스티븐 호킹(Stephen William Hawking 1942.1.8.~2018.3.14.)의 '무경계 우주'는 우주공간은 지구표면처럼 부피는 유한하나 경계가 없는 휜 3차원 공간 즉 4차원 구의 '표공간' 같은 존재이며, 우주의 시작, 태초는 특이점이 아니고, 태초 이전과 이후의 시간적 경계도 아니며, '저절로' 태어나 진화하여, 태초 직후부터 0.00···(0이 43개)···01초(플랑크 시간)의 짧은 찰나에 우주를 지배하는 중력, 전자기력, 강한 핵력, 약한 핵력 등 4가지 힘이 한 가지 형태로 통일돼야 하는 존재다.

■■ 40억 년 전 最古 암석, 35억 년 전 最古 생물화석, 2억5천 년~6천 년 전 공룡 번성·절멸, 2백만 년전 인류 출현으로, 지구를 일주일 단위로 보면 월요일 0시 지구 탄생, 수요일 정오 박테리아 생명 출현, 일요일 오후 4시쯤 공룡 나타났다 9시경 사라짐, 자정 3분 전 인류 출현. 지구 탄생을 1.1로 보면 인류의 출현은 12.31. 오후 8.12분이다.[27] 지구상 인류 전체인 세계 인구는 서력기원 전후 약 2~3억(추산), 18세기 중반 산업혁명 후 의학, 농업 발전으로 1804년 10억, 20세기 초 급속 증가, 1927년 20억, 1987.7.11. 50억, 2011.10.31. 70억US Census Bureau, 2016.3.05. 오후1:21 7,406,306,250이다. http: //www. worldometers.info/

자연세계의 현상성 고희랍의 physis 즉 자연의 질서는 인간의 질서인 nomos는 물론 폴리스를 둘러싼 세계와 자연계의 총체로서, 인간의 logos로서 이해할 수 있는 인격적 신의 응보적 세계였으며, 아리스토텔레스와 스토아학파 이후의 중세에서는 천상과 지상의 세계를 나누는 이원적 세계관 등의 총체적 세계였다. '해는 동쪽에서 떠서 서쪽으로 진다'에 대해서, 아리스타르코스(Aristarchos of Samos(c.310~230BC) 아리스토텔레스 학파 스트라톤Straton의 제자, 40만권 장서 알렉산드리아 도서관 사서, 사모스 섬 출신)는 지구는 자전하며 태양 주위를 돈다는 지동설을 처음으로 말했고, BC2세기 스토아학파 페르가몬*Pergamon* 현 터키 도서관장 크라테스*Crates of Mallus*의 최초 지구본은 당시 천문학 수준을 보여 준다. 천동설의 프톨레마이오스(Klaudios Ptolemaios c.85~165 2세기 중엽 알렉산드리아에서 활동)는 지구는 우주 중심에 고정되어 그 주위를 태양, 달, 행성, 별들이 돈다 하여, 이같이 지구에서 바라보는 자기본위적 시각이 중세의 세계 이래에서는 근대의 시기 전까지 절대적 진리로 받아들여졌다.

3.2 근대적 자연법칙의 법칙성

자연법칙은 근대에 이르러 생성된 자연의 법칙성으로서, 고대에서 시작하여 특히 주축시대인 고전기의 고희랍에 이르러 자연세계의 현상성을 법칙성으로 변환하고 특히 중세적 신적 세계관에서 자연세계의 물 자체의 독자적 법칙성을 인식하면서 갖게 된 법칙이다. 자연법칙의 근대성은 중세의 神的 세계관에서 벗어난 근대적 인간의 세계관이다. 이는 아리스토텔레스의 '지구중심설' 즉 신은 우주에 질서를 부여했으며 그 질서에 따라 천상의 세계와 지상의 질서가 구분된다는 天動說의 이원적 세계의 신적 세계관이 아니라 자연 자체의 법칙성을 인식한다.

자연법칙의 근대성과 법칙성 코페르니쿠스(Nicolaus Copernicus 폴란드천문학자 1473.2.19.~1543.5.24.)의 '천구의 회전에 관하여, 제4권'(1543년 전4권 출간)은 중세 천동적 세계관을 거부한 地動說은 자연과학의 '코페르니쿠스적 전환'을 가져온다. '지구는 우주의 중심에 있지 않고 태양의 둘레를 돌며, 태양 자체는 더 거대한 어떤 체계의 주변에 있다' 한 천체天體적 세계관은 튀코브라헤(Tycho Brahe 1546.12.14.~1601.10.24. 덴마크), 요하네스 케플러(Johannes Kepler 1571.12.27.~1630.11.15. 합스부르크 왕가 궁정수학자), 조르다노 브루노(Giordano Bruno 1548~1600.2. 17.), 갈릴레오 갈릴레이(Galileo Galilei 1564.2.15.~1642.1.8. 이탈리아) 등에 잇는다.■

■ 자연법칙의 법칙성은 예컨대 '끓는다' 함은 자연세계 현상성이 아닌 자연법칙성에서 물질 형상이 액체에서 기체로 바뀌는 氣化 현상 즉 내부 기포가 표면까지 올라와 수증기로 바뀌는 현상인 비등沸騰이 일어나고, 비등점에 이르면 온도는 더 이상 상승하지 않고, 에너지와 물질의 질적 변화인 만물진화의 첫 번째 도약이다. 비등점boiling point 즉 순수한 물의 끓는점은 1기압에서 100℃이나(99.97℃), 2기압이면 20℃ 오른다. 간헐천間歇川 물은 압력이 높은 지하 깊은 곳에서 화산 열로 가열되어 100℃가 넘지만, 압력이 작아져 끓는점이 낮아지는 한라산 정상에서는 약 95℃에서 끓는다.

3.3 근대의 자연법칙의 규범성

근대의 자연법칙은 인간이 과거에 관찰된 규칙성에서 미래의 사건들에 동일한 규칙성을 추론해 내는 선험적 가정*a prioristic assumption*의 법칙으로 구성되는 법칙성이다. 자연법칙은 법규범의 규범법칙이 갖는 당위규범을 구성하는 법칙성을 가지면서 재판에서 원용되는 규범성을 갖는다.

근대 자연법칙과 규범법칙 과학기술발전으로 확정 판결 당시 알지 못했던 새로운 사실이 드러난 경우를 민사소송법상 재심사유로 인정하지 않는 민사소송법(제451조 제1항 제7호) 등은 합헌이다(과학기술발전으로 새로운 사실이 드러난 경우를 재심사유로 인정하면 시효제도 등 다소간 실체적 진실의 희생 · 양보 하에 법적 안정성을 추구하는 법제도에서는 우리 사회의 법적 안정성이 훼손될 수 있기에 이를 재심사유로 인정하지 않는 것이 현저히 불합리하다 볼 수 없으며 따라서 재판청구권, 평등권을 침해한다 할 수 없다. 반대의견: 과학기술의 발전으로 종래에는 알 수 없었던 새로운 사실이 확인되어 기존 확정판결의 결론이 타당성을 상실하게 될 경우까지도 '이미 확정된 판결'이라는 형식상 이유로 결론을 그대로 유지하려는 태도는 법적 안정성만 지나치게 강조하여 정의를 추구하는 사법제도의 본질과 헌법상 기본권보장의 정신에 명백히 위배된다)(헌재 2009.4.30. 2007헌바121). 과학기술지식에 따른 판단은 합헌이다(국제수역사무국OIE의 국제기준과 현재의 과학기술지식식을 토대로 볼 때 미국산 쇠고기 수입위생조건에 관한 고시상 보호조치가 완벽한 것은 아니라 해도, 생명 · 신체의 안전을 보호하여야 할 국가의 헌법상 의무를 위반한 조치임이 명백하다 할 만큼 전적으로 부적합하거나 매우 부족한 것이라 단정할 수 없다)(헌재 2008.12.26. 2008헌마419).

[二] 규범법칙의 법칙규범성

1. 법의 법칙규범성

법은 의사소통공동체에서 인간의 행태에 당위적으로 대응하는 규범법칙이다. 즉 법은 이성적 존재자의 의사 결정으로 자신의 행위를 규범적으로 操縱하여 일정한 의미 내용을 통한 동기 부여가 이루어지도록 지시하고 명하는 규범의 법칙이다. 그 점에서 자연법칙에 지배받는 우주메커니즘, 생명체 기원 등을 탐구하는 자연과학, 인간행위를 자연과학적 행태로 탐구하는 자연주의적 일원론 등의 자연법칙에 대한 인간의 문화적 대응 등과 다르다.

2. 법학의 법칙규범성

법학은 규범법칙성은 자연법칙·규범법칙의 방법론적 이원주의에 따른 자연과학·사회과학이라고 하는 이원주의 등과 구분된다. 법학은 물리적 현상의 인과적 탐구가 아닌 목적적 조정의 법칙에서 존재하는 규범법칙성의 과학이며 인간세계의 규범의 법칙의 과학이다.

규범법칙에 대한 자연법칙의 적용의 합헌성 인간의 생명은 자연적 존재로서는 그 각각이 동등한 가치를 지니나 동등한 가치가 서로 충돌하거나 생명 침해에 못지아니한 중대한 공익 침해 등의 경우에 국가는 국민의 생명·재산 등을 보호할 책임이 있기에 국가는 어떠한 생명 또는 법익이 보호되어야 할 것인지의 그 규준을 제시할 수 있다(헌재 2010.2.25. 2008헌가23). 규범법칙인 자유형 형기에 자연법칙인 역수에 따라서 계산하도록 하는 형법 제83조는 규범법칙인 형기에 자연법칙인 윤달(2월 29일)이 포함되어 윤달 아닌 해보다 1일 더 복역하게 되는 결과를 가져온다 하여도 합헌이다(자유형 형기를 '연월'로 정하고, 태양력의 오차시정을 위해 주기적으로 윤달이 발생하며, 한 달의 일수가 28일에서 31일까지 차이가 나는데서 기인하는 것으로서, 윤년은 태양력 1년을 365.2425일로 정하는 그레고리력 역법체제에서(천문법 제2조 제4호), 그레고리력 여분의 하루 2월 29일을 추가하여 1년 동안 날짜의 수가 366일이 되는 해를 의미하며(제5호), 이는 태양력을 사용하는 이상 불가피하기에, 수형자에 유리 또는 불리하다 할 수 없어 신체의 자유를 침해하지 않는다)(헌재 2013.5.30. 2011헌마861).

3. 법칙규범성과 자연법칙성

법은 인간세계의 규범법칙으로서 생물학적 인간의 자연법칙성과 상관성을 갖는다. 자연법칙의 생명은 연속적으로 생성되는 동일한 생명체이나 규범법칙의 생명은 생명의 연속적 발전과정에 언제나 동일한 법적 효과를 부여하여야 하는 것은 아니고 법질서가 생명의 과정을 일정한 단계들로 구분하고 그 각 단계에 상이한 법적 효과를 부여할 수 있다. 사람을 규범상 '인간'으로 보는 시기는 생명의 자연과학적 인식을 기본적 전제로 하면서도, 민법은 태아의 '완전노출', 형법은 출산을 향한 '주기적 진통', 헌법상 태아의 생명권을 인정하는 등에 의하여 그 규범적 인식이 달라진다(헌재 2008.7.31. 2004헌바81).

규범법칙성과 자연법칙의 상관성 법의 규범법칙과 자연법칙의 상관성은 인과법칙적 자연과학과 인간 존재의 이성, 관습, 제도 등 문화적 형성물에 대한 해석학적 정신과학의 근본적 차이를 말한 딜타이(*Wilhelm Dilthey* 1833.11.19.~1911.10.1.)적 인식[28] 등을 전제로 한다. 인간의 기본권주체성은(출생 전 형성 중 생명에 헌법적 보호 필요성이 크고 일정한 경우 기본권주체성이 긍정되어도 어느 시점부터 어떤 기본권에 인정되는지는)생명의 근원에 대한 생물학적 인식을 비롯한 자연과학·기술발전의 성과와 그에 터 잡은 헌법해석으로부터 도출되는 규범적 요청을 고려하여 판단하여야 한다(헌재 2010.5.27. 2005헌마346). 법적으로 사람의 시기를 출생의 시점에서 시작되는 것으로 보는 것이 헌법적으로 금지된다 할 수 없다(인간이라는 생명체 형성이 출생 이전의 그 어느 시점에서 시작됨을 인정하더라도, 모든 인간은 헌법상 생명권의 주체가 되며, 형성 중의 생명인 태아에게도 생명에 대한 권리가 인정되어야 한다. 태아도 헌법상 생명권의 주체가 되며, 국가는 헌법 제10조에 따라 태아의 생명을 보호할 의무가 있다. 법치국가원리로부터 나오는 법적안정성의 요청은 인간의 권리능력이 언제부터 시작되는가에 관하여 가능한 한 명확하게 그 시점을 확정할 것을 요구한다. 민법 제3조는 "사람은 생존한 동안 권리와 의무의 주체가 된다." 하므로, 사람은 출생한 때로부터 권리(의무)능력을 가지게 되어, 출생 전 단계에 있는 태아는 원칙적으로 권리능력이 부정되나, 민법은 출생 전의 태아도 재산권 보호나 불법행위로부터의 보호 등의 특별한 필요가 있으면 예외적으로 개별규정을 두어 보호하여, "태아는 손해배상의 청구권에 관하여는 이미 출생한 것으로 본다."는 민법 제762조와 같이, 출생 전 생명인 태아도 민법상 보호를 받을 수 있다. 법원은 태아에 대한 개별적 보호규정들의 해석에 민법 제3조의 취지를 고려하여, 태아가 살아서 출생한 경우에 한해 소급적으로 태아라도 권리능력을 갖는 것으로 해석하므로(이른바 정지조건설), 태아가 살아서 출생할 기회를 갖지 못하고 사망에 이른 경우에는 권리능력 내지 손해배상청구권이 인정될 여지가 없게 된다. 형법은 태아의 생명을 보호하기 위하여 자연적 분만기 이전에 인위적 수단으로 태아를 모체 밖으로 배출시키거나, 모체 내에서 태아를 살해하는 행위를 낙태에 관한 죄(형법 제269조, 제270조)로 처벌하고, 모자보건법 제14조는 예외적으로 5가지 정당화사유에 한해 낙태를 허용하며, 법 시행령 제15조는 인공임신중절행위에 대해 임신한 날로부터 28주 이내에만 할 수 있다 규정함으로써 낙태를 시간적으로 제한하고 있다)(헌재 2008.7.31. 2004헌바81).

[三] 규범상태의 법칙규범성

1. 국가의 법과 규범상태

1.1 공동체에서 사회의 자연상태에서 국가의 규범상태로

근대국민국가의 입헌주의는 사회·국가의 공동체에서 자연상태와 규범상태, 사실영역과 규범영역을 구분하여 규범상태, 법률관계에 대해서만 규범적 인식의 대상으로 하여 이를 법의 문제로 삼는다. 규범상태로서의 법은 법칙규범으로서의 법의 국가에 있어서의 실정법적 존재형태이다. 국가의 법은 인간이 사회계약에 의하여 '자연상태'*der natürliche Zustand*에서 벗어나 의사소통공동체를 확인하여 안전·질서 등을 보호할 수 있는 '규범상태'*der rechtliche Zustand*에서 형성되어 존재한다.

자연상태와 규범상태 자연상태(State of nature, Naturzustand, L'état de nature)는 만인투쟁 비법상태*Thomas Hobbes*, 상호존중 질서상태*John Locke*, 생존본능 평등상태*J.J.Rousseau* 등으로서 사회계약에 의하여 규범상태로 전환된다(루소는 사회계약은 개인의 일반의사와 공동체의 총의가 동일시되는 자연상태에의 복귀로 본다. 아담 스미스*Adam Smith*는 사회계약은 인간본성의 원형질인 자연상태에 반한다 한다). 칸트*Immanuel Kant*는 자연상태라도 사회는 구성되고 구성원간 私法도 존재한다 하여, 자연상태라도 전체가 비법의 상태는 아니며 국가의 법적 상태가 아닌 것 즉 사회에서의 사법상태만 존재하는 경우에도 자연상태로 보면서, 사회의 자연상태는 국가의 공법적 보장에 의한 법적 상태로 이행되어야 시민사회가 실현되는 것이라 하였다. 칸트는 이를 국제관계에로 넓혀서, 국가간 사실상태는 전쟁상태에 상당하는 자연상태이기에 영구평화로 가는 세계법의 존재야말로 법적 상태가 되도록 한다고 하였다.29)

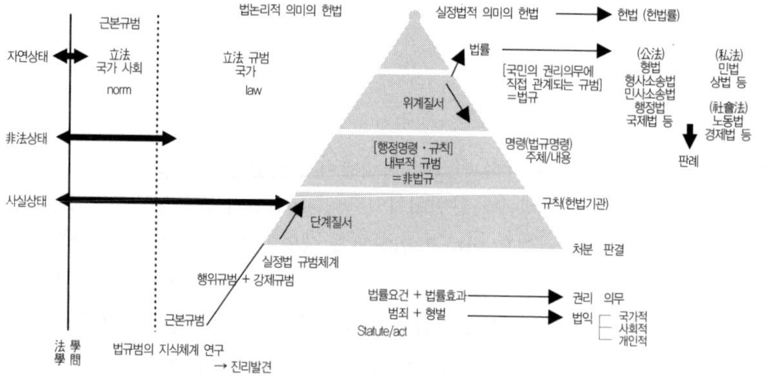

1.2 자연상태 · 사실영역과 규범상태 · 규범영역으로서의 법

자연상태와 규범상태는 사실의 세계와 규범의 세계에서의 인간의 사회에 대한 규범적 관계를 지칭하는 관념이다. 인간의 사회에 대한 관계는 사회계약에 의한 국가의 성립으로 형성되는 실정법적 관점에서 보면 자연상태는 非法의 관계이며 규범상태는 법률관계이다.

사실영역과 규범영역 타인의 재물을 손괴하여야 규범영역에 들어가고 자신의 재물의 손괴는 사실영역에 그친다(형법 제366조 재물손괴죄는 타인 소유나 공동 소유의 재물을 손괴, 은닉, 기타의 방법으로 그 효용을 해하는 경우에 성립하므로, 甲이 妻와 다투다 혼인 전 구매한 고유재산인 모니터를 부숴 재물손괴 혐의로 기소유예처분을 받자, 민법은 부부의 일방이 혼인 전부터 가진 고유재산과 혼인 중 자기 명의로 취득한 재산은 특유재산으로 하는 데(제830조 제1항), 이 모니터는 甲의 고유재산이고, 甲이 혼인 후 처와 함께 사용한 사실은 인정되나 혼인생활 2개월 정도 지난 시점이고 그 소유권이 이전되었다거나 공동소유관계로 변경되었다 볼 만한 특별한 사정이 없어, 타인의 재물손괴라 볼 수 없음에도 그 혐의를 인정한 기소유예처분은 검찰권의 자의적 행사로서 평등권과 행복추구권을 침해한다)(헌재 2017.4.27. 2016헌마160). 부동산매매에 관한 정식의 통상적 계약 체결 전 가계약서 작성 당시에 매매목적물·매매대금 등 중요부분이 특정되고 중도금 지급방법의 합의가 있었다면 매매계약은 성립하여 법률관계로 들어간다. 법률관계인 계약이 성립하려면 당사자 사이에 본질적 사항이나 중요사항에 관하여 구체적으로 의사의 합치가 있어야 하며, 적어도 장래 구체적으로 특정할 수 있는 기준과 방법 등에 관한 합의가 있어야 하기에, 가계약서에 잔금지급시기가 기재되지 않았고 후에 정식계약서가 작성되지 않았어도 매도인은 배액을 상환하고 매수인은 계약금을 포기하고 매매계약을 해제할 수 있다(대법원 2006.11.24. 2005다39594). 대규모 종교단체가 세제나 조사상 혜택으로 소규모 종교단체에 비해 포교나 종교활동에 유리한 지위를 점하더라도 이는 '사실상의 이익'에 불과하여 기본권침해가능성이 인정되지 않아 부적법하기에 헌법소원심판은 각하한다. 즉 종교인소득 중 일부에 대한 비과세혜택으로 소형 종교단체에 소속되어 매년 과세되지 않을 정도의 소득만 갖는 종교인들이 수혜적 규정인 관련 법령의 혜택을 실질적으로 누릴 수 없는 것은 납세의무자별 소득격차에서 비롯되는 결과일 뿐 대형 종교단체와 소형 종교단체를 구분하지 않는 위 법령이 내포하는 차별이 아니다(헌재 2020.7.16. 2018헌마319). 입법절차는 사실영역과 규범영역이 넓은 범위에서 교차하는 데 통상적 입법절차에서 입법교착膠着은 국회에서의 '관행', '정치력 및 협상력', '경향' 등에서 비롯되는 사실영역의 문제일 뿐 규범영역의 문제가 아니다(입법교착은 국회의장과 법제사법위원장의 원내 제1, 2당배분, 상임위원장의 원내정당 의석별배분 등의 '관행', 상임위원회 위원장과 교섭단체별 1명씩 두는 간사의 합의로 의사일정과 심사안건지정 및 안건의 심의·표결여부의 결정 등의 '관행', 국회의원들의 '정치력 및 협상력', 국민주권주의 및 대의민주제에서 국민과 국회의원간 자유위임관계의 이념적 기초에도 불구하고 국회의원들의 지나친 정당기속의 심의·표결 '경향' 등의 사실영역에서 비롯되는 것이다)(헌재 2016.5.26. 2015헌라1).

1.3 규범영역과 사실영역의 구분

규범상태와 사실상태의 구분으로서, 예컨대 규범상태로서의 법률혼은 혼인당사자간의 혼인할 의사에 의한 혼인의 신고로써 성립하며(민법 제812조 제1항 참조), 혼인은 신고해야 효력이 인정되고 당사자간 혼인의 합의가 없으면 무효이기에(제815조 제1항), 법률혼과 사실상태의 사실혼 즉 혼인의 법적 상태와 사실상태를 가르는 기준은 혼인신고의 유무에 있게 된다(대법원 1996.11.22. 96도2049).

혼인관계의 규범상태(법률혼)·사실상태(사실혼)의 엄격한 구분 혼인관계에서 법률혼과 사실혼은 엄격하게 구분된다(참다운 부부관계설정을 바라는 효과의사 없는 혼인은 법률혼 규범상태가 아닌 사실상태에 그친다. 당사자 사이에 혼인의 계출 자체에 관한 의사의 합치가 있어 일응 법률상 부부라는 신분관계를 설정할 의사가 있었어도 단지 다른 목적 달성의 방편에 불과한 경우는 민법 제815조 제1호에 따라 법률혼 효력이 없는 사실상태로 해석하여야 한다)(대법원 1996.11.22. 96도2049). 사실혼 배우자에게 상속권을 인정하지 않는 민법 제1003조 제1항은 합헌이다(피상속인의 배우자는 피상속인의 직계비속, 피상속인의 직계존속의 상속인이 있는 경우에는 그 상속인과 동순위로 공동상속인이 되고 그 상속인이 없는 때에는 단독상속인이 된다 함은 사실혼 부부에 획일적으로 상속권을 인정하면 사실혼관계 여부에 다툼이 생겨 상속분쟁 방지, 법률관계의 조속한 확정, 거래안전을 해할 가능성이 매우 높고, 사실혼 배우자는 혼인신고로 상속권을 가질 수 있고 증여나 유증을 받는의 방법으로 상속에 준하는 효과를 얻을 수 있으며, 근로기준법, 국민연금법 등에 근거한 급여를 받을 권리 등이 인정되므로 사실혼 배우자의 상속권을 침해한다 할 수 없다. 법률혼주의 법제에서 명확성과 획일성이 요청되는 상속과 같은 법률관계에서는 사실혼을 법률혼과 동일하게 취급할 수 없기에 평등권을 침해하지 않고 법적으로 승인되지 아니한 사실혼은 헌법 제36조 제1항의 보호범위에 포함되지 아니한다)(헌재 2013.4.26. 2013헌바119). '부동산 실권리자명의 등기에 관한 법률'에 의한 과징금 부과 특례대상을 부동산에 관한 물권을 법률혼 배우자의 명의로 등기한 경우로 한정하여도 합리적 이유가 있어 자의적 차별의 평등권 침해가 아니다. 즉 사실혼 배우자 명의로 부동산에 관한 물권을 등기한 사람에게도 인정한다면 공부상 외관상 쉽게 확인이 안 되는 사실혼관계를 가장하여 명의신탁을 행하는 탈법행위를 막기 어렵다(헌재 2010.12.28. 2009헌바400; 헌재 2001.5.31. 99헌가18 참조).

혼인관계의 규범상태(법률혼)·사실상태(사실혼)의 유연한 구분 혼인관계의 법률혼과 사실혼 구분은 엄격함이 원칙이나(신고를 전제로 하는 혼인의 효과는 사실혼에는 인정되지 않고, 조세나 과징금 부과 등의 공법관계에는 획일성이 요청되므로 사실혼을 법률혼과 동일하게 취급할 수 없다(헌재 2010.12.28. 2009헌바400; 헌재 2001.5.31. 99헌가18 참조)), 규범상태의 확인에 사실상태를 참작하여 법적 상태와 사실상태의 구분을 완화한다(고용보험법 등 각종 사회보장법에서는 잔존배우자의 경제적 안정을 위하여 사실혼 배우자도 일정범위에서 법률혼에 준하여 보호하며, 국민연금법이 배우자의 국민연금 가입기간 중 법률혼 기간이 5년 이상인 자에게 분할연금수급권을 부여하고, 법률혼관계에 있었지만 별거·가출 등으로 실질적 혼인관계가 존재하지 않았던 기간인 '사실상태'를 일률적으로 혼인기간이라는 '법률상태'에 포함시켜 분할연금을 산정한 것은 연금형성에 '법률상' 기여가 없는 '사실상의 이혼배우자'에까지 분할연금수급권을 인정하게 되는 것이어서 위헌이다. 甲은 1988.1.1.부터 2008.12.31.까지 국민연금가입자 자격을 유지하다, 2010.6.14. 조기노령연금수급권을 취득, 2010.7.부터 국민연금공단으로부터 노령연금을 받아왔다. 甲은 1975.8.15. 乙과 혼인, 2004.4.21. 이혼하였다. 乙은 2014.4.24. 국민연금공단에 분할연금지급을 청구하자, 공단은 6.2. 지급결정을 하고, 6.23. 청구인 노령연금액 774,440원을 491,620원으로 감액처분 하였다. 甲은 공단을 상대로 처분취소를 구하는 소를 제기하고 소송계속중 헌법소원을 제기하였다. 법원은 분할연금제도의 재산권적 성격, 노령연금수급권은 혼인생활 중 가사·육아 등으로 협력하여 이룬 부부의 공동재산이어서 이혼 후 기여분에 해당하는 몫을 분할하는 것이기에, 실질적 혼인관계가 해소되어 노령연금수급권 형성에 아무런 기여가 없었다면 노령연금분할청구의 전제를 갖추었다 볼 수 없다 하여 일정사실상태에 규범적 판단을 원용하였다)(헌재 2016.12.29. 2015헌바182). 군인과 그 배우자의 혼인관계가 군인 재직 당시에 이혼으로 중단되었다가 군인을 퇴직한 61세 후에 다시 혼인한 배우자는 군인연금법이 그 배우자를 사실상 혼인관계에 있던 자는 포함하지만 퇴직 후 61세 이후에 혼인한 배우자를 제외한다고 정한 '유족'에 해당하지 않기에 유족연금을 지급할 수 없다, 함은, 합헌이다. 군인과 달리, 일반공무원의 배우자의 경우 재직 당시 혼인관계에 있었던 이상 도중에 이혼으로 혼인관계가 중단된 사실이 있는지 여부 및 재혼인의 시기를 불문하고 유족으로 인정함은 규범상태와 사실상태의 유연한 구분이다)(헌재 2012.6.27. 2011헌바115). 규범적 효력을 받는 사실혼관계가 되려면 단순한 사실관계와 달리 법률혼에 준하는 요건을 요구한다. 남편이 공무원으로 재직하던 시절 사실혼 관계였던 배우자도 남편 사망 이후 공무원 퇴직연금을 승계할 수 있다 하는 판결에서, 유부남인 공무원과 30여년의 사실혼관계를 유지했고, 법률혼배우자 사망 후 혼인신고를 하였으며, 공무원 재직 기간과 퇴직 후 사망할 때까지 동거하며 두 자녀를 낳아 기르고 서로 부양하면서 함께 가정을 이루었으며, 사실혼 배우자로서 명절 차례 등을 준비하거나 정년퇴임식에도 참석했고, 친생자관계가 존재함을 확인하는 판결이 확정돼 가족관계등록부가 정정되기도 하는 등 이미 법률혼 배우자와의 규범상태는 사실상 해소된 상태에 있었던 것으로 보인다(서울행정법원 행정7부 퇴직유족연금 승계불승인 결정 취소소송(2020구합75675).

2. 자연상태·사실영역에서 규범상태·규범영역으로의 전환

2.1 실정법·재판 등을 통한 규범상태로의 전환

자연상태·사실관계의 규범상태·법적 상태로의 전환은 '당위는 존재에서 추론되는가' 하는 존재명제로부터 당위명제로의 추론이 규범·사실 이원론의 본질상 간극(이른바 '흄의 법칙')에도 불구하고, 존재에서 분리되는 당위를 직관적 결단의 세계에서 사회·문화적 양태로서의 사회생활법칙 등을 국가의 법규범으로 그 존재형식을 전환함으로써 이루어진다. 법은 입법과 사법에 의해서 존재하게 된다는 구조적 개념에 의할 때, 존재의 영역은 국회 입법에 의하여 국가의 성문법체계의 규범상태로 전환되거나, 사법부의 재판절차를 거쳐 개별사건의 사실상태가 규범상태로 전환된다.

재판과 법적 상태 亡人('김 할머니'로 알려져 있다)은 의료인 병원과 의료계약을 체결하여 진료를 받다 자신의 연명치료 거부 · 중단에 관한 의사인 '사전의료지시'를 밝히지 않은 상태에서, (기관지내시경을 이용한 폐종양 조직검사를 받던 중 과다출혈 등으로 심정지가 발생하여 저산소성 뇌손상으로)식물인간상태에 빠져 인공호흡기 등 기계장치에 의존하여 연명상태에 있게 되자(망인의 자식들과 함께)연명치료 중단소송을 제기하였고, ('환자가 인간의 존엄과 가치, 행복추구권에 기초하여 자기결정권을 행사하는 것으로 인정되는 경우에는 특별한 사정이 없는 한 연명치료의 중단이 허용될 수 있다' 하는)대법원판결(대법원 2009.5.21. 2009다17417)에 따라, 병원은 2009.6.23. 인공호흡기를 제거하나 亡人은 이후에도 자발호흡으로 연명하다 2010.1.10. 사망하고, 병원 측은 망인과 체결된 의료계약에 기하여 미납진료비를 그 유족에 청구하자, 대법원은, (환자 측이 직접 법원에 연명치료 중단을 구하는 소를 제기한 경우에는, 특별한 사정이 없는 한, 연명치료 중단을 명하는 판결이 확정됨으로써 법원이 판결 주문에서 중단을 명한 연명치료인 인공호흡기 부착은 더 이상 허용되지 않지만)환자와 의료인 사이의 기존 의료계약은 인공호흡기 부착을 제외한 나머지 범위 내에서는 유효하게 존속하여, 연명에 필요한 최소한의 생명유지를 위한 진료(인공영양공급, 수액공급, 항생제 투여 등)와 병실사용에 관한 부분은 의료계약이 유지되므로, 환자측은 병원에 대하여 연명치료 중단 소송이 제기된 2008.6.2.부터 그 중단 판결이 확정된 2009.5.21.까지 인공호흡기 유지비용뿐 아니라 2009.6.23. 이후 사망할 때까지 발생한 미납진료비 지급의무가 있다 하였다. 非法의 자연상태를 법원의 재판절차로 법적 상태로 전환하여, 망인과 병원간 최초 의료계약은 법적 상태이나, 식물인간으로 의식 없는 상태에서 행한 연명치료에 대한 망인의 의사를 확인할 수 없는 '인공호흡기부착'만 사실상태이고 연명치료자체는 법적 상태로 존속한다 한 것이다(대법원 2016.1.28. 2015다9769).

2.2 기정사실에의 규범력 부여를 통한 규범상태로의 전환

사실상태라도 완성된 기정사실*fait accomplis*의 규범력론*G.Jellinek*과 같이 일정조건 자체로부터 규범력이 생긴다는 논리에 따라서, 예컨대, 실정법 질서 자체가 非法의 자연상태를 법적 상태로 전환하여 이를 인정하는 대표적인 것이 '시효'의 제도이다. 시효는 권리의 행사 또는 불행사라는 사실상태가 일정 기간 계속된 경우에 진실한 권리관계에의 합치 여부를 묻지 않고 그 사실상태에 대해서 권리관계를 인정함으로써 그에 상당하는 법률효과를 부여하는 제도이다.

시효취득제도와 사실상태 · 규범상태 민법 제245조 제1항 점유취득시효(20년간 소유의 의사로 평온, 공연하게 부동산을 점유하는 자는 등기함으로써 소유권을 취득한다)(헌재 2013.5.30. 2012헌바387), 제245조 제2항 등기부취득시효(부동산 소유자로 등기한 자가 10년간 소유의 의사로 평온, 공연하게 선의이며 과실없이 그 부동산을 점유한 때에는 소유권을 취득한다)(헌재 2016.2.25. 2015헌바257) 제도는 '사실상태'가 오랜 기간 계속된 경우 이를 신뢰한 자의 지위를 '법적 상태'로서 보아서 이를 보호한다('점유취득시효'는 소유권자이면서 오랫동안 권리행사를 태만히 한 자의 '법적 상태'와 원래 무권리자이지만 소유의 의사로서 평온, 공연하게 부동산을 20년 동안 점유한 자의 '사실상태' 사이의 권리의 객체인 부동산에 대한 실질적 이해관계를 상관적으로 비교형량한 형평의 견지에서, 실질적 이해관계가 보다 두터운 점유자로 하여금 원소유자에 대하여 이전등기청구권을 취득하게 하고, 그 반사적 효과로 아무런 보상, 배상, 부당이득의 반환 없이 원소유권자의 소유권을 상실케 하는 제도이다. '등기부취득시효'는 소유자이기는 하나 10년간 소유권을 행사하지 아니한 자의 '법적 상태'보다 부동산을 점유하면서 등기한 자의 부동산에 대한 '사실상태'로서의 이해관계가 두텁고, 민법은 점유자의 등기 및 선의 · 무과실까지 요구하여 원소유자의 '법적 상태'를 충분히 보호하고, 시효중단, 시효이익포기 등 원소유자와 시효취득자의 이익조정제도도 있다. 민법상 점유취득시효 및 등기부취득시효의 제도는 헌법 제23조 제1항이 보장하는 재산권인 부동산소유권의 득실에 관한 내용 · 한계의 구체적 형성이 재산권 보장의 이념과 한계에 위반되거나 기본권제한의 한계를 규정한 제37조 제2항에 위반된다 할 수 없다).

2.3 법을 믿은 신뢰의 규범상태로의 전환

실정법질서가 사실관계를 규범상태로 보거나 또는 법적 관계임에도 이를 자연상태로 보아서 법질서를 형성하도록 규정하는 것은 신뢰보호원칙 또는 '권리위에 (사실상)잠자는 자는 (규범이)보호하지 않는다' 하는 법관념에 따른 것이다. 다만, 그 형성의 조건은 엄격하다. 예를 들어 행위 당시의 규범질서에 기초하여 형성된 합리적 정당한 신뢰는 장래의 예측가능성에 대한 기대이므로 이를 가능한 한 보호하여야 하지만, 현실에서의 재판에 있어서 신뢰보호의 성립에 대하여 사법부는 이를 엄격하게 정하여 대부분은 권리라는 규범상태가 아니라 반사적 이익에 그친다 한다. 권리가 국가영역에서의 규범상태라면 반사적 이익은 사회영역의 사실상태에 해당한다.

법적 상태와 신뢰보호원칙 경력공무원에 대한 행정사자격 부여제도는 50년 넘게 시행되어 오면서 합리성과 합목적성이 인정되어 왔으므로, 경력공무원들의 행정사 자격 부여에 대한 신뢰는 보호할 필요성이 있는 합리적이고도 정당한 신뢰이다(헌재 2016.2.25. 2013헌마626). 법령을 위반하면서 형성한 사실관계에 대한 신뢰일 뿐 법질서에서 형성된 합리적이고 정당한 신뢰라고 보기 어렵다면, 그 사실관계의 신뢰를 보호하지 않는다 해도 신뢰보호원칙을 위반하였다 볼 수 없다(헌재 2016.2.25. 2013헌마838).

3. 규범상태의 존재양태

공동체의 법규범은 사회준칙과 국가법규로 이루어지는 국가적 사회생활규범이다. 공동체에는 법규범, 도덕규범, 종교규범 등의 규범법칙은 물론 학교의 학칙, 가정의 가훈, 사회의 준칙 등이 있고, 이들 국가법규와 사회준칙 등의 규범질서들은 의당 '그러하여야 할' 당위적 규범으로, 국가·사회의 규준으로서 존재하면서 행위규범과 강제규범으로서 기능한다.

사회준칙과 법규범 혼례·상례 등 가정의례는 사회의 풍속으로서 사회준칙에 따르는 것이기에 그 의식의 절차 자체를 법규범으로 정하기는 어렵다. '건전가정의례의 정착 및 지원에 관한 법률'도 가정의례의 개념만 정할 뿐이며(제2조),■ 대통령령인 '건전가정의례준칙' 역시 가정의례의 의식절차를 엄숙하고 간소하게(제5조 제1항) 행하도록 할 뿐 의식의 절차를 정한 것은 아니다. 다만 법원의 판결에 의하면(대법원 1982.3.9. 81다35),■■ 旧 가정의례에관한법률에서 경조기간 중 주류, 음식물제공을 원칙적으로 금지한 규정은 사회준칙에서 법규범으로, 자연상태에서 법적 상태로의 전환의 측면으로 볼 수 있다.

■ 가정의례란 가정의 의례로서 행하는 성년례成年禮(만19세가 되는 때부터 할 수 있다), 혼례婚禮(약혼 또는 혼인에서 신행新行까지의 의식절차), 상례喪禮(임종에서 탈상까지), 제례祭禮(기제사忌祭祀 및 명절에 지내는 차례), 회갑연回甲宴(수연례壽宴禮란 60세 이후의 생일 기념) 등을 말한다.

■■ 구 가정의례에관한법률은 사망에 따른 부고장 등 인쇄물에 의한 개별고지와 경조기간 중 주류, 음식물제공을 원칙적으로 금지하고, 다만 상례의 운구나 산역에 참여한 자에 한한 음식물 접대행위만 예외적으로 허용하므로, 위 금지행위에 소용된 비용은 필요하고도 상당한 비용이라 할 수 없다.

Ⅲ. 당위규범성

[一] 법의 당위규범성과 강제규범성

1. 법의 당위규범성의 의의

법의 당위규범성이라 할 때의 그 당위규범*Sollensnorm*은 사람들에게 일정한 일을 명하거나 금지하는 규범법칙을 내용으로 하며 이 명령·금지는 당위*Sollen*법칙의 성격을 갖는다. 칸트는 자연법칙이 자연계에 존재하는 모든 사물에 적용되는 필연의 법칙이듯, 당위법칙은 모든 이성적 존재자에게 향하는 도덕법칙으로서의 윤리적 명령이라 했다. 법은 윤리적 명령으로서의 당위규범이다.

2. 법의 당위규범성과 정언명령

법의 당위규범성은 칸트의 정언명령에 의하여 법을 자유의 일반법칙으로서 규범법칙의 세계에 들여 놓는다. 정언명령은 '너의 의지의 격률*Maxime deines Willens*이 항상 동시에 보편적 입법의 원리*Prinzip einer allgemeinen Gesetzgebung*로서 타당할 수 있도록 해라', '너의 인간성*Menschheit*을, 그것이 너 자신의 인격*Person*에 있는 것이든 어느 다른 인격에 있는 것이든, 항상 동시에 목적으로 취급하고*jederzeit zugleich als Zweck*, 결코 단순히 수단으로서 취급하지 않도록 행하라' 하는 것이다. 법은 당위규범의 내용인 정언명령에 따를 때, '한 사람의 恣意*Willkür*와 다른 사람의 자의가 자유의 일반원칙*allgemeine Gesetze der Freheit*에 따라서 서로 조화될 수 있는 조건적 한계의 총체'*Inbegriff der Bedingungen*가 되는 것이다. 칸트는 18세기 계몽시대*the Enlightenment*를 규정지은 결정체인 '순수이성비판'에서 이성*Vernunft*이 도덕*Sitten*의 근원이며, 本有관념의 선험성*innate ideas were prior*, 물자체*Ding an sich*, 실체세계*noumenal world*에는 직접 접할 수 없고, 시공간 관념은 인간의 경험에 통한다 한 계몽철학에 의하여, 善은 인간 주체 밖의 어떤 것, 신이 부여한 것이 아니라 선한 의지 자체이며, 선한 의지는 자율적 인간 존재가 그의 자유 의지로 그 자신에게 주는 보편적 자연법이라 하였다.

칸트의 정언명령 Immanuel Kant[1724.4.22.~1804.2.12. 79세歿 Königsberg, Prussia(현 Kaliningrad, Russia)生. 祖父 한스 칸트*Hans Kant*가 스코틀랜드에서 동프로이센 이주]는 순수이성비판(*Kritik der reinen Vernunft, Critique of Pure Reason 1781*), 실천이성비판(*Kritik der praktischen Vernunft, Critique of Practical Reason 1788*), 판단력비판(*Kritik der Urteilskraft, Critique of Judgment 1790*)의 3대비판철학서, 도덕형이상학(*Die Metaphysik der Sitten, the Metaphysics of Morals 1797*) 등의 근대철학 방법론으로 근대국가를 정의하였다. 칸트에 대한 한국 최초의 소개는 1905년 石亭 이정직(李定稷 1841~1910), 『강씨[칸트]철학설대약康氏哲學說大略』(1905)에서이다.

3. 법의 당위규범성과 강제규범성

법의 당위규범성은, 실천이성의 우위에 의하여, 당위*Sollen*의 법칙에 우선하는 자유*Freiheit*의 법칙을 예상한다. '할 수 있다'*können* 하는 자유의 법칙을 상정하지 않고서 '하여야 한다'*sollen* 하는 당위의 요구는 있을 수 없다. 자유는 당위의 법칙을 통하여 비로소 규범법칙으로 실현되는 것이다. 당위법칙에 정언명령*kategorischer Imperativ*이 함께 할 때, 법은 '너는 할 수 있기에 하여야 한다'의 당위성에서 '너는 하여야 하기에 할 수 있다'*Du kannst, denn du sollst* 하는 의미의 규범적 강제성을 갖게 된다.

[二] 법의 당위규범성과 실효규범성

1. 법의 당위규범성과 가언명제

법이 당위규범으로서 갖는 규범법칙은 자연법칙을 외연으로 하면서 의사소통공동체에서 정당성을 갖는 당위법칙이며, 당위법칙으로서의 법은 사회현상을 법규범의 목적에 따라 규범적으로 규정한다. 당위법칙의 규범이라도 법규범은 일정행위를 직접 구체적으로 명령·금지하는 정언적 판단 형식의 규범이 아니라, 일정행위를 조건으로 일정효과를 귀속시키는 가언적 판단 형식의 규범인 점에서 도덕 등의 규범과 그 규정 형식이 서로 다르다.

2. 법의 당위규범성과 실천이성

칸트의 법은 도덕률이며 인간에 대한 형벌의 근거는 이 같은 도덕률에 기인한다. 국가는 타인의 자유를 해하지 않을 것을 약속함으로써 성립되므로, 그 위반자는 실천이성의 정언명령으로서의 도덕률에 위반한 자이며, 국가 성립의 약속을 깨어 국민이 될 능력을 상실한 자이므로, 비록 지구의 종말이 도래하여 국가를 해체하는 최후 순간일지라도 사형수는 사형을 집행하여야 하며, 이것이 정의의 실현이다. '하늘이 무너져도 정의는 세워라'*fiat justitia, ruat coelum!* 칸트는 형벌의 본질은 위법한 범죄행위에 상응하는 벌 자체로 응징을 가한다는 형벌절대주의의 응보형주의에 있다 한 반면, 헤겔은 범죄는 법률의 침해로서 법률의 부정이며, 형벌은 범죄자의 법률의 부정을 다시 부정함으로써 법률을 회복하는 것이라 하여, 형벌의 탈리오법칙을 부인하고 침해한 만큼의 회복을 요구하는 범죄자의 등가치 응보론에 한정한 점에서, 범죄자는 포괄적으로 국민될 능력을 상실한 자라는 칸트의 관점과는 달랐지만, 칸트와 같이 형벌의 근간은 범인의 행위에 대한 윤리적 비난을 가한다는 점에서는 응보형주의자였다(劉基天, '刑法學'에서 引用 轉載[30]).

3. 법의 당위규범성과 실효규범성

법이 당위규범*Sollensnorm*이라 할 때의 그 '당위'*sollen*는 가능*können*을 전제로 하여서만 성립하는 것'이므로, 법은 실천가능성을 전제로 한다. 칸트의 실천이성비판의 근본명령, '너는 하여야 하기에, 가능하다'*Du kannst, denn du sollst* 함의 逆 역시 타당하여, '너는 가능하기에, 하여야 한다'*Du sollst, denn du kannst*. 이와 같이 칸트는 이성적 주체인 인격의 자율적 의지로 이루어지는 구성원의 행위준칙의 보편화 원칙인 정언명령 및 실천이성에 의거하여, '법은 한 사람의 자유로운 의지와 다른 사람의 자유의지가 자유의 일반법칙에 의하여 조화되는 총체'로서, 법을 정의하였다.[31]

[三] 법의 당위규범성과 보편규범성

1. 법의 당위규범성과 의사소통공동체에서의 보편성

인간의 삶은 인과율에 지배받는 필연의 과정이 아니다. 자유의지에 따라 서로 다른 방향의 의사결정을 할 수 있다. 자연법칙에 지배받는 세계와는 구분되는 의사소통공동체의 삶이 그것이다. 인간이 자연법칙에 지배받는 자연을 극복하여 사회를 구성한다 함은 사람들의 관계에서만 존재하는 선험적 실용의 규범법칙이 지배하는 생활관계를 맺는 것이다. 선험적 실용의 규범법칙은 인간이 해서는 아니 되는 것 또는 하여야 할 것 즉 계율戒律의 최소한이 규범적으로 규율되는 의사소통공동체에서 보편성을 지니면서 실재한다. 법이 존재하는 사회는 선험적으로 실재하는 보편적인 규범법칙을 지닌 사회인 것이다. '담론 윤리의 선험적-실용적 基底'(transcendental-pragmatic ultimate foundation of discourse ethics)에 따르면, 평등한 권리와 공동책임의 윤리를 전제로 한 의사소통공동체가 인간의 자유를 보편적 이념에로, 자연상태를 규범상태로, 당위법칙에 보편규범성을 갖게 한다. 이 같은 실정법상의 보편규범성은 자연법에서 말하는 보편타당성*Allgemeinengültigkeit*과는 다르다.[32] 그 다른 점이 의사소통공동체에서의 실정법규범의 총체이다.

2. 법의 당위규범성과 실천이성으로서의 보편규범성

법의 당위규범성에 관련하여, 근세 계몽주의 칸트 철학은 법을 인간의 자연적 본능을 실천이성에의 자유로 이행시키는 전환점으로 인식하였다. 그러므로 법질서가 인간 행위를 지배하려면 모든 실천이성의 존재자에게 보편적으로 타당한 규범상태이어야 가능하다. 칸트는 권력에 이성적 근거와 정당성을 부여하는 법의 보편규범성을 사고한 것이다. 칸트의 순수이성은 꽃이 '예쁘다' 하는 선험론적*transcendental*이고, 이를 '꺾지 않겠다' 함은 자유의지·실천이성이며, 법은 이성과 오성*Verstand, understanding*('본데', 지식*knowledge*)의 귀결이기에,[33] 인간은 이성적 존재자로서 법을 만들며 그 법은 인간을 이성적 존재로 제도화하는 것으로 본다. 아놀트 게렌(Arnold Gehlen 1904.1.29~1976.1.30.)은 철학적 인간학*Philosophische Anthropologie*의 '사회적 제도론'에서, 실천이성의 자유가 바로 법규범으로 전환되는 것이 아니라, 인간 행동이 자동적으로 그렇게 되도록 하는 기능을 갖는 문화적 메커니즘을 제공하는 제도*institutions*에 의해서라 한다.[34]

3. 법의 당위규범성과 보편타당성의 자연법

법의 보편규범성에 관련하여, 아리스토텔레스의 천상/지상이라는 이원세계관의 형이상학적 이원론에 기반한 중세 스콜라철학적 규범의 관념은 신법/인정법, 자연법*Naturrecht*/실정법*positives Recht* 등을 구분하여 신법, 자연법의 보편타당성*Allgemeinengültigkeit*에 의하여, 공동체에서 통용되는 실정법과 실정법학과 달리, 보편규범성을 갖는 일반법을 세우려는 것이었다. 『신학대전』으로 희랍의 로고스철학과 그리스도교를 종합한 토마스 아퀴나스(Thomas Aquinas 지음/박승찬 옮김, 「존재자와 본질 De ente et essentia」(길 2021년 484쪽))의 '영원의 철학'*philosophia perennis*은 "사물은 어디서부터 기원하는가?"의 '실체'로서의 모든 피조물은 본질과 존재로 합성되어 있고 존재자의 궁극적 근원인 자존하는 존재 자체는 다른 원인을 더 이상 필요로 하지 않으면서 다른 모든 것의 원인이 될 수 있는 존재의 제1원인인 神을 순수존재로 규정하고, 제1원인*First Cause* 즉 존재와 본질이 같은 존재, 자존하는 존재 자체*ipsum esse subsistens*에의 도달을 모든 존재자의 기초로 삼는 '존재의 형이상학'의 초석을 설정할 수 있게 된다. 이 같은 의미에서 『國憲學』도 일반국가의 보편규범학으로서 국가의 존재의 제1원인으로서의 일반국법학의 의미를 갖기를 의도하였다. 그것이 '국헌학' 집필의 의도이기도 하다.

제2절 법규범 – 강제규범

Ⅰ. 법의 강제규범성

[一] 법의 규범적 강제력

1. 법의 강제규범성과 중층구조

1.1 법의 강제규범성의 의의와 구조

1.1.1 법의 당위규범성과 강제규범성

법의 강제규범성은 법규범을 존재의 사실적 서술이 아닌 규정적 당위규범이 되도록 한다. '사람을 살해하면 반드시 천벌을 받는다, 하늘이 벌을 내릴 것이다' 하는 도덕규범이나 자연법칙의 인과율로 인식되는, 존재하는 사실을 서술하는 권력성이 아니라, '사람을 살해하면 형벌에 처한다' 하는 조건적 목적률의 당위규범적 정당성이 법의 강제규범성이다. 이 같이 법의 강제규범성 즉 당위규범적 정당성을 전제로 하는 법규범의 총체가 실정법체계이다. 실정법체계로 현출되는 법의 강제규범성은 입법기관인 국회에서 자유민주주의·시장경제질서의 헌법이념에 합치되도록 제정한 법, 행정기관인 정부에 의하여 적법하게 집행되는 법률, 사법기관인 법원의 법과 법률에 따른 정당한 재판 등으로 당위규범적 정당성이 현실에서 실효규범성을 갖는다.

1.1.2 법의 강제규범성의 중층구조 – 행위규범·강제규범, 조직규범·수권규범

법은 사회생활을 영위하는 제1차규범인 행위규범과 이를 국가생활에서 타당하도록 규범적 강제를 가져오는 제2차규범인 강제규범의 중층구조로 구성되는 규범이다. 강제규범의 중층구조는 조건률(∞이라면, 假言)의 행위규범과 책임을 귀속시키는 강제규범으로 구성된다. 이 같은 법규범의 중층구조와 달리, 도덕규범이나 종교규범은 제1차규범인 행위규범이 정언율(定言律, ∞이다)의 형식으로 존재하는 단층구조이며, 이에 강제를 귀속시키는 제2차규범성은 갖지 않는다. '사람을 살해한 자는 사형, 무기 또는 5년 이상의 징역에 처한다' 하는 형법 제250조는 의사소통공동체에서 제1차규범인 행위규범을 정하고, 국가의 사법기관으로 하여금 행위규범을 침해하는 행위를 제재할 수 있는 제2차규범인 강제규범을 통하여 처벌가능성 규범으로 전환시킨다. 법규범이 갖는 행위규범·강제규범의 중층구조에서 행위규범에는 법규범-법-법률이라 하는 규범체계에서 특히 법률로서의 법규범인 실정법을 제정·집행·판단하는 국가기관 등에 권력을 부여하여 구성·조직·활동케 하는 조직규범·수권授權규범으로도 구현된다. 국가의 권력에서 법의 제정은 국회, 집행은 정부, 판단·선언은 법원이 행하도록 하는 권력분립주의는 법규범의 조직규범·수권규범을 전제로 하는 당위규범성을 강제규범으로서 준수하도록 사회구성원들에게 명한 자유의 규범원칙인 것이다.

1.1.3 법의 강제규범성과 법률요건·법률효과의 실정법체계

실정법규범의 중층구조는 행위규범에 상당하는 법률요건과 강제규범에 해당하는 법률효과로 구성된다. 법률요건에 해당하는 규범은 제1차규범인 행위규범이며, 법률효과를 정하는 규범은 민법에서는 실현규범, 형법에서는 제재규범 등으로 구성되는 제2차규범이다. 실정법규범은 행위규범이라는 법률요건에 강제적 구속력을 갖는 법률효과를 강제규범으로서 이에 귀속시킴으로써 인간의 행위를 규율하는 강제적 당위규범으로서의 법률로서 존재하게 된다. 예컨대, 형법에서 범죄구성요건이라는 제1차규범과 형벌이라는 제2차규범은 귀속*Zurechnung*으로 결합한다. 일정 사안이 이들 구성요건 내지 법률효과의 법규정에 해당하느냐는 사실확정의 문제가 된다. 실정법의 규범구조는 법률요건이라는 조건에 해당하면 법률효과의 귀속이 당위적으로 이루어지는 '조건의 목적률' 관계이다. 성문법의 규정 형식이 아닌 관습법, 조리법이라도 실정법의 규범구조를 갖추면 法源으로서 적용된다. 자연법칙의 인과율에서는 원인과 결과의 관계가 하나의 원인과 하나의 결과를 갖는다. 반면에, 규범법칙의 조건의 목적률에서는 법률요건에 맞는 사실관계의 적용은 서로 달라질 수 있기에, 수 개의 법률요건이 중첩되거나 경합되어서 나타나는 규범충돌이 있을 수 있다. 이 점이 원인과 결과의 인과율 관계의 자연법칙과 다르다. 규범법칙은 공동체적 다양성을 그 법률요건으로서 인정하는 것이다.

실정법규범의 법률요건 · 법률효과 민법 제750조(불법행위의 내용) '고의 또는 과실로 인한 위법행위로 타인에게 손해를 가한 자는 그 손해를 배상할 책임이 있다.'의 법률요건은 '가해행위'이며 법률효과는 '손해배상'이다. 형법 제250조(살인, 존속살해) '① 사람을 살해한 자는 사형, 무기 또는 5년 이상의 징역에 처한다.'의 법률요건은 '살인'이며 법률효과는 '형벌'이다. 형법상 법률요건은 '범죄구성요건'*Tatbestand*이라 하여, 개별법조의 범죄구성요건에 합치하는 '구성요건해당성', 구성요건 해당 행위의 '위법성'(범죄구성요건에 해당해도 정당행위, 정당방위, 긴급피난 등의 위법성조각阻却사유가 있어 위법하지 아니하면 범죄가 성립하지 않는다), 구성요건에 해당하는 위법성 있는 행위에 대한 '책임' 등이다. 행위자는 범죄에 책임을 질 수 있는 책임능력(형사책임을 물을 수 없는 연령이거나 책임을 질 수 있을 정도의 지적 능력과 인격적 성숙도가 없다거나 책임을 물을 수 없는 상황이 정당한 등의 경우에도 법률효과로서의 형벌책임을 물을 수 없다)이 있어야 한다. 위법성에 관련하여, 부작위에 의한 살인죄의 범죄성립요건에 대하여, 대법원판례는 작위의무의 불이행이 실제 살해행위와 동등한 평가를 받을 정도의 강한 위법성이 있어야만 인정될 수 있다는 엄격성을 요구하면서, 구조조치, 구조의무 등의 작위의무에의 위반여부가 쟁점인 사안에서 세월호 선장에 대해 최초로 부작위살인을 인정하였다(피고인들은 공모 공동하여, 승객 등이 안내방송을 믿고 세월호 선내에 대기하고 있는 상황에서, 배가 더 기울면 빠져나오지 못하고 익사할 수 있다는 사실을 알았고, 부상당한 조리부 승무원에 대해 구조조치를 취하지 아니할 경우 익사하게 된다는 사실을 인식하였음에도 어떠한 구조조치도 취하지 아니한 채 각자 퇴선하는 등, 승객의 생명과 안전에 대해 철저히 무관심한 태도를 보임으로써, 304명의 소중한 생명을 잃게 하였고, 이것은 사실상 적극적인 살해행위와 다를 바 없다)(대법원 2015.11.12. 2015도6809).

법률요건의 중첩과 해당성 법률요건을 정한 규범이 중첩되는 경우로 예컨대 민법 제103조 공서양속 위반 행위로 무효가 된 법률행위는 동시에 제104조 불공정한 법률행위로도 같은 효과를 가져 올 수 있다. 형법에서는 행위가 위법해도 일반적 위법성조각사유로서 형법 제20조(정당행위) 소정 '사회상규에 위배되지 아니하는 행위'이면 위법성이 조각되어 법률요건에 해당되지 아니한다(정당행위로 인정되려면, 첫째, 행위의 동기나 목적의 정당성, 둘째, 행위의 수단이나 방법의 상당성, 셋째, 보호이익과 침해이익과의 법익 균형성, 넷째, 긴급성, 다섯째, 그 행위 외에 다른 수단이나 방법이 없다는 보충성 등의 요건을 갖추어야 한다)(대법원 2003.9.26. 2003도3000).

법의 강제규범성이라 하는 법규범의 행위규범과 강제규범이라는 중층구조는 실정법체계에서는 가언율의 규범적 구조체계인 법조문으로 구현된다. 실정법체계의 법조문은, 성문법으로서, 법조문 형식에 제1차규범인 행위규범은 규범의 수범자에게 분명하게 인지되도록 행위규범에 강제규범성이 직접규정되거나('사람을 살해한 자는 사형, 무기 또는 5년 이상의 징역에 처한다' 형법 제250조), 또는, 행위규범에 당위규범적 타당성으로서 내포되는 등의 간접으로('대한민국은 민주공화국이다'(헌법 제1조 제1항), '권리의 행사와 의무의 이행은 신의에 좇아 성실히 하여야 한다'(민법 제2조 제1항), '권리는 남용하지 못한다'(제2항) 등) 존재한다. 이같이 법의 강제규범성은 실정법규범체계로서 존재한다. 실정법의 규범체계는 헌법을 정점으로 형성된 전체 법체계 내에서 정립되는 기본질서이다(헌재 2014.8.28. 2013헌마553). 실정법규범은 법질서의 체계로서 존재하며, 실정법규범체계는 목적률의 규범법칙의 질서로서 존재하며, 가언명령의 행위규범과 그에 귀속되는 강제규범이라는 이층의 규범구조를 이루면서 존재하는 것이다.

실정법체계의 법조문 실정법체계 성문법의 법조문체계는 '제1조' '①'(제1항) '1'(제1호)의 조문 형식이다('근로자의 날 제정에 관한 법률'은 한 조문이다. '5월 1일을 근로자의 날로 하고, 이 날을 「근로기준법」에 따른 有給休日로 한다.'). 법조문 형식, 헌법 제10조 '모든 국민은 인간으로서의 존엄과 가치를 가지며, 행복을 추구할 권리를 가진다. 국가는 개인이 가지는 불가침의 기본적 인권을 확인하고 이를 보장할 의무를 진다.', 같이, 조문에 들어 있는 두 개 문단은 마침표(.)로 구분하여, 앞 문단은 '제10조 제1문' 뒷 문단은 '제10조 제2문'이라 한다. '헌법 제1조 ① 대한민국은 민주공화국이다. ② 대한민국의 주권은 국민에게 있고, 모든 권력은 국민으로부터 나온다.'에서, '제1조 ①'은 제1조 제1항, '②'는 제2항이라 하며, 제2항은 쉼표(,)로 전·후 부분으로 나뉘는데, 앞부분은 '전단', 뒷부분은 '후단'이라 한다. 그리하여, 헌법 '제1조 ② 대한민국의 주권은 국민에게 있고, 모든 권력은 국민으로부터 나온다' 함에서 앞 부분은 '제1조 제2항 전단', 뒷 부분은 '제1조 제2항 후단'으로 지칭한다. '민법 제5조 ① 미성년자가 법률행위를 함에는 법정대리인의 동의를 얻어야 한다. 그러나 권리만을 얻거나 의무만을 면하는 행위는 그러하지 아니하다'에서 제5조 제1항 제1문은 '본문'으로서 원칙규정이고, 제2문 '그러나' 이하 부분은 '단서'로서 예외규정으로 지칭한다.

1.2 실정법규범의 규범구조와 권리 · 의무

1.2.1 실정법규범의 법률요건 · 법률효과와 주관적 권리

실정법규범의 법률요건 · 법률효과에 근거하여 개인은 그 같은 법규범에 근거하는 주관적 권리를 갖는다. 실정법규범은 법률요건에 해당하는 사실이 존재하면 그에 대해서 법률효과가 귀속되는 법률관계를 규범구조로서 정한다. 법률요건의 사실에 귀속되는 법률효과는 인간에 대한 행위명령의 발생 · 변경 · 소멸 혹은 일반적 금지의 해제 등으로 나타난다. 강제규범인 실정법규범의 법률요건과 법률효과에 의하여, 법률은 일정 요건을 갖추면 일정 효과가 귀속될 수 있게 하고, 그 법률효과의 귀속자가 이를 구속력 있게 관철시킬 수 있는 청구를 할 수 있는 법적 힘*Rechtsmacht*인 권리를 갖는 것, 그것이 국가의 법에 대응하는 개인의 주관적 권리의 규범구조이다.

1.2.2 실정법규범의 청구력과 권리, 반사적 이익

실정법규범은 특정인에게 주관적 권리를 부여하고 또 다른 사람에게는 일정한 법적 의무를 지우는 권리 · 의무의 형태로 나타난다. 특정인이 권리자가 된다는 것은 그가 상대방의 의무의 이행을 관철시킬 수 있는 청구력을 갖는 지위에 이른다는 것이다. 그 같은 청구력을 갖지 못하는 경우에는 단지 유리한 지위에 있는 자에 그친다. 이때 그 유리한 지위에 있는 자가 타인의 의무로부터 받는 이익은, 법이 특정 개인에게 주관적 권리를 부여한 것이 아니라, 법규범이 일정한 이익을 향수할 수 있도록 객관적으로만 정하고 있기에 받는 반사적 이익에 그친다. 반사적 이익은 상대방에 법적 의무를 부과할 수 있는 청구력을 갖게 되는 주관적 권리가 아니다.

1.2.3 실정법규범의 강제력과 법 · 권리 - 국가 · 법의 표리성

실정법규범의 강제력에 의하여 법과 권리는 表裏性을 갖는다. 주관적 권리는 권리를 가진 사람을 위한 제1차적 행위규범, 그에 대한 법적 의무를 누군가에게 지우는 제2차적 실현규범, 권리를 가진 자는 사법기관에 대하여 누군가의 법적 의무를 실현시킬 의무를 지도록 하는 청구력 등을 나오게 한다. 이 같은 실정법규범의 법률관계에 따른 권리 · 의무의 발생은 일정요건이 구비되어야 법적 효과인 의무 내지 형벌을 발생시킨다는 조건율을 전제로 한다.[35] 민법에서는 권리, 권리주체, 권리객체 등의 개념이 법규범의 규범구조로부터 도출된다. 한편, 형법 등에서는 제1차적 행위규범 위반자에 대해서는 사법기관이 직접 형벌에 처하도록 하는 것이 제2차적 제재규범의 의미이다. 이때는 행위의 가벌성을 발생케 하는 법규범의 존재 자체가 중요시된다.

법률요건 · 법률효과의 일반법규범 '질서위반행위규제법'은 '행정기본법' 제정 이전에 행정상 법률관계에서 법률상 의무의 이행확보를 위한 법률요건과 법률효과를 정하는 일반법규범으로서 기능하였다. 즉 행정에 관한 의사를 결정하여 표시하는 국가 또는 지방자치단체의 기관, 그 밖의 법령 또는 자치법규에 따라 행정권한을 가지고 있거나 위임 또는 위탁받은 공공단체나 그 기관 또는 私人인 '행정청'과 질서위반행위를 한 자연인 또는 법인, 법인이 아닌 사단 또는 재단으로서 대표자 또는 관리인이 있는 것을 포함하는 당사자(제2조) 사이에서 과태료 부과 · 징수, 재판, 집행 등의 절차(제5조), 질서위반행위 법정주의(제6조), 14세가 되지 아니한 자의 질서위반행위는 과태료를 부과하지 아니하는 책임연령(제9조), 심신장애(제10조)(① 心神장애로 인하여 행위의 옳고 그름을 판단할 능력이 없거나 그 판단에 따른 행위를 할 능력이 없는 자의 질서위반행위는 과태료를 부과하지 아니한다. ② 심신장애로 인하여 능력이 미약한 자의 질서위반행위는 과태료를 감경한다. ③ 스스로 심신장애 상태를 일으켜 질서위반행위를 한 자에 대하여는 적용하지 아니한다), 법적용의 시간적 범위(제3조)(① 질서위반행위의 성립과 과태료 처분은 행위시의 법률에 따른다. ② 질서위반행위 후 법률이 변경되어 그 행위가 질서위반행위에 해당하지 아니하게 되거나 과태료가 변경되기 전의 법률보다 가볍게 된 때에는 법률에 특별한 규정이 없는 한 변경된 법률을 적용한다. ③ 행정청의 과태료 처분이나 법원의 과태료 재판이 확정된 후 법률이 변경되어 그 행위가 질서위반행위에 해당하지 아니하게 된 때에는 변경된 법률에 특별한 규정이 없는 한 과태료의 징수 또는 집행을 면제한다) 등을 규정하였다.

1.3 법의 강제규범성과 규범적 실현성

1.3.1 실정법규범의 강제성과 실현성

실정법의 규범적 실현성은 법이 현실에서 타당하게 존재할 수 있도록 하는 법의 강제규범성 즉 현실에서의 강제력에 의하여 이루어지는 실정법규범의 타당성이다. 칼 야스퍼스의 '軸의 시대'인 고전의 시기에, 실정법규범의 타당성은 고희랍 아테네의 로고스를 기반으로 하는 헬레니즘의 人本性 혹은 유일신적 범신론의 헤브라이즘의 神律性에 의탁하여서 이를 보았다.[36] 근대에 들어와, 예컨대 니체는 종교, 도덕, 체제, 규율 등에 구속받지 않는 개인의 자유로운 정신, 인간의 내면적 의지의 가능성을 관철시키는 것에서 구하였다. 법의 규범적 타당성은, 법이 규범 즉 당위*sollen*로서 갖는 현실에서의 실현가능성 즉 '그렇게 되어야 할 것이다' 하는 願望의 표시이지, '그렇다' 하는 존재적 양태, 현실에서 '반드시 그렇게 되어야 한다'의 필연적 양태라는 자연법칙이 아니다. 법규범의 실현성은 당위의 타당성 즉 실현되기를 원망하는 규범법칙이지 필연적 실현이라는 자연법칙이 아니다. 현실에서 반드시 실현되는 것이라면 굳이 법으로 규정할 필요가 없으며, 도저히 실현될 수 없는 규범 역시 실현성이 없어 법으로 규정할 수 있는 당위성을 갖지 못한다.

1.3.2 실정법규범의 실정성과 실효성

실정법규범의 실정성은 법규범의 규범적 효력 즉 규범력을 의미한다. 법의 규범력은 법이 현실에서 강제적 구속력을 지닐 때 실정법규범으로서의 실효성을 가지며, 이때 법질서에 의해서 이루어지는 법치국가적 안정성이 부여된다. 법이 규범적 효력을 지닌다, 규범력을 갖는다 함은, 규범이 그 내용대로 실현될 것이라는 기대가능성을 모든 구성원들에게 객관화하여 인지認知시킨다는 의미이다. 그런데 법이 갖는 실효성은 법이 규범으로서 갖는 내용이 현실에서 실현되어 사회생활준칙으로서 기능하게 되는 그 사실을 가리키기도 한다.[37] 법규범은 법적으로 조직된 절차를 통하여 실효성을 갖게 되고, 법원이 사실관계에 대하여 법규범을 고유하게 해석 · 적용 · 선언하는 판결로 실정법규범은 실효성을 갖는다. 법원의 판결은 법규범의 실효성을 담보하며, 법치국가적 신뢰보호의 원칙에 따라 장래에의 법규범 실현에의 선결례를 이루어 그 자체가 사실상의 구속력을 갖게도 된다. 법규범은 사실의 세계에서 실현될 수 있는 가능성을 가질 때 실효성을 갖는다. 법규범이 타당하다 하는 명제에 대하여, 법규범의 실효성은 타당성의 근거*reason*가 아니라 그 조건*condition*이며, 법규범은 실효적이기 때문에*because* 타당한 것이 아니라, 법질서 전체가 실효성을 갖는 경우에 타당하게 된다."[38] 즉 법효력의 근거는 당위규범성이라는 법의 본질에의 회귀인 것이다.

1.3.3 실정법규범의 강제적 당위규범성

법규범이 규범적 당위와 사실적 존재와의 관계에서 강제적 당위규범성을 갖는 규범으로서 실재한다는 것이 규범적 강제로서의 법이다. 존재에 상응하는 서술적 명제는 서술된 사안이 사실상 존재하거나 존재하였거나 존재할 것이라는 사실의 상태에 대한 인식이다. 반면, 당위에 상응하는 규정적 명제*prescription*는 법규정으로 명령된 행위가 실현될 가치가 있다 하는 규범의 상태이다. 이때 규범이 서술되어 행위로서 실현되는 것이 그 행위의 비실현에 우선한다는 우선원칙이 강제규범의 당위성이다. 강제적 당위규범성의 우선원칙은 개별적인 경우 실제로 그에 따라 행위를 하였는가에 관계치 않는 의사소통공동체의 선험성(Apriori der Kommunikationsgemeinschaft)을 갖는다. 그리하여, 민법상 채무자의 채무이행의무는 법원의 판결과 강제집행으로 실현될 수 있을 때 규범적 강제로서 이행시킬 수 있는 실정법규범의 강제적 당위규범성으로서 존재할 수 있게 된다. 형법상 살인행위의 금지는 형사제재의 절차인 검찰의 기소와 법원의 판결, 형집행기관의 집행 등으로 담보된다. 국가가 이들 법익을 처벌로써 보호할 능력을 가질 때 규범적 강제로서의 형법이 존재한다. 형벌의 사적 복수가 공적 복수로 변모하게 되는 것이다. 규범적 강제의 실효성은 국가의 강제절차에 의하여 실현될 수 있느냐 함에 달려있는 것이다.

실정법규범의 강제적 당위규범성 일본 도쿄 都의 어떤 지사가 정치자금, 공용차·해외출장비 등의 유용에 사회규범적 책임을 지고 자신의 월급여를 삭감하겠다는 사후처리안을 제시하다, 결국, 법 규정대로 사임을 하게 된다. 강제규범의 법 영역에서 법적 책임을 진 것이다. 버스나 지하철의 노약자 석 풍경에 대해서, 오래전, 한국이나 일본에서는 그 자리에 앉는 것을 '삼가십시오' 하는 사회규범의 영역으로 처리했는데, 당시 하와이에서 본 버스 노약자석에는 'This is the law'라 하는 표지에 의하여 이를 강제규범성에 맡겨 법의 존재 의의를 각성케 하였다. 한국헌법의 탄핵 역시 헌법규범이라는 법의 영역임에도 사법부, 검찰 특히 헌법재판소 등은 대통령 탄핵의 문제를 사실이나 사회규범의 영역에서의 정치적 판단으로 낭만적 국민의 격정적 결정과 다를 바 없이 하여 온 것으로 실정법규범의 강제적 당위규범성은 쇠퇴하고 헌법국가는 망실되었다.

[二] 법의 강제규범성과 실정법규범의 강제력

1. 실정법규범의 강제력과 민법·민사소송법

1.1 법의 강제규범성과 민법의 강제력 - 주관적 권리의 창설

법의 강제규범성은 법규범의 강제력을 실정법규범을 통하여 실현한다. 실정법규범의 강제규범성에 위배하는 행위에 대해서는 사법관계에서는 사법적 강제력인 제재制裁가 가해진다. 민법의 제1차 규범인 행위규범은 행위를 규율하므로 소유권을 정한 행위규범은 소유권의 규범영역인 상린관계와 청구력을 가지며 채권채무관계에서 채무자에게 채무이행의무를 부과하고 집행 책임을 부과한다. 제2차규범인 강제규범은 행위규범을 관철할 것을 사법기관에 명하여 이를 실현하는 규범이다. 소유권의 상린관계는 서로 인접하거나 이웃하는 부동산소유권 상호간에 이용을 조절하는 소유권의 내용이며, 민법(제216조~제244조)·공법(건축법, 국토의 계획 및 이용에 관한 법률 등) 등에서 규정한다. 상린관계에서 발생하는 상린권은 소유물방해제거청구권, 타인 소유의 토지의 이용에 관한 隣地사용청구권(제216조), 수도 등 시설권(제218조), 주위토지통행권(제219조~제220조) 등이다. 채권채무의 관계에서도 채권자는 의무이행의 소를 제기하여 채무자가 채무를 이행할 것을 명하도록 법원에 訴求한다. 채권자가 소를 제기하면, 사법기관은 채무자가 채무이행을 내용으로 하는 의무를 지고, 채권자는 채무이행을 강제하는 청구권을 주관적 권리로서 갖는다. 이와 같이 실정법규범의 행위규범성과 강제규범성은 그 실현을 위하여 司法的 강제력을 가지며 이는 개인에게 귀속되는 주관적 권리를 창설한다.

1.2 법의 강제규범성과 민법의 강제력 – 책임의 부과

사법상 법규범의 강제규범성은 이를 이행하여야 할 책임을 그 수범자에게 부과한다. *私法*으로서의 민법이라는 실정법규범에서 점유권 또는 소유권에 관련하는 법규정이나 법적 지위를 규율하는 법규정은 존재·사실의 관계를 서술하는 것이 아니라, 행위의 질서를 의무화하여 강제하는 실체적 규범요건들을 규정하는 것이다.[39] 예를 들어, 민법의 점유권(제2편 제2장 제192조~210조), 소유권(제2편 제3장 제211조~278조) 등 사법상 권리를 정한 법규정은 물건에 대한 사용·수익·처분권의 법률관계를 정함과 동시에 그 권리의 실현을 위하여 요구되는 사람의 행위를 명령하는 규범을 함께 정한 것이다. 따라서 물건의 점유자 내지 소유자는 당해규정에 의하여 자신의 물건을 적법하지 않게 점유 또는 소유하는 자에게 그에 대한 물건의 반환의무, 그 물건에 대한 침해예방·금지의 부작위의무, 손해배상의무 등을 법적으로 청구할 수 있다. 이것이 실정법규범의 강제력이다. 민법 제213조, 제214조의 소유권에 기한 물권적 청구권 및 민법 제750조 불법행위책임 및 제390조 채무불이행책임에 의하여 법률이 허용하지 않는 위법행위에 대해서 민법상 손해배상책임 등이 그 예이다.

민법에서의 강제력과 물권적 청구권, 불법행위 및 채무불이행에 대한 손해배상책임 물권적 청구권은 물권의 내용의 실현이 방해받는 경우에 갖는 물권의 일반적 효력이다. 물권적 청구권은 점유권이나 소유권에 기초하며 제한물권에 기하는 경우에는 소유권에 기한 것을 준용한다. 소유권에 기초한 물권적 청구권에는 소유물반환청구권, 소유물방해제거청구권, 소유물방해예방청구권 등이 있다. 소유물반환청구권은 소유자는 그 소유에 속한 물건을 점유한 자에 대하여 반환을 청구할 수 있는 권리다(제213조). 소유물방해제거청구권은 소유자는 소유권을 방해하는 자에 대하여 방해의 제거를 청구할 수 있고 소유권을 방해할 염려있는 행위를 하는 자에 대하여 그 예방이나 손해배상의 담보를 청구할 수 있는 권리다(제214조). 소유물방해예방청구권은 소유권을 장차 방해할 염려가 있는 행위에 대하여 그 방해를 일으킬 우려가 있는 원인을 제거하여 방해의 발생을 미리 막는 데 적절한 조치를 하는 것이다. 건축 공사를 하면서 이웃 건물의 붕괴를 막기 위해 축대를 쌓거나 손해배상의 담보를 하거나 하는 것이다. 채무불이행은 계약상 의무위반인 채무불이행에 책임을 지우는 것으로 채무의 존재를 전제로 이를 채무자가 이행하지 않는 경우의 규율인 점에서, 채권채무관계를 전제로 하지 않고 피해자가 입은 권리·법익을 피해 이전 상태로 회복시켜 주는 불법행위와 차이를 갖는다. 채무불이행책임은 채무자 자신이 고의나 과실이 없었음을 입증하여야 하나(제390조·제397조), 불법행위책임에서는 피해자가 가해자의 고의·과실을 입증하여야 한다(제750조). 불법행위책임과 채무불이행책임은 손해배상청구권을 발생케 하는 원인으로서 경합하는 경우도 있어 채무불이행에 관한 규정 일부(제393조·제394조·제396조·제399조 등)는 불법행위에 준용된다(제763조). 불법행위에는 민사의 손해배상책임과 동시에 형사책임도 발생한다. 민사책임과 형사책임은 분리되며 따라서 형사재판에서의 형벌 책임과 이에 따른 형 집행과 민사재판에서의 민사책임은 별개로 진행한다.

1.3 법의 강제규범성과 민사소송법·민사집행법의 강제력

민사소송의 절차 과정에서 민사집행법의 강제집행은 확정판결 등에서 확정된 원고의 권리실현을 확보하기 위한 제도이다. 강제집행을 실시하는 주체인 집행기관은 집행관, 집행법원, 수소법원이다. 강제집행의 실시는 당사자능력 등 민사소송에서 요구되는 소송요건, 강제집행에서 요구되는 집행요건인 집행권원, 집행문, 송달문 등이 구비되어야 한다. 집행권원은 실체법상 청구권의 존재, 범위를 표시하고 그 청구권에 집행력을 인정한 공증의 문서이다. 확정판결이 대표적이며 그 외에 가집행선고 있는 종국판결, 확정판결과 동일한 효력이 있는 조서, 외국판결에 대한 집행판결, 확정된 지급명령 및 집행증서 등이다. 집행문은 법원사무관과 공증인 등이 집행권원 정본 말미에 부가하는 공증문언으로서, 집행권원의 존재 및 그것이 강제집행에 적당하다는 것을 공증하는 것이다. 재판기관과 집행기관이 분리되어 있어 집행기관이 집행권원을 믿을 수 있도록 하기 위한 제도이다.

강제집행 강제집행에 있어서, 동산 집행 같이 사실행위가 필요한 집행에서는 원칙적으로 집행관이 실시하며(민사집행법 제2조), 주로 부동산집행이나 추심명령, 전부명령과 같이 법원의 판단이 필요한 집행조치를 하는 경우에는 집행이 실시되는 지역을 관할하는 지방법원이나 그 지원의 단독판사를 말하는 집행법원이 실시한다. 수소법원은 판결절차와 밀접한 관련이 있는 집행의 경우이다. 부동산에 대한 가압류의 집행은 가압류의 재판을 등기부에 기입하는 것이므로(제293조 제1항), 이때에는 등기관도 집행기관이 된다. 집행당사자로서, 강제집행을 신청하는 적극적 당사자가 채권자, 집행을 당하는 소극적 당사자가 채무자, 그 외의 이해관계인이 제3자이고, 채무자의 채무자는 제3채무자이다. 판결은 확정되어야 집행할 수 있지만, 가집행선고는 확정되지 않았더라도 일단 선고된 판결의 집행을 할 수 있도록 한다. 제213조(가집행의 선고) ① 재산권의 청구에 관한 판결은 가집행의 선고를 붙이지 아니할 상당한 이유가 없는 한 직권으로 담보를 제공하거나, 제공하지 아니하고 가집행을 할 수 있다는 것을 선고하여야 한다. 다만, 어음금·수표금 청구에 관한 판결에는 담보를 제공하게 하지 아니하고 가집행의 선고를 하여야 한다. ② 법원은 직권으로 또는 당사자의 신청에 따라 채권전액을 담보로 제공하고 가집행을 면제받을 수 있다는 것을 선고할 수 있다. ③ 제1항 및 제2항의 선고는 판결주문에 적어야 한다.

2. 실정법규범의 강제력과 형법·형사소송법

2.1 법의 강제규범성과 형법의 강제력 – 형벌책임

실정법규범에서도 형법이 갖는 강제력은 범죄에 대한 비난으로서의 형벌이다. 형벌은 입헌주의 헌법의 법치국가원칙인 죄형법정주의에 의하여, 아무리 비난받을 만한 행위라 하더라도 법제정기관인 입법부의 국회에 의하여 제정된 강제규범인 법률 즉 실정법이 이를 범죄로 규정하지 않으면 처벌할 수 없다 하는 강제규범이며, 나아가, 그 행위를 범죄로 규정한 법률이 정한 형벌 외의 어떠한 제재도 과할 수 없는 등으로 형벌권의 자의적 행사도 금지시킨다. 범죄에 대한 국가형벌권의 과벌로서의 형벌은 범죄에 대한 제재로서 그 본질은 법질서에 의해 부정적으로 평가된 행위에 대한 비난이다. 법질서가 부정적으로 평가한 결과가 발생하였어도 그러한 결과의 발생이 어느 누구의 잘못에 의한 것도 아니라면, 부정적 결과의 발생 이유만으로 누군가에게 형벌을 가할 수는 없다. '책임 없는 자에게 형벌을 부과할 수 없다'는 형벌에 관한 책임주의는 형사법의 기본원리로서, 헌법상 법치국가원리에 내재하며, 헌법 제10조의 규정 취지로부터 도출되는 원리이므로, 아무런 비난받을 만한 행위를 한 바 없는 자에 대한 강제력은 법적으로 비난가능성이 없는 자의 형사처벌이어서 책임주의에 반한다(헌재 2010.9.30. 2010헌가3등).

범죄와 형벌 입헌주의국가의 형벌 부과의 주체는 국가이다. 개인의 私刑은 부인된다. 현행범인에 대한 사인의 체포는 형사소송법 제212조에 따라서 사인이 국가기관의 권한을 대행하는 것이다. 조선에도 의율된 明律에 의하면 조부모, 부모, 夫, 주인을 살해한 자에 대래서는 원칙적으로 그 孫, 子, 妻, 하인의 복수의무가 있고, 이를 행하지 않고 화해하면 杖 100의 형벌을 받았다. 현행 형법상 형벌은 사형, 징역, 금고, 자격상실, 자격정지, 벌금, 구류, 과료, 몰수(제41조) 등에 한정된다(형벌이 박탈하는 법익에 따르면 생명형(사형), 자유형(징역, 금고, 구류), 재산형(벌금, 과료, 몰수), 명예형(자격상실, 자격정지) 등이다(징역은 노역을 과하나 금고는 노역 없는 수형이다. 벌금, 과료는 금전의 강제적 납부이며,과료는 경미한 범죄에 대한 소액 부과이고 과태료는 과료와 구별되는 행정상 제재이다).

2.2 법의 강제규범성과 형법의 강제력 – 형벌부과

형법의 형벌법규는 무엇이 범죄이고 어떠한 제재를 가할 것인가를 정한 규범이다. 형벌법규 역시 행위규범인 범죄에 관한 법규정과 강제규범인 형벌에 관한 법규정으로 구성된다. 이때 형법 각 조문이 규정한 범죄의 구성요건이 법률요건이다. 범죄는 구성요건에 해당하는 행위가 위법성이 있고 그에 대하여 책임성을 갖는 경우에 성립한다. 범죄에 대한 법률효과로서의 형벌은 범죄에 대하여 국가가 범죄의 행위를 행한 자에게 부과하는 형법상의 법적 효과이다. 형벌권의 근거는 사회계약에 있지만, 실정법체계에서의 국가의 형벌권은 형벌법규에 의하여 그에 근거하여 나온다. 형벌은 형법상 규정된 범죄에 대해서만 부과되는 형법상 효과인 것이다. 근대적 형법은 법과 도덕의 구별이라는 계몽주의 이념의 실현체이다. 반도덕적 행위로 인한 해악이라도 이를 처벌하는 법률이 없으면 어느 누구도 부도덕 때문에 범죄자가 될 수 없다는 것이다. 즉 '법률 없으면 형벌 없고 범죄 없으면 형벌 없으며 책임 없으면 형벌 없다.' 형사상의 범죄 없이도 국가적 제재가 가능한 행정법상의 징계벌, 집행벌 등의 공법상 강제는 특수신분관계의 행정법상 관계에 기인하는 의무의 위배에 대하여 부과되는 제재인 점에서, 일반권력관계에서의 형법상 범죄를 조건으로 부과되는 형벌과 구분되며, 또한 질서벌은 행정벌의 일종인 공법상 강제로서 과태료에 한하며 형법상 형벌인 과료와 구분된다. 나아가 형벌은 범죄인의 과거의 범죄행위에 대한 응보이고 보안처분은 범죄인의 장래에의 위험성에 대한 처분이다. 이와 같이 형벌의 부과는 특히 범죄행위에 대한 법의 강제규범성의 부과인 것이다.

2.3 법의 강제력과 형사소송법의 강제력

특히 형사소송의 재판 집행은 재판 확정 후(형사소송법 제459조) 재판의 의사표시의 내용을 강제력으로 실현하는 국가작용이다. 재판 집행은 유죄판결의 집행인 형 집행, 추징소송비용 등 부수처분 집행, 과태료보증금 몰수, 비용배상 등 제재의 집행, 강제처분을 위한 영장의 집행 등이다. 배상명령은 제1심 또는 제2심의 형사공판 절차에서 '소송촉진등에관한특례법' 제25조 제1항 제1호~제3호의 죄 중 어느 하나에 관하여 유죄판결을 선고할 경우, 법원이 직권에 의하여 또는 피해자나 그 상속인인 피해자의 신청에 의하여 피고사건의 범죄행위로 인하여 발생한 직접적인 물적 피해, 치료비 손해 및 위자료의 배상을 명할 수 있는, 형사소송에 부수하는 특수한 소송형태이다. 이 밖에 확정된 배상명령 또는 가집행선고가 있는 배상명령이 기재된 유죄판결서의 정본은 민사집행법에 따른 강제집행에 관하여서는 집행력 있는 민사판결 정본과 동일한 효력이 있다(제34조).

재판 집행 등 재판집행은 그 재판을 한 법원에 대응한 검찰청검사가 지휘한다(형사소송법 제460조). 형 집행은 사형, 자유형, 자격형, 재산형이다. 사형은 법무부장관의 명령으로 명령 후 5일 이내에 집행한다(제463조, 제466조). 자유형은 검사의 지휘로 교도소에 구치하여 집행한다. 형기는 판결확정일로부터 기산, 형기종료일에 석방한다. 미결구금일수산입은 법정통산(제482조 제1, 3항), 裁定통산(형법 제57조) 등이 있다. 집행정지는 필요적 집행정지(형소법 제470조), 임의적 집행정지(제471조) 등이다. 자격형은 수형자원부에 기재하고 그 등본을 본적지와 주거지에 송부한다(제476조). 재산형은 검사의 집행명령에 의하여 집행한다. 집행명령은 채무명의와 동일한 효력을 갖고 민사소송법의 집행에 관한 규정을 준용한다(제477조). 노역장유치의 집행은 형집행에 관한 규정을 준용한다(제492조). 부수처분은 몰수형의 처분 및 교부(제483조, 제484조), 압수물 처분(제485조, 제486조) 등에 의한다. 배상명령에서 형사피고사건의 피고인과 피해자 사이에 민사상 다툼(해당 피고사건과 관련된 피해에 관한 다툼을 포함하는 경우로 한정)에 관하여 합의한 경우, 피고인과 피해자는 그 피고사건이 계속 중인 제1심 또는 제2심 법원에 합의 사실을 공판조서에 기재하여 줄 것을 공동으로 신청할 수 있다(소송촉진등에관한특례법 제36조).

3. 실정법규범의 강제력과 행정법

3.1 법의 강제규범성과 행정행위의 구속력

행정행위가 성립요건과 효력발생요건을 갖추면 행정행위의 종류 및 법령규정 등에 따르는 효과가 발생한다. 사인의 법률행위가 아닌 공법상 법률행위 자체로서 갖는 구속력, 공정력, 구성요건적 효력, 불가쟁력·불가변력 등의 효력이 그것이다. 이 같은 효력은 행정법의 법으로서의 강제력을 담보한다. 특히 행정행위의 구속력에는 행정행위의 내용에 따른 법효과의 발생효인 실체법적 효력, 행정행위의 상대방·관계인 및 행정행위를 행한 행정청이 속하는 행정주체에 미치는 주관적 효력, 적법한 모든 행정행위의 효력상실시까지 존속하는 시간적 효력으로서 행정법의 법으로서의 강제력을 담보하는 행정행위 자체의 효력 등이 있다. 행정행위의 구속력은 행정법규의 법으로서의 강제규범성 내지 재판규범성과 달리 행정행위 그 자체의 효력이며, 또한 행정행위를 재판의 판결과 같은 국가행위로 보아, 행정행위에 따르지 않는 자에게 행정법상 제재를 과하는 制裁力, 행정행위로 부과된 의무불이행에 행정청이 자력으로 이를 실현할 수 있는 집행력 등과도 구별된다.

3.2 행정행위의 공정력

행정행위의 公定力은 행정행위가 법정요건을 갖추지 못하여 취소 등의 흠이 있어도, 무효가 아닌 한, 권한 있는 기관의 취소 때까지는 누구라도 그 구속력을 부인할 수 없는 효력이다. 사법상 법률행위에 대해서 그 적법성에 다툼이 있는 경우에 법원의 확정판결이 있으면 그 구속력을 부인할 수 없는바, 행정행위의 공정력은 이 같은 판결의 기판력 같은 효력이 아니라, 행정행위의 구속력을 잠정적으로 유효한 것으로 통용시키는 효력이다. 공정력의 실정법상 근거는 없으나, 행정행위가 처음부터 명백·중대한 하자가 있어 무효이면 공정력이 인정되지 않고, 행정행위의 위법여부는 취소쟁송으로만 다투며 그 취소로 효력이 소급하여 상실되므로, 위법한 행정행위의 취소심판·소송의 절차규정 및 자기확인설(행정기관 스스로 행위의 유효성 확인), 국가권위설(행정행위 자체를 국가 권위로서 준수), 豫先的 특권설(행정행위 취소전 구속력의 잠정적 사실상 통용), 행정정책설(행정 원할, 행정법관계 안정, 제3자 신뢰보호 등) 등을 논거로, 행정행위는 효력발생시부터 상실시까지 흠이 있음에도 잠정적으로 유효한 행정행위처럼 통용되는 절차법적 효력을 갖는 것으로 본다.[40)]

공정력과 소송절차 행정행위로 인하여 손해를 받은 자가 행정행위를 다투지 않고 바로 행정상 손해배상청구소송을 제기한 경우에 수소법원은 행정행위의 적법·위법을 심사하여 청구인용의 판결을 할 수 있다. 반면, 행정행위의 효력유무가 형사소송의 선결문제인 경우에는 행정행위가 당연무효가 아닌 한 형사소송에 공정력이 미치어 형사법원은 그 효력의 유무를 독자적으로 판단할 수 없지만, 행정행위의 위법유무가 형사소송의 선결문제인 경우에, 공정력은 행정소송 등에 관련하여 인정되는 절차법상의 효력으로서 잠정적 통용력이기에 적법절차에 따른 형벌 부과의 면에서는 적용되지 아니하는, 반면, 행정행위가 확정적으로 쟁송취소된 경우에 형사법원은 이에 구속된다(대법원 1999.2.5. 98도4239). 입국금지결정이라는 처분에 중대·명백한 하자가 없는 이상 제소기간 내에 불복하지 않아 공정력·불가쟁력이 발생하여 그에 구속되며, 그 결정에 따른 사증발급거부처분도 적법하게 되기에, 사증발급거부처분에 대한 취소소송에서 입국금지결정의 하자를 사증발급거부처분의 하자로 주장할 수 없다(대법원 2019.7.25. 2017두38874의 원심(=제1심)의 판시사항).

3.3 행정행위의 구성요건적 효력-불가쟁력·불가변력

행정행위의 구성요건적 효력은 행정행위는 무효가 아닌 한 그 처분청(행정행위가 다투어진 경우의 그 재결청 및 관할법원) 이외의 국가기관은 그 행정행위의 존재사실을 존중하여 자기의 판단의 기초 내지 구성요건으로 삼아야 하는 효력이다. 공정력은 행정행위가 위법함에도 그 성립시부터 취소시까지 구속력을 갖는 효력이며, 구성요건적 효력은 행정행위가 처분청 아닌 국가기관에도 구속력을 갖는 효력이다. 행정행위의 불가쟁력은 행정절차상 제소기간을 경과하거나 심급이 끝남으로써 행정행위의 상대방 기타 관계인측에서 더 이상 행정행위의 효력을 다툴 수 없게 하는 효력이다. 불가쟁력은 행정행위로 형성·변동된 법률관계를 행정행위의 상대방 등에 구속케 하는 형식적 확정력·존속력이므로, 행정청은 스스로 직권취소·철회를 할 수 있다. 수익적 행정행위에 따르는 취소·변경·철회권 제한은 불가쟁력이 아닌 취소권제한 또는 철회의 문제이다. 행정행위의 불가변력은 일단 행한 행정행위는 이를 행한 행정청 즉 처분청이 직권으로 취소·변경·철회할 수 없는 효력이다. 준사법적 절차를 거쳐 행하는 행정행위, 행정심판재결, 확인행위 등에 인정된다. 다만, 실질적 확정력은 행정행위가 일단 확정되면 행정행위에서의 판단은 이후 당사자 등 간 법률관계의 규율규준이 되어 당사자 등은 이에 모순·저촉되는 판단을 할 수 없는 효력으로서, 재판이 확정된 판결의 기판력에 유사한 효력이기에 행정행위에는 발생하지 않는다.

[三] 실정법규범의 강제력과 헌법

1. 헌법의 강제규범성과 기본권

1.1 헌법과 기본권의 강제규범성

1.1.1 헌법의 최고규범성

헌법은 국가의 규범이다. 헌법은 규범으로서 국가를 창설하고 사회가 형성되는 근간을 정하는 근본규범이다. 규범주의헌법은 성문헌법(형식적 의미의 헌법 Verfassungurkunde)을 정점으로 하는 규범체계의 총체로서 국민의 안전·자유·법치를 보장하는 최고규범이다. 특히 입헌주의헌법은 공동체의 국가통치와 사회질서를 민주공화국의 국체와 정체로 정함에 있어서 그 기초가 되는 기본규범이다. 헌법의 최고규범성은 헌법이 법규범으로서의 강제력인 강제규범성을 갖도록 하는 규범력이다. 최고규범성에는 헌법이 형식화된 성문헌법 즉 헌법전이라는 헌법의 형식이 실정법규범의 단계구조에서 최상위에 존재하는 규범으로서의 효력을 갖는다 하는 형식적 최고규범성과, 헌법이 그 규범 자체로서 당연히 귀속을 받는 최상위의 규범적 효력을 갖는다 하는 실질적 최고규범성이 있다. 헌법의 형식적 최고규범성은, 헌법은 규범으로서의 존재와 효력에서 헌법·법률·명령 등으로 이루어지는 규범의 계층·단계구조의 위계적 질서에서 최상위단계에 존재하는 규범성을 갖는다는 것이다. 즉 This constitution shall be the 'supreme law' of the land(미합중국헌법 제6조 제2항). 헌법의 실질적 최고규범성은 헌법을 정점으로 하는 규범체계에서 국가의 모든 규범질서가 통일적 가치체계로서 정돈되도록 하는 시원적 규범질서로서 국가에서의 모든 권력작용에 대한 정당화 규범으로서의 성격이다. 헌법은 국민의 근본결단인 헌법제정권력에서 나온 시원적 규범질서로서의 법규범이기에, 헌법을 헌법제정권력자의 근본결단인 '절대적 헌법' 즉 헌법*Verfassung*과 부수결단인 '상대적 헌법' 즉 헌법률*Verfassungsgesetz*을 구분하면(카를 슈미트 C.Schmitt), 절대적 헌법인 헌법*Verfassung*은 근본결단이 투영된 규범으로서 실질적 최고성을 갖는다. 헌법이 실질적 최고규범성을 갖는다 하더라도, 헌정현실에서는 헌법이 법률 등의 실정법규범에 비하여 갖는 추상성·미완성성·역사적 이념성 등의 특성에 의하여 개별국가적 적합성을 갖는다.

1.1.2 헌법의 강제규범성과 인권으로서의 기본권

기본권은 천부적 인권이다. 헌법 제10조 제2문, '국가는 개인이 가지는 불가침의 기본적 인권을 확인하고 이를 보장할 의무를 진다' 함의 기본권은 근대국민국가 입헌주의헌법의 자연법적 자유의 천부인권 관념을 전제로 한다. 기본권은 인간의 자연법적 자유, 인간의 生來的나면서부터 고유성·영속성·보편성을 지니는 초월적 자연의 자유를 권리장전에서 전국가적 천부天賦 '人權'으로 선언하여 헌법규범으로서 존재한다. 人權은 한 나라의 주권을 초월한 보편성을 갖는 공동체가치의 헌법정신이며,[41] 기본권은 인권의 관념으로 성립하는 헌법적 관념이다. 특히 사람이 나면서부터 생래적으로 지니는 천부의 인권*human rights*을 속성으로 하는 자연권적 기본권 관념이 그러하다. 기본권은 인간의 天賦的 자연의 자유인 기본적 인권(헌법 제10조 제2문 '기본적 인권' 등)을 국가·사회공동체에서 향유할 수 있도록 법적 자유[42]·공적 자유[43] 등으로 실현하며, 현대입헌주의헌법에서는 공동체의 사회경제적 약자의 사회권적 기본권의 인권성을 실현하는 역사성을 갖는다. 헌법이 보장하는 기본권(헌재 2007.5.31. 2005헌마1139)은 헌법상 보장되는 권리로서 국민 개개인이 개인적 즉 주관적으로 국가에 대해서 갖는 개인적 공권의 속성을 갖는다. 권리는 개인이 일정 이익을 향유할 수 있는 법적 힘으로서 공동체에서 형성되어 공동체를 유지하므로 그 속성은 '신의'에 있어(민법 제1편 총칙 제1장 통칙 제1조(法源) 참조), 사람은 생존한 동안 권리와 의무의 주체로서(제3조) 권리 행사와 의무 이행을 신의에 좇아 성실히 하여야 하고 남용하지 못하며(민법 제2조), 기본권 역시 이를 향유하는 국민이 신의성실원칙에 따라 행사하여야 하며 남용하지 못한다는 개인적 권리의 속성을 갖는 헌법상 권리이다(헌법 제2장 '국민의 권리', 헌법재판소법 제68조 제1항 '헌법상 보장된 기본권', 인신보호법 제1조 「헌법」이 보장하고 있는 국민의 기본권'). 헌법상 보장되는 자유와 권리(제37조 제1항)가 기본권이므로 법률상 보장되는 권리는 '헌법상 보장되는 반사적 이익'에 그친다. 즉 기본권이 아니다. 기본권은 국민개개인이 주관적으로 국가에 대하여 인권의 헌법적 보장을 요구할 수 있는 공법상의 권리인 공권이다. 국민개개인 상호간의 권리 즉 사인의 사인에 대한 권리인 사권이 아니다.

1.1.3 국민 개개인의 주관적 공권 및 공동체의 객관적 법질서로서의 기본권

기본권은 국민 개개인 즉 개인의 국가에 대한 부작위·작위청구권을 헌법상 권리로서 보장하는 주관적 공권이다. 개인이 갖는 권리인 점에서 '주관적'이고, 국가에 대하여 주장하여 청구할 수 있는 권리이기에 '공권'이며, 헌법에 근거하는 권리인 점에서 '헌법상' 권리이다. 국가에 대한 부작위청구권이 자유권적 기본권이며 작위청구권이 사회권적 기본권이다. 개인의 주관적 공권인 기본권은 국민 개개인이 갖는 사인의 권리로서(광업법 제64조의 대한민국 국민 즉 대한민국의 법률에 따라 설립된 법인을 포함한다. 이하 '私人'이라 한다. 교육기본법 제11조의 私人, 국가를당사자로하는소송에관한법률 제2조의2의 私人 등), 개인의 기본권이 자유권적 기본권이면 국가로부터의 개인의 자유의 침해 배제를 청구할 수 있는 권리 즉 국가에 대해서 나의 권리를 침해하지 말아 달라 하는 부작위를 청구하는 성격의 권리이다. 사회권적 기본권의 경우에는 사회경제적 약자의 인간다운 생존의 보호를 국가에 대해서 요구하는 권리 즉 공동체의 국가 영역에 들어오는 사인이 국가에 대하여 일정한 급부를 청구할 수 있는 작위청구권의 성격을 갖는 권리이다. 기본권은 헌법상 권리이다. 권리는 일정 이익을 향유할 수 있는 법적 힘이고 權利法力論, 헌법상 권리는 이를 향유할 수 있는 헌법적 힘을 갖는 권리이다. 그러므로 개인의 국가에 대한 주관적 청구권이 법률상 권리, 반사적 이익 등의 보장에 그치면 헌법상 권리인 기본권이 되지 아니한다. 즉 법제도가 그 향유를 위한 법적 힘을 수반하지 못하고 단지 이익만 부여하면 그 주체는 법적 권리에 이르지 못하는 반사적 이익만 향유한다. 헌법상 반사적 이익은 헌법적 권리에 이르지 못한 법률상 권리·이익으로서 법률의 규범 형식에 의해서 폐지·변경될 수 있는 기득권이지 기본권이 아니다. 헌법적 권리에 이르지 못한 법률상 권리·이익, 사실상의 경제적 불이익, 간접적 이익 등의 반사적 이익은 기본권이 아니다. 기본권이 국민 개개인의 국가에 대한 주관적 공권이라 함은 특히 사법 방법론에 따른 의의이다. 기본권은 '헌법'이라는 국가기본규범이며 공동체최고규범이라는 공법 방법론의 관점에서 공동체에서의 국가 권력의 형성·존속 및 정당성을 판단하는 규범적 기준인 헌법적 원칙으로서 기능하도록 하는 것이 공동체의 객관적 법질서 내지 가치질서로서의 기본권이다. 기본권은 사회공동체가 정치적 일원체로 통합되는 과정을 이끄는 실질적 계기를 이루는 문화적 가치이며, 국가적 통합을 이끄는 생활 형식으로서의 헌법을 정당화·실질화 하는 의제가 된다. 기본권이라는 헌법질서에 합치되는 때에만 국가권력은 존재할 수 있고 정당성을 갖게 되는 점에서 기본권은 공동체의 원칙규범으로서의 국헌적 기능을 갖는다. 인간의 존엄과 가치·행복추구권은 국가권력의 존재근거이며, 평등권은 그 행사원칙이고, 자유권적 기본권은 권력의 한계규범이며, 사회권적 기본권은 형성규범이 된다(헌재 1994.2.24. 93헌마192). 공동체의 객관적 법질서로서의 기본권은 국가정통성과 헌법정체성의 가치질서인 자유민주주의와 시장경제질서 및 입헌법치주의의 헌법이념·원리 등과 같이, 헌법의 구성부분을 이루는 규범적 가치질서로서의 성격을 갖지만(헌재 1996.12.26. 96헌가18) 다만, 주관적 공권인 기본권이 개인에 권리를 부여하는 수권규범인 것과 달리, 예컨대 적법절차원칙이나 권력분립주의 등의 헌법원리는 개인에 주관적 권리를 부여하는 것이 아니며(헌재 2004.12.16. 2002헌마579), 개인에 대해서 주관적 공권을 부여하는 성격은 갖지 못한다.

1.2 기본권의 유형

1.2.1 자연권적 기본권과 실정권적 기본권

자연권적 기본권은 사람이 나면서부터 생래적으로 지니는 천부의 인권*human rights*을 속성으로 하는 인간의 전국가적 자유를 국가가 법적 자유, 공적 자유로서 확인하여 규범적으로 선언한 기본권이다. 자유권적 기본권의 실체인 인권은 연혁상 시민의 자연법적 자유를 절대군주로부터 쟁취하여 향유하는 역사적 항쟁성의 성격을 지닌다. 국가로부터 개인의 자유를 지킨다는 방어적 성격의 인권을 역사성으로 갖는 것이다. 자유권적 기본권이 실정헌법에서 기본권목록으로 규정된다 해도, 이는 국가에 의하여 확인되는 것이지, 국가의 규범창설행위에 의하여 비로소 기본권으로 되는 것이 아니다. 국가의 기본권 확인 및 보장의무(헌법 제10조), 자유와 권리는 헌법에 열거되지 아니하여도 경시되지 아니하는 것(제37조 제1항), 기본권의 본질적 내용의 침해금지(제2항) 등은 기본권의 자연권성을 주의적으로 확인하여 선언하는 규정의 의미를 갖는다. 실정권적 기본권은 국민의 자유는 국가의 헌법에 규정되어야 비로소 국민의 권리인 법적 자유로 되는 실정권이라는 기본권론이다. 독일의 옐리네크*G.Jellinek*의 입장이다. 켈젠*H.Kelsen*의 실정권론은 기본권은 헌법에 규정되어도 법률로 실현되지 않는 한 반사적 이익에 그친다. 자연권적 기본권론은 기본권은 자연적 자유이고 헌법 제10조, 제37조 제1 · 2항은 이를 헌법적으로 확인한 규정이라 한다. 실정권적 기본권론은 기본권은 헌법에 의하여 비로소 인정되는 권리이기에, 이들 헌법규정은 국가가 기본권을 자연권으로서 헌법에 규정하여 비로소 기본권의 자연권성을 인정하는 창설적 권한규정이라 한다. 자연권적 기본권론에 의할 때, 절대적 기본권은 국가 · 사회공동체에서 어떠한 경우에도 제한되지 않는 기본권 또는 헌법에 의해서만 제한할 수 있고 법률로는 제한할 수 없는 기본권이다. 반면에, 상대적 기본권은 법률에 의해서 제한될 수 있는 기본권이다(민법에서 절대적 권리는 권리자가 그의 권리를 모든 자에게 주장할 수 있는 권리이고 상대적 권리는 일부의 자에 대해서만 주장할 수 있는 권리로서, 기본권의 절대성 내지 상대성 개념과 다르다). 헌법 제37조 제2항은 '국민의 모든 자유와 권리는 … 법률로써 제한할 수 있으며,…', '… 자유와 권리의 본질적 내용은 침해할 수 없다' 하므로 본질적 내용의 범위 내의 기본권은 절대적 기본권 유형으로 볼 수 있지만, 헌법에서 기본권을 직접적으로 제한하는 규정을 두거나 또는 기본권의 내재적 한계를 인정하면, '공동체에서 어떠한 경우에도 제한되지 않는다' 하는 의미의 절대적 기본권은 인정되지 않는다.

1.2.2 자유권적 기본권과 사회권적 기본권

자유권적 기본권은 국민의 인간으로서 갖는 천부적 권리가 국가의 침해 · 방해로부터 방어되어*freedom from* 시민적 자유로 향유되는 소극적 성격의 부작위기본권이다. 사회권적 기본권(헌재 2009.2.26. 2007헌바27)은 사회 · 경제적 약자의 인간다운 생활 등을 위한 사회국가적 급부 · 배려를 국가에 요구하여*freedom to* 제도적 자유로서 향유되는 적극적 성격의 작위기본권이다(헌재 1999.4.29. 97헌마333). 근대국민국가 입헌주의헌법의 기본권은 자유권적 기본권으로서, 국민의 공적 자유를 국가의 방해 없이 향유하는 소극적 부작위의 권리다. 이에 대하여 현대사회복지국가 입헌주의헌법의 기본권은 사회권적 기본권으로서, 국민의 사회적 자유를 국가의 적극적 급부로 향유할 수 있도록 국가에 대해서 적극적으로 청구할 수 있는 작위청구권의 권리다. 자유권적 기본권은 시민적 법치국가의 자유를 시민법적 정의로서 국민개개인의 평등을 전제로 각자에게 그의 정당한 몫을 주는 등가等價의 가치로 보장한다. 사회권적 기본권은 사회적 법치국가의 가치인 평등을 사회적 정의로서 실현하여 사회경제적 약자에 대하여 특히 이를 보호하는 의미의 박애博愛의 가치로 실현한다. 자유권적 기본권은 개인의 권리로서의 성격 외에 공동체의 객관적 법질서의 구성요소로서의 헌법적 성격을 지니면서, 국가·사회의 헌법질서를 형성하는 기능을 갖는다. 반면, 사회권적 기본권은 개인에 주관적으로 부여되는 권리에 그친다. 그 자체가 헌법질서 형성의 기능이 있기보다는 오히려 일정한 헌법질서의 실현을 위해서 국가에 의한 사회·경제적 법률의 제정이 요구되는 기본권이기 때문이다. 자유권적 기본권은 헌법질서 형성 기능을 위하여 사법일반규정을 통하여 기본권의 가치질서를 사인간에도 적용하여 사인간 효력을 인정한다. 사회권적 기본권은 국가적 급부를 헌법상 책무로서 요구하는 개인의 주관적 공권에 그친다. 즉 법률적 원인 없이 사인의 다른 사인에 대한 급부청구를 일반적으로 요구하는 사권의 성격 내지 사인간 효력의 헌법상 책무는 인정하기 어렵다. 기본권제한의 일반적 법률유보 조항(제37조 제2항)은 자유권적 기본권에는 권리제한적 법률유보인 반면, 사회권적 기본권에는 기본권 형성적·구체화적 법률유보이다. 기본권이면 자유권이든 사회권이든 국민이 국가에 일정행위를 청구하여 헌법상 책무를 부과함으로써 헌법적 구속력을 갖는 헌법상 권리이다. 사회권적 기본권이라도 그 헌법적 청구권의 구체적 형성·실현을 위한 국회의 입법재량의 폭이 자유권적 기본권에 비하여 넓을 뿐, 반사적 이익이나 법률상 권리는 아니다. 사회권적 기본권의 헌법적 청구권은 헌법규정을 근거로 성립하여, 입법권은 물론 모든 공권력에 대하여 효력을 갖는다. 다만, 입법자가 이를 법규범으로 규정할 때 행정적·사법적 집행이 구체화 될 뿐이며, 이에 반하는 공권력 역시 헌법소원 등의 헌법재판에 의하여 무효가 된다. 추상적 권리설은, 사회권적 기본권은 선언적·강령적 프로그램규정이 아니라 입법에 대한 헌법적 청구권을 지니는 헌법상 권리이고, 그 실현은 이를 제정할 헌법적 책무를 지는 의회의 법률에 의해서 가능하며, 법률에 의하여 행정·사법에 대한 법적 청구권이 발현된다 한다. 불완전한 구체적 권리설은, 사회권적 기본권은 입법은 물론 행정·사법 등 모든 국가권력에 대해서 헌법적 청구권을 갖는다 한다. 그 점에서 추상적 권리설과 다르지만, 그 내용과 현실적 행사는 국회의 법률이 정하는 광범한 입법형성권에 맡긴다는 유사점이 있다.

1.2.3 절차권적 기본권 - 청구권적 기본권 · 참정권적 기본권

절차권적 기본권(또는 절차적 기본권 헌재 2009.7.30. 2008헌바162)은 기본권 특히 예컨대 자유권적 기본권 내지 사회권적 기본권 등의 실현을 위하여 국가에 대하여 국무행위의 청구 절차를 규정하는 기본권이다. 청구권적 기본권(청원권, 재판을 받을 권리, 국가배상청구권, 형사보상청구권, 범죄피해자구조청구권, 손실보상청구권 등. 헌재 2015.4.30. 2013헌바395), 국정·정치참여의 국무행위를 청구하여 그 절차를 정하는 기본권실현을 위한 기본권인 절차권적 기본권이다. 참정기본권(선거권, 공무담임권, 국민투표권) 등이 그것이다. 형사보상청구권, 범죄피해자구조청구권은 인신적 기본권과 손실보상청구권에서, 국가배상청구권은 재산권보장에서, 청원권은 국회에서, 재판을 받을 권리는 법원의 장 등에서 관련된다. 참정권적 기본권인 선거권, 공무담임권은 선거제도, 국민투표권은 국민투표제도(제1편, 제3장, 제1절, Ⅲ.) 등에서 당해 기본권에 가장 밀접한 영역으로서 규정되어서 실현된다.

절차권적 기본권 청구권적 기본권으로서 헌법 제2장은 **청원권**(제26조 제1항 모든 국민은 법률이 정하는 바에 의하여 국가기관에 문서로 청원할 권리를 가진다), **재판을 받을 권리**(제27조 제1항 모든 국민은 헌법과 법률이 정한 법관에 의하여 법률에 의한 재판을 받을 권리를 가진다), **형사보상청구권**(제28조 형사피의자 또는 형사피고인으로서 구금되었던 자가 법률이 정하는 불기소처분을 받거나 무죄판결을 받은 때에는 법률이 정하는 바에 의하여 국가에 정당한 보상을 청구할 수 있다), **국가배상청구권**(제29조 제1항 1문 공무원의 직무상 불법행위로 손해를 받은 국민은 법률이 정하는 바에 의하여 국가 또는 공공단체에 정당한 배상을 청구할 수 있다) **등의 전형적인 청구권적 기본권 외에, 범죄피해자구조청구권**(제30조 타인의 범죄행위로 인하여 생명·신체에 대한 피해를 받은 국민은 법률이 정하는 바에 의하여 국가로부터 구조를 받을 수 있다), **손실보상청구권**(제23조 제3항 공공필요에 의한 재산권의 수용·사용 또는 제한 및 그에 대한 보상은 법률로써 하되 정당한 보상을 지급하여야 한다) 등을 규정하고 있다. 또한 **참정권적 기본권**에는 **선거권**(제24조, 모든 국민은 법률이 정하는 바에 의하여 선거권을 가진다), **공무담임권**(제25조, 모든 국민은 법률이 정하는 바에 의하여 공무담임권을 가진다), **국민투표권**(제72조 대통령은 필요하다고 인정할 때에는 외교·국방·통일 기타 국가안위에 관한 중요정책을 국민투표에 붙일 수 있다. 제130조 제2항 헌법개정안은 국회가 의결한 후 30일이내에 국민투표에 붙여 국회의원선거권자 과반수의 투표와 투표자 과반수의 찬성을 얻어야 한다) 등이 규정되어 있다.

헌법 제2장에서 열거한 기본권목록은 일반권적 기본권(인간의 존엄과 가치, 행복추구권, 평등권), 자유권적 기본권(人身的, 정신적, 표현적, 사생활적, 사회경제적 자유권), 사회권적 기본권(인간다운 생활을 할 권리(생존권), 교육기본권, 근로기본권(근로의 권리, 근로3권), 환경권, 가족·보건기본권), 절차권적 기본권인 청구권적 기본권(청원권, 재판을 받을 권리, 국가배상청구권, 손실보상청구권, 형사보상청구권, 범죄피해자구조청구권)·참정권적 기본권(선거권, 공무담임권, 국민투표권 등) 등이다. 기본권의 개방성은 성문헌법에 열거된 독자적 기본권목록은 최소한이며, 시간과 공간의 열림으로 새로운 기본권을 헌법상 권리로 창설한다는 의미다. 기본권의 개방성은 '국민의 자유와 권리는 헌법에 열거되지 아니한 이유로 경시되지 아니 한다' 하는 헌법 제37조 제1항, 인간의 존엄과 가치·행복추구권을 규정한 제10조 등을 근거로 하여 인정되는 기본권목록의 확장이다. 헌법에 독자적으로 열거된 기본권이라도 그 실체는 인권이며, 인권은 인간이기에 생래적으로 가지는 천부자연권인 자유·생명·재산·압제에 대한 저항·행복추구 등을 중심으로 이미 성립한 것이기에, 이 같은 인권이 헌법에 명시되지 아니하였다 하여 기본권이 될 수 없는 것은 아니라는 것이다.

1.3 기본권의 대국가적 효력

1.3.1 기본권의 국가권력 기속력

기본권의 규범영역은 기본권이 적용되어 효력이 미치고 제한되는 범위를 말한다. 기본권은 국가에 대한 개인의 주관적 공권인 헌법상 권리이기에 국가권력을 구속하는 효력을 갖는다. 또한 기본권은 공동체의 객관적 법질서의 헌법구성적 기능에 의한 국가질서 형성으로 국가권력구속력을 강화하는 효력을 갖는다. 기본권이 갖는 객관적 법질서의 성격은 공법·사법질서를 포함하는 법질서의 구성요소가 되어 사법질서인 사인간 법률관계에도 사법 일반조항을 통하여 그 효력을 미친다. 이를 통하여 기본권의 규범영역이 공동체의 전체 질서에 미치게 된다.

기본권 규범영역 법률조항이 보상금증감의 소에서 당사자적격을 규정하고 있을 뿐 정당한 손실보상금에 대한 증명책임을 토지소유자인 원고에게 부담하도록 규정하는 것은 아니기에, 보상금증감소송에서 증명책임의 분배는 재산권의 보호영역에 해당하지 않는다(헌재 2013.9.26. 2012헌바23). 이 사건 법률조항이 직업의 자유를 침해하고 소급입법을 통해 참정권을 침해한다고 주장하나, 이는 국민의 알 권리를 확대하고자 한 것일 뿐 공직에 출마하려는 자의 입후보 자체를 제한하거나 당선기회를 봉쇄하고 있지 아니하므로, 참정권이나 직업의 자유의 제한과 직접 관련이 없다(헌재 2013.12.26. 2013헌마385). 유죄의 확정판결로 인한 당선무효, 선거권 및 피선거권 제한, 공직취임금지는 다른 법조항들이 적용된 결과이므로 공무담임권과 선거권을 제한한다 볼 수 없고, 부조제공금지나 정치적 연합형성의 어려움 등도 심판대상조항 때문에 발생하는 법률효과라 보기 어려우므로 일반적 행동자유권이나 행복추구권을 제한한다 보기 어렵고, 후보를 사퇴하지 못하게 하거나 그 외 자유선거원칙과 관련된 내용에 대하여는 전혀 규정하지 않으므로 자유선거원칙 중 후보자의 사퇴의 자유를 침해한다 볼 수도 없다(헌재 2014.5.29. 2012헌바383).

기본권의 규범영역에 따라서 '국가는 개인이 가지는 불가침의 기본적 인권을 확인하고 이를 보장할 의무를 진다'(헌법 제10조2문. 독일기본법 제1조 제3항 '이하의 기본권은 직접 효력을 가지는 법으로서 입법·행정·사법을 구속한다'). 그러므로 국가권력은 그 행사에 있어서 기본권적 한계를 지니게 된다(제37조 제2항). 따라서 이를 침해하는 공권력은 위헌심사(제107조 제1항, 제111조 제1호) 내지 헌법소원(제111조 제1항 제5호) 등의 헌법재판에 의해서 통제된다. 그리하여, 국민은 국가의 권력적·비권력적 활동의 통치객체에서 헌법상 기본권주체인 지위에 서게 된다. 기본권은 공동체의 규범적 법질서인 점에서 공동체가치의 규범적 표현인 헌법을 만들고 고치는 헌법제정권력 및 헌법개정권력을 기속하는 권력구속효를 갖는다. 일반권적 기본권(인간의 존엄과 가치, 행복추구권, 평등권), 자유권적 기본권, 사회권적 기본권 등의 기본권이 입법권 · 행정권 · 사법권 같은 일반권력관계에서의 공권력을 구속하는 것이 그것이다. 기본권은 과거의 특별권력관계가 아닌 오늘날의 특수신분관계에 대해서도 그 효력을 미친다. 기본권의 국가권력 구속효에 의하여, 기본권에 위배되는 법률에 대한 위헌심사 및 헌법이나 법률에 위배되는 명령 · 규칙 · 처분 등에 대한 위헌위법명령 · 규칙심사 등이 공권력을 통제하게 된다.

1.3.2 기본권의 규범영역과 국고작용 · 사법관계 기속력

기본권의 규범영역과 국고작용에 대해서, 국가가 사법私法의 형식으로 행정목적을 직접 수행하는 행정사법私法의 국고國庫작용은 국가의 사법私法적 행위로서 헌법소원의 심판대상에서는 제외되지만(헌법재판소법 제68조 제1항), 기본권은 공동체의 법질서로서 사법일반조항을 통하여 사법관계에서도 적용되므로, 기본권의 국고작용에 대한 기속력이 부인되는 것은 아니다. 기본권은 사법권도 기속한다. 재판의 절차 · 내용이 기본권에 합치되지 않으면 헌법소원의 심판대상이 된다. 헌법재판소법은 재판의 헌법소원을 부인하나(제68조 제1항), 다만 법원이 헌법재판소가 위헌으로 결정하여 그 효력을 전부 또는 일부 상실하거나 위헌으로 확인된 법률을 적용함으로써 국민의 기본권을 침해한 경우에도 법원의 재판에 대한 헌법소원이 허용되지 않는 것으로 해석하는 한도 내에서 헌법에 위반되므로(헌재 1997.12.24. 96헌마172등), 헌법재판소가 위헌으로 결정한 법령을 적용하게 되어 기본권을 침해한 재판의 한도에서 기본권은 사법권을 기속한다. 국가비상시 대통령이 발하는 국가긴급권도(제76조 · 제77조) 긴급재정경제명령 내지 긴급명령은 법률의 효력을 가지고(제76조 제1 · 2항) 계엄권 역시 법률이 정하는 바에 의하여 선포되므로(제77조 제1항) 입법권의 기본권기속과 같은 이유로 기속된다.

> **기본권의 국고작용 · 사법관계 기속력** 국가가 국고작용으로 인한 사경제주체로서 수행하는 민사소송에서는 일반국민과 동등하게 다루어져야 한다(헌재 1994.2.24. 91헌가3). 국유재산(행정재산(공용재산 · 공공용재산 · 기업용재산) · 보존재산 · 잡종재산)에서 잡종재산은 사적 거래의 대상이 되므로 국유재산 시효취득을 금지한 법을 잡종재산에 적용은 사인간 사적 거래에 합리적 이유 없이 국가를 우대함으로써 평등권을 침해하는 위헌이며(헌재 1991.5.13. 89헌가97; 헌재 1992.10.1. 92헌가6등), 이는 지방재정법상 공유재산 중 잡종재산에도 타당하고, 공공용지의취득및손실보상에관한특례법에 의한 토지 등의 협의취득은 사법상 매매계약과 다를 바 없고(확립된 판례 대법원 1984.5.29. 83누635), 그 협의취득에 따르는 보상금지급행위도 사법상 행위이며(헌재 1992.11.12. 90헌마160), 폐천부지교환행위(확립된 판례 대법원 1988.5.10. 87누1219) 내지 폐천부지교환의무 불이행(헌재 1996.10.4. 95헌마34) 등은 공법상 행정처분이 아니라 사경제주체로서 행하는 사법상 법률행위인 점에서 헌법소원의 심판대상이 되는 공권력 행사라 볼 수 없다고 한다. 그렇지만 법형식에서는 私法上 매매계약의 형태를 취하나…토지 등의 소유자로서는 협의에 불응하면 바로 수용을 당하게 된다는 심리적 강박감으로 인하여 실제로는 그 의사에 반하여 협의에 응하는 경우가 많기 때문에, 법의 실질로는 공법적 기능을 수행하고 있다 할 것이며, 국민의 재산권보장이라는 헌법이념에서 문제를 보아야 하는 사안에서는 위 협의취득은 이를 헌법 제23조 제3항 소정의 재산권의 수용과 동일한 것으로 보아 다루는 것이 보다 현실을 직시하여 공권력이 사법상 법률행위의 형식을 빌림으로써 헌법의 기본권 보장기능을 열약화 또는 형해화하는 등 여러 가지 반위법적 사례가 생기는 것을 막을 수 있는 건전한 헌법해석이라 할 것이다(헌재 1994.2.24. 92헌가15등).

1.3.3 기본권의 국가권력에 대한 청구권성

기본권은 국민 개개인의 국가에 대한 권리인 대국가적 방어권이다. 일반권적 기본권인 인간의 존엄과 가치 · 행복추구권(제10조 1문) · 법앞에 평등(제11조 제1항, 제36조 등) 및 자유권적 기본권(제12조~제23조, 제28조~제30조) 등은 국가권력에 대한 직접구속효 즉 직접적인 청구권성을 갖는다. 사회권적 기본권(제31조~제36조) 역시 헌법상 권리로서 국가권력 기속효인 청구권성을 갖는다. 사회권적 기본권에서도 인간다운 생활을 할 권리(제34조 제1 · 2항) 등의 성격을 추상적 권리로 보면 이는 입법자에 대해서 사회권적 기본권을 실현하여야 할 법률 제정의 헌법적 책무를 입법자에 부여하여 입법권을 직접구속할 뿐, 행정부에 대한 이행청구나 법원에의 사법적 청구가 직접 가능한 청구권성을 지니는 것은 아니어서, 모든 국가권력에 대한 직접구속력은 없다. 사회권을 불완전한 구체적 권리로 보면 모든 국가권력을 구속하나, 입법부작위에 대한 헌법소원의 심판청구 외의 행정적 이행청구나 사법적 소구訴求는 법률에 규정되어야 비로소 그 청구권성이 현실화되는 점에서 헌법에 기한 직접청구권성은 부인된다. 사회권을 주관적 권리가 아닌 원칙규정으로 보면 일응의 잠정적 권리로서 입법권 외에는 직접구속력이 부인된다. 참정권적 기본권(제24조~ 제25조) · 청구권적 기본권(제26조~ 제30조)은 본래 국가권력에 대한 권리규범이므로, 입법권 · 행정권 · 사법권을 직접기속하여 직접적 청구권성이 인정된다.

2. 국가의 기본권보장의무

2.1 국가의 기본권보장의무의 의의

국가의 기본권보장의무는 '국가는 개인이 가지는 불가침의 기본적 인권을 확인하고 이를 보장할 의무를 진다(헌법 제10조 제2문) 하는 국가의무로서, 국가권력은 기본권을 침해하여서는 아니 된다는 소극적 침해금지의무 및 기본권실현을 위한 적극적 보장의무이다. 국가의 기본권보장의무에 의해서 대한민국헌법은 근대입헌주의헌법이고 대한민국은 근대국민국가가 된다. 국가의 기본권보장의무는 헌법 제10조 제2문, 전문(우리들과 우리들의 자손의 안전과 자유와 행복을 영원히 확보할 것을 다짐), 제11조 제1항 제1문(모든 국민의 법 앞에 평등), 제12조 제1항, 제29조 제1항, 제30조 및 제37조 제1항(국민의 자유와 권리는 헌법에 열거되지 아니한 이유로 경시되지 아니한다) 등을 근거로 한다.

국가의 기본권보장의무 재외국민보호의무(제2조 제2항), 외국인지위보장의무(제6조 제2항), 제12조 제1항 2문(누구든지 법률에 의하지 아니하고는 체포 · 구속 · 압수 · 수색 또는 심문을 받지 아니하며 법률과 적법한 절차에 의하지 아니하고는 처벌 · 보안처분 또는 강제노역을 받지 아니한다), 저작자 · 발명가 · 과학기술자와 예술가의 권리보호(제22조 제2항), 재산권에 대한 정당한 보상을 법률로 정할 의무(제23조 제3항), 청원심사의무(제26조 제2항), 형사피해자의 당해사건의 재판절차에서의 진술권(제27조 제5항), 제29조 제1항(공무원의 직무상 불법행위로 손해를 받은 국민은 법률이 정하는 바에 의하여 국가 또는 공공단체에 정당한 배상을 청구할 수 있다. 이 경우 공무원 자신의 책임은 면제되지 아니한다), 제30조(타인의 범죄행위로 인하여 생명 · 신체에 대한 피해를 받은 국민은 법률이 정하는 바에 의하여 국가로부터 구조를 받을 수 있다), 평생교육진흥의무(제31조 제5항), 최저임금제시행의무(제32조 제1항), 근로조건의 기준을 인간의 존엄성을 보장하도록 법률로 정할 의무(제3항), 노인과 청소년의 복지향상을 위한 정책실시의무(제34조 제4항), 신체장애자 및 질병 · 노령 등으로 생활능력이 없는 국민의 보호의무(제5항), 환경보전노력의무(제35조 제1항), 주택개발정책등을 통한 쾌적한 주거생활노력의무(제3항), 혼인과 가족생활에서 개인의 존엄과 양성의 평등을 보장할 의무(제36조 제1항), 모성보호노력의무(제3항), 국민보건보호의무(제3항) 등이다.

2.2 국가의 기본권보장의무의 실현

국가의 기본권보장의무 특히 국민의 생명 · 신체 · 안전의 보호의무는 국회의 입법정책적 판단의 입법재량으로 제정되는 법률규정과 그에 따른 정부의 집행행위로 구체화된다. 국민의 생명이 박탈되거나 훼손된 경우에 형법, 형사소송법 등 관련 법률규정에 의하여 수사권 · 소추권 · 재판권 및 형벌권을 발동하여 그 가해자를 처벌하고 민법, 국가배상법, 소송촉진등에관한특례법 등 관련 법률규정에 의하여 훼손된 명예를 회복시키거나 그 관련 손해에 대한 전보 등이 이루어지게 된다(헌재 2003.6.26. 2000헌마509). 국가가 적극적으로 국민의 기본권을 보장하기 위한 제반조치를 취할 의무를 부담하는 경우, 그 보호의 정도가 국민이 바라는 이상적 수준에 미치지 못한다 하여 언제나 헌법에 위반되는 것은 아니다. 국가의 기본권보호의무 이행은 입법자의 입법을 통하여 비로소 구체화되는 것이고, 국가의 보호의무를 어떻게 어느 정도로 이행할 것인지는 입법자가 제반사정을 고려하여 입법정책적으로 판단하여야 하는 입법재량의 범위에 속한다(헌재 2008.7.31. 2004헌바81).

국가의 기본권보장의무 국민의 기본권 및 국가의 재외국민 보호의무(헌법 제14조 제1항 '모든 국민은 거주 · 이전의 자유를 가진다.', 제2조 제2항 '국가는 법률이 정하는 바에 의하여 재외국민을 보호할 의무를 진다.')는 재외국민이 그가 체류하는 지역에서 부당한 대우를 받거나 불법적 침해를 받지 않도록 보호할 의무를 국가에 부여하기에, 특정 해외 위난지역으로 출국하고자 할 경우 여권 사용을 제한하거나 방문 · 체류 금지 등의 조치를 취한 외교통상부 고시는 거주 · 이전의 자유 등 기본권도 국민의 생명, 신체 및 재산의 보호라는 공익을 위하여 일정 정도 제한을 가할 수 있기에 합헌이다(헌재 2008.6.26. 2007헌마1366). 검사의 불기소처분에 대한 헌법소원심판은 범죄피해자에 대한 국가의 기본권보장의무에 의거한 것이기에(헌재 1989.4.17. 88헌마3), 수사미진으로 인한 기소유예처분은 국가의 기본권보장의무 위반이다(헌재 2000.10.25. 2000헌마405).

국가의 기본권보장의무와 법률의 적용 국민의 생명이 타인의 침해로 박탈 · 훼손된 경우의 국가의 기본권보장은 형법 · 형사소송법 등의 수사권, 소추권, 재판권, 형벌권을 발동하여 가해자를 처벌하고 민법 · 국가배상법 · 소송촉진등에관한특례법 등에 의하여 훼손된 명예를 회복시키거나 관련 손해전보 등으로 이루어지며(헌재 2003.6.26. 2000헌마509, 2001헌마305), (전시 · 사변 · 쿠데타 등 국가비상시기 등에 공무원들이 국가기관의 공권력을 이용하여 조직적으로 저지른 불법행위의 피해자가 국가에 대하여 適時에 배상청구권을 행사하는 것을 기대할 수 없는 경우일지라도, 민법 등 관련규정이나 실무상 소멸시효 기산점을 늦추거나 소멸시효주장에 신의성실원칙을 적용하여 배척하는 등으로 소멸시효제도로 인한 불합리한 결과를 최소화하려는 법해석이 가능하며, 법원의 판결을 통하여도 이러한 법해석에 기초하여 구체적 타당성을 보완하려는 시도가 이루어지고 있어), 이 사건 법률조항들을 국가가 국가공권력을 악용하여 국민을 고문하고 이를 통하여 사유재산권을 박탈하는 등 반인도적 범죄행위를 함으로써 직접적으로 피해를 입은 국민의 국가에 대한 손해배상청구권에도 적용하는 것은, 헌법에 위반되지 않는다(헌재 2008.11.27. 2004헌바54).

2.3 국가의 기본권보장의무와 과소보호금지원칙

2.3.1 국가의 기본권보장의무와 과소보호금지원칙의 의의

국가의 기본권보장의무의 헌법규정이 국가에 대해서 원칙적으로 바로 특정조치를 취해야 할 또는 특정법률을 제정해야 할 구체적 국가의무를 나오게 하는 것은 아니다. 국민은 기본권보장의무를 지는 국가가 입법에 의한 법익보호를 위한 적절하고 효율적인 최소한 보호조치를 취할 것을 요구할 수 있을 뿐이다. 이것이 과소보호금지원칙이다. 국가가 국민의 기본권보호의무를 다하지 않았는지 여부를 헌법재판소가 심사할 때에는 국가가 이를 보호하기 위하여 적어도 적절하고 효율적인 최소한의 보호조치를 취하였는가 하는 이른바 '과소보호금지 원칙'의 위반여부를 기준으로 삼아야 한다(헌재 2019.12.27. 2018헌마730). 과소보호금지원칙은 권력분립원칙에 따른 각 권력행사기관의 자율성을 전제로 성립하기에, 최소한 보호조치를 하였는가의 판단은 국회의 입법재량사항이지만, 국가가 특정조치를 취해야만 당해 법익을 효율적으로 보호할 수 있는 유일한 수단일 경우 입법자의 입법형성권은 국가의 구체적 보장의무로 축소된다. 그 점에서, 과소보호금지원칙 위배여부의 판단기준은 이보다 더 엄격해야 하며, 그렇지 않으면, 공동체의 모든 문제 결정이 헌법재판소에 맡겨지는 결과가 되어 권력분립의 기능질서에 반한다(헌재 1997.1.16. 90헌마110등).

과소보호금지원칙 과소보호금지는 독일연방헌법재판소 제2차낙태결정(BVerfGE 88,203(254) 1993.5.28.)에서 과잉금지원칙과 구별되어 원용한 원칙이다(C.W.Canaris, Grundrechte und Privatrecht, Berlin 1999.). 우리도 입법자의 입법부작위나 불완전한 입법에 의한 기본권보장의무 위반여부의 판단기준을 정하는 과정에서 처음으로 인정하였다(헌재 1997.1.16. 90헌마110등). 형벌의 일반예방의 관점에서 형법은 국가의 기본권보장의무를 구체화시킨 법규범이며 국민의 형법에의 복종의무는 국가권력에 대한 수인의무가 된다(헌재 1990.9.3. 89헌가95). 따라서 형벌은 국가가 취할 수 있는 유효적절한 수많은 수단 중 하나일 뿐 일정 과실범에 형벌권을 행사할 수 없는 법망 틈새의 존재한다 하여 그것이 곧 국가의 기본권보호의무 위반을 의미하지는 않는다(헌재 1997.1.16. 90헌마110등).

2.3.2 국가의 기본권보장의무의 현저한 소홀과 과잉금지원칙

입법자가 기본권보호의무를 최대한 실현하여야 한다는 이상적 기준이 헌법재판소가 위헌여부를 판단하는 심사기준이 될 수는 없다. 헌법재판소는 권력분립의 관점에서 '과소보호금지원칙', 즉 국가가 국민의 기본권 보호를 위하여 적어도 적절하고 효율적인 최소한의 보호조치를 취했는가를 기준으로 심사하게 된다. 따라서 기본권의 최소한 보호를 주장하는 자에게 입법자가 아무런 보호조치를 취하지 않았다든지 명백하게 전적으로 부적합하거나 불충분한 경우라고 판단될 때에만, 즉 기본권

보장의무의 현저한 소홀이 있는 경우에만, 이 원칙을 침해하여 국가가 기본권보장의무를 위반한 것으로 된다(헌재 2008.7.31. 2004헌바81; 1989.4.17. 88헌마3 참조). 헌법재판소는 국가의 기본권보장의무의 현저한 소홀에 대해서, 헌법으로 확보된 기본권이 그 하위법규로 인하여 잃기 쉽게 된다면 입법과정에서 국가의 기본권보장의무를 현저히 소홀히 하는 것이며(헌재 1996.11.28. 96헌가15), 이때 국가가 기본권보장의무 이행의 유일한 수단인 특정 조치를 취하지 않으면 국가의 기본권보장의무 위반을 확인할 수 있다(헌재 1997.1.16. 90헌마110등).

기본권보장의무의 현저한 소홀 국가의 국민의 생명·신체의 안전보호의무는 입법자의 책임범위에 속하므로, 헌법재판소는 제한적으로만 입법자 또는 그로부터 위임받은 집행자의 보호의무이행을 심사할 수 있다. 과소보호금지원칙 위반여부를 기준으로 안전보호조치가 필요한 상황인데도 국가가 아무런 보호조치를 취하지 않았든지 전적으로 부적합하거나 매우 불충분한 것임이 명백한 경우에 한하여 국가의 보호의무위반을 확인하여야 한다(헌재 2008.12.26. 2008헌마419). 그 점에서 유치실차폐시설이 불충분한 화장실 사용행위 등은 보호의무 위반이나(헌재 2001.7.19. 2000헌마546), 원전건설을 내용으로 하는 전원개발사업 실시계획에 대한 승인권한의 장관에 부여함이 국민의 생명·신체의 안전에 관한 국가의 기본권 보호의무를 위반하였다고 볼 수 없으며(헌재 2016.10.27. 2015헌바358), 종래 별개의 절차에서 개별적으로 진행되던 주민 등의 의견청취절차와 주민의견수렴절차를 동시에 진행하도록 규정하더라도 국가의 기본권보호의무 위반은 아니다(헌재 2016.12.29. 2015헌바280). 또한 민법 제762조에 의한 태아의 손해배상청구권이 민법 제3조의 취지를 고려하여 살아서 출생한 태아에게만 인정되는 것으로 해석하더라도 태아 생명권의 보호라는 국가의 기본권보호의무를 위반한 것으로 볼 수 없다(헌재 2008.7.31. 2004헌바81).

과소보호금지원칙 수뢰액에 따른 단계적 가중처벌(헌재 1995.4.20. 93헌바40), 총포등 군용물절취행위에 총포등이 아닌 군용물이나 일반물건 절취행위보다 특히 중한 형벌(헌재 1995.10.26. 92헌바45), 학원설립 등록의무 부과 위배시 법정형(헌재 2001.2.22. 99헌바93), 위생·쾌적한 시설에서 가축서식에 필요한 효율적 조치로 소비자인 국민의 생명·신체의 안전에 관한 기본권을 보호할 구체적인 헌법적 의무기준을 정하도록 하는 것(헌재 2015.9.24. 2013헌마384) 등은 과소보호금지원칙 위반이 아니다. 담배사업법은 담배성분표시, 경고문구표시, 담배광고제한 등 규제들을 통하여 직접흡연으로부터 국민의 생명·신체의 안전을 보호하려고 노력하므로 국민의 생명·신체 안전에 대한 국가의 보호의무에 관한 과소보호금지 원칙을 위반하였다 볼 수는 없다(헌재 2015.4.30. 2012헌마38). 입법자는 형법과 모자보건법 등 관련 규정들을 통하여 태아의 생명에 대한 직접적 침해위험을 규범적으로 충분히 방지하고 있으므로, 이 사건 법률조항들이 태아가 사산한 경우에 한해서 태아 자신에게 불법적인 생명침해로 인한 손해배상청구권을 인정하지 않고 있다고 하여 단지 그 이유만으로 입법자가 태아의 생명보호를 위해 국가에게 요구되는 최소한의 보호조치마저 취하지 않은 것이라 비난할 수는 없다(헌재 2008.7.31. 2004헌바81).

2.3.3 국가의 기본권보장의무에 있어서 과소보호금지원칙과 과잉금지원칙

국가의 기본권보장의무에 있어서의 과소보호금지원칙은 기본권제한에 있어서의 과잉금지원칙과 구분된다. 과잉금지원칙은 헌법 제37조 제2항 기본권제한의 필요성원칙에서 특히 피해의 최소성 원칙을 의미한다. 즉 기본권을 적극적으로 보장하는 입법자가 아니라 기본권을 제한하는 입법자에 대한 방어권적 권리가 과잉금지원칙이다. 국가의 기본권보장의무에 따라 국가의 권력은 국민의 기본권에 기속되어 행사되면서도, 또한 과잉금지원칙에 따라 국가권력의 작용의 정당성이 인정될 때에라야 국민은 국가권력에 대해서 수인의무를 진다.

3. 기본권의 대사인적 효력

3.1 기본권의 대사인적 효력의 의의

기본권은 주관적 공권 즉 국민개개인의 대국가적 권리로서 국가권력을 직접 구속하는 효력을 지닌다. 기본권은 또한 객관적 법질서인 성격에서 사인간 법률관계에 효력을 미쳐 국민상호간에 적용되는 대사인적 효력을 갖는다. 토지·건물 소유자가 그 용도대로의 사용을 사인에게 방해받는 경우에 기본권인 환경권에 기하여 그의 방해제거·예방 청구를 하는 것(대법원 1995.9.15. 95다23378; 1999.7.27. 98다47528. 사찰 6m 이격거리, 높이 87.5m 19층 빌딩 건축에 사찰환경이익 침해로 16층~19층 공사를 금지시킨 대법원 1997.7.22. 96다56153), 언론의 보도로 명예가 훼손된 개인의 언론사에 대한 불법행위소송에서 기본권이 침해된 자와 언론사 간의 인격권(제10조) 對 언론의 자유(제21조)의 충돌 형량, 사립대학교가 학교법 인정관에 기독교를 건학이념으로 정하고 학칙에서 기독교채플을 필수이수학점 졸업요건으로 하여

학사학위를 취득 못한 학생이 정관·학칙을 민법 제103조 사회상규위배의 무효라 할 때, 사립학교의 종교교육의 자유 對 학생의 종교선택권 충돌의 기본권 가치판단(대법원 1998.11.10. 96다37268) 등이 그 예이다.

3.2 기본권의 사인간 법률관계에의 간접적용

기본권은 국가에 대한 국민개개인의 주관적 공권이므로 사법상 법률관계에는 사권이 적용되지 공권인 기본권은 적용되지 못한다. 한국헌법은 기본권의 사인간 적용을 명시한 규정이 없다. 제21조 제4항은 사인간 기본권침해를 예정할 뿐 사법관계 법원法源으로 직접적용되는 효력규정은 아니다. 그러므로 기본권이 사법관계에 효력을 미치려면 이를 헌법에 명시하든지 또는 법률로 정하여야 하지만, 모든 기본권에 대한 입법에는 한계가 있다. 기본권을 사인간 법률관계에 적용키 위하여, 기본권을 주관적 사권이라 하면서 이를 사법관계에 적용케 하는 직접효력설은 공·사법 이원적 법질서체계를 교란시키기에, 받아들이기 어렵다. 따라서 주관적 공권인 기본권이 사인간에 직접 적용되지는 않으며, 사법관계에 기본권의 효력을 미치려 해도, 이에 직접적용되는 것은 민법 제2조 신의성실·권리남용금지, 제103조 공서양속, 제104조 공정성 등 민사의 法源이다(대법원 2001.9.20. 2001다8677). 기본권의 사법관계에의 해석·적용의 헌법논리는 헌법의 기본권적 가치가 민사의 법원에 원용되어 구속력을 미치게 하는 간접적용론이다. 기본권의 객관적 법질서의 성격에서 나오는 방사효·파급효가 사법일반조항이나 공서양속원리 등에 투영되어 사법관계에 적용된다는 것이다. 이로써 사적 자치는 유지되면서 기본권적 가치는 실현된다. 그러므로 국가권력에만 적용되고 효력을 미치는 사법司法절차상 기본권인 죄형법정주의(제12조), 형벌불소급원칙(제13조), 소급입법에 의한 참정권제한과 재산권박탈금지(제13조 제2항), 재판을 받을 권리(제27조), 형사보상청구권(제28조), 청원권(제26조), 국가배상청구권(제29조), 범죄피해자구조청구권(제30조), 참정권(선거권·공무담임권·국민투표권) 등은 사인간 법률관계에서는 적용되지 아니한다. 또한 국가적 급부에 의해서 국민에 대하여 실현되는 사회권적 기본권 역시 사인간에는 적용될 수 없다.

기본권의 사인간 적용 규범 독일 바이마르헌법에서는 선량한 풍속에 반하는 법률행위는 무효이며*제42조 제3항*. 사인간에 언론출판*제118조 제1항*, 근로자단결권*제159조* 등이 적용된다 하였지만, 현재 Portugal 1975년헌법 제18조 제1항이 유일하다. 미국 민권법*Civil Rights Act*은 미합중국수정헌법 제14조 법아래의 평등을 실현한다. 사인간 법률관계에 모든 기본권이 적용되는 절대적 직접적용, 헌법에서 사인간 법률관계에 기본권효력을 인정하는 명문규정이 있거나 성질상 가능한 기본권에만 인정되는 한정적 직접적용이 있다. 한국의 남녀고용평등법, 근로기준법상 남녀차별대우금지(제5조), 근로시간중 선거권행사보장(제9조) 등이 있다.

민법 제2조 제2항과 기본권의 사법관계에 대한 적용의 헌법논리 민법상 '권리의 남용'이란 권리의 행사가 외관상으로는 적법하게 보이지만 실질에 있어서는 권리의 공공성·사회성에 반하거나 권리 본래의 사회적 목적을 벗어난 것이어서 정당한 권리행사로 볼 수 없는 것이며, 법원은 "권리의 행사가 주관적으로 오직 상대방에게 고통을 주고 손해를 입히려는 데 있을 뿐 이를 행사하는 사람에게는 아무런 이익이 없고, 객관적으로 사회질서에 위반된다고 볼 수 있으면, 그 권리의 행사는 권리남용으로서 허용되지 아니한다"(대법원 2010.2.25. 2008다73809; 2011.4.28. 2011다12163) 판시하여 권리남용에 해당하는 범위를 합리적으로 제한하고 있어, 그 적용범위가 지나치게 광범위하다고 볼 수 없어 헌법상 명확성원칙에 위배되었다 볼 수 없다. 또한 '재산권의 행사는 공공복리에 적합하도록 하여야 한다' 하는 재산권의 사회적 기속성 선언을 보다 구체화한 헌법 제23조 제2항, 권리남용금지 규정은 일반조항에 해당하므로 구체적 사건을 개별 법조항에 의해 적정하게 해결할 수 없는 경우에 한하여 적용되는 점, 법원의 판례를 통한 적용범위의 제한 해석 등을 고려할 때 민법 제2조 제2항은 헌법상 재산권을 침해하였다 볼 수 없다(헌재 2013.5.30. 2012헌바335).

3.3 기본권의 직접적용과 국가행위론

기본권의 사인간 법률관계에의 적용에 대한 헌법논리로서 미국의 연방대법원 판례로서 형성된 국가행위론이 있다. 이는 미합중국수정헌법의 법 앞의 평등보호(제14조) 및 적법절차(제5조·제14조) 조항을 근거로 하면서, 사인간의 사법적 법률관계의 일방 당사자를 국가로 보고(looks-alike) 그렇게 의제된 국가

(looks-like government)와 다른 당사자인 사인간 법률관계를 국가-국민간 공법관계로 보아서, 기본권의 주관적 공권인 대국가적 효력은 유지하면서, 사법관계에 직접적용되도록 하는 논리이다. 이에는 국가로 의제되는 경우로 행정적 집행기능(governmental function)을 행하는 사인(정당 사립 대학 등), 사인간 법률관계에서 司法的 판결집행을 받는 사인(judicial enforcement), 일정조건의 국유재산 임차 사인(state-property), 국가로부터 재정적 원조, 토지수용권, 조세면제 등 국가원조를 받는 사인(state assistance), 국가로부터 특권·권한을 부여받거나(grant of special privileges or powers) 규제를 받는 사인(governmental regulation) 등이 있다. 이 같은 경우에의 해당여부의 결정권은 법관의 재량에 달려 있다.

looks - like government, 국가행위론과 미국 대통령선거 국가행위론의 판례로서 흑인에 대해서 부동산매매를 금지한 주민간 합의가 재판상의 사법적 판결집행으로 이행되는 것이라 하여 그 일반 당사자의 행위를 국가행위로 인정한 경우(Shelly v. Kraemer, 334 U.S. 1 (1948)), 국유재산을 임차한 사인에게는 공중에 공개되어 그 사용에 제공된 시설의 운영 등에 투입된 국가자금에 대한 국가의 실질적 통제의 경우(Turner v. City of Memphis, Tenn. 369 U.S. 350 (1962)), 국가의 규제를 받는 경우(Public Utilities Commission v. Pollak, 343 U.S. 451 (1952)), 국가원조를 받는 시영버스회사 등 공익사업체(Steel v. Louisville and Nashville Railroad Co., 323 U.S. 192 (1944)) 등이 그러하다. 국가행위론에 관련하여 미국 대통령은 국민의 직접투표로 선출하는 대통령선거인으로 구성된 대통령선거인단에 의하여 선출된다는 점에서, 헌법규정상 간접선거로 선출되며, 각 정당은 대통령선거인 후보자를 primary(예비선거), caucus(당원집회)에서 선출한다. 예비선거는 당원만 아니라 일반유권자도 참여한다. 미연방대법원은 정당이 내규로 흑인을 예비선거에서 제외하자 예비선거도 주정부가 실시하는 선거의 한 부분이기에 정부집행기능을 지닌다 하여 위헌이라 하였다(Smith v. Allwright, 321 U.S. 649 (1944); Marsh v. Alabama, 326 U.S. 501 (1946); Terry v. Adams, 345 U.S. 461 (1953)).

Ⅱ. 법의 實效규범성

[一] 법의 실효규범성의 의의

1. 법의 실효규범성과 강제적 당위규범성

법규범은 존재한다는 사실만으로 당위규범으로서의 정당한 실현이 이루어져 법이 그 속성으로 갖는 사회생활규범으로서의 그 기능을 다하는 것이 아니다. 법규범의 당위규범성 역시 그 속에 내재하는 강제규범성의 실현과정을 거치지 않으면 그 실효實效규범성을 갖추지 못한다. 법의 실효규범성은 법규범이 법치주의의 현실에서 실현력을 가짐으로써 이루어지는 법관념이다. 즉 법의 강제규범성은 국가의 강제절차에 의하여 현실화될 때 규범력이 발현되어 실정법체계로서 존재할 수 있게 된다는 법치주의적 법관념이 법의 실효규범성이다. 법의 실효규범성은 법규범이 사회적 사실로서 현실에서 존재한다는 의미에서의 사실적 기능이지만 그 근저에는 강제규범으로서의 법규범의 타당성이 내재하여 있다. 법규범의 타당성은 국가의 법실현의 절차인 강제절차를 통하여 확인되어 법실현을 담보하고 법치주의의 지표가 된다 하겠다.

법의 실효규범성과 법실현의 법치주의적 지표 증여(민법 제554조), 사용대차(제609조) 등은 무상급부가 강제규범으로서 인정되는 법률관계임에 대하여, 이른바 '호의관계는 무상급부의 강제성을 인정받지 못하는 반사적 이익의 법률관계로서, 무상의 급부자에 급부의 법적 의무가 없으며, 호의적 행위를 무상으로 행한다 하여, 그 호의를 받는 상대방이 급부청구권이라는 강제규범성에 기한 권리를 갖는 것도 아닌 경우이다. 호의계약인지의 여부는 정형적으로 정해진 것은 아니며, 사안의 구체적인 경우에 관계된 당사자들의 의사, 사실관계에 대한 관행적 해석 등을 종합적으로 판단한다. 예컨대 "최대 노력하겠다"는 문구를 삽입한 약정서의 법률관계에는 강제규범적 의무를 인정하기 어렵기에 이는 호의관계에 해당한다. 다만, 호의관계에 수반하여 손해가 발생한 경우 이를 누가 부담할 것인가는 강제규범성이 부과되는 법률관계의 문제가 된다(대법원 1994.3.25. 93다32668).[44] 국가권력이건 사인에 의해서건 생명 침해 책임의 귀속주체는 살인죄로 처벌되며(형법 제250조), 자기생명처분권이나 자기살해촉탁권 등은 일반적 행동자유의 규범영역에 속하지 않기에 생명권침해로 승낙살인죄나 자살방조죄에 해당하는(제252조), 반면, 자살한 생명주체는 일반적 행동의 자유의 규범영역에 속하여 법적 규율에서 탈락하고 도덕적 질책만 귀속된다. 형법상 상습절도의 형을 기본범죄에 정한 형의 2분의 1까지의 가중이 일률적이 아닌 上限 개념이고(법관은 구체적 사실관계와 범행을 기초로 행위태양, 피해정도 등을 고려하여 죄질에 따라 행위에 상응하는 책임을 물을 수 있으며), 하한은 정해져 있지 않아 피해가 작고 사안이 경미하다면 집행유예선고도 가능하며, (형벌에 관한 입법재량・형성의 자유를 현저히 일탈한)형사상 책임과 형벌의 비례원칙에 위반되지 않는다(헌재 2016.10.27. 2016헌바31). 반면 경제범죄로 인한 피해 즉 재산범죄로 얻은 이득액은 법익침해라는 결과불법의 핵심요소이고 이를 기준으로 한 단계적 가중처벌은 수긍할 만한 합리적 이유가 있어 책임과 형벌간 비례원칙에 반하지 않는다(헌재 2016.3.31. 2016헌바25; 2015.3.26. 2012헌바297).

2. 법의 실효규범성과 국가적 사법실현

법의 강제규범성은 자연법칙 같은 필연율이 아니라 그렇게 이행될 것이라는 고도의 개연성을 갖는다. 강제규범인 제2차적 규범은 사법기관 등에 의하여 행위규범인 제1차적 규범의 실효성을 이행시켜 주도록 의무화한다. 근대국민국가의 법은 입헌주의헌법을 전제로 국가의 강제력에 의하여 피규범자에 구속력을 지니는 강제규범성을 갖는다. 하지만, 국가의 최고규범인 헌법의 규범력의 실현 즉 헌법규범의 강제규범성의 실현력은 공권력적 강제를 행사하는 국가기관이 그 최종적 실현자가 아니라, 헌법제정자인 국민이 헌법규범을 지키겠다는 '헌법에의 의지'에 달려 있다. 법은 사회생활규범으로서 국가의 강제력에 의하여 보장, 승인되는 강제규범이지만, 법의 실효규범성의 최종적 담보는 국민의 법실현에 의하여 존재하게 된다 할 것이다. 법의 실효규범성은 법이 사회생활의 현실세계에서 법규범이 갖는 당위규범으로서의 성격이 실정법체계에서 규정한 바와 같이 이행되어야 한다는 법치주의의 요청이기도 하다. 법치주의에 의한 법형성은 강제규범으로서의 법이 현실에서의 관철가능성을 실현시키는 과정에서 이루어진다. 법치주의라 하는 것은 예컨대 법실현과정에서의 해석이나 법흠결의 보충 등에 의하다든지[45] 또는 '우리 사회의 특수성을 고려하여 명예훼손적 표현을 규제하고 인격권을 보호해야 할 필요성은 매우 크다' 하는 것처럼(헌재 2016.2.25. 2013헌바105), 법의 실효규범성이 특정 공동체의 현실에서 이루어지는 때에 비로소 법과 사법체계는 법치국가적 신뢰성을 주는 법규범 원칙이 된다. 그때 비로소 법치주의는 한 나라의 헌법이념으로서 존재할 수 있다.

법치주의와 사법체계의 신뢰성 로마인들은 스스로 정의를 실현하려 하지 않고 법원에 해결을 소구했다. 보복·복수에의 의존은 중세에는 흔했지만 로마에서는 알려지지 않았다. 법과 사법체계에 의한 절차적 정의에의 신뢰가 있었기 때문이었다. 그것이 팍스 로마나의 실체를 이루었다['카파 에 스파다' *Cappa E Spada* 즉 '성, 귀부인, 기사와 궁정 사랑의 시대'로 상징되는 폭력적인 중세에 비하면 로마 사회는 일상적인 삶에서 보다 시민적이고 평화적이며 민주적이었다].[46] 모두에게 동일하게 적용되지 않는다면 누군가에는 특권을 부여하는 것이 된다. 이것이 법치주의의 핵심이다[영화 Clear and Present Danger(긴급명령)1994) 대통령의 친구가 피살되면서 그의 명의로 $650million이 입금되자, 대통령은 Colombian Cali 마약 카르텔 보스 Ernesto Escobedo 제거를 위한 clear and present danger 비밀타격팀작전을 국가안보비서관 James Cutter에 명하나, 이것이 불법*illegal*임을 인지한 보스의 부하Col. Félix Cortez가 협상*bargaining*을 제의하고 이를 대통령이 승인하면서 작전이 취소되고, 콜롬비아에서 작전수행중인 미군병사들이 사망한 사정들을 파악한 CIA 첩보분석팀장 Jack Ryan은 전장에서 병사들을 구한 후, 의회감독위원회에 이 사실들을 보고할 것을 대통령에 고한다. CIA의 근무서약은 "대통령보다 더 높은 미합중국국민만을 보라는 것이다" 하면서, 대통령집무실에서 스스로 걸어 나가, 의회에서 증언을 시작한다]. 법치주의는 일상생활에서 룰에 대한 신뢰성과 통하는 것이다["국가가 정한 법을 지키지 않으면 그에 따른 대가가 있고 이는 등반을 할 때도 마찬가지죠. 자신의 말 한마디에 대원, 셀파들이 삶과 죽음의 경계를 넘나드는 순간들 …룰을 우습게 여기는 순간 죽는 겁니다"].[47]

3. 법의 실효규범성과 사회적 준법실현

법의 실효규범성은 결국 법실현 현실에서의 준법영역에 관계되는 것이다. 법의 강제규범성은 준법의 과학주의에 있는 것이지 초법의 낭만주의에 존재하는 것이 아니다. 일본의 '일린_厘사건'은 일린에 불과한 극소량 엽연초 절취에 대해 일본대심원이 '가벌적 위법성'이 없다, 즉, '죄 자체를 구성하지 않는다'(日本 大審院刑事判決錄, 16輯, 1620頁, 1910(明治43). 10.11.) 함으로써 법실현에서의 준법영역을 확인한 것이다. 법의 강제규범성은 법실현에의 준법영역을 초과하지 못하는 것이 법치주의이다. 예컨대 형법의 횡령죄와 배임죄의 공통적 기초를 이루는 '신뢰침해'*Treubruch*의 판단에 관련한 준법영역성에 대해서, "독일형법해석론으로 배임죄의 보호법익은 전체로서의 재산*Vermögen*이며 신뢰침해를 전면에 내세우지 않는 것은 배임죄가 전체주의적 의무형법으로 변질되는 것을 경계하기 때문이며",[48] 이 때문에, 한국의 대법원도 기업경영자의 업무상 배임죄의 고의성 판단을 경영권남용에서 사회적 이익을 보호하여야 한다는 '경영상 판단'의 법리에 따르고 있다(대법원 2004.7.22. 2002도4229).

법의 사회적 준법실현 – 일린사건과 법실현의 규범영역 린[厘, りん, 貫かん의 1000분의 1, 錢의 10분의 1]은 몸메[もんめ, 匁, 돈, 돈쭝, 3.75g. 小判一両(일본 옛 돈의 단위, 金貨 한 냥)의 60분의 1]보다 낮은 단위의 극소량 무게로서, 一厘사건은 연초경작인이 정부에 납입할 葉煙草 약 7분가량을 소모하였는데, 이는 가격으로 환산하여 1厘에 해당하는(一厘는 당시 은행 계산에서도 가산하지 않는 것이 관례인 정도로 국가사회에 아무런 영향도 주지 못하는 가치) 행위이므로, 국가의 수입권 침해가 있다 하여 이에 법이 간섭함은 타당치 아니하다["물리학상 원칙으로 볼 때에는 秋毫의 末 일지라도 유는 유이며 무는 무이지만, 국민공동생활관계상으로는 양의 다소를 보지 않을 수 없으며, 피고인의 불법행위는 형벌법규에 규정하는 물적 조건을 구비하지만 죄를 구성하지 않는다고 단정할 것이고, 그 행위가 영세하고 또한 위험성을 갖지 않기 때문에 범죄를 구성하지 않는가 어떤가는 법률상 문제로서, 그 분기점은 물리적으로는 이를 정할 수는 없는 것이고 건전한 공동생활상의 관념을 표준으로, 이를 결정할 수밖에 없기에, 본건은 죄를 구성하지 않는다."(劉基天, 『刑法學(각론강의 상)』(전정신판 一潮閣 1982년), 186면 주 1381).](이 판결에 대해서, "독일 형법학 해석론에 따르면, 절도죄 구성요건 해당성이 인정되고 특별한 범죄성립조각사유가 없으므로, 법원은 유죄판결을 선고하였을 것이었다. 그렇지만 일린 판결에 의해서, 일본의 법원은 독일 형법을 단순히 계수하지 않고 일본사회에 즉응한 법리를 전개하기 시작한 전환점으로 학설사상 높은 평가를 준다"는 평가가 있다).[49] 대법원은 상법상 특별배임죄('상법 제622조 제1항·제2항에서 열거하는 자들이 그 임무에 위배한 행위로써 재산상의 이익을 취하거나 제삼자로 하여금 이를 취득하게 하여 회사에 손해를 가하는' 범죄)에서, 이사등의 경영판단행위에 형법상 업무상배임죄('타인의 사무를 처리하는 자가 그 임무에 위배하는 행위로써 재산상 이익을 취득하거나 제삼자로 하여금 이를 취득하게 하여 본인에게 손해를 가하는' 범죄(제355조 제2항, 제356조 (업무상의 횡령과 배임)) 외에 특별법(특정경제범죄가중처벌등에관한법률)을 적용하면서, 자기 또는 제3자가 재산상 이익을 취득한다는 인식과 본인에게 손해를 가한다는 인식(미필적 인식 포함)하의 의도적 행위임이 인정되는 경우에 한하여 배임죄 고의를 인정하는 엄격한 해석기준을 유지하였다(형법상 배임죄의 위태범 법리를 부인할 수 없다 해도 영업이익의 원천인 기업가정신

을 위축시키는 결과를 낳아서 당해 기업 및 사회적 손실이 클 것을 막기 위하여, 그러한 인식이 없는데 단순히 본인에게 손해가 발생하였다는 결과만으로 책임을 묻거나 주의의무를 소홀히 한 과실이 있다는 이유로 책임을 물을 수는 없다)(대법원 2004.7.22. 2002도4229). **헌법재판소는** (배임조항(특별법 제3조)의 재산상 이익의 가액은 업무상 배임행위로 취득한 실질적 이득의 합산액을 뜻함이 분명하며)**대법원이 정의한 이득액**((대법원 2012.8.30. 2012도5220)객관적 교환가치 즉 실질적 이득액) **및 재산상 손해의 개념범위는**(재산상 실해 발생의 위험 즉 경제적 관점에서 재산상 손해가 발생한 것과 사실상 같다고 평가될 정도의 위험)(대법원 2008.6.19. 2006도4876) **엄격하게 해석하여 합리적으로 파악할 수 있어 명확성원칙에 위배되지 않아, 특별법상 업무상 배임죄에서 배임행위로 취득한 이득액에 따른 단계적 가중처벌은**(재산범죄에서 법익침해라는 결과불법의 핵심요소인 이득액을 기준으로 한 것이므로 수긍할 만한 합리적 이유가 있고, 일반예방, 법적 안정성, 사법신뢰를 제고하며, 구체적 사안에서는 형법 제53조 작량감경조항에 따라 집행유예선고도 가능하므로), 책임과 형벌 사이 비례원칙에 위배된다 볼 수 없다(헌재 2015.2.26. 2014헌바99등).

[二] 법의 실효규범성의 구조

1. 법의 실효규범성과 국가적 행위규범성

1.1 국가의 강제규범의 법

법은 사회생활관계에서의 준칙으로서 국가 공권력의 강제력으로 실현될 수 있는 때에 명령·금지의 강제규범이 되어 국가규범으로서의 법으로 기능한다. 이 같이 법규범은 현실에서 강제력이 수반되어 실현되고 있을 때 그 기능적 의의를 갖는다. 강제규범은 범죄에 대한 형벌법규, 민사채무불이행에 대한 강제집행규정 같은 강제권력 발동절차의 규범으로서, 일반적으로 재판규준이 되어 사회질서 확보에 이바지하며, 국가간 국제법 등의 법질서에서도 그 같은 강제규범성이 인정된다.

국가간 법질서와 강제력 (한국계 미국시민권자가 미국 내에서 강간 등 혐의로 캘리포니아주 법원에 기소된 후, 1999.2. 배심원평결에서 유죄로 인정되었는데, 판결 선고 전 3.1. 국내로 도피하여, 6.21. 미국에서 궐석재판으로 징역 271년형을 선고받자, 2001.6.4. 미국 법무부는 범죄인인도를 청구하였으며, 대한민국의 범죄인인도법에 따라 서울고등검찰청 검사가 인도허가여부에 관한 심사를 서울고등법원에 청구하자 법원이 2001.9.25. 범죄인인도허가 결정을 한 근거가 된 '범죄인인도법' 제3조가)범죄인인도심사를 서울고등법원의 전속관할로 하면서 아무런 상소절차를 규정하지 않는 것이 적법절차원칙에서 요구되는 합리성과 정당성을 결여한 것이라 볼 수 없으며 기본권(재판청구권, 인간으로서의 존엄과 가치, 신체의 자유 등)의 과잉제한도 아니어서 헌법에 위반되지 않는다(헌재 2003.1.30. 2001헌바95).

1.2 국가의 명령규범으로서의 법

강제규범은 국가의 명령을 규정하는 규범이다. 토마스 홉스는 국가와 법의 관계에 있어서 법은 조언이 아니고 명령이라 하였다. "보이지 않는 것에 대한 두려움은 사람들이 종교라고 부르는 것의 자연적 씨앗이며, 로마제국의 법률은 국가를 의미하는 civitas라는 말을 어원으로 시민법으로 불리고, 시민법*civil laws*은 국가구성원이기에 인간이 준수하지 않을 수 없는 법률이다. 법은 조언이 아니고 명령이며, 만인에 대한 만인의 명령이 아니라 복종할 의무가 주어진 사람을 상대로 명령을 행사하는 사람의 명령이다"(Thomas Hobbes, Leviathan, 1651).[50] 근대국민국가의 시민법은 국가에 대해서 인격*Persona Civities*이 인정되면서, 국가가 신민에게 옳고 그름의 구별을 위해 언어, 문자 그 밖의 충분한 의미의 표지를 통해 명령하는 여러 규칙이다.

1.3 국가의 절차규범으로서의 법

'사람을 죽이지 말라' 하는 도덕적 행위규범이 강제규범인 법규범이 되려면 그 실현이 강제력에 의하여 누구에게나 현실적으로 받아들여질 수 있는 절차를 거치도록 하여야 한다. 이 점이, 도덕규범이 그 실현을 규범 실현자의 의지인 실천이성 내지 오성에 의하여 자신에 맡겨 놓는 것과 다른 것이다. 법적 강제 없는 법규는 예링(Caspar Rudolph Ritter von Jhering 1818.8.22.~1892.9.17.)이 말한 대로 그 자신 모순이며 '타지 않는 불', '비치지 않는 등불'과 같다. 강제성이란 칼집에 들어 있는 칼과 같이 언제든지 빼서 벨 수 있다는 두려움을 주는 것이지만, 그렇다 해서, 내키는 대로 휘두를 수 있는 흉기 같은 것은 아니다. 국가의 절차규범으로서의 강제성은 국가에 의한 절차적 정의의 실현인 점에서 사인 복수, 동해 보복 등의 사실상 강제와는 다른 규범적 강제의 개념이 되는 것이다.

2. 법의 실효규범성과 사회적 행위규범성

2.1 사회의 시대적 행위규범으로서의 법

법규범은 강제규범성을 가지며, 이 같은 법규범의 강제규범성이 현실화될 때 실효규범성을 지닌 시대적 행위규범으로서 기능한다. 그러므로 도덕・윤리 등 인간의 내적 규범이나 조직의 내부적 규율 등의 사회생활규범에서 강제규범의 가능성을 지닌 규범만이 법규범이 된다. 그래서 법은 도덕의 최소한이 될 수 있는 것이다. 사회생활규범인 법규범, 도덕규범, 종교규범 등은 중첩된다. '살인하지 말라' 함은 법규범이자 도덕규범, 종교규범이다. 법규범은 현실세계의 세속적 사실을 인간의 내면의 세계인 도덕규범, 피안의 세계인 종교규범 등과 구분되게 재구성하여 법이 실제에서 적용될 수 있도록 한다. 또한 법규범은 종교의 신앙적 믿음을 대치하여 인간의 이성적 합리에 기반하는 근대국민국가의 세속적 공권력이 교회의 종교적 권세를 대체하면서 종교규범을 극복한 법규범이 된다. 자유민주주의의 국가에서 국민이 선출한 대표자를 군주와 같이 섬기라 한다면 국민주권주의의 국가의 법규범이 될 수 없음은 물론 사회생활규범으로도 불가하다. 규범은 시대초월적 자연법 규범이어야 하는 것은 아니더라도 법실현의 준법영역의 시대성은 지니는 것이어야 한다.

국가의 법질서와 도덕 및 법규의 구성과 규범영역 원고 스티브 승준 유, 한국명 유승준은(1976년 대한민국에서 태어났으나, 공연을 위하여 병무청장의 국외여행허가를 받고 출국 후, 2002년 미국시민권을 취득하여 대한민국국적을 상실한) 외국국적의 재외동포로서 (2002년 대한민국의 국적을 상실할 때까지 대한민국에서 활발하게 연예활동을 하면서 대중적 인기를 누리고, 공개적으로 병역의무를 이행하겠다는 인터뷰를 하기도 하는 등) 충분히 도덕적으로 비난받을 수 있으나, 입국금지결정이나 사증발급 거부처분이 적법한지는 실정법과 법의 일반원칙에 따라 별도로 판단하여야 하며, (입법자가 정한 입국금지결정의 법적 한계, 사증발급 거부처분과 같은 불이익처분에 있어서 적용되어야 할)비례의 원칙 등에 반하는 재외동포 사증발급 거부처분은 위법하다(대법원 2019.7.25. 2017두38874). 거리의 步道의 자유로운 步行은 헌법상 권리인 일반적 행동자유권의 기본권을 향유하는 행위이며(일반공중에 개방된 장소인 서울광장을 개별적으로 통행하거나 서울광장에서 여가활동이나 문화활동을 함은 일반적 행동자유권의 내용으로 보장된다)(헌재 2011.6.30. 2009헌마406), 반면, 건널목 橫斷은 법규범인 도로교통법 등으로 규율되며, 도로에의 노점 설치는 행정법상 권리인 공공용물사용권의 규범영역이고, 이들 각각의 경우에 행정관청의 허가를 받을 수 없게 되면 사실영역이 되어서 철거된다. 구청 화장실의 이용은 규범영역인 공용물사용권이며, 사립학교 교내 주차는 사인의 건조물이용으로 이에 상응하는 대가를 지불하는 사법상 법률관계이다.

입법과 규범의 시대성 민법 제651조 임대차존속기간 위헌 결정은(석조, 석회조, 연와조 또는 이와 유사한 견고한 건물 기타 공작물의 소유를 목적으로 하는 토지임대차나 식목, 채염을 목적으로 하는 토지임대차의 경우를 제한 외에는 임대차의 존속기간은 20년을 넘지 못한다. 당사자의 약정기간이 20년을 넘는 때에는 이를 20년으로 단축한다 함은 입법취지가 불명확하고, 제정 50여 년이 지나 현저히 변화된 사회경제적 현상을 제대로 반영하지 못하여 대법원 해석 같이 사회경제적 효율성에서 목적의 정당성이 인정된다 해도 과잉금지원칙 위반의 계약의 자유의 침해이다)(헌재 2013.12.26. 2011헌바234), 입법실현 준법영역의 시대성을 말한 것이다. 12.12군사반란 및 5.18내란 사건[서울지법 형사합의30부(95고합1280호반란수괴등, 96고합38호내란수괴등, 96고합76호내란중요임무종사등, 96고합127호반란중요임무종사등 사건 피고인 전두환등외 기타16인)] 첫 공판(1996.3.11.월, 오전10~오후6시15분경, 417호 대법정) 訊問(서울지검 형사3부장검사)의 노태우 전 대통령 답변 "… 鄭(승화)총장 … 동양윤리로는 최고통수권자가 죽었을 때 바로 옆에 있었으면 배를 갈라 죽었어야 한다는 '여론'이 있었습니다."[51] 함은 主君의 섬김이라는 봉건윤리를 국가보위의 국법준수라 하는 법실현에의 준법영역의 시대성으로 말함으로써, 규범의 물음에 輿論(輿는 사람, 물건을 싣고 다니는 가마, 이를 메는 輿人의 말을 輿論이라 했다)의 대답을 한 것이다.

2.2 사회의 가벌적 강제규범으로서의 법

법은 보편규준이지만 동시에 법실현에의 준법영역에서는 자생적 질서이기에 나라마다 현실에 맞는 법체계에 따른다. 이는 위법성과 불법의 구분과도 연계된다. 형법의 범죄구성요건의 실질적 규범적 면이 불법이고 그 구성요건의 불법과 법질서 전체의 관계에서 판정되는 위법한 요소가 위법성이다. 예컨대, 과실에 의한 기물파손은 민법상 불법요소이기에 손해배상청구의 근거를 주지만, 형법은 이를 처벌하는 범죄는 아니기에 합법이 된다 하겠다. 다만, 실정법을 떠난 위법성 판단은 어렵다. 사회상규라는 사회적 규범에서 위법성의 근거를 찾기도 하지만, 이는 법이 문화에 위임하였기 때문인 것이기에, 위법성의 근거는 여전히 실정법에서 나온다.

법의 실효규범성과 가벌적 강제규범성 통고처분과 가벌성에 대하여, 통고처분제도는 입법자가 당사자의 승복을 조건으로 처분의 절차·효과를 범죄행위와 달리 정하는 가벌적 강제규범의 간접적·제한적 비범죄화이다(도로교통법상 통고처분은 처분을 받은 당사자의 임의의 승복이 발효요건이고, 행정공무원이 발하나 이에 따르지 않고자 하는 당사자에게는 정식재판절차가 보장되며, 범칙금납부로써 위반행위의 제재를 신속·간편하게 종결할 수 있게 하여준다. 범칙금은 벌금과 유사한 면이 있지만 명예에 대한 중대한 훼손이 없는 등 형사처벌로서의 진지성의 면에서 벌금과는 다른 제재로서, 행정공무원에 의한 전문적 신속한 사건처리를 가능케 하여, 적법절차원칙이나 사법권을 법원에 둔 권력분립원칙에의 위배나 재판청구권 침해라 할 수 없다)(헌재 2003.10.30. 2002헌마275). 미합중국수정헌법 제18조 금주조항*Prohibition of Intoxicating Liquors*에 따라 1919.10.28. 제정된 전미금주법*National Prohibition Act* 즉 주류양조·판매·운반·수출입을 금지한 볼스테드*Volstead*법은 1933년 수정헌법 제21조로 폐지되었지만, 주류가격의 급등과 유사 술로 인한 건강 손상, 형벌을 감수한 密酒 제조로 부를 축직한 갱단 알 카포네(Al Capone 1899.1.17~1047.1.25.) 등 법의 실효규범성에 손상을 가져왔다. 또한 미국에서 일요일의 교회출석은 종교규범, 사회생활규범이기도 하지만 법규범으로도 되어서, 이를 정한 미국 '일요일휴업법'은 헌법상 '종교행위의 자유' 조항에 근거하여 합헌이라 하였지만 이후에는 통일된 휴일을 가지는데 따른 주정부의 이익이 더 우선시된다는 결론으로 위헌이 되었다(Braunfield v. Brown, 1961).

2.3 법의 실효규범성의 과잉범죄화와 범죄과잉화

가벌적 강제규범성에 관련하여, 강제규범으로서의 법이 정당한 법절차에 따라서 현실적으로 실현되는 결과에 대한 가치 평가가 서로 같지 않을 수 있다. 강제규범성의 실현은 비강제성이 우선하는 정치적 영역에서의 타협성을 줄이고 규범적 강제성이 적용되는 사회 제도의 외연을 넓히는 것 등에서 그 존재 의의를 갖는다 하겠다. '과잉범죄화'*over-criminalization*는 가벌적 강제규범성을 갖지 않음에도 불구하고 형사처벌 등이 가해지는 것 즉 범죄와 형벌간 비례성원칙에 반하는 경우를 말한다(헌재 1991.6.3. 89헌마204). 경제규제의 경우에는 고의적 위반행위만 범죄화하여야 한다거나, 형법상 간통죄 위헌결정 역시 사인간 행위에 민사법적 강제력으로 제재할 수 있음에도 형사처벌의 강제력 부과는 과잉범죄화이어서 위헌이라 하는 것이었다. 반면, 법치의 말만 무성할 뿐 법을 지키지 않고 의무를 이행치 않는 현실이 변하지 않으면 오히려 '범죄과잉화'의 非法의 상태만 가속시킬 것이다.

과잉범죄화와 범죄과잉화 간통·상간행위 형사처벌(형법 제241조)의 합헌결정(헌재 1990.9.10. 89헌마82; 2001.10.25. 2000헌바60 및 90헌가70; 2008.10.30. 2007헌가17등)을 (개인의 자기운명결정권을 전제로 하는 성적 자기결정권, 사생활의 비밀과 자유 침해라 하여 내린)위헌결정은(헌재 2015.2.26. 2009헌바17등), 그 형사처벌을 '과잉범죄화'로 판단한 것이다. 또한 2010년 전과자 약 1,100만 명(인구대비 22%)의 70%가 국유지나 타인 소유의 산에서 밤, 도토리 등의 채취행위에 행정규제위반의 과징금 내지 과태료를 넘은 징역, 벌금형 등의 형사처벌(산림자원법 제73조)로 인한 것은 '과잉범죄화'(colonization of law by economics)라고도 하겠지만,52) 반면, 산림자원훼손의 복원에는 시간이 매우 오래 걸리며, 산림산물절도행위는 쉽게 이루어지고, 차량사용범행은 계획적 조직적으로 이루어져 산림훼손정도가 커 가중처벌의 필요성이 있는 점(헌재 2010.4.29. 2008헌바170) 등에서 보면, 오히려 '범죄과잉화'에 대한 적절한 대응이라고도 평가할 수 있다. 법해석상 과잉범죄화를 막기 위한 판례로서, (학문·사상의 영역에서 형사법의 개입은 가급적 자제되어야 한다. 개인의 주장 내용의 합리성이나 서술방식의 공정성 등에 비판의 여지가 있더라도 가급적 학문적 논쟁과 사상의 자유경쟁 영역에서 다루어지도록 하는 것이 바람직하고 형사처벌 대상을 함부로 확대하는 것은 경계해야 한다)명예훼손죄 구성요건을 해석하면서 겉으로 드러난 표현방식을 문제 삼아 사실의 적시에 해당한다고 쉽사리 단정함으로써 형사처벌 대상으로 함부로 끌어들일 일은 아니다(대법원 2017.6.8. 2016도19255). (형법 제246조 제1항은 우연한 승부에 재물을 거는 모든 노름행위를 형법상 도박죄로 처벌하는 것은 아니고, 일시오락정도에 불과하여 사회생활질서 범위 안에 있으면 사회상규에 위배되지 아니하는 행위로서 그 위법성이 조각되어 처벌하지 아니하는바)이 일시오락정도에 불과하여 죄가 되지 아니하는지 판단은 (도박의 시간, 장소, 재물 가액, 이득 용도, 가담자들의 사회적 지위, 재산정도)등 여러 객관적 사정을 검토하여야 한다(헌재 2013.12.26. 2011헌마592). ('하와이 호놀룰루 공항 발 일본 나리타 공항 행 유나이티드항공 기내 배식때 요가·명상하겠다 난동으로 회항되자 미연방수사국FBI에 체포'(동아일보 2016.4.1.); 은행직원 환전 실수로 6000싱가포르 달러(약 510만 원)에 6만달러(약 4380만 원) 받았음을 알고도 '분실했다'의 허위신고, 휴대전화 내역을 삭제한 사기죄(형법 제347조, 10년 이하 징역, 2000만 원 이하 벌금)에 집행유예 형을 선고하자) '우리나라 법원은 왜 이리 선량하고 지고지순한지 모르겠다'(조선일보(인터넷), 2015.10.17 08:53) 하는 댓글은 범죄와 형벌의 본 뜻을 말하고 싶은 것이다. (현행 '공유재산법'은 공유재산 중 행정재산은 사용·수익 허가를 받도록 하고, 일반재산은 대부계약을 체결하도록 하여 사용료 또는 대부료를 징수하도록 하는데(제6조, 제20조) 이런 절차 없이)무단점유하는 자로부터 (사용료, 대부료의 100분의 120에 해당하는 금액의)부당이득환수 등 징벌적 징수제도는 과도한 금액 책정이 아닌 한 적합한 수단에 해당한다(헌재 2017.7.27. 2016헌바374).

3. 법의 실효규범성의 범주

3.1 법규범의 외면성과 내면성

법은 기본적으로 외면의 행위를 규율의 대상으로 한다. 내면의 상태는 법의 규율대상이 되기에 적절치 않다. 이것이 법의 외면성과 도덕의 내면성이다. 법과 도덕을 구분하는 강제규범성만으로는 온전히 설명하기 어려운 부분을 법의 내면성과 도덕의 외면성이 보완하여 준다. 형사범죄에서 고의, 과실, 민사적 법률관계에서 어떤 사실을 알았느냐惡意 몰랐느냐善意 하는 선의, 악의 등이 그것이다. 그러면서도 또한 동시에 법은 인간 내면의 심정을 상정하지 않을 수 없다.

법의 외면성과 명예/명예감정, 법의 내면성과 인격 법의 외면성과 명예 등에 대하여, 명예는 사람의 인격적 가치의 사회적・사실적・객관적 평가이나(대법원 1989.10.24. 89다카12824), 인격에 일신으로 전속한 가치인 내적 명예나 자신의 인격적 가치에 대한 스스로의 판단인 명예감정은 침해될 수 있는 성질이 아니고 주관적 인식의 차이이기에 법적 보호에 적당치 않다. 법의내면성과 인격 관련성에 대하여, "성적 괴롭힘은 고용조건이나 근로환경에 관하여 성을 이유로 한 차별적 취급을 하여 불법행위가 성립하는 행위다"(서울고등법원 1995.7.25. 94나15358(원심))라고 한, 원심과 달리, 대법원은 인격권에 관련한 법의 내면성의 성격을 인식했다. 즉(남녀관계에서 성적 관심 표현행위는 자연스러운 것으로 허용되어야 하나 상대방 인격권을 침해하여 인간으로서 존엄성을 훼손하고)성적 굴욕감, 혐오감 같은 정신적 고통을 주는 정도에 이르는 것은 위법하여 허용될 수 없다"(대법원 1998.2.10. 95다39533('우조교' 사건)).

3.2 강제규범성의 내부화

법의 강제성은 사회 내부의 상태, 경향성에 의하여 현실에서의 실현성에 영향을 받는다. 법이 사람들 사이의 내면에 숨어 들어가고 '우리'라고 하는 공동체 내부의 규율이 국가의 규범을 배제하는 현상들은 공동체에 보편적 강제규범의 성립을 막는 등 근대국민국가의 법체계를 非法으로 교란한다. 강제규범성의 내부화에 따르는 비법의 상황은 상관이나 상급기관의 명령에 단순히 따랐다 하여 그 위법성이 면제되는 것은 아니다. 농촌의 토지경계, 용수 분쟁 등에서도 법의 강제성은 동네관행의 관계에서 덮어 두어 규범을 내부화시킴으로써 공동체를 비법의 상태에로 해체시킨다. 군대 등 명령-복종의 결속력이 강한 집단에서도 상관의 사실적 命이 규범에 우선되는 경우들이 상당하다. 한국사회에서는 권위정부에의 반작용으로 1987년 민주화 이후 '국민情緒법'이 헌법 위에 군림하는 민중의 유일신적 지배를 정당화하여 법치국가적 자유민주주의를 위협하고 있다.

상관・상급기관・다른 국가기관 등의 명령과 준법 유○○에 대한 사증발급 거부처분이 있기 13년 7개월 전에 있었던 법무부장관의 입국금지결정은 대외적으로 국민이나 법원을 구속하지 않는 행정내부의 지시에 불과하므로, 그 입국금지결정만을 이유로 사증발급 권한을 가진 행정청이 사증발급 거부처분을 하여서는 안 되고, 사증발급권한을 가진 행정청으로서 관계법령이 부여한 재량권을 적법하게 행사하였어야 하며, 법무부장관의 입국금지결정을 유일한 이유로 한 사증발급 거부처분은 피고가 자신의 법적 권한을 제대로 행사한 것으로 볼 수 없다(대법원 2019.7.25. 2017두38874).

군대의 규율/나라의 법('A Few Good Men'(1992년 Rob Reiner감독)) 美관타나모해군기지(Guantanamo Bay Naval Base in Cuba) 미해병대원*U.S. Marines* 산티아고(William Santiago) 사망사건의 군사법정*court-martial*에서 유일한 증인은 권총으로 자살하고…, 군법무관 조안 갤로웨이 대위(Lieutenant Commander JoAnne Galloway: Demi Moore), 캐피 중위(Lieutenant(Junior Grade) Daniel Alastair Kaffee: Tom Cruise)는 정의를 훙정하는 소송거래*plea bargain*를 거부하면서, 군사기지사령관 제셉 대령(Base Commander Colonel Nathan R. Jessup: Jack Nicholson)을 증언대에 세워(니콜슨의 You can't handle the truth!는 미국영화 100년 100명대사 29위), 폭력적 법외적 징벌*violent extrajudicial punishment*인 적색규약*code-red* 명령자로 체포한다. 가해자인 피고 사병들이 직속상사의 비공식적 명령에 저항하기에는 자신들이 너무도 위약했다고 항변하나, 이들 역시 약자보호라는 군율위반행위로 기소, 유죄판결을 받게 한다. 군대의 규율 역시 나라의 법에 따라야 법이 공동체의 보편적 강제규범으로서 가능하게 되는 것이다.

3.3 도덕규범의 외면화

3.3.1 공중도덕 · 예의범절의 강제성 요소

독일 로덴부르크(Rothenburg ob der Tauber(독일 남부, 바이에른 주 북서부, 타우버 강 상류 연안))의 중세 유적인 성 안에서 주정뱅이로 하여금 술 드럼통을 끼고 거리를 돌게 한다든지 거짓말쟁이 혀를 길게 나오게 한 가면을 쓰게 하는 등의 벌칙이 보존된 고문박물관(시가를 둘러싼 중세 성곽, 성문, 1373~1436년의 성 야곱교회, 13~16세기 시청사와 옛 교회, 민가 등이 옛 그대로 남아 있다)을 보면 공중도덕 · 예의범절도 행위자의 의지에만 맡기지 않음을 알 수 있다. 이를 강제규범으로 정하지 않고 도덕규범의 영역에 남겨 놓았을 뿐이다. 법은 의사소통공동체에의 생활과 규범에 대한 수범자 각자의 논리의 합치점에서 존재한다.[53] 다만, 그 합치점의 판단이 반드시 일치하는 것은 아니다. 형법 제250조 제2항이 일반살인죄에 비하여 직계존속살해에 가중처벌을 하는 것에 대해서, 헌법재판소는, 효를 강조하는 유교적 관념 · 전통사상에 비추어 그 패륜성에 대한 고도의 사회적 비난이기에 형벌체계상 균형을 잃은 자의적 입법이 아니고 평등원칙에 반하지 않는다 하나, 반대의견에서는 직계존속의 영아살해에는 처벌을 감경하면서 직계존속살해에는 형식적 신분관계만으로 가중처벌하는 봉건적 윤리관념은 헌법의 민주적 가족관계와 조화되기 어렵다 함이 그 예이다(헌재 2013.7.25. 2011헌바267).

법과 전통규범으로서의 사회윤리 비속의 직계존속에 대한 존경과 사랑은 봉건적 가족제도의 유산이라기보다는 우리 사회윤리의 본질적 구성부분을 이루고 있는 가치질서이다(헌재 2002.3.28. 2000헌바53; 2002.3.28. 2000헌바53). 비속이 존속을 고소하는 행위의 반윤리성의 억제 · 제한은 '효'라는 우리 고유의 전통규범수호로서 합헌이다(가정의 영역은 법률의 역할보다 전통적 윤리의 역할이 더 강조되고, 그 윤리에는 인류공통의 보편적 윤리와 더불어 고유한 문화전통과 윤리의식이 강하게 작용할 수밖에 없기에 합리적 근거 있는 차별이고 평등원칙에 반하지 아니한다)(헌재 2011.2.24. 2008헌바56).

3.3.2 준법정신과 도의성

준법만 요구하고 도의성을 무시하면 악법에 기울고, 도의성만 고양하고 준법을 무시하면 도덕률에 그친다. 반면, 법에서 도덕을 분리하는 법실증주의, 도덕성이라는 덕*virtue*을 무시하는 힘으로만 주장되는 주권재민이나 입법에 있어서의 의회자율성 등의 논리는 무제한적 민주주의로서 법치주의를 왜곡한다. '법과 도덕은 불가분 관계'라는 스코틀랜드 계몽주의 전통의 자연법사상은 준법정신과 도의성은 관계성을 가지며, 그것이 국가에 있어서의 법의 모습이다.

준법정신과 도의성 조선 조 이래 법관념은 도의성 고양에 대비되는 준법은 결여된 듯하다. 공자는 백성을 政으로 인도하고 형으로 가지런히 하면 형벌을 면할 수 있지만 수치심이 없고, 덕으로 인도하고 禮로 가지런히 하면 수치심이 있을 뿐 아니라 마음이 발라진다 하였다(論語 爲政). 그 진정한 의미는, 도덕규범 · 윤리 역시 내면에 그치기보다 외면에 나타나는 생활세계에서 인륜성*Sittlichkeit*이라는 실체적 도덕윤리에 구속되어야 현실에서 실제적 타당성을 갖는다는 점이다. 법실증주의의 홉스-벤담-켈젠-하트-롤스 등의 전통은 정의를 분배적 정의로 해석한다. 이는 정의의 규칙은 무엇이 정의로운가를 말해주는 적극적 기준이 아니라 도덕에 반하는 법은 법이 아니라는 소극적 기준을 말하는 것이다.

3.3.3 칸트의 내면의 법 - 법의 강제성과 외면성

칸트(Immanuel Kant 1724.4.22.~1804.2.12.)의 법은 외적인 한계에서 자유가 최대한 만족되도록 하는 것이다. 도덕 자체에 내재하는 내적 강제성 즉 '하늘에는 별이 반짝이고 내 마음에는 도덕률이 빛난다' 하는 보편주의와 인격주의의 정언명령*kategorischer Imperativ*을 법의 영역에로 받아들인다. 칸트는 『도덕형이상학을 위한 기초』(Grundlegung zur Metaphysik der Sitten, 1785)에서, '윤리도덕적 의무'*Tugendpflicht*를 자기보존을 위한 행위나 인간의 본능적 욕구가 유발하는 행동과 구별한다. 칸트는 이 같은 윤리도덕과 구별되는 법칙 또는 실정법의 특성이 '법적 의무'*Rechtspflicht*로서 나타난다 한다. 정언명령의 2원리는 보편주의 원리인 '네 의지의 격률이 언제나 동시에 보편적 입법의 원리가 될 수 있도록 행위하라'와 인격주의 원리인 '너 자신과 다른 모든 사람의 인격을 결코 단순히 수단으로 취급하지 말고 언제나 동시에 목적으로 대우하도록 행위하라'이다. 그것을 생각하는 것이 거듭되면 거듭될수록 또는 그 기간이 길면 길수록 더욱 새로워지며, 그리고 더욱 강한 감탄과 존경의 생각으로 마음을 채워주는 두 가지가 있으니, 하나는 내 위에서 항상 반짝이는 별을 보여주는 하늘이며, 다른 하나는 나를 항상 지켜주는 마음속의 도덕법칙이다.[54] 칸트는 외부적 강제로서 '법칙' 또는 '실정법'은 자연적 욕망과 개인적 기준을 넘어 보편적으로 타당한 행위의 준칙을 자발적으로 부과하는 '도덕'*Moral*과 구별되고, 그 대상도 내적 동기가 아니라 사람들 사이의 관계에서 외부적으로 드러난 개개인의 행위에 초점을 맞춘다. 칸트의 정언명령이 법의 외면적 강제성을 부인하는 것은 아니다. 칸트는 인간은 도덕법칙에 따라서 행위할 수 있는 자율에의 의지가 있다 하면서 도덕법칙에 관한 내적 강제성의 말을 남기는 데 그것은 달리 말하자면 법의 외면성의 강조이다.

[三] 법의 실효규범성과 공법(헌법·행정법)

1. 헌법상 권리(기본권)의 실효규범성

1.1 기본권보호와 기본권침해

기본권보호는 기본권 규범영역의 제한의 한계를 넘은 위헌적 상태인 기본권침해를 구제하여 이를 헌법에 적합하게 교정하는 사법적 작용이다. 헌법상 보장된 기본권의 침해는 공권력 행사자가 헌법상 보장된 기본권규범의 내용, 보호영역에 제한을 가하는 것 즉 기본권주체에 자유의 제한, 의무의 부과, 권리 또는 법적 지위의 박탈이 생긴 경우를 의미한다. 기본권보호는 기본권을 침해하는 법률·명령·규칙·처분 기타 공권력 등의 국가작용에 대한 사전예방과 사후배제를 통하여 국민의 자유와 권리를 사법적으로 보장하는 헌법보호의 기능을 갖는 국가작용이기도 하다. 기본권보호는 공권력에 의하여 침해가 가능한 기본권규범이 존재하여야 하며, 그 같은 기본권의 규범적 보호영역에 대해서 직접적·법적 효력을 지닌 국가의 명령·강제 등의 공권력작용에 의한 작위·부작위적 제한가능성 즉 침해가능성이 인정되어야 한다. 공권력의 행사 또는 불행사로 인하여 국민의 권리와 의무에 직접적인 공법상 법률효과를 발생시켜야 하고, 청구인의 법적 지위를 그에게 불리하게 변화시키기에 적합해야 한다는 것이다(헌재 2003.7.24. 2002헌마508). 기본권규범의 수범자가 되지 않는 사인은 기본권적 보호법익에 사실상의 제약은 가할 수 있으나 기본권침해가능성은 없는 것이지만, 법률의 명시적 위임에도 불구하고 해당 시행령을 제정하지 않는 정부의 입법부작위는 정당한 이유 없이 기본권을 침해하는 것이다(헌재 2004.2.26. 2001헌마718). 기본권보호를 가져오는 기본권침해는 기본권침해가능성을 전제로 기본권규범의 수범자인 공권력작용에 의한 기본권제한의 위헌성 즉 당해 기본권이 침해되는 것이어야 한다.

기본권침해가능성 청구인의 권리나 법적 지위에 영향을 미치는 바 없어 기본권침해가능성이 없으며(헌재 2000.8.31. 99헌마602), (표준어규정의 '표준어는 교양 있는 사람들이 두루 쓰는 현대 서울말로 정함을 원칙으로 한다'는 표준어 개념의)定義 조항 자체만으로는 아무런 법적 효과를 갖지 않아서 자유나 권리의 금지·제한이나 의무 부과 등 법적 지위에 영향을 미치지 아니하므로, 이로 인한 기본권침해가능성이나 위험성을 인정하기 어렵다(헌재 2009.5.28. 2006헌마618). (당선이 유력한 후보자가 출마함으로 말미암아 당선가능성이 줄어든다는 사정만으로는)자유의 제한, 의무의 부과, 권리나 법적 지위의 박탈이 생긴다 할 수 없어, (지방자치단체의 장의 일정 지역구 국회의원선거에의 출마를 금지하지 않았다 하여)기본권이 침해될 가능성은 없다(헌재 2013.6.27. 2012헌마33). (형사소송절차 내에 신속·실효적 구제절차로서 열람·등사에 관한 규정을 신설한 입법취지, 검사의 열람·등사거부처분에 대한 정당성여부가 법원에 의하여 심사된 마당에 헌법재판소가 다시 열람·등사제한의 정당성여부를 심사하게 된다면 법원의 결정에 대한 당부의 통제가 되기에)수사서류에 대한 법원의 열람·등사 허용결정이 있음에도 검사가 거부하는 경우에 정당한 사유가 있는지를 심사할 필요 없이 그 거부행위 자체로써 기본권침해가 된다(헌재 2010.6.24. 2009헌마257). 법원의 수사서류 열람·등사 허용 결정이 있음에도 검사가 해당 서류의 열람만 허용하고 등사를 거부하는 경우에도 정당한 사유의 존재 여부를 별도로 심사할 필요 없이 기본권이 침해된다(헌재 2017.12.28. 2015헌마632). 도로를 차단하고 실시하는 일제단속방식의 음주단속 자체는 기본권을 침해하는 공권력작용인 위헌적 경찰작용이 되지 아니한다(헌재 2004.1.29. 2002헌마293).

1.2 기본권침해의 구제양태

기본권보호로서 기본권침해를 구제하기 위한 국민의 헌법상 권리인 기본권이 있다. 절차권적 기본권으로서 청원권(헌법 제26조), 재판청구권(제27조), 형사보상청구권(제28조), 국가배상청구권(제29조), 범죄피해구조청구권(제30조) 등이 그것이다. 또한 기본권침해를 구제하는 헌법재판제도로 법원의 위헌법률심판제청권(제107조 제1항)과 헌법재판소의 법률위헌여부심판권(제111조 제1항 제1호), 법원의 명령 · 규칙 · 처분심사권(제107조 제2 · 3항, 제27조 제1항), 처분심사권(행정소송, 제107조 제2 · 3항, 제27조 제1항) 등 규범통제의 제도가 있다. 헌법재판제도는 또한 국회의 탄핵소추권(제65조) 및 헌법재판소의 탄핵심판권(제111조 제1항 제2호), 정부의 정당해산제소권(제8조 제4항) 및 헌법재판소의 정당해산심판권(제111조 제1항 제3호), 국가기관 상호간, 국가기관과 지방자치단체간 및 지방자치단체 상호간의 권한쟁의심판권(제111조 제1항 제4호), 법률이 정하는 헌법소원에 관한 심판권(제5호) 등에 의하여 기본권침해를 구제하여 기본권을 보호한다. 자유민주주의와 경제민주주의의 법치국가적 헌법질서를 부인하는 기본권침해에 대한 국민의 저항권은 헌법상 구제로는 인정되지 않는 초실정법적 구제수단이다(대법원 1975.4.8. 74도3323).

1.3 기본권침해의 구제기관

기본권침해구제를 직접목적으로 하는 헌법기관이 법원과 헌법재판소이다. 국회, 대통령, 국무총리와 국무위원, 감사원, 중앙선거관리위원회 등 헌법기관의 기능에는 권력분립에 기초하는 고유한 목적이 있지만, 이들 각 국가기관의 정당한 법집행이 이루어지는 결과로 기본권구제의 기능이 실현된다. 법률에 의하여 설치된 국가기관인 국가인권위원회에 의한 보호도 있다.

> **국가인권위원회의 기본권구제** 국가인권위원회에 진정할 수 있는 대상에서 법원의 재판을 제외하는 것이 기본권의 과도한 침해는 아니다. 국가인권위원회는 기존 국가기관들과 경합하는 것이 아니라 보충하는 방법으로 설립 · 운영되는 것이 바람직하며, 법원의 재판을 포함하여 모든 공권력의 행사 또는 불행사를 빠짐없이 국가인권위원회에 진정 · 조사할 수 있는 대상으로 삼아야만 국가인권기구 본질에 부합하는 것은 아니라, 각 나라 실정에 따라 제한하는 것이 보편적이다. 구두심리절차와 엄격한 증거방법을 모두 채택하기 어려운 국가인권위원회가 법원의 재판의 당부를 판단하는 것도 곤란한 측면이 있으며, 분쟁 또는 인권침해 해결과정이 무한정 반복되고 지연될 가능성마저 있으며, 법원에 정책과 관행의 개선, 시정을 권고하거나 의견을 표명할 수 있고, 담당재판부에 사실상 법률상 사항에 의견을 제출할 수 있는 등을 종합하면, 입법자가 법원의 재판을 국가인권위원회 조사대상에 포함시키지 않은 것이 기본적 인권 보장의 과도한 침해라 할 수 없다(헌재 2004.8.26. 2002헌마302).

2. 기본권침해와 기본권구제

2.1 입법권에 의한 기본권침해와 구제

국회는 입법권주체로서 입법재량으로 입법형성권을 행사하는 점에서 법률은 원칙적으로 합헌성 추정을 받는다. 즉 기본권침해의 주장 없이 행하여지는 법률의 개정 · 폐지 등의 요구는 국회의 입법사항에 대한 청원권에 의해서 구제된다. 반면, 국회가 입법재량의 한계를 넘은 법률 제정으로 기본권을 침해하는 경우(입법에 의한 기본권침해) 또는 국회가 입법의 헌법상 작위의무에도 불구하고 입법권행사의 작위의무를 행하지 않은 기본권침해(입법부작위에 의한 기본권침해)에 기본권구제의 헌법소원의 심판청구를 할 수 있다. 입법권의 작위에 의한 기본권침해의 司法的 구제는 기본권침해법률의 헌법위반여부가 재판의 전제가 된 경우에 법원이 헌법재판소에 제청하여 그 심판에 의하여 재판하는 구체적 규범통제(헌법 제107조 제1항, 제111조 제1항 제1호), 법률을 직접 대상으로 하는 헌법소원(제111조 제1항 제5호) 등이 있다. 구체적 규범통제는 민사 · 형사 · 행정소송 등의 쟁송사건을 전제로 쟁송당사자가 당해사건이 계속된 법원에 위헌심판제청의 신청을 하고 법원이 헌법재판소에 심판제청을 하였을 때 심판한다. 재판전제성 없이 직접 법률의 위헌여부를 심사하는 추상적 규범통제의 규정은 없다. 공권력이 기본권을 침해하는 경우에 기본권주체가 헌법재판소에 기본권구제를 청구하는 헌법소원심판의 절차를 규정한 헌법재판소법 제68조 제1항 본문의 공권력 행사에는 입법권이 포함된다. 그러므로, 입법권행사인 입법행위로 제정된 법률이 기본권을 침해하면 기본권주체는 입법자인 국회를 상대로 헌법재판소에 법규소원을 청구할 수 있다. 이때 당해 법률의 효력 자체를 직접 다투는 것을 소송물로 하여 법원에 소송을 제기하여 구제받는 절차・방식이 없기에 다른 구제절차를 거칠 것 없이 바로 헌법소원심판을 청구할 수 있다. 입법권의 작위에 의한 기본권침해에 대한 비사법적 구제는 대통령이 국회 의결 법률안의 서명・공포를 거부하여 효력 발생을 배제하거나, 국민이 현재 시행중 법률의 폐지・개정을 청원하는 것 등이다. 입법권부작위에 의한 기본권침해의 구제는 국회가 법률을 제정하여야 할 입법의 헌법상 작위의무가 있음에도 불구하고 법률을 제정하지 아니하는 그 입법부작위에 대한 헌법소원(소극적 헌법소원)으로 위헌확인을 구한다(헌재 1994.12.29. 89헌마2 입법부작위 첫 위헌결정). 입법자에게 입법의 헌법상 작위의무가 없는 경우에는 국회의 법률제정을 법원에 訴求하거나 재판절차로써 입법행위를 요구할 수 없다. 국회에 대한 입법의 희망이나 청원 또는 여론에 의한 정치적 책임추궁만 가능하다. 입법부작위에 의한 기본권침해의 구제는 진정입법부작위와 부진정입법부작위가 있다. 입법권의 진정입법부작위에 의한 기본권침해는 입법권을 행사하여야 할 헌법상 작위의무를 지는 국회가 기본권 구체화를 위한 법률을 제정하지 않아 국민의 기본권을 침해하는 경우다. 헌법상 입법의무는 헌법에서 기본권보장을 위하여 법령에 명시적 입법위임을 하였음에도 불구하고 입법자가 이를 이행하지 아니한 경우이거나 또는 헌법해석상 특정인에게 구체적인 기본권이 생겨 이를 보장하기 위한 국가의 행위의무 내지 보호의무가 발생하였음이 명백함에도 불구하고 입법자가 아무런 입법조치를 취하지 아니한 경우에 한하여, 입법자의 입법의무가 인정되어서(헌재 2003.6.26. 2000헌마509등), 소극적 헌법소원을 청구할 수 있다. 부진정입법부작위에 의한 기본권침해는 입법은 있으되, 즉 법률은 제정되었으나 입법내용이 불충분한 경우에, 기본권향유자인 국민은 헌법상 입법개선의무를 지는 국회에 대하여 당해 불완전법규인 법률을 대상으로 하는 적극적 헌법소원을 제기한다. 즉 진정입법부작위에서와 같이 소극적으로 입법부작위의 헌법소원심판은 제기할 수 없다(헌재 1989.7.28. 89헌마1).

헌법상 입법의무와 진정입법부작위 및 부진정입법부작위 입법자와 헌법재판소 모두 헌법규범의 구속을 받고, 입법자는 입법작용, 헌법재판소는 헌법의 해석・적용을 통한 헌법재판으로 헌법을 구체화하고 실현하는 점에서, 입법자와 헌법재판소 사이의 법실현과 구체화를 둘러싼 공동의무・과제배분에 마주친다. 헌법재판소가 헌법에 명시적으로 표현된 명백한 위임을 넘어 헌법해석을 통하여 입법자의 헌법적 의무를 폭넓게 인정하면 할수록 입법자의 입법형성의 자유는 축소된다. 따라서 헌법상의 권력분립과 민주주의원칙은 입법자의 민주적 입법형성의 자유를 보장하기 위하여 입법자의 헌법적 입법의무는 예외적으로만 인정하고 입법부작위에 대한 헌법재판소의 재판관할권은 한정적으로 인정할 수밖에 없다(헌재 2001.12.20. 2001헌마484). 법률에 관련규정이 없는 입법부작위의 문제에 있어서, 법상 위반행위에 단기공소시효를 두지 않은 것과 관련하여 입법의 흠결을 다투는 진정입법부작위에 대한 주장으로 보고 부적법 각하한 선례(헌재 2010.10.28. 2008헌마612등)와 달리, 구 공직선거및선거부정방지법에서 규정할 당시에는 6월의 단기공소시효의 적용을 받았으나, 2005.8.4. 법 개정으로 정치자금법에 옮겨오면서 단기공소시효의 특칙은 함께 규정하지 아니한 결과 일반 형사소송법상 5년의 공소시효 적용을 받게 된 사건에서는 입법의 불충분・불완전함을 다투는 부진정입법부작위에 대한 주장으로 보고 본안판단을 하였다(헌재 2015.2.26. 2013헌바176).

2.2 행정권에 의한 기본권침해와 구제

행정권에 의한 기본권침해에 대한 구제로서, 법규명령 즉 대통령을 수반으로 하는 정부에 속하는 행정권(제66조 제4항) 행사에 의한 법규명령, 행정규칙, 행정처분, 사실상 행위(수사기관의 수사) 등으로 인한 기본권침해에 대한 기본권구제는, 그 같은 명령・규칙・처분이 헌법이나 법률에 위반되는 여부가 재판의 전제가 된 경우의 규범통제로서, 법원의 위헌위법명령·규칙심사권 및 그에 대한 대법원의 최종적 심사권 등이 있다(제107조 제2항). 이때 헌법·법률에 위배되는 명령·규칙은 당해사건에의 적용이 거부될 뿐 그 자체가 무효로 되지는 않는 점이 규범통제로서의 헌법재판소의 위헌법률심판과 다르다. 또한 명령·규칙 기타의 공권력이 직접 기본권을 침해할 때에는 헌법재판소법 제68조 제1항의 헌법소원심판에 의한 기본권구제가 있다. 헌법소원은 법률에 규정된 다른 구제절차를 거친 연후에 행할 수 있다는 보충성원칙, 법원의 재판은 원칙적으로 헌법소원의 대상이 되지 않는다는 본질상 한계가 있다. 행정구제(국가배상·손실보상·행정쟁송)에 의한 구제도 있다. 행정권행사에 의한 기본권침해를 널리 공권에 의한 기본권 침해의 경우로 범위를 넓혀, 행정의 위법 또는 부당한 권력행사로 인한 국민의 권리이익의 침해 내지 침해의 우려에 대해서는 공법관계에서의 침해의 방지·제거 내지 원상회복·손해전보 등의 공법상 구제 내지 행정구제가 있게 된다. 행정구제는 사전적 행정절차의 제도를 전제로 사후적 구제의 제도로서 행정상 손해전보의 제도인 국가배상과 손실보상 그리고 행정쟁송의 제도인 행정심판과 행정소송의 제도가 있다. 국가 등의 행정주체가 그 공권력에 의한 국가작용으로 국민에게 끼친 손해 또는 손실에 대해서는 이를 전보하는 것이 정의와 공평의 원칙에 합치된다는 법치국가의 원리가 행정상 손해배상으로서의 국가배상 그리고 손실보상의 제도이다. 국가배상의 제도는 '공무원의 직무상 불법행위로 손해를 받은 국민은 법률이 정하는 바에 의하여 국가 또는 공공단체에 정당한 배상을 청구할 수 있다'(제29조 제1항), 손실보상의 제도는 '공공필요에 의한 재산권의 수용·사용 또는 제한 및 그에 대한 보상은 법률로써 하되, 정당한 보상을 지급하여야 한다'(제23조 제3항) 하는 기본권으로서 각각 별개의 헌법조항으로 규정되어 있다. 행정구제는 사법권에 의한 행정의 통제이다. 다만, 행정통제에는 법치행정의 관점에서 권력분립에 따르는 국회, 감사원 등에 의한 행정외적 통제와 상급행정기관의 감독이나 행정절차, 정보공개, 옴부즈만 등의 고충처리 등 행정의 내적 통제가 있다. 법령 등의 적법·타당한 해석·집행의 담보 및 담당 공무원에 대한 책임 추궁의 청원(제26조), 구속된 형사피고인이 무죄판결을 받은 경우 또는 구속된 형사피의자가 불기소처분 등을 받은 경우의 형사보상청구 및 그 결정요지의 일간신문 공시신청(제30조, 형사보상및명예회복에관한법률 제25조 제1항) 등도 그 같은 기능을 갖는, 이 행정통제는 열린 행정과 공직 청렴을 통한 국민의 권익 구제의 의의를 갖는다.

행정심판과 행정소송, 국가배상(손실보상)과, 손실보상 행정쟁송에는 위법한 행정작용에 대한 행정소송, 위법 또는 부당한 처분이나 그 밖에 공권력의 행사·불행사 등에 대한 행정심판이 있다. 행정심판은 서면심리가 원칙이나 행정소송은 구술 및 서면심리를 함께 한다. 행정심판은 재판의 전심절차로서 할 수 있도록 하고 그 절차는 법률로 정하되 사법절차를 준용한다(헌법 제107조 제3항). 이에 따라서, 행정소송은 행정심판을 경유한 후에 제기하든지 또는 바로 행정법원을 제1심으로 제소하여 구제청구를 행할 수 있다. 행정심판에는 취소심판, 무효등확인심판, 의무이행심판이 있다(행정심판법 제4조). 행정기관의 작위의무를 구하는 행정소송은 부인되나 부작위위법확인소송은 인정된다(행정소송법 제30조, 제38조 등). 국가배상의 제도는 위법한 행정활동에 의한 피해의 배상으로서 공무원의 불법행위에 기한 배상 및 국가배상법 제5조 '공공시설 등의 하자로 인한 책임'을 더한 행정상 손해배상이며, 반면, 손실보상의 제도는 적법한 행정활동으로 인하여 발생한 손실의 보상으로서 양자는 그 성립의 요건, 청구의 절차, 청구권의 소멸시효(손해배상청구권은 3년 국가배상법 제8조 민법 제766조, 손실보상청구권은 5년 예산회계법 제96조 지방재정법 제69조), 전보의 범위·방법 등에서 차이를 갖는다.

2.3 사법권(헌법재판권 등)·사인에 의한 기본권침해와 구제

모든 국가기관은 헌법의 구속을 받고 헌법에의 기속은 헌법재판을 통하여 사법절차적으로 관철된다. 법원재판이나 헌법재판 등의 기본권침해는 정당한 이유 없는 재판지연으로 인한 사법권부작위와 재판기관의 법률해석·적용의 잘못이라는 작위 등에 기인한다. 상급법원에의 상소(항소·상고), 재심, 비상상고·비약상고 등을 통하여 구제하거나 법원재판에 적용할 법률을 구체적 규범통제로 위헌·

무효화 하여 적용을 배제할 수 있다. 기본권을 침해하는 재판에 대한 헌법소원심판은 청구할 수 없지만(헌법재판소법 제68조 제1항), 헌법재판소가 위헌으로 결정하여 그 효력을 상실한 법률을 적용하여 행한 법원의 재판은 헌법재판소 결정의 기속력에 반할 뿐 아니라 법률에 대한 위헌심사권을 헌법재판소에 부여한 헌법의 결단(제107조, 제111조)에 정면으로 위배되어, 예외적으로 심판이 가능하다(헌재 1997.12.24. 96헌마172등). 대통령의 사면권(제79조)에 의한 사면·감형·복권 등은 잘못된 판결에 대한 기본권 구제 기능을 지닌다. 헌법 제27조 법관에 의한 신속한 공개재판, 제12조 변호인조력권 및 가족에의 통지권, 구속적부심사, 제13조 소급처벌 및 이중처벌금지 등이 재판청구권에 관련하여 인정되는 기본권구제의 제도다. 사인간 위법·부당한 권익침해는 민사손해배상청구나 고소·고발 등 형사법적 구제를 직접방식으로 한다. 하지만 기본권은 간접적용된다. 그러므로 인간의 존엄과 가치(헌법 제10조) 등의 기본권을 사법일반조항(민법 제2조, 제103조 등)을 통한 적용으로 구제하는 방식은 가능하다. 또한 타인의 범죄행위로 인하여 생명·신체에 대한 피해를 받은 국민은 법률이 정하는 바에 의하여 국가로부터 구조를 받는다(헌법 제30조).

3. 행정법의 실효규범성

3.1 행정법상 행정제재의 실효규범성

행정법의 실효규범성은 행정법규나 처분에 의하여 부과된 의무의 불이행시 이를 이행시키거나 이행된 것과 같은 상태를 실현하여 행정의 실효성을 확보하는 권력적 작용인 행정상 강제집행, 행정벌 등의 행정제재로 나타난다. 강제집행은 대집행·이행강제금 부과인 집행벌·직접강제·강제징수 등이다. 강제집행은 행정주체의 자력집행력이며 의무를 명하는 법규 외에 의무이행강제에 필요한 법적 근거도 요한다. 대집행은 '행정대집행법'을 일반법으로 한다. 이행강제금의 부과인 집행벌은 의무자가 행정법상 작위의무·부작위의무의 불이행시 일정 기간 내에 의무이행이 없으면 이행강제금을 과할 뜻을 예고하는 심리적 압박으로 의무자 스스로 의무를 이행케 하는 행정상 강제집행의 수단이다. 직접강제는 영업금지처분 위반자의 영업장 폐쇄조치 등의 강제집행이다. 강제징수는 국세체납처분에 대한 강제징수와 같이 독촉(국세기본법 제23조)·체납처분(국세징수법 제24조 재산압류, 압류재산의 매각 제67조, 청산 제80조, 결손처분 제85조~제86조)의 절차에 의한다. 행정상 즉시강제는 대인적 강제, 대물적 강제, 대가택강제 등으로 행정의 실효성을 확보하는 기능을 갖는다. 행정상 강제집행은 행정주체의 자력집행력이므로 법원의 판결로 집행관 등 집행기관의 집행을 청구하는 司法上 강제집행절차와 다르며, 민사상 강제집행의 특별법적 기능이므로 민사강제집행에 의한 의무이행은 허용되지 않고, 권력적 사실행위이기에 법률행위인 행정행위 또는 행정지도 같은 비권력적 사실행위와 다르다. 또한 직접적인 장래의무이행 확보수단인 점에서 과거 의무위반에 대한 제재로서 간접적 의무이행의 확보 수단인 행정벌과 다르다. 의무의 존재와 불이행을 전제로 하므로 상대방에 의무부과 없이 행정기관의 직접적 실력행사로 행정목적을 실현하는 행정상 즉시강제와 구별된다. 행정상 즉시강제로서 대인적 강제는 사람의 신체에 실력을 가하여 행정상 필요한 상태를 실현시키는 작용인 경찰관직무집행법의 보호조치, 전염병예방법의 전염병환자 강제수용, 강제건강진단 등이며, 대물적 강제는 물건에 실력을 가하여 행정상 필요한 상태를 실현시키는 작용인 경찰관직무집행법의 무기·흉기 등의 임시 영치, 도로교통법상 교통장애물 제거 등이다. 대가택강제는 소유자 또는 관리자의 의사에 불구하고 타인의 가택·영업소 등에 출입 또는 수색하는 작용이다. 급박한 상황에 대처하기 위한 것으로서 그 불가피성과 정당성이 충분히 인정되는 경우의 영장없는 즉시강제는 적법절차에 위배되지 않는다(헌재 2002.10.31. 2000헌가12). 행정기본법상 행정상 강제의 실효규범성으로서 행정청은 행정목적을 달성하기 위하여 필요한 경우에는 법률로 정하는 바에 따라 필요한 최소한의 범위에서 행정대집행, 이행강제금의 부과, 직접강제, 강제징수, 즉시강제의 어느 하나에 해당하는 조치를 할 수 있다.

'행정기본법'의 행정상 강제 1. 행정대집행: 의무자가 행정상 의무(법령등에서 직접 부과하거나 행정청이 법령등에 따라 부과한 의무를 말한다)로서 타인이 대신하여 행할 수 있는 의무를 이행하지 아니하는 경우 법률로 정하는 다른 수단으로는 그 이행을 확보하기 곤란하고 그 불이행을 방치하면 공익을 크게 해칠 것으로 인정될 때에 행정청이 의무자가 하여야 할 행위를 스스로 하거나 제3자에게 하게하고 그 비용을 의무자로부터 징수하는 것 2. 이행강제금의 부과: 의무자가 행정상 의무를 이행하지 아니하는 경우 행정청이 적절한 이행기간을 부여하고, 그 기한까지 행정상 의무를 이행하지 아니하면 금전급부의무를 부과하는 것 3. 직접강제: 의무자가 행정상 의무를 이행하지 아니하는 경우 행정청이 의무자의 신체나 재산에 실력을 행사하여 그 행정상 의무의 이행이 있었던 것과 같은 상태를 실현하는 것 4. 강제징수: 의무자가 행정상 의무 중 금전급부의무를 이행하지 아니하는 경우 행정청이 의무자의 재산에 실력을 행사하여 그 행정상 의무가 실현된 것과 같은 상태를 실현하는 것 5. 즉시강제: 현재의 급박한 행정상의 장해를 제거하기 위한 경우로서 다음 각 목(가. 행정청이 미리 행정상 의무 이행을 명할 시간적 여유가 없는 경우나. 그 성질상 행정상 의무의 이행을 명하는 것만으로는 행정목적 달성이 곤란한 경우)의 어느 하나에 해당하는 경우에 행정청이 곧바로 국민의 신체 또는 재산에 실력을 행사하여 행정목적을 달성하는 것. 행정상 강제 조치에 관하여 이 법에서 정한 사항 외에 필요한 사항은 따로 법률로 정한다. 형사, 行刑 및 보안처분 관계 법령에 따라 행하는 사항이나 외국인의 출입국・난민인정・귀화・국적회복에 관한 사항에 관하여는 이 절을 적용하지 아니한다(제30조). 이행강제금 부과의 근거가 되는 법률에는 이행강제금에 관한 부과・징수 주체, 부과 요건, 부과 금액, 부과 금액 산정기준, 연간 부과 횟수나 횟수의 상한 사항을 명확하게 규정하여야 한다. 행정청은 이행강제금을 부과하기 전에 미리 의무자에게 적절한 이행기간을 정하여 그 기한까지 행정상 의무를 이행하지 아니하면 이행강제금을 부과한다는 뜻을 문서로 戒告하여야 한다. 행정청은 의무자가 행정상 의무를 이행할 때까지 이행강제금을 반복하여 부과할 수 있다. 행정청은 이행강제금을 부과받은 자가 납부기한까지 이행강제금을 내지 아니하면 국세강제징수의 예 또는 '지방행정제재・부과금의 징수 등에 관한 법률'에 따라 징수한다(제31조). 직접강제는 행정대집행이나 이행강제금 부과의 방법으로는 행정상 의무 이행을 확보할 수 없거나 그 실현이 불가능한 경우에 실시하여야 한다. 즉시강제는 다른 수단으로는 행정목적을 달성할 수 없는 경우에만 허용되며, 이 경우에도 최소한으로만 실시하여야 한다. 즉시강제를 실시하기 위하여 현장에 파견되는 집행책임자는 그가 집행책임자임을 표시하는 증표를 보여 주어야 하며, 즉시강제의 이유와 내용을 고지하여야 한다(제33조).

'행정대집행법'의 행정상 강제집행 행정대집행법의 대집행은 의무자의 대체적 작위의무의 불이행, 다른 수단으로써 그 이행 확보의 곤란, 불이행의 방치가 심히 공익을 해할 것 등이며, 그 절차는 戒告(상당한 이행기간을 정하여 그 기한까지 이행되지 아니할 때에는 대집행을 한다는 뜻을 미리 문서로써 알리는 것), 대집행영장에 의한 통지(제3조 제2항), 대집행실행(제4조), 의무자로부터의 비용징수(제5조~제6조) 등이다. 대집행에는 행정심판을 제기할 수 있고(제7조), 이는 법원에 대한 출소의 권리를 방해하지 아니한다(제8조). 이행강제금의 부과는 민사상 간접강제에 상당하며(민사집행법 제261조), 의무위반의 제재가 아닌 의무이행을 강제하여 이행될 때까지 되풀이 과할 수 있어 행정벌과 다르다. 간접강제결정에 기한 배상금(행정소송법 제34조)은 제재나 손해배상이 아니고 재처분 이행의 심리적 강제수단이다. 건축법 위반건축물 등의 시정명령 불이행자에 부과하는 이행강제금(제69조의2, 제83조), 농지법상 농업경영에 이용하지 않는 농지 등의 처분명령 불이행자에 대한 이행강제금(제65조) 등이 그 예이다.

3.2 행정법상 행정벌・행정질서벌의 실효규범성

행정벌은 행정법상 의무위반을 일반통치권에 의거하여 제재하는 벌이다. 행정벌은 과거의무위반의 제재이므로 장래의무이행의 직접확보수단인 행정강제와 다르고, 행정법상 의무불이행에 대한 장래이행강제를 위한 의무이행강제인 집행벌과 다르며, 공법상 특별권력관계의 내부질서유지를 위하여 특별권력에 의거하여 질서문란자에 대해서 과하는 징계벌과 다르다. 행정벌에서 행정벌이 과하여질 의무를 위반한 행정범에 대한 행정형벌은 행정법규위반의 제재로서 형법에 刑名이 있는 형벌의 부과이기에 죄형법정주의가 적용된다. 행정질서벌은 행정질서유지를 위한 행정법규위반에 과하는 제재이기에(과태료 부과・재판・집행 등에 질서위반행위규제법이 일반법, 조례에 의한 행정질서벌인 과태료는 지방세 체납처분에 따른다. 지방자치법 제20조, 제130조, 제131조) 형사벌과 목적・성격을 달리하여 형법의 규율대상에 속하지 않고(헌재 1998.5.28. 96헌바83) 비송사건절차법 등의 과벌절차에 따르므로, 형사벌과 행정질서벌의 병과는 일사부재리원칙에 반하지 않으나(대법원 2000.10.27. 2000도3874), 행정질서벌과 행정형벌의 병과는 이중처벌금지의 기본정신에 배치될 여지는 있다(헌재 1994.6.30. 92헌바38).

행정형벌과 행정벌 행정형벌은 사형·징역·금고·자격상실·자격정지·벌금·구류·과료·몰수의 형벌을 형법의 총칙규정을 적용하여 형사소송법이 정한 절차에 따라서 법원이 과한다. 犯意로서의 고의·과실을 정한 형법 제13조, 제14조는 제8조에 따라서 행정형벌에도 적용된다. 행정범에도 형사책임능력을 정한 형법 제9조~제11조가 적용되어, 형사미성년자의 행위는 벌하지 아니하며, 심신장애자 및 농아자의 행위는 벌하지 않거나 형을 감경한다. 행정형벌은 행정법규위반에 대한 제재이므로 법인이 행정법상 의무자이면 그 범죄능력이 인정되어 처벌된다. 행정벌은 형사소송법의 절차에 따르지만 행정형벌의 특별과벌절차로서 통고처분과 즉결심판이 있다. 통고처분은 조세범·관세범·출입국관리사범·도로교통사범 등에 대하여 형사소송을 갈음하여 벌금·과료에 상당하는 금액의 납부를 명하는 준사법적 행정절차인 특별과벌절차이다. 행정청은 벌금·과료에 상당하는 금액 등의 범칙금 납부를 통고하고, 당사자가 법정기간내에 이행하면 절차는 종료되며, 이행하지 아니하면 당해 행정청의 고발에 의하여 일반과벌절차인 형사소송절차에로 이행된다. 통고처분에 대해서는 행정소송에 의하여 이를 다툴수 없다. 즉결심판은 20만원 이하의 벌금·구류·과료의 행정형벌에 대한 특별과벌절차이다. 경찰서장의 청구에 의하여 판사가 피고인에게 벌금 등을 과하며, 관할 경찰서장이 그 형을 집행한다. 이행한 때에는 일사부재리 원칙이 적용되어 다시 소추되지 않으며, 불이행시에는 고발되어 형사소송절차로 이행된다. 이에 대한 일반법인 즉결심판에 관한절차법에 의하면, 즉결심판에 불복하는 자는 고지를 받은 날부터 7일 이내에 정식재판청구서를 경찰서장에게 제출하며 이는 지체없이 판사에게 송부된다.

3.3 행정법상 의무이행확보수단

행정법상 의무이행확보는 법치행정원칙, 법률유보원칙, 과잉금지원칙, 부당결부금지원칙에 따르는 수단이 있다. 수익적 행정행위의 취소·정지는 허가·특허·인가 등을 받아 영업 등을 행하는 자가 법령위반의 상태를 야기한 경우에 행정청이 취소·정지하여 간접적으로 행정법상 의무이행을 강제한다. 행정법상 의무위반사항과 직접관련 있는 사업제한, 각종 인·허가 등 수익적 행정행위의 철회·정지, 행정법상 의무위반·불이행자에 대한 행정상 역무나 재화의 공급거부, 행정법상 의무위반이나 불이행자에 대한 의료기관·학원 기타 영업소 등의 폐쇄조치 등이다. 고액체납자 명단공개 등 위반사실 공표는 행정법상 의무위반이나 불이행의 경우에 그 사실을 일반에게 공표하여 위반자의 명예·신용의 저하를 가져와 행정법상 의무이행을 간접적으로 강제한다. 다만, 민법 제764조 '명예회복에 적당한 처분'에 사죄광고의 강제를 포함시키는 것은 국가의 사죄광고강제로서 양심에 반하는 행위 강제금지에 저촉되어 위헌이다(헌재 1991.4.1. 89헌마160).

행정상 의무이행의 간접적 방법 행정법규 위반자에게 금전부과 등의 불이익을 과하는 간접적인 행정상 의무이행제도인 과징금과 가산세에서, 과징금은 행정법상 의무위반자에 대한 금전적 행정제재금으로서 처벌인 과태료와 다르다('행정기본법'상 행정청은 법령등에 따른 의무를 위반한 자에 대하여 법률로 정하는 바에 따라 그 위반행위에 대한 제재로서 과징금을 부과할 수 있으며, 과징금의 근거가 되는 법률에는 과징금에 관한 1. 부과·징수 주체 2. 부과 사유 3. 상한액 4. 가산금을 징수하려는 경우 그 사항 5. 과징금 또는 가산금 체납 시 강제징수를 하려는 경우 그 사항을 명확하게 규정하여야 한다(제28조). 과징금은 한꺼번에 납부하는 것을 원칙으로 한다. 다만, 행정청은 과징금을 부과받은 자가 1. 재해 등으로 재산에 현저한 손실을 입은 경우 2. 사업 여건의 악화로 사업이 중대한 위기에 처한 경우 3. 과징금을 한꺼번에 내면 자금 사정에 현저한 어려움이 예상되는 경우의 어느 하나에 해당하는 사유로 과징금 전액을 한꺼번에 내기 어렵다고 인정될 때에는 그 납부기한을 연기하거나 분할 납부하게 할 수 있으며, 이 경우 필요하다고 인정하면 담보를 제공하게 할 수 있다(제29조)). 가산세는 납세자의 세법상 의무위반에 본래의 조세채무와 별개로 과하여지는 경제적 제재인 조세이다(부당이득세는 정부가 결정·지정·승인·인가 또는 허가한 물품가격, 부동산이나 기타 물건의 임대료 또는 요금의 기준가격을 초과하여 거래함으로써 부당한 이득을 얻은 자에게 과하여지는 조세이다). 반면, 가산금은 국세징수법·지방세법 등에 따른 국세·지방세·관세 기타 일정한 공과·납입금 등을 납부기한까지 완납하지 않은 때에 과하여지는 금전상 부담이다. 연체금은 행정주체의 채권 기타 행정주체에 납부하여야 할 납입금 등을 납부기한까지 납부하지 아니한 경우에 제재나 손해배상금으로서 과하는 금전상 부담이다.

Ⅲ. 법의 재판규범성

[一] 실체법규범 - 공법(헌법 · 행정법)의 재판규범성

1. 헌법의 재판규범성

1.1. 헌법의 재판규범성과 최고규범성

헌법의 재판규범성은 헌법이 국가의 실정법 규범체계의 위계질서에서 가장 높은 단계에 위치한다는 최고규범성을 전제로 한다. '대한민국헌법'이라는 성문의 헌법전인 실정헌법이 갖는 규범체계에서의 최고규범성은 성문헌법을 정점으로 하는 실정법의 규범질서에서 재판규범으로 실현됨으로써 헌법의 강제규범성이 인식된다. 헌법의 형식적 최고규범성은, 헌법의 규범으로서의 존재와 효력이 실정법체계로서의 규범의 계층 · 단계구조의 위계적 질서에서 법률 · 명령 등의 규범보다 더 높은 최상위단계에 존재하는 규범성을 갖는 것이다. 한국헌법은 헌법의 최고규범성을 정한 명문규정은 없지만(예컨대 1787년 미합중국헌법 제6조 제2항 This constitution,…, shall be the supreme law of the land 1946년 일본국헌법 제98조 제1항 등), 헌법규범에 의하여 창설되는 권력인 입법권은 국회(제40조), 행정권은 대통령이 수반인 정부(제66조 제4항), 사법권(및 헌법재판권)은 법원(및 헌법재판소)(제101조 제1항, 제111조 제1항), 지방자치권은 지방자치단체(제8장)에 귀속시키고, 이들 기관이 제정한 법률-명령-규칙-조례 등의 규범이 헌법적 권원과 정당성을 갖게 한다. 이 같은 헌법의 최고규범성을 전제로 하는 재판규범성은 헌법의 제정과 개정의 권력을 국민에 귀속시키는 시원헌법(헌법전문, 제1조 제2항, 제130조), 시원헌법에 의하여 제정된 헌법전에 최고규범성을 귀속시키는 성문헌법(헌법의 특정규정이 다른 규정의 효력을 부인할 수 있는 가치 · 효력의 차등의 부인(헌재 1995.12.28. 95헌바3), 헌법개별규정에 대한 위헌심사의 부인(헌재 2001.2.22. 2000헌바38)), 국내법규범은 물론 국제법규범보다 상위에 존재하는 상위헌법(제6조 제1항), 헌법개정에 법률개정보다 가중절차를 두는 경성헌법(제128조~제130조), 헌법을 규범통제(제111조 제1항 제1호 위헌법률심사, 제107조 위헌위법명령규칙심사) · 탄핵(제65조)의 재판규범으로 하는 규범헌법, 헌법개정시에도 법령지속효를 주는(부칙 제5조) 역사헌법으로서의 최고규범성이다. 헌법의 실질적 최고규범성은 헌법의 추상성 · 미완성성 · 역사적 이념성 등의 규범적 특성 등으로 국가의 규범질서가 통일적 가치체계로 정돈되도록 하는 시원적 규범질서이며 정당화 규범성을 말한다. 헌법이 국민의 기본권보장과 국가의 권력귀속(구성 · 조직) · 통제(작용 · 제한)규범으로 기능하는 실질적 최고규범성의 근거는 헌법이 국민의 헌법제정권력이라는 근본결단에서 나온 규범이기 때문이다. 헌법을 헌법제정권력자의 근본결단인 '절대적 헌법' 즉 헌법*Verfassung*과 부수결단인 '상대적 헌법' 즉 헌법률*Verfassungsgesetz*을 구분하면(카를 슈미트 C.Schmitt), 절대적 헌법인 헌법*Verfassung*은 근본결단이 투영된 최고성을 갖는 규범이다.

1.2 법률의 재판규범성과 일반추상성

헌법 제40조 '입법권은 국회에 속한다' 함은 입법권은 국민의 자유 · 권리 · 의무에 직접관계되는 규범인 법규를 중심으로 불특정다수를 대상으로 불특정한 경우에 적용하는 일반추상적 법규범 제정권이며, 국회에 귀속되는 국가작용이다. 법률은 입법권의 주체인 국회가 제정하는 법규범이다. 국회입법은 입법심의과정의 중심기관인 입법중심주의, 형식적 의미의 법률제정권은 국회만 갖는 입법독점주의에 기초한다. 다만 정부의 규범제정권인 행정입법은 허용된다(헌재 2006.12.28. 2005헌바59). 일반법률은 행정집행 · 사법재판 등의 법집행절차에 매개적용되어 불특정다수를 대상으로 불특정한 경우를 규율하는 일반·추상적 규범이다. 일반법률은 헌법 제40조 법의 일반성원칙에 근거하여, 법치주의·권력분립의 입헌주의 헌법원칙에 따라서 민주적 정당성·구체적 타당성, 법적 안정성·예측가능성, 평등원칙에 합치되는 국민의 자유의 제한, 의무의 부과, 권리 또는 법적 지위의 박탈을 가능케 하며, 법적 용자인 수범자의 행위규범이고 법집행자의 판단규범으로서 기능한다. 반면, 처분법률*Maßnahmegesetz*은 행정·사법 등 법집행절차에 매개적용되지 않고 특정사안·특정인에 직접적용되어 권리의무를 발생케 하는 자동집행력을 갖는다.

처분법률 처분법률은 특정사안·대상에 직접적용되는 개별법률, 특정 개인이 대상인 개인법률, 특정 시한을 정한 한시법률 등이다. 특정 개인이나 사건만 규율하는 처분법률은 그로써 발생하는 차별이 합리적인 이유로 정당화되는 경우 헌법상 허용된다(헌재 2008.1.10. 2007헌마1468). 처분법률은 행정·사법의 매개적용 없이 직접적용이 되는 점에서, 입법자가 동시에 행정관·재판관이 되어 '누구도 자신의 심판관이 될 수 없다' 하는 자연적 정의*natural justice*에 반하며, 권력분립주의·사법권독립·법 앞에 평등을 침해한다. 개인법률에서도 특정인에만 형벌을 부과하여 실질상 재판기능을 지닌 처분법률은 재판없이 권리의 제한·박탈 및 의무를 부과하는 사권박탈법*bill of attainder*이 되어 권력분립, 사법권독립 침해로 특히 헌법상 금지된다(미합중국헌법 Art.1, Sect.9(3)).

1.3 국회의 법률제정권과 법률의 재판규범성

법률은 성립하여 효력이 발생하면 시행되어 국민을 구속하는 재판규범성을 갖는다. 법률의 재판규범성은 정식절차에 의해서만 개정·폐지되는 형식적 효력과 국가기관과 국민을 기속하는 실질적 효력 등의 구속력을 의미한다. 국회는 법률제정권을 독점하는 입법형성권이 있지만 헌법은 입법권의 수권규범이므로 헌법정신에 반하는 법률은 헌법소송으로 무효가 된다. 그러므로 법률의 재판규범성은 대한민국의 헌법정신인 국가정통성의 민주공화국·자본주의의 국체, 헌법정체성의 자유민주주의·시장경제질서·법치주의의 정체인 대한민국의 헌법국가성을 지키고, 기본권(인간의 존엄, 평등, 자유권적 기본권, 사회적 기본권, 청구권적 기본권, 참정권 등) 제한의 법률유보에 따른 과잉금지의 비례성원칙 및 본질적 내용(헌법 제37조 제2항)의 침해 금지, 입법형성권의 헌법적 한계를 일탈한 법률은 위헌법률심판, 헌법소원심판(헌법소원심판의 취소결정 내지 인용결정은 당해 법률의 위헌결정 내지 위헌확인결정에 해당) 등의 헌법재판의 위헌결정에 의한 효력 상실로 재판규범성을 잃는다. 다만, 헌법에서 법령지속효 규정을 두고 있다면(1980.10.27. 제5공화국헌법 부칙 제6조 제1항 제3항, 1987.10.29. 현행헌법 부칙 제5조), 현행헌법 제정 전 법률(제5공화국헌법 제정 전 국가보위입법회의 제정 법률 헌재 1997.1.16. 92헌바6등)에 관하여서는 그 내용의 헌법저촉여부를 다투는 것은 별론으로 하고 법률의 제정절차에 위헌적 하자가 있음을 이유로 이를 다툴 수 없다.

국회의 입법과정과 통제 입법과정은 광의로는 관습법·판례법 등을 제외한 실정법으로서 조약 등 국제법규범 및 국내법인 헌법·법률·명령·조례·규칙 등의 규범정립과정이며, 협의로는 헌법 제52조·제53조에 한정하여 국회의 법률 제정·개정과정이다. 법률안제출은 국회의원과 정부(헌법 제52조), 공포는 대통령과 국회의장, 심의·의결은 국회의 전속적 권한이다. 국민의 법률안발안권 규정은 없다. 법률안의결은 국회의 재적의원 과반수 출석과 출석의원 과반수 찬성의 일반의결절차(헌법 제49조 국회법 제109조)에 따라, 국회에서 의결된 법률안은 정부에 이송되어 15일 이내에 대통령의 국무회의 심의(헌법 제89조 제3호), 국무총리 및 관계국무위원의 문서부附 부서(제82조), 서명(성립요건)·공포(효력요건)로 성립한다(제53조 제1항). 확정된 법률(재의결되거나 15일 이내에 대통령이 공포나 재의의 요구를 하지 않은 법률안 제4항, 5항)은 대통령이 지체없이(5일을 넘기지 않아야 한다) 공포하며(제6항 제1문), 확정법률이 정부에 이송된 후 5일 이내에 대통령이 공포하지 아니할 때에는 국회의장이 공포한다(제2문). 정부는 대통령이 법률안을 공포한 경우에는 이를 지체 없이 국회에 통지하여야 한다(국회법 제98조 제2항). 법률은 특별한 규정이 없는 한 공포한 날로부터 20일이 경과함으로써 효력이 발생한다(헌법 제53조 제7항). 입법과정에 대한 통제는 대통령의 법률안거부권(헌법 제53조 제2항, 제3항), 국민의 법률개정·폐지의 입법청원(제26조), 대통령이 부의한 법률에 대한 국민투표권(제72조) 등에 의한다. 다만, 국회는 의회자율권의 입법재량을 가지므로, 국회입법과 관련하여 일부 국회의원들의 권한이 침해되었어도 입법절차의 헌법규정을 명백히 위반한 흠에 해당하는 것이 아니라면 법률안 가결·선포행위를 곧바로 무효로 볼 것은 아니고 제49조 다수결원칙, 제50조 회의공개원칙 등 입법절차의 헌법원칙의 명백한 위배로 결정된다(헌재 2009.10.29. 2009헌라8; 1997.7.16. 96헌라2).

2. 공법 규범의 재판규범성

2.1 헌법 규범의 재판규범성

2.1.1 헌법재판권의 재판규범성

헌법재판권은 최고규범인 헌법을 기준으로 하여 하위규범을 심판하는 '규범통제' 즉 규범이 규범을 재판함을 근간으로 한다. 그 점에서 규범이 사실을 재판하는 민·형사재판 등의 사법작용과 구별된다. 규범통제에서 사후적 규범통제에는 재판의 전제가 되는 쟁송사건에 적용되는 법률의 사법심사로 위헌법률의 적용을 거부하는 구체적 규범통제, 재판전제성에 관계없이 법률의 헌법적 심사로 효력을 상실케 하는 추상적 규범통제 등이 있다. 사전적 규범통제는 공포 또는 시행 전 법률에 대한 추상적 합헌심심사로 위헌법률의 공포·시행을 금지하는 헌법재판이다. 우리는, 법원의 제청에 의한 법률위헌여부의 심판이라 하여 구체적 규범통제의 제도이면서도, 위헌으로 결정된 법률 또는 법률의 조항을 그 결정이 있는 날로부터 효력을 상실시키는 추상적 규범통제의 기능도 갖는, 객관적 규범통제를 규정한다. 헌법소원은 기본권을 침해하는 공권력의 위헌·무효를 행하여 주관적 공권보장과 객관적 헌법질서를 유지하는 기능을 갖는다. 다만 우리 제도는 개인적 규범통제의 기능을 갖는 헌법소원인 위헌심판형 헌법소원제도를 규정한다. 헌법재판소법 제68조 제1항은 법원의 재판을 헌법소원심판대상에서 제외한다. 다만, 헌법재판소가 위헌으로 결정한 법령을 적용함으로써 국민의 기본권을 침해한 재판에 대해서는 심판할 수 있어(헌재 1997.12.24. 96헌마172등), 그 한에서만 법원의 사법권은 제한된다. 헌법소원심판청구는 다른 법률에 구제절차가 있는 경우에는 그 절차를 모두 거친 후가 아니면 청구할 수 없기에(보충성 원칙), 헌법재판소는 행정소송법 기타 다른 법률에 의하여 구제되지 아니하는 사항만 헌법소원심판권을 행사하게 된다. 헌법재판소의 관장사항이 되는 권한쟁의심판은 행정소송법 제3조 제4호 단서 및 헌법재판소법 제2조의 규정에 의하여 행정소송법상 기관소송에서 제외된다. 따라서 헌법재판소의 권한쟁의심판권에서 법원의 사법권은 제한된다.

위헌법률심판 (헌가) 헌법 제111조 제1항 제1호	탄핵심판 (헌나) 제2호	위헌정당 해산심판 (헌다) 제3호	권한쟁의심판 (헌라) 제4호	헌법소원심판 (헌마, 헌바) 제5호	각종신청 사건 (헌사)	각종특별 사건 (헌아)

2.1.2 규범통제권의 재판규범성

위헌심판의 제도로서의 사후적 규범통제는 구체적 규범통제와 추상적 규범통제가 있다. 구체적 규범통제는 위헌여부가 문제되는 법률이 재판의 전제가 되는 경우에 그 법률의 사법심사를 법원에 제청하여 위헌법률의 적용을 거부한다. 추상적 규범통제는 법률의 재판전제성 여부에 관계없이 헌법재판소의 헌법심사로 그 효력을 상실시킨다. 한국의 구체적 규범통제는 법원에서 재판중인 구체적 쟁송사건에 적용될 법률의 위헌여부를 직권 혹은 쟁송당사자의 신청에 의한 법원의 제청으로 헌법재판소의 심판에 의하여 재판한다. 즉 법원은 위헌제청권을 갖고 위헌결정권은 독립한 헌법기관인 헌법재판소가 이를 심판한다. 다만, 위헌으로 결정된 법률 또는 법률의 조항은 그 결정이 있는 날로부터 효력을 상실시킨다. 이는 구체적 사건이나 재판과 관계없이 법률의 위헌여부를 국가기관(정부·소수파 국회의원 등)의 청구로 독립한 헌법재판기관이 심사하여 위헌으로 판단한 법률의 효력을 상실하게 하는 독오식(獨奧式 독일, 오스트리아) 추상적 규범통제와 구분되나, 구체적 규범통제인 미국의 사법심사인 judicial review의 제도를 절충한 객관적 규범통제의 제도다. 한국의 규범통제는 사후적 규범통제이면서, 위헌으로 결정된 법률을 재판의 전제가 된 당해사건에의 적용거부가 아니라, 위헌법률의 효력을 상실케 하는 일반적 구속력을 갖는다. 즉 위헌으로 결정된 법률 또는 법률의 조항은 그 결정이 있는 날로부터 효력을 상실시키고, 위헌·위법의 명령·규칙은 적용이 거부된다(헌법 제107조 제1항·제111조 제1항 제1호, 헌법재판소법 제41조, 제43조, 제47조, 제64조, 제108조, 제113조 제2항 등).[55] 규범통제가 갖는 법률의 효력상실적 성격은 규범의 제정이나 폐지의 입법작용이 아니라,[56] 기능적 권력분립에 따른 헌법재판기관의 입법부통제를 위하여 갖는, 규범의 유·무효를 유권적으로 판단·선언하는 권한의 결과 나오게 되는 법창설적 사법작용이다(헌재 1995.12.15. 95헌마221등).

2.1.3 명령·규칙·처분의 재판규범성

한국의 규범통제의 제도는 개별사건에 대한 유권적 사법 재판을 넘어 전체로서의 사회·정치질서를 형성하는 전향적 법체계 지향성을 가지도록 기능케 한다(헌재 1993.5.13. 92헌가10등). 헌법 제107조 제2항 '명령·규칙 또는 처분이 헌법이나 법률에 위반되는 여부가 재판의 전제가 된 경우에는 대법원은 이를 최종적으로 심사할 권한을 가진다' 하는 '명령·규칙심사권' 법원이 재판의 대상이 되는 구체적 사건에 적용할 명령·규칙의 효력을 심사하여 이를 헌법이나 법률에 합치하지 아니한다고 판단하는 경우, 당해 명령·규칙을 그 사건에 적용함을 거부하는 권한이다. 헌법 제111조 제1항 제1호에서 법률의 위헌여부심사권을 헌법재판소에 부여한 이상 통일적인 헌법해석과 규범통제를 위하여 법률의 하위 법규인 명령·규칙의 위헌여부심사권이 헌법재판소의 관할에 속함은 당연하다(헌재 1990.10.15. 89헌마178). 법률보다 하위규범인 명령·규칙 등은 위헌법률심사가 아니라 위헌위법명령·규칙심사의 대상이 된다. 이는 위임입법인 법규명령(헌재 1996.10.4. 96헌가6), 헌법에 근거하는 국회규칙(제64조 제1항), 대법원규칙(제108조 헌재 2001.2.22. 99헌바87등), 헌법재판소규칙(제113조 제2항), 중앙선거관리위원회규칙(제114조 제6항), 지방자치단체의 규정인 조례·규칙, 감사원법에 근거한 규칙 등이다.

2.2 행정법 규범의 재판규범성

2.2.1 행정법관계에서의 재판규범성

행정법관계에서의 재판규범성은 법원 또는 헌법재판소의 규범적 강제력을 지닌 행정구제의 제도에 따른 규범적 통제에 의한다. 행정구제는 행정작용으로 권리·이익이 침해되었거나 침해될 것으로 주장하는 자가 행정기관이나 법원에 원상회복·손해전보 또는 그 취소·변경, 예방 등을 청구하여 보호받는 행정법관계이다. 행정상 손해배상, 손실보상, 행정재판 등이 그것이다. 행정상 손해배상은 공무원의 위법한 직무행위나 공공의 영조물의 설치·관리의 흠·하자로 인하여 개인에게 발생한 손해를 국가 또는 공공단체가 배상하는 것이다(헌법 제29조, 국가배상법 제2조, 제5조). 행정상 손실보상은 공공필요에 의한 적법한 공권력의 행사로 인하여 재산에 가해진 특별한 희생을 사유재산권 보장과 공평부담의 견지에서 조절하는 행정주체의 손실전보塡補이다. 행정법관계에서의 재판규범성은 행정처분에 대한 이의신청 및 재심사의 과정을 통하여 개시된다.

2.2.2 행정기본법에서의 재판규범성

행정기본법에서의 재판규범성은 처분에 대한 이의신청에 따른 재판규범성이다. 행정청의 처분('행정심판법' 제3조에 따라 같은 법에 따른 행정심판의 대상이 되는 처분)에 이의가 있는 당사자는 처분을 받은 날부터 30일 이내에 해당 행정청에 이의신청을 할 수 있다(제7절 제36조). 이의신청을 한 경우에도 그 이의신청과 관계없이 '행정심판법'에 따른 행정심판 또는 '행정소송법'에 따른 행정소송을 제기할 수 있다. 다른 법률에서 이의신청과 이에 준하는 절차에 대하여 정하고 있는 경우에도 그 법률에서 규정하지 아니한 사항에 관하여는 이 조에서 정하는 바에 따른다. 다음 각 호(1. 공무원 인사 관계 법령에 따른 징계 등 처분에 관한 사항 2. '국가인권위원회법' 제30조에 따른 진정에 대한 국가인권위원회의 결정 3. '노동위원회법' 제2조의2에 따라 노동위원회의 의결을 거쳐 행하는 사항 4. 형사, 행형 및 보안처분 관계 법령에 따라 행하는 사항 5. 외국인의 출입국 · 난민인정 · 귀화 · 국적회복에 관한 사항 6. 과태료 부과 및 징수에 관한 사항)의 어느 하나에 해당하는 사항에 관하여는 이 조를 적용하지 아니한다. 당사자는 처분(제재처분 및 행정상 강제는 제외)이 행정심판, 행정소송 및 그 밖의 쟁송을 통하여 다툴 수 없게 된 경우(법원의 확정판결이 있는 경우는 제외)라도 대통령령으로 정하는 경우(1. 처분의 근거가 된 사실관계 또는 법률관계가 추후에 당사자에게 유리하게 바뀐 경우 2. 당사자에게 유리한 결정을 가져다주었을 새로운 증거가 있는 경우 3. '민사소송법' 제451조에 따른 재심사유에 준하는 사유가 발생한 경우 등)의 어느 하나에 해당하는 경우에는 해당 처분을 한 행정청에 처분을 취소 · 철회하거나 변경하여 줄 것을 신청할 수 있다(제37조). 처분의 재심사 결과 중 처분을 유지하는 결과에 대해서는 행정심판, 행정소송 및 그 밖의 쟁송수단을 통하여 불복할 수 없다. 행정청의 행정기본법 제18조에 따른 취소와 제19조에 따른 철회는 처분의 재심사에 의하여 영향을 받지 아니한다. 다음 각 호(1. 공무원 인사 관계 법령에 따른 징계 등 처분에 관한 사항 2. '노동위원회법' 제2조의2에 따라 노동위원회의 의결을 거쳐 행하는 사항 3. 형사, 행형 및 보안처분 관계 법령에 따라 행하는 사항 4. 외국인의 출입국 · 난민인정 · 귀화 · 국적회복에 관한 사항 5. 과태료 부과 및 징수에 관한 사항 6. 개별 법률에서 그 적용을 배제하고 있는 경우)의 어느 하나에 해당하는 사항에 관하여는 이를 적용하지 아니한다.

2.2.3 행정재판을 받을 권리에서의 재판규범성

행정재판을 받을 권리는 행정법규적용에 관한 분쟁 기타 공법상 권리의무관계의 다툼에 대하여 법원에 심판을 청구할 수 있는 재판청구권이다. 행정재판은 국민의 권익구제 즉 위법한 행정작용으로 권리 · 이익을 침해당한 국민이 쟁송절차를 통하여 구제받아 주관적 소송으로서 행정의 적법성과 객관적 소송으로서의 합목적성을 실현한다. 행정재판에 대해서, 영미 통합형은 행정소송 · 헌법소송을 민 · 형사소송을 재판하는 법원이 담당한다. 독불獨佛 분리형은 행정재판의 성질을 행정작용으로 인식하여 그 적법여부판단은 행정권한에 속한다 보아 행정부 내에 특별재판소를 설치하여 행정사건에 대한 재판을 행하거나 또는 그 구성 · 조직에서 독립한 행정법원이나 헌법재판소가 맡고 사법권은 민사 · 형사사건에 국한하는 것으로 보았다. 한국의 행정재판은 통합형이나 헌법재판은 분리형이다. 행정재판은 민사 · 형사소송과 함께 대법원을 최고법원으로 하는 각급법원에 속하는 행정법원이 제1심으로 전심절차인 행정심판을 거치거나 직접 제소된 사건을 심리하며(법원이 직접 행정권을 행사하는 결과를 가져오는 이행판결, 적극적 형성판결 등의 행정소송은 부인), 최종상급심은 대법원에 귀속한다(헌법 제107조 제2항). 권력분립은 견제 · 균형에 의하여 권력을 형성 · 정돈하는 기능적 원리의 측면이 상호간 절대 불간섭이라는 형식적 원리와 함께 하므로, 행정재판이 '구체적 법률상 쟁송에 관하여 법을 해석 · 적용함으로써 분쟁을 해결하는 법 판단작용'이라면 사법상이든 공법상이든 사법작용에 속하므로, 행정소송은 본질적으로 사법작용이다. 헌법은, 사법권은 법관으로 구성된 법원에 속하고(제101조 제1항) 대법원은 명령 · 규칙 또는 처분이 헌법이나 법률에 위배되는 여부가 재판의 전제가 된 경우에는 이를 최종적으로 심사할 권한을 가진다(제107조 제2항) 하여, 행정재판도 사법작용에 속함을 전제로 대법원을 최고법원으로 하는 일반 법원의 권한에 포함됨을 명시한다.

2.3 행정소송 · 행정심판과 재판규범성

행정소송은 법령의 적용에 의하여 해결할 수 있는 법률상 쟁송의 재판이므로, 개인의 구체적 권리의무나 법률상 이익에 직접관계되지 않는 일반적 추상적 법적 상태의 분쟁은 대상이 아니다. 행정소송은 행정목적 실현을 위한 공법상 법률관계에 관한 소송이어서, 국가 형벌권 발동에 관한 형사소송이나 대등한 개인 상호간 사법상 법률관계를 다루는 민사소송과 달리, 행정소송의 일반법인 행정소송법이 행정소송개괄주의(행정소송법 제1조), 행정심판의 前置(제107조 제3항 1문), 사법절차준용(제2문) 등을 규정한다. 행정소송은 독립한 재판기관인 법원의 재판인 점에서 행정기관의 행정심판과 구별된다. 행정심판은 처분 등을 행한 행정청에 이의를 제기하여 처분청의 상급기관으로 하여금 재차 심리하도록 하는 행정기관의 항고抗告심판이다. 행정심판은 행정소송과 달리 행정처분이 위법한 경우뿐 아니라 부당한 경우도 인용재결을 할 수 있다. 행정소송법은 '취소소송은 법령의 규정에 의하여 당해 처분에 대한 행정심판을 제기할 수 있는 경우에도 이를 거치지 아니하고 제기할 수 있다'(제13조 제1호) 하여 임의적 행정심판전치주의가 원칙이나, 행정소송 제기 전 반드시 행정심판을 거치도록 하는 필요적 전치주의도 예외로 개별법에서 규정하여(행정공무원에 대한 징계 기타 불이익처분, 국세기본법과 관세법상 처분, 노동위원회 결정, 부당해고, 부당노동행위, 도로교통법에 의한 처분(운전면허 취소·정지) 등), 필요적 전치사건에서 행정심판 없이 바로 행정소송을 제기할 수도 있다('동종사건에 대하여 이미 행정심판의 기각재결이 있은 때, 소송계속 중이거나 변론종결 후 행정청이 당해 항고소송의 대상인 처분을 변경하여 그 변경된 처분에 항고소송을 제기하는 때(행정소송법 제22조 제3항, 제18조 제3항 3호), 처분청이 행정심판을 거칠 필요 없다고 잘못 알릴 때(행정절차법 제26조 고지의무), 행정심판에서 접수담당공무원이나 심판업무담당공무원 등이 행정심판을 거칠 필요 없다고 잘못 알려 준 경우').

행정소송의 종류 행정소송은 행정법규의 적용에 관한 분쟁 기타 공법상 권리관계에 관한 분쟁을 당사자의 소의 제기에 의하여 법원이 소송절차에 따라 판단하는 재판이다. 행정소송법은 행정소송절차를 통하여 행정청의 위법한 처분 그 밖에 공권력의 행사·불행사 등으로 인한 국민의 권리 또는 이익의 침해를 구제하고, 공법상 권리관계 또는 법적용에 관한 다툼의 적정한 해결을 목적으로 한다(제1조). 행정소송에는 항고소송, 당사자소송, 민중소송, 기관소송 등이 있다(제3조). 행정소송을 개인의 주관적 권리·이익의 보호를 위한 주관소송과 공동체의 객관적 행정법규의 보호를 위한 객관소송으로 구분하면 항고소송·당사자소송은 주관소송이고, 민중소송·기관소송은 객관소송이다. 항고소송은 공권력의 행사인 처분 또는 불행사인 부작위 등을 대상으로 하는 소송이고, 당사자소송은 공법상 법률관계를 대상으로 하는 소송이다. 행정소송에는 민사소송의 청구내용에 따르는 소의 유형으로서 형성의 소·확인의소·이행의 소가 있다. 형성의 소는 행정법관계의 발생·변경·소멸을 가져오는 판결을 구하는 소송이다. 위법한 처분 등의 취소 또는 변경(일부취소)을 가져오는 판결을 구하는 취소소송이 그것이다. 확인의 소는 특정한 공권 또는 공법관계의 현재에 있어서의 존재 또는 부존재를 주장하여 그 확정을 구하는 소송이다. 무효등확인소송·부작위 위법확인소송 등이 그것이다. 이행의 소는 상대방에 대한 특정한 이행청구권의 존재의 확인과 그에 기한 이행을 명하는 판결을 구하는 소이다. 당사자소송으로서의 공법상 금전지급청구소송·원상회복청구소송 등이 그것이다. 행정소송에는 이밖에 단일의 소(1인의 원고가 1인의 피고에게 1개의 청구의 심판을 구하는 소송), 병합의 소(원고·피고·청구 등이 여러 개인 소송), 독립의 소(소송절차를 독자적으로 개시시키는 소송), 소송중의 소(이미 개시된 소송절차 내에서 병합심리를 구하는 소송인 청구의 변경, 당사자참가, 공동소송참가 등) 등이 있다. 헌법재판은 헌법상 법률관계 또는 국민의 헌법상 권리인 기본권 침해에 대하여 헌법재판소가 갖는 위헌법률심판, 탄핵심판, 정당해산심판, 기관간 권한쟁의심판, 헌법소원심판(제111조 제1항) 등의 권한이다.

행정소송의 절차과정 행정소송의 소장에는 원고·피고 등 당사자 표시, 청구취지(원고주장 인용시의 판결주문에 해당), 청구원인(피고 처분 등의 위법에 대한 사실상 법률상 주장), 주장사실을 입증할 수 있는 증거자료, 상대방 수에 상응하는 부본과 인지 및 송달료 납부 등을 행한다. 소장을 작성하여 법원에 제출하려면 국내에 있는 여러 곳의 법원 중 그 사건과 관련된 관할법원에 제출한다. 준비절차에 회부한 사건에는 준비서면 공방과 기일 전 증거조사가 핵심요소인 서면에 의한 쟁점정리절차를 시작한다. 문서송부촉탁, 사실조회, 검증·감정신청과 그 촉탁은 물론 증인신청까지도 모두 이 단계에서 마친다. 재판장은 기본서면공방이 종료되고 쟁점부상 및 기일 전 증거제출이 일단 완료되었다고 판단되는 사건은 구술주의를 구현하는 절차인 쟁점정리기일을 지정한다. 집중증거조사기일은 각 사건에 관련된 쌍방의 증인 및 당사자신문 대상자 전원을 한꺼번에 집중적으로 신문한다. 신문을 마친 사건은 그로부터 단기간 내에 판결을 선고하는 구조로 운영한다. 재판장은 답변서 제출 후, 조기에 변론기일을 지정하거나 서면공방을 진행하기로 결정하는 경우에는 그 절차로 이행하거나 서면공방 종료후 쟁점정리를 위한 변론준비기일을 지정하여 원고가 청구의 근거로 삼고 있는 사실관계와 피고가 항변하는 사실관계를 정리한다. 다툼이 있는 사실 가운데 증인신문, 증거조사 등에 의한 입증이 필요한 사항을 정리하는 등의 절차가 진행된다. 증거조사는 반드시 변론준비기일에 하여야 하는 것은 아니지만, 증인신문과 당사자본인신문은 어느 경우든 변론기일에 시행하게 된다. 변론기일은 재판장이 진행을 담당하고, 공개법정에서 진행된다. 증인 조사는 증인진술서 제출 방식, 증인신문사항 제출 방식, 서면에 의한 증언방식 등이 있다.

행정재판을 받을 권리와 행정심판 행정심판에 불과한 법무부변호사징계위원회 결정에 대법원이 법률적 측면의 심사만 할 수 있게 함은 위헌이다(헌법 제101조 제1항, 제107조 제3항 위반)(헌재 2002.6.29. 99헌가9). 특정한 행정적 재결에 합의 성립의 간주는 위헌이 되기도 한다(학교안전공제회의 공제급여결정에 학교안전공제보상재심사위원회가 재결을 행한 경우 재심사청구인이 공제급여와 관련된 소를 제기하지 않거나 제기한 소를 취하한 경우 학교안전공제회와 재심사청구인 사이에 당해 재결의 내용과 동일한 합의가 성립된 것으로 간주하는 것이 학교안전공제회의 재판청구권 침해라고 본 경우)(헌재 2015.7.30. 2014헌가7). 도로교통법의 행정심판전치주의(헌재 2002.10.31. 2001헌바40), 국가배상법에 따른 손해배상소송을 배상심의회에의 배상신청 없이 제기할 수 있는 것(헌재 2000.2.24. 99헌바17등), 보상금증감청구소송의 제소기간 제한(헌재 2016.7.28. 2014헌바206 재판청구기간의 정함은 입법자의 입법형성재량이므로 입법부의 합리적 재량의 한계를 일탈하지 않는 한 위헌이 아니다 한 선례(헌재 2002.11.28. 2002헌바38) 재확인), 토지수용조치에 불복시 중앙토지수용위원회에 이의신청을 먼저 하게 하고 이의절차의 필요적 전치 및 행정심판법에 비하여 비교적 짧은 청구기간을 설정한 조항은 토지수용 관련 분쟁의 특수성을 고려한 것으로서 재판청구권 침해나 평등 원칙 위반이라 볼 수 없다(2002.2.4. 법률 제6656호로 제정되고 2003.1.1.부터 시행되는 공익사업을위한토지등의취득및보상에관한법률 제83조 제1항에서 중앙토지위원회의 수용재결에 대한 이의를 임의적인 것으로 하고 있고, 제85조 제1항에서 이의를 거치지 않고도 그 수용재결 자체에 대해서 행정소송을 제기할 수 있도록 하고 있다)(헌재 2002.11.28. 2002헌바38).

3. 국제법 규범의 재판규범성

3.1 국제법과 헌법질서

국제법은 주권국가 간 관계를 규율하는 근대국가적 규범이다. 국가의 국제법상 행위는 조약과 국제관습법 등의 국제법으로 실현된다. 국제법 규범은, 국내적 사회를 전제로 하는 국가의 법규범이 아니라 국제사회를 전제로 하는 국가간 규범이므로, 그 법칙규범성과 당위규범성 외에 강제규범성과 법실현의 규범적 근거에 관한 규범설에 의하면, 국제법의 강제규범성의 근거는 국제법의 규범 자체 특히 국제법규범의 원천인 근본규범*Grundnorm*에 궁극적 근거가 있고(H.Kelsen, Reine Rechtslehre), 국제법규범의 근본규범은 '약속은 지켜져야 한다'*pacta sunt servanada*에 근거한다. 법의 당위규범성의 본질이 의사소통공동체인 사회에 있는 것과 같이 국제사회 자체가 갖는 의사소통공동체로서의 성격에서 구할 수도 있다. 국제법은 다수의 주권국가를 전제로 성립하는 규범이다. 국내법체계와 달리 국제법에는 중앙입법기관이 존재하지 않으며 국제법 일반규범은 국가간 합의에 의해서만 가능하다. 국제사법재판소의 재판관할권도 양당사자의 합의에 의하는 것이므로 강제적 재판관할권은 존재하지 않는다. 물론 유엔 안전보장이사회 같이 일방적으로 소집되고 직권으로 개입할 수 있는 권한을 갖는 경우도 있다. 국제법 法源은 헌법 제6조 제1항 '조약과 일반적으로 승인된 국제법규는 국내법과 같은 효력을 갖는다'에 따른 '국제연합헌장 및 국제사법재판소규정'(Charter of the United Nations and Statute of the International Court of Justice (UN, ICJ)) 제38조에 의하면 국제협약, 국제관습, 문명국에 의하여 승인된 법의 일반원칙, 사법판결, 諸國의 가장 우수한 국제법학자의 학설, 형평과 선 등의 조리 등이다.

3.2 헌법질서에서의 국제법과 국내법

헌법 제6조 제1항 '헌법에 의하여 체결·공포된 조약과 일반적으로 승인된 국제법규는 국내법과 같은 효력을 가진다', 제2항 '외국인은 국제법과 조약이 정하는 바에 의하여 그 지위가 보장된다' 함은 국가간 합의에 의한 국가의사의 대외적 표현인 국제법과 국가의사의 대내적 표현인 국내법이 헌법을 정점으로 하는 통일적 법질서의 위계와 효력을 지닌 단일적 규범체계로서 국가의 헌법질서에 포섭된다는 헌법적 의의를 정한 규정이다. 국내법과 국제법은 행위를 규율하고 구속하는 법규범으로서, 국내법은 주권국가의 국가내부관계에서 국가·개인간, 개인간 관계를 적용대상으로 단일 입법자의 단독의 의사에 의한 제정법 또는 관습법으로서 형성되며, 한편, 국제법은 개별국가의 독립·자율성을 전제로 주권국가의 다자간 의사의 합치로 제정되는 조약 또는 일반적으로 승인된 국제법규 등으로 형성된다. 국내법·국제법은 주권국가의 독자성으로 제정된 헌법질서를 전제로 法源, 제정절차, 적용대상인 수범자, 실효성 등에서 이원적 법질서로 병존하며, 한 국가의 국제법준수는 국가주권의 자기제한성에 따른 자신의 의사에 스스로 복종하는 것 즉 헌법상 국제법존중의 원칙에 근거한다.

3.3 국제법의 헌법질서로의 규범적 포섭

국제법은 국내법인 헌법의 최고성에 포섭되면서 국내법으로 전환되어 적용된다. 국제법은 헌법질서를 정점으로 하는 국내법 체계에 타당하게 적용되도록 채택*adaptation*·변형*transformation*·집행*execution*되는 등으로 수용acceptance되어 국내법에 포섭되면, 그 같은 국제법규범에 대해서는 국내법으로서 규범적 효력을 인정한다(헌재 1999.4.29. 97헌가14). 국제법으로서 조약은 헌법이 정하는 절차에 따라서 체결되어 체약締約당사국을 구속하는 국제법적 효력 및 헌법질서에 수용되는 국내법질서로의 규범적 전환에 의하여 국민을 구속하는 국내법적 효력을 갖는다. 어느 당사국도 조약 불이행을 정당화하기 위해 자국 국내법을 원용할 수 없다(조약법에관한Vienna 협약 1969년 제27조). 일반적으로 승인된 국제법규는 대한민국이 체약당사자가 아닌 조약이라도, 헌법정신의 존중과 국제사회의 관계법규 등을 고려하여(헌재 1992.4.28. 90헌바27등), 세계 대다수 국가가 승인하여 보편화 · 일반화된 효력을 지닌 규범으로서 이해되면 국회의 동의 등의 절차를 요하지 않아도 국내법과 같은 효력을 지닌다(헌법 제6조 제1항). 일반적으로 승인된 국제법규는 성문국제법(UN헌장, 국제사법재판소 ICJ규정, 국제인권규약 등), 불문국제관습법(외교사절의 국제법상 지위, 전쟁법 일반원칙, 소수민족의 권리 등), 일반적 규범원칙(집단학살genocide금지협정, 포로에 관한 제네바협정, 不戰조약 등) 등이다.

[二] 실체법규범 – 私法의 재판규범성

1. 민법 규범의 재판규범성

1.1 담보물권의 재판규범성

민법의 재산법에서도 물권법에 속하는 담보물권은 채권담보가 목적이며 그 재판규범성은 경매로 실현된다. 채무자의 채무불이행시 담보목적물을 강제로 매각하여 그 대금에서 우선변제를 받는다(판결절차는 민사소송법, 민사집행절차는 민사집행법(민법 제329조, 제338조 제1항, 제356조, 제363조 제1항, 제322조 제1항 참조)이 규율(일본은 가압류 · 가처분절차를 민사보전법으로 규율)). 경매는 채권자가 채무자에 대해 갖는 확정판결 등 집행권원(종전의 債務名義)에 기초하여 채무자 소유의 일반재산을 강제집행의 일환으로 매각한다. 임의경매는 전세권 · 질권 · 저당권 등에 기하여 설정된 담보물에 그 담보권에 있는 환가권에 기초하여 그 실행을 국가기관이 대행하는 경매이다(민사집행법 제268조 등 강제경매 규정의 준용). 경매는 그 목적물인 권리가 소유자인 채무자로부터 경락인에게 이전되고, 경락인은 대금을 지불하고 권리를 취득한다는 점에서 매매의 성격을 갖는다. 경매는 집행기관이 법에 의해 정해진 매각조건에 따라서 매각하여, 법원사무관 등이 등기를 촉탁하고, 목적물 인도 불응시에는 인도명령을 하며, 대금 지급시 소유권이 이전되고 권리의 하자에 한해 담보책임을 진다. 매매는 사적 자치의 당사자간 합의로 매각조건 등이 이루어지고, 매도인 · 매수인 공동신청에 의한 등기, 목적물 인도 불응시 인도의 소 제기, 이전등기가 된 때의 소유권 이전, 권리 · 물건의 하자에 대한 담보책임 등이 있다. 임의경매에는 전세권 · 질권 · 저당권 등 담보물권이 갖는 우선변제권 실현을 위한 실질적 경매, 물건을 금전으로 현금화하기 위해 경매의 수단을 이용하는 형식적 경매가 있다.

민사집행법의 경매 민사집행법 제3편 '담보권실행 등을 위한 경매'는 실질적 경매를 담보권 실행경매(제264조 이하), 형식적 경매를 유치권 등에 의한 경매(제274조)로 한다. 형식적 경매(구 민사소송법상 환가를 위한 경매)는 담보권과 무관하게 법률에서 경매를 할 수 있으며(공유물분할 방법의 경매 민법 제269조 제2항, 공탁에 적당하지 않은 목적물 경매 제490조, 상속재산 경매 제1037조, 구분소유권 경매(집합건물의소유및관리에관한법률 제45조), 상법규정(제67조, 제70조, 제109조, 제142조) 등), 경매는 물건을 환가함으로써 족하고 채권의 만족을 위한 절차는 없으며, 담보권실행을 위하여 경매의 예에 의할 뿐인 점에서(민사집행법 제274조 제1항), 강제집행이나 담보권실행과 다르다. '담보권실행 등을 위한 경매'는 그 대상에 따라 부동산(제264조), 선박(제269조), 자동차 · 건설기계 · 항공기(제270조), 유체동산(제271조 · 제272조), 채권 그 밖의 재산권(제537조) 등으로 나뉜다. 부동산 경매는 경매신청-압류(경매개시결정)-현금화(매각)-배당의 순서로 진행된다.

1.2 채권의 강제규범성

채권은 채권자가 채무자에 대해서 일정급부청구로 채무내용에 따른 급부를 실현하는 권리다. 채권은 채무자에게 급부를 청구하는 청구력, 채무자가 한 급부를 수령하여 적법하게 보유하는 급부보유력, 채권이 청구력에 의해 실현되지 않는 경우 이를 보장하기 위한 강제력 등의 강제규범성을 갖는다. 채권의 강제규범성은 국가(법원)에 대해 판결(급부판결·이행판결)을 구하는 소권과 그 같은 판결을 받은 채무자가 채무를 이행하도록 강제집행을 구하는 집행청구권으로 실현된다. 소권과 집행청구권 등의 강제력이 없는 불완전채무로서 자연채무와 책임 없는 채무가 있다. 민법은 채무자가 채무 내용에 따른 이행을 하지 않는 채무불이행을 이행지체(제460조 이하), 강제이행(제389조), 손해배상(제390조 이하), 채권자지체(제400조 이하), 채무자의 책임재산 보전을 위한 채권자대위권(제404조~제405조), 채권자취소권(제406조~제407조), 채권이행으로 소멸되는 채무변제를 채권의 소멸(제6장 제460조~제507조)등을 규정한다.

1.3 채무와 책임의 재판규범성

채무는 일정한 급부를 하여야 할 구속 즉 규범적 당위이며 책임은 법적 당위인 채무를 강제력으로 실현하는 재판규범성을 갖는다. 책임은 채무자의 채무불이행시 채권자의 소제기·이행판결·집행권원으로 채무자의 일반재산에 강제집행을 할 수 있는 힘인 재판규범력을 나타내는 징표이다. 책무는 일정사항의 불준수에 권리자의 이행청구권·소구력·강제력·손해배상청구권 등이 인정되지 않고 법률상 일정 불이익만 주는 간접의무이다(민법 제528조 제2항 참조). 결과채무는 채무에 일정한 결과가 생겨야 소멸하는 채무, 수단채무는 일정 결과에 이르기 위해 필요한 주의의무를 다 하면 소멸하는 채무이다(대법원 1988.12.13. 85다카1491). 채권의 강제력 즉 채권자의 채무자에 대한 급부청구효는 訴로써 그 이행을 청구하는 소구력, 이행판결에도 이행하지 않는 때에 강제집행을 청구하는 집행력으로 보장된다. 소구력과 집행력을 갖지 못하는 채무가 불완전채무이다. 불완전채무는 소구력·집행력이 모두 없는 채권인 자연채무(가압류·가처분 대상도 아니다), 집행력만 없는 채권인 '책임 없는 채무' 등과 구분된다. 불완전채무라도 청구력과 급부보유력은 있어 채권자는 급부를 청구할 수 있고 채무자의 임의이행은 유효한 변제이다. 자연채무는 채권자가 채무자에 임의이행을 하지 않아도 소로써 강제를 구하지 못하는 채무다. 부제소합의가 있으면 소를 제기해도 소의 이익이 없어 각하된다.

채무와 책임, 자연채무와 강제력 책임은 채무에 수반되나, 책임 없는 채무는 당사자간 강제집행을 않기로 하는 약정인 부집행합의로서 실체법상 청구의 실현에 관련하는 사법상 채권계약이고, 이에 반하는 강제집행은 실체상의 부당한 집행이며, 민사집행법 제44조의 유추·준용으로 청구이의사유가 된다(대법원 1996.7.26. 95다19072). 채무와 책임이 분리되는 유한책임은, 채무자가 채무전액에 대해 자신의 전재산으로 책임을 지는 무한책임·인적 책임, 책임이 채무자의 일정재산에만 한정되어 강제집행을 할 수 있는 물적 유한책임(상속으로 취득할 재산의 한도에서 피상속인의 채무·유증을 변제할 것을 조건으로 하는 상속의 한정승인, 제1028조), 책임이 일정금액으로 제한되는 금액유한책임(합자회사 유한책임사원의 책임, 주식회사 주주의 책임, 유한회사 사원의 책임 상법 제279조, 제331조, 제553조, 제747조) 등이다. 채무는 채무자가 채권자에게 일정 행위를 하여야 할 의무이다. 급부의무는 계약·법률규정으로 정해지며, 부수적 주의의무는 급부의무실현을 위해 신의칙상 요구되는 의무이고, 보호의무위반에는 채무불이행책임·불법행위책임이 있다. 자연채무에서 채권자가 승소의 종국판결을 받은 후 소를 취하한 경우, 예컨대, 약혼은 강제이행을 청구하지 못하는(민법 제803조) 자연채무이기에 약혼에 의한 혼인체결의무가 있고, 소멸시효가 완성된 채무는 소멸시효의 효과에 관한 절대적 소멸설은 채무 자체의 소멸이고 상대적 소멸설은 시효 원용 전까지는 완전한 채무이나 원용 후에는 채무 자체의 소멸이기에, 도의관념상 의무(제744조(도의관념에 적합한 비채변제) 채무없는 자가 착오로 인하여 변제한 경우에 그 변제가 도의관념에 적합한 때에는 그 반환을 청구하지 못한다), 사회질서위반의 채무(제746조(불법원인급여) 불법의 원인으로 인하여 재산을 급여하거나 노무를 제공한 때에는 그 이익의 반환을 청구하지 못한다) 등과 같이 자연채무가 아니다. 착오로 인한 급부자는 보호의 필요가 없고 스스로 불법원인에 기해 급부한 자도 보호하지 않는(제746조 단서는 불법원인이 수익자에게만 있는 때에는 반환청구를 할 수 있다) 등 정책적 고려이다.

2. 상법 규범의 재판규범성

2.1 유가증권법의 재판규범성

사법인 실체법에서 상법 특히 유가증권법의 재판규범성은 유가증권의 성립 · 행사 · 양도 등의 규범영역에 단일 유가증권법은 없지만 유가증권 관련 어음법, 수표법, 상법(자본시장증권인 주권과 사채권, 재화유통증권인 화물상환증 · 선하증권 · 창고증권 제128조~제133조, 제813조~제820조, 제155조~제159조), 민법(유가증권에 관하여 금전의 지급청구권, 물건 또는 유가증권의 인도청구권, 사원의 지위를 표시하는 유가증권에는 다른 법률에 특별한 규정이 없으면 민법 제508조부터 제525조까지의 규정을 적용하는 외에 어음법 제12조제1항 및 제2항을 준용한다(제65조). 무기명증권, 지시증권 제523조~제526조, 제508조~제522조), 상품권법, 여신전문금융업법(선불카드) 등이 재판규범으로서 기능한다. 증권화 한 채권의 채권자는 증권을 소지하면 권리자로서 추정되며 채무자는 반증을 제시하여야 하는 자격수여적 효력, 채무자가 증권소지자에 대해서 권리자로서 채무를 이행하면 책임을 면하는 면책적 효력, 증권 不提示의 권리자에 채무이행의무가 없는 제시강제효, 제3취득자가 증권소지인을 진정한 권리자로 믿고 권리를 양수하면 진정한 권리자가 아닌 경우에도 인정되는 선의취득효, 채무자가 양도인에 항변을 갖더라도 증권 문언에 나타나지 않으면 제3취득자는 그 항변의 대항을 받지 않는 항변거부효 등의 재판규범적 효력을 갖는다.

유가증권의 재판규범적 효력의 기능과 유사개념 유가증권은 개별증권 대신 포괄증권 형식의 장부상 대체거래를 통한 권리의 처분행사가 허용되는 등록증권, 전자증권 등 증권과 결합하지 아니한 주식사채 등의 장부상 증권 등 자본시장증권에서 탈증권화, 금전시장증권의 유가증권인 수표 어음 등을 대신하는 신용카드, 선불카드, 전자자금이체 및 인터넷 거래 등 증권의 混藏任置 · 豫託決濟 등으로 인하여 권리의 증권화 및 그 행사에 있어서의 증권소지기능은 감쇄되고 있다. 이 같은 유가증권의 개념과 구분되는 개념으로는 사권 · 사실의 증명으로 일정법률관계 존부내용의 증거자료의 효력만 인정되는 '증거증권'(금전차용증, 영수증 등), 증권이 작성되지 않는 가치권인 '등록증권', 공법상 지위 · 권리를 나타내는 '증서'(국적증서, 여권 · 임명장 등), 채무자가 증권 소지인에게 이행하면 악의 · 중과실이 없는 한 면책의 효력이 인정되는 '면책증권'(짐표 등 자격증권), 법률에 의하여 특정한 목적을 위하여 금전에 갈음하여 사용되어 그 자체가 금전적 가치를 갖는 '금액권'(金券으로서 은행권(지폐), 우표, 수입인지 등), 일정한 금액을 선급하고 발행받은 증표인 '선급카드'(선불카드 · 직불카드) 등이 있다.

2.2 재판규범성을 지닌 유가증권

재판규범성을 지닌 유가증권은 권리와 증권의 융합으로 권리의 발생 · 이전 · 행사에 증권이 요하며 권리행사에 증권소지를 요하는 유통증권이다. 이 같은 유가증권은 사권을 증권에 物化 즉 表彰하여 體化한 증권으로서 채권적 유가증권인 어음 · 수표, 선하증권, 창고증권, 물권적 유가증권(독일의 저당증권), 사원권적 유가증권(사원권 증권) 등과 증권 위에 특정인을 권리자로 적어 놓은 기명증권인 지명증권(기명사채권, 배서금지의 취지가 기재된 어음 등). 증권에 권리자로 적혀 있는 자 및 그가 지시한 자(그로부터 배서양도를 받은 자)가 권리자로 되는 지시증권인 배서증권(보통의 어음, 선하증권, 창고증권 등), 증권의 정당한 소지인을 권리자로 취급하는 증권 무기명증권인 소지인출급증권(무기명식 수표), 주식 · 사채 또는 어음상 권리를 실물증권에 체화하지 않고 전자매체 또는 장부에 기재하고 관리하는 등록증권 · 전자증권 등이 있다.[57)]

유가증권의 종류 은행이 일정금액을 예수하고 만기반환을 약속하는 '양도성예금증서'(C.D.), 운송청구권을 체화하는 '승차권, 승선권, 항공권', '수하물표', '항공운송증권', 해상운송인이 운송물수령을 증명하고 운송조건을 알릴 목적으로 송하인에게 발행하여 발행인인 운송인은 해상화물운송장에 명기된 수하인에 직접 운송물을 인도하는 '해상화물운송장', 보험계약의 성립 · 내용을 증명하기 위하여 보험자가 소정사항을 기재하고 기명날인 · 서명하여 보험계약자에 교부하는 '보험증권', 발행인이 소지인에 일정가액에 상당하는 물품인도나 용역제공을 약속하여 발행한 일람출급의 무기명유가증권인 '상품권', 지급 · 신용거래의 유가증권인 '수표' · '어음', 투자증권인 '주권' · '사채권', 물품증권인 선하증권 · 창고증권 등의 '인도증권'이 있다. 기명증권은 증권상에 특정인을 권리자로 기재한 지명증권인 어음 · 수표 · 배사금지된 화물상환증이다. 지시증권은 증권상에 기재된 자 또는 그가 지시하는 자를 권리자로 하는 背書증권, 무기명증권은 증권상에 권리자로 특정인을 지정하지 않고 증권의 정당한 소지인을 권리자로 취급하는 소지인출급식증권인 무기명수표 · 사채권 · 화물상환증 · 기명주권이며, 선택무기명주권은 증권상 특정인을 권리자로 지정함과 동시에 증권의 정당한 소지자도 정당한 권리지로 취급하는 지명소지인출급증권인 수표 · 화물상환증 · 창고증권이다. 권리의 성립에 증권의 발행을 요하는 設權증권인 어음 · 수표, 無因증권은 증권상 권리가 그 원인으로 되는 법률관계와 관련이 없는 추상증권인 어음 · 수표 등이다.

2.3 유가증권의 재판규범적 성격

유가증권은 그 권리의 성립에 따른 요식증권성, 권리의 양도에 따른 지시증권성 · 자격 수여적 효력 · 선의취득자 보호 · 문언증권성, 유기증권상 권리의 행사에 따른 제시증권성 · 상환증권성 · 면책증권성 · 인적 항변의 절단 · 추심채무 등의 성격에 유가증권법정주의로 법의 특별한 보호가 부여된다. 요식증권성은 법률에 의하여 그 방식과 기재사항이 정하여져 있는 것으로서 어음수표는 요식성이 가장 엄격하여 법정 기재사항의 흠결시 증권 자체를 무효로 한다. 자격수여적 효력은 증권소지인이 증권상 권리자로서의 자격을 인정받는 성격이다. 선의취득자 보호는 유가증권의 공신적 성격이다. 문언증권성에 의하여 증권의무자는 증권에 기재되지 아니한 사항으로 증권취득자에 대항할 수 없는 항변배제효를 갖는다. 제시증권성은 증권제시가 없는 한 채무자는 변제의 필요가 없고 이행지체의 책임을 지지 않는다. 상환증권성은 증권과 교환하여 채무변제를 하는 還受증권적 성격이다. 면책증권성은 채무자가 증권 소지인에게 변제를 하면 악의 또는 중대한 과실이 없는 한 그 증권소지인이 무권리자라도 책임을 면하게 한다.

[三] 절차법규범 – 소송법의 재판규범성

1. 민사소송법의 재판규범성 – 판결의 효력

1.1 기속력

민사소송의 재판에서 판결이 선고되면 확정되지 않더라도 기속력이 발생하며, 확정된 뒤에는 형식적 확정력, 실체적 확정력(기판력), 집행력, 형성력 등이 생긴다. 판결의 기속력은 일단 선고된 판결은 확정 전이어도 판결을 한 법원 스스로 판결을 철회 · 변경할 수 없는 효력이다. 기속력 있는 판결(종국판결, 중간판결)은 당사자와 제3자 및 다른 법원에게도 구속력(상급법원의 판단이 하급법원을 기속(민사소송법 제436조 제2항), 이송재판이 이송 받은 법원을 기속하는 것(제38조))을 가지므로, 판결에 대한 불복은 그 판결을 한 법원이 아니라 상급법원에 대해서 하여야 하며, 이것이 상소이다. 다만, 판결의 경정 즉 판결 내용의 변경에 이르지 아니하는 단순 명백한 오기, 계산 착오 등은 직권 또는 당사자의 신청에 의하여 결정으로 고칠 수 있고(제211조), 이는 판결을 선고한 때에 소급하여 효력이 생긴다.

1.2 확정력

확정력에서 형식적 확정력은 법원의 종국판결은 확정되면 당해절차에서 더 이상 불복할 방법이 없어 그 절차 안에서는 취소 · 변경될 가능성이 없게 된 상태이다. 즉 소송이 종료된다(종국판결은 선고한 때 즉 선고와 동시에 확정된다. 상소기간이 만료한 때에도 판결은 확정된다. 상소기간이 경과하기 전에 확정되는 경우도 있고, 다른 판결이 확정된 때에 확정되는 경우도 있다). 확정된 판결을 당해절차 안에서 불복하는 것을 차단하는 효력이 형식적 확정력이고, 형식적 확정력에 따라서 그 판결의 내용에 따른 집행력, 형성력 등이 나온다. 실질적 확정력은 판결의 형식적 확정력을 전제로 모든 확정판결에 대해서 생기는 실체적 확정력인 기판력이다. 기판력은 형식적으로 확정된 판결이 후 소송의 법원에 대하여 갖는 구속력이다. 판결에 기판력이 생기면 그 판결의 정당성에 대하여 어느 당사자도 더 이상 다툴 수 없게 된다. 후소가 전 소송 확정판결의 기판력에 저촉되면 후소는 소송요건 불비로 부적법하게 되어 판결로 각하된다. 재판이 확정된 종국판결로서 본안판결이 확정되면 그 내용이 청구인용이든 기각이든 관계없이 또한 이행판결, 확인판결, 형성판결을 불문하고 기판력이 발생한다. 소송판결에도 소송요건 불비로 판단한 부분에는 기판력이 생긴다. 기판력의 객관적 범위는 확정판결의 주문에 포함된 것에 한한다(민사소송법 제216조 제1항). 판결이유 중의 판단에는 생기지 않는다. 기판력은 동일한 소송물에 대해서 미친다. 판결주문은 소송상청구에 대한 대답이므로, 기판력은 전 소송의 소송상청구 즉 소송물의 범위 안에서 형성된다. 기판력의 주관적 범위는 기판력이 미치는 사람의 범위이며, 당해 소송의 당사자사이에서만 생기고 뒤에 당사자들 사이에서 다시 소송이 계속할 때만 후 소송에 미친다(제218조 제1항). 전 소송에서 당사자로 관여하지 않았던 제3자에는 기판력이 미치지 않지만, 변론종결 또는 판결선고 후의 승계인, 즉 기판력을 받는 자를 위하여 청구의 목적물을 소지한 자에게는 미친다. 기판력의 시적 범위는 기판력의 차단효로서, 이미 판결이 확정되었는데 뒤늦게 전 소송에서 제출하였어야 할 공격방어방법을 제출하면서 새로이 소송하는 것을 차단한다. 기판력의 표준시는 사실심 변론종결시이다.

기판력 기판력이 갖는 구속력 즉 확정된 판결이 갖는 後 소송의 법원에 대한 구속력의 근거를 실체법설은 확정판결의 내용대로 실체법상 법률관계가 형성되었기 때문이라 한다. 반면, 소송판결 기판력의 소송상 효과는 당사자간에만 있고, 기판력은 판결이 확정되면 뒤에 다시 소송계속이 있을 경우에 전 소송 확정판결이 후 소송 법관을 구속하는 효력을 가질 뿐이어서, 후 소는 부적법하여 각하된다는 것이 모순금지설, 반복금지설이다. 대법원의 환송판결은 선고와 동시에 형식적 확정력은 생기나, 환송을 받은 상소법원의 판결이 종국판결이고(대법원 1995.2.14. 93재다27·34), 그 환송판결은 중간판결의 특성을 가지므로 기판력이 생기지 않고 재심의 대상도 되지 않는다. 결정, 명령은 절차 내에서만 효력이 있기에 기판력은 인정되지 않는다. 확정판결과 동일한 효력이 있는 청구의 포기인낙(민사소송법 제220조), 민사조정조서(제29조), 가사조정조서(가사소송법 제59조) 등에는 기판력이 인정된다. 외국법원의 확정판결 등의 재판은 국내의 확정판결과 동일한 효력이 인정되는 것에는 기판력이 인정되어 승인 대상이 될 수 있고(민사소송법 제217조 제1항, 제217조의2), 상호보증이 있어야 한다. 일제 때 강제징용을 당한 사람들의 손해배상과 임금청구사건에서, 당시의 일본의 한국 지배를 합법적이라 보고 그 당시의 법률을 적용한 일본 법원의 확정판결은 승인할 수 없으므로, 우리나라 법원에 다시 소를 제기한 것은 일본에서의 확정판결의 기판력에 저촉되지 아니한다(대법원 2012.5.24. 2009다22549).

1.3 확정판결의 효력 – 집행력 · 형성력

판결이 형식적으로 확정되면 그 내용에 따른 효력이 생긴다. 이행판결이면 그 내용대로 강제집행을 할 수 있는 집행력이 생긴다. 집행력은 판결주문에서 피고에 명하여진 이행의무를 국가의 집행기관을 통해서 강제적으로 실현할 수 있는 효력이다. 집행력의 범위는 기판력과 같다. 형성판결이면 그 내용대로 법률관계가 변동되는 형성력이 생긴다. 형성력은 형성의 소를 인용한 형성판결이 확정되면 판결의 내용대로 권리법률관계가 변동하는 효과가 생기는 효력이다. 기판력은 기존의 현재의 법률관계를 확정짓는 선언적 효력을 가지나 형성력은 기존의 법률관계를 장래의 법률관계로 결정지어 변동시키는 창설적 효력을 갖는다. 기판력은 당사자와 그 승계인에게만 미치는 것이 원칙이나 형성력은 제3자에게도 미치는 대세효가 있다. 판결에 의하여 법률관계가 변동되었기 때문이다. 기판력은 소송상 효력이나 형성력은 실체법상 효력이다. 판결의 법률요건적 효력은 법률 규정이 확정판결의 존재를 실체법(민법 제178조 제2항 중단된 시효의 진행) 또는 소송법(제77조 참가적 효력의 발생)상 효과 발생의 요건으로 하는 경우에, 확정판결이 하나의 법률요건으로서 기능하는 부수적 실체법적 효력이다. 판결의 반사적 효력은 확정판결이 제3자에 대하여 갖는 반사적 이익 즉 확정판결의 기판력이 당사자나 승계인 등 이외의 타인에게 일정 내용의 영향을 미치는 효력이다. 이에 의하여, 특정 당사자 간에 판결이 확정되면 그 당사자는 기판력을 받고, 다른 사람들은 판결 내용을 사실상 존중하며, 다른 소송을 담당한 법원도 확정 판결의 내용을 존중하는 강한 증명력을 인정하게 된다.

2. 형사소송법의 재판규범성 - 재판의 선고의 효력

2.1 형사재판 선고의 효력

형사재판에서 피고사건의 실체에 대한 공권적 판단 즉 유죄 · 무죄에 대한 실체적 종국재판은 당해소송을 그 심급에서 종결시키는 재판이다. 종국재판은 판결이 원칙이며, 항소 · 상고가 가능하고, 재심 · 비상상고가 허용된다. 제1심의 종국재판에는 유 · 무죄의 재판, 관할위반 · 공소기각 · 면소의 재판이 있고, 상소심에서는 破棄自判 · 상소기각의 재판, 파기환송 · 파기이송의 재판 등이 있다. 형사소송법상 제1, 2심 모두 사실심이나 항소심은 사후심적 성격이 가미된 속심의 성격을 갖는다. 실체적 종국재판이 선고되면 공소사실에 대한 국가형벌권의 존부 · 범위가 결정된다. 종국재판의 외부적 성립시 재판의 철회 · 변경은 할 수 없는 구속력이 발생한다. 또한 대법원의 판결내용에 오류가 있는 경우 정정이 가능하다(형사소송법 제400조 제1항).

2.2 형사재판의 확정의 효력

형사재판에 있어서 재판의 확정이란 통상의 불복방법(상소, 판결정정신청, 이의신청, 준항고, 정식재판청구 등)에 의하여서는 당해 재판을 다툴 수 없게 되어 그 내용을 변경할 수 없게 된 상태이다. 재판은 불복신청이 허용되지 않는 경우에는 선고의 고지와 동시에 확정된다(불복이 허용되는 경우에는 불복신청기간 경과시, 불복신청의 포기 · 취하시, 불복신청을 기각하는 재판의 확정시 등에 확정). 재판(종국재판, 종국전 재판, 실체재판, 형식재판 등)은 확정되면 확정력인 형식적 확정력과 내용적 확정력을 갖는다. 형식적 확정력은 재판의 형식적 확정에 의하여 통상의 불복방법에 의하여서는 다툴 수 없는 효력인(상소권의 회복, 재심, 비상상고시 등에는 배제된다) 불가쟁력이다. 내용적 확정력은 재판의 형식적 확정에 의하여 그 판단내용인 법률관계를 확정하게 하는 효력인 광의의 기판력이다. 기판력에서도, 실체적 확정력은 실체 재판의 내용적 확정력으로서 그 내부적 효력은 집행력, 외부적 효력은 내용적 구속력 그리고 고유한 의미의 기판력인 일사부재리 효력이 발생한다.

2.3 형사재판의 확정의 기판력

형사재판의 판결은 내용적 구속력과 일사부재리 효력인 기판력을 갖는다. 기판력은 추상적 규범인 실체법이 소송을 통하여 개별적 구체적 법률관계로 형성되어 당해사건에 대한 구체적 실체법이 된다는 구체적 규범론을 그 논거로 한다. 내용적 구속력은 재판이 확정되면 다른 법원에서도 동일한 사정에서 동일사항에 대해서는 다른 판단을 할 수 없는 효력이다. 실체재판, 형식재판 모두에 인정된다. 다만 형식재판에서 사정변경이 있다든지 또는 재판내용의 오류가 명백하고 그것이 피고인의 적극적 기망행위로 인한 경우 등에는 내용적 구속력이 미치지 않는다. 헌법 제13조 제1항 후단 '모든 국민은 동일한 범죄에 대하여 거듭 처벌받지 아니한다' 하는 '거듭처벌을 받지 아니할 권리'는, 동일한 범죄에 국가형벌권을 거듭행사하는 이중처벌을 금지하는 법치국가의 헌법원칙에 근거하는 이중처벌금지, 일사부재리원칙으로서, 이 헌법 조항에 근거하여, 국민은 구체적 사건에 대한 법원의 확정판결(유 · 무죄, 면소, 집행유예 등)에 부여되는 실체적 확정력인 기판력이 내려진 동일한 범죄에 별개의 재판으로 또다시 처벌받지 않는다 하는 주관적 공권으로서의 기본권인 헌법상 권리를 갖는다.[58]

3. 행정소송법의 재판규범성 – 행정재판 판결의 효력

3.1 행정소송 판결의 효력과 기판력

행정소송의 판결이 확정되면, 행정소송에 관하여 행정소송법에 특별한 규정이 없는 사항에는 법원조직법 · 민사소송법 · 민사집행법 규정을 준용하므로(행정소송법 제8조 제2항) 기판력, 기속력, 형성력이 발생한다. 기판력은 재판이 확정되면 후소의 재판에서 동일사항에 대해서, 당사자는 판결 내용을 다투어 모순되는 주장이 금지되고, 법원은 이에 저촉되는 판단이 금지되는 소송법상 효력이다. 기판력은 확정판결이 내려진 동일한 처분이 소송상 문제가 된 경우에 분쟁반복 회피의 법적 안정성을 위한 소송법상 효력이므로, 확정판결 후 행하여진 새로운 처분에 인정되는 실체법상 효력인 기속력과 구분된다. 기판력의 주관적 범위는 당사자 및 그 승계인에게 미치며, 행정청을 피고로 하는 취소소송의 기판력은 당해 처분이 귀속하는 국가 또는 공공단체에 미치고, 기각판결의 기판력은 원고에게도 발생한다. 기판력의 객관적 범위는 소송물에 한하여 미친다. 기판력의 시간적 범위는 사실심 변론종결 시를 기점으로 발생한다. 기판력과 취소소송의 불복에 대하여, 행정법원의 제1심판결에 대하여 고등법원에 항소할 수 있고 항소심의 종국판결에 대하여 대법원에 상고할 수 있다. 행정법원의 결정 · 명령에 대하여 고등법원에 항고할 수 있고 고등법원의 결정 · 명령에 대법원에 재항고할 수 있으며, 민사소송법의 재심 · 준재심이 인정된다.

기판력 취소소송의 판결에도 기판력이 인정되어, 처분취소청구의 기각판결이 확정되면 그 처분이 적법하다는 점에 기판력이 발생하므로 다시 취소청구를 할 수 없으며, 취소소송의 기판력은 무효확인소송에도 미치므로 무효확인청구도 할 수 없다. 과세처분취소청구의 기각판결의 기판력은 前訴(과세처분을 다툼)의 기판력이 있는 법률효과가 후소(압류처분의 무효주장)의 선결문제로 되는 때에는 후소는 전소의 기판력을 받게 되어 전소판결내용에 어긋나는 판단을 할 수 없다(헌재 1998.3.26. 97헌바13).

3.2 행정소송 판결의 기속력

행정소송판결의 기속력은 행정소송의 인용판결(청구기각판결에는 불인정)에 행정청(당사자인 피고행정청 및 관계행정청)이 확정판결 후 행하여지는 새로운 처분에 대해서 확정판결내용에 따라 행동하여야 할 실체법적 의무를 지는 효력이다. 취소소송에서 청구인용판결이 확정되면 행정청은 동일한 사실관계 아래서 동일한 당사자에게 동일내용의 처분 등을 반복할 수 없는 반복금지효, 취소판결이 확정되면 행정청은 결과적으로 위법이 되는 처분에 의하여 초래된 상태를 제거하여 원상회복을 할 의무인 위법상태의 제거의무를 진다. 행정청이 기속력에 위반하여 행한 행위는 위법하며 무효의 원인이 된다. 기속력은 처분등을 취소하는 확정판결이 그 사건에 관하여 당사자인 행정청과 그 밖의 관계행정청을 기속하여(행정소송법 제30조 제1항), 거부처분취소에 따른 재처분의무(판결에 의하여 취소되는 처분이 당사자의 신청을 거부하는 것을 내용으로 하는 경우에는 그 처분을 행한 행정청은 판결의 취지에 따라 다시 이전의 신청에 대한 처분을 하여야 하는 효력(제2항)), 절차위법을 이유로 취소된 경우의 재처분의무(신청에 따른 처분이 제3자의 취소소송제기에 의하여 절차의 위법을 이유로 취소되는 경우에 거부처분취소에 따른 재처분의무를 준용하는 효력(제3항)) 등을 부과한다. 기속력의 주관적 범위는 당사자인 행정청 및 그 밖의 관계행정청이다. 기속력의 객관적 범위는 판결 주문, 주문의 결론에 이르는 직접적 전제가 된 처분의 구체적 위법성에 관한 판결 이유 중의 판단에 미친다(판결의 결론과 직접관계되지 아니한 판결이유 중의 판단인 傍論이나 간접사실의 판단에는 미치지 않는다). 기속력의 시간적 범위는 기속력 처분 당시를 기준으로 그 당시까지 존재하였던 사유에 한하고 그 이후에 생긴 사유에는 미치지 아니한다.

절차위법취소시 재처분의무 행정기관의 사증발급 거부처분이 '절차상 하자'와 '재량권 불행사의 하자'로 위법하여 취소하는 판결이 확정되면, 행정기관은 취소판결의 취지에 따라 하자를 보완하여 원고의 사증발급 신청에 대하여 다시 처분을 하여야 하는 바(행정소송법 제30조 제1항, 제2항), 행정기관이 대법원판결의 취지에 따라 재처분을 할 때에도 실정법에 규정된 입법자의 결단에 따라야 한다(예컨대 재외동포법은 재외동포의 대한민국 출입국과 체류에 대한 개방적이고 포용적인 태도를 취하고 있다)(대법원 2019.7.25. 2017두38874).

3.3 행정소송 판결의 형성력 · 집행력

행정소송판결의 형성력은 취소소송의 청구인용판결이 확정되면 행정청의 별도의 취소처분이 없어도 처분은 처분시에 소급하여 효력을 상실하는 효력이다. 형성력은 소송당사자인 원고와 피고행정청 사이에 발생하며, 처분등을 취소하는 확정판결은 취소소송을 형성소송으로 보아 제3자에도 효력이 있으며(행정소송법 제29조 제1항), 제3자는 방어권으로서 소송참가(제16조)와 재심청구권(처분등을 취소하는 판결에 의하여 권리 또는 이익의 침해를 받은 제3자는 자기에게 책임없는 사유로 소송에 참가하지 못함으로써 판결의 결과에 영향을 미칠 공격 또는 방어방법을 제출하지 못한 때에는 이를 이유로 확정된 종국판결에 대하여 재심의 청구를 할 수 있다)(제31조 제1항)이 있다. 행정소송판결의 집행력은, 행정소송법이 의무이행소송 등의 이행소송을 부인하기에, 민사소송 같이 강제집행을 할 수 있게 하는 확정판결의 효력인 집행력은 원칙적으로 문제되지 않으나, 예외적으로 재처분의무의 실효성을 담보하기 위하여 민사집행의 경우에 준하여 거부처분취소판결의 간접강제를 할 수 있다.

행정소송과 집행력 채무의 성질이 간접강제를 할 수 있는 경우에 제1심 법원은 채권자의 신청에 따라 간접강제를 명하는 결정을 한다. 그 결정에는 채무의 이행의무 및 상당한 이행기간을 밝히고, 채무자가 그 기간 이내에 이행을 하지 아니하는 때에는 늦어진 기간에 따라 일정한 배상을 하도록 명하거나 즉시 손해배상을 하도록 명할 수 있다(민사집행법 제261조). 거부처분취소판결의 간접강제에 대해서는, 판결에 의하여 취소되는 처분이 당사자의 신청을 거부하는 것을 내용으로 하는 경우에는 그 처분을 행한 행정청은 판결의 취지에 따라 다시 이전의 신청에 대한 처분을 하여야 한다 하는 행정소송법 제30조 제2항의 규정에 의한 처분을 행정청이 하지 아니하는 때에는, 제1심수소법원은 당사자의 신청에 의하여 결정으로써 상당한 기간을 정하고 행정청이 그 기간내에 이행하지 아니하는 때에는 그 지연기간에 따라 일정한 배상을 할 것을 명하거나 즉시 손해배상을 할 것을 명할 수 있다(행정소송법 제34조 제1항). 하는 것이다.

제3절 법규범 – 실정법규범

Ⅰ. 성문법과 불문법

[一] 法源과 규범체계

1. 法源의 의의

법원은 법의 연원(민법 제1조 '法源' sources of law) 즉 법의 존재형식 또는 인식근거이다. 형식적 法源은 실정법규범의 존재형식으로서 법률관계의 적용법규가 되어(상법 제1조 '상사적용법규') 행위규범 · 재판규범으로 기능한다. 실정법의 法源은 成文written 즉 문자로 쓰인 규범의 존재형식이다. 성문법은 강제규범인 실정법 규범체계 단계구조의 위계질서로[59] 존재한다.[60] 성문법은 조문체계인 '제1조'(제1조라 읽는다) '①'(제1항이라 읽는다) '1'(제1호라 읽는다) 등의 조문번호를 붙인다('근로자의 날 제정에 관한 법률'은 특이하게 조문의 번호 없이 하나의 조문으로 구성되어 있다. '5월 1일을 근로자의 날로 하고, 이 날을 「근로기준법」에 따른 유급휴일(有給休日)로 한다.'). 실질적 法源은 실정법규범 외의 법의 존재형식이다. 불문법, 법의 일반원칙, 사회준칙 등이 이에 해당한다. 불문법은 不文un-written 즉 문자로 쓰이지 않은 법규범의 존재형식이다. 실질적 법원은 실정법으로 표출되는 일반법규범의 효력의 근거 내지 法源의 적용 영역에 속하게 된다.

> **成文法源 · 不文法源** '민법'은 제1편 총칙, 제2편 물권, 제3편 채권의 재산법 및 제4편 친족, 제5편 상속의 신분법 등 1118조의 사법 기본법이다. '상법'은 제1편 총칙, 제2편 상행위, 제3편 회사, 제4편 보험, 제5편 해상, 제6편 항공운송 등 935조의 상사 기본법이다. '형법'은 제1편 총칙 제1장(형법의 적용범위) 제1조(범죄의 성립과 처벌) 제1항 '범죄의 성립과 처벌은 행위시의 법률에 의한다.'의 죄형법정주의에서, 형식적 法源으로서 성문법인 '법률'이 아닌 실질적 법원인 관습법은 법원이 될 수 없음을 전제로 한다. 행정법은 '행정기본법'(2021.3.23. 제정 · 시행)은 제1장 총칙, 제2장 행정의 법 원칙(법치행정, 평등, 비례, 성실의무 및 권한남용금지, 신뢰보호, 부당결부금지 등의 원칙), 제3장 행정작용, 제4장 행정의 입법활동 등을 정한다. 국제법은 '조약과 일반적으로 승인된 국제법규는 국내법과 같은 효력을 갖는다.'(헌법 제6조 제1항)에 따른, '국제연합헌장 및 국제사법재판소규정'*Charter of the United Nations and Statute of the International Court of Justice (UN, ICJ)* 제38조*ICJ* 1. 재판소는 재판소에 회부된 분쟁을 국제법에 따라 재판하는 것을 임무로하며, 다음을 적용한다. 가. 분쟁국에 의하여 명백히 인정된 규칙을 확립하고 있는 일반적인 또는 특별한 국제협약 나. 법으로 수락된 일반관행의 증거로서의 국제관습 다. 문명국에 의하여 인정된 법의 일반원칙 라. 법칙결정의 보조수단으로서의 사법판결 및 제국의 가장 우수한 국제법학자의 학설. 다만, 제59조의 규정에 따를 것을 조건으로 한다. 2. 이 규정은 당사자가 합의하는 경우에 재판소가 형평과 선에 따라 재판하는 권한을 해하지 아니한다.

法源의 적용은 민사, 상사, 형사 등 법률관계에 법원이 되는 민법, 상법, 형법 등의 성문법 등 제정법이 우선 적용되고 보충적으로 관습법 등이 적용되는 것이다. 민법 제1조(法源) '민사에 관하여 법률에 규정이 없으면 관습법에 의하고 관습법이 없으면 조리에 의한다' 할 때의 '법률'은 국회가 제정한 형식적 의미의 법률인 '민법' 외에, 성문법인 실정법규범으로서 헌법, 법률, 명령, 규칙, 자치법규(조례 · 규칙) 및 국제법규인 조약 등을 포괄한다(대법원 1983.6.14. 80다3231). 또한 상법 제1조(상사적용법규) '상사에 관하여 본법에 규정이 없으면 상관습법에 의하고 상관습법이 없으면 민법의 규정에 의한다', 형법 제1조(범죄의 성립과 처벌) 제1항 '범죄의 성립과 처벌은 행위 시의 법률에 의한다' 등을 보면, 법의 존재형식 · 연원인 法源의 적용 순서는 현재 효력이 있는 법률 즉 규범으로서 특별법인 성문법, 불문법으로서의 특별관습법, 일반법인 성문법, 불문법으로서의 일반관습법 등이다. 이때, 이들 법규범이 부재하는 경우의 법해석기준으로서 조리, 판례 등이 있다.

法源인 조리의 적용 공유수면에 대한 지방자치단체의 관할구역 경계획정에 관한 명시적 법령상 규정이 존재한다면 그에 따르고, 존재하지 않으면 불문법상 해상경계에 따르며, 그마저 존재하지 않으면 권한쟁의심판권을 갖는 헌법재판소가 획정할 수밖에 없다(주민·구역·자치권을 구성요소로 하는 지방자치단체의 본질에 따른 지리상의 자연적 조건, 관련법령 현황, 연혁적 상황, 행정권한 행사내용, 사무처리의 실상, 주민의 사회·경제적 편익 등을 종합하여 형평의 원칙에 따라 합리적이고 공평하게 이를 적용한다)(헌재 2019.4.11. 2016헌라8등; 2015.7.30. 2010헌라2 참조).

2. 성문법의 法源

성문법은 규범체계의 단계구조에서 위계질서로서 존재하는 강제규범인 실정법이다. 성문법인 실정법규범에는 헌법, 법률, 명령, 규칙, 자치법규(조례·규칙) 등의 국내법규 그리고 국제법규인 조약 등이 있다. 성문의 法源의 가장 상위에 헌법이 있고 다음에 국회입법(제40조)과 법치행정의 원칙상 국회가 제정하는 형식적 의미의 법률 및 실질적 의미의 법률이 있다. 대통령의 긴급재정경제명령과 긴급명령(제76조 제1, 2항), 국회의 동의를 받은 조약과 일반적으로 승인된 국제법규(제6조 제1항 제60조) 등은 형식적 의미의 법률은 아니지만 법률과 같은 효력이 있다. 행정권이 정립하는 법규명령 등의 행정입법인 대통령령(제75조), 총리령(제95조), 부령(제95조) 및 법규의 성격을 갖는 규칙인 국회규칙(제64조 제1항), 대법원규칙(제108조), 헌법재판소규칙(제113조 제2항), 중앙선거관리위원회규칙(제114조 제6항) 등이 있다. 지방자치단체가 법령의 범위안에서 제정하는 자치에 관한 규정인 자치법규(제117조 제1항)에는 지방의회가 제정하는 조례와 지방자치단체의 집행기관이 제정하는 규칙(교육규칙 포함) 등이 있다. 행정규칙(행정명령)은 法條 형식의 일반적·추상적 규범이나, 법규명령과 달리 행정기관 내부에서만 구속력을 가질 뿐 법규로서의 성격을 갖지 않는다. 法源을 法院의 재판규범으로 기능하는 것이라 하면 행정규칙은 法源이 되지 못하나, 法院에 행위규범으로 기능하는 경우를 포함하면 행정규칙은 행정사무처리기준으로서 法源性이 인정된다.

법규명령과 행정규칙 헌법 제117조 제1항의 '법령'에 법률 이외에 헌법 제75조 및 제95조 등에 의거한 '대통령령', '총리령' 및 '부령' 같은 법규명령이 포함됨은 물론이지만, 헌법재판소 판시 "법령의 직접적인 위임에 따라 수임행정기관이 그 법령을 시행하는데 필요한 구체적 사항을 정한 것이면, 그 제정형식은 비록 법규명령이 아닌 고시, 훈령, 예규 등과 같은 행정규칙이더라도, 그것이 상위법령의 위임한계를 벗어나지 아니하는 한, 상위법령과 결합하여 대외적인 구속력을 갖는 법규명령으로서 기능하게 된다고 보아야 한다"(헌재 1992.6.26. 91헌마25)에 따르면, 헌법 제117조 제1항에서 규정하는 '법령'에는 법규명령으로서 기능하는 행정규칙은 포함되나, 법규명령이 아닌 단순한 행정규칙에 의하여 정하여지는 것은 이에 포함되지 않는다고 보아야 할 것이다.

성문법의 법원에서 특히 예를 들어, 행정법의 法源은 행정법의 존재형식·인식근거인 행정에 관한 성문·불문의 규범으로서 행정에 관한 행위규범·재판규범으로 기능한다. 성문 행정법의 法源은 헌법을 최상위 규범으로 하여, 국회입법과 법치행정의 원칙상 국회가 제정하는 형식적 의미의 법률, 정부가 정립하는 법규명령 등의 행정입법 및 정부 외 헌법기관이 제정하는 법규의 성격을 갖는 규칙 등과 실질적 의미의 법률 및 지방자치단체의 자치법규 등이 있다. '헌법에 의하여 체결·공포된 조약과 일반적으로 승인된 국제법규는 국내법과 같은 효력을 가진다'(제6조 제1항) 하므로 행정에 관한 국제법도 행정법의 法源이 된다. 행정법의 불문법원은 관습법, 판례법, 조리 등이다. 법의 일반원칙으로서 행정법상 조리는 평등, 비례 등의 헌법원칙에 기초하는 파생원칙이다. 행정법은 공법으로서 사적 자치와 자유의사를 근간으로 하는 사법과 달리 권력관계적 성격의 공익적, 일방적, 획일·강제적 규율성 등을 갖는다. 즉 행정법은 행정주체의 명령·강제로 행정법관계를 형성하는 지배권인 公定力, 자력집행력, 자유재량성 등의 우위성을 갖는 행정권에 의하여 국익 등의 공익을 실현하면서 민주적 사회적 법치국가에서 파생되는 명확성원칙, 법적 안정성과 신뢰보호, 예측가능성, 평등과 비례의 헌법원칙에 따르는 행정법원칙을 규정한 법이다. 그리하여, 행정법은 일반적 행정원칙을 규정한 '행정기본법', 행정의 절차 과정을 정한 '행정절차법', 구제를 정한 '행정소송법'·'행정심판법'·

'국가배상법' 기타 특별행정법(경찰법, 토지수용법 등) 및 그 규범형식이 행정입법인 법규명령으로서 대통령령, 총리령, 부령 기타 비법규명령인 행정규칙 등을 규범의 형식으로 갖는, '행정법은 헌법은 변해도 변하지 않는다'(Otto Mayer).

3. 불문법의 法源

불문법은 不文규범으로서 이에는 관습법, 판례법, 조리 등이 있다. 불문법은 성문법에 규정이 없는 사항에 法源으로 존재하며 성문법에 대해 보충적 효력이 인정된다(대법원 1983.6.14. 80다3231). 관습법은 성문법과 별개의 시원성을 가지면서 병존하는 법규범으로서, 法院의 판결로 승인되어 존재하며 法源으로 원용하는 민사관습법, 상관습법, 행정선례법, 민중적 관습법 등이 있다. 판례법은 판결에 의하여 성립하는 법규범으로서, 영미법계에서 주로 인정되고, 우리와 같은 대륙법계에서는 선결례의 일반적 구속력이 인정되지 않아서 판례법의 법원성은 부인된다. 조리도 법으로서의 규범력이 있다.

[二] 성문법과 실정법 규범체계

1. 실정법규범체계의 의의 · 주체 · 현황

1.1 실정법규범체계의 의의

실정법 규범체계는 국민이 제정하는 규범인 실정법적 의미의 헌법인 '대한민국헌법'을 정점으로 국회법률-행정입법-헌법기관규칙 등의 단계구조를 이룬다. 법률에는 국회가 제정하는 형식적 의미의 법률(헌법 제53조 의회가 제정), 법률의 효력을 갖는 실질적 의미의 법률로서 국가간 합의와 국회의 동의에 의한 조약 내지 일반적으로 승인된 국제법규, 국가긴급시 대통령의 긴급재정경제명령 · 긴급명령 등이 있다. 정부의 행정입법에는 법규명령인 위임명령 · 집행명령(직권명령)인 대통령령 · 총리령 · 부령 등 외에 법규의 효력을 갖고 있지 않는 행정규칙의 법형식이 있다. 헌법기관이 제정하는 헌법상 근거를 갖는 규칙으로 국회규칙, 대법원규칙, 헌법재판소규칙, 중앙선거관리위원회규칙 등이 있다. 그리고 지방자치단체의 조례, 규칙 등 자치에 관한 규정 등이 있다.

실정법 규범체계의 단계구조 실정법 규범체계에 대한 한스 켈젠(Hans Kelsen 1881.10.11.~1973.4.19)의 순수법학에 따르는(*Reine Rechtslehre*, Vienna 1934.; ders., *Pure Theory of Law*(1960; Knight trans.). 제4장) '법질서 단계구조'*Stufenbau der Rechtsordnung*는 법 · 도덕의 독립 · 분립관계, 근본규범(*Grundnorm* 법규범 연원, 타당성의 시원), 법논리적 의미의 헌법*Verfassung im rechtslogischen Sinne*을 外延으로 헌법 · 법률 · 명령의 상하관계, 법률간 동위관계의 위계질서를 이루는 실정법적 의미의 헌법*Verfassung im positivrechtlichen Sinne*으로서 국가법질서에서의 최상위규범, 일반법규범(법률*Gesetz* · 명령*Verordnung* 등 법조문체계의 법규범), 개별법규범(일반법규범을 행정적 · 사법적으로 적용한 국가기관의 행위인 행정처분*Verfügung* · 재판판결*Rechtsprechung*)의 법단계*Stufentheorie des Rechts*이다.61)

1.2 실정법규범체계의 주체

실정법규범체계 형성의 주체로 헌법개정안제안권 · 의결권은 국회(제128조 제1항, 제130조 제1항), 헌법개정안제안권 · 공고권 · 헌법개정공포권은 대통령(제128조 제1항, 제129조, 제130조 제3항)에 있다. 법률안의결권은 국회(제53조), 법률안제출권은 국회의원 또는 정부(제52조), 법률공포권은 대통령 또는 국회의장에게 있고(제53조 제1항, 제6항), 법률안거부권은 대통령(제2항)에 각각 존재한다. 이때 법률의 공포는 국민을 위한 것이며, 법률은 특별한 규정이 없는 한 공포한 날로부터 20일을 경과함으로써 효력을 발생하는 시행(제53조 제7항)은 국가기관을 위한 것이다. 국제법규로서 조약체결・비준권은 대통령(제73조) 그 동의권은 국회(제6조 제1항, 제60조 제1항)에 있다. 법규명령제정권은 대통령, 국무총리, 행정각부의 장(제75조, 제95조)에 있다. 헌법규칙제정권은 국회, 대법원, 헌법재판소, 중앙선거관리위원회 등이다. 조례・규칙 등의 자치규정제정권은 지방의회, 지방자치단체의 장(제117조 제1항)에 있다.

1.3 실정법규범체계의 현황

실정법 규범체계의 현황과 적용관계 현행(2021.7.1기준) 대한민국의 규범체계는 헌법 1, 법령[법률 1,541 대통령령 1,803 총리령 92 부령 1,293 기타(국회규칙 등) 356] 5,085건, 자치법규(조례 96,229 규칙 26,246), 기타(훈령등) 448 등 112,923건, 정부수립1948.8.15. 후 현재까지 법령별 공포현황은 헌법 10, 법령[법률 18,290 대통령령 31,862 국무원령 257 각령 1,765 총리령 1,716 부령 25,105] 등 78,995건이다. 실정법체계에서 성문법의 적용은 헌법-법률-명령 등의 순서에 의한다. 예를 들어, 근로기준법 '사용자는 근로자에게 대통령령으로 정하는 휴일을 유급으로 보장하여야 한다'(제55조 제2항)에 따른, 대통령령 '근로기준법시행령' 제30조(휴일) '② 법 제55조제2항 본문에서 "대통령령으로 정하는 휴일"이란 「관공서의 공휴일에 관한 규정」 제2조 각 호(제1호는 제외한다)에 따른 공휴일 및 같은 영 제3조에 따른 대체공휴일을 말한다.',에 따른 '관공서의 공휴일에 관한 규정'(대통령령) 제2조 '관공서의 공휴일은 1. 일요일 2. 국경일 중 3・1절, 광복절, 개천절 및 한글날 3. 1월 1일 4. 설날 전날, 설날, 설날 다음날(음력 12월 말일, 1월 1일, 2일) 5. 삭제 6. 부처님오신날(음력 4월 8일) 7. 5월 5일 (어린이날) 8. 6월 6일(현충일) 9. 추석 전날, 추석, 추석 다음날(음력 8월 14일, 15일, 16일) 10. 12월 25일(기독탄신일) 10의2. '공직선거법' 제34조에 따른 임기만료에 의한 선거의 선거일 11. 기타 정부에서 수시 지정하는 날. 제3조 대체공휴일은 제2조제4호 또는 제9호에 따른 공휴일이 다른 공휴일과 겹칠 경우 제2조제4호 또는 제9호에 따른 공휴일 다음의 첫 번째 비공휴일을 공휴일로 하며, 제2조제7호에 따른 공휴일이 토요일이나 다른 공휴일과 겹칠 경우 제2조제7호에 따른 공휴일 다음의 첫 번째 비공휴일을 공휴일로 한다.', 등으로 실정법 규범체계 적용관계를 이룬다.

2. 성문법규범체계와 법치주의

2.1 성문법규범체계에서의 법치주의

성문법 규범체계는 법치주의에 지배된다. 법치주의는 일반법원칙, 현행법원칙, 신뢰법원칙 등을 형식원리로 한다. 일반법원칙은 법치국가의 국가작용은 법의 적용을 받는 수범자受範者에게 무엇이 금지되고 허용되는지의 예측가능성을 주는 행위지침이며, 법집행자에는 판단지침으로 기능하는 일반법에 따르게 하는 법의 일반성원칙과 명확성원칙으로 구성된다. 일반성원칙은 법은 불특정다수를 대상으로 불특정한 경우를 규율하는 일반법률인 규범을 요구한다. 일반법률은 법치행정의 법률의 우위, 법률의 법규창조력, 법률유보(헌법 제37조 제2항, 제40조 의회유보, 행정유보, 제75조 포괄위임금지 등), 죄형법정주의(제13조 제1항), 조세법률주의(제38조, 제59조) 등을 가져온다. 명확성원칙은 법률의 법문의 의미는 문언내용・입법목적에 비추어 합리적으로 해석하여 일의적 파악이 가능할 정도가 되어야, 수범자의 예측가능성을 요구할 수 있다는 헌법원칙이다(헌재 2017.7.27. 2016헌바41; 2016.2.25. 2013헌바105). 명확성원칙으로 구현된다. 현행법원칙은 국민은 행위시에 제정(국회의결, 대통령 공포 헌법 제53조)・시행(공포후 20일 경과 제53조 제7항)되고 있는 법률에만 구속되는 행위시법원칙, 과거의 사실・법률관계에 소급하여 제정・적용・처리되는 입법・행정・사법 등의 행위를 금지하는 소급금지원칙 등의 법치주의 형식원리이다. 신뢰법원칙은 국민이 어떤 법률이나 제도가 장래에도 그대로 존속될 것이라는 합리적인 신뢰를 바탕으로 하여 형성한 일정한 법적 지위와 관련된 법규나 제도의 개폐에 있어서 국가는 국민의 신뢰를 최대한 보호하여 법적 안정성을 도모하여야 한다는 법치국가의 헌법원칙이다(헌재 2004.12.16. 2003헌마226).

2.2 '행정기본법'에서의 법치주의 규정

'행정기본법'은 실정법체계의 법치주의를 규정한 '행정의 법 원칙'을 들고 있다(제2장). 법치행정의 원칙은 '행정작용은 법률에 위반되어서는 아니 되며, 국민의 권리를 제한하거나 의무를 부과하는 경우와 그 밖에 국민생활에 중요한 영향을 미치는 경우에는 법률에 근거하여야 한다'(제8조). 평등의 원칙은 '행정청은 합리적 이유 없이 국민을 차별하여서는 아니 된다'(제9조). 비례의 원칙은 '행정작용은 행정목적을 달성하는 데 유효하고 적절할 것, 행정목적을 달성하는 데 필요한 최소한도에 그칠 것, 행정작용으로 인한 국민의 이익 침해가 그 행정작용이 의도하는 공익보다 크지 아니할 것 등의 원칙에 따라야 한다'(제10조). 성실의무 및 권한남용금지의 원칙은 '행정청은 법령등에 따른 의무를 성실히 수행하여야 한다. 행정청은 행정권한을 남용하거나 그 권한의 범위를 넘어서는 아니 된다'(제11조). 신뢰보호의 원칙은 '행정청은 공익 또는 제3자의 이익을 현저히 해칠 우려가 있는 경우를 제외하고는 행정에 대한 국민의 정당하고 합리적인 신뢰를 보호하여야 한다. 행정청은 권한 행사의 기회가 있음에도 불구하고 장기간 권한을 행사하지 아니하여 국민이 그 권한이 행사되지 아니할 것으로 믿을 만한 정당한 사유가 있는 경우에는 그 권한을 행사해서는 아니 된다. 다만, 공익 또는 제3자의 이익을 현저히 해칠 우려가 있는 경우는 예외로 한다'(제12조). 부당결부금지의 원칙은 '행정청은 행정작용을 할 때 상대방에게 해당 행정작용과 실질적인 관련이 없는 의무를 부과해서는 아니 된다'(제13조) 함을 정하고 있다.

2.3 성문법규범체계에서의 공법관계

행정법의 법률관계인 행정법관계는 지배권을 갖는다. 지배권은 국가·공공단체 등 행정주체가 국민에 대해서 일방적 명령·강제나 법률관계의 형성·변경을 행하는 규범력이다. 지배권에 의하여 행정작용은 사법상 의사표시와 달리 행정처분의 유효성을 추정하는 힘인 공정력, 존속력, 강제력을 갖는다. 公定力은 행정권의 작용은 그것이 중대하고 명백한 하자로 당연무효인 경우를 제외하고는 직권 또는 쟁송에 의하여 취소되기까지는 일응 적법한 것으로 추정되며, 그 상대방은 물론 행정청 및 제3자도 그 효력을 부인할 수 없게 하는 효력이다. 존속력은 행정작용은 일정 제척기간 경과 후에는 당연무효인 경우를 제외하고는 그 효력을 다툴 수 없게 하는 효력으로서, 형식적 존속력인 불가쟁력과 실질적 존속력인 불가변력을 갖는다. 불가쟁력은 일정기간 경과로 행정작용의 효력을 다툴 수 없게 하는 효력이다. 불가변력은 행정작용을 행한 행정청 자신도 이를 취소·변경할 수 없는 효력이다. 강제력은 행정작용의 내용을 자력으로 강제하고 실현할 수 있는 자력집행력 및 행정작용에 반하는 행위에 대한 행정벌 등으로 그 실효성을 확보하는 제재력이다. 공정력을 豫先的 효력이라 하여 미리 잠정적으로 구속력을 인정하여 사실상 적용되는 절차법적 효력으로 보면서, 법치국가적 행정에 대한 국민의 신뢰 보호에 기초하여, 행정행위로 인하여 법률상 이익을 침해받은 자는 행정쟁송을 통해서만 그 효력을 부인할 수 있게 하여 행정쟁송제도의 반사적 효과인 구속력으로 보면 무효인 행정행위·사실행위·비권력적 행위·사법행위 등에는 인정되지 않는다. 행정처분이나 행정심판의 재결이 불복기간 경과로 확정될 경우의 확정력은 그 처분으로 인하여 법률상 이익을 침해받은 자가 당해 처분이나 재결의 효력을 더 이상 다툴 수 없다는 의미일 뿐, 판결에 인정되는 기판력같이 그 처분의 기초가 된 사실관계나 법률적 판단이 확정되고 당사자나 법원이 이에 기속되어 모순되는 주장이나 판단을 할 수 없게 되는 것은 아니다. 행정구제의 특질로서 손해전보제도인 손해배상과 손실보상, 행정쟁송절차로서 행정심판, 행정소송의 특수성 등이 인정된다.

3. 성문법규범체계와 법효력

3.1 성문법규범체계와 법효력의 발생

법효력은 법률요건에 상당할 때 법이 법률효과로서 갖는 구속력인 강제력이다. 법효력의 발생은 법의 時에 관한 효력이기도 하다. 국회에서 의결된 법률안은 정부에 이송되어 15일 이내에 대통령이 국무회의 심의(헌법 제89조 제3호), 국무총리 및 관계국무위원의 문서부附 부서副署를 거쳐(제82조), 서명 (성립요건) · 공포(효력요건)하면(제53조 제1항), 특별한 규정이 없는 한 공포한 날로부터 20일이 경과함으로써 효력이 발생한다(제7항). 법률이 성립하여 효력이 발생하면 법률은 시행되어 국민을 구속하는 규범이 된다. 법률의 효력이 발생한다 함은 정식절차에 의해서만 개정·폐지되는 형식적 효력, 국가기관과 국민을 기속하는 실질적 효력 등이 발생하였음을 의미한다.

법률안공포 국회에서 의결된 법률안이 정부에 이송된 때에, 그 이송된 법률안에 이의가 있을 때 대통령은 15일 이내에 법률안전체에 대한 이의서를 붙여(일부거부·수정재의 不可), 국회에 환부하여(폐회중에도 가능하여 보류거부는 不可) 재의요구인 거부권을 행사할 수 있고, 국회가 무기명투표로(국회법 제112조 제5항), 재적의원 과반수출석과 출석의원 2/3 이상의 찬성으로 전과 같은 의결을 하면(압도적 거부*overriding veto*), 그 재의결된 법률안은 법률로서 확정된다(헌법 제53조 제4항). 대통령이 15일 이내에 공포나 재의의 요구를 하지 아니한 때에도 그 법률안은 법률로서 확정된다(제5항). 대통령은 이렇게 확정된 법률을 지체없이(5일을 넘기지 않아야 한다) 공포하여야 한다(제6항 제2문). 확정법률(재의결되거나, 15일 이내에 대통령이 공포나 재의의 요구를 하지 않은 법률안 제4항, 5항)이 정부에 이송된 후 5일 이내에 대통령이 공포하지 아니할 때에는 국회의장이 이를 공포한다(제6항 제2문). 정부는 법률안이 공포된 경우 지체없이 국회에 통지하여야 한다(국회법 제98조 제2항). 법률안 공포는 법률번호를 붙인 관보게재로 한다. 이때 법률안 공포일은 국회에서 의결된 법률이 게재된 관보의 발행일로 한다(법령등공포에관한법률 제10조~제12조). 법률공포문의 전문에는 국회의 의결을 받은 사실을 적고 대통령이 서명한 후 대통령인을 찍고 그 공포일을 명기하여 국무총리와 관계국무위원이 부서한다(제2조, 제5조 제1항).

법률안공포일과 법률 시행일 공포일을 정하는 기준이 되는 공포라 함은 국가의 법령·조약에 있어서는 관보에 게재하는 행위(법령등공포에관한법률 제11조 제1항), 지방자치단체의 조례·규칙은 公報에 게재하는 행위(지방자치법시행령 제12조 제1항), 대통령의 법률안거부권 행사로 인하여 재의결된 법률을 국회의장이 공포하는 경우에는 서울특별시에서 발행하는 일간신문 2개 이상에 게재하는 행위(법령등공포에관한법률 제11조 제2항), 지방자치단체의 장이 공포하지 아니함으로 인하여 지방의회의장이 공포하는 경우에는 공보나 일간신문에 게재하거나 게시판에 게시하는 행위(지방자치법시행령 제12조 제1항 단서) 등이 된다. 이렇게 법령 등을 게재한 관보 또는 공보가 발행된 날을 공포일로 본다 하더라도 실제의 공포시점에 대해서는, 보통 관보가 관보판매소에 도달하여 누구든지 관보를 구독할 수 있는 상태가 된 최초의 시점으로 보는 최초구독가능시점을 택한다(대법원 1989.9.26. 89누4963). 입법자가 공무원연금법 시행일을 공포일로부터 약 6개월 뒤로 정함은 개정법의 원활한 시행을 위하여 관련법률·시행령정비등 준비기간이 필요했기 때문으로, 이는 법률시행을 위해 필요한 경우에 이루어지는 통상적인 것으로서 합리적 이유가 있다(헌재 2017.5.25. 2015헌마933).

3.2 성문법규범체계에서의 법효력의 범위 - 실체법

법효력의 범위는 법이 법률요건에 상당할 때 법률효과로서 갖는 구속력인 강제력이 미치는 적용범위이다. 법의 人에 관한 효력으로서, 성문법은 일반인이 대상인 일반법, 일정 신분관계인에게만 적용되는 특별법, 국적자 모두에게 미치는 속인주의, 국적여하를 불문하고 국내거주인 모두에게 미치는 속지주의가 있다. 국법인 성문법은 대인고권에 의해서 모든 국적자에 미치며 영토고권에 의해서는 국내에 있는 외국인에도 미친다. 형법 제2조 '본법은 대한민국영역 내에서 죄를 범한 내국인과 외국인에게 적용한다' 함이 그것이다. 법효력의 발생 始期는 법의 時에 관한 효력이다. 헌법 제53조 법률불소급원칙 및 제12조, 제13조 등을 근거로 법은 그 효력이 발생한 이후에 일어난 사실에 대해서 적용된다. 법 효력 발생 전 사실관계에 규범적 효력을 미치게 하는 소급입법은 금지되는 것이 법치국가의 일반법원칙이다. 민법 부칙(법률 제471호, 1958.2.22.) 제28조는 시행일을 '본법은 단기 4293년 1월 1일부터 시행한다' 하고, 제2조는 '본법은 특별한 규정이 있는 경우 외에는 본법 시행일 전의 사항에 대하여도 이를 적용한다. 그러나 이미 구법에 의하여 생긴 효력에 영향을 미치지 아니한다' 하여 법치주의적 법규범의 계속성을 규정하고 있다.

형법의 人에 관한 효력과 법률불소급의 원칙 형법(제1장 형법의 적용범위) 제2조(국내범) '본법은 대한민국 영역 내에서 죄를 범한 내국인과 외국인에게 적용한다.', 제3조(내국인의 국외범) '본법은 대한민국영역외에서 죄를 범한 내국인에게 적용한다.', 제4조(국외에 있는 내국선박 등에서 외국인이 범한 죄) '본법은 대한민국영역 외에 있는 대한민국의 선박 또는 항공기내에서 죄를 범한 외국인에게 적용한다.', 제5조(외국인의 국외범) '본법은 대한민국 영역 외에서 다음에 기재한 죄를 범한 외국인에게 적용한다. 1. 내란의 죄 2. 외환의 죄 3. 국기에 관한 죄 4. 통화에 관한 죄 5. 유가증권, 우표와 인지에 관한 죄 6. 문서에 관한 죄중 제225조 내지 제230조 7. 인장에 관한 죄중 제238조 제6조(대한민국과 대한민국국민에 대한국외범)', 제6조(대한민국과 대한민국국민에 대한 국외범) '본법은 대한민국 영역 외에서 대한민국 또는 대한민국국민에 대하여 전조에 기재한 이외의 죄를 범한 외국인에게 적용한다(단 행위지의 법률에 의하여 범죄를 구성하지 아니하거나 소추 또는 형의 집행을 면제할 경우에는 예외로 한다).', 제7조(외국에서 집행된 형의 산입) '죄를 지어 외국에서 형의 전부 또는 일부가 집행된 사람에 대해서는 그 집행된 형의 전부 또는 일부를 선고하는 형에 산입한다.' 병역을 기피할 목적으로 외국국적을 취득하고 대한민국국적을 상실하여 외국인이 된 경우에도 38세 전까지만 재외동포(F–4) 체류자격 부여를 제한하도록 규정하고 있는 점을 고려하여 사증 발급여부를 결정하여야 하는데, 이 38세는 사증발급 거부처분 당시 적용되던 재외동포법에 따른 것이고, 이후 병역기피와 관련하여 재외동포체류자격 부여를 제한할 수 있는 연령이 41세로 개정되었기에, 개정법률은 사증발급 거부처분에는 적용되지 않으나, 대법원 판결의 취지에 따른 재처분 시에는 적용된다(대법원 2019.7.25. 2017두38874).

상법의 法源과 적용 상사적용법규는 상법에 따르면(제1조 '상사에 관하여 본법에 규정이 없으면 상관습법에 의하고 상관습법이 없으면 민법의 규정에 의한다.', 제2조 '공법인의 상행위에 대하여는 법령에 다른 규정이 없는 경우에 한하여 본법을 적용한다', 제3조 '당사자중 그 1인의 행위가 상행위인 때에는 전원에 대하여 본법을 적용한다') 특별법, 신법 우선 원칙, 상관습법은 상법 등 성문법에 규정이 없는 경우에 보충적 효력으로서 적용되어 결국 상사자치규약-상사특별법령, 상사조약-상법전, 상관습법-민사특별법령, 민사조약-민법전, 민사관습법-조리 등으로 정한다. 상법은 민법의 특별법으로 민법 원칙규정의 변경 · 보충규정(상사대리, 상사소멸시효, 상사유치권, 유질계약 등의 허용, 상사법정이율, 상사채권의 효력 등), 민법 일반규정의 기업적합규정(상인, 상업사용인, 운송계약, 회사 등), 민법 공백규정의 창설규정(상호, 상업장부, 상업등기, 상호계산, 보험, 공동해손, 해난구조 등) 등 상법 공백규정에는(권리능력, 행위능력, 의사표시, 법률행위, 부당이득, 사무관리, 불법행위 등) 민법 규정이 적용된다. 상법의 時에 관한 효력은 법규가 동위의 위계이면 신법은 구법을 변경하며(*Lex posterior derogat legi priori*), 일반법과 특별법의 관계이면 새 일반법은 구 특별법을 변경하지 않는다(*Lex posterior generalis non derogat legi priori speciali*). 時際法*intertemporales Recht* 즉 신법 시행 전 발생한 법률사실에 대한 소급효에 대해서, 신법 시행 전 완전히 효력을 발생하여 종료된 사실에 신법을 적용하는 진정소급효법률은 금지되는(형법, 상법 등의 사법과 달리 헌법에서는 법적 안정성에 대하여 정의의 요구가 극히 큰 경우에는 예외적으로 인정한다. 5.18특별법, 일제협력자재산소급박탈), 반면, 부진정소급효법률 즉 신법 시행 전 발생하여 신법 시행 후에도 존속하는 사실에는 법적 안정성 대 정의의 요구를 비교형량하여 판단한다. 상법의 장소적 효력은 대한민국의 영토에 적용되는 것이다. 다만, 한국 기업이 외국에서 영업활동을 하는 경우에 한국의 상법이 적용되는 경우도 있고, 외국 기업이 한국에서 영업을 하는 경우에도 외국상법이 적용되는 경우도 있다(섭외사법 제28조 이하). 상법의 사람에 대한 효력은 한국 국적을 지닌 자연인 및 법인에 적용된다. 다만, 섭외적 법률관계에서는 한국인에게 외국상법이 적용된다던지 또는 외국인에게 한국 상법이 적용되는 경우도 있다. 상법의 사항에 관한 효력은 국민의 생활관계 중 상법 제1조에서 정한 상사에 대해서만 적용된다. 공법인의 상행위에는 제2조에 따라서 법령에 다른 규정이 없는 경우에 한하여 상법이 적용된다.

노동법의 法源과 적용 노동법 法源인 노동법의 존재형식은 헌법 제32조, 제33조 근로기본권 규정, 개별적 근로관계법과 집단적 노사관계법의 법률, 헌법 제6조 제1항에 의하여 국내법과 동일한 효력을 갖는 국제법 규범인 ILO협약, 노동관습법 등으로 존재한다. 노동에 관한 자치규범인 노사당사자의 자율적 단체협약 · 취업규칙 · 노동조합의 조합규약 등은 국가가 제정한 일반추상적 법규범이 아니어서 法源이 되기 어렵지만 法源의 개념을 노사당사자간 노사관계를 규율하는 재판규범으로 보면 가능하다. 단체협약은 노동조합과 사용자간 단체교섭으로 합의된 사항의 문서화된 계약으로서 재판규범성이 인정된다. 취업규칙은 사업장에서 근로자에 적용되는 근로조건 · 복무규율 등을 사용자가 일방적으로 작성한 규범으로서 노사당사자간 묵시적 동의가 있는 계약으로 보아 재판규범성을 갖는다. 조합규약은 노동조합의 조직 · 활동 · 운영에 관하여 조합원이 자율적으로 정한 기본규칙으로서 조합내부기관 · 조합원을 구속한다. 행정해석은 고용 관련 국가기관 등이 노동행정의 지침이나 노동법에 관한 유권해석으로서 그 하부기관을 구속하지만 국민에의 재판규범성은 갖지 못한다. 판례는 대륙법계의 한국에서는 법원성을 인정할 수 없다. 대법원 판결은 당해사건에 하급심을 구속하는 사실상 효력만 가질 뿐이다. 노동법 법원으로서 헌법은 최상위 적용규범이며 근로기준법, 노동조합및노동관계조정법 등의 법률은 단체협약, 취업규칙, 조합규약 등의 자치규범에 우선하여 적용된다. 자치규범간에서는 상위규범 우선의 원칙에 따라서 단체협약, 취업규칙, 근로계약 등의 순서로 적용된다. 노동법의 법원의 적용순서에 관련하여 유리한 조건 우선원칙이라 하여, 서로 다른 자치규범이 근로조건을 정하는 경우에 가장 유리한 근로조건을 정하는 자치규범이 상위, 하위에 관계없이 우선적으로 적용된다 함은 法源의 적용이 아니라 법해석에 따른 적용의 문제다.

3.3 성문법규범체계에서의 법효력의 범위 - 절차법

절차법의 시에 관한 효력은 신법의 제정 · 개정 · 폐지 등의 전후에 걸쳐 소송이 계속할 때 신구법 적용의 시간적 적용범위로서, 실체법보다 기술적 성격이 강한 소송법에서는 절차의 안정을 위하여 획일적으로 신법이 적용되므로, 신법 시행 전 이미 발생한 사항에도 소급하여 적용되나, 이미 발생한 소송행위의 효력에는 영향을 미치지 않는다(민사소송법 부칙 제2조 제1항, 제3조). 민사소송법의 장소적 적용범위는, 소송에는 법원의 소재지법 즉 法廷地법*lex fori* 적용이 원칙이다. 형사소송에서의 시에 관한 효력으로서 공소시효는 일정기간 공소를 제기하지 아니하는 경우의 국가 소추권 소멸의 제도이다. 공소시효는 공소사실에 대한 법정형을 기준으로 결정한다(형사소송법 제249조 제1항). 공소제기 후 판결 확정 없이 15년 경과시 시효완성으로 간주한다(제2항). 시효는 범죄 행위 종료시부터 진행한다(제252조 제1항). 공소시효는 정지사유의 발생으로 그 진행이 정지되고 그 사유가 없어지면 다시 진행한다. 정지사유는 공소제기(제253조 제1항), 국외도피(제3항), 재정신청(제262조의2), 소년보호사건의 심리개시결정(소년법 제54조), 가정보호사건의 법원에의 송치(가정폭력범죄의처벌등에 관한특별법 제17조 제1항) 등이다. 공소시효가 완성되면 검사는 공소권없음의 불기소처분을 하며, 공소가 제기된 경우 법원은 면소판결을 한다(제326조 제3호).

[三] 불문법 - 관습법 · 판례법 · 조리

1. 관 습 법

1.1 관습법의 의의 · 성립 · 소멸

관습법은 사회에서의 거듭된 관행으로 생성된 사회생활규범이 공동체구성원의 법적 확신에 의하여 강제규범성을 갖는 국가 법규범으로 승인되어 법원法源으로 기능하는 법규범이다(헌재 2005.7.21. 2002다1178; 2013.2.28. 2009헌바129). 관습법은 거듭된 관행으로 생성되는 '사실인 관습'이라는 실체적 · 객관적 요소와 이에 대한 '법적 확신'*opinio iuris*이라는 주관적 요소로 성립한다. 법적 확신이라는 실질적 요소가 없는 관행만으로는 사실인 관습에 그친다. 관습법은 사회에서 형성되어 국가의 명시적, 묵시적 승인에 의하여 강제규범으로서 성립하는 것이지 국가가 이를 창설적으로 형성하여 그 효력을 부여하는 것은 아니다. 관습법은 헌법을 최상위규범으로 하는 전체 법질서에 반하지 않는 정당성 · 합리성이 인정되어야 법규범으로서 효력이 인정되며(대법원 2003.7.24. 2001다48781), 그 존재는 구체적 사건을 전제로 법원에서 판결로 원용되면서 확인되기에, 法院은 관습법이 성립하여 존재하고 있음을 확인하면 이를 재판규범으로서 적용한다(대법원 1969.11.25. 67므25; 1973.6.12. 70다2575; 1988.1.19. 87다카1877; 1996.10.25. 96다27087등; 2007.1.25. 2005다26284등). 관습법의 성립은 그 각 규범적 단계에 따라서 관습헌법이든지 또는 관습법의 효과를 갖는다. 수도 서울이 관습헌법이라 하는 것, 재산상속에 적용되는 분재청구권에 관한 법률이 없는 상황에서의 관습법은 형식적 의미의 법률은 아니지만 실질상 법률과 같은 효력을 갖는 것(대법원 2007.1.25. 2005다26284등), '사실혼'은 혼인신고를 하지 않아 법률상 혼인(민법 제812조)이 되지 않게 된 사실상 혼인생활로서 혼인에 준하는 관습법적 효과가 인정되는 경우, 종래 관습법으로서 인정되었던 명의신탁, 양도담보 등은 '부동산 실권리자명의 등기에 관한 법률', '가등기담보 등에 관한 법률' 등의 실정법으로 전환되어 관습법으로서의 효력은 소멸되고 실정법 규율을 받는다.

관습헌법과 관습법 한국헌법상 '수도가 서울'이라는 명문조항은 존재하지 않으나 대한민국수도가 서울인 것은 국가생활의 오랜 전통 · 관습에서 확고하게 형성된 자명한 사실, 전제된 사실로서, 모든 국민이 우리나라의 국가구성에 관한 강제력 있는 법규범으로 인식하고 있기에 불문의 관습헌법규범이다(헌재 2004.10.21. 2004헌마554등).■ 서울은 행정중심복합도시 건설에도 불구하고 계속하여 정치 · 행정의 중추기능과 국가의 상징기능을 수행하는 장소로 인정할 수 있기에, 수도로서의 기능이 해체된다 볼 수 없고, 대통령과 국무총리가 서울이라는 하나의 도시에 소재하고 있어야 한다는 관습헌법의 존재를 인정할 수 없다(헌재 2005.11.24. 2005헌마579등). '관습상 법정지상권'은 동일 소유자의 토지 · 건물이 그 소유자가 서로 다르게 된 경우 건물소유자가 토지소유자에게 취득하는 권리이며 '분묘기지권'은 타인 토지 위의 분묘설치자에 인정되는 지상권 유사의 권리다(대법원 2017.1.19. 2013다17292). 대법원은 분묘 소유를 위한 토지사용권인 분묘기지권을 지상권과 유사한 관습법에 의한 물권으로 인정하면서 관습에 대한 사회구성원들의 법적 확신이 확고부동하게 이어져 온 것을 확인하고 적용하여 왔다(한국사회에 널리 퍼져있던 매장 중심의 장묘문화와 이에 바탕한 인정된 분묘의 수호 · 봉사를 위한 토지사용권 보호를 내용으로 하는 관습 · 관행의 존재를 근거로, 20년 이상의 장기간 계속된 사실관계를 기초로 형성된 분묘에 대한 사회질서의 법적 보호는 민법시행일인 1960.1.1.부터 50년 이상의 기간 이어져 왔다)(대법원 2005.7.21. 2002다1178).

■ 서울이 우리나라의 수도인 사실은, 조선시대 이래 600여 년 간 우리나라의 국가생활에 관한 당연한 규범적 사실이 되어 왔으므로 오랜 전통에 의하여 형성된 계속적 관행이라고 평가할 수 있고(계속성), 이러한 관행은 변함없이 오랜 기간 실효적으로 지속되어 중간에 깨어진 일이 없으며(항상성), 우리나라 국민이라면 개인적 견해 차이를 보일 수 없는 명확한 내용을 가진 것이고(명료성), 이러한 관행은 장구한 세월 동안 굳어져 와서 국민들의 승인과 폭넓은 컨센서스를 이미 얻어(국민적 합의) 국민이 실효성과 강제력을 가진다고 믿고 있는 국가생활의 기본사항이라 할 것이다. 따라서 서울이 수도라는 점은 우리 제정헌법이 있기 전부터 전통적으로 존재하여온 헌법적 관습이며 헌법조항에서 명문으로 밝힌 것은 아니지만 자명하고 헌법에 전제된 규범으로서, 관습헌법으로 성립된 불문헌법에 해당한다.

1.2 관습법의 보충적 효력과 합헌성

관습법은 성문법의 보충적 효력을 갖는다. 민법도 법률규정에 의해서만(제224조, 제229조, 제234조, 제237조, 제290조, 제302조 등) 관습법이 성문법 규정을 배제하거나 변경하는 효력을 인정한다. 민법 제185조 '물권은 법률 또는 관습법에 의하는 외에는 임의로 창설하지 못한다' 하는 물권법정주의에서, 물권은 법률 '또는' 관습법에 의한다 하여 물권의 성립 원인으로 법률과 관습법을 대등한 관계로 보는 듯하지만, 민법 제1조는 '민사에 관하여 법률에 규정이 없으면 관습법에 의하고 관습법이 없으면 조리에 의한다' 하므로 법률에 규정이 없는 때에 한해서만 관습법에 의해 물권이 성립할 수 있는 보충적 효력만 인정된다. 관습법은 사회생활규범이 법적 규범으로 승인되기에 이르러 그 효력을 인정받기에, 헌법을 최상위규범으로 하는 전체법질서에 반하지 않고 정당성과 합리성이 인정될 수 있는 것이어야 한다(대법원 2003.7.24. 2001다48781). 나아가 관습법이 오랜 기간 사회구성원들의 법적 확신에 의하여 뒷받침되고 유효하다 인정해 왔음에도, '사회를 지배하는 기본적 이념이나 사회질서의 변화로 인하여 전체 법질서에 부합하지 않게 되었다'는 등의 이유로 법적 규범의 효력을 부정하면 과거의 법률관계의 효력을 일시에 뒤흔들어 법적 안정성을 해할 위험이 있다(대법원 2005.7.21. 2002다1178).

분묘기지권과 관습법 분묘기지권이라는 관습상 물권의 취득은 오랜 세월 동안 지속되어 온 관습, 관행으로 승인되어 온 법적 규범으로서(① 타인 소유의 토지에 소유자의 승낙을 받아 분묘를 설치한 경우 분묘기지권 취득, 자기 소유 토지에 분묘를 설치한 사람이 토지를 양도한 경우에 분묘를 이장하겠다는 특약을 하지 않는 한 분묘기지권을 취득 ② 타인소유토지에 소유자승낙 없는 분묘설치에 20년간 평온, 공연하게 그 분묘의 기지를 점유하면 지상권과 유사한 관습상의 물권인 분묘기지권을 시효로 취득, 이를 등기 없이 제3자에게 대항할 수 있는 것이 관습이라 판시하면서, '장사등에관한법률'은 시행일(2001.1.13.) 이후 설치된 분묘에 대해 분묘설치기간을 일정 기간으로 제한하는 시한부(한시적) 매장, 분묘기지권(토지사용권)의 시효취득을 주장할 수 없고, 토지소유자는 관할관청의 허가를 받아 승낙 없이 설치된 분묘를 개장할 수 있으며, 분묘연고자는 토지소유자 승낙 없이 설치한 분묘에 관하여 해당 토지소유자 등에 토지사용권이나 기타 분묘보존을 위한 권리를 주장할 수 없다) 그 시행일 이전에 설치된 분묘에 관하여 현재까지 유지되고 있다(반대의견:토지소유자의 승낙이 없음에도 20년간 평온, 공연한 점유가 있었다는 사실만으로 사실상 영구적 무상인 분묘기지권의 시효취득을 인정하는 종전의 관습은 적어도 2001.1.13. 장사법 시행 무렵에는 사유재산권을 존중하는 헌법을 비롯한 전체 법질서에 반하는 것으로 정당성과 합리성을 상실하였고 그 법적 구속력에 사회구성원들이 확신을 갖지 않아 법적 규범으로서의 효력을 상실하였다)(대법원 2005.7.21. 2002다1178). 분묘기지권에 관한 관습법은 토지소유자의 재산권을 침해한다 볼 수 없다("타인 소유 토지에 소유자의 승낙 없는 분묘를 설치하여 20년간 평온 · 공연하게 그 분묘의 기지를 점유하면 지상권과 유사한 관습상의 물권인 분묘기지권을 시효로 취득하고, 이를 등기 없이 제3자에게 대항할 수 있다."는 부분 및 "분묘기지권의 존속기간에 관하여 당사자 사이에 약정이 있는 등 특별한 사정이 없는 경우에는 권리자가 분묘의 수호와 봉사를 계속하는 한 그 분묘가 존속하고 있는 동안은 분묘기지권은 존속한다." 함은 오랜 세월 우리의 관습으로 형성 · 유지되어 왔고 현행민법 시행 이후에도 대법원판결을 통해 일관되게 유지되어 온 것이고 장묘문화 변화, 임야의 경제적 가치 상승 등의 변화된 사정에도 불구하고 전통문화보호 및 법률질서안정이라는 공익은 매우 중대하므로 과잉금지원칙에 위배되지 않는다)(헌재 2020.10.29. 2017헌바208).

1.3 관습법의 소멸－부존재

관습법은 법원의 판결로 확인하는 것이지 승인하는 것이 아니기에, 법원은 이미 형성된 관습법을 원용하고 이미 소실된 관습법은 부존재를 확인한다. 하지만 관습을 둘러싼 전체적 법질서체계와 함께 그 효력을 인정한 대법원판례의 기초가 된 사회구성원들의 인식·태도나 그 사회적·문화적 배경 등에 의미 있는 변화가 뚜렷하게 드러나는 등의 사정이 명백하지 않다면, 기존의 관습법이 법적 규범으로서 효력을 유지할 수 없게 되었다 단정하여서는 아니 된다. 관습상 물권인 분묘기지권이 그러하다(분묘(그 내부에 사람의 유골, 유해, 유발 등 시신을 매장하여 死者를 안장한 장소) 수호 및 奉祭祀의 목적 달성에 필요한 범위 내에서 타인소유토지의 사용 및 토지소유자나 제3자의 방해를 배제할 수 있는 권리의 존립근거가 상실되었다 단정할 수 없다)(대법원 2005.7.21. 2002다1178).

관습법의 부존재 사법상 관습법의 부존재로서, 공동선조의 후손 중 성년 남자만 종중(공동선조의 분묘수호, 봉제사, 종원 상호간 친목을 목적으로 형성되는 종족단체로서 권리능력 없는 사단)구성원으로 하고 여성은 될 수 없다는 종래의 관습법은, 성별만으로 생래적 부여나 원천적 박탈을 하는 것으로, 이제 더 이상 법적 효력을 가질 수 없다(대법원 2005.7.21. 2002다1178). 공법상 관습법의 부존재로서, 종래 선례는 불문법상 해상경계선으로 보아왔지만, 본 결정에서는 그 규범적 효력을 더 이상 인정하지 않기로 한다(지금까지 한국의 법체계에서 공유수면의 행정구역경계에 관한 명시적인 법령상 규정이 존재한 바 없고, 도서 등의 소속을 명시하기 위한 표시에 불과한 국가기본도상 해상경계선을 공유수면에 대한 불문법으로 성립되어 있다 볼 사정도 보이지 않는다)(헌재 2015.7.30. 2010헌라2).

2. 사실인 관습, 민법규정상 관습, 상관습법

2.1 사실인 관습

사실인 관습은 사회의 거듭된 관행으로 생성한 사회생활규범으로서의 존재만 인정될 뿐 이를 법규범으로 인식하는 사회구성원의 법적 확신으로는 성립하지 아니한 관습이다(대법원 1983.5.14. 80다3231). 관습법은 법원이 법적용을 위한 法源으로 원용하기 위하여 직권으로 확인하여야 할 기능을 갖는 법인 반면, 민법 제106조 '법령 중의 선량한 풍속 기타 사회질서에 관계없는 규정과 다른 관습이 있는 경우에 당사자의 의사가 명확하지 아니한 때에는 그 관습에 의한다' 하는 사실인 관습은, 법률행위해석에 있어서 의사의 명확성을 위한 기준이 된다.

2.2 민법규정상 관습

민법규정상 관습은 민법에서 정한 규정과 다른 관습이 있으면 그 관습에 의하도록 민법 자체에서 인정한 경우의 관습 즉 법규범이 승인한 관습법이다. 이에는 물권의 종류의 法源(민법 제185조 '물권은 법률 또는 관습법에 의하는 외에는 임의로 창설하지 못한다'), 경계표 및 담의 설치권(제237조 '① 인접하여 토지를 소유한 자는 공동비용으로 통상의 경계표나 담을 설치할 수 있다. ② 전항의 비용은 쌍방이 절반하여 부담한다. 그러나 측량비용은 토지의 면적에 비례하여 부담한다. ③ 전2항의 규정은 다른 관습이 있으면 그 관습에 의한다'), 특수지역권(제302조 '어느 지역의 주민이 집합체의 관계로 각자가 타인의 토지에서 초목, 야생물 및 토사의 채취, 방목 기타의 수익을 하는 권리가 있는 경우에는 관습에 의하는 외에 본장의 규정을 준용한다') 등이 있다.

2.3 상관습법

상관습법은 관습의 형식으로 존재하는 상사에 관한 국민의 법적 확신이 법규범으로 승인된 법이다. 상관습법은 강제규범성과 재판규범성을 지닌 법규범으로서 민법·상법의 강행규정에 반하여 성립하여(상법 제1조) 성문법화되기도 한다(백지어음제도(대법원 1956.10.27. 4289民再抗31등)의 어음법 제10조, 수표법 제13조 등). 사실인 상관습은 상사에 관한 국민의 법적 확신이 법규범으로 승인될 정도에 이르지 아니한 상관행이다(해상물건운송에서 保證渡의 상관행(대법원 1992.2.25. 91다30026).

선박의 연불조건부 수출시 중개수수료는 이자를 제외한 선박대금을 기준으로 하는 것(대법원 1985.10.8. 85누542) 등). 사실인 상관습은 당사자간 의사표시의 해석기준에 그치고 상법의 강행규정에 반하는 경우에는 성립할 수 없다(대법원 1959.5.28. 4291民上1). 상사자치법도 이에 속한다(한국거래소 업무규정은 내부적 업무처리지침이지 法源으로서의 상사자치법이 아니다). 법원의 판결이 관습법에 위반하면 법령위반의 상고이유가 되나(민사소송법 제423조), 사실인 상관습에 위반하는 경우는 사실의 오인이기에 상고이유가 되지 못한다(제432조). 회사의 정관도 상사자치법으로서 *法源*에 속한다. 보통거래약관은 당사자간 채택합의를 기다려 비로소 당사자를 구속한다. 보통거래약관은 사업자가 집단적 거래에 적용하기 위하여 미리 정형적으로 작성한 계약조항으로서, 보통 발생하는 당사자의 권리의무, 계약불이행에 대한 제재, 해제, 면책, 관할의 합의, 중재계약 등을 규정한다(은행예금약관, 자동차보험약관, 여객운송약관, 공동해손에 관한 요크·앤트워프 규칙*York-Antwerp Rules*). 상사판례는 상사사건에 대하여 법원이 내린 판결례이다. 한국은 영미와 같은 판결 선례의 구속력*stare decisis*이 인정되지 않아 판례의 *法源性*은 부인된다. 상사에 관한 학설 역시 성문법국가에서는 법규해석의 한 예이기에 그 법원성은 인정키 어렵다. 조리는 사물이 스스로 그러하게 되는 자연의 원리이며 민법 제1조는 조리를 법원으로 인정한다.

3. 불문법 – 판례법 · 조리

3.1 판례법

대륙법계 및 한국 실정법체계에서 법원의 판결의 집적인 판례는 일반법적인 *先決的* 구속력을 갖지 않기 때문에 유사한 사건에 계속적으로 적용되어 법형성적 효력을 갖는 *法源*에 속하지 아니한다(스위스 민법 제1조 제3항 같이 법관이 선례를 따라야 한다는 등의 규정도 없다).[62] 헌법 제103조 '법관은 헌법과 법률에 의하여 그 양심에 따라 독립하여 심판한다' 함은 재판은 무엇이 법인가를 판단하는 사법작용으로서, 법을 일정 사건에 적용만 할 뿐 모든 경우에 일반적 효력이 인정되는 법형성적 작용을 가지는 것은 아니라는 의미다. 법원조직법 제8조 '상급법원 재판에서의 판단은 해당 사건에 관하여 하급심을 기속羈束한다' 역시 판례는 일반적으로 구속력을 갖는 *法源*이 아니라 개개 사건에의 구속력만 인정된다는 것이다.

판례의 法源性과 法正義 발견 영미에서 판결에 이르게 된 주요논거인 판결이유*rationes decidendi*는 판사를 구속하는 법률적 힘인 구속력*binding authority*을 갖는 1차적 판례법 법원이다. 반면 방론*obiter dictum*, 반대의견*dissenting opinion*은 법추론에 합리성·타당성을 주는 설득력*persuasive authority*을 갖는 2차적 권위*secondary authority*의 법원이다. 우리와 같은 대륙법계에서는 판례의 이 같은 법원성은 인정되지 않는다 해도 판례는 그 나라의 *法正義*의 형성의 기능을 갖는다. 한 나라의 판례는 다양하고 무수한 사건 속에 녹아 흐르고 있는 형평을 법관이 추출하여 판결의 형태로 선고하는 과정에서 집적된 것이므로 이를 법이론적으로 유형화함으로써 그 나라의 현실에 터 잡은 고유의 법정의를 발견하게 된다.[63]

3.2 실정법체계와 판례법

실정법체계에서 판례는 당해 사건에 대한 재판의 판결이 그 이후의 사실관계에 반드시 적용되어야 하는 *法源*으로는 존재하지 않는다. 헌법재판소의 위헌결정이 법원 기타 국가기관 및 지방자치단체를 기속한다(헌법재판소법 제47조 제1,2항) 함은 위헌결정인 판결이 지니는 기속력이라는 특수한 효력을 말하는 것에 불과하다. 다만, '종전에 대법원에서 判示한 헌법·법률·명령 또는 규칙의 해석 적용에 관한 의견을 변경할 필요가 있다고 인정하는 경우는 대법관 전원의 3분의 2 이상의 합의체에서 행사한다(법원조직법 제7조 제1,2항 3호) 함은 장기간에 걸쳐 집적된 동일 취지의 판례와 대법원 전원합의체 결정이 가지는 법률보충적 기능을 가져(헌재 2014.7.24. 2012헌바277), 법원의 판결이 이후의 재판에서 그렇게 적용될 것이라는 사실상의 추정적 구속력을 강하게 부여하고, 판례의 그 같은 추정력을 변경시키려면, 그것을 정당화 하는 사유를 제시할 의무를 지는 한에서, 판례는 행위규범성의 기능을 갖는다. 명의신탁의 판례규범성이 그것이다. 즉 성문법계의 법체계에서 판례의 법규범성은 인정되지 않지만, 명문의 법규정이 없으면서 '형성된 판례'인 명의신탁은 당사자간 신탁에 관한 합의인 채권계약으로 신탁자가 실질적으로는 그의 소유에 속하는 부동산의 등기명의를 실체적인 거래관계가 없는 수탁자에게 매매 등의 형식으로 이전하는 것이다(대법원 1993.11.9. 92다31699). 동산은 공부상 소유관계를 공시할 수 없기에 명의신탁의 성립 여지가 없다(대법원 1994.10.11. 94다16175). 명의신탁의 판례 제도는 민법의 법규범을 그대로 해석・적용하면 신탁법리가 아니라 허위표시를 규정한 제108조를 유추・확대적용하게 된다. 독일・일본 등의 신탁행위이론은 주로 양도담보를 대상으로 하나, 한국의 명의신탁은 양도담보 외에 인정되는 판례상 제도이다.

명의신탁의 판례규범성 명의신탁은 대외관계에서는 수탁자를 완전한 소유자로 보고 그 수탁자로부터 부동산을 양수한 제3자는 원칙적으로 선의・악의를 묻지 않고 적법하게 소유권을 취득하는 것으로 보아(대법원 1963.9.19. 63다388), 신탁자가 언제든지 신탁을 해제할 수 있고 그 해지만으로 소유권은 신탁자에게 귀속한다(대법원 1980.12.9. 79다634). 등기제도가 미비한 종중재산의 소유권을 대내외적으로는 수탁자에게 귀속케 하나, 신탁계약의 취지에 따라, 내부적으로는 신탁자에게 이전하는 것으로 본 조선고등법원 판례(朝高判 1918.12.17. 조선고등법원 민사판결록 5권, 1011면 등) 이후, 현행 민법 시행 후에도, 대법원은 종중재산의 명의신탁, 담보를 위한 경우, 재단법인 설립을 목적으로 재산을 출연하면서 그 성립 전까지 발기인 명의로 등기를 하는 경우, 양도소득세 회피를 위한 경우 등에 이를 명의신탁의 법리로 판단하여 왔다. 현재, 부동산에 관한 소유권 등을 실체적 권리관계와 일치하도록 실권리자 名義로 등기하게 하는 '부동산 실권리자명의 등기에 관한 법률'이 민법상 허위표시에 관한 규정에 앞서 특별법으로서 적용되지만, 구분소유적 공유에서의 상호명의신탁, 조세포탈・법령제한을 회피할 목적으로 하지 않은 종중재산의 명의신탁, 부부간 명의신탁에는 적용되지 않기에 명의신탁의 판례이론이 통용될 수 있다. 상호명의신탁은 1필의 토지 중 위치와 면적을 특정하여 매수하고도 분필이 되어 있지 않은 이유 등으로 그 면적에 상응하는 공유지분등기를 하는 경우에 그 특정부분 이외의 부분에 대한 공유등기는 공유자 사이의 상호명의신탁을 한 것으로 보고 그 등기는 수탁자의 등기로서 유효한 것으로 한다(대법원 1989.4.25. 88다카7184). 공동명의신탁은 수인에 대한 부동산의 명의신탁에서 수탁자 상호간 소유형태를 단순히 공유관계로 본다(대법원 1982.11.23. 81다39).

3.3 조 리

헌법 제103조 '법관은 헌법과 법률에 의하여 그 양심에 따라 독립하여 심판한다'의 양심은 객관적 양심인 법의 일반원칙을 *法源*인 조리로 인정하는 것이다. 민법 제1조 '민사에 관하여 법률에 규정이 없으면 관습법에 의하고 관습법이 없으면 조리에 의한다' 함의 조리 역시 법의 일반원리, 사회통념, 경험칙 등 '사물의 도리'(Natur der Sache)로서, 성문법・관습법・판례법 등이 부재하는 경우의 법률관계 적용법규 내지 법해석기준으로서의 법의 존재형식・연원의 의미를 갖는다.

법의 일반원리와 조리의 法源性 대법원은 조리를 법원으로 인정하여, '종중의 목적과 본질에 비추어 볼 때 공동선조와 성과 본을 같이 하는 후손은 성별의 구별 없이 성년이 되면 당연히 그 구성원이 된다고 보는 것이 조리에 합당하다'(대법원 2005.7.21. 2002다1178) 한다. 헌법재판소법 제47조 제1항은 '법률의 위헌결정은 법원과 그 밖의 국가기관 및 지방자치단체를 기속羈束한다' 하므로 위헌결정의 내용이 민사에 관한 것이면 헌법재판소 결정 자체는 *法源*으로 기능하겠지만, 위헌으로 결정된 실정법규정은 무효가 되므로, 당해 실정법규정은 법규범으로서의 *法源*에서 제외된다. (가산세 부담이 세법상 의무위반의 내용과 정도에 따라 달리 결정되어야 할 합리성을 현저히 결할 경우에는 비례의 원칙에 어긋나서 재산권에 대한 침해가 되며)금전납부의무 불이행에 대한 책임추궁에는, 조세채무이든 민사채무이든 가릴 것 없이, 불이행기간에 비례하여 책임의 정도를 결정하는 것이 법의 일반원리이다(헌법상 비례의 원칙, 평등의 원칙에 위배된다)(헌재 2003.9.25. 2003헌바16).

Ⅱ. 공법 · 사법/실체법 · 절차법/국제법 · 국내법

[一] 공법과 사법

1. 공법 · 사법의 의의

실정법체계는 공법과 사법의 이원체계에 기초한다. 공 · 사법 이원체계는 법률관계에 적용할 법규범 · 법원칙 등의 *法源* 및 이를 적용할 *法院*을 정하기 위한 전제를 이룬다. 공법은 국가와 국민간 국가적 생활관계(국가 · 공공단체 등과 개인간 또는 공공단체상호간 관계등)를 규율하는 수직 · 상하관계의 규범체계로서, 국가의 공적 영역에 속한다. 사법은 국민의 사인상호간 사회생활관계를 규율하는 수평 · 동위관계의 규범체계로서, 개인의 자율적 생활영역에 속한다. 공법은 국가, 국가권력 등의 구성 · 조직 · 작용 등을 통제하는 공동체의 최고규범으로서, 국가와 국민의 관계 등을 규율하는 추상적 규범인 헌법 및 이를 근간으로 하는 행정법, 범죄와 형벌을 정하는 형법 등의 규범체계 등이 이에 속한다. 사법은 사회 · 경제적 공동체와 구성원들의 사인상호간 사회적 생활관계를 확인하고 규율하기 위하여 성립되는 자생적 생활규범으로서의 공동체의 기본규범이다. 이에는 시민사회에서 개인의 자유 · 평등의 사인간 법률관계를 규율하는 구체적 규범성을 갖는 민법 및 이를 근간으로 하는 상인의 기업에 관한 법인 상법 등이 사적자치를 지도원리로 하여 존재한다. 공법 · 사법의 양 측면을 함께 지니는 법 영역도 있다. 사회권 보장을 위한 규범체계로서의 노동관계 관련법, 사회보장 관련법 그리고 경제활동을 규율하기 위한 규범체계로서의 경제규제 관련법 등이 그것이다.

공 · 사법 이원체계와 공 · 사법의 전형 공 · 사법 이원체계는 로마법 이래 그 성격 · 적용대상 등을 달리 하는 규범체계로 존재하고, 19세기 근대국민국가에서 국가영역과 구분되는 시민사회를 인식하면서 실제적 의의를 갖게 된다. 법률관계에 적용할 법규범 · 법원칙 등을 정하기 위한 법선택의 문제 및 근대 입헌주의국가에서 대륙의 민 · 형사법원 대 행정법원, 영미의 보통법법원 대 왕좌법원 등의 이원적 구성에 따른 공 · 사법 재판관할권에 따른 법원선택의 문제 등이 그것이다. 일반법원이 민사의 쟁송은 물론 공법상 쟁송 등도 관장하고 행정소송 등에 민사소송의 절차법상 특례를 인정하는 경우에도 실익이 있다. 공법의 典型은 헌법, 행정법, 범죄와 형벌을 정하는 형법 등이다. 헌법은 근대국민국가에 이르러 특히 성립한 공법이며, 행정법 역시 행정법원의 관할권이라는 절차법적 과제 해결을 위한 공법이다. 형법은 범죄에 대한 국가의 형벌권을 규정하는 공법으로서, 국가의 제정법인 사회생활규범으로는 공동체의 가장 오래된 법이다. 사법의 전형은 사인간 법률관계를 정하는 민법, 민법의 특별법으로서, 상인의 상행위 등 상사법률관계를 정하는 상법 등이다. 사법의 일반법인 민법은 재산, 가족관계 등을 규율하는 인류의 가장 오래된 법이다. 헌법, 행정법, 형법, 민법, 상법 등은 실체법이고, 그 실현절차를 정한 헌법재판소법, 행정소송법, 형사소송법, 민사소송법 등은 절차법이다. 국가간 법질서를 정한 국제법은 국제공법으로 인식된다. 반면, 국가간 관계가 아니라, 국민이 외국에서 또는 외국인이 국내에서 민사적 법률관계에 처한 경우에 어느 나라 법을 적용하느냐의 준거법 규준을 정한 '국제사법'은 '*涉外私法*'이라 하는 사법영역에 속한다.

2. 공법 · 사법의 구분

2.1 공법 · 사법의 구분의 의의

법규범은 공동체의 국가법규와 사회준칙으로 구성되기에, 법은 공동체의 국가영역에서 공적 · 정치적 생활관계를 규율하는 공법의 영역과 사회영역에서 사적 · 경제적 · 가족적 생활관계에 관한 사법의 영역으로 나눌 수 있다. 공 · 사법의 구분기준에 대해서는 법이 규율하고자 하는 대상 · 관계에 의하는 '권력 · 법률관계설', 법관계주체에 따르는 '주체설', 법이 실현하고자 하는 이익에 의하는 '이익설' 등이 제시되어 왔다. 공 · 사법 구별을 부인하기도 한다. 사회연대라는 사회학적 사실에 기반하여, 법을 국가와 관계없이 사회에서 생성 · 발전하는 '객관적 법'으로 인식하면서 공 · 사법 구별을 부인한다든지(프랑스의 레옹 뒤기 Léon Duguit 1859~1928), 공 · 사법 구별은 법에 정치의 틈입을 인정하여 법규범의 순수성을 해친다(독일의 Hans Kelsen) 하는 등이 그것이다.

2.2 공 · 사법 구분기준 – (권력 · 법률관계설(통치관계설 · 생활관계설), 주체 · 이익설)

'권력 · 법률관계설'은 국가 · 사회의 각 '생활관계'에 기초하여, 공법은 권력의 지배 · 복종의 불평등한 법률관계를 규율하는 법인 반면 사법은 평등한 법률관계를 규율하는 법이라거나, 또는 '통치관계'에 따라서 국가 통치권의 존재 · 발동형식, 국가기관의 구성 · 조직 · 권한 등에 관한 법이 공법이라면 비통치관계를 규율하는 법이 사법이라 한다. '주체설'은 국가 · 공공단체 등 행정주체 상호간 또는 행정주체와 사인간 관계를 정하면 공법인 반면 사인간 관계를 정하면 사법이라 한다. 주체설과 권력 · 법률관계설을 합한 신주체설 또는 특별법설에서는 행정주체가 사인에게 법적으로 우월한 의사를 가지는 권력관계와 특히 공익상 이유에 기해서 사인간에 타당한 법원칙이 적용되지 아니하는 관리관계도 공법관계로 본다. '이익설'은 공법은 공익 실현, 사법은 사익 실현의 법이라 한다.

공 · 사법 구분 기준에 대한 비판 '권력 · 법률관계설'은 독일의 지배적 입장이지만, 공법인 국제법은 국가간 평등한 관계를 규율하는 반면 사법인 민법에서도 친족관계는 다소 불평등한 지배관계이다. '주체설'은 국가 등과 사인간 법률관계가 사법으로 처리되는 국고행위가 있다든지(지방자치단체의 잡종재산 관리 · 처분행위는 공권력주체로서의 처분행위인 행정처분이 아니라 사경제적 법인의 주체로서 하는 사법상 법률행위이다. 헌재 1992.10.1. 92헌가6등), 사법형식의 공행정작용 역시 사법관계인 반면, 사인간 관계에서도 조세의 원천징수 등은 공법관계인 점 등을 설명하기 어렵다. '이익설'은 로마 법학자 울피아누스 이래의 기준이며, 공역무 관념이 중심인 프랑스 법의 지배적 입장이지만, 공익 · 사익은 분리된 것이 아니라 교차관계의 관련성을 갖는다 하는 한계가 있다.

2.3 공법 · 사법 구분의 실익

공법 · 사법 구별의 실제적 효용성으로서 행정주체의 활동에 대한 법적 규율의 어느 범위까지를 공법이 규율할 수 있는가는 법률관계의 구체적 대상에 적용되는 법규 확정의 기준점을 찾는 것이다. 전후 일본은 행정재판소가 폐지되어 공 · 사법 구별에 비판적 입장이 많았지만, 한국은 행정법원의 존재로 공 · 사법이원론의 제도적 기초는 경찰 · 조세 · 토지수용 같은 공권력 발동으로 인해 발생한 공법상 분쟁은 행정재판소 관할이라는 재판권 이원주의가 공 · 사법 구분의 기초에 있다. 때문에 법규의 공 · 사법 여부의 판단 기준은 당해 법규가 행정상 강제집행, 행정벌, 국가배상, 손실보상, 행정심판, 행정소송, 형법상 공무원에 관한 죄의 성립을 인정하는 특별한 규정을 두고 있는가 등을 보면서 공 · 사법 구분의 기준을 그때마다 결정하는 것이 실익을 갖는다.

3. 공법 · 사법의 분리

3.1 공법인 형법과 사법인 민법의 분리성

3.1.1 민사책임과 형사책임의 분리성

공법과 사법은 로마법 이래로 구분되어 오면서, 근대법에서도 공법인 형법과 사법인 민법의 구분은 엄격하여 그 혼재는 금지되었지만, 근대 이전의 형사책임과 민사책임의 구별은 엄격하지 못하여, 그 법적 제재에 있어서 피해자에 대한 민사책임과 행위자에 대한 형벌의 기능이 함께 하였었다. 하지만, 근대 이후 구분된 책임론에 따르면, 민사책임 특히 손해배상제도는 사인간 손해의 공평 · 타당한 부담 및 보상을 지도원리로 하여 그 같은 손해의 전보 즉 그 결과에 중점을 둔다. 반면 행위자의 불법행위에 따른 형사책임은 범죄예방을 목적으로 죄형법정주의에 따라 행위자의 주관을 통하여 나타난 행위에 중점을 두어, 국가적 제재인 형벌로 위법한 행위를 행한 행위자 개인에 대한 제재에 목적을 둔다(대법원 2008.2.1. 2006다6713).

민사책임 · 형사책임과 사법상 법률행위, 범죄행위 형사범죄를 구성하지 않는 침해행위라도 민사상 불법행위를 구성하는지 여부는 형사책임과 별개의 관점에서 검토하여야 한다(대법원 2008.2.1. 2006다6713). 예컨대, 채무불이행자는 형법 제355조 제2항 배임죄 구성요건인 '타인의 사무를 관리하는 자'에 해당하지 아니하므로 배임죄가 성립하지 않는다는 입장에서, 동산이중매매를 배임죄로 기소한 것은 사법영역에 속한 법률행위로서 형벌책임으로 의율하는 것이 타당치 않다 하였다(대법원 2011.1.20. 2008도10479). 또한 담보목적의 대물변제예약이 체결된 부동산을 채무자가 제3자에게 처분한 행위를 배임죄로 기소한 경우에도 역시 형사책임을 인정치 아니하였다(대법원 2014.8.21. 2014도3363).[64] 반면 민법 제750조 불법행위 중에는 살인, 사기 등의 행위와 같이 동시에 범죄가 되어 형벌책임을 발생시키는 경우가 있다. 예컨대, (경찰관이 범인을 제압하는 과정에서 총기를 사용하여 범인을 사망에 이르게 한 사안에서, 경찰관이 총기사용에 이르게 된 동기나 목적, 경위 등을 고려하여)형사사건에서 무죄판결이 확정되었더라도 (당해 경찰관의 과실의 내용과 그로 인하여 발생한 결과의 중대함에 비추어)민사상 불법행위책임을 인정한 것이 그 예이다(대법원 2008.2.1. 2006다6713).

3.1.2 민사책임과 형사책임의 관계성

형사책임은 사회의 법질서를 위반한 행위에 대한 책임을 물어 행위자에 대한 공적인 제재인 형벌이 내용이나, 민사책임은 타인의 법익 침해에 행위자의 개인적 책임을 물어 피해자에 발생한 손해의 전보를 내용으로 한다(대법원 2008.2.1. 2006다6713). 민사책임에 있어서는 근대사법의 원칙인 과실책임원칙에 더하여 무과실책임도 인정되는 등 민사책임이 객관화되며, 반면 형사책임에서는 결과적 가중범 등의 결과책임은 지양하는 등으로 책임주의에로 나아가는 등 주관화 된다. 민사책임은 고의나 과실의 경중을 묻지 않으나(민법 제750조), 형사책임은 원칙적으로 고의만을 벌하고 과실은 예외적 및 경하게 벌한다. 그러므로 형사책임에 유죄 판결이 있다 해서 그것으로 민사상 책임이 확정되는 것이 아니며, 행위자가 형의 집행을 받았다 해서 민사상 책임을 면하는 것도 아니다.

민사책임 · 형사책임과 고의 · 과실 민사책임과 형사책임은 분화되어 고의 개념도 다르다. 민법상 과실은 거래칙상 요구되는 주의를 소홀히 하는 객관적 과실 개념이며, 형법상 과실은 스스로 그 같은 주의를 기울일 수 있었던 상태에 있었다는 주관적 과실 개념이다. 예컨대, 사이다병에 농약을 혼입하는 등의 실행행위(만 82세 피고인이 화투를 치다 다투었다는 등의 이유로 살해하기로 마음먹고, 마을회관 냉장고 사이다병에 농약(메소밀)을 혼입하여 피해자 노인들이 음료수인 줄 알고 마시도록 하여 사망케 한 이 사건범행)를 저질렀는지 여부에 관한 직접증거는 부족하지만 간접증거 등을 상호관련 아래 종합적으로 고찰하여 알 수 있는 여러 사정에 비추어 범행을 저질렀음이 합리적인 의심의 여지없이 증명되었다 본다(대법원 2016.9.8. 2016도7849(일명 '농약 사이다' 사건)). 외국의 경우에도, 미식축구 스타였던 심슨(O.J. Simpson 1947.7.9.~)이 아내와 남자친구 살인죄로 기소된 형사사건에서 무죄평결이었으나, 불법행위로 인한 민사손해배상에서는 유죄평결이었다. 형사소송에는 합리적 의심의 여지가 없을 정도의 증명이 요구되나 민사소송에는 범죄행위와 죽음 간 상당한 인과관계가 있다는 완화된 확신을 요구하기 때문이었다.

3.1.3 민사재판과 형사재판의 관계성

재판에 있어서도 민사재판과 형사재판으로 분리되어 있다. 민사적 법률관계는 개인간 사적 관계에서의 정신적 · 금전적 손해에 대해 법원에 민사소송을 제기한다. 형사관계는 민사소송 제기와 별개의 법절차인 고소를 하여야 한다. 국가기관인 검사는 수사하여 범죄혐의가 있다고 판단하면 기소할 수 있다. 법원의 공판절차에서 형벌이 부과된다. 양자는 절차, 방식, 법적 효과에서 다르지만 일정한 관계성을 갖기도 한다. 즉 형사재판에서 피고인과 피해자 사이에 민사상 다툼에 관하여 합의한 경우, 당해 형사사건이 계속 중인 1심 또는 2심 법원에 공동으로 그 합의 내용을 공판조서에 기재하여 줄 것을 신청할 수 있으며, 이 경우 민사소송법상 화해와 동일한 효력이 있다.

민사재판과 형사재판 민사소송에서 소송비용에 산입될 변호사보수 산정기준과 달리 형사소송에서 무죄판결이 확정된 피고인에 대한 변호인보수의 보상을 국선변호인 보수를 산정기준으로 함은 합헌이다(민사소송에서 패소자에게 소송비용을 부담시키는 제도와 형사소송에서 무죄판결 확정에 의한 비용보상제도는 입법취지가 다르며, 형사소송에는 민사소송과 달리 '소송목적의 값'이 존재하지 않으므로 같은 기준을 적용할 수 없고, 형사소송에서 무죄의 확정판결을 받은 자가 국선변호인의 변호를 받은 경우 국가가 그 비용을 부담하므로 사선변호인을 선임한 경우에도 국선변호인이 선정된 경우와 같은 정도의 부담을 국가에 지우는 것의 합리성, 국선변호인 보수도 사안의 난이 등을 참작하여 기준금액의 5배까지 증액될 수 있는 점 등을 고려할 때 입법재량의 범위를 벗어나 현저히 불합리하여 평등원칙에 위배된다 할 수 없다. 헌재 2012.3.29. 2011헌바19).

3.2 공법인 형법과 사법의 관계성

공법이라 해도 형법적 수단을 원용하여 사법적 권리관계를 관철함은 허용되기 어렵다. 사법은 평균적 정의를 위한 손해의 적정한 대응을 행함에 대하여 형법은 범죄에 대한 처벌이라는 배분적 정의의 적정성 실현을 목적으로 한다. 형법이 피해자 내지 범죄의 수에 상응하는 형벌인 자유형의 병과주의가 아닌 가중주의를 취하는 것은 피해자의 피해에 대응한 교정적 정의의 실현보다는 국가가 독점하는 형벌의 적정한 배분 즉 배분적 정의를 실현하려는 것이다. 사법이 평균적 정의 내지 교정적 정의의 범주에서 각 손해에 대한 적정한 배상을 수행한다면, 형법은 배분적 정의의 틀 안에서 평균적 내지 교정적 정의를 실현하는 구조이다. 형법이 배분적 정의를 사상하고 평균적 정의에 위치한다면, 유사한 범죄자들에 대한 형평성 있는 단속과 처벌을 하지 않고 선별적 단속과 처벌을 정당화하면서 '불법에는 평등이 없다'라 하는 것의 부당성을 지적할 수 없게 된다. 국가가 형벌권을 독점하는 한 형벌의 문제는 국가 대 범죄자의 관계이므로 범죄자와 피해자의 관계는 배분적 정의로 구현하는 것이 형벌권의 적정한 행사가 된다.

'부정청탁및금품등수수의금지에관한법률'의 형법 · 사법 관련성 부정청탁법의 금지 · 처벌규정은 '공직자 등'(공직자 또는 공적 업무 종사자인■ 사립학교관계자와 언론인 즉 '사립학교법 등에 따른 각급학교의 장과 교직원 및 학교법인의 임직원, 언론중재및 피해구제 등에 관한 법률에 따른 언론사의 대표자와 그 임직원 등'제2조 제2호)의 '부정청탁금지'(제5조 제1항 누구든지 직접 또는 제3자를 통하여 직무를 수행하는 공직자등에게 부정청탁을 해서는 아니 된다), '금품등 수수금지'(제8조 제1항 공직자등은 직무관련 여부 및 기부 · 후원 · 증여 등 그 명목에 관계없이 동일인으로부터 1회에 100만원 또는 매 회계연도에 300만원을 초과하는 금품 등을 받거나 요구 또는 약속해서는 아니 된다. ② 공직자등은 직무와 관련하여 대가성 여부를 불문하고 제1항에서 정한 금액 이하의 금품등을 받거나 요구 또는 약속해서는 아니 된다. ③ 2.원활한 직무수행 또는 사교 · 의례 또는 부조의 목적으로 제공되는 음식물 · 경조사비 · 선물 등으로서 대통령령으로 정하는 가액 범위안의 금품등의 경우에는 제1항 또는 제2항에서 수수를 금지하는 금품등에 해당하지 아니한다), '위반행위처벌'(제22조 3년 이하의 징역 또는 3천만 원 이하의 벌금, 제23조 제2항 누구든지 부정청탁을 하기만 하면 2000만원 이하의 과태료) 등으로서, 전체 민간부문이 대상이 아니고 사립학교관계자와 언론인만 공직자 등의 의무를 부담시키기에 합헌이다(민간부문 중 우선 이들만 '공직자등'에 포함시킨 입법자 결단이 이들의 일반적 행동자유권 등을 침해하지 않는 이상 자의적 차별이라 보기 어려우며, 교육과 언론은 공공성이 강한 영역으로 공공부문과 민간부문이 함께 참여하고 있고 참여주체에 따른 차별을 두기 어려운 분야이다. 헌재 2016.7.28. 2015헌마236등).

■ 청탁금지법 전 '공적 업무 종사자'는 금품을 받고 공무원직무에 관한 사항을 알선하면 특정범죄가중처벌법 제3조, 임무에 관하여 부정한 청탁을 받고 재물 또는 재산상의 이익을 취득한 자는 형법 제357조(배임, 증재)로 처벌되었으나, 금품을 받고도 공무원직무알선이 없거나 부정청탁이 없으면 처벌근거가 없었다.

공 · 사법은 법질서의 근간을 이루고 서로 구분되면서 관계된다. 예를 들어, 형법과 민법의 관계에서, 돈을 빌리고 갚지 않아 상대방에 손해를 끼치는 것만으로는 민사적 법률관계에 그치며, 이를 넘어 사회질서를 해할 때에 비로소 형법의 규율대상으로 되는 경우가 일반적이다. 따라서 예컨대, 간통행위에 가벌성을 주는 '형사처벌'은 위헌이지만 민사책임을 부인한 것은 아니다(헌재 2015.2.26. 2009헌바17등. 종래 4차례 합헌결정이었다(헌재 1990.9.10. 89헌마82; 2001.10.25. 2000헌바60 및 90헌가70; 2008.10.30. 2007헌가17등)). 간통행위에 대한 민사손해배상과 강제집행은 여전히 유효한 규범으로서 기능한다. 공 · 사법관계에서, '소송촉진등에관한특례법'의 배상명령제도는, 민사소송의 일종이 아니라 형사소송에 부수하는 법정의 특수한 소송형태로서, 형사사건의 대상이 된 일정한 범죄행위의 피해자가 그 배상청구권을 당해 형사재판절차에 부대附帶하여 행사하도록 하는 제도이다. 즉 배상신청은 민사소송에서의 소의 제기와 동일한 효력이 있으며(제26조 제8항), 배상명령은 유죄판결의 선고와 동시에 하여야 하며 이를 유죄판결의 주문에 표시할 수 있다(제31조). 형사재판에서 피고인과 피해자 사이에 민사상 다툼에 관하여 합의한 경우, 당해 형사사건이 계속 중인 1심 또는 2심 법원에 공동으로 그 합의내용을 공판조서에 기재하여 줄 것을 신청할 수 있으며, 이 경우 민사소송법상 화해와 동일한 효력이 있도록 한다.

배상명령제도 형사공판절차의 제1심 또는 제2심에서 소송촉진등에관한특례법 제25조 제1항 각 호의 죄(상해, 중상해, 상해치사, 폭행치사상(존속폭행치사상죄 제외), 과실치사상, 절도, 강도, 사기, 공갈, 횡령, 배임, 손괴 및 위 각 범죄에 대한 가중적 구성요건을 규정한 '성매매알선 등 행위의 처벌에 관한 특례법' 제11조, '가정폭력범죄의 처벌 등에 관한 특례법' 제57조상의 범죄) 중 어느 하나에 관하여 유죄판결을 선고할 경우, 법원은 직권에 의하여 또는 피해자나 그 상속인(피해자)의 신청에 의하여 피고사건의 범죄행위로 인하여 발생한 직접적인 물적 피해, 치료비 손해 및 위자료의 배상을 명할 수 있도록 하거나, 제1항에 규정된 죄 및 그 외의 죄에 대한 피고사건에서 피고인과 피해자 사이에 합의된 손해배상액에 관하여 배상을 명할 수 있다(제25조).■

■ 피해자는 제1심 또는 제2심 공판의 변론이 종결될 때까지 사건이 係屬된 법원에 피해배상을 신청할 수 있다(제26조 제1항). 배상명령은 일정액의 금전지급을 명함으로써 하고 배상의 대상과 금액을 유죄판결의 主文에 표시하여야 한다(제32조). 유죄판결에 대한 상소가 제기된 경우에는 배상명령은 피고사건과 함께 상소심으로 移審된다(제33조). 상소심에서 원심의 유죄판결을 파기하고 피고사건에 대하여 무죄, 免訴 또는 공소기각의 재판을 할 때에는 원심의 배상명령을 취소하여야 한다. 확정된 배상명령 또는 가집행선고가 있는 배상명령이 기재된 유죄판결서의 정본은 민사집행법에 따른 강제집행에 관하여는 집행력 있는 민사판결 정본과 동일한 효력이 있다. 배상신청인은 법원이 배상신청을 각하하거나 또는 신청을 일부만 인용하는 경우에도(제4조), 일반민사소송을 제기할 수 있어, 신청을 전부 인용하거나 일부 인용하는 배상명령이 확정된 때에는 피해자는 그 인용된 금액의 범위 안에서는 다른 절차에 의한 손해배상을 청구할 수 없다(제34조).

3.3 공법과 사법의 혼재와 적용

3.3.1 공법과 사법의 혼재

공법에 대한 사법의 적용에 대해서, 국가·사회의 교차가 증대되는 사회복지국가에서 국가영역은 공법이고 사회규범은 사법이라는 공·사법 준별론은 완화되면서, 권리주체의 경우에 공법인=행정주체, 사법인=사인의 준별에서 벗어나는 중간적 법인이 인정되며(축협중앙회 및 축협(지역별·업종별 축협)은 특성상 공법인적 성격과 사법인적 성격을 함께 구비한 중간적 성격의 단체이다(헌재 2000.6.1. 99헌마553)), 공법관계에 적용되는 행정법규의 흠결시에는 법률관계에서 동질성을 갖는 신의성실·권리남용금지 등의 법의 일반원리, 권리의무의 주체인 자연인·법인, 법기술상 약속인 주소·거소, 기간(어느 시점부터 다른 시점까지 계속되는 시간의 구분, 제155조이하) 등의 사법규정이 공법관계의 특수성을 고려하면서 권력관계 내지 관리관계 등에 보충적으로 적용할 필요성에 상응하여 유추적용된다. 한편, 사법의 공법화 현상이 있다. 상법의 기업법에서 기업지배구조에 관련한 집행임원, 다중대표소송, 집중투표제·전자투표실시 등의 의무화, 감사위원 분리 선임, 회사기회 유용 금지, 자기거래 범위 확대, 순환출자 금지 등이 그것이다.[65)]

공법 흠결시 사법 적용 민법 제2조(① 권리의 행사와 의무의 이행은 신의에 좇아 성실히 하여야 한다. ② 권리는 남용하지 못한다)는 행정절차법 제4조(신의성실 및 신뢰보호 ① 행정청은 직무를 수행할 때 信義에 따라 성실히 하여야 한다. ② 행정청은 법령등의 해석 또는 행정청의 관행이 일반적으로 국민들에게 받아들여졌을 때에는 공익 또는 제3자의 정당한 이익을 현저히 해칠 우려가 있는 경우를 제외하고는 새로운 해석 또는 관행에 따라 소급하여 불리하게 처리하여서는 아니 된다)의 원칙규정들에 유추적용될 수 있다(행정상 법률관계에서 신뢰보호원칙의 적용은 행정청이 개인에 대하여 신뢰의 대상이 되는 공적인 견해를 표명하여야 하고, 행정청의 견해표명이 정당하다고 신뢰한 데 대하여 개인에게 귀책사유가 없어 그 신뢰가 보호가치 있는 것이어야 하며, 개인이 견해표명을 신뢰하고 이에 따라 어떠한 행위를 하였어야 하고, 행정청이 견해표명에 반하는 처분을 함으로써 견해표명을 신뢰한 개인의 이익이 침해되는 결과가 초래되어야 한다(대법원 1997.9.26. 96누10096). 자연인의 권리능력·행위능력, 신분관련규정(출생, 사망, 실종등, 家, 부모와 자, 부부, 상속 등), 법인의 대표권·능력·등기·청산 등의 민법 규정, 자연인의 주소인 생활의 근거가 되는 곳, 거소, 법인의 주소 규정(제18조, 제19조, 제36조 등 공법관계에서는 주민등록지를 주소로 하며(주민등록법 제23조 제1항), 이는 이중으로 신고할 수 없다(제10조 제2항)), 권리객체인 물건의 총칙 규정들(제98조이하)은 공물 고유의 특질 외에는 특별한 규정이 없는 한 공법관계에 적용된다. 민법상 기간(제155조이하)도 적용된다(시·분·초로 정한 때에는 즉시로부터 기산하며, 일·주·월·년으로 정한 때에는 기간의 초일은 산입하지 아니하나, 오전 영시부터 시작하는 때나 연령계산을 하는 때 또는 공법상(국회법 제168조) 초일, 첫날을 산입하기도 한다. 민법상 기간을 일주월년으로 정한 때에는 기간말일의 종료로 기간이 만료하며 그 기간 말일이 공휴일에 해당할 때에는 그 익일로 만료한다. 공법관계에는 천재지변이나 그 밖에 당사자등에게 책임이 없는 사유로 기간 및 기한을 지킬 수 없는 경우에는 그 사유가 끝나는 날까지 기간의 진행이 정지된다(행정절차법 제16조 제1항).

3.3.2 공법과 사법의 적용

공법관계에 대한 사법규정의 적용은 법률행위(준법률행위·의사표시·대리·무효·취소, 조건·기한 등 법률행위부관 등), 사무관리·부당이득, 시효(시효는 오랫동안 계속되어 온 사실관계에 법률상 효과를 부여하여 권리를 소멸시키거나 취득케 하며, 반면, 실권은 오랫동안 권리를 행사하지 않고도 그 권리의 주장을 포기한 것으로 신뢰한 점에 특별한 사정이 있는 경우이다) 등에서도 가능하다. 예를 들어, 공법적 법률관계에서 의사능력을 결한 행위는 무효이나, 행위능력은 재산관계 외의 인·허가 신청 등에 반드시 요하는 것은 아니며, 불법행위 등에는 국가배상 또는 손실보상 등 그에 관련한 공법이 일반법·특별법의 형태로 따로 제정되어 있다.

공법관계에의 사법 적용 민법의 반사회질서의 법률행위(제103조), 의사표시의 효력발생시기(제111조), 대리행위의 효력(제114조), 무효행위의 전환(제133조), 조건·기한의 효력(제147조이하) 등의 규정은 행정행위에 적용되나, 非眞意표시(제107조 제1항 단서), 착오·사기 등에 의한 의사표시(제109조, 제110조 제3항), 취소권의 소멸(제146) 등은 적용되지 아니한다. 소멸시효는 권리의 불행사가 일정기간 계속됨으로써 권리가 소멸된다(민법 총칙편 제162조이하, 민법상 채권은 10년, 그 외 재산권은 20년간 행사하지 아니하면 소멸시효가 완성하고, 공법관계에는 국가재정법 제96조, 지방재정법 제82조~제84조의 단기소멸시효로서 금전급부를 목적으로 하는 국가의 권리로서 시효에 관하여 다른 법률에 규정이 없는 것은 5년 동안 행사하지 아니하면 시효로 인하여 소멸한다. 국가에 대한 권리로서 금전급부를 목적으로 하는 것도 같다). 취득시효는 타인의 물건을 일정기간 계속하여 점유하는 자에게 소유권 그 밖의 재산권을 취득하게 하는 것이다(민법 물권편제245조이하, 공물에서 국유의 잡종재산, 지방자치단체의 공유재산 등의 취득시효 배제규정은 위헌이며(헌재 1992.10.1. 92헌가6등), 국가를 부동산 점유시효취득의 주체로 인정해도 평등권에 반하지 않는다(헌재 2015.6.25. 2014헌바404). 행정재산은 민법 제245조에도 불구하고 시효취득의 대상이 되지 아니한다(국유재산법 제7조 제2항). 제척기간은 일정한 권리에 대하여 법률이 정한 존속기간(행정심판, 행정소송 등의 제기기간, 국세부과의 제척기간 등)으로서 제척기간 내에 권리를 행사하지 아니하면 권리는 당사자가 주장하지 않아도 당연히 소멸한다. 사무관리는 법률상 의무없이 타인을 위하여 그 사무를 관리하는 행위로서(민법 제734조이하), 공법상 사무관리에도 적용된다. 공권력행사(행정주체의 재해구조 등)로 성립한 부당이득은 법률상 원인없이 타인의 재산 또는 노무로 인하여 이익을 얻고 이로 인하여 타인에게 손해를 가한 것이므로 그 이익을 반환하여야 하며(제741조~제749조, 사인의 토지를 도로로 점유하는 등에 의한 부당이득반환청구권은 공권으로서 행정소송인 당사자소송의 관할이며, 대법원 1989.6.12. 88누6436은 사권으로서 민사소송으로 한다), 선의·악의를 불문하고 받은 이익의 전부를 반환하여야 한다(받은 이익에 이자를 붙여 전액반환을 하며 민법상 부당이득 반환범위는 선의의 수익자는 그 받은 이익이 현존하는 범위에서, 악의의 수익자는 받은 이익에 이자를 붙여 반환하고 손해도 배상하도록 한다(제748조).

3.3.3 행정법관계에 대한 사법의 적용

행정주체가 일방 당사자인 경우의 법률관계인 행정상 법률관계에서, 행정작용법적 관계는 행정주체와 그 상대방인 사인 등 법인격주체간의 권리·의무의 관계로서 그 분쟁은 쟁송이 되며, 행정조직법적 관계는 국가·공공단체 등 행정주체 상호간 관계, 행정주체 내부에서 행정조직의 구성요소인 행정기관 상호간 직무·권한의 관계로서 그에 관한 분쟁은 권한쟁의가 된다. 행정상 법률관계에서 행정법이 규율하는 법률관계인 행정법관계는 공법관계와 행정私法관계이고, 순수한 사법관계는 행정법관계가 아니어서 행정법규의 적용을 받지 않는다. 공법관계는 권력관계와 관리관계로서, 권력관계는 행정주체가 사인에 대하여 법률관계를 일방적으로 형성·변경·소멸시키거나 명령·강제하는 행정법관계이며(경찰명령, 조세부과, 허가·인가·특허 등의 권력적 관계), 공권력이 행사되는 관계이므로 *公定力* 등 우월적 효력이 인정되어 법률의 엄격한 수권·기속을 받아 사권규정의 적용여지가 없고, 그에 관한 다툼은 항고쟁송에 의한다. 관리관계는 공익에 밀접한 관련성을 갖는 법률관계이며 대등한 당사자간 공법관계이기에(행정주체가 재산·사업 등을 관리·경영하는 공기업, 영조물, 공물 등의 관리, 사회보장적 급부 등의 비권력적 관계), 그에 관한 다툼은 민사소송이 아니라 행정쟁송의 당사자쟁송에 의한다. 행정사법관계는 행정주체가 행정권의 담당자인 지위에서 *私法*형식으로 직접 행정목적을 실현하는 과정에서 헌법의 기본권적 가치나 행정법의 일반원칙 등의 공법상 제약이 과해지는 관계이다. 국고관계는 행정주체가 사법상 재산권의 주체 즉 國庫인 사인의 지위에서 사법상 계약 형식 등으로 행하는 사법관계이다(잡종재산 처분, 국·공유지 매각 등). 사인의 법률관계에 관계되는 행정법규에 위반한 사인의 법률행위는 그 행정법규가 단속법규이면 위반행위에 제재를 가할 뿐 법률행위의 효력 자체는 부인하지 않는 반면, 강행법규이면 그 효력이 부인된다. 행정법관계는 법치행정에 따라야 하지만 그 적용법규가 흠결인 경우에 공·사법을 준별하여 사법규정을 적용할 수 없다고 하기보다는 공·사법의 상대성에 따라서 행정법관계의 공법적 특수성을 고려하면서 그 흠결 보충을 위한 사법적용은 가능하다. 특히 헌법은 공법관계와 사법관계에 적용되는 최고규범이기에 헌법이념·원리에 기반하는 사법일반원칙 등은 공법관계에도 적용되나 권력관계에는 관리관계나 국고관계와 달리 법률유보 등 법치행정원칙에 따라야 하는 경우가 많다. 행정상 법률관계의 권력관계에서, 일반권력관계는 국가 등 행정주체와 국민상호간 관계는 법치국가적 지배·복종의 관계이며 특별권력관계는 국가 등 행정주체와 그 내부에서 특별한 법률원인(법규정 또는 동의)으로 성립하여 특별한 신분을 가진 자(공무원, 군인, 공·

공립학교 학생 등)에 포괄적 지배권(명령, 징계 등)을 행사하는 행정법관계로서(공법상 근무관계, 영조물이용관계, 특별감독관계, 사단관계 등), 법률유보원칙, 기본권보장, 법원의 재판적 통제 등이 제한되는 관계이다. *行政私法*은 공행정작용의 수행에 있어 사법의 적용의 대상인 행정작용에서 직접 행정목적 수행을 위하여 사법적 형식으로 이루어지는 행정활동으로서 일정한 공법적 규율을 받는 행정상 사법관계인 법률관계이다. 행정의 사법적 활동범위는 사법적 보조작용, 영리적 활동 등 외에 행정사법에 의하여 사법형식에 의한 행정과제의 직접적 수행 등에 미치며, 국가를 당사자로 하는 계약에 관한 법률이 적용되는 등, 공법규정이나 원리에 의하여 사법적용 등이 제한된다. 행정청은 공법 규정에 의한 수권에 의하여 그 권한 범위 내에서만 가능하며 법치주의 헌법원리 등에 제한된다. 비공식행정작용은 그 형식 절차 등이 법에 의하여 정해져 있지 아니한 무규율성을 갖고 법적 구속력을 발생하지 않는 일체의 비정형적 · 비정식적 행정작용이다. 다만 강한 사실상의 구속력을 갖는다.[66]

[二] 실체법과 절차법

1. 실체법 · 절차법의 대의

1.1 실체법 · 절차법의 의의

실체법(substantive law, materielles Recht)은 직접 권리 · 의무를 규정하는 법이며, 절차법(adjective law, formalles Recht)은 실체법상 권리 · 의무의 행사 · 이행의 소송상 절차 · 형식을 정하는 법이다. 실체법은 직접 권리 · 의무를 정하는 법으로 헌법, 행정법, 형법, 민법, 상법 등이다. 법질서는 실체법상의 권리의 질서를 중심으로 하는 법체계이기에, 실체법상의 권리가 선행하고, 소를 제기할 권리인 소권은 소송법상으로 이를 실현하는 수단인 공법적 성격을 갖는 공법적 소권으로서 절차법의 중심을 이룬다. 절차법으로서의 소송절차를 정하는 기본형태가 민사소송, 형사소송이다. 절차법은 실체법의 실현절차를 정한 법으로 그 실현을 위한 소권이 공권이기에 이를 정한 헌법소송법(실정법상 '헌법재판소법'), 행정소송법(행정심판법, 국가배상법 등을 포함), 민사소송법(민사집행법, 가사소송법 등을 포함), 형사소송법 등의 절차법은 공법에 속한다. 실체법과 절차법은 주 · 종, 선 · 후, 목적 · 수단 등의 관계를 갖지만 실체법에도 절차법적 요소가 혼재되어 있고 절차법에도 실체법적 요소가 있다. 절차법은 사법권의 관할인 소송에 의하여 실현하므로 법원은 절차법 흠결시에는 소송을 진행할 수 없다. 반면, 사실관계에 적용할 성문법, 관습법 등의 실체법 흠결에도 불구하고 절차법이 있다면 재판을 계속하여 판결을 내려야 한다.

실체법 · 절차법의 구별 로마법은 고전기까지는 方式書소송으로서 법무관법의 Actio를 중심으로 하는 소권법체계의 규범이고, 실체법 · 절차법이 구별되지 않았다. 실체법상 청구권 개념도 없었다. 유스티니아법전에서도 그러하였다. Actio 즉 권리자가 권리침해를 당하였을 때 법원에 조력을 구할 수 있는 권리에서 실체법상 권리 개념이 분리되어 인식되기 시작한 것은 독일의 1495년 제국법원 이후부터이다. 특히 푸흐타(Georg Friedrich Puchta 1798.8.31.~1846.1.8. *Lehrbuch der Pandekten*, Leipzig, 1838; Kursus der Institutionen, Leipzig, 1841~1847)의 개념법학은 공법의 라반트(Paul Laband 1838.5.24.~1918.3.23. *Jura Prutenorum*, Königsberg 1866)와 더불어, 사법영역에서 독일민법전(Bürgerliches Gesetzbuch(BGB) 1881년 제정착수~1900.1.1. 발효 2385조) 편찬위원 빈트샤이트(Bernhard Joseph Hubert Windscheid 1817.6.26.~1892.10.26. *Lehrbuch des Pandektenrechts*, Titelseite des 3. Bandes der 6. Auflage von 1887)가 법개념의 논리체계적 주석학註釋學인 판덱텐 법학방법론에 따라, 로마법상의 actio에서 실체법적 요소가 청구권이고 소송법적 요소가 소권이라 하는 등으로, actio에서 순수한 실체법적인 청구권을 추출하여 오늘날 민법상의 청구권 개념을 정립하였다. 권리 · 소권의 구분된 개념으로 오늘날의 실체법 · 절차법 구별이 이루어지기 시작한다. 헌법재판소에 따르면, 공소시효는 국가형벌권과 공소권소멸로 범죄의 소추와 처벌이 면해지는 형사소송조건으로서 절차법인 형사소송법에 규정되어 있으나 그 실질은 형의 시효 같이 실체법적 성격을 가지기에, 특별히 법률로서 명문규정을 둔 경우에 한하여 그 시효가 정지된다(헌재 1993.9.27. 92헌마284).

1.2 절차법의 종류

헌법소송을 정하는 헌법재판소법은 헌법에 반하는 행위의 심판이나 국민의 기본권인 헌법상 권리 등을 침해하는 공권력에 대한 헌법소송을 정하는 절차법이다. 행정소송을 정하는 행정소송법은 개인의 공법상 권리나 행정기관의 처분 등의 침해에 대한 소송이나 구제 등을 정하는 절차법이다. 민사소송을 정하는 민사소송법은 사인의 권리·의무의 발생·변경·소멸 등을 정하는 사법의 기본법인 민법, 영리를 목적으로 활동하는 상인의 상행위를 정하는 상법 등에 근거하는 사법상 권리 등의 침해에 대하여 법원에 소송을 제기하여 구제를 행함을 정하는 절차법이다. 형사소송법은 범죄에 대한 국가형벌권을 검사의 기소 및 법원의 공판절차 등으로 실현하는 형사소송의 절차를 정한 절차법이다. 법률상 다툼인 쟁송으로서의 소송이 아닌 非訟 즉 쟁송으로서의 성격을 갖지 아니한 사건에 대해서는 비송에 관한 절차법이 적용된다.

1.3 소송의 절차와 비송

사법권은 국민의 재판을 받을 권리를 실현하는 국가작용이며(헌법 제27조), 법원은 사법권에 근거하여 법률상 쟁송을 소송으로 판단하는 재판권을 행사한다. 재판권은 소송 즉 법률상 다툼에 적용되는 법의 유권적 심리·판단을 행하는 심판권이다. 재판은 구체적 사건에 대한 사실확정과 법해석·적용을 본질로 하는 정식의 사법권 실현의 절차·과정이다. 따라서 법령의 추상적 해석, 국회의 자율권, 통치행위, 자유재량행위 등에는 미치지 않는다. 소송이 아닌 非訟에는 소송의 절차법이 아니라 비송의 절차법이 적용된다. 민사비송의 '非訟사건절차법', 부동산등기의 '부동산등기법', 혼인신고의 '가족관계의등록등에관한법률', 가사비송사건의 가사소송법 중 '가사비송사건에 관한 규정', 변제공탁 등의 '공탁법' 등의 민법부속법률 역시 절차법에 속한다.

2. 민사의 소송과 형사소송, 행정소송 그리고 가사소송과 非訟

2.1 민사소송과 형사소송

민사소송은 대등한 당사자간의 사법상 권리·법률관계의 다툼을 심판하는 재판이다. 형사소송은 국가 형벌권 발동으로 국민의 법익 침해를 구제하는 재판이다. 민사소송이나 형사소송은 절차적으로 대립관계에 있는 양 당사자의 주장을 통하여 소송이 진행되는 형식에서는 같다. 다만 소송의 실질상 당사자가 대등한 관계에서 진행하는 민사소송과 달리, 형사소송은 공익을 대표하는 국가기관인 검사가 당사자의 일방이 된다. 민사소송의 재판유상주의에서보다 형사재판에 있어서 부당한 구금의 장기화 방지, 실체적 진실발견을 위한 증거의 멸실·왜곡 방지, 일반예방 및 특별예방의 목적 달성을 위한 형벌권의 조기실현 등을 위하여 보다 신속하게 법률관계를 확정짓는 것이 국민의 공정하고 신속한 재판을 받을 기본권 보호에 부합할 수 있다.

민사소송과 형사소송의 제도적 구분 게르만법 초기에는 민사소송과 형사소송이 구별되지 않았고 불법이 자행되면 그에 대한 속죄를 요구할 뿐, 개인의 권리라는 관념은 없고 위법은 단지 권리공동체에 대한 침해로 여겨졌다. 입증의 방식도 선서, 결투, 신판 등이었다. 이후 유스티니아누스 大帝의 로마법대전에서의 로마법의 전통은 중세 북부 이탈리아에서 시작하여 유럽각국에 계수된 보통법 ius commune을 이루었고, 독일에서도 프로이센의 직권탐지주의적 소송 제도에 결별한 이후 1877년 민사소송법 제정과 1879년 시행, 프랑스 혁명 이래로 자유주의적 소송제도가 이루어지면서 민사와 형사의 소송이 확실해졌다. 우리는 조선 말기까지 제도상 민사소송과 형사소송이 구별되지 않았다가 근대적 소송제도가 도입된 갑오경장 후 1895.3.25. 법률 제1호 '재판소구성법' 및 4.29. 법부령 제3호 '민·형소송규정'에서 민사소송과 형사소송을 제도적으로 분리하나, 1910년 일제가 지배한 1912년 '조선민사령'이 적용되고 해방 후에도 '의용민사소송법'이라 하여 '구민사소송법'으로서 적용되어 오다, 대한민국정부 수립 후 1960.4.4. 공포, 7.1. 시행된 '민사소송법' 이후부터 비로소 형사소송법과 제도적으로 구분된다.

민사소송과 형사소송의 소송절차적 차이 형사소송법상 공소의 취하는 민사소송법의 소의 취하와 달리 검사의 기소편의주의라는 정책적 판단의 결과이며, 다른 증거 발견 등이 사유가 있으면 다시 공소를 제기할 수 있는 점 등에서 다르며, 나아가 민사소송에서의 청구의 포기·인락 등 당사자처분권주의는 형사소송에서는 인정되지 않기에(형사소송법상의 즉시항고 제기기간을 민사소송법상 1주일의 절반 가량인 3일로 규정한 그 차별취급에 합리적 이유가 있어 평등권을 침해하지 않는다)(헌재 2011.5.26. 2010헌마499등). 형사소송의 심증, 물증에서 현출된 증거가 유죄를 인정하기에 부족하다면 단순히 재량적, 심정적 판단으로 혐의를 인정할 것이 아니라 무죄추정의 원칙 및 형사증거법의 원칙에 따라 피의사실 인정여부를 판단하거나 추가적 조사를 통하여 사실을 규명하는 것이 헌법상 원칙에 부합한다(헌재 2019.6.28. 2017헌마882). (원심재판장의 상소장심사권은 소송지연·상소남용방지를 위한 것이기에)민사소송의 소송구조救助재판에서 상소장심사권은 그 소송기록을 보관하는 법원이 행하여도(소송구조신청이 소송지연책으로 악용되거나 원심재판장의 상소장심사 회피의 편법을 막기 위함이기에)공정한 재판을 받을 권리를 침해하지 않는다. 반면, 민사소송의 이 같은 규정은 형사소송법의 국선변호인 선정 청구사건관할에는 정하지 않는다(국가는 형벌권주체로서 적극적으로 형벌권 행사책임이 있어 원칙상 그에 소요되는 비용을 부담하여야 하므로 소송지연책이나 원심재판장의 상소장심사권 회피수단으로 악용될 여지가 없다)(헌재 2016.7.28. 2015헌마105).

형사소송의 배상명령제도와 민사소송 배상명령제도는 형사범죄의 피해자가 민사소송을 거치지 않아도 일정 범위내에서 형사공판절차를 통해 피해배상을 받을 수 있도록 하는 제도이다. 그런데 잘 활용되지 못하고 있다. 이는 민사소송과 이념과 절차가 다른 형사소송절차에서 손해의 배상을 명하는 데서 기인한다. 그러므로 형사소송의 본질을 벗어나지 않는 범위에서 피해자에게 실질적인 민사적 조력이 되도록 하여야 한다. 민사소송을 제기할 피해에 대한 배상산정금액이 적어 따로 민사소송을 제기할 실익이 없는 것으로 예상되는 범죄 등에 배상명령의 제도를 확대한다든지 또는 재산범죄의 경우 그 수익을 몰수하여 피해자에게 지급하는 등의 제도 등이 그것이다. 배상명령제도는 '소송촉진등에관한특례법이 규정한다(제1심 또는 제2심의 형사공판 절차에서 형법의 상해와 폭행의 죄 일부, 과실치사상, 강간과 추행, 절도, 강도, 사기, 공갈, 횡령, 배임, 장물, 손괴 등의 죄, '성폭력범죄의 처벌 등에 관한 특례법'의 일부 범죄, '아동·청소년의 성보호에 관한 법률'의 일부 범죄 중 어느 하나에 관하여 유죄판결을 선고할 경우, 법원은 직권에 의하여 또는 피해자나 그 상속인(피해자)의 신청에 의하여 피고사건의 범죄행위로 인하여 발생한 직접적인 物的 피해, 치료비 손해 및 위자료의 배상을 명할 수 있다(제25조). 피해자는 제1심 또는 제2심 공판의 변론이 종결될 때까지 사건이 係屬된 법원에 피해배상을 신청할 수 있다. 피해자는 피고사건의 범죄행위로 인하여 발생한 피해에 관하여 다른 절차에 따른 손해배상청구가 법원에 계속 중일 때에는 배상신청을 할 수 없다. 배상신청은 민사소송에서의 소의 제기와 동일한 효력이 있다(제26조). 배상명령은 유죄판결의 선고와 동시에 하여야 한다. 배상명령은 假執行할 수 있음을 선고할 수 있다. 가집행선고에 관하여는 민사소송법을 준용한다(제231조). 법원은 배상신청이 적법하지 아니한 경우, 배상신청이 이유없다고 인정되는 경우, 배상명령을 하는 것이 타당하지 아니하다고 인정되는 경우의 어느 하나에 해당하는 경우에는 決定으로 배상신청을 却下하여야 한다. 배상신청을 각하하거나 그 일부를 認容한 재판에 대하여 신청인은 불복을 신청하지 못하며, 다시 동일한 배상신청을 할 수 없다(제232조). 유죄판결에 대한 상소가 제기된 경우에는 배상명령은 피고사건과 함께 상소심으로 移審된다. 피고인은 유죄판결에 대하여 상소를 제기하지 아니하고 배상명령에 대하여만 상소 제기기간에 형사소송법에 따른 즉시항고를 할 수 있다(제233조). 확정된 배상명령 또는 가집행선고가 있는 배상명령이 기재된 유죄판결서의 정본은 민사집행법에 따른 강제집행에 관하여는 집행력 있는 민사판결 정본과 동일한 효력이 있다(제34조). 배상명령의 절차비용은 특별히 그 비용을 부담할 자를 정한 경우를 제외하고는 국고의 부담으로 한다(제35조). 민사상 다툼에 관한 형사소송 절차에서의 화해에 관하여, 형사피고사건의 피고인과 피해자 사이에 민사상 다툼(해당 피고사건과 관련된 피해에 관한 다툼을 포함하는 경우로 한정)에 관하여 합의한 경우, 피고인과 피해자는 그 피고사건이 계속 중인 제1심 또는 제2심 법원에 합의 사실을 공판조서에 기재하여 줄 것을 공동으로 신청할 수 있다(제36조).

2.2 민사소송과 공법(헌법·행정)소송

행정소송은 공법상 권리·법률관계를 대상으로 행정청의 위법한 처분 그 밖에 공권력의 행사·불행사 등으로 인한 국민의 권리 또는 이익의 침해를 구제하고, 공법상 권리관계 또는 법적용에 관한 다툼을 행정소송절차로 해결하는 법원의 司法的 쟁송절차이다(행정소송법 제1조). 행정소송은 국가 또는 공공단체가 당사자의 일방 또는 쌍방인 법률관계를 대상으로 하는 소송인 점에서 순수한 사경제적 지위에서 행하는 사법상 권리·법률관계에 대한 소송인 민사소송과 구분되며(사립학교 교직원 징계처분에는 사립학교 법인을 상대로 민사소송 제기, 국·공립학교 교직원은 행정소송 제기), 민사소송절차를 일반절차로 삼는 특별한 절차이기에 행정소송법에 특별한 규정이 없는 한 민사소송법을 준용하고(제3조 제2항), 민사소송과 같이 소 또는 상소 취하로 소송을 종료시킬 수 있고, 양쪽 당사자의 불출석으로 인한 소 취하 간주(민사소송법 제268조) 등이 적용된다. 또한 판결 전에 소를 취하하였어도 제소기간 장애가 없다면 다시 소를 제기할 수 있다. 민사소송사항을 행정소송으로 소를 잘못 제기한 경우는 소를 각하할 것이 아니라 수소법원이 행정소송에 대한 관할도 동시에 가지면 행정소송으로 심리・판단하고(대법원 1996.2.15. 94다31235), 관할권이 없으면 관할법원으로 이송한다(대법원 2012.10.11. 2010다23210). 행정소송에는 민사소송의 당사자처분권주의, 부제소특약, 자백의 구속력, 화해, 인낙, 청구의 포기 등이 인정되지 않고, 사정판결(원고 청구가 이유 있다고 인정되는 경우에도 처분 등을 취소하는 것이 현저히 공공복리에 적합하지 아니하다고 인정되는 때에는 법원은 원고의 청구를 기각할 수 있다(제23조))도 민사소송과는 달리 행정소송에만 인정된다. 다만, 행정청에 적극적으로 행정행위를 할 것을 구하는 청구는 허용되지 아니한다.[67]

민사집행법상 가처분과 헌법소송, 행정소송법상 가처분의 특색 헌법재판의 가처분은 종국결정 선고시까지 심판대상이 되는 사건에 관련・종속하여 다툼이 있는 법관계를 임시적으로 정하는 사전적인 보전처분의 가假구제결정이다. 헌법재판소법은 정당해산심판에 있어서 피청구인 활동의 정지(제57조), 권한쟁의심판에 있어서 피청구인 처분의 효력정지(제65조) 등에서, 예시적 열거의 형식으로 이를 규정함으로써 인정한다. 위헌법률심판, 탄핵심판, 헌법소원심판 등에도 헌법재판소법 제40조 제1항에 따라 준용되는 행정소송법 제23조 제2항의 집행정지규정과 민사집행법 제300조의 가처분규정(헌재 2002.4.25. 2002헌사129 결정이 민사소송법 제714조의 가처분규정이라 하였으나 민사집행법이 법률 제6627호, 2002.1.26. 제정되어 2002.7.1.부터 시행되어 가처분은 민사집행법 제4편 보전처분 제300조~제312조에 규정되었다) 등을 성질에 반하지 않는 한 준용한다. 민사집행법의 가처분과 달리, 민사소송법의 가집행은 재산권의 청구에 관한 판결은 가집행假執行의 선고를 붙이지 아니할 상당한 이유가 없는 한 직권으로 담보를 제공하거나, 제공하지 아니하고 가집행을 할 수 있다는 것을 판결주문에 적어 선고하는 것이다(제213조, 제215조).

행정소송과 민사소송법 국가배상법에 의한 손해배상청구는 민사소송을 전제로 한다(대법원 1998.5.8. 97다36613등). 공익사업 폐지로 인한 손실보상청구권은 공법상 권리이므로 행정소송에 의한다(대법원 2012.10.11. 2010다23210). 도시정비법상 주택재건축조합은 공법인이므로 이 조합을 상대로 관리처분계획안에 대한 조합총회 결의의 효력 등을 다투는 소송은 공법상 법률관계에 관한 행정소송법의 당사자소송이다(대법원 2009.9.17. 2007다2428). 공법상 법인인 재개발조합과 조합장의 선임・해임 등을 둘러싼 그 지위를 다투는 소송은 사법상 법률관계로서 민사소송이다(대법원 2009.9.24. 2009마168등; 행정소송법 제8조 제2항). 행정소송에서 처분등의 효력 유무 또는 존재 여부가 민사소송의 선결문제로 되어 당해 민사소송의 수소법원이 이를 심리・판단하는 경우(조세부과처분이 당연무효임을 전제로 이미 납부한 세금의 반환청구는 민사상 부당이득반환청구로서 민사소송절차에 따른다(대법원 1995.4.28. 94다55019)), 당해 수소법원은 그 처분등을 행한 행정청에게 그 선결문제로 된 사실을 통지하여야 한다(제11조). 노동부장관이 관장하는 산업재해보상보험의 급여에 불복이 있는 자는 근로복지공단에 심판청구를 하고 그에 불복이 있으면 노동부 산하 산업재해보상보험재심사위원회가 담당하는 재심사청구를 하며, 재심사위원회의 재결은 행정심판에 대한 재결로 보아 그 불복은 행정소송이다(산업재해보상보험법 제112조 제2항, 행정소송법 제18조 등). 교원이 징계처분 기타 그 의사에 반하는 불리한 처분에 대하여 불복이 있을 때에는 교원소청심사위원회에 소청심사를 청구할 수 있고 이 위원회의 결정에 대하여 불복이 있으면 행정소송을 할 수 있다(교원지위향상을위한 특별법 제10조 제3항). 민사소송에 대한 행정소송의 특별규정은 제1심법원은 지방법원급의 행정법원(제9조), 피고는 국가가 아닌 처분행정청(제13조 제1항), 행정청의 소송참가(제17조), 제소기간제한(제20조), 행정청에 대한 기록제출명령(제25조), 법원의 직권증거조사(제26조), 원고의 청구가 이유 있어도 행정처분 등의 취소가 현저히 공공복리에 반할 때 청구를 기각하도록 하는 사정판결(제28조), 처분을 취소하는 확정판결의 기판력, 집행력과는 다른 내용의 기속력(제30조), 제3자가 제기하는 재심의 소(제31조), 소송비용재판의 국가, 공공단체에 대한 효력(제33조) 등이다.

2.3 민사의 소송과 가사소송, 비송사건

가사소송은 가사소송법상 인정되는 특별민사소송절차로서(가사소송법 제12조, 제34조), 가사소송사건에는 민사소송법이 준용되며(가사소송법 제2조 제1항에서 가사소송사건으로 열거된 사항 제1호 가사소송사건 가. 가류(類)사건 나. 나류 사건 다. 다류 사건 제2호 가사비송사건 가. 라류 사건 나. 마류 사건 등), 가사비송사건에는 비송사건절차법이 준용되고, 가사소송사건에 대한 심리와 재판은 가정법원의 전속관할로 하므로, 사법상 법률관계에 관한 소송사건 중 가사소송법에서 열거되지 아니한 것은 민사소송 관할이다. 가사소송은 본인출석주의(제7조), 가사소송사건과 가사비송사건의 병합(제14조), 직권조사(가류 및 나류 제17조 순수한 직권탐지주의는 아님), 항소기각의 사정판결(제19조 제3항), 조정전치주의(나류 및 다류 제50조) 등의 특색을 갖는다. 非訟은 법원이 개인의 사적 권리의 발생・변경・소멸에 관하여 후견적 입장에서 관여하는 절차로서, 협의의 재판절차가 아니다.

등기, 가족관계등록, 공탁, 법인의 해산·청산, 신탁관계, 회사 검사인 관계 및 청산절차 등이 그것이다. 비송사건은 분쟁을 전제로 한 법원의 재판이 아니라 법률관계를 둘러싼 행정절차이며 법규에 의한 법률관계 확정여부가 아닌 합목적적 재량의 결정, 신속간이절차를 갖는다. 소송절차는 양 당사자 대립구조이고 승소·패소가 확연하나, 비송사건절차는 양 당사자가 함께 법원에 일정 내용의 재판을 신청하는 편면적 구조이다.

비송사건과 비송절차의 특색 비송사건은 비송사건절차법에 정해진 사건, 총칙규정의 적용, 준용을 받는 사건, 소송적 요소와 비송적 요소들을 함께 가진 절차인 독촉절차와 보전절차, 형식적으로는 소송이나 내용상으로는 비송인 형식적 형성소송(예컨대 공유물분할청구소송, 경계확정소송, 공시최고절차 등), 민사조정, 가사조정 등 각종 조정사건과 중재사건, 채무자의 파산이나 회생을 위한 절차, 강제집행절차 등이다. 비송절차는 절차가 탄력적이며(신청 없이 절차의 개시, 자유로운 증명, 임의적 변론 등 비송사건절차법 제13조), 대리인자격의 제한이 없고 조서작성의 재량(제14조), 법원의 재판은 기판력이 없어 그 취소·변경이 가능하다(제19조), 민사소송과 달리 직권탐지주의(제11조), 비공개주의(제13조), 불이익변경금지원칙의 비적용, 절차에의 검사 참여(제15조), 비송사건에 대한 법원의 재판은 결정으로 하나(제17조) 그에 대한 불복은 항고로써 한다(제20조). 비송절차에 의할 사건도 민사재판권의 일부이므로 비송사건을 민사소송을 이용하여 제소하거나 거꾸로 한 경우도 각하가 아니라 관할위반으로 이송한다.

등기, 가족관계등록, 공탁 등의 비송 지방법원, 지원 또는 등기소에서 처리하는 등기에 부동산등기, 상업등기, 선박등기, 법인등기, 동산·채권 담보등기 등이 있다. 부동산등기는 토지와 건물을 각각 표시하고 그에 관한 소유권 등 권리관계를 기록하는 등기다. 상업등기는 법인 설립 등 상법에 정하여진 사항을 공시할 목적으로 하는 등기다. 동산·채권 담보등기는 동산담보권과 채권담보권의 설정, 이전, 변경, 말소 또는 연장에 대하여 하는 등기다. 가족관계등록은 국민의 출생, 혼인, 입양, 인지, 사망 등 중요한 신분사항을 개인별로 작성된 가족관계등록부의 공부에 기록하는 제도다. 대법원이 관장하며, 각종 신고의 처리 및 증명서 발급 사무는 시(구)·읍·면장에게 위임하는 대신 법원이 감독권을 행사한다. 개명이나 가족관계등록정정사항 중 일정한 것은 반드시 법원의 허가를 얻어야 한다. 협의이혼신고를 할 때에도 미리 판사의 이혼의사확인을 받아야 한다. 공탁은 법령에서 정한 원인에 기하여 금전, 유가증권, 기타 물품 등을 공탁소에 임치함으로써 일정한 법률효과를 발생시키는 제도로서, 변제공탁, 보증공탁, 집행공탁, 보관공탁 등이 있으며, 지방법원이나 그 지원 및 시·군법원에서 처리한다. 변제공탁은 채권자가 변제를 받지 아니하거나 받을 수 없는 때에 채무자가 변제 목적물을 공탁함으로써 채무를 면하는 방법으로 활용된다. 채권자가 가압류, 가처분 명령 등의 강제집행을 신청하면 법원이 상대방 즉 채무자가 예상치 못한 손해를 볼 경우에 대비하여 신청인에게 일정액을 공탁하게 한다든지 하는 경우에 이용된다. 사채업자가 일부러 사무실을 비워 놓고 빌려 준 돈을 받지 않으면서 잡은 담보물을 헐값에 팔아 버리는 경우에, 법원에 가서 그 금액을 공탁한 다음 이를 내용증명으로 사채업자 사무실로 보내면 된다. 이에 관련한 '대부업의등록및금융이용자보호에관한법률'이 있다.

3. 절차법의 헌법화

절차법인 소송법은 실체법에 접근하여 법을 통합적으로 이해할 수 있게 한다. 헌법소송법 강의를 통하여 헌법해석과 헌법판단의 기준 및 헌법원리 등을 조직체계적으로 이해하게 된다. 헌법학자·신학자인 카를 슈미트는 가톨릭교회의 조직 질서에 대해서, 교리보다 더 흥미를 갖고 연구함으로써, 일반헌법학과 신학의 깊이를 더 할 수 있었다. 민사소송법 등 절차법은 최고규범인 헌법에 합치하는 소송절차로 헌법화될 때 일반헌법의 외연으로 된다.

민사소송법의 헌법화 헌법이 절차법의 상위법임을 확인하는 결정은 민사소송법 등 절차법의 헌법화의 과정이라 할 것이다. 예를 들어, 국가에 대한 가집행선고 금지조항은 평등원칙, 신속한 재판, 강제집행원칙에 반하는 위헌, 특허소송에서 법원의 재판이 법률심에 한정될 뿐 한 차례의 사실심도 없는 소송절차는 위헌, 국가배상사건에서 행정기관인 국가배상심의회 결정을 재판상 화해로 간주하는 효력은 재판기관이 아님에도 법관의 확정판결과 같은 기판력을 부여하는 것이어서 위헌, 제소기간규정의 내용 파악이 어렵고 불분명하면 불변기간 명확화원칙 및 법원에 편의로운 접근 방해로 위헌, 여론기사 정정보도청구 같은 본안소송에서 심증 정도를 증명 아닌 소명으로 함은 공정한 재판을 받을 권리의 침해 등이 그것이다.[68]

점유권과 절차법 "임대인이 임차인을 상대로 제기한 건물인도청구소송에서, 건물주가 조정조서의 승계집행문을 부여받자, 전 임대인과의 임대차계약서상 임차인도 아니고 조정조서상 당사자도 아닌 제3자가 집행문부여에 대한 이의의 소를 제기하면서 집행정지신청을 했고, 위 제3자는 당사자적격이 없어 각하될 수밖에 없는데도 각하판결이 날 때까지 1년 4개월이 걸렸다. 위 제3자는 단지 사업자등록이 되었다는 이유만으로 위 상가를 점유한 것이고, 전 임대인과 임차인의 조정조서도 위 제3자에게는 무용지물이었다. 별도의 집행권원이 필요했다. 주소지든, 상가든, 특별송달이든, 송달이 안 되는 이들에게 공시송달로 진행되어 그 결정을 받기까지 5개월이 걸렸다. 그런데 임차인들이 집행일 전날 집행정지신청을 했다. 집행관이 집행종료 후 조서를 작성하고 현장을 떠났다. 현장에 있는 등, 남은 짐을 정리하고 있는 사이 임차인들이 경찰을 대동하고 집행정지결정문을 갖고 나타났고, 주거침입이라면서 임대인 측 사람들을 쫓아냈다. 집행종료 후 집행정지는 무효라는 대법원판결도 '점유한 그 사실' 앞에서는 소용이 없었다. 제3자에 대한 인도소송 판결문과 전 임차인들에 대한 조정조서로 다시 집행을 준비하여 집행기일을 잡았는데, 임차인들이 조정조서에 대해 준재심청구와 청구이의의 소를 제기하면서 집행정지신청을 했는데, 청구이의사건에서 집행정지결정이 났다. 임차인 측은 집행정지결정이 아닌 수없이 많은 사람들을 동원하여 집행관의 집행을 물리적으로 막아 버렸다. 임차인들의 청구이의는 기각되었고 집행정지는 취소되었지만, 임차인들은 이제 상가에 철기둥을 박아서 안에 있는 테이블이나 의자를 빼내가지 못하도록 막아 버렸다. 9번의 승소판결도 모두 집행력 없는 종이일 뿐이었다. 임대차계약을 체결하지 않고도 그 주소지에 사업자등록이 되어 있거나 세대주로 되어 있거나 그 사람 명의로 된 고지서라도 하나 우편함에 있으면, 소유권자로부터 아무런 허락을 받지 않았음에도 불구하고, '사실상' 지배자가 되어 점유권을 갖게 된다. 점유물을 강제로 인도받기 위해 강제집행을 할 때에는, 집행권원이 있는 자가 들어가서 사실상 지배하는 것으로 부족하고, 점유물에 있는 동산을 반출하거나 완전히 떼어내지 못하면 점유가 아직 인도된 게 아니다. 인도집행을 완료해도, 기존의 점유자가 다시 들어가 버리거나 아니면 거기에 다시 또 짐을 갖다 놓으면, 또 다시 새로운 점유가 시작되기 때문에, 이를 배제시키려면 새로운 집행권원이 필요한 것이다. 물건과 사람을 연결시켜 주는 '점유'와 '사실상 지배'는 무엇일까. '건물인도'를 '집행'하는 것은 어떻게 하는 것일까. 물건을 '소유'하는 것은 과연 '점유'보다 더 큰 권능을 갖고 있기나 한 것일까." 법규범의 강제규범성과 재판규범성의 현실을 알게 해 준다(정경석 변호사, 점유의 본질, 인도의 본질 – 법과 사실의 경계, 「대한변협신문」(제581호 2016.3.7.월), 8면 인용 **轉載**).

[三] 국제법과 국내법

1. 국제법의 본질

1.1 국제법과 헌법질서

1.1.1 국제법의 의의

국제법은 주권국가 간 관계를 규율하는 근대국가의 규범이다. 국가의 국제법상 행위는 조약과 국제관습법 등의 국제법으로 실현된다. 국제법주체인 국가는 정치적으로 조직되고 법적으로 인식된 영토적 · 인적 단체인 법인국가로서 국제법관계의 주체가 되는 당사자이다. 국제법 규범은, 국내적 사회를 전제로 하는 국가의 법규범이 아니라 국제사회를 전제로 하는 국가간 규범이므로, 그 법칙규범성과 당위규범성 외에 강제규범성과 법실현의 규범적 근거로서 규범설에 따르면, 국제법의 강제규범성의 근거는 국제법의 규범 자체 특히 국제법규범의 원천인 근본규범*Grundnorm*에 궁극적 근거가 있고(H.Kelsen, Reine Rechtslehre), 국제법규범의 근본규범은 '약속은 지켜져야 한다'*pacta sunt servanada*를 근거로 한다. 또한 법의 당위규범성의 본질이 의사소통공동체인 사회에 있는 것과 같이, 국제사회 자체가 갖는 의사소통공동체로서의 성격에서 이를 구할 수도 있다.

1.1.2 국제법의 法源

국제법은 다수의 주권국가를 전제로 성립하는 규범이다. 국가는 臣民*subject*에 대한 최고권력*J.Bodin*에서 연유하는 국가주권을 가지며, 국가주권의 내면은 자치이고 외면은 독립이기에*Vatel*, 주권국가는 다른 국가의 법질서에 속하지 않는 자주적 공동체로서 국제법에 의해서 국제사회라는 법적 공동체에 결합된다. 국내법체계와 달리 국제법에는 중앙입법기관이 존재하지 않으며 국제법 일반규범은 국가간 합의에 의해서만 가능하다. 국제사법재판소의 재판관할권도 양당사자의 합의에 의하는 것이므로 강제적 재판관할권은 존재하지 않는다. 물론 유엔 안전보장이사회 같이 일방적으로 소집되고 직권으로 개입할 수 있는 권한을 갖는 경우도 있다. 국제법 法源은 헌법 제6조 제1항 '조약과 일반적으로 승인된 국제법규는 국내법과 같은 효력을 갖는다'에 따른 '국제연합헌장 및 국제사법재판소규정'(Charter of the United Nations and Statute of the International Court of Justice (UN, ICJ)) 제38조('1.재판소는 재판소에 회부된 분쟁을 국제법에 따라 재판하는 것을 임무로 하며, 다음(가. 분쟁국에 의하여 명백히 인정된 규칙을 확립하고 있는 일반적인 또는 특별한 국제협약 나. 법으로 수락된 일반관행의 증거로서의 국제관습 다. 문명국에 의하여 인정된 법의 일반원칙 라. 법칙결정의 보조수단으로서의 사법판결 및 제국의 가장 우수한 국제법학자의 학설. 다만, 제59조의 규정에 따를 것을 조건으로 한다)을 적용한다. 이 규정은 당사자가 합의하는 경우에 재판소가 형평과 선에 따라 재판하는 권한을 해하지 아니한다.')의 국제협약, 국제관습, 문명국에 의하여 승인된 법의 일반원칙, 사법판결, 諸國의 가장 우수한 국제법학자의 학설, 형평과 선

제1편 제2편 제3편 法理論

등의 조리이다.

1.1.3 헌법질서에서의 국제법과 국내법

헌법 제6조 제1항 '헌법에 의하여 체결·공포된 조약과 일반적으로 승인된 국제법규는 국내법과 같은 효력을 가진다.', 제2항 '외국인은 국제법과 조약이 정하는 바에 의하여 그 지위가 보장된다' 함은 국가간 합의에 의한 국가의사의 대외적 표현인 국제법과 국가의사의 대내적 표현인 국내법이 헌법을 정점으로 하는 통일적 법질서의 위계와 효력을 지닌 단일적 규범체계로서 국가의 헌법질서에 포섭된다는 헌법적 의의를 정한 규정이다.

1.2 국제법과 헌법질서의 포섭

1.2.1 국제법·국내법의 이원성

국내법과 국제법은 행위를 규율하고 구속하는 법규범으로서, 국내법은 주권국가의 국가내부관계에서 국가·개인간, 개인간 관계를 적용대상으로 단일 입법자의 단독의 의사에 의한 제정법 또는 관습법으로서 형성되며, 한편, 국제법은 개별국가의 독립·자율성을 전제로 주권국가의 다자간 의사의 합치로 제정되는 조약 또는 일반적으로 승인된 국제법규 등으로 형성된다. 국내법·국제법은 주권국가의 독자성으로 제정된 헌법질서를 전제로 *法源*, 제정절차, 적용대상인 수범자, 실효성 등에서 이원적 법질서로 병존하며, 한 국가의 국제법준수는 국가주권의 자기제한성에 따른 자신의 의사에 스스로 복종하는 것 즉 헌법상 국제법존중의 원칙에 근거한다.

1.2.2 국제법의 헌법질서로의 규범적 포섭

국제법은 국내법인 헌법의 최고성에 포섭되면서 국내법으로 전환되어 적용된다. 국제법은 헌법질서를 정점으로 하는 국내법 체계에 타당하게 적용되도록 채택*adaptation*·변형*transformation*·집행*execution*되는 등으로 수용*acceptance*되어 국내법에 포섭되면, 그 같은 국제법규범에 대해서는 국내법으로서 규범적 효력을 인정한다(헌재 1999.4.29. 97헌가14).

1.2.3 국제법의 국내법적 효력으로의 전환

국제법으로서 조약은 헌법이 정하는 절차에 따라서 체결되어 체약締約당사국을 구속하는 국제법적 효력 및 헌법질서에 수용되는 국내법질서로의 규범적 전환에 의하여 국민을 구속하는 국내법적 효력을 갖는다. 어느 당사국도 조약 불이행을 정당화하기 위해 자국 국내법을 원용할 수 없다(조약법에관한Vienna 협약 1969년 제27조). 국제법과 다른 내용의 국내법을 제정하는 국가의 행위에 대해서는 책임발생원인이 되어 국제법상 책임을 면치 못한다(Case Concerning Certain German Interests in Polish Upper Silesia, PCIJ, 1926). 즉 '국가는 국제의무를 회피하기 위해 자국 또는 타국의 헌법을 원용할 수 없다'(Free Zones of Uppe Savoy and the District of Gex, PCIJ상설국제사법재판소, 1932), '국제법적 의무를 준수·이행하기 위해 자국 국내법을 개정 내지 입법할 필요가 있다'(The Exchange of Greek and Turkish Population, PCIJ, 1925), '국내법원 판결은 국제법원 판결을 무효로 할 수 없다'(The Chorzow Factory Case, PCIJ, 1927).

1.3 국제법 – 일반적으로 승인된 국제법규

일반적으로 승인된 국제법규는 대한민국이 체약당사자가 아닌 조약이라도, 헌법정신의 존중과 국제사회의 관계법규 등을 고려하여(헌재 1992.4.28. 90헌바27등), 세계 대다수 국가가 승인하여 보편화·일반화된 효력을 지닌 규범으로서 이해되면 국회의 동의 등의 절차를 요하지 않고도 국내법과 같은 효력을 지녀(헌법 제6조 제1항), 헌법 하위 규범의 효력을 갖고 그 각 규범의 단계에 따라서 법률 또는 명령 등의 효력과 동위의 규범적 위계와 효력을 갖는다. 일반적으로 승인된 국제법규는 성문국제법(UN헌장, 국제사법재판소 ICJ규정, 국제인권규약 등), 불문국제관습법(외교사절의 국제법상 지위, 전쟁법 일반원칙, 소수민족의 권리 등), 일반적 규범원칙(집단학살genocide금지협정, 포로에 관한 제네바협정, 不戰조약 등) 등 및 국제인권규약(1966.12.19. 국제연합 제21차총회 의결), 유럽인권규약(1950.11.4. 채택 1953.9.30. 효력) 등이 있다. 한국은 국제인권규약 A규약은 유보조항 없이, B규약은 상급법원심사권(제14조 제5항은 헌법 제110조 제4항 비상계엄하 군사재판 단심제에 충돌), 노무직 아닌 공무원·사립학교교원 집단행동(제22조 제1항, 사립학교교원 노동행위 위헌결정과 부조화 헌재 1991.7.22. 89헌가106) 외에는 가입하여 사법적 실효성을 갖는다.

Ⅲ. 실정법규범의 적용과 해석

[一] 실정법규범의 적용

1. 법규범 적용의 의의

1.1 법규범의 탐색과 귀속

법의 적용은 사실관계가 법률요건인 행위규범에 해당하면 강제규범에서 정한 법률효과가 미치는 것이다. 사실관계에 적용되는 법률요건인 행위규범은 법적으로 의미있는 사실관계에 직접 관계되는 규범영역을 재판규범으로 원용하기 위하여 탐색되는 것이다. 이는 사실관계의 존재 여부, 법규의 요건의 해석, 사실관계의 법규에의 포섭, 포섭의 절차·결정·시기·형식 등의 선택 등의 과정을 거치게 된다. 법의 존재형식이자 법적용의 대상인 法源으로서 공법·사법, 실체법·절차법 등을 전제로 공법에 헌법, 행정법, 헌법재판소법, 행정소송법 등과 사법에 민법, 상법, 민사소송법 그리고 경제법 등 법영역을 놓고, 사실관계에 미치는 법률효과를 도출하는 법률요건에 해당하는 법규범을 찾는다. 이렇게 법규범의 법률요건에 법률효과가 귀속되면 당해 사건은 그 법규범에 적용되고 해석의 과정을 거쳐 법규범의 당위성에 포섭된다.

1.2 법원의 재판규범 적용

法院은 규범적으로 확인된 사실관계에 직접 관계되는 법규범을 재판규범으로 적용한다. 법적용에 있어서 사실관계는 사실적 개념만으로 배열되는 것은 아니고 어느 정도의 법적 개념으로 구성되는 사실관계이다. 이는 소송절차법상 입증책임에 따른 증거법칙으로 구성된다. 소송 당사자는 사실을 법원에서 진술하고 다툼이 있으면 사실의 존재를 확인시키는 증거자료를 제출한다. 당사자, 피의자, 증인의 진술, 감정인의 감정 등으로 사실관계의 외적 인지, 시간적 배열, 직접 확인 등을 행한다. 민사소송상의 변론주의와 달리 형사소송, 행정소송, 헌법재판 등에서는 주로 법원의 직권조사에 의한다. 법원이 사실을 법규범에 포섭할 수 있을 정도의 사실관계로 인정하느냐는 증거력의 문제다. 이때 그 믿음의 정도는 상당한 정도의 개연성 혹은 확실성 등에 관련하는 법관의 자유심증에 따른다. 민사소송에서는 법원은 변론 전체의 취지와 증거조사의 결과를 참작하여 자유로운 심증으로 사회정의와 형평의 이념에 입각하여 논리와 경험의 법칙에 따라 사실주장이 진실한지 아닌지를 판단하며(민사소송법 제202조), 형사소송에서는 범죄사실의 인정은 합리적인 의심이 없는 정도의 증명에 이르러야 한다(형사소송법 제307조).

1.3 소송요건판단과 본안판단

법규범의 해석은 법률효과가 귀속되는 법률요건의 규범적 징표를 밝히는 법적 문제이며, 확인된 사실관계에 이 규범적 징표들이 적용되느냐를 가리는 일은 규범상태와 비법상태, 법영역과 사실영역을 구획하는 문제에 속한다. 법적용의 전제가 되는 법규범과 그 대상이 되는 사실관계의 관련성은 논리와 경험에 따른 판단에 의한다. 법률가는 산재하여 존재하는 법영역을 가리면서 사실관계에 적용하는 경로를 찾는 능력을 연마한다. 소송절차의 첫 단계는 법규범을 사실관계에 적용하여 구속력 있는 판결을 내릴 수 있는 조건을 갖추었느냐의 여부에 관한 소송요건의 구비를 먼저 검토하고, 이를 전제로 제1차적 규범인 행위규범의 저촉 여부에 관한 실체법적 규정을 검토하는데, 이때 소송요건이 구비되지 아니한 경우에는 더 이상 소송을 진행할 수 없다는 의미의 소송각하 결정을 하게 된다.

2. 법규범의 경합과 충돌

2.1 법규범의 경합

법규범의 경합은 동일 사실관계에 대해서 서로 상이하지만 모순되지 않는 법률효과를 가져오는 다수의 법규범이 병렬적으로 적용될 수 있는 경우를 말한다. 법규범 경합시 적용법 관계에는 특별법이 일반법, 선법이 후법에 우선한다는 등의 원칙이 있다.[69] 이를 기본으로 하면서 형벌 법규 적용관계에서는 법조경합, 헌법의 기본권관계에서는 기본권경쟁과 상충의 관계 등 법적용에 있어서의 그 고유한 도그마틱이 있다.

2.2 특별법 · 신법 우선원칙

'특별법은 일반법에 우선한다'(lex specialis derogat legi generali, Where two laws govern the same factual situation, a law governing a specific subject matter(lex specialis) overrides a law which only governs general matters(lex generalis)) 하는 특별법우선원칙은 두 개 이상의 경합하는 법률요건이 충족되는 경우에 문제되는 사안에 특별히 관계되는 요건을 정한 법이나 규정인 특별법, 특별규정을 우선 적용한다. '신법은 구법에 우선한다'(lex posterior derogat legi priori, The doctrine 'lex posterior derogat legi priori' may apply - the younger law overrides the older law) 하는 신법우선원칙에 따른다. 즉 동일한 위계의 법률 규범 상호간에는 구법-신법의 관계보다는 일반법-특별법의 관계가 우선적으로 적용한다. 즉 '일반신법은 특별구법에 우선하지 못한다'(lex posterior generalis non derogat legi priori speciali).

2.3 상위법 우선원칙

'입법권은 국회에 속한다'(헌법 제40조) 하므로 입법자는 현행법을 개폐하여 신법을 제정할 수 있으나, 입법자에 최종적 개정권이 없고 그보다 상위의 헌법개정권력에 의한 국민투표로만 개정 가능한 헌법(제128조~제130조)과 그 하위규범인 법률간에는 '상위법은 하위법에 우선한다'(lex superior derogat legi inferiori) 하는 상위법우선원칙에 따른다. 즉 상위법인 헌법에 반하는 법률 이하의 규범은 위헌 · 무효가 된다. 다만, 국민의 헌법개정권력으로 헌법조항을 수정 · 삭제 · 증보한 새 헌법규정들은 선법-후법, 구법-신법의 관계가 되어도, 성문헌법인 헌법전의 개별규정상호간에서는 동일한 효력 · 위계를 갖기에, 신법우선원칙이 적용되지 않는다. 즉 헌법전 개별규정 상호간에는 헌법전의 통일적 해석을 위해서는 몰라도 특정규정이 다른 규정의 효력을 전면 부인할 수 있도록 특정 조문이 다른 조문규정에 우선적 가치 · 효력이 인정되는 등의 차등은 부인된다(헌재 1995.12.28. 95헌바3).

3. 일반법 · 특별법과 강행법 · 임의법

3.1 일반법과 특별법

일반법은 사람, 장소, 사항 등의 한정 없이 모두에게 일반적으로 적용되는 법이다. 특별법은 일반법의 모든 구성요건을 포함하면서 그 밖의 특별한 표지까지 포함하여 규율내용이 한정되어 적용되는 법이다(헌재 2014.4.24. 2011헌바2). 특별법우선원칙에 따라 특별법이 일반법에 우선 적용되어 특별법은 일반법을 깨뜨린다. 상법은 민법에 대하여 특별법이지만 보험업법에 대해서는 일반법이다. 특별법은 일반법과 구별되는 입법목적을 가지고, 개념적으로 일반법의 모든 구성요건을 포함하면서 그 밖의 특별한 구성요건 표지까지 포함한 경우를 뜻하므로, 형사특별법으로서 형벌체계상 정당성과 균형을 갖추려면, 특별법상 구성요건에는 새로운 가중적 구성요건의 표지가 추가되어야 한다(헌재 2017.7.27. 2016헌바42). 일반법-특별법은 일반규정-특별규정으로도 구분된다(채권에 관한 10년 소멸시효 규정은 3년 또는 1년의 단기소멸시효 규정에 대한 일반규정이다(민법 제162조(채권, 재산권의 소멸시효) ① 채권은 10년간 행사하지 아니하면 소멸시효가 완성한다. ② 채권 및 소유권 이외의 재산권은 20년간 행사하지 아니하면 소멸시효가 완성한다. 제163조(3년의 단기소멸시효) 다음 각호의 채권은 3년간 행사하지 아니하면 소멸시효가 완성한다. 제164조(1년의 단기소멸시효) 다음 각호의 채권은 1년간 행사하지 아니하면 소멸시효가 완성한다).

일반법과 특별법 국가공무원법 조항은 정무직 공무원들의 일반적 정치활동을 허용하나, 선거영역에서의 특별법은 정치활동 중 선거에 영향을 미치는 행위만 금지하므로, 일반법인 국가공무원법 조항에 우선하여 적용된다(헌재 2008.1.17. 2007헌마700). 근로기준법 심판대상조항이 (4인 이하 사업장에 부당해고제한조항 및 노동위원회 구제절차를)적용되는 조항으로 나열하지 않은 결과 민법이 적용된다(고용기간 약정이 없는 때에는 원칙적으로 사용자는 근로자를 자유로이 해고할 수 있다. 단, 민법 제660조 제1항은 임의규정이므로 개별 사업장에서 해고사유를 열거한 해고제한의 특약을 한 경우에는 그와 같은 제한을 위반한 해고는 무효이다)(헌재 2019.4.11. 2017헌마820; 대법원 2008.3.14. 2007다1418). 특별법이 일반법조항의 구성요건 이외에 특별한 구성요건표지를 추가하여 가중처벌의 근거를 마련하여야 함에도 그렇게 하지 않아 초래한 심각한 형의 불균형(헌재 2014.4.24. 2011헌바2; 헌재 1991.6.5. 91헌바11 변경), 별도의 가중적 구성요건의 표지를 규정하지 않은 채 형법조항과 똑같은 구성요건을 규정하면서 법정형만 상향조정한 특별법조항(헌재 2014.11.27. 2014헌바224등; 2015.9.24. 2014헌바154등) 등은 형사특별법으로서 갖추어야 할 형벌체계상 정당성과 균형을 잃은 것이 명백하여 인간의 존엄성과 가치 보장 및 평등원칙에 위반된다.

3.2 특별법의 과잉범죄화 경향

일반법-특별법에 관련하여, 경제규제를 목적으로 제정된 특별법 위반행위에 대한 처벌이 형벌법규의 일반법원리에서 벗어나면 법치주의 헌법원리에 반하게 된다. 특히 상사거래관계에서 특별법으로 적용되는 공정거래법, 하도급법 등에서 범죄-처벌의 기준을 명확하게 정하지 않은 징벌적 조항은 사회에 해로울 개연성만으로 개인의 사적자치를 억제·강제하는 행정적 편의에 치중되는 '과잉범죄화'를 가져 오는 과잉입법의 가능성을 준다.[70] 형벌은 강제규범으로서 일반법인 형법에서 정하는 것을 원칙으로 삼아야 한다. 특별법에서 이를 정할 때에는 최후의 수단이자 최소한에 그쳐야 한다는 법치국가적 보충성 원칙에 따라야 한다.

특별법과 일반법 특별법적용을 받는 수뢰죄뿐 아니라 일반법인 형법 적용을 받는 수뢰죄에 벌금형의 필요적 병과는 합헌이다(수뢰액 다과를 불문하고 수뢰행위의 반사회성, 반윤리성에 터잡아 수뢰범에 경제적 불이익을 주어 공무원 청렴성, 공직 불가매수성 및 순수성 확보를 위한 것이어서 범죄 죄질 및 행위자책임에 비하여 지나치게 가혹하여 형벌과 책임간 비례원칙에 위배되었다 할 수 없다. 형법과 특별법을 책임과 형벌간 비례원칙에 맞추어 일관되고 균형있는 합리적·체계적 형벌체계정비의 입법개선노력을 기울여야 한다(헌재 2017.7.27. 2016헌바42).

3.3 강행법·강행규정과 임의법·임의규정

법규범적용에서 강행법·강행규정은 당사자의 의사여하에 불구하고 적용되는 규범(예컨대 민법 제186조 '부동산에 관한 법률행위로 인한 물권의 득실변경은 등기하여야 그 효력이 생긴다.')인 반면, 임의법·임의규정은 당사자의 의사로 그 적용을 배제할 수 있는 규범이다. 임의규정은 민법 제105조 '법률행위의 당사자가 법령 중의 선량한 풍속 기타 사회질서에 관계없는 규정과 다른 의사를 표시한 때에는 그 의사에 의한다' 할 때의 법령 중의 선량한 풍속 기타 사회질서에 관계없는 규정이며, 강행규정은 그에 관계있는 규정이다. 강행규정에 정면으로 위반하는 법률행위는 당연무효이며 그 행위의 사법상 효과가 부정되나 임의규정은 당사자의 명시적 의사표시가 없을 때 이를 보충하거나 해석하는 기능에 그친다. 대체로 공법은 강행법, 사법은 임의법이지만 법령 전체에 대한 일률적 판단 외에 개별규정마다 판단하여, 법규정 목적이 사회전체의 이익이나 당사자 이외의 제3자이익 또는 당사자간 형평의 보호에 있는 경우이거나 권리능력, 행위능력, 법인 제도 등은 강행법인 반면에 법 목적이 당사자의 이익을 보호함에 있을 뿐인 경우는 임의법이다.

강행규정 · 훈시규정, 단속규정 · 탈법행위 퇴직금분할약정(사용자와 근로자가 매월 지급하는 월급이나 매일 지급하는 일당과 함께 퇴직금으로 일정한 금원을 미리 지급하기로 한 약정)은 최종 퇴직 시 발생하는 퇴직금청구권을 근로자가 사전에 포기하는 것으로서 강행법규(근로기준법 제34조(퇴직급여제도) 사용자가 퇴직하는 근로자에게 지급하는 퇴직급여 제도에 관하여는 「근로자퇴직급여 보장법」이 정하는 대로 따른다)에 위배되어 무효이고, 그 결과 퇴직금분할약정에 따라 사용자가 근로자에게 퇴직금명목의 금원을 지급하였더라도 퇴직금지급으로서의 효력이 없다(대법원 2010.5.20. 2007다90760 다수의견). 공석이 된 헌법재판관의 후임자 선출기한규정(헌법재판소법 제6조 제3항 내지 제5항)은 헌법재판소법이 위 조항들을 위반한 피청구인의 재판관 선출행위를 무효로 하는 규정을 두고 있지 아니한 점 등에 비추어 볼 때, 강행규정이 아닌 훈시규정으로 보는 것이 타당하다(헌재 2014.4.24. 2012헌마2). 단속규정은 행정법규에서 국가가 일정 행위를 금지, 제한하는 단속법규로서 그 위반(허가 없는 상품 판매)에는 벌칙적용뿐 행위자체의 사법상 효과에는 영향이 없다(예컨대 중간생략등기의 경우에 무효라는 종전 판례는 변경되어 유효한 것으로 된다). 강행규정에 직접위반은 아니나 실질상 당해규정이 금지하는 내용을 실현하는 탈법행위도 원칙적으로 무효다(예컨대 동산질권의 경우 질권자는 설정자로 하여금 질물의 점유를 하게 하지 못한다는 민법 제332조 강행규정은 질권의 유치적 효력 유지를 위한 것이다. 다만 실제 동산의 양도담보제도 즉 설정자가 동산을 사용하면서 담보 목적의 점유개정 방식으로 행하는 소유권 양도를 유효한 것으로 인정하고 있다).

[二] 실정법규범의 해석

1. 법규범의 해석

1.1 법규범해석의 의의 – 법규범의 당위적 보편성과 규범력

법해석은 실정법규범의 법률요건과 법률효과의 관계에서 법문의 의미 · 내용의 내포 · 외연을 발견하는 것이다. 법규범의 법해석은 법원리 · 법개념 등을 해석학적 논거에 의하여 법문이 일반적으로 인지될 수 있도록 법의 보편성을 인식케 하려는 법치주의의 규범체계이다. 법해석으로 법률효과에 귀속시키는 것이 타당한 법률요건을 확정하는 등으로 법문의 내용이 확정되면 장래 사건에 대해서 규범력을 갖게 된다. 즉 사실관계를 법적으로 평가 · 판단하는 법적용이 가능해진다. 장래의 사회생활관계를 예측할 수 있어 법치국가적 법적 안정성이 보장된다. 법규범의 효력이 국민과 국가를 실질적으로 기속하여 법의 이념도 실현시킬 수 있게 된다. 법해석은 개별 법규범의 목적 내지 당위성을 법질서 전체의 정신에서 발견되는 보편의 원리에 자리 잡고 있는 법규범의 당위적 보편성을 찾는 것이다.

법규범해석과 법치국가적 신뢰보호 법규범은 자연적 인과율이 아닌 경험적 목적률의 규범법칙성을 지니는 당위적 강제규범이고, 당위규범인 법은 가치성 · 보편성 등을 인식케 하는 일정표식을 지닌 법문언(예컨대 사람, 물건, 존엄, 공서양속, 신의성실 등)으로 이루어지기에, 당위규범인 법규 · 조문의 법문은 다의성을 가지는 경우도 많다. 법규범 해석의 올바름은 공동체의 지배적 법관념의 거울 같은 반영에 안주하지 않고 공동체에서 살아 움직이는 모습이나 현상을 직시함으로써 나온다. 법해석 역시 근대국가적 과학주의에 따르는 것이어야 한다. 법관의 법가치에 대한 평가가 논리적 타당성의 기준에 따르는 법해석이야말로 법치국가적 법적 안정성과 신뢰보호를 가져 온다. 이로써 법치주의 헌법원리가 민주주의 헌법이념에 의거하는 국민주권적 이데올로기의 무제한적 팽창을 막을 수 있게 한다. 법해석의 경계를 넘은 법관의 개인적 법관점을 법발견이라는 사법적극주의로 평가해 준다면, 법을 둘러싼 국민의 법적 안정과 법적 신뢰감은 훼손될 것이다. 법규범해석이 가져오는 논리적으로 타당한 보편윤리성은 사회윤리적 관점이 아니라 헌법과 법질서의 과학주의적 정의관념이어야 한다. 법해석이 閉塞의 상황에 이를 때 법해석은 포기하고 법흠결 또는 법개정의 문제로 들어가야 한다.

1.2 법규범해석과 법흠결

법해석은 규범 문언의 논리적 정합성을 찾아 법규범상호간, 법률규정간 모순이 없도록 적용한다. 그러므로 법흠결시 법원칙과 법질서 전체의 취지에 합치되는 방식으로의 법보충에 의한 적용 역시 법해석의 문제가 된다. 법흠결에는 법문언의 법해석에 의하더라도 완전한 행위기준을 제시하지 못하는 '문리적 흠결', 법문언의 법보충 없이 적용할 수는 있으나 당해 문언의 평가에서 보충이 요구되는 '평가적 흠결'이 있다. 문리적 흠결은 법문언의 해석원칙으로는 사안 적용의 해결점을 주지 못하는 경우 등에 있게 된다. 평가적 흠결은 법규범 해석의 광협에 따라 규제하지 못하거나 혹은 예외를 인정하여야 한다거나 혹은 당해 법규정에서 제외하는 경우 등에 있게 된다(계약법상 특정 의무가 계약체결상 과실 이론을 통하여 계약체결과정의 영역에까지 확장된다든지, 산모의 생명을 구하려 행한 의사의 임신중절행위에 낙태죄의 형법 규정의 적용을 부당한 것으로 보는 것 등으로 보충되는 것 등이다). 평가적 흠결의 보충에 있어서, 법원이나 행정기관은 법률의 상호관계를 비교, 관련 실정법 등 법질서의 정신, 공동체 법감정 등을 기준으로 법해석을 행함으로써 이를 행한다. 하지만, 규범의 엄격한 준수에 기초하는 보충이야말로 개인적 법감정에 의거한 자기식 해석이나 적용 등에서 벗어날 수 있게 한다. 특히 형법해석이 정치현실의 힘에 추수할 때 형법은 정치화되고 헌법질서는 왜곡된다. 형벌관계법규가 엄격한 죄형법정주에 따르고 유추해석의 원칙적 금지는 그런 이유에서이다. 법률의 합헌적 해석 등 실질적 조화에 따른 규범조화적 해석 등이야말로 법치주의의 법적 안정성과 공동체 정의 관념의 조화를 가져 온다.

법흠결 보충과 유추해석 '남북주민사이의 가족관계와 상속등에 관한 특례법'상의 특례예외인정은 법률관계안정을 크게 해칠 우려가 있어 법률해석한계를 넘기에 입법에 의한 통일적 처리가 필요하다(상속회복청구와 관련하여 남북이산으로 피상속인인 남한주민으로부터 상속을 받지 못한 북한주민(북한주민이었던 사람 포함) 또는 그 법정대리인은 민법 제999조 제1항에 따라 상속회복청구를 할 수 있다고 규정할 뿐, 친생자관계존재확인의 소나 인지청구의 소의 경우와 달리, 제2항에서 정한 제척기간에 관한 특례인정규정을 두지 아니한 것은 입법적 선택이며, 남한주민과 마찬가지로 북한주민의 경우에도 다른 특별한 사정이 없는 한 상속권이 침해된 날부터 10년이 경과하면 민법 제999조 제2항에 따라 상속회복청구권이 소멸한다. 반대의견:제척기간 연장에 관하여 법률해석에 맡겨 둔 것이며 그 해석상 북한주민의 상속회복청구권의 제척기간 연장에 관하여 별도규정이 없는 법률흠결이 존재하기에 가장 유사한 취지의 규정을 유추하여 흠결 부분을 보충하는 법률해석이 가능하여, 민법상 상속회복청구권의 제척기간이 연장되어 남한에 입국한 때부터 3년 내에 상속회복청구를 할 수 있다)(대법원 2016.10.19. 2014다46648).

1.3 법규범해석과 법률행위의 해석

법규범의 해석과 구분되는 것으로서, 법률행위의 해석은 표시된 의사를 확정하여 당사자가 그로써 달성하려는 법률행위의 목적인 내용을 확정하는 것이다. 법률행위의 해석은 사실에 대한 가치판단이기에 사실문제가 아니라 법률문제에 속하여 그 해석의 주체는 법원 즉 법관에 귀속하며, 해석에 관련한 문제에 대해서도 상고이유가 된다(민사소송법 제423조 참조). 법률행위의 해석은 당사자의 행위목적, 거래관행 등의 사정, 신의성실의 원칙(민법 제2조 제1항) 등에 따른다. 거래관행은 당사자의 의사가 명확하지 아니한 때에 의거하게 되는 '법령중의 선량한 풍속 기타 사회질서에 관계없는 규정과 다른 관습'(제106조)이라 할 때의 그 임의규정과 다른 '사실인 관습'을 말한다. 임의규정 역시 해석기준이 된다. 법률행위의 해석에는 의사가 표시된 의미대로 효력을 인정하는 자연적 해석과 의사의 객관적 규범적 의미를 밝히는 규범적 해석이 있다. 자연적 해석에 의하면, 표시가 잘못되었어도 당사자간에 표시의 의미에 합치가 있으면 그 의사에 따른 효과가 발생한다. 즉 '잘못된 표시는 해가 되지 않는다'(Falsa demonstratio non nocet). 다만 계약의 경우에 당사자가 약정하지 아니한 사항에 대하여 분쟁이 생기면 제105조 같은 임의규범의 적용을 통하여 해결한다. 임의규정도 없으면 당사자가 법률행위의 흠결을 알았다면 그러하였을 것이라 정하였을 '가정적 의사'를 통하여 보충한다. 이것이 보충적 해석이다. 어음행위의 해석에 관련하여서도 어음에 특유한 법률해석의 원칙이 있다. 어음외관해석의 원칙은 어음행위의 효력은 어음상의 기재에 따라 형식적으로 발생하며, 어음채무의 내용은 오로지 어음상의 기재에 따라 객관적으로 해석한다는 어음객관해석의 원칙이다. 어음유효해석의 원칙은 어음행위는 무효로 해석하기보다는 신의성실의 원칙에 따라 유효로 해석하여야 한다는 원칙이다. 어음소지인 유리해석의 원칙은 어음상의 기재가 다의적이고 그 기재 자체로부터는 그 의미를 하나로 풀이할 수 없는 경우에는 어음소지인은 그 가운데 어떠한 해석이라도 선택하여 어음채무자의 책임을 물을 수 없다는 원칙이다.

例文해석 · 처분문서 예문해석은 부동산임대차 계약 등에서 관용되는 書式, 은행 근저당설정계약서 등 미리 작성한 약관 등에서 일방 당사자에 유리한 조항들은 이른바 '예문'에 지나지 않으며 당사자의 진정한 의사가 없는 한 그러한 문언은 무시한다는 해석이다. 신의칙 내지 조리에 근거한 일정 서식 조항들의 구속력 불인정이다. 처분문서는 어음 등의 유가증권, 계약서 등 같이, 증명 대상이 되는 법률행위, 의사표시 등 처분행위가 그 문서 자체로써 이루어진 것이다. 사문서의 경우 그 진정성립이 증명되면(민사소송법 제357조) 기재내용 대로의 효력을 인정한다. 일단 진실에 부합하는 것으로 추정된다. 하지만 당해 행위의 해석이나 의사흠결 등에는 미치지 않는다(김준호, 『민법강의』(법문사 2015), 237~238면 참조.).

2. 법규범 해석의 방법

2.1 법규범의 유권해석과 입법적 해석으로서의 定義 규정

법규범의 유권해석은 법률요건과 그에 귀속되는 법률효과로 표시되는 가언명제의 중층구조의 법이 갖는 강제규범성 실현의 해석이다. 국가기관인 입법부, 행정부, 사법부 등의 '입법적' 해석, '행정적' 해석, '사법적' 해석 등이 그것이다. 행정적 해석은 국가의 법규의 주무부서인 법제처 특히 민·형사법규, 벌칙 등의 경우에는 법무부 등 행정기관의 해석을 말한다. 사법적 해석은 법원의 판결로 나타난다. 무권無權해석은 법의 강제규범성에 무관하게 임의적 효력의 성격만 인정되는 학리적學理的 해석이다. 입법적 해석은 법문의 자체에서 법문언의 개념·용어 등의 의미를 확정하여 규정하는 정의 조항을 두는 방식의 해석이다. 예컨대, 민법 제98조(물건의 정의) '본법에서 물건이라 함은 유체물 및 전기 기타 관리할 수 있는 자연력을 말한다' 또는 법에서 합의한 민법 제4조(성년) '사람은 19세로 성년에 이르게 된다' 등이다. 定義 규정은 법용어를 동일한 의미 내용을 가진 여러 표식들의 복합체로 재구성하여 그 개념을 정확하게 한정하도록 한다. 정의 조항은 법조문상으로는 법률요건만 존재하고 법률효과는 존재하지 않는 등 중층구조의 가언명제가 아닌 정언명제로 구성되나, 법규 전체의 관점에서는 역시 가언의 법규범 형식을 갖는다.

定義 규정과 기본권 정의 규정은 입법자가 법 외적 전문분야나 학술용어들로 구성한 법문언을 법적으로 의미 있는 개념을 갖도록 한다. '정의 규정'('법 제2조(정의)) 자체는 자유의 제한, 의무의 부과 등을 생기게 할 수 없다(헌재 2008.2.28. 2006헌마1028). 다만, '수혜적 법률'의 정의규정의 적용대상에서 제외·배제된 청구인이 평등권침해를 주장하는 경우 그 정의조항에 대하여 기본권침해의 직접성을 넓게 인정해온 헌법재판소 선례들이 있다(헌재 2016.7.28. 2015헌마236등). 법률이 일정한 행위를 금지하는 금지규정의 수범자를 그 입법취지에 따라 일정한 신분이 있는 사람으로 제한하지 않고 국민일반에 대하여 해당행위를 금지하는 경우, 그 수범자를 '누구든지'라고 일반적으로 규정함이 통상적 입법례이다(헌재 2009.10.29. 2008헌바146).

2.2 법규범의 고전적 해석 – 문리적 논리해석

2.2.1 문리해석

법규범의 전통적인 해석은 문리적 논리해석으로서 이는 법문언의 의미 확정을 위한 일반적인 방식의 고전적 법해석이다. 고전적 법해석은 해석학적 체계 및 논거에 의하여 법문의 보편적 의미에 도달하려는 방법으로서, 문리적 논리해석이 그것이다. 특히 문리해석은 법규의 조문·문언의 축조逐條·주석註釋 등으로 그 통상적·일반적 의미를 구체적으로 명확하게 인식하는, 법해석의 출발점이 된다. 의사표시의 해석은 표시된 문언에 따라 해석함이 원칙이나, 여기서의 문언해석은 당해 조항만이 아니라 이를 포함하는 의사표시 전체의 취지 속에서 당해 조항의 문언이 가지는 의미를 찾아야 하고, 또 그 의사표시를 하게 된 경위와 당시의 상황 및 분위기, 당위성 등을 참작하여 규범적인 해석이 필요한 경우도 있다(대법원 1994.3.25. 93다30242).

문리해석 법령에서 쓰인 용어의 정의규정이 없는 경우 원칙적으로 사전적인 정의 등 일반적으로 받아들여진 의미에 따라야 한다. 국립국어원의 표준국어대사전은 항로를 '항공기가 통행하는 空路'로 정의하여 국어학적 의미의 항로는 空中의 개념을 내포하고 있음이 분명하고 항공기 운항과 관련하여 '항로'가 지상에서의 이동 경로를 가리키는 용어로 쓰인 예를 찾을 수 없다(대법원 2017.12.21. 2015도8335). '당구는 스포츠인가'에 대하여, 공지의 사실이지만, 당구는 당구대臺 위에 당구공을 놓고 당구봉棒:큐-cue으로 이를 쳐서 승부를 가리는 오락娛樂이지만 당구공을 치는 과정에서 헤아릴 수 없이 많이 허리와 양팔을 굽혔다 폈다 하여야 하고 당구대 주변을 빙빙 돌면서 걷게 되어 있어 실내운동의 요소도 아울러 갖추고 있는 것이다. 오락적 요소를 강조한다면 오락이고 운동적 요소를 강조한다면 운동인데…당구는 운동의 일종임이 분명한 것이며…당구에는 약간의 신체운동적 요소와 아울러 경기의 속성상 정신을 집중시키고 성격을 침착하게 하는 기능도 없지 않다"(헌재 1993.5.13. 92헌마80).■

■ 토브욘 블롬달(Torbjorn Blomdahl 1962.10.26.生 스웨덴, 세계3쿠션선수권대회 5회 우승): "스포츠란 누군가와 경쟁하는 모든 경기입니다.. 당구는 머리로 합니다.. 경기계획을 세우고 좋은 포지션 플레이(공을 치기 좋은 위치에 놓이도록 하는 것)를 해야 합니다. 눈과 손은 그렇게 머릿속에서 생각한 것을 실행해줄 뿐이지요. 수많은 시간을 쌓아야 합니다."[71)]

문리해석의 방식은 용어의 일반적 의미를 찾는 과정에서부터 시작한다. '주석해석'의 예를 보면, '結婚'은 '맺을 결'結 '혼인 혼'婚으로 읽는데, 중국 후한 반고의 '백호통'白虎通에 의하면, 婚은 혼시昏時 즉 초저녁에 남자가 여자를 취한다 하는 '장가들 혼'으로 남녀가 부부관계를 맺는다 하는 의미를 갖는 반면, '婚姻'은 '장가들 혼'婚 '시집갈 인'姻의 장가들고 시집간다는 법적 의미로서, 민법 제3장의 '혼인'은 법적 의미로서의 법률혼을 뜻하는 용어다. 자연과학, 기술에서의 토목공학, Civil Engineering의 어원적 의미의 탐색 역시 주석해석의 몫이다. 또한 민법 제1008조의3(분묘 등의 승계) '분묘에 속한 1정보 이내의 금양임야와 600평 이내의 묘토인 농지, 족보와 제구의 소유권은 제사를 주재하는 자가 이를 승계한다.'에서, 금양임야의 금양禁養은 금송배양禁松培養의 준말로 '소나무벌채를 금하고 기른다'의 뜻이며, 묘의 수호를 위한 임야로서 묘산 또는 종중을 일컫는다. 이같이 일반적 의미에서 법적 의미를 탐색해 간다.

혼인, unwed, 토목공학, Civil Engineering, 금양임야와 문리해석의 주석해석 헌법 제36조 '① '혼인'과 가족생활은 개인의 존엄과 양성의 평등을 기초로 성립되고 유지되어야 하며, 국가는 이를 보장한다.'/ 민법 제807조(혼인적령) '만 18세가 된 사람은 '혼인'할 수 있다.'에서의 '婚姻'은 법률혼의 의미이다. 반면, Steve Jobs의 연설(2005 commencement speech for Stanford University, 'You've got to find what you love')) "My biological mother was a young, 'unwed' college graduate student"의 'unwed'는 白虎通에서■ 말하는 婚 즉 자작나무로 불을 밝혀 혼인의 정식의 예를 올렸다는 樺燭의 의미를 지닌 법률혼이 아닌 사실혼의 의미로 해석된다. '토목공학'은 인류 초기부터 존재하여 온 메소포타미아의 지구라트ziggurat 신전,■■ 이집트의 쿠푸 피라미드Khufu's Pyramid,■■■ 중국 만리장성, 로마의 도로 등에서 보듯이, 인간생활의 초석을 만드는 土木■■■■ 일을 총칭한다. Civil Engineering에서■■■■■ civil은 '시민', '민간'의 의미로, 근대도시가 갖춰야 할 시민적 최저기준civil minimum을 뜻하는 '시민공학'이다. 제사주재자가 승계하는 재산에 관한 민법 제1008조의3 중 '금양임야'의 금양임야 조항은 제사용 재산의 유지, 보존 및 이를 둘러싼 권리관계의 안정이라는 입법목적에 비추어 법관이 구체적으로 문제되는 부동산이 이에 해당하는지 여부를 판단하는 데 자의가 개입될 정도로 불명확하다고 볼 수 없으므로, 헌법상 명확성원칙에 위배되지 아니한다(헌재 2012.12.27. 2011헌바155).

■ 백호통, 백호통의白虎通義는 중국 후한後漢 장제章帝의 명에 따라 반고班固가 白虎觀에서 논의된 五經 경의經義를 기록·편찬한 전 4권으로, 당시 통치의 법전으로도 쓰였다. 오경은 易經, 書經, 詩經, 禮記, 春秋 등이다.

■■ 예컨대 메소포타미아의 바벨탑은 바빌론 왕궁에 세워진 에테메난키(Etemenanki 하늘과 땅의 기초인 집)라 불린 지구라트이다.

■■■ 古埃及(고대 이집트) 제4왕조 제2대 파라오pharaoh Khufu(재위 2589-2566BC)가 c.2700BC에 세운 케옵스(Cheops/ki : ɒps/ KEE-ops 쿠푸의 그리스 이름)피라미드, 이집트 수도 카이로 남서쪽 약 13㎞ 기자 사막고원에 있다.

■■■■ 土木은 '築土構木'에서 유래한다. 前漢 회남왕淮南王 유안劉安 저술 『회남자』淮南子 中卷 '십삼범륜훈'十三氾論訓 '古者民澤處復穴 冬日則不勝霜雪霧露 夏日則不勝暑熱蚊虻 聖人乃作 爲之築土構木 以爲室屋 上棟下宇 以蔽風雨 以避寒暑 而百姓安之'.[72)]

■■■■■ 1760년경 영국 존 스미턴John Smeaton이 시민을 위한 공공사업기술자를 군기술자military engineer와 구별하여 시민기술자civil engineer라 썼다.

2.2.2 논리해석

논리해석은 법으로 해결하려는 문제, 법의 추구 목적을 법문이 위치한 전체구조와의 상관관계에서 유기적·체계적으로 탐색하면서 당해 법규의 존재 의의, 제정 목적 등의 객관적 목적과 입법자의 의도인 주관적 목적을 사회통념에 따라 합목적적으로 추정하여 법 문언의 의미를 확정하는 해석이다. 이로써 법률 전체의 규정들의 정확한 개관 없이 어느 한 부분에 관하여 판단을 내림으로써 야기되는 법학의 본질에 어긋나지 않게 된다.[73] 논리해석은 법률을 해석함에 있어서 그 입법의 취지와 목적, 제·개정의 연혁, 법질서 전체와의 조화, 다른 법령과의 관계 등을 고려하는 유기적·체계적 해석의 방법이나, 다만 법문의 문언 자체가 비교적 명확한 개념으로 구성되어 있다면 원칙적으로 이러한 해석 방법은 활용할 필요가 없거나 제한될 수밖에 없다(대법원 2017.12.21. 2015도8335). 즉 문언해석이 우선된다. 특히 죄형법정주의가 적용되는 형벌법규의 해석은 엄격하여야 하고, 문언의 가능한 의미를 벗어나 피고인에게 불리한 방향의 해석은 확장해석금지에 따라 허용되지 아니한다(대법원 2017.12.21. 2015도8335). 객관적 목적해석은 법규의 도그마틱 체계를 따라서 그 역사적·제도적·비교법적 의미를 탐색하여 법문언을 확정짓는 것이다. 주관적 목적해석은 법제정자의 제정 의도 등을 원의原義 해석 등에 의하여 법규의 의미를 탐색하는 논리해석이다.

논리해석과 유기적·체계적 해석 입법목적과 기본이념, 사전적 의미 등을 종합할 때, '위해성이 있는 경우'란 … 생명·신체·재산에 피해를 입거나 입게 될 우려가 있는 경우임을 충분히 알 수 있다"(헌재 2016.3.31. 2015헌바227). (이 사건 법률조항이 허위사실에 대한 확정적 인식을 명시적으로 무고죄 구성요건으로 규정하지 아니한 이상, 미필적 인식을 고의로 인정함은) 형법체계 내에서도 자연스러운 해석이며, 다른 구성요건과의 유기적·체계적 해석을 통하여 국가형벌권의 적용범위는 합리적이고 적정한 수준으로 유지될 수 있다(헌재 2012.7.26. 2011헌바268). 형법 제258조의2 제1항 '위험한 물건'에의 해당 여부는 구체적 사안에서 사회통념에 비추어 그 물건을 사용하면 상대방이나 제3자가 생명 또는 신체에 위험을 느낄 수 있는지 여부에 따라 판단하여야 하는데, (자동차 자체는 살상용, 파괴용 물건이 아닌 점 등을 감안하더라도, 충돌 당시와 같은 상황하에서는 제3자라도 피고인의 자동차와 충돌하면 생명 또는 신체에 살상의 위험을 느꼈을 것이므로, 피고인이) 자동차를 이용하여 상해를 가하고 자동차를 손괴한 행위는 '위험한 물건'을 휴대하여 이루어진 범죄라 봄이 상당함에도, (이와 달리 판단한 원심판결에 법리오해의 위법이 있다)(대법원 2010.10.28. 2010도7997). "단체 또는 다중의 위력을 보이거나 위험한 물건"에 있어서 최루탄과 최루분말은 사회통념에 비추어 상대방이나 제3자로 하여금 생명 또는 신체에 위험을 느낄 수 있도록 하기에 충분한 '위험한 물건'에 해당한다(대법원 2013.6.27. 2013도3983).■

■ 형법 제258조의2 (특수상해) ① 단체 또는 다중의 위력을 보이거나 위험한 물건을 휴대하여 제257조제1항 또는 제2항의 죄를 범한 때…// 폭력행위 등 처벌에 관한 법률 제3조 (집단적 폭행 등) ④ …가중처벌 3. 형법 제258조의2 제1항.

죄형법정주의와 형벌법규의 엄격·문언해석 '땅콩회항'사건(대한항공 전 부사장이 외국공항에서 국내로 출발 예정인 자사여객기에 탑승하였다가, 담당 승무원의 객실서비스 방식에 화가 나 폭언하면서 승무원을 비행기에서 내리도록 하기 위해, 기장으로 하여금 계류장의 탑승교에서 분리되어 푸시백(Pushback, 계류장의 항공기를 차량으로 밀어 유도로까지 옮기는 것)중이던 비행기를 다시 탑승구 쪽으로 돌아가게 함으로써 위력으로 운항 중인 항공기의 항로를 변경하게 하였다 하여 항공보안법 위반으로 기소된 사안)의 쟁점인 항공기의 지상이동경로는 항로에 포함되는 가에 대해서, 대법원은(제1심 유죄, 항소심 무죄) 푸시백 중이던 비행기를 탑승구로 돌아가게 한 행위는 항공기의 항로변경에 해당하지 아니한다 하여, 무죄를 선고하였다. 항로가 공중의 개념을 내포한 말이고, 입법자가 그 말뜻을 사전적 정의보다 넓은 의미로 사용하였다 볼 자료가 없고(항공보안법 제2조 제1호는 '운항 중'을 '승객이 탑승한 후 항공기의 모든 문이 닫힌 때로부터 내리기 위하여 문을 열 때까지'로 정의하였으나 '항로'가 무엇인지에 관하여 정의한 규정은 없다. 본죄의 객체는 '운항 중'의 항공기이다. 그러나 위계 또는 위력으로 변경할 대상인 '항로'는 별개의 구성요건요소로서 그 자체로 죄형법정주의 원칙에 부합하게 해석해야 할 대상이 된다), 지상의 항공기가 이동할 때 '운항 중'이 된다는 이유만으로 그때 다니는 지상의 길까지 '항로'로 해석함은 문언의 가능한 의미를 벗어나며(국제협약(도쿄 협약, 헤이그 협약, 몬트리올 협약)의 어느 것도 지상의 항공기 경로를 변경하는 행위를 항공기 대상 범죄로 언급하지 않는다), 처벌필요성만으로 죄형법정주의 원칙을 후퇴시켜서는 아니 된다(업무방해죄 내지 직무집행방해죄 등에 해당할 수 있어 처벌의 공백이 생기는 것도 아니다. 입법자의 처벌의도가 있었다면, 지상의 길이라는 뜻이 없는 항로 대신 다른 용어를 사용하거나 명확한 정의규정을 두었을 것이다)(대법원 2017.12.21. 2015도8335).

객관적 목적 해석과 법 도그마틱 체계, 주관적 목적 해석과 법제정자의 제정의도 객관적 목적해석에 의거할 때, 형법 제370조 경계침범죄에 비하여 제329조 절도죄의 재물에 부동산은 포함되지 않으나, 반면 제347조 사기죄에는 부동산이 포함되며, 제246조 도박죄는 재물뿐 아니라 재산상 이익도 포함되는 것으로 해석한다. 또한 형법 제258조의2 '휴대하여'란 범행현장에서 그 범행에 사용하려는 의도 아래 흉기를 소지하거나 몸에 지니는 경우이지, 그 범행과는 전혀 무관하게 우연히 이를 소지하게 된 경우를 포함하는 것은 아니다(헌재 2015.9.24. 2014헌가1).■ 주관적 목적해석에 관련하여, 헌법재판소는 국회 본회의 회의록 등을 검토하여, 현행 헌법 제27조 제2항과 같은 헌법개정안을 의결한 국회와 이를 확정한 헌법개정권력자인 국민은 헌법 제27조 제2항이 규정한 '군용물에 관한 죄'의 범위에 '군사시설에 관한 죄'를 포함하지 않았다는 점을 밝혔다(헌재 2013.11.28. 2012헌가10). 대법원은, (구 항공법에서는 항로를 '항공로'의 뜻으로 사용하였고, 항공안전법은 항공로를 '국토교통부장관이 항공기 등의 항행에 적합하다고 지정한 지구의 표면상에 표시한 공간의 길'로 규정하여, 결국 항공기가 비행하면서 다녀야 항공로가 될 수 있으며), 입법자도 항로를 공중의 개념을 내포한 단어로 인식하였다고 볼 수 있다. 반면, 입법자가 유달리 본죄 처벌규정에서만 '항로'를 통상의 의미와 달리 지상에서의 이동경로까지 포함하는 뜻으로 사용하였다 볼 만한 입법자료는 찾을 수 없다(구 항공기운항안전법 제정과정에서 법률안심사를 위해 열린 1974.11.26. 국회법제사법위원회 회의록은, 본죄 처벌규정에는 아무런 논의가 없어서 '항로'의 의미를 알 수 있는 직접적 단서가 되기 어렵다. 다만 제안이유에 관한 설명을 보면, 민간항공기에 대한 범죄 억제를 위한 국제협약에 우리나라가 가입한 데 따른 협력의무이행으로 범죄행위자에 대한 가중처벌규정 등을 위해 구 항공기운항안전법이 제정된 것임을 알 수 있다)(대법원 2017.12.21. 2015도8335).

■ 형법 제370조(경계침범) 경계표를 손괴, 이동 또는 제거하거나 기타 방법으로 토지의 경계를 인식 불능하게 한 자는…/제329조(절도) 타인의 재물을 절취한 자는…/ 제347조(사기) ① 사람을 기망하여 재물의 교부를 받거나 재산상의 이익을 취득한 자는…/ 제246조(도박, 상습도박) ① 도박을 한 사람은…/ 제258조의2(특수상해) ① 단체 또는 다중의 위력을 보이거나 위험한 물건을 휴대하여 제257조제1항 또는 제2항의 죄를 범한 때에는…/ 제257조(상해, 존속상해) ① 사람의 신체를 상해한 자는…

2.2.3 물론 · 반대 · 축소 · 확장해석

'물론勿論해석'은 법조문이 조문 · 문언의 통상적 의미에서 보아 당연히 그러할 것이라 하는 해석이다. '반대해석'은 유사한 사실관계에 대해서 한쪽만 규정이 있는 경우 다른 쪽에 대해서는 그 반대의 결과를 眞으로서 인정하는 해석이다. '축소해석'은 법문언의 사전적 의미 · 개념의 제한 해석이다. '확장해석'은 법문언의 사전적 의미 · 개념의 확대해석이다. 다만 법문언의 사전적 의미의 확장해석이 유기적 · 체계적인 합리적 의미를 넘는다면 확장해석의 한계를 넘어서 허용되지 않는다. 특히 유추해석에 이르지 않아야 법 문언의 합리적 보충이라는 해석의 취지에 맞는다.

물론해석, 반대해석 민법 제832조 '부부의 일방이 일상의 가사에 관하여 제3자와 법률행위를 한 때에는 다른 일방은 이로 인한 채무에 대하여 연대책임이 있다. 그러나 이미 제3자에 대하여 다른 일방의 책임 없음을 명시한 때에는 그러하지 아니하다.' 함의 물론해석은, 일상가사日常家事에 해당되지 않으면 가사로 인한 채무의 부부간 연대채무는 지지 않는다는 것이다. 따라서 제399조 제1항(손해배상의 범위; 채무불이행으로 인한 손해배상은 통상의 손해를 그 한도로 한다./ ② 특별한 사정으로 인한 손해는 채무자가 그 사정을 알았거나 알 수 있었을 때에 한하여 배상의 책임이 있다)도 적용되지 않는다. 형법 제9조 '14세되지 아니한 자의 행위는 벌하지 아니한다.' 함의 반대해석은 14세된 자의 범죄행위는 벌한다는 것이다. 법에 규정된 '증여'가 무상에 의한 모든 이전행위를 의미하면, 이와 병렬적으로 규정된 '매각'은 유상의 모든 이전행위를 의미하게 된다(심판대상조항규정의 '직접 사용'이나 '매각'의 의미는 취득세 등 감면의 입법취지, 지방세법상 추징조항들의 입법연혁과 취지, 관련법규범 의미내용을 종합적으로 고려하여 판단하여야 하는 점 등을 종합하면, 그 의미내용이 불명확하다 볼 수 없어 과세요건명확주의에 위반되지 아니한다)(헌재 2018.1.25. 2015헌바277).

축소해석, 확장해석 축소해석으로서, 형법 제329조(타인의 재물을 절취한 자) 절도죄의 객체인 타인의 '재물'에 부동산은 포함시키지 않는다. 확장해석으로서, 형법 제257조(사람의 신체를 상해한 자) 상해죄의 객체인 사람의 '신체'에 여성의 머리카락 두발頭髮을 포함시키는 것, 형법 제315조 입찰방해죄(위계 또는 위력 기타 방법으로 경매 또는 입찰의 공정을 해한 자)(입찰 경쟁계약에서 경쟁에 참가한 다수인으로 하여금 문서로써 계약의 내용을 표시하게 하여 가장 유리한 청약자가 상대방이 되는 계약 체결)에 최저가 낙찰이 아닌 협상에 의한 계약체결의 경우도 포함하는 것으로 해석하는 것이다(헌재 2014.3.27. 2011헌바126). 문언의 합리적 의미를 넘은 제한사유의 확장해석은 허용되지 않고(대법원 2009.6.11. 2009두4265) 조항의 문언, 입법취지, 입법연혁 등을 종합하여(헌재 2003.10.30 2001헌마700등 참조)(의료기관의 시설 또는 부지의 일부를 분할 · 변경 또는 改修하는 약국 개설 등록은 받지 않는다는 조항은 헌법상 보장된 영업의 자유, 재산권 행사를 제한하는 결과를 초래하는 점에서 '종전에 의료기관으로 사용되던 건물이나 터의 일부를 그 형태를 바꾸어 약국을 개설함으로써 의료기관과 약국 사이에 담합의 가능성이 높다고 인정되는 경우'에 약국개설등록을 받지 않도록 하는 조항으로 해석하여도 수범자 입장에서 이 조항에 해당하는 행위가 무엇인지 예측할 수 있고, 법집행자도 심판대상조항을 차별적 · 자의적으로 해석할 여지가 없으므로 명확성원칙에 위배되지 않는 등으로) 확장해석은 허용되지 않는다(헌재 2018.2.22. 2016헌바401; 2003.10.30. 2001헌마700등).

2.3 법규범의 유추해석과 준용

2.3.1 유추해석

유추해석은 법령에 명문상 규정된 사실관계와 외형적 공통성이나 법목적 등의 원리적 공통성 등의 요소가 있다 하면서 법령규정에서 정함이 없는 사실에 명문규정을 추리 · 확충하여 적용하는 것이다. 유추해석이 법률조항의 불명확한 의미를 논리적 · 체계적 해석을 통한 합리적 보충에서 벗어나게 되면 해석으로 새로운 법률상 근거를 만들어 내는 사실상의 입법이 되어서 해석의 한계를 벗어난다. 민법 제7장 유치권, 제8장 質權은 제9장 저당권과 함께 담보물권의 하나이지만, 유치권에만 있는 규정('피담보채권의 소멸시효'를 정한 민법 제326조 '유치권의 행사는 채권의 소멸시효의 진행에 영향을 미치지 아니한다.')을 질권(질권에는 민법 제326조 같은 소멸시효 관련규정이 없다)에 확장적용함은 유추해석이 되어 금지된다. 반면 채무불이행으로 인한 손해배상의 범위를 정한 민법 제393조를 제763조 불법행위로 인한 손해배상범위에 준용함은 가능하다

(제763조(준용규정) 제393조, 제394조, 제396조, 제399조의 규정은 불법행위로 인한 손해배상에 준용).

2.3.2 준 용

준용은 유사한 사실관계에 유사한 법규를 적용하도록 법에서 정하는 해석원칙이다. 그러므로 법흠결시 '같은 것은 같게 다룬다' 하는, 흠결을 보충하는 방식의 유추해석은 준용이라 할 여지가 크다. 헌법 제107조 제3항 '재판의 전심절차로서 행정심판을 할 수 있다. 행정심판의 절차는 법률로 정하되, 사법절차가 준용되어야 한다' 함은 준용의 규정을 둔 것이다. 입법자가 어떤 행정심판을 필요적 전심절차로 규정하면서도 그 절차에 사법절차가 준용되지 않는다면 헌법 제107조 제3항, 재판청구권을 보장하는 제27조에 위반되며, 헌법은 사법절차가 준용될 것만 요구하나 판단기관의 독립성과 공정성, 대심적 심리구조, 당사자의 절차적 권리보장 등의 면에서 사법절차의 본질적 요소를 현저히 결여하고 있다면 준용의 요청에 위반된다(헌재 2001.6.28. 2000헌바30).

2.3.3 유추해석의 원칙적 금지와 예외적 허용

유추해석*analogy*은 법률이 부존재하여 형벌부과나 과세근거가 없음에도 법률해석을 통하여 이를 적용함은 법률해석의 한계를 벗어나는 법창설행위가 되어 원칙적으로 절대적 금지가 된다. 기존에는 존재하였으나 실효되어 더 이상 존재한다고 볼 수 없는 법률조항을 유효하다고 해석하는 경우에도 그러하다. 이는 일종의 입법행위로서 헌법상 권력분립원칙 · 죄형법정주의 · 조세법률주의 원칙에 반한다. 구체적 타당성을 이유로 법률에 대한 유추해석을 예외적으로 인정한다든지 보충적 해석을 행하는 경우에도, 이는 유효한 법률조항을 대상으로 할 수 있는 것이지, 이미 실효된 법률조항은 그 대상이 될 수 없다(헌재 2012.5.31. 2009헌바123등). 유추해석은 예외적으로 엄격한 제한 하에서만 인정된다. 예컨대 죄형법정주의가 엄격하게 적용되는 형벌법규에서 행위자에 불이익한 유추적용은 허용되지 않으나, '피고인에게 유리한 유추해석'*analogia in bonam partem*은 죄형법정주의에 반하지 않는다 한다. 하지만, 확장해석과 유추해석의 질적 구분이 명료한 것은 아니다.[74] 그 점에서는 법문언 명확성의 법치주의 형식원리로 접근하여야 할 문제가 된다.

유기적 · 체계적 확장해석과 유추해석 형법 제258조의2 제1항(특수상해, 단체 또는 다중의 위력을 보이거나 위험한 물건을 휴대하여 제257조제1항 또는 제2항의 죄를 범한 때… 및 '폭력행위 등 처벌에 관한 법률' 제3조(집단적 폭행 등) 제4항 …가중처벌 제3호 형법 제258조의2 제1항)의 '위험한 물건'은 구체적 사안에서(그 물건을 사용하면 상대방이나 제3자가 생명 또는 신체에 위험을 느낄 수 있는지 여부의) 사회통념에 비추어, 자동차 자체는 살상용, 파괴용 물건이 아닌 점 등을 감안하더라도, (충돌 당시와 같은 상황하에서는 제3자라도 피고인의 자동차와 충돌하면 생명 또는 신체에 살상의 위험을 느꼈을 것이므로, 피고인이)자동차를 이용하여 상해를 가하고 자동차를 손괴한 행위는 '위험한 물건'을 휴대하여 이루어진 범죄라 봄이 상당하다(대법원 2010.10.28. 2010도7997).

3. 법문언 합의

3.1 법문언 합의와 선의 · 악의

법문언의 합의는 사실관계 확정을 위하여 법문언의 의미를 미리 일정하게 합의하여 정하는 해석이다. 예컨대 '선의'는 어떤 사정을 알지 못하는 것, '악의'는 이를 알고 있는 것 등으로 합의하는 것이다. 당사자의 선의, 악의 여하에 따라 그에 귀속되는 법률효과가 달라진다. 특히 입증책임에 있어서 그러하다. '알았거나 알 수 있었을 때'에서 '알았거나' 함이란 그 사정을 안 것인 점에서 악의이며, '알 수 있었을 때'는 그 사정을 모른다 하는 선의라도 사회생활상 필요한 주의를 하지 않아 과실로 모르게 된 경우로, 악의와 같게 취급한다.

선의 · 악의, 알았거나 알 수 있었을 때 민법 제108조(통정한 허위의 의사표시) 제1항 '상대방과 통정한 허위의 의사표시는 무효로 한다.', 제2항 '전항의 의사표시의 무효는 선의의 제3자에게 대항하지 못한다' 함의 '선의의 제3자'는 통정한 허위의 의사표시임을 모르는 제3자이다. 제840조(재판상 이혼원인) '부부의 일방은 다음 각호의 사유가 있는 경우에는 가정법원에 이혼을 청구할 수 있다.' 제2호 '배우자가 악의로 다른 일방을 유기한 때'는 유기의 사실을 알고 행위 한 것이다. 민법 제107조(진의 아닌 의사표시) 제1항 '의사표시는 표의자가 진의 아님을 알고 한 것이라도 그 효력이 있다. 그러나 상대방이 표의자의 진의 아님을 알았거나 이를 알 수 있었을 경우에는 무효로 한다' 함은 표의자의 의사표시가 진의 아님을 모른 선의였어도 필요한 주의의무를 하지 않아 진의 아님을 모른 경우다. 알았거나 알 수 있었을 때에 관하여, 민법 제110조(사기, 강박에 의한 의사표시) ① 사기나 강박에 의한 의사표시는 취소할 수 있다. ② 상대방있는 의사표시에 관하여 제3자가 사기나 강박을 행한 경우에는 상대방이 그 사실을 알았거나 알 수 있었을 경우에 한하여 그 의사표시를 취소할 수 있다. ③ 전2항의 의사표시의 취소는 선의의 제3자에게 대항하지 못한다.

3.2 제3자 · 대항하지 못한다 · 하여야 한다 등

'제3자'는 원칙적으로 당사자 이외의 모든 자이다. 다만, 제한되기도 한다. 민법 제364조 '제삼취득자의 변제'에서의 '제3자'는 '저당부동산에 대하여 소유권, 지상권 또는 전세권을 취득한 자'에 한정한다. 다음으로 '대항하지 못한다' 함은 당사자간에 발생한 법률관계를 당해 당사자가 제3자에 대하여 주장하지 못한다는 것이다. 이는 선의의 제3자를 보호하여 거래의 안전을 도모하는 취지이므로 제3자가 그 효력을 인정하는 것은 관계치 않는다. 이 밖에 '하여야 한다'는 의무이며, '할 수 있다', '할 수 없다' 함은 재량에 의한 임의에 맡겨져 있는 사항을 말한다.

▌제3자 · 대항하지 못한다 · 하여야 한다 등▐ 민법 제129조(대리권소멸후의 표현대리) 대리권의 소멸은 선의의 제3자에게 대항하지 못한다. 그러나 제3자가 과실로 인하여 그 사실을 알지 못한 때에는 그러하지 아니하다. 제364조(제3취득자의 변제) 저당부동산에 대하여 소유권, 지상권 또는 전세권을 취득한 제3자는 저당권자에게 그 부동산으로 담보된 채권을 변제하고 저당권의 소멸을 청구할 수 있다. 제8조(영업의 허락) ① 미성년자가 법정대리인으로부터 허락을 얻은 특정한 영업에 관하여는 성년자와 동일한 행위능력이 있다. ② 법정대리인은 전항의 허락을 취소 또는 제한할 수 있다. 그러나 선의의 제3자에게 대항하지 못한다. 제108조(통정한 허위의 의사표시) ① 상대방과 통정한 허위의 의사표시는 무효로 한다. ② 전항의 의사표시의 무효는 선의의 제3자에게 대항하지 못한다. 제2조(신의성실) ① 권리의 행사와 의무의 이행은 신의에 좇아 성실히 하여야 한다. 제146조(취소권의 소멸) 취소권은 추인할 수 있는 날로부터 3년내에 법률행위를 한 날로부터 10년내에 행사하여야 한다. 제10조(피성년후견인의 행위와 취소) ① 피성년후견인의 법률행위는 취소할 수 있다. ④ 제1항에도 불구하고 일용품의 구입 등 일상생활에 필요하고 그 대가가 과도하지 아니한 법률행위는 성년후견인이 취소할 수 없다. 제140조(법률행위의 취소권자) 취소할 수 있는 법률행위는 제한능력자, 착오로 인하거나 사기 · 강박에 의하여 의사표시를 한 자, 그의 대리인 또는 승계인만이 취소할 수 있다.

3.3 추정 · 간주 · 의제

3.3.1 추 정

'추정'은 사실관계입증이 증거로 결정되기 곤란한 상황에서 당해 사실 · 법률관계 등의 존재 · 부존재 등을 가정하는 것이다. 추정은 이를 다투는 자가 그 입증책임에 의하여 반대의 증거를 제출하여 깨뜨릴 수 있다. 민법 제200조(권리의 적법의 추정) '점유자가 점유물에 대하여 행사하는 권리는 적법하게 보유한 것으로 추정한다' 함의 '추정'이 그것이다(유사한 규정은 민법 제198조(점유계속의 추정) 전후양시에 점유한 사실이 있는 때에는 그 점유는 계속한 것으로 추정한다. 제830조(특유재산과 귀속불명재산) ① 부부의 일방이 혼인전부터 가진 고유재산과 혼인중 자기의 명의로 취득한 재산은 그 특유재산으로 한다. ② 부부의 누구에게 속한 것인지 분명하지 아니한 재산은 부부의 공유로 추정한다). 다만 민법 제844조(부의 친생자의 추정) '① 처가 혼인 중에 포태한 자는 부의 자로 추정한다' 하는 '夫의 子'로의 추정은, 일반적 추정과 달리 강한 효과가 인정되어, 반대의 증거 제출만으로 깨어지는 것이 아니라 제846조(자의 친생부인) '부부의 일방은 제844조의 경우에 그 자가 친생자임을 부인하는 소를 제기할 수 있다' 하는 親生否認의 訴에 의하여, 夫가 친생부인의 소를 제기하여 승소판결을 받아야 추정이 깨어지는 특별한 절차가 규정되었다.

친생부인의 소, 부의 친생자 추정 親生否認의 訴 제기기간(민법 제847조 제2항(구 조항))은 '1년 내에'라는 짧은 기간이어서 인간의 존엄과 가치에 기초하는 헌법 제36조 제1항 혼인과 가족생활의 권리에 위반된다는 위헌결정으로(헌재 1997.3.27. 95헌가14등), '2년 내에'로 개정하였다. 父의 親生子 推定을 정한 제844조 제2항 '혼인관계종료의 날로부터 300일 내에 출생한 자' 부분도 헌법불합치 결정으로 입법자가 개정할 때까지만 적용되는 것으로 하였다(헌재 2015.4.30. 2013헌마623).■

■ 민법 제847조(친생부인의 소) ① 親生否認의 訴는 夫 또는 妻가 다른 일방 또는 子를 상대로 하여 그 사유가 있음을 안 날부터 이를 제기하여야 한다. ② 제1항의 경우에 상대방이 될 자가 모두 사망한 때에는 그 사망을 안 날부터 2년내에 검사를 상대로 하여 친생부인의 소를 제기할 수 있다. 제844조(부의 친생자의 추정) ② 혼인성립의 날로부터 2백일후 또는 혼인관계종료의 날로부터 3백일내에 출생한 자는 혼인중에 포태한 것으로 추정한다.

3.3.2 간 주

'간주'는 사실 여하를 불문하고 그렇다고 보는 것이다. 즉 민법 제141조(취소의 효과) '취소된 법률행위는 처음부터 무효인 것으로 본다' 함의 '본다' 즉 간주 규정은 당해 법률요건에 정해진 효력을 당연히 생기게 한다. 또한 예컨대, 민법 제28조(실종선고의 효과) '실종선고를 받은 자는 전조의 기간이 만료한 때에 사망한 것으로 본다' 함의 간주에 해당하는 실종선고를 다투는 자는 반대사실의 입증만으로는 이를 깨뜨리지 못하며(민법 제29조 실종자의 생존한 사실 또는 전조의 규정과 상이한 때에 사망한 사실의 증명이 있으면 법원은 본인, 이해관계인 또는 검사의 청구에 의하여 실종선고를 취소하여야 한다. 그러나 실종선고후 그 취소전에 선의로 한 행위의 효력에 영향을 미치지 아니한다), 민법 등의 법률에서 이를 깨뜨리려면 법원의 실종선고 취소가 있어야 한다.

3.3.3 의 제

'의제'擬制는 간주에 속하나, (특히 그렇지 않더라도 그렇다고 보는 것 즉)본질이 같지 않은 것을 일정 법률의 취급에서 같은 것으로 보고 동일한 법률상 효과를 부여하는 것이다.

의제규정과 민사법규, 형벌법규 민법 제1026조 제2호가 일정기간(상속인이 상속개시 있음을 안 날로부터 3월내에 단순승인이나 한정승인 또는 포기를 할 수 있고, 가정법원은 이해관계인이나 검사의 신청에 의하여 그 기간을 연장할 수 있다(민법 제1019조 제1항, 제2항)) 내에 한정승인이나 포기를 하지 않으면 상속의 단순승인 의제는위헌이다(헌법 제23조 제1항, 사적자치권을 보장한 헌법 제10조 위반)(헌재 1998.8.27. 96헌가22등). 의제조항의 입법형식을 취하여 생명보험금을 상속재산으로 의제하였어도 과세형평과 실질과세원칙의 실현을 위한 것이면 납세의무자의 재산권 침해가 아니다(피상속인이 실질적으로 보험료를 지불하고 그의 사망을 원인으로 일시에 무상으로 수취하는 생명보험금은, 유족의 생활보장을 목적으로 피상속인의 소득능력을 보충하는 금융자산의 성격도 지니는 등 경제적 실질에서는 민법상 상속재산과 다를 바 없기에, 단순히 조세회피방지만을 목적으로 한 행정편의주의적 입법이라기보다는, 법률상 형식과 경제적 실질이 서로 부합하지 않는 경우에 그 경제적 실질을 추구하여 그에 과세하여, 인위적인 상속세 회피를 방지하기 위한 것이다)(헌재 2009.11.26. 2007헌바137). 형벌법규는 죄형법정주의 원칙상 유추해석으로 법문의 의미를 벗어날 수 없기에, 법령에 기하여 공무에 종사한다는 이유로 공무원 의제규정이 없는 私人을 이 사건 법률조항의 '공무원'에 포함된다고 한 해석은 처벌필요성만 지나치게 강조하여 범죄와 형벌에 대한 규정이 없음에도 구성요건을 확대한 것으로 죄형법정주의에 위배되어 헌법에 위반된다(형벌법규에서 독자적인 공무원 개념을 사용하려면 법률에 명시함이 일반적 입법례임에도, 법원은, 국가공무원법이나 지방공무원법에 따른 공무원이 아니고, 다른 법률에 의해 공무원으로 간주되지 않음에도, 구 형법은 제정 당시 공무원 개념규정을 두지 않았으므로, 국가공무원법 · 지방공무원법에 의한 공무원이 아니더라도 국가나 지방자치단체의 사무에 관여하거나 공공성이 높은 직무를 담당하여 청렴성과 직무의 불가매수성이 요구되는 경우에, 개별 법률에 '공무원 의제' 조항을 두어 공무원과 마찬가지로 뇌물죄로 처벌하거나 특별규정을 두어 처벌하고, 이 같은 규정이 없는 경우에도 형법 제357조 제1항 배임수재죄 구성요건에 해당되는 경우에는 형사처벌이 될 수 있는 것으로 보았다)(헌재 2012.12.27. 2011헌바117).

[三] 헌법규범의 해석

1. 헌법해석의 방식

1.1 고전적 헌법해석

헌법해석은 실정헌법*Verfassungsrecht*을 헌법*Verfassung*으로서 인식 · 이해하여 그 규범적 의미를 확정하여 헌법을 실현하는 것이다. 고전적 헌법해석은, 법률의 해석과 같이, 헌법의 조문 · 문언을 확장확대, 축소제한, 물론勿論, 반대, 유추, 準用하는 등으로 축조逐條 · 주석註釋하는 '문리' 해석을 기초로 이에 더하여 헌법의 법도그마틱*Rechtsdogmatik* 해석공식, 역사 · 연혁, 제도 · 비교 등으로 헌법을 인식하는 '객관적' 해석, 헌법제정자 원의原義를 인식하는 '주관적' 해석 등의 전통적 헌법해석이다.

'주관' 해석과 原典 해석*originalism* 헌법재판소는, 국회 본회의 회의록 등을 검토하여, 현행 헌법 제27조 제2항과 같은 헌법개정안을 의결한 국회와 이를 확정한 헌법개정권력자인 국민은 (위 헌법조항 '군용물에 관한 죄'의 범위에 '군사시설에 관한 죄'를 포함하지 않았다)(헌재 2013.11.28. 2012헌가10) 하였다. 미연방대법원은 헌법의 '주관' 해석의 원전으로서, 미합중국 國父*founding fathers*의 연방헌법 제정의 原義를 알렉산더 해밀턴(Alexander Hamilton 1755/57.1.11.~1804.7.12.), 제임스 매디슨(James Madison 1751.3.16.~1836.6.28.), 존 제이(John Jay 1745.12.12.~1829.5.15.) 등이 풀이한(1787.10.~1788.8. 85개 신문연재논설) '연방주의자논고'*Federalist Papers*에서 고유하게 원용하고 있다.

1.2 고유한 헌법해석 – 헌법실현적 해석과 헌법의 체계정당성

고유한 헌법해석은 헌정의 현실도 해석의 영역에 포함하여 헌법의 정치성 · 개방성의 특성에 상응하도록 헌법조문을 보충 · 구체화 하여 헌법의 통일성 즉 체계정당성을 도모하는 헌법실현적 해석이다(헌재 2013.3.21. 2010헌바70등). 상충하는 기본권이 헌정현실을 실재적으로 조화하여 최대한 기능 · 효력이 발휘할 수 있도록 과잉금지에 따른 규범조화적 해석(학부모 등 국민의 알 권리에 대한 교원의 개인정보 자기결정권의 충돌(헌재 2011.12.29. 2010헌마293)) 또는 충돌하는 헌법규정의 배타적 · 택일적 취사로 하나의 해석의 선택 외의 다른 가치를 제한하는 이익형량적 해석(의심스러우면 자유에 유리하게 in dubio pro libertate 헌재 1991.7.22. 89헌가106) 등은 헌법의 체계정당성(헌재 2015.7.30. 2013헌바120)을 유지케 한다. 헌법의 체계정당성은 헌법의 규범구조나 내용, 규범의 근거원칙 면에서 상호 배치되거나 모순되지 않도록 하는 입법체계의 정당성이다(헌재 2004.11.25. 2002헌바66 체계정당성 위반이 바로 헌법위반이 되는 것이 아니라 비례원칙이나 평등원칙 위반의 징후가 된다).

1.3 규범관점적 헌법해석

고전적 헌법해석, 고유한 헌법해석 등은 성문헌법을 기준으로 삼는 규범기반적 해석이다. 반면, 규범관점적 헌법해석은 성문헌법을 헌정현실의 귀납적 정당화 조건을 이루는 여러 관점들topoi의 하나topos로 본다. 이는 헌법을 기반으로 해석하는 한계를 넘어, 해석을 빙자한 헌법의 제정 또는 개정 또는 입법이 되어, 주권과 권력분립의 한계를 일탈하여 입헌주의국가의 법치국가적 안정성을 해한다.

토포스해석의 함정 헌법해석이 해석학적 논증의 순환논법에서 빠져 나오기 위하여, 문제된 사안에 직접 대면하는 해석방식이 문제변증법의 Topoi적 해석의 방식이지만, 반면, 해석자가 만족할 때까지의 경험법칙에 따르는 것이든지 또는 사회윤리적이거나 사회의 지배적 법감정에 맞추는 당파적 이익에의 가능성이 상존하여 법해석의 본질이 포기될 수 있다. 유효한 법률조항의 불명확한 의미를 논리적 · 체계적 해석을 통해 합리적으로 보충하는 데에서 더 나아가, 해석을 통하여 전혀 새로운 법률상 근거를 만들어 내는 등으로 해석된다면, 이는 법률해석의 한계를 벗어나 일종의 입법행위가 되기에 헌법상 권력분립원칙, 죄형법정주의, 조세법률주의 원칙에 반하는 것이다(헌재 2012.5.31. 2009헌바123).

2. 헌법합치적 (법률)해석

2.1 합헌적 법률해석과 법률의 헌법합치적 해석

헌법합치적 해석은 법률에 일응 위헌의 의심이 있더라도 다의적 해석의 여지가 있는 경우에 헌법을 최고규범으로 하는 법질서의 통일적 형성을 위하여 행하는 법률의 헌법합치적 해석이다(헌재 1989.7.14. 88헌가5등; 대법원 1992.5.8. 91부8). 이는 법률의 내용 · 효력을 전체로서의 헌법에 합치하는 의미와 목적에 가깝게 해석할 수 있도록 제한 · 보충하여 합헌적으로 해석한다 하는 법리이다(헌재 1989.7.21. 89헌마3; Ogden. v. Saunder, 2 U.S. 213(1827)). 그러므로 법률의 헌법합치적 해석은 법률과 헌법 문언 각각의 객관적 의미를 넘지 않아야 입법권 침해가 되지 않고 권력분립에 합치하며 '헌법의 법률합치적' 해석으로 변질되지도 않는다.[75)]

2.2 헌법정향적 해석

헌법정향적定向的 해석은 법률의 해석 · 적용은 헌법의 이념 · 원리를 존중한다는 법률해석의 일반적 방식이다. 그 점에서, 법률이 위헌 · 합헌 등의 다의적 해석의 여지가 있는 경우에 가능하면 당해 법률의 효력을 유지한다는 헌법합치적 해석과 다르다. 합헌적 법률해석은 시행중인 현재 효력 있는 법률은 가능하면 합헌으로서 존중된다는 법률의 추정효推定效 및 국민의 법치국가적 신뢰보호 등을 위하여 법률을 합헌으로 해석하는 특정한 해석의 방식이다(헌재 1990.4.2. 89헌가113).

2.3 규범통제적 법률해석

규범통제적 법률해석은 법률의 헌법 합치 여부의 심사에 있어서, 저촉규범으로서의 헌법에 반하면 그 효력을 상실시키도록 하는 해석이다. 그 점에서 헌법을 법률 해석의 준칙으로 삼아서 가능하면 헌법에 합치하도록 해석하여 법률의 효력을 유지하도록 하는 합헌적 법률해석과 구분된다. 규범통제적 법률해석은 법률보다 상위 규범인 헌법의 효력을 유지하려는 것이다. 그 점에서 법률의 효력을 유지하려는 헌법합치적 해석보다 상위의 원리가 된다.

3. 헌법합치적 (법률)해석과 변형결정

헌법재판소의 규범통제적 법률해석에 의한 법률의 위헌 · 합헌 등 정형결정에서 위헌으로 결정된 법률은 폐지무효가 되어 그 효력을 상실한다. 반면 헌법합치적 법률해석에 의하여, 당해 법률이 위헌이라 하면서도 그 효력을 상실시키지 아니하고 유지시키는, 이른바 합헌적 해석에 따르는 변형결정의 형식도 취한다. 질적 일부위헌결정에 속하는 한정합헌, 한정위헌결정 등이 그러하다. 이들 변형결정은 법률이 위헌임에도, 특정의 해석가능성은 적용 · 포함 · 제외한다는 헌법합치적 해석을 하여 당해 법률의 효력을 유지하려는 결정이다(헌재 2012.5.31. 2009헌바123; 1992.6.26. 90헌가23). 헌법불합치결정은 법률도 위헌이고 효력도 무효인 변형결정이나 무효차단효遮斷效를 인정할 뿐이다(헌법불합치결정은 지금 위헌이며, 독일의 입법촉구결정은 아직은 합헌이라 하는 합헌적 법률해석에 의한 법률의 효력유지결정이다)(헌재 1989.9.8. 88헌가6; 1991.3.11. 91헌마21; 1994.7.29. 92헌바49등).

한정합헌, 조건부위헌결정 한정합헌결정은 '국가의 존립 · 안전이나 자유민주적 기본질서에 실질적 해악을 줄 명백한 위험성이 있는 경우에만 처벌되는 것으로 축소해석하는 한 헌법에 위배되지 아니한다'(헌재 1990.6.25. 90헌가11), 조건부위헌결정은 법률을 확대해석하여 효력을 상실케 하나[정당추천후보자에만 합동연설회 이외에 정당연설회를 가질 수 있도록 한 국회의원선거법 제55조의3은 정당추천후보자와 무소속후보자를 차별하여 평등의 원칙에 반한다(헌재 1992.3.13. 92헌마37)], 이 결정 이후 한정합헌결정으로 정리되었다.

한정위헌, 질적일부위헌결정 한정위헌결정은 "'기타 이와 유사한 것' 등에 '정보통신망을 이용하여 인터넷 홈페이지 또는 그 게시판 · 대화방 등에 글이나 동영상 등 정보를 게시하거나 전자우편을 전송하는 방법'이 포함되는 것으로 해석하는 한 헌법에 위반된다."(헌재 2011.12.29. 2007헌마1001 등) 등 한정하는 위헌결정이다. 질적일부위헌결정은 다의적 적용가능성에서 특정 경우를 제외하여 법률의 효력을 유지하는 결정(헌재 1991.5.13. 89헌가97; 1991.4.1. 89헌마160) 이후 한정위헌결정으로 통일되었다. 법원이 심판청구인으로서 '이와 같이 해석하면 위헌'이라는 식의 한정위헌청구를 할 수 있느냐에 대해서, 당해 법조항이나 규범자체에 대한 위헌성 다툼으로 볼 여지가 있는 경우에만 적법하며, 그 해당여부는 개별사안에서의 법원의 해석에 의한다(헌재 2001.9.27. 2000헌바20).

위헌불선언결정, 부분위헌결정 위헌불선언결정은 위헌정족수 6인에 미달이지만 과반수에 달하는 5인이 위헌의견인 경우이나, 지금은 단순합헌결정으로 정리되었다. 부분위헌결정은 양적 일부위헌결정으로서, 단순위헌결정이지 변형결정은 아니어서, 헌법합치적 해석에는 관계가 없다.

제2장

法理存在論 – 법관념론

제1절 법의 보편규준성

Ⅰ. 법의 보편성

[一] 법의 이성법적·윤리법적 보편성

국가·사회 공동체에 존재하는 법, 도덕, 윤리 등의 사회생활규범은 인간 생활에 있어서 따라야 하는 일반적·추상적인 기준을 규정하는 행위의 준칙(disciplines of conduct)이다. 사회생활규범은 매일 매일의 삶의 상황에 대면하여 보편적 규준으로서 관조되어야 하는 문화적 양태이기도 하다. 시간을 초월한 문화적 양태로서의 사회생활규범의 보편적 규준성은 자연의 logos적 지식, 선과 악을 분별하는 성서적 각성, 칸트Immanuel Kant의 이른바 자연에서 자유에 이르고자 하는 진화론적 인식 즉 동물적 본능에서 인간성에 이르게 하는 실천이성 등에서 발견된다.[1] 법의 이성법적 보편성은 성서적 선·악 분별 내지 진화론적 실천이성이 사회생활의 규범을 보편적 규율로서 기능하도록 한다. 고대그리스 과학 철학이나 기독교 신앙은 로고스와 신성을 인간의 이성으로 연결되게 하여 규범을 인류의 정신사적 축이 되도록 하여 왔다.[2] 시간에는 마음이 없는 것이다. 고대그리스의 아테네 철학은 윤리적 보편주의를 지향하였고 이는 헬레니즘의 스토아철학에서 뚜렷하였다. 비록 플라톤, 아리스토텔레스 등이 노예, 여성, 변방인들은 본성적으로 로고스의 부분이 적다고 하였다든지 또는 노예제를 인정한다든지, 또는 남성이나 아테네 시민의 우위와 같은 제도들을 옹호했다 하였지만, 그것은 인류의 규범적 흐름의 주된 경향성은 아니었다. 고희랍 말기 코스모폴리스의 헬레니즘 시기의 스토아학파와 같이 근세 이후 철학적 계몽사상의 독특한 결실인 인권운동들도 그와 유사한 온갖 장애물들에 저항하고 있었다.[3] 근세 계몽주의적 상황에서 도덕이나 법의 제도적, 관습적 규범은 이성에 근거를 두어야 한다는 칸트 사상이 확산된다. 이는 도덕의 지역적, 인종적, 집단적 규범들을 인간 이성에 타당한 규범으로 대체하려는 일반법적 경향성에 이르게 한다. 이제는 더 나아가 인류의 연대성 윤리라는 보편성에 따른 도덕적 책임 의식에서 규범의 토대를 마련하여야 할 것이다. 법관은 법률에 따라야 한다. 하지만, 법률이 보편적 윤리, 정의 관념에 합치되지 아니하여 법적 문제를 정당하게 해결하는 기준을 제시해

주지 못하는 것으로 여기면, 법문의 해석에 따른 보완을 하든지 또는 법의 흠결로 보아 의사소통공동체의 지배적 법관념 속에서 정당성의 근거를 제시할 수 있어야 할 것이다.

법의 보편성 '키티온의 지노'■는 '지노의 공화국'*Zeno' s Republic, Πολιτεία*에서 자연의 우주적 이성*universal reason, logos*에 순응함이 순리*reason*이고 이에 반함이 감성*pathos*이며 영혼에 순응함이 덕*virtue*이라 한다. 유대·기독교 성서신화인 인간의 타락*fall of man*, 원죄*original sin*는 아담과 이브*Adam and Eva*가 낙원의 금단열매로 선·악을 분별한다고 본다(구약 창세기 창세기 3장(1~24), 4장(1~26)).

■ Zeno(zi : noʊ) of Citium(*Κίτιον, Kition* 현재 *Cyprus*[*Zēnōn ho Kitieus*(*Ζήνων ὁ Κιτιεύς*)], *Zenon of Kyprios*(c.334~c.262BC)는 回廊(Stoa Poikile, Painted Colonnade)학파인 스토아철학(Stoicism) 창시자로 페니키아*Phoenicia* 유산을 이어받아 '법'(On Law, Περὶ νόμου), '윤리'(Ethics, Ἠθικά) 등을 저술했다. 키티온의 지노는 아리스토텔레스가 변증법*dialectic* 창시자라 말한 소피스트*paradoxes* '엘리어의 지노'(Zeno of Elea, *zi : noʊ əv ɛliə, Ζήνων ὁ Ἐλεάτης*; c.490~c.430BC)와는 다른 사람이다.

[二] 법의 세계사적 보편성

인간 이성이 세계사적 보편성으로 자유의 법질서를 법규범으로서 확립하게 된 것은 18세기 말이다. 1789년 프랑스혁명과 인권선언, 1776년 미국독립혁명, 1787년 미합중국헌법이라는 입헌주의적 헌정을 정점으로 하는 이른바 근대국민국가의 시기가 그것이다. 인간의 본성을 이성의 인격에서 찾은 입헌주의의 법규범이 중세 천년 신국의 종교적 믿음을 대체한 것이다. 인간을 인격의 주체이며 공동체의 주권자로 들어서게 한 의미에서, 이성의 왕국인 근대는 쿠페르니크스적 축의 시대였다. 막스 베버의 합리적 지배가 근대과학에 대한 인간의 이성적 인식에서 시작된 것이라면,4) 그 기초는 신화가 지배하는 자연의 세계와 구분되는 인간의 이성적 법칙을 각성시킨 근대적 세계관에 기반을 두는 천부인권의 고양된 자연법적 믿음에 있는 것이다.

[三] 법목적으로서의 법정의

1. 법목적과 보편윤리

법목적은 법정의이다. 법정의는 로마법대전*Corpus Iuris Civilis*의 법학 입문서 'Digesten' 法學提要에서의 '법은 옳은 질서와 형평의 기술'*1.1.1*, 로마법대전의 법목적 '명예롭게 살라'*honeste vivere*, '사람을 해하지 말라'*alterum non laedere*, '각자에게 그의 몫을'*suum cuique tribuere* 등으로 대표된다. 동양적 관념으로는 수양을 거쳐 존엄성과 인격을 지닌 사람, 논어 학이學而편, 無友不如己者무우불여기자 '자기와 같지 아니한 사람은 친구가 되지 아니한다' 함의 재능이 아니라, 지기志氣 즉 뜻이나 기질이 여일하여 쓸모 있는 사람, 그런 사람을 맹자孟子는 '군자'君子라 하였는데, 사실 법목적으로서의 법정의는 공동체구성원들이 군자가 되도록 하는 것이다. 父母具存 兄弟無故, 仰不愧於天 俯不怍於人, 得天下英才而教育之(부모구존 형제무고 앙불괴어천 부불작어인 득천하영재이교육지) 등이 그것이다.5)

2. 법목적과 정의의 법

2.1 정의와 법문화

법목적은 정의의 법이다. 정의의 법은 라드브루흐(Gustav Radbruch 1878. 11. 21.~1949. 11. 23.)의 법정의와 같이 무한한 영구적 법질서인 자연법을 의미하는 것은 아니다. 국가의 기본법인 헌법이나 형법 혹은 민법 등의 법정의는 각 법목적에 상응하여 형성된다. 국가의 헌법이 보편적으로 인정하는 법정의는 자유민주주의·시장경제·법치주의의 헌법이념이다. 이 같은 법정의는 서구민주주의의 전통에 의존되어 있는 문화중심적 개념이지만 근대국민국가의 입헌주의헌법에서는 세계사적 보편성을 갖는다. 예컨대, 남의 재산을 넘보거나 약탈하지 않는 행위에 대한 동의는 도덕규범으로 확립되고 도덕규범은 법정의에 의해서 지탱된다. 이때의 법정의는 자원의 희소성과 인간의 이기심이 그 원천이며, 정의의 실현은 소유의 안정성을 보호하고 유지하는 것이다. 재산 소유에 따른 이익을 그 소유자에게 귀속시키는 사유재산제도는 재산제도에 관한 법의 정의가 된다. 사유재산제도를 부인하는 사회제도가 共産주의이며 그 점에서 이는 법의 부정의인 것이다.

2.2 법정의와 보편윤리

법정의가 무엇인가는 의사소통공동체(Kommunikations-gemeinschaft)에서 지배적 법감정인 규범의식으로 정해진다. 인간의 사회계약의 타당성의 조건으로 생각되는 법정의는 법목적인 정의 관념의 내용인 보편윤리가 형이상학이나 문화의존적 철학원리를 전제로 하지 않고 정의의 보편원리에 의하여 근거 지워줄 가능성이 존재할 때 그 성립이 가능하다.

2.3 법정의와 지배적 법관념

법정의의 지배적 법관념은 구성원의 법적 확신에 의하여 현실에서 지지를 받음으로써 실현된다. 정의의 실현에서 지배적 법감정은 그 경험을 다수인이 공유한다는 의미에서 가치경험주의이다. 법정의는 확고한 위계질서를 이루는 불가변적, 절대적 가치의 왕국을 전제로 하는 것이 아니며, 단순한 심리주의와도 무관한 개념이다. 오히려 법정의는 가치평가에 있어서 최대다수인의 견해의 일치를 가져올 수 있는 기초의 추구가 대두된다. 법관은 최대다수인이 사회적 질서 유형을 확립한 공동체를 대표하여 법공동체에서의 판결들에 의하여 공동체 다수의 동의를 얻을 수 있는 지배적 법관념을 찾는 것이지, 법관의 개인적 관점을 추구하는 것은 아니다. 그것이 법정의 실현을 법관에 부여한 근거가 된다.

3. 법의 초석으로서의 법정의

법정의와 달리 시장의 정의에 대해서 경제학자 미제스는 정의란 절대적 개념으로 정의될 수 없으며 수많은 사람들이 살아가는 시장이라는 사회에서 구성원들의 협동을 기준으로 판별될 수 있다는 점을 말한다.[6] 아담 스미스도 '도덕감정론'에서 정의란 사회라는 큰 건물을 떠받치고 있는 토대이며 초석이며, 자애심이란 그런 건물을 미화하는 장식이라 하였다. 우리 사회에서의 이런 식의 자애심이 헐버트의 이른바 '인정론'일 것이다. 건물의 초석이 아니라 장식이 넘치는 사회에서 국가와 법에서의 법정의라는 초석은 가지기 어려울 것이다. 그래서 노직은 롤스의 복지주의적 정의론을 비판하고 자기소유권의 절대성을 정치철학의 주제로 삼았다.[7] 하이에크에 따르면 '정의'는 사람들 간의 행위나 이를 인도하는 행위규칙에만 적용할 수 있는 개념이다. 어느 개인이 다른 개인이나 집단을 어떤 상태에 처하게 한 책임이 있을 때에만 의미를 가질 수 있다. 시장의 자생적 질서의 결과는 정의나 부정의를 따질 수 있는 대상이 아니다. 정의나 부정의를 논하기 위해서는 특정한 상태를 만든 개인이나 집단이 있어야 한다. 시장의 자생적 질서에서는 그런 개인이나 집단은 존재하지 않는다.

Ⅱ. 법의 규준성

[一] 법의 보편적 질서성

1. 법의 당위규범성과 보편성

법은 당위규범이며 강제규범이고 재판규범성의 규범법칙이다. 법규범의 규범적 타당성의 근저에는 보편적 질서에 대한 믿음이 있다. 근대국민국가는 법, 경제 등 공적 영역에서는 가치중립적 합리성을 추구하는 반면, 일상의 삶의 영역에서는 개인들의 비합리적 가치 결단을 추구하였다. 개인윤리는 감정, 느낌의 문제일 뿐 그 합리적 토대는 찾을 수 없고 주관적 개인적 가치 결정에 맡겨질 수밖에 없게 된다는 것이다.[8] 하지만 도덕규범이나 가치의 주관성의 입장에서 주장하는, 합의나 계약을 맺기로 결정했다는 사실만으로 규범의 근거가 마련되는 것은 아니다. 비도덕적 계약도 가능하기 때문이다. 법실증주의는 일단 정해진 법이면 지켜야 한다는 의미이다. 법을 지켜야 한다는 의미에서는 보편적 법규범의 다른 이름일 것이다. 법실증주의는 법률만능주의와 구별된다. 국회가 제정하면 다 법이다 하는 것은 법실증주의이기보다 법률만능주의라 할 것이다. 칸트의 정의의 공평성은 형식에 있는 것으로 보았다. 케이크를 자른 사람은 그것을 취하는 순서에서는 최후적 선택권을 가져야 한다는 것과 공개성이 함께 해야 한다.

2. 법과 도덕적 합리성

법규범의 타당성은 개인의 주관적 결단의 사실적 집합으로서의 계약에 의해서 근거지을 수 있는 것은 아니다. 규범적 타당성은 보편화가 가능한 합의로서의 도덕적 직관에 이를 때 보장될 수 있다. 정의의 요구는 개인의 가치판단에 환원시킬 수 없다. 법규범은 보편적, 도덕적 합리성의 관념으로서의 보편타당한 윤리적 토대에 기초하여야 한다. 예컨대 하이에크F.A. Hayek 등의 자유주의가 말하는 가치중립적 과학의 합리성은 정직, 약속, 계약을 지키는 것이 상호주관적으로 타당한 규범으로 전제되어야 한다는 것이다.

3. 법의 가치중립성?

행위의 목표를 집단이나 개인의 자기 이해관계에 의해 미리 주어지는 것으로 가정하는 어떤 경우든 이는 도덕적 면에서는 가치중립적인 것이다.[9] 이에 의거해서는 도덕적 규범이나 가치의 근거가 정립될 수 없다. 자타공멸의 상황에서 계약을 맺는다는 홉스의 전략적 합리성이라는 '효율적 계약 파기' 이론 등이 가장 현저하게 이를 보여 준다. 이것은 개인적 효용을 우선하여 계약의 근저에 있는 믿음의 가치를 도외시하고 계약의 구속력을 쇠퇴시키는 것이다. 차를 공짜로 타는 사람이 공정성이나 공동의 책임과 같은 규범에 충실하려는 사람들보다 훨씬 합리적이라는 결론이 나오기 때문이다. 가치는 그 자체로서 존재하고 이념적으로 존재하는 현상적 실존체이다. 그 자체로서 존재한다 함은 가치를 파악하는 주체의 행위와 관계없이 독자적으로 존재한다는 것이며, 이념적으로 존재한다 함은 시간과 공간을 초월하여 존재한다는 것이다. 객관적 가치가 주체에 의하여 실현되었다면 그 것은 주관주의 즉 실현된 상대주의이다.[10]

[二] 법의 보편적 규준성과 전 지구적 사유공동체

법은 공동체 질서 유지를 위한 정의를 목적으로 한다. 법을 어기면서 정의를 구현할 수 없다 한다든지 폭력을 동반한 정의는 인정되지 않는다 함은 이를 말한다. 공동체주의자들은 개인적 이해관계의 기초 위에서 체결된 계약은 정의나 연대성 같은 실체적 윤리에 대한 충분한 토대가 될 수 없으며, 공동체 질서를 위한 강력한 가치나 두터운 도덕성 같은 특수한 공동체의 전통에 의해서만 정의의 기초를 근거지을 수 있게 된다, 하지만, 그들 역시 보편적 성격의 도덕적 합리성에 의거하는 것은 아니다. 존 롤스J.Rawls 같은 자유주의 철학자도 '정의론'1971에서 칸트의 보편주의적 입장을 취하였음에도, 나중에는 공정성의 정의Justice of Fairness를 주장하면서 정의를 보편적으로 타당하다 하지 못하고 서구 민주주의 전통과 관련하여서 그렇다고 양보하기에 이르며, 또한 공동체주의자들을 따르면서, 보편적 타당성을 주장하는 어떤 도덕철학자도 문화의존적 혹은 종교나 형이상학이 될 뿐이라 했다. 오늘날 서양철학의 역사주의-상대주의적 분위기 속에서 발생적 진리와 타당성의 진리 사이의 칸트적 구별이 완전히 잊힌 것 같다. 도덕적, 문화적 상대주의에 얽매어 유토피아적 몽상가들에게 도덕적 우위를 양보하고 있다. 악을 악으로 인정하기를 거부하고 자유의 천부적 및 도덕적 권리를 무시하는 것이다. 경제의 세계화가 가져오는 경제적 효율성 증대는 아담 스미스의 보이지 않는 손에 더하여 경제적 합리성을 보편적 정의의 합리성과 결합시키면서 절대화된 경제 합리성을 보완하는 시장경제를 통하여 유용화될 수 있다. 공동체주의자들은 경제적 경쟁력의 전략적 합리성을 전적으로 비난하면서 사회적 연대성만을 회복, 재생시키려 하나 이는 특수 공동체를 현존하는 경제세계화 과정에서 고립시키는 결과를 가져온다. 사회적 대중추수주의social populism 혹은 국가사회주의와 구조적 친밀성을 갖게 하는 것이다. 칸트는 선한 목적을 내세워 어떠한 수단도 정당화할 수 있다는 것을 불의의 장막 혹은 부정의의 가면이라고 한다.[11] 그렇기 때문에 의사소통공동체에서 요구되는 것은 목적의 왕국과 더불어 도덕적 책임 의식이다. 이는 사회적 계약만이 아니라, 인류 전체가 민주주의와 같은 공적인 제도의 수준에서 개인들 각자에게 명하여 부과할 수 있는 근원적인 책임primordial co-responsibility이 요구된다. 칸트의 '지구적 사유 公衆'global reasoning public이 그것이다. 오늘날 지구의 전체 영역에서 논의되는 수많은 회의와 담화들은 적어도 전략적 수단에 의해서가 아니라, 논변에 의해서 모든 관련된 인간들이, 가상의 실질이라 하더라도 그 합의virtual consensus에 도달하겠다고 하는 노력의 정신으로 세계의 문제를 다루고 있다는 점을 최소한 보여 주는 척이라도 해야 한다는 압박감 속에서 진행되고 있다.

[三] 법의 판별성

1. 판별적 규준으로서의 법

법은 법률이라는 언어로 표상된다. 언어로 표상된 법률에 의해서 법은 판별 규준으로서 현실적 가능성을 갖는다. 입법자의 법률 제정에 의하여 비로소 그러하게 되는 경우가 있을 수 있기도 하고 또는 입법 이전부터 공동체에서 객관적 정신으로서 이미 형성된 것을 입법화하는 경우도 있을 수 있다. 이때 언어로 표상된 법은 입법자의 표상이든지 법공동체 구성원들의 표상이든지 할 것이다. 칸트는 '개념'을 일반적 표상 또는 많은 객체의 공통된 표상이라고 하였다.[12]

2. 판별적 규준으로서 法의 字義

法의 어소語素로 氵(삼수) 변은 수로水路를 함축한다거나 혹은 법의 고어古語 灋의 어소 氵, 廌(해태치), 去 등을 풀이하여, 해태獬豸(해치) 뿔이 시시비비를 가려 나쁨을 징치懲治하는 것이 법이라고도 한다. 법의 이런 특성을 서양법에서는 정의론이라 하며 동양에서는 정명론으로 사고한다. 공자의 정명론正名論은 사람마다 사람다운 사람이 되어야 한다는 윤리성을 지니지만 법가 한비자의 정명은 위정자가 민중을 통솔해 나가는 정치적 질서, 권력의 기술이다. 즉 유가의 정명은 명분이지만 법가의 정명은 형명刑名이다. 한비자의 법가는 명실名實일치론의 신상필벌주의, 법과 술術 외에 세력이 있어야 임금은 통솔해 나갈 수 있다고 한다.[13] "한 천근 되는 쇠라도 배에 실리면 뜨고 저울눈만큼 작은 쇠라도 배에 실지 않으면 물속에 가라앉는 것은 배라고 하는 세력이 있고 없는 데 달린 것이다.[14] 법은 옳고 그름의 판단을 위한 척도로서 형식protocol 절차procedure가 되는 규구준승規矩準繩의 규구다. 규구는 목수가 쓰는 그림쇠, 곱자, 수준기, 먹줄 등으로[15] 사물을 바르게 잡아 주는 규준規準, 사회생활에서 지켜야 할 법도, 규범이다. 규가 무뎌지면 누규陋規가 된다.[16] 한비자는 '저울대에 걸어야 균형을 알 수 있고 그림쇠를 갖춰야 원을 알 수 있다. 이것이 완벽한 길이며',[17] '그림쇠를 버리고 기교에 맡기고, 법을 버리고 지혜에 맡기는 것은 혹하고 혼란으로 가는 길'이라[18] 했다.

3. 법의 판별적 규준과 정의 · 자유의 법상징

고희랍 신화의 세계에서 신의 신 제우스Zeus와 理致의 신 테미스Themis의 딸 디케Dike는 정의를 상징하고 로마에서는 이를 유스티치아Justitia상으로 하면서, 15세기 말경 독일에서 눈을 가리고 오른손에 劍 왼손에 秤저울을 든 정의의 여신상statue of justice(위)이 나온다.[19] 루돌프 폰 예링(Rudolf von Jhering 1818.8.22~1892.9.17)은 '권리를 위한 투쟁'Der Kampfums Recht, 1872에서 권리는 단순한 사상이 아니며 살아 있는 힘이다. 한 손에 권리를 칭량하는 저울을 든 정의의 여신은 다른 한 손에는 권리를 관철시키는 칼을 쥐었다. 秤을 수반하지 않는 劍은 적나라한 실력이며, 劍을 수반하지 않은 秤은 권리로서는 무력하다는 의미라 평하였다. 법의 목적인 정의를 상징하는 정의상 외에 법이 가져오는 자유를 상징하는 자유상自由像이 있다. 대표적인 것으로 미국 뉴욕 항 리버티 아일랜드의 왕관을 쓴 '자유상'statue of liberty 및 의회 의사당 건물 돔 상단에 투구를 쓴 '자유독립상'statue of freedom(아래) 등이 있는데, 이들 모두 여신상이다.

자유상 '자유의 여신상'은 오른손의 횃불과 왼손의 미독립기념일*1776.7.4.* 名板에 의하여'세계를 밝히는 자유'*Liberty Enlightening the World*의 정신을 상형화한 像이다. 1886.10.28. 베들로섬(Bedloe's Island, 1956년 Liberty Island로 개칭)에서 클리블랜드 대통령에 의해서 제막되었다(Grover Cleveland 1837.3.18.~1908.6.24. 대통령(22대(1885.3.4.~1889.3.4.) 24대(1893.3.4.~1897.3.4.)). 미국독립선언의 '모든 인간은 평등하며 자유와 행복을 추구할 권리가 있다', 남북전쟁 노예제 폐지 등에 공감한 프랑스 지성들이 유럽계몽을 위해 미합중국 독립 100주년인 1876년에 건립을 결의, 프랑스 조각가 바르톨디(Frédéric Auguste Bartholdi (1834.4.2.~1904.10.4.), 토목기술자 에펠(Alexandre Gustave Eiffel 1832.12.15.~1923.12.27.)이 횃불까지의 높이 46m로 1884.7. 제작한 여신상을 1885.6. 해체하여 이제르*Isere*號로 뉴욕에 옮겼으며, 1886년 4개월여 조립 후, 미국 건축가 헌트*Richard Morris Hunt*가 디자인한 받침대에 올렸다. 자유의 여신상은 미국을 다양한 민족이 건국하여 이룩한 보편적 자유의 국가로서 상징한 것이다. 名板에는 엠마 라자러스(Emma Lazarus 1849.7.22.~1887.11.19.) 작시 'The New Colossus'가 새겨졌다.■

■ Give me your tired, your poor,/ Your huddled masses yearning to breathe free,/ The wretched refuse of your teeming shore,/ Send these, the homeless, tempest-tossed to me,/ I lift my lamp beside the golden door! //지치고 초라한/자유롭게 숨쉬기를 갈망하여 몰려 있는 그대들/해안에 지쳐 쓰러져 가엾은 인간들/머물 곳 없이 폭풍에 시달린 그대들에게/'황금문' 옆에 나의 횃불을 놓으리라 // Colossus(pl. -si, ~es)는 巨像의 의미이다. the Colossus Rhodes 섬에 있는 Apollo 신의 거상은 세계 7대 불가사의 중 하나라 한다.

일각수 一角獸unicorn, 이마에 뿔이 하나 있다 하는 전설적 짐승는 시비와 선악을 판단한다는 상상의 동물로, 중국의 옛 자료에 따르면 사자와 비슷하나 머리에 뿔이 하나 있고, 성품이 충직하여 사람이 싸우는 것을 보면 바르지 못한 사람을 뿔로 받는다고 한다. 서양에서는 말과 비슷한 동물로 聖母 마리아에 의하여 지상에 탄생한 그리스도로 비유되기도 한다. 인류 초기의 법전인 함무라비법전을 펴낸 지금의 이라크 등의 중동지역에서 보면, 아마도 외뿔을 가진 산양을 신격화 하여 지칭하는 것으로도 보인다. 서양에서 유니콘이라 하여 그린 그림을 보면 말 보다는 오히려 양의 머리 같다는 느낌을 준다.

규구준승才物譜 '規'그림쇠, 법 규는 원과 본을 뜰 때 사용하는 그림쇠컴퍼스, '矩'곱자, 법도 구는 수직과 수평을 잡는 직각을 만들 때 사용되는 각진 공구, 모가 난 方形을 그리는 곱자曲尺, '準'수준기, 준할 준은 나무토막 속을 깎아 그 안에 눈금을 표시하고 물을 채워 수평을 찾는 수준기, 수평을 맞추는 밀대로서 기준, '繩'노끈, 먹줄 승은 새끼줄 모양의 직각을 재는 도구, 먹줄이다.

尺 · 隻 · 銀座 隻은 尺과 전혀 달라서 조선조 소송 사건 '피고'를 '척隻'이라 했다. '척지다'는 '척지다'는 '서로 반목하다' '등지다' 등의 뜻으로서, 다른 사람을 고소해 피고로 만드는 일을 뜻했다. 척尺은 동양에서 고대부터 사용되어 온 척도인 우리말 '자'로서, 사람의 몸을 기준으로 열손가락 폭인 지척指尺 혹은 주나라의 거리 측정 단위인 주척周尺 등이 통용되다. 조선시대에 건축과 목공에 사용된 대략 30cm 표준 척도를 새긴 영조척營造尺이 가옥, 성곽 쌓을 때나 되, 말 등 양기 기준이 되어, 이를 구리로 만들거나 돌에 새기고 사용詐用에는 곤장 60대와 유배형으로 처벌하였다. 민가의 집이나 절집에서 굽어진 목재를 많이 사용한 것은 나무를 각지게 캔다거나 할 여유가 없었다든지, 캘 만한 나무들이 흔치 않았음을 말하는 것이기도 했다. 그렇다면 우리의 예전 건축물에 자주 보이는 비각성非角性은 지금 우리의 법치주의 현실과 어떤 관련성을 지닐까. '긴자'銀座는 에도막부江戸幕府 은화주조소 순푸駿府 현 시즈오카(靜岡)에서 1612년 에도긴자江戸銀座에 옮겨 메이지2년 1868년 긴자거리가 된다. '좌'座는 화폐 · 도량형에 따른 면허품 제조 장소이며 킨자金座, 쇼우자枡座, 슈자朱座에서 금화 제조를 하였다.

Ⅲ. 법의 기율성

[一] 기율적 규준으로서의 법

법의 기율적紀律的 규준성은 동양이건 서양이건 고대법에 특히 현저하게 보이는 특징이다. 가벌적 행위를 처벌하여 피해자 법익을 보호하고 사회질서를 유지하고, 대립된 이해관계를 정당하게 형량하는 등 법적 정의의 실현이 그것이다. 예를 들어 토마스 아퀴나스(Thomas d' Aquino, Thomas Aquinas c.1225~1274.) 'Summa Theologiae'(신학대전) Secunda Secundae(제2부 제2편)의 '자기방어적 살인' 즉 자신을 죽이려고 하는 공격자에 맞서다 오히려 공격자를 사망에 이르게 한 방어자의 행위를 어떻게 평가할 것인가의 논증인 '이중효과 원리'(principle of double effect) 재해석에서 촉발된 가치와 규범의 직접적 위반과 간접적 위반의 구별이 윤리신학의 영역에서 비례주의의 등장과 더불어 진행중에 있다.[20] 비례원칙은 오늘날 정의의 법적 실현에의 기율적 규준성의 기준으로 기능하고 있다.

[二] 법의 기율적 규준성과 동양 고대법

1. 중국의 약법삼장

사기史記 고조본기高祖本紀, 한서漢書 고제기高帝紀, 형법지刑法志의 '약법삼장'約法三章은 BC206년 한 태조 고황제 유방劉邦이[21] 진秦 도읍 함양咸陽을 멸하고 약속한 세 가지 법규로 '살인자는 사형, 남을 해친 자 및 도둑질한 자는 엄벌, 이 세 가지 외의 秦의 법은 모두 없앤다'는 것이었다. 이후 재상 소하蕭何가 구장률九章律을 제정하였다. 중국의 예치의 '禮'字는 제기에 제물을 얹어 둔 형상 豊, 하늘에 형상을 드리어 천문을 관찰하고 시간의 변화를 살펴 신에게 제사드리는 二, 三이 결합된 字形이다.[22] 예는 신을 섬겨 복을 구하는 종교적 행사에서 비롯된다(丘秉朔, 『한국 고대법사』 참조).

2. 기자팔조교와 법금팔조

삼국유사三國遺事에 따르면, BC2333.10.3. 단군왕검檀君王儉이 조선朝鮮을 국도 왕검성王儉城·평양에 세워 1500여년의 신정통치[23] 후 기자箕子조선의 왕조가 국도·국호는 변경치 않고 천여 년 간 통치한다. 기자팔조교箕子八條敎는 낙랑 조선민樂浪 朝鮮民 고유법이고,[24] 팔조법금八條法禁은 상고 조선민上古 朝鮮民 관습법으로 한사군漢四郡, 한군현漢郡縣초기 108년까지 동이東夷족 상고시대 만민법*jus gentium*이다.[25] 한서 지리지地理志 연조燕條의 법금팔조/팔조법금 제1조 相殺以當時償殺(살인자는 즉시 사형에 처한다), 제2조 相傷以穀償(상해한 자는 곡물로써 배상한다), 제3조는 중국 법례에 의거한 相盜者男沒入爲其家奴女子爲婢欲自贖者人五十萬(절도한 자는 소유주 집에 잡혀 남자는 가노가 되고 여자는 비가 되지만 배상하고자 하는 자는 오십만 전을 납입한다)으로[26] 본래의 팔조八條보다는 한군현 초기 한인漢人 재산권 보호를 위한 조항이어서 '欲自贖者人五十萬'에서 배상은 속전贖錢 즉 금전이 아니라 공물貢物 즉 물건으로 하였을 것이다. 공물은 부여, 고구려의 일책십이법一責十二法 즉 도물盜物 一에 12배 배상이 예맥濊貊부터의 기원을 가진 불문법이다.[27] 한서 지리지 연조燕條 是以其民終不相盜無門戶之閉婦人貞信不淫辟(법금이 엄하여 도적질하지 않고 밤에도 문을 닫지 않으며 여자는 정조가 강해서 음란하지 않았다) 하는 엄벌·준법정신에 미루어 법금 3조 외 금간禁姦의 조문이 추정된다. 팔조법금은 생명, 신체, 재산, 정조에 관한 규범으로 사회생활의 기본법이다. 팔조법금은 육십 여조로 분화되었다 하나 전해지지는 않는다.[28)]

3. 척도로서의 동양의 법

한비자韓非子는 스승 순자荀子의 예치를 법치로 발전시켰다. 인성은 본래 이익을 취하고 손해를 피하려 하므로 인민을 형刑과 덕德의 관계로 통솔할 수 있다. 형은 살륙殺戮이며 덕은 경상慶賞이다.[29)] 권력이란 사람을 죽이고 살리는 것이요 세력은 민중을 지배하는 바탕이 된다.[30)] 법은 한 나라의 척도이다. 법을 버려두고 백성들의 선량한 마음에만 맡기면 요堯 임금도 나라를 다스릴 수 없다. 척도를 버려두고 제멋대로 만든다면 계중奚仲이란 철공도 한 채 수레를 만들 수 없다. 옥이王爾란 목공도 물건을 만들지 못한다. 평범한 임금이라도 국법을 지키고 졸렬한 철공과 목공이라도 준칙과 척도를 지키면 만의 한 번도 실패하지 않는다. 임금이 이를 지키지 않는 현능賢能한 기술자를 쓰는 것보다 잘 지키는 졸렬拙劣한 자를 쓰면 백성들의 능력을 다 발휘할 수 있어 공을 이룩하게 된다.[31)] 국가는 관념적 도의나 예법으로는 다스릴 수 없고 다만 강제성을 띤 법과 형으로만 다스릴 수 있다. 선진先秦 유가, 묵가墨家, 도가는 현세는 타락했다 보나, 법가는 현세는 진화한 것이라 보았다. 한비자는 유묵儒墨 양가에서 요순堯舜, 우탕禹湯, 문무文武, 주공周公의 도의를 찬양하는 복고주의에 철퇴를 내린다. 정치, 법률, 사회제도는 변화해야 한다는 것이다. 그는 군주체제에서 부국강병에 전력을 다하는 입장이었다.[32)]

[三] 법의 기율적 규준성과 이슬람법

1. 이슬람법의 구조

이슬람법 샤리아(Sharī'ah, 샤르shar', 쉬라shir'ah)는 꾸란(Quran, divine word of Allah), 순나(sunna, Mohammad 시라와 hadith(관습)), 이즈마(ijmā, 이슬람공동체 움마(um-mah)의 합의), 끼야스(qiyas, analogical deductions(유추)) 등의 이슬람 계시법이다.[33)] 정통 4대 법학파*madhhab* 샤피이*Shāfi' ī*, 한발리*Ḥan-balī*, 하나피*Ḥanafī*, 말리키*Mālikī*가 다듬었다.[34)] 우쑬 알 피끄(uṣūl al-fiqh 법학원론)는 순니파 이슬람법의 바탕이다. 샤리아 법 원리의 세부적 부연・보완의 설명인 이즈티하드ijtihād는 구체적 *法源*에서 법 판단의 발견을 위한 노력으로 무즈타히드만 할 수 있어 왕이 제정하는 국가의 법, 판결 등에서 갈등하거나 협력하거나 한다.[35)] 파르드farḍ는 예배수행 등과 같이 법에 따른 의무, 와집wājib은 법만 아니라 법 외적인 것도 보완해서 이행하는 책무, 무스타합mustaḥabb 즉 만둡mandūb은 이행의무는 없으나 이행하도록 하는 권장, 무바흐mubāh는 중립적 방임 행위, 마크루makrūh는 금지된 행위는 아니나 하나님을 실망시키는 행위, 하람ḥarām은 금지된 행위, 위반에 대한 처벌 원칙은 끼싸쓰qiṣāṣ라 한다. 샤리아 법은 이슬람국가의 세속적 법영역과 종교적 의무관념의 불가분자체로서 종교적・의례적 규범이 아니라 일상생활의 근본행위규범이자 지도원리이다.[36)] '시야사 샤리아'*siyāsah shar' iyyah*는 종교법정의 사법집행과 같이 행정당국도 사법업무를 관할하는 것이다. 이슬람은 종교와 일상생활을 구분하지 않는다. 이슬람법은 종교의례뿐 아니라 삶의 모든 측면을 다룬다. 다만 오늘날 샤리아법을 지배적 법체계로 채택한 무슬림국가는 없다. 가족과 종교적 관행 문제에 한정되고 공공행정과 상업 등에는 서유럽 법체계를 본 따 만든 법체계가 적용되고 있다. 근대국민국가의 현대적 헌법의 유럽식 법체계를 채택하고 있는 것이다.

이슬람 경전과 법 이슬람 성법 샤리아Shari'ah는 '물 마시는 곳으로 이끄는 길'이라는 뜻의 이슬람 신자 무슬림이 지켜야 할 의무 체계로서, 9세기 말 다수의 이슬람 법학자들이 이를 체계화하였다.37) 샤리아는 개인과 국가간 관계, 절대신과 인간 양심, 종교 의례 준수 등을 포괄한다. 샤리아는 서구법과 달리, 절대신이 만들었다 믿어, 무함마드 사후의 사회변천에도 불구하고 변형되지 않는다. 이슬람 법에서는 인간이 법을 형성, 변화시키는 것이 아니라 절대 유일신이 인간에 법을 내려 사회를 조정, 규정한다고 본다. 꾸란은 알라로부터 아랍 어로 예언자 무함마드에 내려진 계시의 집합체로 오류없고 권위있는 法源이다. 순나는 예언자의 삶을 기록한 '시라'와 예언자의 첫 계시에서 죽음에 이르기까지 그의 일상 발언과 이야기를 일컫는 '하디스'로 구성되어 있다. 이즈마는 꾸란과 순나에 규정되어 있지 않는 사안을 해결할 수 있는 규범으로, 이즈티하드를 통해서 무슬림사회에서 의견일치를 보았을 때 생성된다. 끼야스는 무즈타히드가 사안에 판단을 내릴 때 꾸란 및 순나에서 보여준 법적 이유와 동일한 경우 두 사안을 동일하게 판단할 때 사용되는 분석적 사고인 유추다. 샤리아 法源을 해석하는 학파(교리)에는 다수 무슬림이 따르는 순니파와 소수 시아파로 구분되고, 순니파는 하나피파, 말리키파, 샤피파, 한발리파 등 4개 분파로 나뉜다.

이슬람과 유럽법 요르단은 13~19세기 오스만 터키 법체계를 유지하는 반면, 터키는 술탄제Sultanate 폐지 후 13~19세기 탄지마트Tanẓīmāt라는 개혁운동기간 중 유럽법체계가 도입되었다. 이집트는 7세기 이후 1882~1954년의 영국 식민지배에서도 샤리아법 지배가 지속되었다. 시리아아 튀니지에서도 일부다처제와 이혼에 관련된 법이 각각 1953년, 1957년에 개정되었다. 파키스탄에서는 꾸란과 순나에 대한 새로운 해석이 진행되어 1961년에 무슬림 가족 법령이 공포되었다.

2. 중동 국가의 이슬람법

2.1 샤리아 법의 꾸란, 순나, 합의와 유추

이슬람법은 고대근동법을 기반으로 1400년 동안 무슬림이 지켜 온 유일신 신앙의 삶을 지탱해 온 첫 번째 法源인 이슬람 경전 꾸란 및 두 번째 법원인 하디스를 기본으로 하는 법체계로서 하디스는 문맥 없는 코란에 문맥을 제공한다. 중동의 법은 유대교와 이슬람 종교 사회의 기본 틀을 이루는 경전인 구약 성서와 꾸란 및 하디스를 중심으로 금기가 실정법으로 규범화되고 생활에 적용, 수용되어 간다. 이슬람의 금기는 7세기에 계시된 꾸란과 예언자의 말씀인 순나를 바탕으로 9~10세기에 활동했던 순니 4대 법학파들을 거치면서 완성된다. 삶의 종교라 부르는 이슬람의 핵심에 샤리아에 있다. 샤리아는 무슬림들의 신앙과 삶을 이해하는 지침이며 무슬림들의 행위에 대한 옳고 그름을 가늠하는 규범이다. 샤리아는 예배, 자카트, 단식, 순례와 같은 신앙의 중심에서부터 먹고 자고 일하는 삶의 모든 곳에 자리잡고 있다. 사건이 발생하면 코란에서 찾아보고 기록된 대로 보상이나 처벌을 하게 되며, 코란에 없으면 예언자의 순나(하디스)를 찾아보고 언급대로 처리한다. 순나에서도 판단의 근거를 발견하지 못하면 이슬람 법학자들의 합의와 유추에 의해 결정한다. 무슬림들은 꾸란, 순나, 합의와 유추가 닦아 놓은 '마실 수 있는 물의 원천'이며 '올바른 길'인 샤리아를 따라 매일의 삶을 살아간다. 샤리아는 200년의 시간 동안 다수의 법학자들에 의해 입안되고 통치자들에 의해 적용되는 과정을 거쳐 완성되었다. 샤리아 규범 속에는 다양한 절차와 오랜 시간 동안 단련된 그들만의 원칙과 지혜가 담겨 있다.38)

2.2 중동 국가들의 통치기본법 – 사우디, 쿠웨이트, 아랍에미리트

사우디아라비아는 이슬람교의 경전인 '꾸란'(지고하신 알라의 경전)과 '순나'(예언자 무함마드의 언행록)가 '헌법'이지만 실질적으로는 '통치기본법'이 헌법 역할을 한다. 1992.3.1. 제정된 9장 83조의 사우디아라비아 통치기본법은 통치체제, 사회구성, 경제원칙, 국민의 권리와 의무, 권력기관, 재정, 감사기관, 일반규칙 등을 규정하였다. 제1조 '헌법은 지고하신 알라의 경전(꾸란)과 그분 사도의 순나(이슬람교 창시자인 무함마드의 언행록)'라 하며, 꾸란과 순나에는 국가 체제 및 작동 원리가 구체적으로 나와 있지 않기 때문에 통치기본법이 사실상 헌법 기능을 한다. 사우디는 정교일치의 군주제 국가이다.

제6조 '국민은 … 국왕에 충성하고, 편할 때나 어려울 때나 행복할 때나 고통스러울 때나 복종하고 순종한다.'[39] 쿠웨이트는 1961.6.19. 영국에서 독립하고 1962. 11.11.(이슬람력 1382.6.14.) 입헌군주제를 기본으로 아랍 이슬람 군주제 국가임을 명백히 하는 5장 183조의 헌법을 제정하면서 한 번의 개정도 없이 유지되고 있다. 헌법은 3권분립원칙에 따라서 제1장 국가와 통치체제, 제2장 쿠웨이트 사회의 기본구성요소, 제3장 공적 권리와 의무, 제4장 권력기관, 제5장 총칙과 임시규정 등 근대국가의 틀을 이루고 있다.[40] 아랍에미리트는 1892년 이래 영국 식민지배에 있던 아부다비, 두바이, 샤르자, 아즈만, 움무 알꾸와인, 후자이라 등 6개 아미르국이 1971.12.2. 입헌연방국으로 독립하면서 결성한 연방공화국이다. 1972년 라스 알카이마 아미르국이 참여하여 7개 아미르국연방이 되었다. '아랍에미리트 헌법'은 1971.7.18. 10편 152조로 제정되어 연방제형 근대국민국가의 기본 틀을 갖추게 되었다.[41]

2.3 중동 국가들의 통치기본법 – 카타르, 오만, 바레인

카타르는 아랍에미리트의 수장국 중 하나였으나 1916년 영국이 지배하여 1971년 영국통치령에서 벗어나 독립하였다. 석유 자원을 바탕으로 2013년 1인당 국민소득 세계 3위이며 2006년 도하에서 아시안게임, 2022 FIFA월드컵 개최국으로 선정되었다. 카타르 헌법은 독립 후 1971년 임시헌법 제정 이후 1996년 개정으로 국가원수와 수상을 분리하고, 2003년 유권자 96% 찬성으로 영구헌법이 제정되었다. 5장 150조의 영구헌법에는 카타르가 이슬람을 국교로 하는 독립 주권의 아랍국이며 입법, 사업, 행정부가 분립된 민주국가를 지향함을 명시한다. 카타르 국왕은 헌법 기구들의 수장으로 입법권과 집행권, 총리 및 장관 임명과 해임, 군통수권 등 권한을 갖는다.[42] 오만은 국가기본법에서 '오만의 술탄인 나 까부스 빈 사이드'를 주체로 규정하여 술탄에 의해 통치되는 절대 세습 술탄국가이다. 술탄은 이슬람 문명권에서 현재 칼리파보다 강력한 통치자의 의미를 갖는다. 술탄에게는 총리와 장관 임명권 등 강력한 권한이 부여되며, 정당은 법률로 금지되어 있다. 입법부인 오만의회는 슈라의회와 국가의회 양원제로 구성되어 있으며, 법률상 사법부의 독립성을 보장하지만 술탄이 사법부 인사를 행하는 권한을 가지고 있다. 국가기본법은 국가와 통치체제, 국가 정책의 지향 원칙, 공적 권리와 의무, 국가의 수장, 오만의회, 사법, 총칙 등 총 7장으로 구성되었다.[43] 바레인 헌법은 일반원칙, 권리와 자유, 입법부, 행정부, 사법부, 독립 헌법기구, 지방정부, 헌법개정, 최종규정, 과도규정 등으로 구성되었다.[44]

3. 이슬람법과 척도로서의 곤장형

곤장형棍杖刑으로 싱가포르 태형笞刑은 중국인, 인도인, 말레이인 등 인종간 질서 유지를 위한 엄벌과 인구의 약 20%인 이슬람에 기반하여 1871년 형사소송법령으로 제도화된 율법 '샤리아'의 형벌이다. 태형은 무슬림 국가의 이슬람법 샤리아에 회귀하는 대중정서의 피상적 상징이다.

싱가포르 태형 싱가포르 태형은 공공기물 파손, 무기·마약 불법거래, 성범죄 등에 적용된다. 달려 나오면서 힘을 실은 회초리를 예측할 수 없는 간격으로 불의에 때려 범죄자가 피해자에 가한 심리적, 신체적 상황 감지의 극대화인 유사 응보형이다. 태형은 여성범죄자엔 행하지 않을 정도로 육체적 瘡傷과 정신적 고통의 소리를 낼 정도의 충격을 준다. 그래서 18세 이상 50세 미만의 남성 범죄자 중 매질을 견딜 수 있는 건강한 경우에만 대상이며 최대 처벌은 24대다. 1994.4. 공공기물을 파손한 미국인(15) '마이클 피터 페이'Michael Peter Fay 태형 선고 당시 클린턴 미대통령의 감형 요구, 뉴욕타임스The New York Times 사설 '태형은 야만적 형벌' 등에도 불구하고 태형 6대six strokes of the cane 선고 4대를 집행하였고, 전 총리 리콴유李光曜는 법률상 당연한 조치라 했다. 1999.10. 한국인 관광객이 호텔 여종업원 성추행으로 태형 6대 처벌을 받았었다. 최근 캐나다 국적 강도2016.7. 용의자 데이비드 로치(28)가 태국에서 체포 14개월 복역 후 캐나다 송환 중 히스로공항에서 영국경찰에 구금된 로치를 송환받기 위해 태형을 면하게 해달라는 영국 정부의 요구를 수용하기로 했다.

제2절 법의 法系法理性

Ⅰ. 한국법의 체계적 특성

[一] 법의 체계적 특성

1. 법체계와 法源

법은 대륙법 법조문, 영미법 판례 등의 존재 외에 사회적 사실의 법체계로도 존재한다. 즉 법은 법규범*Rechtsnorm*의 범주 외에 규범을 사회적으로 기능케 하는 법체계*legal system* 등에 의하여 살아 있는 유기체로서의 체계적 특성을 갖는다. 그것이 *法系*다. 법계라 함은 법규범이 갖는 정치, 경제, 사회, 문화 등과의 상호관계성을 지배하는 구성·작용의 원리인 체계적 특성을 말한다. 즉 법계는 법규범을 체계로 이해하는 것이다. 법계는 법의 존재형식인 *法源* 즉 법규범이 실정법규범으로 존재하여 강제규범성을 갖는 법형식*legal forms* 등의 외연을 정해준다.

영국 법에서의 法源 법원은 '실정법규범'으로 존재하는 법형식이다. 로마법, 중세봉건관습법, 교회법, 대헌장*Magna Carta*을 체결한 군주 대 토착귀족*Barons*의 정치관계, 의회주권*parliamentary sovereignty*을 세운 17세기 군주 대 의회의 헌법분쟁 등은 법의 역사적 기원으로서의 법원이다. 법원은 실정법규범으로 '존재'하는 법형식이어서, 형평법*equity*의 연원인 자연법, 공리주의, 주권자 명령으로서 법*John Austin 1790~1859* 등 법의 원리적, 철학적 근거 등과 구분된다. 법원은 실정법규범으로 존재하는 '법 형식'을 말하므로 법전, 판례집, 교수의 저작물, 논문집 등은 법 문헌*literary sources*의 의미도 갖는다.[45)]

2. 법계의 자생성과 계수성

법계는 법이 자생적 질서이며 동시에 국가에 의하여 계수될 수 있음을 전제로 하는 법의 체계성인 점에서, 고정적인 특성이 아니며, 법의 지역성을 넘어선 체계적 특성이라 하겠다. 사비니에 의하면 법은 민족법으로 이루어지며 민족정신의 표현이다.[46)] '피레네 산의 이쪽에서는 진리인 것이, 저쪽에서는 오류란 말인가!' 함은 자생질서로서의 법을 말한다. "위도가 3도 올라가면 모든 법률이 뒤바뀐다. 지구의 자오선에 따라 진리가 결정된다. 권리도 시대를 탄다. 토성이 사자좌에 들어가는 것이 어떤 범죄가 성립하는 징표가 된다. 괴상하기도 하여라, 정의여, 개울 하나에 의하여 경계가 지어지다니!"(파스칼[Blaise Pascal 1623.6.19.~1662.8.19., 『瞑想錄』(팡세, Pensées sur la religin et sur quelques autres sujets), 1670, 셀리에판 60번, 라퓨마판 60번, 브룽슈빅판 294번])[47)] 그러면서도 동시에 법은 계수적 질서로서도 존재한다. 자유주의 경제학자 하이에크에 의할 때, 사회생활규범은 특정한 사람이나 집단이 인위적으로 만든 외생적 질서*taxis*와 일정한 일반적인 행동 준칙 아래서 자생적으로 형성된 내생적 질서*cosmos*가 있다.[48)] 법계는 자생성과 계수성을 함께 갖는 법체계적 특성을 지니는 것이다. 법의 체계적 특성으로서 법계는 민족, *法源*, 사법 등의 기준들을 실체로 하여 성립되고 구분된다. 이는 또한 '국가와 법'의 관계에 상응하면서 정립된다. 국가의 흥망과 법의 성쇠는 함께 하여 온 것이다. 그리하여 오늘날 방대한 영토를 여러 세기 조직적으로 통치하여 지배하여 왔던 로마의 법을 중심으로 하는 대륙법과 앵글로 색슨의 고법 이후 근세 대영제국에 이르기까지의 보통법이 중심이 되는 영미법이 법체계로서 시대적으로 그리고 지역적으로 혼재되어 전 세계적으로 존재하고 있다. 대륙법이 프랑스 혁명을 바탕으로 하는 합리주의적 구성주의가 중심에 있는 법계라면, 영미법은 미국독립혁명의 사상적 배경을 이루었던 스코틀랜드 계몽주의의 섭리적 자유주의에 바탕을 두고 있다는 점은 대륙법과 영미법의 사상적, 이론적 토대의 근간을 이룬다.

3. 법계로서의 근대 한국법

조선의 17세기 중반은 실학자 이규경, 최한기 등의 저술과 연행사燕行使들의 호기심, 북학파를 거쳐 19세기 중반(1850~1860년대)에 이어진다. 북학파 박제가의 서사초빙론西士招聘論과 천주교 신자들의 서사영입론西士迎入論에는 연행사 기록을 통한 서양 법속法俗의 이해가 기반을 이룬다. 이렇게 최소 개항 1세기 전부터 이루어진 서양법속에 대한 이해는 근대 국민국가와 근대법 등의 토대를 형성하였다. 조선 경국대전經國大典 등 법체계는 대한제국 이후 연면성이 끊기면서, 일제 강점기를 거쳐 미군정을 지나 대한민국 건국 이후 근대 서구의 법계의 규범체계가 자리 잡는다. 대륙법 체계를 일본을 통하여 계수하고 이후 직접 받아들이면서 영미법 체계도 수용하고 법원의 판례를 통하여 독자적 법체계를 구축하고 있다. 한국법은 오늘날 대륙법계와 영미법계의 특징들을 대체로 아우르고 있다. 예를 들어 재산권의 강제적 이전인 수용권의 행사과정에서 수용권자인 정부와 피수용권자인 민간 사이에는 긴장관계에 놓이게 된다. 특히 헌법 제23조 제3항은 재산권의 수용뿐 아니라 그 사용과 제한까지 함께 규정하여 갈등의 형태는 다양하게 된다. 때문에 헌법은 정부의 수용권 남용을 막고자 공익*public interest*을 위한 수용 및 정당보상*just compensation*을 규정하는데, 이들은 보통법*common law*과 시민법*civil law* 국가 등에서 두루 발견되고 있는 것이다.

[二] 근대 이전의 한국법

1. 조선 경국대전의 법전체계

조선 왕조의 근본법전 '경국대전'經國大典은 조선건국*1392* 이후 成宗 15년까지의 왕명 敎旨 · 조례(太祖3년1394년 조선건국 대강의 집약, 鄭道傳 私撰의 '朝鮮經國典'이 있었다) 중 永世遵守할 것을 엮은 欽定의 기본법전이다(田鳳德, 『韓國近代法思想史』(博英社 1984); 동, 『한국법제사연구』). 태조 6년*1397.12* 최초의 성문법전이며 경국대전의 원형인 '經濟六典'(經濟六典·元六典·)이 반포되었으며(정조 · 태종 · 세종 때 경제육전을 개수한 續典, 謄錄 등을 근간으로), 世祖*7대* 元年*1456년* 입안 후 刑典, 戶典 편찬(1460년 세조5년6월) 이후의 성종(16년 정월) 1485년에 완성 · 시행된(1492년 23년5월) 경국대전(乙巳大典)은 이후의 受敎와 條例에 유지되고, 錄의 명칭이 붙은 법전들은(大典續錄(1543년 중종 38년 11월), 大典後續錄(1555년 명종 10년), 經國大典註解(1698년 숙종 24년 3월), 受敎輯錄, 典錄通考(1706년 8월), 新補受敎輯錄(1740년 영조 16년), 증보전록통고(영조 22년) 등) 보충적 효력만 인정되었다. 이들 錄을 집대성한 續大典(1746년 4월)을 경국대전과 통합한 1785년 正祖*9년6월*의 '대전통편'大典通編 이후(대전통편에 대명률을 통합시킨 典律通補*1787년*, 육조사무 참고법례를 묶은 百憲摠要*1796년경*, 행정법규 · 사례를 중국의 會典 방식으로 수록한 六典條例*1867년5월*), 高宗 때인 1865년*2년9월* 편찬된 조선왕조 최후의 육전체제 통일법전 '대전회통'大典會通이 1910년 일제합병 전까지의 조종성헌祖宗成憲이었다.

經國大典의 법체계 경국대전의 현존 판본은 을사대전의 六典에 대응하는 6권 4책이었다. 중국 周 왕조 이래 六官 제도는 정치 · 사회 등 현상을 6개 범주로 나누는 것이다. 周代에는 천, 지, 춘, 하, 추, 동이었고 唐 율령의 이, 호, 예, 병, 형, 공 이후 宋, 明도 이에 따랐다. 이 같은 왕조국가의 법전체계는 규범상태와 자연상태, 법규범과 도덕규범, 왕실사무와 국가사무 등을 구분한 근대국가의 법전체계와는 달리 공법과 사법, 민사와 형사, 실체법과 절차법, 법규와 내규사항들이 혼재되었다.

全鳳德, 『한국법제사연구』(서울대학교 출판부 1968); 박병호, 『한국법제사고』(법문사 1974); 李熙鳳, 한국법제사고, 『한국가족법상의 제문제』(일신사 1976); 丘秉朔, 『한국고대법사』(고려대학교 출판부 1984).

2. 조선 경국대전의 편찬과 내용

吏典은 內命婦·外命婦 이하 29항목으로 행정조직, 관제관리 등의 문관에 관하여 규정한 법전이다. 왕실을 규정하며 국무와의 구분이 명확치 않았다. 戶典은 호적, 田制, 세제 등 30 항목 등을 규정하였다. 戶籍은 백성과 토지를 국가의 자원으로 생각한 왕정의 기초를 이루었다. 禮典은 諸科儀章 이하 35 항목과 用文字式 외 25式을 세우고 시험, 학교, 의례, 외교, 혼인, 葬喪 등 예조 소관사항을 규정하였다. 祭禮는 宗廟, 社稷 各壇, 殿, 陵, 명산 대천에 제사를 국가 행사로서 지냈다. 兵典은 京官職, 외관직 이하 51항목으로 군관제, 훈련, 取才(무과시험), 郵驛城堡, 烽燧 등 사항을 규정한 법전이다. 刑典은 用律 決獄日限 이하 28항목을 세우고 獄訟 절차, 범죄 禁令 등 형사 법규, 노비 사항 등을 규정한 법전이다. 근대형법의 행정·사법, 검찰·재판, 민사·형사 등의 구분이 없었으며, 책임주의가 배제된 증거糾問主義(자백은 증거의 왕), 緣坐制, 連帶制의 제도였다. 工典은 교량, 營繕 이하 14항을 세우고 도로, 도량형, 鐵場, 工匠 등 공조 소관사항을 규정한 법전이다. 도량형은 공조에서 표준기를 제작하였다(전봉덕, 28~29면).

吏典, 戶典, 禮典, 兵典, 刑典 최고의 중앙관부인 의정부, 좌우 의정, 좌우 參判, 좌우 贊成 등이며, 六曹는 일반 정무를 담당하며, 특별 정무를 담당하는 관부는 의금부, 사헌부, 승정원, 掌隷院, 司練院, 홍문관, 예문관, 성균관, 尙瑞院 등이 규정되나, 중앙 관부인 의정부 등은 이들 관부에 대하여 감독 권한은 없었고 왕의 정책, 정무 자문기관적이었다. 지방 관부는 外官職으로서 경기, 충청, 경상, 전라, 황해, 강원, 함경, 평안의 8도(감사 또는 관찰사), 4 府(府使), 4 大都護府, 20牧, 44 도호부, 82 郡(군수), 175 縣(현령, 현감) 등이 있었다(부사 이하 현감까지의 府牧郡縣 장을 守令이라 통칭). 官階 중 정3품 通政大夫 이상을 堂上官 그 이하를 堂下官이라 한다. 관리근무는 卯仕酉罷(卯時5~6시 출근 酉時17~19시 퇴근)가 원칙이었다(전봉덕 18~20면). 戶曹는 국가의 세입 세출의 전부를 책임지지는 못하였고 궁실, 중앙, 지방의 각 관부가 직접 재정을 담당하였고, 중앙의 재정은 국가의 토지인 전세와 지방의 토산 현물인 貢物로 충당하였다. 전세는 대부분 군량과 관리의 俸祿 등으로 사용되었다. 이들 재정은 지출명세표인 橫看, 수입명세표인 貢案 등으로 처리하였다. 토지소유권 변동은 등기제가 아닌 인도, 점유에 의하였다. 임야는 無主空山이라 하였다. 상업에는 점포에서 행하는 坐賈, 그렇지 아니한 行商이 있었다(전봉덕 21~22면). 관리 임용 시험은 문관, 무관, 잡과(譯科, 醫科, 陰陽科, 律科) 등이고 이 중 문과, 잡과가 예전에 규정되었다. 문과의 대과는 東堂試라 하여 及第는 33명이었고 모두 양반에 국한되어 조선 신분제 閥族의 재생산 기능의 중심 체제를 이루었다. 정기시험인 式年試 문과시는 初試, 覆試, 殿試 3단계였으며 복시서부터 서울에서 시행하였다. 전시 합격자가 급제자였다. 식년 小科試는 生進試, 監試로서 평민도 응시할 수 있으며 그 합격자가 생원, 진사이며 대과 응시 자격이 주어졌다. 잡과는 中人(평민)이 응시하였고 양반은 응시하는 법이 없다. 儀章, 服制는 동서 양반의 官階를 표현한다. 官學으로 중앙에 宗學 성균관 및 四學, 지방에 향교, 관상감에서 음양학, 전의감에서 의학, 사역원에서 한학, 왜학, 여진학, 몽고학 등을 강습하였다. 외교에서 중국을 事大, 일본을 善隣이라 하였다(전봉덕 23~25면). 군제는 중앙 五衛都摠府, 5위로서 義興衛, 龍驤衛, 虎賁衛, 忠佐衛, 患武衛이다. 지방 각 도에는 兵馬節度使, 수군절도사를 두고 관찰사가 겸무하였다. 군역은 남자에 부담하고 복역하지 않는 자는 軍役稅로 米布를 납부하였다. 교통 행정은 중국식 驛遞制였다. 변경의 위급 정보 전달 기관으로 烽火제가 있었다(전봉덕 25~26면). 형전 초두에 用大明律이라 하여 명률을 일반법인 실정형법으로 적용하고 형전의 각 규정은 특별법으로서 적용되었다. 사법기관인 法司는 중앙에 사헌부, 형조, 한성부 등의 三法司 및 반역죄를 다스리는 의금부, 掌隷院 등이 있었다. 지방에는 각 도 관찰사, 각급 부목군현의 수령이 재판 사무를 담당하였다. 拷訊으로 개시되며 杖 이하의 범죄자는 囚禁하고, 다음으로 범죄를 조사, 처벌하는 推斷이 행하여졌다. 형사재판을 決獄, 민사재판은 詞訟, 판결은 獄案이라 하며, 사죄의 판결은 結案이라 하고 심히 신중을 기하는 死因 三覆의 제도가 있었다(전봉덕, 26~28면).

全鳳德, 『한국법제사연구』(서울대학교 출판부 1968); 박병호, 『한국법제사고』(법문사 1974); 李熙鳳, 한국법제사고, 『한국가족법상의 제문제』(일신사 1976); 丘秉朔, 『한국고대법사』(고려대학교 출판부 1984).

경국대전은 조선 왕조 500년의 종헌, 成憲으로서 조선 왕조의 국가, 사회, 행정조직, 법률사상을 제도와 관습 속에서 집대성하였다. 경국대전은 가족주의, 사농공상의 신분주의, 각종 役事에 종사하는 七般賤役(皁隷조예, 羅將나장, 日守일수, 漕軍조군, 水軍수군, 烽軍봉군, 驛保역보), 半人半物의 賤人에는 七賤이라 하여 白丁 匠人

巫覡 才人 倡妓 僧尼 奴婢 등이 있었다. 또한 공노비(京居奴婢 外居奴婢: 立役하는 選上奴婢 외는 일반농민과 다름없는 納貢奴婢, 身貢奴婢)와 사노비(家內奴婢(그 소유주를 上典이라 한다) 즉 率居奴婢와 外居奴婢)) 등 노비는 부동산과 동일하게 거래의 대상으로 취급되어 양반의 재산의 주된 것이었으며 오히려 田土가 종으로 인식되었다. 良賤의 혼인 금지, 관직의 문관, 무관, 경관, 외관 등 국왕을 중심으로 하는 양반관인의 특이한 중앙집권주의가 지배하였다. 재산법상의 원칙은 토지, 가옥, 노비 등의 사유재산을 전제로 법률생활이 영위되었다. 부동산 이전은 文記와 점유 이전, 동산은 점유 이전으로 이루어졌다. 제사는 宗子가 자자손손 相承相續하여 직계장자 우월주의였으나 재산 상속은 자녀 공동평균상속을 원칙으로 하는 남녀무차별 평등주의의 법정상속주의였다. 형사법은 범죄와 형벌을 성문의 법규에 의거한 법정주의였으나 근대법의 죄형법정주의와는 달리 광범위한 유추해석이 이루어졌으며, 법관에 의한 재판이 아닌 일반 행정관에 의한 재판이었으며 전통적으로 법을 멸시한 양반관인에 의한 인의 지배의 재판이었다.[49)]

3. 조선왕조의 사회와 국헌

3.1 조선왕조의 사회

조선왕조는 국헌이 아니라 양반관인을 기반으로 국정이 운영되는 군주국가 체제로서 유교주의적 전근대 사회였다. 양반이 국왕 전제권력에 참여하고 형성하였다는 점에서 양반의 사회이며 전제적 양반관인정치였다. 국왕이 그 고유의 창설적 권력을 갖는 것이 아니라 천명에 의하여 국왕 지위를 얻었다 하여 군주의 통치는 大天理物이라 하였다. 국왕은 三議政 六曹判書 등 고위 宰樞의 召對, 臺諫 玉堂의 次對, 六曹郎官의 輪對 등으로 견제되었다. 문무양반관인은 관직에 수반하는 給田(科田 職田) 기타 賜田 등이 世傳되는 관례가 일반화하여 신분제 관직귀족계급이 봉건제를 갖지 못한 조선의 이 같은 통치체제는 중세 봉권주의 붕괴 후에 발생한 근세적 절대왕권과는 전혀 그 기반을 달리하는 신분제 계급사회에 기반을 두는 귀족정치적 왕조국가였다. 다만 그 양반이라는 귀족 계층은 서양의 귀족계급과는 달리 작위를 받는 등의 규준적 제도가 아니라 관직에 임명만 되면 일족이 귀족이 되며 양반이라도 時勢疏外, 一族官職不毛, 가세빈궁으로 직업을 가지게 되면 常人으로 전락하며 모함이라도 걸리면 일시에 노비계급으로 전락하게 되는 무규준적 불안정한 계급이었다. 양반은 田主로서 收租權으로 과중한 공납과 부역 등의 의무를 지고 苛斂誅求의 대상이 된 佃戶(농노적 농민)를 경제적으로 지배하였고 軍役 및 과세가 면제되니 부자 계급이었다. 지배계급으로서의 양반은 고위 관직자를 반복 배출한 사회계층으로서의 관직벌족을 의미하였다. 양반은 유교주의와 결부하여 변전하는 문명의 사상과 천년 이상으로 동떨어진 孔孟의 儒學 특히 朱子學의 교육과 지식을 독점하고 과거에 의하여 관직으로 군주통치에 참여하며 권력의 주체를 형성하니, 이 양반벌족 사이에 黨爭의 싸움은 국가 형성을 망하게 한 것이었다. 국가는 망해도 양반벌족만은 지키려 한 것이다. 조선 왕조는 국가의 형태를 빌린 양반을 위한 사회였다 할 수 있다.[50)]

3.2 조선왕조의 국헌

관부의 중앙행정조직은 문관 무관의 양반, 경관 외관 등 일관된 조직체계를 갖지 못하였으며 중앙과 지방간 조직 역시 통일적 권한 배분과 상명하복의 중앙집권적 체제도 아니며 또한 지방은 왕의 관부인 만큼 지방의 자치가 이루어진 것도 아닌 상태에서 절대왕권의 통일적 국가 체제도 아니며 더군다나 근대적 국민국가도 아닌 가부장제사회에 기초하는 가산관료제적 권위주의적 왕조국가였다. 가부장제는 가내 수익권을 家父에 귀속시키는 가부장권*pater potestas*을 중심으로 계층적 가족(祖·父·子·孫)과 가내 奴婢로 구성되는 '家'의 권위주의적 지배체제인 가족공동체*Hausgemeinschaft*이다. 가부장제는 유교주의와 결합하여 사회 조직 및 통제의 기반을 이루어 왕조국가 조선의 국가적 성격을 규정지었다. 나라의 한자말 국가의 '家' 또는 천하국가를 천하一家라 함은 동양적 국가의 가부장제 성격을 잘 보여 준다. 가족의 孝와 군신의 忠은 충효라 하여 가부장적 왕조국가의 성격을 잘 보여 준다. 근대국가의 개인주의적 성격은 가부장권에 흡수되어 국민의 자유에 기반을 두는 국민국가의 발전을 보기 어려웠다. 그 원류의 모형인 중국의 천하국가관은 中華와 夷狄의 구별, 천자와 제후, 군자와 소인, 사대부와 庶人, 귀와 賤 등으로 신분적 계층질서의 왕조국가관을 세웠다. 조선왕조 역시 양반(군자, 대인, 사대부) 常人(民, 소인) 노비 등의 계급제 사회였다. 이들이 정치적 지배계급으로서 군자는 勞心者요 소인 백성은 勞力者라 하였다. 그러니 근대국가의 법치주의가 나오기 어려웠다. 조선의 군자 양반은 예의염치의 예법의 주체이며 반면 서인 백성은 형벌로 다스리는 법치의 대상이었다. 치자의 입장에서 조선왕조는 법치의 국가가 아니라 예법의 국가였다. 이 같은 국가에서의 사회의 행동강령 역시 三綱五倫이라 하여 군신 부자 부부의 삼강 및 부자유친, 君臣有義 부부유별 장유유서 붕우유신 등의 오륜은 친자-가족-씨족(가문) 등의 사적 관계가 공적관계의 국가를 압도하였던 것이다. 형벌에 있어서도 '父義 母慈 兄友 弟恭 子孝 의 五常 위반의 죄를 綱常罪人이라 하여 군주에 대한 반역, 亂言 등의 죄보다 무겁게 처벌하였다(전봉덕, 32~40면). 조선왕조의 법은 왕의 명령으로서 성문화된 법률이 受敎의 법형식이다. 이 수교를 六大官府별로 편집한 것이 六典이니 결국 법전의 실체는 各司受敎, 수교의 輯錄이다. 경국대전 등의 법전편찬은 수교 중에서 '傳之萬歲而無弊之事'를 영구불변의 經久之法으로 보아 이를 간추려 행한 것이다. 그런데 조선 건국 태조의 경제육전인 元典과 이후의 續典 사이에 조문간 모순 등이 있을 때에는, 예컨대 태종은 원전에 상치되는 속전조문을 삭제하라 함으로써, 원육전을 중심으로 법의 통일성을 유지하고자 했다. 반면 '一時常行之事'의 非 경구지법은 '典'과는 별도로 '錄' 자를 붙여 謄錄이라는 이름으로 附錄하였다. 대전회통의 편찬 역시 경국대전, 속대전, 대전통편의 법규정을 전부 존치 수록하여 편찬한 것이다. 이렇게 조선왕조의 역대법전은 萬歲不易의 조종성헌이요 一句一字도 폐지될 수 없는 金科玉條의 嘉謨善政, 良法法制로서 成憲尊重으로 일관되니, 이 성헌존중주의는 근대 시민법의 '후법은 전법에 앞선다' 하는 신법우선주의와 맞지 않는 것이었다. 법 제정의 주체가 국민으로 보는 것이 아닌 왕의 명이 법으로 본 당연한 귀결이었다. 보수주의이며 전통주의였다. 이는 중국의 선왕존중사상인 당우唐虞三代의 조선판이라 할 수 있다.

3.3 조선왕조의 법제

법률의 수령인은 백성이 아니라 관부였다. 수교 즉 법률은 백성에게 공포되는 것이 아니라 관부의 사무집행을 행하는 관인을 위하여 관부에 下達된 것이었다. 조선의 법전에는 공포기일은 없고 시행기일만 명시된 것은 이를 나타낸다. 조선은 중국 禮記의 '刑不上大夫 禮不下庶人'을 따라 법은 군자 사대부와는 관계가 없고 예는 서인이 알 바 아니라 하면서, 군자는 *以禮義治之者* 즉 예치의 대상이나 서민은 *以刑罰治之者* 즉 법치의 대상자로만 보았다. 법은 양반의 지위를 밝히고 강화하는 목적을 가져 양반귀족사회의 왕조국가의 법의 성격을 잘 드러내었다. 양반과 常賤은 관할하는 재판소가 구별되어, 양반의 형사재판에는 왕의 특명이 필요하고 의금부에서 재판을 받았으며 반면 상천(7품 이하의 관인 포함)의 범법에 대해서는 관찰사가 임의로 囚禁하고 재판한 것이다. 상민에게는 법도 무서웠고 법이 보호하는 도덕이나 예도 까다롭고 무서운 것이었다. 조선왕조의 법치는 이렇게 常民을 도덕이나 예를 모르는 무식자로 보았다. 조선왕조의 법은 도덕이나 예규범의 실천을 담보하기 위한 강제조치를 행하는 보조물로 보았다. 도덕 예규범이 목적 규범이요 법규범은 수단규범이었다. 법규범 속에 도덕 예규범이 핵심을 이루니 법은 도덕에 매몰되었다. 禮本法末의 법은 근대시민법과 같은 국민의 권리를 보장하기 위한 규범이 아니라 도덕의 자기실현을 위한 힘으로 인식되었다. 양반계급은 법 위에서 살아온 특권계급으로서 법 무시의 정치를 행하고 법을 스스로 지키기 위한 것이라기보다는 서민을 다스리기 위한 것으로 보았다. 양반의 자의적 법 해석과 운용은 서민에게 법을 공포의 대상으로 여기게끔 하였다. 군현의 수장인 수령들이 행정권과 재판권을 함께 가짐으로써 피치자인 백성과는 유리된 법과 동시에 예법의 통치의 왕조국가에서는 民惟邦本 등이나 愛民 등은 신분적 계급질서를 전제로 한 것이지 근대시민법적 사고는 아니었다. 인간의 타고난 존엄성을 의미하는 것도 아니었다. 남에 대한 배타성, 친소적 정실주의, 전통적 유교주의가 법치를 능가하였다. 牧民이라는 말은 법치의 반대말이기도 하며 국민주권 관념에도 맞지 않는 것이었다. 법은 법 고유의 목적이 있어야 하며 법의 정의를 가져야 한다. 조선왕조의 법은 도덕의 실현 수단이었다. 그 자체의 목적을 갖지 아니한 것이었다. 조선의 도덕과 예는 신분제 사회의 정의를 위한 것이라 해도 과언이 아니었다. 덕치주의 예법국가는 법치주의 법치국가와는 조화될 수 없는 것이었다. 덕치주의의 법은 도덕의 연장이다. 이는 결국 법을 부정하는 無刑之治 즉 刑措不用의 太平社會를 희구한 것이다. 절대적 덕치사회는 無訟의 이상향이었던 것이다(전봉덕, 44~54면).

[三] 근대 한국법의 체계적 특성

1. 조선 개화기의 근대법

조선말 실학사상은 전근대적 사상의 양적 개혁론에 불과하며 개화사상은 이와는 차원을 달리하는 서구적 근대사상에의 질적 전환이다(전봉덕, 61면). 실학은 봉건사회의 본질을 해부하고 노동하지 않는 계급을 비방하고 신분적인 세습을 비판하고 대토지소유를 부인하였지만 그 비판의 기조는 唐虞三代에 속하는 것이다(천관우, 『磻溪柳馨遠研究』(下, 歷史學報 3 1953년), 138면; 전봉덕, 60면). 개화를 일응 근대화로 상정한다면, 개화기는 조선왕조 말 개국기 이래 고종 말까지의 시기이며, 양반관인의 왕조적 사회에서 근대사회로 향하는 합리적이고 과학적 사변에 기반하여 각 개인을 발견하고 그에 대한 인간과 시민의 사상이다. 인간이 자신의 인격성을 실현하고 개인성을 자각하면서, 타인도 목적으로 여기면서도 자신의 이익을 추구함을 소인의 행위로 경멸하고, 허구와 위선을 도덕과 예라 하는 克己復禮의 유교주의적 신분계급적 官人권위주의적 규범으로부터 벗어나는 것이 개화의 사상인 것이다(전봉덕, 63면). 유학은 추상적인 군자의 이상형은 알고 있었지만 개개의 구체적인 인간으로서의 개인은 알지 못했다. 문명개화에 淸國은 실패했으나, 일본은 서구 문명의 개화를 긍정하고 이를 전면적으로 겸허하게 서구화정책을 핀 것에서 연유한다. 개화는 정신적 근대화와 그 제도화에 바탕을 둔다. 개화사상은 중화사상이 아니며 국수사상도 아니다. 이는 서구 근대화에 기반을 두며 국민국가를 지향하는 것이다(전봉덕, 63면). 개화파 李東仁은 僧 출신으로 福澤諭吉로부터 개화문명 조선자주의 말을 듣고 일본 문명의 식견을 넓히고 있었다. 劉大致, 朴泳孝, 洪英植, 徐光範, 金玉均, 朴珪壽, 吳慶錫, 金弘集, 俞吉濬, 尹致昊, 魚允中 등의 개화파는 수적으로 閔氏戚閥 정권의 집정대신의 洪淳穆, 金炳國, 金炳始, 민태호, 민규호, 민겸록, 閔泳翊, 이조원, 윤태준 등의 수에 미치지 못하였다. 甲申 12.4. 갑신정변은 일본의 지원만 믿고 명치정부 형태의 개화를 도모하고자 郵政局 落成宴에서 사대파 거두를 타도하였으나 3일 만에 무너져 신구양반간 권력 다툼으로 끝나게 되었다. 12.5. 발표한 甲申政令 14개조는 유교주의적 신분계급적 관인권위주의적 규범으로부터 벗어나면서, 국권을 확립하고 자주독립국가로서의 주권을 갖추자는 것이었다. 문벌 등 신분계층질서 폐지, 정치참여의 기회균등을 위한 인민평등권 확립 등 근대국가의 시민법원리에 기초하는 국민국가를 지향한 의의를 갖는다. 정치체제에 있어서 君權有限 君民共治 같이 공화정체에 가깝게 하여 관인양반과 국왕권력의 私談정치에서 內閣政治로 나가자 하였다. 관제도 內侍府 혁파, 내관 폐지 등으로 왕실이 국가를 좌우할 수 없도록 하고, 재정을 호조 중심으로 통일하고 地租法 개혁을 통하여 종실과 척족의 수입원을 박탈하며 모든 수입을 국고에 귀속토록 하였다. 병제에서는 군제를 통일하여 지휘권을 확립하려 하였다.

2. 조선 구한말의 근대법 사상

근대시민법의 기반인, 인간은 나면서부터 자유와 권리의 주체가 된다는 천부인권론은, 1884년 갑신년 개국 493년 2.11. 漢城旬報 제14호 '美國誌略續稿'에서 전역미국독립선언문을 인용하면서 최초로 언급되었다. 일본의 후쿠자와 유키치福澤諭吉(ふくざわ ゆきち 1835.1.10.~1901.2.3.)의 '西洋事情' 卷之二 '亞米利加合衆國史記'에서 번역한 '13주 독립격문'을 게재한 것이다. "사람은 누구나 세상에 태어남과 동시에 不易의 通義(權利)는 … 사람의 힘이나 귀신의 힘으로도 빼앗을 수 없다" 하였다. 朴泳孝의 '戊子上疏' 즉 '朝鮮內政改革에 관한 建白書'(개국 497년 戊子 정월 13일) 상소 제8조는 천부인권을 '使民 得當分之自由'로 표현하였다. 생명, 자유, 행복추구(재산) 등의 通義를 가진다는 것이다. 정부가 인권을 보전하지 못하면 백성은 정부를 변력하는 저항권을 행사하여 새로운 정부를 세울 수 있다. 俞吉濬은 '西遊見聞' 제4편 '인민의 권리'에서 'All men are created equal'을 천부인권으로 설명하였다. 福澤諭吉이 '天은 사람 위에 사람을 만들지 않고 사람 아래 사람을 만들지 아니하였다' 한 것을, 유길준은 '人上人이 無ᄒᆞ고 人下人도 無ᄒᆞ다'로 표현하였다. 유길준은 인권에 대하여 근대입헌주의 성문헌법을 인지하면서 이를 상세히 분류하여 소개하였지만, 인권을 법률의 유보에 의하여 보장되는 법률상 권리로 해설하였다. 이는 일본 명치헌법의 '신민의 권리의 보장방식이 법률의 유보하에 있다' 함에 영향을 받은 것이다(전봉덕, 92면). 다만 영업의 자유 즉 직업의 자유를 말하고 身名의 자유, 재산의 권리, 言詞의 권리, 명예의 권리, 인신보호제도, 죄형법정주의 등을 말하여 신분제사회를 탈각시키려 하였다.

유길준 서유견문과 근대국민국가의 법 庚戌國恥의 조선병합 전 1907년 이미 많은 일본 유학생이 배출되고 헌법, 민법, 형법 등 법학교과서가 출간되며 일본법률서적이 진고개의 日韓書房에 직수입되어 유길준 논고가 계몽적 의미를 잃고 있었지만, 서유견문은 지리, 정치, 경제, 법률, 사회, 문화, 풍속, 습관 등 서양사물의 자주독립과 충군애국적 지성의 백과사전이었다. 국가의 주권, 독립권 등 국가의 기본권리, 국가의 권리와 인민의 권리, 국가의 분류와 속국론, 贈貢國과 보호국, 강박에 의한 조약 등 국가론을 설명한다. 인민의 권리론은 자유, 통의*right*, 정체론으로 조선은 중국, 일본과 더불어 압제정체이며, 구주 입헌정체, 미국의 合衆政體 등을 들고 있다. 법률의 公道로서 법률과 사법관, 예의염치와 법률, 항구법과 변천법, 입법의 개시, 로마법과 로마법대전, 나폴레옹법전의 편찬, 영국인민의 자유권, 죄형법정주의, 인권과 변호사 제도, 商賈의 회사제도, 등을 서술하였다.

3. 조선 구한말의 근대법 법제

유길준은 국가주의 법률로 개인의 권리와 자유, 자주와 독립심, 궐기와 분개심, 명예와 자존심, 국민적 기개가 진흥되어야 국가의 자주독립이 이룩되고 군권도 공고하게 되며 공법 즉 국제법도 국내법과 동일한 효력을 갖는다 하면서 법의 역사성에 따르는 전통 존중의 낭만적 민족주의자였다. 절대주의적 군권 또는 국가의 독립성을 확립하고 중앙집권적 근대국민국가를 수립한 연후에 의회제도 등 君民共治의 입헌정치에 이양하여야 한다고 생각하였다(전봉덕, 188-252면). 徐載弼은 미국 유학을 통하여 직접 알게 된 천부인권론 등을 1896년 4월부터 1898년 5월까지 주관한 '독립신문'의 논설에서, 이를 하나님이 주신 권리라 말하면서, 백성이 나라의 주인이라 하는 '大韓帝國' 시기의 이런 생각은 조선 말 보편화되었다. 국가에 국권이 있듯이 천부의 인권이 있다는 것이다(皇城新聞 光武 3년 2월 17일 논설, 大韓每日申報 光武 9년 19월 11일 雜報欄 등). 조선의 재판소는 판사가 '가죽벳기는 ᄃᆡ'라 하면서 재판제도가 없다 해도 과언이 아니라 하면서, 미국의 인민과 같이 정당한 법률절차에 의하여 재판을 받을 수 있는 권리의 보장을 역설하고, 인권을 보장할 수 있는 재판소, 재판관 등의 존재를 주장하였다. 金玉均은 1886년 丙戌上疏에서는, 인민의 재산권이 양반관인들의 橫奪과 掠取에 놓여 있으며 재산이 조금이라도 있으면 생명의 위험까지 당할 염려가 있으므로 인민은 아예 재산을 모으려 하지 않는 나태한 인종으로 전락되었다 하면서, 양반제도 폐지와 인민의 재산권 보장을 말한다(전봉덕, 88면; 閔泰瑗, 『甲申政變과 金玉均』(1947년), 74-75면.). 박영효도 '戊子上疏'에서 양반관인들이 불법무질서의 국가를 만들고 나라를 陷穽국가, 감옥국가로 전락시키고 있다 한다(朴泳孝, 上疏文, 『근대 한국명논설집』(新東亞 1996년 1월호 별책부록).). 서재필도 같은 말을 하면서 행복추구의 의욕을 아주 말살하고 나라를 멸망의 길로 몰고 간다 하였다. 박영효는 정신적 자유를 생각할 수 없을 만큼 인간 감정을 비굴하게 만들고 이런 굴종은 서민들에 대해서뿐 아니라 양반정치가에게도 당쟁이라는 이름의 모략과 중상의 보복은 잔인하였다. 권력남용의 전형적 수단인 酷刑拷問의 금지, 신분제도 철폐와 여성의 해방, 私刑私裁 금지, 暗黑재판 금지, 만민평등의 실현으로 근대적 국민국가를 지향하였다(田鳳德, 『韓國近代法思想史』(博英社 1984), 144-145면).

Ⅱ. 대륙법계의 체계적 특성

[一] 법계로서의 대륙법과 영미법

1. 대 륙 법

대륙법(civil law)은 로마법(법무관법 ius praetorium 등)과 게르만법을 근간으로 하는 법계이다. 로마법은 동로마제국(330~1453) 大帝 유스티니아누스 1세(Justinian I c.482~565.11.14. 재위527-565)때 편찬된 '로마법대전'(Corpus Juris Civilis, '유스티니아누스 법전' Codex Justinianus 529~534)이 황제법(imperial law) 등 최고의 권위인 칙법휘찬(勅法彙纂 529.4.7.공포 Codex Constitutionum)·신칙법(新勅法 Novellae Constitutiones 534년), 法學提要(법학교과서 Institutionen, Institutes of Justinian 533. 11.), 학설휘찬(學說彙纂 Digest, 588.12. 50권)인 Pandekten(로마고전기 공인된 법률가의 저작·학설) 등을 총칭하는 'Summa' 즉 全書로서 정리되면서 공·사법 구분 등 근대법의 원류가 되었다. 로마법 등 대륙법의 근대법 형태의 정착은 19세기 푸흐타, 빈트샤이트 등의 해석학적 로마법연구에 따른 법전편찬인 판덱텐*Pandekten*, 會典(Digesta seu Pandectae) 체계의 1900년 독일 민법전 제정에서부터이다. 법의 역사적 형성의 한 예로서, 대륙법계라도 사법과 달리 공법 특히 행정법은 프랑스에서 생성되었다. 프랑스 왕실이 민·형사재판권의 사법권에서 벗어나고자 하면서 국사활동에 대해서는 자주적 행정재판권을 국민주권의 뒷받침을 받으면서 형성해 온 것이 '왕실協辦'(Conseil du roi)에서 국사평의회(Conseil d'État)라는 이름의 국사재판소로 변천하게 되고, 그로부터 축적된 판례로부터 프랑스 특유의 행정법이 성립하게 된다. 독일은 이를 참조하여 공권력의 주체로서의 국가의 활동에 대해서 재판권을 행사하는 행정재판소(Verwaltungs-gericht)를 설치하게 된다. 영미에서는 왕도 신과 법 아래에 있다 하여 보통법(common law) 지배하의 보통법법원(common law court)의 재판을 받지만, 현대의 복지국가에서의 행정의 질이 침해에서 역무를 주는 등으로 질적 변화를 가져오면서, 행정 스스로의 심판기능을 행사하는 행정심판소(Administrative Tribunals)가 설치되고 점차 독립규제위원회(Independent Regulatory Commission)로서 기능하게 된다.

로마법의 대륙법 동로마제국 즉 비잔틴제국Byzantine Empire은 로마 황제 테오도시우스 1세 사망 후 동·서로 분열된 중세 로마제국에서 콘스탄티노플[콘스탄티누스의 도시, 비잔티움(Byzantium)은 콘스탄티노폴리스의 고대 지명에서 유래] 현재 터키의 수도 이스탄불에서 330.5.11. 건국하였다. 로마제국에서 형성되어 온 Papinian, Paulus, Ulpian, Modestinus, Gaius 등의 전서들은 1차적 법적 권위*primary juristic authorities*를 이루는 法源이다. 판덱텐 체계는 이들 전서들을 한 묶음으로 편찬한 프랑스 로마법학자 디오뉘시오스 고토프레두스Dionysios Gothofredus 1549-1622에 의하여 불리게 되었다.

2. 영 미 법

영미법(Anglo-american law)은 보통 사람들의 합리적 경험에 기반한 영국에서 형성되고 미국에서 발전한 법(ordinary reasonable man's law)이다. 법관의 법발견*law finding*으로 형성된 보통법법원*common law court*의 판례법*case law*과 역사적 계속성을 지닌 관습법*customary law* 등의 보통법common law 및 성청법원Star Chamber Court, 대권법원prelogative court 등에 기원하는 형평법equity law 등이 체계화된 법계다. common law는 말 그대로 영국 전체에 공통되게 적용되는 법이다. 지방 영주법에 대응하는 법 혹은 대륙법의 제정법에 대응한 판례법 혹은 보통법 흠결을 보충하는 형평법 또는 교회법ecclesiastical law 등에 대응하는 세속법 등이 영미법이다. 영미법은 영국, 미국은 물론 영연방 국가들 그리고 우리로서는 의외이지만 한국, 일본, 중국 등을 제외한 거의 모든 동남아시아 국가들에서 제도화되어 있다. 영국의 식민지배를 받은 인도, 홍콩, 싱가포르나 미국 지배를 받은 필리핀 등이 그러하다. 영미법 국가라도 미국 루이지애나 주, 캐나다 퀘벡 주는 프랑스령이었던 관계로 대륙법계의 모습을 지니고 있다.

영미법의 의회와 법원 올리버 웬델 홈즈(Oliver wendel Holmes 1841~1935)의 '법의 생명은 논리가 아니라 경험이다' *The life of law has not been logic, it has been experience* 등의 속성을 가진 영미법은 Magna Carta 1215, Statute of Uses 1535, 신탁토지 등 수익권, Statute of Frauds 1677 등 헌법률 장전이 있다. 불공평, 전단專斷적 재판으로 알려진 성청星廳법원은 1164년에 폐지되었다.

3. 대륙법과 영미법의 관계성

대륙법은 로마법에 기반을 두고 자연법사상과 계몽사상에 영향을 받은 제정법statute의 법체계다. 영미법은 보통법common law에 기반을 둔 영국법과 미국법을 중심으로 하는 법체계다. 양 법계가 수렴된다고 하나 기본적 차이는 상존한다.

EU법과 미국법 미국의 반독점법은 독점을 없애고 소비자 권익옹호를 위해 경쟁 자체를 보호하려 하나, 유럽 EU의 법은 독점기업과 경쟁하는 경쟁기업의 존재와 권리를 보호한다. 표현과 정보의 자유라는 가치는 미국에선 절대적이지만 유럽은 미국보다 정보 흐름의 제한에 적극적이다. 유럽은 미국과 달리 반독점법 위반에 대한 형사처벌이나 징벌적 손해배상제도가 없다. EU의 반독점법 '유럽연합 기능에 관한 조약*TFEU*' 제82조는 '공동 시장 내에서 지배적 지위의 남용'을 금지하고 있다. '왜곡되지 않은 진정한 경쟁을 손상시키지 않을 특별한 의무'를 기업에 부과한다고 유럽 법원은 해석하고 있다. 소비자권익을 해치는 반경쟁적 행동 금지에 초점을 두는 미국법과 다른 유럽식 접근법은 시장지배적 사업자가 반경쟁적으로 행동하지 않는다 해도 시장 지배 자체만으로 법 위반 소지가 있다고 본다." 아이너 엘호지*Einer Elhauge*교수(하버드 법대)는 "유럽이 법위반 기준을 엄격하게 적용하는 이유 중 하나는 처벌이 (미국에 비해)약하기 때문"이라고 추론하기도 한다.[51]■

■ Einer Elhauge/ Damien Geradin, *Global Competition Law and Economics*, Hart Pub Ltd: 2 ed., 2011. esp., *CHAPTER 4 Vertical Agreements That Restrict Dealing With Rivals CHAPTER 8 Markets That Span Multiple Antitrust Regimes*

[二] 대륙법의 법규범성

1. 성문법주의의 법체계와 관습법 등의 보충적 효력

성문법은 문장으로 써 놓은 법규범이다. 성문법주의는 성문헌법, 법률, 명령, 자치법규 등의 국내법, 조약 및 국제법규 등의 국제법으로 이루어지는 실정법의 위계·효력의 질서구조이다. 이는 영미법계의 불문법주의와 대조된다. 대륙법계의 법이라 해도 프랑스민법*Code civile des Français 1804.3.21.*은 로마법과 프랑스 관습법에 기초를 둔 인스티투티오넨*Institutionen* 법학제요 방식의 사람·물건·소송의 법전 체계로 제정된 시민법이다. 인격, 소유권, 계약 등 근대법의 기초를 마련하였다. 반면, 독일민법전은 로마법에 기초를 둔 판덱텐*Pandekten* 학설휘찬 방식의 총칙-각칙의 일반·추상적 조문에서 개별·구체적 조문으로 배열되는 법전체계로 구성되었다. 한국 민법전의 총칙, 물권, 채권, 친족, 상속의 편제도 이에서 영향받은 것이다. 관습법은 사회 관행으로 성립한 인간행위의 준칙이 법으로서 지니는 강제규범적 구속력을 가지게 된 규범이다. 이는 사실인 관습이 존재하고 이에 대한 일반 국민들의 법적 확신이 있어야 성립하게 된다. 대륙법계는 성문법주의에 따른 실정법 체계이기에 판례법과 관습법의 효력은 보충적이다. 민법전 제정 전부터 동성동본은 혼인하지 못한다는 관습이 있었다. 이 관습은 1960년 민법전 제정을 통하여 성문법화되었다. 그러다 헌법재판소 결정으로 위헌이 되었다. 동성동본은 남계를 기준으로 정하여지는 것이어서 남녀평등, 민주적 가족제도 등에 반한다는 것이다. 이렇게 관습은 성문법화되었어도 변전하는 법현실의 변화에 민감하게 반응하는 규범성을 갖는다. 조리는 사회 일반인들의 건전한 상식에 의하여 인정되는 사물 본연의 이치다. 조리의 법규범성은, 구체적 사건에 적용되는 법규범이 없는 때 즉 법의 흠결이 있는 경우, 소송법 흠결시 재판은 중단되나 실체법 흠결이면 거부될 수 없기에, 이때 법관은 조리에 의거하여 재판을 행한다 할 것인 바, 이 같은 재판의 규준이 되는 조리는 법규범은 아니나 재판에 적용되는 法源에는 해당한다.

사비니와 홉스의 실정법 사비니는 법률은 언어에 의하여 형체가 주어지고 절대적인 힘을 갖춘 실정법으로서 존재한다 하였다. 토마스 홉스는 법을 자연법과 실정법으로 나눈다. 자연법은 오랜 옛적부터 존재해 온 법으로 정의, 공평, 평화, 자비에 기여하는 마음의 습성과 같은 도덕적 미덕 속에 존재하는 도덕법이다. 실정법은 주권적 권력의 의지로 만들어진 법으로 성문화되어 있거나 입법자의 의지를 표현하는 다른 어떤 증거로 사람들에게 알려진 것이다. 이에는 인정적 실정법과 신정적 실정법이 있으며 전자에는 분배적 실정법과 형벌적 실정법이 있다고 한다.[52] 이는 당시 종교와 세속 권력의 혼재성을 보여준다.

관습법의 법원성 민법 제1조 '法源' '민사에 관하여 법률에 규정이 없으면 관습법에 의하고 관습법이 없으면 조리에 의한다' 함이 관습법의 법원성 원칙이다. 민법 제185조가 물권의 종류라 하여 '물권은 법률 또는 관습법에 의하는 외에는 임의로 창설하지 못한다' 함과 같이 성문법과 관습법을 동등하게 보는 예가 없는 것도 아니다. 하지만, 이는 예외적이다. 심지어는 관습법이 성문법보다 그 효력에 있어서 우선시키는 경우도 있다. 상법 제1조가 상사적용법규의 순서를 정하면서 '상사에 관하여 본법에 규정이 없으면 상관습법에 의하고 상관습법이 없으면 민법의 규정에 의한다' 함이 그것이다.

2. 강단법학의 법체계

법전 체제의 대륙법계 법제는 대상에 따른 조항 배치를 체계적으로 해석·적용하는 강단법학의 발전을 가져왔다. 법학은 신학, 의학과 함께 르네상스기 대학의 전문 학문영역이었다. 중세 후기 탄생한 서구 대학에서 법학은 신학, 의학과 더불어 전문 학부였으며, 중세 법학의 체계화는 성직자들에 의하였기에 신학과 법학은 닮은 점이 있으며 법학의 상징 색이 紫色인 것은 유럽 귀족의 옷 색에서도 연유되는 것이 아닐는지 한다. 대륙법학이건 영미의 법학이건 그 교수를 위한 강단법학에서 개념법학은 유용함이 있다. 짧은 시간에 요약된 내용을 전달할 수 있으며, 무엇보다 정치·사회의 상황에 좌우되지 않는 법원칙을 중립적으로 전달할 수 있고 법학을 발전시킬 수 있다. 다만 법학자나 법조인은 개별 분야 영역에의 로고스적 지식 없는 법률판단으로, 개념법학의 만능적 적용이라는 신화에 안주하게 된다.[53] Posner와 같은 법의 문학적 분석은 법 제도와 사회 제도의 원형에 접근하기 위한 노력으로 간주된다. 이는 문학의 법적 분석을 주로 행하는 類와는 다른 것이다. 그러면서 한국의 강단법학은 현실을 법학개념으로 재단하는 규범적 신념 없이 현실에 법을 맡기는 등으로, 근대와 현대입헌주의의 법치주의는 망각하고 있다. 한국의 강단법학은 1925년 후의 오스트리아의 Kelsen과 Merkl의 순수법학이 여전히 방법론으로 유효하고 타당한 것으로 받아들여야 할 것이다.[54]

3. 법도그마틱의 법전 체계

법도그마틱의 존재도 대륙법계의 특징이다. 근대 민법의 기본원칙이라 일컫는 사유재산권의 소유권절대원칙, 사적자치의 계약자유원칙, 자기책임의 과실책임원칙 등이다. 이들 원칙에는 거래안전, 사회질서, 신의성실, 권리남용금지 등으로 소유권제한, 계약공정, 무과실책임도 공존한다. 민법 제2조 제1항 '권리의 행사와 의무의 이행은 신의에 좇아 성실히 하여야 한다'의 신의성실원칙 및 제2항 '권리는 남용하지 못한다'의 권리남용금지원칙은 외형상으로는 권리의 행사같이 보이지만, 구체적 실질적으로 보면 권리의 사회성·공공성에 반하는 권리 행사의 효과를 부인하는 원칙을 말하는 점에서 동질성을 갖는다. 대륙법계는 법전 체계 및 법도그마틱 특성상 영미법계에 비하여 상대적으로 판례의 가치성 내지 법원성에 소홀하다. 다만 법적용의 실재에서는, 대륙법계의 판례 변경에도 기존의

'법'을 폐지하고 새로운 법이 실현되는 효과를 가져와, 법의 강제규범성이 가져오는 법률효과를 달라지게 한다. 판례변경으로 종전 판례를 폐기하면, 일반 국민에 대해서, 새 법리의 취지에 맞게 자신의 행위를 할 필요성을 더욱 커지게 하는 사회적 법실현의 강제규범적 법률효과를 주게 된다.

[三] 대륙법의 법규범성

대륙법의 법규범성은 제정법을 주로 하면서 판례법에 의해서 이루어진다.

대륙법계와 판례변경 종전 대법원 판례(대법원 2001.11.27. 2000도3463; 2002.2.22. 2001도6209; 2010.1.28. 2009도1884; 2010.9.30. 2010도8556 등)는, 부동산을 매수한 명의신탁자가 자신의 명의로 소유권이전등기를 하지 않고 명의수탁자와 맺은 명의신탁약정에 따라 매도인으로부터 바로 명의수탁자에 중간생략의 소유권이전등기를 마친 부동산실명법 위반의 '중간생략등기형 명의신탁'에서, 명의수탁자의 신탁부동산 임의처분행위는 명의신탁자에 대하여 횡령죄가 성립한다는 판시였으나, 대법원 2016.5.19. 2014도6992에서는 명의신탁자와 명의수탁자간 횡령죄 구성요건에서 요구되는 재물보관의 전제인 위탁신임관계를 인정할 수 없다■ 하여 이들 판례를 모두 폐기하였다.

■ 중간생략등기형 명의신탁을 이른바 계약명의신탁 즉 명의신탁자가 명의수탁자와 명의신탁약정을 맺고, 명의수탁자가 매매계약의 당사자가 되어 매매계약 체결후, 그 등기를 명의수탁자 앞으로 이전하는 형식의 명의신탁과 비교했을 때, 매도인 악의의 계약명의신탁은 이와 유사한 면이 있고 법률전문가도 구별이 쉽지 않음에도, 계약명의신탁에는 형사제재를 하지 않고 중간생략등기형 명의신탁만의 횡령죄 처벌은 법적 안정성을 해치고, 일반국민들의 법감정에도 맞지 않는다.

Ⅲ. 영미법계의 체계적 특성

[一] 법의 지배 – rule of law

1. 노르만정복과 대헌장

영미법은 법지배의 법체제다. 영미법제 형성의 역사적 과정 자체가 노르망디 정복 왕조의 힘의 지배에 대하여 잉글랜드의 토착 앙글로 삭슨 족의 복종의 조건을 rule of law로 정한 것이기 때문이다. 그 근원에 대헌장이 있다. 1066년, 노르망디 공 기욤은 영국 왕위에 오를 권리가 있다 하며 영국에 침입하여 노르만 왕조*1066~1154*를 세웠다. 그가 잉글랜드 왕 윌리엄 1세다. 1215년 6월 15일 잉글랜드 라니미드에서 맺은 협약 대헌장*Magna Charta*은 윌리엄 1세 후예 존*John* 왕이 앵글로 족, 색슨 족 봉건제후 특권의 재확인을 승인하는 항복 문서였다. 체결 후에도 존 왕의 손자로 왕위를 계승한 헨리 3세가 대헌장을 지키지 않자, 1215년 귀족과 승려 외에 지방 기사와 시민대표가 참가한 회의를 '의회'라 부르고, 14세기 중엽 상원과 하원의 양원제가 되었다. 1302년 프랑스에서 3개 신분으로 구성된 삼부회가 열린 것은 이에 영향 받은 바 큰 것이다.

노르만 정복 노르만 정복은 게르만 족 대이동의 10세기 초 북프랑스 지방을 점령한 족장 롤로의 노르만 인들이 '바이킹'이라 불리면서부터다. 現 스칸디나비아와 덴마크 근방에 있던 게르만 인들은 서로마 제국이 세 나라로 나뉘던 8세기 말부터 활동하기 시작한다. 당시 덴마크의 크누트는 앵글로 색슨의 왕을 항복시키고 덴마크와 노르웨이를 합친 국가를 건설하였다.

2. 보통법법원의 우위와 보통법의 지배

법의 지배는 17세기 영국에서 의회와 법원의 국왕에 대한 헌법투쟁으로 획득한 의회주권*sovereignty of parliament*, 司法우위*supremacy of the judiciary* 등에 의하여 확립된다. Rule of law는 법의 우위*supremacy of law*로서, 합리적인 보통 사람들의 법인 보통법*common law*, 보통법법원*common law court*의 재판에 의한 법관법judge-made law, 보통 사람들의 배심제jury system 등으로 구성된다. 백년전쟁*1337~1453*, 장미전쟁*1455~1483* 당시 Tudor왕조*1485~1603*는 Stuart왕조*1603~1714*와 함께 전제군주정으로, 국왕대권*prerogative*, 칙령*proclamation*, 성청법원*Star Chamber Court*, 대권법원*prelogative court* 등의 보통법원칙에 반하는 재판이 이어졌다. 보통법법원은 고등종무법원Court of High Commission 관할권을 부인하는 금지영장writ of prohibition을 발부하는데, 국왕은 보통법법원의 금지영장을 다시 심사하는 재결권을 행사하고자 하지만, 보통법법원의 투쟁과정에서 왕도 보통법법원의 보통법에 복종케 된다. 이로써 보통법의 우위와 지배가 이루어진다. 보통법법원인 민사법원*Court of common pleas* 코크(Sir Edward Coke 1552.2.1.~1634.9.3.) 법원장은, "소송*common pleas*은 자연의 이법*natural reason*이 아니라 인위적 이성*artificial reason*의 법적 판단이다. 왕은 자연의 이법은 알아도 인위적 이성은 모른다. 법관과 같이 배워야 비로소 알게 되는 것이다. 브락튼*Bracton*의 말과 같이 왕은 만인지상이나 신과 법 아래에 있다" 하면서, 보통법법원의 우위와 보통법의 지배를 확인한다.

3. 의회주권과 법의 지배

보통법법원은 본햄사건*Dr. Bonham's Case*에서 보통법에 반하는 의회제정법을 무효로 하면서, 1688년 명예혁명 다음해 1689년 권리장전 이후 왕권은 신이 아니라 의회가 부여한 것이라는 의회주권*sovereignty of parliament*을 인정한다. 1680년 찰스 1세*Charles I 재위 1625~1649*가 소집한 장기의회는 1641년의 성청법원, 고등종무법원의 폐지를 왕이 수락토록 한다.[55)] '왕은 악행을 할 수 없다'*The King can do no wrong*하는 국왕무책임에서 왕도 책임을 진다 하는 '국가책임법'*Crown Proceedings Act 1947*을 제정하게 된다.

[二] 판례법주의 – 선례구속력

1. 판례법과 판례법주의

판례법은 일정한 법률관계에 같은 취지의 판결이 되풀이됨으로써 사실상 法院을 구속하게 된 규범이다. 판례법은 法源이 되어 개개 판결과 구분된 일종의 법규범이다. 법체계의 골간을 이루는 법원칙으로 기능한다. 판례가 법원으로서 판례법이 되려면 앞서 이루어진 선판결에 법적으로 규범적인 구속력이 인정되어야 한다. 이 선판례로부터 논증을 통한 판례 형성이 이루어진다. 판례법주의는 법관의 판결로 형성된 판례가 法源으로 기능하여 법으로 성립하는 법체계이다. 영미법계는 판례가 法院을 법적으로 구속하는 효력을 지니는 판례법주의가 원칙을 이룬다. 이에 대하여 대륙법계의 성문법주의는 판례에 사실상 구속력을 인정할 뿐이다. 미국, 영국 등의 국가에서도 제정법은 광범하게 존재한다. 복지국가 영역에서는 증대하고 있다. 다만 판례법이 제1차적 법원이고 제정법은 판례법의 보충, 수정, 체계화 등을 위한 제2차적 법원이 되는 것이다. 판례법주의는 영국의 법제도에서 유래한다. 영국법은 중세 초기의 런던 소재 법원에 의한 판결들의 집적에 의한 판례법이다. 중앙집권적 법원, 법관, 법조인단 등 판사-법원-판례법의 一極化로 외부로부터 독립성을 가지면서 통일적 효력을 미치는 보통법*common law*을 형성한다. 보통법은 판례법주의의 소산이자 원천이다. 영미의 법의 중심에 법관의 판결이 있다. 판사가 법을 만드는 법관법*judge-made law*이 영미법 판례법주의다. 판례법주의는 법관법주의인 것이다.[56)]

2. 판례법주의와 선례구속

판례법주의는 '선례에 따르라'*stare decisis* 하는 선결례구속원리*doctrine of judicial precedent*로서 판례*case*에 법규범적 구속력*binding authority*을 부여하여 판례법을 법원*法源*으로 인정한다. 구속력은 같은 법체계 내의 상급법원 판결 및 자체 판결에 인정된다. 선결례로서 구속력은 당해 쟁송사건의 사실관계 자체에 해법을 주는 판결이유*rationes decidendi*(ratio: theory, reason, ground / decido: to being to o conclusion, decide)에 대해서 인정된다. 방론*obiter dictum*(ictum: a saying, remark / obiter: on the way, in passing, besides), 반대의견*dissenting opinion*, 부수의견*concurring opinion*은 구속력은 없으나 존중할 만한 가치를 지니는 선례로서 설득력*persuasive authority*을 갖는다. 판결이유는 판결의 결정에 이르게 한 주된 근거가 되는 법원칙으로서, 이는 판결은 개별 사건에 대한 구체적 결정이라는 당사자주의적 사법의 관념에서 연유한다. 판결 이유를 제시하지 않는 판결*a memorandum decision*에도 약하기는 하나 선례의 효력은 있다. 수개 판결이유*multi-legged holding*의 그 각각의 효력은 한정적이 된다. 선례 구속에는 이르지 않아도 선례의 참조 내지 평가에 의하여 구속력을 갖는 상황은 판례집, 최고법원 등 특정 조건이 맞아야 존재할 수 있다. 영국도 1215년 대헌장 이후 1256년 Bracton의 저작, 年報*Year Books ?~1535* 이후 1865년 이전까지만 해도 정식의 판례집은 나오지 않았다. 1873년 이전까지 단일의 최고법원도 존재하지 않았다. 법은 판사가 선언한 판결 이상의 관습법일 수밖에 없었다.

3. 판례법주의와 기판력 · 소급효

선례구속에 따라 쟁송사건에 대한 법원의 판결은 당사자 및 후소 법원이 재차 다툴 수 없게 하는 기판력*res judicata* res[ri:z] 물, 실체을 가져 법관의 법창조 기능에 따르는 선례를 형성한다. 대륙법계도 상급법원 판결에 따르지 않는 하급법원 판결은 파기되는 등 선례는 존중되나 이는 선례가 법으로 기능하는 것이 아니다. 선례에 따르지 않는 판결이 법해석에 반한다는 법치국가적 예측가능성 등에 의하여, 판례는 법적 구속력을 가진 법, 법원으로 기능하는 영미법에서와 달리, 법에 대한 하나의 해석에 지나지 않는다. 선례구속원리가 인정된다 해도, 특정 사례에의 선례가 절대적으로 적용되는 고정된 것은 아니고 후소 법원에 의하여 적절한 형태로 변용될 수 있는 가변성을 갖는다. 선례가 적용되어야 하는 사실관계는 법개념 내지 법관념을 넘어선 사회적 제도로서의 시대성을 지니는 것이기에 선례는 번복될 수 있다. 그런데 선례는 법원으로 기능하기에 그 번복의 효력의 범위가 어디까지 미치는가에 관련한 소급효 문제가 나온다. 이는 대륙법계 국가에서 위헌 법률의 소급효가 미치는 범위와 유사한 문제다. 법원의 판결을 법발견이라는 측면에서 보면 새로운 판결은 당연히 소급효를 갖는다. 이때의 선판례는 여전히 존재하는 법을 잘못 인식한 것이기 때문이다. 이에 대하여, 법원 판결을 법창조라 한다면 새로운 판례는 새 법을 창설하여 장래에 효력을 가질 뿐이기에 소급적으로 선판례를 깰 수는 없게 된다. 그렇기 때문에 필요한 경우에 판결문에서 소급효 문제를 개별적으로 결정할 수는 있을 것이다.

[三] 배심재판의 제도

영미법에서 배심재판이라 함은 보통법법원의 재판에 법관과 일반 시민으로 구성된 배심*jury*이 재판을 행하는 제도다. 형평법 사건에서는 배심재판의 제도가 적용되지 아니한다. 소배심*petit jury*은 심판배심으로서 민사재판에서는 손해배상의 책임을 결정하며 형사재판에서는 유·무죄의 여부를 판단한다. 소배심은 미국의 모든 주 및 연방법원에 존재한다. 영국에서는 형사사건에서만 존재한다. 대배심*grand jury*은 기소배심으로서 특히 형사재판에서의 기소 여부를 판단한다. 영국은 1948년에 폐지하였다. 미국은 연방사건에서 헌법이 이를 보장하고 있다. 배심재판은 배심원들이 법과 사건을 이해할 수 있도록 하는 법관의 설시의무에 의하여 그 본래의 취지대로 운영될 수 있었다. 전문傳聞 증거를 배척한다든지 구두변론을 중심으로 하는 소송 구조, 당사자주의 내지 탄핵주의 등은 영미 재판의 특징을 이루었다. 이로써 영미법의 판례법주의를 가능케 하였다. 배심재판에 의하여 법은 합리적인 보통사람들이 납득할 수 있도록 상식적 조리에 맞게 형성될 수 있게 되었다. 영미의 법의 지배는 배심재판에 의하여 눈높이에 맞는 법을 가져와 일반 시민의 법에 대한 준수를 가능케 하였다.

제3절 법의 법리법학성

Ⅰ. 법 학

[一] 보편적 규범학의 법학

1. 법학의 학문

1.1 법학의 의의

법학은 법을 연구대상으로 하는 학문이다. 법은 당위의 규범법칙이기에 법학은 이 같은 규범에 대한 규범과학이다. 즉 법학은 정신과학으로서의 규범학이다. 법은 또한 사회적 현실로서 존재하는 점에서 법학은 현상의 학문인 사회과학의 한 분야이기도 하다.57) 법학은 무엇보다 의사소통공동체에서의 실정법에 대한 방법적 인식이다. 실정법에 대한 일반적인 학문적*wissenschaftliche* 인식이 법론*Rechtslehre*으로서의 법철학(Jurisprudence, Legal philosophy)이며 실정법 자체에 대한 법해석적*Rechtsdogmatische* 인식이 법해석학(Rechtsdogmatics, or Legal Dogmatics Hermeneutics)으로서의 법리학*Jurisprudenz*이다. 법이 당위규범성과 강제규범성의 중층의 규범이듯이 법학의 체계성도 이론적 합리성과 실천적 합리성의 중층구조에 있게 된다. 법은 의사소통공동체에서의 인간의 목적지향적 소산으로서 정신적 형성물이다. 법은 인간 행위의 조정을 통한 질서의 수립을 목적으로 한다. 법에 대한 사실과 설명 이상의 가치적 평가는 가능한 배제하려는 가치적 중립성은 막스 베버적 의미의 지적 정직성이기도 하다. 법학은 통일적 관점에 따른 정돈된 법인식과 법개념의 질서이다. 법을 학문으로 연구하며 배우는 것은 실제적 사안의 해결을 위하여 법을 알아보는 단속적이며 단편적인 것 이상의 의미를 갖는다. 법학은 체계적 사유로 일반화된 보편적 지식을 갖게 한다. 이미 제정된 법의 이해를 넘어 장래 입법에 대한 지침을 준다. 현행의 법에 대한 좀 더 나은 개선점을 모색하도록 한다. 법해석에 일관성을 준다. 법의 흠결시 조리 또는 '문명국가가 승인하는 법의 일반원칙'(general principles of law recognized by civilized nations) 등의 발견에 기준점을 준다. 법학 교육에서도 법을 사유할 수 있는 보편적 시야를 갖게 한다. 법의 인류 보편적 기반을 마련할 수 있게 한다.

1.2 법학의 학습

법학의 학습은 법이 공동체에서 기능하는 바에 따른 법원칙을 배우는 것이다. 개개 법의 실정법적 개념 혹은 추상적 법논리에 한정되지 않고 이를 운용하는 법원, 법조인, 법학교육 등의 관련성을 함께 보면서 법이 기능하는 혹은 그 법을 기능하게 하는 사회적 양태인 법체계를 포함한다. 법전에서 인지되는 법, 법의 근저에 존재하는 것, 국민적 법감정, 사회경제적 흐름, 문화시대적 가치 등 실정법을 실질적으로 결정짓게 하는 것 등을 학습한다. 대륙법계니 영미법계니 하는 법체계 역시 법규범이 지니는 시대적 성격에 연결된 사회문화적 양태이다.

1.3 법학의 기능

사비니는 '현대로마법체계'에서 다음과 같은 괴테*1749~1832*의 파우스트(제1부 1972행~1979행) 일부를 인용한다. "법률이라든가 법이라고 하는 것은/ 영원한 질환과 같이 유전되어 오는 것이야∥모르는 동안에 이곳에서 저곳으로 퍼지지/ 도리가 비리가 되고 선행이 고통의 씨앗이 되지∥우리의 타고난 권리 따위는/ 문제조차 되지 않는다네, 유감스럽게도." 이는 "법학은 할 생각이 나지 않는다"는 학생에게 메피스토펠레스가 파우스트를 가장하여 "자네가 그렇게 말하는 것도 나무랄 수는 없지. 이 학문의 실상을 내가 아니까" 하면서 행한 말이다.[58] 그러면서도 법학을 "너희들이 신과 같이 되어 선악을 가리게 되리라"(Eritis sicut Deus, scientes bonum et malum) 한다. 1654년 여름 파리에 살던 철학자 파스칼은 아버지의 친우인 툴루즈의 법관 피에르 드 페르마(Pierre de Fermat 1601.8.17.~1665.1.12.)에 조언을 구했는데, 이는 '각자 자신의 기댓값만큼 받아야 한다'는 것이었다. 그렇게 되도록 하는 규범체계의 규범성을 정돈하는 것이 법학의 기능이다.

2. 실존적 논리학의 법학

2.1 법학의 단순명료함 · 精巧性

법학의 법의 논리*logic*는 단순명료함*simple*의 정교성이다. '아름다움의 극치는 정교함에 있다'는 토스카니니, '보다 적은 수의 설명 가능한 논리 이상의 수의 논리를 세우지 말라'는 '오캄의 면도날'이 이를 잘 비유한다. 법학은 법규, 판례 등을 주춧돌 삼아 사물의 본질을 단순명료화하는 사실의 언어 위에 세운다. 사실 없는 이론과 총론은, 주춧돌 없이 지붕부터 그려 집을 세운다는 공리공론적 사유이다. 법학의 논리는 법인식의 논증인 법 도그마틱*Rechtsdogmatics*의 확인이지 법의 도그마*Dogma*가 아니다. 법률문장의 형식-분석과 논증 즉 사실관계의 요약, 쟁점의 적시, 쟁점에 관련되는 법칙인 헌법, 법률, 판례, 학설, 입법례 등의 적시, 법칙을 사안에 적용, 결론의 도출 등이다. 또는 서론(주제의 설정 · 제한, 문제의 제기, 쟁점의 정리)-본론(논지의 전개, 학설 · 판례를 통한 논증)-결론(전체내용 요약, 새로운 관점의 적시) 또는 기(서론)-승(본론1)-전(본론2)-결(결론) 또는 쟁점의 적시(문제의 제기)- 각 쟁점의 논술(쟁점 자체에 집중하는 간략한 논술)-대법원 판례나 헌법재판소 결정 등의 인용 등이다. "Christopher Columbus는 미국을 발견했고, Thomas Jefferson은 미국을 건국했고, 레이 크록은 미국을 '맥도널드화'*McDonaldization*했다"(1983년 Esquire 잡지). 맥도날드의 창업주 레이 크록(Ray Kroc/ Raymond Albert Kroc 1902.10.5.~1984.1.14.)의 최우선 모토는 '단순하게 해, 이 바보야!'(KISS: Keep It Simple, Stupid!)이며, 그것으로 단출한 메뉴를 정하면서 인내를 했다.

단순명료함의 법논리 법논리는 단순명료함을 지녀야 한다. 오캄(William of Ockham c.1287 - 1347 14세기 영국 프란체스코회 수사)의 'Summa Totius Logicae'(Sum of Logic 1323)에서 'Pluralitas non est ponenda sine neccesitate'(Plurality must never be posited without necessity 필요하지 않은 다수의 경우를 가정하지 말라), 'Frustra fit per plura quod potest fieri per pauciora'(It is futile to do with more things that which can be done with fewer 적은 수의 논리로 가능한 설명에 많은 수의 논리를 세우지 말라), 한, '오캄의 면도날'*Ockham' s(Occam' s) Razor*, 토스카니니(Arturo Toscanini 1867.3.25~1957.1.16.)의 暗譜에서 나오는 정교한 템포와 힘 있는 연주, (주자 논어집주論語集註, 정약용 논어고금주論語古今註, 김종무 논어신해論語新解, 성백효 논어집주 등을 공부하면서도)'오직 경문經文원전의 精讀深究로 공자의 뜻을 찾고자 했다' 하는 李載浩, 精解『論語正義』(솔출판사 2006년 604쪽), "교사는 매학기 학부형에게 최소 두 가지 이상 생활지도사항을 서면으로 통지할 것. 만일 한 가지밖에 없을 경우에는 두 번째 항목에 한 가지밖에 없음이라고 적을 것"이라 하는 글라스터셔*Gloucestershire* 영국 잉글랜드 남서부 초등학교 교사 지침서의 이런 공론에 빠지지 않도록 하여야 한다.

단순명료함과 인내 "인내 없이 이룰 수 있는 일은 이 세상에 아무 것도 없다. 재능, 천재성, 교육만으로는 안 된다. 오직 인내, 결단력, 끈기만이 이룰 수 있다." "사람들은 내가 53세 늦은 나이에 사업을 시작해 하룻밤 사이에 돈방석에 앉았다고 한다. 하지만 나는 할리우드의 스타들과 크게 다르지 않다. 그들은 수 년 동안 보이지 않는 곳에서 묵묵히 노력하다가 때를 만나 큰 성공을 거둔다. 내가 하루아침에 돈방석에 앉았다는 것은 맞는 말일지 모르지만 그 뒤에는 30년에 걸친 긴긴 밤이 있었다."(맥도날드 Ray Kroc)

단순명료함의 법논리 Polonius: My liege, and madam, to expostulate/ What majesty should be, what duty is,/ What day is day, night night, and time is time,/ Were nothing but to waste night, day, and time:/ Therefore, since brevity is the soul of wit,/ And tediousness the limbs and outward flourishes,/ I will be brief. Your noble son is mad....// Hamlet Act 2, scene 2, 86 - 92// 폴로니어스: 나의 신부님, 그리고 부인, 설명드리자면/ 어떤 위엄이 있어야 하는지, 어떤 의무인지,/ 낮, 밤, 그리고 시간이 무슨 요일인가,/ 밤, 낮, 시간을 허비하는 것 외에는 아무것도 아니었다./ 그러므로 간결함은 기지의 영혼이니/ 사지를 지루하게 하고 겉이 번창하게 하고/ 나는 간단히 말할 것이다. 당신의 고귀한 아들이 미쳤군...

2.2 법학의 자연스러움 · 普遍性

법학의 사유는 본질의 추구이다. 본질의 추구는 이데올로기가 아니고 상식에 있다. 거대담론, 가치판단, 선악정오가 아니라 자연스러움이다. 보편성이 그것이다. 그래야 '무엇인가'*What is this*의 존재를 판단할 수 있다. 과장이나 권위로 거칠고 조악해지는 것을 경계해야 이성의 성찰 위에서 새로워진 상식의 언어로 보편성의 본질이 구축될 수 있다. 하나의 사물에 집중하여 사실대로 묘사할 때 튼튼한 기초 위에서 사물의 본질이 지니는 아름다움은 항상 새롭게 재창조될 수 있다. 그것이 보편성이다. 자신의 영적인 內功이 들어가 작은 일 하나하나부터 정성들여 행할 때 처음부터 거기에 있었던 것과 같은 자연스러운 心作의 品格이 '보편'으로 존재한다.

心作 '심작'은 팔만대장경 각인자刻印者들이 장경 여백에 가장 많이 쓴 語句다. 心作은 미당未堂 서정주(徐廷柱 1915.6.30.-2000.12.24.) 시인의 '차곡차곡 쌓은 감동의 알맹이'("순간의 시상을 바로 옮기면 좋은 시가 안 나온다…감동의 알맹이를 차곡차곡 쌓아 나중에 책상 앞에서 풀어놓아야 한다.")이다.[59] 심작은 또한 초정艸汀 김상옥(金相沃 草汀, 풀 초 물가 정 1920.3.15.-2004.10.31.)이 白瓷賦(백자부)■에서 말한 '순수의 절개'(찬 서리 눈보라에 절개 외려 푸르르고/ 바람이 절로 이는 소나무 굽은 가지/ 이제 막 백학 한 쌍이 앉아 깃을 접는다.// 드높은 부연附椽 끝에 풍경소리 들리던 날/ 몹사리 기다리던 그린 임이 오셨을 제/ 꽃 아래 빚은 그 술을 여기 담아 오도다.// 갸우숙 바위틈에 불로초不老草 돋아나고/ 채운彩雲 비껴 날고 시냇물도 흐르는데/ 아직도 사슴 한 마리 숲을 뛰어드노다./ 불 속에 구워내도 얼음같이 하얀 살결!/ 티 하나 내려와도 그대로 흠이 지다/ 흙속에 잃은 그날은 이리 순박하도다)이다.

■ 초정의 첫 시집(1947) 草笛에 수록된 시조. 椽: '서까래 연'은 기와집 처마 끝 부분에 보기 좋게 위로 올라가게 덧붙인 기와를 말한다.

品格 품격은 菜根譚■■에서 말하는 道理(棲守道德者 寂寞一時 依阿權勢者 凄凉萬古(서수도덕자 적막일시. 의아권세자 처량만고.) 達人觀物外之物 思身後之身(달인관물외지물, 사신후지신.) 寧受一時之寂寞 毋取萬古之凄凉(영수일시지적막 무취만고지처량)/ 도리를 지키면서 사는 사람은 한 때 적막하지만 권세에 의지하여 아첨하는 이는 영원토록 처량하다. 깨달은 사람은 사물의 밖에 있는 사물을 보며 자신의 뒤에 있는 자기를 생각한다. 차라리 한 때의 적막함을 겪을지라도 영원히 처량함을 당하지 말라), 金相沃의 차라리 외로울망정 뜻을 달리하지 않는 玉笛■(지그시 눈을 감고 입술을 축이시며/ 뚫린 구멍마다 임의 손이 움직일 때/ 그 소리 은하銀河 흐르듯 서라벌에 퍼지다.// 끝없이 맑은 소리 천 년을 머금은 채/ 따스히 서린 입김 상기도 남았거니/ 차라리 외로울망정 뜻을 달리하리요)이기도 하다.[60]

■ 玉笛(구슬 옥, 피리 적, '옥저'로도 읽는다). 신라 신문왕, 682년 '만파식적'萬波息笛은 月城 天尊庫에 보관하였다 한다.

■■ 채근담(중국 明 말기 홍자성(洪自誠, 洪應明, 還初道人 1573-1619)은 전편 222조, 후편 135조에서 유교, 도교, 불교 사상을 융합하여 친교, 자연, 처세 등에서의 가르침이다. 채근은 宋 왕신민汪信民의 人常能咬菜根即百事可成인상능교채근즉백사가성, 즉 草根을 씹을 수 있다면 세상 모든 일을 이룰 수 있다는 뜻이다.

. **普遍** 보편은 개성을 받쳐준다. 자화자찬이 아니 되게 한다. 전통 회화의 독특한 미학인 自畵自讚에서 讚이라 함은, 그림에 써넣는 시나 글로서 주로 칭찬하는 내용을 담고 있는데 이는 본래 스승 선배 동문 등 자기 아닌 다른 사람이 써 주는 것이다. 이다. 이는 詩畵一律의 정신이다. 본질에 다가서는 보편성을 가지려면 과정도 그러해야 한다. 보편에 이르기 위한 텍스트, 자료조사 등 기초작업이 그것이다. 개성이 보편을 가질 때 인성을 갖는다. 때문에 인성교육과 개성교육은 다르다. 인성교육은 사람을 대상으로 '사람을 교육'하는 것이 아니고, 사람이 되도록 '사람 교육'을 하는 것이다. 윤리교육, 도덕교육은 사람을 대상으로 하는 교육이기에 인성교육이 아니다. 개성은 창조만이 아니다. 수용도 일종의 창조이며 모방이나 자기상실도 아니다. 수용은 오해, 착각의 퇴적물이다.[61] 과정과 디테일은 보편성을 가져 온다. 완당阮堂(秋史 金正喜 1786(정조10)-1856(철종7))은 大家는 붓의 좋고 나쁨을 가리지 않는다는 말은 진실로 잘못된 말이라 하며 최고급 붓에서도 쥐수염만 모아서 만든 붓인 鼠毛筆을 즐겨 사용했다.[62]

2.3 법의 구체화능력 · 實存性

법규범의 학문인 법학 역시 규범적 당위의 학문으로서 실천성을 요구한다. 법은 규범이고 법학은 규범학임을 강조한 켈젠*Hans Kelsen*의 '순수법학'의 논리는 사실 · 현상을 법학의 범주에서 배제하면서까지 법의 실효성 즉 법이 강제규범으로서 갖는 현실에서의 실현성을 강조한다. 그것이 법의 구체화 능력인 실존성이다. 법학 역시 學而時習之로 머리의 기억을 마음에 닿도록 익히는 것이다. 박제가는 '기능공이 없으므로 그릇이 삐뚤어지든 말든 개의치 않고 정교함을 일삼지 않아서 나라에 장인과 가마와 철공소가 없고, 기술도 없어졌다 … 그러니 사농공상 모두가 가난해져서 서로 도울 길이 없다' 하였다. 아담 스미스의 '국부론'에서 말한 '보이지 않는 손'*the invisible hand*의 국부 증진은 신흥 산업도시 글래스고*Glasgow* 등의 산업혁명 태동의 현장을 담아낸 실존적 정보서이기에, 추상적 가치가 마음에 닿는 구체화의 힘을 갖는 것이다.

법의 실존성과 미네르바의 부엉이 '미네르바의 부엉이는 황혼이 저물어야 그 날개를 편다'*(Die Eule der Minerva beginnt erst mit der einbrechenden Dämmerung ihren Flug.(The owl of Minerva spreads its wings Only with the falling of the dusk))* 함은 헤겔이 『법철학綱要』*(Grundlinien der Philosophie des Rechts; 1820)*에서 말한 경구警句이다. 미네르바(아테나)는 지혜의 여신이고 그의 부엉이도 특성상 밤에도 깨어서 볼 수 있기 때문에 지혜의 상징으로 받아들여져 왔다. 미네르바의 부엉이가 황혼이 저물어야 날개를 편다는 의미는 철학은 앞날을 예측하는 것이 아니라 어떤 현상이 일어난 뒤에야 비로소 역사적인 조건을 고찰하여 철학의 의미가 분명해질 수 있다는 것을 말한다. 법학이라는 학문 역시 법의 구체화능력과 실존성을 판례 등을 추적하여 분명히 하는 점에 더 의의를 갖는다. 법학은 이념의 투쟁장이거나 실천의 선봉장이 아니라 사실의 규범적 명확성에서 존재한다.

朴齊家(1750~1805 초정楚亭) **『北學議』**(1778년 정조22권 1책, 내외편 각 1권) 內篇은 '거車·선船·성城·벽枓·와瓦·옹甕·단簞·궁실宮室·창호窓戶·계체階栰·도로道路·교량橋梁·축목畜牧·우牛·마馬·여驢·인鞍·조槽·시정市井·상고商賈·은銀·전錢·철鐵·재목材木·여복女服·장희場戲·한어漢語·역譯·약藥·장醬·인印·전氈·당보塘報·지紙·궁弓·총시銃矢·척尺·문방지구文房之具·고동서화古董書畵' 등 30 항목의 일상생활에 필요한 기구, 시설, 문화, 경제생활, 外篇은 '전田·분糞·상과桑菓·농잠총론農蠶總論·과거론科擧論·북학변北學辨·관론官論·녹제祿制·재부론財賦論·통강남절강상박의通江南浙江商船議·병론兵論·장론葬論·존주론尊周論·오행골진지의五行汨陳之義·번지허행樊遲許行·기천영명본어역농祈天永命本於力農·재부론財賦論' 등 17 항목의 상공업, 농경기술, 閑良 양반 처리로 民富 증대 등을 말하였다.

(한국민족문화대백과, 한국학중앙연구원).

Adam Smith(1723.6.16.~ 1790.7.17.) 아담 스미드는 스코틀랜드 계몽기의 경제학자, 도덕철학자, 정치경제학의 선구자이다. '도덕감정론'*The Theory of Moral Sentiments(1759)*, '국부론'*An Inquiry into the Nature and Causes of the Wealth of Nations(1776)* 등의 명저로 고전적 자유시장경제론*classical free market economic theory*을 세웠다. '보이지 않는 손'은 개인의 이기적 행동이 의도치 않게 가져오는 사회적 이익을 묘사하는 말로서, 아담 스미드는 이를 '천문학역사'*The History of Astronomy*(Ⅲ.2, page 49 of the Glasgow Edition of 1976)에서 불이 타고 물이 세정하는 것은 '보이지 않는 주피터의 손'*the invisible hand of Jupiter*이 아니라 그 자체가 지닌 성질의 요구 때문이라 하였다.

3. 출세적 경세학의 법학

법학은 5세기 게르만족 이동에서 14세기 르네상스 이전까지의 중세 유럽에서도 가장 인기가 있는 학문이었다. 이탈리아 볼로냐*Bologna*대학에서도 12세기경 이르네리우스[*Imerius c. 1055~c. 1140* 법의 등대(*Lucerna Juris*)로 불림]의 로마법 강의에서 비롯한 이른바 볼로냐 법학이 특히 그러하였다. 볼로냐대학은 중부 유럽 국가들의 정치연맹체 신성로마제국 황제 프리드리히 1세의 칙령으로 공식 인정된 세계 최초의 대학이며 1088년 설립되어 1158년 근세 초까지 존속하였다. 대학은 11세기부터 13세기까지 유럽 가톨릭국가가 이슬람세력 지배하에 있던 성지 탈환 목적의 십자군 전쟁으로 전파된 이슬람 문화의 학문, 과학 등으로 촉발된 지적 충격으로 세워진 학생·교수의 학습공동체가 발전하면서 설립되기 시작하였다. 특히 박사과정에는 법학, 신학, 의학의 하나를 전공으로 택하여야 했다. 대학 학생들은 Universitas 조합을 만들고 교수는 Collegia를 만들었다. 중세는 대학과 수도원에서의 학문 연구로 고대그리스를 중심으로 하는 고전기 인류의 지적 유산을 이어받아 근세와 근대의 국가 그리고 법제를 만들 수 있었다. 중세부터 이어 온 대학의 3대 학문 신학, 법학, 의학의 색채와 형상을 소설화 한 스땅달(Stendhal, 본명 Marie-Henri Beyle 1783.1.23.~1842.3.23.)은 변호사 아들로 당시 신학생 사건을 소재로 저술한 '적과 흑'(Le Rouge et le Noir 1830)의 줄리앙 소렐*Julien Sorel*을 통한 계층간 갈등을 그렸다. 미국의 피츠제랄드(Francis Scott Key Fitzgerald 1896.9.24.~1940.12.21.)의 '위대한 개츠비'(The Great Gatsby 1925) 역시 개츠비*Jay Gatsby*를 통한 같은 류의 출세적 경세학의 법 소설을 썼다.

The Firm, Woman in Gold 법리에 명석한 변호사의 공통점은 집념이다. The Firm과 Woman in Gold를 통해서 본다. The Firm(John Grisham 원작 1989 film, Sydney Pollack(감독) Scott Rudin(제작), Dave Grusin(음악), 154분 한국 1993.5.30. '야망의 함정' 출시: Tom Cruise(Mitch McDeere)/ Gene Hackman(Avery Tolar)/ Jeanne Tripplehorn(Abigail 'Abby' McDeere), Bill DeVasher(Wilford Brimley) Ed Harris(웨인 테렌스), Holly Hunter(태미 헴필). 미치 맥디르는 풍족하지는 않으나 변호사 장래가 유망한 하버드 법대 우등 졸업생으로 교사인 부인 애비 진 트리플혼과 보스톤에 거주한다. 미치는 회계·세법 전문 Memphis의 Boutique law firm Bendini, Lambert & Locke에 스카우트된다. 회사 고위층 Avery Tolar는 멘토로서 완전한 충성도, 엄격한 기밀성, 특별 수수료 등의 변호사 문화를 전수한다. 미치는 유령 회사나 세금 회피에 자금은닉임을 알게 된다. 가장 큰 고객 Morolto Mafia family와 동료들이 세금 사기, 돈세탁에 연루되고 이를 알게 된 동료가 살해된다. FBI요원들은 미치의 주변 모두가 도청되었을 것이라 경고하면서 증거를 요구한다. 회사의 합법적 고객에 대한 정보를 공개해야 한다면 변호사-의뢰인 특권을 어기고 해고되겠지만 반대의 경우는 감옥에 갈 것이었다. 미치는 150만달러의 대가와 아칸소 주에 수감된 형 레이의 석방을 대가로 FBI와 협력한다. 미치는 고객 중 한명이 회사의 돈세탁 서비스 일환으로 몇 시간 추가비용 청구에 불평하고, 청구서를 회사고객에 보내는 것은 우편사기로 간주되나, 이는 회사를 RICO요금에 노출시킬 것이기에, 비밀리에 회사의 대금청구기록을 복사하기 시작하지만, 미치의 형 레이가 통상절차를 따르지 않고 FBI로 이송되고, 모롤토 담당 교도관이 디바셔에 경고를 할 때에도 그의 정체는 드러나지 않는다. 미치는 디바셔와 그 청부업자들을 피하면서 모롤토 마피아들을 만나 자신을 단순히 고객들의 이익을 살피는 충실한 변호사로 소개한다. 그가 FBI와 접촉하거나 회사 파일을 복사하는 것은 단순히 로펌의 불법 청구를 폭로하기 위한 것이라 했다. 미치는 모롤토에 FBI의 회사 상대 소송 제기를 돕도록 청구서를 넘기는 것을 허락할 수 있게 요청했다. 그는 자신이 직접 파일의 복사본을 만들었다 밝히고, 살아 있는 한, 그가 법률 업무에 대해 알고 있는 다른 정보는 변호사-의뢰인의 특권으로 덮여 있으며 결코 공개되지 않을 것이라 하였다. 모롤토 마피아는 미치의 안전을 보장하고 그가 로펌 기소에 필요한 모든 증거를 FBI에 주는 데 동의한다. 변호사가 범죄행위를 알고 있을 때는 변호사-의뢰인 특권이 적용되지 않기 때문에 미치는 변호사로서의 지위를 유지할 수 있었다. *Since the attorney-client privilege doesn't apply when a lawyer knows about ongoing criminal activity, Mitch is able to keep his status as a lawyer.* 맥디르가 멤피스에 있는 그들의 집을 떠나 그들이 멤피스에 도착했을 때와 똑같이 중고차를 몰고 보스턴으로 돌아오면서 끝난다. *driving the same well-used car in which they arrived in Memphis.*(manslaughter 殺意 없는 살인, 故殺(일시적 격정에 의하는 살인). murder 보다 경죄). Woman in Gold(Simon Curtis 감독, Alexi Kaye 각본, 2015.4.1. 미국 개봉) 미국 거주 유대난민 마리아 알트만(Maria Altmann 2011년 94세 사거)에게 오스트리아에서 '황금의 여인'woman in gold으로 알려진 오스트리아의 모나리자의 실재 인물인 알트만의 이모가 모델인 클림트*Gustav Klimt*의 'Portrait of Adele Bloch-Bauer I'가 눈에 띈다. 알트만은 나치에게 도난당한 이 그림을 찾기 위해 변호사 랜디 숀버그*E. Randol Schonberg*의 도움을 받아 오스트리아의 미술품반환위원회를 상대로 소송을 제기한다. Republic of Austria v. Altmann (2004) 사건에서 미연방대법원*the Supreme Court of the United States*은 알트만의 손을 들어주었고, 오스트리아 정부는 알트만이 미술관을 위해 그림을 보유하도록 설득하려 했지만 알트만은 이를 거부한다. 오스트리아와 오스트레일리아를 혼동한다든지 소환장과 고소장, 외국주권 면책특권 등의 법 개념과 함께 집념의 젊은 변호사와 성취감, 역시 공부하여야 이룰 수 있다 하는 등 그 내용이 과거가 현재에 진실을 묻는 순간 등 법학도에게 법 관념을 형성하는 데 좋은 모티브를 주는 영화이다.

[二] 법학의 지식

1. 판 단 력

판단력은 대상이 지니는 의의를 '한마디로 정의' 내릴 수 있는 통일적 사고다. 뇌의 게놈*genome*이 인간 유전자 지도를 그린다면 커넥톰*connectome*은 뇌신경계 연결지도를 그리는데, 창의력은 게놈이며 판단력은 커넥톰이다. 판단력은 대상이 지니는 '지식' '체계'의 근간을 인지함으로써 가능하게 된다. 판단력은 이를 닦을 수 있는 소재들로 이루어지니 자료조사 등 기초작업이 중요하다. 존엄하게 죽을 권리 대 생명을 보호할 의무, 주식회사는 누구의 것인가, 표현의 자유는 어디까지인가, 양심적 병역거부에 관련하여 종교의 자유는 어디까지 보장되는가, 교육의 공공성 대 사립학교의 자율성, 성 소수자의 기본권 대 사회 통념의 한계-성전환자 성별정정 사건, 변화하는 전통과 장남의 권한-호주제 폐지 이후의 관습법, 환경의 가치 대 대규모 국책사업의 가치-새만금, 천성산, 4대강 등이 좋은 예들이다.[63] 판단력은 이들 텍스트·크리틱을 통한 자료의 수용이며, 이들 자료의 퇴적물이 쌓인 일종의 창조이지 모방이 아니다. 판단력은 자료를 수용하여 대상을 일관되게 단순화할 수 있게 한다. 윌리엄 셰익스피어(William Shakespeare 1564.4.26.~1616.4.23.) '로미오와 줄리엣'*Romeo and Juliet*은 "죽음으로써 대를 이은 숙원宿怨 집안을 마침내 화해시킨 비극의 연인 이야기"라 본다면 똑같이 사랑을 모티브로 하지만 예컨대 영화 '카사블랑카'*Casablanca 1942*는 "장년에 눈 뜬 조국애의 이야기"라 정의하는 것은 판단력의 소산이다.

2. 창 의 력

2.1 창의력은 상상력과 다르다

창의력은 핵심의 밑바닥까지 뚫고 내려가 상황에 대한 자신의 생각을 신념을 갖고 실행하여 가치를 창조하려는 의지와 태도다. 상상력(the power of ideas)은 타고 나는 직관적 창의이나, 창의력 즉 독창성*originality*은 상상력을 발휘한 실천적 노력으로 기원*origin*에로 돌아감을 의미한다. 새롭게 창안되는 것은 아무것도 없으며 모든 것은 자연에 기록되어 있다(사그라다 파밀리아, 성가족 성당을 건축한 안토니 가우디, 성당의 나선계단은 가장 위험한 계단의 순위에도 올라 있다). 인간이 유전자 조작으로 생산된다는 올더스 헉슬리(Aldous Leonard Huxley 1894.7.26.~1963.11.22.)의 '멋진 신세계'(Brave New World 1932), 고사리와 3억 5000만 년 전 석탄기 숲,[64] 고려 귀족 茶 문화와 차 재배 농민의 열악함 등의 연계적 사고, '이건희 까마귀' 등은 상상력을 넘은, 지속적 노력에 의한 상상력의 발휘인 창의력에서 발로되어 기원으로 돌아가는 창의력의 답이다.

이건희 까마귀, 고려 귀족 茶 문화 이건희 삼성 회장이 일본에서 "도쿄에 까마귀가 몇 마리 사느냐" 물었다. 까마귀의 수를 물은 것이 아니라 까마귀가 광섬유 케이블을 부리로 쪼아 파손하는 사례를 어떻게 해야 할지를 물은 것이다. 그는 "상상력을 발휘해야 해답이 나온다" 했다. 미국 LA에서는 비만 오면 교통사고가 급증하는 이유를 물었다. 빗물에 타이어가 미끄러지기 때문이라는 응답에 더 연구해 보라 하여 나온 해답은, 아스팔트 도로 작은 홈에 떨어져 있던 자동차 기름이 비가 오면 도로 위에 뜨면서 자동차가 미끄러진다는 것이었다. 새로운 해결방법으로서 미끄럼 방지를 위한 ABS*Anti-lock Brake System*, TCS*Traction control system* 등이 차에 장착된 것은 상상력을 자극하는 창의력에 의한 것이었다(조선일보 *chosun.com* 2006.10.19 07:57 13' 기사). 고려 귀족의 飮茶의 사치와 빈번함은 고려의 가혹한 茶稅 징수를 가져와(李奎報(1168~1241), 동국이상국집, 此是蒼生膏與肉臠割萬人方得至), 농민들은 차나무에 불을 지르기도 하여, 조선 건국 후, 왕실에선 차를 물리게 되었다.

2.2 창의력은 전문가의 경륜이다

'젊은 베르테르의 슬픔'(Die Leiden des jungen Werthers. Werther가 친구 Wilhelm에 1711.5.4.부터 12.20.까지 보내는 편지 형식의 Charlotte戀慕 소설)은 괴테(Johann Wolfgang von Goethe 1749.8.28.~1832.3.22.)를 대가 반열에 오르게 한(1774년 24세 1월~3월의 5.5주만에 탈고 9.29. 출간) 독일에서의 질풍노도(Sturm und Drang 1760년대 말~1780년대 초 독일문학·음악의 초기낭만주의proto-Romantic 사조) 문학(18세기 유럽 합리주의인 계몽주의Enlightenment의 지각적 구속에 반발한 주관성 특히 감성적 극한의 자유로운 표현 및 미학적 사조)의 대표작이다. 창의력이라면 젊은 천재들의 몫이라 생각한다. 하지만 괴테는 끊임없이 노력하였다. 타고나더라도 이를 끊임없이 갈고 닦아야 빛은 발휘됨을 잘 보여 준다. '노인과 바다'(The Old Man and the Sea 1951년 집필, 1952년 출간, 1954년 Nobel Prize. Cuba해안 멕시코만류가 흐르는 Santiago의 노련한 老어부와 거대 고래의 생존을 건 싸움 이야기)로 노벨상을 받은(헤밍웨이는 진짜 인간, 진짜 소년, 진짜 바다, 진짜 고래, 진짜 상어들을 만들려 했고, 그게 충분히 진실하게good and true 되었다면, 그것들은 많은 것들을 뜻하게 해 줄 것이라 하였다) 헤밍웨이(Ernest Miller Hemingway 1899.7.21.~1961.7.2.)는 매일 자신이 쓴 단어의 수를 기록할 정도로 글 쓰는 작업을 관리했다. 타고난 천재라도 창의력은 끊임없이 갈고닦는 노력 없이 빛을 발휘하지 못한다. 아인슈타인(Albert Einstein 1879.3.14. 1955.4.18.)은 26세에 상대성원리를 발견한 천재이지만 갑작스레 영감을 받은 것이 아니라 16세부터 생각하기 시작하였다. 창의력은 학습의 지식체계를 시공간적으로 넓히는 것이다. 창의력은 정형화된 답 이상의 논리적 사고를 바탕으로 한 해법의 쌓인 경험이 많을때 가능하다. 모차르트(Wolfgang Amadeus Mozart 1756.1.27.~1791.12.5.)는 어려서부터 작곡을 하였지만 제대로 된 작품을 내게 된 것은 22세가 지나서였다. 창의력은 한 분야에 일과 시간을 집중하였을 때 이르는 전문가의 소산이며 평생의 경험, 경륜과 함께 한다. 켄터키 프라이드치킨*KFC* 체인점 창업자 커넬 샌더스(Colonel Harland David Sanders 1890.9.9.~1980.12.16.)는 사업 실패에서 1952년 63세에 일어선 것이며, 샘 월튼(Samuel Moore Walton 1918.3.29.~1992.4.5.)의 월마트 창업은 50세 넘어서였고, 피터 드러커(Peter Ferdinand Drucker 1909.11.19.~2005.11.11.)는 죽기 3년 전, 93세에 세계적 베스트셀러를 썼다. 연구 성과 축적 없이 이를 수 없는 게 창의력이다.

2.3 창의력은 어떻게 닦아지는가

창의력은 그림의 기본이 임모臨摸와 사생寫生이듯 그런 익힘과 되풀이의 과정을 거쳐야 가능하게 되는 창조의 힘이다. 한국에 고양이가 들어온 것은 중국에서 불교가 전래된 때의 일이라고 생각해 낸 사람이 있다. 경전을 쥐로부터 보호하기 위해 고양이를 함께 들여왔다는 생각에서 나온 창의다. 일본에서는 헤이안시대에 고려인들을 통해서 고양이가 전해졌다 한다.[65] 직류–교류(니꼴라 테슬라(Nikola Tesla 1856~1943)는 크로아티아 출신 물리학 · 전기공학자로 교류를 발명했다), 유선–무선, 대륙–해양 등의 대비를 기초로, booting은 부츠를 신는다는 뜻, log는 배에서 통나무를 던져 속도를 잰 것을 기록한 항해일지 등의 지식의 익힘을 통하여 Container는 해양과 대륙을 잇는 의미를 가지며,[66] 무선통신은 해양세력권이며 무선휴대전화는 중국을 바다로 만든 것이고,[67] 인터넷 공간을 바다로 보느냐 초원으로 보느냐 하는 등의 창의적 문제의식이 닦아질 것이다. [142857 × 7=999999], [142+857=999], [14+28+57=99], [$(142857)^2 \Rightarrow 20408+122449=142857$] 이것의 의미는 무엇일까(Bernard Werber, 위의 책, 85~86면. 142857을 제곱하면 20408124490이며, 이를 뒤에서부터 여섯 자리를 끊어 더하면 20408+12449=1428570이 되어 원래의 수가 된다. 이를 발견한 인도 수학자 라마찬드라 카프레카(Ramachandra Kaprekar)의 이름을 따 'Kaprekar수'라 불린다).

3. 문 장 력

문장력은 주제를 深思하여 정확하고 쉬우며 명사와 동사 중심의 단문으로 어휘를 중복시키지 않고 운률을 맞추며 자료, 사전 등을 활용하여 써 나간다. 문장력은 타고나는 측면이 있지만 그 상황에 딱 맞는 어휘를 찾아내면서 발전시킬 수 있다. 제목은 글 내용을 구체적, 본질적, 상징적으로 정의내릴 수 있는 어휘를 찾아내어 큰 제목, 중간 제목, 소제목 등을 보여 준다.' 한글맞춤법'(문화체육관광부 고시 제2014-39호) 부록 '문장부호에관한규정'의 문장부호는 총24종이다. 마침표. 물음표? 느낌표! 쉼표, 가운뎃점 · 쌍점: 빗금/ 큰따옴표" " 작은따옴표' ' 소괄호( ) 중괄호{ } 대괄호[ ] 겹낫표『 』 홑낫표「 」 겹화살괄호《 》 홑화살괄호 〈 〉 줄표— 붙임표- 물결표~ 드러냄표˙ 밑줄_ 숨김표○,× 빠짐표□ 줄임표… 등이 그것이다. 문장부호에 따르면, "대한민국은 제헌헌법으로 건국되고 8.15. 정부수립은 이를 확인한 것이다. 1945.8.15. 해방, 광복/ 1948.7.17. 제헌헌법, 건국헌법 제정, 대한민국 건국일/ 1948.8.15. 정부수립일, 건국 확인일, 건국 경축일"이다.

재미로 보는 어휘■ '고자'(鼓子 생식기가 불완전한 남자) 어원을 高子, 중국 秦나라 환관의 자식 趙高에서 찾는다. 고려 이부춘 아들 나해那海는 매우 아름다운 용모로, 나해처럼 생긴似那海 남자를 '사나이'라 불렀다. 경상도에서 젊은 여성을 비하하거나 아주 가까운 사이에서 부르는 '가시나(가시내)'는 고려 말 원나라에 시골 어린 여자아이를 뽑아 보낸 '稼產兒가산아'에서 유래하며, 가정稼亭 이곡李穀이 원에 가 그 혁파를 상소했다 한다. 멸치는 멸려치滅麗治로 고려가 망할(滅麗) 때 처음 잡힌 고기라는 의미다. 주전부리酒前喙는 술 마시기 전에 안주를 먹으면 잘 받고 크게 취하지 않는데 지금은 세끼 식사 외 시도 때도 없이 쉬지 않고 입을 놀려 먹어대는 것을 말한다 한다. 喙훼는 새의 '부리'라는 한자다.

■ 松南 趙在三1808-1866, 송남잡지松南雜識 '학술명저번역총서 동양편'(소명출판 전 13권), 주간동아 671호

문장부호 인용 (1) 직접 인용한 문장의 끝에 마침표를 쓰는 것이 원칙이지만 쓰지 않는 것도 허용된다. 나는 "이제 문장 부호에 대해서라면 내게 맡겨."라고 말했다./ 나는 "이제 문장 부호에 대해서라면 내게 맡겨"라고 말했다.// (2) 용언의 명사형이나 명사로 끝나는 문장에도 마침표를 쓰는 것을 원칙으로 하되 쓰지 않는 것도 허용된다. 문장 부호를 잘 알기 위하여 최선을 다하기./ 문장 부호를 잘 알기 위하여 최선을 다하기// (3) '3.1 운동'으로 쓰는 것이 원칙/ '3 · 1 운동'처럼 가운뎃점을 쓰는 것도 허용// (4) 2015. 8. 1.(토)이 맞고 2015. 8. 1(토)는 틀린다.// (5) 마침표들은 각기 '연, 월, 일'을 나타내므로, 끝까지 마침표를 찍지 않으면 '일'을 쓰지 않는 것과 같다.

[三] 법학 학습자의 능력

1. 전 문 력

법학 학습자의 전문력은 사물의 본질을 끄집어 내는 힘, 정당한 가치판단을 하는 힘, 올바른 법해석을 실천하는 힘에 있다.[68] 전문력은 쇠가 鍛造단조되듯이, 엉성한 쇠결이 촘촘해지면서 粘이 强해지는 것이다. 나무로 치자면 무게와 부피를 버리고 화력은 세지면서 그 내부가 숱으로 되는 것이다. 기술력이 없으면 전문가가 아닌 素人이다. 기술력은 자본주의 사회에서의 가능력이다. 노력과 시간과 공부와 비례한다. 오늘의 기술이 내일이면 상식이 될 수 있다.

기술력 "한국언론은 전문가보다 이름 있는 제너럴리스트 지식인의 글과 견해를 싣는 경향인데 비해 일본언론은 전문가들의 글을 싣는다. 비전문가 목소리가 크다 보니 전문가들은 조심스러워 말을 안 하고 사건이 지나가기만 기다린다.'(구로다 마쓰히로 전 한국지국장). 작가 이문열은 젊은 시절 고시공부를 한 3년 해 본 경험이 있다. "그 시기의 법률공부가 나의 중요한 밑천 중 하나가 되었다. 법률학적, 과학적 태도, 언어를 정확하게 쓴다거나 논리성 이런 것들은 크게 도움이 됐다. 내 글이 관념적이라거나 논리적이라는 수가 있는데 그 시절의 공부와 관계가 있지 싶다."[69] 전문력은 시합*competition*, 시험*exam* 등으로 가려진다.

2. 보 편 력

法文의 간결함은 규범적 보편력과 설득력을 높인다. 名詩의 운률 고답高踏의 운치, 현학의 장문보다 관념과 설명, 사례와 분석, 반증의 도약 등이 규범성을 높인다. 간결함은 단문의 간소함이 아니다. 40세에 '기해년화첩'己亥年畵帖 정도 그렸던 겸재가 20년 뒤인 59세 때는 '금강전도'金剛全圖 같은 명작을 낳을 수 있는 역량의 축적의 경지는 중년의 치밀함과 성실성을 경험한 자만이 도달할 수 있다. "겸재는 섣불리 자기 개성을 드러내지 않고 고전을 차근차근 방직하는 중년의 겸손과 성실성을 거쳤기 때문에 훗날 자신의 개성에 힘과 자신감을 얻을 수 있었던 것이다."[70] 젊어서의 전문연구서보다 어려운 것이 만년의 입문서 쓰기다.[71]

치밀함 "흔히 선이 굵고 스케일이 큰 화가는 디테일을 가볍게 처리하는 것이 상례인줄 알고 있지만, 대가의 작품은 그렇지 않다."[72] '남한산성'의 저자 김훈이 독자들과 남한산성 산행길 중 가진 '인조의 리더십' 강연에서 "신념의 언어를 버리고 사실의 언어로 돌아가기 위해 애썼습니다." "구체성 있고 개별성으로 돌아가는 것이 올바른 삶의 태도입니다"[73] 다음 글은 치밀한 문장으로 반증의 도약을 보여 준다. If you talk to God, you are praying; if God talks to you, you have schizophrenia. *schizophrenia (skitsəfréné-ə, schizo(schiz)=split): A psychosis characterized by withdrawal from reality and highly variable behavioral and intellectual disturbances. 김우창의 일간지 칼럼 '과잉 과시적 소비 자제는 지구를 위한 인간의 윤리'는 "훗날 위해 오늘 근검하게 살 순 없나" 하여, 인문학자의 전문성이 녹아들어간 보편력을 지닌 글의 전형을 보여준다. 반면, 지식체계 없는 감성, 통속적 언어 유희, 거대담론 외피, 약방감초 같은 외국례, 무관한 사실 예단, 대안제시(하는 척) 등 혹세무민의 신문 사설류는 너무하다.

간결력 "문체는 단순하고 명료한 건조체로 현학적인 표현이나 우회적인 표현보다 되도록 직접적인 단문을 쓰고 있다. 이런 단순함과 명료함은 상당한 기간 이후의 학자적 성숙과 대성 이후에 나타나는 것인데, 말하자면 긴 학문 생활의 중요한 기간 동안 의지하였던 여러 외국학설, 여러 권위에 대한 존중, 다른 의견에 대한 예비적인 조심 같은 것들을 떨쳐버리고 이제는 단순한 언어로 이야기하기 시작하는 것이다."[74] "작가들은 노래가사처럼 어려운 게 없다고 생각하죠." 가사 잘 쓰는 방법을 梁仁子씨는 평소 시집과 평범한 사람들의 에세이를 많이 읽는다고 했다.[75]

3. 自 存 力

3.1 Stay Hungry Stay Foolish

스티브 잡스(Steven Paul Jobs 1955.2.24.~2011.10.5.)의 스탠포드대 졸업 연설(Stanford university's 114th Commencement address 2005.6.12.)에서 말한 '갈망하라 우직하게'는 진정한 통찰력의 유지는 절제하는 삶, 쉼 없이 공부하는 근면에 있음을 토로한 것이다. 규칙적이고 정돈된 삶이 독창성을 가져온다. 도연명(陶淵明 365~427)의 '잡시'(雜時 느끼는 대로 쓴 시) 제1수 끝 4句, 盛年不重來성년불중래 '젊은 시절은 거듭 오지 않으며'/ 一日難再晨일일난재신 '아침도 하루에 두 번 맞지 못한다'/ 及時當勉勵급시당면려 '때에 이르면 마땅히 우직하게 공부하리니'/ 歲月不待人세월부대인 '세월은 사람을 기다려 주지 않는다' 했듯 우직한 자기관리 그것이 自存力이다. 자존력은 진실된 것을 만든다. 진실된 것은 진짜이며 진짜를 가지면 뽐내지 않는 그것이 정체성이다.

Stay Hungry Stay Foolish Steve Jobs■ 'You've got to find what you love' …(저자 발췌)… Your work is going to fill a large part of your life, and the only way to be truly satisfied is to do what you believe is great work. And the only way to do great work is to love what you do. If you haven't found it yet, keep looking. Don't settle. As with all matters of the heart, you'll know when you find it. So keep looking until you find it. Don't settle. … The Whole Earth Catalog, which was one of the bibles of my generation. It was created by a fellow named Stewart Brand not far from here in Menlo Park, and he brought it to life with his poetic touch. it was all made with typewriters, scissors, and polaroid cameras. It was the mid-1970s, On the back cover of their final issue was a photograph of an early morning country road, the kind you might find yourself hitchhiking on if you were so adventurous. Beneath it were the words: 'Stay Hungry. Stay Foolish.'■■ It was their farewell message as they signed off. Stay Hungry. Stay Foolish. And I have always wished that for myself. And now, as you graduate to begin anew, I wish that for you.[76] '계속 갈망하라 여전히 우직하게'. 제 자신에게도 항상 그러하기를 바랐습니다. 그리고 지금, 새로운 시작을 위해 졸업하는 여러분에도 같은 바람을 가집니다*(2005.6.12)*.

■ 1970, 80년대 개인pc혁명의 선구자 스티브 워즈니악*Stephen Gary Wozniak 1950.8.11.*-과 함께 Apple을 설립하여 iMac, iTunes, iPod, iPhone, iPad, Mac OS 등 소형컴퓨터 혁명*microcomputer revolution*을 선도하였다.

■■ 신약성경은 갈망하는 사람의 복 받음을 말하고 있다. (마 5:3) 심령이 가난한 자는 복이 있나니 천국이 그들의 것임이요*(Mat 5:3) Blessed (are) the poor in spirit: for theirs is the kingdom of heaven*에서 pneuvmati(푸뉴마티) 즉 심령이 가난한 자들*(the poor in spirit)*은 심령이 약한 자들*(the poor-spirted)*이 아니다.

절제하는 삶 "골프는 물론 바둑도 안하고 조찬회, 만찬회, 동창회 이런 데를 일절 안 나가요. 제 시간이 없어지니까요. 자료조사며 그림이며 스토리며 전부 혼자 하기 때문이죠. 제가 올해 66센데 33년을 '먼나라 이웃나라'와 함께 다 보낸 셈이죠"(이원복 교수, 미래한국(http://www.futurekorea.co.kr), 2013.7.25.목). "내 생활은 먹고 자고 쓰고의 연속입니다. 몸은 고통스럽지요. 술도 안마시고 사람도 일절 안 만나게 됩니다. 글 쓰는 것은 자기와의 싸움입니다"(소설가 조정래, 문화일보, 2013.10.04. 29면). 다나카 고이치(田中耕一 1959.8.3.~ 도호쿠대학 전기공학 1983년 시마즈 제작소 입사 바이오 연구팀, 1987년 25세때 우연한 실수로 MALDI(메트릭스 지원 레이저 단백실 이온화 기법) 발명으로 영국의 존 펜 박사, 스위스의 쿠르트 뷔트리히 박사와 2002년 노벨화학상 공동 수상)는 작업복은 나의 정장이라면서 스스로를 학사 출신 샐러리맨 연구원이라 할 정도의 철저한 장인 정신의 진실한 태도로 한 길을 갔다.

3.2 자기관리의 절제력

한 인간으로서 그의 사회적 성취는 자기가 하고 싶은 것이 아니라 원하는 것을 할 수 있도록 운모으기를 위해서 포기할 것은 포기해야 하는 데 달려 있다. 예술가라면 자유분방함을 떠 올리지만 그러면서도 작품을 위해서는 집중도 높은 자제력을 보인다. 인생은 자기관리 절제력의 축적이다. 반드시 그 대가를 받으며 또한 치른다. 평생 공부하고 모르는 일은 끝까지 파고들어 답을 얻어내야 한다. 돈도 그러하다. 돈을 많이 벌기 위해 노력하다 보면 사람이 된다. 절제도 되고, 자기 제어도 되고, 그것 역시 아무나 할 수 없는 것이다.

예술가와 절제의 삶 사르트르(Jean Paul Sartre 1905.6.21.~1980.4.15.)와 계약 결혼한 시몬 드 보부아르(Simone de Beauvoir 1908.1.9~1986.4.14.)와 한때 동거했던 영화제작자 클로드 란즈만(Claude Lanzmann 1925.11.27.~)은 "파티도 없었고 환영회도 없었다. 그 모든 것을 철저히 멀리했다. 반듯하게 정돈된 삶이었고 보부아르가 작업에 몰두할 수 있도록 신중하게 짜인 단순화된 삶이었다" 뉴욕 메트로폴리탄 오페라 데뷔 30주년을 맞아 국내 무대에 선 소프라노 홍혜경(1959.7.4.~)은 아무리 탐나는 배역이라도 자신의 목에 무리가 가는 역이라면 맡지 않을 정도로 철저히 자신을 파악하고 자신의 목소리를 관리했다.[77] 일본의 소설가 무라카미 하루키(村上春樹 むらかみ はるき 1949.1.12~)도 매일 달리고 글 쓰는 규칙적 생활 속에서 자신의 삶에서 중요한 독자와 관계를 위해 사교적인 삶을 포기하고 더 좋은 작품을 쓰는 데 집중했다. "중요한 것은 내가 다른 짓을 전혀 하지 않는다는 겁니다. 출판과 관련된 사교적인 삶조차 멀리 합니다"

3.3 우직하고 성실함

칸트(Immanuel Kant 1724.4.22.~1804.2.12.)는 학생으로는 우직·견실하였고 그래서 교사로서도 인기가 있었다. 실수를 하게 되는 것은 우직하고 성실하지 않는 것 즉 정성들여 하지 않는 데 원인이 있다. 최태영(1900.3.28.~2005.11.30. 황해도 은율)은 메이지대학에서 법학 공부1918~1924, 1925년 보성전문학교 조선인 최초의 법학 정교수, 한국에서 최고령교수 생활을 하였는 데, 105세 장수는 6대째 기독교 집안의 종교적 성실한 삶에 기인할 것이다. '회고록'(2000년 출간)을 보면, 동경 시절부터 알고 온 춘원에 대하여 난삽한 생활과 복장 등을 들어 별로 쳐주지 않았음을 알게 된다. 문학지 '創造'는 근래 문사라 하면 '두발과 의관을 야릇이 홀 것'이라 할 정도로,[78] "당시 '廢墟'파는 목덜미까지 흘러내린 장발로 대낮부터 대취하여 떼 지어 몰려다니는 등 데카당적이었다" 하는데, 자신의 예술 세계를 진정으로 알릴 수 있는 사람은 인간으로도 우직하고 성실하여야 함을 최태영은 지적한 것이다.

우직·기다림·단정함 죽순은 아무 소식이 없다가 5년째 되면 딱딱한 땅을 뚫고 돋아나는데 일단 올라오기 시작하면 하루에 65 센티미터나 빠른 속도로 자란다. 땅속에서 5년 동안 사방으로 뿌리를 뻗어놓았기 때문이다. 아무리 추위가 심해도 대나무는 얼어 죽지 않고 봄이면 죽순을 밀어 올릴 수 있는 것은 그래서이다. 삼성三星 samsung 창업자 이병철(李秉喆 湖巖1910.2.12.~1987.11.19.) 회장은 사업 성공의 요체로 운(運 환경 변화에 적응), 근(根 끈기와 집념), 둔(鈍 기본에 충실하는 자세)을 꼽았다. 스티브 잡스는 아름다운 서랍장을 만드는 목수는 서랍장 뒤쪽이 벽을 향한다고, 그래서 아무도 보지 못한다고 싸구려 합판을 사용하지 않는다. 목수 자신은 알기 때문에 뒤쪽에도 아름다운 나무를 써야 하지요. 밤에 잠을 제대로 자려면 아름다움과 품위를 끝까지 추구해야 합니다. 사소한 부분까지 심하게 집착하는 편이에요. 1960년대 초 서울의 유명 관상가 백운학白雲鶴, 우종학禹鍾鶴에 이병철 친형 이병각李秉珏이 이병철은 端正한 관상觀相을 원했다 한다.

제3장

法理實體論 – 법체계론

제1절 권리실체론

Ⅰ. 권리관계론

[一] 권리의무론

1. 권리본질론

1.1 사법상 권리

1.1.1 권리의 의의

權利*right*는 일정이익을 향유할 수 있도록 법이 인정한 힘 즉 법적 힘이다. 법은 권리의무의 체계로 구성된 규범 즉 권리주체가 권리객체를 대상으로 권리변동을 규율할 수 있도록 하는 규범이다. 법과 권리의 관계에 관한 '권리법력설'에 따를 때, 법의 실체법규정은 권리의무의 법률관계를 정한 행위규범을 강제규범으로 이행하도록 하는 법적 힘으로서 권리와 청구권을 부여한다. 독일의 Recht (법, 권리)는 개인의 행위규범으로서의 주관적 권리이며, 국가의 판단척도인 객관적 법질서이다. 구한말『萬國公法』(휘튼Wheaton 惠頓 著 1864년 청국 발간, 1880년 조선 유입),『公法會通』(블룬츨리Bluntschli, 伯倫知理 著 중국판 1880년, 李庚稙 서문 1896년 學部 발간)에서 '權은 관리가 쥐고 있는 권력', 또는 利를 더한 權利는 사람이 마땅히 얻어야 할 몫으로서 '民이 본래 가지는 民權' 등으로 보았다. 개인의 권리를 국가의 권력이나 자연법상의 권리로 봄으로써, 실정법을 전제로 일정이익의 향수를 가능케 하는 실체법상의 힘의 개념에 한정시킨 것은 아니었다.

'權利'/right 권리는 right의 日譯이다. 福澤諭吉*후쿠자와 유키치*『西洋事情』에서는 通義, 權理通義, 權義 등이라 했지만, 清末 同治年間*1860년대* 마틴(William A.P. Martin 丁冠西, 丁韙良 1827~1916 미국인 선교사로서 북경정부 법률고문, 京師大學堂 학장, 정부번역관)은 구미법률서를 漢譯·출판한 公法書인 휘튼*H.Wheaton*『萬國公法』, 울시*T.D.Woolsey*『公法便覽』(특히 凡例 頁 2 b-3a), 블룬칠리*J.C.Bluntschli*『公法會通』등이 일본에 들어오면서 '權利'로 번역되었다. '만국공법'은 重野安繹의 일어 重譯으로 명치원년*1868* 鹿兒藩臟版으로 발간된 일본 최초의 서양법률서 '공법편람'은 妻木頼拒, 小野忠雄 訓点의 한역 그대로 명치11년*1878* 丸善書店에서 간행된다. '공법회통'은 岸田吟香, 訓點의 漢譯 그대로 명치14년*1881* 樂善堂에서 발간된다. 조선에서도 정관잉(鄭觀應 1841~1923)『易言』*1871*이 1883년에 복간된 한글판이 나오면서 친숙한 말이 된다(本書 '제3편 국헌론 제1장, 제1절, 근세 이후의 한국 국가 관념' 참조).

법과 권리의 관계와 본질 법과 권리의 관계에서, 법은 사회생활의 준칙규범으로서, (정치의 '적과 동지', 경제의 '수요·공급', 경영의 '기획·운영' 등에 비유하자면)권리·의무의 체계 즉 권리의 주체, 객체, 변동 등 법률관계의 법규범이며, 법에 의하여 인간의 사회생활관계는 권리의무의 법률관계에 들어서고, 일정이익을 향유할 수 있는 법적 힘인 권리행사와 의무자의 의무이행으로 실현되고 종료되면서 비법의 사회생활관계로 복귀한다. 법과 권리의 본질에서, 고희랍 소피스트 트라시마코스(Thrasymachus c.459~c.400BC)는 '힘이 권리이고 힘이 권리를 만든다'(*the 'might is right' or 'might makes right' theory*) 하였지만, 근대의 예링(Rudolf von Jhering 1818.8.22~1892.9.17.)은 '권리를 위한 투쟁'*Der Kampfums Recht, 1872*에서 권리의 본질은 힘이지만, 秤저울을 수반하지 않는 劍칼은 적나라한 실력에 그치며, 劍을 수반하지 않은 秤은 권리로서는 무력하다 하였다. 그리하여, 법은 민족정신의 표현이라 한 사비니*Savigny*, 빈트샤이트*Windscheid* 등은 권리는 법에 의하여 주어진 '의사'의 힘·지배라 하는 '의사설'을 말하나, 이는 乳兒 등 의사무능력자의 권리주체성을 설명하지 못한다. 반면, 예링이 '법의 목적'*Der Zweck im Recht vol.2, 1877~1883*에서 목적은 모든 법의 창조자이며 그 목적은 각 개인의 이익이라 하여, 이익을 법률생활의 기초적 창조력의 힘으로 보는 '이익설'은, 권리는 법에 의해 보호되는 이익이라는 견해이나, 친권 등은 권리자에게 귀속되는 개인적 이익을 찾기 어렵다. 통설은 '권리법력설'에 따른다.

1.1.2 권리와 기대권, 권능, 권원

권리는 법규범의 중층구조에서 법률관계를 발생케 하는 법률요건이 충족될 때 나오는 법률효과이다. 권리를 발생케 하는 법률요건의 일부만 충족하고 나머지 요건이 실현되면 장차 권리를 취득할 수 있는 경우에, 그 같은 기대상태의 현상만 권리로서 보호되어 그 현상의 이익만 실현할 수 있는 기대권은 그 이익이 전부 실현되는 권리와 구분된다. 권능은 권리의 내용에 포함된 개개의 법적 작용이다. 예컨대 소유권은 사용권, 수익권, 처분권(민법 제211조)의 각 권능을 갖는다(처분권은 소유권의 본질이어서, 헌법 제37조 제2항 법률유보에 의하더라도 처분권 제한은 소유권의 본질적 내용의 침해로, 위헌이다). 권원은 권리에 근거하여 일정한 법률상, 사실상 행위를 정당화하는 원인이다.

기대권, 권능·권원 등 기대권期待權으로서 조건부 권리, 기한부 권리 등이 있다. 민법 제148조(조건부권리의 침해금지) '조건 있는 법률행위의 당사자는 조건의 성부가 미정한 동안에 조건의 성취로 인하여 생길 상대방의 이익을 해하지 못한다' 하는 조건부 권리 및 제154조(기한부권리와 준용규정) '제148조와 제149조의 규정은 기한있는 법률행위에 준용한다' 하는 기한부 권리는 현상의 이익만 실현할 수 있는 권리에 그치며(확정적 지배권은 아니다. 상속개시 전 상속인이 될 사람인 추정상속인(처와 자녀, 양친, 형제가 있는 경우에 추정상속인은 처와 자녀)이 장래 상속이 개시되었을 경우에 상속재산권을 취득할 수 있는 지위도 기대권이다. 선순위상속인의 출현으로 기대권이 깨어지거나 상속결격缺格·폐제廢除에 의하여 소멸되는 경우도 있지만, 결격사유가 없는 한 또는 폐제절차에 의하지 아니하고는 박탈당하지 않는다는 보장이 있기에, 역시 권리이고 다만 기대권일 뿐이다. 권원에 관하여, 민법 제256조(부동산의 부합) '부동산의 소유자는 그 부동산에 부합한 물건의 소유권을 취득한다. 그러나 타인의 권원에 의하여 부속된 것은 그러하지 아니하다' 하는 '타인의 권원'은 타인의 권리에 기하여 그 타인의 행위를 정당화하는 원인이다.

1.1.3 권리와 반사적 이익

권리는 일정 이익을 향유할 수 있도록 법이 인정한 힘 즉 법적 힘이다. 따라서 법적 힘 즉 法力이 없이, 법이 정한 일정 이익 그 자체만 향유할 수 있는 반사적 이익과 구분된다. 법적 힘은 권리주체에게 일정 이익의 향유를 방해하지 못하도록 국가적 보호·실현을 청구할 수 있도록 하는 절차·방식을 법률효과로서 부여하고, 의무주체에 대해서는 이에 상응하는 의무를 부과한다. 반면 '반사적 이익'은 단지 법이 규정하여 적용되는 결과로서 각자에 주어지는 이익 그 자체의 보호에 그칠 뿐 그 같은 일정 이익의 실현을 국가에 청구할 수 있는 법적 힘을 그 이익을 받는 주체에게 부여하지 못한다. 그 점에서 반사적 이익은 권리의 법규범적 관념에는 이르지 못한다.

1.2 권리와 권력, 소권 등

1.2.1 권리와 법적 보호이익

권리와 반사적 이익의 구별에 유사하게 공권에 있어서 '법적 보호이익'의 관념이 있다. 이는 특히 행정쟁송에 의하여 구제되어야 할 이익으로서 실정법상(행정심판법 제9조, 행정소송법 제12조) '법률상 이익'이라 말해진다. 다만 공권 역시 권리이고, 권리라 함은 일정 이익을 향유할 수 있는 '법적 힘'이기에 '법률상 이익'

제1편 제2편 제3편 法理論

즉 법적 보호이익을 단순한 반사적 이익의 개념을 넘어 공권에 특유한 개념 범주로 포섭하여 이를 권리 즉 공권 개념에 포섭한다 하여도, 개인의 공권 확대의 추세에 합치된다 하겠다. 개인적 공권으로서 인정되는 권리에는 행정법관계에서는 특히 무하자재량행사청구권, 행정행위발급청구권, 행정개입청구권, 행정절차상 개인의 참여권 등이 논의된다.

반사적 이익, 법적 보호이익, 법률상 이익 의료법(제15조(진료거부금지 등) 제1항)상 '의료인은 진료나 조산 요청을 받으면 정당한 사유 없이 거부하지 못한다' 함에 따른, 의사의 진료의무에 기하여 환자가 진료를 받는 이익·효과, 민법 제746조의 불법원인에 의한 재산 급여자는 그 반환을 청구하지 못하는 결과 수익자가 급여된 재산의 소유권을 취득하는 것, 헌법상 권리인 기본권은 자유권적 기본권은 구체적 권리이나 사회권적 기본권은 이를 추상적 권리로 보아도 헌법상 권리인 점에서는 반사적 이익은 아니나, 다만, 바이마르헌법에서의 *受益權*과 같이 이를 정한 헌법규정을 강령*programme*규정으로 보게 되면 그 같은 생활보호이익을 청구하는 권리는 헌법상 권리인 기본권이 아닌 반사적 이익으로 보게 된다. 행정법 판례의 경우에서도 이는 같이 본다. 예컨대 양곡가공업허가는 경찰금지를 해제하는 명령적 행위로서 피허가자에게 독점적 재산권의 취득이 아니라 간접적 사실상 이익을 부여함에 불과하므로 어떠한 행정처분에 의하여 이미 그 허가를 받은 자의 제분업상 이익이 감소되더라도 이는 사실상의 반사적 결과일 뿐, 권리가 침해된 것은 아니므로 그 취소를 소구할 법률상 이익이 없다(대법원 1981.1.27. 79누433). 주거지역 안에서는 도시계획법 등에 의하여 공익상 부득이하다고 인정될 경우를 제외하고는 거주안녕과 건전한 생활환경보호를 해치는 모든 건축이 금지되는 결과로써 받는 주거지역내에 거주하는 사람의 이익은 법률에 의하여 보호되는 이익이므로, 주거지역내에서 연탄공장 건축허가처분으로 불이익을 받고 있는 제3거주자는 비록 당해 행정처분의 상대자가 아니라도 그 행정처분으로 법률에 의하여 보호되는 이익을 침해받는 것이기에 당해 행정처분의 취소를 소구하여 그 당부의 판단을 받을 법률상 자격이 있다(대법원 1975.5.13. 73누96등).

1.2.2 권리와 권한, 권력

권한은, 일정이익이 행위자에 귀속되는 권리와 달리, 그 이익이 타인에 귀속되는 법률효과를 발생케 하는 행위를 할 수 있는 법률상 자격이다. 공무원 또는 기관의 권한은 공법상 또는 사법상 법인 내지 단체의 기관에 대해서 법령 또는 정관 등으로 부여된다. 이를 가능케 하는 권원이 권력이다. 국가에서의 최고의 권력은 주권이며 그 주체는 국민이다. 주권은 근대국민국가의 입헌주의 헌정체제에서 공동체의 최고규범인 헌법을 제정하여 국가를 건립하게 됨으로써 규범적으로 존재하게 되는 권력이다.[1) 주권은 국가 내에서는 최고권력으로 기능하는 이데올로기적 정치권력이며 국가간 관계에서는 국가의 독립성을 표상하는 권력으로서 존재한다. 주권에 기초하여 국가권력이 나온다. 권력분립주의의 헌법원리에 따라서 분립된 국가권력으로서의 입법권은 국민의 자유·권리·의무에 직접관계되는 규범인 법규를 중심으로 불특정다수를 대상으로 불특정한 경우에 적용하는 일반추상적 법규범의 제정권이며, 이는 국회에 귀속된다. 행정권은 법에 근거하는 행정 목적을 능동적·적극적으로 형성하는 법집행권이라는 적극적 행정 개념, 법제정의 입법권과 법선언의 사법권을 控除한 나머지 국가작용이라는 소극적 행정 개념, 헌법상 국회·법원에 대응하는 계층적 조직형태인 정부의 실정법상 권한이라는 행정적 행정개념 등의 의의를 갖는다. 그 귀속자는 정부이다. 사법권은 무엇이 법인가를 선언하는 국가작용으로서, 특히 법원이 법률상 다툼인 쟁송에 적용되는 법을 유권적으로 심리·판단하여 선언하는 심판권인 재판권을 중심으로 하는 국가작용이다. 재판은 사법권에서도 재판권에 기초하여 행하는 구체적인 개개 사건에 대한 법원·법관의 법률행위적 소송행위이며, 그 재판권은 법원에 귀속된다.

1.2.3 권리와 訴權, 기소권 등

법은 강제규범으로서 법집행기관의 실현을 전제로 하는 데, 법의 절차법규정은 권리주체에 소권을 부여하여 이를 소송절차로써 실현케 한다. 소권은 소를 제기할 권리로서, 헌법 제27조가 국민의 기본권으로서 규정하여 보장하는 재판청구권이 개개 소송절차에 관련하여 국민 개개인에게 부여하는 헌법상 권리인 주관적 공권이다. 소송은 원고가 피고를 상대로 한 법원에서의 법정절차이며, 민사소송은 소송절차를 개시하는 소제기로 시작한다. 訴는 원고가 피고를 상대로 법원에 특정 청구의 당부의 심판과 일정 판결을 할 것을 신청·청구하는 소송행위로서 소송절차 특히 판결절차의 개시를 요구하는 당사자의 신청이다. 소에 의하여 시작되어 계속繫屬되는 소송은 판결의 확정, 소취하, 청구의 포기·인낙, 소송상 화해 등으로 종료한다. 소는 소송행위로서, 실체법상 사적 자치의 원칙과 같이, 소송법상 원리인 '소 없으면 재판 없다' 하는 처분권주의에 따른다. 소송법은 공법이며 소송상 법률관계도 공법관계이고 소송은 개인의 권리를 실현하는 소권에 의하므로, 소권은 개인의 소 제기 결정의 자유에 기하여 '소 없으면 재판없다'는 당사자처분권주의에 따른다. 이행의 소는 피고에 대한 실체법상의 청구권을 주장하여 실현하도록 그 채무의 이행명령을 하는 이행판결을 신청하는 소이다. 확인의 소는 주로 원고와 피고 사이의 권리·법률관계의 존부에 법적인 불안상태가 존재할 때 그 제거를 위하여 법원에 권리·법률관계의 존부를 확정하는 판결을 하여 줄 것을 신청하는 소이다. 형성의 소는 법률관계의 변동인 발생·변경·소멸이 법원의 판결로써 이루이지도록 한 경우에 그 변동을 구하기 위하여 법원에 판결을 신청하는 소이다. 형사소송에서 공소제기의 권한인 기소권은 국민의 재판을 받을 권리를 실현하는 형사사법절차의 전단계에서 준사법적 기능을 갖는 국가적 공권으로서 검사 등에게 부여되는 권리이다. 다만, 헌법사항에 속하는 재판권이나 소권과 달리 기소권은 국회의 입법사항으로서 법률에 의하여 비로소 그 근거와 존재가 정해지는 법률상 권리이다.

소권의 공법적 성격과 기소권, 소제기의 효과 실체법상 권리가 개인간 청구권인 것과 달리, 소권은 개인이 사법고권을 가진 국가기관인 법원에 대하여 사법행위인 재판을 청구하는 권리이며, 이에 따른 재판에 의하여 원고의 청구가 이유 있으면 승소판결로써 권리를 보호해 줄 것을 요구하는 권리이다. 형사소송에 있어서 검사는 공익의 대표자로서 범죄수사 및 공소제기·유지에 필요한 사항의 직무와 권한을 검찰청법 기타 법령에 의하여 가지며, 공소제기의 권한인 기소권을 포함하는 검사의 검찰권은 검사동일체 원칙, 기소권의 준독점·편의주의와 법정주의 및 중립성, 법원의 재정裁定결정에 의한 형사소송법 제260조~제265조에 한정된 공소유지변호사의 재정신청 등으로 실현된다. 민사소송에서는 소의 제기에 의하여 소장이 피고에게 송달되면 소송계속이 되는 소송법상 효과를 가져와 소송사건을 특정 법원이 심리하게 된 상태에 이르게 한다. 소제기에 의하여 실체법상의 권리를 행사한 효과가 생긴다. 소제기가 적법하여 소제기의 효과를 나오게 하도록 그 소를 적법하게 하는 요건이 소송요건이다. 소송요건이 불비되면 소는 부적법하게 되어 법원은 본안재판을 할 수 없어, 소를 각하하게 되므로, 소송요건은 법원이 본안 즉 실체법상의 법률관계를 재판할 요건이 된다. 소송요건에는 관할권, 당사자능력, 당사자적격, 소송능력, 권리보호의 자격·이익 등이 있다. 소는 하나의 소로써 하나의 청구를 하는 경우, 여러 개의 청구를 하는 청구병합(단순병합, 예비적 병합, 선택적 병합), 수인의 당사자가 소송을 행하는 공동소송(통상의 공동소송, 공동소송인이 승패를 같이 할 필요가 있는 필수적 공동소송)이 있다.

1.3 공법상 권리

1.3.1 행정법관계에서의 사인의 행위

행정법관계는 행정주체에 대해서 행정객체인 국민·주민 등의 법주체간 권리의무의 관계로서 공법관계와 행정사법관계를 포괄한다. 공법관계에서 공권은 사인이 행정주체와의 관계에서 일정 이익을 향유할 수 있는 법적 힘이며 국가적 공권과 개인적 공권이 있다. 국가적 공권은 행정주체가 행정객체인 사인에 대하여 갖는 권리이며, 그 목적상 조직권·경찰권·통제권·공용부담특권·재정권·군정권, 내용상 하명권·강제권·형성권 등의 지배권적 성질을 갖고 헌법, 법률 등의 기속을 받으며 행사되면서 공정력의 효력이 인정되는 행정주체의 권한·권능이다. 사인은 국가적 공권에 대응하는 公義務를 진다. 공의무는 법률 또는 이를 구체화하는 행정작용에 의하여 사인이 지는 자유의 제한이며 이 공의무의 불이행시 행정상 의무이행확보수단인 행정강제, 행정벌 등이 발동된다. 행정법관계에서 사인의 행위에는 공법관계에서의 행위인 공법행위 및 행정사법의 행위 등이 있으며 이때에 자기완결적 행위는 사인의 행위 자체만으로 법률효과를 완결시키는 행위이며, 반면, 행정요건적 행위는 사인의 행위가 행정행위의 전제요건이 되거나 행정계약의 일방 당사자의 의사표시가 될 뿐 그 자체만으로 법률효과를 완결하지 못하는 행위이다. 행정요건적 행위의 신청은 사인이 행정청에 대하여 자기의 권리 또는 이익을 위하여 어떤 행정을 청구하는 의사표시이다. 이 같은 행정법상의 행정주체간 권리·의무·지위의 이전·승계는 지방자치단체의 구역변경이나 폐치분합, 공공단체의 통폐합의 경우 등에 주로 발생하게 되며, 행정법상 사인의 권리·의무·지위의 이전·승계는 행정절차법(제10조)과 개별법령에서 정한다. 또한 권리·의무·지위의 포괄승계로서 상속·합병이 있다.

1.3.2 행정법관계에서의 개인적 공권

행정법관계에서 사인은 행정주체의 행정활동에 관련하여 실체법상 권리인 개인적 공권, 절차법상 권리인 행정절차참가권, 행정쟁송제기권 등의 권리를 갖는다. 개인적 공권은 사인이 행정주체에 대하여 갖는 주관적 권리이다. 개인적 공권의 성립에는 행정주체에게 일정 의무를 부과하는 강행적 행정법규의 존재, 그 행정법규에 의한 특정인의 사적 이익의 보호, 그 같은 사적 이익을 향유할 수 있도록 하는 재판상 청구 등이 보장되어야 한다. 행정법관계에서의 개인적 공권과 달리, 기본권은 헌법상 권리로서 헌법에 근거를 두어서 인정되는 개인의 주관적 공권이기에 그 규범영역이 다르다. 공법관계에서의 반사적 이익은 행정법규가 공익목적만을 위하여 행정주체에 대해서 일정한 작위·부작위 등을 명하는 경우의 그 반사적 효과로서 사인이 향유하는 사실상 이익이다. 공권과 반사적 이익의 구별에서의 실익은 취소소송의 원고적격 인정 여부에 있어서(처분 등의 취소를 구할 법률상 이익이 있는 자에게만 취소소송의 원고적격을 인정하는 행정소송법 제12조의 원고적격의 범위를 확대하려는 권리회복설, 법률상 보호이익설, 보호가치이익설 등) 또는 국가배상청구권의 발생 여부(법익침해에 의한 불이익인 손해의 발생을 국가배상청구권의 발생요건으로 하는 국가배상법 제2조의 해석) 등에서 요구된다. 행정주체가 갖는, 헌법을 정점으로 하는 법령준수의무에서 사인의 권리에 대응한 것이 아닌 의무의 이행으로 사인이 받는 이익은 반사적 이익이기에 그 의무 위반을 이유로 이를 訴로써 다툴 수 없다. 개인적 공권은 사법관계에서의 권리인 사권과 구별되는 특수성으로서 원칙적으로 양도·상속 등의 이전, 압류, 포기 등이 금지·제한되는 불융통성을 가지며, 그에 관한 소송은 민사소송이 아니라 공법상 권리관계에 대한 소송인 당사자소송에 의하고, 공권상 금전채권의 소멸시효 5년 등의 특수성을 갖는다.

1.3.3 행정법관계에서의 행정개입청구권, 무하자재량행사청구권

개인적 공권에는 실체적 이익을 보호하는 실체적 공권 외에 그 보호를 실효성 있게 하기 위한 절차적 공권도 있으며, 이와 관련한 새로운 공권도 있다. 행정개입청구권은 행정청의 부작위로 인하여 권익을 침해당한 자가 당해 행정청에 대하여 타인에 대한 규제 등 일정한 행정권의 발동을 청구할 수 있는 실체적 공권이다. 이는 자기의 이익을 위하여 자기에 대한 행정권의 발동을 청구하는 권리인 행정행위발급청구권과 구별된다. 헌법 제10조 후단 국가의 기본권보호의무에서 국민은 생명·신체의 위험 등 기본권의 중요한 가치질서가 보호받지 못하게 되는 예외적인 경우에 한정하여 행정개입청구권을 도출할 수 있다. 행정처분이 기속재량인 경우, 행정청은 특정처분을 하여야 할 법적 의무를 지므로, 관계법규가 사인의 이익을 보호하는 한, 사인은 행정청에 대하여 행정청의 법적 의무에 대응하여 특정한 처분을 청구할 수 있는 실체적 공권을 갖는다. 처분이 재량행위인 경우, 원칙적으로 행정청은 특정 처분을 하여야 할 법적 의무를 지지 아니하며 사인도 이를 청구할 수 있는 공권을 갖지 아니하나, 예외적으로 구체적인 사정에 비추어 재량권이 零으로 수축되는 경우에, 행정청은 특정 행위를 하여야 할 법적 의무를 지게 되며, 사인은 행정청의 의무에 상응한 유일한 재량행위를 청구할 수 있는 실체적 공권을 갖는다. 행정개입청구권은 직무이행소송의 방식으로 직접적 실현이 가능하지만, 이는 우리 법제상 인정되지 않기에, 의무이행심판, 청구거부시의 거부처분취소청구심판·소송, 청구를 방치한 경우의 부작위위법확인소송 및 거부처분취소판결의 간접강제에 의한다.

무하자無瑕疵재량행사청구권은 행정청에 대하여 재량권의 흠 없는 행사를 청구할 수 있는 공권이다. 행정청의 재량권행사는 그 일탈·남용이 없어야 한다는 법적 한계를 준수하여야 하므로, 무하자재량행사청구권은 재량의 법적 한계를 준수하면서 처분을 할 것을 청구하는 절차적 권리이지만, 비례·평등 등의 헌법원칙의 준수를 요구하는 점에서 실체적 권리와 관련되어 있다. 이 밖에 절차적 공권으로는 행정절차법상의 처리기간 설정·공표요구권, 처분기준 설정·공표요구권, 처분사전통지요구권, 의견청취를 받을 권리, 처분의 이유제시요구권, 문서열람청구권 등이 있다.[2)]

2. 헌법상 권리 – 기본권

2.1 기본권의 의의 – 국민의 헌법상 권리 · 개인의 주관적 공권 · 공동체의 객관적 법질서

기본권은 헌법상 확인되어 보장되는 국민의 권리이다(헌법 제2장). 헌법상 보장된 국민의 기본권(헌법재판소법 제68조 제1항 인신보호법 제1조 헌재 2000.8.31. 97헌가12)은 헌법에서 확인된 인간의 모든 天賦的 자유와 권리를 국민의 기본적 인권(헌법 제10조제2문. 제37조 제1항)으로 보장하여, 인간의 자연적 자유를 국가에서의 국민의 법적 자유·공적 자유로 제도화한다. 기본권은 개인의 국가에 대한 부작위·작위청구권을 국민의 헌법상 권리로 보장하는 주관적 공권이다. 권리는 일정 이익을 향유할 수 있는 법적 힘이고權利法力論, 헌법상 권리는 이를 향유할 수 있는 헌법적 힘이기에, 개인의 청구권을 법률상 권리, 반사적 이익 등으로 보장하면 헌법상 권리인 기본권이 아닌 헌법상 이익에 그친다. 기본권은 헌법상 권리이지 헌법상의 반사적 이익이 아니다. 법제도가 그 향유를 위한 법적 힘을 수반하지 못하고 단지 이익만 부여하면 그 주체는 법적 권리에 이르지 못하는 반사적 이익만 향유한다. 헌법상 반사적 이익은 헌법적 권리에 이르지 못한 법률상 권리·이익으로서 법률로 폐지·변경될 수 있는 기득권이지 기본권이 아니다. 기본권은 헌법상 권리로서 반사적 이익이 아니므로, 헌법적 권리에 이르지 못한 법률상 권리·이익, 사실상의 경제적 불이익, 간접적 이익 등은 기본권이 아닌 것이다.

기본권과 반사적 이익 약사의 한약조제권은 헌법상 권리인 기본권이 아니라 법률에 규정되어야 권리가 되는 반사적 이익이고(헌재 1997.11.27. 97헌바10), 국가권력에 의해 청탁금지법이 남용될 경우의 언론의 자유나 사학의 자유의 일시적 위축 소지는 과도기적 사실상 우려에 불과하며 직접적으로 언론, 사학의 자유가 제한되지 아니한다(헌재 2016.7.28. 2015헌마236등).

기본권은 헌법정체성의 가치인 민주주의·시장경제·법치주의의 헌법이념·헌법원리 같이 권력의 형성·존속·정당성의 기준이며, 헌법의 구성부분인 규범적 가치질서의 내용을 이룬다(헌재 1996.12.26. 96헌가18 참조). 인간의 존엄과 가치·행복추구권은 국가권력의 존재근거이며, 평등권은 행사원칙이고, 자유권적 기본권은 한계규범이며, 사회권적 기본권은 형성규범이다(헌재 1994.2.24. 93헌마192 참조). 적법절차원칙이나 권력분립주의 원리 등의 헌법원리가 개인에 주관적 권리를 부여하는 것이 아니듯(헌재 2004.12.16. 2002헌마579 참조), 객관적 가치질서인 기본권은 헌법원리로서 그에 따라서 국가권력이 존재할 수 있도록 하는 원칙규범이기에 개인에 주관적 공권을 부여하는 성격을 갖는 것은 아니다.

2.2 기본권의 유형 – 자연권적 기본권과 실정권적 기본권, 절대적 기본권과 상대적 기본권, 기본권의 개방성

자연권적 기본권은 사람이 나면서부터 생래적으로 지니는 천부의 인권*human rights*을 속성으로 하는 인간의 전국가적 자유를 국가가 확인·선언한 것이다. 실정권적 기본권은 헌법이 인정하여 비로소 국민의 권리가 된다. 절대적 기본권은 공동체에서 어떠한 경우에도 제한되지 않는 기본권, 또는 헌법에 의해서만 제한할 수 있으며 법률로는 제한할 수 없는 기본권, 상대적 기본권은 법률에 의해서 제한할 수 있는 기본권이다(민법에서 절대적 권리는 권리자가 그의 권리를 모든 자에게 주장할 수 있는 권리, 상대적 권리는 일부의 자에게만 주장할 수 있는 권리이다. 기본권의 절대성, 상대성 개념과 다르다).

자연권적 기본권, 절대적 기본권 자연권·실정권 구분은 기본권연원을 인권에서 찾는 연혁적 의미가 크다. 다만, 인간의 존엄성과 국가의 기본권보장의무(헌법 제10조), 헌법에 열거되지 아니한 자유와 권리의 경시되지 아니함(제37조 제1항), 기본권의 본질적 내용의 침해금지(제2항) 등은 기본권이 자연권임을 주의적으로 확인한 선언적 규정이다. 우리 헌법에서 '공동체에서 어떠한 경우에도 제한되지 않는다' 하는 절대적 기본권은 인정되지 않는다. '변호인이 되려는 자'의 접견교통권은 피체포자 등의 '변호인의 조력을 받을 권리'를 기본권으로 인정한 결과 발생하는 간접적 부수적 효과로서 (형사소송법 등 개별법률을 통하여 구체적으로 형성된)법률상 권리에 불과하고, '헌법상 보장된 독자적 기본권'으로 볼 수 없다(헌재 1991.7.8. 89헌마181).

헌법 제2장의 일반권적 기본권(인간의 존엄과 가치, 행복추구권, 평등권), 자유권적 기본권(人身的, 정신적, 표현적, 사생활적, 사회경제적 자유권), 사회권적 기본권(인간다운 생활을 할 권리(생존권), 교육기본권, 근로기본권(근로의 권리, 근로3권), 환경권, 가족·보건기본권), 절차권적 기본권(청원권, 재판을 받을 권리, 국가배상청구권, 손실보상청구권, 형사보상청구권, 범죄피해자구조청구권 등의 청구권적 기본권)·참정권적 기본권(선거권, 공무담임권, 국민투표권 등) 등은 열거된 기본권이다. 기본권개방성은 헌법 제37조 제1항 '국민의 자유와 권리는 헌법에 열거되지 아니한 이유로 경시되지 아니 한다', 인간의 존엄과 가치·행복추구권을 규정한 제10조 등을 근거로 헌법에 열거되지 아니한 새로운 기본권을 헌법상 권리로 창설한다는 의미이다.

2.3 기본권의 유형 – 자유권적 기본권, 사회권적 기본권, 절차권적 기본권(청구권적 기본권·참정권적 기본권)

자유권적 기본권은 인간의 천부권인 시민적 자유를 국가의 방해로부터 방어하여 향유되는 소극적 성격의 부작위기본권이다. 사회권적 기본권은 사회·경제적 약자의 인간다운 생활 등을 위한 사회국가적 급부·배려를 국가에 요구하는 적극적 성격의 작위기본권이다. 기본권이면 자유권이든 사회권이든 국민이 국가에 일정행위를 청구하여 헌법상 책무를 부과함으로써 헌법적 구속력을 갖는 헌법상 권리이다. 사회권적 기본권이 갖는 헌법적 청구권은 헌법규정을 근거로 성립하여 입법권은 물론 모든 공권력에 대하여 효력을 갖는다. 다만 그 헌법적 효력은 입법자가 이를 법규범으로 규정할 때 비로소 행정적·사법적 집행이 구체화되는 것이며, 사회권적 기본권에 반하는 공권력에 대해서는 헌법소원 등의 헌법재판에 의하여 무효가 된다.

자유권과 사회권, 추상적 권리와 불완전한 구체적 권리 자유권적 기본권은 권리의 성격 외에 객관적 법질서의 구성요소로서 헌법질서 형성기능이 있다. 반면, 사회권적 기본권은 개인에 주관적으로 부여되는 권리에 그친다. 자유권적 기본권은 헌법질서 형성의 기능을 위하여 사인간 효력을 인정한다. 사회권적 기본권은 사인간 효력과 헌법상 의무는 인정하기 어렵다. 사회권적 기본권이라도 그 헌법적 청구권의 구체적 형성·실현을 위한 국회의 입법재량의 폭이 자유권적 기본권에 비하여 넓을 뿐, 반사적 이익이나 법률상 권리는 아니다. 추상적 권리설은, 사회권적 기본권은 선언적·강령적 프로그램규정이 아니라 입법에 대한 헌법적 청구권을 지니는 헌법상 권리이고, 그 실현은 이를 제정할 헌법적 책무를 지는 의회의 법률에 의해서 가능하며, 법률에 의하여 행정·사법에 대한 법적 청구권이 발현된다 한다. 불완전한 구체적 권리설은, 사회권적 기본권은 입법은 물론 행정·사법 등 모든 국가권력에 헌법적 청구권을 갖는 점에서 추상적 권리설과 다르지만, 그 내용과 현실적 행사는 국회의 법률이 정하는 광범한 입법형성권에 맡긴다.

절차권적 기본권은 헌법상 청구권을 갖는 기본권인 자유권적 기본권과 사회권적 기본권의 실현을 위하여 일정한 국무행위를 구하는 청구권적 기본권(청원권, 재판을 받을 권리, 형사보상청구권, 범죄피해자구조청구권, 손실보상청구권, 국가배상청구권 등) 및 정치참여의 국무행위를 정한 참정기본권(선거권, 공무담임권, 국민투표권) 등을 총칭하는 기본권이다. 헌법 제2장은 청원권(제26조 제1항 모든 국민은 법률이 정하는 바에 의하여 국가기관에 문서로 청원할 권리를 가진다), 재판을 받을 권리(제27조 제1항 모든 국민은 헌법과 법률이 정한 법관에 의하여 법률에 의한 재판을 받을 권리를 가진다), 국가배상청구권(제29조 제1항 1문 공무원의 직무상 불법행위로 손해를 받은 국민은 법률이 정하는 바에 의하여 국가 또는 공공단체에 정당한 배상을 청구할 수 있다) 외에, 자유권적 기본권인 신체의 자유에 관련한 형사보상청구권(제28조 형사피의자 또는 형사피고인으로서 구금되었던 자가 법률이 정하는 불기소처분을 받거나 무죄판결을 받은 때에는 법률이 정하는 바에 의하여 국가에 정당한 보상을 청구할 수 있다), 범죄피해자구조청구권(제30조 타인의 범죄행위로 인하여 생명·신체에 대한 피해를 받은 국민은 법률이 정하는 바에 의하여 국가로부터 구조를 받을 수 있다) 그리고 역시 자유권적 기본권인 재산권보장에 관련한 손실보상청구권(제23조 제3항 공공필요에 의한 재산권의 수용·사용 또는 제한 및 그에 대한 보상은 법률로써 하되 정당한 보상을 지급하여야 한다) 등을 청구권적 기본권으로서 규정한다.

3. 의무의 본질

3.1 의무와 기본의무

3.1.1 의 무

의무는 일정한 행위를 하여야 할 또는 하여서는 아니 될 법률상 구속이며 강제규범에 의하여 직접적으로 강제하여 위반시 법이 정한 일정한 책임을 부과한다. 반면, 책무는 강제규범으로서의 직접적 강제나 손해배상 등의 책임을 지울 수 없는 간접적 의무이다. 따라서 권리 없는 의무가 있다면 의무 없는 권리도 있을 수 있다. 의무를 부담하는 자인 의무자가 의무주체이다. 의무의 이행은 의무자가 부담하는 의무의 내용의 실현이다. 민법 제2조 제1항 '의무의 이행은 신의에 좇아 성실히 하여야 한다'에 따라서, 신의칙에 위배된 의무의 이행은 이행으로서의 법률적 효과를 갖지 못하며, 일정한 요건이 충족되는 경우 채무불이행 등의 위법행위를 구성하며 그에 대한 책임을 진다. 의무의 이행이 권리남용에 해당하면 법률효과가 귀속되지 않는다. 의무에는 이를 하여야 할 작위의무, 하여서는 아니 될 부작위의무가 있다. 부작위의무는 하여서는 아니 될 의무가 강제규범에 의하여 강제되지 않는 단순부작위와 그것이 강제되어 수인의무가 부과되는 진정부작위 의무이다. 공법상 의무, 공의무는 공익을 위한 공법상 의사의 구속으로서, 주체에 따라서 국가적 공의무와 개인적 공의무인 납세·국방·근로·교육 등의 의무, 내용에 따라서 작위·부작위·급부·수인 등의 의무가 있다. 사법상 의무는 의무만 있는 경우(법인의 등기의무 민법 제50조 이하, 공고의무 제88조 등), 채권에 대응하는 채무 등과 같이 권리에 대응하는 의무, 권리를 가지는 동시에 의무를 지는 관계 등이 있다. 친권자가 미성년자인 子를 보호할 권리를 가지는 동시에 의무를 지는 것, 부모는 미성년자인 자의 친권자가 되는 것(제909조 제1항) 등이 그것이다.

의무와 책무 의무와 책무는 권리에 대응하는 반사적 이익과 유사하다. 예컨대 '승낙기간을 정한 계약의 청약'에 대한 통지가 연착된 경우에 청약자의 연착통지의무는 승낙자가 청약자에게 연착통지를 해 줄 것을 청구할 권리에 대응한 청약자의 직접적 의무가 아니라, 청약자의 통지의무가 이행되지 않으면 계약이 성립한 것으로 간주하는 불이익을 주는 책무 즉 간접적 의무이다(계약의 청약에 승낙의 의사를 표하지 않는다면 청약은 의미 없게 되는 데, 청약에 승낙의 의사를 담은 우편물을 보냈는데 송달이 잘못되어 연착해서 도착한 경우에는 그 승낙이 연착되었다는 통지를 하여야 하는 바(연착된 승낙이 갖는 효력 민법 제530조), 민법 제528조 제2항은 청약자가 연착의 통지를 하지 아니한 때에는 승낙의 통지가 연착되지 않은 것으로 본다 하여 당사자 사이의 매매의 효력을 발생시키기 때문이다).■

■ 민법 제528조 ① 승낙의 기간을 정한 계약의 청약은 청약자가 그 기간 내에 승낙의 통지를 받지 못한 때에는 그 효력을 잃는다. ② 승낙의 통지가 전항의 기간 후에 도달한 경우에 보통 그 기간 내에 도달할 수 있는 발송인 때에는 청약자는 지체없이 상대방에게 그 연착의 통지를 하여야 한다. 그러나 그 도달 전에 지연의 통지를 발송한 때에는 그러하지 아니하다. ③ 청약자가 전항의 통지를 하지 아니한 때에는 승낙의 통지는 연착되지 아니한 것으로 본다.

3.1.2 기본의무

기본의무는 국민이 국가를 형성·유지하기 위한 작위·부작위의 헌법상 의무이다. 근대국민국가와 현대사회복지국가의 형성과 함께 하는 국민의 기본의무는 제헌헌법에서 납세·국방·근로·재산권행사의 공공복리적합성 등의 의무 규정 후, 제3공화국헌법의 교육을 받게 할 의무, 제5공화국헌법의 환경보전의무 등에 이어 현행헌법에 이른다. 이 밖에 국가의 헌법과 법률을 준수할 의무를 정한 헌법규정은 없으나 자명한 것으로 인정된다(헌재 2002.4.25. 98헌마425등). 기본의무는 헌법에 근거하지만 법률로 구체화되는 때에 비로소 작위·부작위 등의 의무가 부과된다. 의무는 법률상 구속으로서, 권리와 의무의 관계에서 권리 없는 의무가 있을 수 있고 또는 의무 없는 권리도 가능하다. 헌법에서도 기본권에 상응하는 의무가 비진정기본의무이고, 반면, 진정기본의무는 특정 기본권을 전제로 하지 않는 납세의 의무(헌법 제38조)·국방의 의무(제39조) 등이지만, 납세의무는 재산권보장에서 구체적으로 형성되며(제23조) 국방의무는 강제노역금지의 신체의 자유(제12조 제1항)에 합치하는 범위에서 법률로 정해진다. 비진정

기본의무는 교육을 받게 할 의무(제31조), 근로의 의무(제32조 제2항), 재산권행사의 공공복리적합의무(제23조 제2항), 환경보전의무(제35조) 등으로서 교육권(제31조), 재산권(제23조), 근로기본권(제32조, 제33조), 환경권(제35조) 등의 형성·실현에 반하지 않아야 한다.

3.1.3 진정기본의무 – 납세의 의무

국민의 진정기본의무인 납세의 의무(제헌헌법(1948.7.17.) 제29조, 제9차개정헌법(1987.10.29.) 제38조)는 '모든 국민은 법률이 정하는 바에 의하여 납세의 의무를 진다'(헌법 제38조) 하는 국가의 과세권이 부과하는 세금을 납부할 국민의 헌법적 의무이다. 국가는 조세법률주의(제59조), 조세평등주의(제11조)에 따라서 직접적 반대급부 없는 금전부담인 조세를 국민에 부과하여 납세의무를 현실화하고 국가활동의 재정적 기초를 마련하는 등으로 과세권을 행사한다. 납세의무는 헌법 제38조가 규정하는 납세의 제도보장적 규정으로서 선언적 효력을 갖기에 국가가 국민에 대해서 세금을 부과·징수할 수 있는 권한을 직접 발생케 하는 것은 아니다. 그런 점에서 제38조에 근거하여 납세자의 권리라는 별도의 헌법상 기본권을 인정할 수 없다(헌재 2008.11.27. 2008헌마517). 다만, 국가의 과세권이 과잉으로 행사되어 재산권의 본질적 내용을 침해하는 등 과세권의 구체적 형성의 필요성 요건을 초과하면 납세의무에 대한 수인한도를 넘어 위헌적 과세권이 된다.

3.2 진정기본의무 – 국방의 의무

3.2.1 국방의 의무의 의의

국민의 진정기본의무인 국방의 의무(제헌헌법(1948.7.17.) 제30조, 제9차개정헌법(1987.10.29.) 제39조)는 '① 모든 국민은 법률이 정하는 바에 의하여 국방의 의무를 진다. ② 누구든지 병역의무의 이행으로 인하여 불이익한 처우를 받지 아니한다'(헌법 제39조) 하는 전시·평시를 막론하고 병역법상 군복무에 임하는 직접적 병력형성의무인 병역의무(헌재 2002.11.28. 2002헌바45), 군작전명령에 복종·협력하여야 할 간접적 병력형성의무(헌재 1995.12.28. 91헌마80) 등이다. 남자는 현역군인(병역법), 예비군(향토예비군 설치법), 민방위(민방위 기본법) 등의 국방의무를 지며, 여자를 포함한 모든 국민은 방공(외국인 포함), 방첩, 전시근로동원(전시근로 동원법), 비상대비자원관리법, 군작전 수인受忍(징발 등의 재산권제한, 거주이전의 자유 제한) 등의 의무를 진다. 현행헌법과 병역법상 남자만 병역의무자로서 징집, 소집, 입영(병역법 제3조 제1항) 등의 의무를 이행함은 평등권침해가 아니다(헌재 2014.2.27. 2011헌마825. 선례 헌재 2011.11.25. 2006헌마328; 2011.6.30. 2010헌마460; 2010.11.25. 2006헌마328). 또한 정당한 사유 없이 병역의무를 거부하는 병역기피자 처벌조항, 양심적 병역거부자의 처벌근거인 병역법 처벌조항(제88조 제1항 본문 제1호 및 제2호)은 헌법에 위반되지 아니하나, 병역법의 병역종류조항에 양심적 병역거부자에 대한 대체복무제를 규정하지 아니한 것은 과잉금지원칙에 위배하여 양심적 병역거부자의 양심의 자유를 침해하여 헌법에 합치되지 아니한다(헌재 2018.6.28. 2011헌바379등). 군인의 헌법상 지위는 현역군인, 직업군인, 사회복무요원 등에 따라서 다르다. 군인의 기본권의 인정과 범위는 모든 국민에 부과되는 국방의 의무, 군인복무훈련은 일반사회생활과 다른 특수전문적 영역인 점, 군대통수지휘는 예측할 수 없는 다양한 상황에 신속·전문·효과적이도록 군사전문가인 지휘관에 포괄적 일임의 필요성 등을 고려하여야 한다. 특히 국군의 정치적 중립의무를 강조하는 헌법취지 등을 고려하면 군인 개인의 정치적 표현에는 제한이 따를 수밖에 없다(헌재 2016.2.25. 2013헌바111. 군대 내에서 불온도서소지 등을 금지하는 군인복무규율은 합헌이다(헌재 2010.10.28. 2008헌마638).).

3.2.2 병역의무이행으로 인한 불이익처우금지

국민의 진정기본의무인 국방의 의무는 특히 병역의무의 이행에 관련하여서 경찰권과 병역권에 대하여, 경찰권·경찰은 국민의 생명·신체·재산보호, 범죄예방·진압·수사, 치안정보수집, 교통

단속 기타 공공의 안녕과 질서유지를 임무로 하는 국가권력으로서(경찰법 제3조, 경찰관직무집행법) '병역권'과 다르나, 병역법상 징집되어 현역병 복무중인 자가 전투경찰순경으로 대간첩작전 수행에 종사하게 되면 군인 신분은 전투경찰대원으로 전임되므로, 이 경우는 광의의 국방의무의 수행이라 할 수 있다(헌재 1995.12.28. 91헌마80). 헌법 제39조 제2항 '누구든지 병역의무의 이행으로 인하여 불이익한 처우를 받지 아니한다' 하는 병역의무이행으로 인한 불이익처우금지는, 병역의무이행을 직접적 이유로 차별적 불이익을 가하거나, 병역의무를 이행한 것이 결과적, 간접적으로 그렇지 아니한 경우보다 오히려 불이익을 받는 결과를 초래하여서는 아니된다는 의미이다(헌재 1999.2.25. 97헌바3; 2007.5.31. 2006헌마627; 2009.7.30. 2007헌마991; 2013.9.26. 2012헌마365 등). 그러므로 이 같은 '불이익한 처우'는 단순한 사실상, 경제상 불이익이 아닌 법적 불이익을 의미하며, 법적인 불이익이라도 간접적 · 결과적 불이익은 이에서 배제한다(헌재 1999.12.23. 98헌바33; 2003.6.26. 2002헌마484; 2008.5.29. 2005헌마1173 등).

3.2.3 병역의무이행과 양심적 병역거부 및 대체복무제

양심적 병역거부는 종교적 · 윤리적 · 도덕적 · 철학적 또는 이와 유사한 동기에서 형성된 양심상 결정을 이유로 집총이나 군사훈련을 수반하는 병역의무의 이행을 거부하는 행위이다. 국가 중심의 세계질서 속에서 국가안보와 국토방위는 개개인이 누리는 모든 자유의 전제조건이며(대법원 2009.9.24. 2009도7332), 국가안보와 국토방위는 기본적 인권 보장의 헌법적 가치 추구를 위한 토대와 바탕이 되는 중대한 헌법적 법익이고(대법원 2007.8.23. 2007도4522), 국가의 존립이 없으면 기본권 보장의 토대가 무너진다(대법원 2004.7.15. 2004도2965). 그러므로 일체의 군관련복무를 배제한다는 의미의 대체복무제는 국방의무 및 병역의무의 범주에 포섭될 수 없다(헌재 2018.6.28. 2011헌바379등의 반대의견). 양심적 병역거부와 대체복무제 등은 남북한 대치의 안보위기, 병력자원의 손실, 진정한 양심의 심사 곤란성, 국가안보와 병역의무의 형평성 등의 공익 저해, 사회통합과 국가역량을 손상시키는 점에서(헌재 2011.8.30. 2008헌가22등; 2004.10.28. 2004헌바61등; 2004.8.26. 2002헌가1; 대법원 2004.7.15. 2004도2965 同旨), 정당한 사유가 없음에도 병역의무를 거부하는 병역기피자의 처벌 및 병역법(제88조 제1항 본문 제1호 및 제2호)의 처벌 조항은 헌법에 위반되지 않고(헌재 2018.6.28. 2011헌바379등), 정당한 사유 없이 예비군 훈련을 받지 아니한 사람의 처벌은 양심의 자유, 평등원칙, 이중처벌금지의 원칙 등에 위반되지 않고, 양심적 예비군훈련 거부자에 대체복무제를 도입하지 않고 행하는 형사처벌은 양심의 자유의 침해가 아니다(헌재 2011.8.30. 2007헌가12등) 하여 왔다. 그런데 최근, 정당한 사유 없이 입영하지 아니한 경우를 처벌하는 것은 합헌이나, 병역법의 병역종류조항에 양심적 병역거부자에 대한 대체복무제 규정이 없는 것은 양심적 병역거부자의 양심의 자유를 침해하여 헌법에 합치되지 않고(헌재 2018.6.28. 2011헌바379등), 종교적 신념에 의한 경우뿐만 아니라 윤리적 · 도덕적 · 철학적 또는 이와 유사한 동기에서 형성된 양심상 결정을 이유로 집총이나 군사훈련을 수반하는 병역의무의 이행을 거부하는 경우 그것이 진정한 양심에 따른 병역거부의 경우라면 병역법 제8조 제1항 제1호의 '정당한 사유'에 해당한다(대법원 2018.11.1. 2016도10912) 하고, 예비군훈련도 집총이나 군사훈련을 수반하는 병역의무 이행의 점에서 진정한 양심에 따른 예비군 훈련 거부의 경우도 예비군법이나 향토예비군설치법의 '정당한 사유'에 해당한다(반대의견: 다수의견의 논지는, 국회가 병역의무 이행의 대안으로서 '대체복무제' 등을 마련해 줄 필요가 있다는 취지의 입법정책론으로서는 공감할 만하나, 그 구체적 결론과 근거로 제시된 논리는 확립된 법리와 논리칙 · 경험칙에 기반한 엄격한 법적 논증에 따른 것으로 보기 어려울 뿐 아니라 우리 사회의 건전한 상식이나 현실적 상황과도 괴리된 법률 해석론이어서 도저히 찬성할 수 없다)(대법원 2021.1.28. 2018도4708, 2018도8716. '정당한 사유'에 해당하지 않는다고 판단한 대법원 2004.7.15. 2004도2965; 2007.12.27. 2007도7941 판결 등은 모두 변경하기로 한다.) 결정하였다.

제1편 제2편 제3편 法理論

3.3 국민의 부진정기본의무

3.3.1 교육을 받게 할 의무

헌법 제31조 제2항(제헌헌법(1948.7.17.) 제16조, 제5차개정헌법(1962.12.26.) 및 제7차개정헌법(1972.12.27.) 제27조, 제8차개정헌법(1980.10.27.) 제29조, 제9차개정헌법(1987.10.29.) 제31조) '모든 국민은 그 보호하는 자녀에게 적어도 초등교육과 법률이 정하는 교육을 받게 할 의무를 진다', 제3항 '의무교육은 무상으로 한다' 함은 교육을 받을 권리에 수반하는 교육을 받게 할 의무 및 교육의 자주성 · 전문성 · 정치적 중립성 등에 따른 의무교육의 제도보장이다. 헌법상으로는 학부모가 그 보호하는 자녀에게 초등교육을 받게 할 의무는 헌법상 의무이나, 학부모의 그 자녀에 대한 중등교육 이상을 받게 할 의무는 국회의 입법정책에 의하여 제정된 법률 등에 의하여 국민의 헌법상 권리로 구체화된다. 교육당사자인 학습자(교육기본법 제12조 제1항)와 부모 등의 보호자(제13조)를 구분할 때, 교육을 받게 할 의무는 한국사회의 높은 교육열과 상급학교진학률과 사교육비부담증가 등을 고려하면 취학시키라는 의무부과보다 국가의 인적 · 물적 교육시설정비 및 교육환경개선의 의무부과측면이 중요하다(헌재 1991.2.11. 90헌가27).

3.3.2 근로의 의무

헌법 제32조 제2항 '모든 국민은 근로의 의무를 진다. 국가는 근로의 의무의 내용과 조건을 민주주의원칙에 따라 법률로 정한다' 하는 근로의 의무(제헌헌법(1948.7.17.) 제17조, 제5차개정헌법(1962.12.26.) 제28조, 제9차개정헌법(1987.10.29.) 제32조)는 근로의 권리에 대응한 근로의무법정주의 등의 헌법상 의무이다. 제헌헌법에서부터 '모든 국민은 근로의 권리와 의무를 가진다'(제17조 제1항) 하여 같은 조항에 두었다. 근로의무법정주의는 국가가 근로의무의 내용과 조건을 민주주의원칙에 따라서 법률로 정하되 금전부과 등의 대체역무도 선택적으로 이행한다. 근로의 의무는 제5차개정헌법에서 근로의 권리와는 별개 조문으로 분리한다(근로의 권리 제28조 제1항, 의무 제2항 1문). 즉 '국가는 근로의 의무의 내용과 조건을 민주주의원칙에 따라 법률로 정한다'(2문) 하는 규정을 추가한 후, 이것이 현행 헌법에까지 이어져 근로의 의무(제32조 제2항 1문)와 근로의무법정주의(제2문)를 정하고 있다. 이 같은 근로의 의무는 제12조 제1항 2문 후단 '누구든지 … 법률과 적법한 절차에 의하지 아니하고는 … 강제노역을 받지 아니한다' 함에 의거한 신체의 자유에 대한 윤리적 의무의 선언규정이다. 따라서 근로의 의무는 강제노역을 내용으로 하는 국민의 의무를 헌법상 부인하게 된다.

3.3.3 환경보전을 위한 노력의무, 재산권행사의 공공복리적합의무

국민의 부진정기본의무로서 헌법 제35조 제1항 후단 '국가와 국민은 환경보전을 위하여 노력하여야 한다'(제8차개정헌법(1980.10.27.) 제33조, 제9차개정헌법(1987.10.29.) 제35조) 하는 환경보전을 위한 노력의무는 환경권을 실현하기 위한 전제가 되는 의무이다. 또한 헌법 제23조 제2항 '재산권의 행사는 공공복리에 적합하도록 하여야 한다'(제헌헌법(1948.7.17.) 제15조, 제5차개정헌법(1962.12.26.) 제20조, 제7차개정헌법(1972.12.27.) 제20조, 제8차개정헌법(1980.10.27.) 제22조, 제9차개정헌법(1987.10.29.) 제23조) 하는 재산권행사의 공공복리적합의무는 재산권의 사회적 기속성의 성격에서 나오는 내재적 제약을 전제로 하면서, 재산권행사는 그 대가적 급부의 존재를 전제로 공공복리에 적합하도록 하여야 하는 헌법상 의무이다.

[二] 권리양태론

1. 권리의 분류

1.1 공권과 사권

1.1.1 공 권

공법·사법의 분류에 따라, 권리에는 공법상 인정되는 권리인 공권과 사법상 인정되는 권리인 사권이 있다. 공권은 공법관계에서 일정 이익을 주장할 수 있는 법적 힘이다. 공권에는 국가적 공권과 개인적 공권이 있다. 국가적 공권은 국가 등이 공법상 주체로서 개인에 대하여 갖는 권한으로서, 법치행정에 따르는 엄격한 법률유보가 요구된다. 개인적 공권은 국민 개개인이 국가 등의 행정주체에 대하여 일정 행위(작위·부작위·급부·수인 등)를 요구할 수 있는 권리로서, 헌법상 권리인 기본권(자유권·사회권·절차권적 기본권 등)과 행정법상 권리 등이 있다. 개인적 공권은 강행법규에 의한 의무부과와 사익보호성 및 그 권익실현가능성 등을 성립의 요건으로 한다.

1.1.2 사 권

사권은 사법상 부여된 사인의 권리로서 사법관계에서 일정 이익을 주장할 수 있는 법적 힘이다. 헌법상 권리가 아닌 법률상 권리로서의 재산상 사권인 재산권은 경제적 가치 있는 이익을 목적으로 하는 사권이다. 재산권은 물권, 채권 등 금전으로 평가될 수 있는 권리가 중심이 되면서 민법, 민사집행법상 강제집행 등의 규정에 적용되는 개념이다. 물권은 권리자가 물건을 직접적으로 지배하여 이익을 얻는 배타적 권리이며, 그 객체가 물건이고 점유권·소유권, 지상권·지역권·전세권 등의 용익물권, 유치권·질권·저당권 등의 담보물권 등(민법 제192조 이하 참조)이 있다. 이는 민법 '물권' 편에서 규율한다. 물권과 같이 물건을 직접 지배하지는 않으나 독점적으로 취득할 수 있는 권리인 광업권(조광권 租鑛權)·어업권 등은 '준물권'으로서 물권에 준하는 법률관계를 갖는다. '채권'은 특정인이 특정인에게 일정 행위·급부를 요구하는 권리다. 채권의 주체가 채권자, 채무의 주체가 채무자이다. 이는 민법 '채권' 편에서 규율한다. 신분상 권리는 민법 '친족법', '상속법'에서 규정한다. 재산권은 사법상 권리이지만, 헌법상 권리인 재산권은 개인이 형성한 재산의 사적 유용성·원칙적 처분권 등이 부여된 경제적 재산가치 있는 모든 공·사법상 권리를 포섭한다. 사법상 권리인 물권·채권·가족권, 특허권, 광업권 등의 준물권, 저작자·발명가·과학기술자와 예술가의 권리(헌법 제22조 제2항) 등 정신활동의 고유한 가치인 정신적 재산권, 환매권 등 외에 공권인 사회권적 성격의 재산권 등이 모두 포함된다. 그러므로 재산권이라도 사권과 공권의 측면은 다르다.

개인적 공권과 사권의 효력범위 민법 제217조(매연 등에 의한 인지에 대한 방해금지) ① 토지소유자는 매연, 열기체, 액체, 음향, 진동 기타 이에 유사한 것으로 이웃 토지의 사용을 방해하거나 이웃 거주자의 생활에 고통을 주지 아니하도록 적당한 조처를 할 의무가 있다. ② 이웃 거주자는 전항의 사태가 이웃 토지의 통상의 용도에 적당한 것인 때에는 이를 인용할 의무가 있다.)에 의하여 발생하는 사권은 인접토지 소유자간의 생활방해를 상린관계의 차원에서 그 수인의 한도를 넘는 경우에 피해자에게 방해금지를 청구할 권리를 부여함에 그치며, 인접토지간에만 발생하는 것이 아닌 환경오염으로 인한 피해에까지는 미치지 아니한다. 예컨대, 근린공원 인근 주민들에게 토지소유자에 대하여 골프연습장건설의 금지를 구할 사법상 권리가 생기는 것은 아니다(도시공원법상 근린공원으로 지정된 공원은 일반주민들이 다른 사람의 공동사용을 방해하지 않는 한 자유로이 이용할 수 있지만, 그러한 사정만으로 인근주민들이 누구에게나 주장할 수 있는 공원이용권이라는 배타적 권리를 취득한 것은 아니며, 골프연습장 설치인가처분에 하자가 있다는 이유만으로는 근린공원 내의 개인소유토지상에 골프연습장 설치가 인근주민들에 불법행위가 된다고 할 수도 없다)(대법원 1995.5.23. 94마2218(청담공원골프장사건) 원심 서울고등법원 1994.10.15. 94라90).

준물권과 광업권 광업권은 등록을 한 일정 토지구역인 광구에서 등록을 한 광물과 광상鑛床에 묻혀 있는 다른 광물을 탐사, 채굴, 취득하는 권리다(광업법 제3조 제3호 내지 제3호의3). 광업권자라도 광물이 함유되어 있는 광석을 석재로 사용·판매하기 위하여 채취하고자 하는 경우에는 광업권으로 보호받아야 할 범위를 벗어난다(헌재 2004.7.15. 2002헌바47). (석재매매계약 해제 시 '해당 산지안의 매각된 석재'는 광업권의 보호대상이 아니므로), 국유림 내 산림청장과 광업권자의 석재매매계약이 해제되는 경우 해당 산지안의 매각된 석재는 국가에 귀속토록 함이 광업권자의 재산권인 광업권을 침해하는 것은 아니다(헌재 2015.7.30. 2014헌바151).

1.1.3 공권과 사권, 기본권과 사권의 관계

공권과 사권의 관계에 대하여, 헌법 제29조 제1항은 공무원의 직무상 불법행위로 손해를 받은 국민의 국가배상청구권을 과실책임으로 규정하여 민법 등이 국가배상법의 흠결보충규범으로 원용될 수 있지만(제8조), 국가배상법은 국가배상청구권의 내용과 실현절차를 정한 공법이어서 민사소송보다는 공법상 당사자소송(행정소송법 제3조 제2호)이 적절하다. 또한 법률상 권원 없이 헌법상 권리만에 기한 사법상 청구권은 인정하지 않으며 토지소유자는 소유권에 기한 방해제거·예방에 필요한 청구를 할 수 있다(헌재 1997.7.22. 96다56153 봉은사담장건물사건. 사찰로부터 6m 이격거리, 높이 87.5m 19층 고층빌딩건축은 사찰의 환경이익을 침해하므로 16층부터 19층까지 공사를 금지하며, 인접대지에 건물신축으로 침해된 생활이익이 사회통념상 일반적 수인의 정도를 넘어선다 인정되는 경우). 기본권과 사권과의 관계에 대해서, 사법상 법률관계에는 사권이 적용되지 국가에 대한 개인의 주관적 공권인 기본권은 적용되지 못한다. 예컨대, 기본권인 환경권은 헌법 제35조에 근거하는 주관적 공권이기에 환경관련 사법적 법률관계에는 직접 적용되지 아니한다. 기본권이 사법관계에 효력을 미치려면 이를 헌법에 명시하든지 법률로 정하여야 하나, 이를 명시한 규정은 없다. 제21조 제4항 '언론·출판은 타인의 명예나 권리 또는 공중도덕이나 사회윤리를 침해하여서는 아니된다. 언론·출판이 타인의 명예나 권리를 침해한 때에는 피해자는 이에 대한 피해의 배상을 청구할 수 있다' 함은 사인간 기본권침해의 예정규정일 뿐, *私法*관계에 직접적용되는 *法源*으로 인정하는 효력규정은 아니다. 사법상 법률관계에 공권인 기본권을 적용함에 있어서, 기본권을 주관적 사권의 성격을 부여하여 적용하는 직접효력설은 공·사법 이원적 법질서체계를 교란케 하므로, 사인간에 직접적용되어 *私法*관계에 효력을 미치는 *法源*은 사법의 규정이어야 하며(민법 제2조 신의성실·권리남용금지, 제103조 공서양속, 제104조 공정성 등의 공서양속 등), 그 사법규정 등의 해석·적용에 헌법상 권리인 기본권의 객관적 가치질서의 방사효·파급효가 사법일반조항이나 공서양속원리 등에 투영되어 사법관계에 적용되는 구속력을 미치게 한다는 간접적용설이 사적자치를 유지하고 기본권가치를 실현시킨다. 이같이 헌법상 기본권은 개인의 자유로운 영역을 공권력의 침해로부터 보호하기 위한 방어적 권리인 한편 헌법의 기본적 결단인 객관적 가치질서를 구체화한 것으로서, *私法*을 포함한 모든 법영역에 영향을 미치므로 사인간 사적인 법률관계도 헌법상 기본권규정에 적합하게 규율되어야 하나, 다만 기본권규정은 그 성질상 사법관계에 직접 적용될 수 있는 예외적인 것을 제외하고는 사법상 일반원칙을 규정한 민법 제2조, 제103조, 제750조, 제751조 등의 내용을 형성하고 그 해석기준이 되어 간접적으로 사법관계에 효력을 미친다. 한편 미국 연방대법원 판례로 형성된 국가행위론이 있다. 이는 미합중국수정헌법의 법 앞의 평등보호(제14조), 적법절차(제5조·제14조)를 전제로 사인간 사법적 법률관계의 일방 당사자를 국가로 보고*looks-alike* 그렇게 의제된 국가*looks-like government*와 다른 당사자인 사인간 법률관계를 국가-국민 간 공법관계로 보아 주관적 공권인 기본권의 대국가적 효력을 유지하면서 사인간에도 직접 적용되도록 한다.

기본권과 사법관계에의 적용 종교의 자유라는 기본권의 침해와 관련한 불법행위의 성립여부도 사법일반규정을 통하여 사법상 보호되는 종교에 관한 인격적 법익침해 등의 형태로 구체화되어 논하여져야 한다(대법원 2010.4.22. 2008다38288). 그러므로 예를 들어, 헌법상 보장되는 대학의 자치권에 의하여 사립대학은 학생들이 일정한 종교교육을 받을 것을 졸업요건으로 하는 학칙을 제정할 수 있다(서울지방법원 1995.7.6. 95가합30135; 항소심 서울고등법원 1996.7.24. 96나29385; 상고심 대법원 1998.11.10. 96다37268). 사법관계에 적용되지 않는 기본권에는 국가권력에 대해서만 적용되어 효력을 미치는 司法절차상 기본권인 죄형법정주의(헌법 제12조), 형벌불소급원칙(제13조), 소급입법에 의한 참정권제한과 재산권박탈금지(제13조 제2항),

재판을 받을 권리(제27조), 형사보상청구권(제28조), 청원권(제26조), 국가배상청구권(제29조), 범죄피해자구조청구권(제30조), 참정권(선거권·공무담임권·국민투표권) 등의 헌법상 권리들이다. 이들 헌법상 권리는 간접적으로도 사법관계에는 적용되지 아니한다. 국가적 급부에 의해서 기본권이 실현되는 사회권적 기본권도 마찬가지이다.

1.2 사권의 분류 – 지배권·청구권, 절대권·상대권, 주된 권리·종된 권리, 형성권·항변권

1.2.1 지배권·청구권

권리는 법률상 힘의 양태·정도에 따라서 구분된다. '지배권'은 권리의 객체를 직접 지배하여 그 내용을 직접 실현하는 권리다. 물권, 인격권, 지식재산권, 친권 등이 그것이다. 이는 타인의 행위를 요하지 않고 객체를 직접 지배하는 대내적 효력, 지배에 대한 침해를 배척하는 대외적 효력 등을 갖는다. 지배권에 대한 침해는 불법행위가 되어(민법 제750조) 본래의 지배의 상태를 유지하기 위하여 그 반환청구·방해제거, 예방청구(제213~제214조) 등의 권능이 나오게 된다. '청구권'은 특정인에 대해서 일정 행위 즉 작위 혹은 부작위 등을 요구하는 권리다. 상대방이 이에 따라 일정 급부를 이행한 때에 권리는 실현된다. 청구권은 채권에 기하여 발생하고 특정인에 주장할 수 있는 채권적 청구권이 보통이다. 또 물건의 점유 침탈시 누구에게도 주장할 수 있는 물권적 반환청구권(제204조·제213조), 가족관계에 기한 부양청구권, 부부간 동거청구권, 상속회복청구권 등이 있다.

1.2.2 절대권·상대권, 주된 권리·종된 권리

권리에는 '절대권'으로서 모든 사람에 대해서 주장할 수 있는 권리로서 지배권이 있다. '상대권'은 특정인에 대해서만 주장할 수 있는 권리로서 이에는 채권 등의 청구권이 있다. 또 다른 관점에서, 권리에는 '주된' 권리와 이에 종속관계에 있는 '종된' 권리가 있다. 원본채권에 대한 이자채권, 주채무에 대한 보증채무, 채권 담보를 위한 담보물권 등이 그것이다.

1.2.3 형성권·항변권

'형성권'은 권리자의 일방적 의사표시에 의하여 법률관계 내지 권리의 발생·변경·종료 등 법률상 효과를 발생시켜 상대방을 이에 일방적으로 구속하는 권리다. 이는 일방적 구속력을 가지므로 법적 안정성을 위하여 제척기간을 두어 그 기간이 지나면 소멸된다. '항변권'은 상대방 청구권의 존재를 부인하는 것이 아니라 그것을 전제로 그 존재를 승인하면서 다만 그 청구권 행사에 대한 급부를 배척하는 권리다. 청구권의 존재를 인정하지 않고 그 성립의 방해나 소멸을 주장하는 것이 아니다. 즉 항변권은 권리행사의 작용에 있어서만 일방적 변경을 일으키는 특수한 형성권이다. 그리하여 이에는 동시이행의 항변권 같이 청구권 행사의 일시적 저지를 행하는 '연기적' 항변권(제536조 동시이행의 항변권. 쌍무계약의 당사자 일방은 상대방이 그 채무이행을 제공할 때까지 자기의 채무이행을 거절할 수 있다. 그러나 상대방의 채무가 변제기에 있지 아니하는 때에는 그러하지 아니하다) 외에 상속인의 한정승인(제1028조)과 같이 영구적으로 저지를 행하는 '영구적' 항변권 등이 있다.

형성권의 종류 형성권에는 권리자의 의사표시만으로 법률효과를 발생케 하는 동의권(민법 제5조), 지상물매수청구권(제285조), 계약의 청약을 받은 자의 승낙권(제528조), 매매의 일방예약완결권(제564조), 매매대금감액청구권(제572조) 등이 있다. 또한 법률효과를 종료시키는 법률행위 취소권(제140조), 철회권, 추인권(제143조), 계약 해제권·해지권(제543조), 상계권(제492조), 약혼해제권(제805조), 상속포기권(제1041조), 법률효과를 변경시키는 선택채권에서의 선택권(제380조) 등이 있다. 재판상으로 권리를 행사하여 그 판결로 법률효과를 발생케 하는 것으로 채권자취소권(제406조), 혼인취소권(제816조), 재판상 이혼권(제840조), 친생부인권(제846조), 입양취소권(제884조), 재판상 파양권(제905조) 등이 있다.

1.3 일신전속권(인격권 · 가족권), 일조권 · 조망권, 정신적 재산권 등

1.3.1 일신전속권(인격권 · 가족권)

일신전속권에서 '귀속적' 일신전속권은 권리 귀속이 특정인에게만 이루어지고 양도 · 상속성이 없는 권리다(제1005조 단서). 부양청구권(제979조) 등 가족권, 인격권 등이다. '행사상' 일신전속권은 권리행사를 권리자 자신이 행하여야 하고 타인에 대리 · 대위케 행사하도록 할 수 없는 권리다. 친권이나 민법 제404조 제1항 단서 등의 일신전속권이 그러하다. '비전속권'은 재산권 같이 양도 · 상속성이 있는 권리다. '인격권'은 인간의 존엄성(헌법 제10조)에 기초하여 일반적 인격권과 그 개개의 권리인 생명 · 신체 · 정신 등의 개별적 인격권을 내용으로 하는 권리다. 인격권은 인간이 권리의 주체로서 자신과 분리할 수 없는 인격적 가치의 보호를 목적으로 하는 일신전속권으로서 그 자체로서는 양도 · 양수할 수 없고 압류할 수도 없으며 채권자대위권의 대상도 되지 않는다. 인격권은 그 인격적 이익을 향유하는 권리이기에 물권과 같은 절대권으로서 모든 사람에 주장할 수 있다. '가족권'은 가족관계에 따른 이익을 내용으로 하는 권리로 일정 신분자의 일신에 전속되는 신분권이다. '친족권'은 친권, 부부권 등 일정 친족관계에 있는 사람의 지위에서의 권리다. '상속권'은 타인의 인격 · 재산 등 상속재산을 받을 권리다. 호주상속은 친족편에 규정하다 호주제폐지로 삭제되어, 재산상속만 규정한다.

인격권의 종류와 침해의 구제 개별적 인격권은 신체 · 자유 · 명예(민법 제751조), 타인의 생명(제752조), 건강권(헌법 제36조 제3항), 사생활(제17조), 일조권, 안온安穩권(소음 · 진동 · 오염 등으로부터의 권리), 성명권, 초상권 등이다. 인격권침해 등 불법행위에는 손해배상청구권(민법 제750조), 명예훼손의 경우 그 회복을 청구할 수 있는 특칙(제764조) 등 사후구제 및 사전적 · 예방적 구제수단으로서, 인격권이 절대권인 점에서 물권에 인정되는 물권적 청구권으로서 방해제거 및 방해예방청구권에 기초하여 그 침해행위 제거 및 금지청구권이 인정된다(대법원 1996.4.12. 93다40614등). 종립학교가 고등학교 평준화정책에 따라 강제배정된 학생들을 상대로 (특정 종교의 교리를 전파하는 종파적 종교행사와 종교과목 수업을 실시하면서 참가거부가 사실상 불가능한 분위기를 조성하고 대체과목을 개설하지 않는 등) 신앙을 갖지 않거나 학교와 다른 신앙을 가진 학생의 기본권을 고려하지 않은 것은, 우리 사회의 건전한 상식과 법감정에 비추어 용인될 수 있는 한계를 벗어나, 학생의 종교에 관한 인격적 법익을 침해하는 위법한 행위이고, 그로 인하여 인격적 법익을 침해받는 학생이 있을 것임이 충분히 예견가능하고 그 침해가 회피가능하므로 과실 역시 인정된다(대법원 2010.4.22. 2008다38288).

1.3.2 일조권 · 조망권

일조권은 햇빛을 누릴 일조이익을 향유하는 권리다. 일조권의 향유는 건물신축으로 그 이웃 토지상 거주자가 직사광선이 차단되는 불이익을 받은 경우에 그 신축행위가 사법상 위법한 가해행위로 평가되기 위해서는 그 일조방해의 정도가 사회통념상 일반적으로 인용하는 수인한도를 넘어야 한다(대법원 2000.5.16. 98다56997). 또한 조망권 즉 眺望의 이익을 향유하는 권리가 있다. 이는, 어느 토지나 건물 소유자가 종전부터 향유하던 경관이나 조망이 그에게 하나의 생활이익으로서의 가치를 가진다고 객관적으로 인정된다면 법적 보호의 대상이 될 수 있다(대법원 2007.6.28. 2004다54282).

일조권 · 조망권 일조권에 대해서 현실적인 일조방해정도가 현저하게 커서 사회통념상 수인한도를 넘은 경우에는 위법행위로 평가될 수 있다(건축법 등 관계법령에 일조방해에 관한 직접적 단속법규가 있다면, 이 공법적 규제에 의하여 확보하고자 하는 일조는 사법상 보호되는 일조권을 공법적 면에서도 가능한 한 보증하려는 것으로서 특별한 사정이 없는 한 일조권 보호를 위한 최소한도 기준으로 봄이 상당하고, 어떠한 건물신축이 건축 당시의 공법적 규제에 형식적으로 적합하더라도, 고층아파트 건축으로 인접주택에 동지를 기준으로 일조시간이 2분~150분에 불과하게 되면 수인한도를 넘은 정도로서, 아파트높이가 건축관련법규에 위반되지 않았어도 불법행위는 성립한다)(대법원 2000.5.16. 98다56997). 일조장해같은 생활이익침해로 발생한 재산적 손해 항목 중 토지 · 가옥의 가격저하에 의한 손해산정은 일조장해 등과 상당인과관계 있는 정상가격감소액이다((사생활침해, 시야차단으로 인한 압박감, 소음, 분진, 진동 등에 의한 손해는 광열비 · 건조비 등의 지출증대와는 별도로 부동산감정 등의 방법으로 평가할 것이다)(대법원 1999.1.26. 98다23850). 일조권주체로서 당해 토지 · 건물을 일시적으로 이용하는 것에 불과한 사람은 일조이익의 향유 주체가 될 수 없다(일조권침해에서 객관적 생활이익인 일조이익을 향유하는 '토지의 소유자 등'은 토지소유자, 건물소유자, 지상권자, 전세권자 또는 임차인 등의 거주자를 말하며, 초등학교학생들은 공공시설인 학교시설을 방학기간이나 휴일을 제외한 개학기간 중, 그것도 학교에 머무르는 시간 동안 일시적으로 이용하는 지위에 있을 뿐, 학교를 점유하면서 지속적으로 거주하고 있다 할 수 없어 일조권을 법적으로 보호받을 수 있는 지위에 있지 아니하다)(대법원 2008.12.24. 2008다41499). 조망이익이 법적 보호의 대상이 되는 경우에 이를 침해하는 행위가 사법상 위법한 가해행위로 평가되기 위해서는 조망이익의 침해 정도가 사회통념상 일반적으로 인용되는 수인한도를 넘어야 하고, 보통의 지역에 인공적으로 특별한 시설을 갖춤으로써 누릴 수 있게 된 조망의 이익은 법적으로 보호받을 수 없다(건물신축이 관련 법제 내지 건축관계법규에 어긋나지 않으며 조망의 향수자가 누리던 조망의 이익을 부당하게 침해하려는 害意에 의한 것으로서 권리의 남용에 이를 정도가 아닌 한 인접한 토지에서 조망의 이익을 누리던 자라도 이를 함부로 막을 수는 없으며, 조망의 이익은 주변에 있는 객관적 상황의 변화에 의하여 저절로 변용 내지 제약을 받을 수밖에 없기에, 5층짜리 아파트 뒤에 그보다 높은 10층짜리 건물을 세움으로써 한강 조망을 확보한 경우와 같은 상황이 그러하다)(대법원 2007.6.28. 2004다54282).

1.3.3 정신적 재산권

헌법상 재산권으로서 정신적 재산권은 헌법에서 규정하는 저작자 · 발명가 · 과학기술자와 예술가 등의 권리이며(제22조 제2항), 예컨대, 정신적 창조물인 지식재산권에는 특허권 · 실용신안권 · 디자인권 · 상표권 · 저작권 등 정신적 창조물의 독점적 이용권이 있다.

2. 권리의 보호 · 조정 · 중재, 경합 · 충돌

2.1 권리의 보호 · 조정 · 중재

권리는 법에 의하여 인정된 힘이므로, 권리침해는 헌법 제27조 재판청구권에 의하여 법률이 정하는 절차에 따라 법원에 구제 청구를 행하면 법정 절차의 쟁송 방식으로 보호된다. 권리보호규범으로는 헌법재판소법, 민사소송법, 민사집행법, 가사소송법, 비송사건절차법, 형사소송법, 행정소송법, 행형법 등 절차법에서 이를 정한다. 사인의 자력구제는 예외적으로 법이 정하는 경우에 인정된다. 민사상 정당방위 · 긴급피난, 점유자의 자력구제, 형법상 정당행위, 정당방위, 긴급피난, 자력구제 등이 그것이다. 권리구제의 쟁송과정에서 조정에 들어가기도 한다. 조정은 민사조정법에 따라서 재판보다 간이한 절차의 당사자간 타협으로 분쟁을 종결짓는다. 조정성립은 재판상 화해와 동일한 효력이 있다(민사조정법 제29조). 조정 불성립시 정식재판 소송절차에 넘어간다(제36조). 중재는 당사자간 중재 합의로 사법상 분쟁을 중재법에 의하여 법원의 재판이 아닌 '사단법인 대한상사중재원' 중재인의 중재판정으로 해결하는 단심 절차다. 중재판정은 법원의 확정판결과 같은 효력을 가지므로 당사자는 이에 반드시 따라야 한다. 반면 조정 의견에는 반드시 따라야 할 의무가 없다. 중재 판정에 기한 강제집행에는 법원에 집행판결을 청구하는 소를 제기하여야 한다.

▌**자력구제**▐ 민법 제761조(**정당방위, 긴급피난**) ① 타인의 불법행위에 대하여 자기 또는 제3자의 이익을 방위하기 위하여 부득이 타인에게 손해를 가한 자는 배상할 책임이 없다. 그러나 피해자는 불법행위에 대하여 손해의 배상을 청구할 수 있다. ② 전항의 규정은 급박한 위난을 피하기 위하여 부득이 타인에게 손해를 가한 경우에 준용한다. 제209조(**자력구제**) ① 점유자는 그 점유를 부정히 침탈 또는 방해하는 행위에 대하여 자력으로써 이를 방위할 수 있다. ② 점유물이 침탈되었을 경우에 부동산일 때에는 점유자는 침탈후 직시 가해자를 배제하여 이를 탈환할 수 있고 동산일 때에는 점유자는 현장에서 또는 추적하여 가해자로부터 이를 탈환할 수 있다. ‖ 형법 제23조(**자구행위**) ① 법정절차에 의하여 청구권을 보전하기 불능한 경우에 그 청구권의 실행불능 또는 현저한 실행곤란을 피하기 위한 행위는 상당한 이유가 있는 때에는 벌하지 아니한다. ② 전항의 행위가 그 정도를 초과한 때에는 정황에 의하여 형을 감경 또는 면제할 수 있다.

2.2 법률상 권리의 경합 · 충돌

2.2.1 권리의 경합

권리의 경합 · 충돌은 동일한 객체 내지 하나의 사실관계에 수개의 권리가 존재하여 권리상호간 적용 순위를 정하는 원칙에 따라서 적용선후를 결정하는 것이다. 물권 상호간 종류가 같은 물권의 경합에는 선권리가 후권리에 우선하나, 전세권 설정기간에 소유권자는 당해 목적물을 사용할 수 없는 것과 같이, 소유권에 대한 지상권 · 전세권 등의 용익물권의 경합에는 제한물권인 용익물권이 우선한다. 물권과 채권의 경합에서 물권은 물건을 직접 지배하는 권리, 채권은 채무자의 행위를 통하여 실현되기에 물권이 우선한다. 물권적 청구권인 소유권에 기한 임대물 반환청구권은 채권적 청구권인 임대차계약상 채권에 기한 반환청구권에 우선한다.

2.2.2 권리의 경합간 적용

권리경합간 적용의 우선관계는 법규가 경합하는 법조경합에는 특별규정이 일반규정에 앞서 적용된다. 국가배상법 제2조는 민법 제756조의 특별규정이며, 손해발생에 대한 원인에 공법상 권리인 국가배상청구권과 사법상 권리인 손해배상청구권이 함께 발생한 경우에 그 손해를 입힌 주체가 공무원인 경우 특별규정인 국가배상법이 정하는 공법상 권리가 적용된다. 하나의 사실이 채무불이행 책임과 불법행위의 요건을 모두 갖추는 경우에(건물임차인이 과실로 임차건물을 소실시킨 경우, 의사가 의료과실로 환자를 사망케 한 경우 등), 양 책임의 효과가 다르므로 피해자 보호의 관점에서 채무불이행과 손해배상청구권의 경합을 인정하거나(대법원 1983.3.22. 82다카1533), 이를 법조경합으로 보아 계약관계가 있는 자에게는 오로지 계약책임만 묻는 것이 타당하다는 입장도 있다(법조경합설은 계약법 또는 불법행위법에 의한 책임은 그 기능·적용범위를 달리하는 데, 계약에 기하여 특히 긴밀한 관계를 갖는 경우를 규율하는 계약법 적용사항에 대하여 사회일반인에 대한 관계를 규율하는 불법행위법의 규정을 적용하게 되면, 계약법에 특수한 규율 예컨대 민법 제695조를 무의미하게 한다는 이유를 든다).

2.2.3 권리의 충돌

권리의 충돌의 경우, 실체법상의 권리의 충돌의 경우와 같이 채무불이행이나 불법행위로 인한 각 그 손해배상청구권에서와 같이 동일 채무자에 대한 수개 채권 상호간의 충돌시, 채권은 상대권이고 채권자 간에는 우선순위 없이 평등하게 다루어지므로, 채무자는 자유로이 선택한 채권자에 이행할 수 있고 다른 채권자는 나머지에서 변제받는 선행주의에 따른다. 반면, 절차법상의 소의 충돌의 경우, 소송에 있어서의 권리 청구의 선택적 병합은 수 개의 청구 중 어느 한 청구가 인용될 것을 해제조건으로 하여 이에 심판을 구하는 병합의 형태이다(대법원 1998.7.24. 96다99 등 참조).

2.3 헌법상 권리의 경합·충돌

2.3.1 헌법상 권리의 경합

헌법상 권리인 기본권의 경합은 동일 기본권주체가 지니는 다수의 기본권 규범영역의 보호를 국가에 동시에 요구하거나 국가권력이 이를 동시에 침해하는 경우에, 그 각 기본권간 효력의 우열관계 내지 적용선후관계를 정하여 기본권 규범영역을 획정하는 기본권의 대국가적 효력의 문제다. 진정기본권경합은 동일 기본권주체가 동시에 국가에 요구할 수 있는 수 개의 기본권이 존재하는 경우다. 집회에서 연설은 언론자유와 집회자유의 경합이다. 비진정기본권경합(유사경합)은 동일 기본권주체가 동시에 국가에 청구할 수 있는 수 개의 독자적 기본권이 존재하지 않는 경우다. 국·공립학교교원이 학생을 가르칠 권리인 수업권은 그가 교원자격을 계속 유지하는 경우에만 인정되는 법률상 권리이므로 그 교원자격을 유지할 수 있게 하는 헌법상 권리인 공무담임권이라는 기본권과 교원의 수업권, 수학권, 강의권 등은 유사경합이다(헌재 2000.12.14. 99헌마112등). 사법시험폐지조항과 가장 밀접한 관계에 있는 직업선택의 자유의 침해여부를 판단하는 이상 공무담임권, 행복추구권은 따로 판단하지 않는다(헌재 2017.12.28. 2016헌마1152; 2016.9.29. 2012헌마1002). 여러 기본권이 동시에 제약받는 기본권경합은 기본권주체의 행위양태에 사항적·기능적 관련성이 가장 직접적이거나 특별한 적응성을 갖는 주된 기본권을 우선적용한다(헌재 2003.9.25. 2002헌마519). 이와 같은 사항적·기능적 관련성이 뚜렷이 지적되지 못하면 서로 배척관계에 있지 않는 한 다수기본권의 병렬적 적용으로 기본권주체의 최대보호를 위하여, 다수기본권 중 가장 효력이 약한 기본권을 적용하는 최약효력설, 효력이 가장 강한 기본권이 적용되는 최강효력설 등이 제시되는 데, 기본권보호범위에 차이가 있으면 최강효력설이 넓은 범위까지 보장받는다(헌재 2000.12.14. 99헌마112등).

2.3.2 헌법상 권리의 충돌

기본권충돌은 수인의 기본권주체가 동시에 각자의 기본권을 국가에 청구한 경우 국가가 누구의 어떤 기본권을 어떻게 적용할 것인가를 판단하여 기본권 규범영역을 획정하는 것이다. 이는 복수의 기본권주체가 각각 그 이익·목적을 달리하는 기본권의 보호를 국가에 청구하는 경우의 국가와 다수 기본권주체 간의 관계이다. 기본권충돌의 법률관계는 각 기본권의 대국가적 효력의 문제이지 충돌하는 각 기본권의 주체인 사인간 관계는 아니다. 진정기본권충돌은 서로 다른 기본권주체의 각각의 기본권이 독자적으로 주장할 수 있는 기본권인 경우의 그 각 기본권주체의 기본권간 관계의 충돌이다. 인공임신중절의 경우에 산모의 출산자기결정권이라는 행복추구권과 태아의 생명권이 충돌한다. 비진정기본권충돌인 유사충돌은 기본권 아닌 헌법적 가치·법익(국가안전보장, 질서유지 등)의 충돌 또는 한쪽 당사자에 어떠한 기본권도 존재하지 않는 경우(살인은 생명권 침해의 범죄행위이지 살인자의 행복추구권 행사가 아니다) 등이다. 기본권충돌시 입법의 자유영역론은 기본권을 각자 독자성을 갖는 주관적 공권으로 보아 그 해결은 의회의 법률로 정한다. 기본권가치의 해석·적용론은 기본권을 객관적 가치로 보아 충돌하는 기본권을 가치의 규범영역에서 최대한 존중하면서 서열화할 수 있게 한다(대법원 1988.10.11. 85다카29). 이에는 상급기본권 가치를 선택·적용하고 나머지는 배제하는 택일적 이익형량의 방식과, 헌법의 통일성을 전제로 충돌하는 기본권 모두의 기능·효력이 최대한 실현되도록 양립·조화시키는 규범조화적 해석의 실제적 조화의 방식이 있으며, 헌법 제37조 제2항 과잉금지원칙 및 제10조 국가의 기본권보장의무에 위배되지 않도록 하여야 한다. 이 경우에도 절대로 포기할 수 없는 기본권이 있는 경우(낙태에서 태아의 생명권), 기본권주체가 동의할 수 있는 대안제시의 방식을 택한다. 파스퇴르유업 사건에서는, 언론피해자의 인격권과 언론사의 언론의 자유로서 실질상 반론권인 정정보도청구권이 상충할 때 규범조화적 해석에 따른 합리적 조정과 조화를 가져오도록 하여 문제되는 법률을 과잉금지원칙에 위배되지 않도록 해석하였다(헌재 1991.9.16. 89헌마165).

기본권 충돌의 적용 인간의 존엄과 가치·생명권 등을 정점으로 상급기본권과 하급기본권 충돌시 상급기본권 우선적용, 동위가치기본권에서는 인격가치기본권 우선적용, 평등가치에 대한 자유가치의 우선적용 등이 있다. 하나의 법률관계에 두 기본권이 충돌하면 구체적 사안의 사정을 종합적으로 고려한 이익형량과 함께 양 기본권 사이의 실제적 조화를 꾀하는 해석 등을 통하여 해결하여야 한다. 예컨대, 종립학교 학교법인이 국·공립학교의 경우와 달리 종교교육을 할 자유와 운영의 자유를 가진다고 하더라도 그 종립학교가 공교육체계에 편입되어 있는 이상 원칙적으로 학생의 종교의 자유, 교육을 받을 권리를 고려한 대책을 마련하는 등의 조치를 취하는 속에서 그러한 자유를 누린다(대법원 2010.4.22. 2008다38288).

[三] 권리행사론

1. 사적 자치의 원칙과 권리행사론

1.1 사적 자치 원칙의 의의

사적 자치의 원칙은 사람은 인간으로서의 존엄과 가치를 바탕으로 자신의 자유로운 의사에 좇아 법률관계를 형성한다는 법일반의 원리이면서, 특히 헌법 제10조 행복추구권에서 파생하는 일반적 행동자유권에 근거하는(대법원 2018.5.17. 2016다35833) *私法*의 기본원리이며, 또한 근대국민국가에서 개인간 권리행사와 의무이행의 사법상 법률관계를 규율하는 기초를 이루는 시민법원리로서 시민사회의 세속국가를 형성한다. 사적 자치의 원칙은 권리주체의 의사로 법률요건을 갖추면 법률효과를 발생케 하는 법률행위가 법률관계형성의 원칙이 된다는 법률행위자유의 원칙, 각자는 자신의 사유재산권에 절대적 지배권을 갖는다 하는 사소유권절대의 원칙, 각 개인은 자신의 과실 있는 행위에 대해서만 책임을 진다는 자기(과실)책임의 원칙 등을 파생원칙으로 한다.

1.2 사적 자치 원칙의 내용 – 법률행위(계약)자유 · 자기(과실)책임의 원칙

법률행위자유의 원칙은 개인간 계약체결의 자유 및 계약당사자간 구속력 등이 권리의무의 법률관계형성의 중심이 되는 사법원칙이다. 민법 제103조(반사회질서의 법률행위) '선량한 풍속 기타 사회질서에 위반한 사항을 내용으로 하는 법률행위는 무효로 한다', 제104조(불공정한 법률행위) '당사자의 궁박, 경솔 또는 무경험으로 인하여 현저하게 공정을 잃은 법률행위는 무효로 한다' 등의 직접적 근거 규정과 제105조(임의 규정) '법률행위의 당사자가 법령 중의 선량한 풍속 기타 사회질서에 관계없는 규정과 다른 의사를 표시한 때에는 그 의사에 의한다' 등의 간접적 근거 규정이 그것이다. 자기책임의 원칙은 개인은 자신의 자유로운 선택과 결정에 따라 행동하고 그에 따른 결과를 다른 사람에게 귀속시키거나 전가하지 아니한 채 스스로 이를 감수하여야 한다는 원칙이다. 이는 헌법 제13조 제3항 '모든 국민은 자기의 행위가 아닌 친족의 행위로 인하여 불이익한 처우를 받지 아니한다' 하는 자기책임원칙을 전제로 한다. 즉 헌법의 자기책임원칙에 따라 당사자는 자신이 계약을 체결한 결과 발생하게 되는 이익이나 손실을 스스로 감수해야 하는 것이며(대법원 2018.5.17. 2016다35833), 민법은 이를 채권채무관계에서는 손해배상책임이 발생하는 채무불이행(제390조), 불법행위(제750조) 등에서 과실책임의 형식으로 규정한다.

> **법률행위(계약)자유의 원칙** 상속인의 자기결정원칙, 사적자치원칙에 따라서(상속인은 상속개시가 있음을 안 날로부터 3월내에 단순승인이나 한정승인 또는 포기할 수 있고, 상속의 한정승인이나 포기는 가정법원에 그의 신고를 하여 심판을 받아야 하며(민법 제1019조 이하, 제1030조, 제1041조), 심판은 당사자가 이를 고지받음으로써 효력이 발생하므로, 이를 수리하는 가정법원의 심판이 고지되기 이전에 상속재산을 처분하였다면), 상속포기의 효력발생 전에 처분행위를 한 것이 되면, (민법 제1026조 제1호에 따라서)상속의 단순승인을 한 것으로 보아야 한다(대법원 2016.12.29. 2013다73520).

1.3 사적 자치의 원칙의 제한

사적 자치와 계약자유의 원칙은 私法의 기본원리로서 사법적 법률관계를 규율하는 기초를 형성한다. 다만 이 같은 원칙이라도 아무런 제한 없이 절대적으로 인정되는 것은 아니며(대법원 2018.5.17. 2016다35833), 민법 '통칙' 제2조 제1항 '권리의 행사와 의무의 이행은 신의에 좇아 성실히 하여야 한다', 제2항 '권리는 남용하지 못한다'에서 보듯 사회공동체의 내재적 제약 및 법치주의적 신뢰보호를 위한 법률적 제한을 받는다. 계약관계에서 거래 상대방의 보호를 위하여 무효나 취소에서 선의의 제3자를 보호하는 것(민법 제107조, 제108조, 제2 제109조, 제110조의 각 항), 표현대리(제125~126조, 제129조), 동산의 선의취득(제249조), 계약의 해제와 제3자 보호(제548조) 등으로 제한되는 반면 제한능력자나 부동산등기에서 거래의 안전은 고려되지 않는 것 등이 그것이다.

2. 신의성실의 원칙과 권리남용금지의 원칙

2.1 신의성실의 원칙 – 신의칙

2.1.1 신의성실원칙의 의의 · 내용 · 효과

신의성실의 원칙은, 헌법 제23조 제2항(재산권의 행사는 공공복리에 적합하도록 하여야 한다), 민법 제2조 제1항 · 제2항, 민사소송법 제1조 제2항(당사자와 소송관계인은 신의에 따라 성실하게 소송을 수행하여야 한다) 등에 근거하여, 법률관계의 당사자가 형평에 어긋나거나 신뢰를 저버리는 내용 또는 방법으로 권리를 행사하거나 의무를 이행하여서는 아니 된다(대법원 2003.4.22. 2003다2390) 하는 추상적 규범이다. 그러므로 사적 자치나 계약의 자유도 신의칙에 따라 제한될 수 있다(대법원 2018.5.17. 2016다35833).

신의성실의 원칙은 상대방의 이익을 배려하는 법질서전체의 일반원칙이기에, 그 규범영역에서 행정법상으로도 행정청의 직무수행은 신의에 좇아 성실히 하여야 한다는 신뢰보호의 원칙이 국민의 법치국가적 신뢰보호를 위하여 인정된다(행정절차법 제4조 제1~2항, 국세기본법 제18조 제3항 등). 신의성실의 원칙은 실정법 · 계약 등의 엄격한 형식적 적용에서 나올 수 있는 부당한 결과를 막고 구체적 타당성을 실현하는 작용을 한다. 즉 법규정 내지 법률행위의 흠결이나 불명확성 등을 보충하거나 해석기준으로 기능하며(대법원 2018.5.17. 2016다35833), 따라서 계약 등 채권관계, 물권관계, 가족관계 등 법적으로 특별결합관계가 존재하는 구체적인 법률관계의 당사자 사이에 적용된다. 그러므로 이를 적용함에 있어서는 행사하거나 이행하려는 권리 또는 의무와 상대방 이익과의 상관관계 및 상대방의 신뢰의 타당성 등 모든 구체적인 사정을 고려하여야 한다(대법원 1989.5.9. 87다카2407). 신의칙의 원칙은 그 위반시 민법 제750조 불법행위의 강제규범이 적용되는 개별적 행위규범이 된다(대법원 2003.4.22. 2003다2390). 권리행사가 민법 제2조 제1항 신의칙에 반하면 제2항이 금지하는 권리남용이 되어 권리행사로서의 효력이 발생하지 않는 것에 그치며(대법원 1995.12.22. 94다42129), 법률행위의 무효사유로 규정된 것은 아니기에, 이런 원칙이나 형평의 관념은 당사자 사이에 체결된 계약을 무효로 선언할 수 있는 근거가 될 수 없다(대법원 2018.5.17. 2016다35833). 이 점이 제103조 반사회질서의 법률행위, 제104조 불공정 법률행위 등과 같이 법률행위를 전부 무효로 하는 일반적 행위규범과 다르다.

행정법상 신뢰보호원칙 행정절차법 제4조는 '신의성실 및 신뢰보호'로 '① 행정청은 직무를 수행할 때 信義에 따라 성실히 하여야 한다. ② 행정청은 법령등의 해석 또는 행정청의 관행이 일반적으로 국민들에게 받아들여졌을 때에는 공익 또는 제3자의 정당한 이익을 현저히 해칠 우려가 있는 경우를 제외하고는 새로운 해석 또는 관행에 따라 소급하여 불리하게 처리하여서는 아니 된다' 한다. 행정법상 실권失權원칙에 의거, 행정청은 장기간 방치한 위법상태의 존속을 신뢰한 개인의 이익에 반하여 이를 취소할 수 없다. 확약確約원칙에 의거, 행정청은 장래의 특정한 행정행위를 약속한 경우에는 이에 구속당한다. 행정의 자기구속법리에 의거, 행정청은 재량권행사에 있어서 같은 종류의 사안에는 제3자에게 행한 결정에 구속되며(영업허가에 관한 재량준칙은 행정청 내부에서만 효력 있는 행정규칙이지만, 이 재량준칙에 따라, 제3자에게는 허가를 하고 상대방에게는 허가를 하지 않는 경우 상대방은 평등원칙을 근거로 재량준칙의 법규성을 주장하여 허가를 요구할 수 있다), 부당결부不當結付금지원칙에 의거, 행정기관의 공권력적 조치에 실질적 관련이 없는 상대방의 반대급부와의 결부나 행정청의 고권적 조치에 실체적 관련 없는 반대급부에의 결부는 아니 되고 실질적 사물적 관련 있는 경우만 허용한다.

신의칙의 원칙과 예외 행정재산의 처분행위 후 20년 가까이 경과하고 공용폐지까지 된 이제 와서 당해토지가 매매당시에 행정재산임을 내세워 무효라 주장함은 신의칙에 반하는 권리행사에 해당되어 허용될 수 없다(지방자치단체의 행정재산인 토지를 매도한 후 공용폐지가 되었다 해서 위 토지의 소유권이전등기의 말소등기절차이행을 구함은 그 재산을 회수하여 공공의 용에 사용하려는 목적이 있는 것도 아니며, 특단의 사정이 없는 한 매매행위 당시에 행정재산임을 알고 있었다 보아야 할 것이고, 매수인들로서도 동 처분행위가 적법하다 믿어 매매계약을 체결하였을 것이기 다)(대법원 1996.10.14. 86다카204). 아파트분양자는 아파트단지인근에 공동묘지가 조성되어 있다는 사실(대법원 2007.6.1. 2005다5812등), 쓰레기매립장 건설예정사실 등을 분양계약자에 고지할 신의칙상 의무가 있으며, 분양계약자는 신의칙상 고지의무위반에 따른 채무불이행, 불법행위에 기한 손해배상을 청구할 수 있다(대법원 2006.10.12. 2004다48515). 상대방이 부당하게 등기취급 우편물의 수취를 거부함으로써 그 우편물의 내용을 알 수 있는 객관적 상태의 형성을 방해하고 그러한 상태가 형성되지 아니하였다는 사정만으로 발송인의 의사표시의 효력을 부정하는 것은 신의성실의 원칙에 반하므로 허용되지 아니한다(이러한 경우에는 부당한 수취 거부가 없었더라면 상대방이 우편물내용을 알 수 있는 객관적 상태에 놓일 수 있었던 때, 즉 수취거부시에 의사표시의 효력이 생긴 것으로 보아야 한다)(대법원 2020.8.20. 2019두34630). 당사자 사이의 신뢰관계를 기초로 상대방의 권리와 이익 보호에 목적이 있는 위임이나 신탁 같은 계약 또는 고도의 공공성과 윤리성이 요구되는 변호사직무의 특성상 소송위임계약에는 신의성실의 원칙과 형평의 관념은 강하게 작용하지만, 신의칙법리는 계약자유의 원칙을 제한 · 수정하는 예외적인 것이므로 그 적용에 신중을 기하여야 한다(사적 자치와 계약자유의 원칙상 위임사무를 완료한 변호사는 원칙적으로 약정보수액 전부를 청구할 수 있으나, 약정보수액이 부당하게 과다하여 일반규정인 신의성실의 원칙이나 형평의 관념에 반한다 볼 만한 특별한 사정이 있는 경우에는 예외적으로 적당하다고 인정되는 범위 내의 보수액만을 청구할 수 있으며, 단순히 급부의 교환에 그치는 매매와 같은 계약과 달리, 또는 영리추구가 목적인 상인의 영업활동과 달리, 법원이 적정한 결론을 도모한다는 구실로 신의성실원칙에 기대어 당사자 사이의 계약 내용을 함부로 수정 · 변경함은 경계하여야 한다)(대법원 2014.3.27. 2012다50353; 1991.12.13. 91다8722 및 2014.7.10. 2014다18322; 2009.9.10. 2009다40677). 소송위임계약에서 정한 변호사보수가 신의성실의 원칙 및 형평의 관념에 반한다 볼 만한 특별한 사정이 있다 보기 어려움에도 보수를 감액한 판결은 그 같은 관념에 기초한 변호사보수청구 제한에 관한 법리를 오해하여 판결에 영향을 미친 잘못이 있다(별개의견:법률행위의 무효사유로 규정하고 있지 않은 민법 제2조 신의성실원칙 또는 민법에 규정되어 있지도 않은 형평의 관념은 당사자가 계약으로 정한 변호사보수를 제한할 수 있는 근거가 될 수 없음에도 이들 관념에 의하여 변호사보수를 감액한 원심 판단은 잘못되었다)(대법원 2018.5.17. 2016다35833).

재판청구권과 신의성실의 원칙 재판청구권의 행사도 상대방보호와 사법기능확보를 위하여 신의성실의 원칙에 의하여 제한될 수 있다. 대법원에 반복하여 제기되는, '전자개표기를 사용한 선거의 무효'의 소송은 신의성실의 원칙을 위반하여 소권을 남용하는 것으로서 허용될 수 없어 부적법 각하한다(제16대 대통령선거에서부터 제19대 국회의원선거, 제18대 대통령선거, 제20대 국회의원선거에까지 반복적으로 위법임이 주장되어, 대법원(대법원 2004.5.31. 2003수26. 2002.12.19. 제16대 대통령선거(노무현후보 당선)의 효력을 다툰 소송도 적법 판단), 헌법재판소(헌재 2016.3.31. 2015헌마1056등) 등이 선거관리위원회의 특정한 선거사무집행방식에 관하여 명시적으로 선거무효사유가 될 수 없다고 판단하였음에도 불구하고, 다시 동일한 주장을 반복하면서 선거무효소송을 거듭 제기함은 법원의 반복적인 법리적 해명의 필요성이 있다 보기 어렵고, 선거관리위원회의 업무를 방해하고, 국가 또는 공공단체의 기관이 법률에 위반되는 행위를 한 때에 그 시정을 구하기 위하여 허용되는 민중소송으로서의 취지에 부합하지 않는 무익한 소권의 행사이기에, 그 같은 제소는 특별한 사정이 없는 한 부적법하다)(대법원 2016.11.24. 2016수64; 1999.5.28. 98재다275). 대법원의 소각하판결 후 관계기관에 법령질의 등을 필하여 신분회복의 목적을 달성하고자 계속적으로 노력한 형적이 뚜렷하므로 그 5년 후의 소제기를 가리켜 장기간 아무런 이의 없이 지내다가 새삼 소송을 제기하여 신의칙에 반한 소권행사라 할 수 없다(농지개량조합 직원인 원고에 대한 파면처분이 고등징계위원회에서 취소되었음에도 불구하고, 피고 조합장이 벌금형의 선고유예도 당연퇴직 사유에 해당한다고 하여 조합직원으로서의 지위를 부인하자, 원고가 민사소송으로 신분관계존속 확인의 소를 제기하였으나, 이는 당사자소송에 의할 것이지 민사소송사항이 아니라는 이유로 대법원에서 소각하(1977.7.26) 되고나서 약 5년후(1982.7.8) 제기한 이 사건 조합직원확인소송은 적법하다)(대법원 1984.1.31. 83누547).

2.1.2 신의성실의 파생원칙 – 금반언 · 사정변경 · 권리실효 등

禁反言 원칙은 자신의 선행행위에 모순되는 후행행위를 금지하는 모순행위금지의 원칙이다. 금반언원칙은 객관적으로 모순되는 행위, 그에 대한 귀책, 그로써 야기된 상대방의 보호받을 가치 있는 신뢰간 상관관계 등이 고려된 신의성실의 파생원칙이다.[3] 사정변경원칙은 법률행위의 발생에서 종료까지 계약 당시 당사자가 도저히 예견할 수 없었던 경제적 혹은 기타 등의 격변이 있어 책임을 문의할 수 없는 사유로 인한 사정의 변경을 원인으로 하는 법률행위 변경권을 강제규범으로 인정하는, 신의칙의 파생원칙이다. 계약에 구속력을 주는 사적 자치 등 사법기본원칙을 부인하기에 극히 예외적 경우의 한정적 적용만 가능하다. 행정법상 사정변경의 원칙으로서, 사정판결은 원고의 청구가 이유있다고 인정하는 경우에도 처분등을 취소하는 것이 현저히 공공복리에 적합하지 아니하다고 인정하는 때에는 법원은 원고의 청구를 기각할 수 있는 재판이다. 법원은 판결의 주문에서 당해 처분등이 위법함을 명시하여야 하며(행정소송법 제28조 제1항), 미리 원고가 그로 인하여 입게 될 손해의 정도와 배상방법 그 밖의 사정을 조사하여야 한다(제2항). 사정판결은 실정법규범에 기초한 재판이 아니라 기정사실의 규범력에 근거하는 점에서 법치주의의 예외이며, 따라서, 보충성원칙에 의거하여 취소소송(무효선언을 구하는 취소소송도 포함)에서만 인정되며, 무효확인소송 등 다른 항고소송에서는 인정되지 아니한다. 사정판결을 할 것인가의 판단의 시점은 변론종결시이다. 권리실효의 원칙은 권리자에게 권리행사의 기회가 있었음에도 장기간의 상당 기간이 경과하도록 행사하지 않아 의무자에게 이제 권리를 행사하지 않을 것이라는 신뢰를 가질 만한 정당한 사유를 갖기에 이르러, 이후의 행사가 민법 제2조 제1항 신의성실원칙에 반하는 것으로 인정되는 결과가 될 때, 권리는 실효되는 것으로 보며, 권리 자체는 소멸하지 않고 행사만 허용되지 않는다. 권리행사의 기간이 정해진 제척기간의 도과 또는 소멸시효의 사유로 인한 권리의 실효는 '권리가 일정 기간 행사되지 않으면 권리 위에서 잠자는 것이다' 하는 신의칙에 따른 것이다. 실체법상 및 소송법상 등의 모든 권리에 적용되나, 소유권, 친권 등의 배타적 항구적 권리는 본질적 내용을 침해하지 않는 범위에서만 가능하다.[4]

금반언과 신의칙 등기가 유효하다는 양수인의 신뢰가 금반언의 모순행위로 침해되어 신의칙에 반한다는 주장에 대해서, 그 같은 신뢰는 법적으로 보호할 가치가 없어, 굳이 합법성의 원칙을 희생하면서까지 신의성실의 원칙을 적용할 필요성은 없기에 신의칙에 위반되지 아니한다(민법 제452조(양도통지와 금반언) ① 양도인이 채무자에게 채권양도를 통지한 때에는 아직 양도하지 아니하였거나 그 양도가 무효인 경우에도 선의인 채무자는 양수인에게 대항할 수 있는 사유로 양도인에게 대항할 수 있다에 관련하여, 양도인이 양수인에게 손해배상조로 농지소유권을 넘겨주기로 약정하여 소유권이전등기를 경료하여 준 다음 그 등기의 말소를 구함은 객관적으로 선행행위와 모순되나 구 농지개혁법에 위반되는 등기를 하게 된 경위에 있어 쌍방 모두에 주관적 귀책사유가 있고, 양수인은 위장전입방법의 농지취득에 불과하다(대법원 2000.8.22. 99다62609등).

사정변경의 원칙 사정변경원칙의 법리로서 프랑스의 행정계약법상 불예견론*l'imprevision*, 또는 독일의 행위기초론*Die Lehre von der Geschäftsgrundlage*, 영미법에서의 계약불이행 법리*The doctrine of frustration of contract* 등의 일반규정에 대해서 한국에서는 다만 민법 제218조(민법 제218조(수도등 시설권) ① 토지소유자는 타인의 토지를 통과하지 아니하면 필요한 수도, 소수관, 까스관, 전선등을 시설할 수 없거나 과다한 비용을 요하는 경우에는 타인의 토지를 통과하여 이를 시설할 수 있다. 그러나 이로 인한 손해가 가장 적은 장소와 방법을 선택하여 이를 시설할 것이며 타토지의 소유자의 요청에 의하여 손해를 보상하여야 한다. ② 전항에 의한 시설을 한 후 사정의 변경이 있는 때에는 타토지의 소유자는 그 시설의 변경을 청구할 수 있다. 시설변경의 비용은 토지소유자가 부담한다)에서 한정적인 규정만 존재한다. 다만, 민법상 매도인으로 하여금 사정변경의 원리를 내세워 그 매매계약을 해제할 수 있는 권리는 생기지 않는다(매매계약을 맺은 때와 잔대금을 지급할 때와의 사이에 장구한 시일이 지나서 그 동안에 화폐가치의 변동이 극심하였던 탓으로, 매수인이 애초에 계약할 당시의 금액표시대로 잔대금을 제공한다면 그 동안에 앙등한 매매목적물의 가격에 비하여 그것이 현저하게 균형을 잃은 이행이 되는 경우가 있다)(대법원 1963.9.12. 63다452).

권리실효의 원칙 '토지소유자가 장기간 이의를 제기하지 않은 사실만으로는 권리가 실효원칙에 따라 소멸한 것으로 볼 수 없다(대법원 1995.11.7. 94다31914). 인지청구권은 본인의 일신전속적 신분관계상 권리로 포기할 수 없으며 포기하였어도 효력이 발생할 수 없고, 인지청구권의 포기가 허용되지 않는 이상 실효의 법리가 적용될 여지도 없다. 인지청구권 행사가 상속재산에 대한 이해관계에서 비롯되었어도 정당한 신분관계를 확정하기 위해서라면 신의칙에 반하는 것이라 하여 막을 수 없다'(대법원 2001.11.27. 2001므1353). (해제의 의사표시가 있은 무렵을 기준으로 볼 때 무려 1년 4개월 가량 전에 발생한 해제권을 장기간 행사하지 아니하고 오히려 매매계약이 여전히 유효함을 전제로 잔존 채무의 이행을 최고함에 따라)상대방으로서는 그 해제권이 더 이상 행사되지 아니할 것으로 신뢰하였고, (또 매매계약상의 매매대금 자체는 거의 전부가 지급된 점 등에 비추어 보면)그와 같이 신뢰한 데에는 정당한 사유도 있었다고 봄이 상당하다면, 그 후 새삼스럽게 그 해제권을 행사한다는 것은 신의성실의 원칙에 반하여 허용되지 아니한다 할 것이다(이제 와서 매매계약을 해제하기 위해서는 다시 이행제공을 하면서 최고를 할 필요가 있다)(대법원 1994.11.25. 94다12234).

2.1.3 민사소송에서의 신의성실의 원칙

민사소송법은 '법원은 소송절차가 공정하고 신속하며 경제적으로 진행되도록 노력하여야 한다. 당사자와 소송관계인은 신의에 따라 성실하게 소송을 수행하여야 한다'(제1조) 하여 민사소송의 이념과 신의성실원칙을 정한다. 민사소송의 절차의 공정성이란 실체적 진실의 발견, 법률적용의 타당성 등에 따르는 법원의 정당한 재판을 의미한다. 실체적 진실은 형사소송의 객관적 진실과 달리, 사적 자치의 원칙에 따르는 사법상 법률관계를 처분권주의에 따라서 밝히는 것이기에, 객관적 진실과 다른 사실관계나 법률관계가 확정되는 것을 공정하지 않은 것이라 할 수는 없다. 공정의 원칙에는 양 당사자에게 동등한 소송행위에의 기회를 주는 무기대등의 원칙이 지켜지도록 하는 것이 실체적 진실을 객관적 진실에 가깝게 가게 하는 법관의 중립성을 담보하고 당사자간 신뢰를 주어 사법의 분쟁해결기능에 기여한다. 공정한 재판은 신속성을 요구한다. 신속한 권리보호는 그 자체가 공정성을 담보한다. 신속한 소송은 소송의 경제를 도모하여 사회경제적 약자의 소송접근성을 도모한다. 소액사건심판제도 등이 그것이다. 민사소송법 제1조 제2항 '당사자와 소송관계인은 신의에 따라 성실하게 소송을 수행하여야 한다' 하는 신의칙은 형식주의·외관주의가 지배하는 소송법의 영역에서도 공정의 원칙에 따라서 법이 허용하는 올바른 공격방어를 통한 공정의 실현이 민사소송의 이상에 부합한다는 원칙이다. 신의칙은 실체법에서도 사적 자치를 법적 안정성에 반하여 제한하는 원리이기에(대법원 2004.1.27. 2003다45410), 소송절차를 정하는 소송법에서도 상당하게 제한적으로 받아들여야 한다. 신의칙위반으로 본 사례로서, 부제소특약 때문에 부적법한 제소를 이 특약의 당사자 아닌 다른 이사, 감사 등을 소송에 참가시켜 적법한 제소로 한 경우(대법원 1988.10.11. 87다카113), 공동소송의 관련재판적을 만들어내기 위해 억지로 타인을 공동피고로 하여 원고가 편한 법원에 소를 제기한 행위(대법원 2011.9.29. 2011마62), 선행행위와 모순되게 당사자 스스로 어떤 소송행위를 야기하고 뒤에 소송법상 허용되지 않는다는 주장(대법원 1995.1.24. 93다25875), 겉으로 보기에는 법률상 인정된 소송상 권능을 행사하는 것이지만 실제로는 그 권능을 남용하여 타인을 해치는 소송행위 내지 소송목적에 반하는 소송행위(대법원 1997.12.23. 96재다226), 종전 대법원판례를 변경한 내용인데도 재심사유가 있다 하여 다시 재심청구행위를 반복하는 경우, 단지 법원의 부담만을 가중시키는 행위, 오로지 소송지연이 목적인 소송행위 등은 소송상 권능의 남용으로서 신의칙 위반이 된다. 신의칙 위반이 소송상 권능의 실효로 인정되는 경우는 기간이 정해지지 아니한 소송행위에서, 당사자 일방이 소송행위를 할 수 있음에도 장기간에 걸쳐 이를 방치하고 이제는 그 행위를 하지 않으리라는 정당한 기대가 상대방과 법원에게 생기고 그 기대에 입각해 절차가 진행되었는데, 그 당사자가 뒤늦게 그 소송행위를 하는 경우 등이다. 소송상 신의칙 위배와 소송중에 생기는 실체법상 신의칙 위배는 다르다. 제소가 형식적으로는 소송행위라도 실체법상 권리행사의 방법으로 나타난 것이면 실체법상의 신의칙 위반이다. 소송법상 신의칙에 위반되는 행위는 소송행위이고 신의칙 위반 여부의 기준은 소송법이다.[5] 민사소송법의 신의칙은 일반조항이므로, 그 적용에 있어서 문제가 되는 소송행위가 있어도 이를 규율하는 다른 구체적 법규정이나 제도에 해당하는지 여부를 먼저 검토하고 없는 경우에 비로소 신의칙이 적용되는 보충성원칙에 따른다. 보충성원칙에 반하는 신의칙 적용은 일반조항으로의 도피이다. 소송지연을 목적으로 함이 명백한 기피신청은 제45조 제1항에 따른다. 소송요건불비인 경우, 예컨대 소나 상소의 이익이 없음에도 이를 제기하는 것은, 소권의 남용이 아니라 소의 이익이라는 소송요건으로 규율된다. 신의칙위배의 소제기는 소송요건의 하나로서 소각하판결을 하며 신의칙에 반하는 소송행위는 부적법 무효로 각하된다.[6]

2.2 권리남용금지의 원칙

민법 제2조 제2항 '권리는 남용하지 못한다' 하는 권리남용금지의 원칙은, 권리자가 자신의 권리의 적극적·소극적 행사에 있어서 타인에 손해를 가할 목적만 가지고 행사하는 것, 즉 권리행사 목적이 오로지 고통이나 손해를 주는 데 그칠 뿐 권리자에게는 아무런 이익이 없는 등, 상대방의 정당한 이익을 현저하게 침해하여(대법원 2011.4.28. 2011다12163; 2010.2.25. 2008다73809) 당해 권리 본연의 당위규범성을 넘어 사회질서에 위반하는 경우로서(대법원 1988.12.27. 87다카2911), 권리남용으로 인정된 권리행사는 위법한 것이 되어 당해 권리의 법률요건에 귀속되는 법률효과가 발생하지 아니한다. 권리남용금지의 원칙을 정한 민법 제2조 제2항은 일반조항이므로 보충성을 가져, 당해 사실관계에 직접적용되는 조항이 있으면 그것을 먼저 적용하고 난 후에 마지막으로 적용된다. 어느 한 권리가 남용되는 것이라면 그 반면에서는 정당한 권리행사라 여길 수 있어 결국 상충하는 이익 조절의 논리에 따른다. 이때 양자택일적 이익형량 방식이 아니라 관계되는 이익을 전체적으로 형량하여 조절하는 실제적 조화의 원리에 따르는 것이 요구된다. 권리의 행사는 일정 이익을 향유할 수 있게 하는 법적 힘의 현실화이다. 물권인 소유권은 객체의 사용·수익·처분 예컨대 소유물 점유, 사용 등의 사실행위 혹은 그 매매, 처분 등의 법률행위에 의한다. 청구권은 권리행사의 상대방에 대한 일정 행위 요구, 형성권은 취소 등의 일방적 의사표시이다.

민법 제2조 제2항의 권리남용 민법 제2조 제2항 권리남용금지의 규정은 일반조항에 해당하므로 구체적 사건을 개별법조항에 의해 적정하게 해결할 수 없는 경우에 한하여 적용되는 점, 법원의 판례를 통한 적용범위의 제한해석 등을 고려할 때 재산권의 사회적 기속성 선언을 구체화한 헌법 제23조 제2항을 침해하였다 볼 수 없다(헌재 2013.5.30. 2012헌바335). '권리의 남용'이란 권리의 행사가 외관상으로는 적법하게 보이지만 실질은 권리의 공공성·사회성에 반하거나 권리 본래의 사회적 목적을 벗어나 정당한 권리행사로 볼 수 없는 것이며, 법원은 그 해당범위를 합리적으로 제한하여 그 적용범위가 지나치게 광범위하다 볼 수 없어 헌법상 명확성원칙에 위배되었다 볼 수 없다(대법원 2011.4.28. 2011다12163; 2010.2.25. 2008다73809). 민법 제242조 소정의 확보거리 0.5미터를 다 두지 못하고 원고소유 대지로부터 30센치미터를 두고 세워져 있어, 건물 각층마다 1.2평씩만 법정거리 내에 들어 있는 동 건물이 건축된 지 수년이 지난 지금 법정거리안에 있는 건물부분의 철거는 원고에는 거의 어떠한 이익도 가져오지 못하고 오히려 사회, 경제적 또는 상린관계의 취지에서 적절하지 않아, 건물철거청구는 권리의 사회성에 비추어 권리남용에 해당한다(대법원 1982.9.14. 80다2859). 한국전력공사가 송전선 설치 당시부터 불법점유를 하였으며, 설치후에도 사용에 대한 손실보상 사실이 전혀 없고, 토지의 현재 지목은 전이나 도시계획상 일반주거지역에 속하고 아파트 등의 공동주택부지로 이용될 가능성이 농후한 점, 한전은 지금이라도 적법한 수용이나 사용절차에 의하여 그 토지 상공의 사용권을 취득할 수 있는 점 등에 비추어, 토지소유자의 송전선 철거청구가 권리남용에 해당하지 않는다(대법원 1996.5.14. 94다54283).

2.3 형법과 권리남용금지의 원칙

형법상 권리남용금지의 원칙이 과잉방어에 관련한 정당방위의 인정 범위에서 제기된다.

형법상 권리남용금지의 원칙-과잉방어 인정 여부 최氏(74)는 18세이던 1964.5.6., 자신을 성폭행하려던 노氏(당시 21세)의 혀를 깨물어 1.5㎝ 자른 혐의(중상해죄)로 부산지법에서 징역 10월에 집행유예 2년을 선고받았다. 최씨는 성폭행에 저항한 정당방위임을 주장했으나 법원은 인정하지 않았고 오히려 노氏에게 강간미수를 제외한 특수주거침입·특수협박 혐의로 최씨보다 가벼운 징역 6월에 집행유예 2년을 선고했다. 최씨는 용기를 내 '한국여성의전화'를 찾았고 자신의 사건 해결을 통해 혼자서 상처를 끌어안고 있을 성폭력 피해자들에게 용기가 되기를 바라며 사건 발생 56년째 되는 2020.5.6. 부산 연제구 부산지방법원에 재심을 청구했다(연합뉴스 2020.5.6.). 2020.08.21. 재심 청구의 1차공판이 8.21. 부산지법 형사5부 심리로 열렸다. 최씨 변호인은 "혀를 잘린 성폭행 가해자 노氏가 일상적 대화가 가능했고 병역 신체검사에 합격·월남전까지 참전했다는 이웃 진술이 있었다"고 주장했다. 변호인은 이를 근거로 "당시 법원이 최씨에게 적용한 혐의가 중상해죄가 아닌 일반 상해죄를 인정했어야 할 명백한 증거가 새로 발견돼 형사소송법 420조가 정한 재심 이유에 해당한다"고 말했다. "법원도 최氏에게 가해자에 대한 호감 여부나 결혼을 강요하는 등 성범죄와 무관한 사실 등을 근거로 판결하는 등 직권을 남용해 재심 청구 이유에 해당한다"고 주장했다. 검사 측은 "지금까지 이 사건에 대한 공식적인 자료는 판결문뿐이며 참고자료로 당시 신문 기사가 전부"라며 변호인이 말한 성폭행 가해자의 피해 정도나 월남전 참전 진술 등이 새로 발견된 명백한 증거로 보기 어렵다고 반박했다. 검사의 불법·강압 수사나 재판부의 잘못된 소송 지휘권으로 인해 부당한 판결이 나왔다는 것도 판결문에서는 찾아볼 수 없는 만큼 재판부와 수사기관의 직권남용 여부도 확인하기 어렵다는 취지로 말했다. 재심을 청구한 최氏는 "치욕스러운 수사를 받고 피해자에서 가해자가 된 이후 지난 56년간 단 한 하루도 억울하지 않은 날이 없었다"며 "대한민국 국민으로 보호받고 정의와 평등의 원칙에 따라 재심해주길 바란다"고 재판부에 요청했다(대법원 1996.5.14. 94다54283).

3. 권리행사의 제한-헌법상 권리의 제한

3.1 헌법상 권리(기본권)제한의 헌법형식

3.1.1 기본권제한의 내재적 제약·헌법적 한계

기본권제한의 의의는, 기본권이 보호하는 자유의 규범영역이 구체적 사안에서 포섭될 수 있는 적용대상의 범위를 확정하는 것이다. 제한은 곧 침해가 아니라, 특히 기본권이 다른 기본권과 충돌하거나 다른 법익 내지 가치와 상충할 때, 기본권의 규범영역 즉 그 포섭범주를 한정하여 기본권의 효력이 미치는 구체적 범위를 정하고, 공동체구성원의 자연적 자유를 개별적 사안에서 공적인 법적 자유로 구체화하는 규범적 방식이다. 이때 공동체구성원의 법적 자유는 공동체 내재적으로 제약되고, 기본권은 헌법의 기본정신에 합치하는 헌법상 권리로서 한정되며, 최소한 법률 이상의 규범형식으로서만 제한되면서, 비례성원칙에 의거하여 법치국가적 신뢰보호와 예측가능성원칙에 따라 필요최소한 제한에 그친다. 기본권은 내재적 제약을 갖는다. 기본권은 개인의 헌법상 권리인 점에서 권리행사의 일반원칙인 신의칙에 따라서 신의에 좇아 성실하게 행사하여야 한다. 기본권은 공동체의 객관적 법질서인 성격인 점에서 공동체 가치에 한정성을 갖는다. 헌법 제21조 제4항 1문 '언론·출판은 타인의 명예나 권리 또는 공중도덕이나 사회윤리를 침해하여서는 아니된다' 함은 이를 명시한다. 타인의 명예나 권리·공중도덕·사회윤리, 타인의 권리·헌법질서·도덕률 등의 공동체가치는 개인의 헌법상 권리를 한정하는 내재적 제약이다. 기본권의 개념내재적 제약은 그 효력범위를 스스로 한정하는 제한이다. 양심·종교·학문·예술 등의 개념에 따른 한정이 그것이다. 다만 개념내재적 제약이라 하더라도 그것이 공동체가치이든 개념내재적 제약이든 현실적·구체적으로 제약되는 기본권의 범주는 헌법의 통일성에 따른 규범조화적 해석에 의한다. 이는 당해 기본권이 보호하는 법익이 다른 기본권과 상충될 때 그 상충하는 기본권상호간 조정을 통하여 개별 기본권 효력이 최대한 인정되어 배분적 정의와 공평을 가져와 실제로 조화를 이루도록 하는 실질적 공평성원칙에 따른다는 것이다. 입법자는 그 안에서 입법재량 형성의 자유를 갖는다.

> **공중도덕** 일반적으로 공중도덕은 '공중의 복리를 위하여 서로 지켜야 할 德義'로서, 개인이 공동체 일원으로서 사회생활을 해 나가려면 공동체가 요구하는 사회적 질서나 제도를 준수하여야 하고, 이렇게 해야만 개인이 소속된 공동체가 존속할 수 있는 바, 공동체가 요구하는 사회적 질서나 제도는 도덕규범·윤리·법률 등 사회적 준칙들로 나타나며, 이것들을 한 마디로 공중의 도덕이나 사회도덕이라 할 수 있고, 이는 개인이 처한 구체적 상황에 따라서 다르거나 시간적·공간적 배경에 따라 변할 수 있고 실제 변해왔다(헌재 2005.3.31. 2004헌바29).

기본권의 헌법상 한계는 기본권 규범영역이 헌법에 직접 명시되어 한정되는 것이다. 헌법제정자나 헌법개정권자가 제한의 구체적 내용을 헌법에 정함으로써 입법자가 법률로 기본권을 제한하려 할 때 그 제한의 한계선을 미리 한정하고, 법률에 의한 기본권제한이 창설적이 아닌 선언적 확인에 그치도록 하여 헌법에 규정된 기본권의 원시적 한정에 따른 입법재량만 부여한다. 기본권의 헌법상 한계는 법률로 기본권을 창설적으로 제한하는 법률유보와 달리 입법형성권의 남용을 감쇄한다. 즉 기본권을 수호하는 방어적 의미를 갖는다. 헌법상 한계는 내용을 기준으로 타인의 명예·권리·공중도덕·사회윤리에 의거한 언론자유의 한정(제21조 제4항), 공공복리에 의한 재산권행사의 한정(제23조 제2항), 민주적 기본질서에 따른 정당의 자유의 한정(헌법전문 제8조 제1·2·4항) 등이 있다. 주체를 기준으로는 특수신분자로서 공무원인 근로자의 노동3권 제한(제33조 제2항), 군인·군무원·경찰공무원 등의 국가배상청구권 제한(제29조 제2항) 등이 있다. 이들 기본권의 헌법상 제한 이상을 법률 등에서 정하면 위헌이다.

> **기본권제한에 있어서의 내재적 제약과 헌법적 한계** 확정판결에 의한 권리라도 그것이 신의에 좇아 성실히 행사되어야 하고 권리남용이 되는 경우에는 이는 허용되지 않는다(대법원 1984.7.24. 84다카572). '누구든지 타인의 권리를 침해하거나 헌법질서 또는 도덕률에 위반하지 아니하는 한 자신의 인격을 자유로이 발현할 권리를 가진다'(*Jeder hat das Recht auf die freie Entfaltung seiner Persönlichkeit, soweit er nicht die Rechte anderer verletzt und nicht gegen die verfassungsmäßige Ordnung oder das Sittengesetz verstößt*)(독일기본법 제2조 제1항 1문) 함은, 공동체 가치의 헌법적 3한계를 규정한 것이다. 헌법적 제한에 관련하여 교원 지위에 관한 한 교육기본권을 정한 제31조 제6항이 근로기본권에 관한 제33조 제2항에 우선 적용되므로, 사립학교교원은 근로3권에서 일반 근로자와 달리 취급된다(헌재 1991.7.22. 89헌가106).

3.1.2 기본권제한의 일반적 법률유보

헌법 제37조 제2항 '국민의 모든 자유와 권리는 … 법률로써 제한할 수 있으며 …' 하는 일반적 법률유보는 기본권제한의 최소형식인 수권규범인 동시에 한계규범으로서의 법률에 근거한 공권력행사를 요청하여 기본권제한을 한정하는 법치주의원칙이다(헌재 2014.9.25. 2012헌마1029). 일반적 법률유보원칙은 '법률에 의한 규율'만 아니라 '법률에 근거한 규율'의 요청이기에 기본권제한에는 법률의 근거가 필요할 뿐 반드시 법률의 형식일 필요는 없다. 입법자는 의회유보에 의하여 법률의 형식이 아니어도 행정권의 법형식로 기본권 제한을 한정할 수 있다. 법률에 근거한 기본권제한은 형식적 법률유보원칙뿐 아니라, 법률의 위임이 있거나 위임범위 내에서의 대통령, 국무총리, 행정각부의 장, 지방자치단체(장 또는 의회) 등의 명령, 조례 등에 의한 기본권제한 등의 실질적 법률유보원칙에 따른다(헌재 2011.4.28. 2009헌바167). 일반적 법률유보는 기본권의 제한·구체화·형성 등에서 최소한 기본이 되는 본질적 사항은 국회가 제정한 형식적 의미의 법률에 규정되어야 한다는 법치주의의 헌법원리이면서, 동시에 당해 법률의 제정은 국민이 민주적 정당성을 부여한 대의기관인 의회의 전속적 결정사항에 속하는 점에서 의회유보의 민주주의 헌법원리에 속하는 헌법이념이다. 일반적 법률유보의 법률에 의한 기본권제한의 목적은 평상시 공동체를 전제로 하는 원칙규정인 제37조 제2항에 따른 국가안전보장·질서유지·공공복리이다(이는 예시적 열거사항이 아닌 한정적 열거사유다). 일반적 법률유보는 국가긴급시의 기본권제한을 특수한 범주와 방식으로 정한 헌법 제76조, 제77조에도 적용된다. 헌법 제76조 제1항 긴급재정경제명령, 제2항 긴급명령, 제77조 제3항 비상계엄시 특별조치 등은 법률과 같은 효력을 지니므로, 헌법 제37조 제2항 일반적 법률유보의 기준인 비례성원칙, 본질적 내용 침해금지 등은 비상시에도 적용된다.

일반적 법률유보 사법시험제도는 입법형성의 자유가 폭넓게 인정되는 전문직 자격제도에 관한 것이어서 헌법 제37조 제2항의 요구가 다소 완화된다(반대의견: 사법시험폐지조항은 경제적 능력에 의한 직업선택의 자유의 제한이므로 엄격심사를 하여야 한다(헌재 2017.12.28. 2016헌마1152; 2016.9.29. 2012헌마1002). (살수차는 사용방법에 따라서는 경찰장구나 무기 등 다른 위해성 경찰장비 못지않게 국민의 생명·신체에 중대한 위해를 가할 수 있으므로)살수차 등 위해성 경찰장비 사용방법은 법률유보원칙에 따라 엄격하게 제한적으로 해석하여야 하고, 본래의 사용방법이 아닌 다른 용도나 방법으로 사용하려면 반드시 법령에 근거가 있어야 하는 바, (살수차는 물줄기 압력을 이용하여 군중을 제압하는 용도로만 사용되어야 하고, 살수차로 최루액을 분사하여 살상능력을 증가시키는 혼합살수방법은 '새로운 위해성 경찰장비'로서 법률·대통령령 등에 근거규정이 없고 또한 법령의 구체적 위임 없이 혼합살수방법을 규정하는 이 사건 지침은 법률유보원칙에 위배되고, 이 사건 지침만을 근거로, 서울종로경찰서장이 2015.5.1. 22:13경부터 23:20경까지 사이에 최루액을 물에 혼합한 용액을 살수차를 이용하여 행한 혼합살수행위는 신체의 자유와 집회의 자유를 침해한 공권력 행사로 헌법에 위반된다. 나아가 이 사건 혼합살수행위로 인한 청구인들의 기본권 침해상황은 이미 종료되었으나, 관련 법규에 따르면 각종 집회나 시위 현장에서 혼합살수행위가 반복될 가능성이 있고, 혼합살수행위는 사람의 생명이나 신체에 위험을 초래할 수 있는 중대한 법익 침해가 예견되는 공권력 행사로서, 그동안 헌법재판소가 혼합살수행위가 헌법에 합치하는지 여부에 대한 해명을 한 바 없으므로, 심판의 이익이 인정된다)(헌재 2018.5.31. 2015헌마476). 국가긴급권과 헌법 제37조 제2항에 대하여, 헌법 제76조 제1항은 내우·외환·천재·지변 또는 중대한 재정·경제상의 위기에 있어서 일정 요건 하에 대통령이 발하는 재정·경제상의 명령에 '법률의 효력'을 인정하며, 제2항은 국가의 안위에 관계되는 중대한 교전상태에 있어서 일정 요건 하에 대통령이 발하는 명령에 '법률의 효력'을 인정하고, 제3항은 비상계엄이 선포된 때에는 법률이 정하는 바에 의하여 영장세도, 언론·출반·십회·결사의 자유, 정부나 법원의 권한에 관하여 특별한 조치를 할 수 있어, 그 특별한 조치를 법률로 정하는 한 제37조 제2항이 적용되며, 비례성원칙, 본질적 내용 등 해당여부는 국가긴급권 헌법논리로 판단된다.

3.1.3 기본권제한의 개별적 법률유보

기본권제한에 있어서의 개별적 법률유보는 개별기본권 조항에 규정되어, 국회의 입법형성권에 의한 개별적 차등유보를 가능케 하므로, 기본권 제한적 법률유보 외에 형성적·구체화적 법률유보로써 기본권보호를 강화하는 기본권 우호적 기능을 실현시킨다.

개별적 법률유보 헌법 제12조 제1항(누구든지 법률에 의하지 아니하고는 체포·구속·압수·수색 또는 심문을 받지 아니하며 법률과 적법한 절차에 의하지 아니하고는 처벌·보안처분 또는 강제노역을 받지 아니한다)은 기본권제한은 원칙적으로 국회제정법률에 의하는 기본권 보장적 법률유보, 체포 등 절차는 법률로 정하는 기본권 구체화적 법률유보, 제한 절차는 제37조 제2항에 따르라는 기본권 제한적·침해적 법률유보 등을 정한 것이다. 헌법 제23조 제1항(모든 국민의 재산권은 보장된다. 내용과 한계는 법률로 정한다.) 역시 법률에 의한 재산권의 실현, 형성을 의회에 개별적으로 부여하지만, 제한절차는 제37조 제2항의 적용을 받는다. 기본권은 개인의 주관적 공권이 법·제도에 구체화된 규범실현체라는 페터 헤벌레(P. Häberle)의 '제도적 기본권론'(Institutionelle Grundrechtstheorie)에서 법률유보는 기본권 제한보다는 실현형식이며 기본권 우호적으로 발현된다. 기본권 보장적 개별적 법률유보로서 자유권적 기본권[신체의 자유(제12조 제4항 형사피고인이 스스로 변호인을 구할 수 없을 때에는 법률이 정하는 바에 의하여 국가가 변호인을 붙인다. 제5항 체포 또는 구속을 당한 자의 가족 등 법률이 정하는 자에게는 그 이유와 일시·장소가 지체없이 통지되어야 한다), 학문·예술의 자유(제22조 제2항 저작자·발명가·과학기술자와 예술가의 권리는 법률로써 보호한다)], 사회권적 기본권[교육권(제31조 제6항 학교교육 및 평생교육을 포함한 교육제도와 그 운영, 교육재정 및 교원의 지위에 관한 기본적인 사항은 법률로 정한다), 근로의 권리(제32조 제3항 근로조건의 기준은 인간의 존엄성을 보장하도록 법률로 정한다)], 청구권적 기본권[재판청구권(제27조 제1·2항 모든 국민은 헌법과 법률이 정한 법관에 의하여 법률에 의한 재판을 받을 권리를 가진다. 군인 또는 군무원이 아닌 국민은 대한민국의 영역 안에서는 중대한 군사상 기밀·초병·초소·유독음식물공급·포로·군용물에 관한 죄중 법률이 정한 경우와 비상계엄이 선포된 경우를 제외하고는 군사법원의 재판을 받지 아니한다)] 등이다. 기본권 실현적·절차적 개별적 법률유보로서 자유권적 기본권[언론의 자유(제21조 제3항 통신·방송의 시설기준과 신문의 기능을 보장하기 위하여 필요한 사항은 법률로 정한다), 재산권(제23조 제1항 모든 국민의 재산권은 보장된다. 그 내용과 한계는 법률로 정한다. 제3항 공공필요에 의한 재산권의 수용·사용 또는 제한 및 그에 대한 보상은 법률로써 하되 정당한 보상을 지급하여야 한다)], 사회권적 기본권[교육권(제31조 제4항 교육의 자주성·전문성·정치적 중립성 및 대학의 자율성은 법률이 정하는 바에 의하여 보장된다), 근로의 권리(제32조 제6항 국가유공자·상이군경 및 전몰군경의 유가족은 법률이 정하는 바에 의하여 우선적으로 근로의 기회를 부여받는다), 범죄피해자구조청구권(제30조 타인의 범죄행위로 인하여 생명·신체에 대한 피해를 받은 국민은 법률이 정하는 바에 의하여 국가로부터 구조를 받을 수 있다), 재판절차진술권(제27조 제5항 형사피해자는 법률이 정하는 바에 의하여 당해 사건의 재판절차에서 진술할 수 있다. 기본권형성적 법률유보에 해당한다는 헌재 1993.3.11. 92헌마48), 생활능력없는 국민보호(제34조 제5항 신체장애자 및 질병·노령 기타의 사유로 생활능력이 없는 국민은 법률이 정하는 바에 의하여 국가의 보호를 받는다), 환경권(제35조 제2항 환경권의 내용과 행사에 관하여는 법률로 정한다)], 참정기본권[선거권(제24조 모든 국민은 법률이 정하는 바에 의하여 선거권을 가진다), 공무담임권(제25조 모든 국민은 법률이 정하는 바에 의하여 공무담임권을 가진다)], 청구권적 기본권[청원권(제26조 제1항 모든 국민은 법률이 정하는 바에 의하여 국가기관에 문서로 청원할 권리를 가진다), 형사보상청구권(제28조 형사피의자 또는 형사피고인으로서 구금되었던 자가 법률이 정하는 불기소처분을 받거나 무죄판결을 받은 때에는 법률이 정하는 바에 의하여 국가에 정당한 보상을 청구할 수 있다), 국가배상청구권(제29조 제1항 공무원의 직무상 불법행위로 손해를 받은 국민은 법률이 정하는 바에 의하여 국가 또는 공공단체에 정당한 배상을 청구할 수 있다)] 등이다.

3.2 일반적 법률유보의 형식·목적

3.2.1 형식적 법률유보원칙과 실질적 법률유보원칙

기본권을 제한하는 법률은 일반적 법률유보의 원칙에 의하여 원칙적으로 국회의 의결을 거친

형식적 의미의 법률이어야 하나, 이는 '법률에 의한' 규율만 뜻하지 아니하고 '법률에 근거한' 규율을 요청하므로, 기본권제한 형식이 반드시 법률의 형식일 필요는 없고 법률에 근거를 두면서 헌법 제75조가 요구하는 위임의 구체성·명확성을 구비하면 위임입법에 의하여서도 기본권제한이 가능한 것으로 보는(헌재 2007.11.29. 2004헌마290; 2005.2.24. 2003헌마289) 실질적 법률유보원칙에 따른다. 일반적 법률유보원칙에 따를 때, 법률의 위임에 근거하지도 않고 국민의 기본권을 제한하는 규범은 도저히 생각할 수 없는 일이지만(헌재 2000.12.14. 2000헌마659), 헌법상 위임입법 형식은 예시적이며 법률이 어떤 사항을 행정규칙에 위임하는 경우 그 행정규칙은 위임된 사항만 규율할 수 있는 것이므로, 법률유보에서의 국회입법의 원칙과 상치되지 않는다. 일반적 법률유보에 의한 기본권제한에서 그 기본권을 제한하는 법률은 법률유보 원칙에 의하여, 형식적 의미의 법률과 동일한 효력이 있는 규범으로서의 실질적 의미의 법률에 의해서도 그 제한은 가능하다. 국회의 동의를 받은 조약(헌법 제60조, 제6조 제1항 헌재 2001.3.21. 99헌마139등), 일반적으로 승인된 국제법규(제6조 제1항), 대통령의 긴급명령과 긴급재정·경제명령(제76조 제1·2항) 등이 그것이다.

기본권제한의 법률유보 방송위원회규칙에는 있었지만 방송법 제재조치에는 내용이 없기에, 기본권제한에는 국민의 대표기관이 제정한 법률에 근거를 가져야 한다는 헌법상 법률유보원칙에 위배된다(헌재 2007.11.29. 2004헌마290). (군행형법은 면회 횟수를 제한하지 않는 자유로운 면회를 전제로, 면회참여에 관한 사항만 대통령령으로 정하도록 위임할 뿐 면회횟수는 전혀 위임한 바 없기에, 이 사건 시행령규정이 미결수용자의 면회횟수를 매주 2회로 제한함은)법률의 위임 없는 접견교통권 제한이고, 이는 헌법 제37조 제2항 및 제75조에 위반된 기본권제한으로서(접견교통권이라는 기본권에 대한 침해를 구성한다)(헌재 2003.11.27. 2002헌마193). 법이 (초등교원 임용시험 지역가산점 배점비율에 관한)기본적 사항을 규정하고 이에 의거하는 규칙에 따른 지역가산점규정은 법률유보원칙에 위배되지 아니한다(헌재 2014.4.24. 2010헌마747). (교통사고로 사람을 사상한 후 필요한 조치를 하지 아니한 경우 운전면허를 취소 또는 정지시킬 수 있도록 한)취소조항은 '행정자치부령으로 정하는 기준에 따라' 할 수 있다고 규정하는 바, (이 경우의 구체적 유형은 매우 다양하므로, 사고후 미조치의 모든 유형이 기본권 제한의 본질적인 사항으로서 입법자가 반드시 법률로써 규율하여야 하는 사항이라고 볼 수 없기에), 이 사건 취소조항이 기본권제한의 본질적인 사항을 하위법령에 위임함으로써 법률유보원칙을 위배하였다 볼 수 없다(헌재 2019.8.29. 2018헌바4).

기본권제한의 법률유보와 입법위임 행정규칙은 법규명령과 같은 엄격한 제정 및 개정절차를 요하지 아니하므로, 기본권을 제한하는 작용을 하는 법률은 입법위임에 의하여 대통령령, 총리령, 부령 등 법규명령에 위임함이 바람직하다(고시와 같은 형식으로 입법위임을 할 때에는 적어도 행정규제기본법 제4조 제2항 단서에서 정한 바와 같이 법령이 전문적·기술적 사항이나 경미한 사항으로서 업무의 성질상 위임이 불가피한 사항에 한정되며, 그러한 사항이라도 포괄위임금지의 원칙상 법률의 위임은 반드시 구체적·개별적으로 한정된 사항에 대하여 행하여져야 한다)(헌재 2008.7.31. 2005헌마667). 기본권의 본질적 부분은 국회에서 정한 법률로 입법되어 있으며, (과징금감면을 위한 관련내용들은 세부적·기술적 사항으로 입법자가 반드시 스스로 결정하여야 하는 본질적 사항이기보다는)행정입법이 충분히 규율할 수 있는 사항인 점에서 법률유보원칙에 위반된다 볼 수 없고, (전문적·기술적 능력과 정책적 고려가 요구되고 변화하는 경제상황에 신속 대응의 필요가 있으면, 이를 전문성 있는 행정부가 탄력적으로 규율할 수 있도록 대통령령에 위임할 필요성이 인정되는 한편, 관련 법제 등을 유기적·체계적으로 종합하여 보면, 법 조항의 위임에 의하여 대통령령에 규정될 과징금의 감면 여부·정도는 사업자가 공정위 조사에 기여한 정도에 따라 다르게 규정될 것임을 충분히 예측할 수 있어 포괄위임금지원칙에 위반되지 아니한다)(헌재 2017.10.26. 2017헌바58).

3.2.2 일반법률·처분법률에 의한 기본권제한

일반적 법률유보에 의하여 기본권을 제한하는 법률은 일반·추상성 즉 헌법상 평등원칙에 근거하여 불특정다수를 대상으로 불특정한 경우에 적용되는 일반법률이어야 하는 형식성을 지닌다. 이를 벗어나 직접·실질적으로 행정적·사법적 조치를 행하는 처분법률은 기본권제한 법률로서 적격성이 없어 원칙적으로 금지된다. 처분법률은 특정사안에 직접적용 되어 자동집행력이 있는(헌재 1989.12.18. 89헌마32등) 개별사건법률, 법규적용시한 즉 유효기간을 특정하는 한시법률, 특정인만 적용하는 개인법률 등이 있다. 처분법률에서도 특히 개인법률은 동일인이 입법자·행정관·재판관의 기능을 동시에 맡아 '누구도 자신의 심판관이 될 수 없다' 하는 자연적 정의(natural justice)에 어긋나 법치주의, 권력분립주의, 사법권독립에 반하기에 기본권을 제한하는 법률로서의 적격성이 없다. 일반적 법률유보에서 제외되는 처분법률에 의한 기본권제한이라도, 개별사건법률은 특정 경우를 직접 규율하여 그에 해당하는 자들의 기본권제한의 결과를 가져와도 그 차별적 규율의 실제 내용이 합리적 이유로 정당화되면 평등원칙에 반하지 않는다. 반면 처분법률에서도 개인법률은 재판 없이 직접 특정인의 권리를 제한·박탈하거나 새롭게 의무를 부과하는 '권리박탈법'이 되기에 권력분립주의·사법권독립에 반하여, 헌법이 인정하는 예외 외에는 절대적으로 금지된다. 처분법률에서도 사회국가에서 생존·복지의 급부를 직접 행하는 시책·계획·동의·예산 등의 경우에 관련한 법률들에서 많이 보인다. 기본권을 제한하는 법률은 내용의 명확성, 적용의 특정성이 요구된다. 법 내용이 '불명확하여 무효'(void for vagueness 헌재 1992.4.28. 90헌바27등), 적용범위가 '과도하게 광범하여 무효'(void for overbreadthness 헌재 1998.5.28. 97헌가13)로 되는 것은(헌재 1998.5.28. 97헌가13 국세기본법상 제2차 납세의무를 지는 임원범위가 너무 광범하여 위헌), 불명확한 용어로 법 내용을 애매모호하게 하거나 적용범위가 지나치게 광범위하여 구체적으로 적시하는 특정성이 없어지면, 법집행자에 어떠한 경우에 어떠한 법을 적용할지 고지 기능이 상실되어 법운영당국의 재량에 맡겨져(헌재 1992.2.25. 89헌가104), 적법절차(due process of law)에 반하는 등으로(형사법규의 경우에는 죄형법정주의에 반한다. 헌재 1992.4.28. 90헌바27등), 기본권제한규범으로서의 일반법률이라는 적격성이 없어지게 된다(헌재 2002.2.28. 99헌가8). 명확성·특정성 원칙은 최소한 요구이며(헌재 1998.4.30. 95헌가16), 모든 법률에 동일 수준의 정도는 아니고 개개법률이나 법조항 성격에 따라 차이가 있다. 수익적 성격에 비하여 부담적 성격의 법률, 형사법이나 국민이해관계가 첨예하게 대립되는 법률 등에는 엄격하게 요구되어 허용될 여지가 적다.

개별사건법률과 합헌성 개별사건법률의 예로서 '국가보위에관한특별조치법제5조제4항에의한동원대상지역내의토지의수용·사용에관한특별조치령에의하여수용·사용된토지의정리에관한특별조치법', 개별사건법률의 예로서의 한시법률은 법령의 내용·목적이 일시적 사정에 대응하기 위한 臨時法, 일시적 사정의 변경으로 법령이 개폐되거나 유효기간이 명시된 한시법인 형벌법규, '재외국민취적·호적정정및호적정리에관한임시특례법' 등이 있다. 개별사건법률에 의한 기본권제한으로서, 예컨대 1979년 12월 12일과 1980년 5월 18일을 전후하여 발생한 헌정질서파괴행위에 공소시효진행이 정지된다고 본 특별법이 12·12 사건과 5·18 두 사건에 관련된 헌정질서파괴범만을 대상으로 하여 특별법 제정당시 이미 적용의 인적범위가 확정되거나 확정될 수 있는 내용의 것이므로 개별사건법률임을 부인할 수 없지만 그에 내재된 불평등요소를 정당화할 수 있는 합리적 이유가 있어 헌법위반이 아니다(헌재 1996.2.16. 96헌가2등).

권리박탈법 '법률'의 형식에 의하여 특정인에 대해서만 형벌을 부과하여 실질상 재판 기능을 행하는 '권리박탈법'*Bill of Attainder*은 사법권독립을 침해하기에 금지된다(미합중국헌법 Art.1. Sect.9(3)). 한국에서는 헌법개정시 정치활동쟁화법(제3공화국헌법 부칙 제4조), 부정축재자처리법(제4공화국헌법 부칙 제11조), 정치풍토쇄신에관한법률(제5공화국헌법 부칙 제4조 제2항) 등에서 기본권을 제한하는 개인법률의 효력을 헌법부칙에서 추인하여 처분법률에 의한 기본권제한을 인정하여 왔다.

3.2.3 일반적 법률유보의 목적 – 국가안전보장·질서유지·공공복리·국가비상시

일반적 법률유보의 목적으로서 국가안전보장을 위한 기본권제한은 제4공화국헌법(제32조)에서 처음 규정되었다. 이는 평상시의 국가 안전 즉 국가정통성·계속성, 영토, 헌법질서, 헌법기관 등의 보전을 위한 기본권제한이다(헌재 1990.4.2. 89헌가113). 형법(제1장 제87조~제91조, 내란죄·외환죄), 국가보안법(제1조 목적), 군사기밀보호법 등이 대표적인 제한 법률이다. 헌법 제37조 제2항은 국가비상시의 국가긴급권(제76조, 제77조)에 의한 기본권제한의 법률유보에도 타당하게 적용된다. 질서유지의 목적을 위한 기본권제한은 국가·사회의 현존질서에 대한 교란방지라는 소극적 목적의 개념이다. 질서유지를 위한 기본권제한은 국가질서·사회질서·민주적 기본질서 등의 공동체질서에서 특히 사회질서의 경찰상 안녕질서에 의한 제한을 의미한다(형법, 집회및시위에관한법률, 경범죄처벌법, 경찰관직무집행법 등). 공공복리를 위한 기본권 제한은 계층적 국민의 이익이 아니라 공동체구성원에 일반적으로 적용되어 국민 전체에 공통되고 환원될 수 있는 복리에 의한 제한이다. 기본권제한의 목적으로서의 공공복리는 모든 국민의 기본권제한의 일반원리이므로, 헌법 제23조 제3항 '공공필요에 의한 재산권의 수용·사용 또는 제한'을 정하여 국민 일부의 특별한 희생을 가능케 하는 공공필요와 구분된다. 기본권제한 입법의 목적인 공공복리는 소극적 목적의 다의적·불확정적 개념이어서, 사회국가의 적극적 국가목적 실현을 위한 실천목표인 사회복지 개념과 구분된다. 이때 자유권적 기본권으로서의 경제적 기본권의 제한을 정당화하는 목적 개념인 공익은 공공복리를 정당화할 수 있는 모든 공익을 아울러 고려하여야 그 합헌성이 인정된다(헌재 1996.12.26. 96헌가18). 헌법 제119조 이하 경제조항은 국가가 경제정책으로 달성하여야 할 적극적 공익을 국가목표규정으로 구체화한다. 국가목표규정에 의한 기본권제한은 제한하려는 기본권행사가 직접 행정목적과 공익에 침해를 가져와야 하며, 간접적으로 행정상 질서에 장애위험성이 있음에 불과한 경우의 제한가능성은 부인된다(헌재 1994.4.28. 91헌바14). 경제관계법이나 사회관계입법 등에서 행정의 능률성을 앞세운 국가기능확대나 행정수요증대 등은 기본권제한사유가 될 수 없다(헌재 1991.5.13. 89헌가97). 기본권제한의 일반적 법률유보는 국가비상시 기본권제한에도 적용된다. 국가비상시는 공동체위기에서(국회의 집회도 기다릴 여유가 없는 내우·외환·천재·지변 또는 중대한 재정·경제상의 위기) 국가·사회를 유지·보전하기 위한(국가의 안전보장 또는 공공의 안녕질서) 조치(최소필요의 재정·경제상의 법률의 효력이 있는 명령)인 긴급재정경제명령권(제76조 제1항 긴급재정경제명령은 헌법소원 대상이 된다 헌재 1996.2.29. 93헌마186), 교전상태에 있어서(국회의 집회가 불가능할 정도의 국가 안위와 관계되는 중대한 전쟁상태) 국가보위를 위한 규범적 조치(법률의 효력을 지니는 명령)인 긴급명령권(제2항) 등에 의해서 평상시의 기본권 제한보다 특히 더 제한할 수 있다. 대통령은 국가비상사태에서(전시·사변 또는 이에 준하는 경우) 국가·사회를 병력으로 유지할 필요가 있을 때(군사상 필요나 공공의 안녕질서) 법률이 정하는 바에 따라 선포한(제77조 제1항) 비상계엄과 경비계엄(제2항), 비상계엄하에서 기본권(제3항 영장제도, 언론·출판·집회·결사의 자유)·권력구조(정부나 법원의 권한)에 특별한 조치를(제77조 제3항의 비상계엄지역 내에서 계엄법(제10조 제1항)의 죄를 범한 자의 군사법원에 의한 재판과 일정범죄의 단심제) 취할 수 있다(제110조 제4항). 비상계엄시 특히 더 제한되는 기본권을 제77조 제3항은 영장제도, 언론·출판·집회·결사의 자유에 한정하나, 계엄법 제9조는 거주·이전의 자유와 단체행동권에 확대하여 기본권제한요건인 필요성원칙에 조화하지 못한다.

국가안전보장과 기본권제한 (대한민국 또는 헌법상 국가기관에 대하여 모욕, 비방, 사실 왜곡, 허위사실 유포 또는 기타 방법으로 대한민국의 안전, 이익 또는 위신을 해하거나 해할 우려가 있는 표현이나 행위를 형사처벌하도록 한)형법의 국가모독죄 조항은 국가의 안전, 이익, 위신 보전이 진정한 입법목적인지 의문이다(형사처벌을 통한 일률적 표현행위 규제에 수단의 적합성을 인정할 수 없는 등, 의미내용이 불명확할 뿐만 아니라 적용범위가 지나치게 광범위하고, 기본권침해 정도가 큰 형사처벌을 통해 표현의 자유를 지나치게 제한하는 등 과잉금지원칙에 위반하여 헌법에 위반된다)(헌재 2015.10.21. 2013헌가20). 유사군복을 판매목적으로 소지하는 행위에 대한 처벌이 합헌인 것은, (군인 아닌 자가 유사군복을 입고 군인임을 사칭하는 등으로 군에 대한 신뢰 저하 문제로 이어져), 향후 발생할 국가안전보장상의 부작용의 상정, (유사군복이 모방하고 있는 대상인 전투복은 군인의 전투용도로 세심하게 고안되어 제작된 특수한 물품이어서, 이를 판매 목적으로 소지하지 못하여 입는) 개인의 직업의 자유나 일반적 행동의 자유의 제한 정도는 국가안전을 보장하고자 하는 공익에 비하여 결코 중하다 볼 수 없다(헌재 2019.4.11. 2018헌가14).

국가기밀·군사비밀 군사기밀은 비공지사실로서 관계기관이 적법절차에 따라 군사기밀로 분류표시 또는 고지된 군사관련사항이어야 하고 내용이 누설될 경우 국가의 안전보장에 명백한 위험이 초래된다 할 수 있을 정도로 실질적 비밀가치를 지닌 비공지사실에 한정적으로 해석되어야 한다(헌재 1992.2.25. 89헌가104). 명백히 국가안전보장 관련사항인 眞性비밀이 아니고 정부의 정치적 이익·행정편의 관련사항인 의사·가성擬似·假性비밀은 군사기밀보호법의 보호대상이 아니다. 군사기밀보호법의 업무상 군사기밀 누설행위 처벌은 헌법에 위반되지 않는다('업무상 군사기밀을 취급하는 사람 또는 취급하였던 사람' 부분은 다소 일반적·규범적 개념으로 규정되어 있으나, 법원이 그 의미 등을 구체화하며 입법자가 일일이 세분하여 규정하기 어려운 등의 사정을 종합하여 그 구체적 내용은 입법목적을 고려하여 법관이 해석·적용함으로써 보완될 수 있기에 죄형법정주의의 명확성원칙에 위반되지 않으며, 군사기밀보호를 통해 국가안전을 보장하고자 하는 보호법익은 중대하며, 관련된 업무담당자는 업무상 군사기밀의 취급 자체로 군사기밀 보호책무가 있음에도 이를 위반한 것은 죄질이 중하고 비난가능성이 높고, 형량은 법정형 범위 내에서 충분히 고려될 수 있기에, 죄질과 책임에 비해 형벌이 지나치게 무거워 비례원칙에 위반하였다 볼 수 없다)(헌재 2020.5.27. 2018헌바233).

질서유지·공공필요·공공복리와 기본권제한 청구인에 변호인접견신청을 허용한다 하여 국가안전보장, 질서유지, 공공복리에 어떠한 장애가 생긴다 보기는 어렵고, 필요한 최소한 범위 내의 접견장소 등의 제한방법을 취하면 국가안전보장이나 환승구역의 질서유지 등에 별다른 지장을 주지 않으면서도 변호인접견권을 제대로 보장할 수 있기에, 이 사건 변호인 접견신청거부는 변호인의 조력을 받을 권리를 침해한 것이다(헌재 2018.5.31. 2014헌마346). 공공필요에 의한 재산권의 수용등 및 그에 대한 보상 등은 공권력행사로 특정인의 재산권을 수용·사용·제한하여 일반인에 예기치 않은 특별한 희생을 가하는 경우의 보상인 점에서 사인간 이익충돌시 형평기준도 아니고 일반적 법률유보의 목적개념인 공공복리와 논의측면이 다르다(헌재 1993.7.29. 92헌바20). 계약을 체결하여 채권을 취득하고도 이행을 확보하지 못하고 강제집행을 할 수 없게 될 가능성이 생긴다는 점에서, 일응 헌법 제10조 행복추구권의 내포인 계약의 자유나 제23조 재산권의 제한이 되나, 이는 사회정책적 입법으로서 다수입주예정자 보호의 공공복리를 위하여 필요한 최소한의 기본권제한이다(헌재 2002.2.28. 2001헌바73).

3.3 법률에 의한 기본권제한의 한계

3.3.1 헌법 제37조 제2항의 과잉금지원칙과 엄격심사

헌법 제37조 제2항 '국민의 모든 자유와 권리는 … 필요한 경우에 제한할 수 있다' 할 때의 '필요한 경우'는 국가작용의 한계를 명시하는 법치주의 헌법원리에 따른 비례성원칙, 과잉금지원칙이다. 과잉금지원칙은 최소한 합리성(minimal rationality), 최소심사(minimal scrutiny) 기준이어서, 기본권 제한 법률이 입법 목적의 정당성, 방법의 적절성, 피해의 최소성, 법익의 균형성의 어느 하나에라도 저촉되면 위헌이 된다. 기본권 중에서도 기본인 신체의 자유의 제한을 가중하기에, 법률규정이 과잉금지의 원칙 즉 비례의 원칙에 위배되는지 여부를 심사함에 있어서는 그 제한되는 기본권의 중요성이나 기본권제한 방식의 중첩적·가중적 성격에 비추어 엄격한 기준에 의할 것이 요구된다(헌재 2003.11.27. 2002헌마193).

과잉금지원칙과 엄격심사·유연심사 '거짓이나 그 밖의 부정한 방법으로' '북한이탈주민의 보호 및 정착지원에 관한 법률'에 따른 보호 또는 지원을 받아 재물이나 재산상 이익을 받은 경우 필요적 몰수·추징 조항은 범행으로 이득을 취한 바 없는 경우는 제외하고 부당하게 지원받은 금액에 한하는 몰수·추징에 그치는 것이어서, 행위에 비하여 책임이 과중한 것이라 보기 어렵고 과잉금지원칙에 위배되지 아니한다(헌재 2017.8.31. 2015헌가22). (관계행정청이 등급분류를 받지 않거나 등급분류를 받은 게임물과 다른 내용의 게임물을 발견한 때 관계공무원으로 하여금 이를 수거하여 폐기할 수 있도록 하는)행정상 즉시강제의 허용은 과잉금지원칙 위배여부의 판단에 고려되어야 할 목적의 정당성, 방법의 적정성, 피해의 최소성 및 법익의 균형성 등 모든 요건을 충족하여(과잉금지원칙 위배의 재산권침해라 볼 수 없다)(헌재 2002.10.31. 2000헌가12). 택시운전자격을 취득한 사람이 강제추행 등 성범죄를 범하여 금고 이상의 형의 집행유예를 선고받은 경우의 자격 취소 규정은 과잉금지원칙에 위배되지 않는다(헌재 2018.5.31. 2016헌바14).

3.3.2 목적의 정당성·방법의 적절성·피해의 최소성·법익의 균형성

과잉금지원칙에 따른 판단기준으로, 목적의 정당성은 기본권제한입법의 목적이 헌법과 법률체계상 정당성이 인정되어야 하는 것, 방법의 적절성은 목적달성을 위한 유효·적절한 방법을 선택하는 것, 피해의 최소성은 당해 제한조치는 가능한 한 완화된 형태·방법 내지 필요최소한에 그쳐야 하는 것, 법익의 균형성은 기본권을 제한하는 법률로 보호하려는 공익이 비교형량에서 더 큰 경우에만 제한의 受忍가능성이 있는 비례성원칙이다. 기본권제한의 과잉금지원칙 위배여부판단의 첫 단계는 기본권제한법률 제정 목적의 정당성을 찾는 것이다. 입법배경을 고려하여 목적의 정당성을 충족한다 하거나 입법목적의 진정성을 부인하기도 하나 국회입법권의 재량의 폭은 넓다. 방법의 적절성은 입법자의 입장에서 선택한 기본권 제한 수단의 적합성 즉 그 수단이 입법목적을 달성할 수 있느냐 여부 등 장래 예측가능성의 판단이다. 이는 입법의 사후에 법원의 관점에서 결정하는 것이 아니기에 입법자의 재량이 폭넓게 인정되는 반면 상대적으로 사법적 심사의 폭은 제한되어, 기본권제한 수단이 명백하게 근본적으로 부적합한 경우에만 제한 법률은 위헌이 된다. 정신적 자유는 인격에 직접 관련되어 우월적 지위에 있는 우월적 자유(preferred freedom)로서 법률적 규제의 필요성은 억제되는 반면, 경제적 자유는 공동체와 구성원에 대한 수익적 형성작용의 성격이 큰 점에서 상대적으로 입법재량의 여지가 넓어진다(헌재 1989.12.22. 88헌가13). 미국의 이중심사기준(double standard), 3중심사기준은 엄격심사(strict scrutiny), 합리성심사(rational basis test), 중간심사(intermediate scrutiny) 등을 말한다. 피해의 최소성은 입법목적 실현에 적합한 여러 수단에서, 기본권을 가장 존중하고 덜 제한하는 최소침해수단을 통해서 같거나 더 나은 결과를 가져올 수 있는 경우에는, 그 방식을 택하여야 한다는, 필요성원칙이다(헌재 2003.9.25. 2003헌마293등). 기본권제한 규정을 기본권행사의 '방법' 또는 '與否'에 관한 규정으로 구분할 수 있다면, 침해의 최소성이란 관점에서, 입법자는 그가 의도하는 공익달성을 위하여 우선 기본권을 보다 적게 제한하는 단계인 기본권행사의 '방법'에 관한 규제로 공익실현을 할 수 있는가를 시도하고, 이로써는 공익달성이 어렵다 판단되는 경우에 비로소 그 다음 단계인 기본권행사의 '여부'에 관한 규제를 선택하여야 한다(헌재 2003.9.25. 2001헌마447; 1998.5.28. 96헌가5). 피해의 최소성의 최소침해수단은 개별상황질서에서 헌법의 통일성에 따른 최소한 제한인 '보다 덜 제한적인 대체수단에 따른다'는 차선적 대안(Less Restrictive Alternative, LRA)이어야 한다. 헌법재판소가 '법률이 그를 통하여 달성하려는 목적을 실현하기에 명백하게 부적합한가'만을 심사한다면, 입법자는 중대한 공익이나 방지해야 할 위험이 현존함을 주장하여 입법목적의 달성에 조금이라도 기여하는, 생각할 수 있는 모든 입법수단을 동원하게 될 것이다. 입법자는 공익실현을 위하여 기본권을 제한하는 경우에도 될 수 있으면 국민의 기본권을 가장 존중하고 가장 덜 제한적 수단을 선택해야 한다(헌재 2003.9.25. 2001헌마447). 기본권제한의 과잉금지원칙의 마지막 단계인 법익의 균형성은 상충하는 개인간 이익, 개인의 이익과 공익간 형량관계에서 기본권제한법률이 선택한 수단이 목적달성에 이르는 과정에 상당한 비례관계가 인정되는지 여부를 판단하는 협의의 비례성원칙에 따른 비례성심사이다. 상당한 비례관계에서 하나의 법익이 다른 법익의 희생으로 과잉보호되어 기본권주체에 과도한 부담을 지워서 이를 수인하도록 하지 않게 한다. 미연방대법원 판례의 '명백하고 현존하는 위험'(clear and present danger) 원칙상 기본권을 제한하여야 할 정도*degree*가 명백하고 시간적으로도 현존하는 근접성*proximity*이 존재하여야 한다.

목적의 정당성 사회가 자율성을 상실한 예외적 상황에서 고액과외교습을 방지하여 사교육 과열경쟁으로 인한 학부모의 경제적 부담을 덜어주고 국민이 되도록 균등한 정도의 사교육을 받도록 하려는 입법목적은 입법자가 잠정적으로 추구할 수 있는 정당한 공익이다(헌재 2000.4.27. 98헌가16등). 신원공개가 허용되는 예외사유가 없는 상황에서 기자들에게 경찰서 내에서 수갑을 차고 얼굴을 드러낸 상태에서 조사받는 모습의 공개 및 촬영은 이를 정당화할 만한 어떠한 공익 목적도 인정하기 어려워 목적의 정당성 자체가 인정되지 아니한다(헌재 2014.3.27. 2012헌마652). ('대한민국과 헌법상의 국가기관에 대하여 비방, 모욕하거나 사실을 왜곡 또는 허위사실을 유포하는 행위 등을 형사처벌함으로써 국가의 안전과 이익, 위신 등을 보전'한다는)제안이유상 입법목적을 (당시 국내언론이 통제되던 상황에서 국민의 건전한 비판을 억제하고 반정부인사 탄압 수단으로 악용될 여지가 있었던 점, 1988년 개정형법에서 삭제된 경위 등에 비추어)진정한 것으로 볼 수 있을지 의문이다(헌재 2015.10.21. 2013헌가20).

방법의 적절성과 이중심사기준 양심·신앙·학문 등 정신적 자유 내지 인신의 자유 관련 기본권 제한 법률의 합헌성판단은 엄격심사에 따른다. 반면 특히 토지재산권 등 재산권 내지 경제적 자유 등 제한법률은 합리성심사로 입법재량범위를 상대적으로 넓게 인정한다(헌재 1991.6.3. 89헌마204). 대부업자가 대부업등록 취소처분을 받았음에도 기존에 체결한 대부계약에 따른 거래를 종결하는 범위에서 대부업자로 본다는 규정은 입법목적 달성을 위한 적정한 수단이나(헌재 2017.10.26. 2015헌바338), 건설업과 관련 없는 죄로 임원이 형을 선고받은 경우까지도 법인이 건설업을 영위할 수 없도록 함은 입법목적 달성을 위한 적합한 수단이 될 수 없으며 가장 강력한 수단인 필요적 등록말소라는 제재를 선택하여 최소침해성에도 위배하여 직업수행의 자유를 침해한다(헌재 2014.4.24. 2013헌바25; 2010.4.29. 2008헌가8 합헌 변경). 동물에 대한 재산권 행사는 일반적인 물건에 비하여 사회적 연관성과 사회적 기능이 매우 크므로 이를 제한하는 경우 입법재량의 범위를 폭넓게 인정하여 심사기준을 완화하여 적용한다(헌재 2013.10.24. 2012헌바431).

피해의 최소성과 최소침해성 (공기총 소지허가를 받은 자가 이를 허가관청이 지정하는 곳에 보관하도록 함은 보관방법의 제한일 뿐 총포소지허가 자체에 변경을 가하거나 총포사용 자체의 금지가 아니고, 일정한 경우 보관을 해제하고 반환받을 수 있으며 그 절차가 크게 부담이 되는 것도 아니기에) 침해의 최소성이 인정되어 과잉금지원칙 위반되지 아니한다(헌재 2019.6.28. 2018헌바400). 공연히 사실을 적시하여 사람의 명예를 훼손한 경우 징역·금고 또는 벌금에 처하도록 규정한 형법 제307조 제1항은 헌법재판소와 대법원이 형법 제310조(제307조 제1항의 행위가 진실한 사실로서 오로지 공공의 이익에 관한 때에 처벌하지 아니한다)의 적용범위를 넓게 해석함으로써 표현의 자유 제한을 최소화함과 동시에(사실 적시 명예훼손죄가 공적인물과 국가기관에 대한 비판을 억압하는 수단으로 남용되지 않도록 하며, 만약 표현의 자유에 대한 위축효과를 고려하여 심판대상조항을 전부위헌으로 결정한다면 사람의 가치에 대한 사회적 평가인 외적 명예의 침해를 방치하게 되고, 그로 인해 어떠한 사실이 진실에 부합하더라도 개인이 숨기고 싶은 병력·性的 志向·가정사 등 사생활의 비밀이 침해될 수 있는 점을 종합적으로 고려할 때), 침해의 최소성도 인정되어 표현의 자유를 침해하지 아니하고 헌법에 위반되지 않는다(헌재 2021.2.25. 2017헌마1113등). 공연히 허위의 사실을 적시하여 사람의 명예를 훼손한 자를 징역, 자격정지 또는 벌금에 처하도록 한 헌법에 위반되지 않는다. '허위사실'의 표현은 증거에 의하여 허위성이 입증된 경우에만 처벌되는데, '적시된 사실이 객관적으로 허위'이고 피고인이 적시한 사실이 '허위임을 인식'하였는지에 대한 증명책임은 원칙적으로 검사에게 있고(대법원 1994.10.28. 94도2186; 2010.10.28. 2009도4949 참조), 법원은 적시된 사실의 내용 전체의 취지를 살펴볼 때 중요한 부분이 객관적 사실과 합치되는 경우에는 세부에서 진실과 약간 차이가 나거나 다소 과장된 표현이 있다 하더라도 이를 허위의 사실이라고 볼 수는 없다는 취지의 판례를 확립하여(대법원 1998.10.9. 97도158; 1999.10.22. 99도3213 참조), 심판대상조항의 구성요건을 엄격히 해석·적용하는 등 표현의 자유에 대한 위축을 최소화하고 있다(헌재 2021.2.25. 2016헌바84). (가사 그 필요성이 있더라도 몇 군데 통로를 개설하거나 또는 집회가능성이 적거나 출근 등 왕래가 빈번한 시간대에는 통행을 허용하는 등)덜 침해적 수단을 취할 수 있었음에도 모든 시민의 통행의 전면적 통제는 침해를 최소화한 수단이라 할 수 없어 과잉금지원칙 위반의 기본권침해라 판단한다(헌재 2011.6.30. 2009헌마406). 수용된 토지 등의 인도의무 및 그 위반시 형사처벌은 효율적 공익사업수행의 담보, 벌칙조항보다 엄격한 경제적 부담을 수반하는 행정적 제재를 통한 강제가 덜 침해적 방법이라 단정하기 어려운 점, 인도의무자 권리의 절차적 보호, 의견제출 및 불복수단 구비 등의 점에서 재산권, 거주이전의 자유, 직업의 자유를 침해한다 할 수 없다(헌재 2020.5.27. 2017헌바464등).

법익의 균형성과 명백하고 현존하는 위험 수용자라는 지위의 본질적 한계와 특수성을 감안한다면 통신의 자유가 제한되는 정도는 그리 크지 않은 반면 사회적 위험을 예방하는 공익적 효과는 훨씬 크다 할 것이므로 법익의 균형성도 갖추었다(헌재 2016.5.26. 2013헌바98). 택시운전자격을 취득한 자가 친족관계인 사람을 강제추행하여 금고 이상의 실형을 선고받은 경우 그 택시운전자격을 취소하도록 함은 헌법에 위반되지 않는다(친족 대상 강제추행 등 성폭력범죄를 저질러 금고 이상의 실형을 선고받았다는 사실 자체만으로도 택시운송사업의 운전 업무에 요구되는 최소한의 윤리성과 책임감을 결여하고 있다는 유력한 근거가 될 수 있고, 이들에 대해 택시운전자격의 취소여부를 별도의 절차를 거쳐 판단하지 아니하고 일률적으로 자격을 필요적으로 취소하더라도 지나친 기본권제한이라 보기 어렵기에 과도한 제한이라 할 수 없으며, 성폭력처벌법상 범죄로 실형을 선고받은 사람을 택시운송사업의 운전업무에서 배제해야 할 공익상 필요는 매우 크다는 점을 종합할 때, 과잉금지원칙에 위배되지 아니한다)(헌재 2020.5.27. 2018헌바264). 미연방대법원 판례의 '명백 · 현존위험원칙은 올리버 웬델 홈즈(Oliver Wendell Holmes Jr. 1841.3.8-1935.3.6.) 대법관의 Schenck v. United States, 249 U.S. 47(1919) 사건에서 처음 인정되었다.■

■ the Espionage Act of June 15, 1917. [p.48-49]. … Words which, ordinarily and in many places, would be within the freedom of speech protected by the First Amendment may become subject to prohibition when of such a nature and used in such circumstances a to create a clear and present danger that they will bring about the substantive evils which Congress has a right to prevent.

3.3.3 기본권의 본질적 내용의 침해금지

기본권의 본질적 내용의 침해금지는 헌법 제37조 제2항 '국민의 모든 자유와 권리는 …, 제한하는 경우에도 자유와 권리의 본질적인 내용을 침해할 수 없다' 하는 원리이다. 기본권의 본질적 내용의 침해 금지는 제3공화국헌법(제5차개정헌법(1962. 12.26.) 제32조 제2항)에서 처음 규정되고(제헌헌법(1948. 7.17.) 제28조 제2항, 제3차 개정헌법(1960. 6.15.) 제28조 제2항 등 참조) 제4공화국헌법(제7차개정헌법(1972. 12.27.) 제32조 제2항)에서 삭제되었으나 제5공화국헌법(제8차개정헌법(1980. 10.27.) 제35조 제2항), 현행헌법(제9차개정헌법 (1987.10.29.))에서 다시 규정되었다. '본질적인 내용을 침해할 수 없다'의 의미에 대한 '절대설'은 기본권의 주관적 측면인 개인적 공권의 권리로서의 '본질적인 내용'은 개별 기본권의 본질을 이루는 실체, 이를 제한하는 경우에 당해 기본권의 권리영역이나 자유범주가 무의미하게 될 정도의 근본실체, 당해 기본권의 개념요소가 포함하는 권리나 자유를 무의미하게 할 정도로 기본권의 핵이 되는 실질적 기본요소 등이라 한다. 특히 인간의 존엄과 가치 등은 공통되는 요소가 된다. 기본권의 본질적 내용 침해 금지의 '상대설'은, 기본권은 그 객관적 측면에서의 성격에서 공동체의 객관적 법질서의 원칙규범이기에, 헌법 규정의 '침해할 수 없다' 하는 소극적 권한 문구에 주목하여, 한 개인의 주관적 권리 전부가 배제된다 해도 당해 기본권이 객관적으로 지니는 원칙적 규범질서의 성격이 공동체에서 여전히 유지될 수 있다면 본질적 내용은 침해된 것이 아니라 한다. 상대설은 본질적 내용을 비례성원칙 즉 법익형량에 따르는 과잉금지원칙으로 이해하여, 입법이 정의와 형평에 반하거나 자의적으로 이루어진 경우에는 평등권 등 기본권의 본질적 침해의 입법권 행사로 보는 것이다.

기본권의 본질적 내용에 관한 절대설과 상대설 변호인의 피의자 및 피고인을 조력할 권리 중 그것이 보장되지 않으면 그들이 변호인의 조력을 받는다는 것이 유명무실하게 되는 핵심적인 부분('변호인의 변호권')은 헌법상 기본권으로서 보호되어야 한다(헌재 2017.11.30. 2016헌마503). 재산권이 형해화되어 재산권보장목적을 달성할 수 없는 지경에 이른다면 기본권제한입법의 한계를 넘는 위헌입법이다(헌재 1989.12.22. 88헌가13). 기본권의 본질적 내용의 침해금지에 관한 절대설에 따르면 생명 제한은 곧 생명권 박탈이 되어 기본권의 본질적 내용을 침해한다. 상대설에 의거하면, 비례성원칙에 따라서 최소한 동등가치 있는 다른 생명 또는 그에 못지아니한 공공의 이익을 보호하기 위한 불가피성이 충족되는 예외적인 경우에만 적용되는 한 본질적 내용의 위배는 아니라 할 수 있다(헌재 1996.11.28. 95헌바1).

Ⅱ. 권리주체론

[一] 권리능력론

1. 사법과 공법상 권리능력

1.1 사법(민법)상 능력

1.1.1 사법상 권리능력 · 의사능력 · 책임능력

사법상 권리의무능력은 권리의무의 주체가 될 수 있는 지위자격이다. 권리능력은 사람이 법률상 일반적 · 추상적 · 잠재적으로 갖는 지위자격이며, 권리능력이 귀속되는 주체인 권리능력자가 권리의 주체인 人 또는 者, 자연인인 사람에게 귀속되는 권리능력이 人格, 인격의 주체가 자연인(민법 제1편 총칙 제2장 '人'), 법인에 귀속되는 권리능력이 법인격, 법인격의 주체가 법인(민법 제1편 제3장 '法人')이다(본인(제114조), 타인(제125조) 등은 자연인, 법인을 포괄). 실체법상, 의무능력은 의무의 주체가 될 수 있는 지위자격, 의무능력이 귀속되는 주체가 의무의 주체 즉 의무자이다. 권리능력자가 법적으로 의사를 표시할 수 있는 능력이 의사능력이다. 권리능력은 법률상 일반적 · 추상적으로 의사와 행위를 할 수 있는 자격이며, 의사능력은 구체적 행위상황에서 권리능력자가 자신의 행위의 사실적 의미 · 결과를 인식 · 변별하여 합리적으로 판단할 수 있는 정신능력으로서 그 의사의 주체마다 구체적 행위상황에 따라 개별적으로 판단된다. 그러므로 권리능력은 모든 자연인 · 법인에 인정되는 일반적 · 추상적 자격인 반면, 의사능력의 인정여부는 구체적 행위상황에 따른 개별적 판단에 의한다. 책임능력은 위법행위로 인한 법적 책임을 변식辨識할 수 있는 의사의 능력이며 불법행위능력으로도 나타난다.

권리능력 등의 능력 실체법상 권리능력은 권리 · 의무의 주체가 될 수 있는 지위 · 자격인 인격이다. 권리능력은 자연인, 법인에 귀속되고 그 권리주체가 人, 者 등이다. 행위능력은 유효하게 법률행위를 할 수 있는 지위 · 자격이다. 절차법상 당사자능력은 민사소송의 당사자인 원고 · 피고가 되어 소송상 효과가 귀속될 수 있는 지위이다. 소송능력은 스스로 유효하게 소송행위를 할 수 있는 능력이다. 민사소송법의 당사자능력은 민법상 권리능력을 가진 자(실질적 당사자능력자), 소송절차상 입법에 의하여 부여되는 자(형식적 당사자능력자) 등이다. 의사능력은 자신의 행위의 사실적 의미 · 결과를 인식 · 변별할 수 있는 정신능력이다. 의사능력은 개별적으로 판단되는 점에서, 권리능력이 모든 자연인 · 법인에 일반적 · 추상적으로 인정되는 자격인 것과 다르며, 행위능력이 연령(19세 미만의 미성년자), 법원판결 등 일정기준으로 판단되는 것과도 구분된다.

법인격부인론 민법의 법인 규정은 주로 공익법인을 규율하여, 제34조는 법인은 법률의 규정에 좇아 정관으로 정한 목적의 범위내에서 권리와 의무의 주체가 된다, 하는 바, 이는 영국 판례법상 '능력 외 이론'*ultra vires doctrine*에 따라, 법인인 회사의 권리능력은 회사의 설립근거가 된 법률과 회사의 정관이 정한 목적의 범위내로 제한되며, 다만, 목적 외 범위는 정관에 명시된 목적 자체에 국한하지 않고 그 목적 수행에 직접 · 간접으로 필요한 행위는 모두 포함되고, 목적수행에 필요한 행위의 여부는 행위의 객관적 성질에 따라 판단한다(대법원 2009.12.10. 2009다63236). 법인격부인론은 회사의 법인격이 법률적용회피의 수단으로 남용되어 형해화되기에 이르러, 회사와 사원간 분리원칙의 관철이 부당한 결과를 가져오는 것은 신의칙에 반하기에, 회사의 독립된 법인격을 부인하여 회사와 그 사원을 동일체로서 취급한다. 법인격부인론은 편의치적便宜置籍(국제해운의 편의를 위하여 실제로 영업의 본거지가 아닌 나라에 선적을 두는 것)(대법원 1988.11.22. 87다카1671), 배후주주에 의한 법인격남용(회사가 형식상은 주식회사의 형태이나 실질은 배후에 있는 지배주주의 개인기업이고, 지배주주가 아무런 자력이 없는 피고 회사의 독립한 법인격을 내세워 모든 책임을 돌리고 자신의 책임을 부인함은 신의성실원칙에 위반되는 법인격남용으로서 심히 정의와 형평에 반하여 허용될 수 없다)(대법원 2001.1.19. 97다21604) 등에서 인정되나 보충성원칙이 적용되어, 계약이나 법규 해석 또는 사실인정 등 종래의 사법이론으로 해결될 수 없는 경우에 그에 명백히 상충되지 않는 한 적용된다.

1.1.2 사법상 행위능력 · 책임능력 · 불법행위능력

사법상 권리주체는 권리능력을 기초로 의사능력에 기하여 스스로 단독으로 판단하여 유효한 법률행위를 할 수 있다. 행위능력은 권리능력자가 유효한 법률행위를 할 수 있는 지위자격이다. 행위능력은 법률상 연령(19세 미만 미성년자는 행위무능력자), 법원의 판결(제한능력자) 등 법정기준으로 판단된다. 권리의 객체에 대해서, 권리에 의하여 보호 · 실현되는 일정이익이 권리의 목적인 법익이고 그 일정이익에 의하여 특정되는 대상이 권리의 객체이다. 법률행위에서 요구되는 의사능력은 불법행위에서는 그 행위에 대한 판단능력인 책임능력으로 나타난다. 책임능력은 자신의 행위 내지 그 결과가 위법한 것이어서 법률상 비난받아 법률상 책임이 발생함을 인식하는 정신능력이다. 특히 불법행위능력은 불법행위책임을 귀속시킬 수 있는 귀책사유인 고의 · 과실을 요구할 수 있도록 하는 정신능력이다.

책임무능력자와 불법행위책임 책임능력이 없는 책임무능력자는 미성년자로서 책임인식지능이 없는 자 및 심신상실자이다. 즉 미성년자가 타인에게 손해를 가한 경우에 그 행위의 책임을 변식할 지능이 없는 때에는 배상의 책임이 없다(제753조). 심신상실 중에 타인에게 손해를 가한 자는 배상의 책임이 없다. 그러나 고의 또는 과실로 인하여 심신상실을 초래한 때에는 그러하지 아니하다(제754조). 민법 35조 법인의 불법행위능력에 따르면, 법인의 불법행위로 타인에게 손해를 가할 때는 그 의결을 집행한 자 또는 대표자가 연대해 배상해야 하며, 법인 아닌 단체에도 유추적용될 수 있다. 민법 제750조 '고의 또는 과실로 인한 위법행위로 타인에게 손해를 가한 자는 그 손해를 배상할 책임이 있다' 하는 불법행위책임은 행위자의 고의 · 과실을 요하는 데, 책임능력이 없으면 이를 인정할 수 없어 불법행위는 성립하지 않는다. 즉 불법행위능력은 불법행위에 대한 배상책임을 질 책임능력이다. 책임능력이 없는 자가 책임무능력자이다. 즉 미성년자가 타인에게 손해를 가한 경우에 그 행위의 책임을 변식할 지능이 없는 때에는 배상의 책임이 없다(제753조). 심신상실 중에 타인에게 손해를 가한 자도 배상의 책임이 없다(제754조).

1.1.3 사법상 상속능력

상속은 사람의 사망으로 개시되며 이때 사망한 사람이 피상속인이다. 자연인만이 피상속인이 될 수 있다. 상속인은 피상속인의 사망시 그의 재산을 승계하는 사람이다. 상속인이 될 수 있는 자격이 상속능력이다. 민법상 상속은 재산상속이므로 권리능력이 있는 자는 모두 상속능력이 있다. 자연인에게만 인정되며 외국인도 상속능력이 있으며, 출생직후의 유아도 상속인이 될 수 있다. 태아는, 상속이 개시될 때 즉 피상속인의 사망시 권리능력자로서 출생해 있어야 하는 동시존재의 원칙 내지 계속의 원칙에 따를 때, 민법은 태아에 대해서는 이미 출생한 것으로 보므로(제1000조 제3항), 이는 출생을 조건으로 하여 상속개시시에 소급하여 상속능력을 취득한다는 법정정지조건설 또는 인격소급설이 있으나, 판례 등은 태아인 상태에서 이미 상속능력을 가지며 태아가 사산되는 경우에는 상속개시시에 소급하여 상속능력을 잃는다는 법정해제조건설 또는 제한적 인격설을 택한다. 법인은 권리능력이 있더라도 상속능력은 없다. 법인은 포괄적 수증자는 될 수 있다. 포괄적 수증자는 상속인과 동일한 지위를 갖는다. 상속을 받는 것은 법률행위가 아니므로 상속인의 행위능력은 요하지 아니한다.[7]

1.2 사법(상법)상 능력

1.2.1 상법상 능력과 상인자격

상법상 상인자격은 상인성 즉 상인으로서의 자격인 상인적격성이다. 회사는 처음부터 영리활동을 목적으로 하여 상인으로 되는 것이므로(제4조, 제5조 제2항) 당연히 상인자격을 갖고 영업능력이 인정된다. 자연인은 상인자격 이전에 이미 성별 · 연령 · 행위능력에 관계없이 권리능력이 있는 자로서 존재하고, 다만, 상법 제4조, 제5조의 요건인 영업행위를 개시함으로써 이에 더하여 상인자격을 얻는다. 자연인인 권리능력자에게 상인자격이 생기지 않았음에도 제3자가 이를 신뢰하고 거래를 한 때에 그 행위자인 자연인은 외관에 따른 책임을 면하지 못하며, 상법은 이를 '表見商人'으로 취급한다. 회사는 영리를 목적으로 하는 사법인으로서(제169조), 상인자격은 설립등기에 의하여 취득되고(태생적 상인) 청산종료에 의하여(청산등기시가 아니다) 상실된다. 자연인의 상인자격은 영업행위를 종료함으로써 상실된다(상법 제6조). 미성년자가 법정대리인의 허락을 얻어 영업을 하는 때에는 등기를 하여야 한다. 법정대리인이 미성년자, 피한정후견인 또는 피성년후견인을 위하여 영업을 하는 때에는 등기를 하여야 한다(제7조). 미성년자가 법정대리인의 허락을 얻어 회사의 무한책임사원이 된 때에는 그 사원자격으로 인한 행위에는 능력자로 본다(제8조). 조합의 상인자격은 조합의 구성원인 조합원의 1인이 조합계약에서 정한 영업행위 또는 그 준비행위를 함으로써 상인자격을 취득한 때에 조합의 상인자격이 발생하고, 조합원 전원이 조합계약에서 정한 영업행위를 종료함으로써 이를 상실한다. 비영리법인의 경우, 공익법인은 학술·종교·기예·자선 등 특정한 공익사업을 목적으로 하는 사단법인 내지 재단법인으로서(민법 제32조), 본래 목적이 비영리사업이기에 이에 관한 한 상인이 될 수 없으며, 다만, 그 공익 달성에 필요 또는 유익한 수단으로서 영업을 하는 경우에 그 범위 안에서 상인자격을 취득한다(사립학교법 제6조 등). 중간법인은 영리법인에도 공익법인에도 속하지 않는 사법인으로서 구성원간의 상호부조·공동이익의 증진을 목적으로 하는 법인이다. 협동조합·상호보험회사 등의 중간법인은 특별법에서 영리를 목적으로 하는 사업을 할 수 없도록 하여(농협 제58조, 제153조, 수협 제65조, 제132조, 축협 제53조, 제123조, 중기협 제31조, 제87조, 보험 제44조, 상법 제169조를 준용치 않는다), 상인자격은 인정치 않으나, 다만, 농협중앙회, 수협중앙회, 축협중앙회 등이 비회원에 대해서 신용사업 등을 영위하는 경우에는(농협 제153조, 수협 제132조, 축협 제123조) 그 범위 안에서 상인이 된다. 공법인의 상행위에 대하여는 법령에 다른 규정이 없는 경우에 한하여 본법을 적용한다(상법 제2조). 국가, 지방자치단체 등의 일반공법인은 그 목적에 제한이 없으므로 필요한 경우에는 영리사업(철도, 버스, 선박 등의 운송사업 등)을 할 수 있고, 이 경우에는 그 범위 안에서 상인자격을 취득한다. 특별법에 의하여 설립되는 특수공법인(농지관리기금법의 한국농어촌공사 등)은 설립의 목적이 특정되어 있으므로 상인자격이 없는 것이 원칙이다.

1.2.2 상법상 회사의 능력

상법상 상인이 자연인이면 민법의 자연인에 대한 권리능력 등의 규정이 적용되며, 법인인 회사는 법인실재설에 의하여 그의 조직인 기관을 통하여 행위할 수 있어 권리능력 및 의사능력과 행위능력을 갖는다. 회사가 그 조직을 이루는 기관을 통하여 행위를 할 때, 회사의 기관이 하는 행위가 법률상 당연히 회사의 행위로 되는 것이 대표관계이다. 회사의 기관의 대표행위에는 특별한 규정이 없으므로 대리에 관한 규정이 유추적용된다(민사소송법 제64조 참조). 회사는 자연인을 전제로 하는 생명, 신체, 부양 등 신분상 권리의무 등의 능력은 가질 수 없으나, 법인으로서 권리의무의 주체가 될 수 있는 자격인 권리능력으로서 재산권, 명예·신용 등의 인격권, 상호권 등의 향유능력을 갖는다. 법인은 대리인이 될 수 있으나 인적 개성이 중시되는 지배인 등 상업사용인은 될 수 없다. 법인은 다른 회사의 발기인이 될 수 있고, 자기의 경영진을 통해 다른 회사의 업무집행이나 감독을 하는 등으로 다른 회사의 이사, 감사가 되고, 다른 회사의 주주나 유한책임사원이 될 수 있으나, 다른 회사의 무한책임사원은 되지 못한다(상법 제173조). 청산중 회사의 권리능력은 청산의 범위 내로 제한되며(제245조, 제269조, 제542조 제1항, 제613조 제1항 등), 파산회사도 파산의 목적범위 내에서 존속한다(채무자회생및파산에 관한법률 제328조). 특별법(은행법 제27조, 제28조, 보험업법 제9조, 제10조, 자본시장법 제40조)에서 특정 회사의 일정한 영업을 제한하는 경우에 그에 위반한 행위에 대해서는 사법상 유효하나 그것이 효력규정인 경우에 그 특정 행위를 제한하는(신용금고법 제11조 제5항 등) 단속법규에 위반하면 사법상 효력은 부인된다. 영업능력은 상인이 스스로 영업을 할 수 있는 능력이다. 법인은 법인격의 범위 안에서 행위능력을 가지므로 상인자격에서 당연히 영업능력을 갖는다. 자연인인 상인의 영업능력은 행위능력에 관한 민법의 일반원칙에 의하되 상법은 특칙을 둔다(영업에 관하여 미성년자와 피한정후견인 또는 피성년후견인을 같게 취급한다).[8)]

회사의 능력 상법은 이사가 정관소정의 목적범위 외의 행위를 하는 경우에는 사전에 그 행위를 留止할 것을 청구할 수 있고(상법 제402조), 사후에 회사에 대한 손해배상책임을 지며(제399조), 대표소송의 대상이 되고(제404조), 해임사유가 되며(제385조 제2항), 이사 등이 정관소정의 목적범위 외의 행위를 한다는 점을 상대방이 안 경우에 회사는 신의칙에 기하여 상대방에 대항할 수 있다. 회사의 기부행위는 간접적으로 회사의 목적달성에 이바지 하는 면에서 그 권리능력의 범위에 속하는 것으로 보며, 같은 취지에서, 정치자금법은 정당에 대한 기부 등의 정치헌금은 일정한 제한 하에 허용한다. 회사의 범죄 및 형벌능력에 대해서 상법은 제7장 벌칙 규정을 둔다. 제622조의 '(발기인, 이사 기타의 임원등의 특별배임죄) ① 회사의 발기인, 업무집행사원, 이사, 집행임원, 감사위원회 위원, 감사 또는 제386조제2항, 제407조제1항, 제415조 또는 제567조의 직무대행자, 지배인 기타 회사영업에 관한 어느 종류 또는 특정한 사항의 위임을 받은 사용인이 그 임무에 위배한 행위로써 재산상의 이익을 취하거나 제삼자로 하여금 이를 취득하게 하여 회사에 손해를 가한 때에는 10년 이하의 징역 또는 3천만원 이하의 벌금에 처한다.', 및 기타 규정(제623조(사채권자집회의 대표자 등의 특별배임죄) 제624조의2(주요주주 등 이해관계자와의 거래 위반의 죄) 제625조(회사재산을 위태롭게 하는 죄) 제626조(부실보고죄) 제627조(부실문서행사죄) 제628조(납입가장죄등) 제629조(초과발행의 죄) 제630조(발기인, 이사 기타의 임원의 독직죄) 제631조(권리행사방해 등에 관한 증수뢰죄) 제634조(납입책임면탈의 죄) 제634조의2(주주의 권리행사에 관한 이익공여의 죄) 제634조의3(양벌규정) 제635조(과태료에 처할 행위) 제636조(등기전의 회사명의의 영업 등).

1.2.3 상법상 회사의 불법행위능력 · 범죄능력 · 어음능력 등

회사는 행위능력과 함께 불법행위능력도 인정되어, 회사의 대표기관 구성원이 그 직무를 집행함에 있어서 타인에게 손해를 가한 때에는 회사 자체의 불법행위가 되어 회사는 손해배상책임을 지며 그 기관구성원인 개인도 회사와 연대책임을 진다(상법 제210조, 제269조, 제389조 제3항, 제567조 등). 이는 부진정연대채무의 관계이다. 회사의 대표기관 이외의 임원 또는 사용인이 회사의 사무를 집행함에 있어서 제3자에게 불법행위를 한 때에는 회사는 사용자로서 손해배상책임을 진다(민법 제756조). 회사의 공법상 능력에 대해서, 회사는 소송법상 당사자능력과 소송능력을 가지고(민소법 제51조, 형소법 제27조) 행정심판청구권, 행정소송제기권, 납세의무 등 공법상 권리의무를 지닌다. 형법상 회사의 범죄능력은 부인되나 특별법상 범죄능력이 인정되기도(보험업법 제208조) 한다. 상법은 회사범죄에 대하여 징역 · 벌금 · 몰수 등의 형벌과 과태료 등 행정벌을 과하는 바, 형벌은 형사소송법 규정으로 벌칙을 과하고, 과태료는 비송사건절차법(제18조, 제247조~제250조)에 의한다. 회사의 상법상 능력으로서 어음행위에 관련하여 그의 실질적 요건이 되는 어음능력은 어음상 권리의무의 주체가 될 수 있는 어음권리능력, 유효한 어음행위를 스스로 할 수 있는 어음행위능력이다. 어음권리능력은 자연인은 민법의 일반원칙에 따르며, 법인(민법 제35조 정관 소정의 목적 범위내의 권리능력의 제한을 부인), 설립중의 회사 등은 인정되나, 권리능력 없는 사단재단 또는 조합은 어음권리능력 따른다. 예컨대 미성년자가 법정대리인의 동의를 얻지 않고 한 어음행위는 취소할 수 있다. 법인은 대표기관의 어음행위는 법인의 어음행위가 된다. 의사무능력자는 행위능력이 전혀 없게 되므로 그 어음행위는 당연히 무효이다.

1.3 공법(헌법 · 행정법 · 국제법)상 능력

1.3.1 공법상 능력

실체법인 공법관계에서의 권리능력은 공법상 권리능력 · 행위능력, 헌법상 기본권능력, 형법상 범죄능력 · 수형능력 · 책임능력, 국제법상 권리능력 등이 있다. 공법상 권리능력은 공법상 권리의무의 주체가 될 수 있는 능력이고, 공법상 행위능력은 법적 효과를 수반하는 행위를 스스로 완전히 행할 수 있는 능력이다. 헌법상 기본권능력은 기본권을 보유 · 행사할 수 있는 능력이다. 기본권향유(보유)능력은 기본권주체가 될 수 있는 지위 · 자격이다. 자연인인 국민, 외국인 · 무국적자, 태아(생명권 관련), 미성년자 등이 그 향유주체이다. 사법상 법인, 권리능력 없는 사단 등도 가능하나(헌재 1995.7.21. 92헌마177), 단체는 의사능력이나 신체적 속성이 없기에 자연인만이 그 향유능력을 갖는 생명 · 양심 · 신체 · 생존 등의 권리에 있어서의 기본권능력은 부인된다.

1.3.2 헌법상 기본권능력

기본권능력은 기본권을 보유 · 행사할 수 있는 헌법적 능력이다. 기본권향유(보유)능력은 기본권 주체가 될 수 있는 지위 · 자격으로서 법인, 권리능력 없는 사단 등이 있지만 의사능력 · 신체속성이 없는 법인은 생명 · 양심 · 신체 · 생존 등의 기본권향유능력이 부인된다. 헌법의 기본권능력의 법리에는 사법상 권리능력의 법리가 반드시 적용되는 것은 아니기에, 민법상 권리능력 없는 사단도 헌법상 기본권향유능력이 인정될 수 있다(헌재 1995.7.21. 92헌마177). 기본권행사능력은 기본권을 유효하게 행사할 수 있는 지위 · 자격이다. 기본권의 성격 · 주체의 특성 · 공동체상황 등을 고려한 입법형성적 재량으로 정해진다. 미성년자의 기본권행사능력은 분별력을 기준으로 판단하되, 자연적 · 사실적 행위는 정신적 · 신체적 성숙도의 여부 등에 의하며, 법률적 행위는 민법상 행위능력 여부를 기준으로 하되 그 연령의 정함은 입법재량에 속한다. 미성년자나 청소년 등의 특별한 기본권적 및 법적 보호(형사미성년자인 14세 미만자(헌재 2003.9.25. 2002헌마533 합리적 재량범위를 벗어난 것이 아니어서 재판절차진술권, 평등권 침해라 볼 수 없다), 당구장의 당구는 체육이어서 18세미만자의 행복추구권인 일반적 행동자유권에 속하나(헌재 1993.5.13. 92헌마80), 노래방의 노래는 노래방환경위해성으로 행사능력이 제한되는 것(헌재 1996.2.29. 94헌마213; 1999.7.22. 98헌마480등))는 정신적 · 육체적 미성숙상태가 사리분별력 있는 책임있는 인격체로 성장할 때까지 보호하는 國家家父長論에 기초한다(헌재 2002.4.25. 2001헌가27).

기본권행사능력과 미성년자의 행위능력, 기본권행사능력 기본권행사능력은 헌법에서 한정하거나 그 위임에 따른 법률에 의한다. 전자는 대통령의 공무담임권이라는 기본권행사의 최소연령 40세(헌법 제67조 제4항, 공직선거법 제16조 제1항), 후자는 선거권이라는 기본권행사능력의 최소연령 18세(법 제15조), 피선거권행사능력 25세(제16조), 대법원장의 공무담임권 최대연령 70세(법원조직법 제45조 제4항) 등이 있다. 미성년자의 행위능력을 정한 실정법으로 민법[제5조 제1항 미성년자가 법률행위를 함에는 법정대리인의 동의를 얻어야 한다. 그러나 권리만을 얻거나 의무만을 면하는 행위는 그러하지 아니하다. 제2항: 전항의 규정에 위반한 행위는 취소할 수 있다 등에서 볼 때 권리만을 얻거나 의무만을 면하는 행위에 대한 미성년자의 기본권행사능력은 인정된다. 민법 제117조 대리인은 행위능력자임을 요하지 않는다 등에 의한 미성년자의 대리행위 인정. 민법 제1061조 만17세에 달한 자는 단독으로 유언할 수 있다. 제1062조(유언) 미성년자의 행위능력제한을 적용하지 않는다], 근로기준법[제66조 미성년자는 독자적으로 임금을 청구할 수 있다], 상법[제7조 미성년자가 법정대리인의 허락을 얻어 회사의 무한책임사원이 된 때에는 그 사원 자격으로 인한 행위에 대하여는 능력자로 본다], 근로기준법[제66조, 사업주에 고용되어 자신의 노동력을 제공함으로써 생계에 충당하는 직업에 대해서. 미성년자는 독자적으로 임금을 청구할 수 있다] 등이 있다. 친권자의 거소지정권(민법 제914조)에 따른 미성년자의 거주 · 이전의 자유(헌법 제14조)의 제한은 사리분별력의 정도에 따른 기본권행사능력의 제한이다. 예를 들어, 당구장에서의 당구는 체육이어서 18세미만자의 행복추구권인 일반적 행동자유권에 속하나(헌재 1993.5.13. 92헌마80), 노래방의 노래는 노래방환경위해성으로 행사능력이 제한된다(헌재 1996.2.29. 94헌마213; 1999.7.22. 98헌마480등). 미성년자는 판단 · 결정능력이나 언론의 사회적 책임을 완수할 능력이 부족할 개연성이 높아 법률에서 발행인 · 편집인의 결격사유로 규정한 것은 합헌이다(헌재 2012.4.24. 2010헌마437).

형사미성년자와 소년범의 기본권 형사책임이 면제되는 소년의 연령을 몇 세로 할 것인가는 (소년의 정신적 · 신체적 성숙도, 교육적 · 사회적 · 문화적 영향, 세계 각국의 추세 등을 종합하여 결정되어야 할 입법정책문제로서 현저하게 불합리 불공정한 것이 아닌 한)입법자의 재량에 속하며, 형사미성년자를 14세 미만으로 한 것이 합리적 재량의 범위를 벗어난 것으로 보기 어렵다(헌재 2003.9.25. 2002헌마583). (소년에 대한 특별한 조치를 통하여 건전한 성장을 돕고자 한 소년법이 오히려 소년의 책임 및 죄의식을 약화시킨다는 우려가 있으나, 소년법이 유효한 법률로 제정 · 시행되는 이상 이로 인하여 자의적 차별이 발생하지 않도록 해야 하므로)소년범 중 형집행이 종료되거나 면제된 자에 한하여 자격에 관한 법령적용에서 장래에 향하여 형의 선고를 받지 아니한 것으로 본다 한 규정은 집행유예를 선고받은 소년범을 합리적 이유없이 차별하여 평등원칙에 위반된다(헌재 2018.1.25. 2017헌가7).■

■ 집행유예는 실형보다 죄질, 犯情이 더 가벼운 범죄에 선고함이 보통인데, 집행유예보다 중한 실형을 선고받고 집행이 종료되거나 면제된 경우에는 자격에 제한을 두지 않으면서 집행유예를 선고받은 경우에는 제한을 두어 합리적 이유가 없다. 집행유예기간은 실형의 2배로 정해지는 것이 법원의 실무례이므로, 이 기간 동안 공무원임용 등 자격을 제한한다면 실형보다 오히려 긴 기간 자격을 제한하게 되어, 범죄에 대한 책임과 자격의 제한이 비례하지 않을 가능성이 높다. 집행유예기간 경과자는 원칙적으로 형선고의 법적 효과가 장래를 향하여 소멸하고 향후 자격제한 등 불이익을 받지 아니하는데, 집행유예기간이 경과하였더라도 그 후 일정 기간 자격제한을 받게 하여, 명백히 자의적 차별이다.

1.3.3 국제법상 능력

국제법상 권리능력으로서 국가, 국가기구, 전통적으로 인정된 국제법단체(교황청, 국제적십자위원회 등) 등은 조약의 당사자인 국제법주체가 될 수 있는 당사자능력이 있으며 또한 국가가 그 기관을 통하여 본원적으로 조약을 체결하는 능력인 국제법상 행위능력이 있다(Vienna Convention on the Law of Treaties 제6조). 국가는 그 승인에 관계없이 조약체결능력이 부여된다. 동독은 서독에 의해 국제법상 승인되지 않았으나 동서독간 기본조약은 국제적으로 독립한 국제법주체에 의하여 체결된 국제법상의 조약이다. 유럽공동체 내지 유럽연합과 같은 초국가적 기구는 그 회원국과 독립하여 독자적인 조약체결권을 갖는다. 연방국가에서의 조약체결권은 연방에 있다. 다만, 연방국가의 구성국인 支邦·州 등은 그 연방국가헌법이 정한 기준에 따라서 국제법상 권리능력 및 행위능력이 인정된다. 예컨대 독일연방의 구성국인 支邦*Land*은 독일헌법 제32조 제3항에 의하여 지방이 입법권한이 있는 경우 연방정부의 동의를 얻어 외국과 조약을 체결할 수 있다. '旣定의 사실상 통치체'*de facto Regime* 는 국가 등의 국제법적 승인이 없어도 집단조약에 참여하거나 양자조약을 체결할 능력이 있다.[9)]

국제법상 권리능력과 조약체결 조약체결에서 국제법상 권리능력인 조약체결능력은 적절한 전권위임장을 제시하는 경우 또는 관계국가의 관행 또는 기타의 사정으로 보아, 상기의 목적을 위하여 그 자가 그 국가를 대표하는 것으로 간주되며 또한 전권위임장을 필요로 하지 아니하였던 것이 관계 국가의 의사에서 나타나는 경우, 조약에 대한 국가의 기속적 동의를 표시하기 위한 목적으로 국가를 대표하는 것으로 간주된다. 조약의 체결에 관련된 모든 행위를 수행할 목적으로서는 국가원수·정부수반 및 외무부장관, 파견국과 접수국간의 조약문을 채택할 목적으로서는 외교공관장 등은 그의 직무상 또한 전권 위임장을 제시하지 않아도, 자국을 대표하는 것으로 간주된다(제6조). '대한민국 정부와 (캐나다)퀘벡주 정부 간의 고등교육협력에 관한 약정'(UNDERSTANDING IN THE FIELD OF HIGHER EDUCATION BETWEEN THE GOVERNMENT OF THE REPUBLIC OF KOREA AND THE GOUVERNEMENT DU QUEBEC)은 주 몬트리올총영사 겸 국제민간항공기구대표부대사와 퀘벡 주 장관이 서명하여 2013.12.5. 발효되고, 외교부고시 제2014-824호, 2014.2.25. 제정되었다. 조약체결의 간이방식은 교섭, 가서명, 서명 등으로 이루어진다. 복합방식은 교섭, 가서명, 서명, 의회의 동의, 비준 등으로 이루어진다. 혼합방식은 조약문이 일반당사자는 최종체결권이 없는 교섭담당자에 의하여, 타방당사자는 이에 대해 권한 있는 기관에 의하여 합의되는 경우이다.

2. 절차법(공법·민사소송법)상 능력

2.1 공법소송(헌법소송, 행정소송)상 능력

공법인인 국가, 지방자치단체 등은 공법상 및 사법상 법률관계의 소송주체로서 당사자능력이 있다. 다만, 국가의 기관인 행정청은 행정소송에서는 피고로서 당사자능력이 있지만(행정소송법 제13조), 민사소송에서는 당사자능력이 없다. 국가의 기관인 국회 역시 당사자능력이 없다. 행정소송의 항고소송에 당사자능력은 소송의 주체가 될 수 있는 능력으로서, 보통은 민사소송법에 따르나, 항고소송인 취소소송에서는 실체법상의 권리능력이 없는 행정청 즉 그 처분등을 행한 행정청을 피고로 한다(행정소송법 제13조). 당사자적격은 특정한 소송사건에서 당사자로서 소송을 수행하고 본안을 받기에 적합한 자격이다. 취소소송의 원고적격은 소를 제기할 수 있는 자격으로서 처분등의 취소를 구할 법률상 이익이 있는 자이다(처분등의 효과가 소멸된 뒤에도 그 처분등의 취소로 인하여 회복되는 법률상 이익이 있는 자의 경우에도 같다)(제12조). 법률상 이익이 있는 자는 권리를 침해받은 자(권리회복설·권리향수회복설), 처분의 근거가 되는 행정법규(관련법규·법 전체·헌법 등을 포함한 법질서 전체)가 사인 등 권리주체의 개인적 법익의 보호를 목적으로 행정권 행사에 제약을 과함으로써 보장되는 이익(법률상 보호이익설·법률상 이익구제설), 법질서 전체의 관점에서 司法的으로 보호할 가치 있는 이익을 침해받은 자(보호가치이익설·보호가치이익구제설), 취소소송을 행정청의 처분의 객관적 적법성 보장이라는 객관소송의 측면에서 보아 개인적 침해여부는 묻지 않으나 민중소송과는 구별하여, 처분을 다툼에 있어서 가장 적합한 이해관계 있는 자이다(적법성보장설) 등의 입장이 있다. 판례는 법률상 이익은 처분의 근거법률에 의하여 보호되는 직접적·구체적 이익이 있는 경우이며, 공익보호의 결과 국민일반이 공통적으로 갖는 추상적·평균적·일반적 이익이나 반사적 이익 같이 간접적 · 사실적 · 경제적 이해관계에 불과한 경우는 포함하지 않고(대법원 1992.12.8. 91누13700), 계쟁처분의 직접적 근거법규에 한정하지 않고 근거법률에서 요건규정으로 원용하고 있는 법규 및 절차법규를 포함하나(대법원 1998.4.24. 97누3286), 競業者소송 · 競願者소송에서 경쟁자나 경원자의 상대방(대법원 2002.10.25. 2001두4450; 1998.9.8. 98두6272), 隣人소송(연탄공장건축 허가처분 등)의 인근주민(대법원 1975.5.13. 73누96등) 등을 제외한다.

2.2 민사소송법상 당사자능력

민사소송법상 당사자능력, 당사자적격, 소송능력 등은 실체법상 권리능력, 의사능력, 행위능력, 책임능력, 불법행위능력 등에 상당하는 권리주체의 능력이다. 당사자능력은 소송법상 일반적 추상적으로 당사자가 되기 위해서 갖는 소송상의 권리능력이다. 민사소송의 당사자능력은 원고 · 피고 등 소송의 주체인 당사자가 될 수 있는 능력이다. 즉 민사소송의 당사자인 원고 · 피고가 되어 소송상 효과가 귀속될 수 있는 지위자격이다. 민사소송의 당사자능력은 민법상 권리의무의 주체가 될 수 있는 자격인 권리능력을 가진 자인 실질적 당사자능력자, 소송절차상 입법에 의하여 부여되는 형식적 당사자능력자에게 귀속된다. 민법상 권리능력자는 소송법상 당사자능력자가 된다(민사소송법 제51조). 자연인, 법인, 비법인사단 · 재단(종중 · 교회 · 학회 · 동창회 등) 등은 물론 외국인도 금지규정이 없는 한 인정된다. 외교면제자도 인정되나 재판권은 미치지 않는다. 북한은 국헌상 반국가단체이지만 국법상으로는 비법인 사단으로서 취급되어 그 당사자능력이 인정된다.

> **민사소송법상 태아, 법인 등의 당사자능력** 태아는 원칙적으로 당사자능력이 없지만 민법의 개별적 보호주의에 따라서 인정된 경우인 불법행위로 인한 손해배상청구권(민법 제762조), 상속(제1000조 제3항), 유증(제1064조), 사인증여(제562조) 등의 경우에는 이미 출생한 것으로 보아서 권리능력이 인정되므로, 그 한도에서 당사자능력이 인정된다. 이는 태아의 사망을 해제조건으로 인정하는 것이다. 다만, 태아가 소송계속중에 사망하면 당사자능력이 없게 되어 각하하고, 판결 뒤에 사산하면 그 판결은 무효가 된다. 법인은 당사자능력이 있다. 법인이 해산되거나 파산선고를 받아도 청산과 파산의 목적 범위 안에서 권리능력이 있기에 당사자능력이 있다(민법 제81조, 상법 제245조, 채무자회생및파산에관한법률 제328조). 법인의 청산절차가 종료되면 청산종결등기를 한 때가 아니라 실제로 청산사무가 종결된 때에 당사자능력은 소멸된다. 청산종결등기가 되었어도 아직 소송중이면 당사자능력은 유지된다. 법인의 지점이나 분회 등은 그 자체 독립한 당사자능력은 없다. 법인이 아닌 사단이나 재단은 대표자 또는 관리인이 있는 경우에는 그 사단이나 재단의 이름으로 당사자가 될 수 있다(민사소송법 제52조, 대법원 2008.5.29. 2007다63683). 당사자능력 여부는 사실심 변론종결일을 기준으로 한다(대법원 1991.11.26. 91다30675 참조). 비법인사단이 소송을 할 때 총유물의 관리, 처분에 관한 민법상 규율(제276조 제1항)의 영향을 받아 사원총회의 결의에 의해야 한다. 총회의 결의 없이 소를 제기하면 그 사단에는 그 물건에 대한 실체법상의 관리처분권이 인정되지 않아 청구를 기각하거나 또는 부적합한 소로서 각하한다.

2.3 민사소송법상 당사자적격 · 소송능력

민사소송법의 당사자적격은 소송의 내용과 관계없이 갖는 일반추상적 능력인 점에서 구체적 사건에서 구체적 청구의 내용에 따라서 당사자로 되는 것이 인정되는 당사자적격과 구별된다. 당사자적격은 소송물에 대한 실체법상의 권리관계를 기초로 인정되는 능력이다. 즉 소송당사자인 원고 또는 피고로 유효하게 소송을 수행하고 판결을 받기 위해 필요한 자격인 소송수행권이다. 당사자적격에는 권리의 이행청구권을 주장하는 자인 원고의 원고적격과 그 이행의무자로 주장되는 자인 피고의 피고적격이 있다. 민사소송법상 소송능력은 소송의 당사자로서 스스로 유효하게 소송행위를 할 수 있는 능력이다(민사소송법 제51조). 소송능력은 실체법상 행위능력에 대응하는 능력이다. 소송능력은 소송절차에서 당해 소송행위가 갖는 이해득실을 판단하는 능력인 점에서 사물의 성질과 시비선악을 변별하는 능력인 실체법상의 책임능력과 다르다. 소송능력을 전제로 구체적으로 소송수행에 요구되는 자격은 따로 규정된다. 적법한 당사자는 소송에서 특정인이 적법한 당사자로서 소송을 수행할 수 있는 자로서 이에는 당사자확정, 당사자능력, 당사자적격 등이 요구되며 당사자능력, 소송능력, 소송무능력자의 법정대리와 소송행위에 필요한 권한의 수여는 민사소송법에 특별한 규정이 없으면 민법 그 밖의 법률에 따른다(민사소송법 제51조).

북한의 국헌적, 국법적 지위와 당사자능력 조선민주주의인민공화국(대표자 국무위원장 김정은)과 김정은에 대하여 대한민국 법원의 재판권을 인정하여 손해배상을 명한 최초의 판결(서울중앙지법 민사47단독 2020.7.7. 2016가단5235506 원고: 사단법인 물망초의 국군포로송환 위원회) 이후, 조선민주주의인민공화국과 그 수령인 김일성, 김정일, 김정은 등이 대한민국 국민에 저지른 불법행위에 이들을 피고로 한국 법정에서 민사책임을 묻는 손해배상청구소송의 승소 판결(서울중앙지법 민사71단독 2021.3.25. 2020가단5306603 원고: 6·25 전쟁 당시 납북된 피해자 가족) 재판에서의 절차적 쟁점은, 서울중앙지법이 토지관할이 있는지, 반국가단체인 피고(조선민주주의인민공화국)가 소송당사자(당사자능력과 당사자적격)가 될 수 있는지 등이다. 토지관할은 피고가 근거하는 곳의 관할 법원인 보통재판적으로 하여, 민사소송법의 '피고의 보통재판적이 있는 곳의 법원이 관할한다', 민사소송규칙 제6조 '보통재판적을 정할 수 없을 때는 대법원이 있는 곳을 보통재판적으로 한다'에 근거하여, 피고들의 보통재판적은 북한의 평양이지만, 헌법상 북한 지역도 대한민국 영토이고, 북한에서는 실질적으로 재판을 할 수 없으므로, 한국 대법원의 소재지가 있는 서울중앙지방법원에서 재판을 받도록 했다. 북한은 비법인 사단이므로, 한국 법원에서 당사자능력이 있고 그 대표자는 국무위원장 김정은이다. 또한 불법 단체도 당사자능력을 갖는다. 통합진보당에 대한 정당해산심판 사건이 그 예이다. 북한의 당사자능력과 책임을 인정한 해외의 판결 사례로 김동식 목사 사건, 오토 웜비어 사건, 푸에블로호 사건, 와이즈 어네스트호 몰수 판결 등이 있다. 북한과 김정은은 당사자적격도 갖췄다.

3. 형사법(형법·형사소송법)상 능력

3.1 형법상 범죄능력·수형능력·형사책임능력

형법상 범죄능력·수형능력·책임능력에 대하여, 형법상 범죄능력은 범죄의 주체가 될 수 있는 지위·자격이다. 범죄능력이 있는 자는 원칙적으로 사람 즉 자연인이다. 법인은 자연인과 달리 신체·정신 등의 부존재로 범죄능력은 인정하기 어려우나, 법인 처벌의 현실적 필요성, 법인을 자연인과 별개로 또는 함께 처벌하는 양벌규정 등으로, 헌법의 책임주의원칙에 반하지 않는 범위에서 그 처벌능력은 가능하다. 수형능력은 형벌을 부담할 수 있는 형벌능력이다. 민법의 책임능력은 사안의 구체성을 측정하여 판단되나 형사에서는 획일적으로 만14세미만인 자를 책임무능력자인 수형무능력자로 하여, '14세 되지 아니한 자의 행위는 벌하지 아니한다'(형법 제9조). 형사책임능력은 범죄행위시 사물을 변별하여 행위할 능력인 실체법상 능력으로서, 형식적으로는 일정 범죄행위에 대하여 그 책임을 추궁할 수 있는 주관적 적격이며, 실질적으로는 범죄능력이나 형벌능력 또는 자유로운 의사로 스스로를 결정할 능력이다. 이 같은 형사책임능력은 실체법상 형사책임을 질 수 있는 능력으로서 위법성과 함께 범죄구성요건을 이룬다. 형법상 책임의 본질은 행위자가 위법행위에 대하여 받는 비난가능성이다. 비난가능성에 대해서, 심리적 책임론에서는 결과의 인식 또는 의욕인 고의와 그 결과의 예견가능성인 과실이 있으면 책임조건이 구비되는 것으로 보았다. 반면, 규범적 책임론에서는 책임을 평가적 가치관계로 보아서 이를 행위 당시 행위자를 둘러싼 부수사실에서 보이는 심리상태에 대한 비난가능성을 책임요소로 본다.

책임의 근거, 책임능력, 수형능력 형법의 책임관련규정(심신장애로 인하여 사물을 변별할 능력이 없거나 의사를 결정할 능력이 없는 자의 행위는 벌하지 아니하고 그 능력이 미약한 자의 행위는 형을 감경하나, 다만, 위험의 발생을 예견하고 자의로 심신장애를 야기한 자의 행위에는 심신장애인의 규정을 적용하지 아니하고(제10조), 정신적 발육이 불충분한 것이 상례인 농아자의 행위는 형을 감경하며(제11조)), 소년법은 14세 이상 20세 미만자에 부정기형을 규정한다)에 관련하여, 형사책임이 성립하려면 행위자의 의사능력이 행위의 위법성을 변별할 수 있고 나아가 위법행위를 피하여 적법행위에 나아갈 수 있어야 한다. 인간은 자신의 행위를 지배할 자유의사를 지닌다는 계몽주의 칸트 사상에 근거한 범죄론인 구파의 도의적 책임론에서 책임능력은 범죄능력으로서 행위책임의 원리에 따른다. 신파는 자연과학적 실증주의에 따라 인간의 행위는 사회적 환경의 산물이라는 사회적 책임론의 입장에서 책임능력은 형벌능력으로서 행위자의 반사회적 성격에 책임을 지우는 성격책임의 원리에 따른다. 도의적 책임론은 자유로운 의사로 적법한 행위를 할 수 있었음에도 위법행위를 한 것에 대한 비난가능성이 형벌책임의 근거라 하며, 사회적 책임론은 책임의 근거를 인간이 사회생활을 하고 있다는 사실에서 구한다. 인격책임론은 도의적 책임론의 행위책임에서 행위 의사는 행위자의 인격을 떠나서 생각할 수 없으며 또 사회적 책임론의 성격책임은 책임의 주체성을 부인하고 사회에서 구하는 점 등을 비판하면서 이들을 절충하여 책임의 근거는 행위자 스스로 생활결정을 할 수 있는 자유로운 의사에 있다고 본다.

3.2 형사소송상 당사자능력 · 당사자적격 · 소송능력 · 소송조건 · 증인능력 등

형사소송에서 당사자능력은 소송당사자가 될 수 있는 일반적 · 추상적 지위, 당사자적격은 당사자능력을 전제로 구체적 특정 사건에서 당사자가 될 수 있는 자격, 소송능력은 소송주체가 특히 피고인이 소송당사자로서 유효하게 소송행위를 할 수 있는 능력이다. 형사소송의 당사자는 검사와 피고인이지만, 검사는 법정의 자격을 가진 국가기관으로서 당사자능력이 인정되므로, 형사소송에서 당사자능력은 피고인이 될 수 있는 소송법상의 지위 · 자격이며 자연인, 법인 등이다. 형사소송의 당사자능력은 법으로 정해지는 경우가 일반적이고 개별 사건을 전제로 이를 제한하는 경우는 없으므로 따로 당사자적격을 논할 실익은 없다. 형사소송의 소송행위적격은 행위의 주체가 자신의 이름으로 소송행위를 할 수 있는 자격으로서, 소송행위 일반에 요구되는 일반행위적격인 소송능력과 소송행위능력, 개개소송행위에 요구되는 특별행위적격(법관 아닌 자의 재판은 불성립, 고소권없는 자의 고소는 무효)이다. 소송능력은 의사능력을 실질로 하는 소송수행능력이며, 소송행위능력은 소송을 수행하면서 자신의 권익을 방어할 수 있는 사실상의 능력으로서 피고인의 소송행위능력은 의사능력으로 족하다. 선서의 소송행위에는 선서능력을 요한다(제159조). 변론능력은 법원에 대해서 사실문제나 법률문제에 관하여 적절한 공격방어를 행할 수 있는 능력이다. 피고인이라도 상고심에서는 변론능력이 없고 변호인에게만 인정된다(제387조).

피고인의 당사자능력과 소송능력 피고인은 형사사건에 대하여 기소 즉 검사에 의하여 공소 제기된 자(또는 즉결심판절차에서 경찰서장에 의하여 즉결심판이 청구된 자)로서 그 판결 확정 전까지의 공판과정에 있는 자이며(공동피고인은 동일한 소송절차에서 공동으로 심판받은 수인의 피고인), 피의자는 수사의 대상으로 되어 있는 자 즉 수사가 개시된 때로부터(범죄피해자의 고소, 사건관련자나 제3자의 고발, 수사기관의 인지 등) 기소되기 전의 자이고, 수형자는 유죄판결에 의하여 형이 확정된 자이다. 당사자능력은 피고인이 자연인인 경우에 연령 · 책임능력의 유무를 묻지 않는다. 피고인이 법인이나 법인격 없는 사단 · 재단이면 그에 대한 처벌규정의 유무에 불구하고 당사자능력이 인정된다. 피고인이 사망하거나 법인 또는 법인격없는 사단 · 재단이 존속하지 않게 되었을 때 또는 법인의 처벌규정이 없는 경우 등에 당사자능력은 소멸하여 공소기각의 재판을 한다. 당사자능력은 소송조건이므로 공소제기 후 당사자능력을 상실한 때에는 공소기각의 결정을 한다(형사소송법 제328조 제1항 제2호). 소송능력은 당사자능력과 달리 소송조건이 아니라 소송행위의 유효조건이므로, 소송능력이 없는 자에게 공소가 제기되었어도 공소가 무효가 되어서 공소기각의 사유가 되지 않고 공소장부본의 송달도 유효하나, 다만, 소송능력이 결여되면 공판절차가 정지되고, 소송능력이 없는 피고인의 소송행위는 원칙적으로 무효이다. 법원은 법률에 다른 규정이 없으면 누구든지 증인으로 신문할 수 있으나(제146조), 법관, 검사 특히 공판담당검사, 변호사, 피고인 등은 증인적격이 없다(제17조 제4호). 증인은 소환되면 출석의무가 있으나 증인거부권자(제148조, 제149조)에게는 증언의무가 없고(제158조), 출석의무도 없다. '공무원 또는 공무원이었던 자가 그 직무에 관하여 알게 된 사실에 관하여 본인 또는 당해 공무소가 직무상비밀에 속한 사항임을 신고한 때에는 그 소속공무소 또는 감독관공소의 승낙 없이는 증인으로 신문하지 못한다'(제147조) 함은 증언거부권이 아니라 상대적인 증인부적격 즉 증인거부권 규정이며, 이에 해당하는 공무원은 증인으로 소환할 수도 없다.

3.3 형사소송의 소송조건, 고소 · 고발 등

3.3.1 형사소송의 소송조건

형사소송에서 소송조건은 소송이 계속된 경우에 실체적 심판을 할 수 있기 위한 절차적 조건으로서 전체로서의 소송의 존속 또는 배제의 조건이다. 형사소송절차의 법률관계가 성립하기 위한 조건이므로 형사실체법상 형벌권 발생의 법률관계가 성립하기 위한 조건인 처벌조건과 다르고(처벌조건 흠결시 무죄판결 또는 형면제의 실체판결), 소송의 과정에서 개별 소송행위가 특정한 소송법적 효과를 발생시키기 위해서 갖추어야 할 요건인 소송행위의 유효요건과 다르며, 소송 존속 중 공판절차를 일시적으로 정지시키는 절차정지조건(제298조 제4항, 제306조)과 구분된다. 소송조건이 흠결되면 실체재판을 할 수 없고, 형식적 소송조건(법원의 재판권, 관할권, 친고죄에서의 고소) 흠결시 공소기각 결정 · 판결(제327조, 제328조) · 관할위반 판결(제319조), 실체적 소송조건(공소시효의 완성) 흠결에는 면소 판결(제326조) 등을 받아 절차가 종료된다.

소송조건의 유형 일반적 소송조건은 재판권, 관할권 등의 존재이며 특별소송조건은 친고죄의 고소, 반의사불벌죄의 처벌의사 등이다. 적극적 소송조건은 일정한 사실의 존재가 소송조건이 되고(토지관할의 존재), 소극적 소송조건은 그 부존재가 소송조건이 된다(동일사건에 대한 확정판결과 중복기소의 부존재 등). 법원이 소송조건을 직권조사에 의하는 경우가 절대적 소송조건이며상대적 소송조건은 당사자 주장이 있는 경우에 고려된다. 소송조건은 직권조사가 원칙이며 공소장에 기재된 공소사실을 기준으로 공소제기시는 물론 재판시에의 존재 여부는 자유로운 증명으로 판단한다. 소송조건이 구비되지 않은 상태에서의 공소가 제기되었으나 소송계속중 보완되어도 피고인에 대한 소송의 적정절차 보장을 위하여 하자의 치유 등 추완은 인정되지 아니한다.

3.3.2 형사소송의 소송조건과 고소 · 고발

형사소송의 고소 · 고발은 서면 또는 구술로써 검사 또는 사법경찰관인 수사기관에 범죄사실을 신고하여 범인의 처벌을 구하는 의사표시이다(형사소송법 제237조). 고소는 범죄로 인하여 직접 피해를 입은 자인 범죄피해자(제223조) 또는 법률상 보호법익의 주체 내지 범죄행위의 객체인 자연인, 법인, 법인격 없는 사단 · 재단 등이 주체가 되어서 범인 및 대상 등을 어느 정도 특정하여 서면 또는 구술로써 검사 또는 사법경찰관에게 하여야 한다(제237조). 고발은 고소권자와 범인 이외의 누구든지 범죄가 있다고 사료하는 때에는 고발할 수 있다. 공무원은 그 직무를 행함에 있어 범죄가 있다고 사료하는 때에는 고발하여야 한다(제234조). 형사소송에서 고소는 소송조건이다. 고발은 수사단서이지만 관세법 또는 조세범처벌법 위반에서와 같이 고발이 있어야 죄를 논하는 필요적 고발사건에서는 소송조건이 된다. 고소는 범인의 처벌을 구하는 의사표시이고, 고소능력은 고소인은 고소의 의미를 이해할 수 있는 의사능력으로서 권리주체가 독립하여 유효한 법률행위를 할 수 있는 능력인 민법상 행위능력과 다르다. 절차법상 능력인 소송능력은 형사절차에서 당해 소송행위가 갖는 이해득실을 판단하는 능력이기에 실체법상 사물의 성질 · 시비선악을 변별하는 능력인 책임능력과 다르다. 절차법상 증인적격은 증인이 될 수 있는 형식적 자격 즉 당해소송에서 증인으로 선서하고 증언할 수 있는 자격이다.

진정 · 신고 · 자수와 형벌 고소 · 고발과 달리, 수사기관이 아닌 법원에 진정서를 제출하는 것이거나, 단순한 피해사실 신고에 그치는 것 또는 범인 스스로 수사기관에 자기의 범죄사실을 신고하여 처벌을 희망하는 의사표시인 자수와 구별된다. 형법상 자수는 임의적 형감면사유이고(제52조 제1항은 형벌체계상의 균형 상실의 평등원칙위반이 아니다. 헌재 2013.10.24. 2012헌바278). 자수자에 대한 비난가능성 · 양형책임감소 · 중대범죄방지(제90조 제1항 단서, 제101조 제1항 단서, 제111조 제3항단서, 제120조 제1항 단서, 제175조 단서, 제213조 단서 등), 오판방지와 형벌권적정(제153조, 제154조, 제157조 등) 등을 위한 일정요건 하의 필요적 형감면이 있다. 특별법상 자수에 대해서 인정되는 필요적 형감면은 국가안전 · 국민의 생존 · 자유 확보를 위하여 규정된 국가보안법상의 자수(제16조 제1호), 공직선거법상 선거부정관련 범죄에 대한 자수(제262조 제1항) 등이 있다.

3.3.3 형사소송의 고소 · 고발과 반의사불벌죄

고소는 불가분이어서, 특히 친고죄 고소에서, 범죄의 일부분에 대한 고소 또는 취소는 사건 전부에 효력이 발생하며(고소의 객관적 불가분), 수인의 공범 중 1인 또는 일부에 대한 고소 또는 그 취소는 다른 공범자에게도 효력이 미친다(고소의 주관적 불가분). 친고죄는 검사의 공소제기에 피해자 기타 고소권자의 고소를 요하는 범죄이다. 고소는 친고죄의 소송조건이다. 친고죄에서 행위자에 대한 고소가 있으면 양벌규정(직접 행위를 한 자연인 외에 법인 또는 본인을 처벌하는 조항)에 의하여 처벌받는 자에 대한 별도의 고소는 요하지 아니한다. 친고죄는 강간죄, 강제추행죄, 모욕죄 등의 절대적 친고죄와 친족상도례 등 일정한 신분관계가 있는 사람사이에서만 인정되는 상대적 친고죄가 있다. 고소 없이 공소제기되거나 고소가 공소제기 이후 취소되면 법원은 공소기각의 판결로 종결한다(형사소송법 제327조 제2호, 제5호). 반의사불벌죄는 처벌을 희망한다는 피해자 등의 의사표시가 없어도 검사가 공소제기할 수 있지만, 피해자 등이 처벌을 희망하지 않는다는 의사를 명백히 한 때에는 그 의사에 반하여 공소제기할 수 없는 범죄를 의미하므로, 반의사불벌죄의 경우 피해자가 처벌을 희망하지 않는다는 의사를 표시하거나 기존의 처벌 희망 의사표시를 철회하면 검사는 공소권없음의 불기소처분으로 종결하고(검찰사건사무규칙 제115조 제3항 제4호 차목, 카목), 이미 공소가 제기된 이후라면 법원은 공소기각의 판결로 종결한다(형사소송법 제327조 제6호). 어떤 범죄를 친고죄로 정하고 반의사불벌죄로 정할 것인지는 입법부에 광범위한 형성의 자유가 인정되는 영역이다. 친고죄의 범위를 넓게 설정하면 피해자의 의사를 폭넓게 존중할 수 있다는 장점이 있으나, 반의사불벌죄의 범위를 넓게 설정하면 피해자의 의사에 반하는 결과가 초래될 수 있다(헌재 2021.4.29. 2018헌바113).

고소권 고소는 제1심 판결선고 전까지 취소할 수 있고 고소를 취소한 자는 다시 고소하지 못한다. 자기 또는 배우자의 직계존속은 고소하지 못한다. 피해자의 법정대리인은 무능력자인 피해자와는 독립하여 고소할 수 있는 독립대리권을 갖는다. 피해자가 사망한 때에는 그 배우자, 직계친족 또는 형제자매는 고소할 수 있다. 단, 피해자의 명시한 의사에 반하지 못한다. 사자의 명예를 훼손한 범죄에 대하여는 그 친족 또는 자손은 고소할 수 있다. 친고죄의 피해자가 미성년자인 경우, 피해자가 고소를 취소했어도 부모 등 법정대리인이 피의자 처벌을 원할 때에는 피해자 의사에 관계없이 독립적으로 고소를 제기할 수 있다. 형법 제241조의 경우에는 혼인이 해소되거나 이혼소송을 제기한 후가 아니면 고소할 수 없다. 이 경우에 다시 혼인을 하거나 이혼소송을 취하한 때에는 고소는 취소된 것으로 간주한다. 고소기간의 제한은 없으며 공소시효가 완성될 때까지는 언제든지 고소할 수 있다. 다만, 친고죄에 대하여는 범인을 알게 된 날로부터 6월을 경과하면 고소하지 못한다. 고소의 취소에 대해서는, 피해자의 명시한 의사에 반하여 죄를 논할 수 없는 사건에 있어서 처벌을 희망하는 의사표시의 철회에 관하여도 이를 준용한다(형사소송법 제224조~제232조). 성폭력범죄의처벌및피해자보호등에관한법률'의 친고죄 즉 업무상 위력 등에 의한 추행, 공중밀집장소에서의 추행, 통신매체이용 음란행위와 이 법률에서 성폭력 범죄로 규정한 강간, 강제 추행 등은 범인을 안 날로부터 1년 이내에 고소할 수 있다. 고소는 있는 사실 그대로의 신고가 아니면 허위사실의 신고가 되어 국가형벌권의 정당한 행사를 저해하는 무고가 된다. 甲이 乙에게 도박현장에서 도박자금을 빌려 주었는데 乙이 갚지 않는다 해서, 甲이 고소하면서, 乙에게 단순히 빌려 준 것인데 갚지 않으니 처벌하여 달라는 취지의 신고는 무고에 해당한다.

[二] 권리주체성

1. 권리주체성의 의의

1.1 권리주체성의 시기와 종기

권리주체성에 대하여, '사람은 생존한 동안 권리와 의무의 주체가 된다'(민법 제3조) 하므로 사람은 출생한 때로부터 권리의무능력을 갖는다. 권리주체성의 시기 즉 권리능력의 시기는 살아서 출생한 때이다(제1003조 제1항 사산된 경우 상속의 권리를 받지 못한다). 출생 전 태아는 재산관계 등에서 특별히 보호할 필요가 있는, 불법행위에 대한 손해배상청구권(제762조, 태아는 손해배상의 청구권에 관하여는 이미 출생한 것으로 본다), 상속(제1000조 제3항, 태아는 상속에 관하여는 이미 출생한 것으로 본다), 遺贈(제1064조), 인지(제855조 제1항, 858조 혼인외 자를 생부 또는 생모가 자신의 자로 승인하여 법률상 친자관계를 발생케 하는 단독행위), 死因贈與(제562조) 등의 개별적 보호규정들에 한하여 '출생한 것으로 보아'(다만 손해배상액 합의 같이 태아의 의사표시가 요구되는 법률행위에는 인정되지 못한다) 권리능력을 인정한다. 권리능력의 존속기간은 '생존한 동안' 즉 출생한 때부터 사망시까지이다. 따라서 사람의 권리능력은 사망으로 소멸한다. 假死, 식물인간 등은 민법상 사망은 아니다. 腦死는 장기등이식에관한법률의 장기적출 요건에 그친다. 사망 시기의 통설은 호흡과 맥박이 영구적으로 종지되는 시점이다.

출생시기, 死亡시기와 권리능력 민법 제3조는 태아의 권리능력을 부인하고 태아가 모체에서 전부노출된 때를 생존하는 사람이 되는 출생의 시기로 본다. 그런데 해제조건설에 따르면 아직 출생 전이라도 태아의 이익 보호를 위하여 쟁점이 되는 법률관계가 발생한 시점부터 태아는 권리능력을 갖고, 다만, 사산한 경우에 소급하여 권리능력을 잃는다 한다. 반면, 정지조건설에 따르면 거래안전보호를 위하여 태아가 살아서 출생함을 조건으로 문제의 사실관계 발생시에 개별적으로 소급하여 권리능력을 취득하는 것으로 보아 권리능력의 법률효과를 인정하며(대법원 1982.2.9. 81다534), 살아서 출생할 기회를 갖지 못하고 사망에 이른 경우에는 권리능력 내지 손해배상청구권이 인정될 여지가 없게 된다(헌재 2008.7.31. 2004헌바81). 형법은 출생의 시기를 진통설에 따른다. 이에 대해서는 일부노출설, 전부노출설, 독립호흡설 등도 있다. 사망의 유무·시기는 상속(제997조), 유언 효력발생(제1073조), 보험금청구(상법 제727조), 연금청구(공무원연금법 등) 등에 관련된다. 출생의 신고는 가족관계의등록등에관한법률에 따라 1개월이내에 신고하며, 혼인·입양 등의 신고 같이 창설적 효력이 없는 보고적 신고다. 사망의 신고도 위 법률에 따라 동거하는 친족 등 일정한 자가 사망의 사실을 안 날로부터 1개월 이내에 진단서 또는 검안서를 첨부하여 신고하는(민법 제84조 등) 보고적 신고이기에 반증으로 시기 등의 정정이 가능하다.

1.2 자연인의 권리주체성

자연인으로서 그 권리주체성이 인정되는 사람의 시기에 대해서 생명윤리법의 배아(제2조 제2호 참조)는 수정 후 14일 경과로 원시선이 나타나기 전 수정란 상태인 초기배아로서 형성중인 생명의 첫걸음을 떼었다 볼 여지가 있지만, 모체에 착상된 상태거나 아직 원시선이 나타나지 않은 때에는 현재 자연과학적 인식수준에서 독립된 인간과 배아 간 개체연속성을 확정하기 어렵고, 모태 속에 수용될 때 비로소 독립적 인간으로 성장가능성을 기대할 수 있어 기본권주체성을 인정하기 어렵다. 이른바 수정시설을 부인한다(헌재 2010.5.27. 2005헌마346). 살인죄, 존속살해죄(제250조 ① 사람을 살해한 자는 사형, 무기 또는 5년 이상의 징역에 처한다. ② 자기 또는 배우자의 직계존속을 살해한 자는 사형, 무기 또는 7년 이상의 징역에 처한다) 또는 영아살해죄(제251조 직계존속이 치욕을 은폐하기 위하거나 양육할 수 없음을 예상하거나 특히 참작할 만한 동기로 인하여 분만중 또는 분만직후의 영아를 살해한 때에는 10년 이하의 징역에 처한다)에서의 사람은 주기적 진통을 가져온 상태의 태아를 포함하는 개념이며, 그 이전 단계의 태아의 살해에는(제27장 낙태의 죄(제269~270조) 제269조 ① 부녀가 약물 기타 방법으로 낙태한 때에는 1년 이하의 징역 또는 200만원 이하의 벌금에 처한다) 낙태죄의 형사책임을 부과한다.

1.3 권리주체성의 확장 – 동물의 권리주체성

동물은 권리주체성이 없다. 다만, 하나의 생명체로서 자연환경을 구성하기에, 사람들은 인류가 지속가능한 환경의 유지를 위하여 동물생태계와 그 서식 등을 보존해야 할 공동의 필요성을 갖는다. 따라서 동물은 인간이 마음대로 지배할 수 있는 객체 이상으로, 인간과 공존하도록 보호해야 할 대상으로 보아야 한다는 인식에 기초하여, 외국에서는 이를 법적으로 인정하는 추세다. 동물은 동물권이라는 권리의 주체가 아니라 권리객체로서, 민법상 점유 · 소유의 대상인 물건이며, 형법상 동물을 죽이거나 가학하거나 타인 소유 동물의 손괴, 은닉은 재물손괴죄가 된다(형법 제366조 (재물손괴 등) 타인의 재물, 문서 또는 전자기록등 특수매체기록을 손괴 또는 은닉 기타 방법으로 그 효용을 해한 자는 3년 이하의 징역 또는 700만원 이하의 벌금에 처한다). 다만 동물보호법 같은 특별법에서는 동물을 일정 가치성을 지닌 권리객체로 본다. 따라서 동물에 대한 재산권행사는 일반적인 물건에 비하여 사회적 연관성과 기능이 매우 커서, 그 행사의 제한에 관련한 입법재량의 범위는 폭넓게 인정되며, 헌법재판소의 규범통제적 심사기준은 완화되어 적용된다(헌재 2013.10.24. 2012헌바431).

동물의 권리주체성과 객체성 1998년 낙동강 재두루미, 2003년 천성산 도롱뇽, 2008년 7월 천연기념물 검은머리물떼새, 11월 천연기념물 황금박쥐 등이 시민단체가 제기한 환경소송에서 법원은 이들의 원고적격성을 인정하지 않았다. 스위스는 1992년 헌법개정에서 동물을 물건이 아닌 생명으로 인정하였고, 독일 1990년 개정 민법은 '동물은 물건이 아니다'*Tiere sind keine Sachen* 하여 사람과 마찬가지로 거리를 다니고 교통시설을 정당하게 이용할 수 있도록 하였다. 프랑스는 인*personne*에 자연인*personne physique*, 법인*personne morale*, 동물인*personne animale*을 포함하여 법주체로 본다.

2. 권리주체성의 특정한 보호

2.1 제한능력자와 의사무능력자

제한능력자 제도는 권리주체가 독자적으로 법률행위를 할 수 있는 능력인 행위능력을 갖추지 못하여 의사능력이 결여된 제한능력자의 의사표시를 취소하여 당해 법률행위를 무효로 함으로써 누구에게나 소급적으로 법률효과가 부여되지 않도록 하는 의사무능력자의 보호, 거래상대방에게도 무효를 주장할 수 있도록 하는 거래안전과 예측가능성의 보호 등에 의한 재산상 법률행위영역의 행위능력제한의 제도이다(민법 제4조~제17조, 2013.7.1. 신설). 제한능력자 제도는 '금치산자, 한정치산자' 등의 행위무능력자 제도가 획일적 능력 박탈, 제한으로 신분차별의 불평등을 가져왔기에, 이를 폐지하고, 개별적인 경우에 정신적 제약의 상태나 정도에 따라서 법률행위의 가능한 범위를 신축적으로 정할 수 있게 한다. 이에는 피성년후견인[질병, 장애, 노령, 그 밖의 사유로 인한 정신적 제약으로 사무를 처리할 능력이 지속적으로 결여된 사람에 대하여 가정법원에 의한 성년후견개시 심판이 이루어진 경우(민법 제9조)], 피한정후견인[질병, 장애, 노령, 그 밖의 사유로 인한 정신적 제약으로 사무를 처리할 능력이 부족한 사람에 대하여 가정법원의 한정후견개시 심판이 이루어진 경우(제12조)], 피특정후견인[질병, 장애, 노령, 그 밖의 사유로 인한 정신적 제약으로 일시적 후원 또는 특정한 사무에 관한 후원이 필요한 사람에 대하여 가정법원의 특정후견 심판이 이루어진 경우(제14조의2)]이 있다.

제한능력자의 상대방 보호 최고권에 의해서, 제한능력자의 상대방은 제한능력자가 능력자가 된 후에 그에게 1개월 이상의 기간을 정하여 그 취소할 수 있는 행위를 추인할 것인지 여부의 확답을 촉구할 수 있다. 능력자로 된 사람이 그 기간 내에 확답을 발송하지 아니하면 그 행위를 추인한 것으로 본다(민법 제15조 제1항). 철회권과 거절권으로, 제한능력자가 맺은 계약은 추인이 있을 때까지 상대방이 그 의사표시를 철회할 수 있다. 다만, 상대방이 계약 당시에 제한능력자임을 알았을 경우에는 그러하지 아니하다(제16조 제1항). 제한능력자가 속임수로써 자기를 능력자로 믿게 한 경우에는 그 행위를 취소할 수 없다(제17조). 미성년자나 피한정후견인이 속임수로써 법정대리인의 동의가 있는 것으로 믿게 한 경우에도 이와 같다. 속임수는 적극적 기망수단을 쓴 것이다(대법원 1995.3.31. 4287민상77). 그 외에도 통상의 지능을 가진 사람이 기망할 수 있는 정도면 족한 것으로도 본다.

2.2 미성년자, 피성년후견인, 피한정후견인, 피특정후견인 보호제도

피성년후견인의 법률행위 등 제한능력자가 한 법률행위는 그 본인 또는 그의 법정대리인이 취소할 수 있으며(민법 제5조 제2항, 제10조 등), 그 취소는 모든 사람에 대해서 소급적으로 무효가 되는 절대적 효력을 가지는 등으로 우선적으로 보호한다. 거래상대방의 보호는 최고권, 철회권(계약의 경우), 거절권(재단법인 설립행위 같은 상대방 없는 단독행위의 경우가 아니라 채무면제와 같은 상대방 있는 단독행위의 경우) 등에 의한다. 제한능력자 제도는 재산상 법률행위에 한하여 적용된다(제4조~제17조, 제141조). 사실행위에는 적용되지 않으므로 점유취득(제192조 제1항), 유실물습득(제253조) 등은 취득, 습득 등으로 법정 효력이 발생한다. 가족법상 법률행위에는 구체적인 경우에 개별적으로 판단하여 당사자 의사 존중을 원칙으로 하므로, 적용되지 않는다. 피성년후견인, 피한정후견인, 피특정후견인은 호주제 폐지 2008.1.1., 법정후견인 제도의 폐지 2011.3.7. 후 도입한 2013.7.1. 법원의 선임후견인으로서(민법 제922조, 제936조, 제959조의 후견계약에 의하여 선임되는 임의후견인) 이 같은 제한능력자의 보호 제도가 성립하려면 가족관계등록부에 기록하고 후견등기부에 등기하여야 한다(가사소송법 제9조 참조).

피성년후견인 · 피한정후견인 · 피특정후견인 가정법원은 성년후견개시심판을 받은 사람의 성년후견인을 두어야 한다(민법 제929조). 성년후견인은 피성년후견인의 법정대리인으로서(제938조 제1항) 피성년후견인의 법률행위에 동의권은 없지만 대리권과 취소권을 가진다. 가정법원은 성년후견감독인을 선임할 수 있다(제940조의4 제1항). 성년후견개시 원인이 소멸한 경우에 가정법원은 성년후견종료의 심판을 한다(제11조). 가정법원은 한정후견개시의 심판을 받은 사람의 한정후견인을 두어야 한다(민법 제959조의2). 한정후견인은 동의가 필요한 행위에 대해 동의권, 피한정후견인이 동의없이 한 행위에 대해 취소권을 갖는다. 가정법원은 한정후견인에게 대리권을 수여하는 심판을 할 수 있고(제959조의4), 한정후견감독인을 선임할 수 있다(제959조의5). 한정후견개시 원인이 소멸된 경우에는 가정법원은 한정후견종료의 심판을 한다(제14조). 가정법원은 특정후견감독인을 선임할 수 있다(민법 제959조의10). 피특정후견인의 후원을 위하여 필요하다고 인정하면 기간이나 범위를 정하여 특정후견인에게 대리권을 수여하는 심판을 할 수 있다. 특정후견인은 그 한도에서 피특정후견인의 법정대리인이 된다. 이 경우 가정법원은 특정후견인의 대리권 행사에 가정법원이나 특정후견감독인의 동의를 받도록 명할 수 있다(제959조의11). 가정법원이 피특정후견인에 대하여 성년후견개시 또는 한정후견개시의 심판을 할 때에는 종전의 특정후견의 종료 심판을 한다(제14조의3).

2.3 미성년자, 촉법소년, 우범소년

2.3.1 미성년자의 행위능력과 기본권행사능력

미성년자는 성년인 19세에 이르지 않은 자이다(민법 제4조). 민법의 성년은 사법상 효력에 한한다. 혼인(제812조 제1항 법률혼)을 한 때에는 성년자로 보는(제826조의2) 성년의제에 의하여, 19세 미만인 미성년자라도 만 18세가 된 사람은 혼인할 수 있으며(제807조), 다만 이 경우, 부모의 동의를 받아야 한다(제808조). 공법에 있어서는 공직선거법(제15조 제1항)이 19세 이상의 국민은 대통령 및 국회의원의 선거권이 있다 하여, 민법상 성년과 같게 한다. 연령은 출생일을 산입하여 역에 따라 계산한다(민법 제158조, 제160조). 1997.1.1. 출생자는 2016.12.31.의 만료(오후 12시)로 성년이 된다. 미성년자의 행위능력에서, 미성년자가 법률행위를 함에는 법정대리인의 동의를 얻어야 하나 권리만을 얻거나 의무만을 면하는 행위는 그러하지 아니하다. 이에 위반한 행위는 취소할 수 있다(제5조 참조). 취소된 법률행위는 소급하여 절대적으로 무효가 된다(제140~제141조). 미성년자의 기본권행사능력은 분별력을 기준으로 판단하되, 자연적·사실적 행위는 정신적·신체적 성숙도의 여부 등에 의하며, 법률적 행위는 민법상 행위능력 여부를 기준으로 하되 그 연령의 정함은 입법재량에 속한다.

미성년자의 행위능력과 기본권행사능력 미성년자의 행위능력을 정한 실정법으로 민법[제5조 제1항 미성년자가 법률행위를 함에는 법정대리인의 동의를 얻어야 한다. 그러나 권리만을 얻거나 의무만을 면하는 행위는 그러하지 아니하다. 제2항: 전항의 규정에 위반한 행위는 취소할 수 있다 등에서 볼 때 권리만을 얻거나 의무만을 면하는 행위에 대한 미성년자의 기본권행사능력은 인정된다. 민법 제117조 대리인은 행위능력자임을 요하지 않는다 등에 의한 미성년자의 대리행위 인정. 민법 제1061조 만17세에 달한 자는 단독으로 유언할 수 있다. 제1062조(유언) 미성년자의 행위능력제한을 적용하지 않는다], 근로기준법[제66조 미성년자는 독자적으로 임금을 청구할 수 있다], 상법[제7조 미성년자가 법정대리인의 허락을 얻어 회사의 무한책임사원이 된 때에는 그 사원 자격으로 인한 행위에 대하여는 능력자로 본다], 근로기준법[제66조, 사업주에 고용되어 자신의 노동력을 제공함으로써 생계에 충당하는 직업에 대해서, 미성년자는 독자적으로 임금을 청구할 수 있다] 등이 있다. 친권자의 거소지정권(민법 제914조)에 따른 미성년자의 거주·이전의 자유(헌법 제14조)의 제한은 사리분별력의 정도에 따른 기본권행사능력의 제한이다. 당구장에서의 당구는 체육이어서 18세미만자의 행복추구권인 일반적 행동자유권에 속하나(헌재 1993.5.13. 92헌마80), 노래방의 노래는 노래방환경위해성으로 행사능력이 제한된다(헌재 1996.2.29. 94헌마213; 1999.7.22. 98헌마480등). 미성년자는 판단·결정능력이나 언론의 사회적 책임을 완수할 능력이 부족할 개연성이 높아 법률에서 발행인·편집인의 결격사유로 규정한 것은 합헌이다(헌재 2012.4.24. 2010헌마437).

2.3.2 미성년자의 행위능력과 법정대리인

미성년자는, 법정대리인이 사용목적이 아니라 재산범위를 정하여 처분을 허락한 재산은 임의로 처분할 수 있다(민법 제6조). 법정대리인은 미성년자가 아직 법률행위를 하기 전에는 동의와 허락을 취소할 수 있다(제7조 장래에 향하여 동의가 없었던 것으로 하는 철회의 성격). 미성년자가 법정대리인으로부터 허락을 얻은 특정한 영업 즉 상법상 영업에 한하지 않고 널리 영리를 목적으로 하는 독립적·계속적 활동에 관하여는 성년자와 동일한 행위능력이 있다. 법정대리인은 이 허락을 취소 또는 제한할 수 있다. 그러나 선의의 제3자에 대항하지 못한다(제8조). 친권을 행사하는 부 또는 모는 미성년자인 자의 법정대리인이 된다(제911조). 미성년자의 법정대리인은 미성년자가 한 법률행위를 완전하게 하기 위한 동의권(민법 제5조 제1항 본문 등), 미성년자를 대리하여 재산상 법률행위를 할 권한(제920조 등), 미성년자의 동의를 얻지 않고서 한 법률행위의 취소권(제5조 제2항 등) 등의 권한을 갖는다.

미성년자와 법정대리인 부모는 미성년자인 자의 친권자가 되며 양자의 경우에는 양부모가 친권자가 된다. 친권은 부모가 혼인중인 때에는 부모가 공동으로 행사하나 부모의 의견이 일치하지 아니하는 경우에는 당사자의 청구에 의하여 가정법원이 이를 정한다. 부모의 일방이 친권을 행사할 수 없을 때에는 다른 일방이 이를 행사한다(민법 제909조 제1~3항). 만 17세에 달한 자는 단독으로 유언할 수 있다(제1061조~제1062조). 미성년자에게 친권자가 없거나 친권자가 법률행위의 대리권과 재산관리권 등 친권의 전부 또는 일부를 행사할 수 없는 경우에는 미성년후견인을 두어야 한다(제928조, 제930조 제1항 1인). 민법 제950조 '미성년자가 법률행위를 함에는 법정대리인의 동의를 얻어야 한다. 그러나 권리만을 얻거나 의무만을 면하는 행위는 그러하지 아니하다. 전항의 규정에 위반한 행위는 취소할 수 있다' 하는 후견감독인의 동의를 필요로 하는 열거된 행위를 볼 때, 권리만을 얻거나 의무만을 면하는 행위에 대한 미성년자의 기본권행사능력은 인정된다(제5조). 대리인은 행위능력자임을 요하지 않는다(제117조). 부모가 공동으로 친권을 행사하는 경우 부모의 일방이 공동명의로 자를 대리하거나 자의 법률행위에 동의한 때에는 다른 일방의 의사에 반하는 때에도 그 효력이 있다. 그러나 상대방이 악의인 때에는 그러하지 아니한다(제920조의2). 후견인이 법정대리인인 경우 그 권한에 제한을 받는다.

2.3.3 촉법소년, 우범소년, 청소년

촉법소년觸法少年은 형벌법령에 저촉되는 행위를 하였으나 형사책임능력이 없어 형벌이 부과되지 않는 만 10세 이상 만 14세 미만의 형사미성년자인 법령위반소년이다. 범죄구성요건 해당성과 위법성이 인정되는 점은 14세 이상 20세 미만의 범죄소년과 같지만 형사책임능력을 갖지 못하므로, 가벌적 행위 중 범죄적 위험성 즉 비행성이 있는 행위를 한 자임에도, 법원 소년부로 넘겨져 형벌이 아닌 보호처분으로서 보호관찰이나 소년원 수감 등 처분을 받으며, 전과기록의 기재도 없다. 우범소년은 보호자의 정당한 감독에 복종하지 않거나, 정당한 이유 없이 가정을 이탈하여 범죄를 저지르는 사람과 교제하거나, 자기 또는 다른 사람을 해롭게 하는 성향 때문에 앞으로 범죄행위를 할 가능성이 높은 12세 이상 20세 미만의 소년이다. 소년법원인 가정법원 소년부와 지방법원 소년부에서 처리한다. 청소년보호법상 청소년 연령의 하한은 특별히 규정되어 있지 않지만 청소년기본법이 정하는 연령의 하한인 9세 이상으로 새기는 것이 타당하다. 즉 6세 아동은 청소년이라 할 수 없어 그 아동에게 술을 판매했다 해도 청소년보호법 적용대상이 될 수 없다(서울행정법원 제1(가)부 2001구33822 과징금부과처분취소. 「법률신문」 2002.1.21., 10면.).

촉법소년, 우범소년 등 소년범과 형사처벌 소년법원의 소년부에 송치된 촉법소년은 경찰청 통계로 2015년부터 2018년까지 2만8천24명이다. 절도가 가장 많았고 폭력, 강도, 살인 등 4대 강력범죄가 77%였다. 이 촉법소년은 형사책임이 면제되는 바, 그 같은 소년의 연령을 몇 세로 할 것인가는 입법자의 재량에 속하며, 형사미성년자를 14세 미만으로 하는 것이 합리적 재량의 범위를 벗어난 것으로 보기 어렵다(헌재 2003.9.25. 2002헌마533). 그리하여, 소년범 중 형집행이 종료되거나 면제된 자에 한하여 자격에 관한 법령의 적용에서 장래에 향하여 형의 선고를 받지 아니한 것으로 본다 한 규정은 집행유예를 선고받은 소년범을 합리적 이유 없이 차별하여 평등원칙에 위반된다(헌재 2018.1.25. 2017헌가7). 반면, 일본에서는 소년에 대한 사형판결을 계속적으로 인정하여 오고 있으며(市川일가4인살인사건(1992년 발생, 2001년 판결확정), 大阪・愛知・岐阜 연속린치살인사건(1994, 2011), 山口縣 光市 모자살해사건(1999, 2012.2.20.)), 2016.6.16.에도 最高裁第一小法廷大谷直人 裁判長은 裁判員 재판으로는 처음으로 宮城縣 石巻市 3인살상사건2010.2. 당시 18세7개월인 피고인의 판결정정신청을 기각, 사형판결을 확정시켰다.

촉법소년, 우범소년 등 소년범과 소년법원, 소년원 소년법원은 촉법소년과 우범소년 사건을 조사, 심리한 결과 금고 이상의 형에 해당하는 범죄사실이 발견되거나 그 동기와 죄질이 형사처분의 필요가 있다고 인정한 때에는 검사에게 보내어 형사절차에 따라 처리하고, 그렇지 않은 경우에는 소년보호사건으로 처리한다. 소년보호사건에 대하여 소년법원은 감호위탁, 보호관찰, 소년원 송치 등의 보호처분을 부과할 수 있다. 소년원은 법원 소년부로부터 소년원 송치처분을 받은 소년을 수용하여 교육하는 법무부 산하 국가기관이다. 소년보호사건은 소년의 개선과 교화를 목적으로 하기에, 형사사건과 구별되며, 소년은 피고인이 아닌 피보호자이고, 소년원은 소년교도소와 달리, 구금시설이 아닌 소년보호기관으로서 교육에 주안점을 둔 학교로서 기능하고, 초・중등교육법에 의한 정규학교로 인정된다. 법원은 소년원 수용처분에 관하여 '장기' 또는 '단기'로만 그 종류를 결정할 뿐이고, 수용 중 교정성적이 양호한 경우에는 임시퇴원, 교정목적이 달성된 경우에는 퇴원도 가능하게 하여 부당하게 장기간 수용되는 일이 없도록 하고, 교도소나 구치소에 수용되는 성인수형자와 달리 전과기록이 남지 않는다.

3. 공법상 권리의 주체

3.1 헌법상 기본권주체

3.1.1 국민과 기본권주체

헌법 제2장 '국민의 권리와 의무' 제10조부터 제39조의 '모든 국민은 … 권리를 가진다' 함은 국민이 헌법상 권리인 기본권의 주체임을 규정한 것이다(헌재 2009.5.28. 2007헌바80). 헌법상 규정된 기본권주체의 용례에는 '모든 국민', '누구든지' 등의 일반적 · 보편적으로 쓰이는 표현 외에 '저작자 · 발명가 · 과학기술자와 예술가'(제22조 제2항), '군인 또는 군무원이 아닌 국민'(제27조 제2항), '형사피고인'(제4항), '형사피해자'(제5항), '형사피의자 또는 형사피고인으로서 구금되었던 자'(제28조), '공무원의 직무상 불법행위로 손해를 받은 국민'(제29조 제1항), '군인 · 군무원 · 경찰공무원 기타 법률이 정하는 자'(제2항), '타인의 범죄행위로 인하여 생명 · 신체에 대한 피해를 받은 국민'(제30조), '여자'(제32조 제4항), '연소자'(제5항), '국가유공자 · 상이군경 및 전몰군경의 유가족'(제6항), '근로자'(제33조 제1항), '공무원인 근로자'(제2항), '법률이 정하는 주요방위산업체에 종사하는 근로자'(제3항) 등이 있다. 기본권주체는 기본권의 보유 · 향유능력 및 행사능력을 가진 자 즉 기본권능력자이며(헌재 2000.8.31. 97헌가12), 헌법재판소법 제68조제1항의 헌법소원을 청구할 수 있다(헌재 2001.11.29. 99헌마494). 기본권주체인 '국민'은 국가에 '대하여' 권리 · 의무관계의 주체인 지위에 있는 '개인'으로서, 대한민국 국적자를 원칙으로 한다. 주권이나 헌법제정권력 내지 헌법개정권력의 주체인 국민은 국가를 '전제로 하는' '국민총체'이지 私人으로서의 개인이 아니기에 기본권주체성은 인정되지 않는다. 사인인 개인은 자연인인 인간을 전제로 하는 바, 인간이라 하기 위해서는 태내에서 외부에 전부노출되든지(민법), 주기적 진통을 가져오든지(형법) 하지만, 헌법의 기본권에서는 배아형체를 갖든지(인간의 존엄과 가치) 등의 요건을 갖추어야 한다. 기본권주체인 국민은 내국자연인을 원칙으로 하지만 외국인 또는 법인도 기본권주체가 될 수 있다. 국적을 지닌 국민과 유사한 지위에 있는 외국인, 무국적자 · 다국적자 등은(헌재 2001.11.29. 99헌마494) 인간의 존엄과 가치, 행복추구권 같이 '인간'으로서 갖는 천부인권의 기본권 주체는 될 수 있다(헌재 2014.8.28. 2013헌마359). 반면, 국가를 전제로 하는 '국민'의 권리의 기본권주체성은 인정되지 않는다. 사법인 등의 법인도 국가에 대해서 기본권을 향유하나, 자연인만 향유할 수 있는 정신적 · 신체적 속성을 지닌 기본권의 주체성은 인정되지 않는다. 국민의 일부인 소수자(인종 · 종교 · 언어 · 국적 등에서 그들이 소속된 사회의 다른 구성원들과 스스로 또는 다른 구성원들에 의하여 분리되고 구분되는 것으로 인식되는 집단의 사람들)[10] 역시 기본권주체이며 다만 평등권의 보호범주에서 구체적으로 논의한다. 국가 · 국가기관 · 국가조직의 일부나 공법인은 기본권 수범자이지 그 소지자가 아니다. 기본권을 보호 · 실현해야 할 책임과 의무를 지는 기본권 수규자守規者이다(헌재 1998.3.26. 96헌마345).

기본권주체성의 헌법도그마틱 옐리네크*G.Jellinek*는 법실증주의적 관점에서 국가의 법률상 '人'만 기본권주체로 본다. 국적법상 국적자인 국민만 人이기에 외국인은 제외되며 민법상 자연인, 법인만 人이기에 법인격 없는 단체는 제외된다. 기본권은 사인의 국가로부터의 자유이므로 사법인은 가능하나 국가영역의 공법인에게는 부인된다. 카를 슈미트*C.Schmitt*는 결단주의의 시민적 법치국가의 천부적 기본권의 관점에서, 기본권은 국가의 민주주의적 정치적 구성부분에서가 아니라 법치국가적 영역에서의 국가로부터의 자유 즉 인간의 전국가적 · 천부적 자연권으로 본다. 따라서 국민, 외국인 모두 인간으로서 기본권주체가 되나 국가의 법률로 설립되는 법인은 공법인, 사법인 모두 부인된다. 스멘트*R.Smend*는 통합주의적 관점에서 외국인의 기본권주체성은 통합으로 형성되는 국가의 공동체형성에 참여하는 영역으로 보아서 이를 인정한다. 헤세*K.Hesse*는 자연인 · 법인 · 단체(정당), 외국인은 국가공동체의 기본권실현의 책무를 지울 수 있는 범위에서 그 기본권주체성을 인정한다.

3.1.2 특수신분관계(부분사회관계)인 특별권력관계와 기본권

기본권은 국가에 대한 국민 개개인의 주관적 공권이다. 국민은 국가 · 지방자치단체와의 사이에 국민 · 주민의 관계로 성립하는 일반권력관계에 있어서 기본권주체의 지위를 갖는다. 국민은 또한 당연히 국가 등의 관계에서 특수한 신분관계를 가짐으로써 성립되는 공법상 특별권력관계에 있어서도 기본권주체가 된다. 사법私法이 원칙적으로 적용되는 사회에서의 사인간 법률관계의 당사자가 되는 부분사회관계에서도 국가에 대한 관계에서는 기본권주체로서 헌법상 권리를 갖는다. 공법상 특별권력관계는 특별한 법률원인에 의하여 성립되어 특별한 공법상 목적을 위하여 필요한 범위안에서

제1편 제2편 제3편 法理論

포괄적 지배·복종을 내용으로 하며 그 범위 내에서 법률유보, 기본권제한, 사법심사 등의 법치주의 원칙이 제한되는 법률관계이다. 종래 특별권력관계는 개별법의 근거 없는 명령·강제의 포괄적 지배에 복종하는 등 법치주의의 예외영역으로 보았다 하겠지만, 이는 법치주의를 헌법원리로 하는 헌법질서에서 인정되기 어렵다. 다만, 개별 법규나 당사자 동의로 성립하여 공법상 제한된 포괄적 권력관계로서 더 많은 기본권 제한이 가능하다는 의미의 이른바 국가와의 특수신분관계로서의 특별권력관계는 인정된다. 특별권력관계는 종래 공법상 근무관계(공무원, 군인 등과 국가의 관계), 영조물이용관계(국립대학생, 수형자 등과 국가의 관계), 특별감독관계, 사단관계 등이 있고, 한국헌법은 국가와 특수신분관계에 있는 신분자로서 공직복무관계 공무원(제78조), 병역복무관계 군인(제39조), 학생교육관계 국·공립학교학생(제31조), 수형재소관계 재소자(제27조 제28조) 등을 규정한다. 특별권력관계의 성립에는 특별한 법률원인을 요한다. 직접 법률규정에 의하거나(병역법에 의한 징·소집, 행형법에 의한 수형자 수감), 상대방의 동의에 의하는 경우(임의적 동의에 의하는 국공립대학 입학, 법률로 동의가 강제되는 학령아동의 초등학교 취학 등) 등이 있고, 소멸의 사유도 목적 달성(학교 졸업), 탈퇴(공무원 사임), 일방적 배제(공무원 파면) 등이 있다.

3.1.3 특수신분관계(부분사회관계)인 특별권력관계에서의 기본권 제한

특별권력관계에서 그 주체가 갖는 포괄적 지배권인 특별권력은 직무상 권력, 영조물권력, 감독권력, 사단권력 등이며 내용상으로는 명령권, 징계권 등이 있다. 명령권이 일반·추상적 형식을 취하면 행정규칙의 훈령 등으로 행하게 되며, 개별적 구체적 명령·처분의 형식을 취하기도 한다. 그럴 때 이 역시 공권력이 행사되는 법률관계로서 공정력·불가쟁력·불가변력 등의 우월적 효력이 인정되고 그에 관련한 다툼은 항고쟁송 등의 법리에 의한다. 이같이 특수신분관계로서의 특별권력관계에 있어서 특별권력주체의 포괄적 지배권 역시 포괄적인 법적 근거를 지니거나 당사자의 동의를 요하므로, 특별권력관계에서의 행정객체라 하더라도 그의 기본권 제한에 있어서는 법률의 근거를 요하는 등 헌법 제37조 제2항의 근거에 따라야 한다.

특수신분관계의 기본권제한 공직복무관계에서 특히 더 많이 제한되는 기본권은 정치활동의 자유(헌법 제7조, 국가공무원법 제65조, 지방공무원법 제57조 등), 거주이전(헌법 제14조, 국공법 제58조, 지공법 제50조), 직업(헌법 제15조, 국공법 제64조, 지공법 제56조), 언론(헌법 제21조, 국공법 제66조, 지공법 제57조), 국가배상청구권(헌법 제29조), 근로3권(헌법 제33조 제2항·제4항, 국공법 제66조, 지공법 제58조) 등이다. 병역복무관계에서는 특히 거주이전(헌법 제14조, 군인복무규율 제5장), 직업(헌법 제15조, 규율 제36조), 통신(헌법 제18조, 규율 제98조), 표현(헌법 제21조, 규율 제38조), 재판청구권(헌법 제27조 제2항, 제110조, 제111조) 등이 제한된다. 학생교육관계에서 국·공립학교에 대한 국·공립대학교학칙은 필요한 범위에서 행복추구권, 집회의 자유 등의 제한 기타 규칙의 준수를 명할 수 있다. 국공립도서관 이용시 이용규정 준수도 마찬가지다. 반면 사립학교라는 부분사회의 구성원인 학생은 국가에 대해서는 기본권주체이며 학교에서는 사법상 권리를 갖는다. 수형재소관계는 신체(제12조 제1항), 거주이전(제14조), 직업(제15조), 통신(제18조), 집회·결사(제21조), 재산권(제23조), 참정권(제24조, 제25조, 공직선거법 제18조) 등이 더 많이 제한된다(형의집행및수용자의처우에관한법률 특히 제2편 수용자의 처우 제11조 – 제128조). 인간존엄과 행복추구권(제10조), 양심(제19조), 종교(제20조), 교육권(제31조) 등의 생존권 및 청원권(제26조)도 같다.

특수신분자의 기본권은 더 많이 제한되나 그 본질적 내용은 법률 또는 당사자 동의에도 제한할 수 없다. 제37조 제2항 일반적 법률유보의 필요성원칙 등에 의한 차선적 대안(Less Restrictive Alternative, LRA)에 따른다(헌재 1992.4.28. 90헌바24). 특수신분관계는 그 성립·변경·종료, 당해구성원의 법적 지위의 본질적 사항의 법관계인 외부관계 즉 기본관계에 대하여 내부관계인 복무관계 즉 경영수행관계인 학생의 입학허가, 정학, 재학에 관련한 조치 등으로 나뉜다. 이때 기본관계에서 권한의 유월·남용에 의한 명령·강제·징계 등으로 침해되는 경우에는 일반권력관계의 법규적 법률관계에 있는 국민의 기본권침해에 직결되어 사법司法적 구제가 바로 가능하나, 내부관계에서는 재량범위를 벗어나는 경우에 비로소 인정된다(대법원 1997.3.14. 95누17625; 1992.2.25. 89누2219).

교도소 수용자의 기본권 특수신분자의 기본권 제한에 관련하여, 교도소장의 수용자 분리수용과 처우제한은 합헌이다(조사실 분리수용, 작업, 교육훈련, 공동행사참가 제한, 변호인 아닌 자와 접견할 당시 교도관 참여의 대화내용기록, 소송서류 발송일자 등 소송서류 접수・전달부 등재 등 행위는 형집행법에 근거를 두어 법률유보원칙에 위반되지 않으며 사전통제절차, 징벌혐의 고지와 의견진술기회 부여 등으로 적법절차원칙 위반이 아니며, 신체, 통신, 종교의 자유 등을 과잉금지원칙 위반으로 침해하였다 볼 수 없고, 접견참여・기록이 법률유보원칙, 과잉금지원칙 위반의 사생활 비밀과 자유를 침해한다든지, 소송서류가 개인정보자기결정권을 침해한다 볼 수 없다)(헌재 2014.9.25. 2012헌마523).

3.2 행정법관계에서의 권리주체

3.2.1 행정법관계에서의 행정주체인 국가, 지방자치단체

행정법관계의 당사자는 행정주체와 행정객체이다. 행정주체는 자기의 이름과 책임으로 행정을 행할 권리의무를 지닌 법인격의 주체이다. 행정기관은 법인격 없이 행정주체를 위하여 그 의사를 결정표시하고 집행하는 기관이다. 행정기관에서 행정주체의 의사를 결정표시하는 기관이 행정청이다. 행정기관의 구성자가 공무원이다. 행정주체는 국가, 지방자치단체, 공공단체, 행정사무를 위탁받은 사인 등이다. 국가는 통치권을 행사하는 행정주체이다. 지방자치단체는 국가영토의 일부지역 및 지역주민에 자치권을 행사하여 헌법상 법인격이 부여된 행정주체이다. 지방자치단체에서 보통지방자치단체는 특별시, 광역시, 특별자치시, 도, 특별자치도(시・도)와 시, 군, 구 등이며(지방자치법 제2조, 제3조), 특별자치단체는 지방자치단체조합 등이 있다. 지방자치단체는 의결기관인 지방의회와 집행기관인 지방자치단체의 장을 통하여 자치사무와 위임사무를 처리한다.

3.2.2 행정법관계에서의 행정주체인 공공단체

행정주체인 공공단체는 행정목적수행을 위하여 직접 헌법, 법률 등에 근거하여 설립되어 법인격이 부여되는 공법상 사단법인(공사단, 공공조합 등), 공법상 재단법인, 공법상 영조물법인 등이다. 공법상 사단법인은 특정 행정목적 수행을 위하여 설립되고 일정 자격을 가진 사람인 조합원에 의하여 구성된 공공단체이다(조합, 협회, 협의회, 공제회 등). 공법상 재단법인은 국가 또는 지방자치단체의 출연 재산 관리를 위하여 설립된 재단법인인 공공단체이다. 공법상 영조물법인은 특정 행정목적을 위하여 설립된 인적・물적 시설의 종합체로서 공법상 법인격이 부여된 공공단체이다. 특수법인은 개별법률에 의하여 법인격을 부여받고 국가나 지방자치단체의 사무를 수탁・처리하는 공공단체이며 공법상 기업법인을 포괄한다. 사인은 원칙적으로 행정객체이나, 자신의 이름으로 행정을 행하는 권한이 부여된 사인인 공무수탁사인은 행정주체로서 기능한다.

3.2.3 행정법관계에서의 행정객체

행정객체에는 공공단체와 사인이 있다. 행정법관계에서 사인은 일정한 법적 지위를 갖고 공법관계에서의 행위인 공법행위 또는 행정사법의 행위 등을 할 수 있다. 행정법관계에서의 사인의 법적 지위는 실체법상 사인이 행정주체의 행정작용에 대해서 갖는 권리인 주관적 공권의 주체인 지위와 절차법상 사인이 처분절차 등의 행정절차, 입법예고・행정예고, 정보공개 등에 참여하는 권리, 행정쟁송제기권 등의 주체인 지위에 있다. 행정법관계에서 사인의 행위는 국가 등 행정주체의 기관구성자(예컨대 선거인)의 지위에서 행하는 행위(예컨대 투표행위)와 행정주체의 상대방인 지위에서 행하는 행위(예컨대 허가의 신청), 의사표시를 요소로 하는 의사표시행위(하나의 의사로 표시되는 단순행위, 수개의 의사(예컨대 투표행위)로 표시되는 합성행위(예컨대 선거))와 의사표시 이외의 정신적 표시를 요소로 하는 통지행위, 일방당사자의 의사표시만으로 법률효과를 발생시키는 단독행위와 쌍방당사자의 의사표시의 합치로 법률효과를 발생시키는 쌍방행위(서로 반대방향의 의사표시의 합치에 의하는 행정계약과 동일방향의 의사표시의 합치에 의하여 이루어지는 합동행위) 등이 있다. 사인의 행위는 그 행위 자체만으로 법률효과를 완결시키는 자기완결적 행위(예컨

제1편 제2편 제3편 法理論

대 수리 · 심사절차의 규정 없이 의무이행이 완료되는 출생신고, 투표행위)와 사인의 행위 자체는 행정행위의 전제요건이 되거나 행정계약의 일방당사자의 의사표시가 될 뿐 그 자체만으로는 법률효과를 완결하지 못하는 행정요건적 행위(예컨대 자신의 권익을 위하여 일정한 행정을 청구하는 신청으로서 허가 · 특허 · 인가 등, 쌍방적 행정행위에서의 동의, 행정계약에서의 협의 등)가 있다. 사인의 행위 및 그 효과 등에 대해서는 행정법규에 특별한 정함이 없으면 민법의 관련 규정이 유추적용된다. 의사능력, 행위능력, 대리, 행위의 형식으로서 서면주의의 적용, 효력발생시기에 관한 도달주의, 의사와 표시의 불일치에 관한 의사의 흠결(허위표시, 심리유보, 착오 등), 의사표시의 하자(사기, 강박에 의한 의사표시), 사인의 행위의 철회, 보정, 보완 등이 그것이다.

3.3 외국인의 권리(기본권)주체성

3.3.1 헌법과 상호주의

헌법은 대한민국국적을 갖지 아니한 외국인(무국적자 · 다국적자 등을 포함)의 기본권을 규정한 바는 없지만, 제5조 제2항 '외국인은 국제법과 조약이 정하는 바에 의하여 그 지위가 보장된다' 하는 상호주의 원칙에 따라서 외국인의 기본권향유여부를 정할 수 있다. 상호주의에는 내국인우대의 국내표준주의와 인권최소국제기준에 따르는 국제표준주의가 있다. Calvo독트린이라 하는 국내표준주의는 외국인의 보호를 그의 국적국에 체류하는 자국민과 동일하게 행하는 것이다. 최소국제기준의 원칙은 문명국가의 국민이 향유하는 인권의 최소수준은 보장한다는 것이지만, 이는 일단 적법하게 입국하여 이미 그 체류가 허용된 외국인에 한하는 것이기에, 특정 국가에의 입국을 강제하는 망명자비호권의 인정 여부 또는 입국한 외국인에 대한 출국명령 등은 헌법과 국제법에 따른 입법정책의 문제이다.

> **외국인과 상호주의** 적법하게 고용허가를 받아 적법하게 입국하여 일정 생활관계를 형성, 유지하여, 우리 사회에서 정당한 노동인력지위를 부여받은 이상, 직장선택의 자유의 기본권주체성을 인정할 수 있다(헌재 2011.9.29. 2007헌마1083). 외국인의 참정권과 입국의 자유의 기본권주체성은 인정되지 않고, 외국인의 복수국적제한으로 재산권이 제한되거나 헌법상 행복추구권의 침해가능성은 없다(헌재 2014.6.26. 2011헌마502). 독일헌법은 독일국민(제116조 제1항 등)에게만 귀속되는 기본권(제11조 거주이전, 제12조 직업선택)과 모든 인간의 인권(제1조 제1항 인간의 존엄성, 제2조 제1항 일반적 행동자유권 등)을 구별한다.

3.3.2 천부권과 실정권

외국인의 기본권주체성은 기본권의 성질에 따른다. 천부권天賦權은 외국인에게도 인정된다. 인간의 존엄과 가치 · 행복추구권, 양심 · 종교 · 신체 등의 자유권적 기본권, 구체적 상황에서의 평등권 등이 그것이다(헌재 2001.11.29. 99헌마494). 반면, 국적을 전제로 하는 국민으로서의 권리의 성격이 강한 실정권으로서의 기본권인 거주 · 이전의 자유, 직업선택의 자유, 재산권, 국가배상청구권, 국가권력의 형성을 위한 참정권으로서 선거권 및 피선거권 및 국적을 지닌 국민이 국가에 대하여 생존배려를 요구하는 사회권적 기본권 등은 누릴 수 없거나 제한적으로밖에 향유하지 못하게 된다(헌재 2000.8.31. 97헌가12)(독일헌법은 독일국민(제116조 제1항 등)만 귀속되는 기본권(제11조 거주이전, 제12조 직업선택)과 모든 인간의 인권(제1조 제1항 인간의 존엄성, 제2조 제1항 일반적 행동자유권 등)을 구별한다).

3.3.3 법률주의

국회는 외국인의 기본권주체성을 입법형성권의 입법재량에 의하며 구체적 범위는 법률에 따른다. 헌법 제118조 제2항 '지방의회의원과 지방자치단체장의 선거에 관한 사항은 법률로 정한다'에서 외국인의 참정기본권의 성립가능성, 헌법 제25조 '모든 국민은 법률이 정하는 바에 의해 공무담임권을 갖는다'에서 외국인의 공무담임권 등을 인정하는 법률의 제정 등이 그것이다.

[三] 법인과 권리주체

1. 법인의 의의 · 능력 · 분류

1.1 법인, 권리능력 없는 사단 · 재단, 조합

1.1.1 법인 – 사단법인 · 재단법인

법인은 일정 목적 · 조직으로 결합한 사람의 단체(사단), 일정 목적에 바쳐진 재산(재단) 등의 실체에 법인격이 부여되어 권리능력을 갖고 사회적 작용을 행하는 의사체이다. 자연인은 정신 · 육신의 생명체로 나면서 당연히 권리능력을 갖는 생득(生得)주의에 따르나(제3조), 법인은 법정주의에 따라서 민법총칙 184개 조항은 제3장 법인 조항인 제31조~제97조의 67개조를 둔다. 권리능력 없는 사단은 일정 목적 · 조직으로 결합된 사람의 단체인 사단 또는 조합이며(헌재 1995.7.21. 92헌마177등), 권리능력 없는 재단은 일정 목적에 바쳐진 재산으로서의 단체이지만, 이에 규범상 권리주체성을 부여하면 법인격을 갖는 사단법인 또는 재단법인이 된다(민법 제32조). 사단법인은 인적 단체이고 재단법인은 물적 단체이기에 그 설립행위, 정관변경, 기관종류, 해산사유 등에서 구분된다.

법인실재론 · 법인의제론 · 법인부인론 권리주체론에 대하여 '법인실재론'은 법인을 사회적 실재 그 자체로 바라보는 데 대하여, '법인의제론'*Savigny, Windscheid*은, 사단에 관련하여, 권리 · 의무의 주체는 정신적 · 신체적 생명체라는 생물학적 속성을 갖는 자연인에 한하고, 그런 실체가 없는 관념적 존재인 단체는 법상 자연인에 의제되어 법인격을 가질 뿐, 권리 · 의무의 법률관계는 법인을 구성하거나 대리하는 자연인의 의사로 이루어진다 한다. 국헌학적으로 보면, 이는 근세국가의 중앙집권적 정치체제의 논리에 가깝다. '법인부인론'은, 재단에 관련하여, 법인의 본체는 일정 목적에 바쳐진 재산, 법인으로부터 이익을 얻는 다수의 논리에 가깝다. '법인부인론'은, 재단에 관련하여, 법인의 본체는 일정 목적에 바쳐진 재산, 법인으로부터 이익을 얻는 다수 개인, 법인재산의 실제관리자 등이라 하여 법인의 독자적 실체성을 부인한다. 이는 법인을 자연인 내지 목적재산 등 내부에만 주목함으로써 법인 자체가 지니는 사회적 실재의 현실을 지나친다. 근대국가의 법인 이론에 가깝다 할 것이다.

1.1.2 권리능력 없는 사단 · 재단

사단법인 설립행위는 설립자 전원이 합동하여 법인설립이라는 공동의 목적에 협력하여 행하는 합동행위이다. 계약과 같이 당사자 각자가 서로 대립하는 의사의 합치로 이루어지는 법률행위와 구분된다. 설립중 사단법인은 설립자조합의 조합계약에 기초하여 그 이행으로서 정관작성을 비롯하여 법인설립행위를 하는 단계의 권리능력 없는 사단이다. 재단법인 설립행위는 설립자가 일정재산을 출연하고 정관을 작성하여야 하는 요식행위이며 상대방 없는 단독행위이다. 민법상 법인설립허가주의에서, 권리능력 없는 사단 또는 재단은 그 실체에도 불구하고 주무관청에 허가를 신청 중이거나 받지 못하거나 설립등기를 하지 못하여 등의 사유로 법인격을 취득하지 못한 단체이다(제32조 등). 법인이 아닌 사단에는 정관에 규정이 없으면 사단법인 또는 조합에 관한 규정을 준용한다(민법 제54조). 사원이 집합체로서 물건을 소유할 때에는 총유로 한다(제257조 제1항). 부동산등기와 소송에서는 이들 단체 자체를 소송의 주체로 인정한다(부동산등기법 제26조 민사소송법 제52조). 법인격 없는 재단의 부동산등기, 소송상 당사자능력은 재단 명의로 할 수 있으나, 재산이나 법률행위 등의 형식적 귀속관계는 신탁의 법리에 따라서 관리자의 개인 명의로 한다(헌재 1991.6.3. 90헌마56).

종중宗中, 교회, 정당 등 법인격없는 사단 또는 재단과 사단법인의 존속보장 종중, 교회, 정당 등은 정관에 따르며 규정이 없으면 사단법인 규정을 준용한다. 법인격 없는 재단은 부동산등기나 소송상 당사자능력을 재단 명의로 할 수 있으나, 재산이나 법률행위 등의 형식적 귀속관계는 신탁의 법리에 따라서 관리자 개인명의로 한다. 민법은 법인설립허가주의를 취하므로, 허가를 신청 중이거나 받지 못하거나 혹은 규제를 원하지 않을 경우에, 법인설립이 강제되지 않은 이상, 권리능력 없는 사단으로 존재할 수 있다. 사단법인의 해산결의에 관한 민법 제78조가 사단법인 총사원 4분의 3 이상의 동의가 없으면 단순 다수의 찬성이 있는 것만으로는 해산할 수 없도록 함은 사단법인의 존속보장으로써 헌법상 결사에 잔류할 자유를 침해하지 않는다(인적 단체인 사단법인은 사원총의에 따라 자율적으로 해산할 수 있어 자율성을 보장하는 한편 정관변경에는 총사원 3분의 2 이상의 동의가 원칙이나 해산결의요건에는 그보다 가중한다)(헌재 2017.5.25. 2015헌바260).

종중, 교회, 사찰, 자연부락 등과 권리능력없는 사단 · 재단 宗中은 권리능력없는 사단이며 종족의 자연집단인 관습상 단체이다(공동선조의 분묘수호와 제사 및 종원 상호간 친목을 목적으로 공동선조의 후손 중 성년남자를 종원으로 구성되며, 공동선조의 성과 본을 같이하는 후손은 성별 구별없이 성년이 되면 당연히 그 구성원이 된다)(대법원 2005.7.21. 2002다1178). 종중재산은 선조에 대한 제사를 위한 재산으로서 (선조의 분묘가 있는 임야인 墓山 내지 宗山, 제사비용에 충당하는 토지인 位土 내지 祭田 등은)종중 명의로 등기할 수 있고(부동산등기법 제26조 제1항), 종중원 모두의 총유에 속한다(제275조 이하). 교회는, (일정 지역에서 신앙활동을 하는 개개 支교회는)권리능력없는 사단이며(총구성원 2/3 이상의 동의를 받아 소속교단을 탈퇴한 교회소속 교인들은 종전 교회재산을 총유로 소유하지만 이에 미치지 못하면 권리를 상실한다)(대법원 2006.4.20. 2004다37775). 사찰은, (불교교의를 선포하고 불교의식을 행하기 위한 시설을 갖춘 승려, 신도의 조직인 단체로서 독립한 사찰로서의 실체를 갖추려면 물적 요소인 불당 등의 사찰재산이 있고 인적 요소인 주지를 비롯한 승려와 상당수의 신도가 존재하며, 단체로서의 규약을 갖추고)그 자체 생명력을 가지고 사회적 활동을 할 것이 필요하다(대법원 2001.1.30. 99다42179). 자연부락은, (일정 동·리의 주민을 구성원으로 하여 鄕祭를 지내는 것을 고유목적으로 하는 특수한 단체로서)독자적 사회조직체이며 마을의 향제 등을 목적으로 하여 설정된 재산은 그 마을 주민의 총유에 속한다.

1.1.3 조 합

조합組合은 구성원과 독립하여 존재하는 단체이지만 단체 자체에 법인격이 부여되지 않고 구성원 모두 각자 권리주체가 된다. 그러므로 조합에 대해서는 조합계약이라는 채권법률관계로 이를 다루어(민법 제703조 이하), 조합의 행위는 구성원 전체 또는 전원에게서 대리권이 수여된 자에 의하며 그 법률효과는 전원에게 귀속되고 자산, 부채는 전원에게 공동소유이면서 부담이 된다.

1.2 법인의 등기 · 능력 · 책임

1.2.1 법인의 설립등기

등기는 민법상 비영리법인 내지 특수법인 등 각종 법인에 관계된 거래의 안전을 위하여 그 조직 · 내용 등을 공시하는 제도이다. 법인에 있어서 법인설립등기(제49조 제1항)는 법인의 성립요건이다. 법인은 구성원으로부터 독립된 조직을 갖고 별개의 법적 주체로서 활동하므로, 독립된 사회적 실체로서 등기를 요한다. 다만, 법인 등기는 법인이라는 권리주체에 대한 등기인 점에서 권리의 객체인 물건에 관하여 부동산등기법에서 정하는 부동산등기와 구분된다.

법인 등기 민법 제67조는 민법 중 법인의 등기에 관한 규정은 민법 및 상법 외의 법령에 따라 설립된 법인의 등기에 대하여도 적용한다. 다만, 그 법령에 특별한 규정이 있거나 성질상 허용되지 아니하는 경우에는 그러하지 아니하다 하여, 개인상인 및 회사에 관한 상업등기는 상법에서 규정하지만 등기의 절차는 법인과 같이 비송사건절차법(제129조 이하)에서 규정한다.

1.2.2 법인의 능력

법에 의하여 법인격이 인정되는 법인은 법률의 규정에 좇아 정관으로 정한 목적의 범위 내에서 권리와 의무의 주체인 권리능력을 갖고(민법 제34조), 권리능력을 현실화하는 기관을 두어 그 기관 행위를 법인의 행위로 간주한다. 법인의 권리능력은 법률의 규정에 좇아 정관으로 정한 목적의 범위 내에서 권리와 의무의 주체가 된다(제34조). 법인이 권리능력의 범위에 속하는 권리를 취득하거나 이를 관리 · 처분하기 위해서 일정 행위를 할 수 있는 능력이 법인의 행위능력이다. 법인의 행위는 자연인을 통하여 행하며 그가 대표기관이다. 이사, 임시이사, 특별대리인, 직무대행자, 청산인 등 대표기관의 행위는 법인의 행위로 간주된다. 법인의 정관은 법인의 조직과 활동에 관하여 단체 내부에서 자율적으로 정한 자치규범으로서, 대내적 효력을 가질 뿐 대외적으로 제3자를 구속하지 않고 그 형성・효력 발생요건에서 법규명령과 차이가 크다(헌재 2016.11.24. 2015헌가29).

1.2.3 법인의 책임

법인은 이사 기타 대표자가 그 직무에 관하여 타인에게 가한 손해를 배상할 책임이 있다(제35조 제1항). 이는 법인실재설에 입각하여, 민법 제750조 '고의 또는 과실로 인한 위법행위로 타인에게 손해를 가한 자는 그 손해를 배상할 책임이 있다' 함의 특칙규정이다. 대표기관은 피용자被傭者이다. 법인의 불법행위에 대해서, 이사 기타 대표자는 그 직무에 관하여 타인에게 가한 손해를 배상할 책임이 있다(제35조 제1항). 또한 사용자의 지위에서 타인 행위에 대한 책임인 제756조 사용자책임을 진다. 양자는 책임구조를 달리하므로 경합하지 아니한다. 법인의 목적 범위 외의 행위로 인하여 타인에게 손해를 가한 때에는 그 사항의 의결에 찬성하거나 그 의결을 집행한 사원, 이사 및 기타 대표자가 연대하여 배상하여야 한다(제2항). 법인의 형사책임에 대하여, 법인은 자연인과 같은 육신적・정신적 존재가 아니기에 그의 범죄능력은 인정되기 어려우나, 법인의 현실적인 범죄행위에 대하여 형벌을 과하여 이를 받게 하는 수형능력은 인정하는 것이 적절하다. 예컨대 법인 개념 자체가 민법상의 개념이기에 이를 형법에서도 그대로 받아들이기는 어렵다 하는 입장에서는, 법인을 대표하여 형법상 행위를 행한 자연인에 대한 형법상 책임만 가능하며 법인 자체에 대한 책임 부여 문제는 지금 문제가 되는 그 법인의 관념이 만들어진 근거가 되는 규범인 민법 또는 행정법 등에서 민사벌 내지 행정벌 등으로 처리하여야 한다는 것이나, 이는 헌법을 정점으로 하는 통일적 법질서를 지향하는 입헌주의적 규범논리로서는 특정화된 실정법 규범에 한정된다.

법인격부인론 법인은 내부적으로는 그를 구성하는 자연인, 그 의사를 표시하는 기관 등을 통하여 외부적으로 하나의 사회적 실재로서 가치를 이루어 나간다는 상호관련성을 갖는다. 그런데, 거래 상대방에 대한 의무, 채무 등의 법적 책임 회피(대법원 2001.1.19. 97다21604(의무 면탈), 대법원 2004.11.12. 2002다66892(채무 면탈)), 강제집행면탈 등의 법인격남용으로 양자간 괴리가 있어 도저히 법인으로서 사회적 가치를 인정할 수 없는 경우, 민법 제2조 신의칙 내지 권리남용금지 등을 원용하여 당해 법인은 형해화된 것으로 보아 그 법률적 책임을 법인 아닌 자연인이나 기관에 돌리는 경우가 '법인격부인론'이다.

법인의 책임주의원칙 법인의 종업원 등의 범죄행위에 비난할 근거가 되는 법인의 의사결정 및 행위구조 즉 종업원 등이 저지른 행위의 결과에 대한 법인의 독자적 책임에 관하여 전혀 규정하지 않은 채, 단순히 법인이 고용한 종업원 등이 업무에 관하여 범죄행위를 하였다는 이유만으로 법인에 형사처벌을 과하는 것은 다른 사람의 범죄에 그 책임유무를 묻지 않는 형벌 부과로서, 헌법상 법치국가원리 및 죄형법정주의로부터 도출되는 책임주의원칙에 반한다. 반면 법인은 기관을 통하여 행위하므로 법인이 대표자를 선임한 이상 그의 행위로 인한 법률효과는 법인에 귀속되어야 하고, 법인 대표자의 법규위반행위, 범죄행위에는 법인 자신의 법규위반행위로 평가될 수 있는 행위에 대한 법인의 직접책임으로서, 대표자의 책임을 요건으로 법인을 처벌하는 것이므로 책임주의원칙에 반하지 않고, 이 때 법인의 '대표자'는 그 명칭 여하를 불문하고 당해 법인을 실질적으로 경영하면서 사실상 대표하고 있는 자도 포함된다고 해석함이 상당하다(헌재 2013.10.24. 2013헌가18).

1.3 법인의 분류

1.3.1 법인의 준거법에 따른 분류

법인은 설립의 준거법에 따라서, 내국법인은 대한민국의 법을 준거법으로 설립되는 법인이며, 국내에 주된 사무소를 설치하고 그 주된 사무소 소재지에 설립등기를 하여야 한다(민법 제33조 헌재 1991.6.3. 90헌마56). 외국법인은 외국법에 준거하는 법인이다. 일반법인은 민법, 상법 등의 준거법에 의해 설립되는 법인으로서 주로 사법인이 이에 해당한다. 특수법인은 그 외의 법률에 의하여 설립되는 법인이다. 예를 들어, 공익법인은 '공익법인의 설립 및 운영에 관한 법률', 학교법인은 사립학교법, 의료법인은 의료법이 적용된다. 각종 협동조합, 은행 등에는 특별법이 제정되어 적용된다. 법인은 설립 특허주의(국책은행), 허가주의(민법상 비영리법인, 학교법인), 인가주의(각종 조합 등), 준칙주의(상법상 회사), 강제주의(변호사회 등) 등으로도 구분된다.

1.3.2 공법인, 공사단, 공재단, 공기업, 특허기업, 중간법인

공법인은 공법을 준거법으로 설립·가입 강제, 국가의 구성원 임면, 공무원화 등으로 직접 관리하는 법인으로서, 민법·상법 등에 준거하여 주무관청의 인가 등으로 설치되는 사법인과 달리, 그 설립·해산의 법률 의존성, 국가의 지원·감독 등의 통제, 공익적 사무수행과 목적달성에 필요한 한도의 공권력 행사 및 의무 부과, 설립·운영자금의 전부 또는 일부의 세금 충당 등에 의한다. 국가, 지방자치단체는 공법인이어서 불법행위책임은 국가배상법, 재판은 헌법재판이나 행정소송, 강제집행은 세법상 강제집행절차에 의한다. 반면, 사법인은 민법상 불법행위책임, 민사소송법, 민사집행법의 강제집행 등에 의한다. 공법인의 상행위는 법령에 다른 규정이 없는 경우에 한하여 상법을 적용한다(상법 제2조). 사법인 대 공법인은 준거법에 따른 설립방법, 목적, 향유하게 되는 권리와 담당사무의 성질 내지 국가적 성격 등으로 구분되나, 그에 의해서도 명확하게 구분되지 않는 중간적 법인으로 한국은행, 대한주택공사, 농업협동조합 등이 있다.

공사단, 공재단, 공기업, 특허기업 公社團은 공법상 사단법인으로서 협회 등 이익단체, 공제회 등 상호부조기관이 있다. 公財團은 공법상 재단법인으로서 공단 등 행정지원기관은 공공서비스 제공 또는 국가특정사무를 위탁받아 수행함을 목적으로 법률로 설립된 공법인이며 민법의 재단법인 규정을 준용한다. 公企業은 국가(국영기업·공기업), 지방자치단체(공영기업·공기업), 특별법(특수법인기업·공기업) 등에 의하여 설립된 공법상 기업법인으로서(공사, 공단 등의정부출자기관 등), 공익실현이나 공공적 경제수요 충족을 위해 설립되어 기업성이 강하다. 공기업은 일시적 이용관계이든(철도·지하철승차 등) 계속적 이용관계이든(수도·가스 등의 공급 등) 공익실현 및 공중에의 이용을 전제로 하는 영조물과 구분되어 그 이용관계도 사법상 형식이 원칙이며 그 내용은 법령, 자치조례, 규칙, 공기업규칙 등으로 정형화된다. 특허기업은 공익사업을 특허 받아 경영되며, 특허는 국가 또는 공공단체 등 행정주체가 경영하는 공익사업의 경영권의 전부나 일부를 포괄적으로 사인에게 부여하는 형성적 행위이다.

1.3.3 회 사

법인은 민법상 법인인 비영리법인과 상법상 법인인 영리법인이 있다. 비영리법인은 주무관청의 허가를 얻어 설립등기를 하여 성립하며(민법 제32조, 제33조), 영리법인은 설립등기에 의하여 성립한다(상법 제172조). 영리를 목적으로 하는 사단은 '상사회사 설립의 조건에 좇아 법인으로 할 수 있다'(민법 제39조 제1항) 하기에, 재단은 영리법인이 될 수 없다. 상사회사는 영리법인 중에서 상법(제46조 이하)이 정한 상행위를 목적으로 하는 법인이다. 민사회사는 상행위 외의 영리행위를 목적으로 하는 영리법인으로서 민법(제39조)에 따라 설립된 법인이다. 상법 제169조는 상행위나 그 밖의 영리를 목적으로 하여 설립한 법인을 모두 '회사'라 한다.

2. 법인의 기관과 소멸

2.1 법인의 이사

법인은 권리능력을 지닌 권리주체이나, 실재하는 독립한 인격체로서의 활동은 법인의 의사를 결정하고 이를 외부에 표시하는 등으로 사무를 처리할 수 있는 일정 조직인 기관이 필요하다. 법인의 기관은 법인과 별개의 인격이 아닌 그 조직이다. 그 행위는 법인의 행위로 의제되는 점에서 대리인과 구별된다. 법인의 목적 달성을 위한 활동은 의사를 결정하고 집행하는 법인의 내부조직으로 대표기관, 집행기관, 의사기관, 감독기관 등에 의한다. 민법은 이사 전원으로 구성하는 이사회를 의사결정기관으로 하는 의사집행기관인 이사, 감독기관으로 감사(임의기관), 사원총회(사단법인에만 존재) 등을 규정한다. 민법은 비영리법인을 대상으로 하므로, 상법상 영리법인인 주식회사에서는 이사회가 필수기관인 법정기관이지만(상법 제390조 이하), 민법은 이를 임의기관으로 하여 달리 정하지 않는다. 사단법인, 재단법인 모두에 두는 이사는 필요적 상설기관으로서 대외적으로 법인을 대표하는 대표기관, 대내적으로는 법인의 업무를 집행하는 집행기관이다(민법 제58조 제1항). 이사는 법인의 사무에 관하여 각자 법인을 대표한다(제59조 제1항 본문). 이사가 없게 되거나 결원이 생긴 경우에, 이로 인하여 손해가 생길 염려가 있으면 일정인의 청구에 의하여 법원이 임시이사를 선임하여야 한다(제63조). 임시이사는 이사가 없거나 결원이 있는 경우에 이로 인하여 손해가 생길 염려가 있는 때에 법원이 이해관계인이나 검사의 청구에 의하여 선임한다(제63조).

법인과 기관 및 사립학교 임시이사 법인과 이사의 이익이 상반되는 사항에 관하여는 이사는 대표권이 없고 법원이 이해관계인이나 검사의 청구에 의하여 특별대리인을 선임하여야 한다(제64조). 직무대행자는 이사 선임행위에 흠이 있어 직무집행정지의 가처분이 내려진 경우에 법원이 당사자의 신청에 의해 가처분으로 선임한다(제60조의2). 민법상 임시이사는 정식이사와 동일한 권한을 가지므로 임시이사도 정식이사 선임 의결권이 있지만, (구 사립학교법상의 임시이사를 정한 제25조는 민법 제63조 특칙으로서), 정부가 선임한 임시이사는 (민법상 임시이사와 달리 일반적인 학교법인의 운영에 관한 행위에 한하여 정식이사와 동일한 권한을 가지는 것으로 제한적으로 해석하여야 할 것이고 따라서)정식이사를 선임할 권한은 없다'(대법원 2007.5.17. 2006다19054).

2.2 감사 · 사원총회 · 사원

감사는 사단법인과 재단법인에 있어서 집행기관인 이사의 업무집행의 감독기관으로서, 정관 또는 총회의 결의에 의하여 둘 수 있는 임의기관이다(민법 제66조). 다만, 주식회사에 있어서는 필요적 상설기관이다(상법 제409조 제1항). 사원총회는 사단법인에만 존재하는 사원 전원으로 구성되는 필수기관이지만 상설기관은 아니며, 그 소집형태에 따라 통상총회와 임시총회가 있다. 정관변경(제42조), 임의해산(제77조 제2항)은 총회의 전권에 속하며, 정관에 의하여서도 이를 박탈하지 못한다. 재단법인에는 사원이 없으므로 사원총회가 있을 수 없고 그 최고의사는 정관에 정하여져 있다. 사원 자체는 사단법인의 기관은 아니지만 사단법인 존립의 기초를 이루면서 사원총회를 구성하고, 법인의 활동에 관하여 가지는 여러 권리 · 의무를 총괄하는 지위인 사원권을 갖는다. 사원은 사단의 구성원으로서, 사단에 대한 권리를 총칭하는 사원권을 갖는다. 사원권에는 사원 각자가 법인으로부터 개인적 이익을 얻는 권리인 자익권自益權으로서 영리법인의 이익배당청구권, 잔여재산분배청구권 등 상법이 적용되는 권리, 비영리법인에서의 사단시설이용권 등이 있다. 사원권에는 사단의 관리운영에 참가함을 내용으로 하는 공익권共益權으로서 결의권, 소수사원권, 업무집행권, 감독권 등이 있다. 사원은 사단에 대한 의무를 총칭하는 의무를 진다. 이에는 법인에 대한 회비납부의무, 영리법인에서는 출자의무 등이 있다.

2.3 법인의 소멸

법인은 해산과 청산절차의 종료로 소멸한다. 법인의 소멸은 마치 자연인이 정신 · 육신의 생명체로서 그의 권리능력이 의사능력, 제한능력 등으로 제한되고, 사망으로 잃게 되는 것과 같이 그 소멸로 권리능력을 상실하는 것이다. 법인에게는 자연인과 달리 상속제도가 없으므로 법인의 소멸은 재산관계정리를 위하여 법인의 활동을 정지하는 해산을 하고 이어서 해산한 법인의 재산관계정리, 청산 등의 절차를 거쳐 행하여진다. 따라서, 법인은 해산으로 권리능력이 완전히 소멸하지 않고, 청산에 필요한 한도로 제한된다. 이 권리능력이 제한되는 법인인 청산법인은 본래 법인과 동일성을 가지며 청산 종결로 법인은 완전히 소멸된다. 청산인은 법인이 해산된 경우에 청산사무를 담당하는 필수기관이다(破産의 경우는 제외한다). 민법상 비영리법인의 청산절차에서는 해산된 법인의 신속하고 완전한 법적 소멸과 채권자 등 이해관계인의 이익의 공평한 보호를 통하여 청산과 관련한 법적 안정성의 적정한 실현이라는 공익이 달성될 수 있도록 청산인의 청산사무 집행의 효율성과 적정성을 확보하는 것이 필요하다.

3. 법인의 기본권주체성

3.1 법인의 기본권주체성의 의의

3.1.1 법인의 기본권주체성

법인・단체의 기본권주체성의 헌법규정은 없으나, 권리의무주체는 정신・육신의 생명체인 실체를 갖는 자연인에 한정하지 않으며, 법인실재론에서도 인공적 존재인 단체를 형성하는 실체에 규범적으로 권리주체성을 부여하므로, 법인 특히 내국사법인은 그 자체의 의사로 사회적 작용을 행하며 실재하는 의사체로 기능하면서 기본권주체성이 인정된다(헌재 2000.6.1. 99헌마553). 사인의 국가에 대한 권리인 자유권적 기본권이 특히 그러하다. 반면, 자연인이라는 생명체만 전속될 수 있는 천부권 등은 인정되지 않는다. 사회권적 기본권, 참정권, 청구권적 기본권 등이 그러하다. 외국 법률을 준거로 설립된 외국법인 특히 외국사법인은 헌법 제6조 제2항 상호주의에 따라서 제정되는 조약 등의 국제법규에 의하여 재산권, 영업의 자유, 재판청구권 등이 인정된다.

법인의 기본권향유범위 법인은 정신적・육신적 존재자인 인간에게만 인정되는 권리를 제외한 인격권(헌재 1991.4.1. 89헌마160), 자유권적 기본권인 평등권(남녀평등은 성질상 제외), 종교, 학문, 언론・출판・집회・결사(헌재 2000.6.1. 99헌마553), 거주이전(헌재 2000.12.14. 98헌바104), 직업, 주거, 사생활의 비밀과 자유, 통신, 재산권, 소비자권리 등의 주체가 된다. 사회권적 기본권(인간다운 생활을 할 권리, 교육을 받을 권리, 근로기본권, 보건권, 환경권(견해 나뉨)), 참정권, 청구권적 기본권(형사보상청구권, 범죄피해자구조청구권 등) 등은 원칙적으로 내국자연인에게만 인정되나, 근로3권, 청원권, 재판청구권, 국가배상청구권 등은 법인에게도 가능하다.

일정한 목적・조직으로 결합된 사람의 단체인 사단이나 조합은 권리능력 없는 사단이며(헌재 1995.7.21. 92헌마177등), 일정 목적에 바쳐진 재산인 재단은 권리능력 없는 재단이지만, 이 사단이나 재단에 규범적으로 권리주체성을 부여하면 당해 실체로부터 독립하여 법인격을 갖는 사단 또는 재단인 사단법인이나 재단법인이 된다(민법 제32조). 법인설립허가주의를 취하는 민법상, 허가를 신청 중이거나 받지 못하거나 원하지 않으면 법인설립이 강제되지 않는 이상, 권리능력 없는 단체로 존재할 수 있는 비법인사단・재단은 민법의 법인규정이 준용되며 기본권주체성을 갖는다.

법인의 기본권능력에 관련한 비법인사단・비법인재단・민법상 조합의 권리능력・당사자능력 등 비법인사단(권리능력없는 사단)은 법인 등록을 하지 아니한 단체로서 宗中, 교회, 사찰, 정당, 설립중 회사, 동창회, 학회, 자연마을, 아파트부녀회 등이 있다. 비법인사단은 고유의 목적을 가지고 정관, 규약에 근거하여 의사결정기관 및 집행기관인 대표자를 두는 등의 조직을 갖추고, 기관의 의결이나 업무집행방법이 다수결원칙에 의하며, 구성원의 가입, 탈퇴 등으로 인한 변경에 관계없이 단체 자체가 존속되고, 그 조직에 의하여 대표의 방법, 총회나 이사회 등의 운영, 자본의 구성, 재산의 관리 기타 단체로서의 주요사항이 확정되어 있으면 비법인사단으로서 실체를 가진다(대법원 1999.4.23. 99다4504 등). 따라서 정관 등에 규정이 없으면 민법의 사단법인 규정을 준용한다. 비법인재단(권리능력없는 재단)은 지속성이 있는 일정한 목적을 위하여 제공되어 출연자로부터 독립하여 존재하고 관리인의 관리를 받는 재산의 집단으로 법인이 되지 않은 것이다. 장학회, 유치원 등이다. 법인격 없는 재단은 부동산등기나 소송상 당사자능력을 재단 명의로 할 수 있으나, 재산이나 법률행위 등의 형식적 귀속관계는 신탁의 법리에 따라서 관리자 개인명의로 한다. (사단법인의 정관변경에는 총사원 3분의 2 이상의 동의가 원칙이나, 해산결의의 요건에는 그보다 가중하여)민법 제78조는 사단법인은 총사원 4분의 3 이상의 동의가 없으면 해산을 결의하지 못하게 하고 (인적 단체인 사단법인은 사원의 총의에 따라 자율적으로 해산할 수 있도록 정하여 사단법인의 자율성을 보장하는 한편)단순히 다수의 찬성이 있는 것만으로는 해산할 수 없도록 하여 사단법인의 존속을 보장함으로써 헌법상 결사에 잔류할 자유를 침해하지 않는다(헌재 2017.5.25. 2015헌바260). 학교는 학교재단의 교육시설 내지는 영조물로서 학교 자체의 당사자능력은 부인된다(대법원 1955.8.4. 4288민상64). 공립학교는 자치단체, 사립학교는 학교법인, 기타 각종 학교는 각 운영주체를 당사자로 하게 된다. 민법상 조합은 2인 이상이 상호간에 금전 기타 재산 또는 노무를 출자하여 공동사업을 경영할 것을 약정하는 계약관계에 의하여 성립하므로(민법 제703조), 구성원의 개인성이 두드러지는 인적 결합체로서 단체성이 그 소유형태가 총유인 비법인사단보다 약하여 그 소유형태는 합유이다. 그 당사자능력은 부인된다. 권리능력없는 사단의 사원이 집합체로서 물건을 소유하면 그 소유형태는 총유가 된다(제275조 제1항).

3.1.2 사법인의 기본권주체성

기본권은 사인의 국가에 대한 권리이므로 법인 특히 내국사법인은 그 자체의 의사로 사회적 작용을 행하며 실재하는 의사체로 기능하면서, 기본권 주체성이 인정되나, 정신적·육신적 존재자인 자연인이라는 인간의 생명체에만 전속될 수 있는 천부권 등은 법인 등에게는 인정되지 아니한다. 사회권적 기본권, 참정권, 청구권적 기본권 등은 외국자연인과 마찬가지로 인정되기 어렵다. 외국법률을 준거법으로 설립된 외국사법인은 헌법 제6조 제2항 상호주의에 따라서 제정되는 조약 등의 국제법규에 의하여 재산권, 영업의 자유, 재판청구권 등이 인정된다. 다만, 법인의 개별 기본권 주체성의 인정여부는 당해 기본권의 성격, 기본권 실현책무 등의 기준에 의하는데, 그 구체적 판단의 여하와 내용은 입법형성권을 지닌 국회의 입법재량에 속한다.

법인의 기본권주체성 논리 내국법인은 대한민국의 법을 준거법으로 설립되는 법인이며, 국내에 주된 사무소를 설치하고 그 주된 사무소 소재지에 설립등기를 하여야 한다(민법 제33조 헌재 1991.6.3. 90헌마56). 외국법인은 외국법에 준거하는 법인이다. 일반법인은 민법, 상법 등의 준거법에 의해 설립되는 법인으로서 주로 사법인이 해당한다. 특수법인은 그 외의 법률에 의하여 설립되는 법인이다. 공익법인은 '공익법인의 설립 및 운영에 관한 법률', 학교법인은 사립학교법, 의료법인은 의료법이 적용된다. 각종 협동조합, 은행 등에는 특별법이 제정되어 적용된다. 법인에 관하여, 민법총칙은 184개 조항에서 제3장 법인 조항이 제31조~제97조의 67개를 둔다. 카를 슈미트*C.Schmitt*는 기본권은 전국가적 천부권을 향유할 수 있는 자연인에게만 인정되므로, 국가의 법률로 법인격이 인정되는 법인은 공법인, 사법인을 불문하고 부인한다. 스멘트*R.Smend*는 기본권실현책무를 부여할 수 있다면 생활공동체를 구성하는 공법인, 사법인의 기본권주체성을 인정한다. 헤세*K.Hesse* 역시 모든 사람·법인·단체(정당 등)에 대하여 인정한다.

법인의 기본권향유범위 법인은 자유권적 기본권(인격권(헌재 1991.4.1. 89헌마160), 평등권(남녀평등은성질상 제외), 종교, 학문, 언론·출판·집회·결사(헌재 2000.6.1. 99헌마553), 거주이전(헌재 2000.12.14. 98헌바104), 직업, 주거, 사생활의 비밀과 자유, 통신, 재산권, 소비자권리 등)의 주체가 된다. 사회권적 기본권(인간다운 생활을 할 권리, 교육을 받을 권리, 근로기본권, 보건권, 환경권(견해 나뉨)), 참정권, 청구권적 기본권(형사보상청구권, 범죄피해자구조청구권 등) 등은 원칙적으로 내국자연인에게만 인정되나, 근로3권, 청원권, 재판청구권, 국가배상청구권 등은 법인에게도 가능하다.

3.1.3 법인의 기본권주체성과 책임주의원칙

법인은 기관을 통하여 그 행위를 하므로 법인이 대표자를 선임한 이상 그의 행위로 인한 법률효과가 법인에 귀속되는 것은 사법에 있어서의 책임주의원칙에 합치한다. 법인의 종업원 등의 범죄행위에 대해서 법인을 비난할 수 있는 근거가 되는 법인의 의사결정 및 행위구조에는 헌법상 법치국가원리 및 죄형법정주의로부터 도출되는 책임주의원칙에 따른다. 법인은 기관을 통하여 행위하므로 법인이 대표자를 선임한 이상 그의 행위로 인한 법률효과가 법인에 귀속되는 것은 책임주의원칙에 합치한다. 종업원 등의 행위의 결과에 대한 법인의 독자적 책임에 관하여 전혀 규정하지 않은 채, 단순히 법인이 고용한 종업원 등이 업무에 관하여 범죄행위를 하였다는 이유만으로 법인에 과하는 형사처벌은 다른 사람의 범죄에 그 책임유무를 묻지 않는 형벌부과로서 책임주의원칙에 반한다. 반면 법인의 대표자(법인의 '대표자'는 명칭여하를 불문하고 당해법인을 실질적으로 경영하면서 사실상 대표하고 있는 자도 포함된다 해석함이 상당하다)의 법규위반행위, 범죄행위가 법인 자신의 법규위반행위로 평가될 수 있는 행위에 대해서는 대표자의 책임을 요건으로 하여 법인을 처벌하는 등으로 법인에 대해서 직접책임을 지우는 것이므로 책임주의

원칙에 반하지 아니한다(헌재 2013.10.24. 2013헌가18).

3.2 국가 등 공법인과 기본권주체성

3.2.1 국가 등의 기본권주체성

헌법 제2장 '국민의 권리와 의무'의 해석상 국민만이 기본권의 주체라 할 것이고, 공권력의 행사자인 국가, 지방자치단체나 그 기관 또는 국가조직의 일부나 공법인은 기본권의 수범자 즉 실현주체이지 기본권 향유주체가 아니고(헌재 2009.5.28. 2007헌바80), 국민의 기본권을 보호 내지 실현해야 할 책임과 의무를 지니고 있을 뿐이다. 그리하여 원칙적으로 국가기관은 기본권수범자로서 국민의 기본권을 보호할 의무를 지고 있으므로 기본권향유주체로서의 지위에 있지 아니하기에 헌법소원 심판청구의 청구적격성이 없다. 국가기관의 기본권주체성은 그 공권력작용이 넓은 의미의 국가조직영역 내에서 공적과제를 수행하는 주체의 권한 내지 직무영역을 제약하는 성격이 강한 경우에는 부인되나, 일반 국민으로서 국가에 대하여 갖는 헌법상 기본권을 제약하는 성격이 강한 경우에는 인정할 수 있다. 즉 개인의 지위를 겸하는 국가기관이 헌법소원을 제기할 적격인 기본권주체성에 대하여, 대통령은 소속정당을 위하여 정당활동을 할 수 있는 사인으로서의 지위와 국민 모두에 대한 봉사자로서 공익실현의 의무가 있는 헌법기관으로서의 지위를 동시에 갖는데, 최소한 전자의 지위와 관련하여서는 기본권주체성을 갖는다(헌재 2008.1.17. 2007헌마700).

국가, 지방자치단체, 공공단체 등의 기본권주체성 국회의원(헌재 2000.8.31. 2000헌마156), 국회의 조직인 상임위원회 같은 국가기관, 지방자치단체 등은 기본권주체가 될 수 없다(헌재 2006.12.28. 2006헌마312). 서울특별시 서초구는 헌법 제23조 재산권의 주체가 될 수 없다(헌재 2009.5.28. 2007헌바80). 공공단체 등은 행정주체인 지위에 있지만 동시에 국가에 대한 관계에서는 기본권주체성이 있다(공공단체 등은 개별 법률에 설립근거를 두고 국가의사로 직접 법인격이 부여되어 국가 등의 사무를 위탁받아 업무를 수행하며, 출자·출연금·보조금 등의 재정지원을 받으면서 공익사무를 수행하고, 행정주체의 지위도 가지는 등의 공공성이 강한 법인이다. 공공단체 등은 국가에 의하여 그 존립의 목적이 부여된 공법인인 지방자치단체, 공법상 사단법인(공공조합), 공법상 재단법인, 영조물법인(국가 등의 행정주체가 그 목적달성을 위하여 제공한 인적·물적 시설의 종합체로서 주로 정신적·문화적 목적 등에 계속적으로 제공된 조직체) 등을 포함한다).

3.2.2 국가와 사회의 중개제도로서의 정당의 기본권주체성

정당은 권리능력 없는 사단으로 법인격이 없으나, 국가와 사회의 중개자적 기능을 갖는 점에서 일정 사안에 직접 이해관계가 있거나 관련 법률상 공적 지위 등을 지니게 되면(헌재 1991.3.11. 91헌마21) 정당간 기회균등에의 권리(헌재 1996.3.28. 96헌마9등), 정당의 재산권 보장(헌재 1993.7.29. 92헌마262) 등의 기본권주체성이 인정된다.

3.2.3 공법인의 기본권주체성

헌법상 기본권주체는 사법인을 원칙으로 한다(헌재 2000.6.1. 99헌마553). 공법인은 국가·국가기관·국가사무 일부 수행을 위임받아 국가적 업무를 행하는 통일적 국가조직의 일부인 점에서, 원칙적으로 국가영역에 존재하면서 기본권을 실현시켜야 하는 기본권수범자이지, 이를 누리는 향유주체 즉 기본권주체가 되지 아니한다. 공법인이라도 예외적으로는 기본권주체성이 인정되는 경우가 있다. 국·공립대학, 국·공영방송국 같이 국가에 대해서 일정 독립성을 갖고 기본권보호영역 범위에서 구성원개인의 기본권실현을 위한 경우 기본권향유주체가 될 수 있는 바, 교육자주성·대학자율성에 따른 국립서울대학교의 학문의 자유(대법원 2001.6.29. 2001다21991; 헌재 1992.10.1. 92헌마68등), 국·공영방송의 언론의 자유 등이 그것이다. 공법인의 구성원인 임원, 직원 등은 자연인으로서 기본권주체가 되지만 국가 등 기관의 공무원으로서 의제되어 그의 기본권 향유에서 더 많은 제한을 받는다.

공법인의 기본권주체성 공법인은 공법을 준거법으로 설립·가입 강제, 국가의 구성원 임면, 공무원화 등으로 직접 관리하는 법인으로서 민법·상법 등을 근거로 주무관청의 인가 등으로 설치되는 사법인과 달리 그 설립·해산의 법률 의존성, 국가의 지원·감독 등 통제, 공익적 사무수행과 목적달성에 필요한 한도의 공권력 행사 및 의무 부과, 설립·운영자금의 전부 또는 일부의 세금 충당 등에 의한다. 公社團은 공법상 사단법인으로서 협회 등의 이익단체, 공제회 같은 상호부조기관이 있다. 公財團은 공법상 재단법인으로서 공단 등의 행정지원기관은 공공서비스를 제공하거나 국가특정사무를 위탁받아 그 효율적 수행을 목적으로 법률에 의하여 설립된 공법인이며, 민법의 재단법인 규정을 준용한다. 公企業은 국가(국영기업·공기업), 지방자치단체(공영기업·공기업), 특별법(특수법인기업·공기업) 등으로 설립된 공법상 기업법인이며(공사·공단 등의 정부출자기관 등), 공익실현 외 경제적 급부의 생산으로 공공적 경제수요 충족을 위해 설립되어 기업성이 강하다. 공기업은 일시적 이용관계이든(철도·지하철 승차 등) 계속적 이용관계이든(수도·가스 등의 공급 등) 공익실현 및 공중에의 이용을 전제로 하는 영조물과 구분되어 그 이용관계도 사법상 형식이 원칙이며 그 내용은 법령, 자치조례, 규칙, 공기업규칙 등으로 획일·정형화된다. 특허기업은 공익사업을 특허받아 경영되는 기업이며, 이때의 특허는 국가 또는 공공단체 등 행정주체가 경영하는 공익사업의 경영권의 전부 또는 일부를 포괄적으로 사인에게 부여하는 형성적 행위이다. 공법상 재단법인인 방송문화진흥회는(최다출자자인 방송사업자로서 방송법 등 관련규정에 의하여 공법상 의무를 부담하지만), 그 설립목적이 언론의 자유의 핵심영역인 방송사업이므로 이러한 업무수행과 관련해서는 당연히 기본권주체가 될 수 있고, (그 운영을 광고수익에 전적으로 의존하고 있는 만큼 이를 위해)사경제주체로서 활동하는 경우에도 기본권주체가 될 수 있다(이 사건 심판청구는 청구인이 그 운영을 위한 영업활동의 일환으로 방송광고를 판매하는 지위에서 그 제한과 관련하여 이루어진 것이므로 그 기본권 주체성이 인정된다)(헌재 2013.9.26. 2012헌마271).

공기업·조합 등 임직원의 기본권제한 (공공기관운영법은 기타공공기관의 임·직원에 대해서도 공무원으로 의제한다. '부정청탁 및 금품등 수수의 금지에 관한 법률'은 각급학교의 장과 교직원, 학교법인의 임직원 및 언론사의 대표자와 그 임직원까지 공적 업무 종사자에 포함시켜 공무원, 공공기관의 장 및 그 임직원과 동일한 제한을 부과한다). 공기업직원에게도 공무원에 버금가는 정도의 청렴성과 직무의 불가매수성不可買收性이 요구되기에 이를 담보하기 위하여 형법상 뇌물죄 적용에 있어서 공무원으로 의제한 것은 비례성원칙에 합치한다(헌재 2016.12.29. 2015헌바225). 반면, 농협 및 축협 조합장이 금고 이상의 형을 선고받고 그 형이 확정되지 아니한 경우 이사가 그 직무를 대행하도록 함은 과잉금지원칙에 반하여 조합장의 직업수행의 자유 및 평등권 침해로 헌법에 위반된다(농협 및 축협은 농업인·축산업인이 자율적으로 결성한 조합으로서 국가관여가 최대한 배제되어야 할 사경제주체이기에 과잉금지원칙 위배여부에 엄격한 심사가 요구되며, 형사재판은 피고인 행위의 유·무죄를 가리고 합당한 형을 부과하는 제도일 뿐 조합장 직무정지의 필요성을 심리하지 않는 것임에도 형사판결에 전적으로 의존하여 제재를 가함은 필요최소한 범위를 넘어선 기본권제한이고, 농협 및 축협조합장의 경우와 본질적으로 동일한 수산업협동조합 조합장, 신용협동조합 이사장, 중소기업협동조합 이사장 등에는 직무정지조항이 없기에 자의적 차별로써 평등권을 침해한다)(헌재 2013.8.29. 2010헌마562).

3.3 중간적 법인의 기본권주체성

사법인과 공법인은 준거법에 따른 설립방법, 목적, 향유하게 되는 권리와 담당사무의 성질 내지 국가적 성격 등으로 구분되나, 그에 의해서도 명확하게 구분되지 않는 중간적 법인(한국은행, 대한주택공사, 농업협동조합 등)이 있다. 공법인이라도 중간적 법인 즉 사법인성과 공법인성이 함께 하는 경우에, 문제되는 당해법률관계의 적용에서 사법인성에 중점이 두어지면 기본권주체성이 인정되나, 공법인성에 기울면 주체성이 부인된다(헌재 2000.11.30. 99헌마190). 축협중앙회는 지역별·업종별 축협과 비교할 때, 공법인성과 사법인성을 겸유한 특수한 법인으로서 기본권주체가 될 수 있다(헌재 2000.6.1. 99헌마553). 학교안전공제회는 공법인적 성격과 사법인적 성격을 겸유하여 조직법상 국가로부터 독립한 고유업무수행 등의 경우 기본권주체가 될 수 있다(헌재 2015.7.30. 2014헌가7).

Ⅲ. 권리객체론

[一] 권리의 객체

1. 권리의 객체와 물건

1.1 권리의 객체의 의의

권리의 객체는 권리의 대상・목적을 말한다(민법 제487조 등). 물권에서는 물건, 채권은 채무자의 급부행위, 형성권은 형성의 대상인 법률관계, 친족권은 친족의 지위, 상속권은 상속재산 등이 그것이다. 물건은 지배・관리할 수 있어야 법률상 사용・수익・처분할 수 있는 권리의 객체가 될 수 있다. 민법상 물건은 유체물 및 전기 기타 관리할 수 있는 자연력'(제98조) 등을 말한다. 즉 유체물(고체・액체・기체 등으로 이루어진 유형 물질로서 해, 달, 별 등도 포함) 및 무체물(전기・열・에너지・공기 등의 무형 물질로)에서 관리가능한 자연력(직해면 관리로 어업권, 공유수면매립권 등을 얻은 해면) 즉 배타적 지배가 가능한 자연력 등이 그것이다. 권리 자체는 권리의 객체가 되지만 그 자신이 물건인 것은 아니다.

사람과 물건과 동물 인간은 존엄성을 지닌 인격체이고(헌법 제10조) 강제노역은 금지되기에(제12조 제1항 제2문후단) 배타적 지배의 대상이 되지 아니한다. 타인의 신체에 대한 물권은 노예의 인정이기에 불가하다. 자기의 신체도 인격권이 성립될 뿐 물건으로 객체화 되는 소유권은 성립되지 않는다. 인체의 일부로 인위적으로 부착된 임플란트 등은 신체에 고착되어 있는 한 신체의 일부며 물건이 아니다. 인체에서 분리된 모발, 치아 같이 고유한 인격성이 없으면 물건이 되어 분리당한 사람의 소유에 속한다. 인체 일부를 분리시키는 절단수술은 채권계약이다. 수술시 수혈 혈액, 민법 제1008조의3의 제사 주재자가 존엄성을 지키면서 이식되어 관리・처분하는 장기, 유체, 유골(대법원 2008.11.20. 2007다27670) 등 절단된 물건의 처분행위는 헌법 제37조 제2항 등에 합치되어야 물건이 된다. 동물보호법의 동물은 '고통을 느낄 수 있는 신경체계가 발달한 척추동물로서 포유류, 조류, 파충류・양서류・어류 등의 하나로 농림축산식품부장관이 관계 중앙행정기관의 장과의 협의를 거쳐 대통령령으로 정하는 동물이다.'(제2조 1호). '동물학대'란 '동물을 대상으로 정당한 사유 없이 불필요하거나 피할 수 있는 신체적 고통과 스트레스를 주는 행위 및 굶주림, 질병 등에 대하여 적절한 조치를 게을리하거나 방치하는 행위를 말한다.'(제2조 1의2호). '야생생물 보호 및 관리에 관한 법률'의 '야생생물'이란, '산・들 또는 강 등 자연상태에서 서식하거나 자생하는 동물, 식물, 균류・지의류地衣類, 원생생물 및 원핵생물의 종種을 말한다.'(제2조 1호. 제2호 이하 '멸종위기야생생물', '국제적 멸종위기종', '유해야생동물' 등). 야생생물은 현세대와 미래세대의 공동자산임을 인식하고 현세대는 야생생물과 그 서식환경을 적극 보호하여 그 혜택이 미래세대에게 돌아갈 수 있도록 하여야 한다(제3조 제1항).

1.2 헌법상 재산권의 객체

헌법 제23조 제1항 '모든 국민의 재산권은 보장된다' 함에 있어서의 '재산'은 경제적 가치 있는 물건, 권리・의무 등 가치의 총체 등 권리의 객체로서, 소유권 등에 한하지 않는 모든 재산권의 목적물이다. 이 같은 재산권의 대상이 되는 재산인 물건은 사법상 거래객체가 되는 융통물, 될 수 없는 불융통물이 있다. 융통물은 가분물(토지)・불가분물(건물), 소비물(연필)・비소비물(토지・건물), 대체물(연필)・비대체물(토지・건물), 특정물(당사자 의사로 지정)・불특정물 등이다. 불융통물은 금제물(법령에 의하여 거래・소유 등이 금지되는 변조통화, 지정문화재), 공용물・공공용물 등이다.

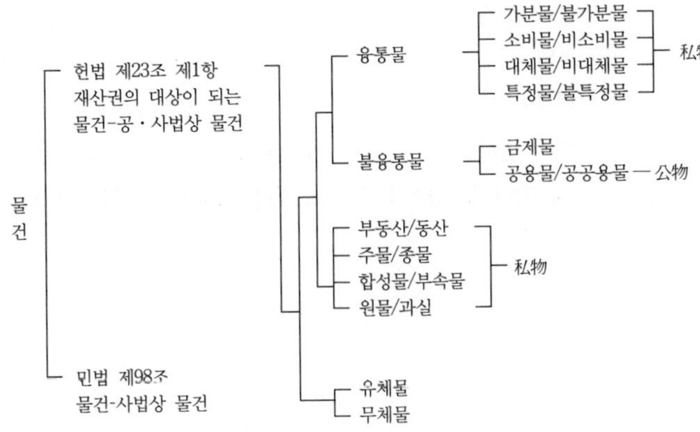

1.3 공물과 사물

공물인 '공용물'은 국가·공공단체 소유에 속하면서 공적 목적 사용에 제공되는 물건이다. 관공서 청사, 국공립학교 건물 등 국유재산법 내지 지방재정법상 행정재산에 속하는 공용재산과 기업용재산의 대부분이다. '공공용물'은 도로·하천·공원 등 일반 공중의 사용에 제공되는 물건이다. 사인 소유에 속하면 공공용물로 지정하여 사권 행사를 제한하며, 공용폐지가 있게 되면 융통물이 된다. 공용물과 공공용물의 설치하자로 인한 손해에는 민법의 공작물책임(제758조)이 아니라 국가배상법(제5조)에 의한 국가배상책임을 진다.

영조물 영조물은 국가 및 공공단체 또는 그로부터 특허를 받은 국공립학교·병원·철도 등의 자가 계속적으로 공공목적을 위하여 제공하는 인적·물적 시설이다. 영조물은 사람과 물건을 구성요소로 성립된 총체적 단일체이므로 공공목적에 제공된 시설이라도 인적 요소 또는 물적 요소만 존재하는 것은 영조물이 아니다. 하천·도로 등은 인적 요소가 미약하여 공물이다.

2. 부동산과 동산

2.1 부동산

권리의 객체로서 토지 및 그 정착물은 부동산이다. 부동산 이외의 물건은 동산이다(제99조). 부동산은 등기, 동산은 점유를 공시방법으로 한다(제186조, 제188조). 점유에는 공신력이 인정되나(선의취득 제249조), 등기는 공신력이 없고 진정한 권리자가 우선한다. 동산이 무주물이면 선점의 대상이 되나 부동산은 국유가 된다(제252조). 동산 강제집행은 집행관의 당해 물건 점유라는 압류로 개시한다(민사집행법 제188조 등). 부동산은 그 소재지 지방법원이 강제집행을 행한다(제78조 등).

2.2 토지와 부속물

민법상 부동산인 토지는 일정범위의 지면에 정당한 이익이 있는 범위의 지상空中·지하를 포함한다(제212조). 정당한 이익이 있는 범위의 지표면상 돌, 광물, 지하수, 온천수 등은 기본적으로 토지소유자의 소유권의 범위에 속한다. 정당한 이익이 있는 범위 밖의 지상·지하는 제3자도 이용할 수 있다. 권리의 객체가 되려면 배타적 지배가 가능하여야 하므로, 토지를 물권의 객체가 되게 하려면 인위적 지표의 구획으로 지적공부인 토지대장·임야대장에 등록하게 되면(측량·수로조사 및 지적에 관한 법률 제71조), 지번으로 표시되어 독립성이 인정된다. 그 개수는 필筆로써 계산된다. 토지의 정착물은 토지에 고정적으로 부착되어 쉽게 이동할 수 없는 물건이다. 건물은 그러한 상태로 사용되는 것이 보통 인정되기 때문에 토지와 독립된 부동산으로서 권리의 객체가 된다(민법 제279조 등. 일본과 같고 건물을 토지의 구성부분으로 보는 독일과 다르다). 건물에 관한 권리의 득실변경은 토지등기부 외에 건물등기부에 등기하여야(부동산등기법 제14조) 효력이 생긴다. 건물이기 위해서는 기둥·지붕·주벽 시설은 되어 있어야 한다(대법원 1986.11.11. 86누173). 이 밖에 토지 정착물로는 담, 수목, 경작·재배되는 농작물 등이 있다. 다만 콘테이너, 假植 수목 등 토지나 건물에 충분히 고착되어 있지 않으면 동산으로 취급된다.

입목·명인방법·경작물 토지에 부착된 수목의 집단에 대해 그 소유자가 입목에관한법률에 의해 입목등기부에 소유권보존등기를 한 '입목'은 부동산으로 보아, 그 소유자는 이를 토지와 독립하여 양도하거나 저당권의 목적으로 할 수 있다. 입목이 아닌 그 밖의 수목이나 수목의 집단 또는 과수의 열매 등의 미분리 과실 등은 현 소유자를 누구나 알 수 있도록 표시하는 표찰 등을 붙이는 등의 명인방법이라는 관습법상 공시방법으로 이를 할 수 있다. 약초·양파·마늘·고추 등 경작농산물에 대하여 민법 제256조에서는 정당한 권원에 의한 경우는 독립한 부동산으로 취급된다 하나 대법원 1963.2.21. 62다913등 판례는 권원이 없거나 심지어는 위법하게 재배한 때에도 소유권은 경작자에 있다 하여 예외없이 토지와는 독립된 부동산으로 취급한다.

2.3. 동 산

부동산 이외의 물건은 동산이다(제99조 제2항). 전기 기타 관리할 수 있는 자연력도 동산이다. 구민법(제86조 제3항)이 무기명채권을 동산으로 간주하던 것과 달리 민법(제508조 이하)은 이를 증권적 채권의 하나로 본다. 따라서 그 도난, 분실의 경우에는 반환청구가 아니라 공시최고 및 제권판결의 절차(상법 제65조, 민법 제521조, 민사소송법 제475조 등)를 거쳐야 한다. 금전은 특수한 동산으로서 가치 그 자체이므로 보통의 동산과 달리 사용대차나 임대차의 목적은 될 수 없고 소비대차의 목적만 될 뿐이다(민법 제598조).

금전 금전은 동산이나 그 물성 자체 보다는 본래 용법에 따른 사용이 양도에 한정되는 소비재이며, 소유와 점유가 분리되지 않고, 수량으로 표시된 일정한 화폐가치 즉 화폐의 구매력이 중요시되는 특수성이 있다. 금전은 교환수단 뿐 아니라 가치저장수단으로서 자본 축적에 이바지하므로, 금전을 인도받아 보유하고 있는 자체로 금전에 대한 운용이익을 얻고 있다 볼 수 있어, 계약 해제에 따라 금전을 원상회복으로 반환하는 경우 그 받은 날로부터 이자를 지급하도록 한 것은, 계약이 체결되지 않았을 경우에 나타났을 원래의 상황을 회복한다는 계약 해제 제도의 정당한 목적 달성을 위한 합리적 수단이다(헌재 2017.5.25. 2015헌바421).

3. 물건의 분류 – 주물·종물, 합성물·부속물, 원물·과실

3.1 주물·종물

소유자가 물건의 상용에 공하기 위하여 자기 소유인 다른 물건을 이에 부속하게 한 때에, 그 물건이 주물이고 주물에 부속된 물건이 종물이다(제100조 제1항). 主物·從物 모두 동일 소유자에 속하는 것이어야 한다. 종물은 주물의 효용과 직접 관계 있고 어느 정도 밀접한 장소적 관계가 있으며 주물과 동일한 소유자에 속하는 독립한 물건이면 동산, 부동산을 가리지 않는다. 주유기는 주유소의 종물이다(대법원 1995.6.29. 94다6345). 종물은 주물의 처분에 따른다(제2항). 물권적 처분, 채권적 처분, 법률규정에 의한 권리변동(대법원 1985.4.9. 84다카1131등) 등이 모두 포함되나, 당사자 특약으로 이와 달리 정할 수 있다(대법원 2012.1.26. 2009다76546). 주물·종물을 규정한 민법 제100조는 물건 사이의 관계를 정한 것인데 이는 주된 권리와 종된 권리 사이, 원본채권과 이자채권 등에도 유추적용된다(대법원 1996.4.26. 95다52864).

3.2 합성물·부속물

합성물·부속물은 그 소유자가 서로 다른 경우에, 부동산의 소유자는 그 부동산에 부합한 물건의 소유권을 취득한다. 그러나 타인의 권원에 의하여 부속된 것은 그러하지 아니하다(제256조). 동산과 동산이 부합하여 훼손하지 아니하면 분리할 수 없거나 그 분리에 과다한 비용을 요할 경우에는 그 합성물의 소유권은 주된 동산의 소유자에게 속한다(제257조).

3.3 원물 · 과실

물건의 경제적 용도로부터 생기는 수익이 과실이고 과실을 생기게 하는 물건이 元物이다. 물건의 용법에 의하여 수취하는 산출물은 천연과실이며, 물건의 사용대가로 받는 금전 기타의 물건은 법정과실이다(제2항). 천연과실은 그 원물로부터 분리하는 때에 이를 수취할 권리자에게 속하며(제102조 제1항), 법정과실은 수취할 권리의 존속기간일수의 비율로 취득한다(제2항).

원물과 과실, 이자 과실은 물건의 과실이므로 권리에 대한 과실(건물 사용대가인 차임, 토지 사용대가인 지료, 금전 사용대가인 이자 등)은 인정하지 않는다. 민법 제101조 제1항 미분리의 천연과실은 명인방법에 의한 공시로 독립한 물건으로 취급되므로 제102조 제1항은 적용되지 않는다. 타인 토지의 무단점용이나 임차기간 만료 후 계속적 건물 사용 등과 같이 사용대가를 지급할 법률관계가 없음에도 현실에서 물건을 사용하여 얻는 '사용이익'을 판례는 과실에 준하여 취급한다. 민법의 일반법적 성격, 법정이율 고정제를 채택하고 있는 국가들의 평균 법정이율 등을 고려하여 민법 제379조는 법정이율 즉 이자 있는 채권의 이율은 다른 법률의 규정이나 당사자의 약정이 없으면 연 5푼으로 정하였다.

[二] 물 권

1. 물권의 본질

1.1 물권의 의의

1.1.1 물권의 배타적 직접 지배권

물권법은 물권의 발생 · 변경 · 소멸 등을 규율하는 규범이다. 물권은 물건을 객체로 그 사용 · 수익 · 처분 등의 가치 · 이익을 직접 지배하고 모든 사람에 대하여 배타적으로 향유할 수 있는 권리이다. 물권의 직접지배권은, 채권이 채무자의 급부행위 등 타인의 행위를 통한 실현과 달리, 그 물건을 통하여 직접 실현하는 것 즉 직접 물건으로부터 일정한 이익을 얻는 것이다. 직접지배성은 반드시 물건의 현실적 관리가 아니라 관리할 수 있는 가능성으로도 족하다. 그런 점에서 물권은 부동산은 등기, 동산은 양도 등의 공시방법에 결부되는 관념적 지배권이다. 물권의 배타적 지배권은 물권의 객체인 물건이 누구의 수중에 있든지 그에게 물권을 주장할 수 있는 추급효, 하나의 물건에는 하나의 지배권만 인정되어 하나의 물건에 앞의 물권과 동일한 내용을 갖는 물권은 다시 성립할 수 없게 하는 독점효이다. 물권에 대한 제3자의 침해는 불법행위가 되고(민법 제750조), 그 제3자는 부당이득을 취하는 것이기에(제741조), 물권의 주체는 침해배제와 원상회복을 위한 물권적 청구권을 갖는다. 물권의 지배권은 물건의 사용가치와 교환가치를 얻는 것이다.

1.1.2 물권의 대상이 되는 물건

물권은 물건에 대한 직접적 · 배타적 지배권이고, 권리의 객체에 대한 배타적 지배는 각기 독립한 물건에 한정하므로, 물권은 하나의 독립된 물건에만 성립된다. 다만 예외적으로 거래의 안전을 담보하면서 행해지는 토지의 일부 지상권, 일부 전세권 등의 경우에는 하나의 독립한 물건으로서 권리의 객체가 된다. 민법은 건물을 토지의 구성부분이 아니라 그와 별개의 물건인 부동산으로 취급한다. 물권은 객체에 대한 현존·특정성을 요구한다. 물건의 일부나 구성부분(대법원 2000.10.27. 2000다39582) 또는 특정되지 않은 집합물 등은 물권의 객체가 되지 못한다. 다만, 예컨대 수목은 토지의 정착물로서 토지의 일부로 다루어지나 명인방법을 갖추면 독립한 부동산으로 다루어지며, 수목의 미분리과실도 명인방법을 갖추면 독립한 물건으로 취급되고, 농작물은 토지에 부합하지 않고 경작자의 소유로서 토지의 일부가 아니라 독립한 물건이 된다. 목적물이 특정되지 않은 종류물, 불특정물에는 종류채권(제375조) 등의 채권은 가능해도 물권은 성립할 수 없다. 물권이 물건이 아닌 것에 성립하는 준점유는 채권 등 재산권을 객체로 한다(제210조). 채권·주식 등에 질권을 설정할 수 있고(제345조), 지상권·전세권을 저당권의 객체로 할 수 있으며(제371조), 법정담보물권인 유치권은 유가증권에도 성립한다(제320조). 물건은 소유권의 객체가 되므로, 물건이라 할 수 없는 권리는 민법의 소유권 관련 규정이 적용되지 않는다.

> **물권의 객체와 집합물** 물권은 특정성을 갖고 일물일권주의가 적용되므로, 물권의 객체는 현존하고 특정되며 하나의 물건으로 다루어지는 독립된 것이어야 한다. 물건의 일부나 구성부분에는 가능하지 못하다. 집합물은 '창고 내 물건 모두' 등의 다수 물건의 집합이며, 등기나 등록 등의 공시로 한 개 물건으로 인정되도록 할 수 있다(공장및광업재단저당법 제6조등). 집합물을 종류, 장소, 수량지정 등의 방법으로 특정할 수 있으면 한 개 물건으로 취급하여 물권이 유효하게 성립된다(대법원 1990.12.26. 88다카20224). 고정집합물인 공장에 설치된 기계 등에 대한 양도담보의 설정은 기계들을 특정하여 설정된 것으로 본다. 반면, 변동하는 유동집합물의 경우에도 그 종류 등의 별로 특정할 수 있으면 그 전체를 하나로 보아 개개 물건이 변동되어도 그 동일성을 유지하는 범위에서 양도담보의 효력은 현재의 집합물 모두에 미치는 한 개의 물건으로 본다(대법원 2004.11.12. 2004다22858; 1990.12.26. 88다카20224).

1.1.3 물권의 공시

물권의 배타적 지배권은 공시방법으로 실현된다. 민법은 모든 사람에게 주장할 수 있는 성립요건주의의 형식주의를 규정한다(제186조, 제188조). 부동산 물권은 등기(부동산등기법에 의한 토지등기부, 건물등기부), 동산 물권은 점유(점유의 이전이 인도이며, 민법상 현실인도(제188조 제1항), 간이인도(제2항), 점유개정(제189조), 목적물반환청구권의 양도(제190조), 자동차 등 특정 동산 저당법에 의한 등록 등, 수목의 집단인 입목은 입목에 관한법률에 의한 등기, 미분리과실에는 관습법상의 명인방법)이다. 물권의 변동에 관하여, 부동산물권의 변동은 법률행위에 의한 경우(물권편 제1장 총칙 제186조)와 법률의 규정에 의한 경우(제187조, 제191조 등)가 있고, 동산물권의 변동은 법률행위에 의한 경우(물권편 제1장 총칙 제188조~제190조)와 법률의 규정에 의한 경우(소유권에 관한 제246조, 제249조 등)가 있다. 부동산물권과 동산물권에는 공시의 원칙이 인정되어, 부동산 물권의 변동이 법률행위에 의하여 이루어지는 경우에 물권의 변동에 공시의 수반을 요구한다(제186조, 제188조~제190조). 동산물권에는 특히 물권의 공시방법을 신뢰한 제3자의 보호를 위하여 공시된 대로 권리가 존재하는 것으로 보는 공신의 원칙이 인정된다(선의취득의 제도 제249조~제251조).

1.2 물권의 내용 – 성립·소멸

1.2.1 물권법정주의·일물일권주의

민법 제185조 '물권은 법률 또는 관습법에 의하는 외에는 임의로 창설하지 못한다' 하는 물권법정주의는, 물권은 법률 또는 관습법 외의 행정입법 내지 사실상 관습 등으로는 창설할 수 없으며, 새로운 종류의 물권을 당사자 약정으로는 만들지 못하는 종류강제, 물권에 정해진 내용과 다른 내용을 정하지 못하는 내용강제 등을 정하는 원칙이다. 민법 제185조는 강행규정이며 이에 위배하는 법률행위는 절대적·확정적으로 무효이나 채권은 사적 자치로 성립되기에 채권법에서 정하는 계약의 종류·내용 등은 예시적이다. 물권과 채권은 성립시기를 불문하고 항상 물권이 우선하고, 시간적으로 먼저 성립한 물권은 뒤에 성립한 물권에 우선한다. 부동산임차권은 채권이지만 등기하면 그 후 성립하는 물권에 우선(대항)하는 효력이 있고(부동산등기법 제621조), 주택임차권에는 주택의 인도와 주민등록을 마치면 우선적 효력이 인정된다(주택임대차보호법 제3조). 일물일권주의는 하나의 물건에는 앞의 물권과 동일한 내용을 갖는 물권은 다시 성립할 수 없다는 원칙이다. 이는 물건의 사용가치나 교환가치를 지배하는 물권의 배타적 효력의 실효성을 위한 것이므로, 동일한 내용을 갖는 물권이 아닌 다른 종류의 물권은 동일물에 두 개 이상 성립할 수 있다. 소유권과 제한물권은 동시에 성립할 수 있으며, 저당권은 동일 목적물에 둘 이상 성립할 수 있다. 물건의 사용가치나 교환가치를 지배하는 본권과 달리 점유라는 사실상태의 추정력을 인정하는 점유권에는 우선적 효력이 인정되지 않는다. 점유권은 본권과 병존하여 직접점유 · 간접점유를 할 수 있고, 동일목적물에 수 개 점유권이 우선관계 없이 병존할 수 있다.

1.2.2 물권의 종류

물권은 물권법정주의에 따라서 물건의 가치를 지배하는 소유권(민법 제2장 제1절 소유권의 한계 제2절 소유권의 취득 제3절 공동소유수인의 공동소유), 용익물권 · 담보물권 등의 제한물권 및 점유권으로 이루어진다. 소유권은 물건의 사용 · 수익의 사용가치와 처분의 교환가치를 모두 직접 지배하는 권리다. 소유권은 물건의 사용가치와 교환가치를 모두 가지며(제211조), 지상권 · 지역권 · 전세권 등의 용익물권은 사용가치, 질권 · 저당권 등의 담보물권은 교환가치를 가진다. 점유권은 물건에 대한 가치파악과는 관계없이 물건의 사실상 지배에 인정되는 물권이다. 점유권은 물건의 사실상 지배의 현재의 점유 상태를 본권 유무를 불문하고 권리로 인정하는 물권이다(제192조 제1항). 점유권 이외의 물권이 본권이다.

1.2.3 물권의 소멸

물권의 소멸로서 모든 물권에 공통되는 원인은 목적물 멸실, 소멸시효, 포기, 혼동, 공용징수 등이고, 각종 물권에 특유한 원인은 물권에 관한 각 개별규정에서 정한다. 물권은 목적물 멸실로 당연히 소멸하나(浦落된 토지가 원상으로 돌아오지 않으면 그 토지에 대한 소유권은 영구적으로 소멸하는 것), 물건 멸실에 따른 물질적 변형물(건물붕괴 후 잔해의 동산소유권 존속) 또는 가치적 변형물(저당권의 목적인 토지의 수용시 보상금에 저당권 효력이 미치는 물상대위)에 미친다. 포기는 물권을 소멸시킬 것을 목적으로 하는 물권자의 의사표시인 단독행위이다. 소유권을 포기하면 동산은 무주물이 되어 선점자가 소유권을 취득하고, 부동산인 경우에는 국유가 된다(제252조). 혼동은 서로 대립하는 두 개의 법률상의 지위나 자격이 동일인에게 귀속하는 것으로서, 이때 그 한 쪽은 다른 쪽에 흡수되어서 소멸하는 것이 원칙이다(제191조, 제507조). 혼동에 의한 물권변동의 효과는 절대적이다. 공용징수는 공익을 위하여 필요한 처분으로서 공용징수가 행하여진 경우에 수용자는 원시적으로 권리를 취득하고 그에 따라 피수용자의 권리와 그 목적물에 존재하였던 제3자의 권리는 모두 소멸한다(제252조).

물권의 소멸 소멸시효 완성으로 소멸하는 물권은 지상권과 지역권뿐이다. 소유권은 소멸시효 대상이 되지 않고(제162조 제2항), 점유권 · 유치권은 점유가 성립 · 존속요건이어서 적용 여지가 없으며, 담보물권(질권 · 저당권)은 피담보채권이 존속하는 한 독자적으로 소멸시효에 걸리지 않고, 전세권은 존속기간이 10년이므로(제312조 제1항) 20년의 소멸시효(제162조 제2항)에 걸릴 경우는 없다. 동일한 물건에 소유권과 다른 물권이 동일한 사람에게 귀속한 혼동시에 다른 물권은 소멸한다(제191조). 점유권과 본권은 양립하여 동일인에게 귀속할 수 있어 혼동이 생기지 않는다(제3항). 채권과 채무가 동일한 주체에 귀속한 때 채권은 소멸한다. 그러나 그 채권이 제삼자의 권리의 목적인 때에는 그러하지 아니하다(제507조). 공용징수에 관한 법률(공익사업을위한토지등의취득및보상에관한법률 제19조 이하, 국토의이용및제한에관한법률 제95조 이하, 광업법 제8조 이하, 산림법 제5조 이하 등)에 의해서도 소멸한다.

1.3 물권적 청구권

1.3.1 물권적 청구권의 의의

물권은 지배권으로서 배타성을 갖고 모든 사람에게 주장할 수 있는 절대권으로서 먼저 성립한 물권은 후에 성립한 물권에 우선하며 채권에 우선한다. 채권은 그 성립시기를 불문하고 특정 상대방에게만 주장할 수 있는 상대권이다. 물권은 채권에 우선하는 배타적 효력을 갖고, 물권적 청구권은 채권적 청구권에 우선하며, 물권 상호간에는 시간적으로 먼저 성립한 물권이 뒤에 성립한 물권에 우선한다. 물권의 절대성의 예외로, '부동산 실권리자명의 등기에 관한 법률'의 적용을 받지 않는 명의신탁, 예컨대 조세포탈을 목적으로 하지 않는 종중재산의 명의신탁, 부부간 명의신탁에서 소유권은 대외적으로는 수탁자, 대내적으로는 신탁자에 있다.

물권에 우선하는 채권 채권인 부동산임차권은 등기시 그 후에 성립하는 물권에 대항하는 효력을 가진다(민법 제621조). 주택임차권 소액보증금은 주택인도와 주민등록을 마치면 물권과 같은 효력이 인정된다(주택임대차보호법 제3조). 근로기준법 제38조 임금우선특권도 저당권 등의 물권에 우선하는 효력을 갖는다. 채무자가 파산하거나 다른 채권자의 강제집행시 채무자재산에 소유권을 갖는 자는 제3자 이의의 소(민사집행법 제48조)나 환취권(채무자회생및파산에 관한법률 제407조), 담보물권을 갖는 자는 별제권(제411조)을 행사할 수 있다.

1.3.2 물권적 청구권의 내용

물권적 청구권은 물권의 실현이 방해받거나 그 우려가 있는 경우에 물권자가 방해자에 대해 방해제거나 예방을 청구할 수 있는 권리다. 물권적 청구권은 물권의 직접적·배타적·우선적 효력에 기하여 인정되는 권리다. 물권적 청구권으로서, 반환청구권은 타인이 점유할 권리 없이 물권의 목적물을 점유함으로써 물권자가 목적물의 점유를 전부 빼앗긴 경우에 그 반환을 청구하여 빼앗긴 점유를 회복하는 권리다. 방해제거청구권은 물권자가 목적물의 점유를 전부 빼앗기는 것 이외의 형태로 방해를 받는 경우에 그 방해의 제거를 청구하는 권리다. 방해예방청구권은 장차 물권을 방해할 염려가 있을 경우에 그 예방을 청구하는 권리다. 물권적 청구권은 특정인에 대한 청구이므로 채권이행지체(제392조), 변제(제460조), 채권자지체(제400조) 등이 준용된다. 다만 채권은 아니므로 이행불능규정은 준용되지 않고(대법원 2012.5.17. 2010다28604), 소멸시효에 걸리지 않으며, 의무자의 이행에도 불구하고 이는 소멸하지 않는다. 또한 물권과 분리되어 양도되는 것도 아니다.

1.3.3 물권적 청구권의 실현

물권적 청구권은 점유권(민법 제204조~제206조), 소유권(제213조~제290조), 지상권(제290조), 지역권(제301조), 전세권(제319조), 저당권(제370조) 등에서 규정한다. 유치권은 점유권 규정을 준용하고 질권에는 질권 자체의 성격상 청구권 행사가 가능하다. 임대차기간 종료에도 임차인이 건물을 명도하지 않는 경우에 건물소유자는 소유권에 기한 물권적 청구권으로 명도청구(임대차계약에 기한 반환청구도 가능)나 부당이득반환청구권(제741조)도 행사할 수 있다. 물권이 아님에도 부동산임차권은 등기 또는 주택의 인도 및 주민등록을 갖추면 물권적 청구권이 인정되며, 명예권 등 인격권 침해의 경우에도 이를 유추하여 침해행위제거나 정지 등을 구할 수 있는 금지청구권이 인정된다(대법원 2005.1.17. 2003마1477). 물권적 청구권과 불법행위가 경합하면 금전손해배상을 목적으로 하는 불법행위(제763조, 제394조)와 달리 물권적 청구권은 고의·과실을 요하지 않고 방해배제를 위한 반환·방해제거·예방을 청구하여 물권을 실현한다(제213조, 제214조).

2. 물권의 종류 – 소유권 · 점유권

2.1 소유권

근대민법은 근대헌법의 사유재산제도에 기초하여 사적 소유, 계약의 자유, 자기책임 등을 원칙으로 삼는 바, 사적 소유를 규율하는 법이 물권법이며 계약 · 책임을 규율하는 법이 채권법이다. 물건을 지배하는 권리인 물권에서도 소유권은 물건의 사용 · 수익 · 처분권 즉 물건의 사용가치(수익)와 교환가치(처분)를 모두 지배하는 혼일성 · 탄력성 · 항구성을 갖는 권리이며(제211조), 위 가치의 어느 하나만을 갖는 제한물권은 소유권의 권능을 승계 · 취득하는 권리다. 소유권은 물건을 지배할 수 있는 권리로서 물건을 사실상 지배하는 권리인 점유권과 구분되며, 물건의 사용가치만을 지배하는 용익물권이나 교환가치만을 지배하는 담보물권 같은 제한물권과도 다르다. 소유권의 내용으로서, 소유물의 사용은 물건을 그 용도에 따른 이용, 수익은 물건의 과실(천연과실 · 법정과실)의 수취, 처분은 물건의 교환가치의 실현이다. 소유권은 역사적으로 로마의 전면적 · 포괄적 지배권, 중세 게르만의 분할소유권 관념, 근대의 자유로운 소유권 등으로 이해되면서, 물건을 지배할 수 있는 가능성인 관념성, 모든 사람에게 주장할 수 있는 절대성, 정치적 구속에서 해방되는 자유성 등을 가지며, 현대의 소유권은 절대성 · 자유성에 비교하여 사회성 · 공공성의 성격을 강조하기도 한다. 헌법 제23조 제1항 '재산권은 보장된다 그 내용과 한계는 법률로 정한다' 함과 민법 제211조 '소유자는 법률의 범위내에서 그 소유물을 사용, 수익, 처분할 권리가 있다' 함은 소유권의 절대성과 그 한계성 등을 규정하는 형식이다.

소유권의 법률상 제한 소유권의 민법상 제한은 상린관계의 제한(제216조~제219조, 제226조 · 제227조, 제230조 · 제241조~제244조 등), 공법상 제한으로서 주로 토지소유권의 제한에는 소유 자체의 제한(농지법 제6조에서 자기의 농업경영에 이용하거나 이용할 자가 아니면 농지를 소유하지 못하는 것, 제7조에서 농지소유의 상한을 정하는 것), 거래의 제한(농지법 제8조에서 농지를 취득하고자 하는 자가 농지의 소재지를 관할하는 시장 등으로부터 농지취득자격증명을 발급받아야 하는 것, 산림법 제111조에서 일정한 임야의 매매에는 그 소재지를 관할하는 시장 등의 임야매매증명을 받아야 하는 것, 국토의계획및이용에관한법률 제118조에서 투기가 우려되는 토지의 거래에 관할도지사 등의 허가를 받아야 하는 것 등) 등이다.

2.2 토지소유권과 건물의 구분소유

토지의 소유권은 정당한 이익 있는 범위내에서 토지의 상하에 미친다(제212조). 지표면상 자연석, 지하의 토사 · 암석, 자연히 용출하는 지하수, 온천수(온천수는 공용수나 생활용수가 아니므로 온천법이 적용되지만 토지소유권의 범위에 속한다(대법원 1970.5.26. 69다1239)) 등은 토지소유권의 범위에 속하나, 임야내 자연석을 조각하여 석불로 만든 경우의 그 석불은 임야와는 독립된 소유권의 대상이며(대법원 1970.9.22. 70다1494), 지중의 광물은 광업권의 객체가 되는 경우(광업법 제2조, 제3조)가 있다. 토지의 浦落으로 토지소유권은 소멸한다. 토지의 포락이라 함은 토지가 바닷물이나 하천법상 적용하천의 물에 개먹이 무너져 바다나 적용하천에 떨어져 그 원상복구가 불가능한 경우를 말하며, 바다나 적용하천이 아닌 보통 하천이나 준용하천의 물에 무너져 사실상 하상이 된 경우까지 포함하는 것은 아니다(대법원 1989.2.28. 88다1295).

토지소유권의 범위 '측량 · 수로조사 및 지적에 관한 법률'은 소유권 기타 물권의 목적이 되는 1필지의 토지를 다른 토지와 구분, 특정 짓기 위해 필지별로 소재 · 지번 · 지목 · 면적 · 경계 또는 좌표 등을 조사 · 측량하여 지적공부에 등록토로 하며(제64조), 지적공부에는 토지대장, 임야대장, 지적도임야도가 있다. 토지물권의 객체인 토지 1필지의 공간적 범위를 특정하는 것은 지적도나 임야도의 경계이지 등기부의 표제부나 임야대장 · 토지대장에 등재된 면적이 아니므로, 토지등기부의 표제부에 토지의 면적이 실제와 다르게 등재되어 있다 하여도, 이러한 등기는 해당 토지를 표상하는 등기로서 유효하다. 따라서 어느 토지의 지번과 지적을 등기부의 표제부에 등재된 대로 표시하여 경매하였으나 그 토지의 임야도나 지적도의 경계에 따라 측량한 실제 면적이 등기부의 표제부에 등재된 것보다 넓더라도, 집행법원이 직권으로 또는 이해관계인의 집행절차상 불복을 받아들여 별도의 재판을 하지 않은 이상, 등기부상의 지적을 넘는 면적은 경매의 목적물인 토지의 일부로서, 매각허가결정 및 그에 따른 매각대금의 납입에 따라 등기부상의 면적과 함께 매수인에게 귀속되는 것이고(대법원 1988.4.27. 86다카2924), 매각 목적물인 토지와 등기된 토지 사이에 동일성이 없어 경매가 무효라거나, 매각 목적물의 등기부상 표시 면적이 그 토지의 실제 면적에서 차지하는 비율만큼의 지분만 경매되었다 볼 수는 없다(대법원 2005.12.23. 2004다1691).

토지소유권의 범위 건물의 구분소유는 수인이 한 채의 건물을 구분하여 각각 그 일부분을 소유하는 소유의 형태이며, 건물을 구분하여 소유한 때에는 건물과 그 부속물중 공용하는 부분은 그의 공유로 추정한다(민법 제215조). '집합건물의 소유 및 관리에 관한 법률'은 아파트·연립주택 같은 공동주택의 구분소유에 관련한 법이며, 점포·사무소·강당·극장 등의 용도로 사용되는 건물에도 적용되고, 상가건물에는 특히 더 규정을 둔다. 구분건물이 되려면 구분건물로서의 독립성을 갖추고, 그 건물을 구분소유권의 객체로 삼으려는 소유자의 의사표시로서 법률행위인 구분행위가 있어야 한다. 구분건물에는 구분소유권의 목적인 건물부분의 專有부분과 그 외의 건물부분인 공유부분이 있다. 전유부분과 대지사용권은 일체성을 갖는다. 대지사용권은 구분소유자가 전유부분을 소유하기 위해 건물의 대지에 대하여 갖는 권리다. 구분소유자의 대지사용권은 그가 가지는 전유부분의 처분에 따르고, 구분소유자는 전유부분과 분리하여 대지사용권을 처분할 수 없다(제20조). 구분소유는 구분건물의 합병등기, 구분건물이 구분소유의 요건 상실, 건물의 전부 또는 일부의 멸실 등에 의해 소멸한다. 집합건물에 대해서는 집합건물법에서 재건축을 정하고, 재건축에 대해서는 '도시 및 주거환경정비법'도 적용된다.

2.3 점유권

점유권은 물건에 대한 사실상 지배인 점유라는 사실상태에 일정한 법률효과를 부여하여 이를 권리로서 보호하는 물권이다(민법 제192조~제210조). 점유권은 점유자의 점유의 침탈·방해에 대해서 그 배제를 구하여 본래의 점유상태의 회복을 실현할 수 있는 점유보호청구권을 부여한다(제204조~제206조). 점유권은 물건의 사실상 지배의 여부로 취득·상실하며 그 외 다른 물권은 지배권이라는 법적 관념에 따른 지배할 수 있는 권리인 점에서, 점유권은 종국적으로는 본권에 우선하지 못한다. 점유권은 물건에 대한 사실상 지배인 점유에 기초하는 권리이며, 점유를 정당한 것으로 인정하는 점유할 권리(소유권·지상권·전세권·유치권·질권·임차권)와 다르다(지역권·저당권 같이 점유를 요건으로 하지 않는 것은 점유할 권리가 없다). 사실상 지배 여부는 물건의 물리적·현실적 지배, 본권과의 관계, 타인지배의 배제가능성 등을 고려하여 사회통념에 따라서 판단한다(대법원 1992.6.23. 91다38226). 점유에서의 사실상 지배에는 적어도 어느 물건을 소지하거나 지배하려는 자연적 의사인 점유설정의사가 필요하다. 이는 법률행위에서의 의사가 아니기에 제한능력자나 의사무능력자에게도 점유가 인정될 수 있다. 준점유는 물건(동산·부동산)이 아닌 권리 특히 채권·지역권·전세권·저당권·광업권·어업권·지식재산권 등의 재산권을 사실상 행사하는 경우에 점유에 준하는 효과를 인정하는 권리다(제210조). 준점유는 신분권에는 인정되지 않는다.

3. 물권 – 제한물권

3.1 제한물권의 의의

제한물권은 소유권 없는 자가 소유자와의 설정계약을 통해 타인의 물건의 사용·수익 또는 처분·교환 등의 가치만을 갖는 물권이다. 용익물권은 제한물권에서 그 사용·수익가치만을 향유하는 권리인 시상권·지역권·전세권이며, 담보물권은 그 처분·교환가치만을 향유하는 유치권·질권·저당권 등이다. 점유권은 규범 이전의 사실이라는 상태를 보호하여 점유의 추정력을 인정하고, 점유에 대한 침탈·방해를 배제하여 이를 회복할 수 있는 점유보호청구권을 갖고(제204조), 물건에 대한 사실상 지배를 상실한 때에 소멸한다(제192조). 소유권·점유권은 동산과 부동산, 지상권·지역권은 토지, 전세권은 토지와 건물, 유치권은 동산·부동산(토지·건물·유가증권), 질권은 동산과 재산권, 저당권은 부동산(토지 또는 건물)·지상권·전세권 등에 적용된다.

3.2 용익물권

용익물권은 소유권에서 그 사용·수익의 권능을 부동산소유자와의 설정계약(및 등기)으로 승계취득하여 이용하는 물권이다. 지상권은 타인의 토지에서 건물 기타 공작물이나 수목을 소유하기 위하여 그 토지를 사용하는 권리다(제279조). 거래의 실제에서는 채권으로서의 토지임대차가 행해진다. 토지와 건물이 서로 독립한 부동산인 법제에서는 법률로써 일정한 경우에 건물의 소유를 위해 토지에 지상권이 성립한 것으로 간주하는 법정지상권이 있다. 관습상 법정지상권과 분묘기지권이 관습법상 물권으로서 성립한다. 지상권은 토지의 상하에 미치는데 그 지하나 지상 공간의 상하범위를 정하여 그 범위에서만 지상권의 효력이 미치도록 하는 구분지상권 제도가 있다(제289조의2). 분묘기지권은 타인의 토지에 분묘를 설치한 자가 그 분묘를 소유하기 위하여 토지를 사용할 수 있는 지상권 유사의 물권이다. 관습상 법정지상권은 토지와 건물이 동일인의 소유에 속하였는데, 그 건물 또는 토지가 법률행위나 그 외의 원인에 의해 소유자가 달라지고, 당사자간에 그 건물을 철거한다는 특약이 없는 때, 당연히 건물소유자는 토지소유자에 대하여 소위 관습에 의하여 취득케 하는 물권이다(대법원 1962.4.18. 4294민상1103). 지역권은 일정한 목적을 위하여 타인의 토지를 자기 토지의 편익에 이용하는 권리이다(제291조). 편익을 받는 대상이 사람인 人役權과 다르지만 현실에서는 주로 토지임대차가 활용된다. 전세권은 타인의 부동산을 전세금을 지급하고 점유하여 그 부동산의 용도에 따라 사용·수익하며(용익적 성격), 그 부동산 전부에 대하여 후순위권리자 기타 채권자보다 전세금을 우선 변제받을 수 있는(담보적 성격) 권리이다(제303조 제1항). 등기하지 아니한 채권적 전세가 많고 그 대상이 주택이면 주택임대차보호법에 의해 보호를 받는다.

관습법상 물권(법정지상권, 분묘기지권, 양도담보 등) 법정지상권은 토지와 건물이 동일인의 소유에 속하였는데 그 건물 또는 토지가 법률행위나 그 외의 원인에 의해 소유자가 달라지고 당사자간 그 건물을 철거한다는 특약이 없는 때 당연히 건물소유자는 토지소유자에 대해서 관습에 의한 법정지상권을 취득한다(대법원 1962.4.18. 4294민상1103). 분묘기지권은 타인의 토지에 분묘를 설치한 자가 그 분묘를 소유하기 위하여 일정 요건 하에 토지를 사용할 수 있는 지상권 유사의 관습법상 물권이다. 양도담보는 채권담보의 목적으로 소유권을 이전하는 물권으로서, 종전의 판례는 대내적으로는 설정자, 대외적으로는 양도담보권자가 소유권을 가지는 신탁적 양도론으로 보았지만, 이는 변경되고, '부동산실권리자명의등기에관한법률'에서는 달리 규율된다. 관습법상 물권이 아닌 경우로서 온천수는 그것이 용출하는 토지의 구성부분이며 독립한 물건이 아니므로 온천에 관한 권리(광천권·온천권·온천수이용권)가 물권인 '온천권'으로 인정될 수 없다(대법원 1970.5.26. 69다1239). 공용하천용수권(제231조)과 共用水의 용수권(제235조)은 상린권으로 본다. '사실상 소유'는 매매 등에 의해 소유권취득의 실질적 요건을 모두 갖추고 있으나 형식요건인 자기명의 등기를 갖추지 않은 경우로서(대법원 2000.10.13. 98다55659), 소유권에 준하는 관습상 물권이 아니며 사실상 소유권이라는 포괄적 권리 또는 법률상 지위를 인정할 수 없고(대법원 2006.10.27. 2006다49000), 불법점유자에게 그 사실상 소유권에 기한 명도청구도 할 수 없다(대법원 2007.6.15. 2001다64165). 개인소유도로를 오랜 기간 통행한 경우의 사도통행권은 관습법상 인정되지 않는다(대법원 2002.2.26. 2001다64165).

3.3 담보물권

담보물권은 채권의 담보를 목적으로 하는 권리이다. 담보물권은 민법상 규정된 유치권·질권·저당권 등의 전형담보, 민법 외 법률의 비전형담보인 양도담보(채권 담보 목적의 소유권 이전의 형식)·가등기담보(가등기, 가등기담보등에관한법률의 대물변제 예약이 결부된 비전형담보), 상법의 유치권(제58조, 제91조, 제111조, 질권 제59조, 등기한 선박에 대한 저당권 제871조), 특별법상 담보(입목저당 입목에관한법률 제4조, 광업권 저당 광업법 제11조, 각종재단저당 공장및광업재단저당법, 각종동산저당 자동차등특정동산저당법, 동산담보권과 채권담보권 동산·채권등의담보에관한법률 등) 등이 있다. 담보물권보다 우선하여 변제를 받을 수 있는 '우선특권'의 권리에 최종 3개월분의 임금채권과 재해보상금(근로기준법 제38조 제2항), 주택임차보증금 중 소액보증금(주택임대차보호법 제8조) 등이 있다. 유치권은 물건 또는 유가증권과 채권간에 견련성이 있고 그 채권이 변제기에 있는 경우에 채권의 변제를 받을 때까지 목적물을 유치하는 권리다(제320조). 질권(민법 제8장 질권 제1절 동산질권 제2절 권리질권)은 채권 또는 재산권을 담보로 채무자 또는 제3자가 제공한 동산을 점유하고 그 동산에 대하여 다른 채권자보다 자기채권의 우선변제를 받을 권리이다(대법원 1962.4.18. 4294민상1103). 저당권은 채무자 또는 제3자가 점유를 이전하지 아니하고 채무의 담보로 제공한 부동산에 대하여 다른 채권자보다 자기채권의 우선변제를 받을 권리이다. 유치권은 유치, 질권·저당권은 경매를 통해 우선변제권을 가진다. 유치권은 일정요건에 해당하면 당연히 성립하는 법정담보물권이며, 질권·저당권은 당사자간 약정으로 성립하는 물건의 교환가치를 갖는 담보물권으로서, 질권은 동산과 권리를 대상으로 하고, 저당권은 부동산과 지상권·전세권을 객체로 한다. 전세권은 타인의 부동산을 사용·수익할 용익물권이나 그 부동산 전부에 대해 전세금의 우선변제를 받을 담보물권의 성격도 있다(제303조 제1항). 담보물권은 담보목적물의 교환가치를 지배하는 권리이며 채권담보가 목적인 부종성을 갖는다. 채권이 존재하여야 담보물권이 성립하고 채권이 소멸하면 당연히 소멸한다(저당권 규정 제320조는 유치권·질권에도 적용). 또한 피담보채권이 양도 등의 처분이 되면 담보물권의 처분도 이에 수반하는(제361조) 수반성이 있어서, 특히 저당권은 담보채권과 분리하여 타인에게 양도하거나 다른 채권의 담보로 하지 못한다. 담보물권은 물상대위성이 있어, 담보 목적물이 멸실되더라도 그에 갈음하는 교환가치가 존재하면 그에 효력을 미친다(질권에 규정하고 저당권에 준용한다. 제342조, 제370조). 유치권은 목적물이 멸실되어 더 이상 점유할 것이 없게 되면 소멸되어 물상대위성은 없다. 담보물권은 불가분성이 있어서, 피담보채권 전부를 변제받을 때까지 목적물 전부에 대해 그 권리를 행사할 수 있다(유치권에서 규정하고 질권과 저당권에 준용한다. 제321조, 제343조, 제370조). 물권은 물건의 배타적 지배권이기에 동일물에 같은 종류의 물권은 성립할 수 없으며(예컨대 소유권과 용익물권), 담보물권은 피담보채권의 범위에서 목적물의 교환가치를 가지므로, 다른 채권자가 같은 종류의 담보물권을 설정할 수 있고, 그 설정의 선후로 그 순위가 정해져(질권에 관한 제333조는 저당권에 준용 제370조), 먼저 성립한 담보물권은 후에 성립한 것에 우선하여 목적물의 경매대금에서 우선하여 변제를 받는다.

[三] 채 권

1. 채권의 본질

1.1 물권법과 채권법

물권법은 물권법정주의에 따라 국가 법률로 물권의 종류·내용을 정하고 규율하는 강행법규이며, 물권법 규정에 위반하는 누구에게나 무효가 되는 절대적 무효규범이다. 채권법관계는 채권자·채무자 어느 일방 당사자에 불리한 경우에만 무효로 하는 편면적 강행규정이어서, 당사자가 그 유효를 주장하는 것은 가능하다. 물권의 침해에는 물권적 청구권인 반환·방해제거·방해예방청구권을 모든 사람에게 주장할 수 있으나, 채무자의 채무불이행 형태의 채권의 침해에는 채무자에게 이행을 청구하고 국가기관의 강제집행으로 실현된다. 채권법은 거래법으로서 보편성을 가지며 대륙법·영미법에 공통되는 국제적 협약(국제물품매매계약에 관한 국제연합협약 등)에서도 그러하여, 가족법이 지역적 특색을 갖는 것과 다르다. 채권법의 보편성은 물권의 배타적 지위를 보장하는 물권법에 비하여, 당사자간 신뢰관계를 전제로 신의성실원칙에 규율되는 바가 크다.

1.2 물권과 채권

채권은 채권자가 채무자에게 그 채무의 이행을 청구하는 권리 즉 채무자의 행위를 청구하는 사람에 대한 권리이다. 물권은 특정의 물건에 대해 직접지배를 하는 권리이다. 채권은 물권과 같이 물건을 대상으로 하지 않고 채무자의 행위로 이루어지는 급부를 객체로 하는 권리이다. 물권은 물건의 가치에 대한 직접적·배타적 지배권이다. 물권은 지배권으로서 모든 사람에게 이를 주장할 수 있다는 의미에서 절대권이다. 채권은 목적물의 급부를 객체로 하는 특정인에 대한 권리이기에, 당해 채무자인 특정인에게만 주장할 수 있는 청구권이며 상대권이다. 인격권·가족권 등은 인격적 이익이나 신분관계에 따르는 이익을 모든 사람에게 주장할 수 있다. 채권·채무는 당사자간의 합의인 계약에 의해 발생하거나 또는 법률에서 정하여 발생하는 경우인 사무관리·부당이득·불법행위 등이 있다. 계약은 당사자의 합의에 의하여 채권이 발생하는 경우로서 예컨대 매매계약에 따라 매도인은 매수인에게 그 권리를 이전하고 매수인은 대금을 지급하여야 하는 채무가 발생한다.

1.3 물권법원리와 채권법원리

근대사법원리에서 물권법의 지배원리가 소유권절대의 원칙이라면 계약자유·자기책임원칙은 채권법의 원리다. 물권 변동은 주로 계약 등의 채권관계를 통해 이루어지는 점에서, 채권관계는 물권관계의 절차방식이 되는, 한편, 채권담보를 위해 설정되는 담보물권처럼 물권이 채권의 수단방식이 되는 경우도 있다. 채권의 목적은 채무자의 행위이며 그 행위의 대상인 목적물과는 다르다. 채권은 채무자인 특정인에 대한 권리인 상대권인 점에서 모든 사람에게 주장할 수 있는 절대권인 물권과 다르다. 채권은 배타성이 없고 같은 내용을 가진 둘 이상이 우열의 차이 없이 병존할 수 있는, 채권자평등의 원칙에 따른다. 채권은 채권자와 채무자 사이의 법률관계인 채권관계의 요소이며, 채권의 본체는 청구권이므로, 채권의 권능은 급부보유력·소구력·집행력·채권자대위권·채권자취소권·항변권·해제권 등으로 나타난다. 채권이라도 아직 이행기가 도래하지 않은 경우에 청구권은 발생하지 않는다. 청구권은 채권 외에도 물권·친족권·상속권 등의 권리에 기초하여도 발생한다. 물권적 청구권·동거·부양·상속회복청구권 등이 그것이다.

2. 채권의 내용

2.1 물권과 채권의 내용

물권은 이를 가진 자의 법적 지위가 사람에 따라 달라지는 '소유권의 상대성'은 인정되지 않는다. 명의신탁에서 소유권은 대외적 관계에서는 수탁자, 대내적 관계에서는 신탁자에 있다는 판례는 변경되었다(부동산실권리자명의등기에관한법률에서는 달리 규율된다). 반면, 채권에서는 민사집행법이 정하는 가처분(제300조) 채권자에게는 소유권을 주장할 수 없다. 물권은 전세권의 양도 제한(제306조 단서) 등을 제외하고는 법률상 양도가 금지되지 않으며 물권법정주의로 인하여 당사자의 의사로 그 양도 금지를 제한할 수도 없다. 반면, 채권의 상당수는 그 성질상 및 당사자의 의사표시(제499조), 법률규정 등에 의하여 양도가 금지되는 경우가 많다. 물권은 물건에 대한 직접지배권이므로 담보물권 같은 제한물권에서 물건 소유자가 변동되더라도 당해 제한물권의 성립·효력에 영향을 미치지 않는다. 물건을 객체로 하는 물권은 그 존재를 외부에서 인식하여 거래의 안전을 기할 수 있게 하는 공시가 요구되어 부동산은 등기, 동산은 점유를 그 방식으로 인정하는데, 이는 특별한 공시방법을 요하지 아니하는 채권과 구별된다. 다만 계약에 의하여 채권·채무가 발생하고 이를 통해 소유권이전 등의 물권변동이 이루어진다든지, 거꾸로 담보물권이 채권의 우선적 변제를 위하여 종속된다든지, 용익물권의 목적이 채권으로서의 사용대차(제609조 등) 혹은 임대차(제618조 등) 등에 의해서도 이루어질 수 있다.

2.2 물권과 채권의 실현

채권은 채권자가 채무자에게 급부를 청구할 수 있는 권리로서 물건에 대해서 갖는 권리인 물권과 달리 사람에 대해서 갖는 권리이기에, 채무자의 채무불이행에 대한 채무이행청구의 소를 제기하여 승소판결을 받아 집행권원을 받은 후, 채무자의 일반재산에 대한 강제집행을 신청하여, 그 재산의 매각을 통하여 채권이 이행되도록 한다. 이때 채무자의 책임재산의 유지・보전을 위한 제도가 민법 채권편의 채권자대위권(제404조~제405조), 채권자취소권(제406조~제407조), 민사집행법의 가압류(제276조) 등이다. 채권에 대한 담보제공의 제도는 채무자의 수를 늘려 책임재산을 확보하는 인적 담보와 특정 물건에 담보를 설정하여 채권자평등의 원칙을 깨고 피담보채권의 채권자만이 우선적 변제를 받는 물적 담보가 있다. 인적 담보는 민법 채권편 '수인의 채권자 및 채무자'에 규정된 불가분채무(제411조), 연대채무(제413조~제427조), 보증채무(제428조~제448조) 등이다. 물적 담보는 채무자 또는 제3자의 물건(동산 또는 부동산)에 대해 소유자와의 설정계약(및 인도 또는 등기)을 통해 소유권의 처분권능을 담보물권자가 승계취득하여, 채무자의 변제가 없는 때에 법원의 경매를 통하여 담보물을 처분하여 다른 일반채권자에 우선하여 자기 채권의 변제를 받는 권리다. 질권, 저당권, 법정담보물권인 유치권 그리고 담보물권의 성격을 갖는 전세권 등이 그것이다.

2.3 채권의 목적

채권의 목적은 채권의 내용을 이행하는 행위인 급부를 통해 실현되며 이때 채무자의 이행행위인 급부의 의무가 채무이고 그 이행행위의 객체가 채권의 목적물이다. 채권의 목적인 급부는 강학상 작위급부(주는 급부인 물건 인도나 금전 지급 등 결과에 중점을 두는 결과채무, 하는 급부)・부작위급부(단순부작위, 채권자의 일정 행위를 방해하지 않는 인용 제624조), 특정물급부・불특정물급부, 가분급부・불가분급부, 일시적 급부(매매에 의한 인도・대금지급)・계속적 급부(임대차에 따른 목적물 사용의 제공)・회귀적 급부(급부의 반복으로서 신문구독계약에 따른 신문배달) 등이 있다. 민법은 채권의 목적(제3편 채권 제1장 총칙 제1절)에서 채권은 금전으로 가액을 산정할 수 없는 것이라도 채권의 목적으로 할 수 있다(제373조) 하여 특정물채권(제374조), 불특정물채권으로서 종류채권(제375조), 금전채권(제376조), 외화채권(제377조), 이자채권(제379조), 선택채권(제380조) 등을 규정한다. 채무는 채무자가 채권자에게 일정 행위인 급부를 하여야 할 의무이다. 계약에서 법령 중의 선량한 풍속 기타 사회질서에 관계없는 규정과 다른 관습이 있는 경우에 당사자의 의사가 명확하지 아니한 때에는 그 관습에 의한다(제106조). 사무관리, 부당이득, 불법행위 같은 법정채권의 급부의무는 민법 규정에서 정한 바에 따른다. 급부의무는 쌍무계약에서 대가적 견련관계에 서게 되는(제536조 등) 주된 급부의무의 불이행시 손해배상청구권 및 해제권이 발생한다. 급부의무실현에서 신의칙상 의무인 부수적 급부의무를 지는 종된 급부의무 불이행시 채무불이행으로 인한 손해배상청구권은 발생하나 해제권은 인정되지 않는다.

특정물・대체물과 불특정물채권 물건의 인도를 목적으로 하는 채권은 그 물건의 특정여부에 따라 특정물채권과 불특정물채권이 있다. 특정물은 구체적 거래에서 당사자가 특정의 물건을 지정하고 다른 물건으로 바꿀 것을 허용하지 않는 물건, 불특정물은 동종・동질・동량의 것이면 어느 것이든 가능한 물건이다. 대체물은 일반거래관념을 기준으로 물건의 개성이 중시되지 않아 동질・동종・동량으로 바꾸어도 급부의 동일성이 바뀌지 않는 물건, 부대체물은 물건의 개성이 중시되어 대체성이 없는 물건이다. 대체물이라도 당사자의 의사에 의해 특정물로 할 수 있다. 특정물 인도가 채권의 목적인 때 채무자는 그 물건의 인도까지 선량한 관리자의 주의로 보존하여야 하고(제528조), 이행기의 현상대로 물건을 인도하여야 하며(제462조), 선관의무・현상인도의무 위반은 채무자가 채무의 내용에 좇은 이행을 하지 아니한 채무불이행의 過失이다(제390조). 종류채권은 일정 종류에 속하는 물건 중 일정량의 인도를 목적으로 하는 채권이다. 종류채무는 변제 장소에 따라 지참채무(채무자가 목적물을 채권자의 주소에서 이행하여야 하는 채무 제467조)를 원칙으로(현실제공 원칙과 구두제공의 경우 제460조) 추심채무(채권자가 채무자의 주소에 와서 목적물을 추심하여 변제를 받아야 하는 채무), 송부채무(채무자가 채권자 또는 채무자의 주소 외의 제3지에 목적물을 송부해야 할 채무) 등이 있다. 금전채권은 금액채권이 보통이나 금종채권과 외화채권도 있다. 금종金種채권은 일정한 종류의 통화로 지급하기로 정한 금전채권이다(제376조). 외화채권은 외화로 지급하기로 한 금전채권이다(제377조). 대용금채권은 채권액이 다른 나라 통화로 지정된 때에는 채무자는 지급할 때에 있어서의 이행지의 환금시가에 의하여 우리나라 통화로 변제할 수 있다(제378조). 이자채권은 이자의 급부를 목적으로 하는 채권이며, 선택채권은 수 개의 서로 다른 채권 중에서 선택에 의해 어느 급부가 채권의 목적으로 정해지는 채권이다(제379조).

이자 · 선택 이자채권에서 이자란 금전 기타 대체물의 사용 대가로서 원본액과 사용기간에 비례하여 지급되는 금전 기타의 대체물이다. 이자는 사용대가로서의 법정과실(제101조 제2항)이기에, 주식배당금은 사용대가가 아니며, 이행기가 지난 후의 이행지체에 따른 연체이자(제705조)는 손해배상금이다. 대체물이 아닌 부대체물인 토지 · 기계 · 건물 등의 사용대가는 지료 · 차임이다. 이자는 금전이 보통이지만 대체물도 이자가 된다. 이자는 원본채권을 전제로 일정 이율에 따라서 산정된다. 법정이율은 이자있는 채권의 이율은 다른 법률의 규정이나 당사자의 약정이 없는 경우로서, 연 5분으로 한다(제379조). 상행위로 인한 채무의 법정이율은 연 6푼이다(상법 제54조). 금전채무불이행으로 인한 손해배상액은 법정이율로 산정되며(제397조 제1항), 공탁금에는 대법원규칙이 정하는 이자를 붙일 수 있다(공탁법 제5조). 약정이율은 이자제한법에서 정한 최고이자율을 초과하지 않는 범위안에서 당사자가 자유로이 정한다. 채권의 목적이 수개의 행위 중에서 선택에 좇아 확정될 경우에 다른 법률의 규정이나 당사자의 약정이 없으면 선택권은 채무자에게 있으며(제380조). 일정한 경우에는 선택권이 이전된다(제381조). 선택은 상대방에 대한 의사표시로 한다(제382조). 채권의 목적으로 선택할 수개의 행위 중에 처음부터 불능한 것이나 또는 후에 이행불능하게 된 것이 있으면 채권의 목적은 잔존한 것에 존재한다(제385조). 선택의 효력은 그 채권이 발생한 때에 소급한다(제386조).

3. 채권의 이행책임

3.1 채무불이행책임

채권자와 채무자는 상대방의 생명 · 신체 · 소유권 기타 재산적 이익을 침해하지 않도록 배려하여야 할 보호의무를 진다. 그 위반시 보호의무위반을 이유로 하는 불완전이행 즉 채무불이행책임, 불법행위책임을 진다. 계약체결상 과실책임의 범위(제535조)를 확대하여, 계약체결과정에서 상대방의 신체 · 재산에 손해를 준 경우에 계약유사책임을 인정하면서 보호의무위반을 이유로 하는 채무불이행책임을 묻는다. 채무와 구별되는 개념인 책무는 일정 사항을 준수하지 않는 경우에 법률상 일정한 불이익을 줄 뿐 당해 권리자에게 이행청구권, 소구력, 강제력, 손해배상청구권 등은 인정되지 않는 간접의무이다. 예컨대, 청약자가 연착통지를 하지 않은 때에는 계약이 성립한 것으로 되는 불이익을 받지만 상대방이 청약자에게 연착의 통지를 해 줄 것을 청구하거나 그 위반시 손해배상을 청구할 수는 없다(제528조). 결과채무는 일정 결과 발생에 목적을 두는 채무이며, 수단채무는 결과에 이르기 위해 필요한 주의를 다하는 데 목적을 두는 채무이다(대법원 1988.12.13. 85다카1491). 결과채무는 매매에서 매도인의 재산권 이전과 매수인의 대금지급 등의 경우 같이 일정 결과가 생겨야 채무가 소멸하나, 수단채무는 의사가 환자에게 부담하는 진료채무 등에서와 같이 질병 치유의 결과를 달성해야 할 의무가 아니다. 환자치유를 위하여 선량한 관리자의 주의의무를 가지고 행하는 진료상 주의의무를 다 했다면 채무는 소멸한다. 치료비 등을 청구할 수 있고 채무불이행책임도 부담하지 않는다.

3.2 채무불이행과 구제

3.2.1 채무불이행의 주관적 사유

채무불이행은 채무자가 채무의 내용에 따른 이행을 하지 않는 행위이다. 채무불이행은 채무의 불이행에 고의(행위의 결과, 위법성) · 과실(주의의무의 태만으로 행위의 결과를 인식하지 못하는 것)의 귀책사유인 주관적 사유, 채무불이행이 위법인 객관적 사유로 성립한다. 형사책임과 달리 민사책임인 채무불이행책임에서 고의·과실간 차이는 없다. 과실책임원칙에 따른 귀책사유인 과실은 채무자 개인의 주관적 능력이 기준이 되는 구체적 과실이 아니라, 채무이행에 관련한 평균적인 채무자를 기준으로 하는 추상적 과실이다(다만, 무상임치 수취인의 주의의무는 '자기 재산과 동일한 주의'라 하여 수취인 개인의 주관적 능력이 기준이다. 제695조). 과실은 경과실이 원칙이나 특히 법률에서 중대한 과실이라 정하여(제109조, 제401조, 제518조, 제735조, 제757조, 국가배상법 제제2조 제2항 등), 주의를 현저히 결여한 중과실을 요구하는 경우도 있다. 채무불이행에서 요구되는 과실은 추상적 경과실이다. 과실책임은 자신의 행위에 대해 과실이 있는 때에만 책임이 있다는 자기책임원칙이나 민법은 타인의 행위에 대해 책임을 지는 경우도 규정한다(법인의 불법행위책임(제35조 제1항), 대리(제114조이하), 사용자책임(제56조) 등). 법인의 불법행위책임은 법인의 대표기관이 그 직무에 관하여 한 불법행위에 대해 법인 자신이 불법행위책임을 지는 것, 대리는 대리인이 그 권한 내에서 본인을 위한 것임을 표시한 의사표시는 본인에게 효력이 생기는 것, 사용자책임은 피용자의 행위에 대해 불법행위로서의 손해배상책임을 지는 것이다. 이행보조자(채무자의 법정대리인, 피용자 등 협의의 이행보조자)의 과실은 채무자의 과실로 본다(제391조). 채무자의 법정대리인이 채무자를 위하여 이행하거나 채무자가 타인을 사용하여 이행하는 경우에(이행대행자는 독립하여 채무의 전부나 일부를 채무자에 갈음하여 이행하는 자) 법정대리인 또는 피용자의 고의나 과실은 신의칙 또는 채무자의 행위영역 확대에 따른 위험부담으로 채무자의 고의나 과실로 본다.

3.2.2 채무불이행의 객관적 사유

채무불이행의 객관적 사유는 그 채무불이행의 위법성이다. 채무불이행에서의 위법성은, 불법행위에서 피해자의 법익의 침해라는 의미의 위법성과 달리, 채무의 불이행이 있으면 그 자체가 위법하게 된다. 그 점에서, 채무불이행을 정당화하는 사유인 위법성 조각사유(유치권, 동시이행의 항변권 등)는 없다. 채무불이행책임의 요건으로서 채무자의 책임능력을 민법은 정하지 않으나, 불법행위로 인한 손해배상책임에서는 책임무능력자를 정하고(제753조, 제754조), 채무자의 귀책사유는 책임능력을 전제로 하는 것이며, 다만, 이 책임능력은 채권·채무의 발생을 가져온 법률행위에 관한 것이 아니라 채무불이행 당시의 책임에 관한 것이다. 당사자간에 장차 채무불이행이 있더라도 그에 대한 책임을 지지 않기로 약정하는 면책특약은 계약자유의 원칙상 유효하지만, 고의나 중과실의 경우에도 책임을 지지 않는다는 특약은 제103조 반사회적 법률행위로서 무효이다. 채무불이행이 발생한 후에 맺는 면책특약은 사후의 책임의 면제·포기로서 유효하다.

3.2.3 채무불이행의 효과

채무불이행이 있으면 그에 따른 효과가 발생하여 책임을 진다. 민법이 규정한 이행지체·이행불능 외에 학설·판례는 불완전이행과 이행거절도 인정한다. 이행지체에는 강제이행과 손해배상, 이행불능에는 손해배상, 채무가 계약으로 발생한 것이면 계약 해제권(제544조~제546조)·해지권 등의 책임을 진다. 채무불이행으로 인한 손해배상청구권(제390조)은 채무자가 채무의 내용에 좇은 이행을 하지 아니한 때의 손해배상의 청구이다. 채무자의 고의나 과실없이 이행할 수 없게 된 때에는 그러하지 않다. 이들 사항의 입증책임은 손해배상을 청구하는 채권자가 그 요건사실을 입증하여야 한다. 채무자가 면책을 주장하려면 자신에게 귀책사유가 없음을 입증하여야 한다.

3.3 채무불이행과 손해배상

채무불이행과 손해배상은 채무자가 채무의 내용에 좇은 이행을 하지 아니한 때에는 채권자는 손해배상을 청구할 수 있다. 그러나 채무자의 고의나 과실없이 이행할 수 없게 된 때에는 그러하지 아니하다(제390조). 일반적으로 사법상 손해배상청구권을 발생시키는 원인으로는 법률행위와 법률의 규정에 의하는 경우이며 그중 대표적인 것이 채무불이행(제390조)과 불법행위(제750조)이다. 민법은 채무불이행에서 손해배상의 범위와 방법, 과실상계, 손해배상자의 대위에 관한 규정은 불법행위에도 준용한다(제763조). 손해란 법적으로 보호할 가치가 있는 이익의 침해로 생긴 불이익으로서 비자발적 손실이며(비용은 자발적 손실이다), 채무불이행에서 배상되어야 할 손해는 채무가 이행되었다고 한다면 채권자가 장래 얻었을 이익이기에 그 이익을 실현시키는 것이며, 불법행위에서는 기존의 권리가 침해된 것이므로 그 법익을 회복시켜 주는 것이다. 결국 손해는 위법행위가 없었다면 존재하였을 이익과 위법행위가 있은 후의 현재의 이익의 차이라 하는 차액설 즉 추상적 손해설을 따른다(대법원 1998.7.10. 96다38971). 손해에는 재산적 손해와 비재산적(생명 · 신체 · 자유 · 명예 등) 손해, 적극적 손해(나타난 손해)와 소극적 손해(놓친 이익, 일실이익), 이행이익의 손해와 신뢰이익의 손해(민법 제535조제1항 '목적이 불능한 계약을 체결할 때에 그 불능을 알았거나 알 수 있었을 자는 상대방이 그 계약의 유효를 믿었음으로 인하여 받은 손해를 배상하여야 한다. 그러나 그 배상액은 계약이 유효함으로 인하여 생길 이익액을 넘지 못한다'. '계약의 유효를 믿었음으로 인하여 받은 손해'가 신뢰이익의 손해이고 '계약이 유효함으로 인하여 생길 이익액'이 이행이익의 손해이다), 직접적 손해(가해행위에 의해 직접 발생한 손해)와 간접적 손해(직접적 손해로 인해 추가로 발생한 모든 결과손해) 등이 있다.

제2절 행위실체론

Ⅰ. 법률행위론

[一] 법률행위의 법률관계

1. 법률행위의 의의

1.1 법률행위의 법률관계

행위실체론은 법률행위에 의하여 이루어지는 법률관계를 기초로 그 규범적 영역을 인식하는 법론*Rechtslehre*이다. 법률관계는 권리의 변동으로서의 권리의 발생·변경(주체·내용·작용 등)·소멸 즉 권리주체에 있어서의 그 권리의 취득·변경·상실(절대적 상실·상대적 상실) 등을 통하여 이루어지는 법률행위 실체론이다. 권리의 원시취득은 타인의 권리에 기초함이 없는 권리의 새로운 발생이다(선점(민법 제252조), 매장물발견(제254조), 취득시효(제245조), 건물신축 등). 승계취득은 타인의 권리의 취득에 의한 권리의 발생이다. 승계취득에는 매매·상속에 의한 취득의 이전적 승계(계약에 의한 권리이전인 양도, 제449조 채권양도), 지상권·전세권·저당권 등의 설정 같은 설정적 승계, 권리 각각이 개별취득원인에 의하는 특정승계, 상속(제1005조) 같이 하나의 취득원인에 의한 다수의 권리, 의무 등의 포괄적 취득인 포괄승계 등이 있다. 이 같은 권리의 변동을 가져오는 조건이 법률요건이다. 법률요건을 구성하는 개개의 사실인 법률사실에는 사람의 정신작용에 기초하는 용태容態, 사람의 정신작용에 기초하지 아니하는 법률사실인 사건(소멸시효, 제척기간·실권 같은 시간의 경과, 사람의 출생·사망, 주소·거소의 소재 등)이 있고, 용태는 외부로 나타나는 외부적 용태인 행위와 내부에 머물러 있는 내부적 용태인 의식(선의·악의)이 있다. 소극적 행위는 주어진 일정한 행위를 하지 않는다는 태도의 표명이다(예컨대 허가신청을 거부하는 행위 등). 부작위는 아무런 행위도 하지 않는다 하는 의미의 불행위이다. 행위는 적법행위와 위법행위(불법행위·채무불이행), 적법행위는 법률행위와 준법률행위, 준법률행위는 표현행위와 사실행위, 표현행위에는 의사의 통지, 관념의 통지, 감정의 표시가 있고 사실행위에는 선점, 매장물 발견 등이 있다. 행정법상의 법률요건은 행정법관계의 성립·변경·소멸의 법률효과를 발생시키는 원인이다. 공법 특히 행정법관계에서 행정주체와 사인간 법률관계는 행정법규의 규정에 의하거나, 행정주체의 우월한 의사의 표시인 행정행위 또는 행정청의 직권에 의한 일정 사실행위를 계기로 하거나, 공법상 계약 또는 행정법상 계약 등에 의한다. 행정법관계의 변경·소멸은 행정법규가 정한 특별한 조건의 충족, 행정행위, 공법상 계약·행정사법상 계약 등에 의하여 정해진 기간의 경과, 해제조건의 성취, 계약해제, 시효, 제척기간경과, 행정주체의 일방적 선언인 권리포기, 실권, 상계 등의 경우 등에 의한다.

1.2 법률요건의 법률행위

법률행위는 일정한 법률효과의 발생을 목적으로 하는 의사표시를 불가결의 요소로 하는 법률요건이다. 법률행위의 개념은 규범의 실재에서 매매계약, 소유권양도, 혼인 등과 같이 법질서가 승인한 구체적 행위 유형의 추상화 개념이며, 채권·채무 같이 대립하는 법률효과를 가져오는 채권계약, 물권적 합의, 가족법상 계약 등을 포괄하는 일반적 개념으로서(민법 제1편 총칙 제5장 '법률행위'), 그로써 이루어지는 법률관계에 의해서 근대국가에서의 규범적 행위의 실체를 이루고 이를 매개로 사회 영역에서의 사적 자치를 근간으로 근대국가의 법 인식에 기반을 이루었다. 법률행위는 의사표시를 요소로 하는 법률요건으로서 이에는 표의자의 의사대로 법률효과가 발생하는 단독행위, 계약, 합동행위 등이 있다. 법률행위로서 단독행위는 하나의 의사표시만으로 성립하여 하나의 법률효과를 발생시키는 법률행위이다. 이에는 상대방에 대한 통지를 요건으로 하는 취소, 해제 등과 같이 상대방 있는 단독행위와 유언, 재단법인 설립행위 등과 같이 상대방 없는 단독행위가 있다. 단독행위를 할 수 있는 권리가 형성권이다. 계약은 두 개의 상호 대립하는 의사표시의 합치에 의해 성립하는 법률행위이다. 합동행위는 쌍방행위에서 복수의 의사표시가 공동목적을 구심점으로 평행하여 다수의 당사자에게 동일한 법률효과를 가져오는 법률행위이다. 합성행위는 하나의 의사표시에 의하여 법률행위가 이루어지는 점에서 단독행위와 같고 계약 내지 합동행위와 다르나, 그 의사의 '표시'가 복수의 '의사'에 의하여 이루어지는 행위인 점에서, 하나의 의사와 표시로 구성되는 단순행위와도 구분된다. 국민이 선거권을 행사하여 대표자를 선출하는 선거행위가 그것이다. 사단법인에서 사원총회의 기관이 단체의 의사를 결정하는(제68조) '결의'가 이와 유사한 개념이다. 법률행위는 법률효과의 발생 즉 법률관계의 발생·변경·소멸에 목적적으로 향하여진 행위인 점에서 불법행위(제750조)와 구분된다.

선거와 합성행위 선거는 선거인의 대표자 선출행위다. 선거인을 구성하는 유권자의 투표를 의사로 하고 그 다수의 의사(투표)의 집적으로 대표자 선정을 표시로 하는 1개의 의사표시로 성립되는 단독행위인 합성행위다. 유권자의 투표행위는 대표자선출이라는 선거를 구성하는 의사이면서 동시에 독자적인 그 전 단계적 법률행위다. 선거의 의사표시적 성격은 둘 이상의 반대 방향의 의사표시의 합치로 성립하는 계약이 아니며, 같은 방향으로 향하는 다수 의사표시의 합치인 합동행위도 아니다.

1.3 법률행위의 자유원칙

법률행위의 자유원칙은 누구나 자기 의사대로 법률관계를 형성할 수 있는 사적자치의 자유로서 이에는 계약의 자유, 단체설립의 자유(법인, 조합설립 등), 유언의 자유(민법 제1060조 등) 등이 있다. 법률행위가 효과를 발생하려면 적법하게 성립하고 유효하여야 한다. 법률행위 자유의 원칙에 따르는 방식의 자유에 의해서 법률행위는 불요식행위가 원칙이다. 다만, 혼인의 경우와 같이 신고 등의 일정 방식을 요구하는 요식행위는 그 방식을 갖춘 때에만 법률행위로서 성립한다. 법률행위의 일반성립요건에는 당사자, 목적, 의사표시가 요구된다. 특별성립요건은 예컨대 질권설정계약에서의 물건 인도(제330조) 등이다. 법률행위의 일반효력요건은 당사자의 행위능력과 의사능력, 법률행위 내용의 확정성과 실현가능성 및 강행법규에의 적법성과 사회적 타당성, 의사와 표시의 일치·하자없는 의사표시 등이다. 특별효력요건은 일정 법률행위에 특유한 것으로 대리행위에서 대리권의 존재 등이다. 법률행위가 유효하게 성립하기 위해서 다른 법률행위의 존재를 전제로 하는 '종된 행위'(부부재산계약은 혼인의 종된 계약)와 그 전제가 되는 '주된 행위'(금전소비대차계약은 저당권설정계약의 주된 계약)가 있다.

신탁행위, 양도담보 신탁행위는 일정한 경제상 목적을 위하여 취하는 권리이전의 형식을 사적자치의 관점에서 그대로 효력을 인정하는 것이다. 양도담보는 신탁자와 수탁자와의 관계에서는 신탁계약 취지에 따라 신탁자가 권리를 보유하고, 제3자에 대한 관계에서는 수탁자가 권리를 가진다. 종래 종중재산의 명의신탁에서 비롯된 명의신탁의 효력을 신탁행위이론으로 인정하여 왔으나 '부동산실권리자명의등기에관한법률'에서 명의신탁약정은 무효로 한다(제4조 제1항). 신탁법상 신탁은 신탁을 설정하는 자(위탁자)와 신탁을 인수하는 자(수탁자) 간 신임관계에 기하여 위탁자가 수탁자에게 특정의 재산(영업이나 저작재산권 일부 포함)을 이전하거나 담보권 설정 또는 그 밖의 처분을 하고 수탁자로 하여금 일정한 자(수익자)의 이익 또는 특정의 목적을 위하여 그 재산의 관리, 처분, 운용, 개발, 그 밖에 신탁 목적의 달성을 위하여 필요한 행위를 하게 하는 법률관계이다(제2조).

2. 사법상 법률행위

2.1 재산행위와 신분행위

사법상 법률행위는 재산행위 · 신분행위, 채권행위 · 물권행위(준물권행위) 같이 직접 권리 · 법률관계의 변동을 일어나게 하는 독립행위와 법률행위의 효과를 보충하거나 확정짓는 보조행위가 있다. 재산행위는 매매 · 임대차 등 재산상 법률관계에 관한 행위, 신분행위는 혼인 · 유언 등 신분상 법률관계의 행위이다. 민법 총칙편 법률행위 규정이 주로 적용되는 재산행위와 달리 신분행위에는 가족법에 특칙을 두고 의사주의와 요식주의에 따른다. 민법총칙은 주로 재산법의 총칙이다. 제3조 '사람은 생존한 동안 권리와 의무의 주체가 된다' 함은 상속과 유증에서는 예외적으로 태아의 권리능력을 인정한다. 미성년자 · 피성년후견인 · 피한정후견인 · 피특정후견인 규정도 주로 재산법상의 제도이다. 가족법상의 법률행위를 할 수 있는 능력인 신분행위능력은 재산법상의 행위능력과는 달리 그 본질상 의사능력을 중심으로 결정된다. 주소, 실종, 물건의 규정은 통칙성이 있으나 법인의 章은 가족법과는 관계가 없다. 법률행위에 관한 규정도 적용되지 않는다. 다만 제103조 공서양속조항은 적용된다. 신분행위에 있어서는 비진의의사표시 · 허위표시 · 착오로 인한 의사표시는 모두 무효이다. 사기 · 강박에 의한 신분행위도 취소할 수 있음을 원칙으로 하나 제110조의 적용에 의한 것이 아니다. 신분행위의 취소의 효과는 누구에게나 대항할 수 있으며 취소방법은 재판절차에 의하여야 한다. 최소의 효과는 소급하지 않는 것이 원칙이다. 신분행위에는 대리가 허용되지 않는 것이 원칙이다. 다만 법정대리는 인정한다. 조건 · 기한도 신분행위에는 거의 적용되지 아니한다. 무효행위의 전환은 신분행위에도 적용된다. 무효행위의 추인은 적용되지 아니한다. 취소의 소급효는 혼인 · 입양에서는 그 적용이 배제된다. 기간의 규정은 통칙성이 있다. 소멸시효의 규정도 적용되지 않는다.

2.2 채권행위와 물권행위

재산행위는 매매와 같이 자기 재산 감소와 타인 재산 증가를 가져 오는 출연出捐행위, 소유권 포기와 같이 타인 재산의 증가 없이 행위자만의 재산이 감소되는 비출연행위가 있다. 출연행위는 매매와 같이 자기출연과 상대방출연이 서로 대가성 있는 유상행위, 증여와 같이 대가성 없는 무상행위가 있다. 출연에는 채무변제 목적으로 금전을 교부하는 등 일정 목적이나 원인 유무에 영향을 주는 유인有因행위, 어음행위 같이 영향을 받지 않고 독립된 무인행위가 있다. 물권행위(또는 채권양도 같은 준물권행위)는 물권의 변동을 직접 가져오는 처분적 법률행위, 채권행위는 매매 등과 같이 채권 · 채무를 발생시키면서 그 의무이행의 부담을 남기는 행위이다. 물권행위는 부동산은 등기, 동산은 인도 등의 일정한 공시를 갖추어야 물권변동이 발생하는 성립요건주의이다(제186조, 제188조). 부동산에 관한 법률행위로 인한 물권의 득실변경은 등기하여야 그 효력이 생긴다(제186조) 함은 부동산물권의 변동을 가져오는 법률행위인 물권행위를 정하면서 그 부동산 물권변동의 성립요건주의 즉 형식주의를 정하는 것이다. 물권행위는 물권계약 즉 물권적 합의와 물권적 단독행위로서의 법률행위이므로 민법 총칙편 규정이 통용되나 다만, 물권행위는 직접 물권의 변동을 가져오고 따로 이행의 문제가 없는 점에서, 채권행위와 같이 당사자간 합의에 의해 채권채무의 발생을 목적으로 하는 법률행위에 적용되는 민법 채권편 규정은 원칙적으로 적용되지 아니한다. 채권행위와 구별되는 물권행위의 독자성에 대하여, 현실매매처럼 채권행위와 물권행위가 일체로서 행하여지거나 소유권의 포기처럼 물권행위만이 있는 경우 외에, 부동산매매와 같이 채권행위와 물권행위가 시간적 간격을 두고 발생하는 경우에 채권행위와 구별되는 물권행위의 독자성과 무인성은 인정되지 않지만(대법원 1977.5.24. 75다1394), 물권행위의 원인행위인 채권행위가 부존재 · 무효 · 취소 · 해제 등으로 실효되더라도 물권행위 자체가 유효한 때에는 물권행위는 그 영향을 받지 않고 유효한 것으로 보는 바 다만, 물권행위는 그 원인행위인 채권행위의 이행의 결과이기도 하기에 채권행위에 영향을 받는 것으로 보는 것이 당사자의 의사에도 부합한다고 보는 것이기에, 이 같은 경우의 물권행위의 무인성은 채권행위에만 무효 · 해제 등의 실효원인이 있고 물권행위는 유효한 경우에 한정되는 예외적인 경우에 한한다.

2.3 상법상 행위 – 어음행위

어음행위는 어음이라는 증권에 기명날인 또는 서명을 요건으로 하는 요식의 서면행위에 의하여 어음상의 채무 부담을 발생시키는 법률행위이다. 어음수표행위의 종류로서 환어음에는 발행 · 인수 · 배서 · 참가인수 · 보증, 약속어음에는 발행 · 배서 · 보증, 수표에는 발행 · 배서 · 보증 · 지급보증 등이 있다. 발행은 어음수표를 창조하는 기본적 어음수표행위이며 그 외는 부속적 어음수표행위이다. 어음행위의 성립 · 유효요건은 어음행위자가 증권에 일정사항을 기재하고 기명날인 또는 서명을 하여야 하는 형식적 요건, 어음행위도 법률행위이므로 능력이 있는 자의 하자없는 의사표시를 행하여야 하는 실질적 요건 및 작성된 증권을 상대방에게 교부하여야 하는 교부계약이 있어야 한다. 어음행위 성립의 형식적 요건에 의하여 법정기재사항 흠결시 그 어음 자체가 무효로 되는 경우가 있다. 기명은 어음행위자의 명칭을 표시하는 것이다. 날인은 인장을 찍는 것이다. 서명은 행위자가 자기의 명칭을 자기 손으로 기재하는 自署이다. 어음행위 성립의 실질적 요건은 어음능력이다. 어음행위는 무인성(추상성), 요식성, 문언성, 협동성, 독립성 등을 가지므로, 의사표시의 하자에 관한 비진의 의사표시(민법 제107조), 허위표시(제108조), 착오(제109조), 사기 · 강박(제110조) 등에 의한 의사표시 등은 어음행위에도 적용되어 그 어음행위를 취소할 수 있다. 하지만 선량한 풍속 기타 사회질서에 반하는 법률행위(제103조), 불공정한 법률행위(제104조) 등은 어음행위는 무인적 행위이고 정형적 행위의 특성상 적용되지 아니한다.

어음이론 어음에 체화된 권리 또는 어음채무의 발생성립에 관하여, 교부계약설은 어음상 권리의 성립을 위하여 증권의 작성 외에 기명날인 또는 서명을 한 자와 상대방 사이에 교부계약이 필요하며(대법원 1989.10.24. 88다카24776; 1999.11.26. 99다34307 등 참조), 창조설은 어음상 권리의 성립을 위하여 증권의 작성인 창조 즉 어음채무자가 방식을 갖춘 어음증권에 기명날인 또는 서명을 함으로써 어음채권채무가 성립하며, 발행설은 어음상 권리의 성립을 위하여 증권의 작성 외에 기명날인 또는 서명을 한 자의 의사에 의한 증권의 점유이전이 필요하며, 수정창조설인 이단계설은 어음의 발행은 증권의 작성이라는 기명날인 또는 서명을 한 자의 단독행위인 무인행위이면서 이 같이 성립한 권리를 상대방에게 이전하는 행위인 유인행위로서의 증권 교부라는 계약으로 이루어지는 2단계 행위이며, 권리외관설은 어음상 권리의 성립에는 원칙적으로 교부계약 내지 발행을 요하지만 이를 흠결하여도 어음에 기명날인 또는 서명을 함으로써 어음을 작성한 자는 그 어음의 기명날인 또는 서명이라는 작성의 외관을 믿고 어음을 취득한 제3자에게는 어음상 책임을 진다는 논리이다. 계약설을 기초로 하는 권리외관설이 지지를 받고 있는 논리이다.

어음행위는 일반 법률행위에 비한 특성이 있다. 어음행위의 무인성은 어음행위는 매매 · 도급 등의 실질관계를 원인으로 하는 수단으로서 행하여지는 것이지만 그 원인관계가 무효 · 취소되거나 부존재하더라도 어음행위는 그 원인관계로부터 분리되어 유효하게 존재하는 추상적 성격이다(어음법 제1조, 제75조). 어음행위의 요식성은 어음행위는 법정의 사항을 기재하고 행위자의 기명날인 또는 서명을 하여야만 성립한다는 성격이다. 어음행위의 문언성은 어음행위의 내용은 오로지 어음상 기재에 의하여 정하여지고 증권에 기재된 내용이 어음 외의 실질관계와 다른 경우에도 그 실질관계에 의하여 수정되지 아니하는 성격이다. 어음행위의 서면성 · 設權性은 어음행위는 어음이라는 서면에 행해지는 의사표시이고 어음상 권리는 어음이라는 증권에 행하여지는 어음행위에 의하여 비로소 발생한다는 성격이다. 어음행위의 독립성은 동일한 어음상에 행하여지는 각 어음행위는 그 전제가 되는 다른 어음행위가 형식의 흠결 이외의 사유로써 무효가 되더라도 그 효력에 아무 영향을 받지 아니한다는 성격이다. 형식상 완전한 어음을 전제로 하는 어음행위의 독립성을 어음행위독립 또는 어음채무독립의 원칙이라 한다. 어음행위의 협동성은 모든 어음행위는 일정한 금액인 어음금의 지급과 그 지급을 받을 지위의 유동성의 확보라는 공동의 목적을 달성하기 위한 성격이다. 어음행위에 관련하여, 어음당사자가 복수로 기재된 경우에 수인이 공동하여 어음을 발행하는 공동발행에는 수인의 중첩적 기재만이 적법하며 수취인의 복수기재도 가하나 지급인의 복수기재는 중첩적 기재만이 허용된다. 법인의 어음행위는 대표기관이 법인명을 표시하고, 법인을 대표한다는 뜻을 표시하고 스스로 기명날인 또는 서명을 하여야 한다. 어음행위자가 명의인인 타인의 기관으로서 기명날인 또는 서명을 대행하는 경우에는 타인이 어음행위자로서 어음상의 책임을 부담한다.

3. 형법상 법률행위

3.1 형법의 범죄론

형법의 범죄론은 범죄성립요건이 아닌 범죄본질론이다. 객관주의는 범죄행위의 외부적 행위와 그 결과에서 찾으며, 주관주의는 범죄자라는 주관적 요소에 중점을 둔다. 객관주의는 계몽사상·개인주의(not egoism but egotism)에 따른 법과 도덕의 준별에 기초한다. 법은 외부행위에 대한 규범이며, 죄형법정주의 원칙상 형벌의 대상은 범죄행위이고, 형벌은 이에 상응하여 부과된다는 범죄주의·사실주의·현실주의이다. 주관주의는 자연과학적 결정론의 범인주의·성격주의에 따라서 범죄는 범죄자의 반사회성의 징표라 하는 범죄징표주의이다. 즉 주관주의는 자연주의적 결정론의 단체주의 사상, 범죄는 징표, 형벌의 대상은 범죄인, 형법은 행위자법이라 한다. 범죄론은 책임론에서도 차이를 갖는다. 구파의 책임론은 자유의지에 따른 행위책임, 신파의 책임론은 행위자의 반사회성에서 나오는 성격책임, 개개행위나 범죄자성격이 아닌 그 같은 범죄생활을 영위케 하는 인격에 대한 인격책임론이 있다. 그렇지만 인격책임론은 자기책임을 부인하고 일정한 인격·환경에 속한다는 이유만으로 책임을 묻는 전체주의적 사고의 방식이며, 범죄론으로서의 책임론과 형벌론의 혼동이기도 하다.

범죄론의 구파·신파 "칸트, 헤겔의 응보형주의와 벡카리아, 포이에르바하의 일반예방주의는 객관주의와 결합하여 법치국가 형법사상을 형성하였는데, 이를 구파, 고전학파라 한다. 범죄자도 일반인과 동일한 감정을 갖는다. 사람은 자유의사를 지니므로 범죄를 통하여 도덕적으로 죄를 범하고 법률적으로 그 행위에 대한 책임을 진다. 신파는 19세기 후반 산업혁명 이후 기술발전에 의한 실증적 과학방법론에 발단한 실증학파로서 생래적 범죄인론의 롬부로조, 페리, 가로팔로 등이다. 주관주의와 결합하여 범죄인은 보통인이 아니고 유전적, 후천적으로 비정상적 변태인이다. 실증적 심리학에 의하면 자유의사는 주관적 환상이다 하는 성격책임론이다. 구파는 사회에서 삶을 영위하는 구체적 인간*Mensch*을 보지 못하였으며 신파는 구체적 인간의 인격을 보지 않았다."(劉基天 刑法學 轉載)[11]

3.2 형법의 형벌론

근대 계몽주의 시기 범죄론의 주관주의와 객관주의, 형벌론의 응보형주의·목적형주의, 일반예방주의·특별예방주의 등에서 객관주의는 개인의 자유 보장을 위한 자유주의의 산물이며, 형벌론의 응보형주의와 결합된다. 주관주의는 범죄인의 의사·성격 등 주관적 요소를 중시하는 자연과학적 실증주의의 산물이며, 행위가 범죄에 이르는 결정론적 요소들을 공통 인자로 하는 특별예방적 목적형주의와 결합하였다.[12] 형벌의 본질을 응보에 두는 응보형주의는 범죄라는 위법한 악행을 행한 자의 범죄행위에 상응하는 형벌이라는 해악을 가하여 평균적 정의를 실현한다. 응보형주의는 同害보복형인 탈리오법칙*Lex Talionis*의 유대 종교법, 구약 레위기 등의 형벌관에 통한다. 반면, 형벌의 본질을 범죄에 대한 사회방위, 범죄예방의 수단에 두는 목적형주의에는 일반예방주의와 특별예방주의가 있다. 전자는 사회일반인이 범죄를 행하지 않도록 하는 威嚇주의이며 후자는 범죄인의 재범 등 범죄예방에 목적을 둔다. 특별예방설은 자연과학적 결정론 등의 실증적 방법의 인과적 고찰에서 귀결되는 롬부로조의 생래적 범죄인의 논리 내지 페리, 가로팔로, 프란츠 폰 리스트, 리프만 등의 행형학 등에 기초하여(本書 제3편 일반국가론의 근대 국민국가, 근대의 과학주의 참조), 형벌의 본질은 자유의지에 대한 도덕적 비난이 아니라 범죄인의 개선교화에 있으며, 형벌은 범죄와의 비례성에서 정해지는 것이 아니라 범죄인의 품행과 악성의 정도에 따르는 등, 형벌의 대상을 범죄행위가 아니라 범죄인이라 보아, 형법이론의 주관주의와 결합한다.

형벌의 본질 칸트(Immanuel Kant 1724.4.22.~1804.2.12.)는 국가는 자유의지의 인간이 인격자로서 타인의 자유를 해하지 않을 것을 약속함으로써 성립되기에, 이 같은 약속의 위반자는 실천이성의 지상명령 위반자로서 국가의 국민이 될 능력을 상실한 자이므로, 그 범행에 비례하여 반드시 벌을 받아야 하며, 설사 지구의 종말이 도래하여 가사 국가를 해체하는 최후의 순간일지라도 감옥의 사형수는 남김없이 집행하여야 한다 하는 '하늘이 무너져도 정의는 세워라'*fiat justitia, ruat coelum* 한다. 헤겔(Georg Wilhelm Friedrich Hegel 1770.8.27~1831.11.14.)은 범죄는 법률의 침해로서 법률의 부정이기에 윤리적 비난을 가하면서 다시 부정하여 법률을 회복하는 것이 형벌의 목적이라 하여, 동해보복이 아닌 등가치응보론을 말한다. 포이에르바하(Ludwig Andreas von Feuerbach 1804.6.28.~1872.9.13.)는 칸트의 법·도덕준별론을 원용하여, 외부적 행위에 대한 강제인 법과 내부적 심리·의사에 대한 규범의 강제인 도덕에서 효과적인 것은 내부적 강제이며 이에 대한 심리강제설의 일반예방론을 주장하였다.[13] 벡카리아(Cesare Bonesana-Beccaria 1738.3.15.~1794.11.28.)는 '범죄와 형벌'(Dei delitti e delle pene(On Crimes and Punishments) 1764)에서 형사적 정의는 사람의 자유의지, 합리적 방식, 조정가능 등에 있으며, 형법은 사회계약의 보존을 위하여 존재하며, 형벌은 범죄의 예방·억지에 있지 응보·효용·가혹함에 있는 것이 아니라 하는 일반예방주의를 말하였다.[14] *(劉基天 「刑法學」 轉載)*[15] 벡카리아는 이탈리아 계몽주의의 정점에서 행형학*Penology*의 기초를 놓는 등 근대 형법의 아버지로서 John Adams, Thomas Jefferson 등 미국 國父들에 영향을 미쳤고, 몽테스키외를 인용하면서, 절대적 필연성에 기반하지 아니한 형벌은 전제적이기에 공리주의입장에서 최대의 공공선을 이끌어 내는 것이어야 하며, 범죄와 형벌은 비례성을 가져야 하고, 사형은 폐지되어야 한다 하였다.

3.3 형법상 행위

형법상 행위는 내부적 의사의 외부적 표현의 상태 즉 의사와 결합된 행위이므로, 의사와 결합하지 않는 행위는 절대강요거동·狂者發作 같이 자연적·사회적 현상이며, 의사와 행위의 불일치는 행위는 있으되 다만 착오의 문제가 된다. 형법상 행위는 내부적 의사와 외부적 표현이 합치하는 때를 기준으로 존재한다. 다만, 결합에 동시적 시간성은 요하지 않는다. 표현이 의사보다 앞서는 경우인 부진정부작위(형법 제18조) 또는 의사가 표현보다 앞서는 '원인에 있어서 자유로운 행위'가 있다. 행위에는 적극적 행위인 작위와 소극적 행위인 부작위가 있다. 부작위는 아무것도 하지 않는 無爲가 아니라 법률상 요구되는 작위를 하지 않는 것이다.

형법의 행위론과 행위의 주체·객체 '인과적 행위론'은 형법상 행위 개념을 자연과학적 세계관에 따라, 인간의 행위를 외부적 객관적 면과 내부적 주관적 요소로 구분하여, 주관적 요소인 고의는 책임의 요소로 보고 행위에 대해서는 순전히 객관적 외부적 면만 보아 이를 위법성 측면에서 본다. 행위가 가져오는 의사의 내용은 고의·과실의 심리적 요소로서 책임조건으로 본다. 고의범의 심리적 요소는 구성요건해당사실의 인식과 위법성 인식으로 족하고, 고의의 규범적 요소는 별개로 있다고 한다. '목적적 행위론'에서 행위자의 의욕 등은 구성요건적 행위의 요소이며, 고의·과실 역시 행위의 요소이고, 책임의 문제는 위법성의 인식과 규범적 요소만 있다. 형법상 행위의 주체는 원칙적으로 자연인이다. 법인에 대해서는 형사책임은 인정하면서도 범죄능력은 로마법 이래 부정하여 왔으나, 민법상 불법행위능력을 인정함에 따라서(제35조), 조세 관련 법 등에서 이를 규정하여 왔다. 법인실재설은, 법인은 기관을 갖고 이를 통하여 민법상 불법행위를 행할 능력이 인정되는 것과 같이, 법인 자신의 법의무 위반을 실질로 하는 범죄능력을 인정하며, 법인이 보호법익의 객체가 되면 법익 박탈이나 제한의 형벌을 과할 수 있다 한다. 범죄능력을 부인하는 입장에서는, 법인은 현실적으로 의사와 행위가 존재하지 못하며, 법인은 적법한 목적의 범위에서만 존재할 수 있어 그 존재론상 위법행위는 할 수 없기에, 법인 처벌의 규범이 있는 때에 한하여 벌할 수 있는, 입법정책상 영역이라 한다. 형법상 행위의 객체는 구성요건상 행위의 객체·목적물이며, 법이 보호하는 법익보호의 객체와 별개의 개념이다. 즉 방화죄(제164조~제166조)의 행위의 객체는 건조물 기타의 물이지만 보호법익은 사회의 평온이다.

4. 공법상 법률행위

4.1 공법상 행위의 종류

행정의 작용으로서 공법상 행위인 행정행위는 행정청의 의사표시를 요소로 하는 법률행위로서 그 효과의사의 표시에 의하여 법효과가 발생하는 법률행위적 행정행위, 의사표시 이외의 정신작용 즉 판단・인식・관념의 표시를 요소로 하고 그 법효과는 직접 법규에서 정하는 바에 따라 발생하는 준법률행위적 행정행위가 있다. 법률행위적 행정행위에서 명령적 행위는 사인에게 의무 등을 과하거나 면제하는 행위로서 하명, 허가, 면제 등이며, 형성적 행위는 사인에게 권리 등의 법상의 힘을 설정・변경・소멸시키는 법률행위로서 특허, 인가, 대리 등이다. 행정행위의 실정법상 개념으로서는 행정청이 행하는 구체적 사실에 관한 법집행으로서의 권력적 단독행위이며, 항고소송의 대상이 되는 행정처분은 '공권력의 행사 또는 그 거부 및 그밖에 이에 준하는 행정작용'이다. 행정소송법 제1조 항고소송의 대상이 되는 행정처분은 행정청의 공법상 처분으로서, 특정사항에 관하여 국민의 권리의무에 영향을 미치는 구체적인 행위이므로, 작위인 적극적 행위이든 부작위인 소극적 행위이든 행정청이 한 행위이어야 하고 단순한 행위의 부존재이어서는 아니 된다. 준법률행위적 행정행위는 효과의사 이외의 정신작용 등을 구성요소로 하고 그 법률적 효과는 행위자의 의사여하를 불문하고 직접 법규가 정하는 바에 따라 발생하는 법률행위이다. 이에는 판단, 인식, 관념 등의 표시를 요소로 하는 확인, 공증, 통지, 수리 등이 있다. 행정의 작용으로서 공법상 계약은 공법적 효과의 발생을 목적으로 하는 복수당사자간 반대방향의 의사표시의 합치로 성립하는 공법행위, 공법상 합동행위는 공법상 효과의 발생을 목적으로 하는 복수의 당사자간 동일방향의 의사의 합치로 성립하는 공법행위, 행정계약은 공법적 효과의 발생에 관계없이 행정주체가 당사자가 되는 공법상 계약과 사법상 계약으로서 행정주체상호간 계약, 행정주체와 사인간 계약, 사인 특히 공무수탁사인 상호간 계약 등이다. 행정의 작용으로서 행정청의 구속력 있는 약속인 행정상 확약, 직접 사실상 결과 발생만 목적으로 하는 행정상 사실행위, 행정기관이 일정한 행정목적 달성을 위하여 상대방의 임의의 협력을 기대하여 행하는 법적 구속력 없는 비권력적 사실행위인 행정지도, 달성해야 할 목표와 그 실현을 위한 과정이나 재정상 그 밖의 수단을 포함한 행정의 지침을 정하는 행위인 행정계획, 행정사법, 비공식 행정작용 등이 있다. 행정에 의한 입법인 행정입법은 일반추상적 법규의 정립 작용인 법규명령과 내규의 성격을 갖는 행정규칙이다. 행정에 의한 司法은 행정심판 등이다.

4.2 공법상 행위와 행정행위

행정행위(행정규제기본법 시행령 제2조 제1항 제4호)는 행정청(국가, 지방자치단체, 법령에 의하여 행정권한을 위임・위탁받은 범위내의 공공단체・사인 등)이 행하는 구체적 사실에 대한 법집행으로서 외부에 대하여 직접적인 법적 효과를 발생시키는 권력적 행위인 공법행위이며, 공권력의 행사 또는 거부 그 밖에 이에 준하는 행정작용인 '처분'(행정절차법 제2조 제2호, 행정심판법 제2조 제1항 제1호, 행정소송법 제2조 제1항 제1호)이다. 법률행위로서의 행정행위는 단독행위이나, 상대방의 동의・신청 등의 협력을 적법요건・유효요건으로 요하는 쌍방적 행정행위와 상대방 없는 단독적 행정행위로 나뉜다. 쌍방적 행정행위도 그 성립・효과는 행정청의 일방적 의사표시에 의하여 결정되는 상대방 있는 단독행위이지 서로 반대방향의 의사표시의 합치로 이루어지는 행위인 공법상 계약과 같이 상대방의 의사의 합치가 있어야 성립하는 행위가 아니다. 상대방의 협력이 없는 쌍방적 행정행위는 그 취소 또는 무효의 사유가 되는 것이나 공법상계약에서는 계약의 불성립이 된다. 행정행위는 행정청이 아닌 입법기관의 입법행위, 사법기관의 재판행위, 입법・행정・사법에 속하지 않는 정치행위로서의 통치행위 등과 구분된다. 법집행행위가 아닌 일반추상적 규범정립행위인 행정입법행위는 행정행위가 아니나 법집행행위인 이상 불특정다수인을 대상으로 하는 일반처분(도로통행금지, 입산금지, 자동장치에 의항 교통신호 등)은 행정행위이다. 행정행위는 행정객체인 국민・주민 등의 사인에 외부적 직접적 법적 효과를 발생시키는 행위 즉 권리의무를 부여하는 권력적 행위인 공법행위이므로 행정조직 내부행위(상급행정청의 하급행정청에 대한 명령・승인・동의 등), 사실행위(공사, 단순한 보고, 조사 등), *私法*행위, 우월적 지위에서 행하는 고권적・일방적 행위가 아닌 비권력적 행위(공법상 계약, 공법상 합동행위) 등은 행정행위가 아니다. 행정행위는 법치주의의 법률유보원칙에 따라서, 침익적 행정행위에 법률의 근거를 요하는 침해유보설이든 권리의무에 중요한 사항이면 법률의 근거를 요하는 중요사항유보설에 의하든 법률에 근거를 두어야 한다. 행정행위는 공정력, 불가쟁력, 불가변력, 자력집행력 등이 인정되고 원칙적으로 사법원리가 적용되지 않지만, 사법행위에 적용되는 민법총칙 규정들이 변용되어 적용된다. 행정행위는 인적 사항에 기초하는 인적 행정행위(자동차 운전면허), 물적 사정에 기초하는 행정행위 물적 행정행위(차량검사합격 처분, 주유소허가), 인적・물적 사정에 기초하는 혼합적 행정행위(총포・화약류 제조업허가 등) 등이 있다. 행정행위의 성립요건은 정당한 권한을 가진 행정청이 그 권한 범위 내에서 정상적인 의사에 기하여, 헌법과 법률에 근거하고 실질적(명확성・비례성 등)・형식적(문서 등 법정 형식) 적합성 등 법정 절차와 형식을 갖추어, 법률상・사실상 실현가능한 것이어야 한다. 행정행위는 외부에 표시되어야 유효하게 성립하여 그 성립과 동시에 효력을 발생한다. 다만, 법령에서 특별한 효력요건을 규정한 경우에는 그에 따른다. 행정행위가 외부에 표시되어도 당사자 등에의 통지(행정청이 행정행위의 당사자에게 그 존재・내용을 인식할 수 있도록 알리는 행위)를 효력발생요건으로 하는 경우가 있다.

행정절차법과 행정행위 행정절차법은 행정행위의 절차적 성립요건에서 당사자의 신청에 의한 행정처분에는 신청(서면주의, 행정청의 접수의무, 보정, 접수행정청에 대한 특례, 신청의 보완・변경・취하), 의견제출・청문, 처리기간 설정・공표 등을 정한다. 행정청의 부담적 행정처분에는 사전통지를 요하며 그 내용・방법・효과 등을 정한다. 행정행위의 형식에는 필요적 통지, 행정처분의 이유제시, 불복신청의 고지 등을 규정한다. 송달은 우편, 교부 또는 정보통신망 이용 등의 방법에 의하며, 교부에 의한 송달은 수령확인서를 받고 문서를 교부하고(제14조), 정보통신망의 전자문서송달은 송달받을 자가 지정한 컴퓨터 등에 입력된 때 도달된 것으로 본다. "피고는 원고의 아버지에게 전화로 "원고가 입국규제대상자에 해당하여 사증발급이 불허되었다. 자세한 이유는 법무부에 문의하기 바란다"고 통보하였고, 그 무렵 여권과 사증발급 신청서를 반환하였을 뿐, 처분이유를 기재한 이 사건 사증발급 거부처분의 처분서를 작성해 주지는 않았기에, 이 사건 입국금지결정은 법무부장관의 의사가 공식적인 방법으로 외부에 표시된 것이 아니라 행정 내부 전산망에 입력하여 관리한 것에 지나지 않으므로 항고소송의 대상이 될 수 있는 '처분'에 해당하지 않는다"(대법원 2019.7.25. 2017두38874).

4.3 '행정기본법'의 행정행위

'행정기본법'은 제3장 행정작용 제1절 '처분'에서, 행정청이 구체적 사실에 관하여 행하는 법 집행으로서 공권력의 행사 또는 그 거부와 그 밖에 이에 준하는 행정작용인(제2조 제4호) 처분 내지 행정행위에 대한 원칙을 정하고 있다. 새로운 법령등은 법령등에 특별한 규정이 있는 경우를 제외하고는 그 법령등의 효력 발생 전에 완성되거나 종결된 사실관계 또는 법률관계에 대해서는 적용되지 아니한다. 당사자의 신청에 따른 처분은 법령등에 특별한 규정이 있거나 처분 당시의 법령등을 적용하기 곤란한 특별한 사정이 있는 경우를 제외하고는 처분 당시의 법령등에 따른다. 법령등을 위반한 행위의 성립과 이에 대한 제재처분은 법령등에 특별한 규정이 있는 경우를 제외하고는 법령등을 위반한 행위 당시의 법령등에 따른다. 다만, 법령등을 위반한 행위 후 법령등의 변경에 의하여 그 행위가 법령등을 위반한 행위에 해당하지 아니하거나 제재처분 기준이 가벼워진 경우로서 해당 법령등에 특별한 규정이 없는 경우에는 변경된 법령등을 적용한다(제14조). 처분은 권한이 있는 기관이 취소 또는 철회하거나 기간의 경과 등으로 소멸되기 전까지는 유효한 것으로 통용된다. 다만, 무효인 처분은 처음부터 그 효력이 발생하지 아니한다(제15조). 자격이나 신분 등을 취득 또는 부여할 수 없거나 인가, 허가, 지정, 승인, 영업등록, 신고 수리 등('인허가')을 필요로 하는 영업 또는 사업 등을 할 수 없는 사유('결격사유')는 법률로 정한다. 결격사유를 규정할 때에는 규정의 필요성이 분명할 것, 필요한 항목만 최소한으로 규정할 것, 대상이 되는 자격, 신분, 영업 또는 사업 등과 실질적인 관련이 있을 것, 유사한 다른 제도와 균형을 이룰 것 기준에 따른다(제16조). 행정청은 처분에 재량이 있는 경우에는 부관(조건, 기한, 부담, 철회권의 유보 등)을 붙일 수 있다. 행정청은 처분에 재량이 없는 경우에는 법률에 근거가 있는 경우에 부관을 붙일 수 있다. 행정청은 부관을 붙일 수 있는 처분이 법률에 근거가 있는 경우, 당사자의 동의가 있는 경우, 사정이 변경되어 부관을 새로 붙이거나 종전의 부관을 변경하지 아니하면 해당 처분의 목적을 달성할 수 없다고 인정되는 경우의 어느 하나에 해당하는 경우에는 그 처분을 한 후에도 부관을 새로 붙이거나 종전의 부관을 변경할 수 있다. 부관은 해당 처분의 목적에 위배되지 아니할 것, 해당 처분과 실질적인 관련이 있을 것, 해당 처분의 목적을 달성하기 위하여 필요한 최소한의 범위일 것의 요건에 적합하여야 한다(제17조). 행정청은 위법 또는 부당한 처분의 전부나 일부를 소급하여 취소할 수 있다. 다만, 당사자의 신뢰를 보호할 가치가 있는 등 정당한 사유가 있는 경우에는 장래를 향하여 취소할 수 있다. 행정청은 제1항에 따라 당사자에게 권리나 이익을 부여하는 처분을 취소하려는 경우에는 취소로 인하여 당사자가 입게 될 불이익을 취소로 달성되는 공익과 비교·형량하여야 한다. 다만, 거짓이나 그 밖의 부정한 방법으로 처분을 받은 경우, 당사자가 처분의 위법성을 알고 있었거나 중대한 과실로 알지 못한 경우의 어느 하나에 해당하는 경우에는 그러하지 아니하다(제18조). 행정청은 적법한 처분이 법률에서 정한 철회 사유에 해당하게 된 경우, 법령등의 변경이나 사정변경으로 처분을 더 이상 존속시킬 필요가 없게 된 경우, 중대한 공익을 위하여 필요한 경우의 어느 하나에 해당하는 경우에는 그 처분의 전부 또는 일부를 장래를 향하여 철회할 수 있다. 행정청은 위에 따라 처분을 철회하려는 경우에는 철회로 인하여 당사자가 입게 될 불이익을 철회로 달성되는 공익과 비교·형량하여야 한다(제19조). 자동적 처분으로서, 행정청은 법률로 정하는 바에 따라 완전히 자동화된 시스템(인공지능 기술을 적용한 시스템을 포함한다)으로 처분을 할 수 있다. 다만, 처분에 재량이 있는 경우는 그러하지 아니하다(제20조). 행정청은 재량이 있는 처분을 할 때에는 관련 이익을 정당하게 형량하여야 하며, 그 재량권의 범위를 넘어서는 아니 된다(제21조). 제재처분의 근거가 되는 법률에는 제재처분의 주체, 사유, 유형 및 상한을 명확하게 규정하여야 한다. 이 경우 제재처분의 유형 및 상한을 정할 때에는 해당 위반행위의 특수성 및 유사한 위반행위와의 형평성 등을 종합적으로 고려하여야 한다. 행정청은 재량이 있는 제재처분을 할 때에는 위반행위의 동기, 목적 및 방법, 위반행위의 결과, 위반행위의 횟수, 그 밖에 제1호부터 제3호까지에 준하는 사항으로서 대통령령으로 정하는 사항을 고려하여야 한다(제22조). 제재처분의 제척기간으로서, 행정청은 법령등의 위반행위가 종료된 날부터 5년이 지나면 해당 위반행위에 대하여 제재처분(인허가의 정지·취소·철회, 등록 말소, 영업소 폐쇄와 정지를 갈음하는 과징금 부과)을 할 수 없다. 다만, 거짓이나 그 밖의 부정한 방법으로 인허가를 받거나 신고를 한 경우, 당사자가 인허가나 신고의 위법성을 알고 있었거나 중대한 과실로 알지 못한 경우, 정당한 사유 없이 행정청의 조사·출입·검사를 기피·방해·거부하여 제척기간이 지난 경우, 제재처분을 하지 아니하면 국민의 안전·생명 또는 환경을 심각하게 해치거나 해칠 우려가 있는 경우의 어느 하나에 해당하는 경우에는 위의 내용을 적용하지 아니한다. 행정청은 그럼에도 불구하고 행정심판의 재결이나 법원의 판결에 따라 제재처분이 취소·철회된 경우에는 재결이나 판결이 확정된 날부터 1년(합의제행정기관은 2년)이 지나기 전까지는 그 취지에 따른 새로운 제재처분을 할 수 있다. 다른 법률에서 위의 기간보다 짧거나 긴 기간을 규정하고 있으면 그 법률에서 정하는 바에 따른다.

4.4 행정법의 당위규범성 – 행정법관계와 하명 · 면제 · 허가 · 특허 · 인가

행정법은 행정법관계의 행위에 적용된다. 하명은 일반통치권에 기하여 국민에 대해서 일정한 의무인 작위(일정행위를 할 의무) · 부작위(일정행위를 하지 아니할 의무, 금지) · 급부(금전 등의 제공의무) · 수인(실력행사 감수의무) 등의 명령으로 자유를 제한하거나 의무를 부과하는 행정행위이다. 행정행위로서의 하명은 법규가 직접 과하는 법규하명이 아니라 행정청이 법규에 의하여 의무를 과하는 하명처분으로서 개별처분과 일반처분 등의 명령적 · 침익적 행정행위이고 그 대상은 사실행위 또는 법률행위이며, 그 위반에는 행정제재 · 행정강제 등이 가해지나, 하명위반의 법률행위는 이를 무효로 하는 법률의 규정이 없는 한 원칙적으로 영향을 받지 아니한다. 명령규범 위반과 효력규범 위반은 제재와 효과의 면에서 다르다. 하명에는 경찰하명 · 재정하명, 개별하명 · 일반하명, 인적하명 · 물적하명 · 혼합적 하명 등이 있다. 이때 면제는 법규에 의한 작위 · 급부 · 수인하명을 특정한 경우에 해제하는 행정행위이다. 부작위하명의 해제인 허가에 관한 사항들은 면제에도 원용이 된다. 허가는 법규에 의한 부작위하명인 상대적 금지를 법정요건 충족시 해제하여 적법하게 일정한 사실행위 · 법률행위를 할 수 있게 하는 행정행위이다. 허가는 부작위하명으로서의 일반적 금지를 해제하여 본래의 자연적 자유를 회복시켜 주는 행정행위이므로, 허가를 받은 자에게 새로운 권리 · 능력을 부여하는 것이 아니며, 통제허가는 기속행위 · 기속재량행위(요건을 갖춘 허가신청에 반드시 허가해 주어야 하는 예방적 목적의 해제), 예외허가(특별히 예외적으로 허가해 주는 억제적 금지의 해제)는 재량행위의 성격을 갖는다. 허가 역시 공법적 행위의 적법요건이므로 허가받지 아니한 행위의 사법상 효력에는 영향이 없다. 허가에는 경찰허가 · 재정허가, 인적허가(일신전속으로 이전성 없음) · 물적허가(이전성이 인정되면서 법규위반행위의 효과도 승계) · 혼합적 허가, 통제허가 · 예외허가 등이 있다.

허가의 권리성과 등록, 신고 허가가 신청에 의하는 경우에, 행정청은 신청을 받았을 때에는 다른 법령등에 특별한 규정이 있는 경우를 제외하고는 그 접수를 보류 또는 거부하거나 부당하게 되돌려 보내서는 아니 되며(행정절차법 제17조 제4항), 행정청은 필요한 처분기준을 해당 처분의 성질에 비추어 되도록 구체적으로 정하여 공표하여야 한다(제20조 제1항). 허가의 신청에는 일정한 형식을 요구하는 요식행위가 적지 않아 기본적으로 기속적 성격을 지니므로, 허가를 받은 자가 법규에 의하여 금지된 독점행위를 할 수 있게 됨으로써 받게 되는 사실상의 일정한 독점적 이익은 단순한 반사적 이익을 넘어서 법이 보호하는 이익으로도 평가될 수 있기에, 허가여부를 오로지 행정청의 자유재량에 맡겨, 법정요건을 충족하여도 허가를 청구할 법적 권리를 부여하지 아니하면 행복추구권 침해의 위헌이다(헌재 1988.5.18. 96헌가5). 등록은 공적 장부에 법이 정한 일정사항을 등재함으로써 일정한 법적 효과가 발생하는 행정행위인 공증행위이나, 행정청이 이를 심사하여 수리하지 아니할 권한을 가지면 사실상 허가제로 기능하게 된다. 신고(행정절차법 제40조)는 행위 자체만으로 법률효과를 완성시키는 자기완결적 행위이나, 신고필증교부 등에 행정기관의 재량의 여지를 두는 등으로 신고요건을 심사하여 수리하지 않을 권한을 부여하면 사실상 허가제의 기능을 갖게 된다.

특허는 특정인을 위하여 권리 · 능력 · 포괄적 법률관계 기타 법상의 힘을 설정하는 형성적 행정행위이다(여객자동차운수사업법상의 자동차운수사업면허, 귀화허가 등). 특허는 형성적 행위로서 권리설정행위이어서 특허를 받은 자가 향유하는 이익은 법상의 힘인 권리로서의 이익이기에, 반드시 신청을 요하면서 특정인에 행하여지며, 공법적 효과인 공권 설정과 사권 설정 등이 인정되며, 그런 점에서 재량행위 내지 자유재량행위이다. 허가가 명령적 행위로서 공법적 효과만 발생하고 기본적으로 기속행위 내지 기속재량행위로서 허가를 받은 자가 향유하는 사실상의 독점적 이익이 반사적 이익인 것과 구별된다. 변경행위는 특정인의 기존의 권리 등 법상의 힘을 변경하는 행위이고, 剝權행위는 이를 소멸시키는 행위이다. 행정행위로서 인가는 다른 법률관계의 당사자의 법률행위를 보충하여 그 법률행위의 효과를 완성시키는 형성적 행정행위이다. 인가의 대상이 되는 법률행위에는 토지거래계약 인허가, 비영리법인설립 인가(민법 제32조), 도시재개발조합 설립인가(도시재개발법 제13조), 사립학교법에 의한 감독청의 이사회소집승인 등이 있다. 인가는 신청에 의하는 행정행위이기에, 허가와 같이 사실행위나 법률행위에 대한 금지의 일반적 해제로서 자유의 회복이라는 명령적 행정행위인 것과 다르며, 또한 행위의 유효요건이므로 행정강제나 행정제재의 문제가 아닌 행위의 무효 여부의 문제만 갖는다. 인가는 다른 법률관계의 당사자간에 성립하는 법률행위(기본행위)에 행정청의 승인으로 그 효과를 보충하여 완성시키는 행정행위인 점에서, 행정주체가 직접 상대방을 위하여 법상의 힘인 권리를 설정하는 행정행위인 특허와 다르다. 확약은 행정청이 장래에 일정한 작위(행위를 하겠다) · 부작위(하지 않겠다)를 약속하는 일방적 · 자기구속적 의사표시이다. 확약은 인허가 발급약속(내인가 · 내허가), 공무원 임용내정 등의 가집행행위, 사전결정, 부분인허 등 행정행위의 이전 단계의 사전적 행위이며 행정처분성은 부인된다. 본처분의 권한에는 확약의 대상이 되는 본행정행위를 확약할 수 있는 권한이 포함되기에 명문의 근거규정 없이도 가능하며 재량행위성을 갖지만, 확약이 있게 되면 법치국가적 신뢰보호와 예측가능성에 근거하며 행정청은 확약에 대한 자기구속력을 갖고 상대방인 개인은 확약내용이행청구권을 갖기에(행정심판법 제4조 제3항 의무이행심판, 행정소송법 제4조 제3항 부작위위법확인소송 등), 정당한 권한 없는 행정청에 의한 경우 및 확약이 중대 · 명백한 하자를 지닌 경우에는 제반사정의 합리적 평가 후 하자가 명백하면 무효가 된다. '행정기본법'은 인허가 擬制를 정한다. 인허가의제는 하나의 인허가(주된 인허가)를 받으면 법률로 정하는 바에 따라 그와 관련된 여러 인허가(관련 인허가)를 받은 것으로 보는 것이다. 인허가의제를 받으려면 주된 인허가를 신청할 때 관련 인허가에 필요한 서류를 함께 제출하여야 한다. 다만, 불가피한 사유로 함께 제출할 수 없는 경우에는 주된 인허가 행정청이 별도로 정하는 기한까지 제출할 수 있다. 주된 인허가 행정청은 주된 인허가를 하기 전에 관련 인허가에 관하여 미리 관련 인허가 행정청과 협의하여야 한다(제3항). 관련 인허가 행정청은 제3항에 따른 협의를 요청받으면 그 요청을 받은 날부터 20일 이내(제5항 단서에 따른 절차에 걸리는 기간은 제외)에 의견을 제출하여야 한다. 이 경우 전단에서 정한 기간(민원 처리 관련 법령에 따라 의견을 제출하여야 하는 기간을 연장한 경우에는 그 연장한 기간) 내에 협의 여부에 관하여 의견을 제출하지 아니하면 협의가 된 것으로 본다(제4항). 제3항에 따라 협의를 요청받은 관련 인허가 행정청은 해당 법령을 위반하여 협의에 응해서는 아니 된다. 다만, 관련 인허가에 필요한 심의, 의견 청취 등 절차에 관하여는 법률에 인허가의제 시에도 해당 절차를 거친다는 명시적인 규정이 있는 경우에만 이를 거친다(제5항)(제24조). 제24조제3항 · 제4항에 따라 협의가 된 사항에 대해서는 주된 인허가를 받았을 때 관련 인허가를 받은 것으로 본다. 인허가의제의 효과는 주된 인허가의 해당 법률에 규정된 관련 인허가에 한정된다(제25조). 인허가의제의 경우 관련 인허가 행정청은 관련 인허가를 직접 한 것으로 보아 관계 법령에 따른 관리 · 감독 등 필요한 조치를 하여야 한다. 주된 인허가가 있은 후 이를 변경하는 경우에는 제24조 · 제25조 및 이 조 제1항을 준용한다. 이 절에서 규정한 사항 외에 인허가의제의 방법, 그 밖에 필요한 세부 사항은 대통령령으로 정한다(제26조).

4.5 행정법의 당위규범성 – 행정법관계와 대리 · 확인 · 공증 · 통지 · 수리 · 공법상 계약 · 합동행위 · 행정상 사실행위 · 행정지도 · 행정계획 · 행정조사

행정법은 행정법관계의 행위에 적용된다. 대리는 타인이 행하여야 할 행위를 행정청이 대신하여 행하여 그 타인 스스로 행한 것과 같은 법적 효과를 발생하는 행정행위이다. 사인에 대한 공법상 대리인 점에서, 행정조직 내부에서의 행정관청 권한의 대리와 다르다. 확인은 일정한 사실 · 법률관계의 존부 · 正否를 공적으로 판단하여 확정하는 법선언적 행정행위이다. 확인은 효과의사의 표시인 행위가 아니며 효과의사에 의하여 법률효과가 발생하는 것이 아니라 확인의 판단의 표시로서 발생하는 법률효과를 직접 법규가 정하는 준법률행위적 행정행위이다. 공증은 일정한 사실이나 법률관계의 존재여부를 공적으로 증명하는 행정행위이다. 공증은 효과의사의 표시인 행위가 아닌 준법률행위적 행정행위이며, 그 존재여부를 공적으로 증명하는 인식표시행위인 점에서 판단표시행위인 확인과 구별된다. 통지는 특정인 또는 불특정다수의 상대방에게 특정 사실을 알리는 행위이다. 통지는 법령이 정하는 효과가 발생하는 준법률행위적 행정행위로서, 일정 사실에 대한 관념의 통지(토지수용에 사업인정 고시, 특허출원 공고), 행위자의 의사통지(대집행 계고, 조세체납자 독촉) 등 독립된 행정행위이므로 이미 성립한 행정행위의 효력발생요건으로서 특정인에게 하는 단순한 사실행위로서의 통지(교부·송달) 등과 다르다. 수리는 타인의 행위를 유효한 것으로서 받아들이는 행위이다. 수리는 단순한 사실인 도달 또는 사실행위인 접수와 달리 인식의 표시로서의 준법률행위적 행정행위이다. 행정주체가 체결하는 계약인 행정계약으로서 공법상 계약은 공법적 효과의 발생을 목적으로 하는 복수 당사자간 반대방향의 의사표시의 합치로 성립되는 공법행위이며, 사법상 계약은 사법적 효과의 발생을 목적으로 성립되는 공법행위이다. 공법상 합동행위는 공법적 효과의 발생을 목적으로 하는 복수당사자간 동일방향의 의사표시의 합치로 성립하는 공법행위이다(지방자치법상 지방자치단체 협의에 의한 지방자치단체조합 설립행위). 행정상 사실행위는 행정청이 직접 법률적 효과를 발생시키는 법적 행위인 행정행위와 달리, 그 표시된 의식의 내용이 아니라, 단지 행위가 행하여지고 있다는 사실 또는 그 행위에 의하여 생긴 결과에 대해서만 법률효과가 부여되는 행정주체의 행위이다. 전염병환자의 강제격리, 행정대집행의 실행, 공납금 미납시 졸업증교부와 증명서발급을 하지 않겠다고 하는 공립학교당국의 통고(헌재 2001.10.25. 2001헌마113), 도로의 설치·유지 등이다. 행정지도는 행정기관이 그 소관사무의 범위 안에서 일정한 행정목적실현을 위하여 특정인에게 일정한 행위를 하거나 하지 아니하도록 지도·권고·조언 등을 하는 행정작용이다. 행정계획은 행정주체가 특정행정목표 달성을 위하여 관련되는 행정수단을 종합·조정하여 장래일정시점에서 일정질서의 실현을 위한 활동기준으로 설정하는 행위이다. 행정조사는 행정기관이 일정행정목적의 달성을 위하여 사실행위로서 행하는 정보수집의 행정활동이다. 행정조사는 권력적 행정조사(강제조사)로서 대인적 조사(불심검문·질문·신체수색 등), 대물적 조사(장부서류 열람, 시설검사, 물품검사, 수거 등), 대가택조사(가택출입·수색 등) 기타 비권력적 조사(임의조사) 등이 있다.

대리·확인·공증·통지·수리·공법상 계약·합동행위·행정상 사실행위·행정지도·행정계획·행정조사의 기능 공법상 대리의 기능은 감독(감독청의 공법인 정관작성), 행정목적달성(체납처분절차에서 압류재산공매처분), 보호(행려병자의 유류품 처분), 조정(사업시행자와 토지소유자의 협의불성립시 토지수용위원회가 당사자에 갈음하여 행하는 재결) 등이다. 확인은 결정(당선인, 합격자, 소득금액), 검정(교과서검인정), 설정(군사보호구역, 용도지역 등의 지정), 직권확인(행정심판의 재결, 이의신청 등 쟁송의 확인) 등이다. 법령에 의한 일반적 확인은 가능하지 아니하며 법령에 의거하여 구체적인 처분의 형식으로 행하여지는 기속적 내지 기속재량적 요식적(행정심판의 재결서 등) 행위이며 불가변력의 효력이 발생한다. 공증은 인식하게 되면 공증하지 않을 수 없는 기속적 내지 기속재량적 행위이며 그 증명에 대한 반증이 있을 때까지 일응 진실한 것으로서 추정되는 공적 증거력을 갖는다. 공부 기재(부동산등기부의 등기, 건축물대장·토지대장 등재, 광업원부 등재, 선거인명부 등재), 여권·합격증서 등의 발급, 영수증교부, 검인 압날 등이 그것이다. 수리에서 타인의 행위가 유효하게 되면 법령규정에 따라 사법상(혼인신고 수리), 공법상(입후보등록) 법률효과가 발생하거나 행정심판청구서·소장의 심리 등의 심리·재결·재판 등을 하여야 할 의무 등이 발생한다. 타인의 행위가 유효하지 아니하면 행정청은 수리를 거부할 수 있다. 공법상 계약은 비권력행정의 영역에서는 법률의 근거 없이도 가능하나 권력행정의 경우에는 그렇지 아니하다. 공법상 계약은 헌법·법령·평등·비례·명확성 등 행정법 일반원칙에 합치되어야 한다. 공법상 계약에는 행정주체상호간 공법상 계약(지방자치단체 상호간 도로·하천의 경비부담협의), 행정주체와 사인간 공법상 계약(사인에의 행정사무위임,공무원관계설정계약), 사인상호간 공법상 계약 등이 있다. 공법상 계약은 공정력이 인정되는 행정행위와 달리 그에 관한 쟁송은 행정소송법 제3조의 당사자소송에 의한다. '행정기본법'은 공법상 계약에 대하여, 행정청은 법령등을 위반하지 아니하는 범위에서 행정목적을 달성하기 위하여 필요한 경우에는 공법상 법률관계에 관한 계약(공법상 계약)을 체결할 수 있다. 이 경우 계약의 목적 및 내용을 명확하게 적은 계약서를 작성하여야 한다. 행정청은 공법상 계약의 상대방을 선정하고 계약 내용을 정할 때 공법상 계약의 공공성과 제3자의 이해관계를 고려하여야 한다(제27조). 사실행위에는 행정조직법적·행정작용법적 근거로서의 수권규범이 있어야 하며 법률우위·법률유보원칙이 요구된다. 사실행위가 국가배상법의 직무집행행위나 영조물의 설치·관리작용에 해당하는 경우의 국가배상청구, 적법한 권력적 사실행위로 특별한 손실을 입은 사인의 손실보상청구, 권력적 사실행위는 공권력 행사인 실력행사로서 처분 개념에 해당하므로 항고쟁송 등의 행정쟁송, 권력적 사실행위로 헌법상 보장된 기본권을 침해받은 자의 헌법소원 제기(서울대학교의 대학입학고사 주요요강은 사실상의 준비행위 내지 사전안내로서 행정쟁송의 대상이 될 수 있는 행정처분이나 공권력의 행사는 될 수 없지만 사실상의 규범작용으로서 헌법소원의 대상이 되는 공권력의 행사에 해당한다. 헌재 1992.10.1. 92헌마68등) 등이 가능하다. 행정지도는 비권력작용의 사실행위로서 협력적 행위를 구하는 願望의 표시이며 조성적 · 규제적 · 조정적 기능을 갖는다. 행정지도는 헌법 · 법령 · 법률우위 등 법의 일반원칙에 합치되어야 한다. 행정지도는 그 목적 달성에 필요한 최소한에 그치며, 행정지도의 상대방의 의사에 반하여 부당하게 강요되지 않는다. 행정지도는 처분이 아니므로 행정쟁송의 대상이 되지 아니하며, 권력적 사실행위가 되는 경우가 아닌 한 공권력의 행사가 아니므로 헌법소원의 대상이 되지 않고, 국가배상법 제2조의 요건을 충족하면 피해자는 국가 또는 지방자치단체에 손해배상을 청구할 수 있지만, 적법한 행정지도로 특별한 희생이 발생하더라도 실정법상 명문의 근거규정이 없는 이상 행정상 손실보상은 청구할 수 없다. 행정계획은 목표와 수단의 구조이어서, 요건과 효과의 구조를 갖는 규범의 일반형식은 아니지만, 사인 또는 다른 행정기관에 법적 구속력을 갖는 구속적 행정계획은 행정입법 또는 사실행위인 각개의 성격에 상응하여 그의 수립 · 변경 · 중지 · 폐지 · 효과 등이 정하여지고, 행정계획의 확정을 위한 계획재량도 법적 통제도 가능하게 된다. 계획재량은 행정권이 행정계획의 책정과정에서 갖는 형성적 재량이다. 행정행위의 재량행위에 비하여 재량의 폭이 넓지만, 행정조직법 · 행정작용법적 근거의 절차 · 형식과 당사자들간 이익형량이 이루어져야 한다. 행정계획은 지침적 성격을 갖기에 처분성이 부인되면서 집행단계에 이르러서야 행정쟁송 등을 제기할 수 있어, 이미 기정사실로 성립하게 되는 행정계획을 막기 위한 예방적 권리구제를 위하여, 구속적 행정계획은 헌법소원의 대상이 되는 공권력의 행사에 해당되며, 비구속적 행정계획도 공권력의 행사로서 예상될 수 있는 예외적인 경우에는 그 대상으로 인정될 수 있도록 한다(헌재 2000.6.1. 99헌마538등). 행정조사는 헌법 · 법령에 근거하고 평등 · 비례 등 행정법일반원칙에 합치되어야 한다. 행정조사는 사전통지, 증표의 휴대 · 제시 등의 절차를 거치며, 특히 권력적 행정조사는 행정조사기본법 등 법률의 수권이 요구되며 보충성원칙에 따른다. 행정조사가 형사소추절차로 이행되거나 직접강제를 수반하는 경우에는 영장이 요구된다. 적법한 행정조사로 귀책사유 없이 특별한 희생을 입은 자는 법률규정에 따라서 손실보상을 청구할 수 있고, 행정조사가 위법한 경우에 그것이 처분에 해당하면 행정쟁송으로 다툴 수 있으며, 국가배상청구 또는 헌법소원심판을 제기할 수 있다. 행정조사에 의하여 수집된 행정정보가 개인정보이면 사생활보호의 기본권을 보호하도록 '공공기관의개인정보보호에관한법률'에 따라야 하며, 정보의 공개가 공익을 위하여 필요한 경우에는 국민의 알권리를 실현하도록 '공공기관의정보공개에관한법률'에 따라서 공개되어야 한다. '행정기본법' 제6절에서 '그 밖의 행정작용'을 정하여, 수리 여부에 따른 신고의 효력으로서, 법령등으로 정하는 바에 따라 행정청에 일정한 사항을 통지하여야 하는 신고로서 법률에 신고의 수리가 필요하다고 명시되어 있는 경우(행정기관의 내부 업무 처리 절차로서 수리를 규정한 경우는 제외)에는 행정청이 수리하여야 효력이 발생하며(제34조), 수수료 및 사용료를 정하여, 행정청은 특정인을 위한 행정서비스를 제공받는 자에게 법령으로 정하는 바에 따라 수수료를 받을 수 있다. 행정청은 공공시설 및 재산 등의 이용 또는 사용에 대하여 사전에 공개된 금액이나 기준에 따라 사용료를 받을 수 있다. 이에도 불구하고 지방자치단체의 경우에는 '지방자치법'에 따른다(제35조).

5. 절차법상의 소송행위

5.1 민사소송의 소제기의 소송행위

소송행위는 소송의 주체인 법원과 당사자가 행하는 절차의 개시, 진행, 종료를 위한 행위이다. 소제기는 원고의 법원에 대한 재판의 신청이라는 소송행위이다. 소제기는 실체법상 권리를 행사하였다는 실제적 효과(소멸시효나 취득시효의 중단 민법 제168조, 제170조, 제247조 제2항), 소송이 개시되어 계속되는 소송법상 효과를 준다. 소송계속(係屬)은 특정한 소송상 청구인 소송물에 대하여 법원이 판결절차로써 심리할 수 있는 상태이다. 법원이 특정한 소송상 청구를 심리하려면 법원 · 원고 · 피고 사이에 소송상 법률관계가 성립되어야 한다. 원고가 소장을 법원에 제출하면 소송은 개시되며 법원이 소장부본을 피고에게 송달하면 비로소 소송상 법률관계가 성립되어 법원은 그 소송상 청구에 대하여 심리할 수 있는 상태가 되어 준비서면을 받고 준비절차를 열 수 있다(제272조 이하). 소송계속이 되면 중복제소금지, 소송참가(제71조, 제79조, 제81조~제83조), 소송고지(제84조), 중간확인의 소(제264조), 반소(제269조) 등이 이어진다. 중복제소금지는 판결의 모순 · 저촉을 방지하기 위하여, '법원에 계속되어 있는 사건에 대하여 당사자는 다시 소를 제기하지 못한다'(제259조) 하여 소송계속의 발생시기인 소장이 피고에게 송달된 때의 선후에 따르는 소의 소송 당사자와 소송물이 동일한 전 소송 계속 중 후 소송의 소송계속을 막는다. 전소송과 후소송의 소송물이 동일하려면 원고가 주장한 청구취지와 사실관계가 같아야 하며 그중 어느 하나라도 다르면 소송물이 달라서 동일한 소가 되지 아니한다. 중복소제기는 법률상 제소금지에 저촉되므로 권리보호의 자격이 없게 되며 권리보호자격은 소송요건의 하나이므로 결국 소송요건 불비가 되어 소는 부적법각하된다. 전소

판결이 확정되어 후소가 부적법하게 되는 것은 중복소제기 때문이 아니라 전소송 판결의 기판력 때문이다.

5.2 민사소송에서의 소송행위

민사소송의 법원의 행위는 재판, 재판 아닌 소송지휘행위, 기일지정・송달 등 소송진행행위, 소송자료수집을 위한 행위, 증거조사, 조서작성 등이 있다. 당사자의 행위에는 신청, 주장(권리주장・사실진술), 증거의 제출, 취하, 화해, 포기, 인낙, 동의, 질문, 통지 등을 구술・서면・전자문서 등으로 행한다. 소송행위는 일정한 법률효과를 얻기 위하여 의사표시로써 행하는 법률행위이어서 당사자능력, 소송능력, 대리에 관하여 민법 기타 법률에 의한다(제51조). 소송행위는 사법상 법률행위와 달리 소송법상 법률효과를 가져오는 소송법의 특성상, 소송행위가 사법상 효과를 발생시키지 아니하고 소송법상 요건을 갖추면 소송법상 구속력만 가진다(재판상 자백 제288조의 경우). 소송행위에 실체법적 효과도 생기는 경우는 그 주된 효과를 따져 법률행위 여부를 결정한다(소의 제기로 소송계속의 소송법적 효과와 소멸시효의 중단이라는 실체법상 효과(민법 제168조, 제174조)가 생기면 소송계속이라는 소송행위이지만, 소송중 계쟁물양도는 소송 중 당사자 변경의 사유이지만 그 주된 효과는 실체법상의 권리관계이전인 점에서 법률행위다). 소송행위의 取效的 행위는 소제기, 상소제기, 증거신청 등의 신청과 이 같은 신청을 이유 있게 하는 사실의 주장으로서, 법원에 효력을 미치고 법원이 할 행위를 결정하는 효과를 가지며, 그 자체에 특정한 절차적 효력이 있는 것은 아니다. 與效的 행위는 자백, 포기, 인낙, 소나 상소의 취하 등직접 소송상 효력을 나오게 한다. 당사자의 소송행위가 적법하려면 당사자에 관한 소송요건인 당사자능력, 소송능력, 변론능력 등이 있어야 한다. 소송무능력의 경우에 누가 무능력자인가는 민법에서 정하나 그 효과는 소송법에서 정한다. 소송행위는 사법행위와 달리 절차조성행위이기에 조건, 기한 등의 부관부 소송행위는 허용되지 않는다. 소송행위의 의사표시의 해석은 절차적 안정성을 위하여 표시주의나 외관주의에 따라서 그 소송행위에 관한 당사자의 주장 전체와 의사를 참작하여 실체법의 의사표시해석의 방식이 아니라 법관의 석명에 의하여 객관적 합리적으로 해석한다(대법원 2008.3.27. 2007다80183). 소송행위에는 그 하자인 착오, 사기・강박에 의한 의사표시에 대한 민사소송법 규정이 없다 해서 민법 제109조, 제110조를 유추적용함은 절차적 안정성을 침해하므로, 기망에 의한 소취하의 취소를 허용하지 않으며(대법원 1964.9.15. 64다92), 기망에 의한 상고 취하의 취소를 허용하지 않는다(대법원 2007.6.15. 2007다2848등). 소송행위의 형식 미비나 행위자의 무능력, 내용상 잘못으로 흠이 있게 되면 신청과 같은 취효적 행위는 부적법각하되고, 소취하나 인낙과 같은 여효적 행위는 효력이 없어 무시되나, 그 흠은 소송법이 정하는 바에 따라서 치유할 수 있다.

5.3 형사소송에서의 소송행위

형사소송에서 소송행위는 수사・공판・형집행 등의 소송절차를 형성하는 행위로서 소송법상 일정 효과가 인정되는 행위이다. 법원의 심리・재판, 강제처분・증거조사 등이나 당사자의 신청(기피 신청 등), 청구(보석 청구 등), 진술(검사의 논고, 구형, 변호인의 변론, 피고인의 최후진술 등), 입증(증거제출, 증거조사 신청, 증인신문 등), 제3자에 의한 고소, 고발, 증언, 감정 등이다. 법관임면, 재판사무분배, 법정시설유지 등은 직접 소송절차를 구성하는 행위가 아니고 법정경위의 법정정리, 개정준비행위 등은 소송법상 효과가 인정되지 않기에 소송행위가 아니다. 소송행위에는 실체판단을 행하는 법관의 심증형성에 영향을 미치는 증거조사, 당사자변론, 증언 등 실체형성행위와 형사절차의 진행 자체와 관련된 공소제기, 공판기일지정 등 절차형성행위가 있다. 與效的 소송행위는 행위 자체만으로 소송법적 효과를 발생시키는 행위인 상소포기, 취하, 고소취하 등이다. 取效的 소송행위는 행위에 대해서 법원의 소송행위가 있을 때 비로소 소송법적 효과가 발생하는 공소제기, 기피신청, 증거조사신청 등이다. 형사소송의 소송행위도 행정법상 행정행위나 민사소송의 소송행위 등과 같이, 법률행위적 소송행위는 일정한 소송법적 효과 발생을 지향하는 의사표시를 요소로 하고 그에 상응하는 효과가 인정되는 행위인 영장의 발부, 공소제기, 재판, 상소, 고소 등이며, 사실행위적 소송행위는 행위 자체에 대하여 오로지 법률의 규정에 의하여 소송법적 효과가 발생하는 행위로서 증인의 증언, 감정인의 감정, 구속 · 압수 · 수색 등 영장의 집행 등이다. 소송행위가 법률에 규정된 요건을 구비하면 적법한 소송행위가 되며, 구비하지 못하면 효력규정위반인 경우에는 부적법 · 무효가 되며, 훈시규정 위반이면 부적법하나 유효하게 된다. 소송행위가 적법하여도 예컨대 법률행위적 소송행위의 내용이 정당하면 인용의 재판이 있게 되나 이유 없으면 기각의 재판이다.

형사소송에서의 소송행위의 절차 · 방식 소송행위의 절차유지원칙은 절차면에 속하는 소송행위가 행위 당시의 실체형성을 기초로 해서 행하여진 경우에는 그 후의 실체형성의 변동을 이유로 그 절차를 번복하여서는 아니 된다는 원칙이다. 다만, 법적 안정성의 요구보다 실체적 진실발견이나 적정절차를 보장하려는 경우에는 그 적용이 배제된다. 소송행위가 서면으로 이루어지는 경우(공소제기 형사소송법 제254조, 약식명령청구 제449조, 정식재판청구 제453조 제2항, 상소제기 제343조 제1항, 준항고 · 비상상고 제기 제418조 · 제442조 등) 외에 실체형성행위(피고인의 모두진술 제285조~제286조, 피고인신문 제287조, 증인신문 제161조의2, 검사 논고 제302조, 변호인 변론 제303조, 피고인 최후진술 제303조 등), 소송지휘(인정신문 제284조, 변론제한 제299조, 퇴정명령 제281조 등) 등은 구두로 행한다. 구두 · 문서의 병용으로 행하는 경우로 고소 · 고발 및 그 취소(제237조 제1항, 제239조), 공소취소(제255조), 상소 포기 및 그 취하(제352조), 공소장변경신청, 증거조사신청 등이 있다. 소송행위를 행하는 공판기일 등의 기일은 법률이나 법관에 의하여 소송관계인이 소송행위를 하도록 지정된 때이며 日 · 時로써 지정한다. 송달은 소송관계인에게 법률에 정한 방식에 따라 소송서류의 내용을 알리는 법원 또는 법관의 직권적 소송행위이다(제60조~제65조. 다른 규정이 없으면 민사소송법 준용). 형사소송에서 소송행위가 표시를 요소로 하는 절차형성행위이면 서면으로 그 존재 · 내용 등의 명확성을 기한다. 반면, 재판의 공개성 · 공정성 등을 위하여 실체형성행위, 소송지휘, 공판정에서의 결정 · 명령 등은 구두로 하며 특히 판결의 선고는 구술의 방식에 의한다. 소송행위를 표시하는 서면인 조서는 일정한 절차사실의 인증을 위하여 작성되는 공권적 문서이다. 공판조서, 진술조서, 압수 · 수색 · 검증조서 등이 있다(형사소송법 제48조~제55조). 공판조서는 공판기일 소송절차의 경과 · 진술을 기재하여 절대적 증명력을 갖는다(제51조~제56조).

[二] 법률행위와 의사표시

1. 법률행위와 강행규정 · 공서양속 · 공정성

1.1 법률행위와 강행규정 · 공서양속

법률행위에 관한 민법 총칙편 규정(제103조~제154조)은 원칙적으로 재산행위에 적용된다. 준법률행위에서 의사적 요소가 강한 의사의 통지, 관념의 통지에는 행위능력, 의사표시의 해석 등과 같이 일정 범위에서 법률행위에 관한 규정을 유추적용할 수 있다. 소송행위, 행정행위 등은 국가 대 국민 관계에서 형성된 법률관계이므로 사인간 법률관계를 규율하는 민법규정은 원칙적으로 적용되기 어렵다. 법률행위는 법질서 내에서 내용 형성의 자유가 있어서 당사자가 그로써 발생시키고자 하는 법률효과가 그 내용 · 목적이 된다. 이때 그 내용이 실현불가능, 강행법규 위반, 선량한 풍속 기타 사회질서 등에 위반하는 경우에는 무효가 된다. 법률행위의 내용은 행위 당시에 확정되어 있거나 장래 구체적으로 확정할 수 있어야 유효하고 실현가능성이 있어야 한다. 물리적이거나 사회관념상 그 목적이 불능한(제535조 계약체결상 과실) 원시적 불능 또는 이행불능(제537조) 등의 후발적 불능이 아니어야 한다. 법률행위 목적의 불능인 급부를 목적으로 하는 계약은 무효이다. 불능에는 전부불능과 일부불능, 누구도 법률행위의 목적을 실현할 수 없는 객관적 불능(주택매매시 주택 멸실), 당해 채무자만 실현할 수 없는 주관적 불능(매도자 소유에 속하지 않는 주택)이 있다.

1.2 반사회적 법률행위 · 불공정한 법률행위

반사회적 법률행위는 무효다. 민법 제103조 '선량한 풍속 기타 사회질서에 위반한 사항을 내용으로 하는 법률행위는 무효로 한다' 함은 불확정적 · 추상적 개념의 일반조항으로서, 전체법질서에 내재하는 일반규범이다. 당해 법률행위를 함에 있어서 행위자의 반사회적 동기가 표시되지 않았더라도 상대방이 그 동기를 알았거나 알 수 있을 경우에는 무효가 된다. 불공정한 법률행위도 무효다. 민법 제104조 '당사자의 궁박, 경솔 또는 무경험으로 인하여 현저하게 공정을 잃은 법률행위는 무효로 한다' 함은 폭리금지로서, 제103조의 한 예시다. 이는 급부와 반대급부 사이에 현저한 불균형이 있어야 하나 다만 당사자가 원한 경우에는 성립되지 않는다. 궁박, 경솔 또는 무경험은 어느 하나만 존재하면 된다. 그러한 사정을 알고 이를 이용하려는 악의를 요하며, 이러한 것들은 주장하는 자가 입증하여야 한다. 무효이므로 이행할 필요가 없으며 민법 제746조 불법원인급여 규정에 따라 이득반환청구가 인정되지 않는다.

명의신탁 약정 민법 제810조 중혼금지에 반하는 법률행위인 첩계약, 형사법규에 저촉되는 법률행위, 범죄행위 내지 불법행위를 하지 않는 조건으로 행하는 금전지급약정, 도박자금 대여행위 등의 법률행위는 무효이므로 이행할 필요 없고 청구할 수도 없다. 제746조 불법원인급여 규정은 이득반환청구를 인정치 아니한다. 형사사건에 관한 성공보수약정은 선량한 풍속 기타 사회질서에 위반되어 무효이나, 종래 이루어진 보수약정의 경우에는 보수약정이 성공보수라는 명목으로 되어 있다는 이유만으로 민법 제103조에 의하여 무효라고 단정하기는 어렵다(대법원 2015.7.23. 2015다200111).

1.3 법률행위와 의사표시

법률행위에 공통된 법률사실이 의사표시이다. 민법 제1편 총칙 제5장 법률행위 제2절 의사표시는 '표시'된 의사를 말한다. 내심의 동기, 표시하려고 하는 의사인 표시의사 등은 제외된다. 표의자의 의사를 본체로 보는 의사주의가 아니라 표시행위에 중점을 두는 표시주의의 입장이다. 도달은 시간상으로 격지자든 대화자든 상대방이 통지내용을 알 수 있는 객관적 상태에 놓인 때이다. 현실적 수령이나 통지 내용 인지까지는 요하지 않는다. 도달은 완성된 의사표시의 상대방에 대한 효력발생요건이다. 불착은 표의자의 불이익이며 도달된 후에는 철회하지 못한다. 발송 후 표의자가 사망하거나 제한능력자가 되어도 의사표시 효력에 영향을 미치지 아니한다(민법 제111조 임의규정이다). 발신주의를 취하는 경우는 제한능력자의 상대방의 최고에 대한 일정 기간내 확답(제15조), 총회소집 통지(제71조), 격지자간 계약의 승낙의 통지는 발송한 때 성립(제531조)하게 된다. 의사표시의 수령능력은 수령한 의사표시를 이행할 수 있는 능력이다. 제한능력자는 의사표시 수령무능력자이므로 의사표시 상대방이 이를 받은 때에 제한능력자인 경우, 의사표시자는 그 의사표시로써 대항할 수 없다. 다만, 그 상대방의 법정대리인이 의사표시가 도달한 사실을 안 후에는 그러하지 아니하다(제112조). 표의자가 과실없이 상대방을 알지 못하거나 상대방 소재를 알지 못하는 경우, 의사표시는 민사소송법 공시송달의 규정에 의하여 송달할 수 있다(제113조).

의사표시의 요소, 표시행위, 도달 등 의사표시의 요소에는 행위의사, 효과의사, 표시행위 등이 있다. 행위의사는 행위를 한다는 인식이며, 효과의사는 법률효과 발생을 원하는 의사다. 표시행위를 기준으로 표의자 의사를 추단하므로 표시상 효과의사이다. 표시행위는 효과의사를 외부에 표명하는 행위이다. 표의자의 의사에 반해 발송된 의사표시는 그 자체가 성립하지 않는다. 표시행위는 말, 문자 등에 의한 명시적 표시, 의사를 추측케 하는 묵시적 표시, 민법상 의사표시가 의제되는 침묵, 법정추인, 의사실현, 묵시의 갱신 등에 의한다. 상대방 없는 의사표시는 표시행위의 완료시 효력이 발생한다. 취소 · 해제 등 상대방 있는 의사표시는 작성 · 발신 · 도달 · 了知 단계에서 통지가 도달한 때 효력이 생긴다. 민법 제15조(제한능력자의 상대방의 확답을 촉구할 권리) ① 제한능력자의 상대방은 제한능력자가 능력자가 된 후에 그에게 1개월 이상의 기간을 정하여 그 취소할 수 있는 행위를 추인할 것인지 여부의 확답을 촉구할 수 있다./ 제145조(법정추인) 취소할 수 있는 법률행위에 관하여 전조의 규정에 의하여 추인할 수 있는 후에 다음 각호의 사유가 있으면 추인한 것으로 본다. 그러나 이의를 보류한 때에는 그러하지 아니하다. 1. 전부나 일부의 이행 2. 이행의 청구 3. 경개 4. 담보의 제공 5. 취소할 수 있는 행위로 취득한 권리의 전부나 일부의 양도 6. 강제집행/ 제532조(의사실현에 의한 계약성립) 청약자의 의사표시나 관습에 의하여 승낙의 통지가 필요하지 아니한 경우에는 계약은 승낙의 의사표시로 인정되는 사실이 있는 때에 성립한다./ 제639조(묵시의 갱신) ① 임대차기간이 만료한 후 임차인이 임차물의 사용, 수익을 계속하는 경우에 임대인이 상당한 기간내에 이의를 하지 아니한 때에는 전임대차와 동일한 조건으로 다시 임대차한 것으로 본다./ 제111조(의사표시의 효력발생시기) ① 상대방이 있는 의사표시는 상대방에게 도달한 때에 그 효력이 생긴다. ② 의사표시자가 그 통지를 발송한 후 사망하거나 제한능력자가 되어도 의사표시의 효력에 영향을 미치지 아니한다.

2. 비진의표시, 통정허위표시

2.1 의사와 표시의 불일치

의사표시의 의사와 표시에 있어서 의사와 표시의 불일치에는 의사의 흠결로서 허위표시, 心裡유보, 착오 등이 있고, 의사표시의 하자로서 사기, 강박에 의한 의사표시 등이 있다. 즉 표의자가 의사와 표시의 불일치를 알고 있는 제107조(진의 아닌 의사표시), 의사와 표시의 불일치에 관해 표의자와 상대방이 합의한 제108조(통정한 허위의 의사표시), 의사와 표시의 불일치를 표의자가 모르는 제109조(착오로 인한 의사표시), 제110조(사기, 강박에 의한 의사표시), 제111조(의사표시의 효력발생시기), 제112조(제한능력자에 대한 의사표시의 효력), 제113조(의사표시의 공시송달) 등이다.

2.2 진의 아닌 의사표시

제107조 '진의 아닌 의사표시'는 표의자의 표시행위가 자신의 진의와 다르다는 것을 알면서 한 의사표시 즉 비진의표시, 단독허위표시이다. 진의란 특정 내용의 의사표시를 하고자 하는 표의자의 생각이다. 자신의 마음속에서 바라는 사항이 아니다. 상대방이 표의자의 진의 아님을 알았거나 이를 알 수 있었을 경우에는 무효로 한다. 무효는 선의의 제3자에게 대항하지 못한다. 혼인(제815조 1호)과 같은 가족법상 법률행위, 공법상 법률행위 등에는 적용 내지 준용되지 않는다.

2.3 통정허위표시

민법 제108조 허위표시는 상대방과 통정하여 하는 진의 아닌 허위의 의사표시다. 허위표시에 의한 법률행위가 가장행위다. 부동산 증여시 조세면탈을 위해 매매 형식을 취하는 경우 그 외형상 행위인 매매는 가장행위, 허위표시이고 증여는 은닉행위다. 반면, 신탁행위는 일정 경제상 목적을 위해 권리이전 형식을 취하는 법률행위다. 담보 등 경제상 목적 자체는 당사자간 진정한 합의가 있다는 점에서 허위표시는 아니다. 허위표시는 계약 및 상대방 있는 단독행위에 적용되나 상대방 없는 단독행위에는 적용되지 아니한다.

허위표시의 효력 통정허위표시는 당사자간에는 무효이므로 권리의무가 발생하지 않는다. 원칙적으로 제3자에게도 무효다. 당사자 이외의 자도 무효를 주장할 수 있다. 선의의 제3자에는 대항하지 못한다. 제3자는 허위표시의 당사자 및 포괄승계인 이외의 자이다. 가장매매 매수인으로부터 부동산을 매수하여 가등기 또는 소유권이전등기를 마치거나 그 부동산에 저당권설정등기를 한 자 등은 제3자이나 대리인이나 대표기관이 허위표시를 한 경우에 본인이나 법인 등은 제3자가 아니다. 제3자는 허위표시임을 알지 못하는 선의이면 족하고 무과실은 요건이 아니므로 제3자는 특별한 사정이 없는 한 선의로 추정된다. 허위표시의 당사자는 허위표시의 무효를 제3자에게 주장하지 못한다. 즉 대항하지 못한다. 즉 당사자간에는 무효이나 선의의 제3자에 대해서는 유효하다. 제107조(진의 아닌 의사표시) ① 의사표시는 표의자가 진의아님을 알고 한 것이라도 그 효력이 있다. 그러나 상대방이 표의자의 진의아님을 알았거나 이를 알 수 있었을 경우에는 무효로 한다. 전항의 의사표시의 무효는 선의의 제3자에게 대항하지 못한다./ 제108조(통정한 허위의 의사표시) ① 상대방과 통정한 허위의 의사표시는 무효로 한다. ② 전항의 의사표시의 무효는 선의의 제3자에게 대항하지 못한다./ 제109조(착오로 인한 의사표시) ① 의사표시는 법률행위의 내용의 중요부분에 착오가 있는 때에는 취소할 수 있다. 그러나 그 착오가 표의자의 중대한 과실로 인한 때에는 취소하지 못한다. ② 전항의 의사표시의 취소는 선의의 제3자에게 대항하지 못한다./ 제110조(사기, 강박에 의한 의사표시) ① 사기나 강박에 의한 의사표시는 취소할 수 있다. ② 상대방있는 의사표시에 관하여 제3자가 사기나 강박을 행한 경우에는 상대방이 그 사실을 알았거나 알 수 있었을 경우에 한하여 그 의사표시를 취소할 수 있다. ③ 전2항의 의사표시의 취소는 선의의 제3자에게 대항하지 못한다.

3. 착오 · 하자있는 의사표시

3.1 의사표시의 착오

민법 제109조 착오에 의한 의사표시는 표시와 의사가 일치하지 않고 이를 표의자가 알지 못하는 법률행위의 착오다. 표시의 착오는 표시행위 자체를 잘못하여 의사와 표시의 불일치가 생긴 경우다. 내용 · 의미의 착오는 표의자가 표시수단은 맞게 사용하였으나 그 의미를 잘못 이해한 경우다. 동기의 착오는 표의자 스스로 동기에 착오를 일으켜 체결한 계약에서 당사자 사이에 그 동기를 계약의 내용으로 삼은 때 착오를 이유로 취소할 수 있는 경우다(대법원 1979.3.27. 78다2493).

법률행위의 착오 착오는 법률행위 내용 · 목적의 주요부분에 있어야 하며, 중대한 과실 없이 당해 법률행위로 얻으려는 법률효과에 관한 착오가 없었다면 그 의사표시를 하지 않았을 정도로 중요한 것이어야 하고, 입증책임은 표의자가 진다. 이에는 동일성, 성질, 법률, 계산, 서명 · 날인, 당사자쌍방에 공통된 동기, 소유권 귀속의 착오 등이 있다. 착오에 의한 법률행위를 취소한 후에는 소급하여 무효로 된다. 선의의 제3자에게는 대항하지 못한다. 모든 종류의 의사표시나 법률행위에 적용되지만, 혼인(제815조) 같은 가족법상 법률행위, 공법상 법률행위 등에는 적용되지 않는다.

3.2 하자있는 의사표시

민법 제110조는 사기 · 강박에 의한 의사표시 즉 하자있는 의사표시를 규정한다. 이는 표시에 상응하는 의사는 있기에 의사와 표시의 불일치는 아니고 다만 의사결정의 자유가 침해되었음을 이유로 하는 취소다. 사기에 의한 의사표시는 사기자가 표의자를 기망하여 의사 형성과정 즉 동기의 착오에 빠지게 하고 의사표시를 하게 하려는 2단의 고의와 위법한 기망행위 즉 사기로 동기의 착오에 빠지고 그에 기하여 의사표시를 하였어야 한다. 기망행위는 허위사실의 적극적 날조, 고지할 법률상 의무가 있음에도 하지 않아 표의자에 실재와 다른 관념을 야기하게 한 경우(아파트분양자가 인근 공동묘지 조성사실을 고지할 신의측상 의무에 따른 고지를 하지 않은 경우. 대법원 2007.6.1. 2005다5812등) 등이다. 강박에 의한 의사표시는 표의자에게 공포심을 일으키려는 고의와 그 공포심에 기해 의사표시를 하게 하려는 2단의 고의로 위법한 강박행위를 함으로써 인과관계를 가지는 공포심으로 의사표시를 한 경우다.

3.3 형법의 사기죄와 하자있는 의사표시

사기죄는, 타인을 기망하여 착오에 빠뜨리게 하고 그 처분행위를 유발하여 재물, 재산상 이득을 얻음으로써 성립한다. 종래, 사기죄에서 피기망자에게 처분결과에 대한 인식까지 있어야만 처분의사가 인정되고 사기죄가 성립한다고 본 종전의 판례(대법원 1987.10.26. 87도1042; 1999.7.9. 99도1326; 2011.4.14. 2011도769 등)를 변경하여(대법원 2017.2.16. 2016도13362), 피기망자로 하여금 자신이 처분행위를 한다는 인식조차 하지 못하도록 하는 방식의 지능적 교묘한 기망행위를 사용한 피고인에 대한 사기죄 처벌이 가능하게 되었다.

형법의 사기죄와 기망행위 '형법 제347조 사기죄는 사람을 기망하여 재물의 교부를 받거나 재산상의 이익을 취득한 행위, 위의 방법으로 제삼자로 하여금 재물의 교부를 받게 하거나 재산상의 이익을 취득하게 한 행위이다'(처분행위는 재산적 처분행위로서 주관적으로 피기망자에게 처분의사 즉 처분결과에 대한 인식이 있고, 객관적으로는 이러한 의사에 지배된 행위가 있을 것을 요한다. 피기망자가 처분행위의 의미나 내용을 인식하지 못하였으나 피기망자의 작위 또는 부작위가 직접 재산상 손해를 초래하는 재산적 처분행위로 평가되고, 이러한 작위 또는 부작위를 피기망자가 인식하고 한 경우, 사기죄의 처분행위에 상응하는 처분의사가 인정된다. 피기망자가 행위자의 기망행위로 인하여 착오에 빠진 결과 내심의 의사와 다른 효과를 발생시키는 내용의 처분문서에 서명 또는 날인함으로써 처분문서의 내용에 따른 재산상 손해가 초래된 경우, 피기망자의 행위가 사기죄에서 말하는 처분행위에 해당한다. 피기망자가 처분결과, 즉 문서의 구체적 내용과 법적 효과를 미처 인식하지 못하였으나 처분문서에 서명 또는 날인하는 행위에 관한 인식이 있었던 경우, 피기망자의 처분의사가 인정된다. 피고인 등이 토지의 소유자이자 매도인인 피해자 갑 등에게 토지거래허가 등에 필요한 서류라고 속여 근저당권설정계약서 등에 서명 · 날인하게 하고 인감증명서를 교부받은 다음, 이를 이용하여 갑 등의 소유 토지에 피고인을 채무자로 한 근저당권을 乙 등에게 설정하여 주고 돈을 차용하는 방법으로 재산상 이익을 취득한 甲 등의 행위는 사기죄에서 말하는 처분행위에 해당하고, 갑 등의 처분의사가 인정됨에도, 갑 등에게 그 소유 토지들에 근저당권 등을 설정하여 줄 의사가 없었다는 이유만으로 갑 등의 처분행위가 없다 본 원심판결에 법리오해의 잘못이 있다), 보이스피싱 범죄 중 피해자를 속여 피해자가 자신 계좌의 돈을 이체하고 있다는 인식조차 하지 못하도록 함으로써 송금을 받는 경우(세금환급을 해 준다 속이고 피해자를 현금인출기로 유인해 피해자 자신의 계좌에서 보이스피싱 계좌로 돈을 송금 또는 이체하도록 하는 변종 보이스피싱 범죄)도 사기죄로 처벌할 수 있어, 일반인의 법감정과 부합할 수 있다(대법원 2017.2.16. 2016도13362).

사기·강박에 의한 의사표시는 상대방 없는 의사표시에 있어서는 취소할 수 있으며, 상대방 있는 의사표시에서는 상대방이 그 사실을 알았거나 알 수 있었을 경우에 한하여 취소할 수 있다. 취소는 선의의 제3자에 대항하지 못한다. 이 선의는 추정되므로 하자있는 의사표시를 한 자가 제3자의 악의를 입증하여야 한다. 사기·강박에 의한 의사표시는 가족법상의 법률행위에는 적용이 없으며 또한 이들 행위가 동시에 불법행위를 구성하는 때에는 취소의 효과로 생기는 부당이득반환청구권과 불법행위로 인한 손해배상청구권이 경합하여 병존한다.

[三] 법률관계의 변동

1. 물권 변동의 법률관계

물권의 변동은 물권의 득실변경 즉 물권의 취득·변경·상실 내지 발생·변경·소멸이다. 물권의 취득은 물권이 새로 발생하는 원시취득(건물 신축, 취득시효 제245조이하 선의취득 제249조, 선점 제252조, 유실물습득 제253조, 매장물발견 제254조 등), 타인의 물권에 기초하여 발생하는 승계취득(이전적 승계(물권의 동일성을 유지하면서 이전하는 매매·상속에 의한 취득 등)·설정적 승계(소유권의 사용·수익·처분 권능의 일부를 승계하여 취득하는 용익물권(지상권·지역권·전세권)·담보물권(질권·저당권) 등 제한물권의 설정)·특정승계(개개의 권리가 각각의 취득원인에 의하여 취득되는 매매 등)·포괄승계(하나의 취득원인에 의해 다수의 권리의무를 일괄하여 취득하는 상속·포괄유증·회사합병 등))이 있다. 물권의 변경은 물권이 동일성을 유지하면서 객체(물권의 객체가 첨부(제256조이하)로 증가하는 것)·효력(주체의 변경은 물권의 상실과 승계취득에 해당한다) 등이 변경되는 것이다. 물권의 상실은 물권의 절대적 소멸(목적물 멸실)·상대적 소멸(물권의 이전적 승계)이다. 물권변동은 부동산은 등기, 동산은 점유(또는 점유의 이전인 인도)의 공시로 실현된다. 법률행위로 인한 부동산물권의 변동에 대하여 '부동산에 관한 법률행위로 인한 물권의 득실변경은 등기하여야 그 효력이 생긴다' 하는 민법 제186조는 법률행위에 의한 소유권·지상권·지역권·전세권·저당권과 권리질권(저당권에 대한 질권 설정 제348조) 등의(점유권·유치권은 등기가 필요 없는 물권) 취득·상실·변경 등에 적용된다. 물권변동을 목적으로 하는 물권행위는 채권채무 발생을 목적으로 하는 채권행위와 구별된다. 물권변동을 가져오는 등기는 부동산등기법에서 정해진 바에 따른 등기이어야 하며 물권행위의 내용과 일치하여야 한다. 법률의 규정에 의한 부동산물권의 변동에 대해서 '상속, 공용징수, 판결, 경매 기타 법률의 규정에 의한 부동산에 관한 물권의 취득은 등기를 요하지 아니한다. 그러나 등기를 하지 아니하면 이를 처분하지 못한다' 하는 제187조는 상속, 국가행위(공용징수, 판결, 경매) 등의 법률규정 등에 의한 물권의 취득, 소멸, 변경이며 이는 예시적 열거조항이다. 기타 법률의 규정에는 일정사실발생(신축건물의 소유권취득과 같이 이전에 없던 물건이 새로 생기는 경우, 물건의 멸실 등), 특정정책(법정지상권 민법 제305조, 제366조, 관습상 법정지상권, 법정저당권 제649조, 대위로 인한 저당권 등의 이전 제368조 등), 물권귀속확정(용익물권의 존속기간 만료에 의한 소멸, 피담보채권의 소멸로 인한 담보물권의 소멸, 혼동에 의한 물권의 소멸, 제191조, 다만 부동산점유취득시효에 의한 소유권의 취득에는 등기를 하여야 그 소유권을 취득하는 것으로 한다. 민법 제248조) 등이 있다.

2. 부동산물권 변동의 법률관계

부동산물권변동에서 등기와 같은 공시행위는, 물권변동의 성립요건주의인 형식주의에 의거하여, 물권행위와 등기가 불일치하여도 그것이 채권관계 등의 실체관계에 부합하는 때에는 등기로서 유효한 것으로 인정한다. 등기는 진실성이 보장되도록 등기권리자와 등기의무자가 함께 하는 공동신청주의에 의하며, 이를 위하여 등기청구권이 인정되므로, 일단 마쳐진 등기는 실체관계에 부합된다는 추정력을 갖는다. 토지와 건물은 독립된 부동산이므로 토지등기부와 건물등기부가 따로 있어 각기 등기된다. 동산물권에서도 점유권・소유권・유치권・질권 등의 변동은 법률행위인 물권행위와 引渡라는 공시방법(현실의 인도・간이인도・점유개정・목적물반환청구권의 양도 등)(제188조~제190조)을 갖추어야 한다. 동산점유에는 공신력이 인정되어 '평온, 공연하게 동산을 양수한 자가 선의이며 과실없이 그 동산을 점유한 경우에는 양도인이 정당한 소유자가 아닌 때에도 즉시 그 동산의 소유권을 취득한다'(제249조, 제250조) 하는 동산 소유권의 선의취득이 승계취득의 예외로서 인정된다. 부동산물권의 포기는 물권 소멸을 목적으로 하는 단독행위인 법률행위로서 등기를 하여야 효력이 생긴다. 다만, 모든 물권에 공통하는 소멸원인인 '혼동'(제191조)에 있어서, 전세권자가 목적물을 매수하여 소유권을 취득한 경우에 전세권은 당연히 소멸하는 것으로 본다.

부동산물권의 변동과 부동산등기 부동산등기에서 '사실의 등기'는 등기용지가 특정하는 부동산을 인식하도록 부동산의 위치・사용목적・면적 등을 표시하는 등기이며 등기부 표제부에 하여 '표제부의 등기'라 한다. 권리의 등기는 등기부의 '갑구란'과 '을구란'에 부동산 권리관계를 기록하는 등기이다. 부동산에 관한 물권변동은 권리의 등기에만 인정되며 민법 제186조의 등기는 권리 등기이다. 권리의 등기는 미등기부동산에 대해 처음으로 등기하는 소유권보존등기, 보존등기를 토대로 이후 그 부동산의 권리변동을 등기하는 권리변동의 등기가 있다. 등기는 등기권리자와 등기의무자가 공동하여 신청함이 원칙이므로(부동산등기법 제23조 제1항) 국민은 국가기관인 등기관에 대해 등기신청권이라는 공법상 권리를 갖고, 등기권리자는 등기의무자에게 등기신청에 협력을 청구할 수 있는 등기청구권이라는 사법상 권리를 갖는다(민법 제536조). 등기청구권은 등기신청에 필요한 서류를 갖추어 공동으로 신청할 것을 구하거나 또는 등기권리자가 단독으로 신청할 수 있도록 필요한 모든 서류를 교부할 것을 청구하는 등 등기절차의 이행청구권이다. 등기의 효력은 유효한 등기를 전제로 인정되는 창설적 효력(권리변동적 효력, 순위 확정적 효력, 대항적 효력), 등기의 유무효에 관계없이 등기가 존재한다는 사실 자체만으로 인정되는 등기된 바와 같은 실체적 권리가 있는 것으로 추정하는 효력인 추정력이 있다. 등기의 추정은 권리의 등기에 관하여서이고 사실의 등기인 부동산의 표시에 관한 사항은 직권으로 작성되는 臺帳에 기초하는 점에서 추정력이 인정되지 않는다. 추정력에 의하여, 등기된 권리는 등기명의인에게 귀속하며, 그 등기에 의하여 물권변동이 유효하게 성립한 것이고, 등기의 원인과 절차에서 적법하게 마쳐진 것으로 추정된다. 부동산에 소유권이전등기가 마쳐지면 그 등기명의자는 제3자뿐 아니라 그 전 소유자에 대해서도 적법한 등기원인에 의하여 소유권을 취득한 것으로 추정된다. 등기부상 명의인과 매도인이 동일인인 경우, 그를 소유자로 믿고 부동산을 매수한 자는 원칙적으로 과실없는 점유자로 된다. 즉 부동산매수인의 점유의 무과실이 추정된다. 다만, 등기가 진실한 권리관계에 부합하지 않더라도 그 등기를 진실한 것으로 믿은 경우에 이를 보호하는 등기의 공신력은 민법상 인정하지 않는다.

부동산등기의 유효요건 부동산 등기는 부동산등기법에서 정하는 형식적 유효요건(제29조), 등기가 물권행위의 내용에 합치되어야 하는 실질적 유효요건이 있다. 형식적 유효요건인 등기는 등기부에 등기관이 일정한 사항을 기록하여 성립(제34조 등)・존속하며, 이에 반하는 등기는 무효이어서 등기관이 직권으로 말소한다. 실체법상 등기사항은 등기하지 아니하면 사법상 효력(권리변동・추정적 효력 등)이 생기지 않고, 절차법상 등기사항은 부동산등기법상 등기할 수 있는 것으로 정해진 사항인 등기능력이다. 부동산등기는 1필의 토지 또는 1개의 건물에 1개의 등기기록을 두는 1부동산 1등기기록의 원칙상(제15조), 하나의 등기용지에 보존등기가 중복하면 선순위등기만 유효하고 후순위등기는 실체적 권리관계에의 부합여부에 관계없이 무효이며(대법원 1998.9.22. 98다23393), 무효인 등기에 기하여 이루어진 타인 명의의 소유권이전등기도 무효이다(대법원 1983.12.13. 83다카743). 물권변동과정의 일부를 생략하고 한 등기인 중간생략등기, 실제와 다른 등기원인에 의한 등기, 무효등기의 유용 등은 현재 등기가 실체적 권리관계에 부합하는 한에서 유효하나, 중간생략등기나 등기원인의 허위 기재는 부동산등기특별조치법상 처벌된다.

3. 동산물권 변동의 법률관계

동산물권의 변동은 법률행위 또는 법률의 규정에 의한다. 법률의 규정에 의한 동산물권의 변동에는 동산의 취득시효(민법 제246조), 선의취득(제249조~제251조), 선점(제252조), 유실물습득(제253조), 매장물발견(제254조), 동산간 부합(제257조), 혼화(제258조), 가공(제259조) 등이 있고, 동산취득시효, 무주물선점, 유실물습득은 점유가 요건이며, 상속・판결・공용징수・경매 등은 인도 없이 동산물권변동의 효력이 생긴다. 동산거래에서 공시방법인 점유를 신뢰한 제3자가 보호되는 것을 공신력이라 한다. 법률행위에 의한 동산물권

(점유권·소유권·유치권·질권)의 변동에서 물권의 양도(이전적 승계에서 법률행위에 의한 권리의 이전)는 공시방법인 인도로 효력이 생긴다(제188조~제190조). 선박·항공기는 동산이지만 그 소유권의 변동은 등기 또는 등록을 통해 이루어진다(상법 제743조, 자동차관리법 제6조, 항공법 제5조). 선박 등기는 제3자에 대한 대항요건이며, 20톤 미만 선박은 등기가 요건이 아니므로(상법 제745조), 민법에 따른 인도가 있을 때에 권리이전의 효력이 생긴다. 동산물권의 양도 즉 법률행위에 의한 이전은 물권행위와 점유의 이전이라는 인도의 공시방법을 갖추어야 효력이 생기는 것이 형식주의이다. 인도는 현실의 인도가 원칙이며(민법 제188조 제1항), 간이인도(제188조 제2항 양수인이 이미 그 동산을 점유한 때에는 당사자의 의사표시만으로 그 효력이 생긴다), 점유개정(제189조 동산에 관한 물권을 양도하는 경우에 당사자의 계약으로 양도인이 그 동산의 점유를 계속하는 때에는 양수인이 인도받은 것으로 본다), 목적물반환청구권의 양도(제190조 제삼자가 점유하고 있는 동산에 관한 물권을 양도하는 경우에는 양도인이 그 제삼자에 대한 반환청구권을 양수인에게 양도함으로써 동산을 인도한 것으로 본다) 등에 의한 인도는 당사자의 의사표시만으로 그 효력이 생긴다. 현실의 인도는 양도인의 물건에 대한 사실상의 지배가 동일성을 유지한 채 양수인에게 완전히 이전되어 양수인은 목적물에 대한 지배를 계속적으로 확고하게 취득하여야 하고 양도인은 물건에 대한 점유를 완전히 종결하는 것이다(대법원 2003.2.11. 2000다66454). 동산의 점유에는 부동산의 등기와는 달리 공신력이 인정되어, 동산의 점유자가 정당한 소유자가 아닌 경우에도 상대방이 그가 소유자인 줄 알고 양수한 때에는 그 동산의 소유권을 취득하고, 이에 따라 소유자는 소유권을 잃는 선의취득이 동산거래의 안전을 위하여 인정된다.

Ⅱ. 행위양태론

[一] 법률행위의 무효·취소·대리

1. 법률행위의 무효 · 취소

1.1 법률행위의 무효 · 취소 · 철회 · 해제

1.1.1 법률행위의 무효 · 취소의 의의

법률행위의 무효는 법률행위가 성립한 때부터 법률상 당연히 효력이 없는 양태로서 그 법률행위는 아무런 법률효과도 발생하지 않는 법적 상태이다. 민법상 무효는 법률행위는 성립하되(불성립은 아니다), 무효로 되면 누군가의 주장 없이 처음부터 당연무효이다. 반면, 재판상 무효는 소에 의해서만 주장할 수 있다(회사설립무효, 합병무효 등). 무효는 성립한 때부터 권리 · 의무, 채권 · 채무, 물권변동 등이 생기지 않는다. 손해배상청구를 할 수 없다(소송상으로는 무효를 주장할 정당한 이익이 있는 자의 주장에 의해 무효로 된다). 추인해도 효력이 생기지 않고 이미 이행했으면 수령자는 부당이득반환을 한다(제741조). 법률행위의 무효를 가져오는 원인은 의사무능력자의 법률행위, 급부가 원시적 불능인 법률행위(제535조 소정 요건을 갖추면 신뢰이익 배상책임이 인정된다), 강행법규 위반의 법률행위, 반사회질서의 법률행위(제103조), 불공정한 법률행위(제104조), 상대방이 안 비진의 표시(제107조 제1항단서), 허위표시(제108조) 등이 있다. 법률행위의 취소는 유효하게 성립한 법률행위 효력을 행위시에 소급하여 무효로 하는 특정인의 의사표시이다. 취소는 처음부터 당연히 효력이 없게 되는 무효와 달리, 취소권자가 취소한 때에 비로소 소급하여 무효가 되어 취소하지 않는 한 효력에 영향이 없다. 따라서 일정기간 내 행사하지 않으면 취소권이 소멸되어 유효한 법률행위로 확정된다. 제한능력자의 법률행위(제3조 이하), 착오에 의한 의사표시(제109조), 사기 · 강박에 의한 의사표시(제110조) 등이 그것이다. 민법상 취소는 사법상 의사표시의 취소이므로, 혼인 등 신분행위의 취소시 소로써 법원에 청구하는 재판상 취소 내지 실종선고 취소(제29조) 등 공법상 취소와 구분된다. 무효와 취소는, 토지거래허가를 받지 않아 유동적 무효의 상태에 있는 거래계약에 관하여 사기나 강박에 의한 계약의 취소를 인정하는 것과 같이, 경합되어 적용되기도 한다(대법원 1997.11.14. 97다36118).

1.1.2 법률행위의 무효 · 취소의 효력 범위와 추인

법률행위의 무효의 효력 범위에 대해서 당사자 외의 제3자에 대한 관계에서도 무효인 것이 절대적 무효, 선의의 제3자에 주장할 수 없는 것이 상대적 무효이다. 전자는 의사무능력자, 강행법규 위반, 반사회질서 등의 법률행위이고 후자는 상대방이 안 非眞意 의사표시, 허위표시 등이다. 법률행위의 일부분이 무효인 때에는 그 전부를 무효로 한다. 그러나 그 무효부분이 없더라도 법률행위를 하였을 것이라고 인정될 때에는 나머지 부분은 무효가 되지 아니한다(제137조). 일부무효는 법률행위의 일체성과 분할가능성을 전제로 하는 양적인 일부의 무효이다(법률행위 일부가 강행법규인 효력규정에 위배되어 무효가 되어도 나머지 부분은 무효로 되지 아니한다. 대법원 2013.4.26. 2011다9068). 무효행위의 전환은 무효인 법률행위가 다른 법률행위요건을 구비하고 당사자가 그 무효를 알았더라면 다른 법률행위를 하는 것을 의욕하였으리라 인정될 때에는 다른 법률행위로서 효력을 가진다(약정매매대금의 과다로 제104조 불공정한 법률행위가 되어 무효인 경우에도 무효행위전환의 제138조가 적용될 수 있다. 대법원 2010.7.15. 2009다50308). 법률행위의 무효는 확정적 계속적으로 효력이 발생하지 않으며 추후 추인을 하더라도 효력이 생기지 않는다 하는 확정적 무효이다. 추인하여도 효력이 생기지 아니한다. 때문에, 당사자가 무효원인이 소멸한 후에(대법원 1997.12.12. 95다38240) 그 무효임을 알고 추인한 때에는 새로운 법률행위로 본다(제139조). 그러므로 일반적 소급효는 인정되지 않으나 다만 당사자간에는 인정될 수 있다. 무권대리의 추인 같은 '불확정무효' 또는 현재는 무효이나 추후 허가 또는 추인에 의해 소급하여 유효한 것으로 될 수 있는 '유동적 무효' 즉 현재는 유효하나 후에 효력을 잃을 수 있는 해제조건부 법률행위 등에는(국토이용관리법상 허가받을 것을 전제로 체결된 계약은 허가 받기까지 유동적 무효의 상태에 있다), 본인이 추인을 함으로써 소급하여 그 효과를 발생시킬 수 있다(제130조 대법원 1991.12.24. 90다12243; 1999.6.17. 98다40459).

취소할 수 있는 법률행위의 추인 추인은 취소의 원인이 소멸된 후에 하여야만 효력이 있다. 소멸전의 추인은 효력이 없다(제144조 제1항). 제한능력자는 능력자가 된 후에, 착오·사기·강박에 의한 의사표시는 그 상태를 벗어나야 추인할 수 있다. 그러나 법정대리인(미성년후견인, 성년후견인 제932조, 제936조) 또는 후견인(한정후견인, 특정후견인, 임의후견인 제959조의4, 11, 14)이 추인하는 경우에는 적용하지 아니한다(제2항). 법정추인(제145조)은 취소할 수 있는 법률행위에 관하여 전조의 규정에 의하여 추인할 수 있는 후에 다음 각호의 사유(1. 전부나 일부의 이행 2. 이행의 청구 3. 경개(취소할 수 있는 행위에 의해 성립된 채권 또는 채무를 소멸시키고 그 대신 다른 채권 또는 채무를 성립시키는 계약) 4. 담보의 제공 5. 취소할 수 있는 행위로 취득한 권리의 전부나 일부의 양도 6. 강제집행)가 있으면 추인한 것으로 본다. 그러나 이의를 보류한 때에는 그러하지 아니하다. 취소권은 취소권 행사, 포기(추인), 법정추인, 취소권 행사기간의 경과 등으로 소멸한다. 취소권은 추인할 수 있는 날로부터 3년 내에 법률행위를 한 날로부터 10년 내에 행사하여야 한다(제146조). 이는 제척기간이다. 이 기간 내에 취소권을 행사하면 부당이득반환청구권이 생긴다(제741조).

법률행위의 취소는 취소권자가 그 상대방에 대한 의사표시로 하여야 한다(제142조). 취소할 수 있는 법률행위는 제한능력자, 착오나 사기·강박에 의하여 의사표시를 한 자, 그의 대리인 또는 승계인만 취소할 수 있다(제140조). 법률행위의 취소는 취소된 법률행위는 처음부터 무효인 것으로 본다. 제한능력자는 그 행위로 인하여 받은 이익이 취득한 시점을 기준으로 현존하는 한도에서 상환할 책임이 있다(제141조). 제한능력을 이유로 취소하면 모든 제3자에 무효를 주장할 수 있다. 착오·사기·강박을 이유로 취소하면 선의의 제3자에게 대항하지 못한다(제109조 제2항, 제110조 제3항). 부당이득에서 선의의 수익자는 현존이익을 악의의 수익자는 받은 이익에 이자를 붙여 반환하여야 한다(제743조). 수익자가 제한능력자인 경우에는 선의·악의를 묻지 않고 현존이익만 반환하면 되는 점에서 제748조의 특칙이 된다. 취소할 수 있는 법률행위의 추인(민법상 추인은 무권대리의 추인(제130조), 무효행위의 추인(제139조), 취소할 수 있는 법률행위의 추인(제143조) 등)은 취소하지 않겠다는 의사표시 즉 취소권의 포기이다. 추인 후에는 이를 취소하지 못하고 확정적으로 유효한 것이 된다(제143조).

1.1.3 법률행위 철회·해제의 의의·효력범위

법률행위의 철회는 아직 효력이 생기지 않은 의사표시를 그대로 저지하여 장래 효과가 발생하지 않게 하는 것(유언자 생전의 유언 철회 민법 제1108조), 일단 발생한 의사표시만으로는 권리·의무가 생기지 못할 때 그에 기하여 법률행위가 행하여질 때까지 그 의사표시의 효력을 장래에 향하여 소멸시키는 것(법정대리인이 미성년자의 법률행위 전 동의와 허락의 취소 제7조) 등을 말한다. 해제는 유효하게 성립된 계약에서 약정 또는 법률의 규정에 의해 계약의 효력을 소급적으로 상실시킴으로써(제543조 이하) 계약의 구속력으로부터 계약 당사자를 해방시키는 것이다(헌재 2017.5.25. 2015헌바421). 계약이 해제되면 해당 계약은 소급하여 무효로 됨을 전제로(제548조 제1항 단서 참조), 당사자에게 상대방에 대하여 계약이 체결되지 않았을 경우에 나타났을 원래의 상황을 회복할 의무 즉 원상회복의무를 부과한다(본문 참조). 원상회복조항은 강행규범이 아닌 임의규범이므로(대법원 1996.7.30. 95다16011 참조), 당사자 사이에 계약 해제로 인한 원상회복 시 반환할 금전에 대한 이자지급의무를 면제하는 약정도 가능하고, 당사자 사이에 이율에 관하여 특별한 약정이 있으면 그 약정이율이 우선

적용된다(대법원 2013.4.26. 2011다50509 참조).

1.2 공법상 행위의 무효 · 취소

1.2.1 행정행위의 흠(하자)과 그 부존재 · 무효

행정행위의 흠은 행정행위로서 적법 · 유효하게 성립하기 위하여 갖추어야 할 요건을 결여한 것이고, 적법요건 · 유효요건을 결여한 흠하자 · 瑕疵 있는 행정행위는 위법한 행정행위와 부당한 행정행위가 있다. 행정행위의 적법요건은 형식적 법적합성인 관할, 청문 · 고시 등의 절차이고, 실질적 법적합성은 법률유보원칙의 수권성 · 명확성 · 비례성 등의 일반원칙, 재량하자가 없을 것 등이다. 흠 있는 행정행위의 효과는 항고쟁송과의 관계에서 행정행위의 부존재, 무효, 취소할 수 있는 행정행위, 흠의 치유 등으로 볼 수 있다. 행정행위의 부존재는 행정행위로서의 외관을 갖추지 못한 경우의 행정작용이다. 행정기관이 아닌 사인의 행위 또는 행정권의 발동으로 볼 수 없는 행정기관의 행위 등의 비행정행위, 행정기관 내부의 의사결정이 있었을 뿐 행정행위로서 외부에 표시되지 아니한 경우, 해제조건의 성취 및 취소 · 철회 · 실효 등에 의하여 행정행위가 소멸된 경우 등이 있다. 행정행위의 무효는 행정행위로서의 외관은 갖추고 있지만 무효원인이 있어 처음부터 구속력 등 아무런 효력도 발생하지 않는 행정작용이다. 그 점에서, 권한 있는 기관에 의하여 취소될 때까지는 효력을 발생하는 행정행위의 취소 또는 행정행위가 적법하게 성립한 후 일정 사실이 발생하여 당해 행정행위가 장래에 향하여 그 효력을 당연히 상실하게 되는 행정행위의 실효 등과 구별된다. 무효인 행정행위는 외관상으로는 행정행위로서 존재함에도 불구하고, 정당한 권한을 가진 행정청 또는 법원에 의한 취소를 기다리지 아니하고, 처음부터 당연히 즉 소급적으로 행정행위의 내용에 적합한 법률적 효과를 발생하지 못하는 행정행위이기에, 누구든지 이에 구속되지 아니하고 그 상대방이 사인이든 국가기관이든 각자의 독자적 판단으로 그 효력을 무시할 수 있다. 반면, 취소할 수 있는 행정행위는 그 성립에 흠이 있음에도 불구하고 정당한 권한을 가진 행정청 또는 법원이 취소할 때까지는 유효한 행정행위로서 효력을 가져서 행정행위의 상대방 및 다른 국가기관도 이에 구속되지만, 취소되면, 그때부터 비로소 효력을 상실하는 행정행위이며, 직권취소 · 쟁송취소가 있다. 행정행위의 무효원인은 당해 행정행위가 지닌 중대하고 명백한 흠이다. 정당한 권한이 없거나 권한 외의 행정청의 행위(적법하게 구성되지 아니한 합의제 행정청의 행위 등), 행정청의 의사의 결함이 있는 경우(공무원의 심신상실중의 행위로 사실을 오인한 경우), 그 내용이 사실상 · 법률상 실현불가능한 행위, 사회통념상 인식할 수 없을 정도의 불명확 · 불특정한 행위, 법규에서 규정한 절차인 상대방 · 이해관계인 등의 동의 · 협의를 결여하거나 또는 의견청취절차 · 공고 · 통지 또는 행정규칙이 아닌 법규범에 의한 다른 행정청의 협력 등을 결여한 행위, 법정문서에 의하지 아니하거나, 법정서명(記名) · 날인을 결여하거나, 법정제시이유를 전혀 결여하거나, 효력발생요건인 통지 · 공고가 없는 등의 행정청의 행위는 원칙적으로 무효이다.

1.2.2 행정행위의 취소 · 철회와 무효와의 구분

행정행위의 취소는 일단 유효하게 성립한 행정행위에 대해서, 취소원인인 흠을 이유로, 권한 있는 기관이 그 효력의 전부 또는 일부를 상실시키기 위하여 직권으로 행하는 독립된 행정행위(직권취소), 또는 행정쟁송절차를 거쳐 행하는 취소(쟁송취소) 등의 형성적 행위이다. 행정행위의 철회는 적법 · 유효하게 성립한 행정행위의 효력을 그 행정행위를 존속시킬 수 없는 후발적 사유의 발생을 이유로 상실시키는 행위이다. 직권취소의 취소권자는 처분청과 감독청이며 쟁송취소에서는 재결청(행정심판법 제32조 제3항)과 법원(행정소송법 제27조)이다. 직권취소의 취소권자가 처분청인 경우는 행정행위를 할 수 있는 권한 속에는 취소권이 포함되어 있는 것으로 보아 특히 법적 근거가 없이도 취소할 수 있으나, 감독청인 경우는 별도의 법적 근거 없이는 취소할 수 없다. 취소의 사유는 중대하나 명백하지 아니한 하자(위헌인 법률에 근거한 처분. 대법원 1998.4.10. 96다52359), 명백하나 중대하지 아니한 하자, 명백하지도 중대하지도 아니한 흠 등을 지닌 행정행위이다. 직권취소는 포괄적 신분설정행위(귀화 허가), 사법형성적 행위(인가) 등에는 제한되며, 불가변력이 발생하는 행정행위, 위법한 행정행위의 치유 등이 인정되는 경우에는 직권취소가 허용되지 아니하나, 침익적 행정행위는 자유로이 할 수 있다. 쟁송취소는 사정재결(행정심판법 제33조), 사정판결(행정소송법 제28조) 등과 같이 취소권을 제한하거나 또는 위법한 행정행위의 치유 등의 경우를 제외하고는, 재결청이나 법원은 취소원인이 있으면 원칙적으로 취소하여야 한다. 취소행위에 중대하고 명백한 흠이 있어 무효인 경우에 그 취소행위는 없었던 것으로 된다. 취소행위에 취소원인인 흠이 있는 경우에는 명문규정이 없는 한 그 취소행위를 다시 취소할 수 없다(대법원 2002.5.28. 2001두9653). 쟁송취소가 취소대상인 경우에 그것이 확정전이면 소제기 · 상소, 확정 후이면 재심사유에 해당하면 재심의 소로써 그 취소를 구할 수 있다. 무효인 행정행위와 취소할 수 있는 행정행위의 구별 실익은, 취소할 수 있는 행정행위는 행정청이 직권으로 취소하지 않는 한 취소소송 또는 취소심판에 의하여서만 일정한 기간 내에(행정소송법 제20조, 행정소송법 제18조 기간경과 후에는 불가쟁력이 발생) 다툴 수 있음(취소소송의 배타적 관할)에 대하여, 무효인 행정행위는 무효등확인소송또는 무효등확인심판 외에 무효선언을 구하는 취소쟁송, 무효를 전제로 하는 민사소송 등으로도 다툴 수 있다. 민사소송이나 형사소송에서 무효인 행정행위가 선결문제로 된 경우에, 취소소송에서와 달리, 민사법원이나 형사법원은 그 선결문제에 대한 판단권이 있다. 취소할 수 있는 행정행위가 쟁송의 대상이 된 경우에 재결청이나 법원은 예외적으로 사정재결(행정심판법 제33조 제1항) · 사정판결(행정소송법 제28조 제1항)이 가능하다. 흠의 치유는 취소할 수 있는 행정행위에만 인정되며, 흠의 전환은 무효인 행정행위에만 인정된다. 양자의 구별기준에 대해서 중대 · 명백설은 무효인 행정행위는 행정행위의 흠이 내용상 중대한 흠이면서 동시에 그 흠의 존재가 외관상 명백한 것인 경우이고, 그 이외의 것인 경우가 취소할 수 있는 행정행위라 한다(대법원 1995.7.11. 94누4615; 헌재 1994.6.30. 92헌바23). 이때 명백 여부의 판단은 일반인의 인식을 기준으로 외관상 일견하여 명백한 경우라는 입장과 행정청이 보통 기대되는 조사로 명백하면 된다는 조사의무위반설이 있다.

1.2.3 행정행위의 흠의 승계와 철회 · 실효

행정행위의 흠의 승계는 두 개 이상의 행정행위가 연속하여 행하여지는 경우에, 후행행정행위 자체에는 흠이 없어도, 선행행정행위의 흠을 이유로 후행행정행위를 다툴 수 있느냐의 위법성 승계의 문제이다. 두 개 이상의 행정행위가 연속하여 행하여지는 경우의 흠의 승계에 관련하여, 선행행정행위가 무효인 경우에 그 하자는 후행행정행위에 승계되나, 취소할 수 있는 것인 경우에는 승계될 때도 아니할 때도 있다. 특히 행정상 쟁송에 있어서 선행행정행위에 취소원인이 있고 이미 불가쟁력이 발생한 경우에, 선행행정행위와 후행행정행위가 서로 결합하여 하나의 법적 효과를 완성하는 것인 경우에는 선행행정행위의 흠이 후행행정행위에 승계되나, 서로 독립하여 별개의 법적 효과의 발생을 목적으로 하는 때에는 승계되지 아니한다. 흠의 치유는 행정행위의 성립 당시에 흠이 있었음에도 그 같은 요건불비에도 불구하고 당해 행정행위에 의거하여 후속절차가 이미 진행되고 있는 때에는 사후에 그 요건이 보완된 경우에 당초의 흠에도 불구하고 행정행위의 효력을 유지하는 것으로서, 예외적으로만 허용되며(대법원 1992.5.8. 91누13274), 무효인 행정행위의 흠의 치유는 인정하지 아니한다. 무효행위의 전환은 특정한 행정행위가 법령의 요건을 충족하고 있지는 않지만 이를 다른 종류의 행정행위로 본다면 그 요건을 충족하는 경우에 그 행정행위로서의 효력을 유지케 하려는 것이며, 이로써 새로운 행정행위가 발생한다.

> **행정행위의 흠의 승계** 행정청이 어느 법률에 근거하여 행정처분을 한 후에 헌법재판소가 그 법률을 위헌으로 결정하였다면 결과적으로 그 행정처분은 법률의 근거 없이 행하여진 것과 마찬가지가 되어 하자있는 것이 되나, 하자있는 행정처분이 당연무효가 되려면 그 하자가 중대할 뿐만 아니라 명백한 것이어야 하는데, 일반적으로 법률이 헌법에 위반된다는 사정은 헌법재판소의 위헌결정이 있기 전에는 객관적으로 명백한 것이라 할 수 없으므로, 특별한 사정이 없는 한 이러한 하자는 행정처분의 취소사유에 해당할 뿐 당연무효사유는 아니고, 이는 그 행정처분의 근거법률에 여러 가지 중대한 헌법위배사유가 있었다 하더라도 행정처분 당시 그와 같은 사정의 존재가 객관적으로 명백하였던 것이라고 단정할 수 없는 이상 마찬가지라고 보아야 한다(대법원 1995.3.3. 92다55770). 두 개 이상의 행정처분이 연속적으로 행하여진 경우에 선행처분과 후행처분이 서로 독립하여 별개의 법률효과를 목적으로 하는 때에는 선행처분에 불가쟁력이 생겨 그 효력을 다툴 수 없게 되면 선행처분의 하자가 중대하고 명백하여 당연무효인 경우를 제외하고는 선행처분의 하자를 이유로 후행처분을 다툴 수 없는 것이 원칙이나, 선행처분에 위법이 있는 경우에는 그 자체를 행정소송의 대상으로 삼아 위법 여부를 다툴 수 있음은 물론 이를 기초로 한 후행처분의 취소를 구하는 행정소송에서도 선행처분의 위법을 독립된 위법사유로 주장할 수 있다(대법원 1994.1.25. 93누8542).

행정행위의 철회는 흠 없이 성립된 행정행위를 사후에 그 효력을 존속시킬 수 없는 새로운 사정의 발생을 이유로 장래에 향하여 그 효력을 소별시키는 독립된 행정행위이다. 행정행위의 효력을 일시적으로 중단시키는 불이익처분도 포함한다. 철회의 효과는 장래에 향해서만 미치며 소급하지 않는다. 철회권자는 철회의 대상인 행정행위를 행한 처분청뿐만이며, 행정행위를 한 처분청은 그 처분 당시에 그 행정처분에 별다른 하자가 없었고 또 그 처분 후에 이를 취소할 별도의 법적 근거가 없다 하더라도 원래의 처분을 그대로 존속시킬 필요가 없게 된 사정변경이 생겼거나 중대한 공익상 필요가 발생한 경우에는 별개의 행정행위로 철회하거나 변경할 수 있다(대법원 1986.11.25. 84누147; 1997.9.12. 96누6219). 철회의 사유는 법정의무위반, 부담 불이행, 일정시기까지의 사업불착수, 대물적 처분의 물적 기초의 상실, 철회권유보 시 유보된 사실의 발생 등이다. 철회는 법치국가적 국민의 신뢰보호와 공익 형량으로 비례성원칙에 합치되어야 한다. 침익적 행정행위의 철회는 자유로이 할 수 있으나 수익적 행정행위에 대해서는 자유로이 철회할 수 없다. 행정행위의 실효는 행정청의 별개의 행정행위에 의하지 아니하고 객관적인 사실의 발생으로 당연히 행정행위의 효력이 소별되는 것이다. 실효사유는 목적달성(조세부과처분에 대한 조세납부), 상대방의 사망(의사의 사망에 의한 의사면허의 효력소멸), 근거법령폐지, 대상물멸실, 해제조건성취, 종기의 도래 등이다.

1.3 소송상 행위의 흠과 무효 · 취소

형사소송에서 소송행위는 소송법상 요건을 갖추지 못하면 소송행위로서 성립하지 아니한다. 소송행위의 무효 원인은 소송행위 적격 내지 대리권 없는 자의 행위, 소송능력없는 자의 절차형성행위(실체형성행위는 직접 무효 원인이 되는 것은 아니다), 사기 · 강박 · 착오에 의한 절차형성행위는 귀책사유 없는 때 등이다. 법률상 · 사실상 불능의 소송행위는 무효이다. 법정형을 초과한 신고형, 허무인에 대한 공소제기, 이중기소, 내용이 불분명한 소송행위 등이 그것이다. 소송행위가 성립하면 그 하자로 인하여 무효가 되는 경우에도 형식적 확정력 또는 예컨대 공소시효정지 등의 일정 법률효과는 발생하므로, 이를 그치게 하려면 법원의 무효선언 등의 판단을 요하며(파기의 이유가 있는 판결 등), 무효의 치유가 가능해진다. 다만, 소송행위가 당연무효의 사유가 있는 때에는 법원의 무효선언이 없더라도 당연히 효력이 없게 된다. 동일사건에 대한 이중판결, 상소취하 후의 상소심판결 등이 그것이다. 소송행위의 무효의 치유는 사정변경에 의하여 무효인 소송행위가 유효로 인정되는 것이다. 소송행위의 취소는 소송행위의 효력을 소급하여 소멸시키는 것이지만 절차유지의 원칙상 취소는 인정되기 어렵다. 소송행위의 철회는 소송행위의 효력을 장래에 향하여 상실시키는 것이다(공소의 취소 형사소송법 제255조, 상소의 취하 제349조 등). 소송행위의 추완은 법정기간 경과 후의 소송행위에 대하여 법정기간 내에 행한 소송행위와 같은 효력을 인정하는 것이다. 단순추완은 추완되는 소송행위 자체가 유효하게 되는 경우로서 법정기간을 경과한 소송행위가 추완행위로 유효하게 되는 것으로서 상소기간 만료 후 상소권회복청구(제345조)로 다시 상소를 제기할 수 있는 것, 정식재판청구회복(제458조) 등이 있다. 보정적 추완은 추완에 의하여 다른 소송행위의 하자를 보정하는 것이다. 공소장에 기재된 공소사실의 불특정은 피고인의 방어권 보호상 공소장변경절차에 의해 그 하자가 보정될 수 있다. 친고죄의 고소는 공소제기의 유효요건이므로 그 추완은 인정할 수 없다. 책문권은 공소장부본송달의 하자, 공판기일지정의 하자, 증인신문순서의 하자 등 절차위반의 소송행위에 대하여 당사자가 이의를 하고 그 효력을 다툴 수 있는 권능이며, 책문권의 포기는 하자가 치유된 것으로 인정한다. 민사소송행위의 흠(하자)과 무효·취소는 소송행위를 참조한다.

2. 법률행위의 대리와 대리행위

2.1 법률행위의 대리의 의의

2.1.1 법률행위의 임의대리·법정대리

대리는 대리인이 본인의 이름으로 법률행위를 하고 그 법률효과도 직접 본인에게 귀속시키는 법률관계이다. 사적자치의 확장(임의대리), 보충(법정대리)으로서 인정된다. 민법상 대리는 본인의 수권행위와 대리인의 대리행위에 의하여 법률효과를 의사표시의 표의자 아닌 다른 자에게 귀속시키는 직접대리이다. 그러므로 기초적 내부관계, 원인된 법률관계(제128조 1문)인 위임계약 등이 독자성을 가지면서 간접적으로 법률효과를 귀속시키는 이른바 간접대리와 구분한다. 또한 법인대표, 간접점유, 사자 등과 다르다. 대리는 의사표시를 요소로 하는 법률행위에 한한다. 준법률행위에서도 최고와 같은 의사의 통지, 채무 승인과 같은 관념의 통지에는 의사표시 규정이 유추적용되어 대리도 가능하다. 다만 본인의 의사결정이 절대로 요구되는 혼인, 이혼, 인지, 유언 등은 대리에 친하지 못하다. 대리는 대리권 발생원인에 따라 본인의 의사에 의해 대리권이 수여되는 임의대리, 본인 의사에 관계없이 법률규정에 의해 부여되는 법정대리(제한능력자에 대한 친권자·후견인 등), 제3자에 의사표시를 하는 능동대리(제114조 제1항 적극대리), 이를 수령하는 수동대리(제2항 소극대리), 대리인이 대리권을 가진 유권대리, 그렇지 않은 무권대리(표현대리와 협의의 무권대리 제125조 등, 제130조 등) 등이 있다.

간접대리, 법인대표, 使者, 간접점유 상법상(제101조) 위탁매매는 간접대리이다. 위탁매매인이 매매계약의 당사자가 되어 그 효과를 직접 받은 뒤 내부적으로 위탁자와의 위임계약에 따라 이를 인도할 의무 등을 부담한다. 법인의 대표기관의 행위는 직접 법인에 귀속되므로 '법인의 대표에 관하여는 대리에 관한 규정을 준용한다'(민법 제59조 제2항). 대표는 법인이라는 하나의 인격에 흡수되는 기관이고 대리는 본인과 대리인이라는 두 인격을 전제로 한다. 사자는 본인의 의사를 단순히 전달하거나 그대로 표시함으로써 표시행위 완성에 협력하는 자이다. 간접점유는 점유매개관계를 통해 타인으로 하여금 물건을 점유하게 한 그 본인의 점유로서(제194조). 이때 본인이 가지는 권리가 간접점유권이다.

2.1.2 어음행위의 대리

어음행위의 대리는 어음행위가 재산법적 법률행위이고 대리나 대표의 방식으로 행해지나, 어음법에 규정이 없어 민법의 대리에 관한 규정이 적용되므로, 어음행위의 대리는 대리인(대표기관)이 본인을 위하여 어음행위를 할 권한 즉 대리권이 있어야 하는 실질적 요건과 대리관계가 증권면에 명시되어야 하는 顯名주의의 형식적 요건을 갖는다. 현명주의는 어음행위의 대리의 표시는 본인의 표시, 대리(대표)관계(대리인이 본인을 위하여 한다는 것)의 표시, 대리인(대표자)의 기명날인 또는 서명 등의 요소를 요한다. 실질적 요건은 대리인이 본인으로부터 어음행위를 할 권한인 대리권을 수여받았어야 한다. 그 같은 권한이 없는 경우에는 무권대리 또는 위조가 된다. 어음행위의 대리권은 본인의 수권행위(임의대리권) 또는 법률의 규정(법정대리권) 등에 의하며 보통은 위임장 교부의 방식에 따른다. 민법 제124조가 금지하는 자기계약·쌍방대리는 어음행위에도 적용되며 이에 위배되는 어음행위의 효력은 이사의 자기거래 금지(상법 제398조), 사원의 자기거래 금지(제199조) 위반의 경우와 같이 상대적 무효가 된다. 즉 이사와 회사 사이에 이사회의 승인을 받지 않고 한 어음거래는 회사는 그 이사 또는 어음행위의 상대방에 대하여 발행배서 등의 어음행위의 무효를 주장할 수 있으나, 제3자에게 양도된 때에는 제3자가 악의였음을 주장·증빙하여야만 어음행위의 무효를 주장하여 책임을 면할 수 있다. 법인의 대표이사가 외형상으로는 회사를 대표하여 어음행위를 하였으나 실제는 자기의 채무변제를 위하여 한 것과 같은 대표권 남용의 행위의 효력은 대리권 남용의 논리와 같이 권한 남용의 어음행위 자체는 객관적으로 대리권의 범위 내의 행위이므로 회사에 대하여는 완전히 유효하고, 본인인 회사는 악의의 상대방에 대해서 권리남용의 법리, 신의성실의 원칙에 따라서 어음채무의 이행을 거절할 수 있다.

2.1.3 소송행위의 대리

소송행위의 대리에 관하여 예컨대 형사소송에서는 본인 이외의 제3자가 본인을 위하여 소송행위를 하고 그 법률상 효과가 본인에게 직접 발생하는 것이다. 소송행위의 포괄적 대리는 피고인이 할 수 있는 일체의 소송행위를 대리하는 것으로서 의사무능력자의 법정대리인(형사소송법 제26조), 법인의 대표(제27조), 변호인(제36조) 등의 대리이다. 개별적 대리는 특정 사항에 한정하는 대리이다(고소 또는 고소취소 제236조, 재정신청 제264조, 상소 제341조 등). 형법의 책임능력 규정의 적용을 받지 아니하는 범죄사건에 관하여 피고인 또는 피의자가 의사능력이 없는 때에는 그 법정대리인이 소송행위를 대리한다(제26조). 피고인 또는 피의자가 법인인 때에는 그 대표자가 소송행위를 대표한다. 수인이 공동하여 법인을 대표하는 경우에도 소송행위에 관하여는 각자가 대표한다(제27조).

2.2 대리권의 의의·발생·소멸

대리권은 대리인이 본인의 이름으로 의사표시를 하거나 제3자의 의사표시를 수령함으로써 직접 본인에게 그 효과를 귀속시킬 수 있는 법률상 지위·자격 즉 권한이다. 이같이 대리에 있어서 대리인은 본인과의 관계에서 대리권을 가지고 본인을 위한 것임을 표시하여 대리행위를 하면 그 효과가 본인에게 귀속한다. 법정대리권은 법률규정에 의하여 발생한다. 이에는 본인과 일정신분관계에 있는 자(민법 제827조 부부, 제911조 친권자), 일정한 자가 지정하는 자(제931조 지정후견인), 법원에 의해 선임된 자(제22조 부재자 재산관리인) 등이 있다. 임의대리권은 수권행위로 발생한다(제128조 2문). 수권행위는 대리인을 통해 본인이 그 효과를 받는 것을 목적으로 대리권한을 취득할 대리인에 대한 의사표시로써 하는 법률행위다. 개념상 본인과 대리인 사이의 내부적 법률관계(위임 등)와 구분된다. 방식은 위임장 작성·교부 또는 구두로도 할 수 있다. 법정대리권의 범위는 법률 규정으로 정해지며 임의대리권은 수권행위로 정해진다. 다만 권한을 정하지 아니한 대리인은 보존행위(재산가치 현상유지행위, 미등기부동산 등기신청), 대리의 목적인 물건이나 권리의 성질을 변하지 아니하는 범위에서 그 이용(수익행위) 또는 개량(사용, 교환가치 행위)하는 행위(제118조)만을 할 수 있다. 대리권은 본인의 사망, 대리인의 사망, 대리인이 된 자가 그 후에 성년후견이 개시되거나(한정후견 개시는 제외) 또는 파산선고를 받은 경우 등의 어느 하나에 해당하는 사유가 있으면 소멸한다(제127조). 상행위 위임으로 인한 대리권은 본인 사망으로 소멸되지 않으며(상법 제50조), 소송대리권은 당사자 사망으로 소멸되지 않는다(민사소송법 제95조). 법률행위에 의하여 수여된 임의대리권은 그 원인된 법률관계의 종료에 의하여 소멸한다(제128조). 법률관계의 종료 전 본인이 수권행위를 철회한 경우에도 같다. 법정대리권은 법원의 개입(제23조), 대리권 상실선고(제924조), 법정대리인의 사퇴(제535조), 대리권 발생의 원인이 된 사실관계의 소멸(본인의 성년 등) 등에 의하여 소멸한다.

2.3 대리행위의 원칙 · 효과 · 무효

대리인이 수인인 때에는 각자가 본인을 대리한다(각자대리 원칙). 다만, 법률 또는 수권행위에 다른 정한 바가 있는 때에는 그러하지 아니하다(민법 제119조). 공동대리에서 공동은 의사결정의 공동이다. 그중 1인에게 단독으로 대리할 권한을 포괄적으로 부여할 수는 없다. 다만 의사표시의 실행을 위임할 수는 있다. 대리인은 본인의 허락이 없으면 본인을 위하여 자기와 법률행위를 하거나(자기계약 금지) 동일한 법률행위에 관하여 당사자 쌍방을 대리하지 못한다(쌍방대리 금지). 이해충돌방지를 위해서다. 친권자 또는 후견인의 이해상반행위에 대해서는 법원에 그 子의 특별대리인 또는 그 자 일방의 특별대리인의 선임을 청구하도록 하며(제921조), 법인과 이사의 이익상반행위는 법원이 선임한 특별대리인이 법인을 대표하고(제59조 제2항), 상법상 다른 사원 과반수 결의가 있으면 사원과 회사 사이의 자기거래가 허용된다(상법 제199조 등). 채무의 이행은 할 수 있다(제124조). 다만 새로운 이해관계를 생기게 하는 대물변제(제466조), 경개(제500조) 등은 허용되지 않는다. 대리인이 대리권의 범위 내에서 대리행위를 하였지만 본인의 이익이 아니라 대리인 자신이나 제3자의 이익을 위하여 한 경우가 대리권의 남용이다. 대리행위는 대리인과 상대방 사이의 관계다. 대리인이 그 권한 내에서 본인을 위한 것임을 표시한 의사표시는 직접 본인에게 대하여 효력이 생긴다(제114조). 이를 현명顯名주의라 한다. 그 행위의 주체가 본인이라는 사실을 알리는 것 즉 대리권의 존재를 알리는 관념의 통지다. 본인에게 법률효과를 귀속시키려는 의사이지 본인의 이익을 위해서라는 것은 아니다. 배임적 대리행위를 하여도 대리의사는 있는 것이어서 대리행위는 유효하게 성립한다. 다만 대리권 남용만 있게 된다. 상행위의 대리인은 본인을 위한 것임을 표시하지 아니하여도 그 행위는 본인에 대하여 효력이 있다(상법 제48조). 대리인이 본인을 위한 것임을 표시하지 아니한 때에는 그 의사표시는 자기를 위한 것으로 본다(민법 제115조). 의사표시의 효력이 의사의 흠결, 사기, 강박 또는 어느 사정을 알았거나 과실로 알지 못한 것으로 인하여 영향을 받을 경우에 그 사실의 유무는 대리인을 표준으로 결정한다. 대리행위에 있어서, 특정한 법률행위를 위임한 경우에 대리인이 본인의 지시에 좇아 그 행위를 한 때에는 본인은 자기가 안 사정 또는 과실로 인하여 알지 못한 사정에 관하여 대리인의 부지를 주장하지 못한다(제116조). 대리인은 행위능력자임을 요하지 아니한다(제117조). 다만 적어도 의사능력은 있어야 한다. 대리인은 본인과의 내부적 법률관계 가령 위임계약을 자신이 제한능력자임을 이유로 취소할 수 있다. 대리인과 본인 행위가 경합하는 경우에 그것이 처분행위이면 누가 먼저 등기 또는 인도를 갖추었느냐에 따라 결정하여야 한다. 대리인이 본인의 권리를 처분한 후 본인이 한 처분행위는 무효이다. 그것이 채권행위이면 두 계약은 모두 유효하다. 다만 이행할 수 없게 된 상대방에게는 채무불이행으로 인한 손해배상책임을 진다. 대리인이 한 의사표시의 효과는 모두 직접 본인에게 생긴다(제114조). 그 의사표시와 관련하여 생기는 것으로서 민법이 인정하는 것을 모두 포함한다(손해배상 등). 본인은 최소한 권리능력을 가져야 한다. 권리능력이 없는 경우에 그 대리행위는 불능을 목적으로 하는 법률행위로서 무효이나 의사능력 또는 행위능력이 있어야 할 필요는 없다.

3. 복대리, 표현대리, 무권대리

3.1 복대리

복대리인은 대리인이 그의 권한 내의 행위를 하게 하기 위하여 대리인의 이름으로 선임한 본인의 대리인이다(제123조 제1항). 복대리인은 대리인의 보조자가 아니며 대리인의 대리인도 아니다. 대리인이 복대리인을 선임할 수 있는 권한이 복임권이며 그 선임행위가 복임행위다. 복임행위는 대리권의 병존적 설정행위다. 복대리인의 권한은 대리권 범위 내에 한정되고 대리권이 소멸하면 복대리권도 소멸한다. 임의대리인은 원칙적으로 복임권이 없다. 즉 대리권이 법률행위에 의하여 부여된 경우에는 대리인은 본인의 승낙이 있거나 부득이한 사유가 있는 때가 아니면 복대리인을 선임하지 못한다(제120조). 법인 이사에 대해서는 정관 또는 총회의 결의로 금지하지 아니한 사항에 한하여 타인으로 하여금 특정한 행위를 대리하게 할 수 있다(제62조) 하여 넓게 인정한다. 대리인이 복대리인을 선임한 때에는 본인에게 대하여 그 선임·감독의 책임이 있다. 대리인이 본인의 지명에 의하여 복대리인을 선임한 경우에는 그 부적임 또는 불성실함을 알고 본인에게 대한 통지나 그 해임을 태만한 때가 아니면 책임이 없다(제121조). 법정대리인은 언제든지 복임권이 있다. 이때 복대리인은 임의대리인이 된다. 법정대리인은 그 책임으로 복대리인을 선임하는 것이기에 복대리인 선임·감독에 아무런 과실이 없어도 그에 대해 전적인 책임을 진다. 그러나 부득이한 사유로 인한 때에는 선임·감독상의 과실에 대한 책임만을 진다(제122조). 복대리인은 본인의 대리인이므로 대리권 일반의 소멸원인에 의해서, 대리인이 수여한 것이므로 대리인과 복대리인 사이의 내부적 법률관계 종료로, 대리인의 수권행위 철회에 의해서, 그리고 대리인의 대리권을 전제로 하는 것이므로 대리권의 소멸에 의해서 각 소멸한다.

3.2 표현대리

표현대리는 기본적으로 대리권이 없는 점에서 대리권 없이 행하여진 대리행위인 무권대리이지만, 대리권의 외관을 형성한 데 본인이 일정한 원인을 준 경우에 거래안전을 위하여 본인이 그 대리행위의 효과를 받도록 한 것이다. 표현대리에 해당하지 않는 무권대리가 협의의 무권대리다. 표현대리에는 민법의 표현대리 규정과 무권대리 규정이 중복 적용된다. 표현대리는 대리권이 있는 것과 같은 외관으로 대리권 수여의 표시에 의한 표현대리(제125조), 권한을 넘은 표현대리(제126조), 대리권소멸 후의 표현대리(제129조) 등 대리권의 성립·범위·존속에 관한 외관을 형성한 데 본인이 일정 원인을 준 것이어야 한다. 그리고 상대방이 대리권의 외관을 믿은 것에 대해 보호할 만한 가치가 있어야 한다. 표현대리에 의한 본인의 책임은 법정책임이다. 표현대리의 효과는 본인이 이를 무권대리라 하여 그 효과를 거부할 수 없게 한다. 다만 표현대리인에 대해 기초적 내부관계에 기해 부담하는 의무 위반 또는 불법행위를 이유로 손해배상을 청구할 수 있다. 표현대리는 무권대리이지 유권대리가 아니므로 상대방이 이를 주장하지 않는 동안에는 무권대리로 취급되어 함께 적용될 수 있다. 대리권수여의 표시에 의한 표현대리(제125조)는 '제3자에 대하여 타인에게 대리권을 수여함을 표시한 자는 그 대리권의 범위내에서 행한 그 타인과 그 제3자간의 법률행위에 대하여 책임이 있다. 그러나 제3자가 대리권 없음을 알았거나 알 수 있었을 때에는 그러하지 아니하다.' 표시는 위임장 작성, 구두, 묵시적, 특정, 불특정 제3자 등 그 방식에 제한이 없으며, 대리권을 수여하였음을 제3자에 알리는 관념의 통지다. 이는 임의대리에 한하며 법정대리에는 적용되지 않는다. 권한을 넘은 표현대리(민법 제126조)는 '대리인이 그 권한 외의 법률행위를 한 경우에 제3자가 그 권한이 있다고 믿을 만한 정당한 이유가 있는 때에는 본인은 그 행위에 대하여 책임이 있다.' 이 경우에 기본이 되는 대리권은 존재하여야 하며 전혀 대리권이 없으면 아니 된다. 제3자란 대리행위의 직접 상대방이며 그로부터 전득한 자는 아니다. 대리행위 당시에 정당한 이유가 있어야 하고 입증책임은 표현대리를 주장하는 상대방에 있다. 부부가 일상가사에 대하여 서로 가지는 법정대리권에도 적용된다. 후견인이 민법 제950조 제1항 소정의 후견감독인의 동의를 받지 않고 피후견인의 부동산을 처분하는 경우에도 인정된다. 대리권소멸후의 표현대리(제129조)는 '대리권의 소멸은 선의의 제3자에게 대항하지 못한다. 그러나 제3자가 과실로 인하여 그 사실을 알지 못한 때에는 그러하지 아니하다.'

3.3 무권대리

3.3.1 무권대리의 의의

무권대리는 협의의 무권대리로서 계약의 무권대리와 단독행위의 무권대리가 있다. 계약의 무권대리(제130조)는 '대리권없는 자가 타인의 대리인으로 한 계약은 본인이 이를 추인하지 아니하면 본인에 대하여 효력이 없다' 하는 추인여부에 따른 유동적 무효 상태다. 추인은 무권대리가 있음을 알고 그 행위의 효과를 자기에게 발생케 하려는 것을 목적으로 하는 단독행위다. 사후의 대리권 수여가 아니며 형성권이다. 대리권없는 자가 타인의 대리인으로 계약을 한 경우에 본인의 상대방에 대한(무권대리인에 한 것은 무효) 추인 또는 추인거절이 없는 경우에만 상대방은 상당한 기간을 정하여 본인에게 그 추인여부의 확답을 최고할 수 있다. 계약 당시 무권대리임을 상대방이 안 경우(악의)에도 최고할 수 있다. 본인이 그 기간 내에 확답을 발하지 아니한 때에는 추인을 거절한 것으로 본다(제131조). 무권대리인은 대리행위가 본인에게 발생하였더라면 본인이 상대방에 대해 부담하였을 것과 같은 내용의 것을 이행할 책임인 법정책임을 진다. 손해배상은 계약이 유효하게 이행되었더라면 얻었을 이익 즉 이행이익의 배상이다. 이에는 선택채권에 관한 규정(제380조~제386조)이 유추적용된다. 본인의 추인이 없으면 무권대리인 사이에 아무런 법률관계가 생기지 않는다. 추인하면 무권대리인이 의무 없이 본인 사무를 관리한 것으로 사무관리가 성립한다(제734조). 무권대리인은 무권대리에 기하여 취득한 것을 인도하여야 한다(제738조, 제684조). 지출한 비용에 상환을 청구할 수 있다(제739조). 부당이득(제741조)이나 불법행위(제750조)도 성립할 수 있다. 단독행위의 무권대리(제136조)는, '단독행위에는 그 행위당시에 상대방이 대리인이라 칭하는 자의 대리권없는 행위에 동의하거나 그 대리권을 다투지 아니한 때에 한하여 전6조의 규정을 준용한다. 대리권 없는 자에 대하여 그 동의를 얻어 단독행위를 한 때에도 같다.' 소유권 포기나 재단법인 설립행위 같은 상대방 없는 단독행위의 무권대리는 절대적으로 무효이고, 상대방있는 단독행위도 위 규정 소정의 요건을 갖추지 못하는 한 이와 같다.

3.3.2 무권대리의 추인, 거절, 철회

무권대리의 추인 또는 거절의 의사표시는 상대방에 대하여 하지 아니하면 그 상대방에 대항하지 못한다. 그러나 상대방이 그 사실을 안 때에는 그러하지 아니하다(민법 제132조). 추인은 다른 의사표시가 없는 때에는 계약시에 소급하여 그 효력이 생긴다. 그러나 추인의 소급효는 제3자의 권리를 해하지 못한다(제133조). 다른 의사표시가 있는 경우로서, 본인과 상대방 사이의 계약으로 장래에 대해 효력이 있는 것으로 약정한 경우에 한해 그때부터 효력이 발생한다. 본인의 추인거절이 있으면 무권대리행위는 무효인 것으로 확정되어 본인은 추인할 수 없고 상대방도 최고권이나 철회권을 행사할 수 없다. 무권대리인이 본인을 상속한 경우 자신의 매매행위가 무권대리여서 무효라고 주장하여 등기의 말소를 청구하거나 부동산 점유로 인한 부당이득금반환을 구하는 것은 금반언원칙이나 신의칙에 반하여 허용되지 않는다(대법원 1994.9.27. 94다20617). 대리권 없는 자가 한 계약은 본인의 추인이 있을 때까지 상대방은 본인이나 그 무권대리인에 대하여 이를 철회할 수 있다. 그러나 계약당시에 상대방이 대리권 없음을 안 때에는 그러하지 아니하다(제134조). 상대방이 철회하면 무권대리인과 맺은 계약은 확정적으로 무효가 되게 하는 형성권이다. 다른 자의 대리인으로서 계약을 맺은 자가 그 대리권을 증명하지 못하고 또 본인의 추인을 받지 못한 경우에는 상대방의 선택에 따라 계약을 이행할 책임 또는 손해를 배상할 책임이 있다(제135조 제1항). 대리인으로서 계약을 맺은 자에게 대리권이 없다는 사실을 상대방이 알았거나 알 수 있었을 때 또는 대리인으로서 계약을 맺은 사람이 제한능력자일 때에는 제1항을 적용하지 아니한다(제2항).

3.3.3 어음행위의 무권대리

어음행위의 무권대리는 대리인이 대리권 없이 대리행위를 하는 자칭대리인인 경우이다. 이때 본인은 어음상의 책임을 지지 않는다. 다만 무권대리행위를 추인한 경우, 본인에 表見책임을 인정할 기초가 있는 경우, 무권대리행위에 민법상 손해배상책임을 지는 경우(민법 제35조, 제756조) 등에는 본인이 책임을 부담한다. 무권대리인의 책임은 무권대리행위에 관하여 본인의 추인이 없는 이상 스스로 어음상의 책임을 지며 이는 담보책임이다(어음법 제8조 수표법 제11조 민법 제135조 제1항 특칙 제135조 제2항). 무권대리인의 책임요건은, 무권대리인이 어음상의 대리인으로서 기명날인 또는 서명을 하였을 것(대리권 없는 경우는 어음 위조), 대리권을 갖지 않으며 본인의 추인을 받지 않았을 것, 상대방 또는 어음취득자가 선의일 것, 대리행위 자체에 하자가 없을 것 등이다. 어음상의 책임을 이행한 무권대리인은 상환의무자로서 어음금 등을 지급한 때에는 본인과 같은 권리를 취득한다. 越權대리는 대리권이 있는 대리인이 대리권의 범위를 초월하여 어음행위를 한 경우이다. 대리권이 없는 자의 대리행위에 의하여 본인으로서 표시된 자의 어음상의 책임은 발생하지 않는 것이 원칙이지만, 표현대리·표현대표 등 표현책임이 성립하는 경우에는 본인이 책임을 지며, 또한 무권대리행위의 본인이 민법상의 손해배상책임(제35조 제1항, 제756조)을 지는 일이 있다. 어음법에는 특별한 규정이 없어 민법 및 상법의 규정이 적용된다. 민법은 대리권수여의 표시에 의한 표현대리(제125조), 권한을 넘은 표현대리(제126조), 대리권 소멸 후의 표현대리(제129조) 등을 규정한다. 상법의 표현지배인(제14조, 제11조 제1항), 부실등기로 인한 지배인(제39조), 대리권이 제한된 지배인(제11조 제3항)의 어음행위에 관하여는 선의의 제3자에 대하여 영업주가 책임을 지고, 표현대표이사(제395조), 부실등기에 의한 대표이사(제39조), 대표권이 제한된 대표이사(제389조 제3항, 제209조 제2항)의 어음행위에도 회사는 선의의 제3자에 책임을 진다. 명의대여에 의한 어음행위는 타인에게 자기의 성명 또는 상호를 사용하여 영업을 할 것을 허락한 자는 자기를 영업주로 오인하여 거래한 제3자에 대하여 그 타인과 연대하여 변제할 책임이 있다(제24조).

어음의 위조·변조 어음의 위조는 권한 없는 자가 어음상에 기명날인 또는 서명을 위작하는 것 즉 어음행위의 주체를 위작하는 것이며, 변조는 권한 없는 자가 기명날인 또는 서명 이외의 어음의 기재사항을 변경하는 것 즉 어음행위의 내용을 위작하는 행위이다. 형법상 어음의 위조·변조이며, 어음법상 외관을 신뢰한 자와 진실한 채무자 사이의 보호 문제이다. 위조는 권한 없이 즉 대리자격의 표시 없이 직접 타인의 명의로 기명날인 또는 서명을 대행하는 행위임에 대해서, 무권대리는 권한 없이 대리의 방식에 의하여 어음행위를 하여, 위조와 달리 무권대리를 한 자의 기명날인 또는 서명이 어음면에 나타나게 된다. 다만 무권대리의 추인에 관한 규정을 유추적용하여 위조의 추인을 인정할 수 있다. 피용자에 의하여 어음이 위조된 경우에는 민법 제756조에 의하여 피위조자가 사용자로서 불법행위로 인한 손해배상책임을 진다. 피위조자의 위조행위의 항변의 주장이 구체적인 경우에 선행행위와 모순되는 행위의 금지의 견지에서 신의성실의 원칙에 반하는 때에는 어음상 책임을 진다. 어음위조자는 불법행위법상 책임을 지며 또한 어음법 제8조의 정신을 유추적용하여 위조된 문구에 책임을 진다. 변조는 변조 후에도 어음 자체는 유효하지만 어음의 毁滅은 어음요건이 결여하게 되어 어음으로서의 효력을 상실하며, 백지어음의 보충권 남용은 아직 기재되어 있지 아니한 어음 기재사항을 부당하게 보충하는 것이다. 변조의 효과는 환어음의 문구가 변조된 경우에는 그 변조 후에 기명날인하거나 서명한 자는 변조된 문구에 따라 책임을 지고 변조 전에 기명날인하거나 서명한 자는 원래 문구에 따라 책임을 진다(어음법 제69조). 약속어음에는 약속어음의 성질에 상반되지 아니하는 한도에서 배서에 대해서는 제11조부터 제20조까지, 변조는 제69조의 환어음에 대한 규정을 준용한다(제77조 제1항). 변조자도 어음법 제8조의 유추적용으로 그 책임을 인정한다.

[二] 행위관계론 – 권리주체의 행위관계

1. 동시사망의 추정 · 인정사망

사람의 사망의 확정을 위한 제도로 동시사망추정, 인정사망, 실종선고 등이 있다. 동시사망의 추정은 2인 이상이 동일한 위난으로 사망한 경우에는 동시에 사망한 것으로 추정하는 것이다(민법 제30조). 동일하지 아니한 상이한 위난으로 각각 사망하였으나 사망 시기의 선후를 확정할 수 없는 경우에, 위 규정을 유추적용하여 동시사망을 추정하거나 혹은 보통의 입증을 통하여 이를 가리거나 한다. 동시사망 추정의 번복에는 법원의 확신을 흔들리게 하는 반증이나 법원에 확신을 줄 수 있는 본증 등 충분하고도 명백한 입증이 요구된다(대법원 1998.8.21. 98다8974). 인정사망은 수해, 화재 그 밖의 재난으로 인하여 사망한 사람이 있는 경우에 이를 조사한 관공서가 지체없이 사망지 시·읍·면의 장에게 통보하고(가족관계등록법 제87조), 이에 기하여 가족관계등록부의 작성 및 기록을 하는 것이다(제9조). 이는 사망이 확실한 것으로 볼 경우에 이를 기재하기 위한 절차적 특례 즉 사망 '추정효'를 강하게 인정하는 것이므로, 실종선고와 같이 부재자 생사가 불분명한 경우에 일정 요건하에 사망한 것으로 '간주'하는 제도와는 다르다.

2. 주소에 관련한 부재와 실종

주소에 관련하여 '부재와 실종'(민법 제3절)이 있다. 부재자는 종래의 주소나 거소를 떠나 다시 돌아올 가능성이 불분명한 자이고, 부재자제도는 부재자의 생존을 추정하여 그가 돌아올 때까지 그의 재산을 관리하는 제도다(제22조~제26조). 실종자의 실종선고제도는 부재자를 전제로 생사불명상태가 일정기간 계속되어 사망개연성이 높은 것으로 인정되면 일정절차에 따라 실종선고를 하여 부재자가 사망한 것으로 간주하여 당해 법률관계를 확정·종결짓는 제도다(제27조~제29조). 부재자 재산관리인은 부재자 의사와 관계없이 법원이 선임하는 법정대리인이다(민법 제487조 등). 따라서 부재자 재산관리는 법정대리인이 맡는 경우는 부재자 재산관리규정이 적용될 여지가 없다. 특정인에 재산관리를 위임한 경우에도 같다. 다만 부재중 관리인의 권한이 소멸하거나 부재자의 생사가 불분명한 경우에는 국가가 관리에 관여할 수 있다. 재산관리인이 없는 경우 등에도 부재자 관련 규정이 적용된다.

3. 실종선고

3.1 실종선고의 의의

실종선고失踪宣告는 부재자의 생사가 일정기간 불분명할 때 법원이 부재자 실종선고를 하여 사망한 것으로 간주하는 제도다. '보통실종'은 부재자 생사가 5년간 분명하지 아니한 때(제27조 제1항), '특별실종'은 전지에 임한 자(전쟁실종), 침몰한 선박 중에 있던 자(선박실종), 추락한 항공기 중에 있던 자(항공실종), 기타 사망의 원인이 될 위난을 당한 자(위난실종)의 생사가 각각 전쟁종지, 선박침몰, 항공기추락 기타 위난 종료 후 1년간 분명하지 아니한 때(제2항) 행하여지는 실종선고다. 실종선고를 받은 자인 실종자는 실종선고기간이 만료한 때에 사망한 것으로 본다(제28조). 실종선고는 그 청구권자와 법원의 입장에서 부재자의 생존 증명도 사망 증명도 할 수 없는 생사불명 상태가 일정 기간 계속되어(보통실종 5년, 특별실종 1년) 사망 개연성은 크나 확증이 없는 경우에(실체적 요건) 이해관계인이나 검사로부터 실종선고 청구가 있고 일정 요건을 충족할 때(절차적 요건) 법원이 실종선고를 하고, 실종기간의 만료시 사망한 것으로 간주하여, 실종선고 취소 외에는 본인의 생존 기타의 반증을 들어 선고의 효과를 다투지 못하게 하는 등의 법률효과를 생기게 하는 제도이다.

실종선고사망일 '2005.3.1. 행방불명, 2015.7.1. 실종선고청구, 2016.4.1. 실종선고'에서 실종자는 '실종기간만료일 2010.3.1.밤12시' 사망한 것으로 된다./ '2014.1.1. 선박침몰 실종, 2015.3.1. 실종선고청구, 2015.10.1. 실종선고'에서 '실종기간만료일 2015.1.1.오후12시' 사망한 것으로 본다(민법 제27조 제2항, 제157조, 제160조 제2항).

3.2 실종선고의 효과

사망한 것으로 간주된다 함은 생명의 종지라는 생물학적 의미의 죽음이 아니라 법률상 죽음으로 간주하는 사망 의제(擬制)의 규범적 관념이다. 실종자 권리능력의 소멸, 박탈이 아니고, 실종선고를 받은 사람인 실종자의 종래의 주소나 거소를 중심으로 하는 사법적 법률관계만을 종료케 한다. 실종자가 살아 있는 동안 다른 주소지에서 맺은 법률관계나, 살아서 돌아온 후의 법률관계, 선거권 등의 공법상 법률관계에는 사망의 효과가 미치지 않는다.

3.3 실종선고의 취소

실종자의 생존한 사실 또는 실종선고 규정과 상이한 때에 사망한 사실의 증명이 있으면 법원은 본인, 이해관계인 또는 검사의 청구에 의하여 실종선고를 취소하여야 한다. 그러나 실종선고 후 그 취소 전에 선의로 한 행위의 효력에 영향을 미치지 아니한다(제29조 제1항). 실종선고가 취소되면 실종선고를 직접원인으로 하여 재산을 취득한 자가 선의인 경우에는 그 받은 이익이 현존하는 한도에서 반환할 의무가 있고 악의인 경우에는 그 받은 이익에 이자를 붙여서 반환하고 손해가 있으면 이를 배상하여야 한다(제2항). 신분관계에서 잔존배우자의 재혼 당사자 쌍방이 선의이면 유효하고 실종선고가 취소되어도 전혼은 부활하지 않는다.

[三] 행위근거론 – 주소·거소

주소는 생활의 근거가 되는 곳이다(민법 제18조 제1항). 정주(定住)의사에 관계없이 사람의 생활의 근거가 되는 곳이므로, 객관적으로 실질적 생활관계를 하는 곳에 따라서 주소는 동시에 두 곳 이상 있을 수 있다(제2항 복수주의). 가주소는 생활의 근거와 관계없이 어느 행위에서 정한 일정 장소다(제21조). 사람이 아닌 물건의 장소 예컨대 재산이 있는 장소는 재산소재지, 채무변제 같은 법률행위를 채권자주소에서 하는 것(제467조 제2항) 등 법률행위가 이루어진 장소는 법률행위지이다. 이밖에 사무를 집행하는 장소는 사무소(제40조), 영업을 하는 장소는 영업소(상법 제34조), 법인의 주소는 그 주된 사무소의 소재지가 있는 것으로 한다(민법 제36조). 주소를 중심으로 그 생활의 근거가 정해지는 법률관계로는 실종선고제도(제2조 등), 상속을 피상속인 주소지에서 하는 것(제908조), 민사소송은 피고 주소지의 법원이 관할하는 것(민사소송법 제2조 등), 외국인 귀화는 국내에 5년 이상 주소가 있어야 하는 것(국적법 제5조), 지방자치단체의 의회 의원 선거권자는 당해 지역에 주민등록이 되어 있는 자이어야 하는 것(공직선거법 제15조 제2항 주소복수주의 불인정) 등이 있다. 거소는 사람이 다소의 기간 계속하여 거주하는 장소로서 생활의 근거인 주소에는 이르지 아니하는 장소다. 주소를 알 수 없을 때, 국내에 주소가 없는 자에 대해서 거소를 주소로 본다(민법 제19조, 제20조). 거소의 정도에 이르지 못하는 장소가 현재지(여행 중의 숙박소 등)이다. 본국은 사람의 국적이 있는 나라이고 그 외의 나라가 외국이다. 주민등록지는 30일 이상 거주할 목적으로 일정한 장소에 주소 또는 거소를 가진 자가 주민등록법의 규정에 의하여 등록한 장소다(주민등록법 제6조). 호적 제도가 폐지되어, 본적지 개념도 '가족관계의 등록 등에 관한 법률'에 의한 등록기준지로 대체되었다. 등록기준지는 출생 또는 그 밖의 사유로 처음으로 가족관계등록부에 등록하는 경우에 신고에 의하여 정하는 기준지이다(제9조 등).

Ⅲ. 법률존속론

[一] 법률행위의 부관

1. 법률행위의 부관의 의의

1.1 사법상 법률행위의 부관

사법상 법률행위의 부관은 법률행위의 성립이 아닌 그 효력의 발생 또는 소멸을 장래의 일정한 사실에 의존케 하는 경우에, 그 사실의 발생이 불확실한 경우인 조건과 확실한 경우인 기한을 말한다. 조건과 기한은 장래에 실현될 수 있는 것이어야 하며 기정사실이거나 실현불가능한 것이거나 과거의 사실은 조건이 되지 못한다. 또한 법률행위 또는 의사의 통지와 같은 준법률행위와 동시에 당사자의 의사에 의해 부가되므로, 법률행위 후에 맺은 효력의 약정은 별개 법률행위이며 또한 법정조건과 기한은 제외된다. 공법상 행정행위의 부관은 행정행위의 법률효과를 제한·보충하거나 별도의 의무 부과를 위하여 본체의 행정행위에 부가된 행정청의 종된 규율로서 조건·기한·부담·철회권유보·법률효과의 일부배제 등이 있다. 형사소송행위의 부관은 소송행위의 효과의 발생소멸을 한정하기 위하여 당해 소송행위에 부가되는 제한이다. 형사절차의 명확성·안정성 및 소송관계인 보호를 위하여 소송행위에 조건·기한 등의 부관을 붙이는 것은 허용되지 않으나, 법령에서 그 설정이 허용되는 경우에는 가능하다.

1.2 행정행위의 부관의 의의

행정행위에서의 부관은 법령의 규정, 법률행위적 행정행위의 재량행위, 복효적 행정행위에서 행정행위의 상대방이 받는 권익의 향수로 불이익을 받는 제3자의 보호필요성에 따른 행정청의 부관설정 의무 등에서 가능하다. 행정법령이 직접 부과하는 법정부관은 본체인 행정행위이지(어업면허 유효기간 어업법 제14조 제1항) 종 된 규율이 아니며, 준법률행위적 행정행위는 의사표시를 요소로 하지 않고 그 효과가 법령에 의하여 부여되며, 기속행위는 행정청이 법령의 구속을 받으므로 행정청 자신의 의사로 행정행위의 효력을 제한하는 부관은 붙일 수 없다. 부관은 헌법·법령에의 합치(행정상 처분에 부제소특약을 붙인 것은 당사자 임의로 처분할 수 없는 사인의 국가에 대한 공권인 소권을 당사자의 합의로 포기케 하는 것이어서 허용될 수 없다. 대법원 1998.8.21. 98두8919), 당해 행정행위의 목적 범위의 일탈 금지의 부당결부금지 및 평등·비례원칙 등의 행정법 일반원칙, 명확성·이행가능성, 본체인 행정행위의 본질적 효력을 해하여서는 아니 된다. 부관이 그 한계를 위배하여 흠 있는 부관이 되어서 무효가 된 경우에, 부관이 행정행위의 중요한 요소인 경우에 한해서만 행정행위를 무효케 한다. 부관이 취소할 수 있는 경우에는 취소가 확정되기까지는 부관은 유효하고, 취소가 확정되는 경우에는 그 취소된 부관이 주요한 요소이어야 행정행위의 효력에 영향을 미친다. 부관부 행정행위가 불가분적 부관인 경우에 하자있는 부관에 대한 쟁송은 부관부 행정행위 전체를 대상으로 취소쟁송(일부취소)·무효확인쟁송(일부무효)을 제기하여 다툴 수 있다. 가분적 부관에서 하자있는 부관이 본체인 행정행위로부터 분리되어 처분성이 인정되어도, 부관 자체는 직접 법적 효과를 발생하는 독립된 처분이 아니기에, 부관부 처분 전체의 취소를 구하는 소를 제기하여야 하며 그렇지 아니한 소는 부적법 각하하나(대법원 1986.8.19. 86누202; 1992.1.21. 91누1264), 부담은 처분의 불가분적 요소가 아니어서 독립하여 부담 자체에 대해서 쟁송의 대상으로 할 수 있다.

1.3 행정행위의 부관의 종류

행정행위의 부관의 종류로서, 조건은 행정행위의 효력의 발생 또는 소멸을 장래의 불확실한 사실의 성취 여부에 의존케 하는 부관이다. 정지조건은 장래의 사실의 성취로 행정행위의 효력이 발생하며(시설완성을 조건으로 한 학교법인 설립인가), 해제조건은 장래의 사실의 성취로 행정행위의 효력이 소멸되는 것이다(기간내 착공을 조건으로 한 건축 허가). 기한은 행정행위의 효력의 발생 또는 소멸을 장래에 도래하는 것이 확실한 사실에 의존케 하는 부관이다. 확정기한은 도래하는 시기가 확실한 것, 불확정기한은 도래하는 시기가 불확실한 것, 시기는 기한의 도래에 의하여 효력이 발생하는 것, 종기는 기한의 도래에 의하여 효력이 소멸하는 것이다. 부담은 행정행위에 부가하여 그 효력을 받는 상대방에게 작위·부작위·급부·수인 등의 특정 의무를 명하는 부관이다. 부담유보는 행정행위에 부가하여 부담의 사후적 추가·변경·보충의 권리를 미리 유보하는 것이며, 이 같은 부담의무가 이행되지 아니한 경우에 행정청은 행정행위를 철회할 수 있다. 철회권유보는 행정행위에 부가하여 특정한 경우에 행정행위를 철회할 수 있는 권리를 유보하는 부관이다. 법률효과의 일부배제는 행정행위에 부가하여 그 행정행위에 일반적으로 부여하는 법률효과의 일부를 배제하는 부관이다. 이 외에 형사소송법에서 부관이 허용되는 경우는 소송행위의 최소(공소취소 제255조, 재정신청 취소 제264조 제2항, 상소취하 제349조, 정식재판청구 취하 제454조 등). 관할위반(제2조), 재판권결여(제16조의2), 공판절차의 갱신(제301조), 소송행위의 유효 또는 사기·강박·착오를 이유로 한 취소의 불허나 철회 시기의 제한(제232조 제2항, 제255조 제1항, 제264조 제2항 등), 이의신청권의 포기(제296조, 제304조), 공소장변경, 변호인선임의 추완 등의 경우이다.

2. 법률행위의 부관인 조건

2.1 법률행위의 조건의 종류 – 정지조건 · 해제조건, 수의조건 · 가장조건

조건은 그 의사와 표시가 요구되며 표시되지 않으면 법률행위의 동기에 머문다. 조건의 존재 사실은 법률효과의 발생을 다투는 자에게 입증책임이 있다. 조건 성취의 사실은 그 효력을 주장하는 자에게 있다. 조건에는 법률행위의 발생을 조건에 의존케 하는 '정지조건'(垈地化 조건의 농지매매), 그 소멸을 의존케 하는 '해제조건'(건축허가를 받지 못하면 토지 매매계약을 무효로 하는 약정)이 있다. 정지조건에서는 조건이 성취되어야 비로소 권리·의무가 발생하며, 해제조건에서는 일단 법률행위의 효력은 생겨 권리의무는 발생하지만 조건 성취로 그 효력이 없어진다. 조건을 붙일 수 없는 법률행위에 조건을 붙인 경우에는 원칙적으로 법률행위 전체가 무효로 된다. '수의조건'은 조건의 성취 여부가 당사자의 일방적 의사에만 의존하는 것이고, 그렇지 아니한 것이 '비수의조건'이다. 당사자 일방의 의사에만 의존하는 '순수수의조건'(마음이 내키면 커피를 사주겠다)은 채무자가 이를 정지조건으로 하는 경우는 법적 구속을 가지려는 의사가 없다는 점에서 무효다. 해제조건의 성취를 당사자 일방의 의사에 의존케 하는 경우에 있어서(임차인의 차임증액 부동의를 해제조건으로 하는 임대차계약체결), 조건의 성취를 채권자의사에 의존하는 경우(매수인 마음에 드는 것을 조건으로 하는 매매계약 체결의 시험매매) 등은 유효한 조건이다. '가장조건'은 외관에서는 조건의 모습이나 조건으로서 인정되지 못하는 것을 총칭한다. 법정조건은 법인설립행위에서 주무관청의 허가(제32조), 특별법에서 정하는 일정 토지 매매에 대한 허가 등으로서, 취지에 반하지 않는 한 민법의 조건에 관한 규정을 유추적용할 수 있다.

2.2 조건을 붙일 수 없는 법률행위 등

조건을 붙일 수 없는 법률행위에서 혼인·이혼·상속포기 등 신분상 행위, 단독행위, 어음·수표행위, 근로계약 등은 조건을 붙일 수 없다. 다만 민법이 인정하는 사항인 법인설립(제47조 제2항), 친생부인(제850조), 인지(제859조 제2항), 유증(제1074조) 등은 가능하다. 정지조건부 계약해제의 의사표시(제544조) 등은 상대방 귀책사유를 전제로 하므로 허용된다. 상대방에게 이익을 주는 채무면제도 가능하다. 해제조건부 매매계약은 조건 성취만으로 매도의 의사표시 없이 매도 부동산 소유권은 당연히 매도인에 복귀한다. 환매는 매도인이 5년 내에 환매대금을 매수인에게 반환하고 환매 의사표시를 하여 두 번째 매매계약을 성립시키고, 그에 기초하여 소유권 이전등기를 함으로써 매도한 부동산의 소유권을 취득하는 것이다(민법 제186조, 제590조).

2.3 조건부 법률행위의 효력

조건부 법률행위의 효력은 장래의 불확정한 사실의 성취 여부에 의존하며 이때 조건사실이 실현된 경우가 조건의 성취이고 실현되지 아니한 경우가 조건의 불성취다. 조건의 성취로 인하여 불이익을 받을 당사자가 신의성실에 반하여 조건의 성취를 방해한 때에는 상대방은 그 조건이 성취한 것으로 주장할 수 있다(제150조 제1항). 당사자 이외의 자가 조건성취를 방해한 때에는 불법행위는 성립할 수는 있어도 이 조항은 적용되지 않는다. 상대방이 주장한 때에 조건 성취의 효과가 발생하는 것이지 간주되는 것이 아닌 점에서, 상대방의 이 권리는 형성권이다. 조건의 성취로 인하여 이익을 받을 당사자가 신의성실에 반하여 조건을 성취시킨 때에는 상대방은 그 조건이 성취하지 아니한 것으로 주장할 수 있다(제2항). 조건부 법률행위가 성립한 경우에 당사자는 장래 조건의 성취로 일정한 이익을 얻게 될 기대를 가진다. 이 기대 내지 희망은 조건부 권리로 인정하여 침해가 금지된다. 조건있는 법률행위의 당사자는 조건의 성부가 미정인 동안에 조건의 성취로 인하여 생길 상대방의 이익을 해하지 못한다(제148조). 조건 성취가 미정인 권리의무는 일반규정에 의하여 처분, 상속, 보존 또는 담보로 할 수 있다(제149조). 정지조건있는 법률행위는 조건이 성취한 때로부터 그 효력이 생긴다(제147조 제1항). 채권은 소멸시효가 진행되고 물권은 변동이 생기며 소유권은 매수인에게 이전하고 조건부 권리는 가등기할 수 있다. 또한 해제조건있는 법률행위는 조건이 성취한 때로부터 그 효력을 잃는다(제2항). 채권은 소멸하고 양도인에게 복귀하며 부동산 소유권은 등기 없이도 매도인에게 복귀한다. 당사자가 조건성취의 효력을 그 성취 전에 소급하게 할 의사를 표시한 때에는 그 의사에 의한다(제3항).

조건부법률행위 자녀에게 '부모를 충실히 부양하는 것'을 조건으로 부동산을 증여한, 민법 제561조가 정한 부담부 증여에서, 수증자인 자녀가 그 부양의무를 다하지 못한 경우, 부모가 증여계약을 해제하고 증여한 부동산을 다시 찾아올 수 있다. 부동산에 관한 소유권이전등기를 이행해 주었더라도 원상회복시킬 수 있어 소유권이전등기 말소등기절차의 이행을 구할 수 있다(대법원 2016.1.14. 2015다23614). 민법 제151조(불법조건, 기성조건) ① 조건이 선량한 풍속 기타 사회질서에 위반한 것인 때에는 그 법률행위는 무효로 한다. ② 조건이 법률행위의 당시 이미 성취한 것인 경우에는 그 조건이 정지조건이면 조건없는 법률행위로 하고 해제조건이면 그 법률행위는 무효로 한다. 조건이 법률행위의 당시에 이미 성취할 수 없는 것인 경우에는 그 조건이 해제조건이면 조건없는 법률행위로 하고 정지조건이면 그 법률행위는 무효로 한다.

3. 기 한

3.1 기한의 의의

기한은 법률행위의 당사자가 그 효력의 발생·소멸 또는 채무이행을 장래의 발생이 확실한 사실에 의존케 하는 법률행위의 부관이다. 그 확실한 사실에 발생을 의존케 하는 기한이 시기始期이고 소멸을 의존케 하는 기한이 종기終期이다. 발생시기가 확정되어 있는 기한인 확정기한에 대하여 불확정기한은 현재 확정되어 있지 않을 뿐 장래 발생이 확실한 점에서 조건과 구별된다. 다만 법정기한

(임차권 · 지상권 · 전세권 설정시 그 존속기간인 시기와 종기의 등기 기간(부동산등기법 제136조, 제139조, 제156조) 또는 시효기간, 제척기간, 출소기간 등), 채무이행 기한 즉 이행기(민법 제87조) 등은 법률행위의 부관인 기한의 성질을 갖는 것이 아니다. 기한을 붙일 수 없는 법률행위는 그 효과가 즉시 생겨야 하는 혼인, 이혼 등의 신분행위, 소급효 있는 취소나 상계 등이다. 그리하여 부가가치세 등의 과세표준신고를 한 이후에 이를 고치기 위한 경정청구기간의 제한은 납세의무자의 기한 내 적정신고, 조세법률관계의 조기안정 등에 비추어 합헌이다(헌재 2016.10.27. 2015헌바195).

3.2 기한의 도래의 효과

기한의 도래는 기한의 내용이 되는 사실이 실현되거나 기한의 이익을 포기하거나 상실한 때 등을 말한다. 기한부 법률행위는 기한도래 전에도 기한부 권리에 대해 조건부 권리 침해금지(제148조) 및 처분(제149조) 규정을 준용한다. 채무이행에 기한 즉 이행기가 있는 것은 이미 채권 · 채무는 발생하여 변제기 전의 채권의 효력이 문제될 뿐이며 기한 도래로 권리 · 의무가 발생하는 기한부 권리와 다르다. 시기있는 법률행위는 기한이 도래한 때로부터 그 효력이 생기며(제152조 제1항), 종기있는 법률행위는 기한이 도래한 때로부터 그 효력을 잃는다(제2항). 기한의 이익은 기한이 도래하지 않음으로써 그동안 당사자가 받는 이익인데, 기한은 채무자의 이익을 위한 것으로 추정한다. 기한의 이익은 포기할 수 있지만 상대방의 이익은 해하지 못한다(제153조). 기한의 이익의 상실은 당사자간 합의로 자유로이 약정할 수 있지만 채무자가 주장하지 못하는 경우도 있다(채무자가 담보를 손상 · 감소 · 멸실하게 하거나 담보제공 의무를 이행하지 아니한 때(제388조), 채무자가 파산한 때(채무자회생및파산에관한법률 제425조)).

3.3 기일과 기간

기일과 기간은 소송절차를 진행시키는 시간적 요소로서, 기일은 법원, 당사자 기타의 소송관계인이 모여서 소송행위를 하기 위하여 정한 일시이다. 기일은 직권으로 또는 당사자의 신청에 따라 재판장이 지정한다(제165조). 기일은 사건과 당사자의 이름을 부름으로써 시작된다(제169조). 기간은 두 시점 사이의 시간의 경과이다. 행위기간은 특정의 소송행위를 그 사이에 하도록 정한 기간이다. 고유기간은 당사자의 행위에 관한 기간으로서(상소기간, 재심기간, 각종 보정기간, 준비서면 제출 또는 증거신청기간, 소제기기간, 상고이유서 제출기간 등), 이 기간을 도과하면 실권의 불이익을 받는다. 직무기간은 법원의 행위에 관한 기간으로서(판결선고기간, 판결송달기간, 상고기각판결기간 등), 이를 어기고 도과해도 법원의 행위의 효과에는 영향이 없는 훈시규정이다. 유예기간(중간기간)은 당사자 등의 이익을 보호하기 위한 기간이다(공시송달의 효력발생기간 등). 법정기간은 법률에 의하여 정해진 기간으로서, 불변기간은 법률이 불변기간이라 규정한 기간(상소기간, 재심기간, 소제기신청기간, 행정소송의 제소기간 등), 통상기간은 재판기관이 그 기간을 신축할 수 있는 기간(쌍방 2회 불출석의 경우에 하는 기일지정신청기간, 상고이유서제출기간)(제172조 제1항본문), 裁定기간은 법규정에서 기간을 정하지 않고 재판기관이 각 사안에 따라서 적절히 정한 기간(소송능력보정기간, 소장보정기간, 소송자료제출기간 등)이다. 당사자 기타 소송관계인이 기간을 준수하지 아니한 경우, 행위기간중에 할 수 있는 행위를 할 수 없으며 특히 불변기간 불준수는 판결이 확정되거나 제소가 불가능해진다.

[二] 법률행위의 기간

1. 기간의 의의

기간은 실체법상 어느 시점에서 다른 시점까지 계속된 시간적 간격이며 절차법상으로는 일정한 소송행위를 함에 준수하여야 할 시간의 길이이다. 시간은 사건의 법률사실에 속하며 성년, 실종기간, 시효 등의 법률사실과 결합해서 법률요건을 이룬다. 기간에서도 期日은 어느 특정의 시점으로서 보통은 日로 표시된다(주초는 일요일, 주중은 수요일, 주말은 토요일, 월초는 1일, 월중은 그 달의 15일, 월말은 그 달의 마지막 날). 채무이행 기일 등에는 기간에 관한 민법 규정이 준용된다. 기간의 계산은 법령, 재판상의 처분 또는 법률행위에 다른 정한 바가 없으면 본장의 규정에 의한다(제155조). 이는 강행규정이 아니며 사법관계 및 공법관계에 통칙적으로 적용된다.

2. 기간의 계산

기간의 계산은 시간적 흐름에 따른 계산과 역에 의한 계산이 있다. 전자는 제156조 '기간을 시, 분, 초로 정한 때에는 즉시로부터 기산한다', 후자는 제157조 '기간을 일, 주, 월 또는 년으로 정한 때에는 기간의 초일은 산입하지 아니한다' 하는 '연장적 계산법'이 원칙이며(1주일간 도서대여시 첫 날은 24시간을 충족하지 않아 1일로 계산하지 않는다), '그러나 그 기간이 오전 영시로부터 시작하는 때에는 그러하지 아니하다,' 제158조 '연령계산에는 출생일을 산입한다' 하여 초일을 하루로 올려 계산하는 '단축적 계산법'이 있다. 기간 만료점은 '연장적 계산법'으로서 '기간을 일, 주, 월 또는 년으로 정한 때에는 기간말일의 종료로 기간이 만료한다'(제159조). 일자와 시간이 모두 포함된 기간의 계산은 일자는 역에 의한 계산, 시간은 시간적 흐름에 의한 계산을 한다.

3. 기간 말일의 계산

기간 말일의 계산은 역에 의한 계산이다. 기간을 주, 월 또는 년으로 정한 때에는 역에 의하여 계산한다(제160조 제1항). 주, 월 또는 년의 처음으로부터 기간을 기산하지 아니하는 때에는 최후의 주, 월 또는 년에서 그 기산일에 해당한 날의 전일로 기간이 만료한다(제2항). 월 또는 년으로 정한 경우에 최종의 월에 해당일이 없는 때에는 그 월의 말일로 기간이 만료한다(제3항). 기간의 말일이 토요일 또는 공휴일에 해당한 때에는 기간은 그 익일로 만료한다(제161조). 기간 계산에 관한 민법 규정은 일정 시점에서 장래에 향한 계산의 방식이다. 다만 소멸시효 기간 만료 전 6월 내(제179조), 총회 소집은 1주간 전(제71조) 등과 같이 소급하여 계산되어야 할 경우에는 민법의 기간에 관한 규정이 준용된다. 또한 법령 또는 관습으로 영업시간이 정하여져 있는 때에 상행위에 의해 생긴 채무의 이행에서 기간의 말일은 영업시간 종료로써 만료한다(상법 제63조 참조).

민법에서의 기간 계산 1월 5일 오후 1시부터 5일 5시간 기간의 만료일은 1월 6일부터 계산하여 5일간 기간이 만료하는 때인 1월 1월 10일 오후 12시에서 다시 5시간 후인 1월 11일 오전 5시가 된다./ 1월 1일 오전 0시부터 3개월 후의 말일은 3월 31일 오후 12시이다./ 2월 28일 오후 3시부터 1개월 후의 말일은 3월 1일이 기산점이 되고 그로부터 1개월 후인 4월 1일의 전일의 만료 즉 3월 31일 오후 2시가 된다./ 1월 31일 오후 3시부터 1개월 후의 말일은 2월 31일이지만 2월에는 31일이 없으므로 2월 말이 된다./ 초일이 공휴일이거나 기간 도중이 공휴일인 때에는 적용이 없다./ 사원총회일이 1월 15일이라면 14일이 기산점이 되어 그날로부터 역으로 7일간이 되는 1월 8일이 말일이 되고 그날의 오전 0시에 기간이 만료된다. 따라서 늦어도 3월 7일 이전에 총회 소집통지가 발송되어야 한다.

행정법에서의 기간 행정기본법 제2절 기간의 계산 제6조(행정에 관한 기간의 계산) ① 행정에 관한 기간의 계산에 관하여는 이 법 또는 다른 법령등에 특별한 규정이 있는 경우를 제외하고는 민법을 준용한다. ② 법령등 또는 처분에서 국민의 권익을 제한하거나 의무를 부과하는 경우 권익이 제한되거나 의무가 지속되는 기간의 계산은 다음 각 호의 기준에 따른다. 다만, 다음 각 호의 기준에 따르는 것이 국민에게 불리한 경우에는 그러하지 아니하다. 1. 기간을 일, 주, 월 또는 연으로 정한 경우에는 기간의 첫날을 산입한다. 2.

기간의 말일이 토요일 또는 공휴일인 경우에도 기간은 그 날로 만료한다. 제7조(법령등 시행일의 기간 계산) 법령등(훈령·예규·고시·지침 등을 포함한다.)의 시행일을 정하거나 계산할 때에는 다음 각 호의 기준에 따른다. 1. 법령등을 공포한 날부터 시행하는 경우에는 공포한 날을 시행일로 한다. 2. 법령등을 공포한 날부터 일정 기간이 경과한 날부터 시행하는 경우 법령등을 공포한 날을 첫날에 산입하지 아니한다. 3. 법령등을 공포한 날부터 일정 기간이 경과한 날부터 시행하는 경우 그 기간의 말일이 토요일 또는 공휴일인 때에는 그 말일로 기간이 만료한다.

형법·형사소송에서의 기간 형법상 연 또는 월로써 정한 기간은 역수에 따라 계산한다(제83조). 형기는 판결이 확정된 날로부터 기산한다. 징역, 금고, 구류, 유치에 있어서 구속되지 아니한 일수는 형기에 산입하지 아니한다(제84조). 형의 집행과 시효기간의 초일은 시간을 계산함이 없이 1일로 산정한다(제85조). 석방은 형기종료일에 하여야 한다(제86조). 형사소송에서의 기간은 적법하게 소송행위를 할 수 있는 행위기간(고소기간 제230조), 일정기간 내에는 소송행위를 할 수 없는 불행위기간(제1회공판기일 유예기간 제269조), 시간의 길이가 법률에 정해져 있는 법정기간(구속기간 제92조), 재판에 의하여 정해지는 재정기간(영장유효기간 제75조 제1항), 기간경과 후 행한 소송행위가 무효로 되고 연장이 허용되지 않는 불변기간(재정신청기간 제260조), 기간경과 후 소송행위를 하더라도 그 효력에 영향이 없는 훈시기간(재정결정기간 제262조) 등을 자연적 계산(실제 기간의 수학적 계산으로서 시간이나 일을 단위로 하는 기간), 역법적 계산(역서에 따른 계산, 월이나 연을 단위로 하는 기간의 경우이며, 일·월 또는 년으로써 계산하는 경우에 초일은 산입하지 아니하나, 시효와 구속기간의 초일은 시간을 계산함이 없이 1일로 산정한다. 제66조)으로 행한다.

[三] 법률행위의 시효

1. 시효와 제척기간

1.1 시효와 제척기간의 의의

시효는 권리의 행사 또는 불행사라는 사실상태가 일정 기간 계속된 경우에 진실한 권리관계에 합치 여부를 묻지 않고 그 사실상태에 권리관계 인정이라는 법률효과를 부여하는 제도다. 이는 법적 안정성 보호, 채무자의 이중변제 방지, 채권자의 권리불행사에 대한 제재 및 채무자의 정당한 신뢰 보호 등이 그 존재이유이다(헌재 2018.8.30. 2014헌바148등). 물건의 권리를 취득케 하는 것 즉 타인의 물건을 일정 기간 계속하여 점유하는 자에게 그 소유권을 취득하게 하고 또는 소유권 이외의 재산권을 일정 기간 계속하여 사실상 사용하는 자에게 그 권리를 취득하게 하는 것이 취득시효이며(민법 물권편 제245조이하), 권리를 행사할 수 있음에도 권리불행사의 상태가 일정 기간 계속되어 물권·채권 등의 권리를 소멸케 하는 것이 소멸시효이다(민법 총칙편 제162조이하). 제척기간은 일정한 권리에 대하여 법률이 정한 존속기간이다. 제척기간은 기간경과로 당연히 절대적으로 장래에 향하여 소멸케 한다. 당사자가 원용하지 않더라도 법원은 이를 직권으로 판단한다. 다만 법령상 용어는 아니다. 소멸시효와 제척기간은 일정 기간 경과로 권리가 소멸하는 점, 당사자 약정으로 기간 연장을 할 수 없는(제184조 제2항 기간 단축은 인정된다) 강행규정인 점은 같으나, 소멸시효 기산점은 권리를 행사할 수 있게 된 때이며(제166조 제1항), 시효중단이 인정되나 제척기간은 권리가 발생한 때이며 중단 제도는 없다. 대체로 법조문의 '시효로 인하여' 등의 문구는 소멸시효이고(다만 상속이나 유증의 승인·포기기간인 제1024조 제2항이나 제1075조 제2항은 제척기간으로 본다), '행사(제기)하여야 한다' 하면 제척기간이다.

1.2 시효와 제척기간의 성격·효과

시효는 완성되면 법률상 당연히 권리를 잃거나 취득하는 효과가 생기는 법률요건이다. 시효는 법률규정에 의한 권리변동의 원인이 되는 재산권에 관한 강행규정으로서 기능한다. 다만, 가족관계에는 적용되지 않는다. 반면, 제척기간은 법률이 예정하는 권리행사의 기간제한으로서 기간 내에 권리를 행사하면 권리는 보전된다. 소멸시효는 권리불행사를 전제로 그 기간 내에 권리행사를 하면 시효가 중단된다. 반면 제척기간은 이들 권리를 행사하면 그에 따른 법률효과를 발생케 한다.

시효·제척기간 제척기간은 당사자의 일방적 의사표시만으로 법률관계가 형성되는 점에서 주로 형성권에서 정해진다. 점유보호청구권(제204조 등), 담보책임에 기한 매수인 또는 수급인의 손해배상청구권(제573조, 제670조 등), 사용대차나 임대차에서 손해배상청구권과 비용상환청구권(제617조 등) 등에서도 인정된다. 이들 권리들은 소멸시효가 양립된다. 채권자취소권(제406조), 재판상 이혼권(제840조 등), 친생부인권(제847조), 입양취소권(제884조 등), 재판상 파양권(제905조 등) 등은 제척기간 내에 재판상 행사하여야 하는 출소기간을 두며, 점유보호청구권은 출소기간으로 본다(대법원 2002.4.26. 2001다8097). 대법원은 권리실효의 법리에 의하여 특히 고용관계존부를 둘러싼 노동분쟁에 관련하여 민법 제2조 신의칙 내지 권리남용금지에 의거하여 권리를 행사하지 아니한 실효기간을 권리실효의 하나의 요건으로 보고 있다(대법원 1988.4.27. 87누915; 1992.1.21. 91다3018). (소유권이나 소유권에 기한 물권적 청구권은 소멸시효에 걸리지 않고 기간 제한 없이 행사할 수 있으며, 채권은 원칙적으로 소멸시효기간이 10년이고, 채권 이외의 재산권은 20년인데, 소유권에 기한 물권적 청구권의 일종인 상속인의)상속회복청구권 행사기간 10년 경과로 소유권에 기한 모든 권리청구기회를 박탈하고 소유권 자체를 상실하는 결과를 생기게 하기에, (재산권, 사적자치권(제10조 제1항), 재판청구권, 기본권의 본질적 내용의 침해 금지 등에 위반하며), 상속에 의하여 재산권을 취득한 자를 합리적 이유없이 다르게 취급하여(평등의 원칙에 위배된다)(헌재 2001.7.19. 99헌바9등).

1.3 소멸시효의 효력

소멸시효의 효력은 '… 소유권을 취득한다' 하는 취득시효 규정(민법 제245조)에 비하여 '… 소멸시효가 완성된다'(제162조)의 해석상 절대적 소멸설과 상대적 소멸설이 있다. 전자는 시효완성의 사실로써 권리 자체는 당연히 기산일에 소급하여 소멸하고, 후자는 시효가 완성되더라도 시효이익을 받을 자에게 권리소멸을 주장할 권리가 생기고 이를 행사할 때에 비로소 권리가 소멸한다는 견해다. 절대적 소멸설이라도, 소송에서는 변론주의 원칙상 소멸시효이익을 받을 자가 소송에서 이를 주장하지 않는 한, 법원은 그 의사에 반하여 재판할 수 없다. 소멸시효 원용권자는 소멸시효 완성으로 권리소멸을 주장할 수 있는 자 즉 소멸시효 완성으로 인해 이익을 받는 자인 직접수익자에 한한다. 소멸시효 남용은 소멸시효가 완성하였더라도 이를 주장하는 것이 신의칙에 반하거나 권리남용이 되는 경우에 그 주장을 허용하지 않아 그 주장은 효력이 없는 것, 주장하지 않은 것으로 하는 법리다(대법원 2007.3.15. 2006다12701).

국가의 소멸시효 주장 대통령이 1988.11.26. 삼청교육관련 사상자 신고를 받아 피해보상을 하겠다는 '특별담화' 발표는 국정 최고책임자인 대통령이 입법조치 등으로 적절한 피해배상을 해 줄 정치도의적 책임을 지는 것은 별론으로 하고, 국가의 소멸시효 주장인 금반언원칙이나 신의성실에 반하여 권리남용이 된다고 할 수 있다. 다만 위 공고에 따라 피해신고까지 한 상대방은 약속이 이행될 것이라는 강한 신뢰를 가지게 되고, 이러한 신뢰는 단순한 사실상 기대를 넘어 법적으로 보호받아야 할 이익으로 보아야 한다(대법원 2012.5.10. 2011다109500).

2. 소멸시효완성에 의한 권리소멸

소멸시효가 완성하면 그로 인한 권리소멸의 효과 즉 소멸시효는 그 기산일에 소급하여 효력이 생긴다(민법 제167조). 소멸시효에 걸리는 권리는 채권, 재산권(가족권·인격권 등 비재산권 제외) 등이며, 걸리지 않는 권리에는 점유권(제192조), 유치권(제328조), 담보물권(유치권·질권·저당권), 상린관계상 권리(제216조 등), 공유물분할청구권(제268조), 형성권, 항변권(쌍무계약에서 동시이행의 항변권 제536조, 보증채무에서 보증인의 최고·검색의 항변권 제437조), 법률관계 무효확인(대법원 1999.8.28. 90다카9619) 등이 있다. 매수인이 매도인에게 등기신청에 협력해 줄 것을 청구할 수 있는 등기청구권은 채권적 청구권으로 10년 소멸시효에 걸린다. 물권적 청구권은 물권 침해시 그 물권에 수반하여 발생하는 권리이므로 따로 소멸시효에 걸리는 것은 아니지만, 지상권·지역권 등의 제한물권에 기한 물권적 청구권은 물권침해가 계속되는 동안 계속적으로 물권적 청구권이 발생하는 것이므로 소멸시효에 걸릴 여지는 없다. 소멸시효기간으로 채권은 10년, 채권 및 소유권(광업권·어업권·특허권 포함) 이외의 재산권(지상권·지역권 등 용익물권)은 20년간 행사하지 아니하면 소멸시효가 완성한다(민법 제162조). 단기소멸시효는 3년간(제163조) 또는 1년간(제164조) 행사하지 아니하면 소멸시효가 완성되는 경우다. 불법행위로 인한 손해배상의 청구권은 피해자나 그 법정대리인이 그 손해 및 가해자를 안 날로부터 3년간 이를 행사하지 아니하면 시효로 인하여 소멸한다(제766조 제1항), 불법행위를 한 날로부터 10년을 경과한 때에도 전항과 같다(제2항) 등은 모두 시효기간이다. 이 밖에 '판결 등에 의하여 확정된 채권의 소멸시효'가 있다(제165조).

단기소멸시효, 확정판결 채권 소멸시효 · 소멸시효기산점과 시효기간 3년 단기소멸시효는 1. 이자, 부양료, 급료[노역인 · 연예인 임금채권 1년(제164조제3호), 근로기준법상 임금채권 3년], 사용료 기타 1년 이내의 기간으로 정한[1개월 단위로 지급되는 집합건물 관리비채권(대법원 2007.2.22. 2005다65821) 등과 같이 1년 이내의 정기로 지급되는 채권(부동산사용료로서의 차임, 지료) 변제기 1년이 아니다] 금전 또는 물건의 지급을 목적으로 한 채권 2. 의사, 조산사, 간호사 및 약사의 치료, 근로 및 조제에 관한 채권[약사의 약 판매대금채권은 제163조 제6호 상인이 판매한 상품의 대가로 3년] 3. 도급받은 자, 기사 기타 공사의 설계 또는 감독에 종사하는 자의 공사에 관한 채권[수급인의 공사대금청구권, 공사에 부수되는 채권(제665조등)] 4. 변호사, 변리사, 공증인, 공인회계사 및 법무사에 대한 직무상 보관한 서류의 반환을 청구하는 채권 5. 변호사, 변리사, 공증인, 공인회계사 및 법무사의 직무에 관한 채권[공인중개사 수수료는 위 임사무처리에 따른 약정보수금으로 10년] 6. 생산자 및 상인이 판매한 생산물 및 상품의 대가[상법 제64조 단서 적용으로 3년이다, 전기가스, 도시가스 요금 등] 7. 수공업자 및 제조자의 업무에 관한 채권[이발사, 세탁업자, 표구사 등]. 1년 단기소멸시효는 1. 여관, 음식점, 대석, 오락장의 숙박료, 음식료, 대석료, 입장료, 소비물의 대가 및 체당금의 채권 2. 의복, 침구, 장구 기타 동산의 사용료의 채권 3. 노역인, 연예인의 임금 및 그에 공급한 물건의 대금채권(목수, 미장이, 배우 등) 4. 학생 및 수업자의 교육, 의식 및 유숙에 관한교주, 숙주, 교사의 채권. 민법 제165조는 판결 즉 확정된 종국판결에 의하여 확정된 채권(채권 존재 자체가 소송물이어야 한다. 판결의 효력은 원칙적으로 소송당사자 사이에만 미친다)은 단기 소멸시효에 해당하더라도 그 소멸시효는 10년으로 한다. 파산절차에 의하여 확정된 채권 및 재판상의 화해, 조정 기타 판결과 동일한 효력이 있는 것에 의하여 확정된 채권도 전항과 같다. 전2항의 규정은 판결확정당시에 변제기가 도래하지 아니한 채권에 적용하지 아니한다. 국가배상법 제8조에 따라 국가배상청구권의 소멸시효기산점은 '주관적 기산점'인 피해자나 법정대리인이 그 손해 및 가해자를 안 날(민법 제766조 제1항) 및 '객관적 기산점'인 불법행위를 한 날(제166조 제1항, 제766조 제2항)로 정하되, 그 시효기간을 주관적 기산점에 대한 '단기소멸시효기간' 3년(제766조 제1항), 객관적 기산점에 대한 '장기소멸시효기간' 5년(국가재정법 제96조 제2항)으로 정한다(헌재 2018.8.30. 2014헌바148등).

3. 소멸시효의 기간과 장애 – 중단 · 정지

소멸시효의 진행을 막는 시효의 장애이 중단과 정지이다. 시효가 중단된 때에는 중단까지에 경과한 시효기간은 산입하지 않고 중단사유가 종료한 때로부터 새로이 진행한다(민법 제178조 제1항). 시효중단은 당사자 주장이 없으면 법원은 직권으로 판단할 수 없는 변론주의 영역이며, 시효중단은 당사자 및 그 승계인 간에만 효력이 있고(제169조) 그 범위는 소송물 자체에 국한하지 않는다. 중단사유는 청구, 압류 또는 가압류, 가처분, 승인 등이다(제168조). 청구는 권리행사이며 재판상 청구, 파산절차 참가, 지급명령, 화해신청과 임의출석, 최고 등이 있다. 시효중단의 효력 있는 승인에는 상대방의 권리에 관한 처분능력이나 권한 있음을 요하지 않는다(제177조). 승인은 시효이익을 받을 당사자인 채무자가 그 권리의 존재를 인식하고 있다는 뜻을 표시함으로써 성립한다.

▌시효정지사유 ▌ 제179조 소멸시효의 기간만료 전 6개월 내에 제한능력자에게 법정대리인이 없는 경우에는 그가 능력자가 되거나 법정대리인이 취임한 때부터 6개월 내에는 시효가 완성되지 아니한다./ 제180조 부부 사이의 권리와 시효정지, 재산을 관리하는 아버지, 어머니 또는 후견인에 대한 제한능력자의 권리는 그가 능력자가 되거나 후임 법정대리인이 취임한 때부터 6개월 내에는 소멸시효가 완성되지 아니한다. 부부 중 한쪽이 다른 쪽에 대하여 가지는 권리는 혼인관계가 종료된 때부터 6개월 내에는 소멸시효가 완성되지 아니한다./ 제181조 상속재산에 속한 권리나 상속재산에 대한 권리는 상속인의 확정, 관리인의 선임 또는 파산선고가 있는 때로부터 6월내에는 소멸시효가 완성하지 아니한다./ 제182조 천재 기타 사변으로 인하여 소멸시효를 중단할 수 없을 때에는 그 사유가 종료한 때로부터 1월내에는 시효가 완성하지 아니한다.

제3절 법제실체론

Ⅰ. 공법실체론

[一] 공법의 실체법과 절차법

1. 공법의 실체법(헌법 · 행정법 · 국제법)

1.1 헌법 대의

1.1.1 헌법의 의의

헌법은 재산 · 교양을 갖춘 시민(le citoyen 부르주아지 Bourgeoisie 제3신분)이 주체가 되어 국민주권, 대의정의 권력분립, 자유권적 기본권의 권리장전 등 정치헌법*political constitution*을 법치주의의 법지배, 성문 · 경성헌법의 가중개정절차 등으로 담아낸 근대국민국가의 입헌주의헌법이면서 동시에 현대헌법은 재산 · 지식에서의 제4계층인 대중(無產 프롤레타리아 Prolétariat 제4계급[sans cullotte, 뀌로뜨(정강이바지)도 없는 계층])이 주체가 되어 국민주권의 실질화, 실질적 권력분립, 사회권적 기본권 등의 경제헌법을 실질적 법치주의로 보장받기 위한 사회복지국가의 입헌주의헌법이다. 民定헌법은 전근대적 전제정을 배제하고 흠정欽定 · 군정君定(입헌 군주정), 협약(국민 · 군주 타협 헌법) 등의 외견적 헌법을 극복한 입헌주의 헌법이다. 헌법은 성문헌법을 정점으로 형성된 실정법체계의 기본질서이며(헌재 2014.8.28. 2013헌마553), 국가통치 및 사회가치의 기본질서를 정한 근본규범이기에, 국가의 모든 활동은 헌법에 근거하는 동시에 헌법에 의하여 제한된다(1999.4.18. 스위스 헌법 제5조 참조). 성문헌법은 '헌법'이라는 명칭이 붙은 헌법전을 갖는 형식적 의미의 헌법이다. 불문헌법은 성문의 헌법전 없이 관습헌법이나 헌법률(constitutional conventions 헌정의 선례 · 헌법해석의 기준)의 관행형식을 지닌다. 수도의 이전을 내용으로 하는 법률은, 우리나라의 수도가 서울이라는 우리 헌법체계상 자명하고 전제된 불문의 관습헌법사항을 헌법개정절차를 이행하지 않은 채 법률의 방식으로 변경한 것이어서 그 법률 전체가 국민의 헌법개정국민투표권을 침해하였으므로 헌법에 위반된다(헌재 2004.10.21. 2004헌마554등), 하기에, 관습헌법은 반드시 헌법에 의하여 규율되어야 할 만큼 헌법적으로 중요한 기본적 사항에 대한 관행 · 관례의 존재, 국민이 이를 인식할 수 있을 정도의 반복 · 계속성, 恒常 · 명료성 및 국민적 합의 등이 모두 충족됨으로써 성립한다. 관습헌법에는 이르지 못한 헌법적 습률*constitutional customs*은 헌정의 선례 · 헌법해석기준에 그친다. 경성헌법은 법률개정에 비하여 가중적 개정절차를 지닌 헌법이다. 연성헌법은 헌법률 형식의 헌법이 법률개정절차로 개정되는 헌법이다. 형식상 헌법은 성문헌법인 형식적 의미의 헌법에 규정되기는 하지만 국민의 권리 · 국가권력 · 사회세력 등에 무관계한 규범이다. 실질상 헌법은 성문 헌법전이 아닌 법률 · 명령 등의 규범 형식으로 권리의 보장이나 권력의 구성 · 조직 · 제한 등 헌법의 실질 즉 실질적 의미의 헌법을 규정한 헌법부속법령이다.

1.1.2 대한민국헌법과 입헌주의

대한민국헌법(제10호 헌법)은 일제지배(1910.8.29.~ 1945.8.15.)에서 해방된 대한국민이 미군정기(1945.8.15.~ 1948.7.16.) 선거로(1948. 5.10.) 구성한 제헌국회에서 제정한 제헌헌법(1948.7.12. 의결 7.17. 공포)으로 대한민국을 건국하고(1948. 7.17.) 대한민국정부를 수립하여(1948. 8.15.) 제9차개정헌법(1987.10.2. 공포 1988.2.25. 시행)에 이른 공동체의 최고규범이다. 전문, 본문[제1장(제1조~제9조) 총강, 제2장(제10조~제39조) 국민의 권리와 의무, 제3장(제40조~제65조) 국회, 제4장(제66조~제100조) 정부, 제5장(제101조~재110조) 법원, 제6장(제111조~제113조) 헌법재판소, 제7장(제114조~제116조) 선거관리, 제8장(제117조~제118조) 지방자치, 제9장(119조~제127조) 경제, 제10장(제128조~제130조) 헌법개정], 부칙(제1조~ 제6조)으로 구성되어, 헌법제정의 주체 · 연혁, 자유민주주의 · 시장경제질서 · 입헌법치주의의 헌법이념으로 구성되어 우리들과 자손의 자유 · 안전 · 행복을 확보하는 기능을 지닌 최고규범이다. 헌법으로서의 규범적 효력을 가지고 있는 것은 오로지 현행헌법이다(헌재 2013.3.21. 2010헌바132등). 대한민국헌법은 우리 공동체의 최고규범이며 대한민국의 정통성과 공동체의 정당성을 표상하는 근본규범이다. 현행 대한민국헌법의 근본원리를 이루는 헌법질서는 자유민주주의 · 자유시장경제의 헌법이념과 이를 뒷받침하는 헌법상 제원칙인 입헌법치주의 헌법원리 등이다(헌재 1996.8.29. 95헌바41). 입헌주의 헌법은 입헌주의와 더불어 온 규범이다. 입헌주의는 근대국민국가의 역사성을 상징하는 영국, 시민혁명의 입헌주의국가 프랑스, 민족적 · 외견적 입헌주의국가 독일을 중심으로 발전하여 왔다. 독일제국헌법(비스마르크 헌법 1871년)의 규범 특히 *私法的* 해석에 의한 법실증주의 헌법학은 독일헌법의 외견화外見化를 더했다.[16] 제1차세계대전(1914.7.28.~ 1918.11.11.) 이후 신칸트주의 옐리네크, 켈젠, 캐기 등의 규범실증주의는 1919년 바이마르*Weimar*헌정의 헌법을 국가의 법적 기본질서 · 최고규범으로 보는 규범주의적 헌법의 관념이 정착하게 된다.[17] 규범주의 헌법 관념과 함께, 헌법을 구체적 현실 권력의 정치적 결단이라는 카를 슈미트의 결단주의, 공동체 문화가치의 생활양식이라는 루돌프 스멘트의 통합주의 등이 나오나, 제2차세계대전(1939.9.1.~ 1945.9.2.) 히틀러(Adolf Hitler: 1889. 4.20.~1945.4.30.) 국가사회주의(Nazism: National-sozialismus 1933~45)의 유대인학살 반인륜범죄는 인류애의 자연법질서를 향한 일반헌법학에로 회귀케 한다. 미국은 입헌국가를 창설하면서 대한민국, 일본 등의 아시아 국가에 근대입헌주의헌법의 표준을 계수하도록 하였다. 대한민국헌법*The Constitution of the Republic of Korea* 전문 '대한국민'*We, the people of Korea*, 제1조 2항 '대한민국의 주권은 국민에게 있고, 모든 권력은 국민으로부터 나온다'(The sovereignty of the Republic of Korea shall reside in the people, and all state authority shall emanate from the people)의 '국민'은 '대한민국의 국민'으로서 근대국민국가의 전체국민인 Nation이다. 미합중국헌법 전문 'We, the people of United States of America', 프랑스인권선언(Déclaration des droits de l'homme et de citoyen'(1789.8.26.)) 전문의 'The representatives of the French people', 제3조 '모든 주권의 원리는 본질적으로 nation-peuple('국민 안의 인민')에 있다'의 Peuple, Nation-peuple 등은 이를 말한다. '인민'은 조선민주주의인민공화국(Democratic People's Republic of Korea)헌법에서는 '계급적 국민'이다. 중화인민공화국, 구 소련 등 사회주의 공산국가는 반입헌주의의 길을 걸었었다. 북한은 지금도 현대판 전제정적 神政이다. 인민은 臣民이고 수령만 주권자이다.

1.1.3 헌법재판권의 의의

헌법재판권은, '무엇이 법인가'를 판단 · 선언하는 사법권의 재판권과 같이, '무엇이 헌법인가'를 판단 · 선언하는 심판권을 본질로 하는 사법권이다. 헌법재판은 헌법상 쟁송 · 쟁의를 사법절차에 의하여 심판하는 사법작용이다. 헌법재판은, 개인의 권익보호기능을 갖는 민 · 형사재판에 비하여, 공권력의 기본권 기속성, 통치권행사의 절차적 정당성 확보 등의 헌법보호기능을 갖는 국가작용이다. 헌법재판권의 헌법보호기능은 헌법규범이 헌정현실에서 갖는 정치적 이념적 역사적 특성 등으로 인한 반헌법적 헌정현실을 방어하여 헌법의 규범력을 실현하기 위한 작용이기도 하다. 헌법재판을 행하는 재판관이 법치주의적 양심에 따라 특히 정치권력에서 독립한 중립적 행사를 하여야 하는 당위가 여기에 있다. 헌법상 사법권은 법관으로 구성된 법원에 속하나(헌법 제101조 제1항), 헌법재판권은 법원이 아닌 특히 헌법재판소의 관장사항으로 규정한다. 헌법재판소의 권한으로 규정된 헌법재판권은 법원의 제청에 의한 법률의 위헌여부 심판(헌법 제111조 제1항 제1호), 탄핵의 심판(제2호), 정당의 해산 심판(제3호), 권한쟁의에 관한 심판(제4호 국가기관 상호간, 국가기관과 지방자치단체간 및 지방자치단체 상호간), 법률이 정하는 헌법소원에 관한 심판(제5호) 등이다. 헌법은 헌법재판권인 규범통제권을 당해사건에 적용될 법률의 위헌여부를 심사하는 구체적 규범통제로 규정하면서, 제107조 제1항에서 '법률이 헌법에 위반되는 여부가 재판의 전제가 된 경우에는 법원은 헌법재판소에 제청하여 그 심판에 의하여 재판한다' 하므로 법률의 위헌여부에 대해서는 헌법재판소가 위헌법률심판권을 갖고, 법원은 심판제청권을 갖는다. 다만, 법률의 하위규범인 '명령 · 규칙 또는 처분' 등의 위헌 또는 위법여부는 대법원이 그 최종적 심사권한을 갖는 것으로 한다(헌법 제107조 제1항, 제2항, 헌법재판소법 제111조 제1항 제1호). 헌법재판소는 임기 6년의 재판관 9인을 법관의 자격이 있는 자 중에서, 각 3인을 국회 선출 · 대통령 임명 · 대법원장이 지명하고, 이들 9인을 대통령이 임명함으로써 구성한다(헌법 제6장 제111조~제113조 헌법재판소법 제12조 제2항).

1.2 행정법 대의

1.2.1 행정법의 의의

행정법은 행정권과 행정을 규율하는 공법이다. 헌법은 통치권의 조직 · 작용의 근간을 정한 규범이고, 행정법은 행정권의 조직 · 작용을 정한 법이기에, 헌법은 행정법의 근거규범이고 행정법은 헌법의 자유민주주의 · 시장경제질서 · 입헌법치주의와 권력분립주의 등의 헌법이념 · 원리의 구체화법이다. 행정권은 대통령을 수반으로 하는 정부의 법 집행권(헌법 제4장 정부 제1절 대통령 제2절 행정부 제66조 제4항), 입법권은 국회의 법 제정권(제40조), 사법권은 법관으로 구성된 법원의 법 판단 · 선언권이다(제101조 제1항). 행정에서, 형식적 의미의 행정은 국가작용을 담당하는 기관을 기준으로 하여 국회 · 법원에 대응하는 계층적 조직형태로서 행정권을 담당하는 행정기관의 권한에 속하는 국가작용으로서 실질적 의미의 행정은 물론 실질적 의미의 입법(법규명령 제정 등의 준입법작용), 실질적 의미의 사법(행정심판 등의 준사법작용) 등을 포함한다. 실질적 의미의 행정은 '행정은 기술될 수 있으나 정의될 수 없다'(E. Forsthoff 포르스트호프) 한[18] 소극적 행정 개념에 속하는 控除說에 의하면 법제정작용인 입법권, 법판단 · 선언작용인 사법권을 공제한 국가작용이다. 반면 행정의 실현 · 양태 등의 특성에 따른 적극적 행정 개념에서의 행정은 법아래서 법의 기속을 받으면서 공익목적(구체적으로 실정법 해석으로부터 얻어지는 실정법상의 規準的 공익)을 현실적 · 구체적으로 실현하기 위하여 통일적으로 수행되는 능동적 · 계속적 형성활동이다.

1.2.2 행정법과 법치행정

행정법은 법치행정에 관련하여 그 규범영역을 다음과 같이 한다. 일반행정법은 행정작용을 규율대상으로 하는 행정법상 법률관계(공법관계 · 사법관계, 행정주체, 공권, 행정법관계, 사법규정 적용, 특수신분관계 등) 및 법률요건 · 법률사실(공법상의 사건, 사무관리 · 부당이득, 사인의 공법행위 등) 등이다. 행정작용은 행정행위를 기초로 하는 행정작용(법률행위적 행정행위와 준법률행위적 행정행위, 재량행위, 행정행위의 성립 · 효력, 행정행위의 부관, 하자, 취소, 철회, 실효)과 그 외의 행정작용(행정입법, 행정계획, 행정상 사실행위, 행정지도, 공법상 계약합동행위, 행정법상 확약, 행정사법, 비공식 행정작용), 의무이행확보수단으로 행정강제(강제집행으로서 대집행, 집행벌, 직접강제, 강제징수 및 즉시강제, 행정조사 등), 행정벌(행정형벌, 행정질서벌 등) 기타수단(위반사실공표, 과징금, 가산세 등), 행정구제로서 사전구제(행정절차, 청원, 옴부즈만 등), 행정상 손해전보(행정상 손해배상, 손실보상), 행정쟁송(행정심판, 행정소송) 등이 있다. 행정법의 특정영역을 다루는 특별행정법은 행정조직법(국가행정조직, 지방행정조직, 공무원), 질서행정법(경찰행정, 군사행정), 급부행정법(공급(공물, 공기업), 사회보장, 조성), 규제행정법(경제규제, 생활공간정서, 환경 등), 공용부담법(인적공용부담, 물적공용부담(공용제한, 공용수용, 공용환지·환권) 등), 재무행정법 등이 있다. 고전적 행정법체계는 사회로부터 사람·물건·돈을 권력적으로 조달하여 조직·관리하는 행정영역이 주요항목을 이룬다.[19] 행정기본법은 행정의 입법활동이라 하여(제38조), 국가나 지방자치단체가 법령등을 제정·개정·폐지하고자 하거나 그와 관련된 활동(법률안의 국회 제출과 조례안의 지방의회 제출을 포함하며 이하 '행정의 입법활동'이라 한다)을 할 때에는 헌법과 상위 법령을 위반해서는 아니 되며, 헌법과 법령등에서 정한 절차를 준수하여야 한다. 행정의 입법활동은 다음 각 호의 기준(1. 일반 국민 및 이해관계자로부터 의견을 수렴하고 관계 기관과 충분한 협의를 거쳐 책임 있게 추진되어야 한다. 2. 법령등의 내용과 규정은 다른 법령등과 조화를 이루어야 하고, 법령등 상호 간에 중복되거나 상충되지 아니하여야 한다. 3. 법령등은 일반 국민이 그 내용을 쉽고 명확하게 이해할 수 있도록 알기 쉽게 만들어져야 한다)에 따라야 한다. 정부는 매년 해당 연도에 추진할 법령안 입법계획(정부입법계획)을 수립하여야 한다고 정한다.

1.2.3 행정재판권의 의의

행정법의 재판규범성을 실현하기 위한 행정재판으로서 행정소송에서 항고소송은 행정청의 처분등이나 부작위로 인하여 권리·이익을 침해받은 자가 그 위법을 다투기 위하여 제기하는 소송이다. 행정소송법(제2조 제1항 1호)은 행정소송의 대상이 되는 '처분등'을 행정청이 행하는 구체적 사실에 관한 법집행으로서의 공권력의 행사 또는 거부와 그 밖에 이에 준하는 행정작용과 행정심판에 대한 재결에 한정한다. 대법원은 명령·규칙 또는 처분이 헌법이나 법률에 위반되는 여부가 재판의 전제가 되는 경우에는 이를 최종적으로 심사할 권한을 가진다(제107조 제2항). 행정소송법이 규정하는 법정 有名항고소송은 취소소송, 무효등확인소송, 부작위위법확인소송(행정소송법 제4조 제1호) 등이다. 행정소송법에 규정이 없는 법정외 無名항고소송이 의무이행소송·적극적 형성소송·예방적 부작위소송·작위의무확인소송 등이다. 취소소송은 행정청의 위법한 처분 등의 취소·변경(일부취소의 소극적 변경) 소송이다(제4조 제1호). 취소소송은 처분의 공정력을 배제하여 처분으로 형성된 법률관계를 취소·변경하는 형성소송이면서 원고의 청구를 인용하지 않는 것이 위법임을 공적으로 선언하는 확인소송의 성격을 지닌다. 취소소송의 소송물(원고가 법원에 심판대상으로서 요구하는 소송상 청구로서, 원고의 피고에 대한 실체법상 청구와 다르다)은 처분의 위법성으로서(제4조 제1호) 개개 위법사유 이상의 처분의 일반적 위법성 또는 위법한 처분으로 자기의 법률상 이익이 침해되었다는 원고의 법적 주장으로서의 개별적 위법사유 등의 논의가 있다.

행정소송의 재판규범성 행정청이 특정 행정행위나 행정작용을 하지 않을 것을 법원에 요구하는 부작위청구소송에 의하여 행정청이 적극적 처분을 하지 못하도록 금지를 구하는 금지소송, 부작위의무확인소송, 작위의무확인소송 등의 소송은 부적법하다(대법원 1989.1.24. 88누3314). 의무이행소송은 법원이 행정청의 위법한 거부처분이나 부작위에 대하여 행정청으로 하여금 일정한 처분을 행하도록 의무이행을 명하는 항고소송의 유형이나, 행정소송법에는 규정이 없는 무명항고소송으로서, 취소판결의 기속력을 강화하는 규정만 두고 있다.■ 행정소송에서는 행정청의 행위에 민사상 가처분을 할 수 없다.

■ 행정소송법 제30조 (취소판결등의 기속력) ② 판결에 의하여 취소되는 처분이 당사자의 신청을 거부하는 것을 내용으로 하는 경우에는 그 처분을 행한 행정청은 판결의 취지에 따라 다시 이전의 신청에 대한 처분을 하여야 한다./ 제34조 (거부처분취소판결의 간접강제) ① 행정청이 제30조 제2항의 규정에 의한 처분을 하지 아니하는 때에는 제1심수소법원은 당사자의 신청에 의하여 결정으로써 상당한 기간을 정하고 행정청이 그 기간내에 이행하지 아니하는 때에는 그 지연기간에 따라 일정한 배상을 할 것을 명하거나 즉시 손해배상을 할 것을 명할 수 있다.

행정소송의 대상이 되는 처분 항고소송의 대상이 되는 '처분'은 행정청의 공법상 행위로 특정사항에 대하여 국민의 구체적 권리의무에 직접적 변동을 초래하는 행위이다. 시장, 군수, 구청장 등 행정청의 행위이어야 하며 국가나 지방자치단체 등 법인은 처분의 주체가 되지 않는다. 공권력적 행위이어야 하며 공법상계약이나 사법행위는 제외된다. 구체적 사실에 대한 법집행행위, 국민의 권리의무에 직접영향이 있는 법적 행위이어야 한다. 행정청 내부의 중간처분, 질의답변, 내부사무처리 절차, 행정지도 등 비권력적 사실행위는 대상이 아니다. 과태료·통고처분 등은 비송사건절차법, 즉결심판법의 판단을 받는다. 검사의 기소처분, 기소유예처분, 불기소처분 등은 관련법에 의한다. 행정청이 국민의 공권력 행사 신청을 받고도 각하·기각하는 거부처분, 예컨대 청원·진정에 대한 거부회신의 항고소송의 처분성은 부인된다.

1.3 국제법 대의

국제법 대의는 제1편 법리론, 제2편 헌법론에서의 내용으로서 이를 확인한다.

2. 헌법의 절차법

2.1 헌법재판권

2.1.1 헌법재판권의 규범영역

한국헌법은 헌법재판기관으로 헌법재판소를 설치하였다. 헌법재판소는 입법·행정·사법 등의 공권력에 대한 규범통제로 개인의 기본권을 보호하고 공동체의 법적 평화를 유지하는 헌법수호기관이다. 규범통제·사법심사 등의 권한을 독립한 국가기관인 헌법재판소에 전속적으로 귀속시키는 권한구성의 양식이 유럽식 집중형이다. 반면 미국식 분산·비집중형은 이를 일반 민·형사재판 등의 사법작용을 관장하는 대법원을 정점으로 하는 각급법원에 부여한다. 미국식 비집중형은 법원이 민·형사, 행정쟁송 등 재판에서 법률위헌여부를 선결문제로 판단하고 그 위헌결정의 효력은 구체적 쟁송의 대상인 개별사건에 한정시킨다. 반면, 유럽식 집중형은 독일 헌법재판소나 프랑스 헌법평의회 같이 법관으로 구성되는 법원에서 독립된 헌법재판기관에 전속하는 규범통제로 국법의 통일성과 헌법의 규범력을 실현한다. 한국은 규범통제와 헌법소원심판 등의 헌법재판권을 독립하여 전속적 관할권으로 갖는 국가기관인 헌법재판소를 두는 점에서, 유럽 특히 독일식 집중형 제도이다. 대한민국헌법 제정 전 1947.9.2. 미군정기 대법원은 처妻의 소제기 등 일정 행위에 夫의 허가를 받아야 한다는 '조선민사령 제1조 규정에 의하여 의용된 민법' 즉 依用民法 제14조 제1항의 재판적용을 거부하였다(대법원 1947.9.2. 1947년민상 제88호 판결(가옥명도청구사건)). 당시 남조선과도입법의원이 의결한 조선임시약헌朝鮮臨時約憲 *1947.8.6.*은 군정청 군정장관의 인준보류의 통지*1947.11.24.*로 효력이 발생하지 않아 시행되지 못하여, 성문헌법전이 없었으니 대법원의 위헌심사권도 인정된 바 없었다(1948.5.4. 남조선과도정부법령 제192호 법원조직법 제2조도 명확하게 심사권을 정한 것은 아니다). 그럼에도 대법원은 '법논리적 의미의' 헌법을 기준으로 '무엇이 법인가'는 법원의 권한이라는 법의 일반원칙에 따라서 위헌심사를 행하였다. 민주주의 이념이 국시國是이며 이 국시를 법논리적 의미의 헌법으로 보고 그 내용인 평등원칙에 의거하여 당시의 의용민법이 그에 반하는 것으로 보아서 그 적용을 거부한 것이다.

2.1.2 헌법재판권의 재판

헌법재판소의 심판절차에 관하여는 헌법재판소법에 특별한 규정이 있는 경우를 제외하고는 헌법재판의 성질에 반하지 아니하는 한도에서 민사소송에 관한 법령(민사소송법 502개조, 민사집행법 312개조)을 준용한다(헌법재판소법 제3장 제22조~제40조). 탄핵심판의 경우에는 형사소송에 관한 법령(형사소송법 493개조, 행형법 67개조)을 준용하고, 권한쟁의심판 및 헌법소원심판의 경우에는 행정소송법(46개조, 행정심판법 61개조)을 함께 준용한다(헌법재판소법 제40조 제1항). 이때 형사소송에 관한 법령 또는 행정소송법이 민사소송에 관한 법령에 저촉될 때에는 민사소송에 관한 법령은 준용하지 아니한다(제40조 제2항, 제4장 제40조~제75조 위헌심판·탄핵·정당해산·권한쟁의·헌법소원 등). 소송요건이란 소가 적법한 취급을 받기 위하여 갖추지 않으면 아니 될 사항이다. 소송요건에 흠결이 있으면 법원은 본안판결이나 본안심리를 하여서는 아니 된다. 즉 소송요건은 본안판결의 요건인 동시에 본안심리의 요건이다. 소송요건을 갖추지 못한 경우에는 본안에 들어가 실체를 판단할 필요 없이 소를 부적법하다 하여 각하하게 된다(헌재 2014.9.25. 2012헌마175). 헌법재판소에 사건이 접수되어 헌법재판의 심판에 들어가면 헌법재판소법에 특별한 규정이 있는 경우를 제외하고는 재판관 9명 전원으로 구성되고 헌법재판소장이 재판장인 전원재판부에서 재판관 7명 이상의 출석으로 심리되므로(헌법재판소법 제22조, 제23조), 재판관 3명 이상이 궐위되거나 직무를 집행할 수 없을 경우에는 심리정족수 미달로 심판을 할 수 없다(제23조 제1항). 심판은 원칙적으로 종국심리에 관여한 재판관 과반수의 찬성으로 사건에 관한 결정을 한다. 다만 위헌결정 · 탄핵결정 · 정당해산결정 및 헌법소원의 인용결정, 종전에 헌법재판소가 판시한 헌법 또는 법률의 해석적용에 관한 의견을 변경하는 경우에는 재판관 6인 이상의 찬성으로 결정을 한다(헌법 제113조 제1항, 법 제23조 제2항). 일반정족수보다 가중하여 재판관 6인 이상의 찬성을 요하게 한 것은 헌법재판의 인용결정의 파급효과에 따른 법적 안정성을 위한 것이다.

2.1.3 헌법재판권의 유형

헌법재판권의 본질은 규범통제권이다. 규범통제는 최고규범인 헌법이 그 하위규범인 법률 · 명령 · 규칙 등을 심판하여 재판하는 것이다. 규범이 사실을 재판하는 민 · 형사재판 등의 사법작용과 구별된다. 규범통제에서 사후적 규범통제에는 재판의 전제가 되는 쟁송사건에 적용되는 법률의 사법심사로 위헌법률의 적용을 거부하는 구체적 규범통제, 재판전제성에 관계없이 법률의 헌법적 심사로 효력을 상실케 하는 추상적 규범통제 등이 있다. 한국의 사후적 규범통제는 위헌법률심판의 제도에 의한 규범통제의 제도와 헌법재판소법 제68조 제2항의 헌법소원에 의한 규범통제의 제도이다(헌법 제111조 제1항 제1호, 제5호 및 헌법재판소법 제41조 제1항, 제68조 제2항). 전자는 헌법 제111조 제1항 제1호 및 제107조 제1항에 의하여, '법률이 헌법에 위반되는 여부가 재판의 전제가 된 경우에는 법원은 헌법재판소에 제청하여 그 심판에 의하여 재판한다' 하는 규범통제이다. 후자는 규범통제형 또는 위헌심사형 헌법소원으로서, 법률의 헌법위반여부가 당해 쟁송사건의 당사자가 당해 법원에 위헌법률심판제청신청을 하였으나 기각된 경우 헌법재판소에 제기하는 위헌소원이이다. 한국의 규범통제의 제도는 사후적 · 구체적 규범통제에 의하여 객관적 헌법질서를 보호하는 규범심사의 제도를 규정한 것이다. 사후적 규범통제는 헌법 제53조의 입법절차에 의하여 제정 · 공포 · 시행되어 현재 효력이 있는 형식적 의미의 법률을 심판대상으로 하는 헌법재판이다. 이에 대하여, 사전적 규범통제는 법률안의 국회 의결 후 공포 전 또는 법률안이나 확정법률의 공포 후 효력발생 전의 규범에 대한 합헌성을 재판하는 통제이다. 한국헌법상 입법과정은 절차의 중대 · 명백한 하자 외에는 국회자율권의 영역에 속하여 사법적 규범통제는 어렵다. 즉 국가가 당해 법률의 입법목적을 무시하고 권력을 남용하여 법률을 부당하게 집행하리라는 예상을 전제로 시행 전 법률의 위헌성 여부를 심사할 수는 없다(헌재 2016.7.28. 2015헌마236등).

2.2 헌법재판권의 본질 – 규범통제

2.2.1 규범통제권의 재판

규범통제권의 재판에는 헌법재판인 위헌법률심판에서 소송요건 구비시 행하는 본안심사의 실체법적 결정에는 정형결정인 합헌결정(주문: 헌법에 위반되지 아니한다) · 위헌결정(주문: 헌법에 위반된다), 변형결정(위헌결정의 변용)이 있다. 변형결정은 헌법재판소법 제47조 제1항의 위헌결정이지만, 그 의미 · 적용을 한정하거나(한정합헌 · 한정위헌결정) '헌법에 합치하지 않는다'(헌법불합치결정) 등으로 다른 국가기관에 기속력을 갖는 종국결정이다(헌재 1989.9.8. 88헌가6). 위헌결정은 법률의 효력을 상실시키나, 변형결정은 위헌결정주문에 한정, 헌법불합치 등의 한정어를 붙여 효력의 변용을 가져온다. 단순합헌결정은 재판관 9인 중 5인 이상의 합헌의견에 대한 결정(위헌의견이 과반수이나(9인중 5인) 헌법재판소법상 위헌결정 정족수(9인중 6인)에 미달하여도 위헌불선언결정이 아니라 단순합헌으로 결정된다(헌재 2014.8.28. 2013헌마553)),

단순위헌결정은 재판관 9인 중 3분의 2인 6인 이상 위헌의견의 결정이다(헌법 제113조 제1항 참조). 위헌결정에서도 부분위헌결정은 법률조항의 일부문구에 대해서만 위헌결정의 주문(주문: ○규정 중 △부분은 헌법에 위반된다)을 갖는 양적 일부위헌결정이다(헌재 1990.9.3. 89헌가95). 양적 위헌결정은 무효로 선언된 법률의 조문이나 부분은 존재하지 않는 것으로 간주하는 양적 무효인 반면, 질적 위헌결정은 조문·문구는 존재하는 것으로 하며 일정한 해석적용하에 위헌으로 하는 한정적 질적 무효이다. 위헌법률의 무효범위는 입법정책의 문제로서 첫째, 위헌법률의 당연무효, 원시무효에서 위헌결정 소급무효의 원칙적 인정과 부분 배제(독일, 스페인, 포르투갈) 둘째, 위헌법률의 폐지무효에서 위헌결정 장래무효의 원칙적 인정과 예외적 소급무효(오스트리아, 터키) 셋째, 미국(연방대법원), 독일 일부주(헷센주) 같이 소급무효 인정여부를 각 사건마다 법원의 결정에 맡기는 형태가 있다. 폐지무효는 독일식 당연무효(원시무효, 원래무효) 제도가 아닌 오스트리아식 제도다. 이 같은 폐지무효의 입법례는 한국헌정사에서 제1공화국 헌법위원회법(제20조), 제2공화국 헌법재판소법(1961.4.17. 제22조 제2항), 제4, 5공화국 헌법위원회법(1973.2.16. 제18조 제1항), 유신헌법, 제5공화국 헌법위원회법(제18조 제1항), 현행법제에 이르기까지의 계속된 예에 속한다.

2.2.2 헌법재판의 결정과 규범통제

위헌으로 결정된 법률 또는 법률조항의 효력에 대하여, 위헌법률심판이 구체적 규범통제로서 당해사건에 대하여 적용되는 법률이 위헌으로 결정되면 그 법률은 재판의 전제가 되는 당해사건에의 적용이 거부되는 것이 원칙이다. 다만, 헌법재판소법은 당해사건에의 적용거부가 아니라 위헌으로 결정된 법률 또는 법률의 조항은 그 결정이 있는 날부터 효력을 상실한다(제47조 제2항), 하여, 위헌결정이 있는 날부터 그 효력을 상실하도록 하는 현재무효(즉시·향후·장래·폐지 무효)를 규정한다. 이는 당해 법률로 당사자가 이미 얻은 이익은 배제하지 않고 법적 안정성과 신뢰보호를 유지하기 위함에 있다. 위헌법률의 현재무효원칙에 대해 법정소급효가 인정되는 경우가 있다. 위헌법률이라도, 형벌에 관한 법률 또는 법률의 조항은 소급하여 그 효력을 상실한다. 다만, 해당 법률 또는 법률의 조항에 대하여 종전에 합헌으로 결정한 사건이 있는 경우에는 그 결정이 있는 날의 다음 날로 소급하여 효력을 상실한다. 이렇게 위헌으로 결정된 법률조항에 근거한 유죄의 확정판결에 대하여 재심을 청구할 수 있다(헌법재판소법 제47조 제2항, 제3항, 제4항). 법정소급효는 형사실체법률에 한하며 법원조직법, 형사소송법 등 형사절차법률에는 인정되지 않는다(헌재 1992.12.24. 92헌가8). 이 밖에, 헌법불합치 결정 등의 변형결정의 경우에 인정되는 미래무효는 위헌결정의 폐지무효를 일시적으로 유보하고 당해 법률의 효력을 일정 기간 존속시키는 해석미래효이다.

2.2.3 헌법재판의 결정의 효력

헌법재판의 결정의 확정력은, 헌법재판소의 결정은 별도로 불복할 수 없이 즉시 확정되는 것이므로 그 결정 자체에 취소·변경되지 않는 효력인 형식적 확정력의 불가쟁력不可争力·불가변력 및 그 결정의 판단 내용이 후소를 구속하는 효력인 실체적 확정력으로서 '헌법재판소는 이미 심판을 거친 동일한 사건에 대하여는 다시 심판할 수 없다'(헌법재판소법 제39조) 하는 일사부재리의 효력을 포함하는 기판력을 말한다. 헌법재판의 결정의 기속력羈束力은 헌법재판의 결정이 모든 국가기관과 지방자치단체를 기속하는 효력이다(헌법재판소법 제67조 제1항(권한쟁의 심판), 제75조 제1항(헌법소원 인용)). 국가기관 등은 동일한 사정 하에서 동일한 이유에 근거한 동일내용의 공권력행사또는 불행사 반복금지의무, 장래의 처분을 함에 있어서 위헌결정준수의무 등을 진다. 헌법재판소법은 '법률의 위헌결정에 있어서 법원과 그 밖의 국가기관 및 지방자치단체를 기속한다'(제47조 제1항 합헌결정에 기속력 인정 규정은 없다. 헌재 1997.1.16. 92헌바6등), '헌법재판소의 권한쟁의심판의 결정은 모든 국가기관과 지방자치단체를 기속한다'(제67조 (결정의 효력)), '헌법소원의 인용결정은 모든 국가기관과 지방자치단체를 기속한다'(제75조 (인용결정)) 한다. 헌법재판결정의 법규적 효력은 법률 또는 법률조항의 위헌결정에 인정되는(합헌결정에는 불인정) 대세적 효력인 일반적 기속력이다(헌재 2012.12.27. 2012헌바6). 위헌결정의 법규적 효력은 헌법재판소법이 '위헌으로 결정된 법률 또는 법률 조항은 그 결정이 있는 날부터 효력을 상실한다'(헌법재판소법 제47조 제2항 제75조 제6항) 함에 따라 위헌법률은 그 효력이 상실되며 그 효력상실의 시기는 결정이 있는 날로부터 시작되는 현재효또는 將來效를 원칙으로 한다. 당해사건의 대법원판결은 대세적 효력이 없는 데 비하여, 법규범에 대한 헌법재판소의 위헌결정은 대세적 기속력을 갖는다. 즉 소송당사자나 국가기관 이외의 일반사인에게도 그 효력이 미치고, 일반국민은 헌법재판소가 위헌으로 선언한 법규범이 적용되지 않는 것을 受忍해야 한다. 이 같은 법률의 위헌결정은 유죄의 확정판결에 대한 재심사유가 된다(제47조 제1항, 제3항). 법률의 위헌결정에 의하여 당해 법률은 형법 조항이 아닌 한 위헌결정이 있는 날로부터 그 효력을 상실하는 현재효를 갖는 것이 원칙이지만, 예외적으로 소급효가 인정되어 그 효력의 상실을 가져오는 경우가 있다.

	결정유형		주문형식
위헌법률심판 (헌가) 헌법재판소법 제68조제2항의 헌법소원 (헌바)	정형결정	단순합헌 결정	헌법에 위반되지 아니한다. 위헌불선언결정(헌법에 위반된다고 선언할 수 없다)은 단순합헌결정으로 흡수
		단순위헌 결정	헌법에 위반된다. 부분위헌(또는 양적일부위헌)결정(… 부분은 헌법에 위반된다)은 단순위헌으로 흡수
	변형결정	헌법불합치 결정	'헌법에 합치되지 아니한다. … 을 시한으로 입법자가 개정할 때까지 효력을 지속한다' 등의 주문 형식
		한정합헌, 한정위헌 결정	…로 해석하면 헌법에 위반되지 아니한다(한정합헌) …로 해석하는 한 헌법에 위반된다(한정위헌) 초기 질적일부위헌결정(해당 법규정을 …에 적용함은 헌법에 위반된다)은 한정결정에 흡수
헌법소원	헌법재판소법 제68조제1항의 헌법소원 (헌마)	인용결정	심판청구를 인용한다, 위헌 결정
		기각 결정	심판청구를 기각한다, 합헌 결정
		각하 결정	심판청구를 각하한다

2.3 헌법재판권의 영역 – 헌법소원

2.3.1 헌법소원심판권의 의의

국민의 헌법소원권 즉 헌법소원은 공권력작용으로 인하여 침해된 헌법상 보장된 기본권을 구제하기 위한 헌법재판이다. 헌법소원은 개인의 주관적 공권으로서의 기본권 보장을 위한 헌법소송이다. 즉 헌법소원은 개인의 권익 보장을 위한 주관소송이다. 헌법소원은 또한 기본권을 침해하는 공권력의 위헌성을 확인하여 공동체헌법질서를 수호하는 헌법재판이다. 그 점에서, 헌법소원은 객관적 가치로서의 기본권을 수호하기 위한 객관소송의 성격을 갖는다. 이같이 헌법소원은 개인의 권익구제와 공동체의 법질서수호라는 이중적 기능을 갖는다. 헌법소원의 유형에 대해서 헌법 제111조 제1항 제5호는 '법률이 정하는 헌법소원에 관한 심판'이라 한다. 헌법재판소법은 이를 제68조제1항의 헌법소원심판 즉 공권력의 행사 또는 불행사로 인하여 헌법상 보장된 기본권을 침해받은 자가 그 침해된 기본권의 구제를 위하여 제기하는 '권리구제형 헌법소원'('헌마' 사건번호), 제68조제2항의 헌법소원심판 즉 법률의 헌법위반여부가 재판의 전제가 되는 쟁송사건의 당사자가 당해사건의 법원에 제기한 위헌법률심판제청신청이 기각된 경우에 신청당사자가 제기하는 '규범통제형 헌법소원'('헌바' 사건번호)을 규정한다. 헌법소원의 제도는 공권력작용으로 인하여 헌법상 권리를 침해받은 자가 그 권리를 구제받기 위하여 심판을 구하는 주관적 권리구제절차를 본질적 요소로 하며(헌재 1997.12.24. 96헌마172등), 청구인의 구체적인 기본권 침해와 무관하게 법률 등 공권력이 헌법에 합치하는지 여부를 추상적으로 심판하고 통제하는 절차가 아니므로, 법률 등 공권력에 대한 헌법소원심판청구가 적법하기 위해서는 청구인에게 당해 공권력에 해당되는 사유가 발생함으로써 그 공권력이 청구인 자신의 기본권을 직접 현실적으로 침해하였거나 침해가 확실히 예상되는 경우에 한정된다(헌재 1994.6.30. 91헌마162 참조). 다만, 헌법재판소법 제68조 제1항의 헌법소원의 대상이 법령 등인 경우인 이른바 법규소원에서, 자신의 권익구제를 위하여 그 법령의 무효를 구하는 의미의 위헌선언을 청구하는 위헌심판형 헌법소원의 경우에는 개인적 규범통제의 기능으로서의 특성을 갖는다.

2.3.2 헌법소원심판권의 절차

헌법소원심판의 청구권자는 공권력의 행사 또는 불행사로 인하여 헌법상 보장된 기본권을 침해받은 자이다(헌법재판소법 제68조 제1항). 심판청구권자로서의 기본권을 침해받은 자는 기본권주체인 기본권능력자임을 전제로 한다. 헌법소원 즉 헌법 제111조 제1항 제5호 '법률이 정하는 헌법소원에 관한 심판'에는 헌법재판소법 제68조제1항의 헌법소원심판 즉 공권력의 행사 또는 불행사로 인하여 헌법상 보장된 기본권을 침해받은 자가 그 기본권구제를 위하여 제기하는 '권리구제형 헌법소원'('헌마' 사건번호) 및 헌법재판소법 제68조제2항의 헌법소원심판 즉 법률의 헌법위반여부가 재판의 전제가 되는 쟁송사건의 당사자가 당해사건의 법원에 제기한 위헌법률심판제청신청이 기각된 경우에 신청당사자가 제기하는 규범통제형 헌법소원('헌바' 사건번호)이 있다. 헌법재판소는 헌법소원심판사건의 본안판단인 실체적 심사에 앞서, 공권력이 청구인 자신의 기본권침해를 가져 왔느냐 하는 의미의 법적 관련성을 심사·판단한다. 헌법재판소법 제68조제1항의 헌법소원심판은 공권력의 행사 또는 불행사로 인하여 헌법상 보장된 기본권을 침해받은 자가 청구인이 되어서 공권력 작용에 대하여 자신이 스스로 법적으로 관련되어 있음을 주장하여야 한다(헌재 2014.4.24. 2011헌마474등). 즉 청구인은 심판대상인 공권력에 의하여 자기의 기본권이 현재 직접적으로 침해받았다 하는 기본권과의 법적 관련성이 인정되어야 헌법소원심판청구를 통하여 본안판단인 기본권침해를 구제받을 수 있다(헌재 1999.5.27. 97헌마368; 2019.11.28. 2017헌마1356). 헌법재판소법 제68조 제1항 단서 '다른 법률에 구제절차가 있는 경우에는 그 절차를 모두 거친 후에 청구할 수 있다' 함은 헌법소원의 보충성원칙을 정한 규정으로서, 헌법재판소법 제68조제1항의 헌법소원심판의 청구는 공권력의 행사 또는 불행사를 직접 대상으로 그 효력을 다툴 수 있는 권리구제절차가 다른 법률에 있는 경우에는 이를 모두 거친 후에라야 적법하게 된다는 것이, 헌법재판소법 제68조 제1항 단서의 보충성요건의 원칙이다. 권리보호이익은 헌법소원심판의 청구요건인 적법요건이다. 헌법소원은 공권력에 의한 국민의 기본권침해를 구제하는 주관적 소송이므로, 심판청구에는 헌법소원을 제기할 정당한 이익 또는 필요성인 권리보호이익이 있어야 한다. 이는 헌법재판소법 제40조 제1항에 의하여 준용되는 민사소송법 내지 행정소송법 규정들의 해석상 인정되는 일반적 소송원리이다(헌재 2001.9.27. 2001헌마152). 권리보호이익이 소멸되면 헌법소원의 심판청구는 부적법하여 각하된다. 심판청구이익은 본안판단을 하여야 할 필요성이다. 헌법소원은 주관적 권리구제뿐 아니라 객관적 헌법질서 보장의 기능도 겸하므로, 심판청구이익은 헌법소원의 객관적 헌법질서 보장기능의 성격상 인정되는 요건으로서, 주관적으로 권리보호이익이 존재하지 않더라도 객관적 헌법질서의 보호기능이 있는 경우에 예외적으로 그 존재를 판단할 수 있다.

2.3.3 헌법재판소법 제68조제2항의 헌법소원, 규범통제형 헌법소원

헌법 제111조 제1항 제5호 '법률이 정하는 헌법소원에 관한 심판'에 따른 헌법재판소법 제68조제2항의 헌법소원은 법률의 위헌여부가 법원에 제기된 당해 사건의 재판의 전제가 되는 당해 사건의 당사자가, 헌법재판소법 제41조 제1항에 따른 법률의 위헌 여부 심판의 제청신청이 기각된 때에 그 신청을 한 당사자가 헌법재판소에 청구하는 헌법소원이다. 그 점에서, 위헌법률심판이 본원적 규범통제라 한다면 이는 부수적 규범통제이다. 헌법재판소법 제68조제2항의 헌법소원은 법률의 헌법위반여부가 재판의 전제가 되는 쟁송사건의 당사자가 당해사건의 법원에 제기한 위헌법률심판제청의 신청이 기각된 경우에 신청당사자가 제기하는 '규범통제형 헌법소원'('헌바' 사건번호), 즉 위헌심판형 헌법소원인 위헌소원인 점에서, 공권력의 기본권침해를 구제하는 제68조제1항의 헌법소원과 구별된다. 위헌법률심판이나 헌법재판소법 제68조제2항의 헌법소원은 헌법재판소법 제68조제1항의 헌법소원과 마찬가지로 헌법재판소의 관장 사항이고 법률이 심판대상인 경우 이들 절차는 규범통제로서의 본질을 같이 한다는 점에서 서로 보충적인 관계에 있지 아니하다.

3. 행정법의 절차법 – 행정재판권

3.1 행정재판권 대의

3.1.1 무효등확인소송

행정재판권에서 무효등확인소송은 처분등무효확인소송 · 처분등유효확인소송 · 처분등실효확인소송 · 처분등부존재확인소송 · 처분등존재확인소송 등으로서, 행정청의 처분등의 효력의 유무 또는 존재여부를 확인하는 소송이다(제2호). 무효등확인소송의 소송물은 처분 등의 효력유무나 존재여부 또는 권리나 법률관계의 존부확인이므로(제38조 제1항, 제19조 참조), 그 같은 확인을 구할 법률상 이익이 있는 자가 제기할 수 있으며(제35조), 원고적격은 처분등의 효력유무 또는 존재여부의 확인을 구할 법률상 이익이 있는 자이고(제35조), 확인을 구할 법률상 이익은 민사소송의 확인의 이익보다 넓고 취소소송에서와 같은 법규에 의하여 보호되는 이익이다. 피고적격은 처분 등을 행한 행정청이다(피고경정 제14조, 공동소송 제15조, 제3자의 소송참가 제16조, 행정청의 소송참가 제17조 등). 무효등확인소송은 형식상 처분의 효력유무가 소송의 대상이 되어 항고소송의 측면을 갖는 준항고소송이므로, 재판관할 · 당사자 등은 취소소송에 관한 규정이 준용된다(제38조 제1항, 관할 이송에 관련한 제7조, 제8조, 민사소송법 제34조 제1항, 제35조).

무효등확인소송 무효등확인소송에는 필요적 전치주의가 적용되지 않는다(행정소송법 제38조 제1항, 제18조). 선결문제는 민사소송에서 본안 판단의 전제가 된 처분등의 효력 유무나 존재 여부가 선결문제로 되어 당해 민사소송의 수소법원이 심리 · 판단하는 문제로서(제11조 제1항), 당사자소송이나 형사소송의 선결문제는 해당하지 아니한다. 선결문제에 대한 심판권은 처분 등이 무효 또는 부존재의 경우에는 민사법원에 있고, 취소사유인 때에는 민사법원도 처분 등의 공정력에 의한 기속을 받으며, 그 취소 · 변경은 별도의 행정소송의 절차에 의하여야 한다. 사정판결은 준용되지 않으나, 무효선언을 구하는 취소소송의 경우에는 인정된다. 기속력, 형성력이 인정되고(제38조 제1항, 제30조, 제29조), 판결의 기판력이 인정된다.

3.1.2 부작위위법확인소송등

부작위위법확인소송은 행정청 부작위가 위법임을 확인하는 소송이다(행정소송법 제3호). 행정청이 국민의 법규상 · 조리상 권리에 기한 신청에 대하여 상당한 기간 내에 이를 인용하는 적극적 처분 또는 각하 · 기각 등의 소극적 처분을 하여야 할 법률상 의무가 있음에도 하지 않는 경우, 그 부작위의 위법을 확인하여 부작위·무응답을 소극적인 행정권행사로 보아 위법상태의 배제를 구하는 항고소송이다. 원고 신청 불인용의 위법확인을 구하는 소송이 아니라, 행정청 부작위의 위법성을 확인하는 확인소송이기에, 소송물은 부작위의 위법성이고, 처분의 신청을 한 자로서 부작위의 위법의 확인을 구할 법률상 이익이 있는 자만 제기할 수 있다(제36조).

부작위위법확인소송 부작위위법확인소송의 원고적격은 처분의 신청을 한 자로서 부작위의 위법의 확인을 구할 법률상 이익이 있는 자(제36조), 피고적격은 당사자의 신청에 대하여 상당한 기간 내에 일정한 처분을 하여야 할 의무가 있음에도 이를 하지 아니하는 행정청(제38조 제2항, 제13조), 제1심관할법원은 취소소송과 같이 피고 소재지를 관할하는 행정법원이다(행정소송법 제38조 제1항, 제9조, 이송도 준용 제7조, 제8조, 민사소송법 제34조 제1항, 제35조, 제38조 제2항 제10조). 부작위위법확인소송의 대상인 행정청의 부작위(제2조 제1항)가 성립하려면 행정청이 처분을 하여야 할 법률상 의무가 있고 상당한 기간 내에 처분을 하지 아니하여야 한다. 법률에서 행정심판전치주의를 규정하면 의무이행심판을 거쳐 부작위법확인소송을 제기하여야 한다(제38조 제2항, 제18조, 행정심판기록 제출명령 제25조, 직권심리주의 제26조 등의 준용). 법원이 부작위의 위법을 확인하여 인용판결이 확정되면 행징청은 판결 취지에 따라 다시 이전의 신청에 대한 처분을 하여야 하며, 원고 신청대로 처분할 필요 없이 거부처분도 가능하고 거부처분에는 다시 쟁송으로 다툴 수 있다. 행정청이 어떠한 처분도 하지 아니하는 때는 간접강제에 의하여 재처분의무의 실효성을 확보한다(제38조 제2항, 제34조). 부작위법확인소송의 판결은 기판력이 있다.

3.1.3 당사자소송

당사자소송은 행정청의 처분등이 원인이 되는 법률관계에 관한 소송인 형식적 당사자소송과 공법상 법률관계에 관한 소송인 실질적 당사자소송으로서, 그 법률관계의 한쪽 당사자를 피고로 하는 소송이다(행정소송법 제3조 제2호). 형식적 당사자소송은 개별법 규정이 있는 때에만 인정되며, 실질적 당사자소송은 대립하는 대등당사자간 공법상 권리 또는 법률관계 자체를 소송물로 한다. 형식적 당사자소송은 처분등이 원인이 되나, 처분등의 효력 자체가 아니라 그로 인한 법률관계가 대상인 점에서 항고소송과 다르다. 실질적 당사자소송은 공법상 법률관계가 대상인 점에서 민사소송과 다르다. 형식적 당사자소송의 예로서는 실정법상 지적 재산권의 항고심판에 관한 소송이 있으며(특허무효항고심판, 특허권존속기간의 연장등록무효항고심판, 권리범위확인항고심판 등에 관한 소송 등 특허법 제187조 단서, 제191조, 의장법 제75조, 실용신안법 제35조, 상표법 제86조), 실질적 당사자소송에는 공법상 신분·지위 등의 확인소송, 사회보장급부청구(산업재해보상보험법·고용보험법·공무원연금법·군인연금법 등에서 정해지는 급여를 받을 권리의 확인 등), 손실보상금청구(법령의 규정에 의하여 손실보상금청구권이 발생하는 경우의 손실보상금지급청구소송(대법원 1996.7.26. 94누13848은 민사소송으로 본다)) 등이 있다. 당사자소송의 소송물은 서로 대립되는 행정주체간 공법상 법률관계나 공권의 주장이다. 당사자소송은 대등한 당사자 사이의 소송이므로 항고소송과 같은 원고적격의 제한은 없으며, 민사소송법의 원고적격 규정이 준용된다(제8조 제2항). 피고적격은 국가·공공단체 그 밖의 권리주체를 피고로 한다(제39조). 취소소송의 배타적 관할로서, 취소원인인 흠이 있는 처분은 행정청이 직권으로 취소하지 않는 한 취소소송으로만 다툴 수 있고 당사자소송으로는 다툴 수 없다. 당사자소송과 무효등확인소송은 병렬관계이기에, 조세부과처분에 무효원인인 흠이 있는 때에 원고는 조세무효확인소송과 조세채무부존재확인소송을 선택적으로 제소할 수 있다. 당사자소송에는 재판관할규정(제9조)이 준용되어, 제1심 관할법원은 피고의 소재지를 관할하는 행정법원이며, 항소심은 고등법원, 상고심은 대법원이다. 다만, 국가 또는 공공단체가 피고인 경우에는 관계행정청의 소재지를 피고의 소재지로 본다(제40조). 당사자소송의 판결의 기속력은 당해 행정주체에 소속하는 행정청에도 미치나 민사소송의 경우에는 소송당사자에게만 판결의 효력이 미친다.

당사자소송 당사자소송에는 관련 민사소송을 병합할 수 있으나 민사소송에는 관련당사자소송을 병합할 수 없다. 당사자소송에서 심리중 항고소송으로 변경할 수 있으나 민사소송에서는 항고소송으로 소변경을 할 수 없다. 처분이 무효인 경우는 공정력이 없어 누구나 어떠한 방법으로 그 효력을 부인할 수 있어 항고소송으로서 무효확인소송과 당사자소송이 가능하다. 공무원 파면처분이 무효인 경우 항고소송으로 파면처분무효확인의 소뿐 아니라 무효임을 전제로 한 공무원지위확인소송이 가능하다. 항고소송인 과세처분무효확인의 소와 당사자소송인 조세채무부존재확인의 소도 병합제기가 가능하다. 국가를 상대로 하는 당사자소송의 경우에는 가집행선고를 할 수 없다(제43조). 광주민주화운동관련자보상등에관한법률에 의거하여 관련자 및 그 유족들이 갖는 보상 등에 관한 권리는 헌법 제23조 제3항에 따른 재산권침해에 대한 손실보상청구와는 그 성질을 달리하는 것으로서 법률이 특히 인정하는 공법상 권리이기에 그에 따른 보상금 등의 지급에 관한 소송은 당사자소송이다(대법원 1992.12.24. 92누3335). 당사자소송에는 환매대금증감청구소송(대법원 2002.6.14. 2001다24112), 처분 등으로 형성된 법률관계를 다투는 소송(과세처분의 무효를 전제로 한 조세채무부존재확인소송 대법원 2000.9.8. 99두2765. 다만, 과세처분의 무효를 전제로 한 과오납금환급청구소송은 민사소송이다. 대법원 1995.4.28. 94다55019), 공법상 부당이득반환청구소송(대법원 1991.2.6. 90프2에서는 소송물이 사법상 권리임을 이유로 민사소송으로 한다), 공법상 계약에 관한 소송(행정주체상호간 또는 행정주체와 사인간 공법상 계약에 관한 소송. 서울시립무용단원 해촉의 무효확인 대법원 1995.12.22. 95누4636), 행정주체상호간 비용부담청구등 소송(비용부담자가 공무원의 선임·감독자에 대하여 행하는 구상금청구소송, 국가배상법 제6조), 국가배상청구소송(처분의 위법을 이유로 한 국가배상청구소송, 행정소송법 제3조 제2호 전단. 판례는 국가배상청구사건을 민사소송으로 본다) 등이 있다.

3.2 행정재판의 절차

3.2.1 행정소송의 심리

행정소송에서 소의 취하는 제기한 소의 전부 또는 일부를 철회한다는 원고의 법원에 대한 의사표시이다. 소송상 화해는 소송절차 중 법원에서 민사상 분쟁의 당사자가 서로 그 주장을 양보하여 분쟁을 해결하는 행위이다. 청구의 포기는 민사소송의 변론 또는 준비절차에서 원고가 자기의 소송상 청구가 이유없음을 자인하는 법원에 대한 일방적 의사표시이다. 청구의 인락은 피고가 원고의 소송상 청구가 이유 있음을 자인하는 법원에 대한 일방적 의사표시이다. 당사자의 소멸 즉 원고가 사망하거나 소송물을 승계할 자가 없는 경우에 소송은 종료된다. 행정청이 없게 된 때에는 그 처분 등에 관한 사무가 귀속되는 국가 또는 공공단체를 피고로 한다 하므로 소송은 종료되지 아니한다. 재판장은 주장의 진술, 증거신청, 증거조사 등의 모든 과정이 종결되고 나면 변론을 종결하고 선고기일을 지정한다.

3.2.2 행정소송의 판결

행정소송의 판결은 당사자가 출석하지 않아도 선고할 수 있고, 선고에 의해 효력이 발생한다. 취소소송에서 법원은 계쟁처분의 위법은 처분 당시의 사실관계 및 법령을 기준으로 한다. 판결은 법원이 변론을 거쳐 법정의 방식으로 소송의 목적인 구체적 쟁송을 해결하기 위하여 법적 판단을 선언하는 재판이다. 종국판결은 취소소송의 전부 또는 일부를 그 심급으로서 종료시키는 판결이다. 중간판결은 소송의 심리중에 독립한 공격 또는 방어의 방법 기타 중간의 다툼 등 당사자 사이에 쟁점으로 된 사항에 대하여 미리 판단하는 판결이다. 전부판결은 동일소송절차로 심판되는 사건의 전부를 동시에 종료시키는 종국판결이다. 일부판결은 동일소송절차로 심판되는 사건의 일부를 다른 부분으로부터 분리하여 종료시키는 종국판결이다. 소송판결은 소송의 적부에 대한 판결로서 요건심리의 결과 소송요건을 갖추지 못한 경우에 당해 소송을 부적법한 것으로서 각하하는 판결이다. 본안판결은 소송에 관한 청구의 당부에 대한 판결로서, 청구의 전부 또는 일부를 인용하거나 기각함을 내용으로 하는 판결이다. 법원은 판결이 선고된 후 그 정본을 당사자에게 송달하는데, 판결에 불복이 있는 당사자는 판결서가 송달된 날부터 2주 이내에 항소장을 1심 법원에 제출하는 방식으로 항소할 수 있다. 행정소송의 불복절차에는 항소와 상고 등의 상소가 있다. 제1심 행정법원의 종국판결에 대하여 항소할 수 있다. 항소심 법원은 고등법원이다. 항소의 제기기간, 방식, 절차 등에 관하여는 민사소송과 같다. 항소심인 고등법원의 판결에 대하여 불복(상고)하면 대법원에서 심판한다. 행정소송의 판결은 소송요건에 대한 소송판결인 소각하 판결과 소의 내용에 대한 본안판결이 있다. 본안판결에는 기각판결, 인용판결, 사정판결 등이 있다. 기각판결은 원고의 청구가 이유 없다고 배척하는 판결이다. 인용판결로서 형성판결, 이행판결, 확인판결이 있다. 사정판결은 원고의 청구가 이유있다고 인정하는 경우에도 처분등을 취소하는 것이 현저히 공공복리에 적합하지 아니하다고 인정하는 때에는 법원은 원고의 청구를 기각할 수 있다. 법원이 사정판결을 함에 있어서는 미리 원고가 그로 인하여 입게 될 손해의 정도와 배상방법 그 밖의 사정을 조사하여야 한다. 이 경우 법원은 그 판결의 주문에서 그 처분등이 위법함을 명시하여야 한다. 원고는 피고인 행정청이 속하는 국가 또는 공공단체를 상대로 손해배상, 제해시설의 설치 그 밖에 적당한 구제방법의 청구를 당해 취소소송등이 계속된 법원에 병합하여 제기할 수 있다(행정소송법 제28조).

3.2.3 행정소송 판결의 효력

행정소송의 판결이 확정되면 더 이상 재판을 통하여 그 당부를 다툴 수 없게 되는 형식적 확정력, 법원도 더 이상 그 내용을 변경하거나 그와 다른 판결을 할 수가 없을 뿐 아니라 당사자 또한 확정된 권리관계에 관하여 다른 내용의 권리를 주장할 수 없게 되는 실질적 확정력인 기판력을 갖는다. 취소소송에서는 인용판결이 확정되면 관계행정청은 동일한 사실관계 아래에서 동일한 당사자에게 동일한 내용의 처분을 반복하여서는 아니 되는 반복금지효를 갖는다. 기속력은 처분등을 취소하는 확정판결이 그 사건에 관하여 당사자인 행정청과 그 밖의 관계행정청을 기속하는 효력이다. 기속력은 사실관계에 변동이 있을 때에는 인정되지 않는다. 즉 별도의 이유에 기한 동일 내용의 처분은 가능하다. 형성력은 처분등을 취소하는 확정판결은 제3자에 대하여도 효력이 있다는 것이다(제29조). 행정청이, 판결에 의하여 취소되는 처분이 당사자의 신청을 거부하는 것을 내용으로 하는 경우에 그 처분을 행한 행정청은 판결의 취지에 따라 다시 이전의 신청에 대한 처분을 하지 아니하는 때에는 제1심수소법원은 당사자의 신청에 의하여 결정으로써 상당한 기간을 정하고 행정청이 그 기간내에 이행하지 아니하는 때에는 그 지연기간에 따라 일정한 배상을 할 것을 명하거나 즉시 손해배상을 할 것을 명할 수 있다. 소송비용에 관한 재판이 확정된 때에는 피고 또는 참가인이었던 행정청이 소속하는 국가 또는 공공단체에 그 효력을 미친다(제33조, 민사집행법 제262조) 하는 규정도 지연배상이나 손해배상에 준용한다(제34조).

3.3 행정심판

3.3.1 행정심판의 의의

행정심판은 행정청의 위법 또는 부당한 처분이나 부작위로 권리 또는 이익이 침해된 국민이 그 구제를 구하는 행정쟁송의 절차이다. 헌법 제107조 제3항은, 행정심판의 절차는 사법절차가 준용되어야 한다 하므로 사법절차의 요소를 갖춘 행정심판만이 헌법이 요청하는 행정심판이 된다(헌재 2001. 6.28. 2000헌바30). 행정심판은 일반법인 행정심판법 외에 실정법상 이의신청(국세기본법 제66조), 심사청구(감사원법 제3장), 재심신청(노동조합및노동관계조정법 제69조) 등으로 불린다. 행정심판절차는 입법절차, 사법절차에 대칭되는 사후적 권리구제절차인 행정절차이며, 행정활동에서 당사자·이해관계인의 의견 청취 및 사전이해조정 후 행하는 제1차적 처분절차이다. 행정심판은 행정쟁송의 성격을 가져 당사자의 청구에 의해서만 개시되고 재결청은 심리·재결하여야 할 의무를 지며, 대심구조를 가져 불이익변경이 금지되고 재결에 특별한 효력이 부여되면서 사정재결, 사정판결, 집행부정지원칙 등이 인정된다. 행정심판은 심판청구서를 재결청 또는 피청구인인 행정청에 제출하여 행정기관이 판정기관이나, 행정소송은 소장이 제출된 법원이 관장한다. 행정심판은 위법·부당한 처분이 대상이나 행정소송은 위법한 처분만 쟁송대상이며 취소심판·무효등확인심판·의무이행심판이 있으나 행정소송에는 의무이행소송이 없다. 행정심판은 구술심리 또는 서면심리를 행하나 행정소송에서는 구술심리에 의한다. 행정심판을 거치지 아니하면 행정소송을 제기할 수 없도록 한 행정심판전치주의는 임의적 선택주의로 바뀌었다. 헌법 제107조 제3항은 행정심판은 사법절차가 준용되어야 한다 하여 행정의 자기통제 이상으로 국민의 권익구제를 중시한다.

행정심판과 청원, 진정, 직권재심사, 고충처리 등의 개념 행정심판에는 심판의 제기・절차・형식 등에 제한이 있으며 재결에는 기속력이 발생한다. 이와 달리, 헌법 제26조의 청원권은 누구든지 어떠한 국가기관에 대해서도 제기할 수 있고 행정기관이 심사처리 의무와 통지의무를 지지만(청원법 제9조), 청원에 대한 판단에는 법적 기속력이 없고 통지행위에는 기속력이 발생하지 아니한다. 陳情은 행정기관에 일정 희망을 진술하는 사실행위이고 권리행사가 아니며 그에 대한 행정기관의 해답은 법적 의미를 갖지 않는다. 직권재심사는 법적 근거를 요하지 않고 불가변력이 발생하는 행위에는 허용되지 아니한다. 고충처리는 고충민원 즉 행정기관등의 위법・부당하거나 소극적인 처분(사실행위 및 부작위를 포함) 및 불합리한 행정제도로 인하여 국민의 권리를 침해하거나 국민에게 불편 또는 부담을 주는 사항에 관한 민원(현역장병 및 군 관련 의무복무자의 고충민원을 포함)을 누구든지(국내거주 외국인을 포함) 위원회 또는 시민고충처리위원회에 신청하는 것이다(부패방지 및 국민권익위원회의 설치와 운영에 관한 법률 제2조 제5호, 제39조).

3.3.2 행정심판의 유형

행정심판은 주관적 쟁송의 심판인 항고심판, 당사자심판, 객관적 심판이 있다. 행정심판법은 항고심판만 규율한다. 당사자심판은 개별법에서 처분을 다투는 절차가 아니라, 쟁송절차를 행정청의 재결을 구하는 형식의 시심적 쟁송이다. 행정심판법은 항고심판으로서 취소심판・무효등확인심판・의무이행심판을 규정한다(행정심판법 제5조). 취소심판은 행정청의 위법 또는 부당한 처분을 취소하거나 변경하는 행정심판인 형성적 쟁송이다. 행정심판위원회는 취소심판의 청구가 이유가 있다고 인정하면 처분을 취소 또는 다른 처분으로 변경하거나 처분을 다른 처분으로 변경할 것을 피청구인에게 명한다. 취소심판은 처분의 취소 또는 변경을 구할 법률상 이익이 있는 자가 청구할 수 있다(제43조 제3항, 제13조 제1항). 무효등확인심판은 행정청의 처분의 효력 유무 또는 존재 여부를 확인하는 행정심판인 준형성적 쟁송이다. 위원회는 무효등확인심판의 청구가 이유가 있다고 인정하면 처분의 효력 유무 또는 처분의 존재 여부를 확인한다. 무효등확인심판은 처분의 효력 유무 또는 존재 여부의 확인을 구할 법률상 이익이 있는 자가 청구할 수 있다(제43조 제4항, 제13조 제2항). 의무이행심판은 당사자의 신청에 대한 행정청의 위법 또는 부당한 거부처분이나 부작위에 대하여 일정한 처분을 하도록 하는 행정심판인 이행소송이다. 위원회는 의무이행심판의 청구가 이유가 있다고 인정하면 지체 없이 신청에 따른 처분을 하거나 처분을 할 것을 피청구인에게 명한다. 의무이행심판은 처분을 신청한 자로서 행정청의 거부처분 또는 부작위에 대하여 일정한 처분을 구할 법률상 이익이 있는 자가 청구할 수 있다(제43조 제5항, 제13조 제3항). 특별행정심판은 사안의 전문성과 특수성을 살리기 위하여 특히 필요한 경우 외에는 행정심판법에 따른 행정심판을 갈음하는 특별한 행정불복절차이나 행정심판법에 따른 행정심판절차에 대한 특례를 다른 법률로 정할 수 없다. 다른 법률에서 특별행정심판이나 이 법에 따른 행정심판 절차에 대한 특례를 정한 경우에도 그 법률에서 규정하지 아니한 사항에 관하여는 이 법에서 정하는 바에 따른다. 관계 행정기관의 장이 특별행정심판 또는 이 법에 따른 행정심판 절차에 대한 특례를 신설하거나 변경하는 법령을 제정・개정할 때에는 미리 중앙행정심판위원회와 협의하여야 한다(제4조).

3.3.3 행정심판법과 행정심판

행정심판법은 행정심판의 대상을 열기주의가 아닌 개괄주의로서, 행정청의 처분 또는 부작위에 대하여는 다른 법률에 특별한 규정이 있는 경우 외에는 이 법에 따라 행정심판을 청구할 수 있다 한다(제3조). 다만, 대통령의 처분 또는 부작위에 대하여는 다른 법률에서 행정심판을 청구할 수 있도록 정한 경우 외에는 행정심판을 청구할 수 없다(제3조 단서). 행정심판의 대상은 행정청의 처분 또는 부작위이다. 행정조직법상 행정청은 국가 또는 지방자치단체가 행정에 관한 의사를 결정하여 외부에 표시할 수 있는 권한을 갖는 행정기관이며, 행정심판에서의 행정청은 처분 또는 부작위를 할 수 있는 권한을 가지는 행정기관이다. 행정심판의 대상은 행정청의 처분이다. 처분이란 행정청이 행하는 구체적 사실에 관한 법집행으로서의 공권력의 행사 또는 그 거부, 그 밖에 이에 준하는 행정작용을 말한다(제2조 제1호). 공권력의 행사는 행정행위는 물론 신체 감금이나 물건 압류 같은 계속적 성질을 갖는 권력적 사실행위도 포함한다. 거부처분은 행정청이 사인으로부터 공권력의 행사를 신청받고서 그에 응하지 아니하고 요건의 불비를 이유로 그 신청을 각하하거나 이유가 없다 하여 신청된 내용의 행위를 하지 아니할 의사를 표시하는 행위이다. 거부처분은 소극적인 공권력 행사이므로 부작위와는 달리 행정청의 일정한 행위는 존재한다. 거부처분이 되려면 국민이 행정청에 그 신청에 따른 행정행위를 하여 줄 것을 요구할 수 있는 법규상 또는 조리상 권리가 있을 때이어야 한다. 부작위란 행정청이 당사자의 신청에 대하여 상당한 기간 내에 일정한 처분을 하여야 할 법률상 의무가 있는데도 처분을 하지 아니하는 것(인용처분도 거부처분도 신청내용에 따른 사실행위도 하지 아니하는 경우이다)을 말한다(제2조 제2호). 처분이 무효인 경우에는 처분은 존재하는 것이므로 부작위는 아니다. 행정심판기관은 행정심판의 청구를 수리하여 이를 심리 · 재결할 수 있는 권한을 가진 행정기관이다. 재결청은 행정심판의 청구를 수리하여 재결할 수 있는 권한을 가진 행정기관이며, 처분청의 직근 상급행정기관이 원칙이나, 실질적 재결청은 행정심판위원회이다. 특정한 행정청 또는 그 소속 행정청(행정기관의 계층구조와 관계없이 그 감독을 받거나 위탁을 받은 모든 행정청을 말하되, 위탁을 받은 행정청은 그 위탁받은 사무에 관하여는 위탁한 행정청의 소속 행정청으로 본다)의 처분 또는 부작위에 대한 행정심판의 청구(심판청구)에는 행정청에 두는 행정심판위원회에서 심리 · 재결한다. 특정한 행정청의 처분 또는 부작위에 대한 심판청구에는 '부패방지 및 국민권익위원회의 설치와 운영에 관한 법률'에 따른 국민권익위원회에 두는 중앙행정심판위원회에서 심리 · 재결한다. 특정한 행정청의 처분 또는 부작위에 대한 심판청구에 대하여는 시 · 도지사 소속으로 두는 행정심판위원회에서 심리 · 재결한다. 특정하게 대통령령으로 정하는 국가행정기관 소속 특별지방행정기관의 장의 처분 또는 부작위에 대한 심판청구에 대하여는 해당 행정청의 직근 상급행정기관에 두는 행정심판위원회에서 심리 · 재결한다(제6조).

[二] 형사법(형법 · 형사소송법)의 실체법과 절차법

1. 형사법의 실체법 – 형법

1.1 형법 대의

1.1.1 형법의 의의

형법(ius poenale, criminal law, Straferecht)은 범죄행위라는 법률요건에 형벌이라는 법률효과를 귀속시키는 법규범의 총체이다. 형법은 범죄와 형벌이라는 국가와 개인간 공법적 법질서를 구성하는 공법에 속한다. 형법은 가벌적 범죄행위에 형벌을 부과하는 실체법이어서, 공익을 대표하는 국가기관인 검찰 · 경찰 등이 범죄를 수사 · 기소하여 공판절차로 형을 선고하는 절차를 정한 절차법인 형사소송법과 구분되며, 그 선고된 형벌을 집행하는 준칙을 정한 행형법 등 광의의 형사법과 구분된다. 형법은 형사에 관한 일반법이며 형사특별법에는 국가보안법, 폭력행위등처벌에관한법률 등이 있다. 형법은 18세기 중엽 이후 19세기 초 이래 근대법의 양태로 존재한다. 형법은 보호적 · 보장적 · 규범적 기능을 갖는다.

형법의 보호적 기능은 형벌이 가져오는 사회질서와 평화보호의 사회방위기능, 범죄의 일반예방적 기능, 범죄인의 재범방지의 특별예방기능 등이다. 형법의 보장적 기능은 국가적 법익, 사회적 법익, 개인적 법익 등의 법익을 그 가치 · 정도 · 질 등의 법문화(절도죄의 객체에 부동산이 제외되고, 간통죄 처벌의 합헌결정이 위헌으로 변경되는 것 등)에 따른 보호를 행하는 기능이다. 형법의 보장적 기능은 형법이 범죄로 규정한 행위 이외에는 범죄로부터 자유로이 행동할 수 있는 일반적 행동의 자유를 기본권으로 향유하며, 죄를 범한 범죄인의 경우에도 법에 정하여진 형벌의 범위 내에서만 처벌된다는 법치국가적 형벌의 기능이다. 형법이 '범죄인의 마그나 카르타'라 한 프란츠 폰 리스트(Franz von Liszt 1851.3.2.~1919.6.21.)의 말은[20] 이를 지적한 것이다. 형법의 규범적 기능은 형법이 법규범 일반이 갖는 假言의 평가규범으로서, 일반 국민에게는 형법규범을 기준으로 그의 의사를 결정할 수 있다고 하는 의사결정규범으로 작용하고 그 행위를 결정하는 준칙이 되는 행위규범이며 또한 법관에 대해서는 적법한 행위를 명령하는 재판규범이 되는 기능이다. 한국 형법은 1953.9.18. 법률 제293호로 제정 · 공포되어 10.3. 시행되고 2020.10.20. 시행법률 제17511호에 이르고 있다. 형법 제1편 총칙(제1조~제86조), 제2편 각칙(제87조~제372조)의 편별에서, 각칙은 국가적 법익을 보호하는 제1장(내란의 죄)~제11장(무고의 죄), 사회적 법익을 보호하는 제12장(신앙에 관한 죄)~제23장(도박과 복표에 관한 죄), 개인적 법익을 보호하는 제24장(살인의 죄)~제42장(손괴의 죄) 등이 편제되어 있다.

1.1.2 형법의 범죄성립요건

범죄성립조건의 3원론은 행위가 범죄로 성립하려면 갖추어야 할 구성요건해당성, 위법성, 책임성을 말한다. 구성요건해당성은 구체적 범죄사실이 추상적 범죄구성요건에 해당하는 것이다. 위법성은 법률상 허용되지 않는 것이다. 책임은 구성요건에 해당하는 행위가 위법한 경우에 그 행위에 관하여 행위자에 대한 비난가능성이다. 범죄성립요건의 어느 하나라도 갖추지 못하면 형법상 범죄가 되지 아니하여 검사는 죄가 안 됨을 이유로 하는 불기소처분을 하며 법관은 공판절차에서 무죄의 판결을 선고한다. 범죄성립요건과 달리 처벌조건은 성립된 범죄의 가벌성요건이다. 인적 처벌조각사유는 형벌권발생이 일정사유에 의하여 방해를 받는 소추조건을 이루는 경우다. 국회의원의 면책특권이 그것이며 이를 결여하면 형의 면제 또는 면소판결을 한다. 범죄소추조건으로 친고죄와 반의사불벌죄가 있다. 친고죄는 검사의 공소제기에 피해자 기타 일정한 자의 고소를 필요로 하는 범죄다(형법 제297조 강간죄, 제311조 모욕죄 등). 반의사불벌죄는 피해자의 명시한 의사에 반하여 처벌할 수 없는 범죄다(제260조 제3항 폭행죄, 제312조 제2항 명예훼손죄 등). 소추조건이 결여되면 공소기각결정을 한다. 범죄구성요건에 해당하여 완성에 이르기까지의 과정에서 범죄의 결심은 아직 행위로서 외부에 나타나지 않은 범죄의 의사이다. 범의의 표시 또는 범죄 실행의 준비단계인 예비도 구성요건의 내용에 해당하지 않는다. 다만 예비행위 자체를 구성요건으로 하여 벌하는 규정은 있다. 미수는 행위자가 실행행위를 완료하지 못하거나 일정 효과를 발생하지 못한 때로서 법이 특별히 규정한 때에만 벌할 수 있다. 기수는 범죄의 실행을 완료하고 일정한 결과를 발생하여 범죄를 완성한 최종단계이다.

1.1.3 형법의 범죄구성요건

범죄구성요건은 형법이론의 舊派에서는 범죄의 정형성을 정한 형법이론체계의 표상이나, 新派에서의 범죄행위는 반사회적 징표로서의 의미만 갖는다. 구성요건의 객관적 요소는 객관적으로 표현된 기술적 · 규범적 요소이며 주관적 요소는 주관적 불법요소이다. 행위자의 고의는 객관적 구성요건요소의 다른 측면이며 목적범, 경향범, 표현범 등에서의 목적과 같은 주관적 불법요소는 객관적 구성요건요소 이외의 초과적 불법요소를 형성한다. 구성요건은 추상적 법적 구성요건인 점에서 사실상 구성요건 내지 범죄구성사실과 다르다. 법적 구성요건에 구성요건사실을 해당시키는 법률적·가치적 판단이 구성요건해당성이며, 구성요건에 해당하는 행위가 실행행위이다. 범죄의 주관적 구성요건요소인 고의는, 형법 제13조 '죄의 성립요소인 사실을 인식하지 못한 행위는 벌하지 아니한다. 단, 법률에 특별한 규정이 있는 경우에는 예외로 한다' 하여 인과적 행위론에 의하면, 형법상 책임은 범죄인이 책임능력자이며 행위시에 고의 또는 과실 등의 책임조건을 구비하여야 하는데, 형법에서는 원칙으로 고의만 벌하고 과실은 예외적으로 특별한 경우에 한하여 벌한다는 의미로서 해석된다. 고의의 본질에 대하여, 의사설(희망설)은 행위자가 결과에 대해서 희망 또는 의욕하여야 한다는 의지적 요소를 강조하나, 인식설(관념설·표상설)과 같이, 고의의 지적 요소로서, 결과에 대한 인식 또는 표상만 있으면 고의가 있다고 보게 되면, 고의가 성립하려면 행위자가 구성요건에 해당하는 사실을 인식하여야 한다. 구성요건에는 기술적 요소와 규범적 요소 즉 사실의 인식(예컨대 형법 제250조 살인죄에서 '사람')과 의미의 인식(형법 제152조 위증죄에서 '위증')의 측면이 있다. 이들 인식 외의 처벌조건, 소추조건에의 인식은 요하지 않는다. 이 같은 인식은 그 법적 평가까지 숙지하는 등의 전문가적 인식이 아니라 문외한적 인식으로 족하다. 확정고의는 행위의 불가결한 결과를 확실히 인식한 경우이다. 미필적 고의는 그 결과의 발생 자체가 불확실한 경우에, 행위자가 결과의 발생가능성을 인정하고 이를 묵인하는 심적 상태이다. 개괄적 고의는 행위의 불가결한 결과를 확실히 인식하지 아니한 불확정고의에서, 결과 자체가 일어나는 것은 확정적이나, 그 객체가 불확정한 경우이다. 택일적 고의는 그 결과가 일어나는 가능성을 지닌 객체가 둘 가운데서 하나에만 있는 경우를 말한다.

1.2 범죄론

1.2.1 부작위범·작위범

부작위범은, 형법 제18조 '위험의 발생을 방지할 의무가 있거나 자기의 행위로 인하여 위험발생의 원인을 야기한 자가 그 위험발생을 방지하지 아니한 때에는 그 발생된 결과에 의하여 처벌한다' 하여 범죄구성요건에 해당하는 행위인 실행행위가 행위의 형태로서 외계에 표현되는 것이 아니라 소극적 정지의 형태로써 표현된다. 부작위범에서의 부작위는 단순한 무위가 아니라 요구되어 있는 무엇을 하지 않음, 즉 행위의 소극적 형태로서의 부작위가 범죄의 실행행위로 평가될 수 있는 때에 성립한다. 작위범의 구성요건에 해당하는 작위가 특별한 위법성조각사유가 없는 한 위법성을 갖는 데 반하여, 부작위범은 일정한 작위의무가 있음에도 부작위로 나아가는 때에 위법성을 갖게 된다. 이때의 작위의무는 법령, 계약, 사무관리, 관습 및 조리상 등의 근거를 지닌 명령규범에서 나온다. 진정부작위범은 구성요건상 부작위에 의하여 실행되는 범죄 즉 일정한 작위의무에 위반하여 명령규범을 침해하는 범죄이다. 형법상 작위범이 행위자가 부작위의무에 위반하여 금지규범을 침해하는 범죄인 것과 규범구조가 같다. 다만 작위범은 금지규범을 부작위범은 명령규범을 침해하는 것이 서로 대비될 뿐이다. 부진정부작위범은 구성요건상 작위에 의하여 실행되는 범죄를 일정한 조건하에서 부작위로써 형법상 금지되는 결과를 발생케 하는 범죄인 점에서 부작위범이 아니라 부작위에 의한 작위범이다. 부진정부작위범은 명령규범에 위반하여 금지규범을 침해하는 이중의 규범침해인 점에서, 단순히 금지규범 침해로 성립하는 작위범과 다르며, 명령규범을 침해하면 바로 위법성이 생기는 진정부작위범과도 다르다. 과실범은, 형법 제14조 '정상의 주의를 태만함으로 인하여 죄의 성립요소인 사실을 인식하지 못한 행위는 법률에 특별한 규정(실화 제170조, 과실 溢水 제181조, 과실 교통방해 제189조 제1항, 과실 치사상 제266조, 제267조, 제268조, 과실 장물취득 제364조 등)이 있는 경우에 한하여 처벌한다' 하여 범죄성립요건인 범죄사실의 인식이 결여되어 이를 전혀 인식하지 못한 인식없는 과실, 범죄사실의 발생은 추상적으로 인식한 인식있는 과실의 범죄이다. 과실범은 정상의 주의를 태만하는 것 즉 인식의 흠결이 상당한 부주의에 의하는 것이다. 행위자가 부주의를 하지 않도록 어느 정도의 주의를 필요로 하느냐에 대해서, 주관설은 행위자 개인의 구체적 주의력을 표준으로 하며, 객관설은 추상적으로 일반보통인의 주의력을 표준으로 한다.

1.2.2 형법상 인과관계

형법의 인과관계는, 형법 제17조 '어떤 행위라도 죄의 요소되는 위험발생에 연결되지 아니한 때에는 그 결과로 인하여 벌하지 아니한다' 하여 행위와 결과간 인과적 연결이 존재할 때 구성요건해당성을 인정하는 것이다. 인과관계는 인과의 연관이 아니라 귀속의 관련인 가치평가의 규범적 타당성의 법칙이다. 즉 자연과학의 인과관계인 필연성 법칙과 다르며 형이상학적 가치판단의 문제도 아니다. 형법상 인과관계의 범위에 관하여 조건설은 행위와 결과 사이에 조건적 관계만 있으면 모두 동가치로 보는 등가설이다. 조건설은 인과관계의 문제를 사실관계로 보면서 그 범위를 한정하지 않기에, 원인설은 여러 조건에서 결과에 대해 필연적인 것(필연조건설), 최종적인 것(최종조건설), 가장 유력한 것(최유력조건설) 등으로 그 조건을 차단하며, 인과관계중단론은 인과관계 진행 중 책임능력자의 고의 또는 과실을 구비한 행위의 개재로 인과관계를 중단한다. 상당인과관계설은 인과관계에 법률적 평가를 하여 결과에 대한 여러 조건 중 경험법칙상 일반적으로 그런 결과를 일으키는 성질을 갖는 한 즉 상당한 인과의 관계에 대해서만 형법상 인과관계를 인정한다. 이에는 행위자의 판단에 의한 주관적 상당인과관계설, 행위 당시에 존재한 모든 사정을 객관적으로 종합하여 법관이 결정하는 객관적 상당인과관계설이 있다. 객관적 상당인과관계설은 형법의 개인책임주의에 위배될 가능성을 갖는다. 진정부작위범은 결과의 발생을 필요로 하지 않는 형식범이기에 인과관계의 여지가 없다. 부진정부작위는 일정한 위험상태에 있을 때 부작위에 나아가 그로 인하여 결과를 초래하는 것이 구성요건적 행위라 볼 수 있으면 그 부작위와 결과간에는 인과관계가 인정된다.

1.2.3 범죄성립요건의 위법성

범죄성립요건의 위법성은 불법과 구분된다. 불법은 구성요건 자체의 위법이나 위법성은 구성요건 자체 외에 법질서 전체에서 판정되는 객관적 위법이다. 형법은 가언규범 형식의 평가규범이고 이에서 나오는 의사결정규범이기에, 객관적 법률질서에 대한 침해가 있으면 위법성을 갖는다. 주관적으로 의무규범에 위반하는 경우에 위법성이 있는 것이 아니다. 위법성조각사유는 구성요건에 해당하는 행위의 범죄성립을 조각시키는 사유이다. 형법상 정당방위(제21조), 긴급피난(제22조), 자구행위(제23조), 법령상 정당행위(제20조), 피해자의 승낙(제24조) 등이 그것이다. 범죄성립요건의 착오론으로서 형법 제15조 '① 특별히 중한 죄가 되는 사실을 인식하지 못한 행위는 중한 죄로 벌하지 아니한다. ② 결과로 인하여 형이 중할 죄에 있어서 그 결과의 발생을 예견할 수 없었을 때에는 중한 죄로 벌하지 아니한다' 하는 사실의 착오는, 구성요건적 사실에 관한 인식이 착오에 의하여 결여된 경우에 구성요건적 고의는 조각되고 과실의 문제만 남게 된다. 이 조항은 인식과 사실이 다른 종류의 범죄에 속하는 때에는 적용하지 아니하고 죄질을 같이 하는 범죄간에 적용된다. 형법 제16조 '자기의 행위가 법령에 의하여 죄가 되지 아니하는 것으로 오인한 행위는 그 오인에 정당한 이유가 있는 때에 한하여 벌하지 아니한다' 하는 법률의 착오는, 구성요건을 실현하는 행위임을 완전히 인식하였으나 그 행위가 위법함을 착오로써 인식하지 못한 것이다. 법률의 착오는 구체적인 조문의 착오가 아닌 위법성의 착오이며 그 오인에 정당한 이유가 있을 때에는 고의범의 성립을 조각한다. 과실로 위법성인식을 못한 경우 책임은 조각되지 않고 고의범으로 처벌된다. 위법성조각사유에 대한 착오는 고의범의 성립을 조각한다. 위법성의 착오라 함은 행위자가 구성요건에 해당하는 사실은 인식하였으나 위법성의 인식이 없는 경우로서, 위법성 인식의 결여에 과실이 없으면 책임이 조각되나, 위법성 인식을 하지 못한 데에 과실이 있는 때에는 고의범이 성립한다.

1.2.4 범죄성립요건의 위법성조각사유

범죄성립에 있어서의 위법성조각사유로서 정당방위(제21조), 긴급피난(제22조), 자구행위(제23조), 법령상 정당행위(제20조), 피해자의 승낙(제24조)이 있다. 형법 제21조 '① 자기 또는 타인의 법익에 대한 현재의 부당한 침해를 방위하기 위한 행위는 상당한 이유가 있는 때에는 벌하지 아니한다. ② 방위행위가 그 정도를 초과한 때에는 정황에 의하여 그 형을 감경 또는 면제할 수 있다. ③ 전항의 경우에 그 행위가 야간 기타 불안스러운 상태하에서 공포, 경악, 흥분 또는 당황으로 인한 때에는 벌하지 아니한다' 하는 정당방위는 긴급절박한 위법적 침해에 직면한 자가 스스로 자력을 행사하여 침해자에게 반격을 가함으로써 그 침해를 면하는 직접적 행동이다. 정당방위는 공격에 대한 상당한 방위(사회통념상 상당성을 초과한 때에는 과잉방위가 되어서 위법성은 조각되지 않고 행위자의 책임 문제가 남는다. 긴박 부정한 침해가 없음에도 있는 것이라 오신하여 행한 방위행위가 오상방위 · 착각방위이다), 현재의(과거의 침해에 대한 방위는 복수일지언정 정당방위는 있을 수 없으며, 장래의 위협이 있는 경우에 대비하는 정당방위의 예비행위는 가능하다) 부당한(위법한 침해를 말하며, 적법한 침해에 대한 긴급피난은 가능하나 정당방위는 인정되지 않는다) 침해에 대한 방어를 말한다. 법익은 개인의 법익 침해뿐 아니라 국가 또는 사회적 법익 침해에 대해서도 가능하다. 타인의 생명, 명예, 재산 등의 보호를 위한 정당방위는 정당방위적 긴급구조이다. 방위는 침해자의 법익에 대한 반격에 한하므로 제3자의 법익에 대하여도 가능한 긴급피난과 다르다. 주관적으로 방위의사가 있어야 한다. 형법 제22조 '① 자기 또는 타인의 법익에 대한 현재의 위난을 피하기 위한 행위는 상당한 이유가 있는 때에는 벌하지 아니한다. ② 위난을 피하지 못할 책임이 있는 자에 대하여는 전항의 규정을 적용하지 아니한다' 하는 긴급피난은 위법하지 아니한 침해에 대하여 일정한 한도 내의 피난을 법이 허용하는 긴급행위이다. 긴급피난은 보충성에 따르는 최소한이어야 하며 긴급행위로 생기는 해가 보호하려는 법익의 정도를 초과하지 않아야 하는 균형성을 가져야 한다. 과잉방위 · 오상방위와 같이 과잉피난과 오상피난이 있다. 정당행위는 형법 제20조 '법령에 의한 행위 또는 업무로 인한 행위 기타 사회상규에 위배되지 아니하는 행위는 벌하지 아니한다' 하여 공무원의 직무행위, 징계행위, 현행범 체포, 쟁의행위, 정당한 업무행위로서 의사의 치료행위 등의 법령에 의한 행위가 있다. 초법규적 정당행위는 초법규적 긴급행위, 사회상규에 위배되지 아니하는 행위이다. 사회상규는 국가질서의 존엄성의 인식을 기초로 한 국민 일반의 건전한 도의감이다. 형법 제20조의 '사회상규에 위배되지 아니하는 행위'라 함은 법질서 전체의 정신이나 그 배후에 놓여있는 사회윤리 내지 사회통념에 비추어 용인될 수 있는 행위를 말하고, 이 같은 정당행위가 인정되려면 그 행위의 동기나 목적의 정당성, 행위의 수단이나 방법의 상당성, 보호이익과 침해이익의 법익 균형성, 긴급성, 그 행위 이외의 다른 수단이나 방법이 없다는 보충성 등의 요건을 갖추어야 한다(대법원 2003.9.26. 2003도3000; 헌재 2014.4.24. 2013헌마849; 대법원 1999.1.26. 98도3029 참조). '사회상규에 위배되지 아니하는 행위'는 법질서 전체의 정신이나 그 배후에 놓여 있는 사회윤리 내지 사회통념에 비추어 용인될 수 있는 행위이다. 형법 제24조 '처분할 수 있는 자의 승낙에 의하여 그 법익을 훼손한 행위는 법률에 특별한 규정이 없는 한 벌하지 아니한다' 하는 피해자의 승낙은 피해자가 가해자에 대하여 자기의 법익 침해를 허락하는 것이다. 개인적 법익을 구성요건의 보호 객체로 하는 경우에는(보통살인(제250조)과 승낙에 의한 살인(제252조 제1항), 부녀의 승낙 없이 하는 낙태(제270조 제2항)와 부녀 스스로 하는 낙태(제269조 제1항), 의사 등이 부녀의 촉탁 또는 승낙을 받아 하는 낙태(제270조 제1항, 제269조 제2항) 등) 그 법익을 피해자가 처분할 수 있을 때에 한하여 위법성을 조각시킨다. 반면 국가적·사회적 법익 등의 공공적 법익이 객체인 경우에는 범죄성립에 영향을 미치지 아니한다. 대통령이라도 이를 승낙할 수 없다. 내란죄(제87조, 제105조 등) 등이 그것이다. 승낙은 그 의미를 이해할 수 있는 의사능력 있는 자의 자유로운 의사로 이루어져야 한다. 간음죄의 13세(제305조), 아동혹사죄의 16세(제274조), 약취유인죄의 미성년자(제287조) 등이 그것이다. 친고죄와 반의사불벌죄에서 피해자의 승낙은 고소권의 포기 또는 불처벌 의사를 사전에 분명히 한 것이다. 사후의 승낙은 범죄성립에 영향을 주지 못하고 공소권 실행이나 법원의 양형결정에 영향을 줄 뿐이다. 형법 제23조 '법정절차에 의하여 청구권을 보전하기 불능한 경우에 그 청구권의 실행불능 또는 현저한 실행곤란을 피하기 위한 행위는 상당한 이유가 있는 때에는 벌하지 아니한다. 전항의 행위가 그 정도를 초과한 때에는 정황에 의하여 형을 감경 또는 면제할 수 있다' 하는 자구행위는 자기 또는 타인의 청구권을 보전하기 위한 법정절차를 기대할 여유가 없을 때 즉 보충성원칙에 따라서 스스로 적법한 구제의 방법으로 이에서 벗어나는 정당한 행위이다. 그 침해가 현재에 있음을 요하는 정당방위와 달리 원칙적으로 과거의 침해에 대해서 인정한다. 과잉자구행위에는 위법성이 조각되지 않으나 책임은 그 정상에 따라서 감경되거나 면제될 수 있다. 법정절차에 의한 청구권 보전의 절차로서 민법은 불법행위에 대한 손해배상청구권, 소유권에 기한 반환청구권 기타 각종의 청구권을 인정하면서 그 실현 방법으로 일반적 소송절차 외에 가압류, 가처분 등의 보전절차를 규정한다.

1.2.5 범죄성립요건의 책임성

범죄성립요건에서 책임은 위법한 행위를 한 자에 대한 법률적 제재이다. 위법성은 구성요건의 불법성과 법질서 전체와의 관계에서 판정되는 위법요소이며, 책임은 행위와 법질서 사이의 불합치 관계에서 나아가 행위자에게 위법행위를 중지할 수 있음에도 이를 행하지 아니한 점에 인격적 비난을 가하는 것이다. 책임의 본질은 비난가능성에 있으므로, 책임요소는 비난가능성의 요소이며, 비난가능성의 요소는 고의범에 있어서는 고의를 핵심요소로 한다. 책임요소인 비난가능성의 지적 요소는 위법성의 인식이며 규범적 요소는 기대가능성이다. 위법성의 인식에 관한 고의설은, 책임은 책임능력과 책임조건으로 구성되며, 책임조건은 고의·과실이므로, 위법성의 인식이 없으면 고의의 성립은 없다고 한다. 반면, 책임설은 책임의 본질은 비난가능성이고, 고의는 비난의 한 요소이면서 직접적으로는 행위에 속하며 책임론에서는 간접적 관련성만 있으며, 위법성 인식은 고의와 무관하다 하는, 막스 베버*Max Weber*의 심정윤리에 대한 책임윤리에 근거한다. 형법 제34조 '① 어느 행위로 인하여 처벌되지 아니하는 자 또는 과실범으로 처벌되는 자를 교사 또는 방조하여 범죄행위의 결과를 발생하게 한 자는 교사 또는 방조의 예에 의하여 처벌한다' 하는 간접정범은 형법상 책임능력이 없는 자, 책임요소를 결여한 자, 기타 법률상 처벌을 받지 않거나 혹은 과실범으로 처벌되는 자 등을 이용하여 범죄를 실행하는 자이다. 형법 제10조 제3항 '위험의 발생을 예견하고 자의로 심신장애를 야기한 자의 행위에는 전2항(① 심신장애로 인하여 사물을 변별할 능력이 없거나 의사를 결정할 능력이 없는 자의 행위는 벌하지 아니한다. ② 심신장애로 인하여 전항의 능력이 미약한 자의 행위는 형을 감경한다.)의 규정을 적용하지 아니한다' 하는 원인에 있어서 자유로운 행위는 자기의 심신상실의 상태를 이용하여 범죄를 실행하는 것이며 원인행위시에는 아직 실행의 착수가 없고 半무의식적 실현이 있을 때에 범죄의 실행행위가 시작되는 것이다. 형법 제12조 '저항할 수 없는 폭력이나 자기 또는 친족의 생명, 신체에 대한 위해를 방어할 방법이 없는 협박에 의하여 강요된 행위는 벌하지 아니한다' 하는 강요된 행위는 강요자의 책임을 묻는 것이 아니라 피강요자의 책임에 관한 문제로서, 강요된 행위는 비난을 가할 수 없다는 것 즉 책임이 조각된다는 것이며 반면, 강요자는 간접정범으로서 처벌된다. 초법규적 책임조각사유로서, 상관의 위법한 명령을 실행한 자에게 그 개인적 책임을 추궁할 수 있는가는 책임의 문제다. 결과적 가중범은, 형법 제15조 제2항 '결과로 인하여 형이 중할 죄에 있어서 그 결과의 발생을 예견할 수 없었을 때에는 중한 죄로 벌하지 아니한다' 하여 고의 또는 과실이 없었음에도 일정한 결과가 있었음을 이유로 죄책을 부과하는 결과책임을 인정하여 헌법과 형법의 책임주의에 반하는 예외적인 범죄 유형이기에, 행위 당시에 예견될 수 있었던 결과에 한해서만 책임을 지우도록 하였다. 형법의 '책임 없으면 형벌 없다' 하는 책임주의는 헌법에 근거하는 기본원리이므로, 행위자가 책임능력과 책임조건이 있어야 형벌권을 발동할 수 있으며, 행위자의 책임없는 결과에는 비난가능성을 인정할 수 없기에 형벌을 지울 수 없다. 예컨대 상해치사죄(제259조)에서 행위자는 제1의 결과인 상해에는 고의가 있어야 하며, 제2의 결과인 사망에 대해서는 행위자의 과실에 의한 결과의 불인식이라는 책임조건이 있어야 하고, 그 인과관계도 원인과 결과사이에 객관적 상당인과관계가 있어야 한다. 유기치사죄(제275조)의 경우에도 그러하다.

1.3 범죄론과 형벌론

1.3.1 미수범, 공범, 범죄론

미수범은, 형법 제25조 '범죄의 실행에 착수하여 행위를 종료하지 못하였거나 결과가 발생하지 아니한 때에는 미수범으로 처벌한다. 미수범의 형은 기수범보다 감경할 수 있다' 하여 범죄의 실행에 착수하여 행위를 종료하지 못하였거나 결과가 발생하지 아니한 경우이다. 미수범은 일반적으로 처벌하는 것이 아니라 개별적으로 처벌규정을 둔 때에 한하여 처벌한다. 미수범 처벌은 원칙적으로 기수범과 동일하며 경우에 따라 감경할 수 있다. 중지범은 범죄의 실행에 착수한 후 범죄가 완성되기 전에 자기의 의사로써 중지한 중지미수이다. 범인이 자의로 실행에 착수한 행위를 중지하거나 그 행위로 인한 결과의 발생을 방지한 때에는 형을 감경 또는 면제한다(제26조). 불능범은 형식상 일정한 행위가 있었지만 실질상 범죄구성요건을 충족할 가능성이 없는 행위를 말한다. 범죄구성요건의 충족 가능성을 위험이라 하므로 불능범은 위험성 없는 행위이다. 실행의 수단 또는 대상의 착오로 인하여 결과의 발생이 불가능하더라도 위험성이 있는 때에는 처벌한다. 단, 형을 감경 또는 면제할 수 있다(제27조). 범죄의 음모 또는 예비행위가 실행의 착수에 이르지 아니한 때에는 법률에 특별한 규정이 없는 한 벌하지 아니한다(제28조). 미수범을 처벌할 죄는 각 본조에 정한다(제29조). 단독정범은 형법이 규정한 범죄를 혼자서 위법·유책하게 구성요건을 실현한 자이다. 공범은 한 개인이 실현할 것을 예상하고 규정한 구성요건을 수인이 협력하여 실현하는 임의적 공범으로서 공동정범, 교사범, 종범 등이다. 형법 제30조 '2인 이상이 공동하여 죄를 범한 때에는 각자를 그 죄의 정범으로 처벌한다' 하는 공동정범은 동시적 상호적 이용관계를 가지면서 공동으로 범죄를 실현하는 것이다. 일시적 일방적 이용관계를 가지고 범죄 실행에 가담하지 않는 교사범과 구별되며, 다 같이 상호적 이용관계를 가지나 단순히 그 실행행위 일부의 보조에 그치는 종범과 구별된다. 형법 제31조 '타인을 교사하여 죄를 범하게 한 자는 죄를 실행한 자와 동일한 형으로 처벌한다. 교사를 받은 자가 범죄의 실행을 승낙하고 실행의 착수에 이르지 아니한 때에는 교사자와 피교사자를 음모 또는 예비에 준하여 처벌한다. 교사를 받은 자가 범죄의 실행을 승낙하지 아니한 때에도 교사자에 대하여는 전항과 같다' 하는 교사범은 타인으로 하여금 범죄를 결의하여 실행케 한 자이다. 형법 제32조 '타인의 범죄를 방조한 자는 종범으로 처벌한다. 종범의 형은 정범의 형보다 감경한다' 하는 종범은 타인의 범죄를 방조한 자이다. 방조는 구성요건에 해당하는 행위를 도와주고 그 실현을 용이하게 한 것이다. 신분관계로 인하여 성립될 범죄에 가공한 행위는 신분관계가 없는 자에게도 공동정범, 교사범, 종범의 규정을 적용한다. 단, 신분관계로 인하여 형의 경중이 있는 경우에는 중한 형으로 벌하지 아니한다(제33조). 간접정범은 '어느 행위로 인하여 처벌되지 아니하는 자 또는 과실범으로 처벌되는 자를 교사 또는 방조하여 범죄행위의 결과를 발생하게 한 자는 교사 또는 방조의 예에 의하여 처벌한다. 자기의 지휘, 감독을 받는 자를 교사 또는 방조하여 전항의 결과를 발생하게 한 자는 교사인 때에는 정범에 정한 형의 장기 또는 다액에 그 2분의 1까지 가중하고 방조인 때에는 정범의 형으로 처벌한다'(제33조). 범죄는 법익침해양태에서 구성요건내용인 행위에 결과까지 포함하여 규정한 범죄인 실질범(살인죄 제250조), 구성요건내용이 결과를 필요로 하지 않고 행위만 규정된 형식범(주거침입죄 제319조), 법익침해정도에 따라 구성요건내용인 행위가 법익을 침해하는 침해범(살인죄 제250조), 법익침해위험성만으로 구성요건을 충족하는 위태범(방화죄 제164조), 구성요건내용인 행위가 시간적 계속을 요하여 행위 계속과 위법상태 계속이 일치하는 계속범(감금죄 제276조), 행위의 시간적 계속을 요하지 않고 행위완료 후 위법상태가 계속되지만 행위와 동시에 범죄는 완료하여 기수가 되는 상태범(절도죄 제329조 타인재물절취로 범죄는 완성되고 재물처분행위는 불가벌적 사후행위), 형벌법규에서 형사적 형벌법규는 구성요건에 해당하는 사실 자체가 법규정 이전에 당연히 위법성을 갖는 형사범·자연범(살인죄 제250조), 국가가 행정적 형벌법규를 규정하여 비로소 위법성을 갖는 행정범·법정범(경찰법규 기타 특별법상 범죄), 수인이 공동하여 범죄를 행하는 공범(제30조 이하), 공동관계가 없는 수인이 시간·장소를 같이 하여 범죄를 행한 동시범(제19조, 제263조), 구성요건 해당 행위의 주체에 일정한 신분을 요하는 범죄인 신분범(제122조, 공무원이…)에서 일정 신분이 범죄성립조건상 위법요소를 형성하는 진정신분범(수뢰죄 제129조 등의 공무원 범죄에서 일정 작위의 무자의 부작위만이 범죄를 구성)과 일정 신분이 범죄성립조건상 책임요소를 형성하는 부진정신분범(존속살인죄는 제250조 제2항 피해자가 직계존속이어서 책임이 무겁다 보아 형이 가중) 등이 있다. 격리범은 구성요건에 해당하는 행위와 결과가 시간적 또는 공간적으로 거리를 갖는 범죄로서, 그 법률적 판단의 기준에서 시간에 관한 효력은 행위시, 공소시효기산점은 결과발생시, 장소에 관한 효력은 행위와 결과의 장소 모두를 범죄장소로 본다. 목적범은 범죄구성요건의 객관적 요소를 초과하는 주관적 목적을 요하는 범죄로서(내란죄 제87조 국헌을 문란하게 할 목적), 목적범의 목적과 고의는 행위자의 내부적 심리적 실재이지만, 고의는 구성요건내용인 위법한 외부적 사실을 대상으로 하나 목적범의 목적은 그 외부적 사실을 초월하여 존재하는 실재로서, 범죄의 동기는 책임평가에만 관련되는 행위자의 내부적 성격이지만 목적범의 목적은 구성요건요소가 되어 위법판단이나 책임판단의 대상이 된다. 경향범은 외부적 행위의 의욕을 초과하여 존재하는 행위자의 일정한 주관적 내심적 경향이 표출되어서 이루어지는 범죄이다(강제추행죄 제298조는 행위자가 그 주관적 육욕적 목적을 나타난 때에 비로소 범죄가 성립). 표현범은 행위가 행위자의 일정한 내심적 상태가 표출되어서 이루어지는 범죄이다(위증죄 제152조에서 허위의 공술은 자기의 확신에 반하는 진술이므로 그 진술이 객관적 사실과 일치되어도 법익 침해는 존재한다). 결합범은 수개의 행위가 결합하여 한 개의 범죄를 구성하여 이루어지는 一罪의 범죄이다(강도죄 제333조는 폭행죄 또는 협박죄와 재물도취의 두 행위를 구성요건으로 한다). 집합범은 다수의 동종의 연속적 행위가 동일한 의사에 의하여 반복되나 이들이 일괄하여 한 개의 범죄를 구성하여 이루어지는 一罪의 범죄이다(상습범 제264조). 접속범은 동일한 법익에 대하여 수개의 행위가 불가분적으로 접속하여 행하여져 이루어지는 一罪의 범죄이다(절도범 제329조이 동일 기회에 수회 그 행위를 반복한다).

1.3.2 죄수론

죄수론에는 단순일죄, 법조경합과 포괄적 일죄, 경합범, 상상적 경합 등이 있다. 법조경합과 포괄적 일죄는 형식상 두 개 이상의 구성요건의 충족이 있으나 실질상 一罪만이 성립하여 범죄의 경합이 일어나지 않는 경우이다. 법조경합은 외견상 행위가 수개의 범죄에 해당하는 듯 한 점에서 관념적 경합(형법 제40조)과 같지만, 관념적 경합은 한 개의 행위가 실질상 수개의 법규에 해당하기에 이론상 수죄이지만 처벌상 일죄인 반면, 법조경합은 한 개의 행위가 형식상 수개의 법규에 해당하나 실질상 일죄인 점에서 구분된다. 법조경합에서 적용법조선택은 '특별법은 일반법을 폐지한다'(보통살인죄 제250조 제1항 일반법에 대한 존속살인죄 제2항 특별규정이 우선적용), '전부법은 부분법을 폐지한다'(상해죄 제257조 부분규정에 대한 살인죄 전부규정이 우선적용), 보충관계로서 '주법은 보충법을 폐지한다'(인장위조죄 239조 보충법에 대해서 문서위조죄 231조・유가증권위조죄 214조 주법이 우선적용), 양립되지 않은 두 규정 간 일방만 적용되는 택일관계 등이다. 이에 대하여, 포괄적 일죄는 수개 행위가 포괄적으로 한 개 구성요건에 해당하여 단순 일죄를 구성한다. 결합범은 수개 행위가 결합하여 한 개 범죄를 구성하는 경우(강도죄 제333조는 폭행죄 제260조 또는 협박죄 제283조와 재물도취 제329조의 두 행위를 구성요건내용으로 한다), 집합범은 수다한 동종 행위가 동일 의사에 의하여 반복되나 일괄하여 일죄를 구성하는 경우(상습범 264조, 영업범(음란문서판매죄) 등은 단순 일죄 취급을 받는다), 접속범은 동일한 법익에 수개 행위가 접속하여 행하여지는 경우로서 실질상 일죄다. 경합범이라 하여, '판결이 확정되지 아니한 수개의 죄 또는 금고 이상의 형에 처한 판결이 확정된 죄와 그 판결확정 전에 범한 죄를 경합범으로 한다'(형법 제37조) 하는 실체적 경합은 확정판결을 받지 아니한 수죄 또는 어떠한 범죄에 대하여 이미 확정판결이 있은 때에는 그 죄와 재판전의 죄의 경합이며, 제38조(경합범과 처벌례), 제39조(판결을 받지 아니한 경합범, 수개의 판결과 경합범, 형의 집행과 경합범) 등이 적용된다. 상상적 경합은 1개의 행위가 수개의 죄에 해당하는 경우에는 가장 중한 죄에 정한 형으로 처벌하는 것이다(제40조). 관념적 경합은 한 개의 행위가 수개의 죄명에 해당하지만 처벌상 일죄로서 취급받는 경우이며, 한 개 행위인 점에서는 법조경합과 같으나 실질상 수죄인 점에서 구별되며, 한 개 행위인 점에서 수개 행위를 전제로 하는 경합범과 구별된다.

1.3.3 형벌론

형의 종류는 1.사형 2.징역 3.금고 4.자격상실 5.자격정지 6.벌금 7.구류 8.과료 9.몰수이다(형법 제41조). 형의 경중은 위 각 호의 순서에 따른다. 다만, 무기금고와 유기징역은 무기금고를 무거운 것으로 하고 유기금고의 장기가 유기징역의 장기를 초과하는 때에는 유기금고를 무거운 것으로 한다. 같은 종류의 형은 장기가 긴 것과 다액이 많은 것을 무거운 것으로 하고 장기 또는 다액이 같은 경우에는 단기가 긴 것과 소액이 많은 것을 무거운 것으로 한다. 이 외에는 죄질과 犯情을 고려하여 경중을 정한다(제50조). 형의 정함에는 범인의 연령, 성행, 지능과 환경, 피해자에 대한 관계, 범행의 동기, 수단과 결과, 범행 후의 정황을 참작하여야 한다(제51조). 죄를 지은 후 수사기관에 자수한 경우에는 형을 감경하거나 면제할 수 있다. 피해자의 의사에 반하여 처벌할 수 없는 범죄의 경우에는 피해자에게 죄를 自服하였을 때에도 형을 감경하거나 면제할 수 있다(제52조). 범죄의 情狀에 참작할 만한 사유가 있는 경우에는 그 형을 감경할 수 있다(제53조). 한 개의 죄에 정한 형이 여러 종류인 때에는 먼저 적용할 형을 정하고 그 형을 감경한다(제54조).

형의 양정 판결선고전의 구금일수는 그 전부를 유기징역, 유기금고, 벌금이나 과료에 관한 유치 또는 구류에 산입한다. 이때 구금일수의 1일은 징역, 금고, 벌금이나 과료에 관한 유치 또는 구류의 기간의 1일로 계산한다(제57조). 1년 이하의 징역이나 금고, 자격정지 또는 벌금의 형을 선고할 경우에 제51조의 사항을 고려하여 뉘우치는 정상이 뚜렷할 때에는 그 형의 선고를 유예할 수 있다. 자격정지 이상의 형을 받은 전과가 있는 사람은 예외로 한다. 형을 병과할 경우에도 형의 전부 또는 일부에 대하여 선고를 유예할 수 있다(제59조). 형의 선고를 유예하는 경우에 재범방지를 위하여 지도 및 원호가 필요한 때에는 보호관찰을 받을 것을 명할 수 있다. 보호관찰의 기간은 1년으로 한다(제59조의2). 형의 선고유예를 받은 날로부터 2년을 경과한 때에는 면소된 것으로 간주한다(제60조). 3년 이하의 징역이나 금고 또는 500만원 이하의 벌금의 형을 선고할 경우에 제51조의 사항을 참작하여 그 정상에 참작할 만한 사유가 있는 때에는 1년 이상 5년 이하의 기간 형의 집행을 유예할 수 있다. 다만, 금고 이상의 형을 선고한 판결이 확정된 때부터 그 집행을 종료하거나 면제된 후 3년까지의 기간에 범한 죄에 대하여 형을 선고하는 경우에는 그러하지 아니하다. 형을 병과할 경우에는 그 형의 일부에 대하여 집행을 유예할 수 있다(제62조). 형의 집행을 유예하는 경우에는 보호관찰을 받을 것을 명하거나 사회봉사 또는 수강을 명할 수 있다. 보호관찰의 기간은 집행을 유예한 기간으로 한다. 다만, 법원은 유예기간의 범위내에서 보호관찰기간을 정할 수 있다. 사회봉사명령 또는 수강명령은 집행유예기간내에 이를 집행한다(제62조의2). 집행유예의 선고를 받은 후 그 선고의 실효 또는 취소됨이 없이 유예기간을 경과한 때에는 형의 선고는 효력을 잃는다(제65조).

생명형은 생명박탈형이다. 사형은 교수형이 원칙이나 군형법상 총살형에 처할 수 있다. 자유형은 자유박탈형이다. 징역·금고·구류이다. 무기는 종신형이다. 유기는 1개월 이상 30년 이하로 한다. 유기징역 또는 유기금고에 대하여 형을 가중하는 때에는 50년까지로 한다(제42조). 금고는 수형자를 교도소에 구치하나 정역은 없다. 구류는 1일 이상 30일 미만으로 수형자를 구류장에 구금하는 것이다(제46조, 경범죄 처벌법). 형사소송법의 재판상 구금은 피의자가 도망하거나 증거를 인멸할 가능성이 있다고 생각되는 때에 피의자를 일정 기간 구치하게 하는 법원의 강제처분으로서, 재판확정 전 절차의 미결구금이다. 구류는 형집행상 노역장유치와 구분된다. 노역장유치는 수형자가 벌금 또는 과료를 납부하지 않을 때 그 환형처분으로서 일정 비율로 환산한 기간 수형자를 노역장에 유치하는 것이다. 재산형은 재산박탈형인 벌금·과료·몰수가 있다. 벌금은 범죄인에게 일정 금액의 지불의무를 강제적으로 부담케 하는 형벌이다. 과료는 범죄자에게 일정 금액의 지불의무를 강제적으로 부담케 하는 형이다. 과료는 그 금액이 2,000원 이상 50,000원 미만으로, 판결 확정일로부터 30일 이내에 납입하여야 한다(제47조). 몰수는 범죄행위에 관계있는 일정한 물건을 박탈하여 그 재산권을 일방적으로 국가에 이전시키는 물권적 효과를 수반하는 형이다. 과태료는 행정법상 제재로서 형법상 형벌이 아니다. 추징은 몰수 대상물의 전부 또는 일부를 몰수하기 불능한 때에 그 대상물의 전부 또는 일부의 가액을 몰수 대신에 강제적으로 수집하는 사법적 처분이다. 명예형은 자격상실과 자격정지가 있다. 자격상실은 수형자에게 일정한 형의 선고가 있으면 그 형의 효력으로서 당연히 일정한 자격이 상실되는 형벌이다. 사형, 무기징역 또는 무기금고의 판결을 받은 자는 1. 공무원이 되는 자격, 2. 공법상의 선거권과 피선거권, 3. 법률로 요건을 정한 공법상의 업무에 관한 자격, 4. 법인의 이사, 감사 또는 지배인 기타 법인의 업무에 관한 검사역이나 재산관리인이 되는 자격을 상실한다. 자격정지는 유기징역 또는 유기금고의 판결을 받은 자는 그 형의 집행이 종료하거나 면제될 때까지 제1호 내지 제3호에 기재된 자격이 정지된다. 다만, 다른 법률에 특별한 규정이 있는 경우에는 그 법률에 따른다(헌재 2014.1.28. 위헌 및 헌법불합치 결정으로 개정). 자격의 전부 또는 일부에 대한 정지는 1년 이상 15년 이하로 한다(제43조~제44조).

형의 집행 형 집행의 순서는 2이상의 형을 집행하는 경우에 자격상실, 자격정지, 벌금, 과료와 몰수 외에는 무거운 형을 먼저 집행한다. 다만, 검사는 소속 장관의 허가를 얻어 무거운 형의 집행을 정지하고 다른 형의 집행을 할 수 있다(형사소송법 제462조). 사형은 교정시설 안에서 絞首하여 집행한다(형법 제66조). 징역은 교정시설에 수용하여 집행하며 정해진 勞役에 복무하게 한다(제67조). 금고와 구류는 교정시설에 수용하여 집행한다(제68조). 금고는 주로 과실범·정치적 확신범 같은 비파렴치성 범죄자에 과한다. 벌금형 집행은 '형사소송법', '재산형 등에 관한 검찰집행사무규칙', '벌금미납자의 사회봉사 집행에 관한 특례법', '벌금 미납자의 사회봉사 집행에 관한 특례법'이 있다. 벌금은 검사의 명령에 의하여 집행하는데 이 명령은 집행력 있는 채무명의와 동일한 효력이 있다. 총액벌금형과 달리, 일수벌금형 제도는 행위자의 불법과 책임의 정도에 따라 일수를 정한 뒤 행위자의 경제사정을 고려하여 1일의 금액을 정한다.

벌금과 과료는 판결확정일로부터 30일내에 납입하여야 한다. 단, 벌금을 선고할 때에는 동시에 그 금액을 완납할 때까지 노역장에 유치할 것을 명할 수 있다. 벌금을 납입하지 아니한 자는 1일 이상 3년 이하, 과료를 납입하지 아니한 자는 1일 이상 30일 미만의 기간 노역장에 유치하여 작업에 복무하게 한다(형법 제69조). 벌금이나 과료를 선고할 때에는 이를 납입하지 아니하는 경우의 노역장 유치기간을 정하여 동시에 선고하여야 한다. 선고하는 벌금이 1억원 이상 5억원 미만인 경우에는 300일 이상, 5억원 이상 50억원 미만인 500일 이상, 50억원 이상인 경우 1천일 이상의 노역장 유치기간을 정하여야 한다(제70조). 벌금이나 과료의 선고를 받은 사람이 그 금액의 일부를 납입한 경우에는 벌금 또는 과료액과 노역장 유치기간의 日數에 비례하여 납입금액에 해당하는 일수를 뺀다(제71조). 자격이 상실되는 경우는 사형, 무기징역 또는 무기금고의 판결을 받은 경우이다. 자격상실로 상실되는 자격은 공무원이 되는 자격, 공법상의 선거권과 피선거권, 법률로 요건을 정한 공법상의 업무에 관한 자격, 법인의 이사, 감사 또는 지배인 기타 법인의 업무에 관한 검사역이나 재산관리인이 되는 자격이다. 자격정지는 단독으로 과하거나 혹은 다른 형에 병과형으로 과할 수 있다. 벌금은 징수금 조정-납부명령-납부독촉-강제집행-노역장 유치집행 순으로 집행된다. 몰수는 필요적 몰수도 있지만 임의적 몰수가 원칙이다. 구류는 그 기간이 1일 이상 30일 미만의 금고와 같은 성격인 형벌이나, 예외인 경우에만 적용되어, 주로 경범죄처벌법위반죄 등 경범죄에 부과된다. 형무소에 구금하는 것이 원칙이나 실제로는 경찰서 유치장에 구금하는 경우가 많다. 징역이나 금고의 집행 중에 있는 사람이 行狀이 양호하여 뉘우침이 뚜렷한 때에는 무기형은 20년, 유기형은 형기의 3분의 1이 지난 후 행정처분으로 가석방을 할 수 있다(제72조). 형기에 산입된 판결선고 전 구금일수는 가석방을 하는 경우 집행한 기간에 산입한다(제73조의2). 가석방의 처분을 받은 후 그 처분이 실효 또는 취소되지 아니하고 가석방기간을 경과한 때에는 형의 집행을 종료한 것으로 본다(제76조).

형의 시효, 형의 소멸 형의 시효에 대해서, 형을 선고받은 사람에 대해서는 시효가 완성되면 그 집행이 면제된다(제77조). 시효는 형을 선고하는 재판이 확정된 후 그 집행을 받지 아니하고 다음 각 호의 구분에 따른 기간이 지나면 완성된다. 1.사형: 30년 2.무기의 징역 또는 금고: 20년 3.10년 이상의 징역 또는 금고: 15년 4.3년 이상의 징역이나 금고 또는 10년 이상의 자격정지: 10년 5. 3년 미만의 징역이나 금고 또는 5년 이상의 자격정지: 7년 6. 5년 미만의 자격정지, 벌금, 몰수 또는 추징: 5년 7. 구류 또는 과료: 1년(제78조). 시효는 형의 집행의 유예나 정지 또는 가석방 기타 집행할 수 없는 기간은 진행되지 아니한다. 시효는 형이 확정된 후 그 형의 집행을 받지 아니한 자가 형의 집행을 면할 목적으로 국외에 있는 기간 동안은 진행되지 아니한다(제79조). 시효는 사형, 징역, 금고와 구류에 있어서는 수형자를 체포함으로, 벌금, 과료, 몰수와 추징에 있어서는 강제처분을 개시함으로 인하여 중단된다(제80조). 형의 실효는, 징역 또는 금고의 집행을 종료하거나 집행이 면제된 자가 피해자의 손해를 보상하고 자격정지 이상의 형을 받음이 없이 7년을 경과한 때에는 본인 또는 검사의 신청에 의하여 그 재판의 실효를 선고할 수 있다(제81조). 복권은 자격정지의 선고를 받은 자가 피해자의 손해를 보상하고 자격정지 이상의 형을 받음이 없이 정지기간의 2분의 1을 경과한 때에는 본인 또는 검사의 신청에 의하여 자격의 회복을 선고할 수 있다(제82조).

2. 형사법의 절차법 – 형사소송법

2.1 형사소송법 대의

2.1.1 형사소송법의 의의

형사소송법은 국가형벌권의 존부·범위를 규정하는 실체법인 형법을 확정·집행하는 형사절차에 대한 재판규범의 총체인 절차법, 형사사법권의 행사를 규정하는 형사재판의 심판을 위한 사법법, 실체적 진실의 발견을 위한 적정절차와 형사절차상 인권보호를 목적·이념으로 하는 형사법이다. 형사소송에 관한 법은, 헌법의 형사소송 관련규정을 최상위 규범으로 하여, 형식적 의미의 형사소송법으로서 형사사건에 대한 수사, 공소제기, 공판, 형확정, 형집행 등의 일련의 절차를 규정하는 '형사소송법'(1954.9.23. 법률 제341호 제정 1954.5.30. 시행, 2021.1.1. 법률 제16924호, 2020.2.4., 일부개정), 실질적 의미의 형사소송법인 관련 실정법(법원조직법, 검찰청법, 변호사법, 소년법, 즉결심판에관한절차법, 형사보상법, 행형법등), 대법원이 소송의 절차에 관하여 정하는(헌법 제108조) 대법원규칙(형사소송규칙, 소년심판규칙, 형사소송비용 등에 관한 규칙, 검찰사건사무지침, 사법경찰관리집무규칙 등) 등(대법원예규는 법원 내부의 업무처리지침이고 형사절차를 직접규율하는 법규적 효력이 없다)을 총칭한다. 형사소송법은 대한민국 법원에서 심판되는 사건에 적용되는 장소적 적용범위, 대한민국 영역 내에 있는 사람에게 효력이 미치는 인적 적용범위, 시행부터 폐지시까지 효력을 갖는 시간적 적용범위가 있다.

형사소송의 法源 – 헌법·형사소송법 형사소송의 법원이 되는 '헌법' 규정은 제12조 제1항적법절차, 제12조 제2항고문금지불이익진술거부권, 제3항영장주의, 제4항변호인의 조력을 받을 권리, 제5항체포구속시 변호인고지권, 제6항체포구속적부심사청구권, 제7항자백배제·보강법칙, 제27조 제3항신속·공개재판을 받을 권리, 제4항피고인의 무죄추정권, 제28조형사보상청구권, 제109조재판공개원칙, 제101조~제108조법원의 조직권한, 제110

제1편 제2편 제3편 法理論

조군사법원 등이 있다. '형사소송법'(제1편 총칙 이하에 제1심, 상소, 특별소송절차, 재판의 집행 등을 규정하고 제5편에 법원의 관할, 법원직원의 제척·기피·회피, 소송행위의 대리·보조, 변호, 재판, 서류, 송달, 기간, 피고인의 소환·구속, 압수·수색, 검증, 증인신문, 감정, 통역·번역, 증거보전, 소송비용 등)에서 제1심 수사는 수사기관, 수사의 단서, 고소고발, 임의수사강제수사, 강제처분, 체포, 구속, 접견교통권, 체포구속적부심사, 보석, 구속 집행정지실효, 압수수색, 수사상 검증감정신청, 수사상 증거보전 등을 규정한다. 이어서 공소, 공판(공판준비와 공판절차, 증거, 공판의 재판), 상소 통칙, 항소, 상고, 항고 등 및 특별소송절차, 재심, 비상상고, 약식절차, 재판의 집행 등을 규정한다. '형사소송법'은 한일합병*1910년* 후 일제시대인 1912년 프랑스 형사소송법, 1922년 독일 형사소송법을 계수한 일본 형사소송법을 조선형사령에 의해서 조선에 적용되다 해방 후 미군정기 미군정법령 제176호(1948.3.20.) 일부개정(구속적부심사제영장제도 도입, 접견교통권 보장, 보석제도 강화 등) 후 1954년 대한민국 형사소송법이 제정·시행되고, 2020.2.4., 일부개정, 2021.1.1. 시행 법률 제16924호에 이른다.

형사소송법 적용범위의 예외 형사소송법의 '장소적 적용범위'에서, 대한민국 영역 외라도 영사재판권이 미치는 지역에는 한국 형사소송법이 적용되는 반면, 대한민국 영역 내라도 국제법상 치외법역에는 적용되지 않는다. '인적 적용범위'에서, 대통령은 내란 또는 외환의 죄를 범한 경우를 제외하고는 재직중 형사상 소추를 받지 않으며(헌법 제84조), 국회의원은 국회에서 직무상 행한 발언과 표결에 관하여 국회 외에서 책임을 지지 않고(제45조), 현행범인인 경우를 제외하고는 회기중 국회의 동의 없이 체포 또는 구금되지 않으며(제44조) 외국의 원수 그 가족 및 대한민국 국민이 아닌 수행자, 신임 받은 외국의 사절과 그 직원가족 및 승인받고 대한민국 영역 내에 주둔하는 외국의 군인 등에는 적용되지 아니한다. '시간적 적용범위'에서, 형사소송법에는 소급효금지원칙이 적용되지 않으므로 신법과 구법의 적용여부는 입법정책상의 문제가 된다.

2.1.2 형사소송법의 이념 – 실체적 진실주의와 공정·신속한 재판

형사소송의 목적인 실체적 진실주의는 법원이 당사자의 사실상의 주장, 사실의 認否 또는 제출증거에 구속되지 아니하고 실질적으로 사안의 객관적 진실을 발견하는 원칙이다. 형식적 진실주의는 법원이 당사자의 위와 같은 주장 등에 구속되어 사실의 眞否를 인정하는 것으로서 민사소송의 원칙이다. 실체적 진실주의에는 죄 있는 자를 빠짐없이 처벌하여야 한다는 적극적 진실주의, 죄 없는 자를 벌하여서는 아니 된다 하는 소극적 진실주의가 있다. 절대적 진실을 밝혀야 하기보다는 합리적 의심이 없는 고도의 개연성 추구의 소송적 진실을 지향한다는 것이다. 우리 법제는 소극적 진실주의를 규정한다(무죄추정원칙, 형사소송법 제275조의2 위법수집증거의 배제, 제308조의2 자백의 임의성 법칙, 제309조 자백보강법칙, 제310조 전문법칙, 제310조의2 등). 실체적 진실의 발견은 법치주의 헌법원칙에 따른 소송의 적정절차를 전제로 공정·신속한 재판에 의하여 이루어지는 것이어야 한다. 법치국가적 소송절차는 형사소송법의 法源인 헌법에 의한다. 국가 형벌권의 행사가 형벌책임원칙에 따른 비례성원칙에 의하는 것, 공정한 재판을 위한 법원·법관의 독립성(법관의 제척·기피·회피 등)을 통한 법원의 공평한 구성, 피고인의 방어권 보장과 공익 보호를 위한 무기평등·무죄추정(헌법 제27조 제4항, 형사소송법 제275조의2 등에서 피고인피의자의 무죄추정권, 검사가 피고인의 유죄를 입증하는 책임을 부담하며, 인신구속 등 강제처분의 제한, 고문 등의 금지, 진술거부권 보장 등), 신속한 재판(헌법 제27조 제3항, 형사소송법(수사, 공소제기, 공판절차, 상소심, 간이공판절차, 약식절차 등), 즉결심판에 관한 절차법, 소송촉진 등에 관한 특례법, 형사소송규칙 등) 등이 그것이다.

형사소송법의 공정·신속한 재판 공정한 재판을 위한 피고인의 방어권보장에는 증거보전청구권(제184조), 제1회공판기일 유예기간(제269조), 공판정출석권(제276조), 진술권(제286조), 진술거부권(제289조), 증거신청권(제294조) 등이 있다. 당사자대등으로는 공판심리절차에서 검사와 피고인의 공판정출석(제275조의2, 제276조), 冒頭진술(제285조, 제286조), 검사의 피고인신문권 및 피고인의 진술거부권(제287조 제1항, 제289조), 증거조사신청권·참여권(제294조, 제163조, 제176조), 증인신문권(제161조의2), 이의신청권(제296조), 검사의 의견진술권 및 피고인의 최후진술권(제302조, 제303조), 공판준비절차·증거보전절차·상소권 등에서의 각종 신청권·참여권·이의신청권 등의 평등한 인정 및 피고인 등에의 변호인조력권 등이 있다. 신속한 재판을 위하여 수사권·수사지휘권·수사종결권·공소제기권의 검사에의 집중(제195조, 196조, 246조), 체포·구속기간제한(제200조의2 제5항, 제200조의3 제2항, 제202조, 제203조), 기소편의주의 등(제247조 제1항, 제255조), 공소시효제도(제249조)이 있다. 공판절차에 있어서는 공판준비절차(제266조, 제267조, 제270조, 제273조, 제274조), 심판범위제한(제254조), 궐석재판제도(제277조의2, 제365조 제2항, 제458조 제2항), 집중심리주의, 재판장의 소송지휘권(제279조), 구속기간·판결선고기간 제한(제92조), 공소장변경에 의한 이송(제8조 제2항), 소송지연 목적의 기피신청기각(제20조 제1항), 대표변호인제도(제32조의2), 검사의 궐석재판(제278조) 등이 있다. 상소심에서는 상소기간제한(제358조, 제374조), 미결구금일수산입금지(소송촉진등에관한특례법 제24조), 상고심의 피고인소환 배제(제389조의2) 등이 있다. 특수공판절차에는 간이공판절차(제286조의2), 약식절차(제453조) 등이 있다.

2.1.3 형사소송의 구조 – 탄핵주의 · 당사자주의 · 구두변론주의

형사소송의 구조로서의 彈劾주의는 검사의 공소제기로 형사소송의 절차를 개시하며 피고인이 소송의 주체가 되는 소송의 구조이다(반면, 糾問주의는 재판기관이 소추기관의 소추 없이 직권으로 형사절차를 개시하여 심리 · 재판하는 구조로서, 소추기관이 존재하지 않고 범죄자는 조사심리의 객체일 뿐 소송주체의 지위를 갖지 못한다). 탄핵주의는 소추기관과 재판기관을 분리하여 국가(검사)가 소추기관이 되는 국가소추주의(피해자소추, 공중소추 등의 사인의 소추를 부인한다), 법원은 공소가 제기된 사건에 한하여서만 심판한다는 不告不理의 원칙(공소제기 없는 사건의 심판은 불고불리원칙의 위배로서 상소이유가 되든지(제361조의5 제1호, 제383조 제1호) 또는 비상상고의 사유가 된다(제441조). 법원조직법상의 감치, 과태료 등은 형이 아니라 질서벌이므로 불고불리원칙의 예외는 아니다) 하에 법원이 당사자(검사 · 피고인)의 주장 · 입증에 근거하여 재판하는 변론주의, 법원이 소송의 주도적 지위를 갖는 직권주의(대륙법계 구조로서, 법원이 당사사의 주장에 구속되지 않고 직권으로 증거를 수집조사하는 직권탐지주의와 심리하는 직권심리주의가 있다), 당사자에 주도적 지위가 있는 당사자주의(영미법계 구조로서, 당사자사이의 공격방어를 중심으로 소송심리가 진행되고 법원은 제3자적 입장에서 심리판단하는 변론주의, 소송물에 대한 당사자의 처분을 인정하는 당사자처분권주의가 있다)로 실현되며, 한국의 형사소송법은 직권주의가 원칙이면서 이를 당사자주의로 보완을 한다. 탄핵주의 · 직권주의 · 당사자주의 소송구조에서의 소송진행은 구두변론주의(법원이 당사자의 구두에 의한 공격방어를 근거로 하여 심리 · 재판하는 원칙으로서, 구두주의란 구두에 의하여 제공된 소송자료에 의하는 재판(절차형성행위는 서면주의), 변론주의는 법원이 당사자의 주장 · 입증에 근거하는 재판(형사소송은 민사소송 같은 당사자처분주의와 다르다), 직접주의(공판정에서 직접 조사한 증거만 재판의 기초로 삼고 피고인에 반대신문의 기회를 주어 공정한 재판을 실현한다) 원칙에 의하여 법관이 정확한 심증을 형성하여 실체적 진실을 발견할 수 있다 하는 것이다. 직접주의는 법관이 직접 증거를 조사하여야 한다는 형식적 직접주의(예외로서 수명법관수탁판사에 의한 증거조사, 공판기일전의 법원의 증거조사 등), 원본증거를 재판의 기초로 삼아야 한다는 실질적 직접주의(예외로서 당사자가 증거에 동의한 서류 · 물건, 간이공판절차 등) 등이다.

형사소송법의 직권주의와 당사자주의 직권주의는 수사기관의 강제처분권 제한(제119조 제1항, 제201조, 제215조 등), 공소장변경요구제도(제298조 제2항), 법관의 증인신문(제161조의2 제2항 · 3항), 법관의 피고인신문(제287조 제2항 · 3항), 직권증거조사(제295조 등), 증거재판주의(제307조), 자유심증주의(제308조), 임의성없는 자백의 제한(제309조), 전문증거의 증거능력 배제(제310조의2), 자백의 보강법칙(제310조) 등이다. 당사자주의는 공소장一本주의(형사소송규칙 제118조 제2항), 공판절차에서의 공소장변경제도(제298조), 공소장부본 송달(제266조), 제1회공판기일 유예기간(제269조), 공판기일변경신청권(제270조), 공판정출석권(제275조 · 276조), 모두진술(제285조), 검사 · 변호인의 피고인신문권(제287조), 증거신청권(제294조), 증인교호신문제(제161조의2), 증거동의제(제318조), 증거조사참여권(제163조, 제121조, 제145조, 제176조), 증거조사에 대한 의견진술권(제293조), 이의신청권(제296조), 공소취소(제255조 제1항), 상소취하(제349조) 등이다.

2.2 형사소송의 당사자구조

2.2.1 형사소송의 피고인의 지위와 권리

피고인은 기소(검사에 의하여 공소 제기된 자, 즉결심판절차에서 경찰서장에 의하여 즉결심판이 청구된 자) 후 판결확정전 공판과정에서 형사사건에 책임을 져야 할 자이다. 피의자는 수사개시(범죄피해자의 고소, 사건관련자나 제3자의 고발, 수사기관의 인지 등) 후 수사대상이 되어 있는 기소되기 전의 자이다. 수형자는 유죄판결에 의하여 형이 확정된 자이다. 공동피고인은 동일소송절차에서 공동으로 심판받는 수인의 피고인이다. 수사기관인 사법경찰관리는 일반 형사사건을 취급하는 일반사법경찰관리와 철도, 공안, 산림, 소방, 해사 등 특별한 사항만 수사할 수 있는 특별사법경찰관리가 있다. 피고인은 형사소송에서 당사자능력을 가진 소송의 주체가 된다. 대륙법계의 직권주의에서 소송절차는 법원이 주도하고 실체적 진실발견의 의무를 지는 반면, 영미법계의 당사자주의에서는 피고인을 검사와 대등한 당사자로 보고 소송물의 처분권을 인정한다. 현행 형사소송법은 직권주의 소송구조를 기반으로 당사자주의를 보충하고, 또한 검사는 공익의 대표자로서 피고인의 이익을 위한 활동도 하므로,

피고인은 소송의 주체이기는 하나 영미법적 의미의 당사자는 아니다. 피고인은 소송주체인 당사자로서 방어권의 주체이며 소송절차에 참여하여 형성할 권리를 갖지만 동시에 방어권은 남용하지 못한다는 한계가 있다.

형사피고인의 공판절차상 지위·권리 피고인은 증거방법(조사의 객체가 아닌 인적 증거방법(임의의 진술의 증거능력 인정, 증인으로서의 신문불가), 물적 증거방법(신체가 검증대상)), 절차대상(소환·구속·압수·수색 등 강제처분의 대상, 여자피고인 신체검사시 의사나 성년 여자의 참여 제141조 제3항)인 지위에서 공판절차에서 방어준비를 위한 권리(공소장 기재사항의 법정 제254조, 공소장부본을 송달받을 권리 제256조 등), 진술권(제286조 제2항)·진술거부권(제283조의2), 증거조사에서의 방어권(증거신청권 제294조, 증인신문권 제161조의2)·방어보충권(변호인조력을 받을 권리 헌법 제12조 제4항, 변호인선임권 제30조, 접견교통권 제제34조~제89조), 공판절차참여권으로 법원구성관여권(법관기피신청권 제18조), 공판정출석권(제276조), 증거조사·강제처분절차 참여권(증인신문·검증·감정 참여권 제163조·제176조) 등을 갖는다. 헌법은 형사피고인에만 무죄추정을 규정하였으나, 공소가 제기된 형사피고인에게 무죄추정이 적용되는 이상 아직 공소제기조차 되지 아니한 형사피의자에게 무죄추정이 적용되는 것은 당연하다(헌재 1992.4.14. 90헌마82).

2.2.2 형사소송의 검사의 지위와 권한

법원은 형사소송의 공판절차에서 재판권행사의 주체, 검사는 공소권행사 및 재판권청구의 주체, 피고인은 재판을 받을 권리를 가진 방어권의 주체이다. 수사기관은 법률상 수사의 권한이 인정되는 국가기관이며 검사와 사법경찰관리이다. 검사는 검찰권을 행사하는 단독제 행정기관인 관청이며, 수사주재자로서 감독·종결권(형사소송법 제196조~제197조의4 검사의 수사주재 검찰청법 제54조 검사의 사법경찰관리 교체임용 요구), 준사법권자인 공익대표자로서(검사의 고소권자 지정 제228조, 피고인의 정당한 이익 보호 제424조, 제441조 등) 공소제기권의 독점(형사소송법 제246조)과 재량(기소편의주의, 제1심 판결 선고 전까지 공소취소 가능), 공판절차에서 공소사실의 입증·유지(공판정출석권 제267조, 제278조, 증거조사참여권·증인신문권 제161조의2, 제145조, 제176조, 증거조사에 대한 의견진술권 제293조, 이의신청권 제296조) 등의 공소수행권, 재판집행의 지휘·감독권(제460조, 제473조) 등의 검찰사무처리권 및 영장청구의 주체(제201조 제1항, 제215조 제2항), 긴급체포 사후지휘권(제200조의3 제2항), 사법경찰관리에 수사중지명령 및 교체임용요구권(검찰청법 제54조), 구속장소감찰권(형소법 제198조의2), 압수물처분에 대한 지휘권(제219조) 등을 갖는다. 검사는 직무수행에서 국민전체의 봉사자로서 정치적 중립을 지키고 권한을 남용하여서는 아니 된다(검찰청법 제4조).

검사의 지위와 권한 검사는 공익의 대표자로서 직무와 권한(1.범죄수사, 공소의 제기 및 그 유지에 필요한 사항. 검사가 수사를 개시할 수 있는 범죄의 범위는 다음 각 목과 같다. 가. 부패범죄, 경제범죄, 공직자범죄, 선거범죄, 방위사업범죄, 대형참사 등 대통령령으로 정하는 중요 범죄 나. 경찰공무원이 범한 범죄 다. 가목·나목의 범죄 및 사법경찰관이 송치한 범죄와 관련하여 인지한 각 해당 범죄와 직접 관련성이 있는 범죄 2.범죄수사에 관한 특별사법경찰관리 지휘·감독 3.법원에 대한 법령의 정당한 적용 청구 4.재판의 집행 지휘·감독 5.국가를 당사자 또는 참가인으로 하는 소송과 행정소송 수행 또는 그 수행에 관한 지휘·감독 6.다른 법령에 따라 그 권한에 속하는 사항)을 갖는다. 검사와 사법경찰관은 수사, 공소제기 및 공소유지에 관하여 서로 협력하여야 하며, 일반적 수사준칙에 관한 사항은 대통령령으로 정한다(형사소송법 제195조). 검사는 법령에 특별한 규정이 있는 경우를 제외하고는 소속 검찰청의 관할구역에서 직무를 수행한다(제5조). 경무관, 총경, 경정, 경감, 경위는 사법경찰관으로서 범죄의 혐의가 있다고 사료하는 때에는 범인, 범죄사실과 증거를 수사한다. 경사, 경장, 순경은 사법경찰리로서 수사의 보조를 하여야 한다(제196조제1항·제2항). 서장이 아닌 경정 이하의 사법경찰관리가 직무 집행과 관련하여 부당한 행위를 하는 경우 지방검찰청 검사장은 해당 사건의 수사중지를 명하고, 임용권자에게 그 사법경찰관리의 교체임용을 요구할 수 있다. 요구를 받은 임용권자는 정당한 사유가 없으면 교체임용을 하여야 한다(제54조). 검찰수사서기관, 수사사무관 및 마약수사사무관은 검사를 보좌하며 형사소송법 제245조의9 제2항에 따른 사법경찰관으로서 검사의 지휘를 받아 범죄수사를 한다(제46조 제2항). 검찰주사, 마약수사주사, 검찰주사보, 마약수사주사보, 검찰서기, 마약수사서기, 검찰서기보 또는 마약수사서기보로서 검찰총장 또는 각급 검찰청 검사장의 지명을 받은 사람은 소속 검찰청 또는 지청에서 접수한 사건에 관하여 다음 각 호의 구분에 따른 직무를 수행한다(제47조제1항). 사법경찰관이 고소 또는 고발을 받은 때에는 신속히 조사하여 관계서류와 증거물을 검사에게 송부하여야 하며(제238조), 피의자를 구속한 때에는 10일 이내에 피의자를 검사에게 인치하지 아니하면 석방하여야 하고(제202조), 범죄를 수사한 때에는 관계서류와 증거물을 지체 없이 검사에게 송부하여야 한다(제196조 제2, 3, 4항).

2.2.3 형사소송의 변호인의 지위와 권리

변호인은 피고인·피의자의 방어권을 조력하는 법률전문가로서, 소송의 주체인 피고인이 검사에 대한 대등한 소송수행이 가능하도록 무기평등원칙을 보장하여 공정한 재판이 실현될 수 있도록 변호를 받게 하는 소송의 주체이다(소송의 주체가 아닌 보조인은 피고인 또는 피의자와 일정한 신분관계를 갖고 이들의 명시한 의사에 반하지 않는 소송행위를 독립하여 할 수 있는 자이다(형사소송법 제29조). 사선변호인은 사인이 선임한 변호인이며 국선변호인은 법원이 선정한 변호사이다). 피고인 또는 피의자 자신이 갖는 변호인과의 접견교통권이 헌법상 권리인 것과 달리(피고인은 변호인의 조력을 받을 헌법상 권리를 가지며 이에는 국선변호인에 의하여 실질적 조력을 받을 수 있는 권리가 있다(대법원 2015.12.23. 2015도9951). 피의자의 경우에도 영장실질심사 즉 구속영장 청구시의 피의자 심문에서 국선변호인의 조력을 받을 수 있다(제201조의2)) 변호인의 피고인, 피의자와의 접견교통권은 변호인 또는 변호인이 되려는 자가 신체구속을 당한 피고인 또는 피의자와 접견하고 서류 또는 물건을 수수할 수 있으며 의사로 하여금 진료하게 할 수 있는 법률상 권리이다(미결수용자와 변호인(변호인이 되려는 자 포함)의 접견에는 교도관이 참여하지 못하며 그 내용을 청취 또는 녹취하지 못한다. 다만, 보이는 거리에서 미결수용자를 관찰할 수 있다(형의 집행 및 수용자의 처우에 관한 법률(형집행법) 제84조). 수사단계에서 검사 또는 사법경찰관이 피의자와 변호인 간의 접견교통권을 침해하면 수사절차상의 준항고를 제기할 수 있다. 공소제기 이후에 수소법원에 의한 제한에는 구금에 관한 결정이 있는 것으로 보아 항고가 허용된다. 체포 또는 구속 등의 신체구속을 당한 피고인피의자는 헌법소원을 제기할 수 있다. 변호인은 헌법소원을 제기할 수 없다(헌재 1991.7.8. 89헌마181))(제34조). 변호인이 증거개시제도로서 갖는 피고인에 대한 소송서류·기록물 등에 대한 기록열람·복사권은(피고인 또는 변호인은 검사에게 공소제기된 사건에 관한 서류 또는 물건(서류등)의 목록과 공소사실의 인정 또는 양형에 영향을 미칠 수 있는 다음 서류등의 열람·등사 또는 서면의 교부를 신청할 수 있다. 서류등은 도면·사진·녹음테이프·비디오테이프·컴퓨터용 디스크, 그 밖에 정보를 담기 위하여 만들어진 물건으로서 문서가 아닌 특수매체를 포함한다. 다만, 피고인에게 변호인이 있는 경우에는 피고인은 열람만을 신청할 수 있다(제266조의3))(제35조) 피고인의 신속공정한 재판을 받을 권리 및 변호인의 조력을 받을 권리인 기본권의 구성요소를 이룬다. 이에 대한 침해는 헌법소원심판의 대상이 되며, 수사서류에 대한 법원의 열람복사 허용결정이 있음에도 검사가 이를 거부하면 헌법재판소는 그 거부의 정당한 사유가 있는지를 심사할 필요 없이 그 거부행위 자체가 피고인의 열람복사권이라는 기본권을 침해한다는 위헌결정을 한다(헌재 2010.6.24. 2009헌마257).

변호인의 지위와 권리 피고인 또는 피의자는 변호인을 선임할 수 있으며(형사소송법 제30조), 변호인은 변호사 중에서 선임하여야 한다. 단, 대법원 이외의 법원은 특별한 사정이 있으면 변호사 아닌 자를 변호인으로 선임함을 허가할 수 있는 특별변호인 제도가 있지만(제31조), 상고심에는 변호사 아닌 자를 변호인으로 선임하지 못한다(제386조). 변호인 선임은 심급마다 변호인과 연명날인한 서면으로 제출하므로(공소제기 전에는 그 사건을 취급하는 검사 또는 사법경찰관, 공소제기 후에는 법원 제32조), 사선변호인 선임은 법원 또는 수사기관에 대한 소송행위이며, 선임의 기초가 되는 사건의뢰인과 변호인간의 사법상 계약과 구별된다. 국선변호인 선정은 재판장 또는 법원이 소송법에 의하여 행하는 단독의 의사표시인 명령이다. 법원은 일정한 경우에는(1. 피고인이 구속된 때 2. 피고인이 미성년자인 때 3. 피고인이 70세 이상인 때 4. 피고인이 농아자인 때 5. 피고인이 심신장애의 의심이 있는 때 6. 피고인이 사형, 무기 또는 단기 3년 이상의 징역이나 금고에 해당하는 사건으로 기소된 때) 직권으로 변호인을 선정하여야 하고, 법원은 피고인이 빈곤 그 밖의 사유로 변호인을 선임할 수 없는 경우에 피고인의 청구가 있는 때에는 변호인을 선정하여야 하며, 법원은 피고인의 연령·지능 및 교육 정도 등을 참작하여 권리보호를 위하여 필요하다고 인정하는 때에는 피고인의 명시적 의사에 반하지 아니하는 범위 안에서 변호인을 선정하여야 한다(제33조). 영장실질심사에 의하여 체포된 피의자에 대하여 구속영장을 청구받은 판사는 지체 없이(특별한 사정이 없는 한 구속영장이 청구된 날의 다음날까지) 심문하여야 한다. 심문할 피의자에게 변호인이 없는 때에는 지방법원판사는 직권으로 변호인을 선정하여야 한다(제201조의2). 변호인은 형사소송에서 피고인 또는 피의자의 방어권을 법적으로 보충하는 보호자의 지위와 그의 정당한 이익을 보호하여 형사사법의 정당한 실현에 협력하여야 할 공익적 지위를 갖는다. 변호인은 보호자의 지위에서는 피고인 등의 비밀유지의무를 갖지만, 공익적 지위에서는 진실을 은폐하거나 허위의 진술은 하여서 아니되는 진실의무를 진다(변호사법 제26조, 제24조 제2항 등). 변호인은 피고인 또는 피의자의 소송행위에 대해 포괄적 대리권을 갖는다. 본인의 의사에 종속되느냐의 여부에 따라서 종속대리권(증거동의 제318조)과 독립대리권(증거보전의 청구 제184조)이 있다. 변호인은 피고인이나 피의자의 권리가 소멸하더라도 독자적으로 인정되는 고유권이 있다. 피고인 또는 피의자와의 접견교통권(제34조), 공판기일출석권(제275조), 증거조사신청권(제294조) 등이다. 변호인으로서 피해자 변호사 제도는 성폭력범죄의 피해자에게 변호사가 없는 경우 검사가 국선변호사를 선정하여 피해자 및 그 법정대리인이 형사절차상 입을 수 있는 피해를 방어하고 법률적 조력을 보장하기 위하여 선임되는 변호사이다.

2.3 형사소송의 심판절차

2.3.1 공판준비절차와 공판절차

형사재판은 검사의 기소에 의한 공판절차에서 공판준비절차 - 심리 - 판결선고의 절차를 거친다. 공판준비절차는 공판기일에서의 심리 준비를 위하여 수소법원이 행하는 절차로서, 형사소송법의 공판중심주의에 따라서 공판기일 전 증거조사의 한계 등 예단배제원칙에 따른다. 제1회공판기일 전후를 불문하고, 공판준비명령과 공소장부본의 송달(공소제기 후 지체없이 제1회 공판기일 5일 전까지 송달 제266조), 검사의 공판준비서면 제출, 피고인・변호인의 반박, 검사의 재반박, 공판준비기일진행(증거조사, 쟁점정리) 즉 공판기일의 지정・소환・통지(제257조)・변경(제270조), 공판기일전 증거조사(제272조, 제273조) 등이 이어지면서 종결되면 공판절차가 개시된다. 공판절차에서 소송주체 외의 소송관여자로서 변호인, 보조인, 법정대리인 등의 소송관계인, 법원의 서기, 법정경위, 감정인, 고소인, 고발인 등이 있다. 공판절차의 심리는 모두절차-사실심리절차-최종변론절차를 거친다. 冒頭절차는 人定訊問(공판정에 출석한 피고인이 공소장에 기재된 피고인과 동일인인가의 여부를 확인하는 절차로서 피고인 성명・연령・본적・주거・직업 등을 묻는다(제284조)), 검사의 모두진술(기소요지 등 제285조), 진술거부권・이의사실진술권 고지(제286조, 제289조)・피고인의 모두진술(이익사실 진술(제286조)), 사실심리절차는 피고인신문(제287조)・증거조사(제290조) 등으로서 피고인신문은 공소사실과 양형에 필요한 사항을 검사, 변호인, 재판장 순으로 신문한다(제287조). 피고인이 공판정에서 공소사실 자백시 간이공판절차에 의하여 심판할 것을 결정할 수 있다(제286조의2). 증거조사는 법원이 피고 사건의 사실인정과 양형에 관한 심증을 얻기 위하여 각종 증거방법을 조사하여 그 내용을 지득하는 소송행위이다(제290조). 증거재판주의하에서의 증거조사방법은 서류・물건, 증인신문, 감정, 검증, 통역, 번역 등이다. 재판장은 증거조사결과에 대한 피고인의견청취 및 권리보호에 필요한 증거조사신청권의 고지의무가 있다(제293조). 최종변론절차는 검사가 피고인신문과 증거조사가 종료한 때 사실과 법률적용에 관하여 의견을 진술하는 論告(제302조), 실무상 이루어지는 구체적 양형에 대한 의견의 진술인 求刑, 재판장이 피고인의 최후진술과 변호인의 최종의견 진술기회를 주어(제303조), 변론이 종결되는 結審을 행한다. 판결은 변론종결일로부터 14일 이내에, 재판장이 공판정에서 재판서에 의하여 선고하며(제42조 본문), 주문을 낭독하고 이유의 요지를 설명하고, 선고일로부터 14일 이내에 판결서등본을 송부한다(제43조). 재판장은 형 선고시 피고인에 상소할 기간과 상소할 법원을 고지하여야 한다.

2.3.2 간이형사특별절차

간이형사특별절차는 공판절차 없이 행하는 형사절차이다. 약식절차는 지방법원이 그 관할에 속한 사건에 대하여 검사의 청구가 있는 때에 공판절차를 경유하지 않고 검사가 제출한 자료만으로 약식명령으로 피고인에게 벌금・과료 또는 몰수의 형에 처하고 추징 기타 부수의 처분을 하는 재판이다(형사소송법 제448조). 약식절차는 공판절차를 거치지 않고 서면심리가 원칙인 점에서 간이공판절차(제286조의2)와 구별된다. 간이공판절차는 피고인이 공판정에서 자백하는 사건에 대하여 형사소송법상의 증거조사절차를 간이화 하고 증거능력의 제한을 완화하여 심리를 신속하게 하기 위한 공판절차이다. 약식절차는 검사의 청구에 의하여 벌금 또는 과료를 부과하는 점에서 경찰서장의 청구에 의하여 벌금과료뿐 아니라 구류도 과할 수 있는 즉결심판절차와 다르다. 즉결심판절차는 지방법원・지원・시군법원 판사가 20만원이하의 벌금・구류・과료에 처할 경미한 범죄에 대하여 공판절차에 의하지 않고 즉결하는 심판절차이다. 배상명령절차는 법원이 직권 또는 피해자의 신청에 의하여 피고인에게 피고사건의 범죄행위로 인하여 발생한 직접적인 물적 피해 및 치료비손해의 배상을 명하는 절차이다. 약식명령, 통고처분, 즉결심판 등에 대해서는 정식재판의 청구가 가능하다(형사소송법 제453조, 즉결심판에관한절차법 제14조).

약식명령 약식명령의 청구는 공소의 제기와 동시에 서면으로 하여야 한다(제449조). 검사 또는 피고인은 약식명령의 고지를 받은 날로부터 7일 이내에 정식재판의 청구를 할 수 있다. 단, 피고인은 정식재판의 청구를 포기할 수 없다(제453조). 약식명령은 정식재판의 청구기간이 경과하거나 그 청구의 취하 또는 청구기각의 결정이 확정한 때에는 확정판결과 동일한 효력이 있다(제457조). 피고인이 정식재판을 청구한 사건에 대하여는 약식명령의 형보다 중한 종류의 형을 선고하지 못하는 형종상향금지가 적용된다(제457조의2). 판결의 선고는 제1심에서는 공소가 제기된 날부터 6개월 이내에, 항소심 및 상고심에서는 기록을 송부받은 날부터 4개월 이내에 하여야 한다(제21조). 약식명령은 형사소송법 제450조의 경우를 제외하고는 그 청구가 있은 날부터 14일 이내에 하여야 한다(제22조).

2.3.3 형사소송의 불복절차, 재심, 비상상고

상소는 확정되지 아니한 재판에 대하여 상급법원에 구제를 구하는 불복신청의 제도이다. 제1심판결에 대한 상소인 항소, 제2심판결에 재한 상소인 상고 그리고 결정에 대한 상소인 항고(고등법원에 제기하는 일반항고, 대법원에 제기하는 특별항고, 준항고는 재판장 또는 수명법관의 재판과 검사 또는 시법경찰관의 처분에 대하여 그 소속법원 또는 관할법원에 취소 또는 변경의 청구)가 있다. 비상구제절차는 재심, 비상상고 등이다. 재심은 유죄의 확정판결에 중대한 사실인정의 오류가 있는 경우에 판결을 받은 자의 이익을 위하여 그 판결을 시정하는 비상구제절차이다(형사소송법 제420조, 제421조). 비상상고는 확정판결의 법령위반을 바로잡기 위한 비상구제절차이다. 상소는 재판 확정 전 취소를 구하는 통상구제절차이나, 재심이나 비상상고는 판결 확정 후 취소를 구하는 비상구제절차이다. 재심은 구체적 사건의 구제를 위하여 사실인정의 부당을 이유로 하는 사실재심리에 의한 시정인 반면, 비상상고는 법령해석의 통일을 위하여 심판의 법령위반을 이유로 하므로 구체적 사건의 권리구제는 부수적 효과에 그친다. 관할법원에 있어서도 재심의 경우에는 사실인정의 문제를 다루므로 원판결의 법원이고 청구권자는 검사, 유죄선고를 받은 자, 법정대리인, 일정한 친족 등이나, 비상상고는 법령해석의 통일문제를 다루므로 그 관할법원은 대법원이고 신청권자는 검찰총장에 한한다. 재심은 사실재심리에 의한 구체적 사건의 구제이므로 유죄확정판결에 대하여 피고인의 이익을 위하여서만 재심청구를 할 수 있고 무죄확정판결에 대해서는 할 수 없는데 대하여, 비상상고는 그에 관계없이 신청할 수 있다. 재심개시결정 후에는 심급에 따라서 다시 재판이 이루어지며 그 재판에 대해서는 상소할 수 있다. 반면 비상상고의 재판에 대해서는 다시 불복할 수 없다.

형사소송과 재심 – 약촌오거리살인사건 다방 오토바이배달일을 하던 15세 소년이 무고한 징역으로(2000.8.10. 택시강도살인 사건을 목격하나, 참고인 조사 중 감금·폭행 등으로 범인이라 자백하고, 다방 주방에 있던 칼이 범행도구로 둔갑되었다. 검찰에서도 두려움에 자백하나, 1심법정에서 부인하였다가 반성의 기미가 없고 유족을 모욕했다며 소년범 최장기 징역 15년을 선고받는다. 항소심 국선변호인의 범행 자백 권유에 자포자기 심정으로 다시 자백, 개전의 정이라 하여 징역 10년으로 감형되고 상고를 포기한다. 2003.3. 군산경찰서 강력반장은 첩보를 접하고, 진범 김씨의 친구 임씨에게서 김씨가 범인이라는 진술을 듣고 긴급체포한 김씨로부터 "많이 후회된다. 내 대신 잡혀간 사람에게 정말 미안하다"는 자백까지 받아냈으나, 검찰은, 경찰이 신청한 구속영장은 '물증인 흉기를 확보하지 못하였다', 압수수색영장은 '흉기에 대한 특정이 부족하다' 등으로 기각하니, 진범 김씨는 석방되고 정신병원에 입원하면서 그동안 심신미약상태였다 하고, 검찰은 증거불충분을 이유로 무혐의처분을 한다. 2010.8.) 25세에 만기출소했지만, 피해자구상금(피해자인 택시기사에게 근로복지공단이 지급한 4000만원에 10년의 이자 1억원 포함 1억4000만원) 청구소장을 받자 형사소송법 제420조 제5호에 따른 재심을 청구하고(2013.4.), 2015.6.22. 공소시효가 49일 남은 시점에서, 광주고등법원 형사1부의 재심허가결정에 광주고검은 즉시항고하나, 대법원은 재심에서 2016.11.17. 무죄를 선고하며(김씨가 진범이라고 황반장에게 진술한 임모씨와 소년을 감금 폭행하여 거짓 자백을 받아냈고 재심사건에도 증인으로 나온 경찰관은 자살한다. 국회가 살인죄 공소시효 기간을 폐지하는 일명 태완이법안을 7.24. 의결, 7.31. 시행되면서), 공소시효 만료 9일을 앞두고 이 사건의 공소시효는 폐지되니, 어쩔 수 없이 검찰은 김씨를 구속기소하고, 범행을 완강히 부인한 채 김씨는 1년여의 재판 끝에 징역 15년의 형을 확정받는다(박승문 변호사, 17년-사필귀정(事必歸正), 「대한변협신문」(제691호 2018.6.4.), 10면 인용).

비상상고는 확정판결의 법령위반을 바로잡기 위하여 법령해석의 통일적 해석을 위한 비상구제절차이다. 검찰총장은 판결이 확정한 후 그 사건의 심판이 법령에 위반한 것을 발견한 때에는 대법원에 비상상고를 할 수 있다(형사소송법 제441조). 확정판결 외에도 상고기각의 결정(원판결을 확정시키는 효력을 갖는 당해사건의 종국재판), 당연무효판결(판결의 무효선언)도 그 대상이 된다. 비상상고가 이유 없다고 인정한 때에는 판결로써 이를 기각하여야 한다(제445조). 비상상고가 이유 있다고 인정한 때에는 1. 판결이 법령에 위반한 때에는 그 위반된 부분을 파기하여야 한다. 단, 원판결이 피고인에게 불이익한 때에는 원판결을 파기하고 피고사건에 대하여 다시 판결을 한다. 2. 원심소송절차가 법령에 위반한 때에는 그 위반된 절차를 파기한다(제446조). 비상상고의 판결은 원판결이 피고인에게 불이익한 때에는 원판결을 파기하고 피고사건에 대하여 다시 행한 판결 외에는 그 효력이 피고인에게 미치지 아니한다(제447조).

[三] 현대법 실체론

1. 노 동 법

1.1 노동법 대의

1.1.1 사회법 대의

사회법은 근대국가의 시민법원리인 소유권절대와 사적 자치를 기초로 하는 계약자유 · 과실책임원리를 수정하는 법영역으로서 헌법 제32조, 제33조에 근거하는 노동법, 제119조에 근거하는 경제법, 제34조에 근거하는 사회보장법 등이다. 노동법은 근로자와 사용자의 노사관계를 규율하는 규범이며, 경제법은 '독점규제및공정거래에관한법률' 같이 경제의 규제 · 조정을 위한 법이다. 경제법은 균형있는 국민경제의 성장 및 안정과 적정한 소득의 분배를 유지하고, 시장의 지배와 경제력의 남용을 방지하며, 경제주체간의 조화를 통한 경제의 민주화를 위하여 경제에 관한 규제와 조정을 할 수 있는 법이고, 사회보장법은 개인의 사회생활상의 생존권(헌법 제34조 모든 국민은 인간다운 생활을 할 권리를 가진다(제1항). 국가는 사회보장 · 사회복지의 증진에 노력할 의무를 진다(제2항). 국가는 여자의 복지와 권익의 향상을 위하여 노력하여야 한다(제3항). 국가는 노인과 청소년의 복지향상을 위한 정책을 실시할 의무를 진다(제4항). 신체장애자 및 질병 · 노령 기타의 사유로 생활능력이 없는 국민은 법률이 정하는 바에 의하여 국가의 보호를 받는다(제5항). 국가는 재해를 예방하고 그 위험으로부터 국민을 보호하기 위하여 노력하여야 한다(제6항) 등)의 규범영역으로서의 사회보험(생활능력에 관계없이 특정 위험 질병 노령 사망 등의 재해에 사전 대비하는 사회보장제도로서 국민건강보험법, 고용보험법, 산업재해보상보험법, 연금법(국민연금법, 공무원연금법, 사립학교교직원연금법, 군인연금법) 등), 공공부조(생활능력이 없는 자에 대한 국가 또는 사회적 생활지원을 위한 사회보장제도로서 국민기초생활보장법, 의료급여법, 재해구조법, 의사상자보호법, 독립유공자예우에관한법률, 국가유공자예우에관한법률 등), 사회복지(고령자 장애인 아동 모자 등 특정계층에 대하여 생활능력 유무에 관계없이 금전적 급부가 아닌 공적 서비스의 사회보장제도로서 사회복지사업법, 아동복지법, 영우아보육법, 한부모가족지원법, 모자보건법, 노인복지법, 장애인복지법 등) 등을 규범적으로 보장하기 위한 법이다.

1.1.2 노동법 의의

노동법은 근대국가의 사적 자치와 소유권 절대의 원칙을 경제사회적 약자의 사회적 권리의 보장을 위하여 제한하여 헌법상 권리인 근로기본권을 실현하는 규범적 법제도이다. 노동법은 시민법인 민법의 고용관계가 갖는 계약자유와 자기책임과 구별되는 법률관계로서 사용자의 지휘 · 명령에 종속되어 근로를 제공하는 종속노동관계를 극복하는 사용종속관계에 관한 법이다. 노동법은 사법과 공법의 중간영역에 속하는 현대법이다. 노동법은 민법의 특별법은 아니지만, 사법의 기본법인 민법은 노동법 적용의 관계에서 보충성원칙에 따라서 적용되며, 나아가 법규정 위반에 대한 형벌부과적 성격의 공법적 특질을 갖는다. 노동법은 개별적 근로관계법과 집단적 노동관계법으로 구분한다. 개별적 근로관계는 근로자 개인과 사용자간의 근로관계의 성립 · 존속 · 변경 · 종료에 관한 관계이며 헌법 제32조의 근로의 권리를 실현하며, 집단적 노사관계는 노동조합 등 근로자집단과 사용자간의 노사관계이며 헌법 제33조의 근로3권을 실현한다. 개별적 근로관계는 취업중인 근로자의 현재 존속하는 개별적 근로관계로서 헌법 제32조 제3항, 제4항, 제5항에 근거하여 근로자의 근로조건의 기준을 정하는 기본법으로서 근로관계의 성립 내용 변경 종료 등의 근로조건의 전반에 걸쳐서 규정하는 일반법인 근로기준법과 그 부속법령, 관련법령(최저임금법, 산업안전보건법, 남녀고용평등과 일 · 가정양립지원에 관한 법률, 산업재해보상보험법, 임금채권보장법, 파견근로자보호등에관한법률, 기간제및단시간근로자보호등에관한법률 등) 및 미취업자의 향후 존속예정인 개별적 근로관계로서 헌법 제32조 제1항, 제2항에 기초하는 법(고용정책기본법, 직업안정법, 근로자직업능력개발법, 고용보험법, 국가유공자등예우및지원에관한법률, 독립유공자예우에관한법률, 고용상 연령차별금지 및 고령자고용촉진에관한 법률, 고용촉진및직업재활법 등)이 있다. 집단적 노사관계법은 노동조합 또는 근로자대표 등의 근로자집단과 사용자간 노사관계규율법이다. 근로자들의 노동조합의 조직 · 가입, 사용자와의 단체교섭과 쟁의행위를 하는 노사관계, 단체교섭에 대신하거나 이에 병행하여 노사협의를 하는 노사관계 등으로서 헌법 제33조 제1항에 근거를 두는 노동조합및노동관계조정법 등(근로자참여및협력증진에관한법률 등 및 고용정책기본법, 직업훈련기본법, 고용보험법 등의 노동시장법 내지 고용정책법 등)이 있다.

1.1.3 근로관계의 법률관계

근로관계는 근로자가 사용자에게 근로를 제공하고 사용자는 근로자에게 임금을 지급하는 것을 내용으로 하는 근로계약을 체결하여 성립하는 당사자간의 법률관계이다. 근로관계는 기본적으로는 근로자와 사용자간의 근로제공 및 임금지급을 쌍무적으로 부담하는 채권채무관계이지만, 다만, 근로계약에 따라 계속적으로 근로를 제공하는 근로자는 인간으로서의 존엄과 가치를 지닌 인격체이고 근로자는 자신의 전인격을 사용자의 사업장에 투입하고 있는 점에서 근로관계에 있어서 근로자의 근로제공은 자신의 인격과 분리될 수 없는 것이고 한편 근로계약에 따른 근로자의 근로제공은 단순히 임금획득만을 목적으로 하는 것은 아니고 근로자는 근로를 통하여 자아를 실현하고 나아가 기술을 습득하고 능력을 유지 · 향상시키며 원만한 인간관계를 형성하는 등으로 참다운 인격의 발전을 도모함으로써 자신의 인격을 실현시키고 있다는 점도 부인할 수 없다는 점에 기초하는(대법원 1993.12.21. 93다11463; 1996.4.23. 95다6823), '신분관계'의 성격도 인정될 수 있다. 근로자와 사용자의 근로계약체결은 계약자유의 사법 원칙에 따라서 근로계약의 체결 여부를 강제당하지 아니하며, 계약체결의 형식내용방식 등을 자유로이 할 수 있으나, 근로자의 법적 지위의 향상을 위하여 일정한 법적 제한을 가하고 있다. 사용자는 근로계약체결의 자유를 영업의 자유의 측면에서 가지면서 근로자의 고용 여부를 결정할 수 있지만, '국가유공자예우 및 지원에관한법률', '독립유공자예우에관한법률', '고용상연령차별금지 및 고령자고용촉진법률', '장애인고용촉진 및 직업재활법' 등 및 직업안정법상 제한, '근로기준법(15세 미만 연소근로자 채용의 원칙적 제한 등)', '남녀고용평등과 일 가정양립지원에관한법률', '고용상 연령차별금지 및 고령자고용촉진에관한법률', '직업안정법', '고용정책기본법' 등에서의 제한이 있다.

1.2 근로기준법

1.2.1 근로기준법의 기본원리

근로기준법의 기본원리는 '근로기준법에서 정하는 근로조건은 최저기준이므로 근로관계 당사자는 이 기준을 이유로 근로조건을 낮출 수 없다'(근로기준법 제3조) 하는 최저근로조건보장의 원리, '근로조건은 근로자와 사용자가 동등한 지위에서 자유의사에 따라 결정하여야 한다'(제3조) 하는 근로조건대등결정의 원리, '근로자와 사용자는 각자가 단체협약, 취업규칙과 근로계약을 지키고 성실하게 이행할 의무가 있다'(제5조) 하는 근로조건준수의 원칙, '사용자는 근로자에 대하여 남녀의 성(性)을 이유로 차별적 대우를 하지 못하고, 국적 · 신앙 또는 사회적 신분을 이유로 근로조건에 대한 차별적 처우를 하지 못한다'(제6조) 하는 균등처우의 원칙, '사용자는 폭행, 협박, 감금, 그 밖에 정신상 또는 신체상의 자유를 부당하게 구속하는 수단으로써 근로자의 자유의사에 어긋나는 근로를 강요하지 못한다'(제7조)

하는 강제근로금지의 원칙, '사용자는 사고의 발생이나 그 밖의 어떠한 이유로도 근로자에게 폭행을 하지 못한다'(제8조) 하는 폭행금지의 원칙, '누구든지 법률에 따르지 아니하고는 영리로 다른 사람의 취업에 개입하거나 중간인으로서 이익을 취득하지 못한다'(제9조) 하는 중간착취배제의 원칙, '사용자는 근로자가 근로시간 중에 선거권, 그 밖의 公民權 행사 또는 公의 직무를 집행하기 위하여 필요한 시간을 청구하면 거부하지 못한다. 다만, 그 권리 행사나 公의 직무를 수행하는 데에 지장이 없으면 청구한 시간을 변경할 수 있다'(제10조) 하는 공민권행사보장의 원칙, '사용자는 양성공, 수습, 그 밖의 명칭을 불문하고 기능의 습득을 목적으로 하는 근로자를 혹사하거나 가사, 그 밖의 기능 습득과 관계없는 업무에 종사시키지 못한다'(제77조) 하는 기능습득자보호의 원칙 등이다. 근로기준법의 균등처우원칙은 노동조합법, 남녀고용평등과일·가정양립지원에관한법률법, 파견근로자보호법, 장애인차별금지법, 외국인근로자보호법, 고용정책기본법, 직업안정법, 고용상연령차별금지 및 고령자고용촉진에관한법률 등에서도 이를 규정하고 있다. 또한 경향사업체는 특정한 종교적 활동이나 정치적 목적 등의 수행과 관련되어 영위되는 사업체로서 해당 종교나 정당의 목적에 반하는 행위를 한 근로자에 대한 해고 등의 차별대우는 근로기준법 위반이 되지 아니한다.

1.2.2 근로기준법과 근로자 및 사용자

근로기준법은 상시 5명 이상의 근로자를 사용하는 모든 사업 또는 사업장에 적용한다. 다만, 동거하는 친족만을 사용하는 사업 또는 사업장과 家事 사용인에 대하여는 적용하지 아니한다. 상시 4명 이하의 근로자를 사용하는 사업 또는 사업장에 대하여는 대통령령으로 정하는 바에 따라 이 법의 일부 규정을 적용할 수 있다(근로기준법 제11조). 대통령령은 국가, 특별시·광역시·도, 시·군·구, 읍·면·동, 그 밖에 이에 준하는 것에 대하여도 적용된다(제12조). 국가공무원, 지방공무원 등에게는 국가공무원법, 지방공무원법, 국가공무원복무규정 등이 특별법으로서 일반법인 근로기준법에 우선하여 적용된다. 다만, 공무원이 아닌, 국가 또는 지방자치단체에 고용되어 근로를 제공하는 민간인에게는 근로기준법이 적용된다. 가사사용인이란 개인의 가정이나 주택 등의 일에 종사하는 자이다. 근로기준법의 근로자는 사용자에게 근로를 제공하고 사용자는 이에 임금 지급을 목적으로 체결된 근로계약을 기초로, 직업의 종류와 관계없이 임금을 목적으로 사업이나 사업장에 정신노동과 육체노동 등의 근로를 제공하는 자이다. 사용자는 사업주 또는 사업 경영 담당자 그 밖에 근로자에 관한 사항에 대하여 사업주를 위하여 행위하는 자이다(근로기준법 제2조 제1항 제1호~제3호). 외국인, 불법체류외국인 모두 근로자로서의 자격을 갖는다. 근로자는 사업 또는 사업장에서 근로를 제공하여야 하므로 사용자에게 현실적으로 고용되어 있는 취업자만이 근로자에 해당한다. 실업자 및 해고자는 현실의 취업근로자에 적용되는 최저한의 근로기준을 정하는 근로기준법의 근로자에 해당하지 않지만, 모든 국민의 근로3권 등의 노동기본권을 보장하는 노동조합및노동관계조정법의 근로자에는 미취업근로자도 이에 포함된다. 근로기준법의 사용자는 사업주 또는 사업 경영 담당자, 그 밖에 근로자에 관한 사항에 대하여 사업주를 위하여 행위하는 자이다(제2조 제1항 제2호). 사업주는 경영의 주체로서 개인기업에서는 경영주 개인이며 법인기업에서는 법인이다. 사업경영담당자는 사업주로부터 사업경영의 전부 또는 일부에 대하여 포괄적 위임을 받고 권한을 행사하거나 책임을 부담하는 자이다. 주식회사의 대표이사 등이다. 사업주를 위하여 행위하는 자는 근로조건의 결정 등에 관하여 지휘·명령·감독 등을 할 수 있는 책임과 권한이 사업주에 의하여 주어진 자이다. 사업주가 아닌 사업경영담당자나 사업주를 위하여 행위하는 자는 사용자이면서 근로계약의 당사자인 근로자에도 해당되는 상대성을 가지므로 종속적 노동관계의 실질성 여부에 따라서 개별적으로 판단한다.

1.2.3 근로관계에서의 공무원과 교원

헌법 제33조 제3항은 '공무원인 근로자'라 하여 공무원이 근로자임을 규정한다. 다만 업무의 공공성 및 중립성 등 특수한 성격으로 인하여 특별법의 적용을 받는다. 공무원의 개별적 노사관계에는 국가공무원법, 지방공무원법, 공무원보수규정 등이 일반법인 근로기준법에 우선하여 적용된다. 공무원의 집단적 노사관계에는 '공무원의 노동조합 설립 및 운영 등에 과난 법률'이 특별법으로서 일반법인 '노동조합법'에 우선하여 적용된다. 공무원 노동조합은 쟁의행위, 노동행위가 금지된다. 교원에는 국공립학교교원과 사립학교교원이 있다. 국공립학교교원은 교육공무원으로서 근로자이다. 사립학교교원은 공무원이 아니므로 일반법인 근로기준법과 노동조합법이 적용되어야 한다. 다만, 사립학교법은 교육이라는 근로의 공통성을 기준으로 사립학교법 제55조는 사립학교 교원의 복무규정에 대하여 교육공무원법을 준용한다. 교원의 개별적 근로관계에는 교육공무원법, 국가공무원법, 사립학교법 등이 적용된다. 교원의 집단적 노사관계에는 '교원의 노동조합 설립 및 운영등에 관한 법률'이 특별법으로서 일반법인 노동조합법에 우선하여 적용된다. 교원노동조합은 쟁의행위 및 정치활동이 금지된다.

1.3 노동법

1.3.1 노동법과 임금

노동법 특히 근로기준법에서의 임금이란 사용자가 근로의 대가로 근로자에게 임금, 봉급, 그 밖에 어떠한 명칭으로든지 지급하는 모든 금품을 말한다. 평균임금이란 이를 산정하여야 할 사유가 발생한 날 이전 3개월 동안에 그 근로자에게 지급된 임금의 총액을 그 기간의 총일수로 나눈 금액을 말한다. 근로자가 취업한 후 3개월 미만인 경우도 이에 준한다. 1주란 휴일을 포함한 7일을 말한다. 所定근로시간이란 제50조, 제69조 본문 또는 '산업안전보건법' 제139조 제1항에 따른 근로시간의 범위에서 근로자와 사용자 사이에 정한 근로시간을 말한다. 단시간근로자란 1주 동안의 소정근로시간이 그 사업장에서 같은 종류의 업무에 종사하는 통상 근로자의 1주 동안의 소정근로시간에 비하여 짧은 근로자를 말한다. 평균임금이 그 근로자의 통상임금보다 적으면 그 통상임금액을 평균임금으로 한다(근로기준법 제2조 제1항 제4호~제9호, 제2항). 근로기준법 또는 노동조합법 등에서 말하는 근로자가 되려면 근로자와 사용자간에 사용종속관계가 존재하여야 한다. 사용종속관계는 노동법의 보호대상이 되는 근로자와 민법상 피고용인 등의 근로자가 아닌 자를 구분하는 기준이 된다. 사용종속관계는 근로자가 사업 또는 사업장에서 임금을 목적으로 종속적인 관계에서 사용자에게 근로를 제공하는 것이다. 이는 당사간의 계약의 형식이 민법상 고용계약이든 도급계약이든 그 형식을 가리지 아니하고 계약의 실제를 기초로 판단한다.

1.3.2 노동법과 근로조건

근로자와 사용자는 근로자의 근로제공과 사용자의 임금지불을 목적으로 체결된 계약인 근로계약에 의하여 임금, 근로시간 등의 근로조건을 자유로이 결정할 수 있는 근로계약체결자유의 원칙에 따르지만, 근로기준법 등의 관련법령(근로기준법, 최저임금법, 남녀고용평등법, 선원법, 산업안전보건법 등), 단체협약(노동조합과 사용자가 단체교섭을 실시하고 당사자의 합의에 따라 개별적 근로관계 또는 집단적 노사관계 등에 관하여 체결한 협약), 취업규칙(사용자가 근로자가 준수하여야 할 규율, 임금근로시간 등 근로조건 등에 관하여 일방적으로 작성하여 모든 근로자에게 효력을 갖게 하는 사업장규칙), 노사관행 등의 근로조건결정규범 등에 의하여서도 결정된다. 그러므로 근로자와 사용자는 각자가 단체협약, 취업규칙과 근로계약을 지키고 성실하게 이행할 의무가 있다(근로기준법 제5조). 단체협약은 헌법 및 법령에 따르지 아니하면 무효가 된다. 또한 취업규칙은 법령이나 해당 사업 또는 사업장에 대하여 적용되는 단체협약과 어긋나서는 아니 된다(제96조). 근로기준법에서 정하는 기준에 미치지 못하는 근로조건을 정한 근로계약은 그 부분에 한정하여 무효로 하며, 이에 따라 무효로 된 부분은 근로기준법에서 정한 기준에 따른다(제15조). 단체협약에 정한 근로조건 기타 근로자의 대우에 관한 기준에 위반하는 취업규칙 또는 근로계약의 부분은 무효로 한다. 근로계약에 규정되지 아니한 사항 또는 제1항의 규정에 의하여 무효로 된 부분은 단체협약에 정한 기준에 의한다(노동조합 및 노동관계조정법 제33조). 취업규칙은 법령이나 해당 사업 또는 사업장에 대하여 적용되는 단체협약과 어긋나서는 아니 되며, 취업규칙에서 정한 기준에 미달하는 근로조건을 정한 근로계약은 그 부분에 관하여는 무효로 한다. 이 경우 무효로 된 부분은 취업규칙에 정한 기준에 따른다(근로기준법 제96조~ 제97조).

1.3.3 노동법과 노동조합

노동조합의 결성 행위는 수인의 근로자가 동방향의 둘 이상의 의사표시의 합치에 의한 노동조합법상의 사단설립행위인 합동행위이다. 조합원 자격은 설립된 노동조합에의 가입신청의 의사표시와 노동조합의 승낙의 의사표시에 의하여 성립하는 계약행위이다. 노동조합의 조합원은 어떠한 경우에도 인종, 종교, 성별, 연령, 신체적 조건, 고용형태, 정당 또는 신분에 의하여 차별대우를 받지 아니한다(노동조합및노동관계조정법(노동조합법) 제9조). 조합원은 사단법인인 노동조합과의 관계에서 사단의 법원칙이 적용된다. 조합원의 지위는 사망, 자격상실, 탈퇴, 제명, 조합의 해산 등으로 상실된다. 조합원은 노동조합법상의 권리의무를 갖는다. 노동조합의 운영활동은 자주적・민주적으로 수행되어야 하는 조합민주주의 원칙에 따른다. 노동조합은 그 조직의 자주적・민주적 운영을 보장하기 위하여 당해 노동조합의 규약에 일정한 사항을 기재하여야 한다(제11조). 노동조합의 조합규약은 사회단체의 준칙규범으로서 일종의 법률행위적 합의의 성격을 갖는다. 행정관청은 노동조합의 규약이 노동관계법령에 위반한 경우에는 노동위원회의 의결을 얻어 그 시정을 명할 수 있다(제21조 제1항). 법령에 위반한 조합규약은 당연무효가 된다.

Ⅱ. 사법실체론

[一] 사법의 실체법 – 민법

1. 민법총칙 · 물권법

1.1 민법총칙 · 물권법 대의

1.1.1 민법총칙 · 물권법의 의의

민법은 사법의 일반원칙인 민법총칙, 재산법인 물권법과 채권법, 가족법인 친족법과 상속법으로 구성되어 있다. 민법전은 1958.2.22. 공포, 1960.1.1. 시행되어, 현행 법률 제17905호는 2021.1.26. 일부개정 · 시행되는 제1편 총칙, 제2편 물권, 제3편 채권, 제4편 친족, 제5편 상속의 1118조의 본문 조항으로 이루어진다. 민법총칙은 사유재산제도와 사적 자치를 근간으로 하는 시장경제질서의 헌법이념에 대한 사법적 개요와 권리법률관계의 일반규범을 권리주체인 자연인 · 법인, 권리객체인 물건, 권리주체의 의욕으로 권리를 발생 · 변경 · 소멸시키는 법률행위, 법률규정에 의한 권리 변동의 원인이 되는 기간, 소멸시효 등을 규정한다. 법률행위의 행위능력 규정은 혼인 · 이혼 · 양자 · 유언 등의 특칙(제801조, 제802조, 제807조, 제808조, 제835조, 제866조, 제870조, 제971조, 제873조, 제899조, 제900조, 제902조, 제1061조, 제1062조, 제1063조 등) 규정이 있고 허위표시 · 사기 · 착오 · 대리 등 규정도 특칙(제815조, 제816조, 제838조, 제854조, 제861조, 제883조, 제884조, 제904조 등) 규정이 있는 점에서, 민법총칙은 신분법인 가족법보다 주로 재산법의 통칙이 된다. 이와 함께 물권법은 소유권보장, 채권법은 계약자유를 규정하며, 총칙의 법률행위는 채권편의 계약에도 연관된다.

민법 제1편 민법총칙(184조) 민법총칙은 제1편 총칙 제1장 통칙 제1조(法源) 제2조(신의성실) 제2장 인 제1절 능력 제2절 주소 제3절 부재와 실종 제3장 법인 제1절 총칙 제2절 설립 제3절 기관 제4절 해산 제5절 벌칙 제4장 물건 제5장 법률행위 제1절 총칙 제2절 의사표시 제3절 대리 제4절 무효와 취소 제5절 조건과 기한 제6장 기간 제7장 소멸시효로 구성된다.

민사특별법 민사특별법은 민법총칙에 관련한 '공익법인의 설립 운영에 관한 법률', 물권에 관련한 '집합건물의 소유 및 관리에 관한 법률', '가등기담보 등에 관한 법률', '부동산 실권리자명의 등기에 관한 법률', 채권에 관련한 '주택임대차보호법', '약관의 규제에 관한 법률', '제조물책임법', '이자제한법' 등이 있다. 민법부속법률에는 '부동산등기법', '공탁법', '가족관계의 등록 등에 관한 법률', '가사소송법' 중 가사비송사건에 관한 규정 등이 있다. 공법에서 민사법률관계를 정한 '농지법', '특허법', '광업법', '산림법', '도로법', '국토의 계획 및 이용에 관한 법률' 등이 있다. 정부의 법규명령 같이 법률의 시행령으로 민사법률관계에 적용되는 규범, 사법부의 대법원규칙과 같이 헌법에 근거하는 규칙에 의해서도 민사법률관계에 적용되는 규범인 '부동산등기규칙', '공탁규칙', '가사소송규칙' 등이 있다. 국제조약도 민사에 관한 규범이면 法源이 된다.

물권법은 물건(유체물과 전기 기타 관리할 수 있는 자연력(제98조~제102조))을 객체로 그에 직접 지배를 미치는 권리인 물권을 정하는 사법이다. 물권은 동산 · 부동산의 물건에 대한 사용수익의 사용가치와 처분의 교환가치 등의 효용을 특정인이 모든 사람에게 독점적으로 향유하도록 하는 권리이다. 물권은 물건을 객체로 이를 직접 지배하여 이익을 얻는 배타적 권리인 對物權이며, 채권은 채무자를 지배하는 권리가 아니라 채무자의 행위를 객체로 그 이무이행을 급부로서 청구하는 對人權이다. 물권은 그 객체인 물건이 특정성과 독립성을 갖고 있음을 외부에 알리는 공시방법으로 부동산은 등기, 동산은 점유를 요구하여 물권 거래의 안전을 도모한다. 물권법은 물권의 종류와 내용을 물권법정주의로 정하는 강행규정이고 당해 법률을 제정하는 국가에 따라 그 내용이 개별적으로 정해지는 특수성을 갖는다는 점에서, 그와는 달리 정하는 채권법과 구분된다. 물권법은 민법의 제2편 '물권'(제185조~제372조 등 9장 188조)에 규정되어 제3편 '채권'(제373조~제766조 5장 394조)과 더불어 재산법을 구성하여 신분법에 해당하는 가족법과 함께 민법의 전 체계를 이룬다.

민법 제2편 물권(188개조) 물권법은 총칙(제1장 제185조~제191조), 제185조 물권법정주의'물권은 법률 또는 관습법에 의하는 외에는 임의로 창설하지 못한다'에 따른 물권의 종류로서 점유권(제2장 제192조~제210조), 소유권(제3장 제211조~제278조), 지상권(제4장 제279조~제290조), 지역권(제5장 제291조~제302조), 전세권(제6장 제303조~제319조), 유치권(제7장 제320조~제328조), 질권(제8장 제329조~제355조), 저당권(제9장 제356조~제372조), 물권의 변동으로서 법률행위에 의한 물권변동에는 부동산(제186조) · 동산(제188조~제190조), 법률의 규정에 의한 물권변동으로서 부동산(제187조), 동산(제246조이하), 소멸원인으로서 혼동(제191조) 등을 규정한다. 물권관계법제는 '물권' 편 규정 외에 상법(제58조등 상사유치권, 제338조등 주식질권, 제871조 등 선박저당권, 제858조등 선박채권자의 우선 특권 등), 특별법, 관습법상 물권(법정지상권, 분묘기지권, 양도담보) 등의 관습법 등이 있다.

특별법상 물권 입목에관한법률'의 입목저당권, '공장및광업재단저당법'의 공장저당권 등, '자동차및특정동산저당법'의 자동차저당권 등, '동산채권등의담보에관한법률'의 동산담보권 등, '광업법'의 광업권 등 및 민사집행법, 부동산등기법, 집합건물의소유및관리에관한법률, 국토의계획및이용에관한법률 등의 공법 등이 있다. 이 밖에 '가등기담보등에관한법률'은 종래 관습법상 물권으로 인정된 대물변제의 예약과 결부된 부동산 양도담보를 정하고 있다.

1.1.2 부동산물권변동과 부동산등기의 법률관계

부동산에 관한 물권변동은 권리의 등기에만 인정되며 민법 제186조의 등기는 권리등기이다. 권리의 등기는 미등기부동산에 대해 처음으로 등기하는 소유권보존등기, 보존등기를 토대로 이후 그 부동산의 권리변동을 등기하는 권리변동의 등기가 있다. 부동산물권의 포기도 물권 소멸을 목적으로 하는 단독행위인 법률행위로서 등기를 하여야 효력이 생긴다. 다만, 모든 물권에 공통하는 소멸원인인 '혼동'(제191조)에 있어서, 전세권자가 목적물을 매수하여 소유권을 취득한 경우에 전세권은 당연히 소멸하는 것으로 본다. 부동산물권변동에서 등기와 같은 공시행위는, 물권변동의 성립요건주의인 형식주의에 의거하여, 물권행위와 등기가 불일치하여도 그것이 채권관계 등의 실체관계에 부합하는 때에는 등기로서 유효한 것으로 인정한다. 등기는 진실성이 보장되도록 등기권리자와 등기의무자가 함께 하는 공동신청주의에 의하며(부동산등기법 제23조 제1항), 국민은 국가기관인 등기관에 대해 등기신청권이라는 공법상 권리를 갖고, 등기권리자는 등기의무자에게 등기신청에 협력을 청구할 수 있는 등기절차의 이행청구권이라는 사법상 권리인 등기청구권을 가지므로(민법 제536조), 일단 마쳐진 등기는 실체관계에 부합된다는 추정력을 갖는다. 즉 등기의 효력은 유효한 등기를 전제로 인정되는 창설적 효력(권리변동적 효력, 순위확정적 효력, 대항적 효력), 등기의 유무효에 관계없이 등기가 존재한다는 사실 자체만으로 인정되는 등기된 바와 같은 실체적 권리가 있는 것으로 추정하는 추정적 효력인 추정력이 있다. 다만, 등기의 추정은 권리의 등기에 관하여서이고 사실의 등기인 부동산의 표시에 관한 사항은 직권으로 작성되는 臺帳에 기초하는 점에서 추정력은 인정되지 않는다. 또한, 등기가 진실한 권리관계에 부합하지 않더라도 그 등기를 진실한 것으로 믿은 경우에 이를 보호하는 등기의 공신력은 민법상 인정하지 않는다. 토지와 건물은 독립된 부동산이므로 토지등기부와 건물등기부가 따로 있어 각기 등기된다. 부동산등기에서 '사실의 등기'는 등기용지가 어느 부동산에 관한 것인지를 특정하기 위해 부동산의 위치 · 사용목적 · 면적 등을 표시하는 등기이며, 등기부 표제부에 하여 '표제부의 등기'라 한다. 권리의 등기는 등기부의 '갑구란'과 '을구란'에 부동산 권리관계를 기록하는 등기이다.

등기청구권과 부동산등기의 유효요건 등기청구권은 등기신청에 필요한 서류를 갖추어 공동으로 신청할 것을 구하거나 또는 등기권리자가 단독으로 신청할 수 있도록 필요한 모든 서류를 교부할 것을 청구하는 등 등기절차의 이행청구권이다. 추정력에 의하여, 등기된 권리는 등기명의인에게 귀속하며, 그 등기에 의하여 물권변동이 유효하게 성립한 것이고, 등기의 원인과 절차에서 적법하게 마쳐진 것으로 추정된다. 부동산에 소유권이전등기가 마쳐지면 그 등기명의자는 제3자뿐 아니라 그 전 소유자에 대해서도 적법한 등기원인에 의하여 소유권을 취득한 것으로 추정된다. 등기부상 명의인과 매도인이 동일인인 경우, 그를 소유자로 믿고 부동산을 매수한 자는 원칙적으로 과실없는 점유자로 된다. 즉 부동산매수인의 점유의 무과실이 추정된다. 부동산 등기는 부동산등기법에서 정하는 형식적 유효요건(제29조), 등기가 물권행위의 내용에 합치되어야 하는 실질적 유효요건이 있다. 형식적 유효요건인 등기는 등기부에 등기관이 일정한 사항을 기록하여 성립(제34조 등)·존속하며, 이에 반하는 등기는 무효이어서 등기관이 일정절차를 밟아 직권으로 말소한다. 실체법상 등기사항은 등기하지 아니하면 사법상 효력(권리변동 내지 추정적 효력 등)이 생기지 않는 것, 절차법상 등기사항은 부동산등기법상 등기할 수 있는 것으로 정해진 사항인 등기능력이다. 부동산등기는 1필의 토지 또는 1개의 건물에 대하여 1개의 등기기록을 두는 1부동산 1등기기록의 원칙상(제15조), 하나의 등기용지에 보존등기가 중복한 경우는 선순위등기만 유효하고 후순위등기는 실체적 권리관계에의 부합여부에 관계없이 무효이며(대법원 1998.9.22. 98다23393), 무효인 등기에 기하여 이루어진 타인 명의의 소유권이전등기도 무효이다(대법원 1983.12.13. 83다카743). 물권변동과정의 일부를 생략하고 한 등기인 중간생략등기, 실제와 다른 등기원인에 의한 등기, 무효등기의 유용 등의 경우는 현재의 등기가 실체적 권리관계에 부합하는 한에서 유효하나, 중간생략등기나 등기원인의 허위 기재는 부동산등기특별조치법상 처벌된다.

1.1.3 동산물권변동의 법률관계

동산물권에서도 점유권·소유권·유치권·질권 등의 변동은 법률행위인 물권행위와 引渡라는 공시방법(현실의 인도·간이인도·점유개정·목적물반환청구권의 양도 등)(제188조~제190조)을 갖추어야 한다. 동산점유에는 공신력이 인정되어 '평온, 공연하게 동산을 양수한 자가 선의이며 과실없이 그 동산을 점유한 경우에는 양도인이 정당한 소유자가 아닌 때에도 즉시 그 동산의 소유권을 취득한다'(제249조, 제250조) 하는 동산 소유권의 선의취득이 승계취득의 예외로서 인정된다. 동산물권의 변동은 법률행위 또는 법률의 규정에 의한다. 법률의 규정에 의한 동산물권의 변동에는 동산의 취득시효(민법 제246조), 선의취득(제249조~제251조), 선점(제252조), 유실물습득(제253조), 매장물발견(제254조), 동산간 부합(제257조), 혼화(제258조), 가공(제259조) 등이 있고, 동산취득시효, 무주물선점, 유실물습득은 점유가 요건이며, 상속·판결·공용징수·경매 등은 인도 없이 동산물권변동의 효력이 생긴다. 동산거래에서 공시방법인 점유를 신뢰한 제3자가 보호되는 것이 공신력이다. 법률행위에 의한 동산물권(점유권·소유권·유치권·질권)의 변동에서 물권의 양도(이전적 승계에서 법률 행위에 의한 권리의 이전)는 공시방법인 인도로 효력이 생긴다(제188조~제190조). 선박·항공기는 동산이지만 그 소유권의 변동은 등기 또는 등록을 통해 이루어진다(상법 제743조, 자동차관리법 제6조, 항공법 제5조). 선박 등기는 제3자에 대한 대항요건이며, 20톤 미만 선박은 등기가 요건이 아니므로(상법 제745조), 민법에 따른 인도가 있을 때에 권리이전의 효력이 생긴다. 동산물권의 양도 즉 법률행위에 의한 이전은 물권행위와 점유의 이전이라는 인도의 공시방법을 갖추어야 효력이 생기는 것이 형식주의이다. 인도는 현실인도가 원칙이며(민법 제188조 제1항), 간이인도(제188조 제2항 양수인이 이미 그 동산을 점유한 때에는 당사자의 의사표시만으로 그 효력이 생긴다), 점유개정(제189조 동산에 관한 물권을 양도하는 경우에 당사자의 계약으로 양도인이 그 동산의 점유를 계속하는 때에는 양수인이 인도받은 것으로 본다), 목적물반환청구권의 양도(제190조 제삼자가 점유하고 있는 동산에 관한 물권을 양도하는 경우에는 양도인이 그 제삼자에 대한 반환청구권을 양수인에게 양도함으로써 동산을 인도한 것으로 본다) 등에 의한 인도는 당사자의 의사표시만으로 그 효력이 생긴다. 현실의 인도는 양도인의 물건에 대한 사실상의 지배가 동일성을 유지한 채 양수인에게 완전히 이전되어 양수인은 목적물에 대한 지배를 계속적으로 확고하게 취득하여야 하고 양도인은 물건에 대한 점유를 완전히 종결하는 것이다(대법원 2003.2.11. 2000다66454). 동산의 점유에는 부동산의 등기와는 달리 공신력이 인정되어, 동산의 점유자가 정당한 소유자가 아닌 경우에도 상대방이 그가 소유자인 줄 알고 양수한 때에는 그 동산의 소유권을 취득하고, 이에 따라 소유자는 소유권을 잃는 선의취득이 동산거래의 안전을 위하여 인정된다.

1.2 점유권과 소유권

1.2.1 점유와 점유권

점유는 물건에 대한 사실상의 지배이다. 사실상 지배의 여부는 사회적 통념에 따르는 규범적 관념이기에, 점유권이 그 사실상 지배를 묻지 않고 상속인에 이전하며(제193조), 법인의 대표기관이 직무수행에 관련하여 점유한 물건도 법인의 점유로 되지만, 가사상, 영업상 기타 유사한 점유보조관계에서 타인의 지시를 받아 물건을 사실상 현실적으로 지배하는 점유보조자는 그에게 지시를 내리는 자와 사회적 종속의 명령복종관계에 있어 그 지시를 내린 타인만을 점유자로 한다(제195조). 부부는 평등한 지위에 있어서 부부공유의 재산은 공동점유하고(제830조 제2항) 어느 일방의 특유재산은 각자 점유한다(제1항). 점유매개관계 즉 대등한 관계에 있는 자들 사이에서, 지상권 등의 관계로 타인에게 물건을 점유하게 한 때에는, 현재 그 물건을 사실상 지배하고 있는 타인 및 그 같은 점유를 하게 한 자의 점유가 간접점유로서 인정된다(제194조). 지상권, 전세권, 질권, 사용대차, 임대차, 임치, 기타 계약에 의하는 소유권유보부매매(할부판매), 도급, 물건운송, 위탁매매, 법률의 규정에 의하는 유치권, 사무관리, 친권, 후견, 파산재단의 관리 등에서 타인으로 하여금 물건을 점유하게 한 자에게 간접으로 점유권이 있다. 점유자는 소유의 의사로 선의, 평온 및 공연하게 점유한 것으로 추정한다. 선의의 점유자라도 본권에 관한 소에 패소한 때에는 그 소가 제기된 때로부터 악의의 점유자로 본다(제197조). 점유는 물건(동산·부동산)의 사실상 지배로 성립하여 점유자는 점유권을 취득하고(제192조 제1항), 점유자가 물건에 대한 사실상 지배를 상실한 때 점유권이 소멸한다(제2항 본문). 점유자가 점유물에 대하여 행사하는 권리는 적법하게 보유한 것으로 추정한다(제200조). 이는 점유를 공시방법으로 하는 동산물권에만 적용된다. 점유의 보호는 점유가 침해된 경우에 종전 점유자에게 그 침해를 배척할 수 있는 청구권을 부여하여 본래의 점유상태로 돌아갈 수 있게 하는 것이다. 점유보호청구권에는 점유물반환청구권, 점유물방해제거청구권, 점유물방해예방청구권 등이 있다. 선의의 점유자는 점유물의 과실을 취득한다. 악의의 점유자는 수취한 과실을 반환하여야 하며 소비하였거나 과실로 인하여 훼손 또는 수취하지 못한 경우에는 그 과실의 대가를 보상하여야 한다. 이는 폭력 또는 은비에 의한 점유자에 준용한다(제201조).

1.2.2 소유권의 취득

소유권 취득은 법률행위에 의한 경우인 부동산(제186조), 동산(제188조~제190조), 법률의 규정에 의하는 경우인 취득시효(제245조~제248조), 선의취득(제249조~제251조), 무주물선점(제252조), 유실물습득(제253조), 매장물발견(제254조), 첨부(부합, 혼화, 가공 제256조~제261조) 기타 공익사업을 위한 '토지등의취득및보상에관한법률'에 의한 공용징수 등이 있다. 시효는 일정한 사실상태가 계속된 경우에 일정한 효과를 부여하며, 이로써 권리가 소멸하는 것이 소멸시효, 권리가 취득되는 것이 취득시효이다. 무주물선점은 현재 소유자가 없는 물건의 선점이다. 무주의 동산을 소유의 의사로 점유한 자, 즉 자주점유한 때에는 그 소유권을 취득한다. 무주의 부동산은 선점의 대상이 아니고 국유로 한다. 야생하는 동물은 무주물로 하고 사양하는 야생동물도 다시 야생상태로 돌아가면 무주물로 한다(제252조). 학술, 기예 또는 고고의 중요한 재료가 되는 물건에 대하여는 국유로 한다(제255조). 미채굴 광물은 광업권에 의하지 않고는 채굴하지 못하므로(광업법 제2조 제7조) 선점의 목적이 되지 않는다. 유실물은 점유자의 의사에 의하지 않고 그의 점유를 떠난 물건으로서 도품이 아닌 것이다(표류물, 침몰품도 유실물이나 그 습득에 따른 물건의 인계절차에는 수난구호법이 적용된다). 매장물은 토지 기타의 물건(포장물) 중에 매장되어 그 소유자가 누구인지 쉽게 알 수 없는 물건이다(토지 속에 매장된 조선 때 물건 등은 매장물, 고대 인류 화석은 무주물).

시효취득의 제도 국유재산은 그 용도에 따른 행정재산(공용재산·공공용재산·기업용재산·보존용재산)이 아닌 일반재산만 시효취득의 대상이 된다(국유재산법 제7조 제2항). 농민이 아닌 사람도 농지를 시효취득할 수 있다. 민법은 취득시효는 물권편에서 정하고 소멸시효는 총칙편에서 규정한다. 부동산소유권의 취득시효는 점유취득시효와 등기부취득시효가 있다. 부동산 점유취득시효는 20년간 소유의 의사로 평온, 공연하게 부동산을 점유하는 자는 등기함으로써 그 소유권을 취득한다. 20년간 소유의 의사로 평온·공연하게 집합건물을 구분소유하면 등기함으로써 전유부분의 면적 비율에 따른 대지 지분의 소유권을 시효취득할 수 있다(대법원 2017.1.25. 2012다72469). 부동산 점유취득시효가 완성된 경우, 취득시효의 기산점인 점유의 시초부터 기산하여 20년이 되어 점유취득시효가 완성되면 그 당시의 점유자는 소유자에 대해 실체법상 채권적 권리인 소유권이전등기청구권을 가지며, 취득시효 완성 당시의 소유자에게 소유권이전등기를 청구할 수 있고 소유자는 이에 응할 의무가 있으며, 그에 따라 점유자는 등기함으로써 점유를 개시한 때로 소급하여 소유권을 취득하게 된다(제247조 제1항). 부동산 등기부취득시효는 부동산의 소유자로 등기한 자가 10년간 소유의 의사로 평온, 공연하게 선의이며 과실없이 그 부동산을 점유한 때에는 소유권을 취득한다(제245조). 점유기간 10년은 소유권등기가 등기부에 기록된 기간도 10년이어야 한다. 선의는 점유자가 자기의 소유로 믿는 것이고 무과실은 그렇게 믿는 데 과실이 없는 것이다. 점유로 인한 동산소유권의 취득시효는 10년간 소유의 의사로 평온, 공연하게 동산을 점유한 자는 그 소유권을 취득한다. 점유가 선의이며 과실없이 개시된 경우에는 5년을 경과함으로써 그 소유권을 취득한다(제246조).

1.2.3 소유권의 양태 – 공동소유

소유는 하나의 물건에 대한 1인의 단독소유와 2인 이상의 공동소유가 있다. '소유자는 법률의 범위 내에서 그 소유물을 사용, 수익, 처분할 권리가 있다'(제211조) 함은 1인 소유를 예상한 규정이다. 공동소유는 소유자간의 인적 결합관계의 정도에 따라서 공유·합유·총유가 있다. 공유는 하나의 물건에 공동관계가 있을 뿐 소유자간의 공동목적이 없는 소유(단체가 아닌 수인의 소유), 합유는 공동사업을 경영할 목적으로 조직된 조합의 소유(단체의 성격은 있으나 단체 자체가 구성원과 독립된 지위를 갖지 못함), 총유는 권리능력없는 사단의 소유(단체 자체가 구성원과는 독립성을 갖지만 설립등기가 없음. 사단법인은 단독소유)이다. 공유는 로마법의 개인주의, 합의는 게르만의 공동상속인의 상속재산소유, 총유는 게르만의 촌락공동체의 토지소유 등의 형태에서 유래한다. 공유에서 공유자 각자는 그 지분(각 공유자의 공유물에 대한 추상적 소유 비율. 공유물의 특정부분 소유는 아님)을 단독소유권과 같이 갖고 지분처분·공유물분할청구의 자유가 있으나(제263조·제268조 이하), 사용·수익에 일정 제약을 받는다(제263조~제266조). 합유는 합유자 개인의 지분은 있지만 합유자 전원의 동의 없이는 지분을 처분할 수 없고 조합관계가 종료할 때까지는 분할을 청구할 수 없다(제273조). 총유는 목적물의 관리·처분권능은 사단 자체에 귀속되지만 사단의 사원에게도 일정한 범위에서 사용·수익의 권능이 인정되는(제276조) 등으로 소유권의 권능이 단체와 그 구성원에게 나누어진다. 단체구성원이 갖는 사용·수익권은 그 자격을 가지는 때에만 인정되며 타인에 양도나 상속의 목적으로는 하지 못하며(제277조), 공유에서의 지분 같은 것은 없다.

1.3 제한물권

1.3.1 용익물권 – 지상권과 관습상 법정지상권 및 분묘기지권·지역권·전세권

지상권은 지상물의 소유를 목적으로 사용하는 권리이다. 지상물은 공작물 즉 전주·지하수관정 등 지상·지하의 공작물 등 인공적으로 설치하는 모든 건축물·설비 등을 포함하는 개념이며, 지상권은 이 같은 지상물을 소유의 목적으로 사용하는 권리이므로 이를 사용의 목적으로는 설정할 수 없다. 관습법에 의해 지상권과 유사한 물권이 인정되는 것으로 관습상 법정지상권과 분묘기지권이 있다. 관습상 법정지상권은, 토지와 건물이 동일인의 소유에 속하였는데, 그 건물 또는 토지가 법률행위 또는 그 외의 원인에 의해 소유자가 달라지고, 당사자간에 그 건물을 철거한다는 특약이 없는 때에, 당연히, 건물소유자는 토지소유자에 대하여 관습에 의한 법정지상권을 취득한다는 것인 바(대법원 1962.4.18. 4294민상1103), 이는 법률(민법 제305조 제1항, 제366조, 가등기담보등에 관한법률 제10조, 입목에관한법률 제6조)에 의하여 성립하는 법정지상권 외에, 조선고등법원판례(朝高判 1916.9.29.)에서 한국에 있어서의 관습으로 인정한 것을 시작으로 대법원에서도 이를 받아들여(대법원 1960.9.29. 4292민상944) 성립한 물권이다. 분묘기지권은 관습상 법정지상권 법리를 유추적용하여, 타인의 토지에서 분묘라는 특수한 공작물을 설치한 자가 그 분묘를 소유하기 위하여 그 분묘가 있는 토지를 사용할 수 있는 지상권 유사의 물권이다. 조선고등법원판례에서 인정한 이래 대법원도 그 법리를 따르고 있다. 분묘기지권은 토지소유자의 승낙을 받아 토지에 분묘를 설치한 경우(대법원 1962.4.26. 4294민상451), 타인 소유의 토지에 소유자의 승낙 없이 분묘를 설치한 경우에는 20년간 평온·공연하게 그 분묘의 기지를 점유하여 분묘기지권의 시효취득(대법원 1969.1.28. 68다1927), 개인은 그 소유토지에 묘지를 관할하는 시장 등에게 신고하여 원칙적으로 15년간 분묘를 설치할 수 있고, 토지소유자의 승낙 없이 당해 토지에 분묘를 설치한 자는 토지사용권 기타 분묘의 보존을 위한 권리를 주장할 수 없고, 토지소유자는 당해 분묘를 관할하는 시장 등의 허가를 받아 개장할 수 있다 한 '장사등에관한법률'에도 불구하고, 대법원은 타인 소유의 토지에 분묘를 설치한 경우에 20년간 평온·공연하게 분묘의 기지를 점유하면 지상권과 유사한 관습상의 물권인 분묘기지권을 시효로 취득한다는 점은 오랜 세월동안 지속되어 온 관습 또는 관행으로서 법적 규범으로 승인되어 왔고, 이러한 법적 규범이 '장사등에관한법률' 시행일인 2001.1.13. 이전에 설치한 분묘에 관하여 현재까지 유지되고 있다 한다(대법원 2017.1.19. 2013다17292). 지역권은 어느 토지의 편익을 위하여 타인의 토지를 이용하는 용익물권이다. 편익을 받는 토지가 要役地이며 편익을 제공하는 토지가 承役地이다. 지역권자는 일정한 목적을 위하여 타인의 토지를 자기토지의 편익에 이용하는 권리가 있다(제291조). 전세권은 전세권자는 전세금을 지급하고 타인의 부동산을 점유하여 그 부동산의 용도에 좇아 사용·수익하며, 그 부동산 전부에 대하여 후순위권리자 기타 채권자보다 전세금의 우선변제를 받을 권리가 있는 권리다. 농경지는 전세권의 목적으로 하지 못한다(제303조). 전세권이 소멸하면 부동산을 반환하고 전세금을 반환받는 권리인 용익물권이며, 전세금반환채권을 담보하기 위한 담보물권의 성격이 있기에, 전세권 존속기간이 끝나더라도 전세권등기는 유지된다(대법원 2005.3.25. 2003다35659).

1.3.2 담보물권 – 유치권·질권

유치권은 타인의 물건 또는 유가증권을 점유한 자는 그 물건이나 유가증권에 관하여 생긴 채권이 변제기에 있는 경우에는 변제를 받을 때까지 그 물건 또는 유가증권을 유치할 권리이다(제320조). 유치권은 일정 요건을 갖추면 법률상 당연히 성립하는 법정담보물권이며 질권, 저당권 같은 약정담보물권과 구별된다. 유치권에서 점유는 그 성립 및 존속요건이기에 점유를 상실하면 유치권도 소멸한다(제328조). 질권은 채권자가 채권의 담보로 채무자나 제3자가 제공한 동산을 점유하고 그 동산으로부터 다른 채권보다 자기 채권의 우선변제를 받을 수 있는 담보물권이다(제329조). 동산 외의 재산권에 대한 권리질권에는 동산질권의 규정이 준용된다(제345조, 제355조). 동산질권은 동산을 목적으로 하고(제331조), 인도 즉 점유를 공시방법으로 하며, 채권자는 채권을 변제받을 때까지 질물을 유치할 수 있고(제335조), 채권을 변제받기 위해 경매 등의 절차로 우선변제를 받을 수 있다(제329조, 제338조). 권리질권은 양도할 수 있는 재산권을 목적으로, 권리의 양도를 공시방법으로 하고(제346조), 질권자는 직접 채권을 청구하는 방법으로 권리를 실현한다.

1.3.3 담보물권 – 저당권

저당권은 저당권자는 채무자 또는 제삼자가 점유를 이전하지 아니하고 채무의 담보로 제공한 부동산에 대하여 다른 채권자보다 자기채권의 우선변제를 받을 권리이다(제356조). 질권에서는 질권자가 담보물을 점유하나, 저당권은 점유의 이전 없이 즉 저당권설정자가 종전대로 목적물을 점유하여 사용·수익하고 저당권자는 목적물의 교환가치만 갖는다. 저당권의 목적물은 그 존재를 公簿에 의하여 표시 즉 등기 또는 등록할 수 있는 것에 한정된다. 민법은 토지, 건물 등 부동산(제356조), 지상권·전세권(제371조)에 한정하고 있다. 저당권은 타인의 물건에 대해서만 성립하며, 채권의 변제를 위한 수단인 점에서 채권에 종속하여 피담보채권이 상속·양도 등으로 동일성을 유지하면서 승계되면 저당권도 같이 이전되며, 피담보채권과 분리하여 처분할 수 없고(제361조), 피담보채권이 소멸한 때에는 저당권도 소멸한다(제369조). 저당권은 불가분성이 있지만 공동저당의 경우에는 차순위 저당권자를 위한 예외가 있으며(제368조), 물상대위성(제370조, 제342조)이 있다. 법정지상권은, 저당물의 경매로 인하여 토지와 그 지상건물이 다른 소유자에 속한 경우에는 토지소유자는 건물소유자에 대하여 지상권을 설정한 것으로 보는 것이다(제366조). 최우선순위의 저당권 설정 당시 토지 위에 건물이 존재하여야 하고, 그 토지와 건물이 동일한 소유자에 속하며, 저당권자의 신청에 따른 경매로 토지와 건물의 소유자가 달라지는 것이어야 한다. 법정지상권은 법률의 규정에 의하여 성립한다는 점 외에는 일반지상권과 다를 것이 없기에 그에 관한 법리가 적용된다. 법정지상권의 존속기간은 건물의 종류에 따라서 30년 또는 15년이다(제280조, 제281조). 법정지상권은 토지나 그 지상건물의 경매로 그 소유권이 매수인에게 이전되는 때, 즉 매수인이 매각대금을 완납한 때에 건물소유자는 법정지상권이 인정되고, 이는 법률의 규정에 의한 물권변동으로서 등기를 요하지 않는다(제187조). 근저당권은 담보할 채무의 최고액만을 정하고 채무의 확정을 장래에 보류하여 이를 설정하는 것이다(제357조). 근저당권은 등기원인이 근저당권 설정계약이라는 뜻과 채권최고액 및 채무자만이 등기된다(부동산등기법 제75조 제2항). 근저당권의 피담보채권의 범위에서 포괄근저당권이라 하여, 채무자가 채권자에 대해 장래 부담하는 일체의 채무까지 담보할 수 있게 함은 무효이다. 다만, 금융기관의 약관에서 정한 근저당권설정계약서에는 특정근저당(근저당권설정계약 당시 이미 체결되어 있는 특정의 거래 계약과 관련하여 발생하는 채무의 담보), 한정근저당(이미 거래계약을 체결하였는지 여부에 관계없이 일정한 종류의 거래계약을 한정적으로 열거하고 그 거래계약에서 발생하는 채무를 담보), 포괄근저당(일정한 종류의 거래계약을 열거하고 그 밖의 여신거래에서 발생하는 모든 채무를 담보) 등의 유형이 있다. 법정담보물권인 유치권과 약정담보물건인 질권·저당권 같은 전형적인 담보물권 외에 비전형 담보물권으로서 매도담보(필요한 자금을 매매의 형식을 빌려 매매대금으로 얻는 것), 양도담보(자금을 소비대차에 의하여 얻는 것으로서 계약체결과 동시에 목적물의 소유권을 채권자에게 이전하는 것), 가등기담보(자금을 소비대차에 의하여 얻는 것으로서 장래 채무불이행시 목적물의 소유권을 채권자에게 이전하는 것) 등이 담보의 목적으로 권리를 이전받는 권리이전형의 담보물권으로 인정된다. 동산소유권은 설정자가 목적물을 점유하면서 권리를 이전할 수 있는 占有改定 방식이 허용되고, 양도담보에 대해서는 당사자가 진정으로 채권담보의 목적으로 권리를 채권자에게 이전함을 원한 것이기에 이를 존중하여 정립된 신탁행위의 논리를 통해 허위표시가 아님을 인정받고 있다.

2. 민법 – 채권법

2.1 채권법 대의

2.1.1 채권법 총칙과 전형계약

채권법은 채권관계 당사자간 채권・채무관계를 규율하여 채권을 청구할 수 있는 권리에 법적 효력을 부여하는 법규이다. 채권법은 당사자간 계약관계를 규율하는 임의적 규정이며 유사한 법률관계의 경우에 특정 국가에 제한되지 않는 보편성을 갖는다. 형식적 의미의 채권법은 민법 제3편 채권(제373조~제766조) 5개 장 394개 조이며, 제1장 채권 총칙 규정은 채권발생원인의 일반규정 154개 조항(제373조~제526조)으로서 물권법 총칙 7개조(제185조~제191조)에 비교된다. 각칙 규정은 제2장 계약(제527조~제733조), 제3장 사무관리(제734조~제740조), 제4장 부당이득(제741조~제749조), 제5장 불법행위(제750조~제766조) 등이다. 채권법이 정하는 채권자・채무자 간에 발생하는 채권・채무의 법률관계인 채권관계의 종류・내용 등의 규정은 사인인 당사자간 법률관계를 규율하는 점에서 대체로 임의규정이며 예시적이고, 특정 법계에 한정되지 않는 국제성・보편성을 지닌다. 다만, 법정채권의 발생원인이 되는 사무관리(타인의 사무를 의무 없이 관리함에 따른 법정채권관계 발생)・부당이득(법률상 원인 없이 이익을 얻은 경우의 부당이득 반환채무 발생)・불법행위(위법행위로 타인에게 손해를 입힌 경우의 손해배상채무의 발생) 등은 당사자 의사와 무관하게 법률상 법정사유로 당연히 채권을 발생시키고 효과가 부여되는 한에서 강행법규이며 또한 제3자에 영향을 미치는 규정(채권의 양도, 채무의 인수 등), 채권관계를 규율하는 특별법(주택임대차보호법, 약관의규제에관한법률 등) 등도 강행법규의 성격을 갖는다. 전형계약은 민법 제3편 제2장 '계약' 제2절에서 제15절까지 규정한 채권・채무의 발생을 목적으로 하는 합의인 채권계약으로서 존재하는 15가지 계약인 증여(재산의 무상 수증)・매매(재산권의 유상 이전)・교환(재산권의 상호 이전)・소비대차(금전 등의 차용과 나중에 갚기로 하는 것)・사용대차(물건의 무상 사용과 이의 반환)・임대차(물건 사용과 차임 지급)・고용(노무 제공과 보수 수령)・도급(일의 완성과 보수 수령)・여행계약(여행관련 용역제공과 대금 수령)・현상광고(광고 방식으로 일정 행위를 한 자에게 보수를 주기로 하는 것)・위임(타인 사무를 처리하기로 하는 것)・임치(금전・물건 등의 보관)・조합(2인 이상의 출자로 공동사업의 경영)・종신정기금(사망시까지 금전 등의 정기적 지급)・화해(당사자의 상호 양보로 다툼의 종료) 등의 임의규정 및 상법의 상호계산・운송・임치・보험 등의 계약, 특별법상 계약(근로계약(근로기준법), 신탁계약(신탁법), 신원보증계약(신원보증법) 등) 등 법률상 명칭이 정해진 有名계약이며, 그렇지 아니한 계약이 비전형계약인 無名계약이다. 물권의 종류・내용이 강행규정인 것과 달리 계약자유의 원칙상 전형계약의 종류・내용은 임의규정인 점에서 비전형계약이 생겨날 가능성이 크며(중개계약・의료계약・리스계약・할부매매계약・신용카드계약 등), 전형계약도 거래관행이나 당사자의사가 먼저 고려되고 이후 보충적으로 적용되며 따라서 비전형계약에 전형계약에 관한 규정을 바로 유추적용해서는 아니 된다. 하나의 계약에 전형계약들이나 비전형계약들 또는 양자가 혼합된 것이 혼합계약이다.

민법 제3편 채권(394개조) 채권법은 제1장 총칙(제373조~제526조) 제1절 채권의 목적(제373조~제386조), 제2절 채권의 효력(제387조~제407조), 제3절 수인의 채권자 및 채무자(제1관 총칙 제2관 불가분채권과 불가분채무 제3관 연대채무 제4관 보증채무)(제408조~제448조), 제4절 채권의 양도(제449조~제451조), 제5절 채무의 인수(제452조~제459조), 제6절 채권의 소멸(제1관 변제 제2관 공탁 제3관 상계 제4관 경개 제5관 면제 제6관 혼동)(제460조~제507조), 제7절 지시채권(제508조~제522조), 제8절 무기명채권(제523조~제526조). 채권 각칙으로는 제2장 계약(제527조~제733조) 제1절 총칙 제1관 계약의 성립(제527조~제535조), 제2관 계약의 효력(제536조~제542조), 제3관 계약의 해지・해제(제543조~제553조), 제2절 증여(제554조~제562조), 제3절 매매(제563조~제595조), 제4절 교환(제596조~제597조), 제5절 소비대차(제598조~제608조), 제6절 사용대차(제609조~제617조), 제7절 임대차(제618조~제654조), 제8절 고용(제655조~제663조), 제9절 도급(제664조~제674조), 제9절의2 여행계약(제674조의2~제674조의9조),

제10절 현상광고(제675조~제679조), 제11절 위임(제680조~제692조), 제12절 임치(제693조~제702조), 제13절 조합(제703조~제724조), 제14절 종신정기금(제725조~제730조), 제15절 화해(제731조~제733조), 제3장 사무관리(제734조~제740조), 제4장 부당이득(제741조~제749조), 제5장 불법행위(제750조~제766조) 등이다.

2.1.2 계약법 총칙 - 계약의 의의

계약은 사법상 일정한 법률효과의 발생을 목적으로 하는 당사자간의 합의이다. 계약은 당사자간에 서로 대립하는 의사표시의 합치인 합의를 요한다. 합의에서 객관적 합치는 당사자의 의사표시가 내용에서 일치하는 것이며, 주관적 합치는 특정 당사자에 대한 의사의 합치이다. 의사표시의 합치가 없으면 계약은 성립하지 않는 불합의가 된다. 의식적 불합의는 당사자가 의식적으로 청약에 대해 조건을 붙이거나 청약내용을 변경하여 승낙하는 것, 무의식적 불합의는 사실상 어떤 점에 불일치가 있음에도 이를 당사자가 모르는 것이다. 불합의는 처음부터 계약을 불성립하게 하는 것이지만, 착오는 일단은 합의가 된 것으로 보아 계약이 성립한 것으로 보며, 다만 민법 제109조 제1항의 요건을 갖추면 착오자가 이를 취소할 수 있다. 민법은 계약 성립의 양태로 청약에 대한 승낙(제527조~제531조, 제534조), 교차청약(제533조), 의사실현(제532조) 등을 규정한다. 계약에는 물권변동을 목적으로 하는 합의인 물권계약, 채권양도・채무인수에 관한 합의인 준물권계약, 약혼・혼인・입양 등의 합의인 친족법상 계약 등도 있다. 계약법에는 계약자유의 원칙이 지배한다. 계약자유의 원칙은 사법상 법률관계를 개인의 의사에 의해 자유로이 형성할 수 있다는 사적 자치의 원칙의 가장 전형적 양태이다. 국가는 당사자간의 계약에 간섭할 수 없으며, 계약 당사자는 계약의 내용에 따른 상호 구속을 받고, 그에 따른 채권・채무의 발생을 국가가 인정하여 그 실현을 돕는다. 계약의 구속력에 의하여, 계약의 성립 후 당사자는 임의로 자기의 청약 또는 승낙의 의사를 철회하여 계약을 없었던 것으로 할 수 없고 당사자의 합의에 의해서만 변경할 수 있으며, 당사자는 계약을 이행할 채무를 지므로 그 불이행에 상대방은 채무이행을 구하는 소를 제기하여 강제집행을 할 수 있고, 계약의 효력은 체약 당시의 법률이 적용되어야 하고 계약이 구속력을 갖게 된 이후에 제・개정된 법률에 의하여 변경될 수 없다(대법원 2002.11.22. 2001다35785). 계약이 당사자간에 구속력을 갖는 것은 당사자의 자발적인 의사의 합치는 스스로 원하여 구속되는 것임을 내포하는 것이며, 이를 특히 헌법(헌법 제10조 행복추구권의 내용인 일반적 행동자유권 헌재 1991.6.3. 89헌마204 및 제119조 제1항) 및 법(민법 제105조 및 제103조)이 승인하는 것이다. 계약의 자유는 계약의 체결 여부 및 그 상대방 선택 및 방식 등을 강요받지 아니할 자유이다. 다만 헌법 제37조 제2항에 의하여 국가안전보장・질서유지・공공복리를 위하여 제한된다. 그러나 필요한 경우에 한하며 그 본질적인 내용은 침해할 수 없다.

2.1.3 계약의 종류 - 전형계약・쌍무계약, 유상계약, 낙성계약, 要式계약, 有因계약, 예약

쌍무계약(민법 제536조~538조)은 계약당사자가 서로 대가적 즉 상호의존관계의 채무를 부담하는 계약이며, 편무계약은 당사자일방만 채무를 지거나, 쌍방이 채무를 지더라도 대가적 의미를 갖지 않는 계약이다. 쌍무계약에서는 대가관계에 있는 양 채무가 그 성립・이행・존속에서 상호 견련성을 갖지만(동시이행의 항변권 제536조, 위험부담 제537조・제538조) 편무계약에서는 그렇지 아니하다. 유상계약은 계약의 당사자가 서로 대가적 出捐(매매에서 매도인은 재산권이전의 출연을 하고 매수인은 금전지급의 출연을 하는 것)을 하는 계약, 즉 일방당사자의 경제적 손실이 그에 상응하는 급부를 통해 보상되는 계약이며, 무상계약은 당사자 일방만이 급부를 하거나 쌍방당사자가 급부를 하더라도 그 급부가 서로 대가관계에 있지 않은 계약이다. 쌍무・편무계약이 채무의 상호의존성을 내용으로 한다면 유상・무상계약은 출연의 상호의존성을 개념으로 한다. 諾成계약은 당사자의 합의만으로 성립하는 계약, 要物계약은 합의 외에 당사자의 일방이 물건의 인도 기타 급부를 하여야 성립하는 계약이다. 전형계약 중에서 현상광고는 광고자가 어느 행위를 한 자에게 일정한 보수를 지급하겠다는 청약에 대해 응모자가 그 광고에 정한 행위를 완료함으로써 비로소 현상광고 계약이 성립하는 요물계약이다. 要式계약은 계약의 성립에 일정한 방식을 요하는 계약인데, 민법은 계약방식의 자유를 취하므로 채권계약에서 보증계약(제428조의2) 외에는 요식계약으로 정한 것은 없다. 死因계약은 당사자 일방의 사망을 조건으로 하여 효력이 발생하도록 한 계약이며 그 밖의 계약이 生前계약이다. 有因계약은 법률행위의 기초·원인이 되는 것에 무효·취소의 사유가 있는 경우, 이것이 그 법률행위에 영향을 주는 계약이며, 채권계약은 일정한 원인에 의해 체결되는 점에서 모두 유인계약이다. 물권법에서는 채권행위의 실효가 물권행위에 영향을 주는지에 대해 학설이 나뉜다. 계속적 계약은 급부가 어느 기간 동안 계속해서 행해져야 하는 계약이며 일시적 계약은 급부의 실현에 시간적 계속성이 필요하지 않는 계약이다. 예약은 장래 일정한 계약을 맺기로 미리 약정하는 계약이며 본계약은 예약에 따라 장차 맺어질 계약이다.

2.2 계약법 각칙 – 개별적 채권관계

2.2.1 전형계약 – 증여·매매·교환

증여는 당사자 일방이 무상으로 재산을 상대방에 수여하는 의사를 표시하고 상대방이 이를 승낙함으로써 그 효력이 생기는 계약이다(제554조). 증여는 무상으로 타인에게 재산을 수여하는 무상계약이므로 재산을 무상으로 주는 단독행위인 유증, 채무면제와 구분된다. 매매는 당사자 일방이 재산권을 상대방에게 이전할 것을 약정하고 상대방이 그 대금을 지급할 것을 약정함으로써 성립하여 그 효력이 생기는 계약이다(제563조). 매매는 금전지급으로 성립하는 계약인 점에서 금전 외의 재산권을 서로 이전하기로 하는 교환(제596조)과 구분된다. 매도인의 담보책임은 매매에서 매도인이 지는 권리이전의무에 기해서 매도인이 이전한 권리에 흠이 있거나 또는 권리의 객체인 물건에 흠이 있는 때에는 매도인에게 일정한 책임을 지우는 것이다. 환매는 매도인이 매매계약과 동시에 환매할 권리를 보류한 때에는 그 영수한 대금 및 매수인이 부담한 매매비용을 반환하고 그 목적물을 환매할 수 있는 권리이다(제590조). 교환은 당사자 쌍방이 금전 외의 재산권을 상호이전할 것을 약정함으로써 성립하여 그 효력이 생기는 계약이다(제596조).

2.2.2 전형계약 – 소비대차·사용대차·임대차

소비대차는 당사자 일방(貸主)이 금전 기타 대체물의 소유권을 상대방에게 이전할 것을 약정하고, 상대방(借主)은 그와 같은 종류, 품질 및 수량으로 반환할 것을 약정함으로써 그 효력이 생기는 계약이다(제598조). 사용대차는 당사자 일방이 상대방에게 무상으로 사용, 수익하게 하기 위하여 목적물을 인도할 것을 약정하고 상대방은 이를 사용, 수익한 후 그 물건을 반환할 것을 약정함으로써 그 효력이 생기는 계약이다(제609조). 사용대차는 낙성·무상·편무계약으로서, 대차형 계약으로서, 빌린 물건 그 자체를 반환하는 점에서 소비대차와 다르고, 차주가 그 사용의 대가를 지급하지 않는 무상계약인 점에서 임대차와 구별된다. 임대차는 당사자 일방이 상대방에게 목적물을 사용, 수익하게 할 것을 약정하고 상대방이 이에 대하여 차임을 지급할 것을 약정함으로써 그 효력이 생기는 권리이다(제618조). 임대차는 타인의 물건을 사용·수익하는 점에서 소비대차·사용대차와 같으나 임차물 자체를 반환하여야 하고 그 소유권을 취득하지 않는 점에서 소비대차와 다르고, 사용·수익의 대가로서 차임을 지급하여야 하는 점에서 무상계약인 사용대차와 다르다. 임대차는 낙성·쌍무·유상계약으로서 민법의 규율 외에, 농지 임대차는 농지법이 耕者有田(헌법 제121조 제1항)에 따른 농지임대차의 원칙적 금지와 예외적 허용, 주거용 건물인 주택은 민법의 특별법인 주택임대차보호법의 우선 적용, 사업자등록의 대상이 되는 상가건물 임대차는 상가건물임대차보호법에서 민법의 특례를 규정하므로, 민법이 규율하는 임대차는 동산 임대차, 농지가 아닌 일반 토지 임대차, 주택과 상가건물 아닌 일반건물 임대차 등이다.

2.2.3 전형계약 – 고용 · 도급 · 여행계약 · 현상광고 · 위임 · 임치 · 조합 · 종신정기금 · 화해

고용은 당사자 일방이 상대방에 대하여 노무를 제공할 것을 약정하고 상대방이 이에 대하여 보수를 지급할 것을 약정함으로써 그 효력이 생기는 계약이다(제655조). 이는 쌍무 · 유상 · 낙성 · 불요식 계약이다. 고용 외에 도급 · 현상광고 · 위임 · 임치 등은 타인의 노무의 이용을 목적으로 하는 노무공급계약에 속한다. 고용에 관한 민법규정(제655조 이하)은 노무자와 사용자를 대등한 당사자로 하여 노무자는 노무제공의무를 지고 사용자는 그 대가로 보수지급의무를 부담하는 등 계약자유의 관계에서 규율하는, 한편, 근로기준법의 근로계약은 헌법 제32조의 인간의 존엄성을 보장하도록 근로조건의 기준을 법률로 정할 것을 규정한 바에 따라서 사용자가 준수하여야 할 의무를 중심으로 근로관계를 정한다. 도급은 당사자 일방(수급인)이 어느 일을 완성할 것을 약정하고 상대방이(도급인) 그 일의 결과에 대하여 보수를 지급할 것을 약정함으로써 성립하여 효력이 생기는 계약이다(민법 제664조). 도급은 고용 · 위임 · 임치 같이 타인의 노무를 이용하는 계약이나 일의 완성이라는 결과에 목적을 둔다. 여행계약은 당사자 일방이 상대방에게 운송, 숙박, 관광 또는 그 밖의 여행 관련 용역을 결합하여 제공하기로 약정하고 상대방이 그 대금을 지급하기로 약정함으로써 성립하여 효력이 생기는 계약이다(제674조의2). 현상광고는 광고자가 어느 행위를 한 자에게 일정한 보수를 지급할 의사를 표시하고 이에 응한 자가 그 광고에 정한 행위를 완료함으로써 성립하여 그 효력이 생기는 계약이다(제675조). 위임은 당사자 일방이 상대방에 대하여 사무의 처리를 위탁하고 상대방이 이를 승낙함으로써 성립하여 효력이 생기는 계약이다(제680조). 임치는 당사자 일방이 상대방에 대하여 금전이나 유가증권 기타 물건의 보관을 위탁하고 상대방이 이를 승낙함으로써 성립하여 효력이 생기는 계약이다(제693조). 조합은 2인 이상이 상호출자하여 공동사업을 경영할 것을 약정함으로써 성립하여 효력이 생긴다. 조합은 사단과 함께 2인 이상이 결합한 공동체인 단체의 유형이나, 조합은 그 구성원(조합원)과 독립하여 존재하지 못하고 조합원 모두가 주체가 되는 점에서, 사단이 그 자체가 구성원과 독립하여 존재하고 독립된 법인격을 갖는 것과(등기를 하지 아니한 비법인사단은 법인격이 없지만 사단법인 규정이 유추적용된다) 다르다. 조합 자체의 재산은 인정되지 않으며 조합 재산은 조합원 모두의 재산이 되며 모두의 합의로 하는 합유이다. 이는 조합 자체가 독립된 법인격이 없으므로 그 재산에 대한 권리는 조합 자체가 아닌 조합원 모두에게 귀속된다는 것이다. 합유의 구조는 민법 물권편 제271조 내지 제274조에서 정한다. 종신정기금은 당사자 일방이 자기, 상대방 또는 제삼자의 종신까지 정기로 금전 기타의 물건을 상대방 또는 제삼자에게 지급할 것을 약정함으로써 성립하여 효력이 발생하는 계약이다(제725조). 화해는 당사자가 상호양보하여 당사자간의 분쟁을 종지할 것을 약정함으로써 성립하여 효력이 생기는 계약이다(제731조). 민법 채권 각론의 15가지 전형계약 외의 새로운 유형인 의료계약은 환자가 의사 또는 의료기관(의료인)에 진료를 의뢰하고 의료인이 치료행위를 개시함으로써 성립하는 계약이다.

2.3 계약법 각칙 - 사무관리, 부당이득, 불법원인급여, 불법행위

2.3.1 사무관리, 부당이득, 불법원인급여

사무관리는 법률상 의무없이 타인을 위하여 그 사무를 관리하는 행위이다(민법 제734조 제1항). 사무관리는 부당이득, 불법행위와 같은 법정채권으로서, 사회생활에서의 상호부조실현의 관점에서 사무관리자와 본인사이에 채권·채무가 발생하는 것으로 하는 준법률행위인 사실행위이며, 사무관리가 성립하는 한도에서 불법행위가 되지 않는다. 부당이득은 법률상 원인없이 타인의 재산 또는 노무로 인하여 이익을 얻고 이로 인하여 타인에게 손해를 가한 자는 그 이익을 반환함으로써 성립하는데, 이득자는 부당이득반환의무를 지며 손실자는 부당이득반환청구권을 취득한다(제741조). 부당이득은 사무관리, 불법행위와 함께 법정채권이나, 사람의 행위와는 관계없는 사건인 점에서, 계약이 법률행위, 사무관리는 준법률행위, 불법행위가 위법행위인 것과 다르다. 부당이득에 있어서 부당이득반환청구를 부인하는 특례가 있다. 채무없음을 알고 이를 변제한 때인 '비채변제'(제742조), 변제기에 있지 아니한 채무를 변제한 때인 '기한전의 변제'(제743조), 채무없는 자가 착오로 인하여 변제한 경우에 그 변제가 도의관념에 적합한 때인 '도의관념에 적합한 비채변제'(제744조), 채무자 아닌 자가 착오로 인하여 타인의 채무를 변제한 경우에 채권자가 선의로 증서를 훼멸하거나 담보를 포기하거나 시효로 인하여 그 채권을 잃은 때인 '타인의 채무의 변제'(제745조), 불법의 원인으로 인하여 재산을 급여하거나 노무를 제공한 때인 '不法原因給與'(제746조) 등이다. 불법원인급여는 제103조 공서양속조항과 표리의 관계에 있다. 예컨대 윤락행위 및 그 유인·강요행위는 선량한 풍속 기타 사회질서에 반하므로, 윤락행위를 할 사람을 고용함에 성매매 유인·권유·강요 수단으로 이용되는 선불금 등 명목의 제공 금품 그 밖의 재산상 이익 등은 불법원인급여에 해당하여 그 반환을 청구할 수 없다(대법원 2004.9.3. 2004다27488등). 나아가 성매매의 직접적 대가로서 제공한 경제적 이익뿐만 아니라 성매매를 전제로 지급하였거나 성매매와 관련성이 있는 경제적 이익이면 모두 불법원인급여에 해당하여 반환을 청구할 수 없다(대법원 2004.9.3. 2004다27488등).

2.3.2 불법행위

불법행위는 고의 또는 과실로 인한 위법행위로 타인에게 손해를 가한 자는 그 손해를 배상할 책임이 있는 행위이다(제750조). 민법 제750조 내지 제766조의 불법행위 규정은 일반불법행위, 특수불법행위, 불법행위의 효과인 손해배상(제751조~752조, 제762조~766조) 등을 규정한다. 일반불법행위는 제750조에서 그 요건 및 효과를 정하고 특히 요건에 관련하여 책임무능력자와 위법성조각사유를 규정한다(제753조~754조, 제761조). 특수불법행위는 피해자의 두터운 보호를 위해 두는 제750조의 특칙을 총칭한다. 타인의 위법행위에 대해 일정한 자에게 책임을 인정하고, 물건의 점유자 등이 그 물건으로 인해 생긴 피해에 책임을 지며, 공동으로 불법행위를 한 경우에 연대책임을 인정한다(제755조~제760조). 특수불법행위는 일반불법행위의 성립요건(제750조)과 달리 특수한 성립요건이 정해져 있는 불법행위이다. 책임무능력자의 감독자의 책임으로서, 다른 자에게 손해를 가한 사람이 제753조(미성년자의 책임능력), 제754조(심신상실자의 책임능력)에 따라 책임이 없는 경우에는 그를 감독할 법정의무가 있는 자가 그 손해를 배상할 책임이 있다. 사용자책임으로서 타인을 사용하여 어느 사무에 종사하게 한 자는 피용자가 그 사무집행에 관하여 제삼자에게 가한 손해를 배상할 책임이 있다(제756조). 불법행위는 사무관리·부당이득과 같이 법률 규정에 의해 손해배상채권이 발생하는 원인이 되는 법정채권이다. 불법행위는 위법행위로 인한 손해를 사후적 전보 즉 배상케 하는 등으로 손해의 공평·타당한 부담을 지도원리로 한다. 불법행위에서의 행위는 의식 있는 거동 · 동작이며 무의식중의 동작, 저항할 수 없는 함에 의해 강제된 동작은 배제된다. 행위에는 작위와 부작위가 있다. 부작위가 불법행위가 되려면 적극적 행위를 할 의무인 작위의무가 있는 경우에 한한다. 고의는 자신의 행위로 인하여 타인에게 위법한 침해가 발생하리라는 것을 인식하면서 이를 행하는 심리상태이다. 과실은 부주의로 인해 타인에게 위법한 침해가 발생한다는 것을 알지 못하고서 어떤 행위를 하는 심리상태이다.

국가배상책임, 자동차손해배상책임 국가배상책임은 국가나 지방자치단체는 공무원 또는 공무를 위탁받은 사인(공무원)이 직무를 집행하면서 고의 또는 과실로 법령을 위반하여 타인에게 손해를 입히거나, 자동차손해배상 보장법에 따라 손해배상의 책임이 있을 때에는 이 법에 따라 그 손해를 배상하여야 한다. 다만, 군인 · 군무원 · 경찰공무원 또는 예비군대원이 전투 · 훈련 등 직무 집행과 관련하여 전사 · 순직하거나 公傷을 입은 경우에 본인이나 그 유족이 다른 법령에 따라 재해보상금 · 유족연금 · 상이연금 등의 보상을 지급받을 수 있을 때에는 이 법 및 민법에 따른 손해배상을 청구할 수 없다는 것이다(국가배상법 제2조 제1항). 국가의 고의 · 과실을 요하지 않는 무과실책임이며, 공무원에게 경과실이 있는 경우에는 공무원은 민사상 책임을 지지 않고 국가만이 배상책임을 지며, 공무원에게 고의 · 중과실이 있는 경우에만 국가가 구상권을 행사할 수 있다. 자동차손해배상책임은, 자동차의 운행으로 사람이 사망하거나 부상한 경우에는 자기를 위하여 자동차를 운행하는 자가 자동차손해배상보장법에 따라 배상책임을 진다. 적용대상이 자동차의 운행으로 인한 인적 사고에 한정되고, 배상책임자는 자동차의 운행자이며, 무과실에 가까운 중한 책임을 진다. 하므로, 자동차의 운행으로 인한 물적 손해에 대해서는, 운행자가 사용자로 인정되는 때에는 민법 제756조의 사용자책임이 적용될 수 있다.

2.3.3 불법행위책임

불법행위가 성립하면 가해자는 피해자에게 그 손해를 배상할 책임을 지고 피해자는 가해자에 대해 손해배상청구권을 취득한다. 불법행위에 대해서 발생하는 손해배상청구권은 피해자가 가졌던 기존의 권리 · 법익을 피해 이전의 상태로 회복시켜 주는 것이다. 반면 채무불이행으로 인한 손해배상청구권은 채무가 이행되었다면 채권자가 향유하였을 장래의 이익을 실현시켜 준다. 권리의 경합은 하나의 생활관계가 수 개의 법규가 정하는 요건을 충족하여 수 개의 권리가 발생하는 때에, 그 수 개의 권리가 동일한 목적을 가지며 그 행사로 같은 결과를 가져오는 경우를 말한다. 청구권 역시 경합할 수 있다. 전세권자 · 운송인 · 수치인의 과실로 목적물이 멸실된 경우에 각각의 채권관계에 따른 채무불이행을 원인으로 하는 손해배상청구권과 불법행위를 원인으로 한 손해배상청구권이 경합하고 이 때 양 청구권을 독립적으로 행사할 수 있다. 불법행위책임은 가해행위로 생긴 손해의 제거 즉 배상이 목적이므로 고의 · 과실의 차이를 두지 않아, 과실은 주의의무위반인 부주의로서 주로 경과실이며 중과실이 요구되는 경우는 따로 법률로 전한다. 반면, 형법상 형사책임은 고의범을 벌하고 과실범은 예외적으로 처벌하므로 고의와 과실은 엄격히 구별되며 또한 미필적 고의와 인식있는 과실도 구분된다. 입증책임에서도 고의 · 과실은 민법상 불법행위책임의 성립요건이므로 불법행위의 성립을 주장하는 피해자가 가해자의 고의 · 과실을 입증하여야 한다. 이는 채무불이행의 경우에 채무자가 그 책임을 면하기 위해 자신에게 과실이 없음을 입증하여야 하는 것과는 다르다. 입증책임의 전환으로서 과실이 추정되는 경우에는 그 추정되는 자가 자신에게 과실이 없음을 입증하여야 책임을 면할 수 있지만 실제로는 무과실책임에 근접한다. 불법행위로 인한 손해는 재산적 손해와 정신적 손해, 재산적 손해는 재산에 대해 기존의 이익의 멸실 또는 감소를 주는 적극적 손해와 장래의 이익의 획득이 방해됨으로써 받는 손실인 소극적 손해의 손해3분설에 의하여, 피해자는 각각의 손해를 입증하여야 하며 적극적 재산적 손해와 소극적 재산적 손해 및 정신적 손해 간 전용은 인정되지 않는다(대법원 1976.10.12. 76다1313).

공작물 책임 채무불이행책임과 달리 공동불법행위는 연대책임을 진다(제750조). 태아는 손해배상청구권에 관하여는 이미 출생한 것으로 보며(제762조), 피용자의 불법행위에 대한 사용자의 책임을 인정하나(제756조), 채무불이행책임에서는 이행보조자의 과실에 의한 채무자의 책임을 인정한다(제391조). 시효에서도 채무불이행책임은 10년(제162조 제1항), 불법행위책임은 피해자나 그 법정대리인이 손해 및 가해자를 안 날로부터 3년 또는 불법행위를 한 날로부터 10년이다(제766조). 불법행위에 대해서는 불법행위에 의한 손해배상채무를 수동채권으로 하는 상계를 금지한다(제496조). 타인의 명예를 훼손한 자에 대하여는 법원은 피해자의 청구에 의하여 손해배상에 갈음하거나 손해배상과 함께 명예회복에 적당한 처분을 명할 수 있다(제764조 헌재 1991.4.1. 89헌마160 민법 제764조의 '명예회복에 적당한 처분'에 사죄광고를 포함시키는 것은 헌법에 위반된다). 명예란 세상으로부터 받는 객관적인 평가이고 명예를 훼손한다는 것은 그 사회적 평가를 침해하는 것이다. 형법의 명예훼손죄의 요건들은 민법상의 명예훼손에도 통용되는 것으로 보아야 한다. 손해배상의무자는 그 손해가 고의 또는 중대한 과실에 의한 것이 아니고 그 배상으로 인하여 배상자의 생계에 중대한 영향을 미치게 될 경우에는 법원에 그 배상액의 경감을 청구할 수 있다(제765조). 불법행위로 인한 손해배상의 청구권은 피해자나 그 법정대리인이 그 손해 및 가해자를 안 날로부터 3년간 이를 행사하지 아니하면 시효로 인하여 소멸한다. 불법행위를 한 날로부터 10년을 경과한 때에도 전항과 같다(제766조 헌재 2018.8.30. 2014헌바148 민법 제766조 제2항 중 '진실 · 화해를 위한 과거사정리 기본법' 제2조 제1항 제3호, 제4호에 규정된 사건에 적용되는 부분은 헌법에 위반된다). 민법상 책임무능력자의 감독자의 책임(제755조), 사용자의 배상책임(제756조), 공작물 점유자의 책임(제758조), 동물의 점유자의 책임(제759조) 등은 법률상 추정된다. '공작물의 설치 또는 보존의 하자로 인하여 타인에게 손해를 가한 때에는 공작물점유자가 손해를 배상할 책임이 있다.'(민법 제758조 제1항) 할 때의 공작물은 인공적 작업에 의하여 제작된 물건을 말하는 것으로서 전기 그 자체는 여기에서 말하는 공작물에 해당되지 않는 바(대법원 1993.6.29. 93다11913), 이에는 토지상의 공작물(도로 · 건물 · 탑 · 교량 · 육교 · 제방 · 저수지 · 우물 · 담 · 전주 · 축대 등)뿐 아니라, 건물 내의 설비(천정 · 계단 · 엘리베이터 · 기타 건물에 부착된 물적 설비 등), 자동차(대법원 1998.3.13. 97다34112) 등 동적인 위험시설 등을 포함한다.

3. 민법 – 가족법

3.1 가족법 대의

3.1.1 가족법의 의의

가족법은 가족 · 친족관계 및 그의 재산귀속관계를 규율하는 법이다. 민법상 '가족의 범위'는 '배우자, 직계혈족 및 형제자매, 생계를 같이 하는(공동의 가계내에서 생활하는 것, 동거하며 생활공동체관계에 있거나 동거하지 않더라도 공동의 가계에 속하는 경우) 직계혈족의 배우자(사위, 며느리, 계모, 계부 등) 및 배우자의 직계혈족(장인, 장모, 시부모, 배우자의 자녀 등) 및 배우자의 형제자매'이다(제779조). 형식적 의미의 가족법은 민법 제4편 친족, 제5편 상속을 말한다. 제4편 친족을 규율하는 친족법은 가족 형성의 기초인 혼인을 규율하는 '제3장 혼인'에서 혼인의 전단계인 약혼, 혼인의 성립요건, 혼인무효취소사유, 혼인의 효력(부부간 동거 · 협조 · 부양의무, 재산관계 등), 이혼(협의이혼, 재판상 이혼, 재산분할, 자녀의 양육 등) 등의 혼인법을 규정한다. '제4장 부모와 자'에서 친자관계의 성립효력, 친생친자관계(부모와 혈연관계에 있는 자로서 혼인중 출생자와 혼인외 출생자), 양친자관계(혈연관계 없이 입양에 의한 친자관계로서 일반양자와 친양자), 친권(부모의 자녀에 대한 보호, 양육권, 재산관리권, 재산상 법률행위의 대리권 및 동의권 등), 친권상실 등의 '친자법'을 규정한다. '제5장 후견'은 '후견법'으로서 부모의 친권 상실 등에 대비하여 친권자의 역할을 대신하는 사람으로서 미성년자의 후견인(미성년후견인) 및 성년자를 위한 후견(성년후견, 한정후견, 임의후견)을 규정하고, 후견인은 후견감독인과 가정법원의 감독을 받는다. '제7장 부양'은 친족간 부양으로서 성년자인 자녀의 부모에 대한 부양의무이며 부부간 부양은 혼인의 장에서 규정하고, 부모의 미성년자의 부양은 출생과 동시에 당연히 발생하므로 제7장이 적용되지 않는다. 상속제도는 시장경제질서의 헌법이념 및 유언의 자유에 기반하는 사유재산의 私法제도이다. 법정상속규정은 유류분 제도에 의한 제한 외에는 유언이 없거나 무효인 경우에 적용된다(제1060조 이하). 상속재산에 대한 가족원의 기여분 청산과 피상속인 사후 가족원의 생활을 보장한다. 신분상속은 호주인 가장의 일정신분을 승계하며 재산상속은 재산관계를 승계대상으로 하는 상속이다. 호주상속인의 호주승계의 제도에서는 생전상속, 단독상속, 강제상속제를 채택하였으나 이미 호주 제도 자체가 폐지되었다. 생전상속은 피상속인의 생존 중에 개시되는 상속이며 사망상속은 피상속인의 사망시 개시되는 상속이다. 법정상속은 상속인이 될 자의 범위와 순위가 법률상 정해진 상속이며, 유언상속은 피상속인이 유언으로 상속인을 지정하는 상속이다. 유언으로 상속인을 지정하는 유언상속은 인정되지 않으나 유언에 의해서 유언자의 권리의무의 지위 승계를 인정하는 유증은 인정된다. 단독상속은 상속인이 1인으로 한정되어 피상속인의 가장으로서의 지위나 유산 전부를 단독으로 승계하는 상속이다. 공동상속은 수인의 상속인의 공동의 상속이다. 재산상속에서는 공동상속제를 채택하여 오고 있다. 강제상속은 상속인의 상속포기를 허용하지 않는 상속의 강제이며, 임의상속은 상속의 포기를 인정하는 상속이다. 균분상속은 각 공동상속인에게 귀속하는 상속재산의 비율이 평등한 상속이며, 불균분상속은 그 비율이 평등한 상속이다. 균분상속이 원칙이다. 상속법은 인간의 존엄과 양성평등원칙에 따른 균분상속, 상속인은 4촌 이내의 범위, 여자상속권의 확립, 혼인중의 자와 혼인외의 자의 상속분의 동등, 기여분제도, 특별한정승인제도, 특별연고자에 대한 분여제도, 유류분제도 등을 두고 있다.

민법 제4편 친족(제767조~제996조, 74조 삭제, 156개조) 제4편 친족 제1장 총칙 제2장 가족의 범위와 자의 성과 본 제3장 혼인 제1절 약혼 제2절 혼인의 성립 제3절 혼인의 무효와 취소 제4절 혼인의 효력 제1관 일반적 효력 제2관 재산상 효력 제5절 이혼 제1관 협의상 이혼 제2관 재판상 이혼 제4장 부모와 자 제1절 친생자 제2절 養子 제1관 입양의 요건과 효력 제2관 입양의 무효와 취소 제3관 罷養 제1항 협의상 파양 제2항 재판상 파양 제4관 친양자 제3절 친권 제1관 총칙 제2관 친권의 효력 제3관 친권의 상실, 일시 정지 및 일부 제한 제5장 후견 제1절 미성년후견과 성년후견 제1관 후견인 제2관 후견감독인 제3관 후견인의 임무 제4관 후견의 종료 제2절 한정후견과 특정후견 제3절 후견계약 제6장 삭제 제7장 부양 제8장 삭제

민법 제5편 상속(제997조~제1118조, 122조) 제5편 상속 제1장 상속 제1절 총칙 제2절 상속인 제3절 상속의 효력 제1관 일반적 효력 제2관 상속분 제3관 상속재산의 분할 제4절 상속의 승인 및 포기 제1관 총칙 제2관 단순승인 제3관 한정승인 제4관 포기 제5절 재산의 분리 제6절 상속인의 부존재 제2장 유언 제1절 총칙 제2절 유언의 방식 제3절 유언의 효력 제4절 유언의 집행 제5절 유언의 철회 제3장 유류분

3.1.2 가족법과 가족관계의등록등에관한법률

가족법의 중심을 이루었던 '호적법'이 2008년 1월 1일부터 폐지되고 당일 '가족관계의 등록 등에 관한 법률'이 시행되었다. 대법원은 등록사무의 관장자로서 호적법의 본적을 대체하는 등록기준지에 의거한 가족관계등록부는 가족관계 및 친족적 신분관계를 공증등록하는 유일한 公簿로 하였다. 등록부는 등록사항에 관한 전산정보자료를 개인별로 구분작성한 전산상 자료일 뿐 호적제도와 같은 별도의 원부는 존재하지 않는다. 등록법의 가족관계증명서는 본인을 기준으로 발급 당시의 상태만 나타나며 과거의 사항은 표시되지 않는다. 개인의 혼인관계 등은 혼인관계증명서 등을 별도로 발급받아야 한다. 외국인은 주민증록번호 대신 외국인등록번호를 기재할 수 있다. 가족관계증명서는 증명의 목적에 따라서 증명서를 발급하도록 하여 이를 일반증명서와 상세증명서, 특정증명서 등으로 하였다. 증명서교부청구권자도 원칙적으로 본인, 배우자, 직계혈족, 형제자매 등으로 한정되었다. 등록법상 신고는 창설적 신고로서 신고의 수리에 의하여 신분관계가 창설되는 신고(혼인신고, 협의이혼신고, 인지신고, 입양신고 등), 보고적 신고로서 신고 외에 일정사실이나 판결확정에 의하여 생기고 신고는 그 사실 내지 재판결과의 보고(출생사망인지의 신고, 재판에 의한 이혼의 신고 등)에 그친다. 출생으로 권리능력이 발생하며 출생신고에 의해서 권리능력을 갖게 되는 것은 아니다. 다만 生父가 혼인외의 子를 친생자출생신고를 하면 생기는 인지의 효력은 양자의 성격을 모두 갖는다.

호적 제도의 성립과 폐지 호적 제도는 국가의 조세징수·요역부과의 근거와 기준의 기본이 되는 호구 제도이다. 조선의 호적제도는 봉건적 신분 제도로도 기능하였으나 1894년 갑오경장 이후 1896년 호구조사규칙과 호구조사세칙에 따른 호적제도는 세금징수만을 목적으로 하는 등 혈연관계보다는 실제거주관계를 기준으로 한 것이다. 1905년 을사늑약 후 통감부가 설치되면서 1909년 民籍法, 民籍法執行心得이 제정되어 거주지를 기준으로 편제된 호구 조사 기능의 호적제도는 1898년 명치헌법에서 家라는 부계혈통중심의 추상적 친족집단 및 家에 속한 개인의 신분관계를 공시·증명하는 신분등록제도가 되어 1914년 개정 일본호적법을 본 딴 '조선호적

령'이 1923년 공포(1922.12.18.)·시행(1923.7.1.) 때까지 적용된다. 민적법의 本籍 제도는 추상적 집단인 家의 소재라는 관념으로서 호구성원들의 거주지에서 설정되는 조선조 戶의 제도와 구별되면서, 호적은 친족적 신분관계의 등록을 주 된 목적으로 하는 신분등록부의 성격을 갖게 되었다. 대한민국 건국 후 1960년 제정의 민법 시행과 동시에 1960년 1월 1일 법률 제535호로 제정되어 공포·시행된 호적법은 1898년 명치민법과 같이 부계혈통중심의 추상적 家를 호적편제의 단위로 하고 戶主를 중심으로 家에 속한 개인의 신분관계를 등록하는 문서가 되었다.

3.1.3 혼인과 이혼

혼인은 한 쌍의 남녀의 결합에 의한 가족생활공동체의 형성이다. 혼인 제도는 조선조 후기의 호주제를 전제로 하다, 대한민국의 건국과 제헌헌법의 제정 이래로 婚姻과 家族生活은 개인의 존엄과 양성의 평등을 기초로 성립되고 유지되어야 하며, 국가는 이를 보장하는 가족관계의 혼인제도가 되고 있다. 호주제는 조선조 戶籍 제도 같은 조세징수·要役수취의 행정목적이 아니라, 호주를 중심으로 구성된 관념적 家에 속한 사람들을 호주권에 복종케 하며, 호주상속으로 호주의 전 재산을 부계혈통의 계승자인 장남에게 귀속시키는 등 개인의 존엄에 반하는 위헌적 제도가 되어(헌재 2010.7.29. 2009헌가8), 폐지(2008.1.1.)되었다. 전통적 혼인제도는 制令 제13호(조선민사령 중 개정의 건 1922.12.7.)에 의하여 1923.7.1부터 혼인신고에 의하여 법률상 혼인이 성립하는 형식혼주의가 대한민국정부 수립 후 제정된 1960년 민법 이후 현행민법에까지 혼인의 법제도로 되었다. 이혼법의 추세는 유책주의 즉 혼인파탄의 책임이 있는 때에만 이혼이 가능한 원칙에서 파탄주의 즉 혼인파탄의 주관적 책임에 관계없이 파탄의 객관적 사실만으로 이혼이 허용되는 원칙으로의 변화와 함께 이혼에 대한 국가적 개입은 줄이되 이혼 후의 국가의 후견적 감독은 강화한다. 한국의 이혼법의 추세는 재판상 이혼의 경우 원칙적으로 유책주의이며 파탄주의 즉 무책주의는 예외로서 제840조 제6호 규정되어 있다. 판례도 유책배우자의 이혼청구를 원칙적으로 배척하는 등의 유책주의에 서 있다. 사실혼은 사실상 부부로서 혼인생활을 하고 있으면서도 혼인신고를 하지 않아 법률혼이 아닌 사실상 혼인의 부부관계이다. 당사자간 혼인의사의 합치가 있고 부부공동생활의 실체가 존재하는 경우이다. 약혼은 혼인의사의 합치만 있고 부부공동생활의 실체가 없는 경우이다. 첩관계는 혼인의사 없이 금전적 지원을 대가로 성적 관계만 지속하는 것이다. 민법은 사실혼에 관한 규정이 없으며 가사소송법 제2조 제1항 나류사건 제1호, 등록법 제72조 사실상혼인관계존부확인청구 관련 규정이 있고 판례는 사실혼에 일정한 법적 효과를 인정하여 오면서 어느 범위에서 사실혼관계를 인정하고 사실상의 배우자를 보호할 것인가를 정하고 있다.

호주 제도 호주제는 일본 명치민법의 제도로서 조선조 초기에 영향을 받은 중국의 宗法制인 부와 장남을 중심으로 가계를 계승하고 제사를 지내도록 하는 남계중심질서에 영향을 받아, 조선조 말에 성립된 부계혈통주의의 가부장적 가족질서를 전제로, 당사자 의사에 관계없이 호주를 정점으로 家라는 관념적 집합체를 구성하고 직계비속남자를 통하여 이를 승계시키는 제도이다. 삼국시대 이후 조선조 후기까지의 우리의 전통사회의 혼인문화는 남자가 장가간다(入丈) 하는 男歸女家婚 즉 처가살이혼에서 남녀균분상속·輪回奉祀(딸아들이 돌아가면서 조상 제사를 모심)의 제도가 조선조 후기인 17세기에 이르러 親迎禮의 시집살이혼 즉 처를 얻는다(娶妻)의 혼인제도로 변화되면서 여자는 出嫁外人으로 여겼다. 한국의 혼인제도는 전통적으로는 혼인식을 거행하면 법률혼으로 인정되었고 혼인식이 없었어도 사실상의 부부에 대해서는 유효한 혼인으로 인정하였다.

3.2 친족법

3.2.1 부모와 자의 관계

친자관계는 혈연에 의한 친생친자관계 및 당사자의 의사에 기초하는 법정친자관계로서 친권·부양·상속 등에서 규범적 효과를 갖는다. 친권 행사는 부모의 의사가 동등하며 자녀의 복리가 우선되어야 한다. 繼母子와 嫡母庶子 관계는 父系的 봉건사회의 妾 제도의 잔존물로서 폐지되었다. 혼인

후에도 부부는 각자 본래의 姓을 유지한다. 친자관계에서 친생친자관계는 부모와 자녀가 혈연에 기초하는 관계이며 혼인중 출생자와 혼인외 출생자가 있다. 법정친자관계는 당사자의 의사에 기초하는 양친자관계이다. 혼인중 출생자는 법률혼관계에 있는 부부 사이에서 태어난 子로서 그 子는 모의 부의 친생자로서 추정을 받는다. 혼인외 출생자는 부모가 혼인하지 않은 상태에서 출생한 자이다. 모와의 사이에는 출산과 동시에 친자관계가 발생하지만 生父는 언제든지 임의로 그 자나 모의 동의를 받지 않고 스스로 인지하여 출생에 소급하여 친자관계가 발생하게 된다. 혼인중 출생자는 출생시부터 혼인중 출생자의 신분을 취득하는 자인 生來의 혼인중의 출생자와 準正 즉 출생시에는 혼인외 출생자였으나 부모의 혼인과 부의 인지에 의하여 혼인중의 출생자의 신분을 취득하는 子가 있다. 친생부인의 訴는 친생부인의 추정을 받는 혼인중의 출생자가 친생자임을 부인하는 소이다. 진실의 혈연관계와 일치하지 않는 친자관계의 부인권을 夫와 子의 모에게 인정한다. 친생부인의 판결이 확정되면 자는 혼인외 출생자가 된다. 혼인외 출생자는 부모가 혼인하지 않은 상태에서 출생한 子이다. 生父와 혼인외 출생자의 친자관계는 인지에 의해서 발생한다. 인지는 혼인외 출생자의 생부나 생모가 이를 자기의 자로 승인하고 법률상 친자관계를 발생시키는 단독의 요식행위이다. 민법상 양자 제도는 일반 양자와 친양자 제도로서 계약형 양자법에서 선고(허가)형 양자법으로 바뀌어, 입양은 양친과 양자간의 사적 신분상 계약이 아니며 국가기관의 허가로 성립한다.

3.2.2 부모와 자의 친권 관계

친권은 子의 양육과 재산에 관한 사항을 포괄하는 권리 즉 子의 보호 교양의 권리의무(제913조), 거소지정권(제914조), 징계권(제915조), 子의 인도청구권 및 子의 재산관리권, 법정대리권 및 동의권(제916조, 제920조) 등 子의 건전한 성장과 재산의 보전을 위하여 인정되는 권리다. 부모인 친권자의 사망 또는 친권 상실에 미성년자에 대한 후견이 개시되어 후견인이 친권자의 역할을 대신하게 되며, 성년자가 된 후에도 일반적인 사회생활에 필요한 판단능력 등을 갖추지 못한 경우인 미성년후견인, 피한정후견인, 피특정후견인 등의 경우에도 후견이 개시될 수 있다. 대한민국 정부수립 후 제정된 첫 민법에서 친권은 아버지의 자녀에 대한 지배권을 의미하였으나 1977년 개정 민법에서는 혼인중에는 부모가 공동으로 친권을 행사하도록 하였고 1990년 개정민법은 친권행사에 관하여 부모의 의견이 일치하지 않는 경우에는 당사자의 청구에 의하여 가정법원이 결정한다. 2013.7.1. 전의 한정치산자·금치산자를 위한 후견제도는 주로 부족한 재산상 법률행위능력의 보충에 주 된 목적을 두었기에, 신상보호인 요양치료·거주·면접교섭 등에 관한 규정이 불충분하여 보호성인의 신상에 관한 보호가 미흡하며, 한정치산자·금치산자 등에게 남아 있는 잔존능력을 고려하지 않고 획일적으로 행위능력을 제한하는 인권침해적 요소를 없앤 것이 미성년후견인, 피한정후견인, 피특정후견인 등의 제도이다. 법정후견인제도를 폐지하고 선임후견인제도를 도입하여(제932조, 제936조), 국가기관이 후견인이 되고 국가기관에 속한 전문후견인이 후견인의 임무를 위임받아 후견업무를 수행할 수 있게 되었다.

3.2.3 친족의 관계

민법 제정 당시의 친족 관념은 가부장적 가족제도에 기초하는 부계혈통중심으로 이루어졌고, 친족의 범위에 부계혈족과 모계혈족, 夫族친척과 妻族친족 간 차별이 존재하였으나, 법 개정으로 양성평등에 입각한 친족관계가 규정되고 계모자관계, 적모서자관계는 1990년 민법개정으로 폐지되어 지금은 인척관계로 된다. 친족관계는 혈연과 혼인에 의하여 성립하는 것으로서 부양상속 등 일정한 법률관계의 기초가 된다. 친족에는 혈족으로서 자연혈족과 법정혈족이 있다. 자연혈족은 원칙적으로 출생에 의하여 발생하는 혈연관계로 연결되어 있는 사람이며 부모와 자녀, 형제자매, 조손관계 등이다. 8촌 이내의 혈족은 법률상 친족이 된다(제777조 제1호). 자연혈족관계는 당사자 사이에서는 그 일방의 사망으로 소멸하나 그 사망자로 연결된 생존자 사이의 혈족관계는 영향 받지 않는다. 법정혈족은 법률에 의하여 자연혈족과 같은 관계가 인정되는 혈족이다. 입양에 의하여 발생하는 양친족관계는 양친 및 그 혈족과 양자 및 직계비속과의 관계이다(제772조). 부양의무는 일정한 친족관계에 기초하여 생기는 이른바 가족법상 의무로서 주로 경제적 급부의무이다. 민법상 직계혈족 및 그 배우자간 및 생계를 같이 하는 경우에 한하는 친족간에는 서로 부양의 의무가 있다(제7장 부양 제974조). 부모의 미성년자녀에 대한 부양 등의 친자관계 또는 부부관계의 부부간 부양은 제1차적 부양으로서 부양의무자는 자신의 생활수준을 낮추더라도 상대방 생활을 자기와 같은 수준으로 보장한다. 제2차적 부양은 친족 사이의 부양으로서 부모와 성년자녀 및 그 배우자간의 부양이다. 부양의무자는 자신의 사회적 지위에 맞는 생활수준을 유지하면서 여유가 있을 때 비로소 상대방을 부양할 의무를 진다. 성년자녀의 노부모에 대한 부양의무는 제2차적 부양의무로 보아 국가의 공적 부양의무가 함께 인정할 수 있게 한다.

3.3 상속법

3.3.1 상속의 의의 · 효력

상속은 피상속인의 사망에 의하여 상속인이 피상속인에게 속하였던 모든 재산상 지위, 권리의무를 포괄적으로 승계하는 것이다(제1005조 본문). 상속권은 상속인이 상속 개시 전 상속을 받을 기대권이지만, 피상속인의 사망시점에서 권리로서의 지위를 가지면서 상속개시 후 상속효과를 받을 수 있는 권리가 된다. 즉 상속권은 아직 승인하지 않은 단계의 상속권을 승인하여 상속재산을 자기의 것으로 할 수 있는 권리인 형성권적 상속권과 승인에 의하여 상속재산을 구성하는 권리의무를 취득한 상태인 기득권적 상속권으로 구성된다. 상속권의 주체인 상속인의 지위는 확정된 것이며 이를 침해받은 때 상속회복청구가 허용된다(제990조). 상속재산은 피상속인이 사망시 갖고 있던 재산으로서 적극재산과 소극재산인 재산상 의무가 있다. 법정상속인은 민법규정에 의하여 당연히 상속인이 되는 사람이다. 상속의 순위는 피상속인의 직계비속, 피상속인의 직계존속, 피상속인의 형제자매, 피상속인의 4촌 이내의 방계혈족 등이다(제1000조). 상속의 일반적 효력은 상속재산의 포괄승계 즉 상속인은 상속개시된 때로부터 피상속인의 재산에 관한 포괄적 권리의무를 승계한다(제1005조). 상속은 법률행위가 아니며 포괄승계 · 당연승계의 원칙에 따라서 피상속인의 재산은 상속이 개시되는 순간에 즉 피상속인의 사망시 포괄적으로 상속인에게 당연히 이전된다. 상속인은 상속재산의 선택승계를 할 수 없으므로 상속재산에서 채무가 더 많은 경우에도 그대로 상속인에게 승계되며, 상속인은 상속 개시 전에 이를 저지할 수 없고 다만, 상속개시 후에 상속의 포기 또는 한정승인을 할 수 있을 뿐이다. 상속인이 수인인 경우에 상속인은 성속재산을 공동으로 상속한다. 공동상속인은 상속재산을 분할할 때까지 각자의 상속분에 따라서 공유하게 된다. 상속인이 수인인 경우에 상속분은 민법규정에 의하여 정해진다. 동순위상속인 사이의 상속분은 동일하며, 배우자의 상속분은 직계비속 또는 직계존속의 상속분에 5할을 가산한다(상속인이 피상속인의 배우자와 두 자녀가 있으면 배우자 상속분은 3/7, 두 자녀의 상속분은 각각 2/7).

분묘 등의 승계 분묘에 속한 1정보 이내의 금양임야와 600평 이내의 묘토인 농지, 족보와 제구의 소유권은 제사를 주재하는 자가 이를 승계한다(제1008조의3). 종전에는 호주상속인이 이를 승계하는 것으로 보았다. 禁養林野는 그 안에 분묘가 설치되어 있고 이를 수호하기 위하여 벌목을 금지하고 나무를 기르는 임야이다. 묘토는 位土로서 제사 또는 이에 관계되는 사항을 집행처리하기 위하여 설정된 토지이다. 祭田 墓田이라고도 한다. 재산 祭位 墓位 등이라고도 한다. 종손이라 해도 이는 처분할 수 없다. 족보는 일가의 역사를 표시하고 가계의 연속을 실증하기 위한 책부이다. 족보는 동족의 여부나 동족간의 昭穆之序 또는 촌수 등을 명확히 한다. 족보는 압류할 수 없다(민사집행법 제195조 제9호). 祭具는 조상의 제사에 사용되는 도구이다. 위의 것들은 조상제사를 위하여 필요한 것으로서 일반의 상속재산과 구별되는 별도의 재산으로서 제사승계자가 승계하도록 한다. 즉 일종의 제사상속이다. 제사를 주재하는 자는 가족 중에서 사실상 제사를 주재하는 자이다. 공동상속인의 협의에 의하여 정하며 그렇지 않으면 특별한 사정이 없는 한 장남이 제사주재자가 된다.

3.3.2 유언 제도

유언제도는 사유재산제도의 내용인 법률행위자유의 원칙을 기초로 하는 제도이다. 유언은 유언자의 사망과 동시에 일정한 법률효과를 발생시키는 것을 목적으로 일정방식에 따라서 하는 상대방이 없는 단독행위이다. 피상속인은 유언에 의하여 자기의 재산을 자유롭게 처분할 수 있다. 유언에 의하여 재산을 무상으로 수여하는 것이 유증이다. 유증은 법정상속에 우선한다. 유류분제도는 피상속인의 유증의 자유는 인정하되 피상속인 사후 유족의 생활보장을 위하여 일정한 범위에서 제한을 가하는 제도이다. 유류분이란 상속이 개시되면 일정한 범위의 상속인인 피상속인의 배우자·직계비속·직계존속·형제자매에 대해서 상속재산 중에서 일정한 비율을 확보할 수 있는 권리이다. 유언의 효력은 유언자의 사후에 발생하나 유언이 법률행위로서 성립하는 것은 일반의 단독행위와 같이 그 표시행위가 완료하였을 때이다. 유언은 요식행위이며(민법 제1060조), 상대방없는 단독행위이다. 유언은 반드시 유언자 본인의 독립된 의사에 의하여 이루어져야 한다. 유언자는 언제든지 유언을 철회할 수 있다. 유언에 의하여 이익을 받는 자는 유언의 효력이 발생되기 전까지는 아무런 법률상의 권리인 조건부 권리도 취득하지 않는다. 유언은 법정사항에 한하여 할 수 있는 행위이다. 유언은 의사표시이므로 의사능력이 없는 자가 한 유언은 그 형식을 갖추었더라도 무효이다.

3.3.3 가사소송·가정보호재판·소년보호재판

가사소송은 가사에 관한 소송과 非訟 및 조정에 대한 절차의 특례를 규정한 친족상속법상 분쟁사건의 준거법으로서 가사심판법과 인사소송법이 통합되어 제정된 가사소송법에 의하는 소송이다. 가정법원은 지방법원과 같은 1심법원으로서 법관과 조정위원회가 있다. 가사재판은 단독재판합의재판이 있고 조정위원회는 조정장 1인과 조정위원 2인 이상으로 구성한다. 조정은 당사자 사이에서 합의된 사항을 조서에 기재함으로써 성립하며 재판상 화해와 동일한 효력이 있다. 조정이 성립하지 않는 경우 등에는 일정조건에서 소송 또는 심판절차로 이행된다. 가사소송사건(재판상 이혼청구나 이혼을 원인으로 하는 손해배상청구 등)의 종국재판은 판결로써 하며 가사비송사건(자의 양육, 상속재산 분할청구 등)에 대한 제1심 종국판결은 심판으로써 한다. 확정된 가사판결 등에 따라 재산상 의무 또는 유아인도의무를 부담하고 있는 사람이 이를 이행하지 아니하면 양육비직접지급명령, 양육비채무자의 담보제공명령, 일시금지급명령을 행한다. 가정보호재판은 가정구성원의 가정폭력사건에 환경조정과 성행교정의 보호처분을 하는 재판이다. 사회봉사명령·수강명령, 보호관찰처분, 감호위탁, 치료위탁 및 상담위탁처분 등 외에, 가정폭력피해자가 수사기관을 거치지 않고 직접 가정법원에 보호조치를 청구할 수 있는 피해자보호명령제도에 의하여 가정폭력행위자를 피해자 주거지로부터 퇴거시키는 등의 격리처분, 피해자의 주거·직장 등에서 100m 이내 접근 및 피해자에 대한 전기통신을 이용한 접근의 금지처분, 친권자인 행위자의 피해자에 대한 친권행사 제한처분 등이 가능하다. 소년보호재판은 19세 미만 소년의 범죄사건 등에 대한 환경 조정과 성행 교정에 관한 보호처분을 하는 재판이다. 10세 이상 19세 미만 소년이 범죄 또는 비행을 저지른 사건에 대하여 경찰서장, 검사, 법원 등은 이를 가정법원 소년부 또는 지방법원 소년부에 송치할 수 있다. 소년보호처분에는 보호자에게 감호위탁하는 처분, 수강명령·사회봉사명령,

보호관찰관의 보호관찰을 받도록 하는 처분, 소년보호시설 · 병원 · 소년원 등에 위탁하는 처분 등이 있다. 소년에 대한 보호처분은 소년의 장래 신상에는 아무런 영향을 미치지 아니한다.

[二] 사법의 실체법 – 상법

1. 상법 대의

1.1 상법의 의의

상법은 *商*에 관한 법인 *商事法*이다. 형식적 의의의 상법은 '상법'(총칙, 상행위, 회사, 보험, 해상, 항공운송)의 *法名*으로 제정된 법률인 *商法典*(1962.1.20. 법률 제1,000호로 제정·공포되어 1963.1.1.부터 시행 후 개정), 실질적 의의의 상법은 기업에 관련한 생활관계를 규율하는 법규의 총체인 기업에 관한 법이다. 기업은 시장에서의 기업가정신 · 지속적 계획 · 영리의 목적을 갖는 독립한 경제적 단위체이다(공기업도 영리성을 지니면 기업이나 협동조합, 상호회사 등은 영리의 목적이 없어 기업이 아니다). 상법은 기업법인 *私法*으로서 대등한 당사자간 영리성을 갖는 상기업을 대상으로 하는 법이므로, 국가와 수직적 관계에서 기업에 관여하는 공공성을 갖는 법률은 기업경제활동 규제법인 '경제법'으로서 농 · 임 · 어업과 개인소비생활 등 생산 · 유통 · 소비에 걸친 경제전반을 대상으로 한다. 상법은 기업에 관한 법으로서 기업보조자가 기업주를 대리하여 제3자와 거래를 하고 그 법률효과가 기업주에 귀속되는 외부관계인 대리관계(상업사용인) 등을 규율하며, '노동법'은 기업주를 보조하는 기업보조자가 기업주에 종속하여 기업을 위한 노무를 제공하는 내부관계인 고용관계를 규율과는 법이다. 상법은, 보편적으로 적용되는 민법과 달리, 서구 중세 상인의 계급법으로 시작되어 상인(주관주의), 상행위(객관주의) 등의 법을 전제로 그 적용기준이 정해지는 법이다. 한국 상법은 객관주의의 절대적 상행위는 인정하지 않고 상인에 적용되는 법이라 하는(제4조, 제5조) 주관주의를 원칙적으로 하되, 객관주의 요소로서, 당연상인(제4조)은 영업으로 하는 일정한 행위인 기본적 상행위(제46조)를 전제로 하며, 의제상인(제5조)은 상인적 방법으로 영업을 하는 자이다.

상법의 법원 *商法法源*은 상법전, 상사특별법령(상사의 부속특별법령은 상법시행법, 상법시행령, 상업등기법, 상업등기처리규칙 등, 독립특별법령은 상법총칙의 부정경쟁방지및영업비밀보호에관한법률, 상표법, 소비자기본법 등, 상행위편에는 할부거래에관한법률, 방문판매등에관한법률, 유통산업발전법, 대외무역법, 철도법, 여객자동차운수사업법, 화물자동차운수사업법, 항공법, 신용정보의이용및보호에관한법률, 부동산중개업법, 은행법, 신탁법, 물류정책기본법, 전기사업법, 담배사업법, 전기통신사업법, 약관의규제에관한법률 등, 회사에서는 독점규제및공정거래에관한법률, 자본시장과금융투자업에관한법률, 주식회사의외부감사에관한법률, 담보부사채신탁법 등, 보험 관련으로는 보험업법, 화재로인한재해보상과보험가입에관한법률 등, 해상 관련으로는 해운법, 항만운송사업법, 선박법, 선박등기법, 선박안전법, 선원법, 도선법 등, 항공운송에는 항공법이 있다), 상사조약(국제항공운송에 관한 와르소조약, 유류오염손해에 대한 민사책임에 관한 국제조약, 국제동산매매에 관한 유엔협약 등이다. 체약국에 특정한 법률 제정의 의무를 지우는 데 그치는 조약은 법원이 아니다), 상관습법 등이다.

1.2 상법의 상행위법적 특칙

상법의 상행위의 민법 총칙편의 특칙으로서, 민법상 대리는 대리인이 본인을 위한 것임을 표시하여야 그 행위의 효력이 본인에게 미치는 *顯名*주의를 택하나(민법 제114조), 상행위의 대리는 현명주의가 아니며 다만, 상대방이 본인을 위한 것임을 알지 못한 때에는 대리인에 대하여도 이행의 청구를 할 수 있고(상법 제48조), 상행위의 위임을 받은 자는 위임의 본지에 반하지 아니한 범위내에서 위임을 받지 아니한 행위를 할 수 있다(제49조) 하는 영미법의 *非開示*대리*undisclosed agency* 원칙에 따른다. 민법상 채권의 소멸시효기간은 10년이 원칙이나(제162조 제1항), 상행위로 인한 채권은 상법에 다른 규정(상법에 다른 규정이 있는 상사시효기간은 2년, 1년, 6월 등이며, 다른 법령에 5년보다 단기의 시효의 규정이 있는 때에는 민법에서 3년, 1년, 어음법에서 3년, 1년, 6월 등)이 없는 때에는 5년간 행사하지 아니하면 소멸시효가 완성한다(제64조). 물권편에 대한 특칙으로서, 상인간 유치권인 상사유치권에서 일반상사유치권은 상사채권의 담보를 위한 유치권이다. 즉 상인간 상행위로 인한 채권이 변제기에 있는 때에는 채권자는 변제를 받을 때까지 그 채무자에 대한 상행위로 인하여 자기가 점유하고 있는 채무자소유의 물건 또는 유가증권을 유치할 수 있다(제58조). 특별상사유치권은 특수한 업종에 종사하는 상인(대리상 제91조, 위탁매매인 제111조, 운송주선인 제120조, 운송인 제147조, 해상운송인 제800조 제2항, 항공운송인 제920조, 제120조 등)을 위한 유치권이다. 상사질권에는 유질계약이 허용된다. 즉 상행위로 인하여 생긴 채권을 담보하기 위하여 설정한 질권에는, '질권설정자는 채무변제기전의 계약으로 질권자에게 변제에 갈음하여 질물의 소유권을 취득하게 하거나 법률에 정한 방법에 의하지 아니하고 질물을 처분할 것을 약정하지 못한다'(민법 제339조) 하는 유질계약 금지 규정을 적용하지 아니한다(상법 제59조). 민법 채권편의 특칙으로서, 민법규정은 없으나 상법상 대화자간 계약의 청약은 상대방이 즉시 승낙하지 아니한 때에는 그 효력을 잃으며(제51조) 다만, 격지자간 청약은 상인에 의한 것이라도, 민법규정(제528조~제531조)'격지자간의 계약은 승낙의 기간을 정한 경우에는 그 기간내에, 승낙의 기간을 정하지 아니한 경우에는 상당한 기간 내에 청약자가 승낙의 통지를 받지 못하는 것을 해제조건으로 하여, 상대방이 승낙의 통지를 발송한 때에 그 효력이 발생한다.'에 따르며, 청약을 받은 상인의 의무는 청약에 대한 낙부통지의무(상인이 상시 거래관계에 있는 자로부터 그 영업부류에 속한 계약의 청약을 받은 때에는 지체없이 낙부의 통지를 발송하여야 한다. 이를 해태한 때에는 승낙한 것으로 본다(상법 제49조)), 송부물건보관의무(상인이 그 영업부류에 속한 계약의 청약을 받은 경우에 견품 기타의 물건을 받은 때에는 그 청약을 거절한 때에도 청약자의 비용으로 그 물건을 보관하여야 한다(제60조)) 등이다.

상법의 상행위법적 특칙 상행위의 유상성에 대해서 상사법정이율인 상행위로 인한 채무의 법정이율은 연 6분으로 한다(제54조). 민법상 소비대차는 특약이 없는 한 이자가 없지만(제598조), 상인이 그 영업에 관하여 금전을 대여한 경우에 법정이자를 청구할 수 있다(제55조). 민법상 타인을 위한 금전 替當이 위임(제688조 제1항)·임치(제701조)가 아닌 도급·고용·사무관리 등에서는 특약이 없는 한 이자청구를 할 수 없지만, 상인이 그 영업범위 내에서 타인을 위하여 금전을 체당하였을 때에는 체당한 날 이후의 법정이자를 청구할 수 있다(제55조). 민법상 타인을 위하여 어떠한 행위를 하는 위임·임치·사무관리의 경우에 비용의 상환은 청구할 수 있지만, 보수는 청구할 수 없는 것(제686조 제1항, 제701조, 제739조)에 대하여 상인이 그 영업범위내에서 타인을 위하여 행위를 한 때에는 상당한 보수를 청구할 수 있다(제61조). 민법상 채무이행의 장소는 이를 특히 정하지 아니한 경우에 특정물인도채무를 제외한 보통의 채무는 채권자의 현주소 또는 현영업소이고(지참채무), 증권채무는 채무자의 현영업소 또는 현주소이지만(추심채무 제467조, 제516조, 제524조 등), 상사채무의 이행에서 지점거래의 채무이행장소는 특정물 인도 외의 채무이행은 그 지점을 이행장소로 보며, 영업시간이 정하여져 있는 때에는 채무의 이행 또는 이행의 청구는 그 시간내에 하여야 한다(제63). 민법상 채무자가 수인인 경우에 각 채무자는 균등한 비율로 의무를 부담한다는 분할채무원칙(제408조)의 특칙으로, 수인이 그 1인 또는 전원에게 상행위가 되는 행위로 인하여 채무를 부담한 때에는 연대하여 변제할 책임이 있다(제57조). 민법상 보증인은 특약이 없는 한 최고·검색의 항변권을 갖고(제437조), 수인의 보증인은 분별의 이익을 갖는 것(제439조)의 특칙으로, 상법상 보증인이 있는 경우에 그 보증이 상행위이거나 주채무가 상행위로 인한 것인 때에는 주채무자와 보증인은 연대하여 변제할 책임이 있다(제57조). 민법상 보수를 받지 않고 임치한 자는 자기재산과 동일한 주의로 임치물을 보관하고(제695조), 보수를 받은 자는 선량한 관리자의 주의로 보관할 의무를 지지만(제374조), 상인이 그 영업범위내에서 물건의 임치를 받은 경우에는 보수를 받지 아니하는 때에도 선량한 관리자의 주의를 하여야 한다(제62조).

상법상 특수계약 상호계산은 상인과 상인간 또는 상인과 비상인간에 상시 거래관계가 있는 경우에 일정한 기간의 거래로 인한 채권채무의 총액에 관하여 상계하고 그 잔액을 지급할 것을 약정함으로써 그 효력이 생기는 계약이다(제72조). 이는 상호계산 기간중의 효력(소극적 효력, 상호계산불가분의 원칙)과 그 만료 후의 효력(적극적 효력)이 있다. 익명조합은 '당사자의 일방이 상대방의 영업을 위하여 출자하고 상대방은 그 영업으로 인한 이익을 분배할 것을 약정함으로써 그 효력이 생긴다.'(제78조) 하는 계약의 성격을 갖는 기업형태이다. 민법상 조합과 달리 공동관계를 대외적으로 나타내지 않는다. 익명조합원이 출자한 금전 기타의 재산은 영업자의 재산으로 본다(제79조). 익명조합원은 영업자의 행위에 관하여서는 제3자에 대하여 권리나 의무가 없다(제80조). 익명조합원이 자기의 성명을 영업자의 상호 중에 사용하게 하거나 자기의 상호를 영업자의 상호로 사용할 것을 허락한 때에는 그 사용 이후의 채무에 대하여 영업자와 연대하여 변제할 책임이 있다(제81조). 조합계약이 종료한 때에는 영업자는 익명조합원에게 그 출자의 가액을 반환하여야 한다. 그러나 출자가 손실로 인하여 감소된 때에는 그 잔액을 반환하면 된다(제85조). 합자조합은 조합의 업무집행자로서 조합의 채무에 대하여 무한책임을 지는 조합원과 출자가액을 한도로 하여 유한책임을 지는 조합원이 상호출자하여 공동사업을 경영할 것을 약정함으로써 그 효력이 생기는(제86조의2) 단체이며, 私募투자펀드PEF 같은 펀드, 벤처기업 등 미국의 limited patenership 등을 본 딴 제도이다. 법인격 없는 단체인 점 외에는 종래의 합자회사와 그 실질이 같다. 합자조합의 설립을 위한 조합계약에는 목적 · 명칭 등의 사항을 적고 총조합원이 기명날인하거나 서명하여야 한다(제86조의3). 업무집행조합원은 조합계약에 다른 규정이 없으면 각자가 합자조합의 업무를 집행하고 대리할 권리와 의무가 있으며 선량한 관리자의 주의로써 업무를 집행하여야 한다(제86조의5). 유한책임조합원은 조합계약에서 정한 출자가액에서 이미 이행한 부분을 뺀 가액을 한도로 하여 조합채무를 변제할 책임이 있다(제86조의6). 업무집행조합원은 다른 조합원 전원의 동의를 받지 아니하면 그 지분의 전부 또는 일부를 타인에게 양도하지 못한다. 유한책임조합원의 지분은 조합계약에서 정하는 바에 따라 양도할 수 있다(제86조의7). 합자조합에 관하여는 이 법 또는 조합계약에 다른 규정이 없으면 민법 중 조합에 관한 규정을 준용한다(제86조의8).

1.3 상법의 기업법적 특질

상법은 기업의 영리성(기업주의 이자청구권 제55조, 보수청구권 제61조, 고율 법정이율 제54조), 유지 · 강화(제반 개입권 제17조 등 및 개입의무 제105조, 발기인 · 이사 등의 자본충실책임 제321조 등), 거래안전(대리인의 이행의무 제48조, 화물상환증 · 창고증권 · 선하증권 · 주권 · 사채권 등 유가증권제도, 주식 · 사채인수의 청약서주의 제302조, 제420조, 제474조, 운송장 제128조, 보험증권 제666조 등, 용선계약서 제828조, 여객항공권 제921조 등) 등의 기업법적 특질의 규정을 갖는다. 기업의 독립성 규정인 회사의 법인화(제171조) · 상호(제18조 이하) · 상업장부(제29조 이하) · 상업등기(제34조 이하), 기업의 소유와 경영의 분리 규정인 주식회사의 이사회(제390조 이하) · 익명조합(제78조 이하) · 업무집행사원(제201조~제269조) · 지배인(제10조~제14조) · 기업경영위임(제374조 제2항), 기업자금의 조달 규정인 수권자본(제289조, 제291조, 제416조 등) · 종류주식(제344조) · 일반사채 · 특수사채(제469조이하, 제513조이하, 제516조의2이하 등), 기업소멸의 방지 규정인 물적회사의 1인회사(제517조, 제609조) · 설립무효 주장의 제한(제328조) · 회사의 계속 · 조직변경(제229조, 제242조, 제285조, 제286조, 제519조, 제604조, 제607조, 제610조) · 영업양도(제374조) · 회사합병 · 분할 · 분할합병(제174조이하, 제530조의2이하), 회사의 설립무효나 취소판결의 효력불소급에 의하는 사실상의 회사(제190조단서, 제269조, 제328조, 제552조), 기업의 자본집중촉진을 위한 규정인 공동기업형태인 익명조합(제78조 이하), 합자조합(제86조의2이하), 각종 회사제도(제3편), 선박공유(제756조 이하), 회사합병제도(제174조 이하), 기업주의 보조를 위한 상업사용인(제10조 이하), 대리상(제87조 이하), 중개인(제93조 이하), 위탁매매인(제191조 이하), 운송주선인(제114조 이하), 위험경감을 위한 회사제도(제3편), 공동해손(제865조 이하), 보험(제4편), 합명회사의 유한책임사원(제279조 이하), 주식회사의 주주(제295조, 제303조, 제305조, 제421조), 유한책임회사의 사원(제287조의7), 유한회사의 사원(제553조), 선박소유자의 책임 제한(제769조), 항공운송인의 책임 제한(제913조), 기업활동의 자유를 위한 계약자유원칙의 강화(제95조), 계약체결의 간이 · 신속을 위한 상행위의 대리(제48조), 매도인의 공탁권 및 자조매각권(제67조), 상사채권의 단기소멸시효(제64조) 등을 규정한다. 기업의 거래안전을 위하여 공시주의에 따르는 상업등기(제34조 이하), 외관을 신뢰한 자의 보호를 위한 규정으로서, 외관 법리 또는 표시에 의한 금반언*estoppel*의 표현지배인의 권한(제14조), 명의대여자의 책임(제24조), 상호를 계속 사용하는 영업양수인의 책임(제42조), 퇴사등기전 회사 채무에 대한 퇴사원의 책임(제225조), 유사발기인의 책임(제327조), 표현대표이사의 책임(제395조), 사실상의 회사(제190조단서, 제328조 제2항, 제552조 제2항), 유가증권의 문언성(제131조, 제157조, 제814조의2), 엄격책임주의로서 상인간 매매에 목적물검사 · 하자통지의무(제69조), 목적물보관의무(제60조~제71조), 무과실책임으로서 발기인 등의 자본충실책임(제321조, 제428조), 다수채무자가 있는 경우의 연대책임으로서 다수당사자간 채무(제57조), 순차운송인의 손해배상책임(제138조), 이사 · 감사 · 업무집행지시자의 책임(제399조 제1항, 제401조 제1항, 제401조의2, 제414조), 중개인 · 위탁매매인 등의 이행담보책임(제99조, 제105조) 등이 있다.

2. 상행위법 · 기업법 대의

2.1 상행위법 총칙

상행위법은 기업의 거래활동에 특유한 법규의 전체인 실질적 의의, 기업에 공통되는 총론인 상법 제2편 상행위 제1장~제3장 및 기업의 개개 영업형태에 관한 특수규정인 각론 제4장~제14장의 형식적 의의가 있다. 상행위법인 기업활동에 관한 법은 보통 임의법규이나 기업조직에 관한 법규는 대체로 강행법규이다. 상행위법은 일반사법인 민법의 규정에 우선하여 적용된다. 개인상인과 사법인인 회사의 상행위, 공법인의 상행위, 일방적 상행위에 적용된다(제2조·제3조). 쌍방적 상행위는 당사자 쌍방에게 상행위로 되는 행위(도매상과 소매상), 일방적 상행위는 당사자일방에게만 상행위로 되는 행위(소매상과 일반소비자)이다. 실질적 상행위는 영리에 관한 행위, 형식적 상행위는 상법과 특별법에서 상행위로서 제한적으로 열거한 행위이다. 고유한 상행위는 상법 제2편 상행위 편이 적용되는 행위 즉 당연상인이 영업으로 하는 기본적 상행위(제46조), 준상행위는 이들 규정이 준용되는 행위 즉 당연상인 또는 의제상인이 영업을 위하여 하는 보조적 상행위이다(제47조). 상행위는 재산상 행위에 한하고 신분상 행위는 제외되며 법률행위에 한하지만, 상인이 영업을 위하여 하는 부속적 상행위인 보조적 상행위는 법률행위, 법률적 행위, 사실행위, 영업과 관련한 불법행위 등을 포함한다. 상행위는 영업적 상행위로서 이를 자기의 명의로 반복 · 계속하면 당연상인(제4조)의 자격을 취득하게 되는 행위로서 행위주체가 의제상인이 영업으로 하는 행위인 준상행위(제66조)와 구별된다. 상인이 영업을 위하여 하는 행위는 상행위로 보며, 상인의 행위는 영업을 위하여 하는 것으로 추정한다(제47조). 영업적 상행위는 상법 제46조가 규정한 22가지의 유형으로서, 이들 상행위를 영업으로 하면 당연상인이 되며, 단순히 임금을 받을 목적으로 물건을 제조하거나 노무에 종사하는 자의 행위는 제외된다(제46조 단서).

기본적 상행위 상법 제46조의 영업으로 하는 다음의 행위를 상행위라 한다. 그러나 오로지 임금을 받을 목적으로 물건을 제조하거나 노무에 종사하는 자의 행위는 그러하지 아니하다. '1. 동산, 부동산, 유가증권 기타의 재산의 매매 2. 동산, 부동산, 유가증권 기타의 재산의 임대차 3. 제조, 가공 또는 수선에 관한 행위 4. 전기, 전파, 가스 또는 물의 공급에 관한 행위 5. 작업 또는 노무의 도급의 인수 6. 출판, 인쇄 또는 촬영에 관한 행위 7. 광고, 통신 또는 정보에 관한 행위 8. 수신 · 여신 · 환 기타의 금융거래 9. 공중이 이용하는 시설에 의한 거래 10. 상행위의 대리의 인수 11. 중개에 관한 행위 12. 위탁매매 기타의 주선에 관한 행위 13. 운송의 인수 14. 임치의 인수 15. 신탁의 인수 16. 상호부금 기타 이와 유사한 행위 17. 보험 18. 광물 또는 토석의 채취에 관한 행위 19. 기계, 시설, 그 밖의 재산의 금융리스에 관한 행위 20. 상호 · 상표 등의 사용허락에 의한 영업에 관한 행위 21. 영업상 채권의 매입 · 회수 등에 관한 행위 22. 신용카드, 전자화폐 등을 이용한 지급결제 업무의 인수'

상인은 자기의 이름으로 상기업(영업)을 경영하는 법률상 주체이다. 민법상 법률관계에서는 人이 권리의무의 주체이나, 상법은 기업법이고 상인은 기업의 주체로서, 기업에 관련하여 발생하는 법률관계에서 권리의무를 귀속시키기 위한 주체이다. 상법은 일정한 상행위를 영업으로 하면 당연상인(실질상인, 고유상인 제4조)으로 보는 실질주의(객관주의 · 상행위법주의) · 상인적 방법으로 영업을 하면 의제상인(형식에 의한 상인 제5조)으로 하는 형식주의(주관주의 · 상인법주의)를 규정한다. 당연상인은 자기명의로 상행위를 하는 자이다. 자기명의라 함은 자신의 행위에서 생기는 권리의무의 주체가 되는 것이며, 상행위는 동산 · 부동산 · 유가증권 기타의 재산의 매매 등 22가지가 열거되어 있고(제46조), 영업으로 한다 함은 영리의 목적인 영리성 즉 수지적합을 목적으로 부정량의 이익을 내는 것, 동종행위의 반복인 계속성, 이를 외부에서 인식할 수 있는 영업의사의 객관적 인식가능성이 있는 것이다. 의제상인은 점포 기타 유사한 설비에 의하여 상인적 방법으로 영업을 하는 자는 상행위를 하지 않아도 상인으로 보는 설비상인이다. 상행위를 하지 않아도 상인으로 보는 회사가 민사회사이다. 상인에는 소상인(형식에 의한 상인 제5조, 자본금액 1,000만원에 미달하는 상인으로서 회사가 아닌 자인 간이기업 상법시행령 제2조)과 완전상인이 있다. 개인기업은 자연인인 개인이 경영하는 기업형태이며 그 주체인 개인이 상인이 된다. 공동기업은 두 사람 이상의 자연인이 모여서 경영하는 기업형태이며 조합, 법인이 있다. 조합은 동업형태의 기업으로서 조합원이 조합기업의 상인이 된다. 법인은 영업을 하는 때에 한하여 법인 자신이 상인이 된다. 회사는 대표적인 법인기업이다. 영업은 상법의 기본이 되는 상인과 상행위를 결합한다. 상법은 상인에게 적용되며, 당연상인은 자기명의로 상행위를 하는 자이고(제4조), 상행위는 영업으로 하는 소정의 행위이므로(제46조), 결국 상법은 자기명의로 상행위를 하는 영업의 주체인 상인에 관한 법이다. 상법을 기업의 생활관계에 관한 법이라 할 때의 기업은 영업을 가리킨다. 영업은 계획성, 계속성, 영리성, 시장성, 독립성이 있는 경제적 단위체로서, 영업주가 상업사용인 등 인적 조직과 영업재산 등 물적 조직을 갖추어 자신의 경험・신용・수완 등을 바탕으로 활동하여 영리를 추구하며, 이에는 영업주의 영업활동(주관적 의미의 영업), 영업주가 영업목적을 위하여 결합한 조직적 재산의 전체인 물건・권리・사실관계 등의 영업재산(객관적 의미의 영업) 및 인적 보조자 등의 요소를 포함하므로, 영업은 단순한 물건・권리의 집합체가 아니라, 일정한 인적・물적 조직을 갖추고 유기적으로 기능하는 경제적 단위체이다. 다만, 영업으로부터 발생하는 권리의무의 귀속주체는 영업주인 상인 자신이며 영업 자체에는 법인격이 부여되지 않는다.

2.2 상행위법 각칙

상행위법 각칙으로서 대리상은 일정한 상인을 위하여 상업사용인이 아니면서 상시 그 영업부류에 속하는 거래의 대리 또는 중개를 영업으로 하는 자이다(제87조). 대리상은 상인을 위하여 그 영업을 보조하는 자이며, 상인 이외의 자를 위한 거래의 보조를 하는 자는 민사대리상, 불특정상인을 보조하는 자는 중개인, 위탁매매인, 운송주선인이다. 중개업은 타인간 상행위의 중개를 영업으로 한다(제93조). 중개는 타인간 법률행위의 성립을 위한 사실행위이고 대리권은 없다. 따라서, 자기의 명의로 제3자를 위하여 계약을 체결하는 위탁매매인(제101조), 일정한 상인의 대리인으로서 제3자와 계약을 체결하는 체약대리상(제87조)과 다르다. 상행위가 아닌 법률행위인 부동산매매・혼인 등의 중개자는 민사중개인이지만 영업으로 중개행위를 하면 당연상인이 되어 상법의 적용을 받는다. 위탁매매업은 자기명의로써 타인의 계산으로 물건 또는 유가증권의 매매를 영업으로 하는 것이다(제101조). 위탁매매인은 자기의 명의로 그러나 타인의 계산으로 하는 법률행위인 주선周旋을 행하는 것이므로, 본인의 명의로 계약을 체결하고 본인이 권리의무의 주체로 되는 체약대리상이나 상업사용인과 다르다. 운송인은 육상 또는 호천, 항만에서 물건 또는 여객의 운송을 영업으로 하는 자이다(제125조). 운송은 물건 또는 여객을 장소적으로 이동시키는 것이므로, 해상과 공중에서 운송을 하는 자인 해상운송인, 항공운송인 등은 상법에서 말하는 운송인이 아니다. 운송에는 물건운송・여객운송・통신운송 및 육상운송・해상운송・항공운송, 개품운송・전세운송 등이 있다. 육상운송에는 상법 제2편 제9장, 철도법, 도시철도법, 철도소운송업법, 여객자동차운수사업법, 화물자동차운수사업법, 자동차손해배상보장법, 여객자동차터미널법 등이 적용된다. 해상운송에는 상법 제5편 제4장, 해운법 등이 적용된다. 항공운송에는 상법 제6편, 항공법, 항공운송사업진흥법, 항공우주산업개발촉진법 등이 적용된다. 운송계약은 당사자의 일방(운송인)이 물건 또는 여객을 운송할 것을 약정하고, 이에 대하여 상대방이 보수(운임)를 지급할 것을 약정함으로써 성립하는 계약 특히 도급계약의 성격을 갖는다. 물건운송에는 운송계약의 당사자인 송하인과 운송인 그리고 운송물이 목적지에 도착하여 이를 수령할 수하인의 세

당사자가 존재한다. 물건운송계약은 송하인과 운송인 사이에서 체결되고, 운송물을 운송인에게 인도하는 것은 요건이 아니다. 송하인은 운송인의 청구에 의하여 화물명세서를 교부하여야 한다. 화물상환증은 운송인이 운송물을 수령하였음을 증명하고 도착지에서 이를 정당한 소지인에게 인도할 채무를 체화하는 유가증권이다. 화물상환증을 작성한 경우에는 운송물에 관한 처분은 화물상환증으로써 하여야 한다(제132조). 화물상환증교부의 물권적 효력이라 하여, 화물상환증에 의하여 운송물을 받을 수 있는 자에게 화물상환증을 교부한 때에는 운송물 위에 행사하는 권리의 취득에 관하여 운송물을 인도한 것과 동일한 효력이 있다(제133조). 여객운송은 여객 즉 자연인의 운송을 목적으로, 운송의 위탁자와 운송을 인수하는 운송인 사이에서 체결되는 계약이다. 승차권은 운송청구권이라는 사법상의 권리를 체화하는 유가증권이다. 공중접객업은 극장, 여관, 음식점, 그 밖의 공중이 이용하는 시설에 의한 거래를 영업으로 하는 것이다(제151조). 창고업은 타인을 위하여 창고에 물건을 보관함을 영업으로 하는 것이다(제155조). 임치는 일반적으로 단순임치(임치물의 개별적 보관), 혼장임치(복수인으로부터 받은 물건의 혼합 보관), 소비임치(임치물의 소유권이 수치인에게 넘어가고 임치인은 동종동량의 물건을 반환받는다)로 나뉘는 데, 창고업에 속하는 임치는 단순임치와 혼장임치의 경우이다. 창고임치계약은 임치인과 창고업자 사이에서 창고업자가 물건을 창고에 장치·보존할 것을 인수하는 계약이다. 금융리스업은 금융리스이용자가 선정한 기계, 시설, 그 밖의 재산(금융리스물건)을 제3자(공급자)로부터 취득하거나 대여받아 금융리스이용자에게 이용하게 하는 것을 영업으로 하는 것이다(제168조의2). 리스는 광의로는 전형적인 임대차계약을 포함하나, 협의로는 내구성 동산이나 시설의 物融인 컴퓨터·의료설비·제조기계·수송용기기·건설장비 등의 사용이다. 금융리스*financial lease*는 리스이용자의 목적이 금융에 있는 것이며, 운용리스*operating lease*는 물건 자체의 사용에 목적이 있다. 금융리스는 리스업자가 리스이용자에게 기계·설비 등 특정물건의 구입자금을 융자하여 주는 대신에 그 물건을 구입 또는 임차하여 리스이용자에게 빌려주는 物融이다. 운용리스는 그 성질이 임대차이므로 민법의 규율에 맡긴다. 상법은 금융리스에 한하여 규율한다. 가맹업은 자신의 상호·상표 등(상호등)을 제공하는 것을 영업으로 하는 자(가맹업자)로부터 그의 상호등을 사용할 것을 허락받아 가맹업자가 지정하는 품질기준이나 영업방식에 따라 영업을 하는 것이다(제168조의6). 가맹업을 영업으로 하는 자가 가맹상加盟商이다. 채권매입업은 타인이 물건·유가증권의 판매, 용역의 제공 등에 의하여 취득하였거나 취득할 영업상의 채권(영업채권)을 매입하여 회수하는 것을 영업으로 하는 것이다(제168조의11). 채권매입업자와 거래기업간의 법률문제(채권양도와 관련된 법률문제) 채권매입업자와 채무자간의 법률문제(채무자의 항변과 관련된 법률문제)가 있다.

2.3 회사법 개관

회사법의 형식적 의의는 상법 제3편 회사에 규정된 성문법규이며, 실질적 의의는 공동기업의 형태인 회사에 관한 법규의 전체이다. 상법전의 회사법을 기본으로 회사에 관한 특별법령인 사법법규(상법시행법, 상업등기법, 채무자회생및파산에관한법률, 은행법, 신탁업법, 보험업법, 자본시장과금융투자업에관한법률, 법인세법, 주식회사의외부감사에관한법률), 사법 법규의 시행을 담보하는 공법법규(행정법·형법·민사소송법·민사집행법·비송사건절차법·상업등기법 등) 등이 실질적 의의의 회사법인 반면, 경제통제법이나 독점규제법 등의 경제법은 규제원리를 달리하여 제외된다. 회사에 관한 法源은 회사정관(광의의 법규범, 사회규범), 특별법령, 상법 제3편 회사, 상관습법, 민법의 일반규정 등의 순서로 적용된다. 회사법은 단체법 및 거래법, 이익단체법적 영리성, 공동단체법적 사회성, 강행법 및 임의법적인 성질을 갖는다. 회사는 공동기업의 유형이다. 기업에는 개인기업과 공동기업, 공동기업에는 민법상 조합(제703조~제724 보통 동업), 합자조합(상법 제86조의3~제86조의9, 선박공유(제756조이하)), 회사 등이 있다. 상법상 회사는 상행위나 그 밖의 영리를 목적으로 하여 설립한 법인이다(제169조). 영리를 목적으로 함은 대외적으로 영리활동을 하고 그로부터 생긴 이익을 사원에게 분배하는 것이다. 회사는 법인으로서(제171조 제1항) 독립한 법인격을 가져 그 구성원인 사원과 별개의 인격체로서 분리되어서, 법인의 명의로 권리의무의 주체가 되고, 법인 자신이 소송의 당사자가 되며, 법인 재산에 대한 강제집행은 법인에 대한 집행권원으로만 가능하며(일정한 사법상 청구권이 존재하고 그것이 강제집행에 의하여 실현될 수 있음을 명백히 하는 공정증서 즉 청구권의 집행력을 증명하는 공정증서이다, 민사집행법 제24조, 제26조, 제56조), 법인의 재산을 사원의 개인적 채권자가 강제집행을 할 수 없고, 법인의 채권자가 사원의 개인적 재산에 강제집행을 할 수 없다. 회사는 공동의 목적을 가지는 사람의 결합체인 사단이며 일정 목적을 위한 재산의 결합체인 재단이 아니다. 1인회사는 그 구성원인 사원이 1인인 회사로서 형식상 회사이나 실제로는 1인사원의 개인기업이 되기에, 상법상 합명회사·합자회사 등 인적회사에서는 2인이상의 사원의 존재가 성립요건(제178조, 제269조) 및 존속요건으로서 사원이 1인이면 해산원인이 되어(제227조 제3항, 제269조), 1인회사는 배제되지만, 상법상 물적 회사인 주식회사, 유한회사, 유한책임회사 등은 1인회사의 설립·존속이 허용된다. 주식회사는 법률상 독립한 법인격*legal person*이면서 유한책임*limited liability*을 부여받는 사회적 公器*social entity*로 보는 시각이 더해지는 현실이다. 1997년 외환위기 이후 증권집단소송제도, 이사회 구성에서 사외이사 과반수 의무화 등 소수주주의 권리 등이 그것이다.

3. 기업법·어음수표법·보험해상법 대의

3.1 기업법 대의

3.1.1 상법의 기업법상 회사

상사회사는 상행위를 목적으로 설립된 회사이며 민사회사는 상행위 이외의 영리를 목적으로 설립된 회사이다. 母會社는 다른 회사의 발행주식 총수의 100분의 50을 초과하는 주식을 가진 회사이며 그 다른 회사가 子會社이다(제342조의2). 일반법상의 회사는 그 설립·조직·존속에 관한 준거법규가 상법의 일반규정만을 적용받는 회사이고, 특별법상 회사는 상법 외에 특별법 규정도 적용받는 회사이다. 상장법인은 '자본시장과금융투자업에관한법률'상 증권시장에 上場된 증권의 발행인이며, 비상장법인은 그 외의 법인이다(유가증권시장과 코스닥시장의 총칭 제9조 제13항, 제15항). 내자회사는 내국자본으로 구성된 회사이고 외자회사는 외국자본으로 구성된 회사, 합자회사, 합작투자회사는 내국자본과 외국자본이 합쳐 구성된 회사이다. 다국적회사는 동일한 자본이 수개 국에서 동종영업을 위하여 지점, 자회사 또는 별개의 회사를 설립하고 국가를 넘어 통일된 계획·지시 아래 경영되는 기업이다. 초국가회사 또는 국제회사는 어느 특정국가의 법률에 따르지 않고 국가간 조약의 적용을 받는 회사이다. 기업집단은 '독점규제및공정거래에관한법률'상 동일인이 단독으로 또는 그와 특수관계에 있는 자연인이나 법인과 합하여 주식의 소유 또는 임원의 임면 등을 통하여 사실상 그 사업내용을 지배하는 회사의 집단이다(제2조 제2항). 계열회사는 2개 이상의 회사가 동일한 기업집단에 속하는 회사이다. 지주회사*holding company*는 주식의 소유를 통하여 국내회사의 사업내용을 지배하는 것을 주된 사업으로 하는 회사이다(제2조의2 제1항 및 3). 내국회사는 한국의 법에 준거하여 설립된 회사이며 외국회사는 영리를 목적으로 하는 사단으로서 외국법에 의하여 설립된 회사이다. 외국회사는 설립준거법주의에 의하여, 대한민국에서 영업을 하려면 대한민국에서의 대표자를 정하고 대한민국 내에 영업소를 설치하거나 대표자 중 1명 이상이 대한민국에 그 주소를 두어야 한다(제6장 외국회사 제614조). 유사외국회사라 하여, 외국에서 설립된 회사라도 대한민국에 그 본점을 설치하거나 대한민국에서 영업할 것을 주된 목적으로 하는 때에는 대한민국에서 설립된 회사와 같은 규정에 따라야 한다(제617조).

3.1.2 회사법상 회사-주식회사·합명회사·합자회사·유한책임회사-유한회사

상법의 회사법상 회사의 종류는 회사형태법정주의에 따른 합명회사, 합자회사, 유한책임회사, 주식회사와 유한회사이다(제170조). 주식회사는 사원인 주주의 출자로 형성되는 일정한 자본금*capital*, 출자한 사원의 지위는 자본금을 균등한 단위로 나눈 주식*stock* 형태의 자유로운 양도*transferability*, 사원은 주식인수가액을 한도로 회사에 출자의무를 지지만 회사채권자에는 직접 책임을 지지 않는 유한책임*limited liability*, 회사경영은 사원이 아닌 경영자가 행하는 소유와 경영이 분리되는 회사이다. 주주는 회사채권자에 대하여 직접 아무런 책임을 지지 않고 다만 회사에 대해서 자기가 인수한 주식대금을 한도로 출자의무(유한책임)를 질 뿐인 사원이다. 주주는 주주총회에서 의결권을 행사함으로써 회사의 기본적 사항의 결정에 참여할 수 있을 뿐, 회사의 업무집행권과 대표권은 이사회와 대표이사(제389조, 제393조) 또는 이사회의 대표집행임원(제408조의2, 제408조의5)에 맡기고 있다(제389조, 제393조). 주주의 지위인 주식은 원칙적으로 자유로이 양도할 수 있다(제335조). 합명회사는 2인 이상의 무한책임사원으로만 구성된 인적회사이며(제170조), 그 실질은 조합이다. 사원 전원이 회사채무를 회사채권자에 대해서 직접·연대무한의 책임을 지고(제212조), 각 사원은 원칙적으로 당연히 회사의 업무집행권과 대표권을 갖고 업무집행기관과 대표기관이 되는 자기기관성을 갖고(제200조, 제207조), 기본적 사항의 결정에는 총사원의 동의가 필요하며(제204조, 제2항, 제227조, 제230조), 사원은 다른 사원의 동의를 얻지 아니하면 그 지위(지분)를 양도하지 못한다(제197조, 제218조 제2항). 합자회사는 무한책임사원과 유한책임사원으로 조직되는 회사이다. 합자회사에 반드시 존재하여야 하는 1인 이상의 무한책임사원은 합명회사의 사원과 동일한 책임을 지며 또한 1인 이상의 유한책임사원은 회사채권자에 대하여 직접·연대책임을 지지만, 재산출자의 가액을 한도로 하는 연대책임이다. 유한책임을 진다는 점에서는 주식회사의 주주와 같으나, 회사채권자에 대해서 직접·연대책임을 지는 점에서 다르다. 무한책임사원은 업무집행권과 대표권을 갖지만 유한책임사원은 업무집행에 대한 감시권 및 이익분배를 받는다(제277조). 유한책임사원의 지분의 양도에는 무한책임사원 전원의 동의를 얻으면 되지만(제276조), 무한책임사원의 지분양도에는 총사원의 동의가 필요하다(제269조, 제197조). 유한책임회사는 회사채권자에 대해서 직접 책임을 지지 않고 회사에 대하여 출자금액을 한도로 하는 유한책임을 지는 사원만으로 구성되는 회사이다(제278조의7). 유한책임회사는 법인격을 갖는 회사인 점에서 유한회사와 유사하나, 유한회사와 달리 제3자 기관을 두지 않고 사원이 직접 업무집행을 할 수 있는 점에서(제287조의12), 내부적으로 조합의 실질을 갖는 회사이다. 즉 사원이 기업의 내부에서는 합명회사와 같이 사원의 자율 등 경영의 자유를 가지면서도 대외적으로는 유한회사에서와 같이 회사채무에 대하여 출자금의 한도에서 유한책임을 지는 공동기업의 형태이다. 법무법인, 회계법인, 의료법인 등 전문직 공동기업으로서 활용도가 있다. 미국의 Limited Liability Company를 모델로 한 회사이다. 유한회사는 일정한 자본금을 가지고, 그 자본금은 사원의 균등액 단위의 출자로 이루어지며, 사원은 회사에 대해 원칙적으로 출자금액을 한도로 하는 책임을 질 뿐 회사채권자에게는 직접 아무런 책임을 부담하지 않는 회사이다(제553조). 유한회사는 사원에게 주식회사의 주주와 동일한 유한책임을 지우는 점에서 그 기본적 성질은 주식회사와 같으나 설립절차의 간소 등으로 중소규모기업에 적합한 회사형태이다. 유한회사의 사원은 특별한 경우에는 자본의 전보책임을 지고(제550조, 제593조), 정관에서 사원의 지분의 양도를 제한할 수 있다(제556조). 이사회와 대표이사가 분화되어 있지 않고(제562조, 제564조), 감사는 임의기관이다(제568조).

3.1.3 주식회사와 주식

주식회사 성립의 물적 기초인 자본금은 사원의 출자인 일정 기금인 표시자본금·법정자본금이다. 자본금은 계산상 금액으로서 증자·감자 등의 절차가 없는 한 일정한 반면, 회사 재산은 회사의 현실적 보유재산으로 변동성을 갖는다. 자본금은 자본금충실·유지 원칙, 주식의 액면미달발행 제한(제330조), 납일기일에 금전출자 전액납입·현물출자의 전부이행(제295조, 제305조, 제421조, 제425조), 현물출자·변태설립사항의 제한(제290조, 제299조, 제310조, 제313조, 제422조), 발기인·이사의 자본충실책임(제321조, 제428조), 가설인·타인명의에 의한 인수인의 주금납입책임(제322조), 자기주식의 취득가액 총액 제한(제341조), 이익배당 규제(제462조), 법정준비금(제458조, 제460조), 자본금불변(감소제한)원칙, 자본금확정원칙 등에 따른다. 자본금은 액면주식을 발행하는 경우에는 원칙적으로 발행주식의 액면총액으로 구성된다(제451조). 주식은 주식회사 사원인 주주의 지위(주주가 회사에 대하여 갖는 권리의무의 총체)이며 자본금의 구성단위(자본금을 균등하게 나눈 비례적 단위)이다. 주식의 귀속자가 주주, 주주가 회사에 대하여 갖는 권리가 주주권, 주주의 지위는 주주의 회사에 대한 권리의무의 총체이다. 주식회사의 주주의 지분은 주식이라는 균등한 단위체의 형식을 지니고 증권화하여 거래의 목적물이 되므로 수개의 주식이 1인에 집중되는 때의 그 사원의 지위는 주식 수만큼 집적되어 존재하는 지분복수주의에 따른다. 반면, 합명회사·합자회사에서의 사원의 지위는 1인에 1개이며 다만, 그 분량이 출자액에 따라서 다른 지분단일주의이다. 주식은 주식회사라는 사단법인의 사원의 지위인 사원권인 주주권으로서 주주의 권리의무를 생기게 하는 법률상 지위·자격이다. 사원권에는 주주가 회사의 관리.경영에 참여함을 목적으로 하는 共益權, 회사로부터 경제적 이익을 받는 것을 목적으로 하는 자익권, 회사에 대한 의무 등이 포함된다. 주식에서, 액면주식은 정관과 주권에 1주의 금액(액면가, 주금액)이 기재된 주식이다. 발행된 주식총수의 액면가(액면주식 1주의 금액은 100원 이상이며 균일하여야 한다. 제329조)는 자본금을 구성한다(제451조). 무액면주식은 주금액이 없고 단지 자본에 대한 비율만 표시된 주식, 즉 비례주이다(제329조).

3.2 어음수표법 대의

3.2.1 어음법·수표법의 의의

어음법·수표법의 실질적 의미는 어음·수표에 관한 사법법규의 총체이며, 형식적 의미는 어음·수표에 특유한 1961.1.20. 공포 법률 제1001호 '어음법', 법률 제1002호 '수표법'이다. 실질적 의미의 어음법·수표법에는 형식적 의미의 어음법·수표법 외에 어음수표에 적용되는 민법, 상법의 규정인 민사어음수표법, 거절증서령 등이 포함된다. 어음수표관계를 규율하는 형법, 부정수표단속법, 행정법, 민사소송법, 채무자회생및파산에관한법률, 섭외사법 등의 공법은 어음수표법에 포함되지 않는다. 국제어음(국제환어음및국제약속어음)으로 작성된 것에 한하여 적용되는, '국제연합 국제무역거래법위원회'*UNCITRAL The United Nations Commission on International Trade Law*가 채택한 '국제환어음및국제약속어음에관한유엔협약'*The United Nations Convention on International Bills of Exchange and International Promissory Notes 1988.12.9.*이 있다. 국제수표에는 적용되지 않는다. 어음수표법은 유가증권으로서의 유통성 확보와 피지급성 확보라는 기능을 위하여 강행법적, 기술적, 형식적, 통일적 특성을 갖는다. 어음·수표는 일정금액의 지급을 목적으로 하는 유가증권이다. 약속어음은 발행인 자신이 일정금액을 지급할 것을 약속하는 형식의 지급약속증권이다. 환어음은 발행인이 제3자인 지급인에게 일정금액의 지급을 위탁하는 지급위탁증권이다. 수표는 발행인이 제3자인 은행에게 일정금액의 지급을 위탁하는 지급위탁증권이다. 환어음·약속어음·수표는 일정금액의 지급을 목적으로 하는 금전채권증권이다. 어음은 신용기능을 주로 하나 수표는 지급수단으로서 송금기능을 가지며 그 신용증권화는 엄격하게 금지된다. 어음은 신용수단으로서 상품의 자금화, 금융, 담보, 추심, 송금 등의 수단 기능을 갖는다. 어음·수표는 요식증권성, 문언증권성, 지시증권성을 갖는다. 어음·수표상 권리는 그 원인인 법률관계와는 관련성이 없다는 무인증권성, 어음수표상 권리는 그 증권상에 어음·수표행위를 함으로써 비로소 발생하는 설권증권성을 갖는다.

3.2.2 어음법의 의의

어음법의 어음의 종류로서 상업어음은 상거래가 원인이 되어 발행하는 진정어음·貸어음이며, 융통어음은 당사자간에 매매·도급 등 실제의 상거래 없이 오직 자금융통의 목적을 위하여 발행된 빈어음·貸어음·借어음이다. 기업어음(C.P.)은 융통어음의 하나이다. 자금을 바라는 쌍방이 서로 교환적으로 융통어음을 발행하여 교부하는 기승어음 내지 교환어음은 어음騎乘이라 하여 어음이 남용된 예이다. 융통어음은 발행인(약속어음) 또는 인수인(환어음)이 수취인에 대하여 금전을 지급할 원인채무가 없이 발행된 호의어음이므로, 당사자간에서는 이 같은 사유를 이유로 항변으로 대항할 수 있다. 하지만 융통어음이 제3자에게 배서양도된 경우에는 제3취득자가 융통어음임을 모른 경우(선의)이든 안 경우(악의)이든 발행인은 어음금의 지급을 거절할 수 없다. 어음의 종류로서 대부어음은 금전소비대차에 있어서 그 지급을 확보하고 차용증서로 대용하기 위하여 차주가 대주에게 교부하는 어음이다. 할인어음은 은행 또는 사채업자로부터 할인받은 어음이다. 어음의 할인이란 아직 만기가 도래하지 않은 어음의 소지인이 만기까지의 이자를 어음금액에서 공제한 금액을 지급받고 그 권리를 양도하는 거래이다. 담보어음은 현재의 채무 또는 장래 발생할지도 모르는 채무의 이행을 담보하기 위하여 발행되는 공탁어음이다. 기업어음(C.P.)은 우량적격업체가 자금융통의 목적으로 발행한 어음을 단기금융회사 또는 종합금융회사가 매입하여 다시 일반투자자에게 매출하는 일정 내용을 가진, 일종의 약속어음이다. 중개어음은 우량적격업체가 발행한 어음을 종금사의 중개로 고객이 직접 매입하는 경우의 어음이다. 표지팩토링어음은 종금사 등이 자신이 보유하는 원어음인 팩토링어음을 근거로 발행하여 고객에게 매출하는 表紙어음의 일종이다. 무역어음은 해외금융기관(수입상의 거래은행)이 개설한 취소불능 화환신용장 또는 이에 근거한 내국신용장을 받은 수출업체가 소요자금을 조달할 목적으로 수출상품을 선적하기 전에 수출대금인 신용장상의 금액의 범위 내에서 인수기관을 지급인으로, 자기자신을 수취인으로 하여 발행한 환어음이다. 어음의 종류로서 위탁어음은 타인인 위탁자의 계산으로 발행한 어음이다. 연기어음(신 어음)은 이미 발행한 어음(구 어음)의 만기가 도래하였을 때 당사자가 합의하여 그 지급을 연기하기 위하여 발행한 改書어음이다. 뵈는 어음은 발행인이 어음채무를 부담할 의사가 없거나 그 유통을 예상치 않고 단지 수취인의 대외적 신용을 높이거나 결산상 장부를 맞추는 등 제3자에게 보이기 위하여 발행하는 어음이다. 딱지어음은 어음 발행자가 만기에 그 어음이 지급될 가능성이 없다는 점 즉 부도가 나리라는 사실을 알면서 발행하는 어음이다. 單名어음은 어음상의 채무자의 수가 1명인 어음이다. 담보없는 자금 융통의 수단으로 이용된다. 複名어음은 어음채무자가 다수인 어음이다. 어음할인에 주로 이용된다. 不渡어음은 환어음의 지급인인수인 또는 약속어음의 발행인이 지급을 거절한 어음이다. 예금어음은 은행으로부터 예금을 찾아 다른 사람에게 교부하고자 하는 자가 그에 해당하는 금액의 증권을 수취하므로, 법률상 어음이 아니다.

3.2.3 수표법 대의

수표의 종류로서 當座수표는 사업을 경영하는 개인 또는 법인이 은행과 당좌거래계약을 체결하고 발행하는 수표이다. 가계수표는 사업을 경영하지 않는 개인이 은행과 가계종합예금거래계약을 체결하고 발행하는 개인수표이다. 보증수표는 발행인이 지급인을 겸하는 자기앞수표이다. 쿠퐁 coupon은 소액의 정액 자기앞수표를 여러 장 묶은 수표철이다. 여행자수표(T/C)는 해외여행자들이 여행지에서 그 곳의 화폐로 현금화할 수 있는 유가증권이다. 우편수표는 체신관서의 우편대체계좌에 가입한 자가 예산관서를 지급인으로 하여 발행하거나 우편대체관서가 자기를 지급인으로 하여 발행하는 수표이다. 先日字수표는 실제 발행된 날짜보다 후의 일자를 발행일자로 한 延수표이다. 후일자수표는 실제 발행된 날짜보다 앞의 일자를 발행일자로 한 수표이다. 위탁수표는 발행인이 타인의 계산으로 발행한 수표이다. 송금수표는 은행이 그 본지점간 또는 거래운행을 상대로 송금의 목적으로 발행한 수표이다. 수표는 발행인이 지급인(보통은 은행)에 대하여 일정한 금액의 지급을 위탁하는 형식의 유가증권이다. 법률적 성질·형식은 환어음과 유사하다. 영미법에서는 수표를 은행 앞으로 발행한 일람출급의 환어음으로 보고 있다. 수표는 증권의 발행에 의하여 비로소 수표상의 권리가 발생하는 설권증권성, 수표상 권리의 이전에는 반드시 증권의 교부를 요하고 그 행사에는 증권상 채무자에게 제시하여야 하는 제시증권성, 수표법 제29조, 제31조 수표의 채무자는 증권과 상환하지 않으면 채무를 지급할 필요가 없는 상환증권성 제34조, 수표는 엄격한 요식증권성이고 제1조, 제2조 유통성을 보장받는 유통증권성, 수표상의 권리의 내용은 증권의 문언만에 의하여 정하여지고 당사자는 증권 이외의 방법으로 이를 변경보충할 수 없는 문언증권성, 수표상의 권리는 원인인 법률관계의 존부무효취소에 의하여 영향을 받지 않고 그 권리의 행사에는 원인에 관한 증명을 요하지 아니하는 무인증권성, 수표는 지폐나 금전과 달리 증권을 상실하여도 그 체화하는 권리가 소멸되지 않고 제권판결을 얻어 그 권리를 행사할 수 있다. 수표법상 수표는 어음법상 환어음과 유사한 성질을 가진다. 수표행위독립의 원칙(제10조), 수표행위의 대리(제11조), 수표의 위조변조(제10조, 제50조), 백지수표(제13조), 선의취득(제21조), 항변의 절단(제22조), 이득상환청구권(제63조), 시효(제51조, 제52조), 기간의 계산(제60조~제62조) 등이 그것이다. 수표는 경제적으로는 오로지 지급의 수단으로 현금대용물의 성격을 가진 점에서 주로 신용거래의 수단으로 이용되는 어음과 차이를 갖는다. 어음의 지급기능은 부차적이다. 수표법은 지급인증주의에 의하여 수표의 신용증권화를 방지한다. 즉 수표는 항상 일람출급이며(제28조 제1항), 지급제시기간 내(발행일자로부터 10일간 제29조 제1항)에는 지급위탁의 취소의 효력은 인정하지 않으며(제32조 제1항), 제시기간경과 후에도 지급위탁의 취소가 없는 한 지급은행은 수표의 지급을 할 수 있고(제2항), 수표의 지급인 자격은 은행 기타 금융기관에 한정되고, 발행인이 처분할 수 있는 자금을 지급인인 은행에 대하여 보유하여야 하고(자금계약), 수표의 제시 전에 지급에 충당할 자금(수표계약상의 자금)이 있어야 하며(제3조 실무상 자금계약과 수표계약을 포함하는 당좌거래계약의 체결), 위반시 과태료(제67조), 수표에는 소지인출급식과 지명소지인출급식이 인정되고(제37조, 제38조), 참가와 등본의 제도는 인정되지 않고, 간편한 지급거절의 증명방법(제39조)이 인정되지만, 신용카드, 전자자금이체 등으로 수표의 지급기능은 많이 줄어들고 있다. 수표의 신용기능의 방지를 위하여 지급인에 의한 인수의 금지 등이 그것이다(제4조).

3.3 보험법·해상법 대의

3.3.1 보험법의 의의

보험의 제도는 손해의 전보, 경제생활상의 경제적 수요의 충족, 사고발생시 일정금액의 지급 보장, 우발적 사고발생시 약정 금액의 지급 등의 목적을 갖는다. 즉 보험은 동일한 우발적 사고발생의 위험하에 있는 다수인(위험단체)이 통계적 기초에 의하여 산출한 일정한 금액(보험료)을 내어 공동자금을 만들고, 일정한 사고(보험사고) 발생시 공동자금에서 일정한 금액(보험금)을 지급하여 손해의 전보 기타 경제생활의 불안에 대비하는 제도이다. 보험은 risk 즉 보험사고에 대비하기 위한 것이다. 통계적 기초는 大數법칙에 의한 收支相等 즉 급여와 반대급부의 균형의 원칙이다. 도박은 당사자간에 우연한 사건의 발생에 의한 금전재물의 수수이며 복권은 많은 사람 사이에서 확률적 계산을 기초로 행하여진다. 저축은 저축기간이 종료하면 자유로이 인출사용할 수 있는 반면 보험은 보험사고가 발생하지 않는 한 비축재산은 그대로 존속하고 이를 청구할 수 없다. 상호부금 또는 계(稧)는 일정 수의 계좌와 부금을 정하고 가입자에게 부금(계금)을 납부하게 하고, 그 총액 중에서 추첨 또는 입찰에 의하여 당첨된 가입자에게 일정 금전을 지급하는 것이다. 보증은 채무자가 채무를 이행하지 않는 경우에 제3자가 채권자에 대하여 채무자와 동일한 내용의 채무를 부담할 것을 약정하는 것이다(민법 제428조~448조). 보증채무액은 대수의 법칙에 의하여 산정되지는 않는다. 보증보험은 보험계약자인 채무자가 계약상 또는 법령상의 의무를 불이행하여 채권자가 손해를 입는 경우에, 보험자가 그 손해를 보상할 것을 약정하고, 보험계약자로부터 그 보수를 받는 것이다. 共濟조합은 일정한 직업에 종사하는 근로자나 농업에 종사하는 자 등 다수의 경제주체가 하나의 단체로 결합하여, 보험료에 상당하는 일정한 금액을 납입하고, 화재사망 등 미리 정한 사고가 발생한 경우에 가입자에게 미리 정한 일정 금액을 지급하는 것이다. 각종의 협동조합법 등에 의하여 운용되는 공제조합 등이 그것이다. 보험계약에 관한 상법의 규정이 적용된다. 보험법은 보험이 상법상 기본적 상행위이기에(제46조 제17호) 상행위법의 하나라는 형식적 지위를 갖지만, 매매 등의 상행위와는 다른 단체성·기술성·공공성 등의 특성을 지니는 점에서 사적 자치가 제한되는 강행규정을 지니기에 상법 제2편이 아닌 제4편에서 편재되어 있다는 실질적 지위를 갖는다. 보험법의 법원(法源)으로서 상법, 보험법 등의 제정법과 관습법이 있다. 보험계약에 적용될 法源의 순서는 상법 제1조는 상사적용법규라 하여 '상사에 관하여 본법에 규정이 없으면 상관습법에 의하고 상관습법이 없으면 민법의 규정에 의한다'라 하므로, 상사특별법-상법-상관습법-민법 등의 순서로 이루어진다. 상법 제4편 '보험'의 규정은 보험법의 일반적 법원이며 제1편 상행위, 제1장 총칙 등도 주로 적용되는 법원이고 보험에 관한 특별법(보험업법, 자동차손해배상보장법, 화재로인한재해보상과보험가입에 관한법률, 원자력손해배상보장법, 수출보험법, 산업재해보상보험법, 국민건강보험법, 선원보험법, 군인보험법 등)이 있다.

3.3.2 보험법의 의의

보험법은 광의에서는 보험제도를 규율하는 법규의 전체로서 사보험에 관한 법규 및 공보험에 관한 법규를 총칭한다. 사보험법은 사법적 법률관계를 규율하는 보험계약법과 사보험업의 공법적 감독을 규율하는 보험감독법이 있고 협의의 보험법은 보험계약법을 말하며 보통 보험법이라 함은 보험계약법을 가리킨다. 협의의 보험법인 보험계약법은 실질적으로 사보험에서의 보험관계를 규율하는 법으로서 이에는 사법적 법규가 중심을 이루며 공법적 법규는 일부 포함된다(제663조 참조). 보험법 즉 보험계약법은 보험제도의 특수성에 기하여 다른 상행위와 구별되는 특성을 갖는다. 보험계약은 우연한 사고를 전제로 하는 射倖 계약이어서 투기도박범죄 등에 악용될 도덕적 위험을 회피하도록 당사자에게 높은 윤리성과 선의성 등 최대선의(*uberrima fides*) 원칙 등의 고지의무위반시의 계약해지(제651조), 고의로 인한 보험사고에 대한의 면책(제659조), 사기로 인한 초과보험의 무효(제669조 제4항) 등이 요구된다. 보험제도는 대수의 법칙에 따른 보험금의 액과 징수할 보험료의 총액이 균형을 이루도록 하는 기술적 구조를 가지므로 이를 규율하는 보험계약은 기술적 성격을 갖는다. 계약체결시 보험계약자에게 고지의무 부과(제651조), 보험료불가분 원칙 등이 그것이다. 보험제도는 다수의 보험가입자가 보험단체를 형성하여 위험을 분산하는 구조적 단체성을 지닌다. 보험자는 특정한 보험가입자에게 보험료의 할인 기타 특별한 이익을 제공하는 행위를 할 수 없다 하는 보험계약자평등의 원칙(보험업법 제98조), 보험계약의 포괄적 이전의 허용(제140조, 제141조), 고지의무제도(상법 제651조), 위험변경증가에 따른 고려(제652조, 제653조) 등이 그것이다. 보험은 공공성을 가지므로 보험자 자격의 제한(보험업법 제4조, 제6조), 보통보험약관의 제정변경에 금융감독위원회의 인가(제5조 제3항), 당사자간 특약에 의한 보험가입자의 이익의 침해 금지(상법 제663조) 등이 있다. 보험계약법은 사법이므로 그 기술성 · 단체성 · 공공성의 특성이 있다 해서 보험계약이 갖는 채권계약으로서의 효력을 과잉으로 제한할 수는 없지만, 그 같은 특성을 유지하기 위해서 보험계약법은 특히 보험계약자에게 불리하게 변경할 수 없도록 하는 등의 편면적 강행성을 갖는다. 특히 가계보험 등에서 그러하다(제663조 본문). 다만 기업보험인 재보험 및 해상보험 등은 당사자가 기업이고 대등한 경제적 관계에 있기에 계약자유의 원칙이 인정된다(제663조 단서). 공보험은 국가 기타 공법인이 공적 정책 목적으로 운영하는 보험으로서 사회보험(제740조 의료보험 · 산업재해보상보험 · 고용보험 · 예금보험 · 선원보험 · 군인보험 등), 산업보험(수출보험) 등이 있다. 사보험은 개인 또는 사법인이 사경제적 목적을 위하여 운영하는 보험으로서 손해보험, 생명보험, 상해보험 등이 있고, 그 영리성에 따라서 영리보험과 상호보험이 있다. 공영보험은 국가 또는 지방자치단체 기타의 공법인이 사업주체인 보험이며, 사영보험은 사인이 사업주체인 보험이다. 영리보험은 보험자가 영리의 목적으로 영위하는 보험이며, 상호보험은 보험자가 보험가입자 상호간의 이익을 목적으로 영위하는 보험이다. 인보험은 사람의 생명신체에 관하여 생긴 사고를 보험사고로 하는 보험이며(생명보험 · 상해보험 · 질병보험), 재산보험은 보험가입자의 재산에 관하여 생긴 손해를 보험사고로 하는 보험이다(물건보험에 화재보험 · 운송보험 · 해상보험 · 항공보험 · 도난보험 · 자동차보험 · 선박보험 등, 재산보험에 책임보험). 생명보험은 사람의 생존 또는 사망에 관하여 약정한 급여의 제공을 약속하고 금전을 수수하는 보험이다(생명보험 · 연금보험, 보험업법 제2조 제3호). 손해보험은 제3보험을 제외한 우연한 사고로 인하여 발생하는 손해의 보상을 약속하고 금전을 수수하는 보험이다(제2조 제4호 화재보험, 해상보험(항공 · 운송보험 포함), 자동차보험, 보증보험, 재보험, 제4조 제1항 제2호 및 책임보험, 기술보험, 부동산권리보험 등). 제3보험은 사람의 질병상해 또는 이로 인한 간병에 관하여 약정한 급여를 제공하거나 손해의 보상을 약정하고 금전을 수수하는 보험이다.

3.3.3 해상법 대의

해상법은 해상기업에 관한 법으로서 기업에 관한 법인 상법의 한 부문이다. 해상기업은 해상운송기업, 해난구조기업, 해상曳船기업, 어업(의제상인)준설업 등이며 海事에 관한 기업은 해상기업 외에 해상보험업 · 해상매매업 · 해상금융업 등이다. 실질적 의의의 해상법은 해상기업의 조직 · 활동에 특유한 사법 및 공법 법규의 총체로서 상법 제5편 '해상' 및 특별법을 중심으로 하나 다만, 선박항행에 관한 법규, 해양항행에 수반하여 발생하는 섭외적 사항에 관한 법규는 포함되지 않는다. 형식적 의미의 해상법은 상법 제5편 '해상'에서 규정한 해상기업의의(제1장 제1절~제4절), 해상기업금융(제5절), 해상기업활동(제2장), 해상기업위험(제3장) 등이다. 해상법은 '상행위 그 밖의 영리를 목적으로 항해에 사용하는 선박'(제740조)을 이용하여 영리를 추구하는 법인 점에서 다른 상기업과 공통성을 갖는다. 다만 해상법이 규율하는 선장 해상운송에 관한 규정은 상법총칙의 상업사용인, 상행위법의 운송업의 특칙 규정이며, 공동해손해난구조 등의 규정은 해상기업에 특유한 법규정이다. 또한 선박 · 선박소유자 · 선박공유 · 선박임대차(선체용선) · 선박우선특권 · 선박저당권에 관한 규정은 민법의 동산 소유권자 · 공유 · 임대차 · 담보물권 등의 특칙 규정이다. 해상법의 法源으로서 제정법은 상법전 제5편 '해상', 해상에 관한 특별법(행정법령에 해당하는 선박법, 선박등기법, 선박안전법, 선박직원법, 도선법, 항만법, 항만운송사업법, 개항질서법, 해상교통안전법, 해양사고의조사및심판에관한법률, 수난구호법, 해운법, 해영오염방지법, 해양환경관리법, 상법의 일부규정시행에 관한 법률, 유류오염손해배상보장법, 선박소유자책임제한절차법 등)이 있다. 해상기업에 관한 조약, 해상에 관한 상관습법도 법원이다. 법적 확신에는 이르지 못한 해상에 관한 상관습은 해상법률관계의 의사표시의 해석기준으로만 기능한다(하도지시서·적하수령서 등). 해상운송약관 등의 보통거래약관은 법원은 아니며 당사자의 의사에 의하여 계약의 일부로 된다(보통거래약관에 대해서, '약관의 규제에관한법률'은 약관의 구속력의 근거를 당사자가 약관을 계약 내용에 포함시키기로 합의하였다는 법률행위설에 기초하므로(제3조 제4항), 당사자가 특히 약관에 의하지 아니한다는 뜻을 표시하지 않으면 약관에 의하여 계약을 체결할 의사가 있었던 것으로 추정한다). 약관은 신의성실의 원칙과 객관적 해석 및 통일적·합리적 해석, 작성자불리의 원칙, 개별약관우선의 원칙 등에 따른다. 해상기업의 조직은 선박소유자 등이 기업주체가 되어 선박이라는 물적 조직과 해상기업보조자라는 인적 조직을 이용하여 활동을 하는 경제적 단위체를 이룬다. 해상기업의 물적 조직은 선박이다. 선박은 사회통념상 수면 또는 수중을 항행하는 데 사용하는 浮揚구조물이다. 해상법의 선박은 상행위 그 밖의 영리를 목적으로 항해에 사용하는 선박이다(제740조). 상선은 상행위가 목적이며 예컨대 어선은 상행위 이외의 영리를 목적으로 하는 선박이다. 상인에 비유하면 당연상인(제4조)과 의제상인(제5조)에 비유될 수 있다. 영리를 목적으로 하지 않는 예컨대 스포츠용 선박 등은 여기의 선박이 아니다. 다만 그 적용범위에 대해서, 선박에는 상행위나 그 밖의 영리를 목적으로 하지 않더라도 이 편의 규정을 준용한다. 국유 또는 공유의 선박에는 선박법 제29조 단서에도 불구하고 항해의 목적·성질 등을 고려하여 이 편의 규정을 준용하는 것이 적합하지 아니한 경우로서 대통령령으로 정하는 경우에는(1. 군함, 경찰용 선박 2. 어업지도선, 밀수감시선 3. 그 밖에 영리행위에 사용되지 아니하는 선박으로서 비상용·인명구조용 선박 등 사실상 公用으로 사용되는 선박 등의 어느 하나에 해당하는 국유 또는 공유의 선박인 경우 상법시행령 제45조) 그러하지 아니하다. 이 편의 규정은 단정短艇 또는 주로 노 또는 상앗대로 운전하는 선박(추진기구로서 기관이나 돛帆을 사용하지 않는 선박)에는 적용하지 아니한다(제741조). 또한, 상행위를 목적으로 하지 아니하더라도 항행용으로 사용되는 선박에 관하여는 상법 제5편 해상에 관한 규정을 준용한다. 다만, 국유 또는 공유의 선박에 관하여는 그러하지 아니하므로(선박법 제29조), 해상법의 적용범위는 국·공유의 선박의 일부를 제외한 모든 항행선에 미친다. 航海란 湖川, 港灣을 제외한 해상에서의 航行이다. 호천·항만은 호수·하천 및 항내의 수역 등의 평수구역이다. 평수구역에서의 운송은 육상운송이다. 육상 또는 호천, 항만에서 물건 또는 여객의 운송을 영업으로 하는 자를 운송인이라 한다(제125조). 항해는 선박의 운항 즉 선박을 조정하여 해양을 항행하는 데에 관련한 각종의 행위를 총칭하거나(제740조 등), 또는 선박의 장소적 이동 즉 선박의 항구간 이동(제710조 등) 등을 의미한다. 航海船은 해상을 항해하는 선박이므로 영리선이라도 내수만을 항행하는 內水船은 해상법의 선박이 아니다. 다만 항해선과 내수선의 충돌에는 해상법이 적용된다(제876조). 선박의 국적 즉 船籍*nationality of ships*은 선박이 속하는 국가를 나타내는 표지이다. 국적선은 공해에서 움직이는 영토의 일부로 간주된다. 섭외사법상 旗國法주의에서 선박의 국적은 준거법의 기준이 된다. 선적의 기준은 소유자국적주의를 취하며(선박법 제2조), 대한민국국기를 게양할 수 있다(제5조). 선박공유자의 지분의 이전 또는 그 국적상실로 인하여 선박이 대한민국의 국적을 상실할 때에는 다른 공유자는 상당한 대가로 그 지분을 매수하거나 그 경매를 법원에 청구할 수 있다(제760조). 便宜置籍*flags of convenience*은 어느 한 국가에 등록되어 있지 않는 한 자유로 등록하고 국적을 부여하는 것이며, 이 같은 나라(파나마 등)에 선적등록을 한 선박 가운데 실제로는 외국인 또는 외국법인이 소유하는 선박이 편의치적선이다. 선박등기는 선박에 관한 사법상 권리상태의 공시를 목적으로 하며, 선박의 등록은 국적의 부여를 비롯하여 행정상 단속을 목적으로 하는 공법상 제도이다. 선박은 그 국적에 따라서 한국선박·외국선박, 그 등기등록에 따라서 登簿船·不登簿船, 정기선·부정기선, 汽船·帆船·艀船, 화물선여객선 및 선박의 등급에 의한 구별 등이 있다. 선박소유권은 일반 동산과 같이 그 득상이 이루어지며 다만 부동산 유사의 성격으로 인한 특유한 성격도 있다. 선박의 양도는 무방식의 합의에 의하나 보통은 매매계약서를 작성한다. 해상기업의 주체에는 자기소유의 선박을 이용하여 해상기업을 경영하는 自船艤裝者로서 선박소유자와 선박공유자가 있고, 타인소유의 선박을 이용하여 해상기업을 경영하는 他人艤裝者로서 항해용선자, 정기용선자, 선체용선자, 운항수탁자 등이 있다. 선박소유자는 선박에 대하여 소유권을 갖는 자로서 상행위 그 밖의 영리를 목적으로 자기소유의 선박을 해상기업에 이용하는 자이다. 이용선주 또는 船主라고도 한다. 선박공유자의 선박공유는 민법상 공동소유관계(제262조 이하)에 한정되지 않고 상법의 선박공유 규정들은 선박공유자 사이에 민법상 조합관계가 있음을 전제로 하지만 지분다수결에 의한 의사결정(제756조) 등의 규정들에서 볼 때 이는 공동기업의 한 형태이며 조합이나 인적 회사보다 물적 회사에 가깝다. 선박공유자는 내부관계에서 선박관리인을 선임하여야 한다(제764조 제1항). 선박공유자의 내부관계에서 선박공유자의 업무결정은 공유선박의 이용에 관한 사항은 공유자의 지분의 가격에 따라 그 과반수로 결정한다(제756조 제1항). 외부관계에서는 선박공유자는 그 지분의 가격에 따라 선박의 이용에 관한 비용과 이용에 관하여 생긴 채무를 부담한다(제757조).

[三] 사법의 절차법 – 민사소송법 · 민사집행법

1. 민사소송법

1.1 민사소송법 대의

1.1.1 민사소송법의 의의

민사소송은 사적 법률관계에서 발생하는 사법상 권리의무의 주체·행사·이행 등의 다툼인 민사쟁송을 민사재판권으로 해결하는 절차이다. 민사소송법은 민사소송의 분쟁해결절차에 공통되는 기본원리를 규정한 일반법이다. 헌법재판소법, 행정소송법(제8조 제2항), 가사소송법(제12조) 등은 그에 고유한 소송절차의 특별규정을 두고 특별한 규정이 없으면 민사소송법에 의하도록 한다. 당사자에 관한 당사자능력, 소송능력, 소송무능력자의 법정대리와 소송행위에 필요한 권한의 수여는 민사소송법에 특별한 규정이 없으면 민법, 그 밖의 법률에 따른다(제51조). 민사소송법은 광의로는 민사절차에 관한 민사집행법, 민사소송법의 독촉절차(제462조 이하), 파산법, 화의법, 회사정리법 등 도산절차법, 가사소송법의 가사소송절차(제48조 이하) 등이다. 도산절차법은 채무자의 전체재산을 처분하여 채권자의 채권이행을 담보하는 일반집행의 법이다. 또한 채무자가 소송진행 중 재산을 제3자에게 양도하면 승소판결을 받아도 강제집행이 불가능하기에, 민사집행의 확보를 위한 집행보전절차로서 가압류·가처분 절차 등을 민사집행법에서 정한다.

민사소송법과 민사집행법 민사소송에서 원고의 권리를 확인하는 판결절차[소제기(소장 작성·접수), 재판(변론·증거), 판결(선고·송달)]는 '민사소송법'이 정하고, 민사소송의 확정판결 등에서 확정된 원고의 권리실현을 국가기관의 강제력으로 이행시키는 민사집행절차는 '민사집행법'에서 정한다. 민사소송법은 소송의 주체인 법원과 당사자(원고와 피고), 제1심 소송절차로서 소송의 개시, 병합소송(소송물의 복수), 병합청구소송(청구의 복수), 다수당사자소송(당사자의 복수), 변론(심리), 증거 및 소송의 종료로서 당사자의 행위 또는 종국판결에 의한 종료, 상소심절차로서 항소, 상고, 항고 및 재심절차 그리고 간이소송절차 등을 규정한다. 민사집행법은 개별 채권자의 채권의 강제적 실현을 위하여 채무자의 개별재산에 행하는 민사집행의 주체, 객체(대상), 책임재산, 강제집행의 적법요건, 진행, 위법집행과 부당집행의 구제, 금전집행, 비금전집행, 담보권실행 등을 위한 경매, 보전처분인 가압류절차, 가처분절차 등을 규정한다.

재판외 분쟁해결절차 '재판 외 분쟁해결절차'(ADR, Alternative Dispute Resolution)는 민사소송의 법원 판결에 비하여 신속·저비용의 분쟁해결절차로서 민사소송법의 재판상 화해, 민사조정법의 민사조정, 중재법의 중재 등이다. 재판상 화해는 분쟁당사자 쌍방이 양보하여 합의한 결과를 법원에서 진술하여 조서를 작성하는 분쟁의 궁극적 종결절차로서, 소제기 전 제소전 화해(민사소송법 제385조 이하), 소송진행중 소송상 화해(제225조 이하)가 있다. 조정은 민사에 관한 분쟁을 당사자간 양해를 얻어 법원의 조정담당판사나 조정위원회가 간이한 절차에 따라서 조리와 실정에 맞게 해결하는 절차다. 중재는 당사자간 합의로 사법상 분쟁을 당사자들이 선임한 중재인의 판정으로 해결하는 절차로서, 중재인의 중재판정은 당사자간에는 법원의 확정판결과 같은 효력을 지닌다.

1.1.2 민사소송절차 개관

민사소송의 소는 법원에 소장을 제출함으로써 제기한다(민사소송법 제248조). 소장에는 소송의 주체인 당사자로서 원고와 피고, 소송의 객체로서 소송상 청구인 소송물을 명확히 하기 위한 필수적 기재사항인 당사자와 법정대리인, 청구의 취지와 원인을 기입하여야 한다. 민사소송절차의 원고는 소를 제기하고 법원은 제출된 소장을 심사하여 소송요건이 불비되면 각하, 충족하면 소장부본의 피고 송달, 피고의 답변서 제출 후 법원의 무변론판결 또는 원고에 대한 답변서부본 송달에 이어서 변론 또는 서면준비절차를 거쳐 변론준비기일을 잡고, 변론 또는 변론준비기일에서 청구의 포기·인낙·화해·조정 등을 하며, 변론 종결 후 본안판결을 내리고 판결정본을 송달한다. 민사소송의 변론준비기일·변론기일지정·증거조사기일 실시 등 절차의 진행·재판은 법원이, 소송물의 특정·당사자들의 공격·방어·입증 등 소송자료의 제출은 당사자들이 담당한다. 원고의 소제기·판결신청에 대해서 피고는 청구기각신청을 한다. 원고의 권리 주장 및 법률요건구비 주장에 대하여 피고는 권리의무를 다투고 법률요건불비를 주장한다. 원고의 주요사실의 존재 주장에 대해서 피고는 자백 또는 침묵을 한다. 원고의 증거신청에 피고는 부인 또는 항변하면서 다른 증거신청을 한다.

1.1.3 민사소송의 당사자대립소송구조

민사소송은 원고와 피고 양측 당사자간 대립을 전제로 하는 2당사자대립소송이다. 법원은 양당사자 간 무기대등원칙, 공평원칙을 준수하여야 한다. 한 쪽 당사자만 존재하는 편면적 소송구조를 갖는 편면적 절차는 소송이 아닌 非訟으로서 비송사건의 처리절차에 따른다. 혼인신고 등 가족관계등록증에 관한 법률상 신고, 피성년후견인·피한정후견인·피특정후견인 등 법원의 選任후견인(민법 제922조, 제936조, 제959조 후견계약에 의하여 선임되는 임의후견인) 등 가족관계등록부 기록 및 후견등기부 등기(가사소송법 제9조 참조), 법인등기, 상업등기 등이 그것이다. 당사자는 소송을 개시하는 적극적 당사자인 원고와 그로부터 소송에 임하는 소극적 당사자인 피고가 있다. 실체법상 권리의무의 주체가 당사자이다. 민사소송의 판결절차인 제1심에서는 권리자가 원고, 의무자는 피고가 되며, 제2심 항소심에서는 항소인·피항소인, 제3심 상고심에서는 상고인·피상고인이다. 형사소송에서 원고는 검사, 검사가 소추한 상대방이 피고인이다. 민사소송에서 실체적 당사자 개념은 실제의 권리의무 존재에 관계없이 자신이 권리자라 주장하는 자가 원고, 그로부터 의무자로 주장된 자가 피고이다. 형식적 당사자 개념은 소장에 원고·피고로 기재된 자가 당사자이다.

소송당사자 당사자는 원고 甲, 피고 乙 등으로 기재한다. 자연인은 성명, 주민등록번호, 주소 등을 적고 법인 기타 사단, 재단의 경우는 성명·명칭 또는 상호 등을 기재한다. 일정한 자격에 기하여 당사자가 된 자의 경우(소송담당)는 그 자격을 함께 기재한다(甲의 파산관재인 乙). 원고가 당사자 표시를 잘 못한 경우는 당사자표시정정으로 바로 잡는다. 당사자 동일성이 유지되지 않는 정정은 당사자변경이다. 당사자가 소송무능력자이면 반드시 법정대리인을 기재하여야 한다. 법인 기타 사단이나 재단인 경우는 그 대표자나 관리인을 기재하여야 하며, 이들은 법정대리인에 준하여 취급된다(제64조). 민법상 법인은 이사(제59조), 상법상 주식회사는 대표이사(제389조), 회사와 이사가 대립하는 경우에는 감사(제394조)가 대표자가 된다. 국가의 대표자는 법무부장관(국가를당사자로하는법률 제2조), 지방자치단체의 대표자는 통상사항은 단체의 장(지방자치법 제101조), 교육 및 학예에 관한 사항은 교육감(지방교육자치에관한법률 제18조 제2항)이 대표한다. 소송 중 일방 당사자가 부존재하게 되면 실체법상 법률관계형성에 따른 2당사자대립소송의 구조 여부에 의거하여, 예컨대, 원고 지위와 피고 지위에 혼동이 생기면 자기소송이 되어 소송은 종결되며 소송종료선언이 된다.

소송대리인 재판은 본인이 직접 또는 소송대리인이 출석하여 행한다. 단독판사가 심리·재판하는 사건 중 수표금·약속어음금, 은행 등이 원고인 대여금·구상금·보증금, 자동차손해배상보장법에 따른 손해배상 등 소송목적의 값이 1억 원 이하인 청구사건 등에는 변호사 아닌 사람도 법원의 허가를 받아 소송대리인이 될 수 있다. 소송대리인은 법정대리인 외에 소송대리인을 선임하여 사건을 진행하는 임의대리인이 있다. 소액사건은 소송물가액이 이천만 원을 초과하지 아니하는 금전 기타 대체물이나 유가증권의 일정한 수량의 지급을 목적으로 하는 제1심 민사사건이다. 소액사건의 소송대리인은 당사자의 배우자, 직계혈족, 형제자매는 법원의 허가 없이, 그 외 친족, 고용 등 특별한 관계가 있는 경우는 법원의 허가를 얻는다.

1.2 민사소송의 소송물과 소송의 객체

1.2.1 민사소송의 소송물

민사소송의 소송물은 소송의 객체 즉 분쟁의 대상이며 법원의 심판의 대상이다. 소송은 권리·법률관계에 대한 분쟁이므로, 소송물은 원고가 소송에서 특정하여 주장하는 소송상 청구이다. 피고가 방어방법으로 제출하는 주장이나 상소인이 상소로써 한 주장은 소송물과 관계없으며, 소송물은 소송의 객체인 소송상 청구이므로 실체법상 청구권의 목적물과 다르다. 소송의 객체는 법원을 상대로 한 원고의 소송상 청구이지 원고가 채무자를 상대로 갖는 실체법상 청구가 아니다. 소송물은 소송의 객체, 소송의 대상이고 그 내용은 법원에 대하여 일정한 내용의 재판을 해 달라고 요구하는 소송상 청구이다. 소송물은 소송절차의 적용법(소송물이 사법상 법률관계가 대상이면 소송절차는 민사사건이다), 관할기준(사물관할은 소송물가액으로 정해지며, 토지관할을 정하는 기준이 되는 특별재판적에서 부동산에 관한 청구의 특별재판적은 소송물의 내용인 부동산이 있는 곳의 특별재판적으로 정해진다. 민사소송법 제20조) 등을 정한다. 소송물이 특정되어야 소는 적법하면서 청구의 병합·변경·중복소제기·금지되는 제소 등이 정해진다. 법원은 당사자가 신청하지 아니한 사항에 대하여는 판결하지 못한다(제203조) 하는 처분권주의는 법원의 심판 한계를 그 소송의 소송물에 한정하며, 소송종결후 기판력의 객관적 범위는 소송물의 범위와 일치한다.

소송물론 소송물론은 소송물을 특정하는 기준이다. '구실체법설'은 소송상 청구는 실체법상 권리·법률관계의 주장이므로, 소송물은 원고가 청구원인에서 주장하는 실체법상 권리의 기재로 특정하고, 법원이 원고가 주장한 법률적 관점과 달리 재판하면 소송물이 다른 재판이 되어 처분권주의에 반한다(대법원 2008.9.11. 2005다9760등). '소송법설'은 소송물은 소송상 청구의 소송법적 요소만으로 특정하고 실체법상 권리·법률관계의 주장은 소송물의 결정요소가 되지 아니하므로, 소장의 청구원인에 실체법상 청구권을 기재할 필요가 없다. 소송법설에서도 '이원설'은 소송물특정의 기준을 청구취지와 청구원인에 기재된 사실관계에서 구하며, '일원설'은 청구취지로만 특정한다. '이원설'은 소송물은 심판대상인 청구취지와 사실관계가 하나이어야 하기에 어느 사실을 원고가 주장하느냐에 따라 소송물이 달라진다. 청구취지가 같더라도 사실관계가 다르면 소송상 청구가 다르다(독일다수설·판례). '일원설'은 소송물 특정에서 사실관계는 제외하고 청구취지만을 기준으로 한다. 청구취지가 하나인데 사실관계가 여럿인 경우에, 이원설은 소송물이 여럿이라 하고 일원설은 하나라 한다. '신실체법설'은 실체법상 청구권과 소송상 청구를 동일한 기준에 의하여 특정시키기 위한 실체법상 포괄적 청구권 개념을 주장하나, 이는 개별적 청구권으로서 존재하는 현행 실정법체제에 배치된다. 어떠한 권리·법률관계든 침해되면 청구권이 발생하여 소로써 실현된다. 소송물론은 이행소송에서의 소송물 특정을 중심으로 한 논의이며 형성의 소의 소송물특정에서도 대체로 같다. 확인의 소의 소송물은 다수설인 '구실체법설'에 따라 원고가 주장한 권리·법률관계가 소송물을 결정하는 기준이 된다.

1.2.2 민사소송의 심판 – 처분권주의와 변론주의 및 주장책임과 석명권

민사소송의 심판에서 '법원은 당사자가 신청하지 아니한 사항에 대하여는 판결하지 못한다'(제203조) 하는 당사자처분권주의는 실체법인 사법의 사적 자치 원칙의 대응하여 법원의 심판은 당사자가 요구할 때에만, 요구하는 사항과 범위에서만, 요구할 때까지만 법원이 심판할 수 있다는 원칙으로서 소송의 개시단계에서 '소 없으면 재판 없다' 하여 원고가 특정한 소송물에 대해서만 소송계속이 생기게 하며 소송의 진행단계에서는 법원은 당사자가 요구·신청한 소송물만큼만 심리·재판할 수 있다. 변론주의는 소송자료인 사실자료 · 증거자료 등의 수집 · 제출은 당사자에게 맡기고 법원은 당사자가 수집 · 제출한 자료만으로써 재판하도록 하는 원칙이다. 변론주의는 민사소송법에 규정은 없지만 사적 자치 · 처분권주의를 전제로 하는 실체적 진실발견을 전제로 인정되므로, 민사소송에 비하여 가사소송 · 행정소송은 직권주의적 성격이 강하다. 처분권주의에 따라 당사자는 특정의 소송물을 법원의 심판 대상으로 할 수 있고, 변론주의에 의하여 법원이 당사자가 제출한 소송자료를 기초로 재판하도록 한다. 법원은 당사자가 변론에서 주장하지 않은 사실을 인정할 수 없으므로, 당사자는 승소에 필요한 사실을 주장하지 않아 패소하게 되는 위험부담인 주장책임을 진다. 주장책임은 그 사실을 주장하면 승소할 수 있는 당사자가 부담한다. 주장책임분배의 구체적 기준은 입증책임분배의 기준과 같다. 직권조사사항은 당사자의 신청 · 이의에 관계없이 법원 스스로 문제 삼아 조사하여 처리할 사항으로서, 주로 공익관련사항(항변사항을 제외한 소송요건 등)이나, 직권조사사항의 기초가 되는 사실 · 증거 등은 당사자에게 맡겨지는 변론주의가 적용되므로, 직권탐지주의는 아니다. 석명권釋明權은 특정의 사건을 심판하는 법관이 당사자들의 소송수행이 제대로 이루어지도록 사실관계와 법률관계를 가려 소송자료를 제출하는 것을 도와 변론주의를 보충하는 권한이다. 법관은 석명의무를 진다. 법관의 석명권은 불분명한 소송관계를 명확하게 하여 진실 발견 등 소송의 공정한 지휘를 도모하여 변론주의를 보충하는 제도다. 석명은 소송수행의 일방 당사자를 도와 승소시키려는 변호사의 변론과 다르다. 석명의 대상이 되는 사실상의 사항은 당사자의 사실 주장이고, 법률상 사항은 사실상 사항과 밀접히 연결되어 있는 법적 주장이므로, 석명권은 사실자료는 전적으로 당사자가 제출할 책임을 부담하고(주장책임), 증거자료는 일차적으로 당사자들이 제출할 책임을 부담한다(직권증거조사의 보충성) 하는 변론주의의 한계 내에서 이루어진다.

1.2.3 민사소송의 심리 원칙 – 공개심리 · 구술심리 · 직접심리 · 쌍방심리 · 적시제출주의

민사소송의 심리원칙인 공개심리주의는 '재판의 심리와 판결은 공개한다'(헌법 제109조 본문 · 법원조직법 제57조 제1항 본문) 함에 근거하여 소송의 심리와 판결의 선고는 일반인의 방청이 가능한 상태에서 해야 한다는 원칙이다. 변론이나 판결의 선고는 반드시 공개하여야 하지만 그에 해당하지 아니하면 공개하지 않고(재판의 합의(법원조직법 제65조), 변론준비절차, 중재, 조정(민사조정법 제20조), 비송사건(비송사건절차법 제13조), 변론 없이 결정으로 재판하는 절차 및 심리불속행사유가 있거나 상고이유서 부제출에 의하여 선고가 필요 없는 상고기각판결(상고심절차에관한 특례법 제5조 제2항 등)), 공개할 사항이라도 국가의 안전보장, 안녕질서 또는 선량한 풍속을 해칠 우려가 있는 경우에는 법원이 결정으로 심리의 공개를 정지할 수 있다(헌법 제109조 단서, 법원조직법 제57조 제1항 단서). 또한 민사소송의 공개는 형사소송이나 행정소송 등의 공적 관심사보다는 개인적 성격이 강한 소송이므로, 그 심리의 방송 중계 등에는 재판장의 허가를 필요로 하며(법원조직법 제59조), 국민도 일반공중에게 방송 중계 등으로 심리를 공개할 것을 요구하는 권리는 갖지 아니한다. 구술심리주의는 당사자가 소송에 관하여 법원에서 행하는 변론(제134조) · 증거조사를 구술로 행하는 원칙이다. 판결도 구술변론에 관여한 법관만이 할 수 있으며(제204조 제1항), 선고는 주문을 낭독하고 필요한 때에는 이유의 요지를 설명할 수 있고(제206조), 증인신문은 구술로 함이 원칙이다(제331조). 직접심리주의는 직접 변론을 듣고 증거조사를 한 법관이 재판을 한다는 원칙이다(제204조 제1항). 적시제출주의는 당사자가 공격 또는 방어의 방법은 소송의 정도에 따라 적절한 시기에 제출하여야 한다(제146조) 하며 동시제출주의 · 법정순서주의 · 수시제출주의와 다르다. 裁定기간은 적시제출주의가 실효성을 갖도록 재정기간을 지키지 아니한 경우의 실권효를 인정하여 현실적으로는 제1심 집중의 효과도 기할 수 있게 한다.

1.3 민사소송과 집단적 잠정적 민사분쟁

1.3.1 집단적 민사분쟁과 선정당사자소송, 대표당사자소송, 단체소송

민사소송에서 집단적 분쟁에 대한 선정당사자 소송의 제도는 당사자능력, 소송능력 등에서 일반적인 소송요건 외의 특유한 요건이 있다. 다수자의 존재(다수자가 사단법인이나 비법인사단을 구성하면 그 사단 자체에 당사자능력이 인정되어 선정당사자 제도는 해당되지 않으며, 반면, 민법상 조합은 당사자능력이 인정되지 않으므로 선정당사자 제도가 가능하다), 다수자가 공동의 이해관계(공동소송인이 될 관계에 있으면서 주요한 공격·방어방법을 공통으로 하는 경우)를 가질 것, 공동의 이해관계가 있는 자 중에서 선정할 것(이와 달리 제3자에게 소송을 맡기려면 다수자가 공동대리인을 선임해야 한다), 특정 소송에 관하여 선정할 것 등이다. 선정자의 선정당사자의 선정행위는 피선정자에게 소송수행권을 수여하는 단독적 소송행위이다. 선정은 각자가 하는 행위이지 다수결로 결정하는 것이 아니다. 따라서 합동행위는 아니다. 스스로 당사자로서 소송을 하고자 하는 자는 선정행위를 하지 않으면 되며 이 경우에는 유사필수적 공동소송이 된다. 소송이 법원에 계속된 뒤 당사자를 바꾼 때에는 그 전의 당사자는 당연히 소송에서 탈퇴한 것으로 본다(제53조). 선정당사자가 받은 판결의 효력은 선정자에게도 미친다(제218조 제3항). 이에 관련하여, 미국에서의 대표당사자소송인 class action은 다수의 피해자로 구성된 집단class이 그 집단에 소속된 대표자로 하여금 집단전원을 위하여 소송을 수행하도록 하는 형태의 소송이다(미연방민사소송규칙 제23조). 집단구성원의 개별적 수권·선정절차를 요하지 않고 법원의 후견적 감독에 따르는 직권적 절차에 따라서, 소가 제기되면 법원은 직권으로 심리하여 이를 인증하면 피해자집단의 구성원에게 통지를 하며, 절차를 진행하면서 직권으로 각종의 결정·명령을 할 수 있고 대표당사자와 상대방 사이에서 화해, 취하 등이 있어도 법원의 허가를 받아야 한다. 판결은 법원으로부터 통지를 받은 구성원에게만 효력을 미치며, 승소판결을 받은 피해자집단의 구성원은 각자의 몫을 입증하여 배상금을 지급받는다. 독일의 단체소송Verbandsklage은 단체구성원이 소속 단체의 소송수행을 담당케 하는 임의적 소송담당의 형태이다. 부정경쟁방지법 등의 단체소송은 이들 법률에 의하여 당사자적격이 부여된 영업자단체나 소비자단체가 전체 영업자나 소비자를 위하여 소송을 하는 형태의 소송이다. 선정당사자나 대표당사자소송과 달리, 개인이 다수의 개인의 선정으로 당사자적격을 갖는 것이 아니라 단체 자체가 당사자적격을 갖는다. 단체가 승소한 판결의 효력은 단체 이외에도 미치는 대세적 효력을 가지므로, 부작위를 명하는 판결이 확정되면 단체의 구성원 이외의 자도 그 부작위명령을 원용할 수 있게 된다.

1.3.2 증권관련집단소송, 소비자단체소송, 개인정보 단체소송

민사소송에서 집단적 분쟁에 대한 증권관련집단소송은 증권의 매매 또는 그 밖의 거래과정에서 다수인에게 피해가 발생한 경우 그중의 1인 또는 수인이 대표당사자가 되어 수행하는 손해배상청구소송이다(증권관련집단소송법 제2조 제1호). 집단소송을 수행하려는 자는 소를 제기하면서 대표당사자가 되기 위하여 소송허가신청서도 제출하여야 한다(제9조). 법원은 증권관련집단소송 사건의 소송허가요건(제12조 제1항)과 대표당사자, 소송대리인의 요건이 갖추어지면 결정으로 집단소송을 허가한다(제15조). 증권관련집단소송법은 민사소송법에 대한 특별법으로 여러 특례 규정(변호사강제 제5조 제1항, 직권증거조사, 제30조, 기판력의 주관적 범위의 확대 제37조 등)이 있다. 소비자단체소송은 사업자가 법규를 위반하여 소비자의 생명·신체·재산에 대한 권익을 직접적으로 침해하고 그 침해가 계속되는 경우에 법원에 소비자권익침해행위의 금지·중지를 구하는 단체소송이다(소비자기본법 제70조). 소비자단체소송에서의 원고적격, 제기요건, 침해행위의 금지나 중지의 요청, 소제기, 관할, 변호사강제, 소송허가, 법원의 심사, 확정판결의 효력 등에 대해서는 소비자기본법이 정한 바에 따른다. 소비자기본법은 민사소송법의 특별법이므로 이 법에 규정되지 아니한 사항에는 민사소송법이 적용된다(제76조 제1항). 개인정보단체소송은 개인정보보호법이 정하는 단체가 개인정보처리자가 이 법에 따른 집단분쟁조정을 거부하거나 집단분쟁조정의 결과를 수락하지 아니한 경우에는 법원에 권리침해 행위의 금지·중지를 구하는 단체소송이다(제51조). 개인정보보호법은 소비자 단체소송과 같이 전속관할, 변호사강제, 소송허가, 판결의 효력에 대해 특별규정을 두고 이 법에 규정되지 아니한 사항은 민사소송법을 적용하는 것으로 한다. 단체소송의 허가결정이 있는 경우에는 민사집행법 제4편에 따른 보전처분을 할 수 있다(제57조).

1.3.3 민사소송과 잠정적 민사분쟁소송

민사소송과 잠정적 민사분쟁에 관련하여, 민사조정절차는 조정담당판사 또는 법원에 설치된 조정위원회가 분쟁해결을 위한 조정안을 마련하여 당사자가 받아들이기를 권고하고 조정이 성립되면 확정판결과 동일한 효력이 있게 하는 제도다. 신속하고 저비용 및 비공개로 진행된다. 민사조정은 민사조정신청에 의한 조정, 소가 제기된 이후 수소법원에서 하는 조정이 있다. 상대방(피신청인)이 출석하지 아니하거나 출석하여 의견을 나누었음에도 합의가 불성립하면, '조정에 갈음하는 결정'을 하게 된다. 이의신청이 있으면 결정은 효력을 상실하고 사건은 소송으로 이행된다. '조정을 하지 아니하는 결정'으로 사건을 종결시킬 수도 있다. 이에 대해서는 불복할 수 없다. 조정이 성립되어 합의한 내용이 기재된 조서가 조정조서이다. 그 내용은 재판상 화해와 동일한 효력이 있다. 상대방이 조정조항에서 정한 의무를 성실하게 이행하지 않으면 조정조서에 기하여 강제집행을 할 수 있다. 파산절차와 개인회생절차에 관련하여, '채무자회생및파산에관한법률'의 회생과 파산은 경제적 파탄상태에 직면한 사람과 법인에게, 일정 수입이 없는 사람은 파산, 있으면 개인회생을 신청하게 하며, 회사의 경우는 다시 살아날 가망이 없으면 파산, 있으면 회생을 신청하도록 한다. 법원(지방법원 도산사건 담당재판부)은 채권자나 채무자의 신청에 따라 채무자가 지급불능상태에 있다고 판단되면 파산을 선고한다. 법원이 선임하는 파산관재인은 채무자의 재산을 환가하여 채권자에게 배당하는 파산절차를 행한다. 채무자가 개인인 경우 남은 채무를 면책받을 수 있으나 낭비 또는 사기행위 등으로 파산에 이른 경우에는 면책이 허가되지 않는다. 법원은 채무자, 채권자 또는 주주의 신청에 따라 회생절차개시결정을 한다. 원칙적으로 채무자를 관리인으로 선임한다. 개인회생은 개인채무자만 신청할 수 있다. 법원이 변제계획안을 허가하면, 월급에서 부양가족까지 포함한 최저생계비와 세금 등을 공제한 후 남은 돈을 빚을 갚는 데 사용한다. 이후에는 압류, 가압류가 중지, 금지된다. 승인된 변제 계획에 따라 일정 기간 변제를 해 나가면 나머지 채무가 면제된다.

> **파산절차와 회생절차** 파산제도는 채무자의 재정적 어려움으로 인하여 채무 전체의 변제가 불가능해진 상황에서, 채권의 개별적 행사를 금지하고 채무자 재산의 관리처분권을 파산관재인에게 배타적으로 위임하여 이를 공정하게 환가·배당하여 채권자들 간 적정 공평을 도모함에 있으므로, 임차인에게 회생절차가 개시된 경우와 달리 파산한 경우에만 임차인의 파산관재인이 임대차계약을 해지하면 임대인의 손해배상청구를 제한하는 민법 제637조 제2항이 헌법에 위반되지 않는 것은, 파산절차가 회생절차에 비하여 절차의 신속성을 더욱 절실하게 요구한다는 점을 고려한 것이기에 이러한 차별취급에는 합리적 이유가 있어 평등원칙에 위배되지 아니한다(헌재 2016.9.29. 2014헌바292; 2013.3.21. 2012헌마569 참조).

2. 민사소송의 재판

2.1 법원의 재판, 판결 등

법원의 재판은 확정된 사실관계에 실체법을 적용하는 판결과 절차에 관한 결정·명령이다. 법원은 판결의 내용을 결정하고 판결서를 작성하여 선고한다. 종국판결은 그 심급을 종결시키는 판결, 중간판결은 법원이 심리중 중간의 다툼이나 선결문제를 미리 판단해 둘 필요가 있을 때의 판결이다. 종국판결에서, 소송판결은 원고의 소가 소송요건 불비임을 이유로 부적법하다 하여 각하하는 판결, 본안판결은 원고의 청구의 실체법적 내용의 심리로 법률관계에 관하여 하는 판결이다. 본안판결에서, 원고의 청구를 이유 있다고 받아들이는 판결이 청구인용판결, 원고의 청구가 이유 없다고 배척하는 판결이 청구기각판결이다. 본안판결에서, 이행판결은 원고의 청구권을 인정하고 피고에게 의무이행을 명하는 것을 내용으로 하는 판결, 형성판결은 원고의 형성권의 존재나 형성요건의 구비 등을 확정하고 그에 따라 법률관계를 변동시키는 것을 내용으로 하는 판결, 확인판결은 권리법률관계의 존재나 부존재의 확정을 내용으로 하는 판결이다.

판결 원고 또는 피고가 전부 승소한 '원고 승소', '피고 승소', 일부 승소한 경우에 인정되는 청구 부분을 구체적으로 밝힌다. 제1심 판결(합의, 단독사건 불문) 중 무변론 판결과 자백간주 또는 공시송달에 의한 판결에서는 기판력의 범위를 확정하는 데 필요한 '청구를 특정함에 필요한 사항과 상계항변의 판단에 관한 사항' 이외에는 일반적으로 판결 이유의 기재를 생략할 수 있다. 판결서에는 당사자와 법정대리인, 주문, 청구의 취지 및 상소의 취지, 이유, 변론을 종결한 날짜. 다만, 변론 없이 판결하는 경우에는 판결을 선고하는 날짜, 법원 등의 사항을 적고, 판결한 법관이 서명날인하여야 한다(제208조 제1항). 이유기재방식은 당사자의 주장, 그 밖의 공격·방어방법에 관한 판단을 표시하면 되며, 그 '전부에' 관하여 표시하지 않아도 된다. 판결의 잘못된 계산이나 기재, 그 밖에 이와 비슷한 잘못이 있음이 분명한 때에는 판결의 확정 여부에 관계없이 어느 때나 경정신청을 하여 잘못을 바로 잡을 수 있다. 판결문을 송달받으면 승소한 원고는 통상 붙여지는 가집행선고에 근거하여 가집행을 할 수 있다. 법원에서 판결송달증명원과 집행문을 발급받아 집행신청을 하면 된다.

2.2 법원의 판결의 흠

법원의 판결이 갖는 소송법상·실체법상 흠에서 소송법상의 흠으로서 예컨대 항소심에서 재판한 법관이 파기환송 후의 항소심에서 다시 재판을 한 경우(민사소송법 제436조 제3항) 등, 판결법원의 구성이 법률에 어긋나거나 그 사건의 재판에 관여할 수 없는 법관이 관여한 때에는 재심사유이다. 심판의 대상이 아닌 소송물에 대한 판결 즉 소송상청구와 다른 청구에 대한 판결 등은 처분권주의에 위배되어 무효이다. 실체법에 위반된 판결 즉 실체법상 인정되지 아니한 제도를 인정한 판결, 판결의 내용에 따른 법률효과가 강행법규나 사회질서에 위반하는 판결, 불능인 급부의 이행을 명한 판결도 무효이다. 당사자가 상대방이나 법원을 기망하여 부당한 확정판결을 얻어내는 판결의 편취는 확정판결이 된 경우는 재심 대상이며 그 편취판결 즉 사기판결은 항소, 추후보완항소 등으로 교정된다. 또는 별소로써 손해배상청구나 부당이득반환청구를 할 수 있다.

판결의 누락 판결의 누락은 원고의 소송상청구에 대하여 판결을 빠뜨린 경우 즉 특정 청구에 대하여 판결하지 않아서 주문에 기재하지 않는 등의 경우다. 이때 그 청구는 원심에 계속중이므로 상소의 대상이 아니라 추가판결의 대상이다. 소송요건 불비를 간과한 판결은 그것이 당사자능력의 흠결이면 무효가 된다. 사망자나 존재하지 않는 단체를 당사자로 한 판결 등은 그 판결의 효력을 받을 당사자가 권리주체로서 존재하지 않기 때문이다. 당사자적격이 없는 자를 적법한 당사자로 하여 선고한 판결은 당사자로 등장하지 않은 적격자에게 아무런 효력이 없다. 소송무능력자에 대하여 선고한 판결은 확정되더라도 법정대리권의 흠결이 되어 재심사유가 된다(민사소송법 제451조 제1항 제3호). 권리보호자격의 흠결 즉 부제소특약이나 중재계약에 위반하여 제소한 경우는 피고가 항변하지 않았기에 그 합의의 존재를 간과한 것이므로 잘못이 없다. 권리보호이익의 흠결하여 내린 본안판결은 그 판결의 효력을 좌우할 정도의 흠은 아니다.

2.3 상소와 재심

법원의 종국판결의 선고로 당해 심급은 종결되고, 당사자에게 판결정본이 송달되며, 그때부터 상소제기기간이 진행되고, 불복이 있는 당사자는 그 기간 안에 상소하여야 한다. 제1심판결에 대한 상소가 항소, 항소심판결에 대한 상소가 상고이다. 결정, 명령에 대한 독립한 불복은 제1심에서 제2

심으로는 항고, 제2심에서 제3심으로는 재항고이다. 당사자가 상소하면 당해 재판은 종료되지 않고 상소심으로 이심된다. 상고는 항소심 판결에 영향을 미친 헌법·법률·명령·규칙의 위반이 있음을 이유로 한 경우에 한하여 대법원에 제기할 수 있다. 사실관계에 대한 당부는 판단할 수가 없다. 재심은 확정된 종국판결에 대하여 판결절차 또는 소송자료에 중대한 흠이 있음을 이유로 당사자가 소의 형식으로 그 판결의 취소를 구한다. 아울러 소송을 흠 있는 판결 전의 상태로 복구시켜 다시 변론과 재판을 해 줄 것을 구한다. 판결이 확정된 뒤 5년이 지난 때에는 재심의 소를 제기하지 못한다. 대리권에 흠이 있다거나 재심의 대상이 될 판결이 전에 선고한 확정판결과 어긋남을 이유로 하는 재심의 소는 언제라도 제기할 수 있다.

항소, 상고, 재심 제1심판결로 불이익을 받은 당사자는 항소를 할 수 있다. 항소는 판결문 송달 전에도 할 수 있다. 송달받은 날로부터 2주일 이내에 원심 법원에 항소장을 제출하여야 한다. 이 기간에 항소장이 원심법원에 접수되지 아니하면 판결은 확정된다. 항소하여 상고까지 한 경우에는 대법원에서 판결을 선고할 때 확정이 된다. 소의 취하나 항소권이나 상고권을 포기한 때에도 판결은 확정된다. 제1심 판결이 내려졌는데 패소한 당사자가 항소기간 내에 항소를 하지 않으면 판결이 확정된다. 패소한 당사자가 항소를 하고 또 상고까지 한 경우에는 대법원에서 판결을 선고할 때 확정이 되며, 항소나 상고하였다가 취하하거나, 항소권이나 상고권을 포기한 때에도 판결이 확정된다. 판결 확정 전이라도 가집행 선고가 붙은 판결이 내려지면 강제집행을 시작할 수 있지만, 소송의 최종적인 승패가 결정되려면 결국 판결이 확정되어야 한다. 상고장은 판결이 송달된 날로부터 2주일 내에 원심법원(항소심법원)에 제출하여야 한다. 상고장에는 상고인과 피상고인의 이름 및 주소를 기재하여야 하고 항소심판결의 표시와 상고취지를 기재하여야 한다. 항소심판결의 표시는 법원명, 사건번호, 사건명, 선고일자, 주문 등을 기재한다. 상고장에 상고이유를 기재하지 않은 경우에는 소송기록접수의 통지를 받은 날로부터 20일 이내에 상고이유서를 제출하여야 한다. 이를 제출하지 않으면 상고를 기각한다. 재심의 사유는 1. 법률에 따라 판결법원을 구성하지 아니한 때 2. 법률상 그 재판에 관여할 수 없는 법관이 관여한 때 3. 법정대리권·소송대리권 또는 대리인이 소송행위를 하는 데에 필요한 권한의 수여에 흠이 있는 때 4. 재판에 관여한 법관이 그 사건에 관하여 직무에 관한 죄를 범한 때 5. 형사상 처벌을 받을 다른 사람의 행위로 말미암아 자백을 하였거나 판결에 영향을 미칠 공격 또는 방어방법의 제출에 방해를 받은 때 6. 판결의 증거가 된 문서, 그 밖의 물건이 위조되거나 변조된 것인 때 7. 증인·감정인·통역인의 거짓 진술 또는 당사자신문에 따른 당사자나 법정대리인의 거짓 진술이 판결의 증거가 된 때 8. 판결의 기초가 된 민사나 형사의 판결, 그 밖의 재판 또는 행정처분이 다른 재판이나 행정처분에 따라 바뀐 때 9. 판결에 영향을 미칠 중요한 사항에 관하여 판단을 누락한 때 10. 재심을 제기할 판결이 전에 선고한 확정판결에 어긋나는 때 11. 당사자가 상대방의 주소 또는 거소를 알고 있었음에도 있는 곳을 잘 모른다고 하거나 주소나 거소를 거짓으로 하여 소를 제기한 때 12. 위헌여부심판을 위한 헌법소원이 인용된 경우(헌법재판소법 제75조 제7항) 13. 주주대표소송에서 회사의 권리를 사해할 목적으로 판결이 내려진 경우(상법 제406조)

3. 민사집행법

3.1 민사집행법 대의

3.1.1 민사집행법의 의의

민사집행법은 강제집행, 담보권 실행을 위한 경매, 민법·상법 그 밖의 법률의 규정에 의한 경매인 민사집행 및 보전처분의 절차를 규정함을 목적으로 한다(제1조). 판결절차에서 확정된 판결, 가집행선고가 있는 종국판결을 받은 채권자는 집행권원을 얻어 법원에 집행문부여신청을 한다. 집행권원의 집행력 있는 정본 등의 소정첨부서류와 함께 강제경매신청서를 작성한다. 경매 대상 부동산 소재지 관할법원에 제출한다. 송달료, 감정료, 현황조사료, 신문공고료, 집행관 수수료 등 비용의 대략 개산액 등을 예납한다. 집행법원은 강제경매 개시결정을 한다. 등기관은 경매개시결정 기입등기를 하며 경매개시결정정본을 채무자에게 송달한다. 경매개시 후 법원은 입찰, 낙찰 기일을 지정하여 이를 공고한다. 기록열람·입찰사항 등의 고지가 끝나면 집행관이 입찰표 제출을 알리면서 입찰이 시작된다. 입찰절차종료 후 최고가 입찰자 및 차순위 입찰 신고인 이외의 입찰자는 입찰 보증금을 반환받는다. 법원은 낙찰 여부에 관하여 이해관계인(채무자등)의 진술을 듣고 직권으로 낙찰 허가, 불허가 결정을 한다. 매각허가결정이 확정되면 법원은 낙찰자에게 통지한다. 낙찰자가 매각대금을 완납하면 법원은 배당기일을 정한다. 이해관계인과 배당을 요구한 채권자에게 통지하여 배당을 한다. 낙찰자는 낙찰 부동산의 소유권을 취득하게 된다. 법원은 소유권 이전등기 등을 집행관에게 촉탁한다. 채무자가 임의로 인도하지 아니하면, 대금 완납 후 6월 이내에 집행법원에 집행관으로 하여금 낙찰 부동산을 강제로 낙찰자에게 인도하라는 인도 명령을 신청한다. 인도 명령에 의하여 부동산을 인도받을 수 있다.

3.1.2 재산집행절차

강제집행으로 채무자의 재산을 압류하여 현금화하고 채권자에게 배당한다. 채무자가 보유하는 동산에 대한 집행은 집행권원에 집행문부여를 받아 관할법원 집행관에게 집행을 위임하면, 집행관과 같이 동산이 있는 현장에 가서 압류한다. 부동산은 경매를 통하여 그 매각대금으로 채권자에 반환한다. 채권자의 신청이 있으면 법원은 경매개시결정을 하여 목적 부동산을 압류하고, 관할 등기소에 강제경매 신청의 기입등기를 촉탁하여 등기공무원이 이를 행한다. 집행관의 부동산 현황조사, 감정인의 부동산평가 등에 의하여 최저경매가격이 정해지고, 법원은 경매 및 경락기일 즉 입찰 및 낙찰기일을 지정하여 공고한다. 경락인 즉 낙찰자가 대금을 지정기일까지 완납하지 아니하면 차순위 매수 신고인에 경락 허부를 결정하고, 이마저 없으면 재경매를 실시한다. 금전채권에 대한 집행은 집행법원에 집행 신청 즉 압류명령신청을 하면 채무자가 타인에게 빌려 준 금전을 그 채무자에게 돌려주지 못하도록 지급금지명령을 내리거나 또는 직접 자신에게 지급하도록 하는 추심명령 내지 전부명령을 신청하면 압류명령과 함께 직접 그 타인으로부터 금전을 받을 수 있다.

3.1.3 소액사건심판

소액사건심판은 2천만 원을 초과하지 않는 금전 지급을 목적으로 하는 청구인 대여금, 물품대금, 손해배상 기타 대체물, 유가증권의 일정 수량의 지급을 청구하는 사건 등에 대하여 신속·간편·경제적으로 재판을 받을 수 있도록 한다. 소장이 접수되면 즉시 변론기일을 지정하여 1회의 변론기일로 심리를 마치고 즉시 선고할 수 있다. 피고가 불출석하고 답변서도 내지 않으면 즉석에서 원고 승소 판결이 선고된다. 일반 민사소송절차에서는 당사자의 소송대리인이 증인신문을 하나 소액사건에서는 판사가 증인을 신문하고 당사자는 판사의 허락을 얻어 증인신문을 할 수 있을 뿐이다. 변호사가 아니라도 당사자의 배우자, 직계혈족(남편, 부모, 자식 등), 형제자매는 법원의 허가 없이도 소송대리인이 될 수 있다. 판결의 선고는 변론종결 후 즉시 할 수 있다. 이행권고결정은 소액사건의 소가 제기된 때에 법원이 결정으로 소장부본이나 제소조서등본을 첨부하여 피고에게 청구취지대로 이행할 것을 권고하는 결정이다. 이는 확정판결과 동일한 효력을 가진다. 이행권고결정에 기한 강제집행은 원칙적으로 집행문부여를 받을 필요 없이 이행권고결정 등본에 의하여 할 수 있다.

3.2 민사강제집행 실현의 제도

3.2.1 공 증

공증은 거래 증거의 보전 및 권리자의 권리 실행을 쉽게 하도록 특정 사실이나 법률관계의 존부를 증명하는 제도이며 재판절차 없이 간편한 권리 실행을 할 수 있다. 공증은 공증인가를 받은 합동법률사무소, 법무법인, 공증사무소 또는 검찰청에서 할 수 있다. 공증에는 공정증서 작성, 사서증서 인증 등이 있다. 공정증서 작성은 공증인이 당사자의 의사 등을 확인하여 그에 관한 서류를 직접 작성하는 것이다. 일정한 금전 등의 지급을 목적으로 하는 법률행위에 관하여 공정증서를 작성하면서 강제집행을 하기로 하는 문구를 기재하면 지급하지 않는 경우에 바로 강제집행을 할 수 있다. 사서증서 인증은 당사자가 작성한 서류상의 서명 날인이 본인의 의사에 의한 것이 틀림없다는 것을 공증인이 확인하고 그 사실을 기재하는 것을 말한다. 인증의 경우는 강력한 증거력이 있는 효과만 생기고 공정증서를 작성한 경우처럼 강제집행을 할 수 있는 효력은 없다. 사서증서 인증의 특별한 경우로서 정관 및 의사록 인증이 있다. 확정일자의 압날이란 당사자가 작성한 서류에 공증인이 일자인을 찍어 그 날에 그 문서가 존재하였다는 사실을 증명해 주는 것이다. 주택 임대차의 경우, 입주한 임차인이 주민등록을 마치고 임대계약서에 확정일자를 받으면 임차 보증금에 대하여 우선변제를 받을 수 있다. 이는 일반 공증 사무소 외에 법원이나 동사무소에서 받을 수 있다.

3.2.2 담보 제도

담보 제도에는 인적 담보와 물적 담보 제도가 있다. 인적 담보인 보증제도는 보증인의 일반재산으로 채권을 담보하나 다른 채권자에 우선할 수 있는 우선변제권이 없으나, 물적 담보는 채권자가 다른 채권자에 우선하여 부동산, 동산, 주식 등의 특정 재산으로부터 우선 변제를 받을 수 있는 저당권, 질권 등을 말한다. 보증보험제도는 보증보험회사와 이용자가 보증보험 계약을 체결하고 그 보험증권으로 보증을 대신할 수 있는 제도다. 신원보증은 고용계약에 부수하여 체결되는 보증 계약이며 형사사건의 보석 보증금 납부시에도 이용된다. 그 종류는 노무자가 장래 고용계약상의 채무불이행으로 인하여 사용자에 대하여 손해배상채무를 부담하는 경우에 그 이행을 담보하는 일종의 장래 채무의 보증 또는 근보증, 노무자가 사용자에 대하여 채무를 부담하는지 여부를 묻지 않고 노무자 고용에 의하여 발생한 모든 손해를 담보하는 일종의 손해담보계약, 기타 재산상의 손해뿐만 아니라 노무자의 신상에 관하여 노무자 본인이 고용상 의무를 위반하지 않을 것과 질병 기타에 의하여 노무에 종사할 수 없는 경우에 사용자에게 일체의 폐를 끼치지 않을 것을 담보하는 신원 인수 등이다. 이에 관하여 신원보증법이 있다. 소송구조救助는 소송비용을 지출할 자금능력이 부족한 사람에 대하여 법원이 신청 또는 직권으로 재판에 필요한 일정 비용의 납입을 유예・면제시킴으로써 그 비용을 내지 않고 재판을 받을 수 있도록 하는 제도다. 신청인의 무자력과 승소가능성을 요건으로 한다.

3.2.3 재산명시제도, 재산조회제도, 채무불이행자 명부제도

승소판결이 확정되면 강제집행에 의한 청구 목적 관철을 위하여, 패소자가 어디에 어떤 종류의 재산을 어느 정도로 보유하는지를 알기 위한 재산명시제도, 재산조회제도, 민사집행법상 채무불이행자 명부제도 등이 있다. 재산명시제도는 채무자가 확정판결, 화해・조정조서, 확정된 지급명령 등에 의한 금전채무의 임의적 불이행의 경우에 채권자가 집행력 있는 정본과 강제집행개시에 필요한 서류를 첨부하여 법원에 채무자의 재산명시요구의 신청을 한다. 재산조회제도는 법원이 재산명시를 신청한 채권자의 요청으로 개인의 재산 및 신용에 관한 전산망을 관리하는 공공기관이나 금융기관 등에 채무자명의 재산에 관하여 조회를 신청할 수 있다. 채무불이행자 명부제도는 채권자가 채무자를 채무불이행자 명단에 등재하도록 법원에 신청한다.

Ⅲ. 현대법 실체론 - '국헌학' 제3권 『國法學』 收錄

제2편

憲 法 論

Verfassungslehre

제1장

憲法規範論

제1절 헌　　법

Ⅰ. 헌법과 입헌주의

[一] 헌법의 본질

1. 헌법의 의의

1.1 헌 법

1.1.1 공동체 최고규범으로서의 헌법

憲法은 국가를 창설하고 사회를 형성하여 공동체의 기본이 되는 규범질서를 표상하는 규범이다. '헌법'의 Constitution(constitutio, constituere), Verfassung(vervazzen)은 '創設·설정'의 어원으로서, 국가의 국체·정체의 근간인 國憲을 國法(晋書九卷 賞善罰姦國之'憲法'也, 管子七法篇 能出號令明'憲法'矣)·國制(大韓國國制 1899.3.17.반포 관보게재 光武3년8.22.)로서 창설하는 규범이다. 헌법은 규범으로서는 성문헌법(형식적 의미의 헌법 Verfassungurkunde)을 정점으로 하는 실정법 규범체계를 통일적으로 정서하는 최고규범이며, 입헌주의헌법에서는 민주공화국의 국체·정체인 국헌이 공동체 국가·사회의 근간이 되도록 국민 누구나 지키도록 하는(憲의 字典的 어원은 해(害, 宀)를 막도록 눈(目, 罒)을 떠 마음(心)을 지킨다는 것) 근본규범이며, 국민의 안전·자유·행복을 법치로 보장하는 憲章(兪吉濬(1856.10.24.~1914.9.30. 西遊見聞, 1895(高宗32) 東京, 交詢社))이다.1)

헌법의 어원　헌법 Constitution의 어원은 Lex, Status, Constitutio 등이다. 고전기 로마의 황제가 발하는, 원로원*Senatus Romanus*의 결의*consultum*보다 높은 勅令 Lex, 중세 신정국가의 教皇書의 Status Ecclesiasticus 또는 Constitutio of Clarendon 1164년 교회헌장의 관습총체(*H.S.J.Bolingbroke, Dissertation on Parties*), Bishop Joseph Hall(1574.7.1.~1656.9.8.) 및 Nicholas Ferrar(1592~1637)의 1610년 용례) 등에 기원한다. 한국에서는 왕조국가 조선 쇠망 후 대한민국임시정부헌법, 헌정연구회(『憲政要義』 1905), 趙聲九(『헌법』 1907), 兪致衡(1877~1933 俞鎭午의 父), 『헌법』(申海永 검열 1908) 등에서 헌법, 국헌 등의 용어가 보이기 시작하였다.

姜京根, 『一般憲法學』(법문사 2018/2014); 『一般國法學』(법문사 2017); 『憲法』(법문사 2004/2002); 『憲法學』(법문사 1998/1997); 『姜京根, 憲法學講論』(일신사 1994/1993); 헌법의 개념과 목적 및 그 최고성, 『房山 丘秉朔 정년기념논문집』(박영사 1991), 339~364면; 姜京根, 헌법과 행정법, 「한국공법학회」(정기학술대회 2003.6.30.), 1~32면.

1.1.2 규범적 당위의 근본규범으로서의 헌법

법은 국가의 규칙*rules*, 사회생활의 준칙*disciplines*으로서 규범의 법칙성을 갖는다. 규범의 법칙성 즉 규범법칙은 '하여야 한다'*ought to be, sollen* 함을 지시하는*vorschreiben* 목적률의 '당위의 법칙'*Gesetz des Sollens*이다. 반면 자연법칙은 사실 · 현상에 존재*to be, sein*하는 사실을 기술하는*beschreiben* 인과율의 '필연의 법칙'*Gesetz des Müßens*이다. 규범법칙과 자연법칙을 준별하면서, 법을 규범법칙의 체계로 이해하는 그 원점에, 칸트의 관념철학적 이성론에 의거한 규범과 사실, 當爲와 존재의 준별론이 있다. 규범법칙은 인과율에 지배받는 자연법칙과 구별되는 이성의 자율적 도덕법칙의 독자성이 인정되는 목적률에서 존재한다. 헌법은 국가 공동체가 '반드시 그렇게 된다' 하는 귀납적 필연의 역사적 사실의 선언이 아니라 '그렇게 되어야 한다'는 願望의 목적률을 정하는 당위의 근본규범이다.

1.1.3 국헌학의 원천이 되는 장전으로서의 헌법

국가(國家 State · Nation · Country, Staat(獨), État(佛), Stato(伊))는 공동체 안전과 인륜적 자유를 존재이유(raison d' tre)로 하는 문명적 현상이다. 즉 국가는 공동체*Gemeinschaft*의 최고규범인 헌법에서 공동체 안전과 인륜적 자유의 국가이성(reason of state, raison d'État, Staatsräson, ragione di stato)을 보장받는 규범통일체이다. 또한 국가는 주권적 권력으로 공동체 영역과 영민領民을 독립적으로 지배하는 정치통일체*body politic*이다.2) 이같이 국가는 합법성의 규범공동체이자 정당성의 정치통일체로서 공동체의 법과 권리의 유일한 원천이 되는 규범적 관념의 당위적 구성체로서 기능하고, 국가 법규범은 최고규범인 헌법을 정점으로 강제규범의 체계로서 존재하게 된다. 헌법학*Verfassungslehre*은 규범통일체인 국가의 법리학*Rechtswissenschaft*인 국가법학*Staatsrechtslehre*과 정치통일체인 국가에 관한 국가학*Staatslehre*의 양 측면에서 인권 보장과 권력 제한의 규범적 당위성을 법칙화하는 규범학이다.

1.2 입헌주의헌법

1.2.1 공화국의 헌법인 입헌주의헌법

입헌주의헌법은 공동체의 안전 · 자유 · 법치를 보장하는 공화국의 헌법으로서, 국가의 모든 활동을 국체인 헌법에 근거하게 하며 헌법에 의하여 제한되도록 한다(1999.4.18. 스위스 헌법 제5조 참조). 헌법은 중층구조의 법규범이기에, 근대국민국가의 입헌주의 헌법은 입법자인 국회와 같이 적극적 · 형성적 활동을 하는 국가기관에는 그 행위에 지침과 한계를 주는 행위규범이고, 헌법재판소와 같이 다른 국가기관의 행위에 대해서 그 합헌성 여부를 심사하는 국가기관에는 그 판단의 기준이 되는 재판규범 · 통제(강제)규범으로서 기능하는(헌재 2001.2.22. 2000헌바38) 등의 공화국의 헌법이 된다.3)

실정법 규범체계와 헌법 법단계의 규범체계*Stufentheorie des Rechts*는 법 · 도덕의 독립 · 분립관계, 근본규범(*Grundnorm* 법규범 연원, 타당성의 시원) · 법논리적 의미의 헌법*Verfassung im rechtslogischen Sinne*을 외연으로 하면서 헌법 · 법률 · 명령간 상하관계, 법률간 동위관계 등 단계구조의 질서를 이룬다. 특히 실정법 규범체계에는 실정법적 의미의 헌법(*Verfassung im positivrechtlichen Sinne* 국가법질서 최상위규범), 일반법규범(법률*Gesetz* · 명령*Verordnung* 특히 강제규범인 법규), 개별법규범(재판판결*Rechtsprechung* · 행정처분*Verfügung*) 등이 내포된다.4) 칸트(Immanuel Kant 1724.4.22.~1804.2.12.)는 『법론』*Rechtslehre* 및 『순수이성비판』(*Kritik der reinen Vernunft* 1781)에서, 실정법규범체계에서의 실정법*Gesetz*은 '각자의 자유가 다른 사람들의 것과 조화되도록 규정하는 것'이라 하였다. 이러한 실정법적 규제를 따라 인간의 자유*Freiheit*를 최대한 보장해 주는 것이 헌법*Verfassung*의 근본 기능이자 필수 이념이라 할 것이다.

1.2.2 입헌주의사상의 법규범인 입헌주의헌법

입헌주의헌법은 입헌주의사상이라는 근대의 시 · 공간적 인식을 기초로 형성되는 헌법이다. 입헌주의사상은 신정국가적 신권의 세속화에 따른 고권적 주권의 세속적 시민국가에의 이양, 자연상태의 인간이 국민공동체 구성원으로서 갖는 생명 · 자유 · 재산 등 천부인권의 보장을 위하여 인민의 사회계약으로 성립되는 국가와 정부의 구성, 왕권의 인격적 권력을 제한하는 시민과 의회의 제도화된 권력의 분립, 인민의 정부 전복권과 새 정부 수립권의 저항권, 민중의 풍토적 법사상과 자연법 질서에 따른 법치국가와 공화정*republican government*, 국제협력에 의한 영구평화 등의 근대국민국가적 관념이다.

입헌주의헌법은 입헌주의사상이 성문헌법으로 규범화한 헌정제도이다.

입헌주의 사상　유럽의 입헌주의 사상은 니콜로 마키아벨리(Niccolō Marchiavelli 1469.5.3.~1527.6.21.) 『군주론』(*Le Principe* 1513)의 '권력의 세속화', 장 보댕(Jean Bodin 1530~1596) 『공화국』(*Les six libres de la République* 1576)의 '주권'*la souveraineté*, 위고 그로티우스(Hugo Grotius 1583.4.10.~1645.8.28.) 『전쟁과 평화의 법』(*De jure belli ac pacis* 1625)의 '자연법질서와 국제법' 등에서 규정된다. 영국의 입헌주의 사상은 토마스 홉스(Thomas Hobbes 1588.4.5.~1679.12.4.) 『리바이어던』巨獸국가(Leviathan 1651)의 '주권이양과 신정·세속국가론', 존 로크(John Locke 1632.8.29.~1704.10.28.) 『통치론』(*Two Treatises of Government* 1690) [제1론:왕권신수설·家産국가관 비판, 제2론:자연상태의 인간은 이성적, 생명·자유·재산 등 천부인권보장을 위한 인민의 사회계약·정부구성, 입법권(시민·의회권력)·집행권(왕권)의 2권분립, 정부전복권과 새 정부수립권]의 '천부권과 공화주의' 등이 있다. 프랑스의 입헌주의 사상은 장 자크 루소(Jean Jacques Rousseau 1712.6.28.~1778.7.2.)의 『사회계약론』(*Du contrat social ou principes du droit politique* 1762)과 『인간불평등기원론』(*Discours sur l'origine et les fondements de l'inégalité parmi les hommes* 1753, 1755)에서 말한 인민 개개인의 '인민주권과 사회계약론'으로 정당화한 프랑스혁명의 사상, 몽테스키외(Charles-Louis de Secondat, Baron de La Brède et de Montesquieu 1689.1.18.~1755.2.10.) 『법의 정신』(*De l'Esprit des loix ou du rapport que les Loix doivent avoir avec la Constitution de chaque Gouvernement, les Moeurs, le Climat, la Religion, le Commerce, &c : à quoi l'Auteur a ajouté Des recherches nouvelles sur les Loix Romaines touchant les Successions, sur les Loix Françoises, & sur les Loix Féodales*)에서의(*De l'Esprit des lois* 1748) 민중의 풍토적 법사상과 3권분립론 등이다. 독일 입헌주의 사상은 칸트(Immanuel Kant 1724.4.22.~1804.2.12. 79세歿)의 '법치국가'*Rechtsstaat*[공화정*republican government*, 민주정*democracy*, 귀족정*aristocracy*, 군주정*monarchy*의 통치제도, 직접민주주의 내지 다수결은 개인의 '자유의 일반의지'에 반한다는 보편적 민주주의, 국제조직의 국제협력에 의한 영구평화의 보전] 관념에서 비롯한다.

1.2.3 헌법국가의 법규범인 입헌주의헌법

입헌주의헌법은 입헌주의의 헌법사상에 의하여 형성되는 입헌주의 헌법국가의 헌법이다. 헌법은 입헌주의의 헌법사상에 의하여 법지배의 입헌주의를 그 내용으로서 갖는다. 이를 법치국가적 입헌주의의 헌법이라 할 수 있다. 입헌주의의 헌법국가는 전근대적 전제정을 폐지하는 국체로서, 헌법은 간판이고 그 실제는 반헌법인 사이비 外見的 입헌정을 공동체 구성원들이 극복하도록 함으로써, 국민의 안전·자유·법치를 보장하게 하는 근대국민국가적 의의를 갖는다.

입헌주의의 헌법국가　근대시민혁명기 구체제/*ancien régime* 王政을 타파하면서 성립한 근대국민국가의 입헌주의는 '왕도 신과 법아래 있다' 하는 브락톤(Henry de Bracton 1210~1268)의 말을 코크卿(Sir Edward Coke 1552.2.1.~1634.9.3.)이 인용한 법지배*rule of law*의 법치국가를 본질로 하는 근대 입헌주의헌법의 시원이 된다(栗城壽夫, 立憲主義と國家主權 -ドイツの憲法理論史をたどりながら, 「法律時報」(1975年10月 臨時增刊号)). 입헌주의헌법에 있어서의 공화정은 '外見的 입헌정'이라 하는, 법은 지배의 도구라는 아시아적 人治와 官治(International Commission of Jurists, *The Dynamic Aspects of Asian and Pacific Conference of Jurists*, Bangkok, Thailand, 15~19 February 1965, pp.31~33)의 아프리카, 남미 국가 전제적 종속 헌정을 배제하고 '전근대적 專制政'으로서 전체주의 Fascism, 국가사회주의 Nazism, 프롤레타리아 계급주권 공산주의(소련, 중공, 북한 등) 등을 폐기하고 헌법국가로서의 입헌주의를 형성하였다.

1.3 입헌주의헌법으로서의 대한민국헌법

대한민국헌법은 그 첫 헌법인 건국의 제헌헌법부터 근대국민국가에 고유한 입헌주의헌법으로서 제정되었다. 대한국민의 대한민국헌법이 입헌주의헌법으로서 역사적 계속성을 가지려면, 입헌주의 사상이 공화국이념을 형성하지 못하는 사회에서 그 사회에 귀속되는 국가의 헌법은 국헌의 실체를 갖지 못하고 단지 表象이 될 뿐이어서 '헌법 없는 사회'로 전락함을 명심하여야 한다. 그래야 대한민국이라는 국가의 헌법이 근대국민국가에서의 입헌주의헌법으로서 규범력을 갖게 될 것이다.

2. 헌법의 성격 – 국가에 고유한 규범인 국민의 근·현대입헌주의 헌법

2.1 국가에 고유한 규범으로서의 헌법 – 고유한 헌법

헌법 관념으로서의 고유한 헌법은 국가를 창설하여 그 구성·조직·작용 등을 고유하게 규정하는 헌법이다. 고유한 헌법은 '국가라면 헌법을 갖는다' 하는 '고유한 의미의 헌법' 관념과 달리, 근대입헌주의 헌법과 현대입헌주의 헌법에 두루 내재하는 특성을 갖는 헌법의 관념이다.

2.2 근 · 현대국가에 고유한 규범으로서의 헌법 – 근 · 현대입헌주의 헌법

2.2.1 근대입헌주의 헌법

근대입헌주의 헌법은 근대국민국가에 고유한 공화국의 헌법이다. 근대국민국가는 시민사회의 유식자*Bourgeoisie*(부르주아지 프랑스어 '유식자', 영미어 Bourgeois, Bourgeoise 마르크스 · 엥겔스 계급론의 '자본가계급') 시민*le citoyen*이 국왕 · 귀족 등 특권자에 대항하는 제3신분의 실질적 주권자이고 국민전체가 형식적 주권자가 되는 국가이다. 즉 근대입헌주의헌법은 시민적 자유 · 자유권적 기본권의 인권장전을 법지배의 법치주의 및 대의민주정의 권력분립으로 보장하는 성문경성硬性의 단일헌법전으로 규정한 정치헌법*constitution of politics*이다. 미국의 독립과 건국의 혁명은 근대국민국가의 창설자로서 미합중국헌법에서 공화정을 국체로 정하였다. 반면, 프랑스혁명은 군주의 절대권력을 타파하면서 압제자로부터의 해방자로서 나타난 새로운 절대자인 인민이 절대권력을 갖게 되면서 공화정보다 인민의 민주정을 우위에 서게 하였다.

근대입헌주의 헌법 영국의 근대입헌주의헌법은 인민적 결단의 역사적 계속성의 헌정의 장전이다. 대헌장(귀족특권의 Magna Carta *1215.6.15.*) 이후 권리장전(인민의 권리인 Bill of Rights *1689*) 등의 헌법률이 그것이다. 대륙의 프랑스는 구체제[군주*la Roi* · 삼부회*États Généraux*(제1신분 司祭 · 제2신분 귀족) 체제]를 타파한 프랑스혁명은 인간의 권리와 시민(제3계급)의 권리의 조화와 균형을 위하여 공화주의를 구축할 수 있도록 하는 인권선언[*1789.8.26.* 인간과시민의권리선언 제16조 '권리가 보장되지 않고 권력이 분립되지 않은 어떠한 사회도 헌법을 가졌다고 할 수 없다'] 및 근대헌법[*1791.9.3.*헌법 Nation주권의 순수대표제, 주권은 nation의 일반의사이고 그 표현이 법률이라는 근대헌법의 최고규범성, *1793.6.24.*산악당헌법 peuple주권의 반대표제] 등으로 불가양 · 불가침의 천부인권 · 자연권 선언[자유*la liberté, liberty, freedom*, 평등*l' égalité, equality*, 우애*la fraternité, fraternity*, 재산*la propriété, property*, 행복*le bonheur, happiness*, 안전*la sûreté, security* 등]에 의한다. 근대국가 최초의 성문헌법인 미합중국헌법[연합규약(*the Articles of Confederation 1777.11.15.기초 1781.3.1.채택*)에 이은 *1787.9.17.*제정, J.Locke 2권분립의 영국헌정에 대한 Montesquieu 3권분립 채택]과 수정헌법[*1791.12.15. 1992.5.7.* 제27증보조항 제정]은 미국독립혁명으로 성립된다.5)

2.2.2 현대입헌주의 헌법

현대입헌주의 헌법은 현대사회국가에 고유한 공화국의 헌법이다. 현대사회국가는 공동체의 무산자*Prolétariat*(프롤레타리아, 로마에서 몸 밖에는 가진 것이 없는 사람에서 연유하며, 프랑스혁명에서 제4계급[sans cullotte, 쌍 뀌로뜨(정강이바지) 없는 '빈한자'], 마르크스 · 엥겔스 계급론의 '노동자계급') 대중*sans culotte*이 시민사회에 대응하는 대중사회의 제4계급으로서 공동체의 정치적 참여의 주체가 되는 국가이다. 즉 현대입헌주의헌법은 사회적 자유 · 사회권적 기본권의 권익장전을 실질적 국민주권이라는 이름으로 대중적 직접민주주의의 반대표정의 권력융합으로 보장하고 경제생존의 사회복지를 실질적 법치주의의 이름으로 보장하는 만국 국제평화주의의 사회경제헌법*constitution of socio-economic*이다.

현대입헌주의 헌법–사회국가의 헌법 현대사회국가 헌법은 프랑스 산악당헌법(*1793.6.24.*)의 peuple-nation주권 · 半대표정, 제4공화국헌법(1946.10.27. 제1조)의 민주사회공화국, 바이마르공화국헌법(1919.8.11.최초로 규정된)의 생존권, 독일기본법(1949.5.23. 2006.8.26. 최종개정)의 사회적 법치국가*Sozialrechtsstaat*(제28조 제1항에 근거하는 사회권적 기본권인 교육권, 노동권 등)에 이어진다.

2.2.3 反입헌주의헌법인 사회주의헌법

근대입헌주의 헌법과 현대사회주의 헌법은 천부권의 자유주의와 사회정의의 이념을 지닌 국민주권의 입헌주의헌법인 점에서, 계급주권의 공산주의에 기반하는 사회주의국가의 프롤레타리아 헌법과 다르다. 사회국가는, 국가 · 사회의 교차관계로, 국가의 사회 형성을 보충적 참여로 인정하여 개개인 생활의 자율성을 보장하는 국가이다. 반면, 사회주의국가*sozialistischer Staat*는 노동자 · 농민 등 무산계층의 인민주권에 의한 생산수단 국 · 공유화, 통제경제질서 등 국가의 전면적 사회개입으로 개인적 자율영역을 봉쇄하여 국가 · 사회의 단절을 가져온다(이탈리아헌법 1947.12.22. 제1조의 '노동에 기초한 민주공화국' 등은 사회주의헌법에도 가깝다).

2.3 국민이 제정한 규범적 헌법 – 민정헌법 · 독창헌법 · 규범적 헌법

2.3.1 국민이 제정한 헌법 – 민정헌법 · 협약헌법 · 흠정헌법

헌법은 국민이 제정한 규범이다. 특히 고유한 의미의 헌법과 달리 근대국민국가의 입헌주의헌법은 예외 없이 주권자인 국민이 제정한 民定헌법이다. 민정헌법은 입헌전제정의 국왕이 제정한 흠정欽定헌법이나 군정君定헌법 또는 근세국가의 외견적 입헌정의 헌법으로서 국민과 국왕이 타협하여 성립하는 규범인 협약헌법 등을 극복하여 헌법제정권력자인 국민이 제정한 근대의 헌법이다.

민정 · 협약 · 흠정헌법 민정헌법은 근대국민국가의 국민이 주권자로서 제정한 국민헌법이며, 협약헌법은 군주와 국민 합의에 의한 君民헌법[군주 · 귀족 협약헌법 1215년 영국 Magna Carta, 군주 · 등족회의 협약헌법 1819년 Würtemberg헌법, 국민 · 군주 협약헌법 1830년 프랑스헌법, 1867년 북독일연맹헌법 등], 欽定헌법은 외견적 입헌군주정적 君定헌법[프랑스 1814년헌장, 루이 필립의 7월왕정*(1830~1848)* 등 왕정복고기*(1814~1848)*, 독일 1311년 바이에른증서, 1514년 튀빙겐계약, 1653년 브란덴부르그협정, 19세기 전반기 독일 남부支邦헌법인 Frankfurt헌법*(1848.3.28.)*, Preußen헌법*(1850)* 등]이다. 비스마르크(Otto Eduard Leopold von Bismarck 1815.4.1.~1898.7.30.) 독일제국헌법*1871.4.16.*은 Junker(토지귀족)에 기반을 두어 제정된 흠정헌법으로서 국가법인, 국가주권, 군주의 公僕으로서의 공직 관념 등이 오스트리아헌법*1849* 및 아시아에서는 대일본제국헌법(명치헌법 *1890*) 등으로 계수되었다.

2.3.2 국민의 규범적 헌법 – 독창적 헌법과 규범적 헌법

근대입헌국가헌법과 현대사회국가헌법의 근간인 국민주권주의의 대의정(권력분립) 민주주의 및 입헌법치주의(법지배) 그리고 기본권보장(자유권적 기본권(인권장전), 사회권적 기본권(권익장전))과 국제평화주의 등을 입헌주의헌법의 요소로 실현함으로써, 그 자체 구체제로부터 절연하는 독창적 헌법을 구성하여, 입헌주의 헌정의 제도가 성문헌법에 의하여 현실에서 실현되어 국민의 규범적 헌법이 되도록 한다. 규범적 헌법이 아닐 때 헌법은 현실에 굴복하여 규범력을 실현하지 못한다. 헌법이 헌정의 현실에서 실현될 수 있는 규범적 헌법으로 기능하지 못할 때 명목적 헌법이거나 가식적 헌법 또는 그림자헌법에 그치게 된다.

독창적 헌법과 규범적 헌법 칼 뢰벤스타인(Karl Loewenstein 1891.11.9.~1973.7.10.)는 독창적 헌법으로서 nation주권의 프랑스 1791년 헌법과 1875년헌법, peuple주권의 1793년헌법과 1814년헌법, 의원내각제의 영국헌정, 대통령제의 1787년 미합중국헌법, 프롤레타리아 독재 평의회의 1918년 소련헌법, 사회권적 기본권을 정한 1919년 독일 바이마르헌법 등을 든다. 근대국민국가의 신생 독립국가들은 이들 헌법을 계수한 모방적 헌법의 예가 많다. 뢰벤스타인은 존재론적 헌법이라 하여 헌법의 규범적 효력이 실현되는 규범적 헌법, 미약한 명목적 헌법, 실현 없이 장식적인 가식적 헌법을 들고 있다. 헌법으로서의 규범력이 없는 가식적 헌법에 대해서, 라쌀레(Ferdinand Lassalle 1825.4.11~1864.8.31.)는 '헌법의 본질'*(Über Verfassungswesen, Berlin,* 1862, S.6)에서 헌법을 정치권력의 그림자라 하여, 헌법을 사실적 존재물로 본다. 카를 슈미트는 헌법을 정치적 투쟁관계에서 승리한 자의 승전보라 하여 규범으로서의 헌법이 갖는 정치적 성격을 강조하지만 헌법의 규범적 성격을 부인한 것은 아니다. 월터 배저트(*Walter Bagehot* 1826.2.3.~1877.3.24.)는 영국헌법*the constitution of the United Kingdom*의 특성을 의회*Parliament*와 국왕*British monarchy*의 기능에 관련한 미국 헌정에 비교하면서, 영국 입헌군주정*constitutional monarchy* 원리는 문서에 기술된 자구나 헌법이론*constitutional theories* 또는 표면상 동일한 것으로 연계되는 정형적인 제도적 연속성 등에 간과되지 않고 정치 시스템*political system*의 실질적 작동이라는 생활현실*living reality*에 집중하며 입법부, 행정부, 사법부간의 권력분립*division of powers*, 헌법의 군주정적, 귀족정적, 민주정적 요소 간 견제와 균형*checks and balances*론이 아니라, 헌법의 위엄적 부분*dignified parts*과 기능적 부분*efficient parts*의 차이로서, 위엄적 부분은 사람들의 경외를 불러일으키고 보장하며 기능적 부분은 사실상 작동하고 규율하는 부분이라 하여(Walter Bagehot, *The English Constitution,* First serialised Fortnightly Review 1865.5.15.~1867.1.1., (1st ed.), London: Chapman & Hall 1867, 348p), 헌법의 실질적 이해를 중요시하였다. 또한, 명목적 헌법은 항상 규범적 헌법으로 발전할 수 있는 것이다. 문명*civilisations*의 존속의 양태에 관한 물리학 및 정치학적 접근을 통하여, 문명은 초기 단계에서 체제순응주의*conformism*와 군사적 성공에 의해 유지되는 한 현대 자유주의의 가치에 반대되는 것이지만, 일단 그것들이 확보되면 더 큰 다양성과 자유를 허용하는 제도로 성숙한다(Walter Bagehot, *Physics and Politics,* 1872).

2.3.3 민정의 규범적 헌법으로서의 대한민국헌법

대한민국헌법은 제헌헌법 이래로 근대국민국가에 고유한 입헌주의헌법으로, 성문 · 경성헌법의 통일적 규범의 총체로 존재하며 현대사회국가헌법을 지향한다. 한국헌법은 국민주권의 민정 규범적 헌법으로서 명목적 헌법을 넘어선 규범력을 지속적으로 유지한 역사성을 갖는 것이다.

3. 헌법의 양태 – 성문 · 불문헌법, 경성 · 연성헌법, 형식상 · 실질상 헌법

3.1 헌법의 성문성 – 성문헌법과 불문헌법

3.1.1 성문헌법과 法源性

성문헌법은 '헌법'이라는 단일의 헌법전(憲法典 Verfassungurkunde)을 지닌 형식적 의미의 헌법이다. 성문헌법 국가의 헌법의 법원法源은 헌법전이며, 헌법은 국가와 국민의 자유 · 법치의 근간을 단일헌법전에 실정법체계로 규정하기에 그 용어, 문장 등의 형식적 간결성과 함축성을 속성으로 함에도 불구하고(헌재 2004.10.21. 2004헌마554등), 성문헌법에 헌법사항을 빠짐없이 규율하는 것은 입법기술상 불가능하기에 형식적 의미의 헌법에 규정되지 아니한 사항이라도, 헌법 제정의 당시에 자명하거나 전제되어 있는 사항, 보편적 헌법원리 등에는 명문의 규정을 두지 않으며 또 장래 세대에 그 결단을 맡기는 등으로 성문화를 개방하여 두는 경우도 있다. 성문헌법이 단일 헌법전에 한정되고 추상적 조문을 두는 규범 형식인 점에서 헌정 현실을 규율하기에는 시간적 장소적으로 흠결을 갖게 되기에, '헌법'은 성문헌법 외에 헌법의 보충적 법원으로서 불문헌법, 관습헌법 등을 인정할 가능성을 갖는다.

성문헌법(written constitution) **미합중국헌법**(*The Constitution of the United States of America* 1787.9.17.)**이 최초의 근대적 성문헌법이다**[Preamble (*'We the people…:'*)/Article Ⅰ The Legislative Branch/ Ⅱ The Presidency/ Ⅲ The Judiciary/ Ⅳ The States/ Ⅴ The Amendment Process(… *'This Constitution…shall be the supreme law of the land'*)/ Ⅵ the Supreme law of the land/ Ⅶ Ratification]. **미합중국수정헌법**(1791.12.15. *The Amendments of the Constitution of the United States of America* 1992.5.7. 제27증보조항)**은 기본권의 권리장전이다. '프랑스 1789년 인권선언'도 현재 효력이 있는 권리장전이다**(…1789년 인권선언의 형벌비례성 원칙 위배의 헌법위반이다)(Décision n°2018–703 QPC du 4 mai 2018(*Le Conseil Constitutionnel*).

3.1.2 불문헌법

헌법 제1조 제2항 '대한민국의 주권은 국민에게 있고, 모든 권력은 국민으로부터 나온다' 하는 국민주권주의는 성문이든 관습이든 헌법을 정점으로 하는 규범적 질서에 국민적 정당성을 요구한다. 국민은 대한민국의 주권자이며 헌법제정권력의 주체로서 성문헌법의 제 · 개정에 참여하고, 헌법전에 규정되지 아니한 헌법사항을 필요에 따라 관습의 형태로 직접 형성할 수 있다(헌재 2004.10.21. 2004헌마554등). 국민에 의하여 정립된 관습헌법은 성문헌법과 같이 주권자인 국민의 헌법적 결단의 의사의 표현이며 성문헌법과 동등한 효력을 가지며 입법권자를 구속한다. 불문헌법*unwritten constitution*은 관습헌법(헌법관습법*customary constitution*) 또는 헌법률*the law of the constitution*(영국 보통법법원*common law court*의 판례, 의회제정법 *Magna Carta*(1215.6.15.), Petition of Rights(1628.6.7.), Bill of Rights(1689.12.16.) 등의 총체, 또는 헌법재판소 결정 등으로 형성 · 확립된 불문헌법(헌재 2017.3.10. 2016헌나1) 등의 형식으로 존재한다. 관습헌법은 성문헌법전에 규정되지 아니한 기본적 헌법사항에 대하여 그에 관한 관행 · 관례의 존재, 반복 · 계속 · 항상 · 명료성, 국민적 합의 등으로 성립한다. 반면, 헌법적 습률*constitutional conventions*은 관습헌법에는 이르지 못한 관행에 그치며 헌법의 *法源*이 아닌 헌정의 선례 내지 헌법해석의 기준으로서 기능한다. 불문헌법국가로서의 이스라엘은 1948.10.2. 독립선언서에서 단일 헌법전으로서의 성문헌법 제정의 언명만 하고 이를 제정하지는 않았으나, 헌법률인 '이스라엘기본법'[1편–5편 대통령, 의회, 행정부, 사법부, 이스라엘방위군, 감사원, 직업선택의 자유, 인간의 존엄성 등]이 일반법률보다 우월적 효력이 있음을 인정하고 있다(대법원 1969.7.3., 1995년에는 이스라엘기본법에 반하는 법률을 심리하였다).

3.1.3 성문헌법에서의 관습헌법

성문헌법의 국가에서도 불문헌법으로서의 관습헌법이 가능하다. 헌법사항에 관하여 형성되는 관행, 관례가 관습헌법이 되기 위해서는 그 성립에 요구되는 요건들이 충족되어야 강제력 있는 헌법규범으로서 인정되고, 이 관습헌법을 폐지하려면 헌법이 정한 절차에 따른 헌법개정이 이루어져야만 한다. 관습헌법의 성립은 반드시 헌법에 의하여 규율되어야 할 만큼 헌법적으로 중요한 기본적 사항에 대한 관행·관례의 존재, 국민이 이를 인식할 수 있을 정도의 반복·계속성, 恒常·명료성, 국민적 합의 등이 모두 충족되어야 한다. 이 같은 요건을 갖추고 있는 서울이 수도인 사실은 단순한 사실명제가 아니고 헌법적 효력을 갖는 불문의 헌법규범으로 승화된 것이며, 사실명제로부터 당위명제를 도출해 낸 것이 아니라 그 규범력에 대한 다툼이 없이 이어져 오면서 그 규범성이 사실명제의 뒤에 잠재되어 왔을 뿐이다. 결국 서울이 수도이고 관습헌법이 되는 것은 국가생활의 오랜 전통과 관습에서 확고하게 형성된 자명한 사실 또는 전제된 사실로서 모든 국민이 우리나라의 국가구성에 관한 강제력 있는 법규범으로 인식하고 있었기 때문이다(헌재 2004.10.21. 2004헌마554등). '서울이 수도'라 하는 관습헌법에 관련하여, 수도의 이전을 내용으로 하는 법률은, 우리나라의 수도가 서울이라는 우리 헌법체계상 자명하고 전제된 불문의 관습헌법사항을 헌법전에 규정된 헌법개정절차를 이행하지 않은 채 법률개정의 방식으로 변경한 것이어서, 그로써 제정된 법률 전체가 국민의 헌법개정국민투표권을 침해하였으므로 헌법에 위반된다(헌재 2004.10.21. 2004헌마554등) 하면서 관습헌법을 인정한다. 반면, 수도에 관한 사항이 아닌 것에 대해서는 관습헌법이 부인되었다. 이때 수도라 함은 최소한 정치·행정의 중추적 기능을 수행하는 국가기관의 소재지를 뜻하는 것이라 할 것이다.

관습헌법과 수도·서울(관습헌법 인정) 헌법조항에서 명문으로 '수도가 서울'임을 밝힌 것은 아니지만, 서울이 바로 수도인 것은 국가생활의 오랜 전통과 관습에서 확고하게 형성된 자명한 사실, 전제된 사실로서, 모든 국민이 우리나라의 국가구성에 관한 강제력 있는 법규범으로 인식하고 있어,■ 대한민국의 수도가 서울인 것은 불문의 관습헌법규범이며,■■ 수도이전은 헌법개정사항이어서 헌법개정절차를 반드시 거쳐야 함에도 필수적 국민투표 없이 국회의 법률(신행정수도건설을위한특별조치법(신행정수도법 2004.1.16.공포))만으로 가능한 것으로 하면, 헌법 제130조에 따른 임의적 국민투표발의권은 대통령에 독점된 권한이 아니고 국민도 행사할 수 있는 권리인 점에서, 헌법 제72조 국민투표권 침해로 위헌이 된다(헌재 2004.10.21. 2004헌마554등).■■■

■ 서울은 사전적 의미로 '수도'의 의미를 가지고 있다. 1392년 조선왕조가 창건되어 한양이 도읍으로 정하여진 이래 600여년간 전통적으로 현재의 서울 지역은, 그와 같이 일반명사를 고유명사화 하여 불러 온 것이기에, 수도인 것은 명칭상으로도 자명한 것으로서, 대한민국의 성립 이전부터 국민들이 이미 역사적, 전통적 사실로 의식적 혹은 무의식적으로 인식하고 있었으며, 대한민국 건국에 즈음하여서도 국가의 기본구성에 관한 당연한 전제사실 내지 자명한 사실로서 아무런 의문도 제기될 수 없었다.

■■ 서울이 우리나라의 수도인 사실은, 조선시대 이래 600여 년 간 우리나라의 국가생활에 관한 당연한 규범적 사실이 되어 왔으므로 오랜 전통에 의하여 형성된 계속적 관행이라 평가할 수 있고(계속성), 이러한 관행은 변함없이 오랜 기간 실효적으로 지속되어 중간에 깨어진 일이 없으며(항상성), 우리나라 국민이라면 개인적 견해 차이를 보일 수 없는 명확한 내용을 가진 것이고(명료성), 이러한 관행은 장구한 세월 동안 굳어져 와서 국민들의 승인과 폭넓은 컨센서스를 이미 얻어(국민적 합의) 국민이 실효성과 강제력을 가진다 믿고 있는 국가생활의 기본사항이기에, 서울이 수도임은 우리 제정헌법이 있기 전부터 전통적으로 존재하여온 헌법적 관습이며 자명하고 헌법에 전제된 규범으로서, 관습헌법으로 성립된 불문헌법이다.

■■■ 수도의 설정과 이전의 의사결정은 국가정체성에 관한 기본적 헌법사항으로서 헌법이 정하는 바에 따라 국민이 스스로 결단하여야 할 사항이다. 서울이 우리나라의 수도인 점은 불문의 관습헌법이므로, 헌법개정절차에 의하여 새로운 수도 설정의 헌법조항을 신설함으로써 실효되지 않는 한 헌법으로서 효력을 갖는 것이기에, 헌법개정의 절차를 거치지 아니한 채 수도를 충청권 일부지역으로 이전하는 것을 내용으로 한 법률의 제정은 헌법개정사항을 헌법보다 하위의 일반 법률에 의하여 개정하는 것이 된다. 헌법의 개정은 반드시 국민투표를 거쳐야만 하므로 국민은 헌법개정에 관하여는 찬반투표를 통하여 그 의견을 표명할 권리를 가짐에도 불구하고, 수도의 이전을 확정함과 아울러 그 이전절차를 정하는 법률은, 헌법개정사항인 수도의 이전을 헌법개정절차를 밟지 아니하고 단지 단순법률의 형태로 실현시킨 것으로서, 헌법 제130조에 따라 헌법개정에 있어서 국민이 가지는 참정권적 기본권인 국민투표권의 행사를 배제하여 침해하는 것이어서 그 법률 전체가 국민의 헌법개정국민투표권을 침해하였다.

관습헌법과 신행정도시(관습헌법 부인) '신행정도시법'('신행정수도후속대책을위한연기·공주지역행정중심복합도시건설을위한특별법' (2005.3.18. 공포))에 의하여 건설되는 행정중심복합도시는 수도로서의 지위를 획득한다 볼 수 없고 (그 내용에서 이미 위헌으로 선언된 신행정수도법과는 별개 법률이기에, 신행정수도 결정(헌재 2009.2.26. 2007헌바41)의 기판력, 기속력에 반하는 것으로 볼 수 없어)반드시는 헌법개정절차를 요하지 않고 국민투표권을 침해하지 않아 국민투표를 거쳐 제정되어야 할 사안이라 볼 수도 없고,■ (정당한 입법절차를 거친 만큼 국민주권원리에 위배되지 않으며, 서울은 행정중심복합도시의 건설에도 불구하고 계속하여 정치·행정의 중추기능과 국가의 상징기능을 수행하는 장소로 인정할 수 있으므로)이 사건 법률에 의하여 수도로서의 기능이 해체된다 볼 수 없고, 대통령과 국무총리가 서울이라는 하나의 도시에 소재하고 있어야 한다는 관습헌법의 존재를 인정할 수 없다(헌재 2005.11.24. 2005헌마579등).

■ 헌법에 성문의 수도조항이 존재하면 이를 삭제하는 내용의 헌법개정이 필요하다. 수도 서울이 관습헌법이라면 이에 반하는 수도설정조항을 헌법에 넣는 것만으로 그 수도가 서울이라는 규정의 폐지가 이루어진다. 관습헌법의 법적 효력에 대한 국민적 합의가 상실되기에 이른 경우라면, 수도 서울은 자연히 사멸하고 이를 확인하는 국민투표를 거치면 된다. 반면, 수도가 서울이라는 관습헌법에 아무런 사정의 변화도 없는 경우의 폐지는 반드시 헌법개정의 절차에 의하여야 한다.

3.2 헌법의 계속성 – 경성헌법·연성헌법

헌법은 국가·사회의 계속성을 보장하는 기능을 갖는다. 헌법의 계속성은 그 변경의 엄격성에 의하여 담보된다. 硬性헌법*rigid constitution*은 헌법의 변경을 일반 법률의 개정 절차에 비하여 엄격하게 규정하는 등의 가중적 개정절차를 거치게 하는 헌법이다. 이로써 헌법의 규범적 안정성에 의하여 국가·사회의 계속성을 유지케 할 수 있다. 최초의 근대입헌주의의 성문헌법인 미합중국헌법이 1787년 제정 이후 기본 틀의 변경 없이 지속되는 점, 조선의 기본법전인 경국대전에 대한 변경을 단지 증보하는 형식의 속대전으로 하는 것 등이 그러한 이유에서이다. 이에 대하여, 軟性헌법*flexible constitution*은 헌법이 성문헌법의 형식이 아니라 헌법률 등 불문헌법의 형식으로 존재하는 경우에 그 같은 헌법의 성립의 양태와 같은 규범적 형식의 개정절차로 개정되어도 헌법의 계속성은 존재하는 헌법이다.

경성헌법과 연성헌법 경성헌법은 법률개정[한국헌법의 경우에는 재적국회의원 과반수출석과 출석의원 과반수찬성(제49조)]보다 가중적 개정절차[재적국회의원 3분의 2 이상의 찬성(제130조 제1항)]를 정한 헌법이다. 연성헌법은 불문헌법 국가인 영국[Magna Carta, 인신보호법(Habeas Corpus Act 1679.5.27.)], 뉴질랜드[(1947년 영국에서 독립한 New Zealand Constitution Act, Imperial Laws' Application Act, 1988 등 행정·입법·사법권의 설치·조직법률의 총체적 역사적 규범] 등에서 그 성립과 같은 형식의 규범변경의 절차를 거치는 헌법이다. 경성헌법 내지 그 분류는 그것이 성문헌법전의 형식을 가졌느냐의 문제인 것이지, 연성헌법이라 해서 헌법의 계속성이 쉽게 변질되게 하는 규범의 성격을 갖는 것은 아니며, 반대로 경성헌법이라 해서 당연히 헌법의 계속성이 보장되는 것은 아니다.

3.3 헌법의 형식성과 실체성–형식상 헌법·실질상헌법

형식상 헌법은 성문의 헌법전인 형식적 의미의 헌법에 규정되기는 하지만 국민의 권리나 국가의 권력 내지 사회세력 등에 관계없는 내용을 정한 헌법이다. 이에 대하여, 실질상 헌법은 성문헌법전이 아닌 법률 또는 명령 등의 규범의 형식으로 국민의 권리의 보장이나 국가권력의 구성·조직·제한 또는 사회세력 등에 관한 헌법의 실질적 내용 즉 실질적 의미의 헌법을 규정한 규범으로서의 헌법이다. 이를 헌법부속법령이라고도 한다.

형식상 헌법과 실질상 헌법 형식헌법은 스위스연방헌법(1893.8.20.)의 도살屠殺규정, 독일바이마르헌법의 풍치風致규정, 미합중국수정헌법의 금주禁酒규정, 벨기에헌법의 선혼인후거례先婚姻後擧禮규정 등이다.■ 실질헌법인 헌법부속법령은 국가권력에 관한 국회법, 정부조직법, 법원조직법, 헌법재판소법 등과 국민권리 등을 정하는 민법, 형법 등이 있다(헌재 2004.10.21. 2004헌마554등).

■ 스위스헌법 제25조 제2항 '식육동물의 출혈전 마취 없는 도살은 명백히 금지된다'(식육동물 도축屠畜 아닌 잔혹한 도살屠殺 금지); 바이마르헌법 제150조 '미술·역사·자연의 기념물과 명승·풍경은 국가의 보호를 받는다'.; 미합중국수정헌법 제18조 제1항(1919.1.16.비준) '합중국 내와 그 관할에 속하는 모든 영토 내에서 음용 할 목적으로 주류를 양조, 판매 또는 운송하거나 합중국에서 이를 수입 또는 수출하는 것을 금지한다.' 제21조(1933.12.5.비준) '미합중국수정헌법 제18조는 이에 의해 폐지된다.' 제18조 금주조항 *Prohibition of Intoxicating Liquors*에 따라 1919.10.28. 제정된 전미금주법*National Prohibition Act* 즉 주류양조·판매·운반·수출입을 금지한 볼스테드*Volstead*법은 1966년 해제되고 주류가격급등과 유사 술로 인한 건강 손상, 형벌을 감수한 密酒 제조로 부를 축적한 갱단 알 카포네*Al Capone 1899.1.17~1947.1.25.* 등에 의해서 헌법의 실효규범성의 성격에 손상을 가져왔다.; 벨기에헌법 제16조 2문 '민법상 혼인은 혼인식보다 선행하여야 한다'(혼인식은 교회예식으로 한다).

[二] 대한민국헌법

1. 대한민국헌법의 본질

1.1 대한민국헌법과 규범질서

1.1.1 대한민국헌법의 의의

대한민국헌법은 3·1운동으로 건립된 대한민국임시정부의 법통과 불의에 항거한 4·19민주이념을 계승한 대한국민이 헌법제정의 주체로서 제정되었음을 연혁으로서 선언하고 자유·법치·시장의 헌법이념을 확인함으로써 우리들과 자손의 자유·안전·행복의 헌법정신을 확보하는 목적으로 제정한 대한민국의 최고규범이다. 대한민국헌법은 '전문', '본문'[제1장 총강(제1조~제9조), 제2장 국민의 권리와 의무(제10조~제39조), 제3장 국회(제40조~제65조), 제4장 정부(제66조~제100조), 제5장 법원(제101조~제110조), 제6장 헌법재판소(제111조~제113조), 제7장 선거관리(제114조~제116조), 제8장 지방자치(제117조~제118조), 제9장 경제(제119조~제127조), 제10장 헌법개정(제128조~제130조)], '부칙'[제1조~제6조]으로 구성된다.

1.1.2 대한민국헌법의 역사성

대한민국헌법은 일제시대(1910.8.29~ 1945.8.15.)에서 해방된 대한국민이 미군정기(1945.8.15.~ 1948.7.16.)에서 행한 선거로(1948. 5.10.) 구성한 제헌국회에서 제정한 제헌헌법(1948.7.12.제정· 7.17.공포)으로 대한민국을 건국하고(1948. 7.17.) 대한민국 정부를 수립하여(1948. 8.15.) 유엔 국제연합에 의하여 국제적 승인을 받아 독립국가로 설 수 있게 하면서, 현행 제9차개정헌법(1987.10.2.공포 1988.2.25.시행)에 계승되는 등으로 70여년의 역사성을 지닌 규범질서다.

일제해방과 대한민국건국과 유일합법정부 1945년 8월 15일 日帝일본제국이 연합국에 무조건 항복하여 조선의 백성은 일제 36년 강점의 식민 지배에서 해방되나 주권국가로서의 건국과 광복은 과제가 된다('대한민국 임시정부' *1919~1945*는 장제스蔣介石의 중화민국정부 등 어느 나라나 국제기구도 법적 승인을 하지 않아 臨政 要人이라는 개별자격으로 귀국). 미국·영국·중국·소련 연합국은 1943년 11월 카이로회담 '세계대전 전후처리 방안'에서 한국을 '적절한 시점에 독립시킨다'는 원칙에 합의하고 테헤란, 얄타, 포츠담 회담 등에서 재확인하였으나, 북위 38도선을 경계선으로 남북으로 분할 진주한 미·소의 군사점령상태에서 1945년 12월 미국·영국·소련의 모스크바 3상회의 합의이행 관련 미·소 공동위원회*1946~47년*가 결렬되자, 1947년 11월 14일 유엔총회는 '한국의 독립문제'*(The Problem of the Independence of Korea)* 라는 총회결의 제112호 '유엔 감시하에 인구비례에 입각한 자유 총선거를 통한 정부수립'을 결의하나 소련과 공산주의자들이 이를 거부하고 '유엔한국임시위원단'의 북한 入境을 불허하자, 1948년 2월 27일 프랑스 파리 유엔 '소총회'에서 "우선 유엔 감시가 가능한 지역에서 선거를 실시하여 정부를 수립한다"는 결의에 따른, 한반도 38도선 이남지역에서 1948년 5월 10일 총선거로 구성된 '제헌국회'가 7월 17일 '대한민국헌법'을 제정, 공포하여 대한민국이 건국한다. 미군정의 조선인민대표 선거공고*3.1.*→5·10선거 제헌국회의원*198인* 선출→국회선임 전형위원道별 1인씩 10인이 헌법기초위원회위원30인 선임*5.31.*, 헌법기초위원회 구성*6.1.*→양원제·의원내각제 초안*6.3~22 16차회의* 본회의제출*6.23.*→李承晩국회의장의 확정 단원제·대통령제 헌법안, 제헌의회 만장일치*160인* 의결·공포*7.12.7.17.*(제1호헌법, 제헌헌법, 건국헌법)→이승만 초대 대통령 선출*7.20.*(국회의원 186명 출석, 180표 획득)→8.15. 대한민국정부 수립·선포(제1호법률 정부조직법) 등의 과정을 거쳤다. 대한민국의 건국헌법에 의거하여 선출된 이승만 초대 대통령은 1948년 8월 15일 대한민국 정부 수립을 선포한다. 1948년 9월 9일 북한지역 평양에서는 공산주의자들이 '조선민주주의인민공화국'이라는 '정부' 수립을 선포하나, 국제연합(United Nations: UN) 총회는 1948년 12월 12일 '한국의 독립 문제'라는 총회 결의 제195-III호를 통하여, '대한민국'만이 '한반도에 존재하는 유일한 합법 정부'라 선포했다.■ 북한지역에 수립된 이른바 '조선민주주의인민공화국'은 '불법정부'임을 분명히 한 것이다.

■ 총회 결의 제195-III호 '한국의 독립 문제' 결의문 제2항 "한반도에서 대다수(전체 한국인의 2/3)의 인구가 거주하고 유엔임시위원회가 감시하고 자문할 수 있었던 지역에 대하여 유효한 관할권을 행사하는 (대한민국이라는)합법적 정부가 수립되었다"고 선언하면서 "이 정부는 유엔 임시위원단의 감시 하에 이루어진 해당 지역 유권자들의 자유의사의 정당한 표현인 선거를 통하여 수립된 정부"이기 때문에 이 정부는 "한반도에 존재하는 유일한 합법 정부('그 같은 유일한 정부')" *United Nations General Assembly declares that there has been established a lawful government (the Republic of Korea) having effective control and jurisdiction over that part of Korea where the Temporary Commission was able to observe and consult and in which the great majority of the people of all Korea reside; that this Government is based on elections which were a valid expression of the free will of the electorate of that part of Korea and which were observed by the Temporary Commission; and that this is the only such Government in Korea.*

대한민국과 유일합법정부 국제연합(United Nations: UN) 총회는 1948년 12월 12일 '한국의 독립 문제'라는 총회 결의 제195-III호 ④의 (a) 및 (c)항 '한반도의 통일'과 '군대의 통합'에서 "1947년 11월 14일자 총회 결의 제112-II호에 명시된 원칙에 따라서 국제연합임시한국위원회의 감시와 자문 하에 모든 한국인들의 자유롭게 표시된 의사에 기초한 대의제 정부를 실현시키는 방법으로 이룩하라" 함으로써 분단된 한반도 통일은 "유엔 감시 하에 실시되는 자유선거를 통하여 완성할 것"을 명시했다(대한민국이 1948년 5월 10일의 제헌국회의원 선거 때 "북한 지역에서 앞으로 선출될 의원용으로 100석의 의석을 공석으로 남겨 두었던 것"이나 1963년 박정희 대통령의 '6·23 선언' 때까지 "유엔 감시 하에 실시되는 북한 지역에서의 자유선거"를 정부의 공식 통일방안으로 했던 것은 국제연합총회결의 제195-III호 ④항에 토대를 둔 것이었다). ⑨항은 "국제연합 회원국과 그 밖의 다른 국가들이 앞으로 대한민국과 외교관계를 수립할 때는 대한민국을 한반도의 유일 합법 정부로 선포한 결의 ②항의 내용을 반드시 고려하도록 권고한다"고 명시하였다. 대한민국을 유일 합법정부로 인정한 국제연합에는 1991년 9월 18일에서야 가입이 발효되었다. '국제연합헌장 및 국제사법재판소규정'*Charter of the United Nations and Statute of the International Court of Justice*(UN, ICJ) 발효일 1991.9.18 다자조약, 제1059호, 1991.9.24.

1.1.3 대한민국헌법의 규범성

대한민국헌법은 한반도에서의 역사적 전통적으로 형성된 공동체의 최고규범으로서 대한민국이라는 국가의 정통성과 헌법의 정체성을 표상하는 근본규범이다. 대한민국헌법은 자유민주주의·시장경제질서·입헌법치주의 헌법이념을 대한민국의 국체·정체를 이루는 규범질서로 본다.

1.2 대한민국헌법의 전문

1.2.1 헌법전문 및 대한민국헌법전문의 의의

헌법전문은 법규범의 일반적 규범의 형식인 조문의 형태가 아닌 문장 형식을 이루는 헌법구성규범이다. 전문은 근대국민국가의 정통성과 정체성의 입헌주의와 개별국가의 국체·정체를 규범화한다. 한국헌법전문은 '1948년 7월 12일에 제정되고 8차에 걸쳐 개정된 헌법을 이제 국회의 의결을 거쳐 국민투표에 의하여 개정한다' 하여 부칙 6개 조항과 함께 제헌헌법 이후 현행헌법에 이르기까지 헌법의 동일성과 연속성의 역사적 규범성을 갖는다. 대한민국헌법의 역사적 규범성에서 현재 효력이 있는 헌법으로서의 규범력을 갖는 것은 오로지 '현행헌법'이다(헌재 2013.3.21. 2010헌바132등).

헌법전문 헌법전문은 헌법구성규범이다[제헌헌법1948 등 역대 헌법, 미합중국헌법1787(우리들 합중국국민은 완벽한 연방을 형성하고 정의를 확립하며 국내안녕을 보장하고 공동방위를 도모하며 전 인민의 복리를 증진하고 우리 현 세대와 후손들에게 자유의 축복을 확보하기 위하여 아메리카합중국헌법을 제정한다), 바이마르공화국헌법1919, 독일기본법1949, 프랑스제4, 5공화국헌법1946, 1958, 일본국헌법1946 등]. 법률 제정시 公布文(헌법개정·법률·조약 및 대통령령의 공포문), 公告文(헌법개정안·예산 및 예산 외 국고부담계약의 공고문) 등에 붙이는 전문(법령등공포에관한법률 제2조)은 그 본문인 법률규범의 구성부분이 아니다(예산 및 예산 외 국고부담계약 공고문의 전문에는 국회의 의결을 받은 사실을 적고, 대통령이 서명한 후 대통령인을 찍고 그 공고일을 명기하여 국무총리와 관계 국무위원이 부서하여야 한다. 법령등공포에관한법률 제8조).

1.2.2 대한민국헌법 전문의 재판규범성

대한민국헌법 전문의 규범성에 대해서, 헌법전문은 법규범의 일반적 구조를 이루는 가언명제 형식의 중층구조인 조문의 형식이 아니라 문장이라는 정언명제 형식의 단층구조이지만, 헌법제정의 역사성과 국민적 결단의 규범화인 점에서, 단순한 선언문에 그치지 아니하고 법으로서의 규범력을 갖는다. 다만, 보통 법규범은 행위규범과 강제규범 즉 수권규범과 재판규범이 가언의 중층구조를 이루는 복합규범인지만, 헌법전문의 규범성에 대해서는, 일단 헌법소송이 계속된 경우의 재판규범성을 갖지만, 국민 개개인에게 행위규범성으로서 권리를 부여하는 수권규범성은 갖지 못한다. 그리하여 통일정신, 국민주권원리 등 헌법의 이념적, 역사적 기초에 기하여 곧바로 국민의 개별적 기본권을 도출해 내기는 어려우며, 헌법전문의 헌법정신에 반한다는 점만으로는 헌법전문에 기초하여 국민개개인에게 헌법상 권리가 부여될 수 없기에 기본권이 현실적으로 침해되었다 볼 수 없다(헌재 2008.11.27. 2008헌마517).

헌법전문의 재판규범성 (중국동포는 일반적으로 중국국적을 가진 외국인으로서 대한민국과 이중국적을 갖고 있었다면 국적법상 국적선택·판정 기회가 주어진 것으로 볼 수 있기에, 중국동포들의 역사적 특수성을 감안하여, 대한민국국적 및 국내입국과 관련하여 입법적·행정적 고려를 할 수는 있으나, 고도의 정치적 판단 및 국가간 합의를 요하는 조약체결의 성격에 비추어)헌법전문 '대한민국임시정부 법통의 계승', (제2조 제2항 '재외국민 보호의무' 규정)이 (특수한 국적상황에 처해 있는 자들의 이중국적 해소 또는 국적선택을 위한)조약을 우리 정부가 중국과 체결할 의무 또는 특별법 제정의무를 명시적으로 위임한 것이라 볼 수 없다(그 밖의 헌법규정으로부터 그 같은 해석을 도출해 낼 수 없다)(헌재 2006.3.30. 2003헌마806). 헌법은 국가유공자 인정에 관하여 명문규정을 두고 있지 않으나, 전문에서 '3.1운동으로 건립된 대한민국임시정부의 법통을 계승'한다고 선언하기에, 국가는 일제로부터 조국의 자주독립을 위하여 공헌한 독립유공자와 그 유족에 대하여 응분의 예우를 하여야 할 헌법적 의무를 진다(헌재 2005.6.30. 2004헌마859).

1.2.3 대한민국헌법 전문의 기본권규범성

대한민국헌법 전문은 공동체의 객관적 가치질서로서의 기본권규범성을 갖는다. 예컨대 헌법전문의 3.1정신은 한국헌법의 연혁적·이념적 기초로서 헌법이나 법률해석에서의 해석기준으로 작용한다. 다만, 헌법전문에 기하여 곧바로 국민개개인에게 주관적 권리가 부여되는 창설적 규범성은 갖지 못한다. 즉 국민이 헌법소원심판을 청구하여 구제받을 수 있는 '헌법상 보장된 기본권'을 창설하는 수권규범성은 갖지 못하는(헌재 2001.3.21. 99헌마139등), 한정적 기본권규범성이다.

헌법전문과 기본권규범성 헌법전문에 근거하여 기본권판단을 한 결정으로서 예컨대, 일본제국주의에 저항한 3·1운동의 헌법 이념을 구현하기 위한 일제로부터 작위를 받거나 계승한 자를 그 재산이 국가에 귀속되는 대상이 되는 친일반민족행위자로 정한 '친일반민족행위자 재산의 국가귀속에 관한 특별법'은 합헌이다(친일 정도가 중대한 경우에 한정되어 소급입법금지, 과잉금지원칙에 반하는 재산권침해가 아니다)(헌재 2013.7.25. 2012헌가1). 또한 친일재산보장 자체가 정의 관념에 반하므로 러·일전쟁 개전시부터 1945.8.15.까지 친일반민족행위자가 취득한 재산을 친일행위대가로 취득한 재산으로 추정하는 '친일반민족행위자재산의국가귀속에관한특별법'은 합헌이다(귀속대상을 사안이 중대하고 범위가 명백한 친일재산으로 한정하므로 평등의 원칙에 반하지 않는다)(헌재 2011.3.31. 2008헌바141등).

1.3 대한민국헌법의 부칙

대한민국헌법 부칙은 헌법전문과 함께 제헌헌법 이후 현행헌법에 이르기까지의 규범지속효로서(헌재 1989.12.18. 89헌마32등) 헌법의 시·공간성과 역사적 승계성을 규정한다. 헌법규범은 시공간적 제한성을 가지므로, '6·25전쟁이 끝나 … 정권이 수차례 바뀌면서 당시의 기본권 침해사태를 야기한 국가권력은 소멸'한 것이 되어서(헌재 2015.10.21. 2014헌마456), 현행헌법의 규범력은 미치지 못한다. 또한 헌법의 역사적 승계성에 의하여, 현재 규범을 기준으로 과거에 이루어진 사법적 판단에 대한 재차의 재단裁斷은 국가전체의 법적 안정성이 무너지지 않도록 법치주의원칙을 지켜야 한다(헌재 2016.4.28. 2013헌바396).

헌법의 시·공간성과 역사적 승계성 헌법의 시공간성에 대하여(근대헌법사에서 특정목적을 헌법의 시한성으로 규정하는 경우는 드문데), 유신헌법(제4공화국헌법)은 조국의 평화적 통일이라는 목적을 시한성으로 정한다(한태연, 『헌법학』(법문사 1973), 52면). 헌법재판소는, '이미 폐기된 유신헌법에 따른 긴급조치들의 위헌여부판단은 (유신헌법 일부조항과 긴급조치 등이 기본권을 과도하게 침해하고 자유민주적 기본질서를 훼손한다는 반성에 기초하여)헌법개정을 결단한 주권자인 국민의 의사와 기본권 강화·확대라는 헌법의 역사성에 반하는 것으로 허용할 수 없고, (긴급조치에 대한 사법심사를 배제한 (유신)헌법 제53조 제4항은 입헌주의의 중대한 예외로서)현행헌법이 승계하지 않았기에(긴급재정경제명령·긴급명령에 관한 규정(제76조)에서 사법심사배제 규정을 삭제하여 제소금지조항을 승계하지 않아)위헌성을 다툴 수 있어, 긴급조치들의 위헌성을 심사하는 준거규범은 유신헌법이 아니라 현행헌법이다'(헌재 2013.3.21. 2010헌바132등) 하여 헌법의 '위헌적' 연속성은 부인한다. 반면, '민법의 제정·시행으로 이미 폐지된 구 관습법에 대한 역사적 평가를 넘어 현행헌법을 기준으로 소급적으로 그 효력을 모두 부인할 경우 … 구 관습법 적용을 기초로 순차 형성된 무수한 법률관계를 불안정하게 함으로써 국가전체의 법적 안정성이 무너지는 결과를 초래할 수도 있다'(헌재 2016.4.28. 2013헌바396) 하여 법치국가적 안정성에 따르는 헌법의 '합헌적' 연속성은 인정한다.

2. 대한민국헌법의 최고규범성

2.1 헌법의 형식적 최고규범성

대한민국헌법은 최고규범성을 갖는다. 헌법의 최고규범성은 헌법이 법규범으로서의 규범적 강제력인 강제규범성을 갖도록 하는 규범력이다. 최고규범성에는 헌법이 규범으로 형식화된 성문헌법 즉 헌법전이라는 헌법의 형식이 실정법규범의 단계구조에서 최상위에 존재하는 규범으로서의 효력을 갖는다 하는 형식적 최고규범성과, 헌법이 그 규범 자체로서 귀속을 받는 최상위의 규범적 효력을 갖는다 하는 실질적 최고규범성이 있다. 헌법의 형식적 최고규범성은, 헌법은 규범으로서의 존재와 효력에서 헌법·법률·명령 등으로 이루어지는 규범의 계층·단계구조의 위계적 질서에서 최상위 단계에 존재하는 규범성을 갖는다 하는 것이다. 한국헌법은 스스로 최고규범성을 정한 명문규정(예컨대 1787년 미합중국헌법 제6조 제2항 This constitution, …, shall be the supreme law of the land, 1946년 일본국헌법 제98조 제1항 등)은 갖고 있지는 아니하나, 헌법전이라는 성문헌법에 부여되는 형식적 최고규범성을 확인하는 규정들을 갖는다. 입법권은 국회(제40조), 행정권은 대통령이 수반인 정부(제66조 제4항), 사법권 및 헌법재판권은 법원 및 헌법재판소(제101조 제1항, 제111조 제1항), 지방자치권은 지방자치단체(제8장) 등에 귀속시키고, 이들 기관이 제정한 법률-명령-규칙-조례 등의 규범이 최고규범으로서의 헌법적 권원과 정당성을 갖는다 하는 헌법의 규정들이 그러하다.

2.2 헌법의 실질적 최고규범성

한국헌법은 실질적 최고규범성을 갖는다. 헌법의 실질적 최고규범성은 헌법을 정점으로 하는 규범체계에서 국가의 모든 규범질서가 통일적 가치체계로서 정돈되도록 하는 시원적 규범질서로서 국가에서의 모든 권력작용에 대한 정당화 규범으로서의 성격이다. 헌법은 국민의 근본결단인 헌법제정권력에서 나온 시원적 규범질서로서의 법규범이기에, 헌법을 헌법제정권력자의 근본결단인 '절대적 헌법' 즉 헌법*Verfassung*과 부수결단인 '상대적 헌법' 즉 헌법률*Verfassungsgesetz*을 구분하면(카를 슈미트 C.Schmitt), 절대적 헌법인 헌법*Verfassung*은 근본결단이 투영된 규범으로서 실질적 최고성을 갖는다. 헌법의 실질적 최고규범성은 국민의 기본권 보장규범성과 국가의 권력의 귀속(구성·조직) · 통제(작용·제한) 규범성으로 실현된다. 헌법이 실질적 최고규범성을 갖는다 하더라도, 헌정현실에서는 헌법이 법률 등의 실정법규범에 비하여 갖는 추상성 · 미완성성 · 역사적 이념성 등의 특성에 의하여 변용됨으로써 개별국가적 적합성을 갖는다. 한국헌법의 실질적 최고규범성도 헌법의 제정 · 개정권력을 국민에 귀속시키는 시원헌법성(헌법전문, 제1조 제2항, 제130조), 시원헌법으로 제정된 헌법전으로서 최고규범성이 귀속되는 성문헌법의 특정규정이 다른 규정의 효력을 부인할 수 있는 차등적 가치 · 효력의 부인(헌재 1995.12.28. 95헌바3)과 헌법개별규정에 대한 위헌심사의 부인(헌재 2001.2.22. 2000헌바38), 국내법규범(법률)과 국제법규범(조약)의 위에 존재하는 상위헌법성(제6조 제1항), 헌법개정에 법률개정보다 가중절차를 두는 경성헌법성(제128조~제130조), 헌법재판인 규범통제(제111조 제1항 제1호 위헌법률심사, 제107조 위헌위법명령규칙심사) · 탄핵(제65조) 등 헌법을 재판규범으로 하는 통제헌법성, 헌법개정에 법령지속효를 주는(부칙 제5조) 역사헌법성 등에서 규범적으로 존재한다.

규범계층구조의 근본규범, 근본결단과 헌법의 최고규범성 한스 켈젠(H.Kelsen 1881.10.11.~1973.4.19.) 법단계론*Stufentheorie des Rechts*의 규범계층론은 국가법규범의 최상위규범인 '실정법적 의미의 헌법'*Verfassung im positivrechtlichen Sinne*의 하위규범으로서 일반법규범[헌법*Verfassung*, 법률*Gesetz*, 명령*Verordnung*], 개별법규범[재판판결*Rechtsprechung*, 행정처분*Verfügung*]을 들어 헌법의 형식적 최고규범성을 논증한다(*Reine Rechtslehre*, 2.Aufl., 1960, S.196ff., 228ff).[6] 켈젠이 국가법규범의 실정법질서 '밖에 설정한' 법논리적 의미의 헌법*Verfassung im rechtslogischen Sinne*인 근본규범*Grundnorm*은 국가법 규범의 연원, 실정법규범의 타당성의 시원이 되는 규범이며 자연법이 아니다. 카를 슈미트*C.Schmitt*는 헌법을 헌법제정권력자의 근본결단인 '절대적 헌법' 즉 헌법*Verfassung*과 부수결단인 '상대적 헌법' 즉 헌법률*Verfassungsgesetz*을 구분한다. 이때 절대적 헌법, 헌법*Verfassung*은 근본결단이 투영된 최고성을 갖는다. 한 나라의 성문헌법은 국민의 근본결단에 근거한다고 하는 바, 이 같은 논리가 헌법의 실질적 최고규범성에 대한 논증이 된다.

2.3 대한민국헌법의 헌법정신

2.3.1 헌법정신의 의의

헌법정신은 헌법의 제정목적, 국가권력의 발동취지, 관련규범과의 관계 등을 종합적으로 고려하여 체계적이고 모순 없는 해석을 통해 권력과 규범의 한정적 파악을 가능하게 하는(헌재 2018.7.26. 2016헌바139), '헌법'*Constitution, Verfassung*, '국가'*Staat, State* 그 자체의 國憲이라 할 것이다. 헌법과 국가의 국헌으로서의 헌법정신은 국가의 정통성인 국체, 국체가 구현하는 헌법의 정체성인 정체를 헌법이념으로 삼는 국가의 혼이며, 그 혼의 중심에는 '존엄한 인간'이 있다. 헌법정신은 근대국민국가의 입헌주의헌법에 내재하는 기본원리가 구현된 전체 법체계인 '헌법' 및 이를 개개 개별국가에서 구체화하는 '성문헌법'의 헌법규정(전문, 본문 130조, 부칙6조)에서 정립되어 존재하게 되는 헌법질서이다(헌재 2000.8.31. 97헌가12).

2.3.2 헌법정신의 규범적 기능

헌법정신을 헌법에서 실현하는 헌법이념은 헌법규정을 비롯한 모든 법령해석의 기준이 되고, 입법형성권 행사의 한계와 정책결정의 방향을 제시하며, 모든 국가기관과 국민이 존중하고 지켜가야 하는 최고의 가치규범이 된다(헌재 2013.3.21. 2010헌바132). 즉 국가의 모든 권력은 헌법규정에 정면으로 위반되지 않아야 함은 물론 헌법정신에도 합당하여야 한다(헌재 2018.7.26. 2016헌마260). 그것이 국헌적 질서를 이룬다.

2.3.3 대한민국헌법의 헌법정신

대한민국의 헌법정신은 국가정통성을 이루는 민주공화국과 자본주의의 국체, 헌법정체성을 이루는 자유민주주의・입헌법치주의・시장경제질서의 정체로 구성되는 대한민국의 헌법국가성이다. 민주공화국의 국체는 자유민주주의・입헌법치주의로 실현되는 자유민주적 공화질서, 자본주의의 국체는 시장경제질서로 실현되는 자본주의적 시장질서의 헌법이념・헌법원리・국가목적 등의 헌법질서로서 실현되어 국민의 기본권의 기초가 된다. 대한민국의 헌법정신인 국체와 정체의 국헌적 헌법질서는 민주공화국의 권력제도(권력분립주의・정부형태・공직제도)・자유민주정(국민주권・대의정)의 정치제도(선거・대표, 정당・정치자금, 시민사회)・국가정통성의 헌정제도(지방자치・평화국가, 국가통일) 등의 헌법제도로 실현된다.

3. 대한민국헌법의 규범학

한국헌법학은 대한민국임시정부 헌법의 경험에도 불구하고, 해방 후 제헌헌법 제정의 과정에서 일본유학파・고등문관시험합격자・경성제국대학파 등 明治헌법적 국가관에 터 잡은[7] 계관桂冠헌법학, 1960년대 서구헌법・헌정의 몰국가적 추상화의 보편성을 지향한 강단講壇헌법학, 1970년대 유럽 특히 독일헌법이론 학습파의 유사자유주의 계수繼受헌법학, 계관헌법학의 권력추수적 변용인 구체적 질서의 특수성을 추수追隨한 神話헌법학[8] 등 敎條헌법학에서 국가 정통성과 헌법 정체성을 확인하고 정돈하는[9] 一般憲法學으로 발전하는 과정이었다. 本書는 국헌학의 이름으로 이를 담았다.

한국헌법학 兪鎭午, 『憲法解義』(一潮閣 檀紀4292); 동, 『憲法基礎回顧錄』(一潮閣 1980); 尹世昌, 『新憲法』(日新社 檀紀4293); 李坰鎬, 『新憲法要法要論**改正憲法解說**』(一韓圖書出版社 檀紀4293); 李昌洙, 『大韓民國憲法大意』(東亞印刷館 檀紀4286); 金千洙, 『新憲法大要』(首都文化社 檀紀4288, 4293); 韓泰淵, 『憲法學』(陽文社 1955); 동, 『新憲法』(法文社 檀紀4293); 동, 『憲法學』(法文社1973); 朴一慶, 『革命政府와 憲法』(進明文化社 檀紀4294); 동, 『新憲法解義』(進明文化社 1964); 文鴻柱, 『韓國憲法』(法文社 1964); 동, 『韓國憲法』(海岩社 1973); 韓東燮, 『憲法』(博英社 1970); 金箕範, 『憲法講義』(敎文社 1970) 등. 大韓民國國會, 『憲法改正審議錄』; 『韓國憲法史(上)』(한국정신문화연구원 1988); 韓泰淵, 『한국헌법사서설』; 金孝全, 『근대국가의 성립과 좌절』; 金範柱, 『대한민국임시정부헌법사』; 文光三, 『미군정기헌법사』; 葛奉根, 「제헌헌법의 기본성격과 그 발전과정」, 『韓國憲法史(下)』(1991); 韓泰淵, 『제2공화국헌법』; 丘秉朔, 『제3공화국헌법사』; 李康爀, 『제4공화국헌법』; 葛奉根, 「제5공화국헌법의 성립과 그 발전과정」. 金哲洙, 『韓國憲法史』(대학출판사 1992); 동, 『憲法改正, 回顧와 展望』(대학출판사 1986); 丘秉朔, 우리나라 공법의 淵源과 근대화, 「고시연구」(1986.1); 韓相範, 『官僚主義와 基本的 人權』(교육과학사 1992); 동, 한국헌법학 40년, 『법학연구』(전북대법학연구소 1989).

[三] 입헌주의헌법

1. 입헌주의헌법의 규범학

1.1 영・미・불・독 근대입헌국가의 입헌주의

입헌주의헌법은 입헌주의국가의 법규범이다. 입헌주의국가는 입헌주의의 시원이면서 근대국민국가의 역사적 입헌정의 모델인 영국, 시민혁명의 주권적 국민국가의 프랑스, 민족적・외견적 입헌국가의 독일을 중심으로 발전하여 왔다. 미국은 국가계약으로 천부인권의 독립국가를 창설하면서 한국, 일본 등의 아시아 국가에 대하여 근대입헌주의헌법의 표준을 계수하도록 하였다.

영국 입헌주의 역사적 입헌정의 규범체계를 제도화한 영국은 불문헌법[헌법률*law of the constitution*· 보통법*common law*의 관습헌법], 의회주권(sovereignty of parliament, parliamentary sovereignty), 법의 지배[*rule of law* 왕도 신과 보통법 아래에 있다]의 대헌장*Magna Carta 1215*→모범의회*Model Parliament 1295*→권리청원*Petition of Rights 1628*→장기의회*Long Parliament 1640*→청교도혁명*Puritan revolution 1640~66*→정체서政體書*Instruments of Government 1653*→왕정복고*1660*→인신보호법*Habeas Corpus Act 1679*→명예혁명[*Glorious Revolution* 국왕 처형 없는 무혈혁명 *1688*]→권리장전*Bill of Rights 1689*→왕위계승법*Act of Settlement 1701*→Scotland연합법*1707*→의원내각제*Robert Walpole* 초대수상 *1721~42*→선거법(선거권확대 *1832*), 국회법(하원우위 *1911, 1949*), 내각법*1937*→최고재판소법*1925*→보통선거제*1928*→Westminster법*1931*→귀족법*1936*→대신법*1937*→선거법*1949*→수상정부제*prime ministerial government*의 내각책임제*cabinet government* 등이 입헌정을 승계하는 불문법제도가 된다.

미국 입헌주의 국가계약의 사회계약에 의한 국가의 건립으로 근대국가의 입헌주의 정체를 제도화한 미국의 입헌주의는 영국 이주민의 버지니아 등 13식민지*Colony* 특허장*Charter 1607*→*Mayflower Compact*[1620.11.20. *Pilgrim Fathers*의 메이플라워호 船上에서의 사회계약, *Plymouth Colony* 에서의 헌법제정]→독립전쟁*1775.4.19.~1783.9.3.*→버지니아권리장전*1776.6.12.* 버지니아헌법*1776.6.29.*→독립선언문*1776.7.4.*→파리평화조약 독립승인*1783.9.3.*→연합규약*Articles of Confederation 1781~1788*→필라델피아 헌법제정회의*1787.5.25.~9.17.* 미합중국헌법 초안 작성·제정*1787.9.17.*, 비준·발효*1787.12.7.~1790.5.29.*→미합중국수정헌법*10개항 1791.12.15.*→양대정당제도*1854*→Abraham Lincoln(1809.2.12.~1865.4.15.제16대 대통령 1861~1865)의 노예해방선언*Emancipation Proclamation 1863.1.1.*→보통선거제 확립*1920.* 등의 입헌정체 제도에 이어진다. '조지 워싱턴'(*George Washington* 1732.2.22.~1799.12.14. 초대 대통령 1789.4.30.~1797.3.3 .미독립전쟁 사령관)과 '라파예트'(*Marquis de Lafayette* 1757.9.6.~1834.5.20. 1776년 미국독립전쟁, 1789년 프랑스혁명이라는 '두 세계의 영웅'*Le Héros des Deux Mondes*의 별칭을 받는다)의 초상화가 하원 의사당 의장석 뒤 오른쪽에 위싱턴, 왼쪽에 라파예트가 걸린다. 또한 의사당 중앙에는 국가를 상징하는 '파스케스'*fasces*가 새겨져 있다.

프랑스 입헌주의 시민혁명의 프랑스대혁명으로 주권적 국민국가를 수립한 입헌주의인 프랑스는 1789년 인간과시민의권리선언→1791.9.혁명헌법→1793.1.왕정폐지와 제1공화정→1793.2.지롱드Gironde헌법→1793.6.산악당*Montagnard*헌법→1795년 집정관헌법→1799년 통령헌법→제1공화국*1793~1804* 자코뱅*Jacobin*정권→1804년 제1제정헌법, 제1제정*1804~1814* 나폴레옹1세 황제→1814년 루이18세 흠정헌장→제한군주 제*1814~1848* 왕정복고→1815년 나폴레옹 100일천하→1830.7.왕정헌장*Charte*→(1830년 네덜란드에서 독립한 벨기에 1831년 헌법)→7월혁명→2월혁명의 제2공화국*1848~1852*→제2제정*1852~1875*루이나폴레옹 3세→제3공화국*1875~1940*헌법 왕당파·공화파타협의 공화정, 국민주권·대표정, 공권력조직법률*1875.2.15.*, 원로원조직법률*1875.2.24.*, 공권력관계법률*1875.7.16.*→Vichy*1940~1945* 친나치정권→제4공화국헌법*1946~1958*→제5공화국*1958~*드골헌법 등으로 국민의 주권에 의한 입헌정체의 제도를 헌정화하여 왔다. 프랑스헌법은 ① 1791년헌법*Constitution Française de 3 Septembre 1791* ② 1793년헌법*Acte Constitutionelle du 24 Juin 1793 et déclaration des droits de l' homme et du citoyen* ③ 1795년헌법*Constitution de la République Française du Fructidor An-22 Août 1975* ④ 1799년헌법*Constitution de la République Française du 22 Frimaire An VIII-13 Décembre 1799* ⑤ 1814년헌법*Charte Constitutionelle du 4 Juin 1814* ⑥ 1830년헌법*Charte Constitutionelle du 14 Août 1830* ⑦ 1848년헌법*Constitution de la Ré publique Française du 4 Novembre 1848* ⑧ 1852년헌법*Constitution du 14 Janvier 1852* ⑨ 1870년헌법*Sénatus consulte fixant la Constitution de l' Empire* ⑩ 1875년헌법 공권력 조직에 관한 법률*Loi du 25 Février 1875, relative l' organisation des pouvoirs publics* 원로원 조직에 관한 법률*Loi du 24 Février 1875, relative l' organisation du Sénat* 공권력 관계에 관한 헌법률*Loi constitutionelle du 16 Juillet 1875, sur les rapports des pouvoirs publics* ⑪ 1946년헌법*Constitution de la République Française du 27 Octobre 1946* ⑫ 1958년헌법*Constitution de la République Française du 28 Septembre 1958* 등의 연속성과 승계성을 갖는다.

독일 입헌주의 독일은 신정국가에서 세속적 시민사회 국가로의 진전이 지체되면서 민족적·외견적 입헌주의를 거치면서 입헌주의의 헌정국가로 발전하여 왔다. 신성로마제국 카를 4세(KarlsIV 재위 1347~1378)는 아비뇽 幽囚와 교황의 귀환 후 '금인칙서'金印勅書 *Goldene Bulle*로 국가기본사항을 정하나 막시밀리안개혁법*Reformgesetze Maximilians*, 아우구스부르크종교화의(*Augusburger Religionsfriede* 1555.9.29. 가톨릭·루터주의 간 종교평화규범), 베스트팔렌 강화조약*Westfalische Fride 1807.11.* 같은 장전 외 입헌주의 장전은 보이지 않는다. 프랑스혁명 후 1814년 나폴레옹(*Napoléon* 1769.8.15.~1821.5.5.) 흠정헌법에 영향을 받은 남부독일제국의 헌법 제정과 전쟁 후 빈*Vienna*체제에서 구 보수세력의 독일연맹*Deutscher Bund 1816~1866* 탄압에도 불구하고 19세기 자유주의운동의 독일민족통일과 헌법제정요구는 강력하였다.

일본 입헌주의 후쿠자와 유키치(福澤諭吉 1835.1.10.~1901.2.3.) 西洋事情*1865*은 미합중국헌법을 '律例'라 소개하면서, 카토오 히로유키加藤弘之의 國憲, 根本立法, 朝綱, 原律, 政典, 1873년 미쓰꾸리 린쇼오箕作麟祥의 憲法[小嶋和司, 憲法と憲法典 『(ジュリスト增刊)憲法の爭點·增補』(昭55), 4頁; 石井良助 編/丘集朔 譯, 『日本의 近代化와 制度』(관동출판사 1977), 197면], 明治維新1868.10.23. 후 1882명치15년 明治天皇이 이또 히로부미(伊藤博文 1841.10.16.~1909.10.26.)에 憲法取調人 勅語를 보내 '명치헌법'(대일본제국헌법, 독일제국헌법 모방, 외견적 입헌주의헌법) 제정*1889.2.11.* 발효*1890.11.29.*으로 '헌법' 명칭이 정착되고, 패전 후 현행 '日本國憲法'(맥아더헌법)이 제정*1946.11.3.*·시행*1947.5.3.*된다.

1.2 공산주의-神政的 왕정의 反입헌주의

공산주의 국가에서의 헌법은 입헌주의헌법이 아닌 인민주권의 반입헌주의 정체에 대한 선언적 문서이다. 특히 북한의 전제정적 神政 체제에서의 인민은 臣民이고 수령만 주권자이다. 헌법과 입헌주의헌법의 토양을 이루는 국민공동체 자체가 형성되지 못한 신정공동체이다.

소련헌법, 러시아헌법　소련헌법*1925.5.11.* 제1편 일반원칙 '기본권보장은 노동자·농민의 사회주의국가의 사회구조와 불가분관계에 있다.' 소련헌법*1936.12.5.* 스탈린헌법 제10장 시민의 기본적 권리·의무 등은 사회주의헌법에 영향을 미쳤다. 노농(노동자·농민의 프롤레타리아)주권의 인민민주주의*People's Democracy* 체제의 러시아는 1871년 파리꼼뮌*Commune de Paris*, 帝政러시아의 터키와의 크리미아전쟁*(1853~1856)* 패배, 1860년 농노해방 실패, 1905.2. 제정러시아황제 근위병이 청원하는 노동자, 군중들에게 발포한 피의 일요일, 의회Duma 폐쇄, 1917.3. 부르주아혁명 실패로 노동계층의 지지를 얻은 사회민주당 좌파인 볼셰비키[Bolsheviki, 1898년 G.V.플레하노프를 중심으로 민스크에서 조직된 러시아사회민주노동당은 소련공산당의 전신으로서, 1903년 당조직론 논쟁에서 다수파인 레닌파를 지칭하면서 프롤레타리아독재 등의 혁명방식을 부정하는 소수파인 멘셰비키*Menshevik*에 대칭된 개념이며 공산당의 이름과 같이 되었다. 韓相範, 『헌법이야기』(현암사·1997 초판) 18~19면 참조]의 10월혁명으로 1918.7.10. 러시아사회주의헌법이 제정되어, 근로하고 착취받는 인민의 권리선언*1918.1.4.*을 기초로 삼은 생산수단 국·공유화와 계획경제, 소비에트[soviet: 노농(노동자·농민)평의회] 인민대표자최고회의를 국가최고기관으로 하는 인민민주집중제의 프롤레타리아 일당독재의 '소비에트사회주의연방공화국'이다[*Union of Soviet Socialist Republics, USSR* 1922.12.30. 성립, 1991.12.31. 해체] 헌법(1924.1.21. 헌법, 1936.12.5. 스탈린헌법, 1977.10.7. 브레즈네프 헌법 등).

中華人民共和國憲法　중국은 공산주의 1당지배 인민주권의 반입헌주의의 헌정제도이다. 중국공산당 창건*1921.*, 중화인민공화국 건국*1949.10.1.*, 후 제1기 전국인민대표대회全人代*(1954.9.15.~28.)* 제1회의에서 마오쩌둥毛泽东을 제1대 국가주석으로 선출하고, 中國人民政治協商會議共同綱領(1949.9.29. 전문 7장 60조)의 인민민주주의국가를 계승한 1954.9.20.헌법劉少奇憲法이며 1975.1.17.헌법의 문화대혁명*1966.* 정당화, 1978.3.5.헌법華國鋒憲法의 계급투쟁완화, 1982.12.4.헌법鄧小平 개혁개방헌법의 부분 시장경제에 이은 현행헌법(12.4.헌법기념일)의 중국식 사회주의 법치는 3권분립의 '법에 의한' 통치가 아니라 당 지도의 정당성 확인을 위한 의헌치국依宪治国의 '법을 활용한' 통치, 인맥꽌시关系 인치국人治國에서 법과 계약을 중시하는 의법치국依法治国을 추진한다(2016.1.1.부터 주요 국가공무원 취임시 헌법선서'헌법선서제도 실행에 관한 결정'(제12회 전국인민대표대회 상무위원회 제15차회의 2015.12.).

전국인민대표대회(전인대)　全人大는 최고국가기관이다[22개 省, 자치구, 직할시, 홍콩香港, 마카오澳门, 특별행정구, 인민해방군 선출대표 등 임기 5년(제3기까지 4년) 인민대표자로 구성되어 5년에 한 번씩 개최, 당·국무원(정부) 결정을 추인하는 의사결정기구, 헌법개정권, 법률제정권, 국가주석·부주석 선출·파면권, 국무원총리·위원·부장(장관)인준권, 예산심의·승인권 등의 권한을 갖는다. 전국인민대표대회 상무위원회는 전인대의 약 150명 위원으로 구성된 위원회로 전인대 폐회기간 이를 대표하여 헌법 및 법률 해석 또는 법률 수정 권한을 가진다]. 사회주의 공공재산은 신성불가침이다. 개인의 합법적 사유재산은 침해받지 않는다.(2004.3. 제10기 全人代 제2차회의) 등 제4차수정헌법, 2012.11. 제18차 전인대에서 제12대 국가주석으로 선출된 시진핑習近平, 习近平은 (2018.3.11. 전인대 제13기 제1차회의에서 통과된 제5차수정헌법 서문에 '시진핑 신시대 중국 특색 사회주의 사상'이라는 문구를 명기하고)제79조 제3항 '중화인민공화국 국가주석과 부주석의 임기는 연속으로 두 번을 초과할 수 없다.'(連續任職不得超過兩屆) 하여, 최장 10년 임기(장쩌민江泽民*1993~2003*, 후진타오*2003~2013*) 부분을 삭제, '중화인민공화국 주석과 부주석의 매 임기는 전국인민대표대회의 매 임기와 동일하다.'로 3연임 이상 장기집권이 가능하다.

북한의 반입헌주의 전제적 神政체제　북한은 입헌주의정체가 아닌 전근대적인 전제적 독재정이다. '조선민주주의인민공화국헌법'(인민민주주의헌법 제정 1948.9.8.), '조선민주주의인민공화국사회주의헌법'(제5차개정 1972.12.27.) 등은 주권은 노동자, 농민, 근로인테리와 모든 근로인민에게 있다 하는 프롤레타리아독재(제7차개정 1992.4.9.), 공화국은 당의 영도 밑에 모든 활동을 행한다 하는 일당독재(조선노동당 창건일 1945.10.10.), 근로인민대중의 모든 정치조직들 가운데서 가장 높은 형태의 정치조직(당규약 서문)이라 하면서, 민족대단결 자주평화통일, 사회주의적 생산관계 등의 反입헌주의의 규정인 북한헌법은 제1조에서 '조선노동당규약은 헌법의 상위규범으로 '조선민주주의인민공화국은 조선노동당의 영도 밑에 모든 활동을 전개한다.'고 한다.

1.3 독일의 근대입헌주의 헌법학

독일제국헌법(1871년 비스마르크헌법)의 규범 특히 *私法的* 해석에 의한 법실증주의 헌법학은 독일헌법의 외견화外見化를 더했다.[10] 제1차세계대전(1914.7.28.~1918.11.11.) 이후 신칸트주의 규범실증주의(옐리네크, 켈젠, 캐기 등)는 1919년 바이마르*Weimar*헌정의 헌법을 국가의 법적 기본질서·최고규범으로 보는 규범주의적 헌법의 관념이 정착하게 된다.[11] Weimar공화국의 사회상태에서 수용된 '각파타협안'(interfraktionelles Kompromizprogramm)에 따른 제2편 제1장 개인의 고전적 기본권(Frankfurt헌법을 잇는 제109조~제118조) 외에 토지개혁, 공무원 권리, 교회 재산권, 모성보호, 종교개혁과 결사자유 등이 혼재되었다. 규범주의 헌법 관념과 함께, 헌법을 구체적 현실 권력의 정치적 결단이라는 결단주의(C. Schmitt), 공동체 문화가치의 생활양식이라는 통합주의(R. Smend) 등이 나오나, 제2차세계대전(1939.9.1.~1945.9.2.) 히틀러(Adolf Hitler:1889.4.20.~1945.4.30.) 국가사회주의(Nazism: Nationalsozialismus 1933~45)의 유대인학살 반인륜범죄는 인류애의 자연법질서를 향한 일반헌법학에로 회귀케 한다.

법(규범)실증주의, 결단주의, 통합주의의 헌법학 헌법의 국가학적 관념(민족정신의 표현(역사법학), 이익조정체계(이익법학), 형이상학적 자연법 등)과 달리, 헌법의 국법학적 관념인 법실증주의 헌법학의 켈젠(H.Kelsen, *Allgemeine Staatslehre*, 1925 Neudruck 1966.) 순수법학(*Reine Rechtslehre*, 1934 2Aufl., 1960.)은 국가/사회*Gesellschaft*, 당위*Sollen*/존재*Sein*(현실*Wirklichkeit*)의 분리를 전제로, 헌법은 국가의 '최고규범'*Norm*으로서 그 기계적 집행으로 국가와 법을 규정짓는 규범적 국헌학의 관념을 갖는다. 옐리네크(Georg Jellinek 1851.6.16.~1911.1.12.)는 당위 · 존재의 양면성을 인정하는 철학적 실증주의*philosophischer Positivismus*에서 헌법을 국가의 법적 · 사실적 기본질서로서 본다(*Allgemeine Staatslehre*, 3.Aufl., Berlin, 1921 Neudruck der 3.Aufl., 1960.(1900년 초판)). 옐리네크는 형이상학적 국가이론에서 실증주의적 국가론으로 신칸트학파의 2원론적 방법론으로 법학적 국가론을 체계화하면서, 사회학적 국가개념과 법학적 국가개념을 구별한다(『公權論』 *System der subjektiven öffentlichen Rechte*(1892)). 국가는 법으로부터 독립된 존재인 사실상의 힘으로 법규범을 만들어내는 전제이며, 이렇게 만들어진 법규범은 국가를 구속하므로, 국가는 법적인 권리 · 의무를 지닌 법단체가 된다는 국가의 자기구속이론은, 정치권력자를 법 위에 두는 절대주의적 군권주의를 비판하는 이론이었다. 카를 슈미트(C.Schmitt 1888.7.11.~1985.4.7.) 결단주의 헌법학은, 헌법의 기초를 하나님 권세의 세속화에 타당성과 효력을 갖는 헌법제정권력에 두는 정치신학(*Politische Theologie*, 2.Aufl., 1934), 헌법제정권력의 담지자가 구체적 질서를 결단하여(*Verfassungslehre*, 1928.4.) 제정하는 헌법의 관념에 기초한 국민주권의 헌법학이다.[12] 루돌프 스멘트(Carl Friedrich Rudolf Smend(1882~1975), *Verfassung und Verfassungsrecht* (1928.3.)) 통합주의 헌법학은, 헌법을 국가 · 사회 공동체의 통합을 생활의 현실에서 이루는 지표로 보고, 국가의 활동은 공동체의 통합을 향도嚮導할 수 있도록 하여야 한다는 동태적 국가 이해를 전제로, 헌법의 기계적 집행을 넘어 창조적 적극적 성질을 갖는 헌법해석에 기초하는 헌법학이다. 리트*Th.Litt*, 딜타이(*Wilhelm Dilthey* 1833.11.19.~1911.10.1.), 훗설(Edmund Gustav Albrecht Husserl 1859.4.8.~1938.4.27.) 등 정신과학적 문화 · 사회철학의 현상학과 변증법에 기초한 통합과정의 헌법학이다.[13]

2. 입헌주의헌법의 규범력 – 헌법수호

2.1 헌법수호의 의의

헌법수호는 규범적 헌법제도와 현실적 헌정체제의 보호라고 하는 헌법규범적 성격을 갖는다. 헌법은 헌법정신을 중핵으로 하는 국체와 정체를 규정하는 국가의 근본규범이면서 사회의 자율성을 보장하는 공동체의 최고규범이다. 헌법수호는 헌법의 근본적 최고규범성을 보호하여 헌법의 규범적 효력을 유지토록 함으로써 헌법제도를 보호하는 동시에, 공동체의 헌법이 내포하는 헌법정신으로서의 국가적 정통성과 헌법적 정당성을 실현함으로써 궁극적으로는 헌법제도와 헌정공동체로서의 헌정체제를 수호하여 헌법국가로서의 입헌주의의 헌정제도를 실현하는 국헌적 제도이다.

2.2 헌법수호의 성격 – 헌법제도수호와 헌정체제수호

헌법수호는 헌법제도수호와 헌정체제수호의 성격을 갖는다. 헌법제도수호는 헌법의 최고규범성을 실효적으로 담보하여 규범력을 실현하도록 하는 헌정제도이다. 근대국민국가에서의 입헌주의헌법의 제정 자체가 헌법의 제도적 수호의 성격을 의미하는 것이다. 이같이 입헌주의헌법 규범의 제정 자체로 고유한 국가는 헌법국가가 되면서 헌법이 최고규범으로서 규범력을 갖게 되는 것이 제도보장적 헌법보호로서의 헌법제도수호이다. 헌법수호의 제도보장적 의미는 근대의 입헌주의헌법의 제정 자체가 그 같은 헌법을 갖지 아니한 나라를 헌법국가가 되게 하는 것이며, 나아가 그 같은 입헌주의헌법을 가진 헌법국가야말로 헌법 즉 성문헌법뿐 아니라 헌법이라는 규범의 규범력 특히 헌법의 실질적 최고규범성을 실현할 수 있게 되는 권력통제규범으로서의 상태에 놓이게 하는 것, 그것이 헌법수호의 헌정체제수호적 의미이다. 헌정체제수호적 헌법수호는 국민이 제정한 헌법에서 정한 입헌주의의 헌정체제인 법치국가적 민주주의의 헌정제도를 실현하여 헌법의 규범력을 담보하는 헌법수호적 헌법보호이다. 헌법체제수호는 헌정체제의 이념인 자유민주주의의 수호이지만 그 자유민주주의의 핵심 가치는 바로 헌법인 점에서 동시에 헌법제도수호가 된다.

2.3 헌법수호의 내용 – 사법적 헌법수호와 비사법적 헌법수호

헌법수호는 법원 · 헌법재판소 등의 헌법재판기관이 국가작용에 대하여 규범적으로 실효성 있는 사법적 쟁송절차에 의하여 법치국가를 방어하는 사법적 헌법보호와, 국회·대통령 등 국가기관의 헌법수호선서 등에 의하여 권력을 방어하는 비사법적 정치적 헌법보호가 있다.

사법적 헌법보호와 비사법적 헌법보호 헌법은 헌법재판소의 규범통제(헌법 제6장 제111조 제1항 제1호, 제107조 제1·2항), 탄핵(제111조 제1항 제2호), 정당해산(제3호), 권한쟁의(제4호), 헌법소원(제5호) 심판 등 헌법재판권을 제6장에서 규정하여 제5장 법원의 사법권과 구분한다. 독일기본법(제9장 제92조~제104조)은 같은 장에서 규정한다. 헌법재판소 제도는 오스트리아연방헌법*1919* 이후 이탈리아*1956*, 스페인*1979*, 포르투갈*1982*, 폴란드*1982*, 아시아의 대한민국, 대만(1992 정당의 위헌심사), 태국(1997 법률안의 공포전 사전심사), 남아프리카공화국*1996* 등이 두었다. 한국헌법의 평상시 비사법적 헌법수호는 공무원의 정치적 중립성(제5조 제2항, 제7조 제2항), 대통령의 헌법수호책무·준수선서(제66조, 제69조), 국회의원의 국가이익 우선의무(제46조 제2항), 법관의 헌법복종의무(제103조), 문민통제(제86조 제3항, 제87조 제4항) 등으로 실현된다. 비상시의 사법적 헌법수호는 대통령의 국가긴급권 발동의 사전통제를 제도화하여 위기정부를 입헌정부로 전환한다.

3. 입헌주의헌법의 실효성 – 저항권

3.1 저항권과 입헌주의

3.1.1 근대입헌국가의 저항권

근대의 국민국가에 있어서 입헌주의헌법 제정을 위한 입헌주의의 사상과 근대적 장전은 저항권을 국민의 주권적 권리로서 인정한다. 입헌주의헌법의 저항권 규정은 1776년 미국독립선언(연속되는 폭학과 찬탈의 절대적 폭정으로 압제에 이른 정부를 스스로 폐기하고 안전을 위해 새로운 보장의 조직을 창설하는 것은 권리이고 의무), 1776년 버지니아권리장전 제3조(사회의 다수인은 정부를 개량·변혁하고 폐지할 권리를 가진다), 1789년 인간과시민의권리선언 제2조(모든 정치적 결사의 목적은 인간의 자연적이고 소멸될 수 없는 권리를 보전함에 있다. 그 권리란 자유, 재산, 안전, 압제에의 저항 등), 프랑스 1791년헌법(인간의 자연적이고 시효로 소멸되지 않는 권리로 압제에의 저항이 있다), 프랑스 1793년헌법 제35조(정부가 인민의 권리를 침해할 때 반란은 인민의 권리 중 가장 신성하고 의무 중에서 가장 불가결한 것) 등을 들 수 있다. 근대입헌국가의 헌법 제정 자체가 근대국민국가에 있어서의 시민의 구체제에 대한 저항권의 규범적 산물이다. 이 같은 저항권이 규범으로서의 성문헌법에서도 그 주권성을 유지하면서 국민의 권리로서 인정되기 위해서는 그 시원성을 규범에 의하여 독일의 헌법과 같이 조문으로 포섭될 수 있는 헌법규범적 조건들에 의하여 조문화되어야 할 것이다.

3.1.2 저항권의 규범적 의의

저항권은 헌정질서를 폐제廢除할 정도의 폭력적 힘으로 변질된 정치권력이나 사회세력으로 인하여 국가의 국체·정체와 헌법의 최고규범성을 유지할 수 없는 헌정적 폐색의 상황에 이를 때, 전체 국민이 불복종·항거하여 헌정질서를 지키는 주권적 권리의 헌법보호제도이다(헌재 1997.9.25. 97헌가4등; 1994.6.30. 92헌가18). 현행헌법은 저항권의 명문규정은 없지만, 헌법전문의 '불의에 항거한 4·19 민주이념' 등의 문구는 저항권을 재판규범으로서 인정할 수 있는 규범적 효력을 내포하는 것으로 본다. 독일에서는 支邦 헌법이 저항권을 먼저 규정하고(1946년 헷센, 1947년 브레멘, 1949년 베를린 등), 연방헌법 제20조 제4항에서 '모든 독일인은 이러한 질서(민주적·사회적·연방국가적 질서)를 폐제하려는 자에 대하여 다른 구제수단이 불가능한 때에는 저항할 권리를 가진다'(1968년 제17차개정), 하고, 연방헌법재판소는 1956년 독일공산당*KPD* 위헌판결(BVerfGE 5, 85)에서 저항권의 주권적 권리로서의 재판규범성을 적용하였다.

3.1.3 근대입헌국가의 인민의 저항권

근대입헌국가에서 인민의 저항권은 중세 유럽의 왕에 대한 신하의 고법古法유지권, 교황권세에 대한 세속권력의 투쟁, 전제군주에 대한 시민적 항거 등의 역사적 산물이다. 로크(John Locke 1632.8.29.~1704.10.28.)에게 저항권은 자유보장의 신탁계약을 위배한 정부에 대한 인민의 권리이다. 홉스(Thomas Hobbes 1588.4.5.~1679.12.4.)는 저항권에 대해서 이는 이리적*Homo homini homo lupus* 만인투쟁 자연상태에서 신민의 안전보장을 지배복종계약으로 강제하는 국가 Leviathan(海獸 1651)을 파기하고 자연상태로 회귀하는 것이기에 이는 부인한다. 루소(Jean Jacques Rousseau 1712.6.28.~1778.7.2.)에 있어서 저항권은 그의 사회계약에 있어서 개개인의 일반의사*la volonté générale* 즉 총의는 유일·절대이기 때문에 이에 항거한다는 저항권은 부정한다. 로크, 홉스, 루소 등의 저항권은 국가성립과정의 관점이며 국가성립 후의 저항권에 대해서 칸트(Immanuel Kant 1724.4.22.~1804.2.12.)는 이성국가, 법치국가의 입장에서 국가는 청원할 뿐 부인할 수 없기에 부인한다.

3.2 저항권과 시민불복종 및 혁명

저항권은 객관적으로 명백하게 헌정질서를 폐제할 정도의 중대하고도 불법적인 헌법침해의 정치권력이나 사회세력의 존재에 대해서 이를 저지할 수 없을 정도의 헌정적 폐색의 상황에서 국민이 지니는 보충적 최후적 헌법보호의 수단이며, 이로써 헌정을 보호할 가능성이 있을 때 헌법적으로 정당하게 성립한다. 시민불복종은 주권자의 집단적 청원권으로서 정치체제변동이나 정치권력교체를 수반하면서도 헌정질서를 유지하게 되면 방어적 저항권으로서의 성격을 갖는다. 다른 한편 이에서 더 나아가 시민불복종이 공격적 저항권인 인민의 봉기권蜂起權으로 전환되면 헌정체제를 폐제시키는 혁명권이 된다. 반면, 정변政變·쿠데타*Coup d'Etat*는 치자가 국민의 동의 없이 헌정체제를 교란하여 정치체제나 정치권력을 변동케 하는 반란이다.

시민불복종, 저항권, 시민운동 헌법전문의 '4·19' 민주이념은 제1공화국 정치체제를 제2공화국으로 변혁하나 헌정체제는 유지한 점에서 방어적 저항권이다. '2000년유권자정보공개운동'(2000.1.10.총선출마예 상 후보자의 객관적 사실공표의 유권자 알권리 운동, 당시 著者는 시민입법위원장으로 참여하였다)은 경실련(경제정의실천시민연합)·공선협(공명선거실천을위한시민협의회, 경실련·흥사단 등 47개 단체)이 주축이 되어 행한 집단청원(합법적 선거법개정운동 구공직선거및선거부정방지법 제58조를 개정) 시민운동이다. 반면, '2000년총선시민연대'(참여연대·환경운동연합·YMCA 등 412개 시민사회단체)의 '낙천낙선운동'(2000.1.12.)은 시민불복종운동을 표방하였지만, 이는 실정법에 반하는 위법행위로 처벌되었다. '2017년 촛불시위'는 집단청원 시민운동으로 정권교체를 가져오나, 또 다른 집단청원태극기집회 시민운동과 함께, 시민불복종 저항권이 아님은 물론 시민혁명이라고도 정의내리기 어려운 집단적 집회·시위의 정치운동이었다.

3.3 한국헌정에서의 저항권

현행헌법에는 독일기본법 같이 저항권의 명문규정이 있는 것이 아니기에, 저항권을 실정법적 개념으로 하여 법을 판단·선언하는 재판권에 적용하기는 어렵고(대법원 1980.5.20. 80도30), 초법규적 권리(대법원 1975.4.8. 74도3323), 초실정법적 자연법질서의 권리(대법원 1980.8.26. 80도1278)에 그친다. 다만, 저항권의 일반규정이 없다 해도, 국가긴급권(헌법 제76조, 제77조)의 과잉행사에 대해서는 국민의 저항권이 인정된다(헌재 1994.6.30. 92헌가18). 그렇지만, 입법과정에 있어서의 하자瑕疵는 국회의원들의 법률안 심의·표결권에 대한 침해인 것이지 그 자체가 중대한 헌법침해를 가져 온 것이라든지 또는 헌법 자체가 부인되는 것은 아니며 그에 대한 헌법적 보호수단이 있기에(헌재 1997.7.16. 96헌라2), 이에 대해서는 저항권이 성립하지 않는다(헌재 1997.9.25. 97헌가4등).

Ⅱ. 헌법의 제정과 개정

[一] 헌법제정과 헌법제정권력

1. 헌법제정과 헌법제정권력의 의의

1.1 헌법제정의 의의

헌법제정은 성문헌법의 생성 또는 불문의 관습헌법의 형성이다(헌재 1995.12.28. 95헌바3 참조). 근대국민국가의 입헌주의체제에서 성문헌법의 생성은 국민의 헌법제정권력의 행사에 의하며, 불문헌법의 형성 역시 국민의 헌법제정권력의 확인에 의한다. 헌법은 헌법제정권력에 의하여 제정되는 것이다. 헌법 제1조 제2항 '대한민국의 주권은 국민에게 있고, 모든 권력은 국민으로부터 나온다' 함은 국민이 대한민국의 주권자이며 최고의 헌법제정권력자이기에 성문헌법의 제·개정에 참여할 뿐 아니라 헌법전에 포함되지 아니한 헌법사항을 필요에 따라 관습의 형태로 직접 형성할 수 있다는 것이다. 관습에 의한 헌법적 규범의 형성 즉 관습헌법도 성문헌법과 마찬가지로 주권자인 국민의 헌법적 결단의 의사의 표현이며 성문헌법과 동등하게 입법권자를 구속하며 헌법으로서 효력을 가진다(헌재 2004.10.21. 2004헌마554등).

1.2 헌법제정권력의 의의 – 헌법과 국가의 창설권력

근대국민국가의 입헌주의체제에서의 헌법제정권력은 공동체의 헌법을 제정하고자 하는 국민의 헌법제정에의 의지이며, 헌법을 제정·형성하고 정치적 통일체인 국가를 창설하여 헌법을 국가의 최고규범이 되도록 함으로써, 헌법과 국가의 창설권력이 되면서 그 헌법국가의 핵심인 주권의 실체를 이루게 된다. 헌법제정권력은 국민의 주권의 요소이다. 또한 헌법개정권력은 헌법제정권력이 제정한 성문헌법 개개조항을 변경할 수 있는 권력이다. 그리고 국가권력은 성문헌법에 의하여 비로소 창설되는 입법권·행정권·사법권 등 공권력이라 하는 권력위계질서를 구성한다.

프랑스 헌법제정권력 1789년 프랑스혁명은 '국가적 국민'*Nation*이 '주권'의 역사적·이념적 주체로서 근대국민국가 입헌주의헌법을 제정할 수 있도록 하였다. 당시 주권은 일반의사*la volonté générale*였고 그 표현은 법률*la loi*이었다. 아베 시에예스(*Emmanuel Joseph Siéyès, Abbé Siéyès* 1748.5.3.~1836.6.20.)는 '제3신분이란 무엇인가*Qu'est-ce que le tiers~état, 1789*'에서 제1신분 사제와 제2신분 귀족의 등족회의의 고권적 입법권보다 상위의 헌법제정권력 관념을 제창하였다. 입법권은 '헌법이 제정한 권력'*pouvoir constitué*이나, 헌법제정권력은 이에 앞서 존재하는 '헌법을 제정하는 권력'*pouvoir constituant*으로서 근본법*le droit fondamental* 같은 시원적 권력이며, 이 권력의 귀속주체는 사제도 귀족도 등족회의도 아닌 제3신분 Nation이라 하였다. Nation은 부르주아지*Bourgeoise* 유산시민계층인 국가적 국민이다. 보편적 국민정신*ethos*·애국적 국민정서*pathos*의 동질성을 지닌 Nation은 당시 2천5백만이며 모든 것이었으나 아무것도 아니었다. 권력은 등족의 구체제*l'ancien régime*에 존재하였기 때문이었다. 헌법제정권력은 Nation과 그 대표자인 국민의회에 귀속되고, 누구에게도 양도될 수 없는 불가양 권력이면서, 구체제 타파로 국민국가를 세우기 위한 혁명적 비상적 관념으로서 제창되었다. 뷔르도(*Georges Burdeau* 1905~1988)는 시원적 헌법제정권력(시원적 제헌권 *pouvoir constituant originaire*), 제도적 헌법제정권력(제도적 제헌권 *pouvoir constituant institué*)으로 구분하여 오늘날 헌법제정과 개정에 관련하여 시원적 제헌권으로서의 헌법제정권력과 제도적 제헌권으로서의 헌법개정권력의 구분에 유사한 입장을 개진하였다.

Georges Burdeau, *Droit constituionnel et institutions politiques*, 14é éd., Paris, L.G.D.J., 1972, p.62.
Yves Guchet, *Éléments de droit constitutionnel*, Éd. Albatros, Paris, 1981, p.56.

1.3 헌법제정권력의 의의 – 헌법과 국가의 규범적 권력

헌법제정권력은 최고규범인 성문헌법 제정 후에는 국가의 헌법전에 수용되어 헌법과 국가의 규범적 권력으로 존재한다. 규범적 권력인 헌법제정권력은 헌법전에 근거하여 성문헌법 개개조항을 변경할 수 있는 권력인 헌법개정권력과 헌법전에 의하여 창설되는 입법권 · 행정권 · 사법권 등 국가권력인 공권력의 위계질서이다. 이들 권력에 기초하여 제정 · 형성되는 법률, 명령, 재판 등 국가 내 모든 권력, 규범, 작용 등에 정당성을 부여하는 규범적 권위가 된다.

독일의 헌법제정권력 카를 슈미트*C.Schmitt*는 헌법은 신학의 정치적 채색彩色이라는 정치신학*politische Theology*의 관념에 의거하여, 헌법제정권력*Verfassunggebendegewalt*은 하나님 주권로마서 *He Epistle of Paul the Apostle to the Romans* 제13장 제1절 '각 사람은 위에 있는 권세들에 굴복하라.' '어떠한 권세도 하나님에게서 나지 않음이 없나니' *For there is no authority except from God,* '모든 권세는 다 하나님의 정하신 바이며', '신의 행위는 누구도 해하지 않는다' *The act of God cause injury to no one*의 세속화된 권력으로 보면서, 국가성립이나 혁명 등 비상시 헌법제정권력자의 입헌의지야말로 헌법제정권력의 자율성 즉 자기정당성의 원천이라 하였다. 슈미트는 하나님 주권의 세속화한 권력인 헌법제정권력의 근본결단이 절대적 헌법*Vefassung*이며, 부수적 결단이 상대적 헌법인 헌법률*Verfassungsgesetz*이고, 이에서 국가권력이 형성된다(C.Schmitt, *Politische Theologie,* 2.Aufl., 1934, S.11; ders., *Verfassungslehre,* 1957, S.8ff.)라 하였다. 반면, 헌법제정권력 관념을 부인하는 한스 켈젠*H.Kelsen*은 헌법을 성문화된 헌법인 헌법전으로만 보며, 이에 따르면, 헌법제정권력은 초법적인 역사적 · 정치적 현상에 그치어 규범적 관념으로는 인정되기 어렵다. 또한 옐리네크*G.Jellinek*의 국가주권론에 따르면, 국가에서의 최고권력인 주권은 헌법에 귀속되지 아니하고 공법인으로서의 국가에 귀속하기에, 헌법은 국가의 근간을 정하는 기본이 되는 규범이지 국가법에서의 최고규범이 아니며, 따라서 헌법을 제정하는 권력으로서의 헌법제정권력이라는 관념은, 헌법이 최고성을 갖지 아니하기에, 최고권력인 주권이 되지 아니하고 다만 국가의 법규범 내에서의 권력인 입법권이 규범의 각 단계에 상응하여 행사되는 단계적 권력의 하나에 속한다. 하지만 마운츠*T.Maunz*가 말하듯 헌법제정권력은 법적 권능이며*die rechtliche Befügnis,* 마아틴 크릴레는 성문헌법에 수용된 잠재적 권력이라 한다(M.Kriele, *Einführung in die Staatslehre(Die geschichtlichen Legitimitätgrundlagen des demokratischen Verfassungsstaates),* Rowohlt Taschenbuch Verlag GmbH, Reinbek bei Hamburg, 1975). 현행 독일기본법 제24조 제1항 '연방은 법률에 의하여 국제기구에 고권을 이양할 수 있다' 할 때의 高權*Hoheitsgewalt*에 대해서는 이를 주권국가에서의 최고권력으로 인식하고 있다. 즉 헌법을 제정하는 헌법제정권력을 그 실체로서 갖는 주권으로는 보지 아니 한다.

2. 헌법제정권력의 성격 · 주체

근대국민국가 입헌주의헌법에서 헌법제정권력은 국민전체에 단일 · 불가분 · 불가양으로 귀속된다. 헌법은 대한국민(We, the people of Korea)이 헌법제정의 주체라 하는 헌법전문, 대한민국의 주권은 국민에게 있다 하는 제1조 제2항에서 이를 확인한다(헌재 2000.8.31. 97헌가12). 국민의 헌법제정권력은 그보다 상위의 권위가 없다는 시원성*A.Siéyès*, 헌법제정권력자 스스로 입헌의지로 정당성을 부여하는 자율성*C.Schmitt* 등으로 이미 형성된 법질서에 구속되지 아니하는 헌법 제정의 힘이다. 헌법 제정 전 시원적 제헌권으로 현재顯在하나 그 제정 후에는 제도적 제헌권으로 성문헌법에 수용되는 잠재성,[14] 헌법개정권력이나 국가권력(입법권 · 행정권 · 사법권 등)보다 높은 단계의 효력을 갖는 최상위 권력이다. 근대국민국가 국민의 헌법제정권력은 민정民定헌법만 가능하며 군주칙령 흠정欽定헌법, 군주 · 신민 협약헌법, 노농勞農주권 공산헌법은 배제된다. 헌법제정권력의 주체는 역사상 신(중세), 군주(왕정복고 · 전제군주정), 조직된 집단 · 소수권력자(귀족정 · 과두정), 국민(미 · 불혁명기)이다. 근대국민국가의 헌법제정권력자는 神授왕권의 군주주권을 배제한 국민주권의 국민'만'이다. 국가성립에서 국민의 결단 없는 헌법제정은 정변*Coup d'Etat*이다.[15] 혁명 등 비상시 헌법제정권력자는 권력소지자*Machtinhaber*이든 독재자*Machthaber*이든 이른바 카를 슈미트의 비상사태를 결단하는 주권자이다(*Souverän ist wer über den Ausnahmezustand entscheidet*).[16]

3. 헌법제정과 헌법이념 · 원리

헌법제정권력은 그 주체인 국민이 나라의 규범질서를 선험적으로 구속하는 이념적 가치체계의 시원적 자율성을 지닌다. 그러므로 국민의 헌법제정권력이 제정하는 헌법은 국가 · 사회의 이념적 가치체계의 규범적 표현이 된다. 다만 근대국민국가의 헌법제정권력의 가치는 공화국의 국체를 실현하는 자유민주주의 · 시장경제질서 · 입헌법치주의의 헌법이념이나 인간존엄의 기본권적 가치 등의 자연법에 기속된다. 한국의 제헌헌법은 1948년 5 · 10총선거로 구성된 제헌국회가 헌법제정회의로 기능하면서, 국민의 시원적 헌법제정권력이 공동체 법이념을 형성하여 이를 받은 제헌의회가 제정한 규범이다. 현행헌법은 제도적 헌법제정권력으로 제정되었다. 헌법이 제헌의회의 의결만으로 제정되면 국민의 '헌법제정회의'로 기능하나(1919년 Weimar헌법, 1787년 미합중국헌법, 1791년 프랑스헌법 제정을 위하여 1789.6.17. 소집된 등족회의와 1791년의회 등), 1958년 프랑스 제5공화국헌법 제헌의회 같이 헌법안 起草에 그치면 '제헌위원회'의 성격을 갖지만, 헌법제정의 어느 방식에 따르느냐 함은 국민에 맡겨진 결단의 헌정의 문제이지 헌법의 정당성에 관련하는 규범적 평가의 대상은 아니다.[17)]

[二] 헌법개정과 헌법개정권력

1. 헌법개정의 의의

1.1 헌법개정과 헌법개정권력

헌법개정은 헌법개정절차에 따라서 성문헌법의 개개조항·문언 등을 수정·삭제·증보하여 그 효력·내용을 확정적으로 변경하는 규범적 행위이다. 성문헌법의 개정은 헌법개정안제출에 의한다. 입법절차로는 개정될 수 없다(헌재 2013.11.28. 2012헌마166). 현행헌법은 헌법개정절차를 법률개정절차(헌법 제53조 등)에 비하여 가중된 절차(제10장 제128조~제130조)를 거치도록 하는 경성헌법에 속한다. 관습헌법도 '헌법'이기에 헌법개정절차에 의하여 개정되어야 한다(헌재 2004.10.21. 2004헌마554등). 헌법제정은 이념적 국민총체의 시원적 헌법제정권력의 행사에 의하며, 헌법개정은 헌법규정의 합헌적 변경행위로서 유권자총체의 제도적 헌법제정권력인 헌법개정권력의 행사에 의한다. 헌법개정권력은 헌법이 형성한 권력이므로 헌법을 형성하는 헌법제정권력보다 하위의 권력인 반면, 헌법률 즉 실정헌법 규정을 변경하는 권력이므로, 헌법률로 형성된 국가권력인 입법권·행정권·사법권보다 상위의 효력을 지닌다.

성문헌법과 헌법개정절차 성문헌법개정은 헌법의 조문·문구를 명시적 직접적으로 변경하는 헌법개정안 제출에 의하고, 하위규범인 법률의 개정절차에 따르는 일반적 입법절차에 의해서는 개정될 수 없다. 예컨대 한미무역협정은 국회의 동의를 필요로 하는 조약으로서 법률적 효력이 인정되므로, 그로써 성문헌법이 개정될 수 없기에, 헌법 제130조 제2항에 따른 헌법개정절차에서의 국민투표권이 침해될 가능성도 인정되지 아니한다(헌재 2013.11.28. 2012헌마166).

1.2 헌법개정과 헌법파괴·헌법폐지·헌법개혁·헌법정지

헌법개정은 헌법의 합헌적 변경이므로, 헌법의 초헌법적 변경은 헌법파괴, 헌법폐지에 이르게 되며, 합헌적 변경이라도 성문헌법 골격 전체를 변경하면 헌법전 교체의 전면개정 내지는 제도적 헌법제정권력에 의한 헌법개혁에까지 이른다. 헌법개정은 헌법조문이 지니는 효력의 확정적 변경이므로, 그 효력의 잠정적 중단행위는 헌법정지에 그친다. 헌법파괴는 헌법제정권력 주체의 교체·성문헌법 폐기를 가져오는 초헌법적 국가전복으로서, 혁명*Revolution*이라 일컬어진다[1789년 프랑스시민혁명의 Louis 16세 君定헌정 파괴·1791년혁명헌법 제정, 1918.11.7. 독일민주혁명의 독일제국·비스마르크 君定헌법 파괴·바이마르공화국 탄생]. 헌법폐지는 헌법제정권력 주체는 유지하나 국민동의 없는 비합헌적 통치권찬탈·통치권자 교체·성문헌법 폐기를 가져와 정변 Coup d'État라 지칭된다[1961년 5·16정변의 제2공화국헌법 폐지·제3공화국헌정, 1972년 10·17정변의 제3공화국헌법 폐지·유신헌정, 1980년 5·17정변의 유신헌정대체·제5공화국헌정]. 쿠데타의 독일어 Putsch는 외부의 세력 내지 군사력에 의한 정부 전복을 의미하며 반면 Staatsstreich는 정부를 구성하는 세력의 정부 전복이다.

헌법개혁과 헌법정지 한국헌정의 제1, 2, 4, 6차개헌은 헌법개정권력에 의한 헌법개개조항의 변경인 헌법개정, 제3차개정헌법(제2공화국헌법), 제9차개정헌법인 현행헌법은 (제도적 제헌권으로 헌법골조의 합헌적 변경인) 전면개정(헌재 1995.12.28. 95헌바3), 제5, 7, 8차개정헌법은 제도적 제헌권 행사가 아니라 성문헌법인 헌법전을 위헌적 권력으로 폐지하여 실정헌법 대부분을 바꾸는 이른바 헌법개혁이다. 헌법정지는 성문헌법전 일부조항의 효력의 헌법적 또는 초헌법적 중단이다. 전자는 헌법 제77조 제3항 '비상계엄이 선포된 때에는 법률이 정하는 바에 의하여 영장제도, 언론·출판·집회·결사의 자유, 정부나 법원의 권한에 관하여 특별한 조치를 할 수 있다.'에 의한 정지다. 후자에는 1961년 5·16정변으로 제2공화국헌법 효력정지, 1972년 10·17비상조치(10월유신)로 제3공화국헌법 효력정지, 1980년 국가보위비상대책위원회의 5·17조치로 제4공화국헌법의 사실상 효력정지 등이 있다.

1.3 헌법개정과 헌법변천

헌법개정은 헌법개정절차의 형식을 거친 헌법개개조항 내용·효력의 확정적 변경행위이다. 반면 헌법변천은 헌법개정절차를 거치지 않아 헌법개개조항은 존속하여 그 효력도 변하지 않았음에도 불구하고 헌정현실에서는 당해 헌법 조항의 의미·내용이 변질되어서 헌법규범과 괴리되어 위헌적으로 존재하게 된 헌정현실에 대해서, 이를 '이미 이루어진 기정사실*fait accompli*'은 그 자체에서 합법성이 나온다 하는 이른바 '완성된 사실'의 규범력의 도그마틱(G.Jellinek fait accompli)으로 보아, 그 불법적 상태를 합헌의 헌법적 관행으로 수용한다는 것이다. 하지만 규범위반의 사실은 위헌일 뿐이다(H. Kelsen). 법치국가적 안정성의 합헌성의 관점에서는 헌법규범*sollen* 의 본체가 변질되었다든지 또는 명백히 위헌적 행위로서 반복되는 헌정현실*sein*에 대해서는, 그 같은 위헌적 헌정의 현실은 헌법을 침해하는 사실에 지나지 않으며, 헌정의 정지가 되는 현실로서 위헌적 규범상태라 할 것이다.

미국의 대통령선거제도와 헌법변천 미합중국헌법의 규범에 따르면 대통령은 대통령선거인단(538인 : Washington D.C.3인+상원의원 100인+하원의원 435인)에 의하여 간선으로 선출되나(제2조 수정헌법 제12조) 헌정현실에서는 국민의 직선으로 그 내용이 변질되어 이를 합헌적으로 인식하는 헌법변천이 되었다. 대통령선거인은 유권자의 예비선거 primary(*primary election system*) 또는 당원전당대회 caucus(코커스는 알래스카, 하와이, 워싱턴, 몬테나, 와이오밍, 유타, 미네소타, 아이오와, 미주리, 루이지애나, 버지니아 주이며, 나머지 주는 모두 예비선거)에서 선출된 정당의 대통령선거인후보자가 프라이머리나 코커스에서 상대다수표를 얻은 정당이 각 주에 배당된 대통령선거인을 總取하여(take all, 승자완점, 취득한 득표비율에 따른 선거인표를 각 당 대통령후보에게 배분하는 d'Hondt식이 아님) 확정된 538인으로 이루어지는 선거인단이 대통령선거일에 대통령을 선출한다. 미국의 유권자는 대통령선거인을 확정하기 위한 투표를 행하지만 실제로 그 투표는 대통령선거인이 소속한 정당의 대통령후보자에게 투표한 것과 같은 결과를 보여 준다. 대통령선거인은 자기가 소속한 정당의 대통령후보자에게 투표하는 것으로 예정되어 있고 이는 사실상 기속적이라고 볼 수 있어, 결국 국민의 직선 대통령제로의 일종의 헌법변천을 가져오게 된 것이다.■

■ 대통령선거인의 각 주 정원은 캘리포니아 주가 54인으로 가장 많고 뉴욕(33), 텍사스(32), 플로리다(26), 펜실베이니아(23), 일리노이(22), 오하이오 주(21)가 따른다. 10명 이상의 선거인을 가지는 주는 뉴저지(15), 노스캐롤라이나(14), 조지아(13), 미시간(13), 버지니아(13), 인디애나(12), 매사추세츠(12), 미주리(11), 테네시(11), 워싱턴(11), 위스콘신(11), 메릴랜드(10), 미네소타(10) 등의 주가 있다. 10인 미만으로는 알라바마(9), 루이지애나(9), 애리조나(8), 콜로라도(8), 코네티컷(8), 사우스 캐롤라이나(8), 오클라호마(8), 캔자스(6), 네브라스카(5), 뉴멕시코(5), 유타(5), 웨스트버지니아(5), 하와이(4), 아이다호(4), 로드아일랜드(4), 메인(4), 네바다(4), 뉴햄프셔(4), 알래스카(3), 델라웨어(3), 몬테나(3), 노스다코다(3), 사우스다코다(3), 버몬트(3), 워싱턴 DC(3), 와이오밍(3) 주 등의 순서로 되어 있다.

일본의 평화헌법조항과 잠탈식 헌법개정 일본국헌법(1947.5.3.) 평화헌법조항[제9조 ① 영구히 무력행사를 포기한다. ② 육·해·공군과 그 외의 전력을 보유하지 아니한다. 국가의 교전권은 이를 인정하지 않는다]은 '전후체제'(1945년 패전, 1952년 샌프란시스코 강화체제)에 기초한 일본의 전력보유금지·교전권交戰權부인(직접공격에 반격만 가능한 개별적 자위권, 專守방위, 自衛隊)에 따라서, 자위대를 군대가 아닌 '실력조직'으로서만 인정하는 것이 헌법변천의 한계였다. 아베 신조安倍晋三 정권의 이른바 해석개헌은 집단적 자위권 각의결정(2014.7.1.), 미일방위협력지침 개정(2015.4.), 집단자위권·외국군대 후방지원 등 11개 안보관련법안 참의원의결(2015.9.19.) 등을 행하였다. 이는 미일안보조약을 기초로 전쟁이 가능한 보통국가를 지향함으로써 '전후체제'를 탈각한다는 含意를 지니는 것으로서, 이미 헌법변천의 헌법규범적 의의를 넘어 잠탈식 헌법개정에의 절차를 밟고 있다 하겠다.

2. 헌법개정절차

2.1 헌법개정절차의 개관

헌법개정은 헌법개정절차에 따르는 바, 그 절차를 정한 헌법규정상 대통령 또는 국회의원이 제안하고 대통령이 공고하는 헌법개정안의 제안과 공고, 국회의 전속권한인 헌법개정안 의결, 의결된 헌법개정안의 국민투표에 의한 확정, 대통령의 헌법개정공포와 효력발생 등의 절차를 거친다.

2.2 헌법개정안 제안의 절차

2.2.1 헌법개정안의 제안

헌법개정은 국회재적의원 과반수 또는 대통령의 발의로 제안된다. 즉 헌법개정안의 제안은 대통령은 국무회의 심의를 거친 발의에 의한 제안, 국회의원은 국회재적의원 과반수(300인이면 151인 이상) 발의 등에 의한다(헌법 제89조 제3호, 제128조 제1항). 국회의원 또는 대통령의 헌법개정안 제안권에 대하여, 국회의원의 헌법개정안 제안권 발의정족수는 재적의원 3분의 1(제헌헌법 제98조 제1항, 제2공화국헌법 제98조 제1항, 제3공화국헌법 제119조 제1항), 재적의원과반수이며(제4공화국헌법 제124조 제1항제5공화국헌법 제128조 제1항), 대통령의 헌법개정안 제안권은 제헌헌법(제98조 제1항) 이후(제3공화국헌법은 제외 제2공화국헌법 제98조 제1항, 제4공화국헌법 제124조 제1항, 제5공화국헌법 제129조 제1항) 현행헌법에까지 규정된다. 제4공화국헌법(1972년 제7차개정헌법 · 유신헌법)은 이원절차의 헌법개정을 규정하였다(대통령이 제안한 헌법개정안은 국회의결 없이 직접 국민투표로 확정하고, 국회의원이 제안한 헌법개정안은 국회의결을 거쳐 통일주체국민회의의 의결로 확정 제124조-제126조 제124조 제2항). 국가의사결정 방식의 투표 다수의 확정 방식으로서 '定足數'라는 표현에서 발 '足'이라는 말을 사용한 것은, 영국 의회에서의 투표시 의원들이 찬성쪽과 반대쪽 의사당 로비로 '걸어' 이동하면서 의회의 입법 서기에게 자신의 이름을 알려주고 찬성 aye 반대 Nay의 표가 발표되는 것에서 연유한다.

2.2.2 국민의 헌법개정안의 제안권

현행헌법은 국민의 헌법개정안 제안권 즉 국민발안의 제도는 규정하고 있지 않다. 국민발안권은 제2차헌법개정*1954.11.29.*(제98조 제1항)에서, '헌법개정의 제안은 대통령, 민의원 또는 참의원의 재적의원 3분지 1이상 또는 민의원의원선거권자 50만인이상의 찬성으로써 한다'는 조항이 제2공화국헌법(제98조 제1항), 제3공화국헌법(제119조 제1항)에 계속되었으나(제119조 제1항) 제4공화국헌법에서 삭제되었다.

2.2.3 헌법개정안의 제안과 국회의 의결절차

헌법개정안이 제안되면 그 제안된 헌법개정안은 대통령이 제안된 사실을 기재 · 서명하고, 대통령印 압날(押捺, 찍음), 국무총리와 관계국무위원이 부서한 전문을 붙여 20일 이상의 기간 이를 게재한 관보발행에 의하여 공고한다(제129조, 법령등공포에관한 법률 제2조, 제3조, 제12조). 관보에 게재된 헌법개정안 원안은 국회에 제출되어 공고일로부터 60일 이내에(헌법 제130조 제1항 전단) 기명투표로 표결에 부쳐(국회법 제112조 제4항), 국회재적의원 3분의 2이상의 찬성을 얻어야 한다(헌법 제130조 제1항 후단).

대통령의 헌법개정안 공고와 국회의 의결 대통령은 제안된 헌법개정안에 대해서 늦어도 국민투표일 전 18일까지 20일 이상의 기간(제4공화국헌법 제125조 제1항, 제5공화국헌법 제130조, 제헌헌법 제98조 제2항, 제2공화국헌법 제98조 제2항, 제3공화국헌법 제119조 제2항에서는 30일 이상), 국민투표일과 헌법개정안을 동시에 공고하여야 한다(국민투표법 제49조). 헌법개정안 공고문의 전문에는 대통령 또는 국회 재적의원 과반수가 發議한 사실을 적고, 대통령이 서명한 후 대통령印을 찍고 그 공고일을 明記하여 국무총리와 각 국무위원이 副署한다(법령등공포에관한법률 제3조). 대통령의 헌법개정안 공고는 국민에게 헌법개정안을 周知하는 기능을 갖도록 의무를 부과하는 절차이므로 강행적 성격을 갖기에, 대통령의 공고사 없는 헌법개정절차는 무효가 된다. 헌법개정안의 국회에서의 의결은 제헌헌법(제98조 제3항) 이래 국회재적의원 3분의 2이상의 찬성을 요한다(제2공화국헌법 제98조 제3항, 제3공화국헌법 제120조 제2항, 제4공화국헌법 제125조 제2항, 제5공화국헌법 제131조 제1항후단).

2.3 헌법개정의 확정 절차

2.3.1 헌법개정의 국민투표에 의한 확정

국회가 의결한 헌법개정안은 30일 이내에 국민투표에 붙여, 국회의원선거권자 과반수투표와 투표자 과반수찬성을 얻으면 헌법개정은 확정되고(헌법 제130조 제2항), 대통령은 즉시 이를 공포하여야 한다(제3항). 확정된 헌법개정의 공포일은 헌법개정을 게재한 관보가 발행된 날로 한다(제12조 즉 관보를 구독할 수 최초구독 가능시점 대법원 1989.9.26. 89누4963). 헌법개정의 확정 절차의 입법례에는 의회의 특별다수의 헌법개정안 발의와 가중의결정족수로 의회에서의 헌법개정이 확정되는 경우(제헌헌법(제98조 제3항), 제2공화국헌법(제98조 제3항), 독일기본법(제79조 제2항) 등), 의회가 의결한 헌법개정안에 국민투표로 확정하는 경우(현행헌법(제10장 제128~130조), 프랑스헌법(제89조 제2·3항), 이탈리아헌법(제138조 제2·3항), 오스트리아헌법(제44조 제2항) 등), 헌법개정안을 의결하는 의회를 총선거로 조직하여 확정하는 경우(벨기에헌법(제131조)), 의회의 의결 없이 국민투표만으로 확정하는 경우(제4공화국헌법(제124조 제2항, 제126조)), 연방국가에서 연방과 支邦의 이원적 절차를 거치는 경우(미합중국헌법(제5조), 독일기본법(제79조 제2항), 스위스연방헌법(제120조 제1항, 제121조, 제123조 제1항)) 등이다.

2.3.2 국민투표에서 확정된 헌법개정의 공포

헌법개정안이 국민투표에서 확정되면 그 확정된 헌법개정을 대통령이 공포한다. 헌법개정 공포문의 전문에는 헌법개정안이 대통령 또는 국회 재적의원 과반수의 발의로 제안되어 국회에서 재적의원 3분의 2 이상이 찬성하고 국민투표에서 국회의원 선거권자 과반수가 투표하여 투표자 과반수가 찬성한 사실을 적고, 대통령이 서명한 후 국새國璽와 대통령인을 찍고 그 공포일을 명기하여 국무총리와 각 국무위원이 부서한다(법령등공포에관한법률 제2조·제4조·제11조).

2.3.3 개정헌법효력발생일과 현행헌법시행일

대통령은 국민투표법 제89조에 따라, 국민투표 집계가 끝난 후 그 결과를 대통령에게 통보하여야 할 의무가 있는 중앙선거관리위원회에 의하여 헌법개정안 국민투표 의결을 통보받은 때(제91조), 바로 공포하여야 한다. 이때 헌법 개개조항 개정의 효력발생일은 헌법개정을 게재한 관보가 발행된 날 즉 대통령이 헌법개정을 공포한 당일이다. 헌법개정안 공고기간 20일 자체가 숙지熟知기간이기 때문에, '법률은 공포한 날로부터 20일이 경과한 후에 효력이 발생한다' 하는 헌법 제53조 제7항의 법률 숙지기간은 헌법개정에는 준용되지 않는다 하겠다. 다만 헌법부칙 제1조는 현행헌법 시행일자를 국민투표에 의한 헌법개정 확정일이 1987.10.29.임에도 이를 1988년 2월 25일로 정한다.

3. 헌법개정한계와 단임규정

3.1 헌법개정한계론과 무한계론

헌법개정무한계론은 헌법제정권력은 성문헌법 밖에 존재하는 사실이고, 성문헌법에 규정된 조항은 等價의 효력을 지닌 동가치성을 가지므로,[18] 헌법개정절차만 따르면 헌법전의 어떤 규정·문언도 변경할 수 있으며, 개정금지조항도 고칠 수 있다(헌재 1995.12.28. 95헌바3 참조) 하는 헌법정책론이다. 헌법개정한계론은 헌법제정권자는 헌법개정권자보다 상위존재이며, 헌법제정권자의 근본결단인 '헌법'은 부수결단인 '헌법률'의 상위에 있고,[19] 헌법률 즉 실정헌법 규정은 근본규범-개정절차규범-통상通常규범의 계층구조가 있다는 헌법규범론이다. 헌법개정에는 규범적 한계가 존재한다. 헌법 제정과 개정에의 국민투표 주체가 국민투표법상 똑같이 유권자총체인 국민투표권자라 해도, 규범적으로는 이념적 국민총체(헌법제정권자)에 대한 조직화된 유권자총체(헌법개정권자)로 구분되며, 헌법제정권력은 주권자 의지로서 성문헌법 조항에 수용된 가치가 되어 최고의 효력을 주는 점 때문이다.

3.2 헌법개정의 내재적 한계론

헌법개정의 내재적 한계는 헌법이 근본규범으로서 갖는 국가정통성 · 헌법정체성(헌법 전문)의 가치인 자유민주주의(제1조, 제4조, 제8조), 시장경제질서(제119조 제1항), 입헌법치주의(제3장~제6장), 기본권(제2장)의 천부권적 자연권의 자연법적 가치(헌법초월적 한계) 등이다. 헌법개정이 '평상시' '개정절차'에 따르는 '개별규정' 변경이라는 헌법개정의 헌법규범적 절차적 한계를 벗어난 경우는 헌법의 규범력에 반하는 위헌적 개정이 된다. 헌법전 전체의 변경은 헌법개혁 또는 헌법폐지이며 헌법의 규범력을 확인하는 헌법개정이 아니다. '비상시'에 헌법을 변경하는 것 즉 긴급사태 · 외국군대점령시의 개정도 무효이다. 경성헌법을 연성헌법으로 개정할 수 없다. 입헌주의헌법의 경성헌법성에 반하기 때문이다.

3.3 대통령의 임기연장 또는 중임변경을 위한 헌법개정

'대통령의 임기연장 또는 중임변경을 위한 헌법개정은 그 헌법개정제안 당시의 대통령에 대하여는 효력이 없다'(헌법 제128조 제2항) 함은 '대통령의 임기는 5년으로 하며 중임할 수 없다' 하는 단임조항(제70조)의 개정 자체를 성문헌법인 헌법전에서 금지하는 실정헌법적 한계 규정이 아니라(헌법전에 개정금지규정을 두는 실정헌법적 한계는 제2차개정헌법(1954. 11. 29.) 제98조 제6항 '제1조(민주공화국), 제2조(국민주권), 제7조의2(주권제약이나 영토변경 등 중요사항에 대한 국민투표, 국민발안)는 개정할 수 없다'), 제70조 단임조항인 중임금지조항이 개정되더라도, 헌법 제70조의 헌법개정안 제안 당시의 대통령은 가사 그 중임 · 연임 등의 헌법개정이 이루어지더라도 중임의 금지가 해제되는 것이 아님은 물론 그 입후보도 금지된다는 헌법개정의 규범영역을 규정한 조항이다. 제128조 제2항의 단임규정은 제70조 단임조항이 개정된 이후에 선출된 대통령에 대해서만 개정 헌법규정이 적용되어 중임 · 연임 등이 가능하다는 점에서, 이 조항은 헌법개정의 효력이 미치는 대상 · 범위를 한정하는 규정이고 또한 개정조항 소급적용의 효력제한규정이다.

重任과 連任 중임重任은 2회 이상의 재임在任, 중임불가는 2회 이상 재임의 불가 즉 단임이다. 연임連任은 2회의 연속 재임, 연임불가는 2회 이상 연속재임의 불가이다. 1차중임은 2회만 재임 가능, 중임가능은 2회 이상 재임의 가능, 3회 연임 불가는 3회 연속의 재임 불가이다. 이 경우에 2회 연속 재임 후 1회를 건너 뛴 在任은 가능하다. 예컨대 제헌헌법(1948. 7. 17.) 제55조 ① 대통령과 부통령의 임기는 4년으로 한다. 단, 재선에 의하여 1차중임할 수 있다. 제2차개정헌법(1954. 11. 29.) 제55조도 제헌헌법과 같다. 제3차개정헌법(1960. 6. 15.) 제55조 대통령의 임기는 5년으로 하고 재선에 의하여 일차에 한하여 중임할 수 있다. 제5차개정헌법(1962. 12. 26.) 제69조 제3항 대통령은 1차에 한하여 중임할 수 있다.

[三] 대한민국헌법의 개정 연혁

대한민국헌법은 1948.7.17. 제헌헌법(제1호 헌법) 이래 1987.10.29. 제9차개정헌법(제10호 헌법)에 이른다. 제1차헌법개정(1952. 7.4.)의 발췌拔萃개헌(대통령 · 부통령직선제, 양원제, 국무원불신임제 등), 제2차헌법개정(1954. 11.29.)의 대통령 3선연임을 합리화한 사사오입四捨五入개헌(주권 · 영토변경 등의 국민투표제, 국무총리제 폐지, 국무위원 개별불신임제 등), 제3차헌법개정(1960. 6.15.)의 제2공화국헌법 제정의 개헌(4 · 19의거, 대통령下野, 의원내각제), 제4차헌법개정(1960. 11.29.)의 소급처벌개헌(3 · 15부정선거관련자 · 반민주행위자 · 부정축재등관련자 소급처벌), 제5차헌법개정(1962. 12.26.)의 제3공화국헌법 제정의 개헌(박정희 5 · 16군사정변, 국가재건최고회의 헌법개정안을 최초의 국민투표 확정 · 공포한 대통령중심제헌법), 제6차헌법개정(1969. 10.21.)의 대통령3선연임개헌, 제7차헌법개정(1972. 10.27.)의 제4공화국헌법 제정의 개헌(1971년 10월維新에 이은 유신헌법), 제8차헌법개정(1980. 10.27.)의 제5공화국헌법 제정의 개헌(1979.10.26. 박정희대통령 서거, 전두환 등의 신군부 12·12군사반란, 1980.5.17. 비상계엄확대 7년단임 · 간선대통령), 제9차헌법개정(1987.10.29. 공포, 1988.2.25. 시행)은 제6공화국 현행헌법 제정의 개헌(1987년 6 · 10민주항쟁의 5년 · 단임 직선대통령제)이다.

Ⅲ. 헌법의 해석

[一] 헌법해석

1. 헌법해석의 의의

헌법해석은 개별국가의 실정헌법을 일반헌법으로서 이해하는 규범인식작용이다. 일반헌법은 개별헌법의 개념과 조항 내용의 형성에 있어서 준칙이 되는 법도그마틱*Rechtsdogmatik*의 통일적 체계이며, 개별국가 헌법이 일반헌법에 수렴되도록 하는 헌법규범적 표준의 준거를 이룬다. 헌법조항들과 달리 법률조항내용들은 서로 충돌된다 하여 바로 헌법에 위반된다는 등 헌법문제가 발생되는 것은 아니고, 우선 이들 법률조항들을 어떻게 조화롭게 해석할 것인가의 법률해석문제가 생길 뿐인 점에서, 헌법해석과 법률해석은 서로 구별된다(헌재 2007.8.30. 2003헌바51). 그런 점에서 예컨대 헌법합치적 해석, 헌법정향적 해석, 규범통제적 해석 등은 헌법해석의 문제가 아니라 법률해석의 영역에 있는 문제이다. 헌법해석은 개별국가의 헌법 자체에 대한 인식과 이해로서 일반헌법으로서의 규범력을 갖도록 하는 것이다.

2. 헌법해석의 방식

2.1 고전적 헌법해석 – 전통적 헌법해석

고전적 헌법해석은 헌법해석을 위한 표준이 되는 준거를 법률 규범을 해석하는 전통적인 준거의 방식과 같은 형식으로 행하는 경우의 해석이다 이 같은 전통적 헌법해석의 방식에는 헌법의 조문·문언을 확장擴大·축소制限, 물론勿論·반대, 유추類推·준용準用 등으로 축조逐條·주석註釋하는 '문리' 해석을 기초로 한다. 객관적 헌법해석은 문리해석 위에서 역사연혁, 제도비교 등을 헌법도그마틱으로 하여 헌법을 인식하는 경우의 해석이다. 주관적 헌법해석은 헌법제정자의 헌법제정의 원의原義를 인식함으로써 이루어지는 헌법 규정의 이해이다. 문리해석에서 확장해석은 법문언의 확대해석, 축소해석은 제한해석, 물론해석은 통상적 의미의 당연해석, 반대해석은 법규의 문언·개념의 한쪽만 규정한 경우에 그 반대쪽으로 하는 해석, 유추해석은 법령 규정에 정함이 없는 사실관계에 이미 그 정함이 있는 법령 규정을 적용하는 해석, 준용은 유사한 사실관계에 적용되는 법규를 헌법 등 법규 자체에서 정하는 해석이다.

문리해석과 주관해석 및 原典해석*originalism* 문리해석의 양태로서 합리적 제한해석,■ 당연해석■■ 등이 있다. 헌법재판소는 헌법제정자의 原意를 "국회 본회의 회의록 등을 검토하여, 현행 헌법 제27조 제2항과 같은 헌법개정안을 의결한 국회와 이를 확정한 헌법개정권력자인 국민"은 헌법조항 '군용물에 관한 죄'의 범위에 '군사시설에 관한 죄'를 포함하지 않았다(헌재 2013.11.28. 2012헌가10) 하든지, "정당등록취소조항이 1980년 국가보위입법회의에 의하여 처음 도입될 당시는 물론 이후 국회의 정당법 개정과정 회의록을 살펴보아도 위 조항의 입법취지를 찾을 수 없다"(헌재 2014.1.28. 2012헌가19등) 한다. 미연방대법원은 헌법의 주관적 해석인 원전해석으로서 미합중국 國父*founding fathers*의 연방헌법 제정의 原意를 찾는 알렉산더 해밀턴(Alexander Hamilton 1755/57.1.11.~1804.7.12.), 제임스 매디슨(James Madison 1751.3.16.~1836.6.28.), 존 제이(John Jay 1745.12.12.~1829.5.15.) 등이 1787.10.~1788.8.에 85개 연재한 논설의 '연방주의자논고'*Federalist Papers*에서 고유성을 갖고 원용한다.

■ '휴대하여'란 범행현장에서 그 범행에 사용하려는 의도 아래 흉기를 소지하거나 몸에 지니는 경우를 가리키며, 그 범행과는 전혀 무관하게 우연히 이를 소지하게 된 경우를 포함하는 것은 아니다(헌재 2015.9.24. 2014헌가1) 함은 합리적 제한해석의 예이다.

■■ '만기가 도래하는 어음의 발행·할인·매매·중개·인수 및 보증업무'의 가운뎃점은 입법취지상 '또는'을 의미한다. '그리고'로 보아, 이들 행위를 모두 하여야만 처벌조항이 적용되는 것으로 해석하면, 규제의 실효성이 반감된다(헌재 2015.9.24. 2013헌바102).

2.2 고유한 헌법해석 – 헌법실현적 해석과 헌법의 체계정당성

헌법해석에서의 고유한 헌법해석은 헌정의 현실도 해석의 영역에 포함하여 헌법의 정치성·개방성의 특성에 상응하도록 헌법조문을 보충·구체화 하여 헌법의 통일성 즉 체계정당성을 도모하는 헌법실현적 해석이다(헌재 2013.3.21. 2010헌바70등). 상충하는 기본권이 헌정에서의 현실을 실제적으로 조화하여 그 기본권 각각의 기능과 효력이 최대한으로 발휘할 수 있도록 하여 과잉금지에 따른 규범조화적 해석(학부모 등 국민의 알 권리에 대한 교원의 개인정보 자기결정권의 충돌(헌재 2011.12.29. 2010헌마293)) 또는 충돌하는 헌법규정의 배타적·택일적 취사로 하나의 해석 선택 외의 다른 가치를 제한하는 이익형량적 해석(의심스러우면 자유에 유리하게 in dubio pro libertate 헌재 1991.7.22. 89헌가106) 등은 헌법의 체계정당성을 일원적으로 유지케하는 해석의 방식이다. 그런 점에서 일반헌법에의 방향성을 갖는 해석의 방식이다. 헌법의 체계정당성이라 함은 헌법의 규범 구조나 내용 또는 규범의 근거가 되는 원칙 면에서 상호 배치되거나 모순되지 않도록 하는 입법 체계의 정당성이다. 체계정당성 위반은 그 자체가 바로 헌법 위반으로 귀결되는 것이 아니라 비례원칙이나 평등원칙 위반을 시사하는 징후에 그친다(헌재 2004.11.25. 2002헌바66).

규범조화적 해석과 체계정당성 (학부모 등 국민의 알 권리와 당해 교원의 개인정보자기결정권이라는 두) 기본권이 충돌하는 경우 헌법의 통일성 유지를 위하여 상충하는 기본권 모두 최대한 그 기능과 효력을 발휘할 수 있도록 조화로운 방법이 모색되어야 한다(헌재 2011.12.29. 2010헌마293). (신의성실의 원칙(민사소송법 제1조 제2항, 민법 제2조)은 사람이 사회공동생활의 일원으로서 서로 상대방의 신뢰를 헛되이 하지 않도록 성의있게 행동하여야 하며, 자백간주는 당사자의 소송진행상 태도로 자백의사를 인정함에 불과하여 그로 인하여 항소조차 하지 않을 것이라는 신뢰까지 형성된다고는 볼 수 없어)자백간주로 인한 피고패소판결을 항소대상에서 제외하는 법조항이 신의성실원칙과 상호배치되거나 모순된다 할 수 없고, 체계정당성 원리에도 위반되지 않는다(헌재 2015.7.30. 2013헌바120).

2.3 규범관점적 헌법해석

고전적 헌법해석, 고유한 헌법해석 등은 성문헌법을 기준으로 삼는 규범기반적 해석이다. 반면 규범관점적 헌법해석은 성문헌법을 헌정현실의 귀납적 정당화 조건을 이루는 여러 관점들*topoi*의 하나*topos*로 본다. 개별국가의 실정헌법을 넘어선 일반헌법을 공동체의 근간을 형성하는 최고의 규범으로 인정하는 해석의 논리이다. 그렇지만 법치국가적 입헌주의가 미비된 사회에서의 이 같은 규범관점적 Topos적 해석은 실정헌법을 기반으로 해석하는 한계를 넘어서 일반헌법의 해석을 빙자한 새로운 헌법의 제정 또는 개정 또는 입법이 되어서, 주권과 권력분립의 한계를 일탈하여 입헌주의국가의 법치국가적 안정성을 해하게 될 우려가 크다. 법은 사회의 보편타당한 규범이므로 원칙적으로 성문법의 그 문언에 따라서 객관적 타당성과 일관성을 유지하여 해석하여야 한다. 헌법국가에서의 성문헌법은 명확하고 완결적인 법령으로서 받아들여야 하며 현행 헌법규범 체계 및 내용에 동의할 수 없는 부분적 해석은 헌법해석의 영역을 초월하여 입법을 통하여 해결하여야 할 문제인 것이다.

3. 헌법해석의 한계 – 토포스해석과 법치주의

문제변증법의 Topoi적 해석은 헌법의 규범적 해석이 가져오는 논증의 순환을 극복하여 헌정현실에서의 적합성을 찾는 해석이다. 하지만, 이는 해석자의 경험법칙에 따른다든지 또는 사회적 법감정에 맡긴다든지 또는 당파적 이익에 추종하는 등으로 인하여, 법해석의 규범적 본질이 포기될 수 있다. 헌법해석이 유효한 법률조항의 불명확한 의미를 논리적·체계적 해석을 통해 합리적으로 보충하는 것에 그치지 않고, 해석을 통하여 전혀 새로운 헌법상 근거를 만들어 낸다면, 이는 헌법해석의 한계를 벗어나 헌법제정행위가 되기에(법률해석의 한계에 대하여 이런 취지로 결정한 헌재 2012.5.31. 2009헌바123 참조), 헌법제정, 개정의 의의와 헌법제정권력, 개정권력, 국가권력의 헌법규범적 의의에 반하는 것이다.

[二] 법률의 헌법합치적 해석

1. 헌법합치적 법률해석 – 합헌적 법률해석

헌법합치적 해석은, 법률에 일응 위헌의 의심이 있더라도 다의적 해석의 여지가 있는 경우에(Ogden. v. Saunder, 2 U.S. 213(1827)), 헌법을 최고규범으로 하는 법질서의 통일적 형성을 위하여(헌재 1989.7.21. 89헌마3), 법률의 내용 · 효력을 전체로서의 헌법에 합치하는 의미와 목적에 가깝게 해석할 수 있도록 제한 · 보충하여 합헌적으로 해석하는(헌재 1989.7.14. 88헌가5등; 대법원 1992.5.8. 91부8), 법률의 헌법합치적 해석이다. 합헌적 법률해석은 법률의 문언을 기준으로 행하는 헌법합치적 판단이므로(헌재 1992.3.13. 92헌마37등), 법률의 헌법합치적 해석은 법률과 헌법 문언 각각의 객관적 의미를 넘지 않아야 입법권 침해가 되지 않고 권력분립에 합치하며 '헌법의 법률합치적' 해석으로 변질되지도 않는다.[20]

2. 헌법정향적 법률해석

헌법정향적定向的 해석은 법률의 해석 · 적용은 헌법의 이념 · 원리를 존중한다는 법률해석의 일반적 방식이다. 그 점에서, 법률이 위헌 · 합헌 등의 다의적 해석의 여지가 있는 경우에 가능하면 당해 법률의 효력을 유지한다는 헌법합치적 해석과 다르다. 합헌적 법률해석은 시행중인 현재 효력 있는 법률은 가능하면 합헌으로서 존중된다는 법률의 추정효推定效 및 국민의 법치국가적 신뢰보호 등을 위하여 법률을 합헌으로 해석하는 특정한 해석의 방식이다(헌재 1990.4.2. 89헌가113).

3. 규범통제적 법률해석

규범통제적 법률해석은 법률의 헌법 합치 여부의 심사에 있어서, 저촉규범으로서의 헌법에 반하면 그 효력을 상실시키도록 하는 해석이다. 그 점에서 헌법을 법률 해석의 준칙으로 삼아서 가능하면 헌법에 합치하도록 해석하여 법률의 효력을 유지하도록 하는 합헌적 법률해석과 구분된다. 규범통제적 법률해석은 법률보다 상위 규범인 헌법의 효력을 유지하려는 것이다. 그 점에서 법률의 효력을 유지하려는 헌법합치적 해석보다 상위의 원리가 된다. 평상시 법률은 헌법정향적 해석에 따르겠지만, 위헌심사에 있어서는 헌법의 규범력 유지를 위하여 입법재량권의 폭을 좁히는 규범통제적 해석이 헌법합치적 해석보다 우선되어야 한다.

[三] 헌법합치적 해석과 변형결정

헌법재판소의 규범통제적 법률해석에 의한 법률의 위헌 · 합헌 등 정형결정에서 위헌으로 결정된 법률은 폐지무효가 되어 그 효력을 상실한다. 반면 헌법합치적 법률해석에 의하여, 당해 법률이 위헌이라 하면서도 그 효력을 상실시키지 아니하고 유지시키는, 이른바 합헌적 해석에 따르는 변형결정의 형식도 취한다. 질적 일부위헌결정에 속하는 한정합헌, 한정위헌 결정 등이 그러하다. 이들 변형결정은 법률이 위헌임에도, 특정의 해석가능성은 적용 · 포함 · 제외한다는 헌법합치적 해석을 하여 당해 법률의 효력을 유지하려는 결정이다(헌재 2012.5.31. 2009헌바123; 1992.6.26. 90헌가23). 헌법불합치결정은 법률도 위헌이고 효력도 무효인 변형결정으로서 무효차단효遮斷效를 인정할 뿐이다. 헌법불합치결정은 지금 위헌이라는 것이며, 독일의 입법촉구결정은 아직은 합헌이라 하는 합헌적 법률해석에 의한 법률의 효력 유지결정이다(헌재 1989.9.8. 88헌가6; 1991.3.11. 91헌마21; 1994.7.29. 92헌바49등).

한정합헌, 조건부위헌결정, 한정위헌, 질적일부위헌결정, 위헌불선언결정, 부분위헌결정 한정합헌결정은 '국가의 존립·안전이나 자유민주적 기본질서에 실질적 해악을 줄 명백한 위험성이 있는 경우에만 처벌되는 것으로 축소해석하는 한 헌법에 위배되지 아니한다'(헌재 1990.6.25. 90헌가11), 조건부위헌결정은 법률을 확대해석하여 효력을 상실케 하나[정당추천후보자에만 합동연설회 이외에 정당연설회를 가질 수 있도록 한 국회의원선거법 제55조의3은 정당추천후보자와 무소속후보자를 차별하여 평등의 원칙에 반한다(헌재 1992.3.13. 92헌마37)], 이 결정 이후에는 한정합헌결정으로 정리되었다. 한정위헌결정은 "'기타 이와 유사한 것' 등에 '정보통신망을 이용하여 인터넷 홈페이지 또는 그 게시판·대화방 등에 글이나 동영상 등 정보를 게시하거나 전자우편을 전송하는 방법'이 포함되는 것으로 해석하는 한 헌법에 위반된다."(헌재 2011.12.29. 2007헌마1001 등) 하는 등으로 한정하여 행하는 위헌결정이다. 질적일부위헌결정은 다의적 적용가능성에서 특정 경우를 제외하여 법률의 효력을 유지하는 결정이나(헌재 1991.5.13. 89헌가97; 1991.4.1. 89헌마160), 이들 결정 이후에는 한정위헌결정으로 통일되었다. 법원이 심판청구인으로서 '이와 같이 해석하면 위헌'이라는 식의 한정위헌청구를 할 수 있느냐에 대해서, 당해 법조항이나 규범자체에 대한 위헌성 다툼으로 볼 여지가 있는 경우에만 적법하며, 그 해당여부는 개별사안에서의 법원의 해석에 의한다(헌재 2001.9.27. 2000헌바20). 위헌불선언결정은 위헌정족수 6인에 미달이지만 과반수에 달하는 5인이 위헌의견인 경우이나, 지금은 단순합헌결정으로 정리되었다. 부분위헌결정은 양적 일부위헌결정으로서, 단순위헌결정이지 변형결정은 아니어서, 헌법합치적 해석에는 관계가 없다.

제2절 헌 법 사

Ⅰ. 근세국가와 근대국가의 헌법

[一] 조선말·일제기 국헌 – 洪範14條·大韓國國制

1. 홍범14조

'洪範14조'는 1894년 제정(고종31 12.1.)·반포(구관보 개국503(1894.)12.12.(음력) 종묘에서 誓告文선포, 1895.1.8. 전국민 반포)된 조선왕실전범이다. 조일수호조규(朝日修好條規 강화도조약 1876.(고종13) 2.27.(음력2.3.)) 이후 한일합병조약(1910. 8.29.)으로 국권이 상실되는 시기의 조선 구한말의 갑오봉기(1894년 고부봉기(음력1월 제1차), 전주성봉기(陰4월 제2차), 전주·광주 궐기(陰9월 제3차) 등)에 따른 갑오경장(1894.7.27.陰6.25.부터 제1차개혁(고종31. 1894.7.~11.), 제2차개혁(1894.11.~1895.5.), 乙未改革(제3차개혁 1895.5.~1896.2. 친일개혁))을 계기로 근대국가의 典範을 갖추려 한 국정개혁법이다. 최초의 근대적 장전에 다가선 국헌이기도 했다.[21] 홍범14조는 淸國의존을 끊고 독립기초를 確建히 하며(제1조), 왕실전범제정으로 大位繼承·宗戚分義(왕족계승순위·서열의 명확화)를 昭(밝힘)케 한다(제2조). 大君主는 正殿에서 大臣에 자문하여 정무를 詢(재결)하며 후빈종척后嬪宗戚 간여는 불용하며(제3조), 왕실사무와 국정사무를 분리하고 혼합치 아니하고(제4조), 의정부와 各衙門 직무권한(제5조) 및 지방관제와 지방관제와 관리 직권(제10조) 명확화, 조세법정주의(제6조)·탁지아문度支衙門의 재정 관장(제7조)·왕실예산매년계상 등 명확화(제8조), 총명한 젊은이들을 외국에 보내 학술·산업을 배우게 하며(제11조), 징병제 등 군제확립(제12조), 민법·형법의 엄정한 제정 및 감금·징벌의 濫行 금지로 인민의 생명·재산의 보호(제13조), 人을 쓰되 門地를 拘치 아니하는 문벌타파(제14조) 등으로서 근대국민국가의 기초를 세우고자 하였다. 홍범14조는 1897년고종34 연호를 광무光武로 한 조선개국 506년 8월 17일부터 순종 즉위년 1907년 8월까지 10년간 사용하였다.

홍범14조 (『구한국관보』 개국 503. 12. 12.)

제1조 淸國에 附依ᄒᆞᄂᆞᆫ 慮念을 割斷ᄒᆞ고 自主獨立ᄒᆞᄂᆞᆫ 基礎를 確建ᄒᆞ미라.
제2조 王室典範을 制定ᄒᆞ야ᄡᅥ 大位繼承과 및 宗戚分義를 昭케 ᄒᆞ미라.
제3조 大君主가 正殿에 御ᄒᆞ여 視事ᄒᆞ미 國政을 親히 各大臣에게 詢ᄒᆞ야 裁決ᄒᆞ고 后嬪宗戚이 干預ᄒᆞ믈 容치 아니미라.
제4조 王室事務와 國政事務를 須卽分離ᄒᆞ고 서로 混合아니 ᄒᆞ미라.
제5조 議政府와 各衙門職務權限의 制定을 明行ᄒᆞ미라.
제6조 人民이 稅를 出하믄 다 法令定ᄒᆞᆫ 率을 由하고 名目을 妄加ᄒᆞ야 徵收를 濫行ᄒᆞ미 不可ᄒᆞ미라.
제7조 租稅를 課徵ᄒᆞᆷ과 및 經費를 支出ᄒᆞ믄 다 度支衙門을 由ᄒᆞ야 管轄ᄒᆞ미라
제8조 王室費用을 率先節減ᄒᆞ야ᄡᅥ 各衙門及 地方官의 模範을 되게 ᄒᆞ미라
제9조 王室費 及 各官府費用에 一年額算을 豫定ᄒᆞ야 財政基礎를 確立ᄒᆞ미라
제10조 地方官制를 亟히 改定ᄒᆞ믈 行ᄒᆞ야ᄡᅥ 地方官吏職權을 限節ᄒᆞ미라
제11조 國中聰俊子弟를 廣ᄒᆞ게 派遣ᄒᆞ믈 行ᄒᆞ야ᄡᅥ 外國學術과 技藝를 傳習ᄒᆞ미라
제12조 將官을 敎育ᄒᆞ고 兵을 徵ᄒᆞᄂᆞᆫ 法을 用ᄒᆞ야 軍制基礎를 確定ᄒᆞ미라
제13조 民法과 刑法을 嚴明ᄒᆞ게 制定ᄒᆞ고 可히 監禁과 懲罰을 濫行치 말아ᄡᅥ 人民의 生命 及 財産을 保全ᄒᆞ미라
제14조 人을 用ᄒᆞ미 門地를 拘치 아니ᄒᆞ고 士를 求ᄒᆞ미 野에 遍及ᄒᆞ야 ᄡᅥ 人才의 登庸을 廣ᄒᆞ게 ᄒᆞ미라

2. 대한국국제

'大韓國國制'는 대한제국이 1899년 반포하여(반포3.17. 관보 게재 광무3년8.22.), '國' 즉 국가법규의 大頭腦·大關鍵(奏本 참조)을 '制'('制'는 황제 天子의 법이며, 왕의 명령인 '敎'와 구분됨) 즉 황제의 명령으로 정한(헌법前文에 해당하는 奏本과 9개조) 國憲인 欽定헌법이다.[22] 大韓의 나라인 '大韓國'은 500년 역사를 지닌 세계만방공인의 자주독립제국이며(제1조), 大韓帝國은 전제정체(제2, 3조), 大韓國大皇帝는 무한의 군권을 향유하는 공법의 자립정체이고(제3조) 大韓國臣民의 대황제 군권 侵損 행위는 신민의 도리를 잃은 자로 논한다(제4조). 군주주권의 주권자인 대한국대황제는 국내육해군 통솔, 군편제, 계엄권(제5조), 自定律例權으로서 법률제정·반포·집행, 대사·특사·감형·복권의 권한(제6조), 自行治理權으로서 행정各府部 관제, 행정상 各項勅令 발령권(제7조), 自選臣工權으로서 문무관 黜斥任免, 작위·훈장·영전 수여 및 褫奪權(제8조), 自遣使臣權으로서 체약국에 사신파견, 선전강화, 조약체결권 등을 갖는다(제9조). '대한국 국제'는 일본 제국주의 시기의 명치헌법과 블룬칠리의 公法會通(Johann.C.Bluntschli, Das moderne V lkerrecht der zivilisierten Staaten, als Rechtsbuch darsgestellt(문명제국의 현대국제법, 公法會通), N rdlingen, 1872.)을 참조하는 등(제3조)[23] 홍범14조의 개혁 의도를 찾기 어렵게 된 흠정헌법에 근사하였다.[24]

대한국국제 (『구한국관보』 광무 3. 8. 22.)

第一條 大韓國은 世界萬國의 公認되온 바 自主獨立ᄒᆞ온 帝國이니라
第二條 大韓帝國의 정치ᄂᆞᆫ 由前則五百年 傳來ᄒᆞ시고 由後則亘萬世不變ᄒᆞ오실 專制政治이니라
第三條 大韓國 大皇帝게읍셔ᄂᆞᆫ 無限ᄒᆞ온 君權을 享有ᄒᆞ읍시ᄂᆞ니 公法에 謂ᄒᆞᆫ 바 自立政體이니라
第四條 大韓國臣民이 大皇帝의 享有ᄒᆞ읍시ᄂᆞᆫ 君權을 侵損ᄒᆞᆯ 行爲가 有ᄒᆞ면 其已行未行을 勿論ᄒᆞ고 臣民의 道理를 失ᄒᆞᆫ 者로 論ᄒᆞᆯ지니라
第五條 大韓國大皇帝게 읍셔ᄂᆞᆫ 國內陸海軍을 統率ᄒᆞ읍셔 編制를 定ᄒᆞ읍시고 戒嚴解嚴을 命ᄒᆞ읍시ᄂᆞ니라
第六條 大韓國 大皇帝게 읍셔ᄂᆞᆫ 法律을 制定ᄒᆞ읍셔 其頒布와 執行을 命ᄒᆞ읍시고 萬國의 公共ᄒᆞᆫ 法律을 效倣ᄒᆞ샤 國內法律도 改定ᄒᆞ읍시고 大赦 特赦 減刑 復權을 命ᄒᆞ읍시ᄂᆞ니 公法에 謂ᄒᆞᆫ 바 自定律例이니라
第七條 大韓國 大皇帝게읍셔ᄂᆞᆫ 行政各府部의 官制와 文武官의 俸給을 制定 或 改正ᄒᆞ읍시고 行政上 必要ᄒᆞᆫ 各項 勅令을 發ᄒᆞ읍시ᄂᆞ니 公法에 謂ᄒᆞᆫ 바 自行治理이니라
第八條 大韓國 大皇帝게읍셔ᄂᆞᆫ 文武官의 黜陟任免을 行ᄒᆞ읍시고 爵位勳章及 其他榮典을 授與 或 遞奪ᄒᆞ읍시ᄂᆞ니 公法에 謂ᄒᆞᆫ 바 自選臣工이니라
第九條 大韓國 大皇帝게읍셔ᄂᆞᆫ 各有約國에 使臣을 派送駐紮케 ᄒᆞ읍시고 宣戰 講和及 諸般約條를 締結ᄒᆞ읍시ᄂᆞ니 公法에 謂ᄒᆞᆫ 바 自遣使臣이니라

大韓國國制와 高宗■ 흠정헌법 '대한국국제'는 일본 명치헌법의 한 부분을 이루었던 민권사상에도 불구하고, 인민의 권리·의무를 정하는 기본권규정을 두지 않아 근대적 입헌주의헌법에 이르지 못했다. 중앙과 지방제도개혁을 大君主萬能統領에 환원시키고, 입법·행정·사법등 대권의 대황제 귀속 등으로 삼권분립을 배척하고, 근대적 재판제도를 폐지하면서 大皇帝裁判大權을 인정하고, 육해군통수권 등의 군주주권에의 귀속을 강화하는 등의 현상을 답습한 점에서, 황실·양반관리의 전제군주제 헌법이었다.[25]

■ 高宗 尊號는 1864년 登極 '조선국 왕 전하', 1895년 독립 誓告 '조선국 대군주 폐하', 1897년부터 '대한제국 황제 폐하', 1907년 양위 '대한제국 태황제 폐하', 1910년 國亡 '일본의 속국 조선 이태왕 전하' 등이다. 檀君王儉의 古朝鮮 건국 BC2333년을 元年으로 하는 年號가 檀紀다. '年號에관한법률'1961.12.2. 부칙 제3항 '대한민국 공용연호는 서력기원으로 하며, 공문서 중 단기로 표시된 연대는 당해 단기연대에서 2333년을 감하여 이를 서력연대로 간주한다.'

3. 대한제국과 일제기 헌법

대한제국大韓帝國은 1897년부터 1910년까지 13년의 기간 존속하여, '조선'朝鮮과 같은 '왕국'이 아닌, 황제皇帝의 '제국'帝國이라는 국호를 쓴 국가이다. 고종은 1897년(고종34년 建陽2년 李太祖 조선개국 506년) 연호를 광무光武로 하고(504회 紀元節 8.15.부터 순종 즉위년 1907.8.27.까지), 10월 12일 국호를 '대한제국'大韓帝國으로 바꾸어, '조선국' '왕'에서 '대한제국' 황제

皇帝를 칭하여 자주독립의 의지를 표명하나, 1904년 일제의 군권, 경찰권, 외교권 탈취, 1905년 을사乙巳늑약(1905. 11.17.)의 통감부지배, 1910년 8월 22일 한일병합조약 체결, 29일 늑약(勒約, 억지로 맺은 조약) 공표로 국권을 상실한 조선은 대한제국의 이름으로 종언을 고한다(명치천황칙령은 대한제국 국호를 '조선'으로 바꾸어 공표했다). 일제시대에 들어서는 조선총독부 總督制令의 武斷 헌병통치와 依用법제로 지배되는 일제 명치헌법의 시기가 해방 때까지 이어진다. 일본이 1910.8.29. 한일합병조약을 체결한 날의 帝令 제1호 '조선에 있어서의 법령의 효력에 관한 건'은 조선에서 그 효력을 상실할 제국법령 및 대한제국 법령은 당분간 조선총독이 발한 명령으로서 효력을 가진다 하고, 1948.7.17. 대한민국헌법 제100조는 '현행 법령은 이 헌법에 저촉되지 아니하는 한 효력을 가진다' 하여 대한제국법령이 일제식민지시대의 법령, 미군정법령 등을 통하여 그 각 시대의 국가가 규범적 연속성을 유지할 수 있도록 하였다. 이 같은 규범적 연속성 위에서, 대한민국정부의 '일제강점하반민족행위진상규명에관한특별법'은 친일반민족행위(일본제국주의의 국권침탈이 시작된 러·일전쟁 개전시부터 1945년 8월 15일까지 행한 각 해당 행위)를 현행 국법을 기준으로 재단할 수 있도록 규정할 수 있게 되었다.

친일반민족행위자 친일재산의 국가귀속 러·일전쟁 개전시부터 1945년 8월 15일까지 친일반민족행위자가 취득한 재산을 친일행위대가로 취득한 재산으로 추정하는 '추정조항'(친일반민족행위자 재산의 국가귀속에 관한 특별법(친일재산귀속법) 제2조 제2호 후문)은 **합헌이며**(친일재산보유의 보장 자체가 정의 관념에 반하고, 친일행위대가로 취득한 재산이 아님이 입증되면 언제든 추정을 번복시킬 수 있어 재판청구권, 적법절차원칙에 반하지 않는다), '친일반민족행위자('일제강점하 반민족행위 진상규명에 관한 특별법'(반민족규명법)이 정한 유형의 친일반민족행위 중 사안이 중대하고 범위가 명백한 행위(제2조 제6호 내지 제9호)를 한 자)의 친일재산취득·증여 등 원인행위시 국가소유로 하는 '귀속조항'(제3조 제1항 본문)은 **합헌이다**(일본제국주의에 저항한 3·1운동의 헌법이념구현 및 귀속대상한정, 일제강점하에서 민족독립쟁취운동에 의욕적 능동적으로 관여한 자라는 뜻으로 그 의미를 넉넉히 파악할 수 있는 '독립운동'에 적극 참여한 자는 예외 등으로 헌법 제13조 제2항이나 재산권침해가 아니다. 일부위헌의견: 귀속조항은 별도의 헌법적 근거 없이 진정소급입법에 의하여 재산권을 박탈하므로, 4·19민주혁명과 5·16군사쿠데타를 거치면서 각종 소급입법에 의한 정치적·사회적 보복이 반복되어 온 헌정사를 바로잡기 위하여 도입된 것으로서 예외를 두지 않는 절대적 금지명령인 헌법 제13조 제2항에 위반된다)(헌재 2011.3.31. 2008헌바111등; 2011.3.31. 2008헌바141등; 2011.11.24. 2009헌바292). 친일재산의 소급적 국가귀속이 헌법에 위반되지 않는 이상(헌재 2011.3.31. 2008헌바141등), 재산조사위원회의 국가귀속결정 또는 친일재산확인결정은 당해 재산이 친일재산에 해당한다는 사실을 확인하는 이른바 준법률행위적 행정행위의 성격이고(대법원 2016.11.9. 2014두3228; 2008.11.13. 2008두13491), 친일재산 소유권이 국가에 귀속된 시점 이후에 그 재산이 제3자에게 처분되었다는 사정(내지 당사자가 그 재산의 처분대가를 모두 소비하였거나 무자력이라는 사정)은 친일반민족행위자 등의 개인적이고 우연한 사정에 불과하기에, 친일재산의 국가 귀속 조항은 **합헌이다**(과잉금지원칙 위반의 재산권침해라 할 수 없다)(헌재 2018.4.26. 2016헌바454).

반민족규명법의 친일반민족행위결정 입법자가 '일제로부터 작위를 받거나 이를 계승한 행위'를 친일반민족행위에 포함시키기 위한 취지에서 구 법을 규정하였으나, 문언해석상 논란이 있자 현행조항과 같이 개정하면서, 불가피한 입법적 결단을 한 것이어서 적법절차원칙 등에 위반된다 볼 수 없으며, 이렇게 판단한 법원의 확정판결이 그대로 유지될 수 있게 됨으로써 반민족행위결정의 적법여부를 둘러싼 법적 분쟁이 최종적·확정적으로 **종결되었다**(심판대상조항이 적용되어 반민족규명위원회가 구'반민족규명법'에 따라 행한 친일반민족행위결정(종전 결정)은 현행법에 의하여 이루어진 것으로 의제되기에, 이 사건 경과조치조항에 따라 현행법이 적용되어 종전 결정이 적법하게 되는 경우는 당해사건과 같이 현행 친일재산귀속법의 시행일 당시 종전 결정의 효력을 다투는 항고소송이 계속 중인 경우뿐인데, 이 경우, 법원은 계속중인 소송에서 경과조치조항에 따라 현행법을 적용하여 종전 결정의 적법여부를 판단하여 청구기각판결을 선고할 수 있어, 처분상대방과 유족 등 이해관계인의 법적 지위가 종전보다 불이익하게 변경된다는 점만으로 곧바로 경과조치조항이 적법절차원칙에 위반된다 보기 어렵고, 새롭게 반민족규명위원회를 조직하여 모든 절차를 다시 거치도록 함은 무용한 절차를 반복하고 처분상대방 등의 법적 지위를 장기간 불안정하게 하기에, 반민족규명법의 입법목적 관철을 위하여 과거의 행위를 법적으로 재평가하는 매우 특수하고 이례적인 공동체적 과업의 계속수행과정에서 역사적 과업이 더 이상 지체되지 않도록 한 것이다)(헌재 2018.4.26. 2016헌바454; 2018.4.26. 2016헌바453; 2013.7.25. 2012헌가1).

[二] 대한민국임시정부 헌법

1. '대한민국임시헌장'과 '상해 대한민국임시정부'

1919년 3·1독립운동 후 중국 上海(揚子江 河口 프랑스 조계)에서 조선민족의 신임으로, 각 도 대의원 29인이 大韓民國臨時議政院을 개원[410], 최초의 헌법 '大韓民國臨時憲章'(민국 원년 임시정부법령 제1호 1919.4.11., 제정, 시행)을 선포하여[411], 제0조, 선서문, 政綱 순으로 평등권, 자유권, 선거권·피선거권, 의무, 평화주의, 생명형, 공창제폐지 등을 규정하면서 '상해 대한민국임시정부'(Provisional Government of the Republic of Korea, 1919.4.13.~1948.8.15.)를 수립하고 그 제1조에서 '大韓民

國은 民主共和制로 함'이라 하여,[26] 비록 임시정부이기는 하나 그리고 '대한민국은 舊皇室을 우대함'이라 함으로써 근세적 국체 관념에 머물렀지만, 대한민국 건국의 기반을 근대적 국체로 하여 대한제국의 신민에서 대한민국의 인민 즉 국민으로서 비록 주권, 국민, 영토는 미비되었지만, 이를 광복 대한민국의 제헌헌법에 법통으로 계승할 수 있게 하였다.[27]

大韓民國臨時憲章 제0조 신인일치로 중외협응하야 한성에 기의한지 삼십유일에 평화적 독립을 삼백여주에 광복하고 국민의 신임으로 완전히 다시 조직한 임시정부는 항구완전한 자주독립의 복리로 아자손려민에 세전키 위하여 임시의정원의 결의로 임시헌장을 선포하노라. 宣誓文 존경하고 경애하는 아이천만 동포 국민이여. 민국 원년 삼월일일 아 대한민족이 독립선언함으로부터 남과 여와 노와 소와 모든 계급과 모든 종파를 물론하고 일치코 단결하야 동양의 독일인 일본의 비인도적 폭행하에 극히 공명하게 극히 인욕하게 아 민족의 독립과 자유를 갈망하는 사와 정의와 인도를 애호하는 국민성을 표현한지라 금에 세계의 동정이 흡연히 아 집중하였도다. 차시를 당하야 본정부일전국민의 위임을 수하야 조직되었나니 본정부일전국민으로 더불어 전심코 육력하야 임시헌법과 국제도덕의 명하는바를 준수하야 국토 광복과 방기확고의 대사명을 과하기를 자에 선언하노라. 국민 동포이여 분기할지어다. 우리의 유하는 일적의 혈이 자손만대의 자유와 복락의 가이요. 신의 국의 건설의 귀한 기초이니라. 우리의 인도일 마침내 일본의 야만을 교화할지요. 우리의 정의일 마침내 일본의 폭력을 승할지니 동포여 기하야 최후의 일인까지 투쟁할지어다. 政綱 1. 민족평등 국가평등 급 인류평등의 대의를 선전함.…3. …4. 외국에 대한 권리의무는 민국정부와 체결하는 조약에 일의함.…5. 절대독립을 서도함.…6. 임시정부의 법령을 위월하는 자는 적으로 인함. 대한민국 원년 사월 일 대한민국임시정부 제1조 '大韓民國은 民主共和制로 함.' 제3조 '大韓民國의 人民은 男女 貴賤 及 貧富의 階級이 無하고 一切 平等임.' 제4조 '大韓民國의 人民은 信敎 言論 著作 出版 結社 集會 信書 住所 移轉 身體 及 所有의 自由를 享有함.' 제5조 '大韓民國의 人民으로 公民 資格이 有한 者는 選擧權 及 被選擧權이 有함.' 제6조 '大韓民國의 人民은 敎育 納稅 及 兵役의 義務가 有함.' 제7조 '大韓民國은 神의 意思에 依하여 建國한 精神을 世界에 發揮하며 進하야 人類의 文化 及 平和에 貢獻하기 위하야 國際聯盟에 加入함.' 제8조 '大韓民國은 舊皇室을 優待함' 제9조 '生命刑 身體刑 及 公娼制를 全廢함.' 제9조 '身體刑 及 公娼制를 全廢함.' 제10조 '임시정부는 국토회복후 만일개년내에 국회를 소집함.' 부칙〈임시정부법령 제1호, 1919.4.11.〉[『대한민국임시정부 議政院文書』(국회도서관 1974)]

2. 대한민국임시정부

상해 대한민국임시정부는 3·1독립운동 후 세워진 임시정부(러시아의 대한국민의회정부(1919. 3.27.), 기호 대한민간정부(1919. 4.1.), 서울 조선민국임시정부(1919. 4.10.), 길림 고려임시정부(1919. 4.15.), 平北 신한민국임시정부(1919. 4.17.) 등)에서 특히 노령露領(러시아의 시베리아 연해주 블라디보스토크Vladivostok) '대한국민의회'(1919. 3.17.), 서울 한성임시정부(1919. 4.23.)를 통합하여 9월 11일 '대한민국임시헌장'을 '대한민국임시헌법'으로 개정하면서 '大韓民國臨時政府'로 수립된 이후 상해광복투쟁(1919.9.~1932.5.), 유랑이동정부(1932.5.~1940.9. 杭州항주→鎭江진강→長沙장사→廣州광주→柳州유주→綦江기강), 중경정부(1940.9.~1945.8.) 등으로 존속해 왔다. 임시정부의 정부조직은 국무총리제(1919.4.~9. 통합전 임정), 대통령제(1919.9.~1925.7. 통합후 임정), 국무령제(1925.7.~1930.11.), 국무위원제(1930.11.~1940.10.) 등을 거친다. 수반은 李承晩(1~5대), 朴殷植(6), 李相龍(7), 洪震(8), 金九(9), 李東寧(10), 安秉祚(11), 梁起鐸(12), 李東寧(13~14), 金九(15~18) 등이었다.

3. 대한민국임시헌법(제1차개정 · 제2차개정)

'大韓民國臨時憲法'(民國元年 임시정부법령 제2호 제1차개정 1919.9.11. 시행 8장 57조)은 대한민국임시정부의 제1차개정헌법이다. 대한인민의 주권, 영토, 권력분립, 인민의 권리와 의무로 평등권, 종교·재산·언론·서신·거주이전 등의 자유, 불체포권·불수색권·선거권·피선거권·입법부청원권·소송재판권·행정관서소원권·공무취임권 등의 권리, 납세·병역·보통교육의무 등을 규정한다. 대한민국임시정부의 제2차개정헌법은 大韓民國臨時憲法(민국7년 임시정부법령 제3호 제2차개정 1925.7.7. 시행)이다. '대한민국은 민주공화국으로서 임시정부가 통치하며 광복운동 중에는 광복운동자가 전인민을 대표한다.' '국무령과 국무원으로 조직한 국무회의의 결정으로 행정과 사법을 통판統辦한다'(제4조). '임시의정원은 의원으로 조직한 입법기관이다'(제18조) 등 외에 국민의 권리와 자유, 의무 규정은 삭제되었다.

대한민국임시헌법(제1차개정헌법) 전문:我대한인민은 아국이 독립국임과 아민족이 자유민임을 선언하도다. 차로써 세계만방에 고하야 인류평등의 대의를 극명하였으며 차로써 자손만대에 고하야 민족자존의 정권을 영유케 하였도다. 반만년 역사의 권위를 대하야 2천만 민족의 성충을 합하야 민족의 항구여일한 자유 발전을 위하야 조직된 대한민국의 인민을 대표한 임시의정원은 민의를 체하야 원년(1919) 4월 11일에 발포한 10개조의 임시헌장을 기본삼아 본임시헌법을 제정하야 써 공리를 창명하여공익을 증진하며 국방 급 내치를 주비하며 정부의 기초를 견고하는 보장이 되게 하노라. 제1장 總領(제1조~제7조), 제2장 인민의 권리와 의무(제8조~제10조), 제3장 임시대통령(제11조-제17조), 제4장 임시의정원(제18조-제34조), 제5장 국무원(제35조-제41조), 제6장 법원(제42조-제47조), 제7장 재정(제48조-제54조), 제8장 보칙(제55조-제58조)/대한민국의 疆土는 舊韓國의 版圖로 함(제3조). 大韓民國의 人民은 一切 平等함(제4조). 대한민국의 입법권은 議政院이 행정권은 國務院이 사법권은 法院이 행사함(제5조). 대한민국의 주권행사는 헌법규범 내에서 임시대통령에게 全任함(제6조). 大韓民國의 人民은 法律範圍內에서 左例 各項의 自由를 享有함(제8조), 左列 各項의 權利를 有함(제9조). 左列 各項의 義務를 有함(제10조). 임시대통령은 국가를 대표하고 정무를 총감하며 법률을 공포하며(제11조) 임시의정원은 대한민국인민으로 중등이상 교육을 수한 만33세이상 된 의원으로 조직하여(제18조·제19조) 일체법률안을 의결한다(제21조 제1호). 국무원은 법률 명령 관제 관규에 관한 사항을 정한다(제36조 제1항). 국무총리와 각부총장과 노동국총판을 國務員이라 칭하며 임시대통령을 보좌하며 법률 및 명령에 의하여 주관행정사무를 집행한다(제37조). 법원은 사법관으로 조직한다(제42조).

대한민국임시헌법(제2차개정헌법) 제1장 대한민국(제1조~제3조), 제2장 임시정부(제4조-제17조), 제3장 임시의정원(제18조~제26조), 제4장 광복운동자(제27조~제28조), 제5장 회계(제29조~제31조), 제6장 보칙(제32조~제35조)

4. 대한민국임시약헌(제3차개정 · 제4차개정)

大韓民國臨時約憲(민국9년 임시정부법령 제4호 제3차개정 1927.4.11. 시행) 제1조 '대한민국은 민주공화국이라 국권은 인민에게 있음 광복 완성 전에는 국권이 광복운동자 전체에 있음', 大韓民國臨時約憲(민국22년 임시정부법령 제5호 제4차개정 1940.10.9. 시행) '제1조 대한민국의 주권은 국민에게 있되, 광복 완성 전에는 광복운동자 전체에게 있다' 규정한다.

대한민국임시약헌(제3차개정헌법) 제1장 총강(제1조~제4조), 제2장 임시의정원(제5조~제27조), 제3장 임시정부(제28조~제45조), 제4장 회계(제46조~제48조), 제5장 보칙(제49조~제50조) 제2조 대한민국의 최고권력은 임시의정원에 있음 광복운동자의 대단결인 당이 완성된 때에는 국가의 최고권력이 이 당에 있음 제3조 대한민국의 인민은 법률상 평등이며 일체 자유와 권리가 있음 제4조 대한민국의 인민은 조국을 광복하며 사회를 개혁하며 약헌과 법령을 수하며 병역에 복하며 조세를 납하는 일체 의무를 짐. 제5조 임시의정원은 대한민국 인민의 직접선거한 의원으로 조직함 내지 각 선거구에서 선거할 수 없을 때는 각 해 선거구에 원적을 두고 임시정부 소재지에 교거하는 광복운동자가 각 해구 선거인의 선거권을 대행할 수 있음. 제28조 임시정부는 국무위원으로 조직한 국무회의의 의결로 국무를 총판함. 제46조 조세와 세율은 법률로 정함

대한민국임시약헌(제4차개정헌법) 제1장 총강(제1조~제3조), 제2장 임시의정원(제4조~제22조), 제3장 임시정부(제23조~제37조), 제4장 회계(제38조~제40조), 제5장 보칙(제41조~제42조) 제2조 대한민국의 인민은 일체 평등하며, 또한 법률의 범위 내에서 자유 및 권리를 가진다. 제3조 대한민국의 국민은 조국광복, 사회개혁, 헌법 및 법령의 준수, 병역의 복무, 납세의 일체 의무를 진다. 제4조 임시의정원은 대한민국 국민의 직접선거에 의하여 선출된 의원으로 구성한다. 제23조 임시정부는 국무위원회 主席 및 국무위원으로 조직한다.

5. 대한민국임시헌장(제5차개정)

대한민국임시헌장(민국26년 임시정부법령 제6호 제5차개정 1944.4.22. 시행)은 '대한민국은 민주공화국임'(제1조) '대한민국의 강토는 대한의 고유한 판도로 함'(제2조) '대한민국의 인민은 원칙상 한국민족으로 함'(제3조) '대한민국의 주권은 인민전체에 있음. 국가가 광복되기 전에는 주권이 광복운동자 전체에 있음'(제4조). 제2장 인민의 권리와 의무(제5조-제8조)에서 언론 · 파업 · 신앙 · 거주 · 여행 · 통신비밀 · 취학 · 취직 · 부양 · 선거권 · 피선거권 · 공소권 · 사소권私訴權 · 청원권 · 신체 · 가택권 · 불수색권 · 재산권 등을 규정하고 조국광복 · 헌장과 법률준수 · 병역과 공역복무 · 국세납입 등 의무를 지닌다.

大韓民國臨時憲章(제5차개정헌법) 전문: 우리 민족은 우수한 전통을 가지고 스스로 개척한 강토에서 유구한 역사를 통하여 국가생활을 하면서 인류의 문명과 진보에 위대한 공헌을 하여왔다. 우리 국가가 강도 일본에게 패망된 뒤에 전민족은 오매에도 국가의 독립을 갈망하였고 무수한 선렬들은 피와 눈물로써 민족자유의 회복에 노력하여 3·1대혁명에 이르러 전민족의 요구와 시대의 추향에 순응하여 정치, 경제, 문화, 기타 일체 제도에 자유, 평등 및 진보를 기본정신으로 한 새로운 대한민국과 임시의정원과 임시정부가 건립되었고 아울러 임시헌장이 제정되었다. 이에 본원은 25년의 경험을 적하여 제36회 의회에서 대한민국임시헌장을 凡7章 共62條로 改修하였다. 제1장 총강(제1조-제4조), 제2장 인민의 권리와 의무(제5조-제8조), 제3장 임시의정원(제9조-제28조), 제4장 임시정부(제29조-제44조), 제5장 심판원(제45조-제56조), 제6장 회계(제57조~제60조), 제7장 보칙(제61조-제62조) 제5조 大韓民國의 人民은 左列 各項의 自由와 權利를 享有함 1. 言論 出版 集會 結社 罷業 及 信仰의 自由 2. 居住 旅行 及 通信秘密의 自由 3. 法律에 依하여 就學 就職 及 扶養을 要求하는 權利 4. 選擧 及 被選擧權의 權利 5. 公訴 私訴 及 請願을 提出하는 權利 6. 法律에 依하지 않으면 身體의 搜索 逮捕 監禁 審問 惑 處罰을 받지않는 權利 7. 法律에 依하지 않으면 家宅의 侵入 搜索 出入制限 或 封閉를 받지않는 權利 8. 法律에 依하지 않으면 財產의 沒收 或 抽稅를 받지 않는 權利 제6조 大韓民國의 人民은 左列各項의 義務가 있음 1. 祖國을 光復하고 韓族을 復興하고 民主政治를 保衛하는 義務 2. 憲章과 法律을 遵守하는 義務 3. 兵役과 公役에 服務하는 義務 4. 國稅를 納入하는 義務 제7조 인민의 자유와 권리를 제한 혹 박탈하는 법률은 국가의 안전을 보위하거나 사회의 질서를 유지하거나 혹은 공공리익을 보장하는데 필요한 것이 아니면 제정하지 못함. 제8조 광복운동자는 조국광복을 유일한 직업으로 인하고 간단없이 노력하거나 우는 간접이라도 광복사업에 정력 혹 물력의 실천공헌이 있는 자로 함 단 광복운동에 위해를 가하는 행위가 있을 시에는 광복운동자의 자격을 상실함

[三] 대한민국과 법통 계승

대한민국은 대한민국 임시정부의 법통을 계승하고 독립유공자의 희생과 공헌을 바탕으로 건국이 된 것이므로(독립유공자예우에 관한 법률 제2조), 대한민국의 법통 계승의 헌법 전문의 정신은 독립운동과 독립운동자에 대한 국가적 보호를 요구한다. 대한민국이 대한민국임시정부의 법통 계승을 천명하나 사실상 조선인을 보호해 줄 조국이 없던 상황에서 발생한 피해에 경제적 지원을 해야 하는지 등은 제반상황을 고려한 구체적 입법형성의 시혜적 조치(헌재 2011.2.24. 2009헌마94 구 '태평양전쟁 전후 국외강제동원희생자 등 지원에 관한 법률'의 위로금 등 지원), 국민이 부담하는 세금을 재원으로 하는 시혜(헌재 2015.12.23. 2011헌바139 '대일항쟁기 강제동원 피해조사 및 국외강제동원 희생자 등 지원에 관한 특별법')이다. 일제에 의하여 강제로 동원되어 성적 학대를 받으며 위안부로서의 생활을 강요당한 일본군 '위안부' 피해자들이 일본국에 대하여 가지는 배상청구권이 한일청구권협정에 의하여 소멸되었는지 여부도 문제되었다. 일제기인 1945.8.6. 일본 히로시마, 8.9. 나가사키에 투하된 원자폭탄에 의해 피폭을 당한 한국인 원폭피해자들이 일본국에 대하여 가지는 원폭피해자로서의 배상청구권이 '대한민국과 일본국 간의 재산 및 청구권에 관한 문제의 해결과 경제협력에 관한 협정'(조약 제172호 제2조 제1항)에 의하여 소멸되었는지도 문제되었다.

일제강점기 독립유공자 예우 순국선열 또는 1945.8.14. 이전에 사망한 애국지사의 손자녀에는 보상금수급권을 인정하면서 그 이후 사망자의 손자녀에게는 인정하지 않는 것은 합헌이다(독립유공자인 순국선열은 일제의 국권침탈 전후로부터 1945년 8월 14일까지 국내외에서 일제의 국권침탈을 반대하거나 독립운동을 위하여 일제에 항거하다가 그 반대나 항거로 인하여 순국한 자(독립유공자예우에 관한 법률 제4조 제1호), 애국지사는 일제의 국권침탈 전후로부터 1945년 8월 14일까지 국내외에서 일제의 국권침탈을 반대하거나 독립운동을 위하여 일제에 항거한 사실이 있는 자(제2호)로서, '독립유공자가 1945.8.14. 이전에 사망하였을 것'을 손자녀에 대한 보상금수급권 요건으로 정한 경우, 이에 해당하는 독립유공자는 순국선열 또는 1945.8.14. 이전에 사망한 애국지사인 바, 순국선열은 독립운동으로 인하여 순국한 자이므로 애국지사보다는 공헌이나 희생의 정도가 더 크다는 점에서, 애국지사는 1945.8.14. 이전에 사망한 경우 유족들이 받은 생활의 어려움이 더 컸을 것이었고, 또한 '독립유공자예우에 관한 법률'상 보상이 국가보은적 성격과 사회보장적 성격을 가지는 점을 고려했을 때 합리적 차별의 이유가 있어 자의적 차별로의 평등권 침해가 아니다)(헌재 2011.4.28. 2009헌마610).

일제강점기 국외강제동원자 보상 일제에 의하여 국외로 강제동원되어 부상으로 장해를 입은 희생자나 그 유족의 위로금지급에서 1947년 8월 15일부터 1965년 6월 22일까지 계속하여 일본에 거주한 사람을 지급대상에서 제외하는 '국외강제동원자지원법'은 합헌이다(일본거주자의 대일청구권은 '대한민국과 일본국 간의 재산 및 청구권에 관한 문제의 해결과 경제협력에 관한 협정'(1965.12.18. 조약 제172호 한일청구권협정)의 일괄타결대상에서 배제되어 이들에 대한 보상, 지원은 1차적 책임이 있는 일본국의 '평화조약 국적이탈자 등의 전몰자유족 등에 대한 조위금 등의 지급에 관한 법률'(2000년)에 따라 받을 수 있는 등 합리적 이유가 있어 평등원칙 위반이 아니다)(헌재 2015.12.23. 2011헌바55). 사할린지역 강제동원피해자의 일정 사유에 한하여 국외강제동원 희생자로 함은 합헌이다(1938년 4월 1일부터 1990년 9월 30일까지의 기간중 또는 국내로 돌아오는 과정에서 사망하거나 행방불명된 사람에 대해서만 인정하는 것은 평등원칙, 정의·인도와 동포애로써 민족의 단결을 공고히 하는 헌법전문 정신, 재외국민 보호의무에 위반되지 않는다)(헌재 2015.12.23. 2013헌바11). 일제에 의하여 군무원으로 강제동원되어 그 노무제공의 대가를 지급받지 못한 미수금 지원금 또는 위로금 등은 강제동원희생자와 그 유족 등에 대한 인도적 차원의 시혜적 금전급부이다(헌재 2015.12.23. 2009헌바317; 2015.12.23. 2010헌마620).

일본군 '위안부' 피해자 보상 일본군 '위안부' 피해자가 일본에 대하여 가지는 배상청구권이 한일청구권협정에 의하여■ 소멸되었는지 여부에 관한 한·일 양국 간 해석상 분쟁이 존재하며 한일청구권협정이 정한 절차에 따라 해결하지 아니하고 있는 부작위는 헌법에 위반하여 일본군 '위안부' 피해자의 기본권을 침해하는 위헌임을 확인한다(대한민국과 일본국 간의 재산 및 청구권에 관한 문제의 해결과 경제협력에 관한 협정(1965.6.22. 체결 1965.12.18. 발효, 조약 제172호 제2조 제1항에 의하여 일본국은 일본에 대한 배상청구권이 소멸되었다는 입장인 반면 우리 정부의 입장은 배상청구권은 한일청구권협정에 의하여 해결된 청구권에 관한 문제에 포함되지 않았다 하여, 한일청구권협정 제3조에 따라 분쟁해결의 절차로 나아갈 의무는 헌법에서 유래하는 작위의무로서 그것이 법령에 구체적으로 규정되어 있는 경우이므로(반대의견:헌법 제10조 국민의 인권을 보장할 의무, 제2조 제2항 재외국민 보호의무, 헌법 전문 중 '3·1운동으로 건립된 대한민국임시정부의 법통을 계승' 부분은 국가의 국민에 대한 일반적·추상적 의무 내지 국가의 기본적 가치질서를 선언한 것일 뿐, 그 조항 자체로부터 국가의 국민에 대한 구체적 작위의무가 나올 수 없음은 헌법재판소의 확립된 판례이고, 헌법과 법률 규정 및 그에 관한 헌법적 법리해석의 한계를 넘어서까지 피청구인에게 외교적 문제해결을 강제할 수는 없음은 권력분립원칙상 헌법재판소가 지켜야 하는 헌법적 한계다), 일본군 '위안부' 피해는 일본과 일본군에 의해 강제로 동원되고 그 감시 아래 일본군의 성노예를 강요당한 것에 기인하는 것으로, 달리 그 예를 발견할 수 없는 특수한 피해이고, 일본에 의하여 광범위하게 자행된 반인도적 범죄행위에 대하여 일본군 '위안부' 피해자들이 일본에 대하여 가지는 배상청구권의 실현을 가로막는 것은 헌법상 재산권 문제에 국한되지 않고 근원적인 인간으로서의 존엄과 가치의 침해와 직접관련이 있다)(헌재 2011.8.30. 2006헌마788). **'대한민국 외교부장관과 일본국 외무대신이 2015.12.28. 공동발표한 일본군 위안부 피해자 문제 관련 합의 내용'은 절차·형식·실질에 있어서 구체적 권리·의무의 창설이 인정되지 않고, 이를 통해 일본군 '위안부' 피해자들의 권리가 처분되었다거나 대한민국 정부의 외교적 보호권한이 소멸하였다 볼 수 없어 헌법소원심판청구의 대상이 되지 않는다**(청구인들 즉 일제에 의하여 강제로 동원되어 성적 학대를 받으며 '위안부'로서의 생활을 강요당한 일본군 '위안부' 피해자, 생존한 일본군 '위안부' 피해자의 자녀 또는 사망한 일본군 '위안부' 피해자의 자녀의 헌법소원심판청구는 각하한다)(헌재 2019.12.27. 2016헌마253).

■ 대한민국과 일본국 간의 재산 및 청구권에 관한 문제의 해결과 경제협력에 관한 협정(조약 제172호, 1965.6.22. 체결, 1965.12.18. 발효) 제2조 1. 양 체약국은 양 체약국 및 그 국민(법인을 포함)의 재산, 권리 및 이익과 양 체약국 및 그 국민간의 청구권에 관한 문제가 1951년 9월 8일에 샌프런시스코우시에서 서명된 일본국과의 평화조약 제4조 (a)에 규정된 것을 포함하여 완전히 그리고 최종적으로 해결된 것이 된다는 것을 확인한다. 2. 본조의 규정은 다음의 것(본 협정의 서명일까지 각기 체약국이 취한 특별조치의 대상이 된 것을 제외한다)에 영향을 미치는 것이 아니다.(이하 생략). 제3조 1. 본 협정의 해석 및 실시에 관한 양 체약국간의 분쟁은 우선 외교상의 경로를 통하여 해결한다. 4. 양 체약국 정부는 본조의 규정에 의거한 중재위원회의 결정에 복한다.

한국인원폭피해자, 태평양전쟁전후 강제동원자 보상 한·일 양국 간 한국인원폭피해자, 태평양전쟁전후 강제동원자 보상에 관한 해석상 분쟁이 존재하여 협정 제3조가 정한 절차에 따라 해석상 분쟁을 해결하기 위한 조치를 취할 의무가 있음에도 이를 전혀 이행하지 아니하는 부작위는 위헌임을 확인한다(일본국은 청구권이 모두 소멸되었다며 배상을 거부하고, 대한민국정부는 청구인들의 배상청구권은 협정에 의하여 해결된 것이 아니라는 입장에 대한 법정의견 및 반대의견은 '일본군위안부 피해자 보상'(헌재 2011.8.30. 2006헌마788)의 내용과 같다)(헌재 2011.8.30. 2008헌마648). **태평양전쟁 전후 강제동원자에 대한 의료지원금 수급자격을 '국외' 강제동원자로 제한함은 입법재량범위를 넘는 자의적 차별이라 볼 수 없다**(대한민국이 일제하에서 발생한 피해에 경제적 지원을 해야 하는지 여부, 지원한다면 그 범위·수준의 설정 등의 문제는 기본적으로 국가재정부담능력이나 전체적 사회보장수준 등에 따라 결정하여야 할 광범위한 입법형성영역에 속한다. 국외 강제동원은 국내 강제동원보다 정신적·육체적 고통이 더 크며, 국내 강제동원자는 대규모로 추정되므로 그 지원에 소요되는 국가재정부담능력 등을 고려하여, 이 사건 법률조항들이 규정하는 위로금 및 의료지원금은 국가의 일방적 급부로서 헌법상 재산권의 보호대상에 포함되지 아니하며, 행정부에 국내 강제동원희생자에 대하여 보상절차를 취해야 할 헌법에서 유래하는 구체적 작위의무가 있다 볼 수 없다)(헌재 2012.7.26. 2011헌바352; 2011.12.29. 2009헌마182; 2011.2.24. 2009헌마94). **피청구인이 청구인들이 원하는 수준의 적극적인 노력을 펼치지 않았다 해도, 설사 그에 따른 가시적 성과가 충분하지 않다 해도, 청구권협정 제3조상 분쟁해결절차와 관련하여 피청구인이 작위의무를 이행하지 않았다 할 수 없기에, 작위의무불이행을 전제로 그것이 위헌임을 주장하는 심판청구는 부적법하다**((청구인인 일제에 의한 강제징용 등으로 사할린에 동원되었다가 그 후 대한민국에 영주귀국한 자 및 그 가족으로서 대한민국의 국적을 가진 자들이 일본국에 대하여 가지는 청구권이 청구권협정(제2조 제1항, 협정 원문은 46면 참조)에 의하여 소멸되었는지 여부에 관한 한·일 양국 간 해석상 분쟁을 법정절차에 따라 해결하지 아니하는 부작위의 기본권침해 여부인 심판대상은 헌법 전문, 제2조 제2항, 제10조와 협정 제3조의 문언에 비추어 볼 때 헌법에서 유래하는 작위의무로서 그것이 법령에 구체적으로 규정되어 있는 경우라 할 것이며, 그 장애상태를 제거하는 행위로 나아가야 할 구체적 의무가 있음을 부인하기 어려운 데, 우리 정부는 협의요청에 대한 성의 있는 대응을 촉구해 왔으며 현재에도 그 같은 기조가 철회된 바 없고 일본국 소속 회사가 경영하던 광산의 탄광 등에서 강제노동을 하면서 수령한 급여를 일본국에 우편저금이나 간이생명보험 형태로 강요에 의하여 적립하였지만, 아직까지 그 돈을 지급받지 못한 상태에서, 외교, 조약 기타 국제협정, 재외국민의 보호·지원 등에 관한 사무를 관장하는 국가기관인 피청구인을 상대로, 자신들이 일본국에 대하여 가지는 환불청구권과 배상청구권이 '대한민국과 일본국 간의 재산 및 청구권에 관한 문제의 해결과 경제협력에 관한 협정'에 의하여 소멸되었는지 여부에 관하여, 이미 소멸되었다고 보는 일본국과 소멸되지 않았다고 보는 대한민국 간에는 위 청구권에 관한 해석상 분쟁이 존재하므로, 피청구인은 제3조가 정한 절차에 따라 해석상 분쟁을 해결하기 위한 조치를 취할 의무가 있는데도 이를 전혀 이행하지 않은 부작위는 청구인들의 기본권을 침해하여 위헌이라는 확인을 구하는 헌법소원심판 청구에서, 제3조에 따라 분쟁해결의 절차로 나아갈 의무는 일본국에 의해 자행된 조직적이고 지속적인 불법행위에 의하여 인간의 존엄과 가치를 심각하게 훼손당한 자국민들이 청구권을 실현하도록 협력하고 보호하여야 할 헌법적 요청에 의한 것으로서, 그 의무의 이행이 없으면 청구인들의 기본권이 중대하게 침해될 가능성이 있으므로, 우리 정부가 직접 청구인들의 기본권을 침해하는 행위를 한 것은 아니지만, 일본에 대한 청구권의 실현 및 인간으로서의 존엄과 가치의 회복에 대한 장애상태가 초래된 것은 우리 정부가 청구권의 내용을 명확히 하지 않고 '모든 청구권'이라는 포괄적인 개념을 사용하여 이 사건 협정을 체결한 것에도 책임이 있다는 점에 주목한다면, 제3조상 분쟁해결절차를 언제, 어떻게 이행할 것인가에 관해서는, 국가마다 가치와 법률을 서로 달리하는 국제환경에서 국가와 국가 간 관계를 다루는 외교행위의 특성과 협정 제3조 제1항, 제2항이 모두 외교행위를 필요로 한다는 점을 고려할 때, 피청구인에게 상당한 재량이 인정되는 등의 사실을 종합한다)(헌재 2019.12.27. 2012헌마939).

한국인원폭피해자, 태평양전쟁전후 강제동원자 보상 한·일 양국 간 한국인원폭피해자, 태평양전쟁전후 강제동원자 보상에 관한 해석상 분쟁이 존재하여 협정 제3조가 정한 절차에 따라 해석상 분쟁을 해결하기 위한 조치를 취할 의무가 있음에도 이를 전혀 이행하지 아니하는 부작위는 위헌임을 확인한다((일본국은 청구권이 모두 소멸되었다며 배상을 거부하고, 대한민국정부는 청구인들의 배상청구권은 협정에 의하여 해결된 것이 아니라는 입장에 대한 법정의견 및 반대의견은 '일본군위안부 피해자 보상'(헌재 2011.8.30. 2006헌마788)의 내용과 같다)(헌재 2011.8.30. 2008헌마648). 태평양전쟁 전후 강제동원자에 대한 의료지원금 수급자격을 '국외' 강제동원자로 제한은 입법재량범위를 넘는 자의적 차별이라 볼 수 없다(대한민국이 일제하에서 발생한 피해에 경제적 지원을 해야 하는지 여부, 지원한다면 그 범위·수준의 설정 등의 문제는 기본적으로 국가재정부담능력이나 전체적 사회보장수준 등에 따라 결정하여야 할 광범위한 입법형성영역에 속한다. 국외 강제동원은 국내 강제동원보다 정신적·육체적 고통이 더 크며, 국내 강제동원자는 대규모로 추정되므로 그 지원에 소요되는 국가재정부담능력 등을 고려하여, 이 사건 법률조항들이 규정하는 위로금 및 의료지원금은 국가의 일방적 급부로서 헌법상 재산권의 보호대상에 포함되지 아니하며, 행정부에 국내 강제동원희생자에 대하여 보상절차를 취해야 할 헌법에서 유래하는 구체적 작위의무가 있다 볼 수 없다)(헌재 2012.7.26. 2011헌바352; 2011.12.29. 2009헌마182; 2011.2.24. 2009헌마94). 청구인인 일제에 의한 강제징용 등으로 사할린에 동원되었다가 그 후 대한민국에 영주귀국한 자 및 그 가족으로서 대한민국의 국적을 가진 자들이 일본국에 대하여 가지는 청구권이 청구권협정(제2조 제1항, 협정 원문은 46면 참조)에 의하여 소멸되었는지 여부에 관한 한·일 양국 간 해석상 분쟁을 법정절차에 따라 해결하지 아니하는 부작위의 기본권침해 여부인 심판대상은 헌법 전문, 제2조 제2항, 제10조와 협정 제3조의 문언에 비추어 볼 때 헌법에서 유래하는 작위의무로서 그것이 법령에 구체적으로 규정되어 있는 경우라 할 것이며, , 그 장애상태를 제거하는 행위로 나아가야 할 구체적 의무가 있음을 부인하기 어려운 데, 우리 정부는 협의요청에 대한 성의 있는 대응을 촉구해 왔으며(현재에도 그 같은 기조가 철회된 바 없다), 피청구인이 청구인들이 원하는 수준의 적극적인 노력을 펼치지 않았다 해도, 설사 그에 따른 가시적 성과가 충분하지 않다 해도 청구권협정 제3조상 분쟁해결절차와 관련하여 피청구인이 작위의무를 이행하지 않았다 할 수 없기에, 작위의 무불이행을 전제로 그것이 위헌임을 주장하는 심판청구는 부적법하다(일본국 소속 회사가 경영하던 광산의 탄광 등에서 강제노동을 하면서 수령한 급여를 일본국에 우편저금이나 간이생명보험 형태로 강요에 의하여 적립하였지만, 아직까지 그 돈을 지급받지 못한 상태에서, 외교, 조약 기타 국제협정, 재외국민의 보호·지원 등에 관한 사무를 관장하는 국가기관인 피청구인을 상대로, 자신들이 일본국에 대하여 가지는 환불청구권과 배상청구권이 '대한민국과 일본국 간의 재산 및 청구권에 관한 문제의 해결과 경제협력에 관한 협정'에 의하여 소멸되었는지 여부에 관하여, 이미 소멸되었다고 보는 일본국과 소멸되지 않았다고 보는 대한민국 간에는 위 청구권에 관한 해석상 분쟁이 존재하므로, 피청구인은 제3조가 정한 절차에 따라 해석상 분쟁을 해결하기 위한 조치를 취할 의무가 있는데도 이를 전혀 이행하지 않은 부작위는 청구인들의 기본권을 침해하여 위헌이라는 확인을 구하는 헌법소원심판 청구에서, 제3조에 따라 분쟁해결의 절차로 나아갈 의무는 일본국에 의해 자행된 조직적이고 지속적인 불법행위에 의하여 인간의 존엄과 가치를 심각하게 훼손당한 자국민들이 청구권을 실현하도록 협력하고 보호하여야 할 헌법적 요청에 의한 것으로서, 그 의무의 이행이 없으면 청구인들의 기본권이 중대하게 침해될 가능성이 있으므로, 우리 정부가 직접 청구인들의 기본권을 침해하는 행위를 한 것은 아니지만, 일본에 대한 청구권의 실현 및 인간으로서의 존엄과 가치의 회복에 대한 장애상태가 초래된 것은 우리 정부가 청구권의 내용을 명확히 하지 않고 '모든 청구권'이라는 포괄적인 개념을 사용하여 이 사건 협정을 체결한 것에도 책임이 있다는 점에 주목한다면, 제3조상 분쟁해결절차를 언제, 어떻게 이행할 것인가에 관해서는, 국가마다 가치와 법률을 서로 달리하는 국제환경에서 국가와 국가 간 관계를 다루는 외교행위의 특성과 협정 제3조 제1항, 제2항이 모두 외교행위를 필요로 한다는 점을 고려할 때, 피청구인에게 상당한 재량이 인정되는 등의 사실을 종합한다)(헌재 2019.12.27. 2012헌마939).

Ⅱ. 제헌헌법 제정과 대한민국 건국

[一] 제헌헌법의 성립

1. 광복과 미군정

1.1 조선민족의 해방과 미군정

대한국민은 카이로선언(1943.12.1. 미·영·중)에서 적당한 시기에 자유와 독립이 될 것임을 확인하고, 포츠담선언(1945.7.26. 미·영·중)에서 일본의 주권은 혼슈本州·홋카이도北海道·규슈九州·시코쿠四國와 연합국이 결정하는 諸 소도小島에 국한할 것임을 정하면서, 1945년 8월 15일 일제강점에서 해방되어 독립하여 광복을 찾지만, 1945.9.2. 한반도를 美·蘇 양군이 분할·점령하기로 하면서, 1945.9.9. 연합군 최고사령부 총사령관 더글러스 맥아더는 '태평양방면미국육군부대총사령부' 포고령*Proclamation* 제1호로 북위 38도선 이남에 '재조선미육군사령부군정청'(United States Army Military Government in Korea)의 군정(1945.9.9.발족~1948.8.15.) 선포, 조선주한미주둔군사령관 하지 중장, 군정장관 아놀드 소장, 각 부서국장의 미군장교 임명, 9.30. 국가비상선언(Declaration of National Emergency, 군정법령 제19호)으로 정부조직 정비, 10.11. 대법원장을 비롯한 39인의 韓人 법관 임명, 11.2. 군정법령 제21호로 북위 38도선 이남에 육군점령재판소(Military Occupation Courts) 설치, 대한민국임시정부의 金九(1876.7.11.(음)/8.29.(양)~1949.6.26.) 주석 등 요인들의 개인자격 환국이 이어진다.

> **미군정 선포** 맥아더(*Douglas MacArthur* 1880.1.26.-1964.4.5) 포고령 제1호는, (임의로 치안권·행정권을 행사한)건국준비위원회, 인민위원회, 조선인민공화국 등은 물론 중국 충칭의 대한민국임시정부도 정식의 국가·단체로 인정하지 않아, 한국인의 자주적 통치활동과 권한을 부인하였다. '태평양 방면 미국 육군부대 총사령관인 나에게 부여된 권한에 의하여 나는 이에 북위 38도 이남의 조선과 조선주민에 대하여 군사적 관리를 하고자 다음과 같은 점령조건을 발표한다. 제1조-북위 38도 이남의 조선영토와 조선인민에 대한 통치의 전 권한은 당분간 나의 권한 하에서 시행한다. 제5조-군사적 관리를 하는 동안에는 모든 목적을 위하여서 영어가 공식언어다'. *1945년 9월 9일/ To the People of Korea: As Commander-in-chief, United State Army Forces, Pacific, I do hereby proclaim as follows: Article I All Powers of Government over the territory of Korea south of 38 degrees north latitude and the people thereof will be for the present exercised under my authority. Article V For all purposes during the military control, English will be the official language.*

1.2 미군정청 법령의 지배

1948년 7월 17일 공포된 제헌헌법 제100조, 부칙 제10조는 대한민국 구법령은 제헌헌법에 저촉되지 않는 한 효력을 가지게 하였다. 이는 대한제국 구 한국법령(1894.6.25.), 통감부법령, 재조선총독부법령, 특히 미합중국 소속 미군정청 군정장관의 재조선미국육군사령부군정청 법령(군정법령)*Ordinance* 제118호를 근거로 1946.12.12. 설치된 남조선과도입법의원의 법령(Public Act), 1947.6.3. 군정법령 제141호로 설치된 각 부문 조선인기관인 남조선과도정부 법령 등이다(헌재 1994.12.29. 89헌마2).

1.3 미군정청 법령의 평가

미합중국 소속 미군정청이 제정한 군정청법령에 대한 규범적 평가에 대해서는, 고도의 공권적 행위로서 국제관습법상 재판권이 면제되는 주권적 행위에 해당한다(헌재 2017.5.25. 2016헌바388) 하든지, 미군정청 당시에 국가에 수용되었던 조선철도주식의 현재가치를 정확한 자료가 미비한 상태에서 산정하여야 하는 특수한 어려움이 존재한다고 하든지(헌재 2002.12.18. 2002헌가4), 남한 내에 미군정이 수립되고 일본인의 사유재산에 대한 동결 및 귀속조치가 이루어지기까지 법적 상태는 매우 혼란스럽고 불확실하였기에 조선에 남아 있던 일본인들이 한반도 내에서 소유하거나 관리하던 재산을 자유롭게 거래하거나 처분할 수 있다고 한 신뢰가 헌법적으로 보호할 만한 가치가 있는 신뢰라고 보기 어렵다(헌재 2021.1.28. 2018헌바88) 하는 것 등이 미군정에 대한 특히 헌법재판소 결정 등의 법인식이다.

미군정청 법령과 효력 미합중국 소속 미군정청의 미군정청 법령 제정 행위는 고도의 공권적 행위로서 국제관습법상 재판권이 면제되는 주권적 행위에 해당한다(1946.2.23. '재조선 미국육군사령부 군정청 법령 '제57호 자연인이나 법인이 소유 또는 점유하고 있는 일본은행권과 대만은행권을 금융기관에 예치할 것을 명하고 예입 후 인출 및 거래의 금지, 제2차세계대전 직후 일본은행권을 기초로 한 구 화폐질서를 폐지하고 북위 38도선 이남의 한반도 일대에서 새로운 화폐질서를 형성한다는 목적으로 행한 이 사건 법령이 위헌임을 근거로 미합중국에 손해배상, 부당이득반환청구 자체는 재판전제성이 없어 부적법하여 각하를 면할 수 없다)(헌재 2017.5.25. 2016헌바388). 재조선미국육군사령부군정청법령(제75호 조선철도의통일 1946.5.7.제정)에 의하여 조선철도주식회사 전 재산이 공용수용되었지만 대한민국정부수립 후 제정법률(1961.12.30. 공포 '조선철도의통일폐지법률')이 군정법령을 폐지하면서 조선철도주식에 대한 보상이 이루어지지 아니한 입법부작위(이미 확정된 보상청구권의 존속만 부칙에 정하였을 뿐 보상금의 사정·확정·지급절차에 아무런 규정을 두지 않은)보상입법의무불이행 위헌결정(헌재 1994.12.29. 89헌마2) 이후에 지연된 보상입법은 합헌이다(입법의무해태의 불법행위로 인한 손실보상금 지급의 민사소송을 제기하고, 소송계속 중 법이 제정·공포되어 시행되고 있지만, 피수용재산의 객관적 재산가치의 완전보상이 아니고 그에 훨씬 못 미치는 보상내용을 규정한다는 주장에 대해서, '정당한 보상' 원칙이 모든 경우에 예외없이 개별적 시가에 의한 보상을 요구하는 것이라 할 수 없으며, 50여년전 국가에 수용되었던 조선철도주식의 현재가치를 정확한 자료가 미비한 상태에서 산정하여야 하는 특수한 어려움이 존재하여, 어떤 방식으로 산출할 것인지는 입법자에 보다 넓은 판단권과 형성권을 부여하여 이를 기준으로 산정하는 방식을 택한 입법자의 판단과 선택은 '정당한 보상'을 지향하는 가운데 실현가능한 나름의 합리성과 적정성을 인정할 수 있다고 보는 한 헌법상 평등원칙, 정당보상원칙에 어긋난다 보기 어렵다)(헌재 2002.12.18. 2002헌가4). 1945.8.9. 이후에 성립된 거래를 전부 무효로 한 미군정청 법령의 소급입법금지원칙 위반에 대하여, 남한 내 미군정 수립과 일본인 사유재산 동결 및 귀속조치 등의 법적 상태는 매우 혼란스럽고 불확실하였기에, 1945.8.9. 이후 조선에 남아 있던 일본인들이, 일본의 패망과 미군정 수립에도 불구하고 그들이 한반도 내에서 소유하거나 관리하던 재산을 자유롭게 거래하거나 처분할 수 있다고 신뢰하였더라도 그러한 신뢰가 헌법적으로 보호할 만한 가치가 있는 신뢰라 보기 어려워 소급입법금지원칙에 대한 예외로서 헌법 제13조 제2항에 위반되지 아니한다(재조선미국육군사령부군정청 법령 제2호(1945.9.25.공포) 제4조 본문, 1945.8.9. 이후 일본 국민이 소유하거나 관리하는 재산을 1945.9.25.자로 전부 미군정청이 취득하도록 정한 재조선미국육군사령부군정청 법령 제33호(1945.12.6.공포) 제2조 전단은 1945.9.25., 1945.12.6. 각 공포되었음에도 1945.8.9.을 기준으로 하여 일본인 소유의 재산에 대한 거래를 전부 무효로 하고, 그 재산을 전부 1945.9.25.로 소급하여 미군정청의 소유가 되도록 정하고 있어서, 1945.8.9.은 미국 육군항공대가 나가사키에 제2차 원자폭탄을 투하함으로써 사실상 제2차 세계대전이 종결된 시점이면서 동시에 일본의 최고전쟁지도회의구성원회의에서 연합국 정상들이 일본에 대하여 무조건 항복을 요구한 포츠담선언의 수락이 기정사실화된 시점 이후의 상황이다)(헌재 2021.1.28. 2018헌바88).

미군정청법령과 제주4·3특별법 자유민주적 기본질서를 부정하며 인민민주주의를 지향하는 북한공산정권을 지지하면서 미군정기간 공권력 집행기관인 경찰과 그 가족, 제헌의회의원선거 관련인사·선거종사자 또는 자신과 반대되는 정치적 이념을 전파하는 자와 그 가족들을 가해하기 위하여 무장세력을 조직, 동원, 공격한 행위까지 '제주4·3특별법'에 의하여 '희생자'로 인정하고 명예를 회복시켜 주는 등의 무제한적 포용은 우리 헌법의 기본원리인 자유민주적 기본질서와 대한민국 정체성에 심각한 훼손을 초래한다(헌법의 지향이념에 제주4·3특별법 제정 배경·경위와 제정목적, '희생자'에 대한 개념인식을 통하여 보면 수괴급 공산무장병력지휘관 또는 중간간부로서 군경의 진압에 주도적·적극적으로 대항한 자, 모험적 도발을 직·간접적으로 지도 또는 사주함으로써 제주4·3사건 발발의 책임이 있는 남로당 제주도당의 핵심간부, 기타 무장유격대와 협력하여 진압 군경 및 동인들의 가족, 제헌선거관여자 등을 살해한 자, 경찰 등의 가옥과 경찰관서 등 공공시설에 대한 방화를 적극적으로 주도한 자와 같은 자들은 '희생자'로 볼 수 없다)(헌재 2001.9.27. 2000헌마238등).■

■ 제주4·3특별법상 '희생자'는 '1947.3.1.을 기점으로 1948.4.3. 발생한 소요사태 및 1954.9.21.까지 제주도에서 발생한 무력충돌과 진압과정에서 주민들이 희생당한 사건으로 사망하거나 행방불명된 자 또는 후유장애가 남아있는 자로서, 제주4·3사건진상규명및희생자명예회복위원회에 의하여 제주4·3사건의 희생자로 결정된 자'로 정의하여, '희생자' 범위를 스스로 확정적으로 규율하지 않고 있으며, '희생자'에 해당하는지 여부의 결정은 위와 같은 인식의 토대위에서 위원회에 위임하고 있다.

2. 5·10총선거와 제헌국회

美英蘇 모스크바 3상회의가 1945.12.16. 열리고 28일 한반도 5년신탁통치안을 결정한다. (1) 한국을 일본의 지배에서 해방시켜 민주주의원칙에 따라 독립국가로 발전시킬 것 (2) 이를 달성하는 방법으로, 미소공동위원회를 설치하고 임시정부수립을 도모할 것 (3) 한국이 완전히 독립하기까지 임시조치로 미·소·영·중 4개국 공동관리를 최장 5년 이내로 실시할 것 등이다. 해방정국은 반탁과 찬탁의 내전적 대립에 들어가고, 신탁안은 철회된다. 1947.11.14. '한국의 독립 문제'(The Problem of the Independence of Korea)가 미국 제안으로 국제연합총회에 상정되고 1948.2.26. 유엔소총회 결의 제112-II호로 ① 한국의 가능한 지역 내에서 국제연합한국임시위원단 감시하에 총선거를 실시한다. ② 총선거에서 선출된 대표자로 국회를 구성하고 한국정부수립의 토대로 한다. ③ 정부형태는 한국국민자신이 결정하도록

한다. 이후 남조선과도입법의원의 국회의원선거법이 3.17. 공포된다. 대한민국의 정통성이 유엔을 기반으로 확립됐다. 李承晩은 金性洙의 韓民黨, 李範錫의 민족청년당 등 정파세력을 묶어 남조선 노동당을 비롯해 불법화된 좌익세력의 선거방해공작, 金九 · 金奎植 등 민족주의진영의 선거불참에도 불구하고 선거를 실현하여 신생 국가 기반을 세운다.[28] 국제연합한국임시위원단 감시로 제헌국회구성을 위한 5 · 10총선거가 제주도를 제외한 남한전역에 실시된다. 만 21세 이상 국민의 보통선거로 유권자 95.5%투표로 이승만(1875.4.18.(음력3.26.)~1965.7.19. 대한민국 제1 · 2 · 3대 대통령) 등 198인 의원이 선출된다(제헌국회의원 298인에서 북한 지역할당 100인 제외한 198인). 유엔은 6 · 25동란전쟁에서 연합군 참전을 가능케 하여 대한민국이 공산화 할 위기를 막았다. 유엔군 사령부는 대한민국과 북한이 정전협정에 따라 군사분계선을 준수하면서 평화가 가능하도록 역할을 하였다.

3. 제헌헌법 성립

1948년 5 · 10총선거로 선출된 2년임기 · 198인의 의원으로 구성된 제헌의회는 5.31. 국회를 개원한다(국회의장 李承晩, 부의장 申翼熙 · 金東元). 헌법기초위원회(6.3.설치, 道별 1인의 10인 전형위원이 선임한 헌법기초위원 30인과 전문위원 10인)의 9인 기초위원이 세칭 유진오안(행정연구회+유진오초안 합의안)과 권승렬참고안을 16차회의(6.3.~22.) 끝에 제헌헌법원안을 국회 본회의에 상정한다(6.23.). 상정안은 한민당중심의 의원내각제 · 양원제 · 위헌심사권의 대법원귀속 등이었다. 이승만국회의장과 미군정청은 대통령중심제 · 단원제 · 위헌심사권의 헌법위원회 귀속으로 수정한다. 3독회(6.30.~7.12.) 후 본회의 만장일치의결(7.12.), 이승만 국회의장이 서명 · 선포한다(7.17.). "己未 三一運動으로 大韓民國을 建立하여 世界에 宣布한 偉大한 獨立精神을 繼承하여 이제 民主獨立國家를 再建"(전문)한 것이다. 전문, 본문(제1장 총강, 제2장 국민의 권리의무, 제3장 국회, 제4장 정부(제1절 대통령, 제2절 국무원, 제3절 행정각부), 제5장 법원, 제6장 경제, 제7장 재정, 제8장 지방자치, 제9장 헌법개정의 98조), 부칙(제10장 5조) 등 총103조의 제헌헌법은 국호를 '대한민국'(국호 '대한민국'은 '대한제국'의 계승의식을 담고 민국혁명인 신해혁명의 중화민국에서 '민국'을 따온 것. 대한민국임시정부 임시의정원 기사록)으로 하여 일제식민지배에서 독립한 주권국가를 건립한 건국헌법이다. 제헌헌법은 조선인민을 대표하는 대한국민(We, the people of Korea : 헌법전문 '대한국민'은 미합중국헌법전문 We, the people of USA의 繼受)이 대한제국과 대한민국임시정부의 정통성을 잇고 북조선인민위원회의 인민 정부(1946.2.)를 배격하는 민주공화국의 정통성을 갖는 대한민국을 건국임을 확인한 것이다. 제헌헌법은 당시 사회의 국가형식 · 형태에 대한 민의를 투영하여 자유시장경제를 상당하게 제한하는 근로자의 이익분배균점권(利益分配均霑權 제18조 제2항) 등 사회주의경제의 요소에 가까운 규정들을 두었고, 기본권을 천부권보다 실정권의 성격을 중시하여 평등권, 신체의 자유 등 자유권적 기본권, 근로3권 등 사회권적 기본권, 청구권적 기본권, 기본의무 등을 규정하고 개별적 법률유보조항을 상당수 두었다. 공무원파면청원권 등 국민의 직접적 주권행사 규정도 두었다.

제헌헌법과 정부제도 제헌헌법은 제3장 국회, 제4장 정부(제1절 대통령), 제2공화국헌법(1960년헌법 제3차개정헌법)은 제3장 국회, 제4장 대통령, 제5장 정부, 제3공화국헌법(1962년헌법 제5차개정헌법)은 제3장 통치기구 제1절 국회, 제2절 정부(제1관 대통령) 등의 순서로 규정하였다. 제4공화국헌법(유신헌법 제7차개정헌법)은 국회를 제6장에 규정하여 제3장 통일주체국민회의, 제4장 대통령, 제5장 정부의 후순위에 두었다. 제5공화국헌법(1980년헌법 제8차개정헌법)은 제3장 정부(제1절 대통령)에 이은 제4장에 규정하였다. 광복 대한민국의 통치제도는 1948년 7월 17일 제헌헌법 공포 당일 행정부조직을 정한 정부조직법이 대한민국법률 제1호로 제정 · 공포되어 11부(내무 · 외무 · 국방 · 재무 · 법무 · 문교 · 농림 · 상공 · 사회 · 교통 · 체신) 4처(총무 · 법제 · 기획 · 원호) 3위원회(고시 · 감찰 · 경제) 등을 정하여, 1948.8.15. 정부 수립이 선포된다. 이후 10.2. 국회법(법률 제5호), 1949.9.26. 법원조직법(법률 제51호), 7.4. 지방자치법(법률 제32호) 제정이 이어졌다.

제헌헌법과 대한민국의 정통성, 법통 등의 해석 제헌헌법은 대한민국의 정통성을 민주공화국, 법통은 대한민국임시정부에 있음을 규정하였다. 그러므로 대한민국 정부 수립 후 1948.9.1. 관보 제1호 '대한민국 30년'으로 하면서 제5호까지 '대한민국'이라 표기하였다 함은 헌법이 말한 것이 아니라 그 헌법을 주석한 법률이나 법제정자의 의사를 표시한 것에 해당한다. 또 1948.9.25. '연호에 관한 법률' 제정·시행 후 발행된 관보 제6호부터 제3038호(1961.12.31.)는 '단군기원'으로 표기하다 '서력기원'은 1962.1.1. '연호에 관한 법률' 개정으로 관보 제3039호(1962.1.1.)부터 사용하였다 한 것 역시 같다. 굳이 말하자면, 단기는 대한민국의 법통을 檀君에 둔 경우라 말할 수 있을 뿐이다. 헌법의 정통성, 법통은 헌법이 말하는 것에 따라야 하는 것이고 헌법이 말한다 하는 것은 헌법제정국민회의가 제정한 헌법의 보편적 해석에 맡겨진 것이다. 그런 점에서 兪鎭午 선생의 제헌헌법 제정에 대한 회고[유진오, 『헌법기초회고록』; 憲法起草當時의 회고담(유진오씨와의 대담), 「국회보」1958.7, 30-33면. 玄民 兪鎭午博士 고희기념논문집 『헌법과 현대법학의 제문제』(일조각 1975)]는 헌법규범으로서가 아니라 헌정현상이라는 관점에서 받아들여야 대한민국과 대한민국헌법의 헌정사적 위치가 올바로 이해될 것이다. 제헌헌법 제정에서 유진오안의 내각책임제가 대통령제로 변경된 것은 '순간의 우연'이라고 평가하는 학자의 자의식에 따른 헌정아니라 미군정·이승만·의회다수파 등 헌정세력의 결단인 것이라고 하여야 하는 것이다. 또한 예컨대 '이익분배균점권'에 대해서도, 자연자원의 원칙적 국유화, 공공성기업의 원칙적 국·공영제, 경자유전耕者有田원칙에 입각한 농지개혁 등 규정은 바이마르헌법의 예에 따른 사회국가적 경제질서였다(유진오, 『헌법기초회고록』, 21면; 동, 대한민국헌법 제안이유설명, 『헌법제정회의록(제헌의회)』, 102-103면). 농지개혁만이 공산당을 막는 최량의 길이고(유진오, 헌법기초회고록, 30면), 공산주의에 대한 항의적 요청이며 경제질서의 현상유지적 확정이었다(한태연, 제헌헌법의 신화, 「동아법학」 제6호, 65면). 시장경제헌법에서 유례없는 근로자의 이익분배균점권은 제3공화국헌법에서 삭제되고, 주요산업국유 규정도 1954년 제2차헌법개정에서 수정되어, 시장경제질서로 재편된다. 유진오(『新稿 헌법해의』(일조각 1959), 85-86면)는 '이익분배균점권의 결과로 근로자에 이익 일부를 분배하여 주는 의무를 지는 것은 국가가 아니라 영리를 목적으로 하는 사기업의 경영자다 … 본항의 근로자의 권리를 주식회사의 주주의 이익배당청구권과 단순히 동일시할 수는 없으며, 근로자의 생활향상을 위하여 국가가 적극적으로 보호조성 하여야 하는 요청을 포함하는 것이므로 근로자의 권리는 역시 경제적 민주주의 원칙으로부터 나오는 수익권의 일종'이라 하여, 그 과잉 定義를 경계시켰다 하는 그 같은 헌법의 해석이 보편적이고 일반적 국헌학의 표본이라 할 것이다.

[二] 대한민국의 건국과 국가수립

대한국민은 해방 후 건국과 제헌을 위한 주권적 수임을 받을 수 있는 주체로서 남조선과도입법의원을 폐원하고1948.5.20., 1948년 5·10총선거로 구성된5.31. 제헌국회가 국민의 헌법제정권력을 수임한 제헌의회로서 '대한민국헌법'이라는 '헌법'Verfassung, Constitution 제정을 의결하고7.12. 선포하면서7.17., '대한민국'은 1948년 7월 17일 헌법전문에서 명시한 바 民主獨立國家의 공화국의 국가로서 건국된다. 국회는 정부조직법7.17.·국회법10.2.·법원조직법1949.9.26. 등을 제정하여 '정부'를 수립하고, 대통령 이승만(1875.3.26~1965.7.19, 1948.7.20 대한독립촉성국민회 180표 92.3%, 한국독립당 김구 13표 6.7%), 부통령 이시영(1869.12.3.~1953.4.17, 1948.7.20 대한독립촉성국민회 133표 67.5% 한국독립당 김구 62표 31.5%)을 선출한다. 이승만 대통령 취임7.24., 이범석(1900.10.20.~1972.5.11.) 국무총리 임명동의안 가결8.2., 국회의장 신익희(1894.6.9.~1956.5.5.)·부의장 김약수 선출8.4., 김병로(1887.12.15.~1964.1.13.) 대법원장 임명동의8.5. 등으로 대한민국 정부는 구성되어 대한민국정부가 선포되고8.15., 국제연합총회 결의12.12. 제195-III호 승인에 의거하여 '한반도 유일합법국가'로서의 정통성을 확보한다. 대한민국은 국제법상 한반도에서 유일합법정부를 구성할 수 있는 단일공화국의 국가로서 건국되었음이 국제법규범으로 확인된 것이다. '대한민국'이라는 국호를 가진 독립한 주권국가로서 국제법상 승인된 국가로서 건국된 것이다. 즉 대한민국의 건국일은 1945년 8월 15일 조선민족이 일제식민지배에서 해방된 광복일 이후에 헌법제정국민의회에 의하여 국가를 건국하기 위한 제헌헌법이 제정·공포된 1948년 7월 17일이며, 대한민국 건국 후 정부조직법에 의하여 정부가 구성된 1948년 8월 15일이 정부수립일이다.

[三] 대한민국 건국·제헌헌법의 헌정사적 의의

제헌헌법은 대한민국을 건국하고 민주공화정을 구성하여 헌법의 시대를 열었다. 근대국민국가의 국체로서의 정통성과 자유민주주의·시장경제질서·입헌법치주의 헌법이념의 정체성을 정치와 권력의 제도로서 품은 이 기적의 제헌헌법을 대한국민이 드디어 만들어 낸 것이다. 국민 일반의 사회구성원들과 공직자·군검경軍檢警 등이 헌법을 받들면서 나라를 만들어 나갔다. 그런 다른 한편에서는 정치하는 사람들 그리고 오히려 헌법학자들이 대한민국헌법을 국가와 헌법의 중심에 놓지 않거나 못하고 그 헌정적 의의에 무심하였으며 심지어는 깐보았다. 헌법을 규범LAW이 아닌 자신들 관념을 정당화 하는 관점들TOPOI의 하나로 경시하였다. 한반도 최고규범으로 존재하는 제헌헌법에도 불구하고, 북위 38도선 이북지역은 이미 준비해 놓은 인민위원회에서 조선민주주의인민공화국헌법을 제정하고 인민민주주의 노농勞農주권의 조선민주주의인민공화국을 수립했기에, 대한민국과 대한민국헌법은 분단되고 훼손된다. 이를 두고 대한민국헌법 제정·대한민국의 건국이 한반도 주권국가를 포기한 분단의 시작이라고 평가한 反제헌헌법적·反대한민국적 헌법인식은, 대한국민이 반쪽 국가의 절반 헌법을 제정한 것이라는 몰국가적 헌법관을 만들어 내는 것의 원죄原罪가 되었다. 대한민국을 보편적 헌정국가로 형성하라는 일반헌법학의 책무를 놓친 채 방관傍觀헌정학으로 흘러, 한국헌법을 일반헌법으로 규범화하지 못한 그 원점原點에 한국의 헌법학과 헌법학자들이 있다. 제헌헌법은 '대한국민'이 조선왕조, 대한제국에 이은 대한민국임시정부 등 그 법통을 계승하며 특히 '대한민국'을 해방, 광복을 거쳐 미군정기 등에서 독립하여 당시 사회의 국가형식·형태를 투영하여 건국된 근대국민국가로 인식하였다. 대한민국이라는 국가를 건국하고 민주공화국의 정체를 구성하여 '대한민국의 공화국 만들기'를 시동시킨 의의가 제헌헌법에 있는 것이다. 제헌헌법 제정과 대한민국 건국 70년을 맞이하게 될 때 우리 헌법학은 근대국민국가의 일반헌법학으로 그 첫 발을 다시금 디뎌야 한다. 헌법은 국가의 기본법이라는 점에 대한 각성이 이루어져야 한다. 국민의 공화정적 기본권을 인식하여야 한다. 헌법은 재판소의 소송으로 권리를 구제하는 헌법소송법에 스스로를 함몰시켜서는 아니 된다. 헌법은 국민공동체를 형성하고 국가를 통합해 나가며 그래서 국가의 정신과 국민의 혼을 말해주어야 한다. 헌법은 국가의 규범이며 국헌의 중심을 이루는 것이다.

Ⅲ. 민주공화국의 대한민국헌법사

[一] 제1공화국헌법

1. 제1차헌법개정

제헌헌법을 원점으로 하는 제1공화국헌법은 1950년 북괴 남침의 6·25동란전쟁의 와중에서도 발췌개헌(제1차헌법개정 1952.7.4.), 사사오입개헌(제2차헌법개정 1954.11.29.)을 거치면서 '주권국가만들기'에 매진한다. 폐국閉國의 위기에도 한국민주당(한민당)은 내각책임제개헌안을 국회에 제출하나(1950. 1.28.) 부결된다(3. 8.). 이승만대통령 역시 국회의 대통령선출권을 폐기하는 정·부통령직선제 및 상·하양원제 개헌안을 제출하나(1951. 11.20.) 부결되고(1952. 1.18.), 자유당이 창당된다(1951. 12.23.). 한민당은 재차 의원내각제개헌안을 제출한다(1952. 4.15.). 이승만은 비상계엄을 선포하고(4. 25.), 정·부통령직선제·양원제개헌안을 제출한다(5. 14.). 야당의 국무원불신임제와 선택적으로 교환된 발췌개헌안을 사전공고절차(30일이상 공고, 제30조) 없이 기립공개투표로 의결(7. 4.)·공포한다(7. 7.). 대통령·부통령직선제(제53조), 민의원(4년)·참의원(6년) 양원제(제31조), 국회의 국무원불신임제(제70조의2), 국무위원임명의 국무총리제청권(제73조) 등을 규정한다. 1952.8.5. 6.25동란전쟁 중에도 대통령 선거가 실시되어 국민이 직선하는 제2대대통령선거에서 유권자 88% 투표에 자유당 이승만후보가 유효투표 7,020,684표의 74.6%인 5,238,769표로 당선된다. 조봉암후보 득표수 797,504표이며 무효표는 983,545표이었다. 제3대부통령선거에서 부통령은 무소속 함태영(1872.10.22.~ 1964.10.24.)이 유효투표 7,133,297표의 41.3%인 2,943,813표로 당선되었다.

6·25동란전쟁과 국가안전보장 '6·25전쟁'이란 1950년 6월 25일부터 1953년 7월 27일 사이에 발생한 전투 및 1948년 8월 15일부터 1955년 6월 30일 사이에 발생한 전투 중 별표의 전투를 말한다(참전유공자예우및단체설립에관한법률 제2조 제1호). 6·25전쟁은 1953.7.27. 오전 10시 정전협정이 서명되고 오후 10시 발효도면서 종료된 것이 아니라 휴전이 되었다. 근대국민국가의 헌정적 가치인 '국가안전보장'은 국가의 존재이유에 관한 일반조항으로서, 우리들과 우리들의 자손의 안전과 자유와 행복의 확보를 위한 것이며, 제헌헌법의 전문에 규정된 이후, 1972년 제4공화국헌법에 이르러 제32조 제2항에서 기본권제한의 기준으로 수용되어 있다.

2. 제2차헌법개정

정부는 1954년 경제조항자유화 헌법개정안을 제출하나 철회·폐기된다(1. 23.). 제3대민의원의원선거에서(5. 20.) 203석 정원에 자유당 114석을 중심으로 136석의 개헌의석이 확보되자 이승만대통령에 한한 중임제한 철폐, 국민투표제 도입 개헌안을 제출(11. 18.), 재석203 가135 부60 기권6 무효1 결석1로 개헌의결정족수 3분의 2 136석에(재적 203인 2/3는 135.333…, 136인 이상) 1표 부족으로 부결처리되나(11. 27.), 11.29. 최순주 부의장은 의결정족수 3분의 2의 4사5입은 135인 이상이라 하면서 가결된 것으로 번복하는 四捨五入(135의 2/3보다 큰 자연수중 가장 2/3에 가까운 자연수 136을 찾는 것이었음에도, 이를 단지 '135의 2/3에 가장 가까운 자연수' 즉 2/3의 근사값을 자연수 범위에서 구하는 반올림 산수문제로 본 것이다) 개헌을 행한다. 사사오입개헌은 규범법칙적 당위의 영역인 헌법의 세계에 자연법칙적 수리 사실을 적용한 것이다. 제2차개정헌법의 내용은, 개정헌법 공포 당시의 대통령인 이승만에 한하여 3선연임을 가능케 하는 부칙개정(제55조 제1항 단서는 재선의 1차중임을 정하고, 부칙 제4항은 이 헌법 공포 당시의 대통령에 대하여는 제1항을 적용하지 아니한다 하는 부칙 개정 형식으로, 헌법시행당시 대통령 이승만에 한한 3회재임개헌), 대통령궐위시 부통령의 대통령직 승계(제55조 이하), 국무총리제 폐지(제44조 이하), 국무위원의 국회에 대한 책임면제(제44조 이하), 민의원의 국무원불신임권 폐지와 국무위원 개별불신임제 신설(제72조 의2), 주권제약 · 영토변경 등 국가안위에 관한 중대사항은 국회가결 후 국민투표회부 및 헌법개정국민발안제(제7조 의2), 헌법개정의 실정헌법상 한계 신설(제98조 제6항), 군법회의에의 헌법적 근거(제83조 의2), 자유주의경제체제로의 수정(제85조 이하), 참의원의 대법관 기타 고급공무원 인준권 등을 규정하였다.

사사오입개헌의 위헌성과 번복 건의안 제출 투표당일 의결정족수 미달(찬성135 반대60, 재적203 의결정족수 2/3 136석 미달)로 부결이라 선포한 다음 날 4사5입의 수학논리로 이를 번복하여 가결을 선포한다(203의 2/3인 135.333…의 4사5입 근사치 정수 135석을 가결정족수로 의결). 유진오는 그렇다면 11명으로 구성된 헌법위원회 가결정족수(3분의2)는 8명이 아니라 7명이냐고 반문한다(동아일보 1954.11.30). 야당 의원 60명의 원내교섭단체 호헌동지회는 사사오입개헌의 국회회의록 번복 결의안을 제출한다(1956. 5.15.).

國會圖書館 編, 『憲法改正會議錄(第3代國會)』 1968 참조.

3. 불의에 항거한 4 · 19

제3대 정 · 부통령선거(1956. 5.15)에서 대통령 이승만(자유당 5,046,437표, 민주당 신익희 1894.6.9.~1956.5.5. 뇌일혈 급사, 조봉암 2,163,808표, 무효표 185만표), 부통령 張勉(민주당 1899.8.28~1966.6.4. 4,012,654표, 자유당 이기붕 3,805,502표), 제4대 민의원총선거(1958. 5.2.)에서 자유당 집권다수당, 국가보안법개정(1959. 12.28.), 경향신문폐간(1959. 4.30.), 조봉암 진보당사건으로 사형집행(1959. 7.31.), 제4대 대통령선거(1960. 3.15)에서 대통령 이승만(9,633,376표, 민주당대통령후보 조병옥 1894.5.21~1960.2.15 급사), 제5대 부통령선거(1960. 3.15.)에서 이기붕(1896~1960.4.28. 8,337,059표)이 당선된 3 · 15 선거 무효의 4·11 마산 시위, 4·19 대학생, 4·25 교수단 등 시민의 의거로 4.26. 국회 시국수습대책특별위원회 결의안(이승만대통령 즉시하야 및 3 · 15부정선거무효 · 재선거실시 · 과도내각하의 내각책임제 개헌 등), 이승만대통령 하야성명(4. 26.), 하야사임서 국회 제출 및 受理(4. 27.), 退去(4.28. 경무대에서 사저 이화장으로) 및 하와이 이주 등으로 이어진다. 이같이 제1공화국과 이승만집권(1948.7.20.~ 1960.4.27.)이 끝나니(이승만은 4대에 걸쳐 대통령에 당선된다. 1948.7.20. 국회간선(180표(91.8%), 김구 13표, 안재홍 2표) 초대 대통령, 1952.8.5 제2대 5,238,769표, 1956.5.15 제3대 5,046,437표, 1960.3.15 제4대 9,633,376표), 이것이 '불의에 항거한 4 · 19'(현행헌법 전문)의 문언으로 표현된 헌정개혁이었다.

[二] 제2공화국헌법

1. 제3차헌법개정

이승만대통령 하야 후 허정(1896.4.8.~ 1988.9.18.) 외무부장관이 수석국무위원으로 대통령서리를 맡아 과도정부가 구성된다(5. 2.). 장면부통령은 3 · 15선거 불법성을 지적하고 이미 사퇴한 뒤였다. 국회는 선개헌 · 후해산을 결정한다. 국회결의로 구성된 헌법기초특별위원회(1960. 4.26.)는 민주당안과 자유당혁신파안을 중심으로 하는 개헌요강안작성 및 공청회를 거쳐 절충한 조문을 원내 각파 대표와 정부 · 법원 등의 연석회의에서 확정한다. 본문52 부칙15의 최종개헌안이 5.11. 제안되고 당일 정부도 공고한다. 국회본회의에서 제안설명 · 질의 · 대체토론 등을 거친다. 6.15. 국회재적의원 218인 출석211 가208 부3 결석7로 가결된다(개헌안 부결 우려 1960.6. 7. 국회법 개정으로 헌법개정안 표결은 기명투표). 당일 정부에 이송 · 공포된다. 제3차헌법개정의 제2공화국헌법이 제정된 것이다. 제1공화국헌법은 시행된 지 11년10개월29일 만에 종료된다. 제1공화국헌법 11년10개월29일, 제2공화국헌법 2년6개월11일, 제3공화국헌법 만10년, 제4공화국헌법(유신헌법) 7년10개월, 제5공화국헌법 7년4일이다.

2. 제2공화국헌법

제2공화국헌법은 기본권의 천부인권적 자연권성에 유의한다. 개별적 법률유보조항을 삭제한다. 일반적 법률유보와 본질적 내용의 훼손 금지, 언론・출판・집회・결사에 대한 사전허가나 검열제를 금지하였다(제28조). 정부형태는 의원내각제의 민의원(233석)・참의원(58석) 양원제 국회였다. 국회의 간선 대통령은 의례적・형식적 지위였다(제51조, 제68조). 긴급명령권은 삭제되었다. 헌법위원회와 탄핵재판소를 폐지하고 설치한 헌법재판소(제83조)의 결정으로 정당해산(제13조, 정당조항규정은 제5차개정헌법에서 신설)을 행한다. 대법원장・대법관은 법관 자격을 가진 자로 구성된 선거인단이 선출한다(제78조). 중앙선거관리위원회가 헌법기관으로 신설된다(제75조, 대법관3인, 정당추천6인, 위원장은 대법관에서 호선). 지방자치단체 장의 원칙적 직선(제97조), 선거연령 20세, 공무원 신분보장과 정치적 중립화 특히 경찰중립보장(제27조) 등을 규정한다. 그럼에도 제2공화국헌법은 5・16군사정변의 헌정정지로 실현되지 못한 미완의 규범 질서로서 단락된다.

3. 제4차헌법개정

제2공화국 헌정은 국회 자진 해산(1960. 7.28.), 제5대 민의원 의원(233 선거구), 초대 참의원 의원(10개선거구 58인) 선거 동시실시로(7. 29.) 구성된 양원제 국회에서 민주당이 3분의 2이상의 의석을 점한다. 尹潽善(1897.8.26.~1990. 7.18. 충청남도 아산) 대통령, 장면총리의 내각책임제 제2공화정을 수립한다. 민주당은 헌법부칙 3개항 개헌안을 본회의에서 발의하여 정부에 이송한다(1960. 10.17.). 민의원은 30일 공고기간을 거쳐 제안설명(10. 29.) 후 기명투표에서(11. 23.) 재적의원233 출석200 가191 부1 기권2 무효6표로 가결한다. 참의원은 제안설명(11. 22.) 후 기명투표로(11. 28.) 재적의원58 출석52 가44 부3 기권3 무효2표로 가결한다. 다음날 정부이송으로 공포된다. 개정헌법을 근거로, 3·15부정선거 및 4·26(이승만대통령 下野성명발표일) 이전에 특정지위를 이용한 반민주행위자의 공민권을 부정선거관련자처벌법, 반민주행위자공민권제한법, 부정축재특별처리법, 특별재판소및특별검찰부조직법 등 소급특별법으로 제한한다. 헌법재판소법 제정(1961. 4.17.), 대법원장・대법관선거법 제정(4. 26.), 5・16정변으로 제2공화국헌법은 단락된다.

[三] 제3공화국헌법

1. 5・16군사정변

박정희소장의 軍事政變(정변, 내란 등 용어는 헌재 1995.1.20. 94헌마246 참조)은 1961.5.16. 새벽3시 혁명공약발표, 군사혁명위원회 3권장악(5. 19.), 국가재건최고회의 개칭(6. 2.), 비상계엄선포(6. 5.), 헌법일부조항 효력정지, 국가재건최고회의에 최고통치기관 지위를 부여한 국가재건비상조치법 제정(6.10. 국가재건최고회의령으로 공포) 과정을 거친다. 군사정변을 합법화 하는 규범인 국가재건비상조치법에 저촉되는 기존 법규정은 비상조치법에 따라야 한다 함을 대법원이 인정한다(대법원 1963.11.7. 63초8). 비상조치법이 헌법에 우선하니, 국민의 기본적 권리는 혁명과업수행에 저촉되지 아니하는 범위 내에서 보장된다. 국회, 국무원, 내각수반, 내각, 대법원장, 법원 등의 지위와 권한 등이 최고통치기관인 국가재건최고회의라는 군사정부에 집중된다. 재건국민운동본부, 중앙정보부, 혁명재판소, 혁명검찰부 등의 정변기관이 설치된다. 제2공화정은 대법관 전원해임(1961. 6.9.), 박정희 국가재건최고회의의장 취임(7. 3.), 민간정부에 정권이양발표(8. 12.), 정치활동정화법과 윤보선 대통령사임(1962. 3.16.) 등으로 해체된다.

2. 제5차헌법개정과 제3공화국헌법

국가재건최고회의는 국회 대신 헌법심의위원회(1961.7.16. 위원장 李周一 최고회의부의장, 국가재건최고회의위원 9인, 민간인학자 및 전문가 21인)가 확정한(1962. 10.23.) 헌법개정안의 발의(11. 5.) 공고, 국민투표법(비상조치법 개정조항1962.9. 8.근거로 제정·공포10.12.)에 의거한 헌법개정안의 최고회의 통과(공고기간 1개월 후 12.6.), 헌정사상 첫 국민투표(12. 17.) 확정(총유권자12,412,798 투표10,585,998 찬성8,339,393 반대2,008,801 무효237,864), 공포(12. 26.) 시행(1963.12.17. 부칙 제1조) 후 제5대 대통령선거(10. 15.) 박정희의장이 윤보선 전대통령에 15만표차로 당선, 국회의원선거에(11. 26.) 최초의 전국구제(비례 대표제) 도입으로 공화당은 175석의 62.8%인 110석을 획득한다. 제3공화국헌법은 1962.12.26. 공포된 전문, 본문(제1장 총강, 제2장 국민의권리와 의무, 제3장 통치기구, 제4장 경제, 제5장 헌법개정 등 121조), 부칙(9 조)의 제5차개정헌법(헌재 1994.12.29. 89헌마2)이다. 전문의 4·19, 5·16이념, 복수정당제 등 정당조항(제7 조), 모든 공직선거의 정당공천제(제36조 제3항), 自意에 의한 당적이탈·변경의 의원직상실(제38 조), 시장경제질서, 헌법개정국민투표와 국민발안제(제119조, 제121조), 인간의 존엄과 가치(제8 조), 고문금지와 자백의 증거능력제한(제10조 제2항·제6항), 직업선택의 자유(제13 조), 비상계엄하 일정 재판 단심(제106 조) 등이 신설되고 공무원파면청원권, 이익분배균점권이 삭제되었다. 권력구조에서는 대통령제 정부형태, 국회의 사전동의를 요하지 않는 국무총리(제63조 제84조), 단원제 국회(제36 조), 법관추천회의(제99 조), 법원의 사법심사제(제102 조), 탄핵심판위원회(제62조, 위원장인 대법원장, 대법원판사3인, 국회의원5인), 경제·과학심의회의(제118 조), 국가안전보장회의(제87 조) 등을 신설하였다.

3. 제6차헌법개정

제6차헌법개정은 대통령 4년임기·계속재임을 3기로 개정한 '3선개헌'이다. 박정희대통령은 제6대 대통령선거에서(1967. 5.3.) 신민당 윤보선후보에 100만여 표차로 재선된다. 제7대 국회의원총선거에서(6. 8.) 민주공화당은 총176의석의 3분의 2이상인 130석을 차지한다(신민당44 대중당1 기타1). 대통령임기를 1차에 한한 중임조항(제69조 제3항)에서 계속재임은 3기에 한한다는 3선개헌안 제안(윤치영의원 외 121인 1969.8.7.), 대통령에 급송되어 당일 공고(8. 9.), 야당의원 점거 본회의장 대신 국회 제3별관에서 출석 122인 전원찬성으로 의결(9.14. 자정무렵), 공고된(10. 8.) 국민투표에서(10. 17.) 65.1% 찬성(총유권자15,048,725 투표11,604,038 찬성7,553,655 반대3,636,399 무효414,014), 10.27. 공포된다. 국회의원 정수를 150인 이상 250인 이하로 증원(제36조 제2항), 국회의원의 국무총리·국무위원·지방의회의원 겸직허용(제39조 참조), 대통령의 탄핵소추 발의정족수를 국회의원 50인 이상(개헌전 30인 이상), 의결정족수는 국회재적의원 3분의 2이상(개헌전 재적과반수)으로 그 지위·권한을 강화한다(제61조 제2항). 1971.4.27. 제7대대통령선거에서 박정희는 신민당 김대중에 95만 표 차로 당선된다. 5.25. 제8대국회의원선거에서 민주공화당은 총204석의 113석을 점한다(新民黨89 민중당1 국민당1).

[四] 제4공화국헌법

1. 10월유신정변

박정희대통령은 1971.12.6. 대통령특별담화 형식의 비상사태선포, 국가보위에관한특별조치법 제정(12. 27.)으로 국가비상사태시 대통령에 대한 초헌법적 국가긴급권부여·방공훈련(이후에도 민방위훈련) 등을 정한다. 후일 헌법부정·파괴의 반입헌주의·반법치주의 위헌법률이라는 평가를 받는다(헌재 1994.6.30. 92헌가18). 1972.10.17. 대통령특별선언 형식의 10월유신정변에 의한 국회해산·비상국무회의의 국회기능대행 등을 비상국무회의법으로 합법의 규범화를 행한다(12.23.). 대통령·국무총리·국무위원으로 구성한 비상국무회의의 개헌안 의결(10.26.)·공고(10.27.), 비상계엄하(11.21.) 국민투표로(총유권자15,676,395 총투표자 14,410,714 찬성13,186,559) 확정(91.1%투표 91.5%찬성), 중앙선거관리위원회는 대통령(비상국무회의의장)에 통고한다. 대통령이 12.27. 공고한 제7차개정헌법이 전문, 본문126조, 부칙11조의 유신헌법이다(헌재 1994.12.29. 89헌마2).

10·17대통령특별선언 ① 국회를 해산하고 정치활동을 중지하며 ② 국무회의가 비상국무회의로서 국회의 기능을 대행하게 하고 ③ 1972.10.27.까지 평화통일을 위한 헌법개정안을 공고하여 공고일부터 1월 이내에 국민투표로 헌법을 확정하며 ④ 개헌안이 확정되면 1972년 말까지 헌법질서를 정상화한다. 비상국무회의법*1972.10.23.* 제1조(목적) 이 법은 1972년 10월 17일 대통령특별선언에 의하여 … / 제3조(권한) 비상국무회의는 특별선언에 따라 해산된 국회의 권한을 행사한다.

2. 유신헌법

2.1 유신헌법과 영도적 권력 – 지도적·인격적 권력

제4공화국헌법인 유신維新헌법은 전문에서 평화적 통일을 강조하며, 통일주체국민회의 간선 대통령의 6년임기 중임·연임제한 규정이 없고, 국회동의·승인 및 법원의 사법심사를 받지 않는 사전적·사후적 긴급조치권(제53조), 국회해산권(제59조), 국회의원정수 3분의 1 추천권(제40조), 국민투표부의권(제49조), 법률안거부권(제88조 제2항), 대법원장을 비롯한 모든 법관의 임명·보직권, 징역에 처해진 경우의 파면권(제104조) 등 입법·행정·사법의 3권을 통합·조정하는 영도적 권력을 정한다. 유신헌법의 영도적 대통령은 국가적 지도의 대통령권력을 권력인격화론으로 정당화한 구체적 현실의 헌법이다. 1975.1.22. 유신헌법 제49조에 근거한 국민투표를 신임과 연계하며 치러진(1975.1.22.) 국민투표에서(2.15.) 79.8% 유권자투표에 73.1% 지지를 얻으나 국민의 저항이 이어진다.

2.2 유신헌법의 기본권과 권력구조

유신헌법은 기본권의 자유와 권리의 본질적 내용 침해금지조항 삭제, 개별적 법률유보조항 추가, 신체의 자유의 제한(구속적부심사제 폐지, 긴급구속요건 완화, 자백의 증거능력제한규정 삭제), 언론의 자유의 제한(언론·출판의 허가·검열금지, 집회·결사 허가금지규정 삭제), 군인·군속 등의 국가배상 외 배상청구금지(제26조 제2항), 노동3권의 주체·범위 제한의 확장(제29조 제2항) 등을 신설하였다. 통치구조에서 국회회기 단축, 국정감사권 부인 등 국회의 권한·기능 제한, 사법부독립 제한, 헌법위원회(제109조)에 위헌법률심사권, 위헌정당해산결정권, 탄핵심판권 등의 부여, 지방의회는 조국통일이 이루어질 때까지 구성하지 아니함(부칙 제10조), 국회 발의 헌법개정안은 통일주체국민회의가 의결·확정, 대통령제안 헌법개정안은 국회의결을 거쳐 통일주체국민회의 의결로 확정하게 하는(제124조-제126조) 2원적 절차 등을 규정하였다.

2.3 유신헌법의 헌정

제4공화국헌법 부칙 제1조 '이 헌법에 의한 대통령·통일주체국민회의 대의원 및 국회의원의 선거와 기타 이 헌법시행에 관한 준비는 이 헌법시행 전에 할 수 있다'에 따라 통일주체국민회의법 제정·공포(1972.11.25.)·대의원선거(12.15.)·대통령선거(12.23.)로 박정희 제8대대통령이 선출된다(대의원2359 可2357 무효2). 국회의원은 1구2인 중선거구제와 통일주체국민회의의 국회의원정수 3분의 1 선출을 합한 219석이었다(1973.2.27. 민주공화당146 신민당52 무소속19 통일당2). 법관재임명제로 사법부독립이 제한된다. 제3공화국에서 국가배상법 위헌결정을 내린 대법원판사 재임명탈락, 국가보안법 주심판사의 금품수수명목의 구속영장청구로 촉발된 판사 415인 35%인 153인의 사직서제출이라는 사상 초유의 첫 사법파동*1971.8.* 등이 그것이다. 헌법 제53조에 근거, 유신헌법을 부정·반대·왜곡 또는 비방하거나 유신헌법의 개정 또는 폐지를 주장·발의·제안 또는 청원하는 일체의 행위, 유언비어를 날조·유포하는 행위 등을 전면적으로 금지하며, 그 위반시 비상군법회의 등에서 재판·처벌하는 대통령긴급조치 제1호-제9호(제9호는 국가안전과공공질서의수호를 위한대통령긴급조치(1975.5.13. 제정 1979.12.7. 해제)를 발령한다. 제10대 국회의원총선거에서(1978.12.12.) 신민당(32.8%)이 민주공화당(31.7%)에 앞선다. 부마민주항쟁(1979.10.18.0시 부산지역 비상계엄령선포 20.정오 마산·창원일원에 衛戍令발동) 직후 10월 26일 궁정동안가에서 중앙정보부장김재규의 박정희대통령 총격·시해로 헌정은 단락된다.29)

3. 유신헌법의 헌법규범적 평가

유신헌법의 평가에 대해서, 긴급조치 제9호는 1975.5.13. 선포되어 1979.12.8. 해제될 때까지 4년 7개월 동안 존속하였고, 이는 유신헌법이 존속하였던 약 7년의 기간 중 3분의 2 정도를 차지하는 매우 긴 기간이었다. 긴급조치 제9호가 타개하겠다고 하는 급박한 국가위기, 즉 북한의 남침 가능성 증대라는 것이 실은, 우리 사회가 오랜 기간 겪어 왔고 앞으로도 통일이 될 때까지 혹은 적어도 한반도 평화체제가 확립될 때까지, 끊임없이 대면해야 할 일상적이고 해결하기 어려운 모순 중 하나였을 뿐임을 방증한다(헌재 2013.3.21. 2010헌바70등) 하는 헌법재판소의 입장이 있다.

> **긴급조치 위헌성** 당시 유신헌법에 대한 비판적 의사표시나 개헌을 위한 적극적 의견제시 등을 특정시기에 집약적 집합적으로 표출하였어도, 이를 긴급조치 같은 국가긴급권으로 대처하여야 할 국가적 비상상황이라 보기도 어렵다. 긴급조치 제1호, 제2호는 정부에 대한 비판 일체를 원천적으로 배제, 처벌하여 대한민국헌법의 근본원리인 국민주권주의와 자유민주적 기본질서에 부합하지 아니하며, 국민의 유신헌법 반대운동을 통제하고 정치적 표현의 자유를 과도하게 침해하는 내용이어서, 국가긴급권이 갖는 내재적 한계를 일탈한 것으로, 기본권제한에서 준수하여야 할 목적의 정당성과 방법의 적절성이 인정되지 않는다. 긴급조치 제9호는 학생의 집회·시위의 자유, 학문의 자유와 대학의 자율성 내지 대학자치의 원칙을 본질적으로 침해하고, 행위자의 소속 학교나 단체 등에 불이익을 규정하여 헌법상 자기책임의 원리, 죄형법정주의 명확성원칙에 위배되고, 헌법개정권력 행사와 관련한 참정권, 표현, 집회·시위, 영장주의, 신체, 학문 등의 자유를 침해한다. 기존 헌법질서 속에 규정된 통상적 권력작용 방식으로는 결코 대처할 수 없는 비상적 국가위기상황이 현존한다는 점에 대한 사회적 공통인식이 공감대를 형성하고 있을 때에만 비로소 긴급조치를 발령할 수 있다(헌재 2013.3.21. 2010헌바70등).

[五] 제5공화국헌법

1. 제5공화국헌법의 제정경과 - 군사반란과 국가보위입법회의

박정희대통령 유고有故로 대통령권한대행이 된 최규하 국무총리는 1979.12.6. 통일주체국민회의에서 제10대 대통령으로 선출, 8일 긴급조치 제9호 해제, 14일 내각을 구성한다. 12·12군사반란으로 권력을 잡은(헌재 1993.5.13. 90헌바22등) 전두환 보안사령관 겸 중앙정보부장서리는 1980.5.17. 계엄령 전국확대, 5·18광주민주항쟁 진압의 내란행위로 정권을 차지한다. 신군부는 최규하 대통령이 발령한 국가보위비상대책위원회설치령(5.27.)에 의거, 비상계엄하 행정·사법업무를 조정·통제하는 국가보위비상대책위원회 설치(5.30. 위원회령 5.31. 제정), 국가보위입법회의로 명칭 변경(9.29.), 10월 27일 공포·시행된 헌법부칙 제6조 제1항 '국가보위입법회의는 이 헌법에 의한 국회의 최초의 집회일 전일까지 존속하며 이 헌법시행일로부터 이 헌법에 의한 국회의 최초의 집회일 전일까지 국회의 권한을 대행한다', 제3항 '국가보위입법회의가 제정한 법률과 이에 따라 행하여진 재판 및 예산 기타 처분등은 그 효력을 지속하며 이 헌법 기타의 이유로 제소하거나 이의를 할 수 없다', 제4항 '정치풍토쇄신과 道義政治구현을 위하여 이 헌법시행일이전의 정치적 또는 사회적 부패나 혼란에 현저한 책임이 있는 자에 대한 정치활동을 규제하는 법률을 제정할 수 있다'에 의한 추인, 1980.10.28. 국가보위입법회의법 제정으로 대통령이 임명한 81명 위원이 1981.4.10.까지 존속하며 법률을 제정하였다(헌재 1992.11.12. 91헌가2 참조). 최규하 대통령 사임으로(8.16.), 전두환은 국가보위비상대책위원회 상임위원회위원장이 되어 통일주체국민회의에서 제11대 대통령에 선출(8.27.)·취임한다(9.1.).

2. 제5공화국헌법의 내용

2.1 제8차개정헌법

박정희대통령 弑害 한 달 후 구성된*1979.11.26.* 국회 헌법개정심의특별위원회는 1980.5.17. 국회집회 불가능, 정치활동금지로 활동할 수 없게 된다. 정부는 이미 구성·활동하던 정부 헌법연구반을 1980.3.14. 헌법개정심의위원회로 발족시켜 9.9. 대통령임기 7년단임제의 전면적 헌법개정안을 확정짓는다. 대통령은 9.27. 헌법개정안을 국민투표에 회부·공고한다. 10.22. 국민투표로 유권자 20,373,869의 95.48%인 19,453,926투표, 투표자 91.6%의 17,829,354 찬성으로 10.25. 헌법개정확정, 10.27. 공포일부터 시행된 제8차개정헌법이 제5공화국헌법이다(헌재 1994.12.29. 89헌마2).

2.2 제5공화국헌법의 총강·기본권

'헌법전문'에서 4·19와 5·16혁명 이념 삭제, 3·1운동 독립정신계승 유지, 자유민주적 기본질서를 더욱 확고히 하도록 하였다. '총강'에서 주권재민원칙 확인(제1조 제2항), 재외국민보호조항 신설(제2조 제2항), '기본권'에서 행복추구권(제9조), 결혼과 가족생활의 양성평등(제34조 제1항) 등 신설, 보안처분제도 존치(제11조 제1항), 긴급구속요건 강화(제3항), 구속적부심 부활(제5항), 고문 등 강요에 의한 임의성 없는 자백의 증거능력부인(제6항), 연좌제금지 등 자기의 행위가 아닌 타인의 행위에 의한 불이익금지(제12조 제3항), 사생활보호(제16조) 등 신설, 언론 자유의 개별적 법률유보 삭제(제20조 제1항), 언론·출판의 사회적 책임 신설(제2항), 재산권보장 보완(제22조 제3항), 형사피고인 무죄추정(제26조 제1항), 교육의 전문성·교육재정·교원의 지위 보장(제29조 제4항-제6항), 평생교육진흥(제29조 제5항-제6항), 근로자의 적정임금보장(제30조 제1항-제3항), 병역의무이행자 및 국가유공자보호(제30조 제5항, 제37조 제2항) 등 신설, 근로3권 법률유보조항 삭제(제31조 제1항-제3항), 국가·지방자치단체·국공영기업체·방위산업체·공익사업체 또는 국민경제에 중대한 영향을 미칠 수 있는 사업체에 종사하는 근로자의 사회복지의무(제32조 제2항), 환경권(제33조) 등 신설, '경제조항'에서 독과점규제 신설(제102조 제3항), 농지의 임대차 및 위탁경영의 예외적 인정(제122조), 국토의 균형 있는 이용(제123조), 중소기업보호육성(제124조 제2항), 소비자보호 신설(제125조), 국가표준제도 신설(제128조 제2항) 등이 규정되었다. 자유 앞에서 국가가 고개를 숙이기 시작한다.

2.3 제5공화국헌법의 권력구조

대통령제를 유지하면서 대통령의 국회의원 일부추천권 등 삭제, 대통령임기의 7년 중임금지, 중임금지조항 개정은 헌법개정제안 당시의 대통령에 대하여는 효력이 없도록 하였다(제45조, 제129조 제2항). 대통령선거인단(5,000인 이상)의 대통령간선제를 채택하였다(제39조-제41조). 대통령의 비상조치권 발동요건제한 및 사후통제강화(제51조) 등 사전예방적 국가긴급권은 인정하지 아니한다. 사후통제 역시 강화하여, 비상조치 후 국회통고 및 국회승인을 받지 못하면 실효되게 하고 국회가 해제요구를 하면 무조건 해제하도록 하였다. 비상조치는 필요한 최단기간에만 존속하도록 명시하였다. 대통령의 국회해산권 발동요건도 제한하였다(제57조). 국가의 안전 또는 국민전체의 이익을 위하여 필요하다고 판단할 상당한 이유가 있을 때로 국한하여 행사할 수 있게 하였다. 해산절차도 국회의장의 자문 및 국무회의를 거친 후에야 가능하도록 하였다. 국회구성 후 1년 이내 또는 동일한 사유로 2차에 걸쳐 해산할 수 없도록 함으로써 정치적 남용소지를 방지하였다. 국무위원 정원을 15인 이상 30인 이하로 상한을 늘렸다(제64조 제2항). 국정자문회의(제66조), 평화통일자문회의(제63조) 등을 신설하였다. 국회구성에 대한 대통령관여권 배제(제77조 제1항), 비례대표제 근거 명시(제3항), 국회의원 청렴의무를 신설하였다(제82조). 제헌헌법에서 제5차 개정헌법까지 인정된 국정감사권은 부활하지 아니하고 특정사안에 대한 국정조사권(제97조)만을 명문화하였다. 국회의 국무총리·국무위원 해임의결권을 인정하였지만(제99조), 국무총리와 국무위원전원을 해임하여야 하기 때문에, 국회의 임명동의 후 1년 이내에는 국무총리에 대한 해임의결은 하지 못하도록 하였다. 대법원에 행정·조세·노동·군사 등 전담부 설치 근거를 명시하였다(제103조 제2항). 법관의 독립성 보장으로(제105조), 대법원장은 대통령이 국회동의를 얻어 임명하고, 대법원판사는 대법원장 제청으로 대통령이 임명하며, 일반법관은 대법원장이 임명하도록 하였다. 법관의 신분보장을 강화하여(제107조), 징계처분에 의한 법관파면규정은 삭제하고 법관은 임기10년·연임가능케 하였다. 법률에 근거하여 운영되는 행정심판제도를 재판의 전심절차로서 행정심판을 둘 수 있다는 규정과 행정심판에서는 사법절차가 준용된다는 규정을 헌법에 직접 명문화하였다(제103조 제2항). 헌법위원회를 존속하고(제112조, 제114조), 중앙선거관리위원회 위원장 호선제(제115조 제2항), 선거관리위원회의 행정기관에 대한 선거사무지시권을 명시하였다(제116조). 헌법개정은 대통령제안과 국회의원제안의 경우 모두 국회의결·국민투표 확정으로 일원화 하였다(제131조).

3. 제5공화정의 헌정

제5공화국헌법의 대통령은 간접선거였고, 7년단임제는 전직대통령 예우규정과 함께, 멕시코의 공직단임제·원로회 후견을 통한 일당집권제 모방이라는 비교헌법적 견해가 있을 정도로, 제4공화국과 신군부 트라우마는 깊었다. 이는 대통령선거인단의 대통령간선제(제39조-제41조)에 대한 대통령직선제 개헌을 위한 국민운동을 불러 일으켰다. 1980.10.27. 제5공화국헌법의 공포·시행으로 국회의원 임기종료(부칙 제5조), 정당해산(제7조), 통일주체국민회의 해산(제4조), 새 헌법에 의한 국회구성시까지 국회의 권한을 대행할 국가보위입법회의 구성(제6조) 등으로 다수 법률 제정 등으로 정치·사회의 인위적 신질서가 형성된다. 1981.1.25. 비상계엄해제, 2.11. 국민의 직접선거로 5,272인 대통령선거인 선출, 대통령선거인단 5,271인(당선취소된 1인 제외)이 2.25. 선거를 행한다. 유효투표수 90.2%인 4,755표를 얻은 전두환후보의 당선으로 임기7년의 제12대 대통령이 되어(3.3.), 1988.2.24. 임기만료까지 7년5월24일간 재직하게 된다. 국가보위입법회의에서 제정된 정치풍토쇄신을위한특별조치법 등의 조치에 의해 상당수 정치인들이 정치활동규제를 받거나 처벌된다. 1980.3.25. 국회의원선거로 직선의원이 민정당 90, 민한당 57, 국민당 18, 기타 18, 전국구의원이 민정당 61, 민한당 24, 국민당 7 등으로 선출되었다. 1984.5.18. 민주화추진협의회(민추협) 결성으로 해금된 야당정치인들이 선거를 25일 앞두고 창당한 신한민주당이 제12대 국회의원총선거에서 103석의 제1야당이 된다. 1986.2. 대통령직선제를 중심으로 민주헌법쟁취투쟁이 전국적으로 확산된다. 신한민주당이 1천만 개헌서명운동을 한다. 국회가 7.30.

헌법개정특별위원회를 발족시킨다. 전두환대통령은 1987.4.13. 호헌조치를 통해 일체의 개헌논의를 중단시키고 1988.2.에 정부를 이양하겠다 한다. 제5공화정은 단락기에 들어간다.

권위주의 통치와 과거사정리법 과거사정리법*2005.5.31.제정*에 따라 설치된 위원회의 진실규명결정에 기하여 국가를 상대로 한 손해배상청구는 한국전쟁 전후의 시기에 불법적으로 이루어진 민간인 집단희생사건(제2조 제1항제3호), 권위주의 통치시까지 헌정질서파괴행위 등 위법 또는 현저히 부당한 공권력의 행사로 인하여 발생한 사망·상해·실종사건, 그 밖에 중대한 인권침해사건과 조작의혹사건이다(제4호). 이 같은 국가기관에 의한 인권침해사안은 공무원에 의해 이루어진 불법행위이고, 이에 대한 손해배상청구권은 불법행위가 있던 날부터 5년, 피해자나 그 법정대리인이 손해 및 가해자를 안 날로부터 3년간 행사하지 않으면 시효로 소멸함이 원칙이지만, 수십 년 전에 있었던 일이므로, 피해자 및 그 유족의 국가배상청구시 소멸시효 완성 여부, 소멸시효항변의 권리남용 인정여부, 피해자의 상당한 기간(시효정지 기간 6개월) 내에 권리행사 여부 등이 문제되어 왔다. 헌법재판소는 '일반적인' 공무원의 직무상 불법행위로 손해를 받은 국민의 국가배상청구권에 관한 소멸시효 기산점과 시효기간을 정하고 있는 것은 합리적인 이유가 있으나, 민법 제166조 제1항, 제766조 제2항의 객관적 기산점을 과거사정리법 제2조 제1항 제3, 4호의 '민간인 집단희생사건, 중대한 인권침해·조작의혹사건'에 적용하도록 규정함은 국가배상청구권을 침해하여 헌법에 위반된다 하였다(헌재 2018.8.30. 2014헌바148등). 이에 따라 민간인 집단희생사건, 중대한 인권침해·조작의혹사건에 대해서는 법원의 재심개시와 민법 제766조 제1항이 정한 주관적 기산점 및 이를 기초로 한 단기소멸시효의 적용을 통해 과거사 민간인 집단희생사건과 중대한 인권침해·조작의혹사건의 피해자들의 국가배상청구권이 보장될 것이다.

[六] 제6공화국헌법

1. 제6공화국헌법 제정과 제9차개정헌법

1.1 제6공화국헌법의 개정경과

제5공화국 헌정의 한 가운데인 1985년 2·12총선에서 대통령직선제 개헌의 국민적 여망을 선언한 신민당이 102석을 얻는다. 1986.2.12. 신한민주당은 직선제개헌 서명운동을 시작한다. 정부는 서울올림픽 후인 1989년까지 개헌논의를 유보시킨다*1.16*. 청와대 3당대표회담에서 여야가 국회에서 합의한다면 현 대통령 임기중이라도 개헌을 할 수 있음을 합의한다*4.30*. 국회는 헌법개정특별위원회 구성을 결의*6.24*, 의원으로 구성·발족한다*7.30*. 정부는 대통령 소속하에 헌정제도연구위원회를 설치하여*5.21.*, 학자 등 전문가로 하여금 헌정제도전반에 걸친 조사·연구를 하도록 하고 관계자료를 국회개헌작업에 제공한다. 국회특위는 제4차회의에서*8.25.* 민주정의당의 의원내각제 개헌안과 신한민주당 등의 대통령직선제 개헌안 제안설명을 듣고 이후 운영이 정지된다. 1987년 6·29민주항쟁에 이은 노태우 민주정의당 대표의원의 여·야합의 대통령직선제개헌을 통한 평화적 정권이양 등 8개항 선언, 전두환 대통령특별담화를 통한 수용으로 이어진다*7.1*. 국회특위가 활동을 재개하면서*8.17*, 제7차회의에서 헌법개정안기초소위원회를 구성한다*8.31*. 기초소위원회가 9.1.부터 전문, 본문10장·130조, 부칙6조의 헌법개정안을 기초하여 이를 제안하고*9.17.*, 대통령의 공고로*9.21*, 국회재적의원 272, 출석 258, 찬성 254, 반대 4 등으로 의결한다*10.12*. 국민투표에서*10.27.* 총유권자 25,619,648의 78.2%인 20,028,672 투표, 찬성 93.1%로 제9차개정헌법인 현행 제6공화국헌법은 확정되며 대통령이 10.29. 공포하여 제9차개정헌법이 된다.

1.2 제9차개정헌법(대한민국헌법(시행 1988.2.25. 헌법 제10호, 1987.10.29., 전부개정))

우리는 1948년 7월 17일 대한민국정부수립의 기초가 된 헌법을 제정·공포한 이래 8차에 걸친 헌법개정 … 제12대국회의 여·야의원은 … 역사상 처음으로 여·야 합의에 의하여 대통령직선제의 헌법개정안을 제안 … 이 헌법개정안은 여·야 정당간에 합의된 내용을 기초로 하여 국회 내의 모든 교섭단체대표등이 참여한 헌법개정특별위원회에서 만장일치로 기초·성안한 것을 그대로 제안하는 등 국민적 합의를 도출하는데 필요한 모든 절차를 거친 것이다. 이에 따른 헌법 제129조제1항의 규정에 의하여 국회재적의원 과반수의 발의로 제안된 헌법개정안을 국무회의의 심의를 거쳐 헌법 제130조의 규정에 따라 이에 공고한다.

1.3 제9차개정헌법의 개정내용

제6공화국헌법인 제9차개정헌법의 내용은 첫째, 대통령직선제의 채택으로 국민의 직접선거에 의한 정부선택을 보장함과 아울러, 대통령단임제에 기한 평화적 정권교체의 전통을 계승 확립함으로써 … 둘째, 대통령의 비상조치권·국회해산권의 폐지를 통하여 대통령의 권한을 합리적으로 조정하고, 국정감사권을 부활하는 등 국민의 대표기관인 국회의 권한을 강화하여 … 법관의 임명절차 개선과 헌법재판소의 신설등을 통하여 사법권의 독립을 실질적으로 보장하고 헌법의 실효성을 제고하였다. 셋째, 구속적부심사청구권의 전면보장, 형사보상제도의 확대, 범죄피해자에 대한 국가구조제 신설등 국민의 신체와 생명에 대한 보호를 강화하고, 언론·출판·집회·결사에 대한 허가·검열의 금지등 표현의 권리를 최대한 보장하며, 근로3권의 실질적 보장과 최저임금제의 실시등 근로자의 인간다운 생활을 할 권리를 확충하여 기본적 인권을 신장하였다. 넷째, 경제질서에 관하여는 자유경제체제의 원리를 근간으로 하면서 적정한 소득의 분배, 지역경제의 균형발전, 중소기업과 농·어민 보호등을 통하여 모든 국민의 복리를 증진시키고, 국민생활의 기본적 수요를 충족시키는 사회정의를 실현하도록 하였다.

2. 제6공화국헌법의 총강·기본권·권력구조

2.1 제6공화국헌법의 총강

제6공화국헌법은 전문에서 대한민국임시정부 법통계승, 3·1운동·불의에 항거한 4·19민주이념 계승, 조국의 민주개혁의 사명 등을 명시한다. 총강에서 재외국민에 대한 국가의 보호의무(제2조 제2항), 자유민주적 기본질서에 입각한 평화적 통일정책을 수립하여 추진(제4조), 국군의 정치적 중립성 준수(제5조 제2항), 정당은 조직·활동 외에 그 목적의 민주성, 정당의 해산은 헌법재판소 심판에 따른다(제8조 제2·4항) 및 경제의 자유와 민주화(국가는 균형있는 국민경제의 성장 및 안정과 적정한 소득분배를 유지하고, 시장지배와 경제력의 남용을 방지하며, 경제주체간의 조화를 통한 경제의 민주화를 위하여 경제에 관한 규제와 조정을 할 수 있도록 하는 등의 경제조항을 다수 규정), 헌법개정(헌법개정을 대통령제안의 경우와 국회의원제안 모두 국회의결을 거쳐 국민투표로 일원화(제130조)), 헌법의 계속성(헌법의 시행일을 1988년 2월 25일로 하고, 이 헌법시행에 필요한 법률의 제정·개정과 대통령 및 국회의원의 선거 기타 이 헌법시행에 관한 준비는 이 헌법시행전에 할 수 있도록 하고(부칙 제1조), 이 헌법시행 당시의 법령과 조약은 이 헌법에 위배되지 아니하는 한 그 효력을 지속함(제2조)) 등의 규정이 있다.

2.2 제6공화국헌법의 기본권

기본권의 재산권보장(제23조) 외 개별적 법률유보조항 삭제, 자유권적 기본권으로 신체의 자유 정상화(법률과 적법한 절차에 의하지 아니하고는 처벌·보안처분 또는 강제노역을 받지 아니하며, 체포·구속·압수·수색에는 적법한 절차에 따라 검사의 신청에 의하여 법관이 발부한 영장을 제시(제12조 제1·3항), 체포·구속시 그 이유와 변호인의 조력을 받을 권리를 고지할 의무 및 가족등에게 그 이유·일시·장소를 통지할 의무규정 신설(제5항), 모든 구속자에 구속적부심사청구권(제6항), 형사피해자의 당해 사건 재판절차에서 진술권(제5항), 형사피의자로서 구금되었던 자의 불기소처분시 형사보상(제28조), 타인의 범죄행위로 생명·신체에 피해를 받은 자의 범죄피해구조청구권 신설(제30조)), 언론의 자유 활성화(언론·출판에 대한 허가나 검열의 금지 및 집회·결사에 대한 허가금지 신설(제21조 제2항), 통신·방송의 시설기준과 신문의 기능보장에 필요한 사항을 법률로 정함(제3항), 언론·출판의 사회적 책임 신설(제4항)), 재산권보장 확대(재산권의 수용등에 법률의 규정에 의한 정당한 보상(제23조 제3항), 과학기술자의 권리를 법률로써 보호(제22조 제2항)), 사회권적 기본권으로서 생존권 확대(여자의 복지와 권익향상, 노인과 청소년의 복지향상의무 및 재해예방노력의무를 국가에 부과(제34조 제3·4·6항)), 교육기본권·근로기본권 확충(대학의 자율성 보장, 교육의 전문성·교육재정·교원의 지위보장 존치, 대학 자율성보장·평생교육진흥신설(제31조 제4·5·6항), 근로자 최저임금제 신설(제32조 제1항), 여자의 근로의 특별한 보호, 고용·임금 및 근로조건에 있어서 부당한 차별을 받지 아니하도록 함(제4항), 단체행동권 행사의 법률유보조항 삭제, 법률이 정하는 주요방위산업체에 종사하는 근로자의 단체행동권은 제한하거나 인정하지 아니함(제33조 제1·3항)), 환경권·가족권 추가(환경권 규정에 주택개발정책의 실시 추가(제35조 제3항), 혼인·가족·건강에 관한 권리에 모성보호 규정 추가(제36조 제2항)), 재판청구권 보호(군사시설에 관한 죄를 범한 민간인에 군사법원 재판관할에서 제외(제27조 제2항)) 등이다.

2.3 제6공화국헌법의 권력구조·경제·헌법개정·부칙

제6공하국헌법의 권력구조의 핵심은 대통령직선제로서 대통령선거인단의 대통령 간선제 폐지와 국민직선제(제67조)·5년단임(제70조 개정은 헌법개정안 제안당시의 대통령에 효력이 없다. 제128조 제2항) 대통령중심제 정부형태이다(제66조 제4항). 국회 활성화(국회임시회 소집요건을 재적의원 3분의 1 이상에서 4분의 1 이상으로 완화, 정기회 회기를 90일에서 100일로 연장, 연간개회일수 제한규정 삭제, 대통령이 요구한 임시회에서의 처리요건 제한규정 삭제(제47조), 국회 국정감사권 부활, 국정감사 및 조사에 관한 절차는 법률로 정함(제61조), 국회의 국무총리·국무위원 해임의결권을 해임건의권으로 변경(제63조)), 대통령 권한 조정(대통령은 국민의 보통·평등·직접·비밀선거에 의하여 선출, 최고득표자가 2인 이상인 경우 국회 재적의원 과반수가 출석한 공개회의에서 당선자 결정, 대통령후보자가 1인일 때에는 선거권자 총수의 3분의 1이상 득표하여야 당선(제67조 제1·2·3항), 대통령 피선거권이 있는 자는 국회의원 피선거권이 있고 선거일 현재 40세에 달한 자(제67조 제4항), 대통령 후임자선거는 임기만료70일 내지 40일 전에 하되, 궐위된 때에는 60일 이내에 함(제67조), 대통령 임기 5년 단임(제70조), 대통령의 비상조치권 삭제, 긴급재정경제처분 및 명령권과 긴급명령권 부여(제76조), 대통령의 국회해산권 삭제(개정전 제57조), 대통령의 권한조정에 따라 국무회의 심의사항 변경(제89조), 국가원로자문회의(제90조), 민주평화통일자문회의(제92조) 명칭 변경, 국민경제자문회의 신설(제93조)), 사법부의 법원(대법원판사를 대법관으로 하고, 대법원장은 대통령이 국회의 동의를 얻어 임명하고 대법관은 대법원장 제청으로 대통령이 국회의 동의를 얻어 임명하며 일반법관은 대법관회의의 동의를 얻어 대법원장이 임명(제102조 제2항, 제104조 제2항, 제105조), 대법원장 임기 6년 단임, 대법관 임기 6년 연임(제106조 제1·2항), 법관은 탄핵 또는 금고 이상의 형의 선고 없이는 파면되지 아니함(제106조 제1항), 군법회의를 군사법원으로 개칭, 비상계엄하 군사재판 단심제에서 사형을 선고한 경우는 제외(제110조))·헌법재판소(헌법위원회 폐지, 헌법재판소 신설하여 법원의 제청에 의한 법률의 위헌여부심판, 탄핵의 심판, 정당의 해산심판 및 국가기관상호간등의 권한쟁의에 관한 심판과 법률이 정하는 헌법소원에 관한 심판을 관장, 헌법재판소는 법관의 자격을 가진 9인의 재판관으로 구성, 대통령이 임명하되, 9인중 3인은 국회에서 선출하는 자를, 3인은 대법원장이 지명하는 자를 임명하고 헌법재판소의 장은 국회의 동의를 얻어 재판관 중에서 임명, 재판관 임기 6년 연임(제111조~제113조)), 독립 헌법기관인 중앙선거관리위원회(중앙선거관리위원회 위원 임기를 5년에서 6년으로 연장, 탄핵 또는 금고 이상의 형의 선고 없이는 파면되지 않으며, 내부규율에 관한 규칙 제정권(제114조)) 등의 규정들이 존재한다.

3. 제6공화정의 헌정

제6공화국헌법 현행헌법은 1987년 10월 29일 공포되고 1988년 2월 25일부터 시행된 제9차개정헌법(헌재 1995.1.20. 94헌마246) 헌법의 실질적 제정이다(헌재 1994.12.29. 89헌마2). 헌법부칙 제1조에 의거, 현행헌법에 의한 대통령 및 국회의원선거 기타 헌법시행에 관한 준비는 이 헌법시행 전에 할 수 있게 함에 따라, 1987.12.16. 대통령선거에서 노태우후보가 당선되어 1988.2.25. 제13대 대통령에 취임한다(헌재 1996.12.26. 96헌가18 등). 1989.4.26. 제13대 국회의원선거, 9.1. 헌법재판소가 개시된다. 국회는 제5공화국의 정치권력형비리조사특별위원회와 5.18광주민주화운동진상조사특별위원회를 구성하여 청문회를 연다. 1990.1.22. 민주정의당·통일민주당·신민주공화당 3당통합으로 민주자유당이 창당되나 1992.3.24. 제14대 국회의원총선거에서 과반수의석을 얻지 못한다. 1995.6.27. 지방의원(광역·기초)·지방자치단체장(광역·기초) 선거가 동시실시된다. 제14대 대통령선거*1992.12.18.* 김영삼 당선 · 취임*1993.2.25*, 제15대 대통령선거*1997.12.18.* 김대중 당선 · 취임*1998.2.25.* 제16대 대통령선거*2002.12.19.* 노무현 당선 · 취임2003.2.25., 제17대 대통령선거*2007.12.19.* 이명박 당선 · 취임*2008.2.25*, 제18대 대통령선거*2012.12.19.* 박근혜 당선 · 취임*2013.2.25*, 제19대 대통령선거*2017.5.9.* 문재인 당선 · 취임*2017.5.10.* 등으로 이어진다.

대통령선거 투표율, 득표율 제13대 대통령선거 노태우37.1%, 김영삼26.7%, 김대중25.9%, 김종필8%(제13대 국회의원선거 소선거구 상대다수대표224, 전국구비례대표75: 민정당125, 평민당70, 민주당59, 공화당35, 기타10), 제14대 대통령선거 투표율80.7% 민자당 김영삼42.0%, 민주당 김대중33.8%, 국민당 정주영16.3%, 신정당 박찬종6.4%. 제15대 대통령선거 투표율80.7% 새정치국민회의 김대중40.3%, 한나라당 이회창38.7%, 국민신당 이인제19.2%. 제16대 대통령선거 투표율70.8% 민주당 노무현48.9%, 한나라당 이회창46.6%. 제17대 대통령선거 투표율63.0% 한나라당 이명박48.7%, 대통합민주신당 정동영26.1%. 제18대 대통령선거 투표율75.8%(선거인 40,507,842 투표자 30,721,459) 새누리당 박근혜51.6%(15,773,128), 민주통합당 문재인48.0%(14,692,632), 제19대 대통령선거 투표율77.2%(선거인 42,479,710 투표지 32,807,908) 더불어민주당 문재인41.0%(13,423,800), 자유한국당 홍준표24.0%(7,852,849).

[七] 제7공화국의 헌법?

제6공화국헌법의 제정 이후에도 대통령 단임제를 둘러싼 개헌의 논의가 계속되고 있다. 헌법의 틀 자체를 고치는 세력의 집권도 현실에 이르고 있다. 현행헌법의 개정이 자유민주와 시장경제의 법치국가의 틀 안에서 권력구조와 기본권 등의 대폭적인 개정에 이르게 된다면 그것은 제7공화국헌법의 제정이 되는 개헌일 것이며 이와는 달리 제6공화국헌법의 국헌의 틀을 바꾸는 개헌에 이른다면 그것은 헌법개정이라는 이름을 통한 새로운 국가의 창설이 될 것이다.

제1편 제2편 제3편 憲法論

제3절 국 가

Ⅰ. 국가의 헌법원리와 국가정통성

[一] 국가의 헌법원리

1. 국가의 본질

1.1 국가의 의의

1.1.1 국가의 개념

국가(國家 State · Nation · Country, Staat(獨), État(佛), Stato(伊))는 공동체 안전과 개인적 자유를 존재이유(raison d'Être)로 하는 인륜적 문명체라 하는 現象的 관념이다. 국가의 國憲的 관념은 그 존재이유인 공동체 안전과 개인적 자유를 공동체*Gemeinschaft* 국가이성(reason of state, raison d'État, Staatsräson, ragione di stato)인 헌법을 최고규범으로 하는 법질서의 규범력으로 보장하는 규범통일체이면서, 공동체 영역과 영민領民에 대해서 이를 국제적으로 독립하여 행사할 수 있는 주권적 강제력으로 지배하는 정치통일체*body politic*이다(The state is a political and geopolitical entity; the nation is a cultural and/or ethnic entity).[30] 국가가 규범적으로 갖는 헌법적 관념은 주권 · 국민 · 영토를 존립조건으로 성립하는(헌재 1989.4.17. 88헌마3 참조) 정치적 통일체이자(헌재 2015.4.30. 2014헌마621 참조) 국민공동체로 통합되는 규범적 인격체이다(헌재 2000.8.31. 97헌가12 참조).

1.1.2 국가의 합법성과 정당성

국가는 공동체 안전과 인륜적 자유의 국가이성을 규범적 물리력의 독점적(Monopol legitimer physischer Gewaltsamkeit) 권위*Autorität*에 의하여 실현하는 합법적 지배(Herrschaft durch Legalität einer Satzung, 전통적 지배*traditionelle Herrschaft*., 카리스마적 지배*charismatische Herrschaft*가 아니다)의 규범공동체이자 법규범과 국가권력에 정당성*Legitimitätsgründe*을 부여하는 유일한 원천으로 기능하는 정치통일체이다(Maximilian Carl Emil Max Weber(1864.4.21.~1920.6.14.), *Politik als Beruf*. In: Geistige Arbeit als Beruf. Vier Vortr ge vor dem Freistudentischen Bund. Zweiter Vortrag. München, 1919. (Digitalisat und Volltext im Deutschen Textarchiv)제2강(1919.1.28.) (제1강은 1917.11.7. 직업으로서의 과학Wissenschaft als Beruf.)). 국가는 규범과 권력과의 관계에서, 의회에 대해서는 옳은*recht* 법*Recht*을 제정하여야 할 정당성*Rechtlichkeit*, 정부에게는 법을 올바로*rechtlich* 집행하여야 한다는 의미의 합법성*Gesetzlichkeit*, 그 법에 대해서 사법적으로*gerichtlich* 옳게 판단하여야 할 법원의 공정성*Gerechtigkeit* 등의 국가적 책무를 법에 부여하는 것이다.

1.1.3 국가의 국헌으로서의 헌법적 관념

국가의 국헌으로서의 헌법적 관념은, 국가는 주권 · 국민 · 영토를 존립조건으로 성립하는(헌재 1989.4.17. 88헌마3 참조) 정치적 통일체이자(헌재 2015.4.30. 2014헌마621 참조) 국민공동체로 통합되는 규범적 인격체라는 것이다(헌재 2000.8.31. 97헌가12 참조). 즉 국가는 규범적 인격체로서 입헌주의헌법에서 권리주체로서 기능하는 공법인이 되며, 또한 정치적 통일체로서 국가를 국민공동체로 통합하는 공권력의 주체가 된다. 이 같은 관념의 국가의 요소는 국가의 존재가 주권, 국민, 영토에 의하여 이루어진다는 표지이다. 서구 중세의 신정적 봉건제 국가는 봉건군주의 소유물로서 일정 영역에 대한 사법상 권원으로서의 영역에 대한 사권적 관념이었다. 근대의 국민국가에서의 국가는 국민공동체가 그 영역의 주권자로서 주권적 지배권을 갖는 공권적 관념이다. 즉 국가는 영토고권을 갖는 규범적 공동체이다. 공권력의 주체인 국가는 공권력의 정점에서 권력의 총체적 정당성의 근거인 주권을 속성으로 갖는 주권국가, 주권국가의 관할권이 미치는 한계인 국경선을 영토공동체로 정하는 영토국가, 주권평등의 독립국가를 평화적으로 공존케 하는 평화국가가 된다.

2. 정치적 통일체로서의 국민공동체의 국민국가

국가는 근대국가에 이르러 국민총체가 정치적 통일체로서 주권의 주체가 되는 국민공동체의 국민국가로 성립한다. 근대국민국가는 고희랍 도시국 시민공동체의 공동체국가에서 기원하며, 중세와 근세 초 봉건사회가 '신분에서 계약으로'(from status to contract) 극복되면서 신정적 신분·계급에 기초한 중세신정국가, 근세봉건국가 등은 해체된다. 국민국가는 근대시민사회의 자연상태, 사회계약 등의 정치사상에 기반하여 형성된 계약국가이다. 정치적 통일체로서의 국민공동체의 국민국가와 명백히 구분되는 민족주의에 기반을 둔 민족국가 등은 반계약적이고 계급기반적 국가인 전근대적 신정적 봉건제국가 관념으로의 회귀에 불과한 주술적 관념이다.

3. 헌법국가로서의 주권국가, 법인국가

3.1 헌법국가

헌법국가는 입헌주의헌법에 근거하는 규범국가로서 규범적 주권국가 내지 법인국가 등으로서 실현되는 국가이다. 국가는 규범국가일 때 법치국가로서 기능하여 국민의 안전과 자유와 행복을 추구할 수 있는 국민공동체의 국가가 된다. 규범국가 정점에 헌법국가가 있다. 헌법국가는 헌법규범의 최고성과 더불어 최고의 규범체이며 정치적 통일체이며 국민공동체인 것이다. 헌법국가에서 국가와 법의 연속성이 승계된다. 즉 국가가 국헌학적으로는 하나의 권리주체이기에, 일본은 1910.8.29. 한일합병조약을 강제로 체결케 한 같은 날 '조선에 있어서의 법령의 효력에 관한 건'을 帝令 제1호로, 조선에 있어서 그 효력을 상실할 제국법령 및 대한제국 법령은 당분간 조선총독이 발한 명령으로서 여전히 그 효력을 가진다 하고, 1948.7.17. 대한민국헌법 제100조가 "현행 법령은 이 헌법에 저촉되지 아니하는 한 효력을 가진다" 하여 대한제국법령, 일제식민지시대 법령, 미군정법령 등을 통하여 국가를 규범적으로 연속시킨다.

3.2 주권국가

주권국가는 장 보댕 『공화국6권』에 의하면 구약 창세기*Genesis 15:2* '주 주권자이신 하나님'*O Sovereign LORD*에 임재하고 있는 주권의 최고·절대·항구성이 귀속되는 국가이다. 국가의 독립성·최고성을 각 개별국가마다 인정케 하여 근세적 국가 관념인 유기체 국가론을 배제하여 약소국가도 국가로서 독립성과 자율성을 지키고, 민족국가가 아니라 민족자결원칙에 근거한 평등한 독립국가, 국제평화의 평화국가를 가능케 하였다.

3.3 법인국가

국가의 규범적 관념으로서의 법인국가는 국가를 하나의 권리주체로서 기능케 하여 주권국가의 대내외적 법관계를 처리할 수 있게 하는 공법인의 국가이다. 국가를 주권·권력·권리관계 등의 규범적 통일적 행사자로서 인식하는 점에서는 국가공동체인 국가의 관념인 것이다. 국가의 '권리객체'

는 왕권신수설의 왕조국가나 家産국가론에 그치며, '권리관계'로 보면 정치통일체나 대외적 활동체인 국가를 설명할 수 없다. 권리의 관계가 어떻게 주체가 되어서 전쟁을 선포하고 조약을 체결할 수 있겠는가. 이는 영국에서 왕Rex과 왕국Regnum으로 분리된 중세적 국가관이 하나의 통일체로 합치지 못하고 각각 권리주체로서 대립한 잔존물이다.[31] 국가의 법인격은 법인실재설에 따라서 자연인이 의사를 갖는 자연적 유기체인 것처럼 법인도 단체의사를 가지는 사회적 유기체이라는 점에서 그 근거를 둘 수 있는 것이며, 법인국가론에 따라서 국가는 사회적으로 독자의 작용을 하기에 적합한 가치를 지니는 정치적 실체로서 보는 개념이다.

[二] 국가의 형식과 형태

1. 사회의 정치조직체로서의 국가

1.1 국가 · 사회와 근대입헌주의헌법

근대국민국가에 이르러 국가와 법은 결합되어 근대입헌주의의 헌법국가로 이행한다. 헌법국가는 국민이 그 권한을 위임한 헌법기관이 제정하는 규범에 의하여 법의 국가로 이행한다. 근대국민국가는 국가가 어떠한 법 어떠한 기본권 어떠한 국가조직 등을 갖고 있는지에 따라 그 국가가 규범적으로 어떠한 국가인지를 인식할 수 있게 된다. 법은 문화적 현상이고 사회적 현실이며 그 현실에 의해 인식되는 규범이다. 법은 국가와 함께 공동체의 정체성을 만들어 낸다. '국가와 법'이 국가 · 사회의 구조적 형태에서 하나로 인식되어야 하는 이유가 여기에 있다.

1.2 국가와 사회의 관계

1.2.1 국가 · 사회의 단절관계

국가 · 사회의 단절관계가 있다. 근대국민국가 이전 국가 영역은 왕위 · 관료제도 · 군대 · 일부귀족 등이었고 사회 영역은 농민 · 자영민 · 프롤레타리아 등의 봉건사회였다. 양 영역은 단절된 관계였다. 반면, 근대국민국가에서의 사회society라는 개념은 개인의 인격체가 평등한 이익사회를 기반으로 국민주권에 의하여 국가를 형성하는 시민사회civil society의 관념이다. 봉건사회는 혈연가족공동체와 지역촌락공동체의 인정 · 연고생활관계에 머물렀다. 이때 국가는 원천적으로 사회의 조직이 될 수 없다. 국가와의 관계에서 사회가 국가로부터의 자율성을 갖는 시민사회일 때, 국가의 억압, 간섭을 배제할 수 있는 자율성을 확보하고자 하는 근대헌법의 원점이 된다.

1.2.2 국가 · 사회의 분리관계

루소J.J. Rousseau 개인주권의 국가, 헤겔F.Hegel 절대정신의 국가, 칸트I.Kant 이성국가 등은 국가 그 자체를 완결적 절대자로 본다. 이는 시민사회 초기 근대국민국가의 반영이다. 켈젠H.Kelsen 법단계에서 헌법을 최고규범으로 하는 법질서국가, 옐리네크G.Jellinek 국가 · 사회이원론의 법인국가 등은 국가를 완결된 법질서, 법인 등으로 인식한다. 옐리네크의 법인국가론은 국가를 구성하는 3요소로서 국민, 영토, 주권을 들면서, 국민이 국가를 형성하는 공동체의 사회의 기반을 이루는 구성원이었음에도 그 같은 국민을 법인으로서의 국가의 영역에 가두었다. 켈젠의 법질서 국가론의 경우에 있어서 국가는 그 사실적 요소로서의 정치활동체, 권력체 성격을 거두고 국가를 단지 정적인 규범, 법질서으로만 보아 국가에 대응하는 사회영역의 기반을 이루는 국민의 국가 형성의 여지를 축약시킨다. 카를 슈미트C.Schmitt는 국가는 정치적 통일체로서 공동체의 민주주의적 구성부분이며, 사회영역은 법치국가적 구성부분으로서 공동체 영역에 존재하는 것으로 보지만, 국가와 사회는 분리되어 상호간 영역 침해가 금지되는 등 이질적 부분들로 보았다.[32] 이렇게 국가와 사회가 분리관계에 놓일 때 국가는 권력에 의하여 일방적으로 사회 앞에 놓이는 존재가 될 것이며, 이때 국가는 공동체에서의 사회 조직에서 벗어나게 될 것이다.

1.2.3 국가 · 사회의 교차관계

국가와 사회의 국헌적 교차관계가 있다. 스멘트R.Smend는 국가 위주의 사고에서 사회를 기반으로 하는 국가의 존재를 인식하면서,[33] 국가와 사회의 교차관계는 국가 · 사회가 서로 독립하여 존재하면서도 영향을 미치는 규범적 관계에 있으며, 국가는 사회와 구분되는 독자성을 지니는 정치적 일원체이면서도 사회의 자기조직이 된다. 콘라드 헷세K.Hesse, 페터 해벌레P.Häberle, 호르스트 엠케H.Ehmke, 에른스트 포르스토프E.Forstoff, 로만 헤어초크R.Herzog, 크뤼거H.Krüger, 뵈켄훼르데E.W.Böckenförde, 요셉 이슨제J.Isensee 등이 그들이다. 포르스토프는 권위주의적 이원론에서 서구 전통 국가사상을 계승한 영미식 시민사회civil society와 정부government 관념에 복귀해야 한다고까지 주장한다.

1.3 한국에서의 국가와 사회의 관계

한국에서의 국가와 사회는 서로가 구분되는 규범적 사실적 상태이면서도 통일체로서의 공동체에서 각각의 존재이유를 가지면서 공존하는 관계로서 인식되어야 할 당위를 갖는다. 하지만 국가의 우위와 사회의 우세가 극단을 달리면서 교차적 관계이어야 국가와 사회가 분리되거나 절연되는 상태에서 통일적 국민공동체로서의 상관관계를 맺지 못하고 있다. 국가와 법의 관계성이 분리되는 상황이 국가의 최고규범인 헌법의 실증주의와 애국주의가 교환되지 못한다.

2. 국가형식으로서의 자본주의국가

국가는 사회 속에 존재하는 그 사회의 구성체이다. 사회구성체로서 국가는 사회의 생산양식으로 기능하는 자본의 사적 소유를 국가의 권력의 지배구조로 하는 자본주의국가, 사회의 집단적 소유에 기초하는 사회주의국가(공산주의국가, 조합국가 등) 등으로 구분된다. 이렇게 사회의 지배적 생산양식에 따르는 국가의 구조가 국가형식이다. 국가형식은 국가의 권력이 귀속되는 지배구조 · 통치자 유형에 따르는 국가형태와 다르며 또한 국가에 있어서의 권력의 행사방식의 유형에 따르는 국회의 입법권 · 정부의 행정권의 구조 양태인 정부형태와도 구별된다. 국가형식으로서 자본주의국가는 자본의 사적 소유를 사회의 지배적 생산 양식으로 하는 공동체의 구성 형식이며, 이를 국가의 권력의 지배적 형식으로 삼는 국가이다. 자본은 재화나 서비스 생산에 사용되는 물리적 자원인 토지, 공장, 기계 등으로서 이를 구매하거나 임대하기 위해서는 자금을 필요로 한다. 자본주의국가는 국가 · 사회의 분리로 경제에 대한 국가의 관여 금지, 납세액에 따른 종세從稅투표로 부르주아지 국가에 정향된 듯하지만 보통선거제 이후, 근대국민국가의 입헌주의헌법은 민주공화국이라는 국가형태를 국헌적으로 국가의 정통성으로 삼고 자유민주주의 · 시장경제를 국가의 정체성으로 삼는 사회적 토대가 되었다.[34]

3. 국가형태로서의 민주공화국

3.1 국가형태의 분류

국가형태는 국가형식을 전제로 인식되는 정치적 지배체제의 유형이다. 정치적 지배체제의 담당자 즉 통치자의 수 혹은 통치의 행사방식 등을 기준으로 하는 고희랍 아테네에서부터의 군주국-민주국 등의 이원적 국가형태론은 중·근세에 이어진다. 칼 뢰벤쉬타인*Karl Löwenstein*, 라인홀트 치펠리우스*Rh.Zippelius*, 게오르그 옐리네크*G.Jellinek* 등의 근대적 국가형태의 인식은 고희랍 아테네에서의 고전적 국가형태론의 플라톤(Platon 427~347BC), 아리스토텔레스(Aristotle 384~322BC) 등과 통한다. 플라톤의 Politeia에서의 군주국-민주국 이원론 및 아리스토텔레스의 군주국-전제정, 귀족국-과두정, 민주국-중우정의 이원적 3분법은 헤로도토스(Herodotus, Herodot 484~425BC 카리아 (Halicarnassus, Caria 현 Bodrum, Turkey) 출신)가 통치자의 수에 따라서 분류한 1인지배-소수지배-도시민 전체지배 등의 국가형태 3분법과 함께 로마의 폴리비우스(Polybius c.200~120BC), 키케로(Marcus Tullius Cicero106~43 BC 헤로도투스를 '역사의 아버지'라 부름) 등을 거쳐 중세 신정국가의 국헌적 교부철학자인 토마스 아퀴나스(Thomas Aquinas 1225~1274.3.7.)에 이른다. 근세 마키아벨리*N.Machiavelli*의 군주국-공화국(귀족공화정-민주공화정), 몽테스키외*Montesquieu*, 토마스 홉스*Th.Hobbes*의 공화정-군주정-전제정, 치펠리우스(Rh.Zippelius, Allgemeine Staatslehre, 9.Aufl., 1985)의 일원체제-과두체제-민주체제의 3분법 등은 이에 기인하는 분류이다.

3.2 국가형태로서의 국체·정체

3.2.1 국체·정체의 의의

국가형태는 헌법을 제정하는 권력인 주권의 보유주체에 따르는 국체, 국체에서의 국가권력의 행사방식에 따르는 정체로 나눌 수 있다. 근대국민국가에서의 국가형태론은, 국가에 인격주체성을 인정하는 법인으로서의 국가에 주권을 귀속시키는 국가주권론에 기초하여, 국가형태를 한 개인의 자연적 의사에 의하는 군주국(군주정), 다수인의 법적 의사에 의하는 공화국(공화정)으로 나누고, 군주국은 세습군주-선거군주, 전제군주-제한군주, 귀족군주-입헌군주-의회정적 군주국, 공화국은 다수지배 공화국-소수지배 공화국-계급·귀족공화국-민주공화국 등으로 분류되는 것으로 보인다. 다만, 독일의 헤르만 렘(Hermann Rehm 1862.4.14.~1917.8.15.), 리하르트 슈미트(Richard Karl Bernhard Schmidt 1862.1.19.~1944.3.13.) 등은 國體국체 즉 헌법형태*Verfassungsform*로서의 국가체제(Staatsform 즉 협의의 국가형태 Staatsform im engeren Sinne)와 政體정체로서의 정치체제*Regierungsform*를 구분하였다.[35] 국체는 국가의 머리이며 정체는 그 손발이라는 것이다. 렘은 국가법·국제법·교회법(Staats-, Völker- und Kirchenrecht) 연구자로서 '국법학의 역사'(Geschichte der Staatsrecht-swissenschaft(1896)), '일반국가학'(Allgemeine Staatslehre (1899, 1907)) 등의 저술을 통하여 입헌군주제*konstitutionelle Monarchie*의 국체와 의회민주정의 정체를 제시했다(parlamentarischen Demokratien überlegene Staatsform betrachtete). 오토 마이어(Otto Mayer 1846.3.29.~1924.8.8.) 같은 법률형식주의(juristischen Formalismus), 국법실증주의(staatsrechtlichen Positivismus)의 입장에서 게르버(Karl Friedrich Wilhelm Gerber ab von Gerber 1823.4.11.~1891.12.23.)나 파울 라반드(Paul Laband 1838.5.24.~1918.3.23.) 같이 역사*Geschichte*·정치*Politik*와 법리학*Rechtslehre*·법해석학*Rechtsdogmatik*을 엄격히 구별했다. 렘은 국체와 정체의 구분은 고희랍, 로마 등 고전기의 국법학 연구방법(methodisch homogenen Staatsrechtsuntersuchung) 즉, 플라톤 'Politeia'에서의 이상국가, 키케로의 '시민전체의 국가'*Res publica est res populi* 등의 국가형태 분류에 맥을 잇는다.

3.2.2 국체·정체 이전의 국가형태

장 보댕(Jean Bodin 1529~1596)은 국가론(Les six livres de la République 1576)에서 근대적 주권 개념을 창시하면서, 주권자*Souverän*가 1

인이면 국가형태*Staatsform*는 군주국*Monarchie*이며, 소수이면 귀족국*Aristokratie*, 구성원 전체이면 민주국*Demokratie*이라 하였다. 다만, 보댕의 국가 'res publica'는 근대적 의미의 공화국이 아니라, 로마의 키케로에 따라 가족과 그 소유물(Familien und den ihnen gehörenden Gütern)로 구성되어 최고권력을 갖는 공동체*Gemeinwesen*국가이다. 주권이 귀속되는 주체에 따라서 분류되는 국가형태는 국가 그 자체의 분류라 하였다.

3.2.3 공화국의 국체와 민주정의 정체

근대국민국가에서의 국체는 국민전체가 주권을 보유하는 공화국의 국체이며, 정체는 국가권력이 민주적으로 행사되는 민주정의 정체가 된다. 근대국민국가에서의 공화국은 모든 권력이 국민공동체에서 나오는 국가형태로서 1776년 독립을 선언한 미국의 1787년 미합중국헌법에 처음 도입됐다. 동양에서 '共和'라는 말은 중국 周 제10대 厲王여왕이 暴政의 처형을 피하려*BC842* 鎬京호경을 탈출, 黃河를 넘어 산서성으로 도망하자 周公과 召公이 교대로 국정을 관리하게 된 것을 司馬遷 '史記'에서 共和라 하든가 또는 西晋 279년 河南省의 魏 襄王 墓에서 출토된 '竹書紀年'에서는 厲王이 쫓겨난 뒤 제후로 추대된 共伯和라는 인물이 왕을 대신하여 나라를 다스린 데서 유래한다. 이처럼, 공화국은 군주국을 대치한 국가로서의 문명의 산물이기에, 근대국민국가의 국민주권주의에 따른 입헌공화국에서 독재의 정체는 예외적 비상적 경우에만 나타나는 것이며, 영국의 비통치군림군주정 또는 일본의 상징천황제 등과 같이 군주제는 존재만 할 뿐, 군주의 주권적 지배에 따른 국체는 문명국의 국가형태에서는 존재하지 아니한다. 국민주권주의는 공화국이라는 국체의 요소이며 대의정은 민주정이라는 정체의 요소이다. 그러므로 정체인 민주정은 국체인 공화국을 넘을 수 없다. 국민주권의 국체를 민중적 인민주권의 인민공화국으로 변질케 한다든지, 전제정의 군주주권이나 독재정의 과두寡頭적 주권으로 국체를 회귀케 하는 것은 헌법에서 국가형태를 정한 제1조 제1항의 민주공화국 및 제2항의 국민주권주의에 반한다. 즉 민주정이라는 정체는 공화국이라는 국체를 넘어설 수 없다. 국체는 폭민暴民·중우衆愚·횡포다수의 대중의 정체를 막고 자기억제적 시민의 정체를 보장한다.

칸트의 공화국 칸트(Immanuel Kant 1724.4.22.~1804.2.12.)는 공화국의 국가이어야 적대행위의 중단을 넘어 평화 구축을 위한 토대가 될 수 있다 한다. 그는 『영구평화론』(*Zum ewigen Frieden. Ein philosophischer Entwurf (Perpetual Peace: A Philosophical Sketch)*, 1795)에서 시민헌법*civil constitution of all states to be republican*, 자유로운 국가연맹에 기반하는 국법체계(*law of nations shall be founded on a federation of free states*), 세계시민권의 법(*law of world citizenship*)은 보편적 수용(*universal hospitality*) 등을 그 조건으로 든다. 평화를 가능케 하는 국가는 공화적*Republikanisch*이어야 하며 반드시 민주정이어야 하는 것은 아니다*not democratic states*. 모두가 모든 것을 결정하기에 전제적일 수밖에 없는 민주정체와 달리, 입법과 행정이 구분되어 대표에 의해 통치되는 공화국만이 법의 개념*Rechtsbegriff*에 부합된다 하면서, '정치권력의 행사방식'*forma regiminis*과 '주권의 형태'*forma imperii*를 구분하고, 루소*Jean Jaques Rousseau*의 '일반의지'*volonté générale*의 자기입법으로서 인민의 직접 통치라 하는 직접민주주의의 인민적 민주정을 거부한다. 주권의 형태는 '누가 다스리느냐?'라는 국체와 관련되고, 국체는 '정치권력의 담지자가 가진 의지가 어떻게 관철되느냐?' 하는 정치권력 행사에 따른 통치 방식인 정체로 전환된다. 인민 스스로 억제하면서 시민적 德*civic virtue*의 성찰적 판단이 기능할 수 있는 대의적 공화국이 정치권력과 일반의지의 일체성이 자의적 지배로 귀결될 수 있는 민주정체보다 우월하다. 칸트는 공화국을 개인과 국가 사이의 평화로운 공존을 위한 필수적 조건으로 이해했다. 공화국은 입법부가 행정부와 분리되는 대표정*representative governments*, '법률적 자유,' '법을 통한 통치,' '시민적 평등', 공화국의 의사결정과정에서의 시민적 동의의 국민주권주의로 이루어진다.

3.3 대한민국의 국가형태로서의 의의

'왕조'의 경우에는 군주가 나라의 주인이므로 군주의 지체가 바뀌면 국체도 바뀌어, 군주가 왕이면 그 나라는 왕국이고, 황제이면 황제국皇帝國 또는 제국이 된다. 대한민국의 국가정통성은 왕조국가나 민족국가 등이 아닌 국민국가에 있기에, '대한제국'은 王朝로서 공화국을 國體로 하는 대한민국과 구분되며, 민족의 기원은 고조선에서 찾을 수 있겠지만, 대한민국은 주권자인 국민이 선거로 헌법을 만든 1948.7.17.이 곧 그 '대한민국'이라는 근대국민국가의 건국일이 된다.

[三] 대한민국

1. 대한민국의 국가관념

1.1 대한민국의 헌법규범적 의의

대한민국은 유구한 역사와 전통에 빛나는 대한국민(We, the people of Korea)이 1948년 7월 17일 제헌헌법으로 건국하여 8월 15일 정부가 수립된 근대국민국가이다. 대한민국은, 일제치하로 단락된 조선・대한제국의 국가적 독립성을 회복하고자 한 조선인의 기미己未 3·1독립운동으로 건립한 대한민국임시정부의 법통을 계승하고, 미군정청하에서 비로소 국가의 주권을 찾아 신생 독립국가인 '대한민국'으로 건국되어 국민주권국가의 정통성을 시원적으로 지닌 자유민주주의 국가이다. 대한민국을 건국한 제헌헌법은 제헌국회 제21차회의(1948. 7.1.)에서 헌법기초위원회가 제출한 헌법초안 제1조(대한민국은 민주공화국이다)와 함께 7월 17일 표결로 성립되어, 대한민국이 己未 三一運動으로 건립된 대한민국임시정부의 법통을 계승함을 확인한 근대국민국가의 입헌주의헌법이다.

1.2 대한민국의 국호와 약호

대한민국(Republic of Korea)은 대한제국의 大韓, 공화국의 한자식 표현인 民國, 대한민국임시정부의 大韓民國 등을 확인한 우리나라의 국호國號이다. '대한민국'이라는 국호는 1919.4.10. 최초의 민의기관인 임시의정원에 모인(상해 프랑스 조계 金神父路의 셋집) 독립지사 29인 모임에서 신석우 제안을 다수결로 채택하였다. 대한민국의 '民國'은 청나라 군주제를 전복하고 공화제로 전환한 근대 중국 국민혁명의 시발점인 1911년 辛亥革命에 의한 中華民國의 민국에서 따 온 것이라고도 한다(韓相範, 『헌법이야기』(현암사 1997), 76면). '국호및일부지방명과地圖色사용에관한건'(1960.1.16. 국무원고시 제7호)은 우리나라의 정식 국호는 '대한민국'이나 사용편의상 '大韓', '韓國'이란 약칭을 쓸 수 있되, 북한괴뢰정권과 확연한 구별을 짓기 위하여 '朝鮮'은 사용하지 못한다(제1호). 지명으로도 사용하지 못한다(제2호). 조선해협은 대한해협으로 고쳐 부른다. 정치구분지도에서 우리나라 색은 녹색으로 하고 붉은 색은 사용하지 못한다(제3호). 이때 국가國歌 애국가와 국기 태극기太極旗는 근대국민국가로서 대한민국의 국가적 상징이 된다.

1.3 대한민국의 시원성

대한민국은 한반도에서 유일합법정부를 구성할 수 있는 정치적 통일체이다. 한반도 일부에 대한 북한세력의 사실상 지배에도 불구하고 대한민국은 조선, 대한제국, 대한민국임시정부의 법통 즉 민족적 정통성을 잇는 것과는 별개로, 국가정통성과 헌법정체성의 원점이며 모든 규범과 권력의 시원을 표상하는 국가이다. 대한제국大韓帝國은 1897년부터 1910년까지의 기간 존속하여, '조선朝鮮'과 같은 '왕국'이 아닌, 황제皇帝의 '제국帝國'이라는 국호를 쓴 나라였다. 日帝는 대한제국을 1910년 8월 22일 합병하고 8월 29일 공표하면서 명치천황칙령으로 병합한 대한제국을 임의로 '조선'으로 바꾸어 강점하였다. 대한민국임시정부는 1919년 3・1독립운동 후 설립된 러시아 블라디보스톡*Vladivostok* 대한민국의회정부(3.21.), 상해 대한민국임시정부(4.13.), 서울 한성정부(4.23.) 등이 통합되어 9월 11일 상해에 수립된 최초의 민주공화국으로서의 근대적 정치체제이다.

2. 대한민국의 국가상징

2.1 대한민국의 국가상징의 의의

국가상징은 국가정통성 · 헌법정체성의 표상이다. 국기太極旗 국가愛國歌 국화無窮花 나라도장國璽 나라문장紋章 등이다. 국기는 국가의 역사, 국민성, 이상을 반영하고 헌법적 질서와 가치, 국가정체성을 표상하며, 한 국가가 다른 국가와의 관계에서 가지는 독립성과 자주성을 상징하고, 국제회의 등에서 참가자의 국적을 표시하고 소속감을 대변하는 등의 고유의 상징성과 위상을 갖는 국가상징물이다(헌재 2019.12.27. 2016헌바9). 국가상징은 국민의 시민적 품성ethos과 개인적 정서pathos로 하여금 국가에 대한 존중의 감정을 갖게 한다. 최소한 국기인 '태극기'('대한민국국기법' 2007.1.26. 제정) 및 국가인 '애국가'('정부의전편람' 01-47-0211, 대한민국정부, 1990년, 132면) 등은 헌법에 규정되는 것이 국가정통성의 규범력을 지킬 수 있게 한다(姜京根, 『헌법학강론』(일신사 1993 · 1994); 『헌법학』(법문사 1997 · 1998전정판); 『헌법』(법문사 2002 · 2004신판)).

국기와 국가상징 대한민국을 모욕할 목적으로 국기 또는 국장을 손상, 제거 또는 오욕한 행위를 처벌하는 형법 제105조의 '국기' 부분은 헌법에 위반되지 않는다('대한민국을 모욕'한다는 것은 '국가공동체인 대한민국의 사회적 평가를 저해할 만한 추상적 또는 구체적 판단이나 경멸적 감정을 표현하는 것으로서, 표현의 자유를 강조하여 국기훼손행위를 금지 · 처벌하지 않는다면, 국기가 상징하는 국가의 권위와 체면이 훼손되고, 국민의 국기에 대한 존중의 감정이 손상될 것이며, 형법 제정 이후 국기모독죄로 기소 · 처벌된 사례가 거의 없다는 점에서 알 수 있듯이, 대한민국을 모욕할 목적 없이 우발적으로 이루어지거나 정치적 의사표현의 한 방법으로 이루어진 국기훼손 행위는 처벌 대상에서 제외되고, 법정형도 법관이 구체적 사정을 고려하여 합리적으로 양형할 수 있도록 규정되어 있다)(헌재 2019.12.27. 2016헌바96).

2.2 대한민국의 수도와 국가의 정체성

수도는 국가 상징은 아니나 국가정체성에 관한 중요하고 기본적인 헌법사항으로서 국민 스스로 결단하여야 할 사항이고, 서울의 설정 · 이전은 국가생활에 관한 국민의 근본적 결단이며 국가 구성의 기반이 되는 핵심적 헌법사항이기에, 헌법에 규정하는 것도 가능하다(헌재 2004.10.21. 2004헌마554등).

首都와 국가상징 한 나라의 수도는 국가권력의 핵심적 사항을 수행하는 국가기관들이 집중 소재하여 정치 · 행정의 중추적 기능을 실현하고 대외적으로 그 국가를 상징하는 곳이다. 그러므로 국가의 정치 · 행정의 중추기능을 가지는 수도를 정하는 문제는 국가의 正體性을 표현하는 실질적 헌법사항의 하나이다. 수도를 설정하거나 이전하는 것은 국회와 대통령 등 최고 헌법기관들의 위치를 설정하여 국가조직의 근간을 장소적으로 배치하는 것으로서, 국가생활에 관한 국민의 근본적 결단임과 동시에 국가를 구성하는 기반이 되는 핵심적 헌법사항에 속한다(헌재 2004.10.21. 2004헌마554등).■

■ 서울은 일찍이 고려시대에 南京이 설치되어 고려의 이른바 삼경제를 이루는 지방행정의 중심지역할을 하였으며 조선왕조 창건 직후 곧 수도가 되었다. 한양 즉 서울의 수도로서의 지위는 성종 때 완성된 조선의 기본법전이었던 經國大典에 그대로 반영되었다. 경국대전에는 한성부가 京都 즉 서울을 관장한다 명시하여 한성의 수도로서의 지위를 법상 분명히 하였다. 경국대전의 내용은 개정됨이 없이 조선왕조가 존속한 500여년의 장구한 기간동안 계속하여 국가생활의 기본적인 최고법규범으로서 효력을 유지하였다. 1910.8. 한일합방에 의하여 일제가 우리나라를 강점하는 상황이 시작되었으나 이후에도 경성부(京城府), 즉 서울은 우리나라의 행정중심지로서의 역할을 계속하였으며, 국권을 상실한 상황에서 1919.3.1. 민족대표들에 의하여 우리나라 독립이 선언된 곳이기도 하였다. 일제의 국토강점으로 국가조직이 와해된 상태에 있었지만 서울은 우리나라의 수도로서의 대외적인 상징성을 유지하였고 임시정부에서도 서울의 수도성을 당연한 전제로 하여 항일활동조직을 편성하였으며 국민들의 의식도 변화가 없었으므로 서울의 수도성은 이 시기에도 사실상 유지된 것이라고 봄이 상당하다. 해방 이후 서울이 수도인 것을 언급하는 법률조항들이 계속 존재하여 왔으나, 이들은 서울이 전통적으로 우리나라의 수도라는 점을 이미 존재하는 규범적 전제로서 받아들이면서 이를 기준으로 수도 서울의 특별한 지위를 법률적으로 설정하기 위한 조항들이었고, 법률의 차원에서 서울이 수도인 점을 확정하고자 하는 내용을 가진 것은 아니었다. 해방 이후 현재까지의 이러한 입법의 상황을 살펴보아도 서울이 수도인 점에 대한 우리 국민의 전통적인 법적 확신이 확인된다. 그렇다면 수도가 서울로 정하여진 것은 비록 우리 헌법상 명문의 조항에 의하여 밝혀져 있지는 아니하나, 조선왕조 창건 이후부터 경국대전에 수록되어 장구한 기간 동안 국가의 기본법규범으로 법적 효력을 가져왔던 것이고, 헌법제정 이전부터 오랜 역사와 관습에 의하여 국민들에게 법적 확신이 형성되어 있는 사항으로서, 우리 헌법의 체계에서 자명하고 전제된 가장 기본적인 규범의 일부를 이루어 왔기에 불문의 헌법규범화된 것이다.

2.3 대한민국의 국가상징의 다양성

국가상징으로 국조國鳥를 '까치'로 하는 것이라든지 우리말나랏말 '국어'를 표기하는 우리글 '한글'('국어'란 대한민국의 공용어로서 한국어를 말하며, '한글'이란 국어를 표기하는 우리의 고유문자를 말한다. 국어기본법 제3조 제1호, 제2호) 등을 국가의 상징으로 삼을 수도 있겠지만, 이것들이 모두 헌법 등의 규범에 규정되어야 하는 것은 아니다.

한글과 국가상징 및 표준어 공문서 한글전용원칙, 초·중등학교 교과용도서 한자혼용금지, 한자·한문교육을 국어과목의 일환이 아닌 독립과목으로 편제하고 학교재량에 따른 선택과목화 등은 합헌다(우리의 글자생활은 이미 한글전용이 보편화되어 있고 한자혼용방식에 비하여 특별히 한자어 의미 전달력이나 가독성이 낮아진다 보기 어려워 학생들의 자유로운 인격발현권, 부모의 자녀교육권을 침해한다 볼 수 없다. 반대의견: 기본적으로 우리말은 한자어와 고유어로 구성되어 있어 한자교육은 외국 글자 학습이 아니라 우리말 교육이다)(헌재 2016.11.24. 2012헌마854). 공공기관 공문서를 표준어규정에 맞추어 작성하도록 하여 강제되는 표준어규정은 합헌이다(공문서작성과 교과서제작이라는 공적 언어생활의 최소한 범위의 규율이고, 개인적 차원에서 사용하는 표현으로서 일상생활의 사적 언어생활은 아무런 제한을 받지 아니하며, 우리 역사와 현실 속에서 표준어 확립은 지방 방언 등과의 구별만 아니라 우리의 국어 및 문화의 정체성을 지켜내는 의미를 갖게 되어 서울의 역사성, 문화적 선도성, 사용인구 최다성 및 지리적 중앙성 등에 비추어, 서울말을 표준어 원칙으로 삼는 것이 기본권침해라 하기 어렵고, 서울말에도 다양한 형태가 존재하므로 교양 있는 사람들이 사용하는 말을 기준으로 삼는 것은 합리적 기준이며, 1970년대부터 1988년에 이르기까지 국어심의회 등을 통한 다양한 국어학 전문가들의 의견수렴과 공동노력에 의하여 성안되어 형성된 표준어 규정의 구체적 내용에 관한 사법적 심사는 신중을 기할 필요가 있어, 과잉금지원칙 위배의 행복추구권 침해로 보기 어렵다)(헌재 2009.5.28. 2006헌마618).

3. 대한민국의 단일국가

3.1 대한민국과 단일공화국

3.1.1 단일공화국의 의의

대한민국은 한반도에서 대내외적 독립성을 갖고 주권을 행사하는 단일공화국의 헌법국가이다. 헌법 제3조 '대한민국의 영토는 한반도와 그 부속도서로 한다', 제4조 '대한민국은 통일을 지향하며 자유민주적 기본질서에 입각한 평화적 통일정책을 수립하고 이를 추진한다' 함은 한반도에는 건국헌법 이래로 대한민국만이 유일합법정부를 조직할 수 있는 단일공화국이며, 대한국민은 단일국적을 지니는 연방공화국이나 국가연합도 아닌 단일공화국의 단독국가로서 대한민국을 건국한 것이다.

3.1.2 단일공화국과 북한

대한민국은 한반도에서 유일한 단일공화국이기에 한반도 군사분계선 이북의 북한정권, 이른바 조선민주주의인민공화국은 단일공화국인 대한민국의 영토를 불법으로 점거하는 반국가단체이다. 북한정권은 대한민국과 별개의 독립한 주권을 가지면서 국헌이나 국제법상 함께 존재하는 국가연합의 구성공화국이 아니다. 주권적 권력을 가진 지방국支邦國으로서 대한민국이라는 국가와 함께 연방국가를 이루는 지방支邦으로서의 국가가 아닌 것이다. 조선민주주의인민공화국은 대한민국헌법의 존재 하에서는 국가가 아니라 '사실상의 지방정부와 유사한 정치적 단체'이며 국법적으로는 '비법인 사단'이며, 그 점에서는 대한민국의 법에 복종하여야 할 의무를 갖고 대한민국의 법정에서 민사소송의 당사자능력이 있으며, 외국으로서의 국가가 아니므로 국제법상의 대한민국 법원의 재판관할권으로부터의 국가면책은 갖지 못한다(서울중앙지법 민사47단독 2020.7.7. 2016가단5235506).

북한의 국헌적 지위 조선민주주의인민공화국(대표자 국무위원장 김정은)과 김정은에 대하여 대한민국법원의 재판권을 인정하고 손해배상을 명한 최초의 판결(서울중앙지법 민사47단독 2020.7.7. 2016가단5235506원고: 사단법인 물망초의 국군포로송환위원회)은 6·25전쟁에 참전했다가 포로가 되었음에도 정전 후 송환하지 않고 북한에 억류한 채 강제노동을 시키고 차별적 대우와 인권침해를 한 국군포로에 손해배상을 할 것을 선고하였다. 대한민국에 사무소 또는 주소가 없는 조선민주주의인민공화국과 김정은에 대하여 대법원이 있는 곳인 서울중앙지방법원에 재판관할권이 있기에, 이를 공시송달로 송달할 것을 명하여 소송을 진행하였다. 이 판결 이후, 조선민주주의인민공화국의 수령인 김일성, 김정일, 김정은 등이 대한민국국민에 대하여 저지른 불법행위에 대하여 김정은 및 조선민주주의인민공화국을 피고로 한국의 법정에서 민사책임을 묻는 손해배상청구 소송에서 승소하는 판결이 이어지고 있다(서울중앙지법 민사71단독 2021.3.25. 2020가단5306603 원고: 6·25 전쟁 당시 납북된 피해자가족).

3.1.3 대한민국의 단일공화국과 연방국가적 통일

연방국가는 복수 주권국가가 결합한 국가형태이다. 연방국과 지방국은 각각의 헌법을 가진다. 연방헌법이 연방·지방의 모든 구성원들을 단일국적자로서 구속한다. 국가연합은 복수 주권국가가 각자 단일헌법을 유지하면서 결합하여 공동중앙조직으로 연합사무를 처리한다. 공통의 단일헌법을 갖지 않는다. 국민은 각자의 결합국가 헌법에 따른 각각의 국적을 보유할 뿐이다. 헌법 제4조의 통일은 대한민국이라는 단일공화국에 북한정권이 합류하는 것을 우리 국민이 동의하는 단일국가적 통일만 가능하다. 연방국가적 통일이나 국가연합적 통일은 인정할 수 없다. 통일과정으로서 연방제나 국가연합 역시 배제함을 명시한 규정이다.

3.2 연방국가와 국가연합

3.2.1 연방국가의 의의

연방국가*Federation*는 구성국이 대내외적 주권을 포기하고 연방에 이양하여 하나의 국가로 통합된 주권적·헌법적 결합국가이다. 복수의 구성국이 연방국가에 대외적 독립과 대내적 고권인 주권을 이양한 결합국가인 점에서 단일국가와 다르다. 헌법적·주권적 결합인 점에서 국제법적(조약) 결합에 그치고 연합국가의 주권은 보전하는 국가연합*Confederation*과 다르다. 미합중국이라는 국가는 연방*federal*, 구성국*state*, 지역*local* 등으로 구성되는 국가이다. 연방국가는 미국(1778~1787 국가연합, 1787년 연방헌법제정 이후 연방국가), 스위스(1845~1848 국가연합, 1848년 연방헌법 이후 연방국가), 독일(1815년~비스마르크 통일까지 국가연합, 1871년 이후 연방국가), 캐나다 등을 대표로 하는 국가의 형태이다. 북미연합*1781~1787*, 스위스연합*1815~1848* 등은 연방국가 과정에서 일시적으로 존재한 국가연합이었다. 연방국가인 '이집트-시리아 통합아랍공화국'*United Arab Republic UAR 1958.2~1961.9.*은 단일국가로 복귀하였다. 연방국가인 소련은 독립국가연합을 거쳐 해체되어 러시아 등 개별국가로서 각각 단일국가로 되었다.

3.2.2 연방국가의 헌법

연방국가의 주권은 전체국가인 연방만 보유한다. 연방정부(중앙정부)가 구성국가와 구성원들을 지배하고 외교·군사권을 지닌다. 구성국가는 대내적 고권인 통치권만 행사할 수 있다. 연방국가는 단일헌법·양원제의회이지만 국가연합은 연합조약·복수헌법·연합의회를 갖는다.

3.2.3 국가연합의 의의

국가연합은 연합국가 평등원칙에 의하여 외교·군사 등 대외적 국무처리를 위한 국제법적 통치권만 행사하는 결합국가이다. 공통되는 정치·경제·사회·문화적 과제 처리를 위한 공동중앙조직만 요하는 점에서, 단일 주권적 권력을 행사하는 중앙정부를 갖는 연방국가와 다르다.

3.3 연방국가의 주권귀속

3.3.1 연방국가의 연방국 주권론

연방국가에서 연방국은 대내외적 단일주권이 귀속하는 전체국가이며 상방上邦의 국가이다. 지방支邦국은 국가적 성격의 통치권만 갖는 하방下邦의 국가이다. 이는 카를 슈미트*C.Schmitt*의 연방국주권론, 연방국-지방국 2원구조론이다. 주권이 연방국은 물론 지방국에도 있다, 하는 3원구조론은, 연방국-지방국을 포괄하는 가상의 전체국가를 상정하여 이 전체국가에 대내외적 주권을 귀속시키지만, 현실에 존재하는 연방국가와 달리 전체국가라는 인위적 상정물을 가하는 규범정합적 논리이다. 한스 켈젠*H.Kelsen*의 3원구조론은 구성국가와 연방국가가 同位질서로서 각각 주권국가인 支邦國 주권론이며, 그 주권적 결합으로 이론상 상정된 하나의 주권국가인 전체국가가 연방국과 지방국을 포괄하는 上邦에 있다 한다. 이는 현실에 존재하는 연방국가를 표출하지 않는 규범적 연방국가론이다. 독일기본법의 연방국가질서에 따르면 16개 支邦은 독자의 헌법을 통해 구성되는 고유한 국가성*Staatlichkeit*을 갖추고 있다. 즉 3원구조론을 부인한다.

3.3.2 연방국가의 헌법제도

연방국가에 있어서의 지방支邦국은 단일국가 지방地方자치단체의 지방의회, 지방자치권 이상의 국가적 권력을 지닌다. 연방국은 전체국가로서 연방의회를 두고 연방을 대표하는 상원을 둔다. 연방헌법은 연방국가 형성을 위한 협동적 연방제를 규정하여, 연방과 지방支邦의 수직적 권력분립에 의한 견제·균형, 참여·협조 등을 연방국-지방국 경합권한과 연방국 전속권한(외교·국방·통화관리·헌법재판 특히 권한쟁의심판) 등을 정한다. 지방국에 대한 연방국의 관여는 보충성원칙에 따르며, 법질서통일을 위한 위헌법률심사 등의 헌법재판 및 이를 정한 연방헌법의 경성헌법성 등은 요구한다.

3.3.3 연방국가와 지방자치단체

연방국가의 구성국가를 이루는 支邦國은 지방자치단체를 가진다. 단일국가도 지방자치단체를 갖는다. 지방자치단체는 국가권력의 아래에서 지방자치권을 행사하는 공법적 단체인 점에서 국가적 성격의 권력을 행사하는 연방국가에 있어서의 支邦國과 구분된다. 한 나라의 국헌을 단일국가에서 연방국가로 바꾸는 일은 헌법개정의 한계를 뛰어 넘는 국체의 변경이기에 전체 국민의 국민투표의 절차를 먼저 거쳐야 할 것이다. 반면, 지방자치단체에 더 많은 권한의 배분을 하는 헌법개정은 개정의 한계에서의 헌법의 내용의 변경에 해당한다 할 것이다.

Ⅱ. 대한민국의 국민·영토와 통일국가

[一] 국 민

1. 헌법상 국민

1.1 국민의 의의와 헌법상 지위

1.1.1 국민의 의의

국민은 국가의 인적 존립조건으로서(헌재 2000.8.31. 97헌가12) 주권을 행사하며 통치권에 복종한다(국가의 인민 Staatsvolk). 대한민국 국민은 대한민국 국적을 지닌 자이다. 본국민이 대한민국 영토에 거주 특히 대한민국의 통치권이 사실상 행사되는 지역에 주소 또는 거소를 두고 있으면 내국인이며(통신비밀보호법 제2조 제5호 등), 영토 밖에 거주하면 재외국민이다(헌법 제2조 제2항). 한민족韓民族, 한인韓人은 혈연·種으로 존재하는 민족·인종적 개념이어서, 한민족이 아니라도 국적취득자는 '한국인'이나, 대한민국국적이 없으면 '한국인'이 아니다. 한민족인 해외동포는(이른바 연변 조선족 등), 대한민국국적이 없으면 한국 영토에 거주하더라도 외국인이다. 외국인인 해외동포를 타민족과 달리, 헌법적 차원에서 국민으로 처우함은 인종, 민족, 출신 등에 기반하여 우대하는 것이 되어, 차별금지라는 국제법적 비차별규범에 반한다. 다만, 일정지역 거주민은 국민 또는 정주외국인으로 구성되는 국제 규범의 현실상, 이들을 국적으로 연결되는 국민의 개념에 포섭하지 않고도, 권리·이익 등에 연결된 법률적 차원에서 '사회적격성을 지닌 공동체구성원'으로서 구성하여, 법적 처우를 할 수 있다.

1.1.2 주권의 보유자 및 행사자로서의 국민

국민은 주권의 보유자로서 그 행사자이며(헌법 제1조 제2항) 또한 기본권주체(제2장, 제10조 이하) 및 의무주체(제38조, 제39조)의 헌법상 지위를 갖는다(헌재 2000.8.31. 97헌가12). 주권보유자이자 그 향유자로서의 국민은 내국자연인의 국민총체로서 규범적으로는 추상적 이념통일체이며 헌법제정권력, 헌법개정권력, 국가권력의 귀속자가 된다. 주권행사자인 국민은 선거권자 내지 국민투표권자로서 일정 시점에서 규범적 정식화를 통하여 현실화되는 능동적 행동통일체인 국민의 지위에서 대표자선거권(헌법 제67조 제1항 대통령, 제41조 제1항 국회의원, 제118조 지방의회의원·선출직 자치단체장선거) 및 국민투표권(헌법 제130조 제2항 헌법개정국민투표, 제72조 국가중요정책국민투표) 등의 국가권력의 행사자로서의 주권의 귀속자가 된다.

1.1.3 기본권주체 및 의무주체로서의 국민

국민은 기본권주체로서 국민개개인(자연인·법인·외국인 등)은 기본권주체가 될 수 있는 지위·자격인 기본권향유능력을 가지며, 또한 이를 유효하게 행사할 수 있는 행사능력을 갖는다. 국민은 또한 의무의 주체이다. 이는 신민臣民과 같은 복종의 객체와는 구별된다. 나아가 국가는 국민보호의무 등을 진다(헌재 1989.4.17. 88헌마3). 국가의 국민에 대한 국내수용의무 내지 외교적 보호의무는 국제법상으로는 국가가 타국의 국제법 위반행위로 침해를 받은 자국의 자연인 및 법인을 위하여 타국에 그 구제를 요구하는 외교적 보호권이다. 외교적 보호는 국가, 국제기구 등의 국제법주체의 국제법 위반행위에 대해서 그 국제법주체가 보호할 권한이 있는 국적자인 개인이 입은 피해의 구제이다. 피해자인 개인은 국내구

제소진원칙*rule of the exhaustion of local remedies* 에 의하여 국가가 외교적 보호를 발동하기 전에 가해국의 국가기관의 위법에 대한 구제를 받도록 하는 법적 구제의 절차를 모두 거쳐야 한다. 국가의 외교적 보호의 청구는, 개인의 권리의 구제를 위하는 것이라 해도 이는 사인의 권익을 침해한 국제법 위반행위는 자국민이 국제법에 합치하는 대우를 받는 것에 대한 본국의 권리가 침해된다는 논리에 의하여, 국가가 국가 자신의 권리를 주장하는 것이다.

기본권주체와 의무주체 국민은 기본권주체이지만 기본권행사능력에는 제한이 따른다. 미성년자에 대한 친권자의 거소지정권(민법 제914조)에 따른 거주·이전의 자유의 제한, 선거권·피선거권의 행사가능연령 제한(공직선거법 제16조) 등이 그것이다. 또한 국민의 헌법상 의무는 그 보호하는 자녀에게 교육을 받게 할 의무(헌법 제31조 제2항), 근로의 의무(제32조 제2항 제1문), 납세의 의무(제38조), 국방의 의무(제39조), 환경보전의 의무(제35조 제1항), 재산권행사의 공공복리적합에의 의무(제23조 제2항) 등이 있다.

1.2 재외국민 · 재외동포 · 북한주민

1.2.1 재외국민

재외국민은 대한민국의 국적을 가진 대한민국 국민이면서 그 체류국인 외국에 생활근거를 두고 거주하는 국민 즉 외국에 체류하거나 영주하는 국민이다(재외국민등록법에 의하여 재외국민 등록을 한 국민). 제5공화국헌법(제2조 제2항)은 '재외국민은 국가의 보호를 받는다' 하여 재외국민보호를 소극적으로나마 규정한 첫 헌법이고, 현행 헌법은 국가의 적극적 보호의무를 정하였다. 다만 국가재정능력에 한정되는 사회국가의 사회복지후생에서는 제외되며(헌재 1993.12.23. 89헌마189등), 납세·병역·근로·교육의무가 한정되는 반면, 재외국민 의사의 국정 반영을 위하여 민주평화통일자문위원에 임명할 수 있다(민주평화통일자문회의법 제10조 제2호). 국가는 재외국민을 법률이 정하는 바에 의하여 보호할 의무를 지므로(헌법 제2조 제2항), 재외국민은 국가의 보호를 받을 헌법상 권리를 갖는다. 헌법상 국가의 재외국민 보호의무는 재외국민이 거류국에 있는 동안 조약 기타 일반적으로 승인된 국제법규와 당해 거류국의 법령에 의하여 누릴 수 있는 모든 분야에서 정당한 대우를 받도록 하는 외교적 보호 및 국외거주국민에 특별히 정치적 고려에서 법률로써 정하여 베푸는 제반영역에서의 지원 등이다(헌재 2001.12.20. 2001헌바25). 재외국민은 권리·의무관계의 성질과 형평상 국내거주 본국민인 내국인에 비하여 합리적 차별이 인정되나, 다만, 거주요건에 따른 참정권제한의 위헌결정에 의하여, 2012년 제19대 국회의원선거, 제18대 대통령선거에서 재외국민은 대한민국 국민으로서는 처음으로 해외에서 재외국민 투표권을 행사할 수 있게 되었다.

재외국민의 기본권과 재외선거 대한민국 국적자인 영유아 중 재외국민인 영유아를 보육료·양육수당 지원대상에서 제외함은 국내에 거주하면서 재외국민인 영유아를 양육하는 부모의 평등권을 침해한다(단순 단기체류가 아닌 국내거주 재외국민 특히 외국영주권을 보유하나 상당한 기간 국내에서 계속 거주하는 자들은 주민등록법상 재외국민으로 등록·관리될 뿐 납세의무 부담 등 '국민인 주민'인 점에서 다른 일반 국민과 실질적으로 동일하므로 달리 취급할 아무런 이유가 없으며, '이중국적자'인 영유아가 국내에 거주하며 주민등록번호를 부여받은 경우에는 보육료를 지원받는 데 반해, '재외국민'인 영유아는 지원받지 못하는 차별에 아무런 합리적 근거가 인정될 수 없다)(헌재 2018.1.25. 2015헌마1047). 반면, 비거주자에 대하여 상속세 인적공제 적용을 배제하였어도 국가가 재외국민을 보호할 의무를 행하지 않은 경우라고는 볼 수 없다(인적공제에 관하여 국내에 주소를 둔 피상속인과 두지 아니한 피상속인 사이에 달리 규정한 것에 합리적 근거가 있다는 판단에 비추어 볼 때 평등권을 침해하였다 하기 어렵다)(헌재 2001.12.20. 2001헌바25). 대한민국 국민임에도 국내에 주민등록이 된 국민만 선거권을 행사하고, 주민등록법상 주민등록을 할 수 없는 재외국민은 선거권행사를 할 수 없게 한 공직선거법 합헌결정(헌재 1999.3.25. 97헌마99등; 1999.1.28. 97헌마253등; 1996.6.26. 96헌마200)은 선거권, 평등권, 보통선거원칙에 반하여(북한주민이나 조총련계 재일동포가 선거에 영향을 미칠지도 모른다는 추상적 위험성만으로 재외국민의 선거권 행사를 전면적으로 부정하는 것을 정당화할 수 없기에) '입법자는 늦어도 2008.12.31.까지 개선입법을 하여야 한다'는 잠정적용의 헌법불합치결정으로 변경되고(헌재 2007.6.28. 2004헌마644등; 2007.6.28. 2004헌마643), 2012년 최초로 재외선거가 실시되었다[저자는 헌법기관인 중앙선거관리위원회 위원 및 상임위원(국무위원급 제14대 2009.12.14.~2012.12.13.)으로 재직하면서 재외선거기반을 마련하고 실시상황을 관장하였다]. 재외선거인 등록신청시 여권을 제시하도록 함은, 여권이, 재외국민등록제도나 외국정부발행서류 등을 보아도, 재외선거인 등록신청인이 선거권을 가진 대한민국국민 및 본인인지 여부를 확인할 수 있는 가장 확실한 방법인 점 등 선거권을 침해하지 아니하다(헌재 2014.4.24. 2011헌마567).

1.2.2 재외동포

재외동포는 대한민국국적이 없는 외국인이지만 같은 핏줄을 지닌 한인韓人 해외동포 즉 외국국적동포다. 재외동포의 대한민국에의 출입국과 대한민국 안에서의 법적 지위를 보장하는 '재외동포법'은 재외동포 체류자격을 부여한다(제1조, 제5조 제1항). 법률상 재외동포는 재외국민과 외국국적동포로 나뉘어, 재외국민은 대한민국국민으로서 외국영주권을 취득한 자 또는 영주목적으로 외국에 거주하고 있는 자이며 외국국적동포는 대한민국국적을 보유하였던 자 또는 그 직계비속으로서 외국국적을 취득한 자 중 대통령령이 정하는 자이다(재외동포의출입국과법적지위에관한법률 제2조).

재외동포, 민족, 인종 종래 정부수립이전이주동포는 적용대상에서 배제하던 재외동포법이 평등권에 반하는 위헌이 되자(헌재 2001.11.29. 99헌마494), 이를 개정하여, 국적에 관계없이 한국계동포(재일한국인, 재미동포, 재중동포) 모두에게 적용하였는데, 이는 민족의 입장만 고려한 것으로, (대한민국이 당사국인)국제인권규약B규약, 인종에관한차별철폐협약 등 인종간 차별금지원칙에 위배되며, 외국인을 혈통에 따라 차별하여 헌법 제11조 2문에 예시적으로 열거된 차별금지사유에 반하는 평등권 위배 소지도 있다 대한민국은 국민국가이지 민족국가가 아님을 헌법재판소와 국회는 잊고 있다. 외국국적동포는 외국인이다. 따라서, 그 소유명의의 실명전환이 사실상 불가능하여 부동산실명에관한법률의 적용예외로 함은 평등원칙에 반하지 않고(헌재 2001.5.31. 99헌가18등), 중국국적동포가 재외동포 사증 발급을 신청할 경우 일정한 첨부서류를 제출하도록 하는 출입국관리법 시행규칙은, 단순노무행위 등 취업활동 종사자 중 불법체류가 많이 발생하는 이 사건 고시 해당국가를 기준으로 연간납세증명서 등을 제출하도록 한 것으로, 자의적 차별이라 보기 어려워 평등권을 침해하지 않는다(헌재 2014.4.24. 2011헌마474등).■

■ 헌법재판소 99헌마494 결정은 대부분 중국동포와 구 소련동포를 제외한 것을 문제 삼았으나, 2011헌마474등 결정은 2013.12.1. 기준으로 재외동포체류자격 소지자 중 중국국적자가 가장 많은 비중을 차지하고, 단순노무행위 등 취업활동에 종사하려는 외국국적동포만을 제한하므로, 선례 취지에 반한다 볼 수 없어 합헌이다.

외국국적동포와 기본권 외국국적동포는 외국인이기에 공무담임권 제한(대한민국공무원이 될 수 없다. 국가공무원법 제35조, 지방공무원법 제33조, 외무공무원법 제9조), 거주·이전(헌법 제14조, 출입국관리법 제7조, 제17조), 직업선택(제15조, 수산업법 제5조, 도선법 제6조), 재산권(제23조, 외국인토지법 제3조, 특허법 제25조, 항공법 제6조), 선거권·피선거권(제24조, 제25조, 공직선거법 제15조, 제16조), 국가배상청구권(제29조 제2항, 국가배상법 제7조), 범죄피해자구조청구권(제30조, 범죄피해자구조법 제10조), 국민투표권(제72조, 제130조 제2항, 국민투표법 제7조), 사회권적 기본권 등이 부인되거나 제한적 향유에 대해서 헌법재판소 결정(헌재 2000.8.31. 97헌가12)에 이은 '재외동포법'으로 제한을 완화하였다. 외국국적동포가 재외동포체류자격을 획득하여 누리게 되는 이익은 법률에 의해 형성되는 수익적 권리이어서, 입법자에 요구되는 직접적 규율의 정도는 상대적으로 약하다. 재외동포법은 '대한민국의 안전보장, 질서유지, 공공복리, 외교관계 등 대한민국의 이익을 해칠 우려가 있는 경우'(제5조 제2항 제3호)에는 재외동포체류자격을 부여하지 않는 등 취득요건을 제한하는 일정한 기준을 제시하므로, 구체적 사항들의 행정입법위임은 법률유보원칙, 포괄위임입법금지원칙에 위반되지 않는다(헌재 2014.4.24. 2012헌바412).

1.2.3 북한주민

헌법 제3조 영토조항에 의거하여 대한민국만 한반도에서 합법정부를 조직할 수 있는 정통성을 지닌 국가이다. 한반도의 군사분계선북위38도선 이북지역인 북한지역 역시 대한민국영토이며 대한민국의 주권과 법질서가 미치는 미수복지역이나, 다만 북한주민 즉 군사분계선 이북지역에 거주하며 이 지역에 직계가족·배우자·직장 등 생활의 근거를 두고 있는 사람(북한인권법 제3조) 역시 대한민국국민인 자격에서 대한민국의 영토고권 즉 領民高權에 복종하여야 한다. 북한을 벗어나 탈북한 북한이탈주민(북한에 주소·직계가족·배우자·직장 등을 두고 있는 사람으로서 북한을 벗어난 후 외국국적을 취득하지 아니한 사람. 북한이탈주민의보호및정착지원에관한법률 제2조 제1호 참조)은 대한민국 경찰력이 미치는 군사분계선 이남지역에 들어오지 못하면, 난민의 지위를 갖는다. 난민법은 대한민국이 가입한(1992.12.3.) 난민의지위에관한협약(1951년 제1조A(2)), 난민의지위에관한의정서(1967년 제1조의2) 등을 기초로 제정되어(제1조), 난민은 '인종, 종교, 국적, 특정사회집단의 구성원인 신분 또는 정치적 견해를 이유로 박해를 받을 수 있다고 인정할 충분한 근거가 있는 공포로 인하여 국적국의 보호를 받을 수 없거나 보호받기를 원하지 아니하는 외국인 또는 그러한 공포로 인하여 대한민국에 입국하기 전에 거주한 국가로 돌아갈 수 없거나 돌아가기를 원하지 아니하는 무국적자인 외국인'(난민법 제2조 제1호)으로 정의하였다. 다만, 경제적 이유로 인한 난민은 조약의 정의에서 제외한다(출입국관리법 제2조 제2호의2 참조). '유엔난민고등판무관'*UNHCR*은 북한이탈주민인 탈북자가 북한으로 송환되면 박해받을 것이라 하여 '현장난민'*refugees sur place*으로 인정하나, 중국은 불법적 경제적 이주자인 밀입국자로 보아, 북한과 협정*1961년*에 따라 체포하여 북한으로 송환하여 왔다.

북한주민과 국적 북한이 군사분계선이북지역에 사실상의 권력행사를 한다 해서 대한민국영토에 대한 불법적 점거단체임이 부인되는 것은 아니다. 북한주민은 대한민국헌법상 대한민국국민인 지위에서 대한민국 국적법에 따라 대한민국국적을 취득·유지할 수 있는 헌법상 권리를 갖는다(대법원 1996.11.12. 96누1221). 군사분계선 이남지역에서 출생한 남한주민은 물론, 이북지역에서 출생한 북한주민의 대한민국국적 취득절차의 법률관계는 국적법 등이 정하는 요건에 따르는 것이다(헌재 2000.8.31. 97헌가12). 독일기본법은 분단전 독일과 국민은 독일민족과 국민이며(제116조 제1항), 기본법은 서독의 11개 支邦에 적용되며 그 밖의 지역에는 독일연방에 가입해야 효력을 발생한다(제23조). 반면, 한국헌법은 대한민국영토는 한반도 전역이며 북한지역주민은 대한민국국민으로 보아(군사분계선이북지역에서 대한민국에 귀순한 북한주민을 '귀순북한동포라 하였다('월남귀순용사특별보상법이 전면 개정된 귀순북한동포보호법(폐지)), 대한민국의 정통성, 유일합법정부의 성격을 확인한다.

1.3 외국인의 헌법상 지위

1.3.1 외국인의 헌법상 지위와 상호주의－국내표준주의와 국제표준주의

외국인은 국민이 아닌 자로서, 협의로는 외국국적자이지만, 광의로는 대한민국국적을 갖지 않고 어느 나라의 국적에도 귀속되지 않는 무국적자를 포함한다. 대한민국국적과 외국국적을 동시에 갖는 이중국적자인 복수국적자의 국적관계는 법률관계의 사안에 따라 개별적으로 국민(대법원 1973.10.31. 72다2295) 또는 외국인(헌재 2000.8.31. 97헌가12) 등으로 본다. 헌법 제6조 제2항 '외국인은 국제법과 조약이 정하는 바에 의하여 그 지위가 보장된다' 함은 평화국가의 견지에서 국가가 주권의 자기제한에 따라서 외국인의 법적 지위를 보장한다는 상호주의 규정이다. 헌법상 기본권은 상호주의에 따라서, 인간의 천부권의 향유능력은 외국인에게도 인정되나, 국가내적 권리인 참정권적 기본권은 원칙적으로 국적을 지닌 국민만 갖는다. 외국인인 주민의 지방자치단체의 장·의원 선거권은 지방자치권의 성격이 강하여 국내의 입법재량의 영역에 의하여 인정된다. 상호주의에서 내국인우대의 국내표준주의*Calvo*독트린는 외국인보호를 그 외국인이 체류하는 나라의 자국민보호와 동일하게 하며, 인권최소국제기준원칙을 따르는 국제표준주의는 자국민의 체류국가 인권수준과 무관하게 일반적으로 문명국가국민에게 부여되는 인권최소수준을 인정한다. 외국인의 헌법상 지위에 대하여 국제표준주의를 가진다 해도 이는 이미 입국·체류가 허용된 외국인에 한하여 인정되는 것이며, 상호주의를 인정한다 해도 박해를 받았을 때의 피난처를 다른 나라에서 구하는 망명자비호권(세계인권선언 제14조 제1항, 독일기본법 제16조 제2항, 프랑스 제4공화국헌법)을 인정하여야 할 의무는 없고 이는 당사국의 입법재량에 속하며 또한 영사재판권, 관세자주권도 인정되지 않는다. 외국인의 헌법상 지위와 주권국가와의 관계에 대해서, 인권최소국제기준원칙은 문명국법률표준원칙이라 하여 제국주의시대 영사재판권 등의 일방적 강요 등으로 불평등조약의 근거가 되었다. 영사재판권은 외국거주 자국민에 외국재판권을 부인하고 자국 영사재판을 받게 하는 것이다. 관세자주권은 교역당사국간 관세부과권을 일방 국가만의 결정으로 배제하는 것이다. 중국에 영사재판권을 강요한 조약의 1840년 아편전쟁 후의 체결, 일본의 1854년 미국 등과 불평등조약, 조선의 1876년 일본과 불평등조약인 병자수호조규丙子修護條規인 강화도조약江華島條約 등이 그것이다.

1.3.2 외국인의 법률상 지위

외국인의 법률상 지위에 관한 외국인 또는 외국법인이 법적용을 대한민국 국민 또는 대한민국 법인과 동일한 지위를 가진다(채무자회생및파산에 관한법률 제2조) 하거나 외국인이 국내사업주와 불법으로 근로계약을 체결하였더라도 계약은 유효하고 근로기준법상 근로자에 해당한다(헌재 2016.3.31. 2014헌마367). 외국인의 지위에 관하여 규율하는 법이 外人法이다. 외인법은 외국인의 자국 영토에의 입국, 자국영토에 있는 외국인의 권리의무, 자국영토로부터의 외국인의 퇴거 등의 규정으로 구성된다. 외국인의 입국을 허용할 국제법상의 국가 의무는 없다. 국가는 법률에 의하여 그 허용여부를 정할 수 있다. 외국인의 강제퇴거인 추방에 대해서 적법하게 체류하는 외국인은 '시민적 및 정치적 권리에 관한 국제규약'1966.12.19. 제13

조에 따라서 국가안전보장상 불가피하게 요구되는 경우를 제외하고는 적법한 결정에 의해서만 강제퇴거가 가능하다. 모든 사람은 내국인, 외국인을 불문하고 그가 체류하는 국가의 영토고권에 따른 법질서에 복종하는 것이 원칙이다. 다만, 외교관, 외국군대 구성원에 관한 조약법 및 개인적 면제에 근거한 국가원수에 관한 관습법에 의한 예외가 있다. 외국인에게는 ICJ규정 제38조 제1항의 국제적 최저기준의 논리에 따라서 모든 문명국에서 기본적으로 인정되는 권리만 보장하든지 또는 칼보*Calvo* 조항에 의하여 외국인에게 자국민과 같은 권리를 인정할 수는 있지만, 외국인에게 내국인보다 우대할 수는 없다. 내외국인평등주의라 해도 외국인은 정치적 권리와 직업활동을 요구하는 권리는 없다. 국적이 상이한 외국인간의 차별도 금지되지 않는다. 국가가 최혜국대우조항에 의하여 제3국에게 인정한 가장 유리한 대우를 현재의 조약당사자에게도 부여할 조약상 의무가 있기 때문이다. 또한 외국의 국민을 국적만을 이유로 하는 차별도 국제법상 최저기준을 위반하지 않는 한 허용된다.

1.3.3 국가면제, 주권면책, 외교면제

국제법상 원칙에 따라 외국, 외국의 원수나 외교관 같이 국가면제, 주권면책이나 외교면제가 인정되는 경우에는 대한민국 법원의 재판권이 미치지 않는다. 타국의 私法상 행위에 대한 재판이 주권적 활동에 대한 부당한 간섭이 될 우려 등의 특별한 사정이 없는 한 해당 국가를 피고로 대한민국 법원이 재판권을 행사할 수 있다. 외국인은 본국에서 권리능력을 향유하면 외국에서도 권리능력을 가진다. 체류국은 외국인의 생명·자유·재산·존엄 등을 보호할 의무가 있다. 외국인은 내국인과 같이 체류국의 법원에서 공정한 재판을 받을 권리를 갖는다. 외국인 원고가 한국인 피고를 상대로 국내에 있는 재산의 소유권이전을 구하는 소를 국내법원에 제기하면 국내 법원은 국제재판관할권의 기준상 관할권이 인정되면 그 사건에 대하여 재판을 하여야 하는 바, 이는 국가권력으로서의 재판권 문제가 아니라 지역적 사건분담에 따른 관할권의 문제이다.

2. 국적과 국적권

2.1 국 적

2.1.1 국적의 의의

국적은 국가의 인적 존립조건인 국민이 되는 자격·신분이다. 국적은 자연인에 대한 국가적 관계*Staatsanghörigkeit*로서, 국가의 국민과 주권자의 범위를 확정하는 고도의 정치적 속성을 갖기에, 국적의 득상변경은 당해 국가가 갖는 역사전통, 정치·경제·사회·문화 등을 고려하여 결정할 문제이다(헌재 2014.6.26. 2011헌마502). 국적은 국가와의 법률관계에서 개인의 자격을 표시한다. 국제법상 국제관행, 중재재판, 사법재판소 결정, 학설에 의하면 국적은 개인이 사회에 존재한다는 사실과 생활관계를 기초로 국가와의 상호적 권리의무를 맺게 하는 법적 결합이다. 시민권(미국·호주·캐나다 등의 citizenship)은 시민이 사회구성원으로 국가에 권리·의무를 가진다는 관념이나, 국적과 그 성격·기능이 유사하다(대법원 1999.12.24. 99도3354). 한국의 경우에 있어서, 국적은 일반적으로 '출생'이라는 사실에 의하여 출생자 등의 명시적 의사나 동의 없이 출생지나 부모의 국적에 따라서 당연히 정해진다(헌재 2000.8.31. 97헌가12).

법인, 선박, 항공기 등의 국적　국적은 법인인 사법상 또는 공법상 법인과의 국가적 관계*Staatszughörigkeit*에서 조약 또는 국내법질서에 의하여 창설된다. 사법상 법인 특히 주식회사는 법인 소재지, 경제 중심지, 법인설립 준거법, 법인을 실재로 지배하는 인적 집단의 국적 등으로 국적이 정해지며, 다국적이 존재한다. 선박은 그것이 등록되어 있는 국가의 법에 의하여 국적을 취득한다. 이때, 선박과 선적국간에 진정한 실체적 관계가 있을 것을 요구하는 데, 선박소유운항 등의 편의에 의해 선박소유자의 소재국이 아닌 타국에 선적이 등록되는 이른바 편의취적 등이 있다. 항공기 등록에 대해서는 국제민간항공협약(시카고협약) 제17조에 의하여 선박 등록과 같으며(제17조), 항공기는 다수국가에 유효하게 등록할 수 없다(제18조).

2.1.2 국적과 호적, 주민등록 등

호적은 戶를 기준으로 한 신분확인제이다. 다만, 호주제는 호주를 정점으로 家라는 관념적 집합체를 구성하여 직계비속남자를 통하여 이를 승계시키면서 가족, 상속 등의 권리의무관계를 형성시키는 제도로서(구민법 제4편 친족 제1장 총칙, 제2장 호주와 가족, 호적법 등), 당사자의 의사에 관계없이 이루어짐으로써 인간의 존엄, 평등권 등의 시민법원리에 반한다 하여 위헌으로 결정되었다(헌재 2010.7.29. 2009헌가8). 이후 호적제도는 폐지되었다. 반면 주민등록은 국적과 거주를 전제로 한 구성원식별 확인제로서 공법관계상 주소는 주민등록지이다(주민등록법 제17조의7). 주민등록을 할 수 있는 자는 외국인을 제외한 국적자에 한정하고(제6조 제1항), 국내에 거주하지 않는 해외이주자는 등록을 할 수 없다(제3항).

2.1.3 국적법정주의

헌법 제2조 제1항 '대한민국의 국민이 되는 요건은 법률로 정한다' 하는 국적법정주의에 따라 국적을 정하는 국적법은 국적의 창설수권규범이 아닌 취득절차규범으로서 국적단행법주의·국적단일주의·부모양계혈통주의, 국적의 적극적 저촉인 이중국적 배제의 국적단일주의(국적의저촉에관한 헤이그협정 전문), 국적의 소극적 저촉인 무국적 지양止揚 등을 규정한다. 무국적자는 어느 국가의 자국법에 의해서도 국민으로 간주되지 않는 법적 무국적자와 형식적으로는 국적을 가지나 국제법적 보호가 결여되어 있는 사실상 무국적자(일본 거주 조선인 중 한일기본협약1965 발효 후 한국 국적을 취득하지 아니한 자) 등으로서, 국가의 외교적 보호를 받지 못하고 법적 거주권이 불인정되어 퇴거된다. 자국 영토에서 출생하였으나 다른 방법으로는 국적을 가질 수 없는 자에게는 자국의 국적을 부여한다(Convention on the Reduction of Statelessness 제1조 1961.8.30. 채택 1975.12.13. 발효, 한국 미가입).

국적법정주의 父系혈통주의는 위헌이어서(출생 당시에 父가 대한민국국민인 자를 대한민국국민으로 하면서 母만 대한민국국민인 자는 대한민국국민으로 하지 않아, 국적을 부의 국적에만 맞추는 차별로 헌법 제11조 제1항 남녀평등원칙, 제36조 제1항 가족생활에서의 양성평등원칙 위배되어 부계우선혈통주의, 父중심주의, 국적단일주의, 가족국적동일주의 등은 폐기되고)(헌재 2000.8.31. 97헌가12), 한국남성의 자녀뿐 아니라 한국여성의 자녀도 한국국적을 취득할 수 있고 부부는 별개국적을 가질 수 있는 등 부모양계혈통주의로 개정되었다. 국적법정주의는, 대한민국국적을 취득한 외국인으로서 외국국적을 가지고 있는 자는 대한민국국적을 취득한 날부터 1년 내에 그 외국국적을 포기하여야 한다. 이를 이행하지 아니한 자는 그 기간이 지난 때에 대한민국 국적은 상실된다(국적법 제10조).

2.2 한국인의 국적

1897년 대한제국, 1910년 일제강점기 조선인, 1945년 해방과 미군정기 한인, 1948년 제헌헌법의 대한국민, 북한주민 등의 국적은 각 시기의 규범에서 정함에 따른다. 국적법상 최초의 한국인의 범위에 대해서는 1948.5.11. 남조선과도정부 법률 제11호 '국적에관한임시조례'가 1948.12.20. 국적법에 의하여 대체되기 전까지 대한민국의 국적을 규율하여, 제2조 제1호는 조선인을 부친으로 하여 출생한 자는 조선의 국적을 가지는 것으로 규정하고, 제헌헌법은 제3조에서 대한민국의 국민되는 요건을 법률로써 정한다고 규정하면서 제100조에서 현행법령은 이 헌법에 저촉되지 아니하는 한 효력을 가진다고 규정하고 있었고, 이를 기초로 대한민국국민인 한국인의 국적이 정해졌다. 이같이 국적의 정함은 그 나라의 역사적 삶의 방식이다. 예컨대, 출생지주의에 의한 국적의 선천적 취득을 정한 미합중국수정헌법 제14조의 미국에서 태어났거나 귀화해 미국의 사법권 안에 있는 자는 모두 미국시민이라는 속지주의에 따른 자동시민권*birthright citizenship* 조항은 남북전쟁(civil war 1861~1865) 직후 해방된 흑인 노예와 그 후손의 시민권 보장을 위해 추가된 조항이다.

국적법과 국적취득원칙 재중동포들도 재일동포나 재소련동포 등과 마찬가지로, 조선인을 부친으로 하여 출생한 자는 설사 그가 북한법의 규정에 따라 북한국적을 취득하였다고 하더라도, '국적에관한임시조례'의 규정에 따라 조선국적을 취득하였다가 1948.7.17. 제헌헌법의 공포와 동시에 대한민국 국적을 취득하였고(대법원 1996.11.12. 96누1221), 북한지역도 대한민국의 영토에 속하는 한반도의 일부를 이루는 것이어서 대한민국의 주권이 미치고 북한주민도 대한민국 국적을 취득·유지하는 데 아무런 영향이 없는 것으로 해석하고 있으므로, 그들의 자녀들 역시 혈통주의를 취한 국적법에 따라 대한민국국적을 취득하며, 재중동포들은 1949.10.1. 중화인민공화국 성립과 더불어 중국국적도 취득하였다(헌재 2006.3.30. 2003헌마806).

2.3 국적권

2.3.1 국적권의 의의

국적권은 국적을 취득하여 국민이 될 권리이다. 국적을 취득하게 된 국민은 국가의 주권자인 동시에 속인적 통치권의 대상이 된다. 국민이 될 권리인 국적권은 국제법상 보장되는 인권이며(세계인권선언 제15조 제1항, 미주인권협약 제20조 제1항, 아동의 국적취득권을 규정한 국제인권규약B규약 제24조 제3항 등), 취득한 국적을 박탈당하지 않고 계속하여 보유할 권리(세계인권선언 제15조 제2항, 미주인권협약 제20조 제3항, 무국적감소협약 제8조 제1항 등), 국적 선택 및 선택한 국적의 이탈·변경권(세계인권선언 제15조 제2항 후단, 미주인권협약 제20조 제3항 등) 등을 자신의 의사로 행사할 수 있는 헌법상 권리이다. 국적권은 국가의 영토고권, 領民高權에 대응하는 국민의 권리인 영토권(헌법 제3조), 거주이전의 자유(제14조) 등에 기초하는 기본권이다(헌재 2006.11.30. 2005헌마739 참조).

2.3.2 국적권의 제한

국적권 역시 헌법 제37조 제2항의 일반적 법률유보의 대상이 되어 국가안전보장·질서유지·공공복리의 목적을 위하여 필요한 경우에 제한되며 그 본질적 내용은 침해되지 않는다. 국적권의 제한으로서 대한민국의 국민이었던 외국인은 법무부장관의 국적회복허가를 받아 대한민국 국적을 취득할 수 있지만, 국가경시자輕視者의 국적은 배제된다. 국가나 사회에 危害를 끼친 사실이 있는 사람, 품행이 단정하지 못한 사람, 병역을 기피할 목적으로 대한민국 국적을 상실하였거나 이탈하였던 사람, 국가안전보장·질서유지 또는 공공복리를 위하여 법무부장관이 국적회복을 허가하는 것이 적당하지 아니하다고 인정하는 사람 등이 그것이다(국적법 제9조).

2.3.3 국적권의 제한과 병역의무

선천적 이중국적을 허용하고 국적선택제도를 두는 현행제도에서, 이중국적자라도 대한민국국민인 이상 병역의무를 이행하여야 함이 원칙이기에, 복수국적자가 제1국민역에 편입된 때부터 3개월 이내에 대한민국 국적을 이탈하지 않으면 병역의무를 해소한 후에야 대한민국 국적을 이탈할 수 있도록 한 것은, 구체적인 병역의무 발생시부터 일정기간 내에 한국 국적을 이탈하여 한국의 병역의무를 면하는 것만 허용함으로써, 국적선택제도를 통하여 병역의무를 면탈하지 못하게 하는 것으로서, 국적이탈의 자유 등을 침해하지 않는다(헌재 2015.11.26. 2013헌마805등; 2006.11.30. 2005헌마739).

3. 국적의 취득과 상실

3.1 국적의 취득

3.1.1 국적의 선천적 취득과 속인주의

국적은 국민이 되는 자격·신분이며, 특정 국가의 국민으로서의 자격은 원시적으로 생활영역이 귀속되는 국가에서 출생하였다는 사실에 의하는 선천적 취득을 원칙으로 하며, 후천적 취득은 타국의 국적자가 해당 국가의 국적을 취득하겠다는 의사표시인 귀화 등에 의하는 국적의 취득이다. 국적의 선천적 취득은 출생자인 자연인의 부 또는 모의 국적에 따르는 혈통주의속인주의 *ius sanguinis*(대한민국, 일본, 스위스, 독일 등)

와 출생자의 출생지 국가의 국적에 따르는 출생지주의속지주의 *ius soli*(영국, 미국, 남미 등)가 있다. 한국의 경우, 국적은 출생에 의한 선천적 취득 즉 속인주의가 원칙이며 속지주의는 예외이다. 즉 대한민국의 국적법상 속인주의에 의한 국적취득은 출생 당시에 父 또는 母가 대한민국의 국민인 자(국적법 제2조 제1항 제1호), 출생하기 전에 부가 사망한 경우에는 그 사망 당시에 부가 대한민국의 국민이었던 자(제2호) 등이다. 속지주의 국적취득은 부모가 모두 분명하지 아니한 경우나 국적이 없는 경우에는 대한민국에서 출생한 자, 대한민국에서 발견된 棄兒는 대한민국에서 출생한 것으로 추정한다 등에 따른 부모불분명, 부모무국적, 대한민국에 棄兒 등이다(국적법 제2조 제1항 제3호, 제2항). 북한주민은 대한민국헌법상 대한민국국민으로 간주되어, 출생에 의한 선천적 국적 취득에 의하여, 대한민국의 통치권이 실효적으로 미치는 남한지역에 들어오게 되면 국적법에 의한 국적 취득의 절차를 거쳐 대한민국국적을 취득하고, 법무부장관의 허가 등을 받을 필요는 없다(대법원 1996.11.12. 96누1221).

3.1.2 국적의 후천적 취득

국적의 후천적 취득은 국적 취득의 의사를 표시하는 법률행위와 그 국가의 허가를 얻어서 국적을 취득하는 귀화 그 밖에 인지, 수반취득, 국적회복 등에 의한 국적 취득이다. 영토변경에 의한 국적 취득의 국적법 규정은 없다. 귀화는 일정요건을 갖추어 국적 취득의 허가·승인을 받는 등으로 대한민국 국적을 부여하는 제도로서 일반귀화(국적법 제5조 제1호~제6호), 간이귀화(제6조), 특별귀화(제7조) 등이 있다. 認知는 대한민국 국민인 부 또는 모가 혼인외 출생자인 혼외자를 적출자嫡出子로서 인정하여 국적을 취득케 하는 의사표시이다. 인지는 인지 당시 대한민국의 민법상 미성년이고, 인지한 부 또는 모가 그 子의 출생 당시 대한민국국민이었으며, 법무부장관에의 신고 등이 있어야 한다(제3조). 수반취득은 타인의 국적취득에 수반하는 국적의 취득이다. 외국인의 子로서 대한민국 민법상 미성년인 子는 그 부 또는 모가 귀화허가를 신청할 때 함께 국적취득을 신청하여, 법무부장관이 그 부 또는 모에 대한 귀화허가를 할 때 함께 대한민국국적을 취득한다(제8조). 국적회복에 의한 국적 취득은 국적상실 후의 재귀화, 국적의 복적이다. 대한민국의 국민이었던 외국인은 법무부장관의 국적회복허가를 받아 대한민국 국적을 취득할 수 있다(제9조).

3.1.3 후천적 국적 취득으로서의 귀화 기타의 사유

국적의 후천적 취득으로서 귀화의 허가 결정에는 국가에 폭넓은 재량권이 인정되기에 어느 정도 보편적 가치평가적 개념을 사용하는 것은 불가피한 측면이 있다. 예컨대 귀화의 허가요건으로서 '품행이 단정할 것'(국적법 제5조 제3호) 등을 요구하는 것은 외국인을 국가공동체의 새로운 구성원으로 받아들임에 있어 기존 국가질서 및 사회구성원과 조화를 이룰 수 있는 건전한 인격과 품성을 갖추고 있는지 여부의 판단을 위한 것으로서 합헌이다(헌재 2016.7.28. 2014헌바421). 가족법적 관계에서 혼인에 의한 국적취득은 자동적 취득으로 인정되는 것이 다수 국가의 예이다. 국가영역에서 토지소유의 단순한 취득은 승인된 국적취득사유에 속하지 않지만, 남미 국가들은 칼보*Calvo* 독트린의 영향으로 모든 토지소유자에게 국가의 공동운명체에 들어갔다 하여 국적을 부여한 바 있다.

귀화와 요식절차 미국은 선량한 도덕적 인격*(good moral character)*, 영국은 선량한 인격*(good character)*, 프랑스는 건전한 생활태도와 품행*(bonnes vie et moeurs)*, 일본은 소행이 선량할 것(素行 善良) 등의 요건을 규정하고 있다. 그리하여, 거짓 그 밖의 부정한 방법으로 받은 귀화허가에 대한 법무부장관의 취소권 행사기간에 제한을 두지 않은 것은 적법성확보의 공익을 위한 것으로서 거주·이전의 자유, 행복추구권을 침해하지 않는 합헌이다(헌재 2015.9.24. 2015헌바26). 국제법상 귀화의 요식절차로서 개인의 귀화는 신청에 의하는 반면 집단귀화의 경우에는 자발적 요소가 결여되면서 귀화자의 귀화에의 명시적 의사표시가 없다 하여도 귀화할 국가간에 충분히 '밀접한 관계'가 존재하면 귀화가 가능하게 된다. 독일연방재판소는 '독일민족구성원인 전 체코국민에 의한 독일국적취득에관한 명령*(1939.4.20.)*에 따라 이루어진 '독일제국보호령 보헤미아와 모라비아'에 있는 독일민족구성원에 대한 독일국적의 부여를 해당자들의 명시적 의사표시가 없음에도 유효한 것으로 간주하였다. 귀화의 특별한 경우인 국적회복의 경우를 독일기본법 제116조 제2항은 1933.1.30.에서 1954.5.8.까지의 기간중 정치적 · 종족적 · 종교적 이유로 국적을 박탈당한 구독일국적보유자와 그 비속은 신청에 따라 다시 귀화한다고 규정한다.

3.2 복수국적자의 보호

3.2.1 복수국적자의 의의

복수국적은 출생에 의한 국적의 원시적 취득에서 혈통주의와 출생지주의의 경합이나 또는 혼인에 의한 처의 본국적과 새로이 취득하는 국적의 병존에 의하는 경우 등의 다국적을 의미한다. 복수국적은 해당자에게 현저한 권리의무의 충돌이 야기될 수 있으므로 원칙적으로 허용하지 않으며 다만, 예외적으로만 이를 허용한다. 복수국적의 원칙적 금지는 국가와 그 구성원 간 보호와 복종관계를 복수의 국가가 함께 가질 경우 나올 수 있는 출입국 · 체류관리, 국민으로서의 의무 면탈, 외교적 보호권 중첩 등의 문제 발생을 방지하기 위한 것이다. 특히 헌법상 병역의무에 관련한 병역의 문제도 있다. 국적법에 의하면, 출생이나 그 밖에 이 법에 따라 대한민국 국적과 외국 국적을 함께 가지게 된 사람으로서 대통령령으로 정하는 사람인 복수국적자複數國籍者는 대한민국의 법령 적용에서 대한민국 국민으로만 처우한다. 복수국적자가 관계 법령에 따라 외국 국적을 보유한 상태에서 직무를 수행할 수 없는 분야에 종사하려는 경우에는 외국 국적을 포기하여야 한다. 중앙행정기관의 장이 복수국적자를 외국인과 동일하게 처우하는 내용으로 법령을 제정 또는 개정하려는 경우에는 미리 법무부장관과 협의하여야 한다(국적법 제11조의2).

3.2.2 복수국적자의 양태

복수국적자의 양태로서, 만 20세가 되기 전에 복수국적자가 된 자는 만 22세가 되기 전까지, 만 20세가 된 후에 복수국적자가 된 자는 그 때부터 2년 내에 제13조와 제14조에 따라 하나의 국적을 선택하여야 한다. 다만, 제10조 제2항에 따라 법무부장관에게 대한민국에서 외국 국적을 행사하지 아니하겠다는 뜻을 서약한 복수국적자는 제외한다(제12조 제1항). 법무부장관은 복수국적자로서 정해진 기간 안에 국적을 선택하지 않은 사람에게 1년 이내에 하나의 국적을 선택할 것을 명하여야 한다(실무상 병역준비역에 편입된 복수국적자가 국적선택 기간 내에 하나의 국적을 선택하지 않은 경우에는 원칙적으로 그에게 국적선택명령을 하지 않고 있다)(제14조의2 제1항). 법무부장관은 복수국적자가 다음 각 호(1. 국가안보, 외교관계 및 국민경제 등에 있어서 대한민국의 국익에 반하는 행위를 하는 경우 2. 대한민국의 사회질서 유지에 상당한 지장을 초래하는 행위로서 대통령령으로 정하는 경우)의 어느 하나의 사유에 해당하여 대한민국의 국적을 보유함이 현저히 부적합하다고 인정하는 경우에는 청문을 거쳐 대한민국 국적의 상실을 결정할 수 있다. 다만, 출생에 의하여 대한민국 국적을 취득한 자는 제외한다. 이에 따른 결정을 받은 자는 그 결정을 받은 때에 대한민국 국적을 상실한다(제14조 의3). 공무원이 그 직무상 복수국적자를 발견하면 지체 없이 법무부장관에게 그 사실을 통보하여야 한다. 공무원이 그 직무상 복수국적자 여부를 확인할 필요가 있는 경우에는 당사자에게 질문을 하거나 필요한 자료의 제출을 요청할 수 있다(제14조 의4).

복수국적자의 양태 복수국적자로서 제12조제1항 본문에 규정된 기간 내에 대한민국 국적을 선택하려는 자는 외국 국적을 포기하거나 법무부장관이 정하는 바에 따라 대한민국에서 외국 국적을 행사하지 아니하겠다는 뜻을 서약하고 법무부장관에게 대한민국 국적을 선택한다는 뜻을 신고할 수 있다(제13조 제1항). 복수국적자로서 제12조제1항 본문에 규정된 기간 후에 대한민국 국적을 선택하려는 자는 외국 국적을 포기한 경우에만 법무부장관에게 대한민국 국적을 선택한다는 뜻을 신고할 수 있다. 다만, 제12조제3항제1호의 경우에 해당하는 자는 그 경우에 해당하는 때부터 2년 이내에는 제1항에서 정한 방식으로 대한민국 국적을 선택한다는 뜻을 신고할 수 있다. 제1항 및 제2항 단서에도 불구하고 출생 당시에 모가 자녀에게 외국 국적을 취득하게 할 목적으로 외국에서 체류 중이었던 사실이 인정되는 자는 외국 국적을 포기한 경우에만 대한민국 국적을 선택한다는 뜻을 신고할 수 있다(제13조 제2항, 제3항). 복수국적자로서 외국 국적을 선택하려는 자는 외국에 주소가 있는 경우에만 주소지 관할 재외공관의 장을 거쳐 법무부장관에게 대한민국 국적을 이탈한다는 뜻을 신고할 수 있다. 다만, 제12조제2항 본문 또는 같은 조 제3항에 해당하는 자는 그 기간 이내에 또는 해당 사유가 발생한 때부터만 신고할 수 있다. 제1항에 따라 국적 이탈의 신고를 한 자는 법무부장관이 신고를 수리한 때에 대한민국 국적을 상실한다(제14조 제1항, 제2항). 법무부장관은 복수국적자로서 제12조제1항 또는 제2항에서 정한 기간 내에 국적을 선택하지 아니한 자에게 1년 내에 하나의 국적을 선택할 것을 명하여야 한다. 법무부장관은 복수국적자로서 제10조제2항, 제13조제1항 또는 같은 조 제2항 단서에 따라 대한민국에서 외국 국적을 행사하지 아니하겠다는 뜻을 서약한 자가 그 뜻에 현저히 반하는 행위를 한 경우에는 6개월 내에 하나의 국적을 선택할 것을 명할 수 있다. 제1항 또는 제2항에 따라 국적선택의 명령을 받은 자가 대한민국 국적을 선택하려면 외국 국적을 포기하여야 한다. 제1항 또는 제2항에 따라 국적선택의 명령을 받고도 이를 따르지 아니한 자는 그 기간이 지난 때에 대한민국 국적을 상실한다(제14조 의2).

3.2.3 복수국적자의 병역의무

대한민국 국적에서 이탈하려 하는 복수국적자는 그 뜻을 법무부장관에게 신고하여야 하며, 국적이탈 신고가 수리되면 대한민국 국적을 상실한다. 그럼에도 불구하고, 병역법 제8조에 따라 병역준비역에 편입된 자는 편입된 때부터 3개월 이내에 하나의 국적을 선택하거나 제3항 각 호의 어느 하나에 해당하는 때부터 2년 이내에 하나의 국적을 선택하여야 한다. 다만, 제13조에 따라 대한민국 국적을 선택하려는 경우에는 제3항 각 호의 어느 하나에 해당하기 전에도 할 수 있다. 또한 직계존속이 외국에서 영주할 목적 없이 체류한 상태에서 출생한 자는 병역의무의 이행과 관련하여 다음 각 호(1. 현역 · 상근예비역 또는 보충역으로 복무를 마치거나 마친 것으로 보게 되는 경우 2. 전시근로역에 편입된 경우 3. 병역면제처분을 받은 경우)의 어느 하나에 해당하는 경우에만 제14조에 따른 국적이탈신고를 할 수 있다(국적법 제12조 제2항, 제3항). 병역의무를 부담하는 대한민국남성은 대한민국 국적으로부터 이탈한다는 뜻을 국적을 선택할 수 있는 기간 이내에 신고할 수 있고, 이 기간을 경과하면 국적법 제12조 제3항 각 호에 기재된 바와 같이 병역의무가 해소된 경우에만 신고할 수 있다(제14조).

복수국적자와 병역의무 대한민국 국민인 남성은 18세부터 병역준비역에 편입되므로(병역법 제8조), 대한민국 국민으로서 남성인 복수국적자는 만 18세가 된 해의 1월 1일이 되기 전 국적을 취득한 경우에는 같은 해 3월 31일 이전에, 위 일자 이후에 국적을 취득한 경우에는 그 취득일부터 3개월 이내에 각 대한민국 국적으로부터 자진하여 이탈한다는 뜻을 신고하지 않는 이상, 병역의무가 해소되기 전에는 대한민국 국적에서 이탈할 수 없다. 이와 같이, 복수국적자가 병역준비역에 편입된 때부터 3개월이 지난 경우 병역의무 해소 전에는 대한민국 국적에서 이탈할 수 없도록 제한하는 국적법이 합헌(헌재 2006.11.30. 2005헌마739; 2015.11.26. 2013헌마805등)이라 하였던 헌법재판소는 이를 변경하여, 대한민국 남성인 복수국적자가 18세가 되는 해의 3월 31일이 지나면 병역의무를 해소하기 전에는 어떠한 예외도 인정하지 않고 국적이탈을 할 수 없도록 하는 규정들이 국적이탈의 자유를 지나치게 제한하며, 외국에서만 주로 체류 · 거주하면서 대한민국과는 별다른 접점이 없는 사람의 경우의 예외를 인정하지 않는 경우에 병역의무에서 벗어나는 경우에만 국적이탈이 가능하도록 하는 등의 일률적 제한에 위헌성이 있다는 판단하에, 이를 헌법에 합치되지 아니한다 하였다(헌재 2020.9.24. 2016헌마889 2022.9.30.을 시한으로 개정될 때까지 계속 적용된다). 국제법상으로는 '다국적의 감소 및 다국적자의 병역의무에 관한 유럽협정'*1963.5.6.*에서 상세한 규정을 두고 있다.

3.3 국적의 상실

3.3.1 국적의 상실의 의의

국적은 상실은 국적의 취득과 마찬가지로 일반적으로 국가의 법질서에 따른다. 국적의 상실은 자의自意, 신분관계, 이중국적 등을 원인으로 한다. 국적의 강제적 박탈 즉 국가에 의한 국적 상실의 자의적이며 일방적인 선언은 금지된다(세계인권선언 1948.12.10. 제15조 제2항. 다만 시민적 · 정치적권리에관한국제규약 1966.12.19.에는 규정이 없다). 국제법상 국적 상실에 관한 조약규범이 없으면 원칙적으로 본국의 법률에 의하여 판단된다. 미일평화조약*1951.9.8.*에서 일본은 조선의 독립을 승인하였기 때문에 조선인은 일본국적을 상실하였다는 입장이었지만, 일본 본국의 국내법규에 의해 아직 존속하는 국적은 해당자가 다른 국적을 취득하였고 또한 그의 유일한 주소를 다른 국가로 이전하였을 경우에만 국제법적으로 효력을 상실할 수 있었다. 무국적감소협약(Convention on the Reduction of Statelessness 1961.8.30. 채택 1975.12.13. 발효, 한국 미가입) 제19조는 인종적·종교적·정치적 이유에 의한 국적박탈을 금지한다. 그렇지만 어느 국가도 일반국제법에 의하여 타국의 국민을 받아들일 의무가 없으며 동시에 어느 국가도 자국민을 타국으로 추방할 수 없다(유럽인권규약 제4추가의정서 1963.9.16. 제3조 참조).

3.3.2 국적의 상실의 양태

국적 상실의 양태의 하나로 외국국적을 취득한 날에 국적은 상실된다(제15조 제1항, 국적상실 요건은 제10조~제11조 참조). 국적상실자는 법무부장관에게 국적상실신고를 하여야 한다(제16조 제1항). 공무원이 직무상 국적상실자를 발견한 때에는 지체없이 법무부장관에게 국적상실의 통보를 한다(제2항). 신고 또는 통보를 받은 때에는 관보에 고시하고 호적관서 및 주민등록관서에 통보하여야 한다(제3항). 국적상실자는 대한민국국민만 향유할 수 있는 권리는 향유할 수 없다(제18조 제1항). 대한민국 국민만 향유할 수 있는 권리 중 대한민국국민이었을 때 취득한 것으로서 양도가능한 것은 그 권리와 관계된 법령이 별도로 정한 바가 없는 한 국적상실일로부터 3년 내에 대한민국국민에게 양도하여야 한다(국적법 제18조 제2항).

국적 상실과 국적상실자의 기본권, 재외동포 체류자격 대한민국남자와 결혼하여 국적을 취득한 여자는 이혼하였더라도 당연히 한국국적을 상실하는 것은 아니다(대법원 1976.4.23. 73마1051). 외국영주권을 취득했어도 마찬가지다(대법원 1981.10.13. 80다1235). 국적상실시 재산관계의 권리가 상실되는 경우 당해 권리는 당연히 상실되는 것이 아니라 재산법상의 일정행위가 있을 때에 비로소 상실된다(대법원 1970.12.22. 68사58). 국적을 상실하더라도 대한민국 국민이었던 외국인은 국적법 제9조에 따라 대한민국 국적을 회복할 수 있으며, 만 65세 이상의 사람이 영주의 목적으로 국적회복허가신청을 하여 받아들여질 경우에는 복수국적이 허용되므로, 대한민국 국민이 자진하여 외국 국적을 취득한 경우에 대한민국 국적의 상실은 합헌이다(과잉금지원칙을 위반하여 거주·이전의 자유 및 행복추구권을 침해하지 않는다)(헌재 2014.6.26. 2011헌마502). 이 사건 입국금지결정은항고소송의 대상이 될 수 있는 '처분'에 해당하지 않고(병무청장은 2002년 1월 법무부장관에게 미국 시민권 취득에 따른 사실상 병역의무 면탈 등을 이유로 한 입국금지요청을 하고, 법무부장관은 2월, 출입국관리법에 따른 원고의 입국금지결정을 하면서, 그 정보를 내부전산망 '출입국관리정보시스템'에 입력하였으나, 원고에게 통보를 하지는 않았기에 법무부장관의 의사가 공식적인 방법으로 외부에 표시된 것이 아니라 행정내부전산망에 입력하여 관리한 것에 지나지 않는다), 이 사건 사증발급 거부처분이 법무부장관의 지시인 입국금지결정을 그대로 따른 것이라 해서 적법성이 보장되는 것은 아니며, 피고가 자신에게 주어진 재량권을 전혀 행사하지 않고 오로지 13년 7개월 전에 입국금지결정이 있었다는 이유만으로 거부처분을 한 것은 재량권 불행사로 위법하다(원고는 2015년 8월 피고(주LA총영사)에게 재외동포(F-4) 체류자격의 사증발급을 신청하였는데, 피고는 2015.9. 원고의 아버지에게 전화로 사증발급이 불허되었다 통보하였고, 여권과 사증발급 신청서를 반환하였을 뿐, 처분이유를 기재한 사증발급 거부처분서를 작성해 주지는 않았으며, 사증발급권한을 위임받은 재외공관장인 피고가 행정기관 내부에서 사증발급이나 입국허가에 대한 출입국관리법과 재외동포의 출입국과 법적 지위에 관한 법률에 따르면, 이 사건 사증발급 거부처분은 재량행위이다). 피고는 2015.9.2. 원고의 아버지에게 전화로 처분결과를 통보하고 여권과 사증발급신청서를 반환하였을 뿐, 원고에게 처분이유를 기재한 사증발급 거부처분서를 작성해 주지 않은 것은 위법하다(이 사건 입국금지결정은 제재조치로서, 의무위반 내용과 제재처분의 양정 사이에 비례관계가 있어야 하며, 입국금지결정을 유일한 이유로 한 이 사건 사증발급거부처분에도 비례의 원칙이 적용되어야 하는 데, 재외동포법이 재외동포의 대한민국 출입국과 체류에 대한 개방적 포용적 태도를 취하는 점에 비추어, 재외동포에 대해 기한의 정함이 없는 입국금지조치는 법령에 근거가 없는 한 신중해야 하며, 사증발급거부처분이 행정절차법 제24조 제1항 단서에서 정한 문서에 의한 처분방식의 예외가 인정되는 '신속히 처리할 필요가 있거나 사안이 경미한 경우'에 해당한다 볼 수도 없다)(대법원 2019.7.25. 2017두38874).■

■ 출입국관리법 시행령 제14조 제3항은 입국금지사유가 소멸할 경우 입국금지를 요청한 기관장은 지체 없이 법무부장관에게 입국금지의 해제를 요청해야 하며, 입국금지의 결정권자인 법무부장관도 이러한 요청이 없더라도 직권으로 입국금지를 해제할 의무가 있다고 보아야 한다. 출입국관리법상 외국인이 대한민국에서 범죄를 저지르고 금고 이상의 형을 선고받아 강제퇴거명령을 하는 경우에도 원칙적으로 5년간 입국금지 제한을 받을 뿐이다. 원고가 대한민국국적을 상실하였을 때 적용되던 국적법은 대한민국국적을 상실하여 병역 의무를 면할 가능성을 열어놓았으며, 이 사건 사증발급 거부처분 당시 적용되던 재외동포법 또한 '대한민국 남자가 병역을 기피할 목적으로 외국국적을 취득하고 대한민국 국적을 상실하여 외국인이 된 경우'에도 38세가 된 때에는 대한민국의 안전보장, 질서유지, 공공복리, 외교관계 등 대한민국의 이익을 해칠 우려가 있는 경우에 해당하는 다른 특별한 사정이 없는 한 재외동포에 대한 체류자격의 부여를 제한할 수 없다고 규정한다.

3.3.3 국적의 상실과 공동체

국적의 상실로 국민인 개개인은 그 공동체의사회구성원으로서의 자격으로서 남게 된다.

[二] 영 토

1. 헌법상 영토 · 영토고권 · 영토권

1.1 헌법상 영토

1.1.1 영토의 의의

영토는 국가를 구성하여 성립케 하는 요소인 국가영역이다. 헌법 제3조, '대한민국의 영토는 한반도와 그 부속도서로 한다' 함의 영토는 국가의 안전성 · 한정성 · 연속성을 유지하는 지리적 실재로서, 통치권이 유효하게 행사되는 규범적 영역이며 국가의 공간적 존립조건이다. 영역(territory, Staatsgebiet)의 범주는 영륙(領陸, demesne, 육지 · 지하의 지배 가능한 地中, 지구 중심점까지의 지하), 영해(領海, closed sea, 바다, 영륙에 접속한 일정해역), 영공(領空, territorial air 空域(하늘) · 대기권)이다. 영역에서 행사되는 국가 권력*Staatsgewalt*이 영토고권*Gebietshoheit*이며 국민에 대한 영민고권*Personalhoheit*이다. 영토고권은 국가의 배타적 지배권으로서의 주권적*souveränität* 권력으로서 자국의 영토에 대해서 무해無害항해권(외국선박이 연안국 안전 · 공공질서 · 재정적 이익을 해치지 않는 자유로운 연안항해권), 무해항공권, 우주개발권 등의 고권으로 행사된다. 영해는 기선(基線 영해 및 접속수역법 제2조)에서 측정하여 그 외측 3해리 내에 있는 대한해협(법시행령 제3조, 대한민국인접해양의주권에관한 대통령의선언(1952.1.14. 국무원고시 제14호)), 12해리선까지의 영해(제1조), 24해리선까지에서 영해제외수역인 접속수역(接續水域 제3조의2), 수심 200m까지의 해저대륙붕 등이다. 배타적 경제수역(EEZ Exclusive Economic Zone)은 기선 외측 200해리까지의 선에 이르는 수역에서 영해를 제외한 수역이다. 대한민국 주권은 미치지 않아도 주권적 권력과 관할권은 미쳐, 기선으로부터 이 수역에서 대한민국 관계법령과 국제법 규정 위반자는 처벌된다.

1.1.2 영토의 표지 - 국경

영토의 범주로서 영토고권에 따라야 하는 표지가 국경이다. 국경은 인접국가간 통치권의 유효한 규범영역의 법질서를 제한한다. 지리적 의미의 경계는 자연적 경계(산맥, 바다 등) 또는 인공적 경계(위도, 경도 등)에 의한다. 국가는 인접국의 승인에 따른 조약, 다툼이 없는 점유상태에 실효성을 인정하는 현상승인원칙*uti possidetis* 등에 의해서 자국 영토의 경계를 확정할 수 있다. 해상경계에 대해서 국제법은 최대거리만 규정한다. 국가의 영역인 국경은 공간적 연결이 안 된 타국 영토에 둘러싸인 飛領土*exclave*, 包領 등도 가능하다. 국제하천은 다국 영토에 흘러 국가를 분리하는 경계선이 된다. 대양간 운하는 두 해양을 연결하는 인공수로로서 이를 지배하는 영토의 구성부분이 된다. 수에즈*Suez* 운하는 홍해와 지중해를 연결하여 1854년 이집트 영역에서 건설되어 1888년 콘스탄티노플 조약으로 규율된다. 파나마*Panama* 운하는 대서양과 태평양을 연결하여 1914년 파나마 영토에서 건설되어 1901년 헤이-폰스포트*Hay-Pauncefote* 조약에 의해 규율된다. 킬*Kiel* 운하는 북해와 동해를 연결하며 1895년 독일영토에서 건설되어 1919년 베르사유평화조약에 의하여 규율된다.

1.1.3 영토조항과 국가정통성

제헌헌법(1948.7.17. 제4조) 이후 영토에 관한 규정인 헌법 제3조, '대한민국의 영토는 한반도와 그 부속도서로 한다' 하는 '영토조항'은 그 효력이 군사분계선인 북위 38도선 이북지역인 북한을 포괄하는 한반도와 그 부속도서에 미치는 규범력을 지닌 조항인 점에서, '대한민국'이 한반도에서 합법적으로 존재하는 유일한 국가이며 대한민국임시정부의 법통을 계승한(대법원 1954.9.28. 4286형상109) 국가로서의 정통성을 갖는다 하는 국가정통성 확인 규정이며, 국가정통성의 변경을 가져오는 영토의 변경은 영토조항의 개정에 의해서만 가능하다는 국가정통성의 보호 규정이다.

1.2 헌법상 영토고권

1.2.1 영토고권의 의의

국가는 헌법과 국제법상 국가주권의 공간적 한계인 국경선 내에서 정치적 통일체로 형성되면서, 그 구성원인 국민에 대해서 영토고권 등의 권력을 행사할 수 있다. 국가의 영토고권은 영토·영해·영공 등의 영역을 자유로이 사용·수익·처분하고 사람·물건을 독점적·배타적으로 지배할 수 있는 국가권력이다. 영토는 영토고권이라고 하는 내적 주권을 통하여 지리적 국토 개념에서 국가의 지배권 내지 통치권이라는 규범적 관념의 근거로 기능하게 된다. 헌법 제3조 영토조항에 근거하여 국가의 영토고권이 미치는 공간적 범주는 한반도와 그 부속도서에만 한정하게 된다. 국가의 영역은 배타성을 갖는 영토고권의 지배 영역이므로 다른 나라 영토에서의 영토고권적 행위는 국제법위반이 된다. 입법적·행정적·사법적 행위 등으로서 군대의 통과, 외국주둔군대에 대한 형사재판권의 행사, 외국영토에서의 사람의 납치 등이 그것이다. 영토고권의 주체는 국가이므로 지방자치단체는 관할구역 내에 헌법과 법률상 지방자치권을 가지는 데 그치며 영토고권이 부여된 것은 아니다(헌재 2006.3.30. 2003헌라2 영토고권은 자치권이 아니므로 영토고권을 침해하였다 하여 제기한 권한쟁의심판청구는 권한침해의 개연성이 없어 부적법하다). 국가는 자신의 통치권하에 있는 영토에서 영토고권을 행사하여 그 영토고권의 지배 아래 있는 영토를 처분할 수 있으며 또한 국가영토에 있는 모든 사람과 사물을 지배한다. 영토고권은 영토에 존재하는 개인에게 구속력 있는 명령을 내리고 이 명령을 집행하는 권한 등의 대인고권을 나오게 한다.

1.2.2 영토고권의 제한

국가의 영토고권은 국제相隣에의 국제관습법 등으로 국제법상 자기제한이 된다. 자국 영토에서 방사능오염 같은 위해한 환경오염을 상당량 외국영토에 이르게 하여 손해를 야기하지 아니할 국가의무는 영토고권을 제한한다(미국과 캐나다 간 트레일 제련소 *Trail Smelter* 사건 등). 국가의 영토고권은 영토의 한 부분에 다른 국가의 주권적 권한이 행사되어 기능적으로 한정된 제한을 받는다. 행정권 양도에는 영토 일부의 관리를 기간의 정함 없는 전반적 위임(1903.11.18. 미국과 Panama 간 Hay-Varilla 조약으로 파나마운하구역 관리에 관한 배타적 권한의 미국에의 이양은 1977.9.7. 조약에 의하여 파나마운하에 관한 개별적 경영 및 행정권만의 행사 권한으로 변경되어 파나마 영토고권 회복), 租借관계(租貸國 중국이 租借國 영국에 대하여 '홍콩香港 섬의 항구적 할양(난징南京조약 1842.8.29.)·新界의 99년 임대(New Territories 홍콩 전체의 92%, 1898.6.9.)'는 1984.9.26. 협정에서 1997년 중국이 영토고권을 회복하여 2047년까지 고도의 자치를 향유하는 특별행정구), 영토고권의 개별적 기능적 한정인 국제地役(領域國인 承役國이 하나 또는 다수의 타국 즉 要役國의 이익을 위하여 국가영역의 전부 또는 일부에 대한 이용권 설정으로 영토고권이 제한되는 교통地役(국가간 통행 자유에 관한 1947.10.30. GATT협정), 국경地役, 경제地役(천연자원 획득, 타국을 위한 자유항, 수자원 이용의 방해물 설치 금지 등), 군사地役(비행기지, 해상기지, 군사주둔, 통행권, 타국 영토에 달하는 사정기지 내의 요새 설치 등)) 등이 있다.36)

1.2.3 영토고권의 변동

영토고권의 변경을 가져오는 영토의 변경에는 타국 영토의 취득인 승계적 영역취득과 무주 영토의 취득인 원시적 영역취득 또는 규범행위에 의한 영토 병합·할양割讓(매매·교환·점령·정복 등)과 사실행위에 의한 변경(발견에 따른 무주지 선점, 지리적 장연현상인 화산활동에 의한 섬의 생성·확장 등의 添附 등) 등이 있다. 무주지선점은 어느 나라의 영역에도 속하지 않는 지역을 자국 영토로 병합하려는 의사로 취득하는 국가의 행위이다. 무주지 선점은 육지에서만 가능하며 해양, 空域, 영해, 대륙붕, 육지 아래의 부분 등은 이들 지역을 부속하는 육지의 선점에 의해서만 가능하다. 영토의 강제적 병합은 타국 영토의 전부 또는 일부를 그 의사에 반하여 강제적으로 취득하는 국가의 일방적 행위이다. 강제적 병합은 병합 국가가 피병합국가의 해당 영역에서의 통치권의 완전한 배제와 최종적 점유를 실효적으로 행하려는 병합의 강제적 의사가 존재하고, 병합의 선언 또는 국가의 행정 및 입법행위 등의 형태에 의한 법적 과정의 확인 또는 조약 등에 의한다. 조약에 의한 영토의 강제적 병합은 일본의 한일합방조약*1910.8.29*에 의한 대한제국의 병합이 있다. 무력에 의한 외국영토의 강제적 병합은 금지된다. 할양은 국가가 조약 기타의 일정한 형식으로 자국 영토의 일부에 대한 주권을 타국에 이전하는 영역의 변경으로서 매매(러시아의 알래스카가 1867년 720만 달러에 미국에 매각), 증여, 할양 조약(조약에 의한 영토교환 등의 국경조정조약), 평화조약 등의 규범적 양태에 의한다. 할양에 의하여 일정 영토에 대한 절대적인 법적 힘으로서의 주권의 변경의 효과가 모든 국제법주체에 '미치므로'*erga omnes*, 할양에는 해당 지역 주민의 동의를 요한다.

영토고권의 변동 영토고권의 변동은 국제법상 영토의 변경의 사유에 의한다. 국제법상 무주물선점은 국가기관의 행위에 의한 점유, 그곳에서 지속적으로 영토고권을 취득하려는 영유의사*animus accupandi*, 통치권의 실효적 행사 등이 요구된다. 極地인 북극은 동결된 해양지역으로서 인접설 내지 북극 섹터(부채꼴)이론*sector theory* 등에 따르지만, 남극은 실제 생활하여 점유할 수 없는 환경이기에 국가관할권은 행사되지 않아서 영유권을 주장하는 국가간 남극조약이 1959.12.1. 체결되었다. 국제연합헌장 제2조 제4항은 '모든 회원국은 그 국제관계에 있어서 다른 국가의 영토보전이나 정치적 독립에 대하여 또는 국제연합의 목적과 양립하지 아니하는 어떠한 기타 방식으로도 무력의 위협이나 무력행사를 삼간다.' 및 국제법 일반원칙의 이른바 '정당한' 전쟁이란 인정되지 않으며, 단지 무력공격에 대한 대응으로서 집단적 자위 또는 개별적 자위만을 허용하는 결과의 필연으로 무력행사금지에 위반하여 행하여진 영토의 변경은 불법으로부터 권리는 발생하지 않는다*ex iniuria ius non oritur*의 원칙상 '법률상 당연히'*ipso iure* 위법이며, 국제법위반에 의한 영토변경은 타국의 승인에 의해서도 합법화되어서 승인할 수 없다는 Stimson주의는 국제연합의 '침략의 정의에 관한 결의'(유엔총회결의 3314XXIX호 1974.1.14.등)에서 표명된 국제관습법이다. 국가가 위법으로 점령한 지역을 상당기간 점유하는 경우의 합법성과 지배의 실효성 간의 충돌에서 '사실에서 권리가 발생한다'*ex factis ius oritur*에 의거한 추후 승인과 취득시효 논리에 따른 강제병합된 점유상태를 완성된 현실의 논리도 있다. 영토의 취득시효에 의한 취득은 로마법에서 기원하는 사법상 취득시효의 제도를 원용한 국제법의 일반적으로 승인된 원칙이다. 영토의 시효취득은 상당기간 특정 국가의 점유하에 있는 해당 영토의 취득을 다른 권원이 증명하지 못하는 경우에 법적 평화를 위하여 인정되는 것이므로, 법적 효력이 있는 영토권원을 취득하는 국가의 실효성 있는 통치권적 지배가 장기간 이의없이 지속되어 그에 따른 자국 영토의 구성부분으로 간주하는 것 외의 지배에 대한 善意는 요구되지 않는다. 영토의 裁決에 의한 취득은 국제사법재판소, 중재재판소 등 국제법상의 심판기관이 특정국가에 영토고권의 인정은 일반적으로는 조약에 의한 합의로 변경되는 것으로 간주된다.[37)]

1.3 헌법상 영토권

영토권은 국민의 영토에 대한 헌법상 권리로서 국가의 영토고권에 대응한다. 영토의 변경은 국가의 공간적 존립기반, 영토고권의 지역적 범위, 통치권의 공간적 범위, 국민의 영토권 범주 등의 변경이다. 영토변경에 따르는 국가병합은 피병합국가 권리·의무의 포괄적 이전, 피병합국가 국민의 병합국가 국적 취득(할양의 경우에는 할양조약이나 선택) 등을 가져 온다. 헌법상 권리로서의 영토권은 영토조항인 헌법 제3조 외에 거주이전의 자유, 국민주권주의 등을 근거로 하는 기본권이므로, 영토조항만을 근거로 하는 헌법소원심판 청구는 각하된다(헌재 2001.3.21. 99헌마139등).

영토고권과 영토권 '대한민국과 일본국간의 어업에 관한 협정'이 독도주변수역을 중간수역으로 분류하여 대한민국과 일본국의 공동어업구역으로 함은 영해, 배타적 경제수역에 대한 국민의 주권, 영토권을 침해하지 않으며(헌재 2001.3.21. 99헌마139등), '어업에 관한' 협정일 뿐 독도 영유권이나 배타적 경제수역 경계획정문제 등 영해문제와 직접적 관련이 없기에 헌법에 위반되지 않는다(반대의견:독도는 한반도에 부속된 도서이므로 대한민국 영토에 속하는 것이 명백한 이상, 독도주변수역을 중간수역으로 분류하여 일본과의 공동어업구역 설정은 주권의 배타적 성격에 위반되어 위헌이다)(헌재 2009.2.26. 2007헌바35).■ 건국60년기념사업 추진행위가 독도 영유권 포기를 사업내용에 포함시키지 않기에 영토권이라는 기본권 침해가능성도 존재하지 않는다(헌재 2008.11.27. 2008헌마517).

■ UN해양법협약 성립·발효에 의한 세계해양법질서 변화에 따라서 한일양국이 배타적 경제수역체제를 각자 국내실정법으로 규정함으로써 이 사건 협정의 성립여부와 관계없이 한일양국의 연안해역에서 배타적 경제수역이 시행되고, 다만 국제법우위원칙에 의해 65년협정이 유효하여 적용이 되지 않았을 뿐이나, 65년협정이 일본의 일방적 종료선언으로 인해 1999.1.22 종료되게 됨으로써 더 이상 상호간 배타적 경제수역 내에서는 어업이 불가능한 상황이 예상되면서, 한일 양국의 마주보는 수역이 400해리에 미치지 못하여 서로 중첩되는 부분이 생겨나게 되었고, 이로 인해 양국간 어로활동에서의 충돌 사태는 피하여야 한다는 양국의 공통된 인식의 결과 성립된 것으로서, 직업선택의 자유, 재산권, 평등권 등이 침해되었다 볼 수 없다.

2. 영 해

2.1 영해와 해양법

2.1.1 영해와 주권

국가의 영역과 해양의 관계는 그로티우스(Grotius, De mare libero '해양의 자유', 1609)의 해양자유론*mare liberum*과 셀던*Selden*의 해양영유론*mare clausum*의 관점, 영해와 해양법에 관한 '유엔해양법협약'('영해 및 접속수역에 관한 협약', '공해에 관한 협약', '어업 및 공해 생물자원보존에 관한 협약', '대륙붕에 관한 협약', '4개 협약의 해석적용에 관한 분쟁해결에 관한 선택의정서' 등)(1958.4.29. 채택·발효) 및 '해양법에관한국제연합협약및1982년12월10일자해양법에관한국제연합협약제11부이행에관한협정'(United Nations Convention on the Law of the Sea 발효일 1996.2.28.) 등 국제법규범상 국가는 內水(interal waters 영해기선의 육지쪽 수역은 국가의 내수의 일부를 구성)에 대한 무제한 주권을 갖고 이는 영해의 상공과 해저 및 하층토에까지 미친다(유엔해양법협약 제8조 제1항). 유엔해양법협약 제2부 영해와 접속수역 제2조 영해, 영해의 상공·해저 및 하층토의 법적지위, 1. 연안국 주권은 영토와 내수 밖의 영해라 하는 인접해역, 군도국가의 경우에는 군도수역 밖의 영해라 하는 인접해역에까지 미친다. 2. 이러한 주권은 영해의 상공·해저 및 하층토에까지 미친다. 3. 영해에 대한 주권은 이 협약과 그 밖의 국제법규칙에 따라 행사된다. 제2절 영해의 한계 제3조 영해의 폭, 모든 국가는 이 협약에 따라 결정된 기선으로부터 12해리를 넘지 아니하는 범위에서 영해의 폭을 설정할 권리를 가진다.

2.1.2 영해의 설정

유엔해양법협약 제4조 영해의 바깥한계는 기선상의 가장 가까운 점으로부터 영해의 폭과 같은 거리에 있는 모든 점을 연결한 선으로 한다. 제5조 영해의 폭을 측정하기 위한 통상기선은 이 협약에서 달리 규정된 경우를 제외하고는 연안국이 공인한 대축척해도에 표시된 해안의 저조선으로 한다. 제6조 환초상에 위치한 섬 또는 가장자리에 암초를 가진 섬의 경우, 영해의 폭을 측정하기 위한 기선(영해기선)은 연안국이 공인한 해도상에 적절한 기호로 표시된 암초의 바다쪽 저조선으로 한다. 제7조 1. 해안선이 깊게 굴곡이 지거나 잘려 들어간 지역, 또는 해안을 따라 아주 가까이 섬이 흩어져 있는 지역에서의 영해기선 설정은 적절한 지점을 연결하는 직선기선의 방법이 사용될 수 있다. 6. 어떠한 국가도 다른 국가의 영해를 공해나 배타적경제수역으로부터 격리시키는 방식으로 직선기선제도를 적용할 수 없다. 제8조 1. 영해기선의 육지쪽 수역은 그 국가의 내수의 일부를 구성한다. 제9조 강이 직접 바다로 유입하는 경우, 기선은 양쪽 강둑의 저조선상의 지점을 하구를 가로 질러 연결한 직선으로 한다. 제10조 1. 이 조는 그 해안이 한 국가에 속하는 만灣에 한하여 적용한다. 2. 이 협약에서 만이라 함은 그 들어간 정도가 입구의 폭에 비하여 현저하여 육지로 둘러싸인 수역을 형성하고, 해안의 단순한 굴곡 이상인 뚜렷한 만입을 말한다. 그러나 만입 면적이 만입의 입구를 가로질러 연결한 선을 지름으로 하는 반원의 넓이에 미치지 못하는 경우, 그러한 만입은 만으로 보지 아니한다. 제11조 영해의 경계 획정에 있어서, 항만체계의 불가분의 일부를 구성하는 가장 바깥의 영구적 항만시설은 해안의 일부를 구성하는 것으로 본다. 근해시설과 인공섬은 제외된다. 제12조 선박이 화물을 싣고, 내리고, 닻을 내리기 위하여 통상적으로 사용되는 정박지는 전부 또는 일부가 영해의 바깥한계 밖에 있는 경우에도 영해에 포함된다.

2.1.3 영해의 권한－무해통항권, 형사관할권, 민사관할권

유엔해양법협약 제17조 연안국이거나 내륙국이거나 관계없이 모든 국가의 선박은 이 협약에 따라, 영해에서 무해통항권을 향유한다. 제18조 1. 통항이라 함은 다음의 목적을 위하여 영해를 지나서 항행함을 말한다. (a)내수에 들어가지 아니하거나 내수 밖의 정박지나 항구시설에 기항하지 아니하고 영해를 횡단하는 것; 또는 (b)내수를 향하여 또는 내수로부터 항진하거나 또는 이러한 정박지나 항구시설에 기항하는 것. 제19조 1. 통항은 연안국의 평화, 공공질서 또는 안전을 해치지 아니하는 한 무해하다. 이러한 통항은 이 협약과 그 밖의 국제법규칙에 따라 이루어진다. 2. 외국선박이 영해에서 다음의 어느 활동에 종사하는 경우, 외국선박의 통항은 연안국의 평화, 공공질서 또는 안전을 해치는 것으로 본다. (a)연안국의 주권, 영토보전 또는 정치적 독립에 반하거나, 또는 국제연합헌장에 구현된 국제법의 원칙에 위반되는 그 밖의 방식에 의한 무력의 위협이나 무력의 행사 제27조 1. 연안국의 형사관할권은 오직 다음의 각호의 경우를 제외하고는 영해를 통항하고 있는 외국선박의 선박내에서 통항중에 발생한 어떠한 범죄와 관련하여 사람을 체포하거나 수사를 수행하기 위하여 그 선박내에서 행사될 수 없다. 제28조 1. 연안국은 영해를 통항중인 외국선박내에 있는 사람에 대한 민사관할권을 행사하기 위하여 그 선박을 정지시키거나 항로를 변경시킬 수 없다. 2. 연안국은 외국선박이 연안국 수역을 항행하는 동안이나 그 수역을 항행하기 위하여 선박 스스로 부 담하거나 초래한 의무 또는 책임에 관한 경우를 제외하고는 민사소송절차를 위하여 그 선박에 대한 강제집행이나 나포를 할 수 없다.

2.2 유엔해양법협약과 영해, 공해

2.2.1 영해와 접속수역, 배타적 경제수역, 대륙붕

유엔해양법협약 제33조 1. 연안국은 영해에 접속해 있는 수역으로서 접속수역이라고 불리는 수역에서 필요한 통제를 할 수 있다. (a)연안국의 영토나 영해에서의 관세·재정·출입국관리 또는 위생에 관한 법령의 위반방지 (b)연안국의 영토나 영해에서 발생한 위의 법령 위반에 대한 처벌 2. 접속수역은 영해기선으로부터 24해리 밖으로 확장할 수 없다. 제55조 배타적경제수역은 영해 밖에 인접한 수역으로서, 연안국의 권리와 관할권 및 다른 국가의 권리와 자유가

이 협약의 관련규정에 의하여 규율되도록 이 부에서 수립된 특별한 법제도에 따른다. 제56조 배타적경제수역에서의 연안국의 권리, 관할권 및 의무, 1. 배타적경제수역에서 연안국은 다음의 권리와 의무를 갖는다. (a)해저의 상부수역, 해저 및 그 하층토의 생물이나 무생물등 천연자원의 탐사, 개발, 보존 및 관리를 목적으로 하는 주권적 권리와, 해수·해류 및 해풍을 이용한 에너지생산과 같은 이 수역의 경제적 개발과 탐사를 위한 그 밖의 활동에 관한 주권적 권리 제57조 배타적경제수역의 폭, 배타적경제수역은 영해기선으로부터 200해리를 넘을 수 없다. 제58조 배타적경제수역에서의 다른 국가의 권리와 의무, 1. 연안국이거나 내륙국이거나 관계없이, 모든 국가는, 이 협약의 관련규정에 따를 것을 조건으로, 배타적경제수역에서 제87조에 규정된 항행·상공비행의 자유, 해저전선·관선부설의 자유 및 선박·항공기·해저전선·관선의 운용 등과 같이 이러한 자유와 관련되는 것으로서 이 협약의 다른 규정과 양립하는 그 밖의 국제적으로 적법한 해양 이용의 자유를 향유한다. 제6부 대륙붕 제76조 대륙붕의 정의, 1. 연안국의 대륙붕은 영해 밖으로 영토의 자연적 연장에 따라 대륙변계의 바깥끝 까지, 또는 대륙변계의 바깥끝이 200해리에 미치지 아니하는 경우, 영해기선으로부터 200해리까지의 해저지역의 해저와 하층토로 이루어진다. 제77조 대륙붕에 대한 연안국의 권리, 1. 연안국은 대륙붕을 탐사하고 그 천연자원을 개발할 수 있는 대륙붕에 대한 주권적 권리를 행사한다. 2. 제1항에 언급된 권리는 연안국이 대륙붕을 탐사하지 아니하거나 그 천연자원을 개발하지 아니하더라도 다른 국가는 연안국의 명시적인 동의없이는 이러한 활동을 할 수 없다는 의미에서 배타적 권리이다. 제78조 상부수역과 상공의 법적지위 및 다른 국가의 권리와 자유, 1. 대륙붕에 대한 연안국의 권리는 그 상부수역이나 수역 상공의 법적지위에 영향을 미치지 아니한다.

2.2.2 공해, 섬제도

유엔해양법협약 제86조 이 부의 규정은 어느 한 국가의 배타적경제수역·영해·내수 또는 군도국가의 군도 수역에 속하지 아니하는 바다의 모든 부분에 적용된다. 제87조 1. 공해는 연안국이거나 내륙국이거나 관계없이 모든 국가에 개방된다. 공해의 자유는 이 협약과 그 밖의 국제법규칙이 정하는 조건에 따라 행사된다. 연안국과 내륙국이 향유하는 공해의 자유는 특히 다음의 자유를 포함한다. (a) 항행의 자유 (b) 상공비행의 자유 2. 모든 국가는 이러한 자유를 행사함에 있어서 공해의 자유의 행사에 관한 다른 국가의 이익 및 심해저활동과 관련된 이 협약상의 다른 국가의 권리를 적절히 고려한다. 제88조 공해는 평화적 목적을 위하여 보존된다. 제89조 어떠한 국가라도 유효하게 공해의 어느 부분을 자국의 주권아래 둘 수 없다. 제90조 연안국이거나 내륙국이거나 관계없이 모든 국가는 공해에서 자국기를 게양한 선박을 항행시킬 권리를 가진다. 제91조 1. 모든 국가는 선박에 대한 자국국적의 부여, 자국영토에서의 선박의 등록 및 자국기를 게양할 권리에 관한 조건을 정한다. 어느 국기를 게양할 자격이 있는 선박은 그 국가의 국적을 가진다. 그 국가와 선박간에는 진정한 관련이 있어야 한다. 제92조 1. 국제조약이나 이 협약에 명시적으로 규정된 예외적인 경우를 제외하고는 선박은 어느 한 국가의 국기만을 게양하고 항행하며 공해에서 그 국가의 배타적인 관할권에 속한다. 선박은 진정한 소유권 이전 또는 등록변경의 경우를 제외하고는 항행중이나 기항중에 그 국기를 바꿀 수 없다. 제93조 국제연합전문기구와 국제원자력기구의 기를 게양한 선박, 앞의 조항들은 국제연합, 국제연합 전문기구 또는 국제원자력기구의 기를 게양하고 그 기구의 공무에 사용되는 선박에 관련된 문제에는 영향을 미치지 아니한다. 제94조 1. 모든 국가는 자국기를 게양한 선박에 대하여 행정적·기술적·사회적 사항에 관하여 유효하게 자국의 관할권을 행사하고 통제한다. 제121조 1. 섬이라 함은 바닷물로 둘러싸여 있으며, 밀물일 때에도 수면위에 있는, 자연적으로 형성된 육지지역을 말한다. 2. 섬의 영해, 접속수역, 배타적경제수역 및 대륙붕은 다른 영토에 적용가능한 이 협약의 규정에 따라 결정한다. 3. 인간이 거주할 수 없거나 독자적인 경제활동을 유지할 수 없는 암석은 배타적경제수역이나 대륙붕을 가지지 아니한다.

2.2.3 섬제도, 해양출입권, 심해저, 상공

유엔해양법협약 제124조 1. 이 협약에서, (a)내륙국은 해안이 없는 국가를 말한다. (b)통과국은 해안이 있고 없음에 관계없이 내륙국과 바다 사이에 위치하여 그 영토를 통하여 통과교통이 이루어지는 국가를 말한다. (c)통과교통은 물건을 옮겨 싣거나, 창고에 넣거나, 짐을 분할하거나, 또는 운송방식을 바꾸거나 관계없이, 내륙국의 영토에서 시작하거나 끝나는 전체 운송과정의 한 부분으로서 1개국 이상의 통과국의 영토를 지나는 사람, 화물, 상품 및 운송수단의 통과를 말한다. 제125조 1. 내륙국은 공해의 자유와 인류의 공동유산에 관한 권리를 비롯하여 이 협약에 규정된 권리를 행사하기 위한 해양출입권을 가진다. 이를 위하여 내륙국은 모든 수송수단에 의하여 통과국의 영토를 지나는 통과의 자유를 향유한다. 2. 통과의 자유를 행사하기 위한 조건과 방식은 내륙국과 관련통과국 사이의 양자협정이나 소지역적·지역적 협정을 통하여 합의된다. 3. 통과국은 자국영토에 대한 완전한 주권을 행사함에 있어서 이 부에서 내륙국을 위하여 규정된 권리와 편의가 어떠한 방법으로든 통과국의 적법한 이익을 침해하지 아니하도록 보장하기 위하여 필요한 모든 조치를 취할 권리를 가진다. 제133조 (a) 자원은 복합금속단괴를 비롯하여, 심해저의 해저나 해저아래에 있는 자연상태의 모든 고체성, 액체성 또는 기체성 광물자원을 말한다. (b)자원이 심해저로부터 채취된 경우 이를 광물이라 한다. 제135조 이 부 또는 이 부에 따라 부여되거나 행사되는 어떠한 권리도 심해저 상부수역이나 상공의 법적지위에 영향을 미치지 아니한다. 제136조 인류의 공동유산, 심해저와 그 자원은 인류의 공동유산이다. 제137조 1. 어떠한 국가도 심해저나 그 자원의 어떠한 부분에 대하여 주권이나 주권적 권리를 주장하거나 행사할 수 없으며, 어떠한 국가·자연인·법인도 이를 자신의 것으로 독점할 수 없다. 이와 같은 주권, 주권적 권리의 주장·행사 또는 독점은 인정되지 아니한다. 2. 심해저 자원에 대한 모든 권리는 인류 전체에게 부여된 것이며, 해저기구는 인류 전체를 위하여 활동한다. 이러한 자원은 양도의 대상이 될 수 없다. 심해저로부터 채취된 광물은 이 부와 해저기구의 규칙, 규정 및 절차에 의하여서만 양도할 수 있다. 3. 국가, 자연인 또는 법인은 이 부에 의하지 아니하고는 심해저로부터 채취된 광물에 대하여 권리를 주장, 취득 또는 행사할 수 없다. 이 부에 의하지 아니한 권리의 주장, 취득 및 행사는 인정되지 아니한다. 제140조 1. 심해저활동은 이 부에 특별히 규정된 바와 같이 연안국이나 내륙국등 국가의 지리적 위치에 관계없이 인류전체의 이익을 위하여 수행하며, 개발도상국의 이익과 필요 및 국제연합총회 결의 제1514(XV)호와 그 밖의 국제연합총회의 관련결의에 따라 국제연합에 의하여 승인된 완전독립 또는 그 밖의 자치적 지위를 획득하지 못한 주민의 이익과 필요를 특별히 고려한다. 제141조 심해저는 연안국이거나 내륙국이거나 관계없이 모든 국가가 차별없이, 이 부의 다른 규정을 침해하지 아니하고, 오로지 평화적 목적을 위하여 이용하도록 개방된다.

2.3 한국의 영해와 군사분계선

헌법규범상 대한민국이 한반도에서 유일한 합법정부를 가진 국가이기에 한국의 영해는 북한지역의 바다에까지 미친다. 서해북방한계선 NLL 등으로 그어진 바다라 해도 한국의 주권이 미치는 영해이며 다만 그 실효적 국가권력의 행사가 장애인 규범적 상태에 있을 뿐이다.

3. 대한민국의 영토 – 대한민국과 북한

3.1 헌법 제3조의 영토조항

헌법 제3조 영토규정은 대한민국만이 한반도에서 유일합법정부를 구성 · 조직할 수 있는 권력을 가지며, 북한을 국가나 정부로 인정치 않고, 북한지역에 한정된 영토고권을 지니는 어떠한 규범적 사실적 실체도 인정치 않는 국가 관할권의 핵심규정이다(대법원 1997.11.20. 97도2021). 헌법 제3조 영토조항은 대한민국의 정통성 · 정체성의 핵심이 되는 근본규범이며 국가참칭죄의 근거가 된다. 북한은 대한민국의 국토 일부를 물리적으로 점령하여 영토권의 일부 또는 전부를 배제하는 참절僭竊 또는 대한민국의 기본질서를 파괴하여 국헌을 문란하게 하는 등으로 정부를 참칭僭稱하는 정치단체이어서, 국가보안법상 반국가단체로 보는 것(제3조, 제7조 제1항)은 합헌이다(헌재 1990.4.2. 89헌가113). 독일은 통일(1990.10.3.) 전 동 · 서독 관계에서, 서독과 동독 각자 국가로 병존하는 1민족 2국가로 인정하여 1949년 서독기본법의 효력범위를 서독연방의 11개 支邦*Land*에만 한정하였다(전문, 제146조).

3.2 헌법 제3조의 영토조항과 대한민국

헌법 제3조는 한반도에 대한민국과 대한민국정부만 정통성 · 정체성을 지닌 1국가1정부만 존재하며 북한지역에도 대한민국의 주권이 미친다. 대한민국주권과 부딪치는 어떠한 국가단체나 주권을 법리상 인정하지 않는다(대법원 1996.11.12. 96누1221). 북한과의 관계에서 나라 사이의 선적 한계인 국경선은 존재할 수 없다. 군사분계선(해양 北方限界線 NLL Northern Limit Line)은 6 · 25동란전쟁(6 · 25남침은 국내의 일 지방적 폭동에 불과하다(대법원 1955.9.27. 4288형상246).)의 정전에 따라 북위 38도선에 설정되어 대한민국영토에서 경찰권이 사실상 미치는 지역의 표지인 휴전선이다. 군사분계선의 유무 · 범위는 국가안전을 위한 주권적 권력인 군사권, 경찰권 등에 직접 관계되는 주요한 헌법사항이어서, 이를 법률로 변경할 수 없다.

> **국가보안법 합헌결정** 헌법재판소는 국가보안법에 대하여 죄형법정주의의 명확성원칙, 표현, 양심의 자유 등에 의하여(헌재 2015.4.30. 2012헌바95 · 261등) **제6조제2항**(헌재 2002.4.25. 99헌바27등), **제7조제1항**(헌재 1990.4.2. 89헌가113; 1990.6.25. 90헌가11; 1992.1.28. 89헌가8)**에 대한 한정합헌결정 및 개정법**(1991.5.31.) **합헌결정**(헌재 2004.8.26. 2003헌바85; 2002.4.25. 99헌바27등; 1999.4.29. 98헌바66등; 1997.1.16. 92헌바6등; 1996.10.4. 95헌가2), **제8조제1항 합헌결정**(헌재 1997.1.16. 92헌바6등; 2002.4.25. 99헌바27; 2003.5.15. 2000헌바66), **'제4조**(목적수행)**' 부분에 한정한 합헌결정**(헌재 2014.9.25. 2011헌바358), **제9조제2항 한정합헌결정**(헌재 1992.4.14. 90헌바23)('이 법의 죄를 범하거나 범하려는 자' 부분이 국가의 안전에 직접 관계있는 범죄로 축소되어 '이 법 제3조 내지 제8조의 죄를 범하거나 범하려는 자'로 개정(1991.5.31)) **등이다**(대법원 1994.9.9. 94도135; 1993.2.9. 92도1711 참조).■
>
> ■ 국가보안법의 각 규정의 헌법재판소 합헌결정의 이유는, '이적행위'는 수범자 입장에서 충분히 예측가능할 정도로 국가의 존립 · 안전이나 자유민주적 기본질서를 위태롭게 할 위험성을 지닌 것이 명백하므로, 확대해석이나 자의적 판단이 허용된다 보기 어렵다. '찬양', '고무', '선전', '동조'의 의미도 죄형법정주의 명확성원칙에 위배되지 않는다. '이적행위' 조항은 1991년 개정되어 "국가의 존립 · 안전이나 자유민주적 기본질서를 위태롭게 한다는 정을 알면서"라는 초과주관적 구성요건이 추가됨으로써, 그 적용범위가 실질적 해악을 미칠 위험성이 명백한 행위로 제한되었으므로, 우리나라가 처한 특수한 안보현실에 비추어 볼 때, 구체적 위험이 현존하지는 않더라도 그 위험성이 명백한 단계에서 이적행위규제는 표현의 자유의 지나친 제한이 아니다.' '이적단체가입 조항'은 표현의 자유, 결사의 자유를 침해하지 아니한다. '이적표현물 조항'은 죄형법정주의 명확성 원칙에 위배되지 아니하며 소지 · 취득행위를 제작 · 반포 등의 행위와 함께 같은 법정형으로 처벌하는 것은 형벌과 책임 간 비례원칙에 위배되지 않고, 표현 및 양심의 자유를 침해하지 않는다. '편의제공죄'에 입법정책상 죄를 범하려는 자를 포함시켜야 범행을 사전에 차단할 수 있기에 적용범위가 지나치게 광범위하다 할 수 없다. '기타의 방법으로 편의를 제공한 경우'는 본범에 열거된 행위를 제외한 모든 방법으로 하는 일체의 편의제공으로서 건전한 상식과 통상적 법감정을 가진 사람이라면 충분히 알 수 있어, 의미 자체가 모호하다거나 불명확하다 볼 수 없다. '편의제공행위의 처벌대상'은 국가의 존립 · 안전이나 자유민주적 기본질서에 실질적 해악을 미칠 구체적이고 명백한 위험성이 있는 경우로 제한되어 죄형법정주의 명확성 원칙에 위배된다 할 수 없다.

3.3 헌법 제3조의 영토조항과 북한

북한은 대한민국의 영토고권이 미치는 지역이나 북한정권이 불법점거한 미수복지역이어서, 대한민국 경찰권이 현실화되지 않을 뿐, 북한의 영토가 아니다. 북한지역에 경찰력을 미치는 조선민주주의인민공화국北韓 · 北傀이라는 사실상 정치세력(political regime de facto)은 합법정부의 국가로서는 정통성이 부인되는 반국가단체이다. 대한민국에 대하여 이른바 조선민주주의인민공화국은 대한민국과 체제·이념·무력 등을 달리하면서, 군사분계선이북지역을 사실상 점거하여, 대한민국의 법질서·국가권력의 실효성을 사실상의 통치체제로 한정시켜, 대한민국과 북한은 한민족공동체 내부의 통일지향과정에서 잠정적으로 형성된 특수관계가 된다. '남북사이의화해와불가침및교류협력에관한합의서'(1991.12.31. 제5차 남북고위급회담 채택, 1992.2.19. 발효)는 당국간 합의로 남북당국의 성의 있는 이행을 상호약속하는 일종의 공동성명 또는 신사협정에 준하는 공동 합의문서로서(헌재 1997.1.16. 92헌바6등), 법적 구속력이 없다. 국가간 조약 또는 이에 준하는 것으로도 볼 수 없다. 국내법과 동일한 효력이 인정되는 것도 아니다(대법원 1999.7.23. 98두14525). 법률도 아니다(헌재 2000.7.20. 98헌바63). '북한이탈주민의보호및정착지원에관한법률'은 군사분계선이남지역을 '남한'(제19조), 군사분계선이북지역을 '북한'(제1조)으로 칭한다('남북교류협력에관한법률'(제1조), '출입국관리법'(제93조 제1항), '재외국민취적·호적정정및호적정리에관한임시특례법' 등에서도 같다).

[三] 국민·영토의 통일국가

1. 헌법의 통일국가

대한국민은 조국의 평화적 통일의 사명에 입각하여 민족의 단결을 공고히 하고, 항구적인 세계평화와 인류공영에 이바지함으로써 우리들과 우리들의 자손의 안전과 자유와 행복을 영원히 확보할 것을 다짐한다(전문). 대한민국은 국제평화의 유지에 노력하고 침략적 전쟁을 부인한다(제5조 제1항). 국군은 국가의 안전보장과 국토방위의 신성한 의무수행을 사명으로 한다(제2항). 대통령은 국가를 대표하여(제66조 제4항) 평화적 통일(제4공화국헌법 전문, 제43조 제3항, 제46조에서 처음 규정)의 성실한 의무를 지고(제3항), 취임시에 이를 선서한다(제69조). 평화통일의 역사적 사명의 주체는 한민족이 아닌 규범적 개념으로서의 대한민국 국민이다(전문, 제1조 제2항). 헌법 제4조 통일조항은 국민의 국가통합의무를 선언하는 규정이므로, 국민으로 하여금 이를 근거로 국가기관에 통일에 관련한 구체적 행위를 요구하거나 스스로 일정 행동을 할 수 있는 기본권적 권리를 도출하는 것은 아니다(헌재 2000.7.20. 98헌바63).

2. 단일의 통일국가

단일의 통일국가는 통일에 의하는 국가가 연방국가 등의 복합국가가 아니라 단독국가로서의 통일국가를 의미한다. 단일의 통일국가에 의하여 대한민국의 헌법질서는 북한지역을 규범적으로 동질화시킨다. 헌법은 국민국가의 규범이지 민족국가의 규범이 아니다. 통일은 하나의 민족이 아니라 하나의 국가가 되는 것이다. 통일은 북한지역을 불법적으로 사실상 지배하는 점거단체인 북한정권을 대한민국의 자유민주적 주권질서에 복귀시키는 국민주권적 통합이다(제1조 제2항). 통일국가는 북한지역의 이질적 규범질서를 대한민국에 평화적으로 복귀시켜 자유민주주의·시장경제질서·입헌법치국가의 헌법질서를 형성한다. 자유민주적 기본질서(전문, 제4조, 제8조 제4항 등), 복수정당제(제8조 제1항), 사소유권(제23조 제1항) 등 대한민국의 헌법질서에 인민민주주의 일당독재, 생산수단국유의 사회주의경제체제가 귀속되는 것이다. 방식은 단일 민주공화국의 통합이다(제1조 제1항). 인민민주주의 일당독재의 이질적 법질서가 병존하는 국가연합 통일이나 연방국가 통일은 헌법질서에 반한다. 북한지역을 사실상 점거·관할하는 북한정권을 독립한 주권국가라 한다면, 한국헌법은 대한민국과 별개의 국가인 북한의 의사를 묻지 않는 일방적 당위의 통일을 규정하여 북한의 대내외적 독립성을 침해하는 결과가 되어서 침략전쟁을 부인하는 한국헌법의 평화국가 원칙에 위배된다. 같은 민족이기에 그렇다면, 헌법의 국민국가에 배치되는 민족국가를 받아들이라 하는 위헌적 통합이다. 민족에 의한 차별을 부인하는 인종차별철폐조약의 국제규범에도 반한다. 헌법의 평화통일 규정은 결국 통일국가는 한반도에서 유일한 합법국가인 대한민국에 사실상 정권인 북한이 통합되는 것을 말한다. 그런 점에서 통일국가는 항상 단일국가이어야 한다. 독립한 둘 이상의 국가를 전제로 하는 통합인 연방국가로의 통일은 인정되지 않는다.

3. 영토의 통일국가

3.1 영토의 통일국가의 의의

영토의 통일국가는 대한민국의 영토(제3조)가 통일의 헌법규정(헌법전문, 제4조)에 따라서 통치권을 회복하는 주권국가(제1조 제2항 참조)로의 통일이다. 헌법의 규범조화적 해석상, 통일은 대한민국국민이 군사분계선 이북지역(북한지역)을 불법적으로 점거하는 단체의 미수복지역에 통치권인 경찰력을 회복하여 대한민국의 영토로 현실화하여 이북지역을 대한민국의 주권적 질서에 복귀시키는 것이다. 즉 북한지역에 대한 대한민국의 잠재적 주권 지배를 현재화顯在化하는 영토의 통합국가이다. 통일국가는 북한정권을 찬양·고무·동조하거나 이적표현물을 소지·운반하는 등의 행위를 처벌하는 '국가보안법'과, 북한을 사실상 존재하는 정치적 실체로 보아 교류할 수 있다고 보는 '남북교류협력에관한법률'을 병존케 한다. 북한은 평화적 통일을 위한 대화와 협력의 동반자이면서 한국의 자유민주체제에 위협을 가할 우려가 큰 반국가단체의 성격을 동시에 갖는다. 한국과 북한은 휴전상태에서 군사적·정치적으로 대치하고, 북한은 적대적 태도를 가지고 핵무기개발 등 도발을 계속함으로 인한 특수한 긴장상황에서 국가의 존립과 안전, 대한민국의 헌법질서를 위태롭게 할 우려가 있는 행위의 사전적 방지의 필요성은 매우 크다. 그 규범적 방어가 국가보안법 등의 국헌수호적 법률이라고 할 것이다.

통일국가의 국가보안법 반국가단체에 대해 '찬양 등을 한 자' 또는 '반포한 자'의 징역형 처벌을 정한 국가보안법 조항들은 "국가의 존립·안전이나 자유민주적 기본질서를 위태롭게 한다는 정을 알면서"라는 초과 주관적 구성요건을 두고 있어, 국가의 존립·안전이나 자유민주적 기본질서에 실질적 해악을 미칠 위험성이 명백한 행위만 처벌대상에 포함되기에, 헌법에 위반되지 아니한다. 또한 이적표현물 소지행위만으로도 그 표현물의 이적내용이 전파될 가능성을 배제하기 어렵고, 특히 최근 늘어나고 있는 전자매체 형식의 표현물들은 실시간으로 다수에게 반포가 가능하고 소지한 사람의 의사와 무관하게 전파, 유통될 가능성도 배제할 수 없으므로, 이적표현물을 소지하는 행위가 지니는 위험성이 이를 반포하는 행위에 비해 결코 적다고 보기 어렵기에, '소지한 자'를 징역형으로 처벌하도록 정한 국가보안법 조항도 헌법에 위반되지 않는다(헌재 2015.4.30. 2012헌바95등). 이에 더하여 국가보안법상 '찬양 등을 한 자' 또는 '반포한 자'가 국가기관을 구성하는 등 사회적으로 영향력을 행사할 수 있는 지위에 오르거나 그 지위를 유지하여, 재차 이적 찬양 등의 행위 및 이적표현물 반포행위를 한다면, 국가의 존립·안전이나 자유민주적 기본질서에 실질적 해악을 미칠 위험성은 더 커질 우려가 있다. 그러기에 '찬양 등 및 반포' 부분에 의하여 자격정지가 병과되는 경우 형법 제44조에 의하여 일정자격이 정지되는 불이익이 발생할 수 있으나, 국가안전보장, 자유민주적 기본질서 보호, 국가 및 공직사회에 대한 신뢰성 확보라는 목적을 고려했을 때, 책임과 형벌 간의 비례원칙에 위반된다고 볼 수 없다(헌재 2018.3.29. 2016헌바361).

3.2 영토의 통일국가와 헌법

통일국가는 대한민국국민이 주체가 되어 자유민주주의·시장경제질서·입헌법치주의의 헌법이념에 기초하는 자유민주적 기본질서의 법치국가적 통합국가이다. 통일국가는 한민족의 민족통합국가도 아니고 북한을 국가로 보는 국가통합적 국가도 아니다. 대한민국이 한반도의 유일합법정부이며 그 주권적 권력은 한반도전역에 미치되, 다만 국가의 분단상태라는 역사적·장소적 한계로 미수복지역인 군사분계선인 북위 38도선 이북지역인 북한지역에 대한 권력의 현재적顯在的 행사가 제한되기에, 대한민국의 법과 권력이 규범적·잠재적으로만 미치는 상태를 영토 차원에서 복구코자 하는 것이 통일의 헌법 및 법규범적 의미다. 그것이 통일국가의 규범을 이룬다.

3.3 영토의 통일국가와 규범

영토의 통일국가 규범으로서, '남북교류협력에관한법률'은 군사분계선 이남지역과 이북지역간 상호교류와 협력촉진을 목적으로(제1조) 남한과 북한과의 왕래·교역·협력사업 및 통신역무 제공 등 남북교류와 협력을 목적으로 하는 행위에 관하여는 정당하다고 인정되는 범위 안에서 다른 법률에 우선하여 적용된다(제3조). 이 법의 남북간 교류·협력 지원을 위하여 제정한 남북협력기금법이 있다. 민족자존을위한7·7선언(1988. 7.7.), 남북한UN동시가입(1991. 9.17.), 남북사이의화해와불가침및교류협력에관한합의서(1992. 2.19.) 등의 실체적 규범도 가능하다(헌재 1990.4.2 89헌가113; 2000.7.20. 98헌바63. 대법원 1999.7.23. 98두14525).

북한인권법 북한인권법은 북한주민의 인권 보호 및 증진을 위하여 유엔 세계인권선언 등 국제인권규약에 규정된 자유권 및 생존권을 추구함으로써 북한주민의 인권 보호 및 증진에 기여함이 목적이다(제1조 2016.3.3.). 국가는 '북한인권증진' 즉 북한주민이 인간으로서의 존엄과 가치를 가지며 행복을 추구할 권리가 있음을 확인하여야 한다(제2조 제1항). 이때 남북교류협력에관한법률, 남북협력기금법, 남북관계발전에관한법률에 특별한 규정이 있는 경우를 제외하고는 이 법에서 정하는 바에 따른다(제4조).

Ⅲ. 대한민국의 국제관계와 평화국가

[一] 헌법질서와 국제법

1. 국제법의 본질

1.1 국제법과 헌법질서

1.1.1 국제법의 의의

국제법은 주권국가 간 관계를 규율하는 근대국가의 규범이다. 국가의 국제법상 행위는 조약과 국제관습법 등의 국제법으로 실현된다. 국제법주체인 국가는 정치적으로 조직되고 법적으로 인식된 영토적·인적 단체인 법인국가로서 국제법관계의 주체가 되는 당사자이다. 국제법 규범은, 국내적 사회를 전제로 하는 국가의 법규범이 아니라 국제사회를 전제로 하는 국가간 규범이므로, 그 법칙규범성과 당위규범성 외에 강제규범성과 법실현의 규범적 근거로서 국가의사설, 규범설, 자연법설 등이 있다. 국제법규범의 강제규범성의 근거에 대한 국가의사설은 주권국가 스스로의 의사와 다른 국가의 自意의 合意에서 나오는 공동의사에서 강제규범성의 근거를 구하거나 또는 국제사회구성원의 묵시적 동의에 따른 일반화한 동의에서도 국제법준수의무를 찾는다. 규범설은 국제법의 강제규범성의 근거는 국제법의 규범 자체 특히 국제법규범의 원천인 근본규범*Grundnorm*에 궁극적 근거가 있고(H.Kelsen, Reine Rechtslehre), 국제법규범의 근본규범은 '약속은 지켜져야 한다'*pacta sunt servanada*를 근거로 한다. 자연법설은 국제법규범의 강제규범성은 국가의 의사, 근본규범 이전에 증명을 요하지 아니하는 기본명제인 公理로서의 신성 또는 이성적 질서에서 찾는다. 국제법의 강제규범성은 법의 당위규범성의 본질이 의사소통공동체인 사회에 있는 것과 같이 국제사회 자체가 갖는 의사소통공동체로서의 성격에서 이를 구할 수도 있다.

국제법과 국가주권의 자기제한 국제법의 규범성 근거인 국가주권의 자기제한으로서, 칠레의 살바도르 아엔데(Salvador Allende)정부를 Coup d'État*1978.9.11.*로 무너뜨리고 고문·살인 등 반인륜범죄를 자행한 피놋체트*Pinochet* 퇴임*1998.10.16.* 후 영국체재 중, 자국 실종자를 가진 스페인은 피놋체트를 살인 등 혐의로 체포·인도할 것을 European Convention on Extradition(1957)에 근거하여 영국정부에 요청하였고, 영국최고법원 House of Lords귀족원은, 피노체트가 국가원수의 기능에 속한 행위에 대한 책임면제특권을 향유하나 반인륜범죄에는 국가주권이 제한되어 책임이 면제되는 특권으로 볼 수 없다 하여*1999.3.24.*, Home Secretary내무성은 피노쳇트를 체포했으나, 건강을 이유로 석방되어 스페인으로 송환되지 않고 2000년 3월 칠레로 돌아갔다.

1.1.2 국제법의 法源

국제법은 다수의 주권국가를 전제로 성립하는 규범이다. 국가는 臣民*subject*에 대한 최고권력에서 연유하는 국가주권을 가지며*J.Bodin*, 국가주권의 내면은 자치이고 외면은 독립이기에*Vatel*, 주권국가는 다른 국가의 법질서에 속하지 않는 자주적 공동체로서 국제법에 의해서 국제사회라는 법적 공동체에 결합된다. 국내법체계와 달리 국제법에는 중앙입법기관이 존재하지 않으며 국제법 일반규범은 국가간 합의에 의해서만 가능하다. 국제사법재판소의 재판관할권도 양당사자의 합의에 의하는 것이므로 강제적 재판관할권은 존재하지 않는다. 물론 유엔 안전보장이사회 같이 일방적으로 소집되고 직권으로 개입할 수 있는 권한을 갖는 경우도 있다. 국제법 法源은 헌법 제6조 제1항 '조약과 일반적으로 승인된 국제법규는 국내법과 같은 효력을 갖는다'에 따른 '국제연합헌장 및 국제사법재판소규정'

(Charter of the United Nations and Statute of the International Court of Justice (UN, ICJ)) 제38조('1. 재판소는 재판소에 회부된 분쟁을 국제법에 따라 재판하는 것을 임무로 하며, 다음(가. 분쟁국에 의하여 명백히 인정된 규칙을 확립하고 있는 일반적인 또는 특별한 국제협약 나. 법으로 수락된 일반관행의 증거로서의 국제관습 다. 문명국에 의하여 인정된 법의 일반원칙 라. 법칙결정의 보조수단으로서의 사법판결 및 제국의 가장 우수한 국제법학자의 학설. 다만, 제59조의 규정에 따를 것을 조건으로 한다)을 적용한다. 이 규정은 당사자가 합의하는 경우에 재판소가 형평과 선에 따라 재판하는 권한을 해하지 아니한다')에 의하면 국제협약, 국제관습, 문명국에 의하여 승인된 법의 일반원칙, 사법판결, 諸國의 가장 우수한 국제법학자의 학설, 형평과 선 등의 조리 등이다.

1.1.3 헌법질서에서의 국제법과 국내법

헌법 제6조 제1항 '헌법에 의하여 체결·공포된 조약과 일반적으로 승인된 국제법규는 국내법과 같은 효력을 가진다', 제2항 '외국인은 국제법과 조약이 정하는 바에 의하여 그 지위가 보장된다' 함은 국가간 합의에 의한 국가의사의 대외적 표현인 국제법과 국가의사의 대내적 표현인 국내법이 헌법을 정점으로 하는 통일적 법질서의 위계와 효력을 지닌 단일적 규범체계로서 국가의 헌법질서에 포섭된다는 헌법적 의의를 정한 규정이다. 규범의 단계구조에 따른 규범체계는 법에 대한 도덕에서와 같은 독립관계, 헌법에 대한 법률의 관계인 상하관계, 법률간 관계에서와 같은 동위관계 등이 있다. 헌법질서에서의 국내법과 국제법과의 관계는 그 *法源*·규범제정절차·적용대상에 따라서 구분되는 국제법·국내법의 이원성을 전제로 성립·존속한다.

1.2 국제법과 헌법질서의 포섭

1.2.1 국제법·국내법의 이원성

국내법과 국제법은 행위를 규율하고 구속하는 법규범으로서, 국내법은 주권국가의 국가내부관계에서 국가·개인간, 개인간 관계를 적용대상으로 단일 입법자의 단독의 의사에 의한 제정법 또는 관습법으로서 형성되며, 한편 국제법은 개별국가의 독립·자율성을 전제로 주권국가의 다자간 의사의 합치로 제정되는 조약 또는 일반적으로 승인된 국제법규 등으로 형성된다. 국내법·국제법은 주권국가의 독자성으로 제정된 헌법질서를 전제로 *法源*, 제정절차, 적용대상인 수범자, 실효성 등에서 이원적 법질서로 병존하며, 한 국가의 국제법준수는 국가주권의 자기제한성에 따른 자신의 의사에 스스로 복종하는 것 즉 헌법상 국제법존중의 원칙에 근거한다.

국제법과 국내법 국제법·국내법이 통일된 법질서의 구성부분인가 분리된 법질서이냐의 여부가 국제법과 국내법의 관계에 대한 일원론과 이원론이다. 일원론은 통일적 법세계를 전제로 국제법질서와 국내법질서를 서로 관계되는 포괄적 법체계의 일부분으로 본다. 국내법 우위의 일원론은, '국내법이 국제법을 깨뜨린다' 하는 옐리네크*G.Jellinek*의 자기구속설, 트리펠*H.Triepel*의 공동의사설 등에 의하여, 국제법은 독립국가간의 규범이 아니라 주권국가의 자기제한에 따라서 국내법으로 승인되며 국가의사에서 나오는 대외적 국가법이라 하여 국제법의 독자성을 부인한다. 국제법우위의 일원론은, 국제법 규범은 국내법에 우선하고 국내법은 국제법에 근거하는 포괄적 국제법질서의 부분질서라 한다. '국제법이 국내법을 깨뜨린다'는 켈젠*H.Kelsen*의 논거에 따라서 국가간 관계에 국제법이 통일적 법질서로서 적용된다 하며, 국제법은 국가를 정의하고 국가의 성립소멸의 법적 요건을 규정하여 국가의 공간적·인적·물적 권한을 결정한다 하면서, 독립한 주권국가로서의 헌법질서에 따른 국내법의 독자성을 부인한다. 이원론은 국제법질서와 국내법 질서는 서로 상이한 *法源*을 가지면서 독립하여 존재하기에 국제법·국내법 질서를 포괄하는 통일적 법세계의 법질서는 존재하지 않으며, 법단계구조의 관계에서 국내법은 헌법을 최고규범으로 하는 법질서이고, 국제법은 근본규범 'Pacta sunt servanda'(약속은 준수되어야 한다)에 따른 독자적 법질서에 해당한다.

H.Kelsen, *General Theory of Law and State*, 1949, p.369f., 373.; derselbe, *Principles of International Law*, 1952, pp.403f., 424f.; ders., *Das Problem der Souveränität und Theorie des Völkerrechts*, 2te Aufl., 1928.

1.2.2 국제법의 헌법질서로의 규범적 포섭

국제법은 국내법인 헌법의 최고성에 포섭되면서 국내법으로 전환되어 적용된다. 헌법 제6조 제1항 '헌법에 의하여 체결·공포된 조약과 일반적으로 승인된 국제법규는 국내법과 같은 효력을 가진다'

함은 대한민국이 조약과 국제법규 등의 국제법이 국내법과 같은 효력을 갖는다 하는 국제법 존중주의의 의미이지 국제법이 국내법에 우선한다는 것은 아니다(헌재 2001.4.26. 99헌가13). 법질서의 상호수용에 의하여 이루어지는 통일적 국제법 규범질서에서, 국제법이 헌법질서를 정점으로 하는 국내법 체계에 타당하게 적용되도록 채택*adaptation* · 변형*transformation* · 집행*execution*되는 등으로 수용*acceptance*되어 국내법에 포섭되면, 그 같은 국제법규범에 대해서는 국내법으로서 규범적 효력을 인정한다는 의미이다(헌재 1999.4.29. 97헌가14). 국제법의 국내법적 채택은 국제법규범의 유효한 적용에 국가의 국내법적 집행행위를 요하지 않는 규범적 포섭이다. 국제법규범은 국내법으로의 변형 없이 국제법 자체가 직접적으로 국내법에 포섭되어 국가기관인 행정기관이나 법원에 의하여 유효하게 적용된다. 국제법의 채택은 국제법 · 국내법 일원론에 의하여 그 타당성이 설명될 수 있다. 국제법의 국내법적 변형은 국제법규범은 그 자체로서는 국내법관계에 적용될 수 없고, 국내법규범으로의 변형이 이루어져야 국내에서 유효하게 적용된다. 변형은 국제법규범과 같은 내용의 국내법을 제정하지만, 국제법규범과 국내법규범은 국제법 · 국내법 이원론에 따라서 그 발효 · 효력 · 해석 · 종료에 있어서 구분된다. 국제법의 국내법적 집행은 국제법규범이 그 성격을 유지하면서 국내에서 구속성을 갖는 것으로서, 국내의 법적용기관의 국제법규범에 대한 집행행위의 법률행위에 의하여 국내법질서 내에서 국제법규범을 적용할 수 있는 권한을 부여받아서 유효하게 적용될 수 있으며, 국제법 · 국내법 일원론에 의하여 타당성이 설명된다.

국제법의 국내법적 채택 국제법의 국내법적 채택의 근거를 영미법계인 영국에서는 '국제법은 국내법의 일부분'*International Law is part of the law of the land*(Blackstone, *Commentarie on the Law of England*, 1765)이라 하며, 미합중국헌법 제6조 제2문(미합중국헌법에 준거하여 제정되는 합중국의 법률 그리고 합중국의 권한에 의하여 체결되었거나 체결될 모든 조약은 이 국가의 최고의 법이다. This Constitution, and the Laws of the United States which shall be made in Pursuance thereof; and all Treaties made, or which shall be made, under the Authority of the United States, shall be the supreme Law of the Land; and the Judges in every State shall be bound thereby, any Thing in the Constitution or Laws of any State to the Contrary notwithstanding)에서는, 조약은 국가의 최고의 법*the Supreme Law of the Land*이며, 그 내용에서 국내적 적용에 적절한 경우에는*self-executing treaties* 미국의 법에 의하여 특별한 절차 없이 직접적용된다 한다.

1.2.3 국제법의 국내법적 효력으로의 전환

국제법으로서 조약은 헌법이 정하는 절차에 따라서 체결되어 체약締約당사국을 구속하는 국제법적 효력 및 헌법질서에 수용되는 국내법질서로의 규범적 전환에 의하여 국민을 구속하는 국내법적 효력을 갖는다. 조약의 국내법적 효력은 헌법보다 상위이거나(네덜란드) 동위(오스트리아), 헌법보다 하위이나 법률보다 우위이거나(독일·프랑스 등) 동위(미합중국헌법 제6조 제2항, The Paquete Habana, 국제연합헌장, 국제인권규약 등), 헌법이나 법률보다 하위(영국, Mortensen v. Peters Case, 1906 등) 등의 각 국가의 실정법체계에 따르는 효력을 갖는다. 조약이 국내법 수용의 절차를 명백히 위반하면 그 국제법적 효력은 부인하지 못하나 국내에서는 효력이 없는 상대적 무효가 되며(조약법에관한Vienna 협약 1969년 제46조), 어느 당사국도 조약 불이행을 정당화하기 위해 자국 국내법을 원용할 수 없다(제27조). 국제법과 다른 내용의 국내법을 제정하는 국가의 행위에 대해서는 책임발생원인이 되어 국제법상 책임을 면치 못한다(Case Concerning Certain German Interests in Polish Upper Silesia, PCIJ, 1926). 상설국제사법재판소*PCIJ*는 '국가는 국제의무를 회피하기 위해 자국 또는 타국의 헌법을 원용할 수 없다'(Free Zones of Uppe Savoy and the District of Gex, PCIJ, 1932), '국제법적 의무를 준수 · 이행하기 위해 자국 국내법을 개정 내지 입법할 필요가 있다'(The Exchange of Greek and Turkish Population, PCIJ, 1925), '국내법원 판결은 국제법원 판결을 무효로 할 수 없다'(The Chorzow Factory Case, PCIJ, 1927) 하여 국제법의 국내법적 관계를 규정한다.

헌법의 국제법 전환 개정교토협약은 헌법적 효력이 없어서 위헌성심사의 척도가 되지 않고 내용상 충돌하지도 않기에 이 사건 법률은 국제법존중주의에 반하지 않는다(헌재 2015.6.25. 2013헌바193). 체약국인 취항예정국가의 요구가 있는 경우 항공운송사업자의 추가보안검색 실시를 정한 '국가항공보안계획' 규정은 위헌이 아니다(항공기안전사고와 항공기 이용 테러위협이 커지는 상황에서 이미 출국수속과정에서 일반적인 보안검색을 마친 승객을 상대로 촉수검색(patdown) 같은 추가적 보안검색실시를 예정하는 것이어서 헌법상 법률유보원칙 및 과잉금지원칙에 위배되지 아니하여 탑승객의 인격권 및 신체의 자유를 침해하지 아니한다)(헌재 2018.2.22. 2016헌마780).

1.3 국제법 – 일반적으로 승인된 국제법규

1.3.1 일반적으로 승인된 국제법규의 의의

일반적으로 승인된 국제법규는 대한민국이 체약당사자가 아닌 조약이라도 헌법정신의 존중과 국제사회의 관계법규 등을 고려하여(헌재 1992.4.28. 90헌바27등), 세계 대다수 국가가 승인하여 보편화 · 일반화된 효력을 지닌 규범으로서 이해되면 국회의 동의 등의 절차를 요하지 않고도 국내법과 같은 효력을 지닌다(헌법 제6조 제1항) 하는 것이다. 일반적으로 승인된 국제법규는 헌법 하위 규범으로서의 효력을 가지며, 그 각 규범의 단계에 따라서 법률 또는 명령 등의 효력과 동위의 규범적 위계와 효력을 갖는다. 일반적으로 승인된 국제법규에는 성문국제법(UN헌장, 국제사법재판소 ICJ규정, 국제인권규약 등), 불문국제관습법(외교사절의 국제법상 지위, 전쟁법 일반원칙, 소수민족의 권리 등), 일반적 규범원칙(집단학살genocide금지협정, 포로에 관한 제네바협정, 不戰조약 등) 등이 있다.

일반적으로 승인된 국제법규의 규범적 효력 강제노동폐지에 관한 국제노동기구*ILO* 제105호 조약은 일반적으로 승인된 국제법규로서 헌법적 효력을 갖는 것이라 볼 만한 근거가 없다(헌재 1998.7.16. 97헌바23). 국제통화기금협정, 전문기구의특권과면제에관한협약 등은 가입국의 재판권 면제에 관하여 성질상 국내에 바로 적용될 수 있는 법규범으로서 위헌법률심판의 대상이 된다(헌재 2001.9.27. 2000헌바20). '기업의근로자대표에게제공되는보호및편의에관한협약'(국제노동기구협약 제135호 1971년 국제노동기구 채택)은 2002.12.27. 우리나라도 비준하여 발효되었으므로, 국내법과 마찬가지로 이를 준수할 의무가 있다. 이 밖에 '고문 및 그 밖의 잔혹한 비인도적 또는 굴욕적 대우나 처벌의 방지에 관한 협약'(고문방지협약 1995.1.9.), '여성에 대한 모든 형태의 차별철폐에 관한 협약'*(Convention on the Elimination of All Forms of Discrimination against Women 1985.1.7. 조약 제855호)* 등이 있다. 반면, 국제노동기구 산하 결사의 자유위원회의 권고는 국내법과 같은 효력이 있거나 일반적으로 승인된 국제법규라 볼 수 없다(헌재 2014.5.29. 2010헌마606).

1.3.2 일반적으로 승인된 국제법규의 승인

일반적으로 승인된 국제법규의 판단의 기준과 주체, 예컨대 민 · 형사 소송과정에 국제법규가 적용되어야 할 규범에 해당하는가 여부에 관한 규정을 헌법은 두고 있지 않다. 일반적으로는 당해 쟁송의 담당법원이 이를 확인할 제1차적 권한을 갖고 최종적으로는 대법원에 있으며, 일반적으로 승인된 국제법규가 헌법에 위반하느냐에 대한 최종 판단권은 헌법재판소가 지닌다.

1.3.3 일반적으로 승인된 국제법규의 양태

일반적으로 승인된 국제법규로서 제2차세계대전 후 국제연합헌장(Charter of the United Nations 1945.10.24.), 세계인권선언(1948.12.10.) 등은 법적 구속력이 미비되어 법규로서 기능하지 못하였기에, UN인권위원회는 법적 구속력 있는 국제법규로서 국제인권규약(1966.12.19. 국제연합 제21차총회 의결), 유럽인권규약(1950.11.4. 채택 1953.9.30. 효력) 등을 제정한다. 한국은 이에 가입하여, 국제인권규약 A규약은 유보조항 없이, B규약은 유보조항 하에 (UN사무총장에 1990.4.10. 기탁한 3개월 후인 7.10.부터)발효, 상급법원심사권(제14조 제5항은 헌법 제110조 제4항 비상계엄하 군사재판 단심제에 충돌), 노무직 아닌 공무원 · 사립학교교원 집단행동(제22조 제1항, 사립학교교원 노동행위 위헌결정과 부조화 헌재 1991.7.22. 89헌가106) 외에는 한국에서의 사법적 실효성을 갖는다. 세계인권선언*Universal Declaration of Human Rights 1948.12.10.* 30조는 인간으로서의 권리[제3조~제11조 생명권, 노예적 구속 배제권, 국제적 평등보호청구권(제2조), 합법적 침해구제권 등], 시민적 · 정치적 권리[제12조~제17조 망명자보호청구권(제14조), 추방을 받지 아니할 권리(제15조) 등], 정신적 · 표현적 권리[제18조-제21조 언론, 정보입수의 자유(제19조), 사상, 양심, 종교 등], 경제적 · 사회적 권리[제22조~제27조], 사회에 대한 개인의 의무, 유엔의 목적에 반하는 권리 행사금지 조항 등으로 구성되어 있다. 세계인권선언은 법적 구속력은 없으나, 국제노동기구의 강제노동폐지조약1957년, 모든 형태의 인종차별 배제의 국제조약(1963.11.20 UN총회결의 제1904호(XVIII)선포) 등의 지도원칙이 되어 국내의 판결에서도 원용된다.

국제인권규약 국제인권규약(*International Covenant on Human Rights*)은 A규약(*International Covenant on Economic, Social and Cultural Rights:ICESCR 1976.1.3.발효*(주로 생존권))인 '경제적 · 사회적 · 문화적 권리에 관한 국제규약', B규약(*International Covenant on Civil and Political Rights:ICCPR 1976.3.23.발효*(주로 자유권))인 '시민적 · 정치적 권리에 관한 국제규약', 'B규약선택의정서'(*optional protocol1976.3.23.발효*) 등으로 구성되었다. B규약선택의정서에 따른 자유권규약위원회*Human Rights Committee*의 개인통보*Communication* 접수 · 심리의 권한이 인정되고 대한민국국민이 제기한 개인통보에 대한 위원회의 견해*Views*는 존중되나, 이 견해에 사법적 판결이나 결정과 같은 법적 구속력이 인정된다 단정하기 어렵고, 입법자가 견해의 구체적 내용에 구속되어 그 모든 내용을 그대로 따라야만 하는 의무를 부담한다 볼 수 없다(헌재 2018.7.26. 2011헌마306등). B규약 제14조 제5항 '유죄판결을 받은 모든 사람은 법에 따라 그 판결 및 형벌에 대하여 상급법원의 심사를 받을 권리를 가진다.' 함은 헌법 제110조 제4항, 군사법원법 제534조(특례규정)에 상치되어 적용유보하였다. 제21조 국가간 문제제기권, 제22조 개인청원권(어느 나라든 자국 공무원에 의해 자행되는 고문을 국제사회에 호소하여 유엔고문방지위원회에 조사토록 하는 권리) 등도 유보되었다. 반면, 제4조는 비상사태시 규약상 의무이탈조치를 허용하고 있어 국내법규범과 상치되는 것은 아니다.

2. 국제법의 法源

2.1 조약, 국제관습법, 기타의 법원

2.1.1 조 약

조약*Treaty, Staatsvertrag*은 국가, 국제기구, 사실상통치체(Stabilisierte de facto Regime) 등의 국제법주체가 국제법상 규율에 따라서 국민의 권리의무 · 국가의 권력사항 등의 실체적 내용을 주권적으로*iure imperii* 체결하여 법률효과를 발생케 하는 국제적 합의이다(헌재 2008.3.27. 2006헌라4). 조약은 체약당사국의 서면의 문서교환, 구두(헌재 1999.4.29. 97헌가14 참조)의 명시 또는 묵시의 의사의 합치에 의하는 국제적 합의의 협정*Agreement*, 협약*convention*, 규약*covenant*이다(합의각서*memorandum of agreement*, 합의의사록*agreed minutes*, 합의양해사항*agreed understandings*, 교환각서*exchange of notes*, 교환서한*exchange of letters*, 회의의정서*act*, 의정서*protocol*, 공동성명*joint communique*, 선언*declaration*, 헌장 *charter*). '대한민국과 아메리카합중국간의 상호방위조약 제4조에 의한 시설과 구역 및 대한민국에서의 합중국 군대의 지위에 관한 협정'(*Agreement under Article IV of the Mutual Defense Treaty between the Republic of Korea and the United States of America, regarding Facilities and Areas and the Status of United States Armed Forces in the Republic of Korea: SOFA*), '대한민국과 미합중국 간의 자유무역협정'(*Free Trade Agreement between the Republic of Korea and the United States of America* 한 · 미FTA) 등이 그 예이다. 대한민국 건국 후 체결한 양자조약은 2,607개(2019.10. 현재 2,365건 유효), 다자조약은 711건(2019.10. 현재 630건 유효)이다. 체약당사국간 합의 없는 문서 교환의 외교적 행위 즉 구술 설명한 것을 복사하여 전달하는 구술서口述書 · 구상서口上書, 요약하여 전달하는 비망록備忘錄, 구술 설명한 바 없이 일방적 입장만 전달하는 단순 각서覺書*memorandum* 등은 조약의 규범적 성격을 갖지 못한다. 구속력이 없기 때문이다. '한일군사비밀정보보호협정'(GSOMIA 2016.11.23.체결)은 법적 구속력 있는 조약이다.[38] 조약의 개정은 이미 발효한 조약 내용의 당사국간 합의 또는 개정 조항에 따른 방식에 따른 변경으로서, 일반적 국제법 규범인 '비엔나 조약법 협약' 제39조에 관련 규정이 있다(SOFA는 1966.7.9. 체결되고 1967.2.9. 발효하였지만, 1991.2.1. 1차개정된 SOFA협정이 발효하였고, 2001.4.2. 2차 개정된 SOFA협정이 발효하였다).

조약의 의의 공동성명(주한미군 선임장교와 주한미군의 군사임무전환에 관한 합의각서교환, 연합군사능력 증강에 관한 서신교환, 피청구인 외교통상부장관에게 위임하여 2006.1.19. 워싱턴에서 미합중국 국무장관 콘돌리자 라이스와 '동맹 동반자 관계를 위한 전략대화 출범에 관한 공동성명')이 한국과 미합중국이 서로 상대방 입장을 존중한다는 내용만 담고 있을 뿐, 구체적인 법적 권리의무를 창설하는 내용을 전혀 포함하고 있지 않기에 조약에 해당된다 볼 수 없다(공동선언이 조약임을 전제로 조약체결비준 동의권 및 심의표결권이 침해되었음을 주장하는 심판청구는 심판 대상이 부존재하여 부적법하다)(헌재 2008.3.27. 2006헌라4). '대한민국 외교부장관과 일본국 외무대신이 2015.12.28. 공동발표한 일본군 위안부 피해자 문제 관련 합의 내용'은 절차(국무회심의나 국회동의 등 헌법상 조약체결절차)를 거치지 않고, 형식 · 실질에서 구체적 권리의무의 창설이 인정되지 않고(일본총리대신이 일본군 '위안부' 피해자에 대한 사죄와 반성의 마음을 표시하는 부분의 경우, 일본군 '위안부' 피해자의 권리구제를 목적으로 하는지 여부가 드러나지 않아 법적 의미를 확정하기 어렵고, 일본군 '위안부' 피해자의 피해 회복을 위한 법적 조치에 해당한다 보기 어렵다. 일본군 '위안부' 피해자지원을 위한 재단 설립과 일본정부의 출연에 관한 부분은, '강구한다', '하기로 한다', '협력한다'와 같이 구체적 계획이나 의무이행의 시기 · 방법, 불이행의 책임이 정해지지 않은 추상적 · 선언적 내용으로서 '해야 한다'라는 법적 의무를 지시하는 표현이 전혀 사용되지 않았다. 주한 일본 대사관 앞 소녀상에 관한 대한민국정부의 견해표명

제1편 제2편 제3편 憲法論

부분도 '적절히 해결되도록 노력한다'고만 할 뿐 그 의미·방법을 규정하지 않았으며, 해결시기 및 미이행에 따르는 책임도 정하고 있지 않으므로 양국의 권리·의무를 구체화하고 있다 볼 내용이 없다. 일본군 '위안부' 피해자 문제의 '최종적·불가역적 해결', '국제사회에서의 비난·비판 자제'에 관한 한·일 양국의 언급은, 근본적으로 일본군 '위안부' 피해자문제가 무엇인가에 대한 공통의 인식이 존재하지 않는다는 점 등에서 한·일양국의 법적 관계 창설에 관한 의도가 명백히 존재하였다 보기 어렵다). 이를 통해 일본군 '위안부' 피해자들의 권리가 처분되었다거나 대한민국 정부의 외교적 보호권한이 소멸하였다 볼 수 없어 그 법적 지위에 영향을 미친다 볼 수 없다(헌법소원심판청구 대상이 되지 않고, 일본군 '위안부' 피해자들의 배상청구권 등 기본권 침해가능성이 있다 보기 어려워 일제에 의하여 강제로 동원되어 성적 학대를 받으며 '위안부'로서의 생활을 강요당한 일본군 '위안부' 피해자, 생존한 일본군 '위안부' 피해자의 자녀 또는 사망한 일본군 '위안부' 피해자의 자녀의 헌법소원심판청구는 각하한다)(헌재 2019.12.27. 2016헌마253).

국가 또는 국제기구가 외국의 사인과 체결하는 계약은 당사자 일방이 국제법주체가 아니므로 국제법상 조약이 아니다. 계약당사자가 국제법과 법의 일반원칙의 적용을 받겠다는 합의를 하는 경우에, 그 외국 사인이 계약에서 나오는 권리를 국제재판소에 주장할 수 있는 법적 힘을 가질 수 있는 경우의 그 합의는 국제화된 계약으로서 준조약이다. 신사협정*gentlement' s agreements*은 국가 수뇌급의 정치적 합의로서 국가에 대한 국제법적 의무를 창설하지 않는다(1942년 대서양헌장, 1945년 얄타협정, 포츠담결정 등). 정치적 의사선언은 국가간 법외적 합의로서 조약상 의무의 전단계이다(1942년 대서양헌장, 1945년 얄타협정, 포츠담결정 등). 행동지침*code of conduct*은 국가간 합의이나 국가 등에 대한 구속력없는 권고로서 국제기구에서의 통일적 행동의 표준을 제시한다. 비정부민간단체의 합의는 국제법주체간 합의가 아니어서 특정 국제관계에서의 강한 영향력에도 불구하고 국제법적 구속력을 가지 못한다(국제올림픽위원회*IOC*). 사법상 계약은 국가가 자국의 법 또는 조약 상대방국가의 법에 기하여 체결한 합의이다. 연방국가의 구성국가간에 체결된 협정은 독립한 주권국가간 합의가 아니므로 국제법적 효력이 없다.

2.1.2 국제관습법

국제관습법은 국제성문법인 조약규범에 의해서 규율되지 않은 영역에 한정되어 조약에 가입하지 아니한 관계당사국에 적용되는 국제법규범이다. '국제연합헌장 및 국제사법재판소규정'(*Charter of the United Nations and Statute of the International Court of Justice(UN, ICJ)* 제38조 제1항)에 따르면, "재판소는 재판소에 회부된 분쟁을 국제법에 따라 재판하는 것을 임무로 하며", '분쟁국에 의하여 명백히 인정된 규칙을 확립하고 있는 일반적 또는 특별한 국제협약'(ICJ 규정 제38조 제1항 가), '법으로 수락된 일반관행의 증거로서의 국제관습'(ICJ 규정 제38조 제1항 나)을 적용한다" 하여 국제관습법을 法源으로 규정한다. ICJ 규정 가.와 나.를 비교하면, 국제법규범인 국제협약이 분쟁당사국에 의하여 명백히 인정된 규범임에 비하여, 국제관습법은 분쟁당사국의 수락 여부를 묻지 않고 국제관계에서 일반관행이 법적 확신으로 인정된 규범이다.

국제관습법의 성립요건 국제관습법이 지속성통일성 있는 일반작 관행에 일치하는 법적 확신에 의하여 성립한다. 즉 국제관습법은 국가간 또는 국가와 국제기구간 등의 국제관계의 영역에서 사실로서 행해지는 '일반관행'이라는 실체적·객관적 요소와 '법적 확신'*opinio iuris sive necessitatis*이라는 주관적·실질적 요소로 성립한다. 법적 확신이라는 실질적 요소가 없는 관행만으로는 사실인 국제법관습에 그친다. 국제관습법의 성립요소인 '일반관행'은 규범적 영역에서 국가기관의 행위·주장 또는 사실적 영역에서 국가기관의 법적 확신이 규범적 주장과 연계되어 표명된 행태인 작위·부작위·입장표명 등의 존재이다. 이때 국가기관은 외교권을 행사하는 기관 뿐 아니라 국가의 입법, 행정, 사법 등의 권한을 행사하는 모든 국가기관이 해당한다. 일반관행은 지속성·통일성이 요구되는 일반성을 말한다. 지속성은 장기간 계속성이라는 항구성 외에 일정 기간이 경과한 관행이라도 확산되어 동일한 형태의 실제가 존재하느냐의 여하이다(속성의 법적 확신에 따른 속성관습법 instant customary law의 논리적 가능성). 통일성은 국가기관의 개개의 일탈에 행위를 넘어서 상당수의 국제법주체가 일정영역에서 광범위한 균일성을 가지는 것이다. 관행의 일반성은 관계되는 국가전체는 아니더라도 법적 확신이 수반된 광범위하고 지속적이고 통일적인 관행이 특히 이해관계되는 국가들에 의하여 준수된다고 하는 상대적 일반성을 의미한다. 그러므로 국제예양*courtoisie*, 법의 일반원칙 예컨대 *pacta sund servanda*, 다자조약, 국제연합 등 국제기구의 결의 등이 일반관행으로 발전할 수 있다. 어느 국가가 국제관습법 규범의 일반성에 반대하면 국제관습법 형성을 저지할 수는 없지만 그 형성된 국제관습법에는 구속되지 않는 '일관된 반대국가의 원칙'*persistent objector*에 관계된 국제관습법은 일반국제관습법의 보편국제법으로 적용되지 않는다. 국제관습법의 성립요소인 '법적 확신'은 국제관계에서의 일반관행을 법으로서 인정하는 행위이다. 법인국가가 확신이라 하는 내심적 경험의 법적 의식을 가질 수 있느냐 하는 문제가 있으나, 법적 확신은 심리적 판단의 결과가 아니라 그 법적 의식을 나타내는 외부적 과정으로서 규범의 반복적 적용에 일치하는 행동을 할 의무가 있다는 인식을 말하는 것이기도 하다. 특별국제관습법은, 국제관습법의 일반성에 비하여, 그 발생과 적용범위가 역사·문화·정치적으로 제한되고 일정 국가집단에 한정된 법규로 구성되며, 이들 국가가 특정 지역에 속하면 지역국제관습법이 된다.

2.1.3 국제법의 기타 法源

국제법 法源으로서 ICJ 규정상 조약법, 관습법 다음의 법원은 '문명국에 의하여 인정된 법의 일반원칙'(ICJ 규정 제38조 제1항 다)이다. 법의 일반원칙은 국제법의 일반원칙과 달리 모든 또는 대부분의 국내법질서에 공동되는 것으로 인정된 법원칙이다. 신의성실의 원칙 유엔헌장 제2조 제2항, 금반언*estoppel*, 국제기구의 결의, 권고 등이 신의측에 따른 존중을 받는 경우 등이다. 法源의 보조수단으로서 사법판결과 국제법학설이 있다. ICJ 규정에 따르면 '법칙결정의 보조수단으로서의 사법판결 및 제국의 가장 우수한 국제법학자의 학설. 다만, 제59조(재판소의 결정은 당사자사이와 그 특정 사건에 관하여서만 구속력을 가진다)의 규정에 따를 것을 조건으로 한다'(UN, ICJ 규정 제38조 제1항 라). 그러므로 사법판결에 관련하여 국제법에는 선례구속성*stare decisis*이 없다. 판결은 원칙적으로 분쟁당사자*inter partes*에게만 효력이 있고, 그들간에만*res iudicata* 분쟁이 해결된다. 국제법학자의 학설은 특히 예컨대 그로티우스*Hugo Grotius*의 이론 등은 법칙결정의 보조수단이 된다. 다만 국제법학설의 권위는 오늘날 다원적 세계에서의 학설 증가에도 불구하고 오히려 감소되고 있다. 국제학설은 국제판례와 밀접한 상호관련성을 갖는다. ICJ 규정에는 규정되어 있지 않지만, 상설국제사법재판소*PCIJ*와 ICJ는 국가에 의한 일방적 법률행위를 구속력 있는 것으로 간주하는 바, 이같이, 국제법주체가 국제법적 권리의무를 설정변경종료하려는 의도에서 행하는 독립적인 법적 행위인 일방적 법률행위는 국제법 주체가 구속의 의사를 가진*animus sibi vincontan* 일방적 행위에 의하여 법률효과를 야기하는 경우에는 法源으로서의 효력을 갖는다. PCIJ의 동부그린란드사건*1931년*, ICJ의 핵실험사건*1974년* 등이 그 예이다. ICJ 규정 제38조 제2항은 '이 규정은 당사자가 합의하는 경우에 재판소가 형평과 선*ex aequo et bono*에 따라 재판하는 권한을 해하지 아니한다' 하여 당사국이 합의하면 형평과 선에 따라 결정하는 권한을 갖는다. 형평은 실정법규의 범위 내의 형평*equity intra legem*, 실정법규 밖에 있는 형평*equity ipraeter legem*, 실정법규에 위반하는 형평*equity contra legem* 등이 있다. 국제법상의 時際法*intertemporal law*은 국제법 규범이 일정한 시간에 발생하는 사안에 적용될 수 있는 기간이다. 시제법은 국제법의 시적 적용범위인 점에서 국제법규범의 시적 유효기간 즉 당해 규범의 법률효력의 존속기간과는 다르다.

국제법 法源의 적용 순서 국제법 법원의 순위에 대해서, 동일한 법원에 속하는 규범간의 충돌에서 조약 상호간의 관계 즉 조약경합에 있어서는 양자조약의 의무간의 경합에 있어서 양 조약은 상이한 인적 범위를 갖는 경우에 모두 법적 구속력을 갖는다. 동일한 조약당사자의 상이한 조약으로부터의 의무와 다자조약의 의무간의 경합에서, 상이한 조약으로부터 생긴 다수의 의무의 부진정경합은 조약에 열거된 의무가 서로 모순되지만 후에 체결된 조약에 포함된 의무가 단지 이전에 규전된 권한을 제한하는 경우에 발생한다. 진정경합 즉 상이한 조약의 의무에 관한 진정경합은 의무를 일치시키지 못하는 경우에 발생한다. 조약간 순위의 차이는 우위조항의 합의에 의하여 발생할 수 있다. UN헌장 제103조 '국제연합회원국의 헌장상의 의무와 다른 국제협정상의 의무가 상충되는 경우에는 이 헌장상의 의무가 우선한다' 함이 그것이다. 조약법의 규범과 관습법의 규범과의 관계에서 일어나는 규범충돌은 ICJ 규정 제38조 제1항에 규정된 법원의 순서에 따른다.

2.2 조약의 수용과 효력

2.2.1 조약의 국제법상 절차적 수용

대통령의 조약체결·비준권(헌법 제66조 제1항, 제73조, 체결과정에서 전권대표에 위임)은 전속적 권한으로서 조약의 국제법적 효력의 발생요건이다. 대통령은 그에 앞서 사전에 국무회의 심의(제89조 제3호), 입법사항 등 중요사항에 관한 조약에 대한 국회의 사전 동의(제60조 제1항, 행정기술적 사항인 Visa 협정 등에 관한 조약은 배제), 국가안전보장 관련 대외정책조약에 대한 국가안전보장회의의 자문(제91조 등) 등을 받도록 한다. 국회 동의, 자문기관의 자문 등은 국내법질서 전환에의 효력요건 및 통제과정이기에, 동의는 기명날인의 전에 행하며(제60조 제1항), 그 국내법적 효력에 대해서는 수정동의도 가능하다. 조약 공포문의 전문에는 국회의 동의 또는 국무회의의 심의를 거친 사실을 적고, 대통령이 서명한 후 대통령인을 찍고 그 공포일을 명기하여 국무총리와 관계 국무위원이 부서한다(법령등공포에 관한법률 제6조). 조약의 체결·비준에서 국회 동의를 받아야 할 조약이 이를 얻지 않았다면 국내법질서 편입절차 흠결로 국내법적 효력이 없다. 동의 없이 비준한 대통령은 경우에 따라서 국회에 탄핵소추 책임을 진다. 다만 국내법·국제법은 이원적 법질서체계이며 조약은 국가간 체결이므로, 국제법적 안정성과 국가간 신뢰보호에 의하여 그 효력은 인정된다. 조약 등 국제법과 국내법의 규범적 위계는 각국 규범질서의 전통과 실재에 따라서 달라진다. 즉 국제법이 국내법과 같은 효력을 가진다(제6조 제1항) 해도 국회의 입법 재량과 정부와 사법부의 판단 및 국제법이라는 규범의 개별적 성격이나 내용 등에 따라서 다양하게 해석하고 적용되는 등으로 이는 가능하다.

2.2.2 조약의 규범적 효력

조약은 헌법에 따라 체결·공포되면 국내법과 같은 효력이 있다(헌법 제6조 제1항). 국회의 동의를 요하여 그 동의를 받은 조약은 법률과 같은 효력이 있다. 대통령의 체결·비준만으로 성립하는 조약은 대통령령과 같은 효력이 있다. 국회의 동의를 얻어야 하는 조약을 정한 헌법 제60조 제1항(상호원조 또는 안전보장에 관한 조약, 중요한 국제조직에 관한 조약, 우호통상항해조약, 주권의 제약에 관한 조약, 강화조약, 국가나 국민에게 중대한 재정적 부담을 지우는 조약 또는 입법사항에 관한 조약 등)은 예시적 열거조항이므로, 국회는 국민의 권리·의무를 정하는 입법사항에 관련한 조약이라면 동의권을 갖는 것으로 본다. 자력집행조약(self-executing treaty)은 국내법 규범의 제정 없이 국내에 직접적용되는 국제법규범이다. 그 요건은 당해 조약이 직접 국내법원에서 집행될 것이라는 당사국의 명시적 의사(주관적 요소), 조약이 사인의 권리·의무가 명백하고 구체적으로 완전히 상세하게 정할 것(객관적 요소) 등이다(시민적 및 정치적 권리에 관한 국제인권규약 등). 비자력집행조약(non-self-executing treaty)은 조약의 국내법적 적용을 위한 국내법 규범이 제정되어야 한다(경제적·사회적 및 문화적 권리에 관한 국제인권규약 등). 조약이 입법사항으로서 국회 동의를 거쳐 체결·비준되어 국민개개인에 직접 적용되면, 형식적 의미의 법률은 아니지만, 국민에 직접관계되는 권리의무에 관한 규범이 되어 법원이 직접 적용할 수 있는 실질적 의미의 법률에 해당한다(예컨대 Hijacking에관한항공협정, 범죄인인도조약 등).

2.2.3 조약의 국내법형성과 규범적 효력

조약이 국민의 권리의무에 관한 규범이나 국내법규범의 후속적 형성절차가 있어야 국내법적 효력을 가지게 되면(국민에게 재정적 부담을 지우는 조약, 통상조약, 외국군대 지위에 관한 조약, 어업조약 등), 실질적 의미의 법률에 해당하지 아니 하기에 국회의 제정 법률이나 행정부의 명령·규칙 등에 의해서만 국민에 대해서 직접적용되어 국내법적 효력을 지닌다. 국민의 권리의무에 직접관계가 없는 조약 예컨대 국가간 정치적 관계만을 규율하는 조약(국제조직에 관한 조약, 상호원조, 강화·불가침조약, 안전보장에 관한 조약 등) 등은 국민에 직접 적용되는 국내법적 효력은 없다.

2.3 조약의 규범통제

2.3.1 국회동의요구조약의 규범통제

조약에 대한 국회의 동의는 조약의 내용에 법률 등과 같은 국내법질서의 효력을 부여한다. 이 경우 실질적 의미의 법률로 간주되어 헌법재판소의 위헌법률심판에 의한 규범통제나 헌법소원심판의 대상이 된다. 반면, 조약에 국내법적 효력을 부여하기 위하여 국내법 제정을 요구하는 경우의 당해 조약에 대한 규범통제는 그 국내적 이행을 위하여 제정된 규범의 존재형식에 따른 위헌심사방식에 의한다. 이때 국내법 규범을 위헌으로 결정하더라도 당해 조약 자체의 국제법상 효력에는 영향이 없고, 그 국내법상 효력만 무효화된다.

2.3.2 국회동의불요조약의 규범통제

국회동의불요조약은 대통령의 체결·비준의 대상이 되어 대통령령으로서의 효력이 있다. 따라서 위헌위법명령·규칙·처분심사(제107조 제2항)에 의하여 대법원이 최종심이 되는 각급법원에 규범통제의 권한이 있다. 헌법재판소의 헌법소원심판(제111조 제1항 제5호)의 대상으로도 된다. 국민직접적용조약인 경우에는 바로 심판대상이 된다. 국내법규로 전환되는 경우에는 당해 규범에 대한 규범통제가 이루어진다. 위헌위법이 되는 명령·규칙 등은 그 적용만 거부될 뿐 무효가 되는 것은 아니다.

2.3.3 직접적용조약과 규범통제

조약이 국민에 대해서 직접적용되는 성격을 갖는 경우에, 이 같은 조약은 自國에서 문제가 되는 사안에 직접적용될 수 있는 실질적 의미의 법률의 성격을 갖게 되므로, 국가는 그 조약에 저촉되는 국내법이 있음을 이유로 그 국제법의 구속을 면할 수 없다(1969년 Vienna 협약 제27조). 조약이 실질적 의미의 법률의 성격을 지녀서 국민에게 직접적용 되면 당해 조약 자체에 대한 위헌심사는 가능하나(헌재 2001.9.27. 2000헌바20), 국제법상 강행규범(jus cogens)에 위반되는 국내법은 자동무효가 되기에(비엔나협약 제53조), 이 같은 조약에 대한 규범통제 등의 사법적 심사는 自制되어야 한다. 또한 국민의 권리의무에 직접 관계없이 국가간 정치관계만 규율하는 조약 역시 체결·비준권자인 대통령의 일종의 외교행위가 되어 그에 대한 규범적 통제는 부적절하다(헌재 2019.12.27. 2012헌마939).

> **직접적용조약과 규범통제(일제강제징용청구권사건)** 청구인들(일제에 의한 강제징용 등으로 사할린에 동원되었다가 그 후 대한민국에 영주귀국한 자 및 그 가족으로서 대한민국의 국적을 가진 자들)이, (일본국 소속 회사가 경영하던 광산의 탄광 등에서 강제노동을 하면서 수령한 급여를 일본국에 우편저금이나 간이생명보험 형태로 강요에 의하여 적립하였지만, 아직까지 그 돈을 지급받지 못한 상태에서, 자신들이 일본국에 대하여 가지는 환불청구권과 배상청구권이 대한민국이 1965.6.22. 일본국과의 사이에 체결한 '대한민국과 일본국 간의 재산 및 청구권에 관한 문제의 해결과 경제협력에 관한 협정'(조약 제172호, 1965.6.22. 체결, 1965.12.18. 발효)에 의하여 소멸되었는지 여부에 관하여, 이미 소멸되었다고 보는 일본국과 소멸되지 않았다고 보는 대한민국 간에는 위 청구권에 관한 해석상 분쟁이 존재하므로)일본국에 대하여 가지는 청구권이 청구권협정 제2조 제1항(양 체약국은 양 체약국 및 그 국민(법인을 포함함)의 재산, 권리 및 이익과 양 체약국 및 그 국민간의 청구권에 관한 문제가 1951년 9월 8일에 샌프란시스코시에서 서명된 일본국과의 평화조약 제4조 (a)에 규정된 것을 포함하여 완전히 그리고 최종적으로 해결된 것이 된다는 것을 확인한다)에 의하여 소멸되었는지 여부에 관한 한·일 양국 간 해석상 분쟁을 제3조(1. 본 협정의 해석 및 실시에 관한 양 체약국 간의 분쟁은 우선 외교상의 경로를 통하여 해결한다. 2. 1.의 규정에 의하여 해결할 수 없었던 분쟁은 어느 일방 체약국의 정부가 타방 체약국의 정부로부터 분쟁의 중재를 요청하는 공한을 접수한 날로부터 30일의 기간 내에 각 체약국 정부가 임명하는 1인의 중재위원과 이와 같이 선정된 2인의 중재위원이 당해 기간 후의 30일의 기간 내에 합의하는 제3의 중재위원 또는 당해 기간 내에 이들 2인의 중재위원이 합의하는 제3국의 정부가 지명하는 제3의 중재위원과의 3인의 중재위원으로 구성되는 중재위원회에 결정을 위하여 회부한다. 단, 제3의 중재위원은 양 체약국 중의 어느 편의 국민이어서는 아니 된다)가 정한 절차에 따라 해결하지 아니하고 있는 피청구인의 부작위가 청구인들의 기본권을 침해하는지 여부에 대해서, (행정권의 부작위와 공권력주체의 작위의무에 관련하여서는 본서 1038면 참조), 제3조상 분쟁해결절차를 언제, 어떻게 이행할 것인가에 관해서 작위의무불이행을 전제로 그것이 위헌임을 주장하는 이 사건 심판청구는 (국가마다 가치와 법률을 서로 달리하는 국제환경에서 국가와 국가 간 관계를 다루는 외교행위의 특성과 협정 제3조 제1항, 제2항이 모두 외교행위를 필요로 하여 피청구인에게 상당한 재량이 인정되는 등의 사실을 종합하면)부적법하다(헌재 2019.12.27. 2012헌마939).

3. '조약법협약'과 조약

3.1 조약의 성립

조약법*law of treaties*은 국제조약의 체결·효력에 관한 법규범인 국제법이다. 조약법은 국제관습법과 법의 일반원칙에 근거하였으나 1968/69년 유엔총회결의로 소집된 비엔나 조약법회의에서 채택된 *1969.5.22.* '조약법에 관한 비엔나협약'(조약법협약)(Vienna Convention on the Law of Treaties 발효일 1980.1.27. 다자조약 제697호, 1980.1.22. 제정)이 발효되어 ICJ도 이를 판결의 근거로 제시하고 있다. 조약은 그 명칭·형태·내용 등에 관계없이, 모든 양국 또는 다국간 또는 조약체결이 가능한 그 밖의 국제법주체간에 체결된 합의로서 국제법의 적용을 받는다. 조약법협약상 조약은 단일의 문서에 또는 2 또는 그 이상의 관련문서에 구현되고 있는가에 관계없이 또한 그 특정의 명칭에 관계없이 서면형식으로 국가간에 체결되며 또한 국제법에 의하여 규율되는 국제적 합의를 의미한다(제2조 제1항 (a)). 조약은 조약당사자의 의사에 따른 합의에 구속성이 귀속된다. 단순한 정치적 의향 또는 권고 등의 표현은 조약이 아닌 국제법규범의 존재형식이다. 반면 가조약, 예약, 교섭의 합의 등은 특별한 종류의 조약으로서 국제법적 효력을 갖는다. 가조약은 당사자에게 일정 대상에 관한 조약의 체결의 의무를 지운다. 교섭의 합의는 정규의 조약교섭을 할 의무를 지우며 조약체결에까지 이를 필요는 없다. 조약당사자간의 합의는 국제법의 적용을 받아야 한다. 일방당사자의 국내법의 적용을 받게 해서는 아니 된다.

조약법협약 '조약에 관한 비엔나협약'은 조약이 자유로운 동의와 신의성실의 원칙 및 '약속은 준수하여야 한다'는 규칙이 보편적으로 인정되고 있음에 유의하며, 다른 국제분쟁과 같이 조약에 관한 분쟁은 평화적 수단에 의하여 또한 정의와 국제법의 원칙에 의거하여 해결되어야 함을 확인하며, 제국민의 평등권과 자결, 모든 국가의 주권 평등과 독립, 제국가의 국내문제에 대한 불간섭, 힘의 위협 또는 사용의 금지 및 모든 자의 인권과 기본적 자유에 대한 보편적 존중과 그 준수의 제원칙등 국제연합 헌장에 구현된 국제법의 제원칙에 유념하며, 관습국제법의 제규칙은 이 협약의 제규정에 의하여 규제되지 아니하는 제문제를 계속 규율할 것임을 확인하였다. 조약법협약은 국가간 조약에만 적용된다(제1조), 하며, 국가와 국제기구 등의 다른 국제법 주체간에 체결되는 국제적 합의 또는 서면형식에 의하지 아니한 국제적 합의에 대하여, 조약의 법적 효력·적용 등의 원용에 영향을 주지 아니한다(제3조). 조약의 합의는 구두 또는 표지 등에 의한 체결도 효력을 갖는다. '포츠담 협정'이라 불리는 스탈린·애틀리·트루먼 합의는 서면 형식으로 존재하는 것이 아니라 단지 1945.8.2. 공표된 의사록 protocol에 따른다. 조약 체결에서의 합의는 매우 명확하고 지속적인 일련의 행동 즉 묵시적 행위에 의해서도 가능하다(북해대륙붕사건 ICJ Rep. 1989, 29).

3.2 조약의 효력·적용·해석

조약은 그 조약이 규정하거나 또는 교섭국이 협의하는 방법으로 또한 그 일자에 발효한다. 그러한 규정 또는 합의가 없는 경우에는 조약에 대한 기속적 동의가 모든 교섭국에 대하여 확정되는 대로 그 조약이 발효한다. 조약문의 정본인증, 조약에 대한 국가의 기속적 동의의 확정, 조약의 발효방법 또는 일자, 유보, 수탁자의 기능 및 조약의 발효 전에 필연적으로 발생하는 기타의 사항을 규율하는 조약규정은 조약문의 채택시부터 적용된다(Vienna Convention on the Law of Treaties 제24조). 국가는 조약의 대상과 목적을 저해하게 되는 행위를 삼가야 하는 의무를 진다(제18조). 약속은 준수하여야 한다. 즉 유효한 모든 조약은 그 당사국을 구속하며 또한 당사국에 의하여 성실하게 이행되어야 한다(제26조). 어느 당사국도 조약의 불이행에 대한 정당화 방법으로 그 국내법규정을 원용해서는 아니 된다(제27조). 조약이 달리 규정하지 않는 한 모든 당사국간에서 다자조약을 개정하기 위한 제의는 모든 체약국에 통고되어야 하며, 각 체약국은 제의에 관련되는 개정을 위한 합의의 교섭 및 성립에 참여할 권리를 가진다. 조약의 당사국이 될 수 있는 권리를 가진 모든 국가는 개정되는 조약의 당사국이 될 수 있는 권리를 또한 가진다. 개정의 합의는 합의의 당사국이 되지 아니하는 조약의 기존 당사국인 어느 국가도 구속하지 아니한다(제40조). 그러한 국가에 관해서는 제30조4항(b)가 적용된다. 개정하는 합의의 발효 후에 조약의 당사국이 되는 국가는 그 국가에 의한 별도 의사의 표시가 없는 경우에 다음과 같이 간주된다. 다자조약의 2 또는 그 이상의 당사국은 다음의 경우에 그 당사국간에서만 조약을 변경하는 합의를 성립시킬 수 있다(제41조). 조약은 조약문의 문맥 및 조약의 대상과 목적으로 보아, 그 조약의 문면에 부여되는 통상적 의미에 따라 성실하게 해석되어야 한다. 조약의 해석 목적상 문맥은 조약문에 추가하여 조약의 전문 및 부속서와 함께 일정한 내용을 포함한다. 문맥과 함께 조약의 해석 또는 그 조약규정의 적용에 관한 당사국간의 추후의 합의, 조약의 해석에 관한 당사국의 합의를 확정하는 그 조약 적용에 있어서의 추후의 관행, 당사국간의 관계에 적용될 수 있는 국제법의 관계규칙 등 참작되어야 한다. 당사국의 특별한 의미를 특정용어에 부여하기로 의도하였음이 확정되는 경우에는 그러한 의미가 부여된다(제31조). 조약의 교섭 기록 및 그 체결시의 사정을 포함한 해석의 보충적 수단에 의존할 수 있다(제32조). 조약이 2 또는 그 이상의 언어에 의하여 정본으로 확정된 때에는, 상위가 있을 경우에 특정의 조약문이 우선함을 그 조약이 규정하지 아니하거나 또는 당사국이 합의하지 아니하는 한, 각 언어로 작성된 조약문은 동등히 유효하다. 조약의 용어는 각 정본상 동일한 의미를 가지는 것으로 추정된다(제33조).

3.3 조약의 부적법 · 종료 · 탈퇴 · 시행정지

국가는 조약체결권에 관한 국내법 규정의 위반이 명백하며 또한 근본적으로 중요한 국내법 규칙에 관련되지 아니하는 한, 조약에 대한 그 기속적 동의를 부적법화하기 위한 것으로 그 동의가 그 국내법 규정에 위반하여 표시되었다는 사실을 원용할 수 없다. 통상의 관행에 의거하고 또한 성실하게 행동하는 어느 국가에 대해서도 위반이 객관적으로 분명한 경우에만 그 위반은 명백한 것이 된다(제46조). 국가가 다른 교섭국의 기만적 행위, 다른 교섭국에 의한 그 대표의 부정 등에 의하여 조약을 체결하도록 유인된 경우에 그 국가는 조약에 대한 자신의 기속적 동의를 부적법화하는 것으로 그 기만을 원용할 수 있다(제49조, 제50조). 국가 대표에게 정면으로 향한 행동 또는 위협을 통하여 그 대표에 대한 강제에 의하여 감행된 조약에 대한 국가의 기속적 동의 표시는 법적 효력을 갖지 아니한다(제51조). 국제연합헌장에 구현된 국제법의 제 원칙을 위반하여 힘의 위협 또는 사용에 의하여 조약의 체결이 감행된 경우에 그 조약은 무효이다(제52조). 조약은 그 체결당시에 일반국제법의 절대규범과 충돌하는 경우에 무효이다. 일반 국제법의 절대규범은, 그 이탈이 허용되지 아니하며 또한 동일한 성질을 가진 일반 국제법의 추후의 규범에 의해서만 변경될 수 있는 규범으로, 전체로서의 국제공동사회가 수락하며 또한 인정하는 규범이다(제53조). 일반국제법의 새 절대규범이 출현하면 그 규범과 충돌하는 현행 조약은 무효로 되어 종료한다(제64조). 무효인 조약의 경우에 당사국은 일반 국제법의 절대규범과 충돌하는 규정에 의존하여 행하여진 행위의 결과를 가능한 한 제거하며, 당사국의 상호관계를 일반국제법의 절대규범과 일치시키도록 한다. 조약의 종료전에 그 조약의 시행을 통하여 생긴 당사국의 권리 · 의무 또는 법적 상태에 영향을 주지 아니한다. 다만, 그러한 권리 · 의무 또는 상태는 그 유지 자체가 일반 국제법의 새 절대규범과 충돌하지 아니하는 범위 내에서만 그 이후 유지될 수 있을 것을 조건으로 한다(제71조). 조약이 달리 규정하지 아니하거나 또는 당사국이 달리 합의하지 아니하는 한, 조약의 규정에 따르거나 또는 이 협약에 의거한 그 조약의 시행정지는 당사국에 대해서 정지기간 동안 그 상호관계에서 조약을 이행할 의무를 해제한다(제72조).

[二] 국제관계에서의 국가

1. 국가의 국제법적 관계

1.1 국가의 국제법적 승인

1.1.1 국가의 국제법적 승인의 의의

국가의 국제법적 승인은 일정한 사실법적 상황, 권리의 존재 또는 적법함을 인정하는 국가의 의사표시이다. 국가의 승인으로 사실의 존재 및 그로부터 발생하는 국제법적 결과도 승인된다. 승인은 국제법적 의사표시이다. 일방적 법률행위이며 수령을 요하나 수락은 요하지 아니한다. 승인하는 국가는 승인을 일정조건의 이행에 전제조건으로 할 수 있다. 승인은 원칙적으로 철회할 수 없다. 승인은 명시적 또는 묵시적 승인에 의한다. 명시적 승인은 승인하는 국가의 형식적 선언에 의한다. 묵시적 승인은 승인의 법률효과를 일으키는 것을 지향하는 의사를 요한다. 국제회의에의 공동참가가 종래의 비승인국에 대한 국가의 묵시적 승인으로 간주되는 것은 아니다. 서독과 동독의 유엔동시가입이 자동적으로 상호간 승인의 결과를 가져온 것은 아니었다. 아랍국가들과 이스라엘의 동시가입 또한 대한민국과 북한의 유엔동시가입도 마찬가지이다. 법률상 승인은 승인하는 국가와의 관계에서 피승인국 또는 그 정부가 국제법이 국제공동사회에 효과적인 참여를 위해 요구하는 형식적 조건을 충족시킨 것이며, 이로써 승인된 사실적 또는 법적인 상태는 완전한 법률효과를 가져온다. 사실상 승인은 승인의 모든 조건의 미비된 경우의 최종적 안정성이 존재하지 않는 경우에 행하여져서 부분적 효과만 가져오는 승인이다. 예를 들어, 영국은 10월혁명 후의 소련정부에 대해 1921.3.16. 사실상 승인을 하고 1924.2.1. 법률상 승인을 하였다. 경우에 따라서는 종래의 법률상 정부와 동시에 새로운 사실상 정부가 존재하는 경우도 있게 된다. 승인은 개개 국가에 의해서 행해지는 일방적 법률행위이며 또한 집단적 승인도 가능하다. 또는 승인이 유엔 등의 국제기구에 의하여 행해지기도 한다.[39]

1.1.2 국가의 국제법적 승인의 효과

국가승인은 기존 국가가 일정한 통치단체의 국제법주체성의 법인격을 인정하는 것이다. Montevideo 협약 제1조는 국가의 개념으로서 영속적 주민, 일정한 영역, 정부, 타국과의 관계능력 등을 규정하였다. 국제법은 통치단체의 국가성을 정통성의 원칙에서 판단하지 아니하며 그 적법성에 대한 언급도 하지 않는다. 국가의 적법성은 그 자신의 존재에 근거한다. 국가의 비승인이 해당 국가간 아무런 법률관계도 존재하지 않음을 의미하는 것이 아니라 단지 통상의 국가간 관계가 이루어지지 않고 해당국가가 국제법주체로서 취급되지 않는다는 것이다. 통치단체를 국가로 승인하는 데 있어서는 행위능력이 있는 정부가 주권적 권리를 행사하는지 또는 외부세력으로부터 독립하여 행사되는지 등의 여부가 기준이 된다. 예를 들어, 1923.3.1. 수립한 만주국은 주권국가가 아니라 일본의 괴뢰국으로 간주되어 대부분 국가로부터 승인이 거부되었다. 국가승인의 법적 효과로서 국가의 승인의 법률행위만이 통치단체의 국가성을 창설하고 신정부에 국제법의 권위와 권리능력을 부여한다는 창설적 효과설에 의하면 국가의 승인이 있어야 신생국가는 다른 국가와 공식관계를 수립할 수 있고, 신국가는 승인에 의해서 비로소 국제법주체성이 정당화된다. 반면 선언적 효과설은 새로운 통치단체는 국가승인의 요건을 갖추면 승인의 법률행위 이전에 또한 승인과 독립하여 국제법주체성을 갖는다.[40]

1.1.3 정부의 국제법적 승인

정부의 승인은 법률관계를 창설하는 국가의 승인과 달리 국가의 기관 즉 국가간 관계에서 국가에 행위능력을 부여하는 기관에 관한 승인이다. 신국가의 승인은 보통 신국가 정부의 승인을 포함한다. 국가가 정부를 결정하는 것은 그 국가의 헌법의 문제이다. 신정부 승인의 문제는 헌법에 심각한 침해가 있거나 또는 국가의 정부가 근본적으로 변경된 경우에만 제기된다. 신정부의 승인 요건은 신정부가 국가영토에 대한 사실상의 지배를 행사하고 행정기구를 지배하며 또한 신정부의 정부권력에 대한 현저한 저항이 더 이상 행하여지지 않고, 신정부가 대부분의 주민에 의해 유지되는 경우이어야 한다. 망명정부로서 기존의 합법정부가 무력분쟁으로 외국으로 도피하는 경우와 임시정부 즉 외국에서 구성되어 기존의 국내정부에 대항하는 정부는 부분적으로 법률상 정부로 승인된다. 국가의 존재는 다른 국가의 점령 또는 반란단체에 의해 침해받지 않는다. 망명정부, 임시정부는 그 국가의 영역에 대한 실효적 지배권을 행사하지 않음에도 점령된 국가의 기관으로서 다른 국가와의 관계에서 외교사절, 국제조약, 입법, 행정, 사법 등의 권한을 행사할 수 있다. 이는 이 같은 정부가 자기 영토에 대한 지배권을 회복하기 위하여 보통 무력분쟁 등의 진지한 노력을 기울이는 동안에만 지속한다. 그렇지 못하면, 주재국의 영토고권을 침해하게 될 뿐이므로 망명정부, 임시정부의 고권적 행위는 주재국 동의를 요한다.

2. 국가간 관계의 국제법원칙

2.1 국가간 관계의 기본원칙

2.1.1 국가의 평화적 공존의 원칙

국가간 관계의 국제법적 기본원칙은 국가의 평화적 공존을 가능케 하는 법원칙의 규범이다. '국제연합헌장'에 의하면, 국제평화와 안전의 유지, 정의와 국제법의 원칙, 자결의 원칙의 존중에 기초하는 국가간 우호관계의 발전, 모든 사람의 인권 및 기본적 자유에 대한 존중의 촉진, 국가간 주권평등 원칙, 국제분쟁을 국제평화와 안전 그리고 정의를 위태롭게 하지 아니하는 방식으로 평화적 수단에 의한 해결, 국제관계에서 다른 국가의 영토보전이나 정치적 독립에 대하여 무력의 위협이나 무력행사를 삼가는 것, 국제연합이 국제연합헌장에 따라 취하는 어떠한 조치에도 모든 원조를 다하며, 국제연합이 방지조치 또는 강제조치를 취하는 대상이 되는 어떠한 국가에 대하여도 원조를 삼가고, 국제연합 회원국이 아닌 국가가 국제평화와 안전을 유지하는 데 필요한 한 이러한 원칙에 따라 행동하도록 확보한다(*Charter of the United Nations and Statute of the International Court of Justice(UN, ICJ)* 제1조, 제2조).

2.1.2 국가의 주권평등 및 국가면제의 원칙

국가의 주권평등원칙은 국가의 구별이 영토 · 인구 · 자원 · 군사 · 경제 등의 요인에 의하여서가 아니라 국제사회구성원과의 관계에서 권리에 있어서의 평등 또는 법규범 앞에서의 평등에 의하여 구분됨을 의미한다. 주권평등은 권리의 평등, 동등하고 완전한 주권, 타국의 법인격존중의 의무, 영토보전 및 정치적 독립의 불가침, 정치 · 경제 · 사회 · 문화적 체제의 자유선택의 권리, 국제적 의무의 이행과 타국과의 공존의 의무 등이다. 권리의 평등으로 국가는 하나의 의결권을 갖는다. 다만, 유엔안전보장이사회의 상임이사국(미 · 영 · 불 · 러 · 중)의 거부권, '관세와무역에관한일반협정'*GATT*에서의 개발국과 저개발국, 재정출자에 따른 '국제통화기금'*IMF*과 세계은행에서 의결권 비중 등의 예외가 있다. 국가행위원칙*act of state doctrine*은 한 국가의 법원은 다른 국가 또는 그 기관에 의한 주권적 행위의 효력 또는 적법성을 심사할 권한이 없다는 원칙이다. 이는 국내법원에 외국이 제소될 수 있는가 하는 국가면제의 문제가 아니라 국내법원이 타국의 주권적 행위의 적법성을 심사할 수 있느냐의 문제로서, 타국의 주권적 행위의 효력에 대해서는 사법의 자제*judicial self-restraint*에 의하여 외교적 제기만 가능하다는 것이다. 국가면제원칙은 국가는 타국의 재판권으로부터 면제된다는 주권면제의 원칙이다. 대등한 국가 사이에서는 서로 지배권을 갖지 않기에 어떠한 국가도 타국을 재판할 수 없다. 즉 타국은 사법적 재판권의 면제*jurisdictional immunity*, 재판상 집행절차에서의 국가면제를 받는다. 타국의 법인격 존중원칙은 국가의 국제법적 존재의 존중, 영토불가침의 존중에 따른 무력행사금지와 상린법적 의무 및 영토고권의 침해 금지, 국가명예의 존중 및 보호, 신의성실의 원칙 등으로 실현된다.

2.1.3 국제분쟁의 평화적 해결의 원칙

국제분쟁의 평화적 해결의 원칙은 어떠한 분쟁도 국제평화와 안전의 유지를 위태롭게 할 우려가 있는 경우에 분쟁당사자는 우선 교섭・심사・중개・조정・중재재판・사법적 해결・지역적 기관 또는 지역적 약정의 이용 또는 당사자가 선택하는 다른 평화적 수단에 의한 해결을 구한다. '유엔헌장' 제33조 무력행사금지의 원칙은 국가의 전쟁개시권이 주권국가의 권한이 아니라 국제사회의 문제임을 규정한다(1919년 '국제연맹규약' 제11조, 1928.8.27. '不戰조약' 즉 '쟁포기에관한조약', 유엔헌장 제2조 제4항 등). 개별적 집단적 자위권은 국제연합회원국에 대하여 무력공격이 발생한 경우, 안전보장이사회가 국제평화와 안전을 유지하기 위하여 필요한 조치를 취할 때까지 개별적 또는 집단적 자위의 고유한 권리를 침해하지 아니한다. 안전보장이사회는 국제평화와 안전의 유지 또는 회복을 위하여 필요하다고 인정하는 조치를 언제든지 취한다(유엔헌장 제51조). 간섭금지원칙은 국가가 다른 국가의 자유로운 결정에 일임하는 대내외적 사항에 강제적 방법으로 개입하여 자신의 의사에 따르도록 하는 이른바 내정간섭을 하지 아니할 의무이다(제2조 제7항 등).

2.2 국가의 승계에 관한 국제법 원칙

2.2.1 국가의 승계의 의의

국가승계*state succession*는 국가의 영토고권이 한 국제법주체로부터 다른 국제법주체에로의 이전, 즉 승계국이 지금까지 선행국의 국가권력의 지배하에 있던 영역에 그의 통치적 국가권력의 확대에 의하여 다른 국가의 권리의무를 승계하는 것으로서 영토의 국제적 관계와 관련된 책임이 선행국에서 승계국으로 이전되는 것이다('조약에 있어서 국가승계에 관한 비엔나협약'(조약국가승계협약) 1978.8.23., '국가의 재산, 공문서, 채무에 있어서 국가승계에 관한 비엔나협약'(재산국가승계협약) 1983.4.8. 제2조 제1항). 국가승계에서의 백지의 원칙*clean state rule, tabula rasa*은 식민지 등의 속지지역이 독립하여 신 국가를 형성하는 경우에 전의 국가와 계속성을 갖지 않는 경우에는 일정한 속지적 의무를 제외하고는 일반적으로 선행국의 조약상 의무는 승계되지 않는다는 원칙이다. 국가의 승계는 영토주권의 변경 또는 대체라는 확정된 사실을 전제로 한다. 영역의 취득상실의 법제도가 영역변경의 적법성 내지 법적 효력을 다투는 것이라면, 국가승계는 오로지 국제법상 영역변경의 결과만을 다룬다.

2.2.2 국가의 승계의 종류

국가의 완전한 승계는 선행국이 완전히 소멸하고 국제법주체성을 상실하면서 다른 국가의 일부분이 되는 등의 경우이다. 부분적・지역적 국가승계는 영역 일부만의 변경 또는 식민지의 분리 또는 이전에 종속된 다른 지역의 독립 등의 경우에서와 같이 선행국이 계속 존재하는 경우이다. 점령 또는 시효취득은 국가승계에 포함되지 아니한다. 점령은 점령된 영역에 영토고권이 존재하지 않는 것이지만 국가승계는 영토고권의 존속을 전제로 한다. 시효취득은 시효로 취득하는 국가가 그 영역을 이미 이전에 점유하였고 그곳에서 이미 통치권을 행사하였다는 점에서 국가승계와 구분된다. 완전한 국가승계에 있어서 국가의 동일성은 국가를 국민・영토・주권이라는 국가3요소에 의하는 것으로 볼 때에는 국가의 내부적 발전과정에 영향을 받지 않으며 선행국의 국가요소가 사라지고 이에 의해 국제법주체성이 상실하여 완전히 소멸하여야 비로소 변경이 있게 된다. 완전한 국가승계의 경우에 국가의 동일성과 국가승계는 서로 배제되므로 동시에 발생하지 않는다. 반면, 부분적 국가승계에 있어서는 선행국 영역의 일부만이 승계국의 영역으로 이전하며 이 경우에 선행국의 국제법주체성은 보존되지만 변경 내지 대체가 있기에 국가동일성과 국가승계는 서로 배제되지 않고 양자가 같이 발생한다.

2.2.3 국가의 승계와 동서독 통합

동서독 통합의 통일은 동독이 서독에 편입되는 이른바 흡수통일이어서 서독은 계속하여 단일의 독립국가와 단일국적을 고수하여, 한편으로 동독의 국적은 명시적인 규정 없이 통일조약에 의해서 마무리되고 다른 한편으로 동독주민은 독일국적을 보유하였으므로 국적 부여가 필요하지 않았다. 서독은 1972년 동독과의 기본조약에 의해서 동독을 국가로 간주하였으나 국제법상 국가로 승인하지는 않았다. 서독연방헌법재판소는 기본조약에 대하여 서독은 1945년까지 독일제국이라 부른 국가와 부분적으로 동일하였으며, 동독도 서독에 속하므로 서독에 대하여 외국이 아니라 하였다. 국가승계의 관점에서 동서독 통일은 新國의 성립이 아니라 동독을 편입시킨 서독이 통일독일과 법적 통일성 있는 국제법주체로서 존속하게 된 것이다.[41]

3. 국가책임

3.1 국가책임의 성립과 배제

3.1.1 국가책임의 의의

국가책임은 국제적 위법행위의 민사적 구제 및 형사책임에 의한 구제를 말한다. 국제법상 고도의 위험성을 내포한 활동을 규율하는 다자조약에서 이로부터 발생하는 피해에 대한 위험책임*liability for risk*이 있다. '우주물체에 의하여 발생한 손해에 대한 국가책임에 대한 협약'*1972*의 위험책임은 일반국제법 ICJ규정 제38조 제1항 다.가 의미하는 법의 일반원칙 등을 근거로 한다. 위법행위책임*responsibility*에 대해서, 행정기관에 의한 국제법 위반은 국가의 수준에서의 외국인의 자의적 체포, 추방, 국경침범, 국제법 위반의 전쟁행위 등이다. 국가기관의 권한 외 행위인 월권행위*ultra vires acts*는 국가기관이 권한을 일탈하거나 지시를 위반한 행위에 대한 책임이 있다.

3.1.2 국가책임의 성립

국가는 외국인 보호의무가 있기에 국가기관의 외국인에 대한 가해행위를 방지하거나 피의자 소추나 처벌에 상당한 주의를 하지 않을 경우에 책임을 진다. 연방국가의 구성국이나 지방자치단체와 같은 국가의 영토적 구성조직이 공권상 국가행위*acts of state*를 수행하면 국가기관으로 간주한다. 국제사법재판소는 테헤란 인질사건*1980*에서 테헤란 주재 미국대사관 점거를 이란정부가 공식승인*official government approval* 함으로써 국가의 행위*acts of state*가 되었다 하였다*ICJ Rep. 1980, 34*. 국제법상 책임은 작위 또는 부작위에 기하여 구체적으로 준수 또는 이행하여야 할 국제의무의 위반 즉 조약법, 국제관습법 또는 법의 일반원칙에 위반하는 상태가 실제 발생하여야 한다. 국가책임의 성립은 국가의 행위가 국제의무에 위반한다는 객관적 요건 외에 국가기관의 고의 또는 과실이라는 주관적 요건을 요한다. 과실책임주의는 행위자의 주관적 인식 즉 고의 또는 과실과 관련되고, 결과책임주의는 원인과 결과간의 객관적으로 명백한 관계인 인과관계와 관련된다.

3.1.3 국가책임의 배제

국가책임은 가해국이 이를 제거하는 것이 실질적으로 불가능하고 그러한 상황의 발생이 가해국의 행위에 기인하지 않은 경우인 불가항력의 경우에 배제된다. 또한 긴급피난*state of necessity*은 국가의 행위가 중대하고 급박한 위험에 대하여 국가의 근본적 이익을 지키기 위한 유일한 방법인 경우에 그 행위의 위법성을 조각한다. 대항조치countermeasure는 다른 국제법주체의 국제위법행위에 대하여 이를 국제법과 합치하게 행동하도록 이에 대항하여 행하는 국제법위반의 조치이다. 피해국의 동의는 피해국이 권리를 포기하는 것이다. 국가의 행위가 유엔헌장 제51조에 합치하는 자위의 조치를 구성하는 경우에 그 위법성이 조각된다. 국제위법행위에 대항하여 국가 책임이 귀속되는 경우는 피해국에 대하여 위법행위를 구제하고 그로부터 발생한 모든 결과를 가능한 한 제거할 의무가 있다. 인신(외국영토로부터 사인 납치), 자산(외국 또는 외국인 재산의 몰수·압수)을 침탈·침해하고 위법행위 이전에 존재했던 상태로의 복구가 가능한 경우에 가해국은 원상회복의무가 있다. 국제위법행위가 국제법위반의 법령, 판결, 행정행위에 의하여 발생한 경우에 가해국은 해당 국가행위를 시정할 의무가 있다. 적법상태의 회복이 국제법상 절대적으로 요구되지 않거나 사실상 불가능한 경우에 가해국은 배상의무가 있다.

3.2 국가의 형사책임

3.2.1 국가의 형사책임의 속지주의, 속인주의

국제형사법은 국제범죄행위에 대한 개인의 형사책임 즉 국제적 보호법익의 침해를 이유로 국내법의 매개 없이 직접 개인의 처벌을 규정하는 국제법의 법원 특히 조약에서 성립한 규범이다. 국가영역에서의 법률 위반을 형사처벌하여 법익을 보호하는 것은 국가에 유보된 영토고권의 직용이다. 형벌권은 영토에 관련한다. 형벌권의 속지주의는 국가는 자국 영토 내에서 국내법을 자국민이 위반하였는가 또는 외국인이 위반하였는가에 관계없이 처벌한다(형법 제2조). 외교면제를 향유하면 처벌이 국제법상 제한된다. 형벌권의 속인주의는 국가는 자국민의 국외범을 처벌하거나(제3조) 외국에서 외국인에 의하여 자국민에 대하여 범하여진 행위를 처벌한다(제6조).

3.2.2 국가형사책임의 보호주의, 보편주의

국가의 형사책임 보호주의는 외국에서 외국인에 의하여 범하여진 행위가 특히 자국과 밀접한 관련을 가진 경우에 처벌하는 것이다(형법 제5조). 이 같은 방식의 국가형벌권의 규율 규범은 자국 형사법규의 적용 또는 부적용을 결정하는 국제형법에 속한다. 보편주의는 세계법주의로서, 국가형벌권은 침해된 법익이 관습법상 또는 조약상 국제적으로 특히 보호가치가 있고 그 침해가 가벌적인 것으로 인정된다는 이유만으로 처벌하는 것이다(독일형법 제6조는 보편주의에 기하여 행위지의 법과 관계없이 외국에서 범한 집단살해, 인신매매 등의 행위에 독일형법이 적용된다). '국제형사재판소에 관한 로마규정'1998.7.17.에 의하여 설립된 국제형사재판소는 '집단살해죄의 방지와 처벌에 관한 협약'1948.12.9.에서 그 관할권을 수락한 체약국에 관할권을 갖는다.

3.2.3 국가형사책임의 형사재판소

국제범죄는 보편주의에 의하여 국내형법의 범죄구성요건으로서가 아니라 국내법으로 변형될 필요 없이 직접 국제법에 근거한 규정에 따라서 처벌되고 국제재판소 및 소추기관에 의해서 행해진다. 국제적으로 보호되는 법익의 위반에 대하여 국내법의 매개 없이 직접 자연인의 처벌을 규정하는 국제법규범이 국제형사법이다. 국제군사재판소(뉘른베르크 국제군사재판소1945.8.8., 극동국제군사재판소1946.1.19., 유엔안보리에 의한 국제형사재판소로서 구유고슬라비아 국제형사재판소1993.5.25., 르완다국제형사재판소1994.11.8., 등) 외에 '상설국제형사재판소'*International Criminal Court ICC*는 유엔총회에서 의결1998.7.17. 발효2002.7.1.되어 네덜란드 헤이그에 설치된 국제적 법인격을 가진 상설적 기구로서 집단살해죄, 인도에 반한 죄, 전쟁범죄, 침략범죄 등의 관할범죄에 대해서 형사법 일반원칙인 범죄법정주의*nullum crimen sine lege*, 형벌법정주의*nulla poena sine lege*, 일사부재리원칙*ne* *bis in idem*, 소급효금지, 유추금지 등으로 재판한다.

[三] 국제관계에서의 평화국가

1. 평화국가

1.1 평화국가의 의의

평화국가는 국내적으로는 공동체의 질서를 보장하는 국가이며, 국제적으로는 국가간 무력적 침략전쟁은 범죄적 불법으로서 금지되고, 생존을 위한 빈곤의 퇴치를 국제적으로 보호하여, 인간의 존엄과 행복을 실현하는 국가이다(헌재 1991.7.22. 89헌가106 참조).

> **평화적 생존권** 침략전쟁에 강제되지 않는 평화적 생존을 국가에 요청할 수 있는 권리라 일컫는, 개인의 평화적 생존권은(헌재 2003.2.23. 2005헌마268), 평화적 생존권이라는 이름으로 주장하는 평화란 헌법적 이념·목적의 추상적 개념에 지나지 아니하여, 지금은 부인하지만(헌재 2009.5.28. 2007헌마369), 국가의 방해없이 평화롭게 생활하고 살 수 있는 권리로서는 여전히 구체적 권리로 인정된다. 평화국가에 관련하여, 빈곤은 국내의 정치·사회적 불안을 야기하고 세계평화를 위협하는 점에서, 그 퇴치를 위한 국제협력도 국제평화질서 형성에 긍정적 기능을 지닌다.

1.2 평화국가의 규범

제1·2차세계대전 후 헌법은 국제평화 보장 없이 인간존엄·자유·생존의 향유가 불가능함을 인식하여 침략전쟁부인(한국), 전쟁포기·자위병력 외의 군비부인, 국제기구에 고권高權이양, 영세중립 선언 등의 평화국가원칙을 규정한다. 평화국가는 조약과 국제법규의 국내법적 효력의 인정(제6조 제1항), 조약과 국제법이 정하는 바에 의한 외국인의 법적 지위 보장(제2항), 국제인권규범(국제인권규약, 유럽인권규약 등)의 보장 등에 의한다. 통일국가도 평화국가이어야 한다(헌법 제1조 제1항, 제3조 영토조항, 제4조 자유민주적 기본질서에 입각한 평화적 통일).

1.3 평화국가의 사상

평화국가는 국가는 법치국가일 수밖에 없다고 한 칸트(I.Kant 또한 그로티우스(H.Grotius)의 '전쟁과 평화의 법'에서의 영구평화론)가 법치국가는 국제간에는 평화국가의 관념에 의하여 실현된다고 한 것과 함께 1791년프랑스헌법에서 정한 이래로 현대의 장전(1919년 국제연맹규약 1945년 국제연합헌장)과 헌법(1946년 프랑스 제4공화국헌법, 1947년일본국헌법, 1947년이탈리아헌법 제11조, 1949서독기본법 등) 등에 규정되었다. 평화국가의 실현의 단계는 평화통일과 침략전쟁부인(한국헌법 제5조 제1항), 전쟁포기와 자위병력 외에는 군비를 부인하는 것(일본국헌법 제9조 어떠한 형태의 전쟁도 부인하며 전력을 보유하지 않는다), 국제기구에 대해서 高權(Hoheits-gewalt)을 이양하는 것(독일 제24조 제1항, 이탈리아 제11조), 영세중립선언(오스트리아헌법 제1조, 스위스 1815년 Wien회의), 기본권실효의 제도(독일 제18조), 평화교란행위의 처벌(독일 제26조 제1항), 양심적 병역거부(독일 제4조 제3항, 제12조a 제2항) 등의 헌정제도가 마련되어 있다. 한국헌법 제3조 영토조항은 대한민국의 영토고권이 미치는 공간적 범주는 한반도와 그 부속도서에만 한정함을 선언한 점에서, 간접적으로나마 평화헌법 규정 등의 의의를 갖는다.

2. 평화국가와 군사제도

대한민국이 지향하는 평화국가의 군사제도는 침략전쟁을 부인하는 평화주의에 기반한다. 침략전쟁은 국제분쟁 발생시 평화적 조정절차 없이 무력을 행사하거나 또는 무력행사시 명시적 통고·선전포고 내지 묵시적 통고·국교단절 또는 주재국사절 추방 등을 하지 아니한 채 행하는 전쟁이다

(국제연합총회 1960년 '침략의 정의에 관한 총회의결'). 침략전쟁은 자위전쟁의 목적인 공동체 적대세력의 불법공격을 배격하여 공동체 안전보장과 헌법국가의 계속성 수호를 통한 평화질서 유지 · 회복의 목적을 결여한 평화파괴전쟁 내지 정복전쟁이다. 헌법은 국민주권(제1조 제2항) · 정치적 중립성(제5조 제2항)을 전제로 국민의 국방의무(제39조), 대통령 국군통수권(제74조 제1항), 국군 조직 · 편성 법정주의(제2항), 국가안전보장회의(제91조), 군사에 관한 국회동의권(제60조 제2항), 군인 · 군사법원에 관한 사항(제27조 제2항, 제29조 제2항, 제87조 제4항, 제110조) 등을 정하여 주권국가의 안전보장을 도모한다. 국군조직법은 각 군 지시 · 집행의 통일성과 조직의 분권성에 합치되도록, 대통령 권한인 군령권 즉 용병권用兵權을 상명하복관계에서 보좌하는 국방부장관 외에 합동참모회의(제13조) 의장인 합동참모의장이 행사하여(제9조), 전투를 주 임무로 하는 각 군 작전부대의 작전지휘 · 감독, 합동부대의 지휘 · 감독 등의 지휘관임무만 수행하고, 각군참모총장은 군정권 즉 양병권養兵權을 행사한다(제10조).

3. 군인의 헌법상 지위와 권리

군인의 헌법상 지위는 현역군인, 직업군인, 사회복무요원 등 그 지위에 따라서 각기 다르게 된다. 예컨대 현역병은 병역의무를 이행하기 위하여 군복무를 하는 자로서, 국가와 현역병 사이에 자발적 사용종속의 근로관계가 존재한다 볼 수 없다(헌재 2012.12.27. 2010헌바406). 군인의 군조직의 특수성과 강화된 군인의 정치적 중립의무 등에 비추어 일반국민에 비하여 군복무상 기본권이 더 많이 제한된다. 군인의 기본권은 모든 국민에 부과되는 국방의 의무, 군인복무훈련은 일반사회생활과 다른 특수전문적 영역인 점, 군대통수지휘는 예측할 수 없는 다양한 상황에 신속 · 전문 · 효과적이도록 군사전문가인 지휘관에 포괄적 일임의 필요성 등을 두루 고려하여야 한다. 특히 국군의 정치적 중립의무를 강조하는 헌법취지 등을 고려하면 군인 개인의 정치적 표현에는 제한이 따를 수밖에 없다(헌재 2016.2.25. 2013헌바111). 현역병의 영내 '기거' 병영의 영내생활은 특정 부대에의 배치명령에 따른 것으로서 병역의무이행을 위한 것이고, 입대하여 영내에 기거하게 된 순간부터 병역법에 따른 거주 · 이전의 자유 제한 등 일반인 '거주'와는 근본적 차이가 있다.

군인의 헌법상 지위 직업군인으로 임용되어 복무하는 자와 현역병으로 복무하는 자의 보수를 다르게 정함은 합리적 이유가 있어 현역병봉급규정은 평등권침해가 아니다(헌재 2012.10.25. 2011헌마307). 현역병이 받는 보수는 생계가 아닌 병역의무이행에 따른 보상적 성격을 가지며 고용보험법상 근로자로 볼 수 없다(고용보험법상 근로자는 임금을 목적으로 사업이나 사업장에 근로를 제공하는 자 또는 이에 준해서 사용자와의 자발적 사용종속의 근로관계를 기초로 임금을 지급받고 그 대가로 자신의 근로를 제공하는 자를 의미하고, 현역병의 법적 지위 · 처우는 근로기준법이 아닌 병역법 · 군인사법 등 군인 관련 법령의 규율에 따라 정해진다)(헌재 2012.12.27. 2010헌바406). 사회복무요원의 선거운동에 경고처분, 연장복무는 선거운동의 자유를 침해하지 않는다(사회복무요원은 공무원은 아니나, 병역의무를 이행하는 공무수행중인 자로서 공무원에 준하는 공적 지위를 가지므로, 그 지위 · 직무의 성질상 정치적 중립성이 보장되어야 하나, 사회복무요원만 선거운동 허용시 현역 등 다른 방식의 군 복무자들과 형평성 논란이 발생할 수 있다)(헌재 2016.10.27. 2016헌마252). 사회복무요원에 현역병 봉급과 동일한 보수를 지급하면서 현역병과 달리 중식비, 교통비, 제복 등을 제외한 다른 의식주 비용을 추가로 지급하지 않음은 (현역병은 내무생활을 원칙으로 하고, 경계근무 등 야간근무가 잦으며, 상시적 전투준비태세의 유지필요성이 있어 기본적인 의식주제공이 직무수행과 밀접한 관련성을 가진다. 사회복무요원은 출퇴근근무를 하므로 업무시간 이외의 활동에 소요되는 조 · 석식비, 주거비 등은 직무수행과 밀접한 관련이 있다 보기 어려워, 현역병봉급에 상응하는 보수를 지급하는 이상, 중식비 등을 제외하고 민간에서 생활하는 데 필요한 의식주 비용을 추가로 보수로 지급하지 않더라도, 직무수행과의 밀접한 관련성유무를 고려하여 현역병복무의 특수성을 반영한 그 취지를 수긍할 수 있다면, 이를 현저히 자의적이라고 보기 어려워 현역병에 비하여) 합리적 이유 없는 자의적 차별이라 볼 수 없어 평등권을 침해하지 않는다(헌재 2019.2.28. 2017헌마374등).

군인의 기본권 군대 내 불온도서소지 등을 금지하는 군인복무규율은 합헌이다(헌법이 대통령에 부여한 군통수권의 실질적 존중 차원에서 군인복무에 관한 사항을 규율할 권한을 군인사법이 대통령령에 위임한 것이고, 그에 규정될 내용, 범위에 관한 기본적 사항을 다소 광범위하게 위임하였어도 군인복무규율상 이익이 군인의 알 권리라는 사익보다 결코 작다 할 수 없어 포괄위임금지원칙에 위배되지 않고 정당한 위임 범위 내의 규율이어서 법률유보원칙을 준수한 것이다)(헌재 2010.10.28. 2008헌마638). 계간 기타 추행한 자를 1년 이하의 징역에 처하도록 하는 별도 처벌규정은 합헌이다(상명하복의 엄격한 규율과 집단적 공동생활을 본질로 하는 군대의 특수한 사정을 고려한 것으로서 주된 보호법익은 '개인의 성적 자유'가 아니라 '군 조직 전체의 건전한 생활과 군기'라는 사회적 보호법익이며, ('기타 추행'이란, 계간에 이르지 아니한 동성애 성행위 등 객관적으로 일반인에게 혐오감을 일으키게 하고 선량한 성적 도덕관념에 반하는 성적만족 행위로서 군이라는 공동사회의 건전한 생활과 군기를 침해하는 것을 의미하여) 죄형법정주의 명확성원칙에 위배되지 않는다)(대법원 2008.5.29. 2008도2222). 동성 간 성적 행위만 금지하고 위반시 형사처벌은 합헌이다(군대 내 동성애(鷄姦 sodomy)형사처벌 위헌성을 직접 다룬 사안은 아니지만, 과잉금지원칙에 위반하여 군인들의 성적자기결정권이나 사생활의 비밀과 자유 침해로 볼 수 없으며, 군대의 특수성에 비추어 볼 때 합리적 이유가 있어 동성애자의 평등권을 침해한다 볼 수 없다)(헌재 2011.3.31. 2008헌가21). 사회활동을 영위하는 예비역이라도 소집되어 실역복무중이면 현역군인에 준하여 군형법이 적용되며(헌재 1999.2.25. 97헌바3), 현역병의 군대 입대 전 범죄에 대한 군사법원의 재판권은 합헌이며 이때 형사재판의 범죄사실 확정과 책임은 행위시가 기준이나 재판권 유무는 재판시점이 기준이 된다(헌재 2009.7.30. 2008헌바162). 현역군인은 물론 예술·체육요원, 공중보건의사, 공익법무관 및 공중방역수의사, 전환복무를 하는 의무경찰 및 의무소방원도 선거운동이 금지되는 반면 공무원, 교육공무원, 사립학교 교원, 국민건강보험공단 상근직원의 선거운동금지는 위헌이 아니다(헌재 2008.4.24. 2004헌바47; 2012.7.26. 2009헌바298; 2004.4.29. 2002헌마467).

군인과 병영생활 현역병의 영내 '병영 기거'는 합헌이다('병영'은 국가에 의해 관리되는 독립적 공간으로서 병영이 소재한 지방자치단체의 일반행정이 미치지 않아, 영내기거현역병은 지방자치법이 예정하는 주민의 실질을 갖지 않고 그의 주민등록을 그가 속한 세대의 거주지에서 하도록 하여도 주민등록은 거주자 결단에 따른 행동과 무관하여 이를 일반적 행동자유권의 내용으로 볼 수 없기에 거주이전의 자유, 선거권, 평등권 등을 침해하지 않는다). 현역병 '영내 기거'는 일반인 '거주'와 근본적 차이가 있고, 공익근무요원은 복무형태가 출퇴근 근무이므로 본질적으로 다른 집단이며, 직업으로 군인을 선택한 군 간부가 영내 아닌 지역으로 생활근거지를 옮기는 경우도 차별 취급을 논할 수 없기에 '영내에 기거하는 군인'에 '전투경찰순경'도 포함된다 봄이 상당하다(헌재 2011.6.30. 2009헌마59). 군인사법이 군인복무사항 규율권한을 대통령령에 다소 개괄적으로 위임하였다 하여 (신병훈련소에서 전화사용을 통제하는 육군신병교육지침서, 군인의 복무·훈련은 일반사회생활과 현저하게 다른 특수하고 전문적 영역이고 군대의 통수·지휘는 예측할 수 없는 다양한 상황에 신속하고 전문적·효과적으로 이루어져야 하므로)헌법 제75조 포괄위임금지원칙에 어긋난다거나 신병교육훈련생들의 기본권을 필요한 정도를 넘어 과도하게 제한하는 것이라 보기 어렵다(헌재 2010.10.28. 2007헌마890). 상관폭행에 징역형만의 법정형은 책임·형벌간 비례원칙 등에 위배되지 않고(헌재 2016.6.30. 2015헌바132), 선임병의 후임병 추행이 계간에 이르지 아니해도 형사처벌을 행함은 군기, 국가존립과 모든 자유의 전제조건인 국가안보를 위한 전투력 보존, 우리나라 안보상황, 징병제도를 고려하여 합헌이다(헌재 2016.7.28. 2012헌바258).

제2장

憲法精神論

제1절 대한민국의 헌법정신

Ⅰ. 국가정통성과 헌법정체성의 헌법정신

헌법정신은 성문헌법을 최고규범으로 하는 실정법체계인 '헌법'*Constitution, Verfassung*에 내재적으로 표출되는 공동체의 '정신'*Geist*이다. 공동체 구성원들이 역사적 존재자로서 자신의 국가적 정통성과 헌법적 정체성을 국체와 정체로서 헌법에 규범적으로 표현한 이념 · 원리가 헌법정신이다. 헌법정신은 국가(國家 State · Nation · Country, Staat(獨), État(佛), Stato(伊))의 존재이유(raison d'Être)인 국가이성(reason of state, raison d'État, Staatsräson, ragione di stato)이며, 국가의 정통성과 헌법의 정체성을 내포하는 공동체*Gemeinschaft*의 '國憲'*Politeia*이다. 국헌은 공동체 안전과 개인적 자유의 '憲章'*Charter*을 헌법규범적 질서 · 제도로서 주권적 규범력으로 보장하는 국가의 '魂'이다. 근대국민국가 입헌주의헌법의 국헌은 주권자인 국민이 결단하여 형성하는 국가의 정통성인 국체이자 헌법의 정체성인 정체로서 구현된 '민주공화국'*Republic, Res publica*이다. 대한민국헌법 전문, 본문 130조, 부칙6조의 헌법정신은 근대국민국가 입헌주의헌법에서 확인된 국가정통성인 민주공화국과 헌법정체성인 입헌공화정을 국체 · 정체로 하여 자유민주주의 · 시장경제질서 · 입헌법치주의의 헌법이념 · 원리, 국민주권의 대의정적 헌정질서로서의 권력분립 · 정부형태 · 공직제도와 선거정당의 정치제도인 헌정제도로 실현하여 공동체통합의 사회제도인 지방자치 · 국가통일 · 평화주의 등을 가능하게 함으로써 국민을 존엄한 인간으로서 존재할 수 있도록 하는 국가의 혼으로서의 국헌이 된다(헌재 2001.9.27. 2000헌마238등; 1994.4.28. 89헌마221 등 참조). 이와 같은 국체와 정체의 헌법정신 및 헌법이념 · 원리와 헌정질서 · 제도는 헌법을 공동체의 최고규범질서이며 국가의 근본규범이 되도록 하며 헌법제정의 목적과 국가권력의 발동취지 및 관련규범의 관계 등을 종합적으로 고려하여 체계적이고 모순 없는 해석을 통해서 개별 국가의 권력과 규범을 이해하도록 한다(헌재 1996.8.29. 95헌바41; 2000.8.31. 97헌가12; 2018.7.26. 2016헌바139).

Ⅱ. 대한민국의 국가정통성과 헌법정체성

[一] 민주공화국의 국가정통성

대한민국의 국가정통성은 민주공화국이다. 국가정통성은 국가적 통일의 원천으로서 그 국민의 역사·경험·문화 등의 정신적 상징, 정치·경제의 권력구조 등의 종합적 표출로 형성되는 국가적 특성을 이룬다.[1)] 민주공화국은 대한민국의 국가적 통합을 이룬다. 공화정과 독재정·전제정에 대해서, 공화정은 플라톤*Platon*의 Politeia 즉 국헌을 형성하는 logos적 인간의 공동체 국가*Commonwealth*의 정신으로서 키케로(Marcus Tullius Cicero 106~43BC)의 Res publica 즉 공화국에서 말하는 Res publica est res populi '국가는 시민'이라고 하는 시민의 공동체 국가의 정치체제이다. 국민공동체의 통치체제를 부인하는 헌법초월적 주권독재인 영도자독재, 군부독재, 일당독재 등의 정치체제는 민주공화국의 국가정통성을 갖지 못한다. 다만 헌법에서 정한 입헌독재정의 통치형태인 제76조 제1항의 긴급재정경제명령·처분, 제2항의 긴급명령, 제77조의 계엄 등은 가능하다. 입헌군주정은 군주 개인의 주권적 지배가 아니라 국민주권의 입헌정에서 군주제도로서만 존재하는 공화정으로서 영국의 비통치 군림 군주정, 일본의 상징천황제 등이 이에 해당한다. 한국헌법 제66조 제1항이 대통령이 국가의 '元首'라 할 때의 대통령이라도 그는 전제정적 권능자인 군주로서가 아니라 제도적 권력을 헌법에 의거하여 행사하는 치자로서 공화정의 입헌정을 실현하는 주재자일 뿐이다. 민주공화국의 이 같은 의미의 '공화'라는 말은 H. Wheaton 『*Elements of international law with a Sketch of the History of the Science*』의 W.A.P. Martin 한역 『萬國公法』에서 이미 나타나고 있다(姜京根, 정부의 구성과 민주적 정당성 「공법연구」(제14집 1986) 특히 129~167면 등; 통치구조의 자생적 정당성, 국민적 정당성, 실질적·절차적 정당성). 민주공화국의 국가정통성은 국민주권의 헌법원리(제1조 제2항, 제11조 제2항 주권在民·권력由民, 사회적 특수계급금지, 노농계급주권의 공산국가, 왕정, 신정 부인)를 기초로, 개인의 자연적 의사가 아닌 국민의 제도적 의사로 권력구조·통치기구 등을 정하여 제도화된다(헌재 1999.11.25. 99헌바28; 1992.11.12. 89헌마88; 1994.2.24. 93헌마192 참조). 민주공화국은 한국헌법 제3장 국회·제4장 정부·제5장 법원·제6장 헌법재판소 등의 대표자가 행사하는 제도화된 권력에 의하여, 헌법적 수권이 없는 인격적 권력의 군주정인 권력의 기초의 인격화 또는 카리스마적 지배인 권력의 행사의 인격화에 따른 전제정, 독재정 등의 인격적 권력을 차단한다.[2)] 한국헌법은 세계사적 역사의 존재에서 제3조 영토조항인 국가정통성 규정에 근거하는 국가보안법을 남·북한 유엔동시가입과 남북기본합의서에도 불구하고 남북대치상황에서, 대한민국영토인 북위38도선이북지역의 불법적 점거단체인 이른바 조선민주주의인민공화국이라는 북한정권을 국가보안법상 반국가단체로 보는 등 국가정통성 수호를 위한 기본법의 의미를 준다. '대한민국'의 국가정통성은 왕조국가, 민족국가가 아닌 공화국을 국체로 하는 국민국가에 있다. '대한제국'은 왕조이며 민족국가의 기원은 고조선에까지 거슬러 올라 갈 수 있겠지만, 대한민국은 첫 근대국민국가의 헌법 제정으로 1948.7.17. 건국되며, 이른바, 조선민주주의人民공화국의 북한사회주의헌법은 국민전체가 아닌 노동자·농민 등 계급주권의 공산주의국가인 동시에 김일성-김정일-김정은 세습주권 권력체제의 金氏王朝 전제국인 군주주권의 왕조국가로서 국가형식, 국가형태의 구분조차 할 수 없을 정도로 서구 중세적 유일신적 주체사상의 신정국가이다. 때문에 국가보안법 제1조 '국가를 變亂한다' 함은 자유민주주의에 입각한 헌법제도인 국가형태, 의회제도, 주권소재, 권력분립, 의회제도 등으로 표상된 대한민국의 정치적 조직의 불법적 파괴를 말하는 것이다(대법원 1966.4.21. 66도152).

국가정통성과 국가보안법 국가보안법(구 반공법 1961.7.3.제정 1987.폐지)은 국가의 안전을 위태롭게 하는 반국가활동을 금지하는(제1조) 국가수호법이다. 이른바 조선민주주의인민공화국, 북한을 반국가단체로 보고 반국가단체의 대한민국 공격 및 동조 행위를 처벌한다. 정부를 참칭하거나 국가를 변란할 것을 목적으로 하는 국내외의 결사 또는 집단으로서 지휘통솔체계를 갖춘 단체인(제2조) 반국가단체를 구성하거나(제3조) 그를 위한 목적수행(제4조), 자진지원 · 금품수수(제5조), 그곳에의 잠입 · 탈출(제6조), 찬양 · 고무 등 이적행위 및 이적표현물 제작 · 소지 · 운반(제7조), 회합 · 통신(제9조), 편의제공(제9조) 등의 행위는 사형을 상한으로 모두 징역형인 자유형으로 처벌되며, 위의 행위들을 행한 자임을 알고 있음에도 수사기관이나 정보기관에 알리지 않은 자도 不告知罪로 벌금형으로 처벌된다(제10조). 국가보안법 제7조, 제10조의 죄에 형사소송법상 수사기관의 피의자구속기간 30일보다 많은 50일은 위헌이나(헌재 1992.4.14. 90헌마82), 제3조, 제5조, 제8조, 제9조 해당 피의사건에 대한 구속기간연장은 합헌이다(헌재 1997.6.26. 96헌가8등).

[二] 민주공화국의 국가정통성의 계속성

대한민국의 민주공화국의 국가정통성은 곧 자유민주주의 · 시장경제질서 · 입헌법치주의의 헌법정체성이며 구한말 이후 조선의 일제 강점, 광복과 미군정기(1945.8.15.~1948.7.16.) 등 각 시기마다의 정통성 · 정체성 투쟁의 결과물이다. 국가정통성 · 헌법정체성의 가치에서도 특히 근대국민국가의 민주공화국은 1948년 7월 17일 제헌헌법의 제정으로 건국되고 8월 15일 대한민국정부 수립으로 이루어진 제1공화국(1948.7.17.~1960.6.14. 제헌헌법, 제1 · 2차개헌)에서 시작하여, 제2공화국(1960.6.15.~1962.12.25. 4 · 19 의거, 제3차개헌, 제4차개정헌법), 제3공화국(1962.12.26.~1972.12.26. 5 · 16군사정변, 제5차개헌, 제6차개정헌법)을 거치면서 사유재산권과 시장의 자본주의 국체가 형성되고, 제4공화국(1972.12.27.~1980.10.26. 유신정변, 제7차개정헌법, 유신헌법), 제5공화국(1980.10.17.~1987.10.28. 12 · 12군사반란, 제8차개정헌법)에 이어지면서 국가정통성과 헌법정체성의 자유민주주의 등의 정체가 공고하게 된다. 이는 제6공화국(1987.10.29.~ 6 · 29항쟁, 제9차개정헌법)에도 계승된다. 이 같은 대한민국의 공화국 계승으로 자유와 시장의 헌법정체성은 사회와 연대로 확장되어 국가정통성의 민주공화국을 이룬다.

[三] 대한민국의 헌법정체성 – 자유민주주의 · 시장경제질서 · 입헌법치주의

대한민국의 헌법정체성은 국가정통성에서 나온다. 민주공화국의 국가정통성은 국민주권의 헌법원리에서 헌법 제1조 제2항 전단 '대한민국의 주권은 국민에게 있다' 하는 主權在民에 의하여, 권력의 보유를 국민에 귀속시키며 자유민주주의(헌법 제1조 제1항 · 제2항 제8조 제4항 민주적 기본질서, 전문 · 제4조 자유민주적 기본질서) · 입헌법치주의 · 시장경제질서(제10장 제119조 제1항~제127조 등)의 헌법이념 · 원리로서 국가의 근본규범을 이룬다. 이는 국민주권의 대의정적 헌정질서, 권력분립 · 정부형태 · 공직제도와 선거정당의 정치제도인 헌정제도로 실현된다. 대의정은 헌법 제1조 제2항 후단 '모든 권력은 국민으로부터 나온다' 하는 국민주권 헌법원리의 權力由民을 근거로 권력 행사를 국민이 위임한 대의기관에 귀속시켜, 권력의 보유권과 정책의 결정권을 분리하는 헌법정체성의 권력제도이다. 대의정은 권력분립주의 즉 입법권인 법제정권의 의회 귀속(제40조), 행정권인 법집행권의 정부 귀속(제66조 제4항), 사법권인 법판단 · 선언권의 법원 귀속(제101조 제1항)의 권력구조(국회의원 4년(제40조–제42조), 대통령 5년 중임불가(제67조, 제70조), 대법원장 6년 중임불가(제105조), 대법관 6년 연임가능(제2항), 일반 법관 10년 연임가능(제3항), 법관정년법률주의(제4항) 등)를 전제로 한다. 이로써 민주공화국과 입헌공화정의 권력제도인 권력분립주의 · 정부형태 · 공직제도와 선거정당의 정치제도 등의 헌정제도는 공동체통합의 사회제도인 지방자치 · 국가통일 · 평화주의 등을 가능하게 한다. 대한민국은 이 같은 자유민주주의 · 시장경제질서 · 입헌법치주의의 국가정통성 · 헌법정체성을 훼손하는 공동체의 적에 투쟁하여 국헌 질서와 제도를 방어하는 전투적 민주주의에 의하여 헌법과 국가를 수호할 수 있어야 한다(제8조 제4항, 제111조 제1항 3호). 예컨대 한국사회에서 민주공화국의 국체에 따른 입헌공화정의 정체로서의 시장경제질서는 사유재산제도 보장과 자유경쟁을 핵심 가치로 한다. 국가의 경제관여에 의한 경제민주화를 정한 헌법 제119조 제2항은 시장교란의 교정을 위해서만 적용되어야 한다. 사회적 시장경제는 가능하나 사회주의적 통제경제는 시장경제의 돌아올 수 없는 다리를 건너 사회주의체제로 가는 길이다. 특히 국가와 법의 근간을 이루는 의사소통공동체에서 이탈하여 노동자와 사용자가 함께 참여하는 협동체Corporate, Corporation가 사회 조직의 중심이 되도록 하는 코포라티즘Corporatism은 사유재산권을 바탕으로 개인이 경제의 중심이며 자신의 의사에 따라 자유롭게 행동할 수 있는 자유주의를 억압하고 개인의 자유는 공동선의 이름으로 제한한다. 노사협동체인 신디케이트Syndicate조합의 노사정위원회가 정치적 의사결정구조화되면 대의정의 헌정제도는 허구화되어 국민의 주권자로서의 지위는 잃게 된다. 제1차세계대전 종전시기부터 제2차세계대전의 기간에 코포라티즘을 전면적으로 도입한 유럽국가들은 파시즘, 나치 등의 전체주의 사회로 갔다.[3] 立憲的 國憲의 후퇴인 것이다.

Ⅲ. 통일한국의 국가정통성과 헌법정체성

[一] 통일한국의 통일헌법

1. 대한민국의 통일

1.1 통일의 본질

제헌헌법 제정 당시 유진오 헌법기초전문위원은 “우리는 연방국가가 아니고 단일국가니까 안 넣을 수도 있습니다. 그러나 이 헌법에 적용된 범위가 38선 이남뿐만 아니라 우리 조선 고유의 영토로 삼아가지고 성립되는 국가의 형태를 표시한 것입니다”[4] 하여 대한민국 건국헌법은 하나의 통일국가를 전제로 제정되었음을 확인한다. 통일은 국가의 대세이다. 天下大勢 分久必合 合久必分 ‘무릇 천하의 대세는 나눠진 지 오래면 반드시 합치고 합친 지 오래면 나눠지는 법이다’(나관중羅貫中 1330?~1400 『三國志通俗演義』 첫 구절). 중국의 천하국가에서 천하는 국가이다. 통일의 관념은 국가의 본질을 전제로 한다. 통일은 단순한 합함이 아니다. 근대국가를 향하는 총체적 단일의 결단이다. 한국헌법 제3조, 제4조의 평화통일은 단순한 화평의 안이함이 아니라 전쟁 이상의 치열한 우적의 투쟁을 통하여 얻어지는 것이다. 통일은 신의 가호에 의한 화평으로 이루어지는 것이 아니다. ‘내가 세상에 화평을 주러 온 줄로 생각하지 말라 화평이 아니요 劍을 주러 왔노라’(마태복음 10:34), 한 그리스도의 劍은 mavcairan마카이란이란 칼, 단검을 뜻하지만 상징적으로는 전쟁을 말한다. 거짓된 평화, 잘못된 안정이 아닌 전쟁을 통한 和平eijrhvnhn에이레-넨-, 죽음을 각오하는 화평의 통일이다(하나님과의 화평(롬5:1, 엡2:14-17), 하나님 안에서의 화평(빌4:7), 하나님께 맡긴 화평(눅7:50, 빌4:6, 요14:1), 지상의 평화(눅2:14, 사9:6, 사10:1-12)). 조선이 성리학의 정치철학, 충효 등의 인간윤리로 통합된 사회라면 대한민국은 자유민주주의와 시장경제질서의 근대국민국가로서 개인의 합리성에 기초하여 세워진 나라이다. 대한민국은 조선에서 이어지는 근세적 민족주의를 배제하고 자유・시장의 근대국가의 이념에 기초하여 세운 나라이다. 통일은 헌법의 통합이다. 통일이 ‘누가 국민을 대표하는가를 놓고 벌이는 권력투쟁’이라면 국민공동체의 통일로서의 남북관계는 사회주의와의 대결에 대한 자본주의의 통합이며 ‘자본주의와 봉건주의’의 대결이면 근대국민국가로의 통합이며, 공동체의 이해관계에 대한 자각인 자유민주주의의 이념적 통일이어야 한다. 진실의 기초에 서는 근대국민국가의 헌법정신에 따르는 통일이 헌법의 평화통일의 본지이다.

1.2 통일의 규범

大韓民國은 대한제국의 대한大韓, 공화국의 한자식 표현인 민국民國, 대한민국임시정부의 대한민국 등을 확인한 우리나라의 국호國號이다. 대한민국은 일제강점으로 대한제국과 단락되었지만 기미己未 3・1운동으로 건립하여 대한민국임시정부의 법통을 계승한 정통성을 지니고 독립 후 미군정청 시기에도 국가적 정통성이 이어져 온 민주독립국가이다. 대한민국은 국가정통성과 헌법정체성의 원점이며 모든 규범과 권력의 시원을 표상한다. 국가國歌 애국가와 국기 태극기太極旗는 대한민국의 국체・정체의 국가적 상징이다. 통일의 현실에서, 일제로부터 해방된 공간인 1947년에 들어서자마자 김일성 중심의 국가체제인 공산주의헌법과 일당수령독재를 먼저 만드니, 우리들 대한국민We, the people of Korea은 1948년 7월 17일 제헌헌법으로 건국되어 8월 15일 정부를 수립한 근대국민국가인 대한민국Republic of Korea을 건립하여 봉건적 유일신 독재 체제와의 대결을 통하여 자유민주주의의 이념적 통일을 수행하여야 할 역사적 존재자로서 책무를 갖는 것이다. 대한민국의 통일은 국법학적 국가의 헌법적 인식을 현상적 · 객체적 관념이 아니라 권리 · 의무의 주체인 법인, 법질서인 국가를 전제로 하는 규제와 조정의 국가(제119조 제2항), 보호의 책무를 지는 국가(제2조 제2항), 보장할 의무를 지는 국가(제10조 제2문) 등의 현상적 인식이 한반도 공동체에서 결정될 수 있게 하는 정치적 통일체로서의 존재인 국가로서의 규범적 통일이어야 한다.[5)]

제헌헌법과 대한민국, 대한민국의 色 제헌헌법은 제헌국회 제21차회의*1948.7.1.*에 헌법기초위원회가 제출한 헌법초안 제1조(대한민국은 민주공화국이다)를 7월 17일 표결로 결정되었다. 제헌헌법은 대한민국이 己未 三一運動으로 건립된 대한민국임시정부의 법통을 계승함을 확인한다. 대한민국의 民國은 청나라의 군주제를 전복하고 공화제로 전환한 근대 중국 국민혁명의 시발점 1911년 辛亥革命에 의한 中華民國의 '민국'에서 따 온 것이다(韓相範, 『헌법이야기』(현암사 1997), 76면). '대한민국'의 국호는 1919.4.10. 최초 민의기관 임시의정원(상해 프랑스 조계 金神父路 셋집) 독립지사 29인 모임에서 신석우가 제안한 것을 다수결로 채택한다. 대한민국은 그 정체성을 色을 통하여도 강조하였다. '국호및일부지방명과地圖色사용에관한건'(국무원고시 제7호 1960.1.16)은 우리나라의 정식 국호는 '대한민국'이나 사용 편의상 '大韓' 또는 '韓國'이란 약칭을 쓸 수 있되, 북한괴뢰정권과의 확연한 구별을 짓기 위하여 '朝鮮'은 사용하지 못한다(제1호). 지명으로도 사용하지 못한다(제2호). 조선해협은 대한해협으로 고쳐 부른다. 정치구분지도에서 우리나라 색은 녹색으로 하고 붉은 색은 사용하지 못한다(제3호). 하니, 통일은 色에서도 이루어져야 한다.

1.3 통일의 현실

헌법 제3조 영토 조항은 대한민국이 한반도에서 유일한 정통성을 가진 정치적 공동체인 점을 분명하게 선언하고 있다. 영토는 지리적 실재 위에 기초하는 대한민국의 국법학적 국가로서의 실체적 토대를 이룬다. 대한민국은 한반도라는 영토에 기반을 두어 유일합법정부를 구성할 수 있는 정치적 통일체의 국법학적 지위를 갖는다. '대한민국'은 대한민국임시정부의 법통을 이은 유일합법정부이다. 북한정권의 사실상 지배에 관계없이, 한반도 내 헌법적 정체성의 규범적 기초의 원점이며 모든 규범과 권력의 시원을 표상한다. 영토 조항은 특히 북한 공산 정권에 대하여 대한민국이 한반도에서의 유일한 국가, 합법정부를 지닐 수 있는 정통성을 지닌 국가임을 증명한다. 이른바 '조선민주주의인민공화국'이라 불리는 북한은 헌법상 대한민국 영토를 불법점거한 반국가단체다. 정부나 국가가 아니다. 하지만 북한 주민은 대한민국의 국민이다. 그러므로 북한인권법 제정의 지체는 국민에 대한 국가의 보호의무를 방기하는 것이다. 소위 조선민주주의인민공화국의 북한사회주의헌법은 북한이 국민전체가 아니라 노동자 · 농민 등 계급주권의 공산주의국가임을 명시한다. 그마저도 현실의 김일성-김정일-김정은 세습권력 체제의 북한은 金氏王朝 전제국인 군주주권의 왕조국가다.[6)] 국가형식, 국가형태 구분조차 할 수 없을 정도로 중세적 유일신적 주체사상의 신정국가인 것이다. 북한주민의 몇 백만을 아사시켰다.[7)] 조선민주주의인민공화국 함경남도 요덕군 제15호 요덕수용소 현실은 이를 말한다. 한국의 위치가 유라시아 대륙 동단에 위치한 반도이고 분단되어 있다는 국가의 지정학적 속성은 이념적 상황의 극복을 위하여서도 북한을 통합하여야 할 당위성을 더욱 강조케 한다. 북한의 남침 6 · 25동란전쟁에서 자유민주주의 국민국가로 생존할 수 있게 된 계기의 하나가 인천상륙작전의 성공이었다. 인천 제물포 언덕 자유공원에 세워진 더글라스 맥아더 동상의 *名板* "There is no boundary in justice, nor is there any obstacle to struggle, mountain or sea" "정의에는 국경이 없다", 함은, 대한민국이 '신과 같은 존재인 지도자와 노예처럼 봉사하는 인민으로 이뤄진 사회'인 북한을 근대국민국가의 자유주의사회로의 통합을 지시하는 명언이기도 하다.

神政왕조 북한 노예제 사회 "김정일의 선군정치는 군사독재를 넘어 노예사회와 같은 체계를 수립했다. 노예란 남의 소유물로 되어 부림을 당하는 사람, 모든 권리와 생산수단을 빼앗기고 물건처럼 사고 팔리는 사람이다. 북한 주민에게는 인간의 기본 권리인 의사표시의 자유, 이동의 자유, 생산수단을 보유할 자유, 자기 자식을 자기가 관할할 수 있는 자유조차 없다. 단언컨대 오늘의 북한은 현대판 노예사회다. 북한은 나라 전체가 오직 김정은 가문만을 위해 존재하는 노예제 국가다. 한반도의 통일은 북한 주민을 노예사회에서 해방시키는 '노예해방 혁명'이다. 북한 주민에게 인간으로서의 고유한 권리를 되찾아주는 것이 통일이다. 남북으로 갈라진 체제와 이념을 하나로 통일하고 민족 문화와 동질성을 융합하는 것은 그 이후의 가치다. 그러자면 통일의 주체를 북한 주민으로 보아야 한다. 북한 주민은 자체로 일어날 힘과 의식이 있고 이미 엄청난 정보가 북한으로 들어가고 있다. 북한 내부의 변화는 이미 진행형이다. 그 변화가 어떤 모습으로, 어떤 속도로 올 것인지가 문제일 뿐이다."[8)]

2. 통일헌법의 논리

2.1 통일과 결단

통일은 결단이다. 결단에 관하여, 신채호, 『朝鮮史 총론』*(1924)*의 '我와 非我의 투쟁'에서 '아' 관념 형성의 배경에 양계초나 일본에 수용된 독일 철학의 영향이 있었다면, 대한제국기 양계초의 수용은 무술변법 실패 후 일본 망명시절의 양계초가 당시 일본에서 유행하던 서양사조에 대한 학습이 '아'와 '비아' 관념의 형성에 영향을 주었는지를 확인할 필요가 있다. 양계초는 1915년 「非斯的人生天職論述評」을 大中華 4, 5호에 연재한 바 있다. '아와 비아'의 용례는 독일 철학자 피히테(J.G.Fichte, *Einige Vorlesungen uber die Bestimmung des Gelehrten*, *Jena* and Leipzig : Christian Ernst Gable, 1794)의 국가애국주의를 일본에서의 번역물(杉谷泰山, 『人間天職論 : 人生解決』*(1906)*, 道義원론인 『非我的善』*(1897)*, 교육시대관인 『我と非我』*(1899)*, 심리학개론으로서 『自我と非我の觀念』*(1901)*, 인격론으로서 『自我と非我との關係』*(1912)*, 자아론으로서 『自我非我の相關性』*(1916)*)을 통해서 카를 슈미트의 '友敵 이론' 수용에 이르기까지 확인할 수 있다.

2.2 정치신학적 통일의 결단

결단이론의 주창자 카를 슈미트의 『정치신학』에서는 "주권자란 예외상태에 관해 결정하는 것이다" 한다. 통일은 주권자가 예외상태에서의 결단에 의하는 것임을 시사하는 것이다. 슈미트의 시대인 바이마르 독일에서 '예외상태'는 Ausnahmezustand로서 헌법이나 정치체제의 맥락에서는 '비상사태'라는 의미로 사용된다. 위기에 대처하기 위해, 통상적인 법의 효력을 일시적으로 정지하고 계엄령 등에 의해 치안유지를 꾀하려 하는 '비상사태'가 그것이다. 제1차세계대전의 패전국 독일은 제정帝政이 붕괴하고 바이마르 공화국이 들어서지만 거액의 배상 책임, 극우와 극좌의 빈번한 체제전복의 시도, 정당 난립과 잦은 정권 교체 등으로 국가는 불안정했으며 한치 앞도 보이지 않는 '예외상황'이었다. 바이마르헌법에는 헌법=국가체제가 위기에 빠졌을 때 즉 '비상사태'에 처했을 때 헌법 일부 규정을 중지하고, 특별한 명령을 냄으로써 혼란을 수습할 권한이 대통령에 주어졌다. 슈미트는 대통령이 대권을 발동할 수 있는 '비상사태'를 둘러싼 현실적 문제를 비상사태 대권으로 혼란을 수습한다 함에서 머물지 않고, 국가의 존립이 걸린 예외상태, 법의 예외상태, 인간 존재의 예외상태처럼 '주권자란 예외상태에 관해 결정하는 것이다'*Souveräne ist, wer über den Ausnahmesustand entscheider*로 더 깊은 것을 말한다.[9)] 슈미트는 법 개념사적 지식을 현실의 헌법해석의 문제를 논하는 심층 독해의 해석에서 법개념의 근저에 있는 신학 혹은 신화적 심층의 논의를 갖는다. 슈미트는 근대 Diktatur 개념의 기원인 로마의 dictator 독재관 제도까지 거슬러 그 본질을 분명히 한다. 로마의 '독재관'은 공화국의 비상사태 수습을 위해 통상의 정무관의 권한을 넘어서는 절대 권위를 통령과 원로원으로부터 위임받은 특별한 정무관을 의미했다. 독재관은 로마의 모든 군대의 지휘권을 장악하고 모든 정무관을 지배하에 두고 사태의 수습에 임한다. 법률을 변경할 수도 있다. 다만, 임기는 반년으로 한정되었다. 카이사르*100BC~4BC*는 자신의 독재관 임기를 연장시키고 ‘종신 독재관’dictator perpetuo으로 임명된다. 카이사르의 양아들인 옥타비아누스 63BC~14AD는 ‘독재관’ 직을 형식상 사임하는 대신 ‘황제’imperator 칭호를 얻고, 실질상 종신 독재관에 상당하는 권력을 획득한다. 원래는 한시적인 비상대권을 법적 절차를 따라 ‘독재관’을 얻은 것이다. 그렇기 때문에 한국의 통일이 독재관의 비상사태에 임한 그의 독재적 결단의 통일이어서는 근대국민국가의 자유주의적 통일은 무망한 것이 된다.

2.3 헌법수호자인 주권자의 통일의 결단

통일의 결단은 독재관이 아니라 주권자의 결단에 의한 통일이 요구된다. 장 보댕J.Bodin은 근대적 주권 개념을 처음으로 발견하였음에도 주권자인 군주로부터 전권을 위임받고 문제 해결에 임하는 ‘특명위원’commissaire이라 불리는 특별한 관리에 의한 ‘독재’를 지지하였다. 군주의 약속이 인민의 이익에 부합하는 한에서 이행되는 만큼 군주는 여러 신분계층이나 인민에 대해 의무를 갖지만, 긴급사태의 경우 그는 결코 구속되지 않는다고 말한다. 약속을 지킬 의무는 자연법에 기초하므로 구속력을 갖지만 긴급상황에서 구속력은 일반적인 자연법 원리에 따라 효력이 상실된다는 것이다. 슈미트에 따르면, 이탈리아의 도시국가나 신성로마제국의 軍政에서도 그런 ‘특명위원’에 의한 ‘독재’의 제도가 채택됐었다. 슈미트는 ‘라이히대통령’을 ‘독재관’이면서 ‘헌법의 수호자’Hüter der Verfassung로서 자리매김 한다. 헌법 해석을 둘러싸고, 주와 정부, 국가를 구성하는 기관들 사이에서 대립이 생겨난 경우, 대통령이 중립적인 독재자로서 판정을 내릴 수 있으며, 그에 따라, 헌법 그리고 국가의 통일성이 붕괴하지 않도록 지키는 역할을 맡는다. 슈미트는 ‘중성화와 비정치화의 시대’(1929)에서 근대 이후 국가의 중성화, 중립화 즉 Neutralisierung란 국가는 가치중립적인 것이며 정신적 · 정치적 대립에 대해 중립을 지켜야 한다고 여겨지게 됐다고 한다. 슈미트는 주권이란 ‘사실상의 최고의 힘’faktisch höchste Macht과 ‘법적 최고권력’rechtlich höchste Macht이 결합된 것이다. 법주권설Lehre von der Rechtssouveränität의 제창자 후고 크라베(Hugo Krabbe 1865~1936) 네덜란드 공법학자, 켈젠은 이 크라베를 자신의 선구자로 보는데, 크라베는 오히려 국가는 다양한 이해관계로 구성된 복합체이며, ‘법’을 만듦으로써 그런 이익들을 법적 가치로서 확정하는 것이 국가의 역할이라 한다. 법 자체가 가치의 원천이 된다는 얘기가 아니다. 크라베의 주권론은 다원적 주권론의 국가 = 단체론의 계보로서 단체이론Genossenschaftstheorie이다. 슈미트의 단체이론은 켈젠 식의 법실증주의보다는 크라베에 가깝다. 법학과 신학의 유사성은 ‘교리학’Dogmatik 중심으로 발전했다는 것이다. 신학의 ‘교리학’은 계시에 근거한 신앙상 교리를 전체로서 논리적 정합성이 있는 것처럼 체계화하는 것을 목표로 하는 학문이다. 법학도 이에 상당하는 ‘법교리학’Rechtsdogmatik의 역할이 있다. 하지만, 켈젠은 ‘사회학적 및 법률학적 국가 개념’에서 법질서를 넘어선 것으로서, 인격적 존재로서의 주권국가를 상정하는 국가이론의 사고방식은 신을 상정하는 신학의 그것과 비슷하다고 한다. 국가이론은 국가에 있다, 터무니없는 힘, 법 외적인 힘은 기적에 상당한다. 자연과학이 초자연적인 신의 개념을 자연 개념에 흡수했던 것처럼, 순수국가학이기도 한 순수법학은 법을 넘어선 것으로서의 ‘국가’ 개념을, 법 개념으로 환원하는 것을 목표로 한다. 하지만 國憲으로서의 통일은 순수한 법 개념에의 환원 이상의 법도그마틱 및 선험론적 인간 이성의 헌법정신의 궁극의 결과이어야 한다.

3. 통일헌법의 국체 – 정통성

한반도의 南北韓 존재의 본질은 역사적 정통성과 국민국가적 정체성이다. 대한민국은 자유민주주의 국민국가의 세계사적 정통성을 이은 역사적 존재이다. 북한정권은 공산독재의 반역사적 세력이다. 대한민국의 정통성과 정체성을 수호하는 헌법과 세력이 我가 되어 非我의 북한정권을 비존재가 되도록 하는 것이 통일이다. 대한민국세력은 대한민국을 산업화·민주화하고 비아적 반역사를 헌법에 기초하는 국가와 법의 세력에 들여 놓았다. 민족사를 세계사적으로 통합하여 왔다. 그것이 대한민국이 지닌 유구한 역사와 전통이다. 이에 기초를 두는 대한민국은 헌법상 북한정권은 반국가단체이고 대한민국은 한반도의 유일한 합법정부를 지닐 수 있는 국가임을 명시한다. 칼 슈미트의 '적과 동지'의 관계에서 북한 공산정권의 주모자들은 敵이며 그들에게서 북한동포를 해방시켜 자유통일을 이루는 것이 적의 동지화이다. 통일은 북한동포를 인간으로서의 생존, 자유, 행복을 추구할 수 있는 존재가 되도록 하는 것에 존재하는 것이다. 통일헌법의 국체로서의 국가 통일의 헌법제도에는 헌법과 분권, 국가와 사회, 聯邦과 支邦 및 地方 등의 헌법과제가 있는 바 이들에 대해서는 본서 각 해당되는 곳에서 기술하였다.

[二] 통일한국의 국가정통성－友敵의 승전보

통일 한국은 국가형성의 통일이며 근대국민국가의 통일이다. 근대국민국가는 국민공동체의 근대국가이며 국민주권국가이다. 국민이라는 이름을 빌린 전체국가, 인민이라는 이름하에 행해지는 프롤레타리아 공산국가가 아니라 국민공동체를 이룬 국민주권의 국민국가이다. 국민공동체는 자연적 공동체가 아니라 법치국가적 공동체이다. 대한민국은 일제로부터의 해방, 광복 및 미군정에서 독립하여 건국된 국가이다. 대한민국헌법은 조선왕조, 대한제국, 대한민국임시정부 등의 법통을 '대한국민'이 계승하는 것으로 한다. 통일은 체제의 주도이지 체제의 합이 아니다. 통일은 국가, 국가안전, 국토방위의 문제이지 유교적 正名의 문제가 아니다. 우적의 승전보이어야 한다.[10] 신라는 金庾信 등의 對唐 결전의 결단으로 屬邦이 되지 않았다. 통일은 한민족 국가의 정통성은 대한민국에 있다는 자주적 결단과 자유의 힘에 의해 이룩된다.[11] 통일에는 민주적 국민국가의 범주를 넘어선 민족개념의 북한과 공산체제를 포섭시킬 수 없다. 통일은 민족주의가 아니라 국가적 국민의 애국주의에 의거하는 것이며 그것이 자유민주적 기본질서에 입각한 통일이다.[12] 대한민국헌법의 자유통일은 北의 공산통일에 대응하는 생존의 존재의 목적이다. 법치와 인권을 기준으로 하는 문명국가로의 통일이다. '磻溪 柳馨遠반계 유형원은 조선사회 인구의 80~90%가 노예라 했다. 북한이 그 같은 상태이다. 노예로부터 공민으로 전환하여 문명국가로 가는 것 그것이 통일이다.

통일한국과 법통계승(대법원 2016.10.19. 2014다46648 북한주민의 상속회복청구권 제척기간에 관한 최초의 판례) '남북 주민 사이의 가족관계와 상속 등에 관한 특례법' 제11조 제1항은 남북이산으로 인하여 피상속인인 남한주민으로부터 상속을 받지 못한 북한주민(북한주민이었던 사람 포함) 또는 그 법정대리인은 민법 제999조 제1항에 따라 상속회복청구를 할 수 있다고 규정할 뿐, 친생자관계존재확인의 소나 인지청구의 소의 경우와 달리, 제2항의 제척기간 특례 규정을 두지 않았기에, 입법의 해석상 북한주민에 상속회복청구권 제척기간을 연장할 수는 없으나, 남북 분단 장기화로 북한주민에 대한 상속권이 침해된 때부터 10년이 경과한 경우가 대부분이기에, 입법을 통해 북한주민의 상속회복청구권이 실질적으로 보장될 수 있도록, 제척기간 연장시 발생할 수 있는 거래안전의 저해 등 남한주민이 입게 될 불측의 손해에 대한 제도적 보완도 입법과정에서 아울러 고려하여, 남한주민과 마찬가지로 북한주민의 경우에도 다른 특별한 사정이 없는 한 상속권이 침해된 날부터 10년이 경과하면 민법 제999조 제2항에 따라 상속회복청구권이 소멸한다(반대의견:남·북한주민 사이에 단일민족의 공감대 형성을 통해 평화적 통일의 기반을 다져야 한다는 헌법의 정신에 부합하지 아니하며…, 제11조 제1항 해석상 북한주민의 상속회복청구권 제척기간 연장에 별도규정이 없는 법률의 흠결이 존재하기에, 가장 유사한 취지의 규정을 유추하여 흠결된 부분을 보충하는 법률해석이 가능하여, 민법상 상속회복청구권 제척기간이 연장되어 남한에 입국한 때부터 3년 내에 상속회복청구를 할 수 있다).

[三] 통일한국의 헌법정체성

1. 통일한국과 국가상태

홉스의 자연상태는 국가 이전에 존재하는 역사적 가언으로서의 자연상태 즉 인간의 자연적 본성으로부터 이끌어내는 자연적 상태로서, 역사적으로, 국가 앞에 전제된 국가 설립의 출발점에 있는 상태를 의미하는 것이 아니다. 그가 인정하는 자연상태는 현재의 불완전한 주권 상태에 살고 있는 사람들에게 주권자에 절대복종하여 완전한 주권상태인 국가상태를 이루라고 납득시키는 데 있지 이미 있는 또는 이미 있었던 자연상태에서 오로지 계약에 의해서만 국가가 또는 완전한 국가가 설립한다는 것을 의미하는 것이 아니다. 이는 리바이어던에서 설립에 의한 국가뿐 아니라 획득에 의한 국가도 국가로서 인정하는 것에서 잘 나타난다.[13] 자연상태란 사람들이 두려워하는 공통의 힘이 없는 경우에 사람들의 삶의 모습이 어떠한 것일까를 가언적, 추론적으로 보여주는 것이다. 홉스의 자연상태는 국가 설립의 출발점이 아니라 '지금'의 국가 상태가 무너진다면 그곳에 있는 것 그것이 자연상태이다. 국가상태가 주권과 법이 제거된 상태로 떨어지는 경우의 한계상황이 자연상태이다. 이는 역사적 가언이 아니라 논리적 가언이다. 홉스의 자연상태는 인간들이 벌이는 만인의 만인에 대한 투쟁상태이며 이는 폭력에 의한 죽음에 대한 공포와 위험이 항상 존재하다는 것이다. 이 상태에 이르는 원인은 경쟁, 불신, 명예이다. 그러므로 자연상태라는 말보다는 투쟁상태라는 말이 적합하다고 한다. 각인의 가치는 상품가격이 시장에서 결정되는 것과 같이 권력, 힘의 시장에서 결정된다. 때문에 각인은 서로 부딪치게 된다. 홉스의 사회는 인간의 힘이 상품인 사회, 인간의 가치가 가격인 사회이다. 시장사회가 정점에 달한 사회인 것이다. 이를 소유적 개인주의라 할 수 있다면, 이는 홉스가 살았던 17세기 시민사회를 배경으로 하는 근대자본주의의 경쟁적 시민사회를 잘 보여주고 있다.

2. 통일한국과 결단상태

C. Schmitt의 결단사상은 홉스의 사상에 뿌리를 가지고 있다.[14] 슈미트는 우리들의 시대는 개인주의 시대가 아니다. 단지 경제시대, 기업의 시대이다. 이러한 시대의 인간의 가치는 가격이다. 그는 홉스를 무신론적, 유물론적, 법실증주의적 기계주의의 원조로 보고 비판을 행한다. 홉스의 국가는 가치 내지 진리 중립성을 지니는 거대한 기계이다. 이 국가 기계는 국가가 진리와 정의 위에 세워져 있느냐가 아니라 기계로서 기능하고 있느냐에 문제가 될 뿐이다. 이런 국가관의 바탕에는 인간기계가 있으며 그는 신, 도덕, 자연법, 선, 정의 등과 같은 일체의 형이상학적 가치와 절연되어 '현세에서의 나의 물리적 존재의 안전'을 가장 본질적으로 바란다고 한다. 그리고 이 인간기계 각자의 현세에서의 물리적 안전을 보장하기 위한 것이 바로 철저하게 법률주의적이고 합리주의적이고 기계주의적인 국가이다. 홉스에서 연원을 두는 현대의 이 기술주의, 가치중립주의, 자유주의, 개인주의, 경제주의에 대한 슈미트의 반대가 그의 정치신학 사상이고 결단주의다. 즉 신이 없는, 따라서 초월적인 것이 없는 현대문명, 기술적 중립성, 이에 구축된 경제제일주의의 현대문명에 대한 비판인 것이다.[15] 슈미트는 이러한 것들에서 초래되는 현대문명의 허무를 정치신학, 결단주의를 통하여 극복하려고 한다. 그는 '정치적인 것'*das Politische*의 위상은 정치적인 것의 현실성을 단순히 인지하는 것 이상으로 이를 인간의 삶에 있어서의 본질적인 것으로 보아, 이를 적극적으로 긍정한다. 이는 현상유지가 주는 안정성에 대한 포기를 의미한다. 겉으로 휘황찬란하게 표출되어 있는 것으로부터 훼손되지 않고 오

염되지 않은 자연에로 회귀하여, 인간과 인간사회를 올바르게 들여다봄으로써 인간에 맞는 질서가 생겨날 수 있다고 본 것이다. 홉스의 인간은 정치적인 것의 긍정에는 인간과 인간의 세계에서 있는 그것을 보려고 하는 것이다. 현세에 존재하는 인간이 종교적인 묵시론적 진리에의 참여 즉 존재적으로 참여하는 것이 결단이며, 이 진리에 도달하는 방법은 현실적 존재 속의 삶을 통하여 역사적-구체적으로 참여하는 길밖에 없는데 이것이 바로 결단이다.

3. 통일헌법과 주권적 결단

홉스는 로마교회의 결정독점권에 대한 국가적 반대명제를 분명하게 정립하였다. 영토를 지배하는 자가 종교를 지배한다. 그리하여 로마교회의 종교적 통치의 요구는 세속국가의 최고적이고 최종적인 결정권의 요구에 의하여 전복된다. 결정권은 이제 국가의 주권적 결정권자가 가지게 된 것이다. 이것이 홉스 사상이 이루어 낸 완성적 종교개혁이다. 이제 초월적인 것에로 존재적으로 참여하는 것은 국가의 주권적 결단에 의하여 이루어진다. 바로 이 지점에서 슈미트는 홉스를 자기와 밤낮을 함께 하는 형제라 하였다. 가톨릭의 교리보다 조직에 주목하면서 가톨릭교회가 안정된 '질서'를 유지하고 있는 것에 주목하여 근대국가의 법질서를 구상한 것이 독일에서의 칼 슈미트의 국가 논리이다. 영국에서도 영국 국교도인 버크는 영국 국교회와 국가의 결탁에 의한 영국의 국가체제인 헌법 constitution의 전통의 안정성을 강조한 것은, 같은 맥락이라 할 것이다. 가톨릭교회의 '질서' 형성 및 그 유지력에 법학자로서 주목하는 슈미트는, 경박하게 가톨릭에 관심을 가진 낭만파와 한 묶음으로 취급되는 것을 원치 않았다. 이 같은 법학과 신학의 방법론적 동일성에 대해서 슈미트는 학문적인 확신을 품었다. 슈미트는 법을 가능하게 하는 조건 또는 법의 근저에 있는 신화적·신학적 차원을 문제 삼으면서 자신이 말하고자 하는 바의 본질을 직관에 호소하는 강렬한 말로 표현하면서 동시에 이를 개념적으로 엄밀화 해 간다. 수사와 논리를 조합한다. 수사는 최대한 쓰지 않고, '법규범' 상호의 논리적 관계만으로 논의를 체계적으로 전개하려는 법실증주의 입장인 한스 켈젠과 대조적이다. 켈젠의 '순수법학'은 도덕, 정치, 종교, 예술 등을 법학의 틀 속에 들여오지 않고 분리된 순수한 '법'의 논리를 추구한다. 통일헌법은 국가의 주권적 결단에의 산물이며 그때 그 헌법은 통일질서를 헌법의 규범력으로 실현시킨다. 그것이 통일에 관계하는 국헌적 질서인 것이다.

제2절 민주공화국의 국가정통성

Ⅰ. 민주공화국의 국체성

[一] 입헌공화정의 정체성

1. 입헌공화정의 의의

근대국민국가 입헌주의헌법에서 입헌공화정은 공동체질서를 결단하는 국민*demos*의 지배*cratia, kratein*로서의 국민주권주의를 기반으로 민주공화국의 헌법통치를 행하는 헌법원리이다. 입헌공화정은 국민주권주의의 국민지배의 민주주의를 주권자의 직접지배가 아니라 그 대의자의 다원적 가치질서 실현의 통치로 이루어지는 헌법적 정치질서로서의 정체이다. 민주공화국의 입헌민주정은 국민의 공동체 의사결정・정책집행을 가치절대주의의 일원지배적 총의적 민주주의가 아니라, 국민의 지배를 다수결주의의 대의정 민주주의로 이행하며 가치상대주의의 다수지배의 다수결주의 민주주의가 공화정이라는 자유의 가치에서 한계를 갖도록 함으로써 자유민주주의를 가능하게 한다.

민주공화국의 입헌공화정 입헌공화정은 고희랍 아테네 정치체제의 헌법적 장전으로서 Politeia 및 그에 이어지는 로마법대전*Corpus Juris Civilis*, 영국의 대헌장*Magna Carta 1215*, 프랑스의 나폴레옹법전*Napoleon code 1804~1811* 등에 이어지면서, 정부는 피치자의 동의로 정통성을 갖는다는 로크*J.Locke*의 시민정부론, 미국독립선언*1776.7.4.*, 1780년 매사추세츠*Massachusett* 주 헌법, 1787년 미합중국헌법, 1789년 프랑스인권선언, 1791년 미합중국수정헌법 제14조 due process of law 등에 이어 온 민주공화국의 원형이다. 민주주의의 'of the people, by the people, for the people'은 링컨(Abraham Lincoln 1809.2.12.~1865.4.15. 미국 제16대(1861.3~1865.4) 대통령)의 게티스버그연설(*Gettysburg Address* 1863.11.19. 펜실베니아 주 남북전쟁 격전지 전몰장병추도식) 이래 국민지배의 민주주의는 자유의 국가로서 지구상에서 사라지지 않을 것으로 예언된다('*that this nation, under God, shall have a new birth of freedom－and that government of the people, by the people, for the people, shall not perish from the earth*'). 이 같은 '民主'의 民, people은 주인의 의미이지만, 이와는 달리 중국 BC 11세기 尙書 多方에서의 民의 主는 帝王으로서 당시의 民은 지배를 받는 노예, 천민, 평민 등의 지위였지 오늘날 국민주권의 주체로서의 통치의 주체는 아니었다.

2. 입헌공화정의 구조

입헌공화정의 자유민주주의는 국민주권주의 헌법원리를 기초로 하지만, 국민이라는 존재를 절대적 가치로 보면서, '국민의 이름으로 통치하기만 하면 정당화된다' 하는 국민의 의지*will of the people*의 신성불가침 체제를 가져오는 국민의 자기지배의 민주주의를 말하는 것이 아니다. 국민의 자기지배는 국민공동체의 다원적 가치를 인정치 않는, 마치 '朕은 국가'라 하는 왕정에서의 군주지배와 같은, 국민의 이름을 빌린 지배자의 일원적 가치에 의거한 절대적 통치에 다를 바 없다. 이 같은 국민의 자기지배의 동일성 민주주의는 근대국민국가의 민주주의로는 부인된다. 국민의 총의지배 역시 국민의 이름을 빌린 개인의 통치를 정당화하는 자기지배의 동일성민주주의에 지나지 않는다. 국민은 규범적 만능이 아니다. 자유민주주의는 치자가 곧 피치자로 간주되는 동일성이 아니라 치자의 통치가 국민에 기반하는 대의민주주의의 통치체제를 전제로 한다. 치자는 곧 피치자라는 간주적 동일성을 전제로 하는 자기지배의 동일성민주주의와 자유민주주의의 국가정통성의 통치체제는 양립하지 못한다. 주권자의 결단적 민주주의*C.Schmitt*, 정당국가적 민주주의*G.Leibholz*, 직능대표・기속위임 평의원*評議院*민주주의 등이 그러하다. 다수지배의 대의민주주의 역시 동일성민주주의를 부인한다. 동일성민주주의는 치자= 피치자, 치자의 의사 = 피치자 의사 등에 따른 일원적 지배질서를 가져온다. 루소J.J.Rousseau의 총의지배 민주주의 역시, 주권은 국민총체에 귀속되지 않고 개개 인민에게 分有되어 귀속되는 개별적 인민주권을 전제로, 민주주의는 전체국민의 의사가 아니라 개별 주권자의 일반의사인 총의la volonté générale에 따르는 것이라 하는 총의민주주의로서, 루소의 그 같은 총의는 개개인의 주권에 귀속되는 절대적 가치에 따른 일원적 專制的 통치를 가져 오게 하는 점에서, 자기지배의 동일성 민주주의에 지나지 않는다. 입헌공화정은 국민의 주권적 지배가 아닌 국헌적 정체인 것이다.

3. 입헌공화정의 규정

한국의 입헌공화정의 민주주의인 자유민주적 기본질서는 헌법전문에서 선언하듯이 자유민주적 기본질서를 기본으로 하는 공동체의 안전과 자유와 행복을 실현하는 질서이다. 민주적 기본질서는 제3차개정헌법(1960. 6.15.) 제13조 제2항에 처음 규정되어 현행헌법 제8조 제4항에서 정당해산사유로서 정하며, 자유민주적 기본질서는 제7차개정헌법(1972. 12.27.) 전문에서 처음 규정되어 현행헌법 전문 및 제4조 통일조항에서 자유민주적 기본질서의 명칭으로 규정한다.

입헌공화정의 헌법규정 대한민국은 민주공화국이다(제1조 제1항). 자유민주적 기본질서에 입각한 평화적 통일정책을 수립하고 이를 추진한다(제4조). 국가는 근로의 의무의 내용과 조건을 민주주의원칙에 따라 법률로 정한다(제32조 제2항). 국가는 … 경제주체간의 조화를 통한 경제의 민주화를 위하여 경제에 관한 규제와 조정을 할 수 있다(제119조 제2항). 대한국민은 불의에 항거한 4·19 민주이념을 계승하고, 조국의 민주개혁과…자유민주적 기본질서를 더욱 확고히 한다(전문). 정당은 그 목적·조직과 활동이 민주적이어야 하며(제8조 제2항). 정당의 목적이나 활동이 민주적 기본질서에 위배될 때에는 … 해산된다(제4항).

[二] 국민주권주의 헌법원리

1. 국민주권주의의 의의

1.1 국민주권주의와 입헌공화정

국민주권주의는 헌법 제1조 제2항 '대한민국의 주권은 국민에게 있고, 모든 권력은 국민으로부터 나온다' 하는 근대국민국가 입헌민주정의 헌법원리이다.[16] 국민이 주권자이고, 주권자인 국민의 국가가 민주공화국이며, 주권자인 국민이 제정하는 민정헌법이 입헌주의헌법으로 성립케 하도록 하는 헌법원리가 민주공화국의 입헌공화정이다. 국민주권주의는 헌법 제1조 제1항 '대한민국은 민주공화국이다' 하는 국가정통성과 헌법정체성의 국체·정체인 민주공화국의 자유민주적 기본질서와 자본주의 경제질서를 이루는 자유민주주의·입헌법치주의·시장경제질서 등의 헌법이념의 기초가 된다. 즉 국민주권주의는 민주공화국의 국가형태를 가능하게 하는 국헌적 질서이다.

1.2 국민주권주의의 입헌구조성

1.2.1 국민주권주의와 국민적 정당성

국민주권주의는 국민총체가 주권의 주체이며 권력의 시원始原이라는 점에서 공동체에서의 국가의 권력의 귀속원리이며 정당성의 원리이다. 국민주권주의에서 국민은 공동체안전과 인륜적 자유를 국가이성으로 삼는 대한민국이라는 국가의 입헌주의헌법에서는 국민적 정당성으로서 존재한다.

입헌주의헌법과 국민주권주의 대한민국헌법*The Constitution of the Republic of Korea* 전문, '대한국민'*We, the people of Korea*, 제1조 2항 '대한민국의 주권은 국민에게 있고, 모든 권력은 국민으로부터 나온다.'*(The sovereignty of the Republic of Korea shall reside in the people, and all state authority shall emanate from the people)*의 '국민'은 '대한민국의 국민'이라는 '국가적 국민'*État-nation*으로서의 국민총체이며, 미합중국헌법 전문, We, the people of United States of America, 프랑스인권선언(*Déclaration des droits de l'homme et de citoyen 1789.8.26.* 전문의 '프랑스인민'*Peuple Français* 역시 입헌민주주의헌법의 국민주권이다. 반면, 국민의 일부인 계급적 인민의 주권, 예컨대 조선민주주의인민공화국*Democratic People's Republic of Korea* 헌법은 노동자·농민 등 프롤레타리아계급 주권의 반입헌주의헌법이지 전체국민 주권의 입헌주의헌법이 아니다.

1.2.2 국민총체의 형식적 국민주권주의

국민주권주의는 국민총체에 주권을 귀속시키는 헌법원리이다. 국민총체는 이념적·추상적 통일체로서의 전체국민이 보편적 주체이며 국민주권주의는 보편적 국민의 주권이다. 한국헌법은 사회적 특수계급을 부인함으로써(제11조 제2항), 국민총체가 주권자인 국민주권을 명확히 하며, 나아가 군주·계급·부분집단 등에 주권을 귀속시키는 군주주권, 개인주권, 계급적 인민주권 등을 부인한다. 국민총체의 주권은 프랑스의 국가적 국민*L'État-Nation*의 주권이라고도 할 수 있다. 이 같은 주권은 국민총체에 귀속된다는 주권의 존재형식에 만족한다. 한국의 헌법재판소는 형식적 국민주권을 정의하여 이념적 통일체로서의 추상적 전체국민을 주권자로 보는 것에 한정하는 정치용 국민주권이라 한다. 형식적 국민주권은 주권자인 전체국민이 선거라는 절차를 거쳐 선임한 대표자의 의사결정이 국민전체의 의사결정인 양 법적으로 의제하여, 대의정의 통치제도에서 대표자의 의사결정이 국민의 뜻에 반해도, 국민은 차기선거의 심판 외 법적 항변에의 실질적 수단이 없다 한다(헌재 1989.9.8. 88헌가6; 1993.9.27. 92헌바21). 그럼에도 불구하고 그 같은 형식이 국민주권주의의 불변적 틀이다.

Nation주권 Nation주권은 '헌법을 제정하는 권력'(아베 시에예스Abée Sieyès(*Emmanuel Joseph Sieyès* 1748.5.3~1836.6.20.가 제창한 권력)을 헌법이 제정한 권력과 구분하여 nation에 귀속시킨 주권이다. 프랑스인권선언 제3조, '*Le principe de toute souveraineté réside essentiellement dans la nation*', 1791년헌법, '*Il n'y a plus, pour aucune partie de la Nation, ni pour aucun individu, aucun privilège, ni exception au droit commun de tous les Français*'의 nation 주권은 부르주아지 제3계급의 주권이다. 레옹 듀기(Léon Duguit(1859~1928), *Traité de Droit constitutionnel, 1921~25*/ ders., *L'État, le droit objectif et la loi positive*)는 국민총체로서의 국가 그 자체인 '국가적 국민'*État-nation*의 주권은 허구라 하였다. 프랑스 제5공화국헌법*1958년헌법* 제3조, '*La souveraineté nationale appartient au peuple*…모든 주권의 원리는 본질적으로 nation-peuple에 있다' 하는 Nation-peuple(인민적 국민) 주권은 국민총체의 주권의 기반을 이루는 국가적 국민보다 사회적 실체로서의 인민적 국민의 주권에 방점을 두는 국민주권주의이다.

1.2.3 능동국민의 실질적 국민주권주의

실질적 국민주권은 국민이 실제 현실적으로 국가최고의사를 결정함으로써 이루어지는 생활용 국민주권이다. 실질적 국민주권은 이념적 통일체인 국민총체에 주권이 귀속하되 대표자를 통하여 권력을 행사하는 순수대표정의 형식적 국민주권을 넘어서, 대표자를 실질적으로 통제하는 반대표정의 국민주권으로서, 국민이 주권을 실질화 하여 정치질서를 형성해 갈 수 있게 하는 현대입헌민주주의에서의 능동적 국민주권이다. 국민주권주의는 국민에의 주권귀속에 의한 공화국의 국가형태인 국체의 기초를 이루는 헌법원리이므로, 실질적 국민주권주의가 격정적 민중의 직접적인 주권 행사의 일상화에 의해서 이루어지는 일원적 지배의 정체인 직접민주주의로 가게 되면 공화정 민주주의와 배치된다. 실질적 국민주권은 대의정 민주주의에서 그 한계를 갖지 아니하면 국민 개개인이 각각 주권자로서 각자의 몫의 주권을 행사하는 개인적 인민주권으로 변질되어서 자유민주주의의 대의정을 부인하면서 민주공화국의 국민주권주의를 파괴한다. 프랑스에서는 이를 Peuple주권이라 하였다. 독일의 옐리네크*G.Jellinek*에 의한 국가*Staat*주권론은 주권을 군주도 국민(민족적 국민)*Volk*도 아닌 법인으로서의 국가에 귀속시켰다. 그렇지만 이는 사회계약의 시민사회에 기반하는 근대국민국가의 주권과 달리 독일 입헌군주국의 외견적 입헌주의의 주권론이라 하겠다.

프랑스헌법의 Nation－peuple주권 Nation-peuple주권은 국가로서의 국민인 Nation에 주권이 귀속하고 주권을 행사하는 국민인 Peuple가 권력의 시원이라 함을 의미하는 국민주권이다. Nation은 국가로서의 국민인 État-Nation[주권의 총체적 귀속자이며 중앙정부로 조직되어 인격화된 국민총체] 즉 '국가적 국민'이며, Peuple는 주권을 행사하는 국민인 Peuple-Nation, Nation-Peuple[유권자인 국가적 국민이며 국민총체의 일부 대리자인 당파적·계급적 인민이 아니다] 즉 '인민적 국민'이다. 그러므로 Nation-peuple주권은 국민 Nation의 주권이 유권자 Peuple에 의하여 실현된다 하는 국민주권주의 권력의 귀속과 시원이라는 정당성원리에서 나아가 유권자인 국민에 의해서 실질적으로 주권이 행사된다는 주권 실현의 실체를 강조한 주권 원리이다. 이를 표현한 프랑스 제5공화국헌법 제1장 la souveraineté 제3조에 의하여 La souveraineté nationale appartient au peuple qui l'exerce par ses représentants et par la voie du référendum '국민'의 주권은 국민의 대표자와 국민투표에 의하여 이를 행사하는 '인민'에 속한다.[17]

peuple주권 프랑스 1793년헌법 제25조 '*La souveraineté réside dans le peuple*'의 peuple주권은 입헌민주주의헌법의 국민총체에 귀속되는 주권이 아니고, 국민개개인의 주권 관념이다. 국가의 권력의 기초는 인민 개개인의 일반의사(총의)에 존재하는 주권에 있다 하는 것이다. 루소(Jean Jacques Rousseau 1712.6.28.~1778.7.2.)는 사회계약(*le contract social*)으로 개개인의 자연권은 국가에 '이양'되어(아베 시에예스, 존 로크 등의 '신탁' 관념 즉 맡기는 것이 아니라 토마스 홉스의 '처분' 관념), 국가의 권력을 직접적으로 구성하는 것으로 본다. 이 같은 peuple주권은 peuple의 직접적 주권행사이어서 대표자의 자유위임이라는 대의정 민주주의에 적절치 않다. 오늘날 공산주의 국가의 프롤레타리아(노동자·농민·도시빈민 등) 계급적 인민주권은 peuple주권의 변용으로서 政派的 반입헌주의의 주권이다.

1.3 국민주권주의와 헌법 제1조 제2항

1.3.1 국체로서의 민주공화국 규정

헌법 제1조 제2항 主權在民(헌법 제1조 제2항 전단)·權力由民(후단)의 국민주권주의는 민주공화국의 국체를 규정하면서 입헌민주주의 헌법원리의 기반이 되어 국민총체가 주권의 귀속, 권력의 시원, 정당성의 원천임을 확인한다. 주권재민으로 국민총체가 불가분적 주권의 귀속자이며 군주주권, 국가주권, 인민주권 등을 부인한다. 권력유민으로 국민이 헌법제정권력, 헌법개정권력, 국가권력 등 국가 내 모든 권력의 시원자로서 주권을 결단하도록 한다.

1.3.2 정체로서의 자유민주정 규정

헌법 제1조 제2항의 국민주권주의는 국민총체가 근대국민국가에서 형성되는 권력의 시원으로서 헌법제정권력을 행사하여 헌법을 제정함으로써, 국민이 헌법 등 모든 법규범의 정당성의 원천이 되어서 실질적·능동적으로 국회의 입법형성권 내지 정부의 정책결정권을 해석·판단하는 주체가 되도록 한다. 국민주권주의는 모든 국가권력이 국민의 의사에 기초해야 한다는(헌재 2016.10.27. 2012헌마121) 대의민주주의의 전제가 되는 헌법원리이다. 국민이 정치적 의사결정에 관한 모든 정보를 제공받고 직접 참여하여야 한다는 의미는 아니다(헌재 2016.12.29. 2015헌바63).

1.3.3 국민총체와 국민개개인 규정

국민주권주의는 공화국의 국가형태를 이루는 전제이며 공화국의 본질인 인간의 존엄성을 내재하고 있는 헌법원리이다. 다만, 국민주권주의가 우리나라 헌법의 이념적, 역사적 기초를 이루는 것이기는 하지만, 그 같은 헌법원리에 기하여 곧바로 국민의 개별적 기본권을 도출해 내기는 어렵다(헌재 2008.11.27. 2008헌마517). 국민주권주의는 국민총체가 주권자가 되는 헌법원리인 반면 기본권은 국민 개개인에게 인정되는 주관적 공권으로서의 헌법상 권리인 것이기 때문이다.

2. 국민주권주의의 주권·주권자·사회계약

2.1 국민주권주의의 주권과 역사성

주권은 근대국민국가의 입헌주의의 헌정체제에서 공동체의 최고규범인 헌법을 제정하여 국가를 건립하게 됨으로써 규범적으로 존재하게 되는 권력이다.[18] 이 같은 주권은 국가 내에서는 최고권력으로서 기능하는 이데올로기적 정치권력이며 국가간 관계에서는 국가의 독립성을 표상하는 권력으로서 존재한다. 주권(the sovereignty, la souveraineté, Die Souveränität)은 최고성과 독립성을 갖는다. 중세 교황의 신정국가 봉건체제에서 근대국가의 가교가 되는 근세국가체제에서 프랑스 국왕(Philippe Ⅳ 1268~1314)의 권력이 국가 내적으로는 영주의 권력보다 높은 최고의 권력이며, 국가 밖에서는 신성로마제국의 제권帝權이나 로마카톨릭 교황의 교황권에서 독립하여, 신과 자연의 법외에는 복종되지 않는다(J.Bodin의 majestas) 하는 역사적 개념이다.

2.2 국민주권주의의 주체와 주권자

주권의 귀속주체는 역사적 · 장소적 변동성을 갖는다.[19] 다만, 근대 '국민' 국가 이후의 입헌주의 정체에 이르러서의 주권의 주체는 국민이 아니면 아니 된다. 국민에게 귀속되는 근대국민국가의 주권은 부분집단이나 개인이 아닌 국민총체에 귀속되며, 박탈되거나 분할, 양도, 시효로 소멸되지 않는 성격을 갖는 것이어야 한다.[20] 그리하여 대한민국의 주권의 귀속자인 대한민국국민은 이념적 통일체인 국민총체로서 주권의 불가분적 보유자이며, 공동체 법이념의 형성자가 되면서, 국가 내 모든 권력의 정당성의 시원적 존재자가 되며, 이 같은 국민의 주권의 행사는 국민의 행동통일체인 대표자가 이를 행한다(법령등공포에관한법률 제2조 · 제4조 · 제11조).

국민주권 귀속주체와 공동체 법이념 형성자 국민주권을 공동체의 법이념 형성자로 보는 존 오스틴 법실증주의*legal positivism*는 법은 주권자 명령이고 법관의 판결은 주권자 명령의 선언으로서 국민주권을 실현하는 것이다(John Austin(1790.3.3.~1859.12.1.), *The Province of Jurisprudence Determined*, 1832). 한국의 헌법재판소도 국민주권의 귀속 주체에 관련하여, 입법자가 우리의 전통문화와 사상, 분묘에 대하여 가지는 국민 일반의 가치관 내지 법감정 등 여러 요소를 고려하여 제정한 법률은 합헌이라 한 바 있다(우리 민족은 조상숭배사상의 영향으로 좋은 장소를 찾아서 조상의 분묘를 설치하고 그곳을 조상의 시신이나 유골뿐 아니라 영혼이 자리 잡고 있는 경건한 곳으로 생각하였으며, 보통사람들도 이를 존엄한 장소로서 존중해야 하며 함부로 훼손하여서는 아니 된다는 관념이 형성되었기에 법률분묘 발굴행위에 5년 이하 징역형만 규정한 형법 제160조는 범죄예방을 위한 형사정책적 측면에서도 수긍할 만한 합리적 이유가 있다)(헌재 2019.2.28. 2017헌가33).

2.3 국민주권주의의 사회와 계약자

2.3.1 주권과 사회계약

주권 관념은 근대국민국가를 성립케 하는 국민의 국가형성권을 정당화 한다. 국민이 국가를 형성하기 위하여 맺는 사회계약의 성립을 가능케 하고 또한 그로부터 나오는 중심이 되는 관념이 주권이다. 주권은 공동체에서의 최고권력으로서 국가를 형성할 수 있는 권력이며, 또한 주권은 헌법제정권력으로서 국가 형성에의 문서인 헌법을 제정할 수 있는 권력이기 때문이다.

사회계약과 주권 장 보댕(*Jean Bodin* 공화국6권)은 군주의 '권력' majestas는 최고 · 절대 · 항구성을 지니며, 다만, 이는 주권자이신 하나님(창세기*Genesis* 15:2 '주 주권자이신 하나님'*O Sovereign LORD*)에서 연유하는 권력이라 하여 근대국민국가의 주권 개념을 최초로 발견케 하였다.[21] 홉스*Thomas Hobbes*는 이리적*homo homini lupus* 만인투쟁 · 자타공멸의 자연상태를 벗어나도록 리바이어던*Leviathan*에 신민*subject*의 자연권을 이양하는 국가계약을 맺는다 하며 이 같은 국가계약의 관점은 스피노자, 카를 슈미트 등에 이어진다.[22] 반면, 로크(*John Locke 1632~1704*)는 '정부론'에서 자연상태는 상호존중 · 질서상태이며, 사회의 안전은 인민*people*의 자연권을 국가에 위임하는 신탁계약이라는 관점에서, 국가 계약을 위한 주권의 관념보다 대의정 의회주의의 기초로서의 계약을 강조한다.

2.3.2 주권과 이중계약

주권을 성립케 하는 사회계약은 국가 형성과 헌법 제정의 의의를 갖는다. 다만, 알투지우스의 이중적 사회계약론에 의하면, 국민은 사회계약으로 국가를 형성하는 동시에 군주와의 지배복종계약에 의하여 통치권행사의 객체가 되는 데, 권력의 궁극적 기원은 개인의 자연권 보호에 있기에 이 같은 자연권이 최고의 권력인 주권으로 상정된다 하였다. 이 같은 생각은 오늘날 복지국가의 사회관여가 거대국가인 리바이어던화되는 상황에서 사회에 대한 국가 개입을 줄이고 개인의 자유의 폭을 넓히는 논의의 단서가 되는 논리이다.

알투지우스의 이중적 사회계약론과 법 알투지우스(*Johannes Althusius* 1557~1638.8.12.)는 국가형성을 위한 사회계약과 국가통치를 위한 지배복종계약의 이중계약론, 군주의 통치권력은 개인의 자연권에 근거하며(*Civilis conversationis libri duo*, 1601 및 이후의 저작 참조), Dicaeologicae (Johannes Althusius, *Dicaeologicae/Dicaeologica libri tres, totum et universum Jus*, Frankfurt, 1618. *On Law and Power*, Christian's Library Press(2013)/ Smashwords Edition, 2015.)에서 십계명*the Decalogue*, 유대법*Jewish law*, 로마법*Roman law*, 유럽 관습법 등을 보통법*common law*, 자연법*natural law*, 私法*private or individual (civil) law*, 주권자의 공권력의 성격과 제한*(the nature of sovereign public authority, limitations on public power)* 등을 주제로 단일의 포괄적 사법적 체계를 구축하고자 했다. Aristotle, Bodin, Machiavelli, Grotius 등의 영향을 받은 알투지우스는 Politica*(Politica Methodice Digesta, Atque Exemplis Sacris et Profanis Illustrata, 1603)*에서 법을 자연법*natural laws*·실정법*positive laws*으로 나누고 자연법은 인간을 위한 신의 의지*the will of God for men*이기에 보통법, 도덕법 등과 다르고, 자연법을 알려면 성서와 전통*Scripture and tradition*, 계시와 이성*revelation and reason*을 연구해야 한다 하였다. 반면, Politica는 캘빈의 정치이론의 방책*(scheme of Calvinist political theory)*이며, 17세기 영토절대주의*territorial absolutism*, 중앙집권적 근대국민국가*modern unitary nation state*의 흐름에 반하는 지방단체*local autonomies* 논리라 하는 비판을 받기도 하였다.

2.3.3 주권과 국가사회

국가 형성의 주권과 사회계약론에 대한 알투지우스의 이중적 사회계약론은 공동체 사회 영역의 자율성과 개인의 권익 보호를 우선하는 사고이다. 경제학자 부캐넌의 이중적 헌법계약론도 첫 번째 헌법계약은 개인의 행동을 제한하는 행동규칙, 소유권 재분배 규칙, 보호국가의 집행을 위한 규칙의 계약적 체결 등의 사법사회(private law society)로서 비정치적 헌법이다. 두 번째 헌법계약은 정치적 헌법이 결정되는 단계, 공공재생산을 위한 생산국가인 국가와 헌법의 공법사회(public law society)로서 대의민주제, 표결원칙 등을 합의한다.

이중적 헌법계약론과 사회의 자율성 부캐넌(*James McGill Buchanan Jr.* 1919.10.3.~2013.1.9.)은 보호국가인 사회영역이 생산국가인 국가영역보다 먼저 출현하고 생산국가는 보호국가를 통해 억제되어야 할 대상이라 하였다. 생산국가의 과제만 담당할 대의정이 사법사회에로 침범하는 것은 민주정을 적절히 제한하는 헌법장치가 없기 때문에 생겨나는 현상인 헌법의 실패이다(Buchanan, *The Limits of Liberty between Anarchy and Leviathan*, 1975; *Freedom in Constitutional Contract*, 1978).■ 부캐넌은 개인 재산권과 사법은 시민 전체가 참여하는 계약의 대상이지 공공선택(헌법에서는 국가적 관여)의 대상이 아니며, 의회는 이를 정할 수 없고 오로지 공공재 생산과 관련된 과제만 담당한다. 이해관계의 정치가 아닌 원칙의 정치, 차별입법을 금지하는 법의 지배 원칙을 헌법에 도입해야 한다고 말하였다. 헌법에 정하여야 할 주요한 대상으로 의회의 권력을 제한하는 장치로서 균형예산원칙, 정부의 조세 권력을 제한하기 위하여 누진세 대신의 비례세제도, 통화당국의 재량적인 통화정책을 억제하기 위한 통화헌법의 준칙주의, 의회가 개인의 자유·재산을 침해하지 못하도록 정치적 표결원칙보다 의회권력을 제한하는 장치를 헌법에 도입하는 것 등이 그것이다.

Buchanan, *The Power to Tax* (with Geoffrey Brennan), 1980; ders., *The Reason of Rules* (with Geoffrey Brennan), 1985; ders., *Liberty, Market and State*, 1985; 존 롤스, 『정의론』(1971); 노직 『아나키, 국가 그리고 유토피아』(1974); 민경국 『헌법경제론: 진화론적 자유주의 시각에서 본 계약론적 입헌주의』(강원대학교 출판부 1993); 同, 『국가란 무엇인가』 (제4부 3장 제임스 뷰캐넌; 계약론과 헌법)(북앤피플 2018). 김행범, 뷰캐넌의 헌정이론과 정치철학, 「제도와 경제」(피.12 no.3 2018).

3. 국민주권주의와 대의·법치·시장

3.1 국민주권주의와 대의

국민주권주의에서 국민은 국민을 대의하는 대표자와의 관계를 법적·기속위임이 아닌 정치적·무기속 자유위임의 순수대표정으로서 갖는다. 국민주권은, 주권재민(헌법 제1조 제2항 전단)으로서의 국민을 대의하는 국회(제40조)·정부(제66조 제4항)·법원(제101조 제1항)·헌법재판소(제111조 제1항)·지방자치단체(제117조) 등의 대의자가 입법권, 행정권, 사법권, 헌법재판권, 지방자치권 등 국가권력을 행사하는 순수대표정을 원칙으로 한다. 이때, 자유위임은 국민주권주의의 실현원리이므로 대표자의 행위가 자유위임의 본지에 반하면 국민주권적 책임을 진다. 당적이탈·변경 의원은 그가 지역구이든 또는 전국구이든 그로써 의원직이 상실된다는 것이 그것이다. 국민주권은, 권력유민(제1조 제2항 후단)으로서의 국민이 대의자의 권력행사가 법령에 따라 성실하게 국정을 실현하도록 하는 실질적 · 능동적 주권자로서, 치자가 자유민주주의 · 시장경제질서의 헌법이념, 입헌법치주의 헌법원리에 기초하여 민의를 실제로 반영하도록 한다. 그래서 현대적 국민대표제는 국민총체가 직접 주권을 행사하여 이를 실질화하는 반대표정半代表政으로 발전하는 것이다. 헌법 제130조 제2항 헌법개정국민투표, 제72조 국가중요정책 국민투표 등이 그 예이다. 다만 국민소환 또는 국회해산 등의 제도는 규정하지 않고 있다.

3.2 국민주권주의와 법치

국민주권주의는 법치국가에서 규범적 헌법원리로서 자리를 잡는다. 주권자인 국민의 법에의 복종이 그것이다. 국민주권의 주체인 국민은 헌법제정권력의 행사로 헌법을 제정하여 국가를 형성하므로, 최고규범으로서의 헌법을 제성한 헌법국가에서의 국민은 헌법에 복종하여야 하며 헌법불복종은 주권자로서의 행위적격성이 없는 위헌적 행위가 된다는 점에서, 국민주권은 법치국가적으로 실현된다. 이 같은 국민주권의 법치국가적 실현은 적법절차(제12조 제1 · 3항), 규범 · 권력의 비례성원칙(제37조 제2항), 헌법재판 등의 헌법보호 및 법관의 법선언, 저항권(헌법 전문) 등에 의한다.

3.3 국민주권주의와 시장

국민주권주의는 시장의 원칙을 기업가가 국민을 대표하여 실현하는 시장경제질서를 이룬다. 시장경제의 질서는 시장이 경제주체로서 사회에서의 공동체 구성원들 개개인의 자기 결정에 기초하는 자기책임을 가능케 하는 규범의 상태이며 자유민주주의의 시민사회적 경제생활측면에서의 의미이다. 그러므로 헌법 제119조 제2항에서 사회민주주의 내지 사회적 법치국가를 내포하는 의미로서 규정되고 있는 '경제의 민주화'는 그 자체 모순된 의미의 부적절한 결합체이다.

[三] 입헌공화정과 민주주의

1. 입헌공화정의 대의민주주의

근대국민국가의 대의민주주의는 국민의 자기지배, 총의지배가 아니라 국민 다수가 선출하는(제49조 원칙규정) 대의자의 통치를 인정하는 대의정체의 대의민주주의로 실현된다. 권력의 보유는 국민에 귀속케 하는 국민지배를 기반으로 하면서 그 권력의 행사인 정책결정권은 대의기관인 대의자에 귀속시키는 것이다. 대의정은 피치자인 국민의 권력보유와 치자의 정책결정을 분리하는 국민주권주의의 국민지배의 민주주의이다. 권력보유권과 정책결정권을 국민이라는 추상체에 귀속시켜 결국 치자와 피치자를 분리하지 못하는 자기지배의 동일성 민주주의는 대의정을 가져오지 못한다. 헌법은 '대한민국의 주권은 국민에게 있다'(제1조 제2항 전단) 하여 권력의 보유권은 국민에게 있다 하는 권력의 국민귀속을 정하고, '모든 권력은 국민으로부터 나온다'(후단) 하여 정책결정권은 국민의 대의자에게 귀속시킴으로써 권력보유권과 정책결정권을 분리함으로써 대의정의 국민주권주의적 기반을 규정한 것이다. 대의정은 국민의 자기지배, 총의지배를 부인하고 의회의 입법권(제40조, 법제정권), 정부의 행정권(제66조 제4항, 법집행권), 법원의 사법권(제101조 제1항, 법판단 · 선언권) · 헌법재판소의 헌법재판권(제111조 제1항, 헌법판단 · 선언권)의 권력분립, 정부형태의 권력구조(국회의원 4년(제40조-제42조), 대통령 5년 중임불가(제67조, 제70조), 대법원장 6년 중임불가(제105조), 대법관 6년 연임가능(제2항), 일반 법관 10년 연임가능(제3항), 법관정년법률주의(제4항) 등), 공직제도 등의 권력제도와 정치제도(선거, 정당과 정치자금 제도), 사회제도(제도적 보장) 등의 헌법제도를 가져온다.

대의민주주의와 다수결주의 민주주의는 치자와 피치자를 구별하는 대의민주주의 통치체제이며, 자유민주주의는 자기지배·일원지배가 아니라 다수지배를 기초로 하는 민주주의이고, 자유민주주의의 기초인 다수지배는 라드브르흐*Gustav Radbruch* 1878.11.21.~1949.11.23. 법철학적 상대주의, 켈젠*H.Kelsen* 가치상대주의 등에 기초하여, 개인의 의사·가치의 고유성·다양성 등을 전제로 가치의 專制를 배제하는[23] 다수결주의로 구현된다. 기정사실 자체에서 구법질서와 결별하는 새 규범력이 나온다는 옐리네크*G.Jellinek*의 '완성된 사실의 규범력*fait accompli, accomplished fact*'도 기본적으로는 다수결주의에 기초한다. 치자가 곧 피치자가 되는 것이 아니라 하는 자명한 원리를 전제로 치자의 통치에 의한 대의민주주의는 다수지배 및 다수결주의를 기초로 자유민주주의를 실현하게 된다.

2. 입헌공화정의 입헌민주주의

입헌공화정의 입헌민주주의는 대의민주주의가 가치상대적 세계관에 따른 다양한 가치들의 합의에 의한 다수로 국가의사를 결정하는 민주주의라 할 때의 그 대의민주주의가 투표로 확인된 다수로 선출되는 대의자인 치자의 지배를, 그것이 양적 다수이어서가 아니라 '일응 옳을 것'이라는 질적인 정당성의 질서로 보아, 다수결주의에 승복하는 통치질서를 의미하는 것으로 보는 민주주의로서 입헌적 법치주의의 법치민주주의에 상당한 정체이다. 다수결이 보편적 규범을 대체하는 사회는 자유민주주의 가치를 무너뜨리며 이 같은 사회를 법집행만으로 질서를 유지할 수 없다.

대의민주주의의 다수결주의와 민주주의적 가치의 보호 학교 구성원은 성별 등의 사유를 이유로 차별적 언사나 행동, 혐오적 표현 등을 통해 다른 사람의 인권을 침해하여서는 아니 된다는 점을 규정한 '서울특별시 학생인권조례'에서 금지하는 차별·혐오표현은 민주주의를 위하여 허용되는 의사표현이 아니고, 그 경계를 넘어 '타인의 인권을 침해'할 것을 인식하였거나 최소한 인식할 가능성이 있고, 결과적으로 그러한 인권침해의 결과가 발생하는 표현으로서 민주주의의 장에서 허용되는 의사형성의 보호를 위해서도 제한될 필요가 있기에, 과잉금지원칙에 위배되어 학교 구성원들의 표현의 자유를 침해하지 아니한다(헌재 2019.11.28. 2017헌마1356). 의회민주주의에서 결정을 위한 다수 의결은 불가피하고, 소수는 승복해야 하며, 소수파 권리 보장과 마찬가지로 중요한 것은, 국회에서 헌법상 다수결원리가 실현·유지되도록 하는 것이다. 국회 소수파에 보장된 것은 다수결에 의한 국회의 최종적 의사결정 전 의사형성과정에 참여하여 소수파 의견을 개진, 영향력을 행사할 수 있는 기회이지, 무조건적 의안거부권이나 국회다수파를 대신한 의안결정권이 아니다(헌재 2016.5.26. 2015헌라1 소수의견).

3. 입헌공화정의 자유민주주의

대의민주주의에서 가치상대적 세계관에 따른 다양한 가치들의 합의에 의한 다수로 국가정책이 결정되는 다수결주의가 정당성을 가지려면 소수가 다수에 승복할 수 있도록 소수이의권을 제도화하는 등의 소수자보호에 의해서 가능하다. 이는 대의민주주의가 자유민주주의를 실현하기 위한 조건이기도 하기에 공동체 구성원의 평등, 다수형성과정의 절차적 정당성, 소수자보호 등의 규범 질서를 갖추어야 한다. 헌법 제8조 제1항의 복수정당제에 의한 다수와 소수의 정규적 교체가능성 및 소수당·야당의 보호, 제130조 제1항의 헌법개정절차에서 일반의결정족수가 아닌 국회재적의원 3분의 2 이상의 가중의결정족수로 하여 3분의 1의 소수의견을 존중하는 경성헌법, 제37조 제2항에서 국민의 자유와 권리가 다수결로 제정된 법률로 제한되더라도 필요한 경우에 한하도록 하는 과잉금지원칙 등 외에 소수의사의 표현을 위한 기본권(특히 제21조 언론·출판·집회·결사의 자유), 권력분립주의 통치구조에 따른 위헌법률심판·헌법소원 등 헌법재판(제111조), 국무총리·국무위원·행정각부의 장 등에 대한 탄핵발의권(제65조 제2항), 국무총리·국무위원 해임건의발의권(제63조) 등이 소수자보호를 위한 제도들이다.

Ⅱ. 민주공화국과 대의민주정

[一] 입헌공화정과 대의정

1. 대 의 정

1.1 대의정의 의의

대의민주정 즉 대의정은 국민주권주의의 헌법원리에서 국민은 주권자로서 권력의 보유자이며, 국가의 의사·정책 등의 결정권은 국민을 대의하는 대의자代議者가 법령에 따라서 행사한다 하는 대의민주주의의 헌법원리이다(헌재 1998.10.29. 96헌마186). 대의정은 국민이 주권적 권력을 직접 행사하여 정책을 결정하는 직접민주주의의 정체가 아니라, 국민의 권력보유권과 대표자의 정책결정권을 분리하여, 국민이 대의자를 통하여 주권을 행사하여 의사를 반영하는 민주주의이다. 그렇기 때문에, 예컨대 국민이 선출한 국회의원이 의회에서 공개적 토론과 타협의 적법한 절차를 거쳐 제정한 법률을 국민에 사전 청문절차를 보장하지 않았다는 이유로 다투는 것은 대표를 통하여 국민의사를 국가정책에 반영하는 의회주의·대의민주주의 기본취지에 부합되지 않는다(헌재 2009.2.26. 2007헌바41).

1.2 대의정의 구조

대의정 민주주의는 국민을 대의하는 대의자가 선출된 예지자의 선량한 관리자로서 국정을 수행하도록 하는 헌법적 책무를 부여하는 정치체제이다. 대의정은 대의기관이 국정전반에 걸쳐 국민의 추정적 의사를 대변할 책임을 지도록 함으로써 대의정 민주주의가 민주공화국(제1조 제1항)의 국가정통성과 자유민주주의의 헌법정체성을 담보하는 통치구조가 되도록 한다.

1.3 대의정의 지위

대의정 민주주의를 실현하는 대의자의 지위로서, 대통령은 국민을 대표하는 국가원수이자 행정권을 총괄하는 행정부수반이며 국민전체에 봉사함으로써 공익을 실현하고 사회공동체를 통합시켜야 할 책무를 지는 헌법기관이다. 국회의원 및 지방의회의원은 국민과 주민에 의하여 직접 선출된 선출직공무원으로서 국민과 주민의 의사를 국가 및 지방자치단체의 의사결정에 반영하고 행정을 통제하는 대의자인 지위에 있다. 그리하여, 예컨대 국회의원 특히 지역구를 단위로 선출되는 지역구국회의원은 국민전체의 대표임과 동시에 소속지역구 이해관계를 대변하는 바(헌재 2014.7.24. 2009헌마256등), 그 헌법적 의미에 대해서, 같은 대의기관이라도 기초자치단체장은 한정된 지역(구·시·군)에서 주민복리에 관한 자치사무를 집행하는 행정담당기관으로서 관내 인·허가권, 용도변경권 등 권한으로 지역주민들과 가까운 위치에서 잦은 접촉을 하는 지위에 있는 것과 차이를 갖는다(헌재 2016.9.29. 2015헌바228).

2. 순純대의정

순대의정은 국민을 대의하는 대의자가 국정결정권을 전속적으로 갖는 통치의 구조인 순수한 대의정이다. 대의자는 국민에 대하여 법적인 기속위임을 받지 않는 자유위임의 국민주권적 책임만을 지는 대의정이 순대의정이다. 다만 대의자는 주권자인 국민에 대한 무책임이 아니라 국민적 정당성에는 기속되도록 하는 통치의 질서이다. 순대의정은 대의기관으로서 국회(제3장), 정부(제4장), 법원(제5장), 헌법재판소(제6장), 지방자치단체(제8장) 등이 각각 입법권(제40조), 행정권(제66조 제4항), 사법권(제101조 제1항), 헌법재판권(제111조), 지방자치권(제117조 제118조) 등을 자유위임에 의하여 행사한다.

3. 반半대의정

반대의정은 순대의정을 기반으로 하면서 국민이 직접투표 등의 주권행사로 국가의사를 결정하는 직접민주정의 半(se-mi)직접민주주의의 통치제도이다. 국가중요정책국민투표(제72조)와 헌법개정국민투표(제130조 제2항) 등의 반대표정의 제도들은 半직접민주정의 대의민주정이다.

[二] 대의정과 자유위임

1. 국민주권과 대의정

1.1 자유위임의 대의정

자유민주주의의 헌법이념은 국민주권주의의 헌법원리에서의 주권자인 국민총체가 이념적 통일체로서 주권의 불가분적 귀속의 주체가 되도록 한다. 다만, 주권의 행사는 국민총체인 국민이 주권적 의사를 표현할 수 있도록 하는 행동통일체인 선거인단이 선출하는 대의자가 이를 맡아서 자신의 권한과 책임으로 행하는 자유위임의 대의정으로 실현된다.

대의정과 자유위임 (국회의원의 원내활동을 각자에 맡기는 자유위임은, 자유로운 토론과 의사형성을 가능하게 함으로써 당내민주주의를 구현하고 정당의 독재화 과두화를 막아주는 순기능을 가지나, 그렇다고 자유위임이 의회내 정치의사형성에 정당의 협력을 배척하는 것은 아니며, 의원이 정당과 교섭단체의 지시에 기속되는 것을 배제하는 근거가 되는 것도 아니다). 국회의원의 국민대표성을 중시하여도, (특정 정당에 소속된 국회의원이 정당기속 내지는 교섭단체의 결정(소위 '당론')에 위반하는 정치활동을 한 이유로 제재를 받는 경우), 국회의원 신분을 상실하게 할 수는 없으나 '정당내부의 사실상의 강제' 또는 소속 '정당으로부터의 제명'은 가능하다. 당론과 다른 견해를 가진 소속 국회의원을 당해 교섭단체의 필요에 따라 다른 상임위원회로의 전임(사·보임)하는 조치는, 특별한 사정이 없는 한 헌법상 용인될 수 있는 '정당내부의 사실상 강제'의 범위내에 해당한다(헌재 2003.10.30. 2002헌라1).

1.2 국민주권의 대의정

대의정은 국민주권에 기반을 두는 정치체제이다. 근대입헌주의 헌정체제는 등족회의에서의 등족의 강제위임은 철폐하고 시민계층이 자유롭게 자신들의 대표자를 선출하면서도 그 선출된 대의자가 자신의 책임과 권능으로 국정을 실현하도록 하였다. 이는 주권의 주체를 국민총체로 보고, 주권자가 불가분적 주권의 보유자로서 기능하여, 국민 각자는 평등하게 국민총체를 구성하여 주권의 귀속자가 되도록 함으로써 왕 등의 특권계급을 타파한 것에서 연유한다.

강제위임과 자유위임-등족회의와 노농주권의 인민대리인 강제위임은 중세의 등족회의에 연혁을 둔다. 중세 등족회의는 사제, 귀족 등 계급이 자신의 대리인을 등족회의에 보내어 자신들이 이미 결정한 내용을 그대로 표시하게 한 것이다. 강제위임의 폐지는 1789.7.8. 프랑스혁명의 국민회의가 선언한 자유위임에서 연유한다(*Déclaration de l'Assemblée nationale sur les mandats impératifs*). 국민회의는 프랑스 3부회*les États généraux*의 강제위임*le mandats impératif*을 폐지하고, 시민의 대표위임*le mandat représentatif*이라는 자유위임의 제도를 채택한다. 오늘날 반입헌주의 공산주의체제는 계급적 인민(프롤레타리아)주권에 기초하는 인민의 명령에 강제되는 위임이다. 주권자를 국민총체라 하지 않고 노동자·농민 등 무산 프롤레타리아 계층에 한정하는 노농주권, 프롤레타리아주권에 의하여 주권을 가진 특정 계층을 특권자로 만들어 국민간 불평등을 초래한다. 자유민주주의 국가의 의회는 자유위임의 대의자들이 자신의 책임과 권능으로 국정을 선량한 관리자로서 결정한다. 반면, 공산주의국가는 노농주권의 대리인들이 노농주권단체인 노동당의 당명령에 복종하여 이를 그대로 전달한다. 중국의 전국인민대표자대회인 전인대는 자유민주주의국가의 의회가 아니라 공산당 일당독재를 추인하는 노농주권의 전위대에 불과하다.

1.3 자유위임의 대의자

대의민주정의 대의자가 자유위임에 의거하여 국민의 뜻을 헤아려 성실하게 수행할 수 있는 良識을 지니고 국정 실현의 정책결정을 하여야 대의정은 국민주권에 합치하고 헌정현실에서 적격성을 갖게 된다(헌재 1994.4.28. 92헌마153). 대의자는 노농주권의 노동당 명령에 기속되는 대리인이 아니다.

2. 대의정과 자유위임

2.1 자유위임의 헌법적 의의

대의정에서 국민과 대의자는 자유위임의 관계에 있다(헌법 제1조 제2항, 제7조 제1항, 제41조 제1항, 제45조, 제46조 제2항 참조) 함은 대의정에서 국민을 대의하는 대의자는 국민주권주의에 기초하여 국민의 선거로 선출된다(제41조 제1항, 제66조 제1항) 함이고 대의자의 지위는 국민이 설정한다 하는 의미이며, 다만 대의자의 권한·범주는 헌법이 직접 부여한다(제40조, 제66조 제4항, 제96조, 제101조 제1항) 하는 헌법적 성격을 갖는 것이다.

2.2 자유위임의 헌법적 성격

대의정에서의 대의자는 이념적 통일체인 국민총체로부터 주권적 위임을 받아 그 대표자적 지위를 갖는 대의기관이다. 대의자는 자신을 선출한 특정 선거인을 법적으로 대리하는 피고용인이 아니다. 또한 대의자는 위임 자체를 법이 정하는 법정대표도 아니다. 나아가 대의자는 헌법이 지위를 부여하는 헌법적 대표도 아니다. 대의자는 자유위임의 주권적 대표이다.

2.3 자유위임의 헌법적 양태 – 법정대표론 · 헌법적 대표론 · 사회적 대표론

자유위임의 헌법적 양태로서 법정대표론은 국민을 법인 또는 제1차기관, 대표자는 법인의 기관 또는 제2차기관으로 본다. 이와 같은 대의자기관론은 대의자의 의사를 국민의 의사로 간주하여 대의자를 헌법상 독립기관이 아닌 국민의 종속기관인 대리인으로 보는 등 근대 국민주권주의에 배치되는 논리에 그친다. 헌법적 대표론은 국민대표기관의 권한은 국민의 위임행위에 의해서가 아니라 헌법이 직접 부여했다는 점 즉 전체헌법질서에서의 국회의 지위를 말한다. 그런데 대의자에의 위임 자체는 국민이 선거로 부여하는 것이다. 헌법이 설정하는 것이 아니다. 헌법적 대표론은 대의자가 헌법상 권한을 수권받은 독립기관임을 강조하는 논리이지 대의자의 지위가 헌법에 직접 근거한다는 대의정의 대표론은 아니다. 사회적 대표론은 자유위임관계에서 대의자가 국민에 대하여 지는 사실상 책임을 강조함으로써, 프랑스 헌법학자 모리스 뒤베르제(Maurice Duverger 1917.6.5.~2014.12.16.)가 말하듯, 대의자와 피대의자 의사의 사실상 합치를 강조하는 사회학적 의미의 정치적 대표론이다.

3. 자유위임관계와 주권적 기속

3.1 대의자의 자유위임의 국민주권적

3.1.1 자유위임과 국민주권적 통제

대의자는 국민전체에 대하여 법적 기속을 받지 않는 무기속위임 즉 자유위임의 지위를 갖는다. 입헌주의헌법에서 대표자는 헌법이 부여한 권한을 국민의 개별적 명령을 받지 않고 양심에 따라(국회법 제114조의2 소속정당의 의사에도 기속되지 않고) 성실하게 실현하는 헌법상 독립기관이 되는 것이다. 그러므로, 대의자는 헌정의 현실에서 국민주권에 기초하는 자유민주주의 수호의 헌법적 책무를 지면서 정책결정권을 행사하는 자이어야 한다(헌법 제46조 제2항, 제69조, 제103조 참조. 헌재 1994.4.28. 92헌마153).

3.1.2 자유위임의 당적변경과 의원

자유위임과 당적변경에 관하여, 제2공화국헌법(제38조)에서는 지역구의원의 당적변경시 의원직이 상실된다고 규정하였다. 헌법재판소는 헌법 및 대의정의 자유위임에서 국회의원의 지위는 의원직을 얻는 방법인 이른바 전국구·지역구 등에 따른 차이가 없음을 고려하면, 전국구의원의 당적이탈시 의원직을 상실한다는 규정은 합헌이라 하였다(헌재 1994.4.28. 92헌마153).

3.1.3 자유위임의 국민주권적 한계

자유위임은 대표자가 국민과 국가이익을 위하여 행동하라는 것이고, 그래서 국회의원의 면책특권과 불체포특권은 제한이 가능한 특권이라는 한계를 갖는 것이며, 따라서 국민주권주의를 실현하는 개념인 자유위임만으로 지역구의원의 임의적 당적변경을 정당화할 수 없으며, 의원 소환 등의 주권적 책임을 지우는 것도 실질적 국민주권의 자유위임과 조화한다.

3.2 대의자의 자유위임과 정당국가

3.2.1 자유위임의 정당국가적 기속

국민과 대표자 간의 자유위임의 관계는 대의자인 대표자가 갖는 주권자인 국민을 위한 국정 실현의 법률관계이므로, 대의자가 국민에 대해서 무책임이라거나 하는 등으로 국민주권에서 일탈함을 용인하는 것은 아니다. 정당과의 관계에서, 비례대표국회의원이 국민을 대의하더라도 그가 소속한 정당을 탈당하면 퇴직하는 것으로 되며(공직선거법 제192조 제4항), 지역구국회의원 역시 법률에 퇴직규정을 둘 수 있고 소속정당에서의 제명도 가능하다(헌재 2003.10.30. 2002헌라1) 함은 이를 의미하는 것이다.

3.2.2 정당국가의 자유위임적 기속

정당국가현상이 대의제 민주주의의 실현과정에 현실적 변화를 가져왔지만 대의민주주의의 본질이 변화한 것은 아니다. 변화된 점이 있다면, 대의제 민주주의의 정치적 의사 형성의 과정과 방식일 것이다. 정당국가의 현상은 차별화된 정강 정책을 지닌 복수의 정당이 정기적 선거를 통해 서로 경쟁하면서 국민의 심판과 선택을 받은 대의기관을 탄생시켜 대의제 민주주의를 실현함에 따라 발생하게 된 정치현실이다. 그 점에서, 국민주권주의에서의 대의자와 국민간의 자유위임은 여전히 유효한 것이며, 정당국가의 현상 역시 자유위임에 합치하는 자유민주주의적 정당 제도로서의 의의를 특히 강조한 것으로 이해하여야 한다.

3.2.3 자유민주적 정당제도적 기속 – 위헌정당의 해산

국민주권주의 헌법원리에 기초한 자유민주주의 헌법이념의 국가에서의 정당은 자유위임의 원칙에 따르면서도 국민주권의 자유민주주의에 반하지 않아야 한다. 헌법 제8조 제4항이 정당의 목적이나 활동이 민주적 기본질서에 반하는 경우에 그 정당을 해산하도록 대통령과 헌법재판소에 명하는 것은 그런 이유에서이다. 이 같이 엄격한 요건 아래 위헌정당으로 판단하여 정당 해산을 명하는 것은 헌법을 수호한다는 방어적 민주주의 관점에서 비롯된 것이다. 그러므로 대의자의 정치적 단체인 정당이 인민민주주의 체제인 북한공산정권을 지지하면서 무장세력을 조직·동원·공격하는 등으로 대한민국헌법의 정체성을 훼손하는 정당은 해산되는 것이다(헌재 2014.12.19. 2013헌다1). 대의민주정에서의 위헌정당의 해산은 국가정통성 수호를 위한 헌법정신인 것이다.

대의민주정에서의 민주적 기본질서 위배의 정당해산 통합진보당이 북한식 사회주의를 실현한다는 숨은 목적을 가지고 내란을 논의하는 회합을 개최하는 등 활동을 한 것은 헌법상 민주적 기본질서에 위배되고, 이러한 실질적 해악을 끼치는 구체적 위험성을 제거하기 위해서는 정당해산 외에 다른 대안이 없으며 비례의 원칙에도 어긋나지 않는다. 위헌정당의 해산을 명하는 비상상황에서는 국회의원의 국민대표성은 희생될 수밖에 없으므로 통합진보당 소속 국회의원의 의원직 상실은 위헌정당해산 제도의 본질로부터 인정되는 기본적 효력이다. (해산되는 위헌정당 소속 국회의원이 의원직을 유지한다면 위헌적인 정치이념을 정치적 의사 형성과정에서 대변하고 실현하려는 활동을 허용함으로써 실질적으로 그 정당이 계속 존속하는 것과 마찬가지 결과를 가져오므로)해산정당소속 국회의원의 의원직을 상실시키지 않는 것은 결국 정당해산제도가 가지는 헌법 수호기능이나 방어적 민주주의 이념과 원리에 어긋나고 정당해산결정의 실효성을 확보할 수 없게 된다(헌재 2014.12.19. 2013헌다1).

3.3 대의자의 자유위임과 의회주의

3.3.1 자유위임과 의회주의

자유위임원칙은 헌법이 추구하는 가치의 보장과 실현을 위한 통치구조의 구성원리 중 하나이므로, 다른 헌법적 이익에 언제나 우선하는 것은 아니고, 국회의 기능 수행을 위해서 필요한 범위 내에서 제한될 수 있으며, 자유위임원칙의 위배 여부는 국회의 기능 수행을 위하여 필요한 정도와 이 원칙의 제한정도를 비교형량하여 판단하여야 한다(헌재 2020.5.27. 2019헌라1).

3.3.2 의회주의와 정당국가

자유위임과 의회주의와 정당과의 관계에서, 국회위원의 의사에 반하는 상임위원회의 정당소속 위원改選을 허용하더라도 직접 국회의원이 자유위임원칙에 따라 정당이나 교섭단체의 의사와 달리 표결하거나 독자적으로 의안을 발의하거나 발언하는 것까지 금지하게 되는 것은 아니다. 즉 대의민주정에 반하지 아니한다. 정당 또는 교섭단체는 차기선거의 공천 등의 수단을 사용하는 등 국회의원의 권한 행사에 간접적인 영향력을 행사하는 것에 불과하다(헌재 2020.5.27. 2019헌라1).

3.3.3 자유위임과 의회자율

헌법은 국회가 다수결원리에 따라 헌법상 권한을 행사하도록 규정하고 있다. 국회의 의사절차와 내부조직을 정할 때, 국회 내 다수형성의 가능성을 높이고 의사결정의 능률성을 보장하는 것은 국회에 관한 헌법규정들에서 도출되는 중대한 헌법적 이익이다. 국회의장이 위원회의 정당 소속 위원 개선행위로 인하여 자유위임원칙이 제한되는 정도가 위원회의 의사를 원활하게 운영하고, 사법개혁에 관한 국가정책결정의 가능성을 높이기 위하여 국회가 자율권을 행사한 헌법적 이익을 명백히 넘어선다고 단정하기 어렵다(헌재 2020.5.27. 2019헌라1) 하는 것도 그런 이유에서이다.

[三] 대의정과 국민투표

1. 국민투표의 본질

1.1 국민투표의 의의

1.1.1 국민투표의 개념

국민투표는 대표자를 선출하여 정책결정권을 위임하는 선거와 달리 국민이 직접적으로 국정을 결정하는 절차이다. 즉 국민투표는 대의정을 전제로 국민이 직접 투표로써 주권인 헌법제정권력과 헌법개정권력 및 국가권력을 행사하여 정책결정권을 갖는 반半대표정, 반직접민주주의이다. 국민이 직접 국가의사를 결정하여 지배하는 직접민주정은 국민을 구성하는 인구의 과다 및 국가를 구성하는 영토의 광대 등으로 현실상 부적절하고 그 결과의 불합리를 피하기 어렵다. 하지만, 대의정을 전제로 국민의 직접적 의사표시에 의한 대의정의 실질적 실현을 목적으로 하는 반대표정의 국민투표는 가능하다. 그럼에도 불구하고, 국민적 정당성을 표방한 통치자의 권위적 지배와 민중의 자의적 지배를 가져온 헌정사적 경험은, 이 제도가 이미 그 내용이 정해진 국가정책 내지 법률안에 대한 선택권 내지 가부결정권만을 국민에 주는 자기만족적 카타르시스의 감성적 국가제도에 지나지 않는다고도 비판된다. 일상의 국민투표는 대의정의 헌정제도를 배척할 수 있는 것이다(丘秉朔/姜京根, 『國民投票』(민음사 1991) 참조).

1.1.2 국민투표의 성격

헌법 제72조 중요정책 국민투표 및 제130조 헌법개정 국민투표는 대의기관인 국회 또는 대통령의 의사결정에 대한 국민의 승인절차이다. 대의기관의 선출 주체가 곧 대의기관의 의사결정에 대한 승인 주체가 되는 것은 당연한 논리적 귀결이다(헌재 2014.7.24. 2009헌마256등).

1.1.3 국민투표의 기능

국민투표는 근대국민국가의 입헌주의제도로서는 스위스의 각 주*canton* 주민투표를 직접적 연원으로 한다. 국민투표는 대의정의 민주적 절차·제도가 국민의 주권적 힘에 의하여 무위로 돌려질 수 있는 가능성에 대한 안전판이며, 그런 점에서 대의민주주의에 의하는 통치의 민주적 정당성을 보완하는 순기능을 갖는다. 하지만 Plébiscite(신임투표)의 주권처분적 국민투표는 국민총체의 총의지배의 국가경향성을 가지면서 선동정치가*démagogue*의 인민투표적 독재(plebiscitary dictatorship)에 원용되는 역기능으로, 근대국민국가 헌정체제에 반하게 된다 하겠다. 국민투표의 기원을 고대 그리스 도시국가*polis*의 민회, 로마 공화정, 게르만 민회, 우리의 부여 습속이나 신라 和白 등에서 구하는 것은 무리다. 국민투표는 근대국민국가 대의정을 전제로 인정되는 제도이기 때문이다. 국민투표의 역기능은 신임투표가 부결되어도 그 제안자의 사임 규정이 없는 한, 법적 기속력 없는 정치적 불신임에 그치는 반면, 가결되면 제안자에 대한 국민의 정치적 신임의 집중적 부여로 인한 대표자권력의 독재를 가져온다.

1.2 국민표결·신임투표

1.2.1 국민표결·신임투표의 개념

국민투표는 국민표결(Referendum), 신임투표(Plebiscite), 국민소환(Recall), 국민발안(Initiative), 국민거부(Veto) 등이며, 협의로는 국민이 직접 헌법제정·개정·정책 등의 국가의사를 결정하는 국민표결 및 그로써 결과적으로 국민표결 제안자에 대한 신임을 묻는 신임투표를 말한다.

1.2.2 국민표결·신임투표의 수용

국민표결에 의하여, 국민은 헌법제정국민투표로 헌법을 제정하고, 제정된 성문헌법에 헌법제정권력을 제도적 헌법제정권력으로서 수용하며, 이 제도적 헌법제정권력의 행사로 헌법개정국민투표를 행하며, 헌법상 국가권력을 직접 행사하여 법률·정책·조약 등 국가정책국민투표를 행한다. 국민투표인 헌법제정국민투표, 헌법개정국민투표, 정책국민투표 등이 있고, 우리의 경우 헌법개정국민투표 다섯 번, 정책국민투표 한 번이었다.

1.2.3 국민표결·신임투표의 연혁

헌법개정국민투표는 5차례 실시하였다. ① 1962년(1962.12.26.공포) 제3공화국헌법은 국가재건최고회의

의결만 얻고 국회를 거치지 아니한 헌법개정안 국민투표로 성립하였다. ② 1969년(1969.10.17.시행) 박정희대통령 3선연임을 위한 헌법개정국민투표는 77.1%투표 67.5%찬성을 얻었다. ③ 1972년(1972.11.21.시행) 제4공화국헌법은 비상국무회의 의결만 얻고 국회심의를 거치지 아니한 헌법개정안 국민투표로 성립하였다. 제7차헌법개정을 위한 국민투표는 91.9%투표 92.2%찬성을 얻었다. ④ 1980년(1980.10.22.시행) 제5공화국헌법은 국가보위비상대책위원회의 헌법개정심의위원회 의결을 거치고 국회는 거치지 아니한 헌법개정안에 대한 국민투표다. 제8차헌법개정을 위한 국민투표는 95.5%투표 92.9%찬성을 얻었다. ⑤ 1987년(1987.10.27.시행) 제6공화국헌법은 국회의 합의 헌법개정안을 대상으로 하는 국민투표로 성립한 헌법이다. 제9차개정헌법은 전형적 국민표결*Referendum*로서 78.2%투표 94.5%찬성을 얻었다. ① ③ ④는 레퍼렌덤 성격 외에 헌법개정안제안자에 대한 플레비시트인 신임투표 성격도 강했다.

1.3 국민발안 · 국민소환 · 국민거부

국민발안은 국민이 제안한 헌법 · 법률 · 정책 등을 가결하여 국가의사로 결정하지만, 국회의 직접적 국민대표성을 제한하여 이를 보충적 기관으로 변질시킬 수 있다면, 헌법의 권력분립주의에 반한다. 국민소환은 공직의 임기 만료 전 해직이기에 권력분립원칙에 유의하여야 한다. 국민거부는 국회 의결 법률의 사후적 · 직접적 무효화이기에 의회주의를 무력화한다. 과잉의 국민투표의 제도는 근대국가의 기반인 과학주의 · 진실주의에 반한다.

국민발안, 국민소환, 국민거부 국민발안은 민의원의원(국회의원) 선거권자 50만인 이상의 찬성에 의한 헌법개정안제안권(제2차개정헌법 제98조 제1항, 제2공화국헌법 제98조 제1항, 제3공화국헌법 제119조 제1항)이 제7차개정헌법인 제4공화국헌법에서부터 삭제되어(제124조 제1항 참조), 현행헌법에 이르기까지 규정이 없다. 국민발안은 국민 스스로 제안하고 판단한다 하지만 현실적 조직력이 큰 정당, 단체 등 정치세력이 激情群衆을 앞세워 대의정 보완이라는 국민투표 의의를 변질시킬 제도적 취약성이 크다. 국민소환은 자유위임, 대의정의 헌법 제45조, 제46조 범위에서 법률로 구체적으로 제도화할 수 있다. 국민거부는 국민의 직접입법을 부인하는 헌법 제40조 입법권의 국회귀속원칙에 합치되지 아니한다. 국민의 직접참여는 만능이 아닌 것이다. 또 그것이 국민주권주의의 本旨도 아니다.

2. 한국에서의 국민투표

2.1 헌법제정국민투표

헌법제정국민투표는 헌법제정권력 행사로 국민이 정치적 통일체의 종류 · 양태인 헌법을 시원적으로 정하는 국민표결*Referendum*이다. 헌법제정국민투표는 국민이 시원적 헌법제정권력 행사로 신생독립국가나 혁명질서 형성의 새 헌법 제정 국민투표이다. 제헌헌법은 국민투표를 거치지 않고, 미군정기 1948년 5 · 10총선으로 구성된 제헌의회가 제정(7 · 12) · 공포 · 시행(7 · 17)한 헌법이었다.

2.2 헌법개정국민투표

헌법개정국민투표는 헌법개정권력 행사로 헌법 일부나 전부를 개정하는 국민투표다. 현행헌법상 헌법개정국민투표는 국회의 의결을 거친 헌법개정안을 대통령이 부의하면 국민이 결정하는 국민표결이다(제130조 제2항). 헌법개정국민투표는 국회에서 의결된 헌법개정안을 반드시 국민투표에 부의하여야 하므로 임의적 재량의 국가중요정책국민투표와 다르다. 헌법개정국민투표가 가결되면 헌법개정은 확정되고 대통령은 즉시 공포하여야 할 권한과 책무를 진다. 헌법개정절차는 국회의 의결만으로 이루어지다(제헌헌법(1948.7.17.) 제98조, 제1차개정헌법(1952.7.7.) 제98조, 제2차개정헌법(1954.11.29.) 제98조), 5 · 16정변 체제에서 제정된 국민투표법에 의하여 제5차 헌법개정이 최초로 국민투표에 의하여 이루어졌고, 이에 의하여 제정된 제3공화국헌법에 국민투표규정을 둔(제5차개정헌법(1969.10.21.) 제120조-제121조) 이후(제7차개정헌법(1972.12.27.) 제124조-제126조, 제8차개정헌법(1980.10.27.) 제131조) 현행 제9차개정헌법(1987.10.29. 제130조)에 이른다.

2.3 중요정책국민투표

2.3.1 헌법 제72조 국가중요정책국민투표

헌법 제72조 '대통령은 필요하다고 인정할 때에는 외교·국방·통일 기타 국가안위에 관한 중요정책을 국민투표에 붙일 수 있다' 하는 국가중요정책국민투표는 국제법규범·조약(헌재 2003.11.27. 2003헌마694등), 입법권·행정권 등의 법률·정책 등을 결정하는 국민투표이다. 국가중요정책국민투표는 제2차개정헌법 제7조의2에서 처음으로 규정되었다(1954.11.29. 제7조의2). 제3공화국헌법(1962.12.26.)에서는 이 규정이 삭제되었다. 제4공화국헌법은 이를 다시 규정하여(제7차개정헌법(1972.12.27.) 제49조) 제5공화국헌법(제8차개정헌법(1980.10.27.) 제47조)에 이어지면서 현행 헌법(제9차개정헌법(1987.10.29.)) 제72조에 규정되어 존속하고 있다. 그런 점에서, 이 정책국민투표는 한국헌법사의 특징적 제도이다. 단 한 번, 1975.2.12. '박정희대통령과 유신헌법'에 대한 국민투표가 있었다(79.8%투표 74.4%찬성).

2.3.2 헌법 제72조 신임투표

헌법 제72조의 국가중요정책국민투표는 국민의 직접적인 정부형태 선택, 대통령 등 정부수반 진퇴 등의 신임에 관한 사항 등 헌정제도 전반이 그 대상이 된다. 정책국민투표는 그 제안자에 대한 신임투표*plebiscite*적 성격을 가져, 국민소환제도가 없는 대통령제에서 대통령의 임기만료 전 불신임 등을 가능케 하는 신임적 국민표결의 기능을 갖는다. 대의민주주의가 민중적 처분의 대상이 될 수 있는 것이다. 따라서 대통령이 국회본회의에서의 시정연설을 통하여 중요정책과 결부되지 않은 단순 신임 목적의 국민투표를 실시하고자 한다고 밝히는 것은 위헌이다(헌재 2003.11.27. 2003헌마694등 소수의견).

2.3.3 헌법 제72조 법률국민투표

대의정은 입법권의 국회 귀속(제40조)을 전제로 하므로, 법률을 국민이 직접 제정하도록 함은 대의정의 한계에 속하지만, 다만, 법률국민투표의 경우에 있어서는 국민의 직접입법으로 그 대강을 정하는 한도에서 그 최종적 효력을 국회에 맡기는 등의 절차를 거치게 하면 입법권 침해가 아니게 된다. 다만 국민투표법은 투표용지에 찬성·반대 양란을 두어야 한다(제53조 제1항) 하므로, 주어진 물음에 대한 찬·반 외에 선택적 물음도 포함하여야 하는 법률제정을 위한 국민투표의 절차가 없는 것이 사실이지만, 이를 보완하면서 절차 규정을 두면 가능하다 하겠다.

3. 국민투표의 절차와 효력

3.1 국민투표의 절차

헌법 제72조 국가안위에 관한 중요정책과 제130조 헌법개정안 등의 국민투표는 대통령이 국무회의 심의를 거쳐(제89조 제3호) 국무총리와 관계국무위원의 문서에 의한 부서를 지닌(제82조) 국민투표안을 국회 개회중에 공고하여 행한다. 국민투표절차는 국민투표법에서 정하고 그 효력에 대한 이의는 대법원관할로 한다. 국민투표는 전국을 단위로 이를 행하며(국민투표법 제10조), 중앙선거관리위원회는 국민투표록을 작성하고 위원장과 출석한 위원 전원이 서명·날인하여야 하며, 대통령이 국민투표의 결과를 통보 받은 때에는 즉시 이를 공포하여야 한다(제89조~제91조). 국민투표의 효력에 관하여 이의가 있는 투표인은 투표인 10만인 이상의 찬성을 얻어 중앙선거관리위원회위원장을 피고로 하여 투표일로부터 20일 이내에 대법원에 제소할 수 있다(제92조).

3.2 국민투표의 효력

헌법개정국민투표로 그 투표의 대상이 가결되면 헌법개정으로서의 효력이 확정된다. 국가중요정책국민투표는 해당 정책 관할 국가기관 권한의 결정·집행과 동일한 효력을 발생한다. 법률국민투표로 제정된 법률은 형식적 의미의 법률과 동가치성을 지닌다. 그러므로 국회가 개정·폐지할 수 있고 규범통제·헌법소원 대상이 된다. 국가중요정책 국민투표와 헌법개정·국회해산·재판 등에 관하여, 중요정책국민투표에 의한 헌법개정은 헌법개정 특별가중정족수(제130조 제2항)를 정한 국회의 헌법적 권능을 침해하여 무효가 된다. 국회해산은 국가기관의 존립을 상실시키는 집단적 국민소환으로서 의회주의에 반한다. 사법부의 독립적 권한인 재판을 국민투표로 행함은 인민재판이 되어, 법관이 헌법과 법률에 의하여 그 양심에 따라 독립하여 심판하는(제103조) 사법권독립에 반한다.

3.3 국민투표권과 기본권

3.3.1 국민투표권의 의의

국민투표는 선거와 달리 국민이 직접 국가의 정치·정책에 참여하는 절차이므로, 국민투표권은 대한민국국민의 자격이 있는 사람에게 반드시 인정되어야 하는 권리로서, 선거권·공무담임권 등과 같은 참정권적 기본권이다. 반면, 국가의 하부 단위로서의 일정지역의 주민이 행사하는 지방자치단체의 주민투표권은 헌법이 보장하는 참정권이 아니고 지방자치법에 의하여 비로소 인정되는 법률상 권리에 그친다. 때문에 국민투표권을 침해하는 공권력에 대해서는 헌법소원에 의하여 이를 무효화함으로써 그 침해되는 기본권인 국민투표권의 구제가 가능하나, 주민투표권은 기본권이 아니기에 그 침해의 헌법소원 구제가 가능하지 않다(헌재 2001.6.28. 2000헌마735).

3.3.2 국민투표권의 행사와 성립

헌법 제72조는 국민투표부의에 관한 대통령의 권한만 규정한 조문이 아니라, 국민의 국민투표권을 아울러 규정하여 대의제와 직접민주제의 한국헌법상 통치구조의 제도적 근간을 규정한 조문이고(헌재 2004.10.21. 2004헌마554등), 그 점에서, 국민의 국가중요정책에 대한 국민투표권은 기본권이지만, 이는 대통령이 어떠한 정책을 국민투표에 부의한 경우에 비로소 행사가 가능한 기본권이므로(헌재 2014.7.24. 2009헌마256등), 대통령의 국민투표부의가 행하여지지 않은 이상, 헌법 제72조의 국민투표권에 대한 침해가능성은 인정되지 않는다(헌재 2013.11.28. 2012헌마166).

> **민주적 기본질서 위배의 정당해산** 한국헌법은 대의제가 원칙이나 국민투표의 대상이 되는 정책에는 직접민주정의 요소를 채택하여, 이러한 정책에 관하여 대의기관은 국민들의 현실의사에 기속되기에, 국민이 대의기관에 의한 정책결정을 하지 아니하고 직접 국민투표로 결정하려는 의사를 가지고 있다고 볼 상당한 이유가 있는 경우 대의기관이 이러한 의사를 무시하고 스스로 결정을 하거나, 대의기관의 의사가 국민의 현실의사와 다르다고 볼 상당한 이유가 있는 경우 대의기관이 국민의 현실의사로 추정되는 것을 무시하고 반대되는 결정을 한다면, 헌법 제72조의 입법정신과 입법목적에 반하여 재량권을 일탈·남용한 것이 되는데, 국민은 수도이전에 관한 의사결정을 대통령이나 국회와 같은 대의기관에 위임하지 아니하고 직접 결정하겠다는 의사를 가지고 있다고 볼 상당한 이유가 있고 신행정수도로 이전하는 것에 반대하는 의사를 가지고 있다고 볼 상당한 이유가 있으므로, 이를 국민투표에 붙이지 아니하는 것은 재량권을 일탈·남용하는 것이다(헌재 2004.10.21. 2004헌마554등).

3.3.3 국민투표권의 주체－국민과 재외국민

재외선거인은 대의기관을 선출할 권리가 있는 국민으로서 대의기관의 의사결정에 대해 승인할 권리가 있고, 국민투표권자에는 재외선거인이 포함되므로, 국민의 본질적 지위에서 도출되는 국민투표권을 추상적 위험 내지 선거기술상 사유로 재외선거인에게서 배제하는 것은 헌법이 부여한 참정권을 사실상 박탈한 것과 다름없다(헌재 2014.7.24. 2009헌마256등).

국민투표권과 기본권 대한민국 국민임에도 국내에 주민등록이 된 국민만 선거권을 행사하고, 주민등록법상 주민등록을 할 수 없는 재외국민은 선거권행사를 할 수 없게 한 공직선거법은 주권자인 국민의 지위에 아무런 영향을 미칠 수 없는 주민등록여부만을 기준으로 재외국민의 국민투표권 행사를 전면적으로 배제한 것이어서 국민투표권을 침해한다 한 헌법불합치 결정(헌재 2007.6.28. 2004헌마644등; 2007.6.28. 2004헌마643)에 따른 공직선거법 개정으로, 2012년 첫 재외선거가 실시된 이후 국내거소신고가 되어 있는 재외국민도 국민투표권을 행사할 수 있게 되었다. 이후, 국민투표일공고일 현재로 그 관할 구역 안에 주민등록이 되어 있는 투표권자 및 '재외동포의 출입국과 법적 지위에 관한 법률' 제2조에 따른 재외국민으로서 국내거소신고가 되어 있는 투표권자인 재외선거인은 국민투표권을 행사할 수 없도록 한 국민투표법(제14조 제1항)의 헌법불합치결정이 있었으며, 반면, 재외선거인에게 임기만료지역구국회의원선거권 및 국회의원재보궐선거 선거권을 인정하지 않은 것, 재외선거인 명부작성시 신청등록제, 재외선거 투표절차를 공관방문투표방법으로 정한 것 등은 헌법에 위반되지 않는다 하였다(헌재 2014.7.24. 2009헌마256등).

Ⅲ. 민주공화국의 헌법정신

[一] 민주공화국의 국헌질서(입헌법치주의)와 정치질서(자유민주주의)

1. 민주공화국의 공화주의적 헌법질서

민주공화국의 헌법이념은 전체국민이 주권을 보유하는 국민주권주의가 일부국민만이 주권을 보유하는 부분주권의 계급적 인민주권으로 변질되지 않도록 하는 공화주의의 헌법질서이다. 자유민주주의는 국민주권주의에 의하여 주권자인 국민의 헌법제정권력으로 제정되는 헌법이 입헌적 공화정을 국가의 정신인 국체와 정체의 헌법정신으로 삼는 지배의 형태이다. 자유민주주의의 헌법이념은 국민의 대표자로서의 의회정이 국민주권주의의 민주공화정을 실현하는 대의민주주의의 헌법원리로서 구현된다. 국민주권의 자기지배적 직접민주주의는 대의민주주의를 전제로 하지 않는 한 그것만으로는 자유민주주의의 길을 차단하는 전제정의 일원주의이며 국민을 주권자가 아니라 노예에의 길로 가게 한다.

2. 민주공화국의 국헌질서로서의 입헌법치주의

자유민주주의는 국민공동체가 다원주의의 가치상대주의에 지배되는 다수결주의의 자유민주적 기본질서이다. 다수결주의는 치자의 폭력과 자의를 정당화하는 다수의 힘의 민주주의가 아니라 권력자의 폭력과 자의를 배제하여 국민전체의 주권을 보장하는 헌정제도이다. 즉 자유민주주의는 모든 폭력적·자의적 지배를 배제하고 그때그때 다수의 의사와 자유·평등에 입각한 국민의 자기결정에 따른 자유 실현의 법치국가적 통치의 질서를 갖는 헌법이념이다(헌재 1990.4.2. 89헌가113; 1991.3.11. 90헌마28). 자유민주주의의 헌법이념은 법치국가적 통치질서로 실현되는 때에 자유민주적 기본질서의 헌법질서로서 규범성을 갖는 정치적 기본질서로서 기능하여(헌재 2015.11.26. 2014헌바475), 국민의 정치적 의사의 형성이 민주적으로 이루어지게 된다(정당의 목적, 활동에 관한 제8조 제2항 참조). 민주공화국의 국가정통성과 헌법정체성은 공동체 정당성의 근본규범이고 법치주의 통치의 최고규범질서이기에, 그것들의 자의적 변경은 국가변란이 된다. 국가의 변란은 국민이 막고 지켜야 한다. 국민이 국가를 보전하여야 한 나라의 자유민주주의가 유지될 수 있는 틀을 갖게 된다. 자유민주주의는 자신의 정통성과 정체성을 침해하는 헌법과 국가의 적에 대해서 이를 투쟁하여 방어하도록 하는 헌법적 책무를 국민에게 부과한다.

3. 민주공화국의 정치질서로서의 자유민주주의

자유민주적 기본질서의 민주주의는 자유민주주의 헌법질서에 반하는 자의적·폭력적 침해에 투쟁·방어하여 보호하는 방어적·투쟁적 민주주의를 수반한다. 자유민주주의는 그런 점에서 자유민주적 통치질서를 갖게 되는 것이다. 대한민국헌법 역시 가치상대주의에 따르는 다수결주의로 국가의사를 결정하는 민주주의를 정하면서, 동시에 국가정통성·헌법정체성에 반하는 다수결에는 이를 정치적 자유민주주의와 경제적 시장민주주의 등의 가치를 훼손하는 민주주의의 적으로 규정짓고, 이 같은 지켜야 할 가치를 방어하기 위한 헌법투쟁을 인정하는 민주주의 즉 방어적 전투적 민주주의도 규정한다(제8조 제1항 복수정당제, 제4항 정당해산, 제111조 제1항 3호). 한국헌법은, 민주적 기본질서의 위배 정당에 대하여 정부의 제소와 헌법재판소의 심판함으로 해산할 수 있게 함으로써(제4항, 제3공화국 헌법부터 규정), 자유민주적 기본질서가 특정 이념을 극복하도록 하는 바, 노농주권의 인민민주주의 체제인 북한공산정권을 지지하면서 무장세력을 조직·동원·공격하는 등 대한민국헌법의 정체성을 훼손하는 정당을 해산하도록 함이 그것이다(헌재 2014.12.19. 2013헌다1 통합진보당 해산 결정 정당해산 설명 참조).

독일기본법의 방어적 헌법질서 독일 연방헌법재판소는 위헌정당해산(제21조 제2항), 기본권실효(제18조) 등의 방어적 민주주의의 제도에 의거하여, 자유민주주의에 반하는, 아돌프 히틀러의 지도자원리*Führerprinzip*에 기초하는 SRP(독일사회주의국가당, 신나치당 *Sozialistische Reichspartei*) 해산 결정(BVerfGE 5,85, 1952.10.23.) 및 마르크스-레닌주의, 사회주의혁명, 프롤레타리아 독재 등을 정강으로 하는 KPD(독일공산당 *Kommunistische ParteiDeutschlands*) 해산 결정(BVerfGE 2,1(12 f.) 1956.8.17.) 등에 이어, 연방정부는 해산된 KPD 후신이라 인정된 DKP(*Deutsche Kommunistische Partei*) 소속 당원들의 공직취임을 불용하였다. 군인판결(BVerfGE 28, 36)에서 방어적 민주주의는 군 내에도 적용된다 하고, 도청판결(BVerfGE 30, 1)에서는 법치국가를 강조하며, 급진주의자 판결(BVerfGE 39, 334)에서는 공직자의 국가와 헌법질서 준수 등을 명하였다.

정당해산과 방어적 헌법질서 방어적 헌법질서는 의사표현의 자유를 향유케 하는 헌법질서를 파괴하여 폭력이나 자의적 지배를 가져오는 전제적 지배에 대한 것이므로(헌재 1995.12.15. 95헌마221등), '반공'은 자유민주주의를 폭력과 자의로 배제하는 북한공산지배를 부인하는 방어적 민주주의의 가치가 되는 것이며, 반면, 유신이념이나 시대정신 등의 정권적 차원의 질과는 다른 가치이다(姜京根, 「헌법재판소 89헌가8, 국가보안법 제7조 등에 관한 위헌심판사건에 대한 참고인진술서」(1989.12.29. 헌법재판소 대법정), 9면.). 반공의 전투적 방어 대상은 '북한과 연계되어 활동하며, 북한주체사상 추종, 애국가 부정, 태극기도 게양하지 않는 등 대한민국의 정통성을 부정하는…북한식 사회주의 체제, 인민민주주의 독재방식과 수령론에 기초한 1인 독재를 통치의 본질로 하는 체제'이며, 이는 우리 헌법상 민주적 기본질서와 근본적으로 충돌하기에, 그 같은 행태를 갖는 통합진보당은 해산한다(헌재 2014.12.19. 2013헌다1).

[二] 민주공화국의 경제질서 – 시장경제질서

1. 헌법정신으로서의 시장경제질서

1.1 시장경제질서의 헌법이념

대한민국은 입헌주의를 헌법정신으로 하는 헌법국가이다. 입헌주의의 헌법정신은 민주공화국을 국체로 하는 국가정통성과 민주공화정을 정체로 하는 헌법정체성이다. 민주공화국의 국체는 정치공동체인 국가영역의 자유민주주의와 사회영역에서 사적자치의 원칙을 기초로 하는 자본주의를[24] 기본으로 하는(대법원 2003.7.22. 2002도7225) 시장경제질서의 헌법이념이며, 민주공화정의 정체는 공화주의를 법으로 실현하는 입헌법치주의의 헌법이념으로 실현된다. 국가영역에서의 정치적 자유민주주의와 같이 시장경제질서는 사회영역에서 국민의 사유재산권·사유재산제도를 보장하고(헌법 제23조 제1항) 개인과 기업의 경제상의 자유와 창의를 존중함을 기본으로 하는(제119조 제1항) 자유민주주의의 성격을 갖는다. 시장경제질서는 정치활동에서의 자유민주주의와 같이 사회영역의 경제활동에서 자유민주주의가 구현되도록 하는 점에서 이를 시장민주주의의 기능을 실현하는 성격을 갖는다고도 한다. 법은 사회의 준칙이고 국가의 규율이다. 사회 영역에서의 법이 의사소통공동체의 자생적 규범인 것과도 같이, 사회영역에서의 시장경제질서에 관한 법 역시 시장에서의 경쟁에 의하여 자신의 의사결정을 위한 지식을 갱신하여 열악하고 피하여야 할 지식을 선별·예측할 수 있게 함으로써 시장 스스로 규범적 질서를 만들어 나가는 자생적 의사소통공동체로서 기능하도록 한다. 시장경제질서는 사회공동체의 자유민주적 질서인 것이다.

헌법상 경제질서의 원리 · 제도 자본시장법상 부정거래행위자에 대한 징역에 그 위반행위로 얻은 이익 또는 회피한 손실액의 1배 이상 3배 이하에 해당하는 벌금형의 필요적 병과는 합헌이다(범죄 중대성과 범죄수익의 철저한 환수를 통한 범죄근절의 입법취지와 재범방지의 형사정책적 고려 등에 비추어 합리적 이유가 있고, 책임에서 벗어난 형벌 또는 형벌과 책임간 비례원칙에 위배된다 볼 수 없어 입법재량의 한계를 벗어나거나 과도한 것으로 볼 수 없으며, 자본시장의 본질적 기능을 위협하는 중대한 범죄를 통해 얻은 수익을 보유하게 하는 것은 국민의 법감정에 반하고, 범행으로 취득한 재산에 대한 필요적 몰수 · 추징은 벌금형과 다른 제도이고, 법관은 구체적 사건에서 여러 정상을 참작하여 심판대상조항 범위내에서 벌금액수를 정하거나 작량감경, 벌금형선고의 유예 등 구체적 형평을 기할 수 있다)(헌재 2020.12.23. 2018헌바230). (최저임금고시 중 최저임금액 부분(2018년 적용 최저임금을 시간급 7,530원, 2019년 8,350원)이 자유주의적 경제질서에 위배된다는 주장에 대하여), 헌법상 경제질서에 관한 원리나 헌법상 보장된 제도를 규정한 조항(제119조 제1항은 '대한민국의 경제질서, 제123조 제3항은 국가의 중소기업 보호 · 육성 의무, 제126조는 사영기업의 국 · 공유화에 대한 제한)이 침해되었다는 사정만으로 바로 헌법재판소법 제68조 제1항에 의한 헌법소원에서 청구인들의 기본권이 직접 현실적으로 침해된 것이라 할 수 없으며(헌재 2008.7.31. 2006헌마400), 이들 조항들이 헌법에 위반되지 않음은 계약의 자유와 기업의 자유 침해여부에 대한 판단을 통해 이미 밝혀졌다(헌재 2019.12.27. 2017헌마1366).

1.2 시장경제질서의 국민주권

시장경제질서는 시장에서의 자유로운 경쟁을 통하여 국민주권의 헌법원리를 실현한다. 정치적 자유민주주의가 대의정의 대표자를 통하여 국가의사가 실현되는 다수결민주주의의 현상형태라 한다면, 시장경제질서는 시장의 경쟁을 통하여 매일매일의 개인의 의사결정으로 국가의사가 실현되는 국민투표적 직접민주주의의 자유민주주의적 현상형태적 기능을 갖는다. 정치적 민주주의는 국가에서의 다수결 민주주의이고 경제적 민주주의는 시장에서의 개인적 자유의 민주주의로서 이들은 함께 근대국민국가의 입헌주의 헌법정신을 실현한다. 시장에서의 경제적 민주주의는 개인적 자유의 집합이 사회적 의사를 결정하는 형태로서 결국은 정치영역에서의 다수결 민주주의를 매일 매일 실현하는 기능을 갖는다. 정치영역에서의 다수결 민주주의는 대의정의 장터를 구성하는 선거를 위한 투표가 행해지는 주기적 년도에서만 이루어지는 한계를 갖는 것이다.

1.3 통제경제질서의 인민주권

사회주의 통제경제질서는 소비자인 국민의 선택으로 시장과 경제가 결정되는 시장민주주의의 자유주의 경제질서와 반대인 권력자의 생산자 민주주의 체제이다. 소비에트*Soviet* 인민평의회는 인민주권의 직접행사로 조직된 단위별 회의체로서 그 대리인으로 구성된 의회는 조합이다. 인민평의회 민주주의는 국민주권의 직접행사로 권력구조를 형성한다는 형식과는 반대로 인민과 무관한 권력자인 생산자 민주주의 국가유형이다. 국가를 장악한 당의 지시로 생산조직이 재편되는 것이지 국민주권의 주체인 소비자의 권력에 의하여 시장이 형성되는 형태는 이루어질 수 없다. 권력자는 생산자로서 자신들의 기존의 체제를 유지한 채 권력의 증감만을 행한다.

사회주의통제경제와 노예에의 길 사회주의는 시장자율과 소비자통제를 권력기구화 한다. 무제한적 정치민주주의 앞에 민주공화주의는 허물어진다. 시장민주주의*market democracy*의 소비자 투표*market vote*는 결과를 바꿀 수 있으나, 정치민주주의*political democracy*의 유권자 투표는 과반수에 이르지 못하는 한 그렇지 못하다. 개인의 화폐투표*dollar vote*는 과반수 선호와 다른 경우에도 그 의사를 인정받을 수 있어 시장민주주의는 확대될 수 있다. 경제적 복지의 기초는 건강 · 지식 · 번영 · 안보 · 평화이지 결코 소득평등이 아니다. 자본주의는 타인의 수요를 충족시켜 주어야 성공하나 사회주의는 자신이 얻는 것에 초점을 맞추니 독재권력이 부를 독점한다. 사회주의와 도적盜賊주의*kleptocracy*는 동전의 양면이다. 중앙의 지시경제는 전체주의 독재를 수반하여 절대권력을 추구한다. 사회주의는 인간의 생존을 위해 필요한 것을 정치권력이 모두 빼앗아 가는 것이다.

2. 시장경제질서와 입헌주의

2.1 시장경제질서와 입헌민주주의

시장경제질서는 시장에서의 경쟁이라는 매일 매일의 국민 각자의 결정에 의하여 이루어지는 국민주권주의의 헌법원리에 기반을 두고 있다는 점에서 개인의 자유의 실현이라는 근대국가의 입헌민주주의에 부합한다. 이 같은 시장경제질서에 대한 국가의 시장에의 관여를 의미하는 경제민주화(헌법 제119조 제2항) 즉 이른바 경제민주주의는 시장에서의 경쟁의 원리를 보정하는 한계를 가질 때에만 사회영역에서 시장경제질서가 실현하고자 하는 자유민주주의의 헌법이념에 합치하게 된다. 사회영역에서 사회경제적 약자의 생존을 실현하려는 사회적 시장경제와 그 정치영역에서의 사회민주주의에서의 경제민주화가 시장의 경쟁을 부인하는 사회주의적 통제경제의 사회주의국가로 갈 때 시장경제질서에로 돌아올 수 없는 다리를 건너게 되는 것이다.

정치적 민주주의와 시장민주주의 시장은 '한 푼 한 푼이 투표권이 있는 민주주의'라 한 미국의 오스트리아학파 페테르*F. Fetter*에 대해서 미제스(*Ludwig Heinrich Edler von Mises* 1881.9.29.~1973.10.10.)는 시장민주주의는 자발적 교환을 수반한다 하면서 『인간행동론』의 소비자 주권에서 이에 동의하고, 매클로스키*D. MacCloskey*는 『트루 리버럴리즘』에서 상호이익이라는 관점에서 시장경제는 민주주의라 한다. 민주주의로서 시장민주주의는 개개인이 중심이나 정치적 민주주의는 국가의 상태*statist quo*에서의 승자독식과반수주의*winner-takes-all majoritarianism*라는 통치자의 지배세력에 의하는 대의민주주의로 흐른다. 정치적 민주주의는 많아야 수 억 미만의 투표이지만 시장민주주의는 매일 수십억의 투표가 행해진다. 화폐는 투표용지이며 화폐로 던져지는 표는 재화와 서비스를 통하여 직접적으로 사람들에게 영향을 미친다. 민주정치의 본질은 1930년대 독일의 카를 슈미트*Carl Schmitt*가 '정치적인 것의 개념'에서 주장하듯이 적과 동지의 구분인 반면, 시장의 본질은 적을 친구로 만든다는 의미의 카탈락시*catallaxy*이며, 정치질서에 참여한 사람들이 각자 자신의 생각에 따라 행동한다 해도 애덤 스미스의 보이지 않는 손이 작동할 수 있게 하는 규범법칙인 법지배에 따르는 사법이 시장의 사회를 지배하는 반면 민주주의는 주권이 지배하는 공법을 기초로 하기에 시장과 민주주의는 상이한 규칙 질서에 있다.[25)]

2.2 시장경제질서와 사유재산제도

2.2.1 사유재산제도의 私法的 제도

시장경제질서에서의 시장경제는 사유재산제도를 전제로 하는 私法 제도를 기반으로 한다. 시장경제의 시장은 수요와 공급을 본질로 하며 이는 기업에 의하여 이루어진다. 시장경제가 전제로 하는 사유재산제도는 국민의 재산권을 보장하는 사법 제도에 의해서 그 형성이 가능하게 되는 바, 이 국민에는 법인인 기업과 자연인인 기업인이 중심에 있다. 특히 기업은 법인이라는 독립적 실체로서 자신의 가치를 설정할 수 있다 하는 자유주의적 법인실체론이라는 존재론적 관념은 사유재산제도 성립을 위한 시장경제의 핵심에 존재한다.

2.2.2 사유재산제도의 제도적 보장

제도*institutions*는 정치・경제・사회적 상호작용을 구성하는 공식・비공식적 규칙이며 개인의 행동을 일정 방향으로 향도하는 제도적 제약*institutional constraints*으로서 규범적 강제력을 갖는다. 시장 제도*market institutions*의 경우에 재산권*property rights*, 법지배*rule of law* 등의 규범적 강제력이 그것이다. 사유재산권 및 법의 지배는 경제 제도에 있어서 가장 주요한 공식적 제도이다. 이 같은 산출적 제도*productive institutions*는 사람들의 행동을 약탈에서 이익적 교환으로 전환시킨다. 제도는 사회 세력*power of social disapproval*이든 정부 권력*arm of government*이든 그에 따른 법집행의 구조체계가 있어야 한다. 제도적 규칙*institutional rules*에 따르는 비용을 부담하지 않으면 제도를 집행하는 힘 스스로 무너진다. 막스 베버*Max Weber* '프로테스탄트의 윤리와 자본주의 정신'에서 말한 기독교 개신교 신앙, 부르주아 미덕*bourgeois virtues* 등의 하나님 앞에 모두의 존귀한 독립적 자아는 근대국가 성립을 가능케 한 개인주의 문화를 가져 왔다. 개인으로서의 존재야말로 자연적 자유*natural liberty*를 향유할 수 있도록 하는 자유주의의 원천이며 시장경제질서는 자유민주주의의 토대를 이루는 비공식적 제도로서의 문화이다.

2.2.3 사유재산제도와 민법의 제정

한국에서의 시장경제질서는 재산권 보장의 측면에서 이를 규정한 민법 제정 이후부터이다. 대한민국은 해방 후 일제시대 구민법 계수繼受를 끊고 법률 제471호, 1958.2.22.의 민법을 제정하여 1960.1.1.(단기 4293년 1월 1일)부터 시행하였다. 시장경제는 영국 중부 도시 스카버러Scarborough에 헨리 3세 칙령으로1253.1.22 매년8.15.~9.29. '스카버러장터'Scarborough Fair가 허락된 예가 흥미를 주며(1788년 폐쇄 Simon & Garfunkel 동명 노래가 있다). 반면, 淸의나 강희제康熙帝는 광저우 등에 세관을 설치하면서1685년 독점무역상이자 관세수납을 대행하는 '광저우13행'에 교역을 독점하는 특혜를 주지만 독점무역권이 없어지자1843년 사라진다.

2.3 시장경제질서와 경제자유주의

시장경제질서에서 헌법 제119조 제2항 '경제민주화'(Wirtschaftsdemokratisierung, Demokratisierung der Wirtschaft) 규정은 경제적 자유를 기본권보장의 면에서 지칭하는(헌재 1995.11.30. 94헌가2) 경제자유화(Liberalisieung der Wirtschaft)에 반대되는 용어로서, 경제민주주의의 이름으로 시장경제질서를 모호하게 하기에 기본권보장과 구분되는 국가목표조항에 그치는 것으로 보아야 한다. 경제민주화라는 용어는 기본권을 제한하는 국가작용의 정당화 기능에 그쳐야 한다. 기본권을 제한하는 헌법적 판단에 직접적으로 원용되는 기준으로서는 기능하지 않는다 할 것이다. 나아가 경제민주화의 규정의 적용에 있어서도 보충성원칙에 따라서 국가의 경제개입은 시장에서의 다른 경제적 수단이 모두 이루어지는 경우를 전제로 하여 가장 나중에 이루어져야 한다. 또한 헌법 제37조 제2항에서 정하는 비례성원칙에 따른 법적용으로 법률조항의 위헌성 판단의 근거로서는 고려될 수 없도록 하여야 한다(헌재 2004.10.28. 99헌바91).

3. 시장경제질서와 경제헌법

3.1 경제헌법의 경제질서

근대국민국가 입헌주의헌법은 공동체의 국가 영역에 있어서의 정치질서를 정한 규범이다. 경제질서는 국가영역에서 분리되는 사회영역의 사법私法적 규율에 맡겨지는 자율적 영역으로 기능하기에 공법인 헌법에서는 이를 달리 규정하지 않아서 근대입헌주의헌법은 정치헌법이었다. 반면, 현대의 입헌국가헌법은 공동체의 사회 영역을 국가 영역과 상호교차적 구분관계에 있는 것으로 보아서, 사회영역의 경제질서를 국가영역의 공법적 규율에 적용시키고 있다. 이렇게 경제질서를 헌법에 규정한 헌법이 경제헌법이다. 한국헌법은 경제질서(제9장 제119조~제127조, 9조 18항)를 국가목표규정으로 정하고 국가의 경제개입을 공법적 규율에 맡기는 경제헌법의 성격을 갖는다(헌재 2009.11.26. 2008헌마711).

3.2 시장경제의 경제헌법

경제헌법에서의 경제질서는 자원 배분 규칙의 총체로서 자본주의 시장경제질서, 국가주의 혼합경제질서만 가능하게 한다. 자본주의 시장경제질서는 개인과 기업의 경제상 자유와 창의의 존중이 경제질서의 기초임을 인식하는 경제체제로서(헌재 1997.8.21. 94헌바19등), 사유재산 · 사적자치 · 자기책임 등에 기초하면서 재화배분을 시장의 경쟁에 맡기는 입헌주의헌법에서의 경제질서이다. 즉 야경국가적인 자유방임적 경제질서가 아니다. 헌법이 보호하는 경제상 자유는 어떠한 경우에도 제한받지 않는 자유방임이 아니며, 국가가 아무런 관여를 하지 않아 시장의 공정한 경쟁질서가 깨지고 경제주체간 부조화가 나온다면 헌법상 경제질서에 반하는 결과가 초래될 것이다(헌재 2003.2.27. 2002헌바4). 한국헌법 제119조 제1항은 '대한민국의 경제질서는 개인과 기업의 경제상의 자유와 창의를 존중함을 기본으로 한다' 하여 자유시장경제질서가 원칙인 경제헌법질서를 규정한다.

자유시장경제질서 농지전용의 관할 행정관청허가 및 허가 없는 농지전용의 형벌부과는 사회적 제약의 범주에 속하며, 헌법상 재산권 및 자유시장경제질서, 제119조 제1항에 위배된다 할 수 없다(과잉금지원칙에 위배된다거나 재산권의 본질적 내용을 침해한다 할 수 없고 공익을 위한 입법으로 볼 수 있고 그 제한을 현저히 불합리하다거나 자의적이라 할 수 없다)(헌재 2009.9.24. 2007헌바108). 영업의 자유, 계약의 자유, 재산권 등 기본권을 침해하지 않고 자유시장경제질서에 위반된다 할 수 없다 한 결정(가스간선시설 설치의무 및 설치비용전부의 일반도시가스사업자에의 부과·부담은 가스공급자가 사업주체와의 개별약정을 통해 임의로 적용을 배제할 수 없는 강행법규로서 사법상 효력을 제한하여 위반행위를 금지하려는 효력규정이기에 가스간선시설의 사회간접자본적 성격, 일부경영제한 외에는 원칙적 기업활동이 보장된다)(헌재 2009.5.28. 2006헌바86).

3.3 경제질서의 경제헌법

3.3.1 경제헌법의 혼합경제적 질서

헌법 제119조 제2항 '국가는 균형있는 국민경제의 성장 및 안정과 적정한 소득의 분배를 유지하고, 시장의 지배와 경제력의 남용을 방지하며, 경제주체간의 조화를 통한 경제의 민주화를 위하여 경제에 관한 규제와 조정을 할 수 있다' 함은 자유시장경제질서를 기본으로 경제민주화의 한계에서 국가의 경제개입을 인정하는 혼합경제질서의 경제헌법을 규정한 조항이다. 경제헌법의 혼합경제질서는 실질적 국민주권이 경제영역에서 실현되는 시장경제질서를 말한다(헌재 2008.4.24. 2005헌바92).

자유시장경제질서와 혼합경제질서 토지거래허가제도의 실효성 확보를 위한 이행강제금제도(토지거래허가구역 내에서 허가받은 목적대로 토지를 이용할 의무를 이행하지 아니하는 자에 대한 간접적 의무강제수단)는 헌법 제122조에 의하여 용인되는 제한의 범위에 해당한다(헌재 2013.2.28. 2012헌바94). 의료광고금지는(새로운 의료인들에게 자신의 기능, 기술, 진단, 치료방법에 관한 광고·선전을 할 기회를 배제하여 기존의료인의 경쟁에 불리한 결과를 초래할 수 있어)자유롭고 공정한 경쟁을 추구하는 헌법상 시장경제질서에 부합되지 않아. 국가가 소비자보호와 과당경쟁을 이유로 한 의료광고의 일률적 금지는 後見的(국가의 사회개입) 입장을 여전히 견지하는 것이다(헌재 2005.10.27. 2003헌가3). 대형마트 등의 영업시간제한, 의무휴업일지정은 합헌이다(헌법상 경제영역에서 국가목표 등을 구체화한 공익으로서 정당성이 인정되고 대형마트 등의 유통시장 지배 등 경제력남용은 헌법이 지향하는 사회적 시장경제질서에 부합하지 않기에, 국가가 헌법 제119조 제2항에 따라 이를 방지하고 중소유통업체 등 관련 경제주체간 부조화를 시정하기 위한 규제와 조정을 하는 것이다. 반대의견:시장에 대한 국가개입도 보충성 원리·신뢰보호원칙·과잉금지원칙 등 헌법적 원리의 통제를 받기에 시장경제의 본질적 요소를 침해할 수 없고, 시장의 불공정성 제거에 그치지 않고 경쟁 자체를 제한해서는 아니 되는 것이기에 우리 헌법이 추구하는 경제질서에 부합하지 않는다)(헌재 2018.6.28. 2016헌바77).

3.3.2 경제헌법의 사회적 시장경제

한국헌법의 혼합경제질서는 사회적 시장경제질서를 외연으로 하면서 자유시장경제질서의 경제적 자유에 실질적 평등을 위한 제도, 가치를 내포하는 경제질서이다. 사회정의를 사회국가, 사회권적 기본권 등으로 수용하는 사회적 시장경제(soziale Marktwirtschaftsordnung) 등도 그 한 유형이다. 사회적 시장경제는 사회국가원리를 수용하여 실질적인 자유와 평등을 아울러 달성하려는 경제헌법의 질서이다. 다만, 사회적 시장경제와 달리 사회주의적 통제경제질서는 경제에 대한 정치적 개입이기에 한국의 헌법질서에서는 부인된다. 바이마르헌법 제151조(경제질서는 모든 개인에게 인간의 존엄에 상응하는 생활을 보장하기 위하여 정의의 기본적 원칙에 상응하게 형성되어야 한다)에 관련하여 오이켄(W. Eucken)은 사회적 시장경제는 경쟁질서의 근간의 범위 안에서 실시되어야 함을 강조한다. 한국헌법의 경제질서원칙에 비추어 사회적 시장경제질서에 부합하는 제도는 헌법 제119조 제1항의 시장경제원칙에 위배되지 않는다(농지개량사업 시행지역내 토지에 관한 권리관계에 변경이 있는 경우 그 사업에 관한 권리의무도 승계인에게 이전되도록 함은 농지개량사업의 계속성과 연속성을 보장하는 것이다)(헌재 2005.12.22. 2003헌바88).

3.3.3 경제헌법의 국가적 후견감독

헌법 제119조 제2항에서 국가가 경제의 민주화를 위하여 경제에 관한 규제와 조정을 할 수 있다 함은 경제질서를 국가목표규정으로 정하고 국가의 경제개입을 공법적 규율에 맡기는 경제헌법의 성격을 갖는다는 의미로서 이는 규범적 의의보다 헌정현실에서의 정치적 기준으로서의 의의에 더 가깝다 할 것이다. 그러므로 혼합경제질서에서의 국가의 경제에 대한 後見的 감독은 자유시장경제질서의 원칙 및 재산권 등의 기본권적 한계를 지키는 것을 그의 전제 및 한계로 한다. 국가의 경제개입이라는 것이 국가의 사회에 대한 개입·관여 등의 후견적 입장으로 재산권 제한에 있어서의 토지공개념을 인정하는 경우에까지 기본권을 공공복리의 사유로 제한하는 것이어서는 아니 된다. 나아가 자연자원의 원칙적 국유화, 공공적 기업의 원칙적 국·공영제, 경자유전 원칙에 입각한 농지개혁 등의 헌법규정이 있다 해도, 이는 재산권적 한계를 지켜야 한다.

[三] 한국헌법의 자본주의 경제질서

1. 역대헌법의 경제규범

1.1 제1·제2공화국헌법의 경제질서

제헌헌법(1948. 7. 17.)은 '대한민국의 경제질서는 모든 국민에게 생활의 기본적 수요를 충족할 수 있게 하는 사회정의의 실현과 균형 있는 국민경제의 발전을 기함을 기본으로 삼는다'(제84조 제1항), '각인의 경제상 자유는 이 한계 내에서 보장된다'(제2항) 등 시장경제질서를 기반으로 하면서도 계획경제적 경향성을 지녔지만 사회주의적 통제경제질서는 아니었고, 제2차개정헌법(1954. 11. 29.)에서는 통제경향적 경제조항의 폐기로 자유시장경제질서를 명확히 하여 제2공화국헌법에 이어진다.

제헌헌법, 제2차개정헌법 경제조항 제헌헌법 '제6장 경제, 광물 기타 중요한 지하자원, 수산자원, 수력과 경제상 이용할 수 있는 자연력은 국유로 한다. 공공필요에 의하여 일정한 기간 그 개발 또는 이용을 특허하거나 또는 특허를 취소함은 법률의 정하는 바에 의하여 행한다(제85조). 농지는 농민에게 분배하며 그 분배의 방법, 소유의 한도, 소유권의 내용과 한계는 법률로써 정한다(제86조). 중요한 운수, 통신, 금융, 보험, 전기, 수리, 수도, 까스 및 공공성을 가진 기업은 국영 또는 공영으로 한다. 공공필요에 의하여 사영을 특허하거나 또는 그 특허를 취소함은 법률의 정하는 바에 의하여 행한다. 대외무역은 국가의 통제하에 둔다(제87조). 국방상 또는 국민생활상 긴절한 필요에 의하여 사영기업을 국유 또는 공유로 이전하거나 또는 그 경영을 통제, 관리함은 법률이 정하는 바에 의하여 행한다(제88조). 제85조 내지 제88조에 의하여 특허를 취소하거나 권리를 수용 사용 또는 제한하는 때에는 제15조제3항의 규정을 준용한다(제89조).' 제2차개정헌법 '제6장 경제, 대한민국의 경제질서는 모든 국민에게 생활의 기본적 수요를 충족할 수 있게 하는 사회정의의 실현과 균형있는 국민경제의 발전을 기함을 기본으로 삼는다. 각인의 경제상 자유는 이 한계내에서 보장된다(제84조). 광물 기타 중요한 지하자원, 수산자원, 수력과 경제상 이용할 수 있는 자연력은 법률이 정하는 바에 의하여 일정한 기간 그 채취, 개발 또는 이용을 특허할 수 있다(제85조). 농지는 농민에게 분배하며 그 분배의 방법, 소유의 한도, 소유권의 내용과 한계는 법률로써 정한다(제86조). 대외무역은 법률의 정하는 바에 의하여 국가의 통제하에 둔다(제87조). 국방상 또는 국민생활상 긴절한 필요로 인하여 법률로써 특히 규정한 경우를 제외하고는 사영기업을 국유 또는 공유로 이전하거나 그 경영을 통제 또는 관리할 수 없다(제88조). 제86조의 규정에 의하여 농지를 수용하거나 전조의 규정에 의하여 사영기업을 국유 또는 공유로 이전할 때에는 제15조제3항의 규정을 준용한다(제89조)'.

제2공화국헌법의 경제조항 제2공화국헌법 '제9장 경제, 대한민국의 경제질서는 모든 국민에게 생활의 기본적 수요를 충족할 수 있게 하는 사회정의의 실현과 균형있는 국민경제의 발전을 기함을 기본으로 삼는다. 각인의 경제상 자유는 이 한계내에서 보장된다(제84조). 광물 기타 중요한 지하자원, 수산자원, 수력과 경제상 이용할 수 있는 자연력은 법률이 정하는 바에 의하여 일정한 기간 그 채취, 개발 또는 이용을 특허할 수 있다(제85조). 농지는 농민에게 분배하며 그 분배의 방법, 소유의 한도, 소유권의 내용과 한계는 법률로써 정한다(제86조). 대외무역은 법률의 정하는 바에 의하여 국가의 통제하에 둔다(제87조). 국방상 또는 국민생활상 긴절한 필요로 인하여 법률로써 특히 규정한 경우를 제외하고는 사영기업을 국유 또는 공유로 이전하거나 그 경영을 통제 또는 관리할 수 없다(제88조). 제86조의 규정에 의하여 농지를 수용하거나 전조의 규정에 의하여 사영기업을 국유 또는 공유로 이전할 때에는 제15조제3항의 규정을 준용한다(제89조).'

1.2 제3공화국헌법의 경제질서

한국헌법의 시장경제질서 원형은 제5차개정헌법(1963. 12. 17. 제3공화국헌법) '대한민국의 경제질서는 개인의 경제상의 자유와 창의를 존중함을 기본으로 한다'(제4장 경제 제111조 제1항), '국가는 모든 국민에게 생활의 기본적 수요를 충족시키는 사회정의의 실현과 균형있는 국민경제의 발전을 위하여 필요한 범위안에서 경제에 관한 규제와 조정을 한다'(제2항) 하는 입장에 서 있다.

제3공화국헌법의 경제조항 제3공화국헌법 '제4장 경제, 대한민국의 경제질서는 개인의 경제상의 자유와 창의를 존중함을 기본으로 한다(제111조 제1항). 국가는 모든 국민에게 생활의 기본적 수요를 충족시키는 사회정의의 실현과 균형있는 국민경제의 발전을 위하여 필요한 범위안에서 경제에 관한 규제와 조정을 한다(제2항). 광물 기타 중요한 지하자원·수산자원·수력과 경제상 이용할 수 있는 자연력은 법률이 정하는 바에 의하여 일정한 기간 그 채취·개발 또는 이용을 특허할 수 있다(제112조). 농지의 소작제도는 법률이 정하는 바에 의하여 금지된다(제113조). 국가는 농지와 산지의 효율적 이용을 위하여 법률이 정하는 바에 의하여 그에 관한 필요한 제한과 의무를 과할 수 있다(제114조). 국가는 농민·어민과 중소기업자의 자조를 기반으로 하는 협동조합을 육성하고 그 정치적 중립성을 보장한다(제115조). 국가는 대외무역을 육성하며 이를 규제·조정할 수 있다(제116조). 국방상 또는 국민경제상 긴절한 필요로 인하여 법률에 정한 경우를 제외하고는, 사영기업을 국유 또는 공유로 이전하거나 그 경영을 통제 또는 관리할 수 없다(제117조). 국민경제의 발전과 이를 위한 과학진흥에 관련되는 중요한 정책수립에 관하여 국무회의의 심의에 앞서 대통령의 자문에 응하기 위하여 경제·과학심의회의를 둔다(제118조 제1항). 경제·과학심의회의는 대통령이 주재한다(제2항). 경제·과학심의회의의 조직·직무범위 기타 필요한 사항은 법률로 정한다(제3항)'.

1.3 제4·제5공화국헌법의 경제질서

시장경제질서를 원칙으로 하는 제3공화국헌법의 혼합경제질서는 제4공화국헌법(1972. 12. 27.)에서도 이어진다(제11장 경제 제116조). 제5공화국헌법(1980. 10. 27.)은 제3, 4 공화국헌법 경제질서의 원칙 조항에 한 조항을 덧붙여 '독과점의 폐단은 적절히 규제·조정한다(제9장 경제 제120조 제3항)' 하여 혼합경제질서적 요소들을 강조한다. 제6공화국헌법인 현행헌법은 나아가 '경제의 민주화를 위한 경제에 관한 규제와 조정'(제119조 제2항)을 인정하기에 이르나, 시장경제의 원칙은 변함이 없다.

제4공화국헌법의 경제조항 제4공화국헌법 '제11장 경제, 대한민국의 경제질서는 개인의 경제상의 자유와 창의를 존중함을 기본으로 한다(제116조 제1항). 국가는 모든 국민에게 생활의 기본적 수요를 충족시키는 사회정의의 실현과 균형있는 국민경제의 발전을 위하여 필요한 범위안에서 경제에 관한 규제와 조정을 한다(제2항). 광물 기타 중요한 지하자원, 수산자원, 수력과 경제상 이용할 수 있는 자연력은 법률이 정하는 바에 의하여 일정한 기간 그 채취·개발 또는 이용을 특허할 수 있다(제117조 제1항). 국토와 자원은 국가의 보호를 받으며, 국가는 그 균형있는 개발과 이용을 위한 계획을 수립한다(제2항). 농지의 소작제도는 법률이 정하는 바에 의하여 금지된다(제118조). 국가는 농지와 산지 기타 국토의 효율적인 이용·개발과 보전을 위하여 법률이 정하는 바에 의하여 그에 관한 필요한 제한과 의무를 과할 수 있다(제119조). 국가는 농민·어민의 자조를 기반으로 하는 농어촌개발을 위하여 계획을 수립하며, 지역사회의 균형있는 발전을 기한다(제120조 제1항). 농민·어민과 중소기업자의 자조조직은 육성된다(제2항). 국가는 대외무역을 육성하며 이를 규제·조정할 수 있다(제121조). 국방상 또는 국민경제상 긴절한 필요로 인하여 법률에 정한 경우를 제외하고는, 사영기업을 국유 또는 공유로 이전하거나 그 경영을 통제 또는 관리할 수 없다(제122조). 국민경제의 발전과 이를 위한 과학기술은 창달·진흥되어야 한다(제123조 제1항). 대통령은 경제·과학기술의 창달·진흥을 위하여 필요한 자문기구를 둘 수 있다(제2항)'.

제5공화국헌법의 경제조항 제5공화국헌법 '제9장 경제, 대한민국의 경제질서는 개인의 경제상의 자유와 창의를 존중함을 기본으로 한다(제120조 제1항). 국가는 모든 국민에게 생활의 기본적 수요를 충족시키는 사회정의의 실현과 균형있는 국민경제의 발전을 위하여 필요한 범위안에서 경제에 관한 규제와 조정을 한다(제2항). 독과점의 폐단은 적절히 규제·조정한다(제3항). 광물 기타 중요한 지하자원·수산자원·수력과 경제상 이용할 수 있는 자연력은 법률이 정하는 바에 의하여 일정한 기간 그 채취·개발 또는 이용을 특허할 수 있다(제121조 제1항). 국토와 자원은 국가의 보호를 받으며, 국가는 그 균형있는 개발과 이용을 위하여 필요한 계획을 수립한다(제2항). 농지의 소작제도는 법률이 정하는 바에 의하여 금지된다. 다만, 농업생산성의 제고와 농지의 합리적인 이용을 위한 임대차 및 위탁경영은 법률이 정하는 바에 의하여 인정된다(제122조). 국가는 농지와 산지 기타 국토의 효율적이고 균형있는 이용·개발과 보전을 위하여 법률이 정하는 바에 의하여 그에 관한 필요한 제한과 의무를 과할 수 있다(제123조). 국가는 농민·어민의 자조를 기반으로 하는 농어촌개발을 위하여 필요한 계획을 수립하며, 지역사회의 균형있는 발전을 기한다(제124조 제1항). 국가는 중소기업의 사업활동을 보호·육성하여야 한다(제2항). 국가는 농민·어민과 중소기업의 자조조직을 육성하여야 하며, 그 정치적 중립성을 보장한다(제3항). 국가는 건전한 소비행위를 계도하고 생산품의 품질향상을 촉구하기 위한 소비자보호운동을 법률이 정하는 바에 의하여 보장한다(제125조). 국가는 대외무역을 육성하며, 이를 규제 · 조정할 수 있다(제126조). 국방상 또는 국민경제상 긴절한 필요로 인하여 법률에 정한 경우를 제외하고는, 사영기업을 국유 또는 공유로 이전하거나 그 경영을 통제 또는 관리할 수 없다(제127조). 국가는 국민경제의 발전에 노력하고 과학기술을 창달 · 진흥하여야 한다(제128조 제1항). 국가는 국가표준제도를 확립한다(제2항). 대통령은 제1항의 목적을 달성하기 위하여 필요한 자문기구를 둘 수 있다(제3항)'.

2. 경제질서와 경제적 기본권

2.1 시장경제의 원칙과 혼합경제의 예외

헌법 제119조 제1항은 사유재산제도, 사적 자치 원칙을 기초로 하는 자유시장의 경제질서를 기본으로 하며(헌재 2009.9.24. 2007헌바108; 1989.12.22. 88헌가13; 대법원 1992.10.23. 92누2387), 제2항 경제민주화 조항은 경제적 자유의 실질적 평등을 위하여(헌재 1998.5.28. 96헌가4등), 사회정의를 수용하는 사회적 시장경제질서를 최대한으로 시장경제질서 유지를 위한 보충적 최소한의 관여를 정하는 규정이다(헌재 2006.11.30. 2006헌마489 참조). 경제민주화의 기업활동규제는 시장 진입, 가격, 수량 규제에 그쳐야 하며 시장 자체의 정치적 통제가 아니다.

경제민주화와 시장경제 국민연금제도는 국민간 소득재분배 기능을 하여 사회적 시장경제질서에 부합하는 제도로서 시장경제질서에 위배되지 않는다(헌재 2001.2.22. 99헌마365). 기업 전면해체조치가 법률적 근거 없이 사영기업 경영권에 개입한 공권력행사면 개인과 기업의 자유, 경영권 불간섭원칙(헌법 제119조 제1항, 제126조)에 위배된다(헌재 1993.7.29. 89헌마31).

2.2 시장경제의 질서와 사경제적 기본권

자유시장경제질서의 시장민주주의에서 경제적 자유를 보장하기 위한 경제적 기본권은 자유권과 사회권의 기본권 형식으로 존재한다. 인간의 존엄과 가치, 행복추구권(제10조 제1문), 인간다운 생활을 할 권리(제34조 제1항) 등을 전제로 개인의 재산권 보장과 그 내용과 한계의 법정 및 행사의 공공복리 적합의무(제23조, 제22조 등), 거주 · 이전의 자유(제14조), 직업선택의 자유(제15조) 등 자유권적 기본권에서는 물론 근로기본권(제32조, 제33조), 교육기본권(제31조) 등 사회권적 기본권 등이 그러하다.

2.3 시장경제질서와 보충성원칙

2.3.1 시장경제질서와 자생적 질서

한국헌법의 경제질서는 자본주의 생산양식, 시장메커니즘의 자동조절기능 등 자유시장경제질서의 골격을 유지함을 원칙으로 한다. 근대국민국가의 자유권적 기본권의 자유주의 시장경제질서에 현대사회국가의 사회권적 기본권으로서의 인간다운 생활의 최소한 보장을 위하여 소득재분배, 투자유도 · 조정, 실업구제, 광범한 사회보장 등에 기초하는 혼합경제질서를 인정하지만, 그 근저에 자유민주주의의 원칙인 사적자치의 존중(헌재 1989.12.22. 88헌가13) 즉 자유민주주의의 시장경제질서가 기반에 있음을 인정하는 것이다. 시장경제질서는 인간행동의 결과이기는 하지만 인간의 계획의 결과가 아닌 질서 즉 자생적 질서*Spontaneous Order*이다. 자생적 질서는 국헌에서의 법이 형성될 수 있는 의사소통공동체에서 가능한 질서이다. 의사소통공동체에서의 자생적 질서는 시장, 언어, 관습, 인터넷, 보통법 등 국가의 영역에서 포섭할 수 공동체의 영역에서 이루어진다. 시장경제의 자본주의는 분산된 지식의 사용과 성장을 가능케 하는 자생적 질서에 의해서 개인의 자유와 재산권 보호를 본질로 하는 법지배의 법치주의를 가능케 한다. 시장경제의 자본주의는 법지배의 원칙에 따른 법치국가적 법을 기초로 할 때에만 사회구성원 각자의 지식의 사용과 성장을 통해서 경제문제를 스스로 해결하는 자생적 질서가

가능하게 된다고 할 것이다.[26)]

2.3.2 시장경제질서와 시장의 자율성

시장경제질서에 있어서 국가는 사적자치를 존중하고 자결권과 자율성을 보장하면서 시장경제질서의 보충성원칙에 따라서 예외적으로 꼭 필요한 경우에 한하여 최소한으로 개입할 수 있다(헌재 1995.11.30. 94헌가2). 사회정책적·국민경제적 목표 실현이라 해도, 시장경제질서의 기본권이 되는 재산권의 내용의 변형이 되는 기업 소유권 보유 주체의 변경은 불가능하다(헌재 1998.10.29. 97헌마345).

2.3.3 시장의 자율성과 보충성원칙

시장의 자율성은 시장의 핵심인 기업의 생성·발전·소멸 역시 자율에 맡기는 것이다. 국가의 공권력이 사영기업의 경영권에 대하여 불간섭원칙을 지켜 기업의 자유를 실현하는 것(제119조 제1항), 국방상 또는 국민경제상 긴절한 필요로 인하여 법률이 정하는 경우를 제외하고는 사영기업을 국유 또는 공유로 이전하거나 경영통제 또는 관리는 할 수 없는 것이다(제126조).

3. 한국헌법 경제질서의 제규정

3.1 국토질서의 제규정

국토는 국민의 생산 및 생활의 기반이 된다. 국가는 국토의 효율적이고 균형 있는 이용·개발과 보전을 위하여 법률이 정하는 바에 의하여 그에 관한 필요한 제한과 의무를 과할 수 있다(헌법 제122조). 농지경자유전 달성에 노력할 의무를 위한 농지소작금지(제121조 제1항), 농업생산성 제고와 농지의 합리적 이용을 위하거나 불가피한 사정이 있을 때 법률이 정하는 바의 농지임대차와 위탁경영(제2항) 등은(헌재 2009.9.24. 2007헌바108), 현행 헌법에 이르기까지 농지소유에 관한 원칙으로 경자유전의 원칙을 규정한 것은 전근대적인 토지소유관계를 청산하고자 함에 있는 것이다(헌재 2020.5.27. 2018헌마362). 국토 규제에는 자원(광물 기타 중요한 지하자원·수산자원·수력과 경제상 이용할 수 있는 자연력) 보호, 균형있는 개발·이용에 필요한 계획 수립(제120조 제2항), 법률이 정하는 바의 일정기간 채취·개발 또는 이용의 특허(제1항) 등의 규정도 있다.

> **경자유전과 시장경제** 농업경영에 이용하지 않는 농지소유의 원칙적 금지와 예외적 허용에 宗中을 포함하지 않는 것은 (경자유전원칙 및 소작제도를 금지하는 헌법 제121조 제1항 및 제122조에 직접 근거하여, 농지에 대한 재산권행사 제한의 사익보다 현저히 커서 과잉금지원칙 위반의)재산권침해라 볼 수 없다(헌재 2013.6.27. 2011헌바278). 분묘규제와 시장경제에 대해서, 분묘설치기간의 제한 규정을 당해 조항 시행 후 최초로 설치되는 분묘부터 적용하도록 한 부분은 헌법상 신뢰보호원칙을 위반하여 청구인이 부모의 분묘를 가꾸고 奉祭祀를 하고자 하는 행복추구권을 침해한다 볼 수 없다(헌재 2009.9.24. 2007헌마872). 농지소유자가 농지를 농업경영에 이용하지 않아 농지처분명령을 받았음에도 정당한 사유 없이 이행하지 않는 경우의 이행강제금을 (처분명령 이행시까지 매년 1회)부과할 수 있는 것은 (국토의 효율적이고 균형 있는 이용·개발과 보전을 위하여 그에 관한 필요한 제한과 의무를 과할 수 있다는 헌법 제122조 및 제121조 제1항에 근거를 둔 것으로서)재산권침해가 아니다(헌재 2010.2.25. 2010헌바39등). 소유자로 하여금 원칙적으로 농지의 위탁경영을 할 수 없도록 한 금지조항은 헌법에 위반되지 않는다(농지의 소유와 경영이 원칙적으로 일치하여 경자유전의 원칙을 실현할 수 있게 되며, 예외적으로 위탁경영이 허용되는 사유를 규정함으로써 침해의 최소성도 인정되고, 농업경영에 있어서는 시장 논리보다 농지의 공익적 기능 유지와 이를 통한 건전한 국민경제의 발전이라는 공익이 그로써 제한되는 재산권보다 현저히 크다 할 것이므로 법익의 균형성도 인정되어)재산권을 침해하지 않는다(헌재 2020.5.27. 2018헌마362).

3.2 지역·경제생활질서의 제규정

국가는 지역간 균형발전을 위한 지역경제육성의무를 지며(헌법 제123조 제2항) 대외무역을 육성하며 이를 규제·조정할 수 있다(제125조). 농업·어업의 보호·육성을 위한 농어촌종합개발과 그 지원 등에 필요한 계획의 수립·시행(제123조 제1항), 농수산물 수급균형과 유통구조개선에 노력하여 가격안정 도모로 농·

어민 이익 보호(제4항), 농·어민과 중소기업 자조조직 육성과 그 자율적 활동과 발전 보장(제3항 제5항)의 정책적 목표를 정한다(헌재 2012.4.24. 2010헌바448). 이는 시장형성과정에 지역적 경제부문별 관여로 시장경쟁이 국가의 지원조치로 조정된 기초에서 이루어질 수 있도록 하는 광의의 경쟁정책으로서 경쟁질서의 범주에서(헌재 1996.12.26. 96헌가18), 자유시장경제질서를 침해하지 않아야 한다.

> **자유시장경제질서와** 지역·경제생활질서의 제규정 제주특별자치도 감귤 등에 필요한 조치 위반자에 대한 과태료부과는 자유시장경제질서에 반하지 않는 합헌이다(국가는 지역간 균형있는 발전을 위하여 지역경제를 육성할 의무와 농산물의 수급균형을 통한 가격안정을 도모함으로써 농민의 이익을 보호할 의무가 있기에, 다른 덜 제한적 대안을 찾기 어려워, 과잉금지원칙 위배의 재산권, 직업수행의 자유를 침해하지 아니한다)(헌재 2011.10.25. 2010헌바126). 금고 이상의 실형을 선고받고 형의 집행이 종료되거나 면제되지 아니한 자를 중도매업 허가를 받을 수 없도록 하는 중도매인 업무로부터의 배제는 합헌이다(농수산물이 국민의 삶과 국가사회에서 차지하는 중요성, 중도매인의 직무공공성과 사회적 중요성에 비추어 헌법 제123조 제4항 국가는 농수산물의 수급균형과 유통구조의 개선에 노력하여 가격안정을 도모함으로써 농·어민의 이익을 보호한다에 부합한다)(헌재 2005.5.26. 2002헌바67). 헌법 제123조 제5항은 국가에 '농·어민 자조조직 육성의무'와 '자조조직의 자율적 활동·발전 보장의무'는 경제질서의 기본을 해하지 않는다(이러한 국가의 의무는 자조조직이 제대로 활동하고 기능하는 시기에는 그 조직의 자율성을 침해하지 않도록 하는 소극적 의무를 다하면 되겠지만, 그렇지 않는 경우라면 적극적으로 이를 육성하여야 할 의무까지도 수행하여야 하므로, 수인을 요구할 수 있는 범위를 넘어 기본권의 본질적 내용을 침해하지 않도록 하여야 한다)(헌재 2000.6.1. 99헌마553). 의약품도매업허가에 일정기준이상 의약품보관창고를 확보하도록 함은 (직업수행의 자유를 침해하지 않고)헌법 제123조 제3항 국가의 중소기업 보호육성의무도 위반하지 않는다(헌재 2014.4.24. 2012헌마811). 택시운전근로자들만에 대해서 최저임금 산입범위에서 최저임금액 이상을 보장함은 일반택시운송사업자들의 경제적 자유를 침해하지 않는 합헌이다(일반택시운송사업에서 운전업무종사 근로자의 최저임금 산입범위는 생산고에 따른 임금 즉 사납금을 뺀 초과수입금은 제외하고 고정급비율을 높여 운송수입이 적은 경우에도 최저임금액 이상을 보장함은 택시운전근로자들만에 관한 규정이므로 일반택시운송사업자들의 계약의 자유, 헌법 제119조 제1항을 침해하지 않는다)(헌재 2016.12.29. 2015헌바327 종전 헌재 2011.8.30. 2008헌마477 합헌 유지).

3.3 경제기반질서의 제 규정

헌법은 시장경제질서의 유지발전을 위한 경제기반을 마련하기 위하여 규제질서를 정한다. 건전소비행위 계도와 생산품 품질향상 촉구를 위한 소비자보호운동 보장(제124조), 과학기술 혁신과 정보 및 인력개발을 통한 국민경제발전 노력(제127조 제1항), 필요한 자문기관 설치(제3항), 국가표준제도(제2항) 확립을 위한 법정표준, 측정표준, 참조표준, 성문표준 등의 객관적·측량적·물리적 표준 등을 정하는 것 등이 그것이다. 법정표준은 국가표준기본법, 1787년 미합중국헌법의 도량형표준설정, 1949년 독일기본법의 도량형·시간표준제정 등이 있다. 측정표준*Measurement Standards*은 길이*m,* 무게*kg,* 시간*K* 온도*A,* 광도*cd,* 물질량*mol* 등 7개 단위 등의 측정단위들과 각종 물리, 화학상수, 물질표준, 참조표준*Reference Standards*은 신뢰성과 정확성이 심사·공인된 표준이 되는 참고데이터, 성문표준*Documentary Standards*은 국가·사회의 모든 부문에서 쓰이는 문서화된 규정 용어·부호·기호 등으로, 공업표준뿐 아니라 보건·안전·환경 규정 등이 있다. 표준설정은 기본단위 정의로서, 1960년 세계 공통의 국제단위계*SI*가 채택되었는데 SI 단위는 자연현상과 물리법칙에 근거를 두고 정의된 길이의 미터*m*, 질량의 킬로그램*Kg,* 시간의 초*s*, 전류의 암페어*A*, 열역학적 온도의 켈빈*K*, 물질량의 몰*mol*, 광도의 칸델라*cd* 등 7개 기본단위와 평면각의 라디안*rad*, 입체각의 스테라디안*sr* 등 2개 보충단위 및 이들의 조합인 유도단위가 있다.

제3절 입헌공화정의 헌법정체성

Ⅰ. 입헌법치주의의 헌법이념

[一] 입헌법치주의의 의의

1. 입헌주의와 법치주의

입헌주의는 국가의 권력, 사회의 세력 등을 헌법질서로 제한하여 국민의 자유·권리를 보장하는 법치주의를 중심으로 하는 입헌민주주의의 헌법이념이다. 근대입헌주의의 입헌민주주의는 국가권력의 제한을 위한 법치국가의 헌법원리를 일반법원칙의 형식원리로서 갖는다. 법규정 일반성에 의하는 개별법금지, 법내용 명확성에 따르는 추상법 금지, 법효력 현재성에 합치하는 소급법 금지 및 비례성원칙(헌법 제37조 제2항), 신뢰성원칙에 따른 법적 안정성 등이 그것이다. 법치주의는 사회세력의 제한원리로도 기능하여, 법치국가의 법이야말로 입법자의 의회제정법으로서의 법률인 law, Gesetz, Loi, Ley 등이 정당하여 구속력을 갖는 공동체규범인 법 Law, Recht, Droit, Derecho이 되도록 한다. 법치주의는 헌법질서에 입법이 구속되고 행정·사법은 '법률과 법'*Gesetz und Recht*에 구속되는(독일기본법 제20조 제3항) 헌법원리이다. 그러므로 법치주의의 '법'은 초월적 자연법은 아니나 국가목적의 합리적 *reasonableness*제한으로 이성*Vernunft raison* 적합성을 갖는 정당한 법(I.Kant, *Metaphisik der Sitte* §45)이며 바로 그 법의 지배가 법치주의이다. 법치주의는 세도勢道의 무법을 배제하여 '힘은 법에서 나오지 법이 힘에서 생기는 것이 아님을(金成植, 法王과 權王의 8.11.土 교훈, 동아일보, 1984.9면) 확인하는 것이다.

2. 법치주의와 법치국가

법치주의는 근대국민국가에서의 국민의 대표자인 의회가 근세절대왕정 군주의 집행권을 기속하는 시민적 법치국가를 시원으로 하면서, 의회 제정 법률에 의한 국가안전과 사회질서 보장에 목적을 두는 중성국가의 형식적 법치주의로 법규범을 보장하는 법률국가에서 나아가, 주권자인 국민이 정당한 법의 궁극적 제정자로서 국가권력의 형성에서부터 헌법질서에 합치할 것을 요구하여 법질서를 실현하는 헌법국가의 실질적 법치주의 등으로 발전되어 온 입헌민주정의 헌법이념을 내용으로 하는 헌법원리이다.[27] 즉 법치주의의 헌법질서는 입법자의 합헌적 법률제정, 의회제정법률에 근거하는 법치행정, 사법적 권력통제 등의 실질적 법치주의로 실현되면서 나아가 현대국가에서는 국가의 사회관여를 정한 사회국가의 사회권적 기본권과 경제 관여를 정한 경제헌법의 혼합경제질서 등에 의해서 그 법에 의한 지배를 확장하고 있다. 그렇지만 법치주의의 법치국가 헌법원리의 핵심은 법을 지키는 것이다. 법이 정한 요건은 지키지 않으면서 그 요건을 충족하였을 경우에 주어지는 법적 지위와 보호만 달라는 식의 억지 주장이 받아들여지도록 운용하는 법체계는 법치주의에 기반하는 문명적 현상이 될 수 없다. 법원이 합헌적인 법령과 제도에 의한 질서를 무시한 채 자신만의 정의의 일방적 선언은 법을 해석하지 않고 스스로 법을 창조하는 것이므로, 이를 막는 것(대법원 2020.9.3. 2016두32992 반대의견 법외노조통보처분취소(전교조 사건) 참조),

그것이 법치국가이다. 그러므로 법률국가 · 권력국가 · 시민적 법치국가는 구분되어야 한다. 다수결로 제정된 강제규범인 법질서를 국가로 보면 법치국가는 법률국가다(H.Kelsen, Reine Rechtelehre, 2.Aufl., 1960, S.314). 법이 아닌 권력 자체가 기정사실*fait accompli*로서 규범력을 창출하면 법치주의는 권력국가에로 정향된다는 것이 옐리네크*G.Jellinek*의 소론이다. 나아가 국가를 중립적 질서유지자인 중성국가로 보는 카를 슈미트에 있어서의 근대국민국가의 법치주의는 시민적 법치국가에로 진행된다(C.Schmitt, *Verfassunglehre*, 1926).

3. 한국헌법의 법치주의

3.1 법치주의의 의의

한국헌법의 법치주의는 입헌주의 법치국가의 헌법원리인 시민적 · 형식적 · 실질적 법치주의이다. 헌법원리로서의 법치주의는 그 형식원리인 자유 보장의 일반법원칙을 정한다. 일반법원칙은 법규정일반성(개별법 금지) · 법내용명확성(추상법 금지) · 법효력현재성(소급법 금지)이며, 이 외에 신뢰성원칙(법적 안정성), 비례성원칙(헌법 제37조 제2항) 등으로 정돈하여 통일적 법질서를 형성한다. 그리하여, 한국헌법의 법치주의는 헌법상 보장된 국민의 자유 · 권리를 법치국가의 '법'으로 보호하기 위한 법제정권의 국회 귀속(제40조) 및 국회유보적 보장, 자유와 권리의무에 직접관계되는 규범은 법률로 규율하는 법률유보(제37조 제2항 헌재 1999.5.27. 98헌바70) 및 포괄적 위임입법금지(제75조 등), 권력의 구성 · 조직 · 작용 등의 법정주의(제96조 등) 등이 그 내용을 이룬다. 한국헌법의 법치주의는 법지배를 실현하기 위한 국민의 기본권인 재판청구권(제27조, 제103조, 제101조 제1항)에 따른 법률에 대한 법원의 위헌법률심사제청권(제107조 제1항) · 헌법재판소의 위헌법률심판(제111조 제1항 제1호), 헌법소원심판(제5호) 등의 헌법재판권, 법규명령 · 행정규칙 · 처분 등에 대한 법원의 사법적 통제권(제107조 제2항), 행정법원 또는 행정심판 등에의 사법절차준용(제102조 제3항, 제107조 제3항, 공개주의 · 구술변론주의 · 당사자주의 · 증거재판주의 등), 군사재판 최종심의 대법원 귀속(제110조 제2항) 등에 의하여 보장된다.

3.2 법치주의의 보호

한국헌법의 법치주의를 실현하는 일반행정법으로서 '행정기본법'(법률 제17979호 2021.3.23. 제정 2021.3.23. 시행), '행정조사기본법'(법률 제14184호, 2016.5.29., 타법개정 시행 2016.11.30.) 및 '행정규제기본법'(법률 제16954호, 2020.2.4., 타법개정 시행 2021.2.5.)이 있다. 행정기본법은 행정의 원칙과 기본사항을 규정하고(제1조), 행정에 관하여 다른 법률에 특별한 규정이 있는 경우를 제외하고는 이 법에서 정하는 바에 따른다. 행정에 관한 다른 법률을 제정하거나 개정하는 경우에는 이 법의 목적과 원칙, 기준 및 취지에 부합되도록 노력하여야 한다(제5조), 하며, 제2장 행정의 법 원칙(제8조 법치행정의 원칙, 제9조 평등의 원칙, 제10조 비례의 원칙, 제11조 성실의무 및 권한남용금지의 원칙, 제12조 신뢰보호의 원칙, 제13조 부당결부금지의 원칙 등), 제3장 행정작용(제1절 처분 제14조 법 적용의 기준, 제15조 처분의 효력, 제16조 결격사유, 제17조 부관, 제18조 위법 또는 부당한 처분의 취소, 제19조 적법한 처분의 철회, 제20조 자동적 처분, 제21조 재량행사의 기준, 제22조 제재처분의 기준, 제23조 제재처분의 제척기간, 제2절 인허가 의제, 제24조 인허가 의제의 기준, 제25조 인허가 의제의 효과, 제26조 인허가 의제의 사후관리 등 제3절 공법상 계약 제27조 공법상 계약의 체결, 제6절 그 밖의 행정작용 제34조 수리 여부에 따른 신고의 효력, 제35조 수수료 및 사용료), 제4절 과징금 · 제5절 행정상 강제(제28조 과징금의 기준, 제29조 과징금의 납부기한 연기 및 분할 납부, 제30조 행정상 강제, 제31조 이행강제금의 부과, 제32조 직접강제, 제33조 즉시강제), 제7절 처분에 대한 이의신청 및 재심사(제36조 처분에 대한 이의신청, 제37조 처분의 재심사 등), 제4장 행정의 입법활동 등(제38조 행정의 입법활동, 제39조 행정법제의 개선, 제40조 법령해석 부칙 등)이 규정되었다.

3.3 법치주의의 실현

한국헌법의 법치주의의 법제적 실현을 위하여 행정기본법은 법치주의의 법적 안정성 보호를 위한 공법의 법 개념을 정의하였다. '법령'이란 법률 및 대통령령·총리령·부령, 국회규칙·대법원규칙·헌법재판소규칙·중앙선거관리위원회규칙 및 감사원규칙 및 위 법령의 위임을 받아 중앙행정기관(정부조직법 및 그 밖의 법률에 따라 설치된 중앙행정기관)의 장이 정한 훈령·예규 및 고시 등 행정규칙, 자치법규로서 지방자치단체의 조례 및 규칙을 말한다(제2조) 및 '행정청'(행정에 관한 의사를 결정하여 표시하는 국가 또는 지방자치단체의 기관, 그 밖에 법령등에 따라 행정에 관한 의사를 결정하여 표시하는 권한을 가지고 있거나 그 권한을 위임 또는 위탁받은 공공단체 또는 그 기관이나 私人)(제2조 제2호), '당사자'(처분의 상대방)(제2조 제3호), '처분'(행정청이 구체적 사실에 관하여 행하는 법 집행으로서 공권력의 행사 또는 그 거부와 그 밖에 이에 준하는 행정작용)(제2조 제4호), '제재처분'(법령등에 따른 의무를 위반하거나 이행하지 아니하였음을 이유로 당사자에게 의무를 부과하거나 권익을 제한하는 처분이며, 다만, 제30조제1항 각 호에 따른 행정상 강제는 제외)(제2조 제5호), 등 외에, 국가와 지방자치단체는 국민의 삶의 질을 향상시키기 위하여 적법절차에 따라 공정하고 합리적인 행정을 수행할 책무를 진다. 국가와 지방자치단체는 행정의 능률과 실효성을 높이기 위하여 지속적으로 법령등과 제도를 정비·개선할 책무를 진다(제3조). 행정의 적극적 추진 행정은 공공의 이익을 위하여 적극적으로 추진되어야 한다(제4조) 하며 '행정법제 개선'(정부는 권한 있는 기관에 의하여 위헌으로 결정되어 법령이 헌법에 위반되거나 법률에 위반되는 것이 명백한 경우 등 대통령령으로 정하는 경우에는 해당 법령을 개선하여야 한다. 정부는 행정 분야의 법제도 개선 및 일관된 법 적용 기준 마련 등을 위하여 필요한 경우 대통령령으로 정하는 바에 따라 관계 기관 협의 및 관계 전문가 의견 수렴을 거쳐 개선조치를 할 수 있으며, 이를 위하여 현행 법령에 관한 분석을 실시할 수 있다)(제39조), '법령해석'(누구든지 법령등의 내용에 의문이 있으면 법령을 소관하는 중앙행정기관의 장(법령소관기관)과 자치법규를 소관하는 지방자치단체의 장에게 법령해석을 요청할 수 있다. 법령소관기관과 자치법규를 소관하는 지방자치단체의 장은 각각 소관 법령등을 헌법과 해당 법령등의 취지에 부합되게 해석·집행할 책임을 진다. 법령소관기관이나 법령소관기관의 해석에 이의가 있는 자는 대통령령으로 정하는 바에 따라 법령해석업무를 전문으로 하는 기관에 법령해석을 요청할 수 있다)(제40조) 등을 규정한다.

[二] 입헌국가의 법치주의

1. 시민적 법치주의

시민적 법치주의는 시민혁명으로 구체제를 타파한 시민의 자유를 보장하는 근대국민국가 입헌주의헌법의 법치주의이다. 성문헌법 제정, 유산시민의 대표자인 의회 제정법률의 형식적 법치주의, 의회제정법률의 적법성보장을 위한 법치행정, 국민주권주의와 대의정 민주주의, 자유권적 기본권의 천부권적 보장 등과 함께 한다. 시민적 법치주의는 입헌주의헌법을 전제로 법률의 합헌성을 보장하는 등의 입법권에 대한 사법적 통제에는 한계 영역을 갖는다. 법치국가 Rechtsstaat를 처음으로 그 용어로서 사용한 독일의 폰 몰(Robert von. Mohl 1799.8.17.~1875.11.4.) 이후로(Das Staatsrecht des Königreichs Württemberg. 2Bde., 1829/31, Bd. I S.8, Bd. II, S.3ff.) 법치국가를 구체제 개혁을 위한 정치적 개념L.von Stein, R.von Gneist, 국가권력 제한의 비정치적 형식원리로서 법치국가는 행정의 형식F.J.Stahl, 사법적 권리보장O.Bähr, 의회제정법률의 법규창조력·법률의 우위·법률유보O.Mayer, 법적 자유를 위한 법기술E.Forsthoff 등으로 쓰이고 카를 슈미트C.Schmitt는 공동체의 정치적 구성부문인 국가영역에는 민주주의의 원리가 적용되며 비정치적 구성부분인 사회영역에 법치주의가 적용되는데, 이때 법치주의는 '자유는 무제한이며 권력은 제한된다' 하는 배분의 원리 및 '권력분립은 자유에 합치한다'는 조직의 원리에 의하여 행정권에서 시민적 자유를 보장하는 시민적 법치국가는 정치영역이 그에 미치지 못하는 형식적 법치주의로서 실현된다 하였다.

2. 실질적 법치주의

2.1 실질적 법치주의의 의의

실질적 법치주의는 국민의 권리 · 의무에 관한 사항을 의회의 법률로 정하면 자유가 보장된다는 시민적 법치주의를 전제로 하면서도 국가의 모든 영역에 기본권보장의 헌법이념을 실현하려는 현대 입헌국가의 법치주의이다. 실질적 법치주의는 기능적 견제 · 균형의 권력분립, 헌법합치적 의회제정 법률, 법원 · 헌법재판소의 실효성 있는 사법적 권리구제, 규범통제 · 헌법소원 등의 헌법재판에 의하여 국민의 실질적 자유를 실현하는 헌법원리다.

2.2 실질적 법치주의와 국가긴급권

실질적 법치주의는 국가긴급시 대통령의 긴급명령권, 긴급재정경제명령권 및 처분권, 계엄선포권 등에도 법치주의의 형식원리가 적용되도록 한다(제76조, 제77조 유형 · 요건 · 절차 · 효력 등). 그렇기 때문에 예컨대 대통령에 초헌법적 국가긴급권을 부여하였던 국가보위에관한특별조치법은 예측가능성을 주지 못하는 등 헌법을 부정하고 파괴하는 반입헌주의 · 반법치주의 위헌법률이 되는 것이다(헌재 1994.6.30. 92헌가18).

2.3 실질적 법치주의와 특수신분관계

형식적 법치주의에서는 종래 국가와 국민간의 일반법률관계에는 법치주의가 적용되지만, 이에 비해 국가 내부에서의 국가와 공무원 등의 이른바 특별법률관계에서는 법 적용에 있어서 느슨한 구속력을 가진 행정규칙관계 등으로 설정하여 법치주의로부터 자유로운 영역인 이른바 특별권력관계의 영역을 인정한다. 실질적 법치주의에서는 이에도 법치주의가 실현되도록 하는 이른바 특수신분관계의 논리를 인정한다. 특별권력관계와 특수신분자에 대한 법치주의의 적용에 대하여서는 국가와 공무원관계에서의 공직자, 수형관계에서의 재소자, 병역복무관계에서의 군인, 학생교육관계에서의 국 · 공립학교학생 등 특수신분자의 국가에 대한 명령 · 강제 · 징계관계 등에서 국가에 의한 이들 특수신분자들의 기본권이 침해되는 경우에 국가와의 일반권력관계에서와 같이 기본권의 본질적 내용의 침해 금지, 합리적 범위의 기본권제한 등의 법치주의가 적용되도록 한다(헌재 1989.10.27. 89헌마56). 즉 특별권력관계를 기본관계와 내부관계로 나누어서 기본관계인 외부관계의 침해는 국민의 자유 영역에 직결되어 사법적 구제를 인정하는 반면 복무관계에 속하는 내부관계에는 내부규율과 재량범위를 벗어나는 경우에만 법치국가적 형식을 인정하는 것이다.

3. 법지배의 법치주의

법지배*rule of law*는 법이 권력을 지배하도록 하는 적법절차(제12조 제1항2문후단, 제3항1문, 제37조 제2항), 치자도 피치자와 똑같이 일반시민 가운데에서 성립하는 법관법*Judge-made law*에 기초하는 보통법(common law)과 보통법법원(common law court)의 재판을 받는다 하는 영미식의 실질적 법치주의 즉 rule of law의 법치주의이다. 대륙식 법치주의는 법에 의한 치자의 피치자 지배라는 통치의 수단으로서의 법치주의를 전제로 하면서, 이 같은 법치주의의 '법'을 법률에서 '정당한 법'으로 실질화하여 온 반면, rule of law의 영미식 법의 지배는 법을 권력에 대한 통제의 지배자로서 본다. 법치주의를 법에 의한 권력의 지배에 의하여 법에 의한 국민의 치자 지배를 실현하는 양태로 보는 것이다. 다이시(Albert Venn Dicey 1835.2.4.~1922.4.7.)의 법지배 논리는 정규의 보통법*Common law* 우위, 보통법 관할에서 벗어나는 특별행정법원 부인, 영국헌법은 보통법법원의 판결로 확인된 권리 및 헌법적 관습으로 구성된다 하는 실질적 법치주의의 형태이다(A.V.Dicey, *An Introduction to the Study of the Law of the Constitution, with an Introduction by ECS Wade*, 10th ed., 1959, Rp. 1982, The MacMillan Press Ltd.)

[三] 사회적 법치국가의 법치주의

1. 사회적 법치국가와 시민적 법치국가

1.1 사회적 법치국가와 시민적 법치주의

시민적 법치국가(bürgerlicher Rechtsstaat)는 봉건적 특권계급을 혁파하고 국가목적을 공동체의 안전과 치안에 한정하는 야경국가*Nachtwächterstaat*와도 결별하면서 국가로부터 자유로운 영역의 시민적 자유*la liberté*를 보장하는 근대의 국민국가이다. 이에 대하여, 사회적 법치국가(sozialer Rechtsstaat)는 시민적 자유의 실질화를 위하여 우애(1789년 프랑스인권선언 la frater-nité, 한국헌법 전문의 '동포애')·평등*l'égalité* 등의 사회적 자유를 국가가 사회경제적 약자(C.F. Menger)의 자유로서 보장하는 현대에 있어서의 사회국가*Sozialstaat*이다. 사회적 법치국가는 사회정의를 법치주의 헌법원리에 따라서 실현하는 사회국가이다. 한국헌법 제10조 인간으로서의 존엄과 가치 및 인간다운 생활을 할 권리에 관한 제34조의 규율 내용과 취지에 비추어, 국가는 국민 누구나 인간다운 생활을 누릴 수 있는 정의로운 사회질서를 형성해야 할 일반적 의무를 진다(헌재 2020.10.29. 2016헌마86). 즉 사회국가형성의무가 있다.

1.2 사회적 법치국가와 국가사회의 보충성

1.2.1 사회적 법치국가의 헌법과제

시민국가와 사회국가의 헌법논리에 있어서, 시민적 법치국가는 법 앞에 평등, 천부인권으로서의 인신적 자유, 정신적 자유(사상·양심·종교·표현의 자유), 경제적 자유(소유권의 신성불가침) 등의 자유권적 기본권의 선언으로서 구현된다. C.Schmitt는 시민적 법치국가에서 국가와 사회는 '권리는 최대한, 권력은 제한'되는 배분원리에 의거하여 분리되는 것으로 보며, E.Forsthoff도 자유주의적 법치국가의 국가·사회 분리의 입장에서 국가의 사회관여를 인정하는 사회국가는 배제된다고 한다. 반면, 사회국가*Sozialstaat*는 국가는 스스로의 힘으로 자신을 보호할 수 없는 자를 운명에 맡겨서는 안 된다는 카를 라렌츠(Karl Larenz 1903. 4.23.~1993.1.24.), 시민적 법치국가는 사회국가와 함께 하는 사회적 법치국가*sozialer Rechtsstaat*로 이행할 때에만 인민의 독재*Diktatur*는 제어된다는 헤르만 헬러(H.Heller, Rechtsstaat oder Diktatur?(1930), in: Gesammelete Schriften, 1971, Bd.II, S.443ff) 등에 기반을 둔다. 사회적 법치국가는 사회경제적 약자의 실질적 자유와 사회정의를 법치주의의 방식으로 실현하는 국가이므로 그 헌법적 과제는 시민적 법치국가에서 보장되는 국가로부터의 자유에 더하여 국가에 있어서의 자유를 보장하기 위한 국가·사회의 합리적 분계선 즉 국가의 사회에의 관여를 어느 정도로 넓히느냐에 있다. 결국 시민사회의 자유권과의 분계선이기도 하다.

1.2.2 사회적 법치국가와 사회국가

사회적 법치국가는 국가사회의 구분에 기초하는 교차관계를 전제로 국가의 사회 형성을 인정하면서도 사회에서의 국민 개개인의 생활의 자율성을 보장한다. 국가는 보충성원칙에 따라서 국민생활의 생존을 사회에 우선적으로 맡기는 원칙하에서 국가는 나중에서야 사회에 관여하는 점에서, 사회영역에 전면적으로 개입하는 전체주의사회 내지 사회주의국가가 아니라 사회국가인 것이다.

1.2.3 사회적 법치국가와 급양적 복지국가

사회적 법치국가는 급양적 복지국가(Welfare State), 사회적 급양국가(sozialer Versorgungsstaat) 등과 구분된다. 이들 국가는 사회 전 영역에 국가의 사회복지 급부의무를 지우고, 전 국민 복지의 제도에 국가의 최우선적 관여를 요구하여 사회와 국민의 자율성을 극히 제한하는 국가이다.

1.3 사회적 법치국가와 사회주의국가

사회적 법치국가의 법치주의는 민주공화국의 자유민주주의에 기반을 두면서 시민적 법치국가에서 사회경제적 약자의 실질적 자유와 평등을 실현하는 법치주의로 일컬어진다(헌재 1993.3.11. 92헌바33; 1998.5.28. 96헌가4등; 2000.6.29. 99헌마289 참조). 반면, 사회주의국가*sozialistischer Staat*는 노동자·농민 등을 무신계급인 프롤레타리아 인민주권의 주체로 한정하면서 생산수단의 국·공유화를 인정하는 통제경제질서에 기반하여 국가의 전면적 사회개입으로 개인적 자율의 영역을 봉쇄하는 결과 국민 전체에서의 개개 국민은 물론 사회경제적 약자의 시민적·경제적 자유를 상실케 하는 국가이다.

2. 사회적 법치국가와 사회적 복지국가

2.1 사회적 법치국가와 사회적 복지국가의 법치주의

사회적 복지국가*Wohlfahrtsstaat*는 민주공화국의 자본주의 시장경제질서를 전제로 하면서 사회경제적 약자의 복지를 시장경제의 사회화인 사회적 시장경제의 경제구조로 실현하고자 하는 사회적 법치국가이다. 사회복지가 스스로 자신의 삶을 영위할 능력이 결여된 경우에 국한되지 아니한 급양적 복지국가는 온정적*paternalism* 부권주의에 바탕을 두어 정부가 국민의 일상적 경제적 생활을 지시하는 등으로 시장경제질서를 사회주의통제경제질서로 이행시킬 수 있게 되는 것이다.

2.2 시민적 법치국가와 사회적 복지국가의 기본권

시민적 법치국가에서 국민이 향유하는 기본권은 근대입헌주의헌법의 법치주의 국가가 보장하는 천부적 자유인 인간의 존엄성, 행복추구권, 사유재산보장·계약의 자유·재산권 등의 자유권적 기본권을 국가로부터의 자유의 보장으로서 실현한다. 반면, 사회적 법치국가에서의 국민은 현대입헌주의헌법의 법치주의 국가의 재산권의 사회적 제한, 교육기본권과 근로기본권, 인간다운 생활을 할 권리 등의 사회권적 기본권을 국가에 있어서의 자유의 보장에 의하여 향유할 수 있게 된다.

2.3 사회적 법치국가와 법치국가적 국가목표규정

사회적 법치국가는 국가의 규범적 관여가 가능한 공공영역과 그렇지 아니한 민간영역의 구분을 전제로 공동체 재정능력·국가 집행능력에 따르는 행정국가·급부국가 등으로 실현된다. 또한 예산·조세결정권을 지닌 국회의 통제를 받는 조세국가 및 법원의 규범적 통제를 받는 사법국가 등의 국가목표로 구현된다. 그런 점에서, 사회적 법치국가에 관련하여 해석되는 헌법규정들은 헌법이념이나 원리라기보다는 사회경제적 약자의 실질적 자유·평등을 국가의 사회조성의무라는 헌법적 책무로 실현케 하는 근거로서의 국가목표규정*Staatszielbestimmung*의 성격을 갖는다. 국가목표규정은 국가기관에 대해서 법적 구속력을 지닌다는 점에서 입법강령규정과 다르며, 모든 국가기관을 구속하는 점에서 입법자만 구속하는 입법위임규정 내지 헌법위임규정 또는 입법자에 대한 헌법위임규정과도 구별되고, 입법의 시기·방법 등을 입법자에 맡기는 점에서 입법기관에 대해서 구체적 규율정립의무를 부과하는 입법위임규정과도 구별된다. 사회적 법치국가는 헌법이념·원리·제도가 아니라 국가목표규정으로서 국가가 사회경제적 약자에 대하여 행하는 사회정책의 정당성 및 입법자의 입법재량의 형성권을 판단하는 헌법적 기준으로서 기능한다는 것이다(헌재 2000.6.29. 99헌마289).

3. 사회적 법치국가와 사회권적 기본권

3.1 사회적 법치국가의 사회국가형성권

사회적 법치국가는 국민을 직접 수신인으로 하여 모든 국가기관을 구속하는 헌법지침이며, 나아가 국민의 자율적 생활영역을 보장하면서 사회경제적 약자의 생활의 보장을 위한 국회의 입법형성권을 정당화하는 수권규범이 된다(헌재 2000.6.29. 99헌마289). 이때 국민은 사회국가형성권을 갖는다.

3.2 국민의 사회국가적 기반형성청구권

사회적 법치국가는 국민의 행복추구권(헌법 제10조), 인간다운 생활을 할 권리(제34조 제1항) 등의 사회권적 기본권을 실현함으로써 사회복지의 증진(제2항)을 위하여 노력하는 국가이다(헌재 2003.6.26. 2001헌마699). 이를 위하여, 사회적 법치국가는 그 기반조성에의 의무를 국가에 대하여 청구할 수 있도록 하는 권리를 국민에게 부여한다(대법원 1996.4.12. 95누7727 참조). 즉 사회적 법치국가에서의 사회권적 기본권에는 개인의 사전적 기여가 없이도 인간다운 최저생활을 보호하는 공공부조(제34조 제1항 인간다운 생활을 할 권리, 제2항 국가의 사회보장·사회복지의무, 제35조 제3항 주택개발정책 등을 통한 쾌적한 주거생활에의 노력의무, 제36조 제3항 국민보건보호의무 등), 사회적 위험이 발생했을 때 자기기여에 상응하는 급부가 주어지는 사회보험(제34조 제1·2항), 공동체의 책임에 귀속되는 희생의 정도에 상응한 사회보상(제34조 제1·2항, 제34조 제6항 재해예방 및 그 위험으로부터의 국민보호 노력의무), 생활능력 없는 자의 우선적 보호를 위한 사회복지(제34조 제1-4항 여자 노인·청소년의 복지향상정책 실현의무) 등이 국민의 사회국가기반의 형성 청구권으로서 기능한다.

3.3 국민의 사회국가적 생활보장청구권

사회적 법치국가는 사회국가의 기반을 조성하도록 국민개개인에게 주관적 공권인 사회권적 기본권을 헌법적 청구권으로 부여함에 그치는 것이지, 국민 개개인의 일상적 생활에 있어서의 구체적 생활보장청구권이라는 헌법상 권리를 귀속시키는 것은 아니다.

Ⅱ. 법치주의의 형식원리 – 일반법 · 신뢰법 · 비례법원칙

[一] 일반법원칙

1. 법치주의의 형식원리와 일반법원칙

1.1 법치주의의 형식원리

법치주의는 그 형식원리에 의하여 실정법규범체계를 법규정일반성(개별법 금지) · 법내용명확성(추상법 금지) · 법효력현재성(소급법 금지)의 일반법원칙, 신뢰성원칙(법적 안정성), 비례성원칙(헌법 제37조 제2항) 등으로 정돈하여 통일적 법질서를 형성한다. 일반법원칙은 신뢰성원칙 · 비례성원칙과 함께 법치국가의 국가작용이 법적용을 받는 수범자受範者에게 무엇이 금지되고 허용되는지의 예측가능성을 주는 행위지침이면서 법집행자에게는 법집행시의 판단지침으로 기능하도록 한다.

1.2 법단계구조와 실정법규범체계

법단계구조는 법 · 도덕의 독립 · 분립관계, 근본규범, 법논리적 의미의 헌법을 외연으로 하는 헌법 · 법률 · 명령간 상하관계, 법률간 동위관계 등을 전제로 하는 실정법적 의미의 헌법, 일반법규범, 개별법규범 등의 규범체계를 이루고 있다. 특히 실정법규범체계는 국민이 제정하는 실정법적 의미의 헌법인 '대한민국헌법'을 정점으로 하는 국회법률-행정입법-헌법기관규칙 등의 실정법규범의 단계구조를 이룬다. 한국헌법상 실정법규범의 체계로서 법률의 단계로서의 법규범에는 국회가 제정하는 형식적 의미의 법률(헌법 제53조 의회가 제정), 실질적 의미의 법률로서 법률의 효력을 갖는 국가간 합의와 국회 동의에 의한 조약 · 국제법규, 일반적으로 승인된 국제법규(제6조 제1항, 제60조), 국가긴급시 대통령의 긴급재정경제명령 · 긴급명령(제76조 제1항, 제2항) 등이 있다. 정부의 행정입법에는 법규명령인 위임명령 · 집행명령(직권명령)인 대통령령(제75조) · 총리령 · 부령(제95조)과 법규로서의 효력이 없는 행정명령(행정규칙)이 있다. 헌법이 수권하여 헌법기관이 제정하는 헌법상 규칙에는 국회규칙(제64조 제1항), 대법원규칙(제108조), 헌법재판소규칙(제113조 제2항), 중앙선거관리위원회규칙(제114조 제6항), 지방자치단체의 조례, 규칙 등 자치에 관한 규정(제117조 제1항) 등이 있다.

1.3 일반법원칙의 의의

법치주의의 형식원리로서의 일반법원칙은 법규정일반성 · 법내용명확성 · 법효력현재성 등으로 실현된다. 법규정일반성은 법은 불특정다수에 적용되고 불특정한 경우를 규율하는 규범인 일반법률이어야 한다는 것이다. 일반법원칙에 따른 일반법률이어야 법률의 우위, 법률의 법규창조력, 법률유보(헌법 제37조 제2항, 제40조 의회유보, 행정유보, 제75조 포괄위임금지 등) 등 법치행정의 원칙 및 죄형법정주의(제13조 제1항), 조세법률주의(제38조, 제59조) 등 법치주의의 파생적 헌법원칙이 실현된다. 법내용명확성은 법률의 법문의 의미는 규정내용과 입법목적에 비추어 합리적으로 해석하여 일의적 파악이 가능할 정도가 되어야 수범자의 예측가능성을 요구할 수 있다는 헌법원칙이다(헌재 2017.7.27. 2016헌바41; 2016.2.25. 2013헌바105). 법효력현재성은 국민은 행위시에 이미 제정 · 시행된 법률에만 적용 · 구속되는 행위시법원칙을 원칙으로 하며 과거의 사실 · 법률관계에 소급하여 제정 ·

적용 · 처리되는 입법 · 행정 · 사법 등의 행위는 금지된다 하는 소급금지의 원칙 등을 내용으로 하는 법치주의의 형식원리이다.

2. 법규정일반성 원칙 – 일반법률과 법치행정

2.1 법의 일반성원칙과 일반법률

법치주의의 형식원리인 법의 일반성 원칙은 일반법률을 전제로 한다. 일반법률로서의 법은 행정 · 사법 등 법집행절차에 의하여 권리 · 의무로 구체화되는 규범이다. 반면 법이 특정 개인이나 사건만 규율대상으로 하는 법률이어서, 법 자체가 권리 · 의무를 직접 발생케 하는 처분법률은 법의 일반성원칙에 합치되지 않는다. 처분법률에는 특정인에 직접 적용되는 '개인법률', 특정 사항을 직접 규율하는 개별법률 등이 있다. 개인법률은 재판 없이 직접 특정인의 권리 · 의무를 제한 · 박탈 또는 부과하므로, 권리는 일정 이익을 '향유케 하는 법적 힘'이라는 '법-권리' 관계에 반하는 '권리박탈법'*bill of attainder*이 되어, 금지된다. 개별법률은 법률의 적용 · 효력 범주를 한정하여 사회복지국가의 국가목표 실현기능을 갖는다. 처분적 법률에 해당한다 해서 그것만으로 곧바로 헌법에 위반되는 것은 아니고 그로써 발생하는 차별이 합리적인 이유로 정당화되는 경우에는 헌법상 허용된다(헌재 2008.1.10. 2007헌마1468; 1996.2.16. 96헌가2 이른바 5 · 18 민주화운동 등에 관한 특별법 사건).

2.2 법의 일반성원칙과 법치행정과 法官謙抑

2.2.1 법의 일반성원칙과 법치행정

법의 일반성원칙을 실현하는 일반법률에 의하여 국가의 모든 작용은 법에 따라야 한다는 법치주의 헌법원칙이 형식적으로는 의회가 제정한 법률의 우위를 전제로 한 법률의 지배이며, 실질적으로는 법의 일반성 즉 보편성에 의거하는 법의 지배로서 타당하게 된다. 법의 일반성원칙은 행정 · 행정권 · 행정법관련 모든 활동이 따라야 하는 법치행정 원칙인 의회제정법률의 법규창조력, 법률의 우위, 법률유보(헌법 제37조 제2항, 제40조 의회유보, 행정유보 등) 등으로 구현된다. 법규명령과 행정규칙에 대해서, 헌법 제117조 제1항의 '법령'에 법률 이외에 헌법 제75조 및 제95조 등에 의거한 '대통령령', '총리령' 및 '부령' 같은 법규명령이 포함됨은 물론이지만, 법령의 직접적인 위임에 따라 수임행정기관이 그 법령을 시행하는 데 필요한 구체적 사항을 정한 것이면, 그 제정형식은 비록 법규명령이 아닌 고시, 훈령, 예규 등과 같은 행정규칙이더라도, 그것이 상위법령의 위임한계를 벗어나지 아니하는 한, 상위법령과 결합하여 대외적인 구속력을 갖는 법규명령으로서 기능하게 된다고 보아야 한다는 헌법재판소의 판시(헌재 1992.6.26. 91헌마25)에 따르면, 헌법 제117조 제1항에서 규정하는 '법령'에는 법규명령으로서 기능하는 행정규칙은 포함되나 법규명령이 아닌 단순한 행정규칙에 의하여 정하여지는 것은 포함되지 않는다.

2.2.2 법의 일반성원칙과 법치제한

법치주의의 법치행정이 제한 또는 배제되는 경우가 있다. 일반법률에 의거하여 법규의 성격을 갖는 법률 또는 대통령 · 총리령 · 부령 등의 법규명령 등은 국가의 외부영역으로서 행정주체도 구속하는 양면적 구속력인 외부효과를 가져 법치행정이 적용된다. 반면 훈령 · 지시 · 예규 등의 행정규칙은 국가의 내부영역으로서 행정기관 내부에서만 구속력을 미치는 내부효과를 갖기에, 이에 대해서는 불가침투성 이론에 따라 법치행정이 제한 · 배제되는 것으로 본다. 법치행정의 적용범위에 대해서는 행정행위, 행정입법, 행정계획, 권력적 사실행위, 비권력행정 등에서 자유재량의 영역에 속하는 행정활동에는 행정기관의 정책적·행정적 판단에 맡기는 범위에서 법치행정이 제한된다. 종래 법치행정이 적용되는 일반권력관계와 절대적으로 구별되는 특별권력관계를 상정하여 이에는 법치행정이 배제된다 하였지만, 이 특별권력관계를 헌법에 근거하는 특수신분관계로 이해하면 법치행정에의 적용은 국민의 기본권보장과 행정목적의 비례성에 따라서 제한될 뿐이다.

2.2.3 법의 일반성원칙과 법관겸억

법치주의는 중립적 독립적 권력인 사법권의 사법보수주의*judicial conservatism*에 따른 법관의 자기억제 즉 法官謙抑*judicial restraint*을 요구한다. 법관의 재량권을 크게 인정하는 사법적극주의*judicial activism*는 사법제도에 의해서 법률의 일반성이 불확실할 수 있다. 법관은 일반법을 향하여야 하는 것이다.

2.3 법의 일반성원칙과 법률-법률의 법규창조력, 법률의 우위, 법률의 유보

2.3.1 법률의 법규창조력

법률의 법규창조력은 국민의 권리·자유를 제한하거나 의무를 부과하는 규율 즉 국민의 권리의무와 직접관계 있는 일반추상적 규범인 법규의 창설력은 의회 제정의 형식적 의미의 법률, 법률의 위임에 의한 법규명령인 위임입법에 의해서만 가능하다는 원칙이다.

2.3.2 법률의 우위

법률의 우위는 국회가 제정한 형식적 의미의 법률이 그 효력에 있어서 행정권의 모든 활동에 우위한다는 원칙이다. 법률이 행정권에 우위를 가지려면 비례·평등원칙 등의 실질적 법치주의에 합치하는 합헌적 법률이어야 한다. 법률에 반하는 행정활동에 대해서는 행정통제, 행정소송 등 행정구제의 사법적 통제, 헌법소송 등의 헌법적 통제를 행한다.

2.3.3 법률의 유보

법률의 유보는, 행정기관의 행정활동을 소관사무범위 내에서 이루어지도록 하는 조직규범과 별도로, 그 행정활동의 실체적 요건·효과 등은 수권규범인 법률에 정할 것을 요구하는 원칙이다. 의회의 유보는 법률유보사항 중에서 행정기관에의 위임을 금지하여 반드시 의회 자신에게 유보하며, 행정의 유보는 행정기관이 법률의 수권에 의하지 아니하고 스스로 활동할 수 있는 행정의 고유한 영역에의 유보이다. 법률유보는 근거규범이 요구되는 행정활동의 범위에 관련한 적용범위에서 침해유보설, 권력행정유보설, 사회유보설, 전부유보설, 중요사항유보설 등의 입장이 있다. 법률의 유보는 헌법 제75조의 포괄위임의 한계를 준수하면 법률에서 그 내용을 정하고 하위법규인 명령 등에 구체적·절차적 사항 등의 위임은 허용된다.

법률유보의 적용범위 '침해유보설'은 시민적 법치국가에서 국민의 권리·자유의 제한이나 의무를 부과하는 등의 불이익한 침해적 행정활동을 하는 경우에는 반드시 근거규범을 요한다는 원칙이다. '권력행정유보설'은 법치국가를 전제로, 침해적 행정활동이 아닌 수익적 행정이라도, 행정권의 일방적 의사에 의하여 국민의 권리·의무를 정하게 되는 모든 권력적 행정활동에는 근거규범을 요한다는 원칙이며, 입법과정에서부터 권력적 행정활동에 해당여부와 범위·한계 등을 명확히 하도록 하여 포괄적 위임입법 금지, 법률의 명확성원칙, 행정절차 등을 요구한다. '사회유보설'은 사회적 법치국가를 전제로, 침해적 행정활동뿐 아니라 수익적 행정활동에서도 특히 사회보장행정 등 급부행정의 영역에도 근거규범을 요한다는 원칙이다. '전부유보설'은 실질적 법치주의를 전제로, 법치국가에서는 행정이라면 권력행정이든 비권력행정이든 모든 영역에 법률에 의한 수권을 요한다는 원칙이다. '중요사항유보설' 내지 '본질성설'은 행정활동 중 국민에게 영향을 미치는 중요사항 즉 본질적 사항은 반드시 근거규범인 법률을 요한다는 원칙이며, 반드시 법률을 요하게 한다는 점에서 의회가 직접 결정하여야 하는 의회유보에 관련된다.

법률유보와 의회유보 법과 규칙 조항의 위임에 따라 제정된 것(공직선거법이 심의위원회의 구성·운영 등 필요한 사항은 중앙선거관리위원회규칙으로 정하도록 위임하는 것, '인터넷선거보도심의위원회의 구성 및 운영에 관한 규칙'은 관련법규 및 심의위원회가 정하는 심의기준 등에 따르도록 하는 것)은 법률에 근거를 두고 있는 것이다(헌재 2019.11.28. 2016헌마90). 의료급여수가기준은 (전문적 정책적 영역이어서 구체적 수가기준을)반드시 법률로 정하여야 한다고 볼 수 없고(의료급여법 등 상위법령이 행위별수가나 포괄수가만을 예정하고 있다고 볼 수 없으며), 정액수가조항(의료수가기준과 그 계산방법)은 의료급여법 등 상위법령의 위임에 따라 정한 것이어서 법률유보원칙에 위배되지 않는다(헌재 2020.4.23. 2017헌마103). 노동조합법이 법외노조 통보에 관하여 아무런 규정을 두지 않고 시행령에서 규정하도록 위임하지도 않으므로, 법외노조 통보제도를 규정한 시행령 조항은 헌법상 법률유보원칙에 반하여 무효이며, 시행령 조항이 유효함을 전제로 이에 근거한 법외노조 통보는 적법하지 않다(대법원 2020.9.3. 2016두32992 법외노조통보처분취소(전교조 사건)). 전기요금(산정방식 · 요금체계 등) 결정에 관한 구체적 사항은 의회가 직접 결정하여야 할 정도로 전기의 안정적 보편적 공급에 본질적 사항이라 보기 어렵고, 오히려 전문적·정책적 판단을 통하여 전력수급상황과 산업구조 변화에 탄력적 대응의 필요가 있는 사항이므로, 심판대상조항(전기판매사업자인 한국전력공사로 하여금 전기요금에 관한 약관을 작성하도록 하고 이를 주무부장관인 산업통상자원부장관의 인가를 받게 함으로써 전기요금의 결정에 관하여 정부가 사전적 통제를 할 수 있도록 한 전기사업법)이 전기요금 결정에 관한 구체적 내용을 규정하지 아니하고 하위법령에 위임하였다 하여 의회유보원칙이나 포괄위임금지원칙에 위반되는 것은 아니다. (심판대상조항은 전기판매사업자로 하여금 전기요금에 관한 약관을 작성하도록 할 뿐 전기요금의 산정기준·요금체계 등을 구체적으로 정하고 있지 아니하므로, 의회유보원칙의 위반 여부가 문제되는바, 전기는 개인의 생존 및 국가의 산업·교육·농업 전반에 영향을 미치는 기초적이고 중요한 에너지원이며, 전기의 공급은 전형적인 생존배려행정의 영역이어서 전기사업법은 전력시장에 자유경쟁체제를 도입하였으나, 대규모 자금 투입을 요하는 전기사업의 특성상 전기소비자와 체결한 전기공급계약에 따라 전기를 공급하고 그에 대한 대가를 지불받아 사업을 영위하는 사경제주체인 한국전력공사가 전기판매사업을 독점하여 국가의 생존배려행정을 대행하고 있으며)전기의 보편적 안정적 공급은 개인의 생존은 물론 기본권 실현에 기본적이고 중요한 사항이므로, 이를 위한 기반 조성 및 관련된 규범체계의 마련은 행정에 맡길 것이 아니라 국민의 대표자인 입법자 스스로 그 본질적인 사항에 대하여 결정하여야 할 것이기에, 전기사업법은 전기의 보편적이고 안정적인 공급에 관한 본질적 사항을 규정하고 있지만, (전기요금은 전기판매사업자가 전기사용자와 체결한 전기공급계약에 따라 전기를 공급하고 그에 대한 대가로 전기사용자에게 부과되는 것으로서 국가가 일반 재정수입을 목적으로 아무런 반대급부 없이 강제적·의무적으로 징수하는 조세 내지 특정한 공익사업에 필요한 경비를 부담시키기 위하여 부과하는 부담금과는 명백히 구분되기에, 전기의 공급 대가인 전기요금의 부과 그 자체로 전기사용자의 재산권이 직접적으로 제한된다 볼 수 없고, 한국전력공사가 전기사용자에 전기요금을 부과하는 것이 국민의 재산권에 제한을 가하는 행정작용에 해당한다 볼 수 없으므로, 전기요금 결정에서 요금산정이나 부과에 필요한 세부적 기준을 정함은 전문적 정책적 판단을 요함은 물론 기술발전이나 환경변화에 즉각적 대응의 필요가 있는 사항이라 할 수 있는 점 등을 고려하면 전기요금결정에 관한 내용이 반드시 입법자 스스로 규율해야 하는 부분이라 보기 어려워)의회유보원칙에 위반되지 아니하며, (입법자로서는 전기요금의 결정에 관한 구체적인 사항을 직접 정하지 아니하고 하위법령에 위임함으로써 전력의 실제 수급상황과 산업구조의 변화에 시의 적절하게 대응하도록 할 필요가 있으며, 전기요금약관의 인가 여부를 결정함에 있어서, 인가의 구체적인 기준 설정은 전문적인 판단을 요함은 물론 수시로 변화하는 상황에도 시의적절하게 탄력적으로 대응할 필요가 있기에)전기요금약관의 인가기준에 대해서는 하위법령에 위임할 필요성이 인정되며, 전기사업법 법조항들을 종합해 보면, (하위법령에서는 전기의 보편적 공급과 전기사용자의 보호, 물가의 안정이라는 공익을 고려하여 전기판매사업자에게 허용된 최대수익을 제한할 수 있도록 전기요금의 산정 원칙이나 산정 방법 등을 정할 것이 충분히 예측가능하고, 전기사업법 및 물가안정법은 전기요금약관의 인가 절차 내지 공공요금의 협의 절차에 관한 구체적인 규정들을 종합해 보면)하위법령에 규정될 전기요금약관의 인가기준의 대강을 충분히 예측할 수 있다. 따라서 심판대상조항은 포괄위임금지원칙에 위반되지 아니한다(헌재 2021.4.29. 2017헌가25).

법률유보와 포괄적 위임 학교구성원은 성별 등의 사유를 이유로 차별적 언사나 행동, 혐오적 표현 등을 통해 다른 사람의 인권을 침해하여서는 아니 된다는 서울특별시 학생인권조례는 합헌이다(학교구성원의 표현의 자유를 제한하지만, 조례제정권자인 지방의회는 지역적인 민주적 정당성을 지니며, 헌법이 지방자치단체에 포괄적 자치권의 보장 취지에 비추어, 조례에 대한 법률의 위임은 반드시 구체적으로 범위를 정하여 할 필요 없이 포괄적인 것으로 족하며, 이 사건 조례는 서울특별시 교육감이 서울특별시 내 각급학교운영에 관한 사무의 지도·감독에 헌법, 법률(교육기본법, 초·중등교육법, 지방자치법, 지방교육자치에 관한 법률), 협약('아동의 권리에 관한 협약'United Nations Convention on the Right of the Child) 등에서 규정, 선언하는 바를 구체적으로 규범화하여 마련한 학교운영기준 중 하나로서)법률상 근거에 기인한 것이고 법률의 위임 범위를 벗어난 것도 아니므로, 법률유보원칙에 위배되어 학교구성원의 표현의 자유를 침해하지 아니한다)(헌재 2019.11.28. 2017헌마1356). 母法에서 심의기준규정에 정할 내용은 (공직선거법이 선거보도의 자유를 폭넓게 보장하면서 인터넷 선거보도의 공정도 보장하기 위한 것으로서) 어느 정도 포괄적으로 위임할 필요성이 인정된다(헌재 2019.11.28. 2016헌마90).

3. 법내용명확성 원칙

3.1 법의 명확성원칙의 의의

3.1.1 헌법원칙으로서의 법의 명확성원칙

법의 명확성원칙은 법령이 명확한 용어로 규정되어 법적용대상자인 수범자가 법내용을 알 수 있도록 공정한 고지를 하여 장래의 행위지침을 제공하고, 법집행자에는 객관적 판단지침을 주어 차별적·자의적 법해석·집행을 막는 헌법원칙이다(헌재 2010.10.28. 2008헌마638등; 2002.6.27. 99헌마480). 법명확성원칙은 수범자에 행동지침을 제시하지 못하거나 법집행자에 판단지침을 주지 못하는 자의적 해석의 가능성을 주는 경우에 당해 법문언의 효력이 상실되도록 하는 헌법원칙이다.

법의 명확성원칙 기본권(재산권)보장의 일반원칙, 법률의 입법취지, 사실관계 등을 종합하여 보면 명확하게 해석될 수 있으므로 명확성원칙에 위반되지 아니한다(헌재 2019.12.27. 2014헌바381). 법률에 어느 정도 추상적 상대적 용어 사용이 불가피할 때가 있어도 그 불명확성을 피할 수 있는 대안적 방법이 존재하거나, 보다 구체화할 수 있는 가능성이 있는데도 입법자가 이를 게을리 하였을 때, 그 법률은 위헌의 의심을 받게 된다(헌재 2013.7.25. 2011헌바39). 법조항이 합리적 해석기준을 통하여 판단할 수 있는 이상, 보다 구체적 명확한 입법이 가능하다는 이유만으로, 곧바로 명확성원칙위반이라 할 수 없다(헌재 2014.3.27. 2012헌바55). 구체적으로 발생한 상황에 대한 판단이 아니라 장래에 발생할 수 있는 상황가능성 예측에서 어느 정도의 포괄적 추상적 개념의 사용은 명확성원칙에 위배되지는 않는다(헌재 2016.5.26. 2013헌바98).

3.1.2 법의 일반적 명확성원칙

법의 일반적 명확성원칙은 법문의 자의적 해석의 가능한 소지를 막아 법이 법집행기관의 해석지침으로 기능하는 일반법이 되도록 함으로써(헌재 2009.5.28. 2006헌바109등; 2007.7.26. 2006헌바12) 일반법원칙에 따르도록 한다. 수범자 입장에서는 법문해당행위가 무엇인지 예측할 수 있고 법집행자도 법문조항의 차별적·자의적 해석의 여지가 없으면 명확성원칙에 위배되지 않는다(헌재 2018.2.22. 2016헌바401).

법의 일반적 명확성원칙 범죄구성요건 등 법률조항의 '규율형식'이 불명확하고 애매모호하여 일반국민이 이를 보고 자신의 행위를 결정할 수 없고, 법집행기관의 자의적 해석 가능성을 허용하고 있다면, 그 법률은 '규율내용'의 위헌성과 관계없이 그 자체 헌법상 법치주의원리와 죄형법정주의 원칙에 비추어 합헌적이라 할 수 없다(헌재 2013.7.25. 2011헌바39). 법 조항이 다소 광범위한 개념을 사용했다 하더라도, 건전한 상식과 통상적 법 감정을 가진 사람이 일반적 해석방법에 따라 보호법익과 금지 행위, 처벌의 종류와 정도를 알 수 있는 이상, 명확성원칙에 위배되지 않는다(헌재 2019.12.27. 2016헌바96). 어떤 재테크행위가 '業'의 개념에 포섭될 것인지 여부는 구체적 행위정황을 고려하여 법원이 판단하여야 할 법률의 통상적 해석, 적용의 문제다(헌재 2011.3.31. 2009헌바309).

3.1.3 법의 특수한 명확성원칙

법의 특수한 명확성원칙은 죄형법정주의, 조세법률주의 등 부담적 성격이나 이해관계가 첨예한 법률, 포괄위임금지 등 권력관련법률 등에서 예측가능성의 엄격한 구현을 요구한다(헌재 2016.6.30. 2013헌가1). 법이 통상의 판단능력을 가진 일반인으로 하여금 그 해석을 통해서 구체적으로 확정할 수 없게 하는 등의 불명확성을 가지는 경우이어서, 수범자가 자신의 행위가 금지되는지 아닌지를 정확하게 예측하고 자신의 행위를 결정할 수 없게 하는 경우에, 법의 특수한 명확성원칙은 법을 준수하여야 하는 수범자에게 특히 유리하게 당해 문언의 해석을 엄격하게 하는 것이다.

법의 특수한 명확성원칙 '적절한 고지' 역할을 못하는 법률조항 규정형식은 고도의 명확성이 요구되는 형사처벌조항에 적합하지 않아 죄형법정주의 명확성원칙에 위배된다(헌재 2013.7.25. 2011헌바39). 다만, 다소 광범위하여 어느 정도 법관의 보충적 해석을 필요로 하는 개념을 사용하였다 해도, 통상의 해석방법에 의하여 건전한 상식과 통상적 법감정을 가진 사람이 당해 처벌법규의 보호법익과 금지된 행위 및 처벌의 종류·정도를 알 수 있도록 규정하였다면 헌법이 요구하는 죄형법정주의 명확성원칙에 반한다 할 수 없다(헌재 2019.12.27. 2018헌바46). 자격 없이 변호사 같은 일을 '業'으로 한 자의 형사처벌은 ('업으로'의 의미가 일정행위의 계속·반복으로 이해되고, 법원도 핵심적 의미를 반복·계속성에 두고, 사람이 사회생활상 지위에 기하여 어떠한 사무에 계속적으로 종사할 경우가 구성요건에 해당한다는 취지로 해석하여) 죄형법정주의 형벌법규명확성원칙에 반하지 않는다(헌재 2004.1.29. 2002헌바36등). 약국 '개설'의 사전적 의미와 약사법상 약국개설 관련조항들의 규정 내용, 법원의 해석 등을 종합하면 그 의미를 예측할 수 있으며, 구체적 사안에서는 누가 주도적 입장에서 약국 개설 업무를 처리해 왔는지 여부로 판단할 사항이면, (약사법 제21조 제1항의 '약사의 약국 중복 개설' 금지는 이미 자신의 명의로 약국을 개설한 약사가 다른 약사 명의의 약국을 운영하는 데 있어 주도적 역할을 하였더라도, 각각의 약국에서 개설등록 명의인인 약사에 의해 의약품 조제·판매가 이루어지고 있는 경우라면 위 취지에 반하지 않는 것과는 달리, 심판대상조항의 비약사의 약국 개설 금지는 비약사가 약국의 운영을 주도하는 것만으로도 위 취지에 반할 수 있다. 따라서 비약사가 의약품 조제·판매를 하지 않은 경우에도 '비약사의 약국 개설'에는 해당할 수 있음이 명확하여)죄형법정주의의 명확성원칙에 반하지 아니한다(헌재 2020.10.29. 2019헌바249). 개발부담금에 관한 위임입법에서 요구되는 구체성과 명확성의 정도는 조세법규 위임입법의 경우에 준하여 요건·범위가 엄격하게 제한적으로 규정되어야 한다(헌재 2014.4.24. 2011헌바179).

3.2 법의 명확성원칙의 판단

3.2.1 법의 명확성원칙과 일반인의 합리적 판단과 법관의 보충적 법해석

법의 명확성은 건전한 상식과 통상적 법감정을 가진 일반인의 합리적 판단으로 법조항문언, 입법자의사, 관련규범, 법원해석 등을 종합하여 판단한다(헌재 2016.5.26. 2013헌바98). 이때 다소 일반적 추상적 개념을 사용하여도 오랜 기간 법원의 판례 등이 집적되어 보충적 해석과 가치판단으로 그 의미를 확인할 수 있다면(헌재 2017.5.25. 2014헌바459) 입법기술상 한계, 변화하는 사회에 대한 법규범의 적응력 확보 등의 관점에서 법의 명확성여부를 판정할 수 있다(헌재 2013.12.26. 2012헌바375). 법의 명확성원칙의 판단에 있어서 법조항이 지닌 약간의 불명확성 내지 조문 표현상 약간의 의문점(헌재 1989.12.22. 88헌가13) 등은 법관의 건전한 양식·조리에 따른 보충적 법해석(헌재 2011.3.31. 2008헌바141등) 내지 통상적 해석작용에 의하여 충분히 보완, 확정될 수 있으며(헌재 2017.11.30. 2015헌바300), 이로써 법 적용단계에서 다의적 해석의 우려가 없게 되면 명확성원칙에 위배되지 않는다(헌재 2016.2.25. 2015헌가11).

건전한 상식, 통상적 법감정과 법의 명확성 법의 명확성은 입법취지, 심판대상조항의 목적과 기능 및 법 전체의 체계 등을 종합하여 합리적으로 해석되어야 하는 바, 법문언, 심판대상조항의 목적과 기능, 법의 입법취지 및 법 전체의 체계 등을 종합하여 보았을 때 그 의미를 충분히 알 수 있기에(헌재 2020.12.23. 2019헌바25), 건전한 상식과 통상적 법감정을 가진 사람이라면 누구나 인식할 수 있어(대법원이 법조항 의미를 일관되게 해석하면서 실제 해당여부는 제반사정을 종합하여 판단한다 판시하므로 불명확한 개념이라 볼 수 없기에)(헌재 2015.2.26. 2013헌바107). 건전한 상식을 가진 일반인이면 (형사소송법 재심사유중 '명백한 증거가 새로 발견된 때'의)의미내용을 예측할 수 있고, 장기간에 걸쳐 집적된 동일 취지의 판례와 대법원 전원합의체 결정이 가지는 법률보충적 기능을 통하여 불명확성은 이미 치유·제거되었다 할 것이어서(헌재 2014.7.24. 2012헌바277), (형법 제347조 제1항 '기망하여' 부분의 기망행위 해당여부는)법원이 구체적 사정을 고려하여 일반인을 기준으로 상거래 관행과 신의칙에 비추어 판단할 수 있는 등 통상의 합리적 해석기준으로(기망내용이 무엇인지 파악할 수 있어) 자의적 법해석, 법집행을 배제할 수 있기에(헌재 2006.11.30. 2006헌바53), 입법목적, 사전적 의미, 대법원판례의 해석 등에 비추어 그 의미를 충분히 파악할 수 있고 법집행자의 자의적 확대적용의 염려도 없으므로(헌재 2013.10.24. 2012헌바241) 명확성원칙에 반한다 할 수 없다. 반면, 과다노출(여러 사람 눈에 뜨이는 곳에서 공공연하게 알몸을 지나치게 내놓거나 가려야 할 곳을 내놓아, 다른 사람에게 부끄러운 느낌이나 불쾌감을 준 사람)의 구체적 의미는 분명하지 않아 죄형법정주의 명확성원칙에 반한다(헌재 2016.11.24. 2016헌가3).

법관의 보충적 법해석과 법의 명확성 법조항의 문언적 의미, 법원의 해석 등을 종합적으로 고려할 때 그 의미를 충분히 예측할 수 있고, 개별사안에서 구체적 범위는 법관의 법 보충작용으로서의 해석을 통하여 그 의미가 충분히 보완되어 합리적으로 결정될 수 있으면 명확성원칙에 위배되지 않는다(헌재 2013.10.24. 2011헌바138; 2018.12.27. 2017헌바231). (법률에 일일이 구체적이고 확정적으로 미리 열거하는 것은 입법기술상 불가능하거나 현저히 곤란하므로, 입법자는 '그 밖의 방법'이라는 일반적인 개념을 사용하고, 그 해석의 판단지침이 될 만한 구체적 예시를 나열하고 있는 바, 입법 취지, 규정형식 및 문언의 내용을 종합하여 볼 때)건전한 상식과 통상적 법 감정을 가진 일반인이라면 구체적 사건에서 어떠한 행위가 이 사건 금지조항의 '그 밖의 방법'에 의하여 규율되는지 충분히 예견할 수 있고, 이는 법관의 보충적 해석을 통하여 확정될 수 있는 개념이다(헌재 2019.6.28. 2018헌바128). 법관의 보충적 가치판단을 통한 개개사안에서의 구체화가 가능하면 법 해석·집행기관의 자의적 해석이나 집행의 우려를 낳는다 보기 어려워 명확성원칙에 위반된다 볼 수 없다(헌재 2017.10.26. 2015헌바338). 부정청탁금지법의 '부정청탁', '법령', '사회상규' 등은 입법배경, 입법취지, 관련조항 등을 고려한 법관의 보충적 해석으로 충분히 그 의미내용을 확인할 수 있다(헌재 2016.7.28. 2015헌마236등). 제사주재자가 승계하는 재산에 관한 민법 제1008조의3 중 '금양임야禁養林野' 조항은(제사용 재산의 유지, 보존 및 이를 둘러싼 권리관계 안정의 입법목적에 비추어)법관의 구체적 판단에 자의가 개입될 정도로 불명확하다 볼 수 없다(헌재 2012.12.27. 2011헌바155).

3.2.2 입법자의 입법형성권과 법의 명확성원칙

법의 명확성원칙은 입법자의 입법형성권에 관련하여, 예컨대, 급부영역에 해당하는 기본권에 관련된 위임입법의 한계를 판단하는 기준의 정함에 관련하는 경우, 법률이 변경되어 피적용자에게 신법의 적용이 유리한 경우에 신법의 소급적용여부 등의 경우(헌재 2015.6.25. 2013헌바17), 수범자들이 일정한 범위로 제한되어 있는 경우(헌재 2007.7.26. 2006헌가9) 등에는 명확성원칙에의 요구가 다소 완화될 수 있다. 즉 그 같은 법률에는 입법자에 광범위한 입법형성권의 입법재량이 가능하다.

입법자의 입법형성권과 법의 명확성 형법 제311조 모욕죄는 합헌이다(대법원도 문언적 의미를 기초로 한 객관적 해석기준을 제시하여, 건전한 상식과 통상적 법감정을 가진 일반인이라면 금지되는 행위가 무엇인지 예측이 현저히 곤란하다 보기 어렵고, 법집행기관의 자의적 해석 염려도 없어, 형법규범의 일반성·추상성에 비추어 불가피한 사정만으로 명확성원칙 위배라 할 수 없다)(헌재 2013.6.27. 2012헌바37). 추업醜業'의 구체적 내용은 법원의 통상적인 해석작용을 통하여 보충적으로 확인될 수 있다('추잡하고 천한 생업, 특히 매음 따위' 등은 일반적으로는 性을 상품화하는 영업으로 이해되어 건전한 상식과 통상적 법감정을 가진 사람이라면 쉽게 예측할 수 있다)(헌재 2006.5.25. 2005헌바4). '비방할 목적'과 '비판할 목적'은 구별되는 개념이어서('비판할 목적'은 공공의 이익을 위하여 사물의 옳고 그름에 대한 판단의 표현이고, '비방할 목적'은 행위자의 주관적 의도의 방향에서 공공의 이익을 위한 것과는 상반되는 관계에 있으므로)(헌재 2016.2.25. 2013헌바105), 적시한 사실이 공공의 이익에 관한 것인 경우 특별한 사정이 없는 한 비방할 목적은 부인되나(대법원 2012.11.29. 2012도10392; 2012.1.26. 2010도8143; 2011.11.24. 2010도10864; 2011.6.10. 2011도1147; 2005.10.14. 2005도5068), '공중도덕상 유해한 업무'는 위헌이다(건전한 상식과 통상적 법감정을 가진 수범자로서는 쉽사리 예측할 수 없고, 법관의 보충적 가치판단을 통한 법문해석으로 의미내용을 확인해 낼 수 있다는 사정을 발견하기도 어려워 죄형법정주의 명확성원칙에 위배된다)(헌재 2016.11.24. 2015헌가23).

3.2.3 법의 명확성원칙과 법문언의 명료성·예측가능성·관용성

법의 명확성원칙의 판단에 있어서 법문언 자체에서 직접 정의되는 것으로 이해할 정도로 명료한 문언이어서 그 의미를 '넉넉히' '충분히' 명확성을 충분히 예측할 수 있다든지(헌재 2017.8.31. 2015헌바388; 2012.10.25. 2011헌바99), 사무·관용적 표현, 평상적 표현(헌재 2003.4.24. 2002헌가8) 등은 충분히 확정될 수 있다.

법문언 자체에서 알 수 있는 명료한 표현 '투자권유' 의미는 법에서 직접 정의되고(헌재 2017.5.25. 2014헌바459), 定義조항인 '다단계판매' 등은 법 자체에서 알 수 있고(헌재 2015.7.30. 2013헌바275 선례 헌재 2012.4.24. 2009헌바329), '존부'라는 표현은 문리적 해석상 존재와 부존재 양자를 의미함이 명백하며(헌재 2014.2.27. 2013헌바178), 근로기준법상 '통상임금'(헌재 2014.8.28. 2013헌바172), '거짓'·'부정'(헌재 2016.4.28. 2015헌바247), '속임수'詐僞로 급여비용을 받음(헌재 2015.7.30. 2014헌바298) 등은 그 의미를 이해할 수 있다.

예측가능한 표현 국가의 존립·안전이나 자유민주적 기본질서를 위태롭게 한다는 정을 알면서 그에 해악을 끼칠 명백한 위험(헌재 2003.5.15. 2000헌바66), 다른 사람 또는 단체의 집이나 그 밖의 공작물에 '함부로' '광고물 등'을 붙이거나 거는 행위(헌재 2015.5.28. 2013헌바385) 등은 사전적 의미와 입법취지, 관련조항과의 관계를 종합할 때 충분히 알 수 있고, 자의적 확대해석 염려가 없어 명확성원칙에 반하지 아니한다. '독립운동에 적극 참여한 자'(일제강점하반민족행위진상규명에관한특별법, 일제친일반민족행위자재산의국가귀속에관한특별법)는 일제강점하에서 우리 민족의 독립을 쟁취하려는 운동에 의욕적·능동적으로 관여한 자라는 뜻으로 그 의미를 넉넉히 파악할 수 있다(헌재 2011.3.31. 2008헌바141등). 선거운동으로 보지 않는 '단순한 의견개진, 지지·반대의견개진' 등의 의사표시(헌재 2001.8.30. 2000헌마121등), 사전적으로 과세를 피하여 면하는 '포탈' 및 특정 세목 납세의무자가 되었는데 이를 피하여 면하는 경우인 '포탈'(헌재 2017.7.27. 2012헌바323) 등은 법관의 보충적 해석작용 없이도 일반인들이 대강의 의미를 이해할 수 있다.

사무·관용·평상적 표현 처벌조항의 '영리의 목적'은 널리 경제적 이익을 취득할 목적의 의미로 해석할 수 있다(헌재 2018.3.29. 2016헌바202등; 2017.7.27. 2017헌바226; 2016.5.26. 2016헌바81; 2015.12.23. 2015헌바249; 2013.12.26. 2012헌바217등). 비방할 목적'에서 '비방', '목적'이라는 용어는 일반인이 일상적으로 사용하는 일반적 용어이다(헌재 2016.2.25. 2013헌바105). 보건범죄단속 관련법의 '한방의료행위'는 우리 옛 선조들로부터 전통적으로 내려오는 한의학을 기초로 한 질병 예방이나 치료행위(헌재 1996.12.26. 93헌바65), 전기통신업무를 이용하여 타인의 통신을 매개하거나 통신용에 제공한 자(헌재 2002.5.30. 2001헌바5) 등은 사무적 관용적 표현에 해당한다.

3.3 법의 명확성원칙과 포괄위임입법 금지의 원칙

3.3.1 헌법원칙으로서의 포괄위임금지의 원칙

법의 명확성원칙은 권력분립주의 및 입법권의 국회귀속 및 행정권의 정부 귀속의 관계에서 포괄위임입법의 금지 원칙의 일반적 근거를 이룬다. 헌법은 제75조 '대통령은 법률에서 구체적으로 범위를 정하여 위임받은 사항과 법률을 집행하기 위하여 필요한 사항에 관하여 대통령령을 발할 수 있다', 제95조 '국무총리 또는 행정각부의 장은 소관사무에 관하여 법률이나 대통령령의 위임 또는 직권으로 총리령 또는 부령을 발할 수 있다' 하여 법률에서 구체적으로 확정한 사항에 대해서만 대통령령에 위임하여야 위임입법의 내용이 명확하여 헌법에 위반되지 않는다 함으로써(헌재 2014.4.24. 2011헌바179), 포괄위임입법 금지의 원칙의 정의와 근거를 명확히 하고 있다.

명확성원칙과 포괄위임입법 금지의 원칙(합헌결정) 매우 전문적이고 기술적인 부분으로 평가받고 있는 부분까지 법률에 규정하여서는 기술의 변화에 대응하기 곤란하며, 변화하는 상황에 즉각적 대응이나 탄력적 규율이 필요한 경우에 해당하므로 위임의 필요성이 인정되며, 법조항에서 정의한 사전적 의미를 고려했을 때 그 해당 여부에 대해서 충분히 예측할 수 있으며, 법조항이 부령으로 위임하면서 위임의 범위를 예시하는 기준 등을 규정하지 않았다 해도, 공공의 안전을 고려한 법의 취지, 법률의 문언, 입법목적 및 관련규정의 내용을 종합해보면, 법조항에 따라 부령에 규정될 내용은 일정 부분에 한정될 것임을 충분히 예측할 수 있고 그러한 경우에 한하여 관할관청의 승인을 받아야 하는 것으로 규정한 것임은 명확하여, 포괄위임금지원칙에 반하지 않는다(헌재 2019.11.28. 2017헌가23). 심판대상조항의 성격상 기술적·전문적 판단이 필요하고 수시로 변화하는 상황에 맞게 탄력적으로 대응할 필요가 있어 그 구체적 내용을 하위법령에 위임할 필요성을 인정할 수 있으며, 당해 법률로부터 대통령령에 규정될 내용의 대강을 예측할 수 있을 정도로 구체적으로 규정하고 있으므로 포괄금지원칙에 위배된다고 볼 수 없다(헌재 2020.8.28. 2018헌바425).

3.3.2 법률의 명확성원칙과 포괄위임금지 원칙의 판단

법률의 명확성원칙에 따라서, 중요하고도 기본적 사항을 법률에서 구체적으로 확정하여 이를 대통령령에 위임하고 이에 따라 대통령령에서 예측이 가능하도록 정한다면 포괄위임입법금지원칙에 위배되지 아니한다(헌재 2014.4.24. 2011헌바179). 이는 위임입법의 필요성과 예측가능성이다. 위임입법의 필요성은, 법에서 모든 경우를 모두 포괄하는 준수사항을 획일적으로 정하는 데는 한계가 있고 전문적 사항이므로 미리 법률로써 자세히 정하기란 쉽지 않다는 것이다. 위임범위의 예측가능성은 법에서 하위법령에 규정될 내용의 기준을 정하고 이때 하위법령에서 규정될 주된 내용은 충분히 예측할 수 있다는 것이다(헌재 2013.8.29. 2011헌가19; 2008.4.24. 2005헌마373).

> **명확성원칙과 포괄위임입법 금지의 원칙** '대통령령으로 정하는 언론인'은 '언론인' 단어 외에 대통령령에서 정할 내용의 한계를 설정하는 다른 수식어가 없고 관련조항들을 종합하여도 위헌이다(방송, 신문, 뉴스통신 등 다양한 언론매체의 어느 범위로 한정될지, 어떤 업무에 어느 정도 관여하는 자가 언론인일 것인지 등을 예측하기 어려워 포괄위임금지원칙에 위반된다)(헌재 2016.6.30. 2013헌가1). '수범자'와 '준수사항'(즉 행위규범)을 모두 하위법령에 위임하면서 어느 한 부분에서조차 위임될 내용에 대해 구체화하고 있지 않아 그 내용들을 전혀 예측할 수 없게 하면 위임입법한계를 준수하지 않아 포괄위임금지원칙에 위반된다(헌재 2016.11.24. 2014헌가6등. 선례인 헌재 2010.3.25. 2008헌가5 합헌 결정은 변경되어, 형사처벌을 받았던 사람들은 재심청구로 무죄판결을 받을 수 있게 되었다). (교통사고로 사람을 사상한 후 필요한 조치를 하지 아니한 경우 운전면허의 취소·정지에 관한 구체적 기준은 전문성을 가진 행정기관이 유연하게 규율할 필요가 있기에)부령에 위임할 필요성을 인정할 수 있으며, 조항의 문언적 의미 등을 유기적·체계적으로 종합하면, 그 조항에 의하여 부령에 규정될 내용은 충분히 예측할 수 있어 포괄위임금지원칙에 위배되지 아니한다(헌재 2019.8.29. 2018헌바4).

3.3.3 포괄위임금지 원칙의 판단기준

포괄위임금지의 원칙에서, 법의 명확성원칙에 따르는 위임입법의 구체성·명확성의 유무는 당해 특정 조항 하나만이 아니라 관련 법조항 전체를 유기적·체계적으로 종합하여 판단하여야 하며, 위임된 사항의 성질에 따라 구체적·개별적으로 검토하여야 한다.

> **명확성원칙과 포괄위임입법 금지의 원칙(합헌결정)** (사회경제적 상황의 변동에 따라 탄력적으로 대응할 수 있도록 하위법령에 위임할 필요성이 인정되고, 법에서는 요건, 내용과 범위 및 절차 등에 관한 자세한 규정이 마련되어 있기에)위임조항에 따라 대통령령에 구체적으로 규정될 내용은 충분히 예측할 수 있어 포괄위임금지원칙에 위반되지 아니한다(헌재 2018.12.27. 2017헌바231). 인구주택총조사 조사항목은 (탄력성 있는 행정입법에 개방적 위임이 불가피하며 관련법조항 등을 유기적·체계적으로 종합하면, 하위법령에 규정될 조사사항은 충분히 예측할 수 있어 헌법 제75조의)포괄위임금지원칙에 반하지 않아(개인정보자기결정권을 침해하지 않는다)(헌재 2017.7.27. 2015헌마1094). '거주'라는 일상적 용어는 (일정한 곳에 생활의 근거를 두고 머물러 산다는 의미로서)명확성원칙에 위배되지 않아('거주' 관련 대통령령에 규정될 내용의 대강을 충분히 예측할 수 있어), 포괄위임입법 금지 원칙 위배가 아니다(헌재 2014.6.26. 2012헌바299).

[二] 법효력현재성 원칙

1. 법효력현재성 원칙

1.1 법효력현재성 원칙의 헌법규정과 의의

헌법 제13조 제1항 '모든 국민은 행위시의 법률에 의하여 범죄를 구성하지 아니하는 행위로 소추되지 아니한다', 제2항 '모든 국민은 소급입법에 의하여 참정권의 제한을 받거나 재산권을 박탈당하지 아니한다' 함은 죄형법정주의의 형벌법규 현행법원칙과 소급입법에 의한 참정권제한의 금지 및 소급입법에 의한 재산권박탈의 금지 등을 규정하지만, 법효력현재성의 일반법원칙을 규정한 조항이기도 하다. 이는 국민은 자신의 행위시에 이미 제정(국회 의결, 대통령공포 헌법 제53조)·시행(공포후 20일 경과 제53조 제7항)된 법률에만 적용·구속된다 하는 행위시법 원칙, 과거의 사실·법률관계에 소급하여 제정·적용·처리되는 입법·행정·사법 등의 행위를 금지하는 소급금지의 원칙 등 법치주의 헌법원리의 형식원리를 이룬다.

1.2 행위시법 원칙과 형벌법규불소급 원칙

행위시법 원칙과 형벌법규불소급 원칙(헌재 1998.11.26. 97헌바67; 1989.12.22. 88헌가13)은 헌법 제13조 제1항, 제2항의 소급금지원칙의 형사법적 적용으로서, 형법 제1조 제1항~제3항은 형벌법규의 신법이 구법 당시의 행위에 소급하여 적용되지 아니한다 함으로써 행위시법원칙에 따른 현행법주의의 원칙인 형벌법규불소급 원칙을 규정한다. 즉 범죄후 (범죄행위시)법률의 변경에 의하여 그 (변경전 범죄)행위가 (변경된 법률인 신법에서)범죄를 구성하지 아니하거나(행위시법이 적용되지 않는 때에는) (형이 변경되거나 형에 관한 법률이 변경되어)형이 구법보다 경한 때에는 (벌하지 아니하거나, 행위자에게 유리한 형이나 법률인)신법에 의한다. 재판 확정 후 법률이 변경되어(행위시법이 구법이 되어) 그 (구법인 행위시법시의)행위가 (신법상)범죄를 구성하지 아니하는 때에는 형의 집행을 면제한다.

1.3 행위시법 원칙과 소급금지원칙

1.3.1 법효력현재성 원칙과 헌법상 입법의 작위의무

법효력현재성 원칙은 행위시법원칙 및 그 행위시법을 제정하여야 할 입법권의 법률제정의무 및 행위시법에 따른 행정권의 행정입법 등 법집행의무를 나오게 한다. 행위시법에 따르는 현행법을 제정하고 이를 집행하여야 할 의무는 삼권분립 및 법치행정의 원칙을 당연한 전제로 하는 헌법상의 의무이다. 다만, 현행법의 입법이나 행정입법의 지체에 대하여 규범적 통제가 가능하려면 그 같은 입법을 하여야 할 헌법상 작위의무가 있어야 한다. 예컨대 행정청에 시행명령을 제정·개정할 법적 의무가 있어야 하고, 상당한 기간이 지났음에도 명령제정·개정권이 행사되지 않아야 하는 등의 여건이 구비되어 있어야 한다.

행정입법과 작위의무 (행정권의 행정입법 등 법집행의무는 헌법적 의무이지만, 그 행정입법을 하여야 할 작위의무는 행정입법제정이 법률집행에 필수불가결한 경우로서, 행정입법을 제정하지 않는 것이 곧 행정권에 의한 입법권침해의 결과를 초래하는 경우에 인정되므로)하위 행정입법의 제정 없이 상위법령의 규정만으로도 집행이 이루어질 수 있는 경우라면, 하위행정입법을 하여야 할 헌법적 작위의무는 인정되지 않는다(헌재 2013.5.30. 2011헌마198).

1.3.2 행위시법 원칙과 소급금지원칙

소급금지원칙에 관련하여, 헌법 제13조 제2항 '모든 국민은 소급입법에 의하여 참정권의 제한을 받거나 재산권을 박탈당하지 아니한다' 함은 소급입법·소급처리 자체를 금지하는 것은 아니지만, 그로 인하여 참정권을 제한하거나 재산권을 박탈하는 것은 금지된다 함을 예시적으로 열거하는 조항이다. 따라서, 헌법상 기본권 등에는 국민의 권리나 자유 등을 부여하는 시혜적 소급입법이 아닌 한, 헌법상 권리의 소급적 제한·박탈은 금지된다.

행위시법원칙과 소급금지원칙 입법 시행 이후 양도한 거래에만 적용되는 것으로 한 규정은 소급입법이 아니다(대법원 1994.5.24. 93누13131). 연금은 임용시 아닌 퇴직시 발생하는 권리이므로, 공무원재직중 사유로 형을 받거나 탄핵징계로 파면된 경우의 연금급여액 일부감액지급은 이미 발생되어 있었던 권리를 소급제한하는 소급입법이 아니다(헌재 1995.10.26. 94헌바27등).

시혜적 소급입법 공무원연금법상 퇴직급여수급권의 구체적 내용 형성은 입법자에 상대적으로 폭넓은 재량이 헌법상 허용되고 이미 퇴직연금 일부감액이 확정된 자에게 특별사면을 이유로 감액대상에서 구제해주는 수혜를 베풀지 않는 것의 위헌여부는 여러 사정을 참작하여 폭넓은 형성재량으로 결정할 수 있다(헌재 2020.4.23. 2018헌바402). 시혜적 소급입법은 입법자에 광범위한 입법형성자유의 일차적 재량이 인정되어 현저하게 불합리·불공정하지 않는 한 위헌이 아니다(헌재 1998.11.26. 97헌바65). 특정 시기 이전에 이미 공중보건의사 복무를 마친 사람에게도 개정법률을 소급적용하여 공무원지위를 부여할 것인지는 (법률이 변경되어 피적용자에게 신법의 적용이 유리한 경우에 그 신법이 소급적용 되도록 할 것인지에 관한)입법재량의 문제이며, (공중보건의사에게 공무원 지위를 부여하는 규정의 시행일 이전에 그 복무를 마친 사람에 공무원 지위를 부여하지 않은 규정의 적용을 배제하여)공무원지위의 소급적부여는(소급적용에 따른 공무원연금 재정부담, 법적 안정성 침해 등)합리적 이유가 있어 평등원칙 위배가 아니다(헌재 2014.5.29. 2012헌가4).

1.3.3 소급금지원칙과 소급처리금지

소급처리금지는 행위시법원칙의 행정적·사법적 적용을 통한 법치국가적 신뢰보호 실현의 원칙이다. 행정의 소급처리금지는 소급하여 불리한 처리의 금지이며(행정청은 법령 등의 해석 또는 행정청의 관행 즉 어떤 사항에 관하여 상당히 긴 기간 동안 행위가 반복되고 일반적으로 같은 행위가 행하여진다고 인정되는 상태 등이 일반적으로 국민들에게 받아들여진 때에는 공익 또는 제3자의 정당한 이익을 현저히 해할 우려가 있는 경우를 제외하고는 새로운 해석 또는 관행에 의하여 소급하여 불리하게 처리하여서는 아니 된다)(행정절차법 제4조 제2항), 법원의 소급처리금지는 행위시법에 의하지 아니한 재판의 금지를 말한다. 다만 당사자에게 유리한 처리는 비례원칙에 따라서 금지되지 아니한다. 소급처리금지는 이미 확정된 법률관계를 번복하면 법적안정성을 현저히 침해할 우려가 있기 때문이다(개인택시운송사업의 상속에 관한 권리를 보호하되 그 소급효를 인정할 경우 생길 수 있는 폐해를 예상하여, 이를 최소화하고자 상속이 허용되는 범위를 제한함은 충분한 합리적 이유가 인정된다)(헌재 2017.5.25. 2015헌마1110).

2. 진정소급입법

2.1 진정소급입법과 부진정소급입법

소급금지의 법령불소급원칙은 법령의 효력 발생 전에 종결한 사실에 당해 법령을 적용할 수 없다는 취지이므로 계속된 사실이나 법제정 이후 발생한 사실에 새로운 법령 적용까지 제한하는 것은 아니다. 따라서 소급입법의 헌법적합성의 판단은, 신법이 이미 종료된 사실관계에 작용하는지 아니면 현재 진행중에 있는 사실관계에 작용하는지에 따라 '진정소급입법'과 '부진정소급입법'으로 구분된다. 진정소급입법은 이미 과거에 완성되어 종료된 사실 내지 법률관계가 대상인 소급입법이며, 부진정소급입법은 과거에 개시되었으되 현재 완료되었거나 또는 계속하여 진행중인 경우 등을 규율하는 소급입법이다. 진정소급입법 내지 부진정소급입법 등에 의한 기본권 침해시에 그에 대한 구제를 위한 헌법재판으로서 헌법소원심판의 제도가 있다.

진정소급입법과 부진정소급입법 완료된 사실관계에 대한 소급적용이 아니라 새로이 확정된 사실관계에 적용되는 것은 진정소급입법에 해당되지 않는다(수입신고시 수입자 수정신고, 과세관청경정)(헌재 2016.7.28. 2014헌바372). 헌법 제24조는 국회의원선거에서 청각장애인을 위하여 투표소 내에 수화통역인을 배치하도록 하는 내용의 구체적 명시적 입법의무를 부여하였다 볼 수 없고(헌법해석상 국가에 입법의무가 인정된다 하려면 특정인의 기본권을 보호하기 위한 국가의 입법의무가 명백히 발생하는 경우, 즉 입법의 공백을 방치할 경우 선거권의 기본적 본질적 내용이 침해될 우려가 있는 경우라 할 것인데, 장애인 투표편의를 위한 기존 입법 외에 투표소 내에 청각장애인을 위하여 수화통역인을 배치하도록 하는 내용의 구체적·개별적 사항에 대한)입법의무가 헌법해석상 도출된다 보기 어렵다(헌재 2013.8.29. 2012헌마840).

2.2 진정소급입법의 원칙적 금지

진정소급입법은 이미 완성된 사실·법률관계를 규율하는 소급입법이다. 진정소급입법은 행위시법을 신뢰하여 형성된 개인의 자격·권리 등의 법적 지위를 사후입법으로 박탈하여 법적 안정성을 심히 해하는 소급입법이다. 그러므로, 법치주의의 헌법원리에 따르는 헌법 제13조 제2항에 의하여 원칙적으로 금지되어 허용되지 않는다고 하는 것이 원칙이다.

진정소급입법의 원칙적 금지 퇴직연금수급요건을 완화하는 개정을 하면서 그 적용대상을 제한하지 않고, 이미 법률관계가 확정된 자들에게까지 소급하여 개정법률을 적용한다면 법적 안정성 문제를 야기하게 될 것이기에, 일정한 기준을 두고 적용대상을 제한한 것은 충분히 납득할 만한 이유가 있다(헌재 2017.5.25. 2015헌마933). (개정민법 제864조 시행전 부 또는 모가 사망한 경우의 인지청구 제소기간을 그 사망을 안 날로부터 1년 내로 하는 구 민법 제864조의 적용 즉)혼인외 출생자의 이익을 위하여 인지청구 제소기간을 늘리면서 사망자의 상속인의 법적 지위에 불리한 영향을 주지 않기 위하여 소급적용하지 못하게 하였다 하여, 혼인외 출생자의 인간으로서의 존엄과 가치, 행복추구권 침해는 아니다(헌재 2009.12.29. 2007헌바54).

2.3 진정소급입법의 예외적 허용

법치주의 원칙상 금지되는 진정소급입법의 예외적 허용에는 소급입법을 허용할 수밖에 없는 공익상 이유가 매우 엄격한 판단하에서 인정되어야 한다(헌재 2013.9.26. 2010헌가89; 2013.9.26. 2013헌바170). 즉 소급입법을 예상할 수 있거나 실질적 정의로서 정당화할 정도의 특단의 공익적 필요가 있는 특단의 사정이 있는 경우 등에 한하여 이루어질 수 있다. 법치주의 헌법원리상 원칙적으로 금지되는 진정소급입법을 단지 예상할 수 있었다는 사유만으로 허용함은, 헌법상 소급입법금지원칙을 형해화시킬 수 있어, 그 예외사유 해당여부는 엄격하게 판단하여야 한다(헌재 2013.8.29. 2010헌바354등; 2008.5.29. 2006헌바99등; 1999.7.22. 97헌바76; 1989.12.18. 89헌마32등).

진정소급입법의 예외적 허용(친일재산, 재조선 일본인재산, 5·18, 12·12사건) 친일재산을 그 취득·증여 등 원인행위시에 국가소유로 하는 '일제친일반민족행위자재산의국가귀속에관한특별법'은 진정소급입법이나, 국민이 예상할 수 있는 경우로 정당화되어, 헌법 제13조 제2항에 반하지 않는다(헌재 2011.3.31. 2008헌바141등). 1945.8.9. 이후 재조선 일본인 재산의 처리 및 귀속과 관련하여, 1945.8.9. 이후 성립된 거래를 전부 무효로 하고, 1945.8.9. 이후 일본인이 소유하거나 관리하는 재산을 1945.9.25.자로 전부 미군정청이 취득하도록 정한 미군정청 법령 조항은 각 1945.9.25.과 12.6.에 공포되어 진정소급입법에 해당함에도 당시의 법적 상태가 불확실하고 혼란스러워서 보호할 만한 신뢰의 이익이 적고 신뢰보호의 요청에 우선하는 심히 중대한 공익상의 사유가 인정되므로, 소급입법금지원칙에 대한 예외로서 헌법 제13조 제2항에 위반되지 않는다(헌재 2021.1.28. 2018헌바88). (이른바 12·12 사건의 처리에 있어 충실한 과거의 청산과 장래에 대한 경고, 정의의 회복과 국민들의 법감정 충족 등 기소사유가 갖는 의미도 중대하지만 이 사건을 둘러싼 사회적 대립과 갈등의 장기화 또한 가볍다고만 단정할 수 없을 것이고, 양자간 가치의 우열이 객관적으로 명백하다 보기도 어렵다면, 가치의 우열이 명백하지 아니한 상반되는 방향으로 작용하는 두 가지 참작사유 중에서 검사가 그 어느 한 쪽을 선택하고 다른 사정도 참작하여 기소를 유예하는 처분을 하였다 하여 그 처분이 형사소송법 제247조 제1항에 규정된 기소편의주의가 예정하고 있는 재량의 범위를 벗어난 것으로서 헌법재판소가 관여할 정도의 자의적 결정이라고 볼 수 없다(헌재 1995.1.20. 94헌마246) 하여, 전두환의 (내란수괴, 내란목적살인, 반란목적군용물탈취, 일반이적 등의 점에 대한 각)'혐의없음' 및 (반란수괴, 불법진퇴, 지휘관계엄지역수소이탈, 상관살해, 초병살해 등의 점에 대한 각)'기소유예'의 각 처분이 합헌이라 결정하자), 국회는 1995.12.21. '5·18민주화운동등에관한특별법'을 제정하여, 1979년 12월 12일과 1980년 5월 18일을 전후하여 발생한 헌정질서파괴범죄의공소시효등에관한특례법 제2조의 헌정질서파괴범죄행위 관련자에 대한 소급적 처벌조항은 법적 안정성과 실질적 정의가 조화되는 경우로서 정당화되어, 합헌이다(헌재 1996.2.16. 96헌가2등).

진정소급입법(위헌) 이미 이행기가 도래하여 모두 수령한 퇴직연금부분까지 사후적 소급적용은, 헌법 제13조 제2항에 따라 원칙적으로 금지되는, 이미 완성된 사실·법률관계를 규율하는 진정소급입법이며, 예외적으로 허용되는 경우도 아니므로, 소급입법금지원칙 위반의 재산권침해이다(또한 헌법불합치결정에 따른 개정입법 부칙조항이 자신들의 연금을 소급적으로 환수할 것까지는 예상하지 못하였고, 소급적으로 환수당하지 않을 것에 대한 신뢰이익이 작다 할 수도 없으며, 헌법불합치결정에 대한 입법개선의무 준수 등 중요한 공익상 사유에 대한 신뢰는 사법기관과 입법기관 전체에 대한 객관적 신뢰이기에, 국가기관의 잘못으로 인한 입법공백책임의 국민들에 전가는 부당하다)(헌재 2013.9.26. 2010헌가89; 2013.9.26. 2013헌바170; 2013.8.29. 2010헌바354등). (결손금 소급공제 대상 중소기업에 해당하지 않는 법인이 환급받은 법인세를 반환받을 수 있도록 새로 규정된 법인세법 시행 후 최초로 환급세액 징수분부터 적용하도록 한 조항은 개정법 시행 전 환급세액 수령 부분까지 사후적으로 소급하여 적용되는 것으로서)이미 완성된 사실·법률관계를 규율하는 진정소급입법에 해당하고, 이를 예외적으로 허용할 수 있는 특단의 사정이 없으므로, 소급입법 과세금지원칙에 위반된다(헌재 2014.7.24. 2012헌바105).

3. 부진정소급입법

부진정소급입법은 사건에 따른 법률관계가 심판대상조항이 시행된 이후에도 계속 진행과정에 있는 사안을 규율대상으로 한 소급입법이다. 이는 이미 종료된 과거의 사실관계나 법률관계에 새로운 법률이 소급적으로 적용되어 과거를 새로 평가하는 진정한 의미의 소급입법에는 해당하지 아니한다(헌재 2017.11.30. 2016헌바38). 부진정소급입법은 소급입법에 의한 권리침해는 문제될 여지가 없고 다만 기존 법률관계에 대한 신뢰에 대한 헌법적 보호 여부가 문제될 뿐이므로(헌재 2017.7.27. 2015헌바240), 법치국가적 관점에서 헌법적 보호를 할 것인지 여부에 관련한 비교형량에 의하여 소급효가 요구되는 공익상 사유가 행위시법을 신뢰한 개인의 법적 지위보다 더 큰 경우에 인정한다(헌재 1995.10.26. 94헌바12; 1998.11.26. 97헌바58; 1999.7.22. 97헌바76등; 2001.4.26. 99헌바55). 그렇기 때문에 이는 신뢰보호원칙에 따른 신뢰법 성립조건이기도 하다.

부진정소급입법 심판대상조항은 법 시행일 이후에 이행기가 도래하는 퇴직연금수급권 내용의 변경에 불과하고, (이미 종료된 과거의 사실관계 또는 법률관계에 새로운 법률이 소급적으로 적용되어 과거를 법적으로 새로이 평가하는 진정소급입법에는 해당하지 아니하므로), 소급입법에 의한 재산권 침해는 문제될 여지가 없다(헌재 2009.7.30. 2007헌바113). 공무원 재직자의 퇴직연금에 대한 기대는 재산권의 성질을 가지나 확정되지 아니한 형성 중에 있는 권리이므로, 아직 완성되지 아니하고 진행과정에 있는 사실 또는 법률관계를 규율대상으로 하는 이른바 '부진정소급입법'이어서 원칙적으로 허용되며, 다만 그 타당성은 기존 법적 상태에 대한 신뢰를 법치국가적 관점에서 헌법적 보호를 할 것인지 여부에 따른다(헌재 2015.12.23. 2013헌바259).

부진정소급입법과 신뢰보호적 타당성 종전 법률에 의하여 인정되던 관행어업권의 일방적 박탈이 아니라, 그 행사방법을 변경하여(일정 기간 내에 등록만 하면 관행어업권을 인정함은) 진정소급입법이라 할 수 없고, (불법어업자의 무분별한 관행어업권 주장을 배제하여 어업질서를 확립하기 위해 관행어업권자들에게 일정 기간 내의)등록요구의 기대가 어렵지 않아 신뢰보호원칙에 위반되지 않는다(헌재 2014.3.27. 2013헌바97). (보호하려는 퇴직연금수급자의)신뢰의 가치에 비해 (유지하려는)공익적 가치가 더욱 긴급하고 중요하므로, 헌법상 신뢰보호원칙에 위반된다 할 수 없다(헌재 2009.7.30. 2007헌바113). 담배자동판매기 설치금지조례 시행전에 설치한 자판기를 조례시행일부터 3개월 이내의 철거명령(헌재 1995.4.20. 92헌마264등), 학교환경정화구역 내 기존 노래연습장시설의 보상 없는 이전·폐쇄명령(헌재 1999.7.22. 98헌마480등), 법인의 부동산보유가 법률개정으로 차입금과다법인이 되어 지급이자가 손금에 산입되지 않아 납세의무가중(헌재 2002.2.28. 90헌바4) 등은 신뢰보호의 타당성이 인정된다.

[三] 신뢰법원칙

1. 신뢰보호원칙(신뢰법원칙)과 법치주의 헌법원리

1.1 신뢰보호원칙과 법치국가적 형식원리

1.1.1 신뢰보호원칙과 국민신뢰보호

신뢰보호원칙은 국민이 어떤 법률·제도가 장래에도 그대로 존속될 것이라는 합리적 신뢰를 바탕으로 일정한 법적 지위를 형성한 경우, 국가는 그 같은 법적 지위와 관련된 법규·제도의 개폐에 국민신뢰를 최대한 보호하여 법적 안정성을 도모하여야 하는(헌재 2004.12.16. 2003헌마226), 법치주의의 헌법원리이다. 즉 헌법상 법치국가의 원칙으로부터 신뢰보호의 원리가 도출된다(헌재 1995.6.29. 94헌바39).

신뢰보호원칙과 법적 안정성에 따른 국민신뢰보호 영구사용매장분묘 사용권자에 대한 묘지관리비 납부의무 부과조항은 신뢰보호원칙에 위반되는 재산권 침해가 아니다(그 시행일 이후의 묘지사용관리비 부과이므로 소급입법금지원칙에 위반된다 할 수 없소 묘지만장滿葬, 벌초작업대행 증가 등에 따른 관리비징수 필요성은 충분히 예측할 수 있다)(헌재 2013.2.28. 2012헌마34). 공무원연금법의 연금액 감액은 신뢰보호원칙에 반한 재산권침해라 볼 수 없다(공무원연금법상 연금액 조정폭을 점차 줄여왔기에 연금급여를 전국소비자물가변동률에 따라 매년 증액 또는 감액하도록 하는 부분을 적용하지 않도록 했어도 연금액 변경가능성을 전혀 예상할 수 없었다 보기 어렵고, 구법질서존속에 대한 신뢰가 그다지 확고한 법적 기반에 바탕한 것이었다 보기 어렵다)(헌재 2017.11.30. 2016헌마101등). (일제로부터 작위를 받았어도 '한일합병의 공으로' 작위를 받지 아니한 자는 종전의 법이 정한대로 그 재산이 국가귀속대상이 되지 아니할 것이라는)신뢰가 확고한 것이라거나 보호가치가 크다 할 수 없다면 ('일제로부터 작위를 받거나 계승한 자'를 '한일합병의 공으로' 작위를 받거나 이를 계승한 자와 구분하지 않았어도)합리적 이유없는 차별취급은 아니다(헌재 2013.7.25. 2012헌가1).

1.1.2 신뢰보호원칙과 권리이익보호

신뢰보호원칙은 헌법상 보호가치 있는 신뢰를 보호한다고 하는 점에서 법적 안정성을 위한 헌법원칙이므로, 법질서에서 형성된 합리적이고 정당한 신뢰는 법적 안정성을 위하여 그 같은 신뢰를 국민의 헌법상 권리 또는 법률상 권리로서 보호받도록 한다.

신뢰보호원칙과 권리이익보호 사법시험법 폐지조항 제정 이후로는 사법시험을 준비하려 한 사람들에게 사법시험이 존치할 것이라는 신뢰이익은 변경·소멸되었다(사법시험법 폐지, 법학전문대학원 도입과정에서 입법자는 2009.5.28. 변호사시험법을 제정하면서 사법시험 준비자들의 신뢰보호를 위하여, 2017년까지 8년간 유예기간을 두었다)(헌재 2016.9.29. 2012헌마1002). (시각장애인 아닌 자의 안마사자격을 인정하지 않는 非盲제외기준이 법문언에 표시되지 않았어도, 안마사업은 원칙적으로 시각장애인들에 허가되는 업종이라 여겨 온)시각장애인의 정부정책에 대한 신뢰보호필요상, 비맹제외기준 설정은 법에 내포된 의미의 확인이고 국민들이 능히 예상할 수 있다(헌재 2003.6.26. 2002헌가16). 법시행령에 의한 기술자자격부여가 헌법상 보장된 기본권에 기초한 권리가 아니므로 입법정책의 변화에 따라 언제든지 변경될 수 있다(청구인의 신뢰는 헌법적으로 보호할 가치가 있는 신뢰에 해당하지 않으며(합목적적이지 못한 구법질서에 터잡고 확정적인 것도 아니어서 그 보호필요성이 크지 않은 반면, 공익적 요청은 기존의 불합리한 제도 개선을 위한 것이기에 청구인의 신뢰보호라는 개인적 사익보다 우선되어야 한다(헌재 2008.11.27. 2007헌마389).

1.1.3 신뢰보호원칙과 신의성실책무

신뢰보호원칙은 행정청이 직무를 수행할 때 信義에 따라 성실히 하여야 함을 요구하며, 행정청은 법령등의 해석 또는 행정청의 관행이 일반적으로 국민들에게 받아들여졌을 때에는 공익 또는 제3자의 정당한 이익을 현저히 해칠 우려가 있는 경우를 제외하고는 새로운 해석 또는 관행에 따라 소급하여 불리하게 처리하여서는 아니 된다(행정절차법 제4조). 신뢰보호원칙에 의하여 보호되는 신뢰는 정부의 선행조치로서의 법령・행정규칙・행정행위・확약・행정계획・행정지도 등의 사실행위 기타 국민이 신뢰를 갖게 될 일체의 조치가 있고, 그 같은 선행조치에 대한 신뢰에 의거한 국민의 행위가 보호가치 있는 신뢰이어야 한다.

> **신뢰보호원칙과** 신의성실책무 과거에 행해진 법집행행위로 인해 사후에 국가배상책임이 인정되면 국가가 법집행행위 자체를 꺼리는 등 소극적 행정으로 일관하거나 행정의 혼란을 초래하여 국가기능이 정상적으로 작동되지 못하는 결과를 야기할 수 있다(인권침해가 극심하게 이루어진 긴급조치의 발령과 그 집행을 근거로 한 경우라도, 긴급조치는 집행당시에 그 위헌여부를 유효하게 다툴 수 없었고, 한참 시간이 흐른 뒤인 2010년대에 이르러서야 비로소 위헌으로 선언되는 등 다른 일반적 법집행상황과 다르다 하여 국가배상청구권 성립요건에 공무원의 고의 또는 과실에 대한 예외가 인정되어야 한다고 보기는 어렵다)(헌재 2020.3.26. 2016헌바55등).

1.2 신뢰보호원칙과 헌법상 보호가치 있는 신뢰

법치국가의 법의 본질은 요구규범・금지규범으로서 수범자의 행위를 향도・지시함에 있으므로, 수범자가 실정법규범을 믿고 구체적 행위로 나아간 것이 보호할 가치 있는 신뢰로서 보호되지 않는다면, 법 내지 법치주의의 본질・목표가 훼손되고 국민들에게 법의 불신을 초래하게 된다(헌재 2002.2.28. 99헌바117). 그러므로 신뢰보호원칙은 헌법상 보호가치 있는 신뢰 또는 실정법규범을 믿은 당사자의 신뢰 등을 보호받을 수 있는 신뢰로서 인정하는 것이다.

> **신뢰보호원칙과 헌법상 보호가치 있는 신뢰** 공기총을 직접 보관할 수 있을 것이라는 신뢰는(공기총 소지허가를 받은 자는 공기총을 허가관청이 지정하는 곳에 보관하도록 하므로) 헌법상 보호가치 있는 신뢰라 보기 어렵고 설령 헌법상 보호가치 있는 신뢰라 해도 총포의 직접보관을 제한하여 공공의 안전을 보호해야 할 공익적 가치는 중대하므로 신뢰보호원칙에 반하지 않는다(총포보관방법을 비롯하여 총포안전관리에 관한 사항은 사회환경이나 정책변화에 따라 구법질서가 더 이상 적절하지 않다는 입법자의 판단 아래 언제든지 새로 규정될 수 있으므로 그 보호가치가 크다 할 수 없다)(헌재 2019.6.28. 2018헌바400). (의료인으로 하여금 둘 이상의 의료기관의 운영을 금지 한 의료법으로 인하여 침해되는)의료인의 신뢰이익이 공익에 우선하여 특별히 헌법적으로 보호해야 할 가치나 필요성이 있다고 보기 어려워 신뢰보호원칙에 반하지 않는다(헌재 2019.8.29. 2014헌바212등). (장기보유특별공제는 납세의무자에 일정한 조세혜택을 부여하는 것이므로, 공제가 허용되는 시적 범위 등 구체적인 내용 형성에 광범위한 입법재량이 인정되며, 비사업용 토지는 개인이 실수요에 따라 생산적인 용도로 사용하지 않고 재산증식 수단으로 보유하는 토지이므로 그 양도소득세율을 가중하거나 장기보유특별공제를 제한할 수 있어 입법재량의 범위를 벗어난다 할 수 없어 청구인들의 재산권을 침해하지 아니하며, 이 경우, 청구인들이 소득세법 개정안에 대하여 가지는 신뢰는)헌법상 보호가치 있는 정당한 신뢰라 볼 수 없으며, (장기보유 특별공제 대상에서 비사업용토지는 제외되어 왔으므로 장기보유특별공제제도에 대한)구법질서에 의거한 정당한 신뢰를 형성하였다 볼 수 없다(헌재 2018.11.29. 2017헌바517등). (수형자가 형법에 규정된 형의 집행을 경과한 기간이라는 요건을 갖춘 것만으로 교정당국에 가석방을 요구할 권리를 취득하거나 교정당국이 가석방을 하여야 할 법률상 의무를 부담하는 것이 아닌 점에서 가석방적격심사 대상자로 선정될 수 있었던)구형법조항의 신뢰를 헌법상 권리로 보호할 필요성이 크다 보기 어렵다(헌재 2013.8.29. 2011헌마408).

1.3 신뢰보호원칙과 헌법상・법률상 권리로서의 보호가능성

신뢰보호원칙에 의하여 성립되는 헌법상 보호가치가 있는 신뢰는 헌법상 또는 법률상 권리로서 확정될 정도의 보호를 받을 수 있는 가능성을 의미한다. 헌법상 보호가치 있는 신뢰가 권리로서 인정받을 수 있는 정도가 되려면 그 신뢰가 상대적・가변적이 아니라 확고한 법적 기반에 바탕하는 것이어야 한다(헌재 2017.11.30. 2016헌마101등). 법령에 따른 개인의 행위가 법령이 반사적으로 부여하는 기회의 활용을 넘어서 국가에 의하여 일정 방향으로 유인된 것이라면 특별히 보호가치 있는 신뢰이익이 인정될 수 있고, 그 같은 개인의 법령에 대한 신뢰의 보호는 국가의 법령개정이익에 우선된다 볼 여지가 있다(헌재 2019.4.11. 2018헌마221) 함은 헌법상 보호가치 있는 신뢰가 헌법상 또는 법률상 권리로서 확정받을 수 있는 가능성을 인정하는 것이다.

신뢰보호원칙과 헌법상 · 법률상 권리로서의 보호가능성 법률유보원칙은 '법률에 근거한' 규율을 요청하며, 국가는 법률이나 제도의 개폐에 있어서 국민의 신뢰를 보호하여야 하는데, (재외국민 특별전형의 공정하고 합리적 운영을 위해 부모의 해외체류요건을 강화하고, 청구인의 경우 해외에서 체류하며 수학하기 이전에)이미 전형사항규정을 예상하고 준비할 시간이 있었던 점을 종합할 때 신뢰보호원칙에 반하여 균등하게 교육받을 권리를 침해한다고 볼 수 없다(헌재 2020.3.26. 2019헌마212). (토양오염관리대상시설 인수자는 그 양수자와 마찬가지로 오염원인자로 간주되어, 자신이 관여하지 않은 인수 이전의 토양오염에 책임을 부담할 수 있다는 사실을 법 시행으로 충분히 인식할 수 있었으므로), 법상 책임을 부담하지 않는다는 점에 대한 보호가치 있는 신뢰를 인정하기 어렵다(헌재 2016.11.24. 2013헌가19). (개인이 고용한 사용인 등의 일정 범죄행위에 곧바로 그를 고용한 영업주 개인도 사용인 등과 똑같이 처벌하도록 하는)양벌규정은 (개인영업주가 사용인 등의 위반행위와 관련하여 선임 · 감독상 주의의무를 다하여 아무런 잘못이 없는 경우까지 형벌을 부과하므로)헌법상 법치국가원리 및 (신체의 자유인 기본권의 내용을 이루는:(저자 註))죄형법정주의로부터 도출되는 책임주의원칙에 반하여 헌법에 위반된다(헌재 2015.3.26. 2014헌마1089). 수도이전에 관한 의사결정을 국민투표에 붙이지 않음은 합리성을 결하였음이 객관적으로 명백하여 자의금지원칙에 반하고, 또 국민들은 수도이전문제를 국민투표에 붙이리라는 신뢰와 대의기관이 국민들의 의사에 반하여 행동하지는 않으리라는 신뢰를 가지고 있음을 추인할 수 있어 신뢰보호원칙에도 반하므로 재량권을 일탈 · 남용한다(헌재 2004.10.21. 2004헌마554등).

2. 신뢰보호원칙과 신뢰법의 성립

2.1 신뢰보호원칙과 신뢰법의 성립조건

법치국가적 형식원리인 신뢰보호원칙은 헌법상 보호가치 있는 신뢰를 법으로 인정하는 것이다. 신뢰법의 성립조건은 헌법적으로 보호 가치 있는 국민의 신뢰이익이 존재하는가, 과거에 발생한 생활관계를 현재의 법으로 규율함으로써 달성되는 국가의 공익이 무엇인가, 개인의 신뢰이익과 국가의 공익상 이익을 비교형량하여 우위에 있는 법익을 판단하는 것이다(헌재 2009.5.28. 2005헌바20등). 신뢰보호원칙과 신뢰법의 성립을 위한 조건에 있어서, 법률의 제정이나 개정시 기존 법질서에 대한 당사자의 신뢰는 합리적이고 정당한 반면, 그로써 야기되는 손해가 극심하여 새로운 입법으로 달성하고자 하는 공익적 목적이 당사자의 신뢰의 파괴를 정당화할 수 없는 경우에, 그 새 입법은 신뢰원칙의 위배가 되어 허용될 수 없다(헌재 2009.5.28. 2005헌바20; 2001.4.26. 99헌바55; 1995.6.29. 94헌바39등).

법질서에서 형성된 신뢰 공무원법을 신뢰하여 정년까지 근무할 수 있다는 기대, 신뢰는 상대적 · 가변적이어서 정년규정변경에 대해서 입법권자의 입법형성재량이 인정된다(헌재 1994.4.28. 91헌바15등). (정원제한조항이 제정된 2001.11.30. 전에 등록한 밴형화물자동차운송업자들에게 심판대상조항들이 적용되는 것은)정원제한조항 제정 전에 등록한 청구인들의 법적 신뢰를 과도하게 침해하므로, 이들에 대하여 적용되는 한, 신뢰보호의 원칙에 위반된다(한정위헌)(헌재 2004.12.16. 2003헌마226).

신뢰보호원칙과 신뢰법의 성립요건 (기존 장해보상연금 수급권자들에게 이미 발생하여 이행기가 도래한)장해연금수급권 내용을 변경하지 않고 심판대상조항 시행 이후의 법률관계(장래 이행기가 도래하는 장해연금수급권)내용의 변경에 불과하므로 (이미 종료된 과거의 사실관계 또는 법률관계에 새로운 법률이 소급적으로 적용되어 과거를 법적으로 새로이 평가하는)진정소급입법에 해당하지 않기에(헌재 2005.6.30. 2004헌바42), 소급입법에 의한 재산권침해는 문제될 여지가 없고(헌재 2003.9.25. 2001헌마93등), (청구인들이 지니고 있는)기존의 법상태에 대한 신뢰를 법치국가적 관점에서 헌법적으로 보호해 주어야 할 것인지 여부가 문제된다(헌재 2009.5.28. 2005헌바20등). 교육인적자원부고시는 이미 적용되었던 것이며 청구인 입학 이후 비로소 과거와 달리 취급하게 된 것이 아니므로 이 告示 위반 영어교육이 이루어져 온 상태를 신뢰하였어도, 이는 일부 사립초등학교에서 법령을 위반하면서 형성한 사실관계에 대한 신뢰일 뿐, 법질서에서 형성된 합리적이고 정당한 신뢰라 보기 어려워 신뢰보호원칙 위반이라 볼 수 없다(헌재 2016.2.25. 2013헌마838). 지역가산점을 받지 못하는 불이익은 이를 알고도 다른 지역 교대에 입학한 것에서 기인하기에(과잉금지원칙 위반의 공무담임권, 평등권 침해라 볼 수 없으며), 법은 임용권자가 상황에 따라 구체적 배점비율을 변경할 수 있는 가능성을 예정하므로, (지역가산점 배점배율이 계속 유지될 것이라 믿었더라도)보호가치 있는 합리적 신뢰라 보기 어려워 신뢰보호원칙의 위배로 볼 수 없다(헌재 2014.4.24. 2010헌마747).

2.2 신뢰보호원칙과 신뢰법의 법익형량적 판단조건

신뢰보호원칙과 신뢰법 성립의 판단조건에서, 예컨대, 법률의 개정이 있다면 그로 인하여 침해받은 이익의 보호가치, 침해의 중한 정도, 신뢰가 손상된 정도, 신뢰침해의 방법 등에 대하여 새로운 입법을 통하여 실현하고자 하는 공익적 목적 등을 종합적으로 비교형량을 행하여 한다(헌재 2014.6.26. 2012헌바382등; 2003.4.24. 2002헌마611; 2001.4.26. 99헌바55; 2001.2.22. 98헌바19; 1995.4.20. 92헌마264등). 즉 지방의회의원이 받는 금원이 보수로서의 성격이 보다 강하여, '지방의회의원에 취임할 당시의 연금제도가 그대로 유지되어 그 임기동안 퇴직연금을 계속 지급받을 수 있을 것'이라는 과거의 법상태에 대한 신뢰는, 보호가치가 크거나 확고한 법질서에 기반을 둔 것이었다 보기 어려운 반면, 연금재정의 안정성 및 건전성 확보라는 공익적 가치는 매우 중대하므로 신뢰보호원칙에 반한 재산권침해라 볼 수 없다(헌재 2017.7.27. 2015헌마1052).

신뢰보호원칙과 신뢰법의 법익형량적 판단조건 (채용시험가점에 관한 법개정이 예측가능하고, 채용시험가점은 단지 법률이 부여한 기회의 활용으로서 원칙적으로 사적 위험부담범위에 속하여 보국수훈자 자녀로서 가지는)신뢰보호가치가 크다 보기 어려운 반면, (국가유공자 자녀 등의 합격률증가로 심화되는 일반응시자의 평등권, 공무담임권 침해를 방지할)공익적 필요성은 상당히 큰 점 등을 비교형량할 때, 헌법상 신뢰보호원칙 위배(의 직업선택의 자유, 공무담임권 등 기본권침해)라 볼 수 없으며, (개정법 시행진 이미 보국수훈자 자녀로 등록되어 채용시험 가점을 받고 있던 사람은 시행후 자녀보다 그 신뢰가 구체적이고 더 크므로 이들만의 계속적용은 합리적 이유가 있어 평등권을 침해하지 않는다)(헌재 2015.2.26. 2012헌마400). (장차 치과의사 면허시험을 볼 수 있는 자격요건에 관하여 가진 구법에 대한 신뢰는)합법적 정당한 것이므로 보호가치 있는 신뢰이며, (기존 면허시험요건에 추가한 예비시험은 규제 부가에 그칠 뿐 지나치게 가혹한 것이 아닌 반면)공익적 목적은 정당성이 인정되기에, 신뢰를 지나치게 침해한 신뢰보호원칙 위배라 보기 어렵다(헌재 2003.4.24. 2002헌마611). (선불식 할부계약 소비자가 선불식 납입금 지급 후 상조업자 폐업 등으로 대금환불이나 용역이행능력이 없을 때 피해를 보상한다는)정책적 목적의 실현은, 선불식 할부거래업자의 선수금에 관한신뢰에 비하여 매우 중대한 공익이므로, (할부거래업자에게 개정법 시행 전 체결한 선불식 할부계약에도 소비자피해보상보험계약 등의 체결의무 부과는)소급입법금지원칙, 신뢰보호원칙에 위배되지 아니한다(헌재 2017.7.27. 2015헌바240). (전자장치 부착을 통한 위치추적 감시제도가 처음 도입되어 시행될 때 부착명령 대상에서 제외되었던 사람들이, 법 시행 이후 약 1년 7개월이 경과한 시점에)법 개정을 통해 새로이 부착명령대상에 포함되었더라도, (전자장치 부착명령은 장래의 위험성을 방지하기 위한 보안처분인 점에서, 그 본질상)부착대상자는 부착여부를 판단하는 당시의 시점을 기준으로 판단하므로, (이 사건 부칙조항 신설 전 형 집행 종료자 등이 자신이 부착명령 대상자가 아니라는 기대를 가졌더라도)그 신뢰의 보호가치가 크다 보기 어렵다(헌재 2012.12.27. 2010헌가82).

2.3 신뢰보호원칙과 신뢰법에 이르지 아니한 반사적 이익

신뢰보호원칙에 의하여 헌법상 보호할 가치가 있는 신뢰로서 인정되면 헌법상 권리로서까지 인정될 수 있는 보호가 이루어지나, 이에 미치지 못하는 경우에는 헌법적 보호 내지 헌법상 권리로서의 보호가 아닌 법률상 보호 내지 반사적 이익에 그친다. 그 같은 신뢰는 장래의 법적 상황을 미리 일정한 방향으로 예측 내지 기대한 것에 불과하기 때문이다. 신뢰보호는 개개 국민이 어떠한 경우에도 '실망'을 하지 않도록 하여 주는 데까지 미칠 수는 없으며, 입법자는 구법질서가 더 이상 그 법률관계에 적절하지 못하며 합목적적이지 아니함에도 그 수혜자군을 위하여 이를 계속 유지하여 줄 의무는 없다(헌재 2008.11.27. 2007헌마389; 1995.6.29. 94헌바39). 그리하여, 국가 또는 지방자치단체가 시행하는 산림사업을 대행하거나 위탁받을 수 있는 일반적 가능성은 영리획득의 기회 또는 기업활동의 사실적·법적 여건에 불과할 뿐 사적 유용성 및 그에 대한 처분권을 내포하는 재산적 가치있는 구체적 권리로 볼 수 없어 재산권범위에 속하지 않으며, 청구인들의 신뢰는 구체적인 사업수행에 관한 권리가 아니라 산림사업을 대행, 수탁방식으로 수행할 수 있는 잠재적 가능성이기에 신뢰보호원칙에 위반하지 않는다(헌재 2008.7.31. 2006헌마400).

신뢰보호원칙과 신뢰법에 이르지 아니한 반사적 이익 실종기간이 구민법 시행 당시에 만료된 부재자의 상속인이 구민법상 상속에 관한 법제에 따라 갖는 상속에 대한 기대는 법적 보호가치는 있으나 이러한 기대는 개정 민법을 통해 달성하고자 하는 공익보다 크다 할 수 없어, 보호되지 아니한다(헌재 2016.10.27. 2015헌바203). 법률조항들로 인하여 공무원이 퇴직하여 다른 직업선택에 다소 부정적 영향이 발생할 수 있어도 퇴직연금지급 개시연령 제한에 따른 간접적 효과·반사적 불이익에 그친다(헌재 2015.12.23. 2013헌바259). 기존 법질서(재가장기요양기관의 장이 부령으로 정하는 재무·회계기준이나 장관이 정하는 고시 등)에서 누릴 수 있었던 이익이 반사적 이익에 지나지 않기에 그 이익에 대한 신뢰가 지속적으로 보호되어야 할 신뢰라 보기 어렵다(헌재 2017.6.29. 2016헌마719).

제1편 제2편 제3편 憲法論

3. 신뢰법원칙과 비례성원칙

신뢰법원칙은 법치주의 헌법원리에서 인정되는 법치국가의 형식원리이다. 신뢰법원칙은 법익형량에 의하여 신뢰법의 성립조건을 판단한다. 반면, 비례성원칙은 헌법 제37조 제2항 '국민의 모든 자유와 권리는 … 필요한 경우에 한하여 법률로써 제한할 수 있으며 …' 함에 근거하여 국가권력행사를 통제할 수 있는 과잉금지원칙이다. 즉 기본권을 제한하는 법률의 적정성과 합헌성이 인정되려면 비례성원칙으로서의 과잉금지원칙에 반하지 않는 한도에서만 가능하다는 원칙이다(헌재 1992.12.24. 92헌가8; 1990.11.19. 90헌가48). 신뢰성원칙은 개인의 신뢰와 국가의 공익 가치를 비교형량하는 것이라면, 비례성원칙인 과잉금지원칙은 기본권 제한 법률의 목적의 정당성, 방법의 적절성, 피해의 최소성, 법익의 형량성 등의 복합적 법익형량의 단계를 거치도록 하는 차이를 갖는다. 비례성원칙인 과잉금지원칙은 행정작용 등의 행정권 행사에 있어서 그와 실체적 관련성이 없는 상대방의 급부를 부당하게 결부시키면 위헌·위법이 된다는 부당결부금지원칙을 나오게 한다. 공법상 계약시 반대급브의 의무부과, 행정행위의 부관, 행정법상의 의무와 제재적 강제수단간 사물적 관련성 등이 그것이다. 특별권력관계의 행정규칙이 재량권행사준칙으로서 그 정한 바에 따라 되풀이 시행되어 행정관행을 이루면, 행정기관은 평등원칙이나 신뢰보호원칙에 따라 상대방에 대한 관계에서 그 행정규칙에 따라야 할 자기구속을 당하여, 행정규칙은 일반권력관계로서의 대외적 구속력을 가진 공권력행사의 성격을 갖게 되어(헌재 2007.8.30. 2004헌마670) 이에 대해서는 비례성원칙이 적용된다.

신뢰법원칙과 비례성원칙 국가가 하천관리의 공익목적달성을 위하여 제외지를 관리할 어느 방안을 택할 것인지는, 입법자가 조화롭게 형량하여 결정할 문제이고, 이에 관한 사실평가와 가치판단은 일차적으로 입법자의 몫이기에, 현저히 자의적이거나 비례성을 벗어난 것이라 보이지 않는 한 이를 존중하여야 할 것인바)국민의 재산권에 대한 제약 정도가 큰 국유화 방법을 채택하였어도 적정한 보상이 수반되는 한, 현저히 자의적, 비례성을 벗어난 것으로서 위헌이라 할 수 없다(헌재 1998.3.26. 93헌바12).

Ⅲ. 법치주의의 실체적 절차원리 – 적법절차

[一] 적법절차의 의의와 헌법적 근거

1. 적법절차의 의의

적법절차는 국민이 국가에 대한 관계에서 모든 국가기관의 공권력의 형성·행사절차·효과 등이 형식적으로는 법률에 합치되고 그 법률의 내용도 합리성·정당성을 갖춘 적정성을 요구하는 권리를 갖도록 하는 법치주의의 실체적 절차원리인 헌법원칙이다(헌재 1994.4.28. 93헌바26). 적법절차의 원칙은 공권력이 국민의 생명·자유·재산 등의 기본권을 침해하고 있음을 전제로 그 공권력에 적용되어 권력행사의 합리성을 담보하면서 국민의 기본권을 보호한다(헌재 2014.1.28. 2012헌바111).

2. 적법절차의 헌법적 근거

적법절차(due process of law)의 헌법원칙은 영국에서 형성된 법제도인 '자연적 정의'(natural justice)의 이념 및 이에 기초하여 미합중국수정헌법에서 규범화 한 '법의 적정절차'(due process of law)의 헌법원칙을 계수한다. 적법절차를 처음으로 규정한 현행 제6공화국헌법(1987년 제9차개정헌법 제6공화국헌법)은 제12조(제12조 제1항 제2문 후단 누구든지 … 법률과 적법한 절차에 의하지 아니하고는 처벌·보안처분 또는 강제노역을 받지 아니한다), 제13조(제3항 제1문체 포·구속·압수 또는 수색을 할 때에는 적법한 절차에 따라 검사의 신청에 의하여 법관이 발부한 영장을 제시하여야 한다), 신체의 자유의 규정에서 법치주의 헌법원칙으로서의 적법절차의 규범적 근거를 둔다. 영미의 '자연적 정의'의 원칙인 '누구도 자신의 재판관이 될 수 없고'*(No one should be a judge in his own cause; nemo judex in causa sua)*, '양당사자로부터 들으라'*(Hear the other party; audi alteram partem)* 하는 법원리와 대헌장*Magna Carta 1215* 제39조의 '국법에 의해서'*(by the law of the land)*, 권리청원(1628년 Petition of Rights 제4조1335년 에드워드3세 제정), 미합중국수정헌법 1791년 제5조3문 및 1868년 제14조 제1항*('nor be deprived of life, liberty, or property, without due process of law', 'nor shall any state deprive any person of life, liberty, or property, without due process of law; nor deny to any person within its jurisdiction the equal protection of the laws')*에 근거한 연방공권력과 州권력 기속원리, 독일기본법이 법치국가적 신뢰보호를 근거로 제104조의 법률유보로서 신체의 자유는 형식적 법률에 기해서만 그리고 거기에 규정된 방식을 준수하는 한에서만 제한할 수 있다 하는 등의 규정이 제6공화국헌법에 계수되었다. 적법절차 원칙은 결국 국가의 기관의 공권력 작용이 적법절차를 따르도록 하는 것이고 이는 합헌적 절차로 제정된 법률에서 정한 바대로 행사되어 자연적 정의를 지키라는 헌법적 의의라 할 것이다(대법원 1988.11.16. 88초60).

3. 적법절차와 법치주의 – 비례성원칙

적법절차는 국가작용이 헌법을 준수할 것이라는 국민의 신뢰를 보호하는 기능을 갖는 점에서 법치주의의 형식원칙인 신뢰성원칙·비례성원칙의 일환이 된다. 그리하여 적법절차는 국민의 기본권제한입법의 유보적 한계 조항인 헌법 제37조 제2항 '국민의 모든 자유와 권리는 … 필요한 경우에 한하여 법률로써 제한할 수 있으며' 하는 규정에도 그 근거를 갖는다. 이 조항은 국가작용을 그 목적의 정당성, 방법의 적정성, 피해의 최소성, 법익의 균형성 등의 과잉금지원칙에 따라 제한하는 비례성원칙을 정한 규정이다(헌재 1992.12.24. 92헌가8).

[二] 적법절차의 적용과 국민의 권리

1. 법치국가의 적법절차와 국민의 권리

적법절차는 신체의 자유의 헌법조항에서 규정하지만 국민과 국가와의 형사소송절차에 국한하지 않고 모든 국가작용에서 국가와 국민간 관계에 적용되어 일반적 독자적으로 법치주의를 구체적으로 실현하는 헌법원리이다(헌재 2007.4.26. 2006헌바10등; 1998.5.28. 96헌바4; 1992.12.24. 92헌가8; 1992.11.12. 91헌가2 참조). 국민은 국가의 공권력 행사과정에서의 객체인 지위를 넘어 법치국가적 절차의 주체로서 불이익결정을 하려는 공권력작용에 앞서 청문기회 등의 대등한 절차를 보장받는 적법절차청구권을 갖는다. 다만, 적법절차는 모든 국가작용이 합리성과 정당성을 갖춘 적정한 것인지를 판단하기 위한 일반적 헌법원칙인 것이지 그 자체로서 국민에게 달리 실체적 권리·이익 등의 내용을 지니는 주관적 권리를 보장하는 권원이 되는 것은 아니다. 즉 일반적 헌법원칙의 하나인 적법절차원칙이나 국회와 대통령의 권한의 분배로서 조약의 국회동의 및 대통령의 비준을 규정한 헌법 제60조 제1항과 제70조 또는 권력분립원칙이 그 자체로 어떠한 주관적인 권리를 보장한다 보기 어렵다(헌재 2004.12.16. 2002헌마579).

적법절차와 적법절차청구권 검사가 치료감호를 청구할 수 있고, 법원은 검사에게 치료감호청구를 요구할 수 있다고 한 치료감호등에 관한 법률은 과잉금지원칙 내지 적법절차원칙에 위반되지 아니한다. 피고인 스스로 치료감호를 청구할 수 있는 권리나, 법원으로부터 직권으로 치료감호를 선고받을 수 있는 권리는 헌법상 재판청구권의 보호범위에 포함되지 않으며, 검사는 공익의 대표자로서 준사법기관적 성격을 가지므로, 이러한 검사로 하여금 치료감호청구를 하게 하는 것은 재판의 적정성 및 합리성을 기하기 위한 것이고, 치료감호는 본질적으로 자유박탈적이고 침익적 처분이므로, 치료감호 청구주체와 판단주체를 분리함으로써 치료감호개시절차가 보다 객관적이고 공정하게 이루어지도록 한 것이기에, 검사만 치료감호를 청구할 수 있도록 하였다 하여 적법절차원칙에 반한다 보기는 어렵다(헌재 2021.1.28. 2019헌가24등).

2. 적법절차의 적용범주

적법절차의 규범영역은 국가작용에 의하여 규율되는 사항의 성질, 관련당사자의 사익, 절차이행으로 제고될 가치, 국가작용의 효율성과 절차에 소요되는 비용, 불복기회 등 다양한 요소들을 형량하여 개별적으로 판단한다(헌재 2003.7.28. 2001헌가25; 2005.12.22. 2005헌마19; 2006.5.25. 2004헌바12 등). 적법절차원칙에서 도출할 수 있는 절차적 요청은 당사자에의 적절한 고지와 당사자의 의견청취에 그치며 당사자의 의견에의 구속까지 요구하지는 않는다(헌재 2014.3.27. 2012헌바29). 권력행사의 객관성과 공정성 담보에 특별한 문제가 없다면, 이해관계인의 의견수렴주체를 행정기관이나 독립된 제3기관으로 하는 것이 필수적으로 요구되는 것도 아니다(헌재 2016.10.27. 2015헌바358). 적법절차는 국민과 국가와의 관계에서 적용되는 법치국가의 헌법원칙이기에 국가기관의 상호간에는 적법절차의 원칙이 적용되지 아니한다. 국가의 공권력작용에 대한 적법절차의 요구는 국회에 대해서는 입법절차, 법원에 대해서는 사법절차, 행정에 대해서는 공권력 행사의 절차인 행정절차가 법치국가 원리에 따라서 각각 요구되는 것이기 때문이다.

적법절차의 적용범주 주민투표 없는 주민의견조사, 지방의회의 의견청취만에 의한 지방자치단체의 폐치·분합 결정(헌재 1994.12.29. 94헌마201), 국회에서의 별도의 청문절차를 거치지 않는 경우(헌재 2001.2.22. 99헌마613), 원자력발전소 건설에 관련하여 주민등의 의견청취주체를 전원개발사업자로 규정하거나(헌재 2016.10.27. 2015헌바358), 종래 별개절차에서 개별적으로 진행되던 주민등의 의견청취절차와 주민의견 수렴절차의 동시진행 규정(헌재 2016.12.29. 2015헌바280), 범칙금 미납부자에게 행정청에 대한 이의제기나 의견진술 등의 기회를 주지 않고 곧바로 즉결심판절차에 회부하도록 하는 것(헌재 2014.8.28. 2012헌바433), 법률조항이 징계시효연장을 규정하면서 징계절차를 진행하지 아니함을 통보하지 아니한 경우에는 징계시효가 연장되지 않는다는 예외규정을 두지 않은 것(헌재 2017.6.29. 2015헌바29) 등은 헌법에서 요구하는 수준의 절차적 보장이 이루어지지 않은 적법절차원칙 위반이 아니다.

적법절차와 입법 · 행정 · 사법의 절차 국회의 탄핵소추 의결절차는 국민에 관계되는 내용이 아니라 국회와 대통령이라는 헌법기관 사이의 문제이고, 사인으로서 대통령의 기본권에 대한 침해가 아니라, 국가기관으로서의 대통령의 권한행사를 정지하는 것이어서 적법절차원칙이 직접으로는 적용되지 아니한다(헌재 2004.5.14. 2004헌나1 대통령(노무현) 탄핵 기각결정). 국토교통부장관의 결정에 대한 신청 주체, 결정의 효력 및 그 결정을 위한 일반적인 절차를 따로 규정하고 있지 않더라도 행정절차법상 처분의 사전통지, 의견제출의 기회, 처분의 이유 제시 등의 절차보장을 받을 수 있으므로, 적법절차원칙에 위배되지 않으며, (국토부장관은 당사자의 신청을 요건으로 결정하게 되므로, 원칙적으로는 분쟁해결과정에서 당사자의 자율성이 존중되고, 국토부장관의 결정에 대하여는 취소소송을 통한 불복도 가능하며, 심판대상조항으로 인해 제한되는 직업수행의 자유보다 중대한 공익이 달성되므로), 과잉금지원칙을 위반하여 도시철도운영자 등의 직업수행의 자유를 침해한다고 볼 수 없다(헌재 2019.6.28. 2017헌바135).

3. 적법절차와 비례성원칙

적법절차는 국가작용에 적용되는 헌법원칙으로서의 비례성원칙이다. 즉 공권력작용은 그 행사 · 방식에서 공평성을 요구하는 절차적*procedural* 적법절차, 그 내용 · 목적에 적정성을 요구하는 실체적*substantive* 적법절차 등에 따라야 한다(헌재 2015.11.26. 2014헌바475). 공권력이 이들 절차를 무시하면 그 추구 목적의 옳고 그름에 관계없이 국가작용의 남용 · 자의로 위헌이다(헌재 1992.11.12. 91헌마146).

적법절차와 비례성원칙 특정공무원범죄를 범한 범인에 대한 추징판결의 집행 대상을 제3자가 취득한 불법재산 등에까지 확대하여 제3자에게 물적 유한책임을 부과하는 조항은 제3자에게 범죄가 인정됨을 전제로 제3자에 대하여 형사적 제재를 가하는 것이 아니기에 적법절차원칙에 위반되지 않는다(특정공무원범죄의 범인에 대한 추징판결을 범인 외의 자가 그 정황을 알면서 취득한 불법재산 및 그로부터 유래한 재산에 대하여 그 범인 외의 자를 상대로 집행할 수 있도록 한 공무원범죄에 관한 몰수특례법 제9조의2는 확정된 형사판결의 집행에 관한 절차를 어떻게 정할 것인지는 입법자의 입법형성권에 속하는 사항이므로, 심판대상조항에 따라 추징판결을 집행함에 있어서 형사소송절차와 같은 엄격한 절차가 요구된다고 보기는 어렵고, 제3자에 대하여 특정공무원범죄를 범한 범인에 대한 추징판결을 집행하기에 앞서 제3자에게 통지하거나 의견을 진술할 기회를 부여하지 않은 데에는 합리적인 이유가 있다. 제3자는 심판대상조항에 의한 집행에 관한 검사의 처분이 부당함을 이유로 재판을 선고한 법원에 재판의 집행에 관한 이의신청을 할 수 있으며(형사소송법 제489조), 각 집행절차에서 소송을 통해 불복하는 등 사후적으로 심판대상조항에 의한 집행에 대하여 다툴 수 있다)(헌재 2020.2.27. 2015헌가4).

[三] 한국헌법의 적법절차규정

1. 신체의 자유와 적법절차규정

헌법 제12조 제1항은 처벌 · 보안처분 · 강제노역, 제3항은 영장주의 등에 관련하여 예시적 열거의 형식으로 적법절차를 적용범위 · 대상 등에서 규정하여 국민의 생명 · 신체의 안전 등 기본권보호의무를 어떠한 절차로 실현할 것인가에 대하여 국가에 대해서 폭넓은 형성의 자유를 인정한다(헌재 2016.10.27. 2015헌바358). 그러므로 이 같은 규정들이 적법절차의 당위성을 갖는다.

신체의 자유와 적법절차 음주운전측정 강제(헌재 1997.3.27. 96헌가11), 사회보호법상 재범위험성 요건의 정함(헌재 2001.3.21. 99헌바7), 보안관찰법상 보안관찰처분과 피보안관찰자의 신고의무(헌재 1997.11.27. 92헌바28), 법률상 근거없이 행하는 영장없는 수거 등의 즉시강제(헌재 2002.10.31. 2000헌가12), 형사절차관련 범죄인인도심사의 서울고등법원 단심제(헌재 2003.1.30. 2001헌바95), 민사집행법상 재산명시의무를 위반한 채무자를 법원의 결정으로 20일 이내의 감치에 처함(법원은 감치재판기일에 재산명시명령을 이행하지 아니한 채무자를 소환하여 감치사유를 고지하고 변명할 기회를 주며 감치결정에 대한 불복절차도 마련된다)(헌재 2014.9.25. 2013헌마11) 등은 적법절차원칙에 위반되지 아니하고(과잉금지원칙에 반하여 신체의 자유 등을 침해하지 않는, 반면, 법정요건에 해당하면 재범위험성에 관계없이 행하는 필요적 보호감호는 법관의 판단재량의 박탈이며(헌재 1989.7.14. 88헌가5등), 현저한 수사미진상태에서 피의자에게 행하는 불리한 처분(헌재 1992.11.12. 91헌마146), 영장주의를 법관이 아닌 검사나 다른 국가기관의 의견에 좌우되도록 함(헌재 1992.12.24. 92헌가8), 피고인 등의 반대신문권을 제한하는 공판전 증인신문(헌재 1996.12. 26. 94헌바1), 보석허가결정이 검사의 즉시항고로 항고심재판 확정시까지 집행정지하는 것(헌재 1993.12.23. 93헌가2), 검사가 법원의 증인인 수감자를 거의 매일 검사실에 종일 소환, 편의제공 등 피고인측 변호인의 접근차단, 진술번복, 증언차단의 회유 · 압박(헌재 2001.8.30. 99헌마496) 등은 위헌이다.

2. 기본권과 적법절차규정

적법절차는 신체의 자유(헌재 1990.11.19. 90헌가48) 외에도 직업의 자유, 선거권(헌재 1989.9.8. 88헌가6), 재산권 등의 기본권은 물론 직업공무원 제도 등의 제도적 보장 등에 있어서도 보장된다.

> **기본권과 적법절차** 적법절차원칙에 반하거나 현저히 불합리하여 이에 위배된다 볼 수 없는 경우로 러・일전쟁 개전시부터 1945.8.15.까지 친일반민족행위자가 취득한 재산을 친일행위의 대가로 취득한 재산(친일재산)으로 추정하는 것(일제친일반민족행위자재산의국가귀속에관한특별법(친일재산귀속법))(헌재 2011.3.31. 2008헌바141등), 도로교통법상 범칙금 납부통고(위반행위제재를 신속・간편하게 종결할 수 있게 하며, 이에 불복하여 범칙금을 납부하지 아니한 자에게 재판절차적 보장이 주어지며, 위반사례 격증 현실에서 통고처분에 대한 이의제기 등 행정청 내부절차 추가는 절차중복, 비효율, 신속성 저해 우려 등)에 대해서 곧바로 즉결심판절차에 회부하도록 한 입법적 결단(헌재 2014.8.28. 2012헌바433) 등이 있다. 공정거래위원회의 불공정거래행위에 대한 과징금 부과는 의견진술기회 부여 등 당사자의 절차적 참여권 등으로 적법절차원칙에 위배된다 볼 수 없다(헌재 2003.7.24. 2001헌가25). 관세법상 몰수할 것으로 인정되는 물품을 일정한 경우, 별도의 재판이나 처분 없이 국고에 귀속시켜 그 실질을 몰수형 집행과 같은 효과를 발생케 함은, 적법절차원칙에 위배된다(헌재 1997.5.29. 96헌가17). 귀속재산매수자가 정당한 사유로 분납금을 납부하지 않는 예외적 경우까지 매매계약이 해제되도록 하는 부분은 적법절차원칙에 위배된다(헌재 2000.6.1. 98헌가13). 검사가 공소제기한 변호사의 판결 확정시까지 법무부장관이 변호사업무정지명령을 내릴 수 있게 함은 적법절차 위반으로 직업의 자유를 침해한다(헌재 1990.11.19. 90헌가48). 공무원해직시 청문절차불이행은 적법절차의 침해로 직업공무원제도에 위배한다(헌재 1992.11.12. 91헌가2).

3. 국가작용과 적법절차규정

국가작용에 대해서는 입법작용(헌재 1989.9.8. 88헌가6), 행정작용, 형사소송절차(헌재 1997.11.27. 92헌바28), 긴급명령권(제76조 제77조) 등의 모든 공권력작용(헌재 1993.7.29. 90헌바35) 및 사법私法상 법률관계 등에도 적법절차를 지켜야 한다. 이에 따라서 행정절차의 법제도가 마련되었다. 즉 행정절차는 행정청이 일정한 행정작용을 하고자 하는 경우에 관계인에게 미리 그 뜻을 알리고 그에 대한 의견자료 등을 제출할 수 있는 기회를 제공하는 것이다. 행정절차가 요구되는 행정작용은 행정처분의 절차 외에 행정조사・행정입법・행정집행・행정심판 등의 절차를 포함한다. 행정심판절차가 국민의 권리구제를 위한 사후절차라면 처분절차는 행정작용의 적정성을 도모케 하는 예방적・사전적 구제의 기능을 갖는 사전절차이다. 행정절차를 정하는 일반법인 행정절차법과 개별법률에서 정하는 특별행정절차의 법제도인 행정규제기본법의 행정규제심사절차, 민원사무처리에관한법률이 정하는 민원사무처리절차, 정보공개에관한법률의 정보공개절차, 공공기관의개인정보보호에관한법률의 개인정보보호절차 등이 있다. 행정절차는 의견제출・청문・공청회 등이며 약식절차는 의견제출이다. 일반법인 행정절차법(1996.12.31. 법률 제5241호)은 처분절차 외에 신고절차, 행정상 입법예고절차, 행정예고절차, 행정지도절차 등을 규정한다.

제3장

憲法秩序論

제1절 민주공화국의 권력제도

Ⅰ. 권력분립주의의 헌법제도

[一] 헌법질서론의 헌법제도

헌법정신은 실정헌법을 포함하는 전체법체계로서의 헌법*Constitution, Verfassung*에 내재하는 국가정통성의 국체와 헌법정체성의 정체가 규범화된 헌법이념 · 원리 · 질서이며 국가의 혼이다. 즉 헌법정신은 국가(國家 State · Nation · Country, Staat(獨), État(佛), Stato(伊))의 존재이유(raison d'Être)인 국가이성(reason of state, raison d'État, Staatsräson, ragione di stato)이며, 국가의 정통성과 헌법의 정체성을 내포하는 공동체*Gemeinschaft*의 '국헌'*Politeia*이다. 국헌은 공동체 안전과 개인적 자유를 핵심으로 하는 법질서의 최고규범인 '헌법'*Constitution, Verfassung*의 주권적 규범력으로 보장되는 국가의 혼이다. 국체인 민주공화국*republic res publica*과 정체인 입헌공화정이 대한민국의 헌법정신을 이루며 자유민주주의와 시장경제질서와 입헌법치주의의 헌법이념 · 원리로 실현된다. 헌법이념은 근대국민국가 입헌주의헌법의 헌법정신이 '헌법'이라는 헌법규범 전체계에 구체화되면서 헌법질서 · 헌법제도로서 실현된다(헌재 1996.8.29. 95헌바41; 2000.8.31. 97헌가12; 2018.7.26. 2016헌바139). 대한민국의 헌법정신인 국가정통성의 국체와 헌법정체성의 정체는 민주공화국을 국가의 혼인 헌법정신의 국헌으로서 자유민주주의 · 시장경제질서 · 입헌법치주의의 헌법이념과 입헌민주정 · 대의민주정 · 자유민주정의 헌법원리에 의하여 국민주권주의의 공화정, 다수결주의의 대의정, 법치주의의 입헌정의 헌정질서로서 공화정의 권력제도인 권력분립주의 · 정부형태 · 공직제도로서 대의정의 정치제도인 선거정당을 규정하여 지방자치 · 국가통일 · 평화주의 등이 국가공동체에서 실현되어 국민을 존엄한 인간으로서 존재할 수 있게 한다. 대한민국헌법의 전문, 본문 130조, 부칙6조는 이를 실정헌법으로 조문화하고 있는 것이다. 제3장 헌법질서론에서는 헌법이념 · 원리를 실현하는 헌법질서 · 제도로서 권력분립주의 · 정부형태 · 공직제도 등의 권력제도, 선거정당 등의 정치제도, 지방자치 · 국가통일 · 평화주의 등의 헌정제도 등을 논의한다. 민주공화국의 권력제도는 국민주권의 공화정 헌법원리를 형성하여 전제정을 배격하는 정치적 통일체의 헌정질서를 이룬다.

자유민주정의 정치제도는 대의정의 자유민주주의를 선거와 정당과 시민사회에 의하여 실현하여 시민적 자유를 형성하고 독재정을 배격하는 헌정질서를 이룬다. 국가공동체의 헌정제도는 민주공화국과 자유민주정의 헌법질서를 국가사회에 타당하게 실현하는 헌정질서를 이룬다.

[二] 권력분립주의 헌법원리

1. 권력분립주의의 의의

1.1 권력분립주의와 기관독립적 3권분립 · 기관공화적 2권분립

1.1.1 권력분립주의와 권력분립주의의 헌법원리

권력분립주의는 통치자의 권력으로부터 국민의 자유와 권리를 보장하기 위하여 군주의 인격적 권력을 국민의 국가적 권력으로 제도화하기 위하여 특히 근대국민국가의 입헌주의헌법에서 규정한 자유주의의 헌법원리이다. 권력분립주의의 헌법원리는 국민주권주의에 기초하는 대의정 등의 국민의 자유의 보장을 위한 민주주의의 헌법원리와 함께 하여 절대군주의 왕정을 국민의 민정으로 이행케 한 입헌주의 헌정체제의 근간을 이루는 고전적 권력분립의 제도이기에, '권력이 분립되지 아니한 사회는 헌법을 가졌다 할 수 없다'(1789년 프랑스 인권선언 제16조). 권력분립주의의 사상 · 제도로서 권력분립주의는 '권력은 집중되기 마련이고 집중된 권력은 남용될 수밖에 없다' 하는 권력의 속성과 그 같은 권력을 행사하는 인간성에의 불신의 사상에 기초하는 헌법제도이다. 프랑스혁명의 사상가 아베 시에예스*A.Sieyès*, 영국의 자유주의자 존 스튜어트 밀(*John Stuart Mill* 1806.5.20.~1873.5.8.), 미국헌법의 기초자 제임스 메디슨*James Madison* 등이 유럽의 구체제*ancient régime*에서 인격화된 군주의 권력을 국민의 주권으로 제도화하고 그 제도화된 권력을 국민의 대표자가 행사하는 대의정 헌정체제의 기초에서 존재하는 원천이 권력분립주의의 사상이라 할 수 있다. 특히 권력분립주의의 제도를 국가의 민주적 구성 · 조직원리로 보는 독일의 카를 슈미트*C.Schmitt*는 기본권은 최대보장이어야 하나 권력은 제한되어야 한다는 이른바 기본권과 권력간 배분원리라는 헌법도그마틱을 주장한다. 반면 인민주권에 기초하여 권력 통합에로 정향되는 정치체제에서는 권력분립주의에 호의적이지 않다. 예컨대 프랑스 장 자크 루소*Jean JacquesRousseau*는 일반의사*la volonté générale*의 표현인 법률*la loi*의 지배는 법률로 구체화된 인민 개개인*un peuple*의 주권적 지배이며 그 주권*la souverineté*은 불가분적 권력*le pouvoir indivisible*이므로 인민의 일원적 통치만 가능하다. 근대국민국가 입헌주의헌법의 고전적 권력분립주의는 통치자의 권력에서 국민의 자유와 권리를 보장하기 위하여 국가의 권력을 법이라는 규범을 기준으로 이를 구분하여 그 법의 제정의 권한은 국민을 대표하는 의회에 입법권으로서 귀속케 하고, 제정된 법을 집행하는 권한은 행정권으로서 정부에 귀속시키며, 무엇이 법인가를 판단 · 선언하는 권한은 사법권으로서 국회와 정부로부터 독립한 기관인 법원에 귀속케 하는 등으로 권력을 입법권-행정권-사법권으로 나누어 이를 각각 독립기관인 입법부-행정부-사법부의 국가기관에 엄격하게 분리하여 귀속시키는 기관분립적 3권의 권력분립주의 또는 입법부-행정부의 상호견련*牽聯*성을 인정하는 기관공화적 2권의 권력분립주의의 헌법원리이다(헌재 2021.1.28. 2020헌마264등에서는 헌법원칙으로서의 권력분립원칙이라 한다).

1.1.2 기관분립적 3권의 권력분립주의

몽테스키외(Charles-Louis de Secondat, Baron de La Brède et de Montesquieu 1689.1.18.~1755.2.10.)가 '법의 정신'(De l'Ésprit des lois 1748)에서, "입법부 · 행정부 권력이 한 사람에게 독점되면 자유는 존재할 수 없다. 원로회의와 왕정은 일체가 되어 독재적 법을 만들어 포악하게 집행할 우려가 크다. 사법권이 입법권과 행정권으로부터 분리되지 않으면 자유 역시 존재하지 않는다. 사법이 입법과 결합하면 국민의 삶과 자유는 자의적 통제에 노출된다. 판사가 입법자가 되기 때문이다. 사법이 행정과 결합한다면 판사는 억압자의 폭력으로 행동할 것이다"라고 한 말은 1787년 미합중국헌법의 대통령제, 1791년 프랑스헌법, 미연방대법원 판례로 형성된 사법심사*judicial review* 등 각국의 헌정제도에 영향을 주었다. 기관분립적 3권의 권력분립주의는 에스멩의 엄격한 3권분립(Jean Paul Hippolyte Emmanuel Adhémar Esmein 1848.2.1.~1913.7.22.), 오류의 계층적 권력분립(Maurice Hauriou 1856.8.17.~1929.3.12.), 뒤기의 정치적 삼위일체의 권력분립(Léon Duguit 1859~1928), 뒤베르제의 행정권에서 통치권 분리, 결정권·집행권·자문권·통제권 간 분립(Maurice Duverger 1917.6.5.~2014.12.16.), 고드메의 활동권·통제권에 기초한 권력분립(P. Gaudemet), 中華民國(臺灣)의 입법·행정·사법 3권 외에 고시권·감찰권 등의 5권분립 등으로 그 유형이 나뉜다.

1.1.3 기관공화적 2권의 권력분립주의

기관공화적 2권분립주의는 의회를 국민의 대표자로서 입법권에 국민의 주권성을 부여하면서 정부를 군주 권력의 대표자로 보아 그 집행권과 입법권의 견제·共和를 통한 대의정 민주주의의 조직원리이다. 다만, 법원의 독립성·중립성에 대해서는 실질적인 기능의 독립성을 전제로 하는 점에서 기관분립적 3권의 권력분립주의와 구분된다. 기관공화적 2권의 권력분립주의에 대해서, 존 로크(John Locke 1632.8.29.~1704.10.28.) '통치론'은 17세기 영국 의회주권과 보통법법원의 독립성을 전제로 확인한 집행권·입법권의 분립을 말한다. 입법권·집행권·외교권·대권 등 4권의 기능적 분리를 전제로, 외교권·대권 등의 동맹권을 집행권에 귀속시켜 입법권을 견제하는 기관적 2권분립에 의하여, 의회주권의 입법권이 집행권에 우위에 있다는 영국 의원내각제를 설명한다. 영국헌정은 의회주권, 합리성*reasonableness*에 기반하는 보통법법원*common law court*의 독립성, 보통법의 최고성*supremacy of common law*, 보통법과 법원의 법의 지배*rule of law* 및 적법절차*due process of law* 등으로 이루어진다.

1.2 기관적·수평적 권력분립원리와 기능적·수직적 권력형성원리

1.2.1 기관적·수평적 권력분립원리

근대국민국가의 입헌주의헌정질서에서 시민적 자유의 보장을 위하여 시민사회를 대표하는 의회의 입법권과 왕실 권력의 변형으로서의 행정부의 집행권은 엄격하게 분립이 되어야 했다. 법원의 사법권은 이들 양 권력 사이에서 중립적인 독립된 권력으로서 공정한 심판자의 역할을 담당하였다. 이 같은 기관적·수평적인 엄격한 권력분립은 국민주권주의에 따른 시민의 대표자의 대의정 민주주의의 입헌정체를 귀결시키고, 그 같이 엄격하게 분립되어 있는 권력의 담지자인 국가의 기관간의 소극적인 견제·균형에 의하여 시민의 자유와 권리가 보장되는 결과를 가져오게 한다. 엄격한 권력분립주의는 국민에게 적극적으로 시민적 자유와 권리를 요구할 수 있는 주관적 권리를 부여하는 헌정의 제도는 아니다. 권력분립원리의 규범적 성격은 모든 국가작용의 합리성과 정당성을 갖춘 적정한 것인지를 판단하기 위한 일반적 헌법원칙의 하나인 적법절차원칙과 같이, 국회와 대통령의 권한의 분배로서 조약의 국회 동의 및 대통령의 비준을 규정한 헌법 제60조 제1항과 제70조 또는 권력분립원칙이 그 자체로 어떠한 주관적인 권리를 보장한다 보기는 어렵다(헌재 2004.12.16. 2002헌마579).

1.2.2 기능적·수직적 권력형성원리

권력분립주의가 처음부터 그 목적을 국민의 자유와 권리를 보장하는 헌법제도로서 갖는다는 관점이 기능적 수직적 권력형성의 원리로서의 권력분립주의이다. 권력의 엄격한 기관적 분리가 아니라 자유·권리의 보장을 위한 기능적 권력의 분리 및 분리된 권력의 견제균형이라는 권력분립주의이다. 국가기관 사이에 권한과 기능의 분할 및 비중에서 상호 균형이 유지되고, 어떠한 국가기관도 헌법에 근거하지 않고 다른 국가기관에 대하여 일방적 우위를 갖거나, 헌법과 법률에 근거하여 다른 국가기관에 귀속된 기능의 핵심적 영역을 침해해서는 아니 되는 권력분립에 따른 헌법적 기준과 한계를 도출한다(헌재 2021.1.28. 2020헌마264등). 수직적 권력분립원리는 국회와 중앙정부 사이의 엄격한 권력분립과 달리 지방자치단체 내 지방의회와 지방자치단체의 장 사이의 견제균형의 원리로서 사회에서의 지방자치 수준과 특성을 감안하여 국민주권·민주주의원리가 최대한 구현될 수 있도록 한다(헌재 2014.1.28. 2012헌바216). 권력분립주의의 헌법원리는 중앙권력에서도 의회 소수파에게 집권당 및 정부를 통제할 가능성을 보장할 것을 요청한다. 소수파 보호가 가능할 수 있도록 의사형성과정에 영향력을 행사하는 소수파의 절차적 권리가 보장되어야 하기에, 헌법은 국회소집 요구(제47조 제1항), 국정조사 요구(제61조), 정부의 출석과 답변 요구(제62조) 등의 기회를 국회 소수파에게 보장하고, 무제한토론은 헌법에 규정된 제도는 아니지만 국회의 소수파가 합법적으로 의사진행을 지연할 수 있는 수단으로 도입되고 있다(헌재 2020.5.27. 2019헌라6등).

1.2.3 기관적 권력원리와 기능적 권력원리의 융화

고전적 3권 분립은 통치권을 행사하는 권한과 기능들의 실질적 분산과 상호간 조화를 도모하는 기능적 권력분립으로서 변모하고 있다(헌재 2014.1.28. 2012헌바216 참조). 기능적 권력분립은 몽테스키외적 고전적 권력분립의 이념을 존중하면서도 국가권력의 기계적·획일적 분리보다 실질적 기능적 권력통제에 중점을 둔다. 위헌법률심판, 헌법소원심판, 탄핵심판 등과 같은 헌법재판제도와 지방자치제도, 직업공무원제도, 다원적 민주주의에서의 사회단체를 통한 권력분립 등이 현대국가에서의 기능적 권력분립에 기여하는 제도들로 주창되고 있다. 권력분립은 구체적 헌법질서와 분리하여 파악될 수 없고 헌법규범으로 정립되고 헌법현실에 적용되는 모습은 나라마다 다르다. 기능적 권력분립론에서 주장하는 제도들도 헌법에 규정됨으로써 헌법규범적 의미가 있게 된다. 헌법은 정부조직과 관련하여 대통령이 행정부의 수반이고(제66조 제4항), 국무총리가 대통령의 명을 받아 행정각부를 통할하며(제86조 제2항), 행정각부의 설치·조직과 직무범위는 법률로 정한다(제96조)라고만 규정하고 있을 뿐 행정부 내부 조직 간의 권한 배분에 대하여는 언급이 없다. 행정부 조직에서도 행정의 비대화 방지 및 국가작용의 전문효율성을 위하여 법률로 독립행정기관을 설치하는 것 자체가 곧바로 권력분립원칙에 위반되는 것은 아니고 독립행정기관을 창설하는 입법도 권력분립원칙에 따른 헌법적 기준과 한계를 준수하여야 한다. 전통적으로 권력분립원칙은 입법권, 행정권, 사법권의 분할과 이들 간의 견제와 균형의 원리이므로, 예를 들어, '고위공직자범죄수사처 설치 및 운영에 관한 법률'에 따른 수사처의 설치로 말미암아 수사처와 기존의 다른 수사기관간 관계가 문제되어도 동일하게 행정부 소속인 수사처와 다른 수사기관 사이의 권한 배분 문제는 행정부 내의 법률상 기관에 불과한 수사처와 다른 수사기관 사이에 권한 배분의 문제이므로 헌법상 권력분립원칙의 문제라 볼 수 없고 입법정책의 문제일 뿐이다(헌재 2021.1.28. 2020헌마264등).

기능적 권력분립 칼 뢰벤슈타인(*K.Leowenstein* 1891.11.9.~1973.7.10.)은 권력을 정책*policy*의 결정권*power of policy determination*, 집행권*power of policy execution*, 통제권*power of policy control*으로 나누고, 그 핵심인 정책통제기능을 정부·의회·국민에 귀속시키는, 분산된 권력과 통제된 권력의 기능적 권력분립['분산된 권력'(상·하 양원의 법률 제정, 대통령의 국정행위에 대한 국무위원 부서, 헌법개정안에 대한 필수적 국민투표 등), '통제된 권력'(의회의 내각불신임권, 내각의 의회해산권, 대통령의 법률안거부권, 법관의 위헌법률심사권 등), 통제된 권력의 '수평적' 통제는 '기관내' 통제(집행부 내의 부서副署, 국무회의 심의, 상하 양원 관계), '기관간' 통제(대통령의 법률안거부권, 정부의 의회해산권, 법원의 위헌법률심사권), '수직적' 통제(연방국가, 인권보장, 다원적 사회구조, 이익단체)]에서 통제의 정도에 따른 입헌민주정치와 전제정치를 구분한다. 캐기(*Werner Kägi* 1909.8.26.~2005.10.4.)는 자연인의 권력과 국가권력의 분화를 전제로 하는 (헌법제정·개정권과 입법권 이원화, 연방제·지방자치제의 수직적 권력분립, 민권·군권 분립, 여당·야당분립

등)권력분립이다. 콘라드 헤세의 권력분립은 권력의 소극적·사후적 제한의 관점이 아니라 공동체구성원에 의한 권력의 적극적·통일적 형성을 위한 구성Konstituierung·정돈Zuordnung·균형Balancierung의 질서이다(Konrad Hesse, *Grundzüge des Verfassungsrechts der Bundesrepublik Deutschland*, 14.erganzte Auflage, C.F.Müller, 1983.).

2. 권력분립의 형식원리

2.1 권력분립과 권한의 물적 분리

권력분립의 형식원리는 권한의 구분·권력의 물적·인적 분리이다. 권한의 구분은 법*law*, 권력*power*, 정책*policy* 등을 기준으로 국가의 권력을 나누는 것이다. 권력의 물적 분리는 구분된 권한의 각 기능을 서로 다른 독립기관에 귀속시켜, 권한영역의 상호침해금지·포기금지를 정한다.

권력분립과의물적 분리 법률의 적용범위가 광범위·불명확하여 사실상 법운영당국의 재량으로 이를 결정케 하는 입법권(헌재 1992.1.28. 89헌가8), 법관이 증거조사에 의한 사실판단도 하지 말고 최초공판기일에 공소사실과 검사의견만 듣고 결심하여 형을 선고하라는 입법권(헌재 1996.1.25. 95헌가5), 검사가 10년이상을 구형하면 중대피고사건으로 간주되어 구속이 계속되게 하는 입법권(헌재 1992.12.24. 92헌가8), 국회가 특정사항을 행정부에 위임하였음에도 정당한 이유 없이 이를 이행하지 않는 행정권(헌재 2004.2.26. 2001헌마718) 등은 권력의 물적 분리의 원칙에 반한다. 반면, 위임입법수요에 비례하여 입법적 통제를 강화하는 입법권(헌재 1998.5.28. 96헌가1), 보안관찰처분 대상자 모두에 적용되는 일반적·추상적 법률규정으로 신고의무를 부과하는 입법권(헌재 2003.6.26. 2001헌가17), 행정기관인 공정거래위원회의 과징금부과로 제재할 수 있게 한 입법권(헌재 2003.7.24. 2001헌가25) 등은 물적 분리에 합치한다. 법률의 국회의결과정에서 자율권범위의 흠에 대한 사법적 자제는 권력의 물적 분리로서, 예컨대, 民主共和黨·政友會 소속의원만으로 등화 통제된 국회 제3별관에서 처리된 제6차헌법개정(3선 개헌)의 국회의결과정에 대하여, 법원은 사법적 자제를 하였다(대법원 1972.1.18. 71도1845).

권력분립과 물적 분리(사법권) '국가보안법에서 금지하는 행위를 수행하는 내용의 정보'의 정보통신망을 통한 유통을 금지하고, 행정기관인 방송통신위원회의 서비스제공자 등에 대한 해당정보의 취급거부·정지·제한명령 등 행정목적 달성을 위한 행정처분은 행정소송을 통한 사법적 사후심사가 보장되고, 그 자체가 법원의 재판이나 고유한 사법작용이 아니므로, 사법권을 법원에 둔 권력분립원칙에 위반되지 아니한다(헌재 2014.9.25. 2012헌바325). 통고처분제도는 당사자의 승복을 조건으로 절차·효과를 범죄행위와 달리함으로써 간접적·제한적이나마 비범죄화를 구현한 것이므로, 적법절차원칙이나 사법권을 법원에 둔 권력분립원칙에 위배된다거나 재판청구권 침해라 할 수 없다(도로교통법상 통고처분은 처분을 받은 당사자의 임의의 승복을 발효요건으로 하고, 통고처분은 행정공무원에 의하여 발하여지나, 당사자에게는 정식재판절차가 보장되며, 범칙금납부로써 제재를 신속·간편하게 종결할 수 있게 한다. 범칙금은 벌금과 유사한 면이 있지만 명예에 대한 중대한 훼손이 없는 등 형사처벌로서의 진지성 면에서 벌금과 다른 제재로서, 행정공무원에 의한 전문적 신속한 사건처리를 가능하게 하고, 검찰·법원의 과중한 업무 부담을 덜어 준다)(헌재 2003.10.30. 2002헌마275).

2.2 권력분립과 권한의 인적 분리

권력의 인적 분리는 서로 다른 권한의 독립기관 각 구성원의 중복금지 즉 누구도 동시에 서로 다른 권력이 귀속되는 기관의 구성원이 될 수 없다 함으로써, 권력분립의 원리가 인적 측면에서도 입법·행정의 분리를 요청케 한다. 한국헌법은 법을 기준으로, 법의 제정·집행·심판기능의 권력을 입법권·행정권·사법권으로 구분하여, 이를 의회·정부·법원에 귀속시키는 기관적·수평적 권력분립을 정한다. 입법권(제40조)의 국회 귀속(제3장), 행정권(제66조 제4항)의 정부 귀속[대통령(제4장 제1절), 행정부(제2절), 국무총리와 국무위원(제2절 제1관), 국무회의(제2관), 행정각부(제3관), 감사원(제4관)], 사법권(제101조 제1항)의 법원(제5장)·헌법재판소(제6장) 귀속 등이 그것이다. 이 같은 기관적 권력분립은 정부형태에 이어져 대통령중심제의 정부형태에 의원내각제의 구조적 양태를 부가하는 등의 권력 형성의 양태를 보이고 있다. 권력분립의 정부형태적 구조 양태로서는 입법부·행정부의 엄격분립(미국 대통령제), 균형(영국 의원내각제), 행정부우위(프랑스 제5공화국 이원정부제), 입법부우위(스위스 의회정부제), 의회주권을 전제로 법원의 위헌심사권 없는 입법부우위(영국), 법원 위헌심사권의 균형(미국·일본), 독립한 헌법재판소를 포함하는 사법부우위(프랑스·독일·오스트리아·한국) 등의 제도가 있다. 권한의 인적 분리로서 대통령과 국회의원 임기 差等(대통령5년·국회의원 4년, 제70조·제42조), 기관내적 권력통제로 정부는 대통령·행정부로 이원화(제66조, 제86조), 대통령의 국무위원 임명에 대한 국무총리 제청권(제87조 제1항), 대통령 의사결정에 대한 각종자문회의(제90조~제93조, 제127조 제3항), 행정공무원이 지방입법기관에서라도 입법에 참여한다면 권력분립에 배치되고, 그 결과 공무원의 경우 지방의회의원의 입후보제한이나 겸직금지가 필요하다(헌재 1991.3.11. 90헌마28).

2.3 한국헌법의 권력분립주의

한국헌법은 제헌헌법 이래 기관적·수평적인 엄격한 권력분립주의 입장에서 권력을 기능상 입법권·행정권·사법권으로 분리하여 이를 각기 독립한 국가기관인 국회·정부·법원에 귀속시켜 왔다. 기본적으로 시민의 자유·권리의 보장은 국가의 기관간 권력의 엄격한 분립과 견제·균형 등에 의하는 것으로 한 것이다. 다만, 헌법이 점차적으로 현대적 사회복지국가의 성격을 가짐에 따라서, 권력분립은 국가의 사회관여와 사회의 국가참여를 보장하는 수직적 권력분립주의로서 국가의 권력을 이미 전제된 것으로 보아, 이를 쪼개는 원리에서 국가의 권력을 절차적으로 형성하는 정당성의 헌법제도로서의 역할에 초점을 이전하여 두고 있다. 또한 시민적 자유의 방어적·소극적 보장기능에서 특히 사회권적 자유에 대하여 이를 적극적 사법적으로 실현한다는 기능적 권력분립에 중심을 두고 있다. 수직적·기능적 권력분립은 지방자치(헌법 제8장), 복수정당제(제8조 제2항), 직업공무원제[공직업적제 *merit system*·정치적 중립성·신분보장과 청렴], 대통령실에 대한 국무회의(제88조 제1항)·행정각부(제89조 제10호)간 권한의 整序, 헌법재판소의 권한쟁의심판(제111조 제1항 제4호) 등에 의하여 실현되고 있다. 처분법률*Maßnahmegesetz*에 대한 사법적 통제를 통한 사법국가의 기능성 강화 등이 그것이다.

3. 한국헌법상 권력분립주의의 헌법제도

3.1 제1·2·3공화국헌법의 연성적 권력분립

제1공화국(1948~1960)은 제헌헌법에서 대통령제의 요소인 대통령·국회간의 엄격한 견제·균형(대통령의 법률안거부권과 정부의 국회해산권 결여 등)에 더하여 대통령의 국회간선(제53조), 국무총리제(제69조), 의결기관인 국무원(제68조) 등 의원내각제의 요소가 접합된 연성적 권력분립주의를 가졌다. 이는 대통령직선제 개헌(제53조, 제1차 헌법개정 1952.7.7.)에도 불구하고 내각제적 경향을 더 한 제2차헌법개정(1954.11.29.) 이후 제2공화국헌법(제3차개정헌법 1960.6.15.)에서는 의례적·상징적 국가원수인 대통령(제53조 제1·2항), 실질적 행정권의 국무총리 귀속(제70조), 국무총리는 국회 선거로 승인(제69조), 국무총리로 구성된 국무원의 민의원 연대책임(제71조), 민의원해산권(제35조의2) 등 연성적 권력분립의 헌법제도를 가진 의원내각제였다.

제1, 2공화국헌법의 연성적 권력분립 제헌헌법은, 대통령의 국무에 관한 행위에 국무총리와 관계국무위원 부서(제66조), 정부의 법률안제출권(제39조), 국무총리·국무위원·정부위원의 국회출석발언권(제44조), 국회의원·국무위원 겸직가능 등을 정하였다. 제1차개정헌법의 연성적 권력분립에서 내각제 요소는 양원제(제31조), 국무위원의 민의원에 대한 (개별 또는 연대)책임(제70조 제3항), 민의원의 국무원불신임권(제70조의2), 국무위원임명에 국무총리제청권(제69조) 등을 규정한 반면, 국회해산권 불인정 등 부진정 의원내각제였다. 제2차개정헌법의 연성적 권력분립의 요소는 국무총리제 폐지, 민의원의 국무위원 개인별불신임(제70조의2), 초대대통령 중임제한 철폐(부칙 제2항), 주권제약 또는 영토변경을 가져올 국가안위에 관한 중대사항의 대통령 국민투표부의권(제7조의2) 등이다.

제3공화국헌법(1962.12.26~1972.12.26. 제5·6차개정헌법)은 미국식 대통령제를 원칙으로 하는 엄격한 권력분립의 제도이다. 직선대통령(제64조)은 국가원수·정부수반으로서(제63조) 국회의 입법권(제35조) 및 법원의 사법권(제96조) 등과 견제·균형을 이룬다. 다만 부통령 없는 국무총리제(제83조), 국무총리·국무위원 해임건의권의 국회 귀속(제59조), 국무위원의 국회출석·발언권(제58조, 제79조), 정부의 법률안제출권(제48조), 대통령의 법률안 거부권(제49조) 등 연성화 규정이 상당하였다. 제6차헌법개정(3선개헌 1969.10.21.)은 국회의원과 국무위원 겸직 허용(제39조), 대통령 탄핵정족수에 국회의원 50인 이상 발의와 재적 3분의 2 이상 찬성(제61조 제2항 단서) 등으로 권력분립원칙을 강화하기에 이른다.

3.2 제4·5공화국헌법의 통합적 권력분립

제3공화국헌법의 제정 직전 군사정부체제(1961~1962)는 군사정부에 3권을 집중한 권력통합주의였다. 국가재건최고회의령 제42호*1961.6.6.*로 제정된 국가재건비상조치법이 국가재건최고회의를 혁명회의체로서 국가최고통치기관으로 확인·선언하고 입법·행정·사법을 총괄케 하였다. 권력집중의 이 같은 권력의 헌정제도에 계속하여 제4공화국헌법(1972.12.27.~1979.10.26. 유신헌법)은 대통령에 국가적 권력을 집중하였다(제53조 긴급조치권, 제59조 국회해산권 등). 통일주체국민회의는 주권자인 국민의 주권적 수임기관으로(제35조) 대통령선출(제39조)·국회의원정수 3분의 1 선출권, 대통령의 국회·법원에 대한 책임 규정 삭제 등 3권통합 통치형태였다(헌재 1992.11.12. 91헌가2). 이어진 제5공화국헌법(1980.10.17.~1987.10.28.)은 7년(제47조)·단임(제45조) 대통령제였다. 통일주체국민회의 등은 삭제하나, 대통령선거인단 간선대통령이(제39조~제41조) 비상조치권(제51조), 국회해산권(제57조), 국민투표부의권(제47조) 등으로 상당하게 변형된 통합적 권력분립체제였다.

3.3 제6공화국 현행헌법의 연성적(기관적·기능적) 권력분립

3.3.1 기관적·수평적 권력분립주의

현행 제6공화국헌법의 권력분립주의는 국민은 주권자로서(제1조 제2항) 대표자선출로 대의정을 구성하여(제41조, 제67조) 국가권력을 기능적으로 구분한다. 입법권은 국회(제40조), 행정권은 대통령을 수반으로 하는 정부(제66조 제4항), 사법권은 법관으로 구성된 법원(제101조 제1항, 제111조 제1항) 등의 독립한 국가기관에 배분한다. 즉 현행 헌법은 이들 기관간의 상호간 견제·균형으로 국민의 자유와 권리를 보장하는 3권분립의 기관적·수평적 권력분립을 정한다(헌재 1994.4.28. 89헌마221; 1992.4.28. 90헌바24). 국회의 정부견제권으로서 인사견제권[국무총리·국무위원 해임건의권(제63조 대통령 법적 기속의 해임결의권 아니다. 헌재 2004.5.14. 2004헌나1), 탄핵소추권(제65조), 예외적 대통령선출권(제67조 제1·2항), 감사원장임명동의권(제98조), 정부구성원 임면요구권(제78조), 국회인사청문회], 입법·재정관여권[법률안·예산안심의·의결권(제53조, 제54조), 국회의장의 법률공포권(제53조 제6항), 긴급명령·긴급재정경제처분·명령 승인권(제76조 제3·4항)], 집행견제권[국방·외교정책 등의 동의권(제60조), 국정감사·조사권(제61조), 국무총리·국무위원 국회출석·답변요구권(제62조 제2항), 대통령계엄선포 통고받을 권리·계엄해제요구권(제77조 제4·5항), 일반사면동의권(제79조 제2항)] 등이 있다. 국회의 사법부견제권은 인사견제권[대법원장·대법관·헌법재판소의 장 임명동의권(제104조 제1·2항, 제111조 제4항), 헌법재판소재판관 3인, 중앙선거관리위원회위원 3인 선임권(제111조 제3항, 제114조 제2항)], 입법관여권(제101조, 제102조)·재정관여권 등이다.

3.3.2 국회와 정부의 상호 견제와 균형

국회의 정부견제권은 인사견제, 입법·재정관여, 집행부견제 등이며, 국회의 사법부견제권은 인사견제, 입법·재정관여 등이다. 대통령은 국민대표자(제67조)·국가원수(제66조 제1항)·행정부수반(제66조 제4항) 등으로서 입법부·사법부에 대한 견제권을 갖는다. 국회·정부간 권력분립의 원칙 및 대통령의 입법부·사법부견제권 으로서 입법부가 심판대상조항인 면허취소조항을 통해 의료인의 면허취소에 관한 보건복지부장관의 재량권을 박탈한 것은 행정청의 재량의 여지가 없는 필요적 면허취소 제도를 법률로 규정한 것이 입법자의 입법형성권을 벗어난 것이라는 취지에 불과하고, 달리 입법부가 행정부의 권한을 행사하는 등 권력분립의 원칙이 특별히 문제될 만한 사정이 없기에 권력분립원칙에 반한다 볼 수 없다(헌재 2017.6.29. 2016헌바394 결정의 선례는 헌재 2005.12.22. 2005헌바50; 2013.6.27. 2012헌바102). 대통령은 국가대표자(제67조)·국가원수(제66조 제1항)·행정부수반으로서(제4항) 입법권·재정권 견제[법률안제출권(제52조), 법률안공포권(제53조), 법률안거부권(제53조), 긴급명령권·긴급재정경제명령권(제76조), 위임입법권(제75조, 제95조), 국회예산안 편성제출권(제54조 제2항)], 입법부 견제권[임시회집회요구권(제47조 제1항), 국무총리·국무위원 등의 국회출석보고·의견진술·질문응답권(제62조 제1항), 국가중요정책국민투표부의권(제72조), 국회동의에 의한 국무총리임명권(제86조)], 사법부 견제권[대법원장·대법관임명권(제104조) 등의 인사견제권, 사면권(제79조), 위헌정당해산제소권(제8조 제4항)] 등의 권한을 갖는다.

3.3.3 법원의 국회·정부에 대한 견제와 균형

법원과 헌법재판소는 규범통제 등의 권한으로 국회·정부를 견제한다. 기관내적 권력 견제의 제도로서 정부를 대통령·행정부의 이원화(제66조, 제86조), 대통령의 국무위원 임명에 대한 국무총리의 제청권(제87조 제1항), 대통령의 국가의사결정에 대한 각종자문회의(제90조~제93조, 제127조 제3항) 및 사법부의 법원 조직의 합의제와 部(제102조 제1항) 제도 등이 있다. 법원·헌법재판소의 국회·정부견제권으로서 법원은 위헌법률심사제청권(제107조 제1항), 명령·규칙·처분심사권(제107조 제2항), 헌법재판소는 헌법재판권[제111조 제1항 특히 위헌정당해산심판권(제3호), 기관간 권한쟁의로 국가행위능력과 기능질서를 담보하는 권한쟁의심판권(제4호)] 등으로 국회와 정부를 견제한다. 법원의 재정裁定결정에 의한 공소유지변호사(형사소송법 제260조~제265조) 제도는 검사의 기소권을 통제한다. 검사동일체 원칙의 적용을 받지 아니하는 변호사가 수사·기소를 행하는 독립한 특별검사제는 검찰권에 고유한 수사권과 기소권의 박탈이 아니라 기능적 권력분립을 실현하는 제도다(최초의 특별검사법 '한국조폐공사노동조합파업유도및전검찰총장부인에대한옷로비의혹사건진상규명을위한특별검사의임명등에관한법률'(1999. 9.30.)에 의거하여 특별검사의 수사·기소가 행하여졌다).

[三] 권력분립과 기관쟁의·기관소송·권한쟁의

1. 국가기관과 기관쟁의, 기관소송, 권한쟁의

1.1 국가와 국가기관

1.1.1 국가의 기관의 의의

국가는 규범통일체로서 권리주체인 지위에 있다. 즉 국가는 국민에 대한 관계에서 전全권한성을 갖는 포괄적 권리·의무의 주체인 공법인이다. 공법인인 국가의 의사는 국가기관이 헌법과 법령에 따라서 이를 실현한다. 국가의 기관은 헌법 또는 법령에 따라서 설치되고 그 조직·직무범위 등이 정해져(헌법 제96조) 객관법적 권한의 직무관할권(임의의 처분·포기 금지)을 갖는 국가의사 실현의 법주체이다. 그러므로 국가기관은 국가의 헌법정신인 민주공화국의 자유민주주의·시장경제질서·입헌법치주의의 헌법이념을 실현하고 국민의 기본권의 가치를 보장하는 책무를 갖게 된다.

1.1.2 국가의 기관인 헌법기관

국가기관은 헌법에 근거하여 존속과 활동이 이루어지는 헌법기관 및 그에 근거하여 법률 등에 의하여 설치·조직되는 국가기관 등이 존재할 수 있다. 헌법기관으로서 헌법에 직접 근거하여 존속·활동하는 국가기관이 직접기관이며, 직접기관으로서 최고의 권한을 갖는 국가기관이 최고기관이다. 독립기관은 국민을 헌법에 근거하여 다른 기관의 관여 없이 독자적으로 구속하는 직접기관인 헌법기관을 말한다. 한국헌법상 최고헌법기관은 국회(헌법 제3장), 대통령(제4장 제1절), 국무총리(제2절 제1관), 행정각부(제2절 제3관), 대법원(제5장), 헌법재판소(제6장), 중앙선거관리위원회(제7장) 등이다. 헌법기관인 국가기관으로서 단독기관(헌법 제4장 제1절 대통령), 합의기관(제3장 국회, 제5장 대법원, 제6장 헌법재판소, 제7장 중앙선거관리위원회), 종속기관(제2절 제1관 국무총리, 제3관 행정각부 등의 각급행정관청, 공무원 등), 대통령 직속 헌법기관인 국가안전보장회의(제91조), 감사원(제97조) 등은 필수기관으로서 조직된다. 반면 국가원로자문회의(제90조), 민주평화통일자문회의(제92조), 국민경제자문회의(제93조) 등은 임의기관이다. 헌법기관인 국가기관으로서의 대통령은 국가원수로서 국가를 상징하고 정부의 수반으로서 국가운용의 최고 통치권자이다. 의회는 주권자인 국민이 선출한 대표자들로 구성된 대의기관으로서 대의민주정의 통치구조에서 주권자의 의사를 대변하고 중요한 국가의사를 결정하는 중추적 역할을 담당하므로 국가권력의 중심에 있고 국가의 존재와 특성을 외부적으로 표현하는 중심이 된다(헌재 2004.10.21. 2004헌마554등). 법원·헌법재판소는 권력분립의 헌법원리가 공정하게 기능할 수 있도록 하는 중립적 권력의 담지자로서 권력간 견제·균형의 심판자의 지위에 있다.

1.1.3 국가의 기관인 법률기관

국가의 기관으로서 법률에 의하여 설치·조직되는 법률기관에는 중앙정부의 권한을 행사하는 중앙국가기관과 지방자치단체의 장, 지방의회(헌법 제8장 제117조~제118조) 등의 지방기관이 있다. 법률기관으로서 대통령직속의 행정기관을 법률로 설치할 때에는, 입법자는 관장사무의 성질에 따라 국무총리가 대통령의 명을 받아 통할할 수 있는 기관으로 설치할 수 있고, 대통령이 직접통할하는 기관으로 설치할 수도 있다(헌재 1994.4.28. 89헌마221 등).

1.2 기관쟁의와 기관소송

1.2.1 기관쟁의와 권한분쟁조정

기관쟁의는 국가 또는 공공단체의 기관상호간 또는 기관 내 법률관계 내지 객관적 권한의 존부·행사에 관한 다툼이다. 기관쟁의는 권리주체 상호간관계에서는 쟁송이며 권리주체 내부의 법주체인 기관상호간에는 쟁의이다. 기관쟁의의 판단은 헌법재판소의 우선적·원칙적 관할권인 헌법상 기관간 권한쟁의(헌법 제111조 제1항 제4호, 헌법재판소법 제2조 제4호, 제61조), 법원의 보충적 관할권으로서 법률상 정해진 절차에 따라 행정소송으로 행하는 법원의 기관소송(행정소송법 제3조 제4호), 지방자치단체 상호간, 지방자치단체의 장 상호간 권한분쟁조정(지방자치법 제8장 제1절 제148조 제1항), 정부내 행정기관간 쟁의의 위계적 행정조직 상명하복관계에 따른 상급기관, 국무회의, 대통령 등의 권한분쟁조정(헌법 제88조, 제89조 제10호, 제11호, 제13호, 정부조직법 제7조 제5항) 등에 의한다. 정부내 행정기관간 쟁의는 위계적 행정조직의 상명하복관계에 따르는 것이기에 권한분쟁의 문제로 처리한다. 즉 상급기관, 국무회의, 대통령에 의하는 등으로 순차적으로 조정한다. 헌법 제88조 제1항 '국무회의는 정부의 권한에 속하는 중요한 정책을 심의한다', 제3항 '대통령은 국무회의의 의장이 되고, 국무총리는 부의장이 된다', 제89조 '다음 사항은 국무회의의 심의를 거쳐야 한다. 10. 행정각부간의 권한의 획정 11. 정부안의 권한의 위임 또는 배정에 관한 기본계획', 정부조직법 제7조 제5항 '부·처의 장은 그 소관사무의 효율적 추진을 위하여 필요한 경우에는 국무총리에게 소관사무와 관련되는 다른 행정기관의 사무에 대한 조정을 요청할 수 있다.' 지방자치단체 상호간이나 지방자치단체의 장 상호간 권한분쟁조정이 있다. 교육자치에 관련한 분쟁은 지방교육자치에관한법률 제3조에 따라서 지방자치단체의 교육·학예에 관한 사무를 관장하는 기관의 설치와 그 조직 및 운영 등에 관하여 이 법에서 규정한 사항을 제외하고는 그 성질에 반하지 않는 한 지방자치법의 관련 규정을 준용한다.

지방자치단체 상호간의 권한분쟁조정 지방자치법 제147조 지방자치단체는 다른 지방자치단체로부터 사무의 공동처리에 관한 요청이나 사무처리에 관한 협의·조정·승인 또는 지원의 요청을 받으면 법령의 범위에서 협력하여야 한다. 제148조 ① 지방자치단체 상호 간이나 지방자치단체의 장 상호 간 사무를 처리할 때 의견이 달라 다툼(분쟁)이 생기면 다른 법률에 특별한 규정이 없으면 행정안전부장관이나 시·도지사가 당사자의 신청에 따라 조정할 수 있다. 다만, 그 분쟁이 공익을 현저히 저해하여 조속한 조정이 필요하다고 인정되면 당사자의 신청이 없어도 직권으로 조정할 수 있다. ② 제1항 단서에 따라 행정안전부장관이나 시·도지사가 분쟁을 조정하는 경우에는 그 취지를 미리 당사자에게 알려야 한다. ③ 행정안전부장관이나 시·도지사가 제1항의 분쟁을 조정하고자 할 때에는 관계 중앙행정기관의 장과의 협의를 거쳐 제149조에 따른 지방자치단체중앙분쟁조정위원회나 지방자치단체지방분쟁조정위원회의 의결에 따라 조정하여야 한다. ④ 행정안전부장관이나 시·도지사는 제1항의 조정에 대하여 결정을 하면 서면으로 지체 없이 관계 지방자치단체의 장에게 통보하여야 하며, 통보를 받은 지방자치단체의 장은 그 조정결정사항을 이행하여야 한다. ⑤ 4항의 조정결정사항 중 예산이 수반되는 사항에 대하여는 관계 지방자치단체는 필요한 예산을 우선적으로 편성하여야 한다. 이 경우 연차적으로 추진하여야 할 사항은 연도별 추진계획을 행정안전부장관이나 시·도지사에게 보고하여야 한다. ⑥ 행정안전부장관이나 시·도지사는 제1항의 조정결정에 따른 시설의 설치 또는 역무의 제공으로 이익을 받거나 그 원인을 일으켰다고 인정되는 지방자치단체에 대하여는 그 시설비나 운영비 등의 전부나 일부를 행정안전부장관이 정하는 기준에 따라 부담하게 할 수 있다. ⑦ 행정안전부장관이나 시·도지사는 제4항부터 제6항까지의 규정에 따른 조정결정사항이 성실히 이행되지 아니하면 그 지방자치단체에 대하여 제170조를 준용하여 이행하게 할 수 있다. 제170조(지방자치단체의 장에 대한 직무이행명령) ① 지방자치단체의 장이 법령의 규정에 따라 그 의무에 속하는 국가위임사무나 시·도위임사무의 관리와 집행을 명백히 게을리하고 있다고 인정되면 시·도에 대하여는 주무부장관이, 시·군 및 자치구에 대하여는 시·도지사가 기간을 정하여 서면으로 이행할 사항을 명령할 수 있다. ② 주무부장관이나 시·도지사는 해당 지방자치단체의 장이 제1항의 기간에 이행명령을 이행하지 아니하면 그 지방자치단체의 비용부담으로 대집행하거나 행정상·재정상 필요한 조치를 할 수 있다. 이 경우 행정대집행에 관하여는 「행정대집행법」을 준용한다. ③ 지방자치단체의 장은 제1항의 이행명령에 이의가 있으면 이행명령서를 접수한 날부터 15일 이내에 대법원에 소를 제기할 수 있다. 이 경우 지방자치단체의 장은 이행명령의 집행을 정지하게 하는 집행정지결정을 신청할 수 있다.

1.2.2 기관쟁의와 기관소송

기관쟁의에 대한 법원의 행정소송인 기관소송은 국가 또는 공공단체의 기관상호간 권한의 존부 또는 그 행사에 관한 다툼에 대하여 제기하는 소송이다. 지방자치단체의 자치사무, 위임사무에 대한 국가감독기관 또는 상급지방자치단체의 감독처분에 관련한 권한다툼에 대한 법원의 기관소송 등이 그것이다. 다만, 헌법재판소법 제2조의 규정에 의하여 헌법재판소의 관장사항으로 되는 소송은 제외한다(행정소송법 제3조 제4호). 법원의 기관소송에서도 대법원의 전속관할로 되는 기관소송으로서 대법원의 지방자치단체의 장과 지방의회간 기관소송, 대법원의 지방자치단체 장의 위법·부당한 명령·처분의 시정관련 기관소송, 대법원의 지방자치단체의 장에 대한 직무이행명령관련소송, 대법원의 장관의 결정의 취소를 구하는 기관소송, 대법원의 교육감과 시·도의회간 기관소송 등이 있다. 지방자치단체장의 위법·부당한 명령·처분의 시정관련 법원의 기관소송은 본질적으로 권한다툼이고 지방자치단체의 자치권 침해의 여지가 있어서, 헌법재판소의 권한쟁의심판과 중복제소가 되는 경우에는 헌법재판소에 우선적 관할권이 인정된다. 반면, 지방자치단체의 장에 대한 직무이행명령관련소송은 지방자치단체의 자치사무가 아닌 위임사무처리에 관련한 것이기에 자치권 침해 등의 권한분쟁의 여지는 없고 법률관계의 다툼만 있기에, 하위 수임의 국가기관 또는 하위 수임의 지방자치단체가 상위 위임의 국가기관 또는 위임의 지방자치단체를 상대로 제기하는 기관소송이어서 헌법재판소의 권한쟁의심판청구는 성립되지 아니한다. 한편, 장관의 결정의 취소를 구하는 기관소송으로서, 관계 지방자치단체의 장은 행정안전부장관이 한 매립지가 속할 지방자치단체의 결정에 이의가 있으면 대법원에 소송을 제기할 수 있도록 하므로, 매립 전 공유수면에 대한 관할권을 가진 지방자치단체의 장은 행정안전부장관의 결정을 대법원에 제소하거나 헌법재판소의 권한쟁의심판도 가능하다.

행정안전부장관의 결정의 취소를 구하는 기관소송과 권한쟁의심판 (공유수면 매립지가 속할 지방자치단체를 정한 행정안전부장관의 결정에 이의가 있는 관계 지방자치단체의 장은 지방자치법 제4조 제8항에 따라 대법원에 소를 제기할 수 있는 바, 이는 행정안전부장관의 우월적 지위를 전제로 행정법상 위법상태를 제거하여 지방자치단체의 권한을 보호하기 위한 특수한 유형의 항고소송으로서, 권한의 유무와 범위를 판단하는 권한쟁의심판과는 소송물이 다르고, 대법원판결과 헌법재판소 결정은 기속력에서도 차이가 있기에), 입법자가 대법원에 공유수면 매립지 경계획정에 관한 관할권을 부여하였어도, 헌법 제111조 제1항 제4호에 반하여 헌법재판소의 권한쟁의심판에 대한 원칙적 관할권을 부정하는 것이 아니어서 헌법위반이 아니다(헌재 2020.7.16. 2015헌라3).

1.2.3 객관소송과 민중소송

헌법재판소의 권한쟁의심판은 국가나 지방자치단체 또는 그 기관인 법주체간에 헌법이나 법률 등 객관적 법규범이 부여하여 법적으로 유효한 행위를 할 수 있는 권한에 대한 객관소송이다. 주관소송은 권리주체간 주관적 권리 · 의무에 관한 법률상 쟁송을 관할하는 법원의 사법권에 의한 심판대상을 말한다(헌법 제101조 제1항, 법원조직법 제2조 제1항). 행정소송의 양태인 객관소송에서 민중소송은 국민투표무효소송, 선거무효소송, 당선무효소송이고 기관소송은 지방의회나 교육위원회의 의결무효소송, 주무부장관이나 상급지방자치단체장의 감독처분에 대한 이의소송 등이다. 민중소송은 국가 또는 공공단체의 기관이 법률에 위반되는 행위를 한 때에 직접 자기의 법률상 이익과 관계없이 그 시정을 구하기 위하여 제기하는 소송이다(행정소송법 제3조 제3호 선거소송, 국민투표무효소송 등). 민중소송은 사인의 주관적 권리 · 이익의 보호를 직접목적으로 하는 주관소송이 아니라 공동체 행정법규의 객관적 적법성 보장을 위한 객관소송이다. 민중소송은 법률상 쟁송(법원조직법 제2조 제1항 전단)에 해당하여 당연히 법원의 권한에 속하는 것이 아니라 다른 법률에 의하여 법원에 속하는 권한이 된다(후단). 민중소송에는 국민투표법이 정한 국민투표무효소송, 공직선거법이 정한 선거무효소송과 당선무효소송 등이 있다. 민중소송, 기관소송은 법률이 정한 경우에 법률에 정한 자에 한하여 제기할 수 있다(행정소송법 제45조). 민중소송, 기관소송으로 처분등의 취소를 구하는 소송에는 그 성질에 반하지 않는 한 취소소송에 관한 규정을 준용한다(제46조 제1항). 민중소송 또는 기관소송으로 처분등의 효력 유무 또는 존재 여부나 부작위의 위법의 확인을 구하는 소송에는 그 성질에 반하지 않는 한 무효등 확인소송 또는 부작위위법확인소송에 관한 규정을 준용한다(제2항). 민중소송 또는 기관소송으로서 제1항 및 제2항에 규정된 소송외의 소송에는 그 성질에 반하지 아니하는 한 당사자소송에 관한 규정을 준용한다(제3항). 국민투표무효소송은 헌법상 국가안위에 관한 중요정책 국민투표(헌법 제72조), 헌법개정국민투표(제130조 제2항)의 효력에 관한 민중소송이다. 국민투표의 효력에 관하여 이의가 있는 투표인은 투표인 10만인 이상의 찬성을 얻어 중앙선거관리위원회위원장을 피고로 하여 투표일로부터 20일 이내에 대법원에 제소할 수 있다(국민투표법 제92조). 선거무효소송은 국가 또는 지방자치단체의 공직선거에 있어서 공직선거의 효력을 다투는 민중소송이다. 당선무효소송은 국가 또는 지방자치단체의 공직선거에 있어서 당선의 효력을 다투는 민중소송이다.

권한쟁의심판과 객관소송 (토지관리에서 발생한 비용의 최종부담자가 직접관리행위를 한 지방자치단체인 청구인인지 그 권한을 위임한 장관인 피청구인인지는 궁극적으로는 피청구인을 대신하여 비용을 부담한 청구인이 피청구인에 그 비용 상당액을 구상금 내지 교부금 명목으로 청구할 수 있는지의 문제인데)이는 주관적인 권리 · 의무에 관한 다툼, 즉 관리비용 부담을 둘러싼 청구인과 피청구인 사이의 단순한 채권채무관계에 관한 다툼에 불과하기에, 이 사건 심판청구는 이 사건 토지에 대한 관리권한이나 자치재정권 등 권한의 존부 또는 범위에 관한 다툼이라고 할 수 없다(헌재 2010.12.28. 2009헌라2). 지방세 과세권은 자치재정권의 일부로서 지방자치단체의 자치사무에 해당하는 권한이므로, 피청구인 장관이 관계 지방자치단체의 장의 청구를 받아 과세권 귀속에 관한 결정을 할 권한은 있으나, (이는 행정적 관여 내지 공적인 견해 표명을 규범화한 것으로서 법적 구속력이 없으며, 청구인 서울특별시는 피청구인의 과세권 귀속결정에도 불구하고 자체적 판단에 따라 과세처분 할 수 있고 이미 한 과세처분 유지에 아무런 지장이 없으므로, 피청구인의 과세권 귀속결정으로 청구인의 자치재정권 등 자치권한이 침해될 가능성이 없고 그 침해가능성이 인정될 만한 청구인의 권한도 보이지 아니하므로), 헌법 또는 법률에 의하여 부여받은 자치재정권인 지방세 과세권에 대해서는 그 침해가능성이 없어 부적법하다(헌재 2014.3.27. 2012헌라4).

민중소송 대법원은 국민투표에 관하여 국민투표법 또는 국민투표법에 의하여 발하는 명령에 위반하는 사실이 있는 경우라도 국민투표의 결과에 영향이 미쳤다고 인정하는 때에 한하여 국민투표의 전부 또는 일부의 무효를 판결한다(국민투표법 제93조). 국민투표의 전부 또는 일부의 무효판결이 있을 때에는 재투표를 실시하여야 한다(제97조). 대통령선거 및 국회의원선거에 있어서 선거의 효력에 관하여 이의가 있는 선거인·정당(후보자를 추천한 정당에 한한다) 또는 후보자는 선거일부터 30일 이내에 당해 선거구선거관리위원회위원장을 피고로 하여 대법원에 소를 제기할 수 있다. 지방의회의원 및 지방자치단체의 장의 선거에 있어서 선거의 효력에 관한 결정에 불복이 있는 소청인(당선인 포함)은 해당 소청에 대하여 기각 또는 각하 결정이 있는 경우에 해당 선거구선거관리위원회 위원장을, 인용결정이 있는 경우에는 그 인용결정을 한 선거관리위원회 위원장을 피고로 하여 그 결정서를 받은 날부터 10일 이내에 비례대표시·도의원선거 및 시·도지사선거에 있어서는 대법원에, 지역구시·도의원선거, 자치구·시·군의원선거 및 자치구·시·군의 장 선거에 있어서는 그 선거구를 관할하는 고등법원에 소를 제기할 수 있다(공직선거법 제222조). 대통령선거 및 국회의원선거에 있어서 당선의 효력에 이의가 있는 정당(후보자를 추천한 정당에 한한다) 또는 후보자는 당선인결정일부터 30일이내에 당선인 또는 대통령선거에 있어서는 그 당선인을 결정한 중앙선거관리위원회위원장 또는 국회의장을, 국회의원선거에 있어서는 당해 선거구선거관리위원회위원장을 각각 피고로 하여 대법원에 소를 제기할 수 있다. 지방의회의원 및 지방자치단체의 장의 선거에 있어서 당선의 효력에 관한 결정에 불복이 있는 소청인 또는 당선인인 피소청인은 해당 소청에 대하여 기각 또는 각하 결정이 있는 경우에는 당선인을, 인용결정이 있는 경우에는 그 인용결정을 한 선거관리위원회 위원장을 피고로 하여 그 결정서를 받은 날부터 10일 이내에 비례대표시·도의원선거 및 시·도지사선거에 있어서는 대법원에, 지역구시·도의원선거, 자치구·시·군의원선거 및 자치구·시·군의 장 선거에 있어서는 그 선거구를 관할하는 고등법원에 소를 제기할 수 있다(제223조).

1.3 법원의 기관소송과 헌법재판소의 권한쟁의심판

1.3.1 헌법재판소의 권한쟁의심판

헌법재판소의 권한쟁의심판(헌법 제111조 제1항 제4호, 헌법재판소법 제2조 제4호)은 헌법에 의하여 설치되고 헌법과 법률에 의하여 독자적 권한을 부여받은 국가의 기관 등이 헌법 또는 법률이 부여한 공법적 권한의 존부 또는 범위에 관하여 다툼이 있을 때 헌법상 권한배분질서를 보장하여 국가작용을 권력분립적으로 정돈하는 헌법보호제도이다(헌재 2015.11.26. 2013헌라3). 헌법 제111조 제1항 제4호는 '국가기관 상호간, 국가기관과 지방자치단체간 및 지방자치단체 상호간의 권한쟁의에 관한 심판'을 헌법재판소 권한쟁의심판의 범주로 규정하여, 국가기관간 권한쟁의만 규정한 1960년 제2공화국헌법(제83조의3 제3호)보다 헌법재판소의 권한 범위를 확장한 바, 이는 헌법재판소에 권한쟁의심판사건의 배타적 관할권을 부여하였다기보다 권한쟁의심판에 대한 원칙적 관할권을 부여한 것이다(헌재 2020.7.16. 2015헌라3).

헌법규정과 헌법재판소의 권한쟁의심판권 헌법 제111조 제1항 제4호는 권한쟁의에 관한 심판을 헌법재판소의 관장사항으로 규정하면서도, 권한쟁의심판절차를 구체화하는 어떠한 조항도 두고 있지 않으며, 단지 권한쟁의의 당사자만을 규정할 뿐 그 심판대상을 개방적 상태로 남겨두는 것으로 해석하는 것이 타당하므로 권한쟁의심판권은 원칙적으로 헌법재판소에 속하나, (입법자는 예외적으로 권한쟁의심판제도의 본질과 목적, 권한분쟁의 특성 등을 종합적으로 고려하여 헌법재판소에 원칙적인 권한쟁의심판권을 부여한 헌법의 취지를 몰각시키지 않는 범위 내에서)그 일부를 법원 등 다른 기관의 관할로 정할 수 있다(헌재 2020.7.16. 2015헌라3).

1.3.2 법원의 기관소송의 의의

기관소송은 국가기관 또는 공공단체의 기관간 권한의 존부 또는 행사에 관한 다툼에 대하여 제기하는 소송이다. 기관소송은 동일한 법주체 내부의 기관간 쟁송 즉 국가기관 상호간 또는 특정 공공단체의 기관 상호간 소송에 한정된다. 기관소송의 당사자는 기관만이 될 수 있고 권리주체는 될 수 없으며, 기관위임사무를 처리하는 국가의 기관은 지방자치단체의 장이므로 지방자치단체 자체는 기관소송의 당사자가 될 수 없다. 국가와 지방자치단체간 다툼은 법인격을 가진 공법인간 법률관계인 외부관계이므로 기관소송이 되지 않는다. 행정기관 간 主管쟁의는 보통 그 상급기관에 의하여 판단되며, 헌법기관 간 주관쟁의는 헌법에서 정한다. 행정기관간 권한쟁의는 공통상급기관의 판단 또는 행정소송법에 의거하여 법원에 제소하는 기관소송으로 결정한다. 행정소송법은 기관쟁의로서 동일한 법주체 내부의 기관간 소송 즉 국가기관 상호간 또는 특정 공공단체의 기관 상호간 소송을 기관소송으로 다룬다. 기관소송은 객관소송이기에 민중소송에서와 같이 특별히 법률이 정한 경우에 법률에 정한 자만이 소송을 제기할 수 있다. 기관소송의 당사자는 법주체인 기관이며 권리주체는 기관소송의 당사자가 될 수 없다. 법인격을 갖는 지방자치단체는 기관소송의 당사자가 될 수 없다. 국가와의 관계에서 국가의 기관위임사무를 처리하는 지방자치단체의 기관은 지방자치단체의 장의 자격으로서 이를 행하는 것이지, 지방자치단체 자체의 자격으로서 이를 행하는 것은 아니다. 기관소송의 당사자적격은 특별히 법률이 정한 자만이 될 수 있다. 기관소송의 대상은 국가기관 또는 공공단체의 기관간의 권한의 존재여부 및 권한의 행사에 관한 다툼이다. 이는 동일한 기관 상호간에 이루어지는 경우에 한하는 것이다. 기관소송에는 지방의회 등의 의결무효소송, 감독처분이행명령에 대한 이의소송 등이 있다. 다만, 지방의회 등의 의결무효소송에 있어서 지방자치단체의 상급감독기관인 행정안전부장관과 특별시장·광역시장·도지사 및 교육인적자원부장관이 직접 제소하는 소송은 기관소송으로 볼 수 없다. 또한, 감독처분이행명령에 대한 이의소송은 기관소송을 동일한 법주체 내부의 기관간 소송이라는 의의에서 본다면, 이는 기관소송이 아니다.

1.3.3 법원의 기관소송의 범주

기관소송은 주관적 권리이익의 보호가 그 직접적 목적이 아니라 행정의 객관적 적법성 유지가 목적인 객관소송이므로 특별히 법률이 정한 경우에 법률이 정한 자만 소송을 제기할 수 있다. 헌법재판소의 권한쟁의심판이 피청구인의 처분 또는 부작위가 헌법 또는 법률에 의하여 부여받은 청구인의 권한을 침해하였거나 침해할 현저한 위험이 있는 때에 제소할 수 있는 것과 다르다. 기관소송은 국가 또는 공공단체의 기관상호간에 권한의 존부 또는 그 행사에 관한 다툼이며, 분쟁당사자들간의 권한의 존부 또는 범위에 관한 다툼을 다루는 헌법재판소의 권한쟁의심판의 대상이 되지 않는 범위 내에서 제기할 수 있다. 즉 기관소송은 헌법재판소법 제2조의 규정에 의하여 헌법재판소의 관장사항으로 되는 소송은 제외한다(행정소송법 제3조 제4호 단서). 다만, 이들 쟁의와 소송은 그 분쟁 대상에 있어서 중복될 수 있다. 헌법재판소의 권한쟁의심판은 헌법 제111조에 직접 근거하여 당사자도 헌법에서 한정하고, 분쟁대상도 분쟁당사자들간 권한의 존부 또는 범위에 관한 다툼이기에, 기관소송이 권한의 존부 또는 행사에 대한 다툼이고, 제소요건도 법률이 정한 때에 가능한 것과 달리 피청구인의 처분 또는 부작위가 헌법 또는 법률에 의하여 부여받은 청구인의 권한을 침해하였거나 침해할 현저한 위험이 있는 때에 제소할 수 있다. 기관소송으로 지방의회등의 의결무효소송, 감독처분·이행명령에 대한 이의소송 등이 있다.

지방자치법의 기관소송 지방의회등의 의결무효소송은 지방자치단체의 장이 지방의회 의결이 월권이거나 법령에 위반되거나 공익을 현저히 해친다고 인정되면 그 의결사항을 이송받은 날부터 20일 이내에 이유를 붙여 재의를 요구할 수 있다. 재의요구에 대하여 재의한 결과 재적의원 과반수의 출석과 출석의원 3분의 2 이상의 찬성으로 전과 같은 의결을 하면 그 의결사항은 확정된다. 지방자치단체의 장은 재의결된 사항이 법령에 위반된다고 인정되면 대법원에 訴를 제기할 수 있다(지방자치법 제107조). 지방의회 의결이 법령에 위반되거나 공익을 현저히 해친다고 판단되면 시·도에 대하여는 주무부장관이, 시·군 및 자치구에 대하여는 시·도지사가 재의를 요구하게 할 수 있고, 재의요구를 받은 지방자치단체의 장은 의결사항을 이송받은 날부터 20일 이내에 지방의회에 이유를 붙여 재의를 요구하여야 한다. 이 요구에 재의의 결과 재적의원 과반수의 출석과 출석의원 3분의 2 이상의 찬성으로 전과 같은 의결을 하면 그 의결사항은 확정된다. 지방자치단체의 장은 이에 따라 재의결된 사항이 법령에 위반된다고 판단되면 재의결된 날부터 20일 이내에 대법원에 소를 제기할 수 있다. 이 경우 필요하다고 인정되면 그 의결의 집행을 정지하게 하는 집행정지결정을 신청할 수 있다(제172조). 지방자치단체의 사무에 관한 그 장의 명령이나 처분이 법령에 위반되거나 현저히 부당하여 공익을 해친다고 인정되면 시·도에 대하여는 주무부장관이, 시·군 및 자치구에 대하여는 시·도지사가 기간을 정하여 서면으로 시정할 것을 명하고, 그 기간에 이행하지 아니하면 이를 취소하거나 정지할 수 있다. 이 경우 자치사무에 관한 명령이나 처분에 대하여는 법령을 위반하는 것에 한한다. 지방자치단체의 장은 이에 따른 자치사무에 관한 명령이나 처분의 취소 또는 정지에 대하여 이의가 있으면 그 취소처분 또는 정지처분을 통보받은 날부터 15일 이내에 대법원에 訴를 제기할 수 있다(제169조). 지방자치단체의 장이 법령의 규정에 따라 그 의무에 속하는 국가위임사무나 시·도

위임사무의 관리와 집행을 명백히 게을리하고 있다고 인정되면 시·도에 대하여는 주무부장관이, 시·군 및 자치구에 대하여는 시·도지사가 기간을 정하여 서면으로 이행할 사항을 명령할 수 있다. 주무부장관이나 시·도지사는 해당 지방자치단체의 장이 위의 기간에 이행명령을 이행하지 아니하면 그 지방자치단체의 비용부담으로 대집행하거나 행정상·재정상 필요한 조치를 할 수 있다. 행정대집행에 관하여는 행정대집행법을 준용한다. 지방자치단체의 장은 이행명령에 이의가 있으면 이행명령서를 접수한 날부터 15일 이내에 대법원에 소를 제기할 수 있다. 지방자치단체의 장은 이행명령의 집행을 정지하게 하는 집행정지결정을 신청할 수 있다(제170조).

대법원의 기관소송 (1) 대법원의 지방자치단체의 장과 지방의회간 기관소송(지방자치법 제107조 제172조 제3항) 지방자치단체의 장은 지방의회의 의결이 월권이거나 법령에 위반되거나 공익을 현저히 해친다고 인정되면 그 의결사항을 이송받은 날부터 20일 이내에 이유를 붙여 재의를 요구할 수 있고, 재의한 결과 재적의원 과반수의 출석과 출석의원 3분의 2 이상의 찬성으로 전과 같은 의결을 하면 그 의결사항은 확정되는바, 지방자치단체의 장은 재의결된 사항이 법령에 위반된다고 판단되면 재의결된 날부터 20일 이내에 대법원에 소를 제기할 수 있다. 이 경우 필요하다고 인정되면 그 의결의 집행을 정지하게 하는 집행정지결정을 신청할 수 있다. (2) 대법원의 지방자치단체 장의 위법·부당한 명령·처분의 시정관련 기관소송(지방자치법 제169조) 지방자치단체의 사무에 관한 그 장의 명령이나 처분이 법령에 위반되거나 현저히 부당하여 공익을 해친다고 인정되면 시·도에 대하여는 주무부장관이, 시·군 및 자치구에 대하여는 시·도지사가 기간을 정하여 서면으로 시정할 것을 명하고, 그 기간에 이행하지 아니하면 이를 취소하거나 정지할 수 있다. 이 경우 자치사무에 관한 명령이나 처분에 대하여는 법령을 위반하는 것에 한한다. 지방자치단체의 장은 자치사무에 관한 명령이나 처분의 취소 또는 정지에 대하여 이의가 있으면 그 취소처분 또는 정지처분을 통보받은 날부터 15일 이내에 대법원에 소를 제기할 수 있다. (3) 대법원의 지방자치단체의 장에 대한 직무이행명령관련소송(지방자치법 제170조) 지방자치단체의 장이 법령의 규정에 따라 그 의무에 속하는 국가위임사무나 시·도위임사무의 관리와 집행을 명백히 게을리 하고 있다고 인정되면 시·도에 대하여는 주무부장관이, 시·군 및 자치구에 대하여는 시·도지사가 기간을 정하여 서면으로 이행할 사항을 명령할 수 있다. 주무부장관이나 시·도지사는 해당 지방자치단체의 장이 이를 이행하지 아니하면 그 지방자치단체 비용부담으로 대집행하거나 행정상·재정상 필요한 조치를 할 수 있다. 지방자치단체의 장은 이 이행명령에 이의가 있으면 이행명령서를 접수한 날부터 15일 이내에 대법원에 소를 제기할 수 있고, 이 경우 지방자치단체의 장은 이행명령의 집행을 정지하게 하는 집행정지결정을 신청할 수 있다. (4) 대법원의 장관의 결정의 취소를 구하는 기관소송(지방자치법 제4조) 지방자치단체의 명칭과 구역은 종전과 같이 하고, 명칭과 구역을 바꾸거나 지방자치단체를 폐지하거나 설치하거나 나누거나 합칠 때에는 법률로 정한다. 다만, 지방자치단체의 관할 구역 경계변경과 한자 명칭의 변경은 대통령령으로 정한다. 그럼에도 불구하고 다음 각 호의 지역이 속할 지방자치단체는 제4항부터 제7항까지의 규정에 따라 행정안전부장관이 결정한다. 1. 「공유수면 관리 및 매립에 관한 법률」에 따른 매립지. 관계 지방자치단체의 장은 제3항부터 제7항까지의 규정에 따른 행정안전부장관의 결정에 이의가 있으면 그 결과를 통보받은 날부터 15일 이내에 대법원에 소송을 제기할 수 있다. 행정안전부장관은 이에 따라 대법원의 인용결정이 있으면 그 취지에 따라 다시 결정하여야 한다(공유수면매립지 경계획정에 관한 종래 헌법재판소의 전속적 권한쟁의심판 관할권을 배제하고 대법원에 판단권한을 부여한 것이다) (5) 대법원의 교육감과 시·도의회간 기관소송(지방교육자치법 제28조 제3항) 교육감은 교육·학예에 관한 시·도의회의 의결이 법령에 위반되거나 공익을 현저히 저해한다고 판단될 때에는 그 의결사항을 이송받은 날부터 20일 이내에 이유를 붙여 재의를 요구할 수 있다. 재의결된 사항이 법령에 위반된다고 판단될 때에는 교육감은 재의결된 날부터 20일 이내에 대법원에 제소할 수 있다.

2. 헌법재판소의 권한쟁의심판

2.1 국가기관 상호간 권한쟁의심판

2.1.1 권한쟁의심판의 의의

국가기관 상호간 권한쟁의의 심판은, 국회·정부·법원·중앙선거관리위원회 등 헌법에 의하여 설치되고, 헌법과 법률에 의하여 독자적인 권한을 부여받은 국가기관 상호간의 헌법상 권한쟁의에 관한 헌법재판소의 심판이다(헌법 제111조 제1항 제4호, 헌법재판소법 제2조 제4호). 국가기관간 권한쟁의심판에서의 '국가기관은 헌법에서 정해진 것이고 달리 헌법이 법률로 정하도록 위임하지도 않았기에 예시적으로 해석한다(헌재 1997.7.16. 96헌라2; 2010.10.28. 2009헌라6 참조). 헌법상 국가에 부여된 임무 또는 의무를 수행하고 그 독립성이 보장된 국가기관이라도, 그 설치에 있어 오로지 법률에 설치근거를 둔 국가기관이면 국회의 입법행위에 의하여 존폐 및 권한범위가 결정될 수 있으므로, 여기의 국가기관이라 할 수 없다. 헌법에 의하여 설치된 국가기관의 권한쟁의심판 청구인적격에 대해서 국회[국회(헌재 2016.5.26. 2015헌라1), 국회의장(헌재 2000.2.24. 99헌라1,2), 부의장(제48조), 국회의원(제41조 제1항 헌재 1997.7.16. 96헌라2), 위원회(제62조), 원내교섭단체(제41조, 제8조, 헌재 2003.10.30. 2002헌라1)], 정부[대통령(제66조), 국무총리(제86조), 국무위원(제87조), 국무회의(제88조), 행정각부의 장(제94조), 감사원(제97조), 감사원장·감사위원(제98조)], 법원 등은 권한쟁의심판의 청구인적격이 있다. 헌법재판소는 심판당사자이기에 '누구도 자신의 심판관이 될 수 없다' 하는 자연적 정의의 원칙에 비추어 볼 때 그 청구인적격이 없다(헌재 1995.2.23. 90헌라1).

헌법 또는 법률에 의하여 설치된 국가기관의 권한쟁의심판 청구인적격, 당사자능력 국회의 소위원회 및 위원장(헌법 제62조는 '국회의 위원회'는 명시하나 '국회의 소위원회'는 명시하지 않고, 국회법 제57조에서 소위원회는 위원회 의결에 따라 설치·폐지·권한이 결정되는 위원회의 부분기관) 및 안건조정위원회 위원장(국회법 제57조의2에 근거하는 소위원회이며 위원회로부터 독자성이 없다) 등은 헌법과 법률(헌법 제111조 제1항 제4호, 헌법재판소법 제62조 제1항 제1호)에 의하여 설치된 국가기관이 아니며, (위원회와 그 부분기관인 소위원회 사이의 쟁의, 위원회 위원장과 소속 소위원회 위원장과의 쟁의는 위원회에서 해결될 수 있으며, 소위원회 위원장과 그 위원인 국회의원 사이에 권한분쟁은 상이한 권한주체 사이의 분쟁이 아니라 위원회 내부기관들 사이의 분쟁으로서 위원회의 심사절차 내에서 해결할 수 있고, 해결이 안 되면 위원회의 위원장과 그 위원인 국회의원 사이의 권한쟁의심판으로 해결할 수 있어)권한쟁의심판의 청구인능력이나 당사자로 인정되지 않는다(헌재 2020.5.27. 2019헌라4; 2020.5.27. 2019헌라5). 국가인권위원회는 헌법(제111조 제1항 제4호)에 의하여 설치된 국가기관이 아니고 국회가 제정한 국가인권위원회법이라는 법률에 의하여 설치된 국가기관으로서 국회의 법률개정행위에 의하여 존폐 및 권한범위 등이 좌우되므로 권한쟁의심판의 당사자능력이 인정되지 않는다(헌재 2010.10.28. 2009헌라6).

2.1.2 국가기관과 지방자치단체간, 지방자치단체 상호간 권한쟁의심판

국가기관과 지방자치단체간 권한쟁의심판은 정부와 특별시·광역시·도 또는 특별자치도(헌법재판소법 제62조 제1항 제2호 가), 정부와 시·군 또는 지방자치단체인 구(자치구)간의 심판(제1항 제2호나) 등이다. 이는 상호독립한 법인격인 국가와 지방자치단체간 통일적 국가사무수행을 도모하고 지방자치권을 보호·조정함으로써 수직적 권력분립을 실현하는 의의를 갖는다. 지방자치단체 상호간 권한쟁의심판에는 예컨대 특별시·광역시 또는 특별자치도 상호간(헌법재판소법 제62조 제1항 제3호 가), 시·군 또는 자치구 상호간, 특별시·광역시·도 또는 특별자치도와 시·군 또는 자치구간(제3호 나)의 헌법재판 등이 있다. 이때 권한쟁의심판의 당사자인 '국가기관'은 예시적으로 해석하나 '지방자치단체'는 예시적으로 해석할 필요성이나 법적 근거가 없다(헌재 2016.6.30. 2014헌라1; 2010.4.29. 2009헌라11). 헌법(제117조 제2항)은 지방자치단체의 종류를 법률로 정하도록 규정하고, 헌법재판소법(제62조 제1항 제3호)은 지방자치법(제2조 제1항)이 규정하는 지방자치단체의 종류를 감안하여 정할 뿐이기 때문이다. 지방자치단체 '상호간'은 '서로 상이한 권리주체간'이므로, 지방자치단체의 의결기관인 지방의회와 집행기관인 지방자치단체장 간의 내부적 분쟁(헌재 2018.7.26. 2018헌라1), 지방자치단체의 교육·학예에 관한 집행기관일 뿐(지방자치교육에관한법률 제2조, 제3조 지방자치법 제62조 제2항) 독립한 권리주체로 볼 수 없는 교육감이 지방자치단체를 상대로 제기한 심판청구(헌재 2016.6.30. 2014헌라1) 등은 권한쟁의심판에 속하지 아니한다. 이들 분쟁에 대해서는 법원의 행정소송인 기관소송의 대상이 된다. 헌법 또는 법률에 의하여 부여받은 권한은 직무상 권한에 한정되며 의무를 포함하지만, 위임받은 권한과 사무가 지방자치단체의 사무가 아니라 국가사무이면, 예컨대, 국방과 같이 국가의 존립에 필요한 사무는 국가사무에 해당하므로(지방자치법 제11조), 지방자치단체는 이를 처리할 수 없다.

2.1.3 권한쟁의심판의 청구절차, 제3자 소송담당, 권리보호이익과 심판청구이익

권한쟁의심판의 청구인은 당해 국가기관 또는 지방자치단체 등이다. 피청구인은 일정한 처분 또는 부작위에 의하여 청구인의 권한을 침해하였거나 침해할 현저한 위험을 가져오게 한 당해 국가기관 또는 지방자치단체(헌법재판소법 제61조 헌재 1998.6.25. 94헌라1) 즉 처분 또는 부작위를 야기한 기관으로서 법적 책임을 지는 기관만이다(헌재 2009.10.29. 2009헌라8등). 권한쟁의심판에 있어서 '제3자 소송담당'은 명문규정이 없고 준용도 어려운 현행법체계에서 이를 해석으로 인정하면 기관 내부의 민주적 토론에 의한 의사결정보다 과잉으로 사법적 수단에 맡겨질 우려가 있다. 특히 국회구성원인 국회의원의 국회를 위한 권한쟁의심판청구는, 국회의 의사가 다수결에 의하여 결정되었음에도 이에 반대하는 소수의 국회의원에 허용하면 소수자보호기능에도 불구하고 교섭단체에만 한정할 근거와 명분도 찾기 어려워 다수결원리와 의회주의 본질에 어긋나 허용되지 않는다(헌재 2016.4.28. 2015헌라5; 2015.11.26. 2013헌라3).

권한쟁의심판의 청구인·피청구인 국회는 법률의 제개정 행위를 다투는 권한쟁의심판의 피청구인적격을 가진다(국회의장 및 상임위원회 위원장에 대해서 제기한 심판청구는 피청구인적격이 없는 자에 대한 청구로서 부적법하다)(헌재 2016.5.26. 2015헌라1). 국회의 조약 체결·비준에 대한 동의권 침해의 권한쟁의심판청구에서 개별국회의원, 국회구성원들의 청구인적격은 인정되지 않아 부적법 각하한다(헌재 2011.8.30. 2011헌라2). 해양수산부장관은 헌법과 정부조직법에 의하여 행정각부를 구성하는 국가기관으로서, (항만사무를 관장하는 권한 및 명칭결정권한에 적절한 관련성을 가져)권한쟁의심판의 당사자능력, 당사자적격이 인정되나, 부산지방해양수산청장은 (지방에서의 해양수산부장관의 일부사무를 관장할 뿐 항만에 관한 독자적 권한이 없어 그 명의의 고시도 장관이 결정한 사항을 위임에 따라 외부에 알린 것에 지나지 않아)당사자능력이나 적격을 갖추지 못하였다(헌재 2008.3.27. 2006헌라1). (국회법 제33조 제1항 본문은 정당이 교섭단체가 될 수 있다고 규정하나, 헌법은 권한쟁의심판청구의 당사자로 국회의원들의 모임인 교섭단체에 대해서 규정하지 않으며, 교섭단체의 권한침해는 교섭단체에 속한 국회의원 개개인의 심의표결권 등 권한침해로 이어질 가능성이 높고, 교섭단체와 국회의장 등 사이에 쟁의가 발생하더라도 국회의원과 국회의장 등 사이의 권한쟁의심판으로 해결할 수 있는 점을 종합하면)교섭단체는 그 권한침해를 이유로 권한쟁의심판을 청구할 수 없고, 정당은 헌법 제111조 제1항 제4호 및 헌법재판소법 제62조 제1항 제1호의 '국가기관'에 해당한다고 볼 수 없어 권한쟁의심판의 당사자능력인 청구인능력이 인정되지 않는다(헌재 2020.5.27. 2019헌라6등).

제3자 소송담당 제3자 소송담당은 실체법상 법률관계의 당사자가 아닌 제3자가 일정한 자격으로 정당한 당사자가 되어 소송수행권을 가지는 소송의 신탁이다. 제3자라 함은 법률의 규정이나 권리자에 의하여 부여된 일정한 자격에 의하여 권리의 귀속자나 그에 관련된 이해관계인을 위하여, 그러나 자신의 이름으로 소송을 수행하는 자이다. 법률의 규정에 의한 법정소송담당과 법률관계 당사자의 의사표시에 의하여 소송물에 관한 관리처분권을 제3자에게 넘겨주어 소송담당이 되는 임의적 소송담당이 있다. 법정소송담당은 본래의 법률관계의 당사자가 소송수행권을 상실하고 담당자인 제3자만 당사자적격을 갖는 경우, 법률관계의 당사자가 소송수행권을 상실하지 않은 상태에서 제3자가 소송담당자로서 당사자적격을 갖는 경우(채권자대위소송의 경우), 본래 그 소송과는 실체법상 아무런 관련이 없지만 특수한 직무를 담당하기에 그로 인하여 소송수행권을 갖는 경우(해난구조료청구 사건에서의 선장 상법 제894조) 등이다. 임의적 소송담당은 선정당사자(민사소송법 제53조 이하)가 대표적이다. 선정당사자는 본래 당사자가 될 자들이 그들의 의사에 의하여 당사자가 되지 아니하고 당사자가 될 자를 선정하여 그에게 소송물에 관한 관리처분권을 넘겨주는 것이다. 민사조정의 대표당사자(민사조정법 제18조)가 그 예이다. 다만 임의적 소송담당도 법률의 규정이 있는 경우에 한한다. 변호사대리원칙(제87조) 및 소송을 목적으로 하는 신탁은 원칙상 금지되기(신탁법 제7조) 때문이다. 임의적 소송담당은 탈법적인 방법에 의한 것이 아닌 한 합리적인 필요가 있는 경우에 극히 제한적으로 인정될 수 있다. 소송담당에 의하여 제3자가 소송수행권을 행사하여 확정판결을 받으면 그 기판력은 소송의 당사자 즉 소송담당자 뿐 아니라 법률관계의 당사자에게도 미친다(민사소송법 제218조 제3항). (국회의원이, 정부가 사회기반시설에 대한 민간투자사업 추진을 하면서 국회에 동 사업의 총한도액 등을 제출한 행위에 대하여, 대통령·국무총리·장관을 상대로, 그것이 헌법에 의하여 부여받은 국회의원들의 '예산외에 국가의 부담이 될 계약'에 대한 심의·표결권 및 국회의 동 계약체결에 대한 동의권을 침해하였다 하여 그 위헌확인을 구하는 권한쟁의심판청구는)국회의원은 국회를 대신하여 국회의 동의권한 침해를 주장하며 이른바 제3자 소송담당 형태로 권한쟁의심판을 청구할 수 없고, 국회의원의 각종의안에 대한 심의·표결권한은 국회 내에서 주장할 수 있을 뿐 국회 외의 국가기관에는 그 침해를 주장할 수 없기에, 권한쟁의심판청구는 부적법하다(헌재 2008.1.17. 2005헌라10). 조약의 체결·비준에 대한 국회의 동의권, 입법권 모두 국회의 권한인 점에서는 동일하므로 제3자소송담당은 인정되지 않는다(헌재 2016.4.28. 2015헌라5; 헌재 2007.7.26. 2005헌라8(WTO 쌀협상)).

권한쟁의심판의 청구는 그 사유가 있음을 안 날로부터 60일 이내에, 그 사유가 있은 날로부터 180일 이내에 청구하여야 한다(헌법재판소법 제63조). 이는 불변기간이다. 권한쟁의심판청구가 심판청구별로 정해진 청구서로 헌법재판소에 제출되면(제26조 제1항) 사건부호 '헌라'를 붙여 접수하여, 구두변론에 의하여 심리한다(제30조 제1항). 심판절차에 관하여는 헌법재판소법에 특별한 규정이 있는 경우를 제외하고는 헌법재판의 성질에 반하지 아니하는 한도에서 민사소송에 관한 법령을 준용한다. 다만 이 경우에 행정소송법을 함께 준용하지만 행정소송법이 민사소송에 관한 법령에 저촉될 때에는 민사소송에 관한 법령은 준용하지 아니한다(제40조 제1항). 권한쟁의심판은 9인의 재판관으로 구성되는 재판부에서(헌법재판소법 제22조 제1항) 재판관 7인 이상의 출석으로 심리하여(제23조 제1항) 종국심리에 관여한 재판관 과반수찬성으로 결정한다(제2항). 권한쟁의심판은 객관소송이므로 주관소송의 심판청구에서 요구하는 권리보호이익은 그 권한의 침해를 다투기 위한 직무상 필요성 내지 확인의 주장이면 가능하다. 국가기관과 지방자치단체 간 등의 권한쟁의에서 그로써 해결하여야 할 구체적인 보호이익이 존재하여야 하는 것이 그것이다. 다만, 청구인에 대한 권한침해상태가 이미 종료하여 권리보호이익을 인정할 수 없어도 같은 유형의 침해행위가 앞으로도 반복될 위험이 있고, 헌법질서의 수호·유지를 위하여 그에 대한 헌법적 해명이

긴요한 사항에는 심판청구이익을 인정할 수 있다.

심판청구기간, 권한쟁의심판의 가처분, 심판종료선언, 심판청구이익 및 권리보호이익 (청구인은 2006.5.4. 피청구인들의 이 사건 심판대상 행위에 따른 분쟁을 이유로 중앙분쟁조정위원회에 조정을 신청하였으므로, 적어도 그 때부터 주장과 같은 권한침해의 사유가 있음을 알았다 할 것인데), 이 사건 심판청구는 청구인이 심판청구의 사유를 안 날로부터 2년 이상이 경과한 2008.8.28.경에야 청구되었기에, 이 사건 권한쟁의심판은 청구기간이 경과된 후에 제기된 심판청구로서 부적법하다(헌재 2009.9.24. 2008헌라5). 헌법재판소가 권한쟁의심판의 청구를 받았을 때에는 직권 또는 청구인의 신청에 의하여 종국결정의 선고 시까지 심판대상이 된 피청구인의 처분의 효력을 정지하는 결정을 할 수 있다(헌법재판소법 제65조). 권한쟁의의 심판청구는 취하할 수 있으며 이때 심판종료선언의 주문을 표시한다(헌재 2001.6.28. 2000헌라1). 권한쟁의심판 절차 계속 중 국회의원직을 상실하였는바, 법률안 심의·표결권 등은 성질상 일신전속적인 것으로서 승계, 상속될 수 있는 것이 아니므로 이 심판청구는 국회의원직 상실과 동시에 당연히 그 심판절차가 종료되었다(헌재 2016.4.28. 2015헌라5). 권한쟁의심판의 청구인에 대한 권한침해의 상태가 이미 종료된 경우에는 권리보호의 이익이 없어 권한쟁의심판청구는 부적법하며(헌재 2003.10.30. 2002헌라1), (지방자치단체가 이미 이루어진 자율형 사립고등학교 지정·고시 처분을 취소하고, 이에 대하여 국가기관이 재량권의 일탈·남용을 이유로 시정명령을 하는 경우가 반복될 것이라고 예상하기는 어렵고, 그런 경우가 다시 발생하더라도 구체적 사안마다 국가기관과 지방자치단체 간 권한침해의 사실관계 등이 달라질 수 있어) 청구인에게 뿐만 아니라 일반적으로도 다시 반복될 수 있는 사안으로서 헌법적 해명이 필요한 경우라고 볼 수 없다(헌재 2011.8.30. 2010헌라4).

2.2 권한쟁의심판청구의 적법요건

2.2.1 권한의 존부 또는 범위에 관한 다툼의 존재, 권한쟁의심판의 적법요건

권한쟁의는 권한의 존부 또는 범위에 관하여 다툼이 있을 때 당해 국가기관 또는 지방자치단체가 헌법재판소에 권한쟁의심판을 청구할 수 있다는 헌법재판이므로, 이 권한쟁의에는 '권한을 가진다' 함을 주장하는 적극적 권한쟁의, '권한·의무가 없다' 하는 존부 자체에 대한 소극적 권한쟁의 등이 존재할 수 있으며, 이 같은 권한쟁의의 심판대상은 청구인의 권리행사나 의무이행에 관련하여 취해진 피청구인의 행위인 처분 또는 부작위이다. 권한쟁의에 대해서는 '권한의 존부 또는 범위에 관하여 다툼이 있을 때에는 당해 국가기관 또는 지방자치단체는 헌법재판소에 권한쟁의심판을 청구할 수 있다'(헌법재판소법 제1조 제1항), '제1항의 심판청구는 피청구인의 처분 또는 부작위가 헌법 또는 법률에 의하여 부여받은 청구인의 권한을 침해하였거나 침해할 현저한 위험이 있는 때에 한하여 이를 할 수 있다'(제2항) 하므로 권한쟁의심판의 청구의 적법요건은 피청구인의 처분 또는 부작위, 헌법 또는 법률에 의하여 부여받은 청구인의 권한의 존재, 그 권한의 침해 또는 침해의 현저한 위험이다(독일의 기관소송(권한쟁의)과 다르고 스페인, 이탈리아 등과 유사하다). 적법요건의 불비不備에는 변론 없이 각하한다(헌법재판소법 제40조, 민사소송법 제219조). 권한쟁의심판에 있어서 피청구인의 장래처분을 대상으로 하는 심판청구는 원칙적으로 허용되지 아니하지만, 피청구인의 장래처분이 확실하게 예정되어 있고, 그 장래처분에 의해서 청구인의 권한이 침해될 위험성이 있어서 이를 사전에 보호해 주어야 할 필요성이 매우 큰 예외적인 경우에는 피청구인의 장래처분에 대해서도 헌법재판소법 제61조 제2항에 의거하여 권한쟁의심판을 청구할 수 있다(헌재 2004.9.23. 2000헌라2).

권한쟁의심판청구의 적법요건 국가사무성격을 갖는 기관위임사무의 집행권한의 존부 및 범위에 관하여 지방자치단체가 청구한 권한쟁의심판청구(지방자치단체는 기관위임사무의 집행에 관한 권한의 존부 및 범위에 관한 권한분쟁을 이유로, 기관위임사무를 집행하는 국가기관 또는 다른 지방자치단체의 장을 상대로 권한쟁의심판청구를 할 수 없기에)(헌재 2004.9.23. 2000헌라2), 해사채취허가사무의 권한의 존부 및 범위에 관하여 다투는 심판청구(해사채취허가사무는 전국적으로 통일적 처리가 요구되는 중앙행정기관인 국토해양부장관의 고유업무인 국가사무로서, 지방자치단체의 장에게 위임된 기관위임사무에 해당하기에)(헌재 2009.7.30. 2005헌라2) 등은 지방자치단체의 권한에 속하지 않는 사무에 관한 권한쟁의심판청구로서 부적법하다. (지방자치단체인 청구인이 기관위임사무를 수행하면서 지출한 경비에 대하여, 기획재정부장관인 피청구인에게 예산배정요청을 하였으나 거부한 거부처분이, 청구인의 권한을 침해하거나 침해할 현저한 위험이 있으므로 취소되어야 한다는 취지의 권한쟁의심판청구는), 권한의 존부 또는 범위에 관한 다툼이 아니고, (위 거부처분으로 인하여)헌법 또는 법률이 부여한 청구인의 권한이 침해될 가능성도 없으므로 부적법하다(헌재 2010.12.28. 2009헌라2).

피청구인의 처분 또는 부작위(장래처분) 피청구인의 장래처분에 의해서 청구인의 권한침해가 예상되는 경우에, 청구인은 원칙적으로 이러한 장래처분이 행사되기를 기다린 이후 이에 대한 권한쟁의심판청구를 통해서 침해된 권한의 구제를 받을 수 있다(헌재 2004.9.23. 2000헌라2). 청구인의 피청구인 인천광역시에 대한 심판청구의 본질은 국가사무에 관한 권한의 존부·범위에 관한 다툼이지 지방자치권에 대한 실질적 직접적 다툼이 있는 경우라 볼 수 없어, 청구인의 권한에 속하지 않는 사무 또는 피청구인적격을 갖추지 못한 자를 상대로 한 권한쟁의심판청구로 부적법하며), 계쟁지역 관할권한이 청구인에 귀속된다 볼 수 없어, 피청구인이 계쟁지역에서 행사할 장래처분으로 헌법상·법률상 부여받은 청구인의 자치권한이 침해될 현저한 위험성이 존재한다 볼 수 없다(헌재 2011.9.29. 2009헌라3; 2011.9.29. 2009헌라4; 2011.9.29. 2009헌라5 참조). (청구인 옹진군과 피청구인 태안군은 이 사건 쟁송해역에 대한 관할권한이 각각 자신에게 있다 주장하여), 그 관할권한행사가 확실하게 예정되어 있는 등 그 장래처분이 확정적으로 존재하므로, (청구인의 관할권한이 침해될 위험성이 있어서 이를 사전에 보호해야 할 필요성이 매우 크기에, 피청구인의 장래처분은 헌법재판소법 제61조 제2항의 처분에 해당되어), 심판청구는 적법하다(헌재 2009.7.30. 2005헌라2).

2.2.2 권한쟁의심판의 청구대상인 처분

권한쟁의심판에 있어서의 '처분'이란 법적 중요성을 지닌 것에 한하므로, 청구인의 법적 지위에 구체적으로 영향을 미칠 가능성이 없는 행위는 '처분'이라 할 수 없어 이를 대상으로 하는 권한쟁의 심판청구는 허용되지 않는다. 국가기관 또는 지방자치단체의 작위행위로 법적 행위, 사실행위, 대외적 행위, 대내적 행위, 개별적 결정, 일반적 규범정립 등인 국회의장의 법률안가결선포행위, 제정법률 자체, 법규명령, 국회규칙, 행정규칙, 대법원규칙, 조례, 개별적 결정이나 행정행위, 법원재판이나 소송수행행위 등이 이 같은 권한쟁의심판의 대상인 처분에 해당한다. 사실행위 및 특정사안에 대한 견해표명도 청구인의 권한에 된 부정적인 영향을 주어서 법적으로 문제되면 이에 해당한다.

권한쟁의심판대상인 처분 (피청구인이 행정자치부 작성 표준안대로 복무조례개정을 요청함은, 각 지방자치단체 참고 표준안을 제시한 단순한 업무협조요청이고, 업무처리지침, 긴급지시통보도 상호협력차원의 조언·권고나 단순한 업무연락이지, 청구인들을 법적으로 규제하는 강제적·명령적 조치를 취한 것이라 보기 어려우며, 기자회견을 통해 정부방침에 소극적으로 대처하는 지방자치단체에 행정적·재정적 불이익 조치를 취할 것 등을 내용으로 하는 담화문 발표 역시 단순한 견해 표명에 지나지 않는 등, 모두 법적 구속력 있는 것이 아니어서, 그로 말미암아 청구인들의 헌법상·법률상 보장된 권한들이 박탈되거나 권한행사에 제약을 받는 것이 아니며, 그들의 법적 지위가 구체적으로 영향을 받는 것도 아니기에, 시정명령이나 취소·정지 등 권력적·규제적인 지방자치법상 후속조치가 행사되지 않은 이상 피청구인의 행위들은 단지 간접적·사실적 영향력만을 지닐 뿐)피청구인의 행위들이 헌법재판소법 제61조 제2항에 규정된 '처분'이라 할 수 없어 권한쟁의심판의 독자적 심판대상이 될 수 없기에, 이를 대상으로 한 권한쟁의심판은 모두 부적법하다(헌재 2006.3.30. 2005헌라1).

2.2.3 헌법 또는 법률에 의하여 부여받은 권한의 존재

권한쟁의심판을 통해 다툴 수 있는 국가기관의 행위는 헌법과 법률에 의해 부여받은 권한의 침해가 문제될 때에만 가능하다. 이는 헌법 또는 법률이 특정한 국가기관(지방자치단체 포함)에 부여한 독자적 권능을 의미하므로, 국가기관의 행위라도 헌법과 법률에 의해 부여된 독자적 권능을 행사하는 경우가 아닌 때에는, 국가기관의 행위가 제한을 받더라도 권한쟁의심판에서의 권한이 침해될 가능성은 없다. 권한쟁의심판의 청구적격성은 갖지 아니한다. 청구인과 피청구인 상호간에 헌법 또는 법률에 의하여 부여받은 권한의 존부 또는 범위에 관하여 다툼이 있는 경우가 아니거나, 피청구인의 처분 또는 부작위가 헌법 또는 법률에 의하여 부여받은 청구인의 권한을 침해할 가능성이 없는 경우에 제기된 권한쟁의심판청구는 부적법하여 각하된다.

헌법과 법률에서 부여받은 권한 (특정정보를 인터넷 홈페이지에 게시하거나 언론에 알리는 것과 같은 행위는), 헌법과 법률이 특별히 국회의원에게 부여한 국회의원의 독자적 권능이라 할 수 없고, (다른 국가기관은 물론 일반 개인들 누구든지 할 수 있는 행위로서, 그 행위가 제한된다 해서 헌법과 법률이 부여한 국회의원으로서의 권한(법률안 제출권, 심의표결권 등) 행사에는 아무런 제한도 없어), 국회의원으로서의 권한이 침해될 가능성이 없으며, (국회의원의 심의표결권은 대내적 관계에서 행사되고 침해될 수 있고, 다른 국가기관과의 대외적 관계에서는 침해될 수 없으므로), 가처분재판과 간접강제재판이 법률안 심의·표결권을 침해할 수 없음은 명백할 뿐 아니라, 이에도 불구하고 국회의원은 얼마든지 법률안을 만들어 국회에 제출할 수 있고, 국회에 제출된 법률안을 심의·표결할 수 있으므로, 법률안제출권이나 심의·표결권 침해 가능성은 없다(헌재 2010.7.29. 2010헌라1).

헌법 또는 법률에 의하여 부여받은 권한 (국회의 구성원인 국회의원이 국회의 권한침해를 주장하여 권한쟁의심판을 청구할 수 있으려면, 이른바 '제3자 소송담당'이 허용되어야 하지만, 현행법 체계에서는 이를 허용하는 법률의 규정이 없으므로, 국회의 조약에 대한 체결·비준 동의권의 침해를 주장하는 권한쟁의심판을 청구할 수 없는바), 국회의원의 심의·표결권은 (국회의 대내적 관계에서 행사되고 침해될 수 있을 뿐, 다른 국가기관과의 대외적 관계에서는 침해될 수 없는 것이므로), 대통령 등 국회 이외의 국가기관과 사이에서는 권한침해의 직접적인 법적 효과를 발생시키지 아니하여, 대통령이 국회의 동의 없이 조약을 체결·비준하였다 해도, 국회의 체결·비준 동의권이 침해될 수는 있어도 국회의원인 청구인들의 심의·표결권이 침해될 가능성은 없다(헌재 2007.10.25. 2006헌라5(FTA 관련); 2007.7.26. 2005헌라8). 국토해양부장관이 (경상남도지사와 사이에 4대강 살리기 사업 중)낙동강 살리기 사업 부문에 관하여 이미 체결한 바 있던 협약을 해제하고 사업시행권을 회수해 간 행위는, 헌법 또는 법률에 의하여 청구인에 부여된 권한을 침해할 가능성이 없어 부적법 각하한다(헌재 2011.8.30. 2011헌라1).■

■ 낙동강사업을 포함한 4대강사업의 대상인 하천들은 국가하천이기에, 낙동강사업은 국가하천에 관한 하천공사로서 전체적으로 하나의 국가사무에 해당하며, 낙동강유지·보수는 원래 국가사무로서 경상남도지사에게 기관위임된 사무이고 청구인의 권한이라 할 수 없기에, 이 사건 처분으로 그의 권한이 침해될 개연성은 없고, 공법상 법률관계만 다툴 뿐 권한의 존부나 범위에 관한 다툼은 아니기에, 지방자치단체로서 갖는 주민자치권이 침해될 가능성도 없으며, 경제적·복지적 이익을 추구할 수 없게 된 것은, 사업시행권 회수로 인하여 부수적으로 발생하는 사실상의 간접적 불이익에 지나지 않아, '자치권한'이 침해될 가능성도 없다.

2.3 청구인의 권한의 침해 또는 침해의 현저한 위험

2.3.1 권한의 침해 또는 권한을 침해할 현저한 위험

권한쟁의심판의 청구는 피청구인의 처분 또는 부작위가 헌법 또는 법률에 의하여 부여받은 청구인의 권한을 침해하였거나 침해할 현저한 위험이 있는 때에 한하여 할 수 있다(헌법재판소법 제61조, 제62조; 헌재 2012.7.26. 2010헌라3). '권한의 침해'란 피청구인의 처분 또는 부작위로 인한 청구인의 권한침해가 과거에 발생하였거나 현재까지 지속되는 경우를 의미한다. '권한을 침해할 현저한 위험'이란 아직 침해라고는 할 수 없으나 조만간 권한침해에 이르게 될 개연성이 상당히 높은 상황, 즉 현재와 같은 상황의 발전이 중단되지 않는다면 조만간에 권한침해가 발생할 것이 거의 확실하게 예상되며, 이미 구체적인 법적 분쟁의 존재를 인정할 수 있을 정도로 권한침해가 그 내용에 있어서나 시간적으로 충분히 구체화된 경우를 말한다(헌재 2019.4.11. 2016헌라3).

권한의 침해 또는 권한을 침해할 현저한 위험 시행령조항 자체로써 지방자치단체의 자치권한의 침해가 확정적으로 현실화되었다거나 침해할 현저한 위험이 인정된다 보기 어렵고(지방자치단체가 사회보장기본법상의 협의·조정을 거치지 아니하거나 그 결과를 따르지 않고 사회보장제도를 신설 또는 변경하여 경비를 지출한 경우에 행정안전부장관이 교부세를 감액하거나 반환을 명할 수 있는 지방교부세법 시행령), 이 사건 시행령조항은 일련의 조건을 전제로 재량적으로 규정하고, 조건 성립 자체도 유동적이므로 권한을 침해할 현저한 위험도 인정되기 어렵다(법령개정행위에 대한 권한쟁의심판의 경우 대부분 법령 그 자체로써 일의적이고 확정적으로 권한침해가 발생할 것이나 지방교부세법 시행령은 그 자체로써 직접 지방교부세를 감액 또는 반환하도록 하고 있지 않고 일련의 조건이 모두 성립하여 실제로 '교부세의 감액 또는 반환'이라는 결과가 발생하여야 권한쟁의심판을 청구할 수 있고, 그 전에는 가능하지 않다)(헌재 2019.4.11. 2016헌라3).

2.3.2 권한의 침해 또는 권한을 침해할 현저한 위험의 양태

권한쟁의심판에서의 권한의 침해의 양태는 국가기관 등의 권한행사로 말미암은 특정 기관의 권한영역의 침해, 정당한 권한행사의 저지, 권한의 박탈 또는 폐지 등을 말한다. 다만 부작위에 의한 권한침해의 위험은 야기되지 아니 한다.

권한의 침해 또는 권한을 침해할 현저한 위험의 양태 피청구인의 과세권 귀속결정으로 청구인의 자치재정권 등 자치권한이 침해될 가능성이 없고, 그 침해가능성이 인정될 만한 청구인의 권한도 보이지 아니하여, 헌법 또는 법률에 의하여 부여받은 청구인의 자치재정권의 침해가능성이 없다(지방세 과세권은 자치재정권의 일부로서 지방자치단체의 자치사무에 해당하는 권한이므로, 피청구인 장관이 관계 지방자치단체의 장의 청구를 받아 과세권귀속에 관한 결정을 할 권한은 있으나, 그 결정은 행정적 관여 내지 공적인 견해 표명을 규범화한 것으로서 법적 구속력이 없으며, 청구인 서울특별시는 피청구인의 과세권 귀속결정에도 불구하고 자체적 판단에 따라 과세처분 할 수 있고, 이미 한 과세처분 유지에 아무런 지장이 없다)(헌재 2014.3.27. 2012헌라4). 이 사건 매립지의 매립 전 공유수면에 대한 관할권을 가졌을 뿐인 청구인들이, 그 후 새로이 형성된 매립지에 대해서까지 어떠한 권한을 보유하고 있다 볼 수 없으므로, 청구인들의 자치권한이 침해되거나 침해될 현저한 위험이 있다 보기 어렵다(지방자치법 제4조 제3항은 공유수면매립지가 속할 지방자치단체를 행정안전부장관이 결정하도록 하고, 이러한 결정을 위한 신청을 의무로 하며, 이 조항 시행 전에 이미 준공검사를 받은 매립지라도 법시행 후에 지적공부에 등록하려면 그 전에 장관에의 신청 및 결정절차를 반드시 거치도록 하여, 매립지관할에는 장관의 결정에 의하여 비로소 관할 지방자치단체가 정해지며, 그 전까지는 어느 지방자치단체에도 속하지 않는다는 의미로 해석함이 타당하다는 취지와 공유수면과 매립지의 성질상 차이 등을 종합하여 본다)(헌재 2020.7.16. 2015헌라3).

2.3.3 국가의 사무와 지방자치단체의 사무에 관한 권한의 침해 양태

권한쟁의심판에서 국가사무는 지방자치단체의 권한에 속하지 아니하므로, 국가사무의 집행으로 인하여 지방자치단체의 권한이 침해되거나 침해될 현저한 위험은 있지 않다.

> **권한의 침해 또는 침해의 현저한 위험** (토지대장 등 지적공부에의 등록은 국토교통부장관이 해야 하는)국가사무이므로, (이 사건 변경등록으로 인하여)지방자치단체의 자치권한이 침해되거나 침해될 현저한 위험이 있다 보기 어려워 부적법하다(헌재 2020.7.16. 2015헌라3). (사립대학설립 및 대학생정원 증원 등 운영에 관한 사무는)전국적 통일을 기할 필요성이 있는 국가사무이지 지방자치단체 사무가 아니므로, (피청구인의 학생정원 조정계획이 청구인의 수도권에서의 사립대학 설립·운영 등 교육에 관한)자치권한을 침해하거나 침해할 현저한 위험이 없어(부적법각하한다)(헌재 2012.7.26. 2010헌라3) (지정항만에 관한 사무는 지방자치단체가 처리할 수 없는 전국적·국가적 차원에서 다루어져야 할 국가사무이며)국가가 신항만을 지정항만의 하위항만으로 하기로 한 이상 그 항만구역 명칭 역시 청구인들이 아닌 국가에 결정할 권한이 있기에, 그 권한을 침해하였다거나 침해할 현저한 위험이 없어(심판청구는 부적법하다)(헌재 2008.3.27. 2006헌라1) 국가사무인 군공항 이전사업이 지방자치단체의 의사를 고려하지 않고 진행되더라도, 청구인은 여전히 자신의 이전건의권을 행사할 수 있어, 자치권한을 침해하였다거나 침해할 현저한 위험이 있다 볼 수 없다(청구는 부적법하여 각하한다)(헌재 2017.12.28. 2017헌라2).

3. 권한쟁의심판의 결정

3.1 권한의 존부확인·범위확인 결정

3.1.1 권한의 존부·범위확인 결정의 의의

권한쟁의심판의 결정에는 심판청구가 부적법한 경우에 그 적법요건의 불비를 이유로 하는 각하결정(권한쟁의심판의 청구요건-권리보호이익 및 심판청구이익, 권한쟁의심판의 적법요건 등을 참조), 권한의 침해나 침해의 현저한 위험이 인정되지 않을 때의 기각결정, 권한의 침해 등이 인정되는 경우의 인용결정(권한의 존부·범위확인결정, 처분의 취소나 무효를 확인하는 권한침해확인결정 등)이 있다. 권한쟁의심판에서 특히 권한의 존부확인의 결정은 권한 사항의 소재가 누구에게 귀속하는가에 관한 다툼으로서, 국가기관이나 지방자치단체의 권한의 존부를 확인하여 그 귀속의 권한을 확정하는 결정이다. 특정 지방자치단체 내에 존재하는 항만구역에 대해 다른 지방자치단체 명칭이 사용되더라도, 해당 지방자치단체의 구역 변경을 위한 별도의 법령 개정 등이 없는 한, 그 관할주체가 변경되지 않으므로, 이 사건 '신항'의 명칭결정으로 인해 항만구역과 지방자치단체의 관할구역이 상이하여짐에 따라 자신들의 관할권이 침해되었다 하는 주장은 이유 없다(헌재 2008.3.27. 2006헌라1).

> **권한의 존부·범위확인결정** 이 사건 시설의 운영권한 등은 피청구인에 있다 할 것인데, 청구인은 피청구인의 이 사건 조례개정으로 인하여 청구인에 부여한 적정하게 폐기물처리시설을 운영할 수 있는 권한을 침해하는 것이라 주장하는 바, 이는 소각장 운영권한이 청구인에 있음을 전제로 하는 것인데, 이 소각장의 운영권한은 피청구인에 있다 인정되므로 이와 반대로 그 운영권한이 청구인에게 있음을 전제로 하는 주장은 이유가 없다)(헌재 2004.9.23. 2003헌라3).

3.1.2 권한의 존부확인결정의 범주

헌법재판소는 권한쟁의심판의 대상이 된 국가기관 또는 지방자치단체의 권한의 유무 또는 범위에 관하여 판단하여, 권한침해의 원인이 된 피청구인의 처분을 취소하거나 그 무효를 확인할 수 있고, 부작위에 대한 심판청구를 인용하는 결정을 한 때에는 피청구인은 헌법재판소의 결정의 취지에 따른 처분을 하여야 한다(헌법재판소법 제66조). 국가기관이 특정한 행위를 해야 할 헌법상 또는 법률상 의무가 존재함에도 이행하지 않는 경우의 심판대상은 법적으로 의미를 갖는 효과를 가져 오는 부작위만 해당된다. 국회가 법률안 심의의결을 하지 않는 것(헌재 1998.7.14. 98헌라3), 표결이 적법하게 진행되어 정상적으로 종결된 것인지 불분명하고 이에 관한 여·야의 합의조차 무산된 경우에 국회의장에 개표절차를 진행하여 표결결과를 선포하여야 할 작위의무가 인정되지 않는 이상 부작위에 의한 권한침해를 다투는 권한쟁의심판은 허용되지 않는다. 입법개선을 촉구하는 헌법불합치결정이 있었음에도 그에 따른 법률안제출이 없는 것, 국무위원이 이유 없이 부서를 하지 않는 것, 검사의 기소사건에 대해 법원이 재판을 하지 않는 것 등이 그것이다.

심판대상인 피청구인의 부작위 부산광역시 강서구가 진해시를 상대로, 진해시 내의 일부인 계쟁 토지가 법률에 의해 그 관할이 자신에게 옮겨졌다고 주장하는 관할확인에서 진해시가 계쟁 토지에 대한 사무와 재산을 인계하지 아니하는 부작위가 위법하고, 위 계쟁토지에 대해 진해시가 한 점용료부과처분의 취소를 구하는 권한쟁의심판청구를 인용한다(헌재 2006.8.31. 2004헌라2).

3.1.3 권한의 존부 · 범위확인결정의 범주

권한쟁의에 있어서 권한의 존부 · 범위확인의 결정, 특히 그 범위확인의 결정은 권한 자체에는 다툼이 없고 단지 피청구인의 권한 행사가 헌법 또는 법률에 위반되기 때문에 청구인이 가지는 권한이 침해되었는가의 여부가 쟁점이 되어서 이루어지는 결정이다(헌법재판소법 제66조 제1항). 예컨대, 공유수면에 대한 지방자치단체의 관할구역 경계획정 원리에 관련하여, 지방자치단체간의 관할구역경계획정 특히 공유수면해상경계에 대한 권한쟁의심판의 분쟁은 공유수면인 바다에도 지방자치단체의 자치권한이 존재함을 전제로 공유수면 해상경계를 도출해내어, 공유수면에 매립된 토지의 귀속 등을 포함하는 분쟁을 해결한다(헌재 2004.9.23. 2000헌라2; 대법원 2002.12.24. 2000도1048). 이때 공유수면에 대한 지방자치단체의 관할구역 경계획정은 이에 관한 명시적인 법령상의 규정이 존재한다면 그에 따르고 존재하지 않는다면 불문법상 해상경계에 따라야 하며, 이마저 존재하지 않는다면 지방자치단체의 관할구역에 경계가 없는 부분이 있다는 것은 상정할 수 없으므로 권한쟁의심판권을 가지고 있는 헌법재판소가 형평의 원칙에 따라 합리적이고 공평하게 해상경계선을 획정할 수밖에 없다(헌재 2015.7.30. 2010헌라2; 2019.4.11. 2016헌라8등; 2021.2.25. 2015헌라7 참조).

3.2 권한의 침해확인결정

3.2.1 권한의 침해확인결정의 의의

권한의 침해확인결정은 권한침해의 원인이 된 피청구인의 처분을 취소하거나 그 무효를 확인하는 결정이다(제66조 제2항전단). 권한쟁의심판에서 청구인의 권한이 침해되었다고 확인될 경우, 그 원인이 되는 피청구인의 처분을 취소하거나 그 무효를 확인할 것인지 여부에 대하여 헌법재판소에 재량이 부여된다(제66조 제2항). 권한쟁의심판이 헌법적 권한질서의 객관적 확인이라는 객관적 쟁송의 성격과 침해된 청구인의 권한을 구제하는 주관적 쟁송의 성격을 동시에 지니기에, 헌법재판소로 하여금 권한쟁의 심판제도의 기초가 되는 권력분립원리의 실질적 실현에 가장 적합한 결정을 하도록 하기 위한 것에 그 의의가 있기 때문이다. 예를 들어, 국회의 동의권이 침해되었다 하여 동시에 국회의원의 심의 · 표결권이 침해된다 할 수 없고, 국회의원의 심의 · 표결권은 국회의 대내적 관계에서 행사되고 침해될 수 있을 뿐 다른 국가기관과의 대외적 관계에서는 침해될 수 없기에, 피청구인 대통령이 국회의 동의 없이 조약을 체결 · 비준하였더라도 국회의 조약 체결 · 비준에 대한 동의권이 침해될 수는 있어도 국회의원인 청구인의 심의 · 표결권이 침해될 가능성은 없어 심판청구는 부적법하며 권한침해 확인청구는 각하한다(헌재 2011.8.30. 2011헌라2).

3.2.2 권한의 침해확인결정의 성격

헌법재판소는 그 재량으로 권한침해의 원인이 된 처분을 취소하거나 그 무효의 확인을 하여 '국가기관 상호간', '국가기관과 지방자치단체 간', '지방자치단체 상호간'의 서로 다른 성격의 권한쟁의 심판의 본질과 기능에 상응하여 결정주문이 달라지도록 한다. 따라서, 청구인의 권한침해를 확인하는 것만으로는 향후 동일한 유형의 행위의 반복을 억제함에 한계가 있으며 그 위헌성이 중대한 것이라면 무효임을 밝히는 것이 필요하다.

권한의 침해확인결정(기각) (국회의장이 2010.12.8. 제18대국회 제294회 제15차 국회본회의에서 2011년도 예산안, 국군부대의 아랍에미리트군 교육훈련지원 등에 관한 파견동의안 등 안건의 처리 후 가결선포행위는)국회의원이 헌법상 갖는 심의·표결권 침해가 아니기에 권한침해확인청구를 기각하고 가결선포행위에 대한 무효확인청구도 기각한다(헌재 2012.2.23. 2010헌라6). 국회의장의 위원회의 정당 소속 위원 改選행위는 국회의원의 법률안 심의·표결권을 침해하지 않으므로(국회의 자율적 운영이라는 헌법적 이익에 비추어 자유위임원칙에 위배된다 보기 어렵고, 국회법 규정에도 위배되지 않아, 더 나아가 살펴볼 필요 없이 改選행위는 무효로 볼 수 없어), 이 사건 위원회의 위원개선행위에 대하여 청구된 권한쟁의심판의 권한침해확인청구 및 무효확인청구를 기각한다(헌재 2020.5.27. 2019헌라1). 기관위임사무에 관한 경비는 이를 위임한 국가가 부담하고, 그 소요되는 경비 전부를 당해 지방자치단체에 교부하여야 하므로, 청구인이 자신의 비용으로 기관위임사무인 이 사건 공사를 하였어도, 이 사건 거부처분으로 말미암아 청구인의 자치재정권 등 헌법 또는 법률이 부여한 권한이 침해될 가능성도 인정되지 아니한다(국가는 청구인에게 그 비용 상당 교부금을 지급할 의무가 있고, 청구인은 공법상 비용상환청구소송 등 소정의 권리구제절차를 통하여 국가로부터 보전받을 수 있는 등 그 비용을 최종적으로 부담하게 되는 것도 아니다)(헌재 2010.12.28. 2009헌라2).

3.2.3 권한의 침해확인결정의 주문

헌법재판소법 제66조 제1항에 의한 결정주문은 피청구인의 행위가 청구인의 권한을 침해했다는 확인과 함께 그 전제로서 피청구인 행위가 헌법이나 법률에 위반됨을 확인하는 권한존부확인결정이 행해지는 이중적 의미의 확인결정이다. 예를 들어, 국회의 조약에 대한 비준 동의를 대상으로 한 최초의 권한침해확인청구를 인용한 결정으로서, 국회의장이 회의 개의 무렵부터 종료시까지 상임위원회 회의장의 출입문을 폐쇄하는 등으로 질서유지권을 위법하게 행사하여, 소수당 소속 위원들의 출입을 봉쇄한 상태에서 전체회의를 개의하여 행한 한미FTA 비준동의안 상정행위 및 법안심사소위원회에의 회부행위로 말미암아 회의출석기회를 잃게 되고, 그 결과, 피청구인의 위헌·위법한 상정·회부행위로 말미암아 동의안 심의과정(대체토론)에 참여하지 못한 절차의 하자로 인하여 헌법에 의하여 부여받은 조약비준동의안 심의권의 침해는 다수결원리(헌법 제49조), 의사공개원칙(제50조 제1항), 국회법(제54조, 제75조 제1항) 등에 위배한다(헌재 2010.12.28. 2008헌라7).

권한의 침해확인결정(인용) 피청구인 행정안전부장관 등이 청구인 서울특별시를 상대로 한 자치사무합동감사의 지방자치권 침해여부의 권한쟁의심판은(감사실시계획을 통보하면서 구체적으로 어떠한 자치사무가 어떤 법령에 위반되는지 여부를 전혀 밝히지 아니하였기에, 관련규정상 감사개시요건을 전혀 충족하지 못하여), 헌법 및 지방자치법에 의하여 부여된 청구인의 지방자치권 침해이기에 인용한다(헌재 2009.5.28. 2006헌라6). (지방자치단체·주민들 사이의 장기간 반복된 관행과 법적 확신이 존재한다 볼 수 없으므로, 제출된 자료만으로는 쟁송해역에 불문법상 해상경계가 성립되어 있다 볼 수 없으며, 쟁송해역을 둘러싼 육지·유인도·무인도·갯벌 등 지리상의 자연적 조건, 관련 법령의 현황, 연혁적인 상황, 행정권한 행사 내용, 사무처리 실상, 주민들의 사회·경제적 편익을 고려하여 전라북도 고창군과 부안군 사이의 해상경계를 획정하고, 이를 바탕으로 부안군의 공유수면 점용·사용료 부과처분 중 고창군의 관할구역에 대해 이루어진 부분은)권한 없는 자에 의하여 이루어진 것으로서 지방자치권을 침해하므로 모두 그 효력이 없어, 무효임을 확인한다(헌재 2019.4.11. 2016헌라8등). (피청구인 순천시가 주식회사에 부과한 도시계획세, 공동시설세 등 부과처분 중 청구인 광양시의 관할권한에 속하는 목적물에 대한 부분은 지방자치권(자치재정권)을 침해한 것으로 무효임을 확인한다)(헌재 2006.8.31. 2003헌라1).

3.3 권한쟁의심판의 기속력

3.3.1 권한쟁의심판의 기속력의 의의

권한쟁의심판의 기속력은, '헌법재판소의 권한쟁의심판의 결정은 모든 국가기관과 지방자치단체를 기속한다'(제67조 제1항). '국가기관 또는 지방자치단체의 처분을 취소하는 결정은 그 처분의 상대방에 대하여 이미 생긴 효력에 영향을 미치지 아니한다'(제2항) 하는 효력이다.

3.3.2 권한침해확인결정의 기속력의 내용

권한쟁의심판 종국판결의 확인결정에는 자기구속력, 형식적 확정력, 실질적 확정력, 기속력 등이 부여되고, 피청구인에게는 헌법재판소가 결정에서 확인한 내용에 대한 작위의무가 발생하나, 헌법재판소법은 헌법재판소가 피청구인이나 제3자에 대해서 적극적으로 의무를 부과할 권한을 부여하지 않고, 부작위 심판청구에 대한 인용결정도 피청구인에 결정취지에 따른 처분의무가 있음을 규정할 뿐이기에(제66조 제2항 후단), 권한침해확인결정의 기속력의 내용은 장래에 어떤 처분을 행할 때 그 결정 내용을 존중하고 동일한 사정 하에서 동일한 내용의 행위를 하여서는 아니 되는 의무부과에 그치며, 적극적 재처분의무나 결과제거의무는 처분취소결정이나 무효확인결정에 달린 것이기에 이에 포함하지 않는다(헌재 2010.11.25. 2009헌라12).

3.3.3 권한침해확인결정의 기속력의 한계

권한쟁의심판에서 권한침해확인결정의 기속력은 헌법재판소가 피청구인의 처분을 직접 취소하거나 무효를 확인함으로써 그 기속력의 내용으로서 피청구인에게 원상회복의무가 인정되는 것은 별론으로 하고, 헌법재판소가 권한의 존부 및 범위에 관한 판단을 하면서, 피청구인이나 제3자인 국회에게 직접 어떠한 작위의무를 부과할 수는 없으며, 권한의 존부 및 범위에 관한 판단 자체의 효력으로 권한침해행위에 내재하는 위헌·위법상태를 적극적으로 제거할 적극적 조치를 취할 법적 의무가 발생한다고 보기도 어렵다(헌재 2010.11.25. 2009헌라12).

권한침해확인결정과 기속력 헌법재판소가 권한침해만을 확인하고 권한침해의 원인이 된 처분의 무효확인이나 취소를 선언하지 아니한 이상, 종전 권한침해확인결정(헌재 2009.10.29. 2009헌라8등)의 기속력으로, 피청구인에게 종전 권한침해행위에 내재하는 위헌·위법성을 제거할 적극적 조치를 취할 법적 의무가 발생한다 볼 수 없다(헌재 2010.11.25. 2009헌라12). 헌법재판소가 권한의 존부 또는 범위의 확인을 넘어 그 구체적 실현방법까지 임의로 선택하여 가결선포행위의 효력을 무효확인 또는 취소하거나 부작위의 위법을 확인하는 등 기속력의 구체적 실현을 직접 도모할 수는 없다(국회의 신문법안·방송법안 가결선포행위는 국회의원의 법률안심의·표결권 침해라는 결정(헌재 2009.10.29. 2009헌라8등) 후에도 국회가 그 회복조치를 취하지 않는 부작위가 국회의원의 법률안심의·표결권을 침해한다는 권한쟁의심판청구에 대해서 종전 권한침해확인결정이 갖는 기속력의 본래적 효력은 국회의 법률안 가결선포행위가 심의·표결권을 위헌·위법하게 침해하였음을 확인함에 그치며 그 결정의 기속력에 의하여 법률안 가결선포행위에 내재하는 위헌·위법성을 어떤 방법으로 제거할 것인지는 전적으로 국회의 자율에 맡겨져 있다. 인용의견1: 헌법재판소가 국회의원 심의·표결권이 침해되었다 확인하면, 결정의 기속력에 의하여, 국회와 국회의원들은 위법하게 진행된 심의·표결절차의 위법성을 제거하고 침해된 국회의원의 심의·표결권을 회복시켜줄 의무를 부담하며, 권한쟁의심판 결정이 확인결정이어서 국회의 심의·표결행위나 법률안 가결선포행위를 직접 소멸시키는 형성적 효력이 없더라도, 심의·표결절차의 위법성과 국회의원들의 권한이 침해된 사실을 확인한 이상, 그 한도에서는 기속력을 가지고, 이는 권한침해확인결정에 의하여 확인된 위헌·위법성을 시정하여 침해된 권한을 회복시키라는 것이다. 인용의견2: 권한침해확인결정의 기속력은 모든 국가기관으로 하여금 헌법재판소의 판단에 저촉되는 다른 판단이나 행위를 할 수 없게 하고, 헌법재판소의 결정 내용을 자신의 판단 및 조치의 기초로 삼도록 하는 것이며, 특히 피청구인에게는 위헌·위법성이 확인된 행위를 반복하여서는 아니 되며, 헌법재판소가 별도로 취소 또는 무효확인결정을 않더라도, 법적·사실적으로 가능한 범위 내에서 자신이 야기한 위헌·위법 상태를 제거하여 합헌·합법 상태를 회복하여야 할 의무를 부여하는 것이다)(헌재 2010.11.25. 2009헌라12).

Ⅱ. 정부형태의 헌법제도

[一] 정부형태

1. 대통령제

1.1 대통령중심제와 책임제

정부형태는 국민의 주권이 국가의 권력으로 형성되는 구조인 국가형태에 의하여 형성된 국가권력을 그 기능에 따라서 입법권・행정권・사법권・헌법재판권・지방자치권 등으로 분리하고 이를 서로 독립한 국가기관에 귀속시키는 권력분립의 헌정형태로서, 국가기관이 국가・사회에서 권력을 작동시키는 조직의 양태이다. 국가형태(la forme de l'État)는 주권(la souveraineté)에 의하여 형성되는 국가권력의 구조이며, 정부형태(la forme du gouvernement)는 국가권력이 권력분립(la séparation des pouvoirs)에 의하여 실현되는 권력의 귀속구조로서 내각제(Le régime parlementaire), 의회정부(Gouvernement d'Assemblée), 대통령제(Le régime presidentiel) 등의 정치체제로 나타난다.[1] 대통령제는 대통령이 국민적 정당성을 부여받은 국가대표자이자 공화정적 지도자인 정부수반으로서 국정의 중심에서 정부권력을 행사하고 책임을 지는 정부형태이다. 국민의 직선대통령은 국민주권주의에 기반을 두면서 국가정통성과 헌법정체성의 구심점이라는 위상을 지니는 점에서 대통령중심제라 말해지며, 나아가 대통령은 의회와 성립・존속의 견련성 없이 견제와 균형으로 정부를 운용하면서 국민에 책임을 지는 '대통령 책임제'이기도 하다. 이같이 대통령제는 대통령이 국민주권에 의하여 국민에 책임지고 권력분립에 기반하는 의회 및 언론의 자유에 기반하는 사회의 견제를 받아야 정부형태로서의 정당성과 실효성을 유지하고 대통령주의제, 신대통령제 등 비입헌주의 정부형태로 변질되지 않는다.

1.2 미국대통령제

미합중국헌법은 수직적 권력분립의 연방제(제4조, 제5조 등)・양원제, 수평적 권력분립의 의회 입법권(제1조)・정부 행정권(제2조)・법원 사법권(제3조) 등으로 권력을 배분・구성・조직하는 엄격한 권력분립의 대통령제 정부형태이다. 국민이 각각 정당성을 부여하는 행정권・입법권 및 이들 권한을 행사하는 대통령・국회는 기능상 독자성을 갖는다. 기능적 독립성이 그것이다(functional independence). 반면 국민에 의하여 구성되고 국민에 책임지는 점에서는 제도적 의존성을 갖는다(institutional interdependence). 미합중국헌법상 대통령은 대통령선거인단의 간선이지만 헌법변천의 헌정에서는 국민적 정당성이 직접 부여된 대통령제이다. 대통령은 정부수반으로서 국가를 대표하여 국정중심에서 국가의제를 맡아 행하는 대통령중심제이다. 또 대통령직 존속을 의회에 지지 않고 정당성을 부여한 국민에 맡기는 대통령책임제이다. 1787년 미합중국헌법 7개 조항 중 처음 3개 조항은 연방・입법권・집행권・사법권 등을 정하였다. 대통령은 행정권의 실질적 행사자이다. 국민적 정당성의 동반자인 부통령을 둘 뿐 국무총리는 두지 않고, 내각은 자문기관이다.

미국 대통령제 연원 미국의 대통령제 정부형태는 18세기 자연법사상, 몽테스키외의 엄격한 권력분립, 영국 압제를 정당화하는 정체로 인식된 의회 혁파 등에 의하여 인위적으로 창조한 헌정제도다. 인민의 자유·생명·재산권보장을 위하여, 정치공동체에 통치권을 신탁하는 사상, 무제한적 다수지배로 경험한 공포로부터의 자유, 사법부 독립, 연방제 등 수직적 권력분립을 융화하여 이루어진 것이 미국 대통령제다. G.Burdeau에 의하면 미합중국헌법은 입법권, 행정권, 사법권 등 권력의 동등성*l'égalité*, 대통령의 우월, 권력의 절대적 분할의 예외*pp.157, 162* 등을 특징으로 한다.

Laurence H. Tribe, *American Constitutional Law*, 3rd ed., Vol.1, Foundation press, 2000, p.124.

미국대통령 선출과정 미합중국헌법상 538인 대통령선거인단이 대통령을 선출한다. 선거인단 수는 상원의원 100인+하원의원 435인+Washington D.C. 3인의 각 인원수의 합계다. 선거인 선출과정의 헌정에서 선거인의 대통령후보자 투표가 결정된 것으로 간주된다. 직선제로 기능하는 것이다. 각 정당 대통령선거인은 평당원이나 일반국민이 정당의 공직선거후보자 결정과정에 참여하는 예비선거*primary election*, 당원만 참여하는 전당대회*caucus*에서 선출된다. 유권자인 국민은 각 당 대통령선거인을 투표로 선출한다. 각 주별 상대다수표 획득 정당이 그 주에 배당된 대통령선거인 정원을 모두 차지한다(*take all* 승자완점). 대통령선거인단 538인이 확정되면 각 주별 승자인 정당이 획득한 선거인 수가 확정된 결과가 된다. 대통령신거인의 대통령선출 투표는 절차과정에 그친다. 유권자가 대통령선거인을 뽑는 투표를 행할 때 이미 대통령선거인이 소속한 정당의 대통령후보자에게 투표한 것과 같은 결과가 된다. 대통령선거인은 소속 정당의 대통령후보자에 대한 기속적 투표가 예정되어 있다는 것이다.

1.3 대통령제와 신대통령제

대통령제는 집행권·입법권의 엄격분립에 의한 대통령중심의 국정운영과 책임귀속의 정체이다. 대통령과 국회의원 간 겸직금지와 임기차등, 대통령은 법률안제출권 및 심의참여권이 없지만 법률안거부권으로 견제하고, 의회는 입법권·예산권, 조약비준권, 탄핵권(하원 탄핵소추, 상원 탄핵심판), 고위공무원 인준권 등으로 대통령을 견제한다. 의회다수당과 동일한 정당에 소속하는 대통령이 지배하는 단점정부(unified government), 그 소속정당이 불일치하는 분점정부(divided government) 모두 선거·의회·정당제도 등 대표자선출의 정당성, 독립한 사법부, 언론의 자유와 정부통제, 수직적 권력분립 등에 기초하는 대통령중심의 국정운영·책임귀속의 배분체제가 성패를 가늠 짓는다. 반면 대의정의 형식화, 인민투표적 독재(plebiscitary dictatorship), 종속된 사법부 등으로 대통령이 권력통합의 주재자인 인격적 권력으로 통치하는 대통령 무책임의 정부형태가 신대통령제이다(이집트 낫세르(Gamal Abdel Nasser 1918.1.15~1970.9.28. 1956년에 집권), 월남 고딘디엠(Ngo Dinh Diem 吳廷琰 1901.1.3.~1963.11.2. 1956년에 집권), 아르헨티나 후안 페론(Juan Domingo Perón 1895.10.8.~1974.7.1. 1949년 집권), 한국의 유신헌정(1972.12.27.~1980.10.26.) 등에서 散見).

2. 의원내각제

2.1 의원내각제의 의의

의원내각제*parliamentary government*는 근대국가의 의회주의·대의정원리*parliamentarisme principe représentatif*를 기초로 입법부·집행부 평등, 입법권·집행권 공화*le collaboration*, 내각불신임·의회해산의 균형을 도모하는 연성적 권력분립의 정부형태다. 국회의원·각료 겸직, 행정부의 대통령·수상의 이원성 대 실질적 행정권의 수상 귀속에 의한 행정권 일원성, 의회의 이원성으로서 상·하원, 귀족원·서민원의 병존에서 직접선거로 구성된 하원의 주도적 운영의 내적 균형, 의회의 내각불신임·내각의 의회해산 등 외적 균형은 운영양태에 따라 의회우위적 의원내각제, 정부우위적 의원내각제인 내각책임제, 균형적 의원내각제 등으로 나타난다. 대통령제가 창설적 헌정체제인 반면 의원내각제는 관행적 헌정제도다. 대통령제와 의원내각제는 역사배경으로서 입헌주의적 창설제도 대 입헌군주제의 헌정관행, 헌법원리로서 공화주의 대 의회주권의 의회주의, 헌정현실로서 신생독립국가나 혁명의 국가제도 대 전통적 관습의 제도, 권력분립의 관계에서 권력의 견제원리 대 협동원리 등이 대비된다. 대통령제와 의원내각제 장·단점은 상대적이며 구조적 우월성은 아니다. 정부형태의 제도 자체는 중립적이며 그 본질적 요소의 통일적·체계적 운용은 주권자인 국민의 몫에 속한다(姜京根, 정부의 구성과 민주적 정당성, 「공법연구」(1986 제14집), 129, 167면 참조).

2.2 의원내각제의 형태 – 의회우위적 의원내각제·내각책임제·균형적 의원내각제

의원내각제의 진정 의원내각제는 실질적 행정권을 내각이 책임지고 행하는 1원적 의원내각제이며, 부진정 의원내각제는 이를 세습군주 또는 형식적·의례적 국가원수인 대통령이 함께 맡는 2원적 의원내각제 내지 이원정부제이다(G.Burdeau, ibid,, pp.114, 146-148. Robert Redslob(1882.2.3.-6 juin 1962.6.6.), *Die parlamentarische Regierung in ihrer wahren und in ihrer unechten Form* 1918.). 제2공화국헌법에서 채택하나 실시되지 못한 의원내각제는, 국가원수는 형식적 의미의 행정권을 지닐 뿐 실질적 행정권은 내각(내각 수상)에 귀속하는 진정의원내각제로서, 의원내각제가 정국불안정을 가져오는 정부형태라는 인식을 준 의회우위적 의원내각제였다. 다당제 정치체제에서 구성되는 연립내각에 대하여 의회가 우위에 서서 정부의 의회해산권보다 의회의 정부불신임권이 강하여 불안정한 정부를 가져오는 정부형태이다. 프랑스 제3·4공화국에서 특히 현저했다. 영국의 내각책임제(Cabinet Government)는 양당제에서 의회다수당이 구성하는 내각이 의회해산권을 주도적으로 행사하고 특히 '동료 중 1인자'라 불리는 수상이 국가정책의 결정·집행과정에서 의회다수당의 지지를 얻으면 대통령제의 대통령 수준의 권능을 행사하는 수상정부제(Prime Ministerial Government)로 기능하는 의원내각제이다. 독일연방공화국의 균형적 의원내각제는 의회의 수상불신임을 억지抑止하는 건설적·구성적 불신임(konstruktives oder organisches Mißtrauensvotum 연방의회의원 재적과반수 찬성에 의한 차기 연방수상 선임 조건에서만 정부를 불신임할 수 있다(독일기본법 제67조))제도에 의하여, 의회우위의 내각제에 기초하는 다당제에서도 정부안정성을 부여하는 합리화된 의원내각제이다. 프랑스의 의회우위적 의원내각제(le gouvernement parlementaire) 정부형태는 대의정·의회정(le régime représentatif, parlementaire)을 전제로 한 국민대표(la représentation nationale)인 의회·내각의 정치체제이다(G.Burdeau, ibid., pp.141~142). 프랑스는 1875년헌법 이후 '일원적 의원내각제'(le parlementaire moniste)를 유지한다. 1946년헌법에서는 의회정(le régime parlementaire)으로 지향된다(G.Burdeau, ibid., pp.144, 149~150, 153~154, 304~311, 330~334, 391). 프랑스 제3·4공화국 1946~1958년의 13년간 25차의 내각이 존재하였다. 프랑스의 의회우위적 의원내각제는 통제적 의원내각제이다(Karl Löwenstein 1891~1973). 영국 내각책임제는 의원내각제 정부형태의 원형으로서 1649년 공화정을 기점으로 18세기 월폴(Robert Walpole 1676.8.26.~1745.3.18.) 초대영국수상(first Prime Minister of Great Britain 1721.4.4.~1742.2.11.)에서 처칠(Winston Leonard Spencer-Churchill, 1874.11.30.~1965.1.24.)이 20세기에 수상직(1940~1945, 1951~1955)을 수행하면서 전파된다. 영국의 일원적 의원내각제(le parlementaire moniste)는 양당제에서 다수당 권력을 수상에 귀속시키는 내각책임제이다(le gouvernement de Cabinet G.Burdeau, ibid., pp.231~233, 149, 152~153). 1931년 벨기에헌법은 영국 내각제를 도입한 최초의 대륙계 헌법이며, 일본 의원내각제도 영국에 유사하다. 영국 의원내각제에서의 내각을 라스키(Harold Joseph Laski(1893.6.30.~1950.3.24.), The State in Theory and Practice, 1935, The Viking Press)는 정당의 위원회, 바죠트는 의회 위원회(Walter Bagehot(1826.2.3.~1877.3.24.), The English Constitution, 1867) 등이라 하였다.

2.3 의원내각제와 한국헌정

제헌헌법 이래 70년을 넘은 한국헌정의 정부형태는 대통령제의 전통이다. 의원내각제 요소인 의회의 내각불신임권은 개별적 불신임과 일반적 불신임 형태로 제1차개정헌법에 규정하였으나 제2차헌법개정에서 국무총리불신임(제헌헌법 제68조) 제도는 없어졌다. 의원내각제 정부형태의 의회해산제도는 제2공화국헌법이 처음 규정하였다. 의원내각제 정부형태개헌론은 대통령제를 바꿀 제도적 숙지에 대한 의회·내각의 정치적 변전變轉에도 불구하고 국정이 상존할 수 있는 대의정 의회주의 능력, 정당·선거제(영국 소선거구다수대표제, 독일 소선거구비례대표제), 행정안정성을 가능케 하는 직업공무원제 등 국정운영의 상수常數가 존재할 수 있느냐를 잊은 인지부조화이다. 한국헌법의 국무총리제가 프랑스 제5공화국헌법의 이원정부제와 유사하게 운영될 수 있다 하는 헌법적 강단講壇논리 역시 행정부 제2인자이며 차상급 중앙행정관청인 지위에서는 직선대통령에 대한 독자의 국민적 정당성을 갖지 못하며 그 한에서의 권한행사는 대통령에 종속될 수밖에 없다 하는 점을 잊은 인지부조화이다. 한국 정부형태의 부조화는 헌정현실적 국가책임 및 국가정체성 수호를 위한 헌법의지를 방기한 정치인에 기인하는 바 크다.

제1, 2차개정헌법의 내각책임제 요소 제1차개정헌법 제70조 제3항 '국무총리와 국무위원은 국회에 대하여 국무원의 권한에 속하는 일반국무에 관하여는 연대책임을 지고 각자의 행위에 관하여는 개별책임을 진다'. 제70조의2 '민의원에서 국무원불신임 결의를 하였거나 민의원의원 총선거후 최초에 집회된 민의원에서 신임결의를 얻지 못한 때에는 국무원은 총사직을 하여야 한다. 국무원의 신임 또는 불신임결의는 그 발의로부터 24시간 이상이 경과된 후에 재적의원과반수의 찬성으로 행한다. 민의원은 국무원의 조직완료 또는 총선거 직후의 신임결의로부터 1년 이내에는 국무원불신임 결의를 할 수 없다. 단 재적의원 3분지2 이상의 찬성에 의한 국무원불신임 결의는 언제든지 할 수 있다. 총사직한 국무원은 신 국무원의 조직이 완료될 때까지 그 직무를 행한다'. 제헌헌법 제68조 '국무원은 대통령과 국무총리 기타의 국무위원으로 조직되는 합의체로서 대통령의 권한에 속한 중요국책을 의결한다.' 규정이 제2차헌법개정 제68조에서 '국무총리 기타의를 삭제한다'로 국무총리불신임제는 없어졌다.

제2공화국헌법 의회해산 규정 제2공화국헌법(1960년헌법(제3차개정헌법 1960.6.15.)) 제71조 '국무원은 민의원에서 국무원에 대한 불신임결의안을 가결한 때에는 10일 이내에 민의원해산을 결의하지 않는 한 총사직하여야 한다. 국무원은 민의원이 조약비준에 대한 동의를 부결하거나 신년도 총예산안을 그 법정기일내에 의결하지 아니한 때에는 이를 국무원에 대한 불신임결의로 간주할 수 있다. 민의원의 국무원에 대한 불신임결의는 재적의원과반수의 찬성을 얻어야 한다. 국무원에 대한 불신임결의안은 발의된 때로부터 24시간 이후 72시간 이내에 표결하여야 한다. 이 시간내에 표결되지 아니한 때에는 불신임결의안은 제출되지 아니한 것으로 간주한다. 국무원은 국무총리가 궐위되거나 민의원의원 총선거후 처음으로 민의원이 집회한 때에는 총사직하여야 한다. 제1항과 전항의 경우에 국무원은 후임 국무총리가 선임될 때까지 계속하여 그 직무를 집행한다. 다만 제4공화국헌법 제59조. 대통령은 국회를 해산할 수 있다. 국회가 해산된 경우 국회의원 총선거는 해산된 날로부터 30일 이후 50일 이전에 실시한다'.

3. 정부형태의 절충

3.1 정부형태 절충의 양태

정부형태의 절충은 대통령제·의원내각제의 특질을 각 공동체 헌정질서에 변형·혼합한 정부형태를 총칭한다. 의원내각제에 기초하는 이원정부제, 대통령제에 토대를 두는 반대통령제, 의회와 행정부를 통합한 형태인 집정부제 등이 그것이다. 이와 더불어 민선수반民選首班, 행정권의 실질적 귀속주체, 국회와 정부의 견련성 등 헌정의 현실운영에 따른 구분도 함께 한다.

3.2 이원정부제

3.2.1 이원정부제의 의의

이원정부제二元政府制는 의원내각제를 기초로 하는 절충형 정부형태이다. 즉 의원내각제에서 의회(다수파)의 신임으로 구성되는 내각 수반(총리·수상)이 국민의 직접적 신임을 받아 선출되는 대통령과 함께 행정권을 실질적으로 행사하면서, 의회에 대한 책임은 내각이 지는 점에서 분권형 정부형태이며, 그 결과로서 집행부가 대통령과 내각 수반의 두 기구로 실질상 이원화되고 그 대통령과 내각의 쌍두雙頭가 각각 집행권한을 나누어 갖는 점에서 이원정부제의 정부형태이다. 이원정부제에서 대통령과 수상은 실질적 집행권을 전속적 또는 경합적으로 행사한다. 정치현실에서 이는 정쟁을 가져온다. 헌정의 선진적 정착이 없는 한, 대통령제가 대통령무책임으로 신대통령제로 변질되듯, 이원정부제는 대통령주의제나 의회우위 의원내각제에 의한 국정수행 폐색 가능성이 상존한다. 이원정부제는 바이마르공화국(1919~1933)의 연원에서, 오늘날, 프랑스(대통령직선제 개헌의 1962년 이후)·오스트리아(1929년 이후)·핀란드(2000년 헌법개정 이후) 유형, 아이슬란드(1945년 이후), 포르투갈(1976년 이후) 등의 양태가 있다. 이원정부제*dual executive system*는 半대통령제*semi-presidentialism* 및 半의회제*semiparliamentary system*로서, 대통령제형 의회제(presidential parliamentarism 대통령의 권한이 강한 프랑스) 내지 의원내각제형 대통령제(premier-presidentialism, 의회의 권한이 강한 오스트리아) 등의 양태가 있다. 프랑스의 제도에 대해서, 뒤베르제(Maurice Duverger 1917.7.5.~2014.12.17.)는 이원정부제를 半대통령제라 하며(Maurice Duverger. 1980. A New Political System Model: Semi-Presidential Government. European Journal of Political Research. pp.166~167), 르네 까삐땅은 Oreléans형 의회주의로 부르는데(René Marie Alphonse Charles Capitant 1901.8.19.~970.5.23.), 뒤베르제도 드골(Charles de Gaulle 1890.11.22.~1970.11.9.)헌법은 오를레앙형 의원내각제라 하면서도, 이 같은 정부형태가 바이마르헌법에서는 총통제로 전이했다 하였다.

3.2.2 이원정부제의 구조 – 프랑스의 반대통령제

이원정부제의 프랑스 제5공화국 유형이 반대통령제(le régime semi-prsidentiel)이다. 평상시에는 대통령·수상이 집행권 일부는 경합하여 일부는 전권적으로 행사한다. 국민직선 대통령은 의회에서 독립한 지위에 있어, 수상은 하원에 책임지나 의회는 내각불신임권을 지니는 반면 대통령은 의회를 해산할 수 있다. 비상시에 대통령은 내각수반인 수상의 일부 행정권까지 장악하여 국무회의주재, 수상해임, 수상·각료의 부서 없이도 행정권 등을 행사할 수 있게 된다. 헌정현실에서도 수상을 선출하는 의회다수당과 대통령이 동질적 집단이면 대통령 우월적 권한의 대통령주의제로 운영될 수 있다. 반면, 프랑스 제5공화국과 같이 대통령과 수상의 소속정당이 다르면 동거정부*Cohabitation*라는(제1차동거정부(1986~1988), 제3차동거정부(1997~2002)) 불균형적 정치체제에 봉착한다.

3.2.3 이원정부제의 유형 – 프랑스·오스트리아·핀란드

프랑스·오스트리아·핀란드의 이원정부제에서 대통령은 국민직선의 절대다수·결선투표제, 1회 연임 등 공통점에서 국가원수로서 대외적으로 국가를 대표하여 군통수권·외교관파견 및 영접권·조약비준권 등을 행사하나, 강한 권한을 갖는 프랑스 대통령에 비하여 오스트리아·핀란드 총리는 헌법상 대통령의 명시된 권한 외의 모든 행정권을 행사한다. 대통령은 총리임명권을 갖고 총리 지명시 의회다수파 의사에 사실상(프랑스·오스트리아)·헌법상(핀란드) 구속되어, 프랑스 대통령도 헌법규범상*Verfassungsnorm* 의회의 사전동의 없이 총리를 임명할 수 있으나 헌정현실에서는 의회 의사에 구속되며 오스트리아의 경우에도 그러하다. 프랑스와 오스트리아 대통령은 의회해산권을 갖고 핀란드 대통령도 총리의 건의에 따라 조기총선의 실시를 명할 수 있다.

프랑스·오스트리아·핀란드의 이원정부제 오스트리아 대통령은 헌법규범의 법률상*de jure* 여러 권한을 갖지만 그 행사는 헌법관행*Verfassungskonvention*의 사실상*de facto*, 정당간 의석점유에 관련하는 조건과 단서가 붙는 제한적 권한이 된다. 비례성이 높은 선거제도는 크게 두 가지 유형으로 나뉜다. 하나는 비례대표로만 의회를 구성하는 '전면적 비례제*Fully proportionalrepresentation*이고, 다른 하나는 지역구 대표와 비례대표의 '연동형 비례제*Mixed member proportional*이다. 오스트리아의 비례제는 전면적 비례제이기에 지역선거구가 없고, 유권자가 정당명부의 후보를 직접 선택할 수 있는 개방형 명부제를 채택하고 있다. 핀란드는 1917년 러시아에서 독립한 직후 헌법의 이원정부제는 대통령이 의회해산권 등 강력한 권한으로 총리의 권한을 압도했지만 점차 대통령의 권한을 축소하고 의회중심제적*parliamentarism* 성격을 강화하는 방향의 권력구조 개편이 있어 왔다. 핀란드 대통령은 국민직선의 임기 6년 1회 연임이 가능하다(헌법 제4조). 대통령은 헌법과 법률에 명시된 권한을 행사하며, 명시하지 않은 사항은 포괄적으로 정부 내각의 권한에 속한다. 대통령은 원내정당 및 국회의장과 협의하여 총리후보자를 지명하고 국회에서 과반수의 지지를 받은 총리당선자를 임명한다(제61조). 사실상 다수당 대표가 총리후보자로 지명된다. 대통령이 총리를 임명한 후 총리가 장관후보자를 제청하면 대통령은 이에 따라 장관을 임명한다. 대통령은 총리가 정당한 사유를 명시하여 건의하는 경우에 국회 회기중에 원내정당과 협의하여 조기총선의 실시를 명령할 수 있다. 대통령이 조기 총선 실시를 명령하면 의회는 조기 총선 전에 임기종료 시기를 결정한다(제26조). 총리는 유럽이사회*European Council*에서 핀란드를 대표하며 정부(내각)가 별도로 정하지 않는 한 유럽연합*EU*의 활동에서도 핀란드를 대표한다. 내각수반으로서 총리는 EU 관련 사항과 대통령의 권한에 속하지 않는 내정 관련사항 전반을 총괄적으로 지휘·감독하고 장관들은 해당부처의 행정업무를 관장한다.

3.3 집정부제

집정부제(執政府制 Directory Government)는 입법부에 소속된 위원회에 집행권이 집중된 정부형태다(G.Burdeau, *ibid.*, pp.154, 156). 집정부제는 입법권 · 집행권의 불균형과 의회권한이 우월한 정부형태인 회의정(Conventional Government) · 의회정(Le Gouvernement d'Assemblée)으로서 1793년 프랑스의 경우에 의도적 회의정(le gouvernement conventionnel d'intention)과 사실상 회의정(le gouvernement conventionnel de fait) 등이 있다. 스위스 집정부제는 연방의회(Bundesversammlung 200인 이상의 국민의회와 44인 참의원의 합동회의)가 선출한 7인 집정관이 최고집행기관인 연방평의회(Bundes-rat)를 구성하며, 연방의회는 매년 연방평의회 구성원 중 1인을 선출하여 평의회의장으로 하여 임기 1년의 스위스 연방대통령으로 한다.

[二] 한국헌법의 정부형태

1. 제1공화국헌법(1948.7.17.~1960.6.14. 제헌 · 제1 · 2차개정헌법) 대통령제

제헌헌법은 대통령 · 부통령의 국회간선(제51조, 제53조, 제55조, 제56조), 대통령지명 · 국회승인으로 대통령이 임명하는 국무총리(제69조), 대통령 · 국무총리 · 국무위원으로 구성되는 합의체 의결기관인 국무원(제68조) 등 의원내각제의 요소가 병행된 정부형태였다. 제1차헌법개정(1952.7.7.)은 이를 강조하였지만 제2차헌법개정(1954.11.29.)은 상대적으로 완화하여 전체적으로는 대통령제 정부형태를 기본으로 실현하였다. 제헌헌법의 의원내각제 요소는 대통령의 국무에 관한 행위에 국무총리 및 관계국무위원 부서(제66조), 정부의 법률안제출권(제39조), 국무총리 · 국무위원 · 정부위원 국회출석발언권(제44조), 국회의원과 국무위원 겸직 가능 등이다. 제1차개정헌법은 국회 양원제(제31조), 국무위원의 민의원에 대한 개별 또는 연대책임(제70조), 민의원의 국무원불신임권(제70조의2), 국무위원임명에 대한 국무총리의 제청(제69조) 등이다. 제2차개정헌법은 국무총리제 폐지, 개별 국무위원에 대한 민의원의 불신임권(제70조의2), 초대대통령에 한한 중임제한 철폐(부칙 제2항), 주권의 제약 또는 영토의 변경을 가져 올 국가안위에 관한 중대사항에 대한 대통령의 국민투표부의권(제7조의2) 등이다.

2. 제2공화국헌법(1960.6.15.~1962.12.25. 제3 · 4차개정헌법) 의원내각제

제2공화국헌법(제3차개정헌법 1960.6.15.)은 의원내각제 정부형태이다. 대통령은 임기5년의 의례적 · 상징적 국가원수이다(제53조). 행정권은 정부수반인 국무총리에 있다(제70조). 대통령은 국무총리지명권만 있다(제69조). 국회의 선거로 승인받아야 한다(제69조). 국무총리 · 국무원은 민의원에 연대책임을 지나(제71조) 민의원해산권이 있다(제35조의2). 사법부는 독립한다(제7장). 헌법재판은 헌법재판소가 행한다(제83조 제3항). 헌정사상 최초의 유일한 영국형 의원내각제였으나 1961년 5 · 16정변으로 막을 내린다.

3. 제3공화국헌법(1962.12.26.~1972.12.26. 제5 · 6차개정헌법) 대통령제

1961년 5 · 16군사정변세력은 6.6. 국가재건최고회의령 제42호로 혁명헌장인 국가재건비상조치법에 혁명적 회의체로 국가재건최고회의를 둔다. 국가원수인 대통령은 유지하면서 20~30인 현역군인장교로 조직하여 이를 최고통치기관으로 확인 · 선언하고 입법 · 행정 · 사법을 총괄케 한다. 입헌주의헌법의 권력분립 · 의회정이 부인된 권력통합의 통치구조였다. 제3공화국헌법은 군사정부과도체

제(1961~1962)인 국가재건최고회의에서 만든 헌법안을 최초의 국민투표로 의결한 제5차개정헌법이다(1962.12.26.). 미국식 대통령제로 국민이 직접 선출하는 국가원수이자 행정권수반인 대통령은(제63조 제64조) 국회의원으로 구성하는 국회에 대하여 엄격한 권력분립을 유지하였다. 대통령제 요소인 부통령은 두지 않고 국무총리를 두었다(제83조). 국무위원 임명에 대한 제청권과 해임건의권을 부여했다(제84조). 대통령의 국법상 행위에 대한 부서권(제80조), 국회의 국무총리·국무위원 해임건의권(제59조), 정부의 법률안제출권(제48조) 등 내각제 요소는 남았지만 대통령을 수반으로 하는 정부의 국회해산권이 삭제되고 국회 역시 정부불신임권이 없어 의원내각제가 불식되었다. 하지만 대통령의 법률안거부권(제49조), 국회출석(제58조)·발언권(제79조), 국회의원의 국무총리·국무위원 겸직금지(제39조) 등이 규정된 원칙적 대통령제였다. 제6차헌법개정(1969.10.21.)은 국회의원과 국무위원 겸직허용(제39조), 대통령 탄핵은 국회의원 50인 이상의 발의와 재적 3분의 2 이상의 찬성(제61조 제2항 단서) 등 대통령의 권력적 위상을 강화하여 대통령 중심제 정부형태로 다가선다.

4. 제4공화국헌법(1972.12.27.~1980.10.26. 유신헌법) 대통령주의제

제4공화국헌법(1972.12.27.)은 대통령이 행정권 외의 국가적 권력을 가졌다. 국회·법원에 대한 책임규정, 예컨대 국정감사권 등을 삭제하였다. 실질적 견제를 받지 않는 '영도적 대통령제', 실질적 3권통합의 권력집중 통치형태(헌재 1992.11.12. 91헌가2) 대통령주의제였다(영도적 대통령제, 절대적 대통령제, 권력융화주의적 대통령제, 변형된 대통령제, 신대통령제, 권위주의적 대통령제, 전제적 혼합정부제, 대통령제 중심의 절충형 내지는 변형된 대통령제 등). 대통령은 국민직선이 아니었다. 국민의 주권적 수임기관으로서 대통령이 그 의장인 통일주체국민회의에서 간선되었다(제35조, 제36조 제3항, 제39조). 국가원수이자 국가수호자로서(제43조) 국가중요정책 국민투표부의권(제49조), 헌법적 효력의 긴급조치권(제53조), 국회해산권(제59조), 통일주체국민회의 선출 국회의원 정수 1/3 후보추천권(제40조, 제76조) 등을 가졌다. 위헌심사권은 헌법위원회에 귀속되었지만 그 심사제청권을 가진 대법원의 불송부결정권 때문인지(제8장), 한 건의 위헌심판도 없었다. 유신정체는 1979.10.26. 박정희 대통령 서거와 함께 종언을 고한다.

5. 제5공화국헌법(1980.10.17.~1987.10.28.) 대통령제

제5공화국헌법(1980.10.17.)은 대통령선거인단이 間選한 임기7년·단임(제45조) 대통령(제39조~제41조)이 비상조치권(제51조), 국회해산권(제57조), 국민투표부의권(제47조) 등을 행사하는 강화된 대통령제였다. 다만 국회의 국정조사권 부활(제97조), 비상조치권에 대한 통제권(제51조~제52조) 등으로 권력분립적 통치구조를 부분적으로 복원하기에 이른다. 그렇지만 기본적으로는 강화된 대통령중심제였다.

[三] 제6공화국 현행헌법의 대통령중심제

1. 대통령중심제의 원칙과 변용

현행헌법은 대통령중심제 통치기구의 정부형태다(헌재 1994.4.28. 89헌마221; 1995.7.21. 92헌마177등). 유신헌법이나 제5공화국헌법상 대통령의 권위주의적 권한(국회해산권, 비상조치권) 삭제, 의회의 독자성 강화(국회의 회기제한 규정 삭제) 등에 의하여 대통령주의적 권한을 불식했다. 대통령은 5년단임(제70조)·국민직선(제67조 제1항) 정부수반이다(제4항). 국가원수이고 외국에 대하여 국가를 대표한다(제66조 제1항). 국가의 독립·영토의 보전, 국가의 계속성과 헌법을 수호할 책무를 지고(제2항) 조국의 평화적 통일을 위한 성실한 의무를 진다(제3항). 국회의 대통령불신임권은 없어 성립·존속의 국민적 정당성과 국회로부터 독자성을 갖는다. 직선대통령의 권력 견제로서 대통령은 국민의 대표자(제67조)·국가원수(제66조 제1항)·행정부수반(제4항)으로서 국가중요정책국민투표부의권(제72조), 국회 동의하의 국무총리임명권(제86조), 법률안제출권(제52조), 법률안공포권(제53조)·거부권(제53조), 긴급명령권·긴급재정경제명령권(제76조) 등으로 국회를 견제한다. 대법원장·대법관임명권(제104조), 사면권(제79조) 등으로 법원을 견제한다. 국회는 탄핵소추권(제65조), 국정감사·조사권(제61조), 긴급명령권, 긴급재정경제처분·명령 승인권(제76조 제3·4항), 대통령 계엄선포의 통고를 받을 권리·계엄해제요구권(제77조 제4·5항) 등으로 대통령을 견제한다. 국회는 대법원장 임명동의권(제104조 제1항), 사법에 관한 법률제정권(제101조, 제102조) 등으로 법원을 견제한다. 법원의 위헌법률심사제청권(제111조 제1항 제1호, 제107조 제1항), 명령·규칙·처분심사권(제107조 제2항)·법원 제청에 의한 헌법재판소의 법률위헌여부심판, 탄핵심판, 정당해산심판, 기관간 권한쟁의심판, 헌법소원심판(제111조 제1항) 등으로 국회·정부·법원을 견제한다. 대통령중심제에 부통령 없이 국무총리를 두고 그 임명은 국회동의를 요하나 대통령의 권한이다(제86조 제1항). 국무총리는 대통령의 첫째가는 보좌기관으로서 행정에 관하여 독자적 권한을 갖지는 못한다. 대통령의 명을 받아 행정각부를 통할하는 기관의 지위에 있다(제2항). 국무회의를(제4장 제2절 제2관) 의결기관이 아닌 정책심의기관으로 한다(제88조). 국회의원과 정부각료의 겸직허용(제43조 해석상), 국무총리의 행정각부의 장 임명제청권과 국무총리·국무위원 해임건의권(제63조), 국회의 국무총리 임명동의권, 국무총리·국무위원 등의 국회 출석·답변요구권 및 의무(제62조), 정부의 법률안제출권(제52조) 등은 대통령 권한행사에 견제기능을 할 수는 있다. 하지만, 국정결정권자인 대통령을 중심으로 하는 대통령제의 틀은 변하지 않는다(헌재 1994.4.28. 89헌마221).

2. 대통령중심제에서의 행정의 집행조직권

2.1 행정의 집행조직권과 정부·행정부·내각

행정권을 실체적으로 보는 적극적 행정개념은 행정이 갖는 속성에 의거하여, 행정권은 법에 근거하여 행정목적을 능동적·적극적으로 형성하는 법집행권이라 한다. 소극적 행정개념은 법제정권인 입법권과 법선언권인 사법권을 控除한 나머지 국가작용이라 하는 형식적인 포괄적 행정 관념이다. 이에 따른 기관적 행정개념은 헌법상 국회·법원에 대응하는 계층적 조직의 형태인 정부의 실정법상 권한으로 본다. 행정권의 범위는 정부(국회사무처의 의회행정, 법원행정처의 사법행정, 지방자치단체의 지방행정, 선거관리위원회의 선거관리행정 등은 제외된다)의 행정집행권(권력행정·관리행정·國庫행정), 정부의 행정입법권으로서 법규명령제정권(제75조, 제95조), 긴급명령권, 긴급재정경제명령권(제76조), 조약체결에 대한 비준권(제73조), 행정규칙제정권 등의 준입법작용, 그리고 정부의 준사법적(재판의 전심절차로 기능) 작용으로서 재결裁決의 권한인 행정심판권 등을 내용으로 하며, 이 밖에 형식적 행정의 관념을 상정하여 이에 속하는 대통령의 사면·감형·복권(제79조) 등의 행정사법권을 그 범주로 한다. 헌법 제66조 제4항 '행정권은 대통령을 수반으로 하는 정부에 속한다' 함은 행정권은 행정집행권, 정부의 준입법적, 준사법적 기능 및 조직법상 권한 등이 모두 대통령을 수반으로 하는 정부에 속한다 함을 말한다(헌법 제88조 제1항, 제52조, 제53조, 제8조 제4항 등 참조).

적극적 행정개념과 적극행정 행정권의 적극적 행정개념은 행정목적을 적극적으로 형성하는 법집행권이므로, 이른바, 적극행정은(대통령령으로 2019.8.6. 제정 · 시행된 '적극행정 운영규정'은 "적극행정"이란 공무원이 불합리한 규제를 개선하는 등 공공의 이익을 위해 창의성과 전문성을 바탕으로 적극적으로 업무를 처리하는 행위이며(제2조 제1호) "소극행정"이란 공무원이 부작위 또는 직무태만 등 소극적 업무행태로 국민의 권익을 침해하거나 국가 재정상 손실을 발생하게 하는 행위를 말한다)(제2조 제2호), '중앙행정기관의 장은 정책이나 제도를 시행하기 위해 입법조치가 필요한 경우로서 그 내용이 법률로 정하지 않아도 될 사항인 경우에는 대통령령, 총리령 및 부령을 제정 또는 개정해야 한다.'(제9조 제1항), '중앙행정기관의 장은 정책을 집행하는 과정에서 법령을 해석할 때에는 법령의 범위에서 적극적으로 공공의 이익을 실현할 수 있도록 해야 하며, 법령의 취지를 벗어나 국민의 권리를 제한하거나 새로운 의무를 부과해서는 안 된다.'(제9조 제3항)), 법치행정에 기반하여야 하며, 행정목적의 적극적 형성이라는 법집행권이, 공무원의 성실의무(모든 공무원은 법령을 준수하며 성실히 직무를 수행하여야 한다.'(국가공무원법 제56조))를 초월한 인치의 위험성도 있으므로('공무원이 적극행정을 추진한 결과에 대해 그의 행위에 고의 또는 중대한 과실이 없는 경우에는 감사원법 제34조의3 및 공공감사에 관한 법률 제23조의2에 따라 징계 요구 또는 문책 요구 등 책임을 묻지 않고'(적극행정운영규정 제16조 제1항), '징계 관련 법령에 따라 징계의결 또는 징계부가금 부과의결을 하지 않는다'(제17조 제3항), '징계의결등 요구권자는 소속 공무원의 소극행정이 발생한 경우 징계 관계 법령에 따라 징계의결등을 요구하는 등 필요한 조치를 해야 한다.'(제19조) 등), 적극행정의 수행 · 절차 등의 법적 근거를 국가공무원법 등에 두어야 한다.

정부는 행정권을 담당하는 주체로서 입법권의 행사주체인 국회(헌법 제40조), 사법권의 행사자인 법원(제101조 제1항) 등에 대응하여, 대통령을 수반으로(제66조 제4항) 국가의 행정권을 집행하는 국가행정조직이다. 정부는 행정기관의 개념은 아니다. 국가는 권리의무의 주체가 가능한 법인이지만 행정기관은 정부 내에서 국가의 권력을 행사하는 권한주체성만 갖는다. 정부수립과 국가건립은 다르다. 국가의 건립은 국가를 건국하는 일이며, 규범적으로, 대한민국의 건국은 1945.8.15. 조선민족이 일제강점에서 해방된 광복일 이후에 1948.7.17. 제헌헌법의 제정 · 공포에 의한다. 즉 1948년 7월 17일은 국가를 수립한 건국일이고 8월 15일은 정부를 수립한 날이다. 정부조직법은 제헌헌법 공포 1948.7.17. 당일 대한민국법률 제1호로 11부(내무 · 외무 · 국방 · 재무 · 법무 · 문교 · 농림 · 상공 · 사회 · 교통 · 체신) · 4처(총무 · 법제 · 기획 · 원호) · 3위원회(고시 · 감찰 · 경제) 등을 정하여 1948.8.15. 정부 수립이 선포되었다. 헌법 제4장에서 말하는 '정부'는 제1절 대통령 제2절 행정부 등을 포함함은 물론 입법부와 사법부에 대응하는 넓은 개념의 집행부이다(헌재 2021.1.28. 2020헌마264등). '행정부'는 국무총리 · 국무위원(제4장 제2절 제1관), 국무회의(제2관), 행정각부(제3관) 등의 헌법기관이다. 행정부는 대통령과 함께 정부를 구성하는 동시에 대통령의 의사결정과 집행을 보필하는 대통령 보좌기관이다. 감사원은(제4관) 대통령 소속의 국가기관이나 직무상 독립하여 존재하는 합의제 헌법기관이다. 헌법 제86조 제2항은 대통령의 명을 받은 국무총리가 행정각부를 통할하도록 규정하는 바, 이때 국무총리의 통할을 받는 '행정각부'에 모든 행정기관이 포함된다 볼 수 없다. 즉 정부의 구성단위로서 그 권한에 속하는 사항을 집행하는 중앙행정기관을 반드시 국무총리의 통할을 받는 '행정각부' 형태로 설치하거나 '행정각부'에 속하는 기관으로 두어야 하는 것이 헌법상 강제되는 것은 아니므로, 법률로써 '행정각부'에 속하지 않는 독립된 형태의 행정기관을 설치하는 것이 헌법상 금지된다 할 수 없다(헌재 2021.1.28. 2020헌마264등). 내각은 대통령 · 국무총리 · 국무위원 등으로 이루어지는 국무회의 및 행정각부를 총칭한다.

2.2 대통령 · 국무총리와 중앙행정기관

대통령은 법령에 의하여 모든 중앙행정기관의 장을 지휘감독하는 행정각부의 종합조정기능을 갖는다(정부조직법 제2장 대통령, 제3장 국무총리, 제4장 행정각부 제11조). 대통령은 국무총리와 중앙행정기관의 장의 명령이나 처분이 위법 또는 부당하다고 인정할 때에는 이를 중지 또는 취소할 수 있다. 이른바 청와대는 국가행정조직법상의 행정기관이 아니다. 이를 대통령부 등의 행정기관으로서 설치하는 것이 옳다. 국무총리는 대통령의 보좌기관으로서 대통령의 명을 받아 각 중앙행정기관의 장을 지휘 · 감독한다. 국무총리는 중앙행정기관의 장의 명령이나 처분이 위법 또는 부당하다고 인정할 때에는 대통령의 승인을 얻어 이를 중지 또는 취소할 수 있다. 국무총리의 사무처리에 관련하여 정부조직법에 규정된 행정기관에 부총리, 국무조정실, 국무총리비서실, 기획예산처, 법제처, 국가보훈처를 두나 대통령과 같이 자신의 행정사무를 아우르기 위한 조직은 두고 있지 않다. 중앙행정기관은 국가의 행정사무를 담당하기 위하여 설치된 행정기관으로서 그 관할권의 범위가 전국에 미치는 행정기관이다(행정기관의 조직과 정원에 관한 통칙 제2조 제1호). 어떤 행정기관이 중앙행정기관에 해당하는지 여부는 기관 설치의 형식이 아니라 해당 기관이 실질적으로 수행하는 기능에 따라 결정한다(헌재 2021.1.28. 2020헌마264등). 예를 들어, 국가인권위원회는 중앙행정기관에 해당하고 타 부처와의 갈등이 생길 우려가 있는 경우 대통령의 명을 받아 행정각부를 통할하는 국무총리나 대통령에 의해 분쟁이 해결될 수 있기에 대통령을 수반으로 하는 행정부에 속한다(헌재 2010.10.28. 2009헌라6 참조). 행정각부의 장은 해당 부의 이름에 '장관'을 붙인 명칭의 장관이다. 행정각부의 장은 국무총리의 제청으로 대통령이 임명하며, 대통령은 자신을 각부의 장에 임명할 수 없다. 국무총리도 각부장관에 임명될 수 없다. 각부장관은 소관사무를 통할하고 소속공무원을 지휘감독하며, 소관사무에 관하여 지방행정의 장을 지휘감독한다. 또한 국무회의에 의안의 제출 및 국무회의 소집요구를 할 수 있으며, 위임 또는 직권으로 부령을 발할 수 있다. '처'는 중앙행정기관에 공통된 기능으로서 국무총리의 중앙행정기관장에 대한 지휘감독권에 근거하여 추진하거나 종합적으로 일관된 조정통제가 필요한 업무를 관장하는 국무총리소속하의 중앙행정기관이다. 청은 각 부가 담당하는 사무 또는 사업의 일단을 통일적으로 처리하기 위해서 장관의 통제로부터 독자성을 지닌 장을 두어서 처리하도록 하는 부의 外局으로서 설치되는 중앙행정기관이다. 정부조직법 외의 다른 법률에서 두는 중앙행정기관은 독점규제및공정거래에관한법률 제35조에서 두는 공정거래위원회가 있다.

2.3 행정조직 · 행정청

행정기관은 행정권의 조직 · 구성 · 권한을 담당하는 기관인 행정주체의 의사를 결정 · 표시하여 행정사무를 담당하는 자이다. 행정조직은 행정기관을 구성하는 일체의 인적 요소(공무원), 물적 요소(공물법 등), 인적 · 물적 종합시설(영조물) 등이며 그 법이 행정조직법(국가행정조직법, 자치행정조직법, 공무원법, 공물법, 영조물법 등)이다. 행정조직은 민주주의 · 법치주의 헌법이념의 법정성, 사회복지국가 등 국가목표의 목적성, 지방자치의 권력분립원리에 따른 분권성 등에 의거하여 권한의 분배 · 통합 · 조정 등의 구성원리를 지닌다. 행정조직은 행정사무를 처리하기 위하여 행정기관 · 조직에 행정사무를 분배하고, 통제하고, 책임을 부과하는 등의 원리에 따른다. 국가행정은 대통령을 정점으로 통일적으로 처리되며, 구체적으로 행정을 담당하는 주체인 국가행정기관은 대통령과 행정부이고, 국가행정조직법은 헌법과 정부조직법을 중심으로 구성된다. 헌법이 감사원이나 국가안전보장회의 등의 설치근거 규정을 두고 있는 것은 헌법적 시각에서 본 그 기관의 성격, 업무의 중요성 등을 감안하여 특별히 헌법에 그 설치근거를 명시한 것에 불과할 뿐 그 설치근거를 법률에 두는 법률기관의 설치를 금지하는 취지는 아니다(헌재 1994.4.28. 89헌마86 참조). 따라서 고위공직자범죄수사처 설치 및 운영에 관한 법률에 근거하여 수사처라는 행정기관을 설치하는 것이 헌법상 금지되는 것은 아니다. 수사처는 행정업무를 수행하면서도 입법부 · 행정부 · 사법부 어디에도 속하지 않는 기관이 아니라 그 관할권의 범위가 전국에 미치는 행정부 소속의 중앙행정기관으로 보는 것이 타당하다(헌재 2021.1.28. 2020헌마264등). 대통령, 국무총리, 행정각부는 국가행정을 행하기 위한 본래적인 국가행정기관으로서 국가행정은 이들 기관을 통해서 행해지는 것을 기본으로 하지만, 대통령을 수반으로 하는 정부의 국가행정사무는 실질적으로는 행정각부(제86조 제2항)에 의하여 처리된다. 이 같은 국가행정이 기관위임사무로서 지방자치단체의 장에게 위임되어 있는 경우에는 그 지방자치단체의 장은 국가행정기관이며, 나아가 지방자치단체 자신도 국가사무를 단체위임사무로서 처리하고 있으며, 이 외에도 각종의 公社, 공단 및 특수법인 등도 국가행정을 처리하며 사인도 국가행정에 속하는 행위를 하는 경우도 있다. 행정각부(제4장 제2절 제3관 제94조, 제95조)는 행정사무를 국무총리가 대통령의 명을 받아 통할하는 국가행정기관으로서 국가행정사무를 실질적으로 처리하며 그 설치조직과 직무범위는 법률로 정한다(제96조). 행정청은 행정에 관한 의사를 결정하여 이를 외부에 표시하는 권한을 가진 행정기관이며, 특히 국가의 행정기관인 행정청을 행정관청, 지방자치단체의 행정기관을 행정청이라고도 한다. 행정관청은 구성원의 수에 따른 독임제관청·합의제관청 등으로도 구분되며 국가중앙행정관청은 원·부·처·청·국의 장(장관·처장·청장·국장)·위원회(위원장) 등을 말한다. 보조기관은 스스로 국가의사를 결정·표시할 권한 없이, 행정관청에 소속되어 이를 보조하는 행정기관이다(차관·차장 등). 보좌기관은 행정청 또는 보조기관을 보좌하는 행정기관이다(대통령비서실, 차관보 등). 의결기관은 행정에 관한 국가의사를 의결의 형식으로 결정하는 합의제 행정기관인 점에서 보조보좌기관과 다르며, 다만 의사를 외부에 표시하는 권한은 없는 점에서 행정관청과 구별된다. 집행기관은 행정관청의 명을 받아 국가의사를 사실상 집행하는 기관이다(경찰공무원 등). 공기업기관 및 영조물기관은 공기업 또는 영조물의 설치경영을 임무로 하는 행정기관으로서 현업기관이다. 행정관청은 법령상 유효하게 국가의사를 결정·표시할 수 있는 범위를 말하는 권한, 관할, 직무범위 등을 갖는다.

3. 정부형태개정론

정부형태는 제헌헌법의 대통령제, 제3공화국헌법의 미국식 대통령제, 제4·5공화국헌법의 대통령주의제에 이은 현행헌법의 대통령중심제에 이어져 오고 있다. 대통령중심제 정부형태가 국가정책·사회통합을 위한 체계적 정당성을 갖추는 개정은 필요하다. 의원내각제의 개헌도 정당성이 있고 대통령제의 헌정사적 경험을 고양할 4년중임제 개헌의 필요성도 여전히 있다.

Ⅲ. 공직의 헌법제도

[一] 공직의 기본권 – 공무담임권

1. 공무담임권의 의의

1.1 헌법 제25조와 공무담임권

헌법 제25조 '모든 국민은 법률이 정하는 바에 의하여 공무담임권을 가진다' 하는 공무담임권은 국민이 입법부, 행정부, 사법부 등의 국가기관이나 지방자치단체 등 공공단체의 구성원으로서 그 직무를 담당할 수 있는 지위·자격을 헌법상 권리로서 갖는 기본권이며, 공직선거에 입후보하여 선출되는 피선거권, 공직에 임명되는 공직취임권 등의 권리가 도출된다(헌재 2001.9.27. 2000헌마159).

공무담임권 기능직공무원이 일반직공무원으로 우선 임용될 권리 내지 기회보장은, 헌법상 공무담임권에서 당연히 파생되는 것이 아니고, 공무담임권의 보호영역에 속하지 아니하여 공무담임권 침해 문제가 생길 여지가 없다(헌재 2013.11.28. 2011헌마565). 군인을 전역한 날부터 3년 이내에 군무원으로 채용하는 경우 특별채용시험으로 채용할 수 있도록 하고, 임용예정일 기준으로 전역 후 3년 이내인 자를 선발하도록 해도 공무담임권 침해는 아니다(헌재 2016.10.27. 2015헌마734). 사법시험은 원칙적으로 자격시험의 성격이 있고, 그 시험에 합격하여 사법연수원의 소정 과정을 마친 사람 중에서 판사나 검사를 임용하므로, 그 한도에서 공무원임용시험의 성격을 가지는바, 사법시험 제1차시험 시행일을 일요일로 정하였다 하여 공무담임권이 침해되었다 볼 수는 없으며, 자신이 신봉하는 종교의 특별한 교리를 이유로 일요일에는 예배행사 참여와 기도와 선행 이외의 다른 행위를 할 수 없다는 것일 뿐, 다수국민의 편의를 위하여 시험 시행일을 일요일로 정한 이 사건 공고가 특별히 청구인의 사법시험 응시 기회를 차단한다 볼 수 없다(헌재 2001.9.27. 2000헌마159).

1.2 공무담임권의 보호영역

공무담임권의 보호영역에는 공직취임기회의 자의적 배제 및 공무원신분의 부당한 박탈의 금지를 포함한다. 다만 공무수행의 자유는 포함되지 아니한다. 또한 '모든 범죄로부터 순결한 공직자 집단'이라는 신뢰 요구는 변화된 사회구조에서 지나치게 공익만 우선한 것이며, 사회국가원리에 입각한 공직제도에 따르는 개개 공무원의 공무담임권 보장의 중요성이 더욱 큰 의미를 가지고 있다(헌재 2002.8.29. 2001헌마788등).

공무담임권과 공무수행의 자유 공무담임권에는 일반적으로 공직취임의 기회보장, 신분박탈, 직무의 정지에 관련된 사항이 보호영역에 포함되지만, 특별한 사정도 없이 공무원이 특정 장소에서 근무하는 것이나 특정 보직을 받아 근무하는 것을 포함하는 일종의 '공무수행의 자유'까지 그 보호영역에 포함된다 보기는 어렵다(헌재 2014.1.28. 2011헌마239). 공무원이 금고 이상의 형의 선고유예를 받은 경우 공무원직에서 당연히 퇴직하는 것으로 규정하는 법률조항은, 과실범의 경우마저 당연퇴직의 사유에서 제외하지 않는 등, 당연퇴직사유를 임용결격사유와 동일하게 취급하는 것으로서, 공무담임권을 침해한다(헌재 2002.8.29. 2001헌마788등. 1990.6.25. 89헌마220 합헌결정의 판시의견 변경).

1.3 공무담임권의 실현

공무담임권은 직업선택의 자유에 대한 특별기본권이므로(헌재 2000.12.14. 99헌마112등), 공무의 현실적 담당은 선거로 당선되어 선출직 공무원으로 취임하거나(헌법 제41조 제1항, 제67조 제1항) 또는 성적 등의 객관적 기준에 의하여 치루어지는 시험에 합격하여 임명직공무원에 취임된 자이어야 한다(제7조 등).

공무담임권과 직무의 공정성 · 전념성 지방공무원이 국회의원재선거에 출마하는 경우 후보자등록신청 전까지 그 직에서 사퇴하도록 함은, 선거공정성 및 공직의 직무전념성을 위한 것으로 공무담임권 침해가 아니며, 국민전체의 봉사자인 지방공무원과 私法에 따라 근무관계가 규율되는 정부투자기관 등 직원의 관계에서도 평등권을 침해한다 볼 수 없다(헌재 2014.3.27. 2013헌마185). 사립대학교원이 국회의원으로 당선된 경우 임기개시일 전까지 그 직을 사직하도록 함은, 휴직만으로는 직무공정성 훼손가능성이 여전하고, 수업권 침해, 다른 정무직 공무원과 달리 헌법 제43조는 국회의원의 일부직종 겸직불허가능성을 직접 열어두고, 국회의원은 국가공동체의 정치적 의사형성에 직접적 포괄적 참여로 이해관계의 충돌상황을 사전에 차단해야 할 필요성이 상대적으로 더욱 크며, 출마를 위해 처음부터 사직하도록 하는 초 · 중등학교 교원에 비해 제한의 정도가 크지 않으므로, 공무담임권, 직업선택의 자유를 침해하지 않는다(헌재 2015.4.30. 2014헌마621).

2. 공직피선거권

2.1 공직피선거권 적격요건 및 거주기간요건

국민의 선거로 선출되는 공직자는 공직피선거권 향유능력과 행사능력을 지니고 피선자격 결격사유 등이 없어야 한다(병역의무기피범 금지(제6대~제8대 국회의원선거, 제5대~제7대 대통령선거: 7년)). 피선거권은 대한민국국민으로서 선거일 현재 만25세 이상(공직선거법 제16조 제2항), 대통령은 만40세 이상, 지방자치단체장은 만35세 이상이어야 한다(헌법 제67조 제4항, 법 제1항). 지방자치단체장의 임기중 포괄적인 입후보금지의 피선거권제한은 보통선거에 위배된다(헌재 1999.5.27. 98헌마214). 공직피선거권에 있어서 국회의원은 거주사실은 요구되나 거주기간을 요하지는 않는다. 다만, 대통령선거에 있어서는 통산 즉 계속하여 거주하는 것이 아닌 합산 5년 이상의 국내거주기간이 요구되며(법 제16조 제1항 공무로 외국에 파견된 기간과 국내에 주소를 두고 일정기간 외국에 체류한 기간은 국내거주기간으로 본다), 지방의회의원과 지방자치단체의 장 입후보자 등도 이와 유사하다(선거일 현재 계속하여 60일 이상 당해 지방자치단체의 관할구역 안에 주민등록이 된 자이어야 한다. 제3항. 헌재 1996.6.26. 96헌마200). 입후보등록에 일정 수 이상의 선거권자 추천이 요구되는 경우도 있다(공직선거법 제52조 헌재 1996.8.29. 96헌마99).

공직피선거권 행사연령, 공직피선거권 거주기간 (헌법 제25조, 제118조 제2항에 따라 국회의원, 지방의회의원, 지방자치단체의 장의 선거에 입후보하여 당선되기 위한 권리로서)피선거권을 누구에게, 어떠한 자격을 갖추었을 때 부여할 것인지는 입법자가 정책적으로 결정할 사항이나(구체적인 연령기준이 입법형성권의 범위와 한계 내의 것으로 그 기준이 현저히 높다거나 불합리하지 않다면 헌법에 위반된다고 쉽사리 단정할 것은 아니다), 국가의 기관구성권과 정책결정권을 분리하고 정책결정권을 대의기관에게 자유위임하는 대의민주주의 통치질서에서, 피선거권 행사연령을 정함에 있어(헌법적 한계 즉 그 지위와 직무에 상응하는 대의능력과 전문적 지식을 갖추고 있는지 여부가 중요한 기준인데, 이는 교육과정 등에 소요되는 최소기간, 선출직공무원에 납세 및 병역의무 이행을 요구하는 국민의 기대와 요청, 다른 국가들의 입법례(선거권 행사연령보다 피선거권 행사연령을 3세에서 7세 정도 높게 정함) 등을 고려하여 재량에 따라 결정할 수 있기에), 이를 25세 이상으로 정한 피선거권조항은 합리적이고 입법형성권의 범위와 한계 내에 있어, (25세 미만인 사람의)공무담임권, 평등권을 침해하지 않는다(헌재 2017.10.26. 2016헌마623; 2014.4.24. 2012헌마287; 2013.8.29. 2012헌마288; 2005.4.28. 2004헌마219). 지방자치단체장의 피선거권 자격요건으로 90일 이상 관할구역 내에 주민등록이 되어 있을 것의 합헌 결정(헌재 1996.6.26. 96헌마200), 후, 개정 공선법에서 주민등록요건이 선거일전 90일 이상에서 60일 이상의 변경 역시 과잉금지원칙에 위배하여 공무담임권을 제한한다 볼 수 없다(헌재 2004.12.16. 2004헌마376).

2.2 공직피선거권과 겸직제한

공직피선거권에 있어서 권력의 인적 분리, 공직의 공정의무 원칙 등을 근거로 요구되는 공직직무전념, 겸직금지의무 등을 결여하면 피선거권능력의 결격사유가 된다. 대통령은 국무총리 · 국무위원 · 행정각부의 장 기타 법률이 정하는 공사의 직을 겸할 수 없다(제83조). 국회의원은 법률이 정하는 직을 겸할 수 없다(제43조). 지방의회의원 및 지방자치단체의 장 역시 일정한 겸직 제한이 인정된다.

국회의원 등의 겸직 제한, 지방의회의원 등의 겸직 · 입후보제한 국회의원은 법률이 정하는 직을 겸할 수 없고(헌법 제43조), 국무총리 또는 국무위원의 직 이외의 다른 직을 겸할 수 없지만(국가공무원법제3조단서의공무원의 범위에관한규정 제2조 참조), 공익 목적의 명예직, 다른 법률에서 의원이 임명 · 위촉되도록 정한 직, 정당법에 따른 정당의 직 등은 겸할 수 있다. 또한 의원은 그 직무 외에 영리를 목적으로 하는 업무에 종사할 수 없지만, 의원 본인 소유의 토지 · 건물 등의 재산을 활용한 임대업 등 영리업무는 의원의 직무수행에 지장이 없는 경우에 가능하다(국회법 제29조 제1항, 제29조의2 제1항 참조). 공무원은 선거일 전 90일까지 그 직을 그만 두어야 공직선거후보자가 될 수 있도록 함은 합헌이다. 즉 지방의회의원의 입후보제한이나 겸직금지가 필요하다(헌재 1995.3.23. 95헌마53). 농업협동조합 · 수산업협동조합 · 축산업협동조합 · 산림조합 · 엽연초생산협동조합 · 인삼협동조합의 조합장의 겸직 금지는, 국민의 참정권 제한에 있어서 합리성 없는 차별대우의 입법이어서 헌법에 위반된다. 다만, 농지개량조합의 조합장의 겸직 금지는, 다른 조합장과 달리 그에 대해 부과될 직무전념의 성실의무, 공법인성 등과 相値된다 단정할 수 없고, 이는 입법자의 결단사항이라 봄이 무방하기에 헌법에 위반되지 않는다(헌재 1991.3.11. 90헌마28). 정부투자기관 임원 · 집행간부의 지방의회의원선거 입후보제한은 합헌이나 직원에 대한 제한은 위헌이며, 국민건강보험공단 직원에게도 같게 적용된다(헌재 1995.5.25. 91헌마67). 위 공단 상근직원의 선거운동금지(헌재 1995.6.12. 95헌마172) 및 타인을 위한 선거운동금지(헌재 2004.4.29. 2002헌마467) 등은 합헌이다. 지방자치단체장이 당해 지방자치단체 관할구역과 같거나 겹치는 선거구역에서 실시되는 지역구 국회의원선거에 입후보하고자 하는 경우 당해 선거일 전 180일까지 그 직을 사퇴하도록 함은 평등권과 공무담임권 침해다(헌재 2003.9.25. 2003헌마106).

2.3 공직피선거권과 기탁금 제도

2.3.1 기탁금 제도의 의의와 합헌성

'공직선거의 후보자등록을 신청하는 자는 등록신청 시에 후보자 1명마다 기탁금을 중앙선거관리위원회규칙으로 정하는 바에 따라 관할선거구선거관리위원회에 납부하여야 한다'(공직선거법 제56조 1. 대통령선거는 3억원 2. 국회의원선거는 1천500만원 3. 시 · 도의회의원선거는 300만원 4. 시 · 도지사선거는 5천만원 5. 자치구 · 시 · 군의 장 선거는 1천만원 6. 자치구 · 시 · 군의원선거는 200만원.) 하는 공직선거후보자 기탁금제도는 제헌헌법의 제1차 헌법개정이 이루어지면서 실시된 국회의원선거(1958.1.25. 민의원선거법, 참의원선거법)에서 처음 도입하여 현행 공직선거법에까지 계속되고 있다. 공직선거법의 기탁금 · 기탁금반환조항 등은 후보자의 진지성 담보, 선거관리업무의 과중 방지, 선거과정에서 소요된 비용 등의 사전확보를 통한 선거공용비용 충당금 기능 등을 가진 정책사항에 속하기에, 기탁금제도 자체가 헌법에 반하는 것은 아니다. 고액의 기탁금은 이로 인한 공무담임권 등의 제한으로 공직선거후보자 등록을 사실상 봉쇄하는 수준으로서 현저히 불합리하다고 볼 수 있는 것이 아니면, 공무담임권이나 평등권을 침해하는 위헌이라 할 수 없다(헌재 2018.1.25. 2016헌마541; 2017.10.26. 2016헌마623) 하므로 이에 반하면 위헌이 된다.

기탁금제도의 연혁과 위헌성 제1공화국헌법 하의 법제에서 도입된 공직선거후보자의 기탁금제도는 제2공화국의 국회의원선거법에서 폐지되나, 유신정변(1972.10.27.) 비상국무회의(1973.3.12. 정당추천 200, 무소속 300)의 제4공화국헌법(1972.12.27.)에서 재도입하면서 제5공화국헌법(1980.10.27. 부칙 제6조)의 선거법(1981.1.29. 정당추천 700, 무소속 1,500)에서 규정된 이후 계속적으로 이어져 현행 공직선거법의 제도에 이른다. 고액기탁금 제도의 위헌성은 제6공화국헌법(1987.10.27.)의 국회의원선거법의 기탁금(1988.3.17.정당추천 1,000, 무소속 2,000)은 고액이어서 공무담임권, 평등권 침해라는 헌법불합치결정(헌재 1989.9.8. 88헌가6), (국회의원 기탁금(1천만원)을 규정한 공직선거및선거부정방지법(1991.12.31.) 폐지(1994.12.2.) 후 제정된)공직선거법(2000.2.16. 제56조)의 지역구국회의원 기탁금(2천만원) 위헌결정(헌재 2001.7.19. 2000헌마91등), 비례대표국회의원 1천5백만원 헌법불합치(헌재 2016.12.29. 2015헌마509등. 입법자가 2018.6.30.까지 개정하지 아니하면 2018.7.1.부터 그 효력을 상실한다), 대통령 5억원 헌법불합치(헌재 2008.11.27. 2007헌마1024), 시 · 도의회의원 700만원 헌법불합치(헌재 1991.3.11. 91헌마21), 시 · 도지사선거 5천만원 합헌(헌재 2019.9.26. 2018헌마128등; 2004.3.25. 2002헌마383; 1996.8.29. 95헌마108) 등의 결정들이 이어진다.

2.3.2 기탁금제도와 국민주권주의

기탁금제도를 두더라도 공직선거의 후보예정자의 참정권과 정치적 의사표현의 자유를 과도하게 제약하지 않는 한도 내에서 입법자의 정책적 재량이 행사되어야 하므로, 기탁금의 금액이 현저하게 과다하거나 불합리하게 책정된 것이 아니면, 선거제도와 국민대표제의 근거가 되는 실질적 국민주권주의에 따른 참정권의 침해가 되지는 않는다.

대통령선거 기탁금 대통령선거후보자 등록시 납부하도록 하는 3억원 기탁금을 규정한 선거법이 유효투표총수의 7% 이상 득표를 하지 못한 경우의 기탁금 공제는 합헌이지만(헌재 1995.5.25. 92헌마269등), 기탁금을 5억원으로 상향하고 그 반환조건도 유효투표수 득표율 15%이상(전부 반환) 혹은 10% 이상 15% 미만(절반만 반환) 등으로 더 엄격해진 상황은 개인에 현저하게 과다한 부담을 초래하며, 고액기탁금제도를 우리만 두어야 하는 합리적 이유를 발견하기 어렵고(대통령제를 둔 외국에서 대통령선거에 기탁금제도를 두는 나라 자체를 찾아볼 수 없으며(중앙선거관리위원회 발행, 외국의 선거제도 비교분석집, 2005), 유일하게 프랑스의 기탁금은 우리 돈 260만원 정도), 고액재산다과로 공무담임권 행사기회를 비합리적으로 차별하므로(돈을 쉽게 조달, 활용할 수 있는 사람에게는 입후보 난립방지 효과를 갖지 못하면서 부담을 느끼는 사람들에게만 입후보 방지 효과를 가져), 입법자에 허용된 재량범위를 넘어 공무담임권을 침해한다(헌재 2008.11.27. 2007헌마1024). 대통령선거기탁금의

100분의 20인 6,000만 원 기탁은 예비후보자제도의 특성 및 본선거 기탁금 일부의 선 부담이므로 지나치게 과다하거나 불합리한 금액이 아니고 공무담임권 침해가 아니다(헌재 2015.7.30. 2012헌마402).

지역구국회의원선거 기탁금 지역구국회의원선거 후보자등록 신청자의 선거기탁금 1천500만 원, 지역구국회의원선거 후보자 득표수가 유효투표총수를 후보자수로 나눈 수 이상이거나 유효투표총수의 100분의 15 이상인 때 기탁금 1천500만 원 중에서 과태료·대집행비용을 공제한 나머지 금액 반환 등은 (입법자의 정책적 결정사항으로서 입법형성권의 범위와 한계 내에서 설정되어)그 금액이 현저하게 과다하거나 불합리하지 않아 공무담임권을 침해하지 않으며, (대중인지도가 다른 기성정치인과 정치신인을 합리적 이유 없이 동일하게 취급함으로써)평등권을 침해한다 볼 수도 없다(헌재 2010.12.28. 2010헌마79; 2003.8.21. 2001헌마687등).

비례대표국회의원 선거기탁금 비례대표국회의원선거가 정당선거의 성격을 가져 인물선거인 지역구국회의원선거와 근본적으로 다름에도, 정당이 그 후보자등록 신청 시 비례대표국회의원후보자 1명마다 지역구국회의원선거와 동일한 1천500만 원 기탁금은, 필요한 최소한 액수보다 지나치게 과다하여(헌재 2009.6.25. 2007헌마40), (정당이 비례대표국회의원선거에 참여하여 소속 당원을 후보자로 추천하여 등록을 신청할)정당활동의 자유의 제한인 동시에, (국민이 정당의 추천을 받아 비례대표국회의원후보자가 되어 국회의원에 취임할 수 있는)공무담임권을 제한하며, 기탁금을 반환받지 못할 가능성이 큰 신생정당이나 소수정당의 선거참여 자체를 위축시킬 수 있는 등의 과잉금지원칙을 위반하여 공무담임권을 침해한다(헌재 2016.12.29. 2015헌마509등).

2.3.3 기탁금반환 제도와 공무담임권

기탁금반환제도(기탁금에서 법이 정한 기준에 따라서 부담하는 비용을 뺀 나머지 금액을 기탁자에 반환, 반환하지 아니하는 기탁금의 국가 또는 지방자치단체 귀속 등(헌재 2004.3.25. 2002헌마383등))는 대의민주주의의 본질을 형성하는 선거제도 신뢰성, 후보자난립방지 등 진지성 담보, 선거운동 불법행위방지로 부과되는 과태료 및 행정대집행 비용의 사전확보 및 반환요건도 최소한제한이어서 공무담임권 침해가 아니다(헌재 2016.12.29. 2015헌마509).

기탁금반환제도 예비후보자의 기탁금반환사유는 후보자등록을 하지 못할 정도에 이르는 객관적 예외적 사유로 한정함이 상당한 바, 지역구국회의원 예비후보자의 기탁금반환사유로 예비후보자의 사망, 당내경선탈락으로 한정하고, 정당의 공천심사에서 탈락하고 후보자등록을 하지 않은 경우를 규정하지 않은 구 공직선거법 관련부분은 과잉금지원칙에 반하여 예비후보자인 청구인의 재산권을 침해하여,■ 2019.6.30.을 시한으로 개정될 때까지 계속적용하는 헌법불합치결정을 한다(헌재 2018.1.25. 2016헌마541 계속적용 헌법불합치).■■ 지방자치단체의 장선거의 예비후보자에 대한 기탁금반환사유로 정당의 공천심사에서 탈락한 후 후보자등록을 하지 않은 경우를 규정하지 않는 것은 헌법에 합치되지 아니한다(헌재 2020.9.24. 2018헌가15등).■■■ 지방교육자치에관한법률에 의한 공직선거당선인이 징역형 선고를 받아 당선무효로 된 경우 구체적 사유에 상관없이 보전받은 기탁금 및 선거비용 전액반환은 재산권, 평등권을 침해하지 아니한다(헌재 2015.2.26. 2012헌마581; 2011.4.28. 2010헌바232).

■ 예비후보자가 본선거의 정당후보자로 등록하려 하였으나, 자신의 의사와 관계없이 정당공천관리위원회 심사에서 탈락하여 본선거 후보자로 등록하지 아니한 것은 후보자등록을 하지 못할 정도에 이르는 객관적 예외적 사유에 해당하며, 정당의 추천을 받고자 공천신청을 하였음에도 정당의 후보자로 추천받지 못한 예비후보자가 납부한 기탁금은 반환되어야 함에도 반환하지 않는 것은 입법형성권의 범위를 벗어난 과도한 제한으로서 침해최소성에 어긋나며, 당내경선에서 배제된(이른바 컷오프) 예비후보자들로서 본선거에서 등록을 하지 않은 경우 선거에서 진정성이 없거나 불성실하다고 단정할 수 없는 정치신인 등에게 기탁금을 반환하지 않는 것은 과잉금지원칙에 반하는 재산권침해로 헌법에 위반된다(헌재 2018.1.25. 2016헌마541; 2017.10.26. 2016헌마623).

■■ 심판대상조항이 헌법에 위반되는 이유는 일정한 경우 예비후보자에게 기탁금을 반환하도록 한 것 그 자체에 있는 것이 아니라, 심판대상조항이 정한 기탁금반환대상이 불완전·불충분하게 규정되어 있어, 예비후보자가 정당공천관리위원회 심사에서 탈락하여 본선거 후보자로 등록하지 아니한 경우에 그가 납부한 기탁금전액을 반환하지 않도록 함은 헌법에 위반된다는 것이므로, 단순위헌결정을 하여 즉시 효력을 상실시킨다면, 지역구국회의원선거의 예비후보자 기탁금납입조항(공직선거법 제60조의2 제2항 후문)은 효력을 유지한 채 그 반환의 근거규정이 사라지게 되어 법적 공백상태와 혼란이 발생할 우려가 있기에 헌법불합치결정을 선고하고, 입법자의 개선이 있을 때까지 잠정적용을 명하기로 한다(헌재 2018.1.25. 2016헌마541; 2017.10.26. 2016헌마623).

■■■■ 지역구국회의원 선거와 지방자치단체의 장선거는 선거제도 규정방식이나 선거대상의 지위와 성격, 기관의 직무 및 기능, 선거구 수 등에 차이가 있을 뿐, 예비후보자의 무분별한 난립을 막고 책임성을 강화하며 그 성실성을 담보하고자 하는 기탁금제도의 취지 측면에서는 동일하므로, 선례의 판단은 이 사건에서도 그대로 타당하고, 위와 같은 견해를 변경하여야 할 사정이 있다 보기 어려우므로, 과잉금지원칙에 반하여 헌법에 위반된다.

3. 공직취임권

3.1 공직취임권의 의의

공직취임권은 누구나 능력과 적성에 따라 공직에 취임할 수 있는 균등한 기회를 보장받는 헌법상 권리이다. 공직취임권의 기본권으로서의 근거는 직업의 자유가 아니라 헌법 제25조 공무담임권, 제7조 공직제도의 직업공무원제도를 헌법적 근거로 한다(헌재 2001.2.22. 2000헌마25).

공직취임권 공무원으로 재직 중인 자가 직무와 직접적 관련이 없거나 과실에 의한 것이라도 범죄행위로 인하여 법원에서 금고 이상의 형의 집행유예를 선고받은 경우를 당연퇴직의 사유로 하더라도 공무원의 품위를 손상하는 범죄행위로 인한 퇴직의 서유이기에 공무담임권, 행복추구권을 침해하지 아니한다(헌재 2011.6.30. 2010헌바478; 2003.10.30. 2002헌마684등). 금고 이상의 형을 받고 그 집행이 종료되거나 집행을 받지 아니하기로 확정된 후 5년을 경과하지 아니한 자는 공무원에 임용될 수 없고(헌재 2007.7.26. 2006헌마764), 금고 이상의 형을 받고 그 집행유예의 기간이 만료된 날로부터 2년을 경과하지 아니한 자는 공무원에 임용될 수 없다(헌재 1997.11.27. 95헌바14등) 함은, 사회적 비난가능성과 공무원 직무의 고도의 윤리성을 고려한 것이어서, 입법자 재량을 일탈하여 직업선택의 자유나 공무담임권, 평등권, 행복추구권, 재산권 등을 침해하는 위헌의 법률조항이 아니다. 공직취임 임용연령상한 법정은, 해당공직에 취임하려는 자의 공무담임권의 직접적 제한이므로 헌법 제37조 제2항 과잉금지원칙에 부합되어야 하는 바, 부사관으로 최초로 임용되는 사람의 최고연령 27세 연령상한은, 군의 특수성을 고려할 때, 부사관에 임용되기를 원하는 자의 공무담임권을 과도하게 제한한다 보기 어렵다(헌재 2014.9.25. 2011헌마414). 하지만, 공직취임권의 연령제한 관련 위헌을 선언한 최초의 결정으로서, 5급공채시험 응시연령의 상한을 '32세까지'로 제한함은, 기본권제한을 최소한도로 하여야할 원칙의 위반이며, 다만 연령을 이유로 한 모든 공무담임권 제한이 위헌이 된다고 선언한 것은 아니므로, 연령을 이유로 한 국민의 공직취임권 제한은 입법자가 추후 입법을 통해 적정한 연령기준을 정하도록 하였다(헌재 2008.5.29. 2007헌마1105). 당연제적사유를 임용결격사유와 동일하게 취급함은 공직취임기회의 자의적 배제로 공무담임권 침해다(헌재 2003.9.25. 2003헌마293등).

3.2 공직취임권과 성적제

공직취임은 시험임용인 성적제가 원칙이다(국가공무원법 제36조). 법률상 각종시험으로 담당할 직무수행에 필요한 최소한도의 학력・경력・연령 기타 필요한 자격요건은 규칙(국회규칙・대법원규칙), 명령(대통령령・총리령・부령)에 위임하며 국회의장(제48조), 대통령(제78조), 대법원장(제104조 제3항), 헌법재판소장(제113조)이 정한다. 공직취임권에 상응하는 공직담당의무는 헌법상 병역의무(제39조) 외에는 없다.

공직취임권과 성적제 국가유공자와 취업보호대상자 가산점은 헌법 제32조 제6항에 근거하는 능력주의의 예외이다(헌재 2001.2.22. 2000헌마25). 임용결격공무원 특별채용기준의 하나로 공무원으로서 도덕성 요구(헌재 2004.2.26. 2003헌바4), 사법시험제1차시험 등 공무원임용시험 성격의 국가시험시행일의 일요일(헌재 2001.9.27. 2000헌마159) 등은 공무담임권 침해가 아니다. (대전광역시)공립중등학교 교사임용후보자 선정경쟁시험시행요강 중 사범대가산점, 복수・부전공 가산점부분은 공무담임권 침해의 위헌이다(헌재 2004.3.25. 2001헌마882). (서울특별시교육감 등 15개 시・도교육감의)'2013학년도 공립 중등학교교사 임용후보자 선정경쟁시험 시행 사전예고'를 통한 선발예정과목의 공통과학 제외는 (합리적 재량의 범위 안에 있어)공무담임권 침해가 아니다(헌재 2015.4.30. 2012헌마620).

3.3 공직취임권과 기본권

공직취임권은 공직담당유지권으로서 헌법상 권리인 기본권이다. 반면, 공무원정년근무권은 헌법의 공무원신분보장 규정에 근거하는 법률상 권리인 기득권으로서 제37조 제2항 일반적 법률유보의 비례성원칙이 아닌 신뢰보호원칙의 범위에 있다(헌재 2000.12.14. 99헌마112등). 공직퇴임 후 일정기간 공직취임제한은 공직취임권이 아닌 직업의 자유 등 기본권에 속한 문제이다.

공직취임권의 한계・제한 7급 세무직 공무원 공개경쟁채용시험에서 특정 자격증(변호사・공인회계사・세무사) 소지자에 가산점부여제도는 (가산대상자격증을 소지하지 아니한 사람들에게는 공직진입에 장애를 초래하여 공무담임권 제한의 측면이 있지만, 전문적 업무능력을 갖춘 사람을 우대하여)헌법 제7조 직업공무원제도의 능력주의를 구현하는 측면이 있고, (관련 자격증 소지 여부가 시험에서 우대를 고려할 객관적 근거가 되며, 자격증 없는 자들의 응시기회 자체가 박탈되거나 제한되는 것이 아닌 등으로)과잉금지원칙에 반하는 공무담임권 침해가 아니다(헌재 2020.6.25. 2017헌마1178). 직무독립성・공정성이 강조되는 대법원장, 대법관, 헌법재판소장, 헌법재판소재판관, 감사원장 등은 퇴직 후 공직임명제한이 없음에도, 검찰총장은 퇴직일부터 2년 이내의 공직, 정당발기인, 당원 금지(헌재 1997.7.16. 97헌마26), 국가인권위원회위원 퇴직후 일정직 취임, 출마 금지(헌재 2004.1.29. 2002헌마788) 등은 위헌이다.

[二] 공직의 제도보장

1. 공직제도와 직업공무원제도

1.1 공직제도와 공무원

1.1.1 공직제도와 공무원의 의의

헌법 제7조 제1항 '공무원은 국민전체에 대한 봉사자이며 국민에 대하여 책임을 진다' 함은 국가의 권력이 국가기관인 지위에서 국민전체의 수임자로서 봉사하고 책임을 지는 공무원이 행사하는 '공직제도'에 의해서 행사되어야 국민주권의 민주적 법치국가가 실현될 수 있다 하는 헌법원칙을 정한 규정이다(헌재 1992.4.28. 90헌바27등). 공무원은 국가·공공단체와 공법상 특별근무관계에서 공공적 업무를 담당하는 국가기관구성원이다. 또한 고용계약을 맺어 그 노무의 대가로 생활하는 근로자이다. 공직제도에 있어서 공무원은 궁극적으로는 주권자인 국민이 선출·임용되어야 하며, 나아가 공직자는 국민에 봉사하는 공익적 직무수행을 공정·성실·중립적으로 행하여야 하는 선량한 주의의무를 지는 국민의 수임자이다.

공직제도와 직업공무원제도 공직은 공직자가 전문직이라는 자존심을 가져야 세워진다. 그것이 플라톤이 Politeia에서 말한 공직자의 덕*virtue*으로서의 '용기'이다. 공직자의 자존심은 굶어 죽을 용기를 갖는 것, 죽겠다 하면 어떤 것도 문제가 될 수 없다는 마음가짐이 공직자가 정치세력에 거짓말 하지 않고 당당하게 철벽같은 무덤덤함으로 자기의 길을 갈 수 있게 한다.

1.1.2 공직제도와 일반적 공직자

공직제도는 일반적 공직자로 성립한다. 공무원법은 실적·자격으로 임용되는 임명직 공무원(제101조 제3항, 제86조 제1항, 제87조 제1항, 제94조, 제5조 제2항, 제31조 특히 제78조), 평생 동안 근무가 예정되고 능력·성적의 업적제(merit system)에 따르는 공무원을 일반직 공무원(헌법 제7조 참조)이라 한다. 국가공무원·지방공무원(국제공무원은 헌법, 국가공무원법, 지방공무원법상 공무원이 아니다) 및 경력직 공무원, 특수경력직 공무원 등이 그것이다.

일반직 공직자 국가공무원법 제2조 제1항의 공무원은 일반직공무원을 경력직공무원[평생 동안 근무가 예정된 공무원과 근무기간을 정하여 임용하는 공무원으로서 1. 일반직공무원: 기술·연구 또는 행정 일반에 대한 업무를 담당하는 공무원 2.특정직공무원: 법관, 검사, 외무공무원, 경찰공무원, 소방공무원, 교육공무원, 군인, 군무원, 헌법재판소 헌법연구관, 국가정보원의 직원과 특수 분야의 업무를 담당하는 공무원으로서 다른 법률에서 특정직공무원으로 지정하는 공무원], 특수경력직 공무원[1. 정무직공무원 가. 선거로 취임하거나 임명할 때 국회의 동의가 필요한 공무원 나. 고도의 정책결정 업무를 담당하거나 이러한 업무를 보조하는 공무원으로서 법률이나 대통령령(대통령비서실 및 국가안보실의 조직에 관한 대통령령만 해당한다)에서 정무직으로 지정하는 공무원 2. 별정직공무원: 비서관·비서 등 보좌업무 등을 수행하거나 특정한 업무수행을 위하여 법령에서 별정직으로 지정하는 공무원]으로 구분한다.

1.1.3 공직제도와 포괄적 공직자

공직제도에는 일반적 공직자 외에 직업공무원제도로 규율되는 포괄적 공직자가 있다. 군인(헌법 제5조, 제39조, 제89조 제16호, 제110조의 직업군인과 일반군인), 법관(헌법 제101조 제1항, 제103조~제106조 등) 등의 직업공무원 그리고 정무직 공무원(헌법 제4장 제2절 제1관 국무총리 국무위원, 제111조 제4항 헌법재판소의 장 및 재판관, 제98조 제2항 감사원장, 제3항 감사위원, 제114조 제2항 중앙선거관리위원회 위원장 및 위원)으로서, 이들은 선거가 아닌 임명·선발 등을 통하여 취임하고, 전문성과 능력을 기준으로 한 능력주의·성적주의가 바탕이 된다(헌재 2013.12.26. 2013헌마385; 2008.4.24. 2006헌마402등). 다만, 이 같은 공직자의 범주에서 선거직 공무원(헌법 제3장 국회의원 제41조 제1항, 제4장 제1절 대통령 제67조 제1항, 제8장 지방의회의원, 지방자치단체장 제118조 제2항)을 제외함은 당연한 일이다.

공직제도와 공무원 선거직 공무원과 일반직 공무원에 대해서, (선거권자의 신임에 의하여 정당성을 부여받는 지방의회의원 등의 선거직 공무원의 경우에 선거권자는 후보자의 도덕성·준법성 등을 판단하기 위한 충분한 정보를 제공받아야 할 필요성이 큰 반면), 직업공무원인 지방공무원은 그 선발에 있어서 공직이 요구하는 전문성·능력·적성 등을 기준으로 하는 능력주의 내지 성적주의가 바탕이 되어야 하므로, (실효된 형을 포함하는 범죄경력을 공개하도록 할 필요가 적다는 점에서, 이들을 달리 취급하더라도 불합리한 차별이라고 보기 어렵다)(헌재 2013.12.26. 2013헌마385; 2008.4.24. 2006헌마402등). (형벌법규는 죄형법정주의 원칙상 유추해석으로 법문의 의미를 벗어날 수는 없기에, 형벌법규에서 독자적으로 공무원 개념을 사용하려면 법률에 명시함이 일반적 입법례인데, 구 형법은 제정 당시 공무원 개념규정을 두지 않아, 국가공무원법·지방공무원법에 의한 공무원이 아니라도 국가나 지방자치단체의 사무에 관여하거나 공공성이 높은 직무를 담당하여 청렴성과 직무의 불가매수성이 요구되는 경우에, 개별 법률에 '공무원 의제' 조항을 두어 공무원과 마찬가지로 뇌물죄로 처벌하고, 이 같은 규정이 없는 경우에도 형법 제357조 제1항 배임수재죄 구성요건에 해당되는 경우에는 형사처벌이 될 수 있는 것으로 보았다)(헌재 2012.12.27. 2011헌바117), 법원은 국가공무원법이나 지방공무원법에 따른 공무원이 아니고 다른 법률에 의해 공무원으로 간주되지 않음에도, 법령에 기하여 공무에 종사한다는 이유로 공무원 의제규정이 없는 私人을 이 사건 법률조항의 '공무원'에 포함된다고 해석하여 온 것은(처벌의 필요성만을 지나치게 강조하여 범죄와 형벌에 대한 규정이 없음에도 구성요건을 확대한 것으로)죄형법정주의에 위배되어 헌법에 위반된다(헌재 2012.12.27. 2011헌바117).

1.2 직업공무원제도

헌법 제7조의 직업공무원제도는, 헌법과 법률에 의하여 공무원의 신분이 보장되도록 하는 공직구조에 관한 제도로서, 공무원의 정치적 중립과 신분보장을 그 중추적 요소로 하는 등으로, 국민주권원리에 바탕을 둔 민주적이고 법치주의적 공직제도다(헌재 2004.11.25. 2002헌바8). 직업공무원제도는 공무원이 집권세력의 논공행상의 제물이 되는 엽관제獵官制를 지양하며, 정권교체에 따른 국가작용의 중단과 혼란을 예방하고 일관성 있는 공무수행의 독자성을 유지하기 위하여, 정권담당자에 따라 영향받지 않는 것은 물론 같은 정권하에서도 정당한 이유없이 해임당하지 않는다(헌재 2002.11.28. 98헌바101). 직업공무원제도는 공직자가 국민전체에 대한 봉사자로서, 그 직분인 공직독자성 및 정치적 중립성을 지키면서 직무를 성실하게 수행하도록 업적제로 공직을 평가하여 신분을 보장하는 공직제도이므로, 공무수행능력 이외의 사유로 불이익을 받지 않도록 엽관제를 지양하면서, 특정 정당이나 직급의 충성자가 아니라 국민전체에 책임지는 공복公僕이 되도록 하는 국가의 제도이다. 헌법 제7조는 제도적 보장으로서 입법자는 공직제도의 본지인 신분보장·직무독자성·정치적 중립성은 폐지할 수 없다. 다만, 공직의 전문성·능률성·투명성 등에 따른(헌재 1993.9.27. 92헌바21) 정책집행권 귀속, 민주적 직무지시, 직무계통준수, 사회국가적 공직제도에 관련한 구체적 형성의 폭은 넓다(헌재 1989.12.18. 89헌마32등; 1997.11.27. 95헌바14등). 직업공무원제도는 공무원에 자신의 공직을 적정하게 평가받을 수 있는 법률상 권리를 부여한다. 공직적정평가요구권은 다른 공무원의 공직에 대한 사법적 권리구제청구 내지 공직취임정지요구 등의 공직자경쟁소송은 아니며 또한 직업의 영위에 국가의 간섭 없이 향유하는 헌법상 권리인 직업의 자유와도 다르다.

직업공무원 제도 연혁 제헌헌법은 '공무원제도'를 제27조에서 정하고, '직업공무원제도'는 제3차개정헌법에서 처음 규정하고, 제3공화국헌법 총강은 공무원 신분과 정치적 중립성을 보장하였다. 국민전체에 대한 공무원 책임은 Weimar헌법(1919~1933)이 최초로 규정하였다. 고위공직자는 국민파면제에 유사한 탄핵의 대상이며(헌법 제65조), 그 임명에 있어서 인사청문을 받는다.

지방공무원과 직업공무원제도, 공직적정평가요구권 '지방자치단체의 장은 다른 지방자치단체의 장의 동의를 얻어 그 소속 지방공무원을 전입할 수 있다' 하는 조항을, 지방공무원의 의사와 관계없이 지방자치단체의 장 사이에 동의가 있다는 오로지 그 한 가지 요건만으로 전출·전입시킬 수 있는 것으로 해석하면, (국민전체에 대한 봉사자로서의 지방공무원의 역할을 위축시킴은 물론, 그 공무수행을 지방자치단체의 장, 나아가 그 소속 정당 내지 정치적 세력의 교체에 따라 좌우되게 만들 위험이 있는 것이고, 이는 결국)직업공무원제도의 본질적 내용을 침해하며, (지방공무원은 특정 지방자치단체와의 쌍방적 행위를 통하여 임용되므로 특별한 사정이 없는 한, 지방공무원의 의사에 반하여 소속 지방자치단체의 변경을 강제함은), 공무원 신분보장, 민주적 공직제도라는 헌법적 가치를 정당화할 정도의 공익적 요청 없이는 지방공무원의 직업선택의 자유, 직장선택의 자유를 침해하고, 대법원은 '지방자치단체의 장이 소속 공무원을 전출하는 것은 임명권자를 달리하는 지방자치단체로의 이동인 점에 비추어 반드시 당해 공무원 본인의 동의를 전제로 하는 것'이라 해석하기에(대법원 2001.12.28. 98두19704; 2001.12.11. 99두1823), 지방자치단체의 장은 소속 지방공무원의 전출·전입에 서로 동의하였더라도 해당 지방공무원 본인의 동의를 얻어야만 전출·전입을 할 수 있다고 해석함이 타당하고 헌법에 위반되지 아니한다(헌재 2002.11.28. 98헌바101). (직업공무원제도에서 직권면직을 통해 행정의 효율성 이념을 달성하고자 할 경우에도, 공무원 권익보호가 손상되지 않도록 조화로운 입법을 하여야 하는데, 행정조직개폐로 행해지는 직권면직은 직접적으로 해당 공무원들의 신분에 중대한 위협을 주므로). 지방공무원법 중 직권면직 사유로 '지방자치단체의 직제 개폐에 의하여 폐직된 때'를 정하고 있는 부분은 직업공무원제도를 위반하고 있다 볼 수 없다(헌재 2004.11.25. 2002헌바8). 공무원 정년제도의 구성, 정년연령 등은 특별한 사정이 없는 한 입법부에 광범위한 법재량 내지 형성의 자유가 인정되는 사항이므로, 합리적 재량의 범위 내에서 이를 규정할 수 있다(헌재 2007.6.28. 2006헌마207; 1997.3.27. 96헌바86). 국회의 입법재량으로 동장의 공직상 신분을 지방공무원법을 적용받지 않는 별정직공무원 범주에 넣어도 위헌이 아니다(헌재 1997.4.24. 95헌바48). 경력인정과 호봉획정 등에 종전 경력을 인정하는 경력환산조항은 수혜적 성격의 법령이어서, 국민의 권리를 제한하거나 새로운 의무를 부과하는 법령과 달리 입법자에 광범위한 입법형성의 자유가 인정되어, 이에 대한 평등심사는 완화된 심사기준인 자의금지원칙을 적용함이 타당하므로, (민간기업체 등 근무경력이 있는 사람의 경력 인정 범위를 공무원 경력이 있는 사람 등과 달리 동일한 분야의 업무에 종사한 경력만으로 제한함은, 합리성을 결여한 자의적 차별이 아니어서 평등권을 침해하지 아니한다)(헌재 2013.11.28. 2011헌마437).

1.3 공직제도와 공무원 신분의 보장

공무원은 통상적인 근로자의 성격을 갖지만, 국민전체에 봉사하고 책임을 져야 하는 특별한 지위에 있는 자로서 일반 근로자와 달리 특별한 근무관계에 있다. 때문에, 그 신분이 보장되는 반면 겸직이 금지되고 그 근무조건은 공무원 근로관계의 특수성과 예산상 한계를 고려하여 독자적인 법률 및 하위법령으로 규율하고 있으며, 이는 근로기준법보다 우선적으로 적용된다(헌재 2017.8.31. 2016헌마404). 현대민주주의 국가의 사회국가원리에 입각한 공직제도에서 공무원 생활보장의 가장 일차적 기본적 수단은 '일자리의 보장'이기에, 채용된 공무원을 사후적으로 당연퇴직시켜 공무담임권을 제한하게 되면 그 당연퇴직사유의 위헌여부심사에는 과잉금지원칙이 적용되어야 하므로, 공무원들에게 보호할 가치 있는 이익과 권리, 공직수행에 상응하는 생활부양 등을 고려할 때, 일정 이상의 형을 선고받았다 하여 당연퇴직하도록 함은 위헌이다(헌재 2007.6.28. 2007헌가3; 2005.12.22. 2004헌마947).

공무원 신분보장 공무원은 형의 선고, 징계처분 또는 이 법에서 정하는 사유에 따르지 아니하고는 본인의 의사에 반하여 휴직·강임 또는 면직을 당하지 아니한다(다만, 1급 공무원과 제23조에 따라 배정된 직무등급이 가장 높은 등급의 직위에 임용된 고위공무원단에 속하는 공무원은 그러하지 아니하다)(국가공무원법 제68조). 따라서, 공무원의 귀책사유를 불문한 면직은 공무원 신분보장에 위배되며(헌재 1989.12.18. 89헌마32등), 금고 이상의 형의 선고유예를 받아 그 기간중에 있는 자를 당연퇴직토록 함은 공무담임권 침해이고(헌재 2002.8.29. 2001헌마788), 국가공무원(헌재 2003.10.30. 2002헌마684등), 지방공무원(헌재 2002.8.29. 2001헌마788등), 경찰공무원(헌재 2004.9.23. 2004헌가12), 청원경찰(헌재 2018.1.25. 2017헌가26), 장교·준사관·부사관직 등의 군무원(헌재 2007.6.28. 2007헌가3; 2003.9.25. 2003헌마293등), 향토예비군 지휘관(헌재 2005.12.22. 2004헌마947) 등이 금고이상의 형 또는 자격정지 이상의 형 또는 선고유예를 받은 경우 당연히 그 직을 상실하도록 함은, 과잉금지원칙에 반하여 공무담임권, 직업의 자유를 침해하는 위헌이기에, 선고유예를 받은 경우를 당연 퇴직 또는 해임 사유에서 제외하며(경찰공무원법 제21조 단서, 예비군법 시행규칙 제13조 제1항 제1호), 범죄 종류를 한정하여 특정 범죄를 범하여 선고유예를 받은 경우에만 그 직을 상실하도록 법이 개정되었다(국가공무원법 제69조 제1호 단서 후문, 지방공무원법 제61조 제1호 단서 후문, 군인사법 제40조 제1항 제4호 단서, 군무원인사법 제27조 단서). 다만, 자격정지의 법원판결이 확정된 경우에 공무원직을 당연퇴직토록 함은 헌법에 위반되지 아니한다(자격정지는 일정한 기간 동안 잠정적인 것이라도 공무원을 비롯한 공적인 업무를 담당할 자격자체가 박탈되는 효과가 확정적으로 발생하는 점에서, 기한이 존재하지 않는 자격상실과 본질적으로 다르지 않다. 공무원직으로부터 당연퇴직되더라도, 자격정지기간이 경과하면 결격사유가 해소되어 신규채용을 통해 공무원으로서의 지위를 가질 수 있는 점에서, 영구히 공무원직으로부터 배제되는 자격상 실형을 선고받은 경우와는 효과에 차이가 있다. 따라서 법원의 판결에 의하여 자격이 정지된 자를 공무원직으로부터 당연퇴직시킨다 하여도, 자격상실의 경우와 비교하여, 과도한 불이익을 과함으로써 평등의 원칙에 반한다 볼 수는 없다)(헌재 2005.9.29. 2003헌마127).

공무원의 신분보장 4급이상 공무원들의 병역면제사유인 질병명을 관보와 인터넷을 통해 예외없이 모두 공개토록 함은 사생활의 비밀과 자유를 침해한다(병역정보가 공적 관심의 대상이 되더라도 공무원 개인을 위한 정보보호의 요청을 쉽사리 낮추어서는 아니 되며 그 정보가 질병명 같이 인격 또는 사생활의 핵심에 관련되는 것일 때는 더욱 그러하다)(헌재 2007.5.31. 2005헌마1139). 공무원에 근로기준법보다 적은 액수의 수당지급은 합헌이다(근로기준법에서 예외 없이 통상임금의 50% 이상의 가산 초과근무수당 지급은 사용자로 하여금 될 수 있는 한 초과근무 억제를 위한 것인데 공무원에는 이 같은 목적의 수당 산정이 없으므로 불합리한 차별이라 보기 어려워 평등권 침해가 아니다)(헌재 2017.8.31. 2016헌마404). 이장은 행정기관과 주민의 가교적 역할을 하는 자주적 자율적 봉사업무를 하는 자로서 공무담임권의 대상인 공무원이 아니며, 지방자치단체장이 제정하는 규칙에 따라 이장 임명방법이 다른 것은 헌법이 지방자치단체의 자치입법권을 인정하는 한 당연히 예상되는 불가피한 결과이므로 헌법상 보장된 기본권 침해가능성이 없다(헌재 2009.10.29. 2009헌마127).

2. 공무원의 정치적 중립성

2.1 공무원의 정치적 중립성의 의의

공무원의 정치적 중립성(헌법 제7조 제2항)은 공직자 직분인 공직직무독자성을 위하여 국민에 대해서만 책임을 지도록 하는 정치적 비당파성*political impartiality*이라는 규범적 보편성의 소극적 유지이다. 이는 정치개입의 적극적 금지라는 정치적 불가담성*political neutrality*을 요구하는 국군의 정치적 중립성(제5조 제2항)과 다르다. 이로써 정치적 신분변동이 차단되고 공직수행의 공정성 · 전문성 · 민주성 등을 실현하는 공직업적제*meritsystem*가 실현된다. 공무원의 정치적 중립성의 연혁에 대해서, 헌법과 법률과 양심에 따라서 재판하여야 할 법관의 정치적 중립성(헌법 제103조)은 제헌헌법(제80조)부터 가중보장하였다. 경찰공무원의 정치적 중립성 보장은 제2공화국헌법(1960.6.15 제3차개정헌법) 제27조에서 정하였다. 교육공무원에 대한 정치적 중립성은 제5차개정인 제3공화국헌법 제31조 제4항에서부터였다. 국군의 정치적 중립성은 현행헌법 제5조 제2항 후단에서 처음으로 규정하여 정치에의 부당개입을 배제한다.

2.2 공무원의 정치적 중립성의 범주

헌법에는 '정치행위' 개념 규정이 없지만 국가공무원법은 선거에서 특정 정당 또는 특정인을 지지 또는 반대하기 위한 행위를 금지한다. 그러므로 공무원은 정당 기타 정치단체결성에 관여하거나 가입할 수 없다. 직업공무원 제도는 행정부의 정치적 영향력을 분리시키는 제도이며 선거직 · 정무직 공무원보다 직업공무원인 일반경력직 공무원에 더 많이 요구된다. 특히 대통령에 대해서는 선거 등에서 정당정치적 중립의무가 요구되어서(헌재 2004.5.14. 2004헌나1 대통령(노무현) 탄핵 기각결정), 선거에서 이긴 정당에게 배분되는 관직 · 이권을 차지한 獵官*Spoils*이 공직을 담당하는 등의 정권획득기여도에 따른 관직 배분인 엽관제*spoils-system*는 정치적 비非당파성에 반한다. 법적 규제가 존재하여야 한다.

공무원의 정치적 중립성과 정치행위, 정치적 표현행위 공무원에 대해 국가 또는 지방자치단체의 정책에 집단적으로 반대 · 방해하는 행위를 금지하고, 정치적 주장을 표시 · 상징하는 복장 등의 착용행위금지는, 공무원 신분 · 지위의 특수성을 고려할 때 일반국민에 비해 넓고 강한 기본권제한이 가능하며, 공무원의 정치적 의사표현이 집단적 행위가 아닌 개인적 · 개별적 행위인 경우에는 허용하고, 공무원의 행위는 그것이 직무 내의 것인지 직무 외의 것인지 구분하기 어려운 경우가 많으며, 설사 공무원이 직무 외에서 집단적인 정치적 표현 행위를 한다 하더라도 공무원의 정치적 중립성에 대한 국민의 신뢰는 유지되기 어려우므로, 직무 내외를 불문하고 금지한다 하더라도 침해의 최소성원칙에 위배되지 아니한다(헌재 2012.5.31. 2009헌마705). 선거관리위원회 공무원은 특정 정당이나 후보자를 지지 · 반대하는 단체에 가입 · 활동하는 행위 등 일정한 정치활동이 금지되나, 선관위 공무원의 신분과 업무의 특수성을 고려할 때 그러한 제한은 선관위 공무원의 정치적 표현의 자유 등 기본권을 침해하지 않는다. 선거관리위원회는 민주주의의 근간이 되는 선거와 투표, 정당 사무에 대한 관리업무를 행하는 기관이므로, 선관위 공무원은 다른 어떤 공무원보다도 정치적으로 중립적인 입장에 서서 공정하고 객관적으로 직무를 수행할 의무를 지닌다. 선관위 공무원이 특정 정당이나 후보자에 대한 지지 · 반대 등 특정한 정치적 성향을 보이는 단체에 가입 · 활동한다는 사실 자체만으로, 그 직무수행에 대한 국민의 신뢰가 상실될 수 있으므로, 그런 단체의 정치활동이 주된 것인지 여부와 상관없이 그 단체에의 가입 · 활동을 금지할 필요가 있다. 국민들이 선관위 공무원에게 기대하고 요구하는 강한 정치적 중립성과 직무수행의 공정성과 객관성에 비추어 과잉금지원칙 위배의 정치적 표현의 자유의 침해라 할 수 없다(헌재 2012.3.29. 2010헌마97).

공무원의 정치운동금지 · 정당가입금지 공무원의 정치운동금지[국가공무원법 제65조 ① 공무원은 정당이나 그 밖의 정치단체의 결성에 관여하거나 이에 가입할 수 없다. ② 공무원은 선거에서 특정 정당 또는 특정인을 지지 또는 반대하기 위한 다음의 행위를 하여서는 아니 된다. 1. 투표를 하거나 하지 아니하도록 권유 운동을 하는 것 2. 서명 운동을 企圖 · 主宰하거나 권유하는 것 3. 문서나 도서를 공공시설 등에 게시하거나 게시하게 하는 것 4. 기부금을 모집 또는 모집하게 하거나, 공공자금을 이용 또는 이용하게 하는 것 5. 타인에게 정당이나 그 밖의 정치단체에 가입하게 하거나 가입하지 아니하도록 권유 운동을 하는 것 ③ 공무원은 다른 공무원에게 제항과 제2항에 위배되는 행위를 하도록 요구하거나, 정치적 행위에 대한 보상 또는 보복으로서 이익 또는 불이익을 약속하여서는 아니 된다. ④ 제3항 외에 정치적 행위의 금지에 관한 한계는 대통령령등으로 정한다]. 공무원의 정당가입금지[정당법 제22조 ① 국회의원 선거권이 있는 자는 공무원 그 밖에 그 신분을 이유로 정당가입이나 정치활동을 금지하는 다른 법령의 규정에 불구하고 누구든지 정당의 발기인 및 당원이 될 수 있다. 다만, 다음 각 호의 어느 하나에 해당하는 자는 그러하지 아니하다. 1. 국가공무원법 제2조 또는 지방공무원법 제2조에 규정된 공무원. 다만, 대통령, 국무총리, 국무위원, 국회의원, 지방의회의원, 선거에 의하여 취임하는 지방자치단체의 장, 국회의원의보좌관 · 비서관 · 비서, 국회 교섭단체의 정책연구위원과 고등교육법 제14조제1항 · 제2항에 따른 교원은 제외한다. 2. 고등교육법 제14조제1항 · 제2항에 따른 교원을 제외한 사립학교의 교원 3. 법령의 규정에 의하여 공무원의 신분을 가진 자]. 정당가입 · 정치활동이 허용되는 공무원 [1. 대통령 2. 국무총리 3. 국무위원 4. 국회의원 5. 처의 장 6. 각 원 · 부 · 처의 차관 7. 삭제 8. 정무차관 9. 제1호 내지 제3호 · 제5호 및 제6호에 규정된 공무원의 비서실장 및 비서관과 전직대통령의 비서관. 10. 국회의장 · 국회부의장 및 국회의원의 비서실장 · 보좌관 · 비서관 및 비서와 교섭단체의 정책연구위원].

2.3 공무원의 정치적 중립성과 노동운동

공무원은 노동운동(근로3권인 단결권 · 단체교섭권 · 단체행동권 등)이나 그 밖에 공무 외의 일을 위한 집단행위를 하여서는 아니 된다. 다만 '사실상 노무에 종사하는 공무원'은 가능하다. 국가공무원법 제66조는 공무원의 노동운동을 금지하나[① 공무원은 노동운동이나 그 밖에 공무 외의 일을 위한 집단 행위를 하여서는 아니 된다. 다만, 사실상 노무에 종사하는 공무원은 예외로 한다. ② 제1항 단서의 사실상 노무에 종사하는 공무원의 범위는 대통령령등으로 정한다. ③ 제1항 단서에 규정된 공무원으로서 노동조합에 가입된 자가 조합 업무에 전임하려면 소속 장관의 허가를 받아야 한다. ④ 제3항에 따른 허가에는 필요한 조건을 붙일 수 있다]. '사실상 노무에 종사하는 공무원'[국가공무원법 제66조 제1항 단서, 제2항, 국가공무원 복무규정 제28조. 과학기술정보통신부 소속 현업기관의 작업 현장에서 노무에 종사하는 우정직공무원(우정직공무원의 정원을 대체하여 임용된 일반임기제공무원 및 시간선택제일반임기제공무원을 포함한다)으로서 다음 각 호의 어느 하나에 해당하지 아니하는 공무원으로 한다. 1. 서무 · 인사 및 기밀 업무에 종사하는 공무원 2. 경리 및 물품출납 사무에 종사하는 공무원 3. 노무자 감독 사무에 종사하는 공무원 4. 「보안업무규정」에 따른 국가보안시설의 경비 업무에 종사하는 공무원 5. 승용자동차 및 구급차의 운전에 종사하는 공무원]에게는 이를 허용한다.

> **공무원의 집단행위금지와 노동행위제한** 공무원(헌재 2014.8.28. 2011헌바32) 및 지방공무원(헌재 2014.8.28. 2011헌바50)의 집단행위금지는 집단적 정치적 의사표현이 정치적 중립성을 훼손하여 공무의 공정성 객관성의 신뢰를 저하시킬 수 있어 이를 금지함이 과잉금지원칙 위반은 아니나, 선거로 선출되는 지방의회의원이나 자치단체장의 경우에만 집단행위를 허용함은 정치적 주장을 펼쳐 주민의 표를 획득하여 지방자치행정에 참여하는 대의제민주주의 핵심으로서 주민을 설득하여 직을 획득하고 유지함을 본질로 하는 이들의 정치적 견해 표명은 자유로워야 한다는 점에서 그 직무의 본질에 반하지 않아 평등원칙에 위반하지 않는다(헌재 2014.8.28. 2011헌바50). 국가공무원복무규정과 지방공무원복무규정 등이 공무원에 대해 국가 또는 지방자치단체의 정책에 집단적으로 반대 · 방해하는 행위를 금지하고 정치적 주장을 표시 · 상징하는 복장 등을 착용하는 행위를 금지하고 있으나 공무원의 신분과 지위의 특수성을 고려할 때 그러한 제한은 공무원의 정치적 표현의 자유 등 기본권을 침해하지 않는다(헌재 2012.5.31. 2009헌마705). 공무원의 노동행위는 사실상 노무에 종사하는 공무원은 가능하나 그 외에는 그 범위를 각 헌법기관의 규칙 또는 대통령령으로 정하되, 이들 노동조합에 가입된 자가 조합업무에 전임하려면 소속 장관의 허가를 받아야 하고, 공무원의 공무 외의 일을 위한 집단행위 금지, 교원노조의 일체의 정치활동 금지의 부분은 합헌이다(헌재 2014.8.28. 2011헌바32).

3. 공무원의 공직권과 공직책무

3.1 공무원의 공직권

공무원은 국가와 근로고용계약을 맺은 근로자인 지위 · 자격에서 신분보장을 받을 헌법상 권리(헌법 제7조 제2항), 법률에 의한 신분상 · 재산상 권리, 소청심사청구권, 행정소송제기권, 봉급 · 연금수급권 등 생활보장요구권(헌재 2003.9.25. 2001헌마93) 등을 가진다. 공무원의 기본권은 일반국민보다 더 많이 제한되나 국민으로서 갖는 기본권의 본질적 내용은 침해되지 않으며, 헌법 제37조 제2항 과잉금지원칙에 의하여 기본권을 더 제한하여도 차선적 대안LRA(Less Restrictive Alternative) 원칙에 따라서 공무원의 정당 가입 등 정치활동금지(정당법 제22조 제1항, 일정 공무원과 대학교수 등에만 허용), 사실상 노무에 종사하는 공무원 외의 근로3권 제한(헌법 제33조, 국가공무원법 제66조 등은 합리적 이유로 합헌 헌재 1991.11.25. 89헌마99; 1992.4.28. 90헌바27등), 국 · 공립 · 사립학교 교원(사립학교법 제55조 제1항)의 단결권 · 단체교섭권 보장(교원의노동조합설립및운영등에관한법률 제4조, 제6조) 외의 단체행동권이 금지된다(제8조 노동조합과 그 조합원은 파업, 태업 또는 그 밖에 업무의 정상적인 운영을 방해하는 일체의 쟁의행위를 하여서는 아니된다).

> **공무원의 재산상 권리** 퇴직연금수급자가 다시 공무원이 된 경우, 국민의 세금으로 보수와 연금의 이중수혜를 방지하기 위한 연금지급정지는 '공무원이 아닌 다른 근로활동을 통하여 급여를 받게 된 경우'와 달리 과잉금지원칙에 반하는 재산권침해라 볼 수 없고, 지방의회의원들도 이 경우에는 다른 공무원과 차이가 없다(헌재 2017.7.27. 2015헌마1052). 공무원 보수의 차별취급은 헌법에서 특별히 평등을 요구하는 경우가 아니고 보수의 구체적 내용에는 광범위한 입법재량이 부여되므로, 이에 대한 평등심사는 완화된 심사기준인 자의금지원칙을 적용함이 타당한 바, 공안직공무원의 업무는 공공의 안전을 보호하기 위한 위험성, 긴급성, 강제성 등의 면에서 경찰공무원과 유사하여 의미있는 비교집단으로 볼 수 있다(헌재 2014.1.28. 2012헌마267).

3.2 공무원의 헌법상 책임

공무원은 국민에 대해 헌법상 책임을 진다(헌법 제7조 제1항). 이념적 통일체인 국민총체에 대한 대의정적 선거책임으로서 무기속·정치적이다. 실질적 국민주권의 半대표정의 입장에서는 행동통일체인 유권자 선거인단에 대한 일정한 법적 책임이다. 공무원은 헌법상 국민의 파면청원(제26조), 국회의 해임건의(제63조 제1항) 내지 탄핵소추, 헌법재판소의 탄핵결정(제65조 제1항, 제106조 제111조) 등의 책임, 공무원이 법치국가적 의무를 고의·중과실로 위배하여 국민에게 권익 침해나 손해를 끼친 때 배상을 행한 국가의 구상청구를 받는다(제29조 제1항 단서, 제7조 제1항 후문) 등의 배상책임 내지 행정법상의 징계책임(제78조) 그리고 형사책임 또는 민사책임(일반적으로 부인된다) 등의 법적 책임을 진다. 공무원은 법령준수의무, 공정한 업무집행의무, 직무 내외를 불문하고 그 품위가 손상되는 행위를 하여서는 아니 된다(국가공무원법 제63조). 품위손상행위는 주권자인 국민으로부터 수임받은 공무 수행에 손색없는 인품인 품위유지의무에 어울리지 않는 행위로 공무원 및 공직 전반에 대한 국민의 신뢰를 떨어뜨릴 우려가 있는 경우를 일컫는다. 그 수범자인 평균적 공무원은 이를 충분히 예측할 수 있다(헌재 2016.2.25. 2013헌바435).

공무원범죄와 형사책임 형법 제129조 제1항 중 공무원이 그 직무에 관하여 뇌물을 수수한 때 징역 또는 자격정지는 국민전체에 대한 봉사자이며 국민에 책임을 지는(헌법 제7조 제1항) 공무원의 직무수행 적정성, 직무 염결성·불가매수성 보호를 위한 것으로서, 벌금형 없는 징역형과 자격정지형만의 법정형이 전체 형벌체계상 현저히 균형을 잃었다거나 형벌 본래의 기능과 목적달성에 필요한 정도를 일탈한 과잉금지원칙 위반의 신체의 자유, 행복추구권 등의 침해라 할 수 없다(헌재 2008.5.29. 2007헌바18). 형법 제125조 구성요건 중 '경찰에 관한 직무를 행하는 자 또는 이를 보조하는 자가 그 직무를 행함에 당하여 형사피의자 또는 기타 사람에 대하여 폭행을 가한 때'와 관련된 부분은 죄형법정주의 명확성원칙과 책임과 형벌의 비례성원칙에 위배되지 아니한다(헌재 2015.3.26. 2013헌바140). 형사사건으로 기소된 국가공무원의 직위해제에 따른 공무담임권 제한은 잠정적이고 공무원신분은 유지되므로 공무담임권 침해가 아니며, 해당 공무원의 방어준비 및 불복기회 보장, 직위해제처분을 받은 공무원은 사후적으로 소청이나 행정소송을 통하여 충분한 의견진술 및 자료제출의 기회를 보장받으므로, 적법절차원칙 위배라 볼 수 없고, 직위해제처분을 받은 공무원에 대한 범죄사실 인정이나 유죄판결을 전제로 불이익 부과가 아니어서 무죄추정의 원칙에 위배된다 볼 수 없다(헌재 2006.5.25. 2004헌바12).

공직자 수뢰와 징계와 책임·형벌 수뢰죄는 수수액 다과에 관계없이 공무원 직무의 불가매수성·염결성·직무공정성을 해치며 국민 불신을 초래하므로, 수뢰행위의 반사회성, 반윤리성에 터잡아 수뢰범에 경제적 불이익을 주어 공무원 청렴성을 확보하도록, 수뢰죄가 수뢰액에 따른 가벌성을 달리 평가하는 벌금형 산정은 책임을 벗어난 형벌이 아니며, 특가법 수뢰죄 및 형법상 수뢰죄에 벌금형의 필요적 병과는 형벌과 책임간 비례원칙에 위배되지 않는다(헌재 2017.7.27. 2016헌바42). 또한 수뢰죄를 범하여 금고 이상의 형의 선고유예를 받은 국가공무원의 당연퇴직은 과잉금지원칙에 반하는 공무담임권 침해가 아니며, 일정 사항이 법정 당연퇴직사유에 해당하는지 여부만이 문제되는 당연퇴직의 성질상 그 절차에서 당사자 진술권이 반드시 보장되어야 하는 것은 아니고, 공무담임권 등을 침해하지 않는 이상 적법절차원칙에 위반된다 할 수 없으며(헌재 2013.7.25. 2012헌바409), 금고 이상의 형 선고유예를 받고 그 기간 중에 있는 자의 임용결격 및 임용되어도 당연무효(헌재 2016.7.28. 2014헌바437) 등은 헌법에 위반되지 않는다. 공무원 징계사유가 공금횡령인 경우 공무원 윤리성을 훼손하고 공직기강에 큰 해악을 미치므로 횡령액의 5배내의 징계부가금 부과는 헌법에 위반되지 않는 바[공금횡령공무원은 지방공무원법상 징계처분, 징계부가금 부과처분을 받는 외에 형법상 횡령죄로 처벌되고, 형사재판에서 금고 이상의 형이 확정되거나 300만 원 이상의 벌금형이 확정되면 당연퇴직된다. 재직 중 공금횡령으로 금고 이상의 형을 선고받거나, 징계 파면 또는 해임된 경우 퇴직급여 및 퇴직수당 일부가 감액된다. 민사상 손해배상책임 및 '회계관계직원 등의 책임에 관한 법률'상 변상책임도 지는 등 하나의 법 위반행위에 중복적 불이익 부과가 과잉금지원칙에 위배되지 않는다], 부가금은 공금횡령이라는 공무원의무 위반행위에 지방자치단체가 사용자의 지위에서 행정절차를 통해 부과하는 행정상 제재이므로, 국가형벌권 행사인 '처벌'에 해당하지 않아 이중처벌금지원칙에 위배되지 않으며, 행정상 제재인 징계부가금 부과처분에 공정력과 집행력을 인정한다 하여 이를 형사판결 확정 전 형벌집행과 같은 것으로 보아 무죄추정원칙에 위배된다 할 수 없다(헌재 2015.2.26. 2012헌바435). 세계 입법추세가 공무원의 직무유기행위에 형벌을 부과하지 않더라도 공무원의 국민전체에 대한 봉사자의 지위에 기초하여 강한 법적, 윤리적 책임을 부과하는 우리사회의 전반적 관념을 바탕으로 국가기능의 장애를 초래할 염려 있는 의식적인 직무유기행위에 한정하여 그 단호한 제재를 위하여 형사책임을 부과한 것은 입법재량의 범위 내의 입법권 행사라고 할 것이다(헌재 2005.9.29. 2003헌바52).

3.3 공무원의 헌법상 의무

3.3.1 공무원의 헌법상 의무의 의의

공무원은 사회적 폐습과 불의를 타파하여야 할 헌법적 의무를 진다(헌법 전문). 공무원의 이 헌법적 의무는 법치주의의 형해화로 인한 권력의 인격화를 막아, 국가의 권력을 제도화하고 공동체에서의 법치를 실현시키게 된다.

3.3.2 공무원의 헌법상 의무의 내용

대통령은 정부수반으로서 성실한 직책수행을 선서하고(제69조) 직무수행준수・전념의무를 진다(헌재 1995.3.23. 95헌마53). 공무원임면권자로서(제78조) 직무상 명령복종의무는 물론 정치적 중립성 확보를 위해(헌재 1993.7.29. 91헌마69) 다른 직종 및 직무상호간 및 직역간 등의 겸직금지의무(국회의원과 일반직 공무원, 지방자치단체장과 의원간 겸직금지) 등을 진다(헌재 1993.9.27. 92헌바21). 국회의원은 청렴의무(제46조 제1항), 국가이익을 우선하여 양심에 따른 직무를 행하여야 할 의무(제2항), 그 지위를 남용하여 국가, 공공단체 또는 기업체와의 계약이나 그 처분에 의하여 재산상의 권리・이익・직위를 취득하거나 타인을 위하여 그 취득을 알선할 수 없는 의무(제3항), 법관은 양심에 따른 독립한 심판 의무(제103조) 등을 진다. 공무원은 대통령, 국회의원, 법관 등을 포함하여 일반적으로 선서의무, 성실의무, 직무상 의무 등을 진다. 직무상 의무에는 법령준수, 영리업무・겸직금지, 영예제한, 정치운동・집단행동금지, 친절공정・비밀엄수・품위유지・청렴 등의 의무를 진다. 이들 의무에서 공직자의 재산권 등의 일정 기본권은 더 많이 제한된다.

공무원의제 형법 제129조 제1항 뇌물죄 적용에서 공무원 아닌 사람을 공무원으로 의제(헌재 2015.4.30. 2014헌바30), 설계자문위원회 위원 중 공무원 아닌 위원을 형법상 뇌물죄 적용에서 공무원 의제(헌재 2015.4.30. 2014헌바179등), 주택재건축 정비사업조합 및 도시환경 정비사업조합의 각 임원, 정비사업전문관리업자의 대표자(헌재 2011.10.25. 2011헌바13등; 2007.10.25. 2006헌마30등) 또는 주택재개발 정비사업조합의 임원(헌재 2015.2.26. 2013헌바200등) 등의 공무원 의제는 과잉금지원칙, 평등권에 위반되지 않는다. 일정범위 정부관리기업체 간부직원 뇌물을 공무원에 준한 처벌(헌재 2002.11.28. 2000헌바75), 금융기관 임직원 직무관련 수재에 공무원 수준의 가중처벌은 합리적 이유가 있으며, 법률상 감경사유 없는 한 집행유예 선고는 법관의 양형결정 범위의 지나친 제한이 아니고, 수수액 기준의 법정형 가중은 책임과 형벌 간 비례원칙과 형벌체계 균형성에 반하지 않으며, 벌금병과조항은 법관이 구체적 사안에 따라 벌금형 작량감경이나 선고유예판결이 가능하므로 양형재량의 과도한 제한이 아니다(헌재 2015.5.28. 2013헌바35등 선례 2013.7.25. 2011헌바397등).

재산등록, 청탁금지 공직자윤리법상 재산등록제도는(재산공개제도와 구별), 재산등록사항 누설・목적 외 사용 금지 등의 조치, 등록의무자에 본인 외 배우자와 직계존비속 포함 등은 재산은닉방지를 위하여 불가피하며, 고지거부제도・혼인한 직계비속인 여자, 외조부모 등을 제외하면서 금융감독원 4급 이상 직원에 재산등록의무를 부과하고 퇴직일로부터 2년간 사기업체등에 취업제한은 과잉금지원칙 위배의 사생활의 비밀과 자유, 직업선택의 자유, 평등권 침해가 아니다(헌재 2014.6.26. 2012헌마331). '부정청탁및금품등수수의금지에관한법률'('청탁금지법' 2015.3.27. 공포 2016.9.28. 시행)은 교육, 언론이 국가, 사회 전체에 미치는 영향력이 크고 부패 역시 파급효가 커서 피해가 광범위하고 장기적인 반면 원상회복은 불가능하거나 매우 어렵기에, 사립학교 관계자와 언론인에게 공직자에 맞먹는 청렴성, 업무의 불가매수성 요청은 공직부문뿐 아니라 민간부문 직무수행도 청렴성이 높아져야 하므로 합헌이다(헌재 2016.7.28. 2015헌마236등). 국회의원의 보유주식과 직무 사이의 이해충돌방지를 위하여 국회의원 및 그 이해관계인이 직무관련성이 인정되는 주식을 보유하는 경우, 보유주식 매각 또는 독립된 지위에 있는 수탁자에 백지신탁 강제는 국회의원의 재산권, 평등권침해나 연좌제금지원칙 위배가 아니다(헌재 2012.8.23. 2010헌가65). 공무원범죄의 예방과 공무원 재직 중 성실한 근무를 유도하는 효과를 고려한 퇴직급여・수당의 감액은 합헌이다(공무원이 재직 중 사유로 금고 이상의 형을 받은 경우 퇴직급여 및 퇴직수당 일부의 감액지급에 있어서, 그 이후 형의 선고의 효력을 상실하게 하는 특별사면 및 복권을 받은 경우에도 동일하게 퇴직급여 등을 감액하도록 규정한 것은, 공무원이 퇴직한 뒤 그 재직 중의 근무에 대한 보상을 함에 있어 공무원으로서의 신분이나 직무상 의무를 다하지 못한 공무원과 성실히 근무한 공무원을 동일하게 취급하는 것이 오히려 불합리하다는 측면과 아울러 보상액에 차이를 두어 정당성이 인정된다)(헌재 2020.4.23. 2018헌바402).

3.3.3 공무원의 헌법상 의무와 공직부패

공직은 독점・특권의 자리가 아니다(1776년 버지니아 권리장전 참조). 공직부패는 직업공무원의 신분보장・정치적 중립성(헌법 제7조 제1항) 등을 해치며, 국민의 피선거권과 공직취임자의 공무담임권(제25조) 등을 침해하는 결과에 이르러, 국민주권의 민주주의를 침해한다. 2008년 국회의 비준 동의를 얻어 발효된 국제연합 부패방지협약*United Nations Convention against Corruption*은 부패가 민주주의 제도와 가치를 훼손하고 지속 가능한 발전과 법의 지배를 위태롭게 하며, 시장을 왜곡하고 삶의 질을 낮추며 조직범죄와 경제범죄에도 연관된다고 밝히고, 부패 방지와 근절이 모든 국가의 책임이라고 선언하고 있다. 공직사회의 부패는 법의 지배와 경제 질서를 왜곡하여 민주주의를 훼손하고, 경제발전을 늦추는 등 사회 전체에 부정적 영향을 미친다(헌재 2016.7.28. 2015헌마236등 참조). 공무원의 공직부패에 대한 법률이 아직 충분한 것은 아니다. 특정공무원범죄를 범한 범인에 대한 추징판결의 집행 대상을 제3자가 취득한 불법재산 등에까지 확대하여 제3자에게 물적 유한책임을 부과하는 조항이 헌법에 위반되지 않는 것은 그 같은 이유가 크다.

공무원의 공직부패 관련개념 공직자 부패행위는 공직자가 직무와 관련하여 그 지위 또는 권한을 남용하거나 법령을 위반하여 자기 또는 제3자의 이익을 도모하는 행위, 불법재산은 불법수익에서 유래한 재산, 불법수익은 특정공무원범죄의 범죄행위로 얻은 재산, 불법수익에서 유래한 재산은 불법수익이 변형되거나 증식되어 형성된 재산이다(부패방지및국민권익위원회의설치와운영에관한법률 제2조 제4호). 이들 재산 등의 환수·처벌 등은 공무원범죄에관한몰수특례법,■ 이해충돌방지의무는 공직자윤리법(제2조의2)에서 정한다(공직자윤리법, '부패방지 및 국민권익위원회의 설치와 운영에 관한 법률' 제8조로 제정된 공무원윤리강령, '공직자 행동강령 운영지침', 사립학교 관계자·언론인에 적용되는 사립유치원윤리강령, 교육공무원징계양정규칙, 촌지근절대책, 기자윤리강령 등도 청렴성을 요구한다).

■ 공무원범죄에관한몰수특례법 제2조(정의) 1. 특정공무원범죄란 다음 각 목의 어느 하나에 해당하는 죄(해당 죄와 다른 죄가 형법 제40조에 따른 想像的 競合 관계인 경우에는 그 다른 죄를 포함한다)를 말한다. 가. 형법 제129조부터 제132조까지의 죄 나. 회계관계직원 등의 책임에 관한 법률 제2조 제1호·제2호 또는 제4호(같은 조 제1호 또는 제2호에 규정된 사람의 보조자로서 그 회계사무의 일부를 처리하는 사람만 해당한다)에 규정된 사람이 國庫 또는 지방자치단체에 손실을 입힐 것을 알면서도 그 직무에 관하여 범한 형법 제355조의 죄 다. 특정범죄가중처벌 등에 관한 법률 제2조 및 제5조의 죄 2. 불법수익이란 특정공무원범죄의 범죄행위로 얻은 재산을 말한다. 3. 불법수익에서 유래한 재산이란 불법수익의 果實로서 얻은 재산, 불법수익의 대가로서 얻은 재산, 이들 재산의 대가로서 얻은 재산 등 불법수익이 변형되거나 증식되어 형성된 재산(불법수익이 불법수익과 관련 없는 재산과 합하여져 변형되거나 증식된 경우에는 불법수익에서 비롯된 부분으로 한정한다)을 말한다. 4. 불법재산이란 불법수익과 불법수익에서 유래한 재산을 말한다. 제6조 불법재산을 몰수할 수 없거나 제3조 제2항에 따라 몰수하지 아니하는 경우에는 그 價額을 범인에게서 추징한다.

공무원의 공직부패 특정공무원범죄의 범인에 대한 추징판결을 범인 외의 자가 그 정황을 알면서 취득한 불법재산 및 그로부터 유래한 재산에 대하여 그 범인 외의 자를 상대로 집행할 수 있도록 한 공무원범죄에관한몰수특례법 제9조의2는(특정공무원범죄의 범인에 대한 공소를 제기할 때 제3자가 그 정황을 알면서 불법재산을 취득한 사실이 밝혀진 경우에는 공무원범죄몰수법에서 정한 바에 따라 제3자에 대한 몰수판결로써 해당 불법재산을 몰수할 수 있으나, 위와 같은 사실을 알 수 없는 경우에는 제3자로부터 불법재산을 몰수하는 것이 불가능하다. 검사는 제3자를 상대로 채권자취소권에 기한 사해행위취소소송을 제기하여 불법재산을 범인의 책임재산으로 회복한 후 범인에 대한 추징판결을 집행할 수 있을 것이나, 채권자취소권을 행사하기 위한 요건을 구비하지 못하여 불법재산을 원상회복할 수 없는 경우가 존재한다. 제3자를 범죄수익은닉규제법 위반 공소사실로 기소하여 해당 형사소송절차에서 제3자로부터 직접 불법재산을 몰수하거나 그 가액을 추징할 수 있으나, 현행법상의 다른 절차만으로는 범인이 특정공무원범죄로 취득한 불법재산을 그 정황을 아는 제3자에게 처분함으로써 사실상 불법재산을 그대로 보유하게 되는 위법상태를 시정할 수 없는 부당한 결과가 발생하게 되며, 또한 집행의 신속성·밀행성으로 인하여 사전 통지 등의 절차를 마련하기 어려운 부득이한 사유가 존재하는 점, 제3자가 사후적으로 심판대상조항에 의한 집행을 다툴 수 있는 절차가 보장되어 있는 점 등을 종합적으로 고려하면), 법원의 사전 관여 없이 제3자 귀속재산에 대하여 범인에 대한 추징판결을 집행할 수 있도록 규정한 점만으로 심판대상조항이 침해의 최소성 원칙에 위배된다고 보기도 어렵다(반대의견: 재판집행에 대한 이의신청(형사소송법 제489조)은 통상의 재판절차와는 달리 법원이 제3자의 출석을 요구함이 없이 서면으로만 결정할 수 있다. 추징의 집행이 종료된 후에는 이의신청이 허용되지 않으며, 이의신청에는 집행정지의 효력도 없다)(헌재 2020.2.27. 2015헌가4).

[三] 군사의 헌법제도-문민통제

군사의 헌법제도는 文民통제를 전제로 한다. 문민통제(civilian control)는 문민·文官이 군권·武官을 통제하여 권력인격화를 배제하고 군사권을 제도화하는 헌법수호제도다. 권력분립이 법을 기준으로 행하는 입법·행정·사법권의 견제·균형의 제도라면, 문민통제는 근대국가 이전 문무백관으로 나누듯 군권을 기준으로 이루어지는 문관과 문관의 견제·균형의 제도이다. 문민통제는 국가권력이나 시민사회에 대한 군의 불개입을 통하여 군권의 실효성을 국방과 무관에 한정하는 객관적 문민통제를 원칙으로 한다. 군을 직업공무원으로 전문화 하고(헌법 제7조 제2항), '국군은 국가의 안전보장과 국토방위의 신성한 의무를 수행함을 사명으로 하며 그 정치적 중립성은 준수된다'(제5조 제2항 경고적 주의규정) 하는 정치개입 불가담不加擔, 국군의 조직·지휘 법정주의(제74조 제2항 및 국군조직법), 전쟁 개시·종료 결정의 의회관여권(제60조 제2항), 군사법원제도(제110조) 등이 그것이다. 문민통제는 헌법 제1조 제2항 국민주권주의와의 관계에서는 제39조

제1편 제2편 제3편 憲法論

국방의 의무에 따른 국민개병皆兵에 의하여 군을 사회에 귀속시키는 주관적 문민통제가 이루어진다. 이로써 군인은 군대의 시민으로서 사회의 시민과 동질성을 갖게 된다. 주관적 문민통제는 군권의 배분과 귀속에 있어서 문민관인 대통령에 국군통수권인 군령권(용병권·작전지휘권)·군정권(양병권)을 귀속시켜 군권을 통제하고(제1조 제2항, 제74조 제1항), 국무총리·국무위원의 문민화(제86조 제3항, 제87조 제4항) 등에 의한다. 객관적 문민통제와 군정권·군령권에 대해서, 군령권·用兵權 행사는 軍令에 관하여 문민관인 국방부장관을 보좌하기 위하여 합동참모본부에 합동참모회의를 두고, 합동참모회의는 합동참모의장과 각군참모총장으로 구성하며 합동참모의장이 그 의장이 된다(국군조직법 제13조). 합동참모의장은 군령에 관하여 국방부장관의 명을 받아 전투를 주임무로 하는 각군의 작전부대를 작전지휘·감독하고 합동작전수행을 위하여 설치된 합동부대를 지휘·감독한다. 평시 독립전투旅團級 이상의 부대이동 등 주요 군사사항은 국방부장관의 사전승인을 받아야 한다(제9조). 軍政權인 養兵權은 각군(육군·해군·공군) 참모총장에 귀속시켜 국방부장관의 명을 받아 해당 군을 지휘·감독한다. 다만 전투를 주임무로 하는 작전부대에 대한 작전지휘·감독은 제외한다(제10조). 주관적 문민통제에 대해서, 국방부장관은 현역군인이 아니어야 하며(헌법 제87조 제4항), 합동참모의장은 군령에 관하여 국방부장관을 보좌하며 각군 전투작전부대 및 육·해·공군합동부대를 지휘·감독하는 통제형 합참의장제 내지 합동군제로 한다(국군조직법 제9조, 제13조). 합동부대범위는 대통령령으로 정하고, 평상시 독립전투여단급 이상의 부대이동은 국방부장관의 사전승인을 받도록 하며, 합동참모의장과 각군참모총장간 기능적 권력통제 및 합참의장의 권한통제를 위하여 3인 이내의 합참차장을 두고 각 군 참모총장으로 구성된 합참회의를 월1회 이상 정례화한다(제12조, 제13조).

제2절 입헌공화정의 정치제도

Ⅰ. 선거·대표의 헌법제도

[一] 자유민주정의 선거제도

1. 참정권적 기본권과 선거권

1.1 참정권적 기본권

1.1.1 참정권적 기본권의 의의

참정권적 기본권은 국정·정치참여 등 國務행위의 절차를 정하는 기본권으로서, 이에는 선거권(헌법 제24조)·공무담임권(제25조)·국민투표권(제72조, 제130조 제2항) 및 절차권적 기본권의 성격을 갖는 청원권 등이(헌재 2001.6.28. 2000헌마735) 있다. 참정권적 기본권은 국민이 주권자로서 국가의 정치제도 형성에 참여하여 궁극적으로는 국가를 형성할 수 있게 하는 정치권적 기본권이다. 정치권적 기본권은 국가·사회 공동체의 정치적 형성을 행하는 기본권을 총칭한다. 국민의 정치적 의사를 형성하는 정당의 자유, 시민사회의 형성을 위한 정치적 표현·집회·결사의 자유, 청원의 자유 등이 그것이다.

참정권적 기본권의 헌법규정 제24조 모든 국민은 법률이 정하는 바에 의하여 선거권을 가진다./ 제25조 모든 국민은 법률이 정하는 바에 의하여 공무담임권을 가진다./ 제67조 ① 대통령은 국민의 보통·평등·직접·비밀선거에 의하여 선출한다./ ② 제1항의 선거에 있어서 최고득표자가 2인이상인 때에는 국회의 재적의원 과반수가 출석한 공개회의에서 다수표를 얻은 자를 당선자로 한다. ③ 대통령후보자가 1인일 때에는 그 득표수가 선거권자 총수의 3분의 1이상이 아니면 대통령으로 당선될 수 없다./ ④ 대통령으로 선거될 수 있는 자는 국회의원의 피선거권이 있고 선거일 현재 40세에 달하여야 한다./ 제72조 대통령은 필요하다고 인정할 때에는 외교·국방·통일 기타 국가안위에 관한 중요정책을 국민투표에 붙일 수 있다./ 제130조 ① 국회는 헌법개정안이 공고된 날로부터 60일이내에 의결하여야 하며, 국회의 의결은 재적의원 3분의 2이상의 찬성을 얻어야 한다. ② 헌법개정안은 국회가 의결한 후 30일이내에 국민투표에 붙여 국회의원선거권자 과반수의 투표와 투표자 과반수의 찬성을 얻어야 한다. ③ 헌법개정안이 제2항의 찬성을 얻은 때에는 헌법개정은 확정되며, 대통령은 즉시 이를 공포하여야 한다.

1.1.2 참정권적 기본권의 본질－성격·효력·주체

참정권적 기본권은 국민 개개인의 일신에 고유하게 귀속되는 국가에 대한 주관적 공권으로서(헌재 1989.9.8. 88헌가6 참조), 국가의 방해 없이 선거권 등을 향유·행사하는 자유권적 성격을 갖고, 나아가 국가권력을 창설하고 정당성을 부여하는 객관적 법질서의 구성요소가 된다. 참정권적 기본권은 오로지 국가를 대상으로 하는 국민의 대국가적 권리이므로 사인간 법률관계를 구속하는 대사인적 효력은 없다. 다만 참정권적 기본권의 객관적 법질서의 요소로서는 대국가적 구속력을 강화하는 기능을 갖는다. 참정권적 기본권은 선거로 대표자를 선출하여 대의정의 자유위임관계에 두는 기능을 갖는 권리이지 대표자를 기속하여 선거인의 명령에 복종하는 대리인의 위임관계로 바꾸는 권능이 아니다. 또한 현실의 국회구성권도 아니다(헌재 1998.10.29. 96헌마186). 참정권적 기본권은 대한민국 국적자인 국민만 주체이며 외국인·무국적자·다국적자·법인 등은 제외된다.

1.1.3 참정권적 기본권의 규범영역 – 내용과 제한

참정권적 기본권은 선거권(헌법 제24조) · 공무담임권(제25조)을 내용으로 한다. 선거권은 선거에 참여할 수 있는 지위 · 자격, 공무담임권은 국민이 국가 및 지방자치단체 등에서 공직을 담당할 수 있는 지위 · 자격, 공직취임권은 국민이 공직선거에 입후보하여 선출되는 피선거권과 공직에 임명되는 지위 · 자격이다. 헌법상 병역의무(제39조) 외의 공직담당의무는 없다. 국민투표권은 국민이 국민표결*Referendum*, 신임투표*Plebiscite*, 국민소환*Recall*, 국민발안*Initiative*, 국민거부*Veto* 등의 국민투표를 할 수 있는 지위 · 자격이며, 대의정을 전제로 직접 주권 · 국가권력을 행사하는 반半대표정 내지 직접민주정의 제도로서 대의민주정의 보충성원칙과 법치주의원칙에 따른다. 헌법개정국민투표는 5차례(제3공화국헌법 국민투표가 처음), 정책국민투표는 1차례(박정희대통령과 유신헌법 국민투표) 있었다. 참정권적 기본권은 헌법직접적 제한(제67조 제4항 대통령 피선자격 만40세 이상), 국가안전보장 · 질서유지 · 공공복리의 목적을 위하여 필요한 경우에 제한되며 본질적 내용은 침해할 수 없는 일반적 법률유보(제37조 제2항), 국가긴급시 제한되며(제76조, 제77조, 일반적 법률유보), 소급입법에 의하여 제한받지 않는다(제13조 제2항). 헌정사에서의 소급입법인 반민족행위특별조사위원회법(1948. 8.5.), 반민주행위자공민권제한법(1960. 12.31.), 정치활동정화법(1962. 3.16.), 정치풍토쇄신을위한특별조치법(1980. 11.5.) 등은 각 헌법개정시마다 새로이 전면개정한 헌법의 부칙 자체에서 정한 것이다.

1.2 정치적 기본권

1.2.1 정치적 기본권의 의의

정치적 기본권은 국민이 주권자로서 국가의 정치제도 형성에 참여할 수 있는 헌법상 권리이다. 선거권 · 공무담임권(헌법 제24조, 제25조) 등의 참정권적 기본권, 정당의 자유(제8조), 정치적 표현 · 집회 · 결사, 청원의 자유(제21조, 제26조) 등 자유권적 기본권 등 대표자선출이나 국가의사결정을 위한 시민의 단체 결성, 시위, 시민운동 등의 정치운동 등을 자유롭게 행할 수 있는 자유 등이다.

1.2.2 정치적 기본권과 선거의 자유

정치적 기본권은 선거의 자유를 나오게 한다. 민주국가의 선거제도에 내재하는 자유로운 선거의 원칙은 헌법 제41조 제1항, 제67조 제1항 및 선거운동의 기회균등을 보장하는 헌법 제116조 제1항에 근거를 두면서(헌재 2020.3.26. 2018헌바3), 선거참여 · 입후보 · 대표자선택 · 선거운동 등의 자유를 요청하고(헌재 1999.9.16. 99헌바5 참조), 동시에, 선거가 공정하게 형성되도록 하여 대표에 정당성을 부여한다(헌재 2004.5.14. 2004헌나1). 특히 선거의 자유는 국민주권주의, 의회 · 대의민주주의, 정치적 기본권, 공직후보자 선택의 자유를 위한 국민의 알권리, 의사표현의 자유 등을 근거로 도출된다(헌재 1989.9.8. 88헌가6; 1995.4.20. 92헌바29).

1.2.3 정치적 기본권과 선거의 공정성

정치적 기본권은 선거의 공정성을 요구하여 선거권자가 성실하게 선거에 참여하여 선거권을 행사하도록 한다(공직선거법 제6조 제4항). 선거권 행사는 도의적 의무이므로 선거권을 행사하지 않는 행위인 기권 역시 선거에 대한 하나의 의사표시의 의미를 갖는다면 선거권의 성실한 행사로서 인정된다(벨기에, 호주, 뉴질랜드 등은 법률로 투표강제를 정한다). 입후보의 자유는 스스로의 입후보여부, 정당 등의 입후보추천권에의 자유로운 참여권 등이다(헌재 1999.11.25. 99헌바28). 선거운동의 자유는 누구든지 자유롭게 선거운동을 할 수 있는 자유다(제58조 제2항 헌재 1999.9.16. 99헌바5). 자유로운 선거는 국가기관이 특정 정당이나 후보자와 일체감을 가지고 그들을 지지하거나 반대하는 것을 금지하는 공무원의 중립의무를 요구한다(헌재 2004.5.14. 2004헌나1). 공무원 기타 정치적 중립을 지켜야 하는 자(기관·단체를 포함한다)는 선거에 대한 부당한 영향력의 행사 기타 선거결과에 영향을 미치는 행위를 하여서는 아니된다(제9조 제1항).

1.3 선거와 선거권

1.3.1 선 거

선거는 국민의 헌법상 권리인 선거권 행사로 대표자를 선출하고 통치기관을 구성하여 대의정을 실현하는 공법적 법률행위이다. 선거는 언론·출판·집회·결사, 정당 등의 모습으로 실현되는 정치적 표현의 자유와 정치적 참여에의 기회균등 같은 정치적 기본권을 기초로 이루어지는 것이어야 대표기관과 통치체제는 민주적 정당성을 부여받는다. 그러므로 선거의 과정은 국민주권 실현과정, 가치결단 표현과정, 대표자 검증과정의 의미를 갖는다(헌재 2011.12.29. 2007헌마1001).

선거의 법적 성격 선거는 선거인의 대표자 선출행위 즉 선거인을 구성하는 유권자의 투표인 '의사'의 다수 즉 투표의 집적으로 대표자 선정의 '표시'에 의하여 1개의 '의사표시'로 성립하는 단독행위인 합성행위이다(대법원 2016.11.24. 2016수64; 2004.5.31. 2003수26; 1961.4.11. 4293선14). 선거는 하나의 의사표시로 성립하므로, 둘 이상의 반대 방향의 의사표시의 합치로 성립하는 (행정)계약이 아니며, 또한, 선거는 같은 방향으로 향하는 수개의 의사표시의 합치로 이루어지는 합동행위가 아니다. 선거는 유권자의 투표행위로 실현되는 바, 이 투표행위는 대표자를 선출한다는 의미를 갖는 선거를 구성하는 '의사'이면서 동시에 그 자체가 독자성을 지닌 법률행위이다.

1.3.2 선거권

선거권은 선거에 참여할 수 있는 지위·자격인 참정권적 기본권이며 동시에 선거, 선거과정에 대한 국가의 방해·침해의 예방·배제를 요구하는 개인의 주관적 공권인 자유권적 측면에서 이를 기본권우호적으로 실현케 하는 객관적 법질서의 요소가 된다. 선거권은 권리로서의 측면 외에, 대의제 민주국가에서 공동체의 의사결정원리라는 법질서 관점에서 보면 보통·평등·직접·비밀 및 자유선거의 원칙에 따라 대표자를 선출하는 공적 책무로서의 기능을 갖는다(헌재 2014.1.28. 2012헌마409등). 헌법 제24조 '모든 국민은 법률이 정하는 바에 의하여 선거권을 가진다' 함은 선거권의 형성적 법률유보로서 선거권은 법률에 의하여 비로소 그 의미, 행사절차나 내용, 실현이 구체화된다는 의미이며, 이에는 선거권을 자유로이 행사할 수 있는 권리도 포함되기에 모든 국민은 국가로부터 어떠한 제한도 받지 아니하고 선거권을 자유로이 행사할 수 있는 자유를 가진다(헌재 2010.10.28. 2008헌마332).

선거권과 재외선거권 대한민국 국민임에도 주민등록이 안 되었다는 이유만으로 재외국민으로서의 선거권 행사를 불가능하게 제한하거나 국외거주자에게 부재자투표를 인정하지 않는 선거권행사 불가조항에 대한 합헌결정(헌재 1999.3.25. 97헌마99등; 1999.1.28. 97헌마253등; 1996.6.26. 96헌마200)은, 이후에 선거권, 평등권, 보통선거원칙에 반하여, '입법자는 늦어도 2008.12.31.까지 개선입법을 하여야 한다'는 잠정적용의 헌법불합치결정으로 변경되어(헌재 2007.6.28. 2004헌마644등; 2007.6.28. 2004헌마643), 국외체류자를 포함하여 외국영주권자인 재외국민에도 원칙적으로 국정선거권과 지방선거 참여권(선거권 및 피선거권) 및 국민투표권을 행사할 수 있도록 해야 하고, 부재자투표도 인정해야 함을 국가의 헌법적 의무로 선언하였다.

선거권과 제한의 한계 공동체 구성원의 기본적 의무를 저버린 중범죄자에게 공동체 조직과 운영에 참여하는 기회를 대의기관의 입법에 의해 제한하는 것은 정당화될 수 있다(헌재 2014.1.28. 2012헌마409등). 서울구치소장이 부재자신고기간이 지난 후 벌금미납으로 노역장에 유치된 청구인을 2012.12.19. 제18대 대통령선거에서 선거권을 행사할 수 있도록 수용 전 주소지를 관할하는 투표소까지 호송하지 아니한 부작위는 청구인의 기본권을 침해하지 않는다(헌재 2015.3.26. 2013헌마152). 공직선거법에서 종전 행위를 개정전 법으로 처벌하듯, 시혜적 소급입법을 하지 아니한 것이 입법형성에 관한 합리적 재량의 한계를 벗어난 것이라 볼 수 없으면, 헌법상 평등원칙이나 평등권, 선거운동의 기회균등원칙, 소급입법에 의한 참정권 제한, 공무담임권 등에 위반된다 볼 수 없다(헌재 2006.5.25. 2005헌바15; 1998.11.26. 97헌바65; 1995.12.28. 95헌마196).

1.3.3 선거입법

선거권은 대표자선출권이라는 천부권을 기초로 헌법 제24조에 근거하는 법률이 정하는 바에 의하여 보장되는 실정권이다. 따라서 선거입법의 합헌성은 원칙적으로 헌법 제37조 제2항 과잉금지원칙에 따르는 엄격심사이어야 하나(헌재 2007.6.28. 2004헌마644등), 선거권 자체의 제한이 아니라 선거권행사를 제한하는 법률에는 입법자에게 일정한 형성의 자유가 인정되기에(헌재 2013.7.25. 2012헌마815), 그 입법은 현저히 불합리 불공정한 것이 아닌 한 원칙적으로 입법자의 재량영역에 속한다. 선거권자는 성실하게 선거에 참여하여 선거권을 행사하여야 하고 국가는 이에 상응하는 필요한 조치를 취한다(공직선거법 제6조 제1항, 제4항). 선거구와 비례대표제 기타 선거에 관한 사항은 법률로 정한다(헌법 제41조 제3항). 총선거, 보궐선거, 재선거, 선거연기 등 제도의 선택은 국회 입법형성권에 속하고, 선거일은 공고주의(1948.3.17. 국회의원선거법 (군정법령 제175호))에서 법정주의(1994.3.16. 공직선거법 제34조 제1항)가 되었다. 선거의 종류(총선거는 임기만료에 의한 의원 전원의 개선(공직선거법 제34조), 보궐선거는 선출직 대표자가 궐원일 때 공석의 충당(제200조. 제201조), 재선거는 선출직 대표직의 후보자 또는 당선인이 없거나 당선인이 임기개시 전 사퇴 · 사망 · 피선거권상실 또는 선거일부무효판결, 선거비용 초과지출이나 선거사무장 등의 선거범죄로 인한 당선무효시 행하여지는 선거(제195조), 선거연기는 천재 · 지변 기타 부득이한 사유로 인하여 선거를 실시할 수 없거나 실시하지 못한 때에 행한다(제196조))와 선거일(1. '대통령선거는 그 임기만료일전 70일이후 첫번째 수요일 2. 국회의원선거는 그 임기만료일전 50일 이후 첫번째 수요일 3. 지방의회의원 및 지방자치단체의 장의 선거는 그 임기만료일전 30일 이후 첫번째 수요일 등) 등은 공직선거법에 의한다.

선거입법과 입법의무 공직선거법은 투표소 설치방법을 규정하나, 헌법에는 선거권행사를 위하여 선거인이 투표소를 자유롭게 선택하는 규정을 두어야 한다는 입법의무의 명시적 헌법규정이 없어, 그 같은 입법의무가 발생한다 볼 수는 없다(헌재 2010.10.28. 2008헌마332). 헌법에 국회의원선거의 투표소 내에 수화통역인을 배치하도록 하는 내용의 명시적 입법위임이 존재한다 볼 수 없고, 헌법해석상 그러한 입법의무가 새롭게 발생된다고도 볼 수 없는 등, 이를 제정할 헌법상 작위의무를 인정할 수 없다(헌재 2013.8.29. 2012헌마840). 국회가 대통령 선거일을 유급휴일로 정하는 법률을 제정하지 아니한 입법부작위에 대하여, 헌법 제1조 제2항 국민주권원리, 제24조 선거권, 제34조 인간다운 생활을 할 권리의 보장 규정만으로는 헌법이 투표일을 유급의 휴일로 하는 규정을 만들어야 할 명시적 입법의무를 부여하였다 보기 어렵고, 선거권 행사방식 등에는 입법자의 형성의 자유가 인정되기에, 그 같은 입법의무가 헌법해석상 곧바로 도출된다 보기도 어려워, 유급휴일법률을 제정하지 아니한 입법부작위 위헌확인을 구하는 이 사건 입법부작위에 대한 심판청구는 부적법하여 각하한다(헌재 2013.7.25. 2012헌마815).

2. 선거권과 보통선거의 원칙

2.1 보통선거의 원칙과 선거권향유능력

헌법 제24조 '모든 국민은 법률이 정하는 바에 의하여 선거권을 가진다' 하는 선거권은 국민 누구나 일반적으로 선거권향유능력을 갖는 보통선거원칙의 규정이다(헌법 제1조 제2항, 제41조 제1항, 제67조 제1항). 보통선거의 원칙은 국민의 선거권에 의하여 선거권자 모두 성별, 재산, 사회적 신분, 학력 등에 의한 제한 없이 투표참여의 기회를 갖는다 하는 선거원칙이다(헌재 2016.5.26. 2012헌마374, 1919년 독일 바이마르헌법 제22조1문이 처음 규정). 선거권향유능력은 선거권의 주체가 될 수 있는 지위 · 자격으로서, 대한민국의 국적을 보유하는 내국자연인인 국민 개개인은 국적 보유시에 당연히 이를 취득하며 국적 이탈시에는 상실된다. 국민총체나 유권자총체는 주권보유자나 주권행사자에 속한다. 피성년후견인, 피한정후견인, 피특정후견인 등의 선거권능력에 대해서, 피성년후견인 즉 질병, 장애, 노령, 그 밖의 사유로 인한 정신적 제약으로 사무를 처리할 능력이 지속적으로 결여된 사람에 대하여 성년후견개시 심판이 이루어진 경우(민법 제9조), 피한정후견인 즉 질병, 장애, 노령, 그 밖의 사유로 인한 정신적 제약으로 사무를 처리할 능력이 부족한 사람에 대하여 한정후견개시 심판이 이루어진 경우(제12조), 피특정후견인 즉 질병, 장애, 노령, 그 밖의 사유로 인한 정신적 제약으로 일시적 후원 또는 특정한 사무에 관한 후원이 필요한 사람에 대하여 특정후견 심판이 이루어진 경우(제14조 의2) 등은 종래 금치산자, 한정치산자 예에 따라(공직선거법 제18조 제1항 제1호) 각각 선거권행사무능력자로 처리된다.

2.2 보통선거와 선거권행사능력

선거권행사능력은 선거권을 가진 국민개개인이 현실적으로 투표할 수 있는 지위 · 자격이다. 누구도 연령 외에는 성별 · 신분 · 직업 · 종교 · 정견 · 재산 · 인습 등의 불합리한 제한을 받지 아니한다. 선거권행사능력은 자신의 선거권행사의 의미를 독자적으로 이해할 수 있는 정치적 판단능력을 갖는 선거권행사능력자이어야 한다. 선거권행사연령은 국가마다 특수한 상황 등을 고려하여 결정할 사항이고, 선거권행사연령은 대통령 · 국회의원선거에서 선거일 현재(공직선거법 제17조) 만 18세 이상으로서(제15조 제1항 18세 이상의 외국인은 체류지역 지방자치단체선거의 선거권이 있다), 이 같은 공법상 성년(국방의무 만18세이상(병역법 제8조 제1항 제1국민역))과 사람은 19세로 성년에 이르게 된다(민법 제4조) 하는 민사성년이 반드시는 일치하지 않는다.

> **선거권행사연령** 선거권연령은 21세 이상(제1대(1948)~4대(1958) 국회의원선거), 20세 이상(제5대(1960) 이후, 대통령선거는 제5대(1963) 직선제이후), 19세 이상(2005.8.4.이후)에서 2020.1.14. 공직선거법 개정으로 대통령, 국회의원, 지방자치단체의 장 및 의회의원의 선거권 연령 하한이 18세로 낮아졌고 개정 조항은 교육감선거에도 준용되고 있다. 이에 관련하여, 선거권행사연령 19세 이상의 합헌결정(독자적 정치적 판단을 할 수 있을 정도의 정신적 · 신체적 자율성 및 다른 법령에서 18세 이상의 사람에게 근로능력이나 군복무능력 등의 인정은 별개의 문제다)(헌재 2014.4.24. 2012헌마287; 2013.7.25. 2012헌마174; 2003.11.27. 2002헌마787등) 후, 다시 제기된 선거권 연령 19세 이상에 대한 헌법소원심판에서, 심판대상조항은 이미 18세로 하향 개정되었고 이를 2020.4.15. 실시하는 임기만료에 따른 제21대 국회의원선거부터 적용하도록 하고 있어, 더 이상 청구인들에게 적용될 여지가 없으므로 주관적 권리보호이익이 소멸하였으며, 공직선거법 개정으로 선거권연령 하한 19세 기준에 따른 위헌성은 이미 해소되었으므로 같은 유형의 기본권 제한 행위가 반복될 위험이 있다 보기 어렵고, 심판대상조항에 대한 위헌 여부의 판단이 헌법적으로 중대한 의미를 가진다 볼 수 없어 예외적인 심판의 이익도 인정되지 않기에 본안판단에 나아가지 않고 심판청구를 각하한다(헌재 2020.8.28. 2017헌마187등).

2.3 보통선거와 선거권행사조건

2.3.1 선거권행사조건과 선거인명부

선거권행사조건은 선거권자가 실제 투표할 수 있는 요건이다. 선거권자가 법정선거일에 선거인명부에 올라 선거권행사의 유보가 없어서 선거인명부에 등재되어야 선거권을 행사할 수 있다. 선거인명부에 올랐어도 선거일에 선거권 없는 자는 투표할 수 없다. 선거인명부는 선거일에 투표권이 있음을 증명하여 투표할 수 있는 선거인의 결정기준이 되는 선거권자목록이다. 선거인명부에 의하여 유권자총수 및 투표결과의 확인이 가능하다(공직선거법 제5장 제37조 이하 참조). 선거권과 선거인명부에 대하여, 공직선거법은 선거권과 선거인명부에 대해서, 누구든지 같은 선거에서 2 이상의 선거인명부에 오를 수 없다(제37조 제3항), 선거인명부 등재확인 열람시간 보장(제6조 제3항), 명부작성의 감독과 직권조사(제39조), 자유로운 열람권(제40조 제2항), 이의신청권 · 불복신청권(제41조, 제42조), 명부누락자 구제(제43조), 명부재작성(제45조) 등을 규정한다. 투표인명부 작성기준일의 투표일 전 19일은 투표인명부 확정절차 및 투표권자들의 확인절차에 소요되는 기간을 고려한 합리적인 것이다(헌재 2013.7.25. 2011헌마676).

2.3.2 선거권행사조건과 거주 등의 요건

선거권행사조건으로서 '거주' 요건, 피선거권행사능력으로 '일정기간거주'의 요건이 요구된다(헌재 1999.1.28. 97헌마253등; 1999.3.25. 97헌마99). 피선거권거주요건은 대통령선거에는 없으나 국회의원선거, 지방자치단체의 의회 의원 및 장의 선거에 요구된다. 거주 등의 요건에 대해서, 국회의원선거의 거주요건은 선거인명부작성기준일(공직선거법 제37조 제1항) 현재 해당 국회의원지역선거구 안에 주민등록이 되어 있는 사람(주민등록은 생활의 근거가 되는 민법상 주소

(개념과 별개다. 헌재 1996.6.26. 96헌마200) 또는 선거구역 안에 거소를 두고 국내거소신고인명부에 3개월 이상 계속하여 올라 있는 사람이다(제15조 제1항). 지방자치단체의 의회 의원 및 장의 경우에는 선거인명부작성기준일 현재 해당 지방자치단체의 관할 구역에 주민등록이 되어 있거나(제2항 제1호) 국내거소신고인명부에 3개월 이상 계속하여 올라 있는 국민이거나(제2호) 영주의 체류자격 취득일 후 3년이 경과한 외국인으로서 해당 지방자치단체 외국인등록대장에 올라 있는 사람(제3호)이다.

2.3.3 선거권행사조건과 해당지역과의 관련성의 요건

보통선거권과 선거권행사능력 및 행사조건을 구비해도, 전국을 단위로 선거를 실시하는 대통령선거와 비례대표국회의원선거에의 투표는 국민이라는 자격만으로 충분한 데 반해, 특정한 지역구의 국회의원선거에의 투표는 '해당 지역과의 관련성'이 인정되어야 한다. 보통선거와 지역관련성에 대하여, 전국을 단위로 선거를 실시하는 대통령선거와 비례대표국회의원선거 투표에는 국민이라는 자격만으로 충분하나, 특정 지역구 국회의원선거 투표는 '해당 지역과의 관련성'이 인정되어야 하므로, 주민등록의 거주지 또는 국내거소신고의 국내거소를 기준으로 지역구국회의원선거권을 인정함은 해당 국민의 지역적 관련성을 확인하는 합리적 방법이기에, 선거권조항과 재외선거인 등록신청조항이 재외선거인의 임기가 만료된 지역구 국회의원의 선거권을 인정하지 않는 것이 선거권을 침해한다거나 보통선거 원칙에의 위배는 아니다(헌재 2014.7.24. 2009헌마256등).

3. 평등 · 직접 · 비밀선거의 원칙

3.1 평등선거

3.1.1 평등선거의 의의

평등선거는 투표권행사와 선거과정에 있어서의 평등원칙이다(헌법 제41조 제1항, 제67조 제1항, 제11조). 투표권행사의 평등은 선거권자 1인1표(one man one vote)의 계산가치 평등(공직선거법 제146조 제2항 복수투표 배제), 1인1표 선출 대표자의 대의적 가치인 1票1價(one vote one value)의 평가가치의 평등이다. 평등선거 등에 대한 선거권 제한입법의 심사는 선거권 제한 여부 · 적용범위의 타당성에 관하여 이들 선거원칙에 입각한 선거권 보장과 제한의 관점에서 헌법 제37조 제2항에 따른 엄격심사로서의 비례성심사를 하여야 한다(헌재 2017.5.25. 2016헌마292). 복수투표는 유권자의 계층적 이익을 대변하는 경향성을 중첩되게 함으로써 국민의 대표가 무기속 자유위임에 기초하는 전국민 대표자가 아니라 기속적 강제위임의 계층적 대리인에의 경향성을 가져오게 한다. 이는 복수투표자가 사회적 특수계급이 되는 결과가 됨으로써 헌법 제11조 제3항, 제1조 제2항에 근거하는 전체국민의 주권에 기반을 두는 대의정 민주주의의 헌법원리에 반한다.

3.1.2 평등선거와 선거구간 인구편차에 따른 의원정수배분

헌법 제11조 제1항 2문 '누구든지 … 정치적 … 생활의 모든 영역에 있어서 차별을 받지 아니한다' 하므로 선거구획정에 있어서 투표가치의 평등은 기본적 일차적인 헌법적 기준이며, 선거구획정에 있어서 선거구간 인구편차로 인한 선거권 등 기본권침해는 공직선거법 선거구구역표에 의하여 비로소 발생한다(헌재 2007.3.29. 2005헌마985등). 인구편차에 따른 의원정수배분 불균형이 1인1표(one man one vote) 계산가치평등, 1표1價(one vote one value) 평가가치평등, 지방의회선거에서의 지역대표성 등에 합치하려면 선거구간 평균인구수를 기준으로 하는 상하 선거구간 인구편차 50%, 선거구간 인구수의 상하한上下限 인구비례 3 : 1을 넘지 않아야 한다(헌재 2014.10.30. 2012헌마190등 공직선거법 제25조 제2항 별표1 위헌확인). 시 · 도의회의원지역선거구 인구편차의 허용의 한계도 국회의원의 경우에서와 같다(헌재 2019.2.28. 2018헌마415등; 선례 2018.6.28. 2014헌마189).

평등선거와 선거구간 인구편차 평등선거 관련 선거구 획정기준 및 선거구간 인구편차에 따른 정수배분의 헌법상 허용 한계는 국회의원선거는 인구편차 50%(인구비례 3:1) 원칙이다. 종래 국회의원선거에서 선거구간 인구편차는 제12대(1985.2.12. 1구2인 중선거구제)의 서울동대문구 대 전북무주 · 진안 · 장수 상하한 인구비례 1:5, 제13대(1988.4.26. 1구1인 소선거구제)의 서울구로갑구 대 전남장흥 1:4.6, 제14대(1992.3.24.)의 서울송파을구 대 전북옥구 1:5, 1995년 부산해운대구 · 기장군 대 전남장흥군 1:5.87 등이었다. 이에 대해 상하 선거구간 인구편차 60%, 선거구간 인구수 상하한 인구비례 4:1의 선거구구역표는 투표가치 불평등의 선거권, 평등권 침해의 헌법불합치(헌재 1995.12.27. 95헌마224등), 인구편차 50% 위헌결정이 있었다(헌재 2001.10.25. 2000헌마92등)(시 · 도, 자치구 · 시 · 군의회의원 선거의 경우는 국회의원의 경우와 달리, 투표가치평등으로서 가장 중요한 요소인 인구비례원칙과 한국의 특수사정으로 의원의 지역대표성 및 인구도시집중으로 인한 도시와 농어촌간 극심한 인구편차 등의 요소를 합리적으로 참작하여, 인구편차 33⅓%(인구비례 2:1) 기준이 선거권 평등의 이상에 접근하지만, 급속히 적용할 경우 각 자치구 · 시 · 군이 가지는 역사적 · 문화적 · 경제적 측면에서의 지역대표성과 도시와 농어촌 간 인구격차를 비롯한 각 분야에서의 지역간 불균형 등에 봉착할 가능성이 매우 큰 점도 고려되어야 하기에)현재의 시점에서 인구편차 50%(인구비례 3:1)로 함이 타당하다). 헌재 2019.2.28. 2018헌마415등은 선례인 헌재 2018.6.28. 2014헌마189 이후 변경된 시·도의원 지역구 인구편차 허용기준을 적용하여 시 · 도의원 지역구에 대하여 위헌으로 판단한 최초의 결정이다(2009.3.26. 2006헌마240; 2009.3.26. 2006헌마188; 2009.3.26. 2006헌마67; 2009.3.26. 2006헌마14). 미국, 독일, 일본에서의 선거구간 인구편차에 대해서, 미연방대법원은 의원정수배분 불균형을 입법영역 불개입의 정치문제*political question*로 보다가(Colegrove v. Green, 338 U.S. 549(1946)), 의회의 자의적 선거구획정으로 인한 불균형적 과잉대표*Over-representation*는 사법심사*judicial review* 대상이 되어*Baker v. Carr*, 389 U.S. 186 (1962) 1인1표*one man, one vote*에 반하고(Tennessee주 유권자는 미합중국수정헌법 제14조 법 아래의 평등과 완전한 대표의 권리가 박탈) 상하선거구 인구편차 1:3이상은 위헌이라 하면서*Wesberry v. Sanders*, 376 U.S. 1 (1964) 모든 주선거구는 재획정되었다*Reynolds v. Sims*, 377 U.S. 533 (1964). 독일연방헌법재판소[BVerfGE 16,130(141f.) 1963. 연방의회의원선거법 제3조 제2항 2호는 위헌결정시 선거구 재분할 요구], 일본에서도(東京高判 昭55(1980)12.23.行集31-12-2619, 最裁判 昭51 1976.4.14. 30-3-223, 最裁判 昭60 1985.11.7. 37-9 등) 1:5, 1:4를 위헌이라 하였다.

3.1.3 평등선거와 자의적 · 차별적 불균형선거구(게리맨더링)의 방지

공직선거법의 국회의원지역선거구역표는 지역구를 나누어 정해 놓은 선거법 내용 중 일부이며, 전체가 불가분 일체를 이루기에, 어느 한 부분에 위헌적 요소가 있다면 그 전체가 위헌의 하자를 갖는다(헌재 1995.12.27. 95헌마224등). 그러므로, 선거구 획정시 인접지역으로 1개 선거구를 구성하여도 불균형선거구*Gerrymandering*가 되지 않도록 하는 선거구 획정이 있어야 한다.

국회의 선거구획정권과 게리맨더링 국회가 국회의원선거구획정위원회의 선거구획정안 내용대로 국회의원지역선거구를 획정하지 아니한 입법부작위 및 국회의원지역선거구구역표 부분의 위헌확인을 구하는 헌법소원 심판청구는 부적법하다(국회가 선거구획정위원회 획정안을 '존중'하여야 한다는 규정은 '참고'의 의미일 뿐이어서, 획정안 내용대로 국회의 선거구획정의무가 곧바로 도출되는 것은 아니고, 헌법상 명문이나 해석으로 그러한 의무를 인정하기 어려워 입법부작위나 위헌확인청구는 부적법하며, 헌법재판소는 개정된 선거구구역표 전체를 위헌선언 하므로, 헌법질서 수호 · 유지를 위해 선거구구역표에 대한 헌법적 해명이 필요하다 볼 수도 없어 역시 부적법하다)(헌재 2014.10.30. 2012헌마138). 홍성군, 예산군, 상주시, 영천시, 김천시 등의 각 선거구란은 평균인구수 대비 상하 60% 인구편차 범위를 벗어난 선거구획정으로서, 헌법상 허용되는 의회의 재량범위를 일탈한 것이어서 평등권 및 선거권을 침해한다. 선거구들 사이의 불가분성 원리에 따라 홍성군의회의원 지역선거구들 부분, 예산군의회의원 지역선거구들 부분 전체, 상주시군의회의원 지역선거구들 부분, 영천시의회의원 지역선거구들 부분, 김천시의회의원 지역선거구들 부분 전체에 대하여 위헌선언을 한다(헌재 2009.3.26. 2006헌마240, 188, 67등)(강동구 천호제3동은 지리적으로 천호제2동보다 천호제1동에 더 인접하여 경계접촉면도 훨씬 큰 점, 강동구 8개 선거구에서 의원 1인당 인구수가 강동구의회의원 1인당 평균인구수로부터 60%의 편차를 보이는 선거구는 없는 점 등을 고려하면, 위 [별표]가 재량을 일탈하여 강동구에 대하여) 자의적, 차별적으로 선거구 획정을 하는 이른바 게리맨더링을 하였다 볼 수 없다(헌재 2009.3.26. 2006헌마72).

3.1.4 평등선거와 비례국회의원

과거 전국선거구국회의원 의석배분시 제1당우대배분, 득표비율 아닌 득석得席비율배분 등은 유권자의 별도 정당투표를 배제하고 지역구선거에서 표출된 유권자의사를 그대로 정당 지지의사로 의제되어 위헌이라 한 결정(헌재 2001.7.19. 2000헌마91등) 이후 공직선거법 개정으로 국회의원선거, 시 · 도의원선거 및 자치구 · 시 · 군의원선거에서 지역구의원선거 및 비례대표의원선거마다 1인 1표로 한다(공직선거법 제146조 제2항 단서). 비례국회의원과 지명직 국회의원에 대하여, 제4공화국헌법은 국회의원 정수 1/3(1973년 219인의 73, 1979년 231인의 77)을 대통령이 지명하여 통일주체국민회의에서 선출, 제5공화국헌법은 제1당에 전국구의원정수 2/3(의원정수 276, 전국구 92인의 61)

우선배정, 제6공화국헌법은 지역선거구에서 과반수의석 미달 제1당에 전국구의원정수 1/2(의원정수 299 전국구 75인의 38, 1995.7.개정으로 299에서 전국구 39인의 20인) 우선배정(33.3%→22.2%→12.5%) 등 제1당 우대배분제를 1991.12.31. 폐지하였지만 전국구의석배분의 기준으로 득표비율이 아닌 득석비율은 유지하였다.

3.1.5 평등선거와 선거과정 등에서의 평등

평등선거원칙은 선거참여기회 균등성, 선거과정 동등성에 따른 후보자 방송연설 공평성(공직선거법 제71조 제8항, 제11항), 방송시설주관 경력방송 등의 공정한 시간할당(제73조 제4항, 제74조), 경상보조금과 선거보조금의 절대적 평등인 정당별 균등분할 배분·지급(정치자금법 제27조 제1·2항)과 의석수비율로 배분·지급하는(제3항) 상대적 평등, 선거비용의 균등보상 등이다. 선거비용은 당해선거에서 선거운동을 위하여 소요되는 금전·물품 및 채무 그 밖에 모든 재산상의 가치가 있는 것으로서 당해후보자(후보자가 되려는 사람을 포함하며, 대통령선거의 정당추천후보자와 비례대표국회의원선거 및 비례대표지방의회의원선거의 그 추천정당을 포함한다)가 부담하는 비용과 후보자가 이 법에 위반되는 선거운동을 위하여 지출한 비용과 기부행위제한규정을 위반하여 지출한 비용 등외에 다음 각호의 어느 하나에 해당되는 비용이다(공직선거법 제119조 제1항).

3.2 직접선거

3.2.1 직접선거의 의의

직접선거는 선거권자가 중간선거인이나 정당 등의 매개 없이 대표자를 직접 결정하는 선거원칙이다. 선거의 방식인 투표는 기표로 직접 또는 우편으로 하며, 주민등록이 되어있는 선거구에 소재하는 투표소에 우편으로 보낸다(공직선거법 제146조 제2항).

재외선거와 직접선거 재외선거는 만 18세가 넘은 재외국민으로 주민등록이 되어 있지 않고 국내거소신고도 하지 않은 '재외선거인'의 투표다. 주민등록을 요건으로 재외국민의 국민투표권 제한 및 국내거소신고가 되어 있지 않은 재외국민(재외선거인)의 국민투표권 제한은 위헌이나(헌재 2007.6.28. 2004헌마644등), 재외선거인에 임기만료지역구국회의원선거권 및 국회의원재보궐선거권 불인정, 선거 실시 때마다 재외선거인 등록신청을 하도록 하거나 재외선거 투표절차를 공관방문투표방법으로 정한 부분은 헌법에 위반되지 않는다(헌재 2014.7.24. 2009헌마256등).■

■ 재외선거투표방법으로 인터넷투표이나 우편투표를 배제하고 원칙적으로 공관에 설치된 재외투표소에 직접 방문하여 투표하는 방법을 채택한 선거제도 형성은, 대만 등 재외공관이 설치되지 않은 국가나 공관에서 멀리 떨어진 지역에 거주하는 재외선거권자 등의 선거권을 실질적으로 보장해주지는 못하겠지만, 선거시마다 전 세계 해외 공관을 가동하여야 하는 등 많은 비용과 시간이 소요되는 등 선거의 공정성, 기술성, 효율성 등을 종합적으로 고려한 것으로 현저히 불합리하거나 불공정하다 볼 수 없다.

3.2.2 직접선거와 부재자투표·거소투표

부재자투표는 부재자투표기간 중 선거인이 주민등록 등이 되어 있는 관할선거구 투표소는 아니더라도, 그가 현재 생활하고 있는 관할지역의 부재자투표소에 가서 투표를 하거나, 우편투표로써 행하는 것이다. 반면, 거소투표는 부재자투표소에 직접 가서 스스로 투표행위를 할 수 없는 자가 그의 거소에서 직접투표하여 우편으로 관할선거구 투표소에 보내는 투표이다.

부재자투표, 거소투표 부재자투표, 거소투표대상에 대한민국 국외구역 항해선박에 장기기거하는 선원들을 포함시키지 않고, 거소투표방법으로 등기우편만 인정함은, 공해상 선박에서 선거권행사방법을 별도로 마련하지 않는 것이나 다름없어, 국민들의 선거권행사를 부인할만한 '불가피한 예외적인 사유'를 인정할 수 없고, 헌법상 보장된 선거권을 실제행사할 수 있도록 하는 입법내용을 불완전하게 하여 헌법이 부여한 선거권행사를 제한한다(헌재 2007.6.28. 2005헌마772). 제13대 대통령선거1987.12.16., 제13대국회의원선거1988.4.26.에서 채택되고, 개정 공직선거법이 기존 부재자투표소 투표를 사전투표로 대체하고 거소투표 대상자에 '수용소·교도소 또는 구치소에 기거하는 사람'을 포함시키면서, 수형자는 인근 사전투표소에서 투표할 수 있게 되었는 데, 이는 제6공화국 1992.12.18. 제14대대통령선거에 최초로 채택되었다.

3.2.3 직접선거와 의석배분

직접선거 관련 자유명부식이나 가변명부식과 달리, 고정명부식 비례대표후보자 결정 방식 자체는 직접선거원칙에 위반되지 않지만, 전국구국회의원 후보자명부에 투표 없이 행하는 의석배분은 직접선거원칙에 위배된다(헌재 2001.7.19. 2000헌마91등). 또한 헌법 제24조 선거권은 형성적 법률유보를 규정하므로, 양심의 자유(헌법 제19조)나 종교적 행위의 자유(제20조 제1항) 등에 기초하여 종교적 양심에 합당하도록 투표소를 자유롭게 선택할 수 있는 자유권으로서의 기본권은 도출되지 않는다(헌재 2010.10.28. 2008헌마332).

투표소, 투표시간의 자유 선거권을 자유로이 행사할 수 있는 자유가 있다 하여 투표소를 자유롭게 선택할 수 있는 자유까지 헌법상 보장된다 보기는 어렵다. 헌법 제24조의 해석상 투표소를 자유롭게 선택할 수 있는 자유권인 기본권이 도출된다 볼 수 없다(헌재 2010.10.28. 2008헌마332). 투표소를 선거일 오후 6시에 닫도록 규정한 것은 선거결과 확정 및 선거권행사를 보장하면서도 투표 · 개표관리에 소요되는 행정자원배분의 적정수준 유지를 위한 것으로서 과잉금지원칙 위반의 선거권 침해가 아니다(헌재 2013.7.25. 2012헌마815). 국회의원선거투표소 내 수화통역인 배치하도록 하는 입법의 작위의무를 인정할 수 없다(헌재 2013.8.29. 2012헌마840).

3.3 비밀선거

비밀선거는 투표에서 선거인 성명 기타를 선거인이 추정되지 못하게 하는 선거원칙이다(공직선거법 제167조 제1항). 비밀선거의 원칙은 자유선거의 원칙을 보장하는 전제조건이다. 투표비밀이 보장되어야 선거익명성이 유지되어 자유로운 선거와 진정한 의사결정에 의한 공정선거가 실현되기 때문이다. 비밀선거의 원칙은 민주주의 아래에서 선거권은 국민주권과 대의제 민주주의의 실현수단이라는 중요한 의미를 갖기에 필요하고 불가피한 예외적인 경우에서만 그 원칙의 예외가 허용될 수 있다. 비밀투표는 기표투표인 무기명기호투표(제146조 제1항), 기표소 안을 다른 사람이 엿볼 수 없도록 설비하여야 하고 어떠한 표지도 아니 되는 기표소비밀(제147조 제6항), 투표내용진술의 강제금지(제167조 제2항), 선거인은 자신이 기표한 투표지를 공개할 수 없고 공개된 투표지는 무효로 하는 기표투표지공개불가(제3항), 개표는 투표구별로 구분하는 투표수 계산의 투표구별개표(제178조 제1항), 선거관리위원회의 투표소지정 및 투 · 개표관리(제12조) 등으로 구현되어 규정되어서 담보된다.

투표의 비밀 보장과 비밀선거의 예외 공직선거법 제167조[① 투표의 비밀은 보장되어야 한다. ② 선거인은 투표한 후보자의 성명이나 정당명을 누구에게도 또한 어떠한 경우에도 진술할 의무가 없으며, 누구든지 선거일의 투표마감시각까지 이를 질문하거나 그 진술을 요구할 수 없다. 다만, 텔레비전방송국 · 라디오방송국 · 신문등의진흥에관한법률 제2조 제1호 가목 및 나목에 따른 일간신문사가 선거의 결과를 예상하기 위하여 선거일에 투표소로부터 50미터 밖에서 투표의 비밀이 침해되지 않는 방법으로 질문하는 경우에는 그러하지 아니하며 이 경우 투표마감시각까지 그 경위와 결과를 공표할 수 없다. ③ 선거인은 자신이 기표한 투표지를 공개할 수 없으며, 공개된 투표지는 무효로 한다.]. 신체에 장애가 있는 선거인에 대해 투표보조인이 가족이 아닌 경우 반드시 2인을 동반하도록 함은 투표보조인 2인에게 투표내용을 공개하도록 정하는 등 비밀선거의 원칙에 대한 예외를 두어, 이로 인해 선거권을 침해하는지 여부가 문제되는 바, 중증장애인의 선거권 행사를 대리투표로 악용하는 선거범죄를 예방하면서 투표보조제도보다 손쉽게 활용될 수 있는 더 나은 방법을 찾는 것이 현실적으로 쉽지 않아, 불가피하게 비밀선거의 원칙에 대한 예외를 정하는 것이 정당화된되므로, 과잉금지원칙에 반하여 청구인의 선거권을 침해하지 않는다(헌재 2020.5.27. 2017헌마867).

[二] 선거관리 · 선거운동 · 선거쟁송

1. 선거관리

1.1 선거관리의 의의

헌법 제41조 제3항 '국회의원의 선거구와 비례대표제 기타 선거에 관한 사항은 법률로 정한다', 제114조 제1항 '선거와 국민투표의 공정한 관리 …', 제116조 제2항 '선거에 관한 경비는 법률이 정하는 경우를 제외하고는 정당 또는 후보자에게 부담시킬 수 없다' 하는 선거관리는 공직후보자 피선거권 및 선거권자의 선거권 실현의 공정성 보장을 위한 선거관리위원회의 권한이다. 선거관리는 후보자,

유권자의 경제 · 정치 · 사회적 영향력 차이에 따른 선거운동불균형과 후보자간 과잉경쟁으로 인한 선거과열, 흑색선전, 허위사실유포, 비방 등으로 야기될 선거공정성과 평온을 훼손할 위험의 관리 필요성 등에서 요구되는 공익성을 갖는다. 선거관리공익이 충분한 선거운동을 못하는 불이익보다 훨씬 크다면 결사의 자유 등의 침해가 아니다(헌재 2017.6.29. 2016헌가1).

1.2 선거관리의 양태

1.2.1 선거관리의 일반적 양태

선거관리는 선거권이 유권자의 후보자 투표로 표출된 의사가 공정한 개표절차에 의해 정확한 선거결과가 되도록 보장하는 과정이다. 선거관리의 일반적 양태로서 헌법은 중앙선거관리위원회에 의한 선거공정성의 담보를 규정하고, 선거에 관한 경비는 법률이 정하는 경우를 제외하고는 정당 또는 후보자에게 부담시킬 수 없도록 하며(제7장 제114조~제116조 등), 공직선거법도 선거비용제한(제8장 선거비용 제119조 이하 특히 제121조), 공무원의 선거중립의무(제9조), 언론기관의 공정보도의무(제8조), 사회단체 등의 공명선거추진활동(제10조 제2항), 선거운동을 하는 자의 공정경쟁의무(제7조) 등(헌재 2002.2.26. 2002헌바90; 1989.9.8. 88헌가6)을 규정한다.

대통령의 선거중립의무 대통령의 선거중립을 요구하는 공직선거법 제9조 제1항(이 사건 법률조항)은 합헌이고, 이를 전제로 하여 중앙선거관리위원회 위원장(피청구인)이 청구인인 대통령에 한 2007.6.7.자 '선거중립의무 준수 요청 조치'와 2007.6.18.자 '선거중립의무 준수 재촉구 조치'는 청구인의 기본권을 침해하지 않았다. 대통령은 국정책임자이자 행정부수반이므로 공명선거에 대한 궁극적 책무를 지며, 공무원들에 대한 최종적 인사권과 지휘감독권을 갖는 대통령의 선거개입은 선거공정을 해칠 우려가 높으며, 대통령은 정치적 헌법기관, 정치인의 지위에서 특정 정파의 정책, 이익과 밀접하게 관련될 가능성 때문에 특히 선거중립의무의 담보가 정치활동자유와 충돌시 중립의무를 더 강조하고 우선되어야 한다. 대통령의 정치적 표현의 자유를 상시적으로 모든 영역에서 규제하는 것이 아니라, 선거가 임박한 시기에 부당한 영향력을 행사하는 방법으로 선거결과에 영향을 미치는 표현행위만 규제하고, 대통령의 직무집행과 관련된 공적 행위만 규제하며 순수한 개인적인 영역까지 규제하는 것은 아니라면, 과잉금지원칙에 위배되어 정치적 표현의 자유를 침해하는 것으로 볼 수 없으며, 국회의원과 지방의회의원의 경우와 달리 취급해도 합리적 차별이어서 평등의 원칙에 반하지 아니한다(헌재 2008.1.17. 2007헌마700).

1.2.2 선거관리의 양태와 투 · 개표

선거관리의 양태로서 투 · 개표 과정에서 투 · 개표행위는 선거일 지정, 선거인명부 작성, 후보자 등록, 투 · 개표 관리, 당선인 결정 등 여러 행위를 포괄하는 집합적 행위이다. 선거관리는 투 · 개표의 일련의 과정에서 작용하는 행위이기에 그 자체로는 국민의 권리의무에 영향을 미치지 아니하는 공권력 작용의 준비행위 또는 부수적 행위이다(헌재 2016.3.31. 2015헌마1056등). 공직선거후보자의 투표용지 게재순위 · 기호배정을 정당 · 의석수 기준으로 하는 것은 순위결정의 방법일 뿐 공무담임권과 직접관련이 없으며, 소수 의석을 가진 정당이나 의석이 없는 정당 후보자 및 무소속후보자의 평등권, 복수정당제도의 본질적 침해가 아니며, 투표용지의 후보자 기호를 위 순위에 따라 1, 2, 3등의 아라비아 숫자로 표시하는 기호조항 역시 평등권 침해가 아니다(헌재 2019.2.27. 2018헌마454).

선거관리와 투 · 개표 행위, 기호배정, 본인확인 등 공직선거법 제251조 '후보자가 되고자 하는 자' 부분은 합헌이다(죄형법정주의 명확성원칙에 위배되지 않고 과잉금지원칙에 반하여 선거운동 자유나 정치적 표현의 자유를 침해하지 아니한다)(헌재 2013.6.27. 2011헌바75 5인 위헌의견이 별개로 있다). 투표과정에서 선거인 본인 확인은 합헌이며(위장, 대리투표 등 투표부정행위 방지로 정확한 민의반영과 선거의 공정한 집행을 위한 필수적 절차이고, 신분확인을 어떠한 방법으로 할 것인지는 선거권 자체가 아닌 선거권행사에 필수적 절차인 신분확인제도상 요구되는 내재적 제한인 입법정책에 속하는 문제이다), (현단계에서 서명으로 신분을 확인하는 방법을 채택하지 않았다하여 현저하게 불합리 불공정한 것이라 할 수 없고(주민등록증은 만 17세에 달한 국민은 신청만 하면 발급받을 수 있어, 신분증명방법이 입법부에 주어진 합리적 재량의 한계를 벗어난 것이라 할 수 없으며, 아직은 서명문화가 일반적으로 정착되었다 보기는 어렵다), 선거인 신분확인을 위한 신분증명서 제시도 합헌이다(입법부에 주어진 합리적 재량 범위 내의 것이어서, 이 사건 조항이 선거권, 평등권을 침해하였다 볼 수 없다)(헌재 2003.7.24. 2002헌마508). 공직선거후보자등록 신청자에게 실효된 형을 포함하여 금고 이상의 형의 범죄경력을 관할선거구선거관리위원회에 제출하고, 선거기간 중 선거구민에게 공개하도록 함은 합헌이다(국민의 알 권리를 충족하고 공정하고 정당한 선거권 행사를 보장하기 위한 것으로 사생활의 비밀과 자유 및 개인정보자기결정권, 평등권 등을 침해하지 않는다)(헌재 2013.12.26. 2013헌마385; 2008.4.24. 2006헌마402등). 투표용지에 표시되는 기호 게재순위에 관하여 정당 · 의석수를 기준으로 한 기호배정은 합헌이며(다수의석－소수의석－의석 없는 정당후보자－무소속후보자 즉 당적유무, 의석순, 정당명 또는 후보자성명의 가나다순 등은 합리적 기준이어서 평등권, 공무담임권 침해의 위헌조항이 아니다), 지방선거에서 통일된 기호를 부여받는 정당이 같은 선거구에 2인 이상의 후보자를 추천하는 경우 후보자 성명의 가나다순에 따른 기호배정은 합헌이다(평등권을 침해할 정도로 입법형성권의 한계를 벗어난 것이 아니다. 무조건 姓의 가나다순에 의한 후보자 기호 결정이 인격권의 일종인 성명권 침해는 아니며, 후보자성명의 가나다순에 따른 기호배정일 뿐 후보자의 성명을 간섭하거나 박탈하는 내용이 아니어서 성명권과 직접 관련이 없어 성명권 제한도 아니다)(헌재 2007.10.4. 2006헌마364등; 2004.2.26. 2003헌마601; 1997.10.30. 96헌마94; 1996.3.28. 96헌마9등).

선거관리와 투·개표절차 투표지분류기는 (투표지를 유·무효표와 후보자별 구분·계산에 필요한 투표지집계 기계장치나 전산조직에 불과하고, 개표기로 분류된 후보별 투표지는 심사집계부에서 육안의 확인·심사를 거치며, 다시 선거관리위원회 위원 및 위원장의 육안에 의한 투표지 확인·검열 절차를 거치므로 투표행위 자체를 전자기기에 직접 하여 실물투표지가 존재하지 않는)전자투표방식과 다르고, 같은 내용의 선거소송을 거듭하여 제기하는 것은 민중소송의 취지에 부합하지 않는 무익한 소권 행사의 남용이어서 허용될 수 없다(대법원 2016.11.24. 2016수64; 2004.5.31. 2003수26. 2002.12.19. 제16대 대통령선거(노무현후보 당선)의 효력을 다툰 소송도 적법 판단), 개표절차는 선거권 자체의 제한이 아니라 입법정책이기에 하자가 없다(헌재 2016.3.31. 2015헌마1056등). 동시계표투표함 數의 不제한은 개표공정성을 위한 것으로 선거권침해가 아니다(헌재 2013.8.29. 2012헌마326). 부재자투표시간 오전 10시부터 오후 4시까지에서 투표종료시간 부분은 부재자투표 인계·발송절차 지연위험 등과 관련하여 선거권이나 평등권침해가 아니나, 투표개시시간을 일과시간이 내인 오전 10시부터로 함은 위헌이다(단순한 투표관리의 행정편의적 목적만 있고, 일과시간투표가 어려운 부재자투표자는 사실상 선거권이 형해화될 정도로 중대한 제한을 받기에 이를 침해한다)(헌재 2012.2.23. 2010헌마601).

선거관리와 평등선거 순위조항(공직선거 투표용지 후보자 게재순위·기호배정을 국회의 다수 정당·의석수를 기준으로 표시)은 평등권을 침해하지 아니한다(당적 유무, 의석순, 정당명 또는 후보자 성명의 '가, 나, 다' 순 등의 합리적 기준에 의하므로, 선례에 법리상 중요한 잘못이 있다거나, 종전 결정과 달리 판단하여야 할 만한 사정변경이나 필요성이 있다 보기 어려워, 선례의 판시취지를 그대로 유지하기로 한다)(선례인 헌재 1996.3.28. 96헌마9등 이후 헌재 1997.10.30. 96헌마94; 2004.2.26. 2003헌마601; 2007.10.4. 2006헌마364등; 2011.3.31. 2009헌마286; 2012.3.29. 2010헌마673; 2013.11.28. 2013헌마17; 2019.2.27. 2018헌마454), 기호조항(투표용지의 후보자 기호를 위 순위에 따라 1, 2, 3등의 아라비아 숫자로 표시하며, 1947.3.18. 국회의원선거법 제정 당시 "1획, 2획, 3획" 등으로 표시하도록 규정한 이후에 "Ⅰ, Ⅱ, Ⅲ" 등의 로마자 숫자 기호를 쓰다 이후 아라비아 숫자를 기호로 표시)은 평등권을 침해하지 아니한다(보다 가독성이 높은 기호 사용으로 유권자의 혼동을 방지하고 선거의 원활한 운영을 도모하기 위한 것으로 아라비아 숫자는 현재 가장 보편적으로 쓰이는 형태의 숫자로 다른 형태의 기호에 비하여 가독성이 매우 높아 이를 기호로 채택한 것이 다른 기호 사용에 비하여 현저히 합리성을 상실한 기호 채택이라고 할 수 없다)(헌재 2019.2.27. 2018헌마454). 국회교섭단체 구성정당별 전국적 통일기호부여(헌재 2004.2.26. 2003헌마601), 정당여론조사 평균지지율 100분의 5의 선거방송대담·토론회 참가기준(헌재 2009.3.26. 2007헌마1327) 등도 평등권 침해가 아니고 선거방송토론위원회 주관 대담·토론회의 참석요건기준을 정한 초청대상 후보자 토론회조항의 대통령 및 지역구국회의원 부분(헌재 2009.3.26. 2007헌마1327등; 2011.5.26. 2010헌마451)은 자의적 입법이 아니어서 선거운동의 기회균등원칙에 관련하여 평등권을 침해하지 않는다(헌재 2019.9.26. 2018헌마128등).

1.2.3 선거관리의 비용

선거비용은 선거에 관한 경비 즉 당해선거에서 선거운동을 위하여 소요되는 금전·물품 및 채무 기타 모든 재산상 가치가 있는 것으로 당해 후보자 등이 부담하는 비용으로서 선거관리의 대상이 된다(후보자가 되고자 하는 자를 포함하며, 대통령선거에 있어서 정당추천후보자와 비례대표국회의원선거 및 비례대표시·도의원선거에 있어서는 그 추천정당을 포함). 선거관리와 선거에 관한 경비 즉 선거비용에 대해서 제1대~제3대 국회의원선거, 제2대~제3대 대통령선거에서는 규제가 없었지만, 제4대 국회의원선거 및 제5대 대통령선거 이후 채택하였고, 선거비용지출 實査制는 1995년 제1회 전국동시지방선거시부터 채택되었다. 직선제 조합장선거에서 후보자 아닌 사람의 선거운동을 전면금지하고 위반시 형사처벌(헌재 2017.6.29. 2016헌가1), 조합장 선거운동기간을 후보자등록마감일 다음 날부터 선거일 전일까지의 13일에 한정하면서 예비후보자 제도를 두지 않거나(기간조항), 법정 선거운동방법만 허용하면서 합동연설회, 공개토론회 개최, 언론기관 및 단체 주최의 대담·토론회 불허(방법조항)(헌재 2017.7.27. 2016헌바372) 등은 선거의 자유보다 선거관리 공익성을 우선하는 합헌이다.

1.3 선거관리의 담보－중앙선거관리위원회

1.3.1 독립헌법기관

선거관리위원회는 선거와 국민투표의 공정한 관리 및 정당에 관한 사무를 처리하기 위하여 입법부·행정부·사법부로부터 독립하여 선거관리위원회 위원 합의로 의사를 결정하는 합의제 독립헌법기관이다(제7장 제114조~제116조). 특히 중앙선거관리위원회는 제3공화국헌법에서 헌법기관이 되어 현재에 이른다. 중앙선거관리위원회는 제3공화국헌법(1962.12.26. 제5차개정헌법)에서 헌법기관이 되고 제4공화국헌법(1972.11.24.) 이후 국민투표관리업무도 맡아 현재에 이른다. 대통령임명 3인, 국회선출 3인, 대법원장지명 3인으로 구성되며, 위원장은 위원들이 호선한다. 선거에 관한 사무는 행정부와는 독립된 헌법기관인 선거관리위원회가 주관하기에(헌법 제114조 제1항), 선거관리위원회위원장, 위원은 정치적 중립성을 보장받는 헌법상 독립기관으로서, 신분의 보장 및 직무에 대한 간섭을 받지 않고 정당가입이나 정치관여를 금지함으로써 선거의 공정성을 담보하고 있다. 다만 선거를 구체적으로 실행하는 데 있어서 행정부 공무원의 지원과 협조없이는 현실적으로 불가능하므로, 행정부 수반인 대통령의 선거중립이 매우 긴요한 것이 또한 사실이다. 선거관리위원회의 선거·국민투표관리와 정당에 관한 사무는 엄정중립관리를 제도적으로 보장하는 기능적 권력통제의 권한이어서, 일반행정업무와 기능적으로 분리되어서 그 업무가 행하여진다.

중앙선거관리위원회 선거관리기구의 유형에는 **독립위원회형**[헌법기관: 한국, 필리핀, 인도 등/ 법률기관: 일본, 독일, 미국(연방), 호주, 멕시코, 오스트리아 등], **의회형**(덴마크 등), **사법부형**[헌법기관: 브라질, 칠레, 터어키 등/ 법률기관: 이탈리아 등], **행정부형**[독임제형: 스웨덴, 영국, 미국(주), 프랑스, 캐나다, 노르웨이 등] 등이 있다.제1공화국헌법은 선거위원회를 행정부 소속 법률기관으로 하였다. 제2공화국헌법은 국민투표사무 관리 업무도 담당토록 하였다. 1962년 제3공화국헌법은 중앙선거관리위원회를 헌법기관으로 설치하고 1963.1.16. 선거관리위원회법 제정·공포 후 1.21. 창설하였다. 제4, 5공화국헌법도 선거관리위원회를 헌법기관인 독립기관으로 두었다. 제6공화국헌법에서는 법정선거관리 사무 중심의 권한에서 선거법위반행위의 예방·단속조치, 선거비용의 수입·지출에 대한 확인·조사, 선거관계법령에 관한 의견제출권 등 공명선거실현을 위한 적극적 기능·역할 수행 등으로, 단순 사무관리에서 단속권으로 공명선거를 정착하였다. 著者는 헌법기관인 중앙선거관리위원회 위원 및 상임위원으로 재직하면서(국무위원급 제14대 2009.12.14.~2012.12.13.) 재외선거기반을 마련하고 실시상황을 관장하였다. 중앙선거관리위원회 주관으로 2013년 제1회 '유권자의 날'을 2012.1.17. 공직선거법 제6조 5항에 의거하여 제헌국회의원을 선거한 최초 선거일인 5월 10일을 기념한다.

선거관리공무원의 중립의무, 선거관리업무 선거관리위원회 공무원의 일정 정치활동 금지(특정 정당이나 후보자를 지지·반대하는 단체에 가입·활동하는 행위)는 그 신분과 업무의 특수성을 고려할 때 정치적 표현의 자유 등 기본권을 침해하지 않는다(헌재 2012.3.29. 2010헌마97). 각급 선거관리위원회 의결을 거쳐 행하는 사항에는 권력분립원리와 선거관리위원회 의결절차의 합리성을 고려하여 가능한 신속하게 결정되어야 하므로 원칙적으로 행정절차에 관한 규정이 적용되지 않기에(행정절차법 제3조 제2항 제4호), 선거관리위원회법상 조치가 위반행위자에 종국적 법률효과를 발생시키는 것이 아니라면, 의견진술기회 보장이 반드시 필요하거나 적절하다 보기 어려워, 선거관리의 특성, 조치가 규율하는 행위의 성격, 제재효과, 기본권침해 정도 등을 종합하여 볼 때 조치 전 의견진술기회를 부여하지 않은 것이 적법절차원칙에 어긋나는 기본권침해라 볼 수 없다(헌재 2008.1.17. 2007헌마700).

1.3.2 선거·국민투표관리기관

선거관리위원회는 선거와 국민투표에 관한 사무를 관리하고(헌법 제114조 제1항) 관계행정기관에 필요한 지시(제115조 제1항) 등의 선거관리 및 선거계도(선거관리위원회법 제14조) 등을 행한다. 지시를 받은 행정기관은 응해야 할 헌법상 의무가 있다(제2항). 행정안전부장관이 행하는 선거와 국민투표에 관한 사무의 관장은(정부조직법 제34조 제1항) 선거관리위원회의 헌법상 권한인 선거와 국민투표 관리의 협조 업무를 행하는 기술적·절차적·질서유지적 차원의 관리다. 선거관리위원회는 선거경비국고부담원칙(헌법 제116조)에 따라 정치자금관리 등을 정당법, 선거관리위원회법, 정치자금에관한법률로 실현한다.

1.3.3 준입법적·준사법적 기관

'중앙선거관리위원회는 법령의 범위 안에서 선거와 국민투표관리 및 정당사무에 관한 중앙선거관리위원회규칙을 제정할 수 있으며 법률에 저촉되지 않는 범위 안에서 내부규율에 관한 규칙을 제정할 수 있다'(헌법 제114조 제6항) 하는 준입법권을 지닌다. 중앙선거관리위원회규칙은 선거관리위원회법, 공직선거법 및 그 시행령에 따르는 점에서 법률에 저촉하지 않는 범위에서 제정할 수 있는 대법원규칙 등과 다르다. 중앙선거관리위원회는 한정된 준사법적 권능인 선거법위반행위 예방·단속·조치, 선거비용의 수입과 지출에 대한 확인·조사, 선거관계법령에 관한 의견제출권 및 정당사무처리, 정치자금범죄에 대한 준사법적 조사권 및 집행권 등을 가진다. 선거관리규칙제정권에 대하여, 중앙선거관리위원회 선거관리·국민투표관리·정당사무 규칙제정권은 1972년헌법에 규정되었다. 정당추천위원제는 1963.8.6. 선거관리위원회법 개정으로 도입하나 1973년 폐지 후 1984년에 부활된다. 정당사무관리는 1963.1.21. 선거관리위원회 창설 이후 계속된 권한이다. 정치자금사무관리는 1965년 정치자금에관한법률 제정으로 시작되었다.

2. 선거운동

2.1 선거운동의 자유와 공정성

2.1.1 선거운동의 개념

헌법 제116조 제1항 '선거운동은 각급 선거관리위원회의 관리하에 법률이 정하는 범위안에서 하되, 균등한 기회가 보장되어야 한다' 하는 선거운동은 '당선되거나 되게 하거나 되지 못하게 하기 위한 행위'로서(공직선거법 제58조 제1항), 특정 후보자의 당선 내지 이를 위한 득표에 필요한 모든 행위 또는 특정 후보자의 낙선에 필요한 모든 행위 중 당선 또는 낙선을 위한 것이라는 목적의사가 객관적으로 인정될 수 있는 능동적, 계획적 행위이다(헌재 2016.6.30. 2014헌바253; 대법원 2016.8.26. 2015도11812). 선거 또는 정당의 후보자추천에 관한 단순한 의견개진 및 의사표시, 입후보와 선거운동을 위한 준비행위, 통상적 정당활동, 특정 정당 또는 후보자의 지지·추천, 반대하는 내용 없는 투표참여 권유행위(호별방문 또는 선거일에 확성장치·녹음기·녹화기를 사용하거나 투표소로부터 100미터 안에서 하는 경우 제외) 등은 선거운동 개념에서 제외된다(헌재 2001.8.30. 2000헌마121등). '지지·반대'의 사전적 의미와 '선거운동'의 정의규정과 그에 대한 헌법재판소의 해석, 입법목적, 공직선거법 관련 조항의 규율내용을 종합하면, 건전한 상식과 통상적인 법 감정을 가진 사람이면 자신의 글이 정당·후보자에 대한 '지지·반대'의 정보를 게시하는 행위인지 충분히 알 수 있으므로 명확성 원칙에 반하지 않는다(헌재 2010.2.25. 2008헌마324등; 2015.7.30. 2012헌마734등; 2021.1.28. 2018헌마456등).

선거운동의 개념 공직선거법의 이해유도죄 조항은 죄형법정주의 명확성원칙을 위반하지 않는다(선거운동은 특히 행위를 한 시기가 선거일에 가까우면 가까울수록 명시적인 표현 없이도 다른 사정을 통하여 선거에서 당선 또는 낙선을 도모하는 의사가 있다고 인정할 수 있으나, 선거로부터 시간적으로 멀리 떨어진 행위라면 단순히 선거와의 관련성을 추측할 수 있다는 것만으로 선거에서 당락을 도모하는 의사가 표시된 것으로 인정될 수는 없다)(대법원 2016.8.26. 2015도11812), 하며, 무엇이 '선거운동에 이용할 목적'이 있는 행위인지 여부는 개별사안에서 행위가 이루어진 시기, 동기, 방법 등 제반사정을 종합하여 통상적인 법해석 또는 법보충작용을 통해 판단할 수 있어(헌재 2020.3.26. 2018헌바3), 설날·추석 등 명절 및 석가탄신일·기독탄신일 등에 의례적 인사말을 문자메시지로 전송하는 행위 등은 선거운동 개념에서 제외되며(헌재 2001.8.30. 2000헌마121등), ('페이스북'과 같은 누리소통망(일명 '소셜 네트워크 서비스')을 통해 자신의 정치적 견해나 신념을 외부에 표출하였고, 그 내용이 선거와 관련성이 인정되더라도, 그 이유만으로 섣불리 선거운동에 해당한다고 속단해서는 아니 되며, 타인의 페이스북 게시물을 공유하는 목적은 상당히 다양하고, '공유하기' 기능에는 정보확산의 측면과 단순 정보저장의 측면이 동시에 존재하므로(헌재 2020.2.27. 2016헌마1071 '페이스북'(소셜 네트워크 서비스)선거운동 사건), 특별한 사정이 없는 한)언론의 인터넷 기사나 타인의 게시글을 단순히 '공유하기'한 행위만으로는 특정 선거에서 특정 후보자의 당선 또는 낙선을 도모하려는 목적의사가 명백히 드러났다고 단정할 수는 없다(대법원 2018.11.29. 2017도2972; 2019.11.28. 2017도13629 참조).

2.1.2 선거운동의 개념요소

선거운동은 행위의 목적과 인식가능성 등이 포함되어 단순한 의견개진과 구분되는 가벌적 행위로서 당선·득표(반대후보자에 대해서는 낙선)의 목적성, 목적성의 객관적 인식가능성, 능동성 및 계획성 등을 규범적 요소로 한다(헌재 2016.6.30. 2014헌바253; 2008.10.30. 2005헌바32).[2)]

선거운동의 개념 요소 – 사전선거운동 금지와 투표독려행위 '사전선거운동 금지조항'(공직선거법 제59조(선거운동기간) 본문 '선거운동은 선거기간개시일부터 선거일 전일까지에 한하여 할 수 있다' 제254조(선거운동기간위반죄) 제2항 중 '선거운동기간 전에 이 법에 규정된 방법을 제외하고 각종 인쇄물로 선거운동을 한 자'에 관한 부분 등)은 합헌이며(기간 제한 없는 무한정 선거운동은 막대한 선거비용을 마련할 수 없는 젊고 유능 신참 후보자의 입후보기회를 빼앗고, 예비후보자 등록시 선거운동 허용, 후보자등의 인터넷을 통한 선거운동허용 등 선거운동기간 제한을 받지 않는 선거운동방법이 다양화되었기에 필요하고도 합리적 제한으로 정치적 표현의 자유, 선거운동의 자유를 형해화할 정도의 과도한 제한이 아니다)(헌재 2016.6.30. 2014헌바253; 2013.12.26. 2011헌바153), 누구든지 선거운동기간 전 선거운동은 하지 못하도록 하므로 차별이 존재한다 볼 수 없어 평등원칙에 위배되지 아니하고(헌재 2015.4.30. 2011헌바163), 선거일 당일 투표독려행위는 선거운동기간의 선거운동에서 제외하는 것이 타당하다.

2.1.3 선거운동의 유사개념

'선거운동과 관련하여'는 '선거운동에 즈음하여, 선거운동에 관한 사항을 동기로 하여'라는 의미로서 '선거운동을 위하여'보다 광범위하며, 선거운동의 목적이나 선거에 영향을 미치게 할 목적이 없었어도 그 행위자체가 선거의 자유·공정을 침해할 우려가 높은 행위를 규제하여야 할 필요성에서 설정한 개념이다(헌재 2002.4.25. 2001헌바26).

> **선거운동의 유사개념 – 선거운동과 관련하여, 선거준비행위, 선거기획행위 등** '선거운동과 관련하여'는 반드시 선거운동의 대가일 필요는 없고 (선거운동관련 정보제공대가, 선거사무관계자 스카우트비용 같이)선거운동과 관련된 것이면 무엇이든 포함되며(공직선거법이 선거사무관계자들에게 수당과 실비를 제공하는 경우는 제외됨을 명확히 규정하여 적용되지 않는 경우를 일반인들이 알 수 있다)(헌재 2002.4.25. 2001헌바26), (돈선거 폐단의 방지를 위해 특정후보자의 당선을 위해 설치된 선거사무소에서 일하는 '선거운동원 등'에게 선거운동관련 금품 내지 이익제공의 금지이지)당원인 공직선거후보자 또는 후보자가 되려고 하는 자가 당헌·당규에 따라 당비 내지 특별당비의 소속정당에의 납부를 금지하거나 제한하는 것이 아니므로(헌재 2011.4.28. 2010헌바473), 선거사무장 등 선거사무관계자에 '선거운동과 관련하여' 법률 소정의 실비와 수당을 제외한 일체의 금품제공 금지 및 위반시 처벌은 죄형법정주의 명확성원칙에 위배되지 않고 정당활동의 자유를 침해하지 아니한다(헌재 2011.4.28. 2010헌바473; 2002.4.25. 2001헌바26). '공직선거법'이 '선거준비행위'를 '선거운동'과 구별하는 반면, '농협법'은 선거기획행위(조합장선거에서 농협 임·직원이 선거운동의 기획에 참여하거나 그 기획의 실시에 관여하는 행위)를 선거운동개념에 포함시켜 '선거운동'의 개념·범위가 일치하지 않는다(선거기획행위가 '선거운동' 개념에 포함되는지 여부에 관계없이, 조합 임·직원이 조합장선거에서의 선거기획행위는 금지되고 그 위반시 형사처벌이 명백하므로, 수범자가 처벌받는 행위를 예측할 수 없거나 수사 및 재판기관의 자의적 해석·적용의 우려가 없어 죄형법정주의 명확성원칙에 위배되지 않으며, 공무원 등의 선거기획행위는 공직선거법에 의하여, 농협 임·직원의 농협 조합장 선거에서의 선거기획행위는 농협법으로 처벌받게 되므로, 농협 임·직원이 공직선거법의 적용을 받는 선거기획행위자에 비하여 형사상 불리하게 차별받는다 할 수 없다)(헌재 2011.4.28. 2010헌바339).

2.2 선거운동의 자유와 선거의 공정성

2.2.1 선거운동의 자유

민주국가의 선거제도에 내재하는 자유로운 선거원칙은 헌법 제41조 제1항, 제67조 제1항 및 선거운동의 기회균등을 보장하는 헌법 제116조 제1항에 근거를 두면서(헌재 2020.3.26. 2018헌바3) 선거·입후보·선거운동 등의 자유를 요청한다(헌재 1999.9.16. 99헌바5 참조). 또한 선거권은 국민이 주권자로서 국가의 정치제도 형성에 참여할 수 있는 헌법상 권리인 정치적 기본권의 중심이 되는 참정권적 기본권이기에 대표자선출이나 국가의사결정을 위한 정치적 기본권의 실현을 자유롭게 행할 수 있도록 하는 선거의 자유를 나오게 한다. 이 선거의 자유는 선거참여, 대표자선택, 선거운동 등의 자유를 포함하며, 누구든지 자유롭게 선거운동을 할 수 있는 자유는(제58조 제2항 헌재 1999.9.16. 99헌바5) 국민주권주의, 의회·대의민주주의, 정치적 기본권, 공직후보자 선택의 자유를 위한 국민의 알권리, 의사표현의 자유 등을 근거로 도출되는 자유이다(헌재 1989.9.8. 88헌가6; 1995.4.20. 92헌마29).

2.2.2 선거의 공정성

민주국가의 선거제도에 내재하는 자유로운 선거원칙은 선거운동의 자유를 요청하면서, 선거가 공정하게 형성되도록 하여 대표에 정당성을 부여한다(헌재 2004.5.14. 2004헌나1). 선거의 공정성은 선거권자가 성실하게 선거에 참여하여 선거권을 행사하는 것을 요구하며(공직선거법 제6조 제4항), 국가기관이 특정 정당이나 후보자와 일체감을 가지고 그들을 지지하거나 반대하는 것을 금지하는 공무원의 중립의무를 요구하고(헌재 2004.5.14. 2004헌나1), 공무원 기타 정치적 중립을 지켜야 하는 자(기관·단체를 포함)는 선거에 대한 부당한 영향력의 행사 기타 선거결과에 영향을 미치는 행위를 하여서는 아니 되는 것(제9조 제1항) 등을 요구한다. 이때 공무원의 직무영역에서 일반적으로 요구되는 정치적 중립의무는 헌법 제7조 제2항에 근거를 둔 것으로 직무전념성을 보장하고 엽관제를 지양하는 직업공무원 제도의 보장에 초점이 있다(헌재 2020.3.26. 2018헌바3).

선거의 공정성과 공직의 중립성 공무원 지위이용 선거운동죄는 죄형법정주의 명확성원칙을 위반하지 아니한다(지방의회의원은 정당을 대표하며, 선거운동의 주체로서 선거에서의 정치적 중립성이 요구될 수 없어, 선거결과에 영향을 미치는 행위를 금지하는 공직선거법 제9조의 공무원에 포함되지 않는다 해석되지만, 공무원 지위이용 선거운동죄는 그를 명시적으로 배제하는 규정을 두지 않는 한 금지되는 대상에서 제외된다 해석할 수 없으며, 정치적 중립의무를 지지 않는 지방의회의원에게도 선거공정성은 정치적 중립성과는 별개의 보호법익으로서 누구든지 준수해야 하고, 공직선거법은 지방의회의원에 대하여 이미 개별조항별로 선거공정성에 영향을 미치는 행위의 금지와 허용여부를 명확히 구분해놓고 있는데, 제85조 제2항은 지방의회의원을 제외한다는 내용을 두고 있지 않으므로, 공무원의 선거운동 등 금지범위에 관한 공직선거법 조문체계, 정치적 중립의무와 선거의 공정성 간 관계 등을 종합하면 건전한 상식과 통상적인 법감정을 가진 사람이면), 공무원의 지위를 이용한 선거운동을 금지하는 '공무원'에 지방의회의원도 포함됨을 알 수 있다(헌재 2020.3.26. 2018헌바3). 선거에 의하여 취임하는 지방자치단체의 장의 선거운동금지 및 위반시 형사처벌은 합헌이다(지방자치단체의 장의 업무전념성, 지방자치단체의 장과 해당 지방자치단체 소속 공무원의 정치적 중립성, 선거공정성 확보를 위한 것으로서, '국민 전체에 대한 봉사자'라는 신분과 지위의 특수성에 비추어 공무원에게는 일반국민보다 강화된 기본권제한이 가능하며, 지방자치단체의 장이 선출된 공무원이라도 집행기관으로서 지방자치단체를 대표하고 그 사무를 총괄하는 지위에 있어 일반공무원과 같이 선거의 공정성과 형평성에 영향을 미칠 수 있어 과잉금지원칙에 위배하여 선거운동의 자유를 침해한다고 볼 수 없으며, 지방자치단체의 장에게 선거운동이 자유롭게 허용된다면 그의 영향을 받을 수밖에 없는 지방자치단체 소속 공무원들에게 선거에서의 정치적 중립성을 기대하기 어려워져 선거의 공정을 해칠 우려가 높으며, 반면, 국회의원이나 지방의회의원은 그 지휘·감독을 받는 공무원조직이 없어 공무원의 선거관리에 영향을 미칠 가능성이 높지 않기에, 국회의원과 지방의회의원이 지방자치단체의 장과 달리 심판대상조항의 적용을 받지 않는 것은 합리적 차별로서 평등원칙에 반하지 않는다)(헌재 2020.3.26. 2018헌바90).

2.2.3 선거운동자유의 선거공정성에 의한 제한

대의민주주의의 선거는 국민이 통치기관을 결정·구성하는 방법이고, 선출된 대표자에 대해서 민주적 정당성을 부여하여 국민주권주의 원리를 실현하는 핵심이므로, 선거공정성의 훼손은 후보자 선택의 민의 왜곡 및 대의민주주의를 위협하기 때문에 선거운동자유의 선거공정성에 의한 제한은 기본권제한의 요건·한계, 국가의 정치사회적 발전단계, 국민의식 성숙도, 선거풍토 등을 종합하여 합리적으로 결정하게 된다(헌재 2006.12.28. 2005헌바23; 1997.3.27. 95헌가17). 선거운동자유에 관하여 미군정의 선거자유주의는 정부수립 후 대통령선거·국회의원선거(1952.7.18.), 민의원의원선거법(1958.1.25.) 등에서 규제주의로 전환되나, 선거운동의 포괄적 금지나 과잉제한은 후보자정보에 대한 유권자의 자유로운 접근권을 제한하는 것이어서 헌법 제37조 제2항의 엄격심사대상이 된다(헌재 2001.8.30. 99헌바92등).

선거의 자유와 선거운동의 공정성 새마을금고 임원 선거운동방법 제한 및 처벌은 합헌이다(공공성을 가진 특수법인으로 유사금융기관 지위를 갖는 새마을금고 임원선거는 선거인들이 비교적 소수이고, 그들간 연대 및 지역적 폐쇄성이 강하여 선거과정 공정성 확보에 많은 어려움이 있는데 비해 불법적 행태의 적발이 어렵다는 특수성을 가져 결사의 자유, 표현의 자유를 침해하지 아니한다)(헌재 2018.2.22. 2016헌바364). 후보자가 중퇴학력을 표시할 경우 수학기간의 의무적 기재인 중퇴학력 표시규정은 헌법에 위배되지 않는다(선거운동의 양태로 '경력'의 정의 규정은 없지만 입법취지, 사전적 의미, 유사 사례에서의 법원의 해석 등을 종합하면 충분히 해석될 수 있고 예측이 가능하여 죄형법정주의 명확성원칙에 위배되지 않아서 공직선거에서 후보자학력은 선거인의 공정한 판단에 영향을 미치는 후보자 이력에 관한 중요사항이기 때문이다)(헌재 2017.12.28. 2015헌바232). 선거운동관련 법조항에 '연고가 있다', '후보자가 되고자 하는 자', '기부행위' 등의 개념은 건전한 일반상식을 가진 자에 의한 의미 파악이 어렵다 보기 힘들며, 법관의 보충적 해석을 통하여 적용단계에서 다의적으로 해석될 소지도 적으며, 중앙선거관리위원회 규칙으로 규정될 내용의 대강을 예측할 수 있어 포괄위임입법금지원칙에 위배되지 아니한다(헌재 2014.2.27. 2013헌바106). 건전한 상식과 통상적 법감정을 가진 사람의 입장에서 후보자 체납사실은 경력에 당연히 포함되는 것으로 본다(해석이 불명확하여 수범자의 예측가능성을 해하거나 법 집행기관의 자의적 집행을 초래할 정도로 불명확하다 할 수 없어 죄형법정주의 명확성원칙에 위반되지 않는다)(헌재 2017.7.27. 2015헌바219). 노동조합의 선거운동, 노동단체의 정치자금 기부 등은 허용되며(헌재 1999.11.25. 95헌마154), 호별방문을 통한 선거운동의 금지는 불법, 금권선거 등이 잔존하는 우리 선거역사와 정치현실 등에서 선거공정성 및 유권자 사생활평온을 위한 제도이다(헌재 2016.12.29. 2015헌마509).

2.3 선거운동의 자유의 제한

2.3.1 선거운동의 자유의 인적·시간적·방법적 제한

선거운동의 자유는 선거의 공정성을 위하여 인적·장소적·시간적·방법적으로 제한된다. 예컨대 선거운동의 인적 제한으로서, 19세 미만 미성년자의 선거운동금지는 정신적·신체적 자율성의 불충분, 정치적 판단능력의 부족 등의 점에서 선거운동의 자유로운 행사를 위한 정치적 판단능력 유무를 가리는 적절한 기준·방법이기에 합헌이다(헌재 2014.4.24. 2012헌마287). 선거운동에서 금권·관권선거, 흑색선전·허위사실유포 등은 엄격하게 금지된다. 공직선거의 후보자가 되고자 하는 자의 기부행위 제한기간 중의 기부행위 처벌은, 부정한 경제적 이익을 제공하여 유권자의 자유의사를 왜곡시키는 선거운동을 범죄로 처벌하여 선거공정성을 보장하기 위한 것으로서 죄형법정주의의 명확성원칙과 과잉금지원칙에 위배되지 않아 행복추구권, 일반적 행동자유권, 선거운동의 자유를 침해하지 않으며(헌재 2014.2.27. 2013헌바106; 2021.2.25. 2018헌바223), 선거가 임박한 시기에 선거의 불가매수성을 위한 처벌 필요성의 제한이 비례상 과다하고 폭이 넓다 볼 수 없기에 공무담임권, 참정권, 행복추구권을 침해하였거나 평등권에 위배된 것으로 볼 수 없다(헌재 2005.6.30. 2003헌바90; 2006.12.28. 2005헌바23). 이에 더하여 교원의 선거운동, 공무원의 투표권유・기부금모집은 금지된다(헌재 2012.7.26. 2009헌바298).

선거운동의 인적・시간적・방법적 제한 공직선거법의 선거운동주체의 제한에 대하여, 국민건강보험공단 상근직원의 선거운동 금지・처벌은 과잉금지원칙에 반하는 선거운동자유의 침해가 아니다(헌재 2004.4.29. 2002헌마467) 한 이후, 한국철도공사 상근직원의 타인을 위한 선거운동의 전면적 금지・위반시 일률적 처벌은 위헌이다(상근직원의 지위・권한에 비추어 볼 때 경선운동에 미칠 수 있는 영향력이 크지 않기에 선거공정성・형평성에 비추어도 선거운동자유의 지나친 제한으로서 과잉금지원칙에 반하여 선거운동의 자유를 침해하므로 헌법에 위반된다)(헌재 2018.2.22. 2015헌바124) 하고, 이와 유사한 취지의 경선운동주체 제한도 위헌이다(당원이 아닌 자에게도 투표권을 부여하여 실시하는 당내경선에서 지방공기업법에 따라 설립된 지방공단의 상근직원의 경선운동금지는 공단 경영에 관여하거나 실질적인 영향력을 미칠 수 있는 지위와 권한을 갖지 않고, 지방공단의 상근임원과 달리 상근직원은 그 직을 유지한 채 공직선거에 입후보할 수 있도록 함에도, 직급에 따른 업무의 내용과 수행하는 개별 구체적인 직무 성격에 대한 검토 없이 모든 상근직원의 경선운동의 일률적 금지・처벌은 정치적 표현의 자유의 지나친 제한이므로 공직선거법상 당원이 아닌 자에게도 투표권을 부여하여 실시하는 당내경선에서 허용되는 경선운동방법의 한정, 업무・고용 그 밖의 관계로 인하여 자기의 보호・지휘・감독을 받는 자에게 특정 경선후보자를 지지・추천하거나 반대하도록 강요한 자의 형사처벌, 공단상근직원의 지위를 이용한 경선운동행위의 금지・처벌규정을 두는 것은 별론으로 하고, 과잉금지원칙에 반하는 정치적 표현의 자유의 침해이다)(헌재 2021.4.29. 2019헌가11). 대통령선거・지역구국회의원선거 및 지방자치단체의 장 선거에서 점자형 선거공보 작성・제출 또는 전자적 표시의 의무화 이전(헌재 2014.5.29. 2012헌마913) 및 이후에(헌재 2016.12.29. 2016헌마548), 대통령선거・지역구국회의원선거 및 지방자치단체의 장선거에서 후보자가 시각장애선거인을 위한 점자형 선거공보 1종을 책자형 선거공보의 면수 이내에서 의무적으로 작성토록 제한하고, 책자형 선거공보에 내용이 음성으로 출력되는 전자적 표시가 있는 경우에는 점자형 선거공보 작성을 생략할 수 있도록 하는 것은(국가 또는 지방자치단체의 작성비용의 과다한 부담, 점자출판시설 및 점역・교정사 등의 부족 등을 감안하고, 특히 2011년 방송법 등 개정으로 선거방송에서 한국수어・폐쇄자막・화면해설 등을 이용한 방송을 할 의무를 부과한 것 등을 적극적으로 고려하면)(헌재 2009.5.28. 2006헌마285. 방송법 개정전, 청각장애인의 참정권 등을 침해하지 않는다.), 시각장애인의 선거권 및 평등권을 침해하지 않으며(헌재 2016.12.29. 2016헌마548; 2014.5.29. 2012헌마913), (선거방송제작 방송사업자가 한국수어・자막방송을 할 수 있는 인력, 장비, 기술수준, 이를 의무사항으로 규정할 경우 선거비용의 과다한 소요, 방송사업자의 보도・편성의 자유와 후보자・정당의 선거운동자유의 제한 여지 등을 고려하여)한국수어 또는 자막 방영을 재량사항으로 규정하고, (방송법, 장애인복지법, 장애인차별금지 및 권리구제 등에 관한 법률 및 그 하위규범을 통하여)청각장애인에 대한 선거정보제공 의무화가 특히 자막방송의 경우에 규범적으로 상당 부분 구현되어 있고(청각장애인의 선거정보획득의 다양한 수단들의 존재 등을 종합적으로 고려하면), 선거권을 침해한다 보기 어렵다(헌재 2020.8.28. 2017헌마813). 전국동시지방선거의 선거운동 과정에서 후보자들이 확성장치를 사용할 수 있도록 허용하면서도 그로 인한 소음의 규제기준을 정하지 아니함은 헌법에 합치되지 아니한다(헌재 2008.7.31. 2006헌마711 선례의 변경 결정이다. 국민이 건강하고 쾌적하게 생활할 수 있는 양호한 주거환경을 위하여 노력하여야 할 국가의 의무를 부과한 헌법 제35조 제3항에 비추어 보면, 적절하고 효율적인 최소한의 보호조치를 취하지 아니하여 국가의 기본권 보호의무를 과소하게 이행한 것으로서 건강하고 쾌적한 환경에서 생활할 권리를 침해한다(헌재 2019.12.27. 2018헌마730). 선거운동기간의 제한은 합헌이다(입법목적, 내용, 선거 태양, 현실적 필요성 등을 고려할 때 필요하고도 합리적인 제한이어서 예비후보자 배우자의 선거운동의 자유를 형해화 할 정도의 과도한 제한이 아니다)(헌재 2005.9.29. 2004헌바52; 2001.12.20. 2000헌바96등; 2001.8.30. 2000헌마121등; 1995.11.30. 94헌마97; 1994.7.29. 93헌가4등).

선거운동의 금권・관권・허위사실공표금지・기부행위제한 선거운동관련 금품제공등의 금지・처벌은 선거운동의 자유와 공정을 위한 제도적 장치이며 그 부분에 국한하여 제한되므로 선거운동의 자유가 전혀 무의미해지거나 형해화된다 단정할 수 없어 합헌이다(헌재 2006.5.25. 2005헌바15; 2002.4.25. 2001헌바26). 헌법재판소는 허위사실공표금지를 규정한 공직선거법 제250조 제1항 중 '재산', '경력' 부분에 대하여 죄형법정주의의 명확성원칙에 위반되지 않는다 판시한 바 있으며(헌재 2010.9.30. 2009헌바355; 2017.7.27. 2015헌바219), 후보자가 당선될 목적으로 기타의 방법으로 후보자에게 유리하도록 후보자의 행위에 관하여 허위의 사실을 공표하는 것을 처벌하도록 정한 허위사실공표금지 조항은 (문언의 의미 및 입법취지, 관련 공직선거법 조항 등을 종합하여 볼 때 건전한 상식과 통상적인 법감정을 가진 사람이라면 이 사건 허위사실공표금지 조항에 의하여 구체적으로 어떠한 행위가 금지되는지 충분히 알 수 있고, 법 집행기관이 이를 자의적으로 해석할 염려가 있다고 보기 어려우므로)죄형법정주의의 명확성원칙에 위배된다고 볼 수 없고, 허위사실공표금지는 (단순한 가치판단이나 의견표현이 아닌 허위의 사실을 대외적으로 알리는 것을 금지함으로써 그 문언 자체로 처벌되는 행위의 유형을 제한하고, 공표된 사실의 내용 전체의 취지를 살펴 중요한 부분이 객관적 사실과 합치되면 세부에 있어서 진실과 약간 차이가 나거나 다소 과장되더라도 이를 허위의 사실이라 볼 수 없으므로(대법원 2009.3.12. 2009도26 참조)), 표현에 대한 지나친 제약이 된다 보기 어려워 과잉금지원칙에 위배되지 않아 선거운동의 자유 내지 정치적 표현의 자유를 침해하지 않는다(헌재 2021.2.25. 2018헌바223) 하여 허위사실 공표의 대상이 되는 후보자의 '행위'가 무엇을 의미하는지('행위'라 함은 일상생활의 모든 행위를 말하는 것이 아니라 적어도 후보자의 자질, 성품, 능력 등과 관련된 것으로서 선거인의 후보자에 대한 공정한 판단에 영향을 줄 만한 사항으로 한정된다고 보는 것이 상당하다. '기타의 방법'은 연설・방송・신문・통신・잡지・벽보・선전문서에 준하여 공직선거 후보자에 관한 정보를 불특정 또는 다수인에게 전달하는 매체 내지 방법을 의미하는 것으로 해석된다) 해명하였다. 기부행위금지 조항은 ('후보자가 되고자 하는 자'를 순전히 당사자의 주관에 의해서만 판단하는 것이 아니라 후보자의 의사를 인정할 수 있는 객관적 징표 등을 고려하여 그 해당 여부를 판단하며, 공직선거법 제112조는 기부행위의 개념을 정의하고 예외적으로 허용되는 기부행위를 상세히 규정하여, 금지되는 기부행위가 어떤 것인지 충분히 파악할 수 있어)죄형법정주의의 명확성원칙에 위배되지 아니하고, 대법원은 일응 선거와 유관해 보이더라도 사회상규에 위배되지 않는 경우에는 금지 대상에서 제외된다고 해석하여(대법원 2003.6.27. 2003도1912), 기부행위금지 조항에 의해 금지되는 기부행위는 일정 범위로 제한되는 등으로 과잉금지원칙에 위배되지 않는다(헌재 2021.2.25. 2018헌바223). 농업협동조합 조합장 재임 중 기부행위처벌은 기부행위라는 명목의 매표행위를 방지하여 선거의 공정성을 확보하기 위한 것으로서, 기부행위를 하고자 하는 조합장의 일반적 행동자유권을 제한하지 아니하며(농업협동조합 조합장 선거의 후보자나 중소기업중앙회의 회장, 새마을금고의 이사장, 새마을금고중앙회의 회장과 달리 농업협동조합 조합장의 재임 중 기간을 한정하지 않고 기부행위를 제한하는 처벌조항은 과잉금지원칙 및 평등원칙에 반하지 아니한다)(헌재 2018.2.22. 2016헌바370).

2.3.2 선거운동과 정치적 표현의 자유

선거운동은 정치적 표현의 자유의 성격이 있기에 선거관리 이상의 민주주의 선거원칙과 조화를 이루어야 한다(헌재 2003.11.27. 2003헌마259등). 민주주의 사회의 선거과정은 국민주권주의 실현과정, 국민의 가치결단 표현과정, 국정수행대표자 검증과정 등의 의미를 갖는다. 선거운동은 선거과정에서 정치적 관심과 열정의 표출이 되기에 선거운동의 부당한 경쟁 및 후보자간 경제력 차이에 따른 불균형을 막기 위한 문서나 인쇄물의 무제한적 제작·배부의 금지는 공직선거법의 전반적 체계·구조상 '선거운동에 준하는 내용의 표현행위'만 규제하는 것으로서 선거운동의 자유나 정치적 표현의 자유의 침해가 아니다(헌재 2011.12.29. 2007헌마1001등). 또한 당선되게 하거나 되지 못하게 할 목적으로 후보자가 되고자 하는 자 등에 관한 사실을 공연히 적시하여 비방하고, 이것이 진실한 사실로서 공공의 이익에 해당하지 않는 경우의 비방행위처벌은 죄형법정주의 명확성, 과잉금지원칙에 반하여 선거운동의 자유나 정치적 표현의 자유를 침해하는 헌법위반이 아니다(헌재 2013.6.27. 2011헌바75).

선거운동과 정치적 표현의 자유 공무원 지위이용 선거운동죄 및 이해유도죄는 정치적 표현의 자유 침해가 아니다(지방의회의원은 선거에서 정무직공무원의 지위와 국민에 대한 봉사자의 지위 간 균형상 선거공정성 준수의무가 있고, 공직선거법의 금지조항 외에는 정치적 표현의 자유를 폭넓게 누리고, 공무원 지위이용 선거운동죄 조항이 직접 의원직을 상실시키는 것은 아니며, 금지되는 행위는 '선거운동에 이용할 목적'의 금전·물품 등 재산상 이익제공 등 행위이고, 이 같은 목적 없이 지방의회의원의 직무상 권한이자 책무인 예산심의·확정의 일환으로 공공기관이나 기타 단체에게 재산상 이익을 제공하거나 이를 약속하는 행위는 금지대상이 아니고, 지방의회의원의 정당한 직무상 권한 행사나 정당원으로서 통상적 활동까지 제한되는 것은 아니다)(헌재 2020.3.26. 2018헌바3). 누구든지 선거일전 180일부터 선거일까지 선거에 영향을 미치게 하기 위하여 공직선거법 규정에 의하지 아니하고 정당 또는 후보자를 지지·추천하거나 반대하는 내용이 포함되거나(헌재 2014.4.24. 2011헌바17등), 정당의 명칭 또는 후보자 성명을 나타내는 문서·도화, 인쇄물 등의 배부·게시는 정보의 전달·수용이 일방적·수동적으로 이루어지므로 선거의 평온·공정에 미치는 영향이 인터넷과는 달라 그 금지·처벌은 선거운동 등 정치적 표현의 자유를 침해하지 아니하며(헌재 2016.12.29. 2015헌마509; 2016.6.30. 2014헌바253; 2015.4.30. 2011헌바163), 문서·인쇄물 등에 비하여 선거의 공정성의 훼손의 우려가 더 큰 광고에 대해서 달리 더 판단할 이유 없이 선례로 적용된다(헌재 2016.3.31. 2013헌바26). 탈법방법에 의한 문서·인쇄물의 배부·게시 금지 및 그 처벌은 선거의 공정과 평온을 위하여 요구되는 필요최소한의 불가피한 조치이어서 합헌이다(헌재 2009.5.28. 2007헌바24; 2009.2.26. 2006헌마626; 2008.10.30. 2005헌바32; 2007.1.17. 2004헌바82; 2006.5.25. 2005헌바15; 2002.5.30. 2001헌바58등; 2001.8.30. 99헌바92등; 2001.12.20. 2000헌바96등; 2001.10.25. 2000헌마193).

언론·출판의 자유는 자유로운 인격발현의 수단임과 동시에 합리적이고 건설적인 의사형성 및 진리발견의 수단이며, 민주주의 국가의 존립과 발전에 필수불가결한 기본권이고, 정치적 표현의 자유는 국민이 선거과정에서 정치적 의견을 자유로이 발표·교환함으로써 비로소 그 기능을 다하게 된다 할 것이므로, 정치적 표현 및 선거운동에 대하여는 '자유를 원칙으로, 금지를 예외로' 하여야 한다. 언론기관은 특정 정당·후보자에 대한 지지·반대의사를 표방할 수 없지만 언론인이 언론매체를 이용하지 아니한 선거운동은 가능하다(헌재 2016.6.30. 2013헌가1).

선거운동 등 정치적 표현의 자유 서명운동금지조항은 선거구민만 금지하고, 인쇄물배부금지조항은 예비후보자만 선거운동기간 전에 허용하되 명함배부 등 소정의 방법만 제한적으로 허용하고 '선거운동에 준하는 내용의 표현행위'만 규제하며, 시설물설치금지조항은 예비후보자만 어깨띠 또는 표지물을 착용하는 등 소정의 방법만의 제한적 허용 등 필요한 최소한의 정도를 넘지 않는 합헌이다(헌재 2015.4.30. 2011헌바163). 시·군·구를 보급지역으로 하는 신문사업자 및 일일평균이용자 수 10만 명 미만 인터넷언론사가 선거일전 180일부터 선거일의 투표마감시각까지 선거여론조사를 실시하려면 여론조사 주요사항을 사전에 관할 선거관리위원회에 신고하도록 함은 언론·출판의 자유, 평등권 침해가 아니다(헌재 2015.4.30. 2014헌마360). 육군훈련소에서 군사교육을 받는 훈령병에 대한 제19대 대통령선거 대담·토론회의 시청금지행위는 합헌이다(보충역을 병력자원으로 육성하고 병영생활에 적응시키기 위한 군사교육의 일환이고, 대담·토론회시각, 교육훈련에 지장을 초래할 가능성, 다른 수단들을 통해 선거정보를 취득할 수 있었던 점 등을 고려하면 선거권을 침해한다 보기 어렵고, 훈련병들이 교육훈련에 집중하여야 할 필요성을 고려할 때 시청금지행위가 자의적으로 신병 양성교육을 마치고 자대에 배치된 기간병과 청구인을 달리 취급하여 평등권을 침해한다 보기 어렵다)(헌재 2020.8.28. 2017헌마813).

언론기관의 선거에 관한 여론 조사의 실시행위가 선거의 공정성을 훼손할 경우에는 그와 관련되는 범위에서 언론·출판의 자유의 제한이 헌법적으로 정당화될 수 있다. 다만, 선거운동의 자유는 언론매체, 인터넷 등을 이용한 경우에도 보장된다 하여 매체를 불문하고 탈법행위에 의하여 선거에 영향을 미치는 표현행위의 금지를 합헌이라 하였지만(헌재 2009.7.30. 2007헌마718), 인터넷언론은 높은 접근성·개방성·자율성·자발성 등의 매체적 특성 등을 갖고 있다는 점 등이 고려되어 위헌으로 변경되면서(헌재 2011.12.29. 2007헌마1001등), 선거에서의 정치적 표현의 자유를 선거의 공정성이라는 가치를 구성하는 요소로서 보고 그에 대한 제한에는 엄격심사를 행한다.

언론매체의 선거운동의 자유와 공정성 (선거일전 180일부터 선거일까지 선거에 영향을 미치게 하기 위하여 정당 또는 후보자를 지지·추천하거나 반대하는 내용이 포함되어 있거나 정당의 명칭 또는 후보자의 성명을 나타내는 문서·도화의 배부·게시 등을 금지, 처벌하는 공직선거법의 각 '기타 이와 유사한 것'에)'정보통신망을 이용하여 인터넷 홈페이지 또는 그 게시판·대화방 등에 글이나 동영상 등 정보를 게시하거나 전자우편을 전송하는 방법'이 포함되는 것으로 해석하는 한 선거운동의 자유·정치적 표현의 자유를 침해한다(헌재 2011.12.29. 2007헌마1001등). 인터넷언론사에 대해 선거일 전 90일부터 선거일까지 후보자 명의의 칼럼 등의 게재를 제한하는 시기제한조항은 (사전적 금지가 아니고, 심의 이후 후속 절차에 따른 자발적 준수 및 사후적 교정의 법적 효과가 있을 뿐이며, 인터넷 선거보도 심의 제도의 특성을 고려한 법률유보원칙 위반여부의 판단은 엄격히 해석하지 않기에 모법의 위임범위를 벗어난 것이라 볼 수 없어)법률유보원칙에 반하는 표현의 자유의 침해가 아니지만, (해당 선거보도가 불공정하다고 볼 수 있는지에 대해 구체적으로 판단하지 않고 이를 불공정한 선거보도로 간주하여)선거의 공정성을 해치지 않는 보도, 국민의 알권리를 위해 필요하다고 볼 수 있는 경우까지 일률적으로 광범위하게 칼럼 등의 게재를 제한하기에 공직선거법의 규율체계에 부합하지 않으며, (공직선거법상 인터넷 선거보도심의의 대상이 되는 인터넷언론사의 개념은 매우 광범위하여 관련 법제상 언론기관으로 분류되지 않은 다수의 인터넷홈페이지도 공직선거법상 규제를 받을 가능성이 있으며)인터넷언론은 높은 접근성·개방성·자율성·자발성 등의 특성을 지니기에 자율성을 최대한 보장하고 언론의 자유에 대한 제한을 최소화하지 아니하면 표현의 자유뿐 아니라 언론의 자유와 국민의 알권리에도 부정적 영향을 미칠 수 있어 과잉금지원칙에 반하여 표현의 자유를 침해한다(반대의견: 시기제한조항은 '인터넷언론사'에 게재하는 것을 금지할 뿐 다른 인터넷 공간인 후보자 개인이 개설한 인터넷 홈페이지 또는 그 게시판·대화방 등에의 게시는 금지되지 않는 점, 낮은 진입 장벽으로 인한 전문성 및 자질이 떨어지는 인터넷언론의 출현 가능성, 허위나 불법정보의 급속한 확대재생산 문제, 디지털 여과(filtering) 기술과 맞춤형 추천 알고리즘 기술로 구현되는 편향적 정보 취득 및 편견 강화 현상 등과 같은 인터넷 환경의 부정적 측면을 고려하지 않은 것이며, 매체 간 경계가 사라지고 있는 '매체융합' 상황에서, 인터넷언론도 선거에 관한 여론형성에 영향력을 행사하는 공중매체로서의 기능과 역할을 수행하는 이상 마땅히 그에 상응하는 공적 책임을 부담하여야 한다)(헌재 2019.11.28. 2016헌마90).

선거에서의 정치적 표현의 자유의 제한에 대한 엄격심사는, 선거운동기간 중 인터넷언론사 게시판 등에 정당·후보자에 대한 지지·반대의 정보를 게시하려고 할 경우 실명확인을 받도록 하는 실명확인조항이 언론사의 공신력 등에 기초한 광범위하고 신속한 정보왜곡으로부터 선거의 공정성 확보를 위한 것이고 선거운동기간 중 인터넷언론사 홈페이지의 게시판·대화방 등에 한정하므로 게시판이용자의 정치적 익명표현의 자유, 개인정보자기결정권, 인터넷언론사의 언론의 자유를 침해하지 않는다 한 합헌결정(헌재 2015.7.30. 2012헌마734등)을 위헌이라 변경하면서(헌재 2021.1.28. 2018헌마456등), 이는 표현의 자유 중 게시판 등의 이용자가 자신의 신원을 누구에게도 밝히지 않은 채 익명으로 자신의 사상이나 견해를 표명하고 전파할 익명표현의 자유를 제한하는 동시에 이로 말미암아 게시판 등 이용자의 자유로운 의사표현을 바탕으로 여론을 형성·전파하려는 인터넷언론사의 언론의 자유 역시 제한되는 결과가 발생하며 실명인증자료가 수집·관리된다는 점에서 게시판 등 이용자의 개인정보자기결정권도 제한된다는 것이다.

인터넷매체의 선거운동의 자유와 공정성 인터넷홈페이지 게시판 등에서 이루어지는 정치적 익명표현의 규제는 일반 국민으로 하여금 자기 검열 아래 비판적 표현을 자제하게 하는 등 인터넷이 형성한 '사상의 자유시장'에서의 다양한 의견 교환을 억제하여 의사표현 자체가 위축될 수 있으며, 민주주의의 근간을 이루는 자유로운 여론 형성이 방해될 수 있고, 모든 익명표현의 사전적·포괄적 규율은 표현의 자유보다 행정편의와 단속편의를 우선함으로써 익명표현의 자유와 개인정보자기결정권 등을 지나치게 제한하며, 정치적 의사표현을 자유롭게 할 수 있는 핵심적 기간인 선거운동기간 중 익명표현의 제한이 구체적 위험에 기초한 것이 아니라 심판대상조항으로 인하여 위법한 표현행위가 감소할 것이라는 추상적 가능성에 의존하고 있다(공직선거법은 정보통신망을 이용한 선거운동규제를 통하여 공직선거법에 위반되는 정보의 유통을 제한하고, '정보통신망이용촉진및정보보호등에관한법률'상 정보통신망을 통하여 일반에 공개된 정보로 인해 사생활 침해나 명예훼손 등의 침해를 받은 사람에게 인정되는 삭제요청 등의 수단이나 임시조치 등이 활용될 수도 있으며, 인터넷을 이용한 선거범죄에는 명예훼손죄나 후보자비방죄 등 여러 사후적 제재수단이 이미 마련되어 있으며, 현재 기술 수준에서도 인터넷 프로토콜(IP) 통신에 필요한 고유한 주소를 추적하는 등의 방법으로 사후적으로 게시물 표현자의 신원을 확인하는 방법이 불가능한 것도 아닌 등으로 궁극적으로 선거의 공정성을 충분히 확보할 수 있다. 반대의견:선거에 관한 여론 형성에 미치는 영향력에 상응하여 선거의 공정성과 관련한 공적 책임을 부담하는 인터넷언론사가 홈페이지의 게시판 등을 운영함에 있어, 게시되는 정보 등을 통해 인신공격이나 흑색선전, 소수에 의한 여론 왜곡 등이 나타남으로써 선거의 평온과 공정성이 훼손되는 것을 방지하려는 것이며, 선거가 임박한 시점에서의 상황적 특성에서 선거의 공정성이 훼손될 위험이 큰 '선거운동기간 중'의 익명표현만 제한하고, 이러한 위험을 추상적이라고 단정하기도 어려우며, 개인 홈페이지나 후보자 또는 정당이 운영하는 홈페이지가 아닌, '인터넷언론사'의 홈페이지 게시판 등에서의 익명표현만을 제한하고, '정당·후보자에 대한 지지·반대'를 내용으로 하는 익명표현만을 제한하며, 인터넷언론사 홈페이지의 게시판·대화방 등에 실명확인을 거쳐 정보 등이 게시되는 경우에도 게시판·대화방 등에는 게시자의 실명이나 성별, 나이 등과 같은 개인정보가 노출되는 것이 아니라 '실명인증'이라는 표시만 나타나는 점에서는 정보 등을 게시한 자의 익명성이 보장되고, 정보 등 게시자의 실명인증자료는 선거과정을 객관적·중립적 입장에서 공정하게 관리할 책임이 있는 중앙선거관리위원회가 요구하는 경우에 제출될 수 있도록 별도로 관리되는 것이므로, 이를 전제로 하는 위축효과만 나타나는 등, 인터넷언론사의 게시판 등에 자신의 개인정보를 밝히지 않고 표현할 수 있다는 의미의 '익명성'은 보장하고 있고, 다만 그러한 익명표현을 하고자 하는 사람으로 하여금 실명확인 과정을 통하여 상호 대립하는 정치적 의사표현이 치열하게 경쟁하고 있는 선거운동기간에 자칫 공직선거법 위반 행위를 할 위험이 있음을 인지할 수 있도록 하는 정도의 예방적 조치를 행정편의에만 치우쳐 있다거나 국민을 잠재적 범죄자로 취급하는 것으로 평가하는 것은 무리가 있으며, 선거의 공정성 확보를 위한 필요최소한의 것이기에 그 수단으로서 불가분의 관계에 있는 개인정보자기결정권에 대한 제한을 완화할 수 있는 대안을 상정하기는 어렵고, 개방성과 상호작용성을 특징으로 하는 인터넷언론은 뉴스의 생산자와 소비자의 구분이 불분명하므로, 홈페이지 게시판 등의 이용자들이 제공하는 정보 및 이들의 자유로운 의사표현을 기반으로 하는 여론의 형성과 전파는 인터넷언론사의 언론 활동의 중요한 부분을 차지하기에, 선거의 공정성과 관련한 인터넷언론의 공적 책임은 인터넷언론사 홈페이지의 게시판 등에 이용자가 자유롭게 게시하는 정보 등의 관리에 관해서도 존재하므로, 게시판 등 이용자의 익명표현의 자유에 대한 제한이 필요최소한도에 그치는 것이라면, 그에 수반되는 인터넷언론사의 언론의 자유에 대한 제한도 필요최소한의 정도를 넘어섰다고 보기 어렵고 따라서 인터넷언론사가 실명확인 조치를 할 의무 및 실명인증의 표시가 없는 게시물을 삭제할 의무를 강제하는 과태료 조항의 내용도 과도하다 단정하기 어렵다(헌재 2021.1.28. 2018헌마456등).

2.3.3 선거운동의 자유와 평등

선거운동기회는 균등하게 주어져야 선거운동의 자유와 공정성이 조화를 이루는 선거과정이 되어 공직선거후보자나 예비후보자의 선거운동의 자유를 좀 더 보장하게 되며 본선거 후보자로 등록할 것을 전제로 하는 책임성과 성실성을 담보할 수 있다. 선거과정의 자유와 평등은 선거운동, 선거에 관한 경비 기타 정치자금 등에서 지켜져야 한다. 예컨대 비례대표국회의원후보자의 공개장소 연설·대담 금지는 비례대표국회의원선거가 전국을 하나의 선거구로 하며 정강·정책 실현의 정당선거 취지가 후보자 개인의 지명도·연설·홍보능력 등에 몰각될 가능성 등을 줄이는 점에서 선거운동자유 및 정당활동자유를 침해하지 않으며, 지역구국회의원후보자와 달리 취급하는 차별에 합리적 이유가 있어 평등권 침해가 아니다. 단체의 선거운동 등은 엄격하게 제한된다. 단체의 이름으로 혹은 단체관련 자금으로 행하는 정치자금기부는 금지되며 그 위반시 처벌은 합헌이다(헌재 2012.7.26. 2009헌바298). 국가나 지방자치단체로부터 예산을 지원받아 사용하는 정치적 성향의 국민운동단체의 선거기간 중 모임 개최 행위 금지는 선거에 영향을 미치는 관권개입차단의 공익이 커서 책임주의원칙, 과잉금지원칙, 평등원칙에 위반되지 않는다(헌재 2013.12.26. 2010헌가90). 유사기관설치 금지·처벌은 과열경쟁·낭비의 방지 및 선거후보자간 균등한 기회 보장, 정당제 민주주의에서 정당활동 보호를 위한 것으로 합리적 근거가 있다(헌재 2006.5.25. 2005헌바15; 2001.10.25. 2000헌마193; 1996.3.28. 96헌마9등).

선거운동의 자유와 평등 배우자가 선거범죄로 300만 원 이상의 벌금형을 선고받은 때 그 후보자의 당선무효는 (연좌제금지원칙, 자기책임원리, 적법절차원칙, 평등원칙 위배가 아니며, 과잉금지원칙에 반하는 공무담임권 침해도 아니고), 후보자와 불가분의 선거운명공동체를 형성하여 활동하는 배우자의 실질적 지위·역할을 근거로 한 연대책임이므로, (연좌제헌법 제13조 제3항)에 해당하지 않는다(헌재 2011.9.29. 2010헌마68). 예비후보자의 배우자가 공무원인 경우 배우자인 공무원의 선거운동을 금지하면서도, 예비후보자가 다른 직계가족을 선거운동을 할 사람으로 지정하여 신고한 경우는 가능하게 함은, 선거운동의 자유에 과잉금지원칙 위반의 제한을 가하는 조항이 아니며(헌재 2009.3.26. 2006헌마526), 후보자 독자적으로 명함을 교부할 수 있는 주체를 후보자 배우자와 직계존·비속으로 제한함은 합헌이나, 후보자 배우자가 그와 함께 다니는 사람 중에서 지정한 1명도 선거운동을 위하여 명함교부·지지호소를 할 수 있도록 한 것은 합리적 이유 없이 배우자 없는 예비후보자를 지나치게 차별취급하여 헌법 제116조 제1항 선거운동의 기회균등원칙, 평등권을 침해하며(헌재 2016.9.29. 2016헌마287), 예비후보자가 현역 국회의원이거나 유력한 명망가인 경우 정치적·경제적 능력의 차이에 따른 불균형을 심화시켜 정치신인 참여와 홍보기회를 확대하려는 예비후보자 제도의 취지에도 어긋난다(헌재 2011.8.30. 2010헌마259등; 2012.3.29. 2010헌마673; 2013.11.28. 2011헌마267). 지역구국회의원 예비후보자의 기탁금 반환사유를 예비후보자의 사망, 당내경선 탈락에 한정함은 (예비후보자의 진지성과 책임성 담보를 위한 최소한 제한으로 입법형성권의 범위와 한계 내에서의 반환요건 규정으로서)과잉금지원칙에 반하는 재산권, 평등권 침해가 아니다(헌재 2013.11.28. 2012헌마568). 군의 장의 선거의 예비후보자가 되려는 사람은 그 선거기간개시일 전 60일부터 예비후보자등록 신청을 할 수 있도록 함은 (예비후보자로서 선거운동을 할 수 있는 기간을 제한하는 것 자체가 선거운동의 자유를 과도하게 제한하는 것이 아니라고 한다면, 제한되는 기간을 어느 정도로 할 것인지 여부는 입법정책에 맡겨져 있다고 볼 수 있고, 그 구체적인 기간이 선거운동의 자유를 형해화할 정도에 이르지 않았다면 이 역시 기본권을 침해하였다 볼 수 없으며, 그 기간이 유권자들에게 자신을 알리기에 지나치게 짧다고 보기 어렵다. 예비후보자등록 전이라도 문자메시지를 전송하는 방법 또는 인터넷 홈페이지 또는 그 게시판·대화방 등에 글이나 동영상 등을 게시하거나 전자우편을 전송하는 방법으로 상시 선거운동을 할 수 있고, 예비후보자로서의 선거운동 자체가 금지되는 것이 아니라 그 기간이 일정한 범위로 제한되는 것일 뿐, 예비후보자등록 전이라도 입후보예정자는 일정한 다른 선거운동방법을 이용할 수 있으며, 선거의 조기 과열을 방지하고 예비후보자들 간의 경제력 차이에 따른 불균형을 막아 선거의 공정성을 확보한다는 공익이 크기에)과잉금지원칙에 위반되어 선거운동의 자유를 침해하지 아니하며, (자치구·시는 상대적으로 도시화가 되어 있고 인구가 많은 데 비해 군은 주로 농촌 지역에 위치하고 있고 대도시의 인구집중 현상으로 인하여 인구가 적은 점을 고려하여)자치구·시의 장의 선거에서 예비후보자의 선거운동기간보다 군의 장의 선거에서 예비후보자의 선거운동기간을 단기간으로 정한 차별취급에는 합리적인 이유가 있으므로 평등권을 침해하지 않는다(헌재 2020.11.26. 2018헌마260). 선거운동방법의 특성을 고려하여 선거별로 허용되는 선거운동방법이 다를 수 있으며, (비례대표국회의원선거는 전국을 하나의 선거구로 정당이 선거운동의 주체가 되는 정당선거로서의 특성에 맞게, 전국적 영향력을 가지는 매체인 신문, 방송, 인터넷광고를 통한 선거운동을 허용하나, 선거벽보나 현수막 같이 비교적 좁은 지역에서의 선거운동방법은 지역구국회의원후보자에게만 허용하고, 방송연설의 경우 지역구국회의원후보자의 경우에는 이용할 수 있는 시설을 '지역'방송시설로 한정하였고, 각급선거방송토론위원회가 개최하는 대담·토론회는 비례대표국회의원후보자와 지역구국회의원후보자 모두를 초청대상으로 하되, 중앙선거방송토론위원회가 개최하는 대담·토론회의 초청대상은 비례대표국회의원후보자로 한정한다)(헌재 2016.12.29. 2015헌마509; 2013.10.24. 2012헌마311; 2006.7.27. 2004헌마27).

3. 선거범죄·선거쟁송

3.1 선거범죄와 선거권 등의 제한

선거범죄는 선거권, 선거운동 등을 정한 법규 등에 위배하여 형벌, 행정벌 등의 처벌이 부과되는 행위다. 선거범은 공직선거법 제16장 벌칙(제230조 이하)에 규정된 죄와 국민투표법 위반의 죄를 범한 자이다(공직선거법 제18조 제1항 제3호). 선거범죄든 일반범죄든 범죄자 등에 대한 선거권박탈은 형사적 제재의 연장으로서 범죄에 대한 응보적 기능을 가진다(헌재 2009.10.29. 2007헌마1462). 형벌의 내용으로 선거권을 제한하는 여부 및 적용범위의 타당성은 보통선거원칙에 입각한 선거권 보장과 제한의 관점에서 헌법 제37조 제2항에 따라 엄격한 비례성심사를 하여야 하며, 수형자에게 격리된 기간 동안 공동체 운용을 주도하는 통치조직의 구성과 공동체의 나아갈 방향을 결정짓는 선거권을 정지케 함은 과도한 것이 아니며, 시민으로서의 책임성 함양과 법치주의에 대한 존중의식을 제고한다(헌재 2014.1.28. 2012헌마409등; 2014.1.28. 2013헌마105). 형법은 공법상 선거권 등을 제한하는 자격상실 및 자격정지를 형벌의 일종으로 규정하고 사형, 무기징역, 무기금고, 유기징역, 유기금고의 판결을 받은 자는 선고받은 형벌 외에 그 부수적 효과로서 선고받은 형벌의 집행이 종료하거나 면제될 때까지 선거권 등의 자격이 상실 또는 정지된다고 규정한다. 공직선거법 위반 혐의에 대한 고소권자로서 고소를 한 사람은 형사소송법 제260조 제1항에 따라 재정신청을 할 수 있다.

선거범죄와 고소, 재정신청, 시효 공직선거법 제273조 제1항은 특히 중요한 선거범죄에 대하여, 고발을 한 후보자와 정당(중앙당에 한한다) 및 해당 선거관리위원회는 재정신청을 할 수 있도록 재정신청권자를 확대하나, 그 남용우려를 고려하여 후보자 아닌 고발인에게는 주지 아니하고, 범죄 중대성과 발생빈도 등을 감안하여, 공직선거법상 재정신청 대상이 되는 선거범죄를 제한하고 제243조 위반죄를 제외한 것이 입법형성권 범위를 넘은 자의적 입법이라 볼 수 없다(헌재 2015.2.26. 2014헌바181). 회계책임자에 의하지 아니한 선거비용 수입·지출행위 처벌에 있어 공직선거법상 선거범죄와 달리 단기 공소시효의 특칙을 규정하지 아니한 것이 평등권이나 공무담임권을 침해하지 아니하여 헌법에 위반되지 않는다(헌재 2015.2.26. 2013헌바176).

선거범죄와 선거권제한·상실 공직선거법 적용에서 지역농협 임원선거 특수성을 반영하고 형법 제20조 일반위법성조각사유 적용으로 후보자 명예보호, 선거공정과 표현자유간 균형도 유지하면 자의적 차별이 아니다(공직선거법 제250조는 당선 내지 낙선 목적의 허위사실공표행위, 제251조는 당선 내지 낙선 목적으로 공연히 사실을 적시한 후보자비방행위 처벌, 제251조 단서는 진실한 사실로서 공공의 이익에 관한 때에는 처벌하지 않는 위법성조각사유를 규정하는 반면 농업협동조합법은 후보자를 비방하기만 하면 별도로 당선 내지 낙선 목적이 없어도 범죄가 성립하도록 하고, 공연히 사실을 적시하여 후보자를 비방한 경우라도 위법성조각사유를 규정하지 않으며, 사실적시에 의한 후보자비방행위와 허위사실공표행위를 같은 법정형으로 규율하는 등 공직선거법 같은 초과주관적 구성요건이나 특별위법성조각사유를 별도로 두지 않는다)(헌재 2013.7.25. 2012헌바112). 선거범죄가 아닌 일반범죄로 유기징역형을 선고받고 그 집행이 종료되지 않거나 집행유예기간 중 집행유예자의 선거권제한의 헌법불합치결정(헌법 제37조 제2항 위반의 선거권 침해, 제41조 제1항 및 제67조 제1항 보통선거원칙 위반, 집행유예자와 수형자를 차별취급하여 평등원칙위배 등으로 일정 형기 이상의 실형을 선고받아 그 형의 집행 중에 있는 수형자만 선거권제한입법이 바람직하다)(헌재 2014.1.28. 2012헌마409등; 2014.1.28. 2013헌마105)에 따른 개선입법에서 정한 '1년 이상의 징역의 형의 선고를 받고 그 집행을 종료하지 아니한 수형자의 선거권 제한' 같이 자유형에 부수하는 선거권 제한은 형사책임범위를 넘어서지 않는 합헌이다(헌재 2017.5.25. 2016헌마292). 선거범으로서 선거권 등이 없게 되는 경우 등에서(공직선거법 제18조 제1항 제1호-제4호) 일정기간 선거권, 피선거권, 선거운동 등의 제한을 일반범죄보다 낮은 기준을 둔 것은 공정선거를 위한 것으로 합헌이며, 기탁금·선거비용 반환조항도 후보자의 선거범죄억제 등을 위한 것으로 합헌이다(헌재 2018.1.25. 2015헌마821). 공직선거법 위반죄로 100만원 이상의 벌금형을 받은 때 당선 무효는 공무담임권을 침해하지 않으며, 당선무효 불이익은 공직선거법 위반행위 자체에 대한 국가 형벌권 실행은 아니므로 이중처벌금지원칙이 적용되지 않고, 당선무효조항이 공직선거법 위반죄 내용과 상관없이 징역형 선고를 기준으로 당선무효 여부를 결정하였다 하여 평등권 침해는 아니다(헌재 2015.2.26. 2012헌마581; 2011.12.29. 2009헌마476). 국회의원 당선자가 정치자금 불법수수로 100만원 이상 벌금형을 받은 경우 당연퇴직하도록 함은 합헌이다(공직의 계속수행에 대한 국민적 신임이 유지되기 어려울 정도로 선거공정성과 공직청렴성 비난가능성이 크고, 법관이 100만원 이상의 벌금형 양정에는 형사처벌뿐 아니라 공직계속수행 여부의 합리적 평가를 하며, 선거법이나 정치자금법 위반에 어떤 신분상 제재를 할 것인지는 입법자의 정책적 재량이 존중되므로, 공무담임권이나 평등권 침해가 아니다)(헌재 2008.1.17. 2006헌마1075). 배우자가 공직선거법 위반의 기부행위를 한 죄로 징역형 또는 300만원 이상의 벌금형을 선고받은 경우 후보자 당선을 무효로 하고 그 후보자에 반환받은 기탁금 및 선거비용을 다시 반환하도록 함은 재산권침해가 아니다(헌재 2016.9.29. 2015헌마548; 2011.9.29. 2010헌마68).

3.2 선거범죄와 기본권

선거범죄자는 기본권이 제한된다. 예컨대 일정 공직에 취임, 임용될 수 없고 이미 취임 또는 임용된 자는 그 직에서 퇴직된다(공직선거법 제266조 제1항). 이 경우, 그 의무위반행위에 부과되는 과태료 기준·액수는 형벌과 책임원칙에 부합되도록 일률적이지 아니하고 지나치게 과중하지 않아야 과잉금지원칙에 위반되지 않는다. 교원, 공무원, 단체의 선거운동에는 더 많은 기본권 제한이 인정되며 공무원 선거범죄에도 더 많은 제재가 인정된다. 교원 등의 선거운동금지는 교육의 정치적 중립성을 보장하여 당파적 정치적 관념이나 이해관계가 그대로 적용됨을 지양한다. 공무원의 투표권유운동 및 기부금모집 금지는 선거의 공정성·형평성 보장을 위한 것으로 선거운동자유와 정치적 의사표현의 자유를 제한하지 않는다.

선거범죄와 기본권제한 단체의 이름으로 혹은 단체와 관련된 자금의 정치자금기부 금지 및 위반시 처벌은 합헌이다(정치자금기부를 통한 민주적 의사형성과정 왜곡이나 선거공정성 위배의 방지를 위한 것으로, 과잉금지원칙 위반의 정치활동자유 등의 침해라 볼 수 없고, 처벌조항은 형의 하한이 없어 책임에 알맞은 형벌이 선고될 수 있어 책임과 형벌간 비례원칙에 위반되지 않는다)(헌재 2012.7.26. 2009헌바298). 의무위반자에 부과할 과태료 액수를 감액 여지없이 일률적으로 '제공받은 금액 또는 음식물·물품 가액의 50배에 상당하는 금액'으로 한 것은 위헌이다(과태료부과대상인 기부행위금지규정 위반에 따라 위법성정도에 큰 차이가 있음에도, 오로지 기부 받은 물품 등의 가액만 기준으로 한 과태료부과는 구체적 위반행위의 책임정도에 상응한 제재가 되기 어렵다)(헌재 2009.3.26. 2007헌가22). 선거범죄로 100만 원 이상 벌금형 선고는 임원결격사유인데, 선거범죄와 다른 죄가 병합되는 동시적 경합범 재판시 선고범죄를 분리심리하여 따로 선고하는 규정을 두지 않아 결과적으로 변론을 분리하지 않고 선고된 하나의 선고형 전부를 선거범죄에 대한 형으로 의제하여, 선거범죄 죄질이나 가벌성 정도와 상관없이 무조건 임원자격이 박탈되는 결과는, 과잉금지원칙에 반하여 임원이나 임원이 되고자 하는 사람의 직업선택의 자유를 침해하고, 선거범죄와 다른 죄의 경합범으로 기소, 처벌되는 사람과 별도로 기소, 처벌되는 사람 사이에 합리적 이유 없이 차별대우를 하는 결과를 초래하여 헌법상 평등의 원칙에도 위반된다(헌재 2014.9.25. 2013헌바208).

교원, 공무원의 선거운동 등의 제한 공무원 등이 개별적 포괄적으로 공무원지위를 이용한 '선거에 영향을 미치는 행위'의 금지·처벌은 합헌이나(죄형법정주의 명확성원칙에 위배되지 않는다), '포괄적으로 공무원지위를 이용한'은 위헌이다(광범위한 구성요건에 따른 중한 법정형으로 적용법조에 따라 형의 불균형이 발생할 수 있는 등 형벌체계상 균형을 현저히 상실한다)(헌재 2016.7.28. 2015헌바6). 교육감선거에 시·도지사 선거규정 준용은 합헌이다(객관적 기준을 제시하므로 통상의 해석방법에 의하더라도 누구나 충분히 알 수 있어 죄형법정주의 명확성원칙에 위배되지 않는다)(헌재 2010.9.30. 2009헌바355). 교육감선거에서 선거일 후 행해진 선거범죄 공소시효 기산일을 '그 행위가 있는 날'로 한 규정의 '선거일'은 합헌이다(합리적으로 해석할 수 있고, 법관의 보충적 가치판단을 통해서 개개사안에서 구체화할 수 있어 명확성원칙에 위반되지 않으며, 선거일 후 행하여진 선거범죄에 선거일까지의 선거범죄와 공소시효 기산점을 다르게 함은 합리적 근거 없는 자의적 입법권행사가 아니고, 선거일까지의 선거범죄 위반행위자와 이후의 경우를 달리 취급하는 것이 아니다)(헌재 2014.5.29. 2012헌바383).

3.3 선거쟁송

선거쟁송에 대해서는 선거소송이나 당선소송 등이 있으며 이는 법원의 전속관할에 속한다. 선거소송은 선거의 효력에 관하여 이의가 있는 때에 제기한다(공직선거법 제222조). 선거무효소송은 대법원 단심이다. 당선소송은 당선의 효력에 관하여 이의가 있는 때에 제기한다(제223조). 지방의회의원 및 지방자치단체의 장의 선거의 효력에 관하여 이의가 있는 때에는 선거소청(제219조)·선거소송(제222조 제2항), 당선소청(제219조)·당선소송(제223조 제2항) 등을 제기할 수 있다.

선거쟁송과 선거의 자유 선거쟁송은 선거원칙을 정한 선거법규위반 즉 제한선거, 선거권연령미달, 금치산자의 선거, 차등선거, 공개적 간접선거, 강제투표 등의 선거부정이나 입후보자부적격 등을 원인으로 한다. 공직선거법의 선거무효사유가 되는 '선거에 관한 규정에 위반된 사실'은 선거관리의 주체인 선거관리위원회에 책임을 돌릴 만한 선거사무 관리집행상 하자가 없더라도, 후보자 등 제3자에 의한 선거과정상 위법행위로 선거인들이 자유로운 판단의 투표를 할 수 없게 되어 선거의 자유와 공정이 현저히 저해되었다고 인정되는 경우다(대법원 2017.6.8. 2016수19). 공직선거법 제222조와 제224조의 선거소송은 (집합적 행위로서의 선거에 관한 쟁송으로서 선거라는 일련의 과정에서 선거에 관한 규정을 위반한 사실이 있고, 그로써 선거의 결과에 영향을 미쳤다고 인정하는 때에 선거의 전부나 일부를 무효로 하는 소송이며, 선거를 적법하게 시행하고 그 결과를 적정하게 결정하도록 함을 목적으로 하므로)행정소송법 제3조 제3호 민중소송 즉 국가 또는 공공단체의 기관이 법률을 위반한 행위를 한 때에 직접 자기의 법률상 이익과 관계없이 그 시정을 구하기 위하여 제기하는 소송에 해당한다(대법원 2016.11.24. 2016수64; 2004.5.31. 2003수26; 1961.4.11. 4293선14).

[三] 대표의 헌법제도

1. 대 표 제

1.1 대표제의 의의

대표제는 주권자인 국민이 유권자로서 주권의 수임기관인 대표자를 선출하는 제도로서, 국가의사 결정의 다수결원칙에 따라서(헌법 제49조) 유권자의 유효다수표로 대표자를 정하는 다수대표제를 기초로 소수대표제·비례대표제 등으로 보완하는 헌법제도인 바, 국회의원의 선거구와 비례대표제 기타 선거에 관한 사항은 법률로 정한다(제41조 제3항). 소선거구 다수대표제는 국민의 주권적 의사로 다수당 중심의 양당제를 형성하며, 유효소수표와 대표자간 불비례성인 Bias현상은 소수대표제인 단기이양식, 정당명부식비례대표 등으로 시정한다. 소선거구 다수대표제는 정치의 책임성·안정성을 위한 다수사표 발생이라는 불가피한 측면이 있기에, 그런 이유만으로 헌법상 선거대표성 본질이나 국민주권원리, 선거권을 침해한다 할 수 없고, 또한 비례대표선거제는 정당에 대한 국민의사의 비례적 반영이 이루어지도록 정당득표비율과 의석비율간 차이를 보완하며, 직능대표제는 직역별 대표자선출방식 기준의 명확성문제 등이 있어서 보통, 평등, 직접, 비밀, 자유선거 등 헌법상 선거원칙 외에 이에 더하여 사표를 줄이기 위해 다른 선거제도를 채택할 것까지 요구할 수 있는 국민의 헌법상 권리인 기본권은 존재하지 않는다(헌재 2016.5.26. 2012헌마374).

구 분	유 형
다수대표제	당선에 필요한 득표수를 기준으로 상대다수대표제, 절대다수대표제가 있다. 전자는 단순다수대표제(소선거구)와 연기다수대표제(대선거구), 결선투표제와 선택투표제(웨어식·버클린식·난손식)로 나뉜다.
소수대표제	대선거구제를 전제로 연기투표할 수 있는 후보자수 및 표의 누적여부를 기준으로 제한연기투표제(유한투표제), 누적투표제, 누적제한투표제, 체감연기(점수)투표제, 단기투표방식으로 비교다수득표 또는 일정득표수별 분류로서 단기투표제(단기비이양식 투표제) 당선최저한제 등이 있다.
비례대표제	명부식 비례대표제는 명부 구속에 따라 엄정구속식, 단순구속식, 단기식, 연기식, 자유명부식(배합제, 불규칙명부제), 의석배분방법에 따라 최고평균법(동트 d'Dondt식), 하겐바흐비숍식, 생뜨-라귀 Sainte-Laguë식, 최대잉여법(헤어-니마이어 Hare-Niemeyer식), 고정분배법이 있다. 무명부식비례대표제는 당선기수(단기이양식) 산출방식별 분류인 헤어식, 드루프식이 있고, 표의 이양방법별이 Hare식, 헤어-크라크식 등이다.

1.2 상대다수대표제 · 절대다수대표제

상대다수대표제(헌법 제41조 제1항, 제67조 제1항, 영국·미국 등)는 대통령, 지역구국회의원, 지방의회의원, 지방자치단체장 선거에서 1인1표의 기표에 의한 유효투표다수표를 얻은 자가 당선된다[대통령선거에서 최고득표자가 2인이상인 때에는 국회의 재적의원 과반수가 출석한 공개회의에서 다수표를 얻은 자를 당선자로 하며

(제67조 제2항), 국회의원의 경우에는 연장자가 된다(공직선거법 제188조 제1항)]. 후보자 1인에 대한 가부결정에는 단순다수, 다수후보자의 1인을 선택하는 가중다수(헌법 제67조 제3항), 가·부동수, 만장일치 등이 있다. 절대다수대표제는 유효투표과반수 득표자 등의 당선 상한선을 둔다(헌재 2003.8.21. 2001헌마687등).

1.3 비례대표선거제

비례대표선거제는 다수대표제에서 소수파 대표성을 획득하도록 정당이나 후보자에 대한 선거권자의 지지에 비례하는 의석을 배분하는 선거제도다. 비례대표국회의원선거는 전국을 단위로 실시되는 명부식 비례대표제로서, 선거권자의 정치적 의사표명으로 직접결정되는 정당별 후보자명부로 획득한 득표수비율에 따라 정당별로 할당될 의원의 수를 배정하여 당선자를 결정한다. 비례대표국회의원선거에서 선거에 참여한 선거권자들의 정치적 의사표명에 의하여 직접 결정되는 것은 비례대표국회의원을 할당받을 정당에 배분되는 비례대표국회의원의 의석수이고(헌재 2009.6.25. 2008헌마413), 비례대표국회의원선거는 인물에 대한 선거가 아닌 정당에 대한 선거로서의 성격을 갖는다(헌재 2006.7.27. 2004헌마217). 비례대표국회의원 의석배분은 전국을 단위로 하는(공직선거법 제20조 제1항) 정당별 득표비례구속명부(정당이 처음부터 명부상 후보자와 순위를 정하는 고정명부식) 투표로(제146조 제2항 단서) 얻은 유효투표총수의 100분의 3이상을 득표하였거나, 지역구국회의원총선거에서 5석 이상의 의석을 차지한 의석할당정당(저지沮止조항, 제189조 제1항, 제190조의2)이 비례대표국회의원선거 득표비율(제21대는 연동배분의석수비율)에 따라 의석을 배분받는다. 비례대표국회의원과 비례대표지방의회의원의 선출방식, 궐원 사유와 승계방식 등에 본질적 차이가 없는 만큼 비례대표지방의회의원에 관한 결정과 같이(헌재 2009.10.29. 2009헌마350; 2001.7.19. 2000헌마91등), 비례대표국회의원 당선인이 선거범죄로 인하여 당선이 무효로 된 때에도 소속 정당의 비례대표국회의원 후보자명부상의 차순위후보자에 의석승계가 가능하도록 하는 것은 대의제 민주주의원리, 자기책임원리에 부합하여 그의 공무담임권을 침해하지 아니한다(헌재 2009.10.29. 2009헌마350).

연도(대별)	배분자격	배분기준	비례대표, 전국구국회의원 배분방식
1971년도이전 (제8대까지)	• 5석이상 획득(67년 제7대까지3석) • 100분의 5 이상득표	각당의 득표비율	• 제1당이 100분의 50 이상 득표시 정당득표비율에 의하나 3분의 2를 초과는 불가 • 제1당이 100분의 50 미만 득표시 제1당에 의석의 2분의 1 배분 • 제2당득표가 제3당 이하 정당득표총수의 2배 미달시, 잔여의석 3분의 2 분배
1972년~80년 (제9·10대)	전 국 구 제 도 없음		
1981년~87년 (제11·12대)	5석 이상 획득	지역구 의석수비율	• 제1위인 정당에 3분의 2배분
1988년(제13대)	상 동	상 동	• 제1당의 지역구의석수가 100분의 50 미만시 전국구의석수의 2분의 1 배분(단수는 1로 봄)
1992년(제14대)	상 동	상 동	• 각당의 지역구의석수비율 • 5석미만 정당도 득표수가 유효투표총수의 100분의 3 이상인 정당이 있는 때에는 우선 1석씩 배분
1996년(제15대) 2000년(제16대)	상 동	지역구 득표비율	• 각당의 지역구득표비율 • 5석미만 정당도 득표수가 유효투표총수의 100분의 3 이상인 정당이 있는 때에는 우선 1석씩 배분
2004년(제17대) 2008년(제18대) 2012년(제19대) 2016년(제20대) 2020년(제21대)	임기만료에 따른 비례대표국회의원선거에서 전국 유효투표총수의 100분의 3 이상을 득표하였거나 임기만료에 따른 지역구국회의원선거에서 5석 이상의 의석을 차지한 각 정당의 비례대표국회의원선거에서 얻은 득표율비례(제21대는 연동배분의석수비율)		

국회의원선거구 중선거구제(제1대~제8대, 제13대~제15대), 전국구제(제9대~12대)를 기초로 득표비율비례대표제(제6대~제8대), 의석비율비례대표제(제11대~제14대), 정당별 지역구 총선거 득표비례에 따라 정당이 제출한 후보자명부순으로 당선인을 결정하며 의석배분은 최대잉여방식의 Hare-Niemeyer식(제6대~제8대, 제15대~제16대), 1인2표제 비례대표선거제에서 얻은 득표비율(제17대~제18대)에 의한다. 제17대 비례대표국회의원선거부터 유권자들은 지역구국회의원선거와 별도로 1인 1표를 행사하며, 투표용지에는 후보자를 추천한 정당의 기호와 정당명만 표시하고 후보자는 표시하지 않는다. 비례대표국회의원의석은 임기만료에 따른 비례대표국회의원선거에서 전국 유효투표총수의 100분의 3 이상을 득표한 정당 또는 임기만료에 따른 지역구국회의원선거에서 5석 이상의 의석을 차지한 정당에 대하여 비례대표국회의원선거에서 얻은 득표비율(제21대는 연동배분의석수비율)에 따라 배분된다. 중앙선거관리위원회는 제출된 정당별 비례대표국회의원후보자명부에 기재된 당선인으로 될 순위에 따라 정당에 배분된 비례대표국회의원의 당선인을 결정한다. 비례대표국회의원선거는 전국 단위로 실시되고(제20조 제1항), 정당이 후보자 추천과 등록신청의 주체가 되며(제47조 제1항, 제49조 제2항), 투표용지에도 후보자 개인이 아닌 후보자를 추천한 정당의 기호와 정당명만이 표시된다(제150조 제1항). 선거운동방법에서도 후보자 개인에게 선거벽보(제64조)나 현수막(제67조)의 제작, 공개장소에서의 연설·대담(제79조 제1항) 등을 허용하지 아니하고, 정당에 대해 선거공보의 작성(제65조), 신문광고(제69조), 방송광고(제70조), 인터넷광고(제82조의7) 등 전국 단위로 영향력을 미칠 수 있는 매체를 통해 정당의 정강·정책 등을 홍보할 수 있도록 하고 있다. 더욱이 비례대표국회의원후보자는 최대 120일 동안 사전선거운동을 할 수 있는 예비후보자제도를 활용할 수 없어 14일이라는 짧은 기간 동안에만 선거운동이 허용되며, 지역구국회의원후보자에게 허용되는 후원회제도도 허용되지 않는다.

비례대표국회의원후보자명부 승계 비례대표국회의원 궐원시 후보자명부승계원칙의 예외로서, 비례대표국회의원 당선인이 선거범죄로 당선이 무효로 된 때에 당선인 본인의 의원직 박탈에 그치고, 궐원된 의석을 승계하지 않게 함은, 후보자명부상 차순위후보자 귀책사유가 아닌 당선인선거범죄에서 비롯된 것이기에, 자기책임을 벗어난 제재이며(현재 2009.10.29. 2009헌마350), 임기만료일 전 180일 이내에 비례대표국회의원에 궐원이 생긴 때 정당 비례대표국회의원 후보자명부에 의한 의석승계 불인정은(현재 2009.6.25. 2008헌마413) 그 정당에 의석을 할당받도록 한 선거권자들의 정치적 의사표명을 무시·왜곡하여 대의제 민주주의 원리에 부합하지 않고, 상당수 궐원이 생길 경우에는 의회의 정상적 기능 수행에 장애가 될 수 있다는 점에서 헌법의 기본원리인 대의제 민주주의 원리에 부합되지 않는 등으로 과잉금지원칙에 위배하여 차순위 후보자의 공무담임권을 침해하는 바, 이는 비례대표국회의원과 비례대표지방의회의원의 선출방식, 궐원사유, 승계방식 등에 본질적 차이가 없는 만큼, 비례대표지방의회의원에 대해서도 같다(현재 2009.6.25. 2007헌마40).

2. 선거구제와 선거제

선거구는 대표자선거의 단위이고(읍·면·동 투표구는 투표를 행하는 장소다) 선거는 국민 또는 주민의 대표자의 선출의 제도인 점에서 이론상으로는 국민 내지 주민 전체가 하나의 선거구를 이루어 대표자 선출이 이루어져야 한다. 다만 실제상으로는 투표집계용이성·선출단위적정성 등을 기준으로 선거구를 분할한다. 선거구제에는 전국을 단위로 선거하는 전국선거구(대통령선거 비례대표국회의원선거, 공직선거법 제20조 제1항), 분할된 선거구단위의 지역선거구(지역구 국회의원선거, 자치구 시·도, 시·군의원 선거, 이에는 1구1인 정수의 소선거구, 1구2인 이상의 중·대선거구 등이 있다. 제3장 선거구역과 의원정수 및 제20조 제3항), 지방자치단체의 관할구역선거구(비례대표의 시·도의원선거 및 자치구·시·군의원선거, 지방자치단체의 장 선거, 제2항, 제4항) 등이 있다. 헌법(제41조 제1항)은 선거구획정을 국회입법사항으로 하여, 공직선거법(제24조)은 국회에 국회의원선거구획정위원회, 시·도에 자치구·시·군의원선거구획정위원회를 각각 둔다. 헌법 제41조 제3항 '국회의원의 선거구와 비례대표제 기타 선거에 관한 사항은 법률로 정한다' 함은 입법자의 국회의원선거제도 형성을 법률이 정하는 바에 의하여 구체적으로 결정하는 것으로 하는 것이므로, 제41조 제1항에 명시된 보통·평등·직접·비밀선거 원칙과 자유선거 등 국민의 선거권을 부당하게 제한하지 않는 한 헌법에 위반되지 않는다(현재 2016.5.26. 2012헌마374). 다만 헌법은 명시적으로 선거구를 직접 법률로 정하도록 규정하여, 국민주권원리와 대의민주주의 원리를 구현하도록 선거구를 입법할 의무를 국회에게 부여하였기에 국회의원선거구 입법여부에 입법자가 형성의 자유가 존재한다고 할 수 없다(헌재 2016.4.28. 2015헌마1177).

유 형	장 점	단 점
소 선거구제	• 집권다수당 형성과 정국안정 • 후보자파악의 상대적 용이 • 선거비용의 상대적 소액화	• 소지역거점세력 과잉대표, 과다 死票 • 선거운동과열화로 불법 · 부정가능성 • 게리맨더링 우려
중대 선거구제	• 광범한 지역세력의 대표 • 소수대표와 새 세력의 원내진출	• 선거운동비용과 후보자의 과잉 • 선거공영제 실시의 상대적 어려움

선거구와 입법형성의 자유 국회의원선거구를 입법할 명시적인 헌법상 입법의무가 존재함에도, 국회가 이를 상당한 기간을 넘어 정당한 사유 없이 이행하지 아니하여 헌법상 입법의무 이행을 지체하였으나, 이후 국회가 선거구를 획정함으로써 획정된 선거구에서 국회의원후보자로 출마하거나 선거권자로서 투표하고자 하였던 청구인들의 주관적 목적이 달성되었으면, 이에 대한 헌법소원심판청구는 권리보호 이익이 없게 된다(헌재 2016.4.28. 2015헌마1177).

3. 대표자 선거제도

3.1 대표자 선거제도의 의의

대표자 선거제도에는 유권자가 한 후보자만 선택하면서 유효다수표를 얻은 대표자 1인을 선출하는 '다수대표선거제', 다수표득표자 순번으로 2인 이상을 선출하는 '단기비이양식선거제'(single non transferable voting system), 각 후보자에 선호순서를 부여하고 주어진 쿼터로 대표자를 선출하는 '단기이양식선거제'(single transferable voting system), '정당명부식비례대표제'(party list system) 등이 있다. 정당명부식비례대표제에서 정당득표의 의석전환을 위한 헤어-니마이어(Hare-Niemeyer, 영미 Hamilton 최대잔여식 largest remainder method), 드룹쿼터*Droop quota*, 동트*d'Hondt*, 셍뜨-라귀(Sainte-Laguë, 영미 웹스터식의 최고평균식 highest average method) 등의 방식을 적용하여 정당별 지역별 의석분포를 비교했을 때 헤어-니마이어 방식과 셍뜨-라귀 방식이 가장 비례성이 높다(공직선거법 제189조 제3항은 헤어-니마이어 방식을 택한다).

셍뜨-라귀 방식 독일은 2005년까지 연방하원 비례대표 의석할당 헤어-니마이어 방식을 2008년 연방선거법 개정에서 셍뜨-라귀 방식으로 변경했고, 미국 연방하원도 1911년 셍뜨-라귀 방식으로 변경하였다. 셍뜨-라귀 방식은 정당 득표수를 의석수로 나눈 나눔수*divisor*로 각 정당의 득표수를 다시 나누어 소수 중 0.5 이상은 1석으로 인정하고, 그 이하는 인정하지 않는다. 반면 헤어-니마이어 방식은 비례성은 높지만, 정수 배분 후 소수 0.1에서 0.9의 범위에서 소수가 큰 순으로 모든 정당을 대상으로 잔여의석을 배분하기 때문에, 총의석이 증가할 때 특정 정당의 의석이 감소하거나, 반대로 총의석이 감소할 때 특정 정당의 의석이 증가하는 총의석과 특정 정당의 의석간 역전현상인 '앨라배마 패러독스*Alabama Paradox*'를 가져온다.

3.2 국회의원 선거제도

국회의 구성은 4년임기 국회의원 정수 300인(지역구국회의원 253명, 비례대표국회의원 47명, 공직선거법 제21조)을 만 25세 이상(공직선거법 제16조 제2항), 1천5백만원 기탁금(제56조 제1항 제2호), 입후보등록을 한 자(제49조 등) 중에서 지역구국회의원(246석)과 비례대표국회의원(54석)을 선출한다. 비례대표국회의원은 정당별 득표비례구속명부제에 의한하여, 추천정당이 그 순위를 정한 후보자명부를 함께 첨부하여야 하고(제49조 제2항), 당선자는 후보자명부가 얻은 득표율에 비례하여 결정한다(제189조 제1항). 자유민주주의 정치체제에서의 대통령선거는 국민의 직선이 원칙이다. 한국헌법에서의 대통령은 선거일 현재 5년이상 국내에 거주하고 있는 40세 이상의 국민이(헌법 제67조 제4항, 공직선거법 제16조 제1항) 일정추천과 기탁금 3억원을 낸(제56조 제1항 제1호) 후보자가 직접투표로(제146조 제1·2항) 상대다수유효표를 얻으면(후보자1인이면 선거권자총수의 1/3이상의 득표를 요한다. 헌법 제67조 제3항, 제13대 노태우 32%, 제14대 김영삼 42%, 제15대 김대중 40.3%, 제16대 노무현 48.9%, 제17대 이명박 48.7%, 제18대 박근혜 51.55%, 제19대 문재인 48.02%) 5년단임 대통령에 당선되고, 중앙선거관리위원회 위원장이 당선자를 공고한다(공직선거법 제187조).

국회의 구성, 의원 정수, 선출방식, 임기 국회의 구성은 제헌헌법[제1차개헌(참의원의원선거 미실시) 이후 제2공화국은 양원제] 이래 현행헌법(제41조)에 이르기까지 단원제이다. 국회의원정수는 지역구국회의원과 비례대표국회의원을 합하여 299인이나(2012.2.29. 부칙 제3조의 특례에서 2012.4.11. 국회의원선거에서는 국회법 제21조 제1항에도 불구하고 2012.7.1. 세종특별자치시가 새로이 설치되는 것을 고려하여)현 국회의 의원정수는 300인으로 한다. 국회의원 선출방식은 제1공화국의 제헌헌법은 국회간선, 제1차개헌(1952년 발췌개헌) 국민직선, 1960년 제2공화국헌법 의원내각제는 국회간선, 1962년 제3공화국헌법은 국민직선, 제4공화국헌법은 통일주체국민회의 간선, 제5공화국헌법은 대통령선거인단 간선, 현행헌법은 국민직선이다. 국회의원임기는 2년(제헌국회의원), 3년(유신정우회 국회의원), 6년(제2공화국 참의원의원, 유신직선의원), 4년(제1공화국, 제2공화국 민의원의원, 제3공화국, 제5공화국, 제6공화국의원) 등.

국회의원 선거구제도 국회의원선거구제도로서 소선거구다수대표제(제헌국회의원, 제2공화국 민의원의원), 소선거구다수대표제와 전국구비례대표제 혼용(제3공화국, 제6공화국), 1선거구2인대표제(제4공화국 직선국회의원), 1선거구2인대표제와 전국구비례대표제 혼용(제5공화국), 대선거구소수대표제(제2공화국 참의원의원), 대통령추천과 통일주체국민회의 선출(제4공화국 간선국회의원) 등이다. 제1공화국은 소선거구다수대표제, 제2공화국은 의원내각제 하의 소선거구다수대표제(민의원 의원)와 대선거구소수대표제(참의원 의원), 제3공화국은 소선거구다수대표제와 전국구비례대표제, 제4공화국은 1선거구2인대표제로 선거와 통일주체국민회의 선출, 제5공화국은 1선거구2인대표제와 전국구비례대표제, 현행헌법은 소선거구다수대표제와 전국구비례대표제 등.

대통령 선출방식과 임기 대통령으로 선출될 수 있는 자격인 피선거권은 선거일 현재 5년이상 국내에 거주하고 있는 40세이상의 국민이어야 한다(공직선거법 제16조). 대통령 선출방식 변천은 국회간선(제1차헌법개정 전 제헌헌법), 대통령선거인단 간선(제5공화국헌법, 미합중국헌법), 국회의원과 지방대표의 합동회의 간선(프랑스 1962년개헌전 제5공화국헌법은 1962년 직선제개헌) 등이다. 최고득표자가 2인 이상인 때에는 중앙선거관리위원회의 통지에 의하여 국회는 그 재적의원 과반수가 출석한 공개회의에서 다수표를 얻은 자를 당선인으로 결정하고 국회의장이 공고한다(헌법 제67조 제2항, 공직선거법 제187조 제2항). 당선인이 없는 때, 선거 전부무효나 당선무효 확정판결, 당선자의 임기개시 전 사망이나 사퇴, 피선거권상실시 재선거를 행한다(법 제195조). 대통령임기는 4년 · 1차중임(제1공화국헌법, 3선개헌전 제3공화국헌법), 4년 · 3선연임(제2차개헌후 제1공화국헌법, 3선개헌후 제3공화국헌법), 5년 · 단임(현행헌법), 5년 · 무제한연임(제2공화국헌법), 6년 · 무제한연임(유신헌법), 7년 · 단임(제5공화국헌법) 등으로 변천된다.

3.3 지방자치단체 선거제도

지방자치단체의 지방의회의원 선거, 지방자치단체장 선거제도는 몇 가지 외에는 국회의원 · 대통령 · 지방의회의원 선거제도와 유사하다(헌재 1994.8.31. 92헌마126). 지방교육자치에 관한 교육감과 교육의원 선거는 지방교육자치에관한법률로 정한다. 교육의원, 교육감 선거, 임기 등에 대해서, 시 · 도의회에 교육 · 학예에 관한 의안과 청원 등을 심사 · 의결하기 위하여 상임위원회(이하 교육위원회)를 두고(지방교육자치에 관한 법률 제2장 제4조), 교육의원은 주민의 보통 · 평등 · 직접 · 비밀선거에 따라(제51조) 교육의원의 선거구단위로 각 1명씩 선출하며(제53조 제1항), 임기 4년으로 시 · 도의회의원의 지위와 권한을 갖는다(제2절 제6조, 제7조, 2014년 6월 30일까지 유효). 시 · 도의 교육 · 학예에 관한 사무의 집행기관으로 시 · 도에 교육감을 둔다(제3장 제18조 제1항). 교육감은 시 · 도를 단위로(제45조) 주민의 보통 · 평등 · 직접 · 비밀선거에 따라 선출하고(제6장 제43조) 임기는 4년으로 하며 교육감의 계속 재임은 3기에 한한다(제21조). 정당은 교육감선거에 후보자를 추천할 수 없다(제46조 제1항). 지방의회의원선거와 선거법에 대해서, 헌법 제118조 제2항 '지방선거에 관하여 필요한 사항은 따로 법률로 정한다'로 제정된 지방자치법 관련규정에 의하여 실시된 구 · 시 · 군의회의원 선거(1991. 3.26.), 시 · 도의회의원 선거(6. 20.) 후, 기초의회의원선거에서만 후보자 정당표방금지는 평등원칙 위배(헌재 2003.1.30. 2001헌가4), 시 · 도의회의원 후보자 기탁금 700만원은 과다액수로 위헌(헌재 1991.3.11. 91헌마21), 농업협동조합 등의 조합장에 지방의회의원 입후보제한과 겸직금지는 위헌이다(헌재 1991.3.11. 90헌마28).

Ⅱ. 정당·정치자금의 헌법제도

[一] 정당의 헌법제도

1. 정당의 헌법제도의 의의

1.1 정당의 헌법규정

헌법 제8조 '① 정당의 설립은 자유이며, 복수정당제는 보장된다. ② 정당은 그 목적·조직과 활동이 민주적이어야 하며, 국민의 정치적 의사형성에 참여하는데 필요한 조직을 가져야 한다. ③ 정당은 법률이 정하는 바에 의하여 국가의 보호를 받으며, 국가는 법률이 정하는 바에 의하여 정당운영에 필요한 자금을 보조할 수 있다. ④ 정당의 목적이나 활동이 민주적 기본질서에 위배될 때에는 정부는 헌법재판소에 그 해산을 제소할 수 있고, 정당은 헌법재판소의 심판에 의하여 해산된다' 함은 자유민주주의적 정당 제도의 헌법적 보장이다. 정당의 헌법규정의 연혁을 보면, 제헌헌법(1948. 7.17.), 제1차(1952. 7.7.), 제2차(1954. 11.29.)의 개정헌법 등은 결사조항만 규정하고(제13조), 제3차개정헌법(1960.6.15. 제2공화국헌법)에서 처음으로 정당조항을 두었다(제13조 제2항). 제5차개정헌법(1962.12.26. 제3공화국헌법)의 복수정당제 보장(제7조), 대통령·국회의원의 무소속입후보 불허(제64조 제3항, 제36조 제3항), 국회의원 탈당이나 소속정당의 자진해산시 의원직상실(제38조) 등의 정당기속성 규정은 제7조 외에는 제4공화국헌법(1972.12.27. 제7차개정헌법)에서 삭제되었지만(국회의원의 무소속입후보 허용) 제5공화국헌법(1980.10.27. 제8차개정헌법)은 정당국고보조 신설(제7조 제3항), 정당추천을 받은 대통령 또는 국회의원후보자의 무소속후보자에 대한 우대(제39조 제2항) 이후 현행헌법 정당 목적에 '민주성' 신설(제8조 제2항) 등으로 이어진다. 독일에서는 1947년 바덴*Baden*주 헌법, 프랑스는 1958년 제5공화국헌법에서 명시하였다.

정당의 법제도 정당은 1946.2.23. 군정법령 제55호 '정당에관한규칙'은 제헌헌법 제100조에 의하여 정부수립 이후에도 적용되다. 제2공화국 1960.7.1. '신문등및정당등의등록에관한법률' 공포시행후 10.13. '정치운동에관한법률'로 폐지되었다. 1961년 5·16정변과 국가재건최고회의 설치, 5.22. 포고령 제4호 정당·사회단체해산령 발포로 모든 정당이 해산되고 정치활동이 중단되었다. 1962.12.31. 국가재건최고회의의 '정당법' 의결·공포로 신문등 법률의 정당관련조항 효력이 상실된다. 1963.12.12. '신문·통신등의등록에관한법률' 부칙으로 폐지되었다. 제3공화국헌법 제38조 국회의원 소속 정당이 합당되어도 신분을 유지할 수 있도록 한 '정당의합당절차등에관한법률'(1964.6.12. 공포시행)은 1969.1.23. 정당법에 편입된다.

1.2 정당의 헌법 개념

정당은 국가의 정치권력 획득을 위한 정치단체로서(헌법 제8조 정당법 제1조, 제2조 헌재 1999.12.23. 99헌마135), 국민의 이익을 위하여 책임 있는 정치적 주장이나 정책을 추진하고 공직선거의 후보자를 추천 또는 지지함으로써 국민의 정치적 의사형성에 참여함을 목적으로 민주적 정치질서 형성을 위한 국민의 자발적 결사체이다. 정당은 국민과 국가의 중개자로서 정치적 도관導管의 기능을 수행하여 주체적·능동적으로 국민의 다원적 정치의사를 유도·통합함으로써 국가정책의 결정에 직접 영향을 미칠 수 있는 규모의 정치적 의사를 형성하고 있다(헌재 2003.10.30. 2002헌라1). 정당의 헌법제도적 개념으로 인하여 정당은 헌법에 편입되고 법률로 구체화되지만 그렇다고 해서 정당이 헌법기관이나 국가기관이 되는 것은 아니다. 즉 정당은 국가기관이 아니다. 국가기관은 설립과 목적의 법정주의 및 법정 조직·운영원리에 지배되는 국가의 조직체이다(헌법 제96조). 정당은 복수정당제와 창당의 자유에 따라서 성립되고 민주적 정치질서 형성을 위한 조직·구성의 내적 민주화에 따른 국민의 자발적·개방적 결사체이다(제8조). 국민은 자유로이 정당에 가입·탈퇴할 수 있기에 정당원은 선거로 선출되거나 시험으로 임용되는 헌법 제7조의 공무원과 다르다(국회의원은 회기중 국회 허가, 폐회중 국회의장 허락, 직업공무원은 소속 국가기관 허락 등을 받아야만 그 직을 사직할 수 있다). 정당은 국민의 자발적 정치단체일 뿐이다. 정당의 법적 성격은 사적·정치적 결사 내지는 법인격 없는 사단인바, 공권력의 행사 주체로서 국가기관의 지위를 갖는 것은 아니다(헌재 2020.5.27. 2019헌라6등). 따라서 정당은 특별한 사정이 없는 한 권한쟁의심판절차의 당사자가 될 수는 없다.

정당의 개념 정당은 국민전체이든 일부국민이든 국민의 이익을 위한 조직체이다. 국가 일부지역이나 지방자치단체 내에서만 존속하는 이른바 지방당은 부인된다. 정당 설립에의 전국분포성 요구는 이 때문이다. 정당의 정치단체성은 국민의 정치적 의사형성에의 직접참여를 의미하므로, 경제·사회·종교·학술 등을 직접 목적으로 하는 비정치적 결사와 구분되며, 정치권력 획득이라는 직접적 정치목적성을 갖지 않고 간접적·부수적 정치목적성을 지닌 정당지원단체나 노동자단체 등의 이익단체와 구분된다. 정당의 민주적 정치질서 형성의 기능은 정당의 자유, 존속보호, 강제해산을 통한 방어적 민주주의 실현 등에 의한다. 우리 정당법은 선거 직전에 결사체로서 정당을 결성할 수 있고, (독일정당법 제2조 제1항 '상당한 기간 계속하여'의 시간적 지속성 규정이 없으므로)정당이 정치적 결사체라 해도 시간적 계속성은 요구되지 않는다.

정당의 헌법적 보장과 편입 및 국가기관성 정당은 프랑스시민혁명 전 구체제 귀족정, 군주정 도당徒黨 cliques, 파당派黨 faction, 오늘날 이익단체*interest group*, 압력단체*pressure group*와 달리 정치권력 획득을 위하여 조직된 단체다. 정당은 17세기 영국의 존 로크John Locke나 18세기 프랑스 자유주의는 유산시민*bourgeoisie*의 이념으로 귀족*aristocracy* 특권을 배제하고 평등과 자유를 실현한다. 오늘날 정당은 정치권력을 통로로 하는 국가·사회의 導管이며 중앙정부·지방정부 연결체이고 의회·정부간 의사통로이면서 국민의 정치적 의사형성을 매개하여 공동체를 동질화한다. 트리펠(*Heinrich Triepel* 1868.2.12.~1946.12.23.) '헌법과 정당'*Die Staatsverfassung und die politischen Parteien*, 2.Aufl., 1930, S.12, 13ff.에서는 정당에 대한 태도에서 그 규범적 적대의 경우로서 미합중국 건국의 國父(*George Washington*(초대 대통령) *Farewell Address*) '연방주의자 교서'*The Federalist Papers*(*Alexander Hamilton*(1757~1804), *John Jay*(1745~1829), *James Madison*(1751~1836)), 프랑스혁명기 루소(J.J.Rousseau, *Du Contrat Social*, II.§ 3)를 든다; 정당이 헌정제도로서 무시된 경우로는 Weimar헌법, G.Jellinek의 사회적 조직론을 든다; 정당의 '승인·합법화' 단계로서는 미국, 영국, 일본국헌법 등에서 정당을 결사체로 보는 경우를 든다; 정당 제도를 헌법에 편입시킨 규범적 단계의 경우(1949년 독일기본법 제21조, 1946년 프랑스헌법 제11조·제52조·제91조(1954년 헌법개정에서 삭제), 1958년 프랑스헌법 제4조, 이탈리아헌법 제49조, 한국헌법 제8조 등) 등의 각 단계로 구분한 바 있다. 독일에서도 정당을 국가의사를 형성하는 기관(H.Kelsen, *Vom Wesen und Wert der Demokratie*, 2.Aufl., 1929(Neudruck 1963)) 또는 국가기관이라 하는 정당국가론[G.Leibholz, *Volk und Partei in neuen deutschen Verfassungsrecht*, *in: ders., Strukturprobleme der modernen Demokratie*, 1958, 연방헌법재판소결정(BVerfGE 4,27(29)] 등이 있었지만, 정당재정보조결정(BVerfGE 20,56(100f.), 1966) 이후 다만 헌법적 기능을 행사하는 기관으로서 인식되고 있다(BVerfGE 4,29f.; BVerfGE 5,85ff.).

1.3 정당의 법적 성격

정당은 법률상 특히 정당법상 법인격없는 사법상 사단이다(헌재 1993.7.29. 92헌마262). 정당에 관련한 법적 문제 예컨대 정당의 재산귀속, 정당원의 신분·지위, 정당내부의 의사결정 등의 법률관계에 민법(제3장 제31조~제97조 사단법인), 민사소송법 등의 규정을 준용하며 이때 법원은 정당의 정치형성기능에 주목하거나 또는 자제하면서 판단을 행한다. 법원은 신민당총재단직무집행정지 가처분결정에서 정당 내부관계에 판단하지 않는다(서울민사지법 1979.9.8. 79카21709) 하거나 또는 관여한 결정(서울민사지법 1987.7.30. 87카30864)도 있다.

정당내부관계와 법원의 판단 정당이 선거구에 후보자를 추천할 것인지 여부에 대한 지나친 관여는 정당활동의 자유 침해 위험성이 있다(정당의 최고의결집행기관으로서 당무운영에 관한 주요사항을 처리하는 최고위원회의가 정무적 판단에 따라 당적변경시한까지 특정 국회의원 선거구에 후보자를 추천하지 아니한 것이 당헌·당규에 위반한 것이라 볼 수 없다. 이는 선거무효사유가 선거관리의 주체인 선거관리위원회의 선거사무 관리집행상 하자가 아니라 후보자공천에 관한 정당 내부적 의사결정이 제3자에 의한 선거과정상 위법행위에 그치는 경우이다)(대법원 2017.6.8. 2016수19). 정당의 법적 성격은 법인격 없는 사단이지 공권력 행사주체로서 국가기관의 지위를 갖는 것은 아니기에, 정당은 특별한 사정이 없는 한 권한쟁의심판절차의 당사자가 될 수 없기에(헌재 2020.5.27. 2019헌라6등), 소속 국회의원이 국회의장 등을 상대로 권한쟁의심판을 청구하거나, 정당이 헌법소원심판을 청구하는 등의 방법으로 구제받는다.

2. 정당의 자유

정당의 자유는 국민 누구나 국가의 관여 없이 정당의 설립·존속·활동, 정당에의 가입·탈퇴 등을 자유롭게 할 수 있는 헌법상 권리이다. 정당의 자유는 선거제도 민주화, 국민주권 실질화, 정치적 자유민주주의를 구현하며(헌재 1992.3.13. 92헌마37등), 정당해산에 대한 국무회의, 헌법재판소의 관여(헌법 제89조 제14호, 제111조 제1항 제3호, 제113조 제1항), 헌법재판소재판관·선거관리위원회위원의 정당가입금지(제112조 제2항, 제114조 제4항), 선거관리위원회의 정당에 관한 사무처리·정당사무에 관한 규칙(제114조 제1항·제6항), 정당의 선거비용부담제한(제116조 제2항) 등의 헌법규정으로 실질상 구현된다. 헌법 제8조를 주된 근거로(일반조항인 제21조 결사의 자유를 보충적 근거로) 인정되는 헌법상 권리인 기본권의 정당의 자유는(헌재 1999.12.23. 99헌마135) 정당설립의 자유와 복수정당제 보장(제8조 제1항, 一黨은 곧 독재), 정당의 존속(제4항), 활동(제2항 전단)의 자유(헌재 2014.1.28. 2012헌마431등), 국민의 정당의 설립·가입·탈퇴의 자유(제2항 후단) 등에 의한 민주적 정치질서의 형성 및 정당의 목적·조직·활동의 내적 민주화, 민주적 기본질서에 위배하는 정당 해산의 방어적 민주주의 등을 가능하게 한다(헌재 1999.12.23. 99헌마135; 2001.7.19. 2000헌마91등 참조). 정당의 설립·가입·탈퇴의 자유에 대해서, 정당의 등록신청사항(중앙당은 제12조, 시도당은 제13조) 등 설립에 필요한 절차적·형식적 요건을 구비하여 등록을 신청하면 당연히 등록이 되는 것이므로, 이를 받은 관할 선거관리위원회가 이 등록신청을 허가를 득하는 절차로 보면서 등록을 거부할 수 없다(제11조, 제15조 제2항). 정당은 수도에 소재하는 중앙당, 특별시·광역시·도에 각각 소재하는 시·도당(1000인 이상 당원의 존재) 등(제3조, 제25조, 제27조. 이들 요건은 합헌(헌재 2006.3.30. 2004헌마246))의 전국분포성을 갖는다. 당원명부에 등재되지 않은 자는 당원으로 인정하지 아니하며(제23조 제4항), 탈당의 효력은 탈당신고서가 소속 시·도당 또는 중앙당에 접수된 때에 발생한다(제25조 제2항).

정당의 자유 정당이 아닌 단체에 정당만큼 선거운동·정치활동을 허용하지 않아도, 일반결사는 각기 자기고유 설립목적이 있고 국민의 정치적 의사형성에 참여함을 직접목적으로 조직된 것이 아니며 필요한 조직도 갖추지 않기에 평등권, 정치적 의사표현의 자유를 제한한 것은 아니다(헌재 1997.5.29. 96헌마85). 정당의 공직선거후보자 추천과 관련하여 금품이나 재산상 이익의 수수를 금지하고 그 위반시 형사처벌규정은 죄형법정주의에 위반되지 않고, 대의제 민주주의에서 정당운영투명성과 공명정대한 선거문화확립을 위하여 필요하므로, 헌법 제8조 제3항 전단 정당보호조항에 위반되었다거나, 헌법상 정당활동 자유의 본질적 내용을 침해하였다 볼 수 없으며, 금품수수등에 실질적으로 관여함에 따라 책임이 인정된 자들이므로 자기책임의 원리에 위반되었다 볼 수 없고, 형사처벌조항은 입법자의 입법형성의 범위내 제한이라 할 것이어서 책임과 형벌 간 비례원칙에 위반되었다 볼 수 없다(헌재 2009.10.29. 2008헌바146).

3. 민주주의적 정당제도

3.1 민주주의적 정당제도의 의의

정당의 자유는 정당의 정치적 의사형성의 독점이나 정당국가화의 의미는 아니다. 국민주권·민주주의 헌법이념을 기반으로 구현되는 간접민주주의의 대의정체제에서 정당의 자유는 국가·사회, 치자·피치자 구분을 전제로 하는 국회의원의 국민대표성을 중시하는 민주주의적 정당제도*demokratische Parteien*를 지향한다. 선거는 대표자선출과 정당선택기능을 통하여 민주적 정치질서를 형성하는 정치제도이며, 정당은 국민의 정치적 의사형성에 참여하여 국가·사회, 치자·피치자를 매개하는 제도적 중개체에 상당한다. 정당제도의 이 같은 헌정적 질서에 반하여, 선거라는 과정이 정당을 직접민주주의 대용물로 보는 정당국가적 민주주의를 가져오는 것이 아니다.

민주주의적 정당제도와 정당의 자유 교섭단체가 정당국가에서 의원의 정당기속을 강화하는 하나의 수단으로 기능할 뿐만 아니라, 정당소속 의원들의 원내 행동통일을 기함으로써 정당의 정책을 의안심의에서 최대한 반영하는 기능도 갖기에, 국회의장이 국회 議事의 원활한 운영을 위하여 상임위원회 구성원인 위원의 선임·개선에 교섭단체대표의원과 협의하고 그의 '요청'에 응하는 것은 국회운영에 본질적 요소인 바, 국회의장이 국회의원을 위원회에서 사임시키고 다른 위원회로 보임한 행위는, 그 의원 소속 정당 내부의 사실상 강제에 터잡아 교섭단체대표의원이 상임위원회 사·보임 요청을 함에 따라 의사정리권한의 일환으로 받아들인 것이라, 그 절차·과정에 헌법이나 법률 규정을 명백하게 위반하여 재량권 한계를 현저히 벗어나 국회의원 권한을 침해한 것으로 볼 수 없다(헌재 2003.10.30. 2002헌라1).

3.2 민주주의적 정당제도와 정당국가적 민주주의

민주주의적 정당제도는 대의제 민주주의 원리를 중시하고 정당국가적 현실은 기본적으로 국회의원의 전체국민의 대표성을 침해하지 않는 범위 내에서 인정한다. 국회의원의 국민대표성보다 복수정당제에서 실제 정당에 의한 국회 운영을 강조하는 입장에서의 정당국가적 민주주의를 주장하는 견해도 있지만(헌재 2003.10.30. 2002헌라1), 정당국가현상이 대의제 민주주의의 실현과정에 현실적 변화를 가져왔지만 대의제 민주주의의 본질이 변화한 것은 아니다. 대의제 민주주의의 정치적 의사 형성의 과정과 방식이 변화된 것에 불과하다. 정당국가현상은 차별화된 정강 정책을 지닌 복수의 정당이 정기적 선거를 통해 서로 경쟁하면서 국민의 심판과 선택을 받은 대의기관을 탄생시켜 대의제 민주주의를 실현함에 따라 발생한 정치현실이다. 정당기속성은 정치현실에 불과할 뿐, 개별 국회의원에게 자유위임된 국가의사 결정권한을 의회 의사 진행과정의 효율성을 위해 정당 내지 교섭단체에게 귀속·독점시키는 것을 의미하는 것이 아니다.

3.3 민주주의적 정당제도와 자유위임의 헌법원리

헌법상 통치기관의 구성원리인 대의제 민주주의는 정당기속성이라는 정치현실에도 불구하고 변화하는 사회·경제 환경 속에서 자유로운 정치적 의사형성과 국가이익을 위한 정책결정을 보장하기 위해 국회의원의 자유위임적 지위를 필수적으로 요구하고 있다. 정당 내지 교섭단체의 내부에서 민주적 절차에 따라 형성된 당론이라 해도, 정당은 국가기관이 아닌 사적 결사이므로, 사적 결사의 당론에 복종해야 한다는 정당기속성이 사실적 수준에 머무르지 않고 국회의원의 자유위임적 지위를 압도하여 형해화할 정도이면 헌법상 용인될 수 없다(헌재 2020.5.27. 2019헌라1 반대의견).

정당국가적 민주주의 의회정·대의제 민주주의는 국민투표제적 구조를 가진 정당국가적 민주주의*Parteistaatliche Demokratie* 라이프홀츠*(1901.11.15.- 1982.2.19.)* 즉 국가·사회의 동일성, 치자·피치자의 일치성을 전제로 국민의 의사가 대표원리가 아닌 동일성원리로 형성된다. 정당은 직접민주주의 대용물에 의해 침식된다. 자유민주주의적 정당국가는 복수정당국가적 민주주의를 실현하며*(41면)*, 복수정당국가는 국민투표제적 민주주의*plebiszitäre Demokratie*의 현상형태*(42면)*, 평판국가(平板國家 *Flächenstaat*)의 직접민주제 대용물이고(42면), 선거는 정당에 대한 정치적 의사를 표시하는 국민투표제 경향을 가지고*(45면)*, 정파강제는 헌법적 정당성이 없어 黨籍변경 등은 의원직상실을 가져오지 않는다. 의원직에 관한 백지포기선언 등은 법적으로 무효다*(115면)*. 기본법 제21조 제1항에 의거 연방의회선거법에 의원이 자발적으로 탈당할 경우에는 선거구든 비례선거든 관계없이 의원직은 정당에 다시 귀속한다는 조항을 두어도 무방함은*(116면)*, 정당국가적 민주주의의 논리적 귀결이다*(116~117면)*. 정당 민주화는 당내 의사형성이 위로부터 아래로가 아니라 다수결원리와 선거를 통해(박수 원리를 이용하지 말고) 아래로부터 신임을 얻어 정당성을 가질 것을 요구한다*(122~123면)*. 유권적 시민이 정당에 가입하여 당내에서 능동적으로 협력하여야*(126면)* 참된 정당국가적 민주주의는 이행된다.

權寧星 역, 『헌법국가와 헌법』(박영사 1976). Gerhard Leibholz, *Verfassungsstaat und Verfassungsrecht*, 1973.

[二] 정당의 자유와 존속의 보호

1. 정당의 설립 · 활동의 자유

1.1 정당의 설립의 자유

정당의 설립은 자유이며 복수정당제는 보장된다(헌법 제8조 제1항). 정당설립 즉 창당의 자유는 국민의 정당 가입 · 탈퇴의 자유 및 정당에의 기회균등을 보장한다. 국회의원 선거권이 있는 자는 공무원, 교원 같이 특히 제한되는 외에는 누구든지 정당의 발기인 및 당원이 될 수 있으며(정당법 제22조) 그 가입, 탈당은 강요당하지 않는다. 정당의 자유에 있어서 설립의 자유는 복수정당제에 의한다. 이는 국민의 정치적 의사형성을 보장하여 한 정당이 국민의 정치적 의사형성을 독점할 수 없게 함으로써 집권여당이나 다수파 정당 외의 야당, 소수당의 설립 자유와 정치활동의 자유를 보장하며(헌재 1992.3.13. 92헌마37등), 정권의 정규적 교체를 가능케 한다. 정당법 개정으로*2004.3.12.* 정당조직 중 종전에 국회의원지역선거구 단위로 있었던 지구당과 구 · 시 · 군 단위로 있었던 당연락소를 강제적으로 폐지하고 이후 설립 · 설치를 금지함이 헌법이 부여한 정당의 핵심적 기능을 전혀 수행하지 못하게 한다면 정당의 자유라는 기본권의 근본요소 즉 본질적 내용을 침해하는 것이 되지만, 지구당이 없더라도 이 기능 수행이 불가능하지 않고 특히 교통, 통신, 대중매체가 발달한 오늘날 지구당이 국민과 정당을 잇는 통로로서 가지는 의미가 매우 완화되었기 때문에 지구당금지가 기본권의 본질적 내용을 침해하는 것이라 할 수 없으며, 지구당 강화여부의 선택은 헌법 테두리를 벗어나지 않는 한 입법자가 합목적적으로 선택할 당 · 부당의 문제일 뿐 합헌 · 위헌의 문제라 하기는 어려워, 지구당금지의 적정성판단에 보다 완화된 기준에 의하여 비례원칙에 반하여 헌법 제8조 제1항이 보장하는 정당의 자유, 특히 정당조직의 자유와 정당활동의 자유를 제한하지 아니하고 달리 헌법에 위반되는 사유를 발견할 수 없다(헌재 2004.12.16. 2004헌마456).

> **정당의 설립 · 조직 및 가입 · 탈당의 자유** 정당등록요건으로 5 이상의 시 · 도당과 각 시 · 도당 1,000명 이상의 당원을 요구하는 입법자의 판단은 합헌이다(특정지역에 지역적 연고를 두고 설립 · 활동하려는 이른바 '지역정당' 및 '군소정당'을 배제하려는 점에서 자의적이 아니며, '상당한 기간 또는 계속해서', '상당한 지역에서' 국민의 정치적 의사형성 과정에 참여해야 한다는 헌법상 정당의 개념표지를 구현하기 위한 합리적 제한이므로 헌법적으로 정당화된다)(헌재 2006.3.30. 2004헌마246). 지구당 폐지, 당원협의회 설치는 가능, 당원협의회의 사무소 설치 금지는 헌법의 테두리를 벗어나지 않는 한 합헌 · 위헌의 문제가 아니다(정당의 조직 중 시 · 도당의 하부조직에 속하는 국회의원지역구나 자치구 · 시 · 군, 읍 · 면 · 동별로 당원협의회를 설치할 수는 있으나 그 활동을 위한 공간적 거점인 사무소 등은 일체 둘 수 없도록 함은, 대중정당을 지향할 것인지 원내정당을 강화할 것인지 여부의 선택은 헌법의 테두리 안에서 입법자가 합목적적으로 판단할 선택의 재량을 갖기에, 당원협의회 사무소 설치를 금지하여 대중정당적 성격이 줄어드는 결과가 발생하더라도 헌법의 테두리를 벗어나지 않는 한, 당 · 부당문제에 그치고 합헌 · 위헌문제로 되는 것은 아니다)(헌재 2016.3.31. 2013헌가22). 공무원 및 초 · 중등학교 교원의 정당가입을 금지하고 대학교원에만의 허용은 합헌이다(공무원이 국민 전체에 대한 봉사자로서 그 임무를 충실히 수행할 수 있는 정치적 중립성 보장 및 교원이 당파적 이해관계의 영향을 받지 않도록 교육의 중립성을 확보하기 위한 합헌이며, 대학교원에만 허용한다 해도 기초적 지식전달, 연구기능 등 직무의 본질이나 내용, 근무태양이 다른 점을 고려한 합리적 차별이므로 평등원칙에 위배되지 않는다)(헌재 2014.3.27. 2011헌바42; 2004.3.25. 2001헌마710). 19세 이상의 국민만 국회의원 선거권을 인정하고 19세 미만인 사람은 정당의 발기인 및 당원이 될 수 없도록 함은 합헌이다(19세 미만인 사람의 정당의 자유를 침해하지 않으며, 미성년자는 정신적 · 신체적 자율성이 불충분하고 정치적 판단능력이 부족하여 연령을 기준으로 정당의 자유를 행사하기 위한 정치적 판단능력 유무를 가리는 적절한 방법이다)(헌재 2014.4.24. 2012헌마287).

1.2 정당의 활동의 자유

국민은 참정권(제1조, 제41조 제1항, 제67조 제1항, 제37조 제2항, 제116조 제2항 등), 정당활동의 자유(헌법 제8조 제2항, 정당법 제37조 제1항) 등을 전제로, 정당의 통상적 정치활동은 사전선거운동이 아니며(대법원 1994.4.12. 93도2712), 선거기간개시일 전 정당의 당원교육(헌재 1996.8.29. 96헌마99), 정당간 평등을 전제로 선거시 정당활동의 기회균등보장(헌법전문, 제8조 제1항-제3항, 제11호 제1항, 제24조-제25조 등), 정당이 당원 내지 후원자들로부터 정당의 목적에 따른 활동에 필요한 정치자금 모금(헌재 1997.10.30. 96헌마94; 1991.3.11. 91헌마21) 등이 인정된다(헌재 2015.12.23. 2013헌바168). 헌법 제8조 제2항 및 제4항은 정당의 자유에 대한 한계를 정하므로, 정당활동의 자유 역시 헌법 제37조 제2항의 일반적 법률유보의 대상이 된다(헌재 2014.2.27. 2014헌마7).

> **정당활동의 자유** 공직선거법상 선거사무장 등 선거사무관계자에 선거운동관련 법률 소정 실비, 수당을 제외한 일체의 금품제공행위의 처벌 즉 금품제공의 제한적 허용은 정당활동의 자유를 침해하지 아니하며(헌재 2002.4.25. 2001헌바26; 2011.4.28. 2010헌바473), 금품제공범위 등 관련사항을 '중앙선거관리위원회가 정한다' 해도 위원회규칙에 위임할 필요성과 예측가능성을 인정할 수 있어 범죄구성요건 규율의 포괄위임입법금지원칙에 위배되지 아니한다(헌재 2015.4.30. 2013헌바55). 정치행위 규제의 금지조항들을 유기적·체계적으로 종합하면, 규제조항에 의한 범죄구성요건의 실질을 '정당 구성 행위 및 선거운동에 관한 공무원의 능동적·적극적 정치행위'라고 법률에서 밝히고 있어 죄형법정주의의 기본적 요청인 법률주의에 위배된다고 볼 수 없다(헌재 2014.3.27. 2011헌바42).

1.3 정당의 내적 활동의 자유

정당의 내적 활동의 자유는 당내민주주의를 위한(헌재 1999.12.23. 99헌마135) 당내 의사결정구조의 개방화를 요구한다. 이는 당원이나 일반유권자의 정당후보자 추천을 위한 당내경선(공직선거법 제6장의2, 제57조의2 이하 참조), 민주적 내부질서 유지를 위하여 당원 총의를 반영할 수 있는 대의기관 및 집행기관의 존재, 소속 국회의원이 있는 경우의 의원총회(정당법 제29조 제1항) 등으로써 그 실현이 가능하게 된다. 다만 정당의 내부질서에 대한 법의 지나친 관여는 정당 활동의 자유를 침해할 위험성이 있으므로 필요최소한의 범위에 그쳐야 하고, 그중에서도 정당의 정치적 의사의 결정 및 활동, 내부 조직의 구성과 운영에 관한 사항은 정당의 정치적 활동의 자율성에 직결되는 부분이므로 그에 대한 관여는 더욱 신중하게 이루어져야 한다(대법원 2017.6.8. 2016수19).

> **정당의 내적 활동의 자유** 후보자선정과 순위가 당원총회 내지 국민에 개방되는 절차를 갖지 않는 하향식은 민주적 정당성을 약화한다(헌재 2001.7.19. 2000헌마91등). 정당의 공직선거후보자 선출은 자발적 조직 내부의 의사결정이므로 정당 내부경선에 참여할 권리는 공무담임권에 포함된다 보기 어렵고, (당내경선이 없다 해서 공직선거후보자로 출마할 수 없는 것도 아니므로 정당의 공직후보자 추천을 위한 당내경선 실시여부를 정당재량으로 결정할 수 있도록 한 조항으로 인하여 공무담임권이 침해될 여지는 없다)(헌재 2014.11.27. 2013헌마814). '선거운동'을 위하여 원칙적으로 확성장치를 사용할 수 없도록 한 공직선거법 조항의 합헌결정(헌재 2001.12.20. 2000헌바96등; 대법원 2007.3.15. 2006도8869; 대법원 2008.9.25. 2008도6232 등), 이후, 당원과 당원이 아닌 자에게 투표권을 부여하여 실시하는 '당내경선에서의 경선운동방법' 제한의 첫 합헌 결정에서(헌재 2019.4.11. 2016헌바458등), 경선후보자가 당내경선에서 명문의 허용규정도 없이 경선운동을 위해 확성장치를 사용하여 지지호소 행위를 할 수 있다고 볼 수 없음이 명백하며, 당내경선에서 허용되는 경선운동방법을 한정하고 이를 위반한 경우의 처벌은 (문언과 입법취지에 비추어, 법으로 허용되는 방법 내지 수단을 한정적으로 열거하는 것으로서 거기에 열거되지 않은 방법 내지 수단은 허용되지 않는다고 충분히 해석할 수 있으며, 건전한 상식과 통상적 법감정을 가진 사람이라면 경선후보자는 경선운동방법 제한조항에서 정한 방법에 의해서만 경선운동을 할 수 있고, 거기에 열거되지 않은 확성장치를 사용하여 지지호소 행위를 할 수 없다는 점을 명확히 알 수 있다고 할 것이기에), 죄형법정주의 명확성원칙에 위반되지 아니하며, 대법원도, (공직선거법이 선거운동을 위한 확성장치의 사용을 원칙적으로 금지하고, 후보자·선거사무장·선거연락소장·선거사무원이 사용하는 것을 허용할 뿐이기에)예비후보자는 확성장치를 사용할 수 있는 것이 아니라 보고(대법원 2011.4.28. 2011도1244), 이 사건 당해사건에서도 허용되지 않는다 판시하며(대법원 2017.4.26. 2016도21145), 이를 위반하여 경선운동을 한 자의 처벌은, (질서 있는 경선 도모 및 경선운동이 사실상 선거운동으로 변질되어 사전선거운동금지규정 등을 회피하는 탈법적 수단으로의 악용을 방지하기 위한 것이기에), 과잉금지원칙을 위반하여 경선후보자의 정치적 표현의 자유를 침해한다고 할 수 없다 하였다(헌재 2019.4.11. 2016헌바458등).

2. 정당의 존속보호 – 등록취소 · 자진해산 · 심판해산

2.1 정당의 등록취소

2.1.1 정당의 소멸과 등록취소

정당은 등록취소, 자진해산, 심판해산(정당법 제7장) 등에 의하여 소멸한다. 헌법은 정당의 소멸에 대해서 헌법규범적 절차를 거치도록 하여 정당의 존속을 보호함으로써 정당의 설립 및 활동의 자유를 담보한다. 정당의 '등록취소'는 정당이 그 설립 · 존속의 형식적 요건을 흠결하는 경우에 존속기반이 없게 되므로, 형식적으로 당해 선거관리위원회 직권의 행정처분으로 지체없이 그 뜻이 공고됨으로써 이루어지는 정당의 소멸이다.

2.1.2 정당의 등록취소와 일반결사의 소멸

정당의 등록취소는 정당이 최근 4년간 임기만료에 의한 국회의원선거 또는 임기만료에 의한 지방자치단체의 장선거나 시 · 도의회의원선거에 참여하지 아니한 때에 그 등록을 취소하는 것이다(헌법 제8조 제2항, 정당법 제44조). 일반결사는 그 결사의 근거 법규에서 정해진 사유에 해당하면 행정처분에 의한 등록 · 허가의 말소 · 취소를 행한다(행정절차법 제2조, 제2장, 민법 제77조, 국가공무원법 제66조, 사립학교법 제34조 등). 불법결사는 구성원을 처벌함으로써 단체를 사실상 소멸시킨다(국가보안법 제3조, 형법 제114조 등).

2.1.3 정당의 등록취소에 대한 헌법적 한계

헌법재판소의 결정으로 정당이 해산되는 경우와 달리, 정당의 등록취소조항에 의해서 정당등록이 취소된 경우에는 대체정당 설립이 가능하고 일정기간이 경과하면 등록취소된 정당의 명칭을 사용할 수는 있지만, 등록취소 역시 정당의 존속 자체를 박탈하여 모든 형태의 정당활동을 불가능하게 하므로, 그에 대한 입법은 필요최소한 범위에 따라야 한다.

정당등록취소조항 및 정당명칭사용금지조항 위헌결정 정당등록취소조항(임기만료국회의원선거에 참여하여 의석을 얻지 못하고 유효투표 총수의 100분의 2 이상을 득표하지 못한 때의 정당등록취소는 헌법 제8조 제1항의 정당설립의 자유와 제4항의 입법취지를 고려하여 볼 때, 단지 일정 수준의 정치적 지지를 얻지 못한 군소정당이라는 이유만으로 정당을 국민의 정치적 의사형성과정에서 배제하기 위한 과잉금지원칙에 위반되는 입법이어서)은 정당설립의 자유를 침해하며, 등록취소된 정당의 명칭사용금지조항은 위 취소조항을 전제로 하므로 정당설립의 자유를 침해한다(진보신당, 녹색당, 청년당에 대한 각 중앙당등록취소처분이 취소될 것이지만 정당법상 등록요건을 갖추고 있는 한 기존의 정당명칭을 사용하여 2014.6.4., 전국동시지방선거에 참여할 수 있게 되었다)(헌재 2014.1.28. 2012헌가19등).

2.2 정당의 자진해산

정당의 자진해산은 정당의 대의기관의 결의에 의한 해산이다. 정당이 정당법의 규정에 의하여 해산한 때에는 그 대표자는 지체 없이 그 뜻을 관할 선거관리위원회에 신고하여야 한다(정당법 제45조). 이때 당해 선거관리위원회는 그 정당의 등록을 말소하고 지체 없이 그 뜻을 공고하여야 한다(제47조). 정당이 헌법재판소법 제44조(등록의 취소) 제1항의 규정에 의하여 등록이 취소되거나 제45조(자진해산)의 규정에 의하여 자진해산한 때에는 그 잔여재산은 당헌이 정하는 바에 따라 처분한다(제48조 제1항). 처분되지 아니한 정당의 잔여재산은 국고에 귀속하며, 이에 관하여 필요한 사항은 중앙선거관리위원회규칙으로 정한다(제2항, 제3항).

2.3 정당의 심판해산

2.3.1 정당의 심판해산의 의의

정당의 심판해산은 정당은 그 목적 · 조직과 활동이 민주적이어야 하며 국민의 정치적 의사형성에 참여하는 데 필요한 조직을 가져야 함에도 불구하고 그 목적이나 활동이 민주적 기본질서에 위배될 때에는 정부는 국무회의의 심의를 거쳐 헌법재판소에 그 해산을 제소할 수 있고, 정당은 헌법재판소의 심판에 의하여 해산되는 것이다(헌법 제8조 제2항, 제4항, 헌법재판소법 제55조).

2.3.2 정당의 심판해산의 헌법규정

정당의 심판해산은 1960년 제2공화국헌법(제13조 제2항)에 최초로 규정된 후 현행헌법에 이른다. 제1공화국헌법하의 대법원은 진보당(進步黨 1956. 11.10. 창당)의 강령, 정책(혁신정치실현, 수탈없는 경제체계확립, 평화통일실현)이 위법이 아니라(대법원 4292.2.27. 4291형상559) 하였다(대법원 2011.1.20. 2008재도11). 다만 당시 정부의 공보실은 정당에 대한 법 인식을 일반결사와 같이 보아서 진보당에 대하여 행정처분으로 등록말소를 행하였다(1959. 2.25.).

정당의 강제해산 최초의 정당해산은 제6공화국헌법 하에서 통합진보당 해산 결정이다. '북한식 사회주의 실현의 숨은 목적을 가지고 내란을 논의하는 회합을 개최하는 등 활동은 헌법상 민주적 기본질서에 위배되고, 이러한 실질적 해악을 끼치는 구체적 위험성을 제거하기 위해서는 정당해산 외에 다른 대안이 없으며, 해산결정은 비례원칙에도 어긋나지 않고, 위헌정당의 해산을 명하는 비상상황에서는 국회의원의 국민대표성은 희생될 수밖에 없으므로 해산되는 정당 소속 국회의원의 의원직 상실은 위헌정당해산 제도의 본질로부터 인정되는 기본적 효력이다'(헌재 2014.12.19. 2013헌다1).

2.3.3 정당의 심판해산과 정당특권

정당을 정치생활의 영역에서 강제로 축출하는 것은 자유민주주의의 헌법이념인 정치과정의 개방성에 대한 중대한 침해가 되기에, 정당의 해산은 헌정질서의 예방적 수호를 규정하는 헌법 제8조 제4항의 방어적 민주주의의 헌법원칙에 의해서만 가능하다는 점에서, 정당의 특권이 된다.

독일기본법(제21조 제2항)**의 정당특권과 정당해산결정** 독일연방헌법재판소는 정당특권에도 불구하고 총통제*Führerprinzip*에 기초한 독일사회주의국가당 SRP(*Sozialistische Reichspartei* 신나치당)는 자유민주주의에 반하는 위헌정당이라 하여 이를 해산하고(BVerfGE 5,85, 1952.10.23.) 해산정당의 재산을 국고에 귀속시켰다. 이후 제정된 독일연방선거법은 해산정당 소속의원의 의원직상실(제46조· 제47조), 위헌정당의 수괴, 배후조종자, 구성원으로 활동한 자, 원조한 자 등의 형법상 처벌(제84조 제1·2항), 본안판결 및 그 집행 중 내려진 집행조치위반자 처벌(제3항), 위헌정당이나 대체조직의 선전물 반포나 표지사용 금지(제86조, 제86조의a) 등을 규정하였다. 이후 연방헌법재판소는 마르크스-레닌주의, 사회주의혁명, 프롤레타리아 독재를 정당정책으로 한 독일공산당 KPD(*Kommunistische Partei Deutschlands*)에 대해서도 해산결정(BVerfGE 2,1(12f.) 1956.8.17.)을 행하였다.

3. 정당의 심판해산과 방어적 민주주의

3.1 위헌정당해산제도와 민주적 기본질서

정당의 심판해산은 위헌정당이 구체적으로 침해하는 민주적 기본질서를 보호하고 방어적 민주주의를 실현하기 위하여 행하는 정당의 강제 소멸이다. 강제적 정당해산은 정당 활동의 자유의 핵심이 되는 정치적 기본권의 근본적 제한이므로 헌법 제37조 제2항 비례원칙을 준수하여야 하며, 위헌정당의 목적·활동이 국가안전보장·질서유지·공공복리 등의 가치 이상의 민주적 기본질서를 실질적으로 해악을 끼칠 수 있을 정도의 구체적 위험성을 초래하여야 한다. 헌법재판소는 노농주권의 인민민주주의 체제인 북한공산정권을 지지하면서 무장세력을 조직·동원·공격하는 등으로 대한민국헌법의 정체성을 훼손하는 통합진보당을 자유민주적 기본질서에 위반하였음을 이유로 해산하였다(헌재 2014.12.19. 2013헌다1).

정당해산의 민주적 기본질서 위배와 비례성원칙 '피청구인 '주도세력은…북한과 연계되어 활동하고, 북한의 주체사상을 추종하였다. 애국가를 부정하거나 태극기도 게양하지 않는 등 대한민국의 정통성을 부정하고 있다. 북한식 사회주의 체제는 인민민주주의 독재방식과 수령론에 기초한 1인 독재를 통치의 본질로 추구하는 점에서 우리 헌법상 민주적 기본질서와 근본적으로 충돌하므로…피청구인 정당에 대한 해산결정은 민주적 기본질서에 가해지는 위험성을 실효적으로 제거하기 위한 부득이한 해법으로서 헌법 제8조 제4항에 따라 정당화되므로 비례의 원칙에 어긋나지 않는다'(헌재 2014.12.19. 2013헌다1).

3.2 위헌정당해산의 심판청구와 심판절차

3.2.1 위헌정당해산의 심판청구

정당이 민주적 기본질서에 위배되어 헌법재판소에 의하여 해산된다고 할 때의 그에 해당하는 활동은 정당의 공식강령(기본 정책), 당헌, 당수·당간부 연설, 기관지·출판물·선전자료, 당원활동의 전체적 성격으로 보아 인정된다면, 그것이 직접적·간접적·일시적이든 관계없고 위헌성 인식도 요하지 않으며 반드시 해산심판의 청구를 하여야 한다(정치적 판단 재량 아니다). 심판해산대상은 정당법상 요건을 갖추어 등록한 정당이므로 정당의 부분조직, 중앙당과 법정지구당을 창당하고 정당법에 따른 등록절차만 남겨 놓은 당조직 등은 그 대상이 되지만 등록중에 있는 창당준비위원회는 일반결사의 해산 방식으로 소멸된다.

3.2.2 위헌정당해산의 심판청구절차

정당해산심판의 청구인은 정부(정부수반인 대통령)이다(헌법 제4장, 제66조 제4항). 국가가 당사자 또는 참가인인 소송이므로 국가를 대표하는 법무부장관(국가를당사자로하는 소송에관한법률 제2조)이 심판청구서를 제출한다. 정당해산심판의 청구서에는 1. 해산을 요구하는 정당의 표시 2. 청구이유의 사항을 적어야 한다(헌법재판소법 제56조). 헌법재판소에 정당해산심판이 제소되면 심판절차가 개시되어, '헌다 정당해산심판'의 사건기록 편성으로 지체없이 청구서등본을 피청구인 정당에게 송달하여야 하며(제27조 제1항), 헌법재판소장은 그 사실을 국회·중앙선거관리위원회에 통지하여야 한다(제58조 제1항).

3.2.3 위헌정당해산의 심판절차

위헌정당해산의 심판의 절차에 있어서 그 심판의 심리는 구두변론에 의하며(제30조 제1항), 민사소송에 관한 법령규정이 준용되고(제40조), 당사자의 신청 또는 직권에 의하여 증거조사 및 피청구인의 활동을 정지하는 가처분결정(제57조)도 할 수 있다. 심판의 변론과 결정의 선고는 공개하지만 서면심리와 평의는 공개하지 아니한다(제34조 제1항). 헌법재판소는 위헌정당으로 판단하여 그 해산결정을 함에 있어서는 재판관 6인 이상의 찬성이 있어야 한다(헌법 제113조 제1항, 헌법재판소법 제23조 제2항 제1호). 결정 후에 정부는 동일한 정당을 동일한 사유로 재차 해산심판청구를 할 수 없지만(제39조), 종래의 주장과 다른 사실을 이유로 하는 청구는 할 수 있다. 결정을 선고하여 심판이 종료한 때에는 정당해산을 명하는 결정서는 피청구인(정당, 대표자) 외에 국회, 정부 및 중앙선거관리위원회에도 송달하여야 한다(제58조 제2항). 정당의 해산을 명하는 헌법재판소 결정은 중앙선거관리위원회가 정당법에 따라 집행한다(제60조). 정당의 해산공고는 정당이 자진해산의 신고가 있거나 헌법재판소의 해산결정의 통지나 중앙당 또는 그 창당준비위원회의 시·도당 창당승인의 취소통지가 있는 때에는 당해 선거관리위원회는 그 정당의 등록을 말소하고 지체 없이 그 뜻을 공고하여야 하는 것이다(정당법 제47조).

3.3 심판해산된 정당의 소속 국회의원과 재산 귀속

3.3.1 헌법재판소의 정당해산결정의 효력

정당의 목적이나 활동이 민주적 기본질서에 위배될 때에는 정부는 국무회의의 심의를 거쳐 헌법재판소에 정당해산심판을 청구할 수 있다. 정당의 해산을 명하는 결정이 선고된 때에는 그 정당은 해산된다(헌법재판소법 제55조, 제59조). 헌법재판소의 정당해산결정은 그 선고시점부터 정당이 해산되는 창설적 효력을 갖는다. 헌법규범에 따라서 정당의 해산을 명하는 헌법재판소의 결정은 법률의 규범인 정당법에 따라 중앙선거관리위원회가 집행한다(제60조), 하는 것이므로, 중앙선거관리위원회가 헌법재판소의 정당해산의 결정의 통지를 받고 행하는 정당법에 따른 당해 정당의 등록말소 및 공고행위는(정당법 제47조) 헌법규범적 결정 내용의 법률규범상의 선언적·확인적 효력을 갖는다. 정당이 헌법재판소의 결정으로 해산된 때에는 해산된 정당의 강령(또는 기본정책)과 동일하거나 유사한 것으로 정당을 창당하지 못한다. 즉 대체정당은 창당하지 못한다(제40조. 대체정당은 불법적 결사가 되어 행정처분으로 해산된다). 헌법재판소의 결정에 의하여 해산된 정당의 명칭과 같은 명칭은 정당의 명칭으로 다시 사용하지 못한다(제41조 제2항). 헌법재판소의 해산결정에 의하여 해산된 정당의 잔여재산은 국고에 귀속한다(제48조 제2항).

3.3.2 헌법재판소의 정당해산결정의 효력

헌법재판소가 위헌정당으로 판단하여 정당해산을 명함은 헌법수호의 방어적 민주주의의 관점인 것이므로, 이러한 비상상황에서 국회의원의 국민대표성은 부득이 희생될 수밖에 없으며, 해산되는 위헌정당 소속 국회의원이 의원직을 유지한다면 실질적으로는 그 정당의 계속 존속과 마찬가지의 결과를 가져와 그 실효성을 확보할 수 없게 되므로, 해산결정으로 해산되는 정당 소속 국회의원의 의원직 상실은 위헌정당해산 제도의 본질로부터 인정되는 기본적 효력이다(헌재 2014.12.19. 2013헌다1). 현행헌법과 법령에는 제3공화국헌법 제38조 같은 국회의원이 그 소속하는 정당의 심판해산시에 그 자격상실을 명시한 규정은 없으나[공직선거법 제192조 4항 '비례대표 지방의회의원은 소속정당의 합당·해산 또는 제명 외의 사유로 당적을 이탈·변경하는 때에는 지방자치법 제78조(의원의 퇴직)의 규정에도 불구하고 퇴직된다'에서의 '해산'은 자진해산이다], 국민은 국회의원선거에서 민주적 기본질서 수호의 헌법적 책무를 그가 선출한 대표자에 위임한 것이기에, 해산정당 소속의원의 자격을 상실케 하는 법률을 제정할 수 있다. 다만, 헌법재판소의 위헌정당 해산결정에 따라 해산된 정당에 소속하는 비례대표 지방의회의원은 그 위헌정당 해산결정이 선고된 때부터 그 직에서 퇴직된다(공직선거법 제192조 제4항).

3.3.3 헌법재판소의 정당해산결정의 가처분과 재심

헌법재판소는 정당해산심판의 청구를 받은 때에는 직권 또는 청구인의 신청에 의하여 종국결정의 선고 시까지 피청구인의 활동을 정지하는 결정 즉 가처분결정을 할 수 있다. 헌법재판소장은 가처분결정을 한 때 및 그 심판이 종료한 때에는 그 사실을 국회와 중앙선거관리위원회에 통지하여야 한다(헌법재판소법 제57조, 제58조). 정당해산심판절차에서는 재심 허용의 구체적 타당성의 이익이 법적 안정성의 이익보다 더 크므로 재심을 허용하여야 한다. 특히 정당해산결정은 금지적 효력을 지니므로 재판부구성의 위법 등 오류가 드러난 결정을 바로잡지 못한다면 장래 세대의 정치적 의사결정에까지 부당한 제약을 초래할 수 있다. 재심에 관한 절차는 민사소송법의 재심에 관한 규정(제451조)을 준용한다.

정당해산결정과 재심 소속 국회의원직을 상실시킨 것은 위법하다거나, 재심대상결정 중 경정대상이 아닌 내용의 경정이 위법하다는 주장은 재심대상결정이 사실을 잘못 인정하였거나 법리를 오해한 위법이 있다는 것에 불과하므로, 민사소송법 제451조 제1항(재심절차)의 어느 재심사유에도 해당하지 않는다(헌재 2016.5.26. 2015헌아20).

[三] 정치자금의 헌법제도

1. 정치자금의 헌법상 의의

1.1 정치자금의 개념과 법제

헌법 제8조제3항 후단 '국가는 법률이 정하는 바에 의하여 정당운영에 필요한 자금을 보조할 수 있다' 하는 정치자금은 제116조 제2항 '선거에 관한 경비는 법률이 정하는 경우를 제외하고는 정당 또는 후보자에게 부담시킬 수 없다' 함에서 보듯 정당운영자금과 선거경비를 요소로 하는 정치에 관한 자금을 국회의 법률로서 이를 정한다는 규정이다. 정치자금 법제도는 영·미식 선거자금 보다 독일식 정당자금 위주이며, 정당에 대한 정치자금 기부가 개체로서의 국민이 자신의 정치적 견해를 표명하는 매우 효과적 수단이며 정당을 정치적·재정적으로 국민의 동의와 지지에 의존하도록 하지만(헌재 2015.12.23. 2013헌바168), 선거로 얻은 득표수비율배분보다 국회 원내교섭단체 유무와 의석수비례의 정치자금 배분은 정당에 과도한 대표성을 주고 있다.

정치자금규제의 법제 제헌헌법의 정치자금은 선거법, 정당법 등에서 정하였지만, 제3공화국헌정 1965.2.9. 정치자금수수 양성화 목적으로 기탁금을 주로 하는 '정치자금에관한법률' 제정 후 2005.8.4. 제정된 현행 '정치자금법'에 이른다. 정당법에서는 정당의 재산 및 수입·지출 등 재정에 관한 사항은 따로 법률로 정하며(제34조), 공직선거법은 선거비용을 당해선거에서 선거운동을 위하여 소요되는 금전·물품 및 채무 그 밖에 모든 재산상의 가치가 있는 것으로서(제119조 제1항) 당해 후보자(후보자가 되려는 사람을 포함하며 대통령선거에 있어서 정당추천후보자와 비례대표국회의원선거 및 비례대표지방의회의원선거에 있어서는 그 추천정당을 포함한다)가 부담하는 비용과 후보자가 이 법에 위반되는 선거운동을 위하여 지출한 비용과 기부행위제한규정을 위반하여 지출한 비용 등외에 다음 각 호의 어느 하나에 해당되는 비용을 말한다(다음 각호는 생략). 미국은 1925년 Federal Corruption Practices Act의 지출통제, 1971년 Federal Election Campaign Act의 정치자금규제, 1974년 Presidential Campaign Fund Act의 국고지원, 정치자금지출액 제한은 미합중국수정헌법 제1조 표현의 자유 침해(Buckley v. Valeo(424 U.S. 1)) 등이 있다. 영국은 정당운영과 선거운동비용 국고보조는 없고 선거운동기간중 후보자 자신의 비용지출과 선거운동방식을 엄격하게 제한한다. 독일은 기본법 제21조에 의거, 정당에 대한 국고보조 위헌결정(1966.7.19.)으로 정당 경상활동비에 국가예산의 지속적 지원 금지, 당비납부액에 연동하는 보조금, 연방선거 참여정당에 적정선거비용 보조 위헌(1992.4.8. BVerfGE 85), 국고보조금 총액의 절대적 상한, 정당 조달 연간수입총액 초과 금지의 상대적 상한, 선거운동비용 후보자 부담원칙 등이다.

1.2 정치자금의 헌법원리

헌법 제8조 정당운영자금, 제116조 선거경비 등의 정치자금을 지배하는 헌법원리는 제1조 제2항 국민주권·민주주의 헌법이념과 대의정의 자유위임에 따르는 소액다수 및 정식성이다. 정치자금이 다액소수·은밀성에 지배되면 제공자의 이익에 기속되는 강제위임의 직접민주정에 유사한 소수자이익에 봉사하게 된다. 대의정의 헌법원리는 대표자의 정책결정권이 주권자의 권력보유권에서 독자성을 갖도록 하여 이성과 법치에 따라 국민전체의 이익에 봉사하도록 한다.

정치자금의 대의정원리와 단체의 정치자금 정치자금법 조항들 중 '단체'와 '단체와 관련된 자금'이란 그 의미가 명확하게 특정 가능하므로, 죄형법정주의의 명확성원칙에 위반된다 할 수 없다. 정치자금법 금지조항과 처벌조항은 단체의 정치자금 기부를 통하여 민주적 의사형성과정이 왜곡되거나 선거의 공정이 해하는 것을 방지하기 위한 것으로서 정치활동의 자유 등의 침해라 볼 수 없다. 처벌조항은 형의 하한이 없으므로 책임에 알맞은 형벌이 선고될 수 있다고 할 것이므로 책임과 형벌간 비례원칙에 위반되지 않는다(헌재 2012.7.26. 2009헌바298). 단체와 관련된 자금으로 정치자금 수수를 금지, 처벌하는 정치자금법을 위반하여 국내의 단체와 관련된 자금으로 정치자금을 기부받은 자 즉 '단체관련자금 기부금지조항', 공무원이 담당·처리하는 사무에 관하여 청탁하는 일과 관련하여 정치자금을 수수하는 것을 금지 및 처벌하는 법을 위반하여 공무원이 담당·처리하는 사무에 관하여 청탁하는 일과 관련하여 정치자금을 기부받은 자 부분에 대해서는 선례(헌재 2008.8.19. 2008헌바89; 2009.10.29. 2009헌바298)를 그대로 원용하여 죄형법정주의 명확성원칙에 위반되지 아니한다(헌재 2014.4.24. 2011헌바254).■

■ 건전한 상식과 통상적 법감정을 가진 수범자라면 '단체'란 '공동의 목적 내지 이해관계를 가지고 조직적인 의사형성 및 결정이 가능한 다수인의 지속성 있는 모임'이며, '단체와 관련된 자금'이란 단체의 명의로, 단체의 의사결정에 따라 기부가 가능한 자금으로서 단체의 존립과 활동의 기초를 이루는 자산은 물론, 단체가 자신의 이름을 사용하여 주도적으로 모집, 조성한 자금도 포함된다 할 것이고, 어떠한 행위가 청탁관련 기부금지조항의 구성요건에 해당되는지 여부를 충분히 파악할 수 있다.

1.3 정치자금의 법적 규제와 투명성 · 공개성

정치자금은 당비, 후원금, 기탁금, 보조금, 정당의 당헌 · 당규 등에서 정한 부대수입 그 밖에 정치활동을 위하여 정당(중앙당창당준비위원회 포함), 공직선거에 의하여 당선된 자, 공직선거의 후보자 또는 후보자가 되고자 하는 자, 후원회 · 정당의 간부 또는 유급사무직원 그 밖에 정치활동을 하는 자에게 제공되는 금전이나 유가증권 그 밖의 물건과 그 자의 정치활동에 소요되는 비용이다(정치자금법 제3조 제1호). 누구든지 이 법에 의하지 아니하고는 정치자금을 기부하거나 받을 수 없다(제2조 제1항). 국민의 의혹을 사는 일이 없도록 공명정대하게 운용되어야 하고 그 회계는 공개되어야 한다(제2조 제2항). 정치자금은 정치활동을 위하여 소요되는 경비로만 지출하여야지 사적 경비 지출이나 부정한 용도의 지출은 금지되므로(정치자금법 제2조 제3항). 정치자금법은 당비, 후원금, 기탁금, 보조금, 후원회의 모집금품 등 정치자금을 수수하는 방법을 개별 구체적으로 규정한 뒤, 이 법에 정하지 아니한 방법으로 정치자금을 주거나 받은 자를 처벌하도록 규정하고 있다(헌재 2004.6.24. 2004헌바16).

정치자금 투명화와 정치자금과 사적 경비의 사용 금지 정치자금 관련 회계, 책임자의 엄격관리 · 규제[회계책임자 선임 · 변경신고(제34조, 제35조), 회계책임자에 의한 수입 · 지출(제36조), 회계장부비치 및 기재(제37조), 정치자금 지출의 공개적 · 민주적 처리를 위한 회계처리에 관한 절차 등을 당헌 · 당규로 정하여야 하는 것(제38조), 영수증 그 밖의 증빙서류(제39조), 회계보고(제40조), 회계보고의 자체 감사(제41조), 회계보고서 등의 열람 및 사본교부(제42조), 자료제출요구 등(제43조), 회계장부 등의 인계 · 보존(제44조)], 벌칙[제8장 제45조(정치자금부정수수죄), 제46조(각종제한규정위반죄), 제47조(각종 의무규정위반죄), 제48조(감독의무해태죄 등), 제49조(선거비용관련 위반행위에 관한 벌칙), 제51조(과태료) 등], 양벌규정[정당 · 후원회 회계책임자와 회계사무보조자 또는 법인 · 단체의 임원이나 구성원이 그 업무에 관하여 제45조(정치자금부정수수죄)부터 제48조(감독의무해태죄 등)의 어느 하나에 해당하는 위반행위에는 행위자를 벌하는 외에 당해 정당이나 후원회 또는 법인 · 단체가 한 것으로 보아 그들에게도 각 해당 조 벌금형 부과(제50조)], 정치자금범죄로 인한 공직취임 · 임용불가 · 퇴직(제57조) 등이 있다. 정치자금의 조달을 정당 또는 정치인에게 맡겨 두고 아무런 규제를 하지 않는다면 정치권력과 금력의 결탁이 만연해 지고, 필연적으로 기부자의 정치적 영향력이 증대될 것이다. 금력을 가진 소수 기득권자에게 유리한 정치적 결정이 이루어진다면 민주주의의 기초라 할 수 있는 1인 1표의 기회균등원리가 심각하게 훼손될 수 있기에, 정치자금에 대한 규제는 대의제 민주주의의 필연적 귀결이다(헌재 2004.6.24. 2004헌바16). 정치자금으로서의 용도로서 그 사용이 금지되는 사적 경비는 1. 가계의 지원 · 보조 2. 개인적인 채무의 변제 또는 대여 3. 향우회 · 동창회 · 종친회, 산악회 등 동호인회, 계모임 등 개인간의 사적 모임의 회비 그 밖의 지원경비 4. 개인적인 여가 또는 취미활동에 소요되는 비용 등이다.

정치자금의 투명성과 자료열람권 정치자금법상 회계보고된 자료의 열람기간을 3월간으로 정한 열람기간제한은 국민의 정치자금 자료에 대한 자유로운 접근을 가능하게 하는 알권리를 과잉금지원칙에 위배되어 침해하는 위헌이다(동일 내용의 구 정치자금법 조항에 대해서 정치자금을 둘러싼 법률관계 분쟁의 조기 안정 등을 이유로 한 합헌의 선례(헌재 2010.12.28. 2009헌마466) 이후, 정치자금의 투명성 강화 등의 국민적 요구 및 선거관리위원회가 데이터 생성 · 저장 · 유통기술 발전을 이용해 업무부담을 줄일 수 있다는 점, 정치자금의 수입과 지출명세서 등에 대한 사본교부 신청이 허용되어도 검증자료에 해당하는 영수증, 예금통장을 직접 열람함으로써 정치자금 수입 · 지출의 문제점을 발견할 수 있도록 접근을 보장하며, 공직선거법상 선거범죄에 '당해 선거일 후 6개월'의 단기 공소시효의 특칙을 규정하는 반면 정치자금법 위반행위에는 공직선거법 같은 단기 공소시효의 특칙을 두지 않아서, 정치자금을 둘러싼 분쟁 등을 조기에 안정시킬 필요성을 인정하더라도 열람기간이 공직선거법상의 단기 공소시효조차 완성되지 아니한, 공고일부터 3개월 후에 만료된다는 점에서 국민들의 정보에 대한 접근을 본질적으로 침해할 정도로 지나치게 짧게 설정되어 있다)(헌재 2021.5.27. 2018헌마1168).

2. 정치자금으로서 당비, 후원금

2.1 정치자금인 당비

당비는 명목 여하에 불구하고 정당의 당헌 · 당규 등에 의하여 정당의 당원이 부담하는 금전이나 유가증권 그 밖의 물건이다(정치자금법 제3조 제3호). 정당은 당비납부의무 불이행 당원의 권리행사 제한, 제명 및 당원자격 정지 등 당비납부제도 등에 관하여 필요한 사항은 당헌으로 정하여 운영하여야 하나(정당법 제31조), 공직자 · 교원 등의 당원자격 제한(제22조) 등으로 당비납부실적은 미미하다.

당비 정치자금법은 당원이 소속 정당에 당비를 납부하거나 당헌·당규로 정하는 특별당비 납부에 아무런 제한을 두지 않고, 당비의 상한이나 납부기간의 제한도 없어서 당원은 선거기간 중이라도 소속 정당에 당비 또는 특별당비를 낼 수 있다. 다만 그 경우 정당의 회계책임자는 정치자금법에 따라 회계처리를 하고 영수증을 발급하여야 한다(헌재 2011.4.28. 2010헌바473).

2.2 정치자금인 후원금

후원금은 정치자금법 규정에 의하여 후원회에 기부하는 금전이나 유가증권 그 밖의 물건이다(정치자금법 제3조 제4호). 후원금·후원회제도 자체가 광역자치단체장의 직무수행의 염결성을 저해하는 것으로 볼 수는 없지만, 정치자금에 관련한 부정은 역사적·경험적으로 주로 특정 정치인 등에 대한 정치자금 기부과정에서 발생하였기에, 정치인에 직접 정치자금 무상대여를 허용할 경우 후원금에 대한 각종 법적 규제를 우회·잠탈할 여지가 커지면서 대의민주주의가 제대로 기능하도록 하려는 목적의 정치자금법 취지가 몰각될 가능성이 높아지게 되기에 정치자금법은 후원회, 후원금 제도를 엄격하게 규제한다. 정치인에 직접 정치자금을 기부한 경우 해당 후원회가 기부받은 것으로 의제하면서도 직접 정치자금을 무상대여한 경우의 처벌은 합헌이라는 것이 그것이다(헌재 2016.9.29. 2015헌바228). 다만, 군소정당이나 신생정당, 무소속 예비후보자의 경우에는 선거비용의 보전을 받기 어려운 경우가 많은 현실을 고려할 때 후원회 제도를 활용하여 선거자금을 마련할 필요성이 절실하기에 이를 심히 제한하는 것은 다양한 신진 정치세력의 진입을 막고 자유로운 경쟁을 통한 정치 발전을 가로막을 우려가 있으며(헌재 2019.12.27. 2018헌마301), 정치인의 직무수행의 염결성은 정치자금법이 정치적 영향력을 부당하게 행사하는 통로로 악용될 소지를 차단하도록 하는 후원금·후원회제도의 투명한 운영으로 확보될 수 있다.

후원금제도와 평등권 특별시장·광역시장·특별자치시장·도지사·특별자치도지사('광역자치단체장') 선거의 예비후보자를 후원회지정권자에서 제외하고('광역자치단체장선거의 예비후보자에 관한 부분'), **정치자금법은 평등권을 침해하여, 헌법에 합치되지 아니한다**(헌법불합치. 위 법률조항은 2021. 12. 31.을 시한으로 입법자가 개정할 때까지 계속 적용된다)(선거비용제한액 및 실제 지출액, 후원회 모금한도 등을 고려해 볼 때, 광역자치단체장선거의 경우 국회의원선거보다 지출하는 선거비용의 규모가 크고, 대통령선거의 예비후보자와 국회의원선거의 예비후보자는 후보자로 등록하기 이전이라도 후원회를 구성하여 후원금 모금이 가능한 반면에 광역자치단체장선거의 경우 후보자가 후원금을 모금할 수 있는 기간이 20일 미만으로 제한되고 있다. 정치자금법이 후원회지정권자의 범위를 지속적으로 확대하여 왔음에도 국회의원선거의 예비후보자 및 그 예비후보자에게 후원금을 기부하고자 하는 자와 광역자치단체장선거의 예비후보자 및 이들 예비후보자에게 후원금을 기부하고자 하는 자를 계속하여 달리 취급하는 것은, 불합리한 차별에 해당하고 입법재량을 현저히 남용하거나 한계를 일탈하여 평등권을 침해하는 것이다. 다만 단순위헌결정을 하여 당장 그 효력을 상실시킬 경우 지방자치단체의 장 선거의 후보자 역시 후원회를 지정할 수 있는 근거규정이 없어지게 되어 법적 공백상태가 발생하는 점 등에 비추어 계속 적용하기로 하는 내용의 헌법불합치결정을 하기로 한다)(헌재 2019.12.27. 2018헌마301). **선거예비후보자의 후원회지정권자에서 제외**('자치구의회의원선거의 예비후보자에 관한 부분') **자치구 지역구의회의원**('자치구의회의원') **선거의 예비후보자를 후원회지정권자에서 제외**('자치구의회의원선거의 예비후보자에 관한 부분') **등은 기각한다**(인용의견 5인, 기각의견 4인으로 나뉘어 헌법과 헌법재판소법에서 정한 인용의견을 위한 정족수 6인에 이르지 못하여 기각하였다). **기각의견**(자치구의회의원은 대통령, 국회의원과는 그 지위나 성격, 기능, 활동범위, 정치적 역할 등에서 본질적으로 다르다. 자치구의회의원의 활동범위는 해당 자치구의 지역 사무에 국한되고, 그 수행하는 정치활동의 질과 양에서 국회의원과 자치구의회의원 사이에는 근본적인 차이가 있으며, 그에 수반하여 정치자금을 필요로 하는 정도나 소요자금의 양에서도 현격한 차이가 있을 수밖에 없다. 이러한 차이를 후원회를 둘 수 있는 자의 범위와 관련하여 입법에 어느 정도 반영할 것인가 하는 문제 및 그에 관한 규제의 정도와 내용은 입법자가 결정할 국가의 입법정책에 관한 사항으로서 입법재량 내지 형성의 자유가 인정되는 영역이다. 후원회를 통한 정치자금의 조달을 허용하는 대통령선거의 예비후보자나 국회의원선거의 예비후보자와 달리 자치구의회의원선거의 예비후보자에게 이를 불허하는 것에는 합리적인 이유가 있고, 이를 두고 입법재량을 현저히 남용하거나 한계를 일탈한 것이라고 보기는 어렵고, 따라서 평등권을 침해하지 않는다). **인용의견**(자치구의회의원선거의 경우에도 선거를 위해 선거사무소 설치, 기탁금 납부, 향후 선거 홍보 비용 지출 등을 위한 선거자금이 필요한 것은 마찬가지이다. 그럼에도 자치구의회의원선거의 후보자에 대하여 후원금을 모금할 수 있는 기회를 원천적으로 봉쇄하고 있는 것은 지나치게 가혹하다. 이를 달리 취급함은, 불합리한 차별에 해당하고 입법재량을 현저히 남용하거나 한계를 일탈한 것이다. 따라서 이 조항 중 자치구의회의원선거의 예비후보자에 관한 부분은 평등권을 침해한다).

2.3 후원회

후원회는 정치자금법 규정에 의하여 정치자금기부를 목적으로 설립·운영되는 단체로서 관할 선거관리위원회에 등록된 단체이다(제7호). 후원회를 둘 수 있는 자의 범위 등은 국가의 입법정책에 관한 사항으로서 광범위한 입법재량 내지 형성의 자유가 인정된다(헌재 2016.9.29. 2015헌바228). 다만, 정당에 직접 후원금을 기부하는 제도 금지(1965년부터 2006.3.12.까지 존재, 2006.3.13. 폐지)의 헌법불합치 결정(헌재 2015.12.23. 2013헌바168)은 후원회 제도와 같이,

국민의 민주주의적 공론에 맡겨야 할 입법정책적 사항으로 보아야 한다.

후원금 · 후원회 결정 국회의원이나 국회의원입후보등록자에 개인후원회를 허용하면서 시 · 도의원에는 금지해도 합리적 이유가 있는 차별이며(헌재 2000.6.1. 99헌마576), 개인후원회를 둘 수 있는 자의 범위를 국회의원 또는 국회의원입후보등록 한 자로 한정은 합헌이나(헌재 2001.10.25. 2000헌바5)(헌법재판소가 정당후원회 제도만 먼저 부활시키려는 것은 지구당제도, 당원협의회 사무소 설치, 국고보조금 및 기탁금제도 개선 등과 전체적으로 연동하여 함께 입법정책적으로 결단할 문제이므로, 헌법재판의 기능적 한계에 반한다는 반대의견이 있다)(헌재 2015.12.23. 2013헌바168), 후원회를 통한 정치자금조달을 허용하는 대통령선거 및 국회의원선거의 예비후보자와 달리 기초자치단체장선거 예비후보자에게는 불허하고 위반시 형사처벌로 달리 취급에 합리적 이유가 있어 평등권 침해가 아니다(헌재 2016.9.29. 2015헌바228).

3. 정치자금으로서 기탁금, 국고보조금

3.1 정치자금인 기탁금

정치자금으로서 기부는 정치활동을 위하여 개인 또는 후원회 그 밖의 자가 정치자금을 제공하는 일체의 행위이다(정치자금법 제3조 제1호). 기탁금은 정치자금을 정당에 기부하고자 하는 개인이 정치자금법 규정에 의하여 선거관리위원회에 기탁하는 금전이나 유가증권 그 밖의 물건이다(제3조 제5호). 기부자가 특정정당을 지정하거나 기탁금 배분비율을 지정할 수 있는 지정기탁금 제도는 집권당에 편중되어 기탁자의 정치적 표현권 제약에도 불구하고 복수정당제(헌법 제8조 제1항) 저해 등의 이유로 폐지되었다. 일반기탁금제도는 일정액을 기탁하면 중앙선거관리위원회가 국고보조금 배분비율에 따라 각 정당에 배분 · 지급하여 정치 · 정당발전기금의 성격이 있다.

기탁금 외국인, 국내 · 외의 법인 또는 단체는 정치자금을 기부할 수 없으며 누구든지 국내 · 외의 법인 또는 단체와 관련된 자금으로 정치자금을 기부할 수 없다(제31조). 국회의원후보자의 개인기부행위는 금지된다(헌재 2001.8.30. 99헌바92). 제3자가 정치활동을 하는 자의 정치활동에 소요되는 비용을 부담하거나 지출하는 경우와 금품이나 시설의 무상대여, 채무의 면제 · 경감 그 밖의 이익을 제공하는 행위 등은 이를 기부로 본다(정치자금법 제3조 제2호). 기탁금을 기탁하고자 하는 개인(당원이 될 수 없는 공무원과 사립학교 교원을 포함한다)은 각급 선거관리위원회(읍 · 면 · 동선거관리위원회를 제외한다)에 기탁하여야 한다(제22조 제1항). 중앙선거관리위원회는 기탁금 모금에 직접 소요된 경비를 공제하고 지급 당시 보조금배분 규정의 국고보조금 배분율에 따라 배분 · 지급한다(제23조 제1항).

3.2 정치자금인 국고보조금

국고보조금은 정당에 금전이나 유가증권으로 지급하는 보조금이다(정치자금법 제3조 제6호). 제5공화국헌법 제7조 제3항에 따른 제3차정치자금법개정에서(1980. 12.31.) 도입되었다. 정당의 공적 기능을 감안하여 정당의 정치자금 조달을 보완하는 정당의 보호 · 육성을 위한 자금이다. 다만 그에 소요되는 경비 외에는 사용할 수 없게 사용처 및 용도에 명확하게 한정하고(제28조), 절대적 · 상대적 상한제 등 정치적 참여에 연계시킨다. 정당에 대한 과도한 국고보조는 자발적 정치조직인 정당의 국민의존성을 떨어뜨리고 정당간 자유로운 경쟁을 저해할 수 있기 때문이다(헌재 2015.12.23. 2013헌바168).

국고보조금 국고보조금은 정당의 운영에 소요되는 경비로서 1. 인건비 2. 사무용 비품 및 소모품비 3. 사무소 설치 · 운영비 4. 공공요금 5. 정책개발비 6. 당원 교육훈련비 7. 조직활동비 8. 선전비 9. 선거관계비용 등에 해당하는 경비외에는 사용할 수 없다(정치자금법 제28조 제1항). 국가는 정당에 대한 보조금으로 최근 실시한 임기만료에 의한 국회의원선거의 선거권자 총수에 보조금 계상단가를 곱한 금액을 매년 예산에 계상하여야 한다(제25조 제1 · 3항). 경상보조금은 매년 분기별 균등분할로 정당에 지급하고, 선거보조금은 당해 선거 후보자등록마감일 후 2일 이내에 정당에 지급하며 대통령선거, 임기만료에 의한 국회의원선거 또는 공직선거법 제203조(동시선거의 범위와 선거일) 제1항의 규정에 의한 동시지방선거가 있는 연도에는 각 선거(동시지방선거는 하나의 선거로 본다)마다 보조금 계상단가를 추가한 금액을 제1항의 기준에 의하여 예산에 계상하여야 한다(제25조 제2 · 3항). 국고보조금에는 여성추천보조금(제26조 제2항), 장애인추천보조금(제26조의2 제1항) 등도 있다.

국고보조금 배분 경상보조금과 선거보조금은 지급 당시 국회법 제33조 제1항 본문 규정에 의하여 동일 정당 소속의원으로 교섭단체를 구성한 정당에 그 100분의 50을 정당별 균등분할 배분 · 지급하여(제27조 제1항 기본비율, 의석비율, 득표비율 등 배분순서는 제2항 이하), 정당을 국가기관에 준하는 효과를 주는 바(헌재 1997.5.29. 96헌마85)(국회 교섭단체를 구성하지 못한 정당 중 5석 이상의 의석을 가진 정당에는 100분의 5씩, 의석이 없거나 5석 미만의 의석을 가진 정당에는 득표수비율에 따라 100분의 2씩을 배분 · 지급하며, 잔여분중 100분의 50은 지급 당시 국회의석을 가진 정당에 그 의석수 비율에 따라 배분 · 지급하고, 그 잔여분은 국회의원선거의 득표수비율에 따라 배분 · 지급한다), 반면 국회에 의석이 없는 군소 정당이나 신생정당의 경우에는 당비 외에는 재정을 충당할 수 있는 방법이 거의 없으며, 양대정당이 국고보조금에 의존하게 되어 국민과의 거리가 멀어지게 될 우려도 존재한다(헌재 2015.12.23. 2013헌바168).

3.3 중앙선거관리위원회와 정치자금

중앙선거관리위원회가 독립헌법기관으로서(헌법 제7장 제114조~제116조) 갖는 정치자금규제권은 정치자금에 대해서 집행권 및 준사법적 기능의 조사권에 의하여 정치자금이 정당 등에 대한 기부금품이 아니라 국민이 국민주권주의의 주체로서 선거가 민주주의의 꽃이 되도록 선거의 엄정중립한 집행을 가능케 하는 물적 제도로서 기능케 한다. 중앙선관위의 정치자금규제권 관련 규정은 정치자금범죄 신고자 보호(공직선거법 제53조), 포상금지급(제54조), 후보자의 반환기탁금, 보전비용처리(제58조), 면세(제59조), 정치자금의 기부등 촉진(제60조), 정치자금모금을 위한 방송광고(제61조), 기부금품 모집, 사용에 관한 법률의 적용배제(제62조) 등이다. 특히 중앙선거관리위원회는 정치자금범죄에 대한 준사법적 조사권에 의해서(제52조) 범죄혐의가 있다고 인정되거나 현행범의 신고를 받은 경우에는 그 장소에 출입하여 질문 · 조사하거나 관계 서류 그 밖에 조사에 필요한 자료의 제출을 요구할 수 있고, 금융기관의 장에게 금융거래자료의 제출을 요구할 수 있고 당해 금융기관의 장은 거부할 수 없으며, 공직선거법상 범죄에 사용된 증거물품으로서 증거인멸의 우려가 있다고 인정되는 경우에 현장에서 이를 수거할 수 있고, 선거관리위원회에 출석할 것을 요구할 수 있고 범죄혐의에 대하여 명백한 증거가 있는 때에는 동행을 요구할 수 있으며, 관계인에게 그 신분을 표시하는 증표를 제시하고 소속과 성명을 밝히고 그 목적과 이유를 설명하여야 하도록 하며 또한 피고인출정(제55조) 및 기소 · 판결통지(제56조), 비밀엄수의무(제63조) 등을 규정하고 있다.

Ⅲ. 사회의 헌법제도

[一] 사회제도의 헌법적 보장

제도*institution*는 구성원들의 상호작용을 조직화 체계화하는 현실이다. 사회의 헌법제도는 자유민주주의·시장경제질서·입헌법치주의 헌법이념의 국가의 권력제도인 권력분립, 정부형태, 공직제도와 또한 국가의 정치제도인 선거, 정당, 정치자금 외에 시민·사회제도·지방자치와 분권 등의 영역에도 헌법이념과 원리 및 기본권적 가치가 헌법제도로서 적용되도록 하는 제도이다. 제도에서도 사회 각 개인의 행동에 영향을 미치는 풍습·전통, 관습·관행, 사상·이념·가치관, 문화·역사관 등의 비공식 제도가 있는데, 헌법제도로서의 사회제도는 공동체에서 역사적·전통적으로 형성된 전형적인 정치·경제·사회 질서 등이 법률·명령·규칙·조례 등으로 구현된 규범복합체(Normen komplexe) 중에서도 특히 헌법상 보장되는 제도만을 의미한다. 이로써 헌법이념과 원리를 실천하고 민주공화국을 형성하여 국헌학을 성립케 한다.

[二] 청 원 권

1. 청원권의 본질

1.1 청원권의 의의

헌법 제26조 '① 모든 국민은 법률이 정하는 바에 의하여 국가기관에 문서로 청원할 권리를 가진다. ② 국가는 청원에 대하여 심사할 의무를 진다' 하는 청원권은 국민이 국가기관에 어떤 사항에 관한 의견이나 희망을 진술할 기본권이다(헌재 1997.7.16. 93헌마239). 국민의 청원권은 청원을 수리한 국가기관에게는 청원을 심사하여야 할 의무, 청원법과 국회법은 청원의 처리결과를 통지하여야 할 의무를 규정하는데, 청원에 대한 심사·통지의무는 재판청구권 기타 준사법적 구제청구와 성질을 달리하므로, 이러한 의무는 청원을 수리한 국가기관이 성실, 공정, 신속히 심사·처리하여 그 결과를 청원인에게 통지하는 이상의 의무를 요구하는 것은 아니다. 청원은 언론·집회 형태의 직접참여권능*empowerment*으로서 13~17세기 영국 민주정의 요소를 시민에게 부여하고[3] 자유위임(무기속위임 헌법 제45조)의 대의정에 보통선거권, 집회·결사의 자유, 민주적 정당제도 등과 함께 자기통치(self-gove rnment)의 직접민주정적 기능을 준다.[4] 청원권은 재판청구권 같이 사법적 권리구제 기능은 없지만, 국민 누구나 소의 이익 등 소송요건 없이도 해당 청원사항에 대한 국가기관의 행위를 촉구할 수 있는(대법원 1990.5.25. 90누1458) 민중적 권리구제제도다(헌재 1994.2.24. 93헌마213등). 청원법상 청원권은 국가기관이 청원을 수리·심사하여 청원자에게 처리결과를 통지할 것을 요구할 수 있다. 청원권의 연혁으로서, 청원권은 제헌헌법(1948.7.17. 제21조)에서 '모든 국민은 국가 각 기관에 대하여 문서로써 청원을 할 권리가 있다'(제5차개정헌법 1962.12.26. 제23조에서 '법률이 정하는 바에 의하여'를 붙였다) 한 이후 현행헌법에 이르기까지 '문서로' 청원할 권리만 인정한다. 이는 미합중국수정헌법 제1조 청원조항*Petition Clause*이 구두의 청원권을 원칙으로 하는 것(Congress Shall make no law abridging the right of the people to petition the Government for a redress of grievance)과 차이를 갖는다. 미합중국헌법의 청원권 영역으로는 광의로는 쟁점공표·주의·주장의 지지획득을 위한 집단행동demonstrations, 주 의사당에로의 행진(Anita Hodgkiss, ibid., 569, 572 (1987)), sit ins, silent protests(NAACP v. Button, 371 U.S. 415, 430 (1963)), 정치적 보이콧(NAACP v. Claiborne Hardware Co., 458 U.S. 866, 913 (1982)) 등을 포함한다. 예를 들어 투표행위는 특정후보자에 대한 관직에의 청원이라고도 보는 것이다(Adderley v. Florida, 385 U.S. 39, 48 (1966)(Douglas, J., dissenting): United Mine Workers v. Illinois State Bar Ass'n 389 U.S. 217 (1967)).

1.2 청원권의 성격 · 효력

청원권은 국민의 청원에 대한 국가기관의 답변행위를 의무지우는 청구권적 기본권이다(헌재 1997.7.16. 93헌마239). 또한 '누구든지 청원하였다는 이유로 차별대우를 받거나 불이익을 강요당하지 아니한다'(청원법 제12조) 및 그 위반시 처벌 등은 청원권의 부작위청구권이라는 자유권적 기본권의 성격이며, 청원권은 이 자유권적 성격에 의하여 민주주의를 형성하는 객관적 법질서를 구성한다. 청원권은 정치적 의사결정권을 부여하지는 않기에, 참정권은 아니지만, 실질적 국민주권의 실현 기능을 갖는다. 즉 청원은 정치참여의 한 방식으로서,[5] 의회에 고충구제를 요청하는 시민들을 보호하고 청원으로 시민과 의사소통을 고려할 국가적 책무를 부과한다.[6] 청원권은 국가에 대해서만 청구할 수 있는 개인의 주관적 공권으로서 국가를 직접 구속하는 대국가적 효력만 지닌다. 청원권의 객관적 법질서인 성격도 이 효력을 강화하여 줄 뿐 사법관계에 간접적용되어 대사인적 효력을 인정하는 근거로서는 기능하지 않는다. 국회의원의 소개와 청원서제출에 대해서, 국회에 청원을 하고자 하는 자는 의원의 소개를 얻어 청원서를 제출하여야 하는바(국회법, 국회청원심사규칙 제2조), 이는 무책임한 청원서의 제출과 남용을 예방하여 청원심사의 실효성을 확보하려는 것이다. 청원은 일반의안과 같은 심사절차를 거치므로 청원서 제출단계에서부터 의원의 관여가 필요하며, 의회가 모든 민원을 청원으로 접수한 후 예비심사제도를 통해 무의미한 청원을 선별해 낸 후 심사하는 방식도 가능하겠으나, 입법자는 청원권의 구체적 입법형성에 있어 광범위한 재량권을 가지고 있으므로 청원 심사의 실효성을 확보하기 위한 적절한 수단을 선택할 수 있어, 의원의 소개를 얻지 못한 민원들을 진정으로 접수하여 처리하고 청원 소개의원은 1인으로 족한 점 등을 감안할 때, 입법형성의 재량의 범위를 넘어 청원권을 침해하였다고 볼 수 없다(헌재 2012.11.29. 2012헌마330; 2006.6.29. 2005헌마604).

1.3 청원권의 주체

청원권의 주체는 내국자연인은 물론 외국인 · 무국적자 · 다국적자 · 법인 · 단체 등을 포함한다. 공무원 · 군인 · 수형자(수형자가 처우에 불복할 때 법무부장관 또는 순회점검공무원에게 청원할 수 있다(행형법 제6조). 헌재 2001.11.29. 99헌마713) 등 특수신분자에게도 인정된다. 직무관련 청원은 그가 속한 관서의 직무비리에 관련한 내용일 때에는 부패방지를 위한 내부고발의 기능을 지닌다. 공법인은 원칙상 그 주체가 되기는 어렵다. 다만, 국가나 다른 국가기관에 대한 구성원들의 집단적 의사표시를 행하는 의미에서 당해 기관의 설립 등을 정한 법률에 반하지 않는 한 이를 전혀 부인하기만 하기는 어렵다.

2. 청원권의 규범영역

2.1 청원권과 구체화적 · 형성적 법률유보

청원권은 '법률이 정하는 바에 의하여' 그 구체적인 규범영역이 정해지는 구체화적 · 형성적 법률유보에 따르는 헌법상 권리이다. 청원권의 규범영역을 정하는 입법자의 입법형성권에 대해서는 폭넓은 입법의 재량권이 인정되며(헌재 1999.11.25. 97헌마54), 청원법은 이를 규정한다.

> **청원권과 입법재량** 서신을 통한 수용자의 청원에 대한 검열은 합헌이다(헌법상 청원권이 보장되어도 구체적 내용은 입법활동에 의하여 형성되며 입법형성에는 폭넓은 재량권이 있으므로 입법자는 수용 목적 달성을 저해하지 않는 범위 내에서 교도소 수용자에 청원권을 보장하는 합리적 수단을 선택할 수 있기에, 서신을 통한 수용자의 청원을 아무런 제한 없이 허용한다면 수용자가 악용하여 검열 없이 외부에 서신을 발송하는 탈법수단으로 이용할 수 있어, 이에 대한 검열은 수용 목적 달성을 위한 불가피한 것으로서 청원권의 본질적 내용을 침해한다 할 수 없다)(헌재 2001.11.29. 99헌마713).

2.2 청원권의 대상

청원권의 행사대상이 되는 기관은 국가기관 및 지방자치단체와 행정권한을 위임 또는 위탁받은 법인・단체 또는 개인 등이다(청원법 제3조). 대통령, 국무총리, 행정각부의 장 등의 행정관서는 물론 국회에 대한 청원도 가능하다(국회법 제9장 제123조~제126조). 청원권의 대상은 청원법이 예시적 열거사항으로서 피해구제, 공무원에 대한 일정 조치의 요구(비위시정・징계・처벌 등), 법규범통제(법률・명령・규칙의 제정・개정・폐지 헌재 2001.7.19. 2000헌마703), 제도운영(공공제도나 시설의 운영 기타 공공기관권한사항 등) 등 및 국가기관의 권한에 속하는 거의 모든 사항을 포함한다(청원법 제4조 제5호). 공무원파면청원권에 대해서, 제헌헌법 제27조 제1항은 청원권의 헌법규정에서, '국민은 불법행위를 한 공무원의 파면을 청원할 권리가 있다' 하여 공무원은 주권자인 국민의 수임자로서 국민에 대하여 책임을 지도록 하는 것을 인정하였다. 다만 제3공화국헌법에서 공무원파면청원권은 삭제되었고 헌법 제23조 청원권으로 정리되었다. 또한 제2항에서는 국가배상청구권을 청원권과 함께 국가에 대한 책임을 인정하는 규정으로서 두었지만 이후 제26조에 별개로 규정되었다. 국회, 법원, 지방의회 등에 대한 청원에 대하여, 국회에 대한 청원의 불수리사항 통지(제5조) 등에 이의신청을 할 수 있다(제6조). 소관위원회에서 심사하며 위원회는 청원심사를 전담할 소위원회를 둔다(제8조). 청원취지가 달성되거나 실현불능이거나 타당성이 결여된 경우 등에는 본회의에 부의하지 않는다(제12조 제1항). 정부에서 처리함이 적당하다고 인정되는 청원은 의견서를 첨부하여 정부에 이송하며 이송을 받은 정부는 청원을 처리하고 그 처리결과를 지체없이 국회에 보고하여야 한다(제124조). 법원 등에 대한 청원도 다른 법률에 특별한 규정이 없는 한 청원법에 의한다(청원법 제2조). 지방의회, 지방자치단체의 장에 대한 청원도 같고, 다만 지방자치법에 별도로 규정되어 있다(지방자치법 제5장 제8절 제73조~제76조).

2.3 청원권의 효과

국민이 국가기관에 장래에 대한 희망과 과거 행위에 대한 구제 요구를 문서로 청원하면(헌법 제26조 제1항), 국가는 이를 심사할 의무를 진다(제2항). 적법한 청원에 대하여 국가기관이 이를 수리・심사하여 그 결과를 청원인에게 통보하였다면 이로써 당해 국가기관은 헌법 및 청원법상 의무이행을 다한 것이다(헌재 1994.2.24. 93헌마213등). 청원인에 대한 통보 자체가 청구인의 권리의무나 법률관계에 직접 어떠한 영향을 주는 것은 아니다. 통보내용이 청원인이 기대하는 바에는 미치지 못한다 해도 그 통보조치가 헌법소원의 대상이 되는 구체적인 공권력의 행사 내지 불행사라 볼 수는 없기에 그 헌법소원은 인정되지 않는다(헌재 2000.10.25. 99헌마458; 2001.7.19. 2000헌마703). 청원소관 관서(官署, 국가 또는 공공단체의 기관을 말한다. 청원법 제3조 제1호)는 청원의 심사처리 및 통지의무가 있다. 관서는 청원법의 절차와 범위 내에서 청원사항을 성실・공정・신속히 심사하고, 청원인에게 청원을 어떻게 처리하였거나 처리하려 하는지를 알 수 있을 정도로 결과를 통지하여야 한다(헌재 1994.2.24. 93헌마213등). 다만 청원사항 처리결과에 심판서나 재결서에 준한 그 이유명시까지의 요구는 포함하지 아니한다(대법원 1990.5.25. 90누1458).

청원권과 입법재량 청구인이 '1981년법원해직공무원의보상에관한특별조치법제정입법청원'을 국회에 제출하자, 국회의장은 이를 수리하여 법제사법위원회에서 심사하도록 회부하여 청구인에 통지하였고, 청구인이 청원심사를 촉구하는 취지의 진정을 국회에 제출하자 국회의장은 이를 위 위원회에 회부하고 청구인에 통지하여 현재 심사중인 사실을 알 수 있는바, 그렇다면 청원 후 3년이 지난 지금까지 청구인의 청원대로 입법이 이루어지지 않고 있다 하여 그 점만으로 국회가 청구인의 청원에 대한 심사의무를 해태하였다고는 할 수 없고, 달리 공권력의 불행사로 인하여 청구인의 기본권이 침해되었음을 인정할 자료도 없으므로 청구인의 이 부분에 대한 헌법소원심판청구는 그 이유가 없다(헌재 2000.6.1. 2000헌마18).

3. 청원권의 제한 · 보호

3.1 청원권의 법률유보에 의한 제한

청원권은 일반적 법률유보에 따라(제37조 제2항), 국가안전보장 · 질서유지 · 공공복리의 목적을 위하여 필요한 경우에 제한되어서 목적의 정당성, 방법의 적절성, 피해의 최소성, 법익의 균형성 등 비례성원칙에 합치되어야 하며 그 본질적 내용은 침해할 수 없다. 국가기관에 대한 청원 내용이 담긴 교도소수용자의 서신에 대한 검열은 청원권의 본질적 내용을 침해하는 것이 아니다(헌재 2001.11.29. 99헌마713).

3.2 청원권의 청원법상 제한

청원법은 재판간섭이나 국가기관모독(재판에 간섭하거나 국가기관을 모독하는 내용으로 국회에 제출된 청원은 접수하지 않는다(국회법 제123조 제3항)), 타인모해목적 허위사실적시, 이중청원(동일 내용을 동일기관에 두 개 이상 또는 두 개 기관 이상에 제출) 등을 금지한다(제5조, 제8조, 제11조, 제12조 등). 국회, 지방의회에 대한 청원은 국회의원, 지방의회의원의 소개를 요하는 절차적 제한(국회법 제123조 제1항, 지방자치법 제73조 등) 등이 있다(헌재 1999.11.25. 97헌마54).

3.3 청원권의 보호

국가기관이 적법한 청원을 수리 · 심사하여 그 처리결과를 청원인 등에게 통지하였다면 당해 국가기관은 헌법 및 청원법상 의무이행을 필한 것이다. 비록 처리내용이 청원인 등이 기대한 바에 미치지 않더라도 헌법소원 대상이 되는 공권력의 행사 내지 불행사가 되는 것은 아니다(헌재 2001.7.19. 2000헌마703). 국가기관이 수리한 청원을 받아들여 구체적 조치를 취할 것인지 여부는 자유재량에 속하는 것이며 이로써 청원자의 권리의무 그 밖의 법률관계에 하등의 영향을 미치는 것이 아니므로 청원에 대한 심사처리결과의 통지 유무는 행정소송의 대상이 되는 행정처분이라 할 수 없다(대법원 1990.5.25. 90누1458). 청원권을 통한 구제가 국무총리 소속 국민권익위원회, 국회 소속 입법청원위원회 또는 입법론적으로 제기되는 독립 옴부즈만*Ombudsman*으로서 프랑스의 médiateur, 직접 당해 행정기관에 대한 정보청구와 조사권을 행할 수 있는 독일의 의회 청원위원회 등의 문서열람요구 등 조사권을 통하여 합목적적 해결이 이루어질 수 있다 해도, 이는 시정권고기능 이상의 강제집행권이 미진할 수밖에 없다는 점이 비정식적 권리구제제도로서의 청원권의 특성이다.

[三] 사회제도의 제도적 보장

사회제도의 제도적 보장은 기본권보장과 관련하여 그 내용을 기술한다. 기본권보장은 국민 개개인의 자유의 보장을 직접 목적으로 개인에게 주관적 권리를 헌법상 청구권으로서 부여하는 입헌주의적 보장이다. 제도적 보장은 역사적 · 전통적으로 형성된 공동체의 전형적 제도를 헌법에 규정하여 그 본질과 존속을 보장한다. 제도화된 권력 · 정치 · 경제 · 사회 등의 질서를 헌법에서 창설적으로 보장하는 것이다.[7] 독일의 마틴 볼프(Martin Wolff 1872.9.26.~1953.7.20.)가 바이마르공화국헌법 제153조의 재산권보장에 관하여 처음으로 사용한 제도보장관념은(Internationales Privatrecht, 1933), 카를 슈미트(C.Schmitt, Verfassungsrehre, 3.Aufl. Neudruck 1957, S.170ff.)에 의하여 '자유Freiheit는 제도Institution, Institut가 아니다' 하면서 헌법에 규정되어도 자유의 보장보다 공법상 제도나 전형적·전통적 사법상 제도의 헌법적 보장을 각각 제도적 보장institutionelle Garantie, 제도보장Institutsgarantie 등으로 발전되어 제도보장Einrichtungsgarantie으로 총칭한다. 헌법상 제도적 보장은 헌법에 규정되어서 보장되는 당해 제도의 존속은 물론 장래의 발전·형성의 기준·범위에 관하여 국회의 입법형성권을 기속한다. 제도는 비공식제도인 관행·인습·문화·생활규칙 등이 아닌 법률·명령·규칙 등의 규범복합체Normenkomplexe 등을 말한다. 카를 슈미트C.Schmitt는 제도적 보장의 본질이 제도의 헌법률적 보장에 있다 한다. 제도적 보장은 '제도 자체의 폐지는 금지된다' 하는 제도 자체의 최소보장이 목적이고, 제도보장이 주관적 권리와 결부된 경우라도 그 권리는 기본권이 아니라 제도적 보장에 예속된 반사적 권리에 그친다는 것이다. 공동체에서의 권력의 배분의 원칙인 분할원리에 따라서 '기본권은 무제한 보장되며 국가권력은 제한된다는 원칙'에 따라서 그 최대한의 보장을 목적으로 하는 기본권보장과 다르다. 공법적 제도보장은 바이마르헌법의 지방자치제도, 직업공무원제도, 대학자치제도, 법관독립, 예외법원의 금지, 공법인인 종교단체, 신학대학제도, 사법적 제도보장은 사유재산제도, 상속제도, 혼인제도 등이다. 한국의 제도보장에 대해서, 기본권 보장은 헌법에 명시되지 않아도 경시되지 아니하고(제37조 제1항), 개인에 고유한 천부인권은 헌법이 확인한 것인 점(제10조 2문) 등에서 헌법에서 창설적으로 보장하는 제도적 보장과 다르다. 다만 제도적 보장은 기본권보장에 관계되는 제도의 보장에 관한 헌법적 보장이므로 국민의 기본권에 직접 관계된 것에 한정하여 인정한다. 그러므로 국가의 권력에 직접 관련되는 의회정, 대통령제 등의 헌법제도는 제도적 보장에서 제외된다. 기본권에 관련한 제도라도 사회적 특수계급제도(제10조 제2항), 국교제도(제20조 제2항), 검열제도(제21조 제2항) 등은 헌법이 금지한다. 헌법은 직업공무원(제7조 제2항 헌재 1994.4.28. 91헌바15등), 결사(제21조 제1항), 대학(제31조 제4항 헌재 1992.10.1. 92헌마68등), 혼인·가족(제36조 제1항), 지방자치(제117조 제1항 헌재 1994.4.28. 91헌바15등) 등 제도의 존립·형성을 창설적으로 보장한다. 제도적 보장은 기본권 보장이 갖는 개인의 주관적 공권성은 없으나 국민의 자유 실현을 위한 질서형성기능은 갖는다. 그러므로 참정권(제24조, 제25조)에 수반하는 민주적 선거제도의 보장, 교육을 받을 권리에 부수된 무상의무교육제도(제31조 제3항 헌재 1991.2.11. 90헌가27) 같이 기본권의 이중적 성격에서도 특히 객관적 법질서의 성격으로부터 제도적 보장을 나오게 한다. 사유재산권 보장이 동시에 사유재산제도(제23조 제1항, 제119조 제1항)의 보장이 되며(헌재 1994.2.24. 92헌가15등), 제도적 보장이 기본권을 창설하여 복수정당제도(제8조 제1항) 보장에서 정당의 자유(정당의 설립·가입·탈퇴의 자유)가 나온다(헌재 1994.4.28. 91헌바15등). 제도적 보장은 헌법에 의하여 비로소 인정되는 창설적 보장이다. 그러므로 제도적 보장을 규정하고 있는 헌법조항은 헌법을 제정하는 권력이나 헌법개정권력은 구속하지 못하여 헌법개정으로 제도적 보장은 폐지, 변경될 수 있다. 그렇지만 헌법에 의하여 창설되는 입법권·행정권·사법권 등의 국가권력은 제도적 보장이 이를 직접 구속한다. 즉 입법권을 행사하는 국회가 제정하는 법률 등으로 이루어지는 규범복합체는 제도적 보장의 제도 자체를 폐지하거나 핵심을 변경할 수 없다. 제도적 보장이 갖는 가장 큰 의미인 것이다. 제도적 보장은 제도에 대한 국가의 보호의무를 통하여 국민에게 주관적 공권을 부여한다. 하지만, 이는 헌법상 권리가 아닌 법률상 권리에 그친다. 제도적 보장을 정한 헌법규정에 근거하는 국민의 재판규범성은 인정되나, 헌법소원심판의 청구인적격성이 인정되지 않는 것은 그러한 이유 때문이다. 다만 헌법상 권리인 기본권이 도출되는 예외적인 경우가 없지 않다. 이때에는 기본권 향유자인 자격에서 헌법소원심판을 제기할 수 있다. 제도적 보장은 제도의 존립·本旨는 법률로 침해·폐지되지 않는 최소보장적 효력을 갖는다. 헌법 제37조 제2항 과잉금지원칙에 따라 필요한 경우에 최소한 제한되어 최대한 보장되는 기본권 보장과 다르다. 다만, 제도보장이 최소보장이라 해서 기존의 제도의 현상을 동결하여 보장하는 것은 아니다. 헌법적 동일성의 범주에서 제도의 유지·존속을 위한 법률적 구체화의 권한·책무의 입법재량을 입법자는 갖는다(헌재 1997.4.24. 95헌바48).

제3절 국가·사회의 헌정제도

Ⅰ. 지방자치의 헌법제도

[一] 지방자치의 본질

1. 헌법제도로서의 지방자치

헌법 제8장 제117조 "① 지방자치단체는 주민의 복리에 관한 사무를 처리하고 재산을 관리하며, 법령의 범위안에서 자치에 관한 규정을 제정할 수 있다. ② 지방자치단체의 종류는 법률로 정한다", 제118조 "① 지방자치단체에 의회를 둔다. ② 지방의회의 조직·권한·의원선거와 지방자치단체의 장의 선임방법 기타 지방자치단체의 조직과 운영에 관한 사항은 법률로 정한다" 하는 지방자치의 제도는 지방의 주민·단체가 자치권과 자치권력에 의하여 자치사무 및 국가위임사무를 자기책임으로 관리·처분함으로써 국민주권을 지방적 단위의 규범으로써 실현하려는 헌법제도이다. 헌법규범상의 지방자치제도는 한 나라에서 특유하게 역사적 전통적으로 형성되어온 지방자치의 제도 및 행정(지방자치를 규정한 현행헌법 제정일(1987.10.29.)을 '각종기념일 등에관한규정'을 통해 10월 29일을 '지방자치의 날'로 제정했다), 지방자치단체의 존립·자치기능·자치사무 등을 규범복합체의 법제도로서 형성하고 보장하는 공법상의 제도적 보장이다. 지방자치제도의 헌법상 보장은 특정한 지방자치단체를 보존하도록 보장하는 것을 넘어서 지방자치의 제도 및 자치행정 일반을 제도적으로 보장하는 것이며(헌재 2006.4.27. 2005헌마1190), 이 같은 지방자치제도에서 주민의 자치권을 기본권으로서 보장하는 객관적 법질서의 성격도 갖는다. 지방자치의 연원을 보더라도, 독불獨佛 등은 지방자치단체 *Genossenschaft*의 단체적 권력*le pouvoir municipal*이 국가의 법이 정하는 바에 따라 국가적 권력과 수직적으로 분립하면서 자치단체의 자치업무를 스스로 관리·처분하는 법치국가적 지방분권의 관념으로서 존재하는 것이라면, 영미에서의 지방자치는 주민의 지방정부*local government*가 고유하게 지니는 자치권을 행사함으로써 국가·사회의 공동체에서 사회의 자율성을 대의민주주의의 다원주의로 실현한다고 하는 정치적 의미의 지방자치로서 존재한다(헌재 1991.3.11. 91헌마21 참조).

2. 지방자치에서의 단체자치와 주민자치

지방자치에서 단체자치는 국가와 독립한 법인격을 지닌 지방자치단체가 지방자치권을 행사하는 법률적 의미의 지방자치이다. 국가 통치권의 국가법체계를 전제로 구성·조직되므로 국가위임사무와 자치단체고유사무가 구분된다. 지방자치단체는 국가에 의하여 설치되고 감독을 받으며 그 의결기관과 집행기관이 분리된다. 주민자치는 국민의 지배라는 국민주권주의의 지방정부적 구현이다. 지역주민의 자치권이 주권적 권력을 행사한다는 정치적 의미를 지닌다. 주민자치는 지방정부와 중앙정부의 정치·행정은 본질상 같아, 국가위임사무와 단체고유사무, 의결기관과 집행기관 등을 분리·구별하지 않고, 개별적 수권주의에 따라 지방정부에 중앙정부 권한을 부여한다. 지방정부는 독자성을 지니면서 국가의 지방행정관청을 자치기구로 하여 주민생활에 근접하게 자치사무를 처리하며, 지방정부의 처리범위를 넘어 국민전체에 연결되거나 중앙정부 고유사무는 중앙정부가 보충성·근접성원칙(the principle of subsidiaries or proximity)에 따라 분담하는 자치의 원칙에 따르는 民草민주주의(James Bryce의 Roots-democracy), 민주주의학교(A.de.Tocqueville H.J.Laski)의 지방자치이다.

3. 지방자치권의 자치고권성과 전권능성

헌법 제117조 제1항은 지방자치제도의 보장과 지방자치단체의 자치권을 규정하고 있다. 지방자치단체의 지방자치권은 자치입법권·자치행정권·자치재정권으로 나눌 수 있으며, 국가의 권력과 법률의 범위 내에서 고유하게 지역사항을 처리할 수 있는 전권능성의 자치고권성을 갖는다. 헌법과 법률이 국가나 공공단체의 사무로서 유보한 것이 아니면, 지방의 모든 사무를 자치단체가 임의로 처리하고 규율할 수 있으며, 국가는 지방자치의 후견자라는 한계를 지닌다. 지방자치제도의 보장은 지방자치단체에 의한 자치행정을 일반적으로 보장한다는 것뿐이고 특정자치단체의 존속을 보장한다는 것은 아니므로, 지방자치단체에게 마치 국가가 영토고권을 가지는 것과 마찬가지로, 자신의 관할구역 내에 속하는 영토, 영해, 영공을 자유로이 사용, 수익, 처분하고 관할구역 내의 사람과 물건을 독점적, 배타적으로 지배할 수 있는 권리가 부여되어 있다고 할 수는 없다. 지방자치단체의 지방자치권은 자치기능보장과 자치사무보장을 받으면서 지역주민의 기본권을 실현한다. 자치권이 전래권이라 해서 자치사무를 국가위임사무로만 구성한다면, 자치단체는 국가의 집행기관이 되기에, 국가는 행정구역개편 등으로 자치단체 수 조정을 위한 일부 통·폐합의 입법형성권만 지닌다. 자치권은 법령에 의하여 형성·제한되므로, 지방자치단체의 자치권에 대한 법령에 의한 제한이 불합리하여 자치권의 본질을 훼손하는 정도에 이른다면 헌법에 위반된다.

지방자치권의 자치고권성, 전권능성 지방자치단체는 공유수면과 그 매립지에 대해서 자치권한만 가지며(헌재 2010.6.24. 2005헌라9), 공유수면의 해상경계선은 형평원칙에 따라 등거리 중간선 원칙, 관련 법령 현황, 연혁적 상황, 행정권한 행사내용, 사무처리 실상, 주민의 사회·경제적 편익 등을 종합적으로 고려하여 합리적이고 공평하게 획정하여야 한다(헌재 2015.7.30. 2010헌라2). 영토고권이라는 자치권 침해를 이유로 하는 권한쟁의심판청구는, 영토적 고권이 부여 안 된 지방자치권한의 침해개연성 없어 부적법하다(헌재 2006.3.30. 2003헌라2).지방자치단체의 존재 자체를 부인하거나 각종 권한을 말살하는 것과 같이 그 본질적 내용을 침해하지 않는 한 법률에 의한 통제는 가능한 것인바, 이 사건 법률조항에 의하여 지방자치단체는 총량을 초과하는 경우의 허가권 행사가 제한될 뿐 그밖에는 여전히 주민의 복리에 관한 사무를 처리할 수 있는 것이므로, 이 사건 법률조항이 지방자치의 본질적 내용을 침해하여 지방자치에 관한 헌법 제117조 제1항에 위반된다고 할 수 없다(헌재 2001.11.29. 2000헌바78). (고속철도건설이나 그 역의 명칭 결정은 국가의 사무임이 명백하며), 지방자치단체 주민으로서의 자치권, 주민권은 '헌법에 의하여 직접 보장된 개인의 주관적 공권'이 아니어서, (그 침해만을 이유로 국가사무에 헌법소원심판을 청구할 수 없고, 고속철도 역의 명칭은 역 소재지 주민들의 권리관계나 법적 지위에 영향을 주는 것이 아니므로, 이 사건 역의 명칭을 '천안아산역(온양온천)'으로 한 결정은 기본권 침해의 여지가 없어 그 심판청구는 부적법하여), 지방자치단체 주민들이 국가사무 일반에 대하여 다른 기본권의 구체적인 침해 없이 자치권 또는 주민권 침해를 주장하는 헌법소원심판은 청구할 수 없다(헌재 2006.3.30. 2003헌마837).

[二] 한국헌법의 지방자치

1. 지방자치의 연혁

1.1 현행헌법에 이르기까지의 지방자치 연혁

현행 1987년 제6공화국헌법은 제117조·제118조에서 지방자치단체의 구성·조직·작용과 지방의회에 관한 규정 등으로 지방자치제도를 정한다. 지방자치는 제1공화국 제헌헌법(제96조)·지방자치법의 지방의회의원선거로 지방의회를 구성하여 제2공화국헌법(제92조)에 이어지나, 1961년 5·16정변으로 지방의회가 해산된다. 1962년 제3공화국헌법은 지방의회를 법률이 정하는 시기에 구성하도록 하나(부칙 제7조 제3항) 법률은 제정되지 않았다. 1972년 제4공화국헌법은 통일이 이루어질 때까지 지방의회를 구성하지 아니한다(부칙 제10조). 1980년 제5공화국헌법은 지방의회는 지방자치단체의 재정자립도를 감안하여 순차적으로 구성하되 그 구성시기는 법률로 정한다(부칙 제10조) 하여, 유보하였지만, 현행헌법은 지방의회 구성에 관한 유보조항을 두지 아니하여 지금에 이른다. 일본에서도, 명치헌법(1889년 대일본제국헌법)에는 지방공공단체 규정이 없었고 미점령기에 제정된 1946년 일본국헌법에 이르러 비로소 국민주권의 구체화로서 제8장 지방자치(제92조~95조)를 두었다.

1.2 지방자치의 연혁

1.2.1 현행 지방자치의 연혁

1991년부터 기초자치단체(시·군·자치구) 의회 및 광역자치단체(특별시·직할시·도) 의회가 순차적으로 구성되었다(지방자치법(부칙 제4조) 최초의 지방의회의원 임기를 3년으로 하여 1998.6.30.에 종료된다). 1995년에는 지방자치단체장의 직선이 전국적으로 실시되었다(지방자치법(부칙 제3조) 최초의 장의 임기는 1995.7.1. 개시하여 1998.6.30. 만료하는 3년이다). 지방자치법은 1988.4.6. 지방의회 구성, 특별시와 직할시의 구를 지방자치단체로 하고(자치구), 지방자치단체사무의 포괄적 예시, 지방의회와 지방자치단체장 상호간 견제·균형유지 등으로 국가가 후견적 기능을 수행하나, 부칙에서 지방의회 구성을 1년 내지 2년간 유보하는 등으로 지방의회구성은 지연되었었다.

1.2.2 역대 지방자치의 연혁

지방자치법은 제1공화국의 1949.7.4. 법 제정을 최초로 제2공화국에 이어지나, 1961.5. 군사혁명위원회 포고령으로 지방의회 해산, 의회 기능은 군수·도지사 또는 내무부장관이 대행, 1961.9.1. 지방자치에관한임시조치법 제정으로 읍·면 자치제 도 폐지, 군을 지방자치단체로 하면서, 지방의회가 구성될 때까지 그 기능은 시·군은 도지사, 도와 서울특별시는 내무부장관이 행하도록 하여 법률로 지방의회 설치 유보 후 1987년 현행헌법 이후에야 다시 지방자치가 시행되고 있다. 제1공화국은 도·서울특별시와 시·읍·면 2종류로 정한 지방자치단체에 지방의회를 필수적으로 두어 지방자치단체의 장과 지방의회 간 기관분립주의를 정하였다. 지방의회의원은 주민이 직선하고, 도지사와 서울특별시장은 대통령이 임명하며, 시·읍·면장은 지방의회에서 선출하도록 하였다. 12.15. 개정으로 지방의회가 구성될 때까지 의회의 권한을 내무부장관과 도지사가 대행하고, 시·읍·면장은 임명제로 하는 경과규정을 두었다. 1952.2. 시·읍·면장 선임방법을 의회간선제에서 주민직선제로 개정하고 지방의회의원선거가 실시되었다. 1956년에는 시·읍·면장 초대 직선으로 서울특별시의회가 구성되어 전국에 지방의회구성이 이루어졌다. 1958.12.26. 개정으로 시장은 도지사추천으로 대통령이, 읍·면장은 군수추천으로 도지사가 임명하였고 동·이장의 임명제도가 도입되었다. 1960.11.1. 개정은 모든 지방자치단체의 장과 동·이장까지 주민이 직선하도록 하였다. 12월의 제2차지방선거에서는 시·읍·면, 서울특별시·도의 의회의원과 단체장선거가 실시되었다.

1.2.3 역대 및 현행 지방자치의 규범적 실제

헌법은 지방자치단체의 종류와 단계를 입법자의 광범위한 형성에 맡기고 기초자치단체가 성립하는 면적이나 인구 등의 규모는 규정하고 있지 않아서 그에 대한 판단은 주민대표성 강화와 민주적 정부 운영, 자치행정의 효율성, 행정구역의 역사성 등 여러 상충하는 법익을 함께 고려하여야 한다. 행정구가 설치된 시의 경우 행정구 경계를 넘어서 시 전체가 같은 생활권에 있는 경우가 많고, 같은 시에 있는 행정구들 사이에서는 같은 도에 있는 시·군들 사이에 비하여 상대적으로 동질성이 있는 등으로 행정구와 기초자치단체인 시·군 사이에는 자치행정의 효율성이나 행정구역의 역사성 등에서 다른 측면이 있다. 기초자치단체인 자치구는 광역자치단체인 특별시·광역시 관할 구역 안에 있는 것과 달리 행정구는 기초자치단체인 시 관할 구역 안에 있다는 점에서 역시 차이가 있다. 일정한 인구 이상의 주민이 거주하는 행정구가 지방자치단체의 지위를 가지게 된다면, 주민자치와 통제를 통한 책임행정이라는 민주주의 실현과 주민 선호의 특성에 따른 대응이 가능하여 행정의 효율성이 증진되는 긍정적인 면을 상정할 수 있다. 반면 지방자치단체가 구, 시, 도라는 3단계 구조가 됨에 따라, 각각 지방자치단체인 시 및 이웃 구와의 협력 관계 약화, 시와 구의 중복 행정, 규모의 경제를 달성하지 못하고 구별로 시설의 중복 건립과 운영경비 과다 지출, 구 사이 재정자립도 차이에 따른 행정서비스 불균형 등의 비효율성도 나타날 수 있다. 이러한 점들을 비교형량하여, 행정구에 지방자치단체의 지위를 부여하지 않고 현행 지방자치의 일반적인 모습인 2단계 지방자치단체의 구조를 형성한 입법자의 선택이 현저히 자의적이라고 보기 어렵다. 청구인이 지방자치단체로서의 구의 대표자를 선출할 수 없다 해도, 여전히 기초자치단체인 시와 광역자치단체의 대표자 선출에 참여할 수 있어, 행정구에서도 지방자치행정에 대한 주민참여가 제도적으로 동일하게 유지되고 있기에, 임명조항이 주민들의 민주적 요구를 수용하는 지방자치제와 민주주의의 본질과 정당성을 훼손할 정도에 이른다 단정할 수 없다. 임명조항이 주민을 인구 증가에 따른 행정 수요의 증가에 따라 행정구가 설치된 다른 도시의 주민과 같게 취급하더라도, 차별취급이 존재한다고 할 수 없다. (헌재 2006.4.27. 2005헌마1190 참조). 인구 50만 이상의 일반 시에는 자치구가 아닌 구를 두고 그 구청장은 시장이 임명하도록 규정하며, 특별시·광역시 및 특별자치시가 아닌 인구 50만 이상의 시에는 자치구가 아닌 구를 둘 수 있고, 자치구가 아닌 구의 구청장은 시장이 임명하기에, 행정구 구청장이 시장의 지휘·감독을 받아 사무를 처리하도록 하는 권한조항의 수범자는 행정구의 구청장이고, 행정구에 거주하는 주민인 청구인의 법적 지위나 권리의무에 어떠한 불이익을 준다고 볼 수 없어, 권한조항에 따라 행정구의 구청장이 시장의 지휘·감독을 받음에 따라 청구인이 주민으로서 행정서비스를 제대로 받지 못할 가능성은 간접적·사실적 이해관계에 불과하다(헌재 2010.12.28. 2009헌라2). 다만 임명조항이 주민들의 직접적이고 구체적인 민주적 의사를 정책의 수립과 실행에 반영하는 지방자치제의 민주주의적 기능을 일부 약화시키는 측면을 인정할 수 있다(헌재 2006.4.27. 2005헌마1190 참조).

1.3 지방자치의 구조

현행 지방자치의 구조는 광역자치단체, 기초자치단체의 2단계이며(지방자치법 제2조), 광역자치단체 중 세종특별자치시와 제주특별자치도의 경우에는 기초자치단체를 두지 않아 지방자치단체가 1단계 구조이다(지방자치법 제174조 제2항, 세종특별자치시 설치 등에 관한 특별법 제6조 제2항, 제주특별자치도 설치 및 국제자유도시 조성을 위한 특별법 제10조). 행정구는 지방자치단체가 아니며, 인구 50만 이상인 기초자치단체인 시에서 행정안전부장관의 승인을 받아 조례로 그 설치 여부를 결정할 수 있다(지방자치법 제3조 제3항). 행정구는 시청에서 지역의 일을 직접 처리하기 어려울 때, 주민과 가까운 거리에서 공공서비스를 제공하여 행정에 대한 주민접근성과 주민참여를 강화하고 행정의 효율성을 높이기 위한 것이다. 지방자치단체 사이의 인구편차는 크며 광역자치단체와 기초자치단체, 기초자치단체인 시·군·자치구와 기초자치단체가 아닌 행정시(제주시, 서귀포시)·행정구의 구분이 인구의 수에 비례하여 정해지는 것은 아니다. 인구가 많은 기초자치단체는 적은 광역자치단체의 인구보다 많거나 비슷하다. 지방자치단체의 구역은 주민·자치권과 함께 자치단체의 구성요소이며, 자치권이 미치는 관할구역범위에 육지는 물론 바다도 포함된다.

지방자치단체의 해상구역의 획정 지방자치단체 사이의 불문법상 해상경계가 성립하기 위해서는 관계 지방자치단체 · 주민들 사이에 해상경계에 관한 일정한 관행이 존재하고, 그 해상경계에 관한 관행이 장기간 반복되어야 하며, 그 해상경계에 관한 관행을 법규범이라고 인식하는 관계 지방자치단체 · 주민들의 법적 확신이 있어야 한다(헌재 2019.4.11. 2016헌라8등). 이때 주민 · 구역 · 자치권을 구성요소로 하는 지방자치단체의 본질에 비추어 이미 소멸되어 사라진 종전 공유수면의 해상경계선을 매립지 관할경계선으로 인정한다(헌재 2011.9.29. 2009헌라5). 종래, 국가기본도상의 해상경계표시에 불문법상 효력을 부여하여 이를 토대로 한 등거리 중간선 등으로 공유수면경계를 확정하였으나(아산만해역에 건설된 항만시설용 제방 중 일정부분 자치권한이 청구인 당진군에 속함의 확인(헌재 2004.9.23. 2000헌라2), 광양시, 순천시, 여수시 사이의 공유수면 매립지 중 일부에 대한 관할권한이 청구인 광양시에 속함의 확인(헌재 2006.8.31. 2003헌라1), 국토지리정보원 발행의 국가기본도상 해상경계선에 비추어 인천광역시 옹진군과 충청남도 태안군 사이의 공유수면(바다) 중 일부 쟁송해역 관할권한이 청구인 옹진군에 있음의 확인(헌재 2009.7.30. 2005헌라2)■ 등), 이 선례는 변경되어, (공유수면매립지인 삼천포화력발전소 회사장(灰舍場, 화력발전소 주연료인 유연탄이 연소되면서 발생하는 재를 처리하기 위한 장소)과 진입도로 일부에 대하여 사천시가 고성군을 상대로 자치권한이 침해되었음을 이유로 관할권한의 확인을 구한 권한쟁의심판사건에서, 지리상의 자연적 조건, 관련 법령의 현황, 연혁적인 상황, 행정권한 행사 내용, 사무처리의 실상, 주민의 사회 · 경제적 편익 등을 고려하여)형평의 원칙에 따라 합리적이고 공평하게 해상경계선을 획정해야 한다(헌재 2015.7.30. 2010헌라2) 하는 판시에 따르지만(등거리중간선에 따라 고창군과 부안군 사이의 해상경계 획정을 원칙으로 하되, 지리상의 자연적 조건과 주민들의 생업 · 편익 등을 고려한 예외가 인정될 수 있지만 피청구인이 쟁송매립지에서 행사할 장래처분으로 인하여 헌법상 및 법률상 부여받은 청구인의 자치권한이 침해될 현저한 위험성이 존재한다 볼 수 없다)(헌재 2019.4.11. 2015헌라2 이에 따른 최초 결정),■■ 다만, 이 결정은 국가기본도에 표시된 해상경계선을 그 자체로 불문법상 해상경계선으로 인정하지 않는다는 것일 뿐,■■■ 관할 행정청이 국가기본도에 표시된 해상경계선을 기준으로 하여 과거부터 현재에 이르기까지 반복적으로 처분을 내리고, 지방자치단체가 허가, 면허 및 단속 등의 업무를 지속적으로 수행하여 왔다면 국가기본도상의 해상경계선은 여전히 지방자치단체 관할 경계에 관하여 불문법으로서 그 기준이 될 수 있다(이는 헌법재판소가 2010헌라2 결정에서 공유수면에서의 해상경계 획정기준에 관한 새로운 법리를 설시한 이후, 등거리 중간선 등 형평의 원칙에 따라 해상경계선을 획정하지 아니하고 불문법상 해상경계를 확인한 최초의 결정으로서, 우측으로 국립지리원 발행의 1973년 국가기본도상의 해상경계선을 기준으로 하고, 좌측으로 주위적으로는 세존도를 기준으로 하여 등거리 중간선 원칙에 의하여 확인되는 해상경계선, 예비적으로는 갈도 또는 두미도, 노대도, 욕지도를 기준으로 하여 각 등거리 중간선 원칙에 의하여 확인되는 해상경계선 사이의 해역에 대한 관할권한이 청구인들에게 속함의 확인을 구하는 심판청구를 기각하였다)(헌재 2021.2.25. 2015헌라7).

■ 현행 지방자치법 제4조 제1항은 지방자치단체의 관할구역 경계 결정에 있어서 '종전'에 의하도록 하고 있고, 개정연혁에 비추어 보면 '종전'이라는 기준은 최초로 제정된 법률조항까지 순차로 거슬러 올라가게 되므로, 1948.8.15. 당시 존재하던 관할구역경계가 원천적 기준이 되기에, 특별한 사정이 없다면 조선총독부 육지측량부가 제작한 지형도상 해상경계선이 기준이 될 것이며, 이는 해방 이후 국토지리정보원이 발행한 국가기본도에 대부분 그대로 표시되었으므로, 이 국가기본도(지형도) 중 1948.8.15.에 가장 근접한 것을 기준으로 하여 종전에 의한 해상경계선을 확인하여야 하고, 지형도상 해상경계선이 명시적으로 표시되어 있지 않은 경우에는 행정관습법이 존재한다면 이에 의하고, 행정관습법이 성립하지 아니하는 경우에는, 지형도에 표시된 해상경계선에서 합리적으로 추단할 수 있는 해상경계선에 의하여야 할 것이다.

■■ 헌법재판소는 종래 공유수면 매립지를 둘러싼 권한쟁의사건에서 '지방자치단체의 관할구역에 경계가 없는 부분이 있다는 것을 상정할 수 없다'(헌재 2019.4.11. 2015헌라2 등), '매립지에 대한 자치권한이 어느 일방에 부여될 수 있는 가능성이 존재하기만 하면 적법요건은 충족된다'(헌재 2010.6.24. 2005헌라9등) 하였으나, 공유수면매립지에 대해서는 행정안전부 장관의 결정이 확정되기 전에는 어느 지방자치단체도 자치권한을 가질 수 없도록 한 개정 지방자치법하의 공유수면매립지에는 그 전제가 상실되어 더 이상 적용될 수 없게 되어, 결국 개정 지방자치법 제4조 제3항이 적용되는 이 사건 매립지의 경우, 매립 전 공유수면에 대한 관할권을 가졌을 뿐인 청구인들이, 새로이 형성된 이 사건 매립지에 대해서까지 어떠한 권한을 보유하고 있다고 볼 수 없으므로, 이 사건에서 청구인들의 자치권한이 침해되거나 침해될 현저한 위험이 있다고 보기는 어렵다(헌재 2020.7.16. 2015헌라3 보충의견).

■■■ 특별한 사정이 없는 이상 1948.8.15.에 가장 근접한 국가기본도에 규범적 효력을 인정하여 국가기본도에 표시된 해상경계선을 그 자체로 불문법상 해상경계선으로 인정해 온 종전의 입장을 변경한 것일 뿐이고, 위 2010헌라2 결정에 따르더라도, 1948.8.15. 당시 존재하던 불문법상 경계는 여전히 해상경계 획정의 원천적인 기준이 되며, 비록 국토지리정보원이 발행한 국가기본도상에 표시된 해상경계가 특별한 사정이 없는 한 그 자체로 불문법상 해상경계선으로 인정될 수는 없다 할지라도, 국가기본도에 표시된 해상경계선을 기준으로 하여 과거부터 현재에 이르기까지 관할 행정청이 반복적으로 처분을 내리고, 지방자치단체가 허가, 면허 및 단속 등 업무를 지속적으로 수행하여 왔다면 국가기본도상 해상경계선은 여전히 지방자치단체 관할경계에 관하여 불문법으로서 그 기준이 될 수 있음을 확인한다.

2. 지방자치권의 성격

2.1 단체자치와 주민자치

헌법은 제1조 제2항 국민주권과 함께 제117조 및 제118조에서 지방자치단체가 중심이 되는 단체자치를 원칙으로 주민자치를 인정한다. 지방자치단체의 자치권은 단체의 자치권력을 중심으로 행사되느냐 지역주민의 자치권을 행사하느냐에 따라 단체자치와 주민자치로 구분된다. '지방의회의 조직 · 권한 · 의원 선거와 지방자치단체의 장의 선임방법 기타 지방자치단체의 조직과 운영에 관한 사항은 법률로 정한다'(제118조 제2항) 함은 지방자치단체에 주민의 선거로 구성된 의회를 두도록 하고, 지방의회 구성을 주민의 선거로 선출한 지방의원으로 함으로써 주민자치 요소를 한국의 지방자치제도로 인정하는 것이다.

2.2 고유권과 전래권

헌법 제117조, 제118조는 지방자치단체에 포괄적으로 자치권을 부여하는 제도적 보장 규정이나(헌재 1995.4.20. 92헌마264등), 지방자치권은 자치단체가 중앙정부의 국가권력에 관계없이 지니는 고유권이 아니라 법령의 범위 안에서 인정되는 권력, 즉 국가를 전제로 국가권력의 범주에서 행사할 수 있는 전래권인 자치위임권이 원칙이다. 지방자치권의 전래성 · 고유성에 대하여, 지방자치는 헌법 제8장에서(제3장 국회, 제4장 정부, 제5장 법원, 제6장 헌법재판소 등과 독립한) 규정하여 자치행정보장에 한정하지 않고 지방정부의 지방자치보장으로 인식한다. 헌법이 지방자치의 보장을 정부의 집행권 내지 행정에 관한 제4장 속에 규정하였다면 지방자치는 자치행정을 정한 법률의 범위 내의 보장에 그치는 것으로 해석할 수 있었을 것이다. 제117조 제1항 '지방자치단체는 법령의 범위 안에서 자치에 관한 규정을 제정할 수 있다', 제2항 '지방자치단체의 종류는 법률로 정한다' 등에서 볼 때, 지방자치단체의 자치권력은 원칙적으로 법령 등을 제정하는 중앙정부의 국가권력에 근거와 한계를 두는 권력 즉 전래권, 국가권력으로부터 승인된 권리이다.

2.3 지방자치단체의 구성권

지방자치단체의 구성은 헌법 제118조 제2항 지방의회의 의원 선거와 지방자치단체의 장의 선임 등은, 국가의 전래권이 아닌 지방의 고유한 영역에서 지역주민의 의사인 선거에 따르며, 지방의회와 지방자치단체의 장은 지방자치의 중요사항에 있어서 국회의 입법권과 독립한 의사결정기관의 지위에서의 권한을 갖는다. 예를 들어, 대통령과 지방자치단체의 장은 선거에 의해 취임한 공직자 신분이라도 지위와 성격, 기관 직무와 기능에서 본질적 차이가 있고, 대통령선거는 국가대표기관 선출로 국민이 선거를 통한 국가정책결정의 포괄적 선택이라면, 지방자치단체의 장 선거는 지방자치단체 관할구역 안에 거주하는 주민에 의한 지역대표선출로서, 국가적 의사결정과는 무관한 지역적 사무와 주민의 복리증진에 관한 정책결정이 주요 관심사가 된다는 점에서 구별될 수 있다.

지방자치단체의 장의 권한과 권리 대통령선거에서 선거권자는 전체국민 중 선거연령에 도달한 유권자총체를 의미하지만, 지방자치단체의 장 선거에서의 선거권자는 해당 지역 내에 거주하는 주민으로서의 국민으로 그 선거권자 범위 역시 서로 다르기에, 대통령 선거에 참여하는 선거권자와 지방자치단체의 장 선거에 참여하는 선거권자는 본질적으로 같은 비교집단이 된다고 보기 어려우므로 차별취급 여부를 논할 수 없다(헌재 2016.10.27. 2014헌마797). 지방자치단체장을 위한 퇴직급여제도가 마련되어 있지 않고 지방자치단체장은 공무원연금법의 적용대상에서도 제외되어 있는 바, 공무원연금법에서 지방자치단체장을 적용대상에서 제외하고 있으나 지방자치단체장의 선출방법 및 임기 등을 고려할 때 다른 공무원들과 달리 취급하는 데에 합리적 이유가 있으므로 평등권을 침해하지 않는다(헌재 2014.6.26. 2012헌마459). 기초자치단체장은 지위, 성격, 기능, 활동범위, 수행하는 정치활동의 양과 질 등에서 대통령, 국회의원과는 본질적 차이가 있고 정치적 역할도 상대적으로 작아 기초자치단체장선거에 소요되는 선거비용을 비롯한 정치자금에서도 차이가 발생한다(헌재 2016.9.29. 2015헌바228).

3. 지방자치단체 주민의 지방자치참여권

3.1 주민의 지방자치참여권

헌법은 주민의 간접적인 참정권으로 선거권(제24조) · 공무담임권(제25조)을, 직접적인 참정권으로 국민투표권(제72조 제130조)을 규정하고 있을 뿐 주민투표권을 기본권으로 규정한 바가 없고, 제117조 및 제118조에서 제도적으로 보장하는 지방자치제도는 개인의 주관적 공권인 기본권을 직접 보장하는 것은 아니고 단지 지방자치단체의 본지인 자치단체 설치 · 존속 · 자치기능, 자치사무 등은 자치권의 본질적 사항에 관한 것이어서 입법으로 폐지할 수 없도록 할 뿐이다(헌재 1994.12.29. 94헌마201). 주민이 직접 지방자치사무에 참여할 수 있는 권리는 법령으로 정하는 바에 따라 소속 지방자치단체의 재산과 공공시설을 이용할 권리, 지방자치단체로부터 균등하게 행정의 혜택을 받을 권리(지방자치법 제13조 제1항), 지방자치단체에서 실시하는 지방의회의원과 지방자치단체의 장의 선거인 지방선거에 참여할 권리(제2항) 등이다. 국가는 입법이나 조약체결을 통하여 특정 지역주민들에 불리한 영향을 미치는 의사결정을 함에 있어서 당해 지역주민들의 의견을 사전에 충분히 수렴하는 것이 바람직하나, 지방자치단체의 폐치·분합 등과 같은 예외적 사항이 아닌 한 지역주민의견을 사전에 필수적으로 수집할 것이 요구되는 것은 아니다(헌재 2006.2.23. 2005헌마268).

주민투표 주민투표권자는 20세 이상의 주민이며 외국인도 일정 자격을 갖춘 때에는 지방자치단체의 조례가 정하는 바에 따라 주민투표권을 부여한다(주민투표법 제5조). 지방자치단체 폐치분합, 구역변경, 주요시설설치 등 국가정책수립에 관해 주민의견이 필요하다고 인정할 때 중앙행정기관의 장이 지방자치단체의 장에게 투표실시를 요구할 수 있다. 주민투표의 대상은 주민에 과도한 부담을 주거나 중대한 영향을 미치는 지방자치단체의 주요결정사항으로서 조례로 정하며, 국가정책에 대한 주민투표는 제한적으로 허용한다(헌재 2001.6.28. 2000헌마735). 투표인명부 작성기준일을 투표일 전 19일로 한 규정은 투표인명부 확정 및 투표권자들의 확인절차에 소요되는 기간을 고려한 합리적인 것으로서, 투표일 전 19일 이후에 전입신고하여 주거지역에서 투표할 수 없게 된 사람의 평등권 침해가 아니다(헌재 2013.7.25. 2011헌마676).

지방자치권과 주민의 권리 선거의 방법으로 선출할 것을 전제로 규정한 지방의회의원의 경우와 달리, 장 선임방법에 관한 사항은 법률로 정한다고만 규정하므로, 단체장에 대한 주민의 직접선거제는 헌법적 의지(에 따르는 헌법상 권리)가 아닌 법률상 권리다(헌재 1994.8.31. 92헌마174). 지방자치단체 폐치분합廢置分合은 자치단체보장의 지역고권, 자치권, 지역주민의 기본권(인간다운 생활공간에서 살 권리, 평등권, 정당한 청문권, 거주이전, 선거권, 공무담임권, 인간다운 생활을 할 권리, 사회보장·사회복지수급권, 환경권 등) 침해 등으로 헌법소원심판대상이 된다(헌재 1995.3.23. 94헌마175). 주민투표권은 헌법이 보장하는 참정권이 아니라 지방자치법의 법률상 권리이므로 교육위원, 교육감 선거인단을 학교운영위원회위원 전원으로 구성함이 주민의 선거권 침해는 아니다(헌재 2002.3.28. 2000헌마283등). 초·중등학교교사의 교육위원 겸직금지는 합헌이다(헌재 1993.7.29. 91헌마69).

3.2 주민의 조례제정·개폐청구권, 주민소송, 주민감사청구권 등

주민이 지방자치사무에 직접 참여할 수 있는 주민투표권(지방자치법 제14조), 조례제정·개폐청구권(제15조), 주민소송(제17조)·주민감사청구(제16조), 주민소환(제20조) 등은 헌법상 보장되는 기본권이라고 하거나 헌법 제37조 제1항의 헌법에 열거되지 아니한 권리의 하나로 보기 어렵고(헌재 2005.12.22. 2004헌마530), 입법에 의하여 채택된 법률이 보장하는 직접참정권일 뿐이며 헌법상 제도적으로 보장되는 주관적 공권으로 볼 수 없다. 헌법 제117조 제1항은 지방자치단체가 법령의 범위 안에서 자치에 관한 규정을 제정할 수 있도록 규정하고 있는바, 이같이 조례제정의 한계를 벗어나는 사항에 대한 주민의 조례제정·개폐청구는 배제되며, 이렇게 주민의 조례제정·개폐청구에 관한 절차적 통제규정이 지방자치제도의 본질적 내용을 침해하지 않는 이상 국민주권의 원리에 반한다거나 지방의회의 권한을 침해하지 않는다.

주민의 조례제정·개폐청구권, 주민소송, 주민감사청구권 등 조례제정·개폐청구권은 일정 주민수 이상의 連書로 해당 지자체장에게 조례제정, 개정, 폐지를 청구하는 제도다. 법령위반사항, 지방세·사용료 등의 부과·징수·감면에 관한 사항, 행정기구의 설치·변경 또는 공공시설 설치를 반대하는 사항은 청구대상에서 제외된다. 주민소송은 지방자치단체의 위법한 재무회계행위에 대해 주민이 자신의 개인적 권리·이익 침해와 관계없이 '불법의정비 인상분 환수요구', '예산의 부적절한 집행·낭비', '업무추진비 위법지출' 등 그 위법한 행위의 시정을 법원에 청구할 수 있다. 주민소송제기는 사전에 필수적으로 주민감사청구를 거쳐야 한다. 주민감사청구는 지방자치단체의 장의 권한에 속하는 사무의 처리가 법령에 위반되거나 공익을 현저히 해친다고 인정될 경우 주민들의 연서로 청구하는 제도다. 조례제정·개폐청구의 대상이 되지 않는 '법령을 위반하는 사항'이란 지방자치법 기타 이미 존재하는 법령의 내용과 모순되거나 저촉되는 사항을 일컫는 것으로 해석되기에, 조례는 법령의 범위 안에서 제정되어야 하는 데, 이는 주민이 자치입법에 직접관여하는 경우에도 마찬가지이고, 법령에 위반하는 사항에 관한 주민의 조례제정청구를 지방자치단체의 장이 각하하도록 한 사전차단장치를 둔 것이 입법자의 자의적 법형성권 행사로서 지방자치제도의 본질적 내용을 침해한다 볼 수 없고 지방자치의 제도적 보장에도 반하지 않아 헌법에 위반되지 아니한다(헌재 2009.7.30. 2007헌바75).

3.3 주민의 소환권

주민소환은 주민이 지방의 선출직 지방공직자에 소환투표를 실시하여 임기종료 전에 해직시키는 제도다. 주민소환제는 지방자치단체의 특정 공직에 있는 자가 주민의 신뢰에 반하는 행위를 하고 있다고 생각될 때 임기종료 전에 주민이 직접 그 해직을 청구하는 제도로서, 대표자 신임을 묻는 재선거와 마찬가지로 마찬가지로 그 사유를 묻지 않는 것이 제도의 취지에 부합한다(헌재 2011.3.31. 2008헌마355). 주민소환은 지방행정을 통제하고 주민의 대표자기관이나 행정기관에 주민에 대한 책임성을 확보하는 효율적 수단인 한편 정치적으로 악용·남용되거나 민주적 정당성에 기반한 선출직 공직자의 활동을 위축시킬 수 있기에, 대의제의 본질적 부분을 침해하지 않도록 극히 예외적이고 엄격한 요건을 갖춘 경우에 한하여 인정하는 것이 바람직하다(헌재 2011.12.29. 2010헌바368).

주민소환 주민소환투표청구를 위한 서명요청 활동을 '소환청구인서명부를 제시'하거나 '구두로 주민소환투표의 취지나 이유를 설명하는' 경우로만 제한함으로써 주민소환투표청구권자들과의 진정한 의사소통을 더욱 보장한 것이 입법목적 달성에 필요한 최소한 범위를 넘은 것이라 보기는 어렵고 이에 위반할 경우 형사처벌함은 과잉금지원칙에 위배되어 표현의 자유를 침해하지 않으므로, 헌법에 위반되지 아니한다(헌재 2011.12.29. 2010헌바368). 주민소환투표 청구시 청구사유를 명시하지 않고 그 진위여부확인을 규정하지 않는 등 제한을 두지 않은 것은 주민소환제를 기본적으로 정치적인 절차로 설계함으로써 위법행위를 한 공직자뿐 아니라 정책적으로 실패하거나 무능하고 부패한 공직자까지도 대상으로 삼아 공직해임이 가능하도록 책임정치, 책임행정 실현을 기함에 목적이 있다. 선거와 주민소환제는 역사적으로도 위법·탈법행위 규제보다 비민주적·독선적 행위에 대한 광범위한 통제필요성이 강조되어, 청구사유 제한시 그 해당여부를 사법기관 심사가 가능하고 적정한지 의문이고, 절차지연으로 조기에 문제를 해결하지 못할 위험성이 크며, 통상의 형사사법절차로도 책임을 추궁할 수 있기에 굳이 주민소환제를 둘 제도적 필요성을 느끼지 못하게 될 것이므로, 청구사유를 제한하지 아니한 입법자 판단이 현저하게 잘못되었다 볼 사정을 찾아볼 수 없어 공무담임권을 침해한다 볼 수 없다(헌재 2011.3.31. 2008헌마355).■

■ '주민소환에관한법률'의 소환대상은 광역과 기초자치단체장 및 지방의회의원(비례대표제외)이며, 청구사유는 제한이 없다. 청구요건은 광역자치단체장은 청구권자 총수의 10%이상, 기초는 15%이상, 지방의회의원은 20%이상의 주민 연서가 필요하다. 경기도하남시 의회 의원 2명 소환투표로 의원직상실(2007.12.12.) 외에는 대체로 투표율이 법정요건 33.3%를 넘지 못해 무산됐다.

[三] 지방교육자치

1. 헌법과 지방교육자치

지방교육자치는 '지방자치'의 측면에서는 국가중앙권력에 대한 지방자치권의 속성이며, '교육자치'의 관점에서는 헌법 제31조 제4항이 보장하는 교육의 자주성·전문성·정치적 중립성을 구현하는 이중의 자치성에 따른 민주주의·지방자치·교육자주의 헌법적 가치를 지니기에, 지방교육자치의 민주적 정당성은 교육자주의 관점에서는 제한이 불가피하다(헌재 2000.3.30. 99헌바113).

지방교육자치와 민주주의·지방자치·교육자주 지방교육자치는 민주주의·지방자치·교육자주라고 하는 세 가지 헌법적 가치를 골고루 만족시킬 수 있어야 하므로 지방교육자치기관 구성에 있어 민주주의의 요구만 절대시함은 헌법적으로 허용될 수 없고, 선거운동제한은 교육위원의 자주성·전문성을 고려하여 그 선출관련 비리의 원천봉쇄에 의한 공정성 제고 목적을 위하여 채택된 입법수단이 과잉금지원칙 위배라 보기 어렵고, 그러한 제한이 교육위원·교육감선거의 모든 후보자·선거인들에 동등하게 적용되는 한 평등권을 침해하였다 볼 수 없고, 선거운동 공영관리방법의 허용등은 후보자나 선거인을 위하여 충분한 선거운동 방법이라 할 것이므로, 각 후보의 공무담임권이나 국민의 알 권리와 후보자선택의 자유의 본질적 내용을 침해한 것이라 볼 수도 없다(헌재 2000.3.30. 99헌바113).

2. 한국의 지방교육자치제도

한국의 지방교육자치제도는 정부수립 후 1949.12.31. 교육법 제정·공포, 1952.4.23. 교육법시행령 제정·공포로 기초단위부터 실시되기 시작한다. 당시의 지방교육자치제도는 시의회에서 선출되는 10인 위원으로 구성되는 시교육위원회, 군내의 읍·면의회에서 각1인씩 선출되는 위원들로 구성되는 구교육위원회를 근간으로 하였다. 다만 1961년 5·16정변으로 폐지되고, 지방자치제 휴면화로 약 30년간 실시되지 못하고 문교부장관이 교육위원회 위원들을 임명하는 과도기적 제도가 지속되었다. 지방교육자치제도는 시의회, 읍·면의회에 의한 간선제(1949~ 1961), 문교부장관의 임명제(1961~ 1991), 시·군·구의회추천+시·도의회선출의 간선제(1991~ 1997), 선거인단(학교운영위원회선거인· 교원단체선거인) 간선제(1997~ 2000), 학교운영위원회 위원 전원에 의한 간선제(2000~)로 변천되었다.

교원의 선거운동 교육공무원 및 사립교원 등의 교원의 선거운동 금지조항은 교육의 정치적 중립성을 보장하여 인간의 내면적 가치증진에 관련되는 교육 분야에 당파적인 정치적 관념이나 이해관계가 그대로 적용되는 것을 지양하고, 선거의 형평성, 공정성을 기하기 위한 것으로서 선거운동의 자유를 제한하지 아니한다. 공무원의 투표권유운동 및 기부금모집 금지조항은 공무원의 정치적 중립성에 정면으로 반하는 행위를 금지함으로써 선거의 공정성과 형평성을 확보하고 공무원의 정치적 중립성을 보장하기 위한 것으로서 선거운동의 자유 및 정치적 의사표현의 자유를 제한하지 아니한다(헌재 2012.7.26. 2009헌바298).

3. 교육위원회와 교육감

지방자치단체의 교육 · 과학 · 기술 · 체육 그 밖의 학예에 관한 사무를 관장하는 기관의 설치와 그 조직 및 운영 등에 관한 사무는 특별시 · 광역시 및 도의 사무로 하며(지방교육자치에관한 법률 제1조, 제2조), 그 성질에 반하지 않는 한 지방자치법의 관련규정을 준용한다(제3조). 지방교육자치는 특별시 · 광역시 · 도 등 광역지방자치단체에서만 시행한다(제20조). 시 · 도 의회에 교육 · 학예에 관한 의안과 청원 등을 심사 · 의결하기 위하여 상임위원회인 교육위원회를 둔다(제2장 제4조). 시 · 도의 교육 · 학예에 관한 사무의 집행기관으로 시 · 도에 교육감을 둔다(지방교육자치에관한법률 제3장 제18조 제1항). 교육감은 주민의 보통 · 평등 · 직접 · 비밀선거에 따라(제6장 제43조), 시 · 도를 단위로 하여 선출된다(제45조). 4년 임기로 계속재임은 3기에 한한다(제21조). 교육감은 교육 · 학예에 관한 소관사무로 인한 소송이나 재산의 등기 등에 대하여 당해 시 · 도를 대표한다(제2항). 법령 또는 조례의 범위 안에서 그 권한에 속하는 사무에 관하여 교육규칙을 제정할 수 있다(제25조). 교육감은 시 · 도의 교육 · 학예에 관한 사무를 분장하기 위하여 1개 또는 2개 이상의 시 · 군 및 자치구를 관할구역으로 하는 하급교육행정기관인 지역 교육청을 둔다(제34조). 이를 관할하는 교육장은 시 · 도의 교육 · 학예에 관한 사무중 일정사무를 위임받아 분장한다(제35조).

공직선거법의 교육감선거에의 준용 교육감선거에 관하여 공직선거법의 시도지사 선거에 관한 규정의 준용, 단체의 이름으로 혹은 단체와 관련된 자금으로 정치자금의 기부를 금지하고 위반시 처벌하는 교육자치법 조항은 교육감 선거에 공직선거법을 준용하기 위한 객관적 기준을 제시하므로 자의를 허용하지 않는 통상의 해석 방법에 의하더라도 누구나 지방교육자치법 조항에 의하여 공직선거법의 어떠한 조항이 준용될 것인지, 그에 따라 구체적으로 어떠한 행위가 금지되는지를 충분히 알 수 있다 할 것이므로 헌법이 요구하는 죄형법정주의의 명확성 원칙에 위배되지 않는다(헌재 2010.9.30. 2009헌바355; 2012.7.26. 2009헌바298). 헌법상 교육의 정치적 중립성 천명에 따라 제정된 '지방교육자치에관한법률' 등은 교육감의 정당가입 등 일체의 정치활동을 금지하고 교육감선거에서 정당의 후보자 추천을 포함한 정당관여를 일체 금지하므로, 정치적 중립이 요구되고 정당가입 등 정치활동이 절대적으로 금지되는 교육감 지위에 있는 자를 정치자금을 모금할 수 있는 주체인 '그 밖에 정치활동을 하는 자'에 해당한다 볼 수 없고 이는 교육감선거 후보자도 마찬가지다. 시 · 도지사후보자에 적용되는 정치자금법 규정이 교육감선거후보자에 포괄적으로 준용하여 그대로 적용될 것이라도, 교육의 정치적 중립성이라는 헌법상 요청에 따라 교육감선거에서는 정당추천 등 정당의 선거관여행위가 일체 금지되므로, 정당추천 후보자와 무소속후보자에게 적용되는 규정이 다른 경우에는 무소속후보자에 적용되는 규정이 준용됨이 명확하며 죄형법정주의의 명확성원칙에 위배되지 않는다(헌재 2014.7.24. 2013헌바169).

국가사무와 교육감의 권한 교육감 소속 교육장 · 장학관 등에 대한 징계사무는 교육공무원법령 등에 의하여 교육감에게 위임된 국가사무이고 지방자치단체 사무가 아니므로, 교육부장관이 교육감 소속 교육장 · 장학관 등에 징계의결을 요구한 행위는 교육감의 권한을 침해하거나 침해할 현저한 위험이 없어 심판청구는 부적법하므로 각하한다(헌재 2013.12.26. 2012헌라3등). 교육감의 재의요구 권한과 교육부장관의 재의요구 요청 권한은 별개의 독립된 권한이고, 조례안을 이송받고 20일이 경과하면 교육부장관이 서울특별시교육감에게 조례안 재의요구를 요청할 수 없다는 이유로, 서울특별시 학생인권조례안에 대한 서울특별시교육감의 재의요구 철회, 20일 경과 후의 교육부장관의 재의요구 요청을 받고도 재의요구를 하지 않은 서울특별시교육감의 부작위, 서울특별시교육감이 '서울특별시 학생 인권 조례'를 공포한 행위는, 청구인 교육부장관의 조례안 재의요구 요청 권한을 침해하지 아니한다(헌재 2013.9.26. 2012헌라1).

Ⅱ. 지방자치단체

[一] 국가와 지방자치단체

지방자치단체는 지역에 기반을 두고 지방적 사무와 국가위임사무를 스스로의 권한과 책임으로 실현하는 공법인이다(지방자치법 제3조 제1항). 지방자치단체의 본질은 주민, 구역, 자치권을 구성요소로 하는 점에서(헌재 2015.7.30. 2010헌라2) 국가통치기구를 기반으로 하는 지방정부에 속한다. 지방자치단체의 자치권력은 국가법질서에 기초하여 인정되는 권력이기에 국가는 지방자치단체에 대한 업무관할과 감독권을 가진다. 중앙정부의 행정적 감독인 인·허가권, 명령·취소·대집행권 등이라든지, 혹은 국회가 법률로 지방자치단체의 조직·권한·운영을 정하는 것 혹은 지방자치단체의 조례·규칙이 법률에 위배되는 경우의 법원의 합법성심사나 헌법재판소의 합헌성심사, 혹은 지방자치단체가 자치권 보장을 요구할 수 있는 주관적 법적 지위에서 제기하여 헌법재판소가 행하는 권한쟁의심판 등이 그것이다.

지방자치단체에 대한 감사 1987.10.29. 현행헌법으로의 헌법개정을 통해 지방자치제 실시를 유보하던 부칙 제10조 삭제로 지방자치에 관한 헌법규정의 실효성 회복으로 인한 지방자치제 전면실시에 따라, 지방자치단체 사무전체에 포괄적 감사규정을 두었던 지방자치법은 자치사무에 관한 감사규정은 존치하되 '위법성 감사'라는 단서를 추가하여 자치사무에 대한 감사가 축소 개정되었다. 감사원의 지방자치단체에 대한 감사는 합법성 감사에 한정되지 않고 자치사무에 대하여도 합목적성 감사가 가능하여(헌재 2008.5.29. 2005헌라3), 국가감독권 행사로서 지방자치단체의 자치사무에 대한 감사원의 사전적·포괄적 감사가 인정되는 터에, 중앙행정기관에도 사이를 인정하게 되면 지방자치단체는 그 자치사무에 대해서도 국가의 불필요한 중복감사를 면할 수 없게 된다(헌재 2009.5.28. 2006헌라6).

[二] 지방자치단체의 기관

1. 지방자치단체의 종류·구성·조직

지방자치단체의 종류·구성·조직에 관한 사항은 법률로 정한다(헌법 제117조 제2항, 제118조). 지방자치법은 이를 1. 특별시, 광역시, 특별자치시, 도, 특별자치도 2. 시, 군, 구 등으로 구분한다(제2조 제1항). 그 외 특정한 목적을 수행하기 위하여 필요하면 따로 특별지방자치단체를 설치할 수 있다(제3항). 지방자치단체에 의회를 둔다(제5장 제30조이하). 집행기관으로(제6장) 지방자치단체의 장(제1절 제93조이하), 보조기관(제2절 제110조이하 부지사·부시장·부군수·부구청장)·소속행정기관(제3절)·하부행정기관(제4절)·교육·과학 및 체육에 관한 기관(제5절) 등을 둔다. 지방자치단체의 조직·구성은 민주적 정당성을 갖추도록, 지방의회는 지역주민의 직접선거로 구성되어야 한다. 장의 선임 등의 구성방법과 권한은 헌법원칙에 합치되어야 한다. 이로써 주민의 선거권(헌법 제24조)·공무담임권(제25조) 등의 기본권은 실질화되며 지방자치의 민주주의와 법치주의 실현기능은 현실화된다.

지방자치단체와 지방의회 구성 지방자치단체로서 특별시, 광역시, 특별자치시, 도, 특별자치도(시·도)는 정부 직할로 둔다. 시는 도의 관할구역 안에, 군은 광역시, 특별자치시나 도의 관할구역 안에 둔다. 자치구는 특별시, 광역시, 특별자치시의 관할구역 안에 둔다(지방자치법 제7조 제2항). 특별시·광역시 및 특별자치시가 아닌 인구 50만 이상의 시에는 자치구가 아닌 구를 둘 수 있다. 군에는 읍·면을 둔다. 시와 구(자치구를 포함한다)에는 동, 읍·면에는 리를 둔다(제3항). 제7조 제2항에 따라 설치된 시에는 도시 형태를 갖춘 지역에는 동, 그 밖의 지역에는 읍·면을 두되, 자치구가 아닌 구를 둘 경우에는 그 구에 읍·면·동을 둘 수 있다(제4항). 서울특별시(서울특별시행정특례에관한법률 1991.5.3.), 세종특별자치시, 제주특별자치도의 행정특례가 인정되었다(제10장 제173조~제175조). 지방의회구성은 주민이 직접 지방적 사무를 처리하는 시민총회형, 주민은 지방의회의원만 선출하고 지방의회가 자치단체장을 선출하는 의원내각제형, 주민이 양쪽 모두를 선출하는 수장제형인 대통령제형 등이 있다.

2. 지방의회

2.1 지방의회의 의의

지방의회는 지방자치단체의 의결기관인 주민대표기관이다(헌재 1995.4.20. 92헌마264등). 지방의회의 구성·조직은 헌법(제118조 제2항)이 수권하여서 이를 정한 지방자치법에서 정한다(제5장 제30조 이하). 지방의회에 의장·부의장(지방자치법 제5절 제48조이하), 위원회(제6절 제56조이하)를 둔다. 정례회 등 회의(제7절 제63조이하), 자치입법권(조례제정·개정·폐지권(제3장 제22조이하, 제39조 제1항 제1호), 의회규칙제정권(제43조)), 자치재정권(예산안심의·확정·결산승인(제39조 제1항 제2·3호)), 행정사무감사·조사권(제41조 이하) 등을 갖고 매년 2회 정례회를 개최한다(지방자치법 제44조 제1항). 임시회도 가능하다(제45조).

2.2 지방의회의원

지방의회의원은 공직선거법에 따라 선거일 현재 19세 이상(공직선거법 제17조, 제15조 제2항) 주민이 피선거권이 있는 만25세 이상의 60일 이상 거주한 주민(제16조 제3항)인 입후보자(제17조~제19조) 중에서 보통·평등·직접·비밀선거에 따라 선출한다(지방자치법 제31조). 의원은 임기 4년(제32조의2, 제31조, 제32조)간 월정액 의정활동비·여비·수당 등을 받는다(제33조). 국회구성원인 국회의원은 국민의 대표로서 국정전반에 걸쳐 국민의 추정적 의사를 대변할 책임을 지나, 시·도의회의 의원은 국가영토의 일부를 기초로 하는 시·도의회 구성원으로서 해당 시·도의 지역사무에 국한하여 주민을 대의한다(헌재 1989.9.8. 88헌가6; 2001.2.22. 2000헌바38). 다만 국회의원과 같이 지방의회의원의 주민 대의 기능 역시 대의정의 헌법원리 및 민주주의적 정당제도에 따라서 이루어진다(헌재 2003.1.30. 2001헌가4).

지방의회 구성시기 세종특별자치시 의회를 신설하면서 지방의회의원선거를 실시하지 않고 연기군의회의원 등에 세종특별자치시 의회의원자격을 취득케 함은 세종시의회의원을 선출할 수 없다거나 함이 아니라 그 시기가 늦춰진 것에 불과하여 선거권, 공무담임권을 침해하지 않고, 세종시 출범시 세종시장 및 세종시교육감과 달리 세종시의회의원은 새로운 선거를 실시하지 않아서 세종시에 편입되는 선거구에서 이미 선출된 지방의회의원들에게 세종시의 회의원의 자격을 부여해도 민주적 정당성이 문제될 것은 없다는 점에서 그 차별취급에 합리적 이유가 있어 평등권을 침해하지 아니한다(헌재 2013.2.28. 2012헌마131).

지방의회의원과 민주주의적 정당제도 정당의 영향을 배제하고 인물본위투표를 유도함으로써 지방분권 및 지방의 자율성 보장이라는 지방자치 본래의 이념을 충실히 구현하고자 함의 정당성은 부인할 여지가 없으나, 그를 위해 기초의회의원선거에서 정당의 영향을 배제하고 인물본위투표가 이루어지도록 하겠다는 구체적 입법의도에 대하여는 정당성이 의심스럽다. 선거에 당하여 정당이냐 아니면 인물이냐에 대한 선택은 궁극적으로 주권자인 국민의 몫이고, 입법자가 후견인적 시각에서 입법을 통하여 그러한 국민의 선택을 대신하거나 간섭하는 것은 민주주의 이념에 비추어 바람직하지 않다. 일체의 정당표방을 금지하는 전면적 표방금지와 그에 뒤따르는 각종 불이익은 후보자에게 지나치게 가혹하다. 4대 지방선거 중 유독 기초의회의원선거의 경우에만 그 후보자에 대해 정당표방을 못하게 하고 있는 것은 그 외의 지방선거와 다르게 취급을 할 만한 본질적인 차이점이 있는가를 발견할 수 없다. 광역과 기초의 차이는 지방자치단체의 종류의 차이에 불과할 뿐, 지방분권이라는 자치기능에 있어서는 본질적인 차이가 없다(헌재 2003.1.30. 2001헌가4). 자치구·시·군의회의원선거의 후보자 부분이 헌법에 위반되지 아니한다는 결정을 한 바 있는데(헌재 1999.11.25. 99헌바28), 이 사건 결정으로 변경되었다.

2.3 지방의회의원과 지방자치단체의 장

지방의회의원과 지방자치단체의 장의 입후보자는 선거일 현재 계속하여 60일 이상 당해 지방자치단체의 관할구역 안에 주민등록(국내거소신고인명부에 올라 있는 경우를 포함한다) 등 거주기간이 있어야 한다(공직선거법 제16조 제3항). 지방의회는 지방의회의원 개인을 중심으로 한 구조이며, 사무직원은 지방의회의원을 보조하는 지위를 가진다.

지방의회와 지방자치단체의 장 지방의회 의결에 대한 지방자치단체 장의 재의요구권한과 중앙정부의 주무부장관의 재의요구권한은 별도의 독립적인 것임이 헌법적으로 명확하므로, 지방의회 의결에 대하여 지방자치단체 장이 재의요구를 하였다 해도 지방의회가 재의결을 하기 전까지는 재의요구를 철회할 수 있다(헌재 2013.9.26. 2012헌라1). 지방의회 사무직원을 그 지방자치단체의 장이 임명하도록 한 규정은 우리 지방자치의 현황 등에 근거하여 지방의회 사무직원의 인력수급 및 운영 방법을 최대한 효율적으로 규율하고 있으므로, 지방자치단체 내 지방의회와 지방자치단체의 장 사이의 상호견제와 균형의 원리를 침해한다거나 지방자치제도의 본질적 내용을 침해한다고 볼 수 없다(헌재 2014.1.28. 2012헌바216).

3. 지방자치단체의 장

3.1 지방자치단체의 장의 의의

지방자치단체의 장은 지방자치단체를 대표하고, 사무를 총괄하며(지방자치법 제93조, 제101조), 그 소속직원의 지휘·감독·임면·교육·훈련·징계 등을 처리하는(제105조) 집행기관이다. 지방자치단체의 장의 조직·구성은 헌법(제118조 제2항)에 근거한 지방자치법(제6장 제1절 제93조이하)에서 규정한다. 지방자치법과 공직선거법에 따라 특별시에 특별시장, 광역시에 광역시장, 특별자치시에 특별자치시장, 도와 특별자치도에 도지사, 시에 시장, 군에 군수, 자치구에 구청장을 둔다(지방자치법 제93조). 국회의원(제41조 제1항), 대통령(제67조 제1항) 선출에는 헌법이 직접 보통·평등·직접·비밀선거 원칙을 명문화하고, 지방의회의원 선출은 '지방의회의 … 의원 '선거' …에 관한 사항은 법률로 정한다'(제118조 제2항) 하여 선거를 통해야 함을 정하고 구체적 방법, 내용은 법률에 유보하여 헌법 제24조가 보장하는 기본권임을 분명히 하는 반면, '… 지방자치단체의 장의 '선임방법' …에 관한 사항은 법률로 정한다'(제118조 제2항)라고만 규정하는바, 지방자치제는 헌법상 제도적 보장이며, 지방자치는 지방자치단체가 독자적 자치기구를 설치해서 그 자치단체 고유사무를 국가기관 간섭 없이 스스로 책임 아래 처리함을 의미하므로, 지방자치단체의 대표인 단체장은 지방의회의원과 마찬가지로 주민의 자발적 지지에 기초한 선거를 통해 선출되어야 함은 지방자치제도의 본질에서 당연히 도출되는 원리다(헌재 1994.8.31. 92헌마126; 1994.8.31. 92헌마174 참조). 따라서 지방자치단체의 장 선거권 역시 다른 선거권과 마찬가지로 헌법 제24조에 의해 보호되는 헌법상의 권리로 인정하여야 할 것이다(헌재 2016.10.27. 2014헌마797).

3.2 지방자치단체의 장의 선출

지방자치단체의 장은 주민의 보통·평등·직접·비밀선거에 따라(제94조), 피선거권이 있는 25세 이상의 입후보자 중에서(공직선거법 제16조 제3항) 4년임기로 선출한다. 계속재임은 3기(통산 12년)에 한한다(지방자치법 제95조). 지방자치제도는 제도적 보장의 하나로서, 기본권 보장은 '최대한 보장의 원칙'이 적용됨에 반하여, 제도적 보장은 그 본질적 내용을 침해하지 않는 범위 안에서 입법자에게 제도의 구체적 내용과 형태의 형성권을 폭넓게 인정한다는 의미에서 '최소한 보장의 원칙'이 적용되기에, 현직 자치단체장 3기 초과연임을 제한해도 주민자치의 본질적 기능을 침해하여 주민자치를 과도하게 제한함으로써 입법형성의 한계를 벗어났다 할 수 없다(헌재 2006.2.23. 2005헌마403). 지방자치단체의 장 선거에서 후보자등록 마감시간까지 후보자 1인만이 등록한 경우 투표를 실시하지 않고 그 후보자를 당선인으로 결정하도록 하는 공직선거법 조항은 기본권을 침해하지 않는다. 선거의 기능, 유권자의 자유로운 정치적 의사표현의 기회, 당선자의 민주적 정당성, 지방자치 제도의 본질과 정당성 등을 훼손하지 않는 입법자의 입법형성권의 범위 안에 있다(헌재 2016.10.27. 2014헌마797).

3.3 지방자치단체의 부단체장

지방자치단체의 보조기관인 부단체장은 임명직이다(제110조 제2·3항). 장을 보좌하여 사무를 총괄하고 소속직원을 지휘·감독하며 장의 사고시 직무를 대리한다(제5·6항).

[三] 지방자치단체의 권한

1. 자치사무처리권

1.1 지방자치권의 헌법규정과 자치사무처리권

헌법 제117조 제1항 '지방자치단체는 주민의 복리에 관한 사무를 처리하고 재산을 관리하며, 법령의 범위 안에서 자치에 관한 규정을 제정할 수 있다' 함은 지방자치의 제도적 보장으로서 지방자치단체에 법령의 범위 내에서 자신의 지역에 관련된 여러 사무를 자신의 책임하에 수행할 수 있는 지방자치권을 보장하는 것이다. 이와 함께 제118조에서 제도적보장의 하나로 보장하는 지방자치제의 본질적 내용은 자치단체의 보장, 자치기능의 보장, 자치사무의 보장이다.

1.2 지방자치권의 본질적 사항인 자치사무처리권

지방자치단체는 주민복리에 관한 고유사무를 자기책임 하에 처리하는 자치사무처리권(자치조직권, 자치인사권 등이 포함), 재산을 관리하며 법령의 범위 안에서 재정고권과 조세고권을 행사할 수 있는 자치재정권, 법령 범위 안에서 자치에 관한 규정(조례·규칙)을 제정할 수 있는 자치입법권 등의 지방자치권을 지닌다. 특히 자치사무는 지방자치단체가 법령의 범위 안에서 그 처리 여부와 방법을 자기책임 아래 결정할 수 있는 사무로서 지방자치권의 최소한의 본질적 사항이므로, 지방자치단체의 자치권을 보장한다면 최소한이 같은 자치사무의 자율성만은 침해해서는 안된다.

1.3 자치사무처리권과 고유사무와 위임사무

지방자치단체의 자치사무는 주민의 복리에 관한 고유사무, 국가의 위임에 의한 위임사무 등이 있다. 위임사무에는 법령에 의하여 지방자치단체에 속하는 사무인 단체위임사무, 국가 또는 광역자치단체가 지방자치단체의 장에게 위임한 기관위임사무 등이 있다(지방자치법 제9조, 제10조). 국가는 고유사무의 사후적·합법성 감독, 위임사무에는 합목적성 감독도 할 수 있다. 국회는 고유사무·단체위임사무에 대해서는 국정감사는 할 수 없으나 기관위임사무에는 허용된다(대법원 1995.12.22. 95추32). 지방자치단체가 관할 해역에 대하여 가지는 어업면허사무는 자치사무에 속한다(헌재 2015.7.30. 2010헌라2).

2. 자치재정권

2.1 자치재정권의 의의

헌법 제117조 제1항 '지방자치단체는 주민의 복리에 관한 사무를 처리하고 재산을 관리하며 법령의 범위 안에서 자치에 관한 규칙을 제정할 수 있다' 하는(독일기본법은 지방자치권(제28조 제2항 1문)과 지방재정고권(제3문)을 별개 규정에서 정한다) 자치재정권은 지방자치단체가 재정경제를 자율적으로 형성할 수 있는 재정고권으로서 법률이 정한 예산체계 범위 안에서 수입·지출에 관한 경영을 자기책임 하에 할 수 있는 권능이다. 자치재정권의 제도적 보장으로, 지방자치단체의 기능 수행에 필요한 재원 확보 및 구체적 집행·지출의 공경제적 작용 등이 가능케 된다. 지방자치단체의 자치재정권은 법률에 규정된 범위 내의 보장이므로, 법률의 규정에 의해서 비로소 특정한 조세 등 수입원을 보장받을 권한이 생기며, 어떤 종류의 조세를 어떤 기관에 귀속시킬 것인가 하는 문제는 국가정책적 결정사항이기에, 입법자는 헌법 제59조에 근거하여 국가가 국민에게 어떠한 종류의 조세를 부과할 것인지 등을 결정할 권한이 있고 이러한 입법자의 결단은 지나치게 자의적인 것이 아닌 한 존중되어야 한다.

지방자치단체의 재정고권 지방자치단체는 재정고권에 의해서 행정목적달성과 공익상 필요한 경우 재산을 보유하거나 특정한 자금운용을 위한 기금을 설치할 수 있다(지방자치법 제142조). 주민복지증진을 위한 공공시설 설치(제144조)는 지방교부세법, 지방양여금법, 지방양여금관리특별회계법, 조세고권 등으로 뒷받침된다. 이 밖에도 주민에 대한 지방세부과(제135조), 공공시설의 이용 또는 재산사용에 대한 사용료부과(제136조), 특정인을 위한 사무에의 수수료부과(제137조), 공공시설설치로 인한 수익자로부터의 분담금징수(제138조) 등에 대한 고권행사 등이 재정고권으로 인정된다.

자치재정권 (정비사업시행으로 인하여 용도가 폐지되는 지방자치단체 소유의 정비기반시설은 그가 새로이 설치한 정비기반시설의 설치비용에 상당하는 범위 안에서 사업시행자에게 무상으로 양도된다 규정한 법률조항으로 인하여 사업시행자가 이중으로 과도한 특혜를 받았다 할 수 없어)지방자치단체의 자치재정권을 불합리하게 침해하였다 볼 수 없다. (지방자치단체는 주민의 복리를 위하여 존재하는 점을 고려할 때, 정비사업시행으로 해당 지방자치단체가 기존 정비기반시설에 대한 소유권을 상실하고, 신설되는 정비기반시설의 소유권이 관리책임이 있는 다른 지방자치단체에 귀속되는 결과가 발생하더라도)이러한 결과가 불합리하여 해당 지방자치단체의 자치재정권의 본질적 내용을 침해한다 볼 수 없어 헌법 제117조 제1항에 위반되지 아니한다(헌재 2009.5.28. 2007헌바80). (국가는 국가 재정이 소요되는 국고보조금과 지방교부세 외에 광역자치단체의 재원이 소요되는 조정교부금의 배분에 있어서 지방재정의 형평성 확보를 위해 필요한 경우 그 배분에 관여할 수 있기에), 광역지방자치단체 내에서 재정자립도가 상대적으로 높은 보통교부세 불교부단체에 대한 조정교부금 우선 배분 특례를 삭제한 이 사건 개정행위는 지방재정권의 본질적 침해라 보기 어렵고, (조정교부금은 지역 균형발전, 공공서비스 분배의 정의 등의 지방자치 이념인 실현을 위한 것인 점에서)1인당 세출예산액의 차이를 이유로 청구인들의 자치재정권의 본질이 침해되었다 보기는 어렵고, (이 사건 개정행위로 인하여 자치재정권이나 자치권한이 다소 제한을 받는다 하더라도)청구인들의 고유한 자치권한을 유명무실하게 할 정도의 지나친 제한이라 보기는 어렵고, 결국 청구인들의 자치재정권을 침해한다고 볼 수 없고, 이를 무효라고 할 수도 없다(헌재 2019.4.11. 2016헌라7).

2.2 자치수입권

자치재정권에서 자치수입권은 지방자치단체가 법령의 범위 내에서 자기책임 하에 그에 허용된 수입원으로부터 수입정책을 결정할 수 있는 권한이며 이에는 지방세·분담금 등의 공과금을 부과·징수할 수 있는 권한 등이 포함된다. 분담금 부과·징수가 자치재정권을 가진 지방자치단체의 지방의회의결에 따라 이루어지는 것은 지방의회는 선거를 통해서 그 지역적인 민주적 정당성을 지니고 있는 주민의 대표기관이라는 점에서 국가의사의 근본적 결정권한이 국민의 대표기관인 의회에 있다고 하는 의회민주주의의 원리에 배치되는 것이라고 할 수 없다. 특별시 관할구역 안에 있는 구의 재산세를 특별시 및 구세로 하여 특별시와 자치구가 100분의 50씩 공동과세하고, 특별시분 재산세 전액을 관할구역 안의 자치구에 교부하도록 하여 區의 수입 감소로 자치재정권이 유명무실하게 될 정도로 지나친 제한이어서 본질적 내용을 침해한다 볼 수 없는 한, 그 법률조항을 제정한 국회의 행위는 정당한 것이어서 헌법상 보장된 지방자치권을 침해하지 않는다(헌재 2010.10.28. 2007헌라4).

2.3 자치지출권

자치지출권은 지방자치단체가 그의 재정수단을 예산의 범위 내에서 그의 업무수행을 위해 자기책임 하에 지출·사용할 수 있는 권한이다. 이는 지방세법, 지방재정법, 지방공기업법 등의 법률에 의하여 형성되고 제한을 받는다(헌재 2010.10.28. 2007헌라4). 자치분담금 납부의무자들은 '지방자치단체의 재산 또는 공공시설의 설치로 특히 이익을 받는 주민'들이며, 수익을 받는 자가 비용을 부담하는 형평성, 분담금은 받는 이익을 한도로 하는 점 등에 비추어, 주민부담의 형평이라는 공익이 제한되는 재산권에 비해 결코 작다 할 수 없어 재산권의 과도한 제한이 아니다(헌재 2011.4.28. 2009헌바167).

3. 자치입법권

3.1 자치입법제정권

헌법 제117조 제1항 '지방자치단체는 주민의 복리에 관한 사무를 처리하고 재산을 관리하며 법령의 범위 안에서 자치에 관한 규칙을 제정할 수 있다' 함은 지방자치단체에 대한 자치입법권의 수권규정으로서 지방자치단체의 자치에 관한 규정인 조례, 규칙(지방자치법 제3장 제22조이하 참조), 교육규칙(지방교육자치에관한법률 제20조 제4항, 제25조 등) 등의 제정권이다. 헌법 제117조 제1항의 '법령'에 법률 이외에 헌법 제75조와 제95조 등에 의거한 대통령령, 총리령, 부령과 같은 법규명령이 포함되지만, 법령의 직접적 위임에 따라 수임행정기관이 그 법령 시행에 필요한 구체적 사항을 정한 것이면 그 제정형식이 비록 법규명령이 아닌 고시, 훈령, 예규 등과 같은 행정규칙이라도 그것이 상위법령의 위임한계를 벗어나지 아니하는 한 상위법령과 결합하여 대외적인 구속력을 갖는 법규명령으로서 기능하게 된다고 보아야 하므로(헌재 1992.6.26. 91헌마25), 이 조항에서의 '법령'에는 법규명령으로서 기능하는 행정규칙이 포함된다(헌재 2002.10.31. 2001헌라1). 지방자치단체가 자치조례를 제정할 수 있는 사항은 지방자치단체의 고유사무인 자치사무, 개별법령에 의하여 지방자치단체에 위임된 단체위임사무에 한한다(지방자치법 제9조~제11조). 국가사무가 지방자치단체의 장에게 위임된 기관위임사무는 지방자치단체의 장에게 위임한 사무이므로 자치조례 제정 대상에서 제외된다(대법원 2000.5.30. 99추85). 다만, 기관위임사무도 그에 관한 개별법령에서 일정한 사항을 조례로 정하도록 위임하고 있는 경우에는 개별법령의 취지에 부합하는 범위 내에서 이른바 위임조례를 제정할 수 있다(대법원 1995.12.22. 95추32).

조례의 지역성 법률조항이 규정하는 분담금 부과·징수가 자치재정권을 가진 지방자치단체의 지방의회 의결에 따라 이루어지더라도, 지방의회는 선거를 통해서 그 지역적인 민주적 정당성을 지니는 주민의 대표기관인 점에서 국가의사의 근본적 결정권한이 국민의 대표기관인 의회에 있다는 의회민주주의 원리에 배치되는 것이라 할 수 없다(헌재 2011.4.28. 2009헌바167). 조례에 의한 규제가 지역여건이나 환경 등 그 특성에 따라 다르게 나타나는 것은, 헌법이 지방자치단체의 자치입법권을 인정한 이상 당연히 예상되는 결과이므로, 자신들이 거주하는 지역의 학원조례조항으로 인하여 다른 지역 주민들에 비하여 더한 규제를 받게 되었다 하여 평등권이 침해되었다 볼 수는 없다(헌재 2016.5.26. 2014헌마374). '행정자치부장관이 정하는 범위'는 '법규명령으로 기능하는 행정규칙에 의하여 정하여지는 범위'를 가리키고, 법규명령이 아닌 단순한 행정규칙에 의하여 정하여지는 것은 포함되지 않는다 해석되므로, 헌법 제117조 제1항 위반이 아니다(헌재 2002.10.31. 2001헌라1).

3.2 자치입법권의 한계

헌법 제117조 제1항 및 이에 따른 지방자치법 제15조 '지방자치단체는 법령의 범위 안에서 그 사무에 관하여 조례를 제정할 수 있다. 다만, 주민의 권리제한 또는 의무부과에 관한 사항이나 벌칙을 정할 때에는 법률의 위임이 있어야 한다' 함은 조례도 입법사항을 정할 수 있지만 다만 대통령령의 경우는 헌법 제75조에서 위임의 구체적 방법까지 명시하나, 조례는 조례제정권자인 지방의회는 선거를 통해서 그 지역적인 민주적 정당성을 지니는 주민의 대표기관이고, 헌법이 지방자치단체에 포괄적 자치권을 보장하는 취지로 볼 때 조례에 대한 법률의 위임은 반드시 구체적으로 범위를 정하여 할 필요가 없으며 포괄적으로도 가능하지만(헌재 2008.5.29. 2006헌바78; 1995.4.20. 92헌마264) 다만 주민의 권리제한 또는 의무부과에 관한 사항이나 벌칙을 정할 때에는 구체적·개별적인 법률의 위임이 있어야 한다(헌재 2011.4.28. 2009헌바167). 법률유보원칙은 '법률에 의한 규율'만 아니라 '법률에 근거한 규율'을 요청하기에, 기본권제한 역시 형식적 법률유보원칙에 한정하여 반드시 법률의 형식을 요구할 필요는 없고, 그 제한의 근거법률을 준수하면 된다. 규칙은 지방자치단체의 장이 법령 또는 조례가 위임한 범위 안에서 그 권한에 속하는 사무에 관하여 제정하는 자치규정이며(제23조), 시·군·및 자치구의 규칙은 시·도의 조례나 규칙을 위반하여서는 아니 된다(제24조).

조례와 법률유보, 의회유보 법률이 자치적 사항을 공법적 단체의 정관으로 정하도록 위임한 경우 헌법 제75조, 제95조 포괄위임입법금지는 적용되지 않는바(헌재 2001.4.26. 2000헌마122), 포괄적 위임입법금지는 법규적 효력을 가지는 행정입법제정이 주된 대상이기에, 법률이 행정부가 아니거나 행정부에 속하지 않는 공법적 기관의 정관에 특정 사항을 정할 수 있다고 위임하면 권력분립원칙 훼손 여지가 없고, 이는 자치입법영역이므로 자치적으로 정하는 것이 바람직하지만 그 사항이 국민의 권리·의무에 관련되는 것일 경우에는, 적어도 국민의 권리와 의무의 형성에 관한 사항을 비롯하여 국가의 통치조직과 작용에 관한 기본적이고 본질적 사항은 반드시 국회가 정하여야 한다(헌재 1998.5.28. 96헌가1)는 법률유보, 의회유보의 원칙이 지켜져야 한다(헌재 2006.3.30. 2005헌바31). 이 사건 법률조항은 '지방자치단체'는 '재산 또는 공공시설의 설치로 인하여' '주민의 일부'가 '특히 이익을 받는 경우'에는 '이익을 받는 자'로부터 그 '이익의 범위 안'에서 징수한다 함으로써 분담금 부과와 징수 주체, 부과 요건과 한계에 관한 내용을 직접 규정하고 있으므로, 분담금 징수와 관련한 재산권 제한의 본질적인 사항에 관하여 국회가 직접 결정하고 있어, 법률유보원칙에 위배된다 할 수 없다(헌재 2011.4.28. 2009헌바167).

3.3 자치입법권의 통제

지방자치단체는, 입법권이 국회에 있어도(헌법 제40조), 조례제정권 자체는 헌법이 인정하고 주민의 대의기관인 지방의회의 의결로 성립하므로, 고유사무는 법령의 개별적 금지가 없는 한 제정할 수 있다. 법령의 개별적 금지가 없다 함은, 당해 사항을 규율할 국가의 법령이 없고 법상 공백상태에 있는 사항이든지 법령의 규제의 범위 밖에 있는 사항 또는 국가의 법령과 다른 목적으로 규제하는 사항 등이다. 다만, 법률에 의하여 통일적으로 처리되어야 할 사항에는 그러하지 못하다(대법원 1992.6.23. 92추17). 지방의회는 선거를 통해서 지역적인 민주적 정당성을 가지는 주민의 대표기관이고, 헌법이 지방자치단체에 포괄적 자치권을 보장한 취지로 볼 때, 조례에 대한 법률의 위임은 법규명령에 대한 법률의 위임 같이 반드시 구체적으로 범위를 정하여 할 필요가 없으며 포괄적인 것으로 족하다(헌재 1995.4.20. 92헌마264등). 자치입법권인 기초자치단체 조례는 광역자치단체의 조례에 위반해서는 아니된다(제24조). 지방의회 조례제정권은 지방자치단체 장의 재의요구권(제26조 제3항)과 제소권 등에 의하여 통제된다(제172조). 조례는 법규이기에 조례로 직접, 현재 자기의 기본권이 침해당한 자는 그 조례를 대상으로 헌법소원심판을 청구할 수 있다(헌재 1995.4.20. 92헌마264등).

자치입법권 시·도지사의 권한은 시·도의 조례가 정하는 바에 따라 시장·군수 또는 구청장에게 위임할 수 있도록 한 것은 헌법에 위반되지 않는다. 대통령령의 경우는 헌법 제75조에서 위임의 구체적인 방법까지 명시하고 있음에 반하여 조례에 대하여는 이를 명시적으로 규정하고 있지 않고 있고, 또 조례의 제정권자인 지방의회는 선거를 통해서 그 지역적인 민주적 정당성을 지니고 있는 주민의 대표기관이고, 헌법이 지방자치단체에 대해 포괄적인 자치권을 보장하고 있는 취지로 볼 때 조례제정권에 대한 지나친 제약은 바람직하지 않으므로 조례에 대한 법률의 위임은 반드시 구체적으로 범위를 정하여 할 필요가 없으며 포괄적으로도 가능하므로 이 사건 법률조항이 포괄위임금지의 원칙에 위배되지 아니하여 위임입법의 한계를 일탈한 것이라고 할 수 없다(헌재 2012.11.29. 2012헌바97; 2008.5.29. 2006헌바78).

Ⅲ. 평화국가의 헌법제도

[一] 국제관계에서의 평화국가

1. 평화국가와 분쟁의 평화적 해결

국가간 평화보장은 집단적 안전보장의 체제로 무력의 행사를 금지시키는 경우와 분쟁의 평화적 해결의 방식이 있다. 국제연합헌장에 의하면, 모든 회원국은 국제분쟁을 국제평화와 안전, 정의를 위태롭게 하지 아니하는 방식으로 평화적 수단에 의하여 해결한다(제2조 제3항). 어떠한 분쟁도 그 계속이 국제평화와 안전의 유지를 위태롭게 할 우려가 있는 경우, 분쟁당사자는 우선 교섭·심사·중개·조정·중재재판·사법적 해결·지역적 기관 또는 지역적 약정의 이용 또는 당사자가 선택하는 다른 평화적 수단에 의한 해결을 구한다. 안전보장이사회는 필요하다고 인정하는 경우 당사자에 대하여 분쟁을 평화적 수단에 의하여 해결하도록 요청한다(제6장 분쟁의 평화적 해결 제33조). 국제연합회원국은 어떠한 분쟁에 관하여도 또는 어떠한 사태에 관하여도 안전보장이사회 또는 총회의 주의를 환기할 수 있다(제35조). 분쟁당사자는, 제33조에 규정된 수단에 의하여 분쟁을 해결하지 못하는 경우, 이를 안전보장이사회에 회부한다. 안전보장이사회는 분쟁의 계속이 국제평화와 안전의 유지를 위태롭게 할 우려가 실제로 있다고 인정하는 경우 제36조에 의하여 조치를 취할 것인지 또는 적절하다고 인정되는 해결조건을 권고할 것인지를 결정한다(제37조).

2. 유엔 안전보장이사회의 평화적 해결

유엔 안전보장이사회는 평화에 대한 위협, 평화의 파괴 또는 침략행위의 존재를 결정하고, 국제평화와 안전을 유지하거나 이를 회복하기 위하여 권고하거나, 어떠한 조치를 취할 것인지를 결정한다(제7장 평화에 대한 위협, 평화의 파괴 및 침략행위에 관한 조치 제39조). 사태의 악화를 방지하기 위하여 안전보장이사회는 제39조에 규정된 권고를 하거나 조치를 결정하기 전에 필요하거나 바람직하다고 인정되는 잠정조치에 따르도록 관계당사자에게 요청할 수 있다. 안전보장이사회는 그의 결정을 집행하기 위하여 병력의 사용을 수반하지 아니하는 어떠한 조치를 취하여야 할 것인지를 결정할 수 있으며, 국제연합회원국에 대하여 그러한 조치를 적용하도록 요청할 수 있다. 이 조치는 경제관계 및 철도·항해·항공·우편·전신·무선통신 및 다른 교통통신수단의 전부 또는 일부의 중단과 외교관계의 단절을 포함할 수 있다(제41조). 안전보장이사회는 제41조에 규정된 조치가 불충분할 것으로 인정하거나 또는 불충분한 것으로 판명되었다고 인정하는 경우에는, 국제평화와 안전의 유지 또는 회복에 필요한 공군·해군 또는 육군에 의한 조치를 취할 수 있다. 그러한 조치는 국제연합회원국의 공군·해군 또는 육군에 의한 시위·봉쇄 및 다른 작전을 포함할 수 있다(제42조). 국제평화와 안전의 유지에 공헌하기 위하여 모든 국제연합회원국은 안전보장이사회의 요청에 의하여 그리고 1 또는 그 이상의 특별협정에 따라, 국제평화와 안전의 유지 목적상 필요한 병력·원조 및 통과권을 포함한 편의를 안전보장이사회에 이용하게 할 것을 약속한다(제43조). 안전보장이사회는 무력을 사용하기로 결정한 경우 이사회에서 대표되지 아니하는 회원국에게 제43조에 따라 부과된 의무의 이행으로서 병력의 제공을 요청하기 전에 그 회원국이 희망한다면 그 회원국 병력 중 파견부대의 사용에 관한 안전보장이사회의 결정에 참여하도록 그 회원국을 초청한다(제44조). 국제연합이 긴급한 군사조치를 취할 수 있도록 하기 위하여, 회원국은 합동의 국제적 강제조치를 위하여 자국의 공군파견부대를 즉시 이용할 수 있도록 유지한다(제45조). 병력사용계획은 군사참모위원회의 도움을 얻어 안전보장이사회가 작성한다(제46조).

3. 평화국가와 분쟁해결기관

3.1 유엔 안전보장위원회와 군사참모의원회

국제평화와 안전의 유지를 위한 안전보장이사회의 군사적 필요, 안전보장이사회의 재량에 맡기어진 병력의 사용 및 지휘, 군비규제 그리고 가능한 군비축소에 관한 모든 문제에 관하여 안전보장이사회에 조언하고 도움을 주기 위하여 군사참모위원회를 설치한다. 군사참모위원회는 안전보장이사회 상임이사국의 참모총장 또는 그의 대표로 구성된다. 군사참모위원회는 안전보장이사회 하에 안전보장이사회의 재량에 맡기어진 병력의 전략적 지도에 대하여 책임을 진다. 유엔헌장의 어떠한 규정도 국제연합회원국에 대하여 무력공격이 발생한 경우, 안전보장이사회가 국제평화와 안전을 유지하기 위하여 필요한 조치를 취할 때까지 개별적 또는 집단적 자위의 고유한 권리를 침해하지 아니한다(제51조).

3.2 국제중재재판과 상설중재재판소

국제중재재판 Arbitration은 국가간 분쟁해결절차로서 '국제분쟁의 평화적 해결을 위한 협약'(Convention for the Pacific Settlement of International Disputes 1907.10.18. 헤이그 체결, 발효일 2000.2.21)의 외교적 방식과 달리 당사자에게 분쟁의 구속력 있는 결정을 목적으로 한다. 상설중재재판소는 분쟁당사국이 특별법정을 설립하기로 합의하는 경우를 제외하고는 모든 중재사건에 대하여 관할권을 가진다(제42조). 판정의 해석과 집행에 관하여 분쟁당사국간에 야기되는 모든 분쟁은 별도의 규정이 없는 한 당해 판정을 선고한 법정에 회부된다(제82조). 체약국은 간이절차를 허용하여 분쟁에 관한 중재재판의 운용을 용이하게 하기 위하여, 다른 규정이 없을 때에 적용할 수 있는 다음의 규칙을 정하며, 이 규칙과 저촉되지 아니하는 제3절의 규정은 그대로 적용한다(제4절 간이중재 재판절차 제86조).

3.3 국제사법재판소

국제연합헌장 및 국제사법재판소규정'(Charter of the United Nations and Statute of the International Court of Justice (UN, ICJ) 발효일 1991.9.18 다자조약 제1059호, 1991.9.24.)은 국제연합의 주요한 사법기관으로서 국제사법재판소를 설립한다. 국가만이 재판소에 제기되는 사건의 당사자가 될 수 있다. 재판소의 관할은 당사자가 재판소에 회부하는 모든 사건과 국제연합헌장 또는 현행의 제조약 및 협약에서 특별히 규정된 모든 사항에 미친다. 재판소규정의 당사국은 다음 사항에 관한 모든 법률적 분쟁에 대하여 재판소의 관할을, 동일한 의무를 수락하는 모든 다른 국가와의 관계에 있어서 당연히 또한 특별한 합의 없이도, 강제적인 것으로 인정한다는 것을 언제든지 선언할 수 있다. 가. 조약의 해석, 나. 국제법상의 문제, 다. 확인되는 경우, 국제의무의 위반에 해당하는 사실의 존재, 라. 국제의무의 위반에 대하여 이루어지는 배상의 성질 또는 범위. 상설국제사법재판소규정 제36조에 의하여 이루어진 선언으로서 계속 효력을 가지는 것은, 재판소규정의 당사국사이에서는, 이 선언이 금후 존속하여야 할 기간 동안 그리고 이 선언의 조건에 따라 재판소의 강제적 관할을 수락한 것으로 본다. 재판소가 관할권을 가지는지의 여부에 관하여 분쟁이 있는 경우에는, 그 문제는 재판소의 결정에 의하여 해결된다(제36조). 현행의 조약 또는 협약이 국제연맹이 설치한 재판소 또는 상설국제사법재판소에 어떤 사항을 회부하는 것을 규정하고 있는 경우에 그 사항은 재판소규정의 당사국사이에서는 국제사법재판소에 회부된다(제37조). 재판소는 재판소에 회부된 분쟁을 국제법에 따라 재판하는 것을 임무로 하며, 다음을 적용한다. 가. 분쟁국에 의하여 명백히 인정된 규칙을 확립하고 있는 일반적인 또는 특별한 국제협약, 나. 법으로 수락된 일반관행의 증거로서의 국제관습, 다. 문명국에 의하여 인정된 법의 일반원칙, 라. 법칙결정의 보조수단으로서의 사법판결 및 제국의 가장 우수한 국제법학자의 학설. 다만, 제59조의 규정에 따를 것을 조건으로 한다. 이 규정은 당사자가 합의하는 경우에 재판소가 형평과 선에 따라 재판하는 권한을 해하지 아니한다(제38조). 재판소는 국제연합헌장에 의하여 또는 이 헌장에 따라 권고적 의견을 요청하는 것을 허가받은 기관이 그러한 요청을 하는 경우에 어떠한 법률문제에 관하여도 권고적 의견을 부여할 수 있다(제4장 권고적 의견 제65조).

[二] 국제관계에서의 외교관계

1. 외교관계의 의의 · 성립 · 내용

'외교관계에 관한 비엔나협약'(Vienna Convention on Diplomatic Relations 발효일 1971.1.27. 제1조)상 국가간 외교관계 및 영사관계는 국가간의 우호관계의 발전에 기여하며 평화공존을 도모한다. 공관장은 파견국이 그 같은 자격으로 행동할 임무를 부여한 자이다. 공관원은 공관장과 공관직원이다. 공관직원은 공관의 외교직원, 행정 및 기능직원, 노무직원이다. 외교직원은 외교관의 직급을 가진 공관직원이다. 외교관은 공관장이나 공관의 외교직원이다. 행정 및 기능직원은 공관의 행정 및 기능업무에 고용된 공관직원이다. 노무직원은 공관의 관내역무에 종사하는 공관직원이다. 개인사용인은 공관직원의 가사에 종사하며 파견국의 피고용인이 아닌 자이다. 공관지역은 소유자 여하를 불문하고 공관장의 주거를 포함하여 공관의 목적으로 사용되는 건물과 건물의 부분 및 부속토지이다(제1조). 국가간 외교관계의 수립 및 상설 외교공관의 설치는 상호합의에 의하여 이루어진다(제2조). 파견국은 공관장으로 파견하고자 제의한 자에 대하여 접수국의 아그레망*agreement*이 부여되었음을 확인하여야 한다. 접수국은 아그레망을 거절한 이유를 파견국에 제시할 의무를 지지 아니한다(제4조). 접수국은 언제든지 그리고 그 결정을 설명할 필요 없이 공관장이나 또는 기타 공관의 외교직원이 '불만한 인물'*PERSONA NON GRATA*이며, 또는 기타의 공관직원을 '받아들일 수 없는 인물'이라고 파견국에 통고할 수 있다. 이와 같은 경우에, 파견국은 적절히 관계자를 소환하거나 또는 그의 공관직무를 종료시켜야 한다. 접수국은 누구라도 접수국의 영역에 도착하기 전에 '불만한 인물' 또는 '받아들일 수 없는 인물'로 선언할 수 있다(제9조).

2. 외교관계의 내용

공관지역은 불가침이다. 접수국의 관헌은 공관장의 동의 없이는 공관지역에 들어가지 못한다. 접수국은 어떠한 침입이나 손해에 대하여도 공관지역을 보호하며, 공관의 안녕을 교란시키거나 품위의 손상을 방지하기 위하여 모든 적절한 조치를 취할 특별한 의무를 가진다. 공관지역과 동 지역 내에 있는 비품류 및 기타 재산과 공관의 수송수단은 수색, 징발, 차압 또는 강제집행으로부터 면제된다(제22조). 파견국 및 공관장은 특정 용역의 제공에 대한 지불의 성격을 가진 것을 제외하고는, 소유 또는 임차여하를 불문하고 공관지역에 대한 국가, 지방 또는 지방자치단체의 모든 조세와 부과금으로부터 면제된다(제23조). 공관의 문서 및 서류는 어느 때나 그리고 어느 곳에서나 불가침이다(제24조). 접수국은 공용을 위한 공관의 자유로운 통신을 허용하며 보호하여야 한다. 공관의 공용통신문은 불가침이다. 공용 통신문이라 함은 공관 및 그 직무에 관련된 모든 통신문을 의미한다. 외교행낭은 개봉되거나 유치되지 아니한다(제27조). 공관이 자신의 공무를 수행함에 있어서 부과한 수수료와 요금은 모든 부과금과 조세로부터 면제된다(제28조). 외교관의 신체는 불가침이다. 외교관은 어떠한 형태의 체포 또는 구금도 당하지 아니한다(제29조). 외교관의 개인주거는 공관지역과 동일한 불가침과 보호를 향유한다(제30조). 외교관은 접수국의 형사재판 관할권으로부터의 면제를 향유한다. 외교관은 일정한 경우를 제외하고는, 접수국의 민사 및 행정재판 관할권으로부터의 면제를 향유한다. 외교관은 증인으로서 증언을 행할 의무를 지지 아니한다. 또한 일정한 경우를 제외하고는, 외교관에 대하여 여하한 강제 집행조치도 취할 수 없다. 접수국의 재판관할권으로부터 외교관을 면제하는 것은 파견국의 재판관할권으로부터 외교관을 면제하는 것은 아니다(제31조). 접수국은 외교관에 대하여 모든 인적역무와 종류 여하를 불문한 일체의 공공역무 및 징방, 군사상의 기부 그리고 숙사제공 명령에 관련된 군사상의 의무로부터 면제하여야 한다(제35조). 접수국은 무력충돌의 경우에라도, 접수국의 국민이 아닌 자로서 특권과 면제를 향유하는 자와 국적에 관계없이 이러한 자의 가족이 가능한 한 조속히 퇴거할 수 있도록 편의를 제공하여야 한다. 특히, 필요한 경우에는 그들 자신과 그들의 재산을 위하여 필요한 수송단을 수의로 사용할 수 있도록 제공하여야 한다(제44조). 접수국은 본 협약의 조항을 적용함에 있어서 국가간에 차별을 두어서는 아니된다(제47조).

3. 영사관계의 의의 · 성립 · 내용

'영사관계에 관한 비엔나협약'(Vienna Convention on Consular Relations 발효일 1977.4.6.)은 영사관계는 고래로부터 제국민간에 확립되어 왔음을 상기하고, 국가의 주권평등, 국제평화와 안전의 유지 및 제국가간의 우호관계의 증진에 관한 국제연합 헌장의 목적과 원칙을 유념하며, 외교 교섭과 면제에 관한 국제연합 회의는 '외교관계에 관한 비엔나협약'을 채택하였음을 고려하며, 특권과 면제의 목적은, 개인에게 혜택을 부여함에 있지 아니하고, 각자의 국가를 대표하는 영사기관에 의한 기능의 효과적 수행을 확보함에 있음을 인식한다. 영사기관장은 총영사, 영사, 부영사, 영사대리의 계급으로 구분된다(제9조). 국가간 영사관계 수립은 상호동의에 의하여 이루어진다. 외교관계의 단절은 영사관계 단절을 당연히 포함하지 아니한다(제2조). 영사기능은 이 협약의 규정에 따라 외교공관에 의하여 수행된다(제3조). 영사기능은 국제법이 인정하는 범위 내에서 파견국의 이익과 개인 및 법인을 포함한 그 국민의 이익을 접수국내에서 보호하는 것. 접수국의 법령에 위배되지 아니할 것을 조건으로 공증인 및 민사업무 서기로서 또한 유사한 종류의 자격으로 행동하며, 또한 행정적 성질의 일정한 기능을 수행하는 것(제5조). 영사기관, 직업영사관원 및 기타의 영사기관원에 관한 편의, 특권 및 면제(제2장) 및 파견국의 영사관사와 문서 및 이익에 대한 비상시의 보호(제27조), 영사관사는 본조에 규정된 범위 내에서 불가침 등이다. 접수국의 당국은, 영사기관장 또는 그가 지정한 자 또는 파견국의 외교공관장의 동의를 받는 경우를 제외하고, 전적으로 영사기관의 활동을 위하여 사용되는 영사관사의 부분에 들어가서는 아니된다. '영사관계에 관한 비엔나협약'의 제 규정은, 문맥이 허용하는 한, 외교공관에의 영사기능의 수행에도 적용된다(제70조).

[三] 국제관계에서의 외교관계와 국제기구

1. 국제기구와 국제연합

국제기구는 국제법질서의 본질적 구성부분이다. 국제기구는 최소한 2개 이상의 주권국가의 국제법적 결합이며 고유의 임무수행이 위임되고 최소한 1개의 고유기관이 갖추어진 국제법주체이다. '조약법에 관한 비엔나협약'*Vienna Convention on the Law of Treaties*과 '국가와 국제기구간 또는 국제기구 상호간의 조약법에 관한 비엔나협약'*1986.3.21.*이 주로 규율한다. '국제연맹규약'*1919.6.28*, '국제연합헌장'*1945.10.24*, '국제연합헌장 및 국제사법재판소규정'(Charter of the United Nations and Statute of the International Court of Justice (UN, ICJ) 발효일 1991.9.18 다자조약 제1059호, 1991.9.24.) 등도 있다. 국제연합은 국제평화와 안전을 유지하고, 이를 위하여 평화에 대한 위협의 방지·제거 그리고 침략행위 또는 기타 평화의 파괴를 진압하기 위한 유효한 집단적 조치를 취하고 평화의 파괴로 이를 우려가 있는 국제적 분쟁이나 사태의 조정·해결을 평화적 수단에 의하여 또한 정의와 국제법의 원칙에 따라 실현한다(제1조). 기구는 모든 회원국의 주권평등 원칙에 기초한다. 모든 회원국은 그들의 국제분쟁을 국제평화와 안전 그리고 정의를 위태롭게 하지 아니하는 방식으로 평화적 수단에 의하여 해결한다(제2조). 국제연합의 주요기관은 총회·안전보장이사회·경제사회이사회·신탁통치이사회·국제사법재판소 및 사무국 등이다(제7조). 총회는 모든 국제연합회원국으로 구성된다(제9조). 총회의 각 구성국은 1개의 투표권을 가진다(제18조). 안전보장이사회는 15개 국제연합회원국으로 구성된다. 중화민국, 불란서, 소비에트사회주의공화국연방, 영국 및 미합중국은 안전보장이사회의 상임이사국이다. 국제사법재판소는 국제연합의 주요한 사법기관이다. 재판소는 유엔 헌장의 불가분의 일부를 이루며 부속된 규정인 상설국제사법재판소 규정에 따라 임무를 수행한다(제92조). 사무국은 1인의 사무총장과 기구가 필요로 하는 직원으로 구성한다. 사무총장은 안전보장이사회의 권고로 총회가 임명한다(제47조).

2. 유럽공동체EC's와 유럽연합European Union EU

'유럽연합'은 유럽공동체를 핵심으로 유럽합중국*United States of Europe*이라는 유럽 통합 이념의 실현을 위한 산물이다. '파리조약'이라 불리는 유럽석탄철강공동체 설립조약(European Coal and Steel Community ECSC 설립조약 1951.4.18.), 유럽경제공동체(European Economic Community EEC(마스트리히트 조약에 의해 유럽공동체European Community EC로 명칭 변경) · 유럽원자력공동체(European Atomic Energy Community EAEC)로마조약*1957.3.25.* 설립조약, 단일유럽의정서(Single European Act 1986.2.28.서명 1987.7.1. 발효) 등으로 '유럽연합'이라는 역내 시장을 1992.12.31.까지 이루고, 1992.2.7. 마스트리히트*Maastricht*에서 서명된 유럽연합조약인 마스트리히트 조약을 통한 1999.1.1. 경제 및 통화 동맹으로 완결되었다. 유럽연합은 유럽연방국은 아니다. 외교안보에서의 정부간 협력을 규정하는 법률관계만 갖고 국제법주체성은 갖지 않는다. 국제법주체성은 유럽연합의 중심인 유럽공동체*EC's*를 이루는 '유럽석탄철강공동체'*ECSC*, '유럽경제공동체'*EC*, '유럽원자력공동체'*EAEC* 등에 있다. 특히 유럽경제공동체 EC는 국내시장을 단일시장으로 통합시키는 목적을 갖고 공동체 내의 무역 장벽을 제거하는 시장의 자유에 있는 공동시장이다. 시장 평등으로 회원국의 보조금 등에 의한 경쟁의 조작을 금지하거나 조정을 하며 경쟁의 자유를 보장한다. EC's는 유럽공동체기관 합병조약*1965년*에 따라 공동기관에 의하여 수행된다. 유럽의회, 유럽사법재판소, EU이사회, 유럽위원회, 회계감사원, 경제사회평의회, 지역평의회 등이다. 유럽의회*European Parliament*는 ECSC, EC, EAEC 3개 공동체의 총회*Assembly* 명칭이 변경된 것이다. 유럽의회는 회원국에서 직접 5년 임기로 선출하는 606명의 대의원으로 구성된다(EC조약 제190조 제2항). 유럽의회는 입법에 관한 권한, 감독권, 예산확정권 등의 권한을 갖는다. EC이사회Council of European Union는 회원국 정부의 대표로 구성되며 이 보다 상위의 기관인 유럽이사회European Council가 국가원수나 정부수반 및 집행위원회 위원장 등으로 구성된다. 유럽사법재판소는 15명의 재판관으로 구성된다.

3. EU 기구

EU 기구는 'EU이사회'(EU 정상회의 및 각료이사회. EU 최고 입법 및 주요 정책 결정기구, EU집행위원회는 1인 집행위원장과 26명 집행위원(각국 1명 임기 5년) 집행기관), '유럽의회'EP(705명(직접선거 임기 5년) 회원국 인구비례로 의원수 결정. 출신국별 아닌 정치노선에 따라 정치그룹 구성. 입법, 예산 및 감독 기관 신규회원국 가입 등 주요사항 동의권, 법안 공동 결정권, 예산확정권, 집행위원장 선출, 집행위원 임명 동의 및 집행위에 대한 불신임권), '유럽사법재판소'CJEU(27명 법관(각국1명 임기 6년), EU 법규해석권 EU 조치의 적법여부판결권), '유럽회계감사원'ECA(27명 감사위원(각국1명, 임기 6년) EU 회계감사 유럽의회의 재정적 성격의 법안 입법시 의견 제출) 등이 있고, 위 5개기구의 보완 기관인 '유럽경제사회위원회'(경제사회문제에 대한 유럽시민사회의 입장 대변)(European Economic & Social Committee), '지역위원회'(지역적 다양성과 지역발전을 촉진)(Committee of the Regions), '유럽중앙은행'(유로권 통화정책 관리)(European Central Bank), '유럽옴부즈맨'(EU기구의 행정권 남용 견제)(European Ombudsman), '유럽투자은행'(EU 개발지원 프로그램 지원)(European Investment Bank) 등이 있다. EU 정상회의(European Council)는 EU 각국 정상들의 회의체에서 많은 주요 사안들이 정상회의를 통해 결정된다. EU이사회(Council of the European Union)는 EU 회원국 각 분야별 각료(장관)급이 참석하는 각료이사회이다. EU 주요정책 결정, 회원국 이해관계를 조정하는 정부간 협력체inter-governmental cooperation로서 유럽의회와 더불어 집행위 제안을 심의, 의결하는 최고의사결정기구, 공동외교안보정책 및 일부 내무, 사법분야에 이사회가 의사결정기구의 역할을 유지하고 회원국간 경제정책에 대한 광범위한 조정권을 행사하며, EU 정상회의가 제시한 가이드라인을 바탕으로 EU의 공동외교안보정책 수립 이행, 집행위가 편성, 제안한 예산안을 유럽의회와 공동으로 심의, 확정하며, 집행위에 대해 EU의 협정체결을 위한 협상개시 권한을 위임하고 최종적인 협정체결권을 행사한다. 집행위원회(European Commission)는 유럽통합 관련 조약을 수호하고 EU의 행정부 역할을 담당하며 각종 정책을 입안하고 EU 이익을 수호하는 유럽통합의 중심기구이다. 정책 및 법안의 제안과 개발, EU의 재정관리(유럽사회기금, 유럽농업지도 · 보장기금, 유럽지역 개발기금, 유럽개발기금, 결속기금 등 EU 5대 기금 관리 운영), EU 법의 수호, EU 법(지침, 결정, 규정)이 공동체 모든 영역에서 동일한 방식으로 준수되는지를 유럽사법재판소와 함께 감독, 긴급조치조항 운영권, 긴급수입제한 조치, 덤핑규제 등 긴급사안에 대해 이사회의 승인 없이 필요한 조치를 강구, 대표기능 및 협상자 역할, 집행위는 대외협상에서 EU를 대표, 이사회의 위임에 따라 외국과 대외협상을 수행하는 권한을 가지나 유럽대외관계청EEAS 신설로 대외적 대표기능은 축소된다. 유럽의회(The European Parliament)는 1952.9. 유럽석탄철강공동체의 총회Assembly로 스트라스부르에 설치, 1958.3. EEC 총회 및 EURATOM 총회와 통합, 1962.3. 유럽의회European Parliament로 개칭, 1979.6. 최초로 직접 보통선거에 의해 유럽의회의원 선출, 15개 회원국에서 동일한 비례대표제 선거방식 채택, 각 회원국에서 직접 보통선거로 선출된 임기 5년 705명 의원으로 구성, 각국 인구수에 비례하여 회원국별 의원 수 할당, 의장 1명, 부의장 14명, 5명 재무관으로 구성되는 임기 2년반 집행부Bureau와 각 정치그룹 대표가 참가하는 확대집행부로 집행부 구성, 외교 · 경제 · 금융 · 농업 · 개발 예산 등 22개 상임위원회, 이사회와 공동으로 입법안을 수정 · 거부할수 있는 공동결정권co-decision 등으로 그 권한은 1987년 단일의정서SEA, 1993년 마스트리히트조약, 1999년 암스테르담조약, 2003년 니스조약을 거치며 확대되었다. 2009년 리스본조약 발효를 계기로 이사회와 거의 동일한 권한 행사, 감독 통제권, 집행위원장 선출, 집행위원단 전체의 임명에 대한 승인 및 불신임권motion of censure 등을 갖는다. 유럽사법재판소(Court of Justice of the European Communities)

는 EU조약 및 제반 법률의 해석과 적용에 대한 판결을 통하여 EU법의 이행을 보장하는 역할을 담당하며, 각 회원국이 임명하는 28명의 법관과 법관의 업무를 조력하는 11명의 법무관으로 구성된다. 최상급심인 사법재판소는 3개 법원으로 구성된다. 하급심 기관은 EU 경쟁, 반덤핑 및 지적재산권 등에 대한 1차 심사를 담당하는 일반법원 및 EU 기관과 그 직원간 법적 분쟁사건을 다루는 행정법원으로 구성한다.

제3편

國憲論

Staatsrechtslehre

제 1 장

一般國家論

제1절 국가의 관념과 고전·중근세국가

Ⅰ. 국가의 관념

[一] 국가 관념의 국헌적 의의

1. 국가의 국헌적 관념

1.1 국가의 국헌적 의의

1.1.1 국가와 법의 인륜적 문명체

국가(國家 State · Nation · Country, Staat(獨), État(佛), Stato(伊))는 주권 · 국민 · 영토를 존립조건으로 성립하는(헌재 1989.4.17. 88헌마3 참조) 정치적 통일체(헌재 2015.4.30. 2014헌마621 참조)이자 국민공동체로 통합되는 규범적 인격체로서(헌재 2000.8.31. 97헌가12 참조) 인륜적 문명체의 사실상태를 전제로 하는 헌정적 국가 관념과 국가의 규범과학적 인식에 근거하는 국헌적 국가 관념의 통일적 실체이다. 국가의 헌정적 관념은 공동체 안전과 개인적 자유를 존재이유*raison d'Être*로 하는 인륜적 문명의 현상적 통일체이다. 또한 국가의 국헌적 관념은 국가의 공동체 안전과 개인적 자유의 보장을 위하여 공동체*Gemeinschaft* 국가이성(reason of state, raison d'État, Staatsräson, ragione di stato)인 헌법을 최고규범으로 하는 법질서의 규범력을 갖는 규범통일체인 동시에 공동체 영역과 영민領民의 지배를 위한 국제적 독립성의 주권적 강제력을 갖는 정치통일체*body politic*이다(The state is a political and geopolitical entity; the nation is a cultural and/or ethnic entity).[1] 국가에 있어서의 규범도 인륜적 문명체의 가치를 시공간적으로 공유하고 문명적 삶의 가치적 결단의 규범적 당위인 법*Recht*으로 귀결되는 점에서 국가와 법은 공히 국헌적 현상이라 할 것이다.

'국가'의 綴字的 관념 우리말 '나라'의 한자어 표기 '國'의 자원字源인 일정구역(凵 입벌릴 감, 위터진 입구) 안의(□ 에울 위) 강산(一 한 일)·백성(口 입 구)·권력(戈 창 과) 등은 한자 문화권의 동양적 국가 관념으로 비견되어 왔다. '나라'를 뜻하는 영미 state, 프랑스 état, 이탈리아 stato, 독일 Staat(국가 외에 지방*Provinz*, 영지*Landschaft*의 뜻도 있다) 등의 어원 'status'가 사물의 상태, 장소, 위계 등에서 '국가'로 쓰인 것은 근세의 국법학자 마키아벨리*Niccolò Machiavelli* 군주론*Il Principe, 1532* 등에서 시작한다.2) '국가' 관념에는 플라톤 'Politeia'의 '정치'의 국가, 플라톤의 'Nomoi', 아리스토텔레스 '니코마커스 윤리학' 등에서의 '법'의 국가 등이 있다. 정치의 국가는 정치적 통일체, 공권력 주체로서 정치적 국가 관념에 상당한다.3) 법의 국가는 King can do no wrong(왕은 악행을 행할 수 없다)의 King, 국가책임법(*Crown Proceedings Act 1947*)의 Crown 등이 표징하는 국가의 법적 관념이며, 게오르그 옐리네크*G.Jellinek*에 의하면 이때 국민은 권리주체로서 공법인인 국가의 구성요소를 이루면서 소극·적극·능동·수동적 지위를 갖는다.4)

진화론적 문명론인 생물진화론*Darwin* 및 사회진화론*Spencer*은 인간의 문명체는 미신과 주술에서 종교로, 종교에서 과학으로 진행돼 왔고 모든 사회는 동일한 발전 단계를 거친다. 주술기의 왕은 수확기에 죽었고 또한 죽임을 당했고 봄에 환생한다는 재탄생의 전설이 거의 모든 세계 신화의 중심을 이루며, 재탄생의 신화를 통해 인류는 공동체의 번성을 왕의 죽임에 의하는 잔인한 풍습에서 벗어나 도덕, 윤리, 종교적 가치를 얻는 문명체로서 진화하는 국가의 관념을 가져 오게 된다.

'황금가지'와 문명적 현상으로서의 국가 '황금가지'는 기원전 1500년경 중앙아시아에서 이란·인도로 이주한 인구어족에 속한 아리아인이 특정한 나무를 신성시하는 숭배 중에서도 주술이나 종교다운 의미에서 특별히 중시된 떡갈나무에 기생하는 나무에서 유래한다. 『황금가지』의 프레이저는■ "북이탈리아의 네미 호수 옆 '디아나의 숲'이라는 신성한 숲과 성소에 황금색 가지를 지닌 나무 한 그루를 칼을 든 남자가 밤낮없이 지키는 데, 그는 나무를 지키던 전임자를 살해하고 황금가지를 꺾은 후 사제가 될 수 있었으며, 그 또한 언젠가는 다른 자의 손에 의해 살해당할 운명이었다. 이 사제는 왕으로 불리기도 했다"로 시작하면서, 문명적 현상으로서의 국가의 탄생을 인류학적 문헌에 의하여 발견한다. 인간 정신은 본질적으로 유사하며 왕은 '죽고 부활하는'*symbolic cycle of life, death and rebirth* 신의 화신, 지구의 여신과 신비로운 결혼을 한 태양신이다. 주술은 인간의 복지를 위해 자연의 힘을 지배하려는 시도이며 왕권의 기원은 주술에 있다(제1장~제17장). 사제왕에 부여된 엄격한 터부는 그의 생명 원리인 영혼을 지키기 위한 것이다(제18장~제23장). 네미 숲의 왕이 왜 규칙적으로 살해되어야 했는가 하는 물음에, 왕의 쇠약은 곧 공동체의 쇠약을 초래한다는 관념 때문이다(제24장~제28장). 아도니스, 아티스, 오시리스 등에 관한 신화의 농경주술에서 죽음과 재생의 의례에 대해서(제29장~제44장) 신성하기에 살해됐다 다시 소생하는 신들은 매년 반복되는 식물세계의 죽음과 재생(제45장~제54장)을 상징한다(T.S.Eliot, 'The Waste Land'(1922)는 이에 영향을 받은 詩이다). 속죄양으로서 병약해진 왕을 추방하거나 살해하는 관습은 사회 전체의 죄악을 왕에게 전이함으로써 공동체 존속을 가능케 하기 위한 것이다(제55장~제60장). 황금가지(겨우살이) 안에 신적 생명 즉 사제왕의 생명이 함축되어 있기에 신성시된 것이다(제61장~제69장).

■ Sir James George Frazer(1854.1.1.~1941.5.7.), *The Golden Bough: A Study in Comparative Religion(retitled The Golden Bough: A Study in Magic and Religion* in its second edition)[First edition, 2 vols., 1890. (Vol. I, II), Second edition, 3 vols., 1900. (Vol. I, II, III), Third edition, 12 vols., 1906~15.(Volume 1(1906): *The Magic Art and the Evolution of Kings* (Part 1) 1920 (reprint)), 1937 edition: Aftermath: *A Supplement to the Golden Bough*, Abridged edition, 1 vol., 1922. This edition excludes Frazer's references to Christianity].. 제임스 조지 프레이저 저/역자 박규태, 『황금가지: 비교종교학 연구 제1권-제2권』(을유문화사 2005년 872쪽) 프레이저가 '황금가지' 제3판 전12권(1906~1915)을 한 권으로 요약하여 1922년 맥밀란 출판사에서 간행한 축약본의 번역.

Heart of Darkness(暗黑의 奧地) '암흑의 오지'는 문명적 현상으로서의 국가의 성립과 존재이유를 문명과 유리된 야만의 황지에서 자연에 맞서는 인간의 공포심이라는 비문명적 본능에서 찾은 顯現*epiphany[ipifani]*소설이다.■ '지구상의 가장 위대한 마을' 런던*London*과 어둠의 장소인 아프리카 오지(*Heart of Africa, 현 Congo Free State의 Congo River*) 사이는 인류문명 5,000년의 간극이 있지만, 이른바 문명화된 사람들과 야만인으로 그려진 사람들의 인간으로서 實存的 본능은 같아서, 문명의 外皮 속에는 태고적 본능이 심연처럼 자리 잡아 비문명적 본능에 쉽게 압도당함을, 妄執에 쌓였던 커츠*Kurtz*가 죽음에 당하여 외친, "공포다! 무섭다!"*(Conrad 116)[Did he live his life again in every detail of desire, temptation, and surrender during that supreme moment of complete knowledge? He cried in a whisper at some image, at some vision, - he cried out twice, a cry that was no more than a breath - 'The horror! The horror!']*에서 정점을 이룬다.■■ 공포로부터 문명적 자신을 지키고자 하는 국가의 현상적 존재론이다. T.S.Eliot가 '황무지'*The Waste Land*를 집필하게 된 원천이며 그 영감으로서 인용한 題詞*epigraph*의 문구이기도 하다.■■■

■ Joseph Conrad(*Józef Teodor Konrad Korzeniowski* 1857.12.3~1924.8.3)), *Heart of Darkness(1899년 Blackwood's Magazine*의 千板 기념 3부작 연재(1899. 2, 3, 4.) 발행, 1902년(11.13.), William Blackwood 출판(*Youth: a Narrative, and Two Other Stories(Heart of Darkness and The End of the Tether)* 수록). 조셉 콘라드/이석구 역, 『어둠의 심연』(을유문화사 2008년 266쪽). 서술자 말로*Marlow*가 커츠*Kurtz*(벨기에 왕 레오폴드 2세의 합명회사*Société Anonyme Belge pour le Commerce du Haut-Congo*)로 추정되는 상아무역회사 직원)의 妄執을 서술하는 형식으로 주제를 말하는 소설이다. 顯現 소설은 신이나 초자연물의 출현, 본질의 돌연한 지각, 진실의 직관적 파악을 플롯으로 하는 소설이다. 예컨대 '예수公顯'이라 함은 예수가 동방 박사를 통하여 메시아임을 드러낸 공현으로서 이 날은 祝日로 한다(Twelfth Day 1.6.).

■■ 철저한 야만성이 그를 포위해 버린 것이다. 정글에서, 미개인의 가슴에서 꿈틀거리는 야성의 신비한 생명이. 도저히 이해할 수 없는 것들 가운데서 살아야만 되었다. 혐오스러운 것이 뿜는 매력-점점 커지는 후회, 도망치고 싶은 욕구, 혐오스럽기는 하나 어찌 해볼 도리가 없는 무력감, 굴복 그리고 증오(이석구, 『어둠의 심연』, 16면). 지켜보는 경찰이 없는 절대 고독의 순간에, 정적의 순간에, 다른 사람들이 어떻게 생각하는지를 속삭여 줄 친절한 이웃의 경고 목소리가 없는 절대 정적의 순간에, 아무런 속박도 받지 않는 발길이 태고의 어떤 지역으로 사람을 인도할 것인지 자네들이 어떻게 상상할 수 있겠는가?(106~107면). 어떤 환영을 향해, 어떤 환상을 향해 그가 속삭이듯 외쳤네-두 번 외쳤는데, 그것은 숨결같이 약하디 약한 외침이었지. *'The horror! The horror!'*(151면), 이 백인들은 정말 보잘것없고 무능했는데, 이들의 존재는 고도로 조직된 문명화된 군중이 있기 때문에 가능한 것이었다. 자신의 삶이, 자신의 인품의 본질, 능력과 대담함이, 실은 주위 환경이 안전하다는 믿음이 표현된 것일 뿐이라는 사실을 아는 사람은 거의 없다. 용기, 침착, 자신감, 감정과 원칙들은 개인 본인이 아니라 제도와 도덕의 거역할 수 없는 힘이기에 가능한 것이다(175면).

■■■ 엘리옷(*Thomas Stearns Eliot* 1888.9.26.~1965.1.4)의 '황무지'荒蕪地(T*he Waste Land*, Boni & Liveright, 1922, 64pp.)는 오랜 기간 마음에 품어*a long poem in mind*, 'The

Criterion' 창간호에 발표한 5부작이다. 1.死者의 埋葬*(The Burial of the Dead)* 2.체스 게임*(A Game of Chess)* 3.불의 설교*(The Fire Sermon)* 4.물가의 죽음*(Death by Water)* 5.천둥이 말한 것*(What the Thunder Said)*을 "4월은 殘酷한 달, 죽은 땅에서 라일락을 키워 내고", *April is the cruellest month, breeding / Lilacs out of the dead land*에서 '한 줌의 먼지 속에서 공포를 보여 주겠다' '상시 판티히 판티히'I 'will show you fear in a handful of dust' 'Shantih shantih shantih'(*Inner peace, a state of being mentally and spiritually at peace, with enough knowledge and understanding to keep oneself strong in the face of discord or stress*)의 산스크리트 만트라로 끝맺는다. 황무지는 제1차세계대전 후 서양의 前衛的 구조 복잡성*structural complexity*에 대해서 이를 황폐, 창조, 죽음, 희망 등으로 묘사한 詩이다. 성배*the Holy Grail*, 피셔 킹*Fisher King* 전설과 현대 영국 사회 상징*vignettes*, 서양 카논*Western canon*, 불교*Buddhism*, 힌두 우파니샤드*Hindu Upanishads*, 프레이저 '황금가지'의 고대문화의 죽음과 부활의 주제 등을 형상화하였다.

지옥의 묵시록(Apocalypse Now)■ '地獄의 默示錄'은 조셉 콘라드의 소설 『암흑의 오지』의 각색 영화다. *Frazer, The Golden Bough; T.S.Eliot, The Wasteland* 19세기 *Congo Free State*에서 20세기 베트남과*Vietnam* 캄보디아*Cambodia*로 옮긴다. 커츠 대령은(미 육사, 하버드 대, 육군 제5특전단, 한국전쟁 참전, 참모총장으로 장군 승진 예상) 베트남전 참전 후 자청하여 그린베레로 전출하나 캄보디아 접경에서 탈영하여 원주민으로 자신의 왕국을 세워 잔혹행위를 한다(*classic myth of the murderer who gets up the river, kills the king, and then himself becomes the king - it's the Fisher King from The Golden Bough*). 주월미군사령부는 특수부대 윌라드 대위에게 커츠 제거 명령을 내린다. *William Wagner, 'Ritt der Walküren'* 발퀴레의 騎行*(The Ride of the Valkyries)*('니벨룽의 반지' 제2부 '발키리' 3막 첫 음악)이 킬고어 대령의 베트남 포탄 투하와 함께 흐르면서 전쟁의 광기를 보여준다. 마침내 찾은 커츠 대령 왕국의 기괴, 공포스런 목만 달린 시체, 해골의 더미 속에서 커츠 대령은 왕으로 추앙받고 윌라드 대위는 커츠 대령이 직면했던 전쟁의 도덕적 딜레마와 광기를 듣는다. 미군이 예방접종한 베트남 아이들이 주사 맞은 팔을 스스로 잘라 내 작은 팔들이 쌓인 광주리를 보며 이성을 상실하고 미쳐 버린 이상주의자 커츠 대령 대신 생명력의 상징인 젊은 말로 대위가 등장함으로써 생명력을 상실한 문명의 황무지에 생명을 가져오는 재생의 비가 내리게 된다. 역시 국가의 문명적 탄생의 현상론이다.

■ 지옥의 묵시록' *Apocalypse Now 1979.5.10(Cannes) 1979.8.15(USA) 196분 원작 Joseph Conrad, 각본 John Milius, 감독 Francis Ford Coppola, Colonel Walter E. Kurtz (Marlon Brando), Captain Benjamin L. Willard(Martin Sheen), Lieutenant William Bill Kilgore(Robert Duvall).* '지옥의 묵시록'은 1946년에서 1954년까지 공산주의와 민족주의를 내세운 북베트남의 프랑스 독립전쟁인 제1차 베트남전 후 1960년부터 1975년까지 월남의 공산주의 월맹 전쟁인 제2차베트남전이 배경이 된 영화다. 미국이 1973.1. 파리평화협정에서 정전합의를 한 상황에서 월맹은 1975년 초 총공세로 4.30. 사이공은 함락된다. 미군 55만3천여명 병력의 5만8천여명, 남베트남군 25만명 이상의 사망, 베트남 민간인 200만명 이상이 사상되었다. 이를 소재로 한 2017년(2018학년도) 대학수학능력시험 영어 영역 31번 문항 빈칸 문제가 흥미롭다. 답① 원작그대로, 원작에 충실한..

Apocalypse Now, a film produced and directed by Francis Ford Coppola, gained widespread popularity, and for good reason. The film is an adaptation of Joseph Conrad's novel Heart of Darkness, which is set in the African Congo at the end of the 19th century. Unlike the original novel, Apocalypse Now is set in Vietnam and Cambodia during the Vietnam War. The setting, time period, dialogue and other incidental details are changed but the fundamental narrative and themes of Apocalypse Now are the same as those of Heart of Darkness. Both describe a physical journey, reflecting the central character's mental and spiritual journey, down a river to confront the deranged Kurtz character, who represents the worst aspects of civilisation. By giving Apocalypse Now a setting that was contemporary at the time of its release, audiences were able to experience and identify with its themes more easily than they would have if the film had been( ). ① a literal adaptation of the novel ② a source of inspiration for the novel ③ a faithful depiction of the Vietnam War ④ a vivid dramatisation of a psychological journey ⑤ a critical interpretation of contemporary civilisation

디어 헌터(The Deer Hunter)■ 베트남전쟁의 1968년, 미국 북동부 Pennsylvania 주 Pittsburgh Monongahela 강 연안 Clairton town 제철소의 러시아 우크라이나의 이민 2세 철강노동자 마이크, 닉, 스티븐이 베트남 전에 자원입대한다. 스티븐은 안젤라(Rutanya Alda)와 러시아 정교회 결혼식 피로연에서 포도주를 한 방울도 흘리지 않으면 평생 행운이 온다 하나 안젤라 웨딩드레스에 핏빛 와인 두 방울이 흘린 것을 아무도 알지 못한다. 신부의 꽃다발을 잡은 린다에게 닉은 청혼한다. 마이크, 닉, 스탠, 존, 액셀은 사슴을 사냥하고 맥주와 노래를 부르며 웨일스는 쇼팽의 6번 Op. 15-3을 연주한다. 장면이 바뀌어 베트남에서 마이크(특수부대 참모 중사), 닉, 스티븐은 포로로 잡히고 간수들은 러시아 룰렛 놀이를 강요하고 그 결과에 도박한다. 마이크와 닉은 경기를 가장하면서 스티븐을 구한다. 장면은 다시 마을, 스티븐의 두 다리는 절단되었다. 사이공에 있는 누군가가 많은 돈을 부쳤다 한다. 마이크는 닉이라 확신한다. 도박 클럽에서 '전설의 미국인'으로 알려진 닉은 이미 약물로 자아를 잃었고 마이크는 그를 구출하고자 러시안 룰렛 경기를 하면서 약물 때문에 상처로 뒤덮인 닉의 팔을 잡는 마지막 순간, 닉에게 함께 한 사냥 여행을 떠올리게 하며, 닉은 마이크를 알아보고 미소짓지만, 이미 방아쇠를 당긴 닉의 머리를 총탄이 관통해 마이크에 안기면서 절명한다. 닉의 장례식에 모인 친구들은 조용히 'God Bless America'■■를 부른다. 국가의 직접적 형상이다. 마이크는 자신만 성한 몸으로 고향에 돌아와 친구들 앞에 선뜻 드러내지 못한다. 멀리서 오랫동안 연모한 닉의 애인 린다가 기다리다 돌아가는 친구들을 배웅하는 모습을 지켜볼 뿐이다. 영화가 끝나면서 주제곡 스탠리 마이어즈의 '카바티나'가 존 윌리엄스 연주로 흐르고 로맨틱한 슬픔에 빠지게 한다. 등장 인물들의 얼굴이 이어지는 중에 닉이 환하게 웃고 린다 역시 행복한 미소를 보낸다. 전쟁이 이들의 운명을 갈라놓기 전 그 환한 모습들을 '카바티나' 멜로디가 감싸면서 로맨티시즘의 카타르시스를 느끼게 한다.

■ The Deer Hunter, 1978.12.8(LA) 1979.2.23(USA) 182분 Michael Cimino 기획, Michael Deeley, Mike Vronsky(Robert De Niro), Steven Pushkov(John Savage), Nick Chevotarevich(Christopher Walken), Linda(Meryl Streep).

■■ 'God bless America' Irving Berlin의 World War Ⅰ 중 작곡, 2차대전 앞둔 1938년 개정 *God bless America, land that I love/ Stand beside her and guide her/ Through the night with the light from above/ From the mountains to the prairies/ To the oceans white with foam/ God bless America, my home sweet home/ God bless America, land that I love//*"미국에 축복을, 사랑하는 내 조국, 보호하고 이끄소서, 밤에는 천상의 빛으로, 산에서 평원으로, 대양의 흰 포말까지, 미국에 축복을, 정다운 나의 집"

1.1.2 국가와 법의 규범적 공동체

국가는 공동체 안전과 인륜적 자유의 국가이성을 규범적 물리력의 독점적(Monopol legitimer physischer Gewaltsamkeit) 권위*Autorität*에 의하여 실현하는 합법적 지배(Herrschaft durch Legalität einer Satzung, 전통적 지배*traditionelle Herrschaft.*, 카리스마적 지배*charismatische Herrschaft*가 아니다)의 규범공동체이자 법규범과 국가권력에 정당성*Legitimitätsgründe*을 부여하는 유일한 원천으로 기능하는 정치통일체이다(Maximilian Carl Emil Max Weber(1864.4.21.~1920.6.14.), *Politik als Beruf.* In: Geistige Arbeit als Beruf. Vier Vortr ge vor dem Freistudentischen Bund. Zweiter Vortrag. München, 1919. (Digitalisat und Volltext im Deutschen Textarchiv)제2강(1919.1.28.) (제1강은 1917.11.7. 직업으로서의 과학Wissenschaft als Beruf)). 기원전 3천 년경 전 메소포타미아의 비옥한 초승달 지대에서 인류 최초의 도시국가 우르크*URK*가 밀, 보리 등 작물로 인구가 집중하면서 이루어진 읍락을 지키기 위하여 일정 규모로 조직된 정부와 군사 등으로 도시가 다스려지기 시작한다. 인륜적 문명체로서의 도시국가가 왕의 죽임이 아니라 통치자의 권위에 강제력과 정당성을 부여하는 규범적 통일체로서 정립되기 시작하는 것이다. '국가'는 규범과 권력과의 관계에서, 의회에 대해서는 옳은*recht* 법*Recht*을 제정하여야 할 정당성*Rechtlichkeit*, 정부에게는 법을 올바로

rechtlich 집행하여야 한다는 의미의 합법성*Gesetzlichkeit* 그리고 그 법에 대해서 사법적으로*gerichtlich* 옳게 판단하여야 할 법원의 공정성*Gerechtigkeit* 등의 국가적 책무를 '법'에 대하여 부여하는 것이다.

1.1.3 국헌학 – 국가와 법의 규범학

본서는 『국헌학』 서문에도 언급하였듯이, 국가법*Staatsrecht* · 헌법*Verfassungssrecht* · 법*Recht*의 규범과학*normative Wissenschaft*의 총체인 '國憲學'*Staats-und Verfassungslehre* 3冊의 제1권 『國憲學』, 제2권 『憲法學』, 제3권 『國法學』 중 제1권이다. '국헌학'은 국가법의 규범학인 '국가법학'*Staatsrechtswischenschaft*, 헌법의 규범학인 '헌법학'*Verfassungswischenschaft*, 법의 규범학인 '국법학'*Rechtswissenschaft*의 통일적 총체론의 규범학이다(스기하라 야스오杉原泰雄, 『憲法と國家論』(有斐閣 2006); 시오츠 토오루塩津 徹, 『現代ドイツ憲法史』(成文堂 2003年); Hans Kelsen, *General Theory of Law and State*, tr. A. Wedberg(Harvard University Press, 1949), p.20,.178 참조.). '국헌학' 제1권 『國憲學』은 국가의 규범인 '국가법', 인권 · 권력의 규범인 '헌법', '법'의 규범인 '국법'의 규범학으로서 법리론*Rechtslehre-Jurisprudenz*(법리본질론, 법리존재론, 법리실체론의 법학원론*Juristische Grundlehre*), 헌법론*Verfassungslehre*(헌법규범론, 헌법정신론, 헌법질서론의 헌법원론*Juristische Veerfassungslehre*), 국헌론*Staatsrechtslehre*(일반국가론(국가본질론), 헌법국가론(국가당위론), 대한민국론(국가실체론)의 국가원론*Juristische Staatslehre*)으로 구성되는 '국헌규범학'이다. '국헌학' 제2권 『憲法學』은 인권론(일반기본권, 자유기본권, 사회기본권), 권력론(입법권력론, 행정권력론, 사법권력론), 소송론(헌법재판권, 규범통제권, 헌법소원권)의 '헌법규범학'이며, '국헌학' 제3권 『國法學』은 法概論(공법대의론, 사법대의론, 소송대의론), 法係論(법률관계론, 공법관계론, 사법관계론), 법제론(공법법제론, 사법법제론, 소송법제론)의 '국법규범학'이다. '國憲學'*Staats-und Verfassungslehre*은 '국가 · 헌법 · 국법'의 규범학체계인 '국가법학 · 헌법학 · 국법학'의 일반법학*Allgemeine Rechtslehre als juristische Strukturtheorie*이다(에른스트-볼프강 뵈켄회르데*Ernst-Wolfgang Böckenförde*, 김효전 옮김, '국법과 국법학의 특질' 「경희법학」(제35권제1호 2000년, 245~262면; Der Staat als sittlicher Staat, 1978, SS.12~17.). 본서 『國憲學』*Staatsrechtswischenschaft*은 '국헌학'을 법리론, 헌법론, 국헌론으로 구성한 국헌학총론의 규범학원론*Juristische Grundlehre* 교과서*Lehrebuch*이다. '법리론'*Rechtslehre-Jurisprudenz*은 법론*Rechtslehre* 과 법해석론*Jurisprudenz*의 일반법학인 법리의 본질론 · 존재론 · 실체론(Rudolf Stammler, *Wesen des Rechtes und der Rechtswissenschaft*, in., Rechtsphilosophische Abhandrungen und Vorträge, Bd. I,1925의 번역서 韓泰淵, 『법과 법학의 본질』(朝鮮工業文化社出判部, 文化新書, 1950.1.30.)/(법문사, 영인본 2020), 77면.), '헌법론'은 헌법규범론 · 헌법정신론 · 헌법질서론, '국헌론'은 국헌의 본질인 일반국가론 · 당위인 헌법국가론 · 실체인 대한민국론으로 구성한다. 제1권 '국헌학' 총론에 이은 제2권 『憲法學』*Verfassungswischenschaft*은 법리론의 헌법적 규범학, 제3권 『國法學』*Rechtswissenschaft*은 법리론의 국법적 규범학이다.

1.2 국가의 국헌적 성격

1.2.1 국가와 당위적 구성체

국가는 공동체의 당위적 구성체로서 법규범과 함께 기능하는 규범적 관념이다. 국가에 의해서 법규범은 정통성을 갖는 국가적 물리력으로 확인되는 국가법으로서 존재하게 된다. 또한 국가의 법규범은 공동체의 최고규범인 헌법을 정점으로 하는 강제규범의 체계로서 존재하게 된다. 국가의 입법기관인 국회가 제정한 실정법과 국가 개념 역시 분리할 수 없게 된다. 국가는 폭력을 권위, 강제를 동의, 필연을 자유 등으로 변형시키는 과정에 존재한다.[5] 국가는 권력의 합법적 보유를 가능케 함으로써, 공동체 구성원인 인간에 대해서 공동체에 깊은 정체성을 주게 한다. 국가는 지식(Verstand, understanding(悟性, 안다, 깨닫다))의 소산이지 믿음*believing*의 주술이 아니기에, 아리스토텔레스도 국가 없는 인간은 신이거나 동물일 것이며 법과 정의에서 분리된 비국가적 인간은 동물 중에 최악이라 한 것이다.

1.2.2 국가와 권위적 공동체

국가는 인간이 定住하면서 문명적 현상으로 인지되는 때에 존재한다. 인류문명사(原 신석기(기원전 7500~5500년경), 기초*Basal*신석기(기원전 5500~4500년경), 신석기 중기(기원전 4500~3500년경), 司祭 도시국가(기원전 3500~2500년경))의 결정력은 불 외에 '국가'가 그 중심에서 존재한다. 문명적 현상으로서의 국가는 집락集落에서 부족, 부족에서 도시로 이행하면서 도시국가*city state*라는 형태를 갖는다. 도시국가의 원형은 司祭 도시국가에서 기원하는 현상이다. 사제 도시국가는 일정영역에 울타리를 쌓고 중심에 성소聖所·신전神殿을 둔 공동체이다. 고대 도시국가의 전형은 4816년 전 수메르의 사제 도시국가들에서 나타난다. 사제의 도시국가는 실력에 대하여 권위를 부여하는 복합 공동체로서 국가의 존재이유인 국가이성의 기원을 신성 司祭공동체에 두게 한 것이다. 이것이 근대국민국가에 이르러 국민주권의 민주적 법치국가에 그 존재이유를 두는 것에 이어지면서 국가는 헌법국가로서 존재하게 된다.

집락, 부족, 도시 선사시대 원시사회의 부족은 비문명에서 벗어나려는 조직 형태이며 他 부족의 이방인을 제외하면서 국가와 非국가집단 間 긴장관계에서 스스로 생존하기 위하여 능력주의 실력사회로 이행된다. 인류는 마지막 빙하기가 끝난 약 1만2천년 전 대략 400만 명 정도의 인구팽창, 사냥·채집 대신 농업에 종사, 정주를 위한 촌락, 도시, 국가를 이루면서 문명과 법의 질서로 갖게 된다. 구석기시대에서 신석기시대로 들어가면서 정착생활, 신석기 농업혁명, 문명, 국가 등이 나온다. 고대국가는 곡물만이 집중화된 생산, 조세, 전유, 토지 대장 정리, 저장, 배급 등의 농생태*agro-ecology*를 제공하는 농생태 국가이며 나아가 성벽이 국가를 만들고 글이 국가를 만든다. 인구가 7000년 전 시기에 500만 명 정도에 그친 것은 신석기혁명을 통해 정착생활과 농경이라는 문명의 성취를 이루었음에도 역학疫學적으로 인수人獸공통전염병(인수공통감염병 *zoonotic diseases*: 동물과 사람 사이에 상호 전파되는 병원체에 의해 발생되는 전염병 등 홍역, 볼거리, 디프테리아 같은 지역획득 감염*community acquired infection*) 등의 때문이다. 고대국가의 형성·유지 과정에서 강압에 의한 노동에 기초한 사회가 이루어진다. 메소포타미아의 충적토 지대에서 최초의 국가가 등장하기 시작한 것은 6000년 전이었다. 국가 중심에서 아직 국가의 국민이 되지 않은 사람들은 '야만'으로 표현된다.[6] 이후 1천6백 년 전 중반에 이르기까지 인류는 집단적 위계질서를 형성하여 그 위계적 집단의 수장을 의미하는 왕의 옹립으로 도시국가가 탄생한다. 초기 오리엔트 도시국가에서의 왕, 파라오, 황제 등은 그들이 다스리는 피지배자들에 대해서 국가가 아닌 자신들에게 충성심을 요구하고 지배자인 왕의 가장 중요한 사람은 백성이 아니라 왕의 신하들이었다. 백성과 연계된 언어, 인종, 종교 등의 다른 관계들은 부차적이었다.

도시국가와 권위의 공동체 서구 고대 도시국가의 중심인 神殿이 갖는 종교적 권위는 동양에서의 祭壇과는 그 성격이 같지 아니하다. 공동체 안전·자유의 보호를 위하여 종교적 신, 내세 등을 전제로 한 서양의 도시국가적 국가관에 대하여 동양에서는 身體髮膚受之父母 등 신체적 물질적 생명관의 현세적 국가관이었다. 서양의 신적 국가의 관념이 국가적 지배의 정당성의 근대적 법치국가로 발전되는 것에 비하여, 동양의 국가는 법치의 국가보다는 국가 관념을 모호하게 하는 천하국가를 전제로 하는 수신제가치국평천하 같이 혈족의 家를 주요 단위로 설정하는 덕치의 국가 관념이었다.

도시국가와 현대적 변천 도시국가*City-state*는 신전공동체 도시와 주변이 독립된 정체의 문명적 현상이다. 부족이 外敵(인간, 짐승 등)에서 안전을 지키기 위한 集落집락·聚落취락이 농업·목축 등으로 커지면서 도시가 형성된다. 도시를 국가의 문명적 현상으로 갖게 한 주역은 메소포타미아 문명의 수메르인이다. 도시 중심의 신전, 성벽, 주변의 농지·牧地 등으로 이루어진 수메르 도시국가는 고희랍 폴리스, 로마, 인더스 문명, 중국 黃河 문명권 등에 산재하였다. 도시국가는 도시국가간 연맹의 연맹체국가*commonwealth*로 발전되었다. 알렉산드로스 대왕*Alexandros the Great*의 오리엔트 제국, 로마제국, BC559년부터 BC330년까지 229년간 이란고원에서 메소포타미아 및 동지중해세계를 통치한 이란 고대 아케메네스 왕조*Achaemenes/ Achaemenian dynasty* 등에 이르기까지 그러하였다. 다만, 중국 전국시대 제왕(전국칠웅) 天下國에 이은 秦, 漢 등의 제국은 '神殿공동체'가 아닌 '神託공동체'이다. 서양의 중세 이후 도시국가는 베네치아 공화국 등 이탈리아에 산재한 지역 단위의 領邦(영방)국가이다. 신성로마제국의 제국도시는 농업경제의 神政 봉건국가에 대신하여 상공업에 기반한 제국자유도시*Freistadt, FreieStadt*(독) *burgh*(영)로서 主教 통제에서 벗어나 황제직속의 지위에서 (공납·군역의무를 진)제국도시와 달리 공납·군역에서 자유로웠지만, 16세기 중반 아우크스부르크 종교화의*1555.9.25*에서 보듯이 신성로마제국 내 領邦 군주의 지위 강화로 인한 영방집권화 속에서 지역 영방군주의 압력으로 권리는 박탈되고 자유를 잃어갔다. 16세기 이후 절대제 군주국가로 이행하면서, 봉건제후 같은 도시국가도 독일, 이탈리아 등의 통일운동에 의해 영역국가로 편입되었다. 오늘날 싱가포르 공화국*Republik Singapura Republic of Singapore*, 모나코공국*Principality of Monaco*, 아랍에미리트연맹국UAE을 구성하는 에미리트(土侯, 首長), 중국의 특별행정구 홍콩*Hong Kong*, 마카오*Macao*, 이탈리아 로마 북서부 가톨릭 교황국인 바티칸市國*Stato della Citta del Vaticano*, 그리스에서 자치가 허용되는 아토스 산 자치구*Autonomous region of Mount Athos* 수도원공화국, 산마리노 공화국*Republic of San Marino* 등은 도시국가의 특성을 지닌다.

1.2.3 국가와 일원적 권력체

국가의 속성인 권력에 대하여, 일원적 국가론*Max Weber*은 국가를 고대국가, 고전도시국가, 근대국가 등에 이르기까지 국가에 궁극적 최고권력이 수반되어 정치적 통일체로서 존재하게 되는 일원적 권력체로 본다. 반면, 다원적 국가론*Harold Joseph Laski*은 자유민주정에서 국가가 권위의 복합체로서 갖는 권력은 다른 사회집단이 갖는 권력과 본질적으로 동등하며 국가는 사회 내에 존재하는 다양한 집단의 이익 갈등을 중재하고 해결하는 공정한 심판원*fair referee*으로 본다.

국가적 '자유 사도시' 자유 私도시Free Private City는 자발성*voluntariness*이나 불가침*non-aggression* 원칙이 강제에 우선하는 국가적 계약공동체이다. 민간회사가 정부서비스 제공자로서 생명 · 자유 · 재산의 보호, 대내외 안전, 법적 · 독립적 분쟁 해결, 사회의 자생적 질서*spontaneous*가 유지되는 국가적 영리기업도시이다. 공동선*common good*, 인륜적 동기가 없는 사업*business* 개념으로서, 계약 시민*contract citizen*은 자발적 합의로 시민계약*citizens' contract*을 체결하여 주권자'*Sovereign of Himself*가 되는 대가를 지불하고 정부서비스 제공자에게는 복종을 요구할 법적 권리 등을 갖는다. 자유사도시 계약은 일방적으로 변경될 수 없는 계약시민의 개인헌법*personal constitution*이며 주민은 어느 때나 해약하고 떠날 수 있다. 이를 主管하는 주빈 국가Host Nation는 운영회사에게 협정된 조건에 따른 규정 영역에서 사도시를 설립할 권리를 부여하므로 자결*self-determination*과 사적 자율*private autonomy*을 갖는 독립적 행정 특구*special administrative zones*와 다르다. 국가적 '자유 사도시'에서는 '도 웃 데스' Do ut des, I give so that you give '당신이 주니 내가 준다' 즉 가치가 교환에 근거한다는 인식이 적용된다.

Titus Gebel, *Free Private Cities: Making Governments Compete For You* (https://mises.org/wire/private-cities-model-truly-free-society)/
황수연 역, 자유사도시: 당신을 얻도록 정부들을 경쟁시키기. 타이터스 게벨은 주식회사 자유사도시(Free Private Cities, Inc.) 설립자.

1.3 국가의 국헌적 변천

1.3.1 고대도시국가에서 중세봉건국가

국가의 국헌적 변천을 보면 원시 부족국가에서 고대도시국가, 도시연맹체인 공동체국가*commonwealth*, 제국*res publica*(羅), 중세의 신정神政봉건국가, 근세의 신민臣民전제적 군주국가 등을 거치면서 근대국민국가로 이행되어 왔다. 고대국가도 영토 · 구성원에 지배권을 행사한다는 점에서 국가성을 갖는다. 다만, 지배권이 통치자의 실력적 지배인 고대도시국가는 이른바 主軸시기를 이끈 플라톤의 '국가'Πολιτεία(希) politeia(羅)의 구성원의 참여적 지배로 이루어지는 고전도시국가로 이행한다.

主軸시대, 역사의 劃 conjoncture 칼 야스퍼스(*Karl Jaspers(1883.2.23.~1969.2.26.), Vom Ursprung und Ziel der Geschichte*, München: Piper, 1949)의 주축시대 즉 '軸의 시대'에서의 '축'은 페르낭 브로델(*Fernand Braudel(1902.8.24.~1985.11.27.)*)이 역사의 세계를 '구조-conjoncture 콩종튀르-사건'이라는 삼층구조로 보는 역사의 conjoncture 즉 역사의 획을 긋는 '국면'이자 '주기순환'에 상당하는 관념이다. 고대, 고전, 근세, 근대 등의 구분이 이에 해당한다. 브로델은 『지중해』(*La Méditeurranée et Le Monde Méditeurranéen À L'Époque II*)에서 국민국가 관념을 넘어 세계 시스템 탄생기에 유럽, 아시아, 아프리카를 포괄하는 문명 총체의 '지중해세계'를 자연환경 · 사회현상 · 변전없는 정치 등의 3층을 복합함으로써 세계사와 지역연구의 패러다임을 전환시켰다. 즉 육지중심사관에서 해양으로부터 본 역사관이다.

1.3.2 근세군주국가에서 근대국민국가

근세의 국가는 봉건사회를 기반으로 하는 군주국가 내지 입헌군주정의 국가이다. 이 같은 봉건사회가 시민사회로 이행하면서 근대국민국가가 인륜적 사회공동체로서 기원한다. 근대국민국가는 국헌적으로 萬國公法에 근거하여 존재하는 국가, 초합법성의 정당화된 규범적 권위의 국가, 구성원의 애국심이라는 정치적 책무에 기반하여 존립할 수 있는 국가, 국민공동체의 국가 등으로 나타난다.

국가의 국제법상 의의와 세계의 국가 '국가의 권리의무에 관한 협약'(*Convention on Rights and Duties of States, Montevideo Convention*, 제7회 미주국가회의(우루과이의 몬테비데오) 채택*1933.12.26.*, 발효*1934.12.26.*)에서의 국가요건(제1조)은 영속적 구성원*Permanent population*, 영역설정*Defined territory*, 정부(*Government* 주권국가(*sovereign state*, 독립국*independent state*.), 국제법 주체(문명국과 국제법을 준수할 의사 · 능력)의 외교권(*Ability for diplomatic acts* 외교권이 제한되면 半주권국가*semi-sovereign state*) 등으로서 결국 국민, 영토, 주권이다. 국가는 주권평등의 내정 · 외교불간섭(*제4조, 제8조*) 등으로 타국의 명시적 · 묵시적 국가승인은 선언적 효과이지 창설적 효과는 없어 국가승인은 무조건(*제3조, 제6조*) 이루어지는 것이다(*제7조*). 杉原高嶺/水上千之/臼杵知史/吉井淳/加藤信行/高田映, 『現代国際法講義』(第5版 有斐閣2012年(初版 1992年), 35頁(執筆 水上千之, 高田映)). 예를 들어서 미주기구헌장*1948년*은 몬테비데오 조약 대부분을 이어받는다.■

■ 전 세계국가는 유엔 회원국 193개, 유엔 옵서버 바티칸, 팔레스타인 2개, 대만과 코소보, 서사하라 등 미승인국으로 분류되는 9개를 합치면 총 204개이다. 대한민국 외교통상부 자료에는 228개의 집단이 국가로 나와 있지만 이는 코소보 등 미승인국이나 쿡 제도, 괌 등의 속령을 별개의 국가로 본 것이다.

1.3.3 근대국민국가의 일반국법학적 의의

국가의 단어 state는 stato(伊)에서 유래하며 근대국민국가는 nation으로 불린다. 근대국가는 국민이 배타적 통제권을 갖는 주권국가로서 최고권력인 주권*sovereignty*을 뒷받침하는 군대 · 경찰의 독점, 행정 · 관료기구, 통화 · 과세 · 관세 등의 재정권력 등으로 성립하며 나아가 법과 독립한 법원에 기반을 두어서 지배되는 법치국가, 입헌국가로 발전한다. 오늘날 문명국가는 근대국민국가이다. 특히 영미의 국가는 통일적 강제력을 행사하는 정치단위로서 입법, 행정, 사법의 권력기구의 총체인 중앙정부*government*라 하는 반면 대륙에서의 독일이나 일본의 정부*Regierung*는 행정부만을 가리킨다.

2. 서구에서의 국가 관념과 형상

2.1 로마의 파스케스 국가 형상

로마에서 국가를 종교권을 제외한 왕권의 포괄적 · 무제약적 지배권인 임페리움*imperium*으로 형상화한 '파스케스'*fasces(fǽsi:z)*/화부속樺斧束는 의식에 따라 자작나무 가지의 원형 다발을 붉은 가죽끈으로 X자로 묶은 속간(束桿 묶음)으로 통합 · 결속을 표상하고 이에 계율 · 징벌을 상징하는 도끼날斧을 끼워서 국가를 상형화한 권표權表이다. 국가를 통합과 계율의 상징으로 본 것이다. 로마는 제국의 표상물로 형상화된 파스케스를 구성원 모두가 국가로서 인지할 수 있도록 설정하였다. Fasces는 오늘날 국가를 State, Nation이라 하듯 로마 이래의 국가를 형상물로서 지칭하는 단어인 것이다.

Fasces 파스케스는 로마의 국가를 상징하는 상형물이다. 로마의 최고위 정무관*magistrate*인 집정관*consul*(매년 백인회에서 임기 1년 2인 선출, 수석집정관 1월, 차석 2월 등 교대로 fasces 보유), 법무관*praetor*, 고등 안찰관(按察官 *aediles curules* 노예, 가축 등의 소송권을 가진 시장감독관) 등의 행차에 릭토르*lictor*団 어깨에 들어 임페리움*imperium*의 존재를 알렸다[7](집정관 12개, 독재관 24개(술라 이전 12개), 법무관 6개, 고등안찰관 2개 등).■ 신성경계선 안에서는 나무다발木束桿로 정무관의 태형권만 알렸지만(독재관 예외) 그 밖에서는 도끼를 끼운 樺斧束화부속으로서 형벌권을 표상한다(Fascism 어원이기도 하다).■■ 에트루리아인의 습속에서 연유한다.■■■

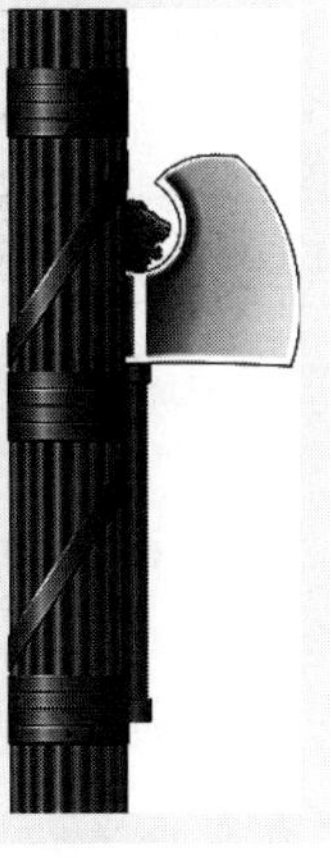

■ 릭토르는 고위직 정무관 공식업무에 격식을 갖추어 수행하며 파스케스를 어깨에 얹고 다녔고 일렬종대로 걸으며 길을 트며 물리적 제지에 동원되기도 하였다. 임페리움은 민회 · 원로원 등의 소집권, 의안 제안권, 군대 지휘권, 소송지휘권, 외국간의 주권 등이다.

■■ 트럼프의 킹에 로마황제 시저의 파스케스가 있다. 트럼프의 52장 카드는 1년을 이루는 주의 숫자이다. 한 무늬의 13장은 태음력의 1년을 이루는 13달을 나타낸다. 킹은 정신 · 아버지, 퀸은 영혼 · 어머니, 빨간색은 빛의 힘, 검은색은 어둠의 힘, 조커는 비물질적 세계, 잭은 활력을 나타낸다. 스페이드는 칼 · 하늘, 킹은 대지의 왕, 이스라엘의 왕 다윗, 퀸은 전쟁의 여신 아테네, 잭은 메르쿠리우스 신; 하트는 창조 · 물, 킹은 바다의 신 포세이돈, 신성로마제국의 샤를마뉴 대제, 퀸은 이집트 여신 하토르, 아프로디테, 헬레네, 잭은 전쟁과 농업의 신 아레스/마르스; 다이아몬드는 땅, 퀸은 이집트 여신 네프티스, 잭은 戰士; 클로버는 왕권의 상징인 홀 · 빛, 킹은 제우스, 알렉산더 대왕, 아서 왕, 퀸은 헤라, 아르기니스 여신, 잭은 태양신 아폴론, 영웅 아이네이아스 등을 그린다.

■■■ 에트루리아인(*Etruscan*)은 BC9세기 소아시아 서북부 리디아(Lydia, 수도 Sardis, 오아시스의 첫 서쪽 끝西端, '왕의 길'의 종착지)가 페르시아에 병합되자*BC546년* 해상으로 이탈리아 북부(현 토스카나 주) 에트루리아에 이주하여 로마 초기 국가 형성에 영향을 주었다.

2.2 미국의 파스케스, E pluribus unum 국가 형상

미국은 파스케스를 통합 · 결속을 상징하는 국가 상형물로서 의회 하원 의사당의 성조기 옆, 또는 링컨기념관 등에 조형하고, 의사당 돔 穹窿(궁륭, 둥그런 천정)의 塑造繪점토화로 새겨진 E pluribus unum(/ plöəribəsu : nəm, Out of many, one '여럿이 이룬 하나')은 연방국가의 통합결속, 돔의 바깥 지붕 위 자유독립여신상(the Statue of Freedom)은 독립국가, 의회 의사당 의장석연단*podium*을 로마 함선 뱃머리를 본떠 만들고 rostrum(연단)이라 칭하는 것 등은 의회가 나라를 이끈다는 국가적 상징을 보인다. E pluribus unum은 연방국가로서의 미국을 지칭하며 state는 연방*Federal*의 구성국가인 州를 말한다.

미국의 파스케스, 뱃머리연단, E pluribus unum 미의회 의사당*The House Chamber* 중앙의 성조기 양 옆 벽면의 파스케스, '링컨기념관'(1922.5.30. 건립) 링컨(*Abraham Lincoln* 1809.2.12.~1865.4.15.) 坐像 의자 팔걸이의 파스케스, 1 dollar, 1 dime 동전의 파스케스 등의 국가 표상물, 로마황제의 독수리깃봉을 본 딴 백악관의 성조기 깃봉, 의장석 우측 파스케스 옆 독수리직장(職杖 *mace* 미국은 로마제국이라는 움베르트 에코*Umberto Eco* 1932.1.5.~2016.2.19.가 연상된다).8) 뱃머리 연단(고희랍 아테네가 페르시아에 승전하여 東邦 오리엔트에서의 지배로부터 벗어나 서구를 나올 수 있게 한 船團에 이어서 발전시킨 로마의 함선을 국가를 이끄는 정부에 비유)은 의회가 국가를 船頭에서 이끄는 것을 상징한다(함선을 선두에서 이끄는 키잡이steersman의 고희랍어 kubernetes, 중세 라틴어에서 키rudder를 Gubernaculum이라 하였는데 이들 단어는 정부라 하는 Government의 어원이다). 메이플라워호 승선자 후손 롱펠로우(*Henry Wadsworth Longfellow* 1807.2.27.~1882.3.24.)도 '오 국가라는 배에 탄 그대들이여' 등으로 국가를 배에 비유한다(*Outre-Mer:A Pilgrimage Beyond the Sea*, 1835). *E pluribus unum*(1776년 건국시 나라 인장印章에 넣고, 1센트, 5센트, 1다임, 1달라 등의 동전 뒷면에 1781년 새긴 1955년까지의 표어, 지금은 'In God We Trust')은 헤라클레이토스(*Heraclitus of Ephesus, Hērákleitos ho Ephésios* c.535~c.475BC)의 '하나는 모두, 모두는 하나'를 미국독립전쟁 참전 스위스계 미국인 삐에르-외젱(*Pierre Eugene du Simitiere*, 1737.9.18. Geneva 生~1784.10. Philadelphia 歿)이 따 온 것이다. 한국의 국회 본회의장에는 국가를 상징하는 국기봉 위에 의장석 위 좌측 즉 의장석 우측에 한글 전각체 '국회 徽章(지름 2.6m 무게 1t 청동 무궁화 모양)이 있다.

2.3 왕홀, 왕관, Zion 등의 국가 형상

국가의 형상물로서 상공에서 보이는 지리적 형상물로서의 시온*Zion*, 고대 메소포타미아 또는 이집트 등에서의 통치의 형상물인 왕홀王笏, *scepter, sceptrum*이나 영국 국왕의 '왕관'*Crown* 등은 사회·문화적 형상으로서 현출되는 국가 형상이라 할 수 있다. 영국의 Crown, 유대민족의 Zion 등은 로마의 Fasces, 미국의 E pluribus unum 등과 같이 국가를 형상적으로 지칭하는 용어이다.

王笏*왕홀* 왕홀은 사제 등의 지팡이로서 파스케스가 국가의 상형물인 것과는 달리 왕의 권위의 상징물이다. 로마의 황금독수리 象牙 왕홀*sceptrum eburneum*은 에투루리아 인의 황금 왕홀에서 연유한다. 왕홀은 고전기*Classical Antiquity* 고희랍*Ancient Greek* 아가멤논 지휘봉*Agamemnon wielded(Iliad, I)*의 尊崇존숭 장로(*Iliad, xviii, 46; Herodotus 1, 196*), 고대 이집트(古埃及 고애급) 파라오*Pharaoh* 아비도스(Abydos 오시리스 신앙 중심지)의 카세켐위(*Khasekhemwy* 고대이집트 제2왕조 마지막 왕, 2690BC부터 약18년간 치세, 2686BC 死), 아네지브(*Anedjib* 고대이집트 제1왕조 c.2930BC~9, 10년 치세), 메소포타미아 제1차 페르시아제국, 신화의 Zeus(신의 왕, Olympus 지배자, 또 저승세계의 신 Hades도 지닌다) 등에서 보인다.

Zion·Capital 시온은 예루살렘*Jerusalem*성이 세워진 城址(성터)가 잔존한 산(해발 약790m), '요새'*Foundation Stone*의 의미로서 다윗이 수도로 삼아*c.1000BC* 신성한 법궤를 옮겨오고 다윗의 아들 솔로몬의 성전(구약 열왕기 *Books of Kings*) 이후 여호와의 산, 왕의 성, 예루살렘 전체, 이스라엘 백성, 유대 민족, 유대의 神政 국가 등의 의미로 쓰인 이후 유대교*Judaism*의 가장 신성한 곳*the Holy of Holies*, 영혼의 샘*Well of Souls*인 근본초석(*The Foundation Stone* Abraham이 아들 Isaac을 제물로 바치려 했던 바위 창세기 22:1-19)으로서 이슬람사원*Islamic shrine* 바위돔(*The Dome of the Rock* 691년), 이스라엘 수립*1948년* 후 무슬림·유대인 분쟁은 The Foundation Stone이 지리적 상형물의 국가로 인식됨을 말해 준다. 미국의 United States(국가), State(주), Government(정부), Capital(수도, 국회의사당)에서 캐피탈의 어원인 카피타르는 로마의 일곱 언덕에서 유피테르, 유노, 미네르바 신전이 있는 카피톨리누스*Capitolinus* 언덕이 전승개선식 종착지였음에서 나온 말이다.

3. 동양에서의 국가 관념과 상형

3.1 중국의 국가 관념과 상형

3.1.1 중국 천하국가의 시원적 관념

중국의 하夏-상(商·殷)-주周 3왕조를 시원으로 하는 제하諸夏의 천하天下국가는 천자天子의 인격화된 지배단체인 '天', '帝'의 천자국가이며, 또한 분봉分封된 제후諸侯와 사방四方 이적夷狄을 아우르는 國, 邦, 邑의 중화中華국가이며, 東邦 메소포타미아의 수메르나 西邦 고희랍의 司祭 도시국가와 달리 동양적 種族 성읍국가의 성격이 두드러진다. 이집트, 메소포타미아, 인더스 문명권에 비하여 황하를 대표로 하는 동양 문명권은 유럽적 보편성에서는 고도의 섬과도 같은 국가적 성격에 갇혀 있었다. 다만 '비단의 길'*silk road*이 서양과의 경제적 연계성을 준 것이라면 '철의 길'*iron road*은 동방 히타이트에서 스키타이 匈奴에 이은 천하국가 漢의 국가적 연계성을 준 것이라 하겠다.

諸夏의 天下 諸夏(제諸는 많다衆, 夏는 크다大의 뜻)는 중국 天下國家의 틀이며, 반고개천(盤古開天 서정徐整 『삼오역기三五歷紀』), 삼황(三皇 수인燧人 · 복희伏羲(포희庖犧) · 신농神農), 오제(五帝 황제黃帝 · 전욱顓頊 · 제곡帝嚳 · 요堯 · 순舜(司馬遷 145~86BC 『사기史記』 「오제본기五帝本紀」)의 신농씨 후예인 희수姬水의 희성姬姓 황제皇帝와 강수羌水의 강성姜姓 염제炎帝가 중원中原을 장악하여(호북 일대 구려九黎족 치우蚩尤를 탁록涿鹿 격파), 한족漢族의 기원을 이루게 될 '염황의 자손'炎黃之孫인 화하족華夏族을 낳게 하고, 요순(堯舜 『史記』, 요는 황제 玄孫, 순은 8세손(傳) 夏 왕조보다 170여 년 앞선 2357~2184BC 추정) 이후 하夏 · 상商 · 주周 3왕조의 제하로서 인식되어 온 천하국가는 춘추시대*360년 기간*에 이르기까지는 협소하였으나 전국시대*180년 기간*에 이어지면서■ 청나라에 이르기까지 줄곧 동양적 국가관을 대표한다.

■ 荀의 봉지封地를 받은 우禹의 夏 왕조(2070~1600BC)는 중국 최초의 왕조로 걸왕桀王에서 멸망(하왕조는 고고학적 입증이 되지는 못했다), 商 왕조(동이족 거주지 황하 하류 도읍)는 하의 걸과 함께 걸주桀紂의 악덕천자惡德天子 주왕紂王에서 멸망, 商 왕조 전기의 종말(1600~1300BC), 殷으로 천도한 후기(1300~1046BC) 상 왕조를(은허殷墟 발굴로 실재가 판명) 周 무왕武王이 멸망시키며 西周시대에 들어선다. 춘추시대 초기 170여 제후국에서 제齊, 노魯, 위衛, 정鄭, 송宋, 진陳, 채蔡, 진晉, 진秦, 초楚, 오吳, 월越 등 10여 국이 패자霸者이며 특히 제 桓公, 진 文公, 초 莊王, 오왕 夫差, 월왕 句踐을 '춘추 5패'라 부른다. 춘추시대는 주 왕실의 계승자 東周의 정치적 힘은 없었지만 천하 공주共主의 명분이 있어 제후는 주 왕실의 명의를 빌리는 존왕양이尊王攘夷 시기였다. 공자가 태어난 춘추시대의 사회 실정에 대해 중국 후한後漢시대 반고班固가 저술한 기전체紀傳體 역사서 『한서漢書』(12제기帝紀·8표表·10지志, 70열전列傳 전 100권으로 이루어져, 한 무제에서 끊긴 사마천의 史記의 뒤를 이은 '두 번째의 正史'로서 전한서前漢書, 시한서西漢書라고도 한다) 「화식선(貨殖傳)」에서는 다음과 같이 묘사한다. "周나라 왕실이 쇠하여 예법이 무너지고 제후들은 사치하고 방자해졌다. 선비와 서민들은 본분을 지키지 아니하여 …제 환공, 진 문공 이후로는 예의가 크게 무너져 위아래가 없고, 선비는 정도에서 벗어난 학설과 유행만 좇은 공부에만 몰두하며, 호사스러운 자들은 헛된 명예를 위하여 진실은 배반하고 사리사욕을 위해 남에게 해를 끼친다. 폭도라도 나라를 뺏은 자는 신분이 높은 사람이 되고 왕위를 찬탈한 자는 영웅이 된다. 예의가 군자의 마땅한 도리가 되지 못하고 형벌도 소인을 무섭게 하지 못한다." 전국시대에 이르러 천하국가를 승계하고 있었던 주 왕실은 정치적으로 완전히 그 역할을 상실하여 존왕을 말하는 제후는 없게 되고 제·초·연·한·위·조·진의 전국 7웅은 스스로 王이라고 칭한 이후 첫 통일 왕조 진秦의 시황제始皇帝가 천하국가를 계승한다.

3.1.2 중국 천하국가의 초자연적 관념

천하국가의 天下는 중국 고대 하 · 상 · 주 3왕조에 기원하는 諸夏 · 京師(도읍)의 大同세계, 지배지 · 민 · 군왕 등의 만물의 근원인 四方(商代 갑골문, 상서尙書 등의 상왕商王이 있는 사방 가운데(中) 자리) · 中華(오랑캐에 대척對蹠)로서 帝王통치를 초자연적으로 정당화하려는 가상적 국가 관념이다. 天下國家는 현실의 보편적 일반국가가 아니라 제왕통치를 정당화하는 가상적 형식적 관념으로서 지배영역의 통일질서를 갈구하고 실현하기 위한 이데올로기를 갖는 종족의 국가이다. 天下國家는 周왕조의 분봉分封제후국을 포섭한 중화中華제후의 제하諸夏 지배를 정당화 하는 국가 관념에 이른다. 춘추시대의 성읍城邑국가가 전국시대에 들어와 촌토寸土를 직접관할하면서 중앙관리를 지방에 파견하여 다스리게 하면서 진秦·초楚·오吳·월越 등은 제하의 이적夷狄에서 전국시대에는 제하에 동화되며 천하국가에 포섭된다.

夏-商-周의 天下국가 商代(殷)는 군왕의 四方지배를 정당화하는 卜辭(거북 껍데기나 짐승 뼈에 글자를 새겨 불에 그슬려 나타난 것으로서 갑골문자 기원이다) 통치였다. 卜辭통치는 上帝의 신정神政통치를 가탁한 군왕통치였다. 卜辭의 복조卜兆를 판단하는 정인貞人이 대부분 왕 자신이었다. 天意의 허실이 잦았던 것이다. 周代에 이르러 天子는 天命을 받들어 지배한다 하여, 天은 천자를 통해 인격신이 되고, 天에 가탁한 왕조지배를 정당화한다. 商代의 帝는 四方과 달리 초자연적 개념이나 周代의 天은 군왕, 지배지, 백성 등 만물의 근원이라 하였다. 서주 초기에는 周室의 권위가 미치는 곳에 한정하나 西周 말에는 제후국을 포함하는 개념이 된다. 天子에 대해서도 天子南面 東太陽이라 하여 천하국가의 천자는 항상 동쪽의 태양을 옆에 하고 남쪽을 향하여 앉는다 하여 左 측을 상석으로 하였다.

■ '皇天'既付中國越厥疆土于先王(尙書 · 梓材, 越은 及과 같은 뜻, 하늘이 이미 중국과 강토를 선왕들에게 내리셨으니 하여, 중국이라는 명칭을 처음으로 사용하였다). '天'生烝民(詩經 大雅蕩王之什(하늘이 백성을 낳으셨다), '帝'作邦作對(詩經 大雅文王皇矣, 對는 君主, 상제가 나라를 만들고 담당할 자를 세우시니), 凡天下之戰國七(戰國策 卷29 燕 천하의 전국 7웅, 전국시대 천하 패권을 놓고 다퉜던 7개 강국 동방 제齊, 남방 초楚, 서방 진秦, 북방 연燕, 중앙 위魏·한韓·조趙 등이다).

成百曉(효), 『詩經集傳』(懸吐完譯 上(2016 460쪽), 下(2016 465쪽), 전통문화연구회.

중국고대의 천하국가에서의 天下와 民 천하는 天子인 황제의 땅이었다. 修身齊家治國平天下의 天下는 周室과 무관한 춘추전국기 列國을 총괄하며 이때 國은 諸侯國을 지칭한다. 다만 천하국가의 天은 지배층에는 만물의 근원으로 외경의 대상이나 민중의 天은 지배층에 대한 怨望의 대상이면서 창천(蒼天 동), 호천(昊天, 서) 등 자연의 관념으로 양면화 되었다. 로마가 주변인을 이방인 · 야만인*barbarians*으로 본 것과 유사하게 夏, 商, 周 이래 천하국가 관념은 中華가 세상의 중심인 黃帝이며 그 색은 노랑이고, 주변은 오랑캐로 보아, 北狄(북적, 북쪽 오랑캐 犭:개사슴록 변), 南蠻(남만), 西戎(서융), 東夷(동이)라 하였다.

全海宗, 中國人의 天下觀과 그 名實, 『中國의 天下思想』(全海宗외 공저 民音社 1988), 185~208면.
安部健夫, 中國人の天下觀念(附錄) 『元代史の研究』, 1972; 金翰奎, 『천하국가』(소나무 2005 871쪽).

3.1.3 천하국가와 근대적 국민국가의 신민

중국이 유교 정전의 천하국가에서 벗어나 국가의 본질이 황제-백성이 아니라 국민임을 인식하게 된 것은 서구 근대국가의 제국주의에 노출된 淸國 양계초(梁啓超 1873.2.23.(淸同治 12年正月26日)~1929.1.19.)의 신민설에 의해서이다. 新民說은 서구의 근대적 국민국가를 목적으로 자유・권리・의무・자치에서 경제・상무에 이르기까지 근대국가 국민의 자격, 도덕을 公德이라 하여 이를 개인의 德으로 요구하고 국민은 국가 주권의 원천이 될 존재인 新民이라 한다. 중국, 조선, 일본은 서구 근대국가체제에의 편입을 위한 과학주의와 『만국공법』의 현실을 인식하하면서 제국의회, 제국헌법, 천황제(일본을 신의 나라라는 神州의식, 萬世一系의 皇統, 『일본서기』, 『고사기』, 忠孝一本 등의 사상체계)의 제국주의적 침략에 강점되고, 중국은 공산당이 지배하는 국가 체제로 귀결되어 자유시장과 법지배의 근대국가적 규범체계질서의 가치가 훼손되고 있었다. 만국공법의 현실에 대해서 후쿠자와 유키치(福澤諭吉 1835~1901) 『通俗國權論』(1878)의 '백 권의 만국공법은 몇 문의 대포보다 못하고 몇 책의 우호조약은 한 광주리의 탄약보다 못하다'(이를 인용한 신채호, 「대한매일신보大韓每日申報」기사), 정관잉(鄭觀應 1842~1922), 『盛世危言』(1894)의 '국가의 세력이 비슷할 때에는 공법의 유지가 가능하나 한 국가가 강하거나 약하면 공법의 집행은 쉽지 않다.' 하였다. 梁啓超는 新民說에서 근대국가 국민으로서 누릴 수 있는 권리를 얻으려면 꼭 그만큼의 의무를 지불해야 한다. 지불하지 못하면 권리를 누릴 수 없는 데 그치는 것이 아니라 근대국가 성립 자체를 기대할 수 없다. 근대국가를 성립시킬 수 없다는 것은 전제국가 아래서 그대로 산다는 것에 그치지 않고 민족제국주의 시대에 식민지로 전락한다는 것을 의미한다. 의무를 다하지 않는 국민은 국민이라 할 수 없고, 국민 없이 근대국가는 성립할 수 없다 하였다.

양계초의 신민설 淸의 근대국민국가를 위하여 입헌군주제, 개명군주제 등을 주장한 양계초의 길에 호적胡適, 노신魯迅, 진독수陳獨秀 등이 있었다. 신채호, 박은식 등은 양계초의 근대정치제도를 비롯한 베이컨, 데카르트, 루소, 칸트 등 근대 철학자의 신사상을 읽었다. 조선에서 발행된 계몽잡지에도 양계초 글이 지속적으로 실렸다. 중국 정치의 골격을 유지하면서 서양군사기술을 배우자는 洋務運動이 전개되던 시기에 훈고학과 사장학에 몰두했던 양계초는 강유위의 육왕심학, 경세치용 공양학 등의 양명학과 함께 개략적인 서양학문을 배우고 그의 입헌제 및 大同說에 공감하였다. 공자의 거란세據亂世-승평세升平世-대동세大同世로 진화한다는 삼세설三世說을 강유위는 거란세는 군주제, 승평세는 입헌군주제, 대동세는 민주제이며, 중국은 군주제에서 입헌군주제로 가야 한다는 주장을 광서제에 상소로 올려 행한 광서제 개혁에도 불구하고 중국은 1895년 청일전쟁에 패배한다.

『新民說』(林志鈞 편집, 『飮冰室合集』『專集』 제3책 제2부(20절)); 이혜경, 『양계초 『신민설』(해제)』(서울대학교 철학사상연구소 2006).

3.2 동양의 자연적 국가 관념과 상형

서양의 국가 관념은 파스케스 등의 상형물에서 보듯이 구성원의 결속과 징벌, 인간의 비문명의 본능을 극복하기 위한 문명적 현상인 반면 동양 특히 중국의 천하국가 관념은 지배계층인 '우리들' 諸夏의 세상이라는 자연적 관념이다. 피지배자가 문명적 인간이냐 통치의 대상이냐의 여부가 서구와 동양의 대비되는 국가 관념이라면, 천하국가는 국가의 私物化를 특징으로 하는 중국류의 家産制国家의 원점에 있는 국가이다. 일본의 고대국가도 율령제 용어법의 천황인 '미카도'이며 피지배계층은 통치대상이었다. 동양에서 天下는 자연으로서의 江山, 天子는 초자연으로서 국가를 상형하는 자연적 국가 관념으로서 사용되었다. 국가의 상형화라 해도 일본의 경우에서도 倭(聖德太子의 시기라 전함)가 隋의 황제 煬帝양제에 보낸(大業3 (607)) 國書에서 '日出處天子致書 日沒處天子無恙'(일출처천자체서 일몰처천자지양: 해 뜨는 곳의 천자가 해지는 곳의 천자에 보내니 별일 없는가)의 '日出處', '日沒處', '天' 등의 자연물이었다. 일본의 자연적 국가 관념은 천자국가관으로 변모하고 그것이 지금의 형식적 틀로서의 천황제 국가의 근본을 이루고 있다.

일본의 국가 관념 일본의 옛 국호 '倭'는 新唐書(卷220 列傳145.) 日本傳에 따르면 唐 高宗(649.7.15.~683.12.27.) 함형咸亨 원년(신라 문무왕 10년(670))에 '日本'으로 바뀌며(要倭名更號日本), '日本'이라는 국명은 隋書(수서 卷八十一 列傳第四十六) 東夷동이 倭國왜국(大業三年(607))에 기재된 바의 '日出處' 즉 '해뜨는 곳'이라는 말에서 연유한다. 이에 대해서 '日出處, 天子致書, 日沒處, 天子無恙云云.」帝覽之不悅, 謂鴻卿曰: 「蠻書有無禮者, 勿復以聞'[(수양제의 답문)오랑캐(蠻夷)의 글이 무례하다. 다시는 내게 올리지 말라](『隋書』「倭國傳」)

国家とは何か, 「環」, (藤原書店 Vol. 5 2001.4) 日本人における国 · 国家という概念 西宮 紘

3.3 한국에서의 국가 관념과 국가 상형

3.3.1 한국 고대국가의 관념과 상형

한국에서의 고대국가는 중국에서와 같은 漢族의 세상이라는 諸夏의 천하국가 관념까지는 아니더라도 지배층의 세상을 정당화하는 자연적 국가 관념으로서 혈족으로 맺어진 종족을 중심으로 한 '우리들' 부락민들의 세상이라는 의미가 크다. 국가의 상형물 역시 江山, 萬波息笛, 龍 등 자연적 신앙적 관념의 표상으로 추정된다('애국가'의 동해, 백두산, 삼천리 화려강산, 남산, 소나무, 가을하늘, 구름, 달 등).

통일신라의 국가관념 三國遺事 '만파식적'萬波息笛(文武王이 佛力으로 왜구를 막고자 감은사感恩寺 축조 중 승하昇遐하자 화장하여 大王岩에 안치한 2년 뒤 神文王이 용이 서리도록 감은사 금당 섬돌 아래로 동쪽 길을 낸 이듬해 문무왕이 大龍으로 나타나 대나무로 만든 피리를 불면 천하가 화평해질 것이니 이를 경주 월성 天尊庫에 간직하여, 불면 왜가 물러가고 바람을 앉히고 물결을 잠재운다 하여 '만파식적'이라 했다)의 寺, 龍은 통일신라의 국가이념을 표상하여 토착이념과의 갈등을 '만파식적'으로 표상된 통일국가로 해소코자 했음이 사료된다.■

■ 한국식 풍수의 원형이랄 수 있는 신라인의 풍수 비보책으로 풀이한 崔昌祚(한국의 자생풍수, 발췌) "감은사 지척咫尺의 문무대왕암이 소재하는 경주시 양북면 봉길리 대금천 大錦川은 동해로 유입되고, 대금천 북서진 추령 넘어 서쪽이 신라 경주이며, 대금천 河口에서 육지 쪽을 바라보면 용이 바다를 향해 입을 벌리고 있는 듯하여 그 입을 통해 왜구들이 들락거리다 감은사지 용이 입을 다물면 왜구 배, 도적떼를 씹어 삼킨 결과가 되어 평안해지는데 대금천 양옆 용당리, 봉길리 일대 산들이 용의 이빨에 해당되니, 감은사 삼층석탑 2기는 용 이빨을 날카롭게 만들기 위한 어금니, 송곳니에 해당한다."(崔昌祚, 『한국의 자생풍수』(1권 민음사 2011), 101~103면.)

3.3.2 조선의 유교적 천자국가의 관념

조선의 국가 관념은 宗社(종묘宗廟·사직社稷)를 통치이념으로 삼은 유교적 天子국가이다. 종사는 조선조 과거科擧교본 春秋左傳(春秋左氏伝 孔子 편찬 '춘추'의 주석서. BC700년경부터 약 250년간 역사를 魯의 左丘明이 썼다)에서 말하는 왕실 통치의 주체·권력을 상징하는 神殿이다. 종묘·사직은 군왕을 봉안하고 왕토를 기원하는 제사공간이다. 종묘는 역대 국왕·왕비의 神主(신이 깃들어 있다 여겨졌던 儀物)를 봉안하고 제사를 지내는 사당이며 사직은 토지의 신인 社, 곡식의 신인 稷에 안녕과 풍요를 기원하는 제사를 행하는 공간이다. 사직은 하늘, 땅에 대한 제사의 기능을 하였고 종묘는 왕실의 조상에 대한 제사에만 국한되어 운영되었다. 지금의 '현충원' 같은 국민국가의 국가적 추모보다는 왕조국가의 왕실 추모의 공간이다. 그러므로 조선의 宗社 국가는 君王의 국가라는 상형적 의미에 속한다는 점에서 중국의 천하국가 관념에 가깝다.

종묘·사직과 황실 神魂體魄신혼체백, 사람이 죽으면 혼은 하늘로 돌아가고 백은 땅으로 돌아가며 신혼은 사당에 모셔지고 체백은 陵능 廟묘에 모셔진다. 天神에 지내는 제사는 祀사, 地祇지기에 지낸 제사는 祭제, 人鬼인귀에 지내는 제사는 享향이다. 周禮주례에서는 *左廟右社*좌묘우사 즉 종묘는 궁궐의 왼쪽에 세우고 사직은 궁궐의 오른쪽에 세운다. 성종때 편찬된 國朝五禮序列국조오례서열은 사직-종묘-영녕전이었다. 중국은 그 위에 하늘에 제사를 지내는 제단 圜丘환구와 땅에 제사를 지내는 方澤방택이 있다. 하늘이 그 대상인 圜丘祭환구제, 땅의 신인 地祇가 대상인 方澤祭는 황제만의 권한이었다. 중국은 환구-방택-종묘-사직의 순이었다. 고려는 대내적으로 황제국을 표방했기에 환구, 방택이 있었다. 高麗史 禮志예지에 따르면 제사 차례는 환구-방택-사직-종묘 등의 순서였다. 宗廟儀軌종묘의궤는 1706년 숙종32년에 편찬되고 社稷御儀軌사직어의궤는 1783년 정조7년에 편찬되었다. 실질적 운용이나 관심의 측면에서는 사직보다 종묘가 중시되었다. 1897년 광무1년 대한제국 선포로 고종은 조선국왕에서 황제가 된다(강문식/이현진, 『종묘와 사직』(책과 함께 2011년) 등 참조). 조선에서 왕의 위엄을 표시하는 것은 커다란 국새인데 보통 왕의 위엄을 드러내주는 부속물들인 왕관과 왕홀, 십자가가 달린 지구의 등은 조선에서는 볼 수 없다(Ernst Von Hesse-Wartegg(에른스트 폰 헤세 바르텍 1854~1918), *Korea : eine Sommerreise nach dem Lande der Morgenruhe 1894*(Dresden&Leipzig: Verlag von Carl Reissner, 1895)/ 역자 정현규, 『조선, 1894년 여름 오스트리아인 헤세-바르텍의 여행기』(책과함께 2012년 320쪽), 100~101쪽).

3.3.3 한국에서의 국가의 상형과 국새

'국새'國璽는 국가의 동양적 상형물로 秦진 始皇帝시황제 玉璽(受天之命皇帝壽昌(수천지명황제수창)穢王之印(예왕지인)을 새겼다)에서 비롯한다(중국, 일본 등에서 '國'의 약자로 '口'(에울 위)에 玉을 넣는 것은 옥새가 국새로 이어진 것을 시사한다). 구한말 조선은 망국을 목전에 두고 "내전으로 나아가 국새와 옥새를 보관하고 있는 금고에 이변이 없도록"[9] 하라 하였으니, 이는 옥새를 국가로서가 아니라 그와 구분되는 왕가의 상형물로 여겼으리라 사료된다. 옥새는 대한제국을 거쳐 '대한민국'에 이어져 '大韓民國之璽'(1949년 제1대 국새 한문전서체), '대한민국'(1963년 제2대~현재 제5대국새 한글전서체) 등으로 국호를 새기는 등으로 국민국가에 있어서의 나라의 국새 관념으로 정착하였다.

대한민국 국새 제1대국새[1949.5.5~1962.12.31. 크기 方2寸(6.06×6.06㎝). 재질·중량 銀. '국새규정'(대통령령 제83호 '49.5.5) 총무처, 국무원 사무국, 사무처, 내각사무처]/ 제2대국새[1963.1.1~1999.1.31. 正方形(7×7㎝). 銀 2.0㎏. '국새규정'(각령 제643호 '62.4.10) 내각사무처, 총무처]/ 제3대국새[1999.2.1~2008.2.21/2010.11.30~2011.10.24. 正方形(10.1×10.1㎝). 金합금 2.15㎏. '국새규정'(대통령령 제16096호 '99.2.1) 행정자치부]/ 제4대국새[2008.2.22~2010.11.29. 正方形(9.9×9.9). '국새규정'(대통령령 제20641호 '08.2.22) 행정자치부, 행정안전부]/ 제5대국새[2011.10.25~. 正方形(10.4×10.4㎝). 金합금 3.38㎏. '국새규정'(대통령령 제23236호 '11. 10.25.) 행정자치부]. 인영印影은 정부관인대장에 등록한다. 1897년 대한제국 고종 황제의 옥새 8점의 손잡이 印紐인뉴에는 제후를 상징하는 거북이 아닌 황제를 상징하는 '용'을 새겼다.

[二] 국가 관념의 한국 근세적 의의

1. 공법회통과 유기체적 국가 관념

1.1 서구적 국가 관념의 동양 유입

한국, 중국, 일본 등에서는 지배자의 '우리들 세상'이라는 천하국가 관념에서 벗어나지 못한 동양적 현실에서 서구 근대국민국가의 국가법, 국제법 분야의 저작물이 들어오기 시작한다. 휘튼의 '만국공법'이 중국1864년, 일본1870년 등에 처음 소개되면서 구한말 조선에도 블룬칠리의 '공법회통'이 최초로1896년 출간된다. 이들 저작물은 동양의 한자 문화권의 '나라'의 한자어 '國'의 자원字源에서 보이는, 강산 (一 한 일)·백성(口 입 구)·권력(戈 창 과) 공동체(凵 입 벌릴 감(위 터진 입구), 囗 에울 위)의 국가 관념을 新民이라 하는 국민의 눈으로 인식하게 하였다. 조선은 조일수호조약 등에서 시작되는 구한말의 개항 후 조선에서 건너간 일본에서의 유학생들에게서 근대국민국가의 서구적 국가 관념이 인지되기 시작한다.[10] 대한제국의 조선 지식인들은 일본 근대화의 상징인 메이지헌법에 영향을 준 블룬칠리 책을 접했고, 고종도 이를 읽었으며, 1905년 통감부 설치 후에는 역술되었지만, 그것으로 끝이었다.

만국공법·공법편람·공법회통 마틴(*William A.P. Martin* 丁冠西, 丁韙良 1827~1916)은 清末 同治年間(1860년대 미국인선교사 清 법률고문·京師大學堂 학장), 휘튼*H.Wheaton* 『만국공법』*1864년*■, 울시*T.D.Woolsey* 『공법편람』*1877년*, 블룬칠리*J.C.Bluntschli* 『공법회통』*1880년* 등을 漢譯·출판하였다.■■ 일본에서 '만국공법'은 1870년에 일본어로 번역된 최초의 서양법률서이며 '공법편람'은 1878년, 공법회통은 1881년에 훈점 그대로 발간한다. 조선에는 '만국공법'(일본 1870년 번역본)이 1880년에 들어오며(1864년 중국어 번역판을 역관 오경석이 들여와 1876년 강화도조약 전후 유교 지식인들에게 널리 읽혔다고도 한다), '공법회통'은 1896년 清國本에 서문을 붙여 발간된 최초의 서양법률서로서 고종과 그 주변 권세가들 집권층의 애독서가 된다. '공법회통'은 갑오경장 직후 建陽元年*1896.5.9.* 학부 편집국장 李庚稙이 서문을 붙여 청국 光緒本 그대로 목활자整理字 本 3册으로 발간하여서 정부 요로에 배포되면서, 대한제국의 헌정에 근대국민국가의 법과 국가의 규범질서를 전해 준다. 공법회통은 조선 최초의 헌법적 장전인 洪範14條에 영향을 주며, 대한제국의 근세적 헌법 '大韓國 國制'*1899.8.17.*제정 奏本 전문에서 공법을 援照참조했다 함은 이를 말한 것이다. 고종은 신하들에 읽기를 명했다. 고종은 공법회통을 축조로 독해한[11] 농공상부 協辦 權在衡권재형의 상소문을 보고 황제 등극을 결심했다 한다.

■ 萬國公法은 미국 국제법학자 휘튼(Henry Wheaton 1785-1848, 惠頓), *Elements of International Law: with a Sketch of the History of the Science*, Boston(1836初版)의 1855년 6판을 漢譯한 1864년(同治3年) 清國 同文館 출판본(영인본 惠頓著, 丁韙良譯, 何勤華 点校, 萬國公法1864年, 中國政法大學出版社, 2003年)이 일본에는 1865년(慶応1) 幕府開成所에서 訓点을 붙여 간행되어 명치유신 후에도 판을 거듭하며, 重野安繹(しげの やすつぐ 1827.11.24.(文政10.10.6.)-1910.(明治43)12.6.)이 1870년 간행한 번역본(鹿兒島藩藏梓 1870)은 일본어로 번역된 첫 서양법률서이며 高谷龍洲의 주석본(濟美黌刊 1876) 등 막말幕末 명치 초기에 福澤諭吉, 『西洋事情』과 함께 읽혔다.

■■ 公法便覧은 울시(Theodor.D.Woolsey 吳爾璽), *Introduction to the Study of International Law*, New York의 1877년(光緒3년) 중국어 번역본이다. 일본에서 妻木頼矩, 小野忠雄 등의 訓点의 漢譯 그대로 명치11년(1878년) 丸善마루젠書店에서 간행하였다. 公法會通은 블룬칠리(Johann Kaspar(Casper) Bluntschli(1808.3.7.~1881.10.21.) 스위스生步倫, 伯倫知理), *Das moderne Völkerrecht der civilisirten Staten als Rechtsbuch dargestellt*(문명제국의 현대국제법), Nördlingen 1868; 프랑스어 번역서 M.C.Lardy, *Le droit international codifié*(Paris, Guillaumin et cie, 1873. 1e éd., 1874. 2e éd., revue et corrigée.) 등을 참조한 1880년(光緒6년) 번역본이다. 일본은 岸田吟香(きしだ ぎんこう 1833.6.15.~1905.6.7.) 등의 訓點의 漢譯 그대로 명치14년(1881년) 樂善堂에서 발간된다. 블룬칠리 공법학은 J.C..Bluntschli, *Allgemeines Staatsrecht*(일반국가법), 2.Bde., 1851~1852; *Die Lehre vom modernen Staat*(근대국가학), 2.Bde., 1875~1876. '일반국가법' 제4판은 明治 초기 『국법범론(國法汎論)』(加藤弘之 譯)으로 번역되었다(石塚正英, 「義人同盟とヘーゲル左派-ブルンチュリ報告書を手掛りに」, 石塚正英 編 『ヘーゲル左派-思想·運動·歷史』 수록(法政大學出版局, 1992).

田鳳德, 『韓國近代法思想史』(博英社 1984), 99-118면; 金孝全, W.A.P.마틴의 漢譯 국제법 책과 동아시아, 「동아논총」(제35집 1996), 123-169면; 西村捨也, 『明治時代法律書解題』(酔井書店 1972), 226, 227, 286頁.

1.2 유기체적 국가관념의 조선 유입

근세 조선은 국가를 블룬칠리의 윤리적·정신적 유기체로 인식하였지만,[12)] 유기체적 국가론이 제국의 식민지 지배의 정당화 논리로 기능한 것까지는 인지하지 못했다. 오히려 조선의 왕정을 유지할 수 있는 국가론으로 보았다. 반면 근대국가론이라 할 국가법인설에 따른 입헌군주국, 형식적 법치국[13)] 등은 군권을 제한하는 국가 관념으로 오인하여, 고종 황제 등은 이를 배척하기까지 하였다. 대한제국은 1895년(乙未) 1월 7일 명치유신을 모델로 維新綸音을 선포하고 최초의 근세적 국법인 홍범14조를 제정하였으며, 이에 이어 1899년에 '대한국 국제'를 반포하였는데, 이는 유기체국가론의 공법회통을 참조한 것이었으며, 홍범14조보다는 후퇴한 것이었다.[14)]

블룬칠리의 유기체 국가·제국주의 국가론, 고종의 입헌군주국 오해 블룬칠리는 민족은 자연적으로 생성되는 문화의 관념이나 국가는 인위적 문명이기에 국민은 국가에서 온전한 신체를 갖추고 법률상 인격체가 되는 유기적 존재인 것으로 보았다[Johann Kaspar Bluntschli, *Encyclopædia Britannica*(11th ed.), Cambridge University Press; 『21세기 정치학대사전』(한국사전연구사); 『맑스사전』(도서출판 b 2011.10.28.)]. 유기체 국가론은 국가는 살아 있는 유기체이며 국가가 생존하려면 영토가 요구된다는 '생활권'(국가와 민족의 생존과 발전에 필요한 공간적 영역을 지칭하는 나찌 독일의 용어)*Lebensraum* [Friedrich Ratzel(1844.8.30.~1904.8.9.), *Der Staat und sein Boden geographisch betrachtet, S. Hirzel*, Leipzig 1896/*Createspace*, 2015.9.28. 128쪽]이라는 관념으로서의 제국주의 국가론으로서 원용된 근세적 국가론이었다. 영국의 월터 바저트(*Walter Bagehot* 1826.2.3.~1877.3.24.)는 입헌군주에게는 경고, 격려, 자문을 받을被諮問 권리가 있다 했다(*Walter Bagehot, The English Constitution* (1867 1st ed.), London: Chapman & Hall). 입헌군주란 군주가 스스로 권한을 포기하고 사법권은 법원, 입법권은 국회, 행정부는 내각이 각각 책임을 지는 등, 신하에 책임을 지게 하는 제도이다. 그리하여 입헌군주제는 군주에게 책임을 묻지 않으면서 군주로서의 지위는 유지할 수 있게 하려는 제도이다. 고종은 입헌군주국의 국헌적인 지위적 측면을 인식하지 못했다.

国家とは何か, 「環」, (藤原書店 Vol.5 2001.4) 근대국가를 둘러싼 유럽의 근원적 議論으로부터, 근대 이전 일본의 '国'의 모습, 근대세계 시스템에서의 국가상. 坂本多加雄, 国家の存在理由

1.3 근대적 국가관념의 조선 유입

블룬칠리 이후 이를 저본으로 출간된 헌정연구회 『憲政要意』(1905), 이룡 『憲政瑣談』(1905) 특히 김상연 撰述 『國法學』(1907) 235면 『譯述 國家學』에서 국가를 '국민전체이며 일대 공공체'[15)] 등 국민공동체로서의 근대국민국가를 인식하였지만, 조선이 독립한 '국가'로 설 수 있는 기대가 없어지고 있을 때인 1908~1909년 『대한협회회보』 필진의 근대국가체제의 논의는 국가, 군주, 인민의 법인화로 왕의 절대권력을 법으로 제한하고 인민도 법으로 묶어 법에 의한 통치를 위한 목적을 가지도록 한 법인국가론이 최대치의 현실이었고, 이같이 국가를 법인이라 하는 것의 장점은 국가라 해서 무한정의 법적 책임을 지지 아니해도 된다고 하는 것이며 그런 점에서 국가 책임에 있어서의 애매모호성을 막을 수 있었다.[16)] 그럼에도 근대국민국가의 국헌적 인식과 저술은 불비하였다.

2. 구한말조선에서의 서구적 국가 관념

2.1 서구적 근대국민국가 관념의 거부

박영효(1861(철종12 辛酉)6.12.~1939)는 고종에 上程한 戊子上疏무자상소(1888년(개국 497년 戊子)정월 23일) '朝鮮內政改革에 관한 建白書'에서(朴泳孝, 上疏文, 『근대한국명논설집』(新東亞 1996년 1월호 별책부록), 田鳳德, 148-187면 수록된 朴泳孝上疏文 全文도 참조) 전제군주제 변혁과 인민에 자유를 주는 근대적 국민의식의 형성, 정치·법률개혁·군비충실로 문명정신인 독립기풍-서구적 근대국민국가 민국건립사상을 말한다. 박영효의 상소는 조선말 실학사상과 연결된 전통적 법사상을 단박에 극복하는 근대국민국가의 시민법을 희구하여(田鳳德, 『韓國近代法思想史』(博英社 1984), 144-145), 중국 梁啓超의 신민론이 갖는 洋務變法운동의 연장인 유교수용론에서 벗어난 脫유교적, 脫亞的 개혁(전봉덕, 朴泳孝傳, 「文學思想」(1974년 11월호)), 福澤諭吉(ふくざわ ゆきち 1835.1.10.~1901.2.3.)의 『西洋事情』에서 문명개화사상을 목표로 유교주의를 부정하고 미독립선언서 천부인권사상에 기원하는 서구적 정치근대화 및 서양의 자연과학적 사상을 수용한 변법개혁의 興復의 의미를 지닌 興復上疏이다(青木功一, 朝鮮開化思想と福澤諭吉の朴泳孝の民本主義 新民論民族革命論(1)(前篇), 「朝鮮學報」(80輯 1976.7), 著作, 「朝鮮學報」(第52輯 1969.7); 同,131, 135, 137면; 同, 同(2)(後篇), 「朝鮮學報」(82輯 1977.1), 208면.). 하지만, 조선은 이 같은 근대국가의 개혁적 관념을 받아들이지 못한다. 근대국민국가를 준비하지 못한 채 1904년(光武8년) 甲辰 2월 노일전쟁 발발과 한일의정서 조인, 1905년乙巳 11월 을사보호조약이라는 을사늑약 후 1910년(隆熙4년) 庚戌 8월 29일 한일합방조약으로 망국이 되었다(전봉덕, 朴泳孝傳, 「文學思想」(1974년 11월호)).

2.2 근대적 국민국가 관념의 受容 거부

2.2.1 유길준의 서유견문과 서구적 근대국가

조선인 최초로 일본과 미국에 유학한 유길준(兪吉濬 1856(철종7)~1914.9)은 1871년 紳士遊覽團으로 일본에 도항하고 이후에도 계속 남아서 26세에 福澤諭吉의 慶應義塾현 慶應大에 입학함으로써 조선 개국 후 최초로 근대국가에로의 유학생이 되었으며, 그 이후, 미국에서 근대국가의 문물을 공부한 최초의 조선인이 되었다. 일본을 통한 국가 인식과는 달리 1895년 '서유견문'西遊見聞에서 서구적 근대 국민국가의 관념을 인지하였다. 서유견문은 문명개화사상을 도입하며 전통적 봉건적 舊代사상을 비판하고 자유민주의 신시대의 도래를 인민에 알리려 계몽에 힘쓴 저작이다. 일본이 명치유신으로 서구적 근대국가에로 향한 사실에 경탄하면서도 미합중국 정치의 梗槪경개를 略解하였다. 유길준은 근대국가 관념에 기초하여, 첫 근대적 신문으로 창간한 국한문 혼용체 漢城旬報한성순보에서 서양 각국 제도의 움직일 수 없는 기초를 治國之權치국지권이라 하면서 이를 주권은 국민에게 있고 모든 권력은 국민으로부터 나와서 행사된다는 의미로 사용하였다.[17)]

유길준과 서유견문 유길준은 1881.5. 일본신사유람단 수행원으로 윤치호 등과 함께 갔다 그곳에 머물며 수학한다. 1882.7. 박영효를 수신사修信使로 하는 김옥균, 서광범 등 임오군란 진사사절단 통역을 맡고 함께 귀국한다. 한성부윤漢城府尹이 된 박영효의 명을 받아 漢城新聞을 창간한다. 조미수호통상조약 체결로 1883.9. 조선의 첫 외교사절 보빙사報聘使 민영익의 미국 報聘親善使節 수행 후 사절단 귀국 후에도 미국에 남아 1884년 9월 '더머 아카데미'*Governor Dummer Academy*에 Harvard 대학 Edward S. Morse(1838~1925) 박사의 주선으로 입학하였다가 12월 다시 조선으로 돌아가면서 대서양을 건너 런던, 파리, 베를린을 거쳐 1885년 가을 수에즈 운하를 건너 일본에 도착하고 그 해 말 귀국하였지만 5년간 幽閉를 거쳐 1895년 4월 일본 東京交詢社西에서 출간된 것이 '西遊見聞'이다.[18)]

2.2.2 유길준의 부국강병적 근대국민국가

兪吉濬의 국가사상은 福澤諭吉의 부국강병의 근대국가 수립이었다. 후쿠자와는 1854년 美日和親條約 체결 후 1860년 幕府使節團막부사절단으로 도미 견학을 하고 1862년 遣歐使節團견구사절단으로 영국 등 구주를 돌아보았으며 1868년 명치유신 직전 慶應義塾경응의숙을 창설하여 문명교육을 실시하고 '西洋事情', '學問을 권함'(學問のすゝめ) 등의 저술로 전파하였다. 이 같은 서구적 근대국민국가 관념의 인식을 공유한 유길준의 방책은 당시 조선의 국가와 법의 나아가야 할 방향을 적절하게 지적한 것이었음에도, 조선 국왕과 백성들에게 진지하게 학습되지를 못하였다. 그것이 근대국민국가의 방향으로 가야만 할 조선의 국헌적 한계였다.

2.2.3 유길준의 입헌군주제와 양절체제

유길준은 입헌군주제와 양절체제兩截體制의 국가관념으로서 정치체제인 전제군주제, 군주명령제, 귀족제, 입헌군주제, 공화제 등에서 조선의 군주명령제에서는 국민들이 국가에 충성할 수 없기에 입헌군주제가 가장 적합한 제도라 한다. 국권의 핵심인 주재권, 독립권, 동등권 등에 의거하는 공법적 국제질서에는 국권이 불완전한 국가의 3형태로서 증공국贈貢國·조공국朝貢國, 대내외적 자주권이 전혀 없는 속방屬邦, 독립국이나 자위수단으로 타국 보호를 받는 약소국인 수호국受護國 등이 있지만, 조선은 청과의 관계에서 상호독립국으로 전통적 조공관계와 근대적 국제법관계를 공유하는 이중적 양절체제에 있다 하였다.[19]

3. 한국의 근대국가관념의 거부와 朝廷국가로의 복귀

3.1 서구적 근대국가관념의 인식

일제의 조선침략기에 독립신문은 國權의 한글 표기로 '나라 권리'라는 말을 쓰며 이를 주권과 같은 의미로 보면서*1897.9.4.*[20] 주권은 국가의 존재를 대표하는 자이며[21] '백성의 자유와 생명을 지키기 위해 불가불 필요한 국가' 등의 인식에 의하여 국가의 존재이유를 설파하였다. 徐載弼(1864.1.7.~ 1951.1.5.)은 갑신정변 주역의 한 사람으로 미국에서 신학문을 공부하고 존 홉킨스 의과대학에서 박사학위를 취득하고 병원에 근무하다 1896년 정월에 귀국하였다가 1898년 5월 다시 미국으로 떠났다. 그 사이 독립협회를 조직하고 독립신문을 발간하는 등으로 민중의 계몽을 주축으로 한 자주적 개화운동을 하였다. 서재필은 淸國을 '가장 천흔 나라'라 하였다. 미국의 민주주의와 헌법 등을 터득하면서 국가론, 민권론, 법률론, 형벌론, 재판소와 재판, 재판과 인권, 준법론 등을 통하여 유교주의 官人 양반의 권위주의적 왕조국가의 혁파를 통하여 근대국민국가를 희구하였다.[22] 李人稙(菊初 1862.7.27.~ 1916.11.25.)은 동경정치학교 수학(1900.9.~ 1903.7.) 후 '만세보' 창간호 논설 및 '사회'를 집필하고 국가학을 연재하였다. 신소설 '血의 淚'(구어체 1906.7.22.) 하편에 해당하는 '모란봉'을 매일신보에 연재하였다(1913.2.~6. (63회) 미완). 한편으로는 이완용 밀명으로 도일하여*1910년* 한일합방을 교섭하고 일본병합의 정당화 등을 순회 선전하였다.[23]

3.2 서구적 근대국가관념의 쇠잔

조선조 구한말의 국가관념의 인식은 1910년 경술국치庚戌國恥 한일합병 이후 국헌학이건 국가학이건 국법학이건 쇠잔하다가(유진오의 '독일국가학의 최근 동향, 소위 '지도자국가'에 대해서'[24] 등이 간혹 보였다)[25] 광복 후 신생 독립국가의 국가 형성 측면에서 다시금 관심을 갖게 되지만[26] 미국식 정치학 관념의 확대로 1970년대 이후 대학 법학, 정치학에서도 국가학 강좌는 점차 사라지게 된다.[27]

조선의 전근대성과 이승만과 독립정신 조선 시대 백성의 최고의 방어막은 가난이었다. 양반관리계급의 수탈은 스스로를 없는 사람으로 만들지 않으면 피할 수 없었다. 당연히 사유재산의 관념은 존재하기 어려웠다 할 수 있겠지만 토지를 둘러싼 송사는 이루 말할 수 없었고, 일단 송사에 들어가면 아산이 깨지나 평택이 깨지나 해 보자는 끝까지 가자는 주의였으니, 이는 오늘날 대법원까지 가지 않으면 직성이 풀리지 않다든지 또는 대법원을 거쳤어도 재심, 헌법소원 등의 더욱 더한 구제수단을 거쳐도 만족하지 않으면 승복하지 아니하고 결국은 정치적으로 해결하는 것에 이르니 근대국가로서의 법치국가는 신기루 같은 것이었던가 한다. 이승만(우남 李承晩 1875.3.26.~1965.7.19.)은 『독립정신』(1899.1.9. 박영효 등의 고종 폐위 음모 혐의로 1898년 한성감옥 투옥되어 이를 저술하고 1904년 출옥)에서(머리말(1904.6.29.), 제2차발간 머리말(1917.3.1.), 독립정신 重刊에 붙이는 말씀(1945.11.12.)) '우리 대한은 태풍을 만난 배와 같다', '1. 국민 모두가 자신의 책임을 깨달아야 한다', '8. 국민이 깨어 있어야 나라를 보전할 수 있다', '20. 입헌정치의 장점', 48. 우리는 여러 번 좋은 기회를 놓쳤다' 등 근대국민국가의 존재 의의를 일깨우고 그 같은 국가에의 시대적 소명을 역설하여 이 책을 읽게 되면 고희랍 아테네의 존망의 방책을 말한 아테네人 플라톤 'Politeia'를 방불케 한다.[28] 그가 즐겨 부른 찬송가 '제371장-삼천리반도금수강산'은 국민국가를 향한 조선과 조선인의 염원을 실감하게 한다.■

■ 삼천리 반도 금수 강산 하나님 주신 동산/ 삼천리 반도 금수강산 하나님 주신 동산/ 이 동산에 할일 많아 사방에 일꾼을 부르네/ 곧 이날에 일 가려고 누구가 대답을 할까// (후렴) 일하러 가세 일하러 가 삼천리 강산 위해 하나님 명령 받았으니 반도 강산에 일하러 가세// 삼천리 반도 금수강산 하나님 주신 동산/ 삼천리 반도 금수 강산 하나님 주신 동산/ 봄 돌아와 밭 갈때니 사방에 일꾼을 부르네/ 곧 이날에 일가려고 누구가 대답을 할까// 삼천리 반도 금수 강산 하나님 주신 동산/ 삼천리 반도 금수강산 하나 주신 동산/ 곡식 익어 거둘 때니 사방에 일꾼을 부르네/ 곧 이날에 일가려고 누구가 대답을 할까//

3.3 근대국민국가의 관념적 인식

근대국민국가에 대한 관념적 인식은 특정한 공동체에서 특히 근대의 국민국가가 그 구성원에게 국가·국헌으로서는 무엇인지에 대한 규범적 자각이다. 국헌학은 구한말 이후 이를 진지하게 각성하였는지를 자문하는 것이었지만 그 연구·인식은 미미하면서도 사회*society* 관념은 성하였다. 국가 없는 시민사회는 한국이 조선 천자국가에서 벗어나지 못한 채 전근대적 朝廷국가로 회귀하도록 하였다. 조선의 '광무개혁'은 화폐 주조鑄造, 통신, 광·어업·소금 등의 세금이 度支部의 국고가 아니라 황실재정으로 들어갔다. 軍部의 국방예산의 부족을 고종은 하사한 게 아니라 꿔 주었다. 고종은 국가를 자신의 家産的 왕국으로 보면서 왕실의 유지와 존속에만 관심을 갖는다.

[三] 국가 관념의 근대국민국가적 의의

1. 근대국민국가의 국헌적 관념

1.1 정치적 영토통일체로서의 근대국가

근대국가는 봉건사회가 '신분에서 계약으로'[29] 이행되면서 領邦의 臣民*subject*에서 사회공동체의 인민*people*으로 형성된 일반국가이다. 근대국가는 왕권신수·가부장권 등의 신분과 계급에 기초하여 형성된 중세의 봉건적 신정국가, 근세의 절대제 군주국가 등을 해체하면서 고희랍의 도시공동체나 로마의 국가공동체와 구분되는 정치적 통일체로 통합되는 영토주권의 국가이다. 왕권신수王權神授·가부장권론家父長權論 *Patriarcha 1680*에 대하여 필머(Robert Filmer 1589?~1653.5.26.)의 가족국가론은 신이 아담의 가족·자손지배권을 부여하여 長子상속으로 가부장에 전해지며 왕권도 이에 연유한다 하여 인민의 동의에 의한 국가 성립의 사회계약설에 반대한다. 국가 성립에서의 왕권신수·가부장권론의 변종국가론이 국가는 종족투쟁의 산물이라는 오펜하이머(Franz Oppenheimer 1864.3.30~1943.9.30.)의 정복국가론 또는 카를 마르크스(Karl Heinrich Marx 1818.5.5.~1883.3.14.), 엥겔스(Friedrich Engels 1820.11.28.~1895.8.5.) 등의 착취국가론 등이다.

1.2 Status로서의 근대국가

국가의 근대적 용어인 State(state(영미), état(佛), stato(伊), Staat(獨, 국가, 지방Provinz, 영지Landschaft 등)[30]의 어원이 되는 라틴 어 'status'는 근세 군주가 지배하는 그 땅(Land, Staat)의 '객관화된 존재상태'*stato*를 의미한다.[31] 피렌체 정치사상가 마키아벨리는 lo stato(伊) 즉 '그 상태'*lo stato*를 '현존하는 지배체제'라는 의미로 전용하였다. 『군주론』은 정치공동체가 시원한 후 그에 대응한 지배기구가 만들어진다는 당시 정치사상에 대하여, 이를 근세유럽적 현실에 입각하여 역전시켜, '먼저 땅의 객관화된 존재상태 stato가 존재하며 그 stato가 현존하는 지배체제로서 각자의 힘에 따라 토지와 인민을 영유하는 것'으로서 정치공동체인 지배기구로의 인식이 '國家'의 근대적 관념의 어원이 된다.

일반국가적 국가 관념 니콜로 마키아벨리(*Niccolò Machiavelli* 1469.5.3.~1527.6.21.)는 군주론(*Il Principe* 1513)에서[32] status를 개별적 이익을 추구하나 국가이성을 지닌 일반적 관념의 국가로 원용하였다. 이는 군주를 상징하는 정치공동체를 전제로 하지 아니하고 그 영토와 구성원들을 전제로 하는 일반적 국가 관념의 원용이었다. 이미 존재하는 것으로 전제되는 정치공동체의 상징을 전제로 하지 않는 현실의 영토와 인민의 권력국가인 것이다.[33] 국가의 우리말 '나라'는 일본의 고대국가와 도읍인 '奈良'의 발음으로 차용되고, 百濟는 쿠다라くだら, クダラ라 불리는데, 이는 우리말 '큰 나라'의 의미이다. "くだらない"(쿠다라나이)라 하면 백제만한 것이 없다 즉 그만한 것이 없다 하는 의미로 쓰여 온다. 이는 근대적 의미에서 영토, 구성원을 중심으로 하는 일반국가적 국가 관념이라 하겠다.

1.3 국제적 국가의 원형으로서의 근대국가

국가의 현상적 관념을 넘어선 국가 메타*meta*적 관념의 국가는 '物' 자체를 넘어 시공간적으로 객체화 하는 규범적 조망의 눈높이*height of normative perspective*에서 국가를 인식하는 것이다. 근대국가 또는 국민국가라 할 때의 국가 '메타'적 인식은 '근대' 내지 '국민'이라 함은 무엇인가? 등의 역사사회적 측면의 규범적 조망의 인식을 전제로 한다. 그런 점에서, 근대국민국가 이전의 국가의 관념에는 일반국헌학적 국가의 시대성을 갖지 못한다. 본서 '국헌학'의 국가는 국가의 원형이라 할 도시국가로 시작되는 고대, 중세, 근세의 국가를 넘은 근대의 국헌학적 국가의 관념이다.

2. 국민국가

2.1 국민공동체 Nation로서의 국민국가

국민국가는 '국민이 곧 국가'인 국민전체로서의 국민공동체(Nation)의 국가이다.[34] Nation으로서의 '국가적 국민'은 사회구성원인 People '인민적 국민'의 국가적 규범상태 즉 공동체구성원의 문화적 규범의 국가이다. 국가의 국민이 Nation과 People로 구성되지 못하는 유사 국민국가가 민족국가이다. 국민을 민족으로 구성하여 일원화하는 나치독일의 민족국가가 그것이다.

국민국가와 민족국가 Nation이 People의 국민공동체적 국가의 규범상태라 할 때 그 People은 연원상으로는 demos라고 하는 모든 사람 즉 원로원 의원을 제외한 평민부터 파트라 Patras(민중, 그리스어 pátrai, 라틴어 Patrae), 제1계급부터 최하층민까지 모든 로마인을 전근대적으로 포괄한다.[35] 독일의 민족국가론으로서 헤겔(Georg Wilhelm Friedrich Hegel 1770.8.27~1831.11.14.)의 절대정신의 현실로서의 국가는(하이델베르크대 취임연설 1816.10.), 인륜적 이념의 현실태로서(『법철학』 257절), 프로이센(Preu ß en, Prussia 1871~1918 독일제국 주축국)의 상공업적 근세국가를 상정한 민족적 국민국가이다(『독일헌법론』(1800년경); 『헤겔사전』(도서출판b 2009.1.8.)). 피히테(Johann Gottlieb Fichte 1762.5.19~1814.1.27.)의 '독일국민에게 고함'에서 말한 조국애의 민족적 문화국가도 그러하다(*Reden an die Deutsche Nation*, 金聂鎭 역(삼성문화재단 1971) 나폴레옹에 패한 프로이센, 베를린학술원 14차강연(1807.12.13.~1808.3.12.)). 이 같은 독일의 민족국가의 전통은 칸트(*Kant*)의 이성에 기초하는 법치국가 또는 막스 베버(Max Weber 1864.4.21.~1920.6.14.) '국민국가와 국민경제정책'*1895년*에서의 합리적 권위의 사회학적 국가 등에서 비로소 민족국가에서 벗어나 근대적 국민국가의 국헌학적 국가 관념에 이르게 된다.

2.2 사회계약으로서의 국민국가

국민국가는 근대시민사회에서의 자연상태·사회계약의 정치사상을 기반으로 형성된 국민공동체에 기반을 둔 근대국가이다. 국민국가는 반계약적이고 계급기반적인 이른바 민족주의에 기반을 둔 민족국가 등을 전근대적 국가의 관념으로 정리할 수 있게 된 국가다.

사회계약론의 자연상태와 국가상태 근대국가형성의 정치사상인 사회계약론은 聖아우구스티누스(Saint Augustine, *Aurelius Augustinus Hipponensis* 354.11.13.~430.8.28.), 마르틴 루터(Martin Luther 1483.11.10~1546.2.18.), 장 칼뱅(*Jean Calvin* 1509 .7.10.~1564.5.27.) 등의 神政국가론에서 마키아벨리(Niccolò di Bernardo dei Machiavelli 1469.5.3.~1527.6.21.) '군주론'의 세속국가론으로 대체되면서 그 논거로서 탄생한다. 사회계약*social compact* 이전의 자연상태를 존 로크(John Locke 1632.8.29.~1704.10.28.)는 무규범이어도 질서평화상태로 보며, 토마스 홉스(Thomas Hobbes 1588.4.5.~1679.12.4.)는 만인에게 이리*homo homini lupus*인 만인투쟁·자타공멸의 자연상태가 이성의 빛에 의하여 만인에게 신homo homini deus이 되면서 안전을 위한 사회계약social compact을 체결하여 국가상태에 들어선다 한다. 리바이어던이 그것이다.[36] 홉스의 자연상태, 사회계약 등 '리바이어던'에서 그가 말한 국가 성립 계약의 논거들은 스피노자(Baruch de Spinoza 1632.11.24.~1677.2.21.), 카를 슈미트(C.Schmitt 1888.7.11.~1985.4.7.) 등에 의하여 계승되었다. 칸트는 사회계약에 의한 질서상태, 평화상태, 법치의 상태를 불법을 억지할 수 있는 조직된 권력을 지닌 국가 상태에 들어서는 것으로 보았다.[37] 사회계약론에 의한 국가상태의 역사적 현상으로서의 현실적 실현은 미국 건국의 國父*Pilgrim Fathers*의 船上계약(*Mayflower Compact* 1620.11.20.) 등에서 이루어진다.

2.3 법인국가·주권국가로서의 국민국가

국민공동체는 주권자인 국민의 총체이며 이 국민총체에 주권이 귀속되는 국가가 국민공동체에 귀속되는 주권을 정점으로 하는 주권국가이다.[38] 주권국가는 국가 내 모든 권력의 정점에서 공권력의 정당성의 근거이며, 주권·권력·권리관계의 통일적 행사자이고, 국가의 대내외적 법관계를 처리할 수 있는 권리주체인 공법인으로 기능하는 법인국가이다.[39] 주권국가, 법인국가는 국민국가를 주권, 주권자를 규정한 입헌주의국가로서의 헌법국가로 이행케 한다.

법인국가와 권리주체 국가를 권리주체가 아닌 '권리객체'로 보면 왕권신수설의 왕조국가나 家產국가에 그친다. 국가를 '권리관계'로 보면 정치적 통일체나 대외적 활동체인 국가를 설명할 수 없다. 권리관계의 關係体에 불과한 국가가 어떻게 전쟁을 선포하고 조약을 체결할 수 있겠는가. 이 같은 권리객체나 권리관계론은 영국에서 왕*Rex*과 왕국*Regnum*으로 분리된 중세적 국가관이 하나의 통일체로 합치지 못하고 각각 권리주체로서 대립한 잔존물이다.[40] 국가의 법인격은 자연인이 자연적 의사를 갖는 자연적 유기체인 것처럼 법인실재설에 따라 단체의사를 지니는 사회적 유기체이며, 법인국가론에 따라서 사회적으로 독자의 작용을 하기에 적합한 가치를 지니는 정치적 실체라 보아서 인정되는 관념이다.

3. 헌법국가 – 주권국가 · 법인국가 · 평화국가

근대국민국가는 주권 · 국민 · 영토를 존립조건으로 존재하면서 입헌주의헌법을 갖는 헌법국가(헌재 2000.8.31. 97헌가12; 1989.4.17. 88헌마3 참조)이다. 헌법국가는 입헌주의헌법의 최고성에 의거하여 정치적 통일체를 주권국가가 되도록 하며, 국민공동체를 법인국가가 되도록 하는 근대국민국가의 규범적 형태이다. 주권국가는 '주권자이신 하나님'(구약 창세기Genesis 15:2 O Sovereign LORD를 인용한 장 보댕 '공화국'6권) 주권의 최고 · 절대 · 항구성이 귀속된 국가이다. 국가의 독립성과 최고성을 인정함으로써 근세적 국가 관념으로서의 정치적 국가관념의 유기체 국가론을 배제할 수 있게 하였다. 법인국가는 규범국가이며 법치국가로서 그 정점이 헌법국가이다. 법인국가에서의 국민은 권리주체로서 공법인인 국가의 구성요소를 이루면서 국가에 대해서 소극적 · 적극적 · 능동적 · 수동적 지위를 갖는다, 하지만, 헌법국가로서의 근대국민국가에서는 제국주의적 경향성을 갖게 되기에 이른 근세국가의 약육강식의 영토침략에 의한 탐욕스런 민족국가 관념을 물리칠 수 있게 하는 국민공동체의 주권국가 관념에 의하여, 약소국가도 주권국가로서 독립성과 자율성을 지켜낼 수 있도록 하였다. 주권국가는 민족국가가 아니라 상호간 민족자결의 원칙에 근거하는 독립국가를 가능케 하여 국가에서 국민의 안전 · 자유 · 행복을 추구할 수 있으며 국가간에는 국제평화를 가져오는 평화국가이기도 하다.

'정치'의 국가와 '법'의 국가 플라톤이 저서 'Politeia'에서 말한 국가는 '정치'의 국가이지만 그의 만년의 저서인 'Nomoi'에서는 법의 국가를 말하였다. 플라톤의 제자인 아리스토텔레스는 '니코마커스 윤리학' 등에서 '법' 그리고 '국가'를 일반국가로서보다는 개별국가로서 인식하였다. 정치의 국가는 정치적 통일체로서의 국가 즉 국가학적 국가이며, 법의 국가는 국법학적 국가의 관념으로서 영국에서 The King can do no wrong(왕은 악행을 행할 수 없다)의 King, 국가책임법*The Crown Proceedings Act 1947*의 Crown 등으로 표징標徵되는 국가는 법의 국가이다. 다만 일반적으로는 아테네 등 고희랍(古希臘 고대그리스)의 도시국가*polis*, 영토 · 영민을 조직적으로 통치한 로마제국*empire*, 시황제의 진秦, 대영제국, 미합중국 등의 국가 등을 언급할 때에는 이 같은 양면성을 함께 지닌다.

Ⅱ. 고전국가인 도시국과 공화국

[一] 고희랍 도시국 – 시민의 정치공동체

1. 古希臘(고대그리스)의 도시국

1.1 도시국가와 아테네 도시국

1.1.1 고대도시국가와 고전국가인 도시국

도시국가(city state)는 도시가 城으로 에워싸인 생활공동체, 성전聖殿이 중심이 된 신전공동체, 도시가 정치적 통일체*body politic*로서 기능하는 城邑국가이다. 도시국가는 도시가 생활공간인 部落에 그치는 邑落국가와 구분된다. 고대국가로서의 도시국가는 성읍국가든 읍락국가든 동서고금을 막론하고 통치자의 지배영역에서 벗어나지 못하였다. 그렇지만 主軸시대를 연 고희랍의 고전국가인 도시국은 통치자의 지배공동체에서 도시민의 정치공동체로 기능하는 정치적 통일체로서 기능한다. 고희랍의 도시국*polis*은 성읍국가의 오리엔트 세계와 구별되는 서양 국가 관념의 원형으로서, 도시국 연맹체인 공동체국가*commonwealth*로 진화하면서 세계사적 보편성을 갖기에 이르는 국가 관념이 된다.

고대도시국가 고대도시국가는 지배자의 통치영역으로서의 부락으로 이루어지는 강유역 평원의 읍락국가(메소포타미아, 인더스 등) 또는 산성의 성읍국가(신라 사로斯盧국, 진한, 마한 목지目支국, 변한, 가야 구야狗倻국, 일본 아스카飛鳥 등)이다. 메소포타미아 문명에서의 고대도시국가는■ 수메르인의 읍락국가인 에리두*Eridu BC5000년 경,* 우르*Ur* 등이 대표적이다.■■ 또한 페니키아의 티레*Tyre*·시돈*Sidon* 이집트문명의 테베*Thebes*·멤피스*Memphis* 베르베르족*Berbers*의 가라만테스*Garamantes* 또 다른 문명권인 인더스문명의 인도-아리안족에 의하여 성립되어 온 모헨조다로*Mohenjo-daro*·하라파*Harappa* 등도 도시국가로서 존재하였다. 고대도시국가의 보편성으로서 뉴턴*Sir Isaac Newton*은 프린키피아 Principia에서 모든 고대민족이 열두 명의 똑같은 신들을 믿었다 하여 인류기원의 수메르문명의 점토판에 기록된 신들의 계보와 정확하게 일치하는 언급을 하였는 바 이는 동양의 십이진법, 십이지간 등과도 관련성이 깊다.

■ 메소포타미아(희랍어 '메소스'between 포타모스river 합성어)문명은 아라라트*Ararat*산(해발 5,165m, 에덴동산으로로 추측되는 곳)을 중심으로 한 아르메니아 고원(Armenian Highland, mountainous region of western Asia)의 만년설이 페르시아 만으로 들어와 티그리스 강1,850km과 유프라테스 강2,050km 등의 발원지가 되고 구리, 청동, 철 등의 자원에 기인한 수메르, 아카드, 바빌로니아, 앗시리아 등 도시국가의 통일제국문명이다. BC7000~6000년경, 자그로스*Zagros* 산록에 정주한 농경민의 후기 신석기문화가 전해진 하라프 문화*Halaf culture* 6100~5100BC의 앗시리아 전파 후 에리두(이라크 남부 Euphrates강에 가까운 아부 샤흐라인의 수메르 도시국가, 水神 Ea의 성지), 우바이드*Ubaid*5900~4000BC, 우루크4000~3100BC 등의 수메르*Sumer*(3500~1950에서 BC3200년경) 도시국가 및 아카드*Akkad*2350~2450BC, 우르-남무의 우르 제3왕조2113~2000BC, 신바빌로니아(특히 네부카드네자르 2세(재위 605~562BC), 이스라엘 '바빌론포수捕囚'), 페르시아 아케메네스 왕조*Achaemenid Dynasty* 559~330BC 후 BC538년 끝을 맺는다.

■■ 수메르는 BC2400년경 악카드(Akkad 창세기 10:10 '악갓'), 구트족(Gutians BC2100~2000) 이후, 우르 제3왕조 창시자 우르남무Ur-Nammu가 인류 최초의 우르남무 법전을 남기나, BC1970년경 셈족 계열 아모리 족의 도시국가 바빌론이 메소포타미아 지역을 평정하면서 쇠망하고 함무라비 왕의 시대가 열린다. 도시국가는 우르(Ur 창세기 11:28, 31), 우룩Uruk, 에렉(Erech 창 10:10), 이신Isin, 라르사Larsa, 라가쉬Lagash, 시파르Sippar, 니푸르Nippur, 키쉬Kish 등이다.[41]

1.1.2 고희랍 아테네 polis의 고전도시국가

고전도시국가는 발칸*Balkan*반도 남단, 산과 섬의 나라 고대 그리스(Ancient Greek)의 아테네*Athens* 도시국 폴리스*polis*가 그 시원이라 할 수 있다. 아테네, 스파르타*Sparta* 등의 도시국이 중심이 된 고희랍 도시민들은 수메르 민족의 메소포타미아 신전공동체의 司祭的 고대도시국가를 이은 동방 오리엔트, 이집트 등을 아우른 전제국가 페르시아 제국의 침공을 막아내, 고희랍의 정치·사회·군사·교육 등을 자유도시민의 생활공동체로서의 도시국 폴리스가 정치통일체로서 기능하도록 하였다. 아테네·스파르타 등 고희랍의 고전도시국가는 사물을 logos의 이치적 지식으로 인식하고 논리와 언어로 설파한 logos적 인간들이 도시민으로서 민회*Ecclesia*로 도시를 통치하고 지배한 정치공동체이다. 이것이 古來의 메소포타미아 통일왕조 아카드*Akkad*에서 오리엔트 중근동의 왕의 지배 의지에 따른 통치에의 복종과 믿음으로 존재하여 온 고대도시국가들과 구분되는 다른 점이었다.[42)]

메소포타미아, 인더스 도시국가 '헤일-봅'■ 혜성의 1997년 출현 直前 태양 近日点은 4200년 전으로서 이집트는 농경사회를 天文으로 다스린 파라오 페피2세(*Egypt Pharaoh Pepi II*(Reign 2247~c.2216BC)) 제6왕조BC2215년 7월,■■ 중국은 하夏왕조 직전*2205BC*이었다. 메소포타미아 아카드*Akkad* 왕조는 왕을 이슈타르(Ishtar 바빌로니아 여신 Sumer의 Inanna) 같은 신적 존재로 보면 신성모독의 벌을 받았다 하는데 혜성 도래 당시의 왕 Sharkali-Sharri의 부친 제3대 '나람-신'*Naram-Sin*이 그러했었다 한다.■■■ 아카드는 석유가 아닌 레바논산 목재가 중동 주산물일 당시 야금술冶金術로 청동장식품, 무기 제조 등에 필요한 주석, 구리 운송 대상隊商, 장인匠人들의 상업도시국가였다. 인더스*Indus*문명의 하라파(Harappa c.2500~1800BC), 모헨조다로(Mohenjo Daro c.3500~1500BC 현 파키스탄)는 소성연와燒成煉瓦(흙벽돌) 일건日乾연와 성벽, 곡물창고, 시장, 공공용 대목욕장, 상하수, 하양대荷揚台, 집회소, 구술·면직 세공인 등의 계획도시였지만 메소포타미아와 달리 강력한 왕권이나 권위의 상징물인 성소, 신전 등은 보이지 않는다.■■■■

■ 헤일-봅 혜성Comet Hale-Bopp(C/1995 O1) 1995.7.23. 발견)은, 1997.4.1. 태양 근일점perihelion을 통과했다. 혜성 중심궤도 주기는 대략 2,391년,이며, 다음 번, 태양계Solar System 진입은 4387년이라 추정한다.

■■ Pepi II의 'nhh-star'(天空의 pharaoh 친구, 'nhh'는 long hair 뜻의 상형문자hieroglyph)로 표기된 Saqqara pyramid를 건조했다.

■■■ '나람-신'(Naram-Sin of Akkad, Naram-Suen, Sargon of Akkad의 손자, 재위 c.2254~2218BC) 스스로 '아카드의 신'God of Akkad이라는 신성divinity을 선언하여 '아카드의 저주:에쿠르의 복수'(curse of Akkad: Ekur avenged)를 받았다. 그가 Nippur의 Enlil 사원 Ekur를 침탈하자 분노한 주신 Enlil은 Gutians를 Tigris강 東岸에 소환하여 Mesopotamia 전역에 역병, 기근, 죽음을 가져오게 했다.

■■■■ 인도는 면적 약 330만㎢, 인구는 약14억 명, 국토의 약 52.5%는 경작 가능 농지, 인도 간지스 강 유역은 세계에서 가장 풍요한 토질에 생산성이 높다. 인도 GDP는 약 5조 달러로서 미국과 중국에 이어 세계 3위이다. 핵 보유국이다. 1700년 인도를 통치하던 무갈 제국의 인구가 약 1억5000만 명이었다. 당시 淸의 인구는 약 1억2000만 명. 기원전 3세기, 불교를 진흥시킨 아쇼카 大王, 16~17세기 힌두교와 이슬람을 다 포용하여 무갈제국의 전성기를 이룬 아크발 大帝이다. 무갈제국의 창설자 자하루딘 무하마드 바부르는 1483.2.24. 지금의 우즈베키스탄 페르가나에서 왕자로 태어났다. 어머니 쪽 혈통으로는 징기스칸에 연결된다. 1526.4.12. 뉴델리 근교 파니파트에서 벌어진 로디 王朝의 아이브라힘王이 지휘하는 10만 군대를 섬멸했다. 몽골系 무갈제국을 탄생시킨 전투였다. 무갈은 이란어로 몽골이란 뜻이다. 전성기인 1700년 무갈제국의 인구는 약 1억5000만 명으로서 중국(당시 청 1억2000만)보다 많았다. 영국이 19세기 중반 무갈제국을 멸망시키고 인도를 식민지로 만든다. 무갈제국은 이슬람을 믿는 몽골-투르크族의 군사집단이 토착국가를 점령하고 인도에 건설한 나라였다. 16~17세기에 무갈제국의 국력은 오스만 터키나 어느 유럽나라들보다도 충실하여 사실상 세계 최대의 제국이었다.

古希臘 Polis 고희랍은 BC3000경 다뉴브*Danube*강 북부 헬레니스*Hellenes* 유목민이 남하하여 BC1500년경 펠로폰네소스*Peloponnesus* 반도 선주민 카리안*Carians* 렐레게스*Leleges*족을 정복하여 부계가족의 부족회(*Phratory*프라토리, 족장은 *Patriarch*)가 형성한 폴리스다. 헬레니스족은 반도 대부분을 장악한 도리아인*Dorians*, 아티카 및 에우보에아*Euboea* 등을 차지한 이오니아인*Ionians*, 펠로폰네소스 북부 에울리아인*Aeolians* 등으로 분화된다. 아테네는 이오니아인이 아티카에 세웠고 스파르타는 도리아인이 펠로폰네소스 에울리아인 등을 복속시켜 세웠다.[43] 폴리스는 그리스 반도에 100여 개, 식민시까지 합하면 1,000여 개가 넘었고 인구는 20~30만 명에 이른 경우도 있으나 평균 5,000명 정도였다.

아테네 Polis 아테네는 아티카*Attika*반도 중앙 사로니크 만*Saronic Gulf* 연안에 위치하며 Olympus 12神■ 중 지혜의 여신 아테나*Athena*와 관계된다. 산성 아크로폴리스*Acropolis*(156m) 파르테논*Parthenon*신전 등을 중심으로 왕정, 귀족, 참주정을 거쳐*BC10~8세기* 민주정으로 페르시아를 물리쳐*BC508~507* 페리클레스*Pericles*의 법과 민주통치의 황금시대를 거치면서 교육*paideusis*, 놀이*paidia*■■ 등의 터전이었다(투키디데스 *Thucydides* 파이데이아*Paideia*).[44] 1834년 현 그리스공화국 수도가 되었다.

■ 올림프스 12신: 아테나Athena, 제우스Zeus, 헤라Hera, 포세이돈Poseidon, 아폴론Apollo, 헤르메스Hermes, 아레스Ares, 헤파이스토스Hephaestus, 아르테미스Artemis, 아프로디테Aphrodite, 데메테르Demeter, 디오니소스Dionysos

■■ 고희랍의 파이데이아 paideia는 'paidos + agein'의 합성어로서 '아이를 인도 한다'는 하는 '교육'의 뜻이다.

1.1.3 고희랍의 logos적 도시국가

도시국 아테네의 폴리스 규범은 도시민의 logos였다. 반면, 고희랍 폴리스 이전 도시국가의 규범은 신민 통치를 위한 전제군주의 의지나 신의 성전聖典이 되었다. 아테네 도시국가는 통치거점의 국가영역인 산성山城 아크로폴리스*acropolis*, 일상광장의 사회영역인 아고라*agora* 등에서 도시민들이 지성*logos*·논리*logos*·언어*logos*의 主知的 이치로 이끌어진 것이었다. 아테네에서는 당시의 최첨단 언어인 페니키아가 처음 사용한 표음문자 알파벳을 이식함으로써 logos적 합의가 촉진되었다. 孔子의 君子 즉 君主의 子息으로 德을 쌓은 사람이 나라를 세우나 아테네는 도시민의 logos에 의하여 세우니, 동양의 德治國에 대비되는 知治國의 기원이 된다. 고희랍 Polis는 오늘날 서구 국가의 원형질인 도시민공동체(Gemeinwesen, the community of citizens)의 도시국이었으며 이 시민공동체의 고전도시국의 원형질이 로마 Res Publica로 계승되었다. 아테네 민주정은 리쿠르고스의 '헌법', 솔론의 개혁, 제1차 페르시아전쟁, 제1차와 제2차 전쟁 사이의 10년, 테르모필레, 살라미스해전, 플라타이아이전투, 아테네와 피레우스의 일체화, 귀족정치를 타파하나 금권정치의 솔론이 제안하고 시민집회가 가결한, 부채를 변제하지 못한 사람은 자신의 신체로 변제하여 채무자는 채권자의 노예가 된다는 법의 폐지, 페이시스트라토스의 참주정치, 클레이스테네스의 실력주의, 테미스토클레스의 전시 위기체제, 아테네 민주정의 황금기를 이끈 페리클레스 시대로 이어진다. 고희랍인은 페르시아전쟁에서 승리함으로써 오늘의 유럽 정신을 이루는 중요한 요소인 로고스에 눈을 떴고, 페르시아로 대표되는 동방과 차이를 만들었던 것도 바로 그때 비로소 시작된다.

logos와 언어와 知 알파벳은 고대 페니키아 표음문자에서 연유한다. BC3000년경 이집트 신성문자는 BC100년 고트문자*Gothic* 이후 사라졌지만 페니키아, 희랍문자 등이 알파벳 기원이 되었다. A는 '알레프'에서 소머리 모양 뿔이 아래쪽을 향하도록 뒤집어서 표시한 것이다. logos의 추상적 사고를 촉진시킨 바이블*Bible*도 책*book*을 뜻하는 그리스 어 비블리온*biblion*에서 나오는데, 이는 페니키아 도시 '게발'*Gebal*의 고희랍 어 비블로스*Byblos*에서 온다. 표음문자는 관념을 소리로 나타낸다. 가나안 족*Canaanites*, 바빌로니아*Babylonia*, 나이지리아 북부 후르리 족*Hurrians* 등이 그러하다. BC3200년경 最古의 수메르 상형문자 약 600개 중 150개는 묘사가 아닌 추상적 의미를 표현하여 인류 최초의 '길가메시 서사시*Epic of Gilgamesh*' *c.2100BC*가 쓰였다. 한편 동양의 한자문화권 갑골문자는 BC1600년경 출현하여 추상적 관념을 표시하였다.

1.2 헬레니즘 축의 시대를 주도한 아테네 도시국

1.2.1 고전기 아테네 폴리스의 자유성

고희랍 도시국은 一城一國으로 산재하고 그리스 전역의 통일국가로서는 존재하지 못했다. 아테네는 에게 海*Aegean Sea* Polis 맹주이며 델로스동맹*477BC* 주역으로서 오리엔트의 霸者가 되면서 페르시아 전쟁(Persian Wars 492~479BC)을 아테네가 도시민의 정치공동체로 되는 자유의 전쟁으로 결의하고 해상전투 및 마라톤 전투 등의 승전으로 BC5세기 고희랍의 정치, 경제, 군사, 문화 등을 주도한다. 고희랍 아테네는 페르시아전쟁의 승전과 함께 이탈리아 반도 남부에 시칠리아 등의 식민시植民市를 세워(BC 8세기 중엽~7세기) '大그리스', '메갈레 헬라스'(마그나 그라에키아Magna Graecia(라틴어) BC4세기)로 불린 황금시대를 구가하게 된다(그리스의 문화가 이탈리아 남부와 유사한 이유이다. Francis Fukuyama, *Political Order and Political Decay*, New York: Farrar, Straus and Giroux, 2014, p.106.). 서구 문명의 기반이 되는 헬레니즘의 지적·문화적 기반은 이런 아테네 폴리스의 국헌적 전통에 뿌리박고 있는 것이다.

페르시아전쟁과 '자유' 아테네 아테네는 현 이란을 기점으로 터어키, 인도 북부, 이집트 등에 이르는 페르시아 제국의 아카이메네스*Achaemenes* 왕조(559~330BC) 제3대왕 다레이오스1세*Dareios I* 522~486BC가 이끈 제2차 페르시아전쟁 마라톤전투*490BC 9월*에서 플라타이아*Plataeae* 연합군으로 크세르크세스*Xerxes*군에 승전한다. 이를 알리려 아테네까지 뛰어온 페이디피데스(*Pheidippides*(by Aristophanes), *Philippides*(by Herodotus, Plutarch))의 경주는 근대 五輪 마라톤의 기원이 된다. 카리아스 평화협정*Peace of Callias*은 BC449년 델로스동맹과 아케메네스 왕조의 페르시아의 전쟁 종결을 목적으로 한 조약이다. 당시 고희랍인은 페르시아인을 자신의 의사를 표현하지 못하는 노예로 여겨, 플라톤은 메넥세노스*Menexenos*에서, 이들 마라톤 용사들을 페르시아로부터의 해방을 가져다 주었다는 의미에서 '자유의 아버지'라 불렀다.[45] 링컨이 남북전쟁을 자유를 위한 전쟁으로 보아서 게티스버그 연설에서 전몰용사들을 '자유의 상징'이라 말한 것과도 같다. Herodotus(할리카르나소스Halikarnassos 현 터키 Bodrum 출생 '역사'*The Histories*의 저자로 키케로가 '역사의 아버지'라 부름)는 '페르시아전쟁사'에서 이집트, 흑해 연안, 아라비아 반도, 리비아 등을 여행하며 수집한 지리, 인문, 정치, 관습, 종교'(1권~5권27절), '테르모필레 전투와 살라미스 해전 등의 여러 전투(5권28절~) 등을 기술하였다.[46]■

■ 리디아의 크로이소스, 현자 솔론, 아테네와 스파르타, 아케메네스가의 키루스 왕, 사모스, 페르시아 제국, 바빌론의 반란, 3개 대륙-아시아, 리비아, 에우로페, 스키타이인, 이오니아의 난, 참주 추방, 다리우스의 창끝, 밀레토스 함락, 마라톤, 밀티아데스, 아테네 함락, 살라미스, 크세르크세스 퇴각, 플라타이아이 전투, 미칼레 전투 등.

제1편 제2편 제3편 國憲論

1.2.2 고전기 아테네 폴리스의 국가적 성격 – 소크라테스와 소피스트

아테네는 소크라테스(Socrates 470/469–399BC)의 '아는 것이 덕'*virtue*으로 웅변된 호모 사피엔스*homo sapiens* 사유적 인간의 정신세계를 '너 자신을 알라'의 logos적 主知의 언설로 표현하면서 플라톤, 아리스토텔레스 등에 이어지는 보편적 사유로 국가를 존립시키는 주축시대'(Achsenzeit Axial age)로 헬레니즘의 고전기(Antiquity, Classic BC8~3세기)를 이끌면서 국가를 인류의 기개와 지혜의 문명적 현상의 관념으로서 발전시킨다. 고희랍 아테네는 아리스토텔레스 Politics의 인종론에서의 고희랍적 우월감과 도시국, Megale Hellas, 헬레니즘 등에 기인하여 도시국은 민회*ekklesia*시민총회, 공공광장*Agora*, 로마 兵士會*comitia centuriata*, 평민회*comitia tributa* 등의 시민공동체로 상징되나 부모 양계가 모두 아테네인인 경우에만 그 자식이 시민이 될 수 있다 하는 폐쇄성으로 BC5세기 중엽 페리클레스도 시민권을 취득치 못하였던 점 등으로 고희랍은 쇠망하면서 BC3세기 로마에 지배된다.[47] 반면 공화정 로마는 BC1세기 초 同盟市 전쟁으로 시민권이 이탈리아 전토에 부여되는 시민권 확장으로 도시국에서 연맹국으로 발전한다.

아리스토텔레스 Politics의 인종론 Politics '기후와 성격'(제7권 제7장 1327b I 8)에서 에우로페■ 寒帶 사람들은 기개*thymos*는 넘치나 지능*dianoia*, 재주*techne*는 좀 모자라 상대적으로 자유롭지만 정치조직이 없고 지배할 능력이 없다. 아시아인들은 지능, 재주는 타고 났으나 기개가 부족하여 예속되어 노예로 살아간다. 지리적으로 그 사이의 헬라스 민족은 두 미덕을 겸비하여 기개도 있고 지능도 있어 자유민으로 최선의 정체에 살며 정치적 통일만 된다면 다른 민족을 모두 지배할 수 있을 것이다.[48] 그 같은 인종 평가는 도시계획의 아버지라 불리는 건축가 힙포다무스(Hippodamus of Miletus, Hippodamos ho Milesios 498~408BC)가 정치경험 없이도 통치론을 쓴 첫 번째 사람일 정도로 당시 '국가'는 아테네 시민들 모두의 정치 과잉이라 할 정도로 최대의 관심사였다.

■ Europe Ευρωπη, 페니키아 공주 에우로페가 시돈 해변에서 제우스가 둔갑한 소 등에 타고 크레타 섬으로 오게 되며 이때 그녀의 이름 '에우로페'(Εὐρώπη; Eurṓpē)를 '유럽' Europe이라 이른다. '에우로페'는 아카드 어의 '해가 지다'와 같은 계통인 페니키아 어의 '저녁, 서쪽'에서 유래하였다고도 한다.

1.2.3 고전기 아테네 도시국의 쇠퇴

아테네의 번성은 펠로폰네소스 전쟁(Peloponnesian war 431~404BC)에서 스파르타에 패한 후 주관적 상대주의 Sophist 궤변론의 중우정이 도시국의 국헌적 국가성을 압도하면서 쇠퇴하기 시작한다. 소피스트들은 아테네 전통 윤리, 도덕 등을 비판하면서 공동체 윤리규범을 폴리스를 전제로 하지 않는 개인의 입장에서 인식케 하였다. 궤변자들은 폴리스와 개인을 각기 독자성을 지니는 존재로서 분별하는 모습을 보여 주면서도, 동시에 폴리스에서 개인을 분리하여 감각적 단편자로 보아 보편적 지식, 윤리자로 인식하지 않았으니, 이는 공동체의 보편적 규준이라는 사회생활규범의 존재를 부인하는 결과를 가져와 도덕적 무정부 상태를 야기케 하였다. 아테네 귀족은 스파르타 과두정을 지지하고, 반면에, 시민은 아테네의 중우적 민주정을 지지하는 등 각자의 계층적 이익을 폴리스에서 극단화하는 현실에서, 플라톤이 Politeia에서 역설한 4주덕에 의한 폴리스의 조화가 깨지기 시작한다. 도시국 아테네를 넘어 그리스 전체를 국가공동체로 보자는 소피스트의 사해동포주의*Cosmopolitanism*는 아테네 시민들의 국가적 정체성을 방기放棄하도록 한 국가 위기였다. 평화국가, 통일국가, 세계국가 등의 생각들에 맹점이 있다면 바로 이런 부분들이다. 국가의 국헌은 국가의 정통성과 정체성 인식에 있는 것이다. 아테네 史家 타키티데스*Thucydides*의 '펠로폰네소스 전쟁사'*The History of the Peloponnesian War*의 엄밀한 연대기*chronology* 중립적 서술로 기록한 바와 같이 과두정*oligarchic* 스파르타의 펠로폰네소스 동맹이 민주정*democratic* 아테네 델로스동맹*Delian League*에 대한 아르키다모스 전쟁*Archidamian War*, 데켈레아 전쟁*Decelean, Ionian War* 등에서 승리하였다 해도, 고희랍 도시국들은 BC371년 마케도니아*Macedonia or Macedon* 알렉산드로스 대왕*Alexandros the Great 356~323BC*에 멸망하면서 고전도시국가를 열어 서구 국가의 전형을 보여준 고희랍 도시국의 막은 내린다.

폴리스의 국가성과 소피스트 소피스트*Sophist, σοφιστής, sophistés*는 BC5세기 아테네, 그리스-로마에서 철학, 수사학을 '논전기예 방식' 즉 Sophism(*σόφισμα, sophisma, Sophist*는 이에서 연유)으로 도구화한 辯舌변설家·詭辯궤변家*sophós, σοφός*이다. Socrates와 Plato는 '대화'Dialogues Xenophon in Memorabilia 등에서 이들 논전技藝는(근세 주관적 관념론의 독일 철학자 헤겔은 소피스트들의 논전기예가 인류 최초의 법률가로 보인다 하였지만), 지혜*sophia, σοφία*를 고액으로 파는 판매상이며 따지기만 하는 '말의 대장장이'*(hairsplitting wordsmiths(by Aristophanes))*라 하였다. 플라톤은 소크라테스 논증*argumentation*과 소피스트 궤변*sophistry*을 분명하게 차이를 두었다. 프로타고라스(Protagoras 480~411BC)는 최초의 소피스트로서 소크라테스 방식*Socratic method*을 창시하고, 저서 '진실'Truth의 첫 문장에서 '인간은 만물의 척도'라 하면서, 'arête'(우수함, virtue)는 훈육의 결과이기에 선악의 결정에 어떠한 개인이나 국가도 우선권을 가질 수 없다 하였다. 트라시마코스(*Thrasymachus* c.459 - c.400BC)는 연령, 사정은 각기 다른 도덕을 가지며 도덕의 수도 악덕의 수도 무한하다 하면서, '정의는 강자의 이익'*Listen-I say that justice is nothing other than the advantage of the stronger*(Plato, Thrasymachus, 338c in Plato's Republic)이라 하였다. 고르기아스(*Gorgias* 483~376BC)는 엠페도클레스*Empedocles*의 영향을 받는다. 히피아스*Hippias*는 법률은 폭군과 같아 사람을 강요하여 천성을 어기게 하는 것이라 하였다. 폴로스*Polos*는 부정직이라도 발견되지 않고 벌을 받지 않을 때 가장 행복하다는 것, 제논(Zenon of Elea)은 언어로 표현되는 로고스의 힘을 강변하였다(이 밖에 Callicles, Lycophron, Antiphon 등).

1.3 아테네 플라톤의 Politeia와 Nomoi

1.3.1 소크라테스의 죽음과 플라톤의 아카데미아

아테네는 스파르타(Sparta, 공식명칭은 '스파르타 땅 라코니아 Lakon a 즉 라케다이몬Lakedaimon이다)의 펠로폰네소스 전쟁(431~404.4.25.BC)에서 패배하고 폭군 라이산더*Lysander*, 크리티아스(Critias c.460~403BC), 테래미니즈(Theramenes ?~404BC) 등 친스파르타 과도정부*pro-Spartan oligarchy* '30인 참주'僭主*Thirty Tyrants*가 기원전 403년 6월까지 8개월간 아테네 인구의 5%를 죽이고 재산 몰수, 유배 등 반문명적 야만에 이은 소크라테스의 독배 사형 등으로 몰락한다. 플라톤은 소크라테스를 사형시킨 아테네 민주정의 중우화에 낙담하고, 大그리스*Magna Graecia* 마그나 그라에키아 시칠리아*Sicilia*의 시라쿠사*Siracusa* 참주 디오니시오스 2세*Dionysios*에 가탁한 이상국가 실현의 철인통치도 거부되자, 아테네에 돌아와 BC385년 사숙私塾 '아카데미아'*Academia*를 세운다(Lucius Cornelius Sulla (c.138 BC~78BC)가 BC84년에 폐지).

소크라테스 독배와 국가의 쇠락 아테네 참주는 멜레토스(Meletus from Pithus 5th~4thBC)로 하여금 Socrates(Alopeke 출생, Antiochis 족, 父 Sophroniscus(석공), 母 Phaenarete(산파), 妻 Xanthippe 3남 Lamprocles, Sophroniscus, Menexenus)에 대하여 스파르타 이적관련성(소크라테스의 제자 알키비아데스(Alcibiades, son of Cleiniasn c.450~404BC)의 군사기밀 누설) 및 신성모독(異神에 의한 아테네 신의 불경과 청년 타락)의 죄로 기소하고(impiety, moral corruption, new deities(daimonia)), 30僭主 직후 아니토스*Anytos* 정권*BC399년*의 중우정에서 민중투표의 재판에 의하여 사형이 선고되자 '악법도 법이다' 하며 헴록(*hemlock, Conium Maculatum* 독미나리) 독배毒杯로 목숨을 다한다(Xenophon크세노폰, 『소크라테스의 변명』 *Apology of Socrates to the Jury; Diogenes Laertios*디오게네스 라에르티오스, 『哲人傳』 *De clarorum philosophorum vitis etc* 10권, 3세기 전반경; *the Socratic Apology, Crito, and Phaedo*, by Plato). 소크라테스 독배와 죽음은 아테네 도시국의 쇠망에 다름없는 결과를 가져온다. 당시 아테네 왕을 배출한 명문이고 페르시아 전쟁에서 아테네를 구한 알크마이오니다이*Alcmaeonidae*(Ἀλκμαιωνίδαι)도 불경재판을 받고 펠로폰네소스 전쟁에서 스파르타에 패한 후 가문은 소멸했다.

1.3.2 플라톤 Politeia의 철인통치의 국가

플라톤은 아테네 폴리스 민주정의 폭민暴民적 중우정衆愚政을 목도하면서, 소크라테스의 '대화'를 통하여 저술한 BC375년경의 'Politeia'국가, 국체·정체에서, 도시국은 哲人-王(예를 들면, 그의 유토피아 도시인 칼리폴리스(Kallipolis)의 통치자들)의 지혜*sophia, wisdom*에 기반하는 정치체제이어야 쇠망하지 않는 이상국가가 된다 하였다. 폴리스의 안전·존속은 감각적 지각이 아닌 이데아적 眞知*episteme*의 사유를 실현하는 철인통치에서 시민의 내적 도덕심과 함께 사회적 도덕성(social morality)으로써 이룰 수 있다 한 것이다. 폭민에 영합하는 상대화된 辯說의

거래상인 소피스트들이 선동하는 騷擾소요적 중우정을 멀리하고 지식과 신뢰 그리고 투명한 삶을 살려는 의지를 갖고 있는 통치자의 폴리스야말로 이상국가로 된다 한 것이다.

플라톤 Politeia와 공화정 플라톤이 철인왕의 통치에서 말한 哲 즉 지혜의 현명함이란 모든 것에서 배우는 것이다. 용기라 함은 자기 자신을 억제하는 것이다. 즉 왕이든 공직자든 시민이든 모두 하나의 공동체로서 각자의 직분에 맞는 가치를 실현할 때 국가라 하는 폴리스는 영원히 존속할 수 있는 이상국가가 될 수 있음을 말한 것이 플라톤의 생각이었다. 왕정의 전제정을 말한 것은 아니었다. 플라톤이 페르시아 왕정을 마라톤전투에서 격파함으로써 오리엔트 세계와 결별하고 '서양'의 시원점이 된 아테네 민주주의를 부인하였겠는가. 플라톤은 사실에 기반한 진실을 지혜로 받아들이지 아니하고 자기 입맛에 맞는 사실만으로 수적 우세를 과시하는 중우정에 낙담하여 이를 공동체 통합의 공화정으로 바로잡자 한 것이었다.

1.3.3 플라톤 Nomoi의 법의 통치의 국가

플라톤은 아카데미아의 철학으로 만년에 저작한 'Nomoi'법, Laws에서 Politeia의 철인통치로부터 'Nomos'법, *Law* 즉 '법의 통치'를 말하게 된다. 아무리 문명한 사람이라도 그가 직접통치하기보다 통치의 법에 의해야 한다는 것이다.[49] '폴리테이아'는 국가이성의 공동체국가*commonwealth*로서 폴리스의 안전·존속 즉 국가의 존재 의의·목적을 역설하고 '노모이'에서는 현실의 국가에서의 법의 통치 등 통치제도를 기술하였다.[50] 플라톤이 아테네 도시국을 조국으로 보전하기를 염원했다면, 그의 제자 아리스토텔레스는 국가의 통치의 제도의 공적 성격을 국가 관념으로 보고 아리스토텔레스의 학생인 로마의 집정관 키케로에 전수되면서 고희랍의 국가관념이 로마에 전승되었는데, 통치의 제도로서의 국가인 Res Publica 등이 그것이다.

Politeia·Nomoi Politeia는 '국가'(Karl Vretska, *Der Staat*, Reclam, Philipp. jun. GmbH, 2015(SS725)), '사회'(Eric Carlton, *Politeia Visions of the Just Society*, Associated Univ Pr, 2006(p.207)), '國憲'(공화국*(Republic, Res publica)* 등 국가조직·국체*(régime, state organisation)* 및 정부제도·정체*(system, form of government)*) 등으로 번역된다. Nomoi(Nomos의 복수 νόμος, nómos; pl.νόμοι, nómoi)는 '법'*law*으로서, 플라톤의 법은 폴리스 전체의 공동의 것을 위하여 제정된 적정과 중용을 지닌 logos로서의 좋은 법률이다.[51] logos로서의 법은 강제규범으로 관철하기보다는 교육을 통한 자발적 준수에 의미가 두어지며 철인통치의 Politeia의 귀결이 Nomoi라 할 수 있다. 아리스토텔레스는 Nomoi를 헌법률*constitutional legislation*로 상정하여 일반법률*ordinary legislation*과 구분하였다.[52] 이 같은 용례와는 별개로 현 그리스공화국에서 Polteia로서의 '국가'는 Republic으로 번역되고 '道'(51개, autonomous region(자치주) 1개)는 Nomos라 번역하고 있다.

2. 고희랍 도시국과 민주정

2.1 고희랍 도시국의 Polis 형성

고희랍 폴리스 특히 아테네 연안국 및 스파르타 산성국 등에게도 아테네적인 시민공동체의 성격은 현 시리아, 레바논 연안 등에 위치한 도시국가 연맹체인 페니키아*Phoenicia*에서 많은 영향을 받았다. 아테네가 BC8~6세기 약 200여 년간 흑해 연안, 아프리카 북부, 시실리 섬, 남프랑스 등에 진출하면서 상공업과 화폐경제가 발달한 것은 해상무역 도시국 연맹체 페니키아의 영향인 것이다. 아테네는 물론 산성 도시국 스파르타*Sparta* 등의 고희랍 도시국은 에트루리아 인*Etruscans*, 로마 인*Romans*, 8세기 이베리아 인*Iberian*, 켈트 족*Celtic* 등에 영향을 미쳤다. 스파르타는 아테네보다 협소한 지역에서 지배계층인 도리안족*Dorians* 약 9천戶 외에는 평민(Perioecoi 약 12만)과 노예(Helot 약 20만)였으며, 리쿠르거스*Lycurgus*헌법c.800BC의 선거로 선출되어 전권을 갖는 2인의 국왕, 원로원(Gerusia 28명 의원. 2인 국왕으로 구성), 국민회의(Ekklesia 60세 이상 남자 종신), 감찰관(Ephoros 5인) 등으로 구성된 尙武 귀족의 폴리스이다. 그렇지만 기본적으로 시민공동체인 점은 같다 할 것이다.

Phoenicia 페니키아(finiʃa, xva, Khna, 키나, Philo of Byblos, Phoinix의 뜻)를 舊約은 시돈으로 부른다(신 3:9, 삿 10:12, 왕상 5:6). 아담의 9대손 노아noah(Genesis 4:29)의 차남 함Ham의 4남인 막내 가나안Canaan(Genesis 10:6)의 장자 시돈Sidon이 페니키아인 도시 이름이 된다(대상 1:13 현 레바논 수도 베이루트 남쪽 약36km Saida). 페니키안은 자색(姿色페니키아인들이 지닌 값 비싼 보랏빛 염료의 색), '붉은 피부를 가진 사람'헬라語, '상인'히브리語으로 지칭된다. 비블로스Byblos 현 Lebanon는 이집트 제4왕조(c2613BC~2494BC)부터 해상무역을 교역한 페니키아로서 BC1250년경 고희랍 전함 三段櫓船 Trireme 트리에레스의 연원이 되는 화공선火攻船을 만들어 동지중해, 에게 해 연안을 장악하고 북아프리카에 카르타고를 건설하여 홍해를 넘어 남아라비아까지 진출하나 BC538년 페르시아 지배를 받고 BC350년 그리스 속주가 되었다. BC15세기경 오늘날 알파벳의 원형이 된 22개 알파벳으로 구성된 페니키아 문자는 BC11세기 지중해 연안으로 전파되고, BC8세기 무렵 헬라 문자, 에트루리아 문자, 라틴 문자에까지 영향을 미쳤다. 플라톤은 'Politeia'에서 知를 사랑하는 희랍인과 달리 페니키아 인, 이집트인들은 배금적이며, 'Nomoi'에서는 그들은 속임수가 지혜보다 勝하다 하였다. 이 같은 언급은 페니키아 티로스왕 피그말리온Pygmalion of Tyre이 누이 엘리사Elissar공주와 결혼한 고위 사제 시카이우스(Acerbas, Sicharbas , Zacherbas) 재산을 탐내 죽이자, 엘리사가 지중해로 탈출, 북아프리카 튀니스 만에 카르타고Carthago, Carthage 현 Tunisia를 건설, BC814년 디도Dido여왕이 된 사실(로마 시인 Virgil은 Epic에서 Aeneid라 칭함)에서 연유한다.

Phoenicia – The Rise of Sidon, The Encyclopedia of World History, Sixth edition, Houghton Mifflin Company, 2001, p.1, Retrieved 2008.12.11.

2.2 아테네 민주정 – 모두demos의 지배cratos

2.2.1 아테네 폴리스의 민주정 – 富民政 · Demos와 衆愚政

고희랍 아테네 도시국의 원형은 족장제Patriarch로서 족장은 왕홀(王笏, scepter, sceptrum)로 神意를 표시하는 등 사제의 지위도 겸했다. 족장체제는 부계가족의 부족회Phratory로 이뤄진 귀족의 정치 · 군사적 기반인 '필레'phyle를 단위로 구성된 4부족 체제가 기반인 귀족정 정체였다. 이를 성문화한 드라코Draco법에 대한 도시민의 불만은 집정관 솔론Solon의 개혁을 가져와 민회Ekklesia, 평의회Boule, 집정관Archon, 원로원Areopagus 등에의 국정참여가 신분제에서 富民政Timocracy과 평민정Demos의 민주정으로 바뀌게 된다. 하지만, 이 역시 참주僭主와 폭민暴民의 결탁에 의한 폭군 중우정으로 막을 내린다.

아테네의 참주정과 중우정 솔론 개혁에도 이어지는 불만에 편승한 피시스트라투스Pisistratus의 민중정체는561BC 페이시스트라토스Peisistratos가 무력으로 전복하고546BC(페이시스트라토스를 '티라노스' 즉 독재자 참주라 부르지만 참주를 '제왕 · 군주의 이름을 참칭하는 자'라 한다면 그를 참주라 할 수는 없는 것이 그 스스로는 왕이라 한 적이 없다 한다). 그 아들 히피아스(Hippias 재위 527~510BC)의 참주정Tyranny에 이르나, 클레이스테네스(Cleisthenes, Kleisthenes(klaɪsθəni z, Κλεισθένης), c570~508BC)는 페르시아 전쟁 승리의 용사인 'Demos'(삼단노선 三段櫓船 트리에레스 Trireme 배 밑바닥에서 櫓를 저은 사람들을 일컫는다) 계층과 함께 참주정僭主政을 혁파하여510~509BC., 후일 아리스토텔레스에 의하여 아테네 민주주의의 아버지라 칭해진다(Aristotle, *Constitution of the Athenians*, Chapter 20~22). 하지만, 펠로폰네소스 전쟁에서 스파르타에 패하자, 아테네는 기마부대 참전병 에우파트리다이eupatridae 세습귀족과 보병으로 참전한 부민계층이 갈등하면서 '30참주'僭主政404~403BC의 폭군tyrant, despot 중우정으로 자신들의 폴리스적 정치체제를 스스로 무너뜨리면서 쇠망한다.

2.2.2 아테네 폴리스의 민회민주정

아테네 폴리스의 민회민주정에서의 민회, 에클라시아Ekklesia는 21세 이상의 모든 도시민으로 구성되어, (귀족계층이 선정한 1인의 종신 집정관이 9년제로 바뀌자 753BC)1년 임기 9인 집정관을 선출하며, 집정관은 제사, 소송, 군사, 행정 등을 관장하고 임기후 원로원Areopagus을 구성하였다. 클레이스테네스Cleisthenes는 아테네 아티케Attike 지역을 10주로 나누고 기존 4부족 체제를 거주지로 재편해 귀족계층의 혈연적 특권을 약화시켰다. 데모스dēmos는 '모든 도시민'all citizens으로서 도시민공동체entire citizen body 또는 그 회의체assembly를 이루는 남성이 18세에 민회에 등록하여 혈연적 신분, 재산에 관계없이 참정권 등 도시민의 권리와 지위를 평등하게 보장했다. 데모스는 인구에 비례해 불레Boule평의회에 대표를 선출해 보냈다. BC594년 솔론Solon의 400인회를 증원한 '500인회' 불레는 에클레시아Ekklesia민회에서 토의 · 결정, 재정, 행정관선거 감독 등을 행하고, 각 50인을 10개 불레 집행부Prytaneis, prytanis에 할당하며, 디카스테리아Dikasteria 시민법정에서 부족당 500명 이상이 참여하는 2001~5001인 배심원이 재판에 참여하였다.

시민과 데모스 Demos는 전함 삼단노선三段櫓船 Trireme 트리에레스의 가장 아래에서 노를 젓는 사람들을 의미하였다. Trireme(고희랍 triéres) 삼단노선 three-rower은 BC7~4세기에 걸쳐 고대그리스의 주력 전함으로 페르시아 전쟁의 살라미스 해전을 승리로 이끌었다. 이들 평민계층이 정치에 참여할 수 있다는 점이 아테네 민주주의를 발전시킨다. 아테네는 리쿠르고스 스파르타를 '무기로 쌓아올린 국가'라고 평가한다. 스파르타인에게 시민이란 리쿠르고스가 정한 것처럼 조국 방위에 생애를 바친 '전사' 외에 다른 의미가 없었다. 수공업과 상업에 종사하는 페리오이코이나 농업에 종사하는 헬롯도 시민권을 주지 않았고 시민집회 참석을 허용하지 않았다. 반면, 아테네에서는 솔론의 개혁이 말해주듯이 물건을 만드는 장인이나 상인, 농민 모두가 '시민'이었다. 그들은 수입의 많고 적음에 따라 피선거권에 차등이 있었지만 시민집회에 참여할 자격이 있었고 또한 그런 이유로 국정에 참여할 권리를 가지고 있어서 당당한 시민권을 지닌 '시민'이었다. 그 시민의 자격에 Demos까지 포함시킨 것이 아테네 도시국이었다.

2.2.3 아테네 폴리스의 민주정과 중우정

클레이스테네스Cleisthenes는 민회와 연합해 '이소노미아'(Isonomia, iso=equality, nomos=law, equality vis à vis law, 508BC) '법을 통한 평등'이라는 개혁으로 도시민에게 평등한 참정권을 부여하면서 그들의 국가 참여를 이끌어 기원전490년 마라톤전투에서 페르시아에 승리할 수 있었다. 아리스토텔레스는 이를 아테네 민주정의 시원이라 하였고,[53] 이 민주정 극성기의(461~451BC) 페리클레스(Pericles c.495~429BC)는 모두*demos*가 지배・통치하는*cratos* 정체를 만든 클라이스테네스를 아테네 민주정의 아버지라 불렀다.[54] 하지만, 아테네 민주정은 펠로폰네소스 전쟁(431~404.4.25.BC)을 경계로 페리클레스 이후의 無定見한 대중의 격정에 영합하는 선동정치가의 民衆扇動(demagogue, demagoguery)에 의하여 衆愚政demagogy으로 쇠퇴하면서 아테네의 logos를 상실한 군중의 暴民政(mobocracy, ochlocracy, mobocracy)이 된다. 민주정을 위협하는 참주 출현을 막으려 한 도편추방제(陶片追放制, οστρακισμός ostrakismos, ostracism 487BC.)는 그 내용(도자기 조각 투표 6000개 이상이면 10년 이상 아테네에서 추방되며, 참주적 권력을 갖는 것으로 보여도 추방된다(Xanthippus 485/84BC.))에도 불구하고, 30대의 페리클레스는 정적 키몬과 숙적 스파르타의 방해에도 불구하고 logos와 연설로 연속으로 당선하였지만, 현실에서는, 펠로폰네소스 전쟁사를 저술한 타키디데스Thucydides, 극작가 아리스토파네스Aristophanes 등이 데마고그로 지목한 중우정 전기(429~413BC)의 클레온(Cleon ?~422BC 아테네 장군, Pericles의 政敵), 중우정 후기(412~401BC) 해군 장군 아르키비아데스 등의 데마고그 선동정치가들에 의해 도편추방되면서 아테네 민주정은 폭민 중우정으로 변질되면서 쇠망에의 길을 걷게 되었다.

2.3 아테네 폴리스와 소크라테스

폴리스의 안전과 구성원들의 생존을 위한 참된 윤리규범의 존재를 확신하고 그 불변적 기준을 확립하려 한 이가 소크라테스, 플라톤이었다. 소크라테스에 따르면 개인의 윤리규범과 폴리스의 법률규범은 일치되고 조화되어야 하며 개인은 덕*aretē*을 지*sophia*에 두어야 한다. 이는 감각적 지각에 의해서 개인마다 달라질 수 있는 개인적 의견*doxa, opinion*에 의존하지 않는 추론적 사고*dianoia*에 따른 보편적 지식이며 인간의 영혼에서 나오는 眞知*episteme*라 하였다. 국가가 사형을 원할 때 그것이 악법이라도 그에 따르는 것이 국가와 맺은 사회계약을 준수하는 것이라 생각했다. 플라톤은 Politeia*(Res publica, Republic)*, Phaidon 등에서 소크라테스의 이 같은 국가 관념을 소개하였다. 파이돈에서는 혼의 정화*katharis*를 종교적 맥락이 아니라 인식 주관의 순수화 즉 logos 지성 능력의 확보를 위한 과정으로 보았다.[55]

3. 고희랍 Polis와 Cosmopolis

3.1 고희랍 Polis의 해체

3.1.1 아테네 쇠망과 스파르타 멸망

도시국 아테네가 민주정치를 발전시키고 상업과 해상무역에 주력한 반면 스파르타는 군국주의 체제로 농업에 치중했다. BC5세기 초 오리엔트를 통일한 페르시아의 공격을 막아낸 아테네는 델로스동맹의 맹주로 번영을 누렸지만 페리클레스 시대인 BC431년 자유민 20만, 거류민*metoikoi, metics* 2만5천, 노예*douloi* 10만 등 32만 5천의 구성원들이[56] 스파르타・펠로폰네소스동맹을 상대로 한 전쟁에서 BC404년까지 30여년을 싸웠다. 스파르타는 아테네 인 플라톤이 스파르타를 이상국가로 보면서도 자신은 이주하지 않을 정도의 폐쇄적 군사국가적 운영으로 아테네에 승리했지만 누구를 가릴 것 없이 폴리스 간 오랜 전쟁으로 쇠퇴하게 된 고희랍은 북방 마케도니아 왕국 알렉산드로스 대왕에 정복된다. 고희랍 세계의 찬탄이 종말을 고한 것이다. 알렉산드로스*Alexandros the Great*(356~323BC 재위336~323BC 알렉산드로스 3세)는 마케도니아 펠라(Pella, BC 4세기~2세기)에서 필리포스 2세(Philippos Ⅱ 382~336BC)와 올림피아스의 子로 출생하여 바빌론 전장터에서 33세에 사거에 이르기까지 BC334년부터 약 12년의 동방원정으로 고희랍 폴리스, 페르시아, 인더스 강 진출로 희랍세계와 오리엔트 문화를 융합시킨다. 이는 스승 아리스토텔레스를 통한 지식에의 영향도 상당하였다.[57] 요한 드로이젠(Johann G. Droysen 1808~1884)은 그리스 사람을 뜻하는 헬레네*Hellene*를 어원으로 이를 헬레니즘*Hellenism*으로 정의하였다.

3.1.2 알렉산드로스의 코스모폴리스

알렉산드로스는 고희랍 전역을 정복하고 페르시아 아케메네스왕조(Achaemenes 559BC~330BC Hakhamanishiya) 마지막 왕 다리우스 3세*Darius III*를 이수스(Issus 333 BC.11.), 가우가멜라*Gaugamela*(331 BC.10.)에서 물리치면서 대제국을 건설하나 그의 사후 영토는 마케도니아, 시리아, 이집트 등 3개 전제국으로 분할된다. 그리스 폴리스들은 해체과정에서 관념적, 공상적 존재인 도시국연맹을 코스모폴리스*cosmopolis*라 하여 거기에 스스로를 귀속시킴으로써 폴리스 인들은 내 나라라 부를 수 있는 국가를 잃었다. 나라가 망하니 아테네 폴리스의 국민은 없어지고 코스모폴리스의 종족으로 존재하게 된다. 종족은 건재해도 나라는 망하여 없어질 수 있는 타자적 비전속적 존재임을 우리는 이 아테네 고희랍세계의 쇠망으로부터 알아야 한다.

고희랍 헬레네스와 현대 그리스 공화국 그리스인들은 '헬렌의 자손'이란 뜻의 헬레네스*Hellenes*로 불린다. 고희랍은 오리엔트 동방 문화의 다리로서의 에게 해와 그 고유한 '신들의 계보'인 델포이 신전을 갖춘다. 아테네 서북쪽 약 180km 파르나소스(Parnassos 2,457meter) 산의 델포이 신전의 여신 테미스는 하늘의 신 우라노스*Uranus*와 대지의 신 가이아*Gaia*의 자손 12인 티탄의 하나이다(헤시오도스의 말). 테미스는 제우스와 결혼하여 호라이(Horai 계절), 에우노미아(Eunomia 질서), 디케(Dike 정의), 에이레네(eirene 평화) 등 인격적 여신들을 낳아 사회의 법질서, 관습, 정의, 평화를 주재하고 그에 위반하면 보복의 신 네메시스*Nemesis*를 통해 징벌했다. 제우스가 인간세계를 멸망시키려 대홍수를 일으키나 파르나소스산 꼭대기만 잠기지 않았고 프로메테우스 아들 데우칼리온*Deucalion*과 아내 피라*Pyrrha*만 배를 만들어 살아남아 낳은 아들이 헬렌*Hellen*이며, 테미스*Themis*는 광명의 신 아폴론에 신탁을 잇게 한다. 아테네 등 고희랍 세계의 멸망 후 그리스는 통일국가 없이 로마 시대를 거쳐 근세에 이른 1456년 이후 4세기 동안 다시 오스만 터키에 지배를 받는다. 이후 근대에 들어와 1821~1829년까지 그리스 독립전쟁으로 1829년 아드리아노플 화약和約, 1830년 런던의정서로 1833년 독립하면서 아테네는 그리스의 수도가 된다. 1974년 국민투표로 왕정 폐지, 1975년 그리스 공화국The Hellenic Republic의 민주적 공화국헌법이 발효되었다.

3.1.3 폴리스의 국가성과 코스모폴리스의 국가해체성

헬레니즘 시대에 있어서 고희랍의 사람들은 자신 이외에 믿을 만한 정치공동체로서의 국가란 것이 없게 되었다. 아테네 폴리스는 정치의 탄생을 보여 주었지만 그러나 정치의 과잉으로 통치만

남고 정치는 실종한다. 고희랍 사회공동체는 자신을 지켜 줄 수 있는 정치적 단체로서의 국가를 갖지 못하게 된 것이다. 폴리스 도시민들이 자신의 정치적 자유를 가질 수 없게 되자 그에 대신하는 정신적 자유를 갖고자 하였다. 폴리스 시민이 폴리스의 자족성을 이상으로 하였다면 코스모폴리탄 시민은 개인의 자족성을 이상으로 삼았다. 개인 윤리규범이 국가의 윤리규범과 분리되었음을 의미한다. 국가와 개인의 화해할 수 없는 분리는 국가공동체의 형성을 어렵게 만드는 것이었다. 오늘 우리 대한민국은 어떠할까? 국가적 자아와 개인적 자아는 과연 조화되고 있는가.

3.2 '폴리스는 타인의 나라'와 플라톤의 4주덕

3.2.1 폴리스, 폐쇄적 시민공동체

아테네는 고희랍 도시국가 동맹의 맹주이긴 했어도 도시공동체로서는 폐쇄적이었다. 시민공동체 도시국에서 인정되는 시민권 취득을 양친 모두 아테네 시민일 경우에만 자식의 시민권을 인정할 정도로 제한했기 때문이다(이 입법을 주도한 페리클레스는 아테네 번영의 중심인물이어서 '그의 시대'라는 이름이 붙었지만, 그의 재혼 부인이 시민권자가 아니었기에 그 아들도 아테네 시민권을 취득할 수 없을 정도였으며 , 플라톤이 두 살이던) BC425년 아테네 시민은 10만으로 줄어들며, 더 순혈적이고 폐쇄적이었던 스파르타의 시민권자는 BC371년(7.6. 테베*Thebes*의 레우크트라*Leuctra* 전투 패전) 천여 명 정도로 줄어들어 폴리스라는 생활공동체를 유지하기에도 버겁기에 이른다.

3.2.2 폴리스와 플라톤 Politeia의 국가

플라톤은 Politeia에서[58] 시민들의 공동체인 아테네 도시국의 붕괴를 막고자 폴리스라고 하는 공동체국가의 실현조건으로서 지혜*wisdom* 용기*courage* 절제*restraint* 및 이데아적 철인 통치자의 개인적 · 사회적 도덕성*morality, dikaiosyne* 등의 조화로 4主德*cardinal virtues*의 정의가 실현되어야 민주정의 중우정 타락을 막을 수 있다고 하였다. 특히 시민의 자기 절제*self-restraint*는 의타심이 없는 자립, 자존*self-reliance*의 인간 즉 개인적 책임*individual responsibility*을 사회적 책임으로 돌리지 않는 그 같은 덕을 위하여 아카데미아*Academia*를 세워 공동체의 보편적 삶의 의미를 일깨우고자 하였다. 국가의 존재형식이 아닌 공동체국가의 지향점에 유의한 것이었다. 오늘날 국헌학에서의 국체 · 정체, 주권 문제에 다름이 아니다. 개인의 윤리규범은 폴리스 법률규범의 축소이고 그 최고의 경지가 도덕성으로서의 정의*dikaiosyne*라 하는데 그것이 바로 '국가와 법'이 國憲으로서 공동체에서 추구하는 규범적 가치이다.[59]

플라톤 영혼 3분, 4주덕과 예레미아 영혼 3분은 인간의 영혼이 육체와 결합한 불멸의 이성*reason*, 유한의 기개*thymoeides*, 정욕*epithymethikon*이며 4주덕*virtue*은 통치자는 이성의 덕의 지혜*sophia*, 군인 · 관리는 기개의 덕의 용기*andreia*, 시민은 정욕의 덕의 절제 · 근검*sophrosyne*의 융화로 '철인통치'에 기반하는 공동체의 사회적 도덕성은 실현된다. 마치 동양의 孔子 論語에서 말하는 德의 통치, 破廉恥하지 않은 羞恥를 아는 마음의 厚顔無恥하지 않은 정치, 管子 牧民篇에서 나라를 버티게 하는 기본덕목인 禮義廉恥예의염치의 四維에 孝 · 悌 · 忠 · 信의 덕목을 합친 八德 즉 四維八德인 인간으로서의 기본 도덕 등을 말한다. 중국에서도 이를 망각한 인간을 忘八이라 하고 이에 '놈'이란 뜻의 蛋(단)을 붙여 王八蛋(왕빠딴)이라는 욕설로 하였다. 플라톤의 덕, 도덕성*morality* 등의 가치지향성은, 아테네 도시국의 쇠망을 보면서 바빌론에 나라를 잃은 유다왕국의 예언자 예레미야*Jeremiah*와의 이집트에서의 만남 등에서 기인한다 할 정도로 절실한 것이었다. 유다왕국은 BC930년경 솔로몬왕 사후 이스라엘 왕국이 분열하여 그 남반부에 성립한 나라다. 두 번에 걸친 신바빌로니아의 공격으로 BC586년에 멸망하고 다수가 바빌론으로 끌려갔거나 이집트 등으로 도피하였다. 예레미야도 그들 중의 한 사람이었다. 반면에 어거스틴은 이를 부인한다(*Augustine, The City of God*). 플라톤은 예레미아보다 한 세기 후에 태어났다는 것이다. 유월절 逾越節의 神意*seder hadoroth*에 따른 히브리 연대기에서도 예레미아 최후의 예언은 BC411(3350HC Hebrew calendar)이고 당시 플라톤은 10대였기에 예레미아와 주도적 만남을 상정하는 것은 불합리하다는 것이다.

Proclus Commentary on Plato's 'Republic' Volume 1, Dirk Baltzly, University of Tasmania/John Finamore, University of Iowa/Graeme Miles, University of Tasmania

3.2.3 폴리스의 쇠퇴와 코스모폴리스

고대그리스 도시국 쇠퇴는 스스로 이류시민이라 자조하는 구성원들에게 폴리스는 이미 타인의 나라였고 공동체로서의 국가 커먼웰스가 아니었기 때문이다. 자신의 국가가 아니었기에 스스로 지킬 마음도 힘도 없었다. 알렉산드로스 대왕은 이를 간파하였고 펠로폰네소스 동맹도 강하다 인정된 폴리스를 무너뜨리면 손쉽게 와해시킬 수 있음을 계산했다. 결국 아테네, 스파르타 등의 고희랍 폴리스 세계는 와해되었다. 폴리스가 없는 코스모폴리스의 세계로 변한 것이다. 아테네를 비롯한 이들 도시국 자유민들은 로마 노예로 끌려갔고 그들 일부는 문법학자로서 로마 인문학studia humanitatis을 정착시키며[60] 문예부흥Renaissance의 발판을 이루나 폴리스 세계는 이미 소멸했다.

3.3 코스모폴리타니즘, '나는 조국이 없는 인간'과 아리스토텔레스

3.3.1 폴리스, 국가적 공의에서 개인적 행복으로의 변모

알렉산드로스 대왕의 고희랍 정복으로 대두된 코스모폴리스의 시대에 폴리스에서의 자유와 독립을 추구하던 도시국들은 정복 군주의 지배에 놓인 지방의 작은 한 도시에 불과하게 되었다. 인간을 폴리스적 동물로 여기게 한 그 폴리스는 독립된 정치·경제적 공동체로서는 물론 문화적·도덕적·종교적 공동체 등의 사회공동체가 되어야 했다. 고희랍 폴리스는 시민들의 공화정이었지만 그 시민들을 정신활동에 종사하는 지식인 엘리트의 특권화를 초래하는 등의 과도한 정치화로 정치공동체로서의 폴리스에 모든 인간생활을 해소시키는 전체주의에 빠지게 되었다. 폴리스의 시민참여적 공동체로서의 국가적 성격은 몰락되고 로고스적 인간의 삶의 터전 역시 몰락되었던 것이다. 이제 폴리스 시민이 아니라 세계 속의 한 개인으로 내 던져졌다. 로고스의 철학적 폭과 해명력에 기반하여 번성한 고희랍 폴리스는 알렉산드로스의 코스모폴리스 시대에 몰락하면서 도시국 시민들은 국가공동체 형성의 관념보다 폴리스에 분리되는 개인의 행복을 최우선 과제로 삼았다. 스토아학파Stoics, 에피쿠로스학파Epicurean, 회의학파Sceptics 등이 그러하였다. 도시국이라는 국가의 로고스적 삶을 방기하고 개인적 쾌락과 안온의 생활 속에서의 아테네 민주정은 시시하게 된 자기 인생의 전환을 위하여 거대하게 부풀어 오른 民意라는 이름의 독재를 민중의 이름으로 행한 악마적 존재가 된 것이다.

스토아·에피쿠로스·회의학파 스토아학파는 자연의 이법logos에 따름이 덕virtue이기에 세속의 선, 악, 죽음 앞에서 초연할 수 있고 노예 처지에서도 행복할 수 있으며, 자연의 이법에 대립하는 정욕pathos의 억제가 덕이며 무엇에도 마음이 동하지 않는 상태인 아파테이아apatheia의 금욕주의로 일컬어지나, 이법에 맞는 좋은 정욕인 에우파테이아eupatheia에 수반하는 기쁨, 재산, 명예, 건강 등을 바람직스러운 것proegmena으로 인정하면서 세속윤리로 변하게 된다. 에피쿠로스(Epikouros 341~271BC)는 행복은 쾌락이며 정신적 쾌락 외의 무엇도 바라지 않는 평정심 아타락시아ataraxia,, 세상만물은 원자의 집산이기에 신은 없고 죽음의 공포도 이유 없다 하였다. 회의학파의 창시자 퓌론(Pyrrhon 360~270BC)은, 제자 티몬(Timon 320~230BC)에 의하면, 사물진상은 파악할 수 없기에 마음평정은 판단을 유보하고 침묵을 지키는 판단중지epoche로만 실현된다 하였다. 그리스 고전 철학의 아리스토텔레스에 의해서 이루어진 학문인 이론학, 실천학, 창작학은 헬레니즘시대에 들어서 아카데미학파, 소요학파, 스토아학파, 에피쿠로스학파가 되면서 크세노크라테스Xenocrates는 논리학Logic, 자연학Physics, 윤리학Ethics 등으로 이를 나눈다. 철학을 동물에 비유할 경우에 자연학은 살과 피, 논리학은 뼈, 윤리학은 영혼에 비유된다. 논리학(인식론)은 어떻게 세계를 알 수 있는가, 자연학은 세계의 본질은 무엇인가, 윤리학은 존재하는 세계 속에서 행복을 얻기 위하여 어떻게 살 것인가에 대한 답을 추구한다. 논리학은 진리의 기준criterion of truth의 결정, 자연학은 우주의 본질 및 법칙의 확인, 윤리학은 우주의 법칙을 인간의 실천적 삶에 적용하는 것을 목적으로 한다는 것이다.

3.3.2 코스모폴리스와 아리스토텔레스 Politics의 정치

'나는 코스모폴리스(세계국가)의 시민이다' 함은 '나는 조국이 없는 인간이다' 하는 의미였으니, 코스모폴리타니즘cosmopolitanism은 적어도 알렉산드로스 대왕의 헬레니즘 시대에 있어서는 개인주의를 뜻하는 것이었다. 마케도니아 궁정 시의侍醫 니코마코스 아들 아리스토텔레스는 마케도니아 두 번째 수도 펠라pella궁정에 대왕의 교사로 3년간 초빙되었다. 그는 아테네 폴리스의 해체과정을 보면서, 시민의 중산계층의 힘이 폴리스를 안정시키는 중심세력이 되는 것이라 판단하면서, 시민의 행복 증진에 초점을 둔 사숙 리케이온Lykeion을 세운다. 아리스토텔레스 Politics(정치)는 존재하는 폴리스를 최상의 정치공동체koinōnia politikē로 전제한다. 인간은 본래 정치적 동물zōon politikon이기에, 이들이 공적 생활을 하는 폴리스는 자연적 가족세대, 마을 협업체 등과 다른 유기체인 정치공동체가 된다. 아리스토텔레스는 인간은 국가 밖에 있어서는 신이나 동물과 되지 않으면 안 되며 법과 정의로부터 분리되어서는 동물 중에서 최악일 수 있다고 할 정도로 국가의 존재를 중시하였지만,[61] 폴리스를 보편적 지성의 대상으로 보는 플라톤과 달리 감각적 지각의 대상으로 본 그에게 있어서 폴리스는 일반인들의 일상적 판단에서 보이는 대로의 대상일 뿐이었다. 인간을 그 테두리 안에 둘 수 있으면 국가로 보는 그의 '정치'Politics가 국가학이 아니라 정치적 공동체의 현실적 정치체제에 치중하는 것은 그 귀결이다.

Athenaion Politeia, Politics 아리스토텔레스는 플라톤의 아카데미아 시기 이후에, 알렉산드로스가 왕위에 오른 이듬해 BC 335년 아테네 동부 아폴론 신전 부근에 설립한 私塾 리케이온Lykeion, 리시움Lyceum에서 BC330~322년에 걸쳐 Polis(170곳, 158곳) Politeia정치체제를 조사하여 펴낸 'Athenaion Politeia'(The Constitution of the Athenians 1879년 Egypt Oxyrhynchus 발견 1880년 간행)에서 BC403년까지의 알크마이오니다이Alcmaeonidae 재판(제1편 제1장~제41장), 폴리스 제도, 시민권 취득기간, 재판소 등 아테네 통치의 제도(제2편) 등을 기술하고,[62] '정치'Politics 제2권에서는 플라톤 Politeia의 이상통치2.1-5, 'Nomoi'의 법통치2.6 Politics에 유일하게 언급된 아테네 정치인 팔레스(Phaleas of Chalcedon, Φαλέας ὁ Χαλκηδόνιος c.BC4세기초)의 평등통치2.7(재산평등, 토지균등배분, 평등교육이 시민 간 쟁투를 없앨 수 있다), 힙포다무스Hippodamus of Miletus의 최상국가Best State기획2.8, 스파르타인Spartan 2.9, 크레타인Cretan 2.10, 카르타고인Carthaginian 2.11 등을 기술하고, 제3권에서는 누가 시민이 될 수 있는가를 말한다.

3.3.3 코스모폴리스와 아리스토텔레스 Politics의 정치

아리스토텔레스의 국가는 플라톤·소크라테스와 달리 폴리스적 고희랍의 세계로부터는 절연되고 헬레니즘세계의 코스모폴리타니즘으로 로마체제에 연결되면서 중세 헤브라이즘 신정체제의 기반이 된다. 플라톤의 4주덕이 시민의 계층적 구분을 한 것과 달리 그는 어떠한 폴리스에서든지 심의·사법·집행에 참여할 수 있는 사람들 모두가 시민이며, 그 같은 공동체구성원의 감각적 지각의 시각에서, 각인의 삶의 목적을 실현하고 통치과정에 참여할 수 있도록 하는 도시국 통치constitutions의 집합체가 국가라 하였다. 그의 이 같은 국헌적 관념이 사회계약론에 시원하는 근대국가관념과 다른 점은 선한 행동이라는 목적성의 관점에서 통치의 제도를 구분한 점이다. 사회계약론은 자연상태state of nature가 가져오는 변사變死의 두려움, 불편하고 성가심들을 피하려는 개인간 합의에 기초할 뿐이다.[63]

[二] 로마 공화국 – 만민의 국가공동체

1. 로마의 공화국

1.1 공화국 Re publica의 국가공동체 Commonwealth

1.1.1 공의 Res publica의 만민공동체

로마의 공화국Re publica, The Republic은 공의Res publica의 만민공동체Civitas gentium 국가이다. 고희랍 Polis 도시국이 시민Demos의 정치공동체라 한다면 로마는 公義public cause로서의 공화적인 것the public thing을 표상하는 만민의 공화적 공동체로서의 국가공동체이다. 로마 집정관 키케로(Marcus Tullius Cicero 106.1.3.~43.12.7.BC 재위는 63BC부터)는 '공화국에 관하여'De re publica(about the res publica'(On the Commonwealth) 54~51BC 전6권'소크라테스식 대화체로 저술)라는 저술에서(제1권~제3권의 통치제도의 이론·발전·비교유형 등),[64] 로마를 공화국Republic이라는 공동체국가Commonwealth로 정의하였다. 로마의 국가는 공통의 목적·가치를 지닌 도시민의 정치공동체를 넘어 최고권력이 인민에게 부여되는 공의를 국가목적으로 삼는 국가라고 하는 것이다. 公義public cause로서의 공적인 것Res publica은 개인적인 것res privata과 구별되는 덕목virtue이다. 로마는 공동체로서의 국가를 위한 헌신이라는 공의를 집정관 선출에 결정적으로 고려할 만큼 Commonwealth의 국가공동체 인식을 가졌다. 고희랍 아테네 등의 폴리스국가와 달리 로마인은 국가를 씨족cives의 시민연맹체 Civitas키비타스의 공동운명체인 파밀리아familĭa로 보아 그 외연을 확대하였다. 고희랍이 소크라테스로 대변되는 logos인의 나라이고, 유대인이 선지자의 유다Judah왕국을 만들었다면 로마는 플라톤 Politeia에서 말하는 公民으로서의 시민의 virtue의 공화국이었다. '로마는 하루아침에 이루어진 것이 아니다'[65] 하는 말의 진정한 의미는 당시 선진국 아테네 등의 고희랍의 폴리스들이 혈통에 한정된 도시민의 정치공동체에 그치면서 쇠락을 한 것에 대하여 로마제국Roman Empire은 만민공동체의 국가공동체로 성장하면서[66] 고희랍 도시국을 공화적으로 조직화 한 것이다. 만민의 국가공공체인 로마는 왕정, 공화정, 원수정, 절대군주정으로 통치체제가 바뀌면서도 그 국가적 생명력을 유지하게 된 것이었다.

Commonwealth, famílĭa Commonwealth는 국가공동체로서 Commonwealth of Israel[에베소書 *Ephesians2:12 Ephesus(éfasas): Artemis (Diana)* 신전이 있는 소아시아 古都] 또는 미국에서 州 state 대신 Commonwealth of Massachusetts(*Kentucky, Pennsylvania, Virginia* 등)라 하며 또는 Commonwealth of Puerto Rico(*Northern Mariana Islands* 등) 등의 용례로도 쓰인다. 로마의 언어인 라틴어 famílĭa는 한 집안의 권속, gens의 분파로서의 가문, 門族 등을 가리킨다(가톨릭대학교 출판부, 『라틴-한글 사전』).

1.1.2 로마의 왕정과 원로원 Senatus Romanus의 국가공동체

로마는 건국서부터 기원전 753~509년까지 7명의 왕Rex의 왕정의 통치였다. 하지만 로마의 왕은 동방 오리엔트에서처럼 신의 대리인이 아니라 로마 시민의 동의로 선출된 君長이었고 씨족장들의 모임인 로마 원로원 Senatus Romanus세나투스 로마누스의 자문을 받았다. 원로원은 씨족장들의 모임인 100명의 가부장들의 모임으로 시작되었고 왕의 옹립을 동의한 이들 원로원 의원들은 '아버지들'patres로 불렸다. 로마가 인근 라티움 지방의 부족인 라틴족들을 통합하면서 공화정 초기인 기원전 575~450년에 원로원 의원수는 300명으로 증가했다. 로마의 왕의 선출은 원로원의 협의와 신 유피테르(Iuppiter, Jupiter 희랍의 Zeus, Ζεύς그리스어)를 통과하면 시민이 민회에 모여 임페리움Imperium을 부여하는 법을 통과시켜 왕으로 추대했다. 기원전 509년 왕정이 폐지되고 2인의 집정관Consul이 임페리움을 행사하는 공화정 시기에서 원로원 결의Senatus Consultum는 사실상 국가의 결의였다. 그렇기 때문에 기원전 27년 아우구스투스Augustus의 원수정치가 시작될 때까지 로마 공화정의 시기는 귀족 과두정의 성격이 강했던 원로원의 지배라 할 수 있다.

1.1.3 만민법 jus gentium, jure gentium의 만민공동체

로마는 규범적으로 만민법의 공화국이다. 방언을 금지하거나 하나의 언어만을 강제하지 않았다. 제국을 구성하는 종족들의 전통·문화를 없애려 하지 않았다. 카르타고의 잔존물로 남겨진 북아프리카에서도 종교 의식과 기존 예식들을 유지할 수 있게 했다. 하지만 법과 질서와 관련된 경우는 예외였다. 로마는 공식적 법문화는 하나이나 다인종 사회였다. 원로원 의원이 된 갈리아인도 자신들의 법에 복종하는 것이 아니라 로마의 법에 복종하는 것이었다. 로마에서는 숭배의 자유가 있다. 하지만 로마의 법은 수용되고 지켜져야 한다. 여기에는 예외가 없다. 모두에게 동일하게 적용된다. 만민법이 로마를 만민공동체의 규범공동체로 만들게 한 것이었다.

로마의 법과 유머 '로마의 문들은 항상 집의 안쪽으로 열린다. 결코 바깥을 향하지 않는다.' 문이 집 밖으로 열리게 되면 개인적 용도로 공유지 일부를 사용하는 불법점유가 되기 때문이다. BC18년 아우구스투스가 선포한 '율리우스 간통죄 및 혼외관계죄 법'은 부부관계에 법이 개입하여 간통은 집안 일로 끝나지 않고 사회적 범죄로 인식하였다(간통을 행한 남자들도 처벌되며, 남편은 간통을 저지른 부인을 집에서 쫓아내고 이혼을 요구할 수 있으며, 이혼 후 60일 이내에 배심원 앞에서 처벌을 요구할 수 있으나, 기간 경과 후 처벌요구권은 부인의 아버지에게 넘겨지며 더 경과 후에는 로마 시민 누구라도 고발할 수 있었다). 희랍어로 추정된 로마 시대 5세기 유머집 Philogelos 수록 265개 농담은 로마의 규범국가적 엄숙함을 느끼게 한다(쿠마 주민이 이집트 알렉산드리아에서 사망한 부친의 시신을 방부처리업자에 넘겨 많은 시간이 흘렀음에도 마치지 못한 것을 알고 시신 반환을 요청한다. 업자는 시신을 찾기 위하여 부친이 어떤 특징을 가졌는가를 묻는다. '기침을 자주 했습니다'.)[67]

1.2 씨족연맹체*Civitas*에서 만민공동체*Civitas gentium*

1.2.1 씨족연맹체의 국가

로마는 고희랍 Polis의 도시민 연맹체와 달리 씨족*cives*에 기반하는 씨족연맹체 Civitas키비타스의 공화국*Res Publica*이다. Rome이라는 말은 '경계'의 의미였다. 로마는 로물루스와 건국을 이끈 '라틴'이라 불린 원주민 양치기 집단과 농민들의 라틴족*Latins* 이 씨족연맹체를 이루어 이탈리아 반도 북부의 골*Gauls*, 에트루리안*Etruscans*, 남부 연안 고희랍 植民市, 중부의 움부리아*Umbrians*, 사비니*Sabines*, 삼니움*Samnites* 등의 종족들에 둘러싸인 티베르*Tiber* 河岸에 식민시로 건립한 씨족의 연맹체로서 건국된 키비타스의 국가이나 이를 公義의 국헌적 가치로 극복한 공화적 만민공동체의 국가인 것이다.

로물루스, 아이네이아스와 로마 플루타르크(Plutarch, Lucius Mestrius Plutarchus c.AD46~AD20)에 의하면 로마의 시조 로물루스(Romulus 771.3.27/28BC)는 쌍둥이로 태어나(전설에서는 로물루스와 레무스가 팔라티누스 언덕에 위치한 한 동굴에서 암 늑대에 의해서 키워졌다) 18세에 로마를 건국하여 37년간 통치하고 '사라졌을' 때*717BC* 53/54세였다. 디오니시우스(Dionysius of Halicarnassus, *Dionysios son of Alexandros of Halikarnassos* c.60~7BC) 역시 같이 말한다. 트로이가 그리스 *Greeks*의 마지막 전투에서 파괴되는 동안 아이네이아스*Aeneas* 는 도시를 떠나 새로운 헤스페리아의 집*Hesperian home*을 찾았다. 예언자 헬레누스*Helenus*의 안내를 받아 이 임무를 수행하면서 아이네이아스는 이탈리아*Italy*에 도착하여 그의 백성들을 위한 도시*city*를 세우려고 했다. 그럼에도 그들은 행복한 만남을 가졌고 앵커스*Anchises*는 그의 아들에게 건망증의 강*river of forgetfulness*인 근처의 레테*Lethe* 강에 대해 말해 주었는데, 그 건너편에는 지구에서 태어나기를 기다리는 수많은 영혼들이 있었다. 저쪽에는 아이네이아스*Aeneas*의 후손이 될 사람들과 로물루스*Romulus*, 카밀루스*Camillus*, 마르셀루스*Marcellus*, 카이사르*Caesars* 등 미래의 로마 제국에 살 사람들이 있었다. 안치스*Anchises*는 아이네이아스에게 충고를 하고 나서 그를 '잠'*Sleep*의 문 중 하나인 상아문*ivory gate*으로 인도하여 지구로 돌아온다. 로마의 시인 베르길리우스는 트로이 멸망 뒤에 백성을 이끌고 방랑하다가 이탈리아 반도에 도착하여서 로마를 세운 아에네이아스의 모험을 서사시로 엮었다. 이 『에네이드』에서 아에네이아스는 죽은 아버지 안키세스를 만나기 위해 무녀의 도움을 받는다. 무녀는 하데스가 다스리는 지옥의 문에 들어가기 위한 열쇠가 바로 황금가지라고 가르쳐 준다. 프레이저는 여기서 착안 『황금가지』에서 다음과 같은 추론을 펼친다. "비둘기 두 마리가 아에네이아스를 황금가지가 있는 저 을씨년스럽고 깊은 골짜기로 안내했을 때 어느 나무 위에 내려앉았다고 적고 있다. '거기서 한 줄기 황금빛 섬광이 명멸하며 빛나고 있었다. 엄동설한의 숲 속에 기생식물인 겨우살이가 싱싱한 초록색 잎들로 무성했고 줄기마다 황금빛 열매가 매달려 있었다. 그것은 그늘진 떡갈나무 위에 달린 이파리의 황금처럼 보이기도 했고, 부드러운 산들바람에 바스락거리며 나부끼는 황금 이파리처럼 보이기도 했다.' 여기서 베르길리우스는 명백히 떡갈나무 위에 자라는 황금가지를 묘사하면서 그것을 겨우살이와 비교하고 있다. 때문에 우리는 황금가지란 곧 시와 민간신앙의 안개 사이로 비쳐진 겨우살이에 불과하다고 추론할 수밖에 없다."(본문 68장 황금가지)

1.2.2 씨족연맹체*Civitas*의 구성

로마의 키비타스는 귀족 3부족(람네스Ramnes, 티티스 Titis, 루케레스Luceres) 아래 10개 姓族*Clan*으로 구성되며, 공동 조상의 씨족(gentes, gens)이 같은 씨족명(nomen gentile)과 공동의 제단·墓를 지니며, 씨족수장(pater gentis)이 회합*concio*에서 절대적 지배권을 갖고 씨족관습(ius gentilicium)과 수장이 제정하는 씨족규범*lex gentis*으로 구성원간 다툼을 판단하는 정치·경제·법생활단위이다. 씨족에 속하지 않는 구성원이 노예*clientes*다.[68] 로마의 姓族은 회의체 코미시아*Comitia*, 귀족 회의체 코미시아 큐리아티아(Comitia Curiatia), 각 씨족장 300인으로 구성되는 원로원*Senate* 등을 지니며, 국왕은 귀족회에서 선출되나 권한은 고희랍 폴리스에 비할 바 아닐 정도의 강력한 권한을 지닌 집권적 제국이었다. 전쟁의 수요로 평민은 귀족과 함께 百人隊*Century*, 병사회(Comitia Centuriata), 평민회(Comitia Tributa)를 조직하고 호민관*Tribunes*을 선출하고, 매년 2인 집정관*Consul*을 귀족에서 선출하며 1인을 독재관*Dictator*으로 하였다.

1.2.3 씨족연맹체*Civitas*의 외연

로마의 국가는 씨족의 연맹체로 출발은 하였지만 그 외연을 넓혀 아시아계 선조로 알려진 트로

이 전투의 아이네아스*Aeneas*계 종족도 받아 들였다. 로마는 라틴족, 에트루리안족, 사비니족 등의 씨족 연맹체가 귀족*Patricians*을 이루고 이후의 신참자를 평민*Plebians*으로 한 식민지 정복을 확대되면서 만민 공동체의 국가를 만들어 나갔다. 키비타스는 시민연맹체로서 출발하였으되 독립한 주권적 정치통일체로서 스스로를 형성하여 나아 간 것이다. 로마는 이 같은 Civitas의 공화국이다.

1.3 만민공동체의 공화국

1.3.1 만민공동체*Civitas gentium*의 국가

로마는 시민공동체 형성에 개방적이었다. 시민권 취득을 열어 놓았다. 아테네 등 고희랍 폴리스 구성원들의 경우와 달리 로마의 시민 자격은 '피'가 아니라 국가공동체 로마를 위해서 어떤 일을 하였는가만 기준이 되었다. 삼니움(Samnites 제1차343~341 제2차 327~304 제32차 298~290BC) 전쟁 등에서 패한 적들도 그의 아들의 아들 대에는 시민권을 취득할 수 있었다. 아우구스투스(Augustus 63.9.23.BC~14.8.19.AD), 한니발(Hannibal Barca 247~183/181BC)의 카르타고*Carthago*를 멸망케 한 스키피오(Scipio 185~129BC 고전기 인문주의를 시작케 한 인물)69) 등이 그러했다. 로마의 키비타스 즉 시민공동체는 만민법*jure gentium*이라는 세계법에 의하여 로마를 만민공동체*Civitas gentium* 즉 세계공동체(international community)로 확장하였다. 이에 의해서 로마는 오늘날에도 국헌적으로 존재하게 되는 것이다. 클라우디우스 황제(Claudius I 10.8.1BC~54.10.13AD, 재위 41~54)는 48년 갈리아 귀족들에게 로마 원로원 의원 자격을 부여하고 로마 인 동료들과 자리를 함께 하도록 한다. 반대하는 원로원 의원들에게 황제는 군사적으로 그토록 강했음에도 스파르타가 몰락한 이유는 무엇인가를 묻는다. 패배자들을 내쳤기 때문이라고 스스로 말하였다.70)

1.3.2 씨족확장과 만민공동체의 국가

로마가 씨족의 확장을 위하여 시민공동체 키비타스의 외연을 넓히려 한 것은 '사비니 족 여인 강탈'(L'enlèvement des Sabines)로 전해진 약탈혼에서 잘 드러난다. 로마의 초기 시민의 대부분은 독신 남자였다. 때문에 씨족의 외연을 확장하기 위한 일환으로서 건국의 시조라 전해진 초대 왕 로물루스가 BC752년 사비니 족 여인들을 납치한다.71) 사비니족의 공격을 받자 '로마의 일곱 언덕'(Septem colles/montes Romae, Sette colli di Roma)의 하나인 퀴리날리스 언덕에 거주하도록 하는 화평을 맺고 사비니 족 누마 폼필리우스(Numa Pompilius 717~673BC)를 제2대 왕으로(753~673BC) 옹립한다. 그것이 로마의 만민공동체의 모습이다.

사비니 족 여인의 강탈 로물루스가 팔라티누스 언덕■ 전차 경주의 황제궁 축제*Neptune Equester*에■■ 초대한 사비니 족 여인들을 강탈하자 타티우스*Titus Tatius* 사비니 왕이 로마의 안테인마이*Anteinmae*, 카이니나*Caenina*, 크루스투메리움*Crustumerium* 을 공격한다.■■■

■ 로마의 일곱 언덕은 아벤티누스*Aventine(英)*, *Aventinus(Latin)*, *Aventino(Italian)*/ 카일리우스*Caelian*, *Caelius*, *Celio*/ 카피톨리누스*Capitoline*, *Capitolinus*, *Campidoglio*/ 에스퀼리누스*Esquiline*, *Esquilinus*, *Esquilino*/ 팔라티누스*Palatine*, *Palatinus*, *Palatino*/ 퀴리날리스*Quirinal*, *Quirinalis*, *Quirinale*/ 비미날리스*Viminal*, *Viminalis*, *Viminale* 등이다.

■■ 황제궁은 로마 대전차 경주장 자리가 된다. 500미터에 이르는 거대한 기둥과 아치, 상단 2, 3층 사각 대창문들이 교차된 경기장이다. Neptune: 로마의 바다·지진·말의 신(그리스 *Poseidon*), *Equester*: 기수騎手, 기사騎士

■■■ 이는 신랑이 신부를 안고 신방 문턱을 넘는 풍습이라든지 신부 들러리 풍습들을 낳게 했다.

1.3.3 만민공동체에서 황제의 제국

로마는 지리·종족의 차이를 극복하고 황제권력의 절대성을 강화하면서 황제 권위는 신에게서 연원한다는 신권설로 신민들을 복종시키는 황제지배로 만민공동체 국가 키비타스의 시민적 자유는 쇠퇴하게 된다. 로마는 고희랍 아테네 도시국의 자유의 이념을 전승하였지만 집권적 공화국의 체제를 갖추고자 하였고 이는 플라톤이 공동체의 보편적 삶의 의미를 일깨우고자 하였던 공동체국가의 지향점에 유의한 그러한 것들이었다. 하지만 이집트 파라오들은 파라오 사후 인간을 신*Theos*이 되게 하는 아포테오시스*apoteosis, āpŏthēōsis* 의식을 행했는데, 율리우스 카이사르가 BC44년 암살되면서 최초로 받은 후 로마 원로원은 모든 황제에게 이를 거행할 정도로 황제의 지배국이라는 제국의 통치 형태를 갖는 등으로 변질되면서 쇠망하게 된다.

2. 로마의 영토공동체

2.1 영토공동체로서의 로마

로마는 이탈리아 반도 정복*266BC* 후 120여 년간 3차의 포에니전쟁에서 카르타고를 멸망시키고*146BC* 한니발(Hannibal Barca 247~183/181BC)을 도운 마케도니아를 제2차포에니전쟁*168BC*에서 속주로 하고 시리아를 병합하는 *63BC* 등으로 영토를 확장한다. 로마는 시민공동체의 결집된 힘으로 영토 확장을 이룬 것이다. 로마의 시저(가이우스 율리우스 케사르 Gaius Julius Caesar 100.7.13.~44.3.15.BC)는 갈리아, 게르마니아, 브리타니아를 복속한다. 시저는 BC45년 종신독재관으로 Imperator 칭호를 받고 BC27년 옥타비아누스*Octavianus*는 아우구스투스*Augustus* 칭호를 연다. AD2세기 초 트라야누스(Marcus Ulpius Trajanus 53.9.18.~117.8.8. 재위98~117) 황제[72] 등에 이르러 로마 제국은 최대 판도로 확장되지만,[73] 고희랍 세계와 같은 慢心과 게르만 등의 군사침략으로 분열되다 콘스탄티누스*Constantinus*대제의 제국 통일로 이어지나 비잔티움*Byzantium*으로 수도를 옮긴다.

카르타고 Carthago현 *Tunisia*는 강력한 해운력, 경제력, 공화정으로 시칠리아 지배권을 놓고 로마와 제1차포에니전쟁*264~241BC*, 제2차포에니전쟁*218~202BC*에서 한니발의 초반승세에도 스키피오에 패배, 초토화되고 제3차포에니전쟁*149~146BC*에서 멸망하면서 로마의 '속주 아프리카'가 된다. BC46년에 이르러 율리우스 카이사르가 이를 재건하여 북아프리카 일대의 상공업 중심지가 되었으나 5세기경 반달족 침입을 받았다. 이후 698년 아랍인들에게 파괴되어 역사에서 사라졌다.

Phoenicia-The Rise of Sidon, The Encyclopedia of World History, Sixth edition, Houghton Mifflin Company, 2001, p.1, Retrieved 2008.12.11.

로마 브리튼, 앙글로·삭슨 브리튼 Roman Britain(Britannia, Britanniaethe Britains)은 시저의 갈리아전쟁(*Gallic Wars* BC 55년, 54년) 후 43~410년까지 로마제국의 속국*provinces*이었다. 아서왕*king arthur*은 베이든 언덕에서 200년간 로마를 위하여 행한 싸움에서 자유와 자신을 위한 싸움으로 saxon족을 물리쳐 토착 Britain을 성립케 하였다. 앙글로·삭슨*Anglo-Saxons* 大 브리튼*Great Britain*은 토착 브리튼*indigenous British*, 대륙에서 이주한 게르만*Germanic tribes* 등이 450년부터 1066년 노르만정복*Norman conquest* 이후 Anglo-Norman 전까지 지배한 왕국*kingdom*이다. 웨섹스(Wessex(Westseaxna rīce))는 애설스탄(Æthelstan 894.10.5.~939.10.27. noble stone의 의미)이 앙글로삭슨 왕(924~927), 영국왕(927~939)으로 통치한 왕국이다. Anglo-Saxons의 고어 Angul-Seaxan은 라틴어 Angli-Saxones에서 나왔는데, Angli는 브리튼 3종족 Angiloi, Frisones, Britons의 하나이며(Procopius of Caesarea c.500~c.554 동로마제국 Palaestina Prima 법률·역사가), Saxones은 3세기 브리튼, 골*Gaul* 해안 침략자들이다. Angli Saxones는 8세기에 처음 유럽에서 쓰이고 English Saxons과 대륙 Saxons(Ealdseaxe 즉 old Saxons)을 구분하기도 했다.

2.2 생활공동체로서의 로마

로마 인들은 영토를 넓히고 도로 건설로 국가공동체 외연을 넓혔다. 로마가 카르타고를 격파한 BC 2세기 북아프리카에는 카르타고인, 그리고 오늘날 모로코 일대에 살았던 무어인이 있었다. 영어로는 moor, 이탈리아어로는 moro 세익스피어의 비극 오셀로의 주인공이 무어인이다. 베르베르인은 사막을 유랑하며 사는 민족, 무어인은 통상으로 살아가는 민족이다. 총길이 8만㎞가 넘는다. 군대파견 등이 목적이었지만 동시에 로마의 문명과 법의 외연도 넓혀졌다. 에게 해와 지중해를 따라서 발전되는 로마의 국가공동체는 더 이상 해양에 국한되지 않게 된다. 도로가 없었다면 페니키아 인, 에게 해 문화권, 그리스 문화권 등의 경우처럼 바다를 접하는 해안지대에 국한되었을 것이다.[74] 로마는 고희랍 도시국의 법과 문화를 범지중해를 넘어 인도, 중국에까지 미칠 수 있게 하고, 다른 지역의 문화, 생활양식, 생산품구입도 할 수 있게 하였다. 서유럽 육지를 향하여 눈을 돌릴 수 있게 되어 오늘날 유럽의 판세를 이루게 하였다. 로마가 제국으로서의 국가공동체를 형성해 나갈 때 오늘날의 스코틀랜드에서 쿠웨이트까지, 포르투갈에서 아르메니아에까지 이르는 방대한 영토를 다스렸다. 그 속에서 살아가는 수많은 민족들은 로마의 법을 따랐고, 로마의 생활양식에 동화되었다. 그런 점에서 로마는 영토적 생활공동체였다.

로마 영토 · 생활공동체 '비단길 육로는 로마에 적대적인 파르티아 족이 장악하여 현 이라크, 이란 지역을 통과해야 하지만 海路는 로마 지배 영역에 더 많이 들어온다. 배는 홍해를 나와 아라비아 반도 해안을 따라 계절풍을 타고 5월부터 9월까지 남서풍이 지속적으로 불면 인도를 향해 가고 11월부터 3월까지는 반대로 북동풍이 불어 로마 선박들은 이를 타고 돌아온다. 알렉산드리아 등대는 BC208년 항구 진면에 위치한 파로스 섬에 높이 120미디로 세워져 1300년 넘게 사용되다 1303년, 1323년 두 차례 지진으로 항해자들을 위한 기능을 상실했고 이후 이집트 술탄 카이트베이가 요새를 건설하려 철거했다. 에페소스 항구는 지중해 전략적 요충지다. 로마 시대 바실리카는 교회가 아니라 법원의 기능을 가진 건물이다. 이곳에서 사물들의 변하기 쉬운 성질을 주장한 철학자 헤라이클레토스(540~c.480BC), 키케로, 율리우스 카이사르, 마르쿠스 안토니우스, 클레오파트라가 태어났다.'[75] 도로는 로마의 동맥이었다. 도로, 거리를 뜻하는 street는 포장된 길*paved road*이라는 라틴 어 via strata에서 나온 말이다. 로마 시대 큰 마차는 마부 외에 말을 잡고 걷거나 마차 옆에서 걷는 보조원들이 필요하였다. 여행 기간 내내 마차 옆에서 걸어야 하는 보조원을 쿠루소르*cursor*라 한다. 이 용어는 컴퓨터 용어 '커서'로 사용되고 있다.

2.3 세계공동체로서의 로마

로마 5현제의 철인황제 마르크스 아우렐리우스(Marcus Aurelius Antoninus 121. 4.26.~180. 3.17. 제16대황제)는 중국 '後漢書'에서 大秦國王 安敦이라 표기될 정도로 로마의 생활공동체의 영역을 넓혔다. 로마의 사신 일행은 서기 166년 後漢 황제 桓帝환제의 환대를 받았다. 황제사절단이라기보다 상인들이었을 가능성이 크지만 그들은 이집트, 홍해를 건너 중동의 파르티아, 인도 북부 쿠샨, 인도차이나 해안을 따라 베트남 북부 그리고 육로로 중국에 이르렀다. 로마인들은 동양의 비단과 향료 등을 최상품으로 여겼는데, 중국인은 '후한서'에서 로마의 집단지도체제와 선거를 언급하였다. 로마의 시성 베르길리우스(Publius Vergilius Maro 70.10.15.BC~19.9.21.BC)는 그 서사시 '아이네이스'*AENEIS*(천병희 역(숲 2007 607쪽)), '농경시'*Georgica*에서 중국을 풍요로운 황금의 나라로 보았고 중국은 로마를 도교적 이상국가 곧 무릉도원으로 보았다.[76]

3. 로마의 신정공동체

3.1 神政국가로서의 로마

로마가 황제의 제국이면서 기독교를 국교로 하는 신정국가의 성격을 갖게 되면서 로마는 규범공동체에서 그 규범의 외연을 교회법으로 넓히는 등에 의해서 신정공동체로서의 중세적 국가의 성격을 갖기에 이른다. 이는 고희랍 아네테에서 기원하여 코스모폴리스의 시대에까지 이어진 시민의 Logos적 가치가 신정적 질서로 사라지는 것을 의미한다. 신정국가에서의 교회는 개인의 존재를 인간의 존엄이 아니라 하나님의 존엄으로 본다(사람의 눈은 두 개의 O, 코는 M, 귀는 D, 코의 단면은 E, 입은 I, 발음의 H를 더하면 'HOMO DEI' 즉 '신의 사람'이 된다는 식이다). 콘스탄티누스 1세(Flavius Valerius Constantinus I 274.2.27.~337.5.22. 재위 306~337)는 기독교를 받아들였다. 태양신을 숭배했던 그는 312년에 로마를 근거지로 稱帝한 막시미아누스(Marcus Aurelius Valerius Maximianus c.240~310 재위 286~305) 황제의 아들 막센티우스(Marcus Aurelius Valerius Maxentius ?~312 재위 306~312) 황제와 쟁패를 벌인 '밀비우스 다리의 전투'(The Battle of the Milvian Bridge 312.10.28)에서 이겨 황제로 인정되어 위대한 인물 '막시무스' Maximus 칭호를 받고, 선대 황제 디오클레티아누스가 탄압한 기독교를 313년 밀라노 칙령勅令으로 '모든 기독교도는 신앙의 자유가 있다' 하여 로마제국의 한 종교로 인정하였다. 최고 권력자는 시민 가운데 제1인자를 뜻하는 원수가 아니라 기독교 신을 드러내는 절대군주로 바뀌었다. 왕권 신수설의 이정표가 되는 이 신정국가를 창설한 콘스탄티누스 황제의 지위는 신으로부터 받은 것이 되었다.

3.2 로마의 삼위일체 神性국가론

콘스탄티누스 1세는 교회의 사법권·재산권 등을 우대하면서 계급적 관료제도를 완비하고 상비군 제도와 변경의 둔전병屯田兵 제도에 의거하여 군제를 정비하고, 324년, 로마제국 동부를 차지한 리키니우스(Valerius Licinianus Licinius, 270~325)를 격파하고, 325년 니케아에서 종교회의를 개최하여 아타나시우스 교부가 주장한 삼위일체론의 기독교 신성을 로마의 국가이념으로 하게 된다. 콘스탄티누스 대제는 330년에 성베드로 성당을 짓기 시작하며 337년 세례를 받는다. 이후 392년에 기독교는 테오도시우스 1세(Theodosius I 346.1.11~395.1.7 재위 379~395)에 의해 국교로 정해진다. 신정국가가 완성된 것이다. 당시 익히 알려진 국제도시 콘스탄티노플과 파우스타, 크리스프스, 크로아티아트라야누스, 2639면 기둥, 155개 장면, 200m 등을 상기하라. 한편, 로마는 4세기에 접어든 뒤 원로원의 권위와 권력이 가파르게 쇠락한다. 동시에 신정국가의 삼위일체론에 의하여 실권을 가진 문관과 무관이 명확히 분리되었다.

아타나시우스의 삼위일체 아타나시우스*Athanasius*는 그리스 敎父로서 알렉산드리아에서 출생하고 교육을 받으면서 플라톤과 아리스토텔레스의 저술로 그리스적 교양을 쌓고 아리우스에 반대되는 삼위일체설을 주장하였다. 319년 부제副祭가 되어 325년에 주교 알렉산더를 따라 니케아공의회에 참석하여 삼위일체설과 로고스 그리스도론에 입각하여 아리우스의 이단설을 논파하고 이듬해 알렉산드리아 주교가 되었다. 당시 콘스탄티누스 대제 등 동로마제국의 보호를 받던 아리우스파에 박해를 받았다.

3.3 神政국가의 삼위일체론

로마는 아타나시우스(Athanasius of Alexandria, Athan sios Alexandr as, c.296/298~373.5.2 Athanasius the Great, Athanasius the Confessor로 불리며, 27권 신약성서 체제의 목록을 만들었다)파 삼위일체의 신성 국가이념을 325년 제1차 니케아 공의회에서 선포하면서 아리우스(Arius, ρειος, Áreios 250 or 256~336)파 등 이단을 단죄한다. 삼위일체의 기독교 신앙은 성자의 동일 실체, 그의 降生, 죽으심, 부활을 강조하는 니케아 신경信經 *Symbolum Nicaenum*을 기초로 한다. 니케아 신경*Nicene Creed*은 聖 삼위일체 즉 성부*God*·성자*Son of God*·성령*Holy Spirit*의 삼위일체에 대한 믿음을 밝히고 있다. 삼위일체론은 아리스토텔레스 '분석학'*analytike*을 빌려 이를 증명하고자 한 스콜라철학*Scholasticism*에서 나아가 토마스 아퀴나스(Thomas Aquinas 1225~1274)의 신학대전(Summa Theologica)에서 정점을 이룬다. 즉 자연과 정신, 신앙과 이성, 내세와 현세, 교회와 국가 등의 대립을 해소시켜 카톨릭의 정신을 발휘케 한 것이다. 그것이 중세 천년 신정국가의 국헌론이 되었다.

삼위일체론 우리는 한 분이신 하느님을 믿는다./ 그분은 전능하신 아버지이시며, 유형무형한 만물의 창조주이시다. We believe in one God,/ the Father Almighty, Maker of all things visible and invisible. 그리고 우리는 한 분이신 주 예수 그리스도를 믿는다./ 그분은 하느님의 외아들이시며,/ 아버지에게서 나셨으며,/ 곧 아버지의 본질에서 나셨다./ 하느님에게서 나신 하느님이시며,/ 아버지와 본질에서 같으시다. And in one Lord Jesus Christ,/ the Son of God,/ begotten of the Father [the only-begotten;/ that is, of the essence of the Father,/ God of God], Light of Light, very God of very God, begotten, not made,/ being of one substance with the Father; 그분으로 말미암아 만물이,/ 하늘에 있는 것들이나 땅에 있는 것들이 생겨났다. By whom all things/ were made [both in heaven and on earth; 그분은 우리 인간을 위하여,/ 우리의 구원을 위하여 내려오시어 육신을 취하시고,/ 사람이 되셨으며, Who for us men, and for our salvation,/ came down and was incarnate and was made man; 고난을 받으시고,/ 사흗날에 부활하시고,/ 하늘로 올라가셨으며, He suffered,/ and the third day he rose again,/ ascended into heaven; 산 이와 죽은 이들을 심판하러 오실 것이다. From thence he shall come to judge the quick and the dead. 그리고 우리는 성령을 믿는다. And in the Holy Spirit.["그분이 존재하지 않은 시대가 있었다.", "나시기 전에 존재하지 않았다."하고 말하는 사람들을, 또는 비존재에서 생겨났다거나, 다른 히포스타시스*hypostasis* 또는 우시아*ousia*에서 존재한다고 말하는 사람들을, 또는 하느님의 아들은 창조되었으며, 변할 수 있으며, 달라질 수 있다고 말하는 사람들을, 보편되고 사도로부터 이어오는 교회에서 파문한다.] [*But those who say: 'There was a time when he was not;' and 'He was not before he was made;' and 'He was made out of nothing,' or 'He is of another substance' or 'essence,' or 'The Son of God is created,' or 'changeable,' or 'alterable'—they are condemned by the holy catholic and apostolic Church*][77]

[三] 중세의 봉건적 신정국가

1. 로마의 쇠망과 이민족

서로마제국은 게르마니아 용병 장군 오도아케르(Odoacer 433~493.3.15)가 서로마 황제 로물루스 아우구스툴루스(Romulus Augustulus ?~? 재위 475~476)를 폐하면서 476년 멸망한다. 같은 시기 동로마제국은 유스티니아누스(Justinianus 527~565) 황제에서 위세를 떨치나 그의 사후 서로마제국 영역의 프랑크는 486년 메르빙거 왕조(Merowinger, Meroveus 메로베우스 481~751)를 개창하여 클로비스 1세(Clovis I c.466~511.9.21. 재위481/482~511.11.27.)를 최초의 왕으로 삼아 751년까지 270여 년 동안 현 프랑스 및 서부 독일 지역 등에 지배권을 행사한다. 프랑크에서는 국가이성으로서 아타나시우스파를 공식 기독교신앙으로 받아들여 오늘날 가톨릭의 확장에 지대한 공헌을 한다. 하지만 고희랍에서 로마에 이어진 전통의 '정치공동체' 관념이 희박해지고 왕국을 제왕의 家産으로 여기면서 제후의 지역적 분열로 이어진다.

게르만족과 로마 게르만족은 아리안*Aryan* 종족으로 스칸디나비아 반도에서 남하하여 라인강 동쪽, 다뉴브강 북쪽에 이주하여 게르마니(Germani 가리아 어, 군인의 뜻)족 또는 튜튼*Teutor*(켈트 어 Tautau 즉 야만의 뜻)족이라 불리며 고트족*Goths*, 반달족*Vandals*, 프랑크족*Franks*, 부르군트족*Burgundians*족 등으로 분화되어 지페*Sippe*라 하는 촌락공동체생활을 하면서 로마와 라인-다뉴브강을 사이에 두고 국경으로 삼아 로마의 용병, 변경 수비, 농노 등에 종사하는 등의 교류를 가져 왔다. 몽골족 흉노匈奴 *Huns*가 375년 동고트를 복속하고 서고트로 진입하자 로마의 허락을 얻어 모에시아*Moesia* 현 불가리아*Bulgaria*에 이주하면서 종족대이동이 시작된다. 서고트는 로마에까지 진입하다 골 북부에 머물고 부르군투는 라인강 하류, 반달은 스페인 및 아프리카의 카르타고 옛터, 앙글로-삭슨은 브리타니아로 이동하였다.

2. 카롤링거 왕조와 서유럽의 형성

메로빙거 왕조에서 宮宰(궁정 재상)를 세습한 페팽 가문의 페팽 3세(Pépin III 715~768 재위751~768)는 킬데리크 3세(Childeric III c.714~c.755 재위743~751)를 751년에 폐위시키고 카롤링거 왕조(Karolinger, Carolus 카롤루스, 751~987)를 개창하여 중세 유럽 및 현 프랑스, 이탈리아, 독일의 시초를 만든다. 755년 이탈리아 롬바르디아*Lombardia*를 빼앗아 라벤나*Ravenna* 등의 토지를 교황령으로 기증하여 교황이 토지와 백성에 군림하는 '교황령'의 기원을 만든다. 그 아들 샤를마뉴 대제(Charlemagne 742.4.2.~814.1.28.)는 제2대 프랑크 국왕(재위 768~814)으로서 서유럽 전역을 복속시키자 800.12.25. 교황 레오3세가 그에게 황제 대관戴冠을 행하면서 비록 교황의 교회제국과 달리 제국교회를 우선하기는 했으나 신정神政국가의 길을 연다. 카롤링거 왕조는 서유럽이 동로마 비잔틴 제국의 영향에서 완전히 독립하였다는 점에서 서로마 제국의 부활을 의미한다. 카롤링 서체라 불리는 알파벳 소문자가 창안되어 대문자 표기에 걸리는 시간을 줄였다. 서책에서도, 종이 다발 왼쪽에 철을 한 코덱스*codex*라 불리는 책 제본 형식이 고대 두루마리를 대체했다.

3. 중세 신정국가의 형성

3.1 민족대이동과 중세 봉건체제의 국가

민족대이동*Völkerwanderung*은 2세기경부터 西進한 훈족에 자극을 받은 게르만계 부족이 4세기 말부터 대규모로 로마제국의 영토로 이주하고, 서로마제국 멸망을 전후하여 각지에 정착하면서 부족왕국을 건설하는 6세기 말까지의 과정을 가리킨다. 민족대이동은 사회를 고대에서 중세로 전환하면서, 국가도 부락, 도시의 혈연, 씨족 중심의 일원적 권력 체제의 고대국가형에서 봉건제도의 다원적 권력 체제의 중세국가형으로 변모한다. 또한 기독교 공인에 따른 그리스도교의 보편화로 세속국가에서 종교적 인간의 신정국가체제를 가져왔다.

민족대이동과 중세국가의 형성 게르만 민족은 BC1000년 이래 원주지 스칸디나비아반도 남부 발트해 연안지방에서 이동・定住하면서 남진하여 라인강 동쪽, 도나우강 이북의 게르마니아 지역에서 흑해 북안에 이르렀다. 이것이 제1차 민족대이동이다. 제2차는 BC2세기 말경부터의 로마제국 침입, 6세기 말엽의 랑고바르드족의 이탈리아 침입, 8세기에서 11세기까지의 노르만인・덴마크인・노르웨이인・스웨덴인 등 북게르만계 여러 부족의 유럽 각지의 침입, 아일랜드에의 식민 키예프・러시아 건국 등의 이른바 바이킹의 대이동이다. 제3차는 중앙아시아 스텝지역의 遊牧騎馬민족이었던 훈족이 볼가강・돈강 유역에 거주하던 이란계 알란족을 정복하고 375년 흑해 북안에 정주하던 게르만계 동고트족 대부분을 지배하며 도나우강 북안에 거주하던 서고트족 일부는 서쪽으로 도망하면서 시작한다. 이때 로마 귀족들은 고전적 교양과 고전인의 로고스를 유지하려 하나 게르만족 등의 이동으로 인한 세속생활의 불안은 신앙과 노동의 결합을 보장해 주는 수도원생활을 서유럽에 자리잡게 하고, 프랑크족 지배하의 갈리아와 랑고바르드족이 지배하던 이탈리아 등에서 대토지소유자가 일종의 공권력을 담당한 지방의 豪族으로 전환하게 된다. 갈리아에서는 광대한 莊園을 가진 로마의 귀족들이 라틴적 교양의 독점, 司敎職, 수도원을 독차지하여 경제적 기반을 유지하면서 군사적 공훈 등으로 등용된 게르만 귀족들과 합류하여 봉건 귀족층을 형성하였다. 이것이 시원으로 기초가 된 중세국가의 형성인 것이다.

3.2 중세 봉건체제와 신정국가

중세의 봉건제도는 이탈리아 등 로마제국의 중앙에서 일어난 것이 아니고 주변지대인 갈리아에서였다. 로마제국 내의 호족과 게르만 고토의 자생적 귀족, 새로운 聖界 귀족의 정치적・경제적 세력이 프랑크 왕권 특히 카롤링거왕조와 연결 구축된 것이다. 중세 봉건체제에서의 신정국가는 지역적 분권, 주권의 혼미, 교회와 국가의 결합, 봉건제 즉 토지 소유와 정치적 권력의 군신관계의 결합에 의한 질서의 존재 등에 의하여 이루어진다. 중세 봉건체제에서의 신정국가와 교회의 지배에 대해서 "때가 찼고 하나님의 나라가 가까이 왔으니 회개하고 복음을 믿으라"의 예수 첫 설교, 마가복음 1장 15절, 첫 말, '때'의 원문 헬라어 'KAIROS'('KRONOS'가 아니다)는 '하나님의 때'를 일컫는다. 하나님을 정당성의 근거로 하는 교회의 지배를 말한다.

3.3 중세의 신정국가

중세사회의 국가는 종교적 정치단체 즉 지상의 왕국이며 교황은 출세간 수장이고 황제는 세속의 수장이 된다. 중세는 기독교 교회만이 통일세력으로 존재하였다. 교회는 로마제국의 조직을 근저로 건설된 정신적 제국이며 그 지배력은 봉건군주의 속권보다 강력하였다. 이는 봉건제후들 위에 군림하는 초국가와 같은 존재가 되어 俗法廷과 별개의 법정을 가지게도 된다. 이 같이 중세 신정국가에서의 교회와 국가는 결합되지만, 신의 것과 가이사의 것은 분리되고 독립하면서 평화적 우호관계를 갖는다. 고대적 국가의 종언과 함께 중세 신정국가 및 근세 절대제 국가에로 넘어가게 된다.

로마의 쇠망과 이탈리아왕국과 공화국 로마는 쇠망하고 그 본거지인 이탈리아 역시 소국 봉건제 국가로 분열을 거듭하다 베스트팔렌 조약 이후의 '국민의 봄'은 1861년 이탈리아 왕국(초대 국왕 우이쯔토-리오·에마느에-레 2세)을 성립케 했다. 하지만, 오스트리아 제국 영내에는 '이탈리아어 발음이 들리는 지역'이 남았다. 남티롤, 토렌티노, 트리에스테, 이스트리아, 피우메(리에카), 다르마치아 지방 등 옛 베네치아 공화국령에 해당하는 이들 지역은 '미회수 이탈리아'라 불렸다. 통일 이탈리아 왕국은 프로이센-오스트리아 전쟁에서 프로이센 왕국군과 동맹해서 오스트리아와 싸우고 베네치아를 회수했으나 베네치아 쪽의 이탈리아인 거주 지역의 탈환을 다하지 못한 것이다. 이 때문에 이탈리아는 '미회수 이탈리아' 귀속문제를 둘러싼 오스트리아-헝가리 제국과 대립, 제1차세계대전에서 1915년 영국·프랑스 등 연합국 측에 대항하여 참전했으나 전승국이 되면서도 피우-메 등의 영지를 얻지 못한 것에서 전후 베르사유 체제에 강한 불만을 가진 사람도 적지 않았으니, 이는 1920년대부터 30년대까지 파시스트 당의 대두의 원인의 하나가 된 것이다. 하지만 이탈리아는 제2차대전에서도 패전국이 된다.

Ⅲ. 근세적 국가 관념

[一] 토마스 홉스 Leviathan의 근세국가

1. 근세국가

1.1 국가의 존재이유로서의 '리바이어던'

플라톤이 펠로폰네소스 전쟁에서 스파르타에 패해 쇠망해져 가는 조국 아테네를 목전에 보면서 생애를 통하여 고심한 '이 나라를 어찌할 것인가'의 저술 'Politeia'(국가)에서 폴리스의 공동체적 안전은 哲人 통치와 사회적 도덕성의 이상국가로서만 가능하고 그 이상국가는 'Nomoi'(법)에 의하여 일반국가로 된다 보았다. 플라톤의 이 같은 국가 인식의 맥락을 잇는 근세의 국가론자가 토마스 홉스(Thomas Hobbes 1588.4.5.~1679.12.4.)이다. 플라톤은 이상국가의 국가이성이 일반국가로서 구현되어야 한 나라의 '국가와 법'이 생존할 수 있는 것으로 보았다. 홉스는 영국의 내전(English Civil War 1642~1651) 상황에서 국가가 현실적으로 존재하는 그 원초적 근원에 고심하면서, 국가는 공동체 안전의 보장을 현실적으로 존재하기 위한 조건으로 삼는다 한 것이 그의 저작 'Leviathan'(히브리 원어 海獸, 1651년)이다.

플라톤과 홉스 국가에서의 도덕률 개인 간의 사회적 관계가 확대되면 보편적 도덕률을 지키지 않고 기회주의적으로 행동하려는 유인이 나타난다. 그렇기 때문에 사회적 협동에 필요한 최소한의 도덕률을 유지하고 외부의 침략으로부터 개인의 생명, 자유, 재산을 지키기 위한 국가의 존재는 불가피한 것이다. 플라톤의 사회적 도덕성이라든지 홉스가 사회의 도덕률이 무너지면 사회는 투쟁의 장이 된다 함이 그것이다. 국가의 존재이유는 국가이성의 현실화에 있는 것이다. 그것이 국헌으로서 존재할 때 국가는 생존한다.

1.2 리바이어던에 의한 자연상태의 극복

1.2.1 만인투쟁의 자연상태의 극복과 국가

홉스에 의하면 국가 존재 이전의 사회상태는 이리적(Homo homini homo lupus) 만인투쟁(the war of all against all)의 자연상태로서 신민subject의 안전을 가져오지 못한다. 공동체의 안전은 국가적 지배복종계약의 강제로써만 보장될 수 있고 이는 리바이어던이라는 절대주권자(absolute sovereign)의 집권적 통치(undivided government)에 의해서만 가능하게 된다 하면서 그렇게 존재하는 근세적 국가로서 Leviathan을 상정하였다.

홉스의 자연상태와 국가 홉스는 '시민에 대하여', '물체에 대하여', '인간에 대하여' 등 라틴 어 3부작 '철학원리'를 저술하였다. 홉스의 'Leviathan'은 '리바이어던 혹은 신성국가와 세속국가commonwealth의 질료, 형상, 및 권력'이며 제1장 인간, 제2장 계약은 어떻게 만들어지는가, 제3장 그리스도교 국가론, 제4장 蒙昧의 세계론으로 이어진다. 홉스의 자연상태 'Homo homini homo lupus'는 자타공멸의 극한상황이 아니라 사회에서 일상생활을 영위하고 있는 보통사람들의 현실이다. 홉스는 인간은 타인과 대등한 관계를 유지하려 하지 않기에 인간이 타인을 지배하지 못하게 하려면 사람들의 계약에 바탕을 둔 권력이 인간에 강제력을 행사하여 협력을 강제하며 타인을 파괴하는 천성에 휩쓸리지 않도록 해야 한다. 자연상태로서의 무정부상태는 강자에 유리하고 약자의 자유를 축소시킨다. 강제력을 지닌 중앙집권화한 권력만 인간을 자연상태로부터 자유롭게 할 수 있다. 이 같은 권력은 백성의 안전과 복지를 원하고 스스로의 이기심을 극복하는 것으로 인식되는 지배자인 리바이어던이 장악해야 한다'.[78)]

1.2.2 홉스의 만인투쟁의 자연상태의 성격

홉스의 자연상태는 만인투쟁의 사회상태로서 구성원들에게 두려움을 주는 것이다. 홉스는 리바이어던에서, 자연상태는 국가적 규범이 없는 사회의 절대적 자유의 상태이며, 어떤 이에게는 하고자 하는 의지, 욕망에 장애물이 없겠지만 다른 편에서는 저항의 결핍, 공포심과 같기에, 자연법은 이를 회피하도록 하는 계율이고 리바이어던은 이에서 벗어날 수 있게 하므로 나의 것*Mine*, 너의 것*Thine*, 그의 것*His*의 공정한 귀속으로 사유재산, 공동재산, 소유불명재산 등이 구분되어 만인투쟁을 그치게 하지 못하면 사물은 폭력으로 획득한 사람의 것이 된다 하였다.[79)]

1.2.3 홉스의 리바이어던과 자연과학적 국가 관념

홉스는 국가 관념의 설정에 있어서 일체의 형이상학적 초월적인 신학적 논리를 배제하고 자연과학적으로 실증이 가능한 것만을 대상으로 말한다. 홉스는 영원히 타당한 윤리규범과 가치 위에 인간을 근거지우는 윤리관으로서의 중세 신정국가의 표상인 아리스토텔레스의 형이상학 관념을 배척하고 Schola 철학의 형이상학과 신학을 '미신의 잡동사니'로 보면서 가치중립적 자연과학적 방법에 의거하여 인간의 사회적 관계에서 나오는 리바이어던의 17세기적 국가를 세웠다.

홉스의 자연과학적 국가와 荀子의 인위적 국가 토마스 홉스는 생명은 팔다리의 운동에 다름이 아니라 한다. 생명에 대한 이 같은 자연과학적 정의는 근대자연과학의 시대적 소산이다. 홉스는 한 인간의 가치는 모든 다른 물건들의 가치와 마찬가지로 그의 시장적 경쟁사회에서의 가격이라 하였다. 이는 초기 자본주의사회의 인간상이다. 인간이 무엇이어야 하는가가 아니라 인간은 무엇인가를 탐구하였다. 신, 도덕, 가치에 맞는 삶이 아니라 인간에게 맞는 삶을 살아가자는 것이다.[80)] 홉스의 리바이어던 국가는 동양에서 인간성에 기초하는 인위적 국가론과 다르다. 맹자孟子와 순자荀子는 善을 '양지'良知와 '인위'人僞로 설명한다. 맹자는 인간의 천성적 선함을 양지라 했고, 순자는 인간의 천성은 악하나 후천적 인위에 의해 선을 이룰 수 있다 하면서 국가의 성립에는 '인위'가 필요하다 하였다. 근대 초 영국의 록크와 홉스를 보는 듯하다. 순자는 "사람의 성질은 각각 달라 잡박하며 기율이 없기에" 이를 그대로 둔다면 "난동이 일어날 것이며 서로 질시하고 적대하여 사회를 이룰 수 없어" 법률을 제정하고 이를 지키도록 하는 외적 강제력이 필요함을 강조했다. 홉스의 국가는 인간의 천성적 속성에서가 아니라 위와 같은 인간의 사회적 관계에서의 인위적 국가의 자연과학적 인식이다.

1.3 리바이어던과 근세적 국가관념

홉스의 국가는 무정부상태를 종식시킬 수 있는 권력이 없다면 실체가 없는 공허의 자연상태에 그친다.[81)] 홉스의 리바이어던은 신민들로 구성된 공동체국가*Common-wealth*이며 플라톤 Politeia의 이상국가에서[82)] 근대적 국가의 관념인 State, Body politic, État 등을 잇는 과정에서 존재하게 되는 국가를 표상한다. 리바이어던의 국가 관념은 근대적 국민국가에는 이르지 못한 신정적 권력을 지닌 근세적 국가에 그쳤다.[83)] 하지만 장 보댕*Jean Bodin* '공화국'(Les Six livres de la République 1576)*République*에 이어 스피노자 '국가론(Tractatus politicus (Political Treatise 정치논고), 1677/ スピノザ 著/ 畠中尙志譯, 國家論(岩波書店 1976 213頁)의 근대국가에 이어진다.

스피노자의 근대적 국가 관념 스피노자(Baruch de Spinoza Benedict de Spinoza 1632.11.24.~1677.2.21.)는 '정치신학론'*Theologico-Political Treatise*, '국가론'에서 자연법*Natural law*, 국가의 권리, 최상급기관*Supreme Authorities*의 소관·기능, 국가의 목적, 군주제*Monarchy*, 귀족제*Aristocracy*, 민주제*Democracy* 등을 논한 네덜란드 합리주의철학에 기초를 준 철학자이다. 국가는 시민의 자유·평화가 침해되지 않도록 하는 최상의 국체*State of Dominion*이며 사람이 나면서 갖는 천부적 자연권을 조정하여 구성원의 안전과 평화를 보장하는 기구이다. 사람들이 무기력해져 평화롭게 보이기만 하는 상태에서의 예속만 일삼는 나라는 국가가 아니다.

자연상태와 아나키즘 아나키즘*anarchism*은 아르케*arche*가 없는*an-* '아나르키아'*anarchia*, 지배자가 없다 하는 ἀν-(無)와 ἀρχός(지배자, 통치자)가 합성된 고희랍어 아나르코스*ἄναρχος*에서 비롯된다. 호메로스와 헤로도투스는 '군대에 우두머리가 없는 상태' 즉 혼란, 무질서 등의 상태라 하였다. 프랑스 프루동(*Pierre Joseph Proudhon* 1809.1.15.~1865.1.19.)은 '소유란 무엇인가?'*1840*에서 '무정부주의' 아나키즘은 개인간 계약으로 지배자 없는 세상을 만드는 것, 개인들이 일체의 권위에서 해방된 상태로 보면서 공산주의독재를 거부한다. 바쿠닌(*Mikhail Alexandrovich Bakunin* 1814.5.18.~1876.7.1.)에 의하면 더 진화된 아나키즘 사회로 이행하려면 폭력이 필요하다 하였다.

M. Nettlau, *Geschichte der Anarchie*, Bd. I–III, Berlin 1925–31, rpt. Münster 1993; M. バクニン(左近毅 譯), 『國家制度とアナーキー』(白水社 1999).

2. 리바이어던

2.1 리바이어던과 인공적 인격체

홉스의 국가 관념인 '리바이어던'은 구약*The Old Testament* 욥기*Job 41:1*에서 아훼*Yahweh*가 물리친 海獸 '리워야단'*Leviathan*(육지괴수는 비히모스 Behemoth, 욥기 40:15)을 상정하여 전쟁의 공포를 극복하여 평화를 유지할 수 있는 절대주권을 가진 국가로 상정된 '인공적 인격체'이다. 홉스가 도안하고 홀라(1607~1677)가 그린 리바이어던은 상반신에 왕관을 쓴 왕의 모습이지만 몸통과 양 팔은 신민들이 자신의 안전을 위해 사회계약을 맺고 시선을 리바이어던에 향한 채 채워져 있는 괴수이다. 육지를 바라보며 서 있는 리바이어던의 허리 아래 하반신은 바다에 가렸다. '리바이어던'의 책 표지에는 오른손은 칼, 왼손에는 주교 목장牧杖(Pastoral Staff(주교의 품위와 관할권을 상징하는 지팡이))을 그린 리바이어던이 위치하고 그 상단에 '지상에 더한 강자가 없으니 누가 겨루랴'(Non est Potestas Super Terram quae Comparetur ei.(Job. 41.24)) 하는 표식으로 근대적 주권국가를 상정한다.

리바이어던과 욥기 욥기 41장 1절 '네가 능히 낚시로 리워야단을 낚을 수 있느냐 노끈으로 그 혀를 맬 수 있느냐'*(Can you pull in the leviathan with a fishhook or tie down his tongue with a rope)*. 마르틴 루터 번역 성서는 악어鰐魚 *Krokodile*라 하고 가나안 족의 신 '엘'의 적이었던 신화 속 짐승, 전설에 따르면 태양을 잠깐 삼켜 일식을 가져 오는 능력을 지닌 머리 일곱 개 로탄*Lotan*이라 한다. 하지만 홉스가 고안하여 그 몸과 손을 신민으로 채운 리바이어던은■ 대양의 원초적인 파괴력을 상징하며■■ 그 같은 바다의 괴수 리바이어던을 홉스가 상정한 것은 당시 해양의 시대가 근대를 열었음을 상징한 것이다. 41:24 *'There is no power on earth to be compared to him'.[King James Version(KJV)] 41:33 'Upon earth there is not his like, who is made without fear.'*

■ Leviathan을 채운 신민들은 300명 이상이라고 한다*(From Wikipedia. The torso and arms of the figure are composed of over three hundred persons)*.

■■ "어쩌면 리바이어던은 페니키아인들이 바다에 대한 지배권을 유지하기 위하여 지어낸 개념일지도 모르겠다. 이 괴물에 대한 공포심을 널리 퍼뜨려서 뱃길에서 마주치는 경쟁자들의 수를 줄이려 했을 수도 있다".84)

2.2 리바이어던과 유기체로서의 근대적 국가

'리바이어던'은 세속권력과 교회권력을 양손에 쥔 절대권력자이고 자신을 구성하는 신민을 지배하나 그 신민은 리바이어던을 구성하는 질료*matter*로서 자신과 일체가 되는 구성물이므로 이를 리바이어던 자의로 떼어낼 수 없는, 즉 마음대로 처분할 수 없는 점에서 근세 절대 왕권의 제한가능성을 인정하면서 이를 근대국가에 이르는 징검다리의 역할을 하도록 한 국가 관념이었지만 근대국가와 같이 세속권력을 독점한 것은 아니었다. 홉스의 리바이어던은 근대적 국가 관념의 초기에 나타나는 국가유기체로서의 근세적 국가를 상정하도록 한 의의를 갖는다.

리바이어던과 유기체로서의 국가 홉스의 리바이어던에서 유추되는 국가유기체의 모습은 국가와 사람을 대응시키면서 국가의 요소를 인간의 기관*organisme*에 유추되는 요소들을 상정한다. 국가의 주권은 사람의 정신이며 공무원은 기관이며 상벌은 신경*nerve*이며 부는 강함, 평등은 사람의 행동의 이유, 법률은 의지, 매수는 병, 전쟁은 죽음, 안전은 인간의 목적인 사업이다.

2.3 리바이어던 표지 그림

홉스는 '리바이어던' 표지에서 세속국가를 상징하는 검을 오른손에 들고 신정국가를 상징하는 주교 목장을 왼손에 든 리바이어던 아래 왼편에 세속권력인 왕권, 오른편에 교회권세인 교황권을 상징하는 각각 다섯 개의 대칭되는 ① 城 대 교회, ② 왕관 대 주교관主敎冠, *mitra*, ③ 대포 대 파면권, ④ 총칼 대 창, ⑤ 전장터 대 종교재판 등을 묘사하면서 시대적으로 쇠락해져 가는 신정국가를 그 4번째 圖畫 '창'을 통하여, 신정국가와 세속국가의 병존·대립은 어찌할 수 없는 딜레마임을 말하면서, 홉스의 시대에 여전히 잔존한 신정국가는 존재하는 현실임은 변함이 없으나 이미 그 존재는 빛을 잃고 세속국가로 대체되지 않을 수밖에 없는 현실을 증언하였다.

리바이어던의 창, 세속국가와 신정국가 리바이어던은 세속국가의 권력인 총칼에 대하여 신정국가의 권세인 교회를 상징하는 '창'에 쓴 글귀를 통해서 신정국가의 딜레마와 세속국가에의 시대성을 말하였다. 정면 중앙 이지창二指槍은 Spiritual, Temporal(정신적, 종교적 또는 현세, 내세)의 신정국가를 상형하면서 왼편 삼지창에 신정국가 이념인 Syl-logis-me 즉 syllogisme(syllogism 아리스토텔레스 논리학에 기초한 삼위일체론의 교회권세), 오른편 이지창은 세속국가의 상형인 Real, Intentional(실재, 의도)의 문구를 배치하고, 이들 창에 di-lem-ma 즉 dilemma 문구가 적힌 창간槍杆을 걸치게 하여, 신정국가와 세속국가의 모순을 보여주고 있다. 홉스는 이들 국가에 대한 자신의 생각을 중앙 상단의 신정국가 안에 배치한 기울어진 이지창으로 나타낸다. 이지창은 오른편으로 기울게 하여 직접, 간접 Direct, Indirect 으로 세속국가를 지향하는 것으로 하였다. 그렇지만 표지 도화 전체를 보면 오른편에 위치한 신정국가를 가리키는 것으로도 볼 수 있게 함으로써 홉스의 양 갈래 생각을 읽을 수 있다. 홉스는 지상의 국가와 천상의 신국을 말한다. 신의 말씀은 계시, 예언이며 신의 이중왕국은 자연적 왕국과 예언적 왕국이다. 예수는 백성은 왕이 부과하는 세금을 인정하고 '가이사의 것은 가이사에'라 하면서 세금을 스스로 바쳤다.[85)]■

■ 주교관主敎冠, *mitra*은 주교가 미사, 예식에 쓰는 앞뒤 높이 솟은 주교관이며 보통 착용하는 둥근 모자는 주케토*zuccetto, pileolus, skull cap*라 한다.

3. 국가공동체 - 공동체국가

3.1 세속국가의 주권 관련성

홉스에 의하면 세속국가는 중세적 신정국가의 신권에서 벗어나 주권 관련성을 갖는다. 이에는 주권획득의 공동체국가(Commonwealth by acquisition)와 주권제도의 국가공동체(Commonwealth by institution)가 있다. 전자는 주권획득의 방식에 따라 生殖*Generation*에 의한 생래적 지배, 계승계약에 의한 가부장적 지배, 정복*Conquest*전쟁 승자의 폭군적 지배 등으로 나뉜다. 홉스는 주권제도적 국가는 특정 인물이나 집단에의 자발적 복종으로 주권이 획득되기에 국가의 목적을 개인의 안전에 둔다고 한다.[86)]

3.2 국가의 존재와 안전

국가가 아니면 안전은 얻지 못한다. 국가는 자연법에 의해서 얻어지는 것이 아니다. 외적外敵방어를 위한 국가 수립의 유일한 방법은 모두의 권력과 힘을 하나의 인물(단일적 판단의 왕정) 또는 집단(지속적 다수의 영주귀족)에 부여하여 다수의 소리로 단일의사를 만드는 것이다. 이 하나의 인격으로 통일된 다수가 Civitas 국가이다. 이것만이 Leviathan에 주어진 막대한 권력과 힘을 사용할 수 있고 국내적 평화와 대외적 만인의 의지를 형성할 수 있다.[87)]

3.3 불사의 신으로서의 국가

홉스는 근대국가 관념의 교량 역할을 하는 안전과 권위의 근세국가 관념으로서 국가의 최종적 권위를 주권과 힘으로 보았다. '리바이어던'은 17세기 터에서 18세기 근대국민국가 입헌주의를 이어서 종교전쟁의 시대에 개인의 안전을 확보하려 하였다. 그것이 '불사의 신'*immortal God, Deos immortales*인 국가이며 fiction으로서의 국가이었다. 존 로크가 사회계약 속의 개인을 보았다면 홉스 '리바이어던'은 국가를 계약론으로 설명한 최초의 책으로서 개인을 지키는 국가를 본 것이다.

[二] 존 로크 통치론의 자유와 공화정

1. 공화주의 제한정부론

1.1 고전적 자유주의와 공화주의

존 로크(John Locke 1632. 8.29.~1704.10.28.)는 고전적 자유주의*Liberalism*의 원조로서 근대국가 자유민주주의 통치질서의 사상적 기초로서 근대 자유주의의 기틀을 닦아 존 스튜어트 밀(John Stuart Mill 1806~1873)의 '자유론'*On Liberty*, 알렉시스 드 토크빌(Alexis de Tocqueville 1805~1859)의 '미국민주주의'*De la démocratie en Amérique*를 낳을 수 있게 하였다. 프란시스 베이콘(Sir Francis Bacon)을 잇는 로크의 사회계약론(le contra social)은 볼테르*Voltaire*, 루소*J.J.Rousseau*, 스코틀랜드 계몽사상과 미국독립혁명에 영향을 주었다. 인민은 자유와 권리의 보호를 위하여 사회계약을 맺는다 하는 자유주의적 사회계약론, 사회를 형성한 인민의 동의에 기초한 제한정부(limited government)에 통치의 정당성이 있다는 고전적 공화주의*Republicanism* 등은 미국독립선언과 미합중국헌법에 영향을 주었다.

1.2 자연상태와 신탁계약론

존 로크는 지식의 기초에 관한 인식론에 관한 '백지론'(tabula rasa('tæbjələ 'rɑ : sə) Blank slate(erased slate, by melting the wax or by erasing the chalk))에서 '사람은 나면서부터 형성된 정신을 갖는다' 하는 '천성생득론'天性生得論*Innatism*을 부인하고 정신은 개인의 경험과 자각에서 나온다는 관념에 기초하여 사람의 개성, 사회적 행실, 지혜*sapience* 등이 형성된다 하는 '양육론'을 말하였다. 이 백지론·양육론에 의거하여 인민은 자연상태에서 사회계약을 맺어 자연권을 '제한된 정부'에 맡긴다 하는 '신탁론', 인민은 신탁을 파기할 수 있다는 '저항권' 등을 '관용서'(A Letter Concerning Toleration 1689), '통치론'(Two Treatises of Government 1689), '인간오성론'(An Essay Concerning Human Understanding 1690), '카롤리나기본법'(Fundamental Constitutions of Carolina 1669.3.1.)[88] 등에서 전개하였다.

> **인민의 저항권** 존 로크는 자유를 보장하는 신탁계약을 위배한 정부에 대해서는 그에 복종하지 않을 수 있는 인민의 저항권을 권리로서 인정한다. 반면 홉스는 이리적Homo homini homo lupus 만인투쟁의 자연상태에서 신민들의 안전보장을 지배복종계약으로 강제하는 국가인 'Leviathan'海獸 1651을 파기하여 자연상태로 회귀시키는 것이기에 저항권을 부인한다. 루소도 일반의사인 총의*volonté générale*는 유일·절대이므로 이를 부정할 수 있는 권력은 존재할 수 없다 한다. 칸트도 국가는 항상 이성국가, 법치국가인 것이므로 국가에 대해서는 청원할 뿐 부인할 수 없다 하여 저항권을 부정한다.

1.3 통치론과 시민사회

로크의 '통치론'은 자연권만으로 자연상태에서 자신을 지킬 수 있는 것은 아니란 점은 홉스와 같으나, '리바이어던'의 국가에 초점을 맞춘 홉스에 대해서 즉 홉스가 자연권을 국가를 통하여 지키려는 것과 달리, 로크는 시민사회*civil society*에 기초하여 사회의 자기조직으로서의 정부*government* 및 의회·정부간 권력분립, 어떤 상황에서는 정부에 대한 시민적 저항의 혁명*revolution*을 권리이며 책무*obligation*라 하는 등으로 하여 국가론자인 홉스와 차별점을 두었다.

> **왕권신수**王權神授·**가부장권**家父長權*(Patriarcha 1680)* 필머(Robert Filmer 1589?~1653.5.26.)의 '가족국가론'은 신이 아담에게 가족과 자손을 지배할 권리를 부여하고 이는 長子상속으로 가부장에 전해지며 왕권도 이에서 연유한다는 왕권신수·가부장권론이지만 국민동의와 국가성립의 사회계약설에 반한다. 국가는 종족투쟁물이라는 오펜하이머(Franz Oppenheimer 1864.3.30~1943.9.30.)의 정복국가론, 카를 마르크스(Karl Heinrich Marx 1818.5.5.~1883.3.14.), 엥겔스(Friedrich Engels 1820.11.28.~1895.8.5.) 착취국가론 등은 이의 변종이다.

로크의 '통치론' '통치론'은 제1론: 로버트 필머 경(*Sir Robert Filmer* c.1589~1653.5.26)과 추종자들의 그릇된 원칙, 기초의 지적 · 반박 제2론: 시민정부*Civil Government*의 진정한 기원, 외연, 목적에 관한 논설이라는 부제를 달고 그 목차는 5.1 자연상태*State of nature* 5.2 정복과 노예 5.3 재산 Property 5.4 대의정*Representative government* 5.5 혁명권*Right of revolution* 6 수용과 영향 6.1 영국 6.2 북미 등이다. 제1론은 어떠한 정부도 왕권신수(*divine right of kings, jure divino*)로 정당화될 수 없다 하면서, 필머의 족장주의(*patriarchalism of Robert Filmer's Patriarch* 1680)를 비판한다. 제2론은 자연권과 계약론에 바탕을 둔 문명화된 즉 시민화된 사회*civilized society*를 언급한다. 로크는 '통치론' 서문에서 명예혁명을 정당화하기 위하여 쓴 것이라 하였다. 명예혁명*Glorious Revolution of 1688*은 영국왕 제임스 2세*James II*가 영국 의회주의자 동맹과 네덜란드 영주 윌리엄 3세*William of Orange*에 의하여 퇴위되고 1688년 영국의 왕좌*throne*는 윌리엄 3세와 메리 여왕이 이를 이었다. 통치론은 1691년 프랑스 어로 번역되어 몽테스키외*Montesquieu*, 볼테르*Voltaire*, 루소*Rousseau* 등에게 읽혔고 미국판은 1773년 보스턴*Boston*에서 출판되었다.[89]

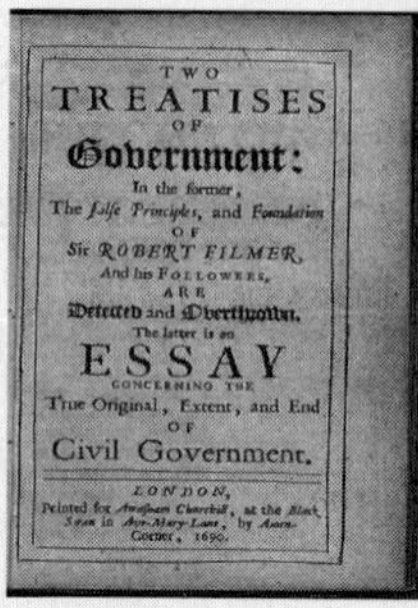

2. 사회계약론의 제한정부론

2.1 국가의 법적 인식

국가의 사회계약에 대해서 토마스 홉스, 존 로크 등은 이를 역사적 사실로 설명한 로버트 필머, 데이비드 흄(David Hume 1711. 4.26.~1776.8.25.) 등과는 달리 국가의 존립의 기초는 국민의 자발적 합의에서 존재하며 국가의 논리는 사실의 영역이 아니고 권리의 법적 관계의 문제라 하였다. 이렇게 국가를 권리관계의 법적 문제라 하는 것이 근대적 사회계약의 논리이다. 이는 『로마법대전』의 '왕의 법'*Lex Regia* 즉 군주의 의사가 법이 되는 것은 인민이 왕의 법에 자신의 권력을 이양하였기 때문이라 하는 생각이 이제는 시대성을 잃게 되었음을 증명하는 것이었다.

2.2 천부인권의 자연권론

존 로크의 인간상은 사람들이 自愛*selfishness*에 따른다는 점은 홉스와 같았지만 17세기 영국의 공리인 자연상태*state of nature*의 불이익에 방점을 둔 홉스의 만인투쟁론과 달리 그는 인간의 이성*reason* · 관용*tolerance*이 스스로 사회계약을 맺을 수 있게 하는 것으로 보았다. 그는 인간은 자연상태에서 평등하고 독립하여 생명*Life* 건강*health* 자유*Liberty* 재산*Possessions* 등의 자연권(natural right)을 지닌다 하였으며 이는 미국독립선언의 생명, 자유, 행복의 추구(life, liberty, and the pursuit of happiness) 등의 추구 등 천부권 선언의 기원이 된다.

2.3 근대국가의 천부적 재산권론

오늘날 인민의 헌법 사상은 로크가 인민 개개인의 재산권이 천부권이며 왕도 이에 구속된다는 신성함을 부여한 근대성에서 나온다. '로크 단서'(Lockean proviso)는 재산의 원시취득(the initial acquisition)에 관한 재산노동론(labour theory of property)이다. 각자는 노동에 의하여 자연에서 택지의 사적 소유를 가질 수 있지만 이는 오로지 적어도 공유*in common*이거나 누구에게나 유보되어 있는 한에서 그러하다(통치론 제2론 제5장 33단락paragraph). 어느 누구도 토지 소유의 재산권(right to property)에 의해서 다른 사람의 생명에 정당한 권력을 가질 수 없다. 소유권은 재산 등의 소유 개념에서 사람의 인격이나 인신에까지 넓혀 타인의 자유, 생명을 포괄하는 개념으로까지 확대될 수 있는 것은 아니다. 이 같은 천부적 재산권론은 근대 국헌론의 핵심이 된다.

3. 알투지우스, 마키아벨리, 보댕의 근세적 국가 관념

3.1 요한네스 알투지우스의 국가 관념

알투지우스(Johannes Althusius c.1563~1638.8.12.)는 국가는 개인의 합의로 성립된다는 국가계약론의 첫 주자다. 개인의 합의에 의한 국가 성립의 원시계약*original contract*은 사회를 만드는 '사회의 계약'(contract of society)과 정부를 만드는 '통치의 계약'(contract of government)으로 성립한다. 이때 사회의 계약은 사회*societas*를 만들며 통치의 계약은 '주권적 힘'*potestas*을 만들어 국가를 형성한다는 국가 관념이다.

3.2 마키아벨리의 국가 관념

니콜로 마키아벨리(Niccolò Machiavelli 1469.5.3.~1527.6.21.)는 국가이성과 비르투*virtue*를 기독교윤리에 우선하여 사고한 현실주의 권력의 정치 사상가이다. 비르투의 어원은 일을 잘 해내는 것, 과업 수행의 탁월성을 말한다. 군주는 명예와 영광, 신민은 안전을 지닐 수 있게 하는 덕과 힘의 효능을 가져야 함을 뜻하는 것이었다. 마키아벨리는 『군주론』(Il Principe 1513, 1532년)에서 "포르투나는 여신이므로 그녀를 정복하려면 두들기고 난폭하게 다룰 필요가 있다"하는 등 virtue를 플라톤이 말한 '덕'의 가치보다는 '힘'의 의미로 사용하였다.[90] 국가의 초월적 정당성이 아니라 현실적 실력 내지 권력성을 바라본 것이다.

마키아벨리의 로마사 논고 마키아벨리도 몽테스키외가 '로마사'를 쓴 것과 같이 '로마사'를 썼다. 다만 이후의 몽테스키외의 저작 '법의 정신'이 근대국민국가의 막을 올렸다면 마키아벨리의 '군주론'은 근세적 국가에 머물러 있었다는 차이를 갖는다. 이는 마키아벨리의 저작 로마사가 '로마건국사' 142권을 쓴 리비우스*59BC~17AD*에 관하여 쓴 '로마사 논고'*(Discourses on the First Ten Books of Titus Livy)* 즉 '티투스 리비우스의 처음 10권에 대한 논고'*(discorsi Discorsi sopra la prima deca di Tito Livio(1517))*에서 로마의 공화국 구조의 안정 요소로서 '독재관'에 중점을 둘 정도로 군주국에 중점을 두었다는 점에서 연유한다.

3.3 장 보댕의 국가 관념

르네상스 이후 가톨릭 대 개신교의 위그노전쟁의 시대에 앙리3세(1551~1589)의 弟 알랑송 公(Jean II de Valois, duc d'Alençon, 1555~1584)을 군주로 섬긴 장 보댕(Jean Bodin 1529~1596)은 『국가론』(Les Six Livres de la République(1576))에서 왕의 전권을 위임받은 행정관의 독재를 주권론으로서 논하였음을 카를 슈미트는 『정치신학』에서 이를 특히 지적하여 말하면서 이를 마키아벨리의 '정치적 단일체'(프랑스 어 cité, ville), città(라틴 어 civitas)의 의미로서 보았다. 보댕은 그의 저작 '공화국' 즉 Republic(프랑스 어 république, 라틴 어 respublica, 영국 commonweal(th))을 공법의 용례에서 '주권은 공화국의 절대적이고 영구적 권력'(La souveraineté est la puissance absolute et perpétuelle d'une République)이고 '주권의 진정한 표식'(Vraies remarques de souverainet)이 Republic 즉 '국가'라 하여 근대국가론에서의 국가의 기원을 가져온다.

[三] 근세국가에서 본 중세국가

1. 중세국가로서의 신정적 봉건국가

1.1 신정적 봉건국가의 의의

1.1.1 봉건국가의 의의

서구 중세의 봉건封建국가*Lehensstaat*는 장원莊園을 왕의 봉토封土로 하는 국왕·영주 간 봉주封主·봉신封臣의 인적 기반覊絆의 통치조직체이면서 영주·신민臣民의 人治的 지배복종의 봉건주의*feudalism*에 기초하면서도 영주 상호간 관계는 서로 독립하는 병립적 관계를 이루는 국가이다. 서구 중세 봉건국가는 봉토를 중심으로 인적으로 기반羈絆되는 지배복종에 따르는 봉건주의*feudalism* 통치체제인 점에서 중국 周 1046BC의 시기에 군왕이 제후들에게 작위와 토지를 나누어 통치하는 체제와 유사한 점이 있다. '봉건'이란 말의 원래의 뜻도 토지를 봉封하여 나라를 세운다建 하는 국가체제를 가리키는 것이었다. 周의 무왕武王이 상商을 멸망시키고 국도를 섬서성陝西省 호경鎬京 서안 부근에 정하고 일족과 공신을 요지에 봉건하여 왕실의 번병藩屏으로 삼았던 일에서 시작된 봉건제는 이후에 진시황이 전국을 통일하고 직접 지배하는 군현郡縣제와 대응된다.[91)]

1.1.2 봉건국가의 성격

봉건국가의 성격은, 고희랍 아테네의 도시국 폴리스나 로마의 키비타스 등의 국가체제가 지역적・수직적으로 지배성을 강화하는 국가임에 대하여, 봉건국가는 수평적으로 각 영주가 최고의 권력을 가지는 별개의 정치조직으로 분리되는 형태가 강조되는 국가이다.

1.1.3 봉건국가의 전형

유럽 중세 봉건국가의 전형은 11~13세기 오늘날의 프랑스를 중심으로 하며 특히 잉글랜드의 중세 봉건국가적 성격은 오늘날 독일, 이탈리아 등을 중심으로 하는 유럽에 영향을 준다.

중세봉건국가 잉글랜드 잉글랜드는 정복왕 윌리엄1세(기욤2세 William the Conqueror, *Guillaume le Conquérant* 노르망디 公國을 세운 롤로 Rollo Gǫngu Hrólfr c.846~c.930의 玄孫(5대손))■의 1066년 노르망정복으로 개창하며 기욤2세는 앙글로삭슨 잉글랜드(*Anglo-Saxon England* c.500~c.1066) 웨섹스*Wessex*왕조의 에드워드(Edward the Confessor 1003~1066.1.5. 告解王) 계승자 헤롤드2세Harold II 에 반대하면서 피벤지(Pefenesea 페번시, Pevensey)상륙*9.28*, 헤이스팅즈*Hastings*전투*10.14*의 승전으로 윌리엄1세로 잉글랜드 왕위에 오른다. 앙글로 삭슨의 법・제도를 지키고 웨섹스 왕조의 전통에 따르면서도 1086년 토지조사부 '둠즈데이 북'(Domesday Book for Warwickshire, 토지의 소유자와 경작자, 면적과 가치, 가축과 쟁기 등 장원의 실태 조사)에 의하여(토지 총수입 절반은 노르망 영주, 나머지 4분의 1은 왕실, 4분의 1은 교회와 고위성직자에 바치도록 하였다) 앙글로 삭슨의 토지귀족을 축출하고 1만 명 정도의 노르망 영주가 150만 내지 200만 명의 앙글로 삭슨인에 대한 실질적 지배권을 확립하면서 정착하게 된다.

■ 윌리엄1세・기욤2세[1028~1087.9.9. 노르망디 공작 1035년, 잉글랜드왕1066.12.25.~1087.9.9. 부인 Matilda of Flanders 1031~1083. 부친 로베르1세(1035년 예루살렘 순례 중 사망)와 모친 에를르비Herleva 아를레트가 정혼이 아니어서 庶子王 The King Bastard으로 불린다]는 1066년 노르만 정복 후 1087.7. 프랑스 왕 필립1세의 망트 요새 수비대가 노르망디를 급습하고 장자 로버트가 이에 가담하자 그 탈환 전투인 노르망디에서 사망하면서', 잉글랜드의 왕위는 윌리엄 2세(William II Rufus 1056/1060?~1100.8.2. 적색왕)에 이어서 헨리 1세(Henry I 1068~1135.12.1.)에 이어진다. 노르망디 공작인 노르웨이 하랄왕[하랄 1세 Haraldr I(Haraldr Hárfagri c.850?~c.932? 재위 872~930 美髮王)는 하프르스피오르Hafrsfjord 해전 등으로 노르웨이 최초의 통일왕권을 세운 건국자]과 같이 바이킹의 수령인 롤로는 845년 센 강 하구 등을 따라 카롤링거 왕가 서프랑크 대머리왕 샤를르를 무력화하고 860년, 885년 침공하여 890년 바이유 백작 딸과 결혼하고 파리를 공략 후에 루앙에 정착, 루앙 백작 Count of Rouen으로 불린다. 911년, 單純王 샤를르3세(재위 898~929)에게서 센 강 어귀의 양편 땅 네우스트리아 일부(현 오트노르망디)를 받는 대신 약탈하지 않는다는 생 클레르-쉬르-엡트 협약을 맺는다. 노르망디공(재위 911~927)으로서 샤를르3세를 봉건 군주로 섬기나, 922년, 로베르家 프랑스 왕 라울의 중부 노르망디를 빼앗아 公領의 토대를 닦고 933년 콩탕탱 반도까지 넓혔다.

1.2 민족대이동과 중세국가

1.2.1 게르만족의 대이동

로마 제국의 밖에 거주하는 게르만 민족은 노르만족(*Nordic race* 또는 인도-아리안*Aryan*족)으로서 스칸디나비아 반도에서 라인*Rhine*강 동안, 다뉴브*Danube*강 북안 일대에 이주하여 골*Gaulle* 語로 '군인'의 뜻인 게르마니*Germani*로 불렸고 켈트 어로는 타우타우*Tautau* 즉 야만이라는 튜튼*Teuton*으로 불리면서 고트*Goths*, 반달*Vandals*, 프랑크*Franks*, 부르군트*Burgundians* 등으로 분화하였다. 게르만족은 지페*Sippe*라는 촌락공동체에서 지도자를 선출하여 개인적 자유, 민주적 제도를 영위하면서 신을 숭상하였다고 전한다. 게르만족은 로마와의 관계에서 용병, 변경수비자, 농노, 정주농민 등으로 지내 왔다. 노르만족은 왕이건 공작이건 남작이건 간에 유럽을 침략하면서 해적*piracy*, 거짓맹세*perjury*, 살인*murder*, 강도*robbery*, 강간*rape*, 공갈*blackmail* 등의 무법*lawlessness*을 지속적으로 저지른 악명으로도 알려졌다. 그들은 십자군*the Crusade* 훨씬 이전부터 그때까지의 보편적인 유럽의 도덕적 기준을 흔들었다는 것이다.[92)]

1.2.2 민족대이동과 중세 신정적 봉건국가

게르만족은 375년 몽고족 匈奴*Huns* 아띨라(Attila c. 400~453)가 동고트, 서고트 등에 침입하자 서유럽에 민족 대이동이 있게 된다. 로마의 변경이 침략되고, 집권적 통치의 제국적 지배의 통일적 권력의 행사가 무력해지는 신성로마제국의 시기에 들어서면서부터 유럽의 각 지역에서 종족적 공동체국가로 분화하고 또는 재집결되는 과정에서 봉건영주와 신민간의 봉건제 지배체제를 이룬 국가들이 중세국가이다. 이들 중세국가들은 강력한 중앙정부의 집권적 권력은 행사하지 못하면서 각 지역의 독자적 세력 집단들의 패권적, 참주적 정치권력이 부침하면서 근세적 국가로 이행케 된다.

민족대이동과 중세 봉건국가 민족대이동*Völkerwanderung*은 遊牧騎馬의 훈족이 2세기경부터 西進하여 흑해 북안에 정주하던 게르만계 동고트족을 압박·점령하면서 376년에 도나우강 북안에 거주하던 서고트 족이 로마제국영토에 대규모로 이동·침탈·정주하기 시작하여 476년 서로마제국을 멸망케 한 이후 6세기 말까지 고대에서 중세로의 역사적 전환을 가져온 시기이다. 게르만족은 BC1000년 이래 원주지 스칸디나비아반도 남부 발트해 연안지방에서 장기간 이동·定住를 반복하면서 남진하면서 라인 강 동쪽, 도나우 강, 다뉴브 강 북쪽 게르마니아 지역에서 흑해 북안에 이르는 지역에 퍼졌다. 민족대이동은 국가체제를 변화시켜 부락, 도시의 혈연, 씨족중심의 고대국가로부터 그리스도교의 보편화에 기초한 중세의 봉건제 국가를 가져왔다. 로마가톨릭으로 개종한 게르만족은 프랑크왕국(481~843년)을 세우며 유럽의 중세를 형성하였다. 장기간의 게르만족 이동은 세속생활의 불안을 가져와 신앙과 노동을 보장해 준 수도원이 정착되고, 대토지소유자는 지방 豪族으로 전환하는 반면 광대한 莊園을 가진 로마귀족들은 고전적 교양의 로고스적 인간의 이상을 고희랍에 이은 라틴적 교양을 간직하면서 司敎職, 수도원 등을 경제적 기반으로 하는 봉건제를 형성한 그런 점들이 근대의 깃발인 르네상스가 시작될 수 있도록 하였다. 십자군전쟁과 관련하여 그것이 세계에 미친 영향을 빌보 베긴스, 호빗족, 참나무방패 소린, 난장이족 왕, 마법사 간달프 등이 나오는 소설로도 형상화되었다.

1.2.3 중세적 봉건국가

중세 봉건제 국가는 한 지방을 지배하는 영주에 헌신의 맹세를 하여 보호를 받으면서 봉건적 의무를 부담하는 신민간의 봉건적 지배복종의 領臣관계로서, 토지를 기반으로 하는 봉건제후는 관할 영지와 신민을 강력하게 지배하는 힘을 가지고는 있었지만 신민의 시민적 자유가 인정된 것도 아닌 집단적 자위체로서의 성격이 두드러졌다. 중세적 봉건국가는 장원을 중심으로 한 점에서 고희랍 폴리스 국가체제로 돌아가게 하였다. 그 기반이 도시가 아니라 장원일 뿐이었다. 이는 결국 시민공동체나 국가공동체로서의 일반국가의 성립을 저해하게 된다.

중세 농민의 지위 근대 이전 중세 5세기부터 15세기까지 농민들은 적어도 서기 1000년 무렵까지는 법적으로 자유민과 비자유민*servus*으로 나뉘었다. 세르부스는 장원의 농민은 로마의 노예*esclave*와 달리 영주의 사적 재판을 받고 군대에 가지 않으며 성직자가 될 수 없는 농업 노예라는 의미의 '농노'農奴 *serf*라 불렸지만 반면 자신의 토지와 집을 지니고 자유로운 생활을 영위하는 자유민 공동체의 일원인 농민들도 공존하였다 한다. 영민*manant*, 속민*homines proprii* 등이 그것이다. 1000년 이후 법적으로는 자유민인 농민만 존재할 뿐이었지만 Serf는 사실상 13세기경 농노해방으로 자유롭게 된다(김응종, '번역은 제2의 창작인가' 등 轉載).[93]

1.3 중세국가로서의 신정국가

1.3.1 봉건국가로서의 신정국가

봉건국가의 봉건주의체제에서는 국왕이라 해도 봉건영주를 아우르는 집권적 권력을 갖는 것은 아니고 조정적 권한을 지니는 영주 중의 1인에 그친다. 국왕의 조정적 권한은 이를 가능케 하는 실력을 요구하게 되며, 이는 국왕의 사적 권력인 페데*fehde*權으로 나타나거나 또는 신판神判의 권한으로서 표출되는 바의 신정국가로도 나타난다. 중세의 신성로마제국도 봉건영주도 통일적 국가 권력을 형성하여 일반국가를 형성시키지 못할 때 등장하게 된 것이 기독교 교회 세력이었다. 교회는 로마제국의 조직을 근저로 한 정신적 제국으로서 정치권력을 아우르는 신정국가를 만들어 내기에 이른다. 교회세력이 봉건제 신민들에 미치는 영향력이 봉건국가 영주의 지배력보다 높고도 넓은 것이었다. 중세 봉건국가는 일반국가적 성격을 갖지 못하였으나, 신정국가에 의해서 전체 사회질서를 통일적으로 유지할 수 있는 일반국가의 성격을 획득했다.

1.3.2 국가공동체로서의 봉건국가

중세의 신정국가는 봉건국가에 통일적 정치권력을 정당화하여 주는 일반국가의 성격을 부여해 주었다. 교회는 봉건영주의 제후국가의 위에 존재하는 초국가적 성격을 갖게 된다. 중세 봉건국가의 통치기구 외에 그와는 별개의 독자적 법정과 기구를 갖는 교권을 이루게 된 것이다. 봉건국가의 할거적 성격은 일반국가적 통일은 없게 되었지만 영주 체제 하의 신민들은 로마제국이 보여준 중앙집권적 통일 권력에 의한 영구적 질서의 존재를 정신적 믿음으로 가지고 있었다. 그러므로 국가이성을 가지는 일반국가는 신정국가의 기반에 의한 것이다.

1.3.3 일반국가로서의 신정국가

교회는 일반국가를 실현할 수 있는 정신적 왕국으로서 정치적 통일의 구심점으로 기능하는 바, 이것이 봉건국가에 있어서 교회와 국가의 결합인 신정국가의 성격이다. 토지 소유와 정치적 권력과 군신관계의 결합에 의한 질서를 둘러 싼 지역적 분권, 통일적 권력인 주권의 혼미, 법적 지배기구의 충돌 동의 혼잡스러움이 중세 봉건국가와 신정국가의 성격이었으니, 이것은 국가의 변전에 이르는 과도기의 성격을 갖는 것이라고 보아야 할 것이다. 그것이 문예부흥과 종교개혁으로 이루어지는 과도기적 근세국가에 이어지면서 일반국가의 최종 단계로서의 근대국가에로 이행할 수 있도록 하였다.

2. 근세국가로서의 전제적 군주국가

중세는 다수 봉건영주와 교회가 그 지역의 토지와 주민을 지배하며 서로 독립하고, 국왕은 존재하였으나 영주권을 구속하여 영지 내부까지 간섭할 수 있는 강력한 지배권을 갖지 못하고 의례상 종교상 존재에 불과하던 것이 점차 그 지배권의 실질을 확보하여 전제적 군주정의 지배체제로 나타나게 된다. 문예부흥, 종교개혁, 농민전쟁 등 일련의 운동은 영주와 교회의 봉건권력에는 타격을 주나 로마교황에 대립하는 군주권에 대해서는 이를 강화하는 작용을 하게 된다. 특히 종교개혁의 결과로 교황이 총괄하는 종교적 대제국이 축소되고 국가가 교황의 통제에서 벗어나는 세속국가가 되면서부터 군주는 그 권력을 신으로부터 받은 것이라 하여 전제적 집권 통치의 국가로 현출되기 시작한다. 특히 서민 계층의 대두는 국왕의 전제권력 획득에 주요한 협력자가 되었다. 영국의 Tutor 왕조, 스페인의 샤를르 5세, 프랑스 루이14세 등이 그것이다.

3. 근세국가에서 근대국가에로 – 전제군주의 근세국가

근세국가*pre-modern state*는 17 · 18세기 유럽에서의 전제정치 형태의 절대국가 · 통치국가 · 경찰국가이다. 거의가 군주적 정체를 채택하고 있었기에 근세 절대왕정이라 부른다. 절대군주제는 봉건 제도와 근대적 국가 제도의 과도기에 토지의 領有관계를 기반으로 토지영유권자와 교회를 군주 자신에게 종속시키면서 봉토적 신민의 지지를 얻으려 했다. 근세국가는 정치형태에서 집권적 통치의 체제인 점에서 중세의 분권적 봉건국가와 구별되고, 臣民에게는 인권과 자유가 보장되어 있지 않는 신분계층제 사회였다는 점에서 시민의 자유에 기반하는 근대국가와도 구별된다.

제2절 근대국민국가와 입헌주의

Ⅰ. 근대국가의 국가 관념

[一] 근대와 근대국가

1. 근대국가의 세속적 시민국가성과 주권적 영토국가성

1.1 시민국가 · 영토국가로서의 근대국가

1.1.1 근대인의 근대국가성 - 르네상스와 종교개혁

'근대국가'는 중세의 신정 봉건국가 내지 봉건 신정국가를 인본주의와 종교개혁 및 중앙집권적 권력으로 극복하여 과학주의의 보편성으로 시민적 자유를 향유할 수 있도록 하는 근대인의 국가이다. '근대'는 인간이 신과 자연에 대한 神律的 초월성에서 인륜적 자연법으로 그 기반을 세우고 종교적 신정사회에서 세속적 시민사회에로 향한 합리적 과학주의의 시기이다(Walter Bagehot(1826.2.3.~1877.3.24.), Physics and Politics, 1872). '근대국가'는 고희랍 고전의 빛을 인본주의 휴머니즘으로 밝히는 르네상스(부르크하르트에 따르면, 페트라르카가 중세를 암흑시대로 본 1341년부터 부르노가 처형된 1600년까지)의 계몽주의가 종교개혁(마르틴 루터가 95개문을 제시한 1517년부터 30년 전쟁이 끝난 1648년까지)으로 이어지면서 중세 신성 종교인의 신정국가가 처한 시대적 한계를 인식하고[94] 고전 고희랍의 로고스*logos*적 인간을 원점으로 하는 근대인의 국가이다.[95] '근대인'은 과학주의의 합리적 세계관을 갖는 인륜적 존재자로서[96] 중세 신정국가, 근세 봉건국가 등을 시민혁명에 의하여 시민국가인 '근대국가'*modern state*로 형성할 수 있었다.[97]

르네상스 르네상스는 로마의 계관桂冠시인 페트라르카가■ 중세를 인간의 개성이 억압된 '암흑시대' Dark Ages로 본 1341년에서부터 汎神論者 부르노가■■ 처형된 1600년까지이다. 부르크하르트는■■■ 르네상스를 고전 Classic을 재인식하는 인문주의, 神 중심의 중세적 세계관에서 인간성 humanity 존중의 휴머니즘 humanism 人本주의 教義의 문예부흥의 시기라 하였다. 르네상스는 고희랍인들이 켜놓은 logos의 빛을 이 세상에 비추어 보면서 세상의 중심은 '인간'임을 재발견한 시대이다.■■■■ 하지만 근대국가의 주체로서 '개인' individual의 자아성은 발견하지 못하였다. 그 같은 한계는 종교개혁에 의해서 그 과제로서 이루어진다.

■ 프란체스코 페트라르카(Francesco Petrarca 1304.7.20.~1374.7.19.)는 키케로서한*Cicero's letters*이 14세기 Renaissance를 창안했음을 재발견하면서 암흑시대*Dark Ages*, 인본주의*Humanism* 개념을 창시했다. 그는 'Secretum'에서 신은 인간에게 지적, 창조적 잠재력을 부여하여 마음껏 이용하도록 하였기에 인류의 잠재력 실현과 종교적 믿음 사이의 갈등은 없다고 보았다. 르네상스에서는 아리스토텔레스, 폴리비우스, 키케로 등의 영감을 받은 civic humanism 즉 고전적 공화주의인 시민 공화주의civic republicanism가 제창되었다. 또한 키케로 등의 헬레니즘철학자들은 플라톤의 국가 polis에 의존하지 않고서도 개인적 차원에서 행복해 질 수 있도록 사적, 윤리적 차원에서 개인의 욕망 · 신념에 맞춘 공동선을 강조하였지만 키케로의 '개인'은 공화정 말기 로마 엘리트에 한정되었다.

■■ 부르노(Giordano Bruno 1548~1600.2.17.)는 아리스토텔레스의 유한우주론을 부인하면서 주장한 복수우주론*cosmic pluralism*에서 우주는 무한하여 그 우주의 중심이 되는 천체*celestial body*가 있을 수 없다 하여 결국 화형된다(1600년 로마 *Campo de' Fiori*). 부르노 처형은 르네상스의 자유와 과학의 이정표이다.

■■■ 부르크하르트(Carl Jacob Christoph Burckhardt 1818.5.25.~1897.8.8.), *The Civilization of the Renaissance in Italy(Die Cultur der Renaissance in Italien; 1860)*, Part 1: The State as a Work of Ar.t /2: The Development of the Individual /3: The Revival of Antiquity /4: The Discovery of the World and of Man /5: Society and Festivals /6: Morality and Religion

■■■■ '인간'의 재발견은 아테네 폴리클레이토스 등의 자연주의 고전미술, 미켈란젤로의 그림, 이오니아 양식의 건축 등의 그것에서 잘 보여 준다. 프락시텔레스, 아프로디테, 트로이의 제관과 아이들, 라오콘 등은 고희랍 예술의 정점으로서 인간성과 감정을 표현한 인간을 표현한 희랍 조각의 재발견이라 할 수 있다.

『종교학대사전』(한국사전연구사 1998), 『교회용어사전 : 교리 및 신앙』(생명의말씀사 2013).

근대국가는 르네상스와 종교개혁으로 촉발되어 중세의 神律的 신정국가를 세속화하여 인륜적 시민국가에의 도정에 들어가게 된다. 르네상스는 '교회'의 '말씀'에 복종하는 도그마에서 벗어나려는 인간의 자연법적 자율성을 지향하였다. 종교개혁은 르네상스에 이어 신률적 인간의 가톨릭교회적 지배에서 벗어나 종교를 내면으로 향하게 하여 이를 자연법적 자유로 향유하는 인륜적 자율의 인간성을 추구하였다. 종교개혁은 독일 성직자 마르틴 루터(Martin Luther 1483.11.10.~1546.2.18.)가 기독교 인문주의적 성서해석으로 교황청의 '면벌부'*Indulgences, Indulgentia*를 반박하여 성당*Wittenberg*에 붙인 '95개조'로*1517.10.31.*로 인하여 교황 Leo X세가 Exsurge Domine*(주여 일어나소서)*를 발표하면서 루터를 파문하자*1520.6.15.*, 루터를 중심으로 하는 그리스도교의 유일한 원천인 성경으로 '기독교를 새롭게' 한다는 기치로 촉발된다. 루터의 종교개혁은 하나님말씀의 도그마적 믿음에는 변함이 없었던 점에서 여전히 신률적神律的이었다. 다만, 가톨릭 교회 교황의 초월적 도그마와 달리 프로테스탄트의 청교도적 신률성의 신앙적 선택을 함으로써 가톨릭 신정국가의 신률적 지배를 마감하고 세속적 시민국가의 자연법적 합리성의 보편적 질서의 지배가 이루어지기를 지향한 것이었다. 종교개혁의 결과 신정국가는 국가적 성격을 상실하고, 세속국가인 시민국가의 자연법적 자유로서 인간의 내심에서만 하나님의 주권이 임재할 수 있다고 하는 내면적 신앙의 자유의 영역으로 마감되었다 근대인은 16, 17세기 계몽주의 자연법적 자유에 기초하여 정치·경제·사회 등의 구조체계를 17, 18세기 시민혁명에 의하여 시민국가의 현재성을 갖게 하는 일반국가로 인식하기에 이르게 된다.

루터의 人文主義的 성서해석의 면벌부 반박과 종교개혁 마르틴 루터의 그리스도 중심의 인문주의 성서 해석은 성서해석자는 그 저작자인 성령이 의도한 문자적 의미의 탐구자로서 성서가 써진 히브리어, 그리스어의 문법적 이해를 기초로 성서의 영적 상황에 따른 영적 의미를 확정하며, 이는 신자 개인의 믿음에 기초하는 성서해석권이기에 이탈리아 인문주의자의 관점이나 독일의 세속적 개인주의에도 동의하지 아니하는, 主의 믿음이다.■ 루터는 마태복음 4:17 "悔改하라 천국이 가까왔느니라"(Mat 4:17 From that time Jesus began to preach, and to say, Repent: for the kingdom of heaven is at hand), 함이, 라틴어성경에는 'penitentiam agite'(告解를 하라)이나 에라스무스■■ 그리스 신약성서 聖書譯*Textus Receptus*에서는[98] '悔改하라'이기에 결국 사제를 통한 '고해'의 제도는 신자 각 개인의 "믿음으로 의롭게 된 자는 살리라"(He who through faith is righteous shall live/ iustus autem ex fide vivit), 하는 主의 믿음에 기한 신자의 회개를 放棄한다는 것이었다. 교황의 免罰簿 판매에 대해서도, 사제의 사죄赦罪로 죄는 면해도 '벌'은 남는다 하면서 이 벌을 교황의 Indulgences 즉 일종의 赦免狀인 면벌부로 사면해 줄 수 있다 하면서 성 베드로 대성당(산피에트로대성당 San Pietro Basilica) 건축을 위해 판매하자, 루터는 '95개조' 반박문에서 '면벌부'는 가톨릭교리에 반하는 교황의 월권이며(5.교황은 그 직권 혹은 교회법의 위세로 부과된 형벌 이외의 어떤 벌이든 용서할 힘이나 뜻을 갖지 못한다. 6.교황은 하나님께서 죄를 사하였음을 선언 혹은 是認하는 이외에 어떤 죄이든 사할 힘이 없다. 22.사실상 교황은 연옥에 있는 영혼에 대해서 어떤 형벌도 사할 수 없다) 하나님 앞의 진정한 참회 없이 벌을 면하게 함은 죄를 진 영혼의 회개를 막는 멸망의 길임을 강조하였다.■■■

■ 마태복음 6:9~13 主기도문*Lord's Prayer* "하늘에 계신 우리 아버지여 이름이 거룩히 여김을 받으시오며 나라가 임하시오며 뜻이 하늘에서 이루어진 것 같이 땅에서도 이루어지이다. 오늘 우리에게 일용할 양식을 주시옵고 우리가 우리에게 죄 지은 자를 사하여준 것 같이 우리 죄를 사하여 주시옵고 우리를 시험에 들게 하지 마시옵고 다만 악에서 구하시옵소서. 나라와 권세와 영광이 아버지께 영원히 있사옵나이다. 아멘"

■■ 에라스무스(Desiderius Erasmus Roterodamus(ɪ'ræzməs) 1466.10.28.~1536.7.12.)는 기독교 인문주의자이며 북유럽 르네상스*northern Renaissance* 최고의 학자이다. Greek New Testament의 최초의 비판적 聖書譯*Novum Instrumentum omne*(1516) 『Textus Receptus』를 저술하였다.

■■■ 성경에는 지옥이라는 말이 나오지 않는다. 단테(Durante degli Alighieri, Dante Alighieri 1265.3.~1321.9.14.)의 '神曲'(Divine Comedy, Divina Commedia 1308~1321)에서 지옥이 묘사되었고 널리 알려졌다고 한다.[99]

1.1.2 근대국가의 시민적 자유국가성 – 아우크스부르크 화의와 베스트팔렌 조약

근대국가의 기반인 시민국가가 성립할 수 있었던 것은 '아우크스부르크 화의'(1555.9. Augsburger Religionsfrieden) 이후 17세기 초·중반에 이르기까지 독일 신교프로테스탄트 연합과 구교가톨릭 연맹 제후간 '30년전쟁'(Thirty Years' War 1618~1648)의 종교전쟁의 결과 맺어진 베스트팔렌 협약(Westfälischer Friede, 1648)에 의해서 神性 스콜라철학적 사유체계가 신학의 의상을 벗은 理神論的 세속철학으로 대체되고 독일제후국 내 가톨릭과 개신교(루터파·칼뱅파(Jean Calvin 1509.7.10.~1564.5.27.))의 동등성이 형성되면서 중세 봉건제 국가에서 근세 절대군주의 중앙집권적 국가의 시민국가적 지반이 현저해지면서부터이다. 베스트팔렌 조약은 종교전쟁으로 시작하였지만 세속국가간 전쟁에 관련되면서 맺은 조약이다. 이로써 이루어진 베스트팔렌 체제의 국제질서가 신성로마제국(독일)의 諸 領邦을 주권국가로 형성시킨 근대 유럽의 탄생이다. 근대국가는 국제관계상 독립·평등한 법적 지위를 지닌 국제법적 주권 평등*sovereign equality*·불간섭*nonintervention*·영토주권을 근간으로 하는 베스트팔렌 주권*Westphalian sovereignty*을 지닌다.

아우크스부르크 화의의 중세봉건국가와 베스트팔렌조약에서의 근대국민국가 근대의 세속국가는 아우크스부르크 화의 이후에 30년전쟁의 결말인 '베스트팔렌 조약'에 이르러서야 그 계기를 찾는다. 예컨대, 독일헌법은 '金印勅書'*1356*, '영원의 公安'*1495*, 아우크스부르크 화의*1555* 등으로 시작하나 세속국가적 근대국가의 실질은 갖지 못하였다. 아우크스부르크 화의는 신성로마제국과 루터파 제후들 사이에 체결되면서 이루어진 '領邦은 영주의 신앙을 따른다'*Cuius regio, eius religio(Whose realm, his religion)*, '영주의 신앙은 보호된다'*reservatum ecclesiasticum(ecclesiastical reservation)*, '영주의 신앙에는 유보영역이 있다'*Declaratio Ferdinandei(Declaration of Ferdinand, some knights, sovereign families, imperial cities)* 하는 원칙으로서, 신앙의 자유는 개인이 아닌 영방군주나 제국도시의 것이었으며, 신민에게는 자신이 믿는 종교가 허용되는 지역에의 '이주권' 정도가 주어졌을 뿐이었다. 이를 보면서, 신성로마제국을 대체하는 국민국가를 갈망하는 헤겔은 독일에서의 종교개혁이 세속권력의 분화를 가져오지 못하고, 종교가 자기를 국가로부터 분리해 내기는커녕 오히려 국가 속으로 들어가 국가를 폐기하면서 영방의 과잉 종교화를 가져오게 하였다 하면서, '독일은 이미 국가가 아니다'(『독일헌법론』1. 518) 하였다. 이 같이 중세 봉건국가의 영방領邦 독일을 구성했던 支邦国적 분립상태를 유지케 한 아우크스부르크 화의는 한 세기 후인 30년 전쟁이 끝나서야 베스트팔렌조약에서 비로소 종결된다. 중세적 신정국가의 완전한 소멸과 시민국가로서의 국민국가의 탄생 즉 근대국민국가의 성립을 선언하는 것이었다.

■ Goldene Bulle 대공위空位(1256~73)시대 국가 통일이 무산되자 봉건제후는 봉신관계Lehnsverhältnis로부터 자유로운 "영방군주Landesherr가 된다. 신성로마제국 황제 카를 4세(Karl IV 1316.5.14.~1378.11.29. 재위 1346.7.11.~)가 황제 선거의 선제후選帝侯Kurfürsten 특권을 정하여 황금옥새를 찍은 황제칙령으로서 총 31장의 23장은 1356.1.10. 뉘른베르크Nürnberg 제국회의에서 발포하고 24장 이하는 12월 메츠Metz 제국의회에서 발포하였다. '금인칙서'는 영국 Magna Carta 1215에 비견된다.

佐藤優, 『宗教改革の物語–近代, 民族, 國家の起源』(角川書店 東京 2014); 金子武藏, 『ヘーゲルの國家觀』(岩波書店 初版 1944, 1984); 坂井栄八郎, 『ドイツ史 10講』(岩波新書 2003); 加藤尚武 外, 『ヘーゲル事典』(弘文堂, 1992)/ 이신철 역, 『헤겔사전』(도서출판b 2009 690쪽), 岩崎 稔 執筆 部分; 헤겔, 『독일헌법론』Ⅰ(1799 서문).

베스트팔렌 체제와 국제 공법 교황, 황제, 국왕, 귀족 등의 극소수 특권계급이 지배자였던 중세 유럽에서 기독교인에게 이단자, 이교도는 인간이 아닌 죽여야 하는 악이었다. 17세기 초 30년전쟁에서 독일 영역 대부분이 초토화되고 인구 4분의 1이 죽으면서 종결된 결과로서의 베스트팔렌 조약에서는 근대적 국가 개념조차 없는 16세기에 '전쟁에도 掟(둘러찰 정 즉 rule)이 있다' 한 위고 그로티우스의 '마음속으로는 무엇을 생각해도 좋다', '사람을 죽여서는 안 된다', '서로의 존재를 인정한다' 한 그 종교적 관용은 베스트팔렌 체제의 근간이 되었고 이는 근대 국제법의 원형이 된다. 이로써 루터파는 물론 칼뱅파도 용인되었고, 합스부르크가는 신앙의 자유를 인정하고, 領民은 군주와 다른 종교를 선택할 수 있으며 정교가 분리되었다. 또한 합스부르크 제국 내의 300제후는 교황, 신성로마 황제의 지배를 받지 않는 대등한 병립 관계가 되어 독립한 주권적 영주가 되었다. 이 같은 주권국가의 병립체제가 베스트팔렌 체제이다. 주권자는 경찰과 군대를 독점하고 국내를 아우르며 해외와 대등하게 될 수 있는 힘을 뒷받침할 수 있는 자로서 자력구제할 수 있어야 하며 이 같이 주권자인 영주 사이의 仁義가 관습으로 확립된 것이 근대 국제법이다.

倉山満(쿠라야마 만), 『ウェストファリア体制 天才グロティウスに学ぶ「人殺し」と平和の法』(PHP新書, PHP研究所 256頁), 2019年

근대국가는 중세 이후 근세에 이르기까지 존속한 '자유도시'에서 연유하는 '자유성'을 속성으로서 갖는다. 이는 봉건영주에서 해방된다는 의미로서 근대적 인권사상을 전제로 한 개인의 자유와는 성격이 다르다. 자유도시는 '도시의 공기는 자유롭게 한다'*Stadtluft macht frei* 하는 法彦을 낳았다. 봉건영주에 지배를 받는 중세 농민이나 예속적 신분의 수공업자가 도시로 도망간다 해도 일정 기간 영주의 반환요구가 이뤄지지 않고 살았을 경우에 자유신분을 얻게 된다는 법관습이다. 기간은 대개 1년과 하루였다. 이는 예속민에 대한 물권법적 처분권*Gewere* 상실, 도시피난자 비호권 · 불입권, 도시 선서공동체의 보호, 도시에 대한 국왕의 보호 지배권 등에서 유래한다.[100]

1.1.3 근대국가의 주권적 영토국가성

근대 시민국가는 구교, 신교 등의 종교적 믿음에 기반을 둔 중세적 신정국가에 이어지는 근세적 봉건국가에서 벗어나 지리적 경계선 안에서 중앙집권적인 절대적 권력이라 하는 세속권력으로서의 주권적 영토국가성을 갖는다. 근대국가가 국경선에 둘러싸인 주권적 영토국가라 하는 관념은 하나님 주권의 신정국가적 질서를 벗어나 세속적 주권국가간 평등을 전제로 한 근대국가의 국제법질서를 형성할 수 있도록 하였다.[101] 근대국가 이전의 중세적 제국과 근세적 왕국이 이질적이고 단절된 도시국가나 공동체국가의 구성원을 신정적 권력 또는 절대 왕권 등으로 통치했다면 근대국가는 주권국가의 국경선으로 정해진 영토를 세속권력인 영토권으로 통치하는 것이다.[102] 이 같은 근대국가의 주권적 영토국가성은 영역공동체의 국민국가를 나오게 한다.

근대 세속국가의 주권평등 근대국가의 국가간 주권평등으로 인하여 신정국가에서의 교황과 같이 전쟁의 정당성*jus*여부를 판단할 주체가 사라지게 되자 근대의 세속국가간 관계는 전쟁의 정당성 여부가 아니라 법적으로 '전쟁'관계냐 '평화'관계냐 나뉘는 결과를 가져온다. 베스트팔렌조약1648년 이후 국가들은 정책수단으로 전쟁을 택할 수 있었고 전쟁수행을 위해 전쟁부*Ministry of War*를 운영하였다. 법적으로 전쟁관계로 전환되는 시점을 분명히 하기 위해 선전포고*declaration of war*를 하였다.[103]

1.2 국민국가로서의 근대국가

1.2.1 근대국가로서의 영토적 국민국가 – 십자군전쟁과 백년전쟁

근대는 고희랍 인간 중심의 세계관인 인본주의 헬레니즘*Hellenism*을 새롭게 인식한 르네상스*Renaissance*가 태동시킨 14세기 중엽 이탈리아에서 시작되어 프랑스, 영국, 독일, 네덜란드 등 서유럽 전역의 예술, 과학, 정치, 경제 등의 광범위한 영역에 확대되면서 15, 16세기 대항해의 시대에 가속화된 대륙간 문명 교류로 촉발된 전 지구적 변화의 축적의 산물이다. 근대의 국가 관념은 12, 13세기의 200여 년에 걸친 8차례의 서유럽 그리스도교도들의 성지 팔레스티나와 성도 예루살렘 탈환 명목의 십자군 전쟁(crusades 1096~1270) 후 잉글랜드와 프랑스간 14, 15세기 '백년전쟁'을 통하여 봉건국가적 신분제를 무너뜨린 수평적 근대인의 공동체로서의 국가 관념을 각성시켰다.

십자군전쟁(1096~ 1291) 제1차 십자군전쟁(1096~1099)은 1096년에 결의되었다. 비잔틴제국(*Byzantine Empire, Imperium Romanum* 395~1453b)은 예루살렘이 이슬람세력 셀주크제국(*Seljuk Empire* 1037~1194)에 함락된 1071년에 서로마제국(Imperium Romanum Occidentale 395~476)의 우르바노 2세(Urbanus Ⅱ 1042?~1099.7.29. 재위 1088~1099 제1회 십자군 창시) 교황에 청하여 1095년에 소집된 프랑스 클레르몽 공의회(1095.11.18.~11.28 11.27. 공의회연설 제1차 십자군 원정 호소)에서였다. 교황은 십자군에 참가하면 죄가 사해지며 교회 수호를 위한 이단자 처단은 십계명에 위반되지 않는다 독려하면서 1099년 예루살렘을 정복했다. 십자군전쟁은 이후 여덟 차례 이어진다. 1144년 이슬람 세력의 반격이 시작되면서 1147년 프랑스 루이 7세와 독일 콘라트 3세의 제2차 십자군전쟁은 다마스커스 정복에 실패하고 전사들은 고국으로 돌아갔다. 1187년 이슬람 살라딘 장군이 예루살렘을 정복하자 다시 대표적 봉건 제후의 국왕들이 참가해 제3차 십자군이 조직되었다. 독일의 황제 프리드리히 1세는 1189년 군대를 출발하나 소아시아 강에서 익사한다. 영국의 사자왕 리처드 1세는 1191년 살라딘 장군과의 전쟁에도 예루살렘은 함락치 못한다. 프랑스 왕 필리프 2세도 출진했다. 제4차 십자군은 13세기 초 교황 인노첸시노가 주도하나 가장 추악한 십자군전쟁으로서 볼드윈이 이끄는 북프랑스 병사들만 참가했다. 1258년 바그다드가 몽골제국군에 점령되었지만 이집트 술탄(*Sultan* 이슬람제국의 주권자·종교 최고권위자인 칼리프(*caliph, Khalifah*)가 수여한 지배자의 칭호) 맘룩(*Mamluk dynasty*1250~1517)은 1260년 아인 잘루트 전투(*Ain Jalut 1260.9.3.*)에서 승리하며 다마스커스를 점령한 이후 1291년 성 요한*St. John* 십자군이 악고*Accho*에서 완전히 패퇴되면서 200여 년의 십자군전쟁은 종결된다. 십자군전쟁은 십자가에 못 박힌 예수의 복수라는 명분의 유대인 학살을 불러와 1096년 프랑스 루앙 이후 18세기까지 조롱·냉대·혐오·추방·박해로 이어져 나치 히틀러의 인륜범죄적 대량학살이 자행되도록 하였다.

백년전쟁(Hundred Years' War 1337~1453) 노르망디*Normandie, Normaundie* 공작 기욤(Guillaume 영국 윌리엄 William 독일 빌헬름 Wilhelm)은 1066.9.28. 헤이스팅즈*Hastings*전투의 노르만정복으로 노르망왕조를 열고 프랑스에 소재한 영지도 잉글랜드에 편입한다. 잉글랜드의 에드워드 3세(Edward Ⅲ 1312.11.13.~1377.6.21.)는 플랑드르*Flandre, Vlaanderen* 분쟁으로 촉발된 백년전쟁에서 프랑스의 샤를르 4세(*Charles Ⅳ Clermont* 1294.6.18/19~(Vincennes)1328.2.1.), 필리프 6세Philippe Ⅵ de Valois(1328.4.1.~1350.8.22.) 치하의 깔레를 점령하여*1347년* 브레티니-깔레*Brétigny-Calais* 조약을 맺지만*1360년*, '잔 다르크'(Jeanne d'Arc Joan of Arc 1412.1.6.~1431.5.30.)의 프랑스가 승리하면서 영국은 프랑스 영역에서 물러나고 영토는 잉글랜드에 한정된다. '민중을 이끄는 자유의 여신'(우제누 드라크로바 畵)은 '잔 다르크'의 백년전쟁을 묘사한다.

십자군전쟁과 백년전쟁 등을 통하여 전쟁권과 징세권을 확보한 근세적 군주정의 군주는 관료제·상비군으로 君權을 강화하면서 중세의 봉건적 영주체제의 분권적 권력양태는 중앙집권체제의 국민공동체의 근대국가로 이행되었다. 잉글랜드와 프랑스 간의 오랜 전쟁은 근대의 국민이 국민공동체로서 하나의 국가에 귀속되는 것임을 확인케 함으로써 '영국인', '프랑스 인'이라는 국민 의식을 싹트게 하였다. '국민'이라는 관념에 기반을 둔 국민공동체의 '국가'가 나오게 된 것이다. 이 같은 국민국가로서의 근대국가는 르네상스·종교개혁의 정신적 사유체계로 갖게 된 자율성으로 공동체에 대한 노블레스 오블리주의 시민적 헌신을 가능케 하였다. 14, 15세기 백년전쟁에 참전한 귀족계층이 인적 손실로 붕괴되면서 대두되는 시민계층은 '노블레스 오블리주'(noblesse oblige)의 사회적 책무를 이행하면서 국민공동체를 형성하면서 근대 국민국가는 이루어지기 시작한다.

근대인의 noblesse oblige 백년전쟁에서 잉글랜드의 에드워드 3세는 격전 끝에 점령한 프랑스 領 '깔레' *Calais*■ 주민을 몰살하고자 하였다. 깔레 시민을 대표한 6인이 代贖을 하고자 出頭하여 이를 면하게 된다. 부르주아적 시민의 헌신이라 할 '노블레스 오블리주'는 프랑스 부르봉왕조(1589~1792, 1814~1830) 시기에 근대인의 시민적 근대국민국가 태동의 상징 신화가 된다.■■

■ 깔레는 도버해협 최단거리(34km)에 위치한 현재의 프랑스 영토이다. 잉글랜드의 에드워드 3세가 점령한(1347년) 이후 메리 1세의 치세(1558.1.9.)까지 200여년 英領(the Pale of Calais)의 지역이었다. 하지만 이후 프랑스의 부르봉왕조Les Bourbons(Bourbon의 어원은 켈트어로 진흙Borvo, Borbo을 뜻한다)에서 프랑수아 귀즈 공작(François duc de Guise 1519.2.17.~1563.2.24.)이 이를 탈환하면서 프랑스 영토에 귀속되었다.

■■ 로댕(François Auguste René Rodin 1840.11. 12.~1917.11.17.)의 청동조각상 '깔레의 시민'Les Bourgeois de Calais 1895은, 로고스적, 신적 영웅의 위용이 아닌, 죽음의 공포에 직면한 헌신적 시민의 인간으로서의 진실한 모습을 담은 군상으로서, 근대의 가치인 진실 존중을 가감 없이 보여 준 근대국가적 조각상이다.

1.2.2 근대국가로서의 경제적 국민국가 - 산업혁명

교황, 황제, 국왕, 귀족특권계급이 지배하는 봉건적 중세국가의 종교적 지리적 상황에서 국민국가로서의 근대국가가 성립한다. 근대국가는 신대륙발견과 과학 발전에 힘입은 산업발달로 사회기반을 근대화하면서 자본과 지식이 점진적으로 축적되고 아널드 토인비(Arnold Toynbee 1852.8.23.~1883.3.9.)에 의해 쓰인 산업혁명(Industrial Revolution 1760~1830)이[104] 사회발전의 다음 단계로의 진행을 가능하게 하였다. 산업혁명은 1760년부터 1820년 또는 1840년까지 유럽 특히 영국과 미국에서의 제조 공정*manufacturing processes* 전환으로 수공생산 방법에서 기계, 제조, 철, 증기, 기계화된 공장 시스템에 의하여 전례 없는 인구 상승을 이끌었다. 직물, 섬유는 고용, 생산 가치 및 투자 자본 측면에서 산업혁명의 주요 산업이었다. 산업혁명은 동식물 재배 이후 인류 역사상 가장 중요한 자본주의 경제의 전환기를 맞게 한다. 급속한 경제 성장은 1870년 이후에 일어나기 시작한 제2차 산업혁명이라고 불리는 새로운 제강 공정, 양산, 조립 라인, 전기 시스템, 대규모 공작기계 제조 등이 포함된다. 산업혁명에 의하여 중앙집권적 체제권력이 부국강병을 기치로 직접 식민지개척으로 진흥한 상업무역의 중상주의, 국내산업의 중공업주의 등으로 정치·사회·경제·문화의 제도들이 자본주의적으로 구축된다. 농업혁명이 읍락·부락으로부터 고대도시국가의 형성을 가능케 했던 것과 마찬가지로 산업혁명에의 이행에는 인쇄기 발명이라는 지적 요인과 화약의 광범위한 사용이라는 물적 요인도 큰 역할을 했다. 인쇄기는 봉건적 신정국가의 종교 지배층이 가졌던 지식 독점권을 무너뜨렸으며, 화약을 손에 넣은 근대인들은 세속권력의 군주 등 그들의 지배자와 기사들 그리고 직업적 용병들에 비교하여도 대등한 상황이 되었다.

1.2.3 근대국가로서의 시민적 국민국가 - 시민혁명

근대의 세속적 영토국가를 가져 오는 17세기의 터에서 18세기의 근대적 국민국가의 시기가 도래한다. 왕권신수설의 절대군주정이 인민주권과 사회계약론에로 대체되면서 출현한 주권적 근대국가의 정치체제가 그것이다. 막스 베버*Max Weber*가 근대국가를 강제력의 독점을 통해 특정 영역 내에서 집합적 의사 결정을 취할 수 있는 조직들의 집합이라 한 것은 세속적 근대국가와 주권적 국민국가의 접점을 적절하게 표현한 것이다. 유럽의 17세기는 영국의 시민혁명인 청교도혁명과 명예혁명 그리고 18세기의 프랑스혁명 등에 의하여 절대왕정의 군주를 타파한 시민이 주권자의 지위에 오름으로써 국민국가로서의 근대국가가 형성된다. 이후 18세기부터 19세기까지 영국 · 프랑스에 이어 유럽 외의 지역에서도 독립과 시민혁명의 근대국가가 진행된다. 유럽에서의 국민국가는 프랑스에서의 1848년 혁명 이후 이루어지는 국민의 봄을 기점으로 확대되기 시작한다. 독일제국과 이탈리아왕국이 통일운동에 의해서 형성되면서 발칸반도에서는 세르비아왕국, 몬테네그로공국, 루마니아왕국, 대불가리아공국 등이 오스만제국으로부터의 독립으로 주권국가로서의 국민국가로서 탄생되었다. 네덜란드는 1568년 독립을 선언하면서 1588년 네덜란드 연방공화국을 성립시키나, 이를 인정치 않는 스페인 · 합스부르크 왕가에 대한 독립전쟁과 1618년 30년전쟁에 이르는 '80년전쟁'이 1648년 베스트팔렌 조약으로 마무리되면서 네덜란드 연방공화국이 된다. 벨기에는 1815년 네덜란드에 병합되나 1831년에 독립한다.

독일, 네덜란드, 벨기에의 국민국가 독일의 국민국가적 통일은 프로이센 왕국의 재상 오토 폰 비스마르크에 의해서 진행되고, 프로이센-오스트리아 전쟁*1866*, 보불전쟁*(1870~1871)*에 의하여 1871년 프로이센을 중심으로 초 독일주의 및 대 프로이센의 독일제국으로 이루어진다. 독일제국은 영역 내 주민을 정돈된 구성원인 국민으로 통합하기 위한 과정에서 이미(700년부터 19세기까지) 혈연적, 언어적 독일인 거주지역의 변천이 있어 왔기에, 1848년 프랑크푸르트 국민의회에서 본격적으로 오스트리아 제국과 프로이센 왕국을 비롯한 39개의 독립 영방이 독일연방이라는 국가연합을 구성하고 각자의 국가주권을 도모하였다. 이때 독일인이란 누구이고 어디까지를 독일로 할 것인가라는 문제를 놓고 지연(독일에 사는 사람), 언어(독일어를 사용하는 사람), 혈연(독일인적 혈연을 갖는 사람) 등이 생각되었고 超 독일주의, 대 독일주의, 중부 유럽주의라는 구상이 마련됐다. 小獨주의는 오스트리아를 제외한 프로이센 중심의 방안이고 大獨주의는 오스트리아의 독일적 부분만을 포함한 통일, 중유럽주의는 비독일인도 포함한 오스트리아 프로이센 독일 제방을 포섭하는 통일을 의미했다. 프랑크푸르트 의회는 초독일주의 방식이 채용된다. 그러나 프로이센의 프리드리히 빌헬름 4세는 1849년 의회의 혜택에 의한 제위에 앉기를 거부하여 독일통일헌법(바오로 교회헌법)은 실현에는 이르지 못했다. 국민국가 독일은 오스트리아에 1,000만 명을 넘는 독일인을 남기고 프로이센-오스트리아·보불전쟁에 의해서 획득한 남부 슈레스리히 공국령이나 알자스-로렝(옛 프랑스령) 등의 비 독일인을 포괄한 국가가 됐다. 비 독일인 문제는 주변국과의 국경문제와 국내의 민족문제로 이어지면서 나치 독일의 유대인 대량 학살이 있게 된다. 현 독일연방공화국 헌법에 따르면 독일인이란 독일국적을 가진 자 또는 독일민족에의 소속성을 가진 난민 또는 피추방자로서 혹은 그 배우자 내지 직계비속으로서 독일제국 영내에 수용된 자로 규정된다. 스페인 · 합스부르크가의 베네룩스*Benelux*(Kingdom of Belgium, Kingdom of the Netherlands, Grand Duchy of Luxembourg)의 시기에(그로티우스는 1583년 영지 네덜란드 홀란트 주 델프트 출생)의 봉건적 중세국가에서 특권계급은 종교귀족과 세속귀족이며 종교귀족의 최대 권위가 교황이고 세속귀족의 최대 세력은 합스부르크가로서 신성로마황제와 스페인국왕을 배출하여, 스페인 · 합스부르크가는 신대륙에 식민지를 가지고 '해가 지지 않는 나라'로서 포르투갈을 병합해 이베리아반도 전체를 지배하였다. 유럽의 중심인 독일 지방을 本家가, 서쪽 끝 이베리아 반도를 分家가 지배하는 모습은 '쌍두 독수리'에 비유되었다. 본가는 황제라는 이름뿐 독일 지방에 300제후라 불리는 귀족들로 혼재되었다. 합스부르크 황제는 유럽 최대의 군사력을 가졌고 로마 교황은 독자적 所領과 군대 및 발언권이 있었고 항상 정쟁의 중심에 위치하였다. 정교, 구교(가톨릭, 천주교), 개신교에서 가톨릭 구교는 지금의 국명으로 스페인, 포르투갈, 프랑스, 벨기에, 룩셈부르크, 이탈리아, 독일 남부, 오스트리아, 폴란드, 에스토니아가 있었고, 개신교는 스웨덴, 노르웨이, 덴마크, 슬로바키아, 체코, 독일 북부, 스위스, 네덜란드이고 발칸 이동은 그리스 정교가 다수인데 당시에는 이슬람교의 오스만=터키 제국의 지배를 받고 있었다. 바티칸(로마교황)은 개신교의 존재를 용납하지 않고 철저하게 탄압한다. 네덜란드와 벨기에는 근대 국민국가로서 성립한다.

1.3 합리주의의 국가로서의 근대국가

1.3.1 근대적 합리주의의 국가

근대국가는 중세 신정국가의 신적 敎義와 봉건국가의 신분제에서 벗어난 근대인의 합리주의에 기반을 두는 국가이다. 합리주의는 원인과 결과의 인과율적 사고를 기초로 한다. 그러므로 합리주의적 국가는 신정국가나 봉건국가가 아니라, 인간의 존재 자체를 원인으로 하는 사실과 그로써 이루어지는 결과로서의 실체를 진실로서 받아들이는 국가이다. 근대국가는 바로 합리주의적 인간의 존재라는 사실을 원인으로 하는 결과로서의 진실이야말로 보편성을 갖는다 하는 합리주의의 국가이다. 합리주의에 기반을 두는 근대국가는 통치의 탈 신격화(신정국가로부터) · 탈 인격화(봉건국가로부터) 등을 통하여 국민적 정당성, 개인의 존엄성 등을 지향하면서 자연의 힘과 중세적 교의 등에서 벗어난다.[105] 사회계약과 국민주권의 정치사상으로 국가와 주권과 세속법에 기초하는 입헌주의헌법의 대의정적 의회제 정치체제를 확립한다. 프랑스의 몽테스키외는 '법의 정신'에서, 법은 각 지역의 풍토로 형성되어 온 것이지 군주의 명령에 의한 것이 아니라 하면서, 근대국가는 풍토의 법의 총체적 표현으로서의 합리주의의 幕을 올렸다는 의미를 부여하였다.

1.3.2 과학적 합리주의의 국가

근대와 근대인의 '세속성'에 기초하는 국가는 18세기 후반 서구 유럽 등에 퍼진 근대적 과학의 형성과 기술의 발전으로 촉발된 산업혁명에 기반하는 사회적 생산력의 비약적 증대, 생산력을 지닌 인간의 정치적 자유와 평등에 기반을 두는 자유로운 경제활동 등의 '근대성'을 이루면서, 전지구적 변화를 가져온 축의 시대를 이끈 '합리주의'의 국가이다. 근대국가는 구성원들로 이루어지는 사회에 기반을 두는 정치적 실체이며 그 구성원들의 과학적 합리주의에 기반을 두고 있는 국가가 근대인의 합리주의 국가이다. 합리주의의 국가는 독자적인 전문성과 지식에 의하여 이루어지는 과학적 합리주의의 지배에 의하여서만 정당화된다는 것을 의미한다.[106]

1.3.3 보편적 합리주의의 국가

유럽에서 형성된 근대의 국가는 그 기반인 사회공동체의 구성원이 근대인으로서 과학적 합리주의에 기초하는 일반국가성을 부여하는 점에서, 개별국가적 특수성을 넘어서 세계사적 풍토를 함께 할 수 있는 전 지구적 보편성의 국가로 발전된다. 칼 야스퍼스(Karl Theodor Jaspers) 같이[107] 근대가 16세기 전후에 태동되어 1830년대에 마무리되는 시기라면 '現今'contemporary은 근대선상 또는 근대이후postmodern의 시기이다. 우리를 돌이켜 보건대 조선은 근대의 연속선에 편입되지 못하고 좌절되었다. 대한제국, 일제시대의 대한민국임시정부, 미군정기 해방공간을 이은 대한민국의 '오늘'은 역사적 점핑의 '근대이후'가 아니라 그 연속선상에 몸을 담그는 '근대선상'이어야 한다. 조선을 식민지로 지배한 일본에서는 메이지유신明治維新에 의해 대일본제국이라는 국민국가가 성립했다. 幕藩 체제에서 직접적 통치자인 藩을 '쿠니' 즉 国으로 의식하였기에, 幕府의 藩들을 서로 이을 수 있는 이동이 제한되었으며 그로 인하여 말이나 문화 등의 차이로 컸었기에 하나의 '일본국민'이라는 의식은 형성되기 어려웠다. 메이지 정부는 서구 제국에 대항하기 위한 一君萬民을 주창해 중앙집권화를 진행시키면서 일본국민으로서의 의식을 넓혀 갈 필요가 있었지만 서구적 국민이라는 관념은 당시의 일본인에게는 추상적이었기에, 이를 만민이 동일하게 천황 폐하의 신하라고 하는 의미의 臣民국가로서 바꾸어, 메이지유신에도 불구하고 국민국가는 여전히 그 과제로 남게 되었다.

2. 근대국가와 과학주의

2.1 근대 과학주의의 형성

2.1.1 근대 과학주의의 보편적 타당성

근대 과학주의는 프란시스 베이콘(Francis Bacon, 1st Viscount St Alban,[a] Kt PC QC (1561.1.22~1626.4.9), 영국왕립협회 Royal Society 창립의 초석자)의 'Nullius in verba' '누구의 말도 믿지 말라'를 중핵으로 한다. 모든 언설은 실험으로 확정된 사실로 증명되는 때에만 권위의 지배에 함께 할 수 있음을 근간으로 하는 과학주의는 그 대상을 자연은 물론 인간, 행동, 세계 등에 확장하면서 근대의 총체적 질서를 논증하고자 하였다. 근대의 과학주의는 고희랍에서의 자연철학을 기반으로 하는 과학과 같은 개체적 일과성을 넘어서 세계질서의 방법론적 지식과 추론의 명증성을 총체적으로 입증하여 보편타당성을 공유하는 것이다. 근대 과학주의는 우주·

중력의 단일적 질서를 증명하여 천체물리학의 질서를 세운 근대과학의 선구자 뉴턴을 시작으로 한다. 뉴턴(Sir Isaac Newton 1642.12.25.~1727.3.2)은 자연은 일정법칙에 따라 운동하는 거대한 복잡기계라고 하는 力學的 자연관으로 18세기 계몽주의를 선도한 근대의 최초의 '과학자'라 할 수 있다. 과학자라 하는 scientist 자체가 1839년 이전에는 자연과학의 철학자 philosopher로 불렸다. 신정국가적 종교의 계시가 과학적 사고를 막아, 다윈의 물고기를 예수의 물고기가 잡아먹는, 중세의 그 '어두운 종교는 떠나게 하고 감미로운 과학이 지배하는'(The dark religions are departed, sweet science reignes)108) 과학주의의 그 선두에 뉴턴이 있었다. 그의 저작 Principia 즉 '자연철학의 수학적 원리'(Philosophiæ Naturalis Principia Mathematica, Mathematical Principles of Natural Philosophy 1687)를 읽은 로크는 뉴턴을 신처럼 여겼다. 뉴턴 이후 근대화학의 父 보일, 하비의 혈액순환원리 등의 영국, 스웨덴 린네의 근대적 생물 분류학, 독일 라이프니츠(Gottfried Wilhelm Leibniz 철학자·수학자·자연과학자) 미적분학 등은 종교·신학의 자연관을 자연과학적 세계관으로 대체하였다.

Nullius in verba 'Nullius in verba', '누구의 말도 그대로 취하지 말라'(on the word of no one or Take nobody's word for it) 함은 로마 서정 시인 호라티우스(Flaccus Quintus Horatius 6512.8.~811.27.前)가 후원자 메세나스(Gaius Cilnius Maecenas c.70~8前 로마의 문학·예술 후원자)에게 보낸 書簡(*Horace: Epistles, Book I*(20BC), epistle I, lines 14 and 15)의 傳言 Nullius addictus iurare in verba magistri(quo me cumque rapit tempestas, deferor hospes. "((being) not obliged to swear allegiance to a master, wherever the storm drags me to, I turn in as a guest."))이며 이를 명판으로 새긴 영국 왕립협회문장紋章*arms*의 라틴어句이다.

근대과학자들 보일*Robert* Boyle(1627.1.25.~1691.12.30.)은 「회의적 화학자」(*The Sceptical Chymist: or Chymico-Physical Doubts & Paradoxes* 1661)에서 원소는 실험적 분석에 의해서만 얻어진다 하여 스콜라 철학적 4원소설을 배척하고 화학을 근대자연과학으로 확립한 아버지이며 일정 온도에서 기체의 압력과 부피는 서로 반비례한다는 보일의 법칙*Boyle's law 1662*을 증명하였다. 린네(Carl von Linné Carolus Linnæus 1707.5.23.~1778.1.10.스웨덴)는 현대식물학*taxonomy* 시조이며 「자연의 체계」*Systema Naturae 1735*, 「식물의 종種」*Species Plantarum 1753* 등에서 식물을 속명(屬名 genus name)·종명(種名 species name)의 학명 이명법(二名法 *binominal nomenclature*)으로 생물분류학*binomial nomenclature* 기초를 세웠다. 하비(William Harvey 1578.4.1.~1657.6.3.)는 중세 이래의 고전의학에 코페르니쿠스적 전환을 이루어 실험에 입각하여 심장 박동을 원동력으로 하여 혈액이 순환된다는 「동물 심장과 혈액의 운동에 관한 해부학적 연구」(*Exercitatio Anatomica de Motu Cordis et Sanguinis in Animalibus, On the Motion of the Heart and Blood* 1628) 등을 저술하였다.

2.1.2 근대 과학주의의 합리적 사유체계

근대 세속국가는 중세 신정국가의 종교 영역에 속한 '우리는 어디에서 왔는가'의 생명의 근원*origin*과 '우리는 어디로 가는가'의 운명*destiny*의 물음을 과학적 진실의 과학주의로 밝힌다. 특히 코페르니쿠스(Nicolaus Copernicus(Kopernikus) 1473.2.19~1543.5.24)의 Heliocentrism(the Earth and planets revolve around the Sun at the center of the Universe) 즉 태양중심의 地動的 무한우주론(De revolutionibus orbium coelestium(On the Revolutions of the Celestial Spheres), 1543)이 지구중심의 天動的 유한우주관 Geocentrism(the astronomical model which the Earth placed at the center of the Universe)을 전환시킨(N. Copernicus의 Heliocentrism은 이미 이를 주창한 고희랍의 Aristarchus of Samos(c.310 - c.230 BC)에서 영향을 받았다) 16세기 과학혁명에 시원하는 근대 과학주의는 고대의 천문·지리의 과학을 넘은 數物化生(수학·물리학·화학·생물학·) 및 데카르트, 파스칼 등의 사상이 신 중심의 질서에서 인간 중심의 합리적 사유체계의 근대적 세계관을 세우고 세계표준시로 근대의 시간을 통일하면서 자연과학뿐 아니라 법, 정치, 경제, 사회, 음악, 미술 등의 문화 및 하나의 영역을 초월한 전지구적 차원의 합리적 사유 체계를 갖게 된다.

Blaise Pascal 파스칼(Blaise Pascal 1623.6.19.~1662.8.19.)은 페르마(Pierre de Fermat 1607.10.31./12.6.~1665.1.12.)와 함께 확률론을 만든 근대 수학자이다. 그는 엄격한 금욕의 쟝세니즘*Jansenism*의 기독교만이 삶의 모순을 치유할 수 있다 하였다. 파스칼은 '팡세'*Pensées, Thoughts 1670* 즉 '종교 기타 주제에 관한 파스칼의 사유'(*Pensées de M.Pascal sur la religion, et sur quelques autres sujets*)의 기독교변론(*Apologie de la religion Chrétienne*) 등의 저술을 통해 데카르트 등과 함께, 근대 여명기 이성의 근대철학의 단초를 열었다.

René Descartes '유럽 르네상스 이후 인류를 위해 처음으로 이성의 권리를 쟁취하고 확보한 사람'(묘비명) 데카르트(*René Descartes* 1596.3.31.~1650.2.11.)는 '방법서설'1637에서, '나는 생각한다, 고로 존재한다'*Cogito ergo sum*, 하여 주체의 근본원리를 확립하였다. '30년전쟁' 출정 후 네덜란드로 이주한 데카르트는 코페르니쿠스와 갈릴레오 갈릴레이의 지동설을 바탕으로 기존의 모든 지식을 의심하지만 존재하지 않는다면 의심할 수 없기에, 의심하는 나, 즉 '생각하는 나는 존재한다'는 사실이 나의 존재를 증명한다는 Je pense, donc je suis를 기초로 理神論의 신을 수학적으로 증명한다. 불완전한 내가 자신의 불완전성을 자각할 수 있는 것은 내 속에 이미 완전성의 관념이 있기 때문인데, 이 관념은 불완전한 존재인 내가 창조할 수 있는 것이 아니라, 나의 밖에 실재하는 완전자 즉 신이 나의 정신에 새긴 관념이며 이렇게 그 존재가 확실해진, 성실성을 지닌 신이 나를 弄할 수는 없기에, 나의 밖의 세계는 실재하며 인간의 몸과 사유는 송과선(pineal gland 松果腺)으로 이어져 사유는 몸을 제어시킨다.

Nicolaus Copernicus와 경제학의 과학주의 화폐금융론의 기본이 되는 물가 수준이 화폐의 수량에 비례한다는 화폐수량설(*Quantity Theory of Money, QTM*)은 1517년 폴란드의 천문학자, 수학자 니콜라우스 코페르니쿠스가 고안하고, 데이비드 흄이 정리한 개념을 존 스튜어트 밀이 확대하며, 20세기 초 어빙 피셔는 화폐 공급과 화폐 수요를 정리한 등식 MV=PY라는 교환 방정식(M 은 통화공급양, V는 화폐유통속도, P는 평균가격수준, Y는 총경제거래규모)을 이용해 장기적으로 화폐유통속도와 총경제거래규모인 총생산양은 같은 속도로 변화한다는 가정 아래서 실질 GDP나 실업률을 개선시키기 위해서 화폐의 공급량을 증가시켜도 명목물가와 같은 명목적인 변수들에 만 영향을 끼치고 실질변수의 변화가 없다는 화폐의 중립성을 수학적으로 증명했다.

근대적 시간의 통일-세계표준시 지구자전축*axis of rotation*으로 정해지는 본초자오선(本初子午線 *prime meridian*)을 세계표준시 기준점인 지구 원점경도0°선으로 하고 이를(적도equator와 달리 지역적 편의로 정해지던 것을 1637년 덴마크 코펜하겐, 1667년 프랑스 파리 천문대, 1707년 경도법에 이어서 1884년 국제협정으로) 그리니치 천문대(1935년, 현 케임브리지)에 두어 그리니치時는 세계표준시가 된다. 한국의 중앙경선은 동경 127.5°선, 표준경선은 135°선으로 본초자오선보다 9시간 빠르다.

2.1.3 근대 과학주의의 사실의 진실주의

근대 과학주의의 연속선상에서 이어지는 정보(IT Information Technology)·생명(BT Bio Technology)·極細(NT Nano Technology) 등 현대의 과학은 인류의 지식과 이성을 감미롭게 확장하면서 존재한다. 감미로운 과학주의는 논증적 사실에 기초하는 진실주의이다. 이에 반하여 사실이 아닌 환상, 듣기 싫은 사실이 아닌 듣고 싶은 환상에의 요구가 어두운 낭만주의의 수요이며 '르상티망'*ressentiment* 즉 약자가 강자에게 품는 질투, 증오, 열등감 등이 뒤섞인 감정에서 스스로를 근대국가의 문턱에서 자멸케 한다. 니담(Noel Joseph Terence Montgomery Needham 李約瑟, Li Yuese 1900.12.9.~1995.3.24.)이 『중국의 과학과 문명』을 저술하고, 胡適(1891~1962) '差不多先生傳'의 중국 근대화를 위한 소설을 저술한 것 등은 근대 과학주의에 접근하려는 동양의 응답이다.

Needham의 '중국의 과학과 문명' 니담의 과학사는 결국 그때까지의 중국인들의 差不多 chabuduo '그게 그거' '거시기머시기' what you may call it whatchamacallit 등에 대한 비판으로서의 근대 서구 과학주의의 속성을 인식한 것이었다. 목차는 다음과 같다. *Science and Civilization in China*, Cambridge University Press, 1954~2008(7권28부) 제1권 서언*1954년* 제2권 과학사상사*1956* 제3권 수학과 천문학*1959* 제4권 제1부 물리*1962* 제2부 기계공학*1965* 제3부 토목공학과 선박항해*1971* 제5권 제1부 종이와 인쇄*1985* 제2부 연금술적 발견·발명: 금과 불멸의 현자의 돌*1974* 제3부 역사적 전망, 합성 인슈린 수은 불로장생의 약*1976* 제4부 장치와 이론*1980* 제5부 생리학적 연금술*1983* 제6부 군사기술: 미사일, 공성중포攻城重砲*1994* 제7부 화약*1987* 제8부 작업진행 제9부 직물기술: 방적과 물레*1988* 제10부 작업진행 제11부 제철야금*2008* 제12부 도자기 기술*2004* 제13부 광업*1999* 제6권 제1부 식물학*1986* 제2부 농업*1984* 제3부 농공업과 임학*1996* 제4부 생물학과 생명과학: 전통식물학: 인종식물학적 접근*2015* 제5부 당발효와 식품학*2000* 제6부 의학*2000* 제7권 제1부 언어와 논리*1998* 제2부 총괄 결론과 회고*2004*.

2.2 근대과학주의의 일원론적 세계관

중세 신정국가의 세계질서에 대한 인식은 혼돈의 지상세계와 질서의 천상세계로서 대표되는 이원적 세계관이었고 아리스토텔레스의 로고스적 논리가 이를 지지했다. 근대적 질서를 확정지은 뉴턴은 이를 깼다. 세계질서는 통일적 질서라 하는 것이었다. 뉴턴은 로고스로 세계질서를 말한 아리스토텔레스의 『詩學』에서 벗어나[109] 과학으로 증명되는 전환된 세계질서인 근대를 Principia에서 말하였다. 뉴턴은 프린키피아에서 우주의 움직임을 개관하면서 중력이 전 우주의 힘*universal gravitation*이며 행성을 포함해 우주의 모든 만물에 적용된다는 사실을 깨달았다. 만유인력은 여기에서 나왔다. 『광학』*Optics*이라는 과학논저에서도 그는 빛의 색은 빛 자체에서 생기는 것이라 하여 대륙의 데카르트가 프리즘에서 색이 생기고 빛 자체는 본래 흰색이라 한 것을 뒤집었다. '뉴턴의 노트'라 할 만큼 그는 평생의 실험과 실수를 통해서 중세 천년의 자연의 사실과 신적 세계관을 깨고 근세적 자연의 낭만을 멀리하면서 자연의 본질을 탐구하는 진실의 세계관을 세워 근대국가성을 마련하였다.

근대국가와 근대인-'다빈치코드'/ 인터스텔라 '다빈치코드'는■ 예수 그리스도*Jesus Christ*의 神性(영국 왕실 역사학자 레이 티빙*Sir Leigh Teabing* 卿은 로마를 기독교제국이 되게 한 황제 콘스탄티누스 1세의 그리스도 신격화에 따른 325년 니케아 공회의*Council of Nicaea*는, 예수를 언젠가 죽을 선지자이며 위대하고 강력한 능력을 가졌지만 사람이라 했던 동로마제국의 아리우스파를 이단으로 규정하고, 예수의 신성을 인정하는 삼위일체론으로서 성부·성자·성신은 다른 존재이나 영원히 공존하는 하나의 신으로 간주하였다) 수호를 위한 로마 카톨릭의 비밀결사 오푸스 데이*Opus Dei*에 대하여, 예수는 사람의 아들이며 마리아 막달레나*Mary Magdalene*와 결혼했다는 시온 수도회(Priory of Sion 예수 사후 베드로 등 제자들이 예수의 자식을 잉태한 막달레나를 몰아내자, 예수의 후손 보호를 위해 만들어진 비밀결사로서 뉴턴(중력 물리학에 의거하는 1원적 세계로 교황청의 아리스토텔레스적 이원적 세계관을 깬다. 뉴턴이 예수가 인간임을 지지하며 시온수도회 수장이었다는 가설도 있다), 보티첼리, 빅토르 위고, 레오나르도 다빈치 등이 회원이라 한다)의 拮抗을 통해서 '근대국가의 근대인'을 말한 소설이다[예수의 신성을 부정할 수 있는 증거를 가진 자크 소니에르(*Jacques Saunière Saint-Clair* 파리 루브르박물관Louvre Museum 큐레이터)가 살해된다. 로버트 랭던(*Professor Robert Langdon* 톰 행크스 하버드대학 기호학자symbologist)이 소니에르의 손녀 암호학자cryptologist 소피 느뵈(Sophie Neveu 오드리 토투)과 함께 추적한다. 소니에르의 수도회 쐐기돌이 자리한 성 쉴피르 성당 성구실의 '장미의 아래'Sub Rosa 바닥에 욥기 38장11절 '네가 여기까지 오고 더 넘어가지 못하리니'가 새겨진 돌만 보일 뿐, 곡절 끝에, 취리히 은행에서 피보나치 수열로 계좌를 열어(1123581321), 찾은 로즈우드 상자 안 크립텍스는 다섯 개 알파벳 다이얼이 적힌 원통형 상자로, 정확한 순서로 맞춰야만 메시지가 적힌 파피루스를 꺼낼 수 있고, 랭던은 다빈치코드의 열쇠로서 뉴턴의 사과를 연상케 하는 球-하늘에서 떨어진 apple arago로 암호를 풀고, 단서가 적힌 문서를 빼낸다. 막달레나의 석관이 숨겨진 스코틀랜드 로슬린 예배당에서 조우한 시온수도회는 예수의 성배는 盞이 아니라 막달레나의 자궁임을 알고 있고, 마침내 성배의 장소를 발견한다. 루브르미술관 피라미드 구조물 아래에 마리아 막달레나 석관이 묻힌 것이다. 랭던은 그 무덤 위에 무릎을 꿇는다. 과거 성전기사단이 그러했던 것처럼. 마리아가 '사라'를 낳고, 그 후손이 프랑크 메로빙거왕조의 왕*Merovingian kings of France*과 신성로마제국의 황제혈통*sang real*으로 이어졌다. 랭던은 로즈라인*the bloodline of Jesus Christ and Mary Magdalene*을 떠올린다. 성배(예수의 처 막달라 마리아 그 후손들)의 진실을 세상에 알려 비밀을 밝혀야 할 임무를 가지며, 지금까지 살아있는, 막달레나와 예수의 유일한 후손인 '소피'를 지켜줄 것을 맹세한다. 예수는 인류에 영감을 준, 특별하지만, '인간'임에도 교회는 인간을 억눌렀다. 예수가 사람이던 신이던 믿음이 중요하며, 인류의 지금 모습이 기적이다]. 인류의 기원에 대해 생각해 볼 만한 작품으로 '인터스텔라'는 중력은 차원을 뛰어 넘을 수 없다. 머피 쿠퍼 유령의 5차원큐브, 사랑으로 시계를 찾는다, 숫자, 모르스 부호, 중력으로 시계초침을 움직인다, 쿠퍼 정류장 착륙, 우주 너머, 브랜드의 산소를 찾음, 인터스텔라 마지막 장면, 125세인 자기보다 현실에서는 더 늙은 할머니가 된 딸을 만남, 조상과 나의 의미를 생각게 하는 근대의 과학적 접근의 영화이다.

■ '다빈치 코드'는 예수와 막달라 마리아는 부부이며, 성배는 예수 후손을 잉태한 막달라 마리아로서 남프랑스로 피신했다. 한, 마가렛 스타버드Margaret Starbird, 『성혈과 성배』 *The Holy Blood and the Holy Grail(1982)*에 기반한 소설이다. 한국기독교총연합회는, 예수는 결혼한 바 없고 마태복음 등 네 복음서는 막달라 마리아는 자신을 죄에서 구원한 예수그리스도에 감사하여 그를 믿고 따른 남매 마르다(친언니), 죽었다 살아난 나사로(오빠) 중 막내였고, 예수가 두 강도 사이에서 십자가형에 처해 죽었을 때 곁에 있었고, 예수가 무덤에 묻히는 모습을 지켜보았고, 그 무덤이 열려있음을 처음 본 사람이었고, 예수의 부활을 사도들에 알리기 위해 달려갔으며, 부활절 아침 시체에 바를 향료를 갖고 무덤으로 찾아갔던 세 여자들 가운데 한 사람이었다 하여 2006.4.7. 다빈치코드 상영금지 가처분소송을 제기하나, 5.16. 기각되었다.

Dan Brown, *The Da Vinci Code*(2003 Doubleday(미) p.454/ Bantam Books(영) p.359) ‖ 댄 브라운/번역 안종설, 다빈치 코드(문학수첩 2013년 1, 2권 784쪽). 영화 다빈치 코드(The Da Vinci Code, 2006).

아리스토텔레스의 詩學과 중세적 세계관의 狂氣-'장미의 이름' 움베르토 에코(*Umberto Eco* 1932.1.5.~2016.2.19. 이탈리아 기호학자·철학자·역사학자), 『장미의 이름』(*The Name of the Rose, Il Nome della Rosa, Le Nom De La Rose 1980*). 성서는 단 한번도 '예수께서 웃었다' 하지 않은 점에 착안하여, 중세 신정국가의 이념자인 아리스토텔레스가 그에 반하는 『시학』 제2권을 '희극'으로 썼으나 소실되었다 하면서 추론되는 중세 이탈리아의 수도원 살인사건을 소재로 이단과 종교재판, 수도원 장서관 등의 사실적 묘사로, 종교적 광기가 인간의 자유를 구속하던 14세기 유럽 신정국가를 형상화하였다(단테*Dante*의 '장미'의 상징성에서 이 소설의 이름을 '장미의 이름'으로 하였지만 저자의 첫 제목은 '수도원 범죄사건'일 만큼 추리물로 구성되었다). 아리스토텔레스 논리학, 토마스 아퀴나스*Thomas Aquinas* 신학, 프랜시스 베이컨*Francis Bacon*의 경험주의 및 인류학적 지식과 기호학적 추리력이 조화를 이루었다. 1987년 프랑스 영화감독 장 자크 아노*Jean-Jacques Annaud*에 의해 영화화되었다. 1327년 겨울, 프란체스코 수도회 수도사 윌리엄(*William of Baskerville 숀 코넬리 粉*)과 수련 제자인 멜크 수도원의 수사 아드소(*Adso of Melk 크리스찬 슬레이터 粉*)가 이탈리아 북부 베네딕트 수도원에 도착한다. 교회 청빈을 주장하는 프라시스코 수도회와 그를 반박하는 교황청 및 다른 교단들의 반목이 심화되자 모이게 된 것이다. 수도원 원장은 윌리엄에게 장서관 수도사 아델모가 시체로 발견된 경위를 말하며 교황측 조사관이 오기 전에 사건의 전모를 밝혀달라고 한다. 윌리엄은 아델모 죽음을 추론해나가면서 장서관 사서 말라키아에게 장서관 열람을 요청하나 거절당한다. 이튿날, 그리스어 번역가 수도사 베난티오가 시체로 발견된다. 윌리엄은 아드소와 함께 장서관에 잠입한다. 아침기도 시간에 보이지 않던 보조사서 베렝가리오의 혀가 검게 변색된 시체로 발견된다. 이상한 서책을 발견했다고 윌리엄에 소식을 알려온 수도사 세베리노가 시체로 발견되고, 장서관 사서 말라키아 역시 손가락과 혀가 검게 변한 채 죽는다. 새로운 장서관 사서 니콜라에게 수도사 호르헤의 이야기를 들은 윌리엄은 '아프리카의 끝'이라는 밀실을 찾아낸다. 그곳에 맹인이자 수도원에서 가장 나이가 많은 호르헤가 있었다. 40여 년 동안 수도원 주인으로 자처하면서 이단으로 금지된 서책에 수도사들이 접근하지 못하도록 막아온 장본인이었다. 죽은 수도사들 모두 '웃음은 예술이며 식자들의 마음이 열리는 세상의 문이다' 등을 다룬 아리스토텔레스 『시학』 제2권의 유일한 필사본이 장서관에 있음을 알고 몰래 읽어보다 호르헤에게 독살당한 것이다. 윌리엄 수도사는 경험과 추론을 통한 지식체계를 옹호하며 그를 통해 진리를 얻을 수 있다고 보았으나, 호르헤는 그 형상을 달리할 뿐 진리는 '신이 내린 단 하나뿐인 지식'이라며 중세의 전통적 입장을 취한다. 호르헤는 경건함이야말로 최고의 덕목이며 '웃음'은 신에 대한 모독이라고 이야기한다. 윌리엄이 자신의 추론을 이야기하자 호르헤는 감탄하며 독약이 묻은 서책을 건네준다. 윌리엄이 장갑을 끼고 책을 받아 읽자, 호르헤는 등잔을 넘어뜨리고 책을 빼앗고 입으로 책을 씹기 시작하면서 장서관이 있는 교회는 불길에 휩싸인다. 중세 신정국가의 非과학적 광기와 진실의 근대국가를 대비한 영화이다.

2.3 근대과학주의의 보편타당성의 진실주의

2.3.1 근대과학주의와 '진실추구'의 자연주의문학

근대국가의 과학주의적 세계관은 근대과학의 발전을 가져왔다. 근대과학주의 관념의 기원은 찰스 다윈(Charles Robert Darwin 1809.2.12.~1882.4.19)이 '종의 기원'(On the Origin of Species 1859)에서 말한 '인간은 동물이라는 종에 속한다' 하는 자연과학적 인식에 따른 진화론(theory of evolution) · 적자생존론이다. 근대과학주의는 현실의 진실을 추구한다. 프랑스 자연주의문학의 에밀 졸라(Émile Édouard Charles Antoine Zola 1840.4.2.~1902.9.29.)는 다윈 진화론의 영향으로 성서적 창조론의 하나님의 초월성을 벗어난 진화적 생존론의 인간의 형이상학의 자연주의를 받아들인다. 인간의 두뇌를 돌과 같은 물질적 객체로 인식하는 자연과학적 자세에서 문학에서의 인간성과 사회를 객관적 현실로서 이해하는 '진실추구'*faire vrai*의 과학주의였다. 반면, 근대과학주의를 접한 명치 일본은 이를 근세적 개인*individual*의 '자아각성'이라는, 고희랍 복고적 르네상스로 인식하면서, 자아와 내면을 중시하는 일본 특유의 心境소설인 사소설로 흘렀다. 이는 현실의 사실을 진실의 보편성에 잇지 못하고 단지 '있는 그대로' 인식하는 유사 과학주의로서의 낭만주의*romanticism*였다. 낭만주의는 과학주의에 기반하는 자연주의와 달리[110] 근대과학적 합리주의의 반동이며 전통 · 권위에 기반하는 복고주의 · 중세주의를 갈망한 초자연적*supernatural* 반과학주의이다.[111] 현실의 진실은 눈에 보이는 현실의 사실을 넘은 각성된 자아적 인식, 과학 그 자체에 대한 내부적 인식에 기초해서만 얻어질 수 있는 진실에 존재한다.[112] 이념은 뿌리이고 예술은 꽃이다. 국가 · 사회의 자존심, 자긍심이 만연하면 예술적 성향은 사실적이 된다.[113]

몽테 크리스토백작과 과학주의 알렉상드르 뒤마의 '몽테크리스토 백작'(*Alexandre Dumas* 1802.7.24.~1870.12.5. *Le Comte de Monte Cristo*, 1844~45)은 근대 과학주의의 저작들로 시대적 보편성을 말하고자 하였다. 소설에서는 당테스*Edmond Dantès*가 암굴獄에서 읽은 책들은 뉴턴의 프린키피아Principia 즉 '자연철학의 수학적 원리'의 '제3법칙-작용과 반작용', 아담 스미드(*Adam Smith* 1723.6.16.~1790.7.17.) '국부론'*Wealth of Nations, 1776*, 마키아벨리 '군주론' 등이었는데 이들은 근대의 단초를 열은 책들이었다. 보물을 숨겼다 하여 나폴레옹 때 투옥된 신부는 당테스가 '난 주님을 믿지 않는다' 하자 '그건 관계없다. 주님이 당신을 믿는다' 하여 근대와 중세의 연속성을 말한다. '국부론'에 대해서는 생필품의 분배 · 취득에 대한 것 좀 더 간명하게 말하면 노동이 먼저고 돈은 다음이라는 것이다" 한다. 소설에서는 백작을 모함하여 감옥에 가게 한 인물이 자신의 몸에는 귀족의 피가 흐르고 누구도 빼앗을 수 없다 말한다. 당시 신정국가적, 근세절대제 국가의 신분적 시대의 종언을 고하는 부분인 것이었다. 주님이 모든 것을 심판하신다 하여 이미 종교를 신률적 도그마가 아니라 인륜적 합리성으로 바라보는 근대국가의 자연법적 진실주의를 말하고 있다.

과학주의와 낭만주의 과학적 진실주의의 이면에 낭만주의 또는 comedy라는 희극이 위치한다. 예컨대, 익살꾼 bouffon이라는 어릿광대 clown 는 서투른 자라는 의미를 가진 clod에서 나오지만, 사실은 중세 곡마단에서 馬術에 지루해 하는 관중 앞에서 승마에 서툰 농부를 고용해 그가 항상 말에서 떨어지는 모습을 연출케 하여 곡마단원들의 솜씨가 부각되도록 하는 데서 나온 것이며, 이들 대부분 코가 빨개지도록 술에 쩐 가난한 농부였기에 곡마단 어릿광대는 코를 빨갛게 칠하는 전통을 가지게 되었고, 이 어릿광대는 뾰족 모자, 얼굴에 흰 분칠을 하고 오귀스트라 하는 헐렁한 옷을 입은 거지 스타일의 콤비 개그를 나오게 하였는 데, 이 오귀스트는 어수룩하고 서툰 것의 몫을 담당하여 손끝만 까딱해도 웃음이 나오도록 했다(베르베르 270면).

사유의 공론장 진리Truth와 허위Falsehood가 싸우게 하라, 사유의 공론장이 진리를 발견할 수 있다[밀턴(John Milton 1608.12.9.~1674.11.8.), Areopagitica(1964)]. 국가는 진리의 인도자가 아니며 정부규제는 오류가능성을 증가시킨다[로크(John Locke), 관용서(*A Letter Concerning Toleration*, 1689)]. 사상의 토론 자체는 선하다. 진리뿐 아니라 허위도 노정될 수 있게 한다. 인류가 하나의 의견이고 단 1인이 반대해도 세상이 그를 침묵시키는 것이 정당화될 수 없는 것은 그 1인이 그런 힘을 가졌다 해서 그가 인류를 침묵시키는 것이 정당화되지 않는 것과 마찬가지다[John Stuart Mill 1806.5.20.~1873.5.8), 자유론*On Liberty*]. 반면, 사유의 공론장에서 이성적 인간의 의견과 정보의 자유로운 교환은 우둔한 견해를 현명한 의견과 같이 취급하고 경제와 정치권력의 집중으로 편견이 온존하므로 진정한 자유는 우둔한 견해가 침묵하는 것이어야 한다[마르쿠제(Herbert Marcuse, *Repressive Tolerance in A Critique of Pure Tolerance*, 1965)]는 입장도 있다[J.Barron, *Access to the Press a New First Amendment Right*, 80 Harv. L. Rev. 1641(1967)].

치안유지법(Sedition Act)**과 언론의 자유** 미합중국정부, 의회 각 院, 대통령에 대한 중상 의도의 허위비방, 악의의 저작물의 인쇄·발간을 처벌하는 연방주의자들*Federalists*의 치안유지법(1798) 제정에 대해서 제퍼슨 Thomas Jefferson, 매디슨 James Madison은 미합중국수정헌법 제1조 위반 결의안을 버지니아의회에 제출한다. 영국 의회주권*Parliament was omnipotent*과 달리 미국의 국민주권(The people, not the government, possess the absolute sovereignty)은 정부구성원 선출권의 보장이 책임있는 정부를 구성케 하며, 표현의 자유야말로 공무public trust를 맡으려는 후보자들의 자질 비교를 가능케 한다[T.Emerson, *The System of Freedom of Expression*, 1970, pp.41~42; *The Virginia Report of 1799*, pp.225~227(J.Randolph ed. 1850)] 함으로써 1776년 버지니아권리장전 제12조 '언론의 자유를 제한하는 정부는 전제정부'라 하는 미국 근대국가적 권리장전의 전통을 상기시켰다.

2.3.2 '진실추구'의 근대과학주의와 일본과 식민지 조선

문학에 있어서 일본식 자연주의는 자신의 겪은 일을 사실적 수법으로 서술하는 비허구적非虛構的 사소설私小說로 흐르지만,[114] 이 같은 낭만주의적 사소설류를 벗어나, 명치일본이 근대국민국가에서 엇나가는 현실을 과학주의의 진실로 밝힌 나쯔메 소세끼夏目瀨石의 「도련님坊っちゃん」, 「마음こころ」, 「그후それから」 등을 시작으로,[115] 군장교로서 대역사건(大逆事件, 2.26.사건)으로 어둡게 변하는 日本을 근대국가로 참획參画하는 갈등을 그린 모리 오가이(森鷗外 1862.2.17.~1922.7.9.)의 「공사중」普請中, 자식을 여윈 심정으로 근대지식인의 고뇌와 생명의 기적을 말한 「콩삐라」(金毘羅, 降雨, 航行 안전의 불교 수호신), 大逆事件 후 언론탄압을 비판하고 예술·학문을 옹호한 「후아스치에스ファアスチエス」, 코쿠라(小倉 福岡縣)를 무대로 곧고 질박한剛毅朴訥 군인상의 「닭鶏」, 「침묵의 탑沈黙の塔」 등을 펴냈다.[116] 식민지 현실의 조선에서도 김동인은 '배따라기', '감자' 등에서 졸라의 자연주의인 인간의 형이하학에 기반하여, 조선의 국권상실이라는 '현실'을 근대의 갈등이라는 '진실'로 그린 반면, 염상섭의 '표본실의 청개구리'는 일본식 1인칭 사소설류로서 식민지배를 현실이 아닌 '기정 사실'로 수용하는 유미적 사실주의에 그쳤다. 하지만 '三代'에서는 조선의 식민지현실의 진실을 찾는 리얼리즘*realism* 현실주의의 기틀로 삼아, 김동인과 함께 근대적 자아의 확립, 객관적 묘사체, 제재의 현실화, 언문일치문장 확립에 기여했다.[117]

조선과 일본의 자연주의 염상섭의 '삼대'는 식민지 현실에서 우리 민족 모두가 정신적으로 병들어 있음을 말한다. 식민지 치하에서의 우리 모두의 정신병력의 기록이며, 작품전체가 기억하고 싶지 않은 악몽의 기록이고, 당대 이념을 대변하는 '병화'와 조씨 삼대를 축으로 하는 '수호'를 양 축으로 식민지 현실을 적나라하게 보여주는 리얼리즘 소설이다. 졸라의 '목로주점'은 자연과학자가 실험대상을 바라보는 듯한 시선으로, 생활환경이 인간의 삶을 결정한다는 자연과학자의 시점으로 프랑스 하층민의 생활공간을 세밀하게 묘사하고 그 삶을 현실적으로 그려냈다. 반면 일본 문단은 졸라의 자연주의에서 자연을 낭만주의적으로 해석하여 졸라의 과학주의 리얼리즘을 받아들이지 못했다. 졸라의 자연주의가 당대 현실을 총체적으로 재현하려던 근대의 과학주의인 것과는 달리 일본 자연주의는 개인의 삶을 사실적으로 묘사하는 문학으로 축소된 셈이다.[118]

2.3.3 근대과학주의와 법에서의 형벌론

근대국가의 과학주의는 법 특히 형벌의 과학주의에서 사회적 진화론(Social Darwinism) 등과 결합한 롬부로조(Cesare Lombroso 1835.11.6.~1909.10.19.)의 생래적 범죄인론을 필두로 하는 근대적 범죄 및 행형行刑론인 범죄인류학파를 나오게 한다. 범죄와 형벌의 문제를 형이상학으로부터 해방하여 자연과학적 시각에서 보려 했던 19세기 후반의 범죄인류학파는 형이하학의 생물학적 인식을 토대로 하여, 칸트가 구별하려 했던, 인간의 삶을 지배하는 자유의 법칙과 인과의 법칙으로부터 자유의 법칙을 배제하고 인과의 법칙 위에 세워지는 법에서의 범죄의 발생을 과학적 인과론으로 설명하고 그 대응 역시 인과적 시각에서 시도하였다. 베카리아(Cesare Bonesana di Beccaria 1738.3.15~1794.11.28)는 범죄를 과학주의적으로 접근한 최초의 사람으로서 범죄와 형벌을 하나의 현상으로 보는 공리주의적인 계약설에 입각하여 범죄에 대한 형벌의 대응이라는 합리주의적 이론을 구축하였고, 페리의 '범죄포화의 법칙'에 이르러 범죄의 발생은 인과적이라기보다 통계적으로 이루어지는 것임이 인식되게 되었다.

근대과학주의 형벌론 이탈리아의 해부학의사 롬부로조는 강도 빌렐라*Viella* 시체를 해부하면서 遠人類에만 있던 중앙후두와窩 *median occipital fossa*를 가진 자들을 '생래적 범죄인'*born criminal, reo nato*이라 하고 이들에 대한 형벌은 비난이 아니라 '치료'여야 한다 하였다. 롬부로조의 제자로서 가로팔로(*Raffaele Garofalo* 1851.11.18.－1934.4.18.)는 '생래적 범죄'*Natural Crime*는 자유의지의 결과이어서가 아니라 염결과 경건을 막는 사회에 유해한 부도덕한 행위이기 때문이라 하였다. 또 다른 제자 엔리코 페리(*Enrico Ferri* 1856.2.25.~1929.4.12.) 역시 범죄인의 범죄 충동과 경향성을 억지하지 못하는 장애를 경제적·사회적 환경에서 찾는 범죄심리학*criminal psychology*, 범죄사회학*Criminal Sociology(1905)* 입장에서 무솔리니(*Benito Amilcare Andrea Mussolini* 1883.7.29.~1945.4.28.) 파시즘*fascism*을 개인적 자유주의에 대한 국가의 대응범죄라 하였다. 독일의 프란츠 폰 리스트(*Franz Eduard Ritter von Liszt* 1851.3.2.~1919.7.21)는 '형법의 목적 관념'*(Der Zweckgedanke im Strafrecht, 1882)*에서, 응보적 징벌을 형이상학적으로 정당화하는 칸트*Immanuel Kant*, 헤겔*Georg Wilhelm Friedrich Hegel* 등의 논리가 아닌 범죄자의 행동의 원인에서 찾는 실증주의*positivism*의 입장에서 형벌은 응보*retribution(Karl Binding)*가 아니라 목적지향적 예방*prevention*을 위한 억지*deterrence*, 사회복귀*rehabilitation*, 사회방어*societal protection*라 하였다*(Marburg Programme)*. 특별예방이론의 아버지라 불린 리스트는 우발범인에는 위하, 개선가능 상습범은 교정, 개선불가능 상습범에는 사회배제를 주장했다. 후에 리프먼*Liepmann*은 이를 발전시켜 형벌의 교육형 이론을 수립하였다."劉基天 刑法學 등 참조[119)]

3. 근대인의 국가로서의 헌법국가

근대국가는 근대과학주의의 합리성을 인식하는 근대인의 국가이다. 근대인은 중세농민의 역사적 연속의 과정에 존재하며 근대국가 역시 중세국가의 역사적 연속선에서 출현한다. 근대인은 과학주의에 힘입어 중세신정체제 특히 근세절대제왕정의 통치를 회의하게 하는 힘을 키운다. 근대의 합리적 과학의 세계를 이룬 근대인은 근대국가형성의 핵심 역할을 한다. 근대인은 과학법칙으로 자연을 이해하고 계몽주의를 거치면서 인간이성의 산물인 법치로 사회의 질서를 확립하고 지배하도록 근대의 모습을 짠 것이다. 근대국가는 법치국가이며 최고규범인 헌법의 국가 즉 헌법국가이다. 헌법국가 역시 근대국가의 과학주의, 합리주의, 보편주의 등으로 이루어지는 입헌주의국가이다. 서양의 근대과학주의의 동양적 수용은 근대국가의 정착을 가능케 하는 기반이 된다. 동양이 서구적 의미의 근대의 과학과 과학주의에 기반을 두는 근대인을 이루지 못한 점으로 인하여 근대국가의 성립과 발전에서 뒤질 수밖에 없었다. 근대국가는 과학주의에 입각한 국가이다. 과학적 진실이 다수의 잘못된 믿음 앞에 무력하다면 과학주의가 아니다. 과학적 탐구의 합리적 엄밀성에 의하여 근대국민국가의 법치국가, 시장경제는 공동체에서 가능하고 규범적으로 이어질 수 있게 되는 것이다.

과학기술과 재판 (재심제도의 규범적 형성에서 확정판결을 유지할 수 없을 정도의 중대한 하자는, 사법에 의한 권리보호에서 한정된 사법자원의 합리적 분배의 문제이면서 법치주의의 법적 안정성과 정의라는 대립적 이념의 조화의 문제로서, 불가피하게 입법자의 형성적 자유가 넓게 인정되는 영역이기에), 과학의 진전을 통하여 기존의 확정판결에서 인정된 사실과는 다른 새로운 사실이 발견되더라도, 이는 확정판결 이후 언제라도 일어날 수 있는 일이므로, (이를 재심사유로 인정함은 확정판결에 기초하여 형성된 복잡·다양한 私法的 관계들을 항시 불안전한 상태로 두는 것이며, 시효제도 등 다소간 실체적 진실의 희생이나 양보 하에 법적 안정성을 추구하는 법적 제도 등을 고려할 때, 입법자의 합리적 재량범위를 벗어나 재판청구권, 평등권을 침해한다 할 수 없다)(반대의견: 과학기술발전으로 종래 알 수 없었던 새로운 사실이 확인되어 기존 확정판결의 결론이 타당성을 상실하게 될 경우까지도, '이미 확정된 판결'이라는 형식상 이유로 결론을 그대로 유지하려는 태도는 법적 안정성만 지나치게 강조하여 정의를 추구하는 사법제도 본질에 부합하지 않고, 헌법상 기본권보장의 정신에도 명백히 위배된다)(헌재 2009.4.30. 2007헌바121). 국제수역사무국(OIE)의 국제기준과 현재의 과학기술지식을 토대로 볼 때(미국산 쇠고기 수입위생조건에 관한 고시상 보호조치가 완벽한 것은 아니라 해도, 생명·신체의 안전을 보호할 국가의 헌법상 의무를 위반한 조치임이 명백하다 할 만큼 전적으로 부적합하거나 매우 부족한 것이라 단정할 수 없어, 헌법소원을 기각한다)(헌재 2008.12.26. 2008헌마419).

[二] 근대국가의 규범화

1. 영국에서의 근대국가의 규범화

1.1 영국의 근대국가체제

영국(The United Kingdom of Great Britain and Northern Ireland)은 잉글랜드*England*, 스코틀랜드*Scotland*, 웨일즈*Wales*, 북아일랜드*Northern Ireland* 연합왕

국이다. 잉글랜드와 스코틀랜드가 '영국'*Great Britain*이라는 나라로 통합된 것이 1707년이다. 잉글랜드는 1066년 노르만정복 이후의 1215년 대헌장 이래 브리튼, 앙글로-삭슨과의 국가형성을 지속화한다.[120] 잉글랜드와 프랑스의 14세기 백년전쟁, 15세기 튜더*Tutor* 왕조의 개조 헨리 7세*1485~1509*에 이은 헨리 8세*1509~1547*의 로마가톨릭과의 절연과 영국국교회*Anglican church* 설립과 수장으로서 수도회 해산, 영국 전역의 3분의 1에 상당하는 토지재산의 몰수 및 장원의 해체로 생겨난 자영농민층과 매뉴팩추어(Manufacture 수공제조업자) 등에의 배분 등으로 법률가, 상인, 제조업자 등의 신흥시민계층이 봉건적 귀족 등의 특권계급을 대체하고 정치・경제적 실권을 장악하도록 한다.

Henry de Bracton 헨리 드 브락튼(헨리(영국), 앙리(프랑스), 하인리히(독일) c.1210~c.1268)은 잉글랜드 대헌장시대의 사제・법률가이다. '잉글랜드의 법과 관습'*(De Legibus et Consuetudinibus Angliae, On the Laws and Customs of England)*을 저술하였다(1235년 이전 저술, 초판 인쇄 1569년). '犯意'*(Mens rea, guilty mind, criminal intent, causation concurrence scope of criminal liability)*를 '범행'*actus reus, guilty act*과 함께 범죄*crime*구성요소로 고안했다. 교회와 국가*Church and State*의 왕권신수*The king has a superior, namely, God*를 말한 '왕정'*kingship*에서 통치자는 적법한 방식으로 권력을 얻어 행사하여야 왕이라 불릴 수 있다 하였다.

1.2 영국의 공동체적 국가의 규범체제

영국의 근대적 국가는 법지배에 있어서 코먼로 등으로 형성된 관습법의 우월, 보통법법원의 독립성, 주권적 의회의 왕권 제한 등에 의하여 형성되기 시작한다. 제임스 1세 당시 보통법법원의 수장 코크 경(Sir Edward Coke 1552.2.1.~1634.9.3.)은 "왕도 신과 법 아래에 있다" 하는 브락톤의 말을 인용하면서 법지배*rule of law*를 왕에게 설파하다 파면되지만, 이후 권리청원 제정을 주도한다. 이런 토양에서 홉스의 리바이어던이 나온다. 당시까지만 하더라도 왕조국가*Kingdom*는 로마 가톨릭교황에게서 통치권을 위임받은 한도에서 지상의 통치를 위한 세속적 권위가 인정되었다. 리바이어던은 영국을 근대적 국민국가로서가 아니라 신정*神政*국가와 세속국가가 공존한 공동체국가로 여겼다.

영국 입헌주의 불문헌법[헌법률*law of the constitution*, 보통법*common law* 등 관습헌법], 의회주권*sovereignty of parliament, parliamentary sovereignty*, 법의 지배[*rule of law* 왕도 신과 보통법 아래에 있다] 등의 규범원리가 역사적 헌정으로 근대국가체제를 형성하였다. 대헌장*Magna Carta* 1215→모범의회*Model Parliament* 1295→권리청원*Petition of Rights* 1628→장기의회*Long Parliament* 1640→청교도혁명*Puritan revolution* 1640~66→정체서*政體書 Instruments of Government* 1653→왕정복고1660→인신보호법*Habeas Corpus Act* 1679→명예혁명[*Glorious Revolution* 국왕 처형 없는 최초 무혈혁명 1688]→권리장전*Bill of Rights* 1689→왕위계승법*Act of Settlement* 1701→Scotland연합법1707→의원내각제*Robert Walpole* 초대수상 1721~42→선거법(선거권 확대 1832), 국회법(하원우위 1911, 1949), 내각법1937→최고재판소법1925→보통선거제1928→Westminster법1931→귀족법1936→대신법 1937→선거법1949→수상정부제*prime ministerial government*의 내각책임제*cabinet government* 등에 잇는다.

1.3 영국의 근대국가적 규범체제

영국의 근세 입헌군주정적 국가는 1685년 잉글랜드 명예혁명(Glorious Revolution 1688~89) 후 윌리엄3세 치하 1689년에 절대군주정과 인민주권의 타협으로 시작된다. 권리장전이 만들어지고, 국가주권은 의회에 귀속되는 의회주권 등은 근대적 국가로 가는 영국 입헌정체의 기초가 된다. 당시 전통적 관계는 군주-교회-의회-귀족-시민대표 간 억제와 균형의 관습적 해결이었다. 중세 신정국가적 질서에서 벗어나 자연법사상과 로마법의 영향을 받아 개인의 자유, 재산권의 신성을 인정하였다. 대륙에서의 의회와 제정법 또는 영국 보통법법원의 보통법*common law*이 국가주권의 법적 권위*legal authority*의 유일한 원천이라고 생각한 사람은 드물었다. 영국 역시 대륙의 영향을 받으면서 근대적 국가의 규범체계를 만들어 나간 것이다.

명예혁명 영국내전*English Civil War 1642~1651*에서 왕당파*Royalists(Cavaliers)*에 승리한 의회파*Parliamentarians(Roundheads)*의 의회파연합*union of English Parliamentarians* 토리당*Tory Party*이 가세한 1688년 무혈*The Bloodless Revolution*혁명이다. 제임스 2세*James II of England* 폐위 후 네덜란드*Dutch United Provinces* 총독 오렌지공 윌리엄3세*Dutch stadtholder William III, Prince of Orange* · 제임스2세 장녀 메리*Mary II of England Mary*는 1689년 공동군주 '윌리엄 · 메리왕'에 오른다. 父의 구교*Catholicism*와 달리 娘 메리는 청교도*Protestant*로서 가톨릭 국교 배제, 의회의 동의 없는 왕권 행사의 불가 등의 의회민주주의, 인민의 권리장전*Bill of Rights 1689* 등의 권리와 장전을 허용하면서 해상무역 주도권이 화란*Dutch Republic*에서 잉글랜드(*England* 즉 영국*Great Britain*)에 넘어간다.

영국의 국민국가와 스코틀랜드 스코틀랜드 독립 찬반투표, 북아일랜드, 웨일스 등의 분리 움직임이 크다. 구교(가톨릭)가 다수인 아일랜드는 신교 중심의 영국에 합병되고*1801* 아일랜드 자유국*Irish Free State*으로 독립하나*1922* 북아일랜드는 아일랜드공화군*Irish Republican Army 1919.1.*으로 유혈 내전을 250여 년 계속하다. IRA 정치조직 신페인*Sinn Féin*당의 휴전*1994.8.*, 영국령 재확인*1998.4.10.*, 북아일랜드 자치정부 수립*1999*, IRA 무장해제선언*2001* 등이 이어졌다. 게리 애덤스(*Gerry Adams, Gearóid Mac Ádhaimh* 1948.10.6.~) 신페인당 대표는 2015.5.19. 창당 110년에 처음으로 영국 찰스 왕세자(Prince of Wales, Charles Philip Arthur George Windsor, 1948.11.14.~) 전하*His Royal Highness*와 아일랜드 코너트 주*Province* 골웨이카운티 아일랜드국립대에서 만났다.

2. 대륙에서의 근대국가의 규범화

대륙에서의 근대국가의 규범화는 프랑스를 시작으로 독일에 이어진다.

프랑스 입헌주의 시민혁명 입헌주의의 표본이다. 1789년 인간과시민의권리선언→ 1791.9. 혁명헌법 → 1793.1. 왕정폐지와 제1공화정 → 1793.2. 지롱드*Gironde*헌법 → 1793. 6. 산악당*Montagnard*헌법 → 1795년 집정관헌법 → 1799년 통령헌법 → 제1공화국1793~1804 자코뱅*Jacobin*정권 → 1804년 제1제정헌법, 제1제정1804~1814 나폴레옹1세 황제 → 1814년 루이18세 흠정헌장 → 제한군주제1814~1848 왕정복고 → 1815년 나폴레옹 100일천하 → 1830.7. 왕정헌장*Charte* → (1830년 네덜란드에서 독립한 벨기에 1831년헌법) → 7월혁명 → 2월혁명의 제2공화국1848~1852 → 제2제정1852~1875 루이나폴레옹 3세 → 제3공화국1875~1940헌법의 왕당파 · 공화파타협의 공화정, 국민주권 · 대표정, 공권력조직법률1875.2.15., 원로원조직법률1875.2.24., 공권력관계법률1875.7.16. → Vichy1940~1945 친나치정권 → 제4공화국헌법1946~1958 → 제5공화국1958~ 드골헌법 등으로 발전한다.

독일 입헌주의 신성로마제국 카를 4세*KarlsIV 재위 1347~1378*는 아비뇽 幽囚 교황을 귀환시켜 성가를 높이고 '금인칙서'金印勅書 *Goldene Bulle*를 공포하여 국가기본사항을 정하나 막시밀리안개혁법*Reformgesetze Maximilians*, 아우구스부르크종교화의*Augusburger Religionsfriede 1555.9.29.* 가톨릭과 루터주의 간 종교평화 규범, 베스트팔렌 강화조약*Westfalische Fride 1807.11.* 같은 개별 장전 외 입헌주의 장전은 보이지 않는다. 프랑스혁명 후 1814년 나폴레옹*Napoléon 1769.8.15~1821.5.5.* 흠정헌법에 영향 받아 남부독일제국이 헌법을 제정하였다. 전쟁 후 빈*Vienna*체제에서 구 보수세력의 독일연맹*Deutscher Bund 1816~1866* 탄압에도 전개된 19세기 자유주의운동에 의하여 독일민족의 통일과 헌법제정을 강력히 요구하였다. 독일을 비롯하여 오스트리아, 스위스, 네덜란드, 벨기에 등 중앙 유럽에서 연방제 국가형태의 국가가 많지만 이는 역사적으로는 신성로마제국의 유산이다.

坂井榮八郎, 「第6章 ドイツ統一への道」, 『ドイツ史10講』(岩波書店 岩波新書 2003年2月), 227頁.

3. 미국에서의 근대국가의 규범화

미국독립선언은 '모든 사람은 평등하게 창조되었다'*All men are created equal* 하여 인간의 원초적 평등 의식에 대한 현실적 불평등의 긴장을 직시하고 이를 해소함이 새 국가 창설의 첫 번째 의의임을 명확히 하면서 버지니아 권리장전과 함께 저항권을 명시한다. 특히 남북전쟁 후 미합중국 통합에 따른 19세기 중후반과 20세기 초에 이르는 근대국가 미합중국이 이룬 제도적 진화의 근대국가 규범은 한국 1948년 제헌헌법 등의 근대적 국민국가에 지대한 영향을 주게 된 것이다.

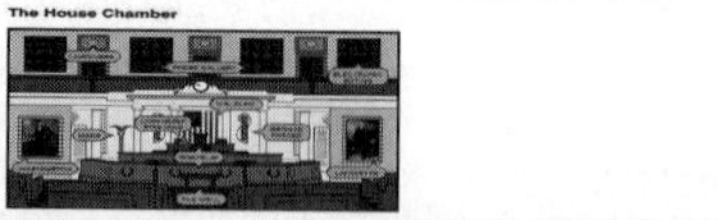

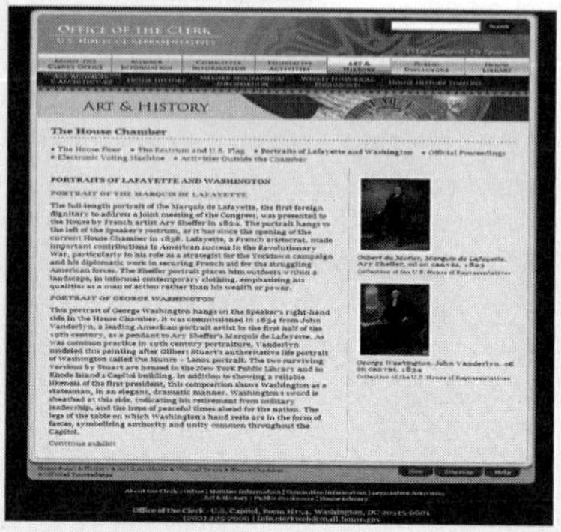

미국 근대국가와 입헌주의 근대국가의 장전인 1776년 미국독립선언(연속되는 폭학과 찬탈의 절대적 폭정으로 압제에 이른 정부를 스스로 폐기하고 안전을 위해 새로운 보장의 조직을 창설하는 것은 권리이고 의무), 버지니아권리장전(제3조 사회의 다수인은 정부를 개량·변혁·폐지할 권리를 가진다), 1789년 프랑스 인간과시민의권리선언(제2조 모든 정치적 결사의 목적은 인간의 자연적이고 소멸될 수 없는 권리를 보전함에 있다. 그 권리란 자유, 재산, 안전, 압제에의 저항 등이다), 1791년헌법(인간의 자연적이고 시효로 소멸되지 않는 권리로서 압제에의 저항이 있다), 1793년헌법(제35조 정부가 인민의 권리를 침해할 때 반란은 인민의 권리 중 가장 신성하고 의무 중에서 가장 불가결한 것) 등은 중세신정국가를 이어 근세 절대왕권의 군주통치의 구체제에 대한 시민계급 부르주아지의 저항권의 산물이다. 미국은 국가계약에 의한 국가 건립과 입헌주의를 창설한 역사적 전형이다. 버지니아 등 13개 식민지*Colony* 특허장*Charter 1607.*→Mayflower Compact(*1620.11.20.* Pilgrim Fathers 메이플라워호 船上에서 체결된 사회계약, Plymouth Colony 헌법제정)→독립전쟁*1775.4.19.~1783.9.3.*→버지니아권리장전*1776.6.12.* 버지니아헌법*1776.6.29.*→ 독립선언문*1776.7.4.*→파리평화조약에서 미국 독립승인*1783.9.3.*→연합규약*Articles of Confederation 1781~1788*→ 필라델피아 헌법제정회의*1787.5.25.~9.17.* 미합중국헌법 초안의 작성·제정*1787.9.17.* 비준·발효*1787.12.7.~1790.5.29.*→ 미합중국수정헌법 10개항 제정*1791.12.15.* →공화당, 민주당의 양대정당제*1854.*→Abraham Lincoln(1809.2.12.~1865.4.15.제16대 대통령 1861~1865) 노예해방선언Emancipation Proclamation *1863.1.1.*→ 보통선거제 확립*1920.*■

■ 미국 하원의사당의 하원의장석 뒤 편 오른쪽 초대 대통령 조오지 워싱턴(George Washington 1732.2.22.~1799.12.14. 초대 대통령 1789.4.30.~1797.3.3. 미독립전쟁사령관) 초상화, 왼쪽의 라파예트'(Marquis de Lafayette 1757.9. 6.~1834.5. 20.) 초상화가 있다. 라파예트는 프랑스 인으로서 1776년 미국독립전쟁 1789년 프랑스혁명에도 관여하여 '두 세계의 영웅'Le Héros des Deux Mondes이라는 별칭을 받았다. 그의 초상화가 의회 의사당에 워싱톤과 함께 게시되고 있다]. 미국의 독립전쟁의 원인으로 보통 과세권을 들지만 그 외에도 선박 건조에 최적의 재료인 소나무를 빼돌린 것에도 기인하였다 하여서 이를 미국의 건국식물이라고 한다.

'바람과 함께 사라지다'(Gone With The Wind, 1939) 마가렛 미첼 Margaret Mitchell(1900년 조지아주 애틀랜타 출생) 소설(1936년 출간), 시드니 하워드*Sidney Howard* 각본, 1939년에 데이비드 셀즈닉*David O. Selznick* 제작, 빅터 플레밍*Victor Fleming* 감독. 남북전쟁과 재건시대*the American Civil War and the Reconstruction era*의 미국 남부 조지아 애틀란타*George Atlanta*를 배경으로, 농장주*Georgia plantation owner*의 딸로 의지가 강한 스칼렛 오하라*Scarlett O'Hara*가 16살이었던 1861년의 남북전쟁 발발부터 1865년 종전 이후 28살 되던 해까지 다루고 있다. Vivien Leigh as *Scarlett O'Hara*, Clark Gable as *Rhett Butler*, Leslie Howard as *Ashley Wilkes*, Olivia de Havilland as *Melanie Hamilton*, Hattie McDaniel as *Mammy*(house servant 여우조연상으로 최초의 흑인 아카데미상 수상자). 1939.12.15. 아틀란타 초연, 한국 1955년 개봉 221분 234~238분(with overture, intermission, entr'acte, and exit music). 1940년 제12회 아카데미 최우수작품상, 감독상, 여우주연상(비비안 리), 여우조연상(헤티 맥대니얼), 촬영상, 각본상, 편집상, 미술상 및 특별상 2개 부문 수상. '타라의 테마'*Tara's Theme*는 막스 스타이너*(Music Max Steiner Cenematography E. Kern James E)* 작곡의 메인 테마이다. 1861년, 남북전쟁*American Civil War* 전날, 스칼렛 오하라는 애틀란타의 면화재배지*cotton plantation* 타라*Tara*에서 남몰래 연모한 애슐리 윌크스가 사촌 멜라니 해밀턴과 결혼한다는 사실에 약혼 발표 전날 애슐리에 구애하나 오히려 레트 버틀러의 구애를 받는다. 스칼렛은 멜라니의 동생 찰스*Charles*와 결혼하나 남부연합군*the Confederate Army* 복무 중 사망한다. 게티스버그 전투*Battle of Gettysburg* 이후 남부 연합에 불리하게 변하고 8개월 후 애틀랜타 전투*Atlanta Campaign*에서 북군연합*the Union Army*에 포위되면서 멜라니아가 스칼렛의 도움으로 출산하고 레트는 이들이 도시를 탈출하는 것을 돕는다. 타라의 어머니가 장티푸스로 돌아가며 아버지는 노망이 들고 북부연합군에 약탈당한다. Tara에 돌아온 Scalet은 흙속의 무 한 잎을 베어 물면서 '신이여 다시는 배고프지 않게 하겠다. 굶지 않게 하소서…' As God is my witness, I'll never be hungry again. 생존을 위해 무엇이든 할 것이라고 맹세한다. 남부연합*the Confederacy* 패배로 애슐리도 돌아와 스칼렛이 함께 도망가자 애원하자, 그녀에 대한 욕망을 고백하고 열정적으로 키스를 하지만 멜라니를 떠날 수 없다고 말한다. 타라에게 부과된 재건주 세금*Reconstructionist taxes*을 지불할 수 없었던 스칼렛은 여동생 수엘렌의 약혼자*Suellen's fiancé*인 중년의 부유한 프랭크 케네디*Frank Kennedy*를 속여서 결혼하나 프랭크가 죽자 장례식이 겨우 끝난 상태에서 레트는 스칼렛에게 프러포즈를 하자 받아들인다. 레트와 스칼렛은 딸 블루 보니*Bonnie Blue*를 두나 여전히 애슐리를 그리워하는 스칼렛을 억지로 임신케 하나 유산을 하며, 보니가 조랑말과 함께 울타리를 뛰어넘으려다 죽자 레트는 애틀랜타를 떠날 준비를 하는 그 때, 레틀러가 자신이 진심으로 사랑했던 사람임을 깨달은 스칼렛을 뿌리치고 아침 안개 속으로 걸어나간다. 스칼렛은 언젠가 레트를 되찾을 것이라고 믿고 타라에서 집으로 돌아가기로 결심한다. 미첼은 제목을 스칼렛의 마지막 대사인 "내일은 내일의 태양이 뜬다"(Tomorrow is another day)로 하길 원했지만 출판사 맥밀란의 의견에 따라 어네스트 도슨의 시구 '바람과 함께 사라지다'를 채택하게 된다. 영화 도입부 "그곳은 신사도와 목화밭으로 상징되는 곳이었다. 이 아름다운 지방은 기사도가 살아 있는 마지막 땅으로, 용감한 기사와 우아한 숙녀, 그리고 지주와 노예가 함께 존재하는, 책 속에서나 볼 수 있는, 꿈처럼 기억되는 과거가 오늘로 살아 있는 곳. 문명은 바람과 함께 사라지는 것일까?" 내일은 내일의 태양이 뜰 거야(Tomorrow is another day). '저들과 함께 법과 질서도 사라진다' 하는 말은, 미국은 건국 후 내전 Civil War 인 남북전쟁을 거치면서, 南의 농업을 기반으로 한 노예제의 전근대적 정치체제는 북의 상공업을 중심으로 하는 근대국가에 통합되어, 비로소 하나의 유나이티드 네이션즈라 하는 nation building의 근대국가를 만들기에 이른다.

미국의 근대국가 敬賀 미국 제3대 대통령(1801.3.4~1809.3.4.) 토마스 제퍼슨(Thomas Jefferson 1743.4.13.~1826.7.4.)이 기초한 독립선언문(1776) 'We hold these truths to be sacred and undeniable; that all men are created equal and independent, that from that equal creation they derive rights inherent and inalienable, among which are the preservation of life, and liberty, and the pursuit of happiness.'에서 보듯이 미국은 평등, 독립, 생명, 자유, 행복 등을 기초로 형성된 근대국가이다. Joseph J. Ellis, *American Sphinx: The Character of Thomas Jefferson*, Alfred A. Knopf, 1997 384page. 헨리 롱펠로(Henry Wadworth Longfellow 1807.2.27.~1882.3.24.)는 남북전쟁 후 '오, 국가라는 선박이여'*O! Ship of State*에서 근대국가 미국을 경하한다. '그대도 역시 국가라는 배에 타고 있구나!/ 오, 국가라는 선박이여/ 계속 항해하라/ 오 합중국이여, 강하고 위대하게!/ 미래에 대한 온갖 두려움과/ 온갖 희망을 지닌 인류가/ 그대의 운명에 숨죽이며 매달려 있다!/ 우리는 선장이 용골을 놓고,/ 일꾼들이 선박 강철을 만들었으며,/ 누가 돛대와 돛과 밧줄을 만들었는지,/ 어떤 모루가 울리고 어떤 망치가 두들겼는지 알고 있다./ 당신의 희망의 닻이 용광로와 열에 의해 완성되었습니다!'

I Have a Dream 아브라함 링컨Abraham Lincoln, *Gettysburg Address*(1863.11.19.) 100년 후 마틴 루터 킹Martin Luther King Jr.(1929.1.15~1968.4.4.), *Lincoln Memorial(Washington DC) Speech*(1963. 8.28.), 'I Have a Dream'은 흑백차별철폐운동의 변환점이었다. Civil Rights Movement (1955~1968)의 March on Washington, 'We Shall Overcome' 노래와 함께 행한 "나에게는 꿈이 있습니다. 네 명의 내 자식들이 피부색이 아닌 그들의 품성에 의해 평가받는 나라에서 살게 되리란 것을"(I have a dream that my four children will one day live in a nation where they will not be judged by the color of their skin but by the content of their character)은 획을 그은 연설이다.

[三] 근대국가의 형상화

1. 근대국가의 음악적 형상화

근대국가의 음악적 형상화는 베토벤(Ludwig van Beethoven 1770.12.17.~1827.3.26.)교향곡 제9번 '합창'(Symphony No.9 Choral in d minor, Op.1250)에서 표현된다. 쉴러(Johann Christoph Friedrich von Schiller 1759.11.10.~1805.5.9.)의 시 '환희의 송가'(Ode to Joy, An die Freude 1785년 작사 1808년 수정)에 기초한 피날레 제4악장을 절정으로 인류애를 노래한 합창은 근대국민국가의 頌歌이다. 1972년 EU(European Union 전 Council of Europe)는 이 '합창'을 유럽國歌*Anthem of Europe*로 채택하였다(原題 Ode to Freedom (Ode an die Freiheit)). 근대국가의 음악적 형상화로서의 이 합창교향곡은 국민국가로서의 근대국가의 핵심을 가로지르는 명작인 점에서도 오늘날에도 많은 사람들의 원초적인 인류애의 숭고함을 각성케 한다. 예술이 갖는 미학적 아름다움은 논리로 충만한 규범적 논증의 근대국민국가에 대한 송가보다 더 직관적으로 우리들의 인식의 지평을 확장한다. 규범학으로서의 '국헌학'은 예술적 학문으로서도 그 완결적 미를 가질 것이다.

합창교향곡 [제1악장 *Allegro ma non troppo un poco maestoso* 제2악장 *Molto vivace* 제3악장 *Adagio molto e cantabile-Andante moderato,*제4악장 *Presto*]■ O Freunde, nicht diese Tone!*(오, 벗들이여, 이 선율이 아니오!)* Sondern laßt uns angenehmere*(좀 더 기쁨에 찬 노래를 부르지 않겠는가)* Freude!*(환희)* Freude!/ Freude, schoner Gotterfunken*(환희여, 아름다운 주님의 광채여)* Tochter aus Elysium,*(낙원의 딸들이여)* Alle Menschen werden Bruder*(모든 인간은 형제가 되노라)* Eines Freundes Freund zu sein;*(진실된 우정을 얻은 자여)* Mische seinen Jubel ein!*(함께 모여 환희의 노래를 부르자!)* Ja, wer auch nur eine Seele*(그렇다, 비록 하나의 영혼이라도 이 지상에서)* Sein nennt auf dem Erdenrund!*(자기 것이라 할 수 있는 사람은 모두 환호하라!)* Freude trinken alle Wesen*(이 세상의 모든 존재는)* An den Brusten der Natur;*(자연의 가슴에서 환희를 마시고)* Froh, wie seine Sonnen fliegen*(환희여, 수많은 태양들이)* Durch des Himmels pracht'gen Plan,*(천국의 영광스런 계획을 따라)* Laufet, Bruder, eure Bahn,*(빛나는 창공을 가로지르듯)* Freudig, wie ein Held zum Siegen.*(형제여, 그대들의 길을 달려라.)* Seid umschlungen, Millionen!*(포옹하라! 만민들이여)* Ahnest du den Schopfer, Welt?*(세계의 만민이여, 창조주 계심을 알겠는가?)[발췌]*■■ 특히 합창에 이르기 전의 제3악장 Adagio Molto e cantabile은 인간의 한계를 초월하는 신성하고 엄숙한 로만틱의 감동을 가져온다. 이 같은 인간적 초월을 통해서 합창이라는 인류적 환희가 온다.

■ 베토벤이 빈 초연(*Theater am Kärntnertor in Vienna* 1824.5.7. 70분)에서 지휘한 '합창은 만년의 원숙함(제3장), 젊음의 격정(1번~8번)에서 존재한다. 아르투로 토스카니니(*Arturo Toscanini* 1867.3.25.~1957.1.16. 이탈리아 파르마生.)는 아름다움의 극치는 정확함에 있다 하면서 베토벤 原意에 근접한 지휘를 하였다. 1886년, 19세의 토스카니니는 첼리스트로서 참여한 이탈리아의 클라우디오 롯시 오페라단 브라질 공연에서 베르디의 아이다 지휘를 대신하면서 완벽한 암보, 정확한 템포, 치밀한 합주, 명쾌한 리듬, 강렬한 음량 증감의 깊은 인상을 주면서 신화가 시작된다(영화 '토스카니니'(*Il Giovane Toscanini*, 1988, 감독 프랑코 제피렐리, 출연 C.토머스 하우웰, 엘리자베스 테일러 등).

■■ Friedrich Schiller 'An die Freude' Freude, schöner Götterfunken,/ Tochter aus Elysium,/ Himmlische, dein Heiligtum!/ Was die Mode streng geteilt*;/ Alle Menschen werden Brüder*/ Wem der große Wurf gelungen/ Eines Freundes Freund zu sein;/ Freude trinken alle Wesen/ An den Brüsten der Natur;/ Alle Guten, alle Bösen/ Seid umschlungen, Millionen!/ Diesen Kuß der ganzen Welt!/ Brüder, über'm Sternenzelt/ Muß ein lieber Vater wohnen./ Ihr stürzt nieder, Millionen?/ Ahnest du den Schöpfer, Welt?/ Such' ihn über'm Sternenzelt!/ Über Sternen muß er wohnen.[발췌]

2. 근대국가의 미술적 형상화

근대국가 근대인의 인류애적 숭앙崇仰은 근대인이고자 하는 중세적·근세적 개인에게는 내면적 불안의 근원이기도 했다. 카스파 다비드 프리드리히(Caspar David Friedrich 1774.9.5.~1840.5.7.)의 '안개바다 위의 방랑자'(Der Wanderer über dem Nebelmeer(The wanderer above the sea of fog), 1818, Kunsthalle Hamburg)에서 뤽켄피구르Rückenfigur 즉 '뒷모습만 보이는 조망자'의 '낭만적 정취'(romantische Stimmungslandschaft)는 근대국가에 대한 근대인의 내면이다. 뒷모습만으로는 눈길이 풍광의 어디에 머무는지, 경탄인지, 경외인지 등을 알 수 없다. 바위에 디딘 다리와 팔이 강한 내면의 긴장감을 전달하면서 자연에 대면하는 존재자의 안개바다에 대한 탐구심과 함께 불안함을 표현한다. 프리드리히는 19세기 독일 낭만파로서 신고전적, 유사 그리스(neo-classical, pseudo-Greek)적 합리를 거부하고 근대문명을 영성spirituality으로 인식하며 자연을 신의 창조물(divine creation)로 관조하였다. 그에게 Rückenfigur의 시선은 '단독자인 개인'의 미약함, 삶과 죽음의 종교적 외경심의 낭만적 감수성을 불러일으키는 형이상학적 내면일 수 있다. Rückenfigur는 근대국가와 마주하는 근대인으로서, 그 실체를 알 길 없는 근대성을 직접 대면하는 '단독자 개인'의 불안의 모습이면서 동시에 또한 '단독자의 주권적 주체'의 선언일 수 있다. 키에르케고르의 단독자이기도 한 것이다.

키에르케고르와 단독자 쇠렌 오뷔에 키에르케고르(*Søren Aabye Kierkegaard* 1813.5.5.~1855.11.11. 42세沒)는 덴마크, 코펜하겐의 기독교 실존주의자로서 근대를 이성적 인간의 합리적 객관으로 보는 한 비슷한 익명적 개인의 열정 없는 세계에 그치며 진정한 인간다움은 각 개인의 삶이 고유하며 자유로운 삶의 방식에 따르는 실존에 있다 하면서 개체적 인간의 실존의 의미를 배제한 헤겔에 맞섰다. 개체로서의 삶의 실존은 자유로우나 근거를 갖지 못하기에 불안, 절망이 실상이 되며 자신만의 삶을 주체적으로 만들어내야 하는 점에서 개체성은 종교적 문제이고 '기독교 신앙은 개인적이며, 여기, 단독자이다'*Christianity is the individual, here, the single individual.* 이성적 인간이 아닌 주체적 인간이 옳다 하려면 '단독자'로서 신 앞에 서서 자신의 무력과 책임을 인식해야 하며 이는 논리를 초월한 역설의 신과 만나 신의 사랑의 계시인 예수의 행적과 함께 하는 주체적 내면적 반복에 있다. 키에르케고르 사상은 그 사후 제1, 2차세계대전(1914.7.28.~1918.11.11./1939.9.1.~1945.8.15.) 등 국가 차원의 전쟁이 개인을 말살한 1930년대의 상황에서 주목된 이유는(『종교학대사전』(한국사전연구사 1998) 등 외 참조), 키에르케고르의 단독자는 집단의 반대편에 서는 존재로서 자기를 객관화하는 자이며 이 자기를 객관화하는 능력 즉 자기력을 유지하게 하는 힘이 젊음이라는 점 때문이었다.121)

근대국가의 미술적 형상화 조르주 쇠라(*Georges Pierre Seurat* 1859.12.2.~1891.3.29.)는 색채학과 광학이론을 창작에 적용해 점묘화법을 발전시켜 인상파 색채원리를 과학적으로 체계화하고 인상파가 무시한 화면의 조형질서를 다시 구축한 신인상주의미술파 프랑스 화가이다. P.세잔과 더불어 20세기 회화의 새로운 장을 열었다. '아스니에르에서의 물놀이'*Une Baignade, Asnières 1883~1884*는 19세기 후반 파리 재개발로 노동자를 포함한 빈민 계층은 도시의 북쪽 주변지역으로 옮겨가게 되고 특히 그랑 자트 섬을 포함한 파리 서쪽 센 강변 주변 교외 지역은 인기 있는 별장지대였는데, 아스니에르는 그랑 자트 섬의 맞은편에 위치한 북쪽의 교외 지역이며, 쇠라는 이러한 교외 지역에서 일상의 여가를 즐기는 사람들을 그리고자 하였다.

3. 근대국가의 문학적 형상화

최남선崔南善 '해海에게서 소년에게'는 새 시대를 열 소년에 대한 기대와 문명개화 실현의 의지를 운율로 실은 최초의 신체시로 평가된다. 六堂은 근대국민국가로 가고 있는 일본의 모습에서 이 시를 구상했을 것으로 보인다. 근대 한국문학의 전범이라 일컬어지는 이광수李光洙 '무정' 역시 식민지시대에 부재하는 국가를 찾으려는 근대의 주체들의 자아정체성 형성과정을 보여 준다. 하지만 그들의 정체성 찾기는 식민지 현실과의 타협으로 귀결된다.

海에게서 소년에게 一 텨…ㄹ썩, 텨…ㄹ썩, 텩, 쏴…아./ 따린다, 부슨다, 문허바린다./ 泰山갓흔 놉흔뫼, 딥태갓흔 바위ㅅ돌이나./ 요것이무어야, 요게무어야./ 나의큰힘, 아나냐, 모르나냐, 호통까디하면서./ 따린다 부슨다, 문허바린다./ 텨…ㄹ썩, 텨…ㄹ썩, 텩, 튜르릉, 콱. // 二 …내게는, 아모것, 두려움업서./ 陸上에서, 아모런 힘과權을 부리던者라도./ 내압헤와서는 꼼땩못하고./ 아모리큰, 물건도 내게는 행세하디못하네./ 내게는 내게는 나의압헤는…// 三 // 四 …됴고만 山모를 依支하거나./ 됴ㅅ쌀갓흔 뎍은섬, 손ㅅ벽만한 땅을가디고./ 고속에 잇서서 영악한톄를./ 부리면서 나혼댜 거룩하다하난者./ 이리둄, 오나라, 나를보아라.…// 五 // 六 …뎌世上뎌사람 모다미우나/ 그中에서 똑한아 사랑하난 일이잇스니/ 膽크고 純情한 少年輩들이./ 才弄텨럼, 貴엽게 나의품에 와서안김이로다./ 오나라 少年輩 입맛텨듀마/ 텨…ㄹ썩, 텨…ㄹ썩, 텩, 튜르릉, 콱. //[122]

최남선(1890.4.26.~1957.10.10.) 字 公六, 雅號 六堂(세례명 베드로). 와세다早稻田대(1907년 입학 후 동맹휴학, 퇴학, 귀국), 新文館 설립, 춘원 이광수와 '少年' 창간(*1908.11.1.* 창간일은 현재 '잡지의 날'), '해海에게서 소년에게' 게재(최초 신체시), 安昌浩와 '청년 학우회'*1909*, 朝鮮光文會*1910.10.*, 六錢小說, '靑春' 창간*1914*, 계고차존'(稽古箚存. 檀君 · 夫餘 중심 상고사 1918), 3.1운동 33인, 민족대표 49인 참여, 기미독립선언서 기초*1919*, 동명사 '東明' 창간*1922*, '조선역사통속강화' 연재, 동아, '단군론'*1926*, '불함不咸문화론'(*1928* 백두산은 동방문화 근원지 단군신화 무대), '朝鮮及朝鮮民族', 조선사편수위원회*1927.*, 일본관동군 만주건국대학 교수*1938~1943.2.*, 이광수와 메이지明治대 조선인학생에 학병지원 강연*1943.11.24.*, 조선화보에 '경부철도가'*1908* 번역*1944.1.*, 영국 시인 바이런 '해적'의 신체시로서 모방, 광복 후 경성부 우이동牛耳洞 은거, 반민특위 체포*1949.1.*, 서대문형무소 수감, 특별재판부에 '자열서'自列書제출 하여 '민족을 위해서, 연구를 지키려 협력했다' 함, 병보석 석방*1949.2.*, '한국역사대사전' 편찬중 병사*1957.10.10.*■

■ 장준하(육당 최남선 선생을 애도함, 「사상계」(사상계사 1957.12.)) "사람을 사赦하는 법이 없고 인재를 자기 눈동자와 같이 아낄 줄 모르고 사물을 널리 생각하지 못하는 옳지 못한 풍조 때문에 우리는 해방된 후에도 선생에게 영광을 돌린 일이 없고 그 노고를 치하한 일도 없었을 뿐 아니라 도리어 욕된 일이 적지 아니하였다. 이것은 실로 온 민족의 이름으로 부끄러워해야 할 일이다."

'나쯔메 소세키'夏目漱石는 영국에 체류하며 근대국가의 실체를 보고 일본에 서구 국가의 옷을 씌우는 작업에 현기증을 느꼈다. '분수에 맞는 국가' 철학이었다. 그는 근대국가에 멈칫하면서도 그 길을 가지 않을 수 없는 '도련님'坊っちゃん들의 정신적 고뇌를 그렸다. 소세키가 고민했던 근대적 자아는 근대국가에 포섭되는 자아에 대한 정신분열증적 고뇌였다. 자신의 오붓한 자아를 깨고 나와야 한다는, 안온한 세상에서 나와 국가와 연계된 삶, 마치 고희랍 세계의 로고스적 삶이 고전기를 낳았듯이, 그런 삶을 살아야 한다는 자아를 세우기 위한 고뇌이었다. 지금의 우리도 이 같은 위치에서 갈등하지만 근대국민국가를 조국으로 가지길 염원하는 한 반공을 토대로 국가 체제를 구축한 독일식 합리주의는 여전히 우리의 정치철학이 될 수밖에 없을 것이다.

夏目漱石 '도련님'의 근대국민국가 나쓰메 소세키를 그린 한 만화책[세키카와 나쓰오關川夏央 글/다니구치 지로谷口ジロー 그림 『坊っちゃん』の時代/오주원 역, 『도련님』의 시대 제1권 나쓰메 소세키 편: 혹독한 근대 및 생기 넘치는 메이지인』(세미콜론 2012. 252쪽)]은 근대국가에 대한 조선의 도련님이라 할 수 있는 안중근이 이토 히로부미를 저격 처단한 그림을 그렸다(제8장 또 한사람의 '도련님' 159~178면). 안중근 의사가 메이지明治38년1905 섣달 그믐날 동경 신바시新橋역 중앙광장 천정 돔 아래를 지나다 사람들에 부딪히면서 가지고 있던 나쓰메 소세키의 책이 바닥에 흩어지자 마침 지나가던, 태평양전쟁 당시의 수상으로서, 종전 후 일본 전범 A급으로 처형된, 젊은 시절의 도조 히데키東條英機와 함께 이를 줍는 장면*(155~158면)* 등은, 어쨌든 픽션이기는 하겠지만, 당시 동북아 젊은이들의 근대국가에 대한 근대인이 되고자 하는 도련님들의 마음을 만화적 감수성으로 잘 드러내었다.

姜尙中의 근대국민국가 "러일전쟁 승리로 일본이…'강국이 됐다'고 좋아할 때, '큰 나라의 길을 걸으면 불행이 기다린다' 고뇌한 사람이 소세키였습니다… 영국유학*1900~1902*… 런던에 머물던 '세기의 전환기'에 당시 대영제국… 실상을 본 그는 고뇌했습니다.", "우리는 100년 전 소세키의 입장입니다.…극적으로 근대화를 이룬 한국이야말로 지금 고민해야 합니다. 특히 젊은이들이", "재일동포 1세들은 자신을 죽여야 하는 고난을 겪었어요. 한국인이란 것을 말하지 못하고 일본사람들 안에서 假面과 마스크를 쓰고 살아야 하고 자신의 존엄성을 포기해야 하는 삶이지요. 그들을 보았기 때문에 조국을 더 절실히 느끼는 것이 아닐까 합니다.", "전 한국 카테고리 안에 있습니다. 이념이 아니라 조국이지요. 제가 몸담은 한국은 반공을 토대로 성립한 나라입니다. 1979년 서독에서 유학하면서 반공을 기반으로 국가를 만드는 모습을 보았습니다. 마르크스-레닌에 대한 반대 위에서 사회민주주의든 리버럴이든 성립할 수 있었지요. 재일한국인 그룹 '한국학생동맹' 리더는 '반공이 아니면 우리들의 레종데트르*Raison d'être*존재이유는 없다' 했지요."[123]

Ⅱ. 국민국가의 국가 관념

[一] 사회계약의 국민국가

1. 사회계약의 국민국가의 관념

1.1 사회계약의 국민국가의 의의

1.1.1 인민의 사회계약과 국민국가

근대국가는 시민사회의 세속국가이다. 근대국가의 세속국가성은, 신정국가에서의 종교적 가치에 대하여 과학주의의 보편적 가치를 통치의 속성으로 갖는다, 하는 것이다. 근대국가는 통치의 보편적 가치를 사회공동체 구성원인 인민*people*의 합의로 이끌어 통치하는 국가이다. 근대국가는 사회공동체에서 국가를 형성하는 인민의 원시적 합의인 사회계약*social contract*에 의하여 이루어지는 국가로서의 국민국가를 전제로 하는 국가이다. 신대륙에 건립된 미합중국이 대표적이다. 미국 건국의 아버지들*Pilgrim Fathers*은[124] 영국에서의 대항해를 거쳐, 이제 자신들이 이루어 살 터전이 되는 신세계에 상륙하기 직전에, 국가의 건립을 위한 사회계약으로서의 船上계약*Mayflower Compact*을 체결하였다. 선상계약은 미합중국이 시민사회의 국민국가로서의 근대국가임을 상징하는 국가적 상형인 것이다.

Mayflower Compact 메이플라워 선상에서 1620.11.11. 서명된 아메리카 건국의 징표인 선상계약은,■ 영국의 국왕 엘리자베스 1세(*Elizabeth* / 1533.9.7.~1603.3.24. 재위1558~1603)에 이은 제임스 1세(*James* / 1566.6.19.~1625.3.27. 재위1603~1625)의 공포통치를 피해■■ 신대륙에로 떠난 청교도*Pilgrims*(영국 국교회 분리파*separatist* 성도*Saints*, 조합교회주의자*Congregationalists*, 방랑모험가, 무역상 등 102명에서 41명)는 플리머스 식민지*Plymouth Colony*계약에 서명하고 現 매사추세츠 주 Code岬(Cape Cod(갈고리hook형상 現 Provincetown Harbor)에 첫 발을 밟은 國父*Pilgrim Fathers*이었다. 하지만 첫 해*(1620~21)* 겨울, 거처할 곳 없이 혹한과 괴혈병*scurvy* 등으로 45인이 목숨을 잃고(*Cole's Hill Burial Ground(Plymouth, Massachusetts*에 묻혔다), 원주민 인디언들의 도움을 받아 농사를 짓고 1621년에 수확을 얻어 감사하는 마음으로 음식을 나눠먹으며 추수감사절을 기념하기 시작하면서, 미 연방의회는 1941.10.6. 결의안으로 공식 추수감사절을 11월의 마지막 목요일로 한다.■■■

■ In the name of God, Amen. We, whose names are underwritten, the loyal subjects of our dread Sovereign Lord King James, by the Grace of God, of Great Britain, France, and Ireland, King, defender of the Faith, etc. Having undertaken, for the Glory of God, and advancements of the Christian faith and honor of our King and Country, a voyage to plant the first colony in the Northern parts of Virginia, do by these presents, solemnly and mutually, in the presence of God, and one another, covenant and combine ourselves together into a civil body politic; for our better ordering, and preservation and furtherance of the ends aforesaid; and by virtue hereof to enact, constitute, and frame, such just and equal laws, ordinances, acts, constitutions, and offices, from time to time, as shall be thought most meet and convenient for the general good of the colony; unto which we promise all due submission and obedience. In witness whereof we have hereunto subscribed our names at Cape Cod the 11th of November, in the year of the reign of our Sovereign Lord King James, of England, France, and Ireland, the eighteenth, and of Scotland the fifty-fourth, 1620.

■■ 제임스1세를 이은 찰스 1세*(Charles I 1600.11.19.~1649.1.30. 재위1625~1649.)*는 청교도혁명*Puritan Revolution*, 영국내전*(English Civil War 1642.8.22.~1651.9.3.)*에서 올리버 크롬웰*(Oliver Cromwell 1599.4.25.~1658.9.3.)*에 목숨을 잃었다.

■■■ 인디언들은 사슴 다섯 마리를 사냥해 청교도들에게 선물했지만 지금은 칠면조를 먹는다. 뉴욕 맨해튼 Macy's 백화점 앞의 추수감사절 퍼레이드는 1924년부터 시작하여, 할렘에서부터 메이시스까지의 약 6마일에서 코끼리 등 실제 동물이 참여하기도 했지만 방송 촬영과 중계 시간 등으로 퍼레이드 길이는 2.5 마일로 줄었다.

사회계약과 선상계약 근대국가의 성립에 있어서의 사회계약론은 중세 神政국가론의 聖아우구스티누스(Saint Augustinus, *Saint Augustine, Augustine of Hippo, Aurelius Augustinus Hipponensis* 354.11.13.~430.8.28.), 마르틴 루터(Martin Luther 1483.11.10~1546.2.18.), 장 칼뱅(Jean Calvin 1509.7.10.~1564.5.27.) 등의 신정국가가 마키아벨리(Niccolò di Bernardo dei Machiavelli 1469.5.3.~1527.6.21.) '군주론'의 세속국가로 대체되면서 나오게 된다. 국헌의 현실에서는 독일 역사법학파에 영향을 받은 헨리 메인(Henry James Summer Maine 1822.8.15~1888.2.3.)의 '고대법'(*Ancient Law, Its Connection with the Early History of Society, and Its Relation to Modern Ideas*(1ed.), London: John Murray, 1861, p.170.), 미합중국국부*Pilgrim Fathers*의 건국을 위한 船上계약(*Mayflower Compact* 1620.11.20.) 등이다.

1.1.2 사회계약의 국민국가의 철학

사회계약적 국민국가의 국가철학적 기초는 마키아벨리 군주론의 세속국가가 아우구스티누스(Aurelius Augustinus Hipponensis, Saint Augustine of Hippo 354.11.13.~430.8.28.)의 신국(The City of God Against the Pagans(Latin: De civitate Dei contra paganos) 1470)에 이은 루터, 칼뱅 등의 신정국가 및

토마스 홉스의 근세적 공동체국가론, 스피노자의 안전・자유 국가론, 존 로크의 사회계약의 시민사회론 등에서 존재한다. 사회 '계약'은 유대교의 유일신 하나님의 아담과의 약속, 노아와의 약속, 아브라함과의 약속 등에서 연원한다. 특히 유대인의 애급 탈출 후 모세가 시나이산에서 하나님으로부터 십계명과 율법을 받으면서부터 신율적 약속은 규범적 약속으로 전환되기에 이른다.

1.1.3 사회계약의 국민국가의 당위

사회계약의 국민국가의 국가철학적 본질은 근대의 국민국가 형성이 그 공동체구성원의 계약에의 참여에 의하여 이루어졌다는 점에서 찾을 수 있다. 이로써 국민국가는 정의로운 법치국가일 수밖에 없다는 임마누엘 칸트의 규범적 당위의 국가론, 근대의 국가조직은 합리적 권위에 기초한다는 막스 베버의 사회학적 현상의 국민국가론 등의 국가 관념에 이어지게 된다.

막스 베버의 근대국가 Max Weber(*Karl Emil Maximilian Max Weber* 1864.4.21.~1920.6.14.)의 근대국가는 독일의 전통에 서 있는 민족국가로서의 국가 관념에서 벗어나 합리주의*rationalisation*, 세속화*secularisation*, 각성*disenchantment* 등에 기반하는 시장자본주의*market-driven capitalism*, 합리적 법제*rational-legal*, 국민국가*nation-state*로 구성된 국가를 지향하였다.■

■ Berlin대학 1891년 교수자격논문habilitation '로마 농업사, 국가법과 사법에 있어서의 의미'[*Die römische Agrargeschichte in ihrer Bedeutung für das Staats- und Privatrecht*. Stuttgart F. Enke, 1891. *Habilitationsschrift in Römischem Recht*, Reprint Amsterdam 1962.: *Roman Agrarian History and its Significance for Public and Private Law*], 프라이부르크대학 1895년 취임강연의 '국민국가와 민족경제정책'(*Freiburger Antrittsvorlesung Der Nationalstaat und die Volkswirtschaftspolitik*. *Akademische Verlagsbuchhandlung* J.C.B Mohr, Freiburg i. Br. und Leipzig 1895, GPS 1-25), 그리고 '프로테스탄트 윤리와 자본주의 정신'[*Die protestantische Ethik und der Geist des Kapitalismus*. In: Archiv für Sozialwissenschaft und Sozialpolitik. 20, 1904, S. 1~54 und 21, 1905, S. 1~110, überarbeitet in GARS I 1~206.] 등에서 논의되었다.

1.2 사회계약의 국민국가와 자연상태

사회계약의 국민국가는 국가 성립 이전의 자연상태를 상정한다. 토마스 홉스의 만인투쟁상태, 존 로크의 질서평화상태라는 등의 차이는 인간의 사회적 본성에 대한 편차 때문이다. 사회계약을 맺는 동인動因에서도, 존 로크는 기본적으로 계약을 맺을 수 있는 존재들의 상호간 관계로 보며, 그런 점에서 국가 성립 이전의 시민 상호간 공동체인 '사회'에 초점을 두게 된다. 반면 토마스 홉스는 서로에게 이리인 인간들에 닥친 자타공멸의 상황에서 이성의 빛이 나타나, 스스로는 공동체로서의 사회를 형성할 수 없는 구성원들에게 사회계약을 맺도록 강제하는 공동체 초월적 존재인 유기체로서의 리바이어던을 신정국가와 세속국가를 더한 국가로 본다.

1.3 근대국가로서의 사회계약의 국민국가

1.3.1 근대국가로서의 사회계약의 시민혁명

국가는 플라톤이 사회정의를 실현하는 생명력을 갖는 유기체로 파악한 이래 홉스・루소 등의 사회계약에 의한 국가론을 거친다. 근대국가의 논리와 정치사상은 17~18세기 홉스, 로크, 몽테스키외, 루소 등에 의하여 체계화되고 시민혁명으로 실현된다. 영국의 청교도혁명*1642년*, 명예혁명*1688년*, 미국의 독립혁명*1776년*, 프랑스혁명*1789년* 등이 그것이다. 그로써 나타나는 국민국가로서의 근대국가는 고희랍 도시국가, 중세 봉건국가, 근대의 시민혁명 전의 절대주의 국가와는 그 정치의 원리나 운영의 방법에서 성격을 전혀 달리한다.

1.3.2 근대국가로서의 사회계약의 규범국가

근대국가의 특질은 민족적 통일과 중앙집권을 토대로 개인의 자유・평등의 관념이 승인되고 입헌주의가 보장되어 있다는 점이다. 근대국가의 정치원리는 주권은 국민에게 있다는 국민주권주의, 정치는 국민의 대표기관인 의회가 제정한 법률에 의하여 운영되는 법치주의, 국민의 권리와 자유는 최대한으로 보장되는 기본적 인권 보장, 민주적 정치제도로서의 대의제·권력분립제 등의 확립을 기초로 하는 입헌주의의 헌법에 있다는 점이다.

1.3.3 근대국가로서의 사회계약의 국민국가에 반하는 국가 관념

근대국민국가는 고희랍 플라톤 Politeia의 이상국가·아리스토텔레스 니코마커스윤리학(Ethika Nikomacheia, Ἠθικὰ Νικομάχεια)의 윤리국가[125] 등을 잇는 국가 관념이지만, 반면, 국가를 家父長權의 관념으로 본 헤겔 법철학강요(Georg Wilhelm Friedrich Hegel 1770.8.27.~1831.11.14. Grundlinien der Philosophiie des Rechts)의 절대정신의 정·반·합의 현실태인 절대적 통일의 국가,[126] 피히테(Johann Gottlieb Fichte 1762.5.19~1814.1.27.) '독일국민에게 고함'(Reden an die Deutsche Nation 1807~1808.)의 나폴레옹전쟁에서 패한 프로이센의 국민적 고양을 위한 유토피아적 민족국가(독일의 국가 민족주의 맹아) 등이 있고, 역사적 현상 인식의 국가관념으로서 프란츠 오펜하이머(Franz Oppenheimer 1864.3.30.~1943.9.30.) 종족투쟁설의 정복국가론, 로버트 필머(Sir Robert Filmer c.1589~1653.5.26.) '가부장권론'(家父長權論, Patriarcha, 1680)의 신이 아담에게 가족과 자손을 지배할 권리를 부여하고 이 권리는 장자長子 상속으로 가부장에 전해지며 왕권도 이에서 연유한다는 왕권신수설王權神授說에 기하여 국민의 동의에 기한 권력이라는 사회계약설에 반대하는 가족국가론, 카를 마르크스(Karl Heinrich Marx 1818.5.5.~1883.3.14.) 및 프리드리히 엥겔스(Friedrich Engels 1820.11.28.~1895.8.5.) 등의 착취국가론 등이 존재한다.

2. 사회계약의 국민국가의 주권과 법

2.1 사회계약의 국민국가의 주권-시민국가

근대국가는 사회계약의 국민국가이다. 사회계약에 의한 근대국가 성립에 대해서, 헨리 메인(Henry James Summer Maine 1822.8.15.~1888.2.3. 영국 법제사학자. 독일역사법학파 영향으로 역사비교적 법학연구)의 '고대법'*Ancient Law*은[127] '신분에서 계약으로'(from status to contract)의 명제에 의거하여, 법을 자연법이라는 선험에 기초하지 않고 역사적 시각의 과학적 견지라는 근대국가적 시각에서 고찰하면서, 존 로크나 토마스 홉스의 자연상태*state of nature*는 인류의 상태에 대한 비역사적, 검증불능한 가정에 터 잡은 억측으로 본다.[128] 역사의 실제는 중세 장원*manor*을 단위로 한 봉건적 경제체제에서 농민의 농토예속관계에 기반하는 신분질서의 봉건사회가 도시·상공업 발달에 따른 화폐경제체제의 지대地代금전납부에 의한 농지임차 자영농의 계약경제관계로 변화하여 봉건사회는 자본사회로 이행되고 중세국가는 근대의 시민국가로 형성된다고 한다.

사회계약과 주권 및 사회계약과 사유재산 알투지우스(Johannes Althusius 1557~1633)는 국가형성의 사회계약과 통치의 지배복종계약이라는 이중계약에 의거하여 통치권력은 개인의 자연권에서 연유한다 하였다. 장 보댕(*Jean Bodin* 공화국6권)은 '주권자이신 하나님'에서 연유하는 군주의 '권력'이 갖는 최고·절대·항구성을 majestas라 하여 오늘날 주권에 상당하는 개념을 창안하였다.[129] 홉스Thomas Hobbes는 이리적*homo homini lupus* 만인투쟁·자타공멸의 자연상태를 벗어나기 위해 리바이어던*Leviathan*에 개인의 주권을 이양하는 국가계약을 맺는다는 관점이나(스피노자, 칼 슈미트 등에 이어진다),[130] 로크(John Locke 1632~1704 '시민정부론')의 자연상태는 상호존중 질서상태이지만 사회안전을 위하여 인민*people*의 자연권을 국가에 맡기는 신탁계약론으로 주권관념보다 대의정 의회주의를 강조한다. 루드비히 하인리히 폰 미제스(*von Mises Ludwig Heinrich Edler von Mises* 1881.9.29.~1973.10.10.)는 사회계약을 통한 국가형성론은 사회계약에 따라 자발적으로 자기 재산을 단번에 독점자인 국가에 양도한다는 것인데, 이런 계약론적 해석은 사유재산의 생성 역사와 양립할 수 없다고 하면서, 이는 사적 소유는 국가이전에 존재했기 때문이라고 한다.[131]

国家とは何か, 「環」(藤原書店 Vol.5 2001.4) 主権論序説【国境' 国家' 人民】E · バリバール(福井和美=訳 · 解題, ホッブズ『市民論』を読む 桜井直文 市民論(抄)
トマス · ホッブズ(桜井直文=訳), 自然状態 · 自然権 · 国家【ホッブズ' ロック再読】稲葉振一郎

2.2 사회계약의 국민국가의 법-시민법

사회계약의 국민국가의 법은 중세 봉건적 신정국가에서의 신정법, 봉건법을 극복한 근대법인 시민법이다. 국민국가는 철인, 왕, 특권적 계급의 전유물인 고대국가, 신정국가, 봉건국가가 아니다. 국민국가의 주체는 중세적 신정국가의 종교질서나 봉건적 신분질서의 예속관계로부터 해방된 개인으로서의 공동체 구성원 모두이다. 공동체구성원은 신민*subject*이 아닌 국가구성원인 국민의 지위를 가지면서, 평등한 인격의 주체로서 국가로부터의 자유를 천부인권으로서 보장받는 개인의 지위를 갖는다. 국민국가에서의 시민법은 사적자치의 영역인 시민사회에서 각 개인이 자유로운 의사의 합의에 의한 계약에 기초한 법률관계의 주체로서 법률행위 내지 계약의 자유, 소유권의 절대성, 과실책임 등의 원칙에 지배를 받는 근대국가에서의 근대법인 것이다.

2.3 사회계약의 국민국가의 주권과 법 – 국민주권국가

근대적 사회계약의 국민국가는 주권국가에 귀속된다. 근대국민국가와 쌍을 이루는 근대 입헌주의헌법에서 현출되는 국법학적 관념인 주권국가는 고희랍 도시국이나 중세 신정국가가 근세적 국가를 거쳐 근대국민국가로 향할 수 있도록 한 징검다리로서 그 맹아는 장 보댕 '공화국6권'의 국가론에서 발견된다.[132] 구약 창세기*Genesis 15:2* '주권자이신 하나님'*O Sovereign LORD* 등을 주권의 신학적 관념으로 삼아 이를 국법학적 국가의 관념에 도입한 것이다. 토마스 홉스는 군주정체는 출애급기*20:19* 사무엘상*8:11~17,20*의 문구 특히 "너희가 그 종이 될 것이다" 등에 집약적으로 표현되어 있다 하면서, 주권이라는 최고 권력을 군주에게 귀속시키는 군주주권을 말함으로써 근세적 국가의 형성은 해명하였으나 근대적 주권국가로서의 국민국가는 인식하지 못하였다.

구약창세기의 주권과 리바이어던의 주권 아브람이 여쭈었다. "주 주권자이신 하나님, 주께서는 저에게 무엇을 주시렵니까? 저에게는 자식이 아직 없습니다. 저의 재산을 상속받을 녀석이라고는 담메섹 사람 엘리에젤 뿐입니다."*But Abram said, "O Sovereign LORD, what can you give me since I remain childless and the one who will inherit my estate is Eliezer of Damascus*(Damméseq Eli'ézer)?. 리바이어던의 주권은 모든 신민 스스로의 상호간 계약으로 형성되는 리바이어던이 다수의 평화와 공동방위를 위해서 그들 모두의 힘과 수단을 끝까지 사용할 수 있는 한 하나의 인격이며, 이러한 인격을 획득하는 사람이 주권자로서 주권을 보유하고 그 밖의 모든 사람은 신민으로서 그 신민의 권리와 명예는 주권자의 존재 앞에서는 소멸한다. 신민은 정체를 변경시킬 수 없고 주권은 찬탈될 수 없으며 어느 누구도 부정의를 행하지 않고는 다수에 의하여 선포된 주권자의 제도에 저항할 수 없다. 주권자의 행위는 신민에 의하여 정당하게 비판될 수 없으며 주권자의 일체의 행위는 신민에 의하여 처벌될 수 없다.[133]

3. 사회계약의 국민국가의 국제화

3.1 국가와 국민이 결합하는 국민국가

국민국가는 근대국가의 모습이며 프랑스 대혁명을 계기로 국민은 동질체로서 국가 관념과 동일시되니 근대국가는 국가*State*가 국민*Nation*과 결합하는 국가이다. 켈젠의 '일반국가학'에 따르면 국가는 복종자를 가지지 않으면 안 되지만 국가적 공민이 없다고 안 되는 것은 아니다. 외국인이라도 국가질서에 복종하는 한 국민이며 외국인은 무권리라 해도 법률상 의무가 주어졌을 때에는 국가질서에 복종하는 상태에 있게 되어 국민에 속하게 된다.

3.2 국민국가의 국민주권과 시민권의 원리

국민국가에서 국민주권의 원리는 내셔널리즘과 데모크라시의 측면이 있다.[134] 내셔널리즘이 강한 국가에서는 외국인의 참정권이 인정되지 않지만 데모크라시에 근원한 인민주권의 원리에서는 요청된다. 외국인의 국회의원 선거권과 피선거권에 대하여 일본 최고재판소 판례는 부정적이지만 재일在日한국인 등 재류在留외국인의 지방선거권 판결의 방론傍論에서는 호응하는 입장이었다. 국민국가는 민주적 결정에 참가할 수 없는 주민이 많은 사회는 불공정하다는 점을 보여 준다. 보편적 시민권에 입각할지 호혜적 지역적 시민권 발상에 입각할지는 국가입법정책의 일이다. 하지만, 동아시아에서는 EU와 달리 경제수준 공통성과 안보 공통 목적을 확보하고 있지 못하므로 지역적 시민권을 실현하기는 쉽지 않다.[135)]

외국인의 지방참정권 - 平成7年2月28日最高裁判決 일본의 특별 永住者 재일한국인이 1990년 거주지 大阪市 선거관리위원회에 선거명부 등록을 구하는 이의 제기가 却下되자 선거권은 헌법상 보장되는 것임을 근거로 공직선거법 제24조에 기하여 위원회 결정의 취소를 구하는 소송을 제기하였다. 최고재판소는 상고를 기각하면서, 일본국 헌법 제93조 제2항의 주민은 일본국민만이며 在留 외국인의 지방참정권 보장 규정이 아니고 헌법은 법률을 기초로 거주하는 구역의 지방공공단체와 특단의 긴밀한 관계를 갖기에 이른 定住외국인에 대한 지방참정권 부여를 금지하는 것은 아니지만, 이는 국가의 입법정책에 관한 사항이며 그 입법을 행하지 않는 것에 위헌의 문제는 생기지 아니하기에 '선거권은 일본국민인 주민에 한한다' 하는 규정은 위헌이 아니다(다만 일본에서 외국인의 지방참정권에 대한 傍論에서는 우호적 입장을 개진하였다).[136)]

3.3 국민국가에서 외국인의 참정권

한국은 2004년 주민투표법 제정으로 영주 외국인의 거주와 사회통합성을 고려하여 주민투표권을 인정하였다. 일본은 패전 후 일본 거주 조선인의 일본 국적 상실 조치를 취하고, 한국 정부는 한일합방조약이 원천적 무효라 판단해서 재일동포 국적의 원상회복을 당연하다 했지만, 결과적으로는 재일동포의 국적 차별 철폐 요구에 대하여 귀국이나 귀화 중 하나를 택할 것을 요구하는 일본의 동화적 차별 정책으로 재일동포의 민족적 존엄은 유지되기 어려워졌다.[137)]

일본의 국민국가 인식에 있어서의 엄격한 국민 관념 일본의 헌법학교수 나가오長尾一紘는 일본국헌법에서도 외국인에 지방참정권을 부여할 수 있다는 부분적 허용설을 주장한 바 있지만, 이후에는, "한국인은 한국의 헌법에 의하여 한국에의 충성을 요구하며 한국인의 반이 '對馬는 한국영토'라 생각하므로 재류외국인에 참정권이 부여된다면 대마가 日韓 외교문제영유권문제가 예상되는 경우에 일본의 안전보장상 중대한 문제가 되며, 또한 在日大韓民國民団은 한국정부의 보조금에 의하여 운영되므로 민주당의 외국인참정권 부여의 공약과 법안은 국가의식을 흠결한 위험한 것"이라 하면서, "현실요소는 법해석에 영향을 끼친다 하는 '입법사실원칙'으로부터 보아도 부분적 허용설에 따른 민주당 법률안은 단순히 헌법위반에 그치는 것이 아니라 國家解体에로 가는 위험한 법률이라 말할 정도로 입장을 바꾸었다.[138)]

[二] 국민공동체의 국민국가

1. 민족국가를 극복한 국민국가

1.1 국가공동체를 넘은 국민공동체

1.1.1 근대의 국민공동체의 국가

근대국가는 고대그리스나 로마 등에서 보이는 공동체국가의 씨족 단위나 도시 단위를 넘은 광범위한 영토로 이루어지는 영역공동체로서의 국가이다. 근대국가는 지연, 혈연의 전통적 공동체에서의 사회구성원들을 국민공동체라는 이름 아래에서 별도의 공간과 새로운 가치관을 부여해 재통합하는 의미에서의 국민국가이다.[139)] 국민국가의 국민은 인종적 기원*Ethnic Origins*이 아니라 '매일의 인민투표'에 의하여 규정된다. 이 점에서, 홉스 리바이어던의 신민臣民구성적 국가공동체는 근대국민국가에서 그 기초를 이루는 국민공동체와 의미하는 바가 같지 않게 된다.[140)]

1.1.2 근대의 국민공동체의 헌법국가

근대국가는 영토에 기반을 두는 정치적, 사회적, 민족적, 이념적 경향성을 달리 보이는 공동체임에도 불구하고 항상 국민국가이다. 근대국가의 실체는 국민공동체의 국민국가인 것이다. 국민국가는 지역적 의식이나 행동양식이 아닌 일반국가에 공통되는 보편적 가치관의 행동양식을 갖게 된다. 근대적 국민국가를 상징하는 물적 설비가 학교, 철도, 행정기관, 군대, 공장 등이라면 그 정신적 장치가 헌법이니 근대국민국가는 헌법국가이며 입헌주의 헌법의 정점에서 존재하는 역사적·공간적 관념의 규범국가이다. 즉 근대의 국민공동체의 헌법국가가 된다.

1.1.3 근대의 국민공동체의 일반국가

국민국가(Nation-state, Nationalstaat)는 국가의 영역 내 인민을 국민이라는 단위로 통합한 국가이다. 국가를 구성하는 인적 요소와 물적 요소를 합성하여 확정한 영토를 갖고 국민을 주권자로 하는 국가 체제이다. 반면, 민족국가는 민족 단위의 국가 내지 그것을 성립시키는 이데올로기이다. 국민국가는 국민의 동실성을 전제로 통합되지만, 국민을 균질적 존재로 의식화 하면 원주민족이나 소수민족에 억압적, 배타적 현실을 만드는 민족모순이 드러난다. 국민국가는 인종주의적, 국가주의적 민족국가를 넘어 정치적 통일체로 존재하는 국민공동체의 일반국가이다. 국가의 구성원을 국민으로 만드는 것은 국가의 일원으로서의 귀속 의식인 국민적 정체성이다. 근대적 국민국가의 민족주의는 국민공동체에 의하여 정서되고 순화되는 국민의 역사적 이념이다. 민족을 같은 피, 역사, 언어를 가진 사람끼리 우리만의 결속으로 규정하여 나와 남을 구분하는 차별의식이 감정의 밑바닥에 깔리게 하는 등으로 민족의 왜곡을 가져와 국제법상의 보편원리에도 합치하지 않는 인종지향적 민족주의가 아니라, 연대와 통합을 위한 공동체 지향적 민족주의가 그 이념으로서 기능하는 것이다.

공동체 통일과 영남과 호남 전라남북도 지역을 지칭하는 호남湖南은 『세종실록』 세종 29.(1447)11.16.에 처음 나온다. 호남의 '호'는 호강湖江으로 불린 금강이다. 조선 후기 실학자 이긍익1736~1806 『연려실기술』 제16권 '지리전고'는 삼국시대부터 관개용 저수지 전북 김제 "벽골제호를 경계로 전라도를 호남, 충청도를 호서湖西로 부른다" 하였다. 영남嶺南, 영동嶺東, 관동關東은 고려 성종때에 전국을 10개 도로 나누며 상주 일대를 '영남도'라 했지만 경상남북도 지역을 지칭하는 영남은 『세종실록』 세종 12.1.22. 처음 나오고, 『연려실기술』에서 '영남'은 조령(새재)과 죽령의 남쪽, 소백산맥을 경계로 경북 문경시와 충북 충주시 사이 조령과 경북 영주시와 충북 단양군 사이 죽령이라는 두 고개 이남 지역이라 한다.[141)]

선거지역주의 선거지역주의는 상당부분 3김구도라는 현실정치의 반영이다. 영호남지역주의는 국가권력 장악을 둘러싼 '패권주의 성격'이 가미돼 있다. 충청지역 지역주의는 정권창출이라는 목표보다 지역적 이해추구라는 실제적 모습을 보이고 있다. 지역주의구조는 국민통합을 저해하고 감정적 경쟁사회로 몰고 가면서 점차 경쟁력 없는 사회로 후퇴시켰다. 한국의 지역주의는 자기지역에 연고를 가진 정당이 정권을 잡도록 지지해 유리한 자원배분에 참여한다는 기대감이 바탕이다[李南永(4-5면)]. 유권자들의 투표행태를 보면 87년 대선 후 지역주의가 본격화되어 김영삼 정부인 95년 6·27 지방선거에서 심화됐고 15대총선(1996년), 15대 대통령선거(1997년) 결과에서 지역주의 특징을 볼 수 있다. 1995년 6·27 지방선거를 앞두고 김종필이 김영삼 정부에서 이탈해 자민련을 창당하고 지방선거과정에서 김대중이 참가함으로써 영·호남 충청의 지역대결이 재연됐다[崔漢秀(4~5면)]. 지역감정은 90년 3당합당과 97년 DJP연합을 거치면서 선거연합을 통한 지역동원의 형태로 바뀌었다[金一榮, 4면].[142)]

1.2 국민국가와 민주주의적 민족주의

1.2.1 민주주의적 민족주의와 국민국가

민족은 언어·습속 등 문화적 역사적 운명공동체로서 자연발생적 집단이다. 민족국가는 모국motherland이지만 국민국가는 국민공동체의 조국fatherland이다. 민주주의적 민족주의는 국민 모두가 주인이 되는 국민국가이며 민주적인 시민국가이다.[143)] 국가주의적 민족주의도 아니고 신정체제적 민족주의와도 다르다. 민주주의적 민족주의의 국민국가의 시대에 한 지역, 한 지방을 전거로 하는 국가적 기구는 정당성을 갖지 못한다. 국회의원은 지역구에서 선출되지만 전 국민 즉 국가의 대표자다. 정당 역시 지역정당은 전국 대표성이 없기에 헌법상 정당의 적격성이 없다. 한국의 정당이 지역할거의 봉건성을 탈피해야 근대적 국민국가로서의 정당이 가능하다.[144)]

독일의 민족국가와 근대국가 독일의 국가 관념은 근대국가를 시민국가인 세속국가 보다 민족국가적 인식으로 시작한다. 헤겔(Georg Wilhelm Friedrich Hegel 1770.8.27~1831.11.14.)이 국가를 절대정신의 결정체(하이델베르크대 취임연설 1816.10.), 인륜적 이념의 현실태(『법철학』 257절) 등으로 이해한 것은 프로이센(*Preußen, Prussia* 1871~1918 독일제국의 주축국)의 상공업적 근대국가를 민족국가로 상정한 것이었다(『독일헌법론』(1800년경); 『헤겔사전』(도서출판b 2009.1.8.). 이는 피히테(Johann Gottlieb Fichte 1762.5.19~1814.1.27.)의 '독일국민에게 고함'(*Reden an die Deutsche Nation*, 金晟鎭 역(삼성문화재단 1971)) 나폴레옹에 패전 후 프로이센 베를린학술원 14차강연(1807.12.13.~1808.3.12.))에서 조국애의 민족문화국가로 이어진다. 이런 흐름이 근대국가의 관념으로 전환된 것은 칸트 I.Kant의 법치국가, 막스 베버(Maximilian Carl Emil Weber 1864.4.21.~1920.6.14.) '국민국가와 민족경제정책'(*Freiburger Antrittsvorlesung Der Nationalstaat und die Volkswirtschaftspolitik*, Akademische Verlagsbuchhandlung J.C.B Mohr, Freiburg i. Br. und Leipzig 1895, GPS 1-25)의 합리적 권위의 사회학적 국가에,[145] 라반트(Paul Laband 1838.5.24.~1918.3.23.)의 규범실증적 국가 관념을 가져오게 한 19세기 독일의 국가사상, 국가이론, 헌법발전에서(*Staatsrechtliche Vorlesungen, Vorlesungen zur Geschichte des Staatsdenkens, zur Staatstheorie und Verfassungsgeschichte und zum deutschen Staatsrecht des 19. Jahrhunderts*, gehalten an der Kaiser-Wilhelm-Universität Straßburg 1872-1918, Bearbeitet und hrsg. von Bernd Schlüter, Duncker & Humblot) 찾는다.

1.2.2 감성의 민족주의와 낭만적 국가주의

막스 베버의 시기에서 민족은 실재하기보다 가치, 감정의 영역에 속하며,[146] 민족주의는 실재하는 공동체에 속한다는 사실보다 공통의 언어, 종교, 관습과 정치적 기억을 가진 공동체에 속한다는 자부심이라 보았다.[147] 이런 민족주의는 왕조국가나 전근대적 절대제 군주국가의 권력으로 하여금, 존재하는 현실을 도외시하는 비현실의 낭만적 국가주의*romantic nationalism*,[148] 제국주의의 유기체적 국가주의*organic nationalism* 등을 나오게 하였다.[149]

1.2.3 인종적 민족주의와 국가의 해체

19세기 말부터 20세기에 걸친 민족주의 운동 속에서 민족자결권은 근대국가를 민족의 국가라 하는 낭만적 국가로 변질시켰다. 민족국가는 제국주의 국가로부터의 식민지 국가를 해방시키는 계기는 되었지만 다른 한편으로는 나치 독일 같이 민족의 이름으로 민족을 학살하거나 유고슬라비아 같이 인종의 이름으로 국가가 해체되는 계기도 되었다. 20세기 후반 이후 다민족 다문화가 공존하는 국민국가의 재형성이 모색되었던 것은 그 때문이다.

인종적 민족주의 1991년 6월 슬로베니아와 크로아티아의 두 공화국이 유고슬라비아 연방으로부터 독립을 선언하자, 세르비아가 주도하는 유고슬라비아 연방군과 슬로베니아 사이에 열흘 전쟁, 크로아티아 사이에 크로아티아 독립전쟁이 발발했다. 크로아티아 분쟁은 장기화되면서 지역사회에서 공존하던 세르비아인과 크로아티아인들이 약탈, 학살, 강간을 반복하였다. 1992년 3월 보스니아 헤르체고비나의 독립선언을 계기로 독립에 반대하는 세르비아인과 독립을 추진하는 보스니아인(무슬림)들이 군사적으로 충돌, 상당수가 독립에 찬성 입장을 취한 크로아티아인이 동참했다. 이것이 4월부터 시작한 보스니아 헤르체고비나 분쟁이다. 보스니아 헤르체고비나에서는 세르비아인 크로아티아인 보슈냐크인의 혼주가 진행 중이어서 상황은 더 심각했고 세르비아, 크로아티아 두 나라가 개입한 적도 있어 전투의 과정에서 인종청소가 발생했다. 1995년 7월, 세르비아인 세력은 국제연합의 지정하는 안전지대인 스레브 레니 차에 침공하면서 이곳의 보스니아인 남성 모두를 멸종의 대상으로 8,000명 이상을 조직적으로 살해하는 스레브 레니 차 학살이 일어났다. 이 학살은 옛 유고슬라비아 국제전범 법정 및 국제사법재판소에 의해 제노사이드로 인정됐다. 1996년 발생한 코소보 분쟁에서도 1999년에 제너 사이드(라차크의 학살)가 국제 문제로 비화했다.

1.3 국민국가와 인종적 민족국가

1.3.1 나치 독일의 인종적 민족주의

인종적 민족국가의 최악이 나치 독일이다. '나치즘'*Nationalsozialismus*(1933.1.30.~1945.4.30.) 독일은 민족적 국가주의*Völkischer Nationalismus*, 반유대주의, 파시즘의 전체주의적 사회유기체론에 의거하고, 제3제국*Das Dritte Reich*(독일제국 *Deutsches Reich* 1933~1943, 대독일국 *Großdeutsches Reich* 1943~1945)의 총통 아돌프 히틀러(Adolf Hitler 1889.4.20.~1945.4.30.)는 'Ein Volk, ein Reich, ein Führer'(하나의 민족, 하나의 제국, 하나의 총통)을 내걸고 나치*Nazi* 즉 '국가사회주의 독일노동자당'*NSDAP*(Nationalsozialistische Deutsche Arbeiterpartei)의 전제적 지배와 유대인학살이라는 인륜적 범죄를 자행하였다. 제3제국과 히틀러의 인종주의에서, 제3제국

은 신성로마제국(Heiliges Römisches Reich deutscher Nation 962~1806 제1제국), 독일제국(Deutsches Kaiserreich 1871~1918 제2제국)을 이어받았다는 의미이다. 힌덴부르크(Paul Ludwig von Beneckendorf und von Hindenburg 1847.10.2.~1934.8.2.) 대통령(1925~1934 제2대)의 히틀러 수상 임명(1933.1.30.), 히틀러의 긴급대통령령 비상사태 선언(2.27.), 바이마르공화국헌법 대부분 정지(3.23.), 수권법 통과와 나치 일당독재체제(4.26.), 게슈타포(Gestapo, Geheime Staatspolizei) 등의 경찰국가, 국가재건법의 중앙집권국가(1934.1.30.), 힌덴부르크 사망(8.2.), 히틀러가 국가원수 대통령직 겸임 그리고 결국 총통으로서 전권을 갖는다.[150)]

1.3.2 나치 독일의 인종적 인류학살

나찌의 인종적 민족주의는 게르만민족이 아리안족의 우월성을 이어받았다 하는 인종적 편견으로 인종적으로 '가치 없는 생명의 말살'이라 하여 Genocide계획적 인민대량학살, Holocaust대학살, the Holocaust유대인 대학살 등이 자행되었다. 독일인과 유대인을 철저히 분리시키는 뉘른베르크 법(1935.9.15.; 1935.11.14.)에 의거한 유대인의 시민권박탈 · 공직추방 · 재산몰수 등에 이어서 나치가 정권을 장악한 1933년 2월말부터 유대인 상점 · 사원을 약탈 · 파괴한 이른바 '수정의 밤'*Kristallnacht 1938.11.9.* 등으로 이어지면서 인류의 학살이라는 인륜적 범죄를 자행한 것이다.

나치의 유대인학살의 반인륜범죄 인종적 민족주의에■ 따른 유전증근절법(*Gesetz zur Verhütung erbkranken Nachwuchses* 1933.7.14.),■■ Action T4(T4 Program장애인 말살행동 1939.9.).■■■ 등의 유대인학살은 1939년부터 1945년까지 유대인 1천 1백만명의 절반이 넘는 67퍼센트, 나치가 관장한 9백만 명의 유대인 중에서 600만 명이 학살되었다.■■■■ 반인륜 국가 범죄를 민족의 이름으로 자행한 히틀러는 자살하고 *1945.4.30.*, 나치 독일은 무조건 항복하며5월, 포츠담선언으로 연합국이 독일 본토를 분할 점령하고, 폴란드의 영토 귀속, 동프로이센 절반의 소련 병합, 미국 · 영국 · 프랑스의 서쪽 점령지역은 독일연방공화국(서독), 소련의 동쪽 점령지역은 독일민주공화국(동독)이 되었다. 프랑스에서는 나치 독일에 협력한 남자는 총살, 여자는 삭발 속옷 조리돌림 태형으로 벌하였고, 유럽 국가들은 나치 및 파시스트 구성원 처벌법을 제정하고 도주자를 국제수배하여 이들을 처벌하였다.

■ 나치가 그 인종의 민족적 우수함을 내세운 Aryan족은 캅카스를 중심으로 한 카스피해 연안과 남러시아 늪지대에서 살던 유목민으로서 점차 유럽 소아시아 중앙아시아 인도 등 여러 방향으로 분산되어 왔다. 히틀러는 이를 나치 사상 전파의 계기로 삼아, 르네상스기에 남성의 운동능력, 여성의 아름다움을 표현한 고대 그리스 양식의 예술품만을 지원하였는데 이는 고전 양식의 타락을 가져 오게 한 것이었다. 특히 미론Myron의 '원반 던지는 사람' (the Discobolus of Myron, Δισκοβόλος, Diskobólos c.460~450BC)을 이상적 백인 남성의 표본으로 삼았다. 자신들 사상에 적합한 예술품을 골라 낸 것이다. 인체미의 아름다움, 황금율, 초인적 힘을 가진 한 인간의 묘사는 나치의 민족지상주의를 상징한 것이다. 청동으로 만든 원품은 사라졌고 the Palombara Discobolus 같이 로마 시대에 대리석으로 만들어진 카피들로 알려져 있다.

■■ 나치 말까지 200여 개 유전건강법원(Erbgesundheitsgerichten) 판결로 40만 명 이상 강제불임시술을 받았다.

■■■ T4라는 이름은 사무국이 있던 베를린 티어가르텐 4번지Tiergartenstraße Nr.4에서 유래했다.

■■■■ 유럽에서는 현실적으로 금전 거래를 독식하고 있다는 연유로 유대인의 박해를 불러왔다고 한다. 이로 인해 중서부 유럽 유대인 공동체는 거의 뿌리 뽑혔다. 유대인들은 폴란드 리투아니아 등 동유럽으로 도망했다. 이미 독일의 각지에서도 쫓겨났다. 스페인 왕국은 유대인 추방령을 발표했다(1492.3.31.). 당시 전 국민의 6.5 퍼센트가 유대인이었고 몬주익 일대는 유대인들의 집단거주지였다. 히틀러는 유대인은 좌익이라는 공식을 만들었다. 독일 사회주의자 가운데 유대인들이 많기는 했었다. 유대인임을 가리는 기준이 조부모 중에 유대인이 있느냐 여부로 자리잡았다. 히틀러는 독일 유대인의 정치적 경제적 기반을 무너뜨리고 유대인들은 대량으로 체포되어 강제수용소로 보내졌다. 독일과 오스트리아 합병으로 오스트리아 유대인들도 독일법의 적용을 받게 된다. 1938년 11월 초 17인의 유대인 망명자가 파리 주재 독일대사관 참사관을 살해하였다. 히틀러는 반유대 선전전을 펼쳤고 거대한 장례식의 선동적 애도에서 나치돌격대는 마지막 역할을 맡았다. 나치당원들과 돌격대원들이 앞 장 서고 독일 시민들이 합세해 손에 횃불과 벽돌 조각과 몽둥이를 들고 유대인 사냥에 나섰다. 유대인 상점의 부서진 유리조각들이 수정처럼 빛났기 때문에 수정의 밤이라 불린다. 유대인 대학살 홀로코스트의 서막이었다.

1.3.3 제2차세계대전 후 서독의 헌법애국주의

서독은 탈나치화를 위해 민족주의를 의도적으로 배제했다. 근대국가로서 민족국가 특성을 배제한 것이다. 서독 주민들은 민족이 아니라 민주주의 가치의 헌법과 시장경제의 '헌법애국주의', '경제애국주의'를 찾았다.[151)] 나치와 분단의 통일 이후에도 민족주의, 민족의식 표출은 사회적 책임에 맞지 않는다 하였다. 독일인의 유대인학살에 대한 한 생각을 발터 라카는 전후 독일인은 유대인 대학살에 다소 양심의 가책을 느끼고 속죄에 응하라는 생각이 있더라도 러시아와 폴란드, 체코슬로바키아에는 죄책감은 없고 오히려 피해 감정이 있었다 증언했다. 이들 동유럽 국가들은 적국이었고 그들 슬라브인들은 수백만 독일인을 고향에서 추방, 약탈, 때로는 생명까지 빼앗은 데 대한 보복이라는 것이 전후 독일의 논리였다.[152)]

2. 국민국가의 정통성

2.1 독일 국민국가의 정통성

2.1.1 근세적 민족국가로서의 독일

독일 프러시아 근대화는 칸트적 이성*Vernunft*의 각성으로 1871년 독일제국에 이르지만 근대적 국민국가라기보다 독일 구 國歌 '모든 것 위의 독일'*Deutsche über Alles*에서 간취할 수 있는 게르만의 근세적 민족국가에 그친다. 최초의 근대국가로서 바이마르공화국에서도 국민국가로서 기능한 것은 아니다. 당시 제정帝政 국가 회귀를 목적으로 일어난 군사쿠데타 '카프 푸치'*Kapp-Lüttwitz Putsch* 등이 이를 잘 말해 준다. 이 사건을 통하여 독일 국민들은 하나의 조국, 국민공동체의 관념을 깊이 인식하게 되었다.

2.1.2 근대적 국민국가로서의 독일

근세적 민족국가로서의 독일은 근대국민국가로서 방향성을 잡았지만 나치 히틀러의 유대인학살이라는 민족우월적 국가주의의 반인륜범죄로 끝을 맺었다.

Kapp-Lüttwitz Putsch 쿠데타*Coup d'état*에서도 Putsch는 외부의 세력 내지 군사력에 의한 정부 전복을 의미하며 Staatsstreich는 정부를 구성하는 세력의 정부전복이다. 카프 푸치는 독일 의용군 사령관 헤르만 에르하르트(*Hermann Ehrhardt* 1881.11.29.~19719.27.), 발터 폰 뤼트비츠(*Walther Freiherr vonLüttwitz* 1859.2.2.~19429.20.) 장군 등이 주축이었다. 프리드리히 에베르트*Friedrich Ebert*(1871.2.4.~1925.2.28.)는 1919년부터 1925년 逝去까지 독일 최초의 근대국민국가라 할 바이마르공화국의 초대 대통령이며 '독일사회민주당'SPD, Sozialdemokratische Partei Deutschlands 정치인으로서 독일을 근대국가로서 평화·질서를 실현시키고자 하였다. 하지만, 제1차세계대전의 패전국으로서 베르사유 조약에 따라야 하는 부담을 지는 일방 군부는 독일 내 유대인과 공산주의자들 때문에 패전했다는 '등 뒤의 비수 신화'를 유포하였고 이것이 독일 국민들에 널리 퍼져 사민당 정부에 대한 반감이 고조되었다. 그 가운데, 육군 병력을 10만으로 규정함에 따라 우익 해군 의용단 '에르하르트 여단'의 해산을 명하였으나 제정帝政 부활을 시도한 장교단이 1920.3.13.~17. 베를린에서 일으킨 볼프강 카프*Wolfgang Kapp*(1858.7.24.~1922.6.12.)를 수반으로 한 군사쿠데타 카프 푸치*Kapp-Lüttwitz Putsch*를 일으켰다. 이는 노동자 총파업 및 관료들의 비협조 등의 저항으로 실패로 끝났으나 Coup d'état 진압과정에서 노동자 등 민간인 2000여 명의 사망으로 극단화된 정치적 대립의 격화는 히틀러를 출현케 한다.■ 국민의 국가 존중이 없으면 국가는 국민에 관계없이 흘러감을 여실히 표상한다.

■ Erger, Johannes, Der Kapp-Lüttwitz-Putsch: Ein Beitrag zur deutschen Innenpolitik 1919-20. Beiträge zur Geschichte des Parlamentarismus und der politschen Parteien (in German) 35. 1967, Droste; Sturm, Reinhard, Weimarer Republik, Informationen zur politischen Bildung (in German) (261). Bonn: Bundeszentrale für politische Bildung, 2011. Retrieved 17 June 2013.

제국정부*Reichsregierung***의 反 Putsch 檄文***(1920.3.13.)* To the German people! As a result of a lunatic coup de main, the government buildings of Berlin have fallen into the hands of mutineers.…Everyone remains bound in obedience to the constitutional government. Only it can issue orders and payments. Any decree from another place is legally null. The soldiers of the national army have to defend the constitution, protect the president and government, and be obedient.…The dissolution of the national assembly is unconstitutional.…Only a government based on the constitution can save Germany from sinking into darkness and blood.…The people will starve if new troubles interrupt the economy and commerce, and trust in the father land, which only a constitutional government earns, will be undermined.… German people, rally to your constitutional government! *Dresden, 13th of March 1920 National president: Ebert*(제국대통령)

2.1.3 법치적 민주국가로서의 독일

독일은 패전 후 나치의 인륜적 범죄를 참회하면서, 1949년 독일기본법 제1조 '인간의 존엄은 불가침이다. 이것을 존중하고 보호하는 것은 모든 국가권력의 의무다' 하여 인간과 인류애에 기반하는 근대국민국가의 정통성과 법치국가*Rechtsstaat* 관념에 의하여 국가지배권을 제한하는 법과 규범적 이성의 담지자로서 법관의 책무를 설정하였다.[153] 독일인들은 법치국가적 민주주의에 입각한 근대적 국민국가야말로 임마누엘 칸트적 실천이성에의 자유를 가능케 하는 국가임을 인식하면서, 실천이성의 주도에 따른 자유의 최적 질서를 실현하기 위한 供犧的공희적 인간 즉 자신을 희생하는 供犧가 불가능한 인간을 부인하였다.[154]

2.2 애국심과 국민국가의 정통성

2.2.1 국민국가 국민의 애국심

근대국가의 국민은 주권자로서 다양한 권리를 갖는 동시에 납세, 병역, 교육의 의무를 담당하게 되었다. 그 같은 의무의 근저에 놓인 것이 근대국가 정통성의 형상화인 애국심이다. 애국심은 국가에 대한 애착과 의리이고 함께 감응하고 아픔을 겪는 공감*sympathy*의 연대의식이며 그것이 博愛의 정신이다. 국가는 박애의 국가사상으로 이뤄진 국민공동체이며 애국심은 지리적 역사적 환경인 향토와 이웃에 대한 국토애 · 동포애의 표상이다. 또한 세대적 승계의식이다.

'What a Wonderful World' Louis Armstrong(1901.8.4.~1971.7.6. New Orleans, Louisiana 출신, 가수, jazz trumpeter), 'What a Wonderful World'(Bob Thiele(George Douglas), George David Weiss 작곡, ABC Records(1967, 1970 口語 버전, 1999년 그래미 명예의 전당Grammy Hall of Fame 헌액)는 점점 더 인종적 정치적으로 되는 일상생활의 미래를 낙관적 톤을 세상에 태어나는 아이에게 기대한다. *And all I'm saying is see what a wonderful world/ It would be if only we'd give it a chance./ Love baby, love. That's the secret, yeah./ If lots more of us loved each other/ we'd solve lots more problems./ And then this world would be gasser./ That's wha' ol' Pops keeps saying.// I see trees of green, red roses too/ I see them bloom, for me and you/ And I think to myself/ What a wonderful world/ I see skies of blue, and clouds of white/ The bright blessed day, dark sacred night/ And I think to myself/ What a wonderful world// The colors of the rainbow, so pretty in the sky/ Are also on the faces, of people going by/ I see friends shaking hands, sayin', "How do you do?"/ They're really sayin', "I love you"/ I hear babies cryin', I watch them grow/ They'll learn much more, than I'll ever know/ And I think to myself/ What a wonderful world/ Yes, I think to myself/ What a wonderful world/ Oh yeah!* 난 푸른 나무들과 붉은 장미를 바라봐요/ 나는 그들이 꽃을 피우는 것을 봐요. 당신과 나를 위해서/ 그리고 나는 혼자 생각해요/ 정말 멋진 세상이다/ …/ 아기 울음소리가 들리고, 자라는 걸 지켜봐요/ 그들은 내가 아는 것보다 훨씬 더 많은 것을 배울 것에요/ 그리고 나는 혼자 생각한다/ 정말 멋진 세상이다/ 네, 혼자 생각합니다/ 정말 멋진 세상이다/ 오 그래요!

2.2.2 국민의 애국심과 국가의 영혼

국민주권의 근대국가인 국민국가의 애국심은 국민공동체로서의 국가에 대한 인류애적 애착심이다. 독일 역사학파 탄생의 부조父祖, 리스트*F.v.List*는 국토 · 국민 · 역사를 국가의 3대 요소로 규정했다. 역사학파는 정신*Geist*을 중시한다. 국토, 국민이 국가의 몸체이며 역사는 국가의 영혼이라는 의미이다. 근세에 이르러 신정국가를 극복한 세속국가에서 종교와 정치는 분리되고, 근대국가가 들어서면서 神意는 배제되고 民意의 주권 개념이 들어서게 된다.

국가와 애국심과 국가수호의식 국가는 박애의 극치이다. 프랑스혁명의 인권선언*1789년* 자유 · 평등 · 박애의 박애는 일신, 일가, 一鄕族의 사사로움을 죽이고 한 나라를 사랑하라 하는 것이다. 애국심은 박애의 국민연대의식이며 국가수호의식이다. 국가 내의 제도나 신념 체계의 의지가 아니라 공동체 이익에 대한 국가 자체의 각오이며 결의다. 한국의 이익이 해쳐질 때 전쟁할 각오 그것이 애국심이다. 베를린 올림픽 마라톤 우승자 손기정은 말한다. "일본 사람들이 왜 무서운 줄 알아요? 그들은 사람을 키울 줄 알거든요"(손기정 동아일보 1999 12.6 월 C1면). 인사혁신처 '2015년도 5급(행정)국가공무원 공채 면접시험'(2015.10.30~31.)에서 한국헌법과 북한헌법의 비양립성, 경부고속도로와 한강의 기적, 국가상징물과 애국심, 태극기 가로 · 세로 비율과 그리는 법, 애국가 3절, 4절 가사 등 물음에의 댓글 "…이게 정말 사무관으로서 필요한 역량인가 싶어서 면접을 보면서 슬펐다"(경향신문 2015.11.11., 한겨레신문 2015.11.12.; 2015.11.13.14:09:06.)에의 반박 댓글 "세상에 지나라 국기와 국가를 그려보고 불러보라 하는데 노예계약이라니? 삼일운동, 임정, 정부수립 및 건국(국제연합으로부터 한반도 유일의 합법정부임을 만장일치로 승인받은)도 다 태극기와 애국가로 했구먼."이 한국 국민국가의 현실이다. 한국인 和歌와카 명인(이승신, 『오키나와에 물들다』(소울 2010 155쪽))의 마음을 보자. '피의 의미' "새겨진 이름도 없는/ 만 명의 전몰자/ 그 피의 의미를 생각하게 되는/ 오키나와/ 한국인 위령탑 앞." ‖ '나라를' "나라를 못 지키면/ 이리 되는 거로구나/ 정신이 번쩍 드는/ 오키나와"

흑인파워경례 1968년 제19회 올림픽에서의 흑인파워경례*Black Power Salute*는 육상 200m결승 19.83초 세계기록의 금메달 미국인 토미 스미드*Tommie Smith 1944.6.6.~* 동메달 존 카를로스*John Carlos*가 멕시코 육상경기장 시상식에서 행한 정치적 시위로서, 미국 국기 성조기가 오르고 '성조기여 영원하라'*The Star-Spangled Banner*가 끝날 때까지 검은 스카프를 목에 두르고 검은 양말만 신은 채 시상대에 올라 검은 장갑을 한 손을 올렸고(오른손), 은메달 호주인 피터 노먼*Peter Norman 1942~2006*은 올림픽인권*OPHR Olympic Project for Human Rights* 배지를 상의에 꼈다. 인권경례*Human Rights Salute*의 이 침묵제스처*Silent Gesture*는 근대올림픽사의 가장 상징적인 정치적 언사였다. IOC는 이를 올림픽정신을 훼손하는 정치적 폭력으로 보았고 둘은 선수촌에서 추방됐다. 세월이 흐른 후 그 진의를 인정받아, 스미드는 1978년 국립 육상명예전당에 오르나 피터 노먼은 사망한 후였다. 야구 월드시리즈에서 미국인이 국가와 성조기에 보여주는 敬畏心을 보면*(2009.11.1.日오전10시)*, 공공영역에서의 국가·국기에 대한 不敬은 국민공동체에 무례한 행동이라는 그 본질은 변하지 않을 것이다.

2.2.3 국가의 정통성과 국민의 애국심

국민국가 형성의 과정에서 국민은 국기 게양과 경례, 국가 제창, 사용하는 문자나 말의 표준화 등의 통제를 통해서 국민적 정체성을 형성하게 된다. 국가의 상징인 국기·국가·수도 등 근대국가 정통성의 형상화는 애국심의 표상이며 국제사회에서 주권국가를 식별하는 표시이다. 국기·국가는 개별국가의 표상이고 그 무례는 국가의 보편성을 훼손한다.

2.3 국기·국가와 국민국가의 정통성

2.3.1 국기·國歌의 國家적 의의

국가는 그 안에서 살아가는 사람들에게 살아갈 수 있는 자유의 삶을 제공한다. 헤겔에 따르면 국가는 절대정신이 그 자신을 실현시키기 위한 단위이다. 그래서 한 시대를 살아가는 사람들은 공통된 감각적 틀을 갖게 된다. 이 감각을 재현하는 것이 예술이다. 국기·국가는 그런 의미를 갖는다. 예를 들어 프랑스의 國歌 '라 마르세예즈'(1795~1799 / 1870~현재)는 루제 드 릴*Rouget de Lisle*이 프랑스혁명을 가사로(처음 6절 현재 7절) 작곡한(1792.4. 25.~26.) 국가인데(1795.7.14. 이후에 1879년 공식 인정) 그 선율의 고조와 격정적 가사로 범 유럽의 투쟁적 모임의 式歌로 불리게 되었다.

La Marseillaise(프랑스국가) 제1절 Allons enfants de la Patrie,/ Le jour de gloire est arrivé!/ Contre nous de la tyrannie,/ L'étendard sanglant est levé,…(후렴)Aux armes, citoyens Formez vos bataillons Marchons, marchons!/ Qu'un sang impur Abreuve nos sillons!…// 제2절 Que veut cette horde d'esclaves,…De rendre à l'antique esclavage!// 제3절 Quoi! des cohortes étrangères…// 제4절 Tremblez, tyrans et vous perfides…// 제5절 Français, en guerriers magnanimes,…// 제6절…Liberté, Liberté chérie,…// 제7절 …//■

■ 제1절 나가자 조국의 아들 딸들아/ 영광의 날이 왔다! 압제에 맞서/ 피 묻은 깃발을 올려라/(후렴)무장하라 시민들이여/ 무리를 지어라/ 행진하자 행진하자!/ 적들의 더러운 피가/ 우리의 밭을 적실 때 까지// 제2절 …바로 우리가 노예제를 과거로/ 되돌릴 용기를 가졌다// 제3절 뭐라고?…/ 비열한 폭군이 우리 운명의 주인이 된다는 말인가!/ 제4절 각오하라 압제자와 너희 배신자여/ …// 제5절 프랑스인이여 고결한 전사여/ …// 제6절 …// 제7절 거룩한 조국애여/ …/ 자유여 귀중한 자유여/ 너의 수호자와 함께 싸워라!

Casablanca 독일군에 점령된 Paris 비시정부*Vich French 1941.12.2*로부터 몸을 피해 북아프리카 프랑스령 모로코 카사블랑카에 소재한 카페*Rick's Café Américain*를 무대로 연애 감정에 젖은 남녀의 사랑이 아닌…국민국가의 애국에 눈 뜬 장년壯年의 자유를 그린 영화 카사블랑카에서 프랑스 國歌 La Marseillaise(체코 레지스땅스 라즐로 선창) 對 독일군가 '라인강을 수호하라'[*Die Wacht am Rhein*■ 스트라서 게슈타포■■ 소령 지휘(애초 '나치군가'(*Horst Wessel Lied*)가 설정됐었다)] 併唱에서 La Marseillaise가 압도하는데…, 마지막 장면에서, 일자(버그만)의 연인 릭이 마련한 여권으로 탈출하려는 일자와 라즐로*Czech Resistance* 부부를 막는 독일군 스트라서는 사살되고 비행기는 리스본 밤하늘을 향해 날아간다. 'As Time Goes By' 선율이 흐른다. ■■■

■ Die Wacht am Rhein(Max Schneckenburger, 1840, music: Karl Wilhelm 1854:1.) *Es braust ein Ruf wie Donnerhall,/ Wie Schwertgeklirr und Wogenprall:/ Zum Rhein, zum Rhein, zum deutschen Rhein,/ Wer will des Stromes Hüter sein?/ Lieb' Vaterland, magst ruhig sein,/ Fest steht und treu die Wacht am Rhein!*

■■ 게슈타포(Gestapo:나치비밀국가경찰Geheime Staatspolizei), 나치친위대(SS Schutzstaffel)는 나치 독일의 체제유지경찰이다.

■■■ Casablanca[kæsə'blæŋkə, kozablanka, 'white house'], 16th Academy Awards/ Michael Curtiz(감독)/ Max Steiner(주제곡)/ Humphrey Bogart(Rick Blaine), Ingrid Bergman(Ilsa Lund)/ Victor Laszlo(Paul Henreid)/ Claude Rains(Vichy Captain Louis Renault)/ Heinrich Strasser(Conrad Veidt)/ Release(1942.11.26.premiere 1943.1.23.general 한국 1957, 102분)].

2.3.2 국기 · 國歌의 國家적 의의 – 독일의 경우

독일 國歌 '독일의 노래'*Deutschlandlied*는, 하이든 '황제찬가'*1797.2.12.* 곡에 폰 팔러슬레벤 작사*1841.8.26.* '독일인의 노래'(Das Lied der Deutschen 1~3 stanzas(절))가 바이마르공화국 국가로 되나*1822.8.11.* 패전*1845.5.7.* 후 "독일, 모든 것 위의 독일"로 시작하는 1, 2절은 폐기하고(독일연방헌법재판소 1990년 결정) 3절 'Einigkeit und Recht und Freiheit'만을 1952년부터 통일*1990.10.3.* 이후에도 부른다. 독일 국가의 '조화, 법, 자유'는 프랑스인권선언의 '자유, 평등, 박애' 등의 가치에 비견된다.

황제찬가와 독일국가 황제찬가*Gott erhalte Franz, den Kaiser*는 하이든(*Franz Joseph Haydn* 1732.3.31~1809.5.31.)이 신성로마제국 프란츠 2세 생신*1797.2.12*에 바친 황제4중주*Emperor Quartet* 작품 76의3 絃樂四重奏(string quartet/ two violins, a viola, a cello) 제2악장이 1918년까지 오스트리아 국가로 쓰이다 독일국가로 사용된다. 이는 개신교 통일찬송가 245장(새찬송가 210장) '시온성과 같은 교회', 127장 '예수님의 귀한 사랑', 그리고 독립운동열사 추도곡 등으로도 불렸다. 독일국가 제1절 *Deutschland, Deutschland über alles,/ über alles in der Welt,/ Wenn es stets zu Schutz und Trutze/* …// 제2절 *Deutsche Frauen, deutsche Treue,/ Deutscher Wein und deutscher Sang,* …// 제3절(현 國歌) *Einigkeit und Recht und Freiheit/ Für das deutsche Vaterland!/ Danach laßt uns alle streben/ Brüderlich mit Herz und Hand!/ Einigkeit und Recht und Freiheit/ Sind des Glückes Unterpfand;–/ Blüh im Glanze dieses Glückes,/ blühe, deutsches Vaterland!//*■

■ 제1절 도이치란트, 도이치란트 모든 것 위에/ 이 세계의 모든 것 위에/…// 제2절 독일 여자, 독일의 信義/ 독일 와인, 독일의 노래/…// 제3절 조화와 법과 자유를 조국 독일에/…//[폰 팔러슬레벤(*August Heinrich Hoffmann von Fallersleben* 1798.4.2~1874.1.19.) 작사]

2.3.3 국기 · 國歌의 國家的 의의 – 일본 · 중국 · 북한의 경우

일본은 제2차세계대전의 항복 패전 후 '기미가요' 사용을 중단하다 1999년 '국기국가법' 제정으로 공식화하였다. 중국은 1954년 헌법에 국기, 국휘*國徽*, 수도에 관한 규정을 명문화했다. 다만, 국가인 의용군행진곡은 제10기 전인대 제2차 회의*2004.3.14.*에서 나라를 상징하는 표식으로 헌법상 명문화되었다. 현행 중국 헌법 제4장은 국기, 국가, 국휘, 수도 등을 정하여 제141조는 중화인민공화국 국기는 오성홍기(오성 중 가장 큰 별은 중국 공산당을 뜻하며 네 개의 작은 별은 노동자, 농민, 소자산 계급과 민족자산 계급을 나타낸다)이고 중화인민공화국 국가는 의용군행진곡이다. 제142조는 중화인민공화국 국휘의 형태(다섯 개의 별이 비추는 천안문을 중앙에 두고 그 주위를 벼 이삭 무늬의 둥근 테가 감싸고 그 아래 중앙의 작은 톱니바퀴 도안), 제143조는 중화인민공화국의 수도는 베이징 등을 규정한다. 북한은 1947년에 만든 國歌('아리랑' 가사를 일부 바꿔 혁명가요로 1948년 9월부터 부름)를 1992.4. 북한 사회주의헌법 제165조에 국가로 규정하였다.

간삼봉에 울린 아리랑 김연갑, 3절중 1절 '보천보에 홰불올린 혁명군은 기세높아/ 간삼봉의 싸움터엔 노래소리 드높았네/ 빨찌산 녀장군이 선창떼신 아리랑/ 봉이마다 릉선마다 뇌성타고 울렸네/ 아리랑 스리랑 간삼봉에 불비와서 아라리가 났네'(작사 신운호, 작곡 전민철, 노래 현송월). 박세영 작사 김원균 작곡, 김일성이 1937.6.4. 함경도 보천보, 간삼봉 전투에서 불렀다 한다. '빨치산 녀장군'은 김일성의 처 김정숙이다. CD 「조선민요 I 아리랑」 '간삼봉에 울린 아리랑'(arirang echoed through jiansanfeng)(음반 표지 발행처 '길림민족록음록화출판사'는 내부에 'DPR KOREA'로 되어 있다).

3. 시민사회의 국민국가

3.1 시민사회를 기반으로 하는 국민국가

근대국가는 전능적 하나님의 초월적 힘이 아닌 인간의 이성에 근거하는 권력의 합리적 구성과 기능에 의하여 작동하는 국가이다. 봉건적 신정사회에서 시민사회로의 발전 덕분이다. 까레 드 말베르*Carré de Malberg*가 '국가일반이론'에서[155] 국가의 본질은 권력인가 참여인가의 물음을 던졌던 것은 그런 이유에서이다. 국가는 하루아침에 이루어지는 것이 아니다. 어느 순간에 완성되거나 한번 제도적으로 만들어 놓으면 그냥 굴러가는 게 아니다. 시민사회에서 생성되고 지켜지며 끊임없이 형성되어서 객관화된 존재로서 기능하여야 하는 소조물이다.

3.2 시민사회 없는 국민국가

시민사회 없는 국민국가는 외견화된 근대국가에 다름이 아니다. 그 같은 국가는 낭만주의적 민족국가이든지 또는 제국주의적 유기체국가로 흐른다.[156] 1850년 프로이센헌법의 국가성, 1889년 대일본제국헌법(명치헌법), 인민국가 – 민중의 헌법과 국가, 바틀레의 헌법사상과 국가, 바뵈프 음모와 헌법사상과 국가, Paris Commune과 국가 등이 그것이다.

헌법파괴와 헌법폐지 헌법파괴는 헌법제정권력의 주체 및 성문헌법 폐기의 초헌법적 행위로서 국가 전복의 혁명Revolution이다[1789년 프랑스혁명으로 Louis 16세 君定헌법 파괴, 독일 1918.11.7. 민주혁명으로 독일제국 붕괴와 의회민주주의 공화국 탄생으로 비스마르크 君定헌법의 파괴]. 헌법폐지는 헌법제정권력 주체는 유지하나 비합헌적 방식의 통치권 찬탈로 성문헌법을 폐기하는 반헌법적 행위다. 국민의 동의없이 통치권 행사담당자의 불법적 교체인 정변Coup d'État이다[1961년 5·16정변의 제2공화국헌법 폐지와 제3공화국헌법 제정, 1972년 10·17정변의 제3공화국헌법 폐지와 유신헌법 제정, 1980년 5·17정변의 유신헌정 대체로 제5공화국헌법 제정].

3.3 시민사회의 성립과 국민국가

프랑스혁명의 기치는 자유-평등-우애*liberté - égalité - fraternité*이다. *友愛*는 프랑스 1848년헌법에 공화국 정신으로 규정되었다. fraternité를 부르주아 혁명가들은 법적 평등, 화합의 의미로 본 반면 민중은 현실적 불평등에 맞서 실질적 평등을 요구하기 위한 '완전한 평등'의 의미로 사용했다. 당시 우애 내지 형제애라는 말은 博愛라 하는 사해동포적 의미보다는 '형제가 되지 않으면 죽이겠다' 하는 오히려 反박애적 구호에 익숙한 것이었다. 프랑스혁명의 공포정치는 4만 여명 학살, 방데 반란 진압 40만 여명 학살, 주변국 전쟁으로 수백만 명을 죽였다.[157]

[三] 이념공동체의 국민국가

1. 민족적 국민국가

민족적 국민국가는 제1차세계대전을 거치면서 전환되는 국가이다. 오스트리아·헝가리 제국의 프란츠 페르디난트(Franz Ferdinand 1863. 12.18.~1914.6.28.) 황태자 부부가 1914.6.28. 사라예보에서 세르비아 민족주의 청년에 암살되면서 발발된 제1차세계대전(1914~1918)에서 약 1500만여 명 사망 후 1918.11.11. 오전 11시 체결된 정전협정과 1919.1.28. 시작된 파리강화회의에서 승전국 영국(데이비드 로이드 조지)·이탈리아(비토리오 에마누엘레 올란도)·프랑스(조르주 클레망소)·미국(우드로 윌슨)과 패전국 독일이 6.28. 체결한 베르사유조약(Treaty of Versailles, Traité de paix de Versailles 베르사궁전 '거울의 방, 전문 440조) 제1편은 국제연맹규약이 된다. 베르사유 평화체제의 국제질서는 생-제르망-앙-레이 평화조약(1919.9.10. La paix de Saint-Germain-En-Laye 패전국 오스트리아와 맺은 강화조약), 뇌이조약(1919.11.27. Treaty of Neuilly 패전국 불가리아와 맺은 강화조약), 트리아농조약(1920.6.4. Trianon 패전국 헝가리), 세브르조약(1920. 8.10. Sèvres 1923.7.24. 로잔Lausanne 조약으로 대체, 패전국 오스만투르크 제국) 등의 질서이다. 이로써, 폴란드, 체코슬로바키아, 사우디아라비아, 시리아, 이라크, 레바논, 아르메니아 등은 민족국가로서 독립한다. 파리강화회의에 따른 베르사유조약은 압박이 컸던 독일에서는 이 같은 국제조약을 '명령'이라 불렀고 이를 둘러싼 독일인의 불만을 교묘히 포착하여 이용한 것이 나치스이다.

A Farewell to Arms '무기여 잘있거라'(Charles Vidor 감독, 원작 Ernest Hemingway, 20th Century Fox, Release(1957.12.14.미국) Running time 152) 프레데릭 헨리*(Frederick Henry: Rock Hudson)*는 제1차세계대전 이탈리아군 야전병원 미국인 장교로서 부상으로 북이탈리아 영국군병원에 입원하면서 적십자 간호사 캐서린 바클리*(Catherine Barkley: Jennifer Jones)*와 사랑하며 캐서린이 임신하자 간호부장 밴 캠펜*(Miss Van Campen: Mercedes McCambridge)*은 헨리를 전선으로 보내고, 프레데릭은 카포레또 전투*Battle of Caporetto*에서 리날디 소령*(Major Alessandro Rinaldi :Vittorio De Sica)*과 함께 최전선에서 對 독·오군*German/Austrian armies* 전투시 본대에서 이탈된다. 리날디는 탈영 혐의로 이탈리아 군에 총살되나, 프레데릭은 탈출하여 캐서린을 만나, 자신들만의 휴전을 선언하며, 밀라노에서 스위스 국경선을 품은 호수*Lugano 또는 Maggiore*를 보트로 건너 중립국 스위스에 밀항, 체류가 허용되고, 크리스마스 겨울, 설원을 즐기나, 캐서린은 출산을 앞두고 병원에서 준비하나 사산되면서 죽는다. *Frederick leaves, shocked, and wanders the empty streets*(촬영지: 이탈리아 알프스, Venzone in the Province of Udine in the region of Friuli-Venezia Giulia, Lazio, Rome 등). 전후 실존적 인간의 국민국가와의 갈등을 그린 역작이다.

2. 이념적 국민국가

2.1 이념적 국가의 냉전체제

2.1.1 이념적 국가체제와 냉전의 국민국가

제2차세계대전 후 제국주의 국가체제가 해체되고 새 질서 형성과정에서, 승전국인 연합국 미·영과 달리, 소련은 1945.2. 얄타회담에서 약속한 동유럽 점령지 자유선거를 7월 포츠담 회담에서 파기하고 1917년 러시아혁명 프롤레타리아 계급주권의 공산주의 국가체제를 세우고자 하였고 한반도는 자유민주주의와 공산주의의 이념적 국가체제로 양분되었다. 영국 수상 윈스턴 처칠(Winston Leonard Spencer Churchill 1874.11.30.~1965.1.24. 총리 1940~1945, 1951~1955)은 동유럽에 '철의 장막'이 드리웠다 하여 이념적 국가체제의 시작을 알린다. 1945년 미국 대통령 루즈벨트(Franklin Delano Roosevelt 1882.1.30.~1945.4.12. 대통령(1933~1945 32대)) 급서로 부통령 해리 트루먼(Harry Shippe Truman 1884.5.8.~1972.12.26. 대통령(1945~1953 33대))은 대통령직을 승계하면서 공산체제를 봉쇄하는 트루먼 독트린을 선언하면서 이후 40년간 지속된 미국 대외정책의 동서냉전이 공식화되었다.[158)]

獨·露전쟁 제2차세계대전(1941~1945)의 미·영 연합군의 유럽 전사자 40만 명(6·25동란전쟁 국군전사자 15만여 명), 독일 전사자 300여만 명이나 러시아 전사자 800만 명 이상으로 민간인 포함 2000만 명으로 추정되었다(당시 한반도 인구 정도). 900일간 포위된 상트 페테르부르크(레닌그라드) 인구 3분의 1인 100만 명이 아사했다. 러시아는 베를린 점령에 30만 명을 희생했으나 미·영은 사실상 걸어 들어왔다고 러시아인들은 생각하였다(「조선일보」(2015.5.7)).

2.1.2 중국의 공산주의 국가체제와 근대국민국가

중국 대륙에서는 장제스蔣介石 국민당 정부와 마오쩌둥毛澤東 공산당 정부간 내전은 1937년 일본의 중국 침략에 국공합작으로 싸우나 일본 항복 후 내전 상황에 들어간다. 1949.10. 국민당 정부 부패·실정으로 민심을 얻은 공산당 중화인민공화국 공산체제가 들어선다. 스탈린(Iosif Vissarionovich Stalin 1879.12.21.~1953.3.5. 제2대 소련 공산당 서기장 1922~1953)은 1950.2. 모택동 공산주의 체제 중국과 상호우호동맹조약을 체결하고 긴밀한 협의로 북한 김일성의 남침건의를 받아들이는 형식으로 6·25동란전쟁을 일으키고 지원하나 미국 등 15개국 자유진영 연합군에 저지된다. 공산주의 이념국가 소련은 철의 장막을 치고, 중공은 1954년 인민공사 집단농장체제, 1958년 대약진운동에서도 1961년 흉년 2천만명 아사, 1966년 문화혁명·홍위병 파괴로 근대국민국가는 중국에서는 소멸되었다. 유라시아 북단에서의 근대적 국민국가는 대한민국, 일본 등에서 그 맥을 잇는다.

2.1.3 이념적 국가체제와 근대국민국가의 승리

이념적 국가간 냉전체제는 1962년 쿠바사태에 이르지만, 홉스의 자타공멸 위기감의 현실화 같이, 데땅뜨*détente* 긴장완화정책을 편다. 미국은 1972년 중국과 국가적 관계를 맺고 1975년 소련 등 35

개국과 헬싱키협정Helsinki Accords을 체결한다. 자유주의 체제의 국가에게는 군사적 안보를 약속하고 경제 협력을 제공하는 대신 공산주의 체제의 국가에는 인권 개선을 요구하고 이에 응한 인권 운동은 공산주의 체제의 내부적 붕괴를 가져오게 한다. 1981년, 미국 대통령 레이건Ronald W. Reagan은 인간의 자유를 억압하는 공산주의체제에 타협하는 데땅트 정책은 도덕적으로 부당한 것이라는 신념으로 소련 공산체제를 군사, 경제적으로 압박한다. 1961.8.12. 설치된 베를린장벽이 1989.11.9. 무너진다. 12월 부시George Herbert W. Bush 대통령과 소련 고르바초프Mikhail S. Gorbachev 서기장은 남지중해 몰타에서 냉전 종식을 선언한다. 1991년 소련 공산당 강경파 쿠데타를 러시아공화국 대통령 옐친Boris N. Yeltsin이 막으면서 1917년 러시아혁명으로 1922년 세워진 소련The Union of Soviet Socialist Republics, USSR은 1991년 막을 내린다.

소련Soviet Union**과 자유** 소련(Сою́з Сове́тских Социалисти́ческих Респу́блик)은 유라시아대륙의 支邦國으로 성립한 중앙집권적 사회주의국가로 공산당 일당국가one-party state 노농공화국Soviet republics이다. "구소련 흐루시초프 시절의 뜬구름 같은 사상에서 깨어나 누린 자유란 것은 알고 보니 러시아에서는 줄곧 모욕을 당해왔던 속물근성이 회생한 것이었다. 스탈린이 만든 국가는 밑에서는 결코 뚫고 올라올 수 없는 국가였다. 하지만 위에서부터라면 나약하고 무방비상태였던 국가였다. 소련이라는 나라를 최고 지도부에서 먼저 배신할 것이라고는 아무도 생각지 않았다. 푸틴 시대 자본주의 체제에 반감을 지니게 된 구소련 지역 젊은 세대가 공산주의에 대한 복고적 향수를 가지는 것에 대한 우려이자 경고다."■

■ Svetlana Alexievich(Svetlána Alexándrovna Alexiévich, СветЛана АЛександровна АЛексИевИЧ 1948.5.31.~ Belarus人), 2015 Nobel Prize in Literature. 스베틀라나 알렉시예비치/김하은 역, 『세컨드 핸드 타임-호모 소비에티쿠스의 최후』(이야기가 있는집 2016, 664쪽): Время секонд хэнд конец красного Человека: Secondhand-Zeit. Leben auf den Trümmern des Sozialismus., Hanser Berlin, München 2013: 소련 공산주의 체제 붕괴 20년, 소비에트사회의 가치관적 변전; Voices from Chernobyl: The Oral History of a Nuclear Disaster, Dalkey Archive Press 2005, 241pages: 1986.4.26. 체르노빌 원전핵폭발사고 주민들의 삶이다.

2.2 소련 – 러시아의 공산체제국가

러시아는 민족적 사회주의의 공산국가로 간다. 국민공동체의 근대국가를 거부하는 이 프롤레타리아 인민의 국가는 고대 귀족국가나 왕정국가 또는 근세 절대왕정의 전제국가에 유사하다. 노동자가 사회변혁의 주체라는 계급의 역할을 강조하여 모든 사회집단과 계층을 통합한 국민공동체에 토대를 두는 근대국민국가에 부적합한 것임을 쓴 러시아 공산주의 혁명과정으로 노벨문학상을 받은 보리스 파르테르나크(Boris Leonidovich Pasternak 1890.2.10.~1960.5.30.)의 '의사 지바고'Doctor Zhivago는 근대국민국가를 옹호한 것이다. 소비에트연방은 15개 지방에서 발트 3국은 독립했고 12국은 독립국가연합CIS Commonwealth of Independent States로 창설되었으며, 소련 대신 들어선 러시아는 여전히 공산국가이다.

『의사 지바고』-소설과 영화 파르테르나크는 소설 '의사 지바고'를 1957년 서방에서 출간 후 1958년 노벨문학상을 받았지만 소련은 이를 반 소비에트적이고 반역자라 하면서 수상 거부를 강요하면서 냉전Cold War의 상징적 현상이 되었다. 나폴레옹시대 러시아를 그린 레오 톨스토이Leo Tolstoy의 '전쟁과 평화'War and Peace가 많이 참조됐다. Zhivago는 러시아어 'zhiv'alive에서 기원하며, 'zhivago'는 'the living'이라는 슬라브 교회Church Slavonic에서 따 온 것이다. 영화 '의사 지바고'Dr. Zhivago에서 혁명가이자 볼셰비키 사령관 스트렐니코프Strelnikov는 지바고에게 "러시아에서 개인적 생활은 죽었소. 역사가 그것을 죽였소"라 한다. 공산주의는 근대국가적 개인의 존엄성을 부인한 반근대임을 말한 것이다. 공산주의에 유일하게 남은 정치적 생활이다. 고희랍 아테네는 시민의 정치참여로 축의 시대를 연 폴리스였지만 인민의 정치의 과잉으로 쇠망한 것이다. 지바고는 자유주의 근대국가의 덕virtue을 말한 작품이다. 영화 '의사 지바고'[감독 David Lean 원작 Boris Pasternak 음악 'Lara's Theme' Maurice Jarre Release 1965.12.22.]: 러시아혁명*1917년*, 러시아내전*Russian Civil War1917-1922년*, KGB(Komitet Gosudarstvennoi Bezopasnosti=Commission for State Security 국가보안위원회, 구소련 국가경찰·정보기구(1954~1991))육군중장 예브그라프 안드레예비치*Yevgraf Andreyevich Zhivago: Alec Guinness*가 이복형제 의사 유리 안드레예비치 지바고*(Doctor Yuri Andreyevich Zhivago: Omar Sharif)*와 라리사 '라라' 안티모프*(Larissa 'ara' Antipova: Julie Christie)*의 딸을 찾는 독백으로 시작한다. 姪女, 타냐 코마로바*(Tanya Komarova: Rita Tushingham)*에게 아버지 Yuri Zhivago를 말 해 준다. 지바고는 의대 수련의, 어려서 부모를 잃고 모스크바*Moscow*의 어머니 친구에게 양육되다, 파리에서 온 양부모 딸 토냐*(Tonya Gromeko: Geraldine Chaplin)*를 만난다. 또 17세의 Lara와 조우한다. 라라는 자신을 범하려던 빅토르 이폴리토비치 코마로브스키*(Victor Ippolitovich Komarovsky: Rod Steiger)*에 총을 쏘고 극좌 혁명주의자 파벨 파블로비치 '파샤' 안티모프*(Pavel Pavlovich 'Pasha' Antipov: Tom Courtenay)*와 결혼하여 딸 카타*Katya*를 낳는다. 제1차세계대전에서 지바고는 볼셰비키*Bolsheviks*에 의해 대제정러시아 전선에 파견된다. 파샤는 대독일 전투중 실종되고 라라는 그를 찾으려 간호병으로 입대한다. 1917년 2월혁명에서 지바고는 종군의사로 라라의 조력을 받아 6개월간 전장터를 누빈다. 러시아는 블라디미르 레닌*Vladimir Lenin*의 모스크바 입성으로 급격히 변화한다. Yuri는 Lara와 사랑에 빠지나 부인(토냐), 아들(사샤 Sasha, 알렉산더Alexander)에게 돌아간다. 모스크바 유리의 집은 소비에트정부가 임대주택으로 만든다. 예그라프는 CHEKA 멤버로 유리의 詩가 공산주의를 적대하는 詩로 검열되었음을 알리면서 우랄산맥의 바리키노 그로메코 영지(Gromeko estate at Varykino)에 식구들과 탈출토록 한다. 도중 기차를 멈추게 한 볼셰비키 사령관, 예전의 파샤 안티모프, 스트레니코프Strelnikov와 조우하고 라라가 바리키노 옆 도시인 유리아틴Yuriatin에 살고 있음을 알게 된다. 반공산주의 백군*White Army* 병력이 지배하는 곳이다. 유리는 토냐가 임신하자 라라를 만나러 가다 백군에 체포되고 2년 후 유리아탄에 내린 폭설과 쌓인 눈을 헤쳐 라라를 찾아 라라에게서 토냐가 모스크바에서 추방되어 파리에 있음을 알게 된다. 어느날 밤 코마로브스키가 온다. 스트렐니코프와 결혼한 라라, 유리의 반혁명적 시, 도망 등을 협박하나 발리키노에서 생활한다. 유리는 '라라의 시'*Lara poems*를 쓰고 유명해진다. 코마로브스키는 다시 나타나 라라가 스트렐니코프로 인해 급박한 위험에 처해 있음을 말하고 CHEKA만이 구할 수 있음을 말한다. Zhivago는 Lara와 Katya를 그에게 딸려 보낸다. 수년 후 스탈린시대, 예브그라프는 병들고 빈궁한 유리를 모스크바에서 만나 도움을 준다. 유리는 전차를 타고 가면서 라라임이 분명한 여인이 전차 옆길에서 걷는 것을 본다. 전차 안에서 부를 수 없자 다음 정류장에서 필사적으로 내려 그녀 뒤를 쫓아가나 치명적인 심장 발작으로 쓰러진다. 라라는 유리의 존재로부터 멀어진다. 유리의 장례식이 치러진다. 예브그라프는 유리의 시가 '시대를 얻지 못한 것'*unattainable at the time*이라 한다. 라라는 장례식에서 예브그라프를 만난다. 그녀는 유리의 딸을 낳지만 몽골 반공산주의 정부 붕괴 때 잃었다. 그의 도움으로 수백 명의 고아들을 보지만 찾지 못한다. 라라는 1930년 대 후반 스탈린 대숙청*Joseph Stalin's Great Purge* 때 사라진다. "died or vanished somewhere...in one of the labour camps,". Yevgraf는 Tanya Komarova가 Yuri와 Lara의 딸임을 강하게 느끼나 확신은 못한다. 타냐가 떠날 때 예브그라프는 타냐가 바라라이카 balalaika를 들고 있는 것을 본다. 그것은 Yuri 어머니가 연주로 명성을 얻은 것이었다. 타냐는 연주를 스스로 깨친 것이다. 딸임이 암시된다. 그가 미소를 지우며 말한다. "Ah. Then it's a gift"(처음과 마지막 장면은 스페인과 포르투갈 사이에 있는 알디다빌라 댐Aldeadávila Dam에서 대부분 스페인쪽을 바라보는 포르투갈 쪽에서 찍은 것이다. 'ice-palace' at Varykino는 Soria에서 촬영했다. 얼어붙은 호수를 건너는 빨치산들은 스페인 호수, 유리의 빨치산 탈출은 핀란드, 철도로 Yuriatin에 가는 장면은 캐나다에서 찍었다. 소련에서는 물론 러시아에서도 1994년에야 상영되었다).

2.3 국제적 국가체제와 국민국가

2.3.1 국제적 국가체제와 국민국가

근대 국민국가의 만개에도 불구하고 그 방향이 유기체적 근세 국가관에 치우친 제국주의 시대에 영국 등 서유럽 7개국과 미국, 일본 등의 식민지 지배는 제2차세계대전의 시기를 거치면서 1941.8. 대서양헌장*Atlantic Charter*에서 미·영의 정치적 자율 존중, 국제적 평화의 항구적 보장 등의 선언으로 제국주의 시대는 저물고, 1942년 연합국 26개 대표의 연합국공동선언*Joint Declaration by the United Nations* 1945.6. 미국 샌프란시스코에 모인 50개국 대표의 국제연합 UN헌장*Charter of the United Nations* 서명으로 종언을 고한다. 국제적 국가체제에 있어서의 독립된 국민국가의 탄생은 1946년 필리핀이 미국에서 독립, 1947년 인도가 영국에서 독립, 1948년 미군정하 한반도 남한지역에 대한민국이 건국되고 소련이 점령한 북한에 조선민주주의인민공화국이 성립한다. 한반도의 남한과 북한에 들어선 자유민주주의 체제와 공산주의 체제는 미국과 소련이 이끄는 자유진영과 공산진영의 대치로 신냉전을 상징하였다. 팔레스타인 지역에는 1948년 이스라엘이 건국된다. 아시아지역에서는 1949년 인도네시아가 네덜란드에서 독립하면서 14개 신생 독립국가가 나타났다. 아프리카대륙에도 1951년 리비아 독립을 시작으로 1960년 16개국이 독립하고, 1962년 알제리의 프랑스로부터의 독립은 제국주의 해체의 절정이었다. 1964년까지 35개 신생국이 성립하였고 1974년 앙골라에서 포르투갈이 물러남으로써 제국주의 시대는 막을 내린다. 국제적 국가체제는 독립 국민국가로서 지속적으로 유지되는 것이다.

Exodus(영광의 탈출) 1958년 Leon Uris 원작[이덕형 역, (해동문화사 1993 328쪽)], Dalton Trumbo 각색, 주제곡 Ernest Gold("이 나라는 신이 나에게 주신 나라. 아침 해가 빛날 때…"), [Release 1960.12.16. Running time208분], 1948년 팔레스타인[*Palestine* 지중해 동쪽, 고대 갑돌(그레데)섬에서 가나안 땅으로 건너온 블레셋*Philistine* 족속의 땅에서 유래된 지명]에 근대국가 이스라엘 건국을 위한 유대인 시온주의자*Zionist* 민족주의*Zionism*를 그렸다. 1947년 키프러스(Cyprus 지중해 동부 섬) 선박탈출이 소재였다. 간호사 캐서린(*Katherine Kitty Fremont: Eva Marie Saint*)은 히틀러 집단학살*Holocaust*에서 생존한 수천명 유대인들*Jews*이 영국에 의해 팔레스타인에 가지 못하고 억류된 키프러스 카라로스*Karaolos* 수용소의 미국인 자원봉사자이다. 아리(*Ari Ben Canaan: Paul Newman*)는 하가나[Haganah 팔레스타인의 유대인 지하민병조직(1920~48), 1948년 이스라엘 국군이 됨] 조직원으로 611명 수용자들을 영국군 동의 없이 화물선으로 팔레스타인 지구로 빼내려 한다. Famagusta 항구에서 봉쇄를 당하나 Exodus는 이루어진다. 도브(*Dov Landau: Sal Mineo*)는 Ari의 삼촌 아키바*Akiva: David Opatoshu*가 우두머리인 급진 Zionist 지하 네트워크 이르건*Irgun*에 가담한다. 아리의 아버지 바락*Barak: Lee J. Cobb*은 정치외교적 수단으로 유대국가*Jewish state*를 세우려는 기관책임자로서 자신의 노력이 Irgun으로 손상되지 않을까 걱정한다. Ari, Kitty, Palmach 분견대는 트럭에 올라타서 전쟁터로 향한다.[159)]

도시국가 싱가포르 싱가포르는 영국해협식민지1826, 영국식민지1867, 일본군 점령1941.12, 영국 지배1945, 자치령1959년 이후 말레이연방과 일시 합병을 거쳐 1965.8.9. 독립한 상업적 계약사회의 현대판 도시국가다. 싱가포르는 영국 동인도회사 '토마스 스탬포드 래플스'*Thomas Stamford Raffles*가 네덜란드 동인도회사에 대항하려 1819년 말레이반도 '조호르' 술탄에게서 사들인 영국 식민지 중계무역항이었다. 서울의 약 1.1배, 인구 4백5십만명의 강소국이다.▪ 리콴유李光耀▪▪ 전 총리는 싱가포르를 integrity, service, excellence에 기반한 반부패 법치국가의 기업형 국가생존전략에 두었다. 유모국가라는 비판에 "국가는 국민을 가르칠 의무가 있다" 했다. 2014년 1인당 GDP 56,113달러로 세계 8위 아시아 1위, 2014년 세계경제포럼WEF 발표 국가경쟁력 세계 2위, 국제투명성기구 국가청렴도

세계 5위다.

■ 강소국은 인구 5,000만명 미만, 1인당 GDP 15,000달러 이상인 국가(네덜란드, 노르웨이, 덴마크, 룩셈부르크, 벨기에, 스웨덴, 스위스, 싱가포르, 아일랜드, 오스트리아, 타이완, 핀란드, 홍콩 등)로 '선진국'과 구별한다(한국 2014년 인구 5,042만 명, 1인당 GDP $28,101). *IMF* 『*World Economic Outlook Database, April 2015*』.[160)]

■■ 리콴유1923.9.16.~2015. 3.23.는 1870년 중국 廣東에서 이주한 客家 자손, 영국 캠브리지 필즈 윌리엄 대학, 1950.6. 변호사, 1959.6. 인민행동당(*People's Action Party, PAP*) 총43석 중 41석으로 집권당, 1965. 싱가포르 초대 총리로 1990.11.까지 26년간 재직하였다. https://www.cscollege.gov.sg

2.3.2 제3세계 비동맹국가와 신흥국민국가

6·25동란전쟁이 끝난 1954년 스위스 제네바에서 한반도와 인도차이나반도의 평화 문제를 논의하는 국제회의가 열려 베트남 민족의 주권, 독립, 통일 등의 권리를 인정하는 국제적 합의를 이끌어 내면서 1955년 아시아, 아프리카 29개 신생국이 인도네시아 반둥에서 제1회 아시아·아프리카회의를 열어 모든 나라의 주권과 영토의 보전을 존중하고 국제분쟁의 평화적 해결 및 동서냉전의 어느 진영에도 가담하지 않는다는 등의 10개 원칙을 발표한다. 1961년 유고슬라비아 베오그라드에서 인도, 이집트 등 25개국이 참가한 제1회 비동맹회의가 소집되어 반식민주의, 반제국주의, 평화공존 등의 비동맹원칙을 선언한다. 동서 어느 양 진영에도 속하지 않겠다는 이른바 제3세계가 성립한 것이다. 제국주의 시대 식민지였던 제3세계 독립국가들의 독자적 정치세력화라는 의의를 지녔다. 북한은 1975년 이에 가입하였다. 제3세계는 근대성, 국민공동체성, 시장경제 등의 동질성을 가질 수 없을 정도로 각국의 역사적 배경과 국내 상황의 이질성이 컸다. 다른 한편으로는 자유진영에 속한 1960년대 한국, 대만, 홍콩, 싱가포르 등은 신흥공업국으로 약진한다. 정치적 통합과 경제적 발전으로 근대국민국가를 형성해야 하는 신생 독립국가 대부분이 지도자 부패와 독재로 국민국가를 형성하지 못하고 부족 공동체 내지 신성 공동체 등에 멈추었다. 제국주의에 의한 아프리카 신생국가 국경의 자의적 설정은 국가 내 부족 간 극심한 내전을 불러 일으켰다. 1947년 영국에서 독립한 인도는 힌두교 국가이지만 파키스탄은 이슬람교를 믿어 동파키스탄에서 방글라데시가 분리되었다.

2.3.3 국가적 국제체제와 근대국민국가의 방향성

근대국민국가는 근대성을 놓고 미국 자본주의 자유경제체제와 소련 등 공산주의 통제경제체제 양 축이 경쟁하는 상황에 선다. 신생 제3세계국가들의 저개발 종속경제체제 등이 근대의 방향을 어느 쪽에 놓을 것인가를 저울질하는 현실에 서게 된다. 국민공동체가 방향성을 어디에 놓느냐에 의하여 세계국가화의 흐름을 타거나 전근대적 봉건체제로 전락하느냐의 기로에 놓이게 된 것이다. 경제체제가 정치적 민주주의의 향방도 좌우한다. 민주주의가 시장경제체제에 기초하는 자유민주주의로 지향되느냐 공산주의 통제경제체제에 기속된 인민민주주의로 가느냐 또는 정부의 소유를 모든 국민이 공동으로 소유하는 제도인 사회민주주의[161)] 체제로 가느냐 하는 것 등이다. 민주주의는 근대 국민국가의 국민주권에 기초한다. 근대국민국가는 군주주권의 왕조국가로부터 절연하고 절대 군주정의 구체제가 잔존하는 근세적 국가체제에서 벗어난 국가다. 그 점에서 모든 근대국민국가는 민주국가이다. 하지만 국민공동체가 어느 경제체제를 선택하느냐에 따라서 자유민주주의 또는 인민민주주의 등의 정치적 통치형태가 좌우되게 된 것이다. 제2차세계대전 후 동남아시아 국가연합*ASEAN*, 유럽연합*EU*, 남미국가연합*UNASUR* 등 국민국가 상위의 국가적 조직체, 세계무역기구*WTO*, 국제통화기금*IMF* 같은 국제기구, 다국적 기업 등 국민경제의 틀을 넘는 존재 등이 생겨남에도 불구하고 주권국가로서의 국민국가가 지니는 국민적 통일의 민주적 통치체제의 국가형태는 여전히 그 의의를 갖는다.

3. 보편적 국민국가

3.1 자본주의 체제의 근대국민국가

경제체제가 근대국민국가 정치체제의 중심이 되면서 미국은 제2차세계대전 이후 자본주의 경제체제를 이끌면서 자유민주주의 체제의 국민국가를 중심으로 세계국가화의 길을 간다. 미국은 세계대전 중 일어난 1929년 대공황을 극복하고 세계경제를 주도한다. 전 세계 보유 金 70%를 확보한 미국은 전쟁으로 피폐해진 영국, 프랑스 등 서유럽국가를 이끌며 세계자본주의 경제체제를 재건한다. 미국은 유럽부흥계획 마샬플랜으로 1948~1951년 영국 27억불, 프랑스 23억불, 서독 12억불 등 총 112억불을 지원한다. 한국도 20억불 이상을 1953~1960년에 걸쳐 지원받아 자본주의 경제체제에 편입된다. 1950년대 후반 자유무역체제가 형성되면서 동시대적 세계적 경제체제를 만든다. 공산주의 통제경제체제는 무너지고 개인의 경제적 실질 소득은 커지며 세계 국가 국민들의 실질적 자유가 확대된다. 근대적 국민국가의 자유민주주의 정치체제는 확산된다. 구 공산진영에 속했던 러시아, 동유럽 등에서도 국민주권의 보통, 자유선거가 행하여진다. 중국은 1976년 공산혁명을 주도해 온 모택동이 사망하면서 등소평 실용주의 정권이 들어서 개혁 개방을 한다. 인민민주주의 정치체제는 존속하면서도, 1984년 인민공사 해체 등으로 농업 부문의 자본주의화가 공업 부문에 이어지면서 개인 소유권 보장 등의 자본주의 경제체제를 갖게 된다. 2003~2007년 세계경제가 연평균 4.8% 성장을 한 것은 중국의 경제 발전에 기인한 바 크다. 중국은 1989년 북경 텐안먼天安門 광장의 정치적 자유 요구를 경제화 등의 이유로 강제진압하였다. 공산당 일당지배의 정치체제를 유지하고 있는 것이다.

IMF, IBRD 연합국44개국 대표들은 브레튼우즈*Bretton Woods* 협정*1945.12*으로 국제통화금융체제 안정과 외환거래 자유화를 위한 국제통화기금(IMF International Monetary Fund). IMF 자금지원능력을 보완하는 국제부흥개발은행(IBRD International Bank for Reconstruction and Development) 창설, 1947년 미국 주도로 23개국 대표가 제네바에서 관세무역일반협정(GATT General Agreement on Tariffs and Trade)을 체결하면서 국제간 자유경제체제가 확립되기 시작한다.[162)]

3.2 제3세계와 근대국민국가

1980년대 이후 세계경제체제가 시장경제로 동질화되면서 아시아, 아프리카의 부족적 종교적인 전근대적 국가의 내전, 쿠데타 등이 그치게 된다. 남아프리카공화국에 남겨진 제국주의적 국가의 기나긴 유산인 인종차별정책 아파르트헤이트가 없어지게 된다. 흑인도 참여한 1994년 4월 선거에서 만델라Nelson R. Mandela는 대통령에 당선된다. 백인 정부에서 1962년부터 27년간 구금되었었지만 인종화합정책을 실시하였고 1993년 노벨 평화상을 받는다. 1991년 노벨평화상을 받은 미얀마의 아웅산 수지Aung San Suu Kyi는 군부정권을 민간정부로 돌리면서 근대적 국민국가의 역정에 서게 하고 있다.

3.3 중동과 근대국민국가

중동은 지중해 동안·남안, 걸프만 연안, 북아프리카, 이스라엘, 시리아, 이라크 주변, 이란과 아라비아 반도로서 역사·문화적으로 투르크 제국, 페르시아를 포함하는 유럽과 지중해 공동체 일원이다. 이슬람 종교권 일부 국가는 근대국민국가를 완전하게는 형성하지 못하고 있다. 근본주의 계파인 이슬람 시아파는 온건파인 수니파를 제치고 팔레스타인 지역에 성립한 이스라엘 적대 정책을 편다. 1970년대 석유 가격 급등으로 풍부해진 유동성 등으로 이슬람 교세는 확장된다. 1979년 이란 종교혁명으로 사아파 지도자 호메이니*Ayatollah Romeini* 정권은 미국을 이란에서 추방하고 이슬람공화국을 선

제1편 제2편 제3편 國憲論

포한다. 이슬람 맹주를 자처한 이라크 사담 후세인*Saddam Hussein*은 이란과 1980년 이후 치른 8년간 전쟁이 아프카니스탄 내전으로 번지고 전쟁이 끝나자 1990년 미국 영향하의 쿠웨이트를 침공하나 1991년 걸프전쟁에서 다국적군을 조직한 미국에 패퇴된다. 2001.9.11. 이슬람 근본주의 무장세력 알카에다는 미국 여객기를 공중 납치하여 뉴욕 세계무역센터 빌딩에 충돌시킨다. 미국은 알카에다를 보호하는 아프카니스탄의 탈레반을 무너뜨린다. 2003년 제2차 걸프전쟁에서 이라크 후세인정부를 무너뜨리고 후세인을 학살 등을 행한 전범으로 재판에 회부하여 처형하나 중세적 종교국가를 표방한 무장 단체 IS*Islamic State*가 나왔다.

중동 중동의 사람들은 유목의 부족, 상인 기질의 3억 5천만 명이 21여 개국을 이룬다. 석유 8,115억 배럴, 천연가스 81.8조m^3 등을 매장한 지중해·걸프지역은 5세기까지 로마에 복속되다가 7세기 마호메트 이후 우마이야 왕조의 사라센제국, 1055년 아시아 쪽의 셀주크 투르크가 압바스 왕조의 수도 바그다드를 정복하고 12~13세기에 들어와서는 몽고족이 셀주크 투르크를 멸하고 1453년 오스만 투르크가 비잔티움을 함락한 이후에 근대의 영국과 프랑스에 의해 분리된다. 투르크제국 동쪽 걸프만에 위치한 사산 페르시아 왕조는 천년 이상 지속되다 651년 사라센제국에 의해 멸망된다. 이후 무굴제국을 거쳐 16세기 초 사파비 왕조, 카자르 왕조 이후 1925년 팔레비 왕조로 대체됐지만 1979년에 이슬람혁명으로 '이란 이슬람 공화국'이 된다.[163] 중동 국가 중에서 오만왕국*Sultanate of Oman*은 아라비아 만과 걸프 만이 만나는 호르무즈 해협 남단의 해양국가로 돛을 세워 바람을 동력으로 최초로 이용하며, 신밧드 모험*Sinbad the Sailor*이 시작되는 이슬람 풍 항구가 오만의 수도이자 최대도시인 소하*Suhar Sohar*이다.

이름

셰이카	모자	빈트	나세르	빈	압둘라	알미스네드
여성 지도자를 높여 일컫는 말	본인 이름	딸이라는 뜻	아버지 이름	아들이라는 뜻	할아버지 이름	성(姓)

중동에서 예컨대 카타르 국왕의 母 '셰이카(남성지도자는 셰이크) 모자 빈트 나세르 빈 압둘라 알미스네드'는 아랍 정치지도자, 이슬람교 성직자의 최경칭으로서 '알미스네드 가문, 압둘라의 아들 나세르의 딸, 모자'라는 뜻이다. 약칭은 '셰이카 모자'다. 아랍에서는 여성을 '인간을 잉태하는 보석'이라 본다. 아랍여성이 머리에 두르는 천은 hijab이지 chador라 하지 않는다.

IS IS는 1999년 JTJ '유일신과 성전'을 전신으로 조직되어 미군에 처형된 이라크 사담 후세인 추종세력이 주축이 되어서 2010년 말 '중동의 봄'으로 독재정권이 무너진 시리아가 내전으로 무정부상태에 놓이자 급속하게 세력을 불려 2014.6.29. 자칭 칼리프 국가를 선포하여 한때 7~8만명이 시리아 동부, 이라크 영토 3분의 1의 서부, 리비아 일부 등 한반도 면적 3배에 이르는 62만3천km^2, 1천만 명을 장악하고, 알카에다 또는 아프카니스탄에 국한된 탈레반 등과 달리 중세 이슬람 전성기 정치·종교지도자 칼리프를 부활하는 수니파 국가를 도모하나 2019년에 궤멸되었다.[164] 오바마 대통령은 2015.11.15. 터키 안탈리아 G20 회의에서 IS를 아랍어로 '다에시'라 불렀다. 다에시는 Islamic State of Iraq and Sham의 아랍어 '다울라 이슬라미야 이라크 샴'의 앞글자 da-i-i-sh의 발음으로 '국가'의 뜻이 없고 '짓밟다'는 뜻의 아랍어 '다샤' daasha와 비슷해 IS는 자신들의 경멸·모욕으로 여겼다.

Ⅲ. 근·현대국민국가와 입헌주의국헌

[一] 근현대국민국가의 입헌주의국헌

1. 근대국민국가의 입헌주의국헌

근대국민국가에 이르러 국가와 법은 결합되어 근대입헌주의의 헌법국가로 이행한다. 헌법국가는 국민이 그 권한을 위임한 헌법기관이 제정하는 규범에 의하여 법의 국가로 이행한다. 근대국민국가는 국가가 어떠한 법 어떠한 기본권 어떠한 국가조직 등을 갖고 있는지에 따라 그 국가가 규범적으로 어떠한 국가인지를 인식할 수 있게 된다. 법은 문화적 현상이고 사회적 현실이며 그 현실에 의해 인식되는 규범이다. 법은 국가와 함께 공동체의 정체성을 만들어 낸다. '국가와 법'이 국가·사회의 구조적 형태에서 하나로 인식되어야 하는 이유가 여기에 있다. 근대국민국가에서의 사회*society*라는 개념은 개인의 인격체가 평등한 이익사회를 기반으로 국민주권에 의하여 세속적 국가를 형성하는 시민사회*civil society*의 관념이다. 국가와의 관계에서 사회가 국가로부터의 자율성을 갖는 시민사회일 때 국가의 억압, 간섭을 배제할 수 있는 자율성을 확보하고자 하는 근대헌법의 원점이 된다. 국가와 사회가 분리관계에 놓일 때 국가는 권력에 의하여 일방적으로 사회 앞에 놓이는 존재가 될 것이며, 이때 국가는 공동체에서의 사회 조직에서 벗어나게 될 것이다. 국가와 사회의 교차관계는 국가·사회가 서로 독립하여 존재하면서도 영향을 미치는 규범적 관계에 있으며 국가는 사회와 구분되는 독자성을 지니는 정치적 일원체이면서도 사회의 자기조직이 된다. 국가는 사회 속에 존재하는 그 사회의 구성체이다. 국헌으로서의 입헌주의는 기본권에서도 인간의 천부적 권리로서의 인권이라는 관념은 영국의 대헌장(Magna Carta 1215), 권리장전(Bill of Rights 1689) 및 보통법(common law court의 common law), 유럽의 근대국민국가에서 인간에게 하나님이 부여한 권리라는 의미에서의 천부권天賦權의 관념, 미국의 버지니아권리장전, 독립선언(1776. 7.4.), 미합중국헌법(Tha Constitution of the United States of America 1787.9.17.), 수정헌법(Amendments 1791.10. 15. 10조, 1992년 27조) 등에서 형성되어 발전되어 왔다.

2. 영·미·불·독 근대국민국가의 입헌주의국헌

입헌주의헌법은 입헌주의국가의 최고의 법규범이다. 입헌주의국가는 입헌주의의 시원이면서 근대국민국가가 역사적으로 형성된 입헌정의 모델인 영국, 시민혁명의 주권적 국민국가의 프랑스, 민족적·외견적 입헌국가의 독일을 중심으로 발전하여 왔다. 미국은 국가계약으로 천부인권의 독립국가를 창설하면서 한국, 일본 등의 아시아 국가에 근대입헌주의헌법의 표준을 계수하도록 하였다. 역사적 입헌정의 규범체계를 제도화한 영국은 불문헌법으로서 헌법률*law of the constitution*·보통법*common law*의 관습헌법, 의회주권(sovereignty of parliament, parliamentary sovereignty), 법의 지배*rule of law* 등이 입헌정의 승계를 가능케 하는 불문법의 제도로서 정착되었다. 미국의 입헌주의는 국가계약의 사회계약에 의한 국가의 건립으로 근대국가의 입헌주의 정체를 제도화하였다. 프랑스 입헌주의는 시민혁명의 주권적 국민국가의 입헌주의로서 1789년 인간과시민의권리선언의 1791년헌법 이후 1958년헌법에 이르기까지 연속성과 승계성을 갖는다. 독일의 입헌주의는 신정국가에서 세속적 시민사회 국가로의 진전이 지체되면서 민족적·외견적 입헌주의를 거치고 입헌주의의 헌정국가로 발전하면서 19세기 자유주의운동의 독일민족의 통일과 헌법제정요구는 강력하였다. 일본의 입헌주의는 명치헌법인 대일본제국헌법이 독일제국헌법을 모방한 외견적 입헌주의헌법으로서 제정되어 '헌법' 명칭이 정착되고, 2차세계대전 패전 후 현행 일본국헌법이 제정된다.

3. 공산주의-神政的 왕정의 反입헌주의

공산주의 국가에서의 헌법은 입헌주의헌법이 아닌 인민주권의 반입헌주의 정체의 선언적 문서이다. 특히 북한의 전제정적 神政 체제에서의 인민은 臣民이고 수령만 주권자이다. 헌법과 입헌주의헌법의 토양을 이루는 국민공동체 자체가 형성되지 못한 신정공동체이다. 구 소련에서는 근로하고 착취받는 인민의 권리선언1918.1.4.을 기초로 삼은 생산수단 국·공유화와 계획경제, 소비에트[soviet: 노농(노동자·농민)평의회] 인민대표자최고회의를 국가최고기관으로 하는 인민민주집중제의 프롤레타리아 일당독재의 소비에트사회주의연방공화국[1922.12.30.~1991.12.31.] 헌법이 있었다. 중국은 공산주의 1당지배의 전형인 인민주권의 반입헌주의의 헌정제도이다. 중국식 사회주의 법치는 3권분립의 법에 의한 통치가 아니라 당 지도의 정당성 확인을 위한 의헌치국依宪治国의 '법을 활용한' 통치이다. 북한의 전근대적인 전제적 독재정으로서의 反입헌주의의 북한헌법 제1조는 '조선노동당규약은 헌법의 상위규범으로 '조선민주주의인민공화국은 조선노동당의 영도 밑에 모든 활동을 전개한다'고 한다.

[二] 근대국민국가의 입헌주의국헌의 권리

1. 천부권 관념과 보통법

1.1 영국 근대 이전의 권리장전

기본권에서도 인간의 천부적 권리로서의 인권이라는 관념은 영국의 대헌장(Magna Carta 1215), 권리장전(Bill of Rights 1689) 및 보통법(common law court의 common law), 유럽의 근대국민국가에서 인간에게 하나님이 부여한 권리라는 의미에서의 천부권天賦權의 관념, 미국의 버지니아권리장전, 독립선언(1776. 7.4.), 미합중국헌법(Tha Constitution of the United States of America 1787. 9.17.), 수정헌법(Amendments 1791.10. 15. 10조, 1992년 27조) 등에서 형성되어 발전되어 왔다.

대헌장*Magna Carta Liberatum, Great Charter of Liberties 1215.6.19.* 대헌장은 노르만왕조(*Norman* 1066~1154)의 존 왕(*King John, John Lackland* 1166.12.24~1216.10.19. 재위 1199.4.6.~서거)이 앙글로-삭슨(*Anglo-Saxon* c.500~1066) 토착귀족*Barons*과 맺은 특권이면서 책무의 면제를 정한 특허장*Charta Baronum*으로서, Stablimentum(國法)이 아닌 왕-귀족 간 봉건법원칙을 정한 '바론 條規'(*Articles of the Barons* 전문, 본문 63조)로서 런니-미드*Runney-mede*에서 체결되나 9주째 무효로 선언되었다가 1216년에 수정되고 이후에도 헨리3세(*Henry III, Henry of Winchester* 1207.10.1~1272.11.16.)의 1217년, 1225년에 수정된다.■

■ 스튜어트*Stuart*왕조의 보통법법원장 코크경은 대헌장은 자유의 수호 문서라 하였다. 당시 자유인*liber homo*은 귀족에 한정되었다. 그 점에서 근대적 인간의 권리가 갖는 천부인권의 보장과 다르다. 제89조 '자유인은 동료의 적법한 판결에 의하거나 법의 정당한 절차에 의하지 않고는 체포·구금되지 않으며 재산·법익이 박탈되지 않고 추방되지 않으며 기타의 방법으로 침해되지 아니한다' 함은 근대적 천부인권인 신체의 자유의 시원이 되는 最古의 인권 조항이다. 제61조 평화보증조항은 국왕이 대헌장 의무를 이행하지 않으면 무력으로 강제할 수 있다 하는 저항권 조항이다. 제14조 일반평의회 개편조항은 국왕회의*Curia Regis*에서 의회제의 모체가 되었다.

1.2 영국 근대의 권리장전

권리청원*Petition of Rights 1618* 대헌장*Magna Carta*에서 확인한 귀족의 특권적 권리를 왕권이 강화되면서 이를 무시한 튜더*Tudor*왕조(1485~1603 *Henry VII, Henry VIII, Edward VI, Lady Jane Grey, Mary I, Elizabeth I*), 가혹한 징세와 국교 Anglicanism(찰스Charles 1세 3년 1628.6.7.)로 귀족 및 평민의 특권과 권리를 제한한 스튜어트*Stuart*왕조(스코틀랜드(1371~1714), 잉글랜드(1603~1714) *James I of England, Charles I, Charles II, James II, Mary II, William III, Queen Anne*)에 반대하여 소집된 의회는 사법부인 보통법 법원장(*Chief Justice of the Common law Court* 재직 1606.6.30.~1613.10.25.) 에드워드 코크 경(*Sir Edward Coke* 1552.2.1.~1634.9.3.)이 기초한 청원서에 양원이 의결하여 국왕이 재가한 칙답勅答 제1호 장전인 '권리청원'을 제정하였다. 권리청원에는 상납금·의회동의 없는 과세금지(*Satutum de Tallagio non Concedendo*), 특별재판 금지, 이유의 명시 없는 체포·구금

금지, 군의 강제민박 금지 등 11조를 규정하여 대헌장 이후 권리장전의 기원이었다.

인민협약*Agreement of the People 1648* 인민협약은 영국의 불문법인 보통법을 초월하여, '권력은 인민에게 있고 인민은 통치의 기초'라 하면서 이를 의회의 결의에 의해서도 변경될 수 없는 최고법*law paramount*으로서 규정된 장전이다. 신앙의 자유를 정치적 사회적 자유로 발전시키고 청교도의 자유 사상이 미국에서 개화·결실을 맺게 해 주었다. 인민협약은 1653년 정체서政體書 *Instrument of Government*로 제정되고 크롬웰은 護國官*Lord Protector*으로서 이를 보장하나 찰스 2세의 왕정복고로 공문空文이 된다.■

■ 왕당파 기사당騎士黨 Cavaliers 대 의회파 원두당圓頭黨 Round-Heads간 청교도전쟁*1642~1649*에서 승리한 공화파는 찰스 1세 및 왕제 폐지 후 올리버 크롬웰(*Oliver Cromwell* 1599.4.25~1658.9.3.)이 '잉글랜드·스코틀랜드·아일랜드 연맹'(*the Commonwealth of England, Scotland, and Ireland* 1653~1659) 초대 호국관*Lord Protector*으로서 영국의 헌정을 통치하였다.

인신보호법*Habeas Corpus Act 1679* 인신보호법은 관헌의 자의적 체포의 배제와 보통법법원의 심리를 받을 권리를 정한 21개조 의회제정법이다. 청교도*Puritan* 명예혁명*1688*과 왕정복고에 의해서 찰스2세 왕정보다 우세한 기반을 갖게 된 의회는 인신보호영장*the writ of habeas corpus*의 법을 제정하고 영장절차를 통하여 보통법법원이 국왕의 직할법원인 형평재판소를 통제할 수 있게 되었다. 1816년 '신민자유의 실효적 보장 법률'(An act for more effectually securing the liberty of the subject)에서는 비형사사건에도 인신보호제가 적용되면서 미합중국헌법에 도입되었다(미합중국헌법 제1조 제9절 제2항).■ 대륙에서는 인신의 자유를 천부권으로 선언하였다.

■ Habeas Corpus는 피구금자의 신체인도를 명하는 명령장으로서 봉건제에서는 영주·지방단체의 재판권을 박탈하는 수단이었지만, 절대왕정 Tutor왕조는 법원의 휴정중 영장발급 거부, 피구금자의 해외이송 등으로 왕의 직할법원인 형평법법원의 임의적 소송을 묵인하는 구실로 악용되었다. 인신보호법 제정 이후에는 인신구속의 적부를 심사하기 위하여 피구금자를 법원, 법관 앞에 출두시킬 것을 명하는 인신보호영장에 관한 의회제정법의 본질적 부분이 되어서 대헌장의 신체의 자유를 실현하였다.

권리장전*Bill of Rights 1689* 권리장전은 명예혁명*Glorious Revolution*으로 추방된 제임스*James* 2세의 장녀 메리*Mary*와 夫君 윌리엄*William*이 소집한*1689.1.* '의회협의회'*Convention Parliament*가 권리선언을 수락하는 조건으로 이들을 공동 국왕에 추대할 것을 결의하고 의회협의회는 정식 의회로 인정되었다(윌리엄 3세·메리 여왕 치세 1년 2회기 제2호). 이에 의회는 1689.12.16. '신민의 권리와 자유를 선언하고 왕위계승을 정하는 법률'(An act declaring the rights and liberties of the subject and settling the succession of the Crown)을 13개조로 제정하면서 '권리장전'의 이름으로 공표하였다.■

■ 권리장전은 명예혁명의 합법화 문서가 아니라 Magna Carta에서 비롯한 자유·인권의 항쟁을 저항권으로 마무리 짓고 국왕을 상징적 지위로 격하시킨 의회의 지배 및 법의 지배를 확립한 헌법적 문서다. 제임스 2세의 불법행위 12개 항목을 열거하고, 군주의 권력남용을 제한하는 13개 권리로서 군주의 법률정지권 금지, 군주대권에 의한 재정·징세 불가, 의회의 동의 없는 상비군 불가, Protestant 신민의 청원권, 무기휴대권, 의회구성원의 자유선거, 의회에서의 토론의 특권적 자유 등을 선언하였다.

1.3 미국의 권리장전

Virginia권리장전*Virginia Declaration of Rights 1766* 버지니아권리장전*1766.6.12.비준*은 천부인권을 정하여 정체*Frame of Government*를 정한 버지니아 연맹헌법(*The Constitution of the Commonwealth of Virginia* 1766.6.29.제정)의 국헌을 이룬다. 영국 성공회聖公會 *Anglican church* 국교 체제에 저항하여 종교의 자유를 찾은 이주청교도*Pilgrim fathers*의 역사적 경험과 로크J.Locke의 천부권의 Williams Park 장전이다.■

■ 모든 사람은 태어날 때부터 자유롭고 나면서부터 일정한 권리를 가진다. 이들 권리는 인민이 사회를 조직함에 있어서 어떠한 계약에 의해서도 박탈할 수 없다. 이는 재산을 취득·소유하고 행복과 안녕을 추구하며 생명과 자유를 향유하는 권리다. 모든 권력은 국민에게 있고 국민으로부터 유래한다. 정부는 국민·국가·사회의 이익과 안전을 위해 수립되었고 또 수립되어야 한다. 정부의 형태는 각기 다르지만 최대한 행복과 안녕을 가져올 수 있고 또 실정失政 위험에 대비하는 가장 효과적 형태가 최선이다. 어떠한 정부라도 이와 같은 목적에 반하거나 불충분한 경우 사회다수는 정부를 개량, 변혁, 폐지할 권리를 가진다. 국가의 입법권, 행정권은 사법권에서 분리되고 구별된다. 입법부, 행정부 구성원의 압제를 막기 위해 국민 부담을 몸소 알고 함께 하도록 일정 기간, 사인의 지위에 복귀시켜 선출단계에 돌려보내야 한다. 정규의 선거를 하여야 하고 의회에서 국민대표로 봉사할 사람들의 선거는 자유로워야 한다. 사회에 항구적 공통의 이해를 갖고 애착을 나타낼 만한 충분한 증거를 가진 모든 사람은 선거권이 있다. 그들 자신의 동의 또는 대표의 동의 없이는 공공의 용도를 위해 과세하거나 재산을 박탈할 수 없다. 언론·출판의 자유는 자유의 유력한 방벽의 하나이고 이 자유를 제한하는 자는 전제적 정부다. 어떠한 경우에도 군대는 문민의 권한civil power에 엄격히 복종하고 그 지배를 받지 않으면 아니 된다. 대체로 자유로운 정치 또는 자유의 향유를 국민에 확보함에는 오로지 정의, 중용, 절제, 소박 및 염결廉潔을 고수하고 인권의 근본 제 원칙을 때때로 상기하는 외에 방법이 없다.

미국독립선언문*United States Declaration of Independence 1776* 미국독립선언문은 로크의 통치론(*Two Treatises of Government 1689*)의 자연권인 천부권, 사회계약, 주권재민, 인민의 지배, 저항권 등이 규정된 국헌으로서 1784.6. 뉴햄프셔*New Hampshire* 주 헌법 등 거의 모든 주에서 채택되었다. 이와 함께 버지니아권리장전은 버지니아*Virginia* 주 등 8개 주가 규정하였다. 국가는 인민의 동의에 기반하며 인민 무장권은 미합중국수정헌법 제2조에 명문화되었고 언론의 자유가 전제정부의 위험을 막는다는 것을 알고 있었다.■

■ 우리는 다음의 사실을 자명의 진리로 확신한다. 모든 사람은 평등하게 창조되었고, 창조주에 의하여 불가양의 천부의 권리를 부여받았으며, 이에는 생명·자유 및 행복을 추구할 권리가 포함되어 있다는 것, 이러한 제 권리를 확보하기 위하여 인류 사이에 정부가 조직되었다는 것, 정부의 정당한 권력은 피치자의 동의에 유래하고 어떠한 정치형태라도 이러한 목적을 훼손하기에 이른 경우 인민은 그것을 개폐하고 그들의 안전과 행복을 가져올 수 있는 주의를 기초로 하여 또 권한의 기구를 가질 새로운 정부를 수립하는 권리를 갖는다고 믿는다. 연속되는 暴虐과 찬탈의 사실이 명확히 일관된 목적 하에 국민을 절대적 폭정으로 압제하려는 기도를 표시하기에 이를 때, 그러한 정부를 폐기하고 스스로 장래의 안전을 위해 새로운 보장의 조직을 창설하는 것은 그들의 권리이고 또한 의무이다.

제1편 제2편 제3편 國憲論

미합중국수정헌법 *The U.S. Bill of Rights, Amendment of the Constitution of the United States of America, ratified December 15, 1791.* 미합중국헌법1787.9.17.은 권리장전을 두지 않았다. 연방정부는 제한정부, 수탁권한만 있는 정부인데 권리장전은 그에 열거되지 않은 인권을 제약하는 빌미가 된다는 이유 때문이었다. 연방의회는 1791.10.15. 수정헌법 10조를 제정하였으며 이어서 남북전쟁 후 제13조 노예제 금지, 제14조 적법절차 확장, 법의 평등보호, 제15조 인종에 기한 선거권제한금지 등의 인권을 확장하였다.■

■ *Amendment* Ⅰ[Religion, Speech, Press, Assembly, Petition(1791)] Ⅱ[Right to Bear Arms(1791)] Ⅲ[Quartering of Troops] Ⅳ[Search and Seizure] Ⅴ[Grand Jury, Double Jeopardy, Self-Incrimination, Due Process] Ⅵ[Criminal Prosecutions-Jury Trial, Right to Confront and to Counsel] Ⅶ[Common Law Suits-Jury Trial] Ⅷ[Excess Bail or Fines, Cruel and Unusual Punishment] Ⅸ[Non-Enumerated Rights] Ⅹ[Rights Reserved to States(1791)] ⅩⅠ[Suits Against a State(1795)] ⅩⅡ[Election of President and Vice-President(1804)] ⅩⅢ[Abolition of Slavery(1865)] ⅩⅣ[Privileges and Immunities, Due Process, Equal Protection, Apportionment of Representatives, Civil War Disqualification and Debt(1868)] ⅩⅤ[Rights Not to Be Denied on Account of Race(1870)] ⅩⅥ[Income Tax(1913)] ⅩⅦ[Election of Senators(1913)] ⅩⅧ[Prohibition(1919)] ⅩⅨ[Women's Right to Vote(1920)] ⅩⅩ[Presidential Term and Succession(1933)] ⅩⅩⅠ[Repeal of Prohibition(1933)] ⅩⅩⅡ[Two Term Limit on President(1951)] ⅩⅩⅢ[Presidential Vote in D.C.(1961)] ⅩⅩⅣ[Poll Tax(1964)] ⅩⅩⅤ[Presidential Succession(1967)] ⅩⅩⅥ[Right to Vote at Age 18(1971)] ⅩⅩⅦ[Compensation of Members of Congress(1992)]

2. 대륙에서의 인권선언의 발전

2.1 프랑스의 국헌적 권리와 인간과 시민의 권리선언

프랑스의 '인간과 시민의 권리선언'(Déclaration des Droits de l'homme et du Citoyen(26 août 1789)1789.6. 국민회의 착수, 7.14. 설치된 헌법위원회 작성 초안이 8.26. 통과된 본문 17조)인 프랑스인권선언*1789.8.26.*은 "모든 정치적 단결의 목적은 인간의 자연권 보존에 있고, 이는 자유·소유권·안전·압제에 대한 저항이며(제2조), '권리의 보장과 권력의 분립을 정하지 아니한 사회는 헌법을 가졌다 할 수 없다'(제16조)" 하는 인권에 관한 국헌으로서 이후의 헌정체제(1791년헌법, 1793.4. Gironde 헌법, 1793.6.24. 산악당헌법) 및 제1공화국헌법(1795.8.22. 1799.12.13. 헌법은 제외), 제2공화국헌법(1848.11.4.), 제3공화국헌법(1875.2.25.), 제4공화국헌법(1946.10.13.), 제5공화국헌법(1958.9.28.)에의 입헌공화국의 헌정체제를 계승하면서 국헌을 이어나간다. 프랑스 '인간과 시민의 권리선언은 영주·등족(귀족·승려)의 특권적 봉건국가*Lehenstaat*·등족국가*Ständestaat*의 구체제*le régime ancien*에 저항하여 인간과 시민*l'homme et des citoyens*에게 자연적 불가양적 신성한 권리를 천부권으로 규정하고 이를 시민의 권리장전으로 선언한 근대국민국가 입헌주의의 독창적 헌법으로서 볼테르(Voltaire François-Marie Arouet 1694.11.21.~1778.5.30.), 몽테스키외(Montesquieu 1689.1.18~1755.2.10.), 루소(J.J.Rousseau 1712.6.28.~1778.7.2.) 등의 프랑스 계몽사상의 산물이다. 프랑스혁명의 기치는 자유*la liberté*, 평등*l'égalité*, 우애*la fraternité*이며 우애 관념은 자유와 평등이 인간의 존엄성을 침해할 수 없게 균형을 도모하는 이념으로 인정되었다.

인간과 시민의 권리선언 제1조 인간은 권리에 있어서 자유롭고 평등하게 태어나고 생존한다. 제2조 모든 정치적 결사의 목적은 인간의 자연적이고 소멸될 수 없는 권리를 보전함에 있다. 그 권리란 자유·재산·안전 그리고 압제에의 저항 등이다. 제3조 모든 주권의 원리는 본질적으로 국민에게 있다. 어떠한 단체나 어떠한 개인도 국민으로부터 명시적으로 유래하지 않는 권위를 행사할 수 없다. 제4조 자유는 타인에게 해롭지 않은 모든 것을 행할 수 있는 것이다. 제5조 법은 사회에 유해한 행위가 아니면 금지할 권리를 갖지 아니 한다. 누구도 법이 명하지 않는 것을 행하도록 강제될 수 없다. 제6조 법은 일반의사의 표명이다. 모든 시민은 법 앞에 평등하므로 그 능력에 따라서 그리고 덕성과 재능에 의한 차별 외에는 평등하게 공적인 위계, 지위, 직무 등에 취임할 수 있다. 제11조 사상과 의사의 자유로운 소통은 인간의 가장 귀중한 권리의 하나이다. 모든 시민은 자유로이 발언하고 기술하고 인쇄할 수 있다. 법에 규정된 경우에 있어서의 그 자유의 남용에 대해서는 책임을 져야 한다. 제12조 인간과 시민의 제 권리의 보장은 공권력을 필요로 한다. 제16조 권리의 보장이 확보되어 있지 않고, 권력의 분립이 확정되어 있지 아니 한 사회는 헌법을 갖고 있지 아니 하다. 제17조 불가침적이고 신성한 권리인 소유권은 합법적으로 확인된 공공필요성이 명백히 요구하고 또 정당하고 사전의 보상의 조건하에서가 아니면 침탈될 수 없다.

프랑스인권선언과 美州권리장전 미국 초대대통령(1789.4.30.~1797.3.3.) 조지 워싱턴(*George Washington* 1732.2.22~1799.12.14.)과 미국독립전쟁을 함께 이끈 프랑스 라파에트(Marquis de la Fayette 1757.9.6.~1834.5.20.)는 토마스 제퍼슨(Thomas Jefferson 1743.4.13.~1826.7.4.)의 조력을 받아 미국독립선언서를 초안하고 미국독립 후에는 프랑스인권선언을 작성하였다. 독일의 옐리네크*G.Jellinek*는 프랑스인권선언은 미주연합의 주 권리장전에 기초하며 보편적 인권 관념은 미식민지의 종교의 자유에 기초한다 하였다.165) 반면 프랑스 부트미(Émile Boutmy 1835.4.13.~1906.1.25.)는 프랑스인권선언은 루소*J.J.Rousseau*의 사회계약론*le contrat social*에 기초한 독창적 산물이며 유럽 18세기 정신사를 배경으로 세계교화의 목적을 지닌 장전으로서 미국 국민의 이익에 한정한 미주권리장전과 다르다166) 하였다. 프랑스인권선언 이전에 등족회의에 제출된 '느무르村'*Village vers Nemours*청원서가 '인간과 시민의 권리 설정 및 모든 영역의 부정의에 반대할 수 있게 하는 선언을 만들 필요성'*(De la nécessité d'établir quels sont les droits de l'homme et des citoyens, et d'en faire une déclaration qu'ils puissent opposer toutes les espéces d'injustice)*을 정한 30개조 초안이 있었음을 상기한다면, 부트미 관점이 이해될 수 있다. 독일의 카를 슈미트*C.Schmitt*는 '미국독립선언은 신생독립국가를 기반으로 하나 프랑스인권선언은 국가공민(시민)의 국민국가에서 자유의 배분원리가 기존의 정치적 통일체에 수정적 요소로 나타나며, 버지니아권리선언은 양심이 명하는 대로 자유롭게 종교를 신앙할 평등한 권리를 보장하고 윤리적·도덕적으로만 제약할 수 있으나, 프랑스인권선언은 이를 의사표명의 일환으로 보장하고 실정법질서에서 제약될 수 있는 것으로 보고, 미국권리장전은 표현의 자유를 제한하는 자는 전제정부와 다름없다 하였지만 프랑스인권선언에서는 이를 법률로써 제한이 가능한 것으로 보았다' 한다.

우애를 통한 자유와 평등의 조화 칼레르기[(Nikolaus von Coudenhove-Kalergi 大正12 1923) 니콜라우스 폰 쿠덴호프-칼레르기), PAN-EUROPA/ 하토야마 이치로 譯『자유와 인생』/ *Totalitarian State Against Man*, 昭和10(1935)]는 일본에서 태어나(일본명 栄次郎) 소련 공산주의와 나치 국가사회주의의 진출을 허락한 자본주의의 방종을 반성하면서 우애의 이념을 제창하여 전후 일본 보수 정당의 본류로 1960년 미일안보조약을 체결케 하고 자민당의 노사협조정책으로 자리 잡아 일본의 고도경제성장의 기초가 되었다. 그가 태어난 오스트리아가 나치에 병합되자 미국으로 망명하게 되는 데 영화 '카사블랑카'는 칼레르기를 모델로 한 것이라 한다.

2.2 프랑스의 인권선언과 공화국헌법

프랑스인권선언은 1791.9.3.헌법, Gironde헌법초안*1793.4.*, Montagnard산악당헌법*1793.6.24.*의 헌정체제로 실현되나, 1795.8.22. 프랑스 반동기 공화력3년 헌법 즉 프랑스 제1공화국헌법에서는 축소 흡수되고 의무규정이 증가하였다. 프랑스 제1공화국헌법 이후 현행 제5공화국헌법은 프랑스인권선언을 프랑스공화국헌법의 헌법영역으로서 받아 들여 그 헌법적 효력을 인정하고 있다.

Gironde헌법·Montagnard山嶽黨헌법·프랑스제1공화국헌법 프랑스 1793.4.헌법은 새로운 의회인 국민공회에서 채택되지만, 1793년 5월혁명에서 Gironde당이 몰락하고 국민공회가 산악당*Montagnard*에 들어가 제정되지 못하여, 이를 Gironde헌법초안의 권리선언 또는 '인간의 자연적·시민적·정치적 제권리의 선언'이라 한다(전문, 33개조, 1789년인권선언의 기본정신 계승, 경제적 자유권 보장(제18조~제20조), 교육(제23조), 공적 구제(제24조) 등 사회권 규정 등의 체계화). Montagnard 산악당헌법은 초안 가결*1791.6.* 국민투표채택*7, 8월*으로 효력이 발생한 1793.6.24.헌법이다(전문, 35개조, Gironde권리선언, 1789년인권선언 계승(자유·소유권·안전·저항권), 사회권규정 확대(제21조~제24조) 등). 산악당헌법은 산악당이 무너지자 프랑스 반동기 공화력3년헌법*1795.8.* 즉 프랑스 제1공화국헌법에 흡수되었다(22개조로 축소, 저항권 소실, 종교와 언론의 자유 퇴조, 의무규정 증가9개조). 나폴레옹*Napoléon* 쿠데타*Coup d'État*에 이은 공화력8년*1799.12.*헌법은 1789년인권선언 규정이 거의 소실되고 신체와 청원권 등만 보였다. Napoléon 몰락*1814* 후 왕정복고로 루이*Louis* 18세 1814년 흠정헌법은 법 앞에 평등(제1조), 신체의 자유(제4조) 등의 보장과 달리 로마가톨릭정교의 국교에서(제6조) 종교의 자유는 한정되고 언론·출판의 자유도 법률의 범위 내에서 보장된다(제8조). 19세기 전반 독일 支邦 헌법에 영향을 주었다.

프랑스인권선언 이후 프랑스공화국헌법 프랑스 제1공화국헌법인 1830년 7월혁명 후 흠정헌법은 인권선언에 미치지 못한다. 1848년 2월혁명 후 제2공화국헌법은 단결권(제8조)이 집회·청원·출판의 자유와 함께 규정되고 교육의 자유(제9조), 소유권은 불가침이나 공익을 이유로 침해한 때에는 정당한 보상을 해 주어야 하며 희생이 없도록 하여야 한다(제11조) 등 자유·평등·박애와 더불어 가족·노동·소유권·公序 등이 國是가 되었다. 사회권으로서 전문 제8항에서 빈곤한 시민에 대해서 자원의 한도 내에서 노동하게 하고 노동할 수 없는 자에게는(가족도 없는 경우에) 원조해 주어 생존을 확보해 주어야 한다 하였다. 1875년 제3공화국헌법은 인권선언을 설정하지 않고 자명의 원리로 보았다. 천부인권사상이 부활한 1946년 제4공화국헌법은 인간은 인종·종교·신조의 차별 없이 불가양의 권리를 가진다는 전제에서 1789년 권리선언을 재확인하였다. 이는 1958년 제5공화국헌법에도 계승되었다. 프랑스인권선언 이후 프랑스의 헌정체제는 ① 1791년헌법*Constitution Française de 3 Septembre 1791* ② 1793년헌법*Acte Constitutionelle du 24 Juin 1793 et déclaration des droits de l'homme et du citoyen* ③ 1795년헌법*Constitution de la République Française du Fructidor An-22 Août 1975* ④ 1799년헌법*Constitution de la République Française du 22 Frimaire An VIII-13 Décembre 1799* ⑤ 1814년헌법*Charte Constitutionelle du 4 Juin 1814* ⑥ 1830년헌법(제1공화국헌법)*Charte Constitutionelle du 14 Août 1830* ⑦ 1848년헌법(제2공화국헌법)*Constitution de la Ré publique Française du 4 Novembre 1848* ⑧ 1852년헌법*Constitution du 14 Janvier 1852* ⑨ 1870년헌법*Sénatus consulte fixant la Constitution de l'Empire* ⑩ 1875년헌법(제3공화국헌법) 공권력 조직에 관한 법률*Loi du 25 Février 1875, relative l' organisation des pouvoirs publics*, 원로원 조직에 관한 법률*Loi du 24 Février 1875, relative l'organisation du Sénat*, 공권력 관계에 관한 헌법률*Loi constitutionelle du 16 Juillet 1875, sur les rapports des pouvoirs publics* ⑪ 1946년헌법*Constitution de la République Française du 27 Octobre 1946* ⑫ 1958년헌법*Constitution de la République Française du 28 Septembre 1958* 등이다.

2.3 독일의 외견적 입헌주의의 기본권

독일은 종교개혁과 칸트(I.Kant 1724~1804), 피히테(J.G.Fichte 1762~1814), 볼프(Ch.Wolf 1679~1754) 등의 계몽사상에도 불구하고 프랑스나 미국과 같은 근대적 시민혁명을 경험하지 못하여 권리장전이나 헌법 출현은 미진한 입헌군주정이었다. 베스트팔렌왕국헌법(Westfalen 1807), 바이에른왕국헌법(Bayern 1808), 프랑크푸르트헌법(Frankfurt 1849.3.28.), 프로이센헌법(Preußen 1850.1.30.), 비스마르크 독일제국헌법헌법(Bismark 1871.4.16.) 등이 성립되었다. 제1차세계대전 말 1918.11.9. 혁명세력은 독일제국을 무너뜨리고 베를린*Berlin* 기타 지역의 무장봉기 진압 후 1919.1.19. 총선거에 의한 바이마르*Weimar* 헌법제정회의*2.6.*로 혁명은 종식되었고 프로이스*H.Preuß* 헌법초안을 초대대통령 에베르트(F.Ebert 1871~1925)가 서명*8.11.* 공포*8.14.* · 시행한 것이 독일 라이히헌법인 바이마르공화국헌법이다. 일본의 1889년 일본제국헌법인 명치헌법은 비스마르크헌법의 외견적 기본권을 답습하였고 1946년 일본국헌법은 미합중국수정헌법의 기본권을 원용하였다.

남부독일제국과 독일연맹, 프랑크푸르트헌법, 프로이센헌법의 기본권 신성로마제국은 국가의 기본사항인 국헌을 정한 칼4세 금인칙서*Goldene Bulle Karls IV*, 막시밀리안개혁법*Reformgesetze Maximilians*, 아우구스부르크 종교평화조약*Augusburger Religionsfriede*, 베스트팔렌 강화조약*Westfalische Fride 1807.11.* 같은 기본법 외 권리장전은 없었다. 제국붕괴와 프랑스혁명 후 1814년 Napoléon흠정헌법에 영향 받아 남부독일제국 헌법이 제정되었다. 나폴레옹전쟁 후 빈Vienna체제 독일은 구보수세력의 독일연맹*Deutscher Bund 1816~66* 탄압에도 불구하고 19세기 자유주의운동은 독일민족통일과 헌법제정을 요구하였다. 1848.2. 프랑스혁명의 영향으로 1848.5.18. 통일독일헌법 제정을 위한 국민회의가 프랑크푸르트의 다울*Daul* 교회에서 소집되나 정치적 이해관계로 지연되고 비교적 심의에 용이한 기본권은 1848.12.27. 독일국민의 기본권에 관한 법률로 공포되었다.■ Frankfurt 국민회의는 1849.3.28. 독일제국헌법*Verfassung des deutschen Reiches*을 제정하였으나 정치적으로 통일되지 못하여 헌법의 일부가 된(제6장) 1848년 기본권에 관한 법률도 실현되지 못했다. 1851년 프랑크푸르트연합회의는 Frankfurt 국민의회의 헌법전을 무효로 선언하였다. 1850년 Preußen헌법의 기본권규정은 군주를 비롯한 강력한 보수·군국주의 세력에서 기능을 발휘할 수 없었다. 제2장 Preußen인의 언론의 자유 보장과 검열금지는 규정하나 입법에 의한 제한(제27조) 등의 법률유보를 명기하여 인권선언은 외견화 되었다.

■ 프랑크푸르트의 기본권에 관한 법률은 천부인권의 전통적 기본권뿐 아니라 잡다한 권리와 자유 보장을 규정하였으나 자연권사상의 색채는 거의 없었다. 50개 항목에 달하는 기본권에는 평등권·자의적 체포로부터의 보호(제138조), 신앙·양심의 자유, 출판의 자유(제143조), 주거의 불가침(제140조), 집회·결사의 자유, 서신과 우편의 비밀(제142조), 소유권 보장 같은 기본권 외에도 시민혼(세속혼 Zivilehe), 작위의 철폐, 사형제도 폐지, 배심재판제도 도입, 병역 등 규정들을 포함하였다.

3. 현대입헌주의헌법의 기본권

3.1 현대의 사회권적 기본권

근대국민국가는 시민적 자유를 시민사회의 자율에 맡기는 중성국가로서의 시민적 법치국가(bürgerlicher Rechtsstaat), 국가는 안전과 치안 목적의 최소한에 그치는 야경국가(Nachtwächter staat) 등에 의하여 봉건적 특권계급을 혁파하는 입헌주의헌정의 국헌 체제이다. 근대입헌주의헌법은 이 같은 국헌을 실현하도록 인간의 시민적 자유를 법 앞에 평등, 인신의 자유, 정신적 자유(사상·양심·종교·표현의 자유), 경제적 자유(소유권의 신성불가침) 등의 자유권적 기본권으로 구현한 것이다. 이에 대하여, 현대의 사회적 법치국가(sozialer Rechtsstaat), 복지국가(Welfare state)는 사회경제적 약자의 인간다운 생활을 위한 생존권, 실질적 자유와 평등의 보장 및 복지의 실현을 국가의 적극적 급부로 실현하는 사회권적 기본권을 요구한다. 이미 무산자에 대한 생존의 배려를 국가의 의무로 할 것을 최초로 정한 프랑스 1793년 산악당*Montagnard*헌법, 생존권을 원점으로 하는 사회권적 기본권을 최초로 인정한 독일의 1919년 Weimar헌법 및 이를 사회국가의 헌법원리로 제도화한 1949년 서독기본법(Boon 기본법) 등이 그것이다.

산악당헌법의 생존권과 바이마르공화국헌법의 사회권적 기본권 산악당Montagnard헌법 제21조 '공적 구제는 신성한 부채다. 사회는 시민에게 노동을 부여하든가 노동할 수 없는 사람들의 생존수단을 확보하여 이들의 생계를 맡아야 한다'. 1848년헌법 전문도 같은 취지다. Weimar공화국의 사회 각파타협안*interfraktionelles Kompromizprogramm*이 반영된 기본권 제2편 제1장 개인(제109조~제118조)의 고전적 기본권(Frankfurt헌법에서 연결된 것) 외에 토지개혁, 공무원 권리, 교회 재산권, 모성보호, 종교개혁, 결사자유 등이 혼재되었다. 제151조 '경제생활의 질서는 모든 사람에게 인간다운 생활을 할 수 있는 생활을 보장하여야 하며 이런 목적을 가진 정의의 원칙에 적합하지 않으면 아니 된다. 이 한계 내에서 개인의 경제적 자유는 확보되지 않으면 아니 된다.', 제153조 제3항 '소유권은 의무를 수반한다. 그 행사는 동시에 공공의 복리에 적합하여야 한다.', 교육비 보조(제145조), 노동력 보호(제157조), 단결권(제159조), 노동권(제163조), 중산계급 조성(제164조),

기업경영참가권으로서 'Reich는 법률에 의하여 공용징수를 하는데 적당한 규정을 유추적용할 수 있고 사회화에 적합한 사적 경제기업을 공유로 하는데 대하여 보상을 지급한다.'(제156조 제1항).

서독기본법의 사회국가와 사회권적 기본권 서독기본법인 현행 독일기본법은 바이마르헌법의 사회권적 기본권을 모두 삭제하고 하였다. 즉 독일에서는 제2차대전 후 서방점령지역에서 1949.5.23. 제정된 Bonn기본법에서 전체주의적 반입헌주의 국헌의 체제인 Nazi의 유대인학살을 반성하면서 제1조 '인간의 존엄은 불가침이다. 이를 존중하고 보호하는 것은 모든 국가권력의 의무이다', 제79조 제3항 '공공이익에 반하지 않는 한 사적 소유를 용인한다'는 사회적 연방공화국(제20조)의 성격을 강조한다.

3.2 인권의 국제적 보장

3.2.1 인권의 국제적 보장의 의의

근대입헌국가의 기본권보장은 시민사회에서의 인간과 시민이라는 자국민 위주의 국내적 인권보장이지만 현대적 인권보장은 국제적 시민사회를 전제로 하는 국제적 인권 보장을 특징으로 한다. 조약 등의 국제법적 제도에 의하는 인권의 보장과 실현을 체약국의 국내 법령과 국가기관에 위임한다든지 국제적 인권의 침해시 다른 체약당사국이나 국제기구에 의하는 구제는 물론 피해자 개인이 그 스스로 자신의 인권의 침해에 가해자가 되는 국가의 정부를 상대로 하여 국제기구에 그 구제의 청구를 행할 수 있는 제도로서의 국제적 인권보장이 그것이다.

3.2.2 제1, 2차 세계대전 이후의 인권의 국제적 보장

제1차세계대전 후 인권에 관한 국제조약으로서 노예매매・아동매매 등의 금지, 피난민 보호, 아편・마약거래의 금지 등 외에 제2차세계대전 후의 약소민족의 인권의 국제적 보장의 필요성에 부응하여 1941.1. Roosevelt 대통령의 4가지 자유인 표현・신앙・결핍・공포 등으로부터의 자유가 제창되었으며 1941.8. 대서양헌장에서 결핍・공포로부터의 자유가 확인된다. 제2차세계대전 후의 국제연합헌장(Charter of the United Nations 1945.10.24.)의 규정이 미비하여 국제적 공통기준으로서 세계인권선언이 제정되어(1948.12.10.) 각국 헌법과 지역적 인권규약에 영향을 주었지만 법적 구속력의 미비로 UN인권위원회는 구속력 있는 규범으로서 국제인권규약을 제정하였으며(1966.12.19. 국제연합 제21차총회의결) 기타 국제적 인권보장 규범들도 제정되었다. 1950.11.4. 채택되고 1953.9.30. 효력이 발생한 유럽인권규약 즉 인권과 기본적 자유의 보호를 위한 유럽규약 등이 이에 속한다.

Universal Declaration of Human Rights(It was adopted by the United Nations General Assembly on Dec. 10, 1948) Article 1 Right to Equality/ 2. Freedom from Discrimination/ 3. Right to Life, Liberty, Personal Security/ 4. Freedom from Slavery/ 5. Freedom from Torture and Degrading Treatment/ 6. Right to Recognition as a Person before the Law/ 7. Right to Equality before the Law/ 8. Right to Remedy by Competent Trial/ 9. Freedom from Arbitrary Arrest and Exile/ 10. Right to Fair Public Hearing/ 11. Right to be Considered Innocent until Proven Guilty/ 12. Freedom from Interference with Privacy, Family, Home and Correspondence/ 13. Right to Asylum in other Countries from Persecution/ 15. Right to a Nationality and the Freedom to Change It/16. Right to Marriage and Family/ 17. Right to Own Property/ 18. Freedom of Belief and Religion/ 19. Freedom of Opinion and Information/ 20. Right of Peaceful Assembly and Association/ 21. Right to Social Security/ 23. Right to Desirable Work and to Join Trade Unions/ 24. Right to Rest and Leisure/ 25. Right to Adequate Living Standard/ 26. Right to Education/ 27. Right to Participate in the Cultural Life of Community/ 28. Right to a Social Order that Articulates this Document/ 29. Community Duties Essential to Free and Full Development/ 30. Freedom from State or Personal Interference in the above Rights

3.2.3 한국헌법의 국제적 인권보장

대한민국헌법에 의거하는 국제적 인권보장에 대하여, 유엔의 국제인권규약 A규약은 유보조항 없이, B규약은 제14조 제5항 비상계엄하 단심제(제110조 제4항 비상계엄하 군사재판 단심제와 저촉), 제22조 제1항 노무직을 제외한 공무원 및 사립학교교원의 집단행동(헌법재판소 사립학교교원 노동행위 위헌결정과 저촉) 등에 유보조항을 지니면서 발효시켰고(B규약 유보 4개 조항에서 혼인중 또는 혼인해소시 배우자평등은 1991.1.1., 외국에서 받은 형의 경감・면제는 1993.1.21. 철회), B규약 선택의정서도 있다. UNESCO의 제3세대인권은 국가로부터 개인의 시민적 · 정치적 자유의 방어를 내용으로 하는 권리인 시민적 · 정치적 권리는 제1세대인권, 국가의 직극적 관여를 요구하는 경제적 · 사회적 · 문화적 인권인 제2세대인권 외에 제3세계국가들의 탈식민지적 범세계적 인권인 제3세대인권은 개인의 권리보다는 집단적 · 국제적 차원의 권리로서 연대권(le droit de solidarit) 및 서로 다를 수 있는 권리, 의사소통 · 평화 · 개발에의 권리, 건강 · 조화된 환경에서 살 수 있는 권리, 인도적 원조를 받고 인류공동유산에서 이익을 얻을 권리 등이다. 프랑스인권선언의 경우를 그 예로서 든다면 자유*la libeté* · 평등*l'égalié*이 제1, 2세대인권이라면 박애 · 형제애*la fraternité*는 제3세대인권이다.

국제인권규약 '경제적 · 사회적및문화적권리에관한국제규 및'*(International Covenant on Economic, Social and Cultural Rights)* 'A규약'[1966.12.16. 국제연합총회 채택/ 발효일 1976.3.23./ 기탁처 UN 국회동의일 1990.3.16./ 가입서기탁일 1990.4.10./ 발효일 1990.7.10.(조약 제1007호) 당사국은 경제사회이사회에 실시사항에 대한 정기보고의무]. '시민적및정치적권리에관한국제규약'*(International Covenant on Civil and Political Rights)* 'B규약'[1966.12.16. 국제연합 총회 채택/ 발효일 1976.3.23./ 기탁처 UN 국회동의일 1990.3.16./ 가입서 기탁일 1990.4.10./ 발효일 1990.7.10.(조약 제1007호) 당사국은 18인 인권위원회에 실시조치 보고의무]. '시민적및정치적권리에관한국제규약선택의정서'*(Optional Protocol to the International Covenant on Civil and Political Rights)* 'B규약선택의정서' 또는 '선택의정서'[1966.12.16. 국제연합 총회 채택/ 발효일 1976.3.12./ 기탁처 UN 국회동의일 1990.3.16./ 가입서 기탁일 1990.4.10./ 발효일 1990.7.10.(조약 제1008호)]

3.3 사회주의국가의 기본권

입헌주의 헌정의 체제가 아닌 외견적 또는 반 입헌주의의 헌정 체제는 소련, 중국, 북한 등이 대표적이다. 러시아혁명*1917*으로 성립한 '노동에서착취되는인민의권리선언'*1918.1.*, Lenin헌법*1918.7.10.*, '소비에트사회주의공화국연방헌법'(Stalin 헌법, 1936.12.5.), 브레즈네프*Brezhnev*헌법*1977.10.7.* 등 사회주의헌법은 노동자 · 농민을 주권자로 하는 사회주의적 권리를 정하는 것이어서 궤를 달리한다.

제3절 일반국가로서의 헌법국가

Ⅰ. 헌법국가의 국헌

[一] 헌법국가의 성립

헌법국가는 신정·왕정에서 민정으로 이행한 일반국가로서 주권적 사회계약의 문서인 성문헌법과 시민사회의 보편적 가치인 입헌주의를 기초로 하는 근대국민국가이다. 플라톤의 고전적 국가 이후 니콜로 마키아벨리 '군주론'의 권력의 세속화와 장 보댕 '공화국'에서 근세적 국가의 상징 권력인 주권의 관념이 제창되고 이는 토마스 홉스 '리바이어던'의 국가 형성을 위한 사회계약과 존 로크 '통치론'의 이성, 생명·자유·재산 등 천부인권의 보장을 위한 사회계약의 정부구성, 시민과 의회의 입법권과 왕의 집행권의 분립, 정부전복권과 새 정부수립권의 공화주의 등으로서 근대 헌법국가의 국헌의 맹아가 되었다. 장 자크 루소의 사회계약론과 인간불평등기원론에서 말한 인민 개개인의 인민주권의 프랑스혁명의 사상과 몽테스키외의 법의 정신에서의 민중의 풍토적 법사상의 입헌주의는 위고 그로티우스 '전쟁과 평화의 법'에서 자연법질서의 국제법으로 규정된다. 독일의 입헌주의 사상은 칸트의 법치국가와 자유의 일반의지로서의 보편적 입헌주의 그리고 국제조직의 국제협력에 의한 영구평화의 보전 등의 관념을 가져온다. 1789년, 1776년, 1787년 등은 국헌의 시대로 들어서 개개인간을 공동체적 주권자로서 헌법국가를 만들게 한 위대한 시기였다. 1789년 프랑스혁명은 '국가적 국민' Nation이 주권의 역사적·이념적 주체로서 근대국민국가 입헌주의헌법을 제정할 수 있도록 하였다. 주권은 일반의사였고 그 표현은 법률이었다. 아베 시에예스는 '제3신분이란 무엇인가에서 사제·귀족 등족회의의 고권적 입법권보다 상위의 헌법제정권력의 관념을 제창하고 이 권력의 귀속 주체는 보편적 국민정신*ethos*·애국적 국민정서*pathos*의 동질성을 지닌 제3신분 Nation인 부르주아지*Bourgeoise* 유산시민계층이라 하였다. 헌법제정권력은 Nation과 그 대표자인 국민의회에 귀속되고, 누구에게도 양도될 수 없는 불가양의 권력이면서, 구체제의 타파로 국민국가를 세우기 위한 혁명적 비상적 관념으로서 제창되었다. 독일에서는 헌법은 신학의 정치적 채색이라는 정치신학의 카를 슈미트가 헌법제정권력은 하나님 주권의 세속화한 권력으로서의 헌법제정권력의 근본결단이 절대적 헌법*Velassung*이며 부수적 결단이 상대적 헌법인 헌법률*Verfassungsgesetz*이라 보았다. 헌법제정권력은 주권으로서 그보다 상위의 권위가 없다는 시원성, 헌법제정권력자 스스로 입헌의지로 정당성을 부여하는 자율성 등으로 이미 형성된 법질서에 구속되지 아니한다. 근대국민국가의 헌법제정권력자는 神授왕권의 군주주권을 배제한 국민주권의 국민'만'이며 근대국민국가의 구성적 요소이며 규범적 징표인 입헌주의헌법을 형성한다. 왕정과 민정을 확연히 구분하여 봉건질서를 시민질서로 이행시켜 준 근대의 증언자이며 인류의 일반국가의 보편적 가치이다. 근대 시민혁명기에서 구체제 王政을 타파하며 성립한 근대국민국가의 '왕도 신과 법아래 있다' 하는 법지배의 입헌주의헌법을 만들어 外見的 입헌정, 전근대적 전제정 등을 폐기한 헌법국가이다.

[二] 헌법국가의 헌법과 국가

근대국민국가의 헌법은 왕정헌법, 신정헌법, 등족헌법에서 벗어난 국민국가의 입헌주의헌법이다. 근현대 입헌주의헌법은 공동체에서 옳고 그름에 대한 판단을 헌법을 기준으로 이루어지도록 한다. 전근대적 왕조나 봉건체제 혹은 근세적 국가들은 인격화한 권력을 행사하는 절대 군주의 언명이 이를 결정지었었다. 플라톤이 '법'*Nomoi*에서 법의 통치를 말한 것은 '국헌'*Politeia*에서 철인통치를 말한 것의 고전판 입헌주의라 할 것이다. 근대입헌국가의 헌법은 영국에서 대헌장 이후 권리장전에 이르기까지 형성된 헌법률, 대륙에서 프랑스 3계급의 인권선언과 불가양·불가침의 천부인권, 최초의 성문헌법인 미합중국헌법과 수정헌법 등으로 성립된다. 현대사회국가 헌법은 독일 바이마르공화국헌법의 생존권, 독일기본법의 사회적 법치국가에 이어진다. 사회국가는 국가·사회의 교차관계에 의해서 국가의 사회 형성을 보충적 참여로 인정하여 개개인 생활의 자율성을 보장한다. 반면 사회주의국가는 노동자·농민 등 무산계층의 인민주권에 의해서 통제경제질서 등 국가의 전면적 사회개입으로 개인적 자율의 영역을 봉쇄하여 국가·사회의 단절을 가져온다. 현대입헌국가에서 시민계층과 대중계급이 혼재되어 공동체의사가 국가의사로 나오기까지의 심화된 대립구조가 온존하기에 사회영역의 법률관계에 대한 국가의 개입으로 국가의 성격은 계약에서 제도로 이행된다. 국가는 국민주권적 사회계약으로 성립되어 공권력을 행사하는 정치적 통일체이면서 규범적으로는 권리주체인 공법인이다. 헌법국가는 헌법과 함께 그리고 헌법에 의하여 영토와 국민을 규범적으로 묶어 준다. 헌법국가는 주권적 권력을 행사할 수 있는 '주권국가', 주권적 권력을 통일적으로 행사할 수 있는 독립한 권리주체로서의 '법인국가' 등을 구성요소로 한다. 주권국가는 근대국가의 규범이며 법인국가는 국민국가의 규범이다. 게오르그 옐리네크의 국가주권론은 주권을 군주, 국민이 아닌 국가라는 법인에 귀속시킨다. 국헌학적 국가는 주권적 권력을 행사하는 권리주체로서의 공법인이다. 국가는 공동체의 사회적 실체로서 권리주체가 되기에 적합한 공법상 조직체이다. 독자의 정치적 작용을 하고 가치를 가지는 통일체로서 구성된다. 법인국가성의 맹아는 그의 몸통과 팔이 신민들로 이루어진 국가유기체의 상징, 巨獸 국가인 토마스 홉스의 '리바이어던'에서 찾을 수 있다. 국가가 공법인으로서 하나의 권리주체가 된다는 것은, '법인실재설'에 의하여 국가 역시 토마스 홉스의 리바이어던과 같이 마치 자연인이 의사를 갖는 자연적 유기체인 것처럼 법인도 단체의사를 가지는 사회적 유기체라 하든지 혹은 일반적·추상적으로 국가는 사회적으로 독자의 작용을 하기에 적합한 가치를 지니는 정치적 실체라고 보아 법인격을 인정하든지 하는 것이다. 사법의 법규범이 인간의 삶의 영위와 함께 자연적으로 나타나면서 관습적으로 형성되는 것과 달리 공법인 헌법은 영토 국민을 존립의 기초로 하는 정치공동체로서 국민국가를 전제로 하는 시대적 성격을 지닌다. 근현대입헌주의 헌법국가의 상징은 헌법전이다. 로마에서 국가의 상징을 파스케스로 나타냈듯이 파스케스가 국가학적 국가의 상징이라면 헌법전은 국법학적 국가의 상징인 것이다. 헌법은 국가의 규범으로서 국가를 창설하고 사회가 형성되는 근간을 정하는 근본규범이다. '헌법'의 Constitution, Verfassung은 '창설·설정'한다는 의미로서 특히 국체·정체의 근간인 국헌을 설정하는 국법·국제로서 국가를 창설하는 창설규범이다. 규범으로서의 헌법은 성문헌법을 정점으로 하는 실정법 규범체계의 최고규범으로서 누구나 지켜서 국민의 안전·자유·법치를 보장하는 국헌의 기초를 이루는 근본규범이다. 입헌주의헌법에서는 민주공화국의 국체·정체가 공동체 국가·사회질서의 기초이도록 하는 기본규범이다. 구한말 개항 전후 대한제국을 시작으로 일제시대와 광복과 미군정을 거쳐 대한국민 최초의 근대국민국가인 대한민국이 입헌주의헌법 제정으로 헌법국가가 되어 오늘에 이른 과정들의 관념이 헌법이다.

[三] 근현대 헌법국가의 입헌주의 헌법학

헌법국가의 헌법학의 원점은 독일제국헌법의 규범실증적 해석에 의한 법실증주의 외견적 헌법학에 있으며 이후 신칸트주의 규범실증주의는 헌법을 국가의 법적 기본질서, 법질서 최고규범으로 보며 또한 구체적 현실 권력의 정치적 결단이라는 결단주의, 공동체 문화가치의 생활양식이라는 통합주의에서 히틀러의 국가사회주의의 명분에 의한 유대인학살의 반인륜범죄로 인류애의 자연법질서를 향한 규범적 국헌학에로 회귀한다. 헌법의 국헌학적 관념으로서 민족정신의 표현, 형이상학적 자연법 등과 달리 켈젠의 순수법학은 국가와 사회, 당위와 존재·현실이 분리된 최고규범이라는 형식적 헌법 관념으로 한정한다. 옐리네크는 이들 양면성을 인정하는 철학적 실증주의에 의거 헌법을 국가의 법적 기본질서로 본다. 카를 슈미트 결단주의에서는 하나님 권세의 세속화인 주권자의 구체적 질서의 결단이기에 타당성·효력을 갖는다 하는 정치신학이다. 스멘트의 공동체 통합과정의 생활현실로서의 정신과학적 문화·사회철학의 현상학과 변증법을 원용한 국헌의 인식도 있다. 한국의 국헌학은 구한말 홍범14조와 대한제국의 대한국국제 및 대한민국임시정부 헌법의 경험에도 불구하고, 광복의 제헌헌법 제정과정에서 일본유학파·고등문관시험합격자·경성제국대학파 등 明治헌법적 국가관에 터 잡은 계관桂冠헌법학, 1960년대 서구헌법·헌정의 몰국가적 추상화의 보편성을 지향한 강단講壇헌법학, 1970년대 유럽 특히 독일헌법이론 학습파들의 유사자유주의의 계수繼受헌법학, 계관헌법학의 권력추수적 변용인 구체적 질서의 특수성을 추수한 神話헌법학[167] 등 敎示헌법학에서 일반국헌학으로 발전하는 지난한 과정이었다. 이제 국가의 정통성과 헌법의 정체성을 확인하고 정돈하여 한국의 국헌이 지닌 정체성과 보편성이 국민에 공유되도록 하여야 한다.

Ⅱ. 헌법국가의 국헌 – 국가정통성과 헌법정체성

[一] 국가정통성 – 민주공화국

국가형태는 국가형식을 전제로 인식되는 정치적 지배체제의 유형이다. 정치적 지배체제의 담지자인 통치자의 수 또는 그 행사방식 등을 기준으로 분류한다. 군주국–민주국의 이원적 국가형태론은 고전·중세·근세 등에 이어지면서 카를 뢰벤쉬타인, 라인홀트 치펠리우스, 게오르그 옐리네크 등의 국가형태 인식은 플라톤, 아리스토텔레스 등의 소론과 통한다. 국가형태를 주권보유자에 따르는 국체, 국가권력 행사방식인 정체로 나누는 헤르만 렘H.Rehm이 보기에 국체는 국가의 얼굴이고 정체는 그 손발이다. 플라톤 Politeia의 국헌, 키케로의 '시민전체인 국가'*Res publica est res populi* 등이 그것이다. 근대국민국가의 국체는 국민전체가 주권을 보유하는 공화국이며 정체는 국가권력이 민주적으로 행사되는 민주정이 된다. 왕조의 경우에는 군주가 나라의 주인이므로 군주의 지체가 바뀌면 국체도 바뀌어 군주가 왕이면 그 나라는 왕국이고 황제이면 황제국皇帝國 또는 제국이 된다. 대한민국의 국가정통성은 왕조국가나 민족국가 등이 아닌 국민국가에 있기에 대한제국은 王朝로서 공화국을 國體로 하는 대한민국과 다르며 민족의 기원은 고조선에서 찾을 수 있겠지만 대한민국은 주권자인 국민이 선거로 헌법을 만든 1948.7.17.이 곧 그 대한민국 건국일이 된다. 대한민국의 국가정통성은 민주공화국이다. 국가의 존립기반인 국가정통성은 국민주권, 자본주의 국가형식, 공화국의 국체·자유민주주의 정체 등의 국가형태 등으로 구성된다. 민주공화국의 국가정통성은 개인의 자연적 의사가 아닌 국민의 제도적 의사에 의한 권력 구조·통치 기구 등으로 제도화된다. 국회·정부·법원·헌법재판소 등의 대표자가 제도화된 권력을 행사함으로써 헌법적 수권 없는 인격적 권력의 군주정의 권력의 기초의 인격화, 카리스마적 지배의 권력의 행사의 인격화에 따른 전제정, 독재정 등의 인격적 권력이 차단된다. 공화정은 플라톤 Politeia의 시민공동체 국가, 키케로 Res publica est res populi의 시민전체의 국가 등을 말한다. 입헌군주정 역시 군주의 주권적 지배가 아니라 국민주권의 입헌정에서 군주 제도만 존재하는 정체일 뿐이다. 영국의 비통치군림군주정, 일본의 상징천황제 등이 그러하다. 대통령이 국가의 원수라 하는 것 역시 대통령이 군주정적 권능을 지닌 통치자가 아니라 제도적 권력을 헌법에 따라서 행사하는 국민주권의 입헌적 통치의 주재자라는 의미다. 대한민국은 1948년 7월 17일 제헌헌법제정으로 건국되고 8월 15일 대한민국정부수립으로 완성되었다. 민주공화국의 국가정통성, 자유민주주의·시장경제의 헌법정체성은 일제강점, 광복, 미군정기 각 시기마다의 정통성·정체성 투쟁의 결과물이다. 제1공화국(1948.7.17.~1960.6.14., 제헌헌법, 제1·2차개헌), 제2공화국(1960.6.15.~1962.12.25. 4·19 의거, 제3차개헌, 제4차개정헌법), 제3공화국(1962.12.26.~1972.12.26. 5·16 정변, 제5차개헌, 제6차개정헌법)을 거치면서 제4공화국(1972.12.27.~1980.10.26. 유신 정변, 제7차개정헌법, 유신헌법), 제5공화국(1980.10.17.~1987.10.28. 12·12군사반란, 제8차개정헌법)에 이어지고 제6공화국(1987.10.29.~, 6·29 항쟁, 제9차개정헌법)에 계승되었다. 대한민국의 국가정통성은 왕조국가, 민족국가 등이 아닌 국민국가에 있다. 민족국가 기원은 고조선에서 찾을 수 있겠지만, 대한민국은 근대국민국가 헌법이 제정된 때 건국된다. 소위 조선민주주의인민공화국의 북한사회주의헌법은 국민전체가 아닌 노동자·농민 등 계급주권의 공산주의국가인 동시에 세습주권 권력체제의 金氏王朝 전제국의 왕조국가로서 국가형식, 국가형태의 구분조차 할 수 없을 정도로 중세 유일신적 주체사상의 신정국가이다.

[二] 헌법정체성 – 자유민주주의 · 시장경제질서 · 입헌법치주의

헌법정체성은 국가정통성의 입헌주의국가로서의 구현이다. 국가정통성이 민주공화국의 국가형태로 나타난다면, 헌법정체성은 민주공화국을 실현하는 자유민주주의 · 시장경제질서, 입헌법치주의의 헌법이념이다. 대한민국의 주권은 국민에게 있다 하여 권력의 국민귀속을 정하며 모든 권력은 국민으로부터 나온다 하여 그 행사를 대의기관인 대표자에 귀속한다. 권력의 보유권 · 결정권을 분리하는 대의정을 인정한다. 의회 입법권, 정부 행정권, 법원 사법권의 기능적 권력분립에 따르는 정부형태 권력구조와 국가의 권력제도 · 정치제도 · 사회제도 등의 통치제도가 그 구체화 제도로 인정된다. 대한민국은 민주공화국의 국가정통성에 기하여 자유민주주의 · 시장경제질서를 헌법정체성으로 삼는다. 이는 근본규범이기에 그의 자의적 변경은 국가변란이 된다. 대한민국은 대의정의 간접민주주의와 가치상대주의의 다수결주의로 국가의사를 결정한다. 우리들과 우리들의 자손의 안전과 자유와 행복을 확보하기 위함이다. 국가정통성 · 헌법정체성을 훼손하는 민주주의의 적에 투쟁하여 방어하는 전투적 민주주의도 자유민주주의의 정체성이다. 민주공화국의 헌법정체성인 시장경제질서는 사유재산제도 보장과 자유경쟁을 핵심 가치로 한다. 국가의 경제관여에 의한 경제민주화는 시장교란 교정을 위해서만 인정된다. 사회적 시장경제도 가능하나 사회주의적 통제경제는 시장경제의 돌아올 수 없는 다리를 건너는 것이 된다. 마땅히 공동체합의가 요구된다. 헌법정체성 보호는 헌법수호적 헌법보호로 헌법을 실현하여 입헌주의 헌정체제인 대의정 민주주의 · 법치국가적 헌정제도 등을 담보한다. 국회 · 대통령 등 국가기관의 헌법수호선서 등 정치적 헌법보호 및 규범적으로 실효성 있는 사법적 헌법보호인 법원 · 헌법재판소 등의 사법적 쟁송절차에 의한 헌법재판 등이다. 정보통신혁명의 시대에 근대국민국가의 국경선을 넘나드는 보편적 세계질서가 빠르게 전파된다. 정보국가를 통한 세계국가의 경향성에도 불구하고 근대국민국가는 여전히 기반을 지니면서 이에 대응하는 체제를 유지한다. 정보법 · 환경법 등의 법영역은 국내적 차원을 넘어 국가법과 국제법이 상호작용하는 영역에서 이해될 수 있다.[168] 인터넷은 국가적 주권의 高權을 무뎌지게 하고 근대국민국가의 영토국가적 국경의 의미가 변모된다. 일반기술표준에 의한 정보의 자유로운 유통에 따르는 정보질서에서 국경을 넘어 작동하는 영역에 대한 새로운 요청으로서 정보는 자유롭고자 하나 국가는 사라지지 않고 여전히 존재한다. 국헌은 여전히 유효한 기준이 된다.

[三] 국헌으로서의 단일공화국

대한민국은 단일공화국이다. 대내외적 독립성을 갖고 주권을 행사하는 단일헌법국가이다. 한반도의 군사분계선 이북에 존재하는 북한정권은 단일공화국인 대한민국 영토를 불법으로 점거하는 반국가단체이다. 대한민국과 별개의 독립한 주권을 가지면서 함께 존재하는 국가연합의 구성공화국이 아니다. 주권적 권력을 가진 지방국으로서 대한민국과 함께 연방국가의 支邦을 이루는 것도 아니다. 헌법 제3조 '대한민국의 영토는 한반도와 그 부속도서로 한다', 제4조 '대한민국은 통일을 지향하며 자유민주적 기본질서에 입각한 평화적 통일정책을 수립하고 이를 추진한다' 함은 한반도에는 건국헌법 이래로 대한민국만이 유일합법정부를 조직할 수 있는 단독의 단일공화국이 존재함을 확인한다. 통일은 대한민국이라는 단일공화국에 북한정권이 합류하는 것을 우리 국민이 동의하는 단일국가적 통일만 가능하다. 연방국가적 통일이나 국가연합적 통일은 인정할 수 없다. 이들 헌법규정은 통일과정으로서 연방제나 국가연합 역시 배제함을 명시한 규정이다. 연방국가는 구성국가의 대내외적 주권포기로 통합된 주권적 · 헌법적 결합국가이다. 복수구성국가가 연방국가에 대외적 독립과 대내적 고권인 주권을 이양한 결합국가인 점에서 단일국가와 다르다. 헌법적 · 주권적 결합인 점에서 국제법적(조약) 결합에 그치고 연합국가 주권은 보전하는 국가연합과 다르다. 연방국가 주권은 전체국가인 연방만 보유한다. 연방정부(중앙정부)가 구성국가와 구성원들을 지배하고 외교 · 군사권을 지닌다. 구성국가는 대내적 고권인 통치권만 행사할 수 있다. 연방국가는 단일헌법 · 양원제의회이지만 국가연합은 연합조약 · 복수헌법 · 연합의회에 의한다. 국가연합은 연합국가 평등원칙에 의하여 외교 · 군사 등 대외적 국무처리를 위한 국제법적 통치권만 행사하는 결합국가이다. 공통되는 정치 · 경제 · 사회 · 문화적 과제 처리를 위한 공동중앙조직만 요한다. 그 점에서, 단일 주권적 권력을 행사하는 중앙정부를 가지는 연방국가와는 다르다.

Ⅲ. 평화통일의 헌법국가

[一] 통일국가

평화적 통일은 제4공화국헌법에 처음 규정되었다. 현행헌법은 대한국민은 밖으로는 항구적 세계평화와 인류공영에 이바지하고 안으로는 평화적 통일을 선언하는 것으로 규정한다. 대한민국은 국제평화의 유지에 노력하고 침략적 전쟁을 부인한다. 국군은 국가의 안전보장과 국토방위의 신성한 의무수행을 사명으로 한다. 대통령은 국가를 대표하여 평화적 통일의 성실의무를 지고 취임시에 이를 선서한다 등이다. 대한민국은 한반도의 유일합법정부이다. 그 주권적 권력은 한반도 전역에 미친다. 다만 국가의 분단상태라는 역사적·장소적 한계로 미수복지역인 북위 38도선(군사분계선) 이북지역인 북한지역에 대한 권력의 顯在的 행사가 제한되는 것이다. 대한민국의 법과 권력이 규범적·잠재적으로만 미치는 상태를 영토 차원에서 복구코자 하는 것이 통일의 헌법규범적 의미이다. 헌법은 국민국가의 규범이지 민족국가의 준칙이 아니다. 통일은 하나의 민족이 아니라 하나의 국가가 되는 것이다. 그래서 헌법전문은 민족통일이 아닌 조국 즉 국가의 평화적 통일이라 규정한다. 북한지역을 사실상 점거·관할하는 북한정권이 독립한 주권국가라면 한국헌법은 대한민국과 별개의 국가인 북한정권의 당위성을 규정하는 셈이 된다. 타국인 북한의 의사를 묻지 않는 일방적 통일의 규정인 것이다. 북한의 대내외적 독립성을 침해하는 결과가 된다. 침략전쟁을 부인하는 우리 헌법의 평화국가 원칙에 위배된다. 같은 민족이기에? 그렇다면 우리 헌법의 근대국민국가성에 배치되는 민족국가를 받아들이는 것이 되어 이 역시 헌법에 반한다. 동시에 민족에 의한 차별을 부인하는 인종차별철폐조약의 국제규범에도 반한다. 헌법의 평화통일 규정은 결국 통일국가는 한반도에서 유일한 합법국가인 대한민국에 사실상 정권인 북한이 통합되는 것을 말하는 것이다. 그런 점에서 통일국가는 항상 단일국가이어야 한다. 독립한 둘 이상의 국가를 전제로 하는 통합인 연방국가의 통일은 인정되지 않는 것이다.

[二] 통일국가의 방식과 규범

통일국가는 영토조항과 통일조항의 헌법규정에 따라서 통합되는 대한민국 영토의 통합국가이다. 헌법규정의 규범조화적 해석상 통일은 대한민국 국민이 군사분계선 이북지역(북한지역)을 북한정권이 사실상 점거하는 미수복지역으로 보아 이에 경찰력을 회복하여 대한민국영토로 현실화하여 주권적 질서에 복귀시키는 것이다. 통일국가는 북한지역에 대한 대한민국의 잠재적 주권 지배를 懸在化하는 영토의 통합국가이다. 통일국가에 의하여 대한민국의 헌법질서는 북한지역에 미치면서 동질화된다. 통일국가는 북한지역의 이질적 규범질서를 대한민국에 평화적으로 복귀시켜 자유민주주의·시장경제질서·입헌법치국가의 헌법질서를 형성한다. 이로써 국가의 존립조건인 국민·영토·주권의 통일체인 국민주권국가는 완결된다. 통일국가는 한민족의 민족통합국가도 아니고 북한을 국가로 보는 국가통합적 국가도 아니다. 평화통일의 역사적 사명의 주체는 한민족이 아닌 대한민국국민이다. 제4조 통일조항은 국민의 국가통합의 의무를 선언하는 것이다. 통일은 북한지역을 불법적으로 사실상 지배하는 점거단체인 북한정권을 대한민국의 주권질서에 복귀시키는 국민주권적 통합이다. 그 실체는 자유민주적 질서로서의 통합이다. 자유민주적 기본질서, 복수정당제, 사소유권 등의 헌법질서에 인민민주주의 일당독재와 생산수단국유의 사회주의경제체제가 귀속되는 것이다. 방식은 단일 민주공화국으로서의 통합이다. 인민민주주의 일당독재의 이질적 법질서가 병존하는 국가연합 통일이나 연방국가 통일은 헌법질서에 반한다. 통일국가는 북한정권을 찬양·고무·동조하거나 이적표현물을 소지·운반하는 등의 행위를 처벌하는 국가보안법을 북한이 사실상 존재하는 정치적 실체이기에 교류할 수 있다는 남북교류협력에관한법률의 병존을 인정한다. 대한민국과 북한은 한민족 공동체 내부의 통일지향과정에서 잠정적으로 형성된 특수관계인 것이다.

대성동臺城洞 **자유의 마을** 군사분계선MDL *military demarcation line* 남쪽 비무장지대DMZ *Demilitarized Zone* 민간인 거주지역의 국제연합군 軍政마을은 정전협정*1953.7.27.* 후 군사정전위원회 제6차회의*8.3*에서 경기도 파주시 군내면 조산리(造山里 수복지구와동인접지구의행정구역에관한임시조치법 1962.1.21.공포 1963.1.1.시행) 30가구, 160명으로 조성된, 유엔사 민사규정과 대한민국법률이 공동적용되는 특수지역이다. 민사·행정·구제사업은 유엔군사령부의 관리를 받는다. 마을주민은 연중 8개월 이상 거주하여야 한다. 납세·병역의무를 면제받는다. 군사분계선 북쪽, 비무장지대에 위치한 북한 유일 민간인 거주지가 기정동機井洞 '평화의 마을'이다.

[三] 평화국가

통일국가는 대한민국국민이 주체가 되어 자유민주주의·시장경제질서의 헌법이념에 기초하는 자유민주적 기본질서의 법치국가적 통합국가이다. 헌법은 통일국가에의 과정은 평화국가적이어야 함을 규정한다. 제1·2차세계대전 이후 헌법은 국제평화 보장 없이 인간존엄·자유·생존의 향유가 불가능함을 인식하게 된다. 평화롭게 살 권리로 평화적 생존권을 규정한다. 침략전쟁부인(한국), 전쟁포기·자위병력 외의 군비부인, 국제기구에 高權이양, 영세중립선언 등으로 평화국가를 규정한다. 평화국가는 공동체질서의 보장, 국가간 무력적 침략전쟁은 범죄적 불법, 생존을 위한 빈곤퇴치 등의 국제적 보호로 인간의 존엄과 행복을 실현하는 국가이다. 빈곤은 국내의 정치·사회적 불안을 야기하고 세계평화를 위협하는 점에서 그 구제를 위한 국제적 협력은 국제평화질서 형성에 긍정적 기능을 지닌다. 종래 침략전쟁에 강제되지 않는 평화적 생존을 국가에 요청할 수 있는 권리라는 의미의 개인의 평화적 생존권이 인정되었었다. 지금은 평화적 생존권이라는 이름으로 주장하는 평화란 헌법적 이념·목적의 추상적 개념에 지나지 아니한다 하여 이를 부인한다. 하지만 국가의 방해없이 평화롭게 생활하고 살 수 있는 권리는 구체적 권리로 인정된다. 국제질서의 평화국가는 조약과 국제법규의 국내법적 효력의 인정, 조약과 국제법이 정하는 바에 의한 외국인의 법적 지위의 보장 및 인권의 국제규범(국제인권규약, 유럽인권규약 등)에 의한 보장 등에 의한다. 침략전쟁은 국제분쟁 발생시 평화적 조정절차 없이 무력을 행사하거나 또는 무력행사시 명시적 통고·선전포고 내지 묵시적 통고·국교단절 또는 주재국사절 추방 등을 하지 아니한 채 행하는 전쟁이다(국제연합총회 1960년 침략의 정의에 관한 총회의결에 따른 정의). 침략전쟁은 자위전쟁의 목적인 공동체 적대세력의 불법공격을 배격하여 공동체 안전보장과 헌법국가의 계속성 수호를 통한 평화질서 유지·회복의 목적을 결여한 평화파괴전쟁 내지 정복전쟁이다. 이를 막는 국헌체제가 평화주의이다.

제2장

憲法國家論

제1절 대한제국, 임시정부의 헌법국가

Ⅰ. 대한제국의 국헌 – 洪範14條·大韓國國制·總督制令

'洪範14조'는 1894년 제정·반포된 조선왕실전범이다. 조일수호조규 이후 한일합병조약으로 국권이 상실되는 시기의 조선 구한말의 갑오경장을 계기로 근대국가의 典範을 갖추려 한 국정개혁법이며 최초의 근대적 장전에 다가선 국헌이다. 淸國의존을 끊고 독립기초를 確建히 하며(제1조), 왕실사무와 국정사무를 분리하고 혼합치 아니하고(제4조), 의정부와 各衙門 직무권한(제5조) 및 지방관제와 지방관제와 관리 직권(제10조) 명확화, 징병제 등 군제확립(제12조), 민법·형법의 엄정한 제정 및 감금·징벌의 濫行 금지로 인민의 생명·재산의 보호(제13조), 人을 쓰되 門地를 拘치 아니하는 문벌타파(제14조) 등으로서 근대국민국가의 기초를 세우고자 하였다. '大韓國國制'는 대한제국이 1899년 반포하여 국가법규의 大頭腦·大關鍵(奏本 참조)을 황제의 명령으로 정한 國憲인 欽定헌법이다. 大韓의 나라인 '大韓國'은 자주독립제국이며(제1조), 大韓帝國은 전제정체(제2, 3조), 大韓國大皇帝는 무한의 군권을 향유하는 공법의 자립정체로서(제3조) 일본 명치헌법과 블룬칠리의 公法會通을 참조하는 등 홍범14조보다 더 흠정헌법에 근사하였다. 대한제국大韓帝國은 조선이 1897년 10월 12일 연호를 광무光武 국호를 대한제국으로 하여 1910년 한일병합까지 존속시킨 국가이다. 일본제국주의의 日帝는 1904년 대한제국의 군권·경찰권·외교권 장악, 1905.11.17. 을사늑약의 통감지배, 1910년 8월 22일 한일병합조약 체결, 29일 늑약(勒約, 억지로 맺은 조약) 공표로 국권을 상실한 조선은 대한제국의 이름으로 종언을 고하고 일제시대에서 조선총독부 總督制令의 武斷 헌병통치와 依用法制로 지배되는 명치헌정기가 1945년 8월 15일 해방때까지 이어진다. 대한국민이 1948년 7월 17일 대한민국헌법을 공포하여 건국된 대한민국은 8월 15일 대한민국정부를 수립하고 제정한 '일제강점하반민족행위진상규명에관한특별법'은 일본제국주의의 국권침탈이 시작된 러·일전쟁 개전시부터 1945년 8월 15일까지 행한 각 해당 행위를 '친일반민족행위'라 하고, 일제로부터 작위를 받거나 이를 계승한 행위를 친일반민족행위에 포함시키는 것은 국헌에 합치하며(헌재 2018.4.26. 2016헌바454; 2018.4.26. 2016헌바453; 2013.7.25. 2012헌가1), 친일반민족행위자가 취득한 재산을 친일행위대가로 취득한 재산으로 추정하여 대한민국에 귀속케 함도 합헌이다(헌재 2011.3.31. 2008헌바111등; 2011.3.31. 2008헌바141등; 2011.11.24. 2009헌바292; 2018.4.26. 2016헌바454).

開天節, 開天節노래(정인보 작사 김성태 작곡) 개천절은 서기전 2333년戊辰年, 단군기원 원년 음력 10월 3일 國祖 檀君의 古朝鮮 건국을 기리며 제정된 국경일로 삼일절, 광복절, 제헌절, 한글날과 함께 대한민국 5대국경일이다. 2017년(단기 4350년)은 제4349주년 개천절이다. 상해임시정부는 물론 광복 후 대한민국에도 계승하나 단군숭모단체들이 주재하는 마니산 제천단, 태백산 단군전, 社稷壇 백악전 등에서 제천의식을 올린다. 제1절: 우리가 물이라면 새암이 있고/ 우리가 나무라면 뿌리가 있다/ 이 나라 한아바님은 단군이시니/ 이 나라 한아바님은 단군이시니// 제2절: 백두산 높은 터에 부자요 부부/ 성인의 자취 따라 하늘이 텄다/ 이 날이 시월 상달에 초사흘이니/ 이 날이 시월 상달에 초사흘이니// 제3절: 오래다 멀다해도 줄기는 하나/ 다시 필 단목잎에 삼천리 곱다/ 잘 받아 빛내오리다 맹서하노니/ 잘 받아 빛내오리다 맹서하노니.

Ⅱ. 대한민국임시정부의 국헌

[一] 대한민국임시정부 헌법

1919년 3·1독립운동 후 중국 上海에서 조선민족의 신임으로 大韓民國臨時議政院을 개원, 최초의 헌법 '大韓民國臨時憲章'(민국 원년 임시정부법령 제1호 1919.4.11., 제정, 시행)을 선포하여 제0조, 선서문, 政綱 순으로 규정하면서 '상해 대한민국임시정부'(Provisional Government of the Republic of Korea, 1919.4.13.~1948.8.15.)를 수립하고 그 제1조에서 '大韓民國은 民主共和制로 함'이라 하여 대한민국 건국의 기반을 근대적 국체로 하였다. 상해 대한민국임시정부는 3·1독립운동 후 세워진 임시정부를 통합하여 '大韓民國臨時政府'로 수립된 이후 상해광복투쟁(1919.9.~1932.5.), 유랑이동정부(1932.5.~1940.9. 杭州항주→鎭江진강→長沙장사→廣州광주→柳州유주→綦江기강), 중경정부(1940.9.~1945.8.) 등으로 존속해 왔다. '大韓民國臨時憲法'은 대한민국임시정부의 제1차, 제2차개정헌법이다. 이에 이은 대한민국임시헌장(민국26년 임시정부법령 제6호 제5차개정 1944.4.22. 시행)은 '대한민국은 민주공화국임'(제1조) '대한민국의 강토는 대한의 고유한 판도로 함'(제2조) '대한민국의 인민은 원칙상 한국민족으로 함'(제3조) '대한민국의 주권은 인민전체에 있음. 국가가 광복되기 전에는 주권이 광복운동자 전체에 있음'(제4조) 등을 규정하였다.

[二] 대한민국과 법통 계승

대한민국은 대한민국 임시정부의 법통을 계승하고 독립유공자의 희생과 공헌을 바탕으로 건국이 된 것이므로 대한민국의 법통 계승의 헌법 전문의 정신은 독립운동과 독립운동자에 대한 국가적 보호를 요구한다. 대한민국이 대한민국임시정부의 법통 계승을 천명하나 사실상 조선인을 보호해 줄 조국이 없던 상황에서 발생한 피해에 경제적 지원을 해야 하는지 등은 제반상황을 고려한 구체적 입법형성의 시혜적 조치, 국민이 부담하는 세금을 재원으로 하는 시혜이다. 일제에 의하여 강제로 동원되어 성적 학대를 받으며 위안부로서의 생활을 강요당한 일본군 '위안부' 피해자들이 일본국에 대하여 가지는 일본군 '위안부'로서의 배상청구권이 한일청구권협정에 의하여 소멸되었는지 여부도 문제되었다. 일제강점기인 1945.8.6. 일본 히로시마, 8.9. 나가사키에 투하된 원자폭탄에 의해 피폭을 당한 한국인 원폭피해자들이 일본국에 대하여 가지는 원폭피해자로서의 배상청구권이 '대한민국과 일본국 간의 재산 및 청구권에 관한 문제의 해결과 경제협력에 관한 협정'(조약 제172호 제2조 제1항)에 의하여 소멸되었는지가 문제되었다.

[三] 대한민국과 일제 단절

일본군 '위안부' 피해자가 일본에 대하여 가지는 배상청구권이 한일청구권협정에 의하여 소멸되었는지 여부에 관한 한·일 양국 간 해석상 분쟁이 존재하며 한일청구권협정이 정한 절차에 따라 해결하지 아니하고 있는 부작위는 헌법에 위반하여 일본군 '위안부' 피해자의 기본권을 침해하는 위헌임을 확인한다(헌재 2011.8.30. 2006헌마788). '대한민국 외교부장관과 일본국 외무대신이 2015.12.28. 공동발표한 일본군 위안부 피해자 문제 관련 합의 내용'은 절차·형식·실질에 있어서 구체적 권리·의무의 창설이 인정되지 않고, 이를 통해 일본군 '위안부' 피해자들의 권리가 처분되었다거나 대한민국 정부의 외교적 보호권한이 소멸하였다 볼 수 없다(헌재 2019.12.27. 2016헌마253). 한·일 양국 간 한국인원폭피해자, 태평양전쟁전후 강제동원자 보상에 관한 해석상 분쟁이 존재하여 협정 제3조가 정한 절차에 따라 해석상 분쟁을 해결하기 위한 조치를 취할 의무가 있음에도 이를 전혀 이행하지 아니하는 부작위는 위헌임을 확인한다(헌재 2012.7.26. 2011헌바352; 2011.12.29. 2009헌마182; 2011.2.24. 2009헌마94). 일제에 의한 강제징용 등으로 사할린에 동원되었다가 그 후 대한민국에 영주귀국한 자 및 그 가족으로서 대한민국의 국적을 가진 자들이 일본국에 대하여 가지는 청구권이 청구권협정에 의하여 소멸되었는지 여부에 관한 한·일 양국 간 해석상 분쟁을 법정절차에 따라 해결하지 아니하는 부작위의 기본권침해 여부는 헌법 전문, 제2조 제2항, 제10조와 협정 제3조 문언에 비추어 볼 때 헌법에서 유래하는 작위의무로서 법령에 구체적으로 규정되어 있는 경우이며, 그 장애상태를 제거하는 행위로 나아가야 할 구체적 의무가 있는 바, 우리 정부는 가시적 성과가 충분하지 않다 해도 분쟁해결절차와 관련하여 작위의무를 이행하지 않았다 할 수 없다(헌재 2019.12.27. 2012헌마939).

Ⅲ. 대한민국의 국헌과 국기·국가

[一] 국가상징

국가상징은 국민이 시민적 품성ethos과 개인적 정서pathos로 인식하는 공동체의 정통성·정체성의 표상이다. 근대국민국가에서는 이를 헌법 혹은 최소한 법률의 규범에 근거를 두고 있다. 국호國號는 '대한민국'이며(헌법 제1조 제1항), 국가상징은 국기太極旗 국가愛國歌 국화無窮花 나라도장國璽,나라문장紋章 등이다. 수도를 '서울'로 정하고 우리말나랏말을 '국어'로 하며, 우리글을 '한글'로 한다든지 국조國鳥를 '까치'로 하여, 이를 상징으로 삼을 수도 있다(헌재 2004.10.21. 2004헌마554등).

국가 상징과 정체성 '대한민국국기법' 제정은*2007.1.26.* 태극기에 '법률' 이상의 헌법규범적 근거가 있어야 한다(『헌법학강론』(일신사 1993·1994); 『헌법학』(법문사 1997·1998전정판); 『헌법』(법문사 2002·2004신판)). 애국가 역시 '정부의전편람'(01-47-0211, 대한민국정부, 1990년, 132면)을 넘어 헌법에 규정되어야 한다. 나라紋章規程은 대통령령이다. 수도는 국가상징은 아니나 국가정체성에 관한 중요하고 기본적 헌법사항으로서 국민 스스로 결단하여야 할 사항이므로 서울의 설정·이전은 국가생활에 관한 국민의 근본적 결단임과 동시에 국가를 구성하는 기반이 되는 핵심적 헌법사항이다(헌재 2004.10.21. 2004헌마554등).

한글과 국가상징 한글전용·한자배척을 가져오는 공문서의 한글전용원칙, 초·중등학교 교과용도서 한자혼용 금지, 한자 내지 한문교육의 선택과목화 등이 합헌이라 한 다수의견은 한글을 우리글로 하는 것이 국가상징으로 될 수 있다 한 선례를 원용하지 않았다. 우리말은 한자어와 고유어로 구성되어 있어 한자교육은 외국 글자의 학습이 아니라 우리말 교육인 점을 판단의 전제로 최소한 중학교 이상의 학생들에게는 한문을 필수과목으로 가르칠 필요가 있다 한 반대의견(4인)과 달리 다수의견은 우리의 글자생활은 이미 한글전용이 보편화되어 있고 한자혼용방식에 비하여 특별히 한자어의 의미 전달력이나 가독성이 낮아진다고 보기 어렵기에 학생들의 자유로운 인격발현권, 부모의 자녀교육권을 침해한다 볼 수 없다 하였다(헌재 2016.11.24. 2012헌마854).

국새 국새國璽는 동양에서의 국헌을 상징하는 상형물로서, 중국에서 '穢王예왕之印, 受天之命皇帝壽昌'을 새긴 진시황秦始皇 옥새玉璽가 최초로 사용되었다. 한국에서는 1897년 대한제국의 고종 황제의 옥새 8점에 제후를 상징하는 거북에서 황제를 상징하는 龍 인뉴(印紐 손잡이)를 붙여 국새로 하였다. 대한민국에서는 '大韓民國之璽'(한문전서체 제1대국새)를 '대한민국'(한글전서체 제2대)으로 하기에 이르며, 인영印影은 '정부관인대장'에 등록한다. 제1대 국새(1949.5.5-1962.12.31. 크기 方2寸(6.06×6.06㎝), 재질·중량 銀, '국새규정'(대통령령 제83호 '49.5.5〕 총무처, 국무원 사무국, 국무원 사무처, 내각사무처)/ 제2대 국새(1963.1.1-1999.1.31. 正方形(7×7㎝), 銀 2.0㎏, '국새규정'(각령 제643호 '62.4.10〕 내각사무처, 총무처) /제3대 국새(1999.2.1-2008.2.21/2010.11.30-2011.10.24. 正方形(10.1×10.1㎝), 金합금 2.15㎏, '국새규정'(대통령령 제16096호 '99.2.1〕 행정자치부) /제4대 국새(2008.2.22-2010.11.29. 正方形(9.9×9.9), '국새규정'(대통령령 제20641호 '08.2.22〕 행정자치부, 행정안전부) /제5대 국새(2011.10.25-. 正方形(10.4×10.4㎝), 金합금 3.38㎏, '국새규정'(대통령령 제23236호 '11.10.25.〕 행정자치부).

[二] 국기-태극기

태극기太極旗 Taegeukgi는 1882년 고종의 명을 받아 국왕을 상징하는 어기御旗 태극팔괘도를 일부 변형하여 백성을 뜻하는 흰색, 관원을 뜻하는 푸른색, 임금을 뜻하는 붉은 색을 배열하였다. 淸의 황준헌 '조선책략'에서도 조선이 독립국이면 국기를 가져야 한다 하였다. 미국 전권특사 슈펠트*Schufeldt* 제독은 어기가 청의 황룡기와 비슷한 것은 독립국에 반한다 하여 신헌, 김홍집에 국기를 요구한다. 1882년 5월 조미수호통상조약 체결시 김홍집은 고종의 명을 받아 역관 이응준李應俊에 지시, 미국 함정 스와타라*Swatara* 선상에서 태극기를 만들어 제물포 조인식에서 성조기와 함께 걸었다. 지금의 것과 4괘 좌우가 바뀌고 태극이 상하대칭 아닌 소용돌이였다.[1] 현재의 태극기는 1882년 9월 특명전권대사 겸 수신사 박영효 등 일본 수신사 일행이 일본 선박 메이지마루明治丸에서 지금의 괘와 같이 그려

1882.9.25. 일본의 숙소에 게양[2] 1883.3.6.(고종20 음력1.27.) 공식으로 인정된다. 고종황제는 광무원년 1897.10.12. 대한제국 선포와 함께 이를 대한제국 국기로 사용한다. 2007년 '대한민국국기법'이 제정되어 태극기 제작, 게양, 취급의 지침이 되고 있다.

대한민국국기와 연혁 대한민국국기 太極旗(대한민국국기법 제3조, 제4조)는 가운데의 태극太極과 네 모서리의 건곤감리 4괘卦로 구성하며(제7조 제1항), 깃면은 그 바탕을 흰색으로 하고, 태극의 윗부분과 아랫부분은 각각 빨간색과 파란색으로 하며, 괘는 검은색으로 하는데(제2항), 국기의 존엄성이 훼손되지 아니하도록 국기·깃봉 및 깃대 등을 관리하여야 한다(제10조 제1항). 4괘는 乾(하늘 '건': ☰), 坤(땅 '곤': ☷), 坎(구덩이 '감': ☵), 離(흩어질 '리': ☲) 등이다. 1919년 3·1 만세시위에 태극기는 항일상징이 되면서 대한민국임시정부에서도 1942년부터 '태극기'라 호칭하였다. 1945.8.15. 태극기는 광복 대한국민 국기로 인식되어 1946.1.14. 재조선미육군사령부군정청에서도 게양한다. 1948.7.12. 제헌국회에서 태극기가 국기로 공식 제정되면서 1949.10.15. 문교부 고시 제2호로 현행과 같은 태극기 규격이 정해진다. 1984년 대통령령으로 '대한민국 국기에 관한 규정'이 제정된다. 북한은 조선민주주의인민공화국 정권 수립 선포를 앞둔 1948.7.8. 최고인민회의 제5차회의에서 홍람오각별기로 교체했다.

[三] 국가-애국가

한국의 국가는 애국가로 불리며 갑오경장 후 제정을 제안한 독립신문 논설*1896.9.22.* 전후에만 10여 종류(나필균, 제물포 전경택, 한명원, 유태성, 달성 예수교인, 새문안교회, 최병희, 평양 김종섭, 배재학당 문경호, 이용우, 배재학당 등)에 이른다. 영국 국가 '신이여 황제를 보호하소서'*God save the king* 가사 "놉흐신 상쥬님 비론 상쥬님 궁휼 보쇼셔 이라 이땅을 지켜 주옵시고 오쥬여 이 보우 하쇼셔 우리의 단군쥬 폐하만세 만만세 만세로다 복되신 오늘 은혜를 (생략)만수무강케 야주쇼서."에 스코틀랜드 민요 Auld lang syne 곡으로 불렀다(1898년 독립협회 개국 기원 506돌 경축식 武官學徒 노래, 太皇帝 탄신일(초10일)노래, 독립신문 1899.6.29.). 후렴 "무궁화 삼천리 화려강산 대한 사람 대한으로 길이 보전하세"는 배재학당 학도들이 부른 "무궁화 삼천리 화려 강산 죠션 사람 죠션으로 길이 보존 답세"(1896년 독립문 정초식定礎式 1896.11.21., 배재학당학도 방학식에서)의 맥을 잇는다. 이후, 고종 황제의 기장조성소旗章造成所 1902를 통해 황실 시위연대군악대 군악교사 독일 출신 프란츠 에케르트(譽啓爐/汝巨多, Franz von Eckert 1852.4.5.~1916.8.6.)(프로이센 출신, 19세기 말부터 20세기 초까지 한국과 일본에 독일 취주악을 전수, 해군 군악대원으로 활동하다 주일 독일명예영사의 알선으로 일본 국가 '기미가요' 작곡, 1880.11.3. 천황 탄생일 황궁에서 初 공개, 1901년 대한제국 정부의 초청으로 조선에 양악대 창설, 1902.7.1. 최초의 국가 '대한제국 애국가' 작곡) 작곡 '대한제국애국가' 가사는 'God save the king'과 비슷한데[샹뎨여 우리를 도으쇼셔/반만년의 역사 배달 민족·영영히 번영야/이 무궁하도록/셩디동방의 원류가 곤곤히/샹뎨여 우리를 도으쇼셔.], 1902.8.15. 애국가로 지정되어 1904년부터 각급학교에서 부르도록 하고, 을사조약1905, 정미칠조약1907 전후 가사만 달리하다가[상제(上帝)난 우리/황제(皇帝)를 도으쇼셔/성수무강(聖壽無疆)샤/해옥주(海屋籌)를 산(山)갓치 으소서/위권(威權)이 환영(寰瀛)에 치샤/천만세(千萬歲)에/복록(福祿)이 무궁(無窮)케 쇼셔/상제난 우리/황제를 도으소셔. 황성신문 1904. 5.13.] 현재의 '애국가' 가사가 나온다. 1900년 '대한애국가' 『皇城新聞』, 『大韓每日新聞』; 崔南善, 『朝鮮常識問答 續編』1947; 국사편찬위원회, 『애국가작사자 조사자료』1955; 이유선, 『韓國洋樂 80年史』(중앙대 출판국 1968); 미국뉴욕시립도서관 소장 아렌문서, 「대한제국애국가」1902. '애국가작사자조사위원회'*1955.4.4.-5.23.*는 안창호, 윤치호, 최병헌, 김인식, 민영환 등의 누구라 않고 '작사미상'이라 한다. 윤치호 편, 『찬미가』에서 애국가 가사가 처음으로 나온다. 대한민국국가 '애국가'(愛國歌 작곡 安益泰 작사미상)는 스코틀랜드 민요 Auld lang syne에 가사를 붙이고, 안익태가 1935년 11월 16소절로 작곡하였으며 1948.8.15. 대한민국정부수립과 함께 '대한민국국가'로 하였다. '대한민국국가'(임시정부 공보 제69호)에서 '1940년 북미 대한인국민회 중앙집행위원회는 안익태 작곡의 애국가 사용 허가를 대한민국임시정부에 요청하여 1940.12.20. 사용을 허가받았다.' 1945.11.12. 白凡 金九는 한국어·영어·중국어 '韓國 愛國歌' 악보집을 중국에서 발간하였다. '대한민국국기에관한규정'1949, '대한민국국기법시행령'*2007* 등에서 국기에 관한 경례, 국기 게양식·강하식에 애국가 연주를 규정하나, 국가를 애국가라 명시한 규정은 없고, 애국가'*KOREAN NATIONAL ANTHEM*는 정부수립기념식에서 불러 국가로 공식 인정되었다. 현재 3 · 1절, 제헌절, 광복절, 개천절, 한글날 등 국경일과 각종 법정기념일, 기념식 등에서 필히 제창한다.

대한민국국가(애국가), 안익태 제1절: 동해물과 백두산이 마르고 닳도록/ 하느님이 보우하사 우리나라 만세/(후렴)무궁화 삼천리 화려강산/ 대한사람 대한으로/ 길이 보전하세 // 제2절: 남산 위에 저 소나무 철갑을 두른 듯/ 바람서리 불변함은 우리 기상일세/(후렴) // 제3절: 가을하늘 공활한데 높고 구름없이/ 밝은 달은 우리가슴 일편단심일세/(후렴) // 제4절: 이 기상과 이 맘으로 충성을 다하여/ 괴로우나 즐거우나 나라 사랑하세/(후렴). 안익태 Ahn Eak-Tai(1906.12.5.~1965.9.16.)는 1918년 숭실중학 입학, 1919년 '3 · 1운동 관련 수감자 구출운동' 관련 퇴교, 교장 마우리E.M.Mowry 박사 배려로 1921년 동경 세이소쿠正則중학교 입학, 1926년 일본고등음악학교(현 동경 구니다치(國立)음악학교) 입학, 1930년 졸업, 미국 유학, 1935.11. '애국가' 작곡, 독일 · 오스트리아 등 교향악단 지휘, 1946년 스페인 귀화(국적 대한제국→스페인) 마요르카*(Palma de Mallorca)* 정착, 1955년 이승만 대통령 초청 방문, 최초 문화포장, 1961년 박정희 의장 면담 '서울국제음악제'1962 제1회~제4회 지휘, '한국환상곡' 등 작곡, 1965.9. 死去, 1977.7.8. 국립서울현충원 제2유공자묘역 안장. 유족이 2003.2. 정부에 애국가 저작권 양도('안익태기념재단' 숭실대학교 창의관 405-1호, http://ahneaktai.or.kr/).

Auld Lang Syne 올드 랭 사인은 스코틀랜드 민요에 Robert Burns 작사 'Scottish poem'1788을 붙여 오랜 우정을 추억하는 'old long since', 'days gone by'의 애상적 곡조의 새해맞이 노래다. 잉글랜드로부터 스코틀랜드의 자치권을 쟁취하는 '브레이브하트'[Braveheart 1995.6.17. Mel Gibson(William Wallace 役), Sophie Marceau(Isabella of France)]■에서 귀족은 백성의 자유를 위해서 존재한다 하는 '올드 랭 사인'은 일제시대 조선인의 동병상련이었고 또한 근대성에 대한 일본인의 애상적 수용이었다.

■ 1280년 Alexander Ⅲ of Scotland가 후계자 없이 死去, 잉글랜드 전제군주 Longshanks - King Edward Ⅰ 폭정에 항거(윌리엄 월레스), Stirling 전투 대승, Falkirk 전투 참패, 런던에서 공개처형, 1314년 스코틀랜드왕 Robert는 Bannockburn 전투에서 잉글랜드군 격퇴, 1513년 Flodden Field 전투 패배로 James Ⅳ 치하에 놓인다.

제2절 대한민국, 건국의 헌법국가

Ⅰ. 제헌헌법 제정과 대한민국 건국

[一] 광복·미군정청과 대한민국 건국의 기반

대한국민은 카이로선언(1943.12.1. 미·영·중)에서 적당한 시기에 자유와 독립이 될 것임을 확인하고, 포츠담 선언(1945.7.26. 미·영·중)에서 일본의 주권은 혼슈本州·홋카이도北海道·규슈九州·시코쿠四國와 연합국이 결정하는 諸 소도小島에 국한하면서 1945년 8월 15일 일제강점에서 해방되어 독립하여 광복을 찾지만, 1945.9.2. 美·蘇 양군의 한반도 분할·점령에 따른 1945.9.9. 연합군 최고사령부 총사령관 더글러스 맥아더는 '태평양방면미국육군부대총사령부' 포고령*Proclamation* 제1호로 북위 38도선 이남에 '재조선미육군사령부군정청'(United States Army Military Government in Korea)의 군정(1945.9.9. 발족~ 1948.8.15.) 선포가 이어지나 美英蘇 모스크바 3상회의가 1945.12.16. 열리고 28일 한반도 5년신탁통치안을 결정한다. 해방정국은 반탁과 찬탁의 내전적 대립에 들어가고 신탁안은 철회된다. 1947.11.14. '한국의 독립 문제'(The Problem of the Independence of Korea)가 미국 제안으로 국제연합총회에 상정되고 1948.2.26. 유엔소총회 결의 제112-Ⅱ호로 대한민국의 국헌적 정통성이 유엔을 기반으로 성립되면서 5·10총선거가 제주도를 제외한 남한전역에 실시된다. 유엔은 6·25동란전쟁에서 연합군 참전을 가능케 하여 대한민국이 공산국가화 될 위기를 막았다. 제헌의회를 구성한 대한국민은 1948년 7월 17일 제헌헌법 제100조, 부칙 제10조를 공포하여 대한민국을 건국하고 8월 15일 대한민국정부를 수립하여 대한민국 구법령(대한제국 구 한국법령(1894. 6.25.), 통감부법령, 재조선총독부법령, 특히 미합중국 소속 미군정청 군정장관의 재조선미국육군사령부군정청 법령(군정법령)Ordinance 제118호를 근거로 1946.12.12. 설치된 남조선과도입법의원의 법령(Public Act), 1947.6.3. 군정법령 제141호로 설치된 각 부문 조선인기관인 남조선과도정부 법령 등이다(헌재 1994.12.29. 89헌마2))은 제헌헌법에 저촉되지 않는 한 효력을 가지게 하였다. 미합중국 미군정청 시기의 군정청법령은 고도의 공권적 행위로서 국제관습법상 재판권이 면제되는 주권적 행위이며(헌재 2017.5.25. 2016헌바388), 조선에 남아 있던 일본인들이 한반도 내에서 소유·관리하던 재산을 자유롭게 거래·처분할 수 있다 한 신뢰가 헌법적으로 보호할 만한 가치가 있는 신뢰라 보기 어렵고(헌재 2021.1.28. 2018헌바88), 미군정청의 공산주의자 폭동 진압은 자유민주적 기본질서를 부정하며 인민민주주의를 지향하는 북한공산정권을 지지하면서 대한국민(미군정기간 공권력 집행기관인 경찰과 그 가족, 제헌의회의원선거 관련인사·선거종사자 또는 자신과 반대되는 정치적 이념을 전파하는 자와 그 가족들)을 가해하기 위하여 무장세력을 조직, 동원, 공격한 행위까지 '제주4·3특별법'에 의하여 '희생자'로 인정하고 명예를 회복시켜 주는 등의 무제한적 포용은 한국헌법의 기본원리인 자유민주적 기본질서와 대한민국 정체성에 심각한 훼손을 초래한다(헌재 2001.9.27. 2000헌마238등).

광복절노래(정인보 작사 윤용하 작곡) 제1절: 흙다시 만져보자 바닷물도 춤을 춘다/ 기어이 보시려던 어른님 벗님 어찌하리/ 이날이 사십년 뜨거운피 엉긴 자취니/ 길이길이 지키세 길이길이 지키세// 제2절: 꿈엔들 잊을건가 지난일을 잊을건가/ 다같이 복을 심어 잘가꿔 길러 하늘닿게/ 세계의 보람될 거룩한 빛 예서 나리니/ 힘써 힘써 나가세 힘써 힘써 나가세.

존 리드 하지 하지(*John Reed Hodge* 1893.6.12.~1963.11.12.) 중장의 미국 제24군단 소속 제7보병사단이 맥아더 장군 명령에 따라 1945.9.8. 인천에 상륙, 일본 총독부 및 38도선 이남 조선 주둔군의 항복을 받았다. 제1대 조선주한미주둔군사령관과 1945.9.8. 이후 38도선 이남지역 미군정청사령관 겸임, 1948.8.15. 대한민국정부 수립 전까지 남한을 통치했다. 아치볼트 빈센트 아널드(*Archibald Vincent Arnold* 1889.2.24.~1973.1.4.) 소장은 제1대 미군정청 군정장관(1945.9.11.~1945.12.17.)이었다.

[二] 대한민국의 제헌헌법 성립

1948년 5·10총선거로 선출된 2년임기·198인의 의원으로 구성된 제헌의회는 5.31. 국회를 개원한다. 헌법기초위원회의 9인 기초위원이 세칭유진오안과 권승렬참고안을 기초로 한 제헌헌법원안을 국회 본회의에 상정한다. 상정안은 한민당중심의 의원내각제·양원제·위헌심사권의 대법원귀속 등이었다. 이승만국회의장과 미군정청은 대통령중심제·단원제·위헌심사권의 헌법위원회 귀속으로 수정한다. 본회의 만장일치의결*7.12*, 이승만 국회의장 서명·선포*7.17.*로 "己未 三一運動으로 大韓民國을 建立하여 世界에 宣布한 偉大한 獨立精神을 繼承하여 이제 民主獨立國家를 再建"(전문)하니 일제식민지배에서 독립한 주권국가를 건립한 건국헌법이다. 제헌헌법은 조선인민을 대표하는 대한국민(We, the people of Korea : 헌법전문 '대한국민'은 미합중국헌법전문 We, the people of USA의 繼受)이 대한제국과 대한민국임시정부의 정통성을 잇고 북조선인민위원회의 인민 정부(1946. 2.)를 배격하는 민주공화국의 정통성을 갖는 대한민국을 건국한 헌법이다.

제헌절노래(정인보 작사 박태준 작곡) 제1절: 비 구름 바람 거느리고 인간을 도우셨다는/ 우리의 옛적 삼백예순 남은 일이 하늘뜻/ 그대로였다. 삼천만 한결같이 지킬 언약 이루니/ 옛길에 새걸음으로 발맞추리라. 이 날은/ 대한민국 억만년의 터다. 대한민국 억만년의 터 // 제2절: 손 씻고 고이 받들어서 대계의 별들같이/ 궤도로만 사사없는 빛난 그 위 앞날은/ 복 뿐이로다. 바닷물 높다더냐 이제부터 쉬거라/ 여기서 저 소리나니 평화 오리라. 이 날은/ 대한민국 억만년의 터다. 대한민국 억만년의 터.

[三] 대한민국 건국과 정부 수립

대한국민은 해방 후 건국과 제헌을 위한 주권적 수임을 받을 주체로서 1948년 5·10총선거로 구성된*5.31.* 국회가 국민의 헌법제정권력을 수임한 제헌의회로서 '대한민국헌법'을 제정하면서 '대한민국'은 民主獨立國家의 공화국의 국가로서 건국된다. 국회는 정부조직법*7.17.*·국회법*10.2.*·법원조직법*1949.9.26.* 등을 제정하여 '정부'가 수립·구성되어 국제연합총회 결의*12.12.* 제195-III호 승인에 의거 국제법상 한반도에서 합법정부를 구성할 수 있는 유일합법국가로서의 정통성을 확보하여 '대한민국'이라는 국호를 가진 독립한 주권국가로서 건국된다. 대한민국의 건국일은 1945년 8월 15일 조선민족이 일제식민지배에서 해방된 광복일 이후에 헌법제정국민의회에 의하여 국가를 건국하기 위한 제헌헌법이 제정·공포된 1948년 7월 17일이며, 대한민국 건국 후 정부조직법에 의하여 정부가 구성된 1948년 8월 15일이 정부수립일이다.

국호및일부지방명과지도색사용에관한건[國務院告示第7號제정 1950.01.16.] 1. 우리나라의 正式國號는 「大韓民國」이나 使用의 便宜上 「大韓」 또는 「韓國」이란 略稱을 쓸 수 있되 北韓傀儡政權과의 確然한 區別을 짓기 爲하여 「朝鮮」은 使用하지 못한다. 2. 「朝鮮」은 地名으로도 使用하지 못하고, 「朝鮮海峽」, 「東朝鮮灣」, 「西朝鮮灣」 等은 各各 「大韓海峽」, 「東韓灣」, 「西韓灣」 等으로 고쳐 부른다. 3. 政治區分地圖에 있어서 우리나라의 色은 綠色으로 하고 붉은 色은 使用하지 못하며 우리나라의 色을 뚜렷하게 나타내기 爲하여 이웃의 中國은 黃色, 日本은 분紅色, 蘇聯은 보라色으로 한다.

Ⅱ. 대한민국 건국·제헌헌법의 헌정사적 의의

제헌헌법은 대한민국을 건국하고 민주공화정을 구성하여 헌법의 시대를 열었다. 근대국민국가의 국체로서의 정통성과 자유민주주의·시장경제질서·입헌법치주의의 헌법이념의 정체성의 정치·권력제도를 품은 제헌헌법을 대한국민이 만들어 낸 것이다. 국헌학은 대한민국헌법을 국가와 헌법의 중심에 놓지 않거나 못하고 그 헌정적 의의에 무심하며 심지어는 깐보았다. 헌법을 규범*LAW*이 아닌 자신들 관념을 정당화 하는 관점들*TOPOI*의 하나로 경시하였다. 한반도 최고규범으로 존재하게 된 제헌헌법에도 불구하고 북위 38도선 이북지역은 이미 준비해 놓은 별도의 대의원 선출로 인민위원회를 구성하여 9.8. 조선민주주의인민공화국헌법을 제정하고 9.9. 인민민주주의 노농勞農주권의 조선민주주의인민공화국을 수립했기에 대한민국과 대한민국헌법은 분단되고 훼손된다. 이를 두고 대한민국헌법 제정·대한민국 건국이 한반도 주권국가를 포기한 분단의 시작이라 평가하는 反제헌헌법적·反대한민국적 헌법인식은 대한국민이 반쪽 국가의 절반 헌법을 제정한 것이라는 몰국가적 헌법관을 만들어 내는 것의 원죄原罪가 되었다. 대한민국을 보편적 헌정국가로 형성하라는 국헌학의 책무를 놓친 방관傍觀헌정학으로 흘러 한국헌법을 일반헌법으로 규범화하지 못한 원점原點에 한국의 헌법학과 헌법학자들이 있다. 제헌헌법은 '대한국민'이 조선왕조, 대한제국에 이은 대한민국임시정부의 법통을 계승하며 '대한민국'이라는 국가를 건국하고 민주공화국의 정체를 구성하여 '대한민국의 공화국 만들기'를 시동시킨 의의를 갖는다. 제헌헌법 제정과 대한민국 건국 70년을 맞이하는 국헌은 근대국민국가의 국헌학으로 그 첫 발을 디뎌야 한다. 국헌이 국민공동체를 형성하여 국가의 정신과 국민의 혼을 말해 주어야 한다. 헌법은 국가의 규범이며 국헌의 중심을 이루는 것이다.

Ⅲ. 제1공화국의 국헌

제헌헌법을 원점으로 하는 제1공화국헌법은 1950년 북괴 남침의 6·25동란전쟁의 와중에서도 발췌개헌(제1차헌법개정 1952.7.4.), 사사오입개헌(제2차헌법개정 1954.11.29.)을 거치면서 '주권국가만들기'에 매진한다. 자유당이 창당된다. 비상계엄이 선포되고, 당의 국무원불신임제와 선택적으로 교환된 발췌개헌안을 기립공개투표로 의결 · 공포한다. 이승만대통령에 한한 중임제한 철폐, 국민투표제 도입 개헌안이 개헌의결정족수 3분의 2 136석에 1표 부족으로 부결처리되나 의결정족수 3분의 2의 4사5입은 135인 이상이라 하면서 가결된 것으로 번복하는 四捨五入 개헌을 행한다. 제2차개정헌법의 내용은, 개정헌법 공포 당시의 대통령인 이승만에 한하여 3선연임을 가능케 하는 부칙개정, 자유주의경제체제로의 수정(제85조 이하) 등을 규정하였다. 제3대 정 · 부통령선거에서 대통령 이승만, 부통령 張勉, 제4대 민의원총선거에서 자유당 집권다수당의 국가보안법개정, 제4대 대통령선거에서 대통령 이승만, 제5대 부통령선거에서 이기붕이 당선된 3 · 15선거 무효의 4 · 11 마산 시위, 4 · 19 대학생, 4 · 25 교수단 등 시민의 의거로 이승만대통령 하야사임서 국회제출 및 受理, 退去, 하와이 거주 등으로 제1공화국과 이승만집권(1948.7.20.~ 1960.4.27.)을 끝낸 '불의에 항거한 4 · 19'이다.

제3절 대한민국, 근대의 헌법국가

Ⅰ. 제2공화국 국헌 – 제3차헌법개정 · 제2공화국헌법 · 제4차헌법개정

이승만대통령 하야 후 허정 외무부장관이 수석국무위원으로 대통령서리를 맡아 과도정부가 구성된다. 국회결의로 구성된 헌법기초특별위원회는 민주당안과 자유당혁신파안을 중심으로 하는 개헌요강안작성 및 공청회를 거쳐 절충한 조문을 원내 각파 대표와 정부 · 법원 등의 연석회의에서 확정 · 가결 · 공포되니 이것이 제3차헌법개정의 제2공화국헌법이다. 제1공화국헌법은 시행 11년10개월29일 만에 종료된다. 제2공화국헌법 2년6개월11일, 제3공화국헌법 만10년, 제4공화국헌법(유신헌법) 7년10개월, 제5공화국헌법 7년4일이다. 제2공화국헌법은 기본권의 천부인권적 자연권성에 유의한다. 정부형태는 의원내각제의 양원제 국회였다. 국회의 간선대통령은 의례적 · 형식적 지위였다. 중앙선거관리위원회가 헌법기관으로 신설된다. 헌법부칙 3개항 개헌안이 본회의를 거쳐 정부에 이송 공포하여 3 · 15부정선거, 4 · 26(이승만대통령 下野성명발표일) 이전 특정지위를 이용한 반민주행위자의 공민권 등을 부정선거관련자처벌법, 반민주행위자공민권제한법, 부정축재특별처리법, 특별재판소및특별검찰부조직법 등 소급특별법으로 제한한다. 그럼에도 5 · 16군사정변의 헌정정지로 실현되지 못한 미완의 질서로서 제2공화국헌법은 단락된다.

Ⅱ. 제3, 4, 5공화국의 국헌 – 제3·4·5공화국헌법, 제5·7·8차헌법개정

박정희소장의 軍事政變으로 헌법심의위원회가 확정한 헌법개정안의 발의 공고, 국민투표법에 의거한 헌법개정안의 첫 국민투표 확정, 공포 시행 후 제5대 대통령선거 박정희의장이 당선됨으로써 제3공화국헌법의 제5차헌법개정이 마무리된다. 제6차헌법개정은 대통령 4년임기·계속재임을 3기로 개정한 '3선개헌'이다.

군사정변의 혁명공약, 군정연장개헌안과 철회 ① 지금까지 구호에만 그쳤던 반공체제를 재정비한다. ② 유엔헌장을 준수하고 국제조약을 성실히 이행하며 미국을 비롯한 자유우방과의 유대를 더욱 공고히 한다. ③ 현정권의 부패와 구악을 일소하고 퇴폐된 국민도의와 민족정기를 진작시킨다. ④ 절망과 기아속에 허덕이는 민생고를 시급히 해결하고 국가자주경제체제를 완성한다. ⑤ 국민의 숙원인 국토통일을 위하여 반공실력을 배양한다. ⑥ 위와 같은 우리의 과업이 성취되면 새롭고 양심적인 정치인들에게 정권을 이양하고 우리 본연의 임무에 복귀할 것이다. 군사혁명정권은 민주공화당을 창당하나(1963.2.26.), 민정불참선언2.27., 새헌법시행연기 등으로 1967.8.15.까지 군정4년 연장을 선언하고 3.16., 군정연장개헌안을 최고회의의결을 거쳐 공고한다. 비상사태 수습을 목적으로 하는 임시조치법을 제정·공포하여 정치활동 및 언론·출판·집회·정당조직 확장도 금지된다. 그러나 헌법개정안과 임시조치법은 공고기간중4.8. 철회된다.

國民教育憲章 '우리는 민족중흥의 역사적 사명을 띠고 이 땅에 태어났다. 조상의 빛난 얼을 오늘에 되살려, 안으로 자주독립의 자세를 확립하고, 밖으로 인류공영에 이바지할 때다. 이에, 우리의 나아 갈 바를 밝혀 교육의 지표로 삼는다. 성실한 마음과 튼튼한 몸으로 학문과 기술을 배우고 익히며, 타고난 저마다의 소질을 계발하고, 우리의 처지를 약진의 발판으로 삼아, 창조의 힘과 개척의 정신을 기른다. 공익과 질서를 앞세우며 능률과 실질을 숭상하고, 경애와 신의에 뿌리박은 상부상조의 전통을 이어받아, 명랑하고 따뜻한 협동정신을 북돋운다. 우리의 창의와 협력을 바탕으로 나라가 발전하며, 나라의 융성이 나의 발전의 근본임을 깨달아, 자유와 권리에 따르는 책임과 의무를 다하며 스스로 국가건설에 참여하고 봉사하는 국민정신을 드높인다. 반공 민주정신에 투철한 애국애족이 우리의 삶의 길이며, 자유세계의 이상을 실현하는 기반이다. 길이 후손에 물려줄 영광된 통일조국의 앞날을 내다보며, 신념과 긍지를 지닌 근면한 국민으로서, 민족의 슬기를 모아 줄기찬 노력으로 새 역사를 창조하자.'

1968.11. 정기국회 본회의 만장일치의결; 12.5. 박정희대통령 선포; 2003.11.27. 대통령령 제18143호 국민교육헌정선포기념일 폐지.

박정희대통령은 1971.12.6. 대통령특별담화 형식의 비상사태선포, 국가보위에관한특별조치법 제정으로 국가비상사태시 대통령에 대한 초헌법적 국가긴급권부여 등을 정한다. 후일 헌법부정·파괴의 반입헌주의·반법치주의 위헌법률의 평가를 받는다(헌재 1994.6.30. 92헌가18). 1972.10.17. 대통령특별선언 형식의 10월유신정변에 의한 국회해산·비상국무회의의 국회기능대행 등을 비상국무회의법으로 합법의 규범화를 행한다. 대통령이 공고한 제7차개정헌법이 제4공화국헌법인 유신維新헌법이다. 통일주체국민회의 간선 대통령의 6년임기 중임·연임제한 규정이 없고, 국회동의·승인 및 법원의 사법심사를 받지 않는 사전적·사후적 긴급조치권, 국회해산권, 국회의원정수 3분의 1 추천권, 국민투표부의권, 법률안거부권, 대법원장을 비롯한 모든 법관의 임명·보직권 등 입법·행정·사법의 3권을 통합·조정하는 영도적 권력을 정한다. 유신헌법의 영도적 대통령은 국가적 지도의 대통령권력을 권력인격화론으로 정당화한 구체적 현실의 헌법이다. 대통령긴급조치 제1호-제9호를 발령한다. 부마민주항쟁 직후 10월 26일 궁정동안가에서 중앙정보부장의 박정희대통령 총격·시해로 헌정은 단락된다. 박정희대통령 유고有故 후 12·12군사반란으로 권력을 잡은 신군부는 5·18광주민주항쟁을 넘어 정권을 차지하고 제정된 대통령임기 7년단임제의 제8차개정헌법이 제5공화국헌법이다.

유신헌법 제정의 이론가·실무자 한태연[韓泰淵(1916.1.5~2010.9.20.), 維新憲法과 政治現實, 「政經研究」*(1975.7) 86~87, 89~91면* 민주주의의 토착화·한국화, *88~89면* 10월유신은 예언자의 계시이며 유신헌법이 그것을 위한 수단; 동, 『憲法學』(법문사 1983); 동, 위기의 헌법과 평화적 헌법 – 비상사태극복을 위한 현행헌법의 현실이론 –, 「世代」(1975.4) ; 동, 현행헌법의 정치적 과제, 「維新政友」(1975.3)], 갈봉근[葛奉根(1932.4.6.~2002.11.18.), 『維新憲法論』; 동, 유신헌법의 당위성과 필연성, 「憲法研究」(1975 제3집) ; 동, 『統一主體國民會議』(한국헌법학회출판부 1978) ; 동, 한국적 민주주의와 유신헌법, 「국민회의보」(1973.7 2호) ; 동, 유신헌법의 정치철학과 지도자상, 「新東亞」(1972.12. 제100호)], 김기춘[金琪春, 유신헌법해설, 「檢察」(48권 12호)](金哲洙, 『憲法改正, 回顧와 展望』(대학출판사 1986), 157면 주4, 참조.).

유신헌법의 국가적 권력과 지도권 및 인격적 권력과 非 국민대표성 뷔르도[G.Burdeau, *Droit constitutionnel et Institutions politiques*, L.G.D.J., 1968, p.3, 85, 423(1972년판 pp.432~435)]는 프랑스헌법의 권력을 국가의 권력*le pouvoir de l' Etat*과 인민의 권력*le pouvoir du peuple*, 국가적 권력과 민주적 권력으로 나눈다. 국가적 권력은 국가의 통일성 · 계속성을 보장하기 위하여 국민*la nation*에게서 직접 나오는 권력으로 공화국대통령에 부여된다. 민주적 권력은 의회가 행사하는 대표원리에 따른다. 한태연[韓泰淵, 유신헌법과 정치현실, 「政經研究」(1975.7), 91~93면]은 유신헌법에서는 정치적 권력*le pouvoir politique*과 행정적 권력*le pouvoir adminstratif*은 뚜렷하게 구별되고…정치적 권력은 국가원수로서의 대통령이 통일적 · 전체적 입장에서 행사한다는 의미에서 뷔르도의 이른바 국가적 권력*le pouvoir démocratique*이라 한다. 갈봉근[葛奉根, 『維新憲法論』(한국헌법학회출판부 1977), 56~63면; 동, '드골'헌법에서 유신까지, 「월간중앙」(1972.12)]은 대통령에 귀속되는 국가적 권력*le pouvoir étatique*이 정부 · 국회에 귀속되는 민주적 권력에 대한 우위성을 갖고, 박정희 대통령은 민주적 정통성과 개인적 인격이라는 일견 상반된 두 가지 정통성을 지니기에, 그가 행사할 국가적 권력의 원천은 권력의 인격화*la personnalisation du pouvoir*에 있다 한다. 한태연 · 갈봉근의 국가적 지도권 논리는 독일 프로이센 국왕 지배를 정당화하기 위한 국왕의 절대적 힘을 관철시키려 국민이 아닌 臣民의 복종객체를 상정한 라반트*P.Laband*의 지배권*Herrschaft*을 연상케 한다. 프랑스 제3공화국헌법의 사회적 · 역사적 헌법론의 말베르*Carré de Malberg*는 국가권력은 공동체구성원의 협력*collaboration*에 의해서만 정당화된다 한 바 있다. 치자의 인격화한 권력이나 카리스마 통치는 권력을 권능이 아니라 소유물 같이 처분하는 '人의 지배'국가이다.

姜京根, Carré de Malberg의 국가일반이론에서의 국가와 국가권력, 「공법연구」(제16집 1987), 309~328면. P.M.Gaudemet, *Paul Laband et la doctrine française de droit public*, R.D.P., pp.957~980; 姜京根, 정부구성과 민주적 정당성, 「公法研究」(1986 제14집), 129~168면. 姜京根, 『憲法學講論』(일신사 1993), 181~182면; 同 『憲法學』(법문사 1997) 참조. 姜京根, 한태연-일찍이 신화가 된 천재의 헌법학, 『한국의 공법학자들』(한국공법학회 2003), 57~78면.

Ⅲ. 제6공화국의 국헌 – 제9차개정헌법 · 제6공화국헌법

제5공화국 헌정에서 1987년 6 · 29민주항쟁에 이은 여 · 야합의 대통령직선제개헌을 통한 평화적 정권이양 등 8개항 선언으로 국회특위 및 국민투표를 거쳐 1987년 10월 29일 공포되고 1988년 2월 25일부터 시행된 제9차개정헌법이 현행 제6공화국헌법이다. 제13대 대통령 노태우*1988.2.25*, 제14대 대통령 김영삼*1993.2.25*, 제15대 대통령 김대중*1998.2.25*, 제16대 대통령 노무현*2003.2.25*, 제17대 대통령 이명박*2008.2.25*, 제18대 대통령 박근혜*2013.2.25*, 제19대 대통령 문재인*2017.5.10*. 등이다.

제3장

大韓民國論

제1절 대한민국 - 근대국민국가의 좌절과 극복

Ⅰ. 조선의 국가결정력 상실

[一] 구한말 대한제국의 시대 인식

1. 근대적 국가에의 수용력

1.1 전근대적 안온에의 안주

조선은 쇠망의 목전에서 '대한제국'으로 국호를 바꾸며 생존을 '절치부심'切齒腐心하였지만 일제에 의한 피강점의 과정에서 국가의 주권적 결정권을 총체적으로 상실하게 된다. 근대국민국가 레이스에 서 보지도 못한 채, 조선인 서로가 맞물려서 누가 누구의 탓으로 돌리거나 무엇을 어떻게 해 보기라도 할 시공간적 여유와 틈도 없었던, 그런 '막다른' 상황에 서게 된다. 당시 조선의 풍토, 사고의 관점, 지향하는 바, 그런 것들이 근대와 국민에 못 미치는 '안온'安穩에 안주되었었다. 조선 사회는 근대적 국민국가의 세계사적 흐름을 인식할 수 없는 전근대였던 것이다.

근대국가 수용력의 시험과 만국공법 일본은 조선의 강화도조약 체결을 전후하여 이를 왕조국가적 사신 교환이 아니라 萬國公法의 상주사절 파견 의식으로 인식시키려 했다. 조선과의 관계를 근대국가간 국제질서의 정당성의 문제로 표상하여 淸의 천하국가적 조선지배력을 근대국가의 주권적 힘의 논리로 치환하려 했다. 만국공법은 국법학자 휘튼의 '국제법'*(Henry Wheaton, Elements of International Law)*을 미국인 선교사 마틴*W.A.P. Martin*의 1864년의 중국어 번역판 그대로 역관 오경석이 들여와 1876년 강화도조약 전후에는 이미 천자국가 조선의 유교 지식인들에게 읽혔던 상태였으며, 일본에서도 일본어로 번역되어 1865년에 간행되면서 福澤諭吉, 『西洋事情』과 더불어 널리 일반인들에게도 알려져 있었던 상황이었다.

1.2 근대적 국가에의 쇄국과 의존

1.2.1 천자국가 조선에서 근세국가 대한제국의 염원

조선 제26대 임금 高宗은 500년 조선왕조의 종언을 막고자 1897년 '대한제국'으로 국호를 개칭하나 병인양요(丙寅洋擾, 佛國 선교사 등의 천주교도 학살, 프랑스 함대의 江華府 점령 1866(고종3).9.18.~11.21.), 신미양요(辛未洋擾 미국 상선 General Sherman號 격침1866.3. 조선개항을 목표로 최초의 朝美전투1871(고종8).4.14.) 등 프랑스·미국과의 수교개방, 명치정부가 초량왜관草梁倭館을 '대일본국공관'으로 정한1872~73 무단武斷의 저지조차 불가능하였던 군주 없는 民國의 국민국가, 전제 없는 공화의 근대국가의 최소한인 입헌군주제조차 왕실의 위협으로 보아 이를 저버려 근대국민국가의 길은 이미 놓친 시대였다.

高宗 조선 제26대(1863.12.13.~ 1907.7.20.) 임금(1852(철종3). 7.25.~1919.121.). 정선방貞善坊 출생, 아명 명복命福, 초명 재황(載晃 후에 熙), 字는 성림(聖臨 후에 明夫), 號는 성헌誠軒, 영조 현손玄孫 흥선군興宣君 이하응李昰應의 차남, 母는 여흥부대부인민씨驪興府大夫人閔氏, 왕비 명성황후明成皇后는 여성부원군驪城府院君 민치록閔致祿의 딸이다. 哲宗제25대 승하昇遐(재위 14년 33세) 당일1863.12.8. 창덕궁 대조전 대왕대비翼宗妃 趙氏趙大妃가 12세 명복을 왕위계승자로 지정, 왕위에 오른다12.13. 창덕궁 인정전. 을사늑약 후 이준의 네덜란드 헤이그 밀사로 한일협약 위배라 하여 강제퇴위1907.7.20. 太皇帝가 되나, 1919.1.21.아침 돌연 붕어崩御(경운궁에서), 순종이 즉위한다.

1.2.2 대한제국의 근대국가 수용령의 한계

조선의 1910년 國恥는 근대국가의 물적 토대인 군사력이 국가의 실질적 가치관의 척도가 된 제국의 시대에 전근대적 천자국가의 禮治 문인국가가 미치지 못하는 근대적 국가의 수용력의 한계를 보여 준 것이다. 위로는 왕, 아래는 관리까지 서로가 서로에게 책임을 미루고 '어쩔 수 없었다' 하면서 치부하려 한 그 '순간'이 근대 한국 荊棘 100년의 '모든 것'의 시작이었다.

고종의 대외의존과 미국에 대한 고종의 기대 1894.12.3. 뉴욕 이브닝 월드의 제임스 크레블맨 특파원 '은둔의 왕국'*Hermit Kingdom* 조선의 왕궁에서 고종, 대원군*1820~1898* 단독인터뷰 '조선의 왕이 말하다*Korea's King Talks*' 고종 뒤에서 병풍 너머로 바라보던 명성황후*1851~1895*, 고종 옆 왕세자(crown price 당시 20세 이청 (순종 1874~1926)으로 추정)가 배석했다. 고종은 미국과 조선간 1882년 우호협약에 따라 미국이 조선을 보호해 주기로 한 내용을 환기시켰다. "짐은 물론, 백성들도 완전히 독립된 문명국의 일원으로 나갈 것이오. 미국과의 우정을 믿고 있소. 미국 대통령이 조선의 독립을 보호해주길 바란다. 미국이 약간의 군인들만 보내서 우리 왕궁만 지켜줘도 상황은 바뀔 수 있다" 하지만 미국은 1905년 이미 카스라-태프트 밀약으로 조선의 일본 식민지 길을 열어주었던 상황이었다.[1] 고종이 믿었던 미국은 일본의 입장이었다(「조선일보」(2015.1.6.화), A1, 2면, 고종 "美공주가 도우러 왔다" 황실가마 태워, 1905.7.8.) '샌프란시스코에서 거대한 증기선 2만7000t, '만추리아'*Manchuria*호에 미국 제26대 시어도어 루즈벨트 대통령*1901~1909*이 파견한 하와이·일본·필리핀·중국·대한제국을 거치는 아시아 순방 외교사절단이 타고, 광무9년*(1905) 9.19.* 인천항에 도착했다. 사절단장은 육군장관 윌리엄 하워드 태프트*1857~1930.* 당시 스물 한 살인 루즈벨트 대통령의 딸 앨리스*1884~1980*도 함께였다. 조미수호통상조약*1882*에 따라 미국이 대한제국을 도와주리라 기대한 고종은 '앨리스 공주'를 융숭히 대접했다. 하지만 사절단은 이미 도쿄에서 필리핀 통치를 대가로 일본의 한국 지배에 동의하는 '가쓰라-태프트 밀약'을 체결하고 온 후였다. 그녀의 회고는 "환송 회견장에서 황제와 황태자는 각각의 사진을 나에게 주었다. 그들은 황제다운 존재감은 거의 없었고, 애처롭고 둔감한 모습이었다." 사절단 방문 두 달 후 을사늑약 체결로 외교권을 박탈당한다. 루즈벨트 대통령은 러일전쟁 강화조약인 포츠머스회담 중재 공로로 1906년 노벨 평화상을 받았다.

1.2.3 대한제국의 근대국가의 국제법 인식의 결여

고종은, 1898년 11월 개원된 최초의 태아적 국회인 중추원中樞院 의관議官에 임명되고 고종황제 퇴위와 내각 중심의 입헌군주제 쿠데타 음모에 가담, 발각되어 1899.7. 평리원 재판에서 종신형, 한성감옥서漢城監獄署 수감 후 자신의 특사로 석방*1904.8*까지 5년 8개월간 감옥생활을 한 이승만을 미국에 파견, 루스벨트*Theodore Roosevelt*에 1882년 조미수호통상조약에 의거하여 대한제국이 독립을 보존할 수 있도록 요청하는 고종의 밀명을 포츠머스강화회의를 앞둔 1905.8.4. 요청하나 거절된다. 미국은 이미 1905.7.27. 일본과 가쓰라-태프트 밀약을 체결한 바 있었던 것이다.

1.3 근대국민국가에의 결정권 상실

1.3.1 강화도조약과 일본의 조선 강점의 첫 발

강화도조약 제1관款 '조선은 자주국으로서 일본과 동등한 권리를 가진다'의 함의含意는 일본이 조선을 동등한 나라로 대한 것이 아니라 조선을 일본과 동등하다 내세워 청의 조선 종주권을 부인케 하여 조선과 청의 동맹을 해체한다는 것이고 이는 제10관 일본의 영사파견권과 영사재판권이라는 국제법상 치외법권의 허용으로, 조선의 주권적 결정권이 상실되었음을 뜻했다.

조일수호조규朝日修好條規**와 근대국가 수용력의 현실** 조일수호조규는 1876.2.27.(고종13 음력2.3.) 조선과 일본 사이에 체결된 통상조약으로서 한일수호조약, 병자수호조약 등으로도 불린다. 일본 측 전권대사 구로다 기요타카黑田淸隆, 부사副使 이노우에 카오루井上馨, 조선 측 접견 대관 신헌申櫶, 부관 윤자승尹滋承이다. 통칭 강화도조약에서의 양국 교환물을 보면 고종이 일본에 보낸 四書 한 질, 종이·붓·묵, 비단 등은 근세 유교적 왕조국가의 상징이었으며, 일본의 전권대사 구로다가 가져온 대포, 탄약, 총포 등은 근대국가의 물적 산물들이었다. 유교적 천자국가 대 제국주의적 근대국가 그것이 현실이었다.

1.3.2 뒤늦은 열강 제국에의 개방

김홍집이 황준헌에 청한 '친중연미결일'親中聯美結日의 '조선책략'朝鮮策略을 고종에 복명하나*1880.8.28*, 조미수호통상조약*1882.5.22* 이후 조영, 조독, 조러, 조불, 조오, 한청 등 수호통상조약에 의한 근대국민국가 진입의 '시의성'은 이미 놓친, 열강의 '제국성'만 그 조약에 남겨 놓은 상황이었다.

조미, 조영, 조독, 한러, 조불, 조오, 한청 수호통상조약 朝美修好通商條約(*Treaty of Peace, Amity, Commerce and Navigation, United States–Korea Treaty of 1882*)은 1882(고종19) 5.22.(음력4.6.) 조선이 구미 국가와 맺은 최초의 조약이다. 조선의 전권위원 신헌, 김홍집과 미국의 전권위원 로버트 윌슨 슈펠트(Robert Wilson Schufeldt 1822~1895) 간에 체결되었다. 朝英修好通商條約[*Treaty of friendship and Commerce Between Great Britain and Corea 고종20(1883)11.26.*]은 전문 13조, 부속통상장정附續通商章程, 세칙장정稅則章程, 선후속약善後續約의 영문 필사본, 1884.2.8. 파크스Harry S. Parkes/김병시金炳始 비준, 일정 지역 무역권 자유 왕래, 자유여행 및 보호, 치외법권, 부산과 인천 외 서울과 양화나루 개항, 군함의 조선 내 자유 정박 및 상륙, 반면에 조선의 영국 내에서의 권리는 언급되지 아니한 불평등조약이었다. 영국은 미국, 일본에 파견한 전권공사 보다 한 단계 낮은 총영사를 파견하였다. 朝獨修好通商條約[고종21(1884) 11.18.(음력10.27.)], 대조선국대덕국통상조약大朝鮮國大德國通商條約*Treaty of Friendship and Commerce Between Germany and Corea, Freundschafts–und–Handels–Vertrag–Zwischen dem Deutschen Reich und Korea*은 전문13조 조덕통상조약朝德修好通商條約, 부속통상장정附續通商章程, 세칙稅則, 세칙장정稅則章程, 선후속조善後續條로 최혜국 대우, 선박왕래 및 관세, 치외법권, 밀무역금지, 특권균등 참여 등이 조선 전권대신 민영목과 독일 전권대신 요코하마 총영사 자페Ed. Zappe 사이에 조인, 1884(고종21) 독일총영사가 부임하였다. 韓露修好通商條約[고종22(1885)7.7.(음력5.25.)]은 외무독판 김병시金炳始 전권대신이 베베르(Karl Ivanovich Weber 1841.6.17~1910.1.8.)와 비준을 교환하여 최혜국 대우, 선박왕래관세, 밀무역 금지, 치외법권, 통상장정通商章程은 만국萬國 통례에 따를 것, 특권의 균등한 부여 등을 규정하였다. 朝佛修好通商條約[고종23(1886)6.4.], 대조선국대법민주국통상조약大朝鮮國大法民主國通商朝約은 전문 13조 조법수호통상조약, 부속통상장정, 세칙, 세칙장정, 선후속약의 불평등조약, 전문 제9조 2항 교회敎誨로 포교권 인정. 고종24*1887*년에 콜랭 드 플랑시[Collin de Plancy 갈림덕(葛林德)]과 외무독판外務督辦 김윤식金允植이 비준 교환, 정식 효력 발생, 정식수교가 수립되었다. 朝墺修好通商條約[고종29(1892)6.23.]은 오스트리아－헝가리제국의 청·일 주재 전권공사 비겔레벤Roger de Biegeleben과 일본주재 조선 전권대신 권재형이 체결. 최혜국 대우, 치외법권 인정 등의 불평등 조약이다. 대한국·대청국통상조약大韓國·大淸國通商條約은 광무3*1899*년 조인한 전문 15조 통상협정이다

1.3.3 뒤늦은 열강 제국에의 개방과 정치체제의 개혁

입헌군주제는 최한기(崔漢綺 1803.10.26.~1879.6.21.)의 1857년 '지구전요'(地球典要, 중국에 번역된 서양 천문학, 지리학, 지구가 둥글며 태양의 주위를 돈다고 주장, 지구라는 명칭을 책의 제목으로 처음 붙임)에서 알려진 이후 일반화된다. 유길준의 '서유견문'도 입헌군주제가 君民共治의 가장 현실적 대안이라 보았다. 1894년 12월 체포된 동학농민군의 전봉준도 전제 아닌 공화의 합의제를 원했다. 박영효, 유길준 등 개화파 갑신정변의 갑오개혁정부는 왕실을 배제한 궁내부 설치, 의정부회의를 중심으로 한 국정의 입헌군주정체를 실시하고 일본 명치헌법을 참조하여 '내각관제'로 민선의회 전이라도 관료중심의 내각회의를 통해 왕의 권한을 실질적으로 제한하고자 했다.

박영효 朴泳孝(1861(철종12 辛酉) 6.12.~1939)는 壬午年 1872년 4월, 12세에 翁主와 嘉禮로 駙馬, 1876년 丙子修好條約 체결로 開國한 조선의 1882년 壬午軍亂 수습으로 제물포조약 체결 후 특명전권대신 겸 수신사로 일본에 파견되면서 明治丸으로 도항 중 영국 영사 W.G.Aston호 선장 James와 숙의하여 太極八卦圖를 참작하여 乾坤坎离四卦 도안의 旗章을 만들어 국기로 삼아 9월 25일 고베神戶항에 도착하여 西村屋 옥상에 太極旗를 게양하였다(전봉덕, 120면. 국사편찬위원회, 『使和記略』(1958년), 197, 199면 이하). 갑신정변 후 일본 망명, 일본명 山崎永春으로 유학생을 위한 親隣義塾을 운영하였다(전봉덕, 朴泳孝傳, 「文學思想」(1974년 11월호)).

2. 근대적 국가의 군사력

2.1 국가의 日新이 아닌 권력 · 재물의 다툼

구한말 조선의 시대적 과제는 주권 상실과 조선 패망을 극복하는 것이었지만, 강화도 조약1876에서 시작되는 결과는 국민국가를 내실로 하는 근대국가의 첫 발을 내딛을 수 있는 기회도 갖지 못한다. 조선 사회는 근대화를 지향하는 개화파와 양이洋夷쇄국의 수구파로 나뉘지만 그런 주의 · 주장의 내면적 실재는 '국가'와 '권력'의 日新을 건 쟁패를 빙자하는 사적 권력 · 재물의 다툼이었다. 예를 들어 근대국가의 물적 설비의 핵심인 군대 제도를 위하여 근대식 군사훈련을 받는 새로운 군대조직인 별기군別技軍을 도입은 하였으되 그 정착을 위한 세부적 실현 목록은 준비되지 않은 채 시행시킨 이 제도는 조선사회의 모순을 그대로 수용한 셈이 되었다. 양반자제의 선발 · 우대와 함께 당시 조선 침범의 주범으로 세간에 인식되는 일본의 군 교관 호리모토堀本禮造를 초빙하면서 구식군대인 훈련도감 무위영武衛營, 장어영壯禦營 군졸들은 조선 정부에 의해 홀대되자, 일본이 지원한 신식군대에 대한 민심의 이반은 임오군란(壬午軍亂 1882 (고종19).6.9.)을 가져왔다. 군의 일신이 근대국가 물적 기반의 첫 발이 되기는커녕 조선 민중 울분의 분출구의 소재로 영락零落되었던 셈이었다.

2.2 임오군란과 근대국가화의 좌절

임오군란으로 인하여 한편으로는 근세적 국가에 머문 淸의 위안스카이袁世凱 군사 3,000여명이 한양에 입성토록 하고 다른 한편으로는 일본의 조선 강점의 발판을 깔아 주게 되었다. 당사자의 처벌, 조선의 보상과 사죄, 일본공사관에의 군인 駐在 등 요구의 대부분이 수용되어 체결된 제물포조약(濟物浦條約 1882, 6개항)에 따른 조선 내 상업활동 보장, 부산 · 원산 · 인천항 확보, 일본 공사 · 영사 및 가족의 조선 內地 여행 호송 및 비용부담 등이 규정된 수호조규속약修好條規續約 등으로 대일배상 55만엔(조선 1년 수입 약 145만 엔)은 강화도조약 이래 열세였던 일제의 조선 지배력을 반전시키고 조선에서의 근대적 군대의 싹은 끊기는 등으로 조선 근대국가화의 첫발부터 좌절시킨 것이다.

제물포조약 일본은 전권공사 하나부사花房義質의 조선 파견, 이노우에井上馨의 시모노세키下關 파견, 조선정부는 이유원李裕元 전권대신, 공조참판 김홍집金弘集을 부관으로 하여 제물포항에 정박한 일본군함 히에이比叡 號 함상에서 일본군이 포위한 형국의 회담에서 배상금 55만원(15만원 先 지불), 사죄사(박영효, 김옥균 등)의 일본 파견, 일본군 1개 대대 병력의 한성 파견 등이 이어진다.

2.3 명치유신과 일본의 근대국가화

별기군에 의한 군대 제도 정착의 실패는 근대적 군대 형성의 기반인 징병제를 세우지 못했기 때문이다. 근대적 국민국가의 학습 단계를 밟을 여유와 시간이 없고 점핑의 기반도 못한 상황이었다. 일본의 근대식 군대 시스템의 첫 발을 내딛게 하고, 동경 치요다구千代田區, 쿠단시타九段下의 야스쿠니靖國 신사 정문 중앙의 동상으로 세워진, 일본 육군의 아버지라 칭해지는 오무라 마스지로大村益次郎는 전근대적 군인 조직 사무라이를 반대하고 징병제를 통한 국민개병皆兵제를 도입하였다. 제식制式훈련으로 직업군인을 양성하기 위하여 프로이센 직업군인General-stab의 군대제도를 본 따 왔다. 프로이센 군제는 프리드리히 2세에서 비스마르크 시대에 게르만 민족을 독일 국민이라는 공동체로 묶는 매개체가 되었고, 일본 명치유신은 이 프로이센 군사제도를 그렇게 받아들인 것이었다.

3. 근대적 국가의 被造化

3.1 갑신정변과 근대국가에의 방향 상실

근대적 국민국가의 방향 상실은 임오군란에 이어 그 책임의 일단이 분명 일본에 있었던 김옥균, 박영효 등 친일적 개화파의 갑신정변(甲申政變 1884(고종 21).12.4.~12.6.)이 실패로 돌아가자 일본은 그 책임을 회피하는 한편 때마침 일어난 청불전쟁(1884~1885)을 틈타 청의 조선개입을 막는다. 다케조에 신이치로(竹添進一郞 1842~1917) 공사에 예비교섭을 지시하여 일본군 추방, 일본공사관 방화, 일본거류민 피살 등을 문제 삼은 '사변시말서'事變始末書를 받아 조선정부를 압박하면서 이노우에 가오루(井上馨 1836.1.16.~.1915.9.1.)는 곤도 마스키(近藤眞鋤 1840.4.1.~1892.11.1.), 외교고문 스티븐스(Durham White Stevens 須知芬 1851.2.1.~1908.3.25.), 육군중장 다카시마 도모노스케(高島鞆之助 1844.12.18.~1916.1.11.) 병력과 해군소장 가바야마 스케노리(樺山資紀 1837.12.9~1922.2.8.)의 군함 호위를 받으며 한성에 난입하고, 좌의정 김홍집(金弘集 1842~1896)을 전권대신으로 하여 무력으로 한성조약(漢城條約 1884.11.24. 양력1885.1.9.)을 체결케 한다. 제5항과 별단別單 등에서 일본측 요구대로 사의謝意 표명, 보상금, 흉도 엄벌, 비용부담 등을 정하니, 이로써 일본은 조선에서 청나라와 대등한 세력을 갖고 조선은 군주 없는 민주, 전제 없는 공화로 표상되는 근대적 국민국가로서의 국가결정력을 상실하면서 제국에 예속된 식민지의 길로 들어서게 된다.

純宗 조선 제27대 왕(1874(고종11)~1926 재위 1907~1910). 이름 척坧, 자 군방君邦, 호 정헌正軒. 고종과 명성황후明成皇后, 閔妃 二子로 창덕궁 관물헌觀物軒에서 태어나 1875년 왕세자 책봉, 1897년 대한제국 황태자 책봉, 1907.7. 고종 양위로 대한제국 황제 즉위, 연호 융희隆熙, 황제皇弟 영친왕英親王 황태자 책립, 덕수궁에서 창덕궁으로 옮김, 4년재위 후 한일합병으로 황제의 위에서 왕으로 강등되니 조선왕조 519년 경국傾國·통사痛史였다. 창덕궁이왕昌德宮李王으로 1926.4.25. 승하, 그 인산례因山禮를 기해 6·10독립만세운동이 전국적으로 일어났다(『純宗實錄』, 박은식, 『韓國痛史』(대동편역국 1915). 한국학중앙연구원, 『한국민족문화대백과』).

3.2 조선의 국권상실과 근대국가의 역사적 명령으로부터의 도피

조선 왕 純宗 임금으로 등극할 왕세자 坧척은 1905년 통감 伊藤博文이 이끄는 100여명과 함께 민정시찰이라는 명목의 이른바 남서순행南西巡幸에 대동된다. 조선 땅을 순시하듯 부산, 대구를 거쳐 개성, 평양 그리고 함경도 의주에까지 이르렀는데, 의주는 선조대의 임진왜란 당시에도 豊臣秀吉의 일본도 넘지 못한 곳이었다. 이또 히로부미는 '지배할 수 있는 곳에서의 자신감'이었을 것이나, 왕세자는 이제 막을 내리는 조선의 황태자로서 백성들에 보내는 작별인사였을 것이다.[2] 일본이 명치유신으로 서구열강의 통치, 무력의 제도를 수용하면서 나온 내적 모순을 착검과 특권이 박탈된 사무라이들의 조선 정한론征韓論으로 풀고자 했을 때 조선조 지배계급은 주자학적 중화사상에 안주하면서 이를 읽지 못했다. 백성들도 인정이라는 심성의 자기위안적 정당화로 근대국가의 주체성을 피했다. 조선은 미처 준비 못한 근대적 국민국가의 역사적 인식에서 도피되었다. 독립협회가 의회개설운동을 벌였지만 고종은 분수를 벗어난 헛된 주장이라 했다. 하지만 고종은 의회설립을 약속했고 이를 관민이 함께 확인하는 자리인 '만민공동회'를 1898.10.28.에서 11.2.까지 종로에서 열어 그 둘째 날인 10.29. 제1조 대한제국의 황제로 하여금 자주국권을 확고히 할 것, 제2조 광산·철도 등 이권양여와 대외조약체결은 중추원 의장으로 대표되는 의회의 동의를 얻을 것, 제3조 재정의 탁지부 관할 및 궁내부 등의 잡세 금지, 예산·결산을 국민에게 공개할 것, 제4조 공개재판, 피고의 변호권, 자백권 등 자유민권의 보장, 제5조 칙임관 임명권의 황제로부터 정부로 이관하는 내각책임의 행정을 실시할 것, 제6조 갑오경장 때의 홍범14조와 각 부처의 장정을 실천할 것 등으로 입헌정치와 법치행정의 입헌군주제를 지향하는 국정개혁안 '헌의6조'獻議六條를 발표했다. 고종은 이를 수정 없이 재가하고 30일 이를 보완하는 조칙 5조까지 공포하였다. 그러나 독립협회의 의회개설 운동 등을 공화정을 수립하려는 쿠데타적 계획이라 하여 중추원 민선의원을 뽑는 11.5. 새벽 고종은 독립협회 간부 17명을 체포하고 이튿날 군대를 동원하여 독립협회를 해산하면서 헌의6조는 실현되지 못한 채 폐지되었다. 고종은 1899.8. '대한국국제'를 반포하나 그 내용은 홍범14조에 미치지 못하여 대한제국황제가 여전히 무한한 군주권을 갖는 것으로 한 것이다. 러일전쟁으로 재차 지식인 관리들의 의회 개설 등 입헌정체를 요청였으나 러일전쟁에서의 일본의 승리는 고종의 전제군주권 수호를 헛된 것으로 만들면서 1904.3. 이등박문의 군주권 독려에 부응한 고종은 이를 금지시킨다. 그러한 와중에서 청과 러시아는 전제군주제를 계속하다 패하였기에 의회 개설 등을 요구하는 '헌정연구회'가 1905.5. 결성되고 이는 대한자강회, 대한협회 등으로 이어진다. 군주제와 공화제를 절충하는 당시의 최신 정치체제인 군민공치의 입헌군주정은 결국 실현되지 못하고 일제의 수중에 조선의 정치권력은 떨어진다. 일본은 1905년 고종에 대해서 '대한제국은 전제국이므로 황제의 승인만 있으면 조약을 체결할 수 있다' 함으로써, 을사늑약으로 조선을 손에 넣으니, 을사5적은 근대국민국가로 가야만 할 역사에서 도피한 우리들 모두를 상징하는 대명사인 것이다.

합병 당시의 조선과 백성 지금의 한국과 일본에 대해서, '일본 도쿄대 법학정치학부에서는 일본 정치외교사나 일본 정치사상사가 핵심과목의 하나이다. 우리의 국가공동체가 어떤 정신에 의해서 만들어졌는가가 제대로 기억되지 않고 미래 국가건설을 위한 논의에서도 그러한 기억들이 별로 지침이 되고 있질 않다'[3] 을사늑약에 대해서 그 당시 조선과 백성은 이를 어떻게 생각했을까. '이완용이 활보할 수 있었던 당시 조선은 그런 정도가 아니었을까…'(2014.4.12.土 대학원강의). 합병 당시의 조선과 백성이 일본 와카和歌 명인(「문화일보」2003.11.25.) 손호연 시인의 딸 이승신 시집 『오키나와沖縄에 물들다』 '나라를': "나라를 못 지키면/이리 되는 거로구나/정신이 번쩍 드는//오키나와": '손': '아버지 그리울 때면 나는 내 손을 본다/아버지 닮아가는 그 손/한번 꼭 잡고 싶은 그 손' 에서의 그런 당시 조선에 대한 귀속감의 애국의 마음이 어느 정도이었을까.

3.3 지금도 계속되는, '이게 나라인가' 하는 제3자적 자세

우리가 대한제국이 외세에 강탈 '당했다' 하는 왕조적 노여움만 표출하고, 지금의 우리 국가를 "이게 나라인가"*Is this what we call a nation?*[4] 자조하면서 헐뜯기만 한다면, 우리들은 아직도 근대국민국가의 근대인에는 거리가 먼 천자국가의 변형인 가족국가적 심성의 전근대적 자기위안화에 함몰되어 오늘 우리들 내부에 겉모습만 바꾼 채 스스로를 안온으로 온존케 하고 있는 것이다. 국가에 대한 우리들의 자기도피적 타자 인식은 국민의 생명, 인격, 정체성 등을 보호하는 국가기능의 작동을 위한 시간적·공간적 기다림도 참지 않는다. 대한민국이 근대적 국민국가로 건국되었고 우리들은 그 국가의 국민임에도 불구하고 이 나라를 왕조의 가족국가로 계속하여 인지하려고 한다든지 혹은 일제시대에 우리들 뇌리에 들어온 무정부주의적인 국가 부정이 지워지지 않고 있다. 일본을 내지內地, 조선을 외지外地라 하고 憲法けんぽ 지배가 아닌 憲兵けんぺい 통치가 이어진 노예적 시간이 우리를 지배하고 있다. 이름을 일본식으로 고치게 한 창씨개명創氏改名, 공용어를 일본어로 하고 황민화皇民化 황국신민皇國臣民 내선일체內鮮一體의 일제강점 기억을 우리의 근대국민국가 완성을 향한 절치부심의 원천으로 삼는 것이야말로 조선과 대한제국의 좌절을 진실로 극복하는 길이다.

국헌적 의식을 망각한 '국가와 나' 재난을 겪자 "나 대한민국 국민 아닙니다. 내 나라를 버립니다. 이건 국가도 정부도 아닌 그냥 저들의 집단"이라 타기唾棄하는 심성. 외교통상부 여행금지경고판 앞에서 기념사진 찍고 아프카니스탄에 간 S교회 선교단(김진현, 대한민국 근대화 혁명, 카톨릭 인천교구 사제연수 강의, 2011.6.21.). 한국의 반일감정이 심해도 일상에서 피부에 느끼는 일은 거의 없지만, 언론이 캠페인을 전개하면 순식간에 고조되어 일본인은 택시조차 잡을 수 없는 상황은 한국 내셔널리즘의 외국에 대한 수용과 반발이라는 대응형태로서, '수용'만으로는 정신적 부담이 커 참을 수 없고 '반발'만으로는 현실을 살아갈 수 없다는 이중성의 절충이다. 일본인의 '다테마에(겉)와 혼네(속)'라는 이중성을 지적하는 한국인 또한 상당히 이중적이다(구로다 가쓰히로(黒田勝弘), 「주간조선」(1999.5.13/1552호). "(조선인은) 由來 의론을 좋아하는 국민으로 법률은 그들에게 가장 흡족한 학문이며…누구든지 몰래 권리의무를 진작하는 경박한 才子가 나오지 않도록" 하라 할 정도로 준법정신에 대해서는 의문이 제기되었었다.[5)]

[二] 일본의 明治維新(메이지유신)과 외견적 근세국가

1. 일본의 근대화와 明治維新

1.1 메이지 유신과 근대국가

일본 근대는 19세기 후반 幕末 메이지明治유신을 기점으로 유럽 열강을 모델로 한 국민국가의 건설로 형성된다. 프랑스 나폴레옹 3세를 모델로 한 쇼군將軍 토쿠기와 요시노부德川慶喜의 근대화 노선의 문명개화와 부국강병이 후쿠자와 등에 의해 주창되었다.[6)] 일본은 1853년 개국에 이은 1858년에 이르기까지 영, 불, 로, 미, 화란 등의 불평등조약을 보면서 명치유신의 부국강병, 식산흥업, 헌법을 비롯한 법령, 제도의 정비, 청일・러일전쟁의 승리 등으로 근대적 주권국가의 능력을 증명하고, 1907년 대영제국 등 열강의 대사관 설치로 문명국으로서의 근대국가로 인정되기에 이른다. 명치유신은 에도막부江戸幕府 도막倒幕의 대정봉환(大政奉還 慶応3 (1867).10.14.(11.9.))・왕정복고(慶応3.12.9. 1868.1.3.)・천황친정親政 어일신御一新의 명치개원(明治改元 元年 1868.10.23. 旧9.8.)・폐번치현(廢藩置縣 명치4 1872), 서남西南전쟁종결(명치10 1877), 내각발족(명치18 1885), 입헌체제(명치22 1889)로 근대국가에 가교를 잇게 한 체제개혁이다. 일본의 근대국가화는 명치정부(신정부, 유신정부, 번벌정부藩閥政府 등)의 중앙관제・법제・궁정・신분제・외교・지방행정・산업・경제・금융・유통・교육・문화・종교・사상정책 등의 개혁이 국가와 사회의 모든 부문에서 이루어진다.

대정봉환 에도 막부江戸幕府 도쿠카와쇼군德川將軍은 일본의 통치자로 군림하나 형식은 천황 대권을 막부가 맡는다는 대정위임大政委任이었다. 막말幕末 조정이 자립적 정치세력으로 부상하면서 조막朝幕 교섭으로 文久3(1863).3. 대정위임이 재확인되나, 大政을 조정에 반상返上하라는 사카모토 료마坂本龍馬 대정봉환론大政奉還論, 慶応3(1867).10.14.(11.9.), 도쿠카와 요시노부德川慶喜의 대정봉환 요청, 翌15일 칙허勅許, 10.24. 정이대장군征夷大將軍 사직 칙허로 에도막부 폐지 선언, 12.9. 王政復古 大號令이 내려진다. 대정봉환은 내전을 피하려 막부독재를 수정하고, 덕천종가德川宗家를 필두로 하는 제후에 의한 공의정체체제公議政体体制 수립이지만 제후공회諸侯會同가 실현되지 않자 사츠마번薩摩藩이 중심인 토막파討幕派의 조정쿠데타가 일어나게 된다.

「明治」を問い直す. 土台から日本を造り直す!, 「環」(藤原書店 vol.60 2015.1), 岩倉使節団は どのような西洋知識をもって米欧回覧に向ったか, 平川祐弘; 明治日本の二つの文明観 〔福沢諭吉と中江兆民〕, 杉原志啓

1.2 명치유신의 시작과 경과

명치유신은 1853년 페리*Ferry* 제독의 흑선내항黑船來航, 1854년 미・일화친조약 등으로 상징되는 구미열강의 경제적・군사적 진출에 대한 양이攘夷저항운동에 기인한다. 아편阿片전쟁 후 동아시아 서구 제국주의를 쇄국의 국시國是로 막는 것에 반대하며 이에 개국과 통상으로 대처하고자 에도막부를 폐막廢幕 하고 존왕尊王 운동을 전개하는 과정이 그 시작이다. 하지만 사츠에이薩英전쟁, 시모노세키下關전쟁 등으로 확인된 구미열강과의 군사력 차이가 인식되면서 관념적 양이론을 극복하고 체제개혁 근대화를 우선하면서 교역에 의한 부국강병을 도모하여 구미에 대항할 수 있는 힘을 키우자는 '대양이'大攘夷 운동에 당대의 맹주인 죠슈번長州藩도 개국론에로 전향한다.

黑船來航 미군함 흑선 비들(James Biddle 1783.2.18.~1848.10.1.) 제독의 USS Columbus 호, USS Vincennes 호의 첫 출현은 1846.7.20. 에도만江戸灣 우라가浦賀였고 1853.7.8. 페리(Matthew Calbraith Perry 1794.4.10~1858.3.4.) 미해군 제독(*Commodore of the United States Navy*)이 흑선 4척으로 우라가 진입 7.14. 橫須賀 정박, 1854.2.13. 미국 귀환 1854.3.31. 요코하마에서 日米和親條約(*Japan-US Treaty of Peace and Amity*, 神奈川条約)을 체결하고 4년 후 1858(安政5)년 6.19. 미일수호통상조약이 체결되었다. 고베神戸도 1867년 개방하고 西洋商館 건

설이 영국인 토목기사 'J.W.Hard', 초대 효고현兵庫縣 지사 이토 히로부미伊藤博文 등의 설계로 시작된다.

薩英戰爭, 下關戰爭 薩英사츠에이戰爭(文久3.7.2.(1863.8.15.)~7.4.(8.17.))은 生麥事件으로 영국(그레이트브리튼및아일란드연합왕국)과 사츠마번薩摩藩의 가코시마 만鹿児島湾 해변전쟁浜戦으로 대영우호관계의 계기가 되었다. 下關시모노세키戰爭은 막말幕末 文久3(1863)5. 및 元治1(1864)7.27.~8.7. 두 차례, 죠슈번長州藩과 열강4국(영국, 프랑스, 네덜란드, 미국)의 양이攘夷운동으로 일어난 무력충돌이다. 1863년 下關事件, 1864년 四國艦隊下關砲擊事件(또는 下関戦争)으로 구별하고 양자를 총칭하여 下關戰爭, 바칸전쟁馬關戰争이라 한다.

1.3 명치유신과 근대국민국가의 외견성

명치유신의 실현은 제후연합정권을 지향한 도사번·에치젠번土佐藩·越前藩의 공의정체론公議政体論, 막부파 사츠마번薩摩藩과 반 막부동맹 조슈번長州藩의 삿초동맹으로 막부를 폐하고 구폐旧弊조정을 발본하여 가능하게 된다. 그럼에도 명치유신은 일본을 근대적 국민공동체로서는 이끌지 못하고 왕정복고로 천황이 구심점이 되는 체제개혁에 머물렀다. 일본은 근대국가의 길을 가면서 국민국가의 길에는 들어서지 못하였으니 일본 근대국민국가의 향방은 이때 이미 외견적이라는 태생적 한계를 가지게 된다. 이렇게 바신戊辰전쟁 등으로 구 막부세력을 배제하여 권력을 확립한 신정부는 사츠마·죠슈薩摩藩·長州藩 양 번 출신의 관료층을 중심으로 근대화정책을 추진하게 된다. 영국의 입헌군주제에서 근대의 헌법을 고찰한 바져트에 의하면 근대의 개념은 토의에 의한 통치를 중심 개념으로 하고 무역 및 식민지화를 파생 개념으로 삼는다(Walter Bagehot(1826.2.3.~1877.3.24.), Physics and Politics, 1872, p.38.). 이에 더해서 일본의 경우는 국가주의적 측면이 중시되었다. 또한 정교분리를 전제로 한 유럽 근대의 종교와 달리 정교가 결합한 근대천황제 기독교의 기능주의적 등가물로 인식하였다. 이 같은 점들로 인하여 일본의 근대국민국가는 외견성이라는 한계를 갖고 진행될 수밖에 없었다.[7)]

바신전쟁과 삿초동맹 戊辰戰爭(神奈川条約慶応4/明治元年(干支가 바신(戊辰)이다. 明治2(1868~1869))은 왕정복고로 명치정부를 수립한 삿초동맹의 薩摩藩·長州藩의 신정부군 對 구막부세력 및 오우에츠레번동맹奥羽越列藩同盟 내전에서 명치 신정부가 승전한 전쟁으로서 이로써 일본 내 교전단체는 소멸하고 명치정부가 일본의 통치정부로서 국제적으로도 인정된다. 奥羽越列藩同盟은 바신전쟁에서 陸奥國奥州, 出羽國羽州, 越後國越州 등의 藩이 윤왕사궁輪王寺宮, 북백천관능구친왕北白川宮能久親王을 맹주로 결성된 동맹이다. 사츠마는 규슈九州지방 최남단 현 가고시마鹿児島현, 조슈는 현재의 혼슈本州 서쪽 야마구치山口현에 해당한다. 사카모토 료마坂本龍馬는 사츠마의 규슈 공격을 중단시키고 반막부 천황제 옹립을 근간으로 하는 삿초동맹을 중재한다.

2. 明治維新과 외견적 입헌주의

2.1 메이지유신과 체제개혁

에도막부의 대정봉환大政奉還·왕정복고로 발족한 명치정부는 천황친정天皇親政 이전 막부幕府섭관摂関을 폐지하고 명치천황 '5개조어서문'五箇條の御誓文(慶応4(1868)3.14.공포)에 합의체제, 관민일체국가, 구습타파, 세계열국에 겨를 실력함양 등의 명문화, 명치천황 어명 '億兆安撫國威宣揚の御宸翰'억조안무국위선양어신한의 고시·발표(명치元年3.14.(1868.4.6.)), 신정부 내정·외교에 부국강병, 식산흥업殖産興業으로 구체화된다.

섭관, 명치천황, 7인의 수상 攝關은 攝政·關白이다. '셋쇼'摂政는 군주제국가에서 군주의 幼少 등 사유로 정무·의식 수행이 어려울 때 군주를 대신하여 행하거나 그 직을 말한다. '칸빠쿠'関白는 天皇을 대신하여 정치를 행하는 직으로서 율령에 본래 규정된 관직이 아닌 令外官이며 실질적 최고위로 경칭은 '전하'殿下이다. 명치천황(제122대)은 고메이孝明 천황 死去(1866.12.25. 36세), 1867.1.9. 교토 어소(御所, 고사기 神鏡, 神劍, 神璽인 거울, 칼, 곡옥 등 천황 상징의 3종 神器 인치) 소어소小御所에서 踐阼(천조, 승계의식)·승계하였다. 이또 히로부미, 야마가다 아리또모, 가쯔라 다로, 테라우찌 마사다케寺内正毅, 다나까 기이찌, 기시 노부스께, 사또 에이사꾸 등 사츠마, 죠슈 등 양 번 출신의 7명 수상은 95년 일본 헌정의 35년을 통치하였다.[8)]

今「明治維新」を問う, 「環」(藤原書店 Vol.13 2003.5), 明治 이래의 근대화, 중앙집권화 노선을 넘어 새 국가의 모습

2.2 메이지유신과 외견적 입헌주의의 입헌군주정

메이지유신의 국체國體도 만들었다(명치9(1876. 9.7.)오전10시). 어학문소御學問所, 건국의 體초대 진무천황 체제에 기반을 두고 널리 해외 각국의 성법成法을 참작함으로써 국헌國憲을 창제하고자 한다는 천황은 국헌취조위원國憲取調委員 4인의 천황절대주권 대 프랑스식 자유민주주의와 타협한 영국식 입헌체제에 대해[9] 이를 거부하며 이등박문이 조사한(1882년 초~1883년 중반) 프러시아 입헌체제의 초안에 대한 추밀원枢密院의 심의 결과 '대일본제국헌법'大日本帝国憲法이 공포(1889(명치22)2.11.), 시행(1890(명치23)11.29.)된다. 아시아의 오스만제국헌법에 이은 입헌군주정적 의회제의 이 외견적 입헌주의헌법은 제1회 중의원선거1890.7.1.·개원11.29., 귀족원 개원 등으로 실현되시만, 전후, '일본국헌법'(1947(昭和22)5.3.)에서는 그 외견성이 단절된다.[10]

2.3 메이지유신과 일본의 입헌주의

후쿠자와 유키치(福澤諭吉 1835.1.10.~1901.2.3.) 西洋事情1865은 미합중국헌법을 '律例'라 소개하면서 카토오 히로유키加藤弘之의 國憲, 根本立法, 朝綱, 原律, 政典, 1873년 미쓰꾸리 린쇼오箕作麟祥의 憲法,[11] 明治維新1868.10.23. 후 1882명치15년 明治天皇이 이또 히로부미(伊藤博文 1841.10.16.~1909.10.26.)에 憲法取調人 勅語를 보내 '명치헌법' 제정1889.2.11. 발효1890.11.29.으로 '헌법' 명칭이 정착되고, 2차세계대전 패전 후 현행 '日本國憲法'(맥아더헌법)이 제정1946.11.3.·시행1947.5.3. 된다. 樞密院 의장 伊藤博文은 헌법설립 취지는 군권제한, 신민권리 보전에 있다 하였다. 제1회 중의원선거에서는 만25세 이상 남자 중 15엔 이상 납세자 4천만 명의 1% 투표로 300인 당선, 자유당과 개진당이 과반수를 차지했다.

3. 근대국가의 법제와 명치의 분위기

3.1 메이지유신 정부의 해외사절단과 법제의 정비

유신정부는 불평등조약개정 및 서양의 諸제도 연구를 위하여 이와쿠라岩倉具視 正使, 오쿠보 토시미치大久保利通·키도 타카요시木戸孝允·이또 히로부미伊藤博文 副使의 이와쿠라사절단岩倉使節団을 구미에 파견하였다(1871.12.23.~1873.9.13.). 명치유신기 해외로 나가지 않은 일본잔류조組를 '유수留守정부'라 칭한다. 사이고 다카모리西郷隆盛·이노우에 카오루井上馨·오쿠마 시게노부大隈重信·이타가키 다이스케板垣退助·에토 심페이江藤新平·오오키 타카토오大木喬任 등의 이들은 '고용외국인'을 통하여 기술, 교육, 관제·군제 등에서 근대국가를 위한 학제, 지조地租, 징병령, 글레고리아曆, 사법제도, 단발령 등 급격한 진행과정에서 나온 사족士族 농민의 불만을 정한론征韓論세이캉론으로 돌리지만 귀국한 사절단의 이와쿠라, 오쿠보 등이 '명치육년정변'明治六年政変으로 이를 물리친다. 명치 초기 일본은 근대국가체제의 기본법전 정비를 위한 법학연구 목적의 해외유학을 적극 추진한다. 프랑스 법학자 브와소나드 등 외국 법학자들을 고용외국인으로 기용하여 프랑스법 및 독일법을 기초로 일본특유의 관습 및 국정을 고려하면서 형법(1880(명치13) 제정·2년후 시행), 민법(1896(명치29) 제정·1898(명치31) 시행) 등의 법전을 정비하였다.

구스타브 에밀 브와소나드 드 폰타라비(Gustave Émile Boissonade de Fontarabie 1825.6.7.~1910.6.27.) 프랑스 법학자로서 '고용된 외국인'으로 일본의 민법, 상법, 민사소송법, 형법, 형사소송법 등을 정비하여 일본근대법의 아버지라 불린다. 외교고문으로 1882(명치15)8.9. 임오군란에 관련한 '조선사건인 問答筆記'에서 일본에 가장 우려스런 나라는 러시아이므로 중국, 조선과 제휴하는 아시아주의를 권했다.

3.2 신시대 메이지 明治의 생활양식

德川幕府를 도막한 근대국민국가의 신시대 '明治'가 양성되어 갔다. 인력거 · 마차 · 철도 등 교통수단, 실크햇 · 연미복燕尾服 · 양장 · 구두革靴 · 박쥐우산(こうもり 傘蝙蝠傘) · 장기리머리(散切り (ザンギリ)頭) 등 의생활, 빵 · 우유 · 牛鍋(규나베 소고기 전골) · 맥주ビール 등 식생활, 가스등ガス灯 · 벽돌조(煉瓦造, 연와조, 렝가조) 등 서양식 건축 등의 생활양식 서양화와 자유민권주의가 퍼진다. 도사번藩, 히젠번藩이 1873.5. 동래 왜관의 명치정부 비난 벽보를 기화로 주창한 정한론을 천황이 거부하자 낙향하여 1874.1. 조직한 애국 公黨, 이타가키(토사藩) 중심의 '민선의원 설립 건백서'(1874(명치7 고종11).1.17.)에서 시작한 通義權理(근대입헌주의 천부인권) 자유민권운동(1874~1890), 도쿠토미 소호우德富蘇峰의 평민平民, 구화欧化주의, 민우사民友社, 국민지우國民之友 창간, 미야케 세츠레이三宅雪嶺의 국수國粹보존주의, 정교사政敎社, '日本人' 발간志賀重昂 참가, 쿠가 카츠난陸羯南 창간 일간신문 '日本'은 근대 하이쿠俳句 아버지 마사오카 시키正岡子規가 기자로 제창한 국민주의, 하마다 히코조浜田彦蔵의 '해외신문'海外新聞, 스에히로 죠오末広重恭의 '조야신문'朝野新聞 등의 민간신문 등이 이를 잇는다.

니콜라이Nichola**堂** 동경부활대성당(Holy Resurrection Cathedral in Tokyo)은 예수그리스도 부활의 正敎會 대성당, 전일본 府主敎 관할의 首座主敎座敎會이며 이 대성당이 거점인 교회가 동경부활대성당교회이다. 러시아 공대 교수인 건축가 미하엘 A. 시츄루포브Michael A. Shchurupov가 原設計를 행하였다. 1884.3. 起工 尖塔이 皇居에서 보인다는 이유로 건설이 중단되기도 하였다. 1891.2. 준공, 3.8. 成聖式이 거행되었다. 煉瓦造 石造의 그리스 十字型 성당으로서 중앙의 팔각형 돔 지붕은 銅板葺이다. 神保町의 駿河台에 위치하여 明治 초기부터 중기에는 먼 거리에서도 보였다. 1923.9.1. 關東大震災로 연와조 鐘樓, 돔이 무너지고 화재로 내부 대부분이 손상되었으나 1929년 재건되었다. 높이 35m 돔 지붕의 일본 최초의 비잔티움 양식의 교회건축이다. 東京都千代田區神田駿河台 꼭대기에 위치하여 御茶ノ水 경관에 중요한 위치를 점하고 있다. 1962.6.21. 국가중요문화재로 지정되었다. 이 니꼴라이당에 대해서, 저자의 숭실대 「국가와 법」 강의를 수강한 학생이 동경 유학 가는 길에 일부러 들러서 그 사진을 찍어 보내 주어 국헌학 강의의 의의를 깊게 한 바 있다.

夏目漱石 (1909). それから. 青空文庫 2009年8月4日閲覧. 牛丸康夫 『明治文化とニコライ』 教文館 1969年.

3.3 신시대 메이지 明治의 교육제도

명치유신에 의하여 그때까지의 각 번藩 독자의 교육제가 지닌 지역 및 신분의 차이라는 한계를 넘은 강국을 목적으로 서양과 같이 일반국민에 널리 문호를 열고 전국일률의 교육제도를 위한 의무교육을 개시하였다. 학제學制 공포1872명치5, 소학교령令, 제국대학령令 발포1886명치19 등으로 전국에 심상소학교尋常小学校, 고등소학교, 대학이 설립되었다. 일본여성교육에 구미여성교육을 도입한 시부사와 에이이치渋沢栄一, 이등박문의 권유로 설립한 '여자교육장려회', 쿠로다 키요다카黑田清隆이 여자유학생도 이와쿠라사절단으로 10년 단위 장기유학생으로 아라이 시게永井しげ, 츠다 우메津田うめ, 오야마 스테마쯔大山捨松 등이 구미에 파견되고 여자사범학교가 설립1874(명치7)되었다.[12)]

[三] 조선의 일본식 근대화와 국민국가의 좌절

1. 명치일본의 외견적 국가와 조선의 비대칭적 근대화

1.1 명치일본의 외견적 국가와 서구국가에의 두려움

메이지 시대의 일본 국민들에게 장기리머리 등의 외적 모양 외에 명치일본을 극적으로 표상한 것은 킨자銀座 와꼬和光 시계탑, 赤煉瓦造빨간 벽돌의 동경역 등 영국식을 비롯한 서구적 건축물이며, 근대국가 프랑스의 國歌 '라 마르세예즈'La Marseillaise를 배우도록 소학교 교재에 실은 것 등이었다.[13)] 메이지 시대의 일본인들은 명치일본의 서구적 근대국가의 길에 쉽게 순응하지 못하였다. 서구의 근대인과 같이 에도시대 인간상은 명치 신문명을 두려워하였다. 그 두려움이 노정되듯이 명치국가는 도쿠가와德川 에도江戶 막부의 힘과 권위를 숭상하는 군국주의 제국국가의 길로 들어선다.14)

메이지 신문명의 모양 일본인들이 서양식 신사복을 입거나 가죽구두를 신기 시작한 것은 1870년이며 긴자銀座 서양식 벽돌건물, 등불 대신 가스등 가로등이 켜지기 시작한 것이 1872년이다. 요코하마 馬車道, 關內驛 등이 서양식 건축이었고, 그랜드호텔은 최초의 서양식 호텔이었다. 미소라 히바리美空ひばり(1937.5.29.~1989.6.24.) '悲しき口笛'1949의 "おかの ほてるの あかい ひも"의 'ほてる'가 그랜드호텔이다. 요코하마에는 근대식 역과 야마테노공원山手公園 등을 중심으로 최초의 테니스장, 최초의 서양 빵집 등이 들어섰다. 장기리 머리는 메이지 초기에 상투를 없애 서양인을 흉내 낸 헤어스타일이다. '가르마'는 이마에서 정수리까지의 머리카락을 양쪽으로 갈랐을 때 생기는 금을 말하는데, 아주 똑같은 의미는 아니나, 가르마를 탄다고도 하였다.

메이지 신문명의 두려움 메이지인들은 서양에 대한 두려움을 쉽게 씻지는 못하였다. 동요『赤い靴』[1922年(大正11) 野口雨情作詞 本居長世作曲]가 그것이다. "빨간 구두 소녀가 異人에 끌려서 갔어, 요코하마 부두에서 기선 타고 끌려갔어, 푸른 눈 異人 나라에 있는 걸까, 빨간 구두 볼 때마다, 異人 볼 때마다 생각나네" 사회주의시인으로 출발한 野口雨情은 1907년(明治40) 札幌市 신문사에 근무하면서 알게 된 北海道 平民農場 개척생활을 한 鈴木志郎의 妻 かよ의 딸 きみ가 미국인 선교사 부부에 맡겨져 귀국시 딸을 데려갔다는 말을 1911(明治44).9.15.에 들었다. 당시 키미는 鳥居坂敎會 고아원에 있었는데 카요는 몰랐고, 키미는 동경 麻布의 鳥居坂敎會 永坂孤女院에서 결핵으로 죽었다. 노구치는 1921년 이를 소재로 '赤い靴'를 작사했고 1922년 本居長世가 작곡하였다. 1978년(昭和53) 북해도TV 기자 菊地寛 조사로 'ドキュメント・赤い靴はいてた女の子'가 방송, 1979년『赤い靴はいてた女の子』現代評論社刊이 발표되고 横浜 山下公園에 '赤い靴はいてた女の子の像'이 만들어졌다.

1.2 명치일본의 외견적 국가와 조선의 타율적 근대국가화

명치유신의 정점인 명치헌법은 외견적 입헌주의헌법이고 명치국가는 외견적 입헌국가였다. 플라톤 폴리테이아의 이데아적 철인통치를 결여한, 입헌적 근대국민국가의 표피에 그친 '근세적' 국가에 머물렀지만, 나름으로 제도화 한 이 일본식 근대국가에 의하여 타율화된 조선 근대화의 자화상은 지금에서도 그러하지만 국가메타적 좌절이었다. 자주적 근대화의 국민국가 형성이 일본 제국주의의 국가 강점으로 좌절되고, 국민으로서의 의식은 일본식으로 소화된 일본식이었으니, 조선의 근대국민국가로의 진입은 처음부터 비대칭적이었다. 그것이 근대국가적 수용력의 한계였다.

개화기 자유민권사상과 근대국가 수용력의 한계 갑신정변・갑오개혁・독립협회운동・애국계몽운동 등은 자유민권・민주주의 정치사상을 형성하고 서양 각국 의회를 소개한다(漢城旬報(한성순보) 제10호 在上不可不達民情論(재상불가부달민정론)). 1894년 제1차 갑오개혁의 軍國機務處는 20여 의원의 합의제 최고정책결정기관이었다. 일본 원로원・추밀원 같은 관제의회였다. 입법자문기관으로 행정권에서 분리하려는 의회설립안을 스스로 의결하나 보류된다. 제2차 갑오개혁시 中樞院 신설로 50인 임명제 의관議官이 법률・칙령안, 내각자문사항 등을 심의한 官選 입법부 성격을 지니나 현실은 賣職이었다. 독립협회파는 의회설립운동을 전개한다. 관선・민선 각 25인 50인 의석의 근대의회적 성격의 의회설립법 中樞院官制를 반포케 하나 발족은 무산된다.

柳永烈, 개화기의 민주주의정치운동『한국사상의 정치형태』(일조각 1993), 245~311면.

1.3 명치일본의 외견적 국가의 아시아국가에의 영향

명치일본의 외견적 국가성은 아시아 국가들이 근대적 국민국가로 형성해 나갈 수 있는 가능성을 왜곡시켜 개별 국가의 국민적 정체성을 잃게 하였다. 특히 좁게는 일본의 전통에서, 좀 더 범위를 넓혀서는 아시아적 전통 위에서 '어쩔 수 없었다', '기억할 수 없는 예전에 있었던 일이다' 등으로 일제의 조선 강점을 정당화하거나 책임을 피하는 상황윤리적 자세는 일본의 역사적 도덕성*historical morality*의 장래보다는 국제법적 냉정함을 우선하는 현실을 보게 한다. 철학적 반성이 어떤 전통에 매이게 되면, 심지어는 철학적 반성의 범위나 타당성 주장마저도 특수한 역사적 전통에 종속된다. 책임성에서 벗어나도록 한다. 존 롤스*J.Rawls* 같은 자유주의 철학자도 1971년 '정의론'에서 플라톤*Platon*에서 이어지는 칸트*I.Kant*적 보편주의에 따랐음에도 이후 공정성의 정의*Justice of Fairness*를 주장하면서 부터는 공동체주의자들을 따라서 '서구 민주주의 전통과 관련하여' 보편적 타당성의 어떠한 주장도 문화의존적 이론 혹은 종교나 형이상학이 될 뿐이라 했다.[15] 메이지 일본의 조선식 잔영도 그러하였다.

2. 명치의 분위기를 차용한 조선의 근대화

2.1 명치일본의 조선근대화에의 영향

2.1.1 명치일본의 서양 번역어의 조선 襲用

조선시대 후기와 일제시대의 시기는 문명의 전환과 국가적 도약의 기회보다 명치일본의 외견적 입헌국가에 의한 조선의 비대칭적 근대화 등으로 인하여 조선은 자유와 평등의 세계사적 보편성의 근대국가는 인식치 못하는 한계로 이어져 지금의 한국 근대국민국가의 자화상으로 고착된다. 특히 근대국민국가의 정치, 학술 등 용어에 일본 역자의 습용이 많았다.

일본 역자譯字의 습용 국가國家, 사회社會, 헌법憲法, 자유自由, 권리權利, 의무義務 등 법률용어, 개화開化, 주의主義, 목적目的, 진보進步, 운동運動, 연설演說, 신문新聞 등 시사용어, 주식株式, 회사會社, 협회協會, 은행銀行, 수출輸出, 수입輸入, 예산豫算, 결산決算, 용달用達 관청납품업자 높임말 등 경제용어, 식물植物, 동물動物, 화학化學 등 과학용어 등이 구한말부터 일제에 이르기까지 일본인 이름, 지명, 관명 등을 당시에는 우리식 한자 발음 예컨대 이등박문, 동경 등으로 말하고 기록하였다. 本書에서도 그렇게 혼용하고 있다.

2.1.2 명치일본의 물적 설비의 조선 借用

근대국가 실현을 위한 물적 설비인 행정기관, 군대, 학교, 철도, 공장 등에 관련하여 특히 일본식 근대화는 현저했고 일제의 조선 병탄 후에도 이는 계속되었다.

명치와 학교, 철도 '학교'에 관하여 보면 1995년 전까지 그 명칭은 초등학교가 아니라 '국민학교'였으며 중·고교 남학생 교복은 1980년대 이후 복장 자유화 전까지는 일본식 검은 제복에 검은 모자를 착용했다. 교실 입구, 창문 위치, 칠판, 교단, 책상 배치, 운동장, 화장실, 교무실, 선생과 학생의 접촉, 시험방식 등이 그러했다. 철도에 관하여 보면 역 매표소, 개찰구, 플랫홈, 열차 발착시에 차장이 手 신호를 보내는 것, 차내방송 등이 일본식 시스템이었다. 이 같은 설비 인프라는 사회적으로 제도화되었다.

2.1.3 명치일본의 생활 양태의 조선 借用

시민을 위한 근대적 시장, 공공시설 등이 개설된다. 마포 개시장, 남산 진고개, 인천 자유공원 등이 그러하다. 특히 인천이 개항되면서*1883.고종20*, 최초 서구식 공원이 응봉산 전체에 '만국공원'(서공원)으로 세워졌다*1888.11.9.*. 일반 서민들의 유흥 등 생활의 모습도 이를 차용하여 왔다.

명치일본의 조선차용의 모양들 開市場, 진고개, 만국공원, 술자리 등 서울은 1882년 수호조규속약 1년 후 한강 북안 지금의 마포구 합정동 양화진楊花津이 개시장開市場으로 일본에 개방되고 1883년 인천항이 개방되었다. 개시장은 용산으로 옮겼으나 일본인들은 남산기슭 '진 고개'(충무로 일대)에 모였다. 인천 만국공원은 올라가는 길목, 주변의 집 모양새 등의 짜임새가 요코하마橫浜 야마테노 공원山手公園 등을 본 딴 것 같이 유사하다. 현재 일본의 야마테노 공원의 그 마루턱에 한국영사관이 위치하고 있다. 만국공원은 1957.10.3. 개천절에 '자유공원'으로 그 명칭이 붙여진다. 이후 더글라스 맥아더 동상, 한미수교 100주년 기념탑 등이 세워진다. 일제강점기 券番妓生 봉사료 계산 광고는 술자리 동석 시간당 並花, 3시간 30분을 1시키리(仕切り 칸막음)로 하는 豫約花, 경성을 벗어나면 5시간 1시키리 遠出花, 공연동석관람은 1회 5시간 1시키리 觀劇花, 병화 한 명을 더해서 계산하는 貰花 등 대한매일신문1920.6.10. '廣告'(김병희의 '광고 TALK'〈25〉 술집 도우미 봉사료, 동아일보 2012.6.20. A30면2단)는 전형적 일본 명치 세태의 잔존물이었다.

2.2 명치일본의 예술·문학 등의 조선에의 영향

2.2.1 명치일본의 미술·음악의 조선에의 영향

명치식의 근대 미술은 인식은 되었으나 조선에 뿌리 내리지는 못했다. 근대의 문턱에서 잠깐 나타났다 사라진 샛별 같은 존재인 金觀鎬(1890~1959. 10. 20. 80세歿)는 1916년 조선인으로 두 번째 동경예술학교 유학생이며 그의 졸업작품 '夕暮'해질녘는 문부성 전람회에서 특선에 입상했다.

夕暮(해질녘) 석모는 대동강 가에서 목욕하는 두 여인의 누드화로서 몽롱하고 아련한 나부裸婦의 분위기는 당시 일본 화단에서 유행한 '일본화된 인상화풍'으로서 '월간미술'의 전문가 '한국 근대 유화 베스트 10'의 1위였다. 현 동경미술학교에 소장되고 그의 자화상도 함께 보관하고 있다. 춘원 이광수는 '미술계의 알성급제謁聖及第'라 평가했다(매일신보 1910.10.28, 31.).[16]

2.2.2 명치일본의 연극의 조선에의 영향

근대 한국의 연극은 명치일본의 영향으로부터 자유롭지 못하였다. 신극 등이 그것이다.

서편제와 한국 · 일본 정서 ""서편제'(임권택 감독)는 일본에 상영되어 드물게 인기를 얻은, '판소리'를 소재로 한, 나그네 광대 일가의 방랑 속에서 명창이 되려는 딸과 그 행방을 찾는 남동생의 인정 이야기인데, 유럽에서는 거의 평가받지 못했던 것은, 아버지가 주인공인 딸(양녀)을 '소리' 명창으로 키우려 독약을 마시게 해 맹인으로 만든다는 발상이 이해되지 않았던 것이지만, 이런 잔혹함이 예술성과 연결된다는 '정서'가 일본인에게는 이해될 수 있었다."(주간조선, 1999.5.13/1552호 黒田勝弘)

2.2.3 명치일본의 소설의 조선에의 영향

근대 소설문학 역시 명치의 영향을 받은 바 크다. 최남선 '海에게서 小年에게'는 근대국가의 방향성을 가리키는 지시문이다. 대륙에서 바다로 시선을 옮긴 것이 그것이다. 연극, 영화, 통속소설 등에서 정서의 공유도 가지게 된다.

金色夜叉와 長恨夢 尾崎紅葉(오자키 고요 1867.1.28.~1903.10.30.), 『金色夜叉』(금색야차 *こんじきやしゃ* 1897.1.1.~1902.5.11.)(「讀賣新聞」 연재1897.1.1.~1902.5.11., 「新小說」 신쇼세츠 발표*1903.1.~3.*, 「春陽堂」 요도 간행(1898년 전편, 1899년 중편, 1900년 후편, 1902년 속편, 1903년 속속편 등 5책)는 청일전쟁*1894* 후 러일전쟁*1904* 시기, 일본제국주의와 자본주의의 득세와 역기능이 컸던 때였다. 間貫一*하자마 간이치 はざま かんいち*는 부모를 여의고 아버지와 친분 있던 鷺澤隆三*시기사와 류조* 집에 거처하며 대학에 들어가면서 딸 鷺澤宮*시기사와 미야 しぎさわ みや*와 약혼한 사이나, 미야가 돈에 팔려 은행장 아들 富山唯継*도미야마 다다쓰구*와 결혼하면서 실연한 간이치가 고리대금업자로 변신, 복수하면서 이어지는 미야의 불행한 결혼생활 등을 통하여 전환기 메이지 근대국가 초기의 잔영을 그렸다.■ 趙重桓*1884~1947.10.*, 『長恨夢장한몽』은 금색야차를 번안, 『매일신보』 연재하면서(전편[上] 1913.5.13.~10.1. 속편[中 · 下] 1915.5.25~12.26.), 唯一書館유일서관 간행1913, 이수일과 심순애 비련을 김중배를 악당으로 하여 동시대 조선인들에 공감을 받았다. 근대국가적 근대인의 자화상을 읽은 것이다.

■ 금색야차는 영국 샬럿 메리 브레임(Charlotte Mary Brame 1836-1884)의 『Weaker than a Woman』(여자보다 약한)을 번안한 소설이다. "간이치는 도미야마와 여행 중인 미야가 있는 아타미熱海로 달려간다. 으스름한 달밤 아타미 바다를 향해 울부짖는 간이치에 미야는 눈물로서 용서를 구하나, '도미야마의 다이아몬드에 눈이 멀었느냐?' 하면서 오미야를 발로 차버린다." 시즈오카 현 아타미 시에 위치한 오미야노마쓰(お宮の松 おみやのまつ)에는 나막신을 신은 간이치가 오미야를 발로 차는 모습을 한 동상이 세워져 있다. "간이치는 고리대금업으로 많은 재산을 거머쥔다. 미야가 자신을 못 잊어 불행한 결혼생활을 하고 있다는 사실에 간이치의 마음이 조금씩 움직이기 시작한다. 그동안 뜯어보지도 않던 미야의 편지도 읽게 되었다." 소설의 내용은 여기까지로, 미완으로 마무리되었다. 작가 오자키 고요가 요절하였기 때문이다. 작가가 구상한 이후의 내용은 미야가 발광하여 도미야마가에서 쫓겨나고 그런 그녀를 간이치가 받아들이게 된다는 스토리였다고 한다. 근대와 명치의 타협인 셈이다.

2.3 명치일본의 조선의 과학 등에의 영향

1920년대 유교적 班常의 신분의식의 타파를 목적으로 백정해방운동인 衡平社 운동도 그러하였다. 조선 후기 망원경, 유리거울, 자명종, 양금 등은 근대화 미비성의 우화로도 상징된다.

조선의 근대성 인식 조선은 1712년 청과 국경을 정하면서 목극등穆克登은 위도와 경도를 알게 해주는 육분의六分儀와 망원경 등 다양한 측량 도구를 쓴 반면 함경도 관찰사 이선부李善溥 등이 조정에 망원경을 보내 달라 하나 거부된다. 망원경은 규일영窺日影이며, 규일은 해를 엿본다는 의미로 곧 임금을 엿본다는 뜻으로 해석되었기 때문이다.[17] 조선은 근대에 머뭇거린 왕조의 침잠이었다.

3. 국민공동체의 인식 결여와 조선근대화의 좌절

3.1 조선의 국민공동체 인식의 결여

3.1.1 근대국가도 국민국가도 보이지 않았던 구한말 조선

대한제국 시기 조선근대화의 좌절에 대한 백성들의 인식은, 조선조가 역사에서 사라질 수밖에 없었다 하는 구한말 조선을 사랑하거나 관찰했던 외국인들의 평가에서 찾을 수 있다. 조선 개화기-일제강점기-해방을 지켜본 선교사 헐버트*Hulbert*의 '대한제국멸망사'에서 "… 지금은 옛 한국이 새로운 한국을 위해 사라지는 것을 목격하나/ 횃불로 가속된 국가의 정신이/… 죽음 그 자체는 아니라는 것을 증명하게 될 …/ 대한제국국민에게 …"라 하였다.

Homer Bezaleel Hulbert 헐버트(흘법(訖法), 할보(轄甫) 1863.1.26.~1949.8.5.) 미국 Vermont, New Haven 출생, 선교사, 1886(고종 23). 육영공원育英公院 교사 파견, 한국평론*The Korea Review* 발행, 1905. 미국대통령에 고종밀서전달 시도, 1907. 헤이그특사 호소문 회의시보Courier de la Conferénce에 싣게 함, 주시경 선생과 한글 연구 등으로 2014.10.9. 한글날 금관문화훈장(증손자 받음), 대한민국정부수립 후 1949.7.29. 국빈 내한(고종황제의 독립운동 비닉금을 상하이 독일은행에서 찾으려 헤이그특사 직후 헐버트에 밀명을 내리나 일제의 허위증명서, 차용증으로 없어져 되찾기 위한 관련서류가 국립정부문서보관서 보관), 8.5. 별세, 8.11. 최초 외국인 사회장, 양화진楊花津 외국인묘원, 묘비명 'Man of vision and friend of korea' "I would rather be buried in Korea than in westminster abbey", 1950년 외국인 최초의 건국공로훈장, 한국사The History of Korea 2권, 대동기년(大東紀年 5권) 등을 저술하였다.

3.1.2 조선의 근대국민국가에의 길을 막은 요인들

헐버트는 조선의 근대국민국가의 길을 막는 요소로 지배계급 착취부패, 아전횡포 민심이반, 가족씨족 유교할거, 지배계층 용서인정 등을 들었다.

'대한제국멸망사'와 헐버트가 말한 조선 부패 H.B.Hulbert, The Passing of Korea1906/신복룡 역, 『대한제국 멸망사』(집문당 1999.5.10.), 546쪽. 제1편 제1장~제3장(한국 위치와 배경/민족/정치제도) 제2편 제4장~제14장(신화시대와 고대사/조선의 황금기와 임진왜란/병자호란과 초기 카톨릭/문호개방/민비시해/독립협회/러일전쟁/한국 안의 일본인) 제3편 제15장~제20장(재정/화폐/건축술과 건물/운송/산업과 오락/국내외 무역) 제4편(문화와 예술) 제21장~제26장(기념물과 유적/언어/문학/음악과 시/교육) 제5편 제27장~제33장(한국의 황제/여성 지위/민담과 속담/종교와 미신/노예제도/장례의 절차와 풍수지리설/매장(埋葬) 풍습) 제6편 제34장~제35장(한국 근대화/한국의 장래). Dedicated to his majesty/ the Emperor of Korea/ …To the Korean People/ who are now witnessing the passing of old Korea/ to give place to a new, when the spirit of the nation, quickened by the touch of fire,/ shall have proved that though/(sleep is the image of death)/ it is not death itself. 당시 관찰사 5만 달러, 현감 5백 달러의 매관매직이 성행했다. "조선에 쓸 만한 여관이나 호텔이 없는 불편함은 전적으로 한국인의 인정 때문이다. 길을 가다가 날이 저물면 아무 집에나 들어가 밥과 잠자리를 요구할 때 이를 거절하는 법이 없는…그러한 인정은 허세일 수도 있고 금전적 낭비의 원인일 수도 있으며 노동의 신성함을 저해하는 요소로 작용하고 있다." "양반이 생산성을 높이는 데에 전혀 기여하지 못하는 결정적인 이유는 그들의 기생적 속성 때문이 아니라 그것을 용서하는 백성들의 심정적 요소 때문이다." 100년도 더 지난 지금 우리는 '부정청탁금지법'을 어렵게 만들어 실천하려 한다. 기필코 이루어야 우리의 앞의 세기를 바로 세울 수 있게 되리라.

3.1.3 조선을 망한 것이 아니라 사라진다고 한 헐버트

헐버트의, 조선은 망한 것이 아니라 사라지는 것이라는 말은, 1930년대 말 국권을 잃었음에도 유서 깊은 문중, 종가를 지키는 종부宗婦 3대를 중심으로 조선말 정신을 잃지 않은 사람들의 삶의 형상화로 우리 민족의 근원적 정서를 묘사한 '魂불'에서도 여실히 보여준다. 헐버트의 'who are now witnessing the passing of old Korea' 이 구절은 '초원의 빛'의 윌리엄 워즈워드 "We will grieve not, rather find/ Strength in what remains behind" 등을 생각게 한다.

魂불 崔明姬(1947.10.10.~ 1998.12.11.) "어둠이 아니면 우리는 아무도 생명으로 태어나지 못한다. 빛이 밝게 빛나려면 어둠이 있어야 한다. 그래서 정신의 불인 혼불은 사실은 혼돈의 시대에 더 환하게 타오를지도 모른다". 『魂불』(한길사 1996)[전5부 10권. 1부 흔들리는 바람(1~15), 2부 흔들리는 바람1~19, 3부 아소, 님하1~25, 4부 꽃심을 지닌 땅1~27, 5부 거기서는 사람들이1~22]. '소복한 종부 청암부인은 내 홀로 내 뼈를 일으키리라고 다짐한다. 무너지는 기둥을 곧추세우고 시부의 상을 치르며 조카 이기채를 아들로 입양한다. 아들 기채가 손자 강모도 생산하여 가문에 대를 이었으며 저수지축조의 대역사도 마치지만 합방당한 나라는 사라지고 창씨개명의 강요로 가문보전의 위기를 당한다. 손자 강모는 허효원과의 혼인에 좌절하며 소꿉동무 사촌 강실에 대한 사랑으로 다가가지지만… 버려진 고아로 태생이 천민인 춘복은 타고난 운명의 한계를 비관하면서 신분을 바꾸고 뛰어넘을 수 있는 때를 기다린다'. 첫 문장 "그다지 쾌청한 날씨는 아니었다"에서 마지막 문장 "그 온몸에 눈물이 차 오른다"까지 17년 대하소설 "혼불"은 원고지 1만 2천장, 1996년 12월 완간하면서, 기를 다한 작가는 "아름다운 세상 잘 살고 간다"는 유언과 함께 잠든다.

초원의 빛 'Splendor in the Grass'('초원의 빛' 감독 Elia Kazan, 주연 Natalie Wood, Warren Beatty 1961.10.10.)은 William Wordsworth '*Ode: Intimations of Immortality from Recollections of Early Childhood*'에서 따 온 구절이다. 1928년 미국 Kansas주, 10대 소녀 Wilma Dean 'Deanie' Loomis*(Natalie Wood)*와 순결을 다짐하는 母, 타운의 명사 집안 남자친구 Bud Stamper*(Warren Beatty)*와 가문을 높이길 원하는 父 Ace*(Pat Hingle)*… 디니와 버드의 사랑, 좌절, 성숙의 역정에서 각자의 길을 걷고… Deanie는 Angelina*(Zohra Lampert)*와 결혼한 Bud의 집을 찾고 …다시…나오면서… "행복은 어떤 대단한 것이라고는 생각지 않아" Bud의 말에, 자신에게 던져진 인생을 받아들여야 함을 깨닫는다. 돌아오는 차에서 디니의 친구들은 지금도 사랑하냐 묻고… Wordsworth 시 암송과 자막이 나온다. *What though the radiance which was once so bright/ Be now for ever taken from my sight,/ Though nothing can bring back the hour/ Of splendour in the grass, of glory in the flower;/ We will grieve not, rather find/ Strength in what remains behind*…(한 때 그토록 빛나던 광채가/ 이제 시야에서 영원히 사라진들 어떠리/ 그 시절 다시 돌이킬 수 없어도/ 초원의 빛이여,/ 꽃의 영광이여,/ 슬퍼하기보다 오히려/ 남아 있는 것에서 힘을 찾으리…)

3.2 조선의 근대화의 좌절

조선근대화의 좌절은 지금도 잔영이 드리워 있다. 쉽게 용서하고 잊는 방식의 역사 인식을 버려야 역사의 처음을 인식할 수 있다. 현 경찰청 구내에 있는 일제 강점기 조선 최초의 열차 경인선의 출발점을 생각해 보자. 이순신 장군이 왜군을 격파할 수 있었던 덕은 道伯으로 어류의 종류를 쓸 만큼 꼼꼼하게 만사를 기록해 두는 치밀함 덕분이었다. 대만은 한국과 관계가 깊었다. 장개석 총통은 한국 외교관들과 형제와 같이 지냈다. 이런 관계를 일시에 끊은 한국은 스스로 되돌아보아야 한다. 한국이 협의 관세를 교섭할 때의 일본은 관세율을 낮추면 황실 수입이 준다 하여 거부할 정도로 천황과 황실에 대한 사고가 뿌리 깊다. 명치의 유산이다. 북한에 혐오감을 갖는 20대 한국 젊은이들의 애국심의 뿌리는 "내 것을 빼앗지 말라는 생각의 출발점", "나를 불편하게 하는 그 무엇(이번에는 북한)이 싫다"는 것이다.[18] 19세기 조선의 불투명한 민족 개념을 지금의 우리들이 정의한 민족의 이름으로 재단하는 범주의 오류를 재일 조선인 전문가의 조선현대사에서 볼 수 있다.[19]

3.3 대한민국과 일본의 유사 근대국가적 상황

1945년 패전 일본국헌법*1947.5.3.* 평화헌법조항은 제9조 제1항 '영구히 무력행사를 포기한다.' 제2항 '육·해·공군과 그 외의 전력을 보유하지 아니한다. 국가의 교전권은 이를 인정하지 않는다' 하는 1952년 샌프란시스코 강화체제(전후체제)에 의한 전력보유금지·교전권文戰權부인, 직접공격에 반격만 할 수 있는 개별적 자위권, 전수專守방위, 자위대自衛隊만 헌법변천으로의 인정 등을 의미했다. 일본은 평화국가에서 일반국가로 탈바꿈하려는 평화헌법개정을 도모하지만,[20] 명치일본이 강병국가의 유사 근대국가적 상황을 다시 만든다는 우려와 경각심을 우리들 주변국에 주는 것이다.

평화헌법 개정의 일본 '아베 신조安倍晋三정권은 집단적 자위권 행사를 용인하는 각의결정*2014.7.1*의 해석개헌, 미일방위협력지침 개정*2015.4.*, 집단적 자위권, 외국군대에의 후방지원 등 11개 안보관련법안 참의원의결*2015.9.19.* 등으로[21] 전후 체제인 미일안보조약을 넘어 전쟁이 가능한 보통국가에로 진입하여 일본국헌법 제9조의 헌법변천을 넘은 잠탈식 헌법개정에 이어 평화헌법개정으로 전후체제를 탈각시킨다.[22] 한반도 유사시 자위대의 한반도개입은 4월 가이드라인 개정시 D 조항 '일본 이외의 국가에 대한 무력 공격에 대한 대처행동'에서 '제3국 주권 존중'으로 나타났다. 전후체제탈각의 '권력국가' 노선을 추구하는 세력이 존재하고, 미국의 오바마, 트럼프, 바이든 행정부 역시 '아시아 회귀', '재균형' 정책 아래 일본의 보통국가 노선을 지지하기 때문이다.[23]

Ⅱ. 조선의 쇠망과 일제강점

[一] 조선의 쇠망과 병탄

1. 조선쇠망과 대한민국건국

1.1 조선의 쇠망에서 대한민국의 건국까지

조선은 1897.10.12. 대한제국으로 국명을 바꾸면서 국운을 이으려 한다. 조선 王 고종은 光武라 칭하며 중국의 천자만 주재할 수 있었던 天祭를 圜丘壇에서 주재하여 광무황제光武皇帝가 된다. 국제사회는 베스트팔렌 원리로서(Rex est Imperator in regno suo(왕은 자신의 영내에서 황제이다) cujus regio, ejus religio(지배자가 자기 영내의 종교를 결정한다))[24] 개별국가의 주권적 독립과 평등에 따라서 대한제국을 승인했고, 열강이 조선과 맺었던 조약은 대한제국으로 승계된다. 하지만 청일전쟁1894~95, 러일전쟁1894~1905, 시모노세키조약1895, 한일의정서1904.2, 제1차한일협약1904.8, 한일약정서1904.8, 한일통신협정1905.4, 가쓰라-태프트 밀약1905, 포츠머스조약1905, 제2차한일협약 즉 을사조약1905.11., 한일신협약 즉 정미조약1907, 헤이그 특사1907, 대한제국군대해산1907, 다카히라-루트 협정1908, 己酉覺書1909, 간도협약1909에 이은 1910.8.29. 한일병합조약의 庚戌國恥로 왕조국가 조선은 대한제국의 이름으로 쇠망하나 1945.8.15. 광복과 유엔총회의 한국독립문제(The problem of the independence of Korea)의 결의(Resolution 찬성 43표, 기권 6표 1947.11.14.)에 따라 유엔임시위원회가 파견한 임시위원단의 선거감시에 따른 1948.5.10. 총선거(북한은 유엔감시 남북총선거 거부)로 구성된 제헌국회의 1948.7.17. 제헌헌법 제정으로 대한민국은 주권국가로서 건국된다. 1945.8.15.은 일제로부터 해방되어 광복을 찾은 날이지만 미군정이 들어섰기에 1948.7.17. 제헌헌법이 공포되면서 주권적 독립국가가 되면서 1948.8.15. 정부를 수립하여 국가로서 행위할 수 있게 되며, 12.12. 유엔은 한국의 독립 문제 결의안으로 대한민국 정부를 한반도의 유일한 합법정부로 승인하여 국제법적으로 대한민국이라는 국가가 한반도에서 유일하고 합법적 국가로 승인되었다. 대한민국은 조선왕조, 대한제국, 대한민국임시정부 등의 헌법적 계승자는 아니나 한민족의 법통을 이은 국헌적 국가적 국가이다.

1.2 조선의 양반 天子國家

천자국가 조선에서 사회를 구성하는 유일한 계층인 굳건하게 결탁한 양반의 무리가 국가 경제를 말아 놓고 왕조차 백성으로부터 분리시켰다. 承政院日記(고종 31년 갑오(1894) 6월6일(양7월8일))는 조선반도의 영락한 국체의 지배상황을 확인케 한다. 백성들이 비참과 가난에 허덕이는 동안 양반무리들은 착취한 국부를 탕진하였고 후궁과 내시의 무리는 이들의 피를 빨았다. 국세는 의미도 없었다. 조선인은 관리들의 도적질을 참을 수밖에 없는 노예의 상태였다. 韓末 오스트리아 여행가의 눈으로 본 당시 조선은 "백성들은 원인이 무엇인지도 모른 채 분노에 사로 잡혀 있다. 정부의 폭압으로 고통받고 삶 자체가 짐이 되었다. 거짓말과 위조가 판을 치고, 법질서 등 모든 것이 엉망이었다. 조선에서 소유란 전설 속에서나 존재하는 것이 되었다. 의무를 위반해도 처벌하지 않고 국가가 어떻게 유지될 수 있겠는가. 판서들과 같은 최고위 관리조차 나라를 위협하는 커다란 위험에 신경 쓰지 않고 정부의 재정을 훔치는 등 자신의 부를 채우기에 급급하다. 망국의 책임은 일정 수의 가문인 귀족들에게 있다(159~160). 조선에서는 노동자부터 최고 관직에 이르기까지 모두가 착취를 당한다(163). 개인이 관리에 저항하는 것이 불가능하기에 거의 모든 업종의 사람들이 각자 '도당'을 가졌고, 이는 나라 안의 권력이 되었다. 이에 속하는 사람을 해고했다가는, 독일로 치면 악명 높기로 소문난 일종의 노동조합 같은 곳에 소속되어 있기에, 더 높은 임금을 주고도 새 직원을 구하기 쉽지 않다(166~167)."[25]

프레드릭 매켄지(Frederick Arthur McKenzie) 『대한제국의 비극』*New York 1908*, 『한국의 독립운동』*London 1919*에서 개항, 을미사변, 아관파천, 을사조약, 정미7조약의 40년을 다루고, 영국 '데일리 메일' 기자로서, 합병과 105인 사건, 3·1운동을 세계에 알리면서 지배계급의 부패·무능이 망국의 원인이었음을 말하면서도 일본의 군벌적 애국심, 서양 문물의 수용, 지배계급의 용의주도한 책략에 점수를 줬다.
"14~16세 소년의병들은 총상을 입고도 독립의지에 충만했지만 맨몸이거나 사냥총에 현지주민들이 건넨 열악한 식량뿐이었다. 일본의 만행을 피할 수 있을까 하는 생각에서 대문에 십자가를 그려 넣거나 적십자기를 달기도 했다. 지배계급은 통감 이토 히로부미의 교활함을 당할 지혜가 없었고, 데라우치 마사다케 총독의 냉혈함을 당할 용기가 없었고, 하세가와 요시미치 사령관의 철권에 대항할 무기를 마련해 두지 않았다. 을사조약 체결의 순간에도 나라를 책임져야 할 위치에 있는 사람들은 통곡하고 자살하는 비분강개는 있었어도 총을 들고 조국을 지켜야겠다는 생각을 미처 못 하고, 국가를 구할 전략도 없었으며, 양반들은 국가 운명에 앞서 족보가 불탄 것을 애통하게 여겼고, 백성들은 무한 수탈 앞에서 삶의 의지를 상실한 것이 망국의 원인이었다." 1999.8.12/1565호

1.3 조선의 전근대적 사회

조선의 전근대적 사회를 Ernst Von Hesse-Wartegg를 통하여 본다.

1894년의 조선 사회 조선은 작은 중국처럼 보인다. 17세기 명나라 시절의 중국인 것 같다*(4)*. 깃발 독점 사업권을 갖고 있는 관리는 일부러 질이 나쁜 국기를 만들어 쉽게 망가지면 새것을 다시 사야 되도록 해서 짭짤한 장사가 되었다*(21)*. 현 환율로 6킬로그램의 무게에 달하는 엽전 6천개가 1달러에 해당한다*(24)*. 조선인의 비참한 생활은 그들 스스로 초래한 것이다. 하지만 이들은 관리들이 도독이나 다름없다는 사실을 잘 알고 있고 애써 돈을 모아 봐야 이들에 강탈당할 것이라고 생각했다*(24)*. 제물포의 중심지역이 일본인 지역이기는 해도 왜색은 거의 보이지 않는다. 상당수가 유럽 스타일로 지어졌고 주민들도 각양각색의 유럽식 옷을 입고 있다. 그렇지만 그 거류지가 끝나는 곳에서는 짚으로 덮인 초라한 진흙집들이 무질서하게 들어서 있고, 이들이 절대로 하지 않는 게 하나 있는데, 바로 일이다. 아마도 죽어버린 이 나라에 일자리가 없기 때문일 것이다. 반면 여자들은 감동적인 부지런함과 감탄할 만한 인내력으로 그 의무를 다한다*(50~53)*. 일본 천황의 군대가 조선의 농부들에게 조선 정부보다 더 심각한 위해를 끼칠 수 있을까? 조선정부는 마지막 푼돈까지 쥐어짜고 쌀과 곡물을 마지막 한 톨까지 빼앗아가지 않았는가?*(75)*. 서울의 집들은 단순하고 황량한 황무지나 다름없다. 오두막의 초가지붕 1만여 개가 마치 공동묘지의 회색 봉분처럼 다닥다닥 늘어서 있다. 형언할 수 없이 슬프면서도 기묘한 이 광경은*(77)*. 탐욕스럽고 돈에 굶주린 양심 없는 정부가 이를 초래했다. 아마도 서울을 통틀어 2층 높이의 건물은 두세 채에 불과할 것이며*(78)*. 산들 사이 깊은 곳에 위치한 이 볏짚의 도시에는 마치 아무도 살지 않는 것처럼 아무 소리도 들리지 않는다*(79)*. 조선에서는 개선되는 것이 아무것도 없다*(80)*. 그러니까 이 작고 눈에 안 띄는 건물들이 500년 동안 조선을 지배해 왔으며, 이씨 왕조의 궁궐인 것이다. 이 넓은 세계에서, 그곳은 끝없는 음모의 무대이자, 조선을 예전의 강대함에서 끌어내려 더러움과 가난 그리고 비참함에 빠뜨린 여인과 환관들이 판치는 무대다*(81)*. 25만명 가량이 거주하는 대도시 중에 5만여채의 집이 초가지붕의 흙집인 곳이 또 어디에 있을까*(83)*. 변소는 직접 거리로 통해 있다. 모든 주민들이 흰 옷을 입고 있으면서도 다른 곳보다 더 더럽고 똥 천지인 도시가 어디에 더 있을 까?*(84)*. 조선인들은 대식가라는 점에서 비교할 만 한 대상이 없다. 음주에서도 절제를 모른다*(86)*. 나는 남자들이 일하는 것을 한 번도 보지 못했다. 반면에 작고 추하며 고생 때문에 여윈 여자들은 살림을 도맡으며, 모든 노동은 여자들의 몫이다. 조선의 여성들은 짐 싣는 동물보다 나은 존재가 아니다. 조선의 남녀들은 다른 어떤 나라 사람들보다 담배를 많이 피운다. 관리들의 탐욕은 이윤획득과 소유에 대한 모든 욕구와 노동 의지 그리고 모든 산업을 질식시켰다(87). 집안의 노예와 다름없는 가정주부가 집과 붙어 있는 작은 뜰을 관리한다. 남편이자 지배는 항상 머리에 모자를 쓴 채 담배를 피우거나 이웃을 방문한다*(90)*. 오늘날 조선에서 볼 수 있는 것은 14세기의 조선 문화와 중국문화가 기묘하게 혼합되어 있는 모습이다*(93)*. 유감스럽게도 조선에서 왕은 이름만 통치자일 뿐이다. 왕비의 가문에 속한 범죄자적인 양반 무리가 정부의 고삐를 쥐고, 왕에게 지시하고 있기 때문이다. 관직은 제일 높은 값을 부르는 자에게 팔리고 호의와 친척관계, 복수심이 여기에 한 몫을 한다. 내시와 젊고 아름다운 시동 그리고 여인들이 궁궐을 지배하고 있다*(108)*. 지구상에서 조선만큼 백성이 가난하고 불행한 반면 지배층은 거짓되고 범죄적인 곳은 아마도 없을 것이다*(109)*. 조선 군대를 유럽군대식으로 훈련시키는 것, 유럽식 무기를 도입하는 일 등에 대해 백성들은 적개심을 가졌다*(113)*. 일본은 조선이 독립국이라 주장하고 있으며, 이와 달리 중국은 조선이 200년 이상 중국에 공물을 바쳐야 했던 봉신국가라고 주장하고 있다*(130)*. '1890년 조선에 보내는 중국황제의 사신단, 황제(직속)위원회의 개인비서에 의해 쓰임'은 조선과 그 궁정이 중국에 노예적으로 종속되어 있다는 것을 확인하는 데에 이보다 더 적합한 것은 없다*(131)*. 나는 조선인이 일본인을 대하는 것과 같은 깊은 증오심을 본 적이 없다*(144)*. 조선 정부의 목록에서 조선의 독자적인 군대의 인원이 120만이라고 적혀 있는 것을 발견했다. 그런데 오늘날 서울이나 '아침노을의 나라' 어느 곳에도 조선 병사는 한 명도 없다*(145)*. 병사들의 자질은 대단히 훌륭해서, 중국 병사들보다 훨씬 나으며 난쟁이처럼 작은 일본인과는 비교할 수조차 없다*(151)*. 하지만 지휘관이나 규율이 없어 지금은 일본인들이 이 나라의 주인이 되었다*(152)*. 모로코나 중동의 나라에서조차 이보다 더 못된 소매치기와 방탕하고 무지한 협박자들의 무리는 보기 드물다*(163)*. 음악적 관점에서 조선인은 중국인보다 훨씬 앞서 있고 20년 전 일본인의 상황보다 나은 것처럼 보였다*(173)*. 조선인들은 열정적인 노름꾼들이며 많은 사람들이 노름을 하면서 대부분의 시간을 보낸다*(174)*. 왕의 개인 궁은 현재 독일 중산층의 비교적 부유한 가정이 거주하기에도 충분치 않을 것 같다*(193)*. 서울에 밤이 찾아오면 온 천지가 깜깜하고 여기저기 겨우 희미한 불빛만 깜박거릴 뿐이다*(197)*. 조선인들은 종교 같은 것을 가지고 있지 않으며 신의 존재에 신경 쓰지 않는다*(200)*. 중국이 아닌 다른 민족을 이웃으로 두었다면 오늘날 조선인들은 기본 교양과 교육에서 지금보다 훨씬 나았을 것이다*(210)*. '고요한 아침의 나라'가 지금 처해 있는 문화적 상황은 우리가 겪었던 중세의 문화적 상황을 떠올리게 한다*(210)*. 일본인은 중국식 문화와 오래전에 결별하고 자유롭게 발전한 반면 조선의 지식은 옛 중국의 늪에 빠져 헤어나지 못했다*(211)*.

Ernst Von Hesse-Wartegg(에른스트 폰 헤세 바르텍 1854~1918), *Korea : eine Sommerreise nach dem Lande der Morgenruhe 1894*(Dresden&Leipzig: Verlag von Carl Reissner, 1895)/ 역자 정현규, 『조선, 1894년 여름 오스트리아인 헤세-바르텍의 여행기』(책과함께 2012년 320쪽).

2. 일제의 침탈

조선은 1872년 초량왜관 난출, 1875년 일본군함 운양호雲揚號의 왜관 來襲, 강화도 초지진, 영종도 挑發, 1876년 정초의 강화도 무단 上陸 등에 따른 타율적 병자수호조규강화도조약에 이어, 사대의 국가 明, 淸(1636~1912 만주족 누르하치 努爾哈赤의 중국 최후 통일왕조)의 전근대국가성에 의존하면서 근대국민국가 진입이라는 시대성을 놓친다. 임오군란, 갑신정변, 동학농민봉기*1893* 등에 이은 청일전쟁*1894*, 러일전쟁*1904* 등으로 日淸은 조선땅에서 조선주권쟁탈전을 벌이나, 조선은 쇄국위정척사衛正斥邪파 홍선대원군과 일본의탁개화파의 나라권세쟁

탈전으로 황제와 백성의 안중에 근대적 국민국가는 없었다. 일본이 식민지제국으로 첫걸음을 내디딘 것은 청일전쟁 전후이다. 일본이 청일전쟁에서 이기면서 조공국을 통제하던 중국이 패권국가 일본으로 바뀌면서 한일의정서, 을사늑약 등으로 조선을 병합하고 그 우위는 제2차세계대전 패전 때까지 이어진다. 식민지 통치의 탈군사화, 탈육군화, 식민지와 본국의 동화 등은 1919년 조선에서 폭발한 3·1독립운동으로 상징되는 조선의 내셔널리즘을 시작으로, 남만주 등 다양한 내셔널리즘에 직면한 일본 정부의 불가피한 대응이었다.[26] 1648년 베스트팔렌조약 체결 이후 1945년까지 국가들은 합법적으로 전쟁을 할 수 있었고, 전쟁관계를 평화관계로 전환시킬 법적 수단으로 평화협정을 이용하였다. 평화협정 제1조는 국가들 간의 관계가 이제 평화관계임을 선포하는 것이다. 1842년 난징조약 제1조21이 대표적이다. 평화협정 체결 이후 승전국의 목표를 평화협정 제1조에 담기도 하였다. 1895년 시모노세키조약 제1조22는 조선이 중국으로부터 완전히 독립되었으며 자주국가임을 천명함으로써 향후 일본의 조선(대한제국) 침략에 대한 기초를 마련하게 한 것이었다.[27]

초량왜관 闌出, 公館 설치, 운양호와 강화도조약, 최보따리 초량 왜관에서 동래부에 1872.5. 무단 난출한 일본인 56인에 대하여, 조선은 처벌도 항의도 못하고 우리 훈도와 군사들에만 책임을 묻는다. 1873년 야마가타 아리토모山縣有朋(1889.12.24.~1891.5.6.)는 조선 정부가 명치천황을 모욕했으니 설욕한다는 정한론, 양력 3월 일본은 왜관을 명치정부의 공식 '대일본국 공관'으로 하며 외무성 외교관 모리야마 시게루森山茂가 파견1874.6.15.된다. 명치정부는 1875년 대마도, 조선 연해항로 조사4.15.(음력 4.20.), 운양호 초량 왜관 입항 7.1. 長崎 회항8.20. 월미도, 영종도, 난지도 경유 21일 오후 4시경 강화도 초지진 접근, 초지진 포대에서 경고 발포, 22일 오전 초지진 접근에 조선측 먼저 발포, 2시간여 포대 파괴, 병사 사상, 23일 오전 7시경 영종성 함락, 조선군 수십여명 살해, 성내 방화 약탈, 24일 오전 일본군 귀대, 1875년 야마카타는 雲揚號에 먼저 발포한 조선의 책임을 묻는다, 1876.1.15.(음력 1875.12.19.) 일본 배 일곱척 부산 흑암 앞바다 도착, 강화도 경유 경성 상륙 통보, 16일 구로다 기요타카黑田淸隆 400명 병력 인솔, 강화도 남문 앞 상륙, 조선측 신헌과 1차 협상, 25일 전후 淸 칙사는 1860년 이래 수도 북경까지 개방했기에 조선이 알아서 할 일이라 하며 사실상 개항 권고, 25일 고종은 일본의 수호통상수락 건 윤허, 2월 3일 신헌과 구로다 12개조 병자수호조규, 강화도조약이 서명되었다.[28] 일본 외교사료관에 보관되어 온 1876.2.2.(음력) 조선 의정부가 일본 변리공사에게 전달한 '의정부 조회문'照會文을 보면(국사편찬위원회 회보 '역사의 창'), 조선은 일본의 운요호雲揚號 포격 사건이 불법행위라는 입장에서 1875년 9월 가을에 일본 기선이 강화도에서 분요紛擾(어수선하고 소란스럽게 한 불법행위)를 일으켰다 했다. 일본은 운요호가 식수를 구하기 위해 국기를 달고 접근했는데도 조선 측이 먼저 포격을 가했고 이는 국제관례에 어긋난 행동이라는 등의 주장을 하였다. 운요호 함장 이노우에 요시카井上良馨의 보고서에 따르면 운요호는 도발 유도를 위해 국기를 게양하지 않고 강화도 초지진에 접근했다. '의정부 조회문'은 일본의 잘못을 지적한 뒤 새로운 국교 수립이라는 절차로 들어가는 조선 정부의 자세를 보여준다.[29] 당시 민초의 자아 각성이 시작된 1860년부터 머슴 교주 해월 최시형의 사망까지 약 37년의 시대를 배경으로 해월과 억쇠 김천적의 삶을 '도를 깨우치면 하늘이 감동하고 하늘을 알면 마음이 열린다' 함을 주제로 그린 동학혁명 100주년 기념작 역사소설, 강인수, 『최보따리①,②』(초판1쇄 풀빛 1994)도 당시의 시대적 길항관계를 알게 해 준다.

청일, 러일전쟁과 조선분할논의 1904년 일본 對露전 결정2.4. 단교2.5. 연합함대는 팔미도 포격 러시아함대를 인천항에서 격침2.8~9. 對露 선전포고2.10. 여순 항구의 러시아해군 공격3.10. 4.14. 황해 제해권5.2. 제1군단 압록강 연안 露軍 격파, 만주 진입5.5. 요동반도 상륙5.27. 러시아 발틱함대 대마도해협에서 궤멸9.5., 포츠머스 강화 조약 체결, 일본 승전. 야마카타 이익선은 "국가 독립, 자위 방도는 첫째 주권선 수호 둘째 이익선 방어이며, 국가영토가 주권선이고 주권선의 안전과 긴밀하게 관계하는 구역이 이익선"이라면서 조선을 이익선 안에 포함시킨(야마카타 의회 시정방침연설1890.12.6. 신명호, 앞의 책, 459~463면) 일본의 청일전쟁은 우리에게 있어서는 임진왜란과 같은 일본의 假道入明 술책이다(修堂 李南珪 1855~1907). 이미 구한말에 조선분할 논의가 있었다. 영국 외무장관 존 킴벌리가 청·일에 서울을 경계로 조선을 나누자는 제안1894. 1896년 야마가타 아리토모山縣有朋 특명전권대사로 참석한 모스크바 러시아황제 대관식에서 로마노프 외상에 38도선 경계로 한반도 분할점령 제안이 거절되고1896.5.26. 1903년 주일 러시아 공사 로마노비치 로젠이 일본에 한반도 분할요청 등이 있다.

3. 조선의 병탄

개화파는 지금이 아니면 아무것도 이룰 수 없다는 조급함에 사로잡혀 분별없는 젊은이들로 보였으며, 본심과 달리 보인 친일적 성향에 대한 민중적 정서는 반감을 불러 일으켰다. 조국을 건질 길이 없게 되자 충성심이 강하고 애국적 한국인들이 스스로 목숨을 끊기도 하였지만 한국 주재 미국 공사 몰간E.V.Morgan 마저도 관심을 두지 않았다. 일본은 영일동맹으로 청나라에 대한 영국의 이권과 조선에 대한 일본의 이권을 받아내고(1902.1.30. 영국과 일본은 전통적으로 친근감이 있어 왔다. 나쯔메 소세키, 스코틀랜드 위스키 등), 러시아전쟁에 영국의 우호적 중립 1904.1.12. 후 조선에 군대 주둔1904.1.23., 외부대신서리 이지용李址鎔과 일본공사 하야시 곤스케林權助 6개항 한일의정서韓日議定書체결2.23., 특파대사 이또 히로부미3.7. 나라의 조약은 전 국민이 복종할 의무가 있는 국제조약인데 이를 군주 혼자 비밀리에 해버리면 곧바로 국제 문제를 야기한다는 엄포로 고종 황제 억압8.22., 한일의정서 제1조에 근거, 외교관계처리는 미리 일본정부협의를 거친다는 '외국인 용빙傭聘 협정'인 제1차한일협약전문 3조 체결1904(광무8).8.22., 이후 계속 통치권, 군사권, 외교권, 재정권 등을 박탈하여 대한제국은 일본의 사실상 보호국이 된다. 이때 나라를 구하려고 목숨 바쳐 싸운 이들이 있었다. 일반 백성이었다. 각지에서 의병을 일으켜 일본군과 항전했다. 무기는 기껏해야 화승총이나 사냥총이었다. 근대식 무기를 가진 일본군과 싸워 이기리라 생각하지 않았다. 하지만 가만히 앉아 있을 수 없어 일제와 싸웠고, 수만명이 죽었다. 그것이 백성과 양반무리들의 조선식 상황이었다.

한일의정서와 제1차한일협약 한일의정서 제1조 한·일 양제국은 항구불역恒久不易의 친교를 보지保持하고 동양의 평화를 확립하기 위하여 대한제국 정부는 대일본제국 정부를 확신하고 시정施政 개선에 관한 충고를 들을 것. 제2조 대일본제국 정부는 대한제국의 황실을 확실한 친의로써 안전·강녕하게 할 것. 제3조 대일본제국 정부는 대한제국의 독립과 영토보전을 확실히 보증할 것. 제4조 제3국의 침해나 내란으로 인하여 대한제국의 황실 안녕과 영토 보전에 위험이 있을 경우에는 대일본제국 정부는 속히 임기응변의 필요한 조치를 행할 것이며, 대한제국 정부는 대일본제국 정부의 행동이 용이하도록 충분히 편의를 제공할 것. 대일본제국 정부는 전항의 목적을 성취하기 위하여 군략상 필요한 지점을 임기수용할 수 있다. 제5조 대한제국 정부와 대일본제국 정부는 상호의 승인을 경유하지 아니하고 훗날 본협정의 취지에 위반할 협약은 제3국간에 정립訂立할 수 없다. 제6조 본협약에 관련되는 미비한 세부 내용은 대한제국 외부대신과 대일본제국 대표자 사이에 임기 협정한다. 제1차한일협약 ① 한국정부는 일본정부가 추천하는 일본인 1명을 재정고문으로 하여 한국정부에 용빙하고, 재무에 관한 사항은 일체 그 의견을 물어 시행할 것 ② 한국정부는 일본정부가 추천하는 외국인 1명을 외교고문으로 하여 외부에 용빙하고 외교에 관한 요무要務는 일체 그 의견을 물어 시행할 것 ③ 한국정부는 외국과의 조약체결, 기타 중요한 외교안건, 즉 외국인에 대한 특권양여와 계약 등의 처리에 관하여는 미리 일본정부와 협의할 것.

[二] 한일합병의 체약 과정

1. 을사늑약과 고종

고종은 미국에 대한 조선독립에의 기대가 컸었다. 1689년 이후 조선이 믿고 안주하던 네르친스크 평화 체제가 아편전쟁, 러시아 팽창, 청일전쟁 등으로 무너지던 상황에서 '대한 사람 대한으로 길이 보전하세'라는 애국가의 光武 대한제국, 1637년 남한산성과 삼전도 패배 이후 청에 대한 대등성을 상징하는 독립문, 미국 공사관 건물 구입과1889 국제우편연합(UPU) 가입1900 등의 외교, 주일공사 조민희1904.12., 이승만1905.2.20. 등의 비밀 파견, 러시아황제에의 파견1905.3.25. 등으로는 제국주의적 을사늑약을 막지 못한다. 근대국가에의 길인 강력한 군대를 양성하지 못했던 대한제국은 쇠망의 길로 가지 않을 수 없었다.[30] 明治天皇이 대한제국 특파대사로 임명한1905.11.2. 伊藤博文66세 추밀원 의장은 신바시新橋 출발11.5., 야마쿠치山口 도착11.8. 오전 7.45., 시모노세키下關에서 수마호須磨号로 부산 입항오후 5시, 초량역에서 대한제국 황실 궁정열차 출발11.9.오전7시 한양 남대문역 도착오후 6.20., 손탁孫濯 호텔 숙박, 다음날1905.11.10.금 고종 황제 접견, 명치 친서, 일본각료회의 결정10.27. '보호조약 초안' 등사지 전달에 이어, 대한제국 외부대신 박제순과 일본제국 특명전권공사 하야시 곤스케가 '한일협상조약' 보호조약인 제2차한일협약 체결 1905.11.17., 장지연 是日也放聲大哭황성신문 1905.11.20., 통감부 남산 설치1906.2.1., 이등박문 초대 통감12.21., 한양 부임 3.2. 등 강압적 절차로 분노의 恨을 남긴 채 대한제국은 일본보호국이 된다.[31]

주미대한제국공사관 주미대한제국공사관은 워싱턴 DC 로건서클에 있는 빅토리아 양식의 건물로 1889.2.13.부터 임대해 워싱턴華盛頓 공사관으로 운영해오다(미국 국립문서기록보관소), 고종28년1891.12.1. 워싱턴시정부 기록 왕실자금 2만5000달러로 구입하여 서리전권공사였던 이하영(상투머리, 버선구두로 워싱턴 외교가에서 상투 댄디라는 애칭으로 유창한 영어와 능란한 무도솜씨로 당시 이탈리아 육군대신 처제의 구혼을 받았다)이 국무부에 조선공사관 개설, 주소 통지를 하여 법무부가 '1500 13th street N.W'로 공식 확정했다. 당시 미국 대통령 그로버 클리브랜드*1837~1908* 부인 프랜시스 클리브랜드 여사를 비롯해 그랜드초청연회를 열어 독립 의지를 알렸다. 1897년 선포한 대한제국공사관으로 사용하나 1910년 한일병합으로 5달러에 일제에 강탈되고 다시 미국인에 넘어간 지 102년 만에 2012년 350만 달러(40억원)로 한국 정부가 되찾았다(2016년 현재 600만 달러 호가). 초대 전권공사 박정양*1888.1.9*부임은 1889.2. 워싱턴 공사관 이전 전 1년 여 로건서클 공사관 건물에서 남서쪽 워싱턴 15번가 1513번지에 붉은 벽돌로 지은 정남향 3층집을 공사관 사무실로 썼다. 알렌의 지인, 피셔*V S Fisher* 소유로 '피서옥皮瑞屋'으로 불렸다. 연간 임대료 7백80달러를 춘하추동 네 차례 1백95달러씩 약정하나 제때 내지 못했다. 3층 정면 발코니에 장대를 세워 태극기를 달고, 고종 어진과 왕세자 예진을 왕궁있는 쪽에 모시어 삭망(초하루와 보름), 국경일에 일동이 모여 망배를 하곤 했다.[32)]

고종의 해상군선도와 향로 그리고 세창양행의 볼터와 맥아더 장군 조선에 온 최초의 독일 상인이며 대한제국 최초의 외국인 회사로 기록된, 1887년 제물포에서 창업한 '世昌洋行' 공동 창업주 카를 안드레아스 볼터*Carl Andreas Wolter 1858~1916*는 24년 동안 무역통상과 금광채굴권 등으로 활동하다가 1905년 을사늑약으로 외교권을 박탈당하자 1908년 8남매와 함께 독일 함부르크로 돌아가며, 고종은 '해상군선도'海上群仙圖(18세기 말 또는 19세기 초에 제작된 작자 미상의 10폭짜리 병풍, 신선 12명과 仙童, 여인 10명이 연회에 참석하러 바다를 건너는 吉祥畵로 檀園 김홍도(1745~1806) 1779년의 神仙圖에 비견)를 하사하였고, 고종과 명성황후의 아들로 조선 제27대 국왕이자 대한제국 제2대 황제 순종(1874~1926)의 황태자 시절 소꿉놀이 친구였던 볼터의 쌍둥이 자매 중 상속자인 동생 마리온 볼터*Marion Wolter*의 딸(독일 위버링겐 거주), 바르바라 미헬 예거후버*(91 · Barbara Michel-Jaegerhuber)*가 2013.2.20. 병풍을 한국으로 보냈다(Hans Alexander Kneider*(1953~), Globetrotter, Abenteurer, Goldgraber: Auf deutschen Spuren im alten Korea*, 2009; 한스 알렉산더 크나이더 『독일인의 발자취를 따라-한독 관계: 초창기부터 1910년까지』 역자 최경인, 일조각 2013 참조). 또한 6·25동란전쟁에서 인천상륙작전을 주도한 맥아더 원수의 부친 아서 맥아더 장군이 19세기 말 조선 방문 시 고종 황제로부터 하사받은 향로를 물려받은 맥아더장군도 이를 가보로 아끼며 전장에도 지니고 다녔지만 태평양전쟁 때 필리핀 전장에서 급히 퇴거하면서 분실한 뒤 줄곧 애석해했다는 사실을 알게 된 이승만 대통령이 똑같은 향로를 찾아 1948.8.15. '대한민국 정부 수립 국민 축하식'에서 이를 선물하였다.[33)]

이사벨라 버드 비숍 Isabella Bird Bishop(1831.10.15.~1904.10.7. 영국 *Boroughbridge Hall, Yorkshire* 출생)은 첫 한국 방문 1894년부터 3년 동안 고종과 명성황후 알현, 동학농민혁명과 청일전쟁을 보면서 19세기 조선의 풍물, 종교, 백성 생활, 궁중 모습, 여성들의 낮은 지위, 지배층 양반들은 실생활에 관련 없는 주자학 소일, 백성의 삶이 피폐해질 정도로 잔악하게 착취하는 탐욕적 흡혈귀 관리 등으로 조선인이 세계에서 가장 열등한 민족이 아닌가 그들의 상황을 가망 없는 것으로 여겼지만, 러시아 프리모르스크(시베리아 지역) 이민 조선인 1세대가 착취 없는 생활에 富農이 되고 근면한 사람으로 변해 가는 모습에 견해를 수정하였다.[34)]

高宗皇帝와 明治天皇의 乙巳勒約이라 하는 을사년 朝日병합조약 伊藤博文(근세 四傑(淸 이홍장, 프로이센 비스마르크, 영국 빅토리아 여왕 등)로 불린 이토 히로부미는 요시다 쇼인吉田松陰에 사사하고, 런던 유학(23세), 미·영·불·화란 등 4개국 연합함대와 조슈 藩 講和로 사쓰마번(현 鹿兒島)과 함께 유신 향도, 프러시아 입헌군주제 모방의 1889년 명치헌법 도입 상주, 일본 초대 내각총리대신(44세))은[35)] 베를린대학의 루돌프 폰 그나이스트(Heinrich Rudolf Hermann Friedrich von Gneist), 빈 대학의 로렌츠 폰 슈타인에게 수학하면서 군주권이 강력한 프로이센 헌법을 일본에 가장 적합한 체제로 보았지만, '청동기를 도금하듯' 헌법으로 나라꼴을 꾸미려 한다는 그나이스트의 말에 수모를 받은*1882.3.* 이토는 대일본제국헌법(1889.2.11. 공포 1890.11.29. 시행) 제정 등을 행하면서[36)] 그 수모를 그대로 을사늑약 체결에서 고종 황제에 퍼부었다. 明治 "귀국은 불행하게도 국방이 정비되지 못하여 자위의 기초가 견고하지 못합니다" "귀 황실의 안녕과 존엄은 털끝도 훼손되는 일이 없게 견실하게 유지될 것임을 짐이 미리 확실히 보장하는 바입니다" 高宗 "짐은 정부 신료에게 諮詢하고 일반 인민의 의향도 살필 필요가 있다" 이또 "귀국은 헌법 정치도 아니며 萬機 모두 다 폐하의 친재로 결정하는 소위 전제군주국 아닙니까? 이는 책임을 폐하 스스로 지게 되시리라는 것을 두려워하기 때문" 고종 "짐의 희망을 귀 황실과 정부에 전달 희망" 이또 "그 희망은 무용에 속하므로 단념하시기 바람"(11.15.수, 오후3~7시), 고종 "자신의 이름으로 이루어지는 외교 형식을 제외한 모든 외교 실권을 양보하겠다" 하는 황실만 보호하면 된다는 태도에 대해서 이또 "외교에는 형식과 내용의 구별이 없습니다"(명치천황기 명치38년(1905)11.2. 당시 주한일본공사관 기록 신명호, 앞의 책, 26~42면) 하며, 제5조 '일본은 한국 황실의 안녕과 존엄 유지를 보증한다'를 추가한다. '병합조약' 8개조 중 제1조, 제2조는 조선 황제는 통치권을 양여하고 일본 천황은 양여를 수락하며 제8조는 공포일로부터 시행된다는 조항이고 나머지 5개 조항은 황실에 무엇을 해주겠다는 내용이다.

2. 정미7조약과 순종

고종은 만국평화회의의 네덜란드 헤이그에 이상설, 이준, 이위종 등 밀사를 파견하나 참석이 거부되고*1907.6.*, 일제는 고종을 강제로 양위케 하여 책임을 지운다*1907.8.*. 이어 이완용李完用·이토 히로부미

伊藤博文 정미7조약丁未七條約의 한일신협약韓日新協約인 제3차한일협약 체결1907(융희1).7.24(① 한국정부는 시정개선에 관하여 통감의 지도를 받을 것 ② 한국정부의 법령제정 및 중요한 행정상의 처분은 미리 통감의 승인을 거칠 것 ③ 한국의 사법사무는 보통 행정사무와 이를 구분할 것 ④ 한국고등관리의 임명은 통감의 동의로써 이를 행할 것 ⑤ 한국정부는 통감이 추천하는 일본인을 한국관리에 용빙할 것 ⑥ 한국정부는 통감의 동의 없이 외국인을 한국관리에 임명하지 말 것 ⑦ 1904년 8월 22일 조인한 한일외국인 고문 용빙에 관한 협정서 제1항은 폐지할 것 등), 순종 황제 즉위8.24, 영친왕1897, 황귀비엄씨 아들 황태자 책봉9.7.. 일본인 차관의 정치・경찰권 위임, 조선군대 해산, 광무신문지법, 보안법, 한일합병조약 내각회의 통과1910.8.18 등에 의하여 끝끝내 조선 왕조는 일본에 합병된다.

3. 한・일합병조약과 李王

을사늑약에 이은 1910년 8월 29일 한일합병조약 8개조는 체결 전권위원장 이완용, 데라우치의 조인8.22., 공포8.29.로 조선의 국권이 상실된 庚戌國恥의 문서이다. '한국 황제 폐하는 한국 정부에 관한 일체의 통치권을 완전하고도 영구히 일본국 황제 폐하에게 양여한다.' '일본국 황제 폐하는 이 양여를 수락하고 한국 전부를 일본제국에 병합하는 것을 허락한다.' 칙령 318호 '한국의 국호는 고쳐서 지금부터 조선이라 칭한다', 칙령 319호 '조선에 조선총독부를 설치한다' 등으로 조선은 사직의 종언을 고한다. 고종은 덕수궁 이태왕李太王, 순종은 창덕궁 이왕李王이 되고, 대한제국 황실은 이왕가李王家가 되는 등 왕실봉작제에 따른 일본 천황의 먼 황족으로 간주된다.[37] 덕수궁은 훼손되고, 대한문 북쪽 포덕문布德門 구역, 고종 군사대권을 상징한 원수부元帥府, 황제권을 상징한 궁내부宮內府를 1912년 조선총독부는 태평로개설 명분으로 도로에 편입시킨다. 태조 이성계를 비롯한 조선 역대 국왕 어진이 모셔진 선원전은 대한제국의 전통과 독립을 상징하는데 이 어진들을 창덕궁으로 옮기고 선원전 대문인 영성문永成門 대궐 전체가 해체되었다1920.2.16..

高宗皇帝, 皇室, 이완용 경술국치에도 불구하고 일제는 황실 보호의 요구에 부응하여 황제・태황제・황태자를 비롯한 황실과 황족, 공훈이 있는 자 등에게 그 직위에 맞는 대우와 세비 및 은사금 지급 등을 약속한다. 순종 황제는 왕으로, 고종은 李太王으로 봉해졌고, 황실 및 전・현직 대신 76명에 작위를 수여하고 은사금도 지급했다. 2명만 작위를 거부했고, 6명은 후에 반납했다. 나머지는 귀족 신분으로 살았다. 나라가 망하기 3일 전 1910.8.26. 순종 황제는 이완용과 궁내부대신 민병석에게 대한제국 최고훈장인 금척대수훈장, 박제순 등에게는 이화대수훈장을 수여했다. 황후 윤씨는 황실 및 종친, 이완용의 부인 등 40여명에게 서봉훈장을 수여했다. 500년 사직이 망하는 마지막 순간 군주와 대신들은 나라를 넘겨준 공로로 훈장을 주고받았다. 이완용은 증광별시 합격1882, 주미조선공사관 대리공사, 참무관1889[당시 연세대박물관 소장 주미대한제국공사관 사진(세브란스 병원 설립자 알렌(Horace Newton Allen 1858~1932) 박사, 음력1889.4.9.(양력5.8.) 공사관 개설 3개월 후 촬영) 이채연(서기관), 이하영, 이완용, 고종의 御醫 알렌(參贊官), 건물 위 '국긔(국기)' 글자 부분에 태극기 게양, '재미국화성돈조선공사관지도在美國華盛頓朝鮮公使館之圖', '개국 사백구십팔년 사월초구일'(양력 1889.5.8.)(「중앙일보」(2013.4.26.금), 23면)]. 아관파천 주도1896, 외부대신1896~1898.2, 학부대신1905, 독립협회 초대, 2대 회장, 러일전쟁1904.2 당시 일본공사 하야시 곤스케와 외교권 박탈과 통감부 설치, 제2차 한・일협약(을사늑약) 주도, 총리대신, 헤이그 특사1907 후 고종 양위 주도, 한・일신협약(대한제국의 입법권, 인사권, 행정권 등을 통감부에 이양한 정미7조약) 체결1910.8.22, 한・일병합조약 전권위원으로 조인 등 '을사5적' '정미7적' '경술국적'으로 일제 일등공신이었다(1910.10. 조선총독부 중추원 고문, 백작, 중추원 부의장1912, 후작1920, 차남 이항구 일제강점기 유일한 受爵者, 손자 이병길 侯爵, 중추원 참의, 고종 강제퇴위, 한・일신협약 대가10만원, 영친왕 세자책봉 공로40만원, '한・일병합조약'체결 은사금15만원, 뇌물 횡령 등으로 병합 당시 100만원(현 2백억원), 1925년 당시 '경성 최대의 현금 부호' 최소 3백만원(현 6백억원), 1990년대 중반 '땅 되찾기'로 증손자 이윤형이 1992년 소송으로 서울 서대문구 일대 토지(30억원) 취득 후 팔고 캐나다 이민).

[三] 일제 법제의 조선 강점

일본 내셔널리즘은 제국주의와 결합한다. 제국의회가 아닌 정부, 군부, 추밀원의 영향권으로 입법화되었던 식민지입법은 제국 헌법 체제와 모순관계를 형성하여 '이법구역', '특수통치구역'으로서의 식민지의 존재가 비입헌적 정치공간으로 남게 된다. 일본 본토의 법의 지배로부터 소외된 영토를 포함한 국가가 식민지제국이었다. 식민지에 대해서 법의 지배에서 해방된 본국에 의한 제약 없는 정치적, 경제적, 군사적 지배가 미쳤다.[38] 일제는 '조선에 시행할 법령에 관한 건' 긴급칙령 발령

(1910.8.29.(1911.3.25.) 법률 제30호 대체) 후 제령권을 조선총독에 주었고 1912.3.18. 제령 제7호로 '조선민사령'을 공포한다. 제1조 '조선인의 민사에 관한 사항은 본령 기타의 법령에 특별한 규정이 있는 경우를 제외하고 다음의 법률에 의한다' 일본 민법은 물론 상법, 민사소송법 등을 의용依用되는 법으로 하였다. 의용민법, 구민법은 일본 민법으로 식민지 법의 길로 들어선다. 미군정기에도 '1945.8.9. 시행중 모든 법률 또는 조선총독부가 공포하고 법률적 효력이 있는 규칙・명령・고시 기타 문서 등은 이미 폐지된 것을 제외하고는 미군정의 특별명령으로 폐지할 때까지 그 효력이 존속한다'(1945.11.2. 미군정 법령 제21호) 하여, 이들 법령은 계속 의용되었다. 1948.7.17. 공포된 제헌헌법 제100조는 '현행 법령은 이 헌법에 저촉되지 아니하는 한 효력을 가진다.' 하였다. 1948.9.15. 대통령령(제4호)으로 '법전편찬위원회 직제'를 공포하여 설치된 법전편찬위원회의 민법전 제정은 1958.2.22. 공포되고 1960.1.1. 시행되니, 이것만을 보면 반세기 48년이나 일제의 잔재 속에서 근대국가의 터가 만들어진 것이었다.

舊韓國法令目錄 1894.6.25 詔勅 軍國機務處를設置하는件/ 6.28 議案 議政府官制/ 7.12 議案 命令頒布式/ 7.14 議案 各部各衙門通行規/ 9.11 議案 軍國機務處의地位를政府와對等하게하는件/ 11.21 勅令제1호 公文式/ 11.21 勅令제6호 欺誣處議員을減下하는件/ 12.12 詔勅 誓告文(洪範14條)/ 12.13 勅令제14호 誓告論音/ 12.16 勅令제16호 議政府를宮內로移設하고內閣으로改稱하는件/ 1895.3.25 勅令제38호 內閣官制/ 3.25 勅令제39호 內閣所屬職員官制/ 3.25 勅令제40호 中樞院官制및事務章程/ 3.25 勅令제41호 各部官制通則/ 3.25 內閣制定 內閣所屬職員分課規程/ 3.25 內閣制定 內閣事務辨理規程/ 3.25 內閣制定 閣議提出章程/ 3.25 內閣制定 請議書調查및各議案調製規則/ 3.25 內閣制定 閣議決定章程/ 3.25 內閣制定 裁可奏請및指令規則/ 3.25 勅令제63호 公文式中改正에관한件/ 3.25 勅令제64호 閣令・部令・訓令・告示및指令의區分規程/ 3.29 奏本 部令・訓令・告示・廳令・部令을發하는節次에관한件/ 3.29 奏本 閣令・部令・廳令・訓令・指令을顧問官의查閱에공하는件/ 3.29 奏本 顧問官이內閣會議에參席하여意見을陳述할수있게하는件/ 4.1 閣令제1호 各部處務規程通則/ 4.2 閣令제2호 中樞元會議및處務規程/ 5.8 勅令제86호 公文式改正件/ 6.15 法部令제7호 法律起草委員會規程/ 1896.9.24(이하양력)詔勅 內閣을폐지하고議政府를復設하는件/ 1896.9.24 勅令제1호 議政府官制/ 10.9 勅令제2호 議政府所屬職員官制/ 10.15 議政府制定 議政府所屬職員分課規程/ 1898.6.18 詔勅 議政府官制를改正하는件/ 1898.6.18 勅令제18호 議政府官制/ 11.2 勅令제36호 中樞院官制改正/ 11.12 勅令제37호 中樞原官制改正/ 1899.2.6 勅令제4호 議政府所屬職員官制改正/ 2.18 議政府制定 議政府所屬職員分課規程/ 5.6 奏本 典章法律을校正하는件/ 5.22 勅令제20호 中樞院官制改正/ 6.7 議政府令제1호 中樞原議事規則/ 6.23 詔勅 校正所를設置하는件/ 7.2 詔勅 校正所를法規校正所로改稱하는件/ 8.17 詔勅 法規校正所로하여금國制를商立케하는件/ 8.17 奏本 大韓國國制/ 8.25 勅令제34호 中樞院官制改正/ 1900.8.1 議政府令제1호 中樞院議事規則/ 1904.3.4 勅令제1호 議政府管制改正/ 3.4 勅令제2호 議政府會議規程/ 1905.2.26 勅令제8호 議政府官制/ 1905.2.26 勅令제9호 議政府所屬職員官制/ 2.26 勅令제12호 中樞院官制/ 2.26 勅令제13호 各部官制通則/ 4.11 議政府所屬職員分課規程/ 5.31 勅令제33호 議政府會議規程/ 5.31 奏本 法部에法律起草委員會를設置하여民法을정하는件/ 10.24 勅令제44호 議政府官制改正/ 10.24 勅令제45호 議政府會議規程改正/ 10.24 勅令제46호 中樞院所屬職員官制改正/ 1906.12.26 勅令제79호 議政府所屬職員官制改正/ 1907.5.30 勅令제32호 中樞院官制改正/ 6.14 詔勅 議政府를內閣으로改稱하는件/ 6.14 勅令제35호 內閣官制/ 6.15 勅令제36호 內閣所屬職員官制/ 6.15 勅令제37호 內閣會議規程/ 6.19 內閣所屬職員分課規程/ 12.23 勅令제60호 法典調查局官制

Ⅲ. 조선의 식민지배와 국권회복

[一] 일제의 식민지배

1. 일제의 경제체제 · 일본인 유입

대한제국 정부는 1905광무9년 금본위제를 채택하는 화폐조례를 반포한다. 그러나 조폐 업무는 1904.11. 이미 일본의 오사카 조폐국으로 넘어간 뒤였다. 일본의 1905년 화폐개혁은 錢慌(금융공황)을 일으키고 1907년 대구에서 시작된 국채보상운동은 실패한다. 1910년 조선회사령으로 기업의 설립 · 해산에 총독부 허가를 요하게 한다. 일본인 대금업자들은 토지를 담보로 한 고리사채를 갚지 못하면 일본 헌병에 통보, 헐값에 토지를 가진 일인 지주들은 조선 농민들에 5~6할 소작료를 받기도 하면서 미곡의 일본 수출에 협력한다. 1883년 개항 당시 서해안 갯벌 어촌 제물포는 1897년 인구 1만 4280명에 조선인 8,943명, 일본인 3,949명, 청국인 1,331명, 기타 서양인 57명의 '인천'이 되었다. 인도를 350년 점령한 영국이 1947년 철수시 인도 인구 4억3000만에 영국인들은 15만명이었던 반면 한국을 36년 강점한 일본이 1945년 철수시 일본인들은 175만명이었다.

2. 일제의 조선인 取締 · 전시 동원 · 사상 取締

간토關東대지진 때 조선인에 대한 관동대학살은 1923.9.1. 오전 11.58. 규모 7.9 가나가와 현神奈川縣 대지진으로 도쿄, 요코하마橫浜 등에 10만명 넘는 인명 피해가 나자 '조선인이 우물에 독을 넣었다' 등 유언비어의 와중에 오후 6시 계엄령, 내무성 경보국장 고토 후미오後藤文夫 명의의 '조선인 방화' 등 전문의 전국 발송 등이 이어지고 조선인이 발음하기 어려운 일본어 15엔 50전이란 뜻의 '주고엔 고짓센'을 말해보라 해서 칼 · 죽창 등으로 죽이는 일들도 일어났다고 한다.[39] 피학살 조선인은 1923.12. 임시정부 기관지 독립신문은 6,661명, 1924.3. 독일 외무부 영문자료 '일본에서의 한국인 대학살'에서는 2만3058명으로 경찰이 577명, 군대가 3,100명을 학살했다 하였다.[40] 도쿄 · 요코하마 · 지바千葉 등의 3,600여 자경단自警團도 가세하였다. 상해임시정부는 조사요원을 일본에 파견, 1923.8. 진상보고서, 9.10. 일본정부에 항의문을 발표했다. 조선의 백성들은 1940년대 '국민'이라는 이름으로 일본 전시체제에 동원되어, 1945년 당시에 이르기까지 홋카이도北海道에 14만5000명의 청년들이 징용되어 미쓰비시三菱, 미쓰이三井 등의 채탄 노동으로 최소 2,285명이 사망했으며 조선인 소녀들이 일본군의 군위안부, 정신대라는 이름으로 일본군 부대에 종사되었다.

탄광 징용 1943년 11월 시모노세키下關, 아오모리靑森를 거쳐 비바이美唄 탄광에서 오전 4시 반에 일어나 밥과 단무지만 먹고 지하 수직갱 안으로 들어가 하루 10시간 이상 일을 해야 했다(대일항쟁기 강제동원피해조사 및 국외강제동원희생자 등 지원위원회 구술자료집). '한국인 2800여 명이 끌려왔답니다. 그중 517명은 목숨을 잃었지요' 일본 홋카이도 삿포로札幌시 서쪽 혼간지本願寺 삿포로 別院. 베쓰단 즈이쇼別段瑞生 스님이 안내한 계단아래 일제강점기 강제징용됐던 조선인 유골 보관함과 제단이 있었다. 조선인 징용자 72명 중 일부 본적과 창씨개명이 기록돼 있었다. 2006년 8월 홋카이도 최북단 사루후쓰猿拂촌에서 아사치노淺茅野 비행장 건설에 강제동원됐다 사망한 유골이었다.[41]

3. 일제하의 조선인

윤동주는 24세이던 1942년 일본에 건너가 성을 平沼히라누마로 바꾼 뒤 도쿄 릿쿄立敎대, 교토 도지샤同志社대에서 수학하다 치안유지법 위반 혐의로 체포되어 1945.2.16. 후쿠오카福岡 형무소에서 27세로 옥사했다. 후배에 맡긴 육필 시집 '하늘과 바람과 별과 시'를 후배 어머니가 마루 밑 항아리에 숨겨 뒀다 3년 뒤 출간했다. 2015년 도쿄 릿쿄대 예배당에서 열린 '윤동주 시인 70주기 추모 낭독회'에서 300명 넘는 사람이 '序詩' "하늘을 우러러 한 점 부끄럼 없기를/잎새에 이는 바람에도/나는 괴로워했다"[42]를 낭독했다.[43] 조선이라는 나라에 대한 당시 조선인들의 마음인 것이었다.

손기정 베를린 마라톤 우승 손기정은 베를린올림픽 출전을 위해 1936.6.4. 경성을 출발하여 러시아 블라디보스토크에서 시베리아 횡단철도로 6.17. 도착했다(잡지 '삼천리'기고문). 1936.8.10. 베를린올림픽에서 금메달과 동메달을 딴 손기정 · 남승룡 선수(손기정의 베를린올림픽 마라톤 우승 소식을 전한 조선일보 1936년 8월 10일자 호외) 일행은 안중근의 사촌동생인 안봉근으로 베를린에 유학 와 독일인과 결혼하여 베를린에서 운영한 두부공장에서 사발과 놋쇠 그릇에 김치와 두부를 놓고 '축승회祝勝會'를 열었다.

[二] 조선의 항일독립운동

1. 국내독립운동

백범 김구 독립군 사령관의 지시로 1909.10.26. 문충공 安重根31세의사의 총탄은 이또 히로부미伊藤博文 가슴을 꿰뚫고 지나간다. 그 피 묻은 흰 옷은 1953년 야마구찌 현 박물관, 그 당시의 탄환은 '명치헌법기념관에 전시되고 있다. '2 · 8독립선언'은 일본 동경 조선유학생들이 독립선언서와 결의문을 선포한 독립운동이다. 일제지배로부터의 '3 · 1독립운동'에 앞서 선포된 '2 · 8독립선언서'는 '조선청년독립단은 우리 2천만 민족을 대표하여 정의와 자유의 승리를 얻은 세계만국 앞에 독립됨을 선언하노라' 하면서 '합병이 조선민의 뜻에 반하는 만큼 일본은 한국을 독립시킬 것, 미국과 영국은 일본의 한국합병을 솔선 승인한 죄가 있으므로 속죄의 의무를 질 것, 이에 응하지 않을 때는 우리 민족이 생존을 위해 자유행동을 취해 독립을 달성할 것'을 선언했다. 이후 국내에서의 3 · 1운동 직후 조선에 전해진 클레멘타인Clementein은 '포티-나이너'fortyniner들의 열악했던 삶을 노래한 애가哀歌로서 나라 잃은 백성의 시대정서에 맞아서인지 박태원의 번역 가사로 애창되었다.[44] 1946.1.29. 3 · 1운동 주역이었던 종교계, 정당, 청년 · 부녀단체들이 '기미독립선언전국준비위원회'를 구성하고 이승만 · 김구를 명예회장, 신익희를 회장으로 추대했다. 미군정 자문기구로 출범한 민주의원의 건의로 미군정은 3 · 1절을 국경일로 지정했다. 서울 종로 보신각 앞에서 열린 민주의원 주최 '제27회 독립선언 기념식'에는 이승만 · 김구 · 김규식 등 우파 정치 지도자와 미군정 최고 책임자, 3 · 1운동 민족 대표 오세창 · 권동진 등이 참석했다.[45] 3 · 1독립운동은 일제시대 치하의 조선인의 마음이었다.

金九, 안중근 김구(1876~1949 号 白凡. 황해도 해주 출생)는 데라우치 총독 암살모의 체포1911. 17년형1914, 탈출1919, 상해임시정부 참여1928, 이시영, 이동녕 등과 대한독립당 조직1932.4, 윤봉길 의사의 상해 紅口공원 일본대장 시로가와 폭사 지시1933, 장개석 지원으로 낙양군관학교 분교 설립, 항주 · 남경 · 장사 · 광주 · 귀양 등지에서 항일운동1935, 한국국민당 조직1940, 임정 주석 피선, 1945.8. 해방 후 귀국, 신탁통치반대1946, 국민회의 조직1948, 남한 단독 총선거 실시 유엔결의 반대, 북한에서 통일정부 수립 교섭 실패, 대한민국 건국 불참, 1949.6.26. 육군 소위 안두희에 총격 사망, 『白凡逸志』를 저술한 우국지사이다. 安重根은 이또를 저격하여 일제36년 식민지 조선을 거부하는 조선인을 세계에 드러낼 수 있었다. 이또의 아들 분기찌는 기행문 「조선에 여행하여 아버지를 추억하다」1939.10.에서 미나미 총독 시대, 일제가 남산에 세운 이또 추모의 博文寺에서 상해에서 온 안중근의 아들 안준생安俊生과 함께 안중근 · 이또 혼백 화해의 추선공양追善供養을 하였다. 불단을 향해 왼쪽 '公安重根靈位'공안중근영위 위패, 그 옆에 이또 사진이 있었다京城日報 10.17, 18.

도쿄 品川區시나가와구 무덤 앞에서 山口야마구찌현 출신들의 '防長보쪼구락부' 제사는 이또 히로부미와 乃木노기 대장(露日전쟁 당시 여순공략을 지휘, 메이지 천황 사거에 아내와 함께 자살)에게만 지낸다.

2·8독립선언과 독립선언서 동경유학생들은 한말부터 대한흥학회를 조직, 학회지 '대한흥학보' 간행, '조선유학생학우회'의 동경유학생 자동가입1912.10., '학지광'學之光발간 등의 활동을 하였다. 1918.1. 미국 윌슨 대통령의 민족자결주의 등 평화원칙 14조, 재미동포들의 독립운동청원서 미국정부에 제출('The Japan Advertizer'의 *"Korea, Agitate for Independence"*, 12.15.), 세계약소민족동맹회의 2차연례총회에서 파리강화회의 및 국제연맹이 약소민족발언권을 인정하여야 한다는 보도12.18. 등에 고무된다. 1919.1.7. 독립운동에 가장 적당한 시기이며 구체적 운동을 하여야 한다는 결의로 실행위원 11인 선출(최팔용崔八鏞 早稻田大3, 서춘徐椿 東京高等師範學校3, 백관수白寬洙 正則英語學校, 이종근李琮根 東洋大, 송계백宋繼白 早稻田大, 김도연金度演 慶應大, 이광수李光洙 早稻田大, 김철수金喆壽 東京帝國大 등), '조선청년독립단' 결성에 이어 2월8일 동경 간다神田 '조선기독교청년회관'에 6백여 명이 채택한 '독립선언서'를 각국 대사관, 공사관, 일본정부, 귀족원·중의원 등에 발송하고, 최팔용이 대표로 이광수 작성 '2·8독립선언서'를 낭독, 서명하며 송계백을 국내로, 이광수를 상해로 파견하지만 西神田니시간다 경찰서장의 강제해산명령으로 해산, 체포된다. 선인시초안은 송계백, 최근우崔謹愚 등이 국내로 전하여 현상윤玄相允, 송진우宋鎭禹, 최린崔隣, 최남선崔南善 등이 보았고 최남선은 '3·1독립선언서' 기초에 참고하였다. '2·8독립선언서'는 영원한 혈전을 불사한다. 선언서 결의문 4개항을 공약 3장으로 바꾼 최남선은 "일체의 행동은 가장 질서를 존중하여야 하며 배타적 감정을 삼가하라" 한다. [4개항 결의문 '① 본단本團은 한일합병이 우리 민족의 자유의사에서 나오지 아니하고 우리 민족의 생존발전을 위협하고 동양의 평화를 요란케 하는 원인이 된다는 이유로 독립을 주장함 ② 본단은 일본의회 및 정부에 조선민족대회를 소집하여 대회의 결의로 우리 민족의 운명을 판결할 기회를 요구함 ③ 본단은 만국회의에 민족자결주의를 우리 민족에게 적용하기를 요구함 ④ 앞의 모든 항목의 요구가 실패될 때는 우리 민족은 일본에 대해 영원히 혈전을 선언함']

Clementein 미국의 서부개척시대 캘리포니아의 골드러시에 미국에서는 물론 유럽, 남미, 중국 등지에서 일확천금 꿈으로 몰려든 이들이 1848년부터 1858년까지 5억5천만 달러 상당의 금을 캐내었다. 당시의 모습을 그린 노래가 클레멘타인이고 이를 소재로 한 영화도 나왔다.■ 일제치하 조선인들의 마음을 적신 곡조의 노래이다. *In a cavern, in a canyon/ excavating for a mine/ Lived a miner forty-niner/ And his daughter Clementine/ (repeated)Oh, my darling, oh, my darling/ Oh, my darling Clementine/ You are lost and gone forever/ Dreadful sorry, Clementine*/…/저 계곡에 오막살이/ 광산에서 금캐며/ 살고있는 포티나이너/ 그의 딸 클레멘타인/ (반복)오 내 사랑 오 내 사랑/ 오 내 사랑 클레멘타인/ 너는 영영 가 버리고 나만 홀로 남았네// 이젠 다시 볼 수 없네 요정같던 그 모습/ 네가 신던 작은 신발 내 마음이 아프다(생략)//(박태원 번안) 넓고 넓은 바닷가에 오막살이 집 한 채/ 고기 잡는 아버지와 철모르는 딸 있네/ 내 사랑아 내 사랑아 나의 사랑 클레멘타인/ 늙은 아비 혼자 두고 영영 어디 갔느냐//

■ '황야의 결투'*My darling Clementine* 1946 클레멘타인을 타이틀곡으로 하면서, 서부의 전설적 보안관 와이어트 어프*Wyatt Earp*와 클레멘타인의 사랑, 서부 개척시대 미국인의 의로운 정서를 표현한, 존 포드*John Ford* 감독, 헨리 폰다*Henry Jaynes Fonda* 주연의 명화다.

2. 해외독립운동

2.1 해외독립운동과 이승만

해외독립운동은 대한민국임시정부의 초대 대통령이며 대한민국의 초대 대통령 이승만의 경우를 중심으로 서술한다. 이승만의 해외독립운동의 기조는 조선독립은 점진적 실력양성론으로서 무력양성론을 내세워 하와이에 '대조선국민군단'을 창설한 박용만과 충돌하였다. 제1차세계대전 후 샌프란시스코에 본부를 둔 대한인국민회 중앙총회(회장 안창호)에 의해서 파리강화회의 한국대표로 임명된 이승만은 1919년 1월 초 하와이를 떠나 워싱턴 D.C.에 도착, 파리 행에 필요한 여행권을 얻으려 하였으나 미국무성의 협조 거부로 실패하자 3월 3일 파리강화회의에 참석 중인 윌슨 대통령에게 장차 완전한 독립을 준다는 보장하에 한국을 새로 창설될 국제연맹의 위임통치하에 둘 것을 요청하는 청원서를 제출하였다. 이승만은 국내에서 3·1운동이 발발하였다는 소식을 3월 10일에 필라델피아에서 전해 들었다. 이승만은 해외독립운동의 일환으로서 미국 위주의 외교독립노선을 추구하고 해방 후 국내에 정치기반을 구축한 다음 미국 정부로 하여금 남한단독정부 수립안을 채택하도록 설득하였다. 트루만 선언 이후 소련과의 냉전에서 미국은 모스크바 3상회의에서 결의된 5년 신탁통치안을 포기하고 유엔을 통한 대한민국 건국 쪽으로 정책을 변경하였다. 이승만의 대한민국 건국은 1946.6.23. 하지가 굿펠로에게 보낸 서신에서 말하였듯이(양동안, 『대한민국건국사-해방3년의 정치사』(현음사 2001년), 234면.) '하나님과 밤새도록 씨름을 한 끝에 드디어 하나님의 축복을 받아내고야 만'(Bruce Cumings, The Origins of the Korean War: Liberation and the Emergence of Separate Regimes, 1945~1947, Princeton, N.J.: Princeton University Press, 1981, p.259.), 구약의 야곱을 연상시키는 필생의 大業이었다(유영익, 이승만, 건국대통령, 특집-대한민국을 세운 사람들; 유영익, 「이승만 국회의장과 대한민국 헌법 제정」, 『역사학보』 제189집(2006. 3), 134쪽.). 저자는 『대한민국 건국의 재인식』(共著 기파랑 2009년), '근대국민국가체제의 막을 올린 건국헌법', 519~552면에서 대한민국건국을 '필연의 기적'이라 기술하였는데, 이 같은 판단은 지금도 그러하다.

李承晩 이승만*1875~1965*, 황해도 평산 출생, 1896년 여름 배재학당 졸업식에서 '조선의 독립'*TheIndependence of Korea* 영어 연설, 박영효 쿠데타 음모사건*1899*으로 수감*5년8개월*, 조지워싱턴대학, 하버드대학, 프린스턴대학에서 학사, 석사, 박사, 서양사, 정치학, 국제법 등 근대 학문을 5년 만에 이수, 35세인 1910년 7월 프린스턴대학교에서 「미국의 영향을 받은 국제법상 중립」*Neutrality As Influenced by the United States*의 논문으로 박사 학위 취득, 1910.10. 일제 식민지가 된 조선에 와 황성기독교청년회(현 서울 YMCA) 부설 학교 학감직으로 성경, 서양사, 국제법 등을 가르치나 1911년 11월 조선총독부의 '105인 사건'으로 미국 망명으로 1913.2.3. 하와이 정착*1913.2.3. 38세* 워싱턴 이주까지*1939년* 1902~1905년간 사탕수수밭 노동자한국인 5,000여 명 규합·지원, 독립정신을 고취하는 '태평양잡지'를 펴냄, 미 감리교 선교부 운영의 한인중앙학원 교장, 1918년 '한인기독학원'과 '한인기독교회' 설립 등 점진적 실력양성운동, 1923년 '한인기독학원'을 하와이 호놀룰루 중부 칼리히 지역 입구 '쿨라 콜레아'*Kula Kolea, school korea* 표지판 있던 곳에 이전, 1947년 폐교 때까지 졸업생 300여명을 배출,[46] 1934.10.8. 제네바 체류 중 프란체스카 도너Francesca Donner와 결혼, 하와이에서 즐겨 부른 찬송가 제371장 '삼천리 반도 금수강산',■ 이승만 영문일기*1904~1934년 1944년의 31년* 감옥소 석방 후 미국으로 가는 '1904.11.4. 오후 1시 일행과 함께 서울 출발'에서 시작하여 1944.12.31.자에 끝난다.[47] 대통령이던 1952년 한인기독학원 부지매각대금으로 인천의 '仁', 하와이의 '荷'를 따서 지은 '인하'공대 설립, 대통령 하야 후 하와이에서 "이제 저의 천명이 다하여감에 아버지께서 저에게 주셨던 사명을 감당치 못하겠나이다. 바라옵건대 우리 민족의 앞날을 주님의 은총과 축복이 함께 하시옵소서… 우리 민족이 굳세게 서서 다시는 종의 멍에를 메지 않게 하여 주시옵소서"라는 기도로 생을 마감.

■ 1. 삼천리 반도 금수강산 하나님 주신 동산/ 삼천리 반도 금수강산 하나님 주신 동산/ 이 동산에 할 일 많아 사방에 일꾼을 부르네/ 곧 이 날에 일 가려고 누구가 대답을 할 까// 2. 삼천리 반도 금수강산 하나님 주신 동산/ 삼천리 반도 금수강산 하나님 주신 동산/ 봄 돌아와 밭 갈 때니 사방에 일꾼을 부르네/ 곧 이 날에 일 가려고 누구가 대답을 할 까// 3. 삼천리 반도 금수강산 하나님 주신 동산/ 삼천리 반도 금수강산 하나님 주신 동산/ 곡식 익어 거둘 때니 사방에 일꾼을 부르네/ 곧 이 날에 일 가려고 누구가 대답을 할 까 [후렴] 일하러 가세 일하러가 삼천리 강산 위 해/ 하나님 명령 받았으니 반도 강산에 일하러 가 세

유영익, 이승만, 건국대통령, 특집-대한민국을 세운 사람들; 유영익, 「이승만 국회의장과 대한민국 헌법 제정」, 『역사학보』 제189집(2006. 3), 134쪽.

2.2 이승만의 대한민국임시정부 대통령

이승만은 4.11. 상해임시정부 국무총리에 이어 4.23. 44세에 서울 한성임시정부의 집정관총재執政官總裁로 추대되고 6.14.부터 '대한공화국 대통령'*President of the Republic of Korea*을 자칭하면서 윌슨 대통령을 위시한 각국 수반과 파리강화회의 의장에게 대한민국임시정부의 수립을 통고하고 임시정부 승인을 요구하였다. 1919.8.25. 한성임시정부 집정관총재 직권으로 워싱턴 D.C.에 구미위원부(The Korean Commission to America and Europe for the Republic of Korea)를 설립하고 1920.12. 상해로 건너가 임시대통령의 직무를 수행하면서 1925년까지 임시정부 초대대통령으로 재직하였다. 1921년 11월 미국의 주도하에 워싱턴군축회의(The Washington Disarmament Conference(1921.11.12~1922.2.6))가 열리자 구미위원부는 '한국대표단'을 구성하여 외교를 펼쳤으나 미국대표단 단장인 휴즈*Charles E. Hughes* 국무장관에 의해 거부되었다. 1933년 2월 스위스의 제네바에서 개최 예정인 국제연맹 총회*The League of Nations Assembly* 참석을 위해 1932.11.10. 김구가 국무령으로 이끌던 상해임시정부로부터 국제연맹총회 대한민국임시정부 전권대사로 임명받았다. 1941.12.7. 진주만 사건이 터지면서 태평양전쟁이 개시되었다. 태평양전쟁기(1941~1945)에 이승만은 重慶 대한민국임시정부 승인 획득을 위한 외교와 선전 활동에 총력을 기울였다. 이때 임시정부로부터 주미외교위원부 위원장으로 임명되어 대미외교의 전권을

위임 받았으며 임시정부의 국제승인, 대일참전 특수부대를 미군과 광복군 내에 조직하였다.[48) 1945.4.25.부터 샌프란시스코 국제연합 창립총회(The United Nations Conference on International Organization(1945.4.25~6.26))에 대한민국임시정부의 대표단장으로 모습을 나타내었다.

2.3 이승만의 해방 후 귀국과 건국의 활동

이승만은 일제로부터 해방된 조국에 1945.10.16. 70세에 '한 개인적 자격자*a qualified individual*'로서 33년간의 미국망명생활을 끝내고 돌아왔다. 이미 조선은 38선으로 갈려 이북은 소련군, 이남은 미군이 각각 진입한 상태였다. 남한에는 9월 9일부터 하지*John R Hodge* 중장의 지휘하에 미군정이 실시되었는데, 한국인 정치지도자들은 해방 직후 좌, 우 및 중간파로 나뉘었다. 여운형은 8.15. '건국준비위원회'를 조직하여 전국적 조직망을 부식하였고 박헌영이 재건한 공산당은 9.6. 조선인민공화국(인공)을 선포하고 9.11. 인공 내각 명단을 발표하였다. 미국이 1945.12. 26. 모스크바 3상회의에서 소련과 합의한 4국 5년간 신탁통치안은 제1차 미소공동위원회(1946.3.20~5.6)와 제2차 미소공동위원회(1947.5.21~7.10 결렬)의 진행상항을 중심으로 구성되었다. 이승만은 4국 5년 신탁통치안을 배격하고 유엔한국임시위원단의 감시하에 실시된 총선거를 통해 자율적으로 남한에 대한민국을 수립하여 1948년 8월 15일 대한민국 수립을 대내외에 선포하였다.

3. 대한민국임시정부의 독립운동과 국헌적 정통성

대한민국임시정부는 3·1독립운동에 의하여 1919.4.13. 상해에서 선포되고 4.23. 서울의 한성임시정부를 흡수하며 9.6. 노령임정을 통합하면서 1931년 만주사변, 1937년 중일전쟁, 1941년 태평양전쟁 등을 거치면서 충칭中京임정에서 한국광복군 창설로 1943년 카이로 선언에서 열강으로부터 전후 독립을 보장받는 등[49) 민족독립운동의 최고지도기관이다.[50) 임시정부는 국제법상 국가로 인정되지 않고 국내법적으로도 국가구성요소 국민, 영토, 주권이 성립되지 않는 망명정부이다. 헌법상의 국가 건립은 아니다. 대한국민의 첫 근대국민국가로서의 건국은 대한민국임시정부의 국헌적 정통성을 계승하면서 이루어진 해방후 미군정청 하의 1948년 5·30 선거에서 구성된 제헌의회에 의한 1948년 7월 17일 대한민국헌법 제정에 의해서 규범적으로 건국된다. 단선·단정(단독선거 단독정부)이라 반대했던 정치인들은 물론 국민의 90%가 자유롭게 투표에 참여하여 건국되었다. 이런 국민의 뜻을 어리석다는 듯이 얕잡아 보는 국헌에 民國은 없다. 김일성은 대한민국 건국 2년 전 이미 소련의 지시에 따라 인민위원회를 만들고 실질적인 인민공화국을 수립하여 일당 독재국가를 건설하였다. 이 과정에서 임시정부의 행정권이양 요청을 거부하고 협력하지 않았으니 臨政의 국헌적 법통성의 계승도 인정받을 수 없다. 1941년 중경임시정부 때 김구, 조소앙이 발표한 '대한민국 건국강령'은 일제를 한반도에서 몰아낸 후 새 민주국가의 건설을 어떻게 이루어나갈 것인지에 대한 건국방안이다. 임시정부는 아직 국가라 생각하지 않았으며 독립과 건국을 이루기 위해 임시로 활동하는 기관으로서, 해방 후 조선 민족의 새로운 민주국가를 건설하기 위한 과도기적 준비단체임을 스스로 인정하였다. 당시 국민들은 1948년 8월 15일의 정부수립을 새 나라의 건설로 받아들인 것이었다.

[三] 조선 독립과 국가 건설

1. 조선 독립의 국제 운동

조선독립은 제1차세계대전 후 1919.1.28. 파리강화회의에서 싹을 틔우려 하지만 베르사유평화체제의 국제질서에서 일본은 대한제국을 강점하고 청일전쟁, 러일전쟁, 제1차세계대전에서 승리한 5대 승전국의 하나로서 한국 독립을 막았다. 카이로회담이 1943.11.22.~26. 장제스 국방최고위원장, 프랭클린 루즈벨트 미 대통령, 윈스턴 처칠 영국 총리가 모여 1943.11.23. 오후 8시 장제스가 루즈벨트의 만찬석상에서 한국독립안을 국제사회에 첫 공식적 논의를 하였다. 카이로 선언에서 루즈벨트 대통령 특별보좌관 해리 홉킨스가 초안한 '가능한 가장 이른 시기에'*at the earliest possible moment*는 루즈벨트 · 처칠 수정을 거쳐 한국 백성의 노예상태에 유의하여 '적절한 시기에'*in due course* 한국이 자유롭고 독립하게 될 것임을 결의하였고, 1945.2. 미국 · 영국 · 소련의 얄타회담에서 재확인되었지만, 1945.12. 모스크바 3상회의에서 한반도 신탁통치안을 결의한다. 이승만은 국내 정치세력의 통합기구로 '조선독립촉성중앙협의회'을 발족하여 회장 취임 후 1946.2.8. '신탁통치반대국민총동원위원회'를 통합하여 '대한독립촉성국민회'를 발족하면서 우익 대중조직을 장악하고, 2.14. 하지 중장이 미군정 최고자문기구로 발족한 '남조선대한국민대표민주의원'(The Representative Democratic Council of South Korea) 의장으로서 자율적 과도정권의 수립을 추진한다.

파리강화회의, 5개평화조약, 베르사이유평화체제, 카이로회담 사라예보 암살사건*Assassination of Sarajevo*■으로 오스트리아-헝가리제국의 대 세르비아 선전포고*1914.7.28*로 시작된 제1차세계대전은 1918.11.11. 오전 11시 정전협정체결, 1919.1.28. 4대 승전국 데이비드 로이드 조지의 영국, 비토리오 에마누엘레 올란도의 이탈리아, 조르주 클레망소의 프랑스, 우드로 윌슨의 미국이 파리강화회의에서 맺은[51] 5개 평화조약에서■■ 폴란드 · 체코슬로바키아 · 사우디아라비아 · 시리아 · 이라크 · 레바논 · 아르메니아 등이 독립국이 된다. 김규식은 파리 9구 샤토château 거리 38번지 건물에 '대한민국 임시정부 파리위원회' 사무실을 내고 조선 독립의 당위성을 각인시켰지만, 이루지 못한다. 하지만, 카이로회담(이집트 카이로 시내에서 서남쪽 15㎞ Giza 피라미드 지구에 1886년 건립된 메나 하우스 호텔)에서 윤봉길 의거로 장개석 총통은 김구 주석이 이끄는 중경 대한민국임시정부의 한국 독립의 요구에 공감을 표하였기에 한국 독립의 의제를 놓을 수 있었다. 이때 영국의 처칠이 in due course를 at some time in the future when it is the right time으로 수정한 것은 전통적으로 일본과 유대관계가 깊고 많은 식민지를 가지고 있기도 하여서였다.

■ 오스트리아 · 헝가리 제국의 프란츠 페르디난트*Franz Ferdinand* 황위 계승자와 부인 조피*Sophie Chotek*가 1914.6.28. 세르비아계 민족주의 학생 가브릴로 프린치프*Gavrilo Princip 1894~1918*에게 암살된 사건.

■■ 베르사유 평화조약(1919.6.28. 패전국 독일), 생 제르망 앙 레이 조약(9.10. 패전국 오스트리아), 11.27. 뇌이 조약(패전국 불가리아), 트리아농 조약(1920.6.4. 패전국 헝가리), 1920.8.10. 세브르 조약(1923.7.24. 로잔조약 대체, 패전국 오스만투르크 제국).

포츠담회담*1945.7.17.~8.2*은 미국 트루먼 대통령(루즈벨트는 얄타회담*(1945.2.4.~11.)* 후 死去*(1945.4.12.)*), 영국 처칠 총리, 소련 스탈린 공산당 서기장이 포츠담베를린 남서 소재 체칠리엔호프 궁전*Schloss Cecilienhof*에서 열었다. 나치 독일은 총통 히틀러의 권총자살*4.30.* 후 항복*5.8.*한다. 미국은 뉴멕시코 원자폭탄실험 성공*7.16.* 다음 날 시작된 포츠담회담에서 일본의 무조건 항복을 요구하고*7.26.* 히로시마*8.6.* 나가사키*8.9.*의 원자폭탄투하로 일본은 8월 15일 항복한다(일본은 '終戰の日'이라 한다). 소련 스탈린이 대일전서명*8.7.* 대일선전포고로 한반도에 급속하게 진입하자 미국은 북위 38도선을 일본군 무장 해제를 위한 미국군과 소련군간 군사분계선으로 제안하여 수락되면서(미 · 소는 38선을 남북으로 가르는 군사점령분할선의 포츠담 밀약설도 있다.[52]) 36년 일제지배는 끝났지만 이념적으로 분할된 한반도에서 미군에 분할된 남한은 자유주의 진영에 속하게 되어 대한민국이라는 자유민주주의의 국가로 건국될 수 있었다.

2. 대한민국 건국의 국내 운동

이승만은 적산敵産과 반역자 재산은 공·사유를 물론하고 몰수, 몰수 토지는 농민의 경작능력에 의준依準하여 재분배, 대지주 토지도 동일 원칙에서 재분배하고 현 소유권자에 적당히 보상, 재분배된 토지 대가는 국가에 장기적 분납 등을 정하였다. 이승만은 미군정의 지지, 강력한 대중조직, 필요적 정치자금을 확보하고 1946.6.29. '민족통일총본부'를 결성하여 단정수립운동에 착수하였는데, 이는 미국무성의 '미·소합의에 의한 한반도문제의 해결'의 기본정책에 배치되었다. 이에 미군정은 미군정 고문 버취*Leonard Bertsch* 중위를 앞세워 김규식과 여운형의 좌우합작위원회를 중심으로 하는 남조선과도입법위원이 구성되어 1946.12.12. 개원하였다. 이승만은 언론매체를 상대로 미국무성 내 일부 분자는 공산주의에 기울어지고 있으며, 남조선 미군정 당국은 조선의 공산당 건설과 이에 대한 원조 노력을 계속하고 있고, 소위 좌우합작위원회가 조직되어 하지중장은 남조선입법의원 중 관선의원의 상당한 수를 공산주의자에게 배정·임명하였다는 등 미국무성과 하지를 비난하는 성명을 발표하였다. 트루먼 대통령은 3.12. 의회연설을 통해 미국의 대소정책을 강경·봉쇄정책의 미소 간 냉전으로 전환하는 '트루먼 독트린'*The Truman Doctrine*을 발표하였다. 미국이 한국문제를 유엔총회에 회부한 9.17. 이후에 미국무성은 이승만의 단정수립노선에 부합하는 정책노선을 택하고 미군정이 이승만을 지지하게 된다. 유엔총회는 11.14. 남북한 인구비례에 의한 총선거를 실시하기로 결의하고 이를 위한 유엔한국임시위원단은 1948.1.8. 서울에 도착하나 북한 측은 방북 요청을 거절한다. 유엔 소총회는 2.26. 선거가 가능한 지역 즉 남한에서의 총선거 실시를 결의하고 미군정 사령관 하지는 남한 지역의 총선실시를 발표한다. 김구는 총선불참을 결심하고 중도 및 좌익세력과 연대하여 남북지도자회담 곧 남북협상을 추진하는 운동을 적극적으로 전개하였다. 이승만은 독촉국민회의, 민족대표자대회, 한민당, 전국학생총연맹, 서북청년회 등 국민운동 조직들을 총동원하여 총선거를 보호하였다. 좌익세력은 격렬한 선거방해 폭력투쟁을 전개하고 김구·김규식의 남북협상 추진 등의 선거방해활동에도 불구하고 선거인 등록률 86퍼센트 투표율 95.5퍼센트의 압도적 다수의 남한 국민이 선거에 참여하였다. 5·10선거에서 당선된 국회의원들은 5.31. 국회 개원식을 가졌다. 이승만은 재적의원 198명 중 188표의 지지로 국회의장에 선출된 연설을 통해 이 민국이 기미년 3월 1일 13도 대표들이 서울에 모여 국민대회를 열고 대한독립민주국임을 세계에 공포하고 임시정부를 건설하여 민주주의의 기초를 세운 것이다. 오늘 여기서 열리는 국회는 국민대회의 계승이라 함으로써 1919년 한성임시정부의 법통을 계승하였음을 강조하였다. 이렇게 해서 국호는 대한민국, 정부형태는 대통령중심제, 국회는 단원제, 농지개혁과 의무교육 실시를 기약하는 헌법이 7월 17일 국회에서 공포되었으며 7.20. 국회에서의 정·부통령선거에서 이승만은 180표의 다수 지지로 대통령에 당선되고 광복군 지도자였던 이범석을 국무총리로 하는 초대 내각을 구성하였으며 해방 3주년이 되는 1948년 8월 15일 대한민국 정부 수립이 대내외에 선포되었다.

3. 일제의 식민지배에 대한 일본의 사죄

일본이 패전 후 제정한 1947년 헌법 제8조의 군대 보유 부인의 평화조항은 일본의 조선 식민지배의 사죄 조항이기도 하다.[53] 일본은 1965년 한·일협정으로 과거책임·보상문제에서 벗어났기에 그 이야기는 이제 그만 하자 한다. 비관적 견해도 있다.[54] 인간에게 人德 있듯 국가에는 國道 있는데, 자신의 나라가 지도상에서 완전히 지워지는 경험을 했는데, 그 이야기는 그만하겠다는 게 가능할까 하는 것이다.[55] 한국은 明治 일본의 산업혁명 유산이라는 1850~1910년대 산업・교육시설 스물 세 곳이 2015년 유네스코 세계문화유산에 선정된 것에 대해서, 일곱 곳에 대해서 '강제징용 사실이 있었다'는 점을 분명히 밝히도록 요구하였다.[56] 일본정부의 미야자와 기이치宮澤喜一 총리대신은 1992.1. 한국을 방문하여 종군위안부에 공식사죄하였다. 1993.8. 고노 요헤이河野洋平 관방장관 담화로 구 일본군과 관헌의 군위안부 관여를 최초로 시인하였다. 무라야마 도미이치村山富市 전 총리(재임 1994. 6.~1996.1.)는 종전 50년인 1995.8.15. 과거 식민지배와 침략에 가장 적극적 공식 사죄로 "통절한 반성의 뜻을 표하며 진심으로 사죄한다" 했다.[57] 2015.8.12. 하토야마 유키오鳩山由紀夫 전 총리는 서울 서대문형무소 역사관 순국선열추모비 앞에 무릎 꿇고 참배한다. 그의 조부, 自民党(1955년 창당) 초대 총재 하토야마 이치로鳩山一郎 전 총리의 공동체사상, 우치다 다쓰루內田樹의 무한책임에 따라서, 상대가 용서해 이제 더는 사과하지 않아도 좋다고 말할 때까지는 사죄하는 마음을 가져야 함을 말하였다.[58] 연합국 최고사령부는 독도를 일본영토에서 제외하여 한국에 반환해 주도록 공포하고 부속지도에 경계곡선을 그려 한국영토로 명료하게 표시하고(1946.1. 국제법상 유효한 지령 SCAPIN 제677호), 1950년 '연합국의 구일본 영토 처리에 관한 합의서'SCAPIN 제1033호, 1951.9.8. 조인 샌프란시스코 조약에서 SCAPIN 제677호에 의거해 '대한민국의 완전한 영토'로 규정하였다. 1951년 일본정부가 작성하고 국회가 비준한 '샌프란시스코 평화조약' 및 '일본영역참고도', 1952.5.25. 마이니치每日 신문사 '대일본평화조약' 일본영역도 등도 일본 영토가 아님을 명증했다.[59] 그럼에도 일본 문부과학성의 초・중학교 신학습지도요령에서눈 '독도는 일본의 고유 영토'2017.3.31., 일본 외무성은 독도 서쪽 40km 일본의 배타적 경제수역에서 해양과학조사 수행시 일본의 동의를 얻어야 할 의무(유엔해양법협약 제246조 제2항)를 한국정부가 위반했다 한다.[60]

樋口陽一, 中曾根康弘, 鳩山由紀夫 樋口陽一(東京大.・東北大名譽敎授), 『いま、「憲法改正」をどう考えるか~「戰後日本」を「保守」することの意味』(岩波書店); 同, 『憲法入門』(五訂 勁草書房 2013); 同, 明治學院大學國際平和硏究所 講演(2013.5.17.). 「自民党憲法改正草案」が「個人の尊嚴」「人類普遍の原理」を削り「家族」「固有の文化」「よき伝統-」などを盛り込んでいることに、https://youtu.be/p7L-KogXQwg ‖ 中曾根康弘(元總理大臣) 作詞 「憲法改正の歌」1.嗚呼戰に打ち破れ/ 敵の軍隊進駐す/ 平和民主の名の下に/ 占領憲法强制し/ 祖國の解体を計りたり/ 時は終戰六ケ月 // …5. この憲法のある限り/ 無條件權降伏續くなり/ マック憲法守れとは/ マ元帥の下僕なり/ 祖國の運命拓く者/ 興國の意氣に擧らばや. https://www.youtube.com/ watch?v=x21PiXfWxSg ‖ 鳩山由紀夫(はとやま・ゆきお) 昭和22.2.11. 第93代內閣總理大臣(平成21).

제2절 대한민국 – 근대국민국가의 건국과 형성

Ⅰ. 대한민국의 건국

[一] 광복과 국가건설

1. 해방공간의 국헌적 의미

1.1 해방공간의 자연상태

한국은 일제 항복1945.8.10.으로 해방되나8.15. 독립국가를 건립할 수 있는 주권은 갖지 못한다. 승전국은 연합군이었으니 한 나라를 세울 수 있는 주권의 소재 역시 연합군에 귀속되었다. '광복'은 '독립'이라는 의미를 가지나, 1945년 8월 15일은 조선 민족이 일본 지배로부터 '해방'freedom된 것이었지, 주권적 독립을 이룬 것은 아니었다. 해방된 조선에는 연합군 사령관의 '일반명령 1호'1945.8.11. 등의 공표로 '미군정'이 주권적 권력을 행사한다. 해방공간을 지배하는 정체인 미군정이라는 시간적·공간적 한계에서 한국인은 주권적 근대국민국가를 건립해야 할 역사적 책무 앞에 서지 않을 수 없게 된다. 해방공간의 시기는 국가건립의 이념·방향을 원시적으로 설정하여야 하는 의미에서의 자연상태였다. 또한 국내파, 해외파, 우파, 좌파 등의 분파적 독립운동세력, 미국·일본 등의 유학파, 일제 관료 등 적산敵産을 둘러싼 정치권력 쟁탈의 파당 등등이 뒤섞여 권세를 좇는 당파적 싸움부터 시작하는 터전이라는 의미에서도 자연상태였다.

해방공간의 자연상태 '조선반도에 인민들이 직접 선거한 대표기구가 있을 리 없고, 법적 근거는 없지만 오라는 날 안 갔다가는 나중에 크게 다치기 때문에 경찰서 호출은 묵살해도 청년단 호출은 거부하지 못했다. 경찰은 모양이나마 법이 있지만 무법은 그 법 위에 있었기 때문이다'. '국내 정객들은 일제하에서 아무리 고초를 겪었어도 상대적으로 성가가 없었다. 국내파는 국내파대로 내심 망명그룹을 크게 평가하지 않았다. 신상에 위험이 없는 외국에 앉아 몇 갈래로 분파만 일삼았던 그들이 한 일이 대체 무엇이냐는 것이 안팎의 인식이었다.'

1.2 해방공간의 공산당계 폭동

1945년 2월 소련령 얄타의 얄타회담에서 朝鮮半島国連信託統治에 의한 미·영·중·소의 신탁통치가 결정되자 소련군은 8.9. 대일 참전 후 곧 한반도를 침공한다. 1945.8.14. 일본이 포츠담 선언을 수락하면서 조선반도에서 나가고 북위 38도 이북(북한)은 소련군, 이남(남측)은 미군이 차지했다. 미군은 9.7. 조선에서의 군정 실시를 선언했다. 1945.12.28. 모스크바에서 미, 영, 소 3국 외상회의에서 한반도 신탁통치가 합의되었다. 좌우를 막론하고 모든 정파가 신탁통치에 반대했다. 좌익은 1946.1. 소련의 지령을 받고 찬탁贊託으로 태도를 바꾸었다. 조선공산당 남로당 제주도 당원들인 김달삼 등 360여명이 무장봉기한 1948.4.3. 폭동은 건국을 위한 최초 국회의원선거 5.10.선거를 방해하기 위한 북한의 공작에 의한 반란으로서 6.25.전쟁이 끝난 후에도 상당한 기간 지속되어 1954.9.21.에서야 종결되었다. 1946.7. 전남·북도에 걸친 농민 폭동, 1946.9. 박헌영이 조직한 남조선 공산당이 주도한 파업, 대구 소요가 발생하여 폭동 참가자 300만명, 검거자 4,465명, 주모자 10명이 처형됐다. 미군의 총파업 진압으로 박헌영은 북으로 도망간다. 1947.7. 미소대립과 함께 한반도 유엔 신탁통치 구상은 좌절된다. 미국은 조선문제를 유엔으로 갖고 가 1947.11.14. 유엔 감시하에 남북한 총선과 통일 정부 수립을 하기로 했다. 1948.1. 유엔은 유엔조선위원단UNTCOK을 조선에 파견하고 총선실시 가능성 조사를 했다. 소련은 UNTCOK의 북한 입국을 거부하면서 유엔은 UNTCOK이 활동 가능한 남조선 단독으로 총선 실시를 결정1947.2.26, 5.10. 총선거로 구성된 제헌의회는 이승만을 대한민국 대통령으로 선출하고1948.7.20. 대한민국 정부수립을 선언한다1948.8.15.. 북한에서는 김일성의 조선민주주의인민공화국이 선언된다9.9.. 대한민국에 북한에서 유입된 대량의 조선은행권이 반입되어 폭동자금으로 쓰이면서 1949.4.3. 제주도 반란이 남조선노동당 제주도위원회 군사부장 金達三의 지휘로 이루어지며 10.19. 전남의 여수와 순천에서 한국군 제14연대가 반란을 일으켰다.

해방공간의 공산당계 폭동 일본의 패배와 일본군 철수 이후의 한반도에 찾아온 것은 한국의 독립과 평화 등이 아니라 조선노동당, 공산당계의 테러와 폭동이었던 셈이다. 樋口히구치 교수는 1949.4. 제주도 폭동과 1949.10. 여수·순천 국군 반란, 또 반란 다음날에 진압군의 4번째 연대의 중대가 반란에 합류한 것 등은 1948년 가을에 창설된 극동 코민포름의 지령에 따른 것임을 지적한다. 여수·순천 반란의 진압이 보도된 지 불과 일주일 뒤인 1948.11.2. 대구에서 한국군 반란 부대의 폭동이 일어난다. 반란군 주력부대는 백운산에서 지리산으로 들어가 북한 인민유격대와 합류했다. 한국 국방군은 대규모 군사를 실시하면서 국군의 1할에 해당하는 8,000명을 공산주의자라고 단정했지만 실은 이 군사에 해당한 정보부원이나 헌병의 대부분이 북한계였다. 공산주의자 추방을 실시한 결과가 북한계 고위 장교가 한국 군의 주도권을 쥐게 된 것이다. 독립을 선언한지 얼마 되지 않은 한국 군 내부에 북한 공작원이 다수 침투해 있었던 셈이다. 숙군 정군에 위협을 느낀 부대는 북한에 집단 도피한 뒤 미국이 훈련하고 미국산 무기를 준 두개 대대의 모델부대도 북한으로 도주했다. 大森實오모리 기자는 대구 폭동의 전말로 한국의 지도자였던 이승만은 미국의 신용을 잃었고 이후 미국이 한국군에 중무기를 주지 않게 되었기 때문에 한국전쟁 개전시의 한국 군의 장비는 너덜너덜했다고 지적하고 있다. 江崎道朗에자키 도로우, 『朝鮮戰争と日本・台湾「侵略」工作』(PHP研究所 PHP新書 2019 400頁). 日本軍の撤退後の韓国に「独立と平和」はなかった…相次いだテロと暴動

여순반란의 AP통신 10.26. 보도 "순천, AP통신 톰 램버트 특파원 26일 발…유혈로 얼룩진 순천의 마을은 간밤부터 총성 외에는 암흑과 고요만, 죽음의 난장판으로 변했다. 한국군 14연대의 군사 고문 고든 D·몰과 스튜어트 그린 바움 두 중위가 말한 바에 따르면, 반란은 최근 몇 달 동안 공산계 게릴라 부대가 활동한 제주도 이전 명령에 반대하고 여수에 대기 중인 14연대 병사들이 일으킨 것이라고 말했다. 사건의 두주일 전에 제14연대 소속 吳東起中佐(중령)이 공산 활동 혐의로 체포된 사건이 있었지만 이 오 중령으로 인해 연대의 75%가 오르그됐다고 믿어진다. 일제 패망후의 한반도, 특히 한국측에서는 그때까지 치안을 담당하던 일본의 조선총독부가 해체된 틈을 타 공산당계가 의도적으로 폭동을 일으키고 있었던 것이다. 20일 오전 여덟시경이었다. 약 2,000명의 병사와 400명의 경관과 민중으로 구성된 폭도대가 여수에 쏟아져 약탈한 무기로 무장하고 있었다. 순천 경찰서는 오후 4시경 반란 부대에 점령되었다. 반란부대 진압을 향한 병사도 그들에게 합류했다. 득세하던 반란군은 노동당기를 앞세우고 시위행진을 벌였다. 노동당기와 조선민주주의인민공화국의 국기는 순천시내 관공서와 주요 건물 위에 나부끼고 있었다. 반란부대는 시위 후 반좌익분자와 경찰관을 처형했다. 시민 500명, 경찰 100명이 살해됐다."

해방공간의 '여순병란' '여순병란'은 1948년 여수 14연대 반란사건의 실록소설이다(이태, 『(실록소설) 여순병란(上)』 청산, 1994 초판1쇄 8.15. 발행. "이영식은 당시 경경선이라고 부르던 중앙선 열차를 타고 이진범은 경부선을 탔다. … 유리창이 없으니까 터널을 지나갈 때에는 제각기 들고 온 판자때기를 자기 옆의 문틀에 대고 매연이 들어오는 것을 막고 있는 진풍경까지 볼 수 있었다. … 패전 일본도 무질서했고 물자 부족도 마찬가지였지만 이렇게까지 엉망은 아니었는데…(26면). 그해 11월 말까지는 호남지방의 인위는 모조리 파괴되고 말지만 과도적으로 인위와 군정의 행정조직이 양립한 시기가 있었다. 양편이 모두 간판을 내걸고 힘겨루기를 하는 과정에서 인공의 자위대와 국군준비대, 군정 경찰과 치안대 사이의 패싸움이 도처에서 벌어졌던 것이다. … 전남지역에서 인위 박멸 작전은 10월 20일, 정예 미제 6사단 20연대가 전남의 군정을 담당하는 101군정단의 지원병력으로 투입되면서 급진전된다. 인민위원은 물론 그에 협력하거나 진보적 경향을 보인 '불온한' 지방 관리들은 모조리 체포돼서 군사재판에 회부됐다. 군정단의 이 '작전'은 인위를 파괴하는 데는 성공했지만 대신 그들을 지하로 내몰았고, 많은 민중에게 반미적 정서를 심어 주는 한편, 그때까지 그 지방에는 존재하지 않았던 우익 계열 정당 단체의 출현을 촉진시켰다. 좌우익이 서로 마치 불구대천의 원수처럼 대립하는 불행한 시대가 서서히 막이 오르고 있었다(37면)".

1.3 해방공간의 국가의식

권력이라는 실체의 마지막 남는 것은 '혼자 살아남기'임을 구한말, 일제시대를 통하여 체득하여 온 식민지 조선인에게, 1945년 8월 15일 해방 공간에서 官을 신용하지 않고 국가에 대한 의식 자체가 없던 한국인들에게서[61] "우리가 대한민국이라는 '국가'를 만든다" 함은 인식에 있어서 거리가 먼 일이었다. 해방공간의 정치권력 쟁탈전에서 상해에서 환국한 임시정부는 북한의 조종을 받아 남한에서 발족한 '인민공화국'(북한 조선민주주의 인민공화국과 다르다) 즉 '인공'을 배제하여야 하는 이념적 권력쟁탈의 과정을 거친다. 한국의 근대국민국가 형성과정은 민족주의에 기반을 둔 이데올로기적 동원에 의해 가능했다.[62] 이 같은 이데올로기적 이념은 이성의 소산이지만 증오심은 감정의 발현이다. 감정은 어떠한 가치도 타산도 뛰어 넘는 속성과 힘을 갖는다.[63] 이 같은 속성을 갖는 민족주의는 한국이 근대적 국민국가를 형성함에 있어서 가장 큰 장애물이 되어 오고 있다.

'논 이야기'와 국가의식 채만식(蔡萬植1902~1950) 『논 이야기』(종로서원 1948년 간행 『해방 문학 선집』 수록 1946.4.18.탈고) '한 생원'(한덕문)을 통해 독립의 의미를 제 땅 찾는 것에만 두는 소시민적 욕심과 어리석음을 풍자한다. 구한말 원님에 강탈당하고 일본인에 수탈된 소작농 '한 생원'은 "독립이 됐다면서 고작 백성이 차지한 땅 뺏어서 팔아먹는 게 나라"냐면서 나라를 도로 찾는다는 것은 '구한국 시절'로 돌아가는 것과 다를 바 없어 보이며 일본인들이 물러간 자리도 곧 '권세 있는 양반들'이 다시 생겨나 차지하게 될 것임에 생각이 미치자, 마침내 자신은 다시 나라 없는 백성이라며 "독립 됐다고 했을 제 만세 안 부르기 잘했"다며 혼잣말 한다. 구한말, 일제시대, 독립을 맞이한 현재에서나 조금도 나아진 게 없다는 점을 풍자하지만 개인의 이익에 보탬이 되지 않는다면 국가라는 것은 별 쓸모가 없다는 사고방식을 함께 보여 준다(권영민 서울대교수).

2. 해방공간의 사회이념

북한지역을 이미 점령한 소련군에 비하여 미군은 남한지역에 진입하지 못한 그 틈에서 좌익을 주축으로 일부 중도파가 참여한 조선건국준비위원회 등이 미군 진주 전 '조선인민공화국' 명칭을 붙여 이를 국가라 내 건 정치단체를 급조하였다. 조선건국준비위원회는 3주 정도 존속되었지만 미군 진주 이틀 전 1945.9.7. 해체하면서 인민공화국을 급조하였다. 종로 화신백화점 등 시가지에 인민공화국 내각 명단을 벽보로 붙인 것은 당시 사회의 이념의 경도를 반영한다. 미군정 정보국의 서울을 중심으로 한 1946.7. 여론조사는 이념적 중도가 50%를 넘고 좌익 12%, 우익 30%였지만 미군정은 중도의 상당수가 좌익이라 판단할 정도로 한국 사회는 근대국가보다는 전근대적 봉건적 사회에 더 가까운 이념에 치우쳤다. 좌우합작위원회의 좌우합작 7원칙 등은 형식일 뿐 뚜렷한 행적을 볼 수 없었다. 남한에 진주한 미군은 그 어떤 정부, 국가적 성격의 정치단체도 인정치 않고 미군정만이 유일한 정부임을 명확히 하면서 치안질서 유지 책임자로서 1945.9.8. 야간통행금지를 미군정포고 1호로 시행한다. 대한민국임시정부 김구 주석 등은 개인 자격으로 1945.11, 12월에 귀국한다. 미국 외교노선에서 독립운동을 펼쳤던 이승만은 1945.10.16. 귀국하여 독립촉성중앙협의회를 조직한다. 한국민주당이 송진우, 김성수 등에 의하여 조직되었다.

조선건국준비위원회 조선건국준비위원회는 우익이 참여하지 않았기 때문에 좌우합작 단체가 아니다. 김일성과 긴밀한 관계를 가진 좌익이었던 여운형이 조직한 좌익 단체였다. 안재홍의 중도파가 참여하기는 했지만 여운형이 좌파 중심으로 위원회를 운영하자 중도파인 부위원장 안재홍은 즉각 탈퇴했기 때문에 영향력이 남지 않았다. 당시 사회대중당, 한국 사회당 등은 사회주의 성향의 정당이었지 진보성향이라 말할 순 없었다. 이른바 '조국광복회'라 하는 것 역시 실체에 대한 논란이 있는데다 김일성과 관련지어 그 의미를 과장시킨 단체로 대한민국 건국과 아무런 관계가 없는 것이다.

歸國船 1절 "돌아오네 돌아오네 고국산천 찾아서/ 얼마나 그렸던가 무궁화 꽃을/ 얼마나 외쳤던가 태극 깃발을/ 갈매기야 웃어라 파도야 춤춰라/ 귀국선 뱃머리에 희망도 크다" 2절 "돌아오네 돌아오네 부모 형제 찾아서/ 몇 번을 울었던가 타국 살이에/ 몇 번을 불렀던가 고향 노래를/ 칠성별아 빛나라 달빛도 흘러라/ 귀국선 고동 소리 건설은 크다" 3절 "돌아오네 돌아오네 백의동포 찾아서/ 꿈마다 찾았던가 삼천리강산/ 꿈마다 빌었던가 우리 독립을/ 비바람아 그쳐라 구름아 날아라/ 귀국선 파도 위에 새날은 크다"(손노원孫露源 작사 李在鎬(본명 三童) 작곡)

3. 해방공간의 반탁운동과 국가적 반역

미・영・소・중・불의 5개 전승국 외상회의가 1945.9.15.~10.2. 런던에서 열린다. 모스크바의

미 · 영 · 소 3국 외상회의는 1945.12.30. '① 독립국가 재건을 위해 민주적 임시정부 수립 ② 이를 위한 미소공동위원회 설치 ③ 미소공동위원회가 민주적 정당, 사회단체와 협의하여 한국에 대한 최장 5년의 미 · 영 · 소 · 중 4국 신탁통치 협정 초안을 작성하여 4개국 정부 공동심의 회부 ④ 2주내로 미소공동위원회를 열 것' 등을 합의한다. '모스크바삼상회의'의 한반도 신탁통치안에 당시 모든 정치세력들의 범민족적 반대가 있었다. 임시정부, 한국민주당, 독립촉성중앙협의회 등 자유진영의 일관된 반탁에도 불구하고 북한을 점령한 소련과 그 지령은 받은 조선공산당, 조선인민당 등 남한 공산세력들을 총칭하는 이른바 공산진영은 1946.1. 신탁통치에 찬성한다. 신탁통치 후 공산화할 수 있다는 소련 등의 계획에 국민은 공산주의 이념의 속살을 알게 되었다. 대한민국 건국은 근대국민국가의 자유민주주의 이념과 그 실천으로서 반공산주의 즉 반공에 기초하여야 한다는 점을 믿게 하였다. 1948.4.3. 제헌의회 의원 선출을 위한 5 · 10선거 방해를 목적으로 남로당 제주도 당원 김달삼 등 360여명의 무장봉기가 1954.9.21. 진압되기까지, 1953년 한미상호방위조약 체결 이후 주한미군의 한국 주둔에 이르기까지, 반공은 자유민주주의 국체를 지키기 위한 대한민국 국시로 받아들여진다. 신탁통치의 찬탁 · 반탁은 건국의 국가이념이 자유주의냐 공산주의냐의 결단의 과정이었다. 1946.3~5.의 미소공동위원회도 이념 선전장이었고 트루만 독트린의 공산주의 봉쇄정책 속에서 열린 1947.5. 제2차 미소공동위원회도 성과를 얻을 수 없자 미국은 소련과의 합의를 포기하고 한반도 문제를 유엔에 넘긴다. 이는 대한민국 건국에의 큰 일보가 된다.

야간통행금지 야간통행금지는 미군정포고1호 '통행금지령' *1945.9.7.* 시행*9.8.* 경성 · 인천 지역 밤 8시~아침 5시까지 통행금지, '야간통행금지령' *(9.29.개정)*에서는 미 육군 점령 조선지역 내 인민에 대해서 밤 10시~새벽 4시까지 이를 금지한 것이 대한민국 건국 후에도 지속되다가 6 · 25동란 후 전국에 확대되었다. 1954.4.1. 경범죄처벌법에서는 '전시 · 천재지변 기타 사회에 위험이 발생할 우려가 있는 때 내무부장관이 정하는 야간통행 제한에 위반한 자'를 구류 · 과료에 처하면서 1961년부터 밤12시(자정)~오전4시까지 통행금지, 1982.1.5. 국무회의에서 경기 · 강원도 휴전선 접적지역과 해안선을 낀 面部를 제외한 전국 일원에 대해서 야간통행의 금지를 해제하면서 1988.1.1. 모든 지역에서 해제되었다.

[二] 북한의 건국방해

1. 북한의 일방적 단독정부 수립

소련은 북위 38도선을 통치분계선이라면서 혁명의 사령탑 극동코민포름의 콘트라지벳*Komendaturas* 군경무사령부를 통해 북한을 직접 통치하면서 인민민주주의의 공산국가로 개조한다. 스탈린이 북한에 단독정부 수립을 지시하면서(1945.9.20. 제1극동군사령관 7개항 비밀지령 제2항 등), 이북5도행정위원회(1945.10.), 소련군 총정치국장 슈킨의 더딘 진행에 대한 질책(1945.12.20. 1991년 구소련 해체 후 모스크바 공문서관 공개문서. 1993.2. 마이니치신문), 남한과의 통신 · 교통 단절(1945.12.28.), 실질적 단독정부인 북조선 임시위원회(1946.2.8.), 소련군과 북조선공산당 등 인민정권의 북조선임시인민위원회 구성(1946.2.8. 위원장 김일성, 부위원장 김두봉, 서기장 강양욱 등 총 23명), '20개정강' 발표(1946.3.23.), 정부조직과 공안기관 설치(1947.2.10.), 북조선인민회의 인민위원회 구성(1947.2.21.), 무상몰수 토지개혁(1947.3.5.), 중앙은행설치 · 화폐발행(1947.7.1.), 주요산업 국유화(1947.8.10.), 1948.2.8. 조선인민군 창군, 2.10. '조선임시헌법 초안' 발표 등 북한 단독정부수립 준비가 완료되고 9.10. 김일성은 북한최고인민회의에서 조선민주주의인민공화국 정부 정강을 발표한다. 반제반봉건적 민주혁명, 인민민주주의, 북조선을 강력한 혁명적 민주기지로 하는 부르주아 민주주의 개혁의 이름으로 이루어지는 친일지주계급의 토지몰수, 산업국유화 등의 공산혁명에 기반한 정치조직이 세워진 것이다.

김일성의 남한지하선거? 북한정권수립에 남한도 지하선거를 통해 참여함으로써 정통성을 가진다 하는 '남한에서의 최고인민회의 대의원 선거'의 선전은 대한민국 공권력이 행사되는 남한에서는 가능치 않은 일이었다. 이승만 대통령도 '남한의 지하선거' 같은 것은 없었음을 확인했다(『해방전후사의 재인식(2권)』 냉전 전개과정과 한반도 분단의 고착화 - 스탈린의 한반도 정책, 1945년.). 김일성(*1912~1994*) 본명 김성주는 평안남도 대동군 고평남리(현 만경대) 출생, 父 김형직, 길림성 여문중학*1926*, 이통현 고유수촌에서 김일성 개명. 항일유격대 창설*1932*, 북조선 공산당조직위원회 설치*1945.10.10.*, 조선민주주의인민공화국 수상*1948.9.*, 조선노동당 창설*1949.6.*, 위원장, 당중앙군사위원회 위원장과 조선인민군 최고사령관*1950*. 조선로동당 제5차최고인민회의 국가주석*1972.12.* 등으로 알려진 인물이다.

2. 대한민국 건국의 공식화

미소공동위원회가 무기 휴회된 상황에서 스탈린 지시로 1946.2.8. 세워진 김일성의 북조선임시인민위원회가 군대, 헌법령, 토지 국유화 등 사실상 정부로 기능하자 이승만은 1946.6.3. "남한南方만이라도 임시정부 혹은 위원회 같은 것을 조직해 38선 이북에서 소련이 撤退하도록 세계 공론에 호소해야 할 것"이라는 '정읍井邑발언'으로 남한과도정부 수립의 남한단정론을 제기하였다. 미정부와 미군정의 반대를 무릅쓰고 제창한 단독정부론은 대한민국 건국에의 국민적 염원을 공식화하여 근대국민국가에의 발을 내디뎠다. 이승만의 프린스턴대학 박사학위논문(『Neutrality as Influenced by the United States』(미국의 영향을 받은 중립론)은 전시 중립국의 자유무역통상권 확보, 배타적 독점적 식민지 분할체제, 열강의 주기적 세계대전 발생 체제, 적과 통상하는 자는 적으로 간주한다는 열강 약육강식 체제의 비판 등으로 근대국민국가를 이미 이해하고 있었던 것이다. 미국이 소련과의 협의가 아니라 유엔을 통한 한국 문제 해결로 정책을 바꾼 때는 1947.9.이었다. 국제연합은 제2차유엔총회에서 '남북한 동시선거결의안'을 채택했으나(1947.11.14.) 소련은 유엔 한국임시위원단 방북을 막았다(1948.1.). 1948.2.26. 유엔 소총회는 남한만의 총선실시를 결의했다. 7.20., 5·10 총선으로 국회가 구성된다.

3. 대한민국 건국의 폭동적 방해

신탁통치안이 포기되고, 한반도 문제를 다루게 된 유엔은 1947.11. 인구비례에 따른 총선거 실시로 통일정부를 조직하며 선거감시를 위하여 파견된 유엔한국임시위원단이 1948.1. 남한에 들어 왔으나 소련의 거부로 북한에는 들어갈 수 없게 되자 '선거 감시가 가능한 지역' 즉 남한에서만 총선거를 실시하기로 하고 이를 미군정이 받아들여 5·10총선거가 실시된다. 미군정의 입장에 선 이승만과 한국민주당에 대하여 임시정부의 일부 세력과 해방정국의 좌파, 중도파, 민족주의우파(김구·김규식) 등이 불참하고 특히 김구의 4월 평양행은 이미 공산주의 단독정부 수립 준비를 마친 북한 김일성에게 대한민국 건국을 저지하는 명분을 주게 된다. 김일성 세력은 남한을 미국의 지배에서 해방시키겠다는 국토완정完整론으로 남조선노동당 즉 남로당을 거점으로 공산세력의 무장봉기를 부추겨 대한민국 정부수립을 무위로 돌리려 하지만 단정연합파 한민당, 이승만세력의 참여로 5·10선거가 치러지게 될 것임이 확실해지자, 그 직전인 1948.4.3. 단정수립반대·미군철수를 내건 공산세력의 제주도 4.3. 무장폭동을 일으키나 미군정청의 진압으로 대한민국 정부수립 이후인 1949.5. 일단락되면서 6·25동란전쟁을 거쳐 1954년에 완전히 진압된다. 또한 1948.10.19. 전남 여수, 순천 주둔 국군 제14연대에서 남로당에 포섭된 군인들의 반란과 그 잔당들의 지리산 빨치산 소요가 잇따른다.[64] 정부는 1948.12. 국가보안법을 제정하기에 이른다. 반공은 대한민국의 국시가 된다. 1950년 무력남진의 공산주의 통일국가 수립이라는 북괴의 야욕은 6·25동란전쟁을 일으킨다.

벤가릴 메논 1948.1.8.-3.18.까지 국제연합 한국위원회 의장 벤가릴 메논(Vengalil Krishnan Krishna Menon 1897.5.3.~1974.10.6. 인도 독립에 힘쓴 정치가, 최초의 인도인 고등판무관, 국제연합 주재 차석대표, 국제연합에서 독일, 한국문제 조정을 행하였다.) 인도 대표는 유엔에 '남한에서의 총선거'를 승인해 줄 것을 촉구했다. 유엔소총회는 1948.2.26. 유엔위원단이 활동 가능한 남한지역에서 총선 실시를 가결하여 제헌의회의원 선출을 위한 선거가 실시될 수 있었다.[65]

[三] 대한민국 건국과 정부수립

1. 대한민국 건국의 정부수립

대한민국건국은 유엔감시하의 1948년 5·10 총선거로 구성된 제헌의회에서 제정되고 7월 17일 국회의장 이승만 명의로 공포된 제헌헌법으로 완성된다. 제헌헌법 제정은 사회주의에 경도되던 대한민국을 자유민주주의의 국시를 갖게 하여 소련을 위시한 공산주의 세력의 한반도 공산화를 막아 자유민주주의와 시장경제질서 및 입헌법치주의의 민주공화국이라는 국체를 세울 수 있게 하였다. 대한민국 건국은 민족국가를 넘어 1787년 미합중국 건국, 1789년 프랑스혁명의 국민주권의 헌정제도로 시작된 근대국민국가의 계보를 잇는 것이다.[66] 이승만 대통령은 7월 20일 제헌의회에서 초대 대통령으로 선출되고*74세*, 8월 15일 오전 11시 20분 중앙청(조선총독부 건물로 광복 후 정부 청사와 국립중앙박물관 등으로 쓰이다 1995년 철거)에서 거행된 '대한민국정부 수립 국민 축하식'에서, 해방을 기념하는 동시에 우리 民國이 새로 탄생한 것을 겸하여 축하하면서 대한민국 건국을 확인하고 대한민국 정부수립을 선포하였다.[67] 대한민국임시정부는 헌법은 제정하나 영토, 국민, 주권은 확인 못한 임시국가였다. 이 대한민국 건국을 기점으로 임시정부를 이끌던 이승만과 김구는 자유민주주의의 근대적 국민국가를 창건하고 지향하는 대한민국의 정치지도자가 되었다.[68] 김구도 '레닌의 방귀는 달다고 하는 청년들이여, 정신 좀 차릴 지어다'라 하면서 공산주의를 사대주의자라 하여 자유대한민국에 동참했다.[69]

대한민국 정부수립기념식 이승만 대통령이 초청장을 보내*1948.8.11.*, 한국 주둔 미군을 관할하는 미 극동사령부 사령관인 일본 점령군 사령관 맥아더 원수는 한국 주둔 미군사령관 하지 중장의 인도를 받으며 오전 11시 5분 중앙청 앞 식장에 도착(축사에서 분단의 장벽은 반드시 무너져야 하며 무너질 것이며 자유국가의 자유로운 한국인들의 궁극적 통일을 그 무엇도 방해하지 못할 것이다), 20분 이승만 대통령 안내로 특설단(단상에 이승만 대통령, 신익희 국회의장, 이범석 국무총리, 지청천 무임소장관, 이시영 임시정부 부통령, 김병로 대법원장, 이인 법무부장관, 정인보 감찰위원장, 조봉암 농림부장관 등)에 올랐다. 22분 축하식 준비위원회 회장 오세창이 '이제부터 개회합니다' 하며 개막을 선언했다(85세 오세창을 대신해 심계원장 명제세가 개회사 대독). 애국가가 제창되면서 중앙청 국기게양대에는 군정 3년 동안 게양되었던 성조기 대신 태극기가 올라갔다. 서정주 작사, 이흥렬 작곡 '대한민국정부 수립 기념가'가 합창되고, 단상에는 '오늘은 정부 수립, 내일은 남북 통일'이 표어되었다(축하식 준비단 주관의 표어 공모전 당선작, 4353편 접수, 1등 없는 2등). 오후 1시 30분 오세창 선창으로 '대한민국 만세'와 '맥아더 장군 만세' 삼창三唱으로 끝났다. 경복궁 후원에 있던 경무대는 일제시대 총독관저로 세워져, 정부수립 직전 8월 12일까지 군정사령관 관사로 사용되다, 그날 자정, 대한민국정부가 넘겨받았다.

제헌의원 구성과 제헌헌법 원본 제헌국회는 209명의 국회의원으로(정원 200 보궐 · 재선거 9) 평균 연령 46세, 전문학교 등 고등교육 이수자 60% 이상의 거의 모두 일본 유학자들이며, 만 25세 이상의 국민은 피선거권이 있었지만 친일파는 배제되어 주로 상공업자, 지주, 하급관료, 교원, 변호사, 의사 등 전문직업인 등 근대국가적 문물에 접하여 온 사람들이었다. 이승만 국회의장은 헌법제정과 정부수립이 최우선이라 하였고 백여 건에 달하는 수정안 거의를 제안자가 철회하면서 헌법안은 신속히 통과되었다. 제헌헌법 공포 당시에는 법령제정절차가 수립되지 않았고 대통령과 국무위원이 존재하지 않아 대통령과 국무위원이 부서한 원본은 없으며 국회 상정 원본이나 국회의장이 공포시 서명했던 헌법 원본도 발견되지 않고 있다.

2. 대한민국 건국의 국제승인

이승만 대통령은 기념사 말미의 '대한민국 30년 8월 15일 대통령 이승만'을 통하여 대한민국이 1919년 상해 임시정부의 법통을 계승하고 있음을 말했다. 30년 전 그는 대한민국 임시정부 초대 대통령이었다. 대한민국은 국제적으로 한반도의 유일합법정부로 승인된다. 프랑스 파리 샤이요(Palais de Chaillot 1937년 세계박람회장) 궁에서 1948.9.21. 오후 3시 30분 열린 제3차유엔 총회 제1위원회(정치위원회)는 12.6. 회기 종료 6일을 앞두고 제1위원회(정치위원회)에서 대한민국 승인 결의안 토의를 시작하고, 대표단(바티칸 파견 대통령 특사 수석대표 張勉, 모윤숙·조병옥·김활란·정일형·김우평·장기영·김진구 등의 대표단)은 옵서버席에서 내려와 1층에서 대한민국 승인의 필요성을 역설하는 수석대표 장면의 연설을 들을 수 있었다. 12월 8일 제1위원회는 한국독립승인안의 총회 상정을 결정했다. 12.12. 일요일 오후 5시 15분 대한민국승인 및 新유엔한국위원단을 파송해 통일을 도모할 것을 결의하는 미국·중화민국·호주 공동동의안이 회원국 58개국 중 48대6(기권 1 스웨덴, 불참 3)으로 가결됐다. 이에 대항해 소련이 상정한 5·10 총선 결과 폐기와 유엔한국위원단의 해체 동의안은 46대6(기권3)으로 부결됐다. 1907년 헤이그 만국평화회의, 1919년 파리강화회의 회의장에 우리 대표는 들어갈 수조차 없었다. 한국의 독립을 약속한 1943년 카이로회담, 이를 재확인한 1945년 포츠담회담에도 우리의 의사는 반영되지 못했다. 그러나 미국, 로마 교황청, 프랑스, 중화민국, 필리핀 등 자유 진영의 지지를 이끌어 낸 1948년 유엔의 대한민국 승인은 외교 독립운동의 승리였다. 제3차 유엔총회가 대한민국을 한반도의 유일한 합법정부로 승인한 것은 기적과도 같이 왔다. 이 국제적 승인은 1950년 6·25전쟁 때 북한의 침략에서 대한민국을 지킨 유엔군 파병의 근거가 되었다.

대한민국정부 승인과 이승만·김구 존 덜레스1888~1959 당시 미국 대표는 장면 한국 대표에게 한국정부 승인안에 대한 각국 표결 결과가 정리된 목록을 건넸다. 영미 등 찬성 48개국은 물론 소련·폴란드·우크라이나·체코슬로바키아·유고슬라비아·벨라루스 등 당시 공산권 6개국 반대와 스웨덴의 기권도 기록되어 있다.[70)]

3. 대한민국 건국과 유일합법정부

대한민국은 1945.8.15. 연합군에 의해 日帝에서 해방된 후 3년간 모스크바3상회의의 신탁통치에 반대하고 소련점령하의 북한에 이미 1946.2.8. 세워진 공산정권의 이념지배를 극복하면서 UN관리의 총선거로 자유민주주의 독립국가를 헌법제정으로 확인한 1948.7.17. 건국이 완성된다. 이에 따른 정부수립이 8.15.이다. 미국은 1776.7.4. 국가주권의 독립을 미합중국헌법에 의하여 확정한다. 대한민국도 1948.7.17. 제헌헌법 제정·공포로 건국을 주권적으로 확정한다. 1907년 헤이그 만국평화회의, 1919년 파리강화회의에서 조선 민족은 회의장에 들어갈 수조차 없었다. 한국의 독립을 약속한 1943년 카이로회담, 이를 재확인한 1945년 포츠담회담에도 조선의 의사는 반영되지 못했다. 연합국의 대일승전에 이은 조선해방 후 1948년 유엔이 대한민국을 한반도의 유일한 합법정부로 승인하면서, 대한민국 건국과 대한민국정부 수립은 기적과도 같이 다가왔다. 조선 쇠망에서 벗어나려는 대한제국의 정치체제는 제국이었다. 조선은 쇠망했고 일제 식민지시대, 상해임시정부를 거쳐 '대한민국'을 국호로 정하여 새 나라를 건국하니 그 '민국'은 '민주공화국'의 줄임말이 아니고 영·정조 이후 300년 전부터 품었던 '백성의 나라'의 의미가 담겼던 것이다.[71)] 대한민국은 1950.3.까지 미국을 비롯한 26개국의 승인을 받았고, 이같은 국제적 승인은 중국 공산화의 확산을 막으려 한 미국의 지원과 로마교황청, 프랑스, 중화민국, 필리핀 등 자유 진영의 지지에 따른 것이며 6·25 전쟁 때 유엔군 파병을 이끌어 내는 토대가 됐다.[72)] 강화도조약 후 대한제국, 임시정부 등 구한말 이래 蜉蝣하던 조선의 천신만고의 결실이었다.[73)]

Ⅱ. 국민공동체 형성과 국민국가

[一] 농지개혁과 국민공동체

1. 사유재산권의 근대적 국민의식

조선의 해방 당시 제조업 부문의 94%가 일본자본으로 운영되는 것이었고 기술자의 80%가 일본인이었다. 해방 후 3년째인 1948년에 기업체수는 1941년에 비해 60%, 고용자수 70%, 생산액 83%가 감소하였다. 해방 후 남북분단으로 남한에 남겨진 중화학공업은 생산액 기준으로 20% 정도였고 전 공업 생산액 기준 40%, 남한의 전력은 북한의 8%, 철광생산은 1.1%, 석탄생산은 0.3%였다. 소비자 물가는 1945~46년 사이 10배가 뛰었고 도매물가는 28배가 올랐다. 1944년에 고용되었던 사람 중 절반만 1947년 중에도 취업상태에 있었으나 임금은 물가를 따라가지 못했다. 1950년까지 110만 명의 한국인이 일본으로부터 귀국하였고 50만 명 이상이 해방되던 해인 1945년 중 남한으로 피난을 왔고 그 후에도 매일 4천명의 피난민이 남한으로 왔다. 해방 당시 남한 인구 7할 이상이 농업종사자였다. 농지 60% 이상이 소작지였고 소작료는 수확물의 50~70%에 이르렀다. 이런 상황에서 공동체구성원의 평등을 전제로 하는 국민공동체의 국민국가 수립은 어려웠다. 농지개혁을 통한 국민공동체 형성을 위하여, 1948년 제헌헌법은 '농지는 농민에게 분배하며 그 분배의 방법, 소유의 한도, 소유권의 내용과 한계는 법률로써 정한다'(제86조) 하여, 경자유전 농지개혁의 근거를 규정하였다. 1950년 3월 농지개혁법을 의결하고 5월까지 분배 대상 농지의 70~80%가 소작농에 유상분배됨으로써 연대의식에 기초하는 국민공동체 형성을 가능하게 하였다. 미군정은 일제 귀속재산에서 귀속농지를 신한공사 재산으로 접수하여 연고소작농에게 직접 분배하고 지주의 임의처분도 넓은 의미의 농지개혁이다. 농민은 1950년대 후반에도 인구의 7할을 차지했다. 농지개혁에 따른 농지대금을 1년 수확량 150% 가격, 다년간 분할납부로 토지소유자가 된 소작농들은 자주농이 많아졌지만 대다수는 농지 1정보 미만의 소농들이었다. 미국의 농산물 원조 양곡이 1957년 국내 생산의 17%에 달하여 농산물 가격지수가 일반 물가지수에도 미치지 못하였다. 농가 경제는 현금수지 적자를 면치 못하였다. 고리대를 쓴 농민들은 농지를 팔고 도시로 나갔다. 이 과정에서 소농 사회도 해체되기 시작한다. 군郡의 범주를 넘지 못한 혼인, 5일장 범위의 경제생활, 의식적으로 지닌 반촌과 민촌 등 반상구분 등이 소멸되기 시작한다. 근대적 국민 의식이 자리 잡기 시작하게 된 것이다.

2. 반공의 자유민주주의

농지개혁에 따라서 토지소유자가 된 소작농들은 6·25동란전쟁에서 자신의 토지를 지켜 줄 수 있는 대한민국의 편에서 북한공산주의에 싸워 이김으로써 '반공'은 대한민국이라는 근대국가의 자유민주주의 이념적 국민국가의 한 부분이 될 수 있었다. 농지개혁은 경제문제 이전의 국가 및 국헌으로서의 체제 문제였다. 대한민국이 근대적 국민국가를 형성하느냐 그리고 공산체제를 물리쳐 자유민주주의체제를 수립하여 지탱할 수 있느냐의 시금석이 되었다.

3. 북한의 토지국유화

북한은 무상몰수, 무상분배 방식의 토지개혁으로 토지소유권자인 지주로부터 국가가 무상으로 토지를 몰수하여 이를 농민에 무상으로 나눠준다고 하였으나1946.3.5. 곡물수확량 25%를 농업현물세로 거둬들이니 실제로는 토지소유권이 지주라는 사인으로부터 국가에 이전되면서 인민은 토지소유권이 아닌 경작권을 가지게 될 뿐이었다. 북한의 농지개혁은 그가 지주이든 또는 소작농이었든 간에 모든 농민들을 국유 토지의 소작농으로 떨어트린 것이다. 북한은 1958년 모든 토지를 국유화하여 토지에 대한 소유권을 국가가 가지고 집단농장화하였다. 토지를 뺏긴 지주들은 남한으로 넘어 온다. 6 · 25 동란전쟁으로 양반 · 서얼庶孽 등 사회적 특수계급 의식, 조선조 지주 등은 해체되어 국민공동체의 근대적 국민국가 성립의 기반이 마련될 수 있게 된다.

[二] 6 · 25동란과 국민공동체

1. 북한의 불법남침과 대통령의 긴급대응 및 유엔자유진영의 참전

6 · 25동란은, 대한민국 정부수립 후 미군이 1949.6. 500여명의 군사고문단을 남기고 철수하면서, 38선에서의 북한의 잦은 군사도발로 남침 우려가 짙어지자 이승만 대통령이 미국에 상호방위조약 체결을 요청하나 한국군 전투력 강화를 위한 한미군사원조협정만 체결된 상황에서, 북한 김일성은 인민공화국 수립 7개월 전 조선인민군을 만들고1948.2. 소련 스탈린에 남침가능성을 타진하지만 일단은 거부되나1949.3. 소련 핵실험 성공1949.8., 마오쩌뚱毛澤東 공산정부의 국공내전에서 장제스蔣介石 국부군國府軍 국민당정부를 대만으로 내몰고 중화인민공화국 선포1949.10.1., 한국과 대만이 미국 태평양방위선에 포함되지 않는다 한 미국무장관 애치슨Dean G. Acheson 라인1950.1., 중공과 상호우호동맹조약을 체결한1950.2. 스탈린과 김일성 등 공산주의자들의 미국의 한국 포기확신 등이 이어지면서 1950년 6월 25일 일요일 새벽 4시, 38선 전역에서 소련제 무기로 무장한 10개 사단 북한 인민군이 240여 대 탱크를 앞세운 기습남침으로 시작된 전쟁이다. 대통령은 9시30분~10시경에 남침보고를 받았다. 당시 미 육군 제24, 제25 2개 사단이 점령군 임무수행을 위하여 주둔해 있었고 8개 사단을 전, 후방에 배치한 국군은 소련제 T-34 탱크 242대에 맞설 무기도 없는 등 전력 열세에 수도 서울이 3일 만에 함락되고 7.20. 대전, 7월 말 낙동강까지 점령되었다. 이승만은 맥아더 사령관에게 지원을 요청하고 트루먼 미국 대통령에게서 무기지원을 받아내고자 했다. 유엔 안전보장이사회는 6 · 25 당일 북한의 적대행위 즉각 중지 및 군대철수촉구 결의문을 채택하였다. 미국이 임명한 유엔군 사령관이 유엔의 이름 아래 유엔군사령부를 구성하여 참전할 것을 결정하였다. 세계 93개국 중 16개국이 참전하고 60개국이 병력 또는 군수물자를 제공하였다. 대통령은 전쟁의 효율적 수행을 위하여 국군 작전지휘권을 유엔군 사령관에 이양하여 북한군에 대한 반격에 나섰다. 미 본국의 지상군투입을 지시받은 미극동사령관 더글라스 맥아더 원수는 제8군사령관 워커 중장에 선발대 투입을 명한다. 명을 받은 제24사단장 딘 소장은 제21연대 제1대대를 남침 6일 만인 7.1. 부산 수영비행장으로 들여보낸다. 뒤이은 미군 선두부대 제24보병사단이 전선에 투입되어 2주간 지상전으로 침략속도를 지연시켜 반격의 토대를 만들었다. 미국의 신속한 참전은 한반도, 일본의 적화가 이루어지는 날에는 중공과 소련의 태평양 장악으로 미국 안보에 치명적이라는 트루먼의 판단에 기인한 것이었다.[74]

2. 국군과 UN군의 압록강 반격과 국민공동체의 형성

맥아더는 인천에 병력을 상륙시켜 부산 근방까지 침공한 북한군 식량, 탄약, 무기보급 등을 차단하는 '인천상륙작전'을 비밀작전으로 정했다. 보안을 유지하려 미5해병연대에 군산 상륙 정보를 흘리거나 양동陽動작전 등을 행했다. 미해병사단은 1950.9.15. 단 한 명의 사상자 없이 월미도 점령으로 인천상륙작전을 성공시켜 19일부터 서울, 김포 방향으로 진격하고 20일 행주나루에서 한강도하작전을 폈다. 북한군은 상륙을 전혀 예상치 못했다. 전쟁주도권은 연합군에 돌아갔다. 인천상륙작전의 교란작전인지도 모른 채 투입되어 목숨을 바친 10대 학도병들까지 참여한 국민적 노블레스 오블리주에 힘입은 것이었다. 근대국가라면 이들을 기려야 한다. 대한민국을 국민공동체의 국민국가로 가능케 한 원동력이 이들 군인, 학도병들을 필두로 하는 국민적 희생에 있다. 국가를 위한 국민적 결속도 강화되었다. 6·25동란을 진압하면서 민족이 아니라 '국민'의 '공동체'가 대한민국이 근대국가로서 존속할 수 있음을 각성할 수 있었다. 1950년 7월 충북 음성, 국군 6사단 7연대 제1대대(대대장 김용배 중령, 1951.7.2. 7사단 연대장, 강원도 양구 토평리 중공군에 전사 당시 30세) 첫 승전 이후 국군과 유엔군은 최후방어선을 마산-왜관 낙동리-동해안을 잇는 선에서 구축하고 인천상륙작전을 기점으로 일거에 북진한다. 9.28. 서울 수복, 10.1. 제3사단 38도선 돌파, 10.19. 제1사단 평양 점령, 10.26. 6사단 7연대 제1대대 이대용 제1중대장(장군예편, 베트남공사, 월맹에 5년간 억류, 생환) 평안북도 초산 압록강 진격, 수통에 압록강 물을 담는다. 유엔군의 함경북도 청진 점령, 10.30. 이승만 대통령의 평양 입성 등이 이어졌다. 10.19. 중공군이 압록강을 건너 북한 산악지역에 10월 말 1차공세, 11월 말 2차공세, 1951.1. 3차공세로 쳐 내려와 서울이 다시 함락된다. 흥남에서 10만명이 넘는 병력과 민간인의 흥남철수작전이 펼쳐졌다. 유엔군의 우월한 공군력은 소련 전투기 참전에도 불구하고 중공군의 긴 보급선을 파괴하고 서울을 재탈환한다.

6·25동란전쟁과 국민공동체의 형성 – 장사동상륙작전과 학도병들, 소련·중공에 대한 UN의 반격 인천상륙작전 하루 전 동해안 작전명 174 장사章沙동상륙작전을 위해 제1유격대대 4개중대772명를 태운 문산호汶山號가 1950.9.15. 새벽 4시반 장사동해안에 도착했다. 이들 대부분 10대 학도병들이었으며 내습한 태풍 '케자아' 때문에 암초에 걸려 좌초된 배에서 4~-5m에 달한 파도에 휩쓸려 가거나 북한군 2군단 예하 101보안부대의 집중포화로 다수의 사상자를 냈다. 살아남은 상륙부대 학도병들은 1980.7.14. '장사상륙작전 유격동지회'를 결성, 1991.9.14. 장사리해안에 위령탑과 전적비를 세우고 1997.3.6. 해병대 제1사단 대원들이 바닷속 갯벌에서 문산호를 발견하여 영덕군이 이를 복원하였다.[75] 그 외에 6·25동란은 '부상입은 아내가 남편의 등을 꼭 쥐고 고통스러워 하는 표정과 뺨에 피를 묻힌 채 아내를 업고 황급히 뛰어가는 남편의 사진이 전쟁의 참화 속에서의 국민의 고통을 말해 준다'(「중앙일보」(2013.7.31.수), 8면. 정전 60년 1953~2013. 1951.2.17.). 6·25동란전쟁에 참전해 은성무공훈장을 받은 조지 패튼 예비역 소장의 손녀 헬렌 패튼Patton 51세 '패튼 장군 기념박물관' 재단 이사장은 우리 애국가Korean National Anthem 제2절을 가장 좋아 한다 하면서, '한국전쟁 참전용사의 벽' 제막식 행사에 참석해 애국가를 부르려 연습하는데 하염없이 눈물이 났다고 하였다(「조선일보」(2013.11.23.~24. 토~일), B3면). 스탈린은 북한 남침을 승인하면서 탱크를 비롯한 군사원조를 행하고 마오쩌뚱도 참전을 약속하며 불가리아, 체코슬로바키아, 헝가리, 폴란드, 루마니아 등의 의료지원, 몽골과 동독도 추가 지원을 했다. 하지만 유엔은 UN안보리 결의 821950.6.25 북한군의 38선 이북으로의 즉각적 후퇴, UN안보리 결의 841950. 7.7 무력공격을 받은 대한민국을 위한 회원국들의 군사적 원조 등을 결정하였다. 전쟁이 불법적인 북한의 침략이라는 점을 명확히 하였던 것이다.

3. 정전협정과 휴전체제

유엔군과 공산측은 1951.7. 초 정전회담 개최 합의, 7.8. 개성의 첫 회담에서 72시간 내 전선철수에 따라 중공군이 철수한다. 7.10. 오전 11시, 2년 18일이 계속되는 정전회담을 시작한다. 정전협상의 주요 쟁점은 군사분계선 획정, 정전 감시, 포로 교환 문제였다. 정전협정은 유엔군 사령관 리지웨이가 원했던 원산 앞바다 덴마크 병원선 유트란디아 호에서가 아닌 마오쩌뚱과 스탈린이 강요하다시피 한 개성에서 시작되나, 38선 이남 개성이 공산측에 넘어 가게 되자 유엔군 측 요구로 板門店

널문리으로 바뀐 것은 1951.10.25.부터였다.[76] 정전협정은 평화의 요구가 아니다. 그것은 언제든 재개될 수 있는 전쟁의 유보다. 1953.3.5. 스탈린 사망으로 7.27. 오전 10시 판문점에서 UN군 총사령관을 일방당사자 그리고 조선인민군 최고사령관 및 중국인민지원군 사령관을 타방당사자로 하는 정전협정이 체결된다. 대한민국은 정전협정 참석을 거부하여 당사자가 되지 아니한다. 유엔군 수석대표 윌리엄 해리슨 중장과 공산군 대표인 남일 북한군 대장이 정전협정서에 서명한다. 군사분계선·정전감시 등 초반 협상서 밀리던 유엔군은 포로들에 송환결정권을 주면서 '자유수호'라 하는 큰 원칙을 지켜낸다. 정전협정은 협정성립시 전선인 38도선을 군사분계선으로 정하고 비무장지대에서 군사활동을 감시할 군사정전위원회 설치에 합의하였다. 비무장지대는 군사분계선 남방경계선과 북방경계선을 각각 2km로 정하여 4km 폭으로 설정되었다. 정전협정을 감시할 중립국감시위원단이 스위스, 스웨덴, 체코슬로바키아, 폴란드 등 자유진영과 공산진영간 각 2개국은 6.25동란전쟁이 이념전쟁임을 보여 준다.

전쟁목표 4원칙과 휴전수락조건 이승만 대통령의 국가수호를 위한 전쟁목표 4원칙 '1. 한국에서 일어난 전쟁이 세계대전의 빌미를 제공하는 장場이 되어서는 안 된다. 2. 한국민은 모든 국민이 참여하는 총력전을 펼친다. 3. 북한의 불법 남침을 남북통일의 절호의 기회로 삼는다. 해방 후 미·소에 의해 인위적으로 그어진 38선은 북한이 먼저 침범했기 때문에 이제 필요 없어졌다. 4. 위기를 타개하고 북진통일을 위해서는 미국과 유엔의 지원이 필요하다.' 휴전 수락 조건 '1. 한미방위조약 체결 2. 장기 경제원조 및 첫 조치로 2억 달러 공여 3. 한국군 증강 원조 지속 4. 한미고위급회담 정례화' 등이다. 1953.4.21. 국회는 통일을 막는 정전안을 미국이 받아들이면 안 된다 하고, 5.25. 송환을 원하지 않는 북한군 포로들을 인도군이 대한민국 영토 내에서 관리한다는 안에 대한 반대표시로 한국군 대표 최덕신이 정전협정 협상 참석을 거부했다.[77] 정전을 '성 어거스틴'St. Augustine은 유책 당사자가 배상을 거부했을 때 피해에 대한 복수의 관점에서 논하였는 데, 그런 관점에서는, 정전협정은 전쟁종료가 아니었으며 복수의 상황을 남겨 놓은 것이다.[78]

[三] 6·25동란전쟁과 이념공동체

1. 자유수호의 이념전쟁

해방 후 한반도는 군사분계선의 영토적 분단에 북한의 소련군 진주와 남한의 미군정을 거치면서 6·25동란전쟁이라는 이념적 전쟁의 터가 되고 정전협정 이후 북위 38도선으로 군사적 대치를 하면서 북한의 정전협정 위반건수는 2011년까지 국지도발 994건, 침투도발 1959건인데, 이중 1011건이 1960년대에 집중되었다. 1968년 1·21청와대 기습, 울진·삼척 무장공비 침투사건 등이 대표적이다. 1970년대에는 남침용땅굴 굴착, 서해 NLL침범 등을 해 왔다. 2010년 북한잠수정 어뢰공격으로 천안함 폭침, 북한 방사포의 연평도 포격 등이 이어졌다. 1950.6.25. 새벽 4시 탱크242대·전투기170대를 앞세운 북한남침부터 1953.7.27. 오전 10시 정전협정체결까지 1129일은 자유정체의 근대국가가 공산체제에서 보존될 수 있는 가의 시험대였다. 결과는 대한민국이 자유민주주의·시장경제질서에서 인간존엄성을 신장시키는 근대국민국가로 발전할 수 있는 길에 들어설 수 있게 되었다. 남한측 군인의 사망, 부상, 행방불명 등 98만명, 유엔군 피해자 15만여명, 민간인 80만 여명 등의 희생은 반공을 국시로 인식하면서 자유민주주의 체제의 국민국가를 근대국가로서 세울 수 있는 기초가 되었다. 민간인 학살이 1952년 대한민국통계연감은 12만여명, 1952년 공보처 통계국 6·25사변피살자명부로는 59,964명인데, 그중 72.6%가 전남의 43,511명이고 그 절반에 가까운 21,225명이 영광군 주민이었다. 영암은 7,000여명, 전북도 5,603명이었다. 국민공동체 형성에 이 같은 지역차는 유엔군의 인천상륙작전으로 퇴로가 막힌 북한군이 이 지역 산간에 숨어들어 소탕과정에서 나온 것이었지만 동란 전쟁 후 국민공동체 형성의 길을 어렵게 만들었다. 그런 점에서 동란 전쟁 후 대한민국의 '의문사진상규명위원회'에서 당시의 북한군 낙오자, 빨치산, 간첩들을 민주화 인사로 하는 결정은 허구이다. 저자는 당시 의문사위원회 위원으로서 이를 반대하였다. 하지만, 1980년 5월 광주민주화 항쟁과정에서 신군부에 의한 광주 일원의 참담에 대한 국민적 분노와 무력감 등은 국민공동체를 통한 한국의 근대국민국가의 수립 과정을 6·25 동란전쟁 전의 수준으로 다시금 후퇴시키게 된다.

2. 체제수호의 한국전쟁 – 남침과 방어 및 휴전까지의 체제 수호의 한국전쟁

이승만은 6월25일 오전 10시, 남침상황을 보고 받은 직후, 곧바로 하와이에 머물던 구축함 3척에 대한 신속한 귀국지시(11:00경)를 시작으로 무초 대사 회동(11:35), 주미대사관 전화(미국지원 요청 13:00), 긴급국무회의(14:00), 미국에 무기와 탄약지원 요청(오후), 미 극동군 사령부에 전투기 지원 요청(오후), 무초 대사와 회동(22:00이후), 신성모 국방장관에게 군사경력자회의 지시(22:00이후) 등의 조치를 취했다. 다음 날 새벽부터 맥아더 장군실에 전화(03:00), 무초대사에 전화(04:30), 내무부 치안국 방문(아침), 대통령 지시로 군사경력자회의 개최(10:00), 국회 본회의 참석(11:00~13:00), 육군본부와 치안국 상황실 방문(14:00), 서울 시경국장 피란 건의 접수(21:00), 27일 주미대사관에 전화(01:00이후), 맥아더에 전화(주미대사관 전화 이후), 신성모와 조병옥 등으로부터 피란 건의 접수(02:00), 경찰의 청량리 敵 전차 진입 보고에 따라 경무대 출발(03:00), 서울역 출발(04:00) 등의 행적을 보였다. 미국에 지원을 요청하는 것을 최우선으로 하고 총력전 태세를 갖추는 등 전쟁 지도의 방향을 정확하게 잡았다. 한국은 군과 경찰뿐만 아니라 여군, 학도의용군, 대한청년단, 청년방위대, 소년병, 유격대, 노무자 등 全 국민이 북한 공산주의와 맞서 싸웠다. 대한민국의 국군총사령관 이승만은 기습공격한 북한 인민군의 포로가 되어 국가가 폐망되는 절대절명의 위험을 벗어날 수 있도록 서울에서 탈출하였다. 그만큼 기습의 절박한 상황이었다. 6·25동란 전쟁은 자유민주주의의 적에 대한 체제수호전쟁이었다. 이승만 대통령은 북한지역수복과 통일대한민국이라는 전쟁수행원칙에 의거하여 북괴공산침략을 물리쳤다. 미국과 유엔군 동의 없이 정전협상 중 자유진영에 남기를 희망한 반공포로를 전격 석방한다. 1953.6.18. 0시를 기해 부산·광주·논산·마산·영천·부평·대구 등의 포로수용소에 분산 수용되어 있던 송환 거부 포로 3만5698명 가운데 2만7380여명이 석방되었다. 이승만이 1905년 루즈벨트 대통령 면담 때부터 주창했던 상호방위조약이 1953.7.27. 정전협정체결 10여일 후인 8.8. 경무대에서 한·미상호방위조약 가(假)조인이 이뤄지고, 1953.10.1. 한미상호방위조약 6개조를 워싱톤에서 체결·조인하고, 한국방위를 위해 2개사단을 서울과 휴전선 사이 서부전선에 주둔시켰다. 전후복구경제원조 등을 받아냈다.

6·25동란전쟁과 국가정신 6·25전쟁 중 사망자의 '남측 추정'은 남측 군인 14.7만, 북측 군인 52만, 민간 24.5만, 불명 등 91.2만, 유엔군 3.5만, 중공군 90만 등 184.6만명, 남측 인구 손실 39.2만명, 북측인구 손실 52만명이다. '북측 추정'은 남측 군인 22.8만, 북측군인 29.4만, 남측 민간 37.4만, 북측 민간 40.6만, 유엔군 3.7만, 중공군 18.4만명 등 152.3만명이며 남측인구 손실 60.2만명, 북측인구 손실 70만명이다. 1945년 8·15당시 한국 인구 2500만명 중 남한 1600만, 북한 900만명이었다. 전쟁에 의한 인명 손실은 남한 2.45%, 북한 5.7%이며, 북측 주장으로는 남한 3.76%, 북한 7.77%이었다. 이산가족은 이북5도청 집계로 6·25이전 월남민 350만, 전쟁중 164만 등 514만명, 정부 측정은 767만명이고 이산 1세대가 123만명이다. 또 1945년~1949년 74만, 전쟁중 65만명 등 139만명이다. 월북은 10만 명 정도의 추정도 있다. 유엔 북한인권조사위원회의 보고서(2014.2.7.발표)에 의하면, 6·25전쟁 정전 당시 약 8만2,000명의 한국군이 실종되어 그 중 5만명에서 7만명 정도가 국군포로로 잡혀 북한이나 북한의 동맹국에 억류되었을 것으로 추산하며, 정전협정 후 1953.4.과 1954.1. 사이에 대한민국으로 송환된 국군포로는 8,343명에 불과하였다. 최소 5만명 국군포로가 대한민국으로 송환되지 않은 것으로 파악하였다. 김일성이 1994.7.8. 사망하고 김정일이 수령의 지위를 세습하면서 국군포로를 송환하지 않고 억류한 채 차별적 비인도적 조치를 이어갔으며, 2011.12.17. 사망 후 김정은이 세습하기에 이르고 있다. 서울중앙지방법원은 불법적인 포로송환 거부와 억류, 탄광에서의 강제노역, 내각결정 143호(일명 '43호')에 의한 북한주민으로의 강제편입 조치, 가혹한 조건하에서의 탄광 노역 및 학대, 본인 및 자녀들에 가한 신분 차별과 박해 등 인권침해 등에 대한 위자료 청구를 받고 민법상 불법행위, 정전협정상 포로송환 의무 위반, 전쟁포로의 대우에 관한 제네바 제3협약 위반, 국제노동기구(ILO)의 강제노동폐지를 규정한 제29조 협약 위반 등을 이유로

조선민주주의인민공화국의 수령김일성, 김정일의 지위를 상속한 김정은과 조선민주주의인민공화국이라는 단체에 연대하여 손해배상책임을 인정하였다(서울중앙지법 민사47단독 2020.7.7. 2016가단5235506원고: 사단법인 물망초의 국군포로송환위원회. 강제집행은 사단법인 남북경제문화협력재단이 조선민주주의인민공화국에 지급할 저작권료 약 20억 원을 법원에 공탁하여 두고 있는 공탁금출급청구권에 대한 채권 압류 및 추심명령을 받아 추심한 금액을 원고들에게 지급할 계획이다). 판결은 유엔총회가 2005년 채택해 전 세계에 적용하고 있는 '보호책임(R2P: Responsibility to Protect)'이 근거가 됐다. '보호책임'은 국가가 집단학살과 전쟁범죄, 인종청소, 반인도적 범죄로부터 자국민을 보호할 책임이 있으며, 유엔은 모든 회원국에 보호책임 증진을 위한 정책입안의 지원과 노력을 촉구한다. 유엔 북한인권조사위원회(COI)는 '보호책임(R2P)'을 근거로 2014년 최종 보고서에서 북한 내 반인도적 범죄 책임자들을 국제형사재판소(ICC)에 회부할 것을 권고하였다.

3. 국가정통성과 헌법정체성의 확인

6·25동란 전 여운형이 중심이 된 '건국준비위원회'가 미군 상륙 이틀 전 9.7. '인민공화국'을 탄생시키고 종로 화산백화점 건물 옆에 붉은 깃발이 휘날렸고 '인민공화국' 내각명단이 벽보로 붙어있었다. 1946.7. 미군정 정보국이 서울 시내를 중심으로 한 여론 조사는 중도가 50%를 넘고 좌익이 12%, 우익이 30%로 나타났으나 중도의 상당수가 좌익이라고 미군정은 판단했다. 6·25전쟁 후 조선조 양반·常人의 구습이 타파되었다. 북한에서는 찬성은 백색투표함에 반대는 흑색투표함에 넣는 독재적 선거, 농사와 관련된 현물세의 잔인한 징수 등이 작용하여 6·25전쟁 중 130여 만 명이 북한에서 피란하였다. 反共의 국시가 공산주의 세력을 재기가 불가능할 정도로 약화시켰다. 6·25동란에 대응한 국가적 전쟁 수행을 감당해 온 정부의 공권력에는 권위가 주어지고 공산주의 인민군의 침략과 학살 등을 목격한 국민들은 반공의 자유민주주의 이념을 국민공동체 형성의 정체성으로서 각성하였다. 대한민국이라는 국가의 국민공동체로서의 각성은 이 나라가 근대국민국가로서의 정통성을 갖게 하는 원동력이 되었다. 국가정통성과 헌법정체성의 국헌성을 갖게 된 것이다. 전쟁으로 인한 양반·토호 세력이 몰락하여 촌락공동체적, 주자학적 윤리관, 정치적 파당 등이 소멸하게 된다(The Test of War, History of the Office of the Secretary of Defense 1950~53.). 참전한 서구 국가 관념의 토대를 이룬 기독교의 청교도적 노동의 신성함과 근검절약의 삶의 방식을 체화하게 된다. 월남 개신교인들은 반공의 정체성을 정착시킨다. 1945년 해방 당시 전체 개신교 신자의 60%가량인 20여만 명이 북한 지역에 있었고 이들의 35~50%인 7만~10만 명이 1945~1953년 사이 남한으로 이동하면서 개신교의 대부분을 차지하는 장로교와 감리교 내의 여론을 주도하였다. 해방 후 3년간 북한에서 개신교인이 사회주의자들의 충돌에서 우파 정치운동을 주도하였고 특히 개신교인이 많은 평안도·황해도 등에서 반공운동이 고양되었다. 공산주의자들에게는 반대한다는 국민의 확고한 지지를 얻을 수 있었다. 박정희 대통령이 제5대 대통령 선거에서 45.1%를 얻은 윤보선에게 46.6%로 이기고, 제6대 대통령 선거에서는 51.4%를 얻어 40.9%를 획득한 윤보선에 승리하고 제7대 대통령 선거에서도 53.2%로 41.2%를 얻은 김대중에 승리한 것은 이 같은 영향이 큰 것이었다. 트루먼 대통령은 6·25동란을 계기로 NATO(북대서양조약기구) 강화, 서독 재무장, 일본, 호주, 뉴질랜드, 필리핀, 한국과 상호방위 조약 등 汎세계적 규모의 동맹과 군사원조로 對蘇 봉쇄망을 완성하여 그 40년 뒤 소련을 무너지게 만들었다. 미군 파병을 결단한 트루먼 대통령, 외교 전략적으로 보좌한 딘 애치슨 국무장관, 서울을 점령하고 남진하는 중공군을 저지, 반격한 리지웨이 8군사령관, 인천상륙작전 맥아더, 다부동 전투 白善燁, 춘천 3일 방어전 金鍾五 6사단장 특히 한국전 흐름을 주도한 이승만 대통령은 북한 김일성 기습을 받고도 총력전 항전으로 공산파쇼집단Comminazis을 정당성right과 강력함might으로 막은 것이다.

Ⅲ. 사회·경제공동체 형성과 근대국가

[一] 해방·전쟁과 근대국가

1. 해방 · 전쟁과 저수준 경제상황

해방 당시 대한민국 국토 면적 9만 9,720km^2, 조선은행 통계연보의 남한 인구는 1942년 말 기준으로 조선거주 일본인 수 75만 2,823명 조선인 수 2,552만 명이며, 1944년 1656만명, 1946년 1937만명(북한 900만명), 1인당 국민소득 35달러였다.[79] 일본에서 1950년까지 110만명 귀국, 북한에서 1945년 50만명 이상 피난한 남한보다 북한이 3배 높은 국민소득상황이 1970년대 초반까지 이어진 南農北工 산업구조였다. 제조업부문 94%가 일본자본으로 운영되고 기술자 80%가 일본인이었다. 1945~48년 사이 10배 이상 오른 소비자물가, 1946.5. 쌀, 석탄, 석유등 주요물자통제, 시가보다 낮은 가격의 쌀 공출로 1946년 공출량이 총생산량 30%가 되어 1946.10. 경북지역시위가 일어났다. 발전설비(발전량) 남한 11.5%(4%), 북한 88.5%(96%), 남한 전력소비량 10만kW 중 7만1000kW를 북한이 송전하나 제헌의원 선거 직후 단전으로5·14[80] 서울지역에 전력공급이 재개된 것은 11.3.이었다. 당인리唐人里 발전소 역할이 컸다. 철광생산 1.1%, 석탄생산 0.3%, 화학비료를 북한 흥남질소비료공장에서 공급받았으나 해방직후에 끊긴 이후 1962년 충주비료공장 가동 전까지 1946~1948년까지 총 4억불을 원조자금으로 지원하였는데, 그중 1억달러가 비료구입대금이었다. 6·25동란전쟁으로 남한 국민 10% 200만여 명 사상, 사회간접자본과 공업시설 60%, 주택 36%, 학교 32% 손괴, 한국은행 산정 피해액 30억 달러는 당시 2년치 국민총생산이었다. 물가는 1945.8. 100이 1950.12. 4980으로 50배 폭등하고 1955년에는 100배까지 올랐다. 쌀 대두 한 말 값 1946년 656원이 1953.1. 91,200원이 되었다. 1953.2. 통화개혁으로 구화폐 100圓을 1圜으로 하였으나 물가상승으로 효과는 거두지 못했다. 일제시기에 가장 경제가 좋았다 하는 1941년 수준으로 회복된 것은 1968년이었다.[81]

2. 미군정과 미국의 원조경제

미군정은 일본인이 남기고 간 공장, 농지, 광산, 회사 등 재산을 미군정 귀속재산으로 하고, 농지 등은 대한민국정부 수립 전에 연고 소작농에 불하하기도 하였지만 대부분 정부에 이관된 회사와 공장 등이 3,555개에 이르렀다. 1948.10. 당시 연간 정부예산의 10배에 달하는 3,000억원 이상의 귀속재산은 1949.11. '귀속재산처리법' 제정으로 민간기업에 불하하면서 경공업에 의한 생필품 공급을 늘렸다. 15년 분할납부의 부동산 불하는 당시의 높은 인플레이션에 비추어 특혜였으며 한국자본주의의 정부-민간기업 유착의 구조적 특질의 계기가 된다. 1945년 미군이 식량부족 · 전염병 · 폭동을 막으려 밀 · 비료 · 의복 · 석탄 · 석유 등을 제공한 것이 1948년까지 4억달러를 넘었다.[82] 1948.12. 한미원조협정ECA 체결로 식량, 비료, 석유, 공업시설, 발전함 2척, 기술원조 등 제공을 조건으로 하는 미국의 국가발전계획 수립요구에 따라서 부처별 산업부흥 5개년계획, 5개년 물동계획, 농림증산 3개년계획, 석탄생산 5개년계획, 전력증강계획, 경제안정 15원칙 등이 진행된다. '재건기획팀'은 정전 후 본격적으로 자유경제제도의 초석을 놓게 된다. 6 · 25전쟁에서 유엔민간구호원조Civil Relief in Korea의 머리글자를 딴 CRIK 원조가 1954년까지 4억5000만 달러에 달했다. 헌 옷 · 밀가루 · 담요 · 쌀 · 소금 · 메밀 · 고무신 · 캐러멜 등 다양했다. 미국의 '대외 원조 물자 발송 협회'CARE 원조를 받은 어린이들이 급식 장면, 유엔 한국재건단UNKRA 의 구호물자 전달 참관 모습1959, 미국 원조 구호품의 옥수수가루 봉투 뒷면에 '미국 국민이 기증한 것'이라는 문구가 한글로 적혀 있었음을 '대한민국역사박물관' 제공의 시청각자료에서 볼 수 있다. 1951년 한국의 1인당 소득은 1990년 가격 기준으로 787달러였다. 아프리카 대륙 53개국 평균 912달러에 못 미쳤다. 1953년 국민소득에서 경제원조 비중은 10%, 1953~60 평균 38%였다. '점령지구제 정부자금'Government and Relief in Occupied Areas, GARIOA의 미국원조자금이 1945~1961 31억 9900만 달러, 1953~1960 20억 달러 이상이었다. 미국방부 대외활동본부FOA, 국무부 국제협조처ICA 주관 1953~1961 17억4000만 달러가 큰 비중을 차지했다.

3. 경제부흥의 시작

6 · 25전쟁 후 1955년 1인당 국민소득은 65달러, 세계 최빈국 수준이었다. 농경제시대 마을을 기초로 하는 혈연의 친족관계사회, 해방 후 일본과 만주에 거주하던 100만명 이상의 해외동포의 남한 귀환, 북한동포 100만명 이상이 도시에 들어왔지만 이들을 일반적 보편적 관계로 인식케 하는 국민공동체로 전환될 가능성은 낮은 상태였다.[83] 이를 가능케 한 것이 산업화의 경제발전이었다. 원조자금을 민간에 불하하면 민간은 그에 상당하는 한화韓貨를 한국은행에 예치했다. 이를 일컫는 대충對充자금counterpart fund 상당 부분은 정부재정수입으로 전입되었다. 1954~1959 대충자금 전입금은 평균 43%에 이른다. 1955.5. 한미잉여농산물협정으로 1967년까지 5억7000만 달러 쌀, 보리, 밀, 원면 등을 수입했다. 잉여농산물 판매대금은 미국이 15%를 사용하고 나머지는 한국 국방비에 충당하였다. 전쟁 이후 1960년까지 한국경제의 4~5% 성장은 미국과 유엔의 원조 덕이었다. 1954년 자국 농산물 가격 유지 및 후진국 식량 원조 목적으로 공법 PL 480조가 통과되고, 1956년부터 1961년까지 2억 달러를 상회한 미국 잉여 농산물이 밀 40%, 보리 19%, 쌀 16%, 원면 11%, 돈육 통조림 5%, 엽연초 5% 등으로 한국에 들어왔다. 한국정부는 원조자금으로 전기, 시멘트, 판유리, 철강, 비료 등 기간산업을 건설하여 공업화를 추진한다. 1949.4. 영암선(영주–철암), 함백선(제천–영월 발전소) 철도를 부설하여 1955.12. 영암선, 1956.1. 함백선이 개통된다. 수입대체공업화로 주로 소비재산업인 면방직, 제분, 제당산업 등의 원료가 백색인 '3백산업'으로 민간기업이 활성화되어 1955~1959년 한국경제는 전쟁 전 수준을 회복하고 국민소득은 15%이상 증가하게 된다. 1953년 520만 달러로 인천에 대한중공업공사, 제철소를 세웠다. 운크라(유엔한국재건단) 단장 존 B 콜터 장군에 부탁해 운크라 자금으로 문경시멘트 공장 및 인천판유리공장(한국유리)을 건설했다(콜터 장군의 공을 기려 1959년 어린이대공원에 동상이 세워졌다). 충주비료공장도 만들었다. 1950년대 후반 미국은 원조를 차관으로 바꾸고 규모도 감소하자 경제성장률이 1957년 8.75%에서 1959년 2.1%로 떨어졌다. 6 · 25전쟁 후 1958년 미군이 2개 사단만 남기고 철수, 국군은 67만 명에 이른다. 장교의 미국 파견 등으로 쌓은 군의 관리체계는 1958.9. 부흥부 산하 산업개발위원회 경제개발 7계획 입안, 1960.4.15. 1차 경제개발 3개년계획 등은 4 · 19로 무산되고, 장면 정부 5개년 계획 수정은 5 · 16으로 무산되었지만, 군부에서 형성된 엘리트집단의 존재는 박정희 정부에서 이를 추진하게 한다. 한국경제에 대한 신뢰가 쌓이면서 1962년에서 1966년 사이 2억 9천만 달러에 해당하던 해외 차관도입은 67년에서 71년 사이 21억 6천만 달러로 증가한다. 1967년 세계무역기구GATT에 가입하였다. 한국은 1960년대 미국에 공산품을 수출하는 나라로 발돋움했다.

[二] 산업화와 근대국가

1. 산업화정책

박정희 정부의 1962.1.13. 제1차경제개발 5개년 계획(1962~1966)의 첫 출발은 1962.2.3. 기공식의 울산공업단지 건설이었다. 수출 주도형 개발정책으로 1961~1982년까지 연평균 8.5% 경제성장, 1인당 국민소득 87달러에서 791달러, 수출 4천만 달러에서 약 210억 달러, 국민총생산량 4배 성장을 이루었다. 경부고속도로 등 사회적 인프라, 철강, 조선, 자동차 등의 기간산업으로 삼성, 현대 등이 세계적 기업이 되어 성장의 원동력이 되게 하였다. 유태인 무역상 아이젠버그의 소개로 서독 정부에서 차관을 받고, 철강엔지니어들을 국비로 유학 보냈고 이들이 귀국하여 포항제철 건설의 주역을 맡게 된다. 정부가 주도했지만 시장경제의 경쟁의 원칙을 지켰다. 1970년대, 80년대 초 의식주 기본이 충족된다. 한국에 근대화이론을 전파한 1960년 당시 MIT 경제학교수 로스토*Walt W. Rostow*는 공산주의에 대응으로 경제개발 필요성을 역설했다. 1970년대 새마을 운동은 농민들의 적극적 참여를 유도하여 효율적으로 국가를 근대화하였다. 권위적 정부가 들어서서 근대적 제도를 만들고 경제를 자유화하며 교육받은 중산층을 만들어내고 그러면 정치적 변화를 원하든 원치 않든 자유와 민주주의가 등장하게 된다. 분별력을 갖춘 중산층이야말로 포퓰리즘의 장벽*Populist Barrier*을 꺾고 근대적 국가개혁을 가능하게 한다. 일찍이 플라톤 Politeia에서 말했던 것이다. 1970년대에 한국의 박정희식 근대화를 현장에서 목격하고 모방한 鄧小平등소평의 중국 근대화 성공사례를 보게 된 오버홀트는 동아시아식 개발방식의 타당성을 확인하게 된 새로운 시각을 갖고 정치적 자유화와 경제적 자유화를 동시에 추진하는 고르바초프식 서구형 개혁 개방의 실패도 예언할 수 있었다(윌리엄 H. 오버홀트, 『중국의 浮上 *The Rise of China*』, Norton 1993.). 세계은행이 1965~1989년의 세계 40개국 평균 경제 성장률과 소득분배를 조사한 자료에서 한국은 경제성장률 세계 1위, 소득분배 평등성에서도 대단히 양호한 국가였다. 소득분배 평등성은 소득 상위 20%가 하위 20%의 몇 배를 차지하느냐에 대하여, 한국은 약 7배, 일본과 대만은 약 5배, 싱가포르는 약 9배이다. 이 기간 중 1인당 소득성장률이 年 4% 이상이고, 소득분배 지수가 10(상위 20% 소득이 하위 20%의 소득의 10배) 이내인 우량국가는 동아시아 6개국-한국, 대만, 싱가포르, 홍콩, 일본, 태국뿐이었다. 1965~1980년 사이, 박정희 대통령 집권기에 상당하는 16년간 한국의 연평균 GDP(국내총생산) 증가율은 9.5%로서 세계 9위였다. 1980~1990년의 11년간, 전두환-노태우 대통령 시기에는 연평균 10.1%로서 세계 1위였다. 한국은 GNP 규모에서 세계 37위(1960년)로부터 15위, 1인당 GNP에선 83위→30위, 무역부문 세계 51→11위로 도약하였다. 세계은행의 조사에 따르면 1964~1970년 사이 한국의 평균 GNP 성장률은 연간 9.5%였다. 이 기간 소득 하위 40%의 소득증가율도 9.5%였다. 이는 경제성장의 혜택이 특수층에만 돌아가지 않았고 저소득층에게도 똑같이 돌아갔음을 보여준 것이다.

2. 수출주도 · 해외수출경제

대한민국은 6·25전쟁 직후인 1953년 국내총생산 13억달러, 1인당 국민소득 67달러에서 1962년 GNP 87달러에 이르기까지 유엔회원국 125개국 중 101번째의 최빈국이었다. 북한은 49번째였다. 1963년 수출 총액 8,680만달러, GNP 100달러였다. 한국경제의 기틀은 미국의 연간 5억달러 군사·경제원조, 일본과 국교정상화로 식민통치에 대한 대일청구권 무상 3억불, 유상 3억불, 派獨광부·간호사의 외환, 월남파병*1965~1972* 등에 힘입은 것이었다. 수출 주도형 경공업 산업국가의 상징이 '구로공단'이다. 1964.4. 한국수출공단 제1단지를 세우고, 1964.9. '수출산업공업단지개발조성법'으로 설립된 한국산업단지공단 전신인 한국수출산업공단, 1967.10. 제2단지, 1970.1. 제3단지 등 총 1,982천㎡ 규모의 노동집약적 섬유, 봉제, 전자 업종 등 수출기업이 입주한다. 1973년 1월 중화학공업화를 선언한다. 1977년 수출 10억달러가 달성된다. 구로공단에서만 1억달러(10%)였다. 남북간 경제격차는 대한민국 우위로 바뀌었다. 이는 1987년 민주화의 기반이 된다. 구로공단은 2000.2.14. '서울디지털산업단지'로 개칭되어 'G밸리'라는 이름으로 IT, BT, NT, ET 등 1만 2천여개 기업, 13만여명 근로자, 993개 산업단지 총 입주업체 7만 5,794개사의 15.1%, 총고용 187만 8,108명의 8.2%에 달한다. 베트남전쟁은 1965년 공병부대 비둘기부대 파견을 시작으로 1973년 3월 철수할 때까지 해병 1개 여단 청룡부대, 맹호부대, 백마부대 등 국군 4만8천여명이 파견되어 5400여명의 인명이 손실되나 미국과의 우호적 협력관계로 한반도 안보를 견고히 할 수 있었고, 국군 장비 현대화의 초석을 쌓고, 해외공사경험도 얻을 수 있는 계기가 되었다. 1982년 해외건설로 얻은 수익은 경제성장에 26.4% 기여한 것으로 추산된다.[84] 1973.10.6. 이집트와 시리아가 주축이 된 아랍연합군과 이스라엘의 제4차 중동전쟁에서 이스라엘이 승리하면서 종전 닷새 전 10.17. 아랍 산유국들이 석유금수조치를 선언, 배럴당 3달러 선이던 원유가격은 12달러로 300% 상승했다. 1973년 3억519만달러였던 석유수입비용이 1년 만에 11억78만달러로 폭증, 외환보유액 3000만달러가 줄고 소비자물가 24.3%, 생산자물가 42.1% 폭등, 경상수지적자는 3억1000만달러에서 20억2000만달러로 솟았다. 월남에서 철수한 인력과 장비가 쌓여 있던 기업들은 다른 나라들보다 먼저 중동으로 진출했다. 1973.12.1. 삼환기업이 사우디아라비아 알울라-카이바르 164km 고속도로공사를 시작으로 1974년 2억6000만달러, 1975년 226.3% 늘어난 8억5000만달러어치를 수주했다. 1976년 현대건설의 사우디아라비아 주베일 항만공사는 9억5800만달러로 우리 예산의 25%였다. 1983년 동아건설의 리비아 대수로 공사는 39억달러짜리였다. 6년 뒤 2차 공사는 55억5000만달러였다. 중동 진출은 신화였다.

산업과 기업가정신, 수출과 기업 1973년 12월 중동 산유국들의 원유가격 인상으로 한국유가도 12월 4일 자정 30% 인상됐다. 1974.4. 서른 살 한창석은 삼척행 완행열차에 올랐다. 40년이 흘렀다. 막장에 구멍을 뚫고 다이너마이트를 집어넣고 1m50㎝ 도화선을 꽂았다. 탄맥에 스며든 물길이 터져 오징어처럼 납작하게 실려 나온 동료들의 시신도 여러 번 보았다. 지금 진폐증 7급 환자다. 1986년 영월화력발전소에 석탄을 공급하던 영월 마차리 광산이 무기한 휴광에 들어갔다. 88서울올림픽 폐막 후 12.21. 석탄산업합리화 계획을 발표했다. 탄광 347개 가운데 2015년 대한민국에 남은 무연탄 광산은 5개다. 한 해 2429만5000t에 달했던 무연탄 생산량은 419만7000t으로 줄었다. 6만명 넘던 광부 가운데 1989년 한 해에만 3만5000명이 일자리를 잃었다. 창석은 1992년 동해탄광 폐광으로 실직자가 되었다. '죽은 혼을 내보내기 전에는 작업하지 않는다' 했습니다. 그게 막장에서 벌어진 일들입니다. 신혼 때 살림 차렸던 셋방이 길 건너편인데 40년이 지나도 마누라랑 여기 살고 있습니다(「조선일보」(2015.3.6). [3] 늙은 광부 한창석의 꿈). 백성학 76세 영안모자 회장은 1959년 19세로 서울 청계4가에 모자 노점상을 차린 이래 연 1억개 판매, 연매출 2억6000만달러의 세계 최대 모자 회사로 만들었다. 대우버스, 방송사 OBS까지 인수해 계열사 총매출이 연 21억3000만달러에 달한다. 경기 부천 오정동 '영안모자'의 사훈 '정리정돈', 경영원칙 '정직과 원칙을 지키자. 분식, 비자금, 탈세를 하지 말자'가 쓰인 액자는 원칙을 지키면서 기업을 일궈 누구라도 성공할 수 있음을 보여주었다(「조선일보」(2016.7.16)).

중동건설과 기능공 중동 건설로 1976년 6월 계약 선수금 2억달러가 입금되자 외환은행장이 현대건설 회장 정주영에게 전화를 걸었다. "덕분에 오늘 대한민국 건국 이후 최고의 외환 보유액을 기록했다." 1976년 8월. 동아건설의 리비아 대수로, 가즐란 사막 중동 최대 규모 화력발전소 공사. 땀이 증발하고 소금만 남아 얼굴이 새하얗다. 화상이 무서워 작업복은 벗지 못했다. 질식할 것 같은 바람에 천으로 얼굴을 가리고 숨도 참았다. 그렇게 일하다 죽을까 걱정될 정도로 일했다. 1981.2.1. 발전소가 완공됐다. 사막을 가로질러 1000km가 넘는 리비아 수로 공사를 해냈다. 리비아인들은 '세계 8대 불가사의'라 불렀다. 기념우표까지 발행했다. 1980년 쿠웨이트로 떠났다. 도하 웨스트 발전소 공사로 30만kw 터빈 7개짜리 초대규모였다. 기능공 3800명 가운데 2400명이 한국인이었다. 힘들어도 너무 힘들었다. 1987년 아내가 귀국하던 날 아부다비에서 방콕으로 가던 귀국 노동자 112명을 태운 대한항공 858편 보잉 707기를 북한이 폭파한 날이었다. 이듬해 귀국했다. 88올림픽이 열렸다. 대한민국은 전혀 다른 나라로 변해 있었다. 40년 전 벡텔사 하청업체였던 대한민국 기업이 벡텔 수준으로 진화했다. 사막에서 땀도 흘리지 못하고 벌어들인 돈이 300억달러가 넘습니다. 선진 건설·토목사로부터 배운 노하우와 기술, 중동에 쌓은 신용은 달러로 환산이 불가능합니다. 진짜 열심히 했습니다. 이제 후배분들에게 맡깁니다(「조선일보」(2015.5.1.금), A21면. [11] 중동건설과 김철빈).

3. 자유시장경제 정책

1961년 박정희 소장이 군사혁명으로 정권을 잡고 경제개발에 착수하였을 때 한국의 1인당 국민소득은 93달러였다. 경제통계대상이었던 103개국 중 87위였다. 1위는 2,926달러의 미국, 일본 26위(559달러), 필리핀은 한국보다 약 3배가 많은 268달러 49위였다. 아프가니스탄 124달러 75위, 캄보디아 116달러 78위, 수단 83위 그리고 한국이 87위였다. 한국은 유신시대인 1972~1979년에 중화학공업 건설을 본격화하면서 1인당 국민소득에서 1972년 323달러 75위, 1979년 1734달러 59위, 2012년 2만2589달러 34위가 되었다. 美, 中, 日, 獨에 다음 가는 5大 공업국, 7大 수출국, 8大 무역국, 12위 경제대국(구매력기준GDP)이 된 것이다. 재래식 군사력은 8위 정도로 유신기 중화학공업 건설 덕분이다. 1960~70년대 수출육성정책, 중화학공업화정책, 새마을운동 등에서 잘하면 상을 준다는 인센티브제도를 활용하여 '한강의 기적'을 일으켰다. '통제된 경제발전' 전략은 '하늘은 스스로 돕는 자를 돕는다'(마태복음 25장 3명의 하인 달란트 이야기에서 유래) 하는 '인센티브 차별화'로서 새마을운동 1차년도 후 성공한 1600개 마을과 참여하지 않은 1800개 마을에 대한 '차별적 지원', 1977년 '자조·자립마을'은 100%에 이르고 '기초마을'은 사라지며 도농都農 간 소득격차도 1974년부터 농촌우위로 역전되었으며 수출기업, 중소기업, 중화학기업 등 지원육성정책 등으로 '한강의 기적'을 이루게 된다. 반대로 스스로 돕는 자를 부르주아라 청산하여 모든 인민을 주저앉힌 북한은 최악의 실패의 역사를 기록하고 있다. 민간주도형 경제운용, 공정거래위원회, 금융시장 자유화 등으로 1986~1989년 사이의 경상수지흑자는 규모와 기간('86: 46억 달러, '87: 99억 달러, '88: 142억 달러, '89: 51억 달러)의 경제자립을 기반으로 88올림픽, IMF 8조국 이행, G-20, 1997년 IMF 극복의 계기를 이루었음에도 IMF 換亂 이후 한국 사회는 스스로 돕는 자를 폄하하고 인센티브를 역차별이라 하는 평등주의의 反自助 사회가 된다.[85]

[三] 사회·문화적 근대국가와 국민정신

1. 이승만정부의 국민교육과 대일국민정신

해방 후 이승만은 새나라 건설에 필요한 것은 새 국민 새 정신이라 하였다. 근대국가의 국민정신이라 할 수 있다. 청국 말기 양계초가 근대국가를 희구하면서 주창한 新民이 바로 그것이었다. 문맹퇴치와 국민교육이 강조되었다. 교육은 근대적 국민 형성에 기여한 바 큰 것이었다. 이승만은 29세, 감옥에서 쓴 '독립정신'에서 과학기술, 제조업, 외국어, 개방, 통상의 부국강병을 말했다. 광복 후, 이승만 정부는 교육입국의 기치로 의무교육 6개년계획, 문맹퇴치 5개년계획 등으로 정부예산 10% 이상을 교육에 투자하였다. 1959년까지 학령아동의 96%가 취학하였다. 해방 당시 문맹률이 86%가 1959년에는 15.5%~22.1%로 감소하고 1960년 10% 이하로 떨어진다.[86] 1953~1960년까지 국비해외유학 2만여 명, 국군 장교단 1만여 명, 1959년 원자력연구소 등 국내 과학 관련 연구소 설립 등의 교육혁명과 기술혁명으로 60년대 경제성장의 기반이 마련된다. 5·16군사정변과 80년대 민주화를 이끈 이면의 원동력이기도 하였다. 6·25동란전쟁을 거치면서 국민개병 병역의무는 전근대적 반상제를 없애 주었다. 근대적 행동규율을 집단적 군대생활의 몸으로 익혔다. 지식과 기술을 대중에게 전달하는 언론매체 보급률이 높아지고 신문, 라디오, 영화, 소설 등의 대중적 보급으로 도농정보격차가 줄어들어 근대적 국민국가정신의 형성에 일조하였다. 기독교 전파는 서구적 의식 확산에 기여하는바 컸다. 국민공동체 형성의 기반을 이루는 근대적 국민의식이 자리 잡는다. 일본은 1951.9. 미국과 대일청구권, 어업권, 재일한국인 60만명 국적과 처우의 처리절차를 정한 '샌프란시스코강화조약'에 따라 10월 한국과 첫 예비회담을 연다. 1952.1. 이승만 대통령은 '이승만라인'이라는 '인접해양의 주권에 관한 대통령선언'인 '평화선'을 긋고 일본 어선을 나포한다. 식민지지배에 대한 대일청구권에 관련한 1953.10. 제3차회담에서 일본측 대표 구보타 간이치로久保田貫一郎가 일본정부도 한국에 두고 온 민간인재산에 대한 청구권을 가지며 일본이 아니었으면 중국이나 러시아 식민지가 됐을 것이라 하여 1955.8. 한국인의 일본왕래금지 및 무역중단을 선언하자, 1956년 일본정부는 대한청구권 포기 및 이들 발언을 취소한다. 한국정부는 1957년까지 평화선에 들어온 일본어선과 어민, 선원 등을 나포한다. 일본 정부는 1959년 재일 교민 일부를 북한에 가게 한다.

2. 근대적 국민국가 정신의 퇴영

박정희 대통령은 자유민주주의가 기능할 수 있는 국가제도 정비와 경제건설을 행한 자유지향적 권위주의적 지도자*Liberal Authoritarian*이다. 1인당 국민소득이 80달러도 되지 않았던 李承晩 정부는 6·25 동란 중에도 국회를 해산하지도 선거를 중단하지도 언론을 검열하지도 않았다. 朴正熙는 5·16과 10월유신으로 헌정질서를 중단시켰지만 '내 무덤에 침을 뱉으라' 하는 말로 산업화를 이끌면서 근대적 국민국가의 정신을 이끌었다. 근대국민국가의 기틀이 형성되면서 4·19의거와 이승만의 대통령직 사퇴는 법치와 대의정을 대체하는 민중의 직접 결정 및 민족국가적 관념으로 김영삼, 김대중, 노무현 등 대통령들의 민주화를 향한 또 하나의 방향성을 각게 된다.

4·19부정선거와 타락한 국민정신 4·19부정선거는 선거주무부처 내무부장관 최인규, 법무부장관 홍진기, 치안국장 이강학 등이 이기붕 등의 자유당과 함께 4할 사전투표, 공개투표, 투표함 바꿔치기 등으로 이루어졌다. 4할 사전투표는 기권, 고령 등 이유로 투표를 하지 않을 유권자 비율을 4할로 보고 투개표 직전 이승만 찬성표를 무더기로 집어넣는다. 3인조, 5인조 등의 무리로 기표하며 자유당원, 경찰 등이 감시자 노릇을 한다. 구비서류 미비, 서류 강탈 등으로 야당의 후보 등록 자체를 방해한다. 군대의 이승만 표가 유권자의 120%가 되자, 자유당은 이승만 득표율 80%, 이기붕 득표율 70%로 조정할 것을 행정망을 통해 지시하여, 최종 공식결과 이승만 88.7%, 이기붕 79%. 투표 당일 마산 시위와 경찰 발포로 9명 사망, 마산상고 1학년 김주열 군 시신이 4.11. 마산 앞바다에 떠오르면서 시위군중 10만 명 내외가 관공서 습격 등으로 이승만 정부를 규탄한다. 고려대 등 서울시내 대학 거의 전체의 시위가 결정적 분기점이 된 4.19. 학생의거이다. 이 같은 부정선거의 토양에는 기생집에서 기생을 둘러싸고 현역군인장교와 시비가 붙자, 현역군인장교에게 권총을 쏘아 살해한 국회의원 서민호 류 등 토호들의 국민국가정신의 황폐화에도 있다. 오늘날 한국의 사회적 상황에서도 도착적 근대화*perverted modernization*로 악성변종*malign hybrid* 국가공동화, 독선적 이념왕국으로 변질(김진현), 나라 없는 백성(함석헌 「사상계」1958.8.), 나라는 있는데 백성이 없다(이문열(1948.5.18.~), 2013.4.1. 동아일보), 대한민국은 한 나라가 아니라 異種의 생명체(김욱, 『정치는 역사를 이길 수 없다』(개마고원 2013)) 등의 지적이 계속된다.

3. 국민공동체 국민정신의 형성

한국에서의 문학은 일본적 근대성을 확립하려 한 나쯔메 소세키 같이 근대에의 자아를 위한 어지럼이 아니라 근대에 들어서기를 거부하는 유교적 자아관에 의해서 근대국가의 국민공동체를 인식치 못하면 전근대적 낭만주의로 퇴영한다. 근대국민국가의 자유민주주의 신념은 대한민국의 독립을 지켜냈다. 농지개혁, 6·25동란전쟁, 한미동맹, 교육입국 등은 근대화의 국민국가의 길로 계승되는 한편 동학, 항일, 반독재로 보편화된 정의도 국민공동체의 국민정신을 형성한다. 해방기와 산업화기의 사람들이 애창하여 부른 유행가들이 당시 국민들의 진심을 담아 낸 명작들이다. 건국기 애국가, 3·1절, 6·25, 광복 20년, 근대적 자유의 상쾌함을 노래한 '청포도사랑'*1956*, '봄날은 간다'*1953*, '군세어라 금순아'1953, '경상도 아가씨'1955, '영도다리 40계단', 새 국민정신 희구의 산업기 '청산에 살어리랐다', '무궁화꽃', '팔도강산', '맨발의 청춘', '전우가 남긴 한마디', '행복의 일요일', 패티김Patti Kim의 '서울의 찬가', '서울의 모정', 박재란의 '럭키모닝' 등이 그것이다.

국민공동체의 문화와 반경향성의 극복 오발탄, 1961년 4·19 직후 유현목 감독의 리얼리즘 영화. 가난에 찌들어 살던 삼팔따라지들, 실성한 어머니, 임신중독에 걸린 아내, 은행 강도하다 총에 맞아 죽는 남동생, 양공주 누이들, 실성한 어머니를 붙잡은 주인공 철호의 말 "그래도 남한은 이렇게 자유롭지 않아요"의 대사에서, 근대국민국가의 자유민주주의 이념이 들어갔음을 볼 수 있다. 김수영 '우선 그놈의 사진을 떼어서 밑씻개로 하자' "…그 지긋지긋한 놈의/대한민국사진을 떼어서/조용히 개굴창에 넣고/썩어진 어제와 결별하자/그놈의 동상이 선 곳에는/민주주의의 첫 기둥을 세우고/쓰러진 성스러운 학생들의 웅장한/기념탑을 세우자∥이제야말로 아무 두려움 없이/그놈의 사진을 태워도 좋다/협잡과 아부와 무수한 악독의 상징인/지긋지긋한 그놈의 미소하는 사진을(하략)' 고은 '대한민국에서는 도둑이 될 수 있다/대한민국에서는 거지가 될 수 있다/거지의 자유/도둑의 자유야말로 자유였다/바야흐로/바야흐로/바야흐로/세상은 자유당의 것/사사오입으로/3선 개헌 완료하고/백주의 테러는 테러가 아니라 우국충정이었다/대한민국에서는/전쟁으로 죽어갈 자유와/전쟁으로 벼락부자가 될 자유가 있다'[고은, 『만인보』(총 30권 연작시집), 17권 수록시. 이에는 사사오입논리를 제공했던 교수의 이름을 딴 '서울대 수학과 교수 최윤식'도 있다].

국가공동체의 노래 민방위의 노래: 작사 내무부 작곡 김성태 제1절 조국의 부름 받아 일어선 우리/ 침략 막고 재난 막는 향토의 방패/ 나라 위해 바친 몸 다시 바치려/ 민방위 깃발 아래 굳게 굳게 뭉쳤다/ 내 마을 내 직장은 내가 지키고/ 내 조국 내 민족은 내가 지킨다∥ ‖ 나의 조국: 박정희 작사·작곡 제1절 백두산의 푸른정기 이땅을 수호하고/ 한라산의 높은기상 이겨레 지켜왔네/ 무궁화꽃 피고져도 유구한 우리역사/ 굳세게도 살아왔네 슬기로운 우리겨레∥ 제2절 …∥ 삼국통일 이룩한 화랑의 옛정신을/ 오늘에 이어받아 새마을 정신으로/ 영광된 새조국에 새역사 창조하여/ 영원토록 후손에게 유산으로 물려주세.

국민공동체의 노래 '서울의 찬가'1969 제1절/ 종이 울리네 꽃이 피네/ 새들의 노래 웃는 그 얼굴/ 그리워라 내 사랑아/ 내 곁을 떠나지 마오/ 처음 만나고 사랑을 맺은/ 정다운 거리 마음의 거리/ 아름다운 서울에서/ 서울에서 살으렵니다∥ ‖ '서울의 모정'1975 제1절 희망의 새아침이 밝아 오며는/ 발걸음 가벼운 태양의 거리/ 푸르른 하늘을 쳐다보면서/ 오늘도 그대와 둘이서/ 그리운 서울 정다운 마음/ 반짝이는 눈동자/ 그리운 서울 불타는 가슴/ 언제 언제까지나∥

제3절 대한민국 – 근대국민국가의 헌법국가성

Ⅰ. 대한민국의 국헌 – 국가정통성과 헌법정체성

[一] 대한민국의 민주공화국의 국가정통성

국헌으로서의 '국가와 법'은 국가의 역사에 대한 자긍심, 공동체 헌법에 대한 존중의 마음을 규범적으로 표시한다. 국가의 정통성과 헌법의 정체성이 그것이다. 국가정통성은 한 나라의 정치·사회·경제 등의 제도가 그 구성원들을 주권자로서 국민공동체의 동질성을 갖도록 묶어 주는 원천이다.[87] 국민공동체의 동질성은 국헌적 국가의 법인국가성과 주권국가성을 표상하고 국민국가의 계속성을 가능케 하는 근원에 존재하는 국가적 정체성이다. 대한민국의 국가정통성은 왕조 국가나 민족국가 등의 국가적 국가 관념에서 존재하는 것이 아니라 대한국민이 국민국가의 주권자로서 공동체적 동질성을 갖도록 하는 원천에서 존재하는 국헌적 국가의 헌법국가적 정체성이다. 대한민국의 국가정통성은 자본주의 국가형식을 기반으로 국가형태를 공화국의 국체, 민주정의 정체로 정하는 국민국가를 표상하는 헌법 제1조 제1항 '민주공화국'에 존재한다. 민주공화국은 공동체의 국민국가적 동질성을 지향하는 국가, 플라톤 Politeia의 국헌에서 말하는 이상국가 또는 키케로(Marcus Tullius Cicero 106~43前)의 '전체국민의 국가'인 Res publica est res populi, 독일 헌법학자 마운츠Th.Maunz의 자유의 반독재 공화국으로의[88] 헌법국가라 할 수 있다. 대한민국의 국체는 대한민국이 지니는 국가로서의 정통성을 의미한다. 이는 국민국가인 공화국의 국체를 의미한다. 따라서 국체가 王朝인 '대한제국'과 구분되며 민족의 기원이 되는 국가로 일컫는 고조선 등과도 다른 차원이다. 그렇기 때문에 예컨대 대한민국의 국법학적 국가로서의 건국일은 국민주권의 주권자인 국민의 선거로 구성한 의회가 헌법을 제정한 1948년 7월 17일이며 바로 그 대한민국헌법이 대한민국, 근대국민국가의 헌법국가화인 대한민국의 국체이다. 헌법은 국가의 규범이고 대한민국헌법은 대한민국의 규범이다. 제헌헌법 전문은 '기미 3·1운동으로 대한민국을 건립'이라 하여 대한민국을 지칭하였는데 대한민국 이전의 大韓帝國은 1897년부터 1910년까지 13년의 기간 존속하여 조선과 같은 왕국이 아닌 황제의 '제국'이라는 국호를 쓴 나라이다. 대한제국을 일본제국은 1910년 8월 22일 합병으로 강점하고 8월 29일 이를 공표하면서 명치천황칙령으로 대한제국 국호를 '조선'으로 바꾸어 조선을 병합하는 것으로 자위하였다. 대한민국임시정부는 1919년 3·1독립운동 후 건립된 러시아 블라디보스톡 대한민국의회정부, 상해 대한민국임시정부, 서울 한성정부 등이 통합되어 상해에 수립된 최초의 민주공화국인 근대적 국가로 선포된다. 하지만 국가의 권력제도 등의 국가적 형태는 갖추지 못하였다. 수립은 되었으되 근대국가, 국민국가로서는 기능하지 못한 미완인 국가이었다. 현행헌법 전문이 '3·1운동으로 건립된 대한민국임시정부의 법통 …을 계승하고' 한 것은 이를 시사하는 것이다. 대한민국은 대한민국임시정부의 후속 국가가 아니라 그 법통을 계승한 국가다. 그 법통은 민주공화국의 국가정통성이다. 대한민국은 헌법국가화한 최초의 근대국민국가이다. 왕조국가인 조선, 근세적 국가인 대한제국, 국가로서는 미완인 대한민국임시정부와 규범적 성격을 달리하는 국가정통성과 헌법정체성을 지닌 국민국가이다.

대한민국의 건국일은 그에 앞서 존속한 국가나 정부와는 다르다. 근대국민국가로서의 규범적 국가와 민족적 국가를 구분할 것을 우리들은 요구 받는다. 입헌헌법을 재정하여 근대국민국가를 건립하고도 건국의 주체인 대한국민은 건국의 의의를 기억하지 않는다. 연대기적 편년체 사고로 정부수립 선포일을 건국일로 인식함은 헌법과 국민국가적 사고의 미성숙이다. 근대국민국가의 헌법국가로서 1945.8.15. 독립일 · 해방일, 1948.7.17.은 광복일 · 제헌건국일, 1948.8.15.은 정부수립일이다.

[二] 대한민국의 국체와 정체

근대국민국가의 헌법국가화는 국체와 정체의 실현에로 귀결된다. 국체는 민주공화국의 국가형태로 정해진다. 국민의 주권이 국가의 권력으로 형성되는 구조가 국가형태라면 정체는 예를 들어 정부형태로 실현된다. 이는 권력분립으로 형성된 국가의 권력을 국민의 대표자인 의회의 법제정권을 중심으로 이를 집행하는 정부 행정권, 판단 · 선언하는 법원 사법권 상호간 국가 · 사회에서 현실적 권력행사를 작동시키는 조직의 형태인 동시에 권력 행사의 제도다. 이렇게 민주공화국의 국가형태가 변치 않는 국체로 기반을 이루면서 정부형태의 정체가 계속성을 지니는 것이 헌법국가화의 하나의 예라고 할 것이다. 정부형태로서의 이 정체가 흔들리고 계속성을 지니지 못하는 국가는 헌법국가화의 근대국민국가에 미진한 상태에 있는 것이다. 국가정통성 · 헌법정체성을 말하는 이유가 여기에 있다. 대한민국의 헌법적 정체성은 민주공화국의 국체에 있다. 국체는 국가의 존립과 통치의 명분이고 토대다. 대한민국의 국체는 헌법 제1조 제2항의 주권在民과 권력由民에 의하여 국민전체가 주권자인 국민국가를 확인하여 제11조 제2항의 사회적 특수계급으로서의 계급적 노농주권의 공산국가를 금지하며 군주적 국가를 부인하는 것이다. 헌법적 정체성은 국체와 정체에 의하여 그 통치제도 · 권력구조가 개인의 자연적 의사가 아니라 주권자인 국민의 제도화된 의사에 따르도록 구성 · 조직하여 권력을 제도화할 수 있게 된다.[89] 국체와 정체는 국가 계속성을 연속하는 과정에 놓이게 한다. 국민은 권력의 보유자다. 국민의 대표자는 헌법과 법이 정한 바에 의거하여 제도화된 권력을 자유위임에 따라 한정적으로 행사하는 국가의 기관이다. 헌법은 대의기관인 국회, 정부 · 법원 · 헌법재판소 등이 정책결정권을 지니는 대의정에 기반하여 이루어지는 권력양태인 대통령제 정부형태의 권력구조를 규정한다. 이로써 헌법적 수권 없는 군주의 개인적 의사에 의거하는 인격적 권력의 통치구조(권력기초의 인격화), 카리스마적 지배구조(권력행사의 인격화) 등에 따른 비입헌군주정의 전제정 혹은 독재정 등에 의거하는 인격적 권력은 차단된다. 헌법은 권력의 자의적 행사를 국민의 대표기관인 의회가 제정한 법률로 제한하는 '법치', 공권력의 행사 및 통제 등의 법체계를 정하는 '공법' 등으로 인치를 법치로 전환시키면서 입헌주의 통치국가인 입헌국가에 헌법적 정당성을 부여한다. 입헌군주정은 군주 제도만 존재할 뿐 군주의 주권적 지배가 아닌 국민주권적 지배의 입헌정인 영국의 비통치 군림군주정, 일본의 상징천황제 등을 말한다. 한국 헌법상으로는 독재정(영도자독재, 군부독재, 일당독재 등)의 헌법초월적 주권독재는 부인되나 입헌적 독재인 긴급재정경제명령 · 처분, 긴급명령, 계엄 등은 인정된다. 대통령이 국가의 元首라 규정한 헌법 제66조 제1항은 대통령이 제도적 권력을 헌법에 의거하여 행사하는 국민주권의 입헌적 통치의 주재자라는 의미이지 공화정적 군주라는 의미가 아니다. 대한민국은 입헌적 반공국가로서의 국가정통성을 갖는다. 입헌국가 즉 입헌주의로 통치되는 국가의 기반 형성은 국민공동체에 의하여 이루어진다. 국민공동체의 입헌국가가 그것이다. 이는 공동체 질서를 보편적 상태 즉 누구나 받아들이는 일반적 권력으로 형성할 수 있는 공동체 관념을 받아들이는 근대국민국가이다. 이로써 국가의 권력은 공동체 구성원에게 구속력 내지 효력이 있는 공권력으로 받아들여지고 권력행사자의 자의적 지배를 배제하여 권력은 인격화에서 제도화된다. 인격화된 권력의 비법치국가적 삶은 1인 절대 왕조에서의 신민臣民의 복종에의 생존에 불과하다.

[三] 대한민국의 헌법정체성

1. 헌법정체성으로서의 國憲

헌법국가는 국가정통성과 헌법정체성을 헌법에 정하고 이를 실현하는 것이다. 대한민국의 헌법국가는 민주공화국의 국가정통성을 자유민주주의·시장경제질서의 헌법이념과 법치주의 헌법원리의 헌법정체성으로 실현하는 입헌주의적 통치국가로 기능하도록 하는 것이다. 국가정통성과 헌법정체성은 입헌국가의 목적이므로, 대한민국의 존재 의의는 우리들과 우리들의 자손의 안전과 자유와 행복의 확보를 통하여 국민 각자의 인간으로서의 존엄성 등이 보장되도록 함에 있다. 이는 근본규범이기에 그 자의적 변경은 국가변란이 된다. 입헌국가는 자유주의에 근거한다. 자유와 인권이 국가의 존재를 이룬다. 인간의 존엄과 가치가 인간의 정체성이듯, 국가의 존엄과 가치가 국가 정체성이다. 대한민국을 지키는 것 자체가 자유를 지키는 것이다.[90] 신탁통치에 반대하는 반탁은 자유 대한민국의 씨앗이 되었으며 이는 반공이 되면서 입헌국가의 기반을 이루게 하였다. 한국 헌법의 자유민주주의는 민주주의의 적에 대한 투쟁적 방어적 민주주의 즉 반공이다. 정당해산은 민주주의 체제를 해치는 정당을 자유민주주의의 이름으로 해산시키는 것이다. 그 점에서 통진당 해산 결정은 한국 헌법의 본질이 자유민주주의의 근대국민국가임을 말하는 것이다. 북한 공산집단이 한반도 전체를 황폐화시킬 수 있는 핵무기를 협박의 기재로 자유의 파괴자로 등장하는 한, 대한민국의 입헌국가는 자유주의를 기반으로 하는 반공국가가 되지 않을 수 없다. 민주공화국의 입헌국가에서 '국가와 법'은 민주주의, 법치주의 등의 통일적 이해와 있어야 할 법, 당위적 실현으로서의 법을 찾는 일련의 과정이다. 특히 근대국민국가로서의 입헌주의 통치국가는 현대 사회복지의 국가체제에서는 공동체 구성원의 균질성 있는 사회복지급부를 실현한다는 국가성을 또한 가진다.

2. 국헌으로서의 근대입헌주의헌법

'국헌', '국가와 법'은 국가는 우리에게 무엇이고, 나에게 무엇이어야 하는지를 찾는 것이며, 그 무엇인가는 나와 우리가 공동체에 대하여 갖는, 이해관계에 대한 자각으로서의 이념이기에, 결국 나와 우리의 국가의 이념을 찾는 것이다. 국가의 이념은 자기가 사는 세계의 정의이다. 고희랍인은 고조선 시대에 해당하는 2800여 년 전에 인간은 누구나 자유롭고 평등한 존재로 태어난 존재임을 인류 최초로 자각한 인류로서 공인되어 있다. 고희랍 아테네인은 군림하는 왕을 인정하지 않으며 평등한 개인을 규율하는 Nomoi 즉 법률을 왕으로 삼으려고까지 하였다. 동양에서는 자유와 평등의 관념을 19세기 중반에야 접하면서 하늘이 내린 통치자의 지배를 받는 백성에서 자유롭고 평등한 권리를 가진 개인으로 다시 태어나는 과정이 곧 근대화였다. 근대국가에서 민주주의가 국가의 존재이념인 것은 국가가 民主, 즉 국민인 인간을 주인으로 섬기는 주의이기 때문이다. 나라는 내 것이 아니라 내가 만들어 가는 것이다. '나'는 결국 우리들 시민, 국민이며 나와 국가는 구분되는 것이지 분리되는 것은 아니며 그래서 나와 국가를 타자화시키는 것이다. 메소포타미아의 수메르인 등의 국가, 중국 동양의 천하국가는 그 같은 인간을 보지 못하였다. 천하국가는 국가를 내 것이라 인식하는 지배자의 국가이다. '강산'이라 하는 자연적 국가 관념이라는 것 역시 천하국가의 진면목을 숨기는 차용이었다. 그것은 天子의 관념이기도 하였다. 천하국가는 Mesopotamia의 국가와도 차이점을 가졌다. 직접 신을 섬기는 것도 아니고 신을 가탁한 자신의 통치의 정당화, 인격신에 불과하게 만든 것이다. 책임은 지지 않고 권위와 이익만 누리려는 집단의 搾取의 국가에 불과한 것이라 보아야 할 것이다. 맹자가 줄기차게 人義의 정치를 주장한 것은 그런 것 때문이다. 그 인간은 국가에 관련하여 logos적 인간, 신성 종교인, 이성적 과학적 인간 등으로 변화한다. 고전기 고희랍 아테네 등에서의 인간은 신의 logos적 화신으로 보았으며 특히 플라톤은 인간을 철인-군인-시민으로 보았다. 반면 고희랍 아테네의 소피스트는 시민과 polis를 분리하고 polis와 cosmopolis를 분리하며 폭군 중우정에서 소크라테스의 독배 죽음에 이후에는 서로가 더 이상 관심을 갖지 않는 죽은 공동체가 된다. 아테네 시민 공동체의 homo sapiens로서의 인간은 국가와 개인의 분리로 logos가 없어지면서 국가와 개인의 분별까지도 없어지게 되기까지에 이른 것이다. 소크라테스, 플라톤, 아리스토텔레스가 그토록 지속적으로 폭군 중우정의 폐해를 질타했던 이유를 새겨야 한다. 고희랍 도시국가의 쇠망의 국가론적 의미, 고희랍 도시국가의 대한민국에서의 의의 등을 우리들은 진지하게 생각해 보아야 하는 것이다. 중세의 고리를 끊은 르네상스는 '개인'의 발견에 있다. 인간은 전체 우주의 필수 요소이다. 우리가 관심을 가졌을 때에만 타인이 존재하게 된다. 그것은 인간이 개인으로서의 개성을 가질 때에만 가능한 것이다. 근대는 중세의 연속선상의 그 다음이 아니라 토기에서 도기로 변할 수 있는 고온에 의하여 나오게 되는 질적 변화이다. 그래서 칼 야스퍼스는 축*axial*의 시대라 한 것이다. 근대 시민사회는 과학에 의한 사실-눈에 보이는 것이며 진실로서의 common cause이며 합리성*reason*을 요구하면서 이성*Vernunft*으로 귀결된다. 하나님의 의지가 세상을 창조하시는 의지라면 인간의 자유 의지는 의사소통공동체를 창출하는 의지이며, 하나님의 의지가 창세기에서 드러났다면 인간의 자유 의지는 칸트가 드러내었으며 자유의지를 지닌 국민의 주권 행사인 사회계약으로 '국가'는 창출되는 것이다. 그것이 근대의 국가 관념이고 대한민국의 헌법정체성이다.

3. '국헌학'으로서의 입헌주의헌법

저자가 정년퇴임 고별강의에서 '국헌학'을 저술할 것을 말한 부분을 기술한다.

"이 길을 허락하신 창조주 하나님께 감사드립니다. 37년간 우리 대학에 몸을 담을 수 있게 하여 주신 숭실대학교에 감사드립니다. 저의 강의를 수강하여 대학에서의 학문과 낭만을 함께 누릴 수 있게 해 준 숭실대학교 학생들에게 감사드립니다. 특히 2020년도 2학기 마지막 학기에서 저의 필생의 학문인 '國憲學'의 전 분야인 헌법, 국법, 헌법소송법 전 강의를 대면강의에서처럼 시간의 제약을 받음이 없는 인터넷 동영상 강의를 통해서 마음껏 강단에서 펼칠 수 있는 기회를 갖게 되어서 후련하고 아쉬움 없는 39년의 강의를 마치게 되었음을 감사합니다. 앞으로 강의를 할 기회가 있어도 그것은 저의 학문의 일생에서의 부록이지 본문은 아닐 것입니다. 저는 내년 2021년 2월 말이면 정든 우리 학교를 떠납니다. 1985년 숭실대학교 법과대학 조교수로 부임한 이래 햇수로 37년의 세월이 눈 깜짝 할 사이에 쏜살같이 지났습니다. 2010년부터 2012년까지 만 3년간 장관급 헌법기관으로서 중앙선거관리위원회 제14대상임위원으로 근무하고 국가가 수여하는 최고의 예우인 청조근정훈장을 받은 그 기간 외에는 한시도 숭실대학을 떠난 적이 없었습니다. 숭실은 저의 마음에 품은 고향이었기 때문입니다. 하지만 이제는 정든 학생과 교정과 책더미 속에서 떠납니다. 제가 1973년 대학 신입생으로 교정을 설레는 마음으로 걷고 개강하면서 피기 시작하는 개나리, 진달래 철쭉 그리고 아카시아 등을 보면서 시작한 대학에서의 생활까지 합하면 저의 65년 인생에서 약 50년 반세기의 세월을 캠퍼스에서 보냈습니다. 봄이면 우리 숭실대 교정을 수놓는 벚꽃을 보고 가을이면 노랗고 붉게 물든 캠퍼스는 저의 삶의 터전이었습니다. 저는 '헌법학'으로 저의 학문을 시작하면서 이제 강단에서 퇴임하는 지금에서는 '국헌학'으로 마무리 지을 수 있게 하여 주신 학문의 신에게 감사드립니다. 1974년 1학기 대학에서 처음 헌법 강의를 들었을 때 담당(故 韓東燮)교수님은 한 학기 내내 헌법제정권력이라는 주제 하나만으로 강의하셨던 기억입니다. "아! 저걸 한번 해 보고 싶구나" 한 저의 마음은 저의 헌법학 학자로서의 첫 발을 디딛게 하였습니다. 1980년 석사논문으로 '국민투표제도', 1984년 박사논문으로 '정보공개제도'를 쓴 것은 주권과 헌법제정권력에 기초하는 주제들이었습니다. 주권과 헌법제정권력, 국가와 헌법, 국법과 국헌 이런 주제들로 저의 학문적 궤적이 그려지면서 오늘에 이르렀습니다. 일반헌법학, 일반국법학의 책을 종합하여 '國憲學'으로 편찬하게 되면 헌법학교수로서 출발했던 제가 '國憲學敎授'로 정돈되는 것으로 맺음합니다. 한 나라가 국가로서의 格 즉 國憲을 갖지 못하게 되면 그 나라는 쇠하게 됩니다. 나라가 쇠하면 국민도 없게 되는 것이고 국민이 없으면 거기에 규범적 실존은 존재의 허무가 됩니다. 규범이 존재하지 못하면 국헌도 존재하지 못합니다. 거기에는 일차원적 인간의 생존의 세계만 존재하는 그래서 우리들을 만인투쟁의 어둠의 심연에 빠지게 할 것입니다. 國憲의 세계는 저의 삶의 전부입니다. 그 세계에서 살아 왔고 살 수 있게 해 준 숭실대학을 이제 떠납니다만, 그러나 규범의 하늘을 우러러 한 점 부끄럼이 없기를, 잎새에 이는 바람에도 괴로워하는 마음을 이제는 떨칠 수 있게 되어 마음은 한없이 홀가분하고 후련합니다. 숭실대 헌법학교수로서의 헌법학 연구와 강의는 이제 매듭을 짓습니다만, 저의 이제부터의 삶은 國憲學敎授로서 집필과 강의를 대학에 한정하지 않고 저의 '국헌학'을 원하는 모든 장소에서 계속하고자 합니다. 국헌학의 실마리를 대학 퇴임의 막바지에 깨닫게 된 저의 아둔함으로 인하여 앞으로 더 한층 연구와 집필에 몸과 마음을 기울여야 할 각오를 다짐합니다. 그런데, 대학의 퇴임에 즈음하여 후련한 마음임은 변함이 없지만 저의 강의를 들어 준 우리 숭실대 학생들과 법과대학의 37년간의 졸업생들 그리고 재학생들 또 직접 얼굴을 볼 수 없었던 올해 신입생들… 이들 모두가 그립고 보고 싶다는 마음에 가슴이 아픕니다. 그래도, 즐거웠습니다. 오랜 기간 감사했습니다. 우리 숭실대 학생들의 앞날에 좋은 일만 가득하기를 빕니다. 하나님의 가호 아래 숭실대의 무궁함을 빕니다."

2020년 12월 21일

Ⅱ. 대한민국의 국헌 – 시장경제질서의 헌법정체성

시장경제질서는 인류가 5000년전 문명의 시기에 들어가면서부터의 자유의 희구였다. 칼 폴라니는 『거대한 전환』에서 고대 교역에서는 가격이 시장상황에 관계없이 고정되었다.[91] 하지만, 모리스 실버는 메소포타미아에서 주석 가격은 짧은 기간에 20% 상승률을 보이기도 했고, 농부가 잉여 농산물을 도매상에게 위탁할 때 '시장가격대로 팔아 달라'의 주문 기록들이 있음을 발견했다.[92] 아테네는 c450BC 시칠리아와 이집트에서 곡물, 흑해에서 염장鹽藏 생선을 수입했다. 와인, 생활용품, 공예품 등을 갖고 나간 배가 밀 400톤을 싣고 입항했다는 기록이 있다. 아테네 투자자는 선주, 무역상의 배, 화물을 담보로 한 저당가에 시가 50% 돈을 투자했는데 이자율은 3개월 평균 67.5%였지만 사고시에는 전액 손실을 감수해야 했다.[93] 와인 단지 3000개를 담보로 돈을 투자받은 무역상이 450개만 싣고 떠나면서 해외에서 싣고 온 물건을 다른 곳에 하역하고 그 화물이 태풍 때문에 사라졌다 거짓 진술하여 피소되었다는 기록이 있다.[94] 국가의 경제 관여는 유스티아누스 황제의 로마법전 C4.44.2조에서 정당한 가격이론이 처음 등장한다. 13세기 토마스 아퀴나스 '신학대전'은 부당한 거래를 악으로 규정하였다. 산업혁명의 자본주의가 확산되던 18~19세기에도 프랑스 1804년 민법 1674조 '부동산 거래가 정당한 가격의 5분의 2 이하로 이뤄졌을 경우 번복될 수 있다' 등으로 계약의 자유가 통제됐다. 유럽의 봉건적 질서가 흑사병Black Death이 1346년 중국에서 돈 강을 통해 지중해 전역에 퍼지면서 쇠락하게 되면서 서유럽에서는 경제적 제약이 풀리기 시작한다. 시장에서의 자유로 소득 향상과 부의 창출을 이룬 인류의 경제발전사는 근대국민국가의 18세기 중반~19세기 초에 걸쳐 주식회사와 산업혁명으로 자본주의의 산업사회를 일으켰다.[95] 창세기 제1장 28절 "생육하게 하고 번성하여 땅에 충만하라" 함은 이를 예언한 것일 것이다. 크롬웰Cromwell은 1649년 찰스Charles 왕을 처형하나 1660년 찰스 2세의 왕정이 복구되며 1685년 제임스 2세에 이르러 내전에서 승리한 의회파가 오렌지 공 윌리엄William of Orange과 제임스 2세의 신교파 딸인 매리Mary가 함께 왕위에 오르는 명예혁명Glorious Revolution이 이루어진다. 의회는 왕과 동맹세력에 저항하는 하급귀족, 상인, 신흥농부 등을 대변하였다. 의회는 이 같은 사회계층에 힘을 주는 기구가 되었다. 영국은 1670년대 富의 축적으로 정치적 힘을 얻게 된empowered 다양한 계층의 지방소농, 제조업자, 대서양 무역업자 등이 명예혁명의 중심세력인 휘그Whig당 창설을 도왔다. 이에 대항하는 토리Tory당이 1670년대에 결성되었다. 1688년 명예혁명 후 의회와 오렌지 공 윌리엄은 1688년 권리선언Declaration of Rights을 하고 1689년 이를 권리장전Bill of Rights으로 하였다. 다원주의pluralism는 정치권력이 절대왕정의 왕이 아니라 사회각층에 권한을 부여하는 과정process of empowering이 되었으며 도덕적 다원주의moral pluralism는 각자의 삶이 서로 다름을 인정하게 하였다. 조선조는 유교에 갇힌 경제적 폐쇄국가였다. 붕당의 암투로 富의 착취가 목표인 양반들의 정치투쟁의 도구가 왕조의 국가였다. 국헌의 존재는 무시되었다. 경제발전을 주도할 계층의 존재도 배척되었다. 조선의 14세기까지 토지소유는 정치적 收租權의 家産化이고 개인재산의 토지소유는 15세기부터이며 노비제는 15~17세기에 최성기를 이루었다. 고려와 조선의 田戶가 왕토의 차경으로 의제된 자작농민으로서 지주, 가족이란 말이 없었고 촌이나 세대복합체가 국가구성의 기본단위를 이루었던 것이 15세기에 이르러 소농이 성립하고 발전하면서 국가구성의 단위로 제도화한다. 17세기 후반 초보적 수준의 소농자립의 시장이 대두하지만 자본주의의 맹아는 없었다. 1770년까지 지배적 경제체제는 국가가 토지와 인구를 분리하여 인구에 특정의 役을 부과하는 인신지배체제의 국가적 재분배경제였다. 19세기 특히

1840년대 이후 시장경제의 제도와 기구가 이식되었다. 연간 3%의 실질 성장을 이룬 일본경제에 포섭됨에 따른 부수적인 결과이기도 하였다. 조선 말 일본은 1853년 페리제독*Commodore Matthew Perry*의 4척 전함이 에도 만 개항을 요구하면서 1868.1.3. 幕府 廢置의 근대국가적 개방의 명치유신이 이루어진다. 조선은 그 3년 전인 1866년 병인양요 그리고 그 5년 후인 신미양요에도 불구하고 청의 1839년 아편전쟁의 대응과 유사하게 그로 인한 착취적 부의 권력 상실을 두려워하여 쇄국으로 근대국가적 개방을 물리쳤다. 중국 역시 宋*(960~1279)*을 거쳐 1368년 명 태조(홍무제) 즉위 후 대외거래를 막다 영락제(성조) 1402년 무역을 허용하여 정화鄭和의 대규모 선단을 아라비아, 아프리카 등에까지 파견하였으나 홍희제(인종)에 중지하고 선덕제(선종)의 1433년 이후 완전히 금지하였다. 1644년 명나라가 금나라를 세운 말갈, 여진 등이라 불리는 만주족에 의해 멸망한 후에도 1661년 청의 강희제는 대외거래를 금지하였다. 국제무역을 통한 富의 축적이 정치질서를 파괴할까 두려웠다. 이 점이 고희랍 아테네의 세계와의 본질적인 차이였고 동양과 서양의 차이이기도 하였다. 일본은 미 페리 제독의 개항 요구 방식을 모방하여 1875년 전함 운양호를 강화도에 띄운다. 1883년 인천항이 열리고 서울은 1882년 체결된 조일수호조약 續約 후 양화진楊花津을 개시장開市場으로 하고 서울이 개방되었다. 개시장은 용산으로 옮기고 남산기슭의 '진고개' 현 충무로 일대에 일인이 거주하게 된다. 강화도 조약 체결 후 일본식으로 조직된 신식군대인 별기군과의 차별에 불만을 품었던 훈련도감 소속 구식군인들이 일으킨 1882년 임오군란으로 조선조정에의 청국 영향력이 강해졌다. 1884년 김옥균, 박영효 등 개화파는 조선 근대화를 일본군에 의존하여 일으킨 갑신정변에 실패하고 1893년 동학농민운동 이후의 1894년 청일전쟁에서 일본이 승리하면서 일본의 차관과 화폐개혁 錢慌으로 국채보상운동이 1907년 대구에서 시작된다. 농업이민형태로 일인들이 대거 유입하여 미곡의 대일본수출을 주도한다. 일제시대인 1910~1940년에 국내총생산GDP이 연평균 3.7%이고 토지 측량 관련 제도는 결과적으로 서구식 사유재산제도를 인식하게 된다.[96] 제헌헌법의 국가 주도 계획경제가 6·25동란으로 불가능해지면서 1954년 국무총리 백두진은 "私有와 自由라는 것, 또 國有와 統制라는 것을 比較해 볼 적에 … 自由陣營 民主社會에서는 좀 더 낫게 살아보겠다는 意慾을 國法으로 保障할 적에 生産이 增强되고 産業이 빨리 再編, 發展해나가리라 하는 것"[97] 등으로 개헌의 필요성을 말한다. 이렇게 한국에서 시장경제질서가 인식되었던 시기는 일제시대의 법제, 자본, 기술이 이식되어 시장이 통합되었던 때의 일이다.[98] 하지만 민주주의 정치체제 형성의 기반이 되는 자본주의 경제체제 형성은 1950년대 중반 이후 미국 주도의 자본주의 시장경제체제에서 철강, 자동차, 조선 등 산업화를 이루게 되면서 자리를 잡기 시작한다. 재벌로 불리는 대규모 기업집단이 본격적으로 형성되는 것은 1970년대의 중화학공업화부터이다.[99] 그렇지만 한국인의 사회적 행동원리, 의식은 여전히 소농사회*peasant society*에 익숙해 있다. 1987~1989년 사이의 7,238건 196만명 노동자대투쟁 이후 노동운동은 이를 주도한 대기업과 공기업의 정규직 노동자들의 富의 쟁취를 위한 기득권 확보였다는 시각이 많아졌고 자본가들에 억눌렸던 울분을 배설하는 감정의 표상이었다는 평가도 크다.[100] 국헌으로서의 시장경제질서는 경제민주화*Wirtschaftsdemokratisierung Demokratisierung der Wirtschaft*가 아니라 경제자유화*Liberalisieung der Wirtschaft*를 향하는 자유주의 시장경제의 관념의 공동체적 인식에 그 성패가 달려 있다. 한국경제의 성공은 시장경제질서를 움직이는 민간에 대한 관치의 정부개입이 경쟁*competition*과 지원/벌칙*benefit/penalty*에 의한 기율*discipline* 적용의 차별화 정책으로 이어졌기 때문이다.[101] 시장에 앞선 도덕적, 정치적 사전선택의 경제민주화가 아니라 시장의 역량을 인정하고 그 시장의 선택을 존중한 경제자유화에 기반을 마련해 준 자본주의의 산업정책이 그것이었다.[102]

Ⅲ. 대한민국의 국헌 – 법치국가의 헌법정체성

한국의 전통사회는 공동체사회가 아니었다. 14세기까지 존속한 지연, 직능, 종교에 바탕을 둔 향도香徒로 불린 공동체는 15세기 이후 유교적 전환*Confucian transformation*으로 해체되고 17~19세기는 '양반 - 상민 - 천민' 신분사회였다.[103] 1985년부터 5년 간격의 세계가치관조사*World Values Survey*에 의하면, 정신적 가치에 대한 한국인의 지향은 빈약하다. 물질주의로의 편향은 국제적으로도 높은 수치다.[104] 사회적 신뢰*social trust* 수준은 원래 낮았지만 조사가 반복될 때마다 점점 낮아지는 추세를 보이고 있다.[105] 조선시대 매매분쟁은 재산권과 계약제도의 발전을 나타낸다. 토지소유권 분쟁으로 선조때 세 개의 섬을 정명공주 사패지賜牌地로 주었다는 왕실의 주장에 하의삼도荷衣三島 주민들이 이는 무토無土 사패지 즉 민전의 결세 수조권만을 준 것이라 주장하면서 행한 300년에 걸친 항거는 조선, 일제강점기를 거쳐 제헌국회에서야 해결될 수 있었다.[106] 조선의 3대 소송은 노비, 토지, 묏자리송사인 山訟이었고, 이들은 모두 돈에 관련한 것들이었다. 조선사람들은 도덕성의 외면에도 불구하고 실생활에 있어서 법익추구의 끈을 놓지는 않았다.[107]

한국 법치의 현실 미국 family식당에서 아이들을 제어 못해 쫓겨나는 한국유학생들을 자주 봅니다. 법 어기는 걸 서슴지 않는 사람들. 미국이 유지되는 원동력은 양심적인 사회 지도자들과 법이 예외 없이 평등하고 공정하게 집행된다는 점이다. 법 집행 능력은 생각지도 않고 국민 세금으로 해외 유람 다니면서 온갖 좋다는 법은 다 베끼고 짜깁기해서 만들고는 '재수' 없으면 걸려들어 처벌 받는 사회가 아니라는 점이다. 우리처럼 떼법이나 금력, 권력, 개인적인 정치 성향에 따라 법집행이 원칙 없이 무력해 지는 폐단을 어떻게 바로 잡을 것인지. 법치가 서야 제대로 된 민주주의도 서고 사회기강도 선다. 애초에 같을 수가 없는 자유를 전제로 권리를 확장하면 결국 불평등만 심화되는 문제가 있는 것이다(미국 연수 판사 기고에 미국이민자들이 단 댓글).

법치와 공직 정신 현동화는 최인훈 '광장'의 실제 모델로 알려진 인물이다. 6·25전쟁 포로 출신으로 제3국을 선택, 인도에 정착해 델리에 살고 있다. 1960년대 중반 故 최규하 전 대통령이 외교부 국장으로 인도를 찾았을 때. 당시 자유주의와 공산주의의 첨예한 대결 국면에서 제3세계의 리더 역할을 하고 있었다. 최 국장이 수행 외교관 한 명과 단출하게 인도를 찾았는데, 인도 측에서 갑자기 일정 변경을 이유로 만남을 취소했다. 당시 인도 한인회장이던 현동화씨 등이 "그래도 타지마할은 꼭 보고 가시라. 자동차는 우리가 준비했다"고 권했다. "난 여기 公務로 왔소. 세금으로 출장 나온 내가 어떻게 관광을 하겠소. 대신 인도 신문을 좀 구해주시오"라고 말하고는 끝내 호텔에만 머물다 떠났다(「조선일보」(2015.8.4.화), A30면.).

자유민주주의는 자유의 실현을 방해하는 민주주의의 적으로부터 투쟁하여 방어하는 정치체제 내지 통치체제이다. 링컨 대통령은 영국 欽定譯성경 서문을 인용한 남북전쟁 격전지 게티즈버그의 전몰자 추도 연설에서 '국민을 위한, 국민에 의한, 국민의' 정부가 이 지구상에서 사라지지 않을 것이며 그러한 정부를 가능케 하는 자유의 국가가 탄생할 것임을 말하였다. 민주주의 정체의 강점은 전체주의와는 반대로 사람들이 서로간에 동의하지 않더라도 평화로운 공존이 가능하다는 점에 있다(호세 알베르토 무히카 코르다노(Jose Alberto Mujica Cordano 1935.5.20.生) 우루과이 제40대 대통령 2015.2.27. 5년임기 마침).[108] 한국은 1960년 이후 30년과 달리 1987년 이후 30년을 근대의 국민국가에서 주춤거리고 있다. 트로이 전쟁에서 트로이의 목마는 고희랍 폴리스의 세계가 트로이아의 오리엔트 세계를 물리친 것 즉 아시아가 패배하고 유럽적 가치관이 승리한 것을 상징적으로 보여준다. 민주화가 법치의 트로이 목마가 되지 않도록 하여야 한다.

欽定譯聖經흠정역성경 欽定이라 함은 왕이 손수 제도나 법률 등을 제정하는 것을 말한다. 흠정역성경*The Authorized Version, AV*은 영국 국왕이 성공회에서 사용하도록 지정한 공식 성경으로서 1538년 출간 The Great Bible, 1568년 출간 The Bishops' Bible, 1611년 출간 The King James Version 등 3가지가 있다. 킹제임스 성경(The King James Version, KJV; The King James Bible, KJB; The Authorized King James Version, AKJV)은 영국 국왕 제임스 1세*James* / 1566.6.19.~1625.3.27.가 명하여 1604~1611년에 번역된 표준 성경으로 19세기 말까지 영국 성공회 예배에 사용된 유일한 공식 영어 성경으로 이를 흠정역 성경으로 부르는 경우가 많다. 셰익스피어와 같은 시대에 나온 『흠정역 성서』는 수많은 인용문과 표현구문을 제공했고, 링컨은 어머니가 남겨준 흠정역 성경을 읽고 또 읽었다 하며, 대통령 취임선서에 사용하였다. 게티즈버그 연설에서도 국가를 하나님께 의탁하였다. "하나님의 가호 아래 새로운 자유를 탄생시키는" 등의 구절들을 "인민의, 인민에 의한, 인민을 위한 정부를 지상에서 사라지지 않도록 하는" 등은 '폐하께서 세우신 정부' 등을 원용한 것이다.

근대국민국가의 정체성을 이루는 자유민주주의와 법치주의는 민주적 법치국가, 법치국가적 민주주의가 근대국민국가의 국헌적 요소를 형성하는 것임을 의미한다. '법을 지키는 것' 즉 법치는 분쟁 종결자 보안관의 역할과도 같다. 생명을 건 싸움에서 생명 보전의 길로 가게 하는 게 법치이다. 어느 누구도 자기 마음대로 하지 못하게 하는 구속에서 법치주의는 싹튼다. 법치는 민주주의의 가치를 일관성 있게 실현하도록 하는 보호적 틀이다. '기타오지 로산진'北大路魯山人의 "뼈를 깎는 노력으로 요리를 해도 그것을 담는 그릇이 죽어 있다면 소용이 없다" 함은 요리라 하는 민주주의와 그릇인 법치주의의 관계를 보여준다.[109] 법치국가는 자유·인권을 위하여 정부가 법에 구속되고 제한된다는 입헌주의의 헌법국가이다. 치자의 자비심을 믿는 인치와 다르다. 근대국민국가의 공권력과 달리 근세절대군주의 권세는 시민의 자유와 재산 보호가 전제되지 않은 人의 지배의 국가이다. 인치는 공동체 가치에 적절치 아니한 개인 신념의 실현에 익숙하게 하고. 자유주의를 기득권 옹호, 평등 가치 경시, 사회적 약자 소홀로 오해하게 한다.[110] 법치국가l'État de droit 아닌 인치국가는 시민사회 아닌 격정激情 군중만 가질 뿐이다. 시민사회는 지도자의 향도나 선동에 이끌리는 개체가 아닌 개인의 자율적 일반의지la volonté générale를 실현시킬 수 있는 사회이다. 윤흥길의 『아홉 켤레의 구두로 남은 사내』에서 불법으로 토지를 불하받는 사람이 법적 처리과정에서 약자인 양 저항한다든지, 이청준의 『줄』에서 예술을 위해서 아내를 죽인 남자, 조세희의 『난장이가 쏘아올린 작은 공』에서 난쟁이로 상징되는 약자인 영희가 성관계로 부동산업자를 유혹하여 약을 먹여 재워 이미 돈 받고 팔은 입주권을 다시 훔치고 금고에서 돈도 훔친다든지 그중 난장이 아버지는 건전한 사고를 가진 사람이지만 답답한 사람으로 비춰지는 것으로 묘사한다든지, 조세희의 『뫼비우스의 띠』에서 아파트에 들어갈 돈이 없어 헐값에 부동산업자에게 입주권을 판 앉은뱅이와 꼽추는 부동산업자를 죽이고 돈을 빼앗은 후 자동차에 불까지 지른다든지 하는 소재들은 소설의 진실성·현실성을 획득하지 못하고 허구성·격문성을 두드러지게 하여 보편성 있는 근대국민국가적 성격을 표출하는 데서 얻어지는 세계사적 문학성을 잃게 하고 있다. 법치국가는 한국의 사기장沙器匠, 일본의 도공陶工 등이 그러하듯 매뉴얼을 지키는 사회이며 국민정서법, 인정법人定法의 나라가 아니다. 시민사회의 애국심도 근대국민국가를 이룬다. 재산권보장에서도 공용수용의 법규정은 명료하나 현실에서는 복잡, 애매모호하여 피수용자의 재산권 및 지역의 경제인프라를 붕괴시키고 지역공동체가 탈도덕화demoralization 한다. 시장경제도 공정한 법질서가 전제되지 않는 경쟁은 무질서의 자연상태에 이르게 한다.[111] 시장경제질서는 인간행동의 결과이기는 하지만 인간의 계획의 결과가 아닌 질서 즉 자생적 질서Spontaneous Order이다. 자생적 질서는 국헌에서의 법이 형성될 수 있는 의사소통공동체에서 가능한 질서이다. 시장경제의 자본주의는 법지배의 원칙에 따른 법치국가적 법을 기초로 할 때에만 사회구성원 각자의 지식의 사용과 성장을 통해서 경제문제를 스스로 해결하는 자생적 질서가 가능하게 된다. 시장의 경쟁은 법의 지배의 규칙에 따르지 아니할 때에만 처벌된다는 믿음을 주어야 가능한 것이다.

註

제1편 法 理 論

제1장 法理本質論

1) L.W.King, *The Code of Hammurabi*, Yale Univ., 2005(Retrieved 2007.7.14.); Robert Francis Harper, *The Code of Hammurabi, King of Babylon, c.2250BC*, Lawbook Exchange Ltd. 2007, p.192; Martha T. Roth, *Law Collections from Mesopotamia and Asia Minor*, 2nd ed., Atlanta, GA: Scholars, 1997.

2) Georges Declercq, *Anno Domini: The Origins of the Christian Era*, Turnhout, 2000. 『교회용어사전』 생명의말씀사 2013). 『바이블 키워드』(도서출판 들녘 2007).

3) Karl Jaspers, *Vom Ursprung und Ziel der Geschichte*, München: Piper, 1949. *Origin and Goal of History*, Routledge Revivals, 2011. 칼 야스퍼스/백승균 역, 『역사의 기원과 목표』(이화여대 출판부 1986 381쪽).

4) Pekka, Korhonen, *The Western Boundary of Asia*, 2004.

5) 이어령/정형모, 『이어령의 지의 최전선』(아르테 2016).

6) 최명관 역, 『니코마커스 윤리학』(수정판 서광사 1984).

7) *Academica Priora BookII*, chapter 38, §119(복각 2007.1.25).

8) 『독일법률용어 · 법언사전』.

9) 暎虛堂綠園大宗師, 『한국불교의 좌표』(綠園스님古稀紀念學術論叢 불교시대사 1997), 491~492면; 한국불교의 근본적 성격, 『한국불교연구』(한국불교연구원 1982).

10) 김용옥, 『논어 한글역주』(통나무 2010).

11) 『인명사전』(민중서관 2002).

12) 폰 미제스(Ludwig Heinrich Edler von Mises 1881.9.29.~1973.10.10.), *Epistemological Problems of Economics*(경제학의 인식론적 문제), 1933.

13) 파스칼(Blaise Pascal 1623.6.19.~1662.8.19.), 『瞑想錄』(팡세, *Pensées sur la religin etsur quelques autres sujets*), 1670, 셀리에판 60번, 라퓨마판 60번, 브롱슈빅판 294번; 양창수, 『民法散考』(박영사 1998), 19~20면, 1933.

13) 칼라렌츠 저/梁彰洙 역, 『정당한 법의 원리』(박영사 1986), 24~25면.

15) 김영환, 로봇 형법(*Strafrecht für Roboter*), 「법철학연구」(제19권 제3호 한국법철학회 2016 143-168면), 145면.

16) 조선일보(2016.3.10.목~14.월) 및 알랭 쉬피오Alain Supiot, *Homo juridicus - Essai sur la fonction anthropologique du Droit*/박제성, 배영란 역, 『법률적 인간의 출현-법의 인류학적 기능에 관한 시론』, (서울 글항아리 2015 429쪽) 등 참조.

17) Dan Brown, *Origin*, Robert Langdon series, Doubleday, 2017 ‖ 댄 브라운/역자 안종설, 『오리진』(1 352쪽, 2 372쪽 문학수첩 2017). 73~75면 참조.

18) 김영환, 기술의 발전에 따른 법학적 · 법철학적 전망, 「한국형사정책연구원 2015.10.6. 워크숍」.

19) Max Weber, *Wirtschaft und Gesellschaft, Grundriß der verstehenden Soziologie*, 5.Aufl., 1972 참조.

20) 姜京根, 『一般憲法學』(신판 법문사 2018); 동, 『一般国法學』(법문사 2017).

21) Alexander Passerin d'Entreves, *THE NOTION OF THE STATE-An Introduction to Political Theory* ‖ ダントレーヴ/ 石上良平 訳, 『国家とは何か-政治理論序説』(みすず書房 2002 320頁). 인간의 정치적 운명에서 가장 기본이 되는 국가 관념에 대한 접근법의 세 가지 시각인 실력, 권력, 권위를 엄밀히 구별하면서, 그리스에서 현대에 이르는 국가 관념을 분석한다.

22) 文獻目錄에서 예컨대 權寧卨, 국가전통과 국가이론의 몇 가지 비교, 『桑垣 金伊烈화갑기념, 現代公法論』(삼영사 1989년), 340면이하; 동, 국가이론의 사상적 배경, 「고시연구」 (1989.7), 99~109면: 등. 국가와 국가이론, 「고시연구」 (1987.11), 58면 이하: 萬歲報 연재/ 金孝全 譯註, 國家學, 「동아법학」 (제2호 1986년), 33-143면: 金錫俊, 『국가변동론-현대국가의 흥망과 21C 한국의 전략적 국가경영』(법문사 1995년): 李善香, 현대 한국사회에서의 國家分析을 위한 이론적 제기-"다층 국가론"적 접근을 중심으로, 「숭실대 사회과학연구」 (제11집 1993년), 113~135면 및 그 논문 주. 4), 7), 9), 12)에 열거되어 있는 그때까지 연구된 한국의 국가론에 관한 정치학적 내지 경제사회학적 문헌 등과 기타 흥미를 유발할 수 있는 자료로서, 1995년 숭실대 사회과학연구원 주최의 「시민, 정당 그리고 국가」에 관한 국제학술대회에서 발표된, David Conradt, 미국의 시민, 정당, 국가: Gottfried Karl Kindermann, 독일의 시민, 정당, 국가: 일본의 경우는 Tsujinaka Yutaka 교수가, 태국의 경우는 Chai Anan Samudavanija 교수, 그리고 한국의 경우는 윤근식 및 김영래 교수가 발표하였다. 金東洙, 공동체주의의 재조명-한계와 가능성, 「숭실대논문집 사회과학연구」 (제1집 1993년), 73~90면: 하봉규, 예외국가의 정치체제직 성격 고찰-폴란차스의 국가유형론을 중심으로, 「현대사회」 (1988년 여름호), 91~113면: 함택영, 계급국가론의 이론적 고찰-국가론 연구를 위한 서설적 연구, 「현대사회」 (1988년 여름호), 73~90면: 盧泰久, 현대 정치학의 전망에 관하여-그 이론의 형성과 구조를 중심으로, 「경기대 사회과학논총」(제8집 1989), 65~89면: 또한 국가의 기원에 관한 몇 가지 흥미 있는 사실들에 대해서는, Jonathan Hass/崔夢龍역, 『원시국가의 진화』(민음사 1987년) 참조. 이 외에도 읽을 수 있는 많은 문헌들이 있다.

23) J. P. Henry, La fin du Prométhéen? Le Marchée contre L'État, R.D.P.3-1991, p.632.

24) Y.Guchet, *Eléments de droit constitutionnel,* Ed. Albatros, Paris, 1981, p.16. 이때 역사적 기원이란 국가가 공동체에 나타나는 단계구조에 관한 물음이다.

25) 헌법학의 분류에 대해서는, 金哲洙, 『憲法學槪論』(박영사 1996년 제8전정신판), 25~6면 참조. 교수는 헌법과학을 그 대상에 따라, 일반헌법학과 비교헌법학 그리고 특수헌법학으로 나눈다.

26) 기본적으로, Georg Jellinek, Allgemeine Staarslehre, Dritte Auflage Siebenter Neudruck, 1960, Hermann Gentner Verlag Bad Homburg Vor Der Höhe, xxvii (Vorwort zur dritten auflage) 등의 곳 참조. 또한 S.9에서도 같다.

27) Bernard Werber, *Nouvelle encyclopedie du savoir relatif et absolu*/이세욱, 임호경 옮김, 『상상력 사전』(열린책들 2011).

28) 칼-오토 아펠(Karl-Otto Apel 1922.3.15.~) /이삼열 번역, 「세계화와 상대주의 시대의 보편윤리」(서울 프레스센터 강연 1998.10.20.).

29) 崔東熙 / 金永喆 / 申一撤, 『倫理』(고려대학교출판부 1973), 154면 참조.

30) 劉基天, 『刑法學(총론강의)』(改訂 影印本 법문사 2011), 12~14면.

31) I.Kant, *Metaphysik der Sitten I*, 2. Einl., §C; hierzu Zippelius, *Geschichte der Staatsideen*.

32) 칼-오토 아펠(Karl-Otto Apel), 앞의 논문.

33) 임마누엘 칸트, 『실천이성비판』, 제1편 순수한 실천이성 분석론 서론.

34) Arnold Gehlen, *Mensch und Institutionen*, In: AF, 69, 77, 1961.

35) 칼 라렌츠 저 / 梁彰洙 역, 앞의 책, 44~45면.

36) 칼 야스퍼스 / 백승균 역, 『역사의 기원과 목표』(이화여대출판부 1986). Karl Jaspers, *Vom Ursprung und Ziel der Geschichte*, München: Piper, 1949.

37) 황산덕, 『법철학강의』(박영사 1971년 증보판), 62~63면.

38) Hans Kelsen, *General Theory of Law and State*, pp.41~42.

39) 김형배 역, 『법학방법론』(삼영사 1976), 19면. Reinhold Zippelius, *Einführung in die Juristische Methodenlehre*, 2Aufl. 1974.

40) 金鐵容, 『행정법 I 』(박영사 2010).

41) 大沼保昭, 『人権、国家、文明-普遍主義的人権観から文際的人権観へ』(筑摩書房 1998 416頁). 주권을 초월한 보편적 인권으로서의 '文際的' 人権論을 제창하였다.

42) K.Hesse, *Grundzüge des Verfassungsrechts der Bundesrepublik Deutschland,* 20.Aufl. 1955, Rdnr. 425; P.Häberle, *Die Wesenshaltung-garantie des Art.19 Abs.2 Grundgesetzes,* 3.Aufl. 1983, S.146.

43) Louis Favoreu, 「기본적 인권의 보장」(한국공법학회 국제학술대회 1989.4.6.~7.), 14면; Yves Guchet, *Eléments de droit constitutionnel,* Albatros, Paris, 1981, p.58, 61 ; Georges Burdeau, *Droit constitutionnel et institutions politiques,* L.G.D.J. 4.ed., 1972. p.13, 27, 29.

44) 김준호, 『민법강의』(제20판 법문사 2014), 34~35면; 김성태, “최대 노력하겠다”는 약정의 법적 구속력, 「민사판례연구」(제18집), 35면 이하 등 참조.

45) 칼 라렌츠 저/梁彰洙 역, 『정당한 법의 원리』, 24~25면.

46) Alberto Angela, Impero. *Viaggio nell' Impero di Roma seguendo una moneta*, 2007; 알베르토 안젤라/김정하 옮김, 『고대로마제국 15,000킬로미터를 가다-한닢동전의 제국여행기』(까치 2015), 496~499면.

47) 엄홍길 대장(세계 최초 히말라야 16좌 완등자: 「대법원 Newslettre」(196호 2015.10.8.).

48) 신동운, 횡령 후의 횡령죄 성립 여부, 「법학」(서울대법학연구소 제54권 제4호 통권169호) 2013. 12, 310면.

49) 신동운, 앞의 논문, 311면.

50) 韓昇助 역, 『리바이어던』(三省출판사 1978), 제10장 시민법에 대하여, 316면 이하. 리바이어던의 정식 명칭은 '리바이어던, 교회국가 및 시민국가의 재료와 형태 및 권력'이다.

51) 「동아일보」(1996.3.12.화), 5면 7단.

52) 김일중, 『과잉범죄화의 법경제학적 분석: 공정거래 분야를 중심으로』(한국경제연구원 2013).

53) 劉基天, 『刑法學(총론강의)』(改訂 影印本 법문사 2011), 10면.

54) I.Kant, *Idee zu einer allgemeinen Geschichte in weltburgerlicher Absicht*(1784), Fünfter Satz.

55) 姜京根, 국민주권과 헌법재판, 「월간고시」(1989.7) 46, 47면 참조.

56) *Evangelisches Staatslexikon*, 2.vollständig neu bearbeitete und erweiterte Auflage in Kreuz Verlag, 1975, SS.2017~020.

57) 鄭東潤, 『商法(下)』(제4판 법문사 2011).

58) 임동규, 『형사소송법』(제14판 법문사 2019).

59) H.Kelsen, *Genaral Theory of Law and State*, 1949, S. 369 f., 373.

60) Adolf Julius Merkl, *Die Lehre von der Rechtskraft: Entwickelt aus d. Rechtsbegriff; Eine rechtstheoret. Untersuchung*, Wien, Deuticke, 1932. 아돌프 메르켈(1890.3.23.~1970. 8.22.)은 순수법학의 법실증주의(reinen Rechtspositivismus) 학파인 한스 켈젠과 같이 오스트리아 빈에서 태어난 공법학 교수이다.

61) H.Kelsen, *Reine Rechtslehre*, 2.Aufl., 1960, S. 196 ff., 228 ff.

62) 崔大權, 『英美法』(박영사 1993), 38~43면.

63) 김철수 지음, 『헌법과 교육』(교육과학사 2002)에 대한 김철 교수의 서평.

64) 손동권, 배임죄 성립에 있어 동산과 부동산 사이의 차이문제, 「형사법연구」(제25권 제4호 2013년), 303면 이하.

65) 최완진, 「'사법의 공법화', 대한민국 과잉범죄화 부추긴다」(자유경제원 토론문 2015.5.21.목), 29~40면.

66) 金鐵容, 『행정법 I』(박영사 2010).

67) Thomas Würtenberger/박정훈 역, 행정소송법과 행정절차법의 관계, 「서울대학교 법학」(제45권 제1호 2004), 176~194면.

68) 이시윤, 소송의 헌법화와 신속한 재판을 받을 권리, 「대한변협신문」(582호, 2016.3.14.).

69) Zeller, *Auslegung von Gesetz und Vertrag*;; Karl Larenz, *Methodenlehre*.

70) John G. Malcolm, *Testimony before the Committee on the Judiciary Overcriminalization Task Force U. S. House of Representatives*, June 14, 2013.

71) 「조선일보」(2016.5.21.토), B4~5면.

72) 藤井 聰(후지이 사토시), 『築土構木の思想』(土木で日本を建てなおす 犀の教室-晶文社 2014).

73) Celsus의 말, Digesten 1. 3, 24. F.C.v. Savigny, *System des heutigen Römischen Rechts*, Ⅰ. 1840, S. 13 ff.

74) 김성룡, 유추의 구조와 유추금지, 「법철학연구」(제12권 제2호 한국법철학회 2009), 35~78면.

75) 姜京根, 당구장과 노래방: 헌재 1993년 5월 13일 선고, 92헌마80 결정, 96년 2월 29일 선고, 94헌마13·94헌마213결정 평석, 「법률신문」(1997.2.10. 제2573호).

제2장 法理存在論

1) Immanuel Kant, *Muthmaßlicher Anfang der Menschengeschichte (Conjectures on the Beginning of Human History*, 인류 역사의 추측상 기원), 1786.

2) Karl Jaspers, *Vom Ursprung und Ziel der Geschichte*, München: Piper, 1949.

3) 칼-오토 아펠(Karl-Otto Apel)/이삼열 번역, 「세계화와 상대주의 시대의 보편윤리」.

4) Max Weber, *Wirtschaft und Gesellschaft, Grundriß der verstehenden Soziologie*, 5.Aufl., 1972 참조.

5) 李載浩, 『精解 論語正義』(도서출판 솔) 참조.

6) Ludwig von Mises, *Human Action: A Treatise of Economics*, Fourth Revised Edition, Fox & Wilkes 1996[1949], 제27장 3절 참조.

7) J.ウルフ/ 森村進·森村たまき, 『ノジック 所有·正義·最小國家』(勁草書房 2003).

8) 칼-오토 아펠, 앞의 논문.

9) 칼-오토 아펠, 앞의 논문.

10) E.-W. Böckenförde, *Zur Kritik der Wertbegründung des Rechts*, in: ARSP Beiheft NR. 37, 1990, S.36. *左宗欣*, Thomas Hobbes의 價値概念, 「安岩法學」(제2집 고려대법학연구소 1994), 1~38면.

11) 임마누엘 칸트/이충진 역, 『법이론』(이학사 2013), 103면/백종현 역, 『윤리형이상학』(아카넷 2012), 201면.

12) I.Kant, *Logic*, §1.

13) 金敬琢, 『中國哲學概論』(新稿, 汎學圖書 1970), 90면.

14) 『韓非子』, 上卷 八 功名篇.

15) 『林園經濟志(임원경제지)』; 「한국의 건축연장2」(이왕기, 『꾸밈』 46(토탈디자인사 1984.2.); 『한국의 도량형』(국립민속박물관 1997); 『한국민족문화대백과사전』(정신문화연구원 1991) 참조.

16) 송성용 저/김병기 역, 『剛菴 宋成鏞 詩文』(미술문화원 2009).

17) 『韓非子』, 飾邪篇, 夫懸衡而知平 設規而知圓 萬全之道也.

18) 『韓非子』, 飾邪篇, 釋規而任巧, 釋法而任智, 惑亂之道也.

19) 최종고, 『법상징학이란 무엇인가』(대우학술총서 2000).

20) 박준석, “정면으로 위배” 논변의 윤리신학적 기원, 「법학」(제54권 제4호 서울대학교 2013. 12.), 19~20면.

21) 漢 太祖 高皇帝 劉邦(247~195BC) 재위 202~195BC.

22) 『說文字解』 禮部 “禮, 履也. 所以事神致福也. 從示從豊.”; 『說文字解』 示部 “示, 天垂象, 見吉凶, 所以示人也. 從上, 三垂明. 觀乎天文, 以察時變, 示事神也”; 『說文字解』 律部 “律, 均布也.”

23) 三國遺事 卷 第一, (紀異篇 第一, 古朝鮮 王儉朝鮮條). 18세기 말 고려 僧 一然 所撰; 三國志 魏志 東夷傳 韓條, 裵 松之註所引.

24) 李丙燾, 『韓國史 古代篇』, 141~148면.

25) 丘秉朔, 『韓國古代法史』(학술연구총서18 고려대학교출판부 1984), 3~4면.

26) 法禁 제3조 '雖免爲民 俗猶差之 嫁娶無所讐(匹)' 구절은 법조문이 아니라 이에 관련한 당시의 國俗으로, 도적이 자속하여 자유인이 되었어도 이를 수치로 여겨 혼인 배필로 맞아주는 사람이 없었다 한다.

27) 三國志 魏志 東夷傳 夫餘傳, 高句麗傳. 李丙燾, 『韓國史 古代篇』, 219, 141~148면. 구병삭, 전게서, 7면.

28) 漢書 二十八 地理志 第八下. 이상 구병삭, 전게서, 7-9면 참조.

29) 韓非子 卷二.

30) 韓非子 上卷 十八.

31) 韓非子 卷 八上.

32) 김경탁, 위의 책, 91-92면.

33) 김정위, 『중동사』(대한교과서 2005).

34) The Noble Qur'Ân, by Dr. Muhammad Taqi-ud-Din Al-Hilali, DARUSSALAM, 2007.

35) 손태우, 『아랍 세계의 법문화-코란, 샤리아, 이슬람 국가의 법』(한국학술정보 2014); 동, 샤리아(이슬람법)의 法源에 관한 연구, 「법학연구」(제54권 제1호 부산대학교 법학연구소 2013.2.), 143~174면 참조.

36) 박규환, 이슬람법질서의 공법적 구조분석: 샤리아법과 헌법 그리고 국가조직법, 「공법학연구」(제10권 제3호 한국비교공법학회 2009.8.), 147~171면 참조.

37) 『이슬람사전』(학문사 2002), 김정위 집필.

38) 명지대학교 중동문제연구소, 『키타불히크마(Kitb al-ikmah 지혜의 책)』(HK총서); 동, 『법으로 보는 이슬람과 중동』(키타불히크마 HK총서 3권); 동, 『이슬람의 금기 샤리아로 풀다』; 명지대 중동문제연구소, 『튀니지 헌법』(중동국가헌법번역HK총서 7권, 도서출판 모시는사람들).

39) 명지대 중동문제연구소, 『사우디아라비아 통치기본법』(중동국가헌법번역HK총서 1권, 도서출판 모시는사람들).

40) 명지대 중동문제연구소, 『쿠웨이트 헌법』(중동국가헌법번역HK총서 2권, 도서출판 모시는사람들).

41) 명지대 중동문제연구소, 『아랍에미리트 헌법』(중동국가헌법번역HK총서 3권, 도서출판 모시는사람들).

42) 명지대 중동문제연구소, 『카타르 헌법』(중동국가헌법번역HK총서

4권, 도서출판 모시는사람들).

43) 명지대 중동문제연구소, 『오만 술탄국 기본법』(중동국가헌법번역HK총서 5권, 도서출판 모시는사람들).

44) 명지대 중동문제연구소, 『바레인 헌법』(중동국가헌법번역HK총서 6권, 도서출판 모시는사람들).

45) 崔大權, 『英美法』 박영사 1993), 58~59면.

46) F.C.v.Savigny, *System des heutigen Römischen Rechts,* Ⅰ, 1840, S.13 ff.

47) 양창수, 『民法散考』(박영사 1998), 19~20면.

48) Friedrich von Hayek, *Law, Legislation and Liberty, volume 1, Rules and Order,* University of Chicago Press, 1973 참조.

49) 고려대학교, 『國譯 大典會通』(한국고전국역총서 제1집 1960); 법제처/전봉덕 감수, 『국역 대전회통』

50) 韓沽劤, 『韓國通史』 1970; 吳世德, 조선왕조관료체제의 특징, 「경희법학」(제14권제1호); 姜周眞, 이조정치사연구의 제문제, 「한국정치학보」 제5집.

51) 노아 펠드먼(Noah Feldman 히버드대 로스쿨 교수), 「조선일보 Weekly BIZ」(2015.4.18.토~19.일), C7면.

52) 토마스 홉스/韓昇助 역, 『리바이어던 - '리바이어던, 교회국가 및 시민국가의 재료와 형태 및 권력'』(三省출판사 1978), 329~330면.

53) 金徹, 포즈너의 공법학 방법론(Ⅰ), 「公法硏究」(한국공법학회 제30집 제4호 2002.6), 57~78면.

54) 박정훈, 순수법학과 공법학, 「한국법철학회 월례회 '행정법학과 법철학' 주제발표」(2000년 가을). 김철, 앞의 논문, 70면 각주29), 74면 각주51) 참조.

55) 崔大權, 앞의 책, 31~38면 참조.

56) 최대권, 앞의 책, 58~59면.

57) 심헌섭, 법학의 학문성, 「법철학연구」(제9권제1호 한국법철학회 2006), 7~14면.

58) 이하는 양창수, 『民法散考』(박영사 1998).

59) 「중앙일보」 인터넷판 2015.2.14. 인터뷰 中 중학생 시절 인천의 고등학교 '문학의 밤'에서.

60) 김상옥의 시에 대해서, 장경렬, 『불과 얼음의 시혼-초정 김상옥의 문학 세계』(태학사 2007 415쪽) 참조.

61) 大村益夫(早稻田大敎授)/布袋敏博, 권두대담 · 한국문학에서 일본은 무엇인가, 「고려대학교 안암학사」(1998.7.25.), 10~37면.

62) 유홍준, 추사 김정희 제6부 산은 높고 바다는 깊네, 「역사비평」(통권 49호, 1999 겨울, 역사비평사), 282~345면, 특히 312~314면.

63) 김영란, 『판결을 다시 생각한다』(창비 2015).

64) 이정모의 '자연사 이야기'.

65) Bernard Werber, *Nouvelle encyclopedie du savoir relatif et absolu,* 1993 // 베르나르 베르베르 저 / 임호경, 이세욱 역, 『베르나르 베르베르의 상상력 사전』(열린책들 2011), 65, 71면.

66) Malcom McLean *Sea Land Marc Levinson,* The Box는 콘테이너 회사다.

67) Alfred Thayer Mahan, *The Influence of Sea Power upon History.*

68) 李文烈, 「신동아」(박윤석 기자의 인물탐험 1998.4.).

69) 李文烈, 위의 책.

70) 伊藤滋夫, 『民事法學入門』(有斐閣 2012 300頁).

71) 유홍준, 21세기 문화재 정책의 전망과 실천방안, 「한국행정연구원 세미나」(2002.8.29.), 6-7면.

72) 유홍준, 겸재 정선(하)-아, 아름다워라 조국 강산이여!-, 「역사비평」(역사비평사 2000 여름 통권 51호), 310면.

73) 「이코노미스트」(2008.2.5. 923호), 33~34면.

74) 김철수 지음, 『헌법과 교육』(교육과학사 2002)에 대한 김철 교수의 서평.

75) 「월간조선」(2004.2.), 503면.

76) Walter Isaacson, *Steve Jobs,* Simon & Schuster, 2011.

77) 「머니투데이」(2014.7.5.), 10면. 1984년 뉴욕 메트로폴리탄에서 모차르트(Wolfgang Amadeus Mozart 1756.1.27.~1791.12.5.) 오페라 '티토왕의 자비'(*La Clemenza di Tito, The Clemency of Titus*) 중 세르빌리아(Servilia)의 아리아 '그대를 위한 당신의 눈물은'(S'altro che lacrime)으로 데뷔하였다.

78) 「창조」(제8호 1921), '문사와 수양'.

제3장 法理實體論

1) 姜京根, 프랑스헌법상 주권의 문제와 개념, 『한국법학의 위상』(碧泉 李圭復박사화갑기념논문집 1988), 79~105면; Georges Burdeau, *Droit constitutionnel et institutions politiques,* L.G.D.J., 4éd. 1972, p.114. 주권 개념을 국가권력(杉源泰雄)이라 하거나, 헌법제정권력+α(金哲洙)라 하거나 또는 헌법제정권력(G.Burdeau, pp.78, 79의 제도적 헌법제정권력과 시원적 헌법제정권력) 등이라고 한다.

2) 金鐵容, 『행정법Ⅰ』(박영사 2010).

3) 梁彰洙, 『민법주해(Ⅰ)』, 119면 참조.

4) 金俊鎬, 『민법강의』(제20판 법문사 2014), 34~35면.

5) 胡文赫, 『민사소송법』(제13판 법문사 2016).

6) 胡文赫, 『민사소송법』(제13판 법문사 2016).

7) 金俊鎬, 위의 책.

8) 鄭東潤, 『商法(下)』(제4판 법문사 2011).

9) 羅仁均, 『국제법』(법문사 제2판 2008) 참조.

10) Arnold Rose, *Minorities" in International Encyclopedia of Social Sciences,* edited by David L. Sills, Vol. 10, p.325.

11) 劉基天, 『刑法學(총론강의)』(改訂 影印本 법문사 2011), 17~26면.

12) 劉基天, 위의 책, 10~11면.

13) 劉基天, 위의 책, 17~26면.

14) *"Beccaria-Bonesana, Cesare",* Encyclopædia Britannica. 3 (1910-1911 11th ed.), Cambridge University Press. p.602. Wikipedia, the free encyclopedia.

15) 劉基天, 위의 책, 17~26면.

16) Paul Laband(1838~1918), *Das Staatsrecht des Deutschen Reiches,* 4Bde., 1876(5.Aufl., 1911~1914); Gerhard Anschütz(1867.1.10.~1948.4.14.), *Die Verfassung des Deutschen Reiches,* 14.Aufl., 1933(Neudruck 1965)

17) Werner Kägi, *Die Verfassung als rechtliche Grundordnung des Staates,* Zürich, 1945.

18) E. Forsthoff, *Lehrbuch des Verwaltungsrechts, Bd. 1,* 10. Aufl., S.1.

19) 徐元宇, 行政시스템의 變化와 21世紀 行政法學의 課題, 「公法硏究」(한국공법학회 제30집 제4호 2002.6), 1~11면. 9면.

20) Franz v. Liszt(1851.3.2.~1919.6.21.), *Lehrbuch des deutschen Strafrechts,* 22.Auflage, Berlin 1919., §13.

제2편 憲 法 論

제1장 憲法規範論

1) *Black's Law Dictionary,* by Henry Campbell Black, 5th ed., pp.282, 817, 1221; C.H. McIlwain, *Constitutionalism: Ancient and Modern,* 1947; K.C.Wheare, *Modern Constitutions,* Oxford Uni., 3rd impression, 1975, p.2. 김효전, 『서양 헌법이론의 초기수용』(철학과 현실사 1996), 527~530면.

2) 姜京根, 『一般憲法學』(신판 법문사 2018); 동, 『一般国法學』(법문사 2017).

3) Werner Kägi, *Die Verfassung als rechtliche Grundordnung des Staates,* Zürich, 1945, S.39; Klaus Stern, *Das Staatsrecht der Bundesrepublik Deutschland (Bd.I),* München, 1984, S.78; 樋口陽一, 『憲法Ⅰ』(青林書院 1998), 22頁.

4) H.Kelsen, *Reine Rechtslehre,* 2.Aufl., 1960, S. 196 ff., 228 ff.

5) Yves Guchet, *Éléments de droit constitutionnel,* Éd. Albatros, Paris, 1981, p.87. 등 참조.

6) Adolf Merkl, *Die Lehre von der Rechtskraft,* 1932. 등도 참조.

7) 김철수, 『헌법개정, 회고와 전망』(대학출판사 1986), 149면 등 참조.

8) 姜京根, 한태연 · 일찍이 신화가 된 천재의 헌법학, 『한국의 공법학자들』(한국공법학회 2003), 57~78면.

9) 姜京根, 韓國の憲法, 『創価大學 比較文化硏究』(東京 創価大學比較文化硏究所 2000 第18卷), 39~56頁.

10) Carl Friedrich von Gerber(1823.4.11~1891.12.23.), *Über Öffentliche Recht,* 1852(Neudruck 1913); ders., *Grundzüge des Deutschen Reiches,* 1865(3.Aufl., 1880); Paul Laband(1838~1918), *Das Staatsrecht des Deutschen Reiches,* 4Bde., 1876(5.Aufl., 1911~

1914); Gerhard Anschütz(1867.1.10.~1948.4.14.), *Die Verfassung des Deutschen Reiches*, 14.Aufl., 1933(Neudruck 1965); Richard Thoma (1874~1957), Einleitung, in: G.Anschütz und R.Thoma(hrsg.), *Handbuch des Deutschen Staatsrechts*, Bd., 1930; Friedrich Julius Stahl(1802.1.16.~1861.8.10.) 등.

11) Werner Kägi, *Die Verfassung als rechtliche Grundordnung des Staates*, Zürich, 1945.

12) 韓泰淵, Carl Schmitt와 프랑스헌법이론, 「고시연구」(1995.11.), 126면.

13) 高橋信行, 『統合과 國家』(有斐閣 2012年 400頁). 許營, 『한국헌법론』(박영사 2004).

14) M.Kriele, *Einführung in die Staatslehre(Die geschichtlichen Legitimitätgrundlagen des demokratischen Verfassungsstaates)*, Rowohlt Taschenbuch Verlag GmbH, Reinbek bei Hamburg, 1975.

15) C.J.Friedrich, *Constitutional Government and Democracy*, pp.128-130.

16) C.Schmitt, *Verfassungslehre*, 1957, S.80ff.

17) C.Schmitt, *Verfassungslehre*/金箕範 譯, 『憲法理論』, 103~108면.

18) G.Jellinek, *Allgemeine Staatslehre*, 3Aufl., Neudruck 1960, S.534.

19) C.Schmitt, *Verfassungslehre*, 1957, SS.76, 99.

20) 姜京根, 당구장과 노래방: 헌재 1993년 5월 13일 선고 92헌마80 결정, 96년 2월 29일 선고, 94헌마13·94헌마213결정 평석, 「법률신문」(1997.2.10. 제2573호).

21) 俞鎭午(1906.5.13.~1987.8.30.), 『新稿 憲法解義』(一潮閣 檀紀4286), 8~16면 참조.

22) 유진오, 위의 책, 참조.

23) J.C.Bluntschli, *Allgemeines Staatsrecht*, 2.Bde., 1851~1852 (일반국가법) 및 *Die Lehre vom modernen Staat*, 2.Bde., 1875~1876 (근대국가학)에서 '일반국가법' 제4판은 明治 초기 『국법범론(國法汎論)』(加藤弘之 譯)으로 번역되었다. 石塚正英, 「義人同盟とヘーゲル左派-ブルンチュリ報告書を手掛りに」, 石塚正英 編, 『ヘーゲル左派-思想・運動・歴史』 수록(法政大學出版局, 1992).

24) 유진오, 위의 책, 참조.

25) 田鳳德, 『韓國近代法思想史』(博英社 1984), 99~118면 참조.

26) 김광재, 대한민국 임시정부헌법과 제헌헌법의 연속성, 「3.1대혁명과 대한민국 임시정부헌법-민주공화국 100년의 평가와 과제」(대한민국임시정부기념사업회·헌법이론실무학회 주최 세미나 자료집 2019); 김수용, 민주헌정의 관점에서 본 대한민국임시정부헌법과 제헌헌법의 관계, 「헌법학연구」(제25권제1호 2019), 67면이하; 서희경/박명림, 민주공화주의와 대한민국 헌법이념의 형성, 「정신문화연구」(제30권제1호 2007); 이영록, 한국에서의 민주공화국의 개념사, 「법사학연구」(제42호 2010), 52면; 정상우, 3.1운동과 민주공화국의 탄생, 「헌법학연구」(제25권 제1호 2019), 8면이하; 동, 대한민국 임시정부 헌법의 헌정사적 의의, 「대한민국임시정부의 현대사적 성찰」(나남 2010); 전종익, 이영록, 김병규, 김현정, 『대한민국 임시의정원의 헌법적 의미와 유산』(국회입법조사처 정책연구용역보고서 2019); 정옥자, 신사유람단고, 「역사학보」(제27권 1965), 135면.

27) 『대한민국임시의정원기사록(제1회집 1919.4.10.~11)』(국사편찬위원회); 『대한민국 임시정부자료집(2 임시의정원 1)』(국사편찬위원회 2005).

28) 국회도서관, 『憲法制定會議錄(제헌의회)』 1968; 국회보편집위원회 편, 헌법이 제정되기까지의 제 자료, 「國會報」 1958.7; 俞鎭午, 헌법제정의 유래, 「思想界」 1958.7.; 동, 헌법기초회고, 「法政」 1966년 7호~9호; 동, 『憲法起草回顧錄』一潮閣 1980; 한태연, 한국헌법의 30년-전후의 폐허에서 근대국가로, 「헌법연구」 1979 제4집.

29) 金哲洙, 『憲法改正, 回顧와 展望』(대학출판사 1986), 322면.

30) 姜京根, 『一般憲法學』 신판 법문사 2018); 동, 『一般國法學』(법문사 2017).

31) Hans Kelsen, *Allgemeine Staatslehre*, Berlin Verlag von Springer, 1925, S.3; H.Kelsen, *Reine Rechtslehre*, S.289ff. 등.

32) C.Schmitt, *Verfassungslehre*, 3.Aufl., 1957, S. 200 ff.

33) R.Smend, *Verfassung und Verfassungsrecht, in: ders., Staatsrechtliche Abhandlungen*, 2Aufl., 1968, S.216f. 콘라드 헷세(K.Hesse), 페터 해벌레(P.Häberle), 호르스트 엠케(H.Ehmke), 로만 헤어초크(R.Herzog), 크뤼거(H.Krüger), 뵈켄훼르데(E.W.Böckenförde), 요셉 이슨제(J.Isensee) 등.

34) Y.Guchet, *Eléments de droit constitutionnel*, Ed. Albatros, Paris, 1981, pp.36~37, 38~41.

35) Hermann Rehm, *Geschite der Staatswissenschaft*, Leipzig, 1896; ders., *Allgemeine Staatslehre*, 1899. 田上讓治 編 『体系憲法辞典』(青林書院新社 昭和43)에서 国体, 政体를 설명하고 있다.

36) 나인균, 『국제법』(법문사 제2판 2008) 참조.

37) 나인균, 위의 책 참조.

38) Anthony Aust, *Modern Treaty Law and Practice*, 3rd ed. (Cambridge: Cambridge University Press 2013), p.28. 한일군사비밀정보보호협정 제21조 제3항 "이 협정은 1년간 유효하며, 그 후로는 어느 일방 당사국이 타방 당사국에게 이 협정을 종료하려는 의사를 90일 전에 외교경로를 통하여 서면으로 통보하지 않는 한, 자동적으로 1년씩 연장된다."

39) 나인균, 위의 책 참조.

40) 나인균, 위의 책 참조.

41) 나인균, 위의 책 참조.

제2장 憲法精神論

1) Th.Maunz/Rh.Zippelius, *Deutsches Staaatsrecht*, 27.Aufl., München 1988, S.66 참조.

2) G.Burdeau, *Droit constitutionnel et institutions politiques*, L.G.D.J., 15éd., 1972, Table, pp.818~827; Konrad Hesse, *Grundzüge des Verfassungsrechts der Bundesrepublik Deutschland*, 14erganzte Auflage. C.F.Müller, 1983; 樋口陽一, 『憲法 I 』(青林書院 1998), 22頁.

3) 프랜시스 세예르스테드(Francis Sejersted (1936.2.8.~2015.8.25. 노르웨이 역사학자)/ 유창훈 역, *Sosialdemokratiets tidsalder-Norge og Sverige i det 20. århundre*/『사회민주주의의 시대-북유럽 사민주의의 형성과 전개 1905~2000』(글항아리 2015년 695쪽); 양동안, 『민주적 코포라티즘』(현음사 2005), 12면; 하이에크, 『노예의 길』(자유기업원 2006); 남성일, 노동시장과 자유주의, 『이제는 자유를 말할 때』(한국하이에크소사이어티 편), 73면.; 권혁철, 민주주의, 복지, 그리고 사회주의, 『제도와 경제』(한국제도·경제학회 제7권 제2호 2013.8), 107~147면.

4) 김진배, 『두 얼굴의 헌법』(폴리티쿠스 2013), 453면.

5) 全鐘杙, 공동체로서의 국가와 정부, 「법학」(서울대학교 제55권 제4호 2014.12.), 273~312면 국가의 용례·개념·정의 등 참조.

6) 신일철, 대한민국 '정통성'의 위기, 「NEXT」(2004.5.), 59~71면.

7) 萩原 遼, 『金正日 隠された戦争-金日成の死と大量餓死の謎を解く』(文藝春秋 2006年 335頁).

8) 태영호, 『3층 서기실의 암호 태영호 증언』(기파랑 2018년 544쪽).

9) Souveräne ist, wer über den Ausnahmesustand entscheider. über: about, above, over 즉 '예외상황에 관해서', '예외상황을 넘어서', den Ausnahmesustand은 4격이어서 '예외상황을 넘어선 차원에까지 미치는 결정을 내린다'는 뉘앙스도 포함되어 있는 듯하다.

10) 朴正熙, 『自立에의 의지-朴正熙大統領語錄』(翰林출판사 1972년.

11) 朴正熙, 위의 책, '自主統一' 章 박정희 대통령, 1966년 7월17일 제헌절 경축사; 1966년 8월15일 광복절 경축사; 1966년 12월17일 기자회견; 1968년 2월27일 육군사관학교 졸업식 유시; 1968년 3월1일 3·1절 경축사; 1968년 3월7일 전국 지방 장관, 시장, 군수, 구청장 대회 유시; 1971년 10월24일 유엔의 날 치사; 1972년 3월24일 교육자 대회 치사; 1976년 1월 24일 국방부 年頭순시.

12) 이홍구, 한민족공동체 통일방안의 정책기조와 실천방안, 한민족공동체통일방안의 이론적 기초와 정책방향, 국토통일원, 1990.

13) E.-W. Böckenförde, *Zur Kritik der Wertbegründung des Rechts*, in: ARSP Beiheft NR. 37, 1990, S.36. 左宗欣, Thomas Hobbes의 價値概念, 「安岩法學」(제2집 1994 고려대법학연구소), 1~38면.

14) C. Schmitt, *EX Captivitate Salus : Erfahrungen der Zeit 1945/47*, 1950, S.63f.; H. Rumpf, *Carl Schmitt und Thomas Hobbes*, 1972, S.56~58.

15) Carl Schmitt, *Politische Theologie*, 1922년 초판, 1934년 재판, ders., *Politische Theologie II*, 1970 초판, 1984 재판.

16) 姜京根, 헌법상 국민주권의 소극적 의미, 「고시연구」(1988.11), 135, 147면; 동, 헌법상 국민주권의 적극적 의미, 「고시연구」(1989.2.), 47, 61면.

17) 프랑스 주권론은 1791년헌법에 특유한 Nation주권(la souveraineté nationale, la souveraineté de la nation)에서 연유한다. 姜京根, Carré de Malberg의 국가일반이론에서의 국가와 국가권력, 「공법연구」(제16집 1988), p.189. R.Carré de Malberg, *Contribution à la Théorie Générale de l'État*, Tome, Librairie de la société du Recueil Sirey, Paris, 1922(reimpression en 1962, C.N.R.S., Paris).

18) 姜京根, 프랑스헌법상 주권의 문제와 개념, 『한국법학의 위상』(碧泉李圭復박사화갑기념논문집 1988), 79~105면; Georges Burdeau, *Droit constitutionnel et institutions politiques*, L.G.D.J., 4éd. 1972, p.114.

19) Yves Guchet, *Eléments de droit constitutionnel*, Editions Albatros, Paris, 1981, p.57. 군주주권, 국가주권, Nation주권, Peuple주권 등이 가능하다.

20) 姜京根, 주권문제의 프랑스헌법이론적 접근, 「법조」(제36권 12호 1987.12.), 35~52면 참조.

21) Jean Bodin, *On Sovereignty:Four chapters from The Six Books Of the Commonwealth*, 1576, ed. Julian H. Franklin(New York:Cambridge University Press 1992), p.30ff.; J.J.Rousseau, *Du Contrat social*(1762) 제2부 제4장 참조.

22) Thomas Hobbes, *Leviathan or The Matter, Forme, & Power of a Common-Wealth Ecclesiastical and Civil(1651)* (edited with an Introduction and Notes by J.C.A.Gaskin, Oxford University Press, 1998), Part2*(Of Commonwealth 19. Of several Kinds of Commonwealth by Institution; and of Succession to the Sovereign Power)*.

23) Friedrich August von Hayek(1899.5.8.~1992.3.23.), *The Road to Serfdom*, University of Chicago Press. 1944. 김영청 역, 『노예의 길』(자유기업센터 1999).

24) Ludwig Heinrich Edler von Mises(1881.9.29.~1973.10.10.), *The Anti-Capitalistic Mentality*, D Van Nostrand Company, 1956 ‖ 저자 루드비히 폰 미제스/역자 김진현, 『자본주의 정신과 반자본주의 심리』(사유주의시리즈 번역 2, 한국경제연구원 1984년).

25) 민경국, 『신정치경제학』 및 『헌법경제론』 및 『국가란 무엇인가』의 제4부 제3장과 제4장, 하이에크(F. A. Hayek)와 뷰캐넌(J. M. Buchanan)의 '헌법경제학'의 인식 등 참조.

26) 민경국, 헌법재판: 이익형량 대신에 법의 지배원칙, 「헌법학연구」(제25권 제2호 2019.6. 한국헌법학회), 398~406면.

27) 樋口陽一, 『憲法 I』(青林書院 1998), 22頁 参照.

제3장 憲法秩序論

1) Georges Burdeau(1905.12.25.~1988.4.25.), *Droit constituionnel et institutions politiques*, 14é éd., Paris, L.G.D.J., 1972, p.62.

2) 姜京根, 선거운동과 관련한 시민단체활동의 범위와 한계, 「선거관리」(제46호 중앙선거관리위원회 2000), 21면.

3) *McDonalk v. Smith*, 105 S.Ct. 2787, 2790 (1985) cited by Anita Hodgkiss, *Petitioning and the Empowerment Theory of Practice*, 96 Yale L.J. 569 572(1987). *Minnesota State Board, Community Colleges v. Knight*, 465 U.S. 217, 284 (1984).

4) Cahn & Cahn, *The War on Poverty: A Civilian Perspective*, 73 Yale L.J. 1317, 1321 (1964). 미연방대법원 초기 판결은(*Crandall v. Nevada* 1073 U.S. (6 Wall) 35, 44 (1867); *Twining v. New Jersey*, 211 U.S. 78, 96, 97 (1908). etc.) 수정헌법 제정 전 이미 인정하였다. A. Hodgkiss, *ibid.*, p.575, 571. Smith, *Shall Make No Law Abridging …: An Analysis of the Neglected but Nearly Absolute Right of Petition*, 54 Cinn, L. Rev. 1153, 1154 68 (1986).

5) Stephen A. Higginson, *A Short History of the Right to Petition, Government for the Redress of Grievances*, 96 Yale L.J. 157 (1986).

6) S.A.Higginson, *ibid.*, p.156. cf. Meiklejohn, *The First Amendment Is An Absolute*, 1961, Sup. Ct. Rev. 156, 245, 255.

7) C.Schmitt, *Verfassungslehre*, S.170ff.

제3편 國 憲 論

제1장 一般國家論

1) 姜京根, 『一般憲法學』(신판 법문사 2018); 동, 『一般國法學』(법문사 2017).

2) Niccolò di Bernardo dei Machiavelli(1469.5.3.~1527.6.21.), 『군주론』 *Il Principe(The Prince)*, 1532; '로마사 논고'(*The Discourses* 1531) 등. 박상섭, 『국가·주권(한국개념사총서 2)』(소화 2008).

3) Georges Burdeau, *Traité de science politique*, Paris, L.G.D.J., 1967. p.35, 633; Yves Guchet, *Élément de droit constitutionnel*, Editions Albatros, Paris, 1981, pp.13, 16.

4) Georg Jellinek, *Allgemeine Staatslehre*, 1900. 3Aufl. 1901, 4Aufl, 1914, Siebenter Neudruck, 1960, S.133.)/김효전 역, 『일반국가학』(太和출판사 1980), 106-107면.

5) Alexander Passerin d'Entreves, *THE NOTION OF THE STATE-An Introduction to Political Theory* ‖ ダントレーヴ/ 石上良平 訳, 『国家とは何か-政治理論序説』(みすず書房 2002 320頁). 인간의 정치적 운명에서 가장 기본이 되는 국가 관념에 대한 접근법의 세 가지 시각인 실력, 권력, 권위를 엄밀히 구별하면서, 그리스에서 현대에 이르는 국가 관념을 분석한다.

6) James C. Scott, *Against the Grain A Deep History of the Earliest States*, Yale University Press 2017(336 pages)/ 제임스 C. 스콧 지음|전경훈 옮김, 『농경의 배신: 길들이기, 정착생활, 국가의 기원에 관한 대항서사』(책과함께 2019 392쪽)

7) Colleen Margaretta McCullough(1937.6.1.~2015.1.29.), *The First Man in Rome*, William Morrow, 1990. 콜린 매컬로/강선재, 신봉아·이은주·홍정인 옮김, 『로마의 일인자』(교유서가 2015), 479~481, 486, 488면.

8) 움베르토 에코 기획/김효정·최병진 옮김, 『중세 1』(시공사 2015), 1권 '야만인, 그리스도교도, 이슬람교도의 시대'(476~1000)/2권 '성당, 기사, 도시의 시대'(1000~1200)/3권 '성, 상인, 시인의 시대'(1200~1400)/4권 '탐험, 무역, 유토피아의 시대'(1400~1500).

9) 權藤四郎介(곤도 시로스케)/이연숙 옮김, 『대한제국 황실 비사』(이마고 2007).

10) 鄭寅韶, 국가의 관념, 「친목회회보(도쿄전문학교(와세다 대학 전신) 방어정치과 재학시 1897년 창립한 '일한학생구락부' 회보)」(제4호 1897), 18~19면. 또한 早稻田학보(제15호 명치31(1898)5. 25.). 김효전, 전게서, 15면.

11) 田鳳德, 『韓國近代法思想史』(博英社 1984), 99~118면; 김효전, 앞의 책, 123~169면; 西村拾也, 앞의 책, 226, 227, 286頁.

12) 헌정연구회, 『헌정요의』(1905); 유길준(1886~1905?), 『정치학』; 이룡, 『헌정쇄담』(1905); 미상, 『국민수지』(1906?), 26면; 김상연 撰述, 『국법학』(1907), 235면; 상학, (1908), 46면.

13) 안국선, 정치학 연구의 필요, 「기호흥학회 월보」(제2호 1908), 30면(일본의 조선 합병은 시세 변천).

14) J.C.Bluntschli, *Allgemeines Staatsrecht*, 2.Bde., 1851~1852 (일반국가법) 및 *Die Lehre vom modernen Staat*, 2.Bde., 1875~1876 (근대국가학)에서 '일반국가법' 제4판은 明治 초기 『국법범론(國法汎論)』(加藤弘之 譯)으로 번역되었다. 石塚正英, 『義人同盟とヘーゲル左派-ブルンチュリ報告書を手掛りに』, 石塚正英 編, 『ヘーゲル左派-思想・運動・歴史』 수록(法政大學出版局, 1992).

15) 石能 羅瑨(나진)/壽松 金祥演 역술, 『국가학』(1906); 만세보 연재, 국가학, 1906.

16) 전성규, 『대한협회회보』의 국가관과 "복종"-어휘사와 개념사적 관점에서-, 「개념과 소통」(한림대학교 한림과학원 15권 2005), 109~155면.

17) '譯民主與各國章程及公議堂解'(민주국가의 헌법 및 의회 등의 이해를 위한 譯解). 김효전, 전게서, 56~57면.

18) 장철균(전 스위스 대사), 유길준(兪吉濬) 근대화 개혁의 이론적 토대 마련, 「월간조선」(7월호), 478~487면.

19) 위의 글, 483~484면 참조.

20) 유치형, 『헌법』(영인본 아세아문화사 1981), 4~5면.

21) 김효전, 『근대한국의 국가사상-국권회복과 민권수호-』(철학과현실사 2000).

22) 田鳳德, 『韓國近代法思想史』(博英社 1984), 253~309면.

23) 김효전 역 『국가학』(관악사 2003); 동, 인권과 정의(2004.1-3.).

24) 夏期紙上大學 전4회, 「동아일보」, 1938.8.16.~19.

25) 김효전, 근대한국의 국가학 관련 문헌, 「인권과 정의」(통권349 대한변호사협회 2005.9.), 153~198면.

26) F.오펜하이머/윤세창 譯, 『국가론』(청구문화사 1950); H.J.라스키/민병태 譯, 『국가론』 이론과 실제』(백영사 1955); R.M.마키버/민병태 譯, 『근대국가론』(민중서관 1957); H.켈젠/김기수 譯, 『국가론』(창문사 1959).

27) 이에 관하여, 김동택, 근대 국민과 국가 개념의 수용에 관한 연구, 「대동문화연구」(성균관대 제41호 2002); 우남숙, 한국 근대국가론의 이론적 원형에 관한 연구, 블룬칠리*J.K.Bluntschli*와 양계초의 유기체 국가론을 중심으로, 「한국정치외교사논총」(제22집제1호 2000), 113~145면 등 참조.

28) 이승만, 『독립정신』(청미디어 2008).

29) 헨리 메인(Henry James Summer Maine 1822.8.15.~1888.2.3.)은 영국 법제사·비교법학자로 독일 역사법학파에 영향 받은 '고대법'[*Ancient Law, Its Connection with the Early History of Society, and Its Relation to Modern Ideas(1ed.)*, London: John Murray, 1861, p.170]에서 'from status to contract'를 말한다.

30) 옐리네크(G.Jellinek, *Allgemeine Staatslehre*, 1900. 3Aufl. 1901, 4Aufl, S. 133)/김효전 역, 『일반국가학』(太和출판사 1980), 106~107면 참조.

31) 김효전, 『헌법』(한국개념사총서3 소화 2009), 15, 29면.

32) Niccolò di Bernardo dei Machiavelli (1469.5.3.~1527.6.21.), 『군주론』 [*Il Principe(The Prince)*, 1532], '로마사 논고'(*The Discourses* 1531) 등. 박상섭, 『국가・주권』(한국개념사총서 2)』(소화 2008) 참조.

33) 박상섭, 위의 책; 잔프랑코 폿지(박상섭 옮김), 『근대국가의 발전』(민음사 1995).

34) 나카소네 야스히로(中曾根康弘, 1918~) 전 수상(1982~1987), 『保守の遺言』, 오대영/김동호 역(중앙북스 2011); 루드비히 폰 미제스의 '국민', '국가' 구분[Ludwig Heinrich Edler von Mises, *Nation, State, and Economy*(1919)]; '국가공동체'(*Liberalismus*(1927,1962)(영문판) *The Free and Prosperous Commonwealth*).

35) 콜린 매컬로, 『로마의 일인자』, 484면.

36) 칼 라렌츠 저/梁彰洙 역, 『정당한 법의 원리』(박영사 1986), 24~25면.

37) 칼 라렌츠 저/梁彰洙 역, 위의 책.

38) Carl Schmitt, *Verfassungslehre*, 3.Aufl., 1957, S. 200 ff. Georges Burdeau, *Traité de science politique*, Paris, L.G.D.J., 1967. pp.35, 633; Yves Guchet, *Élément de droit constitutionnel*, Editions Albatros, Paris, 1981, pp.13, 16.

39) 게오르그 옐리네크(Georg Jellinek), *Allgemeine Staatslehre*, 1900 3Aufl. 1914, Siebenter Neudruck, 1960, S. 133; 김효전 역, 『일반국가학』, 106-107면; 동, 『헌법』(한국개념사총서 3)』(소화 2009), 15, 29면.

40) Hans Kelsen, *Allgemeine Staatslehre*, Berlin Verlag von Springer, 1925, S.3; H.Kelsen, *Reine Rechtslehre*, S.289ff. 등.

41) 강성열, 『고대 근동의 신화와 종교』(살림출판사 2006); Samuel Noah Kramer, *History Begins at Sumer Enterprise: Thirty-Nine "Firsts" in Recorded in History*, University of Pennsylvania Press |1989.// 새뮤얼 노아 크레이머 역자 박성식, 『역사는 수메르에서 시작되었다』(가람기획 2018).

42) 존 M. 홉슨/정경옥 옮김, 『서구 문명은 동양에서 시작되었다』(에코 리브르 2005).

43) 韓太壽, 『정치학개론』(補正 檀紀4293년 耕文社1 294쪽), 93~102면.

44) Wilhelm Dilthey(1833.11.19.~1911.10.1.), *Padagogik: Geschichte und Grundlinien des Systems: Erziehung und Padagogik der alten Volker*/손승남 옮김, 『고대 그리스와 로마의 교육』(지만지 2012).

45) 플라톤/이정호 역, 『메넥세노스』』 정암학당 2008).

46) 헤로도토스/ 강은영 역, 『페르시아 전쟁사』(시그마북스 2008 447쪽).

47) 『미술대사전(용어편)』(한국사전연구사 편집부 1998).

48) 이어령, 정형모, 『이어령의 지의 최전선』(아르테 2016) 참조.

49) Tom Bingham, *The Rule of Law* (London Penguin Books 2011), p.3.

50) 리처드 루빈스타인 지음/유원기 옮김, 『아리스토텔레스의 아이들』(민음사 2004). Richard E. Rubenstein, *Aristotle's Children: How Christians, Muslims, and Jews Rediscovered Ancient Wisdom and Illuminated the Dark Ages*', 2003.10, Harcourt.

51) 박종현, 『적도(適度) 또는 중용의 사상』(아카넷 2014), 84~88면; 同, 『플라톤의 법률』(서광사 2009), 20~21면.

52) 김효전, 『헌법』(한국개념사총서3 소화 2009), 15면.

53) Aristotle, *The Athenian Constitution*/P.J.Rhodes trans. Harmondsworth, Middlesex, England: Penguin 1984.

54) Pericles(Periklēs, Pericles, son of Xanthippus, Athenian, c.495~429BC). "Pericles", *Encyclopaedia Britannica*, 2002. 페리클레스는 Atica(아테네) 출신이며 그의 어머니의 伯父가 클레이스테네스다.

55) 박종현, 국가(政體)/법률, 「열린 연단: 문화의 안과 밖」(2015.3.21.). http://openlectures.naver.com/contents?contentsId=79128&rid=2888&lectureType=classic#literature_contents

56) 박종현, 위의 강연.

57) 닉 맥카시 지음/ 박미영 옮김, 『알렉산더』(루비박스).

58) 崔鉉, 『理想國家』(集文堂 1977).

59) Plato/Robin Waterfield(trans.), *Republic*, Oxford university press.

60) Gaius Suetonius Tranquillus(c.69~122 AD), *De Illustribus Grammaticis(c.100)*/ 안재원 역, 『로마의 문법학자들』(한길사 2013 323쪽).

61) Alexander Passerin d'Entreves, *THE NOTION OF THE STATE-An Introduction to Political Theory* ‖ ダントレーヴ/ 石上良平 訳, 『国家とは何か-政治理論序説』(みすず書房 2002 320頁).

62) *The Constitution of the Athenians*(Ἀθηναίων πολιτεία, Athenaion Politeia) 30단(columns). c.100AD 간행, 영국박물관(Papyrus 131). Wikipedia, *1911 Encyclopædia Britannica*, Constitution of Athens.

63) Tom Bingham, *The Rule of Law* (London: Penguin Books 2011), p.3; S.Everson, *Aristotle: Politics & the Constitution of Athens*, Cambridge 1995.11.30.

64) Marcus Tullius Cicero, *On the Commonwealth and On the Laws*, 2nd Edition, Editor and Translator: James E. G. Zetzel, Columbia University, New York June 2017. アントニー・エウアリット/高田康成 譯, 『キケロ もおひとつのローマ史』(白水社 2007).

65) 시오노 나나미/김석희 옮김, 『로마인 이야기』(1. 로마는 하루아침에 이루어지지 않았다)』(한길사 1995).

66) Charles-Louis de Secondat, Baron de La Brède et de Montesquieu(1689.1.18.~1755. 2.10.), *Considerations on the Causes of the Greatness of the Romans and their Decline*, 1734, The Free Press, retrieved 2011. 박광순 역, 『로마인의 흥망성쇠 원인론』(종합출판 범우 2007).

67) Alberto Angela/김정하, 앞의 책, 50~51면, 190~193면, 199~202면 轉載..

68) 玄勝鐘, 『로오마法原論』(一潮閣 1973), 14면.

69) Palatine Hill. Publius Cornelius Scipio Aemilianus Africanus Numantinus 185~129BC.

70) Alberto Angela/김정하, 앞의 책, 286, 335, 433~445면.

71) 시오노 나나미 지음/김석희 옮김, 『로마인 이야기 1』(한길사 1995), 43~45면.

72) 푸블리우스 아일리우스 트라야누스 하드리아누스(Publius Aelius Trajanus Hadrianus 76.1.24.~138.7.10. 로마제국 제14대 황제 재위 117-138).

73) Alberto Angela, *Impero. Viaggio nell' Impero di Roma seguendo una moneta*, 2007; 알베르토 안젤라/김정하 옮김, 『고대 로마제국 15,000킬로미터를 가다 - 한닢 동전의 제국 여행기』(까치 2015).

74) Alberto Angela/김정하, 앞의 책, 72~74, 177면.

75) Alberto Angela/김정하, 앞의 책, 473~474, 449~452, 476, 500~510면 등에서 轉載.

76) Jean-Noel Robert, *De Rome à la Chine. Sur les routes de la soie au temps des Césars*, 1997; 노엘 로베르(1952~파리 자유대학 교수, 라틴어・고대 로마사)/조성애 역, 『로마에서 중국까지』(이산 2000).

77) Hubertus R. Drober/ 하성수 역, 『교부학』(분도출판사 2001년), 345~346면.

78) *Leviathan, or The Matter, Forme, & Power of a Common-Wealth Ecclesiastical and Civil*, 1651. 라틴어판 *Leviathan, sive, De materia, forma, & potestate civitatis ecclesiasticae et civilis 1668*. 韓昇助 譯, 『리바이어던』(三省출판사 1978).

79) 한승조 역, 앞의 책, 305~309면.

80) E.-W. Böckenförde, Zur Kritik der Wertbegründung des Rechts, in: ARSP Beiheft NR. 37, 1990, S.36. 左宗欣, Thomas Hobbes의 價値概念, 「安岩法學」(제2집 1994 고려대법학연구소), 1~38면. Carl Schmitt, 『토머스 홉스의 국가론에 있어서 리바이어던』, 1938.

81) 한승조 역, 앞의 책, 제5장(280, 281면), 제15장 자연에 의한 신국에 대하여(378~388면) 등 참조.

82) 김효전, 『헌법』(한국개념사총서 3)(소화 2009), 29면.

83) 김효전, 위의 책, 28면.

84) 『베르나르 베르베르의 상상력 사전』 참조.

85) 한승조 역, 앞의 책, 278면.

86) 한승조 역, 앞의 책, 255~256면, 274~275면, 제15장 378~379면.

87) 한승조 역, 앞의 책, 252~255면.

88) Carolina는 오늘날 Virginia와 Florida 사이의 대부분의 토지를 가진 8인의 영주에 의하여 지배되었다.

89) From Wikipedia, the free encyclopedia.

90) 김응종, 번역은 제2의 창작인가, 「'번역과 인문학' 고대문과대 설립60주년 국제학술대회(2006. 10.20.)」 발표/『전북사학』 수정 게재. 김응종, 『서양의 역사에는 초야권이 없다. 서양사에 관한 12가지 편견과 사실』(푸른역사 2005), 171~183면; 마리아 루시아 G. 팔라레스-버크/곽차섭 옮김, 『탐사・현대 역사학의 거장 9인의 고백과 대화』(푸른역사 2006), 568면.

91) 『小学館 日本大百科全書』(ニッポニカ).

92) John Julius Norwich(1929.9.15.~), *The Normans in Sicily: The Normans in the South 1016~1130 and the Kingdom in the Sun 1130~1194*, Penguin Books, 2004.9.1.

93) 김응종, 앞의 논문. 마르크 블로크/이기영 옮김, 『서양의 장원제. 프랑스와 영국의 장원제에 대한 비교사적 고찰』(까치 2002), 40면; Georges Duby, *La société aux XIe et XII siècles dans la région mâconnaise, Ecole des Hautes Etudes en Science Sociales*(1988); 김응종, 조르주 뒤비와 봉건혁명, 『서양사연구』 33(2005); 강일휴, 봉건혁명논쟁, 『서양중세사연구』 16(2005).

94) JACQUES LE GOFF, *A la recherche du Moyen Age* (2003) ‖ 자크 르 고프/모리스 드 몽트르미 著/ 최애리 옮김, 『중세를 찾아서』(해나무 2005년 303쪽); Emmamuel Le Roy Radurie, Montaillou village occitan de 1294 a 1324 ‖ 엠마뉘엘 르 루아 라뒤리/ 유희수 옮김, 『몽타이유. 중세말 남프랑스 어느 마을 사람들의 삶』(길 2006년 779쪽).

95) Jacob Burckhardt, *The Civilization of the Renaissance in Italy(Die Kultur der Renaissance in Italien 1860)*. By 1990, Penguin Classics.

96) 松宮秀治, 『文明と文化の思想』(白水社 2014年 303頁). 인간의 세속활동을 물질적 풍요의 문명과 정신적 내면적 활동의 성과인 문화로 재구성하면서, 서구근대사상은 헤겔의 자유와 막스 베버의 합리적 정신을 축으로 하는 가치체계로 整序되며, 문명은 知와 합리적 사고의 미래를 약속하며, 문화는 국민과 민족이 가치기반을 가질 수 있도록 한다고 말한다.

97) 근대의 징표를 논의한 한 학술대회에서의 주제들은 다음과 같다. '혁명에서 개벽開闢으로', '사대부士大夫에서 지식인intelligentsia으로', '天下에서 국가*nation-state*로', '道에서 진리truth로', 강상綱常에서 윤리*ethics*로', '萬民에서 개인*individual*으로, '예교禮敎에서 종교*religion*로', '여군자女君子에서 신여성新女性으로'. 「근대전환기, 인문학의 메타모포시스 Ⅱ- 인문학의 실크로드」(제4회 숭실대학교 HK+사업단 학술대회, 숭실대학교 한국기독교문화연구원 인문한국플러스(HK+)사업단 사상과 사유팀, 2019.6.13.).

98) 그리스 어 원전 성경 번역의 예로서, 田川建三(翻訳), 『新約聖書 本文の訳』(作品社 2018年 496頁). 또한 『新約聖書 訳と註』(作品社)를 第一巻 『1 マルコ福音書/マタイ福音書』(2008年 888頁)부터 『第二巻上 ルカ福音書』(2011年 534頁), 『第二巻下 使徒行伝』(2011年 719頁), 『<3>パウロ書簡(その1)』(2007年 572頁), 『第四巻――パウロ書簡 その二/擬似パウロ書簡』(2009年 820頁), 『第五巻 ヨハネ福音書』(2013年 843頁), 『第六巻 公同書簡/ヘブライ書』(2015年 843頁), 『第七巻 ヨハネの黙示録』(2017年 374頁) 전 8冊을 들 수 있다. 예를 들어 '마음이 가난한 자'를 '靈이 가난한 자'(마 5:3 the poor in spirit)로, '그리스도 탄생'은 '그리스도 생성으로 번역하는 등으로, 교의적 읽기를 배제하고 가능한 한 그리스어 원문 그대로 正文批判의 번역을 하였다.

99) 이양호, 루터와 칼뱅, 종교개혁과 근대사회, 「열린연단 :문화의 안과 밖」.

http://openlectures.naver.com/contents?contentsId=132089&rid=2933&lectureType=ethics#literature_contents

100) Gerhard Köbler, *"Stadtluft macht frei"*, Lexikon des Mittelalters. 8. Stuttgart/Weimar: Metzler, 1997, SS.23; 阿部謹也 ハーメルンの笛吹き男--伝説とその世界』(筑摩書房 ちくま文庫 1988年12月), 66頁以下; ミッタイス=リーベリッヒ/ 世良晃志郎訳, 『ドイツ法制史概説』(改訂版 創文社 1971年).

101) 国分功一郎, 『近代政治哲學: 自然・主權・行政』(ちくま新書筑摩書房 2015).

102) Anderson, *Imagined Communities* (London: Verso Books, 2006), p.19.

103) Lassa Oppenheim, *International Law: A Treatise, Volume II (War and Neutrality)*, 2nd ed. (London: Longmans, Green and Co., 1912), §94; 이기범, 한반도 '평화협정' 체결 과연 필요한가?, 「이슈브리프」, 2016 APR 19.

104) T.S.Ashton, *The Industrial Revolution 1760~1830*, London: Oxford University Press, 1998.

105) 근대사회성립사는 クリストフアー・ヒル/浜林正夫 譯 『宗教改革から産業革命へ』(未來社 1992).

106) 전상인, 建國과 近代, 「시대정신」(2007년 가을호), 251~254면.

107) Karl Jaspers, *Vom Ursprung und Ziel der Geschichte*, MÜnchen: Piper, 1949. *Origin and Goal of History*, Routledge Revivals, 2011, p.80.

108) Dan Brown, *Origin*, Robert Langdon series, Doubleday, 2017 ‖ 댄 브라운/역자 안종설, 『오리진』(1 352쪽, 2 372쪽 문학수첩 2017). 140면 참조.

109) 시(poema)라 하면 현대에는 글쓴이 자신의 감동이나 정서를 주관적으로 묘사한 운문조의 문학작품인 서정시라 하고, 시인(poeta)은 운문 서정시를 쓰는 사람이라 하지만, 시는 원래 서정시, 서사시(서사시인 그리스의 호메로스와 로마의 베르길리우스 등), 극시로 이루어지는 문학형식이고 고대에는 극장에서 공연되는 비극과 희극도 정통적인 시의 한 분야로 여겨졌기에, 시인은 문장을 표현수단으로 선택한 사람이라 말해도 좋다. 시오노 나나미 지음/김석희 옮김, 『로마인 이야기(15 로마 세계의 종언)』(한길사 2007년), 40면.

110) Paul de Man(1919.12.6.~1983.12.21.), *Allegories of Reading: Figural Language in Rousseau, Nietzsche, Rilke, and Proust*, Yale University Press; Revised, 1982, 305page ‖ ポール・ド・マン(著), Paul de Man(原著), 土田知則(翻訳), 『読むことのアレゴリー――ルソー、ニーチェ、リルケ、プルーストにおける比喩的言語』(岩波書店 2012年 432頁).

111) 劉基天, 『刑法學(총론강의)』(改訂 影印本 법문사 2011), 3, 11면.

112) '박문호(한국전자통신연구원 ETRI)와 과학세상'(박자세, 2012년 공익사단법인). 조선일보, 2015.3.7.

113) 숙종-정조대(1675~1800) 125년을 조선의 황금기 '진경시대'(그림은 겸재 정선, 글씨는 추사 김정희의 '진경산수화' 등)라 한 '간송학파' 崔完秀의 말(일제시대 10만석 재산으로 문화재를 지킨 澗松 全鎣弼(1906.7.29.~1962.1.26.)이 1938년 성북동에 석조로 지은 간송미술관 관장).

114) 강인숙, 『불・일・한 3국의 자연주의 비교연구』-1・2 염상섭과 자연주의(솔과학 2015). 私小說의 출발점은 田山花袋(1872.1.22~1930.5.13.)의 『蒲団』이 「新小説」 1907年 (明治40) 9月号에 게재(易風社 간행 『花袋集』(1908年)에 수록)된 것에서 시작된다. 이 한편은 肉의 인간, 적나라한 인간의 대담한 참회록이라 한다. 사소설에선 작자와 주인공이 동일시되고, 작품이 작자의 주관적 토로로 끝나고, 문단과 그 주변의 좁은 독자들만 상대할 수밖에 없다. 각본가와 배우를 겸하는 작가들은 끊임없이 문학을 연기해야 한다. 사소설의 결함은 『蒲団』 속에 분명히 갖추고 있었다. 일본의 근대문학은 仮構의 나를 보고자 한 사소설, 심경소설과 같았다. 出典: フリー百科事典 『ウィキペディア(Wikipedia).

115) 島崎藤村(1872.3.25.~1943.8.22.)의 『破戒』(1906年)는 일본 자연주의 문학의 금자탑으로서 든다.

116) 鴎外, 『鴎外近代小説集 第2巻, 普請中, 鶏 ほか』(岩波書店 2012年 480쪽).

117) 강인숙, 위의 책. 2장 김동인과 자연주의, 1. 시대적 배경-국권의 상실과 근대화의 갈등 등 참조.

118) 한승옥, 『작가작품론의 정체성과 이데올로기』(박문사 2010), 3-9, 117-136면. 강인숙, '염상섭과 자연주의' 轉載

119) 劉基天, 『刑法學(총론강의)』(改訂 影印本 법문사 2011), 15~16면.

120) Brinktrine, *Verwaltungsermessen in Deutschland und England*, 1998, S. 169 ff. 참조.

121) 齋藤 孝(사이토 다카시) 지음/ 장은주 옮김, 『기대를 현실로 바꾸는 혼자 있는 힘』(위즈덤 하우스 2015).

122) 김문주 엮음, 『최남선 시선 초판』(지만지 2013), 8~11면.

123) 강상중(도쿄대 교수), 「조선일보」 2009.10.5.月, A51.

124) 로마의 황제들은 국가의 아버지라는 존칭을 받는 경우가 많았다(시오노 나나미, 『로마인 이야기(15)』, 63면) 하니, '건국의 아버지'라는 표현은 다분히 로마적이다.

125) Robert C. Bartlett / Susan D. Collins, *Nicomachean Ethics*, Chicago: University of Chicago Press, 2011(Translation, with Interpretive Essay, Notes, Glossary). Nicomachus는 아리스토텔레스의 아버지이다.

126) Georg Wilhelm Friedrich Hegel(1770.8.27~1831.11.14.). シュモロ・アウイネリ/高柳良治 譯, 『ヘゲルの近代國家論』(未來社 1984).

127) Henry Maine, *Ancient Law, Its Connection with the Early History of Society, and Its Relation to Modern Ideas*(1 ed.). London: John Murray, 1861, p.170.

128) 양창수, 『民法散考』, 28면.

129) Jean Bodin, *On Sovereignty: Four chapters from The Six Books Of the Commonwealth*, 1576, ed. Julian H. Franklin (New York: Cambridge University Press 1992), S. 30 ff.; J.J. Rousseau, *Du Contrat social* (1762) 제2부 제4장 참조.

130) Thomas Hobbes, *Leviathan or The Matter, Forme, & Power of a Common- Wealth Ecclesiastical and Civil*(1651)(edited with an Introduction and Notes by J.C.A. Gaskin, Oxford University Press, 1998), Part2(*Of Commonwealth 19. Of several Kinds of Commonwealth by Institution; and of Succession to the Sovereign Power*).

131) Ludwig Heinrich Edler von Mises, *Epistemological Problems of Economics*(경제학의 인식론적 문제), 1933.

132) 박상섭, 『국가・주권』(한국개념사총서2 소화 2008); 헤르만 헬러 / 김효전 옮김, 『주권론』(관악사 2004).

133) 한승조 역, 앞의 책, 255~259, 263, 277~278면.

134) 中谷義和, 『国家論序説』(御茶の水書房 2017年 195頁). 특히 第3章 国民国家とナショナリズム, 第4章 新自由主義国家とネオポピュリズム

135) 近藤 敦(곤도 아쯔시), 永住市民權과 地域的 市民權: 외국인 지방 참정권의 전망과 과제, 「공익과 인권」(서울대학교 공익인권법센터 제2권 제1호 2005.2.), 15~32면.

136) 佐藤幸治 『憲法 第三版』(青林書院 1995年); 芦部信喜 『憲法』(岩波書店 第3版 2002年)。『憲法判例百選 I』(有斐閣), 8頁.

137) 金敬得 일본 변호사의 말.

138) 長尾一紘, 外国人の人権－選挙権を中心として, 1988; 同, 外国人の選挙権導入は憲法に違反する, 「読売新聞」(2010年2月15日). http://www.yomiuri.co.jp/adv/chuo/opinion/20100215.htm.

139) フリドリッヒ・マイネッケ/矢田俊隆譯, 『世界市民主義と國民國

家Ⅰ, Ⅱ』(岩波書店 2001), 264頁.

140) Anthony David Stephen Smith(1939.9.23.~2016.7.19.), *The Ethnic Origins of Nations* ‖ A・D・スミス (著), 巣山靖司(翻訳), 高城和義(翻訳), 『ネイションとエスニシティ-歴史社会学的考察-』(名古屋大学出版会 1996年 384頁). 근대적 네이션의 바탕에 깔린 것은 무엇인가?-네이션이나 내셔널리즘은 곧 극복될 것이라는 낙관적인 진화론을 재검토하고, 그 에스닉한 요소의 기원을 찾아 전근대적인 문화와 정체성의 운명을 밝혔다.

141) 고성훈(국사편찬위원회 편사연구관).

142) 한국의 지역주의와 해소방안, 「한국정치학회 주최 학술회의」(대한매일신보 1999.7.17.토), 4~5면.

143) 진덕규, 『현대민족주의의 이론구조』(지식산업사 1986); 동, 『글로벌리제이션, 그리고 선택: 국민 국가의 미래』(학문과사상사 1999); 동, 민족은 수단이 아니다, 「동아일보」(2003.8.21.목).

144) 今、「国家」を問う, 『環』(藤原書店 vol.57 2014.4), <座談会>小倉和夫/宮脇淳子/小倉紀蔵/倉山満, 国家、国民、法服貴族 P・ブルデュー(立花英裕=訳・解題), 国民国家の誕生, 宮脇淳子, 民族と国家 〔「ナシオン」と「民族」の隘路をくぐり抜けて〕 田中克彦

145) *Und der Nationalstaat ist uns nicht ein unbestimmtes Etwas, welches man um so höher zu stellen glaubt, je mehr man sein Wesen in mystisches Dunkel hüllt, sondern die weltliche Machtorganisation der Nation, und in diesem Nationalstaat ist für uns der letzte Wertmaßstab auch der volkswirtschaftlichen Betrachtung die „Staatsraison".*

146) Jean Terrier, *Visions of the Social: Society as A Political Project in France, 1750-1950* (Leiden: Brill, 2011), p. 99.

147) Zenonas Norkus, *Max Weber on Nations and Nationalism: Political Economy before Political Sociology*, Canadian Journal of Sociology, vol. 29, no. 3 (2004), p. 396.

148) Carl Schmitt, Politisch Romantik ‖ カール・シュミット/訳者 大久保和郎/ 解説 野口雅弘, 『政治的ロマン主義』(みすず書房 2012年 296頁). 1916년, '국가의 가치와 개인의 의의'로 교수자격취득. 낭만적인 것의 모든 것은 다른 여러 가지 비로망적 에너지를 섬기며, 定義나 결단에 초연하고 있다는 그 태도는 일전하여, 타자의 힘, 다른 사람의 결단에 굴종적으로 복무하게 되는 것이다. 그리하여, 정치적 활동이 시작되는 곳에서 정치적 낭만주의는 끝난다.

149) Balazs Trencsenyi and Michal Kopecek, eds. *National Romanticism: Formation of National Movements, Discourses of Collective Identity in Central and Southeast Europe 1770~1945*, Volume Two (Budapest: Central European University Press, 2007). 박종철 외, 「통일 이후 국가정체성 형성방안: 이론과 사례연구 중심」(통일 이후 통합방안 - Ⅲ 통일연구원 2013).

150) エリッヒ フロム/佐野哲郎 佐野五郎譯, 『ワイ-マルからヒトラへ』(紀伊國屋書店 1991 450頁).

151) 1980년대 후반의 한 설문조사 결과, 서독에서 민족적 자긍심을 가진 자들은 37%에 불과한 것으로 나타났으며, 이는 주변 서유럽국가들에서 나타나는 50-80%의 결과와 크게 대비되었다. Werner Weidenfeld, *Politische Kultur und deutsche Frage*, hrsg. W.Weidenfeld(Köln: Wissenschaft und Politik, 1989), p. 33.

152) 永井清彦, 『国境をこえるドイツ』(講談社 講談社現代新書 1992年7月), 27頁.

153) Chevallier, *L'Etat de droit*, 2.Aufl. 1994, S. 65 ff., 147 ff.

154) ジョルジョ アガンベン(著), Giorgio Agamben(1942.4.22-), Homo sacer. Il potere sovrano e la nuda vita, Torino: Einaudi, 1995 (ristampa 2008)(原著), 高桑和巳 (翻訳), 『ホモ・サケル 主権権力と剥き出しの生』(以文社 2007年 288쪽). 호모 사케르(성스런 인간, 발가벗겨진 삶, 살해가능하지만 供犠불가능한 인간)의 형상을 추적하면서 주권적 결정의 현장적 논의를 전개하고, 칼 슈미트의 예외상태의 개념을 한나 아렌트의 전체주의와 미셸 후코의 생정치에 입각해 주권의 논리와 역설을 다시 단련하였다.

155) Carré de Malberg, *Contribution* à *la théorie générale de l'État*, Paris, Ⅰ, 1922.

156) 최갑수, "리바이어던"의 운명-서양 근대국가의 형성과 발전; "리바이어던"의 등장: 절대주의국가에서 국민국가로의 이행(The Fate of *Leviathan-The Rise and Transformation of the Nation-State in the West; The Advent of "Leviathan": Transition from the Absolutist States to the Nation States*), 『서양사론』(한국서양사학회 82권 2004년), 71~94면; 동, 역사, 사상, 이론과 동아시아 : 기획논문: 세계정치와 제국; 제국에서 근대국가로: 유럽사에 대한 하나의 역사적 조망(*From Empire to Modern State in Europe: An Historical Perspective*), 「세계정치」(서울대학교 국제문제연구소 제26집 2005년), 121~148면.

157) 김응종, 번역은 제2의 창작인가, 「'번역과 인문학' 고대문과대 설립60주년 국제학술대회(2006. 10.20.)」 발표 / 『전북사학』 수정 게재.

158) 李英俊, 우리 법학의 과제, 「고시계」(2002.10.), 2~3면.

159) From Wikipedia, the free encyclopedia.

160) 허원제, 유럽 강소국의 경쟁력의 원천과 시사점-덴마크, 스웨덴, 스위스-, 「KERI Brief」(15-23., 2015.9.21.).

161) 전용덕, 『국제금융위기와 신자유주의』(한국경제연구원 2009), 56면.

162) 교과서포럼, 『한국 현대사』(기파랑 2008).

163) 黒田賢治, 『イランにおける宗教と国家, 現代シーア派の実相』(ナカニシヤ出版 2015 272頁). 일상의 신앙으로부터 국정에 이르기까지 지도하는 이슬람법학자를 통하여 현대 이란의 사회와 국가체제의 실상을 포착하였다. 정태인, 지중해 관점에서 조명한 중동의 지정학, 「이슈브리프」(2013 FEB 12).

164) Samuel Laurent, *L'Éat islamique*; 사뮈엘 로랑/은정 펠스너(Eun-Jung Felsner), 『IS 리포트 지하드 심장부에서 밝혀낸 이슬람국가의 실체』(한울 2015).

165) G.Jellinek, *Die Erklärung der Menschen-und Bürgerrechte* (1.Aufl. 1895), in: R.Schnur (Hrsg.), *Zur Geschichte der Erklärung der Menschenrechte*, 1964, S.1ff.

166) Émile Boutmy, *Etudes politiques: La souveraineté du peuple, la Déclaration des droits de l'homme*, 1907; ders., *Eléments d'une psychologie politique du peuple américain*, 1911

167) 姜京根, 한태연・일찍이 신화가 된 천재의 헌법학, 『한국의 공법학자들』(한국공법학회 2003), 57~78면.

168) Rainer Wahl / 金泰昊 번역, 정보질서의 국제화, 「서울법대와 프라이부르크법대 간의 공동심포지움」.

제2장 憲法國家論

1) 미 해군부(Navy Department) 항해국, 『해상국가들의 깃발'(Flags of Maritime Nations)』, 1882.7.19. 출간.

2) 2008년 발견된 1882.11.1. 일본 외무성 요시다(吉田)문서.

제3장 大韓民國論

1) 「조선일보」(2014.10.9). [명성황후 119주기③].

2) 柳周鉉, 『朝鮮總督府』 日蝕의 形骸, 13~21면.

3) 박영준, 「중앙일보」(2015.11.21.). 윤건차, 한국의 일본지성 수용의 문제점 - '사죄와 망국 사이에서'와 '국가주의를 넘어서'를 중심으로, 「역사비평」(통권 48호 1999년 가을), 386~401면; 허수열, '개발과 수탈'론 비판 - 식민지 산업화와 해방후 산업화의 연관성 비교 -, 앞의 잡지, 167면 등 참조.

4) *South Korea's tragic failure*, International NewYork Times, May 7, 2014.

5) 김효전, 권리 관념의 발전과 실제, 「헌법학연구」(제14권 제4호 2008.12), 115면. 『월간 朝鮮』(제29호 1970.7.), 78~79면.

6) 三谷太一郎, 『日本の近代とは何であったか――問題史的考察』(岩波新書 2017)/ 송병권/오미정 옮김, 미타니 타이치로 지음, 『일본 근대는 무엇인가-정당정치, 자본주의, 식민지제국, 천황제의 형성』(평사리 2020), 9, 287면 등.

7) 三谷太一郎, 앞의 책.

8) 조갑제, 『7인의 재상』(요미우리신문 야마구찌지국 펴냄).

9) オリ-ウ・チエッ クランンド / 杉山忠平・玉置紀夫 譯, 『명치일본とイギリス』(法政大學出版局 1996).

10) 原口 清, 『日本近代国家の成立』 (岩田書院, 原口清著作集, 原口清著作集編集委員会(編集)). 1. 일본근대국가의 형성을 둘러싼 문제점으로서 중앙집권국가의 성립, 국가의 자립과 근대화, 명치국가권력의 원형-'大久保' 정권, 부르죠아ブルジョア혁명에의 일본의 道- 그 좌절 2. 명치헌법체제의 성립(명치헌법체제구축의 제계기에 관하여-입헌정체수립의 준비작업, 천황제지배체제의 확립) 3. 廃藩置県폐번치현 정치과정의 일 고찰(문제의 소재, 정부수뇌의 기본구상에 관하여, 三藩삼번연합의 성립, 명치4년 6월의 정국에 관하여)

11) 小嶋和司, 『法と憲法典 『(ジュリスト増刊)憲法の爭點・增補』(昭55), 4頁; 石井良助 編/丘集朔 譯, 『日本의 近代化와 制度』(관동출판사 1977), 197면.

12) 恒屋盛服, 『朝鮮開化史』(東亞同文會藏版 東京 1901), 320~321頁.

13) 명치 교육 전시회 인용.

14) 矢野 暢(시야), 『東南아시아 世界와 日本文明』, 56~64면; 「中央公

論」(1989년 4월호), 144- 158면; 『극장국가 일본』(TBS ブリタニカ刊).

15) 칼-오토 아펠(Karl-Otto Apel) / 이삼열 번역, 「세계화와 상대주의 시대의 보편윤리」(1998. 10.20. 서울 프레스센터 강연).

16) 유홍준, 『명작순례』(눌와 2013), 186~189면.

17) 姜明官, 『조선에 온 서양 물건들』(휴머니스트 2015), 296~297, 348면.

18) 鄭蕙然, 「월간조선」(2015.10.).

19) 李景珉, 『朝鮮現代史の岐路』(平凡社選書 164 1996) 참조.

20) 百地 章(1946년 静岡県 출생, 1994년부터 日本大学 法学部 교수, 国士舘大学 특임교수), '国家論 없는 憲法学으로부터의 脫却(제19회 「正論新風賞」 수상기념논문), 「正論」(2019년 3월호). 헌법학자에게는 교조적 호헌론자가 많다 하면서, 집단적 자위권의 행사를 합헌이라 명언한다. 그는 일본국헌법은 집단적 자위권을 언급하지 않고 있다. 다시 말해 부정하지 않는다는 얘기다. 따라서 국가의 고유한 권리로서 집단적 자위권을 갖는다고 볼 수 있다. 그는 早稲田大学의 長谷部恭男하세베 야스오 교수가 新 안전보장 관련법안에 대해 종래의 정부 견해의 기본적인 논리의 범주枠内에서는 설명할 수 없다고 명언하고, 護憲論은 헌법 조문만 바라보고 현실과 동떨어진 탁상공론机上の空論으로 시종하는 풍조가 있으며, 내게는 사고정지다. 문제는 이런 분위기가 헌법학계를 지배하고 말을 하기 어렵게 만들었다는 점이다. 개헌론자라고 하면 끝장이라는 분위기마저 있다. 나무를 보고 숲을 보지 못하는 헌법학자들과 같은 논란이다.

21) 이기태, 『일본의 안보 법안 통과와 한국의 대일 외교』(통일연구원 2015.9.15. CO 15-262015).

22) 이경주, 일본의 군사대국주의와 평화헌법 개정 논의, 「역사비평」(통권55호 2001 여름), 34-54면.

23) 이명찬, 헌법9조의 개정과 '보통국가', '권력국가': '집단적 자위권의 행사'와 관련하여, 「평화연구」(제16권 2호 2008), 67~104면.

24) Jean Rivière, *Sur l'origine de la formule juridique: 'Rex imperator in regno suo'* In: Revue des Sciences Religieuses, tome 4, fascicule 4, 1924. pp.580~586.

25) Ernst Von Hesse-Wartegg(에른스트 폰 헤세 바르텍 1854~1918), *Korea: eine Sommerreise nach dem Lande der Morgenruhe 1894*(Dresden&Leipzig: Verlag von Carl Reissner, 1895)/ 역자 정현규, 『조선, 1894년 여름 오스트리아인 헤세-바르텍의 여행기』(책과함께 2012년 320쪽), 153-156면.

26) 三谷太一郎, 『日本の近代とは何であったか—問題史的考察』(岩波新書 2017)/ 송병권/오미정 옮김, 미타니 타이치로 지음, 『일본 근대는 무엇인가-정당정치, 자본주의, 식민지제국, 천황제의 형성』(평사리 2020), 200면.

27) 이기범, 한반도 '평화협정' 체결 과연 필요한가?, 「이슈브리프」(2016 APR 19).

28) 신명호, 『고종과 메이지의 시대』(위즈덤하우스 2014), 55~61, 74~81, 133~148, 181~195, 196~237, 492면; 이노우에(일본방위연구소 소장), 강화도사건 최초 보고서, 명치8(1875).9.29. 등의 발췌 인용.

29) 「조선일보」(2013.8.29.木), A8면).

30) 신명호, 『고종과 메이지의 시대』(위즈덤하우스 2014), 497~500면 및 21-26면.

31) 신명호, 앞의 책, 43~49면 등에서 이상의 일정을 인용하였음.

32) 이규태, 한말 주미공사관, 「조선일보」(1995.3.4), 5면, 이규태코너.

33) 「조선일보」(2015.3.7.토), A8면.

34) Isabella Lucy Bird(1898), *Korea and Her Neighbours: A Narrative of Travel, with an Account of the Recent Vicissitudes and Present Position of the Country* 『조선과 그 이웃 나라들』(집문당, 2000.3.10.). 영국왕립지리학협회(Royal Geographical Society) 최초여성회원(1892년),

35) 趙甲濟, 伊藤博文의 孫子 최초, 최후 인터뷰, 월간조선, 1984.10.

36) 신우철, 헌법학의 기본과 법무장관, 「동아일보」(2006.1.23.).

37) 신명호, 앞의 책, 506, 531면 등.

38) 三谷太一郎, 『日本の近代とは何であったか——問題史的考察』(岩波新書 2017)/ 송병권/오미정 옮김, 미타니 타이치로 지음, 『일본 근대는 무엇인가-정당정치, 자본주의, 식민지제국, 천황제의 형성』(평사리 2020), 167면.

39) 姜德相(81. 재일교포 재일한인역사자료관장), 「조선일보」(2013.8.30. 금), A11면).

40) '중앙공론' 편집자 요시노 사쿠조(吉野作造) 확인. 강효숙 박사(한일근대사 전공).

41) 「동아일보」(2014.4.9.수), A16면.

42) 「조선일보」(2015.3.3.화), A16면.

43) 朝日新聞 2015.3.2. 社說

44) 『한국민족문화대백과』(한국학중앙연구원); 『한국근현대사사전』(가람기획 2005.9.10.).

45) 박명수, 1946년 3·1절: 해방 후 첫 번째 역사전쟁, 현대기독교역사연구소 제20회 영익기념강좌.

46) 「조선일보」(2015.7.21.화), A21면.

47) 「조선일보」(2015.5.25.월), A17면.

48) 李仁秀(이승만 養子), 대한민국 건국의 정통화과정, 「헌정」(2008), 24~29면. 건국대통령 이승만박사 기념사업회/우남 이승만 연구회 공동주최세미나 연설.

49) 「조선일보」(2015.8.6.목), A8면.

50) 김구 주석의 경축사에 이은 엄항섭 선전부장의 말. 「조선일보」, 1946.3.1. 1면.

51) 「조선일보」(2015.7.29.수), A10면.

52) 「조선일보」(2015.8.13.목).

53) 전진호, 『일본의 한국병합 100년 한일관계의 과제와 전망: 동아시아 평화를 위한 한일갈등의 해결방안과 협력의 전망』(2010~24).

54) 田中宏 다나카 히로시 78세 一橋大명예교수로서 재일한국인 법적지위, 권익, 지문날인 반대, 한인원폭피해자 보상, 조선인학교 지원 등 활동

55) 「조선일보」(2015.4.27.월), A21면. 태평양전쟁 발발 후 조선인 5만 7900여명이 강제노동을 한 곳도 포함돼 있다. 특히 하시마端島 탄광은 섬 모양이 군함을 닮았다 해서 '군함도'라 불렸다. 조선인·중국인 광부들이 최저 1000m까지 해저 갱도를 파들어가 하루 12시간씩 노동을 강요당했다. 일본정부는 해당 산업시설들은 2차대전보다 훨씬 전에 만들어졌기 때문에 강제징용과 관계없다는 입장이다.

56) 「조선일보」(2015.5.7.목). 유네스코 산하 국제기념물유적협의회 ICOMOS는 서양 기술을 능동적으로 받아들여 일본의 필요와 전통에 맞게 산업화한 역사를 보여준다 하여 적합했음을 판정했다.

57) 「조선일보」(2015.4.24.금), A3면.

58) 「동아일보」(2015.9.21.월).

59) 신용하(서울대 명예교수), 아베 정권은 獨島 침탈 정책을 즉각 폐기하라, 「조선일보」(2015. 4.9.목). 1946.6.22.

60) 이기범, 「[이슈브리프] 일본 정부의 왜곡된 역사인식에 대한 적극적이나 냉정한 대응 필요성」(아산정책연구원 2017.6.9.).

61) 최정운, 『한국인의 발견』(미지북스 2016년 688쪽); 동, 『한국인의 탄생』(미지북스 2013년 580쪽).

62) 김일영, 『건국과 부국』(생각의 나무 2003년).

63) 이태, 『(실록소설) 여순병란(上)』(청산 1994년 초판1쇄), 27~29, 31, 4면.

64) 이병주(李炳注 1921.3.16.~1992.4.3.), 『智異山(지리산)』('世代' 연재, 1972.9-1977.8.). 단행본(기린원, 전7권, 1985).

65) 최종고, 『이승만과 메논 그리고 모윤숙』(기파랑 2012), 197~237면.

66) 「문화일보」(2011.11.1.화), 31면. 自由민주주의와 市場경제를 향한 대한민국의 전진은 계속돼야 한다. 대한민국이 추구해야 할 영원한 가치이기 때문이다.

67) 「조선일보」(2015.3.7.토), A8면.

68) 李仁秀, 대한민국 건국의 정통화과정에 대한 연구, 「사회과학논문집」(명지대 사회과학연구소 10. 1995.12), 96~127면.

69) 손세일, 『이승만과 김구(1~7권)』(조선뉴스프레스 2015). 「조선일보」(2015.9.16.수), A25면.

70) 「조선일보」(2015.2.26.목), A10면.

71) 한영우(서울대 국사학과 명예교수), 중앙일보 2017.02.08. 16면.

72) 「조선일보」(2015.2.26.목), A10면.

73) 「조선일보」(2015.8.21.금), A21면.

74) 민병돈(전육사교장·중장), 제대로 조명받지 못한 미군의 첫 지상전, 「월간조선」(7월호), 210~217면.

75) 최우석, 인천상륙작전의 성공 위한 양동작전에 투입된 LST 문산호의 발자취, 「월간조선」(2016년 7월호), 218~227면.

76) 「조선일보」(2015.4.16.목), A10면.

77) 김명섭, 『전쟁과 평화: 6.25 전쟁과 정전체제의 탄생』(서강대학교 출판부 2015), 576, 582~589, 595~599면; 동, 한국군은 6.25 전쟁 정전협정의 당사자인가?, 「국방연구」(제56권 제3호 2013), 117~119, 121면.

78) Malcolm N. Shaw, *International Law*, 7th ed. (Cambridge: Cambridge University Press, 2014), p.812; Randall Lesaffer, *"Too Much History: from War as Sanction to the Sanctioning of War"*, in Marc Weller (ed.), *The Oxford Handbook of the Use of Force in International Law* (Oxford: Oxford University Press, 2015), p.37. p.38. 이기범, 한반도 '평화협정' 체결 과연 필요한가?, 「이슈브리프」(2016 APR 19).

79) 조선총독부, 『朝鮮事情』 1943; 이연식, 『조선을 떠나며: 1945년 패전을 맞은 일본인들의 최후』 (역사비평사 2012 296쪽).

80) 1943년 조선수력·조선전력·한강수력 등을 통합해 출범한 한국전력의 전신 조선전업 신기조 급전과장이 작성한 1948.5.14. 일지에는 '이북 각 송전선 차단함'이라 적혔다.

81) 이헌창, 『한국경제통사』(해남 2014). 근대전기(개항~해방): 자주적 근대화의 좌절과 식민지경제의 전개, 세계시장으로의 편입에 따른 경제적 변화와 근대화정책(1876~1904), 식민지로의 전락과 토지조사사업(1905~1919), 근대후기(해방~1980년대): 분단체제 아래 근대산업국가의 수립, 국민경제의 형성(1945~1960), 근대산업국가의 확립(1960년대~80년대).

82) 이하는 「조선일보」(2015.5.22.금), A10면. 이영훈, 경제원조와 잉여농산물 참조.

83) 서상문 『한국전쟁의 국제정치적 의의와 현재적 함의』(2010~17).

84) 『대한건설협회』, 2007.

85) 좌승희, 『새마을운동, 왜 노벨상 감인가?』(청미디어 2020); Jwa, Sung Hee, *The Rise and Fall of Korea's Economic Development: Lessons for Developing and Developed Economies, Cham, Switzerland*: Palgrave Macmillan, 2017; Jwa, Sung Hee, *"Understanding Korea's Saemaul Undong: Theory, Evidence, and Implication"*, Seoul Journal of Economics, 2018, Vol. 31, No. 2, pp. 195~236.

86) 교과서포럼 지음, 『한국 현대사』(기파랑 2008).

87) G.Burdeau, *Droit constitutionnel et institutions politiques*, L.G.D.J., 15éd., 1972, Table, pp.818-827; Konrad Hesse, *Grundzüge des Verfassungsrechts der Bundesrepublik Deutschland*, 14erganzte Auflage. C.F.Müller, 1983; 樋口陽一, 『憲法 I』(青林書院 1998), 22頁 등 참조.

88) Th.Maunz/Rh.Zippelius, *Deutsches Staaatsrecht*, 27.Aufl., München 1988, S. 66.

89) 姜京根, 정부의 구성과 민주적 정당성 「공법연구」(1986 제14집) 특히 129~167면, 129~167면. 통치구조의 자생적 정당성과 국민적 정당성 참조.

90) 신일철, 대한민국 '정통성'의 위기, 「NEXT」(2004.5.), 59~71면.

91) 칼 폴라니(Karl Polanyi 1886.10.25.~1964.4.23.), *The Great Transformation: The Political and Economic Origins of Our Time*(First published in 1944 by Farrar & Rinehart)/홍기빈 옮김, 『거대한 전환-우리 시대의 정치·경제적 기원』(도서출판 길 2009년), 184~185면.

92) Morris Silver, *Karl Polanyi and Markets in the Ancient Near East: The Challenge of the Evidence*, The Journal of Economic History, Vol. 43, No.4(Dec., 1983).

93) 허윤, 18세기 스웨덴(…중국까지 항해 한 번으로 국가 GDP만큼 벌었다는데…), 「조선일보 Weekly BIZ」(2015.3.21.토).

94) Lionel Casson(1914.7.22.~2009.7.18.), *Ancient Trade and Society*, Demosthenes.

95) 좌승희, 『경제발전의 철학적 기초』(서울대 출판문화원 2012); 동, 기업정책 패러다임 전환과 경제선진화, 「제도와 경제」(제9권 제1호 2015. 2), 158면.

96) 이영훈, 앞의 논문, 11~19. 41~52면.

97) 國會事務處, 第18回 第26次 國會速記錄, 1954.2.25., 10면. 국무총리 白斗鎭 개헌안 제안 설명.

98) 이대근 외, 『새로운 한국경제 발전사-조선후기에서 20세기 고도성장까지-』(나남출판 2005); 김낙년, 『일제하 한국경제』(해남 2003).

99) 이영훈, 앞의 논문, 19~49, 39면.

100) 정이환, 『경제위기와 고용체제-한국과 일본의 비교-』(한울 2011).

101) 박정희, 『민족중흥의 길』(1978), p.126. 구본호, 김은미, 192면.

102) 좌승희, 『박정희, 살아있는 경제학』(백년동안 2015).

103) 이영훈, 한국 시장경제의 특질-지경학적 조건과 사회·문화적 토대에서-, 「제도와 경제」(제9권 제1호 2015.2.), 19~49, 39면.

104) 김병연, 한국의 시장경제: 제도의 부정합성과 가치관의 혼란, 『한국형 시장경제체제(이영훈 엮음)』(서울대학교 출판문화원 2014), 335~365면 특히 357면.

105) 이재열, 사회적 갈등해소 능력, 『한국기업과 사회적 경쟁력(김광억 외)』(서울대학교 출판문화원), 41~93면.

106) 이규수, 『식민지조선과 일본 일본인』(전남대호남학연구단 다할미디어 2007); 정명섭, 『조선변호사 왕실소송사건』(은행나무 2016).

107) 한국고문서학회, 『조선의 일상, 법정에 서다』(역사비평사 2013).

108) 미겔 앙헬 캄포도니코(Miguel Angel Campodonico) 저/송병선·김용호 역, 『세상에서 가장 가난한 대통령 무히카MUJICA』(21세기북스 2015); 「조선일보」(2015.4.25.토), A17면.

109) 신한균/박영봉, 『로산진 평전』(아우라 2015).

110) Barry M. Hager, *The Rule of Law*/좌승희 옮김, 『법치로 가는 길』(21세기북스 2001), 73면.

111) 신일철, 도산의 자강주의와 시장의 철학(1)- 진정 자본주의의 '정신', 「기러기」(1998.4. 34권 4호. 374호).

대한민국헌법

[전문개정 1987.10.29 헌법 10호]

전 문

유구한 역사와 전통에 빛나는 우리 대한국민은 3·1운동으로 건립된 대한민국임시정부의 법통과 불의에 항거한 4·19민주이념을 계승하고, 조국의 민주개혁과 평화적 통일의 사명에 입각하여 정의·인도와 동포애로써 민족의 단결을 공고히 하고, 모든 사회적 폐습과 불의를 타파하며, 자율과 조화를 바탕으로 자유민주적 기본질서를 더욱 확고히 하여 정치·경제·사회·문화의 모든 영역에 있어서 각인의 기회를 균등히 하고, 능력을 최고도로 발휘하게 하며, 자유와 권리에 따르는 책임과 의무를 완수하게 하여, 안으로는 국민생활의 균등한 향상을 기하고 밖으로는 항구적인 세계평화와 인류공영에 이바지함으로써 우리들과 우리들의 자손의 안전과 자유와 행복을 영원히 확보할 것을 다짐하면서 1948년 7월 12일에 제정되고 8차에 걸쳐 개정된 헌법을 이제 국회의 의결을 거쳐 국민투표에 의하여 개정한다.

제1장 총 강

제1조 ① 대한민국은 민주공화국이다.

② 대한민국의 주권은 국민에게 있고, 모든 권력은 국민으로부터 나온다.

제2조 ① 대한민국의 국민이 되는 요건은 법률로 정한다.

② 국가는 법률이 정하는 바에 의하여 재외국민을 보호할 의무를 진다.

제3조 대한민국의 영토는 한반도와 그 부속도서로 한다.

제4조 대한민국은 통일을 지향하며, 자유민주적 기본질서에 입각한 평화적 통일 정책을 수립하고 이를 추진한다.

제5조 ① 대한민국은 국제평화의 유지에 노력하고 침략적 전쟁을 부인한다.

② 국군은 국가의 안전보장과 국토방위의 신성한 의무를 수행함을 사명으로 하며, 그 정치적 중립성은 준수된다.

제6조 ① 헌법에 의하여 체결·공포된 조약과 일반적으로 승인된 국제법규는 국내법과 같은 효력을 가진다.

② 외국인은 국제법과 조약이 정하는 바에 의하여 그 지위가 보장된다.

제7조 ① 공무원은 국민전체에 대한 봉사자이며, 국민에 대하여 책임을 진다.

② 공무원의 신분과 정치적 중립성은 법률이 정하는 바에 의하여 보장된다.

제8조 ① 정당의 설립은 자유이며, 복수정당제는 보장된다.

② 정당은 그 목적·조직과 활동이 민주적이어야 하며, 국민의 정치적 의사형성에 참여하는데 필요한 조직을 가져야 한다.

③ 정당은 법률이 정하는 바에 의하여 국가의 보호를 받으며, 국가는 법률이 정하는 바에 의하여 정당운영에 필요한 자금을 보조할 수 있다.

④ 정당의 목적이나 활동이 민주적 기본질서에 위배될 때에는 정부는 헌법재판소에 그 해산을 제소할 수 있고, 정당은 헌법재판소의 심판에 의하여 해산된다.

제9조 국가는 전통문화의 계승·발전과 민족문화의 창달에 노력하여야 한다.

제2장 국민의 권리와 의무

제10조 모든 국민은 인간으로서의 존엄과 가치를 가지며, 행복을 추구할 권리를 가진다. 국가는 개인이 가지는 불가침의 기본적 인권을 확인하고 이를 보장할 의무를 진다.

제11조 ① 모든 국민은 법 앞에 평등하다. 누구든지 성별·종교 또는 사회적 신분에 의하여 정치적·경제적·사회적·문화적 생활의 모든 영역에 있어서 차별을 받지 아니한다.

② 사회적 특수계급의 제도는 인정되지 아니하며, 어떠한 형태로도 이를 창설할 수 없다.

③ 훈장등의 영전은 이를 받은 자에게만 효력이 있고, 어떠한 특권도 이에 따르지 아니한다.

제12조 ① 모든 국민은 신체의 자유를 가진다. 누구든지 법률에 의하지 아니하고는 체포·구속·압수·수색 또는 심문을 받지 아니하며, 법률과 적법한 절차에 의하지 아니하고는 처벌·보안처분 또는 강제노역을 받지 아니한다.

② 모든 국민은 고문을 받지 아니하며, 형사상 자기에게 불리한 진술을 강요당하지 아니한다.

③ 체포·구속·압수 또는 수색을 할 때에는 적법한 절차에 따라 검사의 신청에 의하여 법관이 발부한 영장을 제시하여야 한다. 다만, 현행범인인 경우와 장기 3년 이상의 형에 해당하는 죄를 범하고 도피 또는 증거인멸의 염려가 있을 때에는 사후에 영장을 청구할 수 있다.

④ 누구든지 체포 또는 구속을 당한 때에는 즉시 변호인의 조력을 받을 권리를 가진다. 다만, 형사피고인이 스스로 변호인을 구할 수 없을 때에는 법률이 정하는 바에 의하여 국가가 변호인을 붙인다.

⑤ 누구든지 체포 또는 구속의 이유와 변호인의 조력을 받을 권리가 있음을 고지받지 아니하고는 체포 또는 구속을 당하지 아니한다. 체포 또는 구속을 당한 자의 가족등 법률이 정하는 자에게는 그 이유와 일시·장소가 지체없이 통지되어야 한다.

⑥ 누구든지 체포 또는 구속을 당한 때에는 적부의 심사를 법원에 청구할 권리를 가진다.

⑦ 피고인의 자백이 고문·폭행·협박·구속의 부당한 장기화 또는 기망 기타의 방법에 의하여 자의로 진술된 것이 아니라고 인정될 때 또는 정식재판에 있어서 피고인의 자백이 그에게 불리한 유일한 증거일 때에는 이를 유죄의 증거로 삼거나 이를 이유로 처벌할 수 없다.

제13조 ① 모든 국민은 행위시의 법률에 의하여 범죄를 구성하지 아니하는 행위로 소추되지 아니하며, 동일한 범죄에 대하여 거듭 처벌받지 아니한다.

② 모든 국민은 소급입법에 의하여 참정권의 제한을 받거나 재산권을 박탈당하지 아니한다.

③ 모든 국민은 자기의 행위가 아닌 친족의 행위로 인하여 불이익한 처우를 받지 아니한다.

제14조 모든 국민은 거주·이전의 자유를 가진다.

제15조 모든 국민은 직업선택의 자유를 가진다.

제16조 모든 국민은 주거의 자유를 침해받지 아니한다. 주거에 대한 압수나 수색을 할 때에는 검사의 신청에 의하여 법관이 발부한 영장을 제시하여야 한다.

제17조 모든 국민은 사생활의 비밀과 자유를 침해받지 아니한다.

제18조 모든 국민은 통신의 비밀을 침해받지 아니한다.

제19조 모든 국민은 양심의 자유를 가진다.

제20조 ① 모든 국민은 종교의 자유를 가진다.

② 국교는 인정되지 아니하며, 종교와 정치는 분리된다.

제21조 ① 모든 국민은 언론·출판의 자유와 집회·결사의 자유를 가진다.

② 언론·출판에 대한 허가나 검열과 집회·결사에 대한 허가는 인정되지 아니한다.
③ 통신·방송의 시설기준과 신문의 기능을 보장하기 위하여 필요한 사항은 법률로 정한다.
④ 언론·출판은 타인의 명예나 권리 또는 공중도덕이나 사회윤리를 침해하여서는 아니된다. 언론·출판이 타인의 명예나 권리를 침해한 때에는 피해자는 이에 대한 피해의 배상을 청구할 수 있다.

제22조 ① 모든 국민은 학문과 예술의 자유를 가진다.
② 저작자·발명가·과학기술자와 예술가의 권리는 법률로써 보호한다.

제23조 ① 모든 국민의 재산권은 보장된다. 그 내용과 한계는 법률로 정한다.
② 재산권의 행사는 공공복리에 적합하도록 하여야 한다.
③ 공공필요에 의한 재산권의 수용·사용 또는 제한 및 그에 대한 보상은 법률로써 하되, 정당한 보상을 지급하여야 한다.

제24조 모든 국민은 법률이 정하는 바에 의하여 선거권을 가진다.

제25조 모든 국민은 법률이 정하는 바에 의하여 공무담임권을 가진다.

제26조 ① 모든 국민은 법률이 정하는 바에 의하여 국가기관에 문서로 청원할 권리를 가진다.
② 국가는 청원에 대하여 심사할 의무를 진다.

제27조 ① 모든 국민은 헌법과 법률이 정한 법관에 의하여 법률에 의한 재판을 받을 권리를 가진다.
② 군인 또는 군무원이 아닌 국민은 대한민국의 영역안에서는 중대한 군사상 기밀·초병·초소·유독음식물공급·포로·군용물에 관한 죄중 법률이 정한 경우와 비상계엄이 선포된 경우를 제외하고는 군사법원의 재판을 받지 아니한다.
③ 모든 국민은 신속한 재판을 받을 권리를 가진다. 형사피고인은 상당한 이유가 없는 한 지체없이 공개재판을 받을 권리를 가진다.
④ 형사피고인은 유죄의 판결이 확정될 때까지는 무죄로 추정된다.
⑤ 형사피해자는 법률이 정하는 바에 의하여 당해 사건의 재판절차에서 진술할 수 있다.

제28조 형사피의자 또는 형사피고인으로서 구금되었던 자가 법률이 정하는 불기소처분을 받거나 무죄판결을 받은 때에는 법률이 정하는 바에 의하여 국가에 정당한 보상을 청구할 수 있다.

제29조 ① 공무원의 직무상 불법행위로 손해를 받은 국민은 법률이 정하는 바에 의하여 국가 또는 공공단체에 정당한 배상을 청구할 수 있다. 이 경우 공무원 자신의 책임은 면제되지 아니한다.
② 군인·군무원·경찰공무원 기타 법률이 정하는 자가 전투·훈련등 직무집행과 관련하여 받은 손해에 대하여는 법률이 정하는 보상외에 국가 또는 공공단체에 공무원의 직무상 불법행위로 인한 배상은 청구할 수 없다.

제30조 타인의 범죄행위로 인하여 생명·신체에 대한 피해를 받은 국민은 법률이 정하는 바에 의하여 국가로부터 구조를 받을 수 있다.

제31조 ① 모든 국민은 능력에 따라 균등하게 교육을 받을 권리를 가진다.
② 모든 국민은 그 보호하는 자녀에게 적어도 초등교육과 법률이 정하는 교육을 받게 할 의무를 진다.
③ 의무교육은 무상으로 한다.
④ 교육의 자주성·전문성·정치적 중립성 및 대학의 자율성은 법률이 정하는 바에 의하여 보장된다.
⑤ 국가는 평생교육을 진흥하여야 한다.
⑥ 학교교육 및 평생교육을 포함한 교육제도와 그 운영, 교육재정 및 교원의 지위에 관한 기본적인 사항은 법률로 정한다.

제32조 ① 모든 국민은 근로의 권리를 가진다. 국가는 사회적·경제적 방법으로 근로자의

고용의 증진과 적정임금의 보장에 노력하여야 하며, 법률이 정하는 바에 의하여 최저임금제를 시행하여야 한다.
② 모든 국민은 근로의 의무를 진다. 국가는 근로의 의무의 내용과 조건을 민주주의원칙에 따라 법률로 정한다.
③ 근로조건의 기준은 인간의 존엄성을 보장하도록 법률로 정한다.
④ 여자의 근로는 특별한 보호를 받으며, 고용·임금 및 근로조건에 있어서 부당한 차별을 받지 아니한다.
⑤ 연소자의 근로는 특별한 보호를 받는다.
⑥ 국가유공자·상이군경 및 전몰군경의 유가족은 법률이 정하는 바에 의하여 우선적으로 근로의 기회를 부여받는다.

제33조 ① 근로자는 근로조건의 향상을 위하여 자주적인 단결권·단체교섭권 및 단체행동권을 가진다.
② 공무원인 근로자는 법률이 정하는 자에 한하여 단결권·단체교섭권 및 단체행동권을 가진다.
③ 법률이 정하는 주요방위산업체에 종사하는 근로자의 단체행동권은 법률이 정하는 바에 의하여 이를 제한하거나 인정하지 아니할 수 있다.

제34조 ① 모든 국민은 인간다운 생활을 할 권리를 가진다.
② 국가는 사회보장·사회복지의 증진에 노력할 의무를 진다.
③ 국가는 여자의 복지와 권익의 향상을 위하여 노력하여야 한다.
④ 국가는 노인과 청소년의 복지향상을 위한 정책을 실시할 의무를 진다.
⑤ 신체장애자 및 질병·노령 기타의 사유로 생활능력이 없는 국민은 법률이 정하는 바에 의하여 국가의 보호를 받는다.
⑥ 국가는 재해를 예방하고 그 위험으로부터 국민을 보호하기 위하여 노력하여야 한다.

제35조 ① 모든 국민은 건강하고 쾌적한 환경에서 생활할 권리를 가지며, 국가와 국민은 환경보전을 위하여 노력하여야 한다.
② 환경권의 내용과 행사에 관하여는 법률로 정한다.
③ 국가는 주택개발정책등을 통하여 모든 국민이 쾌적한 주거생활을 할 수 있도록 노력하여야 한다.

제36조 ① 혼인과 가족생활은 개인의 존엄과 양성의 평등을 기초로 성립되고 유지되어야 하며, 국가는 이를 보장한다.
② 국가는 모성의 보호를 위하여 노력하여야 한다.
③ 모든 국민은 보건에 관하여 국가의 보호를 받는다.

제37조 ① 국민의 자유와 권리는 헌법에 열거되지 아니한 이유로 경시되지 아니한다.
② 국민의 모든 자유와 권리는 국가안전보장·질서유지 또는 공공복리를 위하여 필요한 경우에 한하여 법률로써 제한할 수 있으며, 제한하는 경우에도 자유와 권리의 본질적인 내용을 침해할 수 없다.

제38조 모든 국민은 법률이 정하는 바에 의하여 납세의 의무를 진다.

제39조 ① 모든 국민은 법률이 정하는 바에 의하여 국방의 의무를 진다.
② 누구든지 병역의무의 이행으로 인하여 불이익한 처우를 받지 아니한다.

제3장 국 회

제40조 입법권은 국회에 속한다.

제41조 ① 국회는 국민의 보통·평등·직접·비밀선거에 의하여 선출된 국회의원으로 구성한다.
② 국회의원의 수는 법률로 정하되, 200인 이상으로 한다.
③ 국회의원의 선거구와 비례대표제 기타 선거에 관한 사항은 법률로 정한다.

제42조 국회의원의 임기는 4년으로 한다.

제43조 국회의원은 법률이 정하는 직을 겸할 수 없다.

제44조 ① 국회의원은 현행범인인 경우를 제외하고는 회기중 국회의 동의없이 체포 또는 구금되지 아니한다.
② 국회의원이 회기전에 체포 또는 구금된 때에는 현행범인이 아닌 한 국회의 요구가 있으면 회기중 석방된다.

제45조 국회의원은 국회에서 직무상 행한 발언과 표결에 관하여 국회외에서 책임을 지지 아니한다.

제46조 ① 국회의원은 청렴의 의무가 있다.
② 국회의원은 국가이익을 우선하여 양심에 따라 직무를 행한다.
③ 국회의원은 그 지위를 남용하여 국가·공공단체 또는 기업체와의 계약이나 그 처분에 의하여 재산상의 권리·이익 또는 직위를 취득하거나 타인을 위하여 그 취득을 알선할 수 없다.

제47조 ① 국회의 정기회는 법률이 정하는 바에 의하여 매년 1회 집회되며, 국회의 임시회는 대통령 또는 국회재적의원 4분의 1 이상의 요구에 의하여 집회된다.
② 정기회의 회기는 100일을, 임시회의 회기는 30일을 초과할 수 없다.
③ 대통령이 임시회의 집회를 요구할 때에는 기간과 집회요구의 이유를 명시하여야 한다.

제48조 국회는 의장 1인과 부의장 2인을 선출한다.

제49조 국회는 헌법 또는 법률에 특별한 규정이 없는 한 재적의원 과반수의 출석과 출석의원 과반수의 찬성으로 의결한다. 가부동수인 때에는 부결된 것으로 본다.

제50조 ① 국회의 회의는 공개한다. 다만, 출석의원 과반수의 찬성이 있거나 의장이 국가의 안전보장을 위하여 필요하다고 인정할 때에는 공개하지 아니할 수 있다.
② 공개하지 아니한 회의내용의 공표에 관하여는 법률이 정하는 바에 의한다.

제51조 국회에 제출된 법률안 기타의 의안은 회기중에 의결되지 못한 이유로 폐기되지 아니한다. 다만, 국회의원의 임기가 만료된 때에는 그러하지 아니하다.

제52조 국회의원과 정부는 법률안을 제출할 수 있다.

제53조 ① 국회에서 의결된 법률안은 정부에 이송되어 15일 이내에 대통령이 공포한다.
② 법률안에 이의가 있을 때에는 대통령은 제1항의 기간내에 이의서를 붙여 국회로 환부하고, 그 재의를 요구할 수 있다. 국회의 폐회중에도 또한 같다.
③ 대통령은 법률안의 일부에 대하여 또는 법률안을 수정하여 재의를 요구할 수 없다.
④ 재의의 요구가 있을 때에는 국회는 재의에 붙이고, 재적의원과반수의 출석과 출석의원 3분의 2 이상의 찬성으로 전과 같은 의결을 하면 그 법률안은 법률로서 확정된다.
⑤ 대통령이 제1항의 기간내에 공포나 재의의 요구를 하지 아니한 때에도 그 법률안은 법률로서 확정된다.
⑥ 대통령은 제4항과 제5항의 규정에 의하여 확정된 법률을 지체없이 공포하여야 한다. 제5항에 의하여 법률이 확정된 후 또는 제4항에 의한 확정법률이 정부에 이송된 후 5일 이내에 대통령이 공포하지 아니할 때에는 국회의장이 이를 공포한다.
⑦ 법률은 특별한 규정이 없는 한 공포한 날로부터 20일을 경과함으로써 효력을 발생한다.

제54조 ① 국회는 국가의 예산안을 심의·확정한다.
② 정부는 회계연도마다 예산안을 편성하여 회계연도 개시 90일전까지 국회에 제출하고, 국회는 회계연도 개시 30일전까지 이를 의결하여야 한다.
③ 새로운 회계연도가 개시될 때까지 예산안이 의결되지 못한 때에는 정부는 국회에서 예산안이 의결될 때까지 다음의 목적을 위한 경비는 전년도 예산에 준하여 집행할 수 있다.

1. 헌법이나 법률에 의하여 설치된 기관 또는 시설의 유지·운영
2. 법률상 지출의무의 이행
3. 이미 예산으로 승인된 사업의 계속

第55조 ① 한 회계연도를 넘어 계속하여 지출할 필요가 있을 때에는 정부는 연한을 정하여 계속비로서 국회의 의결을 얻어야 한다.

② 예비비는 총액으로 국회의 의결을 얻어야 한다. 예비비의 지출은 차기국회의 승인을 얻어야 한다.

第56조 정부는 예산에 변경을 가할 필요가 있을 때에는 추가경정예산안을 편성하여 국회에 제출할 수 있다.

第57조 국회는 정부의 동의없이 정부가 제출한 지출예산 각항의 금액을 증가하거나 새 비목을 설치할 수 없다.

第58조 국채를 모집하거나 예산외에 국가의 부담이 될 계약을 체결하려 할 때에는 정부는 미리 국회의 의결을 얻어야 한다.

第59조 조세의 종목과 세율은 법률로 정한다.

第60조 ① 국회는 상호원조 또는 안전보장에 관한 조약, 중요한 국제조직에 관한 조약, 우호통상항해조약, 주권의 제약에 관한 조약, 강화조약, 국가나 국민에게 중대한 재정적 부담을 지우는 조약 또는 입법사항에 관한 조약의 체결·비준에 대한 동의권을 가진다.

② 국회는 선전포고, 국군의 외국에의 파견 또는 외국군대의 대한민국 영역안에서의 주류에 대한 동의권을 가진다.

第61조 ① 국회는 국정을 감사하거나 특정한 국정사안에 대하여 조사할 수 있으며, 이에 필요한 서류의 제출 또는 증인의 출석과 증언이나 의견의 진술을 요구할 수 있다.

② 국정감사 및 조사에 관한 절차 기타 필요한 사항은 법률로 정한다.

第62조 ① 국무총리·국무위원 또는 정부위원은 국회나 그 위원회에 출석하여 국정처리상황을 보고하거나 의견을 진술하고 질문에 응답할 수 있다.

② 국회나 그 위원회의 요구가 있을 때에는 국무총리·국무위원 또는 정부위원은 출석·답변하여야 하며, 국무총리 또는 국무위원이 출석요구를 받은 때에는 국무위원 또는 정부위원으로 하여금 출석·답변하게 할 수 있다.

第63조 ① 국회는 국무총리 또는 국무위원의 해임을 대통령에게 건의할 수 있다.

② 제1항의 해임건의는 국회재적의원 3분의 1 이상의 발의에 의하여 국회재적의원 과반수의 찬성이 있어야 한다.

第64조 ① 국회는 법률에 저촉되지 아니하는 범위안에서 의사와 내부규율에 관한 규칙을 제정할 수 있다.

② 국회는 의원의 자격을 심사하며, 의원을 징계할 수 있다.

③ 의원을 제명하려면 국회재적의원 3분의 2 이상의 찬성이 있어야 한다.

④ 제2항과 제3항의 처분에 대하여는 법원에 제소할 수 없다.

第65조 ① 대통령·국무총리·국무위원·행정각부의 장·헌법재판소 재판관·법관·중앙선거관리위원회 위원·감사원장·감사위원 기타 법률이 정한 공무원이 그 직무집행에 있어서 헌법이나 법률을 위배한 때에는 국회는 탄핵의 소추를 의결할 수 있다.

② 제1항의 탄핵소추는 국회재적의원 3분의 1 이상의 발의가 있어야 하며, 그 의결은 국회재적의원 과반수의 찬성이 있어야 한다. 다만, 대통령에 대한 탄핵소추는 국회재적의원 과반수의 발의와 국회재적의원 3분의 2 이상의 찬성이 있어야 한다.

③ 탄핵소추의 의결을 받은 자는 탄핵심판이 있을 때까지 그 권한행사가 정지된다.

④ 탄핵결정은 공직으로부터 파면함에 그친다. 그러나, 이에 의하여 민사상이나 형사상의 책임이 면제되지는 아니한다.

제4장 정 부

제1절 대통령

제66조 ① 대통령은 국가의 원수이며, 외국에 대하여 국가를 대표한다.

② 대통령은 국가의 독립·영토의 보전·국가의 계속성과 헌법을 수호할 책무를 진다.

③ 대통령은 조국의 평화적 통일을 위한 성실한 의무를 진다.

④ 행정권은 대통령을 수반으로 하는 정부에 속한다.

제67조 ① 대통령은 국민의 보통·평등·직접·비밀선거에 의하여 선출한다.

② 제1항의 선거에 있어서 최고득표자가 2인 이상인 때에는 국회의 재적의원 과반수가 출석한 공개회의에서 다수표를 얻은 자를 당선자로 한다.

③ 대통령후보자가 1인일 때에는 그 득표수가 선거권자 총수의 3분의 1 이상이 아니면 대통령으로 당선될 수 없다.

④ 대통령으로 선거될 수 있는 자는 국회의원의 피선거권이 있고 선거일 현재 40세에 달하여야 한다.

⑤ 대통령의 선거에 관한 사항은 법률로 정한다.

제68조 ① 대통령의 임기가 만료되는 때에는 임기만료 70일 내지 40일전에 후임자를 선거한다.

② 대통령이 궐위된 때 또는 대통령 당선자가 사망하거나 판결 기타의 사유로 그 자격을 상실한 때에는 60일 이내에 후임자를 선거한다.

제69조 대통령은 취임에 즈음하여 다음의 선서를 한다.

"나는 헌법을 준수하고 국가를 보위하며 조국의 평화적 통일과 국민의 자유와 복리의 증진 및 민족문화의 창달에 노력하여 대통령으로서의 직책을 성실히 수행할 것을 국민 앞에 엄숙히 선서합니다."

제70조 대통령의 임기는 5년으로 하며, 중임할 수 없다.

제71조 대통령이 궐위되거나 사고로 인하여 직무를 수행할 수 없을 때에는 국무총리, 법률이 정한 국무위원의 순서로 그 권한을 대행한다.

제72조 대통령은 필요하다고 인정할 때에는 외교·국방·통일 기타 국가안위에 관한 중요정책을 국민투표에 붙일 수 있다.

제73조 대통령은 조약을 체결·비준하고, 외교사절을 신임·접수 또는 파견하며, 선전포고와 강화를 한다.

제74조 ① 대통령은 헌법과 법률이 정하는 바에 의하여 국군을 통수한다.

② 국군의 조직과 편성은 법률로 정한다.

제75조 대통령은 법률에서 구체적으로 범위를 정하여 위임받은 사항과 법률을 집행하기 위하여 필요한 사항에 관하여 대통령령을 발할 수 있다.

제76조 ① 대통령은 내우·외환·천재·지변 또는 중대한 재정·경제상의 위기에 있어서 국가의 안전보장 또는 공공의 안녕질서를 유지하기 위하여 긴급한 조치가 필요하고 국회의 집회를 기다릴 여유가 없을 때에 한하여 최소한으로 필요한 재정·경제상의 처분을 하거나 이에 관하여 법률의 효력을 가지는 명령을 발할 수 있다.

② 대통령은 국가의 안위에 관계되는 중대한 교전상태에 있어서 국가를 보위하기 위하여 긴급한 조치가 필요하고 국회의 집회가 불가능한 때에 한하여 법률의 효력을 가지는 명령을 발할 수 있다.

③ 대통령은 제1항과 제2항의 처분 또는 명령을 한 때에는 지체없이 국회에 보고하여 그 승인을 얻어야 한다.

④ 제3항의 승인을 얻지 못한 때에는 그 처분 또는 명령은 그때부터 효력을 상실한다. 이 경우 그 명령에 의하여 개정 또는 폐지되었

던 법률은 그 명령이 승인을 얻지 못한 때부터 당연히 효력을 회복한다.

⑤ 대통령은 제3항과 제4항의 사유를 지체없이 공포하여야 한다.

제77조 ① 대통령은 전시·사변 또는 이에 준하는 국가비상사태에 있어서 병력으로써 군사상의 필요에 응하거나 공공의 안녕질서를 유지할 필요가 있을 때에는 법률이 정하는 바에 의하여 계엄을 선포할 수 있다.

② 계엄은 비상계엄과 경비계엄으로 한다.

③ 비상계엄이 선포된 때에는 법률이 정하는 바에 의하여 영장제도, 언론·출판·집회·결사의 자유, 정부나 법원의 권한에 관하여 특별한 조치를 할 수 있다.

④ 계엄을 선포한 때에는 대통령은 지체없이 국회에 통고하여야 한다.

⑤ 국회가 재적의원 과반수의 찬성으로 계엄의 해제를 요구한 때에는 대통령은 이를 해제하여야 한다.

제78조 대통령은 헌법과 법률이 정하는 바에 의하여 공무원을 임면한다.

제79조 ① 대통령은 법률이 정하는 바에 의하여 사면·감형 또는 복권을 명할 수 있다.

② 일반사면을 명하려면 국회의 동의를 얻어야 한다.

③ 사면·감형 및 복권에 관한 사항은 법률로 정한다.

제80조 대통령은 법률이 정하는 바에 의하여 훈장 기타의 영전을 수여한다.

제81조 대통령은 국회에 출석하여 발언하거나 서한으로 의견을 표시할 수 있다.

제82조 대통령의 국법상 행위는 문서로써 하며, 이 문서에는 국무총리와 관계 국무위원이 부서한다. 군사에 관한 것도 또한 같다.

제83조 대통령은 국무총리·국무위원·행정각부의 장 기타 법률이 정하는 공사의 직을 겸할 수 없다.

제84조 대통령은 내란 또는 외환의 죄를 범한 경우를 제외하고는 재직중 형사상의 소추를 받지 아니한다.

제85조 전직대통령의 신분과 예우에 관하여는 법률로 정한다.

제2절 행정부

제1관 국무총리와 국무위원

제86조 ① 국무총리는 국회의 동의를 얻어 대통령이 임명한다.

② 국무총리는 대통령을 보좌하며, 행정에 관하여 대통령의 명을 받아 행정각부를 통할한다.

③ 군인은 현역을 면한 후가 아니면 국무총리로 임명될 수 없다.

제87조 ① 국무위원은 국무총리의 제청으로 대통령이 임명한다.

② 국무위원은 국정에 관하여 대통령을 보좌하며, 국무회의의 구성원으로서 국정을 심의한다.

③ 국무총리는 국무위원의 해임을 대통령에게 건의할 수 있다.

④ 군인은 현역을 면한 후가 아니면 국무위원으로 임명될 수 없다.

제2관 국무회의

제88조 ① 국무회의는 정부의 권한에 속하는 중요한 정책을 심의한다.

② 국무회의는 대통령·국무총리와 15인 이상 30인 이하의 국무위원으로 구성한다.

③ 대통령은 국무회의의 의장이 되고, 국무총리는 부의장이 된다.

제89조 다음 사항은 국무회의의 심의를 거쳐야 한다.

1. 국정의 기본계획과 정부의 일반정책
2. 선전·강화 기타 중요한 대외정책
3. 헌법개정안·국민투표안·조약안·법률안 및 대통령령안
4. 예산안·결산·국유재산처분의 기본계획·국가의 부담이 될 계약 기타 재정에 관한 중요사항

5. 대통령의 긴급명령·긴급재정경제처분 및 명령 또는 계엄과 그 해제
6. 군사에 관한 중요사항
7. 국회의 임시회 집회의 요구
8. 영전수여
9. 사면·감형과 복권
10. 행정각부간의 권한의 획정
11. 정부안의 권한의 위임 또는 배정에 관한 기본계획
12. 국정처리상황의 평가·분석
13. 행정각부의 중요한 정책의 수립과 조정
14. 정당해산의 제소
15. 정부에 제출 또는 회부된 정부의 정책에 관계되는 청원의 심사
16. 검찰총장·합동참모의장·각군참모총장·국립대학교총장·대사 기타 법률이 정한 공무원과 국영기업체관리자의 임명
17. 기타 대통령·국무총리 또는 국무위원이 제출한 사항

제90조 ① 국정의 중요한 사항에 관한 대통령의 자문에 응하기 위하여 국가원로로 구성되는 국가원로자문회의를 둘 수 있다.

② 국가원로자문회의의 의장은 직전대통령이 된다. 다만, 직전대통령이 없을 때에는 대통령이 지명한다.

③ 국가원로자문회의의 조직·직무범위 기타 필요한 사항은 법률로 정한다.

제91조 ① 국가안전보장에 관련되는 대외정책·군사정책과 국내정책의 수립에 관하여 국무회의의 심의에 앞서 대통령의 자문에 응하기 위하여 국가안전보장회의를 둔다.

② 국가안전보장회의는 대통령이 주재한다.

③ 국가안전보장회의의 조직·직무범위 기타 필요한 사항은 법률로 정한다.

제92조 ① 평화통일정책의 수립에 관한 대통령의 자문에 응하기 위하여 민주평화통일자문회의를 둘 수 있다.

② 민주평화통일자문회의의 조직·직무범위 기타 필요한 사항은 법률로 정한다.

제93조 ① 국민경제의 발전을 위한 중요정책의 수립에 관하여 대통령의 자문에 응하기 위하여 국민경제자문회의를 둘 수 있다.

② 국민경제자문회의의 조직·직무범위 기타 필요한 사항은 법률로 정한다.

제3관 행정각부

제94조 행정각부의 장은 국무위원 중에서 국무총리의 제청으로 대통령이 임명한다.

제95조 국무총리 또는 행정각부의 장은 소관사무에 관하여 법률이나 대통령령의 위임 또는 직권으로 총리령 또는 부령을 발할 수 있다.

제96조 행정각부의 설치·조직과 직무범위는 법률로 정한다.

제4관 감사원

제97조 국가의 세입·세출의 결산, 국가 및 법률이 정한 단체의 회계검사와 행정기관 및 공무원의 직무에 관한 감찰을 하기 위하여 대통령 소속하에 감사원을 둔다.

제98조 ① 감사원은 원장을 포함한 5인 이상 11인 이하의 감사위원으로 구성한다.

② 원장은 국회의 동의를 얻어 대통령이 임명하고, 그 임기는 4년으로 하며, 1차에 한하여 중임할 수 있다.

③ 감사위원은 원장의 제청으로 대통령이 임명하고, 그 임기는 4년으로 하며, 1차에 한하여 중임할 수 있다.

제99조 감사원은 세입·세출의 결산을 매년 검사하여 대통령과 차년도국회에 그 결과를 보고하여야 한다.

제100조 감사원의 조직·직무범위·감사위원의 자격·감사대상공무원의 범위 기타 필요한 사항은 법률로 정한다.

제5장 법 원

제101조 ① 사법권은 법관으로 구성된 법원에 속한다.

② 법원은 최고법원인 대법원과 각급법원으

로 조직된다.

③ 법관의 자격은 법률로 정한다.

제102조 ① 대법원에 부를 둘 수 있다.

② 대법원에 대법관을 둔다. 다만, 법률이 정하는 바에 의하여 대법관이 아닌 법관을 둘 수 있다.

③ 대법원과 각급법원의 조직은 법률로 정한다.

제103조 법관은 헌법과 법률에 의하여 그 양심에 따라 독립하여 심판한다.

제104조 ① 대법원장은 국회의 동의를 얻어 대통령이 임명한다.

② 대법관은 대법원장의 제청으로 국회의 동의를 얻어 대통령이 임명한다.

③ 대법원장과 대법관이 아닌 법관은 대법관회의의 동의를 얻어 대법원장이 임명한다.

제105조 ① 대법원장의 임기는 6년으로 하며, 중임할 수 없다.

② 대법관의 임기는 6년으로 하며, 법률이 정하는 바에 의하여 연임할 수 있다.

③ 대법원장과 대법관이 아닌 법관의 임기는 10년으로 하며, 법률이 정하는 바에 의하여 연임할 수 있다.

④ 법관의 정년은 법률로 정한다.

제106조 ① 법관은 탄핵 또는 금고 이상의 형의 선고에 의하지 아니하고는 파면되지 아니하며, 징계처분에 의하지 아니하고는 정직·감봉 기타 불리한 처분을 받지 아니한다.

② 법관이 중대한 심신상의 장해로 직무를 수행할 수 없을 때에는 법률이 정하는 바에 의하여 퇴직하게 할 수 있다.

제107조 ① 법률이 헌법에 위반되는 여부가 재판의 전제가 된 경우에는 법원은 헌법재판소에 제청하여 그 심판에 의하여 재판한다.

② 명령·규칙 또는 처분이 헌법이나 법률에 위반되는 여부가 재판의 전제가 된 경우에는 대법원은 이를 최종적으로 심사할 권한을 가진다.

③ 재판의 전심절차로서 행정심판을 할 수 있다. 행정심판의 절차는 법률로 정하되, 사법절차가 준용되어야 한다.

제108조 대법원은 법률에서 저촉되지 아니하는 범위안에서 소송에 관한 절차, 법원의 내부규율과 사무처리에 관한 규칙을 제정할 수 있다.

제109조 재판의 심리와 판결은 공개한다. 다만, 심리는 국가의 안전보장 또는 안녕질서를 방해하거나 선량한 풍속을 해할 염려가 있을 때에는 법원의 결정으로 공개하지 아니할 수 있다.

제110조 ① 군사재판을 관할하기 위하여 특별법원으로서 군사법원을 둘 수 있다.

② 군사법원의 상고심은 대법원에서 관할한다.

③ 군사법원의 조직·권한 및 재판관의 자격은 법률로 정한다.

④ 비상계엄하의 군사재판은 군인·군무원의 범죄나 군사에 관한 간첩죄의 경우와 초병·초소·유독음식물공급·포로에 관한 죄중 법률이 정한 경우에 한하여 단심으로 할 수 있다. 다만, 사형을 선고한 경우에는 그러하지 아니하다.

제 6 장 헌법재판소

제111조 ① 헌법재판소는 다음 사항을 관장한다.

1. 법원의 제청에 의한 법률의 위헌여부 심판
2. 탄핵의 심판
3. 정당의 해산 심판
4. 국가기관 상호간, 국가기관과 지방자치단체간 및 지방자치단체 상호간의 권한쟁의에 관한 심판
5. 법률이 정하는 헌법소원에 관한 심판

② 헌법재판소는 법관의 자격을 가진 9인의 재판관으로 구성하며, 재판관은 대통령이 임명한다.

③ 제2항의 재판관중 3인은 국회에서 선출하는 자를, 3인은 대법원장이 지명하는 자를 임명한다.

④ 헌법재판소의 장은 국회의 동의를 얻어 재판관중에서 대통령이 임명한다.

제112조 ① 헌법재판소 재판관의 임기는 6년으로 하며, 법률이 정하는 바에 의하여 연임할 수 있다.

② 헌법재판소 재판관은 정당에 가입하거나 정치에 관여할 수 없다.

③ 헌법재판소 재판관은 탄핵 또는 금고 이상의 형의 선고에 의하지 아니하고는 파면되지 아니한다.

제113조 ① 헌법재판소에서 법률의 위헌결정, 탄핵의 결정, 정당해산의 결정 또는 헌법소원에 관한 인용결정을 할 때에는 재판관 6인 이상의 찬성이 있어야 한다.

② 헌법재판소는 법률에 저촉되지 아니하는 범위안에서 심판에 관한 절차, 내부규율과 사무처리에 관한 규칙을 제정할 수 있다.

③ 헌법재판소의 조직과 운영 기타 필요한 사항은 법률로 정한다.

제 7 장 선거관리

제114조 ① 선거와 국민투표의 공정한 관리 및 정당에 관한 사무를 처리하기 위하여 선거관리위원회를 둔다.

② 중앙선거관리위원회는 대통령이 임명하는 3인, 국회에서 선출하는 3인과 대법원장이 지명하는 3인의 위원으로 구성한다. 위원장은 위원중에서 호선한다.

③ 위원의 임기는 6년으로 한다.

④ 위원은 정당에 가입하거나 정치에 관여할 수 없다.

⑤ 위원은 탄핵 또는 금고 이상의 형의 선고에 의하지 아니하고는 파면되지 아니한다.

⑥ 중앙선거관리위원회는 법령의 범위안에서 선거관리·국민투표관리 또는 정당사무에 관한 규칙을 제정할 수 있으며, 법률에 저촉되지 아니하는 범위안에서 내부규율에 관한 규칙을 제정할 수 있다.

⑦ 각급 선거관리위원회의 조직·직무범위 기타 필요한 사항은 법률로 정한다.

제115조 ① 각급 선거관리위원회는 선거인명부의 작성등 선거사무와 국민투표사무에 관하여 관계 행정기관에 필요한 지시를 할 수 있다.

② 제1항의 지시를 받은 당해 행정기관은 이에 응하여야 한다.

제116조 ① 선거운동은 각급 선거관리위원회의 관리하에 법률이 정하는 범위안에서 하되, 균등한 기회가 보장되어야 한다.

② 선거에 관한 경비는 법률이 정하는 경우를 제외하고는 정당 또는 후보자에게 부담시킬 수 없다.

제 8 장 지방자치

제117조 ① 지방자치단체는 주민의 복리에 관한 사무를 처리하고 재산을 관리하며, 법령의 범위안에서 자치에 관한 규정을 제정할 수 있다.

② 지방자치단체의 종류는 법률로 정한다.

제118조 ① 지방자치단체에 의회를 둔다.

② 지방의회의 조직·권한·의원선거와 지방자치단체의 장의 선임방법 기타 지방자치단체의 조직과 운영에 관한 사항은 법률로 정한다.

제 9 장 경 제

제119조 ① 대한민국의 경제질서는 개인과 기업의 경제상의 자유와 창의를 존중함을 기본으로 한다.

② 국가는 균형있는 국민경제의 성장 및 안정과 적정한 소득의 분배를 유지하고, 시장의 지배와 경제력의 남용을 방지하며, 경제주체간의 조화를 통한 경제의 민주화를 위하여 경제에 관한 규제와 조정을 할 수 있다.

제120조 ① 광물 기타 중요한 지하자원·수산자원·수력과 경제상 이용할 수 있는 자연력은 법률이 정하는 바에 의하여 일정한 기간 그

채취·개발 또는 이용을 특허할 수 있다.

② 국토와 자원은 국가의 보호를 받으며, 국가는 그 균형있는 개발과 이용을 위하여 필요한 계획을 수립한다.

제121조 ① 국가는 농지에 관하여 경자유전의 원칙이 달성될 수 있도록 노력하여야 하며, 농지의 소작제도는 금지된다.

② 농업생산성의 제고와 농지의 합리적인 이용을 위하거나 불가피한 사정으로 발생하는 농지의 임대차와 위탁경영은 법률이 정하는 바에 의하여 인정된다.

제122조 국가는 국민 모두의 생산 및 생활의 기반이 되는 국토의 효율적이고 균형있는 이용·개발과 보전을 위하여 법률이 정하는 바에 의하여 그에 관한 필요한 제한과 의무를 과할 수 있다.

제123조 ① 국가는 농업 및 어업을 보호·육성하기 위하여 농·어촌종합개발과 그 지원등 필요한 계획을 수립·시행하여야 한다.

② 국가는 지역간의 균형있는 발전을 위하여 지역경제를 육성할 의무를 진다.

③ 국가는 중소기업을 보호·육성하여야 한다.

④ 국가는 농수산물의 수급균형과 유통구조의 개선에 노력하여 가격안정을 도모함으로써 농·어민의 이익을 보호한다.

⑤ 국가는 농·어민과 중소기업의 자조조직을 육성하여야 하며, 그 자율적 활동과 발전을 보장한다.

제124조 국가는 건전한 소비행위를 계도하고 생산품의 품질향상을 촉구하기 위한 소비자보호운동을 법률이 정하는 바에 의하여 보장한다.

제125조 국가는 대외무역을 육성하며, 이를 규제·조정할 수 있다.

제126조 국방상 또는 국민경제상 긴절한 필요로 인하여 법률이 정하는 경우를 제외하고는, 사영기업을 국유 또는 공유로 이전하거나 그 경영을 통제 또는 관리할 수 없다.

제127조 ① 국가는 과학기술의 혁신과 정보 및 인력의 개발을 통하여 국민경제의 발전에 노력하여야 한다.

② 국가는 국가표준제도를 확립한다.

③ 대통령은 제1항의 목적을 달성하기 위하여 필요한 자문기구를 둘 수 있다.

제10장 헌법개정

제128조 ① 헌법개정은 국회재적의원 과반수 또는 대통령의 발의로 제안된다.

② 대통령의 임기연장 또는 중임변경을 위한 헌법개정은 그 헌법개정 제안 당시의 대통령에 대하여는 효력이 없다.

제129조 제안된 헌법개정안은 대통령이 20일 이상의 기간 이를 공고하여야 한다.

제130조 ① 국회는 헌법개정안이 공고된 날로부터 60일 이내에 의결하여야 하며, 국회의 의결은 재적의원 3분의 2 이상의 찬성을 얻어야 한다.

② 헌법개정안은 국회가 의결한 후 30일 이내에 국민투표에 붙여 국회의원선거권자 과반수의 투표와 투표자 과반수의 찬성을 얻어야 한다.

③ 헌법개정안이 제2항의 찬성을 얻은 때에는 헌법개정은 확정되며, 대통령은 즉시 이를 공포하여야 한다.

부칙 〈제10호, 1987.10.29〉

제1조 이 헌법은 1988년 2월 25일부터 시행한다. 다만, 이 헌법을 시행하기 위하여 필요한 법률의 제정·개정과 이 헌법에 의한 대통령 및 국회의원의 선거 기타 이 헌법시행에 관한 준비는 이 헌법시행 전에 할 수 있다.

제2조 ① 이 헌법에 의한 최초의 대통령선거는 이 헌법시행일 40일 전까지 실시한다.

② 이 헌법에 의한 최초의 대통령의 임기는 이 헌법시행일로부터 개시한다.

제3조 ① 이 헌법에 의한 최초의 국회의원선거

는 이 헌법공포일로부터 6월 이내에 실시하며, 이 헌법에 의하여 선출된 최초의 국회의원의 임기는 국회의원선거후 이 헌법에 의한 국회의 최초의 집회일로부터 개시한다.

②이 헌법공포 당시의 국회의원의 임기는 제1항에 의한 국회의 최초의 집회일 전일까지로 한다.

제4조 ①이 헌법시행 당시의 공무원과 정부가 임명한 기업체의 임원은 이 헌법에 의하여 임명된 것으로 본다. 다만, 이 헌법에 의하여 선임방법이나 임명권자가 변경된 공무원과 대법원장 및 감사원장은 이 헌법에 의하여 후임자가 선임될 때까지 그 직무를 행하며, 이 경우 전임자인 공무원의 임기는 후임자가 선임되는 전일까지로 한다.

②이 헌법시행 당시의 대법원장과 대법원판사가 아닌 법관은 제1항 단서의 규정에 불구하고 이 헌법에 의하여 임명된 것으로 본다.

③이 헌법중 공무원의 임기 또는 중임제한에 관한 규정은 이 헌법에 의하여 그 공무원이 최초로 선출 또는 임명된 때로부터 적용한다.

제5조 이 헌법시행 당시의 법령과 조약은 이 헌법에 위배되지 아니하는 한 그 효력을 지속한다.

제6조 이 헌법시행 당시에 이 헌법에 의하여 새로 설치될 기관의 권한에 속하는 직무를 행하고 있는 기관은 이 헌법에 의하여 새로운 기관이 설치될 때까지 존속하며 그 직무를 행한다.

판례색인

[헌법재판소]

[대 법 원]

[저자약력]
승실대 명예교수(2021년~現)
숭실대 법대교수(1985~2021년 · 법학과장 · 법대학장 · 법학연구소장)
중앙선거관리위원회위원(국무위원급 헌법기관 · 제14대 상임위원(2009~2012년)
법학박사(1956.1.4. 인천生 · 고대법대(1973~1977) · 대학원(1977~1984) · 법학박사(1984년)
청조근정훈장(2013년 · 공직최고위훈장)
한국헌법학회 학술대상(2003년 · 제5회수상)
한국공법학회 학술장려상(1988년 · 제3회수상)

저서 『國憲學』(법문사 · 2021년 초판)
『現代の韓國法』[尹龍澤 공저](有信堂 · 2004年 初版, 日本出版)
『國民投票』[丘秉朔 공저](민음사 학술총서 · 57, 1991년 초판)
『一般憲法學』(법문사 · 2014년 초판 · 2018년 신판)
『一般國法學』(법문사 · 2017년 초판)
『憲法』(법문사 · 2002년 초판/2004년 신판)
『憲法學』(법문사 · 1997년 초판/1998년 신판)
『憲法學講論』(일신사 · 1993년 초판 · 1994년 신판)
『憲法』(학사고시독학사 · 1993년 초판)
『객관식 · 논점 憲法學(헌법재판소판례요지 포함)』(법문사 · 2000년 초판)
『憲法學講評』(고시연구사 · 1997년 초판)

國憲學

2021년 9월 10일 초판 인쇄
2021년 9월 15일 초판 1쇄 발행

著 者 姜 京 根
發行人 裵 孝 善
발행처 도서출판 法 文 社

주 소 10881 경기도 파주시 회동길 37-29
등 록 1957년 12월 12일 / 제2-76호 (윤)
전 화 (031)955-6500~6 FAX (031)955-6525
E-mail (영업) bms@bobmunsa.co.kr
(편집) edit66@bobmunsa.co.kr
홈페이지 http://www.bobmunsa.co.kr
조 판 법 문 사 전 산 실

정가 47,000원 ISBN 978-89-18-91242-4